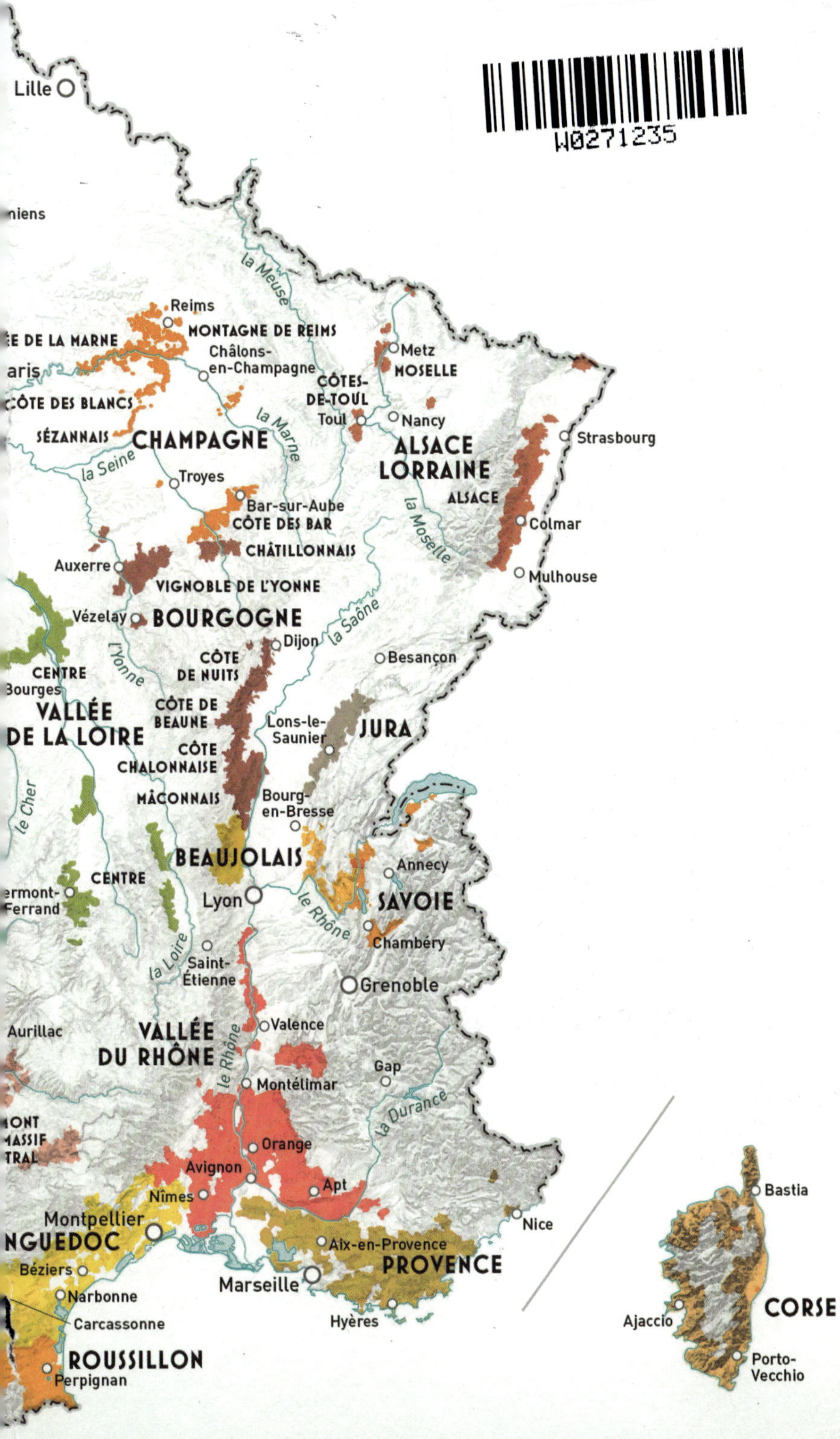
Lille
niens
Reims
MONTAGNE DE REIMS
ÉE DE LA MARNE
Châlons-en-Champagne
aris
CÔTES-DE-TOUL
Metz
MOSELLE
CÔTE DES BLANCS
Toul
Nancy
SÉZANNAIS
CHAMPAGNE
la Marne
ALSACE
LORRAINE
Strasbourg
la Seine
Troyes
ALSACE
Bar-sur-Aube
CÔTE DES BAR
Colmar
la Moselle
CHÂTILLONNAIS
Auxerre
VIGNOBLE DE L'YONNE
Mulhouse
Vézelay
BOURGOGNE
la Saône
Dijon
CÔTE DE NUITS
Besançon
CENTRE
Bourges
l'Yonne
VALLÉE DE LA LOIRE
CÔTE DE BEAUNE
Lons-le-Saunier
JURA
CÔTE CHALONNAISE
le Cher
MÂCONNAIS
Bourg-en-Bresse
BEAUJOLAIS
Annecy
CENTRE
ermont-Ferrand
Lyon
SAVOIE
le Rhône
Chambéry
la Loire
Saint-Étienne
Grenoble
Aurillac
VALLÉE DU RHÔNE
le Rhône
Valence
Gap
Montélimar
la Durance
ONT MASSIF TRAL
Orange
Avignon
Apt
Nîmes
Nice
Bastia
Montpellier
NGUEDOC
Aix-en-Provence
PROVENCE
Béziers
Marseille
Narbonne
Carcassonne
Hyères
CORSE
Ajaccio
ROUSSILLON
Perpignan
Porto-Vecchio

LES VIGNERON(NE)S DE l'ANNÉE

TABLE DES CARTES

TABLE DE TABLEAUX DES CLASSEMENTS

SOMMAIRE

PIERRE GAGNAIRE, PARRAIN DU 40e GUIDE HACHETTE DES VINS

Pierre Gagnaire, chef multi-étoilé – il cumule, à travers l'ensemble de ses établissements, pas moins de 13 étoiles au Guide Michelin – nous fait l'immense honneur d'être le parrain du 40e Guide Hachette des Vins.

« Le vigneron travaille pour l'éternité. Il s'appuie sur le passé et travaille pour le futur. Moi, je suis dans l'instant présent. Ma cuisine est très fragile, très fugace, très éphémère. Le rapport au temps n'est pas le même. »

Nous l'avons rencontré dans son restaurant parisien de la rue Balzac, dans le 8e arrondissement. Il est 9 h du matin. Le personnel s'affaire à préparer la salle et son décor épuré. Une petite ruche très organisée, sereine, calme. Pierre Gagnaire arrive, sourire aux lèvres, aussi élégant que bienveillant. Et il nous parle de son attachement au vin, en tant que cuisinier bien sûr, mais aussi et surtout en tant que « simple » amateur. « *Pour être très honnête, pendant des années, j'ai eu l'impression de ne pas comprendre le vin. Je n'arrivais pas à en voir la subtilité, la profondeur, cela m'échappait. En revanche, le vin m'a tout de suite intéressé pour son aspect festif bien sûr, mais aussi pour son lien incroyable avec une région, avec une histoire, avec l'Histoire, notamment incarnée par les moines. C'est absolument fascinant. Et le vin, voyageant autrefois sur la Loire et les grands fleuves, est aussi un commerce qui apporte de la joie, de la paix, de la culture, de l'échange.* »

Le vin comme objet historique, culturel, comme passeur d'émotions également. Un produit qu'il avoue pouvoir consommer un peu plus aujourd'hui. « *Je travaillais tellement avant, j'étais tellement dans ma cuisine... Aujourd'hui, je prends un petit peu plus de temps. Je peux boire un petit peu plus de vin. Et j'ai effectivement un immense plaisir à découvrir une cuvée, un domaine. Mais je ne dirais pas que je suis un amateur éclairé.* » Modestie d'un homme dont on imagine pourtant que le palais diablement aiguisé doit avoir quelques facilités à apprécier les saveurs et séparer le bon grain de l'ivraie. Ses goûts, de manière générale ? « *J'aime les vins plutôt jeunes, frais, fins. J'ai du mal en revanche avec les vins "monuments". Et puis il s'apprécie différemment selon qu'on le boit à telle ou telle heure. C'est un produit vivant, qui évolue, au gré de nos humeurs aussi.* »

Pierre Gagnaire nous parle aussi de ses souvenirs, de ses premières dégustations, et notamment d'un passage à Chassagne-Montrachet, chez « *le père Ramonet, qui sautait sur les tonneaux avec ses bottes. Il prend le vin et nous dit "Ah bon dieu, ça c'est du vin". Voilà, tout était dit...* » Il évoque également les grands vignerons de la vallée du Rhône, Gérard Chave, Auguste Clape, Alain Graillot, les condrieu de Vernay, « *plein de beaux souvenirs* ». Il cite aussi Trimbach, Dürrbach, Dujac, Simon Bize, Coche-Dury ou encore Rouleau. On a connu pires expériences gustatives... On devine de belles rencontres, de belles amitiés aussi, et un attachement aux vins plutôt bourguignons et rhodaniens. Il faut dire que l'homme est natif de la Loire, né à Apinac, dans les monts du Forez, à moins de 100 km de Vienne et Condrieu. « *Oui, en effet, Bordeaux, je connais moins.* »

Il évoque aussi le restaurant étoilé de son père, le *Clos Fleuri* à Saint-Priest-en-Jarez, qu'il reprendra par la suite avant d'ouvrir son propre établissement à Saint-Étienne. « *À la carte des vins, il y avait du Chapoutier, un peu de Guigal, du Beaujolais aussi. Mon père allait chez un certain Monsieur... Bidon, qui faisait du chiroubles et du brouilly. Il faisait faire des pichets cerclés comme des petits tonneaux. Des vins très gouleyants.* » Les vins de sa région natale ? « *À l'époque, on ne parlait pas des côtes roannaises, ni des vins du Forez. Aujourd'hui, on en parle plus, et c'est tant mieux.* »

Retour dans la vallée du Rhône, plus au sud cette fois : à Châteauneuf-du-Pape, où Pierre Gagnaire s'est associé au célèbre architecte Rudy Ricciotti, entre autres concepteur du Mucem à Marseille, pour créer la cuvée GARI!, pour GAgnaire et RIcciotti. Une cuvée confidentielle, affective, pour les amis et le restaurant. « *Rudy Ricciotti est cousin avec la famille Giraud, vignerons à Châteauneuf. Un jour, j'ai goûté un châteauneuf blanc magnifique, délicieux. On leur a demandé de nous aider. On a donc investi sur un demi-hectare, pas loin de chez Rayas, sur les sables donc, qui donnent des vins sur la finesse. On a aussi acquis un hectare à la Rectorie, chez Alexandre et Jean-Emmanuel Parcé à Collioure, dans un endroit magnifique, la Coume des Abeilles.* »

On lui demande s'il voit un rapport entre le métier de chef et celui de vigneron. « *Ce sont des métiers intimement liés. Le liquide et le solide. Quand il est construit avec élégance, le mariage entre le vin et la cuisine est absolument génial. La différence, importante, entre les deux métiers, c'est que le vigneron travaille pour l'éternité. Les pieds de vigne peuvent être cinquantenaires, parfois centenaires. Les vignerons s'appuient sur le passé, en travaillant pour le futur. Nous cuisiniers, nous sommes dans l'instant présent. Je sais très bien que ce que je fais est très fragile, très fugace, très éphémère. Le cep de vigne est là, bien ancré dans le sol. Pour le cuisinier, c'est plus instantané. Quand démarre une journée, on ne sait pas ce qui va se passer. Le rapport au temps n'est pas le même. En revanche, là où les deux métiers se rejoignent, c'est à travers la main de l'homme, traversée par l'esprit, et il se passe alors quelque chose de magique. Il y a un métier certes, vigneron comme cuisiner. Et puis il y a les sensations, les émotions, le talent aussi sans doute. »*

Et le vin en cuisine ? *« Lorsque je fais fait une sauce, je prends un bon vin, de qualité, un rouge tannique ou un chardonnay un peu gras. Mais j'aime aussi beaucoup les vins "périphériques", comme le macvin, le vin jaune, la manzanilla espagnole. Des vins avec un côté plus marqué, mais toujours mis en pointillé ici, et qu'on ne cuit pas. Juste en appoint. Ce peut être une goutte de champagne aussi. On ne dénature pas le vin pour que cela fasse sens avec le plat. Ce peut être aussi en forme de gelée, de pinot noir, de muscat de Beaume-de-Venise ou de muscat corse par exemple. La gelée va donner une expression intéressante du vin, une autre approche, plus concentrée. »*

Côté cave, ses sommeliers, Patrick Borras, Frank Lucas et Florian Wunenburger, avec qui il travaille depuis de nombreuses années, ont carte blanche. *« Je leur fais entièrement confiance ».*

Le Guide Hachette des Vins pour conclure ? *« C'est un guide de voyages extraordinaire, qui à chaque page fait rêver. Tous mes sommeliers l'apprécient, c'est une des raisons d'ailleurs pour laquelle j'ai accepté d'écrire cette préface. Et puis ces 40 éditions prouvent la qualité de ce guide. »*

1985-2025 : LES 40 ANS QUI ONT CHANGÉ LE VIN

1985. Ce sont, pêle-mêle, l'arrivée au pouvoir de Mikhaïl Gorbatchev, l'affaire du Rainbow Warrior, la découverte de l'épave du Titanic, l'affaire Grégory, la Convention de Vienne sur la protection de la couche d'ozone, l'adhésion de l'Espagne et du Portugal à la CEE, les décès de Marc Chagall, Orson Wells, Simone Signoret, les débuts de la Fête du cinéma… C'est aussi la naissance du Guide Hachette des Vins : « le premier vrai guide d'achat des meilleurs vins français est né », lit-on sur la 4e de couverture. « Des moyens considérables, une organisation régionale et la collaboration de spécialistes reconnus et impartiaux : autant de garanties pour faire du Guide Hachette des Vins de France une référence ! » Quarante ans plus tard, le Guide est toujours là, est devenu la référence annoncée, déploie toujours des moyens considérables et n'a pas bougé d'un pouce sur ses fondamentaux, collégialité, indépendance, impartialité, exhaustivité. Quarante ans de stabilité dans un monde de vigne et de vin qui, lui, a bien évolué et dont il s'est fait le témoin.

Moins mais mieux

Les vraies révolutions sont peut-être silencieuses. Et si le monde du vin affiche bien souvent un visage immuable, ou en tout cas traditionnel, il a profondément et durablement évolué ces 40 dernières années. Que ce soit à la vigne, avec la montée en puissance d'approches visant à un plus grand respect des terroirs ; ou en cave avec la mise en œuvre de pratiques ambitionnant de donner naissance à des vins présentant le meilleur équilibre possible entre fraicheur, concentration et fruit. Un monde qui laisse de moins en moins la place aux approximations techniques : l'ampleur de la professionnalisation et de la spécialisation surprendrait certainement les générations précédentes de viticulteurs, dont beaucoup étaient jusqu'il y a peu des polyculteurs.

Des évolutions opérées grâce aux progrès de l'agronomie et de l'œnologie bien-sûr. Mais elles ont été surtout encouragées par les consommateurs. La tendance lourde, constatée à partir du milieu des années 1960, s'est confirmée. Chaque français majeur buvait alors plus de 120 litres par an, un chiffre qui n'a cessé de reculer pour se situer autour de 40 litres aujourd'hui. La France a définitivement tourné le dos au « vin aliment », de consommation courante, pour mieux mettre en valeur le « vin plaisir et convivialité ». Le consommateur est devenu plus occasionnel, plus exigeant aussi, dédiant prioritairement ses achats à des vins de qualité. La quantité baisse donc, mais le panier moyen s'accroît. L'équilibre est toutefois très fragile, et l'augmentation de la valeur ne peut pas toujours compenser la baisse des volumes, en témoignent par exemple les souffrances actuelles du vignoble bordelais…

Une autre page a été tournée au siècle dernier, qui a accéléré la baisse de la consommation : la promulgation de loi Évin en 1991, en référence à son instigateur le ministre Claude Évin, relative à la lutte contre le tabagisme et l'alcoolisme. Elle limite fortement le droit de faire de la publicité pour les boissons alcoolisées afin d'en faire baisser la consommation. L'abaissement du taux d'alcool toléré pour un conducteur va également réfréner la consommation régulière de vin.

Appellations et singularisation…

Comme un symbole, c'est précisément à l'époque de la sortie du premier Guide Hachette des Vins que la superficie de vignes classées en appellations d'origine contrôlée a supplanté celle des vins de table. Un vignoble est particulièrement exemplaire de la transition vers la prédominance des AOC qui s'opère alors : le Languedoc-Roussillon. En 1985, l'AOC coteaux-du-languedoc est portée sur les fonts baptismaux. Elle deviendra l'appellation languedoc en 2007 après l'élargissement de l'aire de production pour atteindre près de 10 000 hectares. Suivront les AOC picpoul-de-pinet (2013), terrasses-du-Larzac (2014), la clape (2015) et pic-saint-loup (2017).

Dans le même temps, d'autres régions, déjà classées en AOC, affinent leur segmentation : en 1992, 25 nouveaux lieux-dits alsaciens (sur les 51 classés aujourd'hui) accédaient au rang le plus élevé de la région et devenaient des grands crus. En 2022, deux d'entre eux étaient reconnus pour leurs rouges (le Kirchberg à Barr et le Hengst à Wintzenheim). Cette même année voit l'émergence de premiers crus en pouilly-fuissé. Autre exemple, en Bourgogne, la naissance des appellations marsannay (1987), ou encore bouzeron (1998), mais aussi irancy ou encore viré-clessé, toutes les deux en 1999. Dans la vallée du Rhône méridionale, les vignobles de Rasteau (2010) puis Cairanne (2016) sont extraits de l'appellation côtes-du-rhône villages pour devenir des crus à part entière. On peut encore citer les crus du Muscadet, à l'origine d'une formidable renaissance dans la première décennie de ce siècle.

Partout dans le vignoble français s'exprime ainsi une volonté de se singulariser. Condition pour exister dans un marché de vin de plus en plus mondialisé où il faut savoir se démarquer pour exister.

… versus mondialisation

Car si en France ouvrir une bouteille devient moins fréquent, ailleurs dans le monde nombreux sont ceux pour qui le vin devient un art de vivre à découvrir. Le marché américain, par exemple, balbutiant dans les années 1970 pour les vins de Bordeaux, va devenir de loin la première destination des producteurs bordelais. C'est ensuite l'Asie, et les exportations vers la Chine en particulier, qui vont passer au premier plan.

Exemple frappant de la mondialisation du vin : la Champagne. Un vignoble qui expédiait un peu plus de 195 millions de bouteilles de ses fameux effervescents hors des frontières françaises en 1985. Depuis le changement de siècle, les expéditions de cette même région ont régulièrement dépassé 300 millions de bouteilles. Soit plus d'une bouteille sur deux produites exportées.

Autre vignoble, largement présent à l'export : la Bourgogne. En 2002, alors que la France passait à l'euro, le chiffre d'affaires engendré par ses exportations se situait à 500 millions. Vingt ans plus ans, il dépassait pour la première fois 1,5 milliard…

Mais la mondialisation du vin a d'autres effets : si la France reste l'un des premiers pays exportateurs de vin au monde, elle a pu voir, au cours des vingt dernières années, l'émergence de concurrents redoutables à l'international, comme l'Australie, le Chili ou encore l'Afrique du Sud, qui proposent des vins d'un bon rapport qualité-prix, avec une présentation lisible, facile d'accès, souvent basée sur la mention d'un cépage. Une simplicité qui s'oppose à la complexité de l'offre française, très découpée, très hiérarchisée, parfois jugée élitiste pour les non-initiés.

Et si des réformes ont pu être faites, comme celle de 2009 portée par l'OCM (Organisation Commune de Marché), visant à clarifier et moderniser la viticulture européenne et la « pyramide » des vins avec ou sans indication géographique, ce genre d'initiatives ont par leur nature souvent un train de retard par rapport à la réalité du terrain, et ce sont d'abord aux vignerons d'anticiper les adaptations de l'offre aux consommateurs, tout en tenant compte des évolutions et des progrès en viticulture et œnologie. Un sacré casse-tête.

Deux mouvements semblent ainsi coexister : d'une part, une exigence toujours plus forte de la part de nombre de vignerons de préciser la qualité de leurs vins, de leurs terroirs, de leur identité ; d'autre part, la nécessité d'avoir des offres plus claires et « grand public » pour les plus jeunes consommateurs et pour les marchés internationaux.

Du rouge au blanc

Des modes de consommation qui ont changé en quatre décennies. Les évolutions de nos modes de vie, toujours plus urbains, se sont traduites également par des modifications quant aux couleurs de vins plébiscités par les amateurs. En France, la dégustation du vin a longtemps eu pour cadre de copieux et longs repas gastronomiques, prioritairement arrosés de rouges.

Une habitude bousculée par des aspirations à la simplification des repas, par une importance accrue accordée à l'apéritif, au *snacking*. La consommation de vins blancs, d'effervescents et de rosés a logiquement pris une place de plus en plus importante au détriment des vins rouges. Au cours de la décennie écoulée, la consommation de ces derniers a reculé de près d'un tiers.

Des vins que l'on garde de moins en moins en cave également, toujours notamment sous l'effet de nos vies urbaines et des manques d'espace qui en découlent. Aussi peut-être le reflet d'une impatience globalisée ? Mais c'est un autre débat… Des vins que l'on préfère plus souples, plus facile d'accès, plus « digestes », un terme que l'on voit fleurir de plus en plus dans les commentaires de dégustation. Le temps des vins rouges tanniques et boisés semble globalement derrière nous, place aux textures soyeuses, à la fraîcheur et au fruit (voir plus loin).

Le terroir, la « bio » et la biodynamie

Parallèlement, la montée en gamme du vignoble français via les appellations et IGP mieux définies, et la nécessité de se distinguer par des vins originaux qu'elle induit, ont mis sur le devant de la scène « l'effet terroir ». Lui seul est susceptible de révéler l'originalité et la complexité de chaque vignoble. Il devenait l'objet de toutes les attentions et le point de départ de nombreuses remises en causes… « Vos terroirs n'ont pas plus d'activité biologique que le Sahara », lançait Claude Bourguignon, microbiologiste des sols renommé, au début des années 1990 aux vignerons.

À cette époque, la grande majorité des vignes, y compris les grands terroirs bourguignons, bordelais ou champenois, était désherbée chimiquement. Depuis, la plupart des vignerons ont compris qu'un enherbement maîtrisé, ou un désherbage mécanique raisonné, permettait de respecter la vie microbiologique de leurs sols, ainsi qu'un enracinement plus profond des vignes. Que diminuer, voir bannir, les produits phytosanitaires pouvait aussi accessoirement protéger leur santé… Les fabricants de matériel se sont également aussi adaptés à la demande des viticulteurs en proposant des tracteurs plus légers, évitant le tassement des sols, ou encore des pulvérisateurs plus précis permettant d'optimiser les traitements et la réduction des produits utilisés.

Quelques vignerons, encore marginaux il y a une vingtaine d'années, réticents face à une vision purement productiviste de l'agriculture, se sont tournés vers une alternative plus « radicale » : la viticulture biologique. Cette dernière a été officiellement reconnue par les pouvoirs publics français au milieu des années 1980, avant d'être régie par un règlement européen en 1991.

Le principe de base de l'agriculture biologique est de bannir tout produit chimique de synthèse. Si les rangs des « bios » se sont étoffés et structurés notamment à la suite de la crise de la vache folle (dans les années 1990), le nombre d'entre eux certifiés selon le cahier des charges mis en place (qui donne droit à l'utilisation du logo AB) est très longtemps resté inférieur à 1 %. Il a explosé au cours de la dernière décennie : les surfaces ont été quasiment multipliées par trois. En 2023, près de 22 % du vignoble français était conduit en bio, restant une des rares filière agricole à continuer sa conversion à un rythme assez soutenu.

Une autre pratique alternative s'est également fait un nom dans le vignoble : la biodynamie. Elle rejoint la viticulture biologique dans son refus des produits chimiques de synthèse ; elle s'en éloigne en délaissant le rationalisme scientifique, lui préférant une forme d'ésotérisme. Il s'agit de prendre en compte l'influence des corps célestes sur les cultures et la terre, suivant le credo pseudo-scientifique de l'occultiste allemand Rudolf Steiner. Les vignerons pensent alors la Terre comme un être-vivant à part entière, dont il faut respecter le rythme et l'individualité spirituelle. Les biodynamistes planifient ainsi leurs travaux en fonction des cycles lunaires, des positions des constellations, mais aussi du moment de la journée. Le recours aux préparations à base végétale, animale, voire minérale (quartz broyé), est également courant sur les vignes, visant à rendre le sol et la plante de nouveau réceptifs aux influences de la Terre et du ciel et à recréer des liens harmonieux avec la nature.

Cette approche s'est notamment faite connaître par l'entremise notable de Nicolas Joly, propriétaire de la Coulée de Serrant, à côté d'Angers. Il y cultive ses vignes selon les principes de la viticulture biodynamique depuis le début des années 1980. Si le monde scientifique n'a pas pu en prouver pour l'heure ni la véracité ni l'efficacité, il reste que la biodynamie fascine et se développe. D'autant que de nombreux grands domaines français, ou étrangers, s'en revendiquent.

Le succès des labels bio va faire germer d'autres initiatives comme le référentiel de viticulture raisonnée « Haute Valeur Environnementale ». Né en 2012, ses ambitions environnementales, bien moindres que le cahier des charges bio, ne convainc pas les associations de consommateurs ou les vignerons bio, qui y voient une façon de faire bonne figure à bon compte.

De nombreux domaines, sans aller jusqu'au bio, à la biodynamie ou au HVE, ou s'en réclamer officiellement, pratiquent de plus en plus des méthodes respectueuses des écosystèmes, privilégiant les vendanges manuelles, les chevaux de trait, parfois les poules (pour la lutte contre les mauvaises herbes et certains nuisibles), laissant une partie des terres en jachères, se faisant ainsi passerelle de la biodiversité. En bref, s'est fait jour en 40 ans, et largement, une volonté grandissante de respecter l'environnement dans le monde de la viticulture : c'est à souligner et à saluer.

« Vin méthode nature »

Cette dernière décennie a également vu la montée en puissance des vins dits « natures ». Lointains héritiers de la Révolte des vignerons de 1907, qui réclamait déjà à l'époque moins d'additifs, des producteurs visent à ne pas, ou très peu, utiliser d'intrants lors de la vinification, en particulier de soufre. S'en passer reste toutefois périlleux aux vues des risques d'oxydation ou de dégradation microbiologique qu'encourent les vins pendant leur transport ou leur stockage. Longtemps restés flous, les termes « vin nature » ou « vin naturel » sont depuis mars 2020 encadrés par un cahier des charges officiel. Ils bénéficient d'une définition et d'un label, « vin méthode nature », et doivent préalablement être issus de la viticulture bio ou biodynamique. Autant de démarches louables, qui illustrent le foisonnement des initiatives en termes de viticulture et d'œnologie, mais dont la multiplicité peut s'avérer difficilement lisible pour le consommateur.

Tri, thermorégulation… les évolutions en cave

Qualitativement, tout commence à la vigne, affirme en substance tout vigneron lucide. Certes, mais la montée en gamme des vins français n'aurait atteint le niveau que l'on connaît aujourd'hui sans quelques évolutions marquantes également dans les caves. La plus spectaculaire de ces 40 dernières années réside sans doute dans la réception et le tri des raisins avant vinification. Des dispositions qui ont ouvert la chasse aux fruits atteints de pourriture ou manquants de maturité. Sans aller jusqu'à faire l'apologie des tables de tri optique, à plusieurs dizaines de milliers d'euros pièce, qui éliminent la moindre baie douteuse, les technologies mises en œuvre aujourd'hui pour produire des grands vins, rouges en particulier, offrent des gages de qualité même en cas de millésime compliqué. Il y a une trentaine d'années, la présence d'une simple table sur laquelle les raisins étaient poussés à la main constituait un « luxe » que seuls quelques domaines prestigieux se permettaient. Depuis, les tables de tri à tapis roulant, puis équipées d'un plateau vibrant, ont fait leur apparition au pied des cuves.

Beaucoup de caves sont également dotées de machines capables d'égrapper les raisins par un égrenage en douceur et à « haute fréquence ». Au sortir, de véritables « petites billes » prêtes à finir leur parcours dans les cuves. L'objectif est de vinifier des raisins les moins triturés, les moins chahutés possible. Le gage d'une préservation de leur potentiel aromatique et gustatif. Révolu le temps où les raisins étaient foulés, pour ne pas dire écrasés, malaxés, pompés, pour arriver informes à destination. Il faut ajouter à cela la généralisation des cuves thermorégulées qui permettent d'accompagner les fermentations, de préserver le fruit, sa fraîcheur et d'éviter d'éventuelles déviations microbiologiques.

Sélection drastique des raisins et respect de leur intégrité, les vins ont largement gagné en pureté d'expression du fruit, mais aussi en amabilité en bouche. Suivant cette évolution, les consommateurs se détournent des vins présentant de la dureté tannique.

Changement climatique : mais où va le monde (du vin) ?

Une autre évolution intéressante à noter dans le verre est celle de la teneur en alcool : en une vingtaine d'années, elle a augmenté de 2°. Il semble bien loin le temps de vins frais à 12,5°… La norme semble aujourd'hui plutôt du côté des 14, voire des 15° ! En cause : le changement climatique. Mais en plus du manque d'eau, des canicules et autres sécheresses, les vignerons ont aussi à gérer, à l'inverse, de fortes précipitations, des épisodes impromptus de gel ou de grêle. Cette instabilité, couplée à celle d'un débourrement de plus en plus précoce (en moyenne, deux à trois semaines plus tôt qu'il y a 40 ans), a pour conséquence un déséquilibre en bouteille qui se ressent, en plus de l'augmentation des degrés d'alcool, par un déficit d'acidité et un sucre trop présent. Un bel exercice d'équilibriste pour vignerons et œnologues.

Une récente étude menée par l'INRAE, Bordeaux Sciences Agro, le CNRS, l'université de Bordeaux et l'université de Bourgogne a montré qu'environ 90 % des régions viticoles côtières et de basse altitude du sud de l'Europe et de la Californie risquent de perdre leur aptitude à produire du vin de qualité d'ici la fin du siècle si le réchauffement global dépasse +2 °C. A l'inverse, le réchauffement climatique profite (et profitera) aux régions plus froides et septentrionales. Ne plante-t-on pas en Bretagne ? Le malheur des uns…

En définitive, le visage du monde du vin s'est profondément transformé ces quatre dernières décennies. Et d'autres changements sont déjà en germe. Sous l'effet de consommateurs dont les goûts et habitudes ne manqueront pas de continuer à évoluer, mais aussi sous l'effet du défi qu'est celle de l'adaptation au réchauffement climatique. Un changement des cépages, des modes de conduites de la vigne, des pratiques œnologiques sont déjà à l'œuvre et sont devenues indispensables. De nombreux chercheurs et de multiples initiatives scientifiques sont aussi mobilisés, à l'image du projet LACCAVE de l'INRAE, avec pour but d'étudier les impacts du changement climatique sur le long terme et de penser les (nécessaires) adaptations du secteur viti-vinicole français.

Il est à parier que les vignerons de demain, et déjà ceux d'aujourd'hui, devront beaucoup à la recherche, entre détection en amont des maladies (conséquences inévitables de pluies de plus à plus abondantes couplées à la hausse des températures), ou encore dans l'anticipation même des variations climatiques.

S'agira-t-il, pour la vigne de 2050, de grimper de plus en plus dans le nord de la France ? Plus loin encore ? Pourra-t-elle se reposer sur d'éventuelles innovations technologiques en plus du « bon sens vigneron » ? La pertinence de ces solutions déterminera la pérennité de la civilisation du vin telle qu'elle prospère depuis plusieurs millénaires. Faisons le pari que la détermination, le savoir-faire et la résilience des vignerons français continueront de faire vivre la vigne et le vin, et que le Guide Hachette des Vins de 2065 s'en fera toujours l'écho.

LE GUIDE HACHETTE DES VINS : MODE d'EMPLOI

Quels vins sont dégustés ?

Chaque édition est entièrement nouvelle : les vins sélectionnés ont été dégustés dans l'année. Le Guide remet ainsi tous les ans les compteurs à zéro pour déguster le dernier millésime mis en bouteilles. Le vin n'étant pas un produit industriel, chaque nouveau millésime possède des caractéristiques propres. Un producteur peut avoir très bien réussi une année et moins bien la suivante… ou l'inverse ! De plus, chaque année, de nouveaux producteurs s'installent ou arrivent aux commandes de domaines existants. Le Guide vous fait découvrir les meilleurs d'entre eux.

Comment les vins sont-ils dégustés ?

Les vins sont dégustés à l'aveugle. Les dégustateurs ne connaissent ni le nom du producteur, ni celui du vin ou de la cuvée qu'ils goûtent. Cela leur permet de s'affranchir de paramètres subjectifs, tels que la notoriété du domaine ou l'esthétique de l'étiquette. Les jurés connaissent seulement l'appellation et le millésime qu'ils jugent.

Qui déguste les vins ?

Les dégustateurs sont des professionnels du monde du vin (œnologues, négociants, courtiers, sommeliers…). Ils possèdent tous les repères pour juger de la qualité d'un vin et maîtrisent le vocabulaire de la dégustation, ce qui leur permet de bien décrire les vins et donc d'apporter au lecteur l'information la plus complète possible.

Comment sont notés les vins ?

Les vins sont décrits (couleur, qualités olfactives et gustatives) et notés par les jurés sur une échelle de 0 à 5.

Note du dégustateur	Qualité du vin	Note finale du vin
0	vin à défaut	éliminé
1	petit vin ou vin moyen	éliminé
2	vin réussi	éliminé
3	vin très réussi	★
4	vin remarquable	★★
5	vin exceptionnel	★★★

Les notes doivent être comparées au sein d'une même appellation. Il est en effet impossible de juger des appellations différentes avec le même barème.

Pourquoi certaines étiquettes sont-elles reproduites et non les autres ?

L'étiquette signale un coup de cœur ♥ décerné à l'aveugle par les jurys à une cuvée. Elle est reproduite librement, sans qu'aucune participation financière directe ou indirecte ne soit demandée au producteur concerné. De même, la présentation des vins aux dégustations du Guide par les producteurs est entièrement gratuite.

Pourquoi certains vins ne sont-ils pas dans le Guide ?

Des vins connus, parfois même réputés, peuvent être absents de cette édition : soit parce que les producteurs ne les ont pas présentés, soit parce qu'ils ont été éliminés.

À quoi correspondent les durées de garde indiquées dans les notices ?

Ces temps de garde sont donnés par les dégustateurs, sous réserve de bonnes conditions de conservation, et sont indicatifs. Ils ne correspondent en aucune façon à une « date limite de consommation », mais au moment où l'on estime que le vin peut commencer à être bu pour être apprécié pleinement (apogée). Certains vins gardent en effet toutes leurs qualités des années après avoir atteint leur apogée (on parle alors de longévité).

Et le plaisir dans tout cela ?

Nous n'oublions pas que le vin est fait pour être bu à table, en bonne compagnie, et qu'une bouteille raconte une histoire qui dépasse le cadre strict de la dégustation technique. C'est pourquoi, une fois la dégustation terminée et l'anonymat levé par nos équipes, le Guide prend plaisir, pour chaque vin retenu, à parler des hommes et des femmes qui le font, des terroirs et des paysages, des meilleurs moments pour le découvrir et des plats pour le mettre en valeur.

AVERTISSEMENTS

• La dégustation à la propriété est bien souvent gratuite. On n'en abusera pas : elle représente un coût non négligeable pour le producteur qui ne peut ouvrir ses vieilles bouteilles.

• Les amateurs qui conduisent un véhicule n'oublieront pas qu'ils ne doivent pas boire le vin, mais le recracher comme le font les professionnels. Si des crachoirs ne sont pas spontanément proposés dans les caves, vous pouvez en demander.

• Les prix présentés sous forme de fourchette (pour les vins, gîtes ruraux et chambres d'hôtes) sont soumis à l'évolution des cours et donnés sous toutes réserves.

• Le pictogramme V signale les producteurs pratiquant la vente à la propriété. Toutefois, certains vins sélectionnés ont parfois une diffusion quasi confidentielle. S'ils ne sont pas disponibles au domaine, nous invitons le lecteur à les rechercher auprès des cavistes (en ville ou en ligne), des grandes surfaces et des négociants, ou sur les cartes des restaurants.

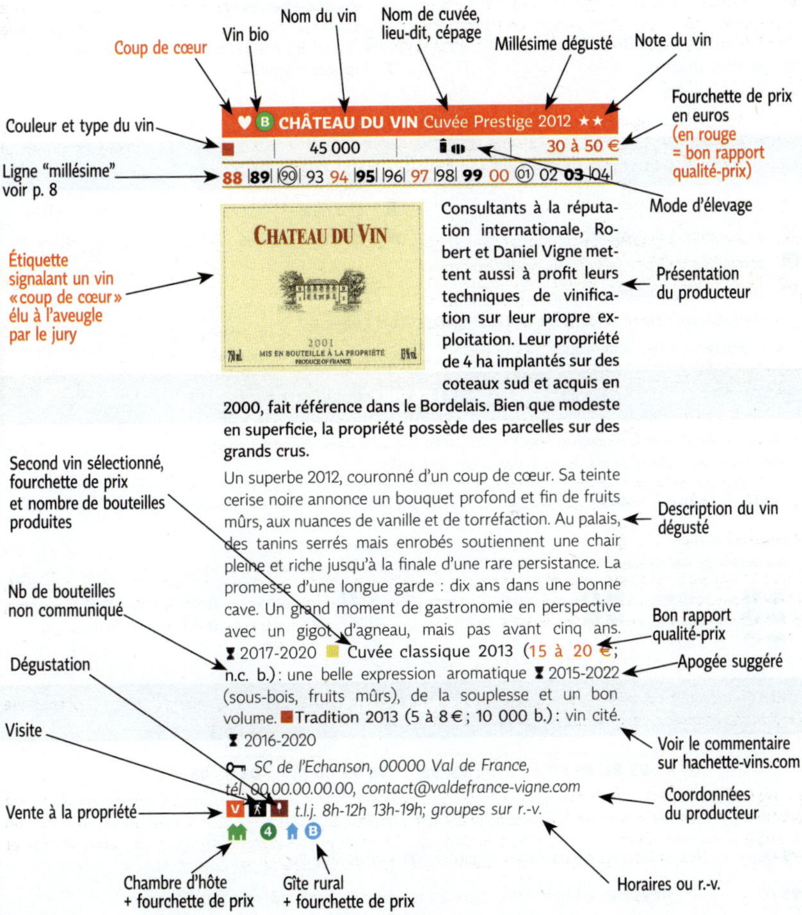

SYMBOLES UTILISÉS DANS LE GUIDE

LES VINS

La reproduction d'une étiquette et le symbole ♥ signalent un « coup de cœur » décerné à l'aveugle par les jurys.

★★★ vin exceptionnel

★★ vin remarquable

★ vin très réussi

2009 millésime ou année du vin dégusté

- Ⓑ vin biologique
- ■ vin blanc sec tranquille
- ■ vin blanc doux tranquille
- ■ vin rouge tranquille
- ■ vin rosé tranquille
- ● vin blanc effervescent
- ● vin demi-sec effervescent
- ● vin rosé effervescent

50 000, 12 500... nombre moyen de bouteilles du vin présenté

- élevage en cuve
- élevage en fût
- ⧗ apogée suggéré

LES PRODUCTEURS

- V vente à la propriété
- dégustation à la propriété
- conditions de visite (r.-v. = sur rendez-vous)
- adresse du producteur
- nom du propriétaire, si différent de celui figurant dans l'adresse
- n.c. information non communiquée
- gîte rural
- chambres d'hôtes

LES PRIX

• Les prix (prix moyen de la bouteille en France par carton de 12) sont donnés sous toutes réserves.
L'indication de la fourchette de prix **en rouge signale un bon rapport qualité/prix**.

- 5 €	5 à 8 €	8 à 11 €	11 à 15 €	15 à 20 €	20 à 30 €	30 à 50 €	50 à 75 €	75 à 100 €	+ 100 €

• Chambres d'hôtes

Prix moyen par nuit en haute saison

- ① = - de 50 €
- ② = 51 à 65 €
- ③ = 66 à 80 €
- ④ = 81 à 100 €
- ⑤ = + de 100 €

• Gîte rural

Prix moyen par semaine en haute saison

- Ⓐ = - de 300 €
- Ⓑ = 301 à 400 €
- Ⓒ = 401 à 500 €
- Ⓓ = 501 à 600 €
- Ⓔ = + de 600 €

LES MILLÉSIMES

(82) **83 85 |86| 89** |90| 91 92 93 **|95| |96|** 97 **98 99 00** (01) 02 **03** 04 **05**

83 01	les millésimes en rouge sont prêts (01 = millésime 2001)
99 05	les millésimes en noir sont à garder (05 = millésime 2005)
|95| |02|	les millésimes en noir entre deux traits verticaux sont prêts pouvant attendre
83 95	les meilleurs millésimes sont en gras
(90)	les millésimes exceptionnels sont dans un cercle

Les millésimes indiqués n'impliquent pas une disponibilité à la vente chez le producteur. On pourra les trouver aussi chez les cavistes ou les restaurateurs.

OÙ **ACHETER ?**

Grandes surfaces, cavistes traditionnels ou en ligne, salons, enchères... Les lieux et les modes d'achat n'ont jamais été aussi nombreux, et Internet a changé la donne en multipliant les offres et les possibilités. Chaque circuit a des avantages et des inconvénients. Tout dépend de vos priorités.

L'ACHAT EN LIGNE

L'achat sur Internet est en pleine expansion. La toile est en quelque sorte la plus grande cave du monde. Près d'un Français sur trois a déjà acheté du vin sur le web.

Les avantages

Praticité : on commande de chez soi, on peut souvent panacher les vins et on est livré à domicile.

Offre multiple : on peut se procurer des vins non seulement auprès des cavistes en ligne, mais aussi auprès des boutiques virtuelles, des vignerons, des négociants, des coopératives, des grandes enseignes et des cavistes traditionnels, des revues et des guides.

Comparaison des prix facilitée.

Les inconvénients

Documentation souvent touffue ou parfois inexistante.

Les frais de port et les délais de livraison : ils peuvent être une source de mauvaises surprises. Renseignez-vous avant de commander...

La fiabilité du vendeur : elle peut être sujette à caution. Informez-vous dans la presse et sur les forums avant de passer à l'achat.

LE CAVISTE

Détaillant du vin, souvent installé dans les centres-villes, le caviste indépendant visite les vignobles pour garnir ses rayons. Le caviste succursaliste, lui, est affi lié à une chaîne de magasins et se fournit auprès d'une centrale d'achat.

Les avantages

Le conseil : les cavistes sont souvent des passionnés.

La dégustation : les cavistes ont souvent à coeur d'organiser des animations autour de vins.

Des cuvées originales : on peut y découvrirdes vins provenant de petites propriétés, des vins bio et parfois des vins nature intéressants.

Les inconvénients

Des prix souvent plus élevés qu'en grande surface, puisque le détaillant achète en quantité limitée. Les petites propriétés auprès desquelles ils se fournissent livrent elles aussi de petits volumes.

Les sélections : certains cavistes privilégient les régions viticoles qu'ils apprécient au détriment des autres.

LES CLUBS DE DÉGUSTATION

Ils sont souvent proposés par des négociants ou des cavistes.

Les avantages

Découverte de vins originaux et de qualité sans passer trop de temps en recherches.

Les inconvénients

Une offre malgré tout assez fermée.

LES VENTES AUX ENCHÈRES

Les avantages

La disponibilité de vieux millésimes et de crus rares. Les enchères sont aujourd'hui possibles par Internet.

Les inconvénients

La conservation des bouteilles : renseignez-vous sur leur état (niveau du vin dans la bouteille), leurs conditions de stockage, leur historique. Faites appel à un expert. Mise de fond importante : les achats se font généralement par lot, et les vins cultes sont souvent inabordables.

L'ACHAT À LA PROPRIÉTÉ

S'il demande du temps, l'achat à la propriété est un plaisir pour l'amateur : il donne l'occasion de rencontres et de découvertes, et permet de s'initier à l'élaboration du vin de façon vivante et sympathique.

Les avantages

La dégustation : goûter avant d'acheter, c'est l'idéal ! Nous avons dit « goûter » (il faut recracher !)

La compréhension du vin : un homme vous parle de son métier et de ses vins.

La découverte d'une région, de ses paysages : pour apprendre la géographie de façon ludique.

La possibilité de suivre un vin, millésime après millésime.

Les inconvénients

Les prix ne sont souvent pas moins élevés en vente directe : le producteur veille à ne pas concurrencer ses autres clients (les négociants).

La distance et le repérage de l'exploitation en pleine campagne. La disponibilité du producteur et les horaires de visite : il faut souvent prendre rendez-vous.

LES SALONS

Les producteurs de vins viennent périodiquement en ville à la rencontre de leurs clients. C'est l'occasion pour le consommateur de voir une offre très large.

Les avantages

La dégustation : goûter avant d'acheter, c'est l'idéal !

La compréhension du vin : un homme vous parle de son métier et de ses vins.

Les inconvénients

La difficulté à se repérer dans le salon : préparez votre parcours et évitez les heures d'affluence.

LES GRANDES SURFACES

Près de 80 % des vins sont achetés en grandes surfaces, car le supermarché ou l'hypermarché est souvent le seul lieu d'achat de vins pour les consommateurs éloignés des centres urbains et des vignobles.

Les avantages

La praticité : tous les éléments du repas peuvent être achetés sur place.

L'importance de l'offre : environ 800 références sont disponibles en hypermarché.

Des prix resserrés : les enseignes achètent de gros volumes et ont des marges de négociation.

Des foires aux vins : en septembre-octobre, les enseignes proposent plus de crus de prestige qu'à l'ordinaire, notamment en bordeaux ; au printemps, elles mettent en avant les vins à boire l'été (vins rosés, vins blancs secs et vins rouges fruités notamment).

Parfois des bornes interactives et des applications numériques mises à disposition.

Les inconvénients

Pas de conseil, sauf parfois en période de foire aux vins.

Indications sommaires dans les rayons (couleur et types de vins, parfois régions).

Les volumes importants et constants sont privilégiés : les régions de petites propriétés (Bourgogne, Alsace, Corse...) sont peu présentes. On trouve souvent beaucoup de vins de négoce et de coopérative et peu de vins haut de gamme en dehors des foires aux vins.

Les marques de distributeurs

Ce sont les marques de la grande distribution, qui se fournissent en général auprès des négociants et des coopératives. Il s'agit souvent de vins d'entrée de gamme, dont l'origine est souvent indiquée en petits caractères sur la contre-étiquette.

DES **CONTENANTS** ET DES **CONTENUS**

Non, nous n'allons pas vous encombrer l'esprit avec le Nabuchodonosor de 15 litres équivalant à 20 bouteilles de champagne, et avec toute la kyrielle de flacons aux noms de rois très antérieurs aux Mérovingiens. Les noms sont compliqués à prononcer, les bouteilles peu maniables. Examinons plutôt les contenants que nous avons tous les jours sous les yeux en magasin. Ces contenants donnent quelques indices sur le contenu.

La bordelaise

Caractéristiques : cylindrique avec des épaules carrées, idéale pour retenir les dépôts de vins tanniques.

Régions : Bordelais, Sud-Ouest, Provence, Languedoc-Roussillon (parfois) et vignobles produisant des vins tanniques, dans l'Ancien et le Nouveau Monde.

La champenoise

Caractéristiques : une bouteille lourde pour résister à la pression du gaz carbonique qui produit les bulles au débouchage. Le plus souvent, elle est sombre, la lumière altérant rapidement ce type de vin (le coffret est utile).

Régions : toutes les régions produisant des vins effervescents.

La flûte d'Alsace

Caractéristiques : modèle officiel et exclusif des vins d'Alsace.

La bourguignonne

Caractéristiques : épaules tombantes.

Régions : Bourgogne, Beaujolais, vallée du Rhône, Centre-Loire (Sancerre), pinot noir et chardonnay du Nouveau Monde.

Le clavelin jurassien

Caractéristiques : une forme trapue et une contenance de 62 cl. Modèle exclusif pour le vin jaune.

Régions : Jura

La bouteille de muscadet

Caractéristiques : bouteille élancée.

Régions : Pays nantais. De forme un peu différente, les bouteilles de vins d'Anjou sont également élancées.

La provençale

Caractéristiques : une forme cintrée. Un des modèles pour les vins de Provence.

Régions : Provence

Des indices tout relatifs.

Si certaines bouteilles sont réservées à des régions (Alsace, Jura) ou appellations, les producteurs ont de plus en plus de liberté dans le choix des contenants. Les aires d'emploi de ces bouteilles sont très vastes, dépassant la région.

Les **bouchons**

Synthétiques : peu élastiques, difficiles à remettre. Pour les vins à boire sans délai.

En liège aggloméré : peu qualitatifs, vins à boire jeunes.

Liège plein : pour les vins de qualité; très longs pour les vins de garde. Des qualités d'élasticité mais un risque de goût de bouchon.

Bouchons Diam : faits à partir de granules de liège traités selon une technologie brevetée qui permet d'extraire du liège des molécules responsables de mauvais goûts.

Capsule à vis : répandue dans l'hémisphère sud ; parfois utilisée pour les blancs et les vins à boire jeunes en Europe. Évite le goût de bouchon… et l'usage du tire-bouchon.

Les **formats** les plus répandus

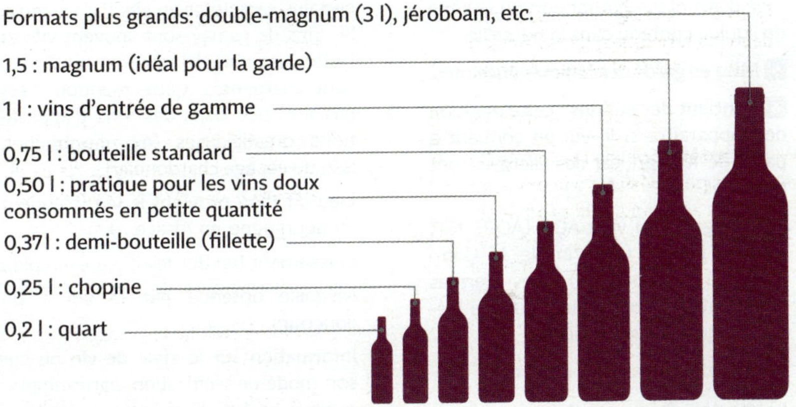

Le Bag-in-Box ou fontaine à vins

Le principe : un emballage composé d'une poche souple en plastique multicouche, d'une boîte en carton avec une poignée de transport et d'un robinet. Le robinet empêche l'air de rentrer et la poche souple se rétracte après le service : le vin ne s'oxyde pas.

Les avantages : la durée de conservation de 6 semaines après ouverture. Idéal pour une consommation quotidienne en petite quantité et aussi pour organiser des buffets en libre-service.

Les inconvénients : ne sont proposés en Bib que des vins d'entrée ou de moyenne gamme (AOC régionales, vins IGP...).

QUE DIT L'ÉTIQUETTE ?

L'étiquette est une carte de visite et un certificat d'authenticité du vin. C'est aussi son enseigne publicitaire. Elle est souvent complexe, avec des mentions obligatoires, des mentions facultatives et des mentions libres. La décrypter permet d'avoir un premier aperçu du contenu de la bouteille, même si le vin réserve toujours des surprises.

LES MENTIONS OBLIGATOIRES

1 Nom et adresse de l'embouteilleur : il est responsable du vin.

2 Numéro de lot.

3 Volume : contenance de la bouteille.

4 Degré d'alcool : il indique le pourcentage d'alcool pur par rapport au volume de liquide contenu dans la bouteille.

5 Mise en garde des femmes enceintes.

6 Contient des sulfites : cette mention doit apparaître si le vin en contient à partir de 10 mg/l, car des allergies sont possibles.

7 Catégorie du vin : AOC (AOP), IGP, Vin de France (ou Vin de la Communauté européenne). Ces termes indiquent la place du vin dans une hiérarchie qualitative officielle.

8 Pays de provenance du vin.

Le cas des effervescents

Sont obligatoires les mentions indiquant la teneur en sucre : du plus vif au plus doux, brut nature, extra-brut, brut, extra-dry, demi-sec, doux.

LES MENTIONS FACULTATIVES

9 Nom du domaine, du château ou marque : elle est cependant toujours présente, car elle identifie le vin et son propriétaire.

10 Millésime : l'année de récolte influe sur la qualité du vin. Notez que 15 % du vin peuvent provenir d'une autre année de récolte.

D'AUTRES MENTIONS UTILES

Indication du ou des cépage(s) (variété de vigne) à l'origine du vin. Il transmet certains caractères au vin. Par exemple, les vins de gamay sont souvent vifs et fruités, les vins de cabernet-sauvignon sont charpentés. Cette mention n'est pas indiquée dans des vins d'appellations prestigieuses (ex. montrachet, issu du cépage chardonnay).

Lieu-dit d'où provient le vin (fréquent en Bourgogne, en Alsace…).

Classement (en Bordelais par exemple).

Médaille obtenue par le vin à un concours.

Information sur le style de vin ou sur son mode de vinification, par exemple : « élevé en fût de chêne », « doux », « vin gris », « crémant » ou « méthode traditionnelle » (vin effervescent de qualité élaboré selon la même méthode que le champagne), « vendanges tardives » (moelleux issu d'une récolte de raisins surmûrie, comme en Alsace), « sélection de grains nobles » (vin liquoreux issu de raisins touchés par la pourriture noble)…

Nom de la cuvée : cuvée du Grand-Père, cuvée Prestige, cuvée Pierre, Paul ou Jacques..., les vignerons donnent souvent un nom à leur vin qui l'identifie et qui renvoie (ou pas) à une information plus ou moins précise (nom d'un aïeul, d'un enfant, d'une parcelle...).

LES CATÉGORIES RÉGLEMENTAIRES DE VINS

Beaucoup de vins tirent leur nom et leur réputation du lieu géographique d'où ils naissent. C'est le sens de l'appellation. Il en existe aujourd'hui dans le monde entier.

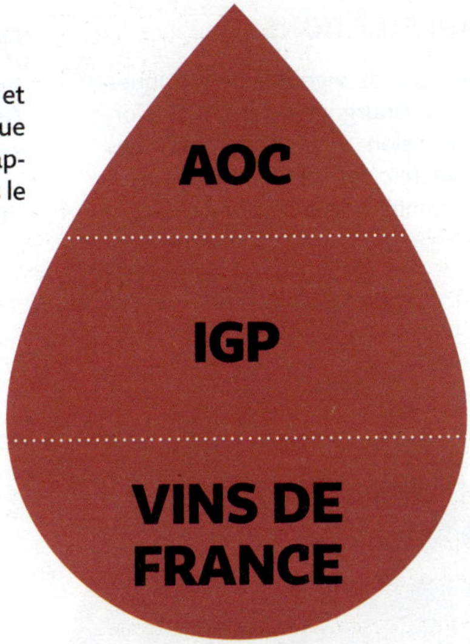

L'Appellation d'Origine Contrôlée

(env. 60 % des volumes en France) : le sommet de la hiérarchie officielle des vins (appelée aussi AOP : appellation d'origine protégée).

- L'AOC garantit une origine et un style de vin.
- Terme toujours accompagné d'un nom géographique (Bourgogne, Bordeaux…)
- Aire géographique délimitée selon les aptitudes viticoles du terroir (sol, pente, microclimat).
- Cahier des charges très précis à la vigne et au chai traduisant des « usages locaux et constants » (cépages locaux, taille de la vigne, culture, élaboration des vins…).

Indication Géographique Protégée

(env. 33 % des volumes en France), anciennement « vins de pays ».

- Terme toujours accompagné d'un nom géographique : Pays d'Oc, Côtes de Gascogne, Côte Vermeille...
- Aire géographique délimitée (souvent plus large que les AOC).
- Cahier des charges moins contraignant que pour les AOC (liste de cépages souvent large, moins de contraintes culturales à la vigne).

Les Vins de France

(env. 7 % des volumes) étaient anciennement appelés « vins de table ».

- L'échelon de base de la production viticole.
- France : simple provenance (le vin peut provenir d'un mélange de plusieurs vignobles français).
- Peu de contraintes : sont seulement proscrites les pratiques œnologiques interdites par l'Union européenne.
- Vins standard ou au contraire vins de vignerons « hors normes », « vins d'auteur ».

LA HIÉRARCHIE DES APPELLATIONS

Dans les grands vignobles historiques comme la Bourgogne, les AOC s'ordonnent selon une hierarchie. Les moins vastes, les plus prestigieuses, sont au sommet de la pyramide.

Qu'est-ce qu'un cru classé ?

En Bordelais, il s'agit d'un château (d'une propriété) inscrit dans un classement. En Bourgogne et en Alsace, il s'agit d'un terroir délimité pour sa qualité (1er cru, grand cru).

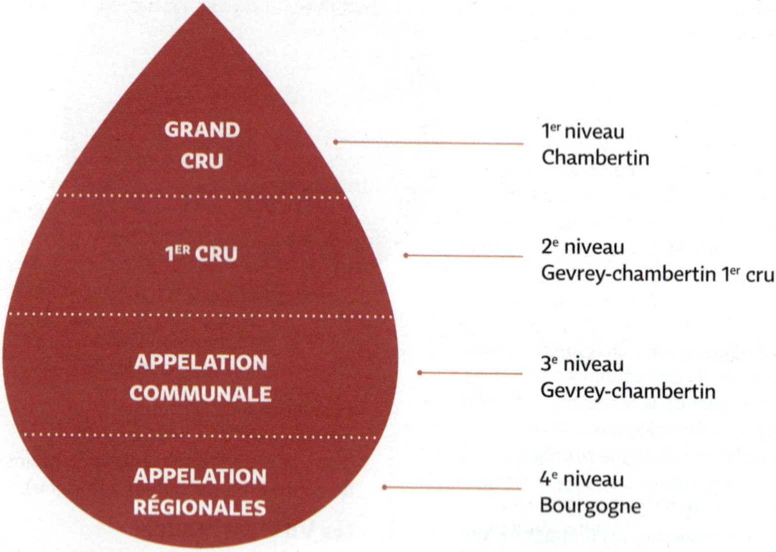

LE VIN BIO

Il s'agit d'un vin issu de l'agriculture biologique et vinifié selon un cahier des charges spécifique.

• Au vignoble, aucun produit chimique de synthèse, insecticide ou désherbant, pas d'OGM.

• Au chai, le vigneron doit suivre un cahier des charges défini par l'Union européenne (dose de soufre plus faible, pratiques interdites).

• Le domaine peut prétendre à la mention sur l'étiquette après une période de conversion du vignoble de 3 ans.

• Le logo européen peut être apposé et le numéro de l'organisme certificateur chargé des contrôles est obligatoire si la mention bio est revendiquée.

• Le logo français AB est facultatif.

Le vin nature

Cette mention indique qu'il s'agit d'un vin bio sans aucun additif ou presque (notamment pas de soufre ajouté). Il n'existe pas pour l'heure de cahier des charges.

DÉGUSTER
LE VIN

La dégustation fait appel à la vue, à l'odorat puis au goût. Le toucher intervient aussi, qui perçoit la température du vin, la chaleur de l'alcool, l'austérité ou le velouté des tanins, le gaz des effervescents. Même l'ouie participe souvent au plaisir de l'amateur, avec le « ploc » du bouchon que l'on extrait ou le friselis des bulles des vins effervescents.

LA ROBE DU VIN : LA COULEUR

La robe, c'est la couleur du vin, et aussi son intensité et sa limpidité. Les nuances de la robe peuvent vous donner une indication sur l'âge du vin et sur son profil. Elles tiennent au cépage (la syrah donne des vins rouges colorés, le gamay des vins plus clairs) ; elles traduisent aussi le degré de vieillissement ou évolution du vin (reflets violets des vins rouges jeunes, reflets brique des vins rouges âgés, reflets verts des vins blancs jeunes qui foncent avec l'âge). Le vin laisse aussi parfois sur les parois du verre des larmes (ou jambes) qui traduisent la présence de glycérol, un composé visqueux au goût sucré qui donne au vin son onctuosité, son « gras ».

Vins rouges légers et fruités

Reflets violets pour les vins jeunes

Vins blancs toniques et fruités et vins blancs jeunes

Jaune-vert

Vins rouges puissants et charpentés

Reflets violets

pour les vins jeunes

Vins blancs étoffés et ronds

Jaune paille

Certains vins rouges doux et vins rouges âgés

Reflets brique

Vins blancs doux ou vins blancs secs trop vieux

Jaune orangé

Rosés clairet

Rose grenadine

presque rouge

Rosés gris

Rose très pâle aux reflets argentés

Le nez du VIN : les **ARÔMES**

On parle de « nez du vin » : ce sont les parfums que l'on perçoit en respirant le vin. Lorsqu'on agite le verre, le vin s'aère et révèle de nouveaux arômes. L'examen au nez révèle parfois aussi des défauts, comme le rédhibitoire goût de bouchon. Les dégustateurs identifient les arômes par analogie et les classent par familles : arômes fruités, floraux, végétaux, épicés, minéraux...

LES PRINCIPALES FAMILLES D'ARÔMES

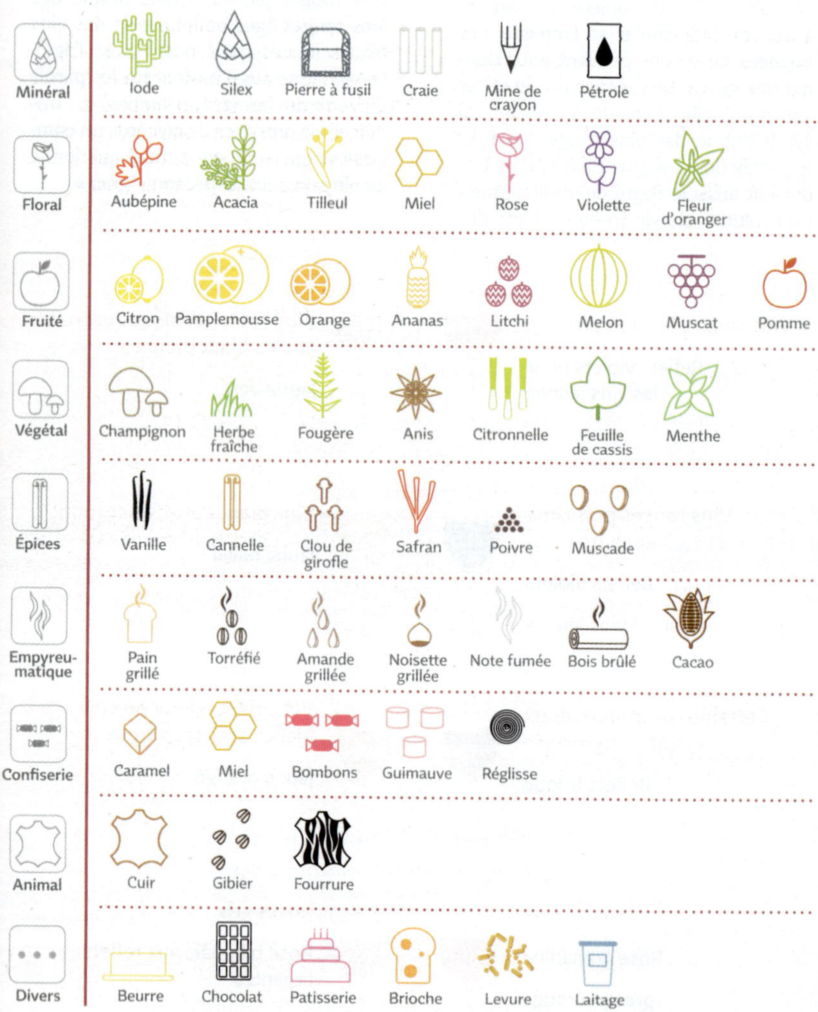

LES SENSATIONS EN BOUCHE

C'est en bouche que l'on apprécie vraiment la qualité et l'harmonie d'un vin. Les dégustateurs décomposent en étapes la perception du vin au palais (synonyme de bouche), parlant de l'attaque (premières sensations), du milieu de bouche et de la finale (dernières sensations).

Le vin en bouche doit donner une sensation d'équilibre entre les saveurs, dont les principales sont l'acidité, la douceur, l'amertume et parfois, le salé.

L'acidité, présente dans tous les vins, domine nettement dans les vins blancs secs toniques et fruités.

La douceur (le sucré) n'est présente que dans les vins doux. Toutefois, l'alcool, qui n'est autre que du sucre transformé par la fermentation, donne une impression de rondeur presque moelleuse. Et parfois chaleureuse.

Les tanins sont présents dans les vins rouges – dans une moindre mesure dans ceux qui sont légers et fruités. Ils donnent une légère amertume (un côté granuleux) aux vins jeunes et une sensation d'astringence qui laisse la bouche sèche. C'est pourquoi il faut laisser vieillir les vins charpentés et tanniques pour que leurs tanins s'arrondissent.

Les saveurs en bouche : en bouche, le vin diffuse aussi en s'échauffant de nouveaux arômes, perçus par voie rétronasale. Si ces arômes sont multiples, on parle de complexité. S'ils se prolongent, on parle de longueur ou de persistance : autant de qualités.

Le vocabulaire des sensations en bouche

LES DEGRÉS DE L'ACIDITÉ

Manque	Satisfaisant			Excès
plat, mou	tendre	frais, vif	nerveux	vert, mordant, agressif

Un vin vif : le bourgogne aligoté

LES DEGRÉS DU SUCRÉ

Absence	Satisfaisant			Excès
sec	tendre, souple	doux, moelleux	liquoreux	lourd, pommadé, sirupeux

Un vin doux : le sauternes

LES DEGRÉS DE LA PUISSANCE ALCOOLIQUE

Manque	Satisfaisant			Excès
pauvre, mince	léger	généreux, vineux	puissant, chaleureux, capiteux	alcooleux, brûlant

Un vin chaleureux : le châteauneuf-du-pape

LA PRÉSENCE DES TANINS (VINS ROUGES)

Faible présence	Présence harmonieuse			Présence excessive
gouleyant, souple	soyeux, velouté, fondu	construit, structuré	charpenté, tannique, solide, viril	rustique, anguleux, grossier, astringent, âpre, séchant, dur, acerbe

Un vin tannique : le pauillac

Simplifions le vin : le vin en **10 PROFILS**

Il existe plus de 400 appellations en France et de nombreux vins en IGP, liés eux aussi à une zone géographique. Nous les avons classés en 4 types et 10 profils.

Type	Robe	Équilibre (sensations en bouche)	Exemples
Vins rouges légers et fruités		Forte présence de l'acidité (fraîcheur)	Beaujolais Anjou-gamay
Vins rouges charnus et fruités		Présence mesurée des tanins	Saumur-champigny Bergerac
Vins rouges puissants et charpentés		Forte présence des tanins (impression de charpente)	Pauillac Pommard Côte-rôtie
Vins rouges solaires et épicés		Forte présence de l'alcool	Châteauneuf-du-pape Bandol
Vins rouges doux		Forte présence de l'alcool et du sucre	Rivesaltes Banyuls Maury
Vins rosés		Forte présence de l'acidité (fraîcheur), parfois douceur	Côtes-de-provence Tavel
Vins blancs toniques et fruités		Forte présence de l'acidité (fraîcheur)	Sancerre Chablis
Vins blancs étoffés et ronds		Acidité tempérée par une certaine présence de l'alcool	Meursault Condrieu
Vins blancs doux		Forte présence de la douceur (équilibrée par une sensation de fraîcheur)	Sauternes Alsace vendanges tardives Coteaux-du-layon
Vins effervescents		Forte présence de l'acidité (fraîcheur), douceur (pour les demi-secs et doux)	Champagne Crémants

Arômes dominants
Arômes fruités
Arômes fruités et floraux Arômes épicés (élevage en fût)
Arômes fruités et floraux Arômes épicés (si élevage en fût) Arômes de sous-bois
Arômes fruités et floraux Arômes épicés Arômes de sous-bois
Style Vintage Style Tawny
Arômes de vins blancs Arômes de vins rouges
Arômes fruités et floraux Arômes végétaux Arômes minéraux
Arômes fruités et floraux Arômes épicés Arômes lactiques Arômes de torréfaction (élevage en fût)
Arômes fruités et floraux (élevage en fût)
Arômes fruités et floraux (rosés) Arômes pâtissiers

QUAND **BOIRE** LE VIN ?

La plupart des vins listés dans cet ouvrage peuvent être débouchés sitôt achetés. Seuls font exception les vins rouges puissants et charpentés, riches en tanins. Ces tanins permettent une bonne conservation, mais donnent de la dureté aux vins jeunes. Les vins rouges légers et fruités, pauvres en tanins, sont agréables dès l'achat mais déclinent assez vite : la plupart doivent être débouchés dans les trois ans. Il en va de même de presque tous les blancs toniques et fruités, et de nombreux effervescents. Quant aux rosés, ils sont pour la plupart à boire dans l'année. De nombreux vins fort buvables dès l'achat ont un certain potentiel de garde : ils se bonifient durant plusieurs années (voir tableau).

Type	Consommation possible	Potentiel de garde
Vins rouges légers et fruités	Dès l'achat	2 à 3 ans
Vins rouges charnus et fruités	Après 3 ans de garde au moins 5 à 10 ans selon l'appellation et le millésime	5 à 10 ans
Vins rouges puissants et charpentés	Après 3 ans de garde au moins 5 à 10 ans selon l'appellation et le millésime	10 ans et + 20 ans et + pour les grands crus
Vins rouges solaires et épicés	Dès l'achat Après 2 à 3 ans selon l'appellation et le millésime	5 ans 20 ans pour certaines appellations et certains millésimes
Vins rouges doux	Dès l'achat (style tawny) Après 5 ans (style vintage)	20 ans (style tawny) 50 ans (style vintage)
Vins rosés	Dès l'achat	1 an (3 ans pour certains : tavel, bandol)
Vins blancs toniques et fruités	Dès l'achat	3 à 5 ans (la plupart) 10 ans (certains rieslings)
Vins blancs étoffés et ronds	Dès l'achat Après 2 à 3 ans selon l'appellation et le millésime	5 à 10 ans 15 ans pour les grands crus bourguignons
Vins blancs doux	Dès l'achat pour les moelleux légers	5 ans pour les moelleux légers 30 ans et + pour les liquoreux (sauternes, sélections de grains nobles)
Vins effervescents	Dès l'achat	5 ans 10 ans et + pour les champagnes millésimés

SERVIR LE VIN

Pour apprécier le vin à sa juste valeur, il faut le déboucher avec soin, le servir et le maintenir à la bonne température pour qu'il exprime tous ses arômes et montre un bel équilibre de saveurs. Vous servez plusieurs vins ? Pensez à l'ordre de service et n'oubliez pas la carafe d'eau.

DÉBOUCHER LA BOUTEILLE : LES TIRE-BOUCHONS

Cep de vigne

Maniement délicat : il perce le bouchon.

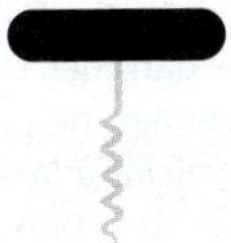

À levier

Pas très « pro », mais très pratique.

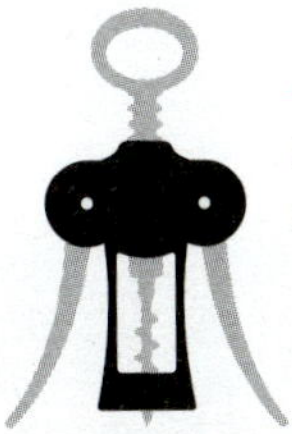

Limonadier

L'outil professionnel ; le petit levier permet de prendre appui sur le bord du goulot.

À vis sans fin

Le Screw pull ®

Impératif !

- Découpez la capsule en dessous de la bague du goulot.
- Ne percez pas le bouchon en enfonçant trop loin la vrille : cela peut déposer des morceaux de liège dans la bouteille.
- Débouchage du champagne : retirer la capsule, défaire le muselet (fil de fer torsadé) en maintenant le bouchon d'une main. Faire pivoter la bouteille en la saisissant par la base (c'est elle qui doit tourner). Ne pas laisser sauter le bouchon.

CHOISIR LE BON VERRE

Le verre tulipe

Muni d'un pied, il est resserré au col pour concentrer les senteurs. Sa contenance est de 35 à 45 cl.

La flûte à champagne

Afin de mettre en valeur les arômes, elle est préférable à la coupe qui provoque une disparition rapide des bulles. Elle ne doit pas être trop étroite ou trop droite.

Les **MILLÉSIMES**

Les vins de qualité sont millésimés à l'exception des vins de liqueur, de certains vins doux naturels et de nombreux effervescents élaborés par assemblage de plusieurs années. Dans ce cas, la qualité du produit dépend du talent de l'assembleur, mais ces vins ne gagnent pas à vieillir. Des conditions météorologiques au moment de la maturation et de la récolte, la qualité des millésimes varie selon les régions viticoles et selon les producteurs.

Il est d'usage de résumer la qualité des millésimes dans des tableaux de cotation, mais il faut en connaître les limites. Ces notes, des moyennes, ne prennent pas en compte les microclimats, pas plus que les efforts de tris de raisins à la vendange ou les sélections des vins en cuve. On peut élaborer un excellent vin dans une année cotée zéro.

Propositions de cotation (de 0 à 20)

	Alsace	Beaujolais	Bordeaux rouge	Bordeaux liquoreux	Bordeaux sec	Bourgogne rouge	Bourgogne blanc	Champagne	Jura (vin jaune)	Languedoc-Roussillon	Provence rouge	Sud-Ouest rouge	Sud-Ouest blanc liquoreux	Loire rouge	Loire blanc liquoreux	Rhône (nord)	Rhône (sud)
1945	20		20	20	18	20	18	20					19				
1946	9		14	9	10	10	13	10					12				
1947	17		18	20	18	18	18	18					20				
1948	15		16	16	16	10	14	11					12				
1949	19		19	20	18	20	18	17					16				
1950	14		13	18	16	11	19	16					14				
1951	8		8	6	6	7	6	7					7				
1952	14		16	16	16	16	18	16					15				
1953	18		19	17	16	18	17	17					18				
1954	9	9	10			14	11	15					9				
1955	17	13	16	19	18	15	18	19					16				
1956	9	6	5										9				
1957	13	11	10	15		14	15						13				
1958	12	7	11	14		10	9						12				
1959	20	13	19	20	18	19	17	17					19				
1960	12	5	11	10	10	10	7	14					9				
1961	19	16	20	15	16	18	17	16					16				
1962	14	13	16	16	16	17	19	17					15				
1963		6					10										
1964	18	8	16	9	13	16	17	18					16				
1965					12								8				
1966	12	11	17	15	16	18	18	17					15				
1967	14	13	14	18	16	15	16						13				
1968																	
1969	16	14	10	13	12	19	18	16					15				
1970	14	13	17	17	18	15	15	17					15				
1971	18	15	16	17	19	18	20	16					17				
1972	9	6	10		9	11	13						9				

	Alsace	Beaujolais	Bordeaux rouge	Bordeaux liquoreux	Bordeaux sec	Bourgogne rouge	Bourgogne blanc	Champagne	Jura (vin jaune)	Languedoc-Roussillon	Provence rouge	Sud-Ouest rouge	Sud-Ouest blanc liquoreux	Loire rouge	Loire blanc liquoreux	Rhône (nord)	Rhône (sud)
1973	16	7	13	12		12	16	16					16				
1974	13	8	11	14		12	13	8					11				
1975	15	7	18	17	18		11	18					15				
1976	19	16	15	19	16	18	15	15					18				
1977	12	9	12	7	14	11	12	9					11				
1978	15	12	17	14	17	19	17	16					17				
1979	16	13	16	18	18	15	16	15					14				
1980	10	10	13	17	18	12	12	14					13			15	
1981	17	14	16	16	17	14	15	15					15				
1982	15	12	18	14	16	14	16	16			17	17	15	14		14	15
1983	20	17	17	17	16	15	16	15	16			16	18	12		16	16
1984	15	11	13	13	12	13	14	5		13		10		10		13	15
1985	19	16	18	15	14	17	17	17	17	18	17	17	17	16	16	17	16
1986	10	15	17	17	12	12	15	12	17	15	16	16	16	13	14	15	13
1987	13	14	13	11	16	12	11	10	16	14	14	14		13		16	12
1988	17	15	16	19	18	16	14	18	16	17	17	18	18	16	18	17	15
1989	16	16	18	19	18	16	18	16	17	16	16	17	17	20	19	18	16
1990	18	14	18	20	17	18	16	18	18	17	16	16	18	17	20	19	19
1991	13	15	13	14	13	14	15	11		14	13	14		12	9	15	13
1992	15	9	12	10	14	15	17	12		13	9	9		14		11	16
1993	13	11	13	8	15	14	13	12		14	11	14	14	13	12	11	14
1994	12	14	14	14	17	14	16	12		12	10	14	15	14	12	14	11
1995	12	16	16	18	17	14	16	16	17	15	15	15	16	17	17	15	16
1996	13	14	15	18	16	17	18	19	18	13	14	14	13	17	17	15	13
1997	16	13	14	18	14	14	17	15	16	13	13	13	16	16	16	14	13
1998	13	13	15	16	14	15	14	13	14	17	16	16	13	14		18	18
1999	10	11	14	17	13	13	12	15	17	15	16	14	10	12	10	16	14
2000	12	12	18	10	16	11	15	15	16	16	14	14	13	16	13	17	15
2001	13	11	15	17	16	13	16	9	10	16	14	16	18	13	16	17	11
2002	11	10	14	18	16	17	17	17	14	12	11	15	14	14	10	8	9
2003	12	15	15	18	13	17	18	14	17	15	13	14	17	15	17	16	14
2004	13	12	14	10	17	13	15	16	13	15	15	13	15	14	10	12	16
2005	15	18	18	17	18	19	18	14	17	15	12	16	17	16	18	16	18
2006	12	12	14	16	14	14	16	15	15	15	16	13	15	10	10	16	15
2007	16	14	14	17	15	12	13	13	14	16	14	12	14	12	13	15	18
2008	14	14	15	16	15	14	15	16		15	12	13	12	15	12	14	14
2009	15	18	18	18	19	17	16	15		15	14	18	17	17	14	18	16
2010	14	16	18	18	19	16	17	14		18	14	15	12	17	16	16	15
2011	15	15	16	17	15	14	15	16		15	16	14	13	15	15	14	14
2012	16	14	14	12	14	14	15	18		16	14	15	13	13	10	15	15
2013	15	15	11	17	13	14	15	14		17	13	13	15	15	13	15	15
2014	13	16	16	16	17	16	16	14		15	13	15	14	17	16	13	13
2015	16	17	18	18	17	18	16	17		17	16	16	17	16	15	19	19
2016	14	16	18	19	17	17	16	15		18	15	17	15	15	18	18	18
2017	15	17	13	17	16	15	16	13		17	14	15	16	17	15	17	17
2018	17	16	17	16	16	18	18	17		18	14	16	15	18	16	15	14
2019	19	18	18	17	18	18	19	18		17	15	14	14	18	17	18	18
2020	17	17	18	16	16	18	18	16		17	17	18	15	18	15	14	14
2021	16	14	12	17	16	17	18	13		16	17	15	14	15	16	13	14
2022	17	18	19	17	17	18	18	18		18	18	17	15	16	17	16	15
2023	17	16	17	18	17	15	17	14		16	16	14	16	15	13	15	14

SERVIR LE VIN À LA BONNE TEMPÉRATURE

Type	Température idéale
Vins rouges légers et fruités	14 à 16 °C
Vins rouges charnus et fruités	15 à 17 °C
Vins rouges puissants et charpentés	Bordelais : 16 à 18 °C Bourgognes : 15 à 16 °C
Vins rouges solaires et épicés	14 à 16 °C
Vins rouges doux	15 à 16 °C
Vins rosés	8 à 10 °C
Vins blancs toniques et fruités	8 à 10 °C
Vins blancs étoffés et ronds	10 à 12/14 °C
Vins blancs doux	8 à 9 °C
Vins effervescents	8 à 9 °C

L'ORDRE DE SERVICE DES VINS : UNE MONTÉE EN PUISSANCE

Les vins blancs : avant les vins rouges.

Les vins à boire jeunes : avant les vins de garde.

Les vins élevés en cuve : avant les vins élevés en fût.

Les vins les plus légers : avant les vins les plus forts en alcool.

Les vins secs : avant les vins doux.

Les vins servis les plus frais : avant les vins à température ambiante.

Cet ordre ne peut pas toujours être respecté : par exemple, les fromages appellent souvent des vins fruités et simples, rouges et même blancs secs (chèvre), tandis que la viande rouge qui les précède se marie avec des vins rouges plus ou moins charpentés.

Les solutions : boire de l'eau entre chaque vin ; choisir un vin unique à accorder avec le plat principal.

Bon à savoir !

Le froid durcit les tanins des vins rouges.

Une température trop fraîche empêche l'expression des arômes.

Une température trop élevée fait ressortir l'alcool et les arômes les plus lourds.

Le vin se réchauffe de 1°C toutes les 2 minutes.

LES **METS** ET LES **VINS** : CONNAÎTRE LES ALLIANCES ET MÉSALLIANCES

Certains plats, par leur texture ou leurs arômes, sont difficiles à marier avec les vins. Ils sont rares. D'autres ne tolèrent que certains profils de vins.

QUELQUES REPÈRES À CONNAÎTRE

Les légumes verts

Ils durcissent les vins, surtout dans les soupes cuites à l'eau. Servis seuls, les légumes verts ne forment guère d'accords envoûtants avec les vins, même s'ils tolèrent les vins blancs toniques et fruités, les rouges légers et fruités et les rosés secs. Cependant, les légumes accompagnent souvent des viandes, et l'accord se fait sur l'ingrédient principal du plat. Quant aux asperges, par leur goût prononcé, elles altèrent la saveur de nombreux vins (à l'exception de certains blancs toniques et fruités comme les muscats secs).

Les coquillages et les poissons

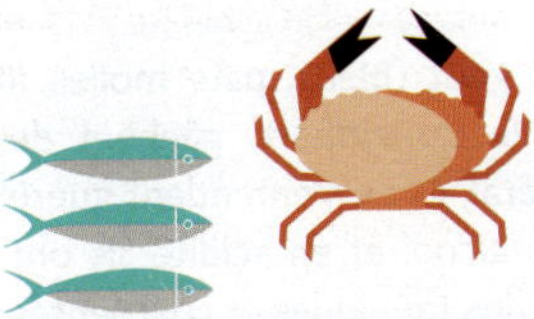

Les huîtres et coquillages crus, les poissons de mer très iodés ne s'entendent pas avec les vins rouges. Certains amateurs les apprécient cependant avec des rosés très secs. Vous ferez votre choix dans les vins blancs toniques et fruités. Cuisinés à la crème ou au beurre, ces plats s'entendent avec les vins blancs étoffés et ronds, à l'huile d'olive, avec les rosés.

Les viandes rouges
(bœuf, agneau, canard)

Grillée, rôtie ou en sauce, la viande rouge ne s'entend pas avec les vins blancs. Elle s'accorde en revanche à merveille avec les vins rouges un peu tanniques, charnus et fruités ou puissants et charpentés.

Les viandes blanches
(veau, porc, poulet, dinde)

Elles sont très accommodantes et s'entendent avec la plupart des profils de vins. Leur goût étant délicat, il faut seulement éviter la confrontation avec les vins rouges puissants et charpentés, et les plus solides des vins solaires.

Les œufs

Les œufs ont une texture très enveloppante qui tapisse le palais ; ils n'acceptent guère que des vins vifs, à choisir surtout parmi les vins blancs toniques et fruités, les rosés secs, des rouges légers et fruités et les moins tanniques des rouges charnus et fruités.

Les épices et les condiments

Les épices, présentes dans de nombreuses cuisines du monde (chinoise, indienne, orientale), s'accordent avec de nombreux vins, en particulier les vins rouges solaires et épicés et les rosés. Cependant, les épices utilisées en abondance « terrassent » le goût des crus les plus solides. Il en va de même des condiments employés en excès, comme l'ail. Quant au vinaigre et la moutarde, ils sont classés parmi les « ennemis » du vin. Quelques gouttes de vinaigre balsamique sont possibles : en matière de gastronomie comme de dégustation, c'est l'excès qui gâche tout !

Les fromages

Les fromages forts en goût (bleus, pâte molles à croûte fleurie comme le camembert) gâchent de nombreux vins. En général, ils ne s'entendent guère avec les vins faibles en alcool et en acidité. Ils ont peu d'affinités avec les vins tanniques et charpentés (sauf s'il s'agit de rouges doux comme le banyuls). D'une façon générale, on risque moins de se tromper en choisissant un vin blanc, sec ou doux, à condition qu'il ait suffisamment d'étoffe et d'acidité.

Les desserts

Les desserts sucrés (gâteaux à la crème, pâtisseries orientales) sont à éviter avec les vins secs, y compris avec le champagne et autres effervescents (sauf les demi-secs et doux et quelques rosés) qui paraîtront agressifs. L'accord, même avec un vin doux, est possible, mais lourd… et calorique. Les vins secs, avec ou sans bulles, peuvent s'accorder avec les fruits.

METS ET VINS : LES GRANDS PRINCIPES D'ACCORDS

	 Vins rouges	 Vins blancs	 Vins rosés	 Vins effervescents
Mariages régionaux	Bordeaux et cèpes de Bordeaux Beaujolais et saucisson de Lyon	Alsace riesling et choucroute	Côtes-de-provence et ratatouille	Champagne et fromage chaource
Mariage des semblables	Banyuls (vin doux naturel) riche et onctueux et gâteau au chocolat	Meursault étoffé et rond et viande blanche en sauce	Cabernet-d'anjou fruité et suave et dessert aux fruits rouges	Clairette-de-die suave et crêpes à la fleur d'oranger
Mariage des contraires	Vin doux liquoreux et fromage bleu au goût amer et salé	Touraine sauvignon vif et charcuteries grasses (rillettes)	Côte-de-toul vif et quiche	Champagne brut et poisson en sauce

Les **vigneron(ne)s** de l'année

La rédaction du Guide Hachette des Vins a sélectionné les « vignerons et vigneronnes de l'année », dans les diverses régions viticoles. Des producteurs et productrices (domaines, négoces, coopératives) qui ont brillé par la qualité de leur(s) vin(s) dans cette édition, par leur constance aussi, au gré des millésimes. L'occasion également de mettre en lumière des appellations, des terroirs, des cépages, des particularismes : bref, tout ce qui fait la singularité et la richesse des vignobles français.

Les **vigneron(ne)s** de l'année

Alsace

Jean-Paul **Meyer**

(Dom. René Meyer et Fils)

Depuis les premières éditions du Guide, ce domaine très régulier en qualité a obtenu une demi-douzaine de coups de cœur. Il en ajoute deux à son palmarès : un alsace grand cru Wineck-Schlossberg et alsace pinot gris.

Le premier coup de cœur de la maison Meyer date de l'édition 1993, déjà un riesling, mais en version douceur alsacienne : des vendanges tardives 1989, une spécialité de la maison régulièrement appréciée par les palais aiguisés des dégustateurs du Guide Hachette. C'était alors l'époque du père de Jean-Paul, René Meyer. Si le domaine a été fondé par Paul Meyer, le grand-père, qui cultivait la vigne tout en s'occupant du travail à la ferme, c'est ce dernier qui a spécialisé l'exploitation et développé la vente en bouteilles dans les années 1960. Depuis 2000, c'est Jean-Paul Meyer, accompagné par son épouse, Magali, qui conduit l'exploitation et ses 12,5 hectares de vignes. Le domaine est établi à Katzenthal, petit village niché dans un vallon, à quelques kilomètres au nord-ouest de Colmar. Un village dont le nom signifie « vallée des chats », si bien que ces petits félins se promènent sur maintes étiquettes de Katzenthal, comme sur celle des Meyer.

Le domaine exploite plusieurs terroirs en grand cru. Comme son nom le laisse entendre, Florimont, situé au sud de Katzenthal, est un terroir intéressant par sa flore : au printemps, sur ses pentes baignées de lumière, s'épanouissent tulipes jaunes, anémones et orchidées sauvages. Ce terroir calcaire piqué de fossiles, dont la précocité favorise la surmaturation, convient bien au gewurztraminer, dont Jean-Paul Meyer tire des blancs à la fois amples, généreux et fins, aux notes exotiques et confites, ainsi que des pinots gris concentrés. Des vins souvent en vue dans ces pages. Sur le Kaefferkopf, grand cru fort réputé au sol très varié, les vins se montrent complexes et intenses. Quant au Wineck-Schlossberg, niché au creux d'un vallon fermé et protégé des vents, sous la protection du donjon du château du Wineck, il s'agit d'un terroir granitique qui favorise le riesling et la minéralité dans les vins, élégants, tendus, cristallins. Minéralité que l'on retrouve dans le 2020 plein de fraîcheur de Jean-Paul Meyer, élu coup de cœur. Un grand vin de terroir.

En appellation alsace, le domaine s'étend sur plusieurs lieux-dits. Il se distingue notamment par ses rieslings et gewurztraminers issus de La Croix du Pfoeller, un terroir calcaire duquel Jean-Paul Meyer tire des vins racés, à l'image de son riesling 2022 né de vieilles vignes, un vin vif, salin et long qui décroche deux belles étoiles cette année. Les vendanges tardives du domaine issues de ces terres ont également plus d'une fois suscité un grand intérêt. Autre lieu-dit cultivé par les Meyer : le Schneckenberg, situé sur les hauteurs de Wintzenheim, un terroir particulier aménagé en terrasses, une terre rouge bien ventilée grâce à un couloir de vent venu des montagnes, propice au pinot gris et à des blancs puissants. Le 2022 a fait des étincelles et rejoint la version 2013, coup de cœur dans l'édition 2016 du Guide.

♥ Coups de cœur

- **Alsace grand gru Wineck-Schlossberg Riesling 2020**
- **Alsace pinot gris Les Terrasses Clos des Escargots 2022**

Les vigneron(ne)s de l'année

Beaujolais

Armand et Céline Vernus

(Ch. Moulin Favre)

Superbe doublé pour Armand et Céline Vernus, qui décrochent deux coups de cœur en chiroubles et en juliénas, tous deux dans le millésime 2023. Voilà qui confirme, s'il le fallait, les très bonnes dispositions de ce domaine, devenu une valeur sûre du Beaujolais, souvent mentionné en chiroubles ou en brouilly.

Le Château Moulin Favre est campé au milieu des vignes, sur le coteau de Combiaty, à 427 m d'altitude. Depuis le caveau où les Vernus, les clients, verre en main, assiette de charcuterie à portée de bouche – car ici on a aussi le sens de l'accueil –, découvrent une vue imprenable sur le vignoble et un superbe panorama qui s'étend de la Bresse jusqu'aux Alpes. Non loin de là, à 1 km, se trouve le magnifique château de la Chaize.

Dans le verre, le choix est large : le domaine produit du beaujolais, rouge et blanc, du saint-amour, du chiroubles, du morgon, du moulin-à-vent et surtout du brouilly, 11 hectares des 17 que comptent le vignoble sont dédiés au plus vaste et au plus méridional des crus du Beaujolais. Des vignes travaillées depuis six générations par la famille Vernus. Des vignes vendangées entièrement à la main, dont les raisins sont égrappés, l'une des signatures des Vernus, afin d'arrondir les angles au niveau des tanins, leur apporter du velouté. Autre règle au chai : des vinifications parcellaires et des cuvaisons longues, de 14 à 21 jours, pour extraire couleur, arômes et tanins.

Des vignes, d'un âge vénérable, qui donnent des vins souvent remarqués dans ces pages, à commencer logiquement par le brouilly, élevé en cuve, qui vise le fruit et la fraîcheur. Mais cette année, ce sont les crus chiroubles et juliénas qui sortent du lot, dans le millésime 2023. Un millésime relativement généreux, sur le fruit, l'équilibre et la vivacité, bien dans l'esprit du gamay, à l'origine de vins réjouissants et flatteurs.

Côté chiroubles, ce sont de vieilles vignes âgées de 60 à 80 ans et plantées sur un terroir sablonneux qui ont donné vie à un 2023 élevé en cuve, riche, ample, intense, généreux, long, très expressif. Bref, que du bon, et pour quelques années encore. Une appellation dans laquelle le domaine décrocha aussi la palme pour son 2008.

Côté juliénas, l'autre coup de cœur, place à la bien nommée Centenaire, née de très vénérables ceps âgés de 80 à 100 ans qui plongent leurs racines dans un sol granitique comportant du schiste, élevée en cuve et passée 6 mois dans des fûts de 3 ans. Du bois, mais pas trop, juste ce qu'il faut pour apporter un peu de toasté et de structure. Cela donne un vin lui aussi d'une belle amplitude, bâti pour durer.

Coups de cœur

- **Juliénas La Centenaire 2023**
- **Chiroubles Vieilles Vignes 2023**

Les **vigneron(ne)s** de l'année

Bordelais

Christian, Laurent et Fanny **Rey**

(Ch. Les Graves d'Ardonneau)

Ce domaine incontournable du Blayais, aussi à l'aise en rouge qu'en blanc, décroche un nouveau coup de cœur avec un 2023 de haut vol. Un domaine ancré depuis fort longtemps sur ces terres dominant l'estuaire de la Gironde.

En 1763, un ancêtre cultivait la vigne au hameau d'Ardonneau, un petit vignoble alors de 2 hectares. Loin de céder à la routine, chaque génération a su innover. Fort d'un chai aménagé en 1952, Simon et Huguette Rey restructurent et agrandissent le vignoble (une vingtaine d'hectares à l'époque), plante du merlot, en complément du colombard alors largement dominant. Les vins sont commercialisés exclusivement via le négoce bordelais jusqu'à 1973 et le début de la vente directe avec les premières bouteilles étiquetées « Domaine des Graves d'Ardonneau ».

En 1980, apparaissent les cuves Inox et c'est aussi l'arrivée de Christian Rey aux côtés de ses parents. Le vignoble continue de s'étendre, aujourd'hui quelque 60 hectares sur la centaine que compte la propriété. Et la nouvelle génération est aussi à pied d'œuvre avec Laurent, diplômé de la faculté d'œnologie de Bordeaux, arrivé en 2006, aujourd'hui aux manettes des vinifications. Deux ans plus tard, c'est sa sœur Fanny qui rejoint l'aventure, après avoir mené de front des études de commerce international et de… chant lyrique au conservatoire ; il n'est pas rare d'entendre un air d'opéra au cœur des barriques, raconte-t-on au domaine.

Un domaine qui a connu une montée en puissance certaine, décrochant nombre de coups de cœur (une dizaine à ce jour) et d'étoiles dans ces pages, mettant ainsi un beau coup de projecteur sur l'appellation blaye-côtes-de-bordeaux et ses coteaux dominant l'estuaire de la Gironde. Sur les terres des Rey, les vignes rouges sont plantées sur les graves argileuses coiffant les coteaux (cabernet-sauvignon, cabernet franc et malbec) et sur les sols argilo-calcaires et les limons des flancs de coteaux pour le merlot. Les cépages blancs, le sauvignon et le colombard (qui rappelle que les Charentes ne sont pas loin), se plaisent dans les sables bien drainés au pied des coteaux.

Côté cave, une belle gamme d'une dizaine de vins. Des vins de caractère dans les deux couleurs, avec notamment la cuvée Prestige élevée en fûts de chêne, dont la version 2023 en blanc a fait des étincelles. Des blancs qui brillent aussi très régulièrement en « simple » (mais pas simpliste) appellation bordeaux.

Coup de cœur

Blaye-côtes-de-bordeaux Cuvée Prestige Élevé en fût de chêne 2023

Les **vigneron(ne)s** de l'année

Bordelais

Sandrine et Jean-Francois **Cénac**

(Ch. Nodoz et Ch. Galau)

L'impressionnant palmarès de la famille Madgeleine et Cénac continue de s'enrichir avec un superbe doublé pour les deux étiquettes de ces producteurs qui portent haut les couleurs des vins du Bourgeais.

Nous sommes ici à Tauriac, sur la rive droite de la Dordogne, à 6 km à l'est de Bourg-sur-Gironde, capitale du Bourgeais, où le domaine a aussi quelques vieilles vignes ; un vignoble étendu également sur Lansac pour sa seconde étiquette, le Ch. Galau.

Le « cru de Nodoz » est déjà connu avant la Révolution, reconstitué et mis en lumière au XIXe s. par un certain Monsieur Bordes, négociant amateur réputé de Bordeaux. Le domaine entre en 1930 dans la famille Magdeleine. Après le « règne du grand-père Magdeleine », Jean-Louis, installé en 1979, et son épouse Josiane ont conforté la réputation du domaine, avant de passer le relais en 2002 à leur fille Sandrine et leur gendre Jean-François Cénac, qui ont parfaitement poursuivi la montée en gamme des vins du cru.

Nodoz et Galau, valeurs très sûres du Bourgeais, couvrent aujourd'hui un total d'une quarantaine d'hectares, qui donnent vie à des côtes-de-bourg des plus recommandables, en rouges essentiellement, même si les blancs sont également de très belle facture. Des rouges à dominante de merlot, dont les versions « barrique » sont le plus souvent soumises à nos dégustateurs (bois neuf ou de réemploi suivant les cuvées). Des vins bien dans l'esprit des côtes : robes sombres, nez accueillant de fruits mûrs bien marié à un boisé de qualité, bouches amples, corsées, généreuses sans mollesse, aux tanins denses qui assimilent parfaitement l'apport de la barrique et assurent la tenue du vin dans le temps.

Les deux coups de cœur de cette année illustrent aussi les qualités du beau millésime 2022. Un millésime dans la lignée des non moins superbes 2016, 2015, 2010 ou 2005, qui réjouit après les difficultés rencontrées sur le 2021. Les vins ont une concentration en tanins bien affirmée, des degrés d'alcool élevés mais qui s'équilibrent parfaitement sans subir les affres d'une année si aride, si sèche, en conservant une fraîcheur inattendue signant les grands vins. La preuve de l'immense résilience dont est parfois capable la vigne…

Coups de cœur

- **Côtes-de-bourg Ch. Nodoz Cuvée Barriques neuves 2022**
- **Côtes-de-bourg Ch. Galau Cuvée boisée 2022**

Les **vigneron(ne)s** de l'année

Bourgogne

Rémi et Simon **Rollin**

(Dom. Rollin Père et Fils)

2022, année bénie des dieux de la vigne et du vin pour les Rollin, qui décrochent trois coups de cœur ! Dont deux dans leur fief de Pernand-Vergelesses, appellation dans laquelle leurs vins brillent avec une constance admirable, et ce dans les deux couleurs. S'y ajoute un très beau blanc en bourgogne-hautes-côtes-de-beaune. Épatant.

« Qui voit Pernand n'est pas dedans », selon le dicton. En effet, si on aperçoit de loin le village, encore faut-il y grimper ! Au confluent de deux combes, Pernand-Vergelesses est bâti à flanc de coteau, en retrait de la Côte de Beaune. Son vignoble se situe sur la montagne de Corton, dont le versant sud-ouest porte les grands crus. À la base du coteau, les vignes sont implantées sur des terres argilo-calcaires mêlées de cailloux. Le village a épousé en 1922 le nom de son *climat* le plus célèbre pour devenir Pernand-Vergelesses.

Les Rollin y cultivent la vigne de père en fils depuis quatre générations. Raymond tout d'abord – modeste ouvrier viticole (comme l'était déjà son père avant lui) qui avait du nez, et du goût semble-t-il – acquiert en 1932 les premières parcelles, dont une dans « L'île » comme on dit ici, comprenez en 1er cru L'île des Vergelesses, en rouge.

Puis arrive la seconde génération avec Maurice, qui se met à son compte en 1955, et qui développe le vignoble, en achats ou en locations, ainsi que la clientèle. C'est à lui que le domaine doit les premières commercialisations en bouteille. Son fils Rémi le rejoint en 1976. Ensemble, ils amassent une dizaine d'hectares, au début des années 1980, agrandissent aussi les bâtiments. Rémi va poursuivre le développement de la vente en bouteille, en France et à l'étranger, avec une production entièrement embouteillée au domaine et commercialisée sous l'étiquette « Rollin Père et Fils » au milieu des années 1990.

Enfin, c'est au tour de la quatrième génération d'embarquer dans l'aventure : Simon est aux côtés de son père à partir de 2003, rejoint par son épouse Caroline six ans plus tard. Le domaine couvre aujourd'hui 14 hectares pour 14 appellations différentes. Et force le respect par sa grande régularité les deux couleurs de son appellation phare. Les étoiles pleuvent et les coups de cœur s'enchaînent, douze à ce jour avec les trois obtenus dans cette édition. Trois coups de cœur la même année, c'est du très rarement vu dans ces pages ; tous en blanc et tous dans le glorieux et généreux millésime 2022. Et l'histoire est sans aucun doute loin d'être finie…

Coups de cœur

- **Pernand-vergelesses Sous Frétille 2022**
- **Pernand-vergelesses Les Cloux 2022**
- **Bourgogne Hautes-côtes-de-beaune 2022**

Les **vigneron(ne)s** de l'année

Bourgogne

Guy et Jean-Yves **Sarrazin**

(Dom. Michel Sarrazin et Fils)

C'est un des plus grands domaines de l'appellation givry, qui collectionne les coups de cœur dans le Guide Hachette avec une impressionnante régularité. C'est aussi la réussite d'une famille qui a cru en cette appellation quand elle était en voie de disparition. Incontournable.

Les origines du domaine remontent à… 1671, indique l'étiquette. Mais si la famille est bien présente depuis fort longtemps dans le village, c'est véritablement Michel Sarrazin, le père des actuels dirigeants, Jean-Yves (côté vignes) et son frère Guy (côté cave et commerce), qui l'a vraiment créé et développé. Le grand-père n'avait que des vignes et proposait son vin en vrac, au détail, en bonbonne, l'ancêtre des bibs.

Le vrai démarrage date des années 1980 avec la mise en bouteille à la propriété. Sans clientèle et sans renommée… D'autant que l'appellation se limitait alors au seul village de Givry. À Jambles, où les Sarrazin avaient leurs vignes, c'était du bourgogne simple, en AOC régionale. Michel a planté sa première vigne en givry en 1971, avec une première récolte en 1974. Plus tard, une nouvelle délimitation opérée à la fin des années 1980 a inclus Jambles et Dracy-le-Fort dans l'appellation. Puis, quand il a vu que son fils aîné, Guy, était intéressé par le métier, il a continué à développer le vignoble, étendu aujourd'hui sur 35 hectares, contre 12 lorsque Guy a rejoint son père en 1986. Quant à Jean-Yves, il est arrivé en 1992.

Les Sarrazin font désormais figure de grande référence à Givry, dont on dit qu'Henri IV aimait le vin, mais on lui a tant prêté à ce « Bon roi Henri »… Une appellation qui a bien failli disparaître des cartes viticoles, grignotée par la « pavillonite » (Châlon-sur-Saône n'est qu'à une dizaine de kilomètres) et entraînée vers le bas par un marché local se rétrécissant. Mais le vignoble a survécu grâce à la volonté de quelques vignerons, comme les Sarrazin, qui ont compris que l'engouement pour les vins de qualité était un phénomène durable. La création de 1ers crus a également apporté du renom à cette appellation de quelque 300 hectares, essentiellement tournée vers les rouges.

C'est d'ailleurs avec l'un d'eux que les frères Sarrazin décrochent un nouveau coup de cœur, qui vient s'ajouter à… une vingtaine d'autres ! Dont quelques-uns également en mercurey, autre appellation qu'ils proposent, sans oublier leur vin en maranges, AOC qui fait le trait d'union entre la Côte-d'Or et la Saône-et-Loire et qui leur permet d'avoir ainsi officiellement un pied en Côte de Beaune.

Coup de cœur

■ **Givry 1er cru Champ Nalot 2022**

Champagne

Champagne **H. Blin**

Mise en lumière de cette très qualitative coopérative de la vallée de la Marne et de son cépage roi, le pinot meunier, à l'honneur dans une magnifique cuvée parcellaire du solaire millésime 2015.

Nous sommes ici à Vincelles, dans la Vallée de la Marne, à équidistance entre Château-Thierry et Épernay. Le nom de ce village renvoie à son ancienne origine viticole : « vini cella » ou « cellier à vins » en latin. C'est aussi la patrie du pinot meunier, cépage rouge faisant partie avec le chardonnay et le pinot noir des trois principales variétés de Champagne, avec quelques 30 % des surfaces. Un cépage qui a longtemps été boudé par les viticulteurs champenois, souvent considéré comme le faire-valoir de ses deux acolytes. Il n'est d'ailleurs pas autorisé dans les vins classés au-dessus de 95 % dans l'échelle des crus. Néanmoins, depuis plusieurs années, il revient en grâce et il est de plus en plus fréquent de voir fleurir des cuvées 100 % meunier. Reconnaissable au duvet blanchâtre qui orne ses feuilles, c'est un cépage résistant au gel tardif et particulièrement adapté aux sols fertiles et argileux caractéristiques de la Marne. Il confère aux vins une touche fruitée, tendre et souple appréciée, mais apporte moins d'acidité que le pinot noir.

Solidement implanté dans la Vallée de la Marne, le meunier est le roi de Vincelles (70 % des 110 hectares que comptent le vignoble) et de sa cave coopérative fondée dans les temps difficiles de l'après-guerre. Nous sommes alors en 1947 et une trentaine de vignerons se regroupe autour d'Henri Blin, descendant d'une longue lignée vigneronne remontant au XVIIe s., comme la plupart des producteurs du village. Douze générations plus tard, c'est le petit-fils d'Henri, Simon, qui préside depuis 2009 aux destinées de la « coop », avec bien entendu le meunier chevillé au corps. Un meunier qui sur ces terres, outre sa rondeur et de son fruité habituels, confère une fraîcheur et une tension singulières, recherchées des amateurs. Des terres que la cave bichonne dans une optique poussée de développement durable, avec même quelques parcelles en agriculture biologique ; elle est d'ailleurs la première coopérative de Champagne à avoir commercialiser du champagne bio.

Forte aujourd'hui de 115 adhérents, elle signe de belles cuvées identitaires, dont plusieurs issues du seul meunier, sous la conduite de son chef de cave Sébastien Barbier, spécialiste du cépage. À l'image de l'extra-brut blanc de noirs élu coup de cœur cette année : une bulle complexe, à la fois onctueuse, charnue et fraîche née de vieux ceps de meunier mûris à point sous le soleil généreux de 2015.

♥ Coup de cœur

Extra-brut Blanc de noirs Sélection parcellaire 2015

Les vigneron(ne)s de l'année

Champagne

Thierry, Dominique Thibault et Violaine **Massin**

(Champagne Thierry Massin)

Voilà un vrai « champagne de vigneron », né des mains expertes de la famille Massin, implantée dans la Côte des Bar, patrie du pinot noir. Un domaine qui valorise ses terroirs, mais aussi des cépages plus rares, à travers de belles cuvées parcellaires, témoin le coup de cœur obtenu pour son extra-brut 4P.

Affluent de la Seine, l'Arce suit un cours sinueux dans le vignoble de l'Aube, le plus méridional de Champagne. Une terre de marnes kimmeridgiennes (des calcaires à huîtres), où fleurit surtout le pinot noir. C'est ici, au cœur de la Côte des Bar, dans le village de Ville-sur-Arce et ses coteaux verdoyants, que la famille Massin est établie. L'histoire du domaine débute avec le grand-père Michel, qui plante les premières vignes. La deuxième génération, Thierry et sa sœur Dominique, lance la marque « Massin » en 1977. Thibault et Violaine, leurs enfants respectifs, ingénieurs agronomes et œnologues, sont désormais aussi de la partie.

Leur vignoble, étendu sur 12 hectares, est implanté sur des sols issus du Kimméridgien et du Portlandien, composés d'argile et de calcaire. Comme partout ici, le pinot noir domine fortement : 70 % chez les Massin (plus de 80 % en moyenne dans la Côte des Bar) et sert de base à nombre de leurs cuvées, complété par les traditionnels chardonnay (15 % de leur surface) et du meunier (8 %). Mais pas que. Les Massin cultivent aussi des cépages historiques quelque peu oubliés : pinot blanc, arbanne, fromenteau ou encore petit meslier. De quoi apporter de la complexité aux vins.

Côté vigne, on travaille ici avec mesure et réflexion : densité à 8 500 pieds/hectares, dans la moyenne champenoise, travail du sol, enherbement, couvert végétal hivernal, effeuillage précoce sont les principes de la maison. Côté cave, une approche pointue et parcellaire pour une déclinaison de trois gammes bien pensées et dix cuvées au total. Dans la famille Les Éphémères, on trouve les champagnes les plus « expérimentaux », signatures créatives de la famille. Ainsi, la cuvée Solera, qui lorgne du côté du Roussillon : onze millésimes de pinot noir pour huit années en bouteilles, selon le système de la solera donc, où le vieux vin éduque le plus jeune pour ne former qu'un à la fin. Ou comme l'extra-brut 4P, coup de cœur dans cette édition. Un champagne singulier associant une année de récolte (2019, à la fois solaire et fraîche), trois types de terroirs et quatre cépages qui font les 4P de l'étiquette : outre le classique pinot noir, on trouve les biens plus rares pinot blanc, pinot gris et petit meslier. Une interprétation de l'assemblage à la champenoise selon les Massin.

Coup de cœur

Extra-brut 4P Nos Contrées

Les vigneron(ne)s de l'année

Jura

Jean-Luc Mouillard

Une pluie d'étoiles pour Jean-Luc Mouillard dans le Guide cette année. Une (très) bonne habitude qu'a pris ce vigneron jurassien « multi-appellations » très souvent en vue dans ces pages. Des étoiles qui brillent au-dessus de son… étoile Sélection et son côtes-du-jura Bas de la Chaux : ses cinquième et sixième coup de cœur.

Jean-Luc Mouillard s'est installé en 1991, l'année où le macvin est devenu une appellation. La rencontre du moût de chardonnay et du marc du Jura ont souvent donné naissance à des macvins de haute expression – dont trois coups de cœur du Guide et trois étoiles cette année – chez ce vigneron établi à Mantry, petit village situé au cœur du Revermont, où il produit aussi du côtes-du-jura, de l'étoile, du château-chalon et du crémant. Mais Jean-Luc Mouillard a débuté une dizaine de kilomètres plus au sud, à Nevy-sur-Seille, chez ses parents, vignerons-coopérateurs et agriculteurs. Un atavisme qu'il enrichit classiquement par une formation « viti-oeno » et une année d'étude à Beaune, patrie du chardonnay.

Un cépage qu'il maîtrise à la perfection, témoin son magnifique côtes-du-jura Bas de la Chaux 2022, qui décroche ici la note maximale. Un vin élevé en barrique, avec ouillage, dans ses belles caves voûtées datant de la fin du XVIe siècle. À sa disposition, un vignoble qu'il a progressivement agrandi, étendu aujourd'hui sur 11 hectares et qu'il cultive avec son épouse Annie et son fils Mathieu.

Autre spécialité du domaine : l'étoile, petite appellation au nord-ouest de Lons-le-Saunier qui doit son nom aux cinq collines qui l'entourent, disposées comme cinq branches d'une étoile, et au sol recelant une multitude de petits fossiles étoilés. Chardonnay, surtout, savagnin, un peu, et poulsard, plus rarement, y sont à l'origine de blancs complexes, incluant aussi les originaux vins de paille et vins jaunes.

Celui de Jean-Luc Mouillard est une valeur (très) sûre. Sa cuvée Sélection, dans sa version 2020, est un assemblage de chardonnay (60 %) et de savagnin, fermentés en cuve séparément, élevés en fût pendant 30 mois sous voile et assemblés avant la mise en bouteilles. Dans le verre, un vin très complexe, riche et long. Dans le Guide Hachette, trois coups de cœur sur les trois dernières éditions !

Coups de cœur

- **Côtes-du-jura Bas de la Chaux 2022**
- **L'étoile Sélection 2020**

Les **vigneron(ne)s** de l'année

Savoie

Anne **Henriquet**

(Dom. de Méjane)

À la tête d'un vignoble de 15 hectares situé au cœur de la Combe de Savoie, à Saint-Jean-de-la-Porte, Anne Henriquet aime faire découvrir les vins de Savoie qu'elle vinifie, mais aussi les vieux cépages locaux qu'elle s'emploie à faire renaître grâce à la pépinière familiale et à la vigne expérimentale attenante au domaine.

• Présentez-nous le domaine de Méjane. Il date de 2000, c'est assez récent.

Oui, à l'origine, nous sommes une famille de pépiniéristes. La principale activité de mon père Jean, reprise aujourd'hui par mon frère Philippe, était la pépinière. Il produisait des plants pour la Champagne, surtout des chardonnays et des pinots. Nous avions alors 8 hectares de vignes et nous apportions les raisins à la cave coopérative. Pour mon installation en 2005, après mon BTS viti-oeno, nous avons construit un chai pour élaborer nos propres vins. Et nous avons développé notre vignoble avec des cépages savoyards, j'y tenais beaucoup. Jacquère, mondeuse, persan et bien sûr l'altesse.

• Vous venez d'obtenir un coup de cœur pour votre roussette-de-savoie 2023. Pouvez-vous nous en parler ?

Ah la roussette, c'est un vin que j'adore pour sa fraîcheur et son fruité. J'ai toujours eu un faible pour l'altesse. Ses arômes de fruits exotiques et de fleurs suaves sont tellement plaisants et surtout, la bouche reste légère, c'est un vin très élégant. Pour parvenir à cette délicatesse, je fais attention de vendanger des raisins à juste maturité. Il faut dire aussi que les plants d'altesse proviennent, comme une douzaine d'autres cépages, de notre vigne expérimentale plantée sur des moraines calcaires dans le clos du domaine, ce qui nous a permis de sélectionner les souches les plus résistantes et les moins fructifères.

• Quels autres vins de Savoie méritent à vos yeux d'être mis en avant ?

Nous avons la chance d'avoir à disposition un conservatoire des cépages oubliés et nous mettons tout en œuvre pour les faire revivre, car avec le réchauffement climatique, ils pourraient bien devenir des cépages convoités et non plus seulement des curiosités. Ainsi, le persan, avec ses notes de framboise et sa belle vivacité, gagne en notoriété. Comme d'ailleurs la plupart des vins de Savoie peu alcoolisés, digestes et très fruités : ils correspondent à notre façon de consommer aujourd'hui. La jacquère et la mondeuse sont descendus de la montagne, ils ont quitté leurs sabots, mais ils ont gardé leur âme.

♥ Coup de cœur

Roussette-de-savoie Altesse Origine 2023

Les **vigneron(ne)s** de l'année

Languedoc

Benoît **Viot**

(Le Chemin des rêves)

Pour Benoît Viot, tourangeau d'origine, passionné de vin et ancien responsable dans une multinationale pharmaceutique, le « chemin des rêves » indiquait le Sud, plus précisément les terres ensoleillées du Languedoc. Une autre façon de « soigner »…

« C'est un petit sentier qui borde les vignes, dans lequel on aime à se promener, à peindre, à faire la sieste à l'ombre des chênes, en respirant les senteurs de la garrigue, bercé par la chanson des cigales. » Benoît Viot a semble-t-il trouvé le bonheur au bout de ce chemin. Nous sommes ici à Saint-Gély-du-Fesc, au nord de Montpellier, dans l'appellation pic-saint-loup dominée par la pointe acérée et spectaculaire du pic éponyme. Un terroir à dominante calcaire, qui s'inscrit dans un paysage de garrigue et de pinèdes, succession de crêtes et de combes, à l'écart de grandes vallées.

Benoît Viot y a créé, ex nihilo, son domaine, en 2004, après s'être formé pendant deux ans à son nouveau métier. Car le début de son chemin prend naissance sur les bords de Loire, à l'Université de Tours, où il devient docteur en pharmacie. Il va ensuite bourlinguer, entre l'Afrique et l'Amérique du Sud, pour le compte d'un grand laboratoire. Une dizaine d'années à s'intéresser aussi au vin, à essayer d'en comprendre les secrets. Il raconte même avoir réaliser ses premières expériences de vinification dans… une salle de bains en Angleterre. Puis les terroirs d'altitude du Chili, dernière étape de sa première vie professionnelle, vont le convaincre d'emprunter le chemin de la vigne. Mais on le sait, depuis longtemps, et particulièrement à Montpellier, pharmacie et œnologie font bon ménage…

Il débute en louant des terres en AOC languedoc pic-saint-loup – le cru n'a alors pas encore accédé à sa propre appellation – et en languedoc Grés de Montpellier. Puis il acquiert ses premières parcelles et sa cave en 2008, puis construit son caveau, rénove et s'agrandit les années suivantes. Aujourd'hui, il est à la tête d'un vignoble d'une vingtaine d'hectares, toujours réparti sur les deux terroirs du Pic et du Grès, avec une large part donnée au premier. Et bien sûr, ce féru de biologie et de médecine ne pouvait que vouloir soigner ses vignes comme il faut : le passage au bio s'impose. Label obtenu en 2017.

Aujourd'hui, l'alchimie du vin n'a plus de secrets pour le vigneron. Il signe une dizaine de cuvées en rouge surtout, avec aussi un peu de blanc et de rosé, en appellations et en IGP Oc. Des vins d'une grande régularité, qui conjuguent force, fraîcheur et finesse, sous des étiquettes aux noms originaux : Bois-Moi, Abracadabra, Exubérant, Utopie, La Soie, Gueule de Loup. C'est cette dernière, née de syrah et de grenache, qui décroche le coup de cœur dans cette édition, rejoignant la version 2016 au sommet du Pic, pour lequel Benoît Viot, nouveau président de l'appellation, garde le cap.

Coup de cœur

■ **Pic-saint-loup Gueule de Loup 2022**

Les **vigneron(ne)s** de l'année

Languedoc

Pierre **Salvestre**

(Dom. de la Linquière)

Installé depuis 2001 en cave particulière dans le vignoble de saint-chinian, Pierre Salvestre a repris le flambeau familial. Il marche sur les pas de son père Robert, qui a consacré une partie de sa vie à reconstituer le vignoble de ses aïeuls, et s'est affirmé comme l'un des porte-drapeaux de l'appellation.

Le domaine la Linquière – dont le nom rappelle que le lin, avant la vigne, ont fait la prospérité de Saint-Chinia – est la propriété de la famille Salvestre, dont Pierre représente la sixième génération : « Mes aïeux ont commencé par une activité de négoce, c'est mon grand-père qui a vraiment structuré le vignoble et produit du vin, il était adhérent à la cave coopérative ». En 2001, Pierre décide de s'installer à son tour. Avec Luc, son frère aîné, œnologue, ils ont l'idée de recréer le domaine familial et sont immédiatement soutenus par leur père, ravi de ce projet.

Depuis des années en effet, en parallèle de son activité professionnelle, Robert Salvestre rachète, petit à petit, les vignes familiales dispersées au hasard des différentes successions. Son rêve : reconstituer le patrimoine de ses ancêtres. À 55 ans, il se met en préretraite du Crédit-Agricole et se lance dans l'aventure. Pierre se souvient : « Sitôt mon BTS en poche, je l'ai rejoint, on était devenus très complices. Il a fallu rénover maison et cave, créer les cuvées, développer le commercial, c'était un projet très enthousiasmant. »

En 2010, tout bascule. Robert Salvestre décède prématurément. Heureux de pouvoir se dire que son père « a eu le bonheur de voir le projet de toute une vie se mettre en place », Pierre, épaulé par son frère, s'investit dans le projet. Il exploite aujourd'hui 25 hectares de vignes répartis sur une multitude de parcelles, très dispersées, qui s'étendent sur des terroirs de schiste, d'argilo-calcaire et de grès.

En quelques années, les vins du domaine se sont révélés d'une remarquable précision, dans les trois couleurs, mais avec une large part donnée aux rouges. Et les étoiles de briller avec une régularité impressionnante dans le Guide Hachette, et avec plusieurs coups de cœur à la clé. Celui attribué dans cette édition est particulièrement symbolique : les frères Salvestre ont racheté en 2021 la dernière parcelle manquante qui leur a permis de reconstituer le domaine tel qu'il était à l'origine, selon le rêve de leur père. Et voilà née la cuvée Au nom du Père, et la boucle bouclée…

Coup de cœur

■ **Saint-chinian Au nom du Père 2021**

Les **vigneron(ne)s** de l'année

Roussillon

Terres de **Templiers**

Une pluie d'étoiles pour la cave qui ne décroche pas moins de trois coups de cœur dans cette édition, en banyuls, banyuls grand cru et collioure, venant compléter un palmarès imposant. Imposante aussi est cette coopérative proposant tous les types de vins de ces appellations et contribuant largement à l'image de ce terroir si singulier, entre terre et mer.

Les Templiers, moines soldats qui avaient pour mission de protéger les pèlerins cheminant vers Jérusalem, établirent partout en Europe des monastères, les commanderies, où ils développèrent des techniques agricoles pour assurer leur subsistance. Au XIIIe s., ils s'installèrent à Banyuls et Collioure, et firent beaucoup pour la viticulture locale, aménageant les pentes schisteuses en terrasses. D'où le nom de Terres des Templiers.

Tout commence avec la création du GICB, « groupement interproducteurs de Collioure et de Banyuls », imposante structure issue de la fusion, en 1950, de huit coopératives locales. Au fil des années, le GICB perçoit l'intérêt de s'adresser directement aux particuliers : durant les Trente Glorieuses, la consommation de vins doux reste élevée, et les VDN du Roussillon font l'objet d'une demande importante, constituant la base de nombreux apéritifs de marque. Le GICB souhaite alors valoriser le petit cru banyuls, dont la notoriété s'était renforcée après la reconnaissance en 1962 de l'appellation banyuls grand cru. C'est la naissance du Cellier des Templiers, devenu Terres des Templiers en 2013. Une originalité : au début des années 1970, la cave a mis en place son propre réseau commercial, fort aujourd'hui 160 « ambassadeurs » qui animent dégustations à domiciles et salons.

Quelque 650 adhérents, exploitant aujourd'hui 620 hectares, fournissent les trois quarts de la production locale. L'imposante cave d'élevage, datant de 1964, recèle plus de mille cuves, foudres et fûts. Elle est réservée aux longs vieillissements comme les banyuls de type oxydatif et les banyuls grands crus, ces derniers résultant d'un élevage sous bois d'au moins 30 mois. Depuis 2011, elle dispose d'un très vaste chai de vinification pour les autres vins, le Mas Ventous. Enfin, la Cave de l'Abbé Rous appartient au même groupe : créée en 1950 et nommée en hommage à l'abbé qui vers 1870 devint négociant-éleveur de vins de Banyuls et finança l'agrandissement de l'église locale. Très en vue elle aussi, avec nombre d'étoiles et de coups de cœur.

Ce vaste ensemble est donc un incontournable du vignoble de Banyuls et de Collioure. Un vignoble spectaculaire, escarpé et étagé en terrasses face à la Méditerranée, avec une mécanisation impossible : le travail de la vigne ici, effectué à la main, est un défi quotidien pour les vignerons. Une véritable œuvre d'art qui contribue largement à la beauté des paysages de la Côte Vermeille. Une beauté que l'on retrouve aussi dans le verre avec les trois coups de cœur de cette édition, dans les trois appellations de la cave.

Coups de cœur

- **Banyuls Alegría 2023**
- **Banyuls grand cru Solaris 2012**
- **Collioure Cuvée de la Salette 2022**

Les **vigneron(ne)s** de l'année

Provence

Julien et Nicolas **Bronzo**

(La Bastide blanche)

Conduit par la famille Bronzo, ce domaine de l'appellation bandol bénéficie d'un vignoble riche de terroirs variés et de vieilles vignes. Un nom qui compte dans cette terre baignée de soleil face à la Grande Bleue, propice aux grands vins rouges provençaux, à l'image de la cuvée Estagnol, coup de cœur dans cette édition.

Au cœur de l'appellation bandol, au pied de la commune du Castellet, l'histoire de La Bastide blanche commence en 1972, quand Baptistin Bronzo et son fils Michel se portent acquéreurs de la dizaine d'hectares constituant alors le domaine. Ils construisent une cave adaptée à leur projet et commencent un patient travail de restructuration du vignoble, étendu aujourd'hui sur 48 hectares, complété en 2011 par les fermages des châteaux des Baumelles (10 ha à Saint-Cyr-sur-Mer) et du Castillon (8 ha au Castellet). La troisième génération, Julien et Nicolas Bronzo, a désormais pris la main.

Situé au milieu des collines baignées de soleil, face à la mer, le vignoble bénéficie des brises marines qui tempèrent la chaleur de l'été, et profite des bienfaits du mistral qui assainit le vignoble. Pratiquant l'agriculture biologique depuis 2012, la famille Bronzo s'est aussi progressivement orientée vers la biodynamie, avec la volonté d'exprimer au plus près les richesses et la complexité de leur terroir.

Ce beau vignoble de coteaux, entièrement dédié à l'appellation bandol, est aménagé en restanques, selon la tradition du cru : des terrasses retenues par des murets de pierres sèches sur lesquelles on trouve de la vigne, et parfois d'autres cultures comme l'olivier, 400 ici, qui fournissent l'huile d'olive des Bronzo. Sur ce sol aride et pauvre, à dominante argilo-calcaire, la vigne doit se frayer un passage en profondeur pour puiser eau et éléments nutritifs. Le mourvèdre y est omniprésent, complété d'une douzaine cépages méridionaux.

La richesse du terroir des Bronzo s'exprime au travers de vins racés et typés, nés conformément aux règles de l'appellation, de vendanges entièrement manuelles. La suite repose plus sur la logique que sur la technique, et se conforme aussi au cahier des charges du vin bio. Raisins et moûts sont manipulés en douceur, par gravité, et la complexité du terroir et la fraîcheur aromatique préservées par l'usage du froid. Tout ce qui va dans le sens de la typicité du cru est ici favorisé : levures indigènes, pressurage délicat, extractions très en douceur. Et l'on obtient des bandol de haute qualité, dans les trois couleurs. Pour la cuvée Estagnol, un égrappage intégral, des pigeages réguliers et un élevage en foudres de 18 mois ont été pratiqué, donnant vie à un bandol majuscule, droit et racé.

Coup de cœur

- **Bandol Cuvée Estagnol 2022**

Les **vigneron(ne)s** de l'année

Corse

Henri Orenga de Gaffory et Mathieu **Piazza-Alessandrini**

(Clos San Quilico)

Henri Orenga de Gaffory est une figure bien connue de la Corse viticole, et aussi de nos lecteurs : outre les nombreux coups de cœur à son palmarès, il fut élu « Vigneron de l'année » dans l'édition 2016, mais pour le domaine qui porte son nom de famille. Un doublé déjà, en patrimonio et muscat-du-cap-corse, qui trouve un bel écho cette année, mais avec le Clos San Quilico, autre propriété de référence, conduite en partenariat avec les Piazza-Alessandrini.

La famille Orenga de Gaffory est arrivée en 1711 en Corse et a fait souche à Bastia. En 1966, alors que l'appellation patrimonio n'est pas encore reconnue, Pierre Orenga de Gaffory crée son domaine. Aujourd'hui, un vaste ensemble de 53 hectares, répartis dans différents terroirs et sur cinq des sept communes de l'appellation, dont il est l'une des valeurs sûres.

Aux commandes depuis 1974, Henri, fils de Pierre, est aussi de la partie sur un second domaine, le Clos San Quilico. Un domaine à l'abandon qu'il a aidé à relancer en partenariat avec ses propriétaires, la famille Piazza-Alessandrini depuis 1992, et notamment Mathieu Piazza-Alessandrini, gérant du domaine. Ce dernier est un bel exemple du *riacquistu*, comme on dit là-bas, la réappropriation par des jeunes vignerons corses de leurs racines, leurs terres, leurs cépages, leurs savoir-faire.

Le Clos a aujourd'hui retrouvé sa voie, niché au cœur du Nebbio et du cirque calcaire de Patrimonio, sur la commune de Poggio-d'Oletta, non loin de la chapelle romane de San Quilico. Sur les coteaux de la chaîne de montagne qui prolonge le cap Corse, on découvre ici 26 hectares d'un seul tenant (cas unique dans l'aire du patrimonio), plantés des cépages corses, nielluciu, sciaccarellu, vermentinu, muscat à petits grains, complétés par un peu de grenache. La vigne y était déjà cultivée au XVIIIe siècle, époque à laquelle fut construit le chai. Un vignoble conduit en bio certifié depuis 2019.

C'est aujourd'hui un incontournable des appellations patrimonio et muscat-du-cap-corse, comme son voisin Orenga de Gaffory, témoins les nombreux coups de cœur obtenus. Et si le rouge est souvent à l'honneur, à l'image du patrimonio Riserva 2021 l'an dernier, le domaine met aussi, et surtout, en lumière la version blanche et moins connue de cette même appellation. Des grands blancs de référence nés du vermentinu, comme le 2023, cristallin, expressif, à la fois consistant et très frais en bouche.

Autre appellation phare du Clos, le muscat-du-cap-corse, tout entier et uniquement dédié au muscat à petits grains, cultivé dans la région du Nebbio et du Cap corse. Une douceur caressante et veloutée dont la version 2023, a livré un sommet d'élégance et de pureté.

Coups de cœur

- **Patrimonio Riserva 2023**
- **Muscat-du-cap-corse 2023**

Les **vigneron(ne)s** de l'année

Sud-Ouest

Claire et Marion **Bortolussi**

(Dom. Berthoumieu)

Fondée vers 1850 par Virgile Dutour, sur la commune de Viella dans le Gers, cette propriété familiale a fait son apparition dans l'édition 1989 du Guide Hachette des Vins, avec un remarquable madiran 1986 alors signé par Louis Barré, un madiran « chaleureux, équilibré, avec des tanins assez ronds et de la chair ». Les coups de cœur se sont enchaînés depuis, avec une belle constance, témoin celui, enthousiasmant, obtenu dans cette 40e édition.

À la suite de son père Louis, c'est l'emblématique Didier Barré qui a pris les commandes du domaine, au milieu des années 1980. L'homme a contribué au renouveau du madiran, dont il fut l'un des porte-étendards, et a fait de Berthoumieu une référence de la Gascogne viticole, patrie des mousquetaires de Louis XIV et de Charles de Batz, plus connu sous le nom de D'Artagnan.

Charles de Batz est d'ailleurs l'étiquette phare du domaine. Un madiran plein de panache, généreux, tannique, prêt à braver au moins une décennie, issu de très vieilles vignes – du tannat presque exclusivement (90 %), le cépage phare de l'appellation, avec le cabernet-sauvignon en appoint. Une cuvée qui a décroché bien des étoiles et plus d'un coup de cœur dans ces pages. Toujours sous le signe du héros des *Trois Mousquetaires*, le domaine signe aussi une cuvée Constance, référence à la dame de cœur du fougueux Gascon. La version 2020 décrocha un coup de cœur l'an dernier. Un assemblage de tannat, cabernet franc, cabernet-sauvignon et pinenc (connu aussi sous le nom de fer servadou, mansois ou encore braucol).

Et de la constance, ce domaine n'en manque assurément pas. En rouge, mais aussi en blanc, avec de belles réussites en pacherenc-du-vic-bilh (en sec et en doux), appellation qui partage son terroir avec le madiran. On notera ici la cuvée La Fé, un blanc sec né sur une parcelle qui renvoie à la peste ayant ravagé Viella au XVIIIe s. : les habitants incendièrent alors leur village pour en finir avec l'épidémie, puis le reconstruisirent pierre par pierre, en haut du coteau, remontant à pied par une pente qu'ils baptisèrent « la Fé » (la foi)…

Quant à la cuvée Aulet sur le haut du podium cette année, elle est née sur une parcelle de tannat de 15 à 20 ans d'âge établie sur un sol argilo-calcaire à gravettes et argiles rouges. Une parcelle qui avait charmé Claire et Marion Bortolussi lors de leur reprise du domaine. Les deux sœurs ont en effet pris les rênes de la propriété en 2017 et de ses 25 ha de vignes, cédée à leur père Alain Bortolussi – du très bon Ch. Viella, où elles exercent et excellent également – et au négociant Lionel Osmin. Une nouvelle page s'écrit donc ici depuis quelques années, avec la conversion bio notamment, mais la qualité demeure autour de vins ambitieux alliant toujours personnalité, identité et équilibre, des vins amples qui n'oublient pas la finesse.

Coup de cœur

- **Madiran Aulet 2022**

Les **vigneron(ne)s** de l'année

Sud-Ouest

Véronique **Azémar**

(Le Clos d'un Jour)

Une nouvelle grande réussite pour ce petit (par la taille) domaine cadurcien, qui signe un rouge de haute volée, un malbec « authentique », riche, intense. Une ligne supplémentaire qui s'ajoute à un palmarès déjà bien fourni.

Un jour… Stéphane Azémar, architecte de formation, et Véronique, archéologue, originaires de Savigny-sur-Orge, décident de quitter leur banlieue parisienne où ils sont installés. C'est l'appel du grand air, et du vin, pour ces jeunes œnophiles. Sans doute aussi un goût de l'aventure pour ce couple néophyte en viticulture. Nous sommes alors en 1999 et les Azémar s'installent sur une petite propriété à Duravel, dans le Lot, un village abrité du vent du nord par un arc de collines. Ils feront désormais de la vigne leur métier, avec l'envie de produire des vins de qualité respectueux du terroir. Le pari sera largement réussi…

Formation en « viti-oeno », des classes chez l'excellent David Fourtoux dans le Bergeracois pour Véronique, et le couple se lance dans la reprise d'une petite vigne de quelques 5 hectares, qu'ils rebaptisent élégamment Le Clos d'un Jour. Nous sommes ici sur les terres de l'appellation cahors et de son fameux *black wine* tant prisé des Anglais au Moyen Âge, celle aussi bien sûr du malbec, appelé également auxerrois ou côt.

Et le succès ne tarde pas pour le jeune domaine. Les Azémar présentent leur millésime 2000 aux dégustations du Guide Hachette des Vins en vue de l'édition 2003 : une étoile pour ce « vin aromatique et à la structure élégante ». Suit le millésime 2001 dont « on apprécie cette généreuse matière, à la fois grasse et structurée, aux tanins bien enrobés et au fruité persistant » : deux étoiles. Idem pour le 2002. Puis arrive le millésime 2004, et pas un mais deux coups de cœur, pour la cuvée Un Jour sur Terre et la cuvée Un jour…

Bien d'autres ont suivi depuis, à partir d'une gamme très resserrée de trois vins rouges : le Clos d'un Jour, élevé en cuve béton (90 % malbec, 10 % merlot) ; Un Jour, un pur malbec élevé en fût de chêne ; Un Jour sur Terre, qui doit tout également au malbec, élevé en jarres de terre cuite. Trois cuvées nées d'un vignoble de 7 ha sur la troisième terrasse du Lot, en bio certifié. Des vins qui, s'ils ont chacun leur propre personnalité, concilient souvent force et élégance, profondeur et finesse.

Les Azémar poursuivent désormais chacun leur chemin et l'histoire vigneronne s'écrit aujourd'hui en solo pour Véronique. Quant à Stéphane, fort de son passé de vigneron et de sa pratique de l'élevage en jarres, il est devenu… céramiste.

Coup de cœur

- **Cahors Un jour sur terre 2022**

Les **vigneron(ne)s** de l'année

Vallée de la Loire

Maxime **Cormerais**

(Dom. Bruno Cormerais)

Maxime Cormerais signe un magnifique doublé dans cette 40e édition : deux coups de cœur qui mettent en lumière le beau terroir de Clisson, l'un des dix crus communaux du Muscadet. L'occasion aussi de zoomer sur cette région qui, loin du « petit vin de soif », propose des vins de haute expression de plus en plus prisés par les œnophiles de France et d'ailleurs.

Saint-Lumine-de-Clisson, petit village situé à 5 km à l'ouest de Clisson, tout au sud de l'appellation muscadet-sèvres-et-maine. C'est ici, sur ces coteaux granitiques, que la famille Cormerais cultive le melon de Bourgogne depuis quatre générations, ce cépage unique de l'AOP, de forme arrondie, fruit d'un croisement entre le pinot noir (ce qui confirme ses origines bourguignonnes) et un cépage aujourd'hui disparu, le gouais blanc. Une variété volontiers productive, dont il faut calmer les ardeurs pour qu'elle donne ce qu'elle a de meilleur, mais que nombre de vignerons ont eu tendance à trop « pousser », engendrant des crises de surproduction et une qualité médiocre.

Certains vignerons se sont alors mis à identifier les meilleurs terroirs, à sélectionner des vieilles vignes, à travailler sur des élevages plus longs sur lies (de 18 à 24 mois minimum), à réduire les rendements, à se fédérer autour d'associations de crus, à commencer par celle de Gorges, Clisson et Le Pallet. Un travail approfondi qui aboutit à la définition de « crus communaux » à partir de 2011, établis selon les spécificités de chaque terroir : granite, schistes, micaschistes, amphibolite, gneiss… Avec des personnalités bien tranchées dans le verre, comme entre Clisson et Gorges par exemple : nés de granite, avec des maturités plus fortes, de plus gros degrés, le premier donne des vins souvent plus puissants et concentrés ; issus de gabbro, les blancs de Gorges offrent plus d'acidité, un côté plus cristallin, plus nerveux.

Chez les Cormerais, on cultive aujourd'hui 32 hectares, sur du granite donc, des vignes pour la plupart âgées de 30 à 70 ans, longtemps conduites par Bruno Cormerais, qui a succédé à son père en 1971, sur seulement 7 hectares à l'époque. Rapidement convaincu de l'intérêt des élevages longs sur lies et du potentiel du melon à engendrer des vins de garde, il va imprimer cette marque au domaine familial, en multipliant aussi les essais de levures pour isoler les souches propres à chaque terroir : un pionnier qui a largement contribué à la reconnaissance du cru. Un virus de la vigne transmis à son fils Maxime, aux commandes depuis 2009, qui poursuit cette quête d'excellence et d'innovation, toujours dans le respect de ce terroir si particulier de Clisson. Témoins, ses deux cuvées coups de cœur, intenses et vibrantes.

Coups de cœur

- **Muscadet-sèvres-et-maine Vieilles Vignes 2021**
- **Muscadet-sèvres-et-maine Clisson 2017**

Les **vigneron(ne)s** de l'année

Vallée de la Loire

Nathalie et Antoine **Leduc**

(Dom. Leduc-Frouin)

Valeur sûre de l'Anjou viticole, dans tous les styles et couleurs de la région, ce domaine réalise un beau doublé dans cette édition, en anjou-villages et rosé-d'anjou.

À l'image de leurs vins, les Leduc ont du caractère. Depuis 1873, date de fondation du domaine familial dans le village troglodytique de Martigné-Briand, quatre générations se sont succédé sur cette exploitation d'une trentaine d'hectares dominant la vallée du layon, aux sols variés de schistes, d'argiles et de falun. D'abord comme fermiers, puis comme propriétaires (1933) d'une ancienne terre noble, comme son nom l'indique : La Seigneurie, qui appartînt à un marquis. Les pieds dans la terre du haut Layon, on sait ici où l'on va et pourquoi.

Le retour au domaine de Nathalie en 2000, après une décennie passée à travailler dans le secteur bancaire, marque ce désir de continuité. Antoine, son frère, prenait déjà soin des ceps et vinifiait depuis 1993. Dans les superbes caves troglodytiques de la maison, creusées dans le falun, il élabore – fort de son diplôme d'œnologue obtenu à Dijon, mais surtout grâce à son expérience et à sa passion – des vins auxquels il croit.

Au menu, une belle gamme qui fait écho à la grande variété des vins angevins : blancs secs et doux, rouges, rosés, méthodes traditionnelles. Des vins qui réjouissent avec force régularité les palais experts des dégustateurs du Guide Hachette, notamment les coteaux-du-layon, à la fois riches et délicats, les rouges, francs et directs, et les rosé-d'anjou, longs, acidulés et tout en fruit.

C'est dans ces deux dernières couleurs que les Leduc se sont illustrés cette année : un anjou-villages né sur les schistes, charnu, expressif, jovial, avec beaucoup de fraîcheur en soutien, et un rosé-d'anjou qui doit tout au grolleau, comme il est de mise au domaine, plein de fruit, de dynamisme et de gourmandise.

Coups de cœur

- **Anjou-villages 2023**
- **Rosé-d'anjou La Seigneurie 2023**

Les **vigneron(ne)s** de l'année

Vallée du Rhône

Denis et Jean-Étienne **Alary**

(Dom. Alary)

Ce domaine de référence de la « jeune » appellation cairanne, établi ici depuis... 1692 et onze générations, décroche deux coups de cœur dans cette édition, en rouge et en blanc, les deux couleurs du cru.

C'est peu de dire que la famille Alary a les pieds profondément ancrés dans la terre de Cairanne. Leur histoire vigneronne a débuté sous le règne de Louis XIV, en 1692, avec André Alary, qui s'installa ici pour cultiver la vigne, déjà importante à l'époque, mais aussi les vers à soie, la garance, le blé, les arbres fruitiers. Dix générations plus tard, c'est Denis Alary qui, en 1981, rejoint son père Daniel sur l'exploitation, après des études d'œnologie à Montpellier. À sa disposition, un vignoble d'une trentaine d'hectares aujourd'hui, qu'il a passé en bio certifiée en 2012, avec désormais la biodynamie dans le viseur.

Avec un tel ancrage historique, il était aussi naturel que le vigneron s'investisse dans la défense de son appellation, dont il eut la direction pendant trente ans : une « jeune » appellation, officiellement reconnue cru des Côtes du Rhône en 2016, après avoir été longtemps classée en « villages », depuis 1967.

Porte d'entrée des vignobles méridionaux de la Vallée du Rhône, ce terroir du nord-ouest Vaucluse est adossé au sud d'un massif collinaire séparant les vallées de l'Aygues et de l'Ouvèze : 880 hectares de vignes et de sols variés. Chez les Alary, ce sont des coteaux exposés au sud, riches en argiles blanches et bleues, les terrasses inférieures des Garrigues, le haut plateau avec des galets roulés sous des sols argileux blancs et rouges, et les sols plus riches à proximité du vignoble du Plan de Dieu, pour leurs côtes-du-rhône et leurs IGP.

Un domaine que Denis Alary conduit désormais avec son fils Jean-Etienne, revenu au domaine en 2016 après des expériences en Australie chez Henschke, en Nouvelle-Zélande chez Seresin et en Bourgogne chez Confuron-Cotetidot. C'est lui qui est en charge des vinifications et qui a donc élaboré les deux coups de cœur de cette année : deux cairanne, deux couleurs. En rouge, la cuvée Tradition est un vin souple, tendre, velouté, où l'on devine une vinification douce, plus infusée qu'extraite. En blanc, la cuvée L'Estévenas, née de clairette, de roussanne et d'une touche de grenache, conjugue puissance et finesse, suavité et fine acidité. La relève est donc bien assurée ici, les racines toujours bien enfoncées dans le sol cairannais.

♥ Coups de cœur

- **Cairane Tradition 2021**
- **Cairanne L'Estévenas 2022**

Les **vigneron(ne)s** de l'année

Vallée du Rhône

Les Vignerons **de Tavel et Lirac**

« Impériale », « Royale », les deux cuvées coups de cœur de la coopérative de Tavel et Lirac n'ont pas usurpé leurs noms. Et pas de jaloux, les deux appellations sont récompensées !

Parler de cette coopérative, c'est faire un saut dans le temps, aux premières heures des appellations françaises, ce qui fait sens dans l'édition anniversaire d'un guide qui s'est construit, et se construit toujours aujourd'hui, dans un lien très étroit avec les syndicats viticoles, appuis indispensables à la bonne organisation des dégustations.

C'est même faire un bond en arrière encore plus lointain, car les vins de Tavel et de Lirac existaient déjà à l'époque gallo-romaine, et les vignes cultivées par les moines sont connues dès le IXe s. Plus tard, ces vins seront fort appréciés à la table de Philippe le Bel au XIIIe s., à celle des Papes au siècle suivant ou encore à celle de Louis XIV. Ronsard, Balzac ou, plus près de nous, Mistral furent des amateurs de vins tavellois.

Cette notoriété ancienne aboutit en 1902, après le terrible épisode phylloxérique et la nécessaire reconstruction du vignoble qui s'ensuivit, à la création du premier syndicat viticole de Tavel, aussi l'un des premiers de France, et à une première délimitation de l'aire de production en 1926, concentrée sur la commune. Des terres particulièrement propices à la production d'un rosé de grande qualité. Dix ans plus tard, sous l'impulsion notamment du Baron Le Roy, l'AOC tavel vit le jour, en 1936, devenant la première appellation de rosé en France. Une cave historique donc, la première coopérative agricole à être inaugurée par un président de la République, Albert Lebrun, qui représente aujourd'hui environ la moitié de la production des rosés de Tavel.

Quant au cru lirac, sa reconnaissance en appellation date de 1947, la première AOC de la Vallée du Rhône à produire dans les trois couleurs, sur les communes de Lirac, Roquemaure, Saint-Laurent-des-Arbres et Saint-Géniès-de-Comolas.

Dernier acte de cette longue histoire : 2018 et la fusion entre les deux caves coopératives. Un groupement qui se distingue très régulièrement dans ces pages pour ses vins dans les deux appellations, avec nombre de coups de cœur à la clé. Côté tavel, ce sont mêmes cinq coups de cœur d'affilée en cinq éditions ! Royal en effet…

Coups de cœur

- **Tavel Cuvée Royale 2023**
- **Lirac Cuvée Impériale 2022**

ALSACE
LORRAINE

AOC Alsace
Dénominations de l'AOC Alsace
1 Wolxheim
2 Ottrott
3 Klevener de Heiligenstein
4 Côtes de Barr
5 Blienschwiller
6 Scherwiller
7 Coteaux du Haut-Kœnigsbourg
8 Rodern
9 Saint-Hippolyte
10 Bergheim
11 Val Saint-Grégoire
12 Vallée Noble
13 Côte de Rouffach
AOC Alsace grand cru
Rangen Nom du grand cru
0 10 20 30 km
ALLEMAGNE
MOSELLE
Wissembourg
ALSACE
BAS-RHIN
le Rhin
Reitwiller
Strasbourg
Steinklotz
Engelberg
Altenberg de Bergbieten
Altenberg de Wolxheim
Bruderthal
ALSACE
Zotzenberg
Kirchberg de Barr
Kastelberg et Wiebelsberg
Moenchberg
Muenchberg
Winzenberg
Frankstein
l'Ill
Gloeckelberg
Praelatenberg
Sélestat
Kirchberg de Ribeauvillé
Kanzlerberg
Altenberg de Bergheim
Ribeauvillé
Osterberg
Schœnenbourg et Rosacker
Geisberg
Furstentum
Sporen
Froehn
Sonnenglanz
Schlossberg
Mandelberg
Kaefferkopf
Marckrain
Mambourg
Wineck-Schlossberg
Florimont
Sommerberg
Brand
Colmar
Hengst
Steingrubler
Pfersigberg
Eichberg
Hatschbourg
Goldert
Steinert
Zinnkoepflé
Pfingstberg
Vorbourg
Kessler
Kitterlé
Spiegel
Saering
Ollwiller
Rangen
VOSGES
VOSGES
Hohneck 1 363 m
ALSACE
Le Grand Ballon, 1 42 m
Ballon d'Alsace 1 424 m
l'Ill
HAUT-RHIN
ALLEMAGNE
le Rhin
Mulhouse
N
O
E
S

L'ALSACE ET LA LORRAINE

Les vins d'Alsace, blancs en très large majorité, s'identifient par leur cépage : la plupart d'entre eux sont aujourd'hui élaborés à partir d'une seule variété. La région fournit aussi de beaux vins de terroir, en particulier les grands crus, et des effervescents, les crémant-d'alsace.

À l'abri des Vosges, le vignoble alsacien s'étire sur plus de 170 km, de Thann, au sud, à Marlenheim, au nord, avec à l'extrême nord un îlot limitrophe de l'Allemagne, près de Wissembourg. Il a déserté la plaine pour se concentrer sur les collines qui bordent à l'est le massif vosgien. Les Vosges arrêtent l'humidité océanique, si bien que l'Alsace est l'une des régions les moins arrosées de France, malgré des orages estivaux.

La géologie crée une grande diversité de terroirs. La présence d'un champ de failles à la limite du massif ancien et de la plaine du Rhin, fossé d'effondrement, explique que chaque village compte de nombreux types de sols : granites, gneiss, grès, calcaires, marnes, argiles, sables… Chaque cépage s'y exprime différemment.

Florissant jusqu'à la fin du XIXe s., le vignoble lorrain est aujourd'hui l'un des plus petits de France. Produits sur les départements de la Meuse, de la Moselle et de la Meurthe-et-Moselle, les vins lorrains (appellations côtes-de-toul et moselle, IGP Côtes de Meuse) sont déclinés dans les trois couleurs, mais ce sont surtout les vins gris, des rosés de couleur... grise ou pelure d'oignon issus de pinot et de gamay, qui font leur réputation.

Principaux **millésimes** dégustés dans cette **édition**

TYPES DE VIN	CARACTÉRISTIQUES DU MILLÉSIME	QUALITÉ DU MILLÉSIME
Blancs 2020	Chaleur et sécheresse ont été présentes tout au long du cycle végétatif. La récolte s'est parfaitement déroulée, avec des raisins ayant conservé une belle acidité qui ont des vins structurés, longs et équilibrés.	★★★★☆
Blancs 2021	Un millésime petit en volume, aux conditions météorologiques difficiles, entre gel, pluies et chaleur estivale, qui offre finalement de très beaux vins, frais, sur le fruit, déjà très agréables à déguster.	★★★☆☆
Blancs 2022	Ce millésime précoce mais prometteur, avec un printemps chaud et une pluie salvatrice en septembre, a livré des jus de belle fraîcheur, aux notes exotiques et de fleurs blanches.	★★★★☆
Rouges 2020	Les pinots noirs sont d'une réussite exquise, portés par un millésime chaud et précoce, à l'état sanitaire idéal. Les vins sont concentrés, charpentés, aux tanins mûrs et soyeux, avec des couleurs impressionnantes.	★★★★★
Rouges 2021	Malgré les aléas climatiques du millésime, les vins se présentent avec beaucoup de croquant, un fruit frais et délicat, parfaitement accessibles sur la jeunesse et capables de bien vieillir.	★★★☆☆
Rouges 2022	Après un hiver étonnamment doux, un printemps sec et un été chaud, le millésime parvient à s'équilibrer grâce aux pluies de fin de saison, livrant des pinots structurés, croquants et frais.	★★★★☆

L' **Alsace** en un clin d'œil

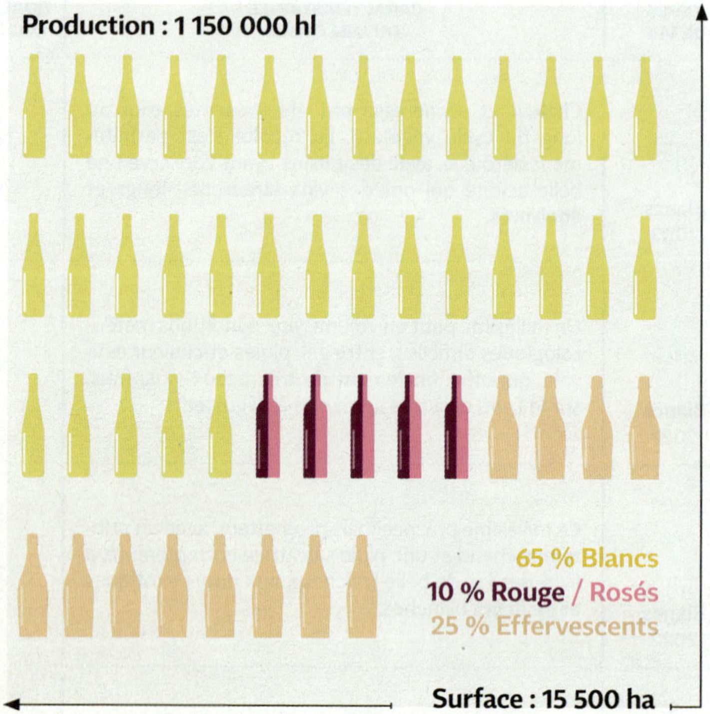

Types de vins

Principaux **cépages**

- Riesling
- Pinot blanc
- Gewurztraminer
- Pinot gris
- Auxerrois
- Sylvaner
- Muscats
- Chasselas
- Klevener de Heiligenstein
- Chardonnay
- Pinot noir (moins de 10 % des surfaces)

Hiérarchie des vins

AOC alsace grand cru
Avec nom de l'un des 51 grands crus délimités

AOC alsace avec dénomination géographique
Commune ou lieu-dit

AOC régionales alsace et crémant-d'alsace
Avec mention du cépage en dénomination

Un peu d'histoire

- **Moyen Âge :** essor du vignoble sous l'influence des évêchés et des abbayes, puis des villes.
- **XVIe s. :** les vins d'Alsace étaient exportés dans toute l'Europe.
- **XVIIe s. :** guerre de Trente Ans (famines, pestes, conflits). La viticulture alsacienne est ruinée.
  1648 : l'Alsace devient française ; le vignoble s'étend à nouveau avec des cépages communs.
- **Début du XIXe s. :** le vignoble atteint une superficie de 30 000 ha
- **Fin du XIXe s. :** les vins d'Alsace sont concurrencés par les vins du Midi et le vignoble est ravagé par le phylloxéra.
- **Milieu du XXe s. :** la superficie viticole est tombée à 9 500 ha.
- **Après 1945 :** le vignoble bénéficie de la croissance économique et adopte le cadre français des AOC. Les coopératives se développent.
- **À partir de 1975 :** délimitation de grands crus
- **2011 :** reconnaissance de 13 dénominations communales et de lieux-dits, avec des conditions de production plus exigeantes — Blienschwiller et Côtes de Barr (pour le sylvaner), Ottrott, Rodern et Saint-Hippolyte (pour le pinot noir), Wolxheim et Scherwiller (pour le riesling), Heiligenstein (pour le klevener), Bergheim (pour le gewurztraminer), Coteaux du Haut-Koenigsbourg, Côte de Rouffach, Vallée Noble et Val Saint-Grégoire.

ALSACE EDELZWICKER

Production : 23 080 hl

Cette dénomination ancienne désigne les vins issus d'un assemblage (*Zwicker* en alsacien) de cépages. N'oublions pas qu'il y a un siècle, les parcelles du vignoble alsacien plantées d'une seule variété étaient rares. Aujourd'hui, on utilise le terme «edelzwicker» pour désigner tout assemblage de cépages blancs de l'AOC alsace, qui peuvent être vinifiés ensemble ou séparément. On a ajouté l'adjectif *Edel* (noble) pour marquer la présence plus fréquente aujourd'hui de cépages nobles, tels que le riesling, le gewurztraminer ou le pinot gris, dans sa composition. Particulièrement apprécié des Alsaciens, l'edelzwicker est servi en carafe dans la plupart des winstubs. Le terme de «gentil» désigne aussi traditionnellement des vins d'assemblage.

♥ BACKERT Stierkopf 2019 ★★★

| 3487 | 11 à 15 €

Ancien cadre de l'industrie, Francis Backert a fait de son passe-temps son nouveau métier, créant un domaine en 1995 après avoir constitué un vignoble de 16 ha à Dorlisheim et dans quatre communes proches, à quelque 25 km de Strasbourg. Il l'exploite avec son épouse, Nadine, et s'est engagé en 2020 dans la défense des vignerons indépendants d'Alsace. Depuis 2016, sa fille cadette, Lydie, formée à Beaune et à Suze-la-Rousse, gère les vinifications, assistée par l'œnologue Clémence Lohezic.

Avec cette cuvée, assemblage de riesling (59 %), de gewurztraminer (25 %) et de pinot gris récoltés dans le Stierkopf, terroir situé à Mutzig, ce domaine fait une entrée remarquée dans le Guide. Les cépages ont été vinifiés séparément et assemblés à la mise en bouteille. Le vin charme d'emblée par son nez d'une rare finesse, subtilement vanillé, avant de dévoiler un palais souple en attaque, tendu par une délicate acidité qui met en valeur des arômes d'agrumes. Un vin sec «de toute beauté», harmonieux et long, qui pourra donner la réplique à des viandes blanches ou à un poisson en sauce. ⧗ 2024-2029

⊶ BACKERT, 3, fg des Vosges, 67120 Dorlisheim, earl.backert@gmail.com V *r.-v.*

DOM. JEAN-CLAUDE KOEHLER ET FILS
L'Alliance des nobles 2021 ★

| 4960 | 8 à 11 €

Depuis 1621 jusqu'à 1999, date d'installation de Christian Koehler, de nombreuses générations de vignerons se sont succédé sur ce domaine situé à une vingtaine de kilomètres au sud de Colmar, à l'entrée de la Vallée Noble, réputée pour son climat préservé. La famille exploite plus de 8 ha de vignes, dont des parcelles en grand cru Zinnkoepflé.

Trois des quatre «cépages nobles» composent cette cuvée plus d'une fois appréciée par nos dégustateurs: le pinot gris (40 %), le muscat ottonel (40 %) et le gewurztraminer. Les deux derniers, très aromatiques, lui lèguent au nez comme en bouche des arômes intenses de fruits exotiques (mangue, fruit de la Passion, litchi). Une profusion fruitée qui laisse une impression de suavité dans un vin pourtant sec. (Sucres résiduels: 6 g/l.) ⧗ 2024-2027

⊶ DOM. JEAN-CLAUDE KOEHLER ET FILS, 7, rue de Soultzmatt, 10, rue d'Orschwihr, 68250 Westhalten, tél. 06 74 72 00 13, contact@vins-koehler.fr V *t.l.j. 8h15-11h30 13h30-17h45; sam. dim. sur r.-v.*

B DOM. FRANÇOIS SCHMITT
La Colline aux cailloux 2022 ★

| 3500 | 11 à 15 €

Descendant d'une lignée d'agriculteurs établis dans la partie sud du vignoble, François Schmitt reprend en 1972 la ferme familiale dotée de 3 ha de vignes. Il achète des parcelles bien situées (Pfingstberg, Bollenberg, puis Zinnkoepflé) et se lance dans la vinification. Installé en 1998, son fils Frédéric exploite 13 ha et a engagé à partir de 2005 la conversion bio du domaine, certifié en biodynamie depuis 2019.

La Colline aux cailloux? Le Bollenberg, colline sèche réputée d'où proviennent les raisins à l'origine de cette cuvée. Pas moins de sept cépages, fermentés ensemble et élevés pour partie en barrique: le muscat et le gewurztraminer, qui lèguent leur présence aromatique, les trois pinots (blanc, gris, noir), qui apportent une certaine souplesse, le riesling et le sylvaner, qui confèrent finesse et fraîcheur à ce vin à l'expression dominée par les agrumes, marqué en finale par des amers nobles. (Sucres résiduels: 4 g/l.) ⧗ 2024-2028

⊶ FRANÇOIS SCHMITT, 19, rue de Soultzmatt, 68500 Orschwihr, tél. 03 89 76 08 45, info@francoisschmitt.fr V *t.l.j. 8h-12h 13h30-19h; dim. sur r.-v.*

MATTHIS WECK Premier Essai 2022 ★★

| 3810 | 11 à 15 €

Entre 1708 et 1719, Mathias Weck était prévôt de Gueberschwihr, petite cité viticole prospère, au sud de Colmar. Né en 1942, Clément Weck décide de dédier l'exploitation familiale à la viticulture: il vend sa production en bouteilles en 1973. Son fils Mathieu lui succède en 1995. Quant à Mathis, il marche sur leurs traces. Domaine certifié HVE (2016) et en conversion bio depuis 2021.

Premier essai concluant pour Matthis Weck, 18 ans, dont la première cuvée a permis au domaine de faire son entrée dans le Guide. Ce 2022 fait la part belle à l'auxerrois (80 %), assemblé au sylvaner et à un soupçon de riesling; il incorpore une petite fraction de vins élevés en barrique. Or blanc, il s'ouvre sur les agrumes (zeste de pamplemousse, kumquat), avant de dévoiler une bouche fine, tout en fraîcheur. ⧗ 2024-2027

⊶ CLÉMENT WECK ET FILS, 2, place de la Mairie, 68420 Gueberschwihr, tél. 03 89 49 31 89, vins@weck.alsace V *t.l.j. sf dim. 9h-12h 14h-17h*

ALSACE GEWURZTRAMINER

Superficie : 2 897 ha / Production : 172 116 hl

Le cépage qui est à l'origine de ce vin est une forme particulièrement aromatique de la famille des traminers. Un traité publié en 1551 le désigne déjà comme une variété typiquement alsacienne. Celle-ci atteint dans ce vignoble un optimum de qualité, ce qui lui a conféré une réputation unique dans la viticulture mondiale. Son vin est corsé, bien charpenté, sec ou moelleux, et caractérisé par un bouquet merveilleux, plus ou moins puissant selon les situations et les millésimes. Le gewurztraminer, qui a une production relativement faible et irrégulière, est un cépage précoce aux raisins très sucrés.

CAVE DE BEBLENHEIM
Vendanges tardives 2018 ★★

27395 | 15 à 20 €

Créée en 1952 au cœur de la route des Vins, près de Riquewihr, la cave de Beblenheim compte quelque 170 adhérents. Elle vinifie aujourd'hui le fruit de 530 ha de vignes implantées dans plus de 15 communes réparties autour de Beblenheim et, aujourd'hui, de Dorlisheim. Elle propose quatre grands crus de Beblenheim et des villages voisins. Outre les marques Baron de Hoen et Heimberger, la coopérative décline toute une gamme de cuvées à son nom.

Année solaire, 2018 a bénéficié d'une arrière-saison propice à l'obtention de vins liquoreux, comme celui-ci, remarquable expression du gewurztraminer vendanges tardives : robe soutenue, or jaune, nez de surmaturation tout en finesse, qui s'ouvre à l'aération sur les agrumes confits, le miel, les fruits secs, les épices, nuancés d'une touche mentholée, palais harmonieux, ample, riche, chaleureux, frais et long, où l'on retrouve la complexité du nez. Le sucre se fait oublier, tandis que les arômes restent. Un équilibre parfait et de la personnalité. (Sucres résiduels : 66,06 g/l.) ⧗ 2024-2030

⊶ CAVE DE BEBLENHEIM, 14, rue de Hoen, 68980 Beblenheim, tél. 03 89 47 90 02, info@cave-beblenheim.com V

♥ FRANÇOIS BRAUN ET FILS
Cuvée Sainte-Cécile 2019 ★★

4600 | 11 à 15 €

Une famille enracinée depuis le XVI[e]s. à Orschwihr, à quelque 25 km au sud de Colmar. Longtemps en polyculture, le domaine a débuté la mise en bouteilles après la Seconde Guerre mondiale, avec François Braun, la génération suivante achevant sa spécialisation. Installés respectivement en 1980 et en 1991, Philippe et Pascal exploitent des vergers pour la distillation et 21 ha de vignes, dont 10 ha sur le Bollenberg et des parcelles dans deux grands crus.

Dédié à la sainte patronne des musiciens, ce 2019 joue une remarquable partition. Récolté environ un mois après le début des vendanges, le gewurztraminer a engendré un superbe moelleux, reflet du cépage et d'un beau millésime. Ce vin affiche d'entrée sa richesse dans une robe jaune d'or intense et dans un nez généreux et complexe, qui déploie des notes variétales (litchi, mangue, épices) et des nuances plus originales de violette et de grillé. Tout aussi aromatique, le palais se révèle corsé, onctueux, d'une grande persistance. Fraîche, épicée (clou de girofle), teintée d'une légère amertume, la finale laisse le souvenir d'une rare harmonie. (Sucres résiduels : 17 g/l.) ⧗ 2024-2029

⊶ FRANÇOIS BRAUN ET FILS, 19, Grand-Rue, 68500 Orschwihr, tél. 03 89 76 95 13, francois-braun@orange.fr V *t.l.j. sf dim. 8h-11h30 14h-17h*

DOM. VITICOLE DE LA VILLE DE COLMAR
2022 ★

22664 | 8 à 11 €

Fondé en 1895 par Chrétien Oberlin, célèbre ampélographe, le Dom. de la Ville de Colmar est entré en 2011 dans le giron des Grands Chais de France, qui ont repris par ailleurs en 2018 le Dom. du Moulin de Dusenbach, créé en 1974 à Ribeauvillé. Deux vignobles couvrant 50 ha (dont le vignoble des Hospices, qui remonte à 1255), avec des parcelles dans huit grands crus et trois lieux-dits.

« Un gewurztraminer dans la belle tradition alsacienne », écrivent nos jurés, qui louent la netteté de ses arômes et sa finesse. Ils soulignent aussi sa richesse en sucres mesurée : il s'agit d'un demi-sec parfaitement adapté à la table, aux cuisines du monde notamment. (Sucres résiduels : 13,5 g/l.) ⧗ 2024-2029 **Hospices de Colmar 2022 ★ (11 à 15 € ; 4 577 b.)** De type demi-sec, un gewurztraminer bien typé avec ses arômes de rose et sa bouche ample, équilibrée par une belle fraîcheur. (Sucres résiduels : 13 g/l.) ⧗ 2024-2029

⊶ DOM. VITICOLE DE LA VILLE DE COLMAR, 2, rue du Stauffen, 68000 Colmar, tél. 03 89 79 11 87, nadine.strub@arthurmetz.fr V *t.l.j. sf dim. 9h30-12h30 14h-18h*

JEAN GEILER
Collection douceurs 2022 ★

100000 | 8 à 11 €

Fondée en 1926 par 36 vignerons, la coopérative d'Ingersheim, proche de Colmar, compte 185 adhérents et vinifie le fruit d'un vignoble de 470 ha dans le Haut-Rhin, avec des parcelles dans dix grands crus. Jean Geiler est sa marque. Son siège abrite un musée du Vigneron et une salle accueillant expositions et événements culturels.

Typé de son cépage et de son millésime solaire, ce moelleux jaune doré séduit par la complexité et par l'exubérance de ses arômes : rose poivrée et mangue, nuancées de touches de bonbon et de grillé explosent au nez et s'épanouissent dans un palais très rond, de bonne longueur. Parfait pour des plats sucrés-salés, des cuisines du monde et des desserts. (Sucres résiduels : 42 g/l.) ⧗ 2024-2029

⊶ CAVE JEAN GEILER, 45, rue de la République, tél. 03 89 27 90 27, vin@geiler.fr V *t.l.j. 9h-12h 14h-18h*

GINGLINGER-FIX Sélection 2022 ★

3450 | 8 à 11 €

La tradition vigneronne remonte à 1610 dans cette famille établie à Voegtlinshoffen, village veillé par les Trois Châteaux, au sud de Colmar. En 2016, André Ginglinger a passé le relais à sa fille Éliane, œnologue, et à son fils Hubert, ingénieur viticole. Le tandem exploite près de 8 ha de vignes. Après avoir adopté une démarche bio, sans certification, il a engagé la conversion du domaine, obtenant la certification pour le millésime 2023.

Un nez précis, engageant et typé, pour ce moelleux jaune d'or aux arômes de fruits exotiques et de poivre. Rond, chaleureux et riche au palais, il est équilibré par une pointe d'acidité qui souligne des arômes frais d'agrumes et d'ananas, puis finit sur la suavité de l'abricot sec. Une belle complexité. (Sucres résiduels: 36 g/l.) ⧗ 2024-2030

GINGLINGER-FIX, 38, rue Roger-Frémeaux, 68420 Voegtlinshoffen, tél. 03 89 49 30 75, info@ginglinger-fix.fr V r.-v.

DOM. ROBERT HAAG ET FILS 2022 ★

3700 | 8 à 11 €

Perpétuant une lignée remontant au XVIIIe s., François Haag a succédé en 1999 à son père, Robert, qui a spécialisé l'exploitation. La famille est installée dans une maison typique, avec vaste porche, cour et colombages. Son village, Scherwiller, est un haut lieu du riesling, et la moitié du vignoble (près de 9 ha) est dédiée à ce cépage. Conduit en agriculture raisonnée puis certifié HVE (2018), le domaine a engagé sa conversion bio en 2021.

Aussi réussi que le 2021, ce gewurztraminer moelleux né d'un millésime solaire semble plus riche et plus gras que son devancier, sans céder à une opulence ostentatoire: on apprécie la finesse et la netteté de son expression aromatique mêlant la fleur blanche, le litchi, le fruit frais et confit (figue, mangue), puis l'harmonie d'un palais de belle longueur, tout en fruit, suave, bien équilibré entre douceur et fraîcheur. (Sucres résiduels: 21,3 g/l.) ⧗ 2024-2029

EARL ROBERT HAAG ET FILS, 21, rue de la Mairie, 67750 Scherwiller, tél. 03 88 92 11 83, vins.haag.robert@estvideo.fr V t.l.j. sf dim. 9h-12h 13h30-18h30

FAMILLE HAULLER
Louis Hauller Vendanges tardives 2021 ★

11700 | 20 à 30 €

Tonneliers depuis le XVIIIe s., les Hauller sont devenus viticulteurs avec Louis, dans les années 1970. En 1996, Claude, fils du précédent, crée une structure de négoce, la Cave du Tonnelier. Le domaine en propre s'est agrandi depuis 2014, passant de 10 à 40 ha, répartis dans trois communes du Bas-Rhin et à Soultzmatt. Avec Ludovic et Guillaume, la nouvelle génération s'est installée en 2015.

Après un début d'été pluvieux qui a fait chuter les rendements, 2021 a fourni peu de vendanges tardives et de sélections de grains nobles – le quart de la production de l'année précédente. Ces négociants ont réussi à proposer des volumes intéressants de gewurztraminer. Reflet de l'année, un liquoreux plutôt réservé au nez, floral et légèrement miellé. Du millésime, il a sans doute tiré une acidité ciselée, qui étire la finale, soulignant des arômes d'ananas et de litchi nuancés d'une surmaturation discrète (le miel encore, le coing). De la finesse. (Sucres résiduels: 91 g/l.) ⧗ 2024-2034

FAMILLE HAULLER, 1, rue du Muscat, 67650 Dambach-la-Ville, tél. 03 88 92 40 00, claude@famillehauller.com V t.l.j. sf dim. 9h-12h 13h30-18h 3 B

DOM. ROGER HEYBERGER
Lieu-dit Bildstoecklé Vendanges tardives 2020 ★

2640 | 15 à 20 €

Les lointaines origines du domaine, conduit depuis 1990 par Denis Heyberger, remontent à 1621. Aujourd'hui, avec 16 ha de vignes disséminées dans une demi-douzaine de communes au sud de Colmar, entre Eguisheim et Rouffach, le vigneron peut jouer sur une belle palette de terroirs (dont trois grands crus ou lieux-dits).

Terroir réputé d'Obermorschwihr, le Bildstoecklé bénéficie d'une exposition sud et de sols argilo-calcaires qui retiennent l'eau. Le lieu de naissance de ce gewurztraminer mêlant au nez la rose du cépage et des notes de surmaturation (miel, raisin sec) qui se prolongent au palais. Chaleureux et ample, ce liquoreux n'affiche pas une richesse imposante, mais il séduit par sa fraîcheur et par sa finale épicée, vive et longue, tonifiée par une légère amertume. (Sucres résiduels: 49 g/l.) ⧗ 2024-2034

ROGER HEYBERGER ET FILS, 5, rue Principale, 68420 Obermorschwihr, tél. 03 89 49 30 01, info@vins-heyberger.fr V t.l.j. sf sam. dim. 8h-11h30 14h-17h

♥ DOM. HENRI KLÉE Cuvée Antoine 2022 ★★

4800 | 11 à 15 €

Urbain Klée, né au XVIe s., aurait acquis les premières vignes en 1624. Henri Klée se lance dans la vente directe au milieu du siècle dernier. Philippe lui succède en 1985, rejoint en 2016 par Martin, qui prépare la relève. Fort d'un vignoble de 14 ha aux environs de Katzenthal, à l'ouest de Colmar, le domaine s'est équipé d'une nouvelle cuverie en 2013, tout en développant l'hébergement. Une propriété bien connue de nos lecteurs.

On ne compte plus les coups de cœur obtenus par ce domaine (les premiers signés Henri). Vendangé en octobre, ce gewurztraminer dédié au fils du vigneron rappelle une vendange tardive par sa robe jaune d'or comme par ses superbes arômes de surmaturation (mangue, coing confits et figue aux côtés de l'acacia). La bouche, à l'unisson du nez, offre une matière riche, ronde et corsée; les sucres sont bien fondus et la finale apparaît chaleureuse et persistante. (Sucres résiduels: 20 g/l.) ⧗ 2024-2032

DOM. HENRI KLÉE, 11, Grand-Rue, 68230 Katzenthal, tél. 03 89 27 03 81, contact@vins-klee-henri.com V r.-v. E

ROMAIN KUENTZ ET FILS
Vendanges tardives 2020 ★

■ | 788 | | 20 à 30 €

Héritière d'une tradition viticole remontant au milieu du XVIIe s., la famille Kuentz est établie à Pfaffenheim, au sud de Colmar. Romain et son fils Michel exploitent 8 ha de vignes autour de leur village (avec des parcelles dans le grand cru Steinert), ainsi qu'à Rouffach, Gueberschwihr et Herrlisheim. Certifiée HVE depuis 2019, la propriété est en conversion bio.

Récolté le dernier jour de novembre, le gewurztraminer a donné naissance à cette cuvée cossue à souhait, avec sa robe dorée sur tranche, son nez riche et gourmand et sa bouche miellée, ample et puissante, aussi ronde que longue: un liquoreux «sphérique», qui penche pour l'heure sur le sucre. (Sucres résiduels: 102,8 g/l.) ⧗ 2025-2034

ROMAIN KUENTZ ET FILS, 22, rue du Fossé, 68250 Pfaffenheim, tél. 03 89 49 61 90, kuentz@vinskuentz.fr V *t.l.j. 9h-12h 14h-19h; dim. sur r.-v.*

DOM. MAURICE SCHOECH 2022 ★

■ | 8000 | | 11 à 15 €

Pépiniéristes, sommeliers, courtiers, vignerons, les Schoech sont au service du vin depuis 1650. Aujourd'hui, Sébastien et Jean-Léon Schoech exploitent 18 ha aux environs d'Ammerschwihr, importante cité viticole qui ouvre chaque année le cycle des foires aux vins en avril. Ils détiennent des parcelles dans cinq grands crus et ont engagé en 2014 la conversion bio de leur vignoble.

Une approche discrète mais typée pour ce gewurztraminer au nez élégant, minéral et tonique, farandole de fruits exotiques frais (litchi, mangue et fruit de la Passion). D'une richesse mesurée, ce moelleux a pour atouts son équilibre et sa finale tonique, épicée, de belle longueur. (Sucres résiduels: 18 g/l.) ⧗ 2024-2029

DOM. MAURICE SCHOECH ET FILS, 4, rte de Kientzheim, 68770 Ammerschwihr, tél. 03 89 78 25 78, contact@domaineschoech.com V *t.l.j. sf dim. 9h-12h 14h-18h*

JEAN-VICTOR SCHUTZ
Vendanges tardives 2021 ★★

■ | 11450 | | 20 à 30 €

Les Schutz sont alliés aux Ruhlmann, établis depuis le XVIIe s. à Dambach-la-Ville, importante et pittoresque cité viticole. Créée en 1997, cette maison de négoce mise sur la grande distribution et sur l'export, et dispose de 50 ha de vignes. Elle s'est étendue en 2017 dans les Corbières (Ch. Valmont).

En 2021, les attaques estivales de mildiou ont fait chuter la production, si bien que certains vignerons ont renoncé à élaborer des vendanges tardives. Ce négociant en propose des volumes intéressants en gewurztraminer (le cépage le plus utilisé pour ce type de vin). Un liquoreux discret dans son approche, qui s'ouvre à l'aération sur des notes florales et fruitées délicates (les agrumes et la camomille plutôt que les fruits confits, une note miellée en bouche). S'il offre ce qu'il faut de richesse et d'ampleur, il brille surtout par sa complexité, sa finesse et par la fraîcheur élégante de sa finale. (Sucres résiduels: 86 g/l.) ⧗ 2024-2034

JEAN-VICTOR SCHUTZ, 34, rue du Mal-Foch, 67650 Dambach-la-Ville, tél. 03 88 92 41 86, vins@ruhlmann-schutz.fr r.-v.

ALSACE KLEVENER-DE-HEILIGENSTEIN

Superficie: 42 ha / Production: 2 893 hl

Le klevener-de-heiligenstein n'est autre que le vieux traminer (ou savagnin rose) connu depuis des siècles en Alsace. Il a fait place progressivement à sa variante épicée ou gewurztraminer dans l'ensemble de la région, mais il est resté vivace à Heiligenstein et dans cinq communes voisines. Ses vins sont originaux, à la fois très bien charpentés, élégants et discrètement aromatiques.

♥ DOM. CHRISTIAN DOCK
Instant Douceur 2022 ★★

■ | 1500 | | 11 à 15 €

Conduite par Christian Dock, l'exploitation se transmet de père en fils depuis 1870 et couvre 13 ha. Elle est installée à Heiligenstein, village perché sur un coteau dominé par le mont Sainte-Odile. Le klevener-de-heiligenstein est la spécialité de la propriété.

Cinquième coup de cœur pour le domaine. Une fois de plus, il distingue un vin doux issu de raisins surmûris, vendangés fin octobre. Né d'une année solaire, cet Instant Douceur ouvre sur un univers proche des vendanges tardives, avec ses reflets dorés, sa puissance et sa riche palette de fruits exotiques nuancés d'une touche de rose. Ce qui emporte l'adhésion, c'est l'équilibre parfait entre les sucres, l'alcool et l'acidité: «un délice». (Sucres résiduels: 53 g/l.) ⧗ 2024-2030

DOM. CHRISTIAN DOCK, 20, rue Principale, 67140 Heiligenstein, tél. 03 88 08 02 69, cdock@wanadoo.fr V

HABSIGER 2022 ★★

■ | 9810 | | 8 à 11 €

Paul et Simone Habsiger se sont établis en 1967 à Gertwiller, village proche de Barr réputé pour son pain d'épice. Ils ont abandonné la polyculture-élevage au milieu des années 1980. Installé en 1992, leur fils Alain, rejoint par son fils Antoine, dispose de 9,5 ha et d'une maison à colombages de 1733, coiffée d'un nid de cigognes: une Alsace de carte postale. Domaine conduit en bio certifié (et en biodynamie non revendiquée) depuis 2023.

Est-ce l'année solaire? Ce savagnin rose élevé 10 mois sur lies délivre au nez des notes de surmaturation et des parfums évocateurs de son cousin le gewurztraminer. En bouche, on découvre un vin sec, gourmand et persistant, aux arômes de fleurs blanches. On loue la qualité de sa texture, à la fois onctueuse et fraîche. Cette bouteille tiendra sa place de l'apéritif au fromage. (Sucres résiduels: 6 g/l.] ⧗ 2024-2029

ALSACE HABSIGER, 15, rue Principale, 67140 Gertwiller, tél. 06 77 41 97 38, alsace.habsiger@gmail.com V *t.l.j. sf dim. 8h-12h 13h30-18h30*

DOM. HEYWANG Cuvée particulière 2022 ★

| 1000 | | 15 à 20 € |

Située au pied du mont Sainte-Odile, dans le village de Heiligenstein renommé pour son cépage klevener, une exploitation fondée en 1955 par Jean Heywang, qui l'a transmise en 1990 à son fils Hubert. Michèle, l'épouse de ce dernier, en assume aujourd'hui la direction. Couvrant 7 ha, le domaine a obtenu en 2011 la certification bio.

Issu de vignes de 50 ans vendangées le 10 octobre, ce 2022 moelleux longuement élevé sur lies fines revêt une robe jaune doré. Discret mais franc au nez, il dévoile en bouche l'ampleur et la puissance caractéristiques du savagnin rose. Sa douceur est contrebalancée par une légère pointe d'amertume en finale. (Sucres résiduels: 26 g/l.] ⧗ 2024-2030

JEAN ET HUBERT HEYWANG, 7, rue Principale, 67140 Heiligenstein, tél. 03 88 08 91 41, contact@heywang-vins.fr V *t.l.j. sf dim. 10h-12h 14h-19h*

DOM. G. METZ 2022 ★★

| 2500 | | 11 à 15 € |

Créé au XVIIIe s., ce domaine s'est tourné vers la viticulture dans les années 1930 en s'implantant à Itterswiller, village bas-rhinois à flanc de coteau, et s'est lancé dans la mise en bouteilles en 1966. À sa tête depuis 1996, le gendre de Gérard Metz, Éric Casimir, d'origine champenoise, a porté sa superficie de 14 à 18 ha (avec des parcelles en grand cru). D'abord conduite en agriculture raisonnée, l'exploitation a obtenu sa certification HVE (2019), puis bio (2022).

Récolté en légère surmaturation et élevé sur lies en foudre pendant 9 mois, le savagnin rose à l'origine de cette cuvée délivre quelques notes confites. Il s'agit cependant d'un vin sec, qui conjugue l'ampleur des vins issus de ce cépage avec une belle fraîcheur qui lui donne dynamisme et longueur. (Sucres résiduels: 3,5 g/l.) ⧗ 2024-2029

DOM. GÉRARD METZ, 40, rte du Vin, 67140 Itterswiller, tél. 03 88 57 80 25, info@domainegmetz.com V *t.l.j. sf dim. 10h-12h 14h-18h*

DOM. DANIEL RUFF L'Authentique 2022 ★★

| 2500 | | 11 à 15 € |

Fondé en 1960, un domaine de 16 ha situé au pied du mont Sainte-Odile, dans le pays de Barr. Si son savoir-faire s'étend à d'autres variétés, la famille Ruff, qui cultive la vigne depuis la fin du XIXe s., bichonne le klevener, cépage fétiche de Heiligenstein qui a valu au village une dénomination communale. En 2020, Daniel a transmis l'exploitation à Guillaume.

En 2022, Guillaume Ruff a laissé sur pied ses raisins jusqu'au 7 novembre pour en tirer ce moelleux d'un jaune intense, au nez de fleurs blanches, remarquable par son harmonie en bouche: un vin riche, puissant et persistant, offrant un très bel équilibre entre l'alcool et le sucre, marqué en finale par une légère pointe d'amertume. (Sucres résiduels: 29,6 g/l.) ⧗ 2024-2032

DOM. DANIEL RUFF, 64, rue Principale, 67140 Heiligenstein, tél. 03 88 08 10 81, ruffvigneron@wanadoo.fr V *r.-v.*

ALSACE MUSCAT

Superficie : 351 ha / Production : 18 487 hl

Deux variétés de muscat servent à élaborer ce vin sec et aromatique qui donne l'impression de croquer du raisin frais. Le premier, dénommé de longue date muscat d'Alsace, n'est autre que celui que l'on connaît mieux sous le nom de muscat blanc à petits grains (parfois dénommé muscat de Frontignan). Comme il est tardif, on le réserve aux meilleures expositions. Le second, plus précoce et de ce fait plus répandu, est le muscat ottonel.

DOM. FRANÇOIS BLÉGER Kappellreben 2022 ★

| 1000 | | 8 à 11 € |

Originaires de Suisse, les Bléger sont arrivés en 1562 à Saint-Hippolyte, au pied du Haut-Kœnigsbourg. Alors que ses parents vendaient leur vin en vrac au négoce, François Bléger, qui avait étudié la sociologie avant de se former à la viticulture, s'est lancé dans la mise en bouteilles à son installation, en 1996. Il dispose de 10 ha répartis sur quatre communes.

Muscat d'Alsace et muscat ottonel composent cette cuvée au nez délicat et typé, entre bourgeon de cassis et bergamote. Fruitée, d'une belle ampleur, la bouche finit sur une légère amertume. (Sucres résiduels: 3,4 g/l.) ⧗ 2024-2027

DOM. FRANÇOIS BLÉGER, 63, rte du Vin, 68590 Saint-Hippolyte, tél. 03 89 73 06 07, domaine.bleger@wanadoo.fr V *r.-v.* 4

PAUL BUECHER 2022 ★

| 7000 | | 11 à 15 € |

D'origine suisse, la famille Buecher s'est établie près de Colmar après la guerre de Trente Ans. Après Paul Buecher, qui a vendu en 1959 les premiers vins en bouteilles, se sont succédé Henri, Jean-Marc, puis Jérôme, à la tête du domaine depuis 2004. L'exploitation, agrandie à chaque génération, est passée de 5 à 30 ha ; elle s'est étendue dans les grands crus et convertie à l'agriculture biologique à partir de 2008.

Ce 2022 délivre des parfums généreux, confiturés, évoquant la surmaturation. En bouche, il n'en offre pas moins le caractère très sec des muscats de la région. On y retrouve un fruité intense, allié à une belle ampleur en attaque et à une finale persistante. De l'élégance. (Sucres résiduels: 1,5 g/l.) ⧗ 2024-2027

PAUL BUECHER, 15, rue Sainte-Gertrude, 68920 Wettolsheim, tél. 03 89 80 64 73, vins@paul-buecher.com V *t.l.j. sf dim. 8h-12h 13h30-17h30*

HABSIGER 2022 ★★

| 3210 | | 8 à 11 € |

Paul et Simone Habsiger se sont établis en 1967 à Gertwiller, village proche de Barr réputé pour son

pain d'épice. Ils ont abandonné la polyculture-élevage au milieu des années 1980. Installé en 1992, leur fils Alain, rejoint par son fils Antoine, dispose de 9,5 ha et d'une maison à colombages de 1733, coiffée d'un nid de cigognes: une Alsace de carte postale. Domaine conduit en bio certifié (et en biodynamie non revendiquée) depuis 2023.

Au nez, un fruit assez discret, teinté de notes mentholées. C'est en bouche que ce muscat s'affirme. Sec, salin, il affiche aussi puissance et longueur, offrant un retour fruité qui laisse une impression d'harmonie. Bien structuré, il pourra accompagner un repas, comme une omelette aux asperges ou un plat végétarien. (Sucres résiduels: 1 g/l.) ⧗ 2024-2027

⊶ ALSACE HABSIGER, 15, rue Principale, 67140 Gertwiller, tél. 06 77 41 97 38, alsace.habsiger@gmail.com V *t.l.j. sf dim. 8h-12h 13h30-18h30*

DOM. BERNARD HUMBRECHT 2022 ★

	1100		8 à 11 €

À Gueberschwihr, au sud de Colmar, le visiteur est impressionné par les maisons vigneronnes aussi anciennes que cossues, comme la demeure Renaissance à pignon de la famille Humbrecht. La lignée remonte à 1620, les mises en bouteilles à 1968. Jean Humbrecht, ingénieur en agriculture, et son frère Guillaume ont rejoint leur père, Jean-Bernard, respectivement en 2014 et 2016. Certifié HVE, le domaine couvre 10 ha.

Si ce muscat au caractère demi-sec ne montre pas l'exubérance fruitée et florale de certains vins issus de ce cépage (ses arômes, plutôt discrets, évoquent les fruits blancs et les agrumes), il a intéressé nos dégustateurs par ses qualités de structure: de la puissance, de la tension, de la longueur. (Sucres résiduels: 9 g/l.) ⧗ 2024-2027

⊶ DOM. BERNARD HUMBRECHT, 10, pl. de la Mairie, 68420 Gueberschwihr, tél. 03 89 49 31 42, vins.bernard.humbrecht@orange.fr V *t.l.j. 9h-12h 13h-18h (19h avr.-nov.); dim. 10h-12h 14h-18h*

DOM. EDMOND RENTZ
Tradition Vieilles Vignes 2022 ★

	4000		8 à 11 €

Descendant d'une lignée vigneronne remontant au XVIII^e^s., Edmond Rentz vend son vin en bouteilles dès 1936. Son fils Raymond étend la propriété et transmet en 1995 à Patrick un domaine de 20 ha répartis sur 5 communes au cœur de la route des Vins: Bergheim, Ribeauvillé, Hunawihr, Zellenberg, Riquewihr. Exploitation certifiée HVE et bio (depuis 2023).

Reflet de son année solaire, ce 2022 mêle au nez le raisin muscat et la bergamote, une pointe de bourgeon de cassis, assortis de nuances de surmaturation. Les fruits exotiques s'épanouissent dans un palais étoffé et onctueux, de belle longueur, où l'on perçoit une légère douceur bien intégrée: ce vin tend vers le demi-sec. (Sucres résiduels: 6 g/l.) ⧗ 2024-2027

⊶ EARL EDMOND RENTZ, 7, rte des Vins, 68340 Zellenberg, tél. 03 89 47 90 17, info@edmondrentz.com V *t.l.j. sf dim. 8h-12h 14h-18h*

DOM. ROLLY GASSMANN 2020 ★

	8500		15 à 20 €

Domaine né de l'union de Marie-Thérèse Rolly avec Louis Gassmann, établis à Rorschwihr, village dominé par le Haut-Kœnigsbourg. Héritiers de lignées remontant à 1611, ces vignerons ont constitué un vaste domaine de 55 ha. Pierre Gassmann élabore annuellement 42 cuvées, vinifiées par lieux-dits et types de sols. Il a inauguré en 2018 un impressionnant bâtiment sur six niveaux qui regroupe ses sept anciens sites: un chai enterré et une salle de dégustation panoramique où l'on peut découvrir d'anciens millésimes.

Une «vigne des Moines» (Moenchreben) déjà cultivée au VIII^e^s. Âgés de plus d'un demi-siècle, les plants de muscats à l'origine de cette cuvée ont été vendangés le 5 octobre en année précoce. La robe jaune doré annonce des arômes de surmaturation (fruits blancs légèrement confits). Dans une belle continuité, le palais allie onctuosité, rondeur et ampleur au fruité et au croquant du raisin. La finale de bonne longueur est tonifiée par une agréable pointe d'amertume. De la matière et de la finesse. (Sucres résiduels: 19 g/l.) ⧗ 2024-2029

⊶ SAS ROLLY GASSMANN, 15, Grand-Rue, 68590 Rorschwihr, tél. 03 89 73 63 28, rollygassmann@wanadoo.fr V *t.l.j. 10h-12h 14h-18h*

ALSACE PINOT BLANC OU KLEVNER

Superficie : 3 303 ha / Production : 267 672 hl

Sous ces deux dénominations (la seconde étant un vieux nom alsacien), le vin de cette appellation peut provenir de deux cépages: le pinot blanc vrai et l'auxerrois blanc. Ce sont des variétés assez peu exigeantes, capables de donner des résultats remarquables dans des situations moyennes, car leurs vins allient agréablement fraîcheur, corps et souplesse. Dans la gamme des vins d'Alsace, le pinot blanc représente le juste milieu, et il n'est pas rare qu'il surclasse certains rieslings.

DOM. DUSSOURT
Auxerrois Ortenberg Réserve Prestige 2022 ★★

	1995		11 à 15 €

Officier des armées de Louis XIV, le premier Dussourt fait souche en Alsace à la fin du XVII^e^s. et ses descendants ne tardent pas à s'intéresser au vin. André débute la vente en bouteilles en 1964 avant de passer le relais à son fils Paul en 1987. Couvrant 14 ha, le domaine, en bio certifié depuis 2022, a son siège à Scherwiller, village proche de Sélestat qui bénéficie d'une dénomination communale pour son riesling.

Dominé par le château fort de l'Ortenberg, le massif granitique de Scherwiller a favorisé cet auxerrois, qui a engendré un vin remarquable, reflet de son terroir magnifié par un élevage soigné, sur lies avec bâtonnage. Avec ses parfums intenses de fleurs blanches d'une grande délicatesse, ce 2022 séduit d'emblée. Sa bouche tendue et longue devrait autoriser une petite garde. ⧗ 2024-2028

⊶ DOM. DUSSOURT, 2, rue de Dambach, 67750 Scherwiller, tél. 03 88 92 10 27, domaine.dussourt@orange.fr V *t.l.j. sf dim. 9h-12h 14h-18h*

JEAN RAPP Auxerrois Bromberg 2020 ★

	3500		5 à 8 €

Vignerons et éleveurs de père en fils depuis 1764, installés à Dorlisheim, au sud-ouest de Strasbourg, les Rapp ont spécialisé leur exploitation à partir des années 1960. Une nouvelle cave, plus vaste, a été aménagée en 2004, à l'arrivée de Guillaume, qui exploite près de 10 ha. La plupart des vins du domaine sont élevés en foudres, dont certains sont plus que centenaires.

Ce vigneron chérit l'auxerrois dont il produit plusieurs cuvées, comme celle-ci, issue d'une belle parcelle de 45 ares. L'année solaire lui a permis de tirer du cépage un vin moelleux (26 g/l de sucres résiduels) doré intense, au nez confit traduisant la surmaturation. La nectarine et les agrumes bien mûrs s'épanouissent dans une bouche riche et fondue, soutenue par une belle acidité. Idéal à l'apéritif ou au dessert, ainsi qu'avec certains fromages. ⧗ 2024-2029

JEAN RAPP, 1, fg des Vosges, 67120 Dorlisheim, tél. 03 88 38 28 43, vins-rapp@wanadoo.fr V *t.l.j. sf dim. 8h30-12h 13h30-18h*

DOM. SCHOEPFER
Pinot blanc Clos Paradis Par Louise 2018 ★

	1350		11 à 15 €

Installé en 2006 dans l'ancienne cour de l'abbaye de Marbach, au cœur de la cité médiévale d'Eguisheim, Vincent Schoepfer perpétue une lignée vigneronne originaire de Suisse, établie en Alsace en 1656. En 2012, un peu à l'étroit, il a construit un nouveau vendangeoir et une cuverie thermorégulée.

Issue de vieilles vignes (45 ans) et d'une année solaire, cette cuvée de pinot blanc élevée six mois en demi-muid a bien évolué. Délicatement florale au nez, saline en bouche, elle gagne en intensité et offre une belle persistance. Des qualités à apprécier maintenant, sur des gambas ou sur une volaille à la crème. ⧗ 2024-2026

DOM. SCHOEPFER, 43, Grand-Rue, 68420 Eguisheim, tél. 03 89 41 09 06, contact@domaine-schoepfer.fr V *t.l.j. sf dim. 8h30-12h 14h-18h*

B **ANTOINE STOFFEL** Auxerrois Exa 2022 ★

	2100		11 à 15 €

Cité médiévale préservée au plan circulaire, Eguisheim se flatte d'être le berceau du vignoble alsacien. Établi à quelques pas du centre, le domaine porte le nom du grand-père de l'actuel vigneron, qui débuta la vinification à la propriété en 1960. À la tête de l'exploitation depuis 2015, Matthieu Kuehn met en valeur 9 ha de vignes disséminées dans quatre communes, avec 2 ha en grand cru Eichberg. Il a obtenu la certification bio en 2020.

Déjà distingué dans des éditions précédentes, un auxerrois d'Eguisheim fort plaisant. Avec ses arômes de fruits mûrs, sa bouche tout en rondeur (un demi-sec, annonce l'étiquette) et *spritzig* (perlante), comme on dit en Alsace, il offre un équilibre agréable et reflète bien son cépage. On pourra le servir avec des viandes blanches et de la volaille. ⧗ 2024-2027

DOM. ANTOINE STOFFEL, 21, rue de Colmar, 68420 Eguisheim, tél. 03 89 41 32 03, domaine@antoinestoffel.com V *t.l.j. sf dim. 9h-12h 14h-18h*

ZIEGLER-MAULER 2022 ★

	900		5 à 8 €

Créé au début des années 1960, ce domaine situé au cœur de la route des Vins a commencé à vendre son vin en bouteilles au cours de la décennie suivante. À la tête de l'exploitation depuis 1996, Philippe Ziegler conduit près de 6 ha de vignes, avec des parcelles dans quatre grands crus, selon une démarche proche du bio, sans certification.

Associant l'auxerrois majoritaire et le pinot blanc, cette cuvée d'abord timide s'ouvre sur la pomme verte et s'affirme à l'aération, libérant des notes plus mûres de fruits jaunes. Après une attaque discrète, elle révèle une agréable tension qui lui donne de la présence et de l'allonge. ⧗ 2024-2027

DOM. ZIEGLER-MAULER ET FILS, 2, rue des Merles, 68630 Mittelwihr, tél. 03 89 47 90 37, vins.zieglermauler@orange.fr V *r.-v.*

ALSACE PINOT GRIS

Superficie : 2 355 ha / Production : 165 954 hl

La dénomination locale tokay qui fut donnée au pinot gris pendant quatre siècles ne laisse pas d'étonner, puisque cette variété n'a jamais été utilisée en Hongrie orientale… Selon la légende, le tokay aurait été rapporté de ce pays par le général Lazare de Schwendi, grand propriétaire de vignobles en Alsace. Son aire d'origine semble être, comme celle de tous les pinots, le territoire de l'ancien duché de Bourgogne. Ce cépage a connu une expansion spectaculaire. Le pinot gris peut produire un vin capiteux, très corsé, plein de noblesse, susceptible de remplacer un vin rouge sur les plats de viande. Lorsqu'il est somptueux comme en 1989, 1990 ou 2000, années exceptionnelles, c'est l'un des meilleurs accompagnements du foie gras.

VIGNOBLE FRÉDÉRIC ARBOGAST
Geierstein Cuvée Théo 2022 ★

	6000		15 à 20 €

Installé en 2003 à Westhoffen, dans la partie septentrionale du vignoble alsacien, à 25 km de Strasbourg, Frédéric Arbogast perpétue une lignée vigneronne remontant à 1601. Il est établi au centre du village, près de l'église Saint-Martin, et travaille 17 ha. Il a pratiqué la lutte raisonnée, puis obtenu la certification HVE avant de convertir son domaine à la bio (certification en 2023).

Reflet de son terroir, un coteau pentu exposé plein sud, et d'une année solaire, ce pinot gris est un moelleux d'une grande richesse. Discret au nez, chaleureux, il laisse poindre des notes de surmaturité qui s'affirment avec davantage de complexité dans une bouche tout en douceur, aux accents de fruits confits et de raisin sec. Pour l'apéritif, les desserts ou un fromage fort. (Sucres résiduels : 66 g/l.) ⧗ 2024-2030

VIGNOBLE FRÉDÉRIC ARBOGAST, 3, pl. de l'Église, 67310 Westhoffen, tél. 06 45 58 94 95, frederic@vignoble-arbogast.fr V *r.-v.*

MAISON LÉON BAUR 2022 ★

| 5000 | | 8 à 11 € |

Fondé en 1738, ce domaine familial établi au cœur de la cité médiévale d'Eguisheim couvre 10 ha répartis le territoire de trois communes et compte 3 ha en grand cru. Jean-Louis Baur l'a transmis en 2010 à sa fille Caroline. Adossée à l'ancien rempart du village, la cave abrite des cuves modernes en Inox et des foudres de chêne. Exploitation certifiée HVE.

Vinifié en sec, ce 2022 or blanc s'ouvre sur des notes fruitées qui se prolongent dans une bouche assez ronde et chaleureuse, tonifiée par une finale fraîche et plutôt longue. Une expression pour l'heure assez discrète mais du potentiel. (Sucres résiduels: 8 g/l.) ⧗ 2025-2029

MAISON LÉON BAUR, 22, rue du Rempart-Nord, 68420 Eguisheim, tél. 03 89 41 79 13, contact@leon-baur.com V *t.l.j. 10h-12h 13h30-18h30*

HENRI EHRHART Collection familiale 2022 ★

| 40 000 | | 8 à 11 € |

Établie à Ammerschwihr, important bourg viticole proche de Colmar, la famille Ehrhart cultive la vigne depuis huit générations et possède 7 ha en propre. Henri Ehrhart crée dans les années 1970 une structure de négoce et, fort de ses connaissances de producteur-récoltant, privilégie l'achat de raisins provenant des domaines environnants. Ses enfants, Cyrille (2009) et Sophie (2012), ont pris les rênes de la maison.

Les pinots gris de la maison sont souvent distingués par nos dégustateurs. Issu d'un millésime solaire, celui-ci rappelle de prime abord une vendange tardive avec sa robe or soutenu et ses arômes intenses de surmaturité: coing, fruits cuits, voire confits. Pourtant, en bouche, il apparaît plutôt comme un demi-sec. Souple en attaque, gras, suave et épicé, il est équilibré par une finale fraîche et longue. Un vin polyvalent, à servir de l'apéritif au dessert. (Sucres résiduels: 12 g/l.) ⧗ 2024-2028

HENRI EHRHART, quartier des Fleurs, 68770 Ammerschwihr, tél. 03 89 78 23 74, he@henri-ehrhart.com V *r.-v.*

DOM. LE FREUD Côte de Rouffach 2022 ★

| 2080 | | 11 à 15 € |

Un domaine familial situé à 15 km au sud de Colmar, dont les origines remontent à 1730. Dirigé par Robert Freudenreich jusqu'en 1991, il est aujourd'hui conduit par son fils Christophe qui l'a baptisé Le Freud. Fidèle aux traditionnels foudres en bois, ce dernier, à la tête d'environ 11 ha, a agrandi et modernisé les caves. En conversion bio.

La dénomination officielle Côte de Rouffach, lieu de naissance de ce pinot gris moelleux, s'applique à des vins produits sur une ligne de coteaux très ensoleillés, exposés à l'est, courant entre Pfaffenheim et Westhalten. Encore fermé au nez, ce 2022 issu de raisins passerillés laisse entrevoir une complexité naissante dans ses arômes fruités évoquant la surmaturation. Sa richesse et son acidité sous-jacente laissent augurer une belle évolution. (Sucres résiduels: 73 g/l.) ⧗ 2025-2032

DOM. LE FREUD, 31, rue de l'Église, 68250 Pfaffenheim, tél. 03 89 49 31 40, robert.freudenreich@wanadoo.fr V *r.-v.*

B DOM. MARCEL FREYBURGER Cuvée Sébastien 2022 ★★

| 3000 | | 11 à 15 € |

Située dans le centre du village d'Ammerschwihr, important bourg viticole au nord-ouest de Colmar, l'exploitation est conduite depuis 1996 par Christophe Freyburger, fils de Marcel. Elle a doublé sa superficie depuis les origines et s'étend aujourd'hui sur 8 ha, avec des parcelles dans le Kaefferkopf, le grand cru local. En bio certifié depuis 2019.

En hommage au grand-père, fondateur du domaine, une cuvée issue de vieilles vignes. D'abord discret mais franc, le nez mêle un fruité complexe et des notes d'amande, peut-être liées à l'élevage. Suave et souple en attaque, la bouche développe des notes originales et gourmandes de bonbon et de mirabelle macérée. La finale fraîche, fruitée et acidulée apporte équilibre et longueur à ce vin de type demi-sec. (Sucres résiduels: 17 g/l.) ⧗ 2024-2028

DOM. MARCEL FREYBURGER, 13, Grand-Rue, 68770 Ammerschwihr, tél. 03 89 78 25 72, info@freyburger.fr V *t.l.j. sf dim. 9h-12h 14h-18h*

B EBLIN FUCHS Cuvée des seigneurs 2022 ★★

| 6000 | | 15 à 20 € |

Établi à Zellenberg, petit village perché voisin de Riquewihr, Christian Eblin est l'héritier de l'alliance de deux vieilles lignées vigneronnes, dont l'une remonte au XIIIe s. La famille est passée dès 1999 de la lutte raisonnée à la biodynamie pour satisfaire à la santé des travailleurs de la vigne et pour proposer d'authentiques vins de terroir. Aujourd'hui, le propriétaire et son épouse, Laurence Leininger, issue elle aussi du milieu viticole, exploitent environ 12 ha répartis dans six communes, avec des parcelles dans quatre grands crus.

Vinifié en sec, fermenté et longuement élevé sur lies en foudre de chêne, ce 2022 mêle au nez les fruits mûrs, le noyau et la torréfaction. Franc et fruité en bouche, il affiche la puissance de son cépage et bénéficie d'une finale fraîche et persistante. À l'exception des fruits de mer crus, des viandes rouges et des desserts, ce vin remarquable mettra en valeur nombre de plats. (Sucres résiduels: 2 g/l.) ⧗ 2024-2029

EARL EBLIN-FUCHS, 19, rte des Vins, 68340 Zellenberg, tél. 03 89 47 91 14, alsace@eblin-fuchs.com V *r.-v.*

DOM. JEAN-MARIE HAAG Les Trois Terres 2022 ★

| 6500 | | 8 à 11 € |

À l'origine, un lopin entretenu le dimanche par le grand-père de l'actuel vigneron, qui était ouvrier des mines de potasse. Aujourd'hui, une propriété de 9 ha au cœur de la Vallée Noble, à 20 km au sud de Colmar, exploitée depuis 1988 par Jean-Marie Haag. De beaux vins de terroir nés sur le grand cru Zinnkoepflé, majestueux coteau abrité par le Grand et le Petit Ballon.

Un nez engageant pour ce pinot gris vinifié en demi-sec, qui s'ouvre sur les agrumes frais et des notes fumées caractéristiques du cépage. Équilibré et franc, le palais déploie des arômes de fruits mûrs. Apéritif, viandes blanches, poisson en sauce, cuisines du monde, fromage, ce pinot gris bien typé trouvera facilement sa place à table. (Sucres résiduels: 12 g/l.) ⧗ 2024-2028

DOM. JEAN-MARIE HAAG, 17, rue des Chèvres, 68570 Soultzmatt, tél. 03 89 47 02 38, info@domaine-haag.fr V *r.-v.*

♥ B BERNARD HAEGELIN
Bollenberg 2022 ★★

7768 | 11 à 15 €

Bernard Haegelin a commencé la mise en bouteilles en 1976. À partir de 1992, il a passé le relais à ses fils Christian et Michel. Ces derniers exploitent plus de 11 ha au sud de la route des vins, notamment sur la colline sèche du Bollenberg et les pentes du Pfingstberg. Après des essais, ils ont adopté la démarche biodynamique en 2005.

Détachée des Vosges, la colline du Bollenberg est un site protégé couronné de pelouses sèches, au microclimat chaud et sec et aux sols argilo-calcaires. Ce terroir vaut au domaine son troisième coup de cœur: après un pinot noir 2017 et un gewurztraminer 2018, ce pinot gris vinifié en moelleux, gourmand à souhait. Intense et complexe, le nez mêle des notes fruitées, fumées, beurrées et épicées. L'attaque tout en souplesse et en suavité est relayée par une belle acidité qui laisse la bouche nette et met en valeur des arômes de sous-bois et d'abricot sec. Un jeune vin plein d'avenir. (Sucres résiduels: 19 g/l.) ⧗ 2024-2032

BERNARD HAEGELIN, 26, rue de l'Église, 68500 Orschwihr, tél. 03 89 76 14 62, contact@haegelin.fr V *t.l.j. 8h-12h 13h-18h; sam. 9h-12h 13h-17h; dim. sur r.-v.*

B FAMILLE HEBINGER
Saint-Jacques 2022 ★

900 | 15 à 20 €

Le domaine s'est spécialisé après 1945. Aujourd'hui, Christian et Véronique Hebinger, établis à Eguisheim depuis 1985 et rejoints par Denis, cultivent 13 ha autour de la petite cité médiévale et vers Wintzenheim. Leurs fleurons: des parcelles en grand cru (Hengst, Eichberg, Pfersigberg). Propriété en biodynamie (certification bio en 2009).

Déjà apprécié dans des millésimes précédents, ce pinot gris vinifié en sec est issu d'un coteau aux sols calcaro-gréseux traversé par un chemin de Saint-Jacques-de-Compostelle. Très jeune, réservé, le 2022 révèle au nez des notes beurrées et briochées traduisant une fermentation en fût. Discrètement fruitée, la bouche inspire confiance par sa belle trame acide qui devrait assurer une bonne garde à cette bouteille. (Sucres résiduels: 4 g/l.) ⧗ 2025-2027

FAMILLE HEBINGER, 14, Grand-Rue, 68420 Eguisheim, tél. 03 89 41 19 90, famille@vins-hebinger.fr V *r.-v.*

MAISON HUEBER
Vieilles Vignes 2022 ★★

10 000 | 5 à 8 €

Fondé en 1936, ce domaine a son siège au milieu des vignes, à l'entrée de Riquewihr, la cité viticole la plus visitée de la région. Installé en 1996, Valentin Hueber a étudié la sommellerie et suivi les traces de son père et de cinq générations en développant l'œnotourisme sur la propriété. Certifiée HVE, l'exploitation couvre aujourd'hui 15 ha.

En gewurztraminer comme en pinot gris, ces Vieilles Vignes trouvent souvent place dans ce chapitre. Le 2020 avait fait sensation, le 2022 n'est pas mal du tout. Né d'une autre année solaire et de raisins vendangés le dernier jour d'août, c'est un demi-sec opulent, qui tend vers le moelleux: d'abord floral, le nez libère des senteurs de fruits confits évoquant la surmaturation. Le palais, à l'unisson, se montre ample, riche, rond et charnu, trouvant son équilibre dans une bonne acidité. (Sucres résiduels: 23 g/l.) ⧗ 2024-2030

SARL HUEBER ET FILS, 6, rte de Colmar, 68340 Riquewihr, tél. 03 89 47 92 30, jeanpaul.hueber68@orange.fr V *t.l.j. 9h-12h 13h-18h*

CAVE DE HUNAWIHR
Lieu-dit Muehlforst Calixte 2022 ★

6200 | 11 à 15 €

Fondée en 1954 au cœur de la route des vins, la cave de Hunawihr regroupe majoritairement des viticulteurs de ce village. La coopérative vinifie le fruit de 250 ha et propose une large gamme de vins (dont cinq grands crus), sous son nom et sous plusieurs marques comme Calixte, L'Unabelle Peter Weber, Armand Schreyer et Kuhlmann-Platz (ancienne maison de négoce rachetée en 1985).

Lieu-dit réputé de Hunawihr, voisin du grand cru Rosacker, le Muehlforst est exposé au sud. Reflet de ce terroir et d'un été chaud et sec, ce 2022, moelleux léger ou demi-sec, s'annonce par un nez chaleureux, aux nuances de mirabelle traduisant la surmaturation. On retrouve cet univers aromatique dans une bouche ample, puissante, onctueuse et riche, équilibrée en finale par ce qu'il faut de fraîcheur. (Sucres résiduels: 12 g/l.) ⧗ 2024-2028

CAVE VINICOLE DE HUNAWIHR, 48, rte de Ribeauvillé, 68150 Hunawihr, tél. 03 89 73 61 67, oenologue@cave-hunawihr.com V *t.l.j. 8h-18h*

B DOM. KUENTZ-BAS
Trois Châteaux 2022 ★

2000 | 15 à 20 €

Fondée en 1795, cette maison disposant aujourd'hui de 7 ha de vignes en coteaux a été reprise en 2004 par Jean-Baptiste Adam, vigneron-négociant d'Ammerschwihr. Depuis cette date, son domaine est exploité en biodynamie.

Les vins de la gamme Trois Châteaux sont issus du vignoble en propre conduit en biodynamie. Demi-sec, ce pinot gris mêle au nez des notes florales, du fruit mûr et des touches fumées et vanillées. La pêche et l'abricot se lient à l'amande dans une bouche consistante et riche, marquée en finale par une petite pointe d'amertume. De beaux accords en perspective avec volailles et viandes blanches. (Sucres résiduels: 11 g/l.) ⧗ 2024-2028

KUENTZ-BAS, 5, rue de l'Aigle, 68770 Ammerschwihr, tél. 03 89 49 30 24, info@kuentz-bas.fr V *t.l.j. sf dim. 9h-12h30 14h-18h*

DOM. DU MANOIR
Clos du Letzenberg Victoria 2022 ★

| 1175 | | 11 à 15 €

En 1979, Jean-Francis Thomann, fils d'un petit viticulteur d'Ingersheim, a repris le Clos du Letzenberg, aménagé en 1852 sur un coteau escarpé dominant la vallée de la Fecht, puis laissé à l'abandon après 1914. Il a fini par lâcher son travail à la banque et a impliqué ses proches dans l'aventure. La famille a restauré les murs de soutènement en pierre sèche, défriché, planté et bichonne aujourd'hui 10 ha de vignes. Exploitation certifiée HVE.

En Alsace, pour la vinification et l'élevage des vins blancs, les vignerons ont moins recours à la barrique qu'aux foudres de bois ancien. Original, ce pinot gris, vinifié en sec, a fermenté en barrique et séjourné 11 mois sur lies dans le bois, avec 20 % de bois neuf. Un tel élevage contribue à sa palette aromatique beurrée et fumée ainsi qu'aux sensations d'ampleur et de rondeur onctueuse perçues au palais. La finale de belle longueur est teintée d'une légère amertume. Parfait pour une viande blanche ou un poisson en sauce. ⧗ 2024-2029

DOM. DU MANOIR, 56, rue de la Promenade, 68040 Ingersheim, tél. 03 89 27 23 69, domainedumanoir@gmail.com V *t.l.j. 10h-12h 14h-18h; dim. sur r.-v.*

DOM. EUGÈNE MEYER
Lieu-dit Schwarzberg 2022 ★

| 1700 | | 15 à 20 €

À l'origine (1620), une cour dîmière dépendant de l'abbaye de Murbach, non loin de Guebwiller: il en reste un vaste ensemble architectural et un pressoir, acquis par Dominique Meyer, capitaine de l'armée napoléonienne. Son descendant Eugène a créé le domaine actuel dans les années 1960. Gravement intoxiqué par un insecticide, il a adopté la biodynamie dès 1969. En 1990, son fils François, rejoint par Xavier, a pris les rênes de la propriété, dont la superficie est passée de 4 ha en 1970 à 16 ha aujourd'hui.

Vinifié en sec, un pinot gris sudiste, issu de très vieilles vignes plantées sur un terroir marno-gréseux. D'une exubérance mesurée, il s'ouvre sur des notes acidulées et fumées. Des touches d'herbes aromatiques apportent une certaine complexité à un palais chaleureux, ample et gourmand, avec de la fraîcheur et ce qu'il faut de longueur. Une bouteille à servir aussi bien à l'apéritif qu'avec de la volaille, ou encore avec un dessert peu sucré. (Sucres résiduels: 17,45 g/l.) ⧗ 2024-2029

DOM. EUGÈNE MEYER, 21A, rue de Bergholtz-Zell, 68500 Bergholtz, tél. 03 89 76 13 87, vinseugenemeyer@orange.fr V *t.l.j. sf dim. 8h30-11h30 14h-18h30*

♥ DOM. RENÉ MEYER ET FILS
Les Terrasses Clos des Escargots 2022 ★★

| 3800 | | 11 à 15 €

René Meyer a spécialisé l'exploitation et développé la vente en bouteilles dans les années 1960. Depuis 2000, son fils Jean-Paul conduit le domaine, qui couvre 12,5 ha autour de Katzenthal, petit village au nord-ouest de Colmar. Il propose de beaux vins de terroir (grands crus Florimont, Kaefferkopf, Wineck-Schlossberg, lieux-dits Altenbourg, Croix du Pfoeller…).

Depuis les premières éditions du Guide, le domaine a obtenu une demi-douzaine de coups de cœur. Cette année, les Escargots font la course en tête! Situé sur les hauteurs de Wintzenheim, ce lieu-dit (Schneckenberg en alsacien) a pour atouts un aménagement en terrasses, une terre rouge et un milieu bien ventilé. Ce pinot gris demi-sec a enchanté nos dégustateurs. Avec son nez intense, partagé entre fleurs blanches, agrumes et fruits confits, et sa bouche sur le fruit, souple, longue et suave, il offre un reflet charmeur d'une année solaire. (Sucres résiduels: 8 g/l.) ⧗ 2024-2028

DOM. RENÉ MEYER ET FILS, 14, Grand-Rue, 68230 Katzenthal, tél. 03 89 27 04 67, info@domainemeyer.fr V *t.l.j. sf dim. 10h-12h 14h-17h*

DOM. MEYER-FONNÉ
Hinterburg de Katzenthal Vendanges tardives 2021 ★★

| 700 | | 20 à 30 €

D'origine suisse, les Meyer ont fait souche à Katzenthal en 1732. Ils se sont orientés vers la viticulture au XXᵉ s. Arrière-petit-fils du fondateur, Félix Meyer, installé en 1992, a longtemps suivi la démarche bio sans certification, avant d'engager la conversion de sa propriété. À la tête de plus de 19 ha de vignes réparties sur sept communes proches de Colmar, il peut jouer sur une large palette de terroirs, et notamment sur cinq grands crus.

Les vendanges tardives de 2021 ne sont pas légion. Celles-ci proviennent d'un coteau granitique escarpé, aménagé en terrasses. D'abord discret mais précis, le nez dévoile une belle complexité à l'aération, déployant des notes de fruits mûrs (pêche), de coing confit et de fruits secs traduisant la surmaturation. En bouche, des nuances empyreumatiques (foin, tabac) viennent compléter cette large gamme aromatique. La richesse des liquoreux s'y allie à une grande fraîcheur qui donne à la finale dynamisme et longueur: une dégustation sous le signe de l'élégance. (Sucres résiduels: 102 g/l.) ⧗ 2024-2034

DOM. MEYER-FONNÉ, 24, Grand-Rue, 68230 Katzenthal, tél. 03 89 27 16 50, felix@meyer-fonne.com V *r.-v.*

DOM. SAINT-RÉMY 2022 ★

| 15700 | | 15 à 20 €

Héritier d'une lignée vigneronne remontant à 1725, Philippe Ehrhart a rejoint en 1999 son père, François,

sur le domaine, dont le siège se trouve à Wettolsheim, gros bourg viticole à l'ouest de Colmar. Avec Margot et Florian, une nouvelle génération s'installe. Conduite en biodynamie certifiée depuis 2012, l'exploitation couvre quelque 24 ha répartis sur dix communes, avec des parcelles dans plusieurs grands crus.

Dans une année solaire, le domaine a réussi à obtenir un pinot gris vinifié en sec, équilibré, net et tout en fraîcheur. Bien ouvert, franc, le nez joue sur le fruit et sur des notes fumées et épicées. Discrète dans son expression aromatique, la bouche, équilibrée et tendue, dévoile un potentiel intéressant. (Sucres résiduels: 0,4 g/l.) ⧗ 2025-2029

DOM. SAINT-RÉMY (EHRHART), 34, rte d'Eguisheim, 68920 Wettolsheim, tél. 03 89 80 60 57, vins@domainesaintremy.com V t.l.j. sf dim. 9h-12h 13h30-18h

B JEAN-PAUL SCHAFFHAUSER
Demi-sec Les Flâneries d'Antoine 2022 ★

	5360		8 à 11 €

Jean-Paul Schaffhauser débute la mise en bouteilles en 1984. Ingénieurs au début de leur carrière, Catherine et Jean-Marc prennent le relais en 1995, rejoints en 2018 par leur fils Antoine, qui engage la conversion bio d'une partie du domaine. Ils exploitent 16 ha de vignes, disséminées dans onze villages autour de Wettolsheim, près de Colmar, dont ils complètent la production par une activité de négoce. Dans leur gamme, des vins de terroir (grands crus Hengst et Steingrubler, notamment).

Au nez, la fraîcheur et la finesse des fleurs blanches et des agrumes. En bouche, du fruit, une attaque vive relayée par des sensations de puissance chaleureuse. Un demi-sec structuré et bien fait, qui pourrait gagner en harmonie au cours des mois à venir. (Sucres résiduels: 10,1 g/l.) ⧗ 2024-2028

JEAN-PAUL SCHAFFHAUSER, 8, rte du Vin, 68920 Wettolsheim, tél. 03 89 79 99 97, contact@schaffhauser.fr V t.l.j. sf dim. 8h30-12h 13h30-18h30

DOM. BERNARD SCHERB ET FILS
Vendanges tardives 2020 ★

	2800		15 à 20 €

L'Alsace est pionnière en matière d'œnotourisme. Vignerons depuis quatre générations, les Scherb ont repris un restaurant familial en 1954, au lendemain de l'inauguration de la route des Vins. Ils y ont ajouté un hôtel. Ils accueillent aussi les visiteurs dans leur cave au cœur du pittoresque village de Gueberschwihr, au sud de Colmar. Installé en 2010, Georges Scherb a porté la surface du domaine à 17 ha de vignes. Exploitation certifiée HVE, en conversion bio.

Ces vignerons figurent souvent dans ces pages pour des liquoreux. En 2020, année solaire et précoce, on a pu récolter dès le 18 septembre des raisins pour obtenir des vendanges tardives. Ces vignerons ont attendu octobre pour vendanger le pinot gris destiné à ce vin jaune d'or, au nez puissant et complexe, partagé entre abricot sec, fruits jaunes confits, épices, tabac et foin. On retrouve les notes confites et empyreumatiques dans un palais rond, ample et suave, qui fait rimer opulence et élégance. (Sucres résiduels: 115,7 g/l.) ⧗ 2024-2032

DOM. BERNARD SCHERB ET FILS, 3, rue Basse, 68420 Gueberschwihr, tél. 03 89 49 33 82, vins.scherb@orange.fr V t.l.j. 8h30-12h 14h-18h E

B EDMOND SCHUELLER
M'lle Anna 2022 ★

	2050		11 à 15 €

Au pied des donjons qui dominent le vignoble de Husseren-les-Châteaux, point culminant de la route des Vins au sud de Colmar, Damien Schueller, installé en 1999, triple la surface du domaine (7,5 ha aujourd'hui, avec des parcelles dans deux grands crus) patiemment constitué par son père, Edmond, ancien salarié viticole. La propriété est en bio certifié depuis 2013.

Déjà distingué dans des millésimes antérieurs, ce pinot gris est vinifié en moelleux. Le 2022 affiche une robe jaune doré et délivre des notes délicates de surmaturation, d'une belle complexité, rappelant les fruits confits. Dans le même registre, la bouche s'impose moins par son opulence que par son équilibre entre rondeur, douceur et fraîcheur acidulée. Un pinot gris expressif et généreux. (Sucres résiduels: 26 g/l.) ⧗ 2024-2030

VINS EDMOND SCHUELLER, 26, rte du Vin, 68420 Husseren-les-Châteaux, tél. 06 82 33 40 78, info@alsace-schueller.com V r.-v. 3 B

JEAN SIEGLER
Clos des Terres brunes 2022 ★

	1950		8 à 11 €

Balthazar Siegler naquit à Mittelwihr en 1643; quant au domaine, il remonte à 1774. Depuis 2012, Hugues-Jean et Stève-Jean Siegler conduisent l'exploitation, forte de 12 ha. Le cru précoce du Mandelberg, ou colline des Amandiers, est leur fleuron. Exploitation certifiée HVE, en conversion bio.

Des fruits surmûris, des nuances fumées et, en bouche, de l'orange amère: une belle expression aromatique à dominante fruitée pour ce pinot gris suave, d'une rondeur soyeuse, qui finit sur des notes d'amande et d'abricot sec. Si son équilibre penche vers la richesse, ce 2022, de type demi-sec, pourra être servi à table, sur des viandes blanches ou des cuisines du monde, par exemple. Il pourra aussi accompagner certains fromages ou un dessert pas trop riche. (Sucres résiduels: 21 g/l.) ⧗ 2024-2029

CLOS DES TERRES BRUNES, 26, rue des Merles, 68630 Mittelwihr, tél. 03 89 47 90 70, jean.siegler@wanadoo.fr V t.l.j. 9h-12h 14h-18h 4 D

PIERRE SPARR Grande Réserve 2022 ★

	27500		8 à 11 €

Les lointaines origines de cette maison remontent à 1680, et l'activité de négoce à 1861. Après 1945, Pierre Sparr a remonté l'affaire, mise à mal, comme le reste de Sigolsheim, par les combats de la Poche de Colmar. L'entreprise, qui dispose de 27 ha de vignes en propre, a été reprise en 2009 par la Cave de Beblenheim, qui assure la commercialisation des bouteilles, la production restant à part.

Née d'un assemblage de terroirs variés, cette cuvée vinifiée en sec séduit d'emblée par l'agrément de son expression aromatique: fruits jaunes, pointe de citron confit, amande, notes fumées au nez, complétés au palais par la poire, l'orange et la clémentine. Autre atout, l'harmonie entre des impressions de douceur et une fraîcheur qui donne du relief et de l'allonge à la finale. (Sucres résiduels: 13,99 g/l.) ⧗ 2024-2029

MAISON PIERRE SPARR SUCCESSEURS, 14, rue de Hoen, 68980 Beblenheim, tél. 03 89 78 24 22, info@vins-sparr.com V *t.l.j. sf sam. dim. 9h-12h 14h-18h*

DOM. DE LA TOUR BLANCHE
Sélection de grains nobles 2020 ★

1500 | 30 à 50 €

La Tour Blanche? L'ancienne prison de Riquewihr, l'une des cités viticoles les plus connues d'Alsace où la famille Klack est au service du vin depuis 1628. Installés en 1997, Daniel et Estelle exploitent 7,5 ha de vignes, avec des parcelles dans les grands crus Schoenenbourg et Sporen. Le vigneron a gardé des foudres de bois centenaires. Domaine certifié HVE.

En Alsace, les vendanges tardives et sélections de grains nobles représentent tout au plus 2 % de la production régionale (et les secondes une part infime). Voici donc un rare liquoreux, or soutenu, au nez encore discret, sur le fruit. Plus intense en bouche, il développe des arômes de fruits secs et de miel dans une matière riche, ample, onctueuse et persistante, équilibrée par une belle acidité qui lui permettra de bien évoluer. (Sucres résiduels: 116 g/l; bouteilles de 50 cl.) ⧗ 2026-2034

DOM. DE LA TOUR BLANCHE, 18, rue de la 1re Armée, 68340 Riquewihr, tél. 03 89 47 92 44, vins.klack@domainedelatourblanche.fr V *t.l.j. sf dim. 9h-12h 14h-18h*

♥ B DOM. WELTY Cuvée Jérémy 2022 ★★

2732 | 11 à 15 €

Exploitation familiale, dont les origines remontent à 1738. Implanté à Orschwihr, à 25 km au sud de Colmar, au pied de la colline du Bollenberg, le vignoble (12 ha) bénéficie d'un climat très sec. Les propriétaires l'ont longtemps conduit en agriculture raisonnée, avant de s'orienter vers la bio, et aujourd'hui vers des pratiques de la biodynamie. Jean-Michel Welty, qui le gérait depuis 1984, l'a transmis en 2021 à son fils Jérémy, qui l'avait rejoint en 2012 et qui assurait les vinifications depuis 2018, l'année de la certification bio.

Le père, arrivé à la tête du domaine alors que le Guide Hachette préparait sa première édition, a signé le premier coup de cœur (1990). La nouvelle génération obtient un septième coup de cœur grâce à ce pinot gris vinifié en demi-sec. Issu d'une année chaude, ce 2022 enchante tout au long de la dégustation par sa fraîcheur tonique et par son fruité. Le nez se partage entre les fleurs blanches et les agrumes, complétés en bouche par la pêche et l'abricot. Le palais affiche le gras caractéristique du cépage, allégé par une belle vivacité: l'élégance même. (Sucres résiduels: 11 g/l.) ⧗ 2024-2029

DOM. WELTY, 24, Grand-Rue, 68500 Orschwihr, tél. 03 89 76 09 03, vinswelty@gmail.com V *t.l.j. 8h30-11h45 13h30-18h30; dim. sur r.-v.* B

ALBERT ZIEGLER 2022 ★

11000 | 8 à 11 €

Albert Ziegler, fils d'agriculteurs, vend les premières bouteilles en 1972. En 1988, Christine Ziegler et Michel Voelklin s'installent sur le domaine familial, puis en prennent les rênes dix ans plus tard. Anne-Cécile et Élodie les ont rejoints sur l'exploitation, qui compte aujourd'hui 20 ha autour d'Orschwihr, au sud du vignoble, sur des coteaux réputés qui jouissent d'un microclimat très préservé (Bollenberg, grand cru Pfingstberg). En conversion bio.

Les pinots gris du domaine sont souvent distingués dans le Guide. Cette année, la cuvée «de base», vinifiée en sec, délivre avec une certaine discrétion des arômes gourmands de fruits surmûris. Sa matière étoffée est tendue par un trait d'acidité qui permettra à ce vin encore jeune d'évoluer dans le bon sens. (Sucres résiduels: 7,7 g/l.) ⧗ 2024-2029

EARL ALBERT ZIEGLER, 10, rue de l'Église, 68500 Orschwihr, tél. 03 89 76 01 12, contact@albert-ziegler.fr V *t.l.j. 8h-12h 13h-19h; dim. 10h-12h 13h-17h*

ALSACE PINOT NOIR

Superficie : 1 509 ha / Production : 108 326 hl

L'Alsace est surtout réputée pour ses vins blancs; mais sait-on qu'au Moyen Âge les rouges y occupaient une place considérable? Après avoir presque disparu, le pinot noir (le meilleur cépage rouge des régions septentrionales) a connu une notable expansion. On connaît bien le type rosé ou rouge léger, vin agréable, sec et fruité, susceptible d'accompagner une foule de mets comme d'autres rosés. Cependant, la tendance est à élaborer un véritable vin rouge de garde à partir de ce cépage.

VIGNOBLE FRÉDÉRIC ARBOGAST
Geierstein Invictus 2020 ★★

3300 | 20 à 30 €

Installé en 2003 à Westhoffen, dans la partie septentrionale du vignoble alsacien, à 25 km de Strasbourg, Frédéric Arbogast perpétue une lignée vigneronne remontant à 1601. Il est établi au centre du village, près de l'église Saint-Martin, et travaille 17 ha. Il a pratiqué la lutte raisonnée, puis obtenu la certification HVE avant de convertir son domaine à la bio (certification en 2023).

Le patronyme du vigneron évoque l'Antiquité (un officier franc du nom d'Arbogast qui guerroya au service de l'Empire romain), tout comme le nom de la cuvée (*Invictus*, invincible), choisi pour signifier la concentration de ce pinot noir. Intense à l'œil, le vin se défend du feu de Dieu, assez puissant pour maîtriser un élevage en barrique de 18 mois et livrer un nez subtilement boisé, qui laisse percer les notes de cerise noire et de petits fruits du raisin. Avec son ampleur, sa générosité, sa longueur et sa trame élégante de tanins fondus, c'est un superbe reflet d'une année mémorable (aussi) par un Soleil invaincu. ⧗ 2024-2030

VIGNOBLE FRÉDÉRIC ARBOGAST, 3, pl. de l'Église, 67310 Westhoffen, tél. 06 45 58 94 95, frederic@vignoble-arbogast.fr V *r.-v.*

♥ BACKERT Stierkopf 2019 ★★★

1518 | 15 à 20 €

Ancien cadre de l'industrie, Francis Backert a fait de son passe-temps son nouveau métier, créant un domaine en 1995 après avoir constitué un vignoble de 16 ha à Dorlisheim et dans quatre communes proches, à quelque 25 km de Strasbourg. Il l'exploite avec son épouse, Nadine, et s'est engagé en 2020 dans la défense des vignerons indépendants d'Alsace. Depuis 2016, sa fille cadette, Lydie, formée à Beaune et à Suze-la-Rousse, gère les vinifications, assistée par l'œnologue Clémence Lohezic.

Les Hongrois ont leur « Sang de taureau », les Alsaciens, leur « Tête de taureau » (*Stierkopf*), coteau dominant Mutzig jusqu'à Molsheim. Avec des vins tels que ce pinot noir d'un grand millésime, macéré trois semaines et élevé 18 mois en barrique, ce lieu-dit devrait gagner une belle renommée. Intense à l'œil, expressif et fin au nez, ce 2019 s'ouvre sur un léger boisé qui laisse toute sa place à la griotte et au petit fruit noir du pinot. Cerise noire compotée, mûre et touches vanillées s'épanouissent dans une bouche souple et fruitée en attaque, puissante, élégante et longue. Déjà enrobés, les tanins promettent une longue garde. ⧗ 2024-2032

BACKERT, 3, fg des Vosges, 67120 Dorlisheim, earl.backert@gmail.com V *r.-v.*

Ⓑ DOM. DE LA CHAPELLE Lieu-dit Kalkgrube 2022 ★★

1500 | 8 à 11 €

Au fil des deux derniers siècles, les ancêtres viticulteurs d'Olivier Jost se sont succédé à Dorlisheim, à 25 km à l'ouest de Strasbourg. Installé en 1995, l'actuel vigneron exploite 9 ha de vignes sur des coteaux exposés au sud et au sud-ouest. La propriété est certifiée HVE depuis 2021 et bio depuis 2022.

Le nom du lieu-dit signifie «carrière de calcaire». Une roche à l'origine de sols propices à l'expression du pinot noir. Ajoutons de vieilles vignes et l'on obtient un vin harmonieux, qui s'est placé sur les rangs au moment d'élire les coups de cœur. La robe à reflets violets est profonde et jeune; le nez fruité, qui pinote avec finesse, reflète un élevage en cuve; la bouche étoffée, ample, fraîche et longue est soutenue par des tanins bien fondus, extraits avec doigté. ⧗ 2024-2029

DOM. DE LA CHAPELLE, 33, fg des Vosges, 13, rue d'Altorf, 67120 Dorlisheim, tél. 07 81 15 98 43, edouard.jost@free.fr V *t.l.j. sf dim. 9h-12h 14h-18h*

♥ DOM. GÉRARD FRITSCH Grand M 2020 ★★★

1301 | 11 à 15 €

Créée en 1967, une propriété établie à Sigolsheim, village formant depuis 2016 avec Kientzheim et Kaysersberg la commune nouvelle de Kaysersberg-vignoble. Gérard Fritsch a vendu les premières bouteilles et construit le chai. Installé en 1981, son fils cadet, Francis, a porté à plus de 10 ha la superficie du vignoble, implanté à 35 % en grand cru (Mambourg, Schlossberg, Furstentum). Jennifer (troisième génération) a rejoint en 2017 le domaine, en bio certifié depuis 2022.

Sur les étiquettes des pinots noirs d'Alsace, une initiale suggère le nom d'un grand cru, dont la mention reste en général interdite pour les rouges. 2022 marque le début d'une évolution réglementaire, encouragée par des vignerons ambitieux pour leurs vins rouges, qu'ils tirent de leurs meilleurs terroirs, comme ici le Mambourg de Sigolsheim, dont les qualités éclatent. Après une macération de trois semaines et un élevage de 18 mois en barrique de réemploi, ce 2020 conjugue intensité et finesse: robe profonde, nez tout en fruits (griotte, cerise noire, mûre, cassis), bouche à l'unisson, complexe, élégante, étoffée et longue, soutenue par des tanins boisés bien fondus. ⧗ 2025-2030

EARL GÉRARD FRITSCH ET FILS, 21, rue de la 1re Armée, 68240 Sigolsheim, tél. 06 22 59 97 29, info@vins-fritsch.com V *r.-v.*

Ⓑ DOM. HENRY FUCHS L'Arbre à vin 2022 ★

1000 | 20 à 30 €

Domaine créé en 1982 et géré depuis 2005 par Paul Fuchs, fils d'Henry, rejoint en 2017 par sa sœur Julie, après un premier parcours dans la gestion et la finance. Exploité en bio certifié depuis 2011, le vignoble couvre 9,5 ha autour de Ribeauvillé et de villages voisins, avec des parcelles dans le grand cru Kirchberg de Ribeauvillé.

L'Arbre à vin? La traduction du lieu-dit Weinbaum, coteau argileux à l'origine de ce pinot noir d'une belle puissance. Élevé 10 mois sur lies, en foudre et en fût de 500 l, le 2022 montre des reflets violines de jeunesse; il offre un nez très fruité, légèrement confituré mais élégant, sur la cerise et la mûre, avec une touche de sous-bois. Ample en attaque, riche et généreux, de belle longueur, il est marqué en finale par quelques tanins encore stricts où le chêne apporte sa note vanillée. ⧗ 2025-2030

DOM. HENRY FUCHS, 8, rue du 3-Décembre, 68150 Ribeauvillé, tél. 03 89 73 61 70, contact@henryfuchs.fr V *r.-v.*

Ⓑ JEAN-CLAUDE GUETH 2022 ★

5000 | 11 à 15 €

Une famille établie depuis deux siècles à Gueberschwihr, au sud de Colmar. Installés en 1970, Jean-Claude et Bernadette Gueth ont commercialisé leurs vins à partir de 1982 et transmis en 1996 le domaine à leur fille Muriel, qui assure les vinifications. L'exploitation,

implantée depuis 2018 dans des locaux modernes au milieu des vignes, a obtenu la certification bio en 2022. Deux étiquettes: Jean-Claude Gueth et Muriel Gueth.
Le premier millésime bio de la propriété. Élevé en cuve, ce pinot noir à reflets violets de jeunesse charme par son expression aromatique variétale associant la griotte et des notes florales, relevées d'une touche épicée. Très fruitée elle aussi, la bouche prend des tons de cerise noire en harmonie avec une texture ample, gourmande, aux tanins soyeux. Une rondeur chaleureuse comme signature de l'année solaire. ⧗ 2024-2028

DOM. GUETH, 1, Brunnmattweg, 68420 Gueberschwihr, tél. 03 89 49 33 61, cave@vin-alsace-gueth.com V ⛹ ▮ *t.l.j. 9h-19h* 4

DOM. BERNARD HAAS ET FILS
L'Intemporel 2022 ★

■	5000	▮	15 à 20 €

Héritier d'une tradition viticole remontant à 1776, le domaine actuel, établi à Kaysersberg, a vu le jour en 1830. Il est conduit depuis 1998 par Marc Haas, avec l'appui de ses deux enfants. Certifié HVE, il compte 13 ha, avec des parcelles dans le grand cru Schlossberg.
Issu de coteaux argilo-calcaires, ce pinot noir a macéré 15 jours puis séjourné 10 mois en cuve Inox. Discret au nez, mais précis et typé, il libère des notes de fruits des bois. Après une attaque gourmande, sur la cerise mûre, il dévoile des tanins agréables et une certaine fraîcheur qui lui confère relief et finesse. ⧗ 2024-2029

DOM. BERNARD HAAS ET FILS, 6, rue du Gal-Rieder, 68240 Kaysersberg, tél. 03 89 47 12 58, contact@vins-haas.com V ⛹ ▮ *t.l.j. 10h-12h 14h-18h; janv. fév. sur r.-v.*

B BERNARD HAEGELIN Bollenberg 2022 ★

■	1511	◍	15 à 20 €

Bernard Haegelin a commencé la mise en bouteilles en 1976. À partir de 1992, il a passé le relais à ses fils Christian et Michel. Ces derniers exploitent plus de 11 ha au sud de la route des vins, notamment sur la colline sèche du Bollenberg et les pentes du Pfingstberg. Après des essais, ils ont adopté la démarche biodynamique en 2005.
Un microclimat sec, à tendance méditerranéenne, une année solaire: on aurait pu s'attendre à un pinot noir très chaleureux et confituré. Il n'en est rien. Élevé 9 mois en barrique, ce 2022 développe des arômes bien typés de framboise et de noyau, accompagnés de notes d'élevage toastées et vanillées. Cerise, fraise, groseille: on retrouve le fruit rouge dans une bouche gourmande, souple en attaque, dont l'ampleur est équilibrée par une agréable fraîcheur. ⧗ 2024-2029

BERNARD HAEGELIN, 26, rue de l'Église, 68500 Orschwihr, tél. 03 89 76 14 62, contact@haegelin.fr V ⛹ ▮ *t.l.j. 8h-12h 13h-18h; sam. 9h-12h 13h-17h; dim. sur r.-v.*

B ANDRÉ HARTMANN
Tradition Justin Briac 2022 ★★

■	2800	◍	11 à 15 €

La famille Hartmann est établie depuis 1640 au village de Vœgtlinshoffen, « Balcon de l'Alsace » perché sur un coteau, à quelque 10 km au sud de Colmar. Depuis 1984, c'est Jean-Philippe, rejoint par Justin, qui conduit en bio le domaine: 9 ha, avec plusieurs parcelles dans le grand cru Hatschbourg.
Un pinot noir bien né, puisqu'il provient pour l'essentiel du réputé Bildstoecklé, coteau en pente douce, aux sols argilo-calcaires riches en veines ferrugineuses, qui bénéficie d'un microclimat solaire. Son nez intense, d'une belle élégance, s'ouvre sur la griotte, la mûre, la cerise compotée et sur les touches vanillées léguées par un séjour de 10 mois en barrique. Le prélude à un palais ample, consistant, riche et persistant étayé par des tanins encore sévères en finale. Un vin harmonieux, qui s'est placé sur les rangs pour un coup de cœur. ⧗ 2025-2029

ANDRÉ HARTMANN, 11, rue Roger-Frémeaux, 68420 Vœgtlinshoffen, tél. 03 89 49 38 34, contact@andre-hartmann.fr V ⛹ ▮ *t.l.j. sf dim. 9h-12h 14h-18h* E

HINDERER ET WOLFF Bollenberg 2022 ★

■	5070	▮	11 à 15 €

À la tête depuis 1983 d'un domaine portant son nom, Pierre Reinhart a vendu l'exploitation familiale en 2018 à un frère et à une sœur et à leurs conjoints: Arsène et Sophie Wolff, Éric et Marianne Hinderer. Implantée à Orschwihr, l'un des villages les plus méridionaux de la route des Vins, la propriété compte aujourd'hui plus de 6 ha de vignes, avec des parcelles dans de beaux terroirs (grands crus Kitterlé et Saering, Bollenberg et Lippelsberg). Certifiée HVE, elle est en conversion bio depuis 2019.
Colline sèche abritant une flore méditerranéenne, le Bollenberg est un terroir solaire. Un qualificatif qui pourrait aussi s'appliquer au millésime. La propriété n'en propose pas moins un vin tout en fruit, élevé en cuve, dans le style traditionnel des pinots noirs d'Alsace: robe rouge cerise, nez pimpant, s'ouvrant sur la framboise et la groseille, bouche souple en attaque, gourmande et fraîche, de belle longueur. Pour la charcuterie, les grillades et le fromage. ⧗ 2024-2028

VIGNOBLE HINDERER ET WOLFF, 7, rue du Printemps, 68500 Orschwihr, tél. 07 78 12 18 75, sophie@hinderer-wolff.fr V ⛹ ▮ *t.l.j. 8h-12h 13h30-18h; sam. dim. sur r.-v.* 2

DOM. BERNARD HUMBRECHT 2022 ★

■	3000	▮	8 à 11 €

À Gueberschwihr, au sud de Colmar, le visiteur est impressionné par les maisons vigneronnes aussi anciennes que cossues, comme la demeure Renaissance à pignon de la famille Humbrecht. La lignée remonte à 1620, les mises en bouteilles à 1968. Jean Humbrecht, ingénieur en agriculture, et son frère Guillaume ont rejoint leur père, Jean-Bernard, respectivement en 2014 et 2016. Certifié HVE, le domaine couvre 10 ha.
Une courte macération (une semaine) et une vinification en cuve pour ce pinot noir élégamment fruité au nez comme en bouche, aux arômes de griotte épicée. Gourmand et plutôt long, adossé à des tanins soyeux, il déroule une matière souple et ronde équilibrée par ce qu'il faut de fraîcheur. ⧗ 2024-2028

DOM. BERNARD HUMBRECHT, 10, pl. de la Mairie, 68420 Gueberschwihr, tél. 03 89 49 31 42, vins.bernard.humbrecht@orange.fr V ⛹ ▮ *t.l.j. 9h-12h 13h-18h (19h avr.-nov.); dim. 10h-12h 14h-18h* C

DOM. HENRI KLÉE
Barrique L'Exception 2020 ★

■ | 6000 | | 11 à 15 €

Urbain Klée, né au XVIes., aurait acquis les premières vignes en 1624. Henri Klée se lance dans la vente directe au milieu du siècle dernier. Philippe lui succède en 1985, rejoint en 2016 par Martin, qui prépare la relève. Fort d'un vignoble de 14 ha aux environs de Katzenthal, à l'ouest de Colmar, le domaine s'est équipé d'une nouvelle cuverie en 2013, tout en développant l'hébergement. Une propriété bien connue de nos lecteurs.

Issu d'un terroir argileux, ce 2020 a bénéficié d'un élevage de 18 mois en barrique. Il montre quelques reflets tuilés d'évolution et une touche d'eau-de-vie dans sa palette aromatique, aux côtés de la griotte, du cassis, de la mûre et des épices. La barrique transparaît davantage en bouche, avec ses notes de café torréfié, mais le fruit du pinot demeure bien présent dans ce vin rouge soyeux, riche, puissant, de belle longueur, aux tanins fondus, marqué par une pointe d'amertume en finale. ⧗ 2024-2029

DOM. HENRI KLÉE, 11, Grand-Rue, 68230 Katzenthal, tél. 03 89 27 03 81, contact@vins-klee-henri.com V *r.-v.* E

B DOM. RENÉ ET MICHEL KOCH WH 2022 ★

■ | 3000 | | 11 à 15 €

Georges Koch a inauguré la vente directe en 1958. René lui a succédé en 1970, rejoint en 1996 par Michel. Depuis 2006, ce dernier tient les rênes du domaine, qui couvre 13 ha autour de Nothalten, village-rue du pays de Barr. Son fleuron: le riesling du grand cru local, le Muenchberg. Vins certifiés bio depuis 2022.

Bien connu des fidèles lecteurs du Guide (coup de cœur pour le 2015), ce pinot noir WH, élevé en cuve, assemble deux terroirs granitiques: le Winzenberg (classé en grand cru) et le Heissenberg. Dans la lignée de ses devanciers, c'est un rouge harmonieux: robe profonde à reflets violets de jeunesse, expression aromatique nette, sur les fruits rouges, avec un léger côté fumé, palais fruité, ample, gourmand et fondu, qui, sans manquer de matière, laisse une impression agréable de légèreté. ⧗ 2024-2029

DOM. RENÉ ET MICHEL KOCH, 5, rue de la Fontaine, 67680 Nothalten, tél. 03 88 92 41 03, contact@vin-koch.com V *r.-v.* E

♥ HUBERT MEYER
Élevé en barrique 2022 ★★★

■ | 2280 | | 11 à 15 €

Les Meyer se succèdent de père en fils depuis 1722. Hubert a développé la vente en bouteilles, Pierre l'a rejoint en 2009 avant de prendre la tête de l'exploitation en 2014. Le domaine compte aujourd'hui 20 ha, répartis sur des terroirs variés, autour de Blienschwiller et des communes voisines de Dambach-la-Ville, Nothalten et Epfig, au sud de Barr. Le fleuron de la propriété: les parcelles dans le Winzenberg, grand cru de Blienschwiller. En bio depuis 2023.

Les dégustateurs ont été charmés par ce vin rouge tout en finesse, superbe reflet du terroir granitique du Winzenberg (classé en grand cru pour les quatre cépages blancs dits «nobles»), né de ceps âgés de 70 ans. Le pinot noir est égrappé, macère 12 jours, achève sa fermentation en demi-muid et reste 6 mois dans le bois. Dans le verre, un vin jeune de couleur, intense de bout en bout, alliant au nez un fruité gourmand (cerise et fraise) à un délicat boisé vanillé. Construit sur des tanins soyeux, à la fois structuré et souple, bien équilibré entre alcool et fraîcheur, de belle longueur, il conjugue richesse et élégance. ⧗ 2025-2030

EARL HUBERT MEYER, 34, rte des Vins, 67650 Blienschwiller, tél. 03 88 92 47 33, contact@vins-hubert-meyer.fr V *t.l.j. sf dim. 8h-12h 13h-18h*

B DOM. STÉPHANE ET MICKAËL MOLTÈS
Sonnenglaenzlé 2022 ★

■ | 2000 | | 15 à 20 €

Un domaine implanté à une dizaine de kilomètres au sud de Colmar. Antoine Moltès commercialise les premiers vins en 1925, son fils Roland explore les terroirs. Installés au tournant de ce siècle, Mickaël et Stéphane ont aménagé un nouveau chai, se sont orientés graduellement vers la bio, engageant la conversion du vignoble en 2012; ils ont aussi agrandi la propriété, passée de 17 à près de 30 ha aujourd'hui, et créé une société de négoce pour enrichir leur gamme.

Les rouges du domaine sont une valeur sûre, notamment ce pinot noir de terroir, issu d'un coteau calcaire, exposé à l'est et au sud-est. Le nom du lieu-dit évoque l'éclat du soleil, qui, en 2022, a prodigué ses rayons sans parcimonie. Il en résulte un vin intense, aux reflets violets de jeunesse, au nez puissant et fin, partagé entre les fruits des bois et les notes grillées et fumées de l'élevage en fût (11 mois). Plus discret, le palais dévoile une matière équilibrée, à la fois généreuse et fraîche, de bonne persistance, étayée par des tanins déjà enrobés. ⧗ 2025-2030

DOM. STÉPHANE ET MICKAËL MOLTÈS, 8, rue du Fossé, 68250 Pfaffenheim, tél. 03 89 49 60 85, domaine@vin-moltes.com V *t.l.j. sf sam. dim. 8h-12h 13h-17h30*

CAVE DE RIBEAUVILLÉ
Kugelberg de Rorschwihr 2022 ★★

■ | 1475 | | 20 à 30 €

L'économie sociale s'étant développée précocement en Alsace, comme en Rhénanie, la Cave de Ribeauvillé, fondée en 1895, est la plus ancienne coopérative de France. Pour vinifier les 246 ha de ses adhérents, elle a investi dans une nouvelle gamme de pressoirs. À sa carte, huit grands crus et de nombreux vins de terroir. La cave est certifiée HVE.

Ce pinot noir haut de gamme de la cave provient de sols calcaires. Il a été distingué dans trois millésimes successifs. Solaire, le 2022 fait aussi bien que le maussade 2021. Pour ce millésime, 12 jours de macération, une fermentation malolactique et un élevage en barrique. Le vin laisse sur les parois du verre des larmes qui laissent augurer une belle richesse. Élégant au nez, il mêle la cerise et les petits fruits noirs du cépage à un boisé fumé. Puissant et fin, harmonieux et persistant, bien équilibré entre alcool et acidité, il s'appuie sur des tanins fondus, encore stricts en finale. ⧗ 2026-2032

⊶ *CAVE DE RIBEAUVILLÉ, 2, rte de Colmar, 68150 Ribeauvillé, tél. 03 89 73 61 80, cave@cave-ribeauville.com* V t.l.j. 9h-12h 14h-18h

B DOM. ÉRIC ROMINGER Strangenberg 2022 ★

■	1300		20 à 30 €

Situé dans la Vallée Noble, au sud de Colmar, le domaine a été créé en 1970 par le père d'Éric Rominger. Ce dernier en a pris les rênes en 1986 et s'est rapidement distingué dans le Guide. Depuis 2015, Claudine Rominger gère la propriété, conduite en biodynamie. Le vignoble couvre 11 ha, dont plus du tiers en grand cru (Saering et surtout Zinnkoepflé, majestueux coteau plein sud culminant à plus de 400 m).

Issu du Strangenberg, plateau calcaire culminant à 320 m, balayé par un vent frais, ce pinot noir a été élevé 18 mois en demi-muids. Il affiche une robe intense et jeune, à reflets violets, et séduit par son nez marqué par un léger boisé aux nuances cacaotées. Agréablement souple et fruité en attaque, il s'appuie sur une trame tannique soyeuse et sa fraîcheur contribue à sa finesse. ⧗ 2025-2030

⊶ *DOM. ÉRIC ROMINGER, 16, rue Saint-Blaise, 68250 Westhalten, tél. 03 89 47 68 60, vins-rominger.eric@orange.fr* V *t.l.j. sf dim. 9h-12h 14h-17h30*

B DOM. SAINT-RÉMY Réserve 2022 ★

■	8600		15 à 20 €

Héritier d'une lignée vigneronne remontant à 1725, Philippe Ehrhart a rejoint en 1999 son père, François, sur le domaine, dont le siège se trouve à Wettolsheim, gros bourg viticole à l'ouest de Colmar. Avec Margot et Florian, une nouvelle génération s'installe. Conduite en biodynamie certifiée depuis 2012, l'exploitation couvre quelque 24 ha répartis sur dix communes, avec des parcelles dans plusieurs grands crus.

Cette cuvée assemble 70 % de vins du lieu-dit Rosenberg (argilo-calcaire) élevés en cuve et 30 % de vins du Hengst (un grand cru, de nature plus argileuse et marneuse) restés 10 mois en barrique. Intense et jeune à l'œil, elle présente un nez discret mais élégant, partagé entre fruits compotés et léger boisé. On retrouve ce boisé subtil dans une bouche vive en attaque, fruitée, adossée à des tanins soyeux, plus austères et marqués par le merrain en finale. ⧗ 2025-2030

⊶ *DOM. SAINT-RÉMY (EHRHART), 34, rte d'Eguisheim, 68920 Wettolsheim, tél. 03 89 80 60 57, vins@domainesaintremy.com* V *t.l.j. sf dim. 9h-12h 13h30-18h*

DOM. JEAN SIPP Osmose 2020 ★

■	2900		30 à 50 €

Établi dans une demeure Renaissance qui appartint jadis à la puissante famille des Ribeaupierre, seigneurs de Ribeauvillé, Jean-Guillaume Sipp perpétue depuis 2010 avec brio une tradition viticole inaugurée en 1654 par son ancêtre porteur du même prénom. Rejoint par sa compagne, Céline Daniel, œnologue, il conduit 27 ha de vignes, avec des parcelles dans plusieurs crus renommés (Altenberg de Bergheim, Kirchberg de Ribeauvillé, Osterberg…). En bio certifié depuis 2021.

Un nouveau millésime pour révéler l'osmose entre le vin et le merrain. Né sur marnes bleues, vendangé le 21 septembre, éraflé, macéré durant 3 semaines, le pinot noir à l'origine de cette cuvée a été élevé 12 mois en barrique, neuves pour un tiers. Le nez s'ouvre avec discrétion sur un subtil boisé vanillé qui laisse percer les arômes de cerise et de mûre typés du cépage. Une note torréfiée et une touche tourbée s'ajoutent à cette palette dans une bouche fraîche en attaque, soutenue par des tanins enrobés, encore austères en finale. ⧗ 2025-2030

⊶ *DOM. JEAN SIPP, 60, rue de la Fraternité, 68150 Ribeauvillé, tél. 03 89 73 60 02, domaine@jean-sipp.com* V *r.-v.* 4

B PIERRE SPERRY Les Origines 2022 ★★

■	8300		8 à 11 €

Tonneliers depuis le XVIIIe s., les Hauller sont devenus viticulteurs avec Louis, dans les années 1970. En 1996, Claude, fils du précédent, crée une structure de négoce, la Cave du Tonnelier. Le domaine en propre s'est agrandi depuis 2014, passant de 10 à 40 ha, répartis dans trois communes du Bas-Rhin et à Soultzmatt. Avec Ludovic et Guillaume, la nouvelle génération s'est installée en 2015.

Ce pinot noir provient d'un domaine de Blienschwiller cédé en 2014 par Jean-Pierre et Yvette Sperry à la maison Hauller et conduit en bio certifié depuis le millésime 2022. D'origine granitique pour l'essentiel, il a été élevé 6 mois en cuve de manière à donner un vin rouge de style traditionnel, à apprécier sur son fruit: robe rubis, arômes discrets mais nets de petits fruits rouges, bouche harmonieuse, aux tanins fondus, conjuguant le fruité gourmand, presque confit, du millésime et une fraîcheur bienvenue. ⧗ 2024-2027

⊶ *FAMILLE HAULLER, 1, rue du Muscat, 67650 Dambach-la-Ville, tél. 03 88 92 40 00, claude@famillehauller.com* V *t.l.j. sf dim. 9h-12h 13h30-18h* 3 B

ALSACE RIESLING

Superficie : 3 376 ha / Production : 247 952 hl

Le riesling est le cépage rhénan par excellence, et la vallée du Rhin, son berceau. Il s'agit d'une variété tardive pour la région, dont la production est régulière et bonne. Le riesling alsacien est souvent sec, ce qui le différencie d'une façon générale de son homologue allemand. Ses atouts résident dans l'harmonie entre son bouquet délicat, son corps et son acidité assez prononcée mais extrêmement fine. Or, pour atteindre cette qualité, il doit provenir d'une bonne situation. Le riesling a essaimé dans de nombreux autres pays viticoles, où la dénomination riesling, sauf s'il est précisé « riesling rhénan », n'est pas totalement fiable: une dizaine d'autres cépages ont été ainsi baptisés dans le monde!

B ANSTOTZ ET FILS
Glintzberg Vieilles Vignes 2022 ★★

■	3955		8 à 11 €

Un domaine implanté à 25 km à l'ouest de Strasbourg. Début de la mise en bouteilles en 1950; installation

de Marc Anstotz en 1980; de Nicolas, en 2010; aujourd'hui, 15 ha en bio certifié (2012) et de beaux vins, notamment les rieslings de terroir. En 2014, les vignerons ont quitté leur ferme de 1580 pour s'établir dans des locaux plus vastes et fonctionnels. Ils ont bien sûr emporté sur le nouveau site les anciens foudres de bois aux verrous sculptés.

Deux rieslings de terroirs difficiles à départager dans le millésime 2022. Un petit cran au-dessus, celui-ci, issu de marnes rouges riches en fer. Si le nez floral apparaît discret, il laisse deviner une complexité naissante. Construit sur une acidité mûre, ce vin brille par sa puissance, sa vivacité et sa longueur, offrant un «côté sensuel» qui le rend déjà agréable. (Sucres résiduels: 2,2 g/l.) ⧗ 2024-2030 **Westerweingarten 2022 ★ (8 à 11 €; 1850 b.)** B Né de marnes blanches, il offre un nez réservé mais typé, évocateur d'écorce d'agrumes, et une bouche nette, minérale, structurée, fraîche et bien enrobée. (Sucres résiduels: 1,7 g/l.) ⧗ 2024-2030

DOM. ANSTOTZ ET FILS, 11, rue des Hirondelles, 67310 Balbronn, tél. 03 88 50 30 55, nicolas.anstotz@gmail.com V *t.l.j. sf dim. 9h-12h 13h30-18h*

B DOM. BADER Erdengott 2021 ★★

	1000		15 à 20 €

Œnologue, Pierre Scharsch a racheté en 2006 cette ancienne propriété (XVIIe s.) de la région de Barr, restructuré le vignoble et engagé en 2016 la conversion bio du domaine. L'exploitation couvre aujourd'hui 11 ha.

Après le riesling «de base» apprécié l'an dernier, voici une cuvée du même millésime et du même cépage. Elle naît d'un terroir solaire et ventilé, aux sols sableux sur substrat marno-gréseux, situé au sommet du Fronholz, terroir réputé d'Epfig. Un vin élégant de bout en bout: nez complexe et racé, avec ses touches réglissées, anisées et mentholées, attaque nette, bouche consistante, dynamique et longue, à la finale nerveuse. (Sucres résiduels: 3 g/l.) ⧗ 2024-2028

DOM. BADER, 1, rue de l'Église, 67680 Epfig, tél. 03 88 85 51 61, vinsbader@gmail.com V *r.-v.*

♥ B BAUMANN-ZIRGEL Streng 2022 ★★

	4500		11 à 15 €

Benjamin et Valérie Zirgel ont repris l'exploitation familiale en 2002 et engagé la conversion bio (certification bio en 2016, biodynamique en 2020) du vignoble, qui se déploie sur les coteaux environnant Mittelwihr, au cœur de la route des Vins. Le domaine, d'une superficie de 11 ha, comprend des parcelles dans quatre grands crus.

Très souvent distingué, ce riesling provient de vieilles vignes plantées sur un terroir argilo-calcaires. Le 2022 emporte d'emblée l'adhésion par son superbe nez gourmand, brioché, où pointent les fruits confits de la surmaturation et des notes minérales. Une attaque vive ouvre sur un palais ample et salin, à la finale épicée. Un riesling de fête, pour des fruits de mer, un poisson noble, une poularde ou une viande blanche. (Sucres résiduels: 3,3 g/l.) ⧗ 2024-2029

BAUMANN-ZIRGEL, 5, rue du Vignoble, 68630 Mittelwihr, tél. 03 89 47 90 40, contact@baumann-zirgel.com V *t.l.j. sf dim. 9h-12h 14h-18h* G

LÉON BAUR Elisabeth Stumpf 2022 ★

	3100		8 à 11 €

Fondé en 1738, ce domaine familial établi au cœur de la cité médiévale d'Eguisheim couvre 10 ha répartis le territoire de trois communes et compte 3 ha en grand cru. Jean-Louis Baur l'a transmis en 2010 à sa fille Caroline. Adossée à l'ancien rempart du village, la cave abrite des cuves modernes en Inox et des foudres de chêne. Exploitation certifiée HVE.

Bien connue des fidèles lecteurs du Guide, cette cuvée offre tout ce que l'amateur recherche dans le riesling: un nez frais, citronné (le fruit et son zeste), minéral, une acidité vive qui donne dynamisme et longueur. Une petite pointe d'amertume tonique marque la finale. (Sucres résiduels: 3,9 g/l.) ⧗ 2024-2029

MAISON LÉON BAUR, 22, rue du Rempart-Nord, 68420 Eguisheim, tél. 03 89 41 79 13, contact@leon-baur.com V *t.l.j. 10h-12h 13h30-18h30* E

♥ B JUSTIN BOXLER Lieu-dit Pfoeller 2022 ★★

	5000		15 à 20 €

Une famille établie depuis 1672 à Niedermorschwihr, où elle exploite aussi un hôtel. Justin Boxler lance la vente en bouteilles, ses enfants étendent et modernisent le domaine, la troisième génération adopte en 2009 la démarche bio. L'année 2022 est celle de la certification bio et de l'installation de la dernière génération, avec Charlotte et Florent. Le vignoble couvre 12 ha répartis dans cinq communes, avec des parcelles dans quatre grands crus.

Issu d'un sol calcaire et d'une année solaire, élevé dans les traditionnels foudres de chêne centenaires, un riesling harmonieux, tout en finesse et en fraîcheur. Bien typé du cépage, le nez s'ouvre sur les agrumes, assortis d'une touche de pierre à fusil. On retrouve cet univers aromatique dans un palais vif en attaque, harmonieux et long, à la finale saline et teintée d'une légère amertume. Un vin de terroir salué pour son élégance et pour sa pureté minérale. (Sucres résiduels: 3 g/l.) ⧗ 2025-2034

JUSTIN BOXLER, 16, rue des Trois-Épis, 68230 Niedermorschwihr, tél. 03 89 27 11 07, justin@vinsboxler.fr V *r.-v.* 4

FRANÇOIS BRAUN ET FILS
The B by François Braun Vieilles Vignes 2019 ★★

	3150		11 à 15 €

Une famille enracinée depuis le XVIe s. à Orschwihr, à quelque 25 km au sud de Colmar. Longtemps en polyculture, le domaine a débuté la mise en bouteilles après la Seconde Guerre mondiale, avec François Braun,

la génération suivante achevant sa spécialisation. Installés respectivement en 1980 et en 1991, Philippe et Pascal exploitent des vergers pour la distillation et 21 ha de vignes, dont 10 ha sur le Bollenberg et des parcelles dans deux grands crus.

B comme Bollenberg: une colline au microclimat très sec, qui recèle une flore méditerranéenne. Issu d'une sélection de vieilles vignes de ce terroir réputé, ce riesling confirme la qualité du millésime 2019. D'un jaune intense, il offre un nez très flatteur, bien ouvert sur la pierre à fusil et les agrumes. En bouche, il suit la même ligne aromatique et allie richesse, gras et tension jusqu'à la finale longue et saline, teintée d'une note de pamplemousse. De la complexité et de la profondeur. (Sucres résiduels: 6 g/l.) ⧗ 2024-2032

FRANÇOIS BRAUN ET FILS, 19, Grand-Rue, 68500 Orschwihr, tél. 03 89 76 95 13, francois-braun@orange.fr V t.l.j. sf dim. 8h-11h30 14h-17h

FAMILLE DIETRICH Lanzenberg 2022 ★

| 1800 | 11 à 15 € |

La famille cultive la vigne depuis 1620, mais il a fallu attendre le début des années 1960 pour que Laurent Dietrich abandonne la polyculture et se lance dans la vente en bouteilles. Aujourd'hui, Michel et Alexis exploitent 20 ha en bio certifié autour de la cité fortifiée de Dambach-la-Ville et de villages proches (Dieffenthal, Itterswiller, Reichsfeld et Albé).

Dambach-la-Ville possède nombre de terroirs granitiques, comme le grand cru Frankstein et ce Lanzenberg, qui le jouxte au sud, lieu de naissance de ce riesling. Le 2022 a pour arguments un nez charmeur, entre pamplemousse et pierre à fusil, et une bouche aromatique d'une belle complexité, soyeuse et longue. Reflet de l'année solaire, il ne montre pas la vivacité incisive de certains millésimes, mais une pointe d'amertume tonique lui donne du relief en finale. (Sucres résiduels: 4 g/l.) ⧗ 2024-2029

FAMILLE DIETRICH, 3, rue des Ours, 67650 Dambach-la-Ville, tél. 03 88 92 41 31, famille@vins-dietrich.com V t.l.j. sf dim. 9h-12h 13h-18h

HENRI EHRHART Collection familiale 2022 ★

| 40000 | 8 à 11 € |

Établie à Ammerschwihr, important bourg viticole proche de Colmar, la famille Ehrhart cultive la vigne depuis huit générations et possède 7 ha en propre. Henri Ehrhart crée dans les années 1970 une structure de négoce et, fort de ses connaissances de producteur-récoltant, privilégie l'achat de raisins provenant des domaines environnants. Ses enfants, Cyrille (2009) et Sophie (2012), ont pris les rênes de la maison.

Réserve particulière devient Collection familiale. Le nom de la cuvée change, mais non la qualité et le style du vin: à en juger par les commentaires de dégustation, ce 2022 a un air de famille avec le 2021 soumis à des conditions météorologiques bien différentes. Au nez comme en bouche, il tire son charme d'un fruité à dominante exotique, avec des notes d'ananas frais. Sans la touche minérale du riesling, on songerait presque à du muscat! La vivacité du cépage est là, elle aussi. (Sucres résiduels: 3 g/l.) ⧗ 2024-2027

HENRI EHRHART, quartier des Fleurs, 68770 Ammerschwihr, tél. 03 89 78 23 74, he@henri-ehrhart.com V r.-v.

FRÉDÉRIC ENGEL ET FILS Vieilles Vignes 2022 ★

| 2650 | 8 à 11 € |

Un domaine créé en 1960 par Frédéric Engel. Le vignoble couvre 8 ha et le siège de l'exploitation est situé tout près des remparts de Riquewihr. Yvan et Alain Engel, fils de Frédéric, ont pris les rênes de la propriété en 1994.

Issu de vignes âgées de 50 ans plantées sur un terroir argilo-gréseux, ce riesling, reflet d'un été chaud et sec, penche un peu vers la rondeur, mais il reste agréable, avec son nez délicat, qui s'ouvre sur les fruits exotiques, et sa finale fraîche et saline. (Sucres résiduels: 5 g/l.) ⧗ 2024-2027

GAEC FRÉDÉRIC ENGEL ET FILS, 36, rue des Remparts, 68340 Riquewihr, tél. 03 89 47 83 88, yvanengel@orange.fr V r.-v.

DOM. FAHRER-ACKERMANN Terroir du Haut-Koenigsbourg 2022 ★

| 5800 | 8 à 11 € |

En 1999, Vincent Ackermann, fils de vigneron et salarié viticole, rachète l'exploitation de son employeur, située au pied du Haut-Kœnigsbourg, et, 5 ans plus tard, une maison datée de 1709 sise à Rorschwihr, pour aménager des chambres d'hôtes. Certifié HVE, son domaine, agrandi, couvre 10 ha.

Issu d'un terroir granitique, ce 2022 offre les arômes et l'équilibre recherchés dans le cépage. Le nez, précis, se partage entre les agrumes et la pierre à fusil. L'attaque montre une certaine rondeur, contrebalancée par une acidité quelque peu tranchante en finale. (Sucres résiduels: 6 g/l.) ⧗ 2024-2029

DOM. FAHRER-ACKERMANN, 10, rte du Vin, 68590 Rorschwihr, tél. 06 07 19 28 68, vincent.ackermann@wanadoo.fr V r.-v. 4

♥ VIGNOBLE LUC FALLER Sélection de grains nobles 2015 ★★★

| 800 | 30 à 50 € |

Luc Faller a succédé en 1989 à son père, Henri, sur le domaine familial situé autour d'Itterswiller, petit village très fleuri proche de Barr. Avec sa femme, Myriam, il cultive 8 ha en bio certifié et en biodynamie.

Luc Faller présente volontiers des cuvées de liquoreux. L'année 2015 a été particulièrement favorable aux vendanges tardives et aux sélections de grains nobles. Dans cette dernière catégorie, ce riesling n'a qu'un défaut: son caractère confidentiel. Complexe, le nez allie la pêche et le citron confits à des nuances plus évoluées de torréfaction (café, chocolat). Ces arômes se prolongent dans une bouche élégante, fraîche, minérale et persistante. « À chaque gorgée, une nouvelle découverte ! » Une dégustatrice parle d'émotion en évoquant ce superbe millésime. (Sucres résiduels: 89 g/l; bouteilles de 50 cl.) ⧗ 2024-2029

VIGNOBLE LUC FALLER, 51, rte des Vins, 67140 Itterswiller, tél. 03 88 85 51 42, vin.faller@orange.fr V r.-v.

DOM. HIRTZ Stein 2022 ★

| 1800 | | 8 à 11 € |

Établis dans l'un des plus pittoresques villages du Bas-Rhin, près de Barr, Edy et Élisabeth Hirtz, rejoints par leurs fils Michel et Stéphane, conduisent depuis 1992 le domaine familial, qu'ils ont dédié exclusivement à la viticulture à partir de 2002. Ils cultivent 13 ha, avec des parcelles dans le grand cru local. Ici, pas de foudres de bois, mais des cuves Inox, plus à même de préserver le potentiel aromatique des cépages, selon le vigneron. Exploitation certifiée HVE.

Originaire d'un terroir marno-calcaire, ce riesling mêlant au nez fleurs blanches, notes citronnées et une touche de pierre à fusil montre en bouche une franche vivacité, qui souligne ses arômes d'agrumes. Une nervosité qui conviendra aux produits de la mer. (Sucres résiduels: 3,2 g/l.) ⧗ 2024-2029 **Le Coteau 2022 ★ (5 à 8 €; 2650 b.)** Discret au nez, un riesling bien typé, tendu et long, aux arômes de citron vert. (Sucres résiduels: 4,1 g/l.) ⧗ 2024-2027

DOM. HIRTZ, 13, rue Rotland, 67140 Mittelbergheim, tél. 06 76 06 22 54, edy.hirtz@orange.fr V r.-v.

B DOM. PAUL HUMBRECHT David 2019 ★

| 1000 | | 20 à 30 € |

Héritier d'une tradition viticole remontant à 1620, Paul Humbrecht s'installe en 1900 à Pfaffenheim, au sud de Colmar, et commence à vendre son vin en bouteilles. Le domaine familial couvre 7 ha, avec une parcelle dans le grand cru Steinert. Conduit par Marc Humbrecht depuis 2011, il a adopté l'agriculture biologique en 1998, et la biodynamie l'année suivante.

Une belle évolution pour ce 2019 né d'un terroir argilo-calcaire. La robe a pris un ton jaune soutenu, le nez, bien ouvert, se partage entre minéralité, fruits mûrs et sous-bois. On retrouve cet univers aromatique dans une bouche fraîche en attaque, puissante, voire chaleureuse. (Sucres résiduels: 2 g/l.) ⧗ 2024-2027

EARL DOM. PAUL HUMBRECHT, 6-7, pl. Notre-Dame, 68250 Pfaffenheim, tél. 03 89 49 62 97, contact@humbrecht.fr V *t.l.j. sf lun. dim. 10h-12h 14h-18h*

B RENÉ ET MICHEL KOCH Heissenberg 2022 ★★

| 2800 | | 11 à 15 € |

Georges Koch a inauguré la vente directe en 1958. René lui a succédé en 1970, rejoint en 1996 par Michel. Depuis 2006, ce dernier tient les rênes du domaine, qui couvre 13 ha autour de Nothalten, village-rue du pays de Barr. Son fleuron: le riesling du grand cru local, le Muenchberg. Vins certifiés bio depuis 2022.

Né de vignes de 50 ans, ce riesling provient d'un coteau exposé plein sud, particulièrement favorable au cépage. Le 2018 avait fait sensation. S'il n'est pas très exubérant, le 2022 charme par la délicatesse de son nez mentholé et anisé, où perce même une touche de rose. De belle concentration en bouche, il allie un certain gras à une fraîcheur nerveuse. La finale incisive laisse le souvenir d'un vin droit et élégant. (Sucres résiduels: 3,5 g/l.) ⧗ 2024-2029

DOM. RENÉ ET MICHEL KOCH, 5, rue de la Fontaine, 67680 Nothalten, tél. 03 88 92 41 03, contact@vin-koch.com V *r.-v.* E

DOM. G. METZ Fruehmess 2020 ★★

| 2000 | | 15 à 20 € |

Créé au XVIIIes., ce domaine s'est tourné vers la viticulture dans les années 1930 en s'implantant à Itterswiller, village bas-rhinois à flanc de coteau, et s'est lancé dans la mise en bouteilles en 1966. À sa tête depuis 1996, le gendre de Gérard Metz, Éric Casimir, d'origine champenoise, a porté sa superficie de 14 à 18 ha (avec des parcelles en grand cru). D'abord conduite en agriculture raisonnée, l'exploitation a obtenu sa certification HVE (2019), puis bio (2022).

Dominant Itterswiller, le coteau du Fruehmess est orienté plein sud. Ses sols sableux sur grès rose et argilo-calcaires se réchauffent rapidement. Le millésime solaire comme le microclimat ont donné naissance à un riesling au nez généreux, minéral et floral. Assoupli, ce 2020 est prêt, mais il reste jeune et ne manque pas de réserves. (Sucres résiduels: 3 g/l.) ⧗ 2024-2029

DOM. GÉRARD METZ, 40, rte du Vin, 67140 Itterswiller, tél. 03 88 57 80 25, info@domainegmetz.com V *t.l.j. sf dim. 10h-12h 14h-18h*

RENÉ MEYER
Croix du Pfoeller Vieilles Vignes 2022 ★★

| 6500 | | 11 à 15 € |

René Meyer a spécialisé l'exploitation et développé la vente en bouteilles dans les années 1960. Depuis 2000, son fils Jean-Paul conduit le domaine, qui couvre 12,5 ha autour de Katzenthal, petit village au nord-ouest de Colmar. Il propose de beaux vins de terroir (grands crus Florimont, Kaefferkopf, Wineck-Schlossberg, lieux-dits Altenbourg, Croix du Pfoeller...).

Le lieu-dit Pfoeller est un terroir calcaire d'où Jean-Paul Meyer tire des rieslings racés, tel ce 2022 au nez partagé entre agrumes (citron, pamplemousse) et minéralité. Vif, salin et long, montrant en finale une pointe d'amertume, c'est un vin de garde qui devrait gagner à rester quelque temps en cave. (Sucres résiduels: 6 g/l.) ⧗ 2026-2034

DOM. RENÉ MEYER ET FILS, 14, Grand-Rue, 68230 Katzenthal, tél. 03 89 27 04 67, info@domainemeyer.fr V *t.l.j. sf dim. 10h-12h 14h-17h*

FRÉDÉRIC MOCHEL Kaploen 2015 ★

| 7600 | | 20 à 30 € |

Une famille installée en 1669 à l'ouest de Strasbourg après la guerre de Trente Ans. Guillaume Mochel a pris en 2001 les rênes de la propriété après des stages qui l'ont mené jusqu'en Nouvelle-Zélande. Après avoir obtenu la certification HVE (2017), il a engagé en 2018 la conversion bio de l'exploitation. Sur les 10 ha du domaine, la moitié est implantée dans le grand cru Altenberg de Bergbieten.

Ce riesling provient du grand cru Altenberg de Bergbieten (Kaploen est un lieu-dit inclus dans ce terroir), mais, en 2015, les conditions météorologiques ont abouti à une surmaturité du raisin, ce qui a conduit le vigneron à faire une cuvée spécifique de ce vin atypique. La robe a pris des tons vieil or; le nez, évolué, mêle notes minérales, fruits jaunes, pâte de coing et touches d'encaustique. Riche, gras, de bonne longueur, le palais montre une belle tension pour le millésime. Demi-sec, voire moelleux léger, ce 2015 tiendra sa place à l'apéritif comme au dessert, ou encore sur une volaille ou du fromage. (Sucres résiduels: 33 g/l.) ⧗ 2024-2030

⊶ *DOM. FRÉDÉRIC MOCHEL, 56, rue Principale, 67310 Traenheim, tél. 03 88 50 38 67, info@mochel.alsace* V r.-v.

Ⓑ DOM. STÉPHANE ET MICKAËL MOLTÈS
Terre d'Apollon 2022 ★

	5700		11 à 15 €

Un domaine implanté à une dizaine de kilomètres au sud de Colmar. Antoine Moltès commercialise les premiers vins en 1925, son fils Roland explore les terroirs. Installés au tournant de ce siècle, Mickaël et Stéphane ont aménagé un nouveau chai, se sont orientés graduellement vers la bio, engageant la conversion du vignoble en 2012; ils ont aussi agrandi la propriété, passée de 17 à près de 30 ha aujourd'hui, et créé une société de négoce pour enrichir leur gamme.

Un riesling né d'un terroir calcaire exposé à l'est et au sud-est. Le nom de la cuvée suggère un caractère solaire, le millésime également. De fait, la robe, jaune doré, et le nez, entre agrumes et fruits jaunes, font songer à des vendanges surmûries. Le vin, de belle longueur, n'en montre pas moins le caractère sec, incisif, du cépage. (Sucres résiduels: 29 g/l.) ⧗ 2024-2030

⊶ *DOM. STÉPHANE ET MICKAËL MOLTÈS, 8, rue du Fossé, 68250 Pfaffenheim, tél. 03 89 49 60 85, domaine@vin-moltes.com* V *t.l.j. sf sam. dim. 8h-12h 13h-17h30*

Ⓑ DOM. HUBERT REYSER
Le Sentier de l'aiguille 2022 ★

	3500		11 à 15 €

Hubert Reyser achète sa première parcelle en 1963 à 14 ans, avec ses économies. Située à 20 km de Strasbourg, l'exploitation familiale est passée de la polyculture-élevage à la viticulture, se lançant dans la mise en bouteilles dans les années 1980. Arrivé à sa tête en 2009, Lionel Reyser dispose de 16 ha de vignes. Il a obtenu la certification bio.

Reflet de son terroir argilo-calcaire, ce riesling apparaît encore réservé au nez, laissant percer quelques notes florales, fruitées et minérales. La bouche élancée, tendue par une fine acidité, laisse une impression de droiture. Du potentiel. (Sucres résiduels: 2,8 g/l.) ⧗ 2026-2034

⊶ *EARL DOM. HUBERT REYSER, 26, rue de la Chapelle, 67520 Nordheim, tél. 06 95 10 46 22, domainereyser@gmail.com* V *r.-v.*

GILBERT RUHLMANN FILS
Vendanges tardives 2021 ★

	1300		15 à 20 €

Fondée en 1958 par Gilbert Ruhlmann et conduite aujourd'hui par la deuxième génération – Guy et Pascal Ruhlmann –, l'exploitation s'étend sur plus de 15 ha autour de Scherwiller, pittoresque village traversé par un ruisseau, près de Sélestat. Elle a son siège dans un corps de ferme du XVIIIᵉs. Domaine certifié HVE.

Cépage roi de Scherwiller, le riesling est à l'origine de ces rares vendanges tardives 2021 (un millésime qui a fourni peu de liquoreux). D'un jaune d'or éclatant, le vin laisse de belles jambes sur les parois du verre. Intense et complexe au nez, il s'ouvre sur la pêche, le citron, la mandarine, puis dévoile des notes confites de surmaturité évoquant l'écorce d'agrumes et la pâte de coing. Douce et suave, l'attaque est relayée par une belle tension qui donne de l'allonge à la finale acidulée. Un liquoreux riche et persistant, déjà élégant, qui gagnera en fondu avec le temps. (Sucres résiduels: 60 g/l.) ⧗ 2025-2034

⊶ *GILBERT RUHLMANN FILS, 31, rue de l'Ortenbourg, rte des Vins, 67750 Scherwiller, tél. 03 88 92 03 21, info@vinruhlmann.fr* V *t.l.j. 8h15-11h45 13h30-18h30*

EDGARD SCHALLER ET FILS 2022 ★

	2300		8 à 11 €

La famille Schaller fait remonter son arbre généalogique à 1609. Les ancêtres étaient charpentiers et tonneliers. Le domaine s'est spécialisé en viticulture au début du siècle dernier. Patrick Schaller a transmis en 2003 à son fils Charles un vignoble de 8 ha à Mittelwihr et dans les environs, au cœur de la route des vins – ainsi qu'un vif intérêt pour le crémant.

Aussi réussi que dans le millésime précédent, ce riesling issu d'un terroir argilo-calcaire s'ouvre à l'aération sur les fruits blancs et le pamplemousse. Son attaque ronde est équilibrée par une agréable fraîcheur qui souligne ses arômes d'agrumes et laisse une impression d'élégance. (Sucres résiduels: 2 g/l.) ⧗ 2024-2029

⊶ *EARL EDGARD SCHALLER ET FILS, 1, rue du Château, 68630 Mittelwihr, tél. 03 89 47 90 28, charles-schaller@orange.fr* V *t.l.j. 9h-12h 14h-18h*

DOM. SCHEIDECKER ET FILS 2022 ★

	5200		8 à 11 €

Philippe Scheidecker a constitué son domaine en 1990, à partir de terres familiales. Rejoint en 2013 par son fils Laurent, il est établi à Mittelwihr, au nord-ouest de Colmar. Son vignoble, qui couvre plus de 12 ha, comporte des parcelles dans trois grands crus: Froehn, Sporen et Mandelberg. Exploitation certifiée HVE, en conversion bio.

Ces vignerons choient le riesling dont ils proposent jusqu'à quatre cuvées. Ici, la cuvée Tradition, assemblage de plusieurs terroirs à dominante argilo-calcaire. Discret mais subtil, le 2022 s'ouvre sur des notes variétales élégantes évoquant les agrumes et les fruits jaunes. On retrouve les agrumes dans une bouche déjà fondue, à la fois ronde et fraîche, de belle longueur. Un riesling bien typé. (Sucres résiduels:1 g/l.) ⧗ 2024-2029

⊶ *DOM. SCHEIDECKER ET FILS, 13, rue des Merles, 68630 Mittelwihr, tél. 03 89 49 01 29, contact@scheidecker-fils.com* V *t.l.j. 9h-12h 14h-18h* D

Ⓑ SCHIEFERKOPF Lieu-dit Fels 2021 ★

	2500		30 à 50 €

Célèbre dans la vallée du Rhône, Michel Chapoutier s'intéresse particulièrement aux terroirs schisteux. En 2008, il a acquis avec quatre associés un domaine de 8 ha situé à 380 m d'altitude, sur le Felsberg à Bernardvillé. Jadis cultivé par les Cisterciens et aujourd'hui exploité en bio, le vignoble pentu est

implanté sur la seule veine de schistes bleus d'Alsace, des roches très anciennes, du Précambrien. Les premières cuvées, issues de sélections parcellaires, ont été lancées en 2011 sous la marque Schieferkopf.

Belle expression d'une année complexe, ce 2021 s'ouvre sur les fleurs blanches, les agrumes et les fruits jaunes. Vif en attaque, très minéral et citronné, tendu par une acidité mûre, persistant, il laisse une impression d'élégance. (Sucres résiduels: 1,8 g/l.) ⧗ 2024-2029

SCHIEFERKOPF, 9, rue Principale, 67140 Bernardvillé, tél. 04 75 08 28 65, chapoutier@chapoutier.com

SCHILLINGER-RENCK Burgreben 2022 ★

	2800	8 à 11 €

Domaine créé en 1961 par Raymond Renck, et situé à Beblenheim, à 3 km de Riquewihr. Il est conduit depuis 1996 par Colette et Gérard Schillinger-Renck, qui disposent de plusieurs parcelles dans des grands crus voisins comme le Sonnenglanz. Après la fusion en 2017 avec le Dom. Émile Schillinger, la superficie de l'exploitation est passée de 5 à 10 ha.

Un riesling de terroir plaisant par l'harmonie entre le nez et la bouche. D'un doré soutenu, d'une belle fraîcheur au nez, il livre des notes de bonbon fruité. Consistant et équilibré, il finit sur une pointe d'amertume. De la droiture. (Sucres résiduels: 3,2 g/l.) ⧗ 2024-2029

EARL SCHILLINGER-RENCK, 11, rue de Hoen, 68980 Beblenheim, tél. 03 89 47 91 59, raymond.renck@orange.fr V ⚑ ▮ *t.l.j. 8h-12h 14h-19h*

JEAN-VICTOR SCHUTZ Vieilles Vignes 2021 ★

	10 800	▮	11 à 15 €

Les Schutz sont alliés aux Ruhlmann, établis depuis le XVIIᵉs. à Dambach-la-Ville, importante et pittoresque cité viticole. Créée en 1997, cette maison de négoce mise sur la grande distribution et sur l'export, et dispose de 50 ha de vignes. Elle s'est étendue en 2017 dans les Corbières (Ch. Valmont).

Reflet de son origine argilo-calcaire, ce 2021 demande un peu d'aération pour dévoiler une palette aromatique bien typée, mêlant agrumes et minéralité. Consistant, soyeux et gras, il finit sur la note amère du pamplemousse qui lui donne du tonus. Il devrait s'accorder avec un poisson ou une viande blanche en sauce. (Sucres résiduels: 4 g/l.) ⧗ 2024-2028

JEAN-VICTOR SCHUTZ, 34, rue du Mal-Foch, 67650 Dambach-la-Ville, tél. 03 88 92 41 86, vins@ruhlmann-schutz.fr r.-v.

DOM. DES SEPT VIGNES Cuvée des Sables 2022 ★

	5000	▮	11 à 15 €

Installé en 2006, Emmanuel Saouliak perpétue une tradition vigneronne qui remonte à 1684 et cultive 7 ha autour de Nothalten, au sud de Barr. Il recherche la surmaturité et récolte ses raisins deux à quatre semaines au-delà des dates d'ouverture des vendanges. Domaine en conversion bio.

Conformément à sa pratique, Emmanuel Saouliak a vendangé à la mi-octobre le riesling à l'origine de cette cuvée issue d'un terroir argilo-limoneux. Il a ainsi obtenu un vin intensément fruité, à tendance exotique (ananas), avec un petit côté amylique. Une touche poivrée s'invite au palais qui conjugue vivacité tonique, volume et texture délicate. (Sucres résiduels: 3,4 g/l.) ⧗ 2024-2030

EMMANUEL SAOULIAK, 102, rte du Vin, 67680 Nothalten, tél. 03 88 92 45 73, domaine.saouliak@free.fr V ⚑ ▮ *r.-v.*

DOM. SPECHT Grasburg 2022 ★

	1700	▮	11 à 15 €

Créé en 1955 par Alfred Specht, qui a spécialisé en viticulture l'exploitation familiale, le domaine a été repris en 1978 par ses fils Jean-Paul et Denis, qui l'ont transmis à Thibault en 2018. Les vignerons sont aujourd'hui à la tête de 11,5 ha et disposent de parcelles dans le grand cru de leur village, le Mandelberg.

Issu d'un terroir argilo-calcaire voisin du grand cru Mandelberg, un riesling tout en fruit et en fraîcheur. Discret au nez, il s'oriente vers les agrumes (pamplemousse) et garde en bouche cette tonalité fruitée, mise en valeur par une belle acidité. La finale est marquée par une fine amertume. Un beau classique, parfait pour les produits de la mer ou pour les volailles à la crème. (Sucres résiduels: 6 g/l.) ⧗ 2024-2029

DOM. SPECHT, 2, rue des Églises, 68630 Mittelwihr, tél. 03 89 47 90 85, contact@vins-alsace-specht.fr V ⚑ ▮ *t.l.j. sf dim. 9h-12h 13h30-17h30*

JOS. STRAUB ET FILS Schieferberg 2022 ★

	2900	▮	11 à 15 €

Établi dans une ancienne demeure à Blienschwiller, du côté de Barr, le Dom. Joseph Straub et Fils est conduit par Jean-François Straub et par son fils Jean-Sébastien (depuis 2005) qui perpétuent une tradition familiale remontant à 1510. Fort d'environ 15 ha de vignes disséminées dans six communes, avec des parcelles dans deux grands crus (Winzenberg et Frankstein), il s'est équipé d'une cuverie moderne, tout en conservant ses foudres traditionnels.

Situé dans la montagne vosgienne, le Schieferberg est l'un des rares terroirs schisteux d'Alsace. Il a donné naissance à ce riesling au nez subtilement minéral, légèrement pétrolé. Plus végétal que fruité en bouche, consistant, ce 2022 possède la vivacité incisive caractéristique du cépage. ⧗ 2025-2030

EARL JOSEPH STRAUB FILS, 35, rte des Vins, 67650 Blienschwiller, tél. 07 66 59 02 00, info@vins-straub.fr V ⚑ ▮ *t.l.j. sf dim. 9h-11h30 14h-18h*

CAVE DE TURCKHEIM Marnes et calcaires 2022 ★★

	10 000	▮	8 à 11 €

Fondée en 1955, cette coopérative dispose des 400 ha de ses adhérents. Elle propose des vins haut de gamme en volumes intéressants, tels les grands crus (neuf références, avec le Brand de Turckheim en vedette) ou les vendanges tardives, ainsi qu'une gamme de vins bio.

Certains dégustateurs auraient bien donné un coup de cœur à ce riesling équilibré et franc, qui séduit par un fruité charmeur: on y respire et on y goûte les agrumes bien mûrs et la nectarine. (Sucres résiduels: 0,59 g/l.) ⧗ 2024-2030 ■ **T 2021 ★★ (20 à 30 €; 5700 b.)** Issu d'une sélection de parcelles granitiques situées sur les hauteurs de Turckheim, un riesling tendu, salin et droit, à l'expression partagée entre zeste de citron et minéralité. (Sucres résiduels: 4 g/l.) ⧗ 2024-2030

⊶ *CAVE DE TURCKHEIM, 16, rue des Tuileries, 68230 Turckheim, tél. 03 89 30 23 60, info@cave-turckheim.com* V

ALBERT ZIEGLER Vieilles Vignes 2022 ★★

| 4000 | | 8 à 11 € |

Albert Ziegler, fils d'agriculteurs, vend les premières bouteilles en 1972. En 1988, Christine Ziegler et Michel Voelklin s'installent sur le domaine familial, puis en prennent les rênes 10 ans plus tard. Anne-Cécile et Élodie les ont rejoints sur l'exploitation, qui compte aujourd'hui 20 ha autour d'Orschwihr, au sud du vignoble, sur des coteaux réputés qui jouissent d'un microclimat très préservé (Bollenberg, grand cru Pfingstberg). En conversion bio.

Discret au premier nez, ce riesling ne manque pourtant pas d'atouts: il s'ouvre à l'aération sur une légère minéralité et sur un fruité tonique, entre citron et ananas. La bouche, à l'unisson, se montre étoffée, énergique et salivante, de l'attaque fraîche à la finale longue et saline. Un vin droit, net et alerte. (Sucres résiduels: 3,2 g/l.) ⧗ 2025-2030

⊶ *EARL ALBERT ZIEGLER, 10, rue de l'Église, 68500 Orschwihr, tél. 03 89 76 01 12, contact@albert-ziegler.fr* V *t.l.j. 8h-12h 13h-19h; dim. 10h-12h 13h-17h*

ALSACE SYLVANER

Superficie : 1 376 ha / Production : 108 268 hl

Les origines du sylvaner sont très incertaines, mais son aire de prédilection a toujours été limitée au vignoble allemand et à celui du Bas-Rhin en France. C'est un cépage extrêmement intéressant grâce à son rendement et à sa régularité de production. Son vin est d'une grande fraîcheur, assez acide, doté d'un fruité discret. On trouve en réalité deux types de sylvaner sur le marché. Le premier, de loin supérieur, provient de terroirs bien exposés et peu enclins à la surproduction. Le second est un vin sans prétention, agréable et frais.

RENÉ BOHN FILS 2021 ★★

| 1900 | | 5 à 8 € |

Cette famille vigneronne du pays de Barr se flatte d'être la plus ancienne de Blienschwiller, faisant remonter sa lignée au XVe s. Un ancêtre fut hussard de Napoléon, et René Bohn maire de la commune pendant 24 ans après 1945. Dirigée depuis 1988 par Rémy Bohn, la propriété, en conversion bio, couvre 7,8 ha.

Le millésime a laissé le souvenir d'un début d'été pourri et d'attaques de mildiou. L'arrière-saison a cependant été ensoleillée et ce remarquable sylvaner, planté sur sols granitiques et vendangé le 30 septembre, a bien tiré son épingle du jeu. Dans le verre, une robe or jaune annonce le nez intense aux accents de surmaturation (du fruit jaune légèrement confit, du coing). Le prélude à une bouche ronde, qui n'en garde pas moins un caractère bien sec. Un vin assez puissant pour donner la réplique à une viande blanche en sauce. ⧗ 2024-2029

⊶ *RENÉ BOHN FILS, 67, rte des Vins, 67650 Blienschwiller, tél. 03 88 92 41 33, r.bohn@ovh.fr* V *r.-v.*

♥ B **CLOS SAINT LANDELIN**
Cuvée Oscar 2022 ★★

| 1700 | | 20 à 30 € |

Forte de 28 ha, cette propriété de haute renommée, aux mains d'une famille établie à Rouffach en 1650, est installée en contrebas du célèbre Clos Saint-Landelin, planté par des moines dès le haut Moyen Âge: fleuron du domaine, ce clos a été acquis par Alfred Muré en 1935 (12 ha cultivés en biodynamie, à l'extrémité sud du grand cru Vorbourg). Aujourd'hui, ce sont les arrière-petits-enfants d'Alfred, Véronique et Thomas, qui gèrent le vignoble.

Un terroir sudiste, une année solaire, une exposition au midi: issu de vieilles vignes, ce sylvaner est toujours riche. Le 2022, paré de reflets dorés, est franchement doux, voire liquoreux (sucres résiduels: 98 g/l). Il libère des fragrances délicates et toniques de fleur de sureau qui se teintent à l'aération de suaves touches miellées. Bien structuré, il dévoile de bout en bout une belle fraîcheur qui lui donne relief et dynamisme jusqu'à la finale acidulée et persistante, aux accents d'ananas. Montrant une rare harmonie entre sucres et acidité, il fera plaisir de longues années. ⧗ 2024-2034

⊶ *MURÉ – CLOS SAINT-LANDELIN, rte du Vin, 68250 Rouffach, tél. 03 89 78 58 00, domaine@mure.com* V *r.-v.*

♥ B **DOM. HENRY FUCHS** Weinbaum 2022 ★★★

| 2000 | | 11 à 15 € |

Domaine créé en 1982 et géré depuis 2005 par Paul Fuchs, fils d'Henry, rejoint en 2017 par sa sœur Julie, après un premier parcours dans la gestion et la finance. Exploité en bio certifié depuis 2011, le vignoble couvre 9,5 ha autour de Ribeauvillé et de villages voisins, avec des parcelles dans le grand cru Kirchberg de Ribeauvillé.

On avait repéré dans le millésime précédent cette cuvée, issue d'une vigne de 70 ans plantée sur un coteau de Ribeauvillé aux sols argileux. Vin sec, le 2022 offre les mêmes qualités, avec un surcroît d'intensité et de structure qui lui vaut la note maximale. On loue son nez très floral, nuancé de notes de poire, puis sa bouche consistante, dont la rondeur est équilibrée par une belle tension, où l'on retrouve la poire alliée au coing. Une bouteille assez étoffée pour accompagner une volaille de fête. ⧗ 2024-2029

⊶ *DOM. HENRY FUCHS, 8, rue du 3-Décembre, 68150 Ribeauvillé, tél. 03 89 73 61 70, contact@henryfuchs.fr* V *r.-v.*

Ⓑ JOSEPH GSELL L'Insolent 2022 ★

| 1000 | | 11 à 15 € |

Acquise en 1821 par la famille, la propriété est depuis 2004 conduite par Julien Gsell, fils de Joseph. Certifiée bio en 2007, elle couvre 9,5 ha autour d'Orschwihr, gros village viticole au sud de la route des Vins, et comprend des parcelles sur la colline sèche du Bollenberg ainsi qu'en grand cru (Pfingstberg et Spiegel).

Les sylvaners ont longtemps été associés à des vins de comptoir légers. Celui-ci, sudiste, né sur les pentes du Bollenberg, a pour principale originalité d'avoir été vinifié et élevé sous bois (fût de chêne de 500 l); d'où un nez vanillé, brioché et une bouche dans le même registre, boisée, fraîche et harmonieuse, marquée par une légère amertume en finale. Ce sylvaner gastronomique pourra accompagner crustacés et poissons cuisinés, saint-jacques et viandes blanches. ⧗ 2024-2030

⊶ JOSEPH GSELL, 26, Grand-Rue, 68500 Orschwihr, tél. 03 89 76 95 11, joseph.gsell@wanadoo.fr V r.-v.

Ⓑ DOM. MITTNACHT FRÈRES
Vieilles Vignes 2022 ★

| 1620 | | 8 à 11 € |

Domaine créé en 1963 à Hunawihr, village célèbre pour son église fortifiée. Œnologue, Marc Mittnacht, qui en a pris la tête en 1985, a adopté en 1999 la bio, puis la biodynamie. Son fils Pierre lui a succédé en 2020 sur l'exploitation, qui compte 11 ha à Hunawihr et à Ribeauvillé, avec des parcelles dans deux grands crus.

Né de vignes de 45 ans, élevé 6 mois sur lies, ce sylvaner offre tout ce que l'on attend de ce cépage, selon nos jurés: robe très pâle à reflets verts, nez sur les agrumes (citron) teintés d'épices douces, palais souple en attaque, fruité, un rien épicé, tout en légèreté, tendu par une fine acidité. De quoi mettre en valeur choucroute, entrées et produits de la mer. ⧗ 2024-2027

⊶ DOM. MITTNACHT FRÈRES, 27, rte de Ribeauvillé, 68150 Hunawihr, tél. 03 89 73 62 01, contact@mittnachtfreres.fr V t.l.j. sf dim. 10h-12h 14h-18h

DOM. DANIEL RUFF
La Grange Vieilles Vignes 2022 ★

| 3000 | | 5 à 8 € |

Fondé en 1960, un domaine de 16 ha situé au pied du mont Sainte-Odile, dans le pays de Barr. Si son savoir-faire s'étend à d'autres variétés, la famille Ruff, qui cultive la vigne depuis la fin du XIXe s., bichonne le klevener, cépage fétiche de Heiligenstein qui a valu au village une dénomination communale. En 2020, Daniel a transmis l'exploitation à Guillaume.

En Alsace, la superficie dédiée au sylvaner, jadis cultivé à gros rendements, notamment dans le Bas-Rhin, a dégringolé, et Guillaume Ruff signale que cette cuvée provient d'un terroir calcaire particulièrement propice au cépage. Le vin bénéficie également de l'âge respectable des vignes et de l'année solaire. Or blanc, il dévoile un nez très typé, partagé entre fleurs blanches et pamplemousse, bien prolongé par un palais franc, à la fois rond et frais. ⧗ 2024-2028

⊶ DOM. DANIEL RUFF, 64, rue Principale, 67140 Heiligenstein, tél. 03 88 08 10 81, ruffvigneron@wanadoo.fr V r.-v.

DOM. DES SEPT VIGNES
Saveurs d'automne 2022 ★

| 1800 | | 15 à 20 € |

Installé en 2006, Emmanuel Saouliak perpétue une tradition vigneronne qui remonte à 1684 et cultive 7 ha autour de Nothalten, au sud de Barr. Il recherche la surmaturité et récolte ses raisins deux à quatre semaines au-delà des dates d'ouverture des vendanges. Domaine en conversion bio.

Dans cette propriété, la récolte en surmaturité n'est pas réservée à des cépages comme le gewurztraminer (qui a valu un coup de cœur au domaine l'an dernier). Emmanuel Saouliak a attendu le 18 novembre pour récolter ce sylvaner. Le vin s'ouvre à l'aération sur les fruits jaunes et l'ananas. Ample et enrobé, il est tonifié en finale par un plaisant retour des notes acidulées perçues au nez. Un joli moelleux pour l'apéritif ou le dessert. (Sucres résiduels: 88,2 g/l.) ⧗ 2024-2030

⊶ EMMANUEL SAOULIAK, 102, rte du Vin, 67680 Nothalten, tél. 03 88 92 45 73, domaine.saouliak@free.fr V r.-v.

Ⓑ FAMILLE ZAEPFFEL 2021 ★

| 3700 | | 8 à 11 € |

Le nom Zaepffel viendrait d'un terme de vieil alsacien signifiant « puiser au tonneau ». La famille est enracinée dans le vignoble depuis 1559. Maximilien, l'actuel propriétaire, fort d'une expérience acquise dans plusieurs domaines et de 11 ha de vignes sur les terroirs granitiques de Dambach-la-Ville (exploités en bio), a voulu créer des vins. Il a fondé sa maison de négoce en 2018.

Si Maximilien Zaepffel aime créer des cuvées originales, ce sylvaner bio, issu de vignes âgées d'un demi-siècle et élevé pour partie en foudre, apparaît plutôt classique dans le bon sens du terme. Selon l'étiquette, c'est un demi-sec (sucres résiduels: 12,43 g/l.), mais il apparaît sec, salin. Au nez, il déploie des arômes assez mûrs de fruits blancs, nuancés de notes de miel et de pain d'épice. Il n'en dévoile pas moins en bouche toute la fraîcheur appréciée dans ce cépage. ⧗ 2024-2027

⊶ FAMILLE ZAEPFFEL, 28, rte du Vin, 67650 Dambach-la-Ville, tél. 03 88 85 55 90, famille.zaepffel@gmail.com V r.-v.

ALSACE GRAND CRU

Superficie : 850 ha / Production : 43 278 hl

Dans le but de promouvoir les meilleures situations du vignoble, un décret de 1975 a institué l'appellation « alsace grand cru », liée à un certain nombre de contraintes plus rigoureuses en matière de rendement et de teneur en sucre. Une appellation réservée au gewurztraminer, au pinot gris, au riesling et au muscat, jusqu'au décret de mars 2005 qui autorise l'introduction du sylvaner, en assemblage avec le gewurztraminer, le pinot gris et le riesling dans le grand cru Altenberg de Bergheim et en remplacement du muscat dans le grand cru Zotzenberg. Les terroirs, délimités, produisent le nec plus ultra des vins d'Alsace. En 1983, un décret a défini un premier groupe de 25 lieux-dits admis dans cette appellation. Il a été complété par trois décrets en 1992, 2001 et 2007. Avec le Kaefferkopf, reconnu en 2007,

le vignoble d'Alsace compte 51 grands crus, répartis sur 47 communes. Leurs surfaces sont comprises entre 3 ha et 80 ha et leur terroir présente une certaine homogénéité géologique.

DOM. JEAN-BAPTISE ADAM
Kaefferkopf Riesling Vieilles Vignes 2020 ★

| 4000 | | 20 à 30 € |

Sise à Ammerschwihr, important village viticole au nord-ouest de Colmar, cette vénérable maison a été fondée en 1614 par Jean-Baptiste Adam, «gourmet-viticulteur»: expert et courtier. Ses caves du XVIIe s. abritent d'anciens foudres de chêne encore en usage. Elle associe une structure de négoce et un domaine exploité en biodynamie depuis 2004. À sa tête, Jean-Baptiste Adam, rejoint par Laure et Emmanuel.

Provenant d'un secteur granitique du Kaefferkopf, une des bouteilles signatures de la maison, issue de vignes âgées de plus de 60 ans et vinifiée en foudre centenaire. Le 2020 présente un nez attirant, partagé entre les fleurs blanches et les agrumes (citron vert, citron confit), nuancés de touches minérales, mentholées, réglissées et grillées. Ample et gras, le palais est équilibré par une fine acidité. (Sucres résiduels: 1 g/l.) ⧗ 2024-2030

JEAN-BAPTISTE ADAM, 5, rue de l'Aigle, 68770 Ammerschwihr, tél. 03 89 78 23 21, jbadam@jb-adam.fr V t.l.j. 9h-12h 14h-18h

BARON DE HOEN Mandelberg Riesling 2021 ★

| 3510 | | 11 à 15 € |

Créée en 1952 au cœur de la route des Vins, près de Riquewihr, la cave de Beblenheim compte quelque 170 adhérents. Elle vinifie aujourd'hui le fruit de 530 ha de vignes implantées dans plus de quinze communes, autour de Beblenheim et de Dorlisheim. Elle propose quatre grands crus de Beblenheim et des villages voisins. Outre les marques Baron de Hoen et Heimberger, la coopérative décline toute une gamme de cuvées à son nom.

Un 2021, millésime chahuté par les pluies et les attaques de mildiou, mais ce riesling, né dans un grand cru abrité des vents, a tiré son épingle du jeu. Conforme à son terroir marno-calcaire, il apparaît encore réservé au nez: discrètement floral et minéral (pierre à fusil), il laisse aussi percer des notes de fruits mûrs et de miel. On retrouve ces arômes miellés en bouche, en harmonie avec une matière onctueuse et une petite rondeur en finale. L'acidité du cépage apporte l'équilibre. (Sucres résiduels: 13,6 g/l.) ⧗ 2025-2032

SICA BARON DE HOEN, 20, rue de Hoen, 68980 Beblenheim, tél. 03 89 47 90 02, info@cave-beblenheim.com V r.-v.

DOM. CHARLES BAUR
Eichberg Pinot gris
Sélection de grains nobles 2017 ★★

| 1700 | | 30 à 50 € |

Les Baur sont établis à Eguisheim depuis le XVIIIe s. Charles Baur débute la vente en bouteilles en 1948, son fils Armand, œnologue, prend le relais en 1980, rejoint en 2010 par Arnaud, ingénieur agronome. Les vignerons ont engagé en 2011 la conversion bio du vignoble, qui couvre 19 ha, avec des parcelles dans trois grands crus; ils exploitent en outre 1 ha de verger pour l'eau-de-vie.

Un grand cru solaire, bénéficiant d'un microclimat très sec, et une année 2017 précoce, qui a fourni dans cette propriété deux sélections de grains nobles distinguées par nos jurys: un muscat (voir édition 2021) et un pinot gris. Avec le temps, la robe du second a pris les tons orangés, cuivrés des liquoreux patinés. Son expression aromatique, intense, révèle des nuances complexes de surmaturation et d'évolution qui s'affirment encore à l'aération: fruits confits, prune mûre et torréfaction. Ample et généreux, ce nectar allie l'opulence des vins de l'Eichberg à une acidité ciselée qui lui confère finesse et persistance. (Sucres résiduels: 140,1 g/l.) ⧗ 2024-2030

DOM. CHARLES BAUR, 29, Grand-Rue, 68420 Eguisheim, tél. 03 89 41 32 49, cave@vinscharlesbaur.fr V r.-v.

LÉON BAUR Pfersigberg Gewurztraminer 2022 ★

| 3000 | | 15 à 20 € |

Fondé en 1738, ce domaine familial établi au cœur de la cité médiévale d'Eguisheim couvre 10 ha répartis le territoire de trois communes et compte 3 ha en grand cru. Jean-Louis Baur l'a transmis en 2010 à sa fille Caroline. Adossée à l'ancien rempart du village, la cave abrite des cuves modernes en Inox et des foudres de chêne. Exploitation certifiée HVE.

Le Pfersigberg, ou «colline des Pêchers»: c'est dire si ce grand cru d'Eguisheim, propice au gewurztraminer, est solaire et précoce. La pêche s'est cachée au cœur de ce moelleux: au-dessus du verre, on respire le fruit jaune d'été, accompagné des fragrances florales et exotiques caractéristiques du cépage. En bouche, le vin allie des sensations d'ampleur et de gras à une belle fraîcheur qui lui confère élégance et longueur. Marquée par un retour du fruit, la finale apparaît chaleureuse et épicée. (Sucres résiduels: 22,9 g/l.) ⧗ 2024-2030

MAISON LÉON BAUR, 22, rue du Rempart-Nord, 68420 Eguisheim, tél. 03 89 41 79 13, contact@leon-baur.com V t.l.j. 10h-12h 13h30-18h30

DOM. CHARLES BAUR Brand Riesling 2019 ★

| 3400 | | 15 à 20 € |

Les Baur sont établis à Eguisheim depuis le XVIIIe s. Charles Baur débute la vente en bouteilles en 1948, son fils Armand, œnologue, prend le relais en 1980, rejoint en 2010 par Arnaud, ingénieur agronome. Les vignerons ont engagé en 2011 la conversion bio du vignoble, qui couvre 19 ha, avec des parcelles dans trois grands crus; ils exploitent en outre 1 ha de verger pour l'eau-de-vie.

Issu d'un grand cru pentu, granitique et d'un grand millésime solaire, un riesling évolué au nez (notes minérales, «pétrolées», fumées et citron confit), alliant rondeur et belle tension. (Sucres résiduels: 5,1 g/l.) ⧗ 2024-2029

DOM. CHARLES BAUR, 29, Grand-Rue, 68420 Eguisheim, tél. 03 89 41 32 49, cave@vinscharlesbaur.fr V r.-v.

JEAN BECKER Froehn Riesling 2022 ★★

| 3600 | | 20 à 30 € |

Établie à Zellenberg près de Riquewihr, une exploitation dont les origines remontent à 1610, aujourd'hui gérée par les frères Jean-Philippe et Jean-François Becker. Le vignoble familial s'étend sur 20 ha (dont 4 ha

sur les grands crus Froehn, Mandelberg, Schlossberg et Schoenenbourg). Quelques achats de raisins permettent de compléter la gamme. Conduite en bio certifié depuis 2001, la propriété a adopté la biodynamie en 2022.

Sur les pentes bien exposées (sud-sud-est) du Froehn, grand cru dominé par le village perché de Zellenberg, les Becker cultivent les quatre «cépages nobles», ainsi que le pinot noir. Ce terroir argilo-marneux a engendré un riesling intense à l'œil comme au nez, aux arômes de fleurs blanches et de pêche, nuancés de notes chaleureuses, grillées et épicées. En bouche, ce 2022 montre une certaine rondeur, équilibrée par une fraîcheur saline et par une légère amertume qui lui donnent relief, longueur et perspectives de garde. (Sucres résiduels: 9,3 g/l.) ⧗ 2026-2034 ■ **Froehn Pinot gris 2022 ★ (20 à 30 €; 2500 b.)** Ⓑ Vinifié en sec et élevé 9 mois en pièces de chêne, un pinot gris très expressif (fruits mûrs, amande et notes grillées), servi par une fraîcheur acidulée. (Sucres résiduels: 9,9 g/l.) ⧗ 2024-2032

SAS JEAN BECKER, 4, rte d'Ostheim, 68340 Zellenberg, tél. 03 89 47 90 16, infovinsbecker@orange.fr V r.-v.

Ⓑ DOM. BERNHARD
Wineck-Schlossberg Riesling 2022 ★

■	4000		15 à 20 €

Fondé en 1802, le domaine avait développé une activité de négoce à partir de 1850. En 1982, Jean-Marc Bernhard a préféré redevenir vigneron. Avec plus de 11 ha répartis sur cinq communes et des parcelles dans six grands crus, la famille dispose d'une belle palette de terroirs. Frédéric, œnologue, est aux commandes depuis 2000 de l'exploitation, conduite en bio.

Sur le Wineck-Schlossberg, grand cru très pentu de Katzenthal, village où l'exploitation a son siège, les sols granitiques donnent des rieslings expressifs. Celui-ci, à l'aération, apparaît très minéral. Des notes de fruits jaunes et, en bouche, du citron confit ajoutent de la complexité à sa palette. On retrouve la minéralité dans une bouche légèrement ronde, tonifiée par une fine acidité qui étire la finale. (Sucres résiduels: 5 g/l.) ⧗ 2025-2032

DOM. JEAN-MARC BERNHARD, 21, Grand-Rue, 68230 Katzenthal, tél. 03 89 27 05 34, vins@jeanmarcbernhard.fr V r.-v.

DOM. BURGHART-SPETTEL
Mandelberg Riesling 2022 ★★

■	4600		11 à 15 €

Domaine implanté entre Colmar et Riquewihr, dans le village viticole de Mittelwihr, connu pour sa colline des Amandiers (Mandelberg, classé en grand cru). Héritier d'une tradition remontant au XIXᵉs., Bertrand Spettel, rejoint par Jérôme à la cave en 2007, exploite 18 ha de vignes répartis sur sept communes, avec des parcelles dans trois grands crus, ainsi qu'un verger pour la distillation de fruits.

Le nez enchante, précis et frais, entre fleurs blanches, citron et mandarine. Saline et longue, la bouche montre une certaine rondeur suave, équilibrée par une belle tension. Cette richesse, qui fait de ce vin un demi-sec, ne semble pas l'effet de l'année: on la perçoit dans des millésimes moins solaires, comme le 2021, tout aussi remarquable. Elle résulte peut-être du terroir abrité qu'est le Mandelberg, Mittelwihr se flattant d'être le « Midi de l'Alsace ». (Sucres résiduels: 10 g/l.) ⧗ 2024-2032

DOM. BURGHART-SPETTEL, 9, rte du Vin, 68630 Mittelwihr, tél. 03 89 47 93 19, burghart-spettel@orange.fr V r.-v.

DOM. DOPFF AU MOULIN
Sporen Gewurztraminer 2022 ★★

■	6813		20 à 30 €

Fondée en 1634, une célèbre maison de négoce sise à Riquewihr. Les Dopff ont associé leur nom aux métiers du vin à partir de 1574 et se sont établis dans la cité au XVIIᵉs. Après quatre générations de maîtres tonneliers, Jean Dopff s'est installé comme courtier en vins. La société détient en propre l'un des plus vastes domaines de la région: 65 ha (dont 12 ha en grand cru). Elle a engagé sa conversion bio en 2021.

Le Sporen de Riquewihr, où la maison détient une belle parcelle (plus de 1 ha) plantée en gewurztraminer, bénéficie de sols profonds, argilo-marneux, à l'abri de la sécheresse. Certainement un atout dans une année comme 2022. Même si ce millésime brille avec moins d'éclat que le précédent, superbe coup de cœur, il apparaît très plaisant avec son nez floral et poivré à souhait, sa bouche à l'unisson, d'une belle ampleur, aux arômes de fruits mûrs. Tendue, mentholée, un rien amère, la finale assure à ce moelleux un potentiel intéressant. (Sucres résiduels: 47 g/l.) ⧗ 2024-2032 ■ **Brand Gewurztraminer 2022 ★ (20 à 30 €; 10156 b.)** La maison exploite plus de 3 ha de gewurztraminer dans ce grand cru pentu et granitique de Turckheim. Dans le verre, un moelleux léger, net, équilibré et frais, aux arômes de fruits blancs, de bergamote, de grillé et de fumé, à finale poivrée. Parfait pour la table. (Sucres résiduels: 13 g/l.) ⧗ 2025-2032

DOPFF AU MOULIN, 2, av. Jacques-Preiss, 68340 Riquewihr, tél. 03 89 49 09 69, domaines@dopff-au-moulin.fr V t.l.j. 10h-19h

Ⓑ DOM. RENÉ FLECK ET FILLE
Goldert Pinot gris Cuvée Lucie 2022 ★★

■	1200		15 à 20 €

En 1995, après ses études d'œnologie et un long stage aux États-Unis, Nathalie, la plus jeune des filles de René Fleck, reprend l'exploitation familiale, dont les origines remontent à 1640. Elle vinifie, tandis que son mari, Stéphane Steinmetz, travaille à la vigne. Situé à Soultzmatt, au pied du grand cru Zinnkoepflé, le domaine compte 8 ha, dont quatre en grands crus. Certifié HVE en 2019, il a amorcé sa conversion bio la même année (certification en 2022).

Le domaine exploite une parcelle de pinot gris dans le grand cru Goldert de Gueberschwihr, situé à quelque distance du siège de l'exploitation, vers le nord. Il en a tiré un moelleux très flatteur, dont les reflets dorés évoquent le nom de ce grand cru. Le nez aromatique se partage entre fruits jaunes et bonbon acidulé, bien prolongé par un palais rond et suave, d'une belle complexité, qui finit sur la douceur du coing. Cette cuvée tiendra sa place aussi bien à l'apéritif qu'au dessert, ou encore sur un plat sucré-salé. (Sucres résiduels: 17 g/l.) ⧗ 2024-2030

DOM. RENÉ FLECK ET FILLE, 27, rue d'Orschwihr, 68570 Soultzmatt, tél. 03 89 47 01 20, renefleck@orange.fr V t.l.j. 8h30-12h 13h30-18h; dim. sur r.-v.

DOM. FLEISCHER Steinert Riesling 2021 ★

	1200		20 à 30 €

Modeste viticulteur, apporteur de raisins à la coopérative, Hubert Fleischer s'est fait vigneron. Lorsqu'il a créé sa cave, en 1990, il avait en tout et pour tout 2 ha. Après avoir acquis et replanté des coteaux en friches, il est aujourd'hui à la tête de 10 ha de vignes autour de Pfaffenheim, au sud de Colmar.

Grand cru de Pfaffenheim, le Steinert, terroir calcaire et caillouteux, est le fleuron du domaine. Le millésime 2021 a donné naissance à un riesling d'une bonne complexité, au nez partagé entre agrumes et fruits mûrs. Minéral et salin en bouche, ce vin se distingue par sa puissance, son gras et sa persistance. (Sucres résiduels: 4 g/l.) ⧗ 2024-2030

DOM. FLEISCHER, 28, rue du Moulin, 68250 Pfaffenheim, tél. 06 82 44 59 20, fleischer@domaine-fleischer.com V r.-v.

DOM. JOSEPH FRITSCH Schlossberg Riesling 2022 ★

	4000		11 à 15 €

Héritiers d'une lignée enracinée dans le petit bourg fortifié de Kientzheim, les Fritsch accueillent les visiteurs dans leur ancienne cave datant de 1703. Joseph, installé en 1977, a aménagé une cuverie moderne et transmis en 2010 à son fils Pascal le domaine: 9,5 ha, pas moins de 40 parcelles disséminées dans quatre communes, avec des vignes dans les grands crus Schlossberg et Furstentum. Propriété certifiée HVE.

Mentionné dès le XIVe s., le Schlossberg a été le premier lieu-dit alsacien à pouvoir se prévaloir de l'appellation « alsace grand cru ». Sur ce coteau escarpé, aux sols granitiques, le riesling est roi. Reflet de son millésime, celui-ci, au nez sur le fruit (agrumes), semble plus souple que le 2021, tout en montrant des traits communs avec son devancier. On apprécie son harmonie en bouche, son gras, sa complexité, et son bel équilibre entre rondeur et acidité fondue. (Sucres résiduels: 4,18 g/l.) ⧗ 2024-2029

■ **Furstentum Gewurztraminer 2022 ★ (11 à 15 €; 2000 b.)** Solaire tant par son terroir, un coteau escarpé et abrité de la vallée de Kaysersberg, que par son millésime, un moelleux aux arômes exubérants (rose, pêche jaune, mangue et poire compotée), ample, riche et chaleureux, tonifié par une fine acidité et de beaux amers en finale. (Sucres résiduels: 44 g/l.) ⧗ 2024-2029

DOM. JOSEPH FRITSCH, 31, Grand-Rue, 68240 Kientzheim, tél. 03 89 78 24 27, contact@joseph-fritsch.com V *t.l.j. 10h-12h 14h-18h; dim. sur r.-v.*

B DOM. HENRY FUCHS Kirchberg de Ribeauvillé Riesling 2021 ★

	1300		30 à 50 €

Domaine créé en 1982 et géré depuis 2005 par Paul Fuchs, fils d'Henry, rejoint en 2017 par sa sœur Julie, après un premier parcours dans la gestion et la finance. Exploité en bio certifié depuis 2011, le vignoble couvre 9,5 ha autour de Ribeauvillé et de villages voisins, avec des parcelles dans le grand cru Kirchberg de Ribeauvillé.

Petit par sa superficie (11,4 ha), le Kirchberg surplombe le bourg de Ribeauvillé. Marno-calcaro-gréseux, ce grand cru, à l'encépagement dominé par le riesling, a la réputation de donner des vins frais et charpentés. C'est bien le cas de ce 2021, qui tire sans doute aussi du millésime sa vivacité presque juvénile, en harmonie avec des arômes d'agrumes (citron confit) et une belle minéralité. Acidulée, de bonne longueur, la finale inspire confiance. (Sucres résiduels: 3,5 g/l.) ⧗ 2025-2032

DOM. HENRY FUCHS, 8, rue du 3-Décembre, 68150 Ribeauvillé, tél. 03 89 73 61 70, contact@henryfuchs.fr V *r.-v.*

B DOM. ARMAND GILG Zotzenberg Sylvaner 2022 ★★

	8780		15 à 20 €

Famille d'origine autrichienne établie à Mittelbergheim depuis 1601; encore plus anciennes (XVI[e]s.) sont les caves où se côtoient vieux foudres sculptés, cuves Inox et barriques. Certifié bio en 2021, un domaine régulier en qualité, fort de 30 ha répartis dans cinq communes, dont plus de 7 ha dans les grands crus Zotzenberg et Moenchberg.

Cépage roturier, le sylvaner s'anoblit à Mittelbergheim en franchissant les limites du Zotzenberg, seul grand cru à admettre ce cépage. Ce 2022 justifie pleinement la réputation de cette variété plantée dans ce terroir. Intense au nez, il s'ouvre sur l'aubépine, le tilleul et dévoile à l'aération des notes de fruits blancs, d'épices douces et de grillé. La bouche, dans le même registre, allie volume, gras à un caractère salivant et croquant. Marquée par de beaux amers, la longue finale laisse une impression d'élégance. Parfait pour du poisson en sauce, du homard ou une viande blanche. (Sucres résiduels: 6,3 g/l.) ⧗ 2024-2029

■ **Zotzenberg Gewurztraminer 2022 ★ (15 à 20 €; 7050 b.)** B Un gewurztraminer moelleux encore discret au nez, dont la richesse en sucre est contrebalancée par une finale fraîche aux accents d'agrumes et de menthol. (Sucres résiduels: 32 g/l.) ⧗ 2024-2034

DOM. ARMAND GILG, 2, rue Rotland, 67140 Mittelbergheim, tél. 03 88 08 92 76, info@domaine-gilg.com V *t.l.j. 8h-12h 13h30-18h; sam. 9h-12h 13h30-17h; dim. 9h-11h30; groupes sur r.-v.*

B DOM. GINGLINGER Ollwiller Riesling 2022 ★

	2000		20 à 30 €

Établi dans la vieille cité d'Eguisheim, au sud de Colmar, ce domaine familial dont les origines remontent à 1610 a son siège dans une maison de 1684. Mathieu Ginglinger, qui a succédé en 2003 à son père Pierre-Henri, conduit l'exploitation en bio (certification en 2004). Après avoir acquis des vignes à l'extrême sud de la route des Vins, il dispose aujourd'hui de 15 ha, avec des parcelles dans quatre grands crus.

Très sec, ce riesling n'affiche pas un gramme de sucres résiduels. Il provient pourtant d'un millésime solaire et d'un grand cru situé à l'extrémité sud du vignoble (à Wuenheim, au-delà de Guebwiller). Le nez parle d'agrumes (citron confit, pamplemousse). Fraîche et dense, très minérale, tendue sans austérité, citronnée, salivante, la bouche finit sur une pointe d'amertume. Un riesling racé, parfait pour les fruits de mer, le poisson cru ou les viandes blanches grillées. ⧗ 2025-2030

PIERRE-HENRI GINGLINGER, 33, Grand-Rue, 68420 Eguisheim, tél. 03 89 41 32 55, infoginglinger@gmail.com V *t.l.j. 9h30-12h 13h30-18h30*

LES CINQUANTE ET UN GRANDS CRUS ALSACIENS

Grands crus	Communes	Surface délimitée (ha)
Altenberg-de-bergbieten	Bergbieten (67)	30
Altenberg-de-bergheim	Bergheim (68)	35
Altenberg-de-wolxheim	Wolxheim (67)	31
Brand	Turckheim (68)	58
Bruderthal	Molsheim (67)	18
Eichberg	Eguisheim (68)	57
Engelberg	Dahlenheim, Scharrachbergheim (67)	14
Florimont	Ingersheim, Katzenthal (68)	21
Frankstein	Dambach-la-Ville (67)	56
Froehn	Zellenberg (68)	14
Furstentum	Kientzheim, Sigolsheim (68)	30
Geisberg	Ribeauvillé (68)	8
Gloeckelberg	Rodern, Saint-Hippolyte (68)	23
Goldert	Gueberschwihr (68)	45
Hatschbourg	Hattstatt, Vœgtlinshoffen (68)	47
Hengst	Wintzenheim (68)	76
Kaefferkopf	Ammerschwihr (68)	71
Kanzlerberg	Bergheim (68)	3
Kastelberg	Andlau (67)	6
Kessler	Guebwiller (68)	28
Kirchberg-de-barr	Barr (67)	40
Kirchberg-de-ribeauvillé	Ribeauvillé (68)	11
Kitterlé	Guebwiller (68)	25
Mambourg	Sigolsheim (68)	62
Mandelberg	Mittelwihr, Beblenheim (68)	22
Marckrain	Bennwihr, Sigolsheim (68)	53
Moenchberg	Andlau, Eichhoffen (67)	12
Muenchberg	Nothalten (67)	18
Ollwiller	Wuenheim (68)	36
Osterberg	Ribeauvillé (68)	24
Pfersigberg	Eguisheim, Wettolsheim (68)	74
Pfingstberg	Orschwihr (68)	28
Praelatenberg	Kintzheim (67)	18
Rangen	Thann, Vieux-Thann (68)	19
Rosacker	Hunawihr (68)	26
Saering	Guebwiller (68)	27
Schlossberg	Kientzheim (68)	80
Schœnenbourg	Riquewihr, Zellenberg (68)	53
Sommerberg	Niedermorschwihr, Katzenthal (68)	28
Sonnenglanz	Beblenheim (68)	33
Spiegel	Bergholtz, Guebwiller (68)	18
Sporen	Riquewihr (68)	23
Steinert	Pfaffenheim, Westhalten (68)	38
Steingrubler	Wettolsheim (68)	23
Steinklotz	Marlenheim (67)	40
Vorbourg	Rouffach, Westhalten (68)	72
Wiebelsberg	Andlau (67)	12
Wineck-schlossberg	Katzenthal, Ammerschwihr (68)	27
Winzenberg	Blienschwiller (67)	19
Zinnkoepflé	Soultzmatt, Westhalten (68)	68
Zotzenberg	Mittelbergheim (67)	36

Exposition	Sols	Cépages de prédilection
S.-E.	Marnes dolomitiques du keuper	Riesling, gewurztraminer
S.	Sols marno-calcaires caillouteux d'origine jurassique	Gewurztraminer
S.-S.-O.	Terroir du lias, marno-calcaires riches en cailloutis	Riesling
S.	Granite	Riesling, gewurztraminer
S.-E.	Marno-calcaires caillouteux du muschelkalk	Riesling, gewurztraminer
S.-E.	Marnes mêlées de cailloutis calcaires ou siliceux	Gewurztraminer, puis riesling, pinot gris
S.	Calcaires du muschelkalk	Gewurztraminer
S. et E.	Marno-calcaires recouverts d'éboulis calcaires du bathonien et du bajocien	Gewurztraminer, puis riesling
S.-E.	Arènes granitiques	Riesling
S.	Marnes schisteuses	Gewurztraminer
S.	Sols bruns calcaires caillouteux	Gewurztraminer, puis riesling
S.	Marnes dolomitiques du muschelkalk	Riesling
S.-E.	Sols bruns à dominante sableuse de grès vosgien	Gewurztraminer, pinot gris
E.	Marnes riches en cailloutis calcaires	Gewurztraminer
S.-E.	Marnes	Gewurztraminer, pinot gris, muscat
S.-E.	Marno-calcaires oligocènes	Gewurztraminer, pinot gris
E. et S.-E.	Sols bruns d'origine granitique, calcaire ou gréseuse	Gewurztraminer, assemblages
S. et S.-O.	Marno-calcaires	Riesling, gewurztraminer
S.	Schistes caillouteux	Riesling
S.-E.	Sable de grès rose et matrice argileuse	Gewurztraminer
S.	Calcaires du jurassique moyen	Gewurztraminer, riesling, pinot gris
S.-S.-O.	Marnes dolomitiques	Riesling
S.-O.	Grès	Riesling
S.	Marno-calcaires	Gewurztraminer
S.-S.-E.	Marno-calcaires oligocènes	Riesling, gewurztraminer
E.	Marno-calcaires	Gewurztraminer
S.	Sols limono-sableux du quaternaire	Riesling
S.	Terroirs sablonneux du permien	Riesling
S.-S.-E.	Marnes caillouteuses	Riesling
E.-S.-E.	Sols triasiques assez marneux	Gewurztraminer, puis riesling
S.-E.	Sols caillouteux calcaires de l'oligocène	Gewurztraminer, puis riesling
S.-E.	Grès et calcaires du buntsandstein et du muschelkalk	Riesling
E.-S.-E.	Sables gneissiques	Riesling
S.	Sols volcaniques	Pinot gris, riesling
E.-S.-E.	Marnes et calcaires du muschelkalk	Riesling
S.-E.	Sols marno-sableux avec cailloutis	Riesling
S.	Arènes granitiques	Riesling
S. et S.-E.	Marnes du keuper recouvertes de calcaires coquilliers	Riesling
S.	Arènes granitiques	Riesling
S.-E.	Conglomérats et marnes de l'oligocène	Gewurztraminer, pinot gris
E.	Marnes de l'oligocène et sables gréseux du trias	Gewurztraminer
S.-E.	Sols marneux du lias	Gewurztraminer
E.	Cailloutis calcaires oolithiques	Gewurztraminer, pinot gris
S.	Marnes oligocènes	Gewurztraminer, riesling, pinot gris
S.	Marnes recouvertes d'éboulis calcaires du muschelkalk	Riesling, gewurztraminer
S.-S.-E.	Marno-calcaires	Gewurztraminer, puis riesling, pinot gris
S.	Sables gréseux triasiques	Riesling
S. et S.-E.	Granite	Riesling
S.-S.-E.	Arènes granitiques	Riesling
S.	Terroir calcaro-gréseux	Gewurztraminer
S.	Calcaires jurassiques et conglomérats marno-calcaires de l'oligocène	Riesling, sylvaner

DOM. GRESSER Moenchberg Riesling 2022 ★★

1800 | 20 à 30 €

Rémy Gresser fait remonter sa généalogie à 1525, époque où un Thiébaut Gresser était vigneron et prévôt d'Andlau. Comme son ancêtre attaché à la vie de son village, il s'est impliqué dans le monde professionnel. Il exploite un vignoble de 11 ha, fort de parcelles dans les trois grands crus de sa commune. Soucieux de transmettre ses terres en bon état aux générations futures, il pratique l'agriculture biologique (certification en 2007) et la biodynamie.

Moenchberg, ou «Colline des moines»: ce grand cru d'origine monastique a été mis en valeur dès le haut Moyen Âge. Situé au débouché de la vallée de l'Andlau, dominant Eichhoffen, c'est un coteau abrité et précoce, en pente douce, aux sols calcaires, dont l'encépagement fait une large part au riesling. Celui-ci, intense à l'œil comme au nez, se partage entre les agrumes, les fruits jaunes un peu confits et des notes minérales. Complexe, harmonieux et persistant, il allie ampleur et vivacité, pamplemousse et fruits mûrs. (Sucres résiduels: 3 g/l.) ⧗ 2025-2032 **Kastelberg Riesling 2022 ★ (30 à 50 €; 2100 b.)** Issu du seul grand cru aux sols schisteux, dédié au riesling, un millésime encore jeune, élégant, complexe, frais, minéral et citronné, conjuguant en bouche la droiture du terroir à une belle ampleur et à un côté compoté. (Sucres résiduels: 2,5 g/l.) ⧗ 2025-2032

EARL ANDRÉ RÉMY GRESSER, 2, rue de l'École, 67140 Andlau, tél. 03 88 08 95 88, domaine@gresser.fr V *t.l.j. sf dim. 10h-12h 13h30-17h*

♥ DOM. MAURICE GRISS Kaefferkopf Riesling 2022 ★★

1300 | 15 à 20 €

En 2004, Josiane Griss, jusqu'alors responsable administrative et financière, décide de reprendre la propriété familiale: 8,5 ha autour d'Ammerschwihr, au nord-ouest de Colmar, avec des vignes dans le grand cru Kaefferkopf. Sa nièce Marion Strosser l'a rejointe sur l'exploitation, qui a obtenu sa certification bio en 2020.

Le Kaefferkopf est le grand cru d'Ammerschwihr. Les parcelles mises en valeur par ce domaine sont implantées sur un secteur argilo-calcaire de cette appellation à la géologie diversifiée. Cette année, le gewurztraminer, souvent mentionné, s'efface devant un riesling porté aux nues tant pour son nez complexe, partagé entre minéralité et citron mûr, voire confit, que pour sa bouche intense, aromatique et fraîche de bout en bout, à la fois riche et acidulée. (Sucres résiduels: 4,5 g/l.) ⧗ 2025-2034 **Kaefferkopf 2022 ★ (15 à 20 €; 1800 b.)** Une cuvée d'assemblage (gewurztraminer et riesling), comme le cahier des charges du grand cru le permet. Portant l'empreinte du premier (70 %), un vin chaleureux et équilibré, ample et gras, aux arômes de fruits exotiques, de fruits confits et de miel, qui reste sec, comme la plupart des rieslings. (Sucres résiduels: 6,5 g/l.) ⧗ 2024-2029

DOM. MAURICE GRISS, 1, rte du Vin, 68770 Ammerschwihr, tél. 03 89 47 14 53, griss@free.fr V *t.l.j. 8h30-12h30 13h30-18h30; dim. sur r.-v.*

JEAN-CLAUDE GUETH Goldert Pinot gris 2022 ★★

1500 | 15 à 20 €

Une famille établie depuis deux siècles à Gueberschwihr, au sud de Colmar. Installés en 1970, Jean-Claude et Bernadette Gueth ont commercialisé leurs vins à partir de 1982 et transmis en 1996 le domaine à leur fille Muriel, qui assure les vinifications. L'exploitation, implantée depuis 2018 dans des locaux modernes au milieu des vignes, a obtenu la certification bio en 2022. Deux étiquettes: Jean-Claude Gueth et Muriel Gueth.

Muriel Gueth cultive du pinot gris sur le Goldert, grand cru de Gueberschwihr aux sols marno-calcaires. Le nom du lieu-dit s'explique par la couleur dorée de ses vins, comme ce 2022 au nez avenant, bien ouvert sur les fruits jaunes et les fruits exotiques. Consistant et harmonieux, ce moelleux concilie volume et fraîcheur et bénéficie d'une finale persistante aux accents torréfiés. Une belle expression du millésime solaire et d'un terroir bien exposé, tout en étant protégé des épisodes de canicule par son altitude et son orientation à l'est. (Sucres résiduels: 39 g/l.) ⧗ 2024-2032

DOM. GUETH, 1, Brunnmattweg, 68420 Gueberschwihr, tél. 03 89 49 33 61, cave@vin-alsace-gueth.com V *t.l.j. 9h-19h* 4

DOM. JEAN-MARIE HAAG Zinnkoepflé Gewurztraminer 2022 ★

3200 | 15 à 20 €

À l'origine, un lopin entretenu le dimanche par le grand-père de l'actuel vigneron, qui était ouvrier des mines de potasse. Aujourd'hui, une propriété de 9 ha au cœur de la Vallée Noble, à 20 km au sud de Colmar, exploitée depuis 1988 par Jean-Marie Haag. De beaux vins de terroir nés sur le grand cru Zinnkoepflé, majestueux coteau abrité par le Grand et le Petit Ballon.

On ne présente plus la cuvée Marie, gewurztraminer du Zinnkoepflé, valeur sûre du domaine. Le cépage est à son aise sur les pentes exposées au sud de ce coteau calcaire. Ses vins sont très souvent marqués par la surmaturité. C'est le cas du 2022: doré soutenu, il montre de belles larmes sur les parois du verre et il délivre à l'aération des parfums capiteux de fruits jaunes confits et d'épices. En attaque, il apparaît pour l'heure massif et dominé par la douceur. Sa puissance, son acidité salivante, sa minéralité et sa longueur devraient lui permettre de gagner en harmonie. (Sucres résiduels: 33 g/l.) ⧗ 2025-2034

DOM. JEAN-MARIE HAAG, 17, rue des Chèvres, 68570 Soultzmatt, tél. 03 89 47 02 38, info@domaine-haag.fr V *r.-v.*

VINS D'ALSACE HARTWEG Sonnenglanz Pinot gris 2022 ★

1750 | 15 à 20 €

Fondée au nord de Colmar en 1930, cette propriété est conduite depuis 1972 par Jean-Paul Hartweg, rejoint par son fils Frank en 1995. Le tandem exploite autour du joli village de Beblenheim un vignoble de 10 ha dont les fleurons sont en grand cru (Sonnenglanz, Mandelberg). Domaine certifié HVE.

Présent dans le nom («Éclat de soleil») de ce grand cru de Beblenheim, le soleil, en 2022, a dardé ses rayons sur ce terroir regardant le sud-est. Le raisin, resté sur pied un bon mois après le ban des vendanges, a été récolté début octobre. Dans le verre, un moelleux jaune doré au nez marqué par la surmaturation, avec ses parfums d'ananas très mûr, de fruits confits et de miel de sapin. Ces arômes se prolongent dans une bouche opulente, pour l'heure un peu prise dans une gangue de sucre. Tonifiée par une fine acidité, la finale sur les fruits exotiques inspire confiance. (Sucres résiduels: 48,5 g/l.) ⧗ 2026-2034

⊶ VINS D'ALSACE FRANK HARTWEG, 39, rue Jean-Macé, 68980 Beblenheim, tél. 03 89 47 94 79, frank.hartweg@free.fr V *t.l.j. sf dim. 9h-11h45 14h-17h45; sam. et période des vendanges sur r.-v.*

B DOM. HERING
Kirchberg de Barr Pinot noir 2022 ★★

■ | 1500 | | 30 à 50 €

Depuis Émile-Gustave Hering, fils de pharmacien, fondateur du domaine en 1858, cinq générations se sont succédé sur cette propriété installée au centre de Barr. Jean-Daniel Hering, œnologue, en a pris les rênes en 2001. Sur les 10,5 ha que couvre le vignoble, la moitié est implantée dans le Kirchberg, grand cru dominant la ville. Après 12 ans de viticulture raisonnée, la propriété a engagé sa conversion bio en 2011.

Premier millésime de pinot noir en grand cru: à compter de 2022, ce cépage accède à deux appellations grand cru, dont le Kirchberg de Barr. La dégustation de ce millésime justifie cette promotion. Issu de calcaire oolithique, le vin a fait l'objet d'une macération courte (6 jours) avant un élevage de 10 mois en barrique. Il n'en affiche pas moins une robe intense, à reflets violets, et laisse de belles larmes sur les parois du verre. Intense lui aussi, précis, le nez se partage entre les petits fruits du pinot noir (cerise, mûre) et des notes épicées, poivrées et mentholées. Le prélude à un palais souple en attaque, finement tannique, concentré et persistant, servi par une pointe d'acidité en finale. ⧗ 2025-2032

⊶ DOM. HERING, 6, rue du Dr-Sultzer, 67140 Barr, tél. 03 88 08 90 07, jdhering@wanadoo.fr V *r.-v.*

DOM. ROGER HEYBERGER
Vorbourg Riesling 2022 ★

■ | 2749 | | 11 à 15 €

Les lointaines origines du domaine, conduit depuis 1990 par Denis Heyberger, remontent à 1621. Aujourd'hui, avec 16 ha de vignes disséminées dans une demi-douzaine de communes au sud de Colmar, entre Eguisheim et Rouffach, le vigneron peut jouer sur une belle palette de terroirs (dont trois grands crus ou lieux-dits).

Déjà mentionné au VIIIe s. comme possession de l'évêque de Strasbourg, un «avant-mont» (Vorbourg) sudiste et solaire, situé à Rouffach (pour l'essentiel) et à Weshalten, exposé au sud et au sud-est, aux sols argilo-calcaires. Ces vignerons y cultivent plus de 41 ares de riesling, à l'origine d'un vin doré mais vif, mêlant au nez minéralité, fruits blancs et agrumes, avec une touche amère de citron vert. D'une belle complexité, ce 2022 montre beaucoup d'ampleur et de gras équilibrés par une nervosité élégante et par une légère amertume en finale. (Sucres résiduels: 2,5 g/l.) ⧗ 2025-2032

⊶ ROGER HEYBERGER ET FILS, 5, rue Principale, 68420 Obermorschwihr, tél. 03 89 49 30 01, info@vins-heyberger.fr V *t.l.j. sf sam. dim. 8h-11h30 14h-17h*

CAVE DE HUNAWIHR
Froehn Pinot gris Calixte 2022 ★

■ | 2500 | | 11 à 15 €

Fondée en 1954 au cœur de la route des Vins, la cave de Hunawihr regroupe majoritairement des viticulteurs de ce village. La coopérative vinifie le fruit de 250 ha et propose une large gamme de vins (dont cinq grands crus), sous son nom et sous plusieurs marques comme Calixte, L'Unabelle Peter Weber, Armand Schreyer et Kuhlmann-Platz (ancienne maison de négoce rachetée en 1985).

La cave met en œuvre du pinot gris issu du grand cru Froehn, coteau ceinturant au sud et au sud-est le village perché de Zellenberg, qui jouxte Hunawihr. Elle en a tiré un moelleux léger, flatteur tant par son expression aromatique délicate et complexe, entre fleurs, fruits blancs bien mûrs et grillé, que par son palais structuré et harmonieux, à la fois ample et frais. (Sucres résiduels: 14,1 g/l.) ⧗ 2024-2029 ■ **Rosacker Pinot gris Calixte 2022 ★ (11 à 15 €; 12000 b.)** Issu du grand cru emblématique de la cave, terroir calcaire délimité à Hunawihr, un pinot gris bien structuré, tout en rondeur, dont les arômes intenses de poire confite, de coing et de miel traduisent la surmaturation et une certaine évolution. (Sucres résiduels: 11 g/l.) ⧗ 2024-2029

⊶ CAVE VINICOLE DE HUNAWIHR, 48, rte de Ribeauvillé, 68150 Hunawihr, tél. 03 89 73 61 67, oenologue@cave-hunawihr.com V *t.l.j. 8h-18h*

ALBERT ET JEAN-FRANÇOIS KLÉE
Wineck-Schlossberg Riesling 2022 ★

■ | 1100 | | 15 à 20 €

En 1624, Urbain Klée cultivait la vigne à Katzenthal, village proche de Colmar. Installés en 1978, Albert et Odile Klée ont passé le relais en 2014 à leur fils Jean-François, ingénieur agronome et œnologue, ancien directeur technique au Ch. Léoville Las Cases. Certifiée HVE en 2018, leur propriété couvre 5,5 ha, avec des parcelles dans les grands crus Wineck-Schlossberg et Kaefferkopf. Outre les vins de terroir, Jean-François Klée propose des cuvées originales.

Sur les pentes granitiques du Wineck-Schlossberg, le riesling, majoritaire, engendre des vins qui s'expriment rapidement, comme celui-ci, au nez complexe et gourmand, très fruité, partagé entre citron et fruits jaunes, teinté d'une discrète minéralité. La poire et les fruits exotiques s'ajoutent à cette palette dans un palais onctueux, équilibré et de bonne longueur, montrant une petite rondeur flatteuse. De beaux accords en perspective avec viandes blanches et poissons en sauce. (Sucres résiduels: 4 g/l.) ⧗ 2024-2029 ■ **Kaefferkopf Gewurztraminer 2022 ★ (15 à 20 €; 1600 b.)** Une expression aromatique intense (litchi, rose, notes de surmaturation miellées et abricotées, mangue et fruit de la passion au palais), pour ce moelleux harmonieux et long, à la fois onctueux, salin et frais, poivré et marqué par de beaux amers en finale. (Sucres résiduels: 30 g/l. ⧗ 2024-2029

⊶ VIGNOBLE ALBERT ET JEAN-FRANÇOIS KLÉE, 13, Grand-Rue, 68230 Katzenthal, tél. 03 89 27 25 27, alsace@vinsklee.fr V *r.-v.*

DOM. HENRI KLÉE
Wineck-Schlossberg Riesling 2022 ★★

4200		11 à 15 €

Urbain Klée, né au XVIe s., aurait acquis les premières vignes en 1624. Henri Klée se lance dans la vente directe au milieu du siècle dernier. Philippe lui succède en 1985, rejoint en 2016 par Martin, qui prépare la relève. Fort d'un vignoble de 14 ha aux environs de Katzenthal, à l'ouest de Colmar, le domaine s'est équipé d'une nouvelle cuverie en 2013, tout en développant l'hébergement. Une propriété bien connue de nos lecteurs.

Le vignoble pentu de ce grand cru, orienté au sud et au sud-est, surplombe Katzenthal. Il est planté sur un substrat granitique propice au riesling. Après un coup de cœur pour le 2018, ce 2022, récolté lui aussi en octobre, reçoit un très bon accueil. Reflet de son terroir, il apparaît très expressif, révélant à l'aération des arômes complexes: agrumes, notes minérales et touche d'amande grillée. Les fruits exotiques viennent compléter cette palette dans un palais salin et long, remarquable de finesse. (Sucres résiduels: 5 g/l.) ⧗ 2025-2032

⊶ DOM. HENRI KLÉE, 11, Grand-Rue, 68230 Katzenthal, tél. 03 89 27 03 81, contact@vins-klee-henri.com V *r.-v.*

DOM. ALBERT KLUR
Wineck-Schlossberg Riesling 2022 ★

2000		11 à 15 €

Les deux frères Nicolas et Guillaume Klur ont repris en 2003 le domaine familial, qui a son siège à Katzenthal, village enserré dans un vallon près de Colmar. Réparti dans quatre communes proches de la préfecture du Haut-Rhin (outre Katzenthal, Ammerschwihr au nord, Wettolsheim et Eguisheim au sud), leur vignoble couvre 10 ha, avec des parcelles dans cinq grands crus. En conversion bio depuis 2018. Exploitation en bio certifié depuis 2022.

Est-ce l'année solaire? Ce riesling, né sur les granites du Wineck-Schlossberg, apparaît marqué au nez comme en bouche par la surmaturation, avec son fruité exubérant associant aux agrumes les fruits jaunes, pêche en tête. Des arômes en harmonie avec un palais puissant et rond, tonifié en finale par une pointe d'amertume. (Sucres résiduels: 6 g/l.) ⧗ 2024-2029

⊶ DOM. ALBERT KLUR, 61, rue d'Ammerschwihr, 68230 Katzenthal, tél. 03 89 27 22 51, vinsalbertklur@orange.fr V *r.-v.*

DOM. ANDRÉ LORENTZ
Kirchberg de Barr Pinot gris Clos Zisser 2022 ★

3324		15 à 20 €

Installé à Barr, Martin Klipfel crée son exploitation en 1824 et acquiert les vignes du prestigieux clos Zisser situé sur le coteau du Kirchberg. Ses héritiers transforment au fil des ans la propriété en une entreprise forte de 40 ha. Développée par André Lorentz, allié aux Klipfel, la maison est dirigée jusqu'en 2016 par Jean-Louis Lorentz-Klipfel et ses trois filles. Elle est aujourd'hui dans le giron de la famille Helfrich (groupe Grands Chais de France).

Inclus dans le Kirchberg qui domine la petite cité de Barr, le Clos Zisser (plus de 3 ha, en conversion bio) est le noyau du domaine André Lorentz. Planté sur ses pentes orientées plein sud, le pinot gris a engendré ce vin jaune pâle, moelleux léger à l'expression à la fois intense et délicate, entre fruits mûrs, notes mentholées et grillées, teintées de caramel. En bouche, ce 2022 tire d'une belle fraîcheur son harmonie et sa longueur. (Sucres résiduels: 15,5 g/l.) ⧗ 2024-2029

⊶ MAISON KLIPFEL, 10, rue des Jardins, 67140 Barr, tél. 03 88 58 59 00, nadine.strub@arthurmetz.fr V *t.l.j. sf lun. dim. 10h-12h30 13h30-18h*

JEAN-PAUL MAULER
Schoenenbourg Riesling 2022 ★

300		11 à 15 €

Si la propriété remonte à 1868, ce sont les grands-parents de l'actuel exploitant qui se sont lancés dans la viticulture en 1935; ses parents, Jean-Paul et Yvette, ont débuté la vente en bouteilles dans les années 1960. Installé en 2004, Julien Mauler conduit avec Aurélie 8 ha de vignes dans cinq communes proches de Riquewihr, avec des parcelles dans deux grands crus, Mandelberg et Schoenenbourg. Domaine certifié HVE.

Quelques rangs de riesling dans le Schoenenbourg, grand cru dominant Riquewihr, ont permis d'obtenir un vin demi-sec, à la fois suave et tendu, séduisant par son expression minérale, florale (fleurs séchées) et fruitée (fruits blancs). ⧗ 2024-2029 **Mandelberg Pinot gris 2022 ★ (11 à 15 €; 600 b.)** Une fois de plus distingué, ce pinot gris né dans un grand cru marno-calcaire connu pour sa précocité a été vinifié en moelleux: nez suave, entre fruits jaunes, notes confites (raisin sec, coing) et touches fumées, bouche structurée, ronde et longue sans excès de douceur, avec de la tension. (Sucres résiduels: 22 g/l.) ⧗ 2024-2029

⊶ JEAN-PAUL MAULER, 3, pl. des Cigognes, 68630 Mittelwihr, tél. 03 89 47 93 23, contact@vins-mauler.fr V *r.-v.*

♥ DOM. RENÉ MEYER
Wineck-Schlossberg Riesling 2020 ★★

2300		15 à 20 €

René Meyer a spécialisé l'exploitation et développé la vente en bouteilles dans les années 1960. Depuis 2000, son fils Jean-Paul conduit le domaine, qui couvre 12,5 ha autour de Katzenthal, petit village au nord-ouest de Colmar. Il propose de beaux vins de terroir (grands crus Florimont, Kaefferkopf, Wineck-Schlossberg, lieux-dits Altenbourg, Croix du Pfoeller…).

Le domaine obtient avec ce grand cru Wineck-Schlossberg son sixième coup de cœur (on n'oubliera pas le riesling vendanges tardives 1989…) Déjà exploité à l'époque du donjon du Wineck, ce terroir granitique favorise le riesling. Né d'une année solaire et précoce, ce 2020 issu de vignes âgées de 60 ans enchante d'emblée par la fraîcheur tonique de sa palette aromatique, alliant le pamplemousse, le citron et le zeste de citron vert à des touches minérales. Toujours sur les agrumes, à l'unisson du nez, la bouche conjugue une ampleur gourmande et une finale citronnée et persistante. «Un beau terroir granitique», conclut un dégustateur. (Sucres résiduels: 2 g/l.) ⧗ 2024-2034

DOM. RENÉ MEYER ET FILS, 14, Grand-Rue, 68230 Katzenthal, tél. 03 89 27 04 67, info@domainemeyer.fr V t.l.j. sf dim. 10h-12h 14h-17h

ALFRED MEYER
Kaefferkopf Riesling 2022 ★

| 1300 | | 11 à 15 € |

Après avoir été cuisinier, Daniel Meyer a repris en 2004 l'exploitation créée en 1968 par son père, Alfred, qui lui-même avait hérité des vignes paternelles. Il l'a agrandie et cultive aujourd'hui 8 ha autour de Katzenthal, village niché au fond d'un vallon bien abrité, au nord-ouest de Colmar, et dans cinq autres communes. En 2017, il a inauguré sa nouvelle cave bioclimatique et son caveau de dégustation. Domaine certifié HVE.

Né dans un secteur granitique du grand cru, ce riesling, comme le millésime précédent, apparaît déjà intense au nez, partagé entre agrumes et notes florales (fleurs blanches, fleurs séchées). Bien structuré, il apparaît tendu et dynamique en attaque, tout en dévoilant de l'onctuosité et une certaine suavité, en harmonie avec des arômes de fruits jaunes. La finale de belle longueur laisse une sensation de générosité. (Sucres résiduels: 12 g/l.) ⧗ 2022-2030

ALFRED MEYER ET FILS, 1, rue du Tokay, 68230 Katzenthal, tél. 03 89 27 24 50, daniel.meyer0813@orange.fr V r.-v.

HUBERT MEYER
Winzenberg Pinot gris 2022 ★

| 1060 | | 11 à 15 € |

Les Meyer se succèdent de père en fils depuis 1722. Hubert a développé la vente en bouteilles, Pierre l'a rejoint en 2009 avant de prendre la tête de l'exploitation en 2014. Le domaine compte aujourd'hui 20 ha, répartis sur des terroirs variés, autour de Blienschwiller et des communes voisines de Dambach-la-Ville, Nothalten et Epfig, au sud de Barr. Le fleuron de la propriété: les parcelles dans le Winzenberg, grand cru de Blienschwiller. En bio depuis 2023.

Pierre Meyer cultive plusieurs cépages sur les pentes escarpées de la «montagne des Vignerons» (Winzenberg), dont les sols granitiques, qui se réchauffent rapidement, et l'exposition au sud et au sud-est favorise la maturation des raisins. L'année solaire a bénéficié aux pinots (les rouges n'étant pas en reste, voir Alsace pinot noir). Ce pinot gris est un moelleux séduisant par son expression aromatique intense, tournée vers les fruits exotiques (mangue, ananas), par sa matière étoffée et surtout par sa fraîcheur, qui lui donne relief et longueur. (Sucres résiduels: 21,6 g/l.) ⧗ 2024-2029

EARL HUBERT MEYER, 34, rte des Vins, 67650 Blienschwiller, tél. 03 88 92 47 33, contact@vins-hubert-meyer.fr V t.l.j. sf dim. 8h-12h 13h-18h

B DOM. JÉRÔME MEYER
Winzenberg Riesling 2022 ★

| 1302 | | 20 à 30 € |

Héritier d'une lignée vigneronne remontant à 1708, Jérôme Meyer a repris en 2006 le domaine familial qui avait dû être loué après la disparition prématurée de son père. Il exploite 8 ha de vignes répartis sur cinq communes, de Dambach-la-Ville à Andlau, dans le sud du Bas-Rhin. Propriété en bio certifié depuis 2022.

Le riesling a beaucoup d'affinités avec les terroirs granitiques comme le Winzenberg de Blienschwiller et le 2021 de Jérôme Meyer lui avait valu la note maximale et un coup de cœur. Issu d'un millésime chaud, son successeur fait moins l'unanimité, tout en montrant une bonne constitution. Alors que le nez révèle une minéralité très marquée (avec des notes pétrolées) aux côtés du citron confit et de la réglisse, le palais reste assez fermé, dévoilant surtout la vivacité incisive du cépage. ⧗ 2025-2029

DOM. JÉRÔME MEYER ET FILS, 22, rte des Vins, 67650 Blienschwiller, tél. 06 25 78 37 17, jerome.meyer@vins-alsace-meyer.fr V r.-v. E

♥ DOM. MEYER-FONNÉ
Mandelberg Riesling Vieilles Vignes 2022 ★★

| 700 | | 30 à 50 € |

D'origine suisse, les Meyer ont fait souche à Katzenthal en 1732. Ils se sont orientés vers la viticulture au XXe s. Arrière-petit-fils du fondateur, Félix Meyer, installé en 1992, a longtemps suivi la démarche bio sans certification, avant d'engager la conversion de sa propriété. À la tête de plus de 19 ha de vignes réparties sur sept communes proches de Colmar, il peut jouer sur une large palette de terroirs, et notamment sur cinq grands crus.

Avec une bonne demi-douzaine de coups de cœur à son actif, le domaine peut afficher un palmarès enviable, que vient compléter ce riesling de la «colline des Amandiers», grand cru marno-calcaire réputé pour sa précocité et pour l'ampleur de ses vins. Issu d'une année solaire, ce 2022 répond bien à ce profil. Sa robe dorée, son nez complexe et mûr, où ressort le citron confit, annonce sa richesse. En bouche, des arômes de mirabelle et de fruit de la Passion s'accordent avec une matière puissante et ronde, dynamisée par une grande vivacité qui étire la finale. Un riesling harmonieux, aussi large que long. (Sucres résiduels: 7 g/l.) ⧗ 2025-2034

DOM. MEYER-FONNÉ, 24, Grand-Rue, 68230 Katzenthal, tél. 03 89 27 16 50, felix@meyer-fonne.com V r.-v.

DOM. MOELLINGER Pfersigberg Riesling 2022 ★

| 1300 | | 8 à 11 € |

Joseph Moellinger s'est lancé dans la mise en bouteilles en 1945. Depuis 1997, son petit-fils Michel conduit l'exploitation, qui couvre 15 ha autour de Wettolsheim, grosse bourgade qui jouxte Colmar au sud-ouest. En 2023, après des études à Beaune

et des expériences dans d'autres vignobles, Étienne a rejoint le domaine. La famille détient des parcelles dans trois grands crus. Propriété certifiée HVE, en conversion bio.

Avec cinq cuvées, dont deux issues de grands crus, le riesling est en bonne place dans la carte des vins du domaine. Représentatif du Pfersigberg, terroir marno-calcaire, celui-ci reste discret au nez, libérant à l'aération des fragrances élégantes de pêche blanche et d'agrumes (citron vert). Ample et gras en attaque, il est tendu par une vivacité minérale et finit sur la note amère du pamplemousse. Un vin puissant et droit. (Sucres résiduels: 1,2 g/l.) ⌛ 2025-2032

⊶ DOM. JOSEPH MOELLINGER ET FILS, 6, rue de la 5e-Division-Blindée, 68920 Wettolsheim, tél. 03 89 80 62 02, contact@vins-moellinger.com V 🚶 🍷 *t.l.j. 8h-12h 13h30-19h; dim. sur r.-v.*

Ⓑ DOM. STÉPHANE & MICKAËL MOLTÈS
Steinert Gewurztraminer 2022 ★

■	2500	🍾	15 à 20 €

Un domaine implanté à une dizaine de kilomètres au sud de Colmar. Antoine Moltès commercialise les premiers vins en 1925, son fils Roland explore les terroirs. Installés au tournant de ce siècle, Mickaël et Stéphane ont aménagé un nouveau chai, se sont orientés graduellement vers la bio, engageant la conversion du vignoble en 2012; ils ont aussi agrandi la propriété, passée de 17 à près de 30 ha aujourd'hui, et créé une société de négoce pour enrichir leur gamme.

Parmi les deux grands crus proposés par les Moltès, le Steinert, escarpé, calcaire et pierreux, fait partie du berceau familial, à Pfaffenheim. D'un jaune d'or soutenu, le gewurztraminer 2022 montre de belles larmes. Bien ouvert, généreux et mûr, il mêle au nez la fleur épicée (pivoine), la poire Williams, les fruits exotiques et la mirabelle compotée, assortis de touches grillées. Souple en attaque, il est tendu par une délicate acidité et finit sur des évocations de citron confit. Un moelleux équilibré, qui pourra accompagner non seulement des desserts mais aussi des plats épicés. (Sucres résiduels: 35 g/l.) ⌛ 2024-2032

⊶ DOM. STÉPHANE ET MICKAËL MOLTÈS, 8, rue du Fossé, 68250 Pfaffenheim, tél. 03 89 49 60 85, domaine@vin-moltes.com V 🍷 *t.l.j. sf sam. dim. 8h-12h 13h-17h30*

DOM. HUBERT REYSER
Steinklotz Gewurztraminer 2022 ★

■	3000	🍾	15 à 20 €

Hubert Reyser achète sa première parcelle en 1963 à 14 ans, avec ses économies. Située à 20 km de Strasbourg, l'exploitation familiale est passée de la polyculture-élevage à la viticulture, se lançant dans la mise en bouteilles dans les années 1980. Arrivé à sa tête en 2009, Lionel Reyser dispose de 16 ha de vignes. Il a obtenu la certification bio.

Le Steinklotz de Marlenheim est le plus septentrional des grands crus alsaciens. Ses sols argilo-calcaires et son exposition sud et sud-est sont propices au gewurztraminer. Alors que de nombreux vins issus de cette variété sont moelleux, voire liquoreux, celui-ci, jaune pastel, est nettement sec, ce qui lui permettra de se placer aisément à table. Discret au nez, il s'ouvre sur des arômes bien typés de rose, de mangue et autres fruits jaunes, tonifiés par une touche mentholée. En bouche, il montre une rondeur équilibrée par une fraîcheur saline. Chaleureuse, de belle longueur, la finale se teinte d'une légère amertume. (Sucres résiduels: 4,5 g/l.) ⌛ 2024-2028

⊶ EARL DOM. HUBERT REYSER, 26, rue de la Chapelle, 67520 Nordheim, tél. 06 95 10 46 22, domainereyser@gmail.com V 🚶 🍷 *r.-v.*

CH. DE RIQUEWIHR
Schoenenbourg Riesling 2022 ★★

■	30535	🍾	20 à 30 €

Dès le XVIe s., les familles Dopff et Irion, associées à la fin de la Seconde Guerre mondiale, ont pignon sur rue à Riquewihr. La maison est installée dans l'ancien château (1549) des princes de Wurtemberg. En 1945, René Dopff prend en main sa destinée. Il partage le domaine du Ch. de Riquewihr en cinq vignobles spécialisés dans un cépage: les Murailles, les Sorcières, les Maquisards, les Amandiers et les Tonnelles. L'exploitation comprend 27 ha, dont un bon tiers en grands crus

Coteau escarpé dominant Riquewihr au nord, le Schoenenbourg est une terre d'élection du riesling, qui tire une grande puissance de sols argilo-calcaires. Frais et précis au nez, celui-ci, vinifié en demi-sec, reste encore sur sa réserve, floral, citronné, un rien grillé. On retrouve les agrumes dans une bouche tendue, saline et longue, qui laisse envisager une bonne garde. (Sucres résiduels: 11 g/l.) ⌛ 2025-2032

⊶ CH. DE RIQUEWIHR, 1, cour du Château, 68340 Riquewihr, tél. 03 89 49 08 92, cave@dopff-irion.com V 🚶 🍷 *t.l.j. 13h-17h*

JEAN-PAUL SCHAFFHAUSER
Steingrübler Gewurztraminer 2022 ★

■	4200	🍾	8 à 11 €

Jean-Paul Schaffhauser débute la mise en bouteilles en 1984. Ingénieurs au début de leur carrière, Catherine et Jean-Marc prennent le relais en 1995, rejoints en 2018 par leur fils Antoine, qui engage la conversion bio d'une partie du domaine. Ils exploitent 16 ha de vignes, disséminées dans onze villages autour de Wettolsheim, près de Colmar, dont ils complètent la production par une activité de négoce. Dans leur gamme, des vins de terroir (grands crus Hengst et Steingrubler, notamment).

Le domaine signe régulièrement des moelleux de belle tenue issus du Steingrübler, coteau aux sols marno-calcaires situé sur les hauteurs de Wettolsheim. Comme ce gewurztraminer jaune doré, qui demande un peu d'aération pour s'ouvrir sur la fleur blanche, le miel d'acacia et le fruit bien mûr. Rappelant presque une vendange tardive par son opulence, sa suavité et sa rondeur, il trouve son équilibre dans une vivacité bien présente, qui titille le palais, soulignant des arômes acidulés d'ananas, ainsi que dans une finale épicée et saline, teintée d'une légère amertume. (Sucres résiduels: 27,7 g/l.) ⌛ 2024-2032

⊶ JEAN-PAUL SCHAFFHAUSER, 8, rte du Vin, 68920 Wettolsheim, tél. 03 89 79 99 97, contact@schaffhauser.fr V 🚶 🍷 *t.l.j. sf dim. 8h30-12h 13h30-18h30*

DOM. SCHEIDECKER ET FILS
Sporen Riesling 2022 ★

| 1800 | | 15 à 20 € |

Philippe Scheidecker a constitué son domaine en 1990, à partir de terres familiales. Rejoint en 2013 par son fils Laurent, il est établi à Mittelwihr, au nord-ouest de Colmar. Son vignoble, qui couvre plus de 12 ha, comporte des parcelles dans trois grands crus: Froehn, Sporen et Mandelberg. Exploitation certifiée HVE, en conversion bio.

Laurent Scheidecker choie le riesling, dont il propose quatre cuvées. Celui du grand cru Sporen est produit au sud de Riquewihr, sur des sols argilo-marneux, qui retiennent bien l'eau. Sans doute un atout dans des années chaudes comme 2022. Comme de nombreux rieslings nés sur ces sols lourds, celui-ci apparaît réservé au nez, dévoilant à l'aération une palette florale et fruitée (pêche, agrumes). En bouche, sa fraîcheur s'allie à une certaine suavité qui l'inscrit parmi les demi-secs. Si les avis sont partagés sur son potentiel, son acidité et sa droiture inspirent confiance. Le 2020 avait obtenu un coup de cœur. (Sucres résiduels: 8 g/l.) ⧗ 2024-2030

DOM. SCHEIDECKER ET FILS, 13, rue des Merles, 68630 Mittelwihr, tél. 03 89 49 01 29, contact@scheidecker-fils.com V *t.l.j. 9h-12h 14h-18h*

DOM. SCHLEGEL BOEGLIN
Zinnkoepflé Riesling 2022 ★★

| 3200 | | 11 à 15 € |

Les parents de Jean-Luc Schlegel ont fondé le domaine en 1971 à Westhalten, à l'entrée de la Vallée Noble. Ce dernier, installé en 1991, exploite 13 ha de vignes, avec plusieurs parcelles dans les grands crus Zinnkoepflé et Vorbourg.

Jean-Luc Schlegel cultive avec succès plusieurs cépages dans le grand cru Zinnkoepflé, coteau aux sols calcaro-gréseux, exposé au sud, qui culmine à plus de 400 m. La position très abritée de ce grand cru sudiste, protégé par les plus hauts sommets vosgiens, favorise l'obtention de vins moelleux et liquoreux. Pourtant, ce riesling, à la différence de millésimes précédents, apparaît très sec. Reflet de son terroir, son expression aromatique mêle les agrumes (bergamote) à des touches vanillées et mentholées. Onctueux et dense, le palais montre aussi une vivacité juvénile. (Sucres résiduels: 1 g/l.) ⧗ 2025-2029

SCHLEGEL-BOEGLIN, 22 A, rue d'Orschwihr, 68250 Westhalten, tél. 03 89 47 00 93, contact@schlegel-boeglin.fr V *r.-v.*

DOM. SCHLUMBERGER Kessler Riesling 2021 ★★

| 10 000 | | 30 à 50 € |

Sous l'Empire, Nicolas Schlumberger installe à Guebwiller une fabrique de machines textiles et achète 20 ha de vignes aux alentours. Prenant la suite des abbés de Murbach, qui avaient mis en valeur ces terroirs du sud de l'Alsace avant la Révolution, ses descendants agrandissent la propriété familiale, aujourd'hui gérée par Séverine et Thomas Schlumberger. Sans doute le plus vaste domaine de la région: 130 ha dont 70 en grand cru, sur des coteaux escarpés, aménagés en terrasses. Exploitation certifiée HVE.

En vue cette année, le coteau du Kessler, aux sols sableux issus de grès rose, est l'un des quatre grands crus mis en valeur par la propriété autour de Guebwiller. Ce terroir est à l'origine d'un riesling 2021 d'approche discrète, qui brille par son élégance. Le nez délicat mêle la fleur blanche, le zeste d'agrumes et une touche de menthe poivrée. Une note réglissée vient compléter cette palette dans une bouche dense, croquante, minérale et acidulée. Un vin racé. (Sucres résiduels: 0,5 g/l.) ⧗ 2025-2030

Kessler Gewurztraminer 2021 ★★ (30 à 50 €; 7500 b.) Du fruit exotique avec un côté confit: une «bombe aromatique» soulignée par une belle acidité qui équilibre une matière ample et puissante. Un remarquable gewurztraminer moelleux. (Sucres résiduels: 50 g/l.) ⧗ 2024-2032

LES DOMAINES SCHLUMBERGER, 100, rue Théodore-Deck, 68500 Guebwiller, tél. 03 89 74 27 00, info@domaines-schlumberger.com V *r.-v.*

DOM. PAUL SCHNEIDER
Eichberg Riesling 2022 ★

| 2600 | | 11 à 15 € |

Descendant d'une lignée remontant à 1663, Luc Schneider, fils de Paul, est établi au cœur d'Eguisheim, dans l'ancienne cour dîmière du grand prévôt de la cathédrale de Strasbourg. Son vignoble couvre 13,5 ha au sud de Colmar, avec des parcelles dans trois grands crus.

Le nom de ce grand cru évoque le chêne (*Eiche*), mais il semble que dès le XIe s., le coteau de l'Eichberg ait été colonisé par les ceps. Sa situation abritée par les contreforts des Vosges crée un microclimat très sec, ce qui n'a pas empêché ce riesling, qui plonge ses racines dans des sols argilo-calcaires, de donner un vin d'une belle fraîcheur en année chaude. Ce 2022 offre un nez tonique, finement minéral, mentholé et fruité, aux nuances d'agrumes et d'ananas, et montre en bouche de l'onctuosité, équilibrée par une acidité bien fondue. On y perçoit quelques petits tanins: le chêne du foudre? (Sucres résiduels: 4,2 g/l.) ⧗ 2024-2029

DOM. PAUL SCHNEIDER, 1, rue de l'Hôpital, 68420 Eguisheim, tél. 03 89 41 50 07, contact@domainepaulschneider.fr V *t.l.j. 10h-12h 14h-18h*

JEAN SIEGLER Mandelberg Riesling 2020 ★

| 2100 | | 15 à 20 € |

Balthazar Siegler naquit à Mittelwihr en 1643; quant au domaine, il remonte à 1774. Depuis 2012, Hugues-Jean et Stève-Jean Siegler conduisent l'exploitation, forte de 12 ha. Le cru précoce du Mandelberg, ou colline des Amandiers, est leur fleuron. Exploitation certifiée HVE, en conversion bio.

En 2020, les vieux plants de riesling (40 ans) à l'origine de cette cuvée ont été vendangés le dernier jour d'août dans ce terroir aussi précoce que le millésime, pour donner naissance à un vin aux reflets dorés, qui laisse des larmes sur les parois du verre. Le nez mêle des notes grillées, des nuances de pêche blanche et des fragrances florales. Des arômes élégants se développent dans un palais à la fois généreux, minéral et frais, servi par une longue finale saline. (Sucres résiduels: 7,5 g/l.) ⧗ 2024-2032

CLOS DES TERRES BRUNES, 26, rue des Merles, 68630 Mittelwihr, tél. 03 89 47 90 70, jean.siegler@wanadoo.fr V *t.l.j. 9h-12h 14h-18h* 4

DOM. STIRN Sonnenglanz Gewurztraminer 2022 ★

■ | 1413 | 🍾 | 15 à 20 €

Odile et Fabien Stirn se sont installés en 1999 sur l'exploitation familiale créée au XIXᵉs. Œnologues, ils ont repris les vinifications au domaine. Leurs vignes (12 ha aujourd'hui) sont disséminées entre Beblenheim et Turckheim, si bien qu'ils disposent d'une belle mosaïque de terroirs, avec des parcelles dans quatre grands crus (Brand, Mambourg, Sonnenglanz, Schlossberg). En conversion bio.

Les grands crus contribuent largement au palmarès de ce domaine. Issu d'un coteau de Beblenheim, dont le nom (« Éclat de soleil ») indique la bonne exposition, et d'une année sèche marquée par des épisodes de fortes températures, ce gewurztraminer moelleux paraît certes chaleureux, mais il n'oublie pas pour autant l'harmonie et la finesse. Ses arômes épicés s'affirment à l'aération. La rose rejoint le poivre de Sichuan dans une bouche ample et généreuse. De belle longueur, fraîche et saline, la finale est teintée d'une légère amertume. (Sucres résiduels: 40 g/l.) ⧗ 2024-2030

⊶ *DOM. STIRN, 3, rue du Château - Sigolsheim, 68240 Kaysersberg-Vignoble, tél. 03 89 47 30 58, domainestirn@free.fr* V t.l.j. 9h-12h 14h-17h; dim. sur r.-v.

B CAVE DU VIEIL ARMAND Ollwiller Gewurztraminer 2022 ★

■ | 4200 | 🍾 | 11 à 15 €

Créée en 1959, la coopérative la plus méridionale du vignoble tire son nom du sommet vosgien du Vieil Armand, siège de violents combats pendant la Première Guerre mondiale. Elle regroupe près d'une centaine d'adhérents cultivant 150 ha dans les cantons de Cernay, Soultz et Guebwiller. La cave est certifiée HVE, une partie de la production étant en bio et en conversion bio.

Moins de bouteilles que pour des millésimes précédents, mais ce gewurztraminer est bio. Reflet du caractère solaire de l'année et du grand cru, l'un des plus méridionaux du vignoble alsacien, ce moelleux jaune doré libère des arômes intenses de fruits exotiques surmûris saupoudrés d'épices douces. Riche et rond, fumé et poivré, salin aussi, il laisse une sensation de puissance généreuse. Du coffre et du potentiel. (Sucres résiduels: 27,8 g/l.) ⧗ 2024-2032 ■ **La Cave du Vieil Armand Ollwiller Riesling 2022 ★ (11 à 15 €; 26000 b.)** Une expression discrète, entre citron confit et notes fumées, pour ce riesling « sudiste » aussi puissant que vif, marqué par une légère amertume. ⧗ 2025-2032

⊶ *LA CAVE DU VIEIL ARMAND, 1, rte de Cernay, 68360 Soultz-Wuenheim, tél. 03 89 76 73 75, caveau@cavevieilarmand.com* V *t.l.j. 9h-12h 14h-18h30*

DOM. WACH Kastelberg Riesling 2020 ★

■ | 2800 | ⊞ | 30 à 50 €

Installé en 1976 à Andlau, ancienne commune viticole longeant une vallée resserrée, Guy Wach est l'héritier d'une lignée remontant à 1748: des tonneliers, puis des vignerons. Il a transmis en 2017 à son fils Pierre le domaine familial (9 ha), qui comprend des parcelles dans les trois grands crus de la commune, favorables au riesling. La dernière génération a créé de nouvelles cuvées et engagé la conversion bio de la propriété (certification en 2022).

Entièrement dédié au riesling, le Kastelberg a pour particularité d'être implanté sur des schistes, un substrat rare en Alsace. Avec moins de 6 ha, il constitue l'une des plus petites appellations d'Alsace classées en grand cru. Bien typé de ce terroir, ce millésime, discret au nez, se partage entre fruits mûrs, notes mentholées et minéralité. La minéralité se confirme dans un palais puissant et tendu. (Sucres résiduels: 3 g/l.) ⧗ 2025-2029

⊶ *DOM. WACH, 5, rue de la Commanderie, 67140 Andlau, tél. 03 88 08 93 20, info@domaine-wach.fr* V *r.-v.* 4 C

PETER WEBER Rosacker Gewurztraminer 2022 ★

■ | 11000 | 🍾 | 15 à 20 €

Fondée en 1954 au cœur de la route des Vins, la cave de Hunawihr regroupe majoritairement des viticulteurs de ce village. La coopérative vinifie le fruit de 250 ha et propose une large gamme de vins (dont cinq grands crus), sous son nom et sous plusieurs marques comme Calixte, L'Unabelle Peter Weber, Armand Schreyer et Kuhlmann-Platz (ancienne maison de négoce rachetée en 1985).

Exposé à l'est et au sud-est, en contrebas de la montagne vosgienne, le vignoble du Rosacker, qui domine le village de Hunawihr, échappe en général au stress hydrique les étés chauds comme 2022. Il a donné naissance à ce gewurztraminer aux arômes intenses de fruits exotiques, mangue en tête. Riche et généreux sans excès d'opulence, ce moelleux bénéficie d'une finale de belle longueur, tonifiée par une légère amertume. Il se placera facilement à table, sur un foie gras poêlé ou sur un plat sucré-salé. (Sucres résiduels: 22,6 g/l.) ⧗ 2024-2029 ■ **Froehn Gewurztraminer 2022 ★ (15 à 20 €; 6000 b.)** Au nez comme en bouche, une expression aromatique intense, tout en rose et en litchi, avec une finale poivrée, pour ce gewurztraminer dont la richesse et l'onctuosité sont équilibrées par une belle fraîcheur saline. (Sucres résiduels: 17 g/l.) ⧗ 2024-2029

⊶ *CAVE VINICOLE DE HUNAWIHR, 48, rte de Ribeauvillé, 68150 Hunawihr, tél. 03 89 73 61 67, oenologue@cave-hunawihr.com* V *t.l.j. 8h-18h*

WOLFBERGER Steingrubler Pinot gris 2022 ★

■ | 7475 | 🍾 | 11 à 15 €

La coopérative d'Eguisheim, créée en 1902 près de Colmar, compte aujourd'hui 450 adhérents et vinifie 8 % de la superficie du vignoble alsacien, soit environ 1 200 ha, dont une cinquantaine exploitée en bio. À sa carte, 15 grands crus. Parmi ses marques: Wolfberger et Lucien Albrecht (vénérable maison d'Orschwihr, pionnière du crémant, reprise en 2012).

Pas moins d'une quinzaine de grands crus figurent à la carte des vins de la cave. Délimité à Wettolsheim, au sud-ouest de Colmar, le Steingrubler repose sur des sols caillouteux, marno-calcaires. Typée du cépage, la palette aromatique de ce pinot gris moelleux se partage entre fruits jaunes, notes fumées et légèrement toastées. Consistante, structurée et longue, légèrement épicée en finale, la bouche reflète elle aussi le pinot gris planté sur un excellent terroir. Adapté au dessert comme au fromage, et aussi aux cuisines du monde, ce vin devrait bien vieillir. (Sucres résiduels : 21,6 g/l.) ⧗ 2025-2032

WOLFBERGER, 6, Grand-Rue, 68420 Eguisheim, tél. 03 89 22 20 20, contact@wolfberger.com V t.l.j. 8h-12h 14h-18h

CRÉMANT-D'ALSACE

Superficie : 3 017 ha / Production : 235 705 hl

La reconnaissance de cette appellation, en 1976, a donné un nouvel essor à la production de vins effervescents élaborés selon la méthode traditionnelle, qui existait depuis longtemps à une échelle réduite. Les cépages qui peuvent entrer dans la composition du crémant-d'alsace sont le pinot blanc, l'auxerrois, le pinot gris, le pinot noir, le riesling et le chardonnay.

♥ LUCIEN ALBRECHT ★★

| 171 386 | 8 à 11 € |

La coopérative d'Eguisheim, créée en 1902 près de Colmar, compte aujourd'hui 450 adhérents et vinifie 8 % de la superficie du vignoble alsacien, soit environ 1 200 ha, dont une cinquantaine exploitée en bio. À sa carte, 15 grands crus. Parmi ses marques : Wolfberger et Lucien Albrecht (vénérable maison d'Orschwihr, pionnière du crémant, reprise en 2012).

Composé pour les ⅔ d'auxerrois, complété par le pinot blanc et le pinot gris, resté 12 mois sur lattes, un modèle de crémant : une collerette de bulles bien présente, des parfums complexes et élégants, à dominante florale, avec un côté raisin mûr, une bouche harmonieuse et longue, à la fois ample, crémeuse, structurée et fraîche. ⧗ 2024-2027

LUCIEN ALBRECHT, 28, rue du Printemps, 68420 Eguisheim, tél. 03 89 22 22 01, contact@lucien-albrecht.com V r.-v.

BERNARD BECHT Extra-brut Chardonnay 2021 ★★

| 6 800 | 15 à 20 € |

Charles Becht a fondé le domaine à Dorlisheim, petite ville située à quelque 25 km de Strasbourg. Son fils Bernard s'est lancé dans la vente directe à la fin des années 1970 et a adopté l'agriculture raisonnée. À la tête de l'exploitation depuis 2010, la troisième génération, avec Nathalie, exploite près de 15 ha de vignes. Elle a obtenu la certification HVE (2019) puis biologique (2023).

Élevée 18 mois sur lattes, une cuvée issue de chardonnay fermenté en foudre et élevé en barrique. Reflet de son cépage et de sa vinification, cet extra-brut s'ouvre sur des notes typées de pain grillé avant de dévoiler une bouche structurée, ample avec élégance, subtilement boisée. Une fine acidité donne de l'allonge à la finale. Un crémant bien construit, qui pourra accompagner un repas. ⧗ 2024-2027

SCEA BERNARD BECHT, 84, Grand-Rue, 67120 Dorlisheim, tél. 03 88 38 20 37, contact@bernardbecht.com V t.l.j. sf dim. 8h-18h

HUBERT BECK 2022 ★

| 53 200 | 11 à 15 € |

Faisant remonter son arbre généalogique à 1596, la famille Beck est aussi ancienne que les maisons à pignons de la vieille cité fortifiée de Dambach-la-Ville où elle est établie. Sa maison s'appuie sur un vignoble en propre de 50 ha, avec des parcelles dans le grand cru local, le Frankstein. Depuis 2011, elle confie ses vendanges à la maison Ruhlmann-Schutz.

Récoltés en 2022, quatre cépages entrent dans la composition de cette cuvée : le pinot blanc (50 %) et l'auxerrois (20 %), souvent au cœur des crémants alsaciens, et aussi le riesling et le pinot gris. Il en résulte un brut jaune doré, au nez discret, légèrement évolué, et à la bouche équilibrée, fruitée et fine. ⧗ 2024-2027

HUBERT BECK, 34, rue du Mal-Foch, 67650 Dambach-la-Ville, tél. 03 88 92 41 86, alsace.beck@free.fr V r.-v.

♥ FRANÇOIS BRAUN ET FILS Cuvée Prestige 2019 ★★

| 1 700 | 11 à 15 € |

Une famille enracinée depuis le XVIe s. à Orschwihr, à quelque 25 km au sud de Colmar. Longtemps en polyculture, le domaine a débuté la mise en bouteilles après la Seconde Guerre mondiale, avec François Braun, la génération suivante achevant sa spécialisation. Installés respectivement en 1980 et en 1991, Philippe et Pascal exploitent des vergers pour la distillation et 21 ha de vignes, dont 10 ha sur le Bollenberg et des parcelles dans deux grands crus.

Déjà appréciée dans des éditions antérieures, cette cuvée fait l'unanimité dans sa version 2019 (un beau millésime dont ces vignerons ont tiré le meilleur). Elle assemble chardonnay (40 %), pinot blanc, pinot noir et auxerrois. Vinifiée pour partie en barrique, restée longtemps sur lattes, elle enchante au nez comme en bouche par son intensité aromatique et par sa puissance. Sa palette mûre mêle les fruits jaunes et des touches toastées, en harmonie avec une bouche vineuse et longue, vivifiée par une belle fraîcheur. Un crémant assez étoffé pour accompagner un repas. ⧗ 2024-2027

FRANÇOIS BRAUN ET FILS, 19, Grand-Rue, 68500 Orschwihr, tél. 03 89 76 95 13, francois-braun@orange.fr V t.l.j. sf dim. 8h-11h30 14h-17h

B FAMILLE DIETRICH 2022 ★

| 3 000 | 11 à 15 € |

La famille cultive la vigne depuis 1620, mais il a fallu attendre le début des années 1960 pour que Laurent Dietrich abandonne la polyculture et se lance dans la vente en bouteilles. Aujourd'hui, Michel et Alexis exploitent 20 ha en bio certifié autour de la cité fortifiée de Dambach-la-Ville et de villages proches (Dieffenthal, Itterswiller, Reichsfeld et Albé).

Saumon clair, ce crémant rosé à la bulle fine et persistante séduit a pour atouts l'élégance de son nez tout en petits fruits rouges (fraise, framboise et groseille) et son équilibre au palais, où le fruité bien présent se teinte de touches de bonbon acidulé et, en finale, d'une légère amertume. ⧗ 2024-2027

FAMILLE DIETRICH, 3, rue des Ours, 67650 Dambach-la-Ville, tél. 03 88 92 41 31, famille@vins-dietrich.com t.l.j. sf dim. 9h-12h 13h-18h

WILLY GISSELBRECHT Blanc de noirs 2021 ★

12000 | 8 à 11 €

Établis en Alsace depuis le XVII[e]s., les Gisselbrecht, aujourd'hui vignerons-négociants, disposent en propre d'un vignoble de 19 ha. Ils chérissent le riesling, cépage qui prospère aux environs de Dambach-la-Ville.

Aussi séduisant que dans sa version 2020, ce crémant issu de la vendange suivante doit tout au pinot noir. Il en tire une robe or à reflets cuivrés, un nez élégamment fruité, aux nuances de coing et d'abricot, bien prolongé par un palais gourmand, onctueux, de bonne persistance, équilibré par un trait de fraîcheur acidulée. ⧗ 2024-2027

WILLY GISSELBRECHT ET FILS, 5, rte du Vin, 67650 Dambach-la-Ville, tél. 03 88 92 41 02, info@vins-gisselbrecht.com t.l.j. 8h-12h 13h-18h

HEYBERGER-MEYER Cuvée Julien 2020 ★

3500 | 8 à 11 €

À l'origine, un petit lopin de moins de 3 ha cultivé à temps partiel par Joseph Heyberger, qui vend les raisins au négoce. Son fils Stéphane se forme et crée le domaine en 1986, avant de construire sa cave en 1996; son épouse, Sarah, s'implique dans l'aventure. Avec l'arrivée de Julien en 2018, le vignoble s'agrandit (12,5 ha au sud de Colmar), et la propriété obtient une certification HVE.

Doré intense, cette cuvée assemble par tiers pinot gris, chardonnay et auxerrois récoltés en 2020, année solaire. Expressive au nez, elle mêle des notes fruitées, beurrées et briochées, que l'on retrouve dans un palais très riche et rond, tonifié par une finale fraîche et nette. ⧗ 2024-2027

EARL HEYBERGER-MEYER, 1, rue du Stauffen, 68420 Obermorschwihr, tél. 06 72 84 07 09, heybergermeyer@orange.fr

DENIS MEYER ET FILLES Prestige 2021 ★

5400 | 8 à 11 €

Depuis 1761, les Meyer se succèdent sur le domaine, établi à Vœgtlinshoffen, village perché à flanc de coteau, à 10 km au sud-ouest de Colmar. Après Fernand, qui s'est lancé dans la vente en bouteilles après 1945, puis Denis, arrivé en 1980, la dernière génération, installée en 2016, est représentée par trois filles: Patricia, à la cave, Valérie, à la vigne, et Céline, à la vente. L'exploitation, qui compte aujourd'hui 10,5 ha, est certifiée HVE.

Très remarquée dans le Guide 2023, cette cuvée à dominante d'auxerrois (avec 20 % de pinot gris) reste 2 ans sur lattes. La version issue de la vendange 2021 a pour arguments une agréable vivacité qui souligne son fruité frais aux accents d'ananas: un crémant polyvalent, parfait pour l'apéritif, pour les produits de la mer ou pour un dessert acidulé. ⧗ 2024-2027

DENIS MEYER ET FILLES, 2, rte du Vin, 68420 Vœgtlinshoffen, tél. 03 89 49 38 00, contact@denismeyeretfilles.com r.-v.

JEAN RAPP 2020 ★

7800 | 5 à 8 €

Vignerons et éleveurs de père en fils depuis 1764, installés à Dorlisheim, au sud-ouest de Strasbourg, les Rapp ont spécialisé leur exploitation à partir des années 1960. Une nouvelle cave, plus vaste, a été aménagée en 2004, à l'arrivée de Guillaume, qui exploite près de 10 ha. La plupart des vins du domaine sont élevés en foudres, dont certains sont plus que centenaires.

Né d'un assemblage d'auxerrois majoritaire (cépage dont le domaine a tiré un joli moelleux dans le même millésime) et de pinot blanc, un crémant séduisant par son nez fruité tout en fraîcheur, fraîcheur que l'on retrouve dans une bouche franche et vive, qui laisse une agréable impression de légèreté. ⧗ 2024-2027

JEAN RAPP, 1, fg des Vosges, 67120 Dorlisheim, tél. 03 88 38 28 43, vins-rapp@wanadoo.fr t.l.j. sf dim. 8h30-12h 13h30-18h

JEAN-VICTOR SCHUTZ 2022 ★

67000 | 11 à 15 €

Les Schutz sont alliés aux Ruhlmann, établis depuis le XVII[e]s. à Dambach-la-Ville, importante et pittoresque cité viticole. Créée en 1997, cette maison de négoce mise sur la grande distribution et sur l'export, et dispose de 50 ha de vignes. Elle s'est étendue en 2017 dans les Corbières (Ch. Valmont).

Avec sa robe or intense, son nez s'ouvrant à l'aération sur le fruit mûr, ce brut composé de pinot blanc (50 %), de riesling (25 %), de pinot gris et d'auxerrois vendangés en 2022 semble avoir hérité de son année de récolte un côté solaire. Une jolie tension et une légère amertume en finale lui confèrent équilibre, finesse et allonge. ⧗ 2024-2027

JEAN-VICTOR SCHUTZ, 34, rue du M[al]-Foch, 67650 Dambach-la-Ville, tél. 03 88 92 41 86, vins@ruhlmann-schutz.fr r.-v.

DOM. SIEBERT Blanc de blancs 1824 ★

3231 | 15 à 20 €

Proche du canal de la Bruche, à une vingtaine de kilomètres de Strasbourg, une ancienne dépendance des bénédictins d'Altorf avant la Révolution, acquise en 1824 par Marcel Siebert. Jadis dédiée à la meunerie, la propriété a développé après la Première Guerre mondiale un vignoble qui couvre aujourd'hui 9 ha. En 2021, Bruno Siebert a confié la gestion du domaine à la jeune œnologue Estelle Balzer-Leveaux, originaire de Picardie.

Sise à Wolxheim, fief du riesling, la propriété mobilise pour cette cuvée l'auxerrois, cépage souvent mis à contribution pour les bulles d'Alsace. Les raisins proviennent d'une seule parcelle, vendangée le 17 septembre en 2021 (date tardive pour le crémant, mais

2021 n'était guère précoce). Il en résulte un crémant vineux et gourmand, dont les arômes de fruits jaunes pointent au nez et s'épanouissent dans une bouche ample et ronde. 2024-2027

SCEA DE L'ALTENBERG DOM. SIEBERT, Propriété le Moulin, 8, rue de Molsheim, 67120 Wolxheim, tél. 0388384392, contact@vins-siebert.fr r.-v.

♥ PIERRE SPARR Réserve ★★

247 866 | 8 à 11 €

Les lointaines origines de cette maison remontent à 1680, et l'activité de négoce à 1861. Après 1945, Pierre Sparr a remonté l'affaire, mise à mal, comme le reste de Sigolsheim, par les combats de la Poche de Colmar. L'entreprise, qui dispose de 27 ha de vignes en propre, a été reprise en 2009 par la Cave de Beblenheim, qui assure la commercialisation des bouteilles, la production restant à part.

Récoltés en 2022, trois pinots contribuent à l'excellence de cette cuvée élevée 12 mois sur lattes, qui a conquis nos dégustateurs: l'auxerrois (50 %), le pinot gris (30 %) et le pinot blanc. Finesse des arômes fruités, finesse d'une bouche fraîche et longue, à la fois ample, crémeuse et salivante: une rare élégance. 2024-2027

MAISON PIERRE SPARR SUCCESSEURS, 14, rue de Hoen , 68980 Beblenheim, tél. 03 89 78 24 22, info@vins-sparr.com t.l.j. sf sam. dim. 9h-12h 14h-18h

FAMILLE SPITZ Prestige 2021 ★

4 000 | 11 à 15 €

Un grand-père vigneron-restaurateur, un père directeur d'école; Dominique Spitz choisit la viticulture. Il s'installe en 1983, développe le domaine à Blienschwiller et dans plusieurs villages environnants (12 ha aujourd'hui), construit la cave en 1993. En 2021, son fils Marc prend sa succession. Certifiée HVE en 2019, l'exploitation a engagé sa conversion bio en 2021.

Vendangé en 2021, le pinot blanc, seul à l'œuvre, donne son caractère à ce crémant aux parfums élégants de fleurs blanches, de poire et de coing. Une cuvée qui séduit également par son équilibre entre une mousse crémeuse et un côté acidulé souligné par l'absence de dosage. 2024-2027

FAMILLE SPITZ, 2, rte des Vins, 67650 Blienschwiller, tél. 03 88 92 61 20, vinsspitzalsace@gmail.com r.-v. 4

La **Lorraine** en un clin d'œil

Production : 4 200 hl

55 % Rosés
20 % Rouges
15 % Blancs
10 % Effervescents

Surface : 100 ha

Types de vins

- Rosés (vins gris)
- Rouges
- Blancs secs
- Effervescents (IGP)

Un peu d'**histoire**

- **1890 :** le vignoble couvre 30 000 ha.
- **Tournant du xxe s. :** crise phylloxérique, plantation de cépages hybrides de moindre qualité.
- **1907 :** crise économique viticole.
- **1914-1918 :** Première Guerre mondiale, industrialisation de la région et exode rural.
- **1951 :** les pouvoirs publics reconnaissent l'originalité des vignobles lorrains grâce au classement AOVDQS.
- **1998 :** les côtes-de-toul passent en AOC.
- **2011 :** les vins-de-moselle deviennent AOC moselle.

Principaux **cépages**

- Auxerrois
- Muller-thurgau
- Pinot blanc
- Pinot gris
- Gamay
- Pinot noir

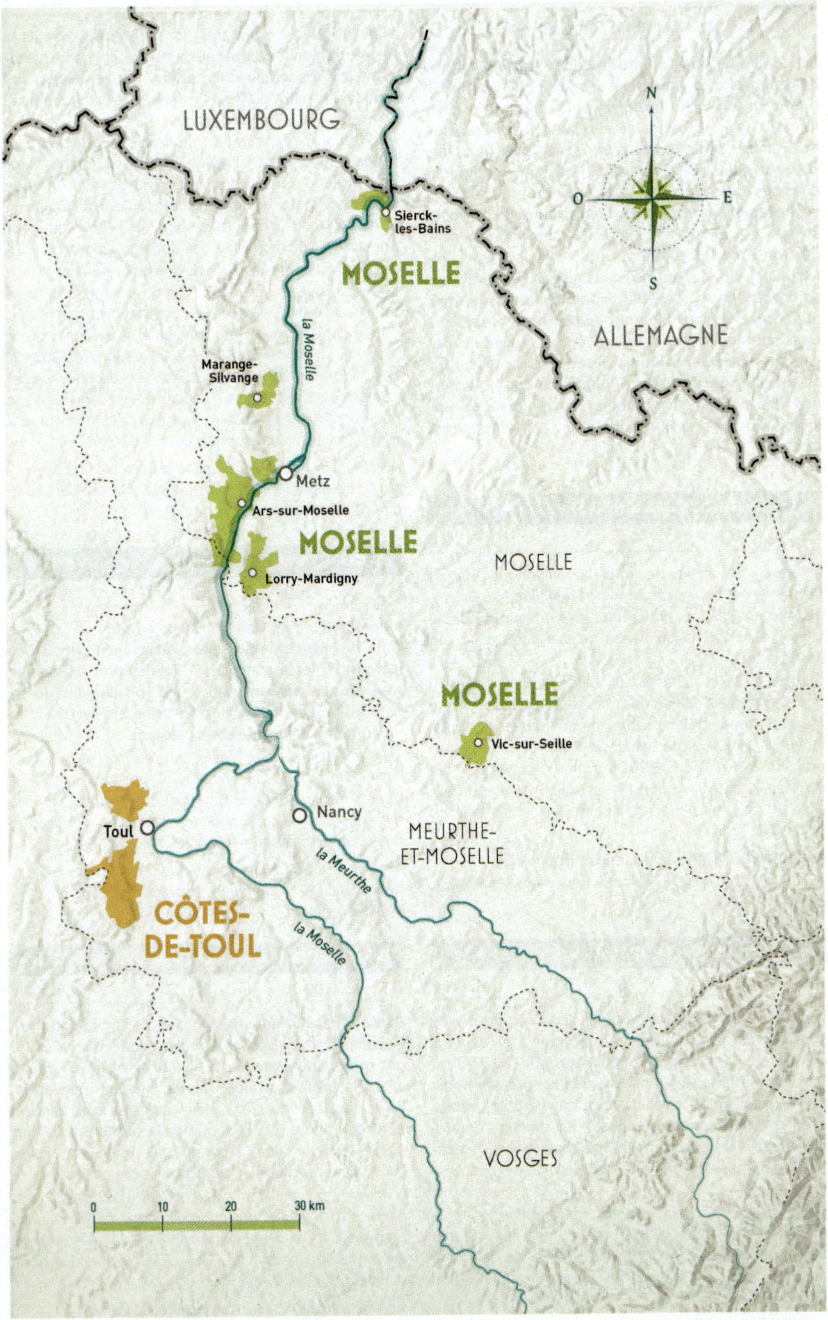
LUXEMBOURG
N
O
E
S
Sierck-
les-Bains
MOSELLE
ALLEMAGNE
la Moselle
Marange-
Silvange
Metz
Ars-sur-Moselle
MOSELLE
Lorry-Mardigny
MOSELLE
MOSELLE
Vic-sur-Seille
Toul
Nancy
MEURTHE-
ET-MOSELLE
la Meurthe
CÔTES-
DE-TOUL
la Moselle
VOSGES
0
10
20
30 km

CÔTES-DE-TOUL

Superficie : 57 ha
Production : 2 544 hl (85 % rouge et rosé)

Situé à l'ouest de Toul et du coude caractéristique de la Moselle, le vignoble a accédé à l'AOC en 1998. Il couvre le territoire de 8 communes qui s'échelonnent le long d'une côte résultant de l'érosion de couches sédimentaires du Bassin parisien. On y rencontre des sols de période jurassique composés d'argiles oxfordiennes, avec des éboulis calcaires en notable quantité, très bien drainés et exposés au sud ou au sud-est. Le climat semi-continental, qui renforce les températures estivales, est favorable à la vigne. Toutefois, les gelées de printemps sont fréquentes. Le gamay domine toujours, bien qu'il régresse sensiblement au profit du pinot noir. L'assemblage de ces deux cépages produit des vins gris caractéristiques, obtenus par pressurage direct. Le pinot noir seul, vinifié en rouge, donne des vins corsés et agréables ; l'auxerrois d'origine locale, en progression constante, des vins blancs tendres.

FRANCIS DEMANGE Gris 2023 ★

8400 | 5 à 8 €

Lorsque l'on arrive de Toul, la maison de Francis Demange est l'une des premières du village de Bruley. Installé en 1994, ce viticulteur exploite un modeste vignoble de 2,6 ha qu'il tient de son père et de son grand-père.

Gamay (70 %) et pinot noir composent un rosé pâle, au nez discret mais délicat de fruits rouges. La bouche se montre souple, fraîche, subtilement fruitée, de bonne longueur. Simple et de bon goût. 2024-2025 **Pinot noir 2022 ★ (5 à 8 € ; 5200 b.)** Un rouge de belle facture, qui propose un bon mariage du fruit et du bois, avec du volume, de la rondeur et des tanins bien en place. 2026-2030

FRANCIS DEMANGE, 93, rue des Triboulottes, 54200 Bruley, tél. 06 82 34 10 08, francis.demange@live.fr V *r.-v.*

B VINCENT LAROPPE Auxerrois 2023 ★

13000 | 8 à 11 €

Les descendants du vigneron du château de Bruley sont restés attachés aux productions locales, vins et eaux-de-vie. Depuis François Laroppe, au XVIIIe s., huit générations se sont succédé. Plus près de nous, Marcel, artisan de la renaissance du vignoble toulois, et Michel, œnologue comme son fils Vincent. Ce dernier a repris la maison en 2003 : 22 ha de vignes (certifiés bio depuis 2020) et une structure de négoce. Une valeur sûre.

C'est par de jolis arômes de fleurs blanches, d'agrumes et de fruits exotiques que s'ouvre la dégustation. Une palette qui s'enrichit de notes de poire dans une bouche fraîche, alerte, soulignée par une fine minéralité. 2024-2027

VINCENT LAROPPE, 253, rue de la République, 54200 Bruley, tél. 03 83 43 11 04, contact@domaine-laroppe.fr V *t.l.j. sf dim. 9h-12h 14h-18h*

B LELIÈVRE Gris 2023 ★

14000 | 11 à 15 €

Si la propriété se transmet de père en fils depuis la Révolution, avant la dernière guerre, la vigne partageait ici l'espace avec le houblon et les vergers. Le domaine produit d'ailleurs toujours de la mirabelle de Lorraine. Première mise en bouteilles en 1971. Arrivée en 2008 sur l'exploitation de David (à la gestion) et Vincent (à la vigne et au chai), qui succèdent à leur père Roland après un tour de France et du monde viticoles. À côté de leur propriété (aujourd'hui plus de 17 ha de vignes, conduits en bio), les Lelièvre mènent une activité de négoce et développent l'export.

Fidèle au rendez-vous, le gris du domaine revient en bonne forme dans sa version 2023. À un bouquet gourmand de fruits rouges mûrs succède une bouche tout aussi fruitée, portée sur la longueur par une agréable vivacité. Le rosé d'apéritif par excellence. 2024-2025 **Auxerrois 2023 ★ (11 à 15 € ; 4500 b.)** Agrumes, poire, fruits exotiques, le nez se montre discret mais ne manque pas de nuances. Même discrétion fruitée en bouche, avec une belle fraîcheur renforcée par de fins amers en finale. 2024-2026

MAISON LELIÈVRE, 1, rue de la Gare, 54200 Lucey, tél. 03 83 63 81 36, info@vins-lelievre.com V *t.l.j. sf dim. 9h-12h 14h-18h*

B DOM. MIGOT Pinot noir Élevé en jarre 2022 ★

1400 | 15 à 20 €

Jeune agriculteur, Camille Migot a repris en 2013 les 2 ha de vignes de son père Alain, bien connu des lecteurs. Il les a convertis à l'agriculture biologique tout en agrandissant peu à peu son domaine (6 ha aujourd'hui) en louant des terres en bio certifié à un viticulteur à la retraite et en plantant.

Ce pinot noir élevé en jarre en grès livre un bouquet harmonieux de fruits noirs mûrs, presque compotés, relevés d'épices douces. Une maturité de fruit à laquelle fait écho une bouche ronde et suave, plus tannique en finale. Un peu d'attente s'impose. 2026-2030

DOM. MIGOT, 108, Grande-Rue, 54200 Lucey, tél. 03 83 63 87 31, domaine-migot@orange.fr V *ven. sam. 9h-12h 14h-18h30*

DOM. RÉGINA Gris Cuvée Vieilles Vignes 2023 ★

10600 | 8 à 11 €

Cadres dans l'industrie locale de pneumatiques, Isabelle et Jean-Michel Mangeot (décédé en 2015) ont repris une vigne de 1,7 ha à Bruley en 1997, un an avant la promotion du côtes-de-toul en appellation. Ils se sont reconvertis à plein temps et avec passion dans la viticulture à l'époque de la fermeture de leur site. Leur domaine a connu une réelle extension (14,7 ha aujourd'hui) et acquis une belle notoriété.

Gamay, pinot noir et un soupçon (5 %) d'auxerrois unis dans ce rosé pâle et brillant, discrètement fruité au nez (agrumes, fruits rouges). Le fruit se fait plus loquace dans une bouche fraîche, dynamique, légère, de bonne longueur. 2024-2025

DOM. RÉGINA, 350, rue de la République, 54200 Bruley, tél. 06 80 33 43 77, domaine-regina@orange.fr V *t.l.j. sf dim. 13h30-18h30 ; ven. sam. 10h-12h 13h30-18h30*

MOSELLE

Superficie : 42 ha
Production : 1 648 hl (55 % blanc)

Le vignoble s'étend sur les coteaux qui bordent la vallée de la Moselle; ceux-ci ont pour origine les couches sédimentaires formant la bordure orientale du Bassin parisien. L'aire délimitée se concentre autour de trois pôles principaux : le premier au sud et à l'ouest de Metz, le deuxième dans la région de Sierck-les-Bains, le troisième dans la vallée de la Seille, autour de Vic-sur-Seille. La viticulture est influencée par celle du Luxembourg tout proche, avec ses vignes hautes et larges et sa dominante de vins blancs secs et fruités. En volume, cette appellation reste très modeste, et son expansion est contrariée par l'extrême morcellement de la région.

♥ B DOM. OURY-SCHREIBER
Scintilla Auxerrois 2022 ★★★

■	2872	◍	15 à 20 €

Après la disparition en 2012 de Pascal Oury, pionnier du renouveau viticole mosellan, c'est finalement sa fille Angélica, qui avait auparavant vinifié durant 8 ans dans l'Hérault au domaine Rocaudy, autre propriété familiale, qui a pris la succession. L'exploitation, en bio certifié, couvre 9 ha au sud de Metz.

L'auxerrois à son meilleur dans cette cuvée vinifiée et élevée en demi-muids. Au nez, se dévoilent des arômes complexes et nuancés de brioche beurrée, d'épices, de fleurs blanches, d'agrumes ou encore de menthol. Une même complexité caractérise la bouche, d'un équilibre parfait, à la fois ronde, délicate, soyeuse, ciselée en finesse par une ligne de minéralité aux tonalités salines qui ajoute à sa longueur. Déjà savoureux, ce vin est armé pour vieillir en toute sérénité. ⧗ 2025-2030 ■ **Les Ramponés 2022 ★★ (11 à 15 €; 2543 b.)** B Le seul pinot noir à l'œuvre dans ce vin élevé en fût de chêne. Au nez, la cerise kirschée se mêle au cassis et à la myrtille. On retrouve le fruit mâtiné d'épices douces dans une bouche élégante, fine, dotée de tanins soyeux et d'une longueur remarquable. ⧗ 2026-2030

⊶ DOM. OURY-SCHREIBER, 29, rue des Côtes, 57420 Marieulles-Vezon, tél. 03 87 52 09 02, ouryvin@gmail.com V ✻ ▪ mar. jeu. 16h30-18h30; ven. 14h-18h; sam. 10h-12h 14h-18h

♥ DOM. SONTAG
Les Blasons 2022 ★★★

■	5000	◍ ▮	8 à 11 €

La petite ville de Contz-les-Bains épouse le cours sinueux de la Moselle, aux confins du Luxembourg et de l'Allemagne. Les coteaux bordant la rivière sont couverts de vignes. Claude Sontag, aux commandes du domaine familial depuis 2007, y exploite 6 ha, avec sa fille Mélanie pour l'épauler depuis 2020.

Nouveau coup de cœur pour cette cuvée d'assemblage (auxerrois, pinot gris et muller-thurgau) après celui obtenu l'an dernier pour le millésime 2021. D'un bel or pâle, elle livre au nez des arômes aussi complexes qu'élégants de cire d'abeille, d'agrumes, d'abricot et de tilleul. D'un équilibre juste parfait, la bouche associe le volume, le gras, la fraîcheur fruitée, la minéralité du terroir argilo-calcaire et une longueur admirable. «Impressionnant», «d'une grande tenue», le jury est aux anges. ⧗ 2024-2030 ■ **Charmes Auxerrois Edliwg 2022 ★ (11 à 15 €; 2500 b.)** Cette cuvée parcellaire s'ouvre sur un nez discret d'agrumes et de fruits exotiques agrémentés d'une touche végétale. Le fruit se fait plus intense (abricot, pêche) dans une bouche affichant un bel équilibre entre suavité et fine acidité. ⧗ 2024-2027

⊶ DOM. SONTAG, 5, rue Saint-Jean, 57480 Contz-les-Bains, tél. 06 78 59 35 95, claude.sontag@gmail.com V ✻ ▪ r.-v.

DOM. DU STROMBERG Muller-thurgau 2023 ★

■	4500	◍ ▮	8 à 11 €

Dans ce domaine du pays des Trois Frontières, aux confins du Luxembourg et de l'Allemagne, l'alambic fonctionne aux côtés du pressoir. La mirabelle de Lorraine, mais aussi le whisky, est une des spécialités du domaine, qui couvre 8,5 ha sur le coteau du Stromberg à Sierck-les-Bains, au-dessus du château des ducs de Lorraine. Quant aux vins de Jean-Marie Leisen, héritier de quatre générations, ils figurent souvent en bonne place dans le Guide. La conversion bio est engagée.

Ce pur muller-thurgau déploie à l'olfaction de discrètes notes fruitées (fruits blancs, fruits exotiques, mirabelle), florales et végétales. En bouche, il se montre souple, frais, bien fruité, stimulé par une touche minérale. Un bon classique. ⧗ 2024-2027

⊶ DOM. DU STROMBERG, 21-23, Grand-Rue, Petite-Hettange, 57480 Malling, tél. 03 82 50 10 15, j.marie.leisen@wanadoo.fr V ✻ ▪ t.l.j. sf dim. lun. 9h30-12h 14h-18h30 ⌂ 5

B CH. DE VAUX Septentrion 2022 ★★

■	20000	◍	11 à 15 €

Marie-Geneviève Molozay, descendante d'une lignée de négociants de Metz, est œnologue; Norbert Molozay, son époux, a été «vinificateur volant», mettant son expertise en vinification au service de nombreux vignobles de France et du Nouveau Monde. Ils ont repris l'exploitation de ce vignoble où l'on produisait du Sekt (mousseux) à l'époque allemande. S'ils proposent des bulles, c'est surtout par leurs vins tranquilles ambitieux qu'ils ont assuré une belle notoriété à ce domaine du pays messin qui couvre aujourd'hui près de 15 ha (en bio certifié).

Auxerrois, pinot gris et muller-thurgau réunis dans cette cuvée qui associe harmonieusement fines notes florales et boisé à l'olfaction. La bouche apparaît ample, chaleureuse, suave, vivifiée par une ligne d'acidité bienvenue, qui lui confère du nerf et de la longueur. ⧗ 2025-2028 ■ **Les Clos 2022 ★ (20 à 30 €; 14600 b.)** B Un pinot noir d'une belle intensité, sur les fruits rouges relevés de poivre et de notes boisées. En bouche, on découvre un vin ample, dense, structuré par des tanins serrés qui appellent la garde. ⧗ 2026-2030

CH. DE VAUX, 21, rue de Moulins, 57160 Scy-Chazelles, tél. 03 87 60 20 64, contact@chateaudevaux.com V *t.l.j. sf dim. lun. 10h-12h 14h-18h*

VICUS La Bonne Fontaine 2022 ★

■	4800		11 à 15 €

Victor Barbier s'est installé en 2022 en reprenant les vignes du Dom. Dietrich-Girardot : 5,8 ha surplombant la vallée de la Seille, implantés sur une marne bleue dite «saline». Passionné d'histoire, il fait référence au patrimoine de son village de Vic-sur-Seille dans ses différentes cuvées.

Une belle entrée dans le Guide pour Victor Barbier avec ce pur auxerrois aux parfums intenses de fruits blancs et de pamplemousse sur fond boisé. En bouche, le vin se montre riche, chaleureux, centré sur les fruits mûrs, rafraîchi en finale par une acidité bienvenue. ⧗ 2025-2028

DOM. VICUS, 34, rue Meynier, 57630 Vic-sur-Seille, tél. 06 12 60 71 98, domaine.vicus@hotmail.com V *r.-v.*

IGP CÔTES DE MEUSE

DOM. DE LA GOULOTTE Chardonnay 2023 ★

■	2200		5 à 8 €

Viticulteurs, distillateurs et arboriculteurs, Évelyne Antoine, accompagnée depuis 2021 par ses enfants Julien, Éloïse et Lucie, conduit un petit domaine de 6,5 ha dans la famille depuis deux siècles.

Ce chardonnay s'ouvre sur de fins arômes de pêche, de fleurs blanches et d'agrumes rehaussés d'herbes fraîches. On retrouve cette palette agrémentée de nuances minérales dans une bouche fraîche, alerte, de bonne longueur. ⧗ 2024-2027

DOM. DE LA GOULOTTE, 5, rue Haute-Gaston-Parant, 55210 Saint-Maurice-sous-les-Côtes, tél. 06 77 47 12 04, domainedelagoulotte@orange.fr V *t.l.j. 9h30-12h 14h-17h30*

♥ DOM. LÉO-PAUL LIÉNARD
Les Masrûles Pinot noir Élevé en fût de chêne 2023 ★★★

■	4300		11 à 15 €

Après des études viticoles à Beaune et des expériences au sein du domaine familial et au Chili, Léo-Paul Liénard, le benjamin des quatre fils de Véronique et Jean-Marc Liénard (Dom. de Muzy), a acquis une petite vigne en IGP Côtes de Meuse, 4,5 ha qu'il a immédiatement orientés vers l'agriculture biologique (conversion en cours).

Une belle puissance se dégage d'emblée de ce pinot noir élevé en fût, à travers d'intenses notes de cuir, d'épices et de fruits rouges confits. Une même sensation de force apparaît en bouche : beaucoup de volume et de matière, des tanins solides mais au grain fin et soyeux, une ligne minérale pour la fraîcheur, une longueur remarquable, c'est un vin sérieux, taillé pour la garde. Avec un deuxième coup de cœur en deux éditions, avec cette même cuvée, Léo-Paul Liénard montre déjà qu'il faut compter avec lui. ⧗ 2026-2032 ■ **Grains d'amitié Gris 2023 ★★ (5 à 8 €; 4000 b.)** Le coup de cœur fut mis aux voix pour ce gris 100 % gamay très expressif et d'une rare complexité : fruits rouges, notes florales, ananas, rhubarbe, bonbon anglais… On aime aussi sa bouche ample, très longue, aussi fraîche que ronde, pleine de fruit, sur des tonalités exotiques et citronnées. ⧗ 2024-2025 ■ **Les Masrûles Chardonnay 2022 ★★ (11 à 15 €; 2800 b.)** Après 13 mois de fût, ce blanc livre un bouquet gourmand, beurré, brioché et fruité (pomme et poire compotées), prolongé par une bouche ample, riche, tout en rondeur, soutenue par un beau boisé et rafraîchie par une belle trame acide en finale. Du caractère à revendre. ⧗ 2025-2030

DOM. LÉO-PAUL LIÉNARD, 7, rue des Lavoirs, Creuë, 55210 Vigneulles-lès-Hattonchâtel, tél. 03 29 75 11 72, leo-paul.lienard@orange.fr V *r.-v.*

♥ DOM. DE MEUSSAUMONT
Auxerrois 2023 ★★★

■	35600		5 à 8 €

Lydie et Ishaï Doitch se sont installés en 2020 sur les terres de Creuë : 3 ha pour commencer, 10 ha aujourd'hui, en IGP Côtes de Meuse. À leur carte, des rouges, des blancs, des rosés et des méthodes traditionnelles.

Une entrée fracassante dans le Guide pour ces jeunes vignerons qui signent un superbe auxerrois, d'une grande finesse aromatique autour des fruits exotiques et des fruits jaunes enrobés de notes beurrées. Une même gourmandise caractérise la bouche, ample, ronde, soyeuse, veloutée, avec une fine fraîcheur en soutien. Un équilibre parfait et de belles promesses en cave. ⧗ 2025-2030 ■ **Gamay 2023 ★★ (5 à 8 €; 6000 b.)** Passé à un souffle du coup de cœur, ce vin séduit d'emblée par ses arômes de fruits rouges, de pivoine et de poivre. Le charme continue d'opérer dans une bouche qui combine en parfaite harmonie le fruit et les épices, une fine vivacité et une touche de gras enrobant, le tout porté par des tanins bien fondus et soyeux. C'est friand, c'est frais, c'est délicat, c'est complexe, on en redemande. Un domaine à suivre assurément. ⧗ 2024-2028 ■ **Pinot noir 2023 ★★ (5 à 8 €; 12600 b.)** La dégustation s'ouvre par des parfums délicats de fruits rouges relevés de douces épices orientales. Un caractère épicé que l'on retrouve dans une bouche riche, ample et ronde, étayée par des tanins d'une belle finesse et par une fraîcheur très agréable. ⧗ 2025-2029

DOM. DE MEUSSAUMONT, 10, rue Basse, Creuë, 55210 Vigneulles-les-Hattonchâtel, tél. 07 66 25 84 21, info@domaine-meussaumont.com V *r.-v.*

Ⓑ DOM. DE MONTGRIGNON Gris 2023 ★

■	8800		5 à 8 €

Les Pierson sont les héritiers d'une lignée de vignerons établis en Lorraine depuis la Révolution. Régulièrement présent dans le Guide, leur domaine a participé à la relance du vignoble meusien dans les années 1970 et notamment des vins de

Billy-sous-les-Côtes, renommés dès le début du XIVe s. Renaud Pierson, œnologue, a pris la suite de son père, Daniel, en 2010, en association avec son épouse Valérie depuis 2019. Le couple exploite 10,5 ha de vignes, certifiés bio depuis 2020. Il produit aussi des effervescents et des mirabelles (le fruit et l'eau-de-vie).

Fidèle au rendez-vous, le domaine signe un joli gris de gamay (80 %) et de pinot noir, ouvert sur de discrets mais fins arômes de fruits rouges (fraise, framboise) agrémentés d'une touche végétale. S'ajoute à cette palette une note réglissée et citronnée dans une bouche fraîche, souple, dynamique, mais qui ne manque pas non plus de rondeur. ⧗ 2024-2025 ■ **Chardonnay 2023 ★ (8 à 11 €; 6868 b.)** Ⓑ Au nez, des parfums de citron et de fleurs blanches sur fond de notes beurrées. En bouche, le vin se fait riche, rond, souple, avec une pointe d'amertume bien sentie en finale qui apporte un regain de fraîcheur. ⧗ 2024-2027

DOM. DE MONTGRIGNON, 6, chem. des Vignes, 55210 Billy-sous-les-Côtes, tél. 03 29 89 58 02, info@domaine-montgrignon.com V *r.-v.*

Ⓑ DOM. DE MUZY
Les Marpaux Auxerrois 2023 ★★

■	6700		5 à 8 €

Jean-Marc Liénard a fait renaître, à partir de 1982, le vignoble de son père et de son grand-père, planté sur les côtes meurtries par la Grande Guerre, au cœur du village de Combres-sous-les-Côtes : 11,5 ha de vignes aujourd'hui, conduits en biodynamie, auxquels s'ajoutent pour l'eau-de-vie des vergers, notamment des mirabelliers. Référence incontournable en IGP côtes-de-meuse, la propriété a vu revenir en 2011 la nouvelle génération avec Thibaud et Angélique, qui ont débuté comme *winemakers* en Nouvelle-Zélande et en Bourgogne.

À nouveau une belle pluie d'étoiles pour les Liénard, à commencer par cet auxerrois d'une jolie finesse, évoquant les agrumes et les fleurs blanches à l'olfaction. On retrouve ces arômes agrémentés de notes exotiques dans une bouche ample, très fraîche, pleine d'allant, étirée par de beaux amers et de fines touches citronnées en finale. ⧗ 2024-2027 ■ **Pinot noir 2023 ★★ (8 à 11 €; 15000 b.)** Ⓑ Un vin expressif et bien typé, centré sur la griotte et la groseille relevées d'épices, à la fois ample, riche et délicat en bouche, porté par des tanins bien fondus et un boisé parfaitement dosé. ⧗ 2025-2030 ■ **La Côte Pinot noir 2022 ★★ (11 à 15 €; 7500 b.)** Ⓑ Une cuvée parcellaire qui doit tout au pinot noir, passée 15 mois en fût. Au nez, la cerise et les fruits noirs mûrs se mêlent à des notes d'encens et de vanille. En bouche, on découvre une matière délicate, soutenue par des tanins soyeux bien pris dans la chair et par un boisé qui reste à sa juste place. Un vin bâti pour durer. ⧗ 2026-2032

DOM. DE MUZY, 3, rue de Muzy, 55160 Combres-sous-les-Côtes, tél. 03 29 87 37 81, info@domainedemuzy.fr V *mer. jeu. ven. 9h-12h 14h-18h*

BEAUJOLAIS
LYONNAIS

LE BEAUJOLAIS ET LE LYONNAIS

À l'est de la Saône, entre Mâcon et Lyon, le Beaujolais est rattaché officiellement à la Bourgogne viticole. Il affirme pourtant sa propre personnalité par ses paysages vallonnés, par son habitat plus dispersé et par un cépage presque exclusif, le gamay noir à jus blanc, qui lègue aux vins rouges un fruité pimpant.

Si une promotion dynamique a rendu le beaujolais nouveau célèbre dans le monde entier, la région propose aussi des vins plus étoffés et complexes : les beaujolais, les beaujolais-villages et les 10 crus. Des vins qui naissent au nord et au sud de Villefranche-sur-Saône : au nord, sur des sols anciens, de granite, de schiste et de porphyre favorables au gamay et patrie des crus ; au sud, sur des sols calcaires dits de « pierre dorée » qui donnent des vins plus souples et légers (l'essentiel des beaujolais et beaujolais-villages).

Le vignoble lyonnais se limite à quelques îlots répartis sur 49 communes, dans une région de polyculture et d'arboriculture : aux confins du Beaujolais et au nord-ouest de Lyon, ainsi qu'au sud-ouest de la capitale du Rhône.

SAÔNE-ET-LOIRE
MACÔNNAIS
0 2 4 6 km
RHÔNE
Mont-St-Rigaud 1 009 m
Beaujolais
Leynes
Pruzilly
Beaujolais-villages
Saint-Vérand
Jullié
Saint-Amour-Bellevue
Juliénas
Saint-amour
Émeringes
Beaujolais-villages
Chénas et moulin-à-vent
Moulin-à-vent
Vauxrenard
Chénas
La Chapelle-de-Guinchay
Saint-Symphorien-d'Ancelles
Fleurie
Chiroubles
Romanèche-Thorins
Les Ardillats
Lancié
Beaujeu
Villié-Morgon
Régnié
Morgon
Saint-Didier-sur-Beaujeu
Lantignié
Corcelles-en-Beaujolais
Régnié-Durette
l'Ardières
Saint-Jean-d'Ardières
Quincié-en-Beaujolais
Cercié
O
E
N
S
Marchampt
Côte-de-brouilly et brouilly
Saint-Lager
Mont Brouilly 481 m
Belleville-en-Beaujolais
Charentay
Odenas
Brouilly
Saint-Étienne-la-Varenne
Saint-Étienne-des-Oullières
Le Perréon
BEAUJOLAIS
Saint-Georges-de-Reneins
Vaux-en-Beaujolais
Salle-Arbuissonnas-en-Beaujolais
Blacé
AIN
Saint-Julien
Arnas
Montmelas-Saint-Sorlin
Saint-Just-d'Avray
Rivolet
Denicé
Lacenas
Villefranche-sur-Saône
Chamelet
Cogny
Liergues
Jarnioux
Saint-Laurent-d'Oingt
Oingt
Theizé
Le Bois-d'Oingt
Moiré
Anse
Saint-Clément-sur-Valsonne
Frontenas
Lachassagne
Bagnols
la Saône
Lucenay
Tarare
l'Azergues
Chessy
Chazay-d'Azergues
Sarcey
Châtillon-d'Azergues
Saint-Jean-des-Vignes
Saint-Forgeux
Bully
L'Arbresle
la Brévenne
LYONNAIS
Coteaux-du-lyonnais

Le **Beaujolais** en un clin d'œil

Types de vins

Principaux **cépages**

- **Gamay noir à jus blanc**
- **Chardonnay**
- **Aligoté (coteaux-du-lyonnais)**

Hiérarchie des vins

10 AOC
dites « crus du Beaujolais »

1 AOC
sous-régionale : beaujolais-villages (38 communes)

1 AOC
régionale : beaujolais*

*La moitié de la production du vignoble et les deux tiers des beaujolais nouveaux.

À noter également la possibilité de produire dans les 3 couleurs en AOC coteaux-bourguignons, couvrant la Bourgogne et le Beaujolais.

Un peu d'**histoire**

- **59 av. J.-C. :** invasion des légions romaines de Jules César. Implantation de vignes dans l'aire actuelle de Juliénas.
- **XIIIe s. :** les sires de Beaujeu se taillent un fief dans la région, qui leur doit son nom de Beaujolais.
- **XVIIe s. et XVIIIe s. :** les nobles et notables lyonnais, notamment des soyeux, plantent des vignobles qu'ils confient à des métayers.
- **Fin XIXe s. :** le chemin de fer facilite la commercialisation des vins du Beaujolais à Paris.
- **1927 :** naissance de la 1re cave coopérative du Beaujolais, à Fleurie.
- **1936 :** reconnaissance des AOC chiroubles, chénas, fleurie, morgon, moulin-à-vent.
- **1937 :** reconnaissance de l'AOC beaujolais.
- **1946 :** reconnaissance de l'AOC saint-amour.
- **1950 :** reconnaissance de l'AOC beaujolais-villages.
- **1951 :** création du beaujolais nouveau.
- **1985 :** la date de commercialisation annuelle du beaujolais nouveau est fixée au 3e jeudi de novembre par décret.
- **1988 :** reconnaissance de l'AOC régnié.
- **2018 :** labellisation du Beaujolais « Géoparc mondial » par l'Unesco.

Principaux **millésimes** dégustés dans cette **édition**

TYPES DE VIN	CARACTÉRISTIQUES DU MILLÉSIME	QUALITÉ DU MILLÉSIME
Rouges 2020	Ce millésime de l'extrême, conjuguant sécheresse et précocité, entre printemps chaud et ensoleillé et été contrasté, a forgé des vins puissants mais pleins de gourmandise, aux arômes expressifs et aux des tanins bien mûrs.	★★★★☆
Rouges 2021	Un millésime « lilliputien » touché par un gel historique, la pluie et les maladies de la vigne… Une année compliquée donc, qui offre des vins hétérogènes mais frais, tendres et fruités, de moindre carrure que sur les millésimes chauds.	★★★☆☆
Rouges 2022	Précoce comme jamais, ce millésime très sec – l'été est l'un des plus chauds de ces trente dernières années – offre des vins d'une qualité remarquable, intenses et gourmands.	★★★★★
Rouges 2023	Un millésime sur le fruit et l'équilibre, avec de la fraîcheur et de la vivacité, dans l'esprit du gamay. Avec des vins réjouissants et colorés, déjà séducteurs, nés d'une récolte relativement généreuse qui révèle les diversités de terroirs, de styles et de crus.	★★★☆☆
Blancs 2022	Second millésime le plus précoce depuis 1992, marqué par un gros déficit hydrique, 2022 livre des blancs cossus, denses et aromatiques, qui sauront se garder.	★★★★☆
Blancs 2023	Puissant, généreux, ce millésime célèbre le chardonnay et livre des blancs cossus, bien en chair denses et aromatiques, qui sauront se garder avec bonheur.	★★★★☆

BEAUJOLAIS

Superficie : 5 972 ha /Production : 245 000 hl

L'appellation beaujolais fournit près de la moitié de la production du vignoble et près de 75 % des primeurs; elle est principalement localisée au sud de Villefranche. À côté des vins rouges et rosés, quelques blancs sont élaborés à partir du chardonnay, notamment dans le canton de La Chapelle-de-Guinchay, zone de transition entre les terrains siliceux des crus et ceux, calcaires, du Mâconnais. Dans le secteur des Pierres dorées, au sud de Villefranche et à l'est du Bois-d'Oingt, les vins rouges ont des arômes plus fruités que floraux, parfois nuancés de pointes végétales; colorés, charpentés, un peu rustiques, ils se conservent assez bien. Dans la partie haute de la vallée de l'Azergues, vers l'ouest, on retrouve les roches cristallines qui donnent des vins avec de la mâche et des accents minéraux, ce qui les fait apprécier un peu plus tardivement. Enfin, les zones plus en altitude offrent des vins vifs, plus légers en couleur, mais aussi plus frais les années chaudes. Le beaujolais supérieur ne provient pas d'un terroir délimité spécifique; il est surtout produit dans l'AOC beaujolais. L'appellation peut être revendiquée pour des vins dont les moûts présentent, à la récolte, une richesse en équivalent alcool de 0,5 % vol. supérieure à ceux de l'AOC beaujolais, les raisins provenant de parcelles sélectionnées et contrôlées avant la récolte. Tous ces vins sont dégustés traditionnellement dans les « pots » beaujolais, flacons de 46 cl à fond épais qui garnissent les « bouchons » lyonnais.

AGAMY Memoria 2023 ★★

■	6000	◍	5 à 8 €

Deux des plus grandes coopératives de la région, l'une dans l'extrême sud du Beaujolais (Bully) et l'autre plus au nord (Quincié), dans la zone des beaujolais-villages et des crus, se sont unies en 2010, constituant la marque Signé Vignerons. Chaque cave continue néanmoins de vinifier séparément ses vins. Le négociant Louis Tête a rejoint le groupement en 2012. Depuis 2016, les caves des Coteaux du Lyonnais et des Vignerons foréziens ont renforcé la structure pour former Agamy (anagramme de « gamay »). Un ensemble qui compte un total de 900 ha de vignes.

Une cuvée issue de chardonnays implantés sur un terroir argilo-calcaire de 4 ha. Élevée en fût de chêne, elle évoque des notes complexes de caramel, de miel d'acacia et de fleurs blanches. En bouche, elle s'exprime avec ampleur, puissance mais aussi équilibre. Une belle démonstration de la capacité du cépage bourguignon à s'épanouir dans le Beaujolais. ⧗ 2025-2028

⊶ AGAMY, 1050, rte des Places-du-Lac, 69210 Bully, tél. 04 37 55 50 10, contact@agamy.fr V *t.l.j. sf lun. dim. 10h-12h30 14h-19h*

Ⓑ DOM. PATRICE ARNAUD
Les Oncins Vieilles Vignes 2022 ★★

■	3000	▮	8 à 11 €

Représentant la 4e génération de vignerons, Patrice Arnaud s'est installé en 2004 sur l'exploitation familiale implantée dans la partie sud du Beaujolais. Le vignoble de 15 ha est conduit en bio certifié.

Patrice Arnaud a procédé à un égrappage de ses raisins avant fermentation à basse température. En provenance d'un terroir argilo-calcaire, ceux-ci ont donné un vin d'une belle complexité aromatique et d'une volumineuse consistance. Les notes de fruits confits témoignent du caractère solaire du millésime, mais une pointe d'acidité ajoute de la fraîcheur et de l'équilibre à l'ensemble. ⧗ 2024-2027 ■ **Les Fleurs blanches Chardonnay 2022 ★ (8 à 11 €; 1500 b.)** Ⓑ Une cuvée ambitieuse, élevée en fût de chêne pendant 10 mois, issue de 70 ares d'un terroir argilo-calcaire sur lequel les chardonnays du domaine s'épanouissent. Le nez s'ouvre sur d'élégantes notes de fruits blancs. Équilibre et vivacité sont au rendez-vous en bouche. Un joli blanc d'apéritif. ⧗ 2024-2027

⊶ PATRICE ARNAUD, 99, rue des Vendangeurs, 69210 Saint-Germain-Nuelles, tél. 06 67 63 97 43, domainepatricearnaud@sfr.fr V *r.-v.*

DOM. DE BALUCE Chardonnay 2022 ★

■	2400	▮	8 à 11 €

Installés en 1986 sur le domaine familial, qui a son siège dans les bâtiments d'un ancien monastère aux caves voûtées, Jean-Yves et Annick Sonnery exploitent 13,5 ha au pays des Pierres dorées. Se définissant comme des « artisans-vignerons », ils sont fidèles aux hautes densités et aux vendanges manuelles.

Un blanc en provenance des terroirs schisteux et argilo-calcaires des Pierres dorées et de ceps de 35 ans. Une cuvée ouverte sur les fleurs blanches, la poire, la pêche et le beurre frais. Un caractère rafraîchissant qui se prolonge dans une bouche alerte et équilibrée. ⧗ 2024-2026

⊶ DOM. DE BALUCE, 41, rte du Plan, 69620 Bagnols, tél. 06 83 88 26 28, contact@baluce.fr V *r.-v.*

VÉRONIQUE ET OLIVIER BOSSE-PLATIÈRE
Pierres dorées Vieilles Vignes de Chalein 2022 ★

■	4470	◍	11 à 15 €

Les origines de ce domaine établi au cœur du pays des Pierres dorées remontent à 1535. Aujourd'hui, 62 ha clos de murs entourent le château, qui date de 1810-1830, et 35 ha sont dévolus au vignoble. L'exploitation, en partie certifiée bio, est dirigée depuis 2008 par Olivier Bosse-Platière et son épouse, Véronique. Ils ont diversifié leur gamme en implantant des cépages rhônalpins : syrah, viognier, altesse, etc.

Le couple Bosse-Platière exploite des vignes centenaires sur 2,5 ha d'un terroir argilo-calcaire des Pierres dorées. Égrappage et élevage en fût sont deux de leurs partis pris forts. Le vin se montre harmonieux, enveloppé par des tanins suaves et puissants à la fois. De même, sa palette aromatique réalise un mariage réussi entre fraîcheur et maturité du fruit. ⧗ 2025-2029

⊶ SCEV DOM. BOSSE-PLATIÈRE, 360, montée de l'Église, 69480 Lachassagne, tél. 04 74 67 00 57, contact@mesvignobles.com V *Sam. 9h30-12h*

DOM. J. BOULON 2023 ★★

■	19000	▮	5 à 8 €

« J » comme Jacques, Jules et Jean Boulon, qui se sont succédé à la tête du domaine (28 ha) transmis de père en fils depuis 6 générations. La fille (Ludivine) et le gendre (Hugo Matray) de Jacques Boulon sont à la tête du domaine depuis 2017. Ils élaborent des

cuvées en beaujolais, morgon, moulin-à-vent et crémant-de-bourgogne.

Déjà récompensé à plusieurs reprises par de nombreuses étoiles, en rouge comme en blanc, le domaine Boulon maintient le bon cap. Ce chardonnay expressif et racé livre des parfums de fleurs blanches, de beurre et de fruits d'une belle fraîcheur. Il séduit aussi par son élégance et son harmonie en bouche, alliance parfaite de la rondeur et de la vivacité. ⏳ 2024-2027 ■ **Vieilles Vignes 2023 ★ (5 à 8 €; 17 000 b.)** Des ceps de 70 ans plantés sur les sols argilo-siliceux du domaine sont à l'origine de ce vin ouvert sur des notes profondes de fruits noirs, mûre et myrtille notamment. Arômes prolongés par une bouche ample, riche et longue. ⏳ 2024-2028

DOM. J. BOULON, 1331, rte des Mayets, 69220 Corcelles-en-Beaujolais, tél. 04 74 66 47 94, domaine.j.boulon@wanadoo.fr V t.l.j. sf dim. 8h-12h 14h-18h30

CH. CAMBON 2022 ★

■	12 000		15 à 20 €

Un château, acquis par Marcel et Marie Lapierre en 1995, qui compte 20 ha de vignes en conversion bio. Des vignobles en appellations beaujolais, beaujolais-villages et brouilly. Une approche de la vinification avec un minimum d'intrants et des élevages courts est privilégiée. C'est aujourd'hui Alexandre Iwasuila qui dirige l'exploitation.

Un beaujolais blanc en provenance de jeunes vignes prometteuses. Élevé en fût pendant 8 mois, il n'a rien perdu de sa fraîcheur : les notes d'agrumes dominent au nez comme en bouche, tandis que sa matière fait preuve d'une bonne ampleur et d'un bel équilibre. ⏳ 2024-2027

CH. CAMBON, 348, rte Frans, 69220 Belleville-en-Beaujolais, tél. 04 74 66 24 08, alexandre@chateau-cambon.com V r.-v. E

B DOM. DU CHAMP DE LA CROIX Malval Pierres dorées 2022 ★

■	2 000		8 à 11 €

Représentant la 5e génération de vignerons sur ce domaine familial, Benoît Roche a pris la suite de son père en 2017. Il cultive 10 ha (en bio) dans le sud du Beaujolais, un vignoble planté en majorité de vieilles vignes, dont certaines centenaires.

Un beaujolais patiemment élevé pendant un an en foudre. Période pendant laquelle il a pu parfaire son équilibre et affiner ses arômes de fruits noirs (cassis, mûre) et de fruits rouges (fraise, cerise). En bouche, on découvre un gamay ample et long, qui saura aussi récompenser les amateurs de vins à conserver. ⏳ 2025-2029

DOM. DU CHAMP DE LA CROIX, 795, rte du Champ-de-la-Croix, 69640 Denicé, tél. 06 86 42 14 00, b.roche@domaineduchampdelacroix.fr V r.-v.

PIERRE-MARIE CHERMETTE Origine Vieilles Vignes 2022 ★

■	30 000		8 à 11 €

Jean-Étienne Chermette a repris en 2023 l'ensemble des activités familiales, dont le domaine de son père, Pierre-Marie. Il s'inscrit dans la continuité avec pour ligne de conduite d'élaborer des vins selon la traditionnelle vinification semi-carbonique beaujolaise, pour donner des vins « le plus naturel possible ».

Un vin emblématique du domaine, annonce la famille Chermette, dans sa volonté de perpétuer « l'art de faire du vin au plus près des raisins ». Objectif atteint avec ce beaujolais d'une belle intensité aromatique, centré sur la mûre et les épices, ample et structuré en douceur par des tanins soyeux. Un ensemble harmonieux. ⏳ 2024-2028

FAMILLE CHERMETTE, 775, rte du Vissoux, 69620 Saint-Vérand, tél. 04 74 71 79 42, info@chermette.fr V r.-v.

CLOCHEMERLE 2023 ★

■	120 000		5 à 8 €

Issu d'une longue lignée de vignerons, Christophe Coquard a vinifié sur trois continents et travaillé pour plusieurs négociants du Beaujolais, avant de lancer en 2005 sa propre structure adossée au domaine familial situé dans le pays des Pierres dorées. Une valeur sûre.

Une cuvée vinifiée en vendanges entières pour chercher une expression fruitée et un caractère gouleyant, annonce Christophe Coquard. Il atteint son objectif avec ce beaujolais aux notes puissantes de mûre, de myrtille et de fruits rouges. Arômes qui irriguent jusqu'en finale une matière ronde et équilibrée. Un vin flatteur et spontané. ⏳ 2024-2027

SARL MAISON COQUARD, 86, rue Manon-Roland, Le Boitier, 69620 Theizé, tél. 04 74 71 11 59, contact@maison-coquard.com V r.-v.

B DOM. DES CRÊTES Cuvée des Varennes 2022 ★

■	6 000		8 à 11 €

Une propriété de 16 ha acquise en 1938 par l'arrière-grand-père de Sylvain Brondel, actuel dirigeant. Outre des cuvées en IGP (muscat et gamaret), il produit des beaujolais rouges, blancs et rosés, ainsi que du bourgogne rouge.

En provenance d'un vignoble de près de 2 ha planté de vignes octogénaires, ce beaujolais séduit par son caractère friand. Il développe des nuances minérales et des notes de pivoine à côté des notes plus classiques de fruits rouges. La bouche présente un bel équilibre à l'appui d'une certaine consistance. ⏳ 2024-2027

EARL BRONDEL, 772, rte des Crêtes, 69480 Anse, tél. 04 74 67 11 62, contact@domainedescretes.com V t.l.j. sf lun. dim. 17h-19h; sam. 9h-18h B

OLIVIER DEPARDON Alexis 2023 ★★

■	10 000		5 à 8 €

Bien connu des lecteurs du Guide, ce domaine a vu le jour en 1848. À sa tête depuis 1985, Olivier Depardon (7e génération), rejoint par son fils Alexis et sa fille Caroline, propose, sur ses 28,5 ha, du morgon, du régnié et du beaujolais-villages.

Le blanc du domaine, en référence au fils d'Olivier Depardon, nous revient en pleine forme. Avec une vendange à la mi-septembre, le vigneron a visiblement su attendre la pleine maturité de ses chardonnays pour obtenir un vin d'une remarquable élégance et d'une grande harmonie. Au nez se dévoile une expression aromatique intense et fraîche autour des fleurs blanches et d'une touche minérale, prolongée par une bouche fraîche et délicate. Une fermentation à basse température qui fait une nouvelle fois ses preuves. ⧗ 2024-2027

DOM. DE LA BÊCHE, Les Mulins, BP 18, 69910 Villié-Morgon, tél. 04 74 69 15 89, domaine@depardon-morgon.com V r.-v.

LA FERME AUX PIERRES DORÉES
Terre d'argile Chardonnay 2022 ★★

3000 | 8 à 11 €

Un domaine de 5 ha qui se transmet de génération en génération depuis 1846. Mené par Benoît Marchand depuis 2021, ce dernier revendique une approche paysanne de son travail.

En provenance d'un demi-hectare d'un terroir argilo-calcaire typique du secteur des Pierres dorées, ce blanc séduit d'emblée par sa générosité aromatique évoquant le fruit de la Passion et la mangue. Ce caractère exotique se confirme dans une bouche ample et alerte, stimulée par une pointe de vivacité bien sentie, qui lui assure aussi une belle longueur. ⧗ 2024-2027

LA FERME AUX PIERRES DORÉES, 283, rte de la Grand-Fond, 69640 Cogny, tél. 06 59 33 14 13, benoit.marchand@lamache.org V r.-v.

CAVE DU CH. DES LOGES
Les 3 Madones 2023 ★

10 000 | 5 à 8 €

Née en 1958, cette petite coopérative, qui regroupe 150 viticulteurs exploitant 400 ha de vignes, est une valeur sûre du Guide. Elle a acheté dès ses débuts le Ch. des Loges, une belle propriété du XVIIIᵉs. dans le parc de laquelle elle a construit ses chais.

Un beaujolais blanc issu d'un terroir argilo-calcaire planté de vignes d'une vingtaine d'années. D'une belle complexité aromatique, il propose au nez d'intenses notes d'agrumes et de fruits à maturité. Sa générosité se prolonge en bouche tout en conservant de l'élégance et de l'équilibre. ⧗ 2024-2026

CAVE DU CH. DES LOGES, 163, rue de Louveigne, 69460 Le Perréon, tél. 04 74 03 22 83, chais@caveduperreon.fr V t.l.j. 8h-12h 13h30-17h30

ŒDORIA L'Exception 2023 ★

30 000 | 8 à 11 €

La cave du Beau Vallon de Theizé et celle des Vignerons de Liergues ont décidé de s'unir en 2009 : Œdoria est leur marque commune. Cette nouvelle entité dispose de 850 ha (pour 300 adhérents), essentiellement situés au sud du vignoble, à l'ouest de Villefranche-sur-Saône. Outre une gamme de beaujolais, la cave est également spécialiste des crémants de Bourgogne.

Très expressif, ce beaujolais s'ouvre classiquement (et ce n'est pas un défaut !) sur les petits fruits rouges, la groseille et la cerise en particulier, accompagnés de notes friandes de confiserie. En bouche, il dévoile des tanins ronds qui laissent une impression de plénitude. ⧗ 2024-2027

ŒDORIA, 25, rte du Cottet, 69620 Theizé, tél. 04 74 71 48 00, contact@oedoria.com V r.-v.

♥ VIGNERONS DES PIERRES DORÉES
La Rose pourpre Vieilles Vignes 2023 ★★

80 000 | 5 à 8 €

Créée en 1961, la Cave beaujolaise du Bois-d'Oingt est désormais nommée Vignerons des Pierres dorées. Elle regroupe depuis 2010 trois coopératives (Le Bois-d'Oingt, Saint-Vérand et Saint-Laurent-d'Oingt) et dispose de 400 ha.

La cave met ici en valeur une dizaine d'hectares de vignes de 60 ans implantées sur un terroir argilo-siliceux. Vinifiée en macération carbonique pendant une quinzaine de jours, elle dévoile une expression aromatique complexe autour de la violette, du cassis, de la cerise et de la mûre. Des tanins soyeux soutiennent une bouche friande, empreinte d'une agréable fraîcheur. Un passeport sans attendre pour le plaisir. ⧗ 2024-2027 ■ **La Rose blanche 2023 ★ (8 à 11 €; 22 000 b.)** Déclinaison en blanc de l'emblème floral de la cave, cette cuvée issue de chardonnay sur sol argilo-calcaire évoque les agrumes mais aussi, promesse tenue, les fleurs blanches (tilleul). Autres atouts : sa rondeur et son élégance en bouche. ⧗ 2024-2026 ■ **La Rose Nacarat 2023 ★ (5 à 8 €; 14 000 b.)** Un rosé souple et persistant qui évoque la framboise accompagnée de délicates notes de sous-bois. La bouche apparaît gourmande dès l'attaque et ne dévie pas de son équilibre jusqu'en finale. ⧗ 2024-2025

VIGNERONS DES PIERRES DORÉES, 439, rte Fleurie, 69620 Saint-Vérand, tél. 04 74 71 62 81, contact@vigneronsdespierresdorees.com V t.l.j. sf dim. 8h-12h 14h-18h

J.P. RIVIÈRE Pierres dorées 2022 ★

6800 | 8 à 11 €

Sous la conduite de la famille Rivière (Jean-Pierre, Colette et leurs enfants Alexandre et Marine), ce domaine a grandi progressivement pour atteindre 20 ha, dont 7 au Ch. de Saint-Trys, sur des terroirs argilo-calcaires. Installé à Lachassagne, en plein cœur des Pierres dorées, il propose du chiroubles, du chénas, du beaujolais et du bourgogne, ainsi que des cuvées originales : un rouge issu de gamaret en IGP Comtés Rhodaniens et une vendange tardive de gamay.

Un lieu-dit du secteur des Pierres dorées sur lequel Jean-Pierre Rivière met en valeur 2 ha de chardonnays âgés de 20 ans. La cuvée associe dans un même élan aromatique les fleurs blanches, la minéralité et une nuance végétale. La bouche se déploie avec ampleur, avec un caractère beurré lui apportant un surcroît de rondeur. Gourmand. ⧗ 2024-2026

EARL J.P. RIVIÈRE, 520, chem. des Grands-Taillis, 69480 Lachassagne, tél. 04 74 67 00 67, contact@domainejpriviere.com V t.l.j. sf dim. 10h-18h

♥ DOM. ROMY Les Pierres dorées 2023 ★★

14 000 | 8 à 11 €

Héritier d'une longue lignée vigneronne débutant en 1700, Nicolas Romy exploite 25 ha de vignes au pays des Pierres dorées, avec des pratiques à mi-chemin entre l'agriculture raisonnée et le bio. Un domaine régulier en qualité.

Un beaujolais en provenance d'un terroir argilo-calcaire planté de vignes de 50 ans, vinifié pour moitié en grappes entières. Des raisins qui ont macéré longuement, une vingtaine de jours, avant un élevage de 9 mois en cuve Inox. Dans le verre, une cuvée qui séduit par son intensité et sa complexité aromatiques autour de la myrtille, de la cerise, du cassis et des épices. Séduction qui se prolonge dans une bouche fruitée, ronde et longue, dotée de tanins présents mais très souples. Un beaujolais charmeur et d'une harmonie sans faille. ⧗ 2024-2028

DOM. ROMY, 1090, rte de St-Pierre, 69480 Morancé, tél. 04 74 66 77 80, info@terroirs-et-talents.fr V r.-v.

DOM. TANTE ALICE 2023 ★

3000 | 8 à 11 €

Jean-Paul Peyrard a créé en 1988 son domaine à Saint-Lager, au pied de la colline de Brouilly, au sommet de laquelle s'élève une chapelle construite en 1857 pour rendre grâce après la victoire des vignerons sur l'oïdium. Après avoir doublé graduellement la surface de son vignoble, il exploite aujourd'hui 13 ha, avec des parcelles dans 4 crus (régnié, brouilly, côte-de-brouilly et morgon).

De jeunes chardonnays plantés sur des sols argilo-calcaires sont à l'origine de cette cuvée élevée en cuve pendant 9 mois, au nez discret mais plus éloquente en bouche. Sa structure intense et équilibrée apporte son soutien à des notes de fruits blancs. ⧗ 2024-2026

DOM. TANTE ALICE, 96, rte de la Grand-Raie, 69220 Saint-Lager, tél. 06 86 74 18 81, sceatantealice@bbox.fr V r.-v.

TERROIRS ET TALENTS Les Enracinés Gamay plage 2023 ★★

13300 | 11 à 15 €

Terroirs et Talents? Une structure commerciale ombrelle, créée en 2007. Elle regroupe trois entités : un domaine, le château de la Terrière, et deux maisons de négoce aussi propriétaires de vignes, Pierre Dupond et Paul Beaudet.

Un rosé en provenance des Pierres dorées, secteur du Beaujolais réputé pour ses superbes paysages, mais aussi pour ses terroirs argilo-calcaires. Le gamay montre ici qu'il est capable de donner des rosés parfaitement équilibrés, sur des nuances florales et d'agrumes, frais et persistant. ⧗ 2024-2025

TERROIRS ET TALENTS, La Terrière, 1031, rte du Château, 69220 Cercié, tél. 04 74 66 77 80, info@terroirs-et-talents.fr V r.-v.

B CH. THIVIN Clos de la Rochebonne 2022 ★

6000 | 15 à 20 €

Le domaine est une ancienne possession des chanoines de Belleville. Il a été vendu comme bien national et acheté par M. Thivin, avocat au Parlement, qui lui légua son nom. En 1877, un fermier en acquit 2 ha : Zaccharie Geoffray, l'ancêtre de Claude, l'actuel propriétaire. Œuvrant pour la promotion des crus locaux, la famille reçut des personnalités des Arts et des Lettres, telles que Colette en 1947. Nichée à flanc de coteau au pied du mont Brouilly, l'exploitation compte aujourd'hui 30 ha, en cours de conversion bio. Une référence du Beaujolais.

Un clos d'environ un hectare dans le village de Theizé, où la famille Geoffray pratique la viticulture biologique. Cette cuvée, élevée 9 mois en fût, se présente avec beaucoup d'harmonie et une belle fraîcheur. Les notes boisées se marient avec des nuances de fleurs blanches. La bouche est au diapason, offrant aussi une belle structure, du volume et ce qu'il faut de fraîcheur. Un beaujolais blanc bien constitué qui n'est qu'au début de son parcours. ⧗ 2025-2029

FAMILLE GEOFFRAY, Ch. Thivin, 630, rte du Mont-Brouilly, 69460 Odenas, tél. 04 74 03 47 53, geoffray@chateau-thivin.com V r.-v. E

ANTOINE VILAND Pierres dorées 2023 ★

5000 | 5 à 8 €

Antoine Viland, établi à Létra, au cœur du pays des Pierres dorées, cultive environ 20 ha. Il vend désormais en bouteilles la majeure partie de sa production. Ce vigneron installé en 2007 est un adepte des macérations longues en grappes entières.

La traditionnelle vinification en grappes entières du Beaujolais montre qu'elle a encore un bel avenir devant elle. Avec ses notes de réglisse et de fruits rouges acidulés, sa matière souple et fraîche, qui lui assurent un caractère friand, cette cuvée se montre immédiatement appétante. ⧗ 2024-2026

DOM. ANTOINE VILAND, La Roche, 69620 Létra, tél. 04 74 71 54 46, vilandantoine@orange.fr V r.-v.

DOM. DES VOÛTES DORÉES Claude 2021 ★

1000 | 11 à 15 €

Un domaine familial de 30 ha implanté dans les Pierres dorées. Il est aujourd'hui mené par Camille Froger et Bastien Carron, tous les deux ingénieurs agronomes et œnologues. Mise en place de nouvelles pratiques de culture et création de cuvées sont à leur programme.

Un vin qui mise sur la fraîcheur plutôt que sur la richesse, et qui tire un bon parti des caractéristiques du millésime 2021. Le nez développe avec netteté des notes de fleurs blanches et de miel qu'un élevage long en fût n'a pas masquées. Une trame acidulée lui assure en outre de la vigueur et une bonne capacité de garde. ⧗ 2024-2028

⊶ DOM. DES VOÛTES DORÉES, 121, rte de Moiré, 69620 Bagnols, tél. 06 68 81 55 64, domainedesvoutesdorees@gmail.com V 🚶 ▮ *t.l.j. sf dim. 9h-12h 14h-19h*

BEAUJOLAIS-VILLAGES

Superficie : 4 780 ha
Production : 177 000 hl (99 % rouge et rosé)

Le beaujolais-villages provient de 38 communes situées au nord du vignoble, dans une zone comprise dans sa quasi-totalité entre la zone des beaujolais et celle des crus. Le mot « villages » a été adopté en 1950 pour remplacer la multiplicité des noms de communes qui pouvaient être ajoutés à l'appellation beaujolais sur l'étiquette aux fins de distinguer des productions considérées comme supérieures. Une écrasante majorité de producteurs ont opté pour cette mention qui favorise la commercialisation, même si 30 communes – celles dont le nom ne correspond pas à celui d'un des crus – gardent le droit, pour éviter toute confusion, d'ajouter leur nom à celui de beaujolais. Les beaujolais-villages se rapprochent des crus et en ont les contraintes culturales (taille en gobelet ou en éventail, cordon simple ou double charmet, degré initial des moûts supérieur de 0,5 % vol. à celui des beaujolais). Originaires de sables granitiques, ils sont rouge vif, fruités, gouleyants : les têtes de cuvée des vins primeurs. Nés sur les terrains granitiques, plus en altitude, ils présentent une belle vivacité qui permet une consommation dans l'année, voire une petite garde. Entre ces deux extrêmes, toutes les nuances sont possibles, mais les vins allient toujours finesse, arômes et corps.

DOM. DES 6 MOULINS 2023 ★

■	1500	🍾	8 à 11 €

Fabien Savoye a créé ce domaine en 2022 après une reconversion professionnelle. Son BTS viticulture-œnologie en poche, il cultive 6 ha sur Morgon, Fleurie, Moulin-à-Vent et Chiroubles.

Un villages blanc particulièrement expressif, pour ne pas dire explosif, qui associe la minéralité à un fruité frais. La bouche se révèle équilibrée, fraîche sans manquer de rondeur, d'une belle ampleur et d'une longueur très appréciable. Un vin complet. ⧗ 2024-2027

⊶ DOM. DES 6 MOULINS / FABIEN SAVOYE, 1410, rte des Combiers, 69820 Vauxrenard, tél. 06 29 76 39 41, fabien@domainedes6moulins.com V 🚶 ▮ *r.-v.*

Ⓑ FRÉDÉRIC BERNE Les Vergers 2022 ★

■	1500	🛢	15 à 20 €

Né en 1985 au beau milieu de la campagne beaujolaise, fils d'artisan et petit-fils de paysan, Frédéric Berne s'est senti attiré par la vigne. Il a d'abord travaillé comme salarié avant de s'installer à son compte. Le domaine compte 13 ha (beaujolais-villages, morgon, chiroubles, régnié) certifiés bio.

Élevé pendant 12 mois en demi-muids après une vinification semi-carbonique, ce beaujolais-villages développe des arômes de petits fruits rouges acidulés (groseille, framboise) et d'épices, relayés par une bouche fraîche et friande portée par des tanins croquants. Un vin aussi élégant qu'harmonieux. ⧗ 2024-2028

⊶ FRÉDÉRIC BERNE, Les Vergers, 69430 Lantignié, tél. 06 83 46 05 06, contact@fredericberne.com V 🚶 ▮ *r.-v.*

DOM. BÉROUJON 2023 ★

■	6000	🍾	8 à 11 €

Quatre générations se sont succédé depuis 1900 sur ce domaine familial implanté dans l'aire du beaujolais-villages. Installé en 1996, David Béroujon dispose de 11 ha de vignes dans cette appellation, ainsi qu'en brouilly. Il développe la vente directe.

Un blanc charmeur et frais qui fera un bon compagnon d'une tablée estivale. Expressif, il exhale des notes de fleurs blanches, d'agrumes et de fruits blancs, le tout accompagné d'une pointe minérale. Une touche de vivacité de bon aloi lui assure un caractère friand en bouche. Pour se faire plaisir sans tarder. ⧗ 2024-2026

⊶ DAVID BÉROUJON, 88, Le Tang, 69460 Salles-Arbuissonnas, tél. 06 86 76 04 96, domaine.beroujon@orange.fr V 🚶 ▮ *r.-v.*

Ⓑ MAISON DE BOISCHAMPT 2023 ★

■	8910	🛢	15 à 20 €

Un domaine repris en 2018 par Yuko et Bob Harris, un couple australo-japonais passionné de vin. À la tête de la nouvelle équipe, Antoine Romero, directeur général venu de Bourgogne, et Thibaud Baudin, œnologue, qui ont restructuré le chai (nouvelle cuverie) et la vigne : conservation des vieilles vignes, arrachage et replantation de 7 ha (sur les 19 que compte le vignoble), passage au bio engagé en 2019.

La valeur n'attend pas le nombre des années pour ses chardonnays plantés il y a 4 ans sur un sol de pierres bleues altérées. Un vin élevé en fût quelques mois et qui a conservé une belle fraîcheur aromatique autour de fines notes de fleurs blanches et d'agrumes. La bouche se révèle ample, avec juste ce qu'il faut de vivacité pour lui assurer longueur et équilibre. ⧗ 2024-2027

⊶ DOM. DE BOISCHAMPT, 593, chem. des Vignes, 69840 Jullié, tél. 06 98 15 66 68, contact@domainedeboischampt.fr V 🚶 ▮ *r.-v.*

DOM. DU BREUIL Salles-Arbuissonnas 2023 ★

■	2100	🍾	5 à 8 €

Des générations de métayers se sont succédé sur l'exploitation avant que Franck Large, d'abord vigneron sous ce même statut, ne devienne propriétaire du domaine. Établi à 100 m du superbe prieuré roman de Salles-Arbuissonnas, le domaine compte aujourd'hui 11,5 ha en beaujolais-villages, avec des parcelles en brouilly.

Ce beaujolais-villages est issu de 1 ha de vignes trentenaires implantées sur un sol de schistes. Dans le verre, un bouquet complexe de cassis et d'épices mâtiné de nuances florales, et une bouche riche et souple, d'une agréable persistance fruitée. ⧗ 2024-2027

DOM. DU BREUIL, 197, rue du Breuil, 69460 Salles-Arbuissonnas, tél. 06 82 14 18 91, francklarge@domainedubreuil.fr V r.-v.

♥ DOM. BURNICHON Le Burn' 2022 ★★★

2000 | 8 à 11 €

Représentant la troisième génération, Daniel et Marie-Claude Burnichon exploitent ce petit vignoble familial depuis 1976 sur lequel ils produisent du beaujolais-villages.

Vinifiée en grappes entières et élevée pendant 9 mois en cuve, cette cuvée provient de vénérables vignes âgées de 65 ans. Au nez, elle évoque les fruits confiturés traduisant une belle maturité des raisins. Un même fruité gourmand irrigue une bouche parfaitement équilibrée entre fraîcheur et richesse, avec en soutien des tanins présents mais soyeux. Un beaujolais-villages majuscule. ⧗ 2024-2028

DOM. BURNICHON, 78, chem. du Marronnier, 69430 Quincié-en-Beaujolais, tél. 06 87 34 67 88, daniel.burnichon@orange.fr V r.-v.

DOM. CHAVRIER La Moutonnière 2023 ★

2300 | 5 à 8 €

Yvan Chavrier, métayer du célèbre Château de la Chaize depuis 1991, a repris des vignes sur le village de Charentay. Avec son épouse, Muriel, il exploite 8 ha en brouilly, beaujolais-villages, beaujolais rouge et blanc.

En provenance du lieu-dit La Moutonnière, sur lequel la famille Chavrier exploite 40 ares de chardonnay plantés en 2002, cette cuvée témoigne de la capacité de ce terroir à obtenir de belles maturités, y compris dans un millésime relativement frais comme 2023. Expressive, voir exubérante, sur le plan aromatique, elle fait preuve de rondeur mais aussi de structure en bouche. Un blanc de caractère. ⧗ 2024-2027

DOM. CHAVRIER, 230, rte de Saint-Pierre, 69220 Charentay, tél. 06 32 09 13 26, chavrier.yvan@wanadoo.fr V *t.l.j. 8h-12h 14h-19h*

DOM. DE CROIFOLIE Pas sotte 2022 ★

1900 | 8 à 11 €

Gérard Crozet a pris en 1994 la suite des deux générations précédentes à la tête de l'exploitation familiale, implantée à Salles-Arbuissonnas. Sa fille Anaïs l'a rejoint en 2020. Le vignoble couvre 8 ha dans l'aire des beaujolais-villages.

En provenance d'une petite parcelle de 35 ares plantée de gamays octogénaires, ce beaujolais-villages peut surprendre par son caractère atypique. Un élevage de 11 mois en fût lui a en effet conféré un caractère vanillé prononcé. Pour autant, rien qui ne nuise à son équilibre et à sa longueur en bouche. Pour sortir des sentiers battus. ⧗ 2025-2028

DOM. DE CROIFOLIE, 32, chem. de la Météorite, 69460 Salles-Arbuissonnas, tél. 06 84 69 04 19, contact@domaine-croifolie.com V *r.-v.*

DOM. DE LA CROIX DE MONTMEROND 2023 ★

11000 | 5 à 8 €

Fondée en 1927, cette cave a eu à sa tête pendant près de 40 ans la première femme présidente de coopérative : Marguerite Chabert, qui fut propriétaire du domaine des Houdières aujourd'hui mené par Mathieu Montel. Principal producteur de fleurie (un tiers du volume), la cave vinifie les quelque 300 ha de vignes de ses 300 adhérents. Outre les fleurie, elle propose plusieurs crus du Beaujolais.

Une cuvée qui séduit, sans préavis, par ses notes intenses de pivoine, de fruits rouges et d'épices. Après une attaque en bouche franche, une pointe acidulée lui confère de la fraîcheur et le caractère gouleyant qu'un gamay bien élaboré présente souvent. Friand à souhait. ⧗ 2024-2027

CAVE DES PRODUCTEURS DE FLEURIE, 213, rue des Vendanges, 69820 Fleurie, tél. 04 74 04 11 70, commercial@cavefleurie.com V *t.l.j. 10h-12h 14h-18h*

DOM. DE FORÉTAL 2023 ★

4000 | 8 à 11 €

Installé en 1998, Jean-Yves Perraud, issu d'une lignée enracinée à Vauxrenard depuis le XVIIe s., a auparavant exploré le vaste monde viticole et fait ses gammes en Alsace et aux États-Unis. Il a agrandi le domaine (9 ha) et développé l'accueil (du gîte d'étape à la chambre d'hôtes). Le domaine est certifié Terra Vitis (viticulture raisonnée).

Un beaujolais-villages de plaisir qui se distingue davantage par son caractère spontanément flatteur que par sa complexité. On apprécie sa texture ronde, gourmande, au service d'une expression fruitée d'une belle intensité. Une jolie friandise à savourer sur le fruit de sa jeunesse. ⧗ 2024-2026

DOM. DE FORÉTAL, 291, chem. de Forétal, 69820 Vauxrenard, tél. 06 86 85 71 23, jyperraud@wanadoo.fr V *t.l.j. 9h-12h 13h30-18h30* 2

CH. GRAND'GRANGE Le Perréon La Cascade 2022 ★

3000 | 8 à 11 €

En 1842, le fondateur du château nomma son domaine la Grand'Grange comme un pied de nez à son frère cadet qui, lui, avait hérité d'un domaine nommé La Petite Grange. Aujourd'hui, le vignoble compte 11,7 ha repris en 2009 par Per Hakon Schmidt et Marianne Philip, couple d'avocats danois, qui en ont confié la direction technique à Andrea Pugliese.

Un mixte à parts égales de raisins égrappés et entiers est à l'origine de cette cuvée issue d'un terroir sableux et granitique. Au nez, elle exprime de fines notes de fruits rouges et de réglisse. Une élégance aromatique que l'on retrouve dans une bouche fraîche, équilibrée et longue. ⧗ 2024-2027

CH. GRAND'GRANGE, 683, chem. de la Grande-Grange, 69460 Le Perréon, tél. 06 37 24 39 79, info@chateaugrandgrange.com V r.-v.

DOM. GRANGE MASSON 2023 ★

	7000		5 à 8 €

Une exploitation familiale d'une superficie de 16 ha, qui produit essentiellement du beaujolais-villages, dans les trois couleurs; elle propose aussi du morgon, du brouilly et du bourgogne blanc. Sylvie et Alain Deshayes, installés ici en 1984, mettent aujourd'hui l'accent sur le travail du sol.

Un beaujolais-villages en provenance d'un terroir majoritairement argilo-calcaire sur lequel s'épanouissent des chardonnays d'une vingtaine d'années. Un bouquet d'une belle finesse, composé d'agrumes et de notes florales et minérales, accompagne toute la dégustation, avec en prime une agréable fraîcheur et un équilibre bien assuré. ⧗ 2024-2027

DOM. GRANGE MASSON, 461, rte de la Grange-Masson, 69460 Saint-Étienne-des-Oullières, tél. 06 69 02 15 21, j.deshayes@hotmail.fr V r.-v.

JÉRÔME LACONDEMINE
Le Chant du rossignol 2021 ★★

	2500		11 à 15 €

Jérôme Lacondemine a repris en 2016 le domaine de son oncle, qui lui-même le tenait de son père. Toutes ses vignes (5 ha aujourd'hui) sont travaillées à la main, sans tracteur, et les vins vinifiés le plus naturellement possible, sans sulfites ni levurage.

Une petite cuvée en volume – 49 ares sont mobilisés – pour un vin qui joue un air printanier et élégant. Après une attaque sur la rondeur et l'ampleur, une pointe acidulée accompagne la suite de la dégustation jusqu'à la finale. Des notes de fruits à bonne maturité, aux tonalités exotiques, ajoutent à son charme. ⧗ 2024-2027

JÉRÔME LACONDEMINE, 929, rue des Echarmeaux, 69430 Beaujeu, tél. 06 88 69 27 36, jerome.lacondemine@gmail.com V r.-v.

CAVE DU CH. DES LOGES
Les 3 Madones 2023 ★

	100000		8 à 11 €

Née en 1958, cette petite coopérative, qui regroupe 150 viticulteurs exploitant 400 ha de vignes, est une valeur sûre du Guide. Elle a acheté dès ses débuts le Ch. des Loges, une belle propriété du XVIIIe s. dans le parc de laquelle elle a construit ses chais.

Une cuvée issue de la traditionnelle macération en raisins entiers et de vignes cinquantenaires. Constituée d'une matière bien équilibrée et un peu ferme en fin de bouche, elle se montre intense sur le plan aromatique, évoquant avec une belle complexité les épices, les fruits rouges et une pointe chocolatée. ⧗ 2024-2027

CAVE DU CH. DES LOGES, 163, rue de Louveigne, 69460 Le Perréon, tél. 04 74 03 22 83, chais@caveduperreon.fr V *t.l.j. 8h-12h 13h30-17h30*

♥ DOM. LONGÈRE Nos 2 elles 2023 ★★★

	6000		8 à 11 €

Installé en 1981, Jean-Luc Longère représente la 6e génération de la famille à arpenter les coteaux de ce petit domaine (6 ha en culture très raisonnée), qui abrite une belle cave voûtée de 1845. La 7e génération a déjà pris ses marques…

Un clin d'œil à Lisa et Laura, les deux filles de Jean-Luc et Régine Longère qui assureront la relève au domaine dès les prochains millésimes. Cette cuvée apporte une nouvelle fois la démonstration que le chardonnay se plaît aussi sur les coteaux du Beaujolais. Le cépage livre ici un blanc d'une grande pureté. Son expression aromatique se montre très fine, élégante, sur des notes de fleurs blanches et d'agrumes. En bouche, on découvre un vin ample, tendre, délicat, frais, très long, doté d'un équilibre admirable. La perle du Beaujolais n'a jamais aussi bien porté son nom… ⧗ 2024-2028 ■ **Poivre et sel 2022 ★ (8 à 11 €; 5000 b.)** Une macération en grappes entières et surtout un élevage pendant 18 mois en cuve, Jean-Luc Longère a souhaité laisser le temps faire son œuvre afin de patiner les tanins de cette cuvée. Une réussite tant elle séduit par sa structure à la fois fine et puissante, et par ses notes intenses de petits fruits rouges et noirs. ⧗ 2024-2028

JEAN-LUC ET RÉGINE LONGÈRE, 157, bd Tachon-Paquet, Le Duchampt, 69460 Le Perréon, tél. 04 74 03 27 63, contact@domaine-longere.com V r.-v.

CH. DE MONTMELAS 2023 ★

	40000		8 à 11 €

Le château fort de Montmelas, restauré dans un goût néogothique, est l'un des monuments les plus connus de la région. Sabine et Amaury d'Harcourt sont les descendants de la famille qui racheta ce domaine aux Bourbon en 1565. Ils exploitent aujourd'hui 30 ha en beaujolais et beaujolais-villages.

Gouleyant à souhait, ce beaujolais-villages bien typé est issu de vignes de 40 ans plantées sur un terroir granitique et schisteux. Il s'ouvre sur les petits fruits rouges agrémentés d'épices et de nuances florales, que l'on retrouve dans une bouche tout en souplesse et en légèreté. ⧗ 2024-2026

EARL LES VERCHÈRES, Ch. de Montmelas, La Voisinée, 69640 Montmelas-Saint-Sorlin, tél. 06 84 62 56 79

DOM. DES NUGUES 2022 ★

	46000		8 à 11 €

Acquise en 1976 par Gérard Gelin, cette propriété a été reprise en 2005 par son fils Gilles, qui avec son épouse, Magali, a développé le domaine grâce à l'achat de vignes en fleurie. À sa création, la propriété comptait 0,9 ha. Après achats successifs et locations, elle s'étend aujourd'hui sur 37 ha.

Une fermentation semi-carbonique et un élevage en cuve de 10 mois sont les choix de Gilles Gelin pour élaborer cette cuvée conséquente en volume. Elle dévoile un profil plein et long en bouche, et sa palette aromatique traduit une bonne maturité de fruit : griotte à l'eau-de-vie et mûre relevées d'épices. ⧗ 2024-2027 ■ **2022 ★ (11 à 15 €; 21800 b.)** Les chardonnays du domaine sont implantés sur un terroir argilo-calcaire pour près de 3 ha. Gilles Gelin en a tiré une cuvée alerte, fraîche, dans laquelle une certaine ampleur côtoie une pointe acidulée, sous-tendue par une trame minérale. Des notes florales et d'agrumes complètent l'ensemble. ⧗ 2024-2027

⊶ DOM. DES NUGUES, 40, rue de la Serve, Les Pasquiers, 69220 Lancié, tél. 04 74 04 14 00, gilles@domainedesnugues.fr V r.-v. E

DOM. PARDON Cuvée de l'Ermitage 2022 ★

■	35000		8 à 11 €

Établis depuis 1820 dans la capitale historique du Beaujolais, les Pardon sont négociants et vignerons, à la tête de 15 ha en propre. La maison est dirigée par Éric Pardon, pour la partie technique, et par son frère Jean-Marc, qui commercialise les vins de leurs deux propriétés (en beaujolais-villages, régnié et fleurie) et ceux qu'ils sélectionnent chez leurs partenaires.

En provenance du lieu-dit l'Ermitage, sur la commune de Lantignié, et vinifiée après égrappage partiel des raisins, cette cuvée se présente avec intensité et élégance à la fois. Les notes de petits fruits rouges et noirs se conjuguent à une matière croquante, intense et longue, dessinant les contours d'un vin gourmand. ⧗ 2024-2027

⊶ DOM. PARDON ET FILS, 185, rte de la Chevalière, 69430 Beaujeu, tél. 04 74 04 86 97, contact@pardonetfils.com V r.-v.

DOM. PERTUIZET Lantignié 2022 ★★

■	3000		11 à 15 €

À la tête de 5,5 ha, en conversion bio, Anaïs Pertuizet s'est installée en 2021 à Lantignié. Elle travaille ses vignes à la main et les travaux du sol sont effectués au cheval.

Du classique côté vinification : une macération d'une dizaine de jours en grappes entières. Moins courante est la remarquable harmonie de cette cuvée issue de 2 ha d'un terroir de pierres bleues. Elle évoque les fruits noirs à grande maturité avec intensité et profondeur. Sa matière associe dans un même élan structure, élégance et complexité. Une entrée remarquée dans le Guide. À suivre... ⧗ 2024-2028

⊶ ANAÏS PERTUIZET, 20, imp. du pigeonnier, 69430 Lantignié, tél. 06 21 63 38 76, apertuizet@gmail.com V r.-v.

B **CH. DE PRAVINS** L'Argile ardente n° 2 2020 ★

■	3600		15 à 20 €

Mené par Isabelle Brossard, ce domaine de 5 ha est cultivé en bio depuis 2010 et en biodynamie depuis 2023. Des projets d'agroforesterie sont également menés. Une exploitation dont l'existence est attestée depuis le XIIIᵉs.

Le long élevage en fût de 16 mois, après une vinification en grappes entières, est l'une des caractéristiques notables de cette cuvée. Un vin logiquement marqué par des notes boisées, mais qui présente aussi une structure tannique bien en place, qui séduit également par son harmonie d'ensemble et par son intensité aromatique sur les fruits rouges confits et les épices. ⧗ 2025-2030 ■ **La Source Altera 2020 ★ (11 à 15 €; 1700 b.)** B Ce blanc puissant et riche, élevée en cuve pendant 19 mois, séduira les amateurs de chardonnay en rondeur. Il plaira aussi sans nul doute par son fruité net et fin, signe d'une évolution restée modérée. ⧗ 2024-2027

⊶ CH. DE PRAVINS, 227, rte de Pravins, 69460 Blacé, tél. 06 14 44 12 97, chateaudepravins@gmail.com V r.-v. E

DOM. DE ROMARAND Epsilon 2022 ★

■	5000		11 à 15 €

Un domaine repris par un couple italo-grec fin 2020. Les 2,7 ha, en beaujolais-villages et régnié, sont en conversion bio. En cave, l'objectif est de produire des vins avec le minimum d'intrants.

Une entrée très réussie dans le Guide pour ce jeune domaine avec cette cuvée élevée en fût de chêne pendant 12 mois pour 25 % de son volume. Mais c'est bien le fruit qui s'exprime, à travers d'élégantes notes de fruits noirs et rouges confiturés. Arômes qui infusent une bouche ample et puissante, vivifiée par une légère touche végétale. ⧗ 2025-2029

⊶ DOM. DE ROMARAND, 106, chem. Perrichon, 69430 Quincié-en-Beaujolais, tél. 06 79 02 10 28, contact@domainederomarand.fr V r.-v. 5

DOM. SAINT-SORLIN Cuvée l'Aurélie 2020 ★★

■	3000		11 à 15 €

Une exploitation familiale transmise de père en fils depuis plusieurs générations. Créé par le grand-père d'Éric Jacquet, en 1952, le domaine s'étend sur 14 ha.

Une cuvée très longuement élevée en fût, pendant 12 mois, et issue d'une parcelle de vignes centenaires. Un vin qui a parfaitement assimilé cet élevage ambitieux : des notes intenses de cassis et de fruits rouges confits ont pris le dessus. Riche et profond en bouche, il fait preuve de caractère mais aussi d'une belle longueur. Un beaujolais-villages qui peut se conserver encore quelques années. ⧗ 2025-2030

⊶ DOM. SAINT-SORLIN, 255, chem. des Écoliers, 69640 Montmelas-Saint-Sorlin, tél. 06 88 41 87 54, domaine.saint.sorlin@orange.fr V r.-v.

LOUIS TÊTE Les Combes 2023 ★

■	2000		8 à 11 €

Deux des plus grandes coopératives de la région, l'une dans l'extrême sud du Beaujolais (Bully) et l'autre plus au nord (Quincié), dans la zone des beaujolais-villages et des crus, se sont unies en 2010, constituant la marque Signé Vignerons. Chaque cave continue néanmoins de vinifier séparément ses vins. Le négociant Louis Tête a rejoint le groupement en 2012. Depuis 2016, les caves des Coteaux du Lyonnais et des Vignerons foréziens ont renforcé la structure pour former Agamy (anagramme de «gamay»). Un ensemble qui compte un total de 900 ha de vignes.

Les deux tiers des raisins ont été égrappés avant vinification et élevage de 6 mois en cuve. Dans le verre, un vin qui séduit par sa matière onctueuse et son équilibre, par ses notes florales de pivoine et de violette, avec les fruits noirs et les épices en appoint. Un beaujolais-villages spontanément plaisant. ⧗ 2024-2027

AGAMY, 1050, rte des Places-du-Lac, 69210 Bully, tél. 04 37 55 50 10, contact@agamy.fr V *t.l.j. sf lun. dim. 10h-12h30 14h-19h*

DOM. DE THULON 2023 ★★

	11000		11 à 15 €

Métayers du Ch. de Thulon pendant 20 ans, René et Annie Jambon ont acheté en 1987 les terres qu'ils travaillaient. En 2002, leurs enfants les ont rejoints : Laurent, œnologue, et Carine, qui travaille à la commercialisation. Le domaine, agrandi, compte 18 ha en morgon, chiroubles, régnié et beaujolais-villages.

Le domaine dispose de 1,5 ha et demi de chardonnay planté sur un sol granitique. Il en tire cette cuvée d'emblée séduisante par ses fines senteurs florales complétées de notes d'agrumes et de minéralité. Une subtilité aromatique que l'on retrouve dans une bouche raffinée, très équilibrée, aussi large que longue. ⧗ 2024-2027

DOM. DE THULON, 2, chem. de Thulon, 69430 Lantignié, tél. 04 74 04 80 29, carine@thulon.com V *r.-v.*

DOM. DE VALLIÈRES 2022 ★

	1000		5 à 8 €

Laurent et Didier Trichard, deux frères, ont secondé leur père, Bernard, à partir de 2001 avant de lui succéder. Ils exploitent 15 ha en régnié (surtout) et en beaujolais-villages.

La capacité du millésime 2022 à livrer des vins harmonieux, équilibrés et frais est une nouvelle fois mise en évidence avec cette cuvée : un beaujolais-villages aux notes appétantes d'épices et de fruits noirs, qui s'adosse à des tanins souples et soyeux contribuant à son harmonie et à son caractère gourmand. ⧗ 2024-2027

DOM. DE VALLIÈRES, 420, rte des Plaignes, 69430 Régnié-Durette, tél. 06 85 26 30 37, gaec.trichard.bld@hotmail.fr V *t.l.j. sf dim. 8h-20h*

CH. DE VAUX Les Verseaux 2023 ★

	7000		8 à 11 €

La famille de Vermont exploite depuis 1834 et cinq générations (Yannick depuis 2015) ce domaine dont le caveau et la cave datent du XIIe s. Le vignoble couvre aujourd'hui une superficie de 14 ha (dont des parcelles de Brouilly).

Souvent en vue pour leurs beaujolais-villages, les Vermont sont fidèles au rendez-vous. Ils ont procédé ici à une vinification semi-carbonique, en raisins égrappés à 75 %. Des choix qui se traduisent par un vin d'une bonne intensité aromatique, centré sur les fruits compotés mâtinés de touches florales et par une trame ronde, gourmande, chaleureuse même, qui vient envelopper le palais. ⧗ 2024-2027

CH. DE VAUX, 7, rte de la Cime, 69460 Vaux-en-Beaujolais, tél. 06 08 83 33 71, devermontyannick@orange.fr V *r.-v.*

DOM. DES VIEUX CHASTYS 2023 ★★

	16000		8 à 11 €

Un petit vignoble de 5,5 ha, ancienne propriété de la famille de l'abbé Pierre acquise en 1988 par le Ch. de Pizay, l'un des grands domaines de la région (75 ha de vignes). Jean-Pierre Joubert en est l'actuel métayer.

Une cuvée vinifiée à la beaujolaise avant un élevage de 6 mois en cuve. Le nez présente des arômes intenses de fruits rouges et d'épices, prolongés par une bouche bien équilibrée, à la texture onctueuse et veloutée, avec une pointe agréable de nervosité. La maturité a été atteinte sans sacrifier la fraîcheur. ⧗ 2024-2027

LES CHASTYS, Les Chastys, 69430 Régnié-Durette, tél. 04 74 66 26 10, oenotheque@vins-chateaupizay.com V *t.l.j. 8h30-12h30 14h-18h*

▶ BROUILLY ET CÔTE-DE-BROUILLY

Superficie : 1 597 ha / Production : 71 188 hl

Deux appellations placées sous la protection de la colline de Brouilly où s'élève une chapelle construite sous le Second Empire et dédiée à la Vierge pour implorer sa protection des vignes contre l'oïdium. Le vignoble de l'AOC côte-de-brouilly, installé sur les pentes du mont, repose sur des granites et des schistes très durs, vert-bleu, dénommés « cornes-vertes » ou diorites. Cette montagne serait un reliquat de l'activité volcanique du primaire, à défaut d'être, selon la légende, le résultat du déchargement de la hotte d'un géant ayant creusé la Saône... La production est répartie sur quatre communes : Odenas, Saint-Lager, Cercié et Quincié. L'appellation brouilly, elle, ceinture la montagne en position de piémont. Elle s'étend sur les communes déjà citées et déborde sur Saint-Étienne-la-Varenne et Charentay; sur la commune de Cercié se trouve le terroir bien connu de la Pisse-Vieille.

BROUILLY

Superficie : 1 256 ha / Production : 56 000 hl

AGAMY Saburin 2023 ★

	17600		8 à 11 €

Deux des plus grandes coopératives de la région, l'une dans l'extrême sud du Beaujolais (Bully) et l'autre plus au nord (Quincié), dans la zone des beaujolais-villages et des crus, se sont unies en 2010, constituant la marque Signé Vignerons. Chaque cave continue néanmoins de vinifier séparément ses vins. Le négociant Louis Tête a rejoint le groupement en 2012. Depuis 2016, les caves des Coteaux du Lyonnais et des Vignerons foréziens ont renforcé la structure pour former Agamy (anagramme de « gamay »). Un ensemble qui compte un total de 900 ha de vignes.

Un lieu-dit du sud-ouest de l'appellation, situé à Quincié-en-Beaujolais, sur lequel la cave dispose d'une dizaine d'hectares à l'origine cette cuvée. Ce vin souple mais d'une belle ampleur évoque les notes de petits fruits frais telles qu'un gamay de millésime sans excès de chaleur peut en donner. Un brouilly offrant un plaisir immédiat. ⧗ 2024-2027

AGAMY, 1050, rte des Places-du-Lac, 69210 Bully, tél. 04 37 55 50 10, contact@agamy.fr V *t.l.j. sf lun. dim. 10h-12h30 14h-19h*

♥ DOM. DE BALUCE
Lieu-dit Le Moulin-Favre 2022 ★★

2160 | 11 à 15 €

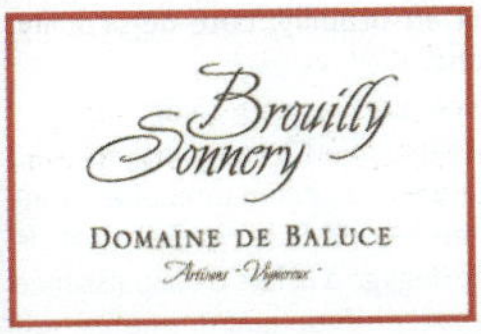

Installés en 1986 sur le domaine familial, qui a son siège dans les bâtiments d'un ancien monastère aux caves voûtées, Jean-Yves et Annick Sonnery exploitent 13,5 ha au pays des Pierres dorées. Se définissant comme des « artisans-vignerons », ils sont fidèles aux hautes densités et aux vendanges manuelles.

Une grande réussite pour ce brouilly vinifié à basse température (22 degrés) pendant 15 jours. Une vinification traditionnelle beaujolaise en grappes entières suivie d'un élevage mixte en cuve et en fût. Les vignes soixantenaires, situées au lieu-dit Moulin Favre, sont implantées sur la partie sud-ouest du mont Brouilly. Jean-Yves Sonnery a parfaitement réussi à conjuguer la fraîcheur, la finesse et la précision d'un gamay bien né, mais aussi l'ampleur et la générosité d'un millésime solaire comme l'était 2022. ⧗ 2026-2032

DOM. DE BALUCE, 41, rte du Plan, 69620 Bagnols, tél. 06 83 88 26 28, contact@baluce.fr V *r.-v.*

DOM. DU BARVY 2022 ★

3000 | 8 à 11 €

Dominique Bouillard a pris en 1982 les rênes de l'exploitation familiale implantée au sud du mont Brouilly. Elle exploite seule 6 ha de vignes et élabore des vins en appellations brouilly, côte-de-brouilly et beaujolais-villages (dans les 3 couleurs).

Une cuvée issue de près de 3 ha des vignes cinquantenaires plantées sur un sol granitique. Dominique Bouillard a procédé à une macération préfermentaire à chaud pour extraire une matière d'une bonne densité. Son expression aromatique, fruitée et épicée, témoigne également du caractère généreux du millésime 2022 ⧗ 2025-2028

DOM. DU BARVY, 289, rte de la Chaize, 69460 Odenas, tél. 06 08 23 01 42, domaine.du.barvy@gmail.com V *r.-v.* D

DOM. DE BEL-AIR Briante 2022 ★★

50000 | 11 à 15 €

Dans la famille Lafont depuis plusieurs générations, cette propriété perchée sur la colline de Bel-Air domine la vallée de l'Ardières : des bâtiments de granit bleu construits en 1849, des caves voûtées et un vignoble de 23 ha, avec des parcelles dans cinq crus. À sa tête depuis 1985, Jean-Marc Lafont a créé une structure de négoce à son nom pour compléter sa gamme.

La famille Lafont exploite pas moins de 8 ha de ce lieu-dit situé à l'extrême est de l'appellation. Les raisins sont partiellement égrappés avant cuvaison et livrent ici une cuvée aux notes complexes de cassis et de mûre relevées d'épices. Une concentration que confirme une bouche ample, structurée, harmonieuse et d'une belle longueur. ⧗ 2026-2030

DOM. DE BEL-AIR, 964, rte de Saint-Joseph, 69430 Lantignié, tél. 04 74 04 82 08, info@dombelair.com V *r.-v.*

NICOLAS BOUDEAU Pierreux 2022 ★

7000 | 11 à 15 €

Nicolas Boudeau a repris en 2007, au sud du mont Brouilly, une exploitation de 10 ha, avec une pratique de l'agroforesterie. Il produit des cuvées parcellaires en brouilly, côte-de-brouilly et beaujolais-villages. Il a récemment élargi sa gamme avec un beaujolais et un pétillant naturel.

Nicolas Boudeau exploite 2 ha de vignes sur ce lieu-dit marqué par le granite et les roches siliceuses. Il a éraflé la moitié de la récolte pour livrer un brouilly structuré et d'une belle complexité. Une pointe d'austérité n'enlève rien à sa richesse ni à son équilibre. Un peu de patience lui sera bénéfique pour gagner en harmonie. ⧗ 2026-2030

NICOLAS BOUDEAU, 375, rte des Jacquets, 69460 Odenas, tél. 06 98 64 94 66, contact@nicolas-boudeau.com V *r.-v.*

DOM. DE BRIANTE Baronne 2019 ★

3000 | 15 à 20 €

Jeune œnologue d'origine bourguignonne, Lauren Faupin a fait le tour du monde des vignobles avant de prendre la direction en 2011 du Dom. de Briante : un château du XVIIIe s., un parc aux arbres centenaires et 14 ha de vignes, en brouilly (6 ha), côte-de-brouilly, moulin-à-vent et beaujolais blanc.

Vinifié en majeure partie en raisins égrappés et pendant une période longue (20 jours), puis élevé pour moitié en fût pendant 9 mois, ce brouilly montre qu'il disposait de toutes les qualités pour un vieillissement harmonieux. Sa structure ronde et gourmande est bâtie sur des tanins fins. La patine du temps lui a en outre apporté un surcroît d'élégance. Un cru à son apogée. ⧗ 2024-2027

DOM. DE BRIANTE, 810, rte de Briante, 69220 Saint-Lager, tél. 06 83 31 28 50, contact@domainedebriante.fr V *r.-v.* 5 E

B CH. DE LA CHAIZE Les Deux amis 2022 ★

150000 | 15 à 20 €

Ce château Grand Siècle, construit en 1674 selon les plans de Jules Hardouin-Mansart, est pourvu de jardins dessinés par André Le Nôtre. Le vignoble est l'un des plus vastes du Beaujolais : il compte 300 ha d'un seul tenant, dont 150 en exploitation, avec une approche parcellaire pour l'élaboration des vins. Il a été racheté en 2017 par la famille Gruy (Christophe et son neveu Boris, directeur d'exploitation). De nombreux

projets sont menés : passage en bio et en biodynamie, neutralité carbone, etc.

Cette cuvée est née de l'assemblage d'une sélection d'une dizaine de lieux-dits situés autour du château. Le millésime marque l'obtention de la certification bio avec pour saluer cette étape un brouilly plein de fraîcheur, d'équilibre, de finesse tannique et d'une belle longueur. ⧗ 2025-2030

⊶ DOM. DU CH. DE LA CHAIZE, 500, rte de La Chaize, 69460 Odenas, tél. 04 74 03 41 05, contact@chateaudelachaize.fr V r.-v.

DOM. FRANCK CHAVY Cuvée Julmary 2023 ★★

■	11000		11 à 15 €

Fils et petit-fils de vignerons, Franck Chavy s'est installé en 1991 sur quelques hectares de morgon. Par le biais de rachats et de métayages, il a agrandi son domaine, lequel compte aujourd'hui 10 ha, tout en prenant ses marques dans le Guide, dont il est une valeur sûre. Un palmarès auquel contribuent sans doute des vignes plantées à haute densité et des macérations longues.

Une cuvée qui fait honneur aux trois enfants de Franck Chavy : Juliane, Manon et Amaury. Vigneron de l'année en 2023, il affirmait alors que la pureté et la netteté du fruit sont l'ADN du gamay. Il le démontre une nouvelle fois avec ce brouilly offrant une belle palette de fruits noirs (cassis, mûre) et une matière en bouche soyeuse, ronde et gourmande. ⧗ 2026-2030

⊶ EARL FRANCK CHAVY, 200, rte de Lachat, 69430 Régnié-Durette, tél. 06 07 16 18 85, franck.vinchavy@orange.fr V r.-v. B

CHRISTOPHE COQUARD 2023 ★

■	90000		5 à 8 €

Issu d'une longue lignée de vignerons, Christophe Coquard a vinifié sur trois continents et travaillé pour plusieurs négociants du Beaujolais, avant de lancer en 2005 sa propre structure adossée au domaine familial situé dans le pays des Pierres dorées. Une valeur sûre.

Une nouvelle étoile pour Christophe Coquard qui propose ici un brouilly où dominent des notes intenses de fruits rouges, de framboise et de groseille notamment. Arômes prolongés par une bouche harmonieuse, qui dégage une appréciable élégance. ⧗ 2025-2028

⊶ SARL MAISON COQUARD, 86, rue Manon-Roland, Le Boitier, 69620 Theizé, tél. 04 74 71 11 59, contact@maison-coquard.com V r.-v.

DOM. DES CORINDONS Cuvée Saveurs de fruits 2023 ★

■	13000		5 à 8 €

Un jeune domaine, constitué en 2012 par Vincent Denis et son fils Aurélien, qui exploite 8 ha sur les crus brouilly et côte-de-brouilly. L'exploitation de ce vignoble a été confiée au Dom. Jambon Père et Fils.

Denis Vincent se plaît à mettre en exergue la capacité du cépage phare du Beaujolais à offrir une généreuse expression fruitée. Il atteint haut la main son but avec ce brouilly né de vignes âgées de 25 ans, implantées sur une diversité de sols. Un vin intense, souple et expressif, qui ne manque pas de structure, ni de longueur pour autant. ⧗ 2024-2028

⊶ DOM. DES CORINDONS, 2, chem. de la Carrière, Le Ripan, 69690 Bessenay, tél. 06 66 55 79 30, vincere.denis@gmail.com

GUILLAUME DUVERNAY 2022 ★

■	10000		8 à 11 €

Issu d'une famille de vignerons établie depuis 1855, Guillaume Duvernay a pris la tête du domaine en 2020. Il exploite 14 ha en brouilly, côte-de-brouilly, beaujolais rouge et blanc.

Macération semi-carbonique et cuvaison longue, Guillaume Duvernay est resté fidèle à ses principes avec ce brouilly 2022. Issue de vignes cinquantenaires principalement implantées au lieu-dit Saburin, à l'ouest de l'appellation, cette cuvée dégage à la fois de la puissance et de la gourmandise, le tout en évoquant des notes fruitées et grillées. ⧗ 2026-2030

⊶ GUILLAUME DUVERNAY, 136, imp. du Bief, 69430 Quincié-en-Beaujolais, tél. 06 87 71 52 76, guillaume.duvernay@orange.fr V r.-v.

DOM. DES FOUDRES 2023 ★

■	11500		8 à 11 €

Jean-Philippe Sanlaville a pris en 1991 les commandes du domaine familial situé à Vaux-en-Beaujolais, pittoresque village popularisé par Gabriel Chevallier sous le nom de Clochemerle. Établi dans l'aire du beaujolais-villages, il exploite un vignoble de 24 ha, avec des parcelles dans les crus brouilly, chénas, morgon et moulin-à-vent.

D'une belle netteté et fraîcheur aromatique, à dominante de fruits rouges, ce brouilly, né de vénérables vignes de 70 ans, fait un très recommandable ambassadeur de son millésime et de son appellation. La bouche présente une matière volumineuse et persistante. Une cuvée déjà harmonieuse, mais qui pourra aussi être conservée quelques années. ⧗ 2024-2028

⊶ DOM. DES FOUDRES, 55, allée du Plagerêt, 69460 Vaux-en-Beaujolais, tél. 04 74 03 20 67, info@domainedesfoudres.com V *t.l.j. sf dim. 10h-18h30*

DOM. DE LA GARENNE 2023 ★

■	14000		11 à 15 €

Marc Goguet s'est installé en 1971 au sud-est du mont Brouilly, créant un domaine qui atteint aujourd'hui les 15 ha et dont la gestion est à présent assurée par sa fille Isabelle.

Avec 7 ha, cette cuvée représente près de la moitié de la superficie du domaine. Un vin représentatif de la production d'Isabelle Goguet en volume, mais aussi dans son expression : l'objectif annoncé de la vigneronne étant de produire des cuvées qui font la part belle à l'élégance. Ce brouilly aux notes de cerise et de fruits noirs s'exprime avec complexité. La richesse et l'harmonie sont aussi de la partie. ⧗ 2025-2028

⊶ MAISON GOGUET, Domaine de la Garenne, 497, rte de la Garenne, 69220 Charentay, tél. 04 74 03 48 32, contact@domaine-goguet.com V r.-v. E

DOM. DES GRANDS ROCS
Vieilles Vignes 2022 ★

7600 | 11 à 15 €

Le Dom. de la Motte a changé de mains en 2018 et a été rebaptisé Dom. des Grands Rocs. Éric Sorais et ses associés y exploitent 35 ha de vignes en brouilly, chénas, côte-de-brouilly, juliénas, moulin à vent mais aussi en appellations régionales bourgogne et coteaux bourguignons.

Des vignes âgées de 70 ans et une vinification de 14 jours après égrappage des raisins, deux caractéristiques qui expliquent en bonne partie la structure solide et ample de ce brouilly. Des grappes visiblement récoltées à belle maturité si l'on se fie à l'expression à dominante de fruits confits qui se dégage de sa palette aromatique. ⧗ 2026-2030

DOM. DES GRANDS ROCS, 432, rte de la Grand-Raie, 69220 Saint-Lager, tél. 04 74 60 41 44, contact@domaine-des-grands-rocs.fr V r.-v.

♥ DOM. LAFOREST 2023 ★★★

45000 | 5 à 8 €

Vigneron comme son père et son grand-père, Jean-Marc Laforest a pris les rênes en 1973 d'un domaine qui compte aujourd'hui 20 ha. Ses deux fils Thomas et Pierre ont pris la relève en 2016. L'exploitation propose les crus brouilly, côte-de-brouilly et régnié, ainsi que du beaujolais-villages.

Près de 8 ha sur un sol de granite décomposé ont été mobilisés pour réaliser cette magnifique cuvée, qui dispose de toutes les qualités d'un remarquable brouilly : longueur, équilibre, intensité, structure tannique mise en valeur par une belle et complexe expression aromatique... Une réussite d'autant plus louable que le millésime 2023 n'était pas de tout repos. Thomas et Pierre Laforest ont su manier la macération carbonique avec inspiration. ⧗ 2025-2030

DOM. LAFOREST, 793, rte du Bois, 69430 Régnié-Durette, tél. 04 74 04 35 03, domaine.laforest@orange.fr V t.l.j. sf dim. 8h-12h 13h-20h

CH. DE NERVERS
Les Garennes 2017 ★

1400 | 15 à 20 €

Jean-Benoit et Tiphaine de Chabannes sont à la tête de cette propriété familiale qui se transmet depuis six générations. Un domaine de 50 ha établi sur le mont Brouilly.

Élevé en fût pendant 6 mois après une vinification traditionnelle en grappes entières, ce brouilly de plus de 6 ans d'âge démontre qu'un cru du Beaujolais bien né est capable de défier le temps. Il évoque les raisins «figués», mais a également conservé un caractère frais et floral, avec en soutien des tanins souples qui renforcent son caractère gourmand. ⧗ 2024-2027

CH. DE NERVERS, 1100, allée de Nervers, 69460 Odenas, tél. 06 68 39 87 44, contact@chateaudenervers.fr V r.-v.

PARDON ET FILS 2023 ★★

40000 | 8 à 11 €

Établis depuis 1820 dans la capitale historique du Beaujolais, les Pardon sont négociants et vignerons, à la tête de 15 ha en propre. La maison est dirigée par Éric Pardon, pour la partie technique, et par son frère Jean-Marc, qui commercialise les vins de leurs deux propriétés (en beaujolais-villages, régnié et fleurie) et ceux qu'ils sélectionnent chez leurs partenaires.

Les raisins, en provenance de vignes quarantenaires, ont été partiellement éraflés avant élevage en cuves béton et Inox. Le résultat est un brouilly d'une remarquable harmonie et d'une belle intensité aromatique, qui évoque les fruits rouges avec finesse et élégance. Sa matière ronde et gourmande du début à la fin de la dégustation en fait un vin de plaisir immédiat, mais qui pourra aussi vieillir quelques années. ⧗ 2024-2028

DOM. PARDON ET FILS, 185, rte de la Chevalière, 69430 Beaujeu, tél. 04 74 04 86 97, contact@pardonetfils.com V r.-v.

♥ CH. DE PIERREUX
Les Allées de Pierreux 2022 ★★

66600 | 11 à 15 €

Les caves du Ch. de Pierreux, campé au milieu des vignes au sud du mont Brouilly, datent du XVIIᵉs. De son passé médiéval, la bâtisse a gardé deux tours, qui lui donnent un cachet gothique. La maison Mommessin (Boisset) exploite les 98 ha de vignes.

Un brouilly élevé en foudre pendant 9 mois au sein des caves de cet emblématique château des abords du fameux mont. Il s'ouvre sur des notes aromatiques délicates mais concentrées évoquant les fruits noirs et la figue, tout en développant des nuances minérales et florales. Après une attaque gourmande, des tanins soyeux viennent tapisser un palais aussi large et rond que long. Un vin déjà très plaisant mais qui saura aussi prendre un peu d'âge harmonieusement. ⧗ 2024-2030 ■ **Réserve du château 2022 ★ (11 à 15 €; 66600 b.)** Une cuvée bien équilibrée, issue de raisins totalement égrappés et vinifiée sur la durée (une vingtaine de jours). L'élégance et la finesse côtoient la gourmandise avec une notable constance tout au long de la dégustation de ce vin expressif, qui évoque la cerise mâtinée de nuances florales. ⧗ 2025-2030

CH. DE PIERREUX, 69460 Odenas, tél. 06 85 41 17 42

MAISON PIRON 2023 ★★

25000 | 11 à 15 €

Héritier de quatorze générations vigneronnes, Dominique Piron a passé en 2020 les rênes du domaine

familial à Julien Revillon, son associé depuis 2013. Ce dernier est désormais à la tête d'une cinquantaine d'hectares répartis entre les vignes en propre et les achats de raisin pour la partie négoce.

Des gamays cinquantenaires plantés sur près de 6 ha ont donné un brouilly qui réalise une remarquable synthèse entre richesse, puissance, élégance et rondeur. Le bouquet s'ouvre sur les notes de fruits rouges (griotte, groseille) mêlés de cassis. Des tanins ronds tapissent harmonieusement le palais. Une vinification en raisins égrappés puis macérés longuement, suivie d'un élevage en cuve d'une dizaine de mois : une patience largement récompensée. ⧗ 2026-2032

⊶ MAISON PIRON, 1216, rte du Cru, Morgon, 69430 Villié-Morgon, tél. 04 74 69 10 20, piron@maison-piron.fr V t.l.j. sf sam. dim. 9h-12h 13h30-18h

CH. DES RAVATYS 2022 ★

■	28000		11 à 15 €

Situés au pied de la colline de Brouilly, le château et son vignoble de 36 ha (pour partie en bio, pour partie en conversion) ont été achetés au milieu du XIXᵉs. par l'ingénieur Auguste Solet, entrepreneur de travaux publics en Algérie. Ce dernier en fit hériter sa nièce Mathilde Courbe, qui les légua en 1937 à l'Institut Pasteur. Nouveau changement de propriétaire en décembre 2020 avec la reprise du domaine par le groupe Lavorel.

Ce brouilly élaboré en raisins égrappés et élevé en cuve pendant 12 mois provient de 8 ha plantés de vignes trentenaires. Il développe élégamment des arômes de petits fruits rouges à belle maturité. En bouche, il offre de la rondeur et de l'équilibre, tout en se prolongeant sur une agréable touche minérale. ⧗ 2024-2028

⊶ CH. DES RAVATYS, 37, rte des Ravatys, 69220 Saint-Lager, tél. 04 74 66 80 35, contact@chateaudesravatys.com V t.l.j. 8h30-12h 13h30-17h30; sam. dim. sur r.-v.

DOM. DE LA ROCHE SAINT-MARTIN Briante 2022 ★★

■	5000		5 à 8 €

Jean-Jacques Béréziat, bien connu des lecteurs du Guide, a pris en 1979 les commandes de ce domaine situé au pied du mont Brouilly. Il dispose de 9 ha de vignes, dont une partie importante (6,3 ha) sur sables et alluvions nourrit ses vins de Brouilly.

Une cuvée en provenance d'un lieu-dit situé à l'extrême est de l'appellation. Jean-Jacques Béréziat y dispose de vignes d'une soixantaine d'années. Il en a vinifié la récolte en raisins entiers pour livrer un brouilly ouvert sur des arômes intenses de cassis, de mûre et d'épices, au volume généreux en bouche, long et équilibré. Un bel avenir en perspective. ⧗ 2026-2030

⊶ DOM. DE LA ROCHE SAINT-MARTIN, 1079, rte de Briante, 69220 Saint-Lager, tél. 06 80 62 59 11, jjbereziat@wanadoo.fr V r.-v.

DOM. ROLLAND 2022 ★

■	12900		15 à 20 €

La maison Ferraud, créée en 1882, est une affaire familiale de négoce-éleveur, spécialisée en vins du Beaujolais et du Mâconnais, qui se transmet depuis cinq générations (aujourd'hui Yves-Dominique Ferraud).

La maison Ferraud est partenaire du Domaine Rolland depuis 1883, soit depuis quasiment ses débuts sous l'égide d'un certain Philibert Ferraud... Elle propose ici un brouilly visiblement issu de raisins récoltés à pleine maturité, bien équilibré, tout en rondeur et spontanément plaisant. ⧗ 2024-2028

⊶ P. FERRAUD ET FILS, 31, rue du Mal-Foch, 69220 Belleville-en-Beaujolais, tél. 04 74 06 47 60, ferraud@ferraud.com V t.l.j. sf sam. dim. 8h-12h 14h-17h

DOM. DE LA TOUR DE SAINT-LAGER 2023 ★

■	30000		11 à 15 €

Le Ch. de Pizay exploite un vaste domaine de 75 ha et commercialise par ailleurs sous cette étiquette un brouilly issu d'un vignoble de 6 ha, anciennes terres de la baronnie de Saint-Lager sur le flanc est du mont Brouilly.

Le domaine a procédé à une traditionnelle vinification à la beaujolaise pour donner naissance à un brouilly aux notes intenses de fruits rouges et noirs, comme la framboise ou encore le cassis. Ses tanins fondus et soyeux lui assurent un bel équilibre en bouche. Une harmonie qui ne se dément pas jusqu'à la finale. ⧗ 2025-2030

⊶ CH. DE SAINT-LAGER, rte du Château, 69220 Saint-Lager, tél. 04 74 66 26 10, oenotheque@vins-chateaupizay.com V t.l.j. 8h30-12h30 14h-18h

CH. DE LA TERRIÈRE 2022 ★

■	29300		15 à 20 €

Ce château du XVIᵉs. face au mont Brouilly dispose d'un vignoble de 28 ha exposé plein sud sur un coteau granitique. Il évolue au sein de la structure commerciale Terroirs et Talents, créée en 2007.

Une vinification en grappes entières pour des raisins en provenance d'un sol composé de granite rose décomposé et d'argile. Une approche gagnante pour cette cuvée aux notes concentrées de cassis, de mûre et de groseille, harmonieuse en bouche, maniant avec équilibre rondeur et puissance. ⧗ 2025-2030

⊶ CH. DE LA TERRIÈRE, La Terrière, 1031, rte du Château, 69220 Cercié, tél. 04 74 66 77 80, info@terroirs-et-talents.fr V r.-v.

CH. DES TOURS Combiaty 2022 ★★

■	6500		20 à 30 €

Avec son donjon élancé doublé d'une massive tour carrée, le domaine n'a pas usurpé son nom. Cette forteresse domine 70 ha de vignes dédiés à l'appellation brouilly. C'est une des propriétés de la famille Richard, à la tête d'une maison de négoce fondée en 1892.

Le domaine possède au sud de l'appellation une parcelle exposée sud-est et plantée de ceps âgés de 30 à 70 ans. Égrappage total et macération longue ont donné naissance à un brouilly au caractère solaire évoquant au nez les épices et les fruits bien mûrs. Une générosité prolongée par une bouche ronde et équilibrée, aux tanins fondus. ⧗ 2024-2028

SCI DOM. DES TOURS, 352, rte des Tours, 69460 Saint-Étienne-la-Varenne, tél. 04 74 03 40 86, contact@chateau-des-tours.com V r.-v.

VINESCENCE Granit rose 2023 ★

| | 35 000 | | 8 à 11 € |

Créée en 1929, la cave coopérative de Bel-Air, installée non loin du secteur des crus, près de Belleville, a fusionné en 2008 avec celle de Chiroubles. Forte de 350 producteurs qui vinifient 1 100 ha, elle propose la plupart des appellations du Beaujolais, ainsi que des appellations régionales bourguignonnes.

D'une bonne netteté aromatique, cette cuvée vinifiée pour 30 % en vendanges égrappées, en provenance de vignes de 45 ans, fait la part belle à une expression aromatique franche et fruitée bien caractéristique du gamay, avec en bouche des tanins présents mais dotés d'une agréable souplesse. ⧗ 2024-2028

VINESCENCE, 131, rte Henri-Fessy, Saint-Jean-d'Ardières, 69220 Belleville-en-Beaujolais, tél. 04 74 06 16 05, com@vinescence.fr V r.-v.

CÔTE-DE-BROUILLY

Superficie : 310 ha / Production : 14 000 hl

AGAMY
Signé Vignerons Les Pierres bleues L'originel 2023 ★

| | 5 000 | | 8 à 11 € |

Deux des plus grandes coopératives de la région, l'une dans l'extrême sud du Beaujolais (Bully) et l'autre plus au nord (Quincié), dans la zone des beaujolais-villages et des crus, se sont unies en 2010, constituant la marque Signé Vignerons. Chaque cave continue néanmoins de vinifier séparément ses vins. Le négociant Louis Tête a rejoint le groupement en 2012. Depuis 2016, les caves des Coteaux du Lyonnais et des Vignerons foréziens ont renforcé la structure pour former Agamy (anagramme de «gamay»). Un ensemble qui compte un total de 900 ha de vignes.

Cette cuvée met en exergue la fameuse pierre volcanique qui fait la typicité du mont Brouilly. Au nez, elle s'ouvre sur des arômes de fruits noirs et d'épices. En bouche, elle est dotée d'une charpente tannique solide mais équilibrée. Une bouteille à laisser encore quelque temps en cave. ⧗ 2026-2030

AGAMY, 1050, rte des Places-du-Lac, 69210 Bully, tél. 04 37 55 50 10, contact@agamy.fr V *t.l.j. sf lun. dim. 10h-12h30 14h-19h*

DOM. BARON DE L'ÉCLUSE Les Garances 2022 ★

| | 3 150 | | 15 à 20 € |

Cette propriété familiale de 16,5 ha est notamment présente sur les pentes sud-est du mont Brouilly. Après avoir vinifié plusieurs années dans divers pays du Nouveau Monde, Jean-François Pegaz, œnologue, a succédé en 2015 à son oncle, qui assurait la conduite de l'exploitation depuis 1971. Depuis 2020, il entreprend une conversion bio.

Égrappés à 80 %, les raisins ont connu une macération «à la bourguignonne» de 18 jours, suivie d'un élevage de 12 mois en fût. Une période pendant laquelle Jean-François Pegaz a su extraire des tanins solides mais harmonieux, avec en soutien un boisé perceptible qui apporte une touche chocolatée, mais qui laisse aussi de la place à des notes de cassis et de framboise. ⧗ 2027-2032

DOM. BARON DE L'ÉCLUSE, 730, Montée de l'écluse, 69220 Saint-Lager, tél. 06 40 57 19 94, baron.delecluse2@orange.fr V *t.l.j. sf dim. 10h-12h 15h-18h*

CH. DE LA CHAIZE Lieu-dit Brulhié 2020 ★★

| | 3 600 | | 30 à 50 € |

Ce château Grand Siècle, construit en 1674 selon les plans de Jules Hardouin-Mansart, est pourvu de jardins dessinés par André Le Nôtre. Le vignoble est l'un des plus vastes du Beaujolais : il compte 300 ha d'un seul tenant, dont 150 en exploitation, avec une approche parcellaire pour l'élaboration des vins. Il a été racheté en 2017 par la famille Gruy (Christophe et son neveu Boris, directeur d'exploitation). De nombreux projets sont menés : passage en bio et en biodynamie, neutralité carbone, etc.

Une cuvée en provenance d'un lieu-dit qui occupe une large partie sud du mont. La pente avoisine ici 30 %. Boris Gruy en a tiré un vin qui mêle les notes florales et de fruits noirs, superbement équilibré en bouche, rond, gourmand, bâti sur des tanins fins discrètement enveloppés par un boisé aux nuances vanillées, résultat d'un élevage en foudre de 18 mois parfaitement mené. ⧗ 2027-2032

DOM. DU CH. DE LA CHAIZE, 500, rte de La Chaize, 69460 Odenas, tél. 04 74 03 41 05, contact@chateaudelachaize.fr V *r.-v.*

CH. CHÉNAS Sélection de la hante 2023 ★

| | 8 800 | | 8 à 11 € |

Fondée en 1934, cette coopérative dispose des 200 ha de ses 80 adhérents. Elle a su marier tradition et modernité : les caves voûtées du XVIIe s. voient vieillir en fût de chêne une partie de ses crus et cohabitent avec les cuves Inox thermorégulées de conception moderne.

Une cuvée née de vignes de 60 ans qui présente une structure tannique souple et bien équilibrée. Sa gamme aromatique se caractérise par des notes minérales, poivrées et grillées. Une expression qui s'accompagne également des nuances de fruits frais que l'on retrouve régulièrement dans ce millésime 2023. ⧗ 2025-2028

CAVE DU CH. DE CHÉNAS, 910, rte de la Bruyère, 69840 Chénas, tél. 04 74 04 48 19, contact@cavedechenas.fr V *t.l.j. 8h-12h 14h-18h*

EMMANUEL FELLOT Les Cailloux 2020 ★

| | 6 000 | | 15 à 20 € |

Emmanuel Fellot a pris la suite de son père en 1991 sur l'exploitation familiale, fondée en 1829. Il compte au nombre des rares vignerons à mener de front viticulture (20 ha de vignes) et élevage – il possède un troupeau de vaches rustiques élevées en plein air. Dans sa gamme, des beaujolais, beaujolais-villages, brouilly et côte-de-brouilly.

Cette cuvée doit son nom aux cailloux granitiques sur lesquels les vignes cinquantenaires du domaine son implantées. Outre son expression aromatique d'une bonne intensité, ce côte-de-brouilly se distingue par sa belle tenue en bouche autour de tanins bien présents mais ronds. Un vin qui saura se garder quelques années sans crainte. ⧗ 2027-2031

EMMANUEL FELLOT, 1051, chem. de Pierre-Filant, 69640 Rivolet, tél. 06 77 81 68 87, fellotmanu@gmail.com V r.-v.

DOM. MICHAËL NESME Les Gilets 2023 ★★

■	3000		8 à 11 €

Fils d'Alain Nesme (Dom. du Chizeaux), Mickaël Nesme s'est installé en 1998 sur cette propriété achetée par le grand-père Émile dans les années 1950. Avant de s'établir au pied du mont Brouilly, il avait vinifié jusque dans l'Oregon. Il exploite aujourd'hui plus de 14 ha de vignes.

Mickaël Nesme exploite 70 ares sur le lieu-dit Les Gilets situé au nord-ouest du mont Brouilly. Une vinification en raisins égrappés et un élevage en cuve ont donné naissance à un très beau côte-de-brouilly, qui joue la carte de la gourmandise, de l'équilibre et de la longueur. Un peu de patience est toutefois recommandée pour que les tanins se polissent encore davantage. ⧗ 2027-2032

MICKAËL NESME, 29, chem. de Montoux, 69430 Quincié-en-Beaujolais, tél. 06 08 80 55 75, mickael_nesme@yahoo.fr V r.-v.

DOM. DU PÈRE JEAN Tradition 2022 ★

■	14000		8 à 11 €

Julien Matray a repris le domaine en 2018, succédant ainsi à son père, Bernard. Une exploitation, qui a été agrandie à différentes reprises par acquisitions et plantations, et qui s'étend aujourd'hui sur 11,8 ha, dont près de 7 ha en côte-de-brouilly.

La cuvée principale du domaine mobilise 7 ha de vignes d'une soixantaine d'années. Julien Matray en a vinifié les fruits en grappes entières, puis a opéré un élevage en cuve d'une année. Il en ressort ce vin dont on soulignera le fondu des tanins ainsi que l'expression franche et équilibrée, sur des notes de cassis et de framboise. ⧗ 2025-2029

DOM. DU PÈRE JEAN, 185, rte de la Glacière, 69220 Saint-Lager, tél. 06 98 69 93 43, domaineduperejean@gmail.com V r.-v.

CH. DES RAVATYS Cuvée Mathilde 2022 ★★

■	40000		11 à 15 €

Situés au pied de la colline de Brouilly, le château et son vignoble de 36 ha (pour partie en bio, pour partie en conversion) ont été achetés au milieu du XIXᵉs. par l'ingénieur Auguste Solet, entrepreneur de travaux publics en Algérie. Ce dernier en fit hériter sa nièce Mathilde Courbe, qui les légua en 1937 à l'Institut Pasteur. Nouveau changement de propriétaire en décembre 2020 avec la reprise du domaine par le groupe Lavorel.

L'œnologue Aurélie de Vermont signe là son deuxième millésime au domaine, avec une cuvée particulièrement réussie, qui honore la mémoire de l'ancienne propriétaire ayant légué le château à l'Institut Pasteur. À l'inverse des pratiques de l'équipe précédente, elle a égrappé entièrement les raisins. Le résultat : un vin très délicat, soyeux, d'une grande élégance, ouvert sur des notes de réglisse, d'épices et de fruits mûrs qui s'étirent dans une longue finale. ⧗ 2025-2030

CH. DES RAVATYS, 37, rte des Ravatys, 69220 Saint-Lager, tél. 04 74 66 80 35, contact@chateaudesravatys.com V *t.l.j. 8h30-12h 13h30-17h30; sam. dim. sur r.-v.*

CH. THIVIN Zaccharie 2022 ★★

■	7000		30 à 50 €

Le domaine est une ancienne possession des chanoines de Belleville. Il a été vendu comme bien national et acheté par M. Thivin, avocat au Parlement, qui lui légua son nom. En 1877, un fermier en acquit 2 ha : Zaccharie Geoffray, l'ancêtre de Claude, l'actuel propriétaire. Œuvrant pour la promotion des crus locaux, la famille reçut des personnalités des Arts et des Lettres, telles que Colette en 1947. Nichée à flanc de coteau au pied du mont Brouilly, l'exploitation compte aujourd'hui 30 ha, en cours de conversion bio. Une référence du Beaujolais.

L'une des cuvées de référence du domaine, et plus largement de l'appellation. 2022 ne fait pas exception à la longue lignée de millésimes remarquables qui a précédé. Dans le verre, un vin qui associe les fruits rouges et noirs aux notes de torréfaction léguées par 12 mois d'élevage en fût. En bouche, la richesse et le volume sont de mise, avec en prime une belle longueur. Du caractère et du potentiel. ⧗ 2027-2033

FAMILLE GEOFFRAY, Ch. Thivin, 630, rte du Mont-Brouilly, 69460 Odenas, tél. 04 74 03 47 53, geoffray@chateau-thivin.com V r.-v.

CHÉNAS

Superficie : 244 ha / Production : 9 500 hl

D'après la légende, ce lieu était autrefois couvert d'une immense forêt de chênes. Un bûcheron, constatant le développement de la vigne plantée naturellement par quelque oiseau, se mit en devoir de défricher pour introduire la noble plante; celle-là même qui s'appelle aujourd'hui le «gamay noir». Situé aux confins du Rhône et de la Saône-et-Loire, dans les communes de Chénas et de La Chapelle-de-Guinchay, le chénas est l'une des plus petites AOC du Beaujolais. Nés à l'ouest, sur des terrains pentus et granitiques, ses vins sont colorés et puissants, avec des arômes floraux (rose et violette); ils rappellent les moulin-à-vent produits sur la plus grande partie des terroirs de la commune. Issus du secteur plus limoneux et moins accidenté de l'est, ils présentent une charpente plus ténue.

CAVE DU CH. DE CHÉNAS Sélection de la Hante 2023 ★

■	36000		8 à 11 €

Fondée en 1934, cette coopérative dispose des 200 ha de ses 80 adhérents. Elle a su marier tradition et modernité : les caves voûtées du XVIIᵉs. voient vieillir

en fût de chêne une partie de ses crus et cohabitent avec les cuves Inox thermorégulées de conception moderne.

Une cuvée issue de vénérables vignes âgées de 60 ans, qui présente une structure particulièrement harmonieuse. Couplée à une appréciable expressivité aromatique, sa matière se caractérise par une bonne présence tannique. Autant de qualités qui assurent équilibre et potentiel de garde prometteur à ce chénas. ⧗ 2025-2029

⊶ CAVE DU CH. DE CHÉNAS, 910, rte de la Bruyère, 69840 Chénas, tél. 04 74 04 48 19, contact@cavedechenas.fr V t.l.j. 8h-12h 14h-18h

DOM. DE LA CHÈVRE BLEUE Vieilles Vignes 2023 ★

■	2500		11 à 15 €

C'est en 1999 que Michèle, issue d'une famille de vignerons, et son époux, Gérard Kinsella, ancien informaticien natif de Londres, ont décidé d'investir dans ce domaine de 8,5 ha, principalement implanté dans les deux appellations voisines de chénas et de moulin-à-vent. Ils produisent également du mâcon blanc et du pouilly-fuissé.

Les vieilles vignes de 65 ans de cette petite parcelle de 75 ares ont donné un vin aux arômes de fruits noirs intenses. D'une belle concentration, il offre à la fois de la richesse et de la fraîcheur en bouche. Déjà d'une belle tenue, ce chénas devrait encore gagner en finesse et en harmonie au cours des prochaines années. ⧗ 2024-2030

⊶ DOM. DE LA CHÈVRE BLEUE, 340, hameau Les Deschamps, 69840 Chénas, tél. 06 81 10 56 19, domainedelachevrebleue@gmail.com V *r.-v.*

DOM. DE CÔTES RÉMONT 2022 ★

■	10000		8 à 11 €

À leur retraite, en 2011, Catherine et Dominique Olry ont décidé de reprendre le domaine familial de madame, fondé au XVIIIe s., un vignoble de 60 ha d'un seul tenant planté sur des coteaux pentus, sous le pic de Rémont. Le couple s'appuie sur l'expérience de son maître de chai, M. Granchamp.

Le terroir en forte pente et très drainant des Côtes Rémont est à l'origine de ce vin qui développe une aromatique friande de fruits rouges frais. Même sensations fruitées dans une bouche souple et gourmande, soutenue par une bonne acidité. Une cuvée bien typée du millésime. ⧗ 2024-2028

⊶ DOM. DE CÔTES RÉMONT, 744, chem. de Rémont, 69840 Chénas, tél. 06 78 24 59 08, olryfamily@chenascotesremont.com V *r.-v.*

LES DEUX FLÈCHES Vieilles Vignes 2022 ★

■	1800		15 à 20 €

Deux amis, Nicolas Chaffurin et Jérémy Pourrey, sont à l'origine de ce domaine créé en 2015, implanté en Beaujolais et en Mâconnais, et certifié bio. Ils produisent des vins en chénas, en fleurie, sur les coteaux abrupts du *climat* La Madone, en moulin-à-vent, sur les terroirs Les Greneriers et Vierre Manin, et en saint-véran, sur les prémices de la roche de Solutré, sur le *climat* Les Plantés.

Issu de raisins partiellement éraflés et mis en bouteille après un élevage d'une dizaine de mois en fût, ce chénas séduit par sa richesse en bouche et par son intensité aromatique autour des nuances vanillées du merrain et des fruits noirs bien mûrs engendrés par le solaire millésime 2022. ⧗ 2025-2030

⊶ LES DEUX FLÈCHES, 80, rte de Sathonat, 71570 Saint-Amour Bellevue, tél. 06 30 34 97 80, lesdeuxfleches@gmail.com r.-v.

CH. DE DURETTE Fidélité 2023 ★

■	6000		11 à 15 €

En 2006, Jean Joly, un entrepreneur liégeois qui avait fait son voyage de noces à Saint-Amour, achète la propriété Fustier à Régnié-Durette, fait construire un cuvier, triple la surface du domaine, trouve des associés. Disparu en avril 2014, il laisse une exploitation de 25 ha, avec des parcelles dans sept crus (essentiellement en régnié), dirigée par Marc Theissen.

Les raisins ont été égrappés à 75 % et le vin élevé en fût pendant 6 mois. Dans le verre, un chénas d'une belle rondeur par son expression aromatique, sur le fruit à haute maturité, comme par sa texture concentrée et veloutée. Un ensemble harmonieux. ⧗ 2025-2029

⊶ SARL CH. DE DURETTE, 23, imp. des Jonquilles, 69430 Régnié-Durette, tél. 04 74 04 20 13, marc.theissen@chateaudedurette.eu V *r.-v.* E

CHIROUBLES

Superficie : 334 ha / Production : 13 800 hl

Le plus haut des crus du Beaujolais s'étend sur une seule commune perchée à près de 400 m d'altitude, dans un site en forme de cirque aux sols constitués de sable granitique léger et maigre. Issu de gamay comme les autres crus, le chiroubles, considéré comme le plus «féminin» des crus du Beaujolais, est élégant, fin, peu chargé en tanins, charmeur, avec des arômes de violette. Rapidement prêt, il rappelle parfois le fleurie ou le morgon, crus limitrophes. Chiroubles est aussi la petite patrie du grand ampélographe Victor Pulliat, né en 1827, dont les travaux consacrés à l'échelle de précocité et au greffage des espèces de vigne ont contribué à mettre un terme à la crise phylloxérique; pour parfaire ses observations, le savant avait rassemblé dans son domaine de Tempéré plus de 2 000 variétés! La fête des Crus, organisée en avril, rappelle son souvenir.

DOM. CHEYSSON 2022 ★

■	50000		8 à 11 €

Jean-Pierre Large exploite depuis 1988 un vaste vignoble de 26 ha sur Chiroubles : le Dom. Cheysson, ancienne dépendance de l'abbaye de Cluny achetée en 1870 par Émile Cheysson, ingénieur, administrateur et professeur d'économie. Il propose aussi des vins sous son propre nom.

Une vinification en grappes entières et un élevage en cuve pour une cuvée qui s'inscrit dans la tradition locale. Son expression aromatique évoque la pierre à fusil, mais aussi les typiques notes de fruits rouges frais de l'appellation, et sa matière fait preuve d'ampleur et d'équilibre. ⌛ 2024-2029

⊶ DOM. ÉMILE CHEYSSON, Clos les Farges, 24, rue des Écoles, 69115 Chiroubles, tél. 04 74 04 22 02, domainecheysson@orange.fr V t.l.j. 9h-12h 14h-17h30

DOM. DE LA COMBE AU LOUP 2022 ★

■ | 14000 | 🍾 | 8 à 11 €

Les Méziat cultivent la vigne depuis 1870. Premières mises en bouteilles avec le grand-père Albert, installation de Gérard en 1970, création du domaine en 1983. David, arrivé en 1993, conduit aujourd'hui, avec son épouse Nathalie, 10 ha en *villages*, morgon, chiroubles et régnié. La conversion bio a été entamée en 2021.

En provenance de ceps d'une cinquantaine d'années implantés sur 3,5 ha, ce chiroubles se distingue d'emblée par ses notes de confiture de fruits rouges agrémentées de nuances florales, tandis qu'une matière souple et ronde lui assure de l'harmonie en bouche. ⌛ 2025-2029

⊶ DOM. DE LA COMBE AU LOUP, 56, rue de la Bascule, 69115 Chiroubles, tél. 04 74 04 24 02, david.meziat@meziat.com V *t.l.j. sf dim. 9h-19h*

DOM. DE LA GROSSE PIERRE Aux Craz 2022 ★★

■ | 6000 | 🍾 | 20 à 30 €

Un domaine familial fondé en 1953, et mené depuis 2018 par Pauline Passot, 3e génération. Cette dernière exploite 9 ha en appellation chiroubles essentiellement, ainsi qu'en fleurie et en morgon. Des vignes certifiées bio depuis 2024.

Une cuvée parcellaire en provenance de 1 ha de gamays soixantenaires. Elaborée en vendanges entière et élevée 11 mois en cuve, elle séduit par son élégance et son parfait équilibre. Des notes florales, intenses et fines, ainsi que des nuances de cerise et de cassis flattent le nez. La gourmandise, la fraîcheur et la longueur sont au rendez-vous en bouche. ⌛ 2025-2030 ■ **La Grosse Pierre 2022 ★ (15 à 20 €; 15000 b.)** Une cuvée qui porte le nom évocateur du lieu-dit qui a donné sa dénomination au domaine. Issue d'un sol profond de granit décomposé, elle fait valoir une certaine rondeur et une complexité aromatique qui s'affirme après aération. Un peu de patience est de mise. ⌛ 2026-2030

⊶ DOM. DE LA GROSSE PIERRE, 409, rte de La Grosse-Pierre, 69115 Chiroubles, tél. 06 73 37 70 06, contact@lagrossepierre.fr V *r.-v.*

DOM. JONCY Le Pont 2022 ★

■ | 6500 | 🍾 | 11 à 15 €

Un domaine avec vue sur le mont Brouilly, dont le vignoble, en bio depuis 2020, couvre 28 ha, avec des parcelles en côte-de-brouilly, morgon, régnié, chiroubles et beaujolais-villages. Jean-Paul Joncy s'y est installé en 1979, relayé par son fils Guillaume et sa belle-fille Sophie. Depuis 2018, ces derniers sélectionnent également des cuvées dans le Beaujolais et le Mâconnais auprès de petits domaines familiaux, des «vignerons copains».

Une sélection parcellaire sur un peu plus d'un hectare, que la famille Joncy a vinifié longuement (20 jours). Une approche qui a permis d'obtenir un vin à la matière bien fondue et équilibrée, ouverte sur des notes intenses et compotées de fruits noirs lui assurant une gourmandise certaine. ⌛ 2025-2029

⊶ GUILLAUME JONCY, 249, rte du Chavagnon, 69430 Quincié-en-Beaujolais, tél. 04 74 04 33 29, domaine.joncy@orange.fr V *r.-v.*

DOM. MORIN 2023 ★★

■ | 41300 | 🍾 | 11 à 15 €

Une exploitation conduite par Guy Morin et son fils Olivier. Le tandem exploite 13 ha de vignes et propose les crus chiroubles et morgon. Deux étiquettes : Domaine Morin et Domaine Dufoux. Dans le giron de la maison Pellerin (groupe Boisset).

La cuvée principale du domaine mobilise pas moins de 10 ha. Quantité rime ici avec qualité tant ce chiroubles flatte le nez et le palais par son élégance florale, évoquant avec classe la violette et l'iris. Une belle intensité aromatique accompagnée par des tanins fins et soyeux, et par une longue finale. ⌛ 2025-2030

⊶ EARL GUY ET OLIVIER MORIN, 60, rte des Bois, 69115 Chiroubles, tél. 04 74 69 13 29, guy.morin@terre-net.fr V *r.-v.*

♥ CH. MOULIN-FAVRE Vieilles Vignes 2023 ★★

■ | n.c. | 🍾 | 11 à 15 €

Campée au milieu des vignes sur le coteau de Combiaty, à 427 m d'altitude, cette propriété familiale de 17 ha (dont 11 en brouilly) est travaillée par Armand et Céline Vernus, qui représentent la 6e génération de viticulteurs. Un domaine régulier en qualité.

Coup de cœur également pour son juliénas, le domaine brille à nouveau avec ce chiroubles particulièrement riche et intense. Issus de vieilles vignes de 60 à 80 ans implantées sur un terroir sablonneux, les raisins ont été égrappés en totalité avant une macération d'une douzaine de jours. En résulte un vin d'une notable concentration dès les premières nuances aromatiques, autour des fruits rouges et de nuances florales relevés d'épices. Arômes prolongés par une bouche d'un équilibre parfait, ample, généreuse, structurée par des tanins soyeux et d'une longueur remarquable. ⌛ 2026-2032

⊶ CH. MOULIN FAVRE, Comblaty, 69460 Saint-Étienne-la-Varenne, tél. 06 70 16 12 68, moulin-favre@wanadoo.fr V *r.-v.*

RÉMY PASSOT ET FILS 2023 ★

■ | 30000 | 🍾 | 8 à 11 €

Dominique Roux, fille de vignerons de Régnié-Durette, et Rémy Passot, originaire de Chiroubles, sont à la tête de ce domaine depuis 1989. Leur deux fils, Simon et Félix, les ont rejoints en 2017 et 2018. La superficie de l'exploitation atteint aujourd'hui 15 ha sur quatre crus (chiroubles, fleurie, morgon et régnié).

Égrappés en totalité, les raisins de cette cuvée issue d'un terroir granitique de 5 ha ont donné naissance à un chiroubles concentré, qui s'ouvre sur des notes complexes à dominante florale. La bouche se distingue par sa richesse, son ampleur et par une expression aromatique qui se diversifie vers des notes épicées et de fruits confits. ⌛ 2026-2030

MAISON RÉMY PASSOT ET FILS, 237, rte de Douby, 69115 Chiroubles, tél. 06 80 01 22 90, remy@domaine-passot.com V r.-v. 5

ROMUALD PETIT 2022 ★

■	3500		8 à 11 €

Après des études de «viti-œno» qui l'ont conduit dans différents vignobles de France, Romuald Petit s'est installé en 2005 à la frontière du Mâconnais et du Beaujolais. Une exploitation de 16 ha qui produit du saint-véran (en bio), du morgon, du saint-amour et du chiroubles.

Romuald Petit a procédé à une traditionnelle vinification semi-carbonique suivie d'un élevage en cuve et fût de 10 mois pour donner naissance à ce chiroubles évoquant la framboise, la fraise, et plus généralement les petits fruits rouges acidulés typiques de l'appellation. En bouche, on découvre un vin tout en finesse et en élégance, bien équilibré et persistant. ⌛ 2025-2030

DOM. ROMUALD PETIT, 567, rte des Dîmes, 71570 Saint-Vérand, tél. 06 61 14 94 99, petitromuald@yahoo.fr V *t.l.j. sf dim. 8h-12h 13h-18h*

CH. DE RAOUSSET Bel-Air 2023 ★

■	30000		11 à 15 €

Les origines de ce domaine, dans la même famille depuis 1930, remontent à 1761. Le domaine actuel a été constitué par Gaston de Raousset, qui réunit des parcelles en chiroubles, morgon et fleurie (25 ha). La propriété, aujourd'hui aux mains de quatre de ses héritiers, est dirigée par Axel Joubert.

Un vin rond, équilibré et d'une belle intensité aromatique qui séduira les amateurs de l'appellation la plus en altitude du Beaujolais. Des notes florales et de fruits rouges relevées par une pointe épicée forment un bouquet bien typé. Une finesse que sa structure en bouche ne dément pas. ⌛ 2025-2030

CH. DE RAOUSSET, 21, rte de Verchère, 69115 Chiroubles, tél. 04 74 69 17 28, info@chateauderaousset.com V *r.-v.*

DOM. RUET La Fontenelle 2023 ★

■	9500		11 à 15 €

Fondé en 1926 au nord du mont Brouilly, ce domaine familial couvre 20 ha, avec des parcelles dans 4 crus : brouilly, côte-de-brouilly, régnié et morgon. Une valeur sûre du Beaujolais : le premier coup de cœur fut un 1984 et bien d'autres ont suivi. David Duthel a pris les rênes de l'exploitation en 2010, complétée par une activité de négoce. Une partie du vignoble est en cours de conversion bio.

Un chiroubles qui s'ouvre au fil de l'aération sur des notes à dominante florale. Après une attaque intense, une matière équilibrée et gourmande s'installe durablement en bouche. Un vin déjà fort plaisant mais qui gagnera certainement encore en harmonie dans les prochaines années. ⌛ 2025-2030

DOM. RUET, Voujon, 69220 Cercié, tél. 04 74 66 85 00, ruet.beaujolais@orange.fr V *r.-v.*

FLEURIE

Superficie : 858 ha / Production : 35 500 hl

Posée au sommet d'un mamelon totalement planté de gamay, une chapelle semble veiller sur le vignoble : c'est la Madone de Fleurie, qui marque l'emplacement du troisième cru du Beaujolais par ordre d'importance, après le brouilly et le morgon. L'aire d'appellation ne s'échappe pas des limites communales, et sa géologie est assez homogène, avec des sols constitués de granites à grands cristaux qui donnent au vin finesse et élégance. Certains aiment le fleurie frais, d'autres le servent à 14-15 °C. Ce vin entre traditionnellement dans la préparation de l'andouillette à la beaujolaise. Printanier, il charme par ses arômes aux tonalités d'iris et de violette. Certains terroirs aux noms évocateurs figurent sur l'étiquette : La Rochette, La Chapelle-des-Bois, Les Roches, Grille-Midi, La Joie-du-Palais...

DOM. ANDRÉ COLONGE ET FILS
Cuvée les Grands Vières 2023 ★

■	50000		8 à 11 €

Ici, on est vigneron de père en fils depuis 1789. Serge Colonge, qui a pris la suite de son père André, travaille avec la génération suivante, celle de Samuel et de Landry (arrivé en 2006). Le trio exploite un vaste domaine de 32 ha sur quatre appellations et deux crus, fleurie et brouilly.

Cette cuvée issue de la traditionnelle macération semi-carbonique, avec 20 % des raisins égrappés, provient d'un lieu-dit du sud de l'appellation où le domaine dispose de 7 ha. Elle offre une séduisante fraîcheur au nez comme en bouche. Les notes de fruits noirs et rouges frais côtoient des nuances florales, tandis que des tanins souples apparaissent dans une bouche gouleyante et équilibrée. ⌛ 2024-2028

DOM. ANDRÉ COLONGE ET FILS, Les Terres-Dessus, 15, chem. de la Ruelle, 69220 Lancié, tél. 04 74 04 11 73, contact@domaine-andre-colonge-et-fils.com V *r.-v.*

DOM. DES DEUX FONTAINES 2022 ★

■	15000		11 à 15 €

Sylvain Paturaux s'est installé en 2020 à la tête de ce domaine de 10,5 ha après avoir enseigné pendant 17 ans dans l'éducation agricole publique. Des vignes étagées entre 300 et 500 m d'altitude, au pied de la fameuse Madone de Fleurie.

Sylvain Paturaux signe un vin raffiné qui, après une attaque onctueuse, dévoile des tanins fins et élégants soulignés par une belle minéralité, le tout accompagné de notes de framboise, de fruits des bois et d'épices. Un fleurie qui réalise un bel équilibre entre fraîcheur et structure. ⌛ 2025-2029 ■ **La Presle 2022 ★ (15 à 20 €; 1600 b.)** Une cuvée parcellaire en provenance d'un lieu-situé à l'ouest de l'appellation. Un vin vinifié en grappe entière et élevé en fût qui présente au nez des notes de mûre et de framboise accompagnées d'une touche de boisé grillé. En bouche, se dévoilent des tanins présents mais harmonieux qui invitent à la garde. ⧗ 2026-2030

DOM. DES DEUX FONTAINES, 777, rte des Raclets, 69820 Fleurie, tél. 06 62 61 80 24, sylvain.paturaux44@gmail.com V r.-v.

PIERRE DUPOND La Madone 2022 ★

| 4000 | | 15 à 20 € |

Terroirs et Talents ? Une structure commerciale ombrelle créée en 2007 par Hervé Dupond et Xavier Barbet, issus de familles installées de longue date dans le Beaujolais. Elle regroupe une activité de négoce (marques Pierre Dupond et Paul Beaudet) et plusieurs domaines entre Beaujolais, Mâconnais et vallée du Rhône.

Une cuvée issue de 70 ares du plus fameux des terroirs de l'appellation. Les vignes, plantées sur du granite rose, ont donné un vin bien équilibré évoquant la groseille, la cerise et les fruits noirs, qui se distingue aussi par sa longueur et son élégance en bouche. ⧗ 2025-2029

PIERRE DUPOND, La Terrière, 1031, rte du Château, 69220 Cercié, tél. 04 74 66 77 80, info@terroirs-et-talents.fr V r.-v.

CH. DE FLEURIE 2023 ★

| 60000 | | 15 à 20 € |

Une imposante maison de maître du XVIIIe s. avec son cuvage et ses caves, où s'alignent les foudres, un parc et 9 ha de vignes implantées sur des arènes granitiques appelées localement « gores ». Le domaine appartient à la maison Jean Loron.

Un assemblage de quelques-uns des plus beaux terroirs de l'appellation est à l'origine de cette cuvée. L'équipe de la maison Loron a procédé à une vinification en vendanges entières pendant une quinzaine de jours. Dans le verre, un vin qui se distingue par sa texture élégante et harmonieuse, et par ses notes de fruits noirs bien mûrs relevés par une touche épicée. Le plaisir ne se fait pas attendre. ⧗ 2024-2028

CH. DE FLEURIE, Le Bourg, 69820 Fleurie, tél. 03 85 36 81 20, vinloron@loron.fr r.-v.

DOM. DES FONDS Les Garants 2022 ★

| 1800 | | 11 à 15 € |

Ce domaine de 17 ha installé sur les collines de Fleurie, avec une belle vue sur la chapelle de la Madone, est né en 2010 de l'association d'André Berrod avec son jeune fils Florent. Il propose trois crus (fleurie, saint-amour et moulin-à-vent) et du beaujolais-villages. Les vinifications sont réalisées sans sulfites.

Un terroir situé à l'est de l'appellation où les Berrod cultivent un demi-hectare à l'origine de cette cuvée qui s'ouvre sur des notes de pivoine et de fruits rouges, de framboise notamment. L'élégance qui fait la réputation des vins du village ne fait pas défaut : la bouche est délicate, longue et harmonieuse. ⧗ 2024-2029

DOM. DES FONDS, Le Vivier, 48, rte des Roches, 69820 Fleurie, tél. 06 79 00 71 90, contact@domainedesfonds.fr V r.-v.

CH. GRAND'GRANGE Clos de la Madone Monopole 2022 ★★

| 2000 | | 15 à 20 € |

En 1842, le fondateur du château nomma son domaine la Grand'Grange comme un pied de nez à son frère cadet qui, lui, avait hérité d'un domaine nommé La Petite Grange. Aujourd'hui, le vignoble compte 11,7 ha repris en 2009 par Per Hakon Schmidt et Marianne Philip, couple d'avocats danois, qui en ont confié la direction technique à Andrea Pugliese.

La vinification à 40 % en vendange éraflée menée par Andrea Pugliese a donné un vin aux notes expressives et élégantes de fruits noirs et de pivoine. L'élevage pour moitié en fût pendant 10 mois s'est bien intégré à une matière harmonieuse, soutenue par une structure tannique bien présente mais sans rugosité. Pour la cave. ⧗ 2026-2032

CH. GRAND'GRANGE, 683, chem. de la Grande-Grange, 69460 Le Perréon, tél. 06 37 24 39 79, info@chateaugrandgrange.com V r.-v.

DOM. LES GRYPHÉES 2023 ★

| 3500 | | 11 à 15 € |

Un domaine familial de 14 ha implanté dans le secteur des Pierres dorées, conduit par Pierre Durdilly et son fils. Ils disposent de cinq crus à leur carte : fleurie, morgon, moulin-à-vent, chénas et juliénas.

Riche, ample, centrée sur des notes de cassis et de petits fruits rouges, cette cuvée issue d'un peu plus de 1 ha de vignes cinquantenaires s'exprime dans le registre de la gourmandise. Des tanins veloutés renforcent sa capacité de séduction. ⧗ 2024-2028

PIERRE DURDILLY, 2, rte de Montgelin, Le Bois-d'Oingt, 69620 Val-d'Oingt, tél. 04 74 72 49 93, domainelesgryphees@wanadoo.fr V r.-v.

DOM. DE GRY-SABLON Vieilles Vignes 2023 ★

| 17000 | | 11 à 15 € |

En 1900, M. Besson, l'arrière-grand-père, s'établit à Émeringes. Cet inventeur du premier filtre-presse cultivait 2 ha auxquels il adjoignit une distillerie et une tonnellerie. Installés en 1991, Dominique Morel, œnologue, et son épouse, Christine, exploitent aujourd'hui 17 ha, avec des parcelles dans six crus, complétés par une activité de négoce.

Cette cuvée a connu une vinification semi-carbonique après égrappage de 70 % des raisins. Le résultat : un vin croquant doté d'une belle expression aromatique autour de la violette et des baies noires. Un registre flatteur qui caractérise aussi une bouche souple et spontanément accessible. ⧗ 2024-2028

DOM. DE GRY-SABLON, 415, rte des Chavannes, 69840 Émeringes, tél. 04 74 04 45 35, gry-sablon@orange.fr V r.-v.

DOM. DES HOUDIÈRES 2023 ★

| 22700 | | 8 à 11 € |

Fondée en 1927, cette cave a eu à sa tête pendant près de 40 ans la première femme présidente de coopérative : Marguerite Chabert, qui fut propriétaire du domaine des Houdières aujourd'hui mené par

Mathieu Montel. Principal producteur de fleurie (un tiers du volume), la cave vinifie les quelque 300 ha de vignes de ses 300 adhérents. Outre les fleurie, elle propose plusieurs crus du Beaujolais.

En provenance de vignes âgées de 70 ans, ce fleurie fait preuve de concentration dès l'attaque en bouche, sans laisser pour autant la fraîcheur en chemin. Les tanins sont bien présents mais enrobés, et son expression aromatique affiche un caractère solaire évoquant les fruits noirs bien mûrs. ⧗ 2025-2030

CAVE DES PRODUCTEURS DE FLEURIE, 213, rue des Vendanges, 69820 Fleurie, tél. 04 74 04 11 70, commercial@cavefleurie.com V t.l.j. 10h-12h 14h-18h

DOM. DE LA MADONE
Madone Vieilles Vignes 2022 ★

■	7000		15 à 20 €

Installé depuis 1984 avec son épouse, Maryse, Jean-Marc Despres, l'un des chefs de file du fleurie, a transmis son domaine en 2018 à son fils Arnaud, aux commandes de 18 ha proches d'un lieu emblématique de l'appellation : la chapelle de la Madone.

Les vignes de 80 ans implantées sur le granite rose de ce fameux lieu-dit de l'appellation font mouche. Ce fleurie se distingue par son équilibre, sa longueur et une matière onctueuse. Son expression aromatique autour des fruits rouges à pleine maturité, de framboise notamment, n'est pas en reste. Une cuvée vinifiée en raisins entiers et élevée en cuve pendant 10 mois. ⧗ 2024-2028

SARL DOM. DE LA MADONE, 1230, rte de la Madone, 69820 Fleurie, tél. 06 80 90 87 80, domainedelamadone@wanadoo.fr V t.l.j. 10h-19h D

DOM. DU MONT VERRIER La Tonne 2022 ★

■	5000		15 à 20 €

Un domaine riche d'une longue histoire (fondé en 1697), qui fut repris par Gérard Legrand en 2007, alors que la menace d'un démantèlement planait. Il est aujourd'hui constitué de 40 ha de vignes.

Une cuvée parcellaire née de 2 ha de vignes implantées sur le lieu-dit La Tonne situé au nord de l'appellation. Autre particularité : un élevage long de 12 mois en fût. Son expression aromatique développe avec intensité des notes de poivre, de fruits noirs et une touche fumée. La bouche fait preuve de structure, d'harmonie et de longueur. Un fleurie qui mérite encore un peu de patience. ⧗ 2026-2030

SCEA DOM. DU MONT VERRIER, 434, rte de Plantigny, 69640 Saint-Julien, tél. 04 74 67 42 84, contact@domainemontverrier.com V r.-v.

DOM. DE ROBERT Cuvée Tradition 2022 ★★

■	16000		11 à 15 €

Patrick Brunet, à la tête de l'exploitation familiale depuis 1983 (il représente la troisième génération), conduit 7 ha de vignes. Il effectue chaque année en moyenne huit passages pour travailler ses sols sans herbicides. Il vinifie à la bourguignonne ses fleurie et ses morgon.

Un vin vinifié en raisins totalement égrappés et macérés en chapeau immergé pour favoriser une extraction en douceur. Au nez, il livre des notes de cerise mûre, de fruits noirs et d'épices. Une expression que l'on retrouve avec la même élégance dans une bouche ample, tendre, soyeuse, qui s'allonge notablement en finale. ⧗ 2025-2032

DOM. DE ROBERT, 143, côte de Champagne, 69820 Fleurie, tél. 06 81 97 25 55, patrickbrunet.vins@gmail.com V r.-v. 4

JULIÉNAS

Superficie : 565 ha / Production : 24 000 hl

Un cru impérial d'après l'étymologie : Juliénas tiendrait en effet son nom de Jules César, de même que Jullié, l'une des quatre communes qui composent l'aire géographique de l'appellation (avec Émeringes et Pruzilly, cette dernière se trouvant en Saône-et-Loire). Implanté sur des terrains granitiques à l'ouest et sur des terrains sédimentaires avec alluvions anciennes à l'est, le gamay engendre des vins bien charpentés, riches en couleur, appréciés au printemps après quelques mois de conservation. Gaillards et espiègles, ceux-ci sont à l'image des fresques qui ornent le caveau de la vieille église, au centre du bourg. Dans cette chapelle désaffectée est remis, chaque année à la mi-novembre, le prix Victor-Peyret à l'artiste, peintre, écrivain ou journaliste, qui a le mieux «tasté» les vins du cru; celui-ci reçoit alors 104 bouteilles : 2 par week-end...

HENRI BONNERUE Les Diorites 2022 ★

■	30000		8 à 11 €

Viticulteurs à Juliénas depuis le début du XVIIe s., les Perrachon ont acheté en 1877 le château de la Bottière, puis le domaine des Pérelles à Romanèche-Thorins (moulin-à-vent). À son installation en 1989, Laurent Perrachon a acquis le domaine des Mouilles, puis des parcelles en morgon, fleurie et saint-amour : en tout, 26 ha, avec des vignes dans six crus. Une structure de négoce a été créée en 2016 dans le prolongement de l'exploitation familiale.

Une cuvée de négoce issue d'un vignoble de près de 5 ha planté de vignes soixantenaires, sur un terroir typique de l'appellation composé de diorites. Égrappés pour moitié, les raisins ont donné un vin d'une belle concentration tannique, qui exhale des nuances de fruits rouges et de cuir. ⧗ 2026-2030

LAURENT PERRACHON ET FILS, 758, rte de Juliénas, 69840 Juliénas, tél. 04 74 04 40 44, maxime@vinsperrachon.com V r.-v.

DOM. BOTTIÈRE-PAVILLON
L'Insolente d'Alex 2022 ★

■	4000		11 à 15 €

Une exploitation familiale de 13 ha conduite par Alexandre Depardon, représentant de la 3e génération. Les vignes de Juliénas sont certifiées bio tandis que le reste du vignoble est en conversion.

Cette cuvée est une sélection de vieilles vignes sur un hectare de terroir argilo-calcaire. Un vin structuré par des tanins solides et qui se distingue par une belle complexité autour des fruits rouges et du cassis. Un juliénas de belle tenue, paré pour la garde. ⌛ 2027-2032

EARL DEPARDON PÈRE ET FILS, 153, impasse des Sarments, 69840 Juliénas, tél. 06 75 53 81 98, contact@beaujolais-depardon.com r.-v.

CH. DES CAPITANS 2022 ★

7996 | 15 à 20 €

Georges Dubœuf a créé en 1964 une affaire de négoce-éleveur qui a largement contribué à la notoriété du Beaujolais. Aujourd'hui dirigée par son fils Franck, la société travaille avec de nombreux vignerons et coopératives et réalise 75 % de son chiffre d'affaires à l'international. Georges Dubœuf est aussi pionnier en matière d'œnotourisme avec son œnoparc (Hameau Georges-Dubœuf) aménagé en 1993 dans l'ancienne gare de Romanèche-Thorins.

Une macération semi-carbonique d'une dizaine de jours et un élevage en fût pour 20 % du vin ont donné ce juliénas d'un bel équilibre. Le nez évoque les fruits rouges, notamment la cerise mûre. Une structure intense s'impose en bouche autour de tanins fermes mais fins. La concentration du millésime 2022 est bien maîtrisée. ⌛ 2026-2032

LES VINS GEORGES DUBŒUF, 208, rue de Lancié, 71570 Romanèche-Thorins, tél. 03 85 35 34 20, gduboeuf@duboeuf.com r.-v.

CHRISTOPHE COQUARD
Jules César 2023 ★

90 000 | 5 à 8 €

Issu d'une longue lignée de vignerons, Christophe Coquard a vinifié sur trois continents et travaillé pour plusieurs négociants du Beaujolais, avant de lancer en 2005 sa propre structure adossée au domaine familial situé dans le pays des Pierres dorées. Une valeur sûre.

Cette cuvée vinifiée en vendanges entières séduit d'emblée par ses arômes intenses de fruits noirs et d'épices. En bouche, sa structure tannique se montre franche et généreuse. Une sensation de puissance et de rondeur à la fois qui s'accompagne d'une bonne longueur. Un vin taillé pour la garde. ⌛ 2027-2032

SARL MAISON COQUARD, 86, rue Manon-Roland, Le Boitier, 69620 Theizé, tél. 04 74 71 11 59, contact@maison-coquard.com r.-v.

CAVE DE JULIÉNAS CHAINTRÉ
Chevalier Saint-Vincent 2023 ★

30 000 | 5 à 8 €

La cave de Juliénas-Chaintré résulte de l'union, en 2013, des coopératives de Juliénas (Beaujolais) et de Chaintré (Mâconnais), fondées respectivement en 1961 et en 1928, et situées à 6 km l'une de l'autre. La nouvelle entité compte 290 ha de vignes, chaque cave gardant sa structure de vinification et son identité propres. Le siège social de la cave est établi au château du Bois de la Salle, un ancien prieuré du XVIe s.

Un mixte de grappes entières et égrappées a macéré pendant 8 jours pour obtenir ce juliénas aux tanins soyeux et ronds, auquel une belle acidité apporte de l'équilibre et de la tenue. Des notes de fruits noirs, de poivre noir et de violette agrémentent le tout. ⌛ 2024-2028

JULIÉNAS CHAINTRÉ VIGNERONS ASSOCIÉS, Ch. du Bois de la Salle, 542, rte de la Cave, 69840 Juliénas, tél. 04 74 04 41 66, contact@julienaschaintre.fr t.l.j. 9h-12h 14h-18h

♥ DOM. MOREL 2023 ★★

8000 | 11 à 15 €

En 1900, M. Besson, l'arrière-grand-père, s'établit à Émeringes. Cet inventeur du premier filtre-presse cultivait 2 ha auxquels il adjoignit une distillerie et une tonnellerie. Installés en 1991, Dominique Morel, œnologue, et son épouse, Christine, exploitent aujourd'hui 18 ha, avec des parcelles dans six crus. Pour compléter leur gamme, ils ont créé en 2015 une activité de négoce sous le nom de Dominique Morel.

De ce un terroir granitique à pierre bleue est né un juliénas issu de raisins égrappés à 70 %, qui se démarque par son ampleur, sa texture fondue, son équilibre et sa longueur. Un vin en outre aussi complet qu'intense sur le plan aromatique, avec une expression dominée par des nuances florales de violette et de pivoine agrémentées d'une pincée de poivre frais qui lui assurent également de la finesse. ⌛ 2025-2030

SAS DOMINIQUE MOREL, 415, rte des Chavannes, 69840 Émeringes, tél. 04 74 04 45 35, vins.morel@orange.fr r.-v.

♥ CH. MOULIN FAVRE
La Centenaire 2023 ★★

6000 | 11 à 15 €

Campée au milieu des vignes sur le coteau de Combiaty, à 427 m d'altitude, cette propriété familiale de 17 ha (dont 11 en brouilly) est travaillée par Armand et Céline Vernus, qui représentent la 6e génération de viticulteurs. Un domaine régulier en qualité.

Une cuvée issue des vieilles vignes du domaine dans l'appellation : de très vénérables ceps âgés de 80 à 100 ans dont les raisins ont été égrappés, puis mis à macérer pendant une quinzaine de jours. Il en résulte un juliénas bien typé, ample, riche, dense, bien structuré et parfaitement équilibré de bout en bout, qui évoque le poivre et les fruits rouges. Un vin qui dispose de toutes les qualités pour la garde. ⌛ 2026-2032

CH. MOULIN FAVRE, Comblaty, 69460 Saint-Étienne-la-Varenne, tél. 06 70 16 12 68, moulin-favre@wanadoo.fr r.-v.

PARDON ET FILS Les Mouilles 2022 ★

■ | 30000 | 🍷 | 8 à 11 €

Établis depuis 1820 dans la capitale historique du Beaujolais, les Pardon sont négociants et vignerons, à la tête de 15 ha en propre. La maison est dirigée par Éric Pardon, pour la partie technique, et par son frère Jean-Marc, qui commercialise les vins de leurs deux propriétés (en beaujolais-villages, régnié et fleurie) et ceux qu'ils sélectionnent chez leurs partenaires.

Les raisins ont été partiellement éraflés avant une macération d'une huitaine de jours en cuve. Le vin s'ouvre sur un bouquet franc et intense aux accents de fruits rouges et de violette. La bouche campe sur de solides tanins et sur une bonne acidité qui incite à lui laisser quelques années de garde avant dégustation. ⧗ 2026-2032

⊶ *DOM. PARDON ET FILS, 185, rte de la Chevalière, 69430 Beaujeu, tél. 04 74 04 86 97, contact@pardonetfils.com* V r.-v.

♥ **CH. DE POUGELON** Beauvernay 2022 ★★★

■ | 13333 | 🍷 | 15 à 20 €

Propriété de la famille Descombe, également présente dans le Chablisien avec le Dom. Passy le Clou, le Ch. de Pougelon, fondé en 1662, exploite près de 12 ha sur le terroir des beaujolais-villages, à l'ouest du mont Brouilly, ainsi que sur plusieurs crus (brouilly, morgon, fleurie et juliénas). Aux commandes des domaines de la famille, Marine Descombe, qui incarne la 5e génération, son frère Kevin et son mari, François. La conversion bio et à l'agroforesterie est en cours.

Côté vignes, des gamays de 65 ans implantés sur un coteau très pentu au sol de pierres bleues (alliance de schistes et de diorites). Côté cave, une vinification en grappes entières et un élevage long (15 mois) en cuve béton. Les choix ambitieux du domaine trouvent ici leur récompense avec ce superbe juliénas d'une remarquable harmonie. La palette aromatique fait preuve d'une grande complexité, associant la pivoine, la cerise, la réglisse et les épices. En bouche, les tanins sont élégants, soyeux, s'affirmant avec distinction au fil de la dégustation, accompagnés par une belle fraîcheur aux tonalités minérales. ⧗ 2026-2032

⊶ *VINS DESCOMBE, 462, rue du Beaujolais, 69460 Saint-Étienne-des-Oullières, tél. 04 74 03 41 73, info@descombe.com* V *t.l.j. sf sam. dim. 8h30-12h 14h-17h; f. août*

DOM. DU VIEUX CERISIER 2023 ★

■ | 35300 | 🍷 | 8 à 11 €

Un domaine qui doit son nom à un vieux cerisier accroché à flanc de colline. Un vignoble de 9 ha implanté sur les hauteurs de l'appellation à 350 m d'altitude.

Entre rondeur et fraîcheur, cette cuvée de juliénas convainc par son équilibre, par ses tanins soyeux et par son expression aromatique généreuse évoquant le cassis, et plus généralement les fruits noirs. Un juliénas dans de bonnes dispositions pour vieillir avec bonheur. ⧗ 2025-2030

⊶ *DOM. DU VIEUX CERISIER, 542, rte de la Cave, 69840 Juliénas, tél. 06 85 41 17 42* V *r.-v.*

MORGON

Superficie : 1 120 ha / Production : 48 600 hl

Le deuxième cru en importance après le brouilly est localisé sur une seule commune, celle de Villié-Morgon. Le gamay y engendre des vins robustes, généreux, fruités, évoquant la cerise, le kirsch et l'abricot. Ces caractéristiques sont dues aux sols issus de la désagrégation de schistes à prédominance basique, imprégnés d'oxyde de fer et de manganèse, que les vignerons désignent par les termes de « terre pourrie ». Des vins qui présentent ces qualités, on dit qu'ils « morgonnent ». Non loin de l'ancienne voie romaine reliant Lyon à Autun, la colline du Py, croupe aux formes parfaites culminant à 300 m d'altitude, fournit l'archétype des vins de l'appellation. Cette Côte du Py est sans doute le plus connu des cinq *climats* de l'AOC. Vin de garde (jusqu'à dix ans les meilleures années), le morgon peut prendre des allures de bourgogne. La commune de Villié-Morgon se flatte d'avoir été la première à se préoccuper de l'accueil des amateurs de vins du Beaujolais : ouvert en 1953, son caveau, aménagé dans les caves du château de Fontcrenne, peut recevoir plusieurs centaines de personnes.

DOM. L'ARCHANGE Le Charme 2022 ★

■ | 6600 | 🍷 | 11 à 15 €

Ancien salarié d'une entreprise d'embouteillage à la propriété, puis ouvrier viticole, Thierry Pernot s'est installé en 2003 comme viticulteur, en reprenant des vignes de différents propriétaires.

En provenance du lieu-dit Les Charmes, où le domaine dispose d'un peu moins de 1 ha de vignes cinquantenaires, cette cuvée élevée 7 mois en cuve brille par son équilibre. Un morgon souple et frais, à la légèreté flatteuse, qui développe d'agréables notes de fruits rouges, de cerise notamment. ⧗ 2024-2028

⊶ *THIERRY PERNOT, Morgon, 69910 Villié-Morgon, tél. 04 74 69 13 54, domainelarchange@orange.fr* V *t.l.j. 8h30-19h*

JULIEN AUCAGNE Côte du Py 2023 ★

■ | 2800 | 🍷 | 8 à 11 €

Dans la famille Aucagne, la viticulture est une seconde nature. Après avoir fait ses armes aux Hospices de Beaujeu et au Ch. de Pierreux, Julien a décidé, en 2019, de créer son propre domaine. L'exploitation compte aujourd'hui 12,5 ha en juliénas, chénas, morgon, beaujolais-villages et crémant-de-bourgogne.

Une cuvaison en grappes entières pendant 14 jours a fait de ce morgon un vin d'une belle structure, auquel l'avenir ouvre ses bras. Il développe au nez des notes flatteuses d'épices, de myrtille et de minéralité. En bouche, il s'appuie sur des tanins bien présents mais ronds qui offrent une sensation de plénitude. ⧗ 2025-2030

⊶ *JULIEN AUCAGNE, 100, rue André-Evrard, 69840 Juliénas, tél. 06 79 45 74 32, domainejulienaucagne@gmail.com* V 🚶 ▪ *t.l.j. 8h-18h*

DOM. ARNAUD AUCŒUR
Tradition Vieilles Vignes 2023 ★★

■	30000	15 à 20 €

En 1825, Jean-Claude Aucœur plante les premiers ceps à Villié-Morgon. Œnologue, Arnaud, qui représente la 10e génération sur le domaine, s'est installé en 1998. Une activité de négoce complète la production de l'exploitation familiale (14 ha) et lui permet de proposer une belle palette de neuf crus.

Les morgons du domaine font partie des incontournables du Guide. Le millésime 2023 ne fait pas exception. Arnaud Aucœur propose ici une cuvée de vieilles vignes (60 ans) à l'équilibre idéal entre puissance et fraîcheur, où les arômes complexes de fruits noirs et d'épices se marient avec bonheur. Paré pour la cave. ⧗ 2026-2034 ■ **Vieilles Vignes 2023 ★ (15 à 20 €; 50000 b.)** Une cuvée conséquente qui représente pas moins de 7 ha. Issue d'un terroir de schistes granitiques, son expression aromatique fait preuve d'une bonne intensité autour de la griotte, de la réglisse et des fruits noirs. Charnue et longue, la bouche traduit une certaine puissance. Le futur sera prospère à ce morgon bien né. ⧗ 2027-2034

⊶ *LES VINS ARNAUD AUCŒUR, 135, imp. du Colombier, 69910 Villié-Morgon, tél. 04 74 04 16 89, arnaudaucoeur@vignobleaucoeur.com* V 🚶 ▪ *r.-v.*

DOM. DE LA CHAPONNE Côte du Py 2022 ★

■	16000	🍾	11 à 15 €

Cette exploitation familiale dispose de 12 ha et d'une maison typiquement beaujolaise à Villié-Morgon. Installés en 1987, Laurent et Laurence Guillet proposent du chiroubles et du morgon.

Laurent Guillet a opté pour une vinification en raisins entiers pendant une quinzaine de jours pour ce Côte du Py issu de vignes de 70 ans. Une approche qui a permis d'obtenir un morgon expressif, mêlant les épices et les notes florales, ample, frais, élégant et long en bouche. ⧗ 2024-2030

⊶ *LAURENT GUILLET, 70, montée des Gaudets, 69910 Villié-Morgon, tél. 04 74 69 15 73, domaine-chaponne@wanadoo.fr* V 🚶 ▪ *r.-v.*

ANTHONY CHARVET Fontriante 2022 ★

■	5700	🍾	11 à 15 €

Anthony Charvet a travaillé plusieurs années chez Georges Boulon, tout en vinifiant à son compte : 73 ares à ses débuts, 4 ha aujourd'hui, en chiroubles, fleurie et morgon. Pas de levures aromatiques ici, ni de thermovinification, mais la recherche de «vins de terroir» non standardisés, sans soufre avec des macérations longues et parfois l'utilisation de qvevris (jarres géorgiennes).

Fontriante est un lieu-dit sur lequel Anthony Charvet exploite 1 ha. Il fait macérer ses raisins, égrappés pour la plus grande partie, pendant 20 jours. Les notes d'épices sont dominantes au nez mais laissent percevoir également les fruits noirs compotés (mûre, myrtille). La bouche se révèle ample et s'étire avec persistance sur d'agréables notes minérales. ⧗ 2025-2030

⊶ *ANTHONY CHARVET, 383, rte de Vermont, 69110 Villié-Morgon, tél. 06 50 07 25 01, anthony.charvet@live.fr* V 🚶 ▪ *r.-v.*

CYRILLE CHAVY Cuvée Vieilles Vignes 2022 ★

■	5000	🍾	8 à 11 €

Un domaine fondé en 1850. Le grand-père Antoine était vigneron et tonnelier. Dans le Guide, de nombreuses étoiles distinguent Henri (le père), puis ses fils. Cyrille, le frère de Franck, a souhaité voler de ses propres ailes en louant puis en achetant un vignoble. Il cultive aujourd'hui 8,2 ha dont il tire des beaujolais-villages, du régnié et du morgon.

Cyrille Chavy cultive 4 ha de vignes de 80 ans sur un terroir de schistes et de pierres bleues. Il en tire ce morgon élevé pendant 1 an en cuve, qui livre au nez des notes de cerise, de fraise et de mûre. Un vin qui fait preuve d'une belle rondeur en bouche, de longueur aussi, porté par des tanins de qualité lui assurant une structure ample. ⧗ 2026-2032

⊶ *CYRILLE CHAVY, 635, rte des Versauds, 69910 Villié-Morgon, tél. 06 70 79 52 43, cyrille.chavy@orange.fr* V 🚶 ▪ *r.-v.*

DOM. FRANCK CHAVY Les Granites roses 2023 ★

■	10000	🍾	11 à 15 €

Fils et petit-fils de vignerons, Franck Chavy s'est installé en 1991 sur quelques hectares de morgon. Par le biais de rachats et de métayages, il a agrandi son domaine, lequel compte aujourd'hui 10 ha, tout en prenant ses marques dans le Guide, dont il est une valeur sûre. Un palmarès auquel contribuent sans doute des vignes plantées à haute densité et des macérations longues.

Une cuvée qui a reçu un coup de cœur avec le millésime 2020 et pour laquelle Franck Chavy exposait sa quête de pureté et de netteté du fruit. Il démontre que ses efforts ne sont pas vains : ce morgon déploie d'élégantes notes de fruits noirs, agrémentées de poivre et de réglisse, auxquelles fait écho une bouche longue et équilibrée. ⧗ 2025-2032

⊶ *EARL FRANCK CHAVY, 200, rte de Lachat, 69430 Régnié-Durette, tél. 06 07 16 18 85, franck.vinchavy@orange.fr* V 🚶 ▪ *r.-v.* 🏠 B

COLLIN-BOURISSET Les Trois Porches 2023 ★

■	61133	🍾	11 à 15 €

Établie à l'extrémité sud du Mâconnais, la maison de négoce Collin-Bourisset a pignon sur rue depuis 1821. Elle sélectionne des cuvées parmi les appellations mâconnaises et beaujolaises. Elle est aujourd'hui très implantée sur les marchés lointains, comme la Chine. Elle possède aussi le Ch. de Péronne (8,5 ha), datant de 1830 mais bâti sur une ancienne forteresse médiévale, ainsi que le Ch. de Loché (11 ha), ancienne dépendance de la Seigneurerie de Vinzelles construite au XIIIe s.

Un morgon dont la couleur profonde qui traduit une volonté d'extraction. La suite de la dégustation confirme ces premières impressions visuelles : la matière se montre dense, ample, développant avec une belle intensité des notes de fruits noirs et rouges. ⧗ 2026-2034

COLLIN-BOURISSET, Pontanevaux, 71570 La Chapelle-de-Guinchay, tél. 03 85 36 81 27, particuliers@collinbourisset.com V *t.l.j. sf dim. 10h-12h30 14h-18h*

DOM. DE LA CROIX DES CHARMES
Climat Les Charmes 2022 ★

| 13866 | | 11 à 15 € |

Caroline et Grégory Chavanne-Trichard sont à la tête de ce domaine qui produit quatre crus du Beaujolais (morgon, chénas, chiroubles et moulin-à-vent). Leur ambition : « rechercher constamment l'équilibre juste nécessaire à de grands vins de garde. »

Un morgon né de vieux gamays de 85 ans implantés sur un sol de schistes. Dans le verre, un vin d'une grande richesse, dense, puissant, dont la générosité est renforcée par ses arômes généreux de fruits macérés et de torréfaction. Bâti pour la garde. ⧗ 2027-2034

DOM. DE LA CROIX DES CHARMES, 150, chem. de la Combe, 69220 Lancié, tél. 04 74 04 14 91, chavanne-trichard@orange.fr V *r.-v.*

GEORGES DUBŒUF Côte du Py 2022 ★

| 6537 | | 15 à 20 € |

Georges Dubœuf a créé en 1964 une affaire de négoce-éleveur qui a largement contribué à la notoriété du Beaujolais. Aujourd'hui dirigée par son fils Franck, la société travaille avec de nombreux vignerons et coopératives et réalise 75 % de son chiffre d'affaires à l'international. Georges Dubœuf est aussi pionnier en matière d'œnotourisme avec son œnoparc (Hameau Georges-Dubœuf) aménagé en 1993 dans l'ancienne gare de Romanèche-Thorins.

Un morgon issu de vignes de 55 ans qui a connu un élevage en cuve pendant 10 mois. Le nez s'ouvre progressivement sur des notes d'épices, de pivoine et de cerise. Une belle complexité aromatique prolongée par une bouche dotée de tanins fins et croquants. L'équilibre comme la gourmandise sont au rendez-vous. ⧗ 2025-2030

LES VINS GEORGES DUBŒUF, 208, rue de Lancié, 71570 Romanèche-Thorins, tél. 03 85 35 34 20, gduboeuf@duboeuf.com V *r.-v.*

DOM. DES FOUDRES 2023 ★

| 9500 | | 8 à 11 € |

Jean-Philippe Sanlaville a pris en 1991 les commandes du domaine familial situé à Vaux-en-Beaujolais, pittoresque village popularisé par Gabriel Chevallier sous le nom de Clochemerle. Établi dans l'aire du beaujolais-villages, il exploite un vignoble de 24 ha, avec des parcelles dans les crus brouilly, chénas, morgon et moulin-à-vent.

Jean-Philippe Salanville exploite un peu plus d'un hectare sur un terroir argilo-limoneux de la fameuse Côte du Py pour réaliser cette cuvée. Au nez, se développent de subtiles nuances de fruits noirs et d'épices. En bouche, la texture apparaît souple et fraîche. Un morgon friand et immédiatement flatteur. ⧗ 2024-2028

DOM. DES FOUDRES, 55, allée du Plagerêt, 69460 Vaux-en-Beaujolais, tél. 04 74 03 20 67, info@domainedesfoudres.com V *t.l.j. sf dim. 10h-18h30*

DOM. DES GÉNÉRATIONS
Vieilles Vignes 2023 ★

| 15000 | | 8 à 11 € |

Fabien Collonge, qui a pris la suite de son père, André, en 1997, vit en hauteur, sur les contreforts des monts du Beaujolais (Le Truges, son hameau, culminant à 450 m). Fondé en 1892, le domaine familial, rebaptisé Dom. des Générations, compte 15 ha de vignes en morgon, chiroubles et beaujolais.

Les vieilles vignes dont il est question pour cette cuvée sont âgées d'une soixantaine d'années. Les raisins ont été égrappés à 70 % puis mis à fermenter pendant 12 jours. Résultat : un morgon d'une notable intensité, qui décline les notes fruitées rehaussées de poivre et qui plaît aussi par sa bouche longue et bien équilibrée. ⧗ 2024-2028

DOM. DES GÉNÉRATIONS, 2866, rte d'Avenas, 69910 Villié-Morgon, tél. 06 30 02 63 18, f.collonge@orange.fr V *r.-v.*

GUÉNAËL JAMBON Dame de la Côte 2022 ★

| 5000 | | 11 à 15 € |

Guénaël Jambon est à la tête depuis 2004 de ce domaine implanté au cœur de la Côte du Py, le terroir le plus connu de l'appellation morgon. Il dispose de 23 ha dans cette appellation, ainsi qu'en fleurie, en chiroubles et en beaujolais-villages.

Guénaël Jambon a dédié cette cuvée à sa grand-mère, dont il cultive les vignes sur la Côte du Py. Des ceps âgés de 80 ans à l'origine d'un vin qui a connu une macération pour moitié en grappes entières, puis un élevage en fût d'un an. Un morgon d'une belle longueur, de bonne densité, structuré, où se mêlent les épices, les notes boisées et les fruits rouges. ⧗ 2026-2032

GUÉNAËL JAMBON, LES ROCHES DU PY, 597, rte de la Chaponne, La Côte du Py, 69910 Villié-Morgon, tél. 06 03 49 73 06, guenael-jambon@wanadoo.fr V *r.-v.*

DOM. JONATHAN PEY
Lieu-dit Bellevue 2022 ★

| 3869 | | 20 à 30 € |

Vigneron californien expérimenté, Jonathan Pey a décidé de s'implanter dans le Beaujolais en 2021. Le domaine compte 1,2 ha, seulement, sur l'appellation morgon. Des vignes travaillées en bio (conversion en cours), labourées au cheval et dont les raisins sont récoltés avec le plus grand soin.

Une belle entrée dans le Guide pour Jonathan Pey avec ce vin en provenance des hauteurs du lieu-dit Bellevue, à 400 m d'altitude. Un morgon vinifié en raisins égrappés à 70 % et pour une petite partie élevé en fût. Il se distingue au nez par ses nuances de reglisse bien mariées aux fruits rouges, puis par son harmonie en bouche, ses tanins fondus, son volume et son agréable finale épicée. ⧗ 2026-2032

DOM. JONATHAN PEY, 9, rue de l'industrie, 69220 Belleville-en-Beaujolais, jpey@scenicroot.net

DOM. DE ROBERT Côte du Py 2022 ★

■ | 4000 | | 11 à 15 €

Patrick Brunet, à la tête de l'exploitation familiale depuis 1983 (il représente la troisième génération), conduit 7 ha de vignes. Il effectue chaque année en moyenne huit passages pour travailler ses sols sans herbicides. Il vinifie à la bourguignonne ses fleurie et ses morgon.

Patrick Brunet signe un morgon vinifié après égrappage complet des raisins. Un vin à la texture dense et suave, qui évoque la cerise confite, les épices douces. L'ensemble se montre à la fois harmonieux et riche. ⧗ 2026-2032

DOM. DE ROBERT, 143, côte de Champagne, 69820 Fleurie, tél. 06 81 97 25 55, patrickbrunet.vins@gmail.com V r.-v. 4

CLAUDIE SALIGNON Douby 2023 ★

■ | 1000 | | 8 à 11 €

Un domaine de 12 ha produisant trois crus du Beaujolais : chiroubles, fleurie et morgon. Claudie Salignon y est aux commandes depuis 2021.

Claudie Salignon exploite 1 ha de vignes soixantenaires dans ce lieu-dit de l'appellation. Elle en tire un morgon qui peut compter sur son profil friand et croquant, ainsi que sur sa belle expression aromatique, pour conquérir son public. Au nez, il évoque élégamment les fruits noirs et rouges. Une netteté aromatique qui accompagne une belle finesse tannique en bouche. Pour se faire plaisir dès aujourd'hui. ⧗ 2024-2028

CLAUDIE SALIGNON, 77, montée des Rochauds, 69910 Villié-Morgon, tél. 04 74 69 16 20, claudie.salignon@gmail.com V t.l.j. 10h-12h 14h-18h; f. août

DOM. DES SOUCHONS
Cuvée Claude Pillet 2020 ★

■ | 10000 | | 8 à 11 €

Fondé en 1752, le Dom. des Souchons se transmet depuis 6 générations. Les 14 ha sont divisés en plus de 40 parcelles permettant de décliner plusieurs terroirs de morgon.

Cette cuvée hommage au fondateur du domaine est issue d'un assemblage de plusieurs terroirs, dont ceux de la Côte du Py et des Grands Cras. Elle a été élevée en fût de chêne dans une quête de complexité et d'élégance. Ses fines notes d'épices, de framboise et de réglisse confirment que le pari est gagné. En bouche, le boisé apparaît aussi bien fondu, et ce sont la fraîcheur et la longueur qui l'emportent. ⧗ 2025-2030 ■ **Grands Cras 2020 ★ (11 à 15 €; 9562 b.)** Une cuvée parcellaire en provenance du terroir siliceux et alluvionnaire des Grands Cras. Le boisé est bien intégré, et ce sont des notes de griotte à l'eau-de-vie et de fruits confits qui dominent la palette aromatique. Un morgon qui présente également une bouche ronde et longue, bien équilibrée entre élevage et fruit. ⧗ 2025-2030

DOM. DES SOUCHONS, 1304, rte de Morgon, Grands Cras, 69910 Villié-Morgon, tél. 04 74 66 57 24, marketing@1752wines.com

J. THORIN Terres de schiste noir 2023 ★

■ | 66600 | | 8 à 11 €

Fondée en 1843 par une vieille famille du Beaujolais, cette maison de négoce, qui s'approvisionne auprès de 450 viticulteurs, est maintenant une filiale du groupe Boisset. Elle décline dans sa gamme les différentes « terres » du Beaujolais, qui donnent leur nom à ses cuvées (silice, granite, schiste noir).

Un morgon qui séduit par sa fraîcheur et son équilibre. Une expression qui se manifeste par des arômes friands de fruits rouges, de groseille notamment, puis par une texture souple en bouche, relevée par une pointe de vivacité en finale. ⧗ 2024-2028

J. THORIN, 403, rte de Saint-Vincent, 69430 Quincié-en-Beaujolais, tél. 04 74 69 09 61, nesme.l@mommessin.fr

LA TOUR DES BANS 2023 ★

■ | 20000 | | 11 à 15 €

Raphaël Blanco conduit depuis 1981 le Dom. de la Tour des Bans (9,5 ha), qui est une métairie du Ch. de Pizay, vaste propriété de 75 ha dans le Beaujolais.

D'une belle expression aromatique évoquant les fruits noirs et une touche chocolatée, ce morgon fait aussi preuve d'une bonne richesse tannique au cœur d'une matière ronde et ample qui lui assure un profil suave et spontanément séducteur. ⧗ 2026-2032

RAPHAËL BLANCO (LA TOUR DES BANS), Pizay, 69220 Belleville-en-Beaujolais, tél. 04 74 66 26 10, oenotheque@vins-chateaupizay.com V t.l.j. 8h30-12h30 14h-18h

VINESCENCE Roches rouges 2023 ★★

■ | 35000 | | 8 à 11 €

Créée en 1929, la cave coopérative de Bel-Air, installée non loin du secteur des crus, près de Belleville, a fusionné en 2008 avec celle de Chiroubles. Forte de 350 producteurs qui vinifient 1 100 ha, elle propose la plupart des appellations du Beaujolais, ainsi que des appellations régionales bourguignonnes.

Un morgon vinifié après égrappage de la moitié des raisins, suivi d'un élevage en cuve. Il présente de flatteuses notes fruitées et épicées, comme autant d'invitations à la dégustation. En bouche, des tanins soyeux, mis en valeur par des arômes acidulés, lui assurent un caractère élégant et harmonieux. Un passeport pour le plaisir immédiat. ⧗ 2024-2028

VINESCENCE, 131, rte Henri-Fessy, Saint-Jean-d'Ardières, 69220 Belleville-en-Beaujolais, tél. 04 74 06 16 05, com@vinescence.fr V r.-v.

MOULIN-À-VENT

Superficie : 648 ha / Production : 25 700 hl

Le « seigneur » des crus du Beaujolais fut l'un des premiers, dès 1924, à avoir été délimité – par un jugement du tribunal civil de Mâcon qui lui donna aussi le droit d'utiliser le nom de moulin-à-vent. Il campe sur les coteaux de deux communes, Chénas, dans le Rhône, Romanèche-Thorins, en Saône-et-Loire. Le moulin qui symbolise l'appellation se dresse à une altitude

de 240 m au sommet d'un mamelon, au lieu-dit Les Thorins. Le gamay noir s'enracine dans des sols peu profonds d'arènes granitiques. Riche en éléments minéraux tels que le manganèse, ce terroir apporte aux vins une couleur rouge profond, un arôme rappelant l'iris, un bouquet et un corps qui, quelquefois, font qu'on les compare à leurs cousins bourguignons de la Côte-d'Or. S'il peut être apprécié dans les premiers mois de sa naissance, le moulin-à-vent supporte une garde de quelques années (jusqu'à dix ans dans les grands millésimes). Selon un rite traditionnel, chaque millésime est porté aux fonts baptismaux, d'abord à Romanèche-Thorins (fin octobre), puis dans tous les villages et, début décembre, dans la « capitale ».

DOM. DES AILES 2023 ★★

18 000 | 8 à 11 €

Créée en 1929, la cave coopérative de Bel-Air, installée non loin du secteur des crus, près de Belleville, a fusionné en 2008 avec celle de Chiroubles. Forte de 350 producteurs qui vinifient 1 100 ha, elle propose la plupart des appellations du Beaujolais, ainsi que des appellations régionales bourguignonnes.

Un vin issu de vignes d'une cinquantaine d'années et vinifié après égrappage. Sa matière concentrée et longue a bénéficié d'un élevage de 9 mois en barrique, lui permettant de présenter dès aujourd'hui une texture fondue, infusée de notes gourmandes de cerise, de framboise et de fruits noirs. ⧗ 2025-2030

VINESCENCE, 131, rte Henri-Fessy, Saint-Jean-d'Ardières, 69220 Belleville-en-Beaujolais, tél. 04 74 06 16 05, com@vinescence.fr V r.-v.

ALLIANCE DES VIGNERONS BOURGOGNE-BEAUJOLAIS Terres Burgonges 2023 ★★

32 600 | 11 à 15 €

Cette « superstructure », réorganisée en 2013, est le fruit de la réunion de cinq coopératives : Cave d'Azé, Cave de Viré, Cave du Ch. de Chénas, Cave du Ch. des Loges et Cave des Vignerons des Pierres dorées. Elle assure la commercialisation des vins de 1 500 ha en Beaujolais et en Mâconnais.

Une vinification longue avec une partie de vendanges égrappées et un élevage mixte cuve et fût de chêne. Voilà qui plante les grandes lignes de cette cuvée représentative des qualités des terroirs granitiques de l'appellation. Dotée d'une bouche ample, aux tanins soyeux, elle présente aussi un équilibre très assuré. Des notes de mûre, de fraise ou encore de violette participent à sa complexité aromatique. ⧗ 2026-2032

ALLIANCE DES VIGNERONS BOURGOGNE-BEAUJOLAIS, Les Mouilles, 69840 Juliénas, tél. 04 74 60 64 56, contact@a-v-bourgogne-beaujolais.com r.-v.

♥ DOM. DE BEL-AIR Les Burdelines 2022 ★★★

70 000 | 11 à 15 €

Dans la famille Lafont depuis plusieurs générations, cette propriété perchée sur la colline de Bel-Air domine la vallée de l'Ardières : des bâtiments de granit bleu construits en 1849, des caves voûtées et un vignoble de 23 ha, avec des parcelles dans cinq crus. À sa tête depuis 1985, Jean-Marc Lafont a créé une structure de négoce à son nom pour compléter sa gamme. Une valeur sûre du Beaujolais.

Une cuvée en provenance d'un terroir d'un peu plus de 1 ha où se mélangent des sables granitiques et du manganèse désagrégé. Les vignes du domaine sont ici âgées de 50 ans environ. Jean-Marc Lafont a partiellement égrappé les raisins et mixé l'élevage en fût et en cuve. Une incontestable réussite tant ce moulin-à-vent séduit par son nez associant avec subtilité la framboise, le cassis et des notes florales, puis par sa richesse en bouche, sa puissance, son équilibre et ses tanins soyeux. ⧗ 2027-2034

DOM. DE BEL-AIR, 964, rte de Saint-Joseph, 69430 Lantignié, tél. 04 74 04 82 08, info@dombelair.com V r.-v.

♥ DOM. DE CHÊNEPIERRE 2023 ★★

20 000 | 8 à 11 €

Christophe Lapierre a pris en 2008 les rênes de l'exploitation familiale, le Dom. de Chênepierre (12 ha répartis entre chénas, moulin-à-vent, beaujolais-villages). Il s'emploie aujourd'hui à réduire les herbicides dans ses vignes. Une partie de sa surface est vinifiée par la coopérative de Chénas (sous l'étiquette « Dom. Christophe Lapierre »).

La cuvée phare du domaine, née de 7 ha de vignes de 50 ans. Christophe Lapierre n'a égrappé qu'une petite partie de la récolte, 20 %, avant une macération d'une douzaine de jours pendant laquelle il a favorisé l'extraction. Le résultat : un vin bien représentatif de son appellation, à l'aromatique franche et précise évoquant la griotte et le cassis, à la bouche ample, riche, veloutée, persistante, parfaitement équilibrée entre le fruit, le bois et les tanins. ⧗ 2026-2034

DOM. DE CHÊNEPIERRE, 616, rte des Michauds, 69840 Chénas, tél. 06 68 68 63 86, lapierre-christophe@wanadoo.fr V *t.l.j. 9h-18h*

DOM. DE LA CROIX DES CHARMES Les Vignes centenaires 2023 ★

4 000 | 11 à 15 €

Caroline et Grégory Chavanne-Trichard sont à la tête de ce domaine qui produit quatre crus du Beaujolais (morgon, chénas, chiroubles et moulin-à-vent). Leur ambition : « rechercher constamment l'équilibre juste nécessaire à de grands vins de garde. »

Ces vignes centenaires, les plus anciennes du domaine, ont précisément 106 ans. Des ceps vénérables qui n'ont visiblement pas dit leur dernier mot. Le vin évoque avec générosité les fruits noirs à haute maturité. L'élevage, pour partie en fût (8 mois), est bien intégré et participe à la patine soyeuse des tanins. Équilibre et longueur sont également au rendez-vous. ⧗ 2026-2030

DOM. DE LA CROIX DES CHARMES, 150, chem. de la Combe, 69220 Lancié, tél. 04 74 04 14 91, chavanne-trichard@orange.fr V r.-v.

DOM. DUFOUR 2022 ★★

■	3800		11 à 15 €

Florent Dufour s'est installé en 1998 sur le domaine familial qu'il n'a eu de cesse d'agrandir. Il dispose aujourd'hui d'une coquette exploitation de 18 ha avec plusieurs crus à sa carte (chiroubles, morgon, brouilly, moulin-à-vent).

Florent Dufour mobilise un demi-hectare de gamay pour élaborer cette cuvée. Un vin à l'intense expression aromatique centrée sur les fruits rouges relevés de nuances épicées. Une générosité et une intensité que l'on retrouve dans une bouche ample, harmonieuse et persistante. ⧗ 2026-2032

DOM. DUFOUR PÈRE ET FILS, 1202, montée des Maisons-Neuves, 69220 Cercié, tél. 06 27 47 44 80, domaine.dufourpf@gmail.com V r.-v.

DOM. GRAND MOULIN Bruyères des Thorins 2022 ★★

■	3000		20 à 30 €

Héritiers de la maison Jean Loron, aujourd'hui dirigée par Philippe Bardet, les frères Xavier et Nicolas Barbet sont propriétaires du Dom. Grand Moulin au cœur de l'appellation moulin-à-vent depuis 2006. Les terroirs Champ de Cour, Le Moulin, La Roche et Les Perelles figurent dans leur gamme.

Le domaine, comme beaucoup d'autres dans l'appellation, a adopté une approche bourguignonne de la vinification : égrappage, macération longue (20 à 25 jours) et élevage en fût. Le résultat est à la hauteur des ambitions : ce vin aux notes expressives de cassis, de réglisse et de rose se montre ample, rond, soyeux et gourmand en bouche. ⧗ 2025-2030

SCEA BARBET, Les Sauniers, 71570 Saint-Vérand, tél. 03 85 36 81 20, vinloron@loron.fr

DOM. DU GUERET 2023 ★

■	16200		8 à 11 €

Propriété de la famille Favre-Curtelin, ce domaine élabore des vins des crus du Beaujolais (8 ha en moulin-à-vent). Le fruit de la récolte est vinifié par la cave de Chénas, dont Jean Favre a longtemps été le président. Ses quatre filles sont aujourd'hui aux commandes de la propriété sous l'expertise de Catherine Delaunay-Favre.

Le domaine dispose d'un peu plus de 2 ha de vignes soixantenaires sur l'appellation. Le vin qui en est issu développe une belle structure concentrée, soutenue par une pointe d'acidité et accompagnée par des notes de fleurs, de fruits noirs et de réglisse. Une cuvée à laquelle on peut prédire un bel avenir. ⧗ 2026-2032

DOM. DU GUÉRET, La Bruyère, 69840 Chénas

CH. DES JACQUES Clos de Rochegrès 2017 ★

■	15474		15 à 20 €

Propriété de la famille Thorins jusqu'en 1996, ce domaine de 86 ha a été repris par la maison beaunoise Louis Jadot pour en faire son fer de lance dans le Beaujolais. L'objectif est de mettre en valeur les différents terroirs de moulin-à-vent, morgon et fleurie. Julie Pitoiset a pris la tête du château en 2023.

Lieu-dit parmi les plus connus de l'appellation, Rochegrès est situé sur les hauteurs du vignoble, sur un sol de granit rose traversé de filons de quartz. L'équipe du domaine a procédé à un égrappage des raisins avant une longue cuvaison pour ce vin ouvert sur les fruits noirs confits, les épices et la torréfaction, encore bien structuré en bouche malgré son âge et auquel les quelques années d'évolution ont assuré également une texture fondue. ⧗ 2025-2029 ■ **2022 ★ (15 à 20 €; 72000 b.)** Une cuvée qui résulte de l'assemblage des huit terroirs dont dispose le domaine sur l'appellation. D'une belle longueur, solide, elle propose une matière d'une ampleur et d'une puissance qui permettent de pronostiquer une belle évolution les années à venir. ⧗ 2027-2034

CH. DES JACQUES, 147, rue des Jacques, 71570 Romanèche-Thorins, tél. 03 85 35 51 64, contact@chateau-des-jacques.fr V r.-v.

DOM. DU MONT VERRIER Cuvée sélection 2022 ★

■	8000		15 à 20 €

Un domaine riche d'une longue histoire (fondé en 1697), qui fut repris par Gérard Legrand en 2007, alors que la menace d'un démantèlement planait. Il est aujourd'hui constitué de 40 ha de vignes.

L'équipe du domaine a procédé à une macération de 15 jours en vendanges égrappées, suivie d'un élevage en cuve de 6 mois « pour préserver le fruit ». Non seulement le fruit est bien présent, mais il est aussi délicat, flatteur et complexe, et irrigue une matière fine et harmonieuse en bouche. ⧗ 2024-2028

SCEA DOM. DU MONT VERRIER, 434, rte de Plantigny, 69640 Saint-Julien, tél. 04 74 67 42 84, contact@domainemontverrier.com V r.-v.

DOM. OLIVIER PÉZENNEAU 2022 ★

■	2200		15 à 20 €

Olivier Pézenneau a repris ce domaine en 2015, suite au départ à la retraite de son précédent propriétaire. Il a depuis agrandi l'exploitation pour atteindre 17 ha, dont le cœur se situe sur les flancs des coteaux de Brouilly.

Cette cuvée a pour particularité de provenir d'un lieu-dit situé sur la commune de Chénas. Olivier Pézenneau y dispose de vieux gamays de 85 ans en moyenne. Il a opté pour un égrappage à 80 % de ses raisins et pour un élevage long en cuve. Bien équilibré, son vin évoque les fruits rouges frais, les épices et des nuances florales, et joue la carte de la finesse en bouche. ⧗ 2025-2030

OLIVIER PÉZENNEAU, 1350, rte du Morgon, 69640 Lacenas, tél. 06 14 19 02 65, vins@olivier-pezenneau.com V t.l.j. sf dim. 10h-12h 15h-19h

CH. PORTIER Vieilles Vignes 2023 ★

■	10000		15 à 20 €

Ingénieur et œnologue, Denis Chastel-Sauzet est le propriétaire du moulin emblématique du Dom. de Moulin-à-Vent et, depuis 2006, du Ch. Portier, une bâtisse au toit de tuiles vernissées construite au

XIXᵉs. Avec ces deux vignobles, il est à la tête d'un domaine de 20 ha.

Denis Chastel-Sauzet a opté pour une cuvaison longue pour «apporter finesse, élégance et sucrosité» à ce moulin-à-vent issu de vignes cinquantenaires. Objectif atteint : souple et ronde, la matière est bien en place. L'élevage en fût lui a également apporté des notes vanillées et épicées en support des traditionnelles nuances de fruits rouges. ⧗ 2025-2030

SCV CH. PORTIER, 1765, rte de Moulin-à-Vent, 71570 Romanèche-Thorins, tél. 06 84 84 71 01, moulinavent.com@gmail.com V *t.l.j. 8h-12h 13h30-19h; groupes sur r.-v.*

DOM. DE ROCHE NOIRE 2022 ★★

	12 000		11 à 15 €

Patrick Balvay s'est installé en 1985 sur 4 ha de moulin-à-vent, puis s'est agrandi sur les appellations chénas, morgon et saint-amour pour conduire aujourd'hui 18 ha avec son fils Tanguy, arrivé sur l'exploitation en 2015.

Un moulin-à-vent en provenance de 2 ha de vignes âgées de 60 ans. Un vin ample et soyeux dont le potentiel de séduction ne se dément pas tout au long de la dégustation. La belle maturité du millésime 2022 s'exprime à travers de notes de cassis, de mûre et plus généralement de fruits compotés. ⧗ 2025-2030

DOM. DE ROCHE NOIRE, 1203, rte du Vieux-Bourg, 69840 Chénas, tél. 06 80 98 97 91, vins.balvay@orange.fr V *r.-v.*

DOM. DE SAINT-ENNEMOND
Vieilles Vignes Les Greneriers 2022 ★

	2000		11 à 15 €

Reprise en 1977 par Christian Béréziat, cette ancienne propriété viticole tire son nom de la chapelle du XIIᵉs. située à 50 m des bâtiments d'exploitation, qui datent, eux, du XIXᵉs. Le vignoble couvre 7 ha. C'est aujourd'hui Pierre-Jean Béréziat qui assure les vinifications.

Vinifiée selon les principes de la traditionnelle macération carbonique, cette cuvée a connu une macération longue pour favoriser l'extraction des tanins. Son expression aromatique évoque subtilement le poivre noir et les fruits noirs bien mûrs, arômes prolongés par une bouche à la fois riche et gourmande. ⧗ 2025-2030

DOM. DE SAINT-ENNEMOND, 1293, rte de Saint-Ennemond, 69220 Saint-Lager, tél. 04 74 69 67 17, saint-ennemond@orange.fr V *r.-v.*

DOM. DE LA TEPPE Tradition 2022 ★★

	3400		11 à 15 €

Pierre Bouzereau s'est installé en 1988 à Romanèche-Thorins. Il exploite aujourd'hui une vingtaine d'hectares de vignes, principalement dans les crus moulin-à-vent (Dom. les Graves) et fleurie (Dom. de la Teppe).

Élevée en foudre pendant un an après vinification en vendanges égrappées à 60 %, cette cuvée se distingue par son bouquet complexe et subtil de fruits rouges et de rose, puis par sa grande finesse de texture, soulignée par des tanins soyeux et réglissés. Le plaisir est déjà au rendez-vous. ⧗ 2024-2029

EARL ROBERT ET PIERRE BOUZEREAU, 38, rte de la Mairie, 71570 Romanèche-Thorins, tél. 06 82 24 35 64, domainedelateppe@gmail.com V *r.-v.*

DOM. DES VIEILLES CAVES 2022 ★

	8090		8 à 11 €

Rebaptisée Les Vins Aujoux, l'ancienne Société vinicole beaujolaise a étendu son rayon d'action au cours du siècle dernier en s'alliant avec d'autres sociétés (Jacques Depagneux, Chanut). Elle propose des vins du Mâconnais et du Beaujolais en provenance de domaines partenaires.

Un moulin-à-vent élevé longuement en cuve pendant 18 mois, qui privilégie la vivacité et la finesse plutôt que la puissance. Sa palette aromatique évoque les fruits rouges avec élégance. Une finale d'une honorable persistance conclut la dégustation. ⧗ 2024-2028

LOUIS DE JOLIMONT, 44, rue des Sarments, 69820 Fleurie, tél. 04 69 37 00 89, aujoux@aujoux.fr V *t.l.j. sf sam. dim. 8h-12h30 13h30-18h*

DOM. ZÉPHYR
Champ de cour 2020 ★★

	5000		15 à 20 €

Un domaine acquis en 1966 par la famille Mommessin, qui fut à la tête du Clos de Tart (grand cru de la Côte de Nuits) pendant près d'un siècle. La 4ᵉ génération, incarnée par Matthieu Derats, est aujourd'hui aux commandes des 8 ha de vignes.

Une cuvée en provenance d'un lieu-dit établi sur de sols d'alluvions anciennes caractéristiques du piémont de la côte. Ce moulin-à-vent a bénéficié d'un élevage en fût pendant un an et présente une palette aromatique mêlant des notes de poivre et de fruits noirs confiturés, et une bouche puissante mais équilibrée, sans dureté, dotée des tanins ronds. ⧗ 2026-2032

DOM. ZÉPHYR, 37, rue des Rouchaux, 71570 Romanèche-Thorins, tél. 06 67 00 73 31, contact@domaine-zephyr.com V *r.-v.*

RÉGNIÉ

Superficie : 313 ha
Production : 15 000 hl

Officiellement reconnu en 1988, le plus jeune des crus s'insère entre le morgon au nord et le brouilly au sud, confortant ainsi la continuité des limites entre les dix appellations locales beaujolaises. À l'exception de 5,9 ha sur la commune voisine de Lantignié, il est totalement inclus dans le territoire de la commune de Régnié-Durette, autour de la curieuse église aux clochers jumeaux qui symbolise l'appellation. Orienté nord-ouest/sud-est, le vignoble s'ouvre largement au soleil levant et à son zénith, ce qui lui a permis de s'implanter à une altitude entre 300 et 500 m. Le gamay s'enracine dans un sous-sol sablonneux et caillouteux – le terroir s'inscrit dans le massif granitique dit de Fleurie. On trouve aussi quelques secteurs à tendance argileuse. Aromatiques, fruités et floraux, charnus et souples, les régnié sont souvent qualifiés de rieurs et de féminins.

♥ CH. DE LA BRASSE 2020 ★★

■ | 2000 | | 8 à 11 €

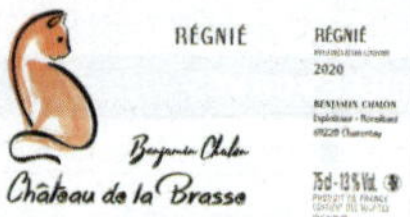

Une exploitation familiale de 8 ha située au pied du mont Brouilly, reprise en 2015 par Benjamin Chalon. À la propriété étaient à l'origine rattachées des vignes en brouilly et en beaujolais-villages. En 2020, des parcelles de régnié sont venues enrichir la gamme.

Benjamin Chalon exploite pour cette cuvée un peu plus d'un demi-hectare sur un sol argilo-sableux où s'épanouissent des vignes d'une soixantaine d'années. Il a fait macérer longuement ces raisins après égrappage, avant un élevage de 8 mois en cuve. Cela a conféré une patine gourmande à la texture de ce vin, qui évoque les épices, les fruits noirs et la cerise à pleine maturité. En bouche, on aime son volume imposant dès l'attaque et le soyeux de sa matière et de ses tanins. Imparable. ⧗ 2025-2030

⊶ BENJAMIN CHALON, 1115, rte de Saint-Lager, La Brasse, 69220 Charentay, chateaudelabrasse@gmail.com V t.l.j. sf dim. 10h-12h30 14h-18h30

Ⓑ DOM. LES CAPRÉOLES
Diaclase 2022 ★★

■ | 6000 | | 15 à 20 €

Cédric Lecareux – arrivé du Languedoc-Roussillon où il a officié dans les domaines du groupe Gérard Bertrand – et son épouse, originaire du Beaujolais, ont racheté ce domaine vieux de 250 ans en 2014. Ils y cultivent 8 ha de vignes en biodynamie implantés comme un jardin autour de la propriété, avec une vue exceptionnelle sur les deux clochers de Régnié-Durette.

Les diaclases sont des déformations au cours desquelles une roche, le granite en l'occurrence, se fend. Cédric Lecareux, lui, ne se désunit pas, et pour ses dix ans à la tête du domaine, il s'offre deux nouvelles étoiles et figure plus que jamais comme une valeur sûre de l'appellation. Son régnié exprime de jolies notes boisées et épicées, qui se marient avec les fruits noirs pour former une palette aromatique complexe. En bouche, on découvre une matière ample et profonde qui pousse loin la finale. ⧗ 2026-2032

⊶ DOM. LES CAPRÉOLES, 108, imp. du Muguet, La Plaigne, 69430 Régnié-Durette, tél. 06 10 22 14 86, contact@capreoles.com V r.-v.

RÉGINE ET DIDIER COSTE-LAPALUS
Cœur des bruyères 2022 ★

■ | n.c. | | 8 à 11 €

En 1999, Régine et Didier Coste-Lapalus ont décidé de reprendre les vignes familiales louées jusqu'alors à un fermier. Les parcelles situées au sud de Régnié offrent une splendide vue sur les Alpes.

Une cuvée élevée pour un tiers en fût, à la texture pleine et vigoureuse. Le nez évoque avec finesse les épices et la griotte. Sa matière fait preuve de longueur et de consistance. Un vin de garde qui gagnera encore en harmonie avec quelques années de patience. ⧗ 2026-2032

⊶ RÉGINE ET DIDIER COSTE-LAPALUS, 280, chem. des Bruyères, 69430 Régnié-Durette, tél. 04 74 04 38 04, lapalus.rd@wanadoo.fr V r.-v.

DOM. LAFOREST 2023 ★★

■ | 30000 | | 5 à 8 €

Vigneron comme son père et son grand-père, Jean-Marc Laforest a pris les rênes en 1973 d'un domaine qui compte aujourd'hui 20 ha. Ses deux fils Thomas et Pierre ont pris la relève en 2016. L'exploitation propose les crus brouilly, côte-de-brouilly et régnié, ainsi que du beaujolais-villages.

Jean-Marc Laforest exploite 7 ha sur l'appellation régnié. Des vignes d'une quarantaine d'années implantées sur un terroir de sable et de granite qui ont donné un vin d'une belle fraîcheur et à l'équilibre gourmand. Au nez, des notes de fruits noirs côtoient des nuances minérales. En bouche, se dévoile une texture veloutée, épaulée par une bonne structure tannique en finale. Un régnié spontanément plaisant, mais qui vieillira bien également. ⧗ 2025-2030

⊶ DOM. LAFOREST, 793, rte du Bois, 69430 Régnié-Durette, tél. 04 74 04 35 03, domaine.laforest@orange.fr V t.l.j. sf dim. 8h-12h 13h-20h

♥ DOM. DE THULON 2022 ★★

■ | 6200 | | 11 à 15 €

Métayers du Ch. de Thulon pendant 20 ans, René et Annie Jambon ont acheté en 1987 les terres qu'ils travaillaient. En 2002, leurs enfants les ont rejoints : Laurent, œnologue, et Carine, qui travaille à la commercialisation. Le domaine, agrandi, compte 18 ha en morgon, chiroubles, régnié et beaujolais-villages.

En provenance des 8 ha sur le lieu-dit qui a donné son nom au domaine, cette cuvée est un remarquable ambassadeur de son appellation. Elle s'ouvre sur des notes florales de pivoine, puis de cassis et de groseille confits. Précis dès l'attaque en bouche, les tanins se développent avec puissance et surtout avec élégance. Une longue finale, où l'on retrouve des nuances de fleurs, conclut parfaitement la dégustation. Un régnié de grande classe, vinifié en vendanges partiellement égrappées et issu de vignes d'une cinquantaine d'années. ⧗ 2025-2032

⊶ DOM. DE THULON, 2, chem. de Thulon, 69430 Lantignié, tél. 04 74 04 80 29, carine@thulon.com V r.-v.

DOM. DES VIEUX CHASTYS 2023 ★

■ | 13000 | | 8 à 11 €

Un petit vignoble de 5,5 ha, ancienne propriété de la famille de l'abbé Pierre acquise en 1988 par le Ch. de Pizay, l'un des grands domaines de la région (75 ha de vignes). Jean-Pierre Joubert en est l'actuel métayer.

Ce vin dévoile spontanément des notes de bonbon anglais et de fruits rouges. Un caractère friand que l'on retrouve dans une bouche fruitée, construite sur des tanins souples et sur un bel équilibre. ⧗ 2024-2028

LES CHASTYS, Les Chastys, 69430 Régnié-Durette, tél. 04 74 66 26 10, oenotheque@vins-chateaupizay.com V t.l.j. 8h30-12h30 14h-18h

SAINT-AMOUR

Superficie : 313 ha / Production : 14 900 hl

Ce vin au nom séducteur a conquis de nombreux consommateurs étrangers, et une très grande part des volumes produits alimente le marché extérieur. Le visiteur pourra le découvrir dans le caveau créé en 1965 au lieu-dit Le Plâtre-Durand, avant de continuer sa route vers l'église et la mairie qui, au sommet d'un mamelon, dominent la région. À l'angle de l'église, une statuette rappelle la conversion du soldat romain qui donna son nom à la commune. Des peintures, aujourd'hui disparues, d'une maison du hameau des Thévenins, qui auraient témoigné de la joyeuse vie menée pendant la Révolution dans cet « hôtel des Vierges », expliqueraient, elles aussi, le nom du village… Incluse dans le département de Saône-et-Loire, l'appellation est délimitée sur des sols argilo-siliceux décalcifiés de grès et de cailloutis granitiques, faisant la transition entre les terrains purement primaires au sud et les terrains calcaires au nord, qui portent les AOC saint-véran et mâcon. Deux « tendances œnologiques » ici : l'une favorise une cuvaison longue dans le respect des traditions beaujolaises, qui confère aux vins nés sur les roches granitiques le corps nécessaire pour la garde; l'autre, de type primeur, donne des vins consommables plus tôt.

DOM. DES 3 PLAISIRS 2023 ★

1930 | 8 à 11 €

Héritier de 4 générations de vignerons, Fabien Adoir, installé à Saint-Amour-Bellevue, propose deux vins dans cette appellation : le Dom. de la Croix Carron (qu'il conduit avec son frère Daniel), bien connu de nos lecteurs, et le Dom. des 3 Plaisirs, créé en 2004, qui dispose de 12 ha.

Une dizaine jours de cuvaison en grappes entières et un élevage de 5 mois en cuve ont donné un saint-amour particulièrement expressif, riche et élégant, qui déploie des notes poivrées d'une gourmande intensité. La bouche séduit tout autant par sa rondeur que par sa finesse. Les vignes soixantenaires du domaine, plantées sur 2 ha granitiques, s'expriment ici avec une évidente harmonie. ⧗ 2024-2028

DOM. DES TROIS PLAISIRS, 869, rte des Crus-du-Beaujolais, 71570 Saint-Amour-Bellevue, tél. 06 32 37 97 59, fabien.adoir@sfr.fr V r.-v.

DOM. DE L'ANCIEN RELAIS
Vieilles Vignes 2022 ★

10000 | 8 à 11 €

Bien connu pour ses saint-amour et ses juliénas, ce domaine est installé dans un ancien relais de poste doté d'une cave voûtée datant de 1399. Il a été fondé en 1946 par André Poitevin. En 1995, son gendre Jean-Yves Midey, ancien cuisinier, l'a repris avec son épouse, Marie-Hélène, et en a porté la superficie de 4 à 8,5 ha.

De vénérables gamay de 80 ans répartis sur plusieurs parcelles de granite et de silice ont été assemblées par Jean-Yves Midey dans ce vin élaboré en grappes entières. Au nez, les fruits frais dominent. On les retrouve dans une bouche d'une notable longueur, qui fait aussi preuve d'une bonne présence tannique. ⧗ 2025-2030

DOM. DE L' ANCIEN RELAIS, 45, rte des Chamonards, 71570 Saint-Amour-Bellevue, tél. 06 14 76 98 05, contact@domaine-ancien-relais.com V r.-v.

♥ ARNAUD AUCŒUR
Vieilles Vignes 2023 ★★★

30000 | 15 à 20 €

En 1825, Jean-Claude Aucœur plante les premiers ceps à Villié-Morgon. Œnologue, Arnaud, qui représente la 10e génération sur le domaine, s'est installé en 1998. Une activité de négoce complète la production de l'exploitation familiale (14 ha) et lui permet de proposer une belle palette de neuf crus.

La note maximale et un coup de cœur, un de plus pour le domaine, Arnaud Aucœur montre qu'il est définitivement à l'aise sur tous les types de terroirs de sa région. Ici, les vignes sont implantées sur un sol de schistes granitiques pour une superficie de 4 ha : des ceps de 60 ans à l'origine d'un saint-amour puissant et complexe, qui associe les fruits noirs et rouges aux épices et qui se distingue par sa bouche ronde, tendre, soyeuse. Un saint-amour diablement gourmand. ⧗ 2025-2030

LES VINS ARNAUD AUCŒUR, 135, imp. du Colombier, 69910 Villié-Morgon, tél. 04 74 04 16 89, arnaudaucoeur@vignobleaucoeur.com V r.-v.

CH. BONNET
Côte de Besset 2022 ★★

15000 | 11 à 15 €

Aux confins de la Bourgogne et du Beaujolais, ce château tire son nom du sieur Bonnet, échevin de la ville de Mâcon, qui y fit bâtir en 1630 une gentilhommière où séjourna plus tard Lamartine. Acquis par les Perrachon en 1973, le domaine compte 20 ha de vignes. Pierre-Yves Perrachon, à sa tête depuis 1988, a été rejoint en 2013 par sa fille Charlotte, œnologue. Il s'est associé en outre avec un vigneron du Mâconnais pour compléter son exploitation d'une structure de négoce, Bourgogne Sélect.

Située à la limite avec le cru juliénas, la Côte de Besset offre un terroir de grès aux vignes soixantenaires du domaine. Les raisins ont macéré pendant 8 jours en grappes entières pour livrer un vin d'une belle intensité aromatique, sur des notes de fruits rouges mûrs, de fraise notamment, rond et long en bouche. Une incontestable réussite. ⧗ 2024-2030

CH. BONNET, 2, Les Paquelets, 71570 La Chapelle-de-Guinchay, tél. 03 85 36 70 41, pierre-yves@chateau-bonnet.fr V *r.-v.*

DOM. DES BRUYÈRES 2023 ★

2000 | 8 à 11 €

Acquis par le père de l'actuel vigneron en 1982, ce domaine de 10 ha a vendu sa production en vrac jusqu'en 2001 à une maison de négoce suisse. L'arrivée en 1996 de Nicolas Durand, qui a acquis une précieuse expérience en vinification, lui a ouvert de nouvelles perspectives. Le fils de ce dernier, Thomas, a rejoint le domaine en 2019.

Un peu plus de 1 ha de gamay planté de vignes de 70 ans livre ici une cuvée qui réjouira les amateurs de vins ronds, privilégiant l'élégance et l'harmonie à la puissance. Un profil que le millésime 2023 a su engendrer, pour peu qu'un vigneron attentif soit à l'œuvre. Un vin de plaisir spontané, qui ne manque pas de longueur pour autant. ⧗ 2024-2027

NICOLAS ET SANDRINE DURAND, 502, rte de Saint-Amour, 71570 La Chapelle-de-Guinchay, tél. 06 12 62 46 52, nicolas.durand41@orange.fr V *r.-v.*

DOM. DES DARRÈZES 2023 ★★

10000 | 11 à 15 €

Madeleine et Jacques Janin conduisent le vignoble familial depuis 1974; un domaine fondé par l'arrière-grand-père en 1923, qui n'a cessé de s'agrandir au fil des générations. Il recouvre aujourd'hui 6,4 ha en appellations saint-amour, juliénas, bourgogne blanc et crémant-de-bourgogne.

Un saint-amour charnu, intense et puissant. Vinifié en macération semi-carbonique, il présente au nez des arômes évoquant des raisins récoltés à belle maturité : les fruits rouges confiturés se marient aux épices. En bouche, la richesse de sa matière s'adosse à des tanins de belle constitution et à une certaine sucrosité. L'ensemble dégage une belle harmonie. ⧗ 2024-2028

MADELEINE ET JACQUES JANIN (DOM. DES DARRÈZES), 1440, rte de la Saint-Valentin, Les Darrèzes, 71570 Saint-Amour-Bellevue, tél. 03 85 37 12 96, domainedarrezes@free.fr V *t.l.j. 10h-19h; f. janv.*

DOM. HAMET-SPAY Vers l'église 2023 ★

47000 | 11 à 15 €

Madeleine et François Spay eurent onze enfants. L'un d'entre eux, Paul, hérita du domaine (Dom. de la Cave Lamartine), et, à la génération suivante, Christophe Spay et sa sœur Rachel Hamet constituèrent en 2005 leur exploitation, sur 17 ha : moulin-à-vent, juliénas, saint-amour et, en blanc, pouilly-fuissé, le Mâconnais étant voisin du cru saint-amour.

Le domaine a procédé à une macération d'une douzaine de jours en grappes entières pour 60 % de la récolte. Une approche qui a donné naissance à un saint-amour privilégiant la finesse et l'élégance au nez comme en bouche, autour de jolies notes de fruits rouges. Un ensemble bien équilibré, qui ne manque pas non plus de richesse. ⧗ 2024-2028

SCEV DOM. HAMET-SPAY, pl. de l'Église, 71570 Saint-Amour-Bellevue, tél. 06 61 71 67 66, info@hamet-spay.fr V *t.l.j. sf dim. 9h30-12h 14h-18h*

VIGNERONS ASSOCIÉS JULIÉNAS-CHAINTRÉ
Tradition Bois de la Salle 2023 ★

40000 | 8 à 11 €

La cave de Juliénas-Chaintré résulte de l'union, en 2013, des coopératives de Juliénas (Beaujolais) et de Chaintré (Mâconnais), fondées respectivement en 1961 et en 1928, et situées à 6 km l'une de l'autre. La nouvelle entité compte 290 ha de vignes, chaque cave gardant sa structure de vinification et son identité propres. Le siège social de la cave est établi au château du Bois de la Salle, un ancien prieuré du XVIe s.

Un saint-amour issu de 10 ha de vignes plantées sur un terroir d'argiles limoneuses et d'alluvions. Une partie des raisins a été égrappée avant un élevage en cuve d'une dizaine de mois. Le résultat : un vin sur le fruit, doté de tanins qui tapissent élégamment le palais. Une belle réussite dans un millésime exigeant. ⧗ 2024-2027

CAVE DE JULIÉNAS-CHAINTRÉ, 180, rte de la Cave, Le Clos Reyssier, 69840 Juliénas, tél. 04 74 04 41 66, contact@julienaschaintre.fr V *t.l.j. 9h-12h 14h-18h*

DOM. DES PINS
Tradition des pins 2022 ★

16000 | 8 à 11 €

Ce domaine a été repris en 2016 par la famille Polosse et Sandra Escot, passionnées par le terroir du Beaujolais. Il est cogéré et exploité par Joseph de Sonis, à l'origine de nouvelles cuvées parcellaires. Le vignoble couvre 6 ha.

Joseph de Sonis reste fidèle à la vinification semi-carbonique, avec égrappage, traditionnelle dans le Beaujolais, suivi d'un élevage de 9 mois en cuve. Dans le verre, un saint-amour qui se dévoile avec gourmandise dès la première approche, autour d'une palette intense de fruits rouges, relayée avec la même énergie par une bouche tendre et ronde. ⧗ 2024-2027

DOM. DES PINS, 120, rue de La Piat, 71570 Saint-Amour-Bellevue, tél. 06 61 77 32 94, joseph.de-sonis@orange.fr V *r.-v.*

♥ DOM. DE LA PIROLETTTTE
La Poulette 2022 ★★★

2660 | 20 à 30 €

Remontant à 1600, ce domaine de 15 ha, implanté en saint-amour, tirerait son nom de la pirole, plante vivace à fleurettes blanches à laquelle on prête des vertus diurétiques. Voilà belle lurette que les propriétaires successifs ont préféré y faire pousser de la vigne. Les derniers en date, depuis 2013, sont les Barbet (Grégory et ses sœurs), bien connus en Beaujolais (maison Loron).

Une cuvée emblématique du travail parcellaire mené par le domaine, visant à mettre en valeur les terroirs du cru. En provenance du lieu-dit La Poulette, au sol de granite rose et d'argile, ce saint-amour se distingue par sa grande intensité et ses nombreuses nuances gustatives (fruits rouges et noirs, épices, notes florales). Une complexité aromatique qui s'accompagne d'une grande longueur et d'une texture élégante et fine. Un vin qui a aussi pour particularité son élevage long, 16 mois, dans un œuf en béton. ⧗ 2024-2029 ■ **2022 ★ (15 à 20 €; 22600 b.)** Une cuvée qui rassemble plusieurs lieux-dits autour du village, vinifiée «en douceur» (chapeau de raisin immergé), pour offrir un vin d'une belle consistance, long, qui évoque avec finesse le raisin frais. ⧗ 2024-2028

DOM. DE LA PIROLETTE, La Pirolette, 71750 Saint-Amour-Bellevue, tél. 04 74 66 77 80, contact@domainedelapirolette.fr V r.-v.

DOM. DES PRÉAUX 2023 ★

■ | 37300 | | 11 à 15 €

Implanté en saint-amour, un des domaines commercialisés par Thorin. Fondée en 1843 par une vieille famille du Beaujolais, cette maison de négoce est maintenant une filiale du groupe Boisset.

Un saint-amour expressif, mêlant les fruits noirs et les épices avec une agréable délicatesse. En bouche, on découvre une texture souple et riche, un rien rugueuse en finale à ce stade de son évolution. Encore un peu de patience. ⧗ 2025-2029

DOM. DES PRÉAUX, 46, rte des Chânes, 71570 Chânes, tél. 06 87 05 83 26, h.buis@orange.fr

COTEAUX-DU-LYONNAIS

Superficie : 300 ha
Production : 14 000 hl (90 % rouge et rosé)

La vigne, qui s'étendait sur plus de 12 000 ha dans les monts du Lyonnais durant la seconde moitié du XIXᵉ s., a fortement décliné avec la crise phylloxérique et l'expansion de l'agglomération lyonnaise, pour ne plus couvrir que quelques îlots répartis sur quarante-neuf communes, dans une région de polyculture et d'arboriculture : aux confins du Beaujolais et au nord-ouest de Lyon, ainsi qu'au sud-ouest de la capitale du Rhône. La production est assurée par la coopérative de Sain-Bel et par plusieurs domaines particuliers. Dans ce paysage vallonné aux sols variés (granites, roches métamorphiques, roches sédimentaires, alluvions), les influences méditerranéennes sont plus prononcées que dans le Beaujolais; pourtant, le relief, plus ouvert aux aléas climatiques des types océanique et continental, limite l'implantation de la vigne à moins de 500 m d'altitude et l'exclut des expositions au nord. Les meilleures situations se trouvent au niveau du plateau. Les coteaux-du-lyonnais ont été consacrés AOC en 1984. Les vins rouges et rosés, majoritaires, les fruités et gouleyants, proviennent du gamay vinifié selon la méthode beaujolaise; les vins blancs, du chardonnay et de l'aligoté.

AGAMY
Signé Vignerons Vieilles Vignes 2023 ★★

■ | 12000 | | 8 à 11 €

Deux des plus grandes coopératives de la région, l'une dans l'extrême sud du Beaujolais (Bully) et l'autre plus au nord (Quincié), dans la zone des beaujolais-villages et des crus, se sont unies en 2010, constituant la marque Signé Vignerons. Chaque cave continue néanmoins de vinifier séparément ses vins. Le négociant Louis Tête a rejoint le groupement en 2012. Depuis 2016, les caves des Coteaux du Lyonnais et des Vignerons foréziens ont renforcé la structure pour former Agamy (anagramme de «gamay»). Un ensemble qui compte un total de 900 ha de vignes.

Une cuvée issue d'une sélection de veilles vignes de gamay implantée sur un terroir sablo-limoneux et de gneiss. Elle affiche beaucoup de consistance et un équilibre très assuré en bouche. Une large gamme de fruits noirs et rouges lui ajoute de la complexité aromatique. Un vin taillé pour vieillir harmonieusement. ⧗ 2026-2030

AGAMY, 1050, rte des Places-du-Lac, 69210 Bully, tél. 04 37 55 50 10, contact@agamy.fr V *t.l.j. sf lun. dim. 10h-12h30 14h-19h*

♥ FRANCK DÉCRENISSE
Clos de la Roue Conservatoire 2023 ★★★

■ | 12000 | | 5 à 8 €

En 1994, Franck Décrenisse a pris la suite de son père, André, sur ce domaine implanté dans le secteur du mont d'Or, aux portes de Lyon. Du haut de ses vignes, on a une vue imprenable sur la basilique de Fourvière. L'exploitation compte près de 17 ha répartis sur des terroirs variés. Sur l'un d'eux, elle accueille, en collaboration avec la Sicarex et l'INRA, le conservatoire national du gamay et ses quelque 1 200 variétés différentes.

Une cuvée qui a la particularité de provenir du conservatoire du gamay. L'égrappage a été mené sur la moitié des raisins avant une cuvaison d'une quinzaine de jours. Dans le verre, le vin en impose d'emblée par l'élégance de ses arômes d'épices, de fruits noirs et de framboise. Il achève de convaincre par sa grande harmonie et son volume en bouche, autour de tanins bien présents mais sans agressivité. Autant de qualités qui lui garantissent un bel avenir. ⧗ 2026-2030

FRANCK DÉCRENISSE, 911, Le Petit-Fromentin, 69380 Chasselay, tél. 06 10 74 77 90, franck@vinsdecrenisse.com V *t.l.j. sf dim. 16h-19h*

DOM. MAZILLE DESCOTES Sélection 2022 ★★

■ | 1200 | | 8 à 11 €

Situé à Millery, à 15 km au sud de Lyon, ce domaine de 7 ha dirigé par Anne Mazille est né du regroupement en 2009 de deux propriétés familiales anciennes. Un domaine très régulier en qualité, souvent en vue pour ses blancs.

Michel Descotes récolte deux nouvelles étoiles avec cette cuvée régulièrement sélectionnée dans le Guide. Un chardonnay vinifié et élevé en fût en provenance d'une parcelle d'un demi-hectare sur sol granitique. Ce millésime 2022 a patienté 11 mois sous bois pour dévoiler aujourd'hui des arômes expressifs d'agrumes, de pêche et de fruits à chair blanche. Arômes prolongés avec persistance par une bouche parfaitement équilibrée entre boisé et fruité, entre rondeur et fine acidité. ⧗ 2024-2028

⊶ *DOM. MAZILLE DESCOTES, 8 bis, rue du 8-Mai, 69390 Millery, tél. 04 26 65 91 17, mazille.descotes@gmail.com* V *t.l.j. sf dim. 17h30-19h; sam. 10h-19h*

BORDELAIS

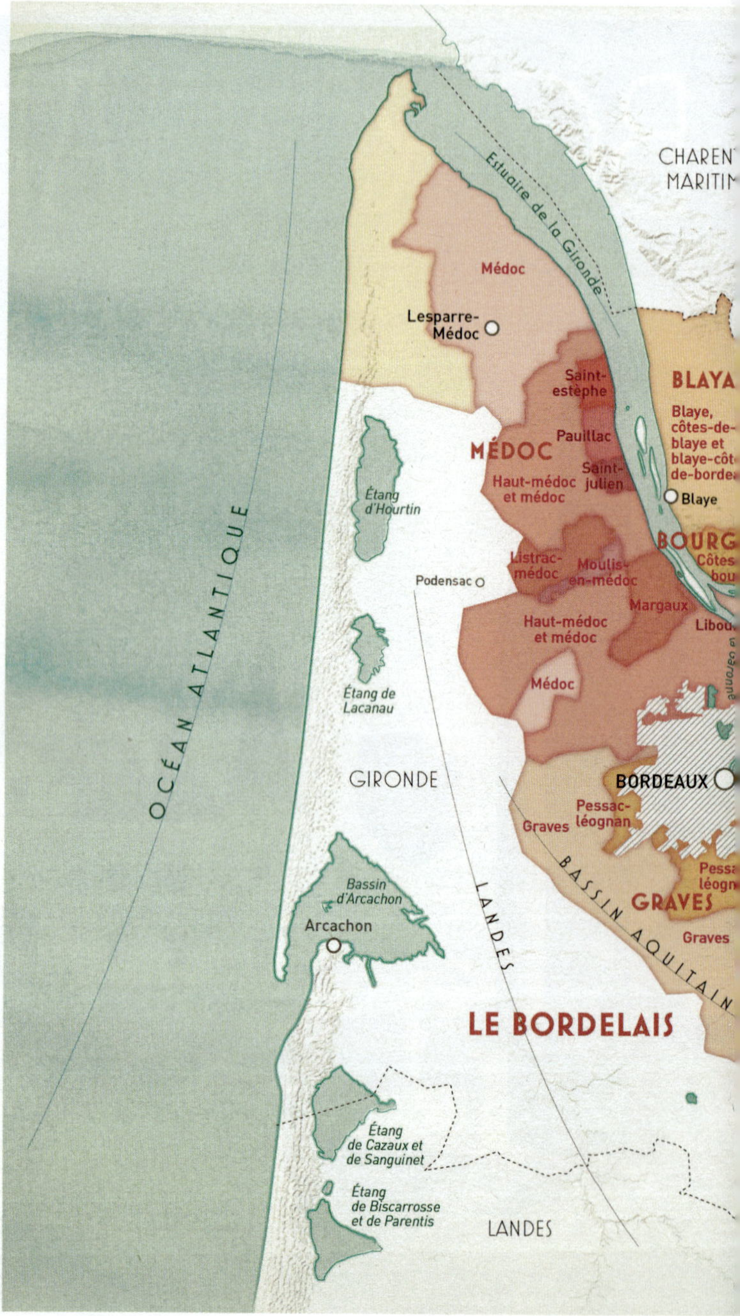

CHARENT
MARITIM
Estuaire de la Gironde
Médoc
Lesparre-Médoc
Saint-estèphe
Pauillac
MÉDOC
Saint-julien
Haut-médoc et médoc
BLAYA
Blaye, côtes-de-blaye et blaye-côt de-borde
Blaye
Étang d'Hourtin
OCÉAN ATLANTIQUE
Podensac
Listrac-médoc
Moulis-en-médoc
BOURG
Côtes bou
Margaux
Haut-médoc et médoc
Libou
la Garonne
Étang de Lacanau
Médoc
GIRONDE
BORDEAUX
Pessac-léognan
Graves
BASSIN AQUITAIN
Bassin d'Arcachon
Arcachon
LANDES
GRAVES
Graves
LE BORDELAIS
Étang de Cazaux et de Sanguinet
Étang de Biscarrosse et de Parentis
LANDES

N
O
E
S
0
10
20
30 km
CHARENTE
la Dronne
DORDOGNE
l'Isle
LIBOURNAIS
Lalande-de-pomerol
Canon-fronsac
Fronsac
l'Isle
Pomerol
Lussac-saint-émilion
Francs-côtes-de-bordeaux
Montagne-saint-émilion
Puisseguin-saint-émilion
Saint-georges-saint-émilion et montagne-saint-émilion
Libourne
Castillon-côtes-de-bordeaux
Saint-émilion
Graves-de-vayres
Saintes-Foy-la-Grande
Bergerac
la Dordogne
Sainte-foy-bordeaux
Entre-deux-mers
ENTRE-DEUX-MERS
GIRONDE
Sauveterre-de-Guyenne
Entre-deux-mers-haut-benauge et bordeaux-haut-benauge
Cadillac
Monségur
le Dropt
Loupiac
Côtes-de-bordeaux-saint-macaire
Saint-croix-du-mont
la Garonne
LOT-ET-GARONNE
Graves
Sauternes
Marmande
Bazas
la Garonne
PETITE LANDE
le Lot

LE BORDELAIS

Jouissant d'une renommée internationale, le Bordelais constitue le plus vaste vignoble d'appellation de France et l'un des plus prestigieux grâce à ses crus classés. Ce vignoble s'organise autour de trois axes fluviaux : la Garonne, la Dordogne et leur estuaire commun, la Gironde.

Si les vins rouges sont largement majoritaires, il offre tous les styles de vins, issus le plus souvent de l'assemblage de plusieurs cépages : en rouge, dominent le merlot et les cabernets ; en blanc, le sémillon et le sauvignon. À côté des vastes appellations régionales, il est d'usage de distinguer la « rive gauche » (de la Garonne et de la Gironde : Graves et Médoc), à laquelle s'ajoutent les vignobles des vins liquoreux, et la « rive droite » (de la Dordogne et de la Gironde : Libournais, Bourgeais, Blayais). Entre ces deux rives de la Garonne et de la Dordogne, on trouve la vaste zone de l'Entre-deux-Mers.

Classements ★★★★★

Les crus classés du Bordelais sont des châteaux, des domaines, et non des terroirs.

Il existe 5 classements:

Notoriété	Révisable	Catégorie
Le classement de 1855 Médoc et Sauternes	Unique révision : 1973, promotion de Château Mouton-Rothschild du rang de 2e grand cru classé au rang de 1er grand cru classé	En rouge : 60 crus du Médoc et un cru de Pessac-Léognan (Ch. Haut-Brion) selon 5 catégories (du 1er au 5e cru) En blanc liquoreux : 27 crus des appellations sauternes et barsac : un 1er cru supérieur (Ch. d'Yquem), 11 1ers crus, 15 2e crus
Le classement des vins de Graves	Pas sujet à révision	16 crus classés qui appartiennent tous à l'AOC pessac-léognan. 7 crus en rouge, 3 crus en blanc, 6 crus en rouge et blanc
Le classement des vins de Saint-Émilion	Tous les 10 ans par l'INAO (Institut national de l'origine et de la qualité)	64 grands crus classés et 18 1ers grands crus classés (dont 4 1ers grands crus classés A et 14 classés B)
Le classement des crus bourgeois du Médoc	Chaque année depuis 2010, la sélection officielle est publiée en septembre	Qualité et valeur des vins rouges produits dans l'une des 8 appellations du Médoc
Le classement des crus artisans	Publication de la liste tous les 10 ans	Qualité et valeur des vins produits dans de petites propriétés (moins de 5 hectares) dans l'une des 8 appellations du Médoc

Principaux **millésimes** dégustés dans cette **édition**

TYPES DE VIN	CARACTÉRISTIQUES DU MILLÉSIME	QUALITÉ DU MILLÉSIME
Rouges 2022	Dans la lignée des superbes 2016, 2010 ou 2005, ce millésime s'annonce grand, d'une incroyable expressivité et d'une très haute fraîcheur. Les vins ont une concentration en tanins bien affirmée, des degrés d'alcool autour des 14° mais s'équilibrant parfaitement sans subir cette année solaire.	★★★★★
Rouges 2021	Millésime de défis, de lutte permanente contre les caprices de la météo et les épisodes de gel, 2021 affirme sa fraîcheur et sa sapidité, et signe le retour des bordeaux d'influence océanique : des vins savoureux, parfumés et peu élevés en alcool, qui ne lasseront pas de séduire. La rive gauche est particulièrement bien servie.	★★★☆☆
Blancs secs 2023	Malgré la pression du mildiou au printemps et des conditions climatiques imprévisibles, le classicisme et les équilibres ont triomphé, avec des blancs frais, élancés et de grande pureté aromatique.	★★★★☆
Blancs secs 2022	Millésime de résilience par excellence, 2022 a livré des blancs frais et aromatiques, de très belle constitution, aux matières amples et joliment structurées.	★★★★☆
Blancs liquoreux 2022	Ce millésime solaire et opulent a livré des liquoreux amples et cossus, généreux en sucres, mais qui s'équilibrent parfaitement sans subir le climat et restent élégants. La palme au terroir de Barsac, qui se singularise par sa finesse.	★★★★★
Blancs liquoreux 2021	Ce millésime froid, de tension et de fraîcheur, a particulièrement bien convenu aux liquoreux. Malgré le gel de printemps et la très forte pression du mildiou et du black rot ayant fortement amputé les rendements, les raisins ont été récoltés dans un état sanitaire remarquable, donnant des jus très frais, de hautes acidités et une grande pureté aromatique.	★★★★☆

Le **Bordelais** en un clin d'œil

Types de vins

Principaux **cépages**

- Merlot
- Cabernet-sauvignon
- Cabernet franc
- Malbec
- Petit verdot
- Carménère
- Sauvignon blanc
- Sémillon
- Muscadelle
- Ugni blanc
- Colombard

Hiérarchie des vins

AOC COMMUNALES
pauillac, margaux, pomerol, saint-émilion, etc.

AOC SOUS - RÉGIONALES
Médoc, haut-médoc, graves, entre-deux-mers, etc.

AOC RÉGIONALES
Bordeaux, bordeaux supérieur, crémant-de-bordeaux

Un peu d'**histoire**

- **Ier s. :** apparition du vignoble.
- **XIIe s. :** essor du claret (vin rouge léger) et du commerce avec la Grande-Bretagne, à la suite du mariage (1152) d'Aliénor d'Aquitaine et d'Henri Plantagenêt, futur roi d'Angleterre.
- **XVIIe s. :** élargissement de la clientèle aux Hollandais, amatrice de vins blancs doux. Progrès techniques : vieillissement en fût, mise enbouteille…
- **XVIIIe s. :** le goût des Anglais s'oriente vers des vins de meilleure qualité (*new French clarets*) et la relation bon terroir/grand vin se développe.
- **XIXe s. :** période faste par l'extension du commerce avec le chemin de fer et le libre-échange.
- **1855 :** classement des crus du Médoc et du Sauternais.
- **Fin XIXe s.:** apparition du phylloxéra.
- **Après 1945 :** renouveau grâce aux progrès de l'œnologie et millésimes d'exception (1961, 1982, 1989, 1990…).
- **1955 :** classement des vins de Saint-Émilion.
- **1959 :** classement des vins des Graves.
- **Années 1980 à 2000 :** développement de la superficie du vignoble.
- **2016 :** inauguration de la Cité du vin à Bordeaux.

Les appellations régionales du **Bordelais** en un clin d'œil

Production : 1,5 Mhl

80 % Rouges
11 % Blancs
6 % Rosés
2 % Crémants
1 % Clairets

Surface : 54 000 ha

Types de vins

Toute la Gironde viticole

Des vins provenant de l'ensemble du vignoble girondin (à l'exclusion des zones forestières, des dunes littorales et de l'essentiel des zones urbanisées).

Variété des terroirs et des styles

Les bordeaux régionaux (appelés aussi « génériques ») expriment une large palette de terroirs et proposent un bel éventail de styles de vins : rouges (largement majoritaires), blancs (secs ou beaucoup plus rarement doux), rosés, clairets et effervescents.

Base de la pyramide

Base de la pyramide des appellations, les bordeaux génériques constituent la 1re appellation de Gironde par le volume et sont un réel gisement pour l'amateur en quête de nouveautés.

Le **Blayais** et le **Bourgeais** en un clin d'œil

Production : 460 000 hl

95 % Rouges
5 % Blancs

Surface : 10 000 ha

Types de vins

- Rouges
- Blancs secs

Principaux **cépages**

- Merlot
- Cabernet-sauvignon
- Cabernet franc
- Malbec
- Sémillon
- Sauvignon
- Muscadelle
- Colombard
- Ugni blanc

La proximité de l'estuaire

Une région très vallonnée, aux confins charentais de la Gironde. Les meilleurs terroirs se trouvent à proximité de l'estuaire. Le Blayais offre des sols diversifiés (calcaires, sables, argilo-calcaires), le Bourgeais des sols plus homogènes (argilo-calcaires et graves) et des collines qui lui ont valu le surnom de « petite Suisse girondine ».

Trois appellations, du rouge et un peu de blanc

Côté Blayais, on trouve la petite appellation blaye, dédiée aux seuls vins rouges, longuement élevés en fût, et les blaye-côtes-de-bordeaux, majoritairement des rouges à dominante de merlot et de rares blancs. Une seule appellation en Bourgeais (côtes-de-bourg), consacrée essentiellement aux rouges, là aussi dominés par le merlot, avec un retour notable du malbec dans les assemblages. Il existe aussi une petite production de blancs.

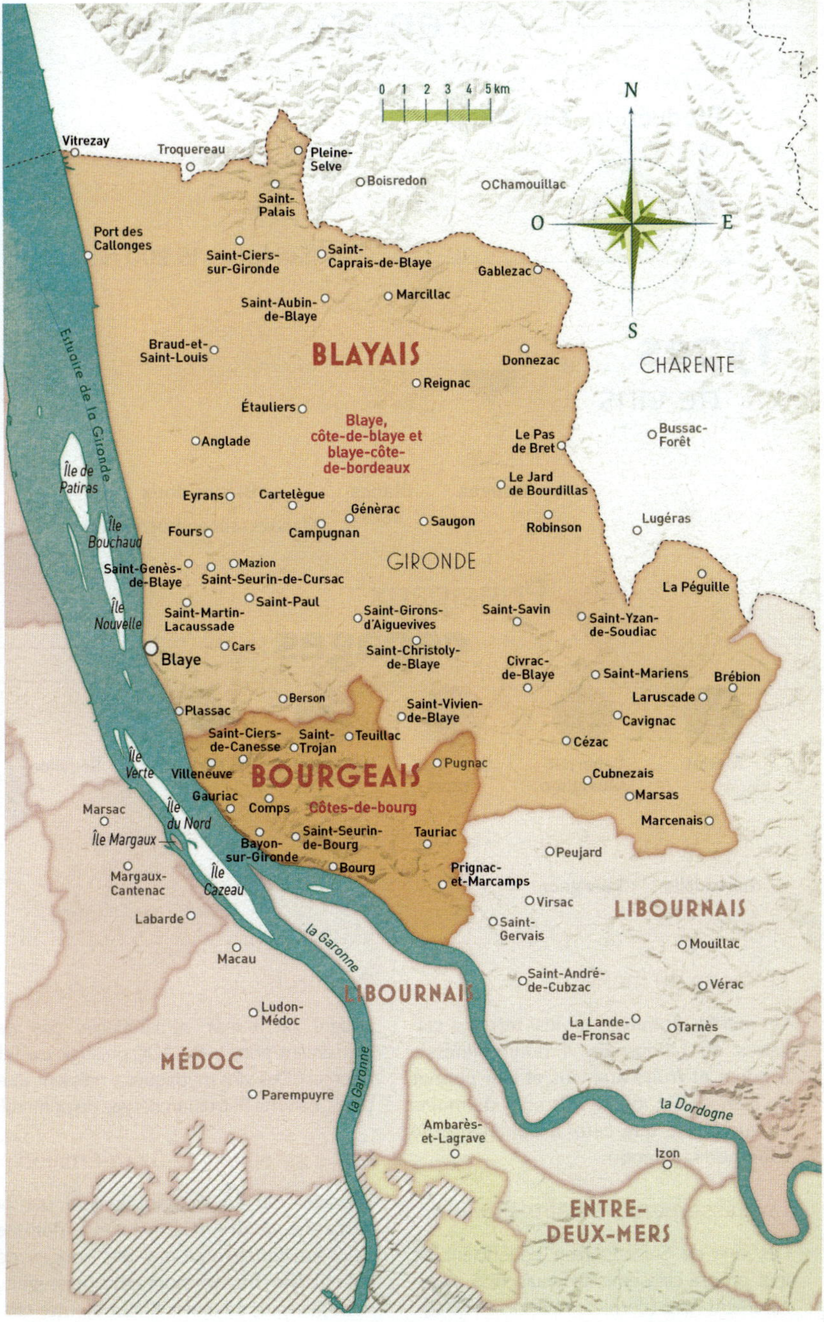
0 1 2 3 4 5 km
N
O
E
S
BLAYAIS
Blaye, côte-de-blaye et blaye-côte-de-bordeaux
BOURGEAIS
Côtes-de-bourg
LIBOURNAIS
LIBOURNAIS
MÉDOC
ENTRE-DEUX-MERS
CHARENTE
GIRONDE
Estuaire de la Gironde
la Garonne
la Garonne
la Dordogne
Île de Patiras
Île Bouchaud
Île Nouvelle
Île Verte
Île du Nord
Île Margaux
Île Cazeau
Vitrezay
Troquereau
Pleine-Selve
Boisredon
Chamouillac
Saint-Palais
Port des Callonges
Saint-Ciers-sur-Gironde
Saint-Caprais-de-Blaye
Gablezac
Saint-Aubin-de-Blaye
Marcillac
Braud-et-Saint-Louis
Donnezac
Reignac
Étauliers
Anglade
Le Pas de Bret
Bussac-Forêt
Le Jard de Bourdillas
Eyrans
Cartelègue
Générac
Saugon
Robinson
Lugéras
Fours
Campugnan
Saint-Genès-de-Blaye
Mazion
Saint-Seurin-de-Cursac
La Péguille
Saint-Paul
Saint-Martin-Lacaussade
Saint-Girons-d'Aiguevives
Saint-Savin
Saint-Yzan-de-Soudiac
Cars
Blaye
Saint-Christoly-de-Blaye
Civrac-de-Blaye
Saint-Mariens
Brébion
Laruscade
Berson
Plassac
Saint-Vivien-de-Blaye
Cavignac
Saint-Ciers-de-Canesse
Saint-Trojan
Teuillac
Cézac
Pugnac
Villeneuve
Cubnezais
Gauriac
Marsas
Marsac
Comps
Marcenais
Saint-Seurin-de-Bourg
Tauriac
Bayon-sur-Gironde
Peujard
Margaux-Cantenac
Bourg
Prignac-et-Marcamps
Virsac
Labarde
Saint-Gervais
Mouillac
Macau
Saint-André-de-Cubzac
Vérac
Ludon-Médoc
La Lande-de-Fronsac
Tarnès
Parempuyre
Ambarès-et-Lagrave
Izon

Le **Libournais** en un clin d'œil

Production : 650 000 hl

99 % Rouges
1 % Blancs

Surface : 15 200 ha

Types de vins

- Rouges
- Blancs secs
- Blancs doux (francs-côtes-bordeaux)

Principaux **cépages**

- Merlot
- Cabernet-sauvignon
- Cabernet franc
- Petit verdot
- Malbec
- Sémillon
- Muscadelle
- Sauvignon

Le règne du merlot

Le merlot domine sur les terroirs calcaires du Libournais. Il donne finesse, rondeur et fruité aux vins et leur permet de bien vieillir, même s'ils sont de moins longue garde que ceux à dominante de cabernet-sauvignon.

Le classement de Saint-Émilion

Les vins de Saint-Émilion bénéficient de leur propre classement depuis 1955, régulièrement revu (dernière révision en 2012) : 4 grands crus classés A, 14 1ers grands crus classés B et 64 grands crus classés.

Pomerol

Malgré un terroir remarquable, pas de classement pour cette AOC prestigieuse (et discrète). Des vins mythiques y naissent toutefois, comme Petrus, archétype du pomerol.

Les « satellites de Saint-Émilion »

Séparées de l'AOC saint-émilion par la Barbanne, quatre AOC incluant le nom de Saint-Émilion produisent des rouges de même style : lussac, montagne, puisseguin, saint-georges, auxquels il faut ajouter castillon-côtes-de-bordeaux et francs-côtes-bordeaux, plus à l'est.

la Dronne
Les Mougneaux
Guîtres
Coutras
l'Isle
le Palais
Le Baudou
Abzac
Saint-Médard-de-Guizières
Saint-Seurin-sur-l'Isle
Savignac-de-l'Isle
Saint-Denis-de-Pile
Petit-Caillevat
Galgon
Puynormand
Michel de Vert
Petit-Palais-et-Cornemps
Les Artigues-de-Lussac
la Lavie
Villegouge
Saillans
Saint-Germain-de-la-Rivière
Fronsac
Lalande-de-Pomerol
Lamarche
Colas Nouet
Lussac-saint-émilion
Francs-côtes-de-bordeaux
Tayac
Francs
Lussac
Saint-Aignan
Lalande-de-pomerol
Néac
Montagne-saint-émilion
Saint-Cibard
Canon-fronsac
la Barbanne
Pomerol
Montagne
Saint-Georges
Puisseguin-saint-émilion
Puisseguin
Saint-Michel-de-Fronsac
Fronsac
Libourne
Saint-georges-saint-émilion et montagne-saint-émilion
Saint-Philippe-d'Aiguille
La Croix Figeac
Parsac
Gardegan-et-Tourtirac
Saint-Christophe-des-Bardes
Vayres
Saint-Émilion
LIBOURNAIS
Castillon-côtes-de-bordeaux
la Dordogne
Arveyres
Saint-émilion
Saint-Étienne-de-Lisse
Belvès-de-Castillon
Saint-Sulpice-de-Faleyrens
Saint-Laurent-des-Combes
Saint-Hippolyte
Saint-Magne-de-Castillon
Génissac
Saint-Pey-d'Armens
Vignonet
Castillon-la-Bataille
GIRONDE
Moulon
la Dordogne
Pique-Sègue
Sainte-Terre
Branne
Saint-Quentin-de-Baron
Sainte-Florence
Saint-Jean-de-Blaignac
Pujols
N
O
E
S
ENTRE-DEUX-MERS
Entre-deux-mers
Frontenac
AOC bordeaux
0 1 2 3 4 5 km

Entre **Garonne** et **Dordogne** en un clin d'œil

Production : 220 000 hl

60 % Rouges
40 % Blancs

Surface : 5 000 ha

Types de vins

Rouges

Blancs secs

Blancs doux

Principaux **cépages**

Merlot

Cabernet-sauvignon

Cabernet franc

Petit verdot

Malbec

Sémillon

Muscadelle

Sauvignon

L'Entre-deux-Mers

Le terme désigne à la fois la région située entre la Garonne et la Dordogne, et une appellation dédiée aux seuls blancs secs et n'occupant qu'une partie de cette zone. Un vaste ensemble connu surtout pour ses blancs vifs et fruités, mais qui produit une majorité de rouges, surtout en bordeaux et bordeaux-supérieur.

Une mosaïque d'appellations

On trouve aussi dans la partie centrale de la région, les confidentiels entre-deux-mers-haut-benauge (blancs secs) et bordeaux-haut-benauge (blancs moelleux). Dans la partie sud, le long de la rive droite de la Garonne, s'étendent les « vins de côte » : côtes-de-bordeaux (rouges), cadillac-côtes-de-bordeaux (rouges), premières-côtes-de-bordeaux (blancs moelleux) et côtes-de-bordeaux-saint-macaire (blancs secs et doux). Au nord, face à Fronsac, naissent les graves-de-vayres (rouges dominants, blancs secs). Voisine du Bergeracois, on trouve les sainte-foy-côtes-de-bordeaux (rouges dominants, blancs secs et rares moelleux).

CHARENTE-
MARITIME
BLAYAIS
BOURGEAIS
la Dronne
Guîtres
Coutras
la Dordogne
LIBOURNAIS
l'Isle
l'Isle
DORDOGNE
Saint-André-
de-Cubzac
Lussac
Villefranche-
de-Lonchat
Saint-
Loubès
Fronsac
Libourne
LIBOURNAIS
Premières-côtes
de-bordeaux et
cadillac-côtes-
de-bordeaux
Vayres
Graves-
de-vayres
Saint-Émilion
Castillon-
la-Bataille
Vélines
Sainte-Foy-
la-Grande
la Dordogne
BORDEAUX
Branne
Premières-côtes
de-bordeaux et
cadillac-côtes-
de-bordeaux
Entre-
deux-mers
Rauzan
Sainte-Foy-
côtes de bordeaux
Créon
La Sauve
ENTRE-
DEUX-MERS
Quinsac
la Garonne
Premières-côtes
de-bordeaux et
cadillac-côtes-
de-bordeaux
et cadillac
Entre-deux-mers-
haut-benauge et
bordeaux-haut-
benauge
Sauveterre-
de-Guyenne
Langoiran
Duras
GIRONDE
Rions
Podensac
Cadillac
Loupiac
Côtes-de-
bordeaux-
saint-macaire
Monségur
Dropt
Loupiac
GRAVES
Saint-croix-
du-mont
Saint-
Macaire
La Réole
la Garonne
Sainte-Croix-du-Mont
Langon
LOT-
ET-GARONNE
Marmande
N
O
E
S
Bazas
la Garonne
0
5
10
15 km

La région des **Graves** en un clin d'œil

Production : 220 000 hl

75 % Rouges
25 % Blancs

Surface : 5 300 ha

Types de vins

Rouges

Blancs secs

Blancs doux (graves-supérieures)

Principaux **cépages**

Merlot

Cabernet-sauvignon

Cabernet franc

Petit verdot

Malbec

Sémillon

Muscadelle

Sauvignon

Sauvignon gris

Vignoble historique de Bordeaux

Si la vigne est présente ici dès l'époque romaine, c'est au Moyen-Âge qu'apparaît le nom de Graves, en référence aux sols de cailloux roulés (*grabas de Burdeus*).

Trois appellations

Trois appellations et deux couleurs, rouge et blanc, ici : graves, la plus vaste, graves-supérieures, dédiée aux blancs doux, et pessac-léognan, au sud et à l'ouest de Bordeaux.

Un classement original

Lors du classement de 1855, Haut-Brion a été le seul cru non médocain. En 1953, douze crus l'ont rejoint au sein du classement des Graves dédié aux seuls vins rouges, complétés en 1959 par huit crus blancs. Un classement composé exclusivement de pessac-léognan.

L'enclave du Sauternais

Le Sauternais, inclus dans cette région des Graves, s'individualise pour constituer une enclave vouée aux liquoreux, traitée ici à part avec les autres vins doux du Bordelais.

BLAYAIS
BOURGEAIS
MÉDOC
LIBOURNAIS
GIRONDE
ENTRE-DEUX-MERS
GRAVES
LANDES
la Garonne
la Dordogne
l'Isle
Blaye
Libourne
BORDEAUX
Château Haut-Brion
Pessac-léognan
Pessac
Talence
Mérignac
Gradignan
Pessac-léognan
Graves et graves supérieures
Cérons
Barsac et sauternes
Sauternes
Château d'Yquem
Bordeaux et bordeaux supérieur
Sainte-Hélène
Salaunes
Le Pian-Médoc
Parempuyre
Saint-Aubin-de-Médoc
Blanquefort
Le Taillan-Médoc
Saint-Médard-en-Jalles
Eysines
Le Haillan
Martignas-sur-Jalle
Saint-Jean-d'Illac
Cestas
Canéjan
Cadaujac
Villenave-d'Ornon
Léognan
Saint-Médard-d'Eyrans
Isle-Saint-Georges
Martillac
Ayguemorte-les-Graves
Beautiran
Castres-Gironde
Portets
Créon
Targon
Marcheprime
La Brède
Saint-Selve
Arbanats
Virelade
Saucats
Saint-Morillon
Podensac
Cadillac
Cérons
Barsac
Saint-Michel-de-Rieufret
Illats
Preignac
Le Barp
Cabanac-et-Villagrains
Landiras
Pujols-sur-Ciron
Bommes
Langon
Guillos
Saint-Magne
Budos
Sauternes
Fargues
Saint-Pierre-de-Mons
Louchats
Léogeats
Roaillan
Mazères
Hostens
Origne
Noaillan
Le Nizan
Aubiac
Villandraut
Saint-Symphorien
Uzeste
Bazas
N
S
O
E
0
5
10
15 km
Gérons AOC des Graves et du Sauternais
Premier cru classé
Premier cru supérieur
Zone urbaine

Le **Médoc** en un clin d'œil

Production : 800 000 hl

100 % Rouges

Surface : 16 000 ha

Types de vins

Rouges

Principaux **cépages**

Merlot

Cabernet-sauvignon

Cabernet franc

Petit verdot

Les graves médocaines

Sur la rive gauche de la Gironde, le Médoc viticole s'étire sur plus de 80 km de long pour 10 de large. Sa grande richesse réside avant tout dans ses croupes de graves, descendant en pente douce vers l'estuaire, particulièrement favorables aux vins rouges de qualité. On distingue le Haut-Médoc, de Blanquefort à Saint-Seurin-de-Cadourne, et le nord Médoc, de Saint-Germain-d'Esteuil à Saint-Vivien.

Classement de 1855

Une autre hiérarchie s'applique aux domaines avec, au sommet, les crus classés de 1855. Incluant par exception le Ch. Haut-Brion, également 1er cru classé des Graves, c'est le plus ancien des classements officiels. Il a été réalisé sous le Second Empire, en fonction des cours des vins. Il hiérarchise les crus en 5 catégories (des 1ers aux 5e crus classés). Hormis la promotion de Mouton-Rothschild au rang de 1er cru en 1973, il n'a jamais été modifié.

Le royaume des vins rouges et du cabernet-sauvignon

Les vins du Médoc, parmi les plus prestigieux de France et du monde, sont tous issus d'un assemblage de cépages, avec en tête le cabernet-sauvignon, puis le merlot, suivi du cabernet franc, du petit verdot et très accessoirement du malbec.

Hiérarchie des vins

Le vignoble se répartit entre huit AOC : deux sous-régionales — médoc et haut-médoc (60 % du vignoble médocain) —, et six communales (saint-estèphe, pauillac, saint-julien, listrac-médoc, moulis-en-médoc, margaux) qui produisent les vins les plus réputés et la plupart des crus classés.

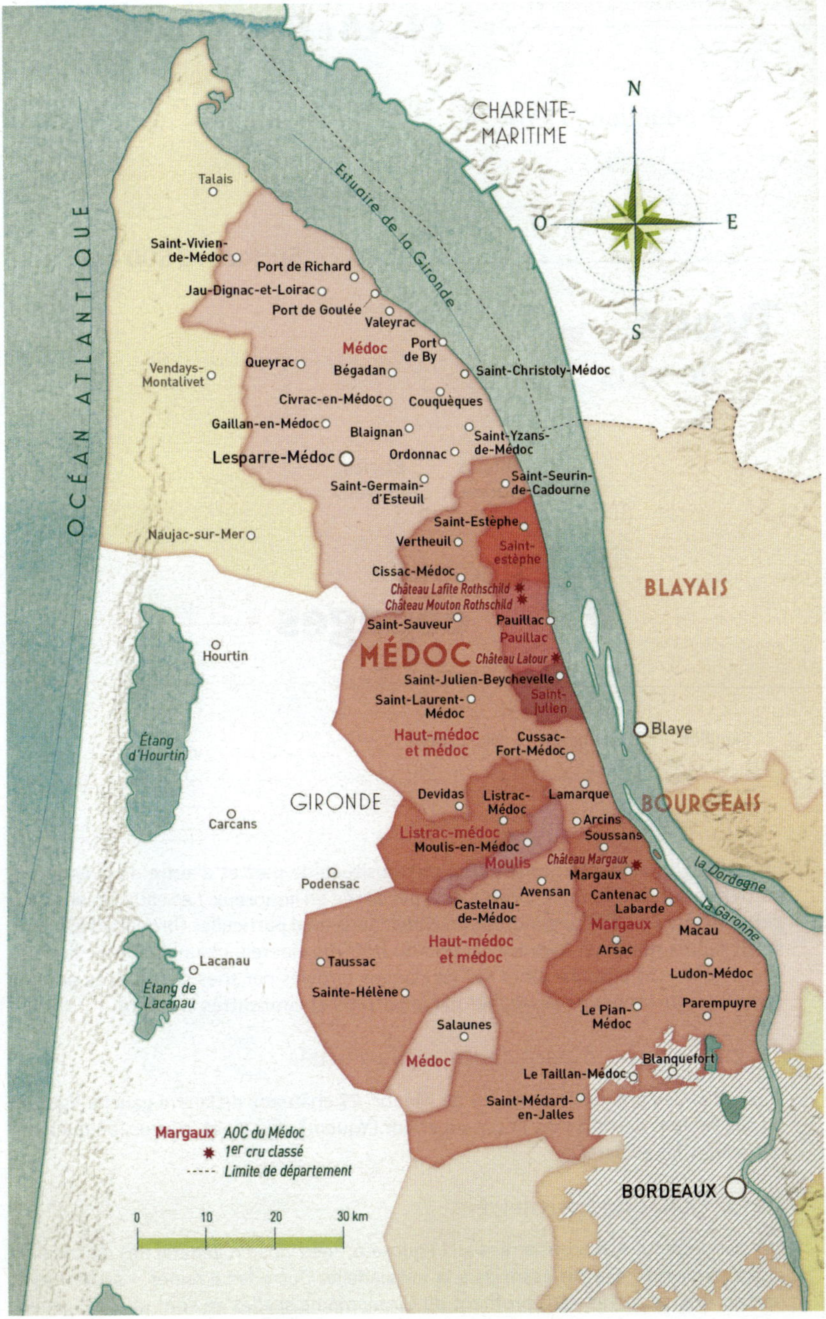
CHARENTE-MARITIME
N
O
E
S
OCÉAN ATLANTIQUE
Estuaire de la Gironde
Talais
Saint-Vivien-de-Médoc
Port de Richard
Jau-Dignac-et-Loirac
Port de Goulée
Valeyrac
Médoc
Port de By
Vendays-Montalivet
Queyrac
Bégadan
Saint-Christoly-Médoc
Civrac-en-Médoc
Couquèques
Gaillan-en-Médoc
Blaignan
Saint-Yzans-de-Médoc
Lesparre-Médoc
Ordonnac
Saint-Seurin-de-Cadourne
Saint-Germain-d'Esteuil
Saint-Estèphe
Naujac-sur-Mer
Vertheuil
Saint-estèphe
Cissac-Médoc
Château Lafite Rothschild
Château Mouton Rothschild
BLAYAIS
Saint-Sauveur
Pauillac
Pauillac
Hourtin
MÉDOC
Château Latour
Saint-Julien-Beychevelle
Saint-Laurent-Médoc
Saint-Julien
Étang d'Hourtin
Blaye
Haut-médoc et médoc
Cussac-Fort-Médoc
Lamarque
Devidas
Listrac-Médoc
GIRONDE
BOURGEAIS
Carcans
Arcins
Listrac-médoc
Soussans
Moulis-en-Médoc
Moulis
Château Margaux
Margaux
la Dordogne
Podensac
Avensan
Cantenac
Castelnau-de-Médoc
Labarde
la Garonne
Margaux
Macau
Haut-médoc et médoc
Arsac
Lacanau
Taussac
Ludon-Médoc
Étang de Lacanau
Sainte-Hélène
Parempuyre
Le Pian-Médoc
Salaunes
Blanquefort
Médoc
Le Taillan-Médoc
Saint-Médard-en-Jalles
Margaux AOC du Médoc
1er cru classé
Limite de département
BORDEAUX
0
10
20
30 km

Les vins blancs **liquoreux** en un clin d'œil

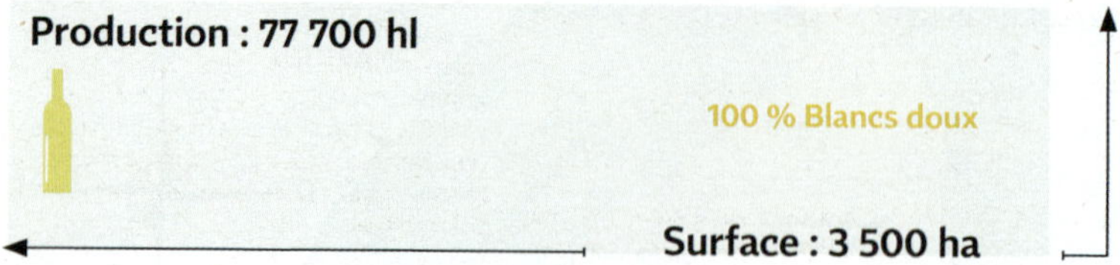

Types de vins

Blancs liquoreux

Blancs moelleux

Principaux **cépages**

Sémillon

Sauvignon

Muscadelle

La magie du Ciron

Entre Langon et Cadillac, une petite région située de part et d'autre de la Garonne, autour de son confluent le Ciron, s'est spécialisée en liquoreux. Les eaux froides de la petite rivière landaise engendrent un climat automnal particulier (brouillard le matin, soleil l'après-midi) qui favorise l'action du botrytis cinerea, champignon de la pourriture noble. On pratique alors des vendanges tardives par tries successives pour ne ramasser que les grains desséchés par le botrytis et concentrés en sucre.

Un classement impérial pour le Sauternais

Aux côtés des grands crus rouges du Médoc, 27 châteaux de la rive gauche figurent au classement de 1855 : un 1er cru supérieur (Yquem), des 1ers et 2^{ds} crus, uniquement des sauternes et barsac.

Des appellations privilégiées

On distingue six AOC consacrées aux liquoreux : des vins en général nés de sémillon et de sauvignon, parfois associés à la muscadelle. Outre les « reines » sauternes et barsac, quatre autres AOC profitent du Ciron, même si elles en sont plus éloignées : cérons sur la rive gauche de la Garonne (voir carte Région des Graves), sainte-croix-du-mont, loupiac et cadillac, sur la rive droite (voir carte Entre Garonne et Dordogne).

➡ LES APPELLATIONS RÉGIONALES DU BORDELAIS

BORDEAUX

Superficie : 39 415 ha / Production : 1 699 000 hl

♥ CH. LES AUBITRIÈS 2022 ★★

■ | 54000 | | 5 à 8 €

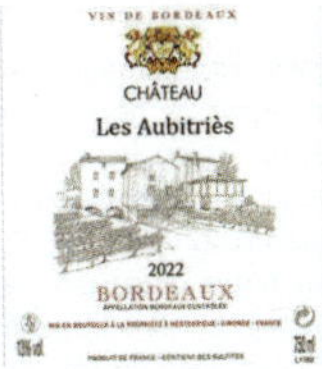

Les Coteaux d'Albret, la cave coopérative de Mesterrieux, fondée en 1935, regroupe près de 80 vignerons dont la majorité a repris l'exploitation familiale.

Ample et concentré, ce vin harmonieux plaît par son équilibre, sa matière riche et fondue, et par ses belles notes de fruits noirs et d'épices douces. Dans cette gamme de prix, c'est une heureuse découverte, surtout sur ce beau millésime 2022, mûr et complet. Un vin réjouissant, à boire sur une entrecôte par exemple. ⧗ 2024-2028 ■ **Ch. Courtieu 2022 ★★ (5 à 8 €; 133333 b.)** Marqué par des arômes de bois frais, de vanille et de grillé, ce vin structuré et puissant, encore juvénile, offre un bel équilibre. C'est un cru solide, cadré par des tanins fermes et prolongé par une belle finale épicée, qui demandera un peu de temps pour s'affiner. ⧗ 2026-2030 ■ **Ch. le Petit Chaban 2022 ★ (5 à 8 €; 175000 b.)** Avec une bonne proportion de cabernets dans son assemblage (65 %), ce vin richement constitué, aux notes boisées et épicées, affiche de la fermeté, de l'équilibre et une finale agréable. Un vin idéal sur la classique côte de bœuf. ⧗ 2026-2030 ■ **Ch. Claud Grand Chemin 2021 ★ (5 à 8 €; 174000 b.)** Voilà un bon bordeaux en accord avec le millésime, au fruité expressif et à la fraîcheur assurée. Dominé par le merlot à 70 %, il s'offre dans une structure soyeuse, ronde et équilibrée, cernée de bon tanins. ⧗ 2024-2027

⊶ LES VIGNERONS DES COTEAUX D'ALBRET, 15, Martinaud, 33540 Mesterrieux, tél. 05 56 71 41 07, secretariat@coteauxdalbret.fr

Ⓑ CH. AURORE À tous 2022 ★

■ | 20637 | | 11 à 15 €

Dans le giron depuis 2017 des Vignobles Invindia, filiale du groupe V and B, vaste réseau de cavistes fondé en 1987 par Jean-Claude Bernard et Jean-Pierre Derouet, et propriétaire de plusieurs crus dans le Bordelais, le Ch. Aurore s'étend sur 12 ha de vignes, sur des sols argilo-calcaires à flanc de coteau. Il est conduit en bio par Hugues Laborde, qui privilégie des vinifications sans soufre, en cuves béton et en foudres.

Élevé uniquement en cuves béton, sans apport de bois, ce joli bordeaux fait honneur à son appellation. Bien réalisé, il s'ouvre sur d'intenses notes de fruits rouges bien mûrs, relayées par une bouche pulpeuse, à la fois douce et fraîche, dotée de tanins bien présents mais confortables. ⧗ 2024-2028

⊶ CH. AURORE, O Goumin, 33420 Dardenac, tél. 05 56 23 71 52, vignoblesinvindia@invindia.fr V t.l.j. sf sam. dim. 10h-12h 14h-17h

BARON LA ROSE 2022 ★

■ | 46666 | | - de 5 €

Sovex Grands Châteaux est une maison de négoce créée en 1982 par Justin Onclin, dans le giron du groupe Ballande depuis 1998. Elle commercialise des vins français comme étrangers à travers une sélection pointue de propriétés bordelaises et de références internationales (Californie, Toscane, Ribera del Duero…).

Pur merlot, ce vin friand et léger, aux tanins très doux, se révèle bien équilibré et de bonne longueur. Un bordeaux gracile, facile à aimer, à découvrir sur le fruit de sa jeunesse. ⧗ 2024-2027

⊶ SOVEX GRANDSCHÂTEAUX, 7, rte du Petit-Conseiller, 33750 Beychac-et-Cailleau, tél. 05 56 77 81 00, contact@sovex-gc.com

BARRAIL DU PATIENT 2022 ★

■ | 4200 | | - de 5 €

Une propriété familiale créée en 1930 au sud-ouest de Saint-Émilion : 5 ha d'un seul tenant sur sols sablo-graveleux, conduits depuis 1998 par Éric et Isabelle Veyssière. Deux étiquettes : Ch. Vieux Longa (5 ha en saint-émilion) et Barrail du Patient (1 ha en bordeaux).

Frais, souple et équilibré, avec de belles notes de fruits noirs associées, ce vin mature et de bon volume, bien réalisé, sera à déguster dans ses jeunes années, sur une viande mijotée par exemple. ⧗ 2024-2027

⊶ CH. VIEUX LONGA, 192, Le Longa, 33330 Saint-Sulpice-de-Faleyrens, tél. 05 57 24 74 31, contact@chateau-vieux-longa.fr V t.l.j. 9h-12h 14h-19h

CH. BARREYRE 2022 ★

■ | 46667 | | 8 à 11 €

Viticultrice depuis 1830, la famille Gonfrier exploite 1 400 ha de vignes sur la rive droite de la Garonne et 50 ha sur la rive gauche, à travers de nombreuses propriétés. Une partie de ce très vaste ensemble est certifiée en culture biologique ou en cours de conversion. Philippe et Éric Gonfrier sont aujourd'hui aux commandes.

Issu d'un vignoble en conversion bio, ce vin à dominante de merlot libère un bon fruit rouge et quelques touches grillées apportées par l'élevage. La bouche ronde, aux tanins enrobés, offre elle aussi un joli fruit et de la persistance, avec un bon gras. Un bordeaux à boire sur le fruit. ⧗ 2024-2028 ■ **Croix de Marsan Élevé en fût de chêne 2022 ★ (5 à 8 €; 60000 b.)** Ce bordeaux classique porté par un beau millésime, de haute maturité, combine douceur, rondeur et volume avec équilibre, un bon fruit au nez comme en bouche et un boisé bien ajusté. ⧗ 2024-2028

⊶ VIGNOBLES GONFRIER, Ch. de Marsan, 33550 Lestiac-sur-Garonne, tél. 05 56 72 14 38, contact@vignobles-gonfrier.fr V t.l.j. sf dim. lun. 10h30-12h30 14h-19h

CH. BASTIAN La Réserve 2022 ★

■ | 36 000 | | 5 à 8 €

Également propriétaires du Ch. d'Eyran (pessac-léognan), dans leur famille (de Sèze) depuis 1796, Stéphane et Brigitte Savigneux ont acquis en 1984 le Ch. Bastian en appellation bordeaux, une ancienne métairie de l'abbaye de Rivet, à Auros, qui étend son vignoble sur 10 ha.

Vinifié sans sulfites ajoutés, cet alliage entre merlot et cabernets à parts égales trouve un bon équilibre entre structure, densité, volume et souplesse, entre notes fruitées et élevage sous bois. Un bon représentant de Bordeaux, déjà prêt à boire. ⧗ 2024-2028

CH. BASTIAN, 20, av. du Sable-d'Expert, 33650 Saint-Médard-d'Eyrans, tél. 05 56 65 51 59, charles@savigneux.com V t.l.j. sf dim. lun. 9h30-12h30 13h30-18h

PETIT VERDOT BY BELLE VUE 2021 ★

■ | 6000 | | 20 à 30 €

Propriété de Jean-Pierre Marie depuis 1996, Cambon la Pelouse et son terroir de graves de grande qualité a été acquis en 2019 par le groupe viticole australien Treasury Wine Estates, qui a placé Sébastien Long aux commandes.

Voilà un bordeaux original et peu commun, à base exclusive de petit verdot. Élevé en fûts et en amphores, il cultive sa différence jusqu'au bout et restitue beaucoup de fruit et de subtilité. C'est un vin parfaitement maîtrisé, structuré dans la finesse, marqué par des notes de fruits noirs et de fruits rouges à l'eau-de-vie. ⧗ 2025-2030

CAMBON LA PELOUSE, 5, chem. de Canteloup, 33460 Macau, tél. 05 57 88 40 32, isabelle.pascual@tweglobal.com V r.-v.

CH. BELLEVUE MALARTIC 2022 ★

■ | 45 300 | | 11 à 15 €

Ce vaste domaine, passé de 2 ha en 1802, sa date de fondation, à 110 ha aujourd'hui, est établi aux portes de Libourne, sur la petite commune de Dardenac. Il est depuis 2014 dans le giron des Vignobles Invindia, filiale du groupe V and B, vaste réseau de cavistes fondé en 1987 par Jean-Claude Bernard et Jean-Pierre Derouet, et propriétaire de plusieurs crus dans le Bordelais.

De belles notes de fruits noirs, de groseille et d'épices, une bouche charnue, dense et riche en tanins, de la vivacité et une finale bien tendue : ce bordeaux a tout pour plaire et pour vieillir sereinement. ⧗ 2025-2029

CH. HAUT-MEYREAU, 1, Goumin, 33420 Dardenac, tél. 05 56 23 71 52, vignoblesinvinodia@invindia.fr V r.-v.

CH. DE BLAIGNAC 2022 ★

■ | 8400 | | - de 5 €

Établie dans une ancienne demeure datant du XVe s. au cœur de l'Entre-deux-Mers, la coopérative Chais de Vaure a été fondée en 1935 et compte 540 ha.

Voilà un pur merlot au caractère poivré très agréable, avec de jolies notes fruitées en complément. La bouche, très serrée, solide, augure une bonne évolution. On met en cave. ⧗ 2026-2032

CHAIS DE VAURE, 517, rte de Vaure, 33350 Ruch, tél. 05 57 40 54 09, chais-de-vaure@wanadoo.fr V t.l.j. sf sam. dim. 9h-12h30 14h-17h30

CH. DE BOISSAC 2022 ★

■ | 60 000 | | - de 5 €

Installé au cœur de l'Entre-deux-Mers, à mi-chemin entre Naujan et Postiac à 30 km de Bordeaux, ce domaine de 110 ha, conduit par Laurent Mazeau et propriété du couple Duchesne, qui exploite plusieurs propriétés de l'Entre-Deux-Mers, épaulée par ses deux enfants, Julie, œnologue et maître de chai, et Patrick, chef de culture.

Avec du fruit frais, des notes de cassis notamment, une bouche riche et puissante, ce vin réunit de nombreux atouts. Il constitue un bon représentant du Bordelais, que l'on aura plaisir à ouvrir sur une saucisse de Toulouse grillée. ⧗ 2024-2029 ■ **Ch. de Naujan 2022 ★ (- de 5 €; 60 000 b.)** Ce vin offre au nez des notes de cassis, de mûre et d'épices douces, qui accompagnent une bouche ronde, équilibrée et bien étirée. Parfait avec un rôti de bœuf ou un parmentier de canard. ⧗ 2024-2028

VIGNOBLES LAURENT MAZEAU, Ch. de Costis, 33760 Targon, tél. 05 57 34 55 10, ducmaze@wanadoo.fr V r.-v.

CH. DE BONHOSTE
Cuvée Mille Élevé en amphore 2022 ★

■ | 1000 | | 15 à 20 €

Sylvaine et Yannick Fournier ont pris en 2005 la suite de leurs parents, Bernard et Colette, qui ont constitué leur domaine en 1977 à partir de vignes familiales : 66 ha aujourd'hui, dont une petite partie en Bergeracois. Bonhoste, en Gironde (50 ha), est implanté sur la rive gauche de la Dordogne, en face de Saint-Émilion. Les vignerons disposent d'une cave creusée dans la roche et ont aménagé une étonnante chambre d'hôtes dans un foudre.

Un pur cabernet franc né sur argilo-calcaire qui mérite d'être découvert. Avec ses fruits noirs, sa touche de poivron rouge, sa bonne ampleur et sa densité tannique, ce beau vin soigneusement élevé en amphores affiche un équilibre très abouti. Il vieillira bien. ⧗ 2025-2032

CH. DE BONHOSTE, 5, Bonhoste, 33420 Saint-Jean-de-Blaignac, tél. 05 57 84 12 18, contact@chateaudebonhoste.com V t.l.j. sf dim. 9h-12h30 13h30-18h30

B **CH. DE BOUILLEROT** Essentia 2022 ★

■ | 3200 | | 8 à 11 €

Un domaine de 8 ha conduit en bio, dans la même famille depuis 1935 et quatre générations, régulièrement à l'honneur pour son Palais d'or liquoreux en côtes-de-bordeaux-saint-macaire et pour ses bordeaux rouges. Après 10 ans comme préparateur en pharmacie, Thierry Bos a repris les commandes du cru familial en 1990.

Ce vin à dominante de cabernet franc évoque le poivron rouge et les fruits mûrs. C'est un vin puissant, ferme et serré, de bon équilibre et de belle persistance. Un beau classique à mettre en cave. ⧗ 2026-2030

CH. DE BOUILLEROT, 39, chem. de Lacombe, 33190 Gironde-sur-Dropt, tél. 06 80 20 32 25, domaine-de-bouillerot@wanadoo.fr V r.-v.

CH. BOURDIEU-LAGRANGE 2022 ★

| 18600 | | 5 à 8 € |

Les aïeux d'Alain Bastide ont acheté en 1886 cette maison qui aurait été jadis un relais de chasse du duc d'Épernon. Le vignoble couvre aujourd'hui 40 ha répartis sur plusieurs appellations : régionales, cadillac et cadillac-côtes-de-bordeaux. Alain Bastide, à sa tête depuis 1990, a été rejoint en 2009 par son fils Nicolas, œnologue.

Ce pur merlot élevé sans apport de bois se livre avec générosité, volume et une belle charge tannique, bien accompagné d'un fruit mûr, sur la cerise et la prune. Un vin riche qui reste très équilibré, à déguster sur une viande grillée. ⧗ 2026-2030 ■ **Sélection 2022 ★ (5 à 8 €; 13500 b.)** Voilà un vin de grande douceur, déroulant de jolis fruits noirs d'une belle maturité. On apprécie d'emblée ses tanins souples et soyeux, son gras et sa longueur en bouche. Un vin harmonieux, sans l'artifice du bois neuf. ⧗ 2024-2028

CH. BOURDIEU LAGRANGE, 850, rte de l'Église, 33410 Monprimblanc, tél. 05 56 62 98 86, sceabastide@hotmail.fr V r.-v.

CH. LE BRETON 2022 ★★

| 110900 | | - de 5 € |

Fondés en 1950 par Angelo Fontana, rejoint ensuite par ses quatre fils, les domaines Fontana sont une exploitation familiale vaste de plusieurs vignobles couvrant sur 270 ha, complétés par 100 ha d'arboriculture et par une activité de négoce.

Un bordeaux équilibré et très gourmand, qui s'ouvre sur de fines et délicates notes de fruits noirs et une touche d'épices. Enrobé, ample, suave et joliment fruité en bouche, il s'étire dans une longue finale savoureuse. ⧗ 2024-2028 ■ **Ch. Daulibey 2022 ★★ (- de 5 €; 100000 b.)** D'un bon volume, à la fois rond et frais, très équilibré, doté de tanins souples et bien affinés, voilà un beau classique, aimable et accessible, à découvrir dès à présent. ⧗ 2024-2028

DOMAINES FONTANA, 14, rte de Sainte-Foy-la-Grande, 33890 Gensac, tél. 05 57 47 43 19, domainefontana@free.fr V t.l.j. 9h-12h 13h-17h

DOM. DU BUISSON
L'École buissonnière 2022 ★

| 5000 | | 8 à 11 € |

Créé dans les années 1960, ce domaine compte 20 ha conduits par la famille Zaros. Jérôme représente la troisième génération, arrivé sur la propriété en 2006. Il a réhabilité le chai et modernisé la gamme.

Cette cuvée originale de petit verdot, puissante et riche en tanins, dispose d'un fruit mûr, paré de touches d'épices. La belle finale sur la tension le porte loin. On l'appréciera volontiers sur une volaille rôtie. ⧗ 2026-2030

DOM. DU BUISSON, 1395, rue de Naulin, 33670 La Sauve, tél. 05 56 23 24 04, administratif@domainedubuisson.fr V t.l.j. sf dim. 9h-12h 14h-18h

CH. CHAMPS DE LUCAS 2022 ★

| 126000 | | - de 5 € |

Les Pellé exploitent la vigne depuis 1840; la dernière génération (Denis Pellé) est aux commandes depuis 1991, à la tête de trois domaines et 70 ha : Les Ancres, Champs de Lucas et Jayle, en bordeaux et côtes-de-bordeaux-saint-macaire.

Au nez, ce joli vin dévoile des arômes floraux, de confiture de mûre, de fruits frais et d'épices. Charnu et ample, il déroule en bouche un jus gourmand, très agréable. Il s'appréciera dans ses jeunes années. ⧗ 2024-2027

VIGNOBLES PELLÉ, 1-2, Jayle, 33490 Saint-Martin-de-Sescas, tél. 05 56 63 60 90, contact@vignoblespelle.com V t.l.j. sf sam. dim. 9h-12h 14h-18h

CH. DE CHAPPUT
2022 ★★

| 24000 | | 5 à 8 € |

Famille au service du vin depuis un siècle. En 1964, Jean et Yvette Queyrens acquièrent leur première vigne au lieu-dit Pilet, puis reprennent les domaines de leurs parents (Ch. du Pin-Franc et Ch. des Graves du Tich) et débutent la vente en bouteilles. Aujourd'hui, leurs fils Patrick et Christophe, avec à leurs côtés Jean-Yves, le petit-fils, exploitent un vignoble de 70 ha dans l'Entre-deux-Mers.

Au nez, ce vin dévoile de jolies notes de fruits et d'épices. Arômes que prolonge une bouche ample, ronde, tendre, dotée de tanins fondus et soyeux, de belle allonge. Un très beau classique, d'une harmonie sans faille. ⧗ 2024-2029 ■ **Ch. du Pin-Franc 2022 ★ (5 à 8 €; 60000 b.)** Cadré par de jolies notes de cassis et de groseille mûrs, avec une touche florale, ce vin plaira sans détour. En bouche, il apparaît équilibré, soyeux, onctueux, rond, chaleureux, étayé par des tanins souples. ⧗ 2024-2028 ■ **Ch. Pilet 2022 ★ (5 à 8 €; 60000 b.)** Porté par des arômes intenses de cerise, de cassis, d'épices et de chocolat, relayés par une bouche ample, charnue, opulente même, ce bordeaux offre du potentiel. À réserver à une viande mijotée longuement. ⧗ 2025-2030 ■ **Ch. de la Bouyère 2022 ★ (5 à 8 €; 60000 b.)** S'ouvrant sur des notes de fruits rouges, de cuir frais, d'amande et de pruneau, ce bordeaux de bonne tenue offre de la matière et de la consistance. Un classique à associer à un mets de goût, un civet de lièvre par exemple. ⧗ 2024-2029

VIGNOBLES JEAN QUEYRENS ET FILS, 3, Grand-Village-Sud, 33410 Donzac, tél. 05 56 62 97 42, scvjqueyrens@orange.fr V t.l.j. sf dim. 8h-12h 14h-18h

CH. CHRISMAR
2021 ★★

| 20000 | | 5 à 8 € |

La famille Clissey-Fermis est établie sur les terres de Ladaux depuis sept générations. Depuis 1995, Thierry Fermis avait pris la succession; aujourd'hui c'est Christophe, le petit-fils, qui reprend peu à peu les rênes du vignoble, 48 ha sur lesquels sont produites trois étiquettes : les châteaux Haut-Terre-Fort, Maynard et Chrismar (pour les enfants Christophe et Marine).

Ce pur merlot aux saveurs de baies mûres, de menthol et d'épices, élégant mais néanmoins corsé, offre un équilibre très agréable. La fraîcheur est de mise, avec une longue finale, d'une belle amplitude. Parfait sur un rôti de bœuf. ⧗ 2024-2028

CH. CHRISMAR, 24, rte de Cantois, 33760 Ladaux, tél. 06 34 12 16 60, marinefermiss@gmail.com V t.l.j. 8h30-18h

♥ CLOS DE PELIGON 2022 ★★

■ | 16 000 | | - de 5 €

Une propriété familiale fondée en 1964 à Saint-Loubès, lieu de naissance du célèbre comique de cinéma Max Linder, et conduite depuis 1992 par Gérard Reynaud. Le vignoble couvre 10,5 ha sur argiles sableuses et graveleuses.

Ce pur merlot élevé traditionnellement en barriques s'ouvre sur un caractère exotique et épicé. La bouche à la fois puissante, ample et fondue, tout en fruit et en intensité de parfums, allie richesse et équilibre dans une proportion parfaite. Une bouteille à ne pas manquer, surtout à ce niveau de prix. ⧗ 2024-2029

⊶ VIGNOBLES REYNAUD, 13, rte de Libourne, 33450 Saint-Loubès, tél. 05 56 20 47 52, closdepeligon@gmail.com V r.-v.

Ⓑ CH. LA CLOTTE DE JOUANIN 2022 ★

■ | 27 600 | | 5 à 8 €

Installé en 1992 à la suite de ses parents, Régis Chaigne a modernisé progressivement le domaine. Il utilise ainsi depuis plusieurs années des modèles mathématiques de prévision météo pour limiter les risques, diminuer les traitements et viser une maturité optimale du raisin. Le vignoble s'étend sur 23 ha, en culture biologique certifiée.

Structuré par de jolis tanins, ce bordeaux mûr et concentré libère un fruit confit et fondu. C'est une belle bouteille, équilibrée et agréable, que l'on aura plaisir à boire sur une noix de veau braisée. ⧗ 2024-2028

⊶ VIGNOBLES CHAIGNE ET FILS, Ballan-Larquette, 33540 Saint-Laurent-du-Bois, tél. 05 56 46 46 02, regis@chaigne.fr V r.-v.

CH. COUAT 2021 ★

■ | 30 000 | | 5 à 8 €

Aux portes de la Dordogne et du Lot-et-Garonne, le Ch. Couat est une vaste propriété familiale de 83 ha, aujourd'hui dirigée par Patrice Guennec.

Ce bordeaux s'ouvre sur d'intenses notes de fruits noirs, de framboise et d'épices. C'est un vin bien réalisé, agréable et harmonieux, à la fois structuré et fondu, ample et velouté, doté d'une finale élégante et de bonne longueur. ⧗ 2024-2028

⊶ CH. COUAT, 1, Le Couat, 33790 Pellegrue, tél. 05 56 61 05 59, contact@patriceguennec.vin V r.-v.

CH. DE CRAIN 2022 ★

■ | 110 000 | | - de 5 €

Bâti au XIIIᵉs. par le roi Edouard IV d'Angleterre, c'est l'un des plus vieux châteaux d'Aquitaine. Depuis cinq générations, le domaine exploite 45 ha de vignes sur un sol argilo-calcaire.

Ce bordeaux intense, bien fruité et équilibré procure un plaisir immédiat. Un vin de caractère, assez puissant, mais avec de la rondeur, qui ravit aussi pour son prix, à servir sur un gigot froid ou une entrecôte. ⧗ 2024-2028

⊶ CH. DE CRAIN, 3, rte de Crain, 33750 Baron, tél. 06 01 64 72 18, chateau.decrain@wanadoo.fr V r.-v.

CH. DOMI-COURS Vitae 2022 ★

■ | 60 000 | | 5 à 8 €

Racheté en 1976 par Jean Bellanger, le Ch. Roquefort se situe au cœur de l'entre-deux-mers sur un éperon rocheux. C'est une propriété familiale très étendue dont plus de 55% des surfaces sont constituées de forêts, de bois et de prairies (240 ha, dont 107 ha de vignes). Elle est conduite depuis 1995 par Frédéric Bellanger, et le vignoble est en conversion bio depuis 2021. Ce dernier dirige également le Ch. Domi-Cours, acquis en 2002 : 20 ha sur la commune de Cours-les-Bains, en terres bazadaises.

Ce merlot s'illustre par un fruit rouge bien mûr, une attaque fraîche et souple, et une bouche ample, ronde, aimable et de bonne longueur. Un vin à la fois intense et fruité qui fait honneur à l'appellation. ⧗ 2024-2028

⊶ CH. ROQUEFORT, Roquefort, 33760 Lugasson, tél. 05 56 23 97 48, cb@chateau-roquefort.com V r.-v. 5

DOURTHE La Grande Cuvée 2022 ★

■ | 210 000 | | 8 à 11 €

Célèbre maison fondée en 1840 par Pierre Dourthe, propriétaire de plusieurs crus (Belgrave en haut-médoc, Le Boscq en saint-estèphe, Rahoul en graves, Grand Barrail Lamarzelle Figeac en saint-émilion grand cru) et élaborateur de vins de marque de qualité (N° 1, La Grande Cuvée). Une valeur sûre restée étroitement liée au Médoc, intégrée depuis 2007 au groupe familial champenois Alain Thiénot.

Puissant, porté par un bon fruit mûr, des notes d'épices et un boisé bien positionné, ce bordeaux a tout pour plaire. Il se distingue par son intensité, ses tanins aboutis et ronds, et sa belle persistance. Un vin bien réalisé, cossu et de bon potentiel, qui mérite une belle viande de goût pour le mettre en valeur. ⧗ 2026-2030 ■ **N°1 2022 ★ (11 à 15 €; 210 000 b.)** À la fois riche et harmonieux, ce vin déroule un grand jus tannique, adossé à de belles notes de myrtille, de vanille, d'épices et de menthol, ainsi qu'une touche plus pâtissière apportée par l'élevage sous bois. La trame reste très soyeuse, développant une magnifique dimension de bouche, du gras et beaucoup de persistance. Un vin aussi puissant qu'élégant. ⧗ 2026-2032

⊶ DOURTHE, 49, allée de Boutaut, 33525 Bruges Cedex, tél. 05 56 35 53 00, contact@dourthe.com

CH. L'ENCLOS DE SADIRAC 2022 ★★

■ | 60 000 | | 5 à 8 €

Propriété familiale de 48 ha, le Ch. l'Enclos de Sadirac est situé sur la commune de Saint-Exupéry. La conversion vers l'agriculture biologique a été amorcée en 2020 et le travail s'effectue en famille, mené par les Oughou père, mère et fils.

Ample, concentré et bien marqué par un fruit mûr et quelques touches florales, de violette notamment, ce bordeaux séduit sans détour. Son aromatique, son soyeux et son équilibre illustrent parfaitement ce que l'on est en droit d'attendre de cette appellation. Un sans-faute. ⌛ 2024-2028

CH. L'ENCLOS DE SADIRAC, 6, les Catherineaux, 33190 Saint-Exupéry, tél. 06 11 44 96 87, oughouchavelard@gmail.com V *r.-v.*

CH. LA FONTAINE DE GENIN 2022 ★

■ | 50000 | | 11 à 15 €

Œnologue de formation, Benoît Prevôt a repris en 2004 cette vigne familiale de 7 ha, tout en poursuivant ses activités de consultant dans le Libournais et à l'étranger (en Chine et en Argentine, notamment).

Débutant par un nez de fruits rouges et d'épices, ce vin développe ensuite une bouche bien charpentée, généreuse, cadrée par des tanins veloutés et bien dimensionnés. La finale est longue et savoureuse, et l'ensemble voué à une belle viande mijotée, une joue de porc confite par exemple. ⌛ 2024-2028

CH. LA FONTAINE DE GENIN, Mondon, 33350 Sainte-Radegonde, tél. 05 56 78 30 14, benoitprevot33@gmail.com

CH. DE FONTENILLE Rouge Gourmand 2021 ★

■ | 10000 | | 11 à 15 €

En 1290, le site de Fontenille, dans l'Entre-deux-Mers, possédait déjà des vignes. Alors rattaché à l'abbaye de la Sauve-Majeure, ce domaine au terroir argilo-siliceux est devenu autonome au XVIIe s. Depuis 1998, il est conduit par Stéphane Defraine, à la tête de 56 ha de vignes, dont 20 en blanc et 36 en rouge, actuellement en cours de conversion bio.

Ce pur malbec au fruit explosif, sur le cassis, la fraise et la framboise, se livre avec amabilité, autour de beaux tanins fondus, une trame acidulée et fraîche, et une longue finale. Un vin digeste et réjouissant, à découvrir avec un porc au caramel ou un carré de veau au thym. ⌛ 2024-2028

CH. DE FONTENILLE, 1315, rte de Grimard, 33670 La Sauve, tél. 05 56 23 03 26, contact@chateau-fontenille.com V *r.-v.*

CH. GAILLARTEAU 2022 ★★

■ | 100000 | | 5 à 8 €

Les Grands Chais de France : un géant français du négoce de vins créé à la fin des années 1980 par Joseph Helfrich, aujourd'hui présent dans l'ensemble des régions viticoles françaises et dans le monde entier.

Voilà un beau bordeaux préservant toute son expression fruitée, entre baies rouges mûres, cassis et épices. La fraîcheur est également de mise, les tanins présents sans rudesse et l'ensemble, long, juteux, équilibré, procure beaucoup de plaisir. Parfait avec une volaille rôtie. ⌛ 2024-2029 ■ **Dom. du Cheval Blanc Cuvée Grandes Vignes 2022 ★ (5 à 8 €; 80000 b.)** Un vin très plaisant, qui s'illustre par son fruit frais et élégant, légèrement épicé, sa bouche ronde, facile et aimable, dotée de tanins souples. À boire dans ses jeunes années, avec un rôti de porc froid ou des salaisons. ⌛ 2024-2027 ■ **Maillon Maillon 2022 ★ (5 à 8 €; 100000 b.)** Tout en équilibre et en souplesse, ce joli bordeaux libère un fruit frais agrémenté de notes de poivron et d'épices, puis affiche de la rondeur et du volume en bouche. ⌛ 2024-2027 ■ **Ch. les Maurins 2022 ★ (5 à 8 €; 120000 b.)** Un bordeaux comme on les aime, plein, fruité et harmonieux, porté par une belle aromatique, à la fois fraîche et mûre. Sa souplesse, sa rondeur et sa longue finale plaident aussi en sa faveur. ⌛ 2024-2028

LES GRANDS CHAIS DE FRANCE, 1, rue de la Division-Leclerc, 67290 Petersbach, tél. 04 67 39 29 47, carole.martin@lgcf.fr

CH. LA GRANGEOTTE 2022 ★

■ | 188600 | | 5 à 8 €

Fondée en 1933, la coopérative de Rauzan, dans l'Entre-deux-Mers, a fusionné en 2008 avec la cave de Grangeneuve (Romagne), puis en 2016 avec celle de Nérigean pour constituer les Caves de Rauzan : pas moins de 400 adhérents, de 65 châteaux et 3 500 ha de vignes. Des appellations régionales et de l'entre-deux-mers.

Voilà un vrai vin de plaisir, qui ravit par son équilibre, son fruité à la fois frais et mûr, sur la griotte notamment, et par ses bons tanins qui se développent sans rudesse. Un bon bordeaux qui honore l'appellation. ⌛ 2024-2027

LES CAVES DE RAUZAN, L'Aiguilley, 33420 Rauzan, tél. 05 57 84 13 22, patricia.aniello@cavesderauzan.com V *t.l.j. sf dim. 9h-12h30 14h-18h*

CH. GROMEL BEL-AIR
Cuvée Éva Élevé en fût de chêne 2022 ★

■ | 500000 | | 5 à 8 €

Savas (Société d'approvisionnement de vins, d'alcools et de spiritueux) est une maison de négoce fondée en 1978, présidée par Evelyne Courriades, qui propose des vins de marque du Bordelais et de Provence.

Une large dominante de merlot (90 %) dans ce vin ferme et dense, qui doit encore assouplir sa structure et fondre son bois. Mais il affiche aussi du gras, du volume, de l'équilibre et un fruit légèrement fumé en finale. À réserver d'ici quelque temps à une viande mijotée. ⌛ 2026-2030 ■ **Les Hauts de Bel-Air 2022 ★ (5 à 8 €; 500000 b.)** Complexe, mûr et aromatique, ce joli vin campé sur un fruit noir intense et quelques touches épicées ravit pleinement. Il y a du volume, de la structure, des tanins veloutés et une légère amertume finale. ⌛ 2025-2029

SAVAS, 28, rue de Capeyron, 33200 Bordeaux, tél. 05 56 92 19 20, support@savas-sa.fr

B CH. GUICHOT L'Authentique 2022 ★

■ | 40000 | | 5 à 8 €

Vins de Propriétés et Châteaux de France (VPCF) est une maison de négoce qui distribue plus de 2 000 vins de vignerons et 1 500 vins de marques. Soit une gamme de plus de 3 000 vins et champagnes sélectionnés pour leurs qualités, qu'ils proviennent de grandes maisons ou de vignobles plus méconnus.

Vinifié sans sulfites ajoutés et certifié bio, ce pur cabernet-sauvignon du Ch. Guichot affiche une belle dimension de bouche, une bonne structure de tanins fermes en soutien d'un fruit confituré parfaitement mûr. La longue finale fruitée enchante également. Viande rouge obligatoire. ⌛ 2025-2030

VINS DE PROPRIÉTÉS ET CHÂTEAUX DE FRANCE, 15, rue des Rustauds, 67700 Monswiller, tél. 03 88 02 82 82, contact@vpcf.fr

B CH. GUICHOT L'Éternel 2022 ★★

■ | 80000 | | 5 à 8 €

Fort de son atavisme vigneron et de son expérience acquise dans de grands domaines, Sébastien Petit s'est installé en 2008 sur 19 ha dans l'Entre-deux-Mers : des vignes exposées plein sud autour d'une bâtisse du XVIIe s. et de dépendances du XIXe s., et conduites en agriculture biologique.

Ce pur merlot réjouit pleinement. C'est un vin remarquable d'élégance et de finesse, porté par un très beau fruit, entre notes de confiture de mûre, de graphite et d'épices douces. La bouche ample et soyeuse, de grande longueur, est soutenue par un bon gras et des tanins d'une belle finesse. Équilibre et gourmandise sont au rendez-vous. ⧗ 2024-2029

CH. GUICHOT, Guichot, 33790 Saint-Antoine-du-Queyret, tél. 05 56 61 31 53, contact@sebastien-artisan-vigneron.fr V r.-v.

CH. GUYON LA ROSERAIE 2021 ★

■ | 40000 | | 5 à 8 €

Le Ch. Bois Madame de Maurillon est une propriété située à Saint-Martin du Puy, dans le vignoble de l'Entre-deux-Mers. Il compte 21 ha de vignes plantés sur des sols argilo-calcaires. Le Ch. Guyon la Roseraie, géré par la même famille Humbert, s'étend quant à lui sur 27 ha.

Tout en intensité de fruit, avec une touche de réglisse et d'épices, ce bordeaux complexe séduit immédiatement. On apprécie aussi sa texture veloutée et charnue, son volume, son équilibre, ses tanins à la fois fermes et élégants, et sa longue finale acidulée. Un fort joli vin à apprécier dans ses jeunes années. ⧗ 2024-2028

■ **Ch. Bois Madame de Maurillon 2021 ★ (5 à 8 €; 70000 b.)** D'un bon volume, fermement constitué, ce bordeaux porté par deux tiers de cabernets affiche un joli équilibre dans une matière dense et fruitée. La finale agréable et acidulée ajoute à son dynamisme et sa fraîcheur. ⧗ 2025-2029

CH. GUYON LA ROSERAIE, Guyon la Roseraie, 33580 Rimons, tél. 06 20 48 91 41, humbert.bernard.eugene@wanadoo.fr

CH. HAUT-BOURDI Cuvée Tradition 2022 ★★

■ | 55000 | | 5 à 8 €

Le Ch. Haut-Bourdi compte 35 ha de vignes à l'encépagement traditionnel bordelais, plantées sur des sols argilo-limoneux.

Ce vin riche et complet s'ouvre sur des tonalités florales et épicées tout en gourmandise et en élégance. La bouche, tout aussi savoureuse, entre fruits macérés, fruits rouges frais et réglisse, offre du volume, de l'équilibre et une belle longueur. Que demander de plus ? ⧗ 2024-2028

CH. HAUT-BOURDI, Pied de Bouc, 33540 Saint-Félix-de-Foncaude, tél. 06 78 01 01 32, buttignol.nelly@orange.fr

CH. HAUT-CAZEVERT Cuvée des Artistes 2022 ★

■ | 3000 | | 11 à 15 €

Un vignoble de 25 ha d'un seul tenant, situé sur l'un des points culminants de l'Entre-deux-Mers, acquis en 1989 par un groupe d'amis, aujourd'hui propriété d'une centaine d'actionnaires, avec à la direction Emmanuel Jacob, qui a débuté en Espagne (Ribera del Duero) avant de revenir dans le Bordelais en 1996. Deux étiquettes : Haut-Cazevert, 28 ha en conversion bio depuis 2021, et Harandailh.

Profitant pleinement de la maturité du millésime, ce bordeaux s'affiche avec intensité, étoffe et puissance autour de tanins riches et de notes de caramel et de fruits noirs. Un vin de corps qui mérite d'être attendu ou carafé et servi avec une viande de type daube ou bourguignon. ⧗ 2025-2030

CH. HAUT-CAZEVERT, 2, Harandailh, 33540 Blasimon, tél. 05 57 84 18 27, chateau.haut.cazevert@wanadoo.fr V r.-v. 5

CH. HAUTES TERRES 2022 ★

■ | 300000 | | - de 5 €

La première apparition de ce vignoble de l'Entre-deux-Mers date de 1831. Il est acquis en 1945 par la famille Lambert et développé dans les années 1960 (d'abord en polyculture) par Gilberte et son mari René Cazade, puis converti à la seule vigne dans les années 1970. Il couvre aujourd'hui 130 ha à Saint-Léger-de-Vignague.

Fondu et onctueux, ce bordeaux très accessible joue la parité entre merlot et cabernets. Les jolies notes fumées ouvrent le bal, relayées par un fruit mûr et confituré, avec une touche épicée. C'est un vin élégant et charmeur, apte à plaire au plus grand nombre. ⧗ 2024-2028

■ **Ch. Roc de Cazade 2022 ★ (- de 5 €; 133000 b.)** Des touches de caramel au beurre salé se mêlent à des notes de mûre sauvage, composant une aromatique des plus évocatrices. La bouche, fraîchement mentholée, ample et agréable, offre un bel équilibre entre structure et élégance. ⧗ 2024-2028

CH. ROC DE CAZADE, 2087, rte du Bourg, Saint-Léger-de-Vignague, 33540 Sauveterre-de-Guyenne, tél. 05 56 71 62 47, cazadevin@orange.fr t.l.j. sf ven. sam. dim. 8h-12h 13h-17h

CH. HAUT FOURAT 2022 ★

■ | 34258 | | - de 5 €

Terres bordelaises est une filiale du groupe Les Grands Chais de France, qui diffuse une vaste gamme de domaines girondins, parmi lesquels Bastor-Lamontagne, Saint-Robert, Faizeau, Haut-Mouleyre, Laubès, Timberlay.

À petit prix, ce bordeaux offre le maximum de plaisir et de consistance. L'intensité aromatique est maximale, entre fruits noirs, réglisse et touches épicées. La bouche, ronde et grasse, affiche une belle dimension tannique et une finale de bonne longueur. ⧗ 2025-2029

■ **Ch. Laubès Cuvée Le Bos Élevé en fût de chêne 2021 ★ (5 à 8 €; 16590 b.)** Ce bordeaux affiche une jolie présence fruitée, des notes de cèdre et d'épices. La bouche ronde et équilibrée, les tanins souples et fondus, la finale ample et persistante forment un ensemble de parfaite maturité, déjà prêt à boire. ⧗ 2024-2028

⊶ TERRES BORDELAISES, Ch. Bastor-Lamontagne, 33210 Preignac, tél. 05 57 92 07 20, vincent.cachau@lgcf.fr V t.l.j. sf dim. 9h-12h 14h-17h

CH. HAUT GRAND CHAMP
2022 ★

■ | 170 000 | 🍾 | | - de 5 €

Implantée à Ladaux, au cœur de l'Entre-deux-Mers, cette propriété d'une centaine d'hectares est gérée par Christophe et David Flaujac depuis 2017.

Doté de jolis tanins et d'un fruit bien mûr, ce joli vin donne le meilleur de lui-même. C'est un bordeaux très bien réalisé, avec de l'élégance, de la souplesse et une finale énergique. Parfait pour un rôti de bœuf ou une entrecôte. ⧗ 2024-2027

⊶ VIGNOBLES FLAUJAC, 30, chem. de Freybernat, 33760 Ladaux, tél. 06 13 15 44 22, contact@vignoblesflaujac.fr V r.-v.

CH. HAUT JEAN REDON
Cuvée Éole 2022 ★

■ | 1000 | 🛢 | | 11 à 15 €

Constituée en 1843 au sud-est de la Gironde, du côté de Saint-Macaire, cette exploitation familiale à l'origine partagée entre vergers et vignoble s'est beaucoup agrandie récemment, pour couvrir 56 ha en AOC saint-macaire, entre-deux-mers et régionales, désormais en conversion biologique. Elle est aujourd'hui gérée par Claudine Carpentey et son fils, la première installée en 1984, le second, Damien en 2007.

Ce vin plaisant et gourmand régale de ses saveurs douces de fruits mûrs, légèrement vanillés. Arômes qui s'immiscent aussi dans une bouche soyeuse, souple, de grand volume et d'un bel équilibre, qui impose aussi sa présence tannique mais avec mesure. Un pur merlot très agréable et fort réussi. ⧗ 2024-2029 ■ **2022 ★ (5 à 8 €; 7900 b.)** Ce pur merlot vinifié sans apport de bois réjouit hautement par son corps rond et riche, soutenu par des tanins souples, ainsi que par ses beaux arômes de fruits noirs et d'épices. On aimera son registre équilibré. Une bonne pioche. ⧗ 2024-2028

⊶ CH. HAUT JEAN REDON, 37, rte de Gaillard, 33490 Saint-Pierre-d'Aurillac, tél. 06 30 07 63 83, michel.carpentey@wanadoo.fr V r.-v. E

CH. HAUT PEYRUGUET
2022 ★

■ | 460 000 | 🍾 | | 5 à 8 €

À la tête du domaine familial depuis 1980, Catherine et Jean-Marc Jolivet, épaulés par leurs filles Bénédicte et Marie, ont constitué un vignoble de 120 ha dans l'Entre-deux-Mers et proposent cinq étiquettes de bordeaux dans les trois couleurs.

S'ouvrant sur de belles notes de fruits mûrs et de confiture de cerise, avec une touche de noisette, ce vin se déploie dans une belle intensité aromatique. Sa structure ample et souple, aux tanins fondus, étire ces parfums dans une longueur idéale. ⧗ 2024-2027

⊶ VIGNOBLES JOLIVET, Saint-Florin, 33790 Soussac, tél. 05 56 61 31 61, benedicte.jolivet@gmail.com V r.-v.

B CH. HAUT-RIEUFLAGET
Réserve de famille 2022 ★

■ | 25 000 | 🍾 | | 5 à 8 €

Installé en 1969 dans l'Entre-deux-Mers comme jeune agriculteur, Jean-Dominique Petit a, au fil des ans, agrandi la propriété familiale, qui atteint aujourd'hui 90 ha répartis sur trois châteaux : Commanderie du Bardelet, Haut-Rieuflaget, les deux en bio, et Moulin de Bernat (dirigé depuis 2001 par Frederike Petit et en conversion bio). Ses bordeaux et bordeaux supérieurs sont régulièrement présents dans le Guide.

Ce vin porté par une belle maturité de fruit offre une matière vibrante et puissante. C'est un bordeaux de caractère qui impose sa charge tannique et révèle ses atouts fruités et confiturés qui s'expriment progressivement jusqu'à la finale enveloppée. ⧗ 2025-2030

⊶ JEAN-DOMINIQUE PETIT, 33790 Saint-Antoine-du-Queyret, tél. 05 56 61 33 78, contact@famillepetitvignobles.fr V r.-v. E

LE BORDELAIS

B CH. HOSTIN LE ROC
50 2022 ★

■ | 1200 | 🛢 | | 15 à 20 €

Une famille originaire du Périgord, venue se fixer dans l'Entre-deux-Mers en 1910. En 1972, André et Renée Boutinon ont acquis ce domaine, avant de la transmettre en 2015 à la nouvelle génération représentée par Catherine et Jérôme, qui se sont lancés dans l'aventure après un début de carrière comme ingénieurs (chez Airbus et dans les télécommunications). Leur vignoble couvre 30 ha en bio.

Ce pur merlot vinifié sans sulfites ajoutés et élevé en fûts de 500 l célèbre les 50 ans de l'acquisition du domaine par la famille Boutinon. Une cuvée anniversaire de belle fraîcheur, qui rend hommage au cépage et au travail accompli durant toutes ces années, avec un fruit rouge gourmand, des tanins fermes et une belle densité de matière. Un beau bordeaux qui fait honneur à l'appellation. ⧗ 2027-2032

⊶ CH. HOSTIN LE ROC, 1, Hostin, 33750 Saint-Quentin-de-Baron, tél. 05 57 24 14 26, infos@vignobles-boutinon.com V t.l.j. sf dim. 9h-12h 13h-17h

CH. JOININ
2022 ★

■ | 120 000 | 🍾 | | 5 à 8 €

Un domaine familial depuis trois générations, avec 25 ha conduits depuis 1989 par Brigitte Mestreguilhem (dont la famille est aussi propriétaire du Ch. Pipeau en saint-émilion grand cru). 2014 a vu l'arrivée de Jean Mestreguilhem, fils de Brigitte, ingénieur en agronomie qui a fait ses armes dans de grands domaines bordelais, en Californie et en Afrique du Sud, et qui prend en charge la gestion technique du domaine.

Ce joli bordeaux se montre très accessible autour de notes de fruits noirs et d'épices, d'une structure à la fois souple et équilibrée, qui reste assez corsée. À réserver à un magret de canard ou un gibier. ⧗ 2024-2028

⊶ CH. JOININ, Joinin, 33420 Jugazan, tél. 05 57 24 72 95, chateau.pipeau@wanadoo.fr

KRESSMANN MONOPOLE 2022 ★★

■ | 70 000 | | 8 à 11 €

Créée en 1871, Kressmann est une maison historique du Bordelais. En 1967, le rapprochement avec Dourthe est à l'origine de CVBG Dourthe-Kressmann, qui intègre le groupe champenois Alain Thiénot en 2007. Outre ses vins de marque, dont l'historique Kressmann Monopole Dry lancé en 1897, elle propose une vaste sélection de crus, dont Latour-Martillac, propriété de la famille. Une maison aujourd'hui dirigée par Thomas Drouineau.

Ce joli bordeaux affiche un bon fruit, accompagné de saveurs vanillées et boisées légères. Arômes qui se prolongent dans une bouche à la fois souple, concentrée et équilibrée, dotée de tanins fondus, d'un bon volume et d'une finale énergique. ⧗ 2024-2029 ■ **Kressmann Grande Réserve 2022 ★ (8 à 11 €; 180 000 b.)** Entre fruits rouges et épices, ce bordeaux très agréable peut s'appuyer sur des tanins fondus, une trame élégante et une belle longueur. C'est un vin harmonieux qui rend grâce au millésime et à l'appellation. ⧗ 2024-2028

KRESSMANN, 35, rue de Bordeaux, 33290 Blanquefort, tél. 05 56 35 53 00, sandrine.devant@kressmann.com

CH. LAMOTHE 2022 ★★

■ | 200 000 | | 5 à 8 €

Un vaste cru de 92 ha dans l'Entre-deux-Mers, fondé en 1920 par les arrière-grands-parents. Ses atouts : un chai très moderne et les compétences complémentaires de Christophe Vincent (aux vignes) et de Fabien (en cuverie). Saint Vincent les inspire, dit-on, mais ce sont plutôt leur formation technique poussée et leur exigence qui font de ce domaine une référence en bordeaux et bordeaux supérieur.

Ce vin suave et fruité, sur la fraise écrasée, la vanille et les petits fruits noirs, enchante dès le prime abord. Ses tanins bien fondus, l'extraction juste, sans rudesse, la longue et douce finale composent un ensemble de belle maîtrise. Un sans-faute. ⧗ 2024-2028 ■ **Ch. Lamothe-Vincent Réserve 2022 ★★ (5 à 8 €; 210 000 b.)** Voilà un très joli vin, élégant et frais, marqué par de belles notes de fruits rouges et de figue, qui s'articule autour d'une trame ronde et élégante. Une jolie bouteille à apprécier dès aujourd'hui avec un rôti de bœuf par exemple. ⧗ 2024-2028

CH. LAMOTHE-VINCENT, 3, chem. Laurenceau, 33760 Montignac, tél. 05 56 23 97 72, info@lamothe-vincent.com V *r.-v.*

CH. LANDEREAU Zéro 2022 ★★

■ | 18 000 | | 8 à 11 €

Henri Baylet et son fils Michel ont acquis le Ch. Landereau en 1959, puis le Ch. de l'Hoste Blanc en 1980. Installé en 1988, Bruno Baylet, troisième du nom, exploite aujourd'hui 80 ha dans l'Entre-deux-Mers.

Ce pur cabernet franc vinifié sans sulfites ajoutés ni apport de bois trouve une belle expression fruitée et une pleine maturité. Concentré et riche sans excès, il forme un ensemble gourmand, aux tanins serrés, avec du jus et une bonne longueur. Un vin racé et équilibré, qui conserve de la fraîcheur et un joli potentiel. ⧗ 2024-2029

CH. LANDEREAU, RD 671, 33670 Sadirac, tél. 05 56 30 64 28, vignoblesbaylet@free.fr V *t.l.j. sf dim. 8h-12h 13h30-17h30*

CH. MALAGAR La Croix Bouey 2022 ★

■ | 121 000 | | 5 à 8 €

Ce domaine fut « la résidence secondaire principale » de François Mauriac, acquis par son arrière-grand-père en 1843. Classé Monument historique, il est aussi un lieu de culture vivante ouvert au public. Son vignoble (30 ha) que la maison Cordier avait acquis en 1990 appartient depuis 2004 à Jean Merlaut, propriétaire de Gruaud-Larose à Saint-Julien.

Tout en fruits noirs bien mûrs, avec des notes de pruneau et de cuir, ce vin ne manque pas d'expression. En bouche, il apparaît dense, riche, corsé et structuré. C'est un vin puissant et bien défini, qui conserve néanmoins de la fraîcheur. Il gagnera à être attendu. ⧗ 2027-2032

CH. MALAGAR, 45, rte de Dudon, 33880 Baurech, tél. 05 57 97 77 35, infos@chateau-malagar.com V *r.-v.*

LES ANGES DE MALBAT 2022 ★★

■ | 100 000 | | - de 5 €

La famille Rochet cultive la vigne depuis 1865 sur les coteaux du Réolais. Depuis 1998, ce sont Fabienne, Daniel et Martine Rochet qui sont aux commandes d'un vaste vignoble de 110 ha répartis sur six châteaux : Malbat, Malbat Larquey, Larquey, Taussin, Taussin Marssot et Haut Jamin.

Ce pur merlot élevé en cuve sans apport de bois s'ouvre sur un fruit charmeur, entre mûre et fraise des bois, relevé de fines touches épicées. La bouche ample, séveuse, persistante, restitue un jus charnu qui enrobe des tanins fermes. Un vin que l'on aura plaisir à boire dès aujourd'hui. À ce prix, pari gagnant ! ⧗ 2024-2029 ■ **Ch. Taussin Premium 2022 ★ (5 à 8 €; 70 000 b.)** Avec ses notes florales et de fruits rouges confiturés, ce vin tout en élégance, de bon volume, séduit immédiatement. Un bordeaux plaisant et sapide, tout en gourmandise de fruit et en tanins croquants. ⧗ 2024-2028 ■ **Ch. Larquey 2022 ★ (5 à 8 €; 150 000 b.)** Un vin richement constitué, paré de notes de cassis, de fleurs et quelques accents épicés. En bouche, il se montre ample, charnu, bien équilibré, doté d'une trame tannique bien présente. Un bordeaux au registre concentré, à découvrir sur une joue de bœuf. ⧗ 2026-2032

ROCHET, 5, Malbat, 33190 La Réole, tél. 05 56 61 02 42, chateaumalbat@gmail.com V *t.l.j. sf sam. dim. 8h30-12h 13h-17h*

B CH. MORILLON 2022 ★

■ | 30 000 | | 5 à 8 €

Établi dans le Blayais, le Ch. Morillon, belle chartreuse du XVIIIe s., a été construit sur les ruines d'un château féodal du XIIIe s., dans lequel séjourna Saint Louis en 1242. Installés en 2004, Jean-Marie et Chantal Mado y conduisent, en bio certifié depuis 2007, un vignoble de 20 ha.

Un bordeaux encore sur la réserve, au caractère juvénile et austère, qui pourra largement être attendu. À ce stade, les notes fruitées, florales et épicées sont bien en place et la bouche, riche et concentrée, doit encore gagner en plénitude et se détendre. ⧗ 2027-2032

CH. MORILLON, 436, rte d'Hervais, 33390 Campugnan, tél. 06 58 82 71 37, emma@chateau-morillon.com V r.-v.

CH. MOULIN DE MALLET 2021 ★★

■ | 33 000 | | 5 à 8 €

Propriété familiale depuis 1898, le domaine a été agrandi petit à petit pour devenir l'activité principale de la famille Couderc en 1985. Situé sur le plateau argilo-calcaire de Pujols, le vignoble de 43 ha est conduit par Julien Couderc.

Des notes de fruits noirs, une touche de cannelle, une bouche ronde et souple : voilà un bordeaux déjà très accessible, qui plaira par sa simplicité et sa maîtrise. Aucune surenchère, ni de puissance, ni de bois, mais de la mesure à chaque instant. ⧗ 2024-2027

CH. MOULIN DE MALLET, Moulin de Mallet, 33350 Pujols, tél. 06 76 84 69 65, contact@moulindemallet.fr V r.-v.

CH. LES MOUTINS 2022 ★

■ | 65 000 | | 5 à 8 €

Jean Gueridon conduit depuis 1990 un domaine familial de 50 ha, créé en 1852 sur les coteaux de la rive droite de la Garonne, au cœur de l'Entre-deux-Mers. Une valeur sûre des appellations bordeaux et entre-deux-mers avec ses deux étiquettes : le Ch. Haut Pougnan, fief d'origine, et le Ch. les Moutins, acquis en 1995.

Souple et élégant, ce bordeaux affiche une belle rondeur autour de notes fraîches et épicées très agréables, avec une finale tonique et ferme. Un bon classique à carafer ou à servir dans des verres larges pour bien l'aérer. ⧗ 2024-2027

CH. HAUT POUGNAN, 568, chem. de Pougnan, 33670 Saint-Genès-de-Lombaud, tél. 05 56 23 06 00, haut.pougnan@gmail.com V *t.l.j. sf dim. 8h-12h 13h-16h*

CH. NARDIQUE LA GRAVIÈRE 2022 ★

■ | 40 800 | | 5 à 8 €

Cette propriété établie au lieu-dit La Nardique appartient à la même famille depuis 1920. Philippe Thérèse, installé depuis 1987 et représentant la troisième génération, exploite aujourd'hui un vignoble de 39 ha, épaulé depuis 2014 par son fils Nicolas.

Droit, frais et intense, ce bordeaux affiche une bonne facture classique. Ses notes de fruits mûrs et de cacao prennent place dans une matière richement constituée, portée par une grande charge tannique. À réserver à une viande en sauce ou un gibier. ⧗ 2027-2032

CH. NARDIQUE LA GRAVIÈRE, 333, allée des Vignes, 33670 Saint-Genès-de-Lombaud, tél. 05 56 23 01 37, lesvignoblestherese@gmail.com V *t.l.j. sf dim. 9h-12h 14h-18h*

CH. NICOT 2022 ★

■ | 50 000 | | 8 à 11 €

Fondés en 1880 à Escoussans, au sud de Bordeaux, les vignobles Dubourg constituent une vaste exploitation familiale de 83 ha, répartis sur neuf appellations et plusieurs étiquettes, de la rive droite de la Dordogne (Saint-Émilion) à la rive gauche de la Garonne (Sauternes). Bernard et Nadine Dubourg sont aux commandes depuis 1970, épaulés par leurs enfants : Valérie, responsable administrative et financière depuis 1999, et Benoît, responsable des chais et des vignobles depuis 1995.

Voilà un parfait archétype du Bordelais, associant fermeté, richesse et tension dans une bouche bien en fruit (cerise noire, mûre), agrémentée d'accents de violette. Un vin à boire sur un mets de goût, un tajine d'agneau aux pruneaux par exemple. ⧗ 2025-2029

VIGNOBLES DUBOURG, Nicot, 337, rte du Bourg, 33760 Escoussans, tél. 05 56 23 93 08, bdubourg@wanadoo.fr V r.-v.

CH. DE L'ORANGERIE 2022 ★★

■ | 250 000 | | - de 5 €

Les ancêtres de Jean-Christophe Icard ont constitué, à partir de 1790, un domaine qui s'est agrandi au fil des générations. Conduit depuis 1986 par l'actuel exploitant, rejoint par son fils Mathias en 2020, le vignoble familial couvre 250 ha de vignes dans l'Entre-deux-Mers (bordeaux, bordeaux supérieur, entre-deux-mers, loupiac). Plusieurs étiquettes sont produites : L'Orangerie, La Sablière Fongrave, Gandoy-Perrinat, ainsi que des vins sous licence, signés du célèbre dessinateur belge Philippe Geluck, créateur du *Chat*.

Une cuvée soignée, élégante et charmante, qui conserve pleinement le caractère bordelais, structuré et fruité. Un ensemble bien mené, porté par les fruits noirs confiturés et la violette, à réserver à une viande rouge grillée. À ce prix, on n'hésite pas une seule seconde. ⧗ 2024-2028

■ **Next Generation 2022 ★ (5 à 8 €; 26 000 b.)** Ce pur cabernet-sauvignon est un vin harmonieux, suave et ample, ouvert au nez comme en bouche sur les fruits bien mûrs. Un bordeaux qui plaira au plus grand nombre. ⧗ 2024-2028

CH. DE L' ORANGERIE, Jardinet, 33540 Saint-Félix-de-Foncaude, tél. 05 56 71 53 67, orangerie@chateau-orangerie.com

CH. PENIN Natur 2021 ★★

■ | 20 000 | | 8 à 11 €

L'une des valeurs sûres des appellations régionales, avec plusieurs coups de cœur à son actif. Un cru de 44 ha de vignes établi sur un terroir de graves, sur la rive gauche de la Dordogne, face à Saint-Émilion. Fondé par la famille Carteyron en 1855, il est désormais dirigé par Étienne et Antoine Carteyron, les fils de Patrick Carteyron qui, après une carrière dans de grands groupes, se sont formés à l'agronomie et sont revenus à la terre. Insufflant une nouvelle dynamique au cru, avec un regard neuf et une sensibilité encore plus proche de la nature, ils ont amorcé des pratiques d'agro-écologie.

Ce pur merlot vinifié sans ajouts de sulfites, le plus simplement du monde, puis élevé en cuve béton, restitue un fruit franc, qui infuse une bouche longue, ronde et soyeuse, aux tanins enrobés. Un vin harmonieux qui sera épatant sur une viande mijotée. ⧗ 2024-2029

■ **56 2022 ★★ (11 à 15 €; 3 660 b.)** Référence à l'année 1956, une année gélive qui a changé la face du vignoble bordelais par l'introduction du merlot, ce pur malbec est une haute réussite. Ce cépage était autrefois le plus répandu, bien adapté aux sols calcaires. Il offre ici de fines notes fruitées, florales et épicées, et une trame souple mais aussi énergique, avec beaucoup d'ampleur. ⧗ 2024-2030

CH. PENIN, 39, imp. Couponne, 33420 Génissac, tél. 05 57 24 46 98, contact@chateaupenin.com V t.l.j. sf sam. dim. 9h-12h 13h-17h

CH. PETIT BOIRAC 2022 ★★

■ | 78133 | | 5 à 8 €

Bordeaux Families regroupe les caves coopératives Louis Vallon et Sauveterre-Blasimon-Espiet, composant ainsi un vaste ensemble de 300 membres et 500 ha de vignes, dont 280 ha en bio.

Franc, bien structuré, mais offrant aussi une belle rondeur, marqué au nez comme en bouche par des accents floraux et des arômes de fruits noirs confits, ce bordeaux affiche un parfait équilibre et déjà beaucoup d'amabilité. On pourra l'apprécier dès aujourd'hui ou l'attendre quelques années pour encore plus de fondu. ⧗ 2024-2028 ■ **Ch. la Croix des Hugons 2022 ★ (5 à 8 €; 134267 b.)** Il y a du potentiel dans ce vin. Franc, intense, généreux, puissant, servi par un beau fruit et des tanins bien en place, ce pur merlot colle à son terroir et à ce millésime solaire. Il faudra l'envisager d'ici quelques années avec un civet de lièvre ou un carré d'agneau. ⧗ 2026-2030

CAVE LOUIS VALLON, 36, av. de la Mairie, 33350 Saint-Pey-de-Castets, tél. 05 57 40 52 07, p.mondin@bordeauxfamilies.fr V t.l.j. sf dim. lun. 8h30-12h 14h-17h30

CH. DU PETIT PUCH 2022 ★★

■ | 6500 | | 8 à 11 €

Une des plus anciennes propriétés du Bordelais (la construction du château date de 1337), entièrement rénovée en 2000 et acquise en 2004 par la famille de La Rivière. Le vignoble s'étend sur 13 ha en graves-de-vayres.

Ce merlot ferme et richement constitué aura besoin d'un peu de temps pour se fondre. À ce stade, il affiche des notes engageantes de fruits rouges et d'épices dans une matière puissante, dense et de belle fraîcheur. Un vin très bien réalisé, que l'on pourra commencer à ouvrir d'ici deux ans. ⧗ 2026-2030

CH. DU PETIT PUCH, 3, chem. du Petit-Puch, 33750 Saint-Germain-du-Puch, tél. 05 57 24 52 36, chateaupetitpuch@yahoo.fr V r.-v. 4

DOM. DE PILHOY 2022 ★

■ | 1500 | | 5 à 8 €

Acquis en 1962, ce domaine conduit par la famille Raynaud (père et fille) se situe au lieu-dit éponyme, sur la commune de Rions. Le vignoble compte 35 ha en conversion vers l'agriculture biologique et produit des vins dans les trois couleurs.

Voilà un vin flatteur et aromatique, ouvert sur des notes de cassis, de groseille et de mûre, rond et souple en bouche. Un joli bordeaux aimable et fruité, prêt à boire sur une viande blanche. ⧗ 2024-2027

DOM. DE PILHOY, Pilhoy, 33410 Rions, tél. 06 68 06 75 21, domainedepilhoy@gmail.com V r.-v.

CH. LE PIN D'AMBERT 2022 ★

■ | 217200 | | 5 à 8 €

Ancienne propriété qui a appartenu à Maître du Pin, avocat à la cour du Roi, cédée à la famille Ballan en 1885. Transmise de génération en génération, c'est Guillaume Constans (la sixième) qui est à sa tête.

Voilà un beau bordeaux de fruit, ample, droit et équilibré en bouche, doté de tanins encore fermes. Un bordeaux complet, à boire d'ici deux à trois ans avec une viande en sauce. ⧗ 2026-2030

CH. LE PIN D'AMBERT, 2, Le Pin, 33490 Saint-Martial, tél. 05 56 76 41 81, sceaconstans@gmail.com V t.l.j. sf dim. 9h-12h 14h-18h

CH. LE PRÉ DU MOINE 2022 ★

■ | 121000 | | 5 à 8 €

Cette propriété familiale qui surplombe la Dordogne compte 50 ha de vignes.

Simple et bien fait, ce bordeaux à dominante de merlot révèle un fruit friand, sur des notes de mûre et de cerise noire, avec beaucoup de fraîcheur. Les tanins bien ajustés, la trame souple et agréable forment un ensemble mesuré. ⧗ 2024-2027

CH. LE PRÉ DU MOINE, Le Pelletan, 33220 Saint-Quentin-de-Caplong, tél. 05 57 41 22 51, ch.charrut@orange.fr V r.-v. E

PREMIUS L'Original 2022 ★

■ | n.c. | | 5 à 8 €

Yvon Mau est l'une des plus importantes maisons de négoce de la place de Bordeaux, fondée en 1897 et propriété depuis 2001 du géant catalan de la bulle, Freixenet. Elle propose des vins de marque et diffuse également des vins de crus bordelais, mais aussi bourguignons.

À dominante de cabernets (55 %), ce bordeaux s'affiche tout en douceur et en souplesse autour de notes florales et de tanins soyeux. Un ensemble fort agréable, déjà appréciable sur une viande blanche ou une volaille. ⧗ 2024-2027

YVON MAU, 208, quai de Paludate, 33800 Bordeaux, tél. 05 56 61 54 54, contact@freixenetgratien.fr t.l.j. sf sam. dim. 9h-12h30 14h-18h

CH. LA PRIOULETTE Au coin du feu 2021 ★

■ | 1500 | | 15 à 20 €

Situé à Saint-Maixant, le Ch. la Prioulette est géré par Yves et Valérie Vallon-Bord, petits-enfants du premier propriétaire Pierre Bord, qui acquit le domaine en 1911. Installés sur des coteaux plein sud dominant la vallée de la Garonne, non loin de Langon, les 25 ha de vignes sont en conversion bio depuis 2019 et désormais conduites en agro-écologie avec plantations de haies d'arbres et d'arbustes tout autour et

au milieu des parcelles de vignes. Un petit cheptel de brebis assure également la tonte maison.

Ce millésime touché par le gel fut très compliqué à réaliser et cette cuvée témoigne des heures de travail qu'il aura fallu à son éclosion. C'est un vin franc et fruité, de bon volume, aux tanins bien intégrés et à l'élevage en barriques bien fondu. Un ensemble très agréable. ⧗ 2024-2029

⊶ *CH. LA PRIOULETTE, 52, rte de Malagar, 33490 Saint-Maixant, tél. 06 19 59 28 87, contact@laprioulette.fr* V r.-v.

MAISON BERTRAND RAVACHE
Le Grand Écuyer 2022 ★

■ | 200 000 | | - de 5 €

La maison de négoce fondée en 1995 par Léo de Malet-Roquefort et son fils Alexandre, héritiers d'une lignée saint-émilionnaise et propriétaires du Ch. la Gaffelière (1er grand cru classé B) a été cédée graduellement à Bertrand Ravache. Le négociant a acquis la totalité des parts de la société en 2015 et lui a donné son nom.

Ce vin ouvert sur d'intenses notes de fruits noirs à l'olfaction compte tous les attributs du bon bordeaux. Sa structure serrée se lie à des tanins fondus, tandis que sa longue finale reprend le registre fruité. À ce niveau de prix, c'est une aubaine. ⧗ 2024-2028

⊶ *MAISON BERTRAND RAVACHE, BP 12, champs du Rivalon, 33330 Saint-Émilion, tél. 05 57 56 40 80, contact@bertrand-ravache.com*

CH. REDAN 2022 ★★

■ | 2 600 | | 5 à 8 €

Située entre les appellations saint-julien et margaux, cette exploitation familiale est reprise en 1989 par la troisième génération de Lartigue, Éric (à la vigne) et son frère Régis (au chai). Le cru est passé de 4 à près de 17 ha tout en gagnant en notoriété. Il tire son nom des «jacquets», pèlerins de Saint-Jacques-de-Compostelle qui débarquaient ici après leur traversée de la Gironde. Autre étiquette : Ch. Redam.

Liant merlot et cabernet-sauvignon à parts égales, ce bordeaux très aimable s'offre avec immédiateté, autour d'une bouche ample, bien dimensionnée, structurée par des tanins soyeux et fondus, avec de fines notes boisées et épicées en finale. ⧗ 2024-2029

⊶ *CH. LACOUR JACQUET, 70, av. du Haut-Médoc, 33460 Cussac-Fort-Médoc, tél. 06 80 48 31 52, chateaulacourjacquet@orange.fr r.-v.*

B CH. LES RIGANES 2021 ★

■ | 95 000 | | 8 à 11 €

Situé au cœur de l'Entre-deux-Mers, le Ch. les Riganes compte 38 ha de vignes cultivées en bio.

Dense, profond et ferme, ce 2021 surprend par sa charge tannique et son ampleur. C'est un vin hautement fruité (cassis, cerise), riche et persistant, relevé de touches épicées et d'une agréable fraîcheur. À conserver en cave et à accompagner d'une viande mijotée. ⧗ 2026-2030

⊶ *CH. LES RIGANES, 1, Parant, 33580 Rimons, tél. 06 83 88 23 38, florentlecourt@orange.fr*

CH. ROQUES MAURIAC
Damnation 2022 ★★

■ | 10 000 | | 15 à 20 €

À l'époque où il a lancé les premières foires aux vins (1973), Édouard Leclerc a acheté des vignobles dans l'Entre-deux-Mers, développés par sa fille Hélène Levieux jusqu'en 2002, puis dirigés par son petit-fils Vincent, et aujourd'hui par Sylvie, l'épouse de ce dernier. Trois châteaux : Labatut, Lagnet et Roques Mauriac, 100 ha au total.

Tout en puissance et en charge tannique, ce bordeaux cossu nécessitera du temps pour s'affiner et se fondre. Le fruit noir, très intense, les tanins fermes et complets, la trame riche forment un ensemble corsé, très concentré. À privilégier sur une daube ou un gibier. ⧗ 2027-2032

⊶ *LES 3 CHÂTEAUX, Lagnet, 33350 Doulezon, tél. 05 57 40 51 84, contact@les3chateaux.com* V *t.l.j. sf sam. dim. 9h-12h 14h-16h*

CH. SAINT-GERMAIN 2022 ★★

■ | 147 600 | | 5 à 8 €

La famille d'Amécourt fait remonter son arbre généalogique au XIIIe s. Parmi ses nombreuses branches, l'une s'est fixée dans le Sud-Ouest et possède de vastes vignobles dans l'Entre-deux-Mers et le Bergeracois.

Finement épicé, avec des notes de fruits confiturés, ce vin affiche une belle gourmandise dès l'entame. En bouche, c'est une composition enjôleuse et friande autour de tanins souples et soyeux qui ajoutent à son caractère très affable. On l'appréciera dans ses jeunes années. ⧗ 2024-2028 ■ **Ch. Bellevue 2022** ★ **(5 à 8 €; 147 600 b.)** Doté de beaux accents épicés, ce vin séduit d'emblée et sans détour. L'attaque douce, le volume de bouche, les tanins veloutés, la fraîcheur et la finale onctueuse ravissent tout autant. Profitez-en pleinement sur des lasagnes de bœuf ou un carré de veau au thym. ⧗ 2024-2029

⊶ *FAMILLE D'AMÉCOURT, 595, rte de St-Martin, 33540 Sauveterre-de-Guyenne, tél. 05 56 71 54 56, sceafamille.damecourt@neuf.fr* V *t.l.j. sf sam. dim. 9h-12h 14h-17h*

CH. SAINTONGEY Vieilles Vignes 2022 ★

■ | 90 400 | | 5 à 8 €

Arrivé d'Algérie en 1961, Charles Yung a bâti un vaste ensemble de propriétés dans le Bordelais ainsi qu'un négoce : aujourd'hui, plus de 132 ha de vignes, principalement implantées sur les coteaux de Garonne, autour de Béguey. Son fils Jean-Christophe est aux commandes depuis 1992, rejoint en 2006 par son frère Rodolphe, qui a pris en main la commercialisation.

Ce bordeaux livre au nez un fruité expressif, autour des fruits noirs agrémentés d'épices et de Zan. La bouche se montre riche, ample, concentrée, mais reste agréable et bien dimensionnée, dotée de tanins fondus, avec aussi de l'équilibre et un bon fruit tout du long. ⧗ 2024-2028

⊶ *CHARLES YUNG ET FILS, 8, chem. de Palette, 33410 Béguey, tél. 05 56 62 94 85, r.yung@wanadoo.fr* V *t.l.j. sf sam. dim. 9h-12h30 13h30-18h*

CH. DES SEIGNEURS DE POMMYERS 2022 ★

■ | 96432 | | 8 à 11 €

Les Piva se sont établis en 1924 dans l'Entre-deux-Mers, d'abord en métayage puis en fermage, avant d'acquérir en 1961 le Ch. Pouchaud-Larquey, puis le Ch. des Seigneurs de Pommyers en 1989, converti au bio dès 1984 et produisant des bordeaux, des entre-deux-mers et des crémants de Bordeaux. Représentant la quatrième génération, Sandrine Piva est aujourd'hui à la tête des propriétés.

Voilà un bordeaux plaisant, à découvrir pour sa fraîcheur et son fruit. Les tanins sont certes encore fermes mais ils s'intègrent bien dans la chair de ce vin classique, paré pour une viande en sauce ou grillée. ⧗ 2024-2028

CH. DES SEIGNEURS DE POMMYERS, 5, Pommiers-Nord, 33540 Saint-Félix-de-Foncaude, tél. 05 56 71 65 16, piva.chateau@orange.fr V r.-v.

CH. TALMONT 2022 ★

■ | 329600 | | - de 5 €

Depuis 2005, Jérôme Mourgues dirige ce domaine de 400 ha, situé entre Gironde et Lot-et-Garonne, et certifié Terra Vitis.

Ce vin généreux offre un bel équilibre et un bon volume. Les notes de fruits bien mûrs, légèrement confits, composent une aromatique moderne et avenante. Un vin prêt à boire, bien représentatif du millésime et de l'appellation. ⧗ 2024-2027

VIGNOBLES MOURGUES, La Vergne, 33790 Landerrouat, tél. 05 56 61 35 73, sceavignoblesmourgues@orange.fr

CH. THIEULEY 2022 ★

■ | 100000 | | 8 à 11 €

L'histoire viticole des Courselle débute en 1949 avec l'achat du Ch. Thieuley, non loin de la Sauve-Majeure, par André Courselle. Sous l'impulsion de Francis et, depuis 2005, de ses filles Sylvie et Marie, le vignoble s'étend aujourd'hui sur 80 ha et trois crus : Thieuley, une référence en bordeaux, Ch. Saint-Genès, destiné à l'export, et Clos Sainte-Anne, 5 ha de graves à Capian.

Voilà un bordeaux élégant et très agréable, qui ne manque ni de structure ni de caractère. Bien concentré en arômes, il libère un fruit croquant, sur les fruits rouges, la cerise notamment, et déploie une trame concentrée et étirée. Parfait sur une côte de cochon grillée. ⧗ 2024-2029

VIGNOBLES COURSELLE, 560, rte de Grimard, 33670 La Sauve, tél. 05 56 23 00 01, contact@thieuley.com V t.l.j. sf sam. dim. 9h-12h 13h30-17h30

DOM. VIRGINIE THUNEVIN 2022 ★

■ | 27000 | | 8 à 11 €

Ce cru de 4 ha est la propriété de Jean-Luc Thunevin. Il a été créé avant 1900 sur la commune de Saint-Émilion. Le vignoble, situé en bas des célèbres coteaux de la côte Pavie, a été acheté en 1998. Il est depuis lors exploité par la même équipe qui élabore le Ch. Valandraud.

Ce pur merlot élevé partiellement en barriques affiche de la structure autour d'un fruit franc et une certaine sucrosité. C'est un vin ample, généreux et cossu, qui ira bien à une entrecôte ou une côte de bœuf. ⧗ 2025-2030

DOM. VIRGINIE THUNEVIN, 33240 Lalande-de-Fronsac, tél. 05 57 55 09 13, thunevin@thunevin.com

CH. TOUR DE GOUPIN 2022 ★

■ | 200000 | | 5 à 8 €

Les vignobles Valpromy-Deffarge constituent un bel ensemble de près de 77 ha, conduit par la même famille depuis trois générations. Trois étiquettes ici : les châteaux Galouchey, Trois Fonds et Tour de Goupin.

Joliment composé, ce bordeaux réjouit d'emblée par ses arômes de fruits noirs mûrs, de pruneau et d'épices douces. Il séduit aussi par sa bouche fraîche, tendre et bien équilibrée, cadrée par des tanins fermes, qui se déploie avec intensité. ⧗ 2024-2029

VIGNOBLES VALPROMY-DEFFARGE, 1, Goupin, 33890 Gensac, tél. 05 57 47 40 76, valerie@vignobles-deffarge.fr V t.l.j. sf sam. dim. 9h-12h 14h-18h

CH. LES TUILERIES 2022 ★

■ | 2266600 | | - de 5 €

La famille Roux (Yannick, Hélène et leur fils Romain) est installée dans l'Entre-deux-Mers depuis 1978. Romain Roux dirige le domaine depuis 2006. Outre le Ch. les Tuileries et le Ch. Haut Philippon, la famille a acquis les Châteaux Puy Castéra (haut-médoc), Plagnac et Pontey (médoc).

Tout en fruits mûrs, sur des notes de myrtille notamment, avec un accent légèrement épicé, ce vin déroule un jus souple, aimable et rond, qui tapisse agréablement le palais, sans rudesse. Une cuvée à boire sur le fruit de sa jeunesse. ⧗ 2024-2027

VIGNOBLES ROUX, 1, Beaucès, 33540 Gornac, tél. 06 98 14 62 35, pauline.lesbros@vignobles-roux.fr

TUTIAC 2022 ★★

■ | 12000 | | 5 à 8 €

Créée en 1974, la coopérative de Tutiac dispose des vendanges de 5 400 ha cultivés par quelque 500 viticulteurs. Un acteur important de la Haute Gironde et aussi le premier producteur de vins d'appellations en France, qui propose des vins de côtes (blaye-côtes-de-bordeaux et côtes-de-bourg) et d'appellations régionales.

Un pur merlot bien réalisé, aux nuances de fruits noirs, de prune et d'amande amère, qui déroule un jus soyeux, onctueux dès l'attaque. Voilà de quoi réjouir sans se ruiner, et l'on appréciera ce beau classique sur une viande grillée ou une volaille. ⧗ 2024-2027

VIGNERONS DE TUTIAC, 491, rue Simone-Veil, La Cafourche, 33860 Marcillac, tél. 05 57 32 48 33, contact@tutiac.com V t.l.j. sf dim. lun. 9h-12h30 14h30-18h30

CH. VERMONT Fusion Cerfcargot 2022 ★★

10 000 | 5 à 8 €

Commandée par un ravissant château du XIXᵉs. entouré de 40 ha de vignes, cette propriété de l'Entre-deux-Mers appartient à la même famille depuis les années 1880. La quatrième génération – Élisabeth et son mari David Labat – est aujourd'hui aux commandes.

Voilà un vin gourmand, franc et pur, ouvert sur des arômes soutenus de fruits rouges. C'est un vrai bordeaux de plaisir, affable et immédiat, qui ne manque ni de volume ni de fraîcheur. Réussi en tous points. ⧗ 2024-2027

CH. VERMONT, Vermont, 33760 Targon, tél. 05 56 23 90 16, chateauvermont@chateau-vermont.fr
V t.l.j. sf sam. dim. 9h-12h 14h-17h

CH. LE VIEUX CHÊNE 2022 ★★

270 000 | 5 à 8 €

Un vaste domaine d'un peu plus de 100 ha, situé à une trentaine de kilomètres au sud de Saint-Émilion et conduit par la même famille depuis quatre générations.

Ce bordeaux réjouit de bout en bout. On aimera son fruit riche et concentré, finement teinté d'épices, comme sa bouche longue, ronde et veloutée, dotée de tanins soyeux. Un vin d'une belle maturité, à apprécier dans ses jeunes années, sur des côtelettes d'agneau par exemple. ⧗ 2024-2027

CH. LE VIEUX CHÊNE, Pied-de-Bouc, 33540 Saint-Félix-de-Foncaude, tél. 06 78 01 01 32, buttignol.nelly@orange.fr

BORDEAUX CLAIRET

Superficie : 925 ha / Production : 52 000 hl

CH. BOURDIEU LAGRANGE Breuil 2023 ★

7 000 | 5 à 8 €

Les aïeux d'Alain Bastide ont acheté en 1886 cette maison qui aurait été jadis un relais de chasse du duc d'Épernon. Le vignoble couvre aujourd'hui 40 ha répartis sur plusieurs appellations : régionales, cadillac et cadillac-côtes-de-bordeaux. Alain Bastide, à sa tête depuis 1990, a été rejoint en 2009 par son fils Nicolas, œnologue.

Avec sa teinte groseille, son nez de fruits rouges, de fleurs et d'épices, sa trame souple et nerveuse, ce joli rosé offre beaucoup de plaisir et de fraîcheur. On apprécie grandement sa finesse, sa légèreté et son fruit bien calibré, idéal sur un tian d'aubergines ou un jambon de pays. ⧗ 2024-2025

CH. BOURDIEU LAGRANGE, 850, rte de l'Église, 33410 Monprimblanc, tél. 05 56 62 98 86, sceabastide@hotmail.fr V r.-v.

CH. LA BRETONNIÈRE 2023 ★

6 666 | 5 à 8 €

Stéphane Heurlier est arrivé du Nord de la France en 1992. Ce fils de céréalier a acquis deux propriétés : le Ch. la Bretonnière (blaye-côtes-de-bordeaux) et le Ch. Tour de Guiet (côtes-de-bourg), ainsi que les vignes du Ch. Romfort en 1996. Il s'est entouré de spécialistes et, après 20 ans de restructuration du vignoble (25 ha) et la construction d'un nouveau chai en 2000, il produit aujourd'hui ses vins le plus naturellement possible, sans certification bio toutefois.

Assemblage à parts égales de merlot et de malbec, ce clairet intense et élégant révèle un nez fin, autour de notes de fraise, de framboise et de fleurs blanches. La bouche fraîche et onctueuse, bien construite, prolonge ce registre aromatique avec beaucoup de finesse et une belle persistance. Un très joli vin à boire aux beaux jours sur des grillades. ⧗ 2024-2025

CH. LA BRETONNIÈRE, 115, rte de Bordeaux, 33390 Mazion, tél. 05 57 64 59 23, sheurlier@cegetel.net
V r.-v.

CH. LANDEREAU 2023 ★

25 000 | 5 à 8 €

Henri Baylet et son fils Michel ont acquis le Ch. Landereau en 1959, puis le Ch. de l'Hoste Blanc en 1980. Installé en 1988, Bruno Baylet, troisième du nom, exploite aujourd'hui 80 ha dans l'Entre-deux-Mers.

Liant merlot et cabernet franc, ce clairet velouté et charnu affiche un profil souple et très agréable, ponctué de notes de fruits des bois et d'une touche florale. D'une grande harmonie, persistant sur les épices en finale, il ira bien avec un poulet basquaise. ⧗ 2024-2025

CH. LANDEREAU, RD 671, 33670 Sadirac, tél. 05 56 30 64 28, vignoblesbaylet@free.fr
V t.l.j. sf dim. 8h-12h 13h30-17h30

♥ CH. PENIN 2023 ★★

44 000 | 8 à 11 €

L'une des valeurs sûres des appellations régionales, avec plusieurs coups de cœur à son actif. Un cru de 44 ha de vignes établi sur un terroir de graves, sur la rive gauche de la Dordogne, face à Saint-Émilion. Fondé par la famille Carteyron en 1855, il est désormais dirigé par Étienne et Antoine Carteyron, les fils de Patrick Carteyron qui, après une carrière dans de grands groupes, se sont formés à l'agronomie et sont revenus à la terre. Insufflant une nouvelle dynamique au cru, avec un regard neuf et une sensibilité encore plus proche de la nature, ils ont amorcé des pratiques d'agro-écologie.

L'une des références de l'appellation. Très constant quel que soit le millésime, ce clairet remporte tous les suffrages et ici encore, le fruit pur, l'envergure et la persistance sont à l'œuvre; à large dominante de merlot (90 %), ce rosé est bâti autour d'un fruit très frais, de cerise et de fruits rouges acidulés, et d'une trame à la fois charnue, gourmande et délicate. Une totale réussite à privilégier en toutes saisons sur des salaisons, une ratatouille ou des côtelettes de cochon grillées. ⧗ 2024-2026

CH. PENIN, 39, imp. Couponne, 33420 Génissac, tél. 05 57 24 46 98, contact@chateaupenin.com
V t.l.j. sf sam. dim. 9h-12h 13h-17h

CH. TURCAUD 2023 ★★

| 16000 | 5 à 8 €

Un cru de 48 ha fondé en 1973 par Simone et Maurice Robert, conduit avec le même talent depuis 2009 par leur fille Isabelle et son époux, Stéphane Le May. Rendements limités, approche parcellaire pour chaque cuvée, conduite respectueuse du vignoble : un travail de précision au service des appellations régionales et des entre-deux-mers.

Voilà un clairet léger et équilibré, marqué par les fruits rouges et les notes florales. On aime sa fraîcheur, sa jolie palette aromatique, sa trame onctueuse et sa belle persistance. Un classique à apprécier à table, sur des crevettes sautées à l'ail par exemple. ⧗ 2024-2025

CH. TURCAUD, 1033, rte de Bonneau, 33670 La Sauve, tél. 05 56 23 04 41, chateau-turcaud@wanadoo.fr V t.l.j. sf dim. 8h30-12h30 14h30-18h

BORDEAUX ROSÉ

B LES 2 FRÉROTS Les Classiques 2023 ★

| 4000 | 8 à 11 €

Lionel et Laurent, alias les «deux frérots», ne sont pourtant pas frères mais animés de la même passion. Le premier a grandi dans les vignes, le second a développé des marques et une structure coopérative. Deux univers complémentaires et une amitié qui les ont réunis sur ce projet de «frères de vin». Soit la création dans toute la France, essentiellement en culture biologique, en propriété ou en négoce, de vins mais aussi de spiritueux.

Cette cuvée de pur merlot livre de belles notes de fruits rouges, de fraise notamment, qui se prolongent dans une bouche agréable, vive et acidulée. Un bon classique donc, à privilégier sur des grillades ou une salade de poulet grillé. ⧗ 2024-2025

LES DEUX FRÉROTS, 7, St-Aignan-Nord, 33190 La Réole, tél. 09 78 31 53 84, contact@les2frerots.fr

B CH. LES ARROMANS 2023 ★

| 2500 | 5 à 8 €

À la retraite de ses parents, qui ont mis en bouteilles à partir de 1970, Joël Duffau a repris une partie de leur vignoble du Ch. les Arromans, venant compléter ainsi le Ch. la Mothe du Barry qu'il avait créé en 1985. Il commande aujourd'hui un ensemble de 40 ha cultivés en bio. Ses deux étiquettes sont incontournables en bordeaux et en entre-deux-mers.

Voilà un rosé très plaisant, sans caricature, qui arbore un fruit plein de finesse, avec une légère touche saline. En bouche, il se montre équilibré, à la fois ample et incisif. Il ira bien sur des fruits de mer ou sur des salades composées. ⧗ 2024-2025

VIGNOBLES JOËL DUFFAU, 490, rte du Pont-Riveau, 33420 Moulon, tél. 05 57 74 93 98, vignobles.jduffau@orange.fr V t.l.j. sf dim. 9h-12h 14h-19h 5

B CH. BALLAN-LARQUETTE 2023 ★

| 9000 | 5 à 8 €

Installé en 1992 à la suite de ses parents, Régis Chaigne a modernisé progressivement le domaine. Il utilise ainsi depuis plusieurs années des modèles mathématiques de prévision météo pour limiter les risques, diminuer les traitements et viser une maturité optimale du raisin. Le vignoble s'étend sur 23 ha, en culture biologique certifiée.

Assemblage original de cabernet-sauvignon et de malbec, ce rosé s'offre avec générosité, dans une trame de bonne fraîcheur, autour de notes de zestes, de framboise et de groseille. C'est un vin ample et riche, mais qui reste dynamique, marqué par les agrumes et des saveurs franches. Un vin de repas. ⧗ 2024-2025

VIGNOBLES CHAIGNE ET FILS, Ballan-Larquette, 33540 Saint-Laurent-du-Bois, tél. 05 56 46 46 02, regis@chaigne.fr V r.-v.

CH. DE BONHOSTE 2023 ★★

| 9400 | 5 à 8 €

Sylvaine et Yannick Fournier ont pris en 2005 la suite de leurs parents, Bernard et Colette, qui ont constitué leur domaine en 1977 à partir de vignes familiales : 66 ha aujourd'hui, dont une petite partie en Bergeracois. Bonhoste, en Gironde (50 ha), est implanté sur la rive gauche de la Dordogne, en face de Saint-Émilion. Les vignerons disposent d'une cave creusée dans la roche et ont aménagé une étonnante chambre d'hôtes dans un foudre.

Souple et avenant, doté d'arômes expressifs et intenses, autour des fruits exotiques et des fruits rouges, ce rosé convainc. On aime son attaque fraîche et acidulée, sa trame équilibrée et sa longue finale gourmande. ⧗ 2024-2025

CH. DE BONHOSTE, 5, Bonhoste, 33420 Saint-Jean-de-Blaignac, tél. 05 57 84 12 18, contact@chateaudebonhoste.com V t.l.j. sf dim. 9h-12h30 13h30-18h30 5

CARRELET D'ESTUAIRE Confidences 2023 ★★

| 70000 | 5 à 8 €

Créée en 1974, la coopérative de Tutiac dispose des vendanges de 5 400 ha cultivés par quelque 500 viticulteurs. Un acteur important de la Haute Gironde et aussi le premier producteur de vins d'appellations en France, qui propose des vins de côtes (blaye-côtes-de-bordeaux et côtes-de-bourg) et d'appellations régionales.

Voici un rosé de pur merlot agréable et expressif, qui plaît pour son croquant, ses notes florales et fruitées (fraise des bois), pour son volume et son équilibre. Un sans-faute. ⧗ 2024-2025 ■ **2023 ★ (- de 5 €; 200000 b.)** Un rosé simple et affable, au bon fruit frais et à la touche florale délicate, qui plaît pour sa finesse et son équilibre, ainsi que pour sa finale sur les agrumes. Son prix est un atout sérieux. ⧗ 2024-2025 ■ **Tutiac Zéro résidu de pesticides 2023 ★ (5 à 8 €; 150000 b.)** Un rosé acidulé, frais et léger dont on aimera les notes florales et fruitées, ainsi que la bouche vive et alerte. Garanti sans pesticides, c'est bien la moindre des choses... ⧗ 2024-2025

VIGNERONS DE TUTIAC, 491, rue Simone-Veil, La Cafourche, 33860 Marcillac, tél. 05 57 32 48 33, contact@tutiac.com V t.l.j. sf dim. lun. 9h-12h30 14h30-18h30

LES CHAIS DE VAURE 2023 ★★

■	1800		- de 5 €

Établie dans une ancienne demeure datant du XVes. au cœur de l'Entre-deux-Mers, la coopérative Chais de Vaure a été fondée en 1935 et compte 540 ha.

Avec un prix mini, ce rosé ne dépare pas et joue de belles nuances aromatiques, entre fruits des bois et bonbon anglais, mais aussi d'élégance, de finesse et de persistance. La fraîcheur est également de mise, qualité indispensable à tout bon rosé. Quoi de mieux? ⧗ 2024-2025

CHAIS DE VAURE, 517, rte de Vaure, 33350 Ruch, tél. 05 57 40 54 09, chais-de-vaure@wanadoo.fr V t.l.j. sf sam. dim. 9h-12h30 14h-17h30

CH. CHARREAU 2023 ★

■	15000		5 à 8 €

Propriété d'une trentaine d'hectares exploitée depuis trois générations par la famille Girotti, ce cru est situé à Verdelais, dans le sud de l'appellation cadillac-côtes-de-bordeaux. Il bénéficie d'un terroir argilo-calcaire et de bonnes conditions climatiques grâce à son exposition plein sud et à la proximité de la Garonne.

Ce pur cabernet-sauvignon offre un fruit croquant et frais, entre notes d'agrumes, de fleurs blanches et de fruits des bois. Vif et légèrement perlant, il reste bien acidulé, parfait pour un apéritif aux tonalités marines. ⧗ 2024-2025

CH. CHARREAU, 104, chem. de Charreau, 33490 Verdelais, tél. 06 13 23 61 24, chateau.charreau@wanadoo.fr V r.-v.

CH. LA CROIX DE QUEYNAC 2023 ★

■	10000		- de 5 €

Stéphane Gabard a repris en 1999 avec son épouse, Paola, la propriété familiale établie dans la vallée de l'Isle, au nord de Fronsac. Son vignoble de 40 ha est dédié aux appellations régionales, qu'il propose sous les étiquettes Ch. la Gabarre, Ch. la Croix de Queynac et Ch. Queynac.

Dominé par le cabernet franc, ce rosé bien équilibré offre une belle dimension minérale et florale. La texture acidulée, fraîche et légèrement saline, le porte avec vigueur. Un ensemble plaisant, et à moindre coût. ⧗ 2024-2025

VIGNOBLES GABARD, 25, rte de Cavignac, 33133 Galgon, tél. 05 57 74 30 77, contact@vignoblesgabard.com V t.l.j. sf sam. dim. 9h-12h30 14h-18h

DOURTHE La Grande Cuvée 2023 ★

■	75000		8 à 11 €

Célèbre maison fondée en 1840 par Pierre Dourthe, propriétaire de plusieurs crus (Belgrave en haut-médoc, Le Boscq en saint-estèphe, Rahoul en graves, Grand Barrail Lamarzelle Figeac en saint-émilion grand cru) et élaborateur de vins de marque de qualité (No 1, La Grande Cuvée). Une valeur sûre restée étroitement liée au Médoc, intégrée depuis 2007 au groupe familial champenois Alain Thiénot.

Pur cabernet franc charmeur et croquant, ce rosé offre de belles notes de fleurs blanches, de pêche de vigne et de fraise des bois, avec un accent acidulé. C'est un rosé équilibré et léger, qui plaira sur des salaisons ou une terrine de crustacés. ⧗ 2024-2025 ■ **No1 2023 ★ (8 à 11 €; 25000 b.)** Un rosé de cabernet franc à l'expression moderne, à la teinte claire et pâle, et aux notes de petits fruits frais, de melon et de mangue. On apprécie sa vive expression, sa finesse et son équilibre. Parfait dès l'apéritif. ⧗ 2024-2025

DOURTHE, 49, allée de Boutaut, 33525 Bruges Cedex, tél. 05 56 35 53 00, contact@dourthe.com

CH. DUDON 2023 ★

■	3035		5 à 8 €

En 1975, Jean Merlaut (Ch. Gruaud-Larose, à Saint-Julien) a repris en main le Ch. Dudon, dans sa famille depuis 1961 et commandé par une chartreuse construite au XVIIIes. par Jean-Baptiste Dudon. Il a assuré sa rénovation, à la vigne et aux chais, et étoffé sa surface en 2009 en achetant les vignes du Ch. Laroche. L'ensemble couvre aujourd'hui 133 ha.

Dominé par le cabernet franc, ce rosé ample et vif livre de belles touches d'agrumes et de fruits rouges acidulés. De bon équilibre, très frais, il sera parfait sur des fruits de mer. ⧗ 2024-2025

CH. DUDON, 45, rte de Dudon, 33880 Baurech, tél. 05 57 97 77 35, infos@chateau-dudon.com V r.-v.

CH. LA FREYNELLE 2023 ★

■	20000		8 à 11 €

Transmis de père en fils depuis 1789 et sept générations, ce domaine familial est conduit depuis 1990 par Véronique Barthe. Le vignoble de 80 ha est établi sur des croupes argilo-calcaires de l'Entre-deux-Mers.

Ce 100 % cabernet-sauvignon joue la carte de l'originalité et de la gourmandise autour d'une intense partition florale et fruitée. Rond et de bon volume, avec une structure bien en place, il pourra s'associer à un carpaccio de veau aux câpres. ⧗ 2024-2025

CH. LA FREYNELLE, 9, Peyrefus, 33420 Daignac, tél. 05 57 84 55 90, veronique@vbarthe.com V t.l.j. sf sam. dim. 9h-17h

B CH. LA GRANDE MÉTAIRIE 2023 ★

■	21000		5 à 8 €

Claire Buffeteau conduit, en culture biologique, 29 ha de vignes sur les coteaux vallonnés de l'Entre-deux-Mers, au cœur du Sauveterrois, dans les communes de Castelviel et Gornac. Elle y produit deux étiquettes : La Grande Métairie et Haut Dambert.

Ce rosé marqué par les fruits rouges et les agrumes se distingue par une belle intensité fruitée et une structure légèrement croquante. Jolie finale sur de beaux amers. On l'envisagera aussi bien sur des rillettes de thon que sur un carpaccio de bœuf. ⧗ 2024-2025

VIGNOBLES BUFFETEAU, Dambert, 33540 Gornac, tél. 05 56 61 97 59, contact@vignoblesbuffeteau.fr
V *r.-v.*

GRAND THÉÂTRE 2023 ★

100 000 | 5 à 8 €

Créée en 1984, Univitis est une coopérative qui s'est agrandie à la suite de la fusion de plusieurs caves de Gironde et de Dordogne. Elle regroupe 135 adhérents et 1 700 ha dans le «grand Sud-Ouest» viticole. Elle propose une large gamme de vins de marques et de propriétés dans 15 appellations, à laquelle s'ajoute le Ch. les Vergnes, acquis en 1986 (130 ha près de Sainte-Foy).

Du volume, de la fraîcheur, une certaine densité et de la finesse : ce rosé complet associe avec bonheur des touches de fruits frais, une trame croquante et acidulée qui réveille les papilles et une note finale légèrement réglissée. Idéal à l'apéritif ou sur des fromages frais, de chèvre ou de brebis. ⧗ 2024-2025

UNIVITIS, 2648, av. du Mal-Leclerc, 33220 Les Lèves-et-Thoumeyragues, tél. 05 57 56 02 02, contact@univitis.fr V *t.l.j. sf dim. 9h30-12h30 14h-18h*

CH. HAUT-RIEUFLAGET
Elles Les Viticultrices 2023 ★

10 000 | 5 à 8 €

Installé en 1969 dans l'Entre-deux-Mers comme jeune agriculteur, Jean-Dominique Petit a, au fil des ans, agrandi la propriété familiale, qui atteint aujourd'hui 90 ha répartis sur trois châteaux : Commanderie du Bardelet, Haut-Rieuflaget, les deux en bio, et Moulin de Bernat (dirigé depuis 2001 par Frederike Petit et en conversion bio). Ses bordeaux et bordeaux supérieurs sont régulièrement présents dans le Guide.

Ce joli rosé de merlot arbore de plaisantes notes de fruits rouges et de fleurs blanches, liées dans une bouche de bon volume, équilibrée, marquée par une finale très suave. Un vin fin et élégant qui fera l'unanimité sur une cuisine épicée. ⧗ 2024-2025

JEAN-DOMINIQUE PETIT, 33790 Saint-Antoine-du-Queyret, tél. 05 56 61 33 78, contact@famillepetitvignobles.fr V *r.-v.*

CH. DES HAUTS DE FONCAUDE 2023 ★

12 667 | 5 à 8 €

En 1934, 126 vignerons s'unissent pour créer la coopérative de Sauveterre-de-Guyenne, à quelques hectomètres de la bastide fondée en 1281 par Édouard Ier, roi d'Angleterre. En 2012, elle s'est associée avec la cave de Blasimon et regroupe quelque 2 000 ha de vignes et 250 vignerons.

Un rosé simple et avenant, dominé par les épices et les fruits rouges, qui trouve en bouche un agréable compromis entre souplesse et volume. Un vin bien réalisé, à servir sur un jambon ibérique par exemple. ⧗ 2024-2025

CAVE DE SAUVETERRE BLASIMON ESPIET, 10, rue de la Gare, 33540 Sauveterre-de-Guyenne, tél. 05 56 61 55 20, p.mondin@bordeauxfamilies.fr V *t.l.j. sf dim. lun. 9h-12h 13h30-18h15*

LES HAUTS DE TERRASSON 2023 ★

33 333 | 5 à 8 €

Viticultrice depuis 1830, la famille Gonfrier exploite 1 400 ha de vignes sur la rive droite de la Garonne et 50 ha sur la rive gauche, à travers de nombreuses propriétés. Une partie de ce très vaste ensemble est certifiée en culture biologique ou en cours de conversion. Philippe et Éric Gonfrier sont aujourd'hui aux commandes.

Dominé par le cabernet, ce rosé floral et acidulé se livre avec fraîcheur et souplesse. De bonne ampleur, la bouche n'est pas dépourvue d'élégance, laissant un sillage frais et soyeux, parfaitement harmonieux. Que diriez-vous de l'accompagner d'une mousse de crabe? ⧗ 2024-2025 ■ **Croix de Marsan 2023 ★ (5 à 8 €; 33 333 b.)** Voilà un rosé à apprécier en toutes circonstances, qui plaît par ses notes acidulées et de fruits rouges, par son attaque fraîche et par sa bouche ample et gourmande. On le verrait bien sur des toasts au saumon mariné à l'aneth. ⧗ 2024-2025

VIGNOBLES GONFRIER, 11, chem. de Marsan, 33550 Lestiac-sur-Garonne, tél. 05 56 72 14 38, contact@vignobles-gonfrier.fr V *t.l.j. sf dim. lun. 10h30-12h30 14h-19h*

♥ VIGNOBLES JOLIVET
Irrésistible 2023 ★★

20 000 | 5 à 8 €

À la tête du domaine familial depuis 1980, Catherine et Jean-Marc Jolivet, épaulés par leurs filles Bénédicte et Marie, ont constitué un vignoble de 120 ha dans l'Entre-deux-Mers et proposent cinq étiquettes de bordeaux dans les trois couleurs.

Voilà une cuvée diablement bien nommée. Associant cabernet franc et merlot, ce rosé volubile plaît par ses notes complexes de framboise et de fraise compotée. Il prolonge ce registre fruité et gourmand dans une bouche ample, agrémentée d'une pointe d'épices douces très fondue. Un rosé très élégant et complexe qui constitue un excellent rapport prix-plaisir. ⧗ 2024-2025

VIGNOBLES JOLIVET, Saint-Florin, 33790 Soussac, tél. 05 56 61 31 61, benedicte.jolivet@gmail.com
V *r.-v.*

♥ CH. LAGNET 2023 ★★

5 000 | - de 5 €

À l'époque où il a lancé les premières foires aux vins (1973), Édouard Leclerc a acheté des vignobles dans l'Entre-deux-Mers, développés par sa fille Hélène Levieux jusqu'en 2002, puis dirigés par son petit-fils Vincent, et aujourd'hui par Sylvie, l'épouse de ce dernier. Trois châteaux : Labatut, Lagnet et Roques-Mauriac, 100 ha au total.

Un rosé diablement gourmand et attrayant, qui s'ouvre sur des parfums de fruits blancs, de pêche et d'agrumes, puis qui déroule en bouche un jus très élégant, très fin, soutenu par une jolie pointe acidulée qui donne du nerf à l'ensemble. Un vin parfaitement équilibré, savoureux, étiré dans une finale douce et persistante. Imparable à ce prix! ⧗ 2024-2025 ■ **Ch. Labatut Cuvée Prestige 2023 ★★ (- de 5 €; 84 000 b.)** Franc et gourmand, ce rosé à prix mini offre un maximum de qualités. Des notes fruitées friandes, de citron confit et de pêche de vigne, de la fraîcheur, une belle suavité pour arrondir les angles et une finale alerte sur les agrumes et le zeste. De quoi passer un bon moment autour de salades d'été. ⧗ 2024-2025

LES 3 CHÂTEAUX, Lagnet, 33350 Doulezon, tél. 05 57 40 51 84, contact@les3chateaux.com V t.l.j. sf sam. dim. 9h-12h 14h-16h

CH. LAMOTHE-VINCENT 2023 ★

■ | 26 000 | | 5 à 8 €

Un vaste cru de 92 ha dans l'Entre-deux-Mers, fondé en 1920 par les arrière-grands-parents. Ses atouts : un chai très moderne et les compétences complémentaires de Christophe Vincent (aux vignes) et de Fabien (en cuverie). Saint Vincent les inspire, dit-on, mais ce sont plutôt leur formation technique poussée et leur exigence qui font de ce domaine une référence en bordeaux et bordeaux supérieur.

Voilà un beau rosé d'apéritif, pleinement fruité et très équilibré. Les agrumes, le citron confit notamment, et les baies rouges comme la groseille se mêlent ici à foison, jusque dans une finale tendre et suave. ⧗ 2024-2025

CH. LAMOTHE-VINCENT, 3, chem. Laurenceau, 33760 Montignac, tél. 05 56 23 97 72, info@lamothe-vincent.com V r.-v.

CH. LARROQUE 2022 ★

■ | 53 333 | | - de 5 €

Situé sur la rive gauche, en bordure des Graves, le Ch. Larroque a été racheté par la famille Ducourt en 1979. Le vignoble, de 57 ha actuellement, fut replanté en quelques années et le château, édifié en 1348, entièrement rénové. La propriété produit des vins dans les trois couleurs, vinifiés par Jonathan Ducourt.

Plaisant et bien équilibré, ce rosé s'offre autour des fruits noirs, de myrtille et de cassis notamment. Bien acidulé en bouche, il garde de la nervosité et de la fraîcheur, avec un bon retour sur les agrumes. À marier à une terrine de saumon ou des rillettes de lapin. ⧗ 2024-2025

CH. LARROQUE, 2, cours Aristide-Briand, 33000 Bordeaux, tél. 05 35 54 50 84, contact@gapenne.com

CH. LEROY-BEAUVAL Rozélie 2023 ★

■ | 5 000 | | 8 à 11 €

En 2012, les Leroy acquièrent le Ch. de Beauval afin de réhabiliter son histoire viticole, débutée au XVIIIe s. puis abandonnée jusque dans les années 1970. Le domaine s'étend aujourd'hui sur 75 ha, dont 42 ha en production.

Frais et tonique, ce joli rosé de cabernet franc détaille de savoureuses notes de groseille et d'épices. La trame ronde, de bon volume, trouve une belle résonance fruitée, avec de l'équilibre et de la finesse. À privilégier sur une cuisine délicatement relevée ou un saumon mariné aux épices. ⧗ 2024-2025

CH. LEROY-BEAUVAL, 102, rte de Beauval, 33450 Saint-Sulpice-et-Cameyrac, tél. 05 24 73 22 50, contact@chateauleroybeauval.com V r.-v.

Ⓑ CH. LESTRILLE 2023 ★

■ | 6 000 | | 8 à 11 €

Fondé en 1901, ce domaine familial de 41 ha est une des valeurs sûres des appellations régionales. Il est conduit depuis 2006 par Estelle Roumage (revenue au domaine en 2001), qui a succédé, avec le même talent, à son père Jean-Louis et qui revendique des vins fruités nés d'une «viticulture durable». Le vignoble est mené en bio certifiée.

Voilà un joli rosé «de soif», franc et équilibré, porté par de fines notes de fruits rouges et de pêche de vigne. C'est un vin élégant, léger et plaisant, à réserver à des fruits de mer ou des salaisons. ⧗ 2024-2025

CH. LESTRILLE, 15, rte de Créon, 33750 Saint-Germain-du-Puch, tél. 05 57 24 51 02, contact@lestrille.com V r.-v.

MONTFOLLET Le Valentin 2023 ★

■ | 60 000 | | 5 à 8 €

Dominique Raimond est propriétaire de plusieurs châteaux dans le Blayais et le Bourgeais : Montfollet, l'un des fers de lance de la région, Haut Lalande, Graulet, Merigot, Haut Grela et Puy d'Amour (13 ha en bio). Il fait partie de la très qualitative coopérative de Cars (1937), rebaptisée en 2011 «Châteaux solidaires», qui vinifie séparément les vendanges d'une dizaine de châteaux adhérents, sélectionnés très rigoureusement.

Plus souvent en vue pour ses rouges d'une grande constance dans la qualité, cette cuvée séduit aussi dans sa version rosée. Ce pur merlot plaît par son ampleur, sa fraîcheur et son équilibre, porté par un fruit pur et une finale sapide. Un rosé classique, idéal à l'apéritif ou sur des poissons crus. ⧗ 2024-2025

CHÂTEAUX SOLIDAIRES, 9, Le Piquet, 33390 Cars, tél. 05 57 42 13 15, d.raimond@chateaux-solidaires.com V t.l.j. sf sam. dim. 9h-12h 14h-18h Ⓔ

CH. MOUSSEYRON 2023 ★

■ | 13 000 | | 5 à 8 €

Un domaine familial de 28 ha datant de 1880, juché sur les hauteurs de Saint-Pierre-d'Aurillac. Joris Larriaut, représentant la cinquième génération aux commandes du vignoble, a pris la suite de son père, Jacques, en 2014.

Duo équilibré de merlot et de cabernet-sauvignon, ce rosé ample et fruité séduira les amateurs de vins légers et délicats. Parfaitement recommandable sur une terrine de crabe ou une truite marinée. ⧗ 2024-2025

CH. MOUSSEYRON, 31, rte de Gaillard, 33490 Saint-Pierre-d'Aurillac, tél. 05 56 76 44 53, larriautjacques@wanadoo.fr V r.-v.

LE BORDELAIS

CH. DE L'ORANGERIE 2023 ★

180000 | | 5 à 8 €

Les ancêtres de Jean-Christophe Icard ont constitué, à partir de 1790, un domaine qui s'est agrandi au fil des générations. Conduit depuis 1986 par l'actuel exploitant, rejoint par son fils Mathias en 2020, le vignoble familial couvre 250 ha de vignes dans l'Entre-deux-Mers (bordeaux, bordeaux supérieur, entre-deux-mers, loupiac). Plusieurs étiquettes sont produites : L'Orangerie, La Sablière Fongrave, Gandoy-Perrinat, ainsi que des vins sous licence, signés du célèbre dessinateur belge Philippe Geluck, créateur du *Chat*.

Avec son nez fin, évoquant le zeste d'agrumes, de pamplemousse rose en particulier, sa trame fraîche et légère, d'une belle complexité, sa finale souple et très plaisante, ce rosé séduit sans ambages. Une belle découverte à réserver à table sur une cuisine finement relevée. ⧗ 2024-2025

CH. DE L' ORANGERIE, Jardinet, 33540 Saint-Félix-de-Foncaude, tél. 05 56 71 53 67, orangerie@chateau-orangerie.com

CH. PETIT-BOYER Les Lions 2023 ★

13000 | | 5 à 8 €

Des premières vinifications à Saint-Émilion et dans le Val de Loire, puis la reprise du domaine familial en 1997 : Jean-Vincent Bideau (troisième génération) conduit aujourd'hui un vignoble de 40 ha.

Ce pur merlot aux intenses notes de fraise et de bonbon acidulé associe fraîcheur et harmonie. Très agréable en bouche également, ample et disert, persistant sur les agrumes en finale, il constitue un beau classique, à apprécier sur des grillades de viande blanche ou dès l'apéritif. ⧗ 2024-2025

VIGNOBLES BIDEAU, La Pistolette, 33390 Cars, tél. 05 57 42 19 40, bideau.jv@petit-boyer.com V r.-v.

CH. DU PIN-FRANC 2023 ★

5000 | | 5 à 8 €

Famille au service du vin depuis un siècle. En 1964, Jean et Yvette Queyrens acquièrent leur première vigne au lieu-dit Pilet, puis reprennent les domaines de leurs parents (Ch. du Pin-Franc et Ch. des Graves du Tich) et débutent la vente en bouteilles. Aujourd'hui, leurs fils Patrick et Christophe, avec à leurs côtés Jean-Yves, le petit-fils, exploitent un vignoble de 70 ha dans l'Entre-deux-Mers.

Le nez, discret, évoque les fruits blancs et les fleurs blanches. La bouche fraîche, de bonne ampleur, reste bien acidulée, avec des arômes de framboise et une dernière note plus mentholée. Un rosé léger, agréable et facile d'accès, à déguster en toutes occasions. ⧗ 2024-2025

VIGNOBLES JEAN QUEYRENS ET FILS, 3, Grand-Village-Sud, 33410 Donzac, tél. 05 56 62 97 42, scvjqueyrens@orange.fr V t.l.j. sf dim. 8h-12h 14h-18h

CH. DE LA RIVIÈRE Le Lion de la Rivière 2023 ★

21000 | | 11 à 15 €

Créé au XVI^e^s. et remanié au XIX^e^s. par Viollet-le-Duc, ce château a été cédé en 2013 au groupe chinois Bolian. Un vaste cru de 65 ha alternant plateaux et coteaux argilo-calcaires, qui abrite 8 ha de carrières où sont élevés des vins qui font référence dans le Fronsadais. Il est aujourd'hui dirigé par Xavier Buffo, ingénieur agronome et œnologue arrivé sur le domaine en 1997.

Voici un joli rosé à majorité de merlot, de teinte très pâle, qui s'ouvre sur un nez subtil, marqué par une grande fraîcheur et quelques touches florales. La bouche possède du croquant et une certaine densité, parsemée d'un fruit frais, avec une finale de belle longueur. ⧗ 2024-2025

CH. DE LA RIVIÈRE, 33126 La Rivière, tél. 05 57 55 56 56, info@chateau-de-la-riviere.com V t.l.j. sf dim. 8h30-12h30 13h30-17h30 5

CH. LA ROSE SAINT-GERMAIN 2023 ★

25000 | | 5 à 8 €

En 1858, la famille Ducourt s'établit au château des Combes, à Ladaux, petit village au sud-est de Bordeaux. C'est sous l'impulsion d'Henri Ducourt, installé en 1951 et relayé depuis par ses enfants et petits-enfants, que le vignoble familial prend son essor, pour atteindre aujourd'hui 450 ha répartis sur treize châteaux dans l'Entre-deux-Mers et le Saint-Émilionnais. Un ensemble dirigé par Philippe Ducourt depuis 1980, complété par une activité de négoce.

Duo de merlot et de cabernet-sauvignon, ce rosé se livre avec vivacité et intensité. On aimera ses notes de fruits rouges, sa belle trame acidulée, son volume et sa longue finale sur la cerise. ⧗ 2024-2025

VINS DE CRUS, 4, rue des Aulnes, 33520 Bruges, tél. 05 56 52 53 06, info@lesvinsdecrus.fr r.-v.

SAUV'TERRE 2023 ★

16000 | | 5 à 8 €

Bordeaux Families regroupe les caves coopératives Louis Vallon et Sauveterre-Blasimon-Espiet, composant ainsi un vaste ensemble de 300 membres et 500 ha de vignes, dont 280 ha en bio.

Frais et agréable, ce pur cabernet franc séduit immédiatement par ses parfums floraux et par ses notes d'agrumes et de fruits blancs. Son attaque souple et sa trame acidulée se doublent d'une belle vivacité. Un ensemble très harmonieux, à boire sur un thon mi-cuit par exemple. ⧗ 2024-2025

BORDEAUX FAMILIES, 10, rue de la Gare, 33540 Sauveterre-de-Guyenne, tél. 05 56 61 59 10, p.mondin@bordeauxfamilies.fr V t.l.j. sf dim. lun. 9h-12h 13h30-18h15

CH. TROIS FONDS Cuvée Coralie 2023 ★

12000 | | 5 à 8 €

Les vignobles Valpromy-Deffarge constituent un bel ensemble de près de 77 ha, conduit par la même famille depuis trois générations. Trois étiquettes ici : les châteaux Galouchey, Trois Fonds et Tour de Goupin.

Des fruits frais, de la vivacité, un léger perlant : ce rosé très élégant invite au partage autour d'une bouche charnue et persistante, centrée sur les arômes de pamplemousse et prolongée par de fins amers. Profitez-en avec des fruits de mer par exemple. ⧗ 2024-2025

VIGNOBLES VALPROMY-DEFFARGE, 1, Goupin, 33890 Gensac, tél. 05 57 47 40 76, valerie@vignobles-deffarge.fr V t.l.j. sf sam. dim. 9h-12h 14h-18h

CH. LE TROS 2023 ★

| 27 000 | | 5 à 8 € |

Propriété de la famille Jabouin depuis 1974, ce domaine de 56 ha est situé au nord de l'Entre-deux-Mers.

Entre des parfums d'agrumes, de fleurs blanches et une touche plus épicée, ce rosé frais et agréable joue de nuances avec réussite. Un vin équilibré qui ira de pair avec des poissons crus ou des fromages frais. ⌛ 2024-2025

CH. LE TROS, 1, Le Broustera, 33420 Tizac-de-Curton, tél. 05 57 24 26 85, chateauletros@orange.fr V r.-v.

CH. TURCAUD 2023 ★

| 17 000 | | 5 à 8 € |

Un cru de 48 ha fondé en 1973 par Simone et Maurice Robert, conduit avec le même talent depuis 2009 par leur fille Isabelle et son époux, Stéphane Le May. Rendements limités, approche parcellaire pour chaque cuvée, conduite respectueuse du vignoble : un travail de précision au service des appellations régionales et des entre-deux-mers.

Un rosé de gastronomie, qui réserve une trame ronde, charnue et légèrement saline, et qui séduit aussi par son intensité colorante et aromatique. On le mariera avec bonheur à un poisson gras, un saumon à l'oseille par exemple, ou à une pissaladière. ⌛ 2024-2025

CH. TURCAUD, 1033, rte de Bonneau, 33670 La Sauve, tél. 05 56 23 04 41, chateau-turcaud@wanadoo.fr V t.l.j. sf dim. 8h30-12h30 14h30-18h

CH. VALADE 2023 ★

| 12 000 | | 5 à 8 € |

Mylène et Guillaume Guennec, enfants de viticulteurs de la région, ont pris la suite en 2010 de François Greffier, vigneron réputé pour ses entre-deux-mers, désormais retiré des affaires. Ils conduisent aujourd'hui un vignoble de 50 ha, auxquels s'ajoutent les 15 ha du Ch. Valade pris en fermage auprès de la famille Hoffman.

À majorité de cabernet-sauvignon, ce rosé appelle les grillades et les saveurs d'été. Ses notes d'agrumes portent une belle fraîcheur, doublées d'une touche fumée, et sa trame souple et acidulée reste parfaitement équilibrée. ⌛ 2024-2025

TERRES DE GUENNEC, 3, Castanet, 33790 Auriolles, tél. 05 56 61 40 67, vignoblescastenet@orange.fr r.-v.

BORDEAUX BLANC

Superficie : 6 740 ha
Production : 418 650 hl

CH. DES ANTONINS 2023 ★★

| 36 000 | | 5 à 8 € |

Geoffroy de Roquefeuil – rejoint par son fils Antoine en 2016 – a renoué à partir de 1985 avec la tradition viticole des Antonins, frères hospitaliers de Saint-Antoine qui occupèrent cet ancien couvent du XIIIe au XVIIIes., et a progressivement reconstitué le domaine monastique (27 ha aujourd'hui). Le domaine fait partie de l'Association des vins d'abbayes.

À dominante de sauvignon, ce blanc frais et intense allie des notes de fleurs blanches et d'agrumes au nez. La bouche, souple et ronde, prolonge avec force persistance ce registre aromatique, agrémenté de notes de fruits mûrs. Un vin fin, alerte et élégant, parfait pour l'apéritif. ⌛ 2024-2027

CH. DES ANTONINS, Le Couvent, 33190 Pondaurat, tél. 06 95 82 78 58, roquefeuil@chateau-des-antonins.com V t.l.j. sf sam. dim. 9h-12h 13h30-18h

A DE CH. D'ARCHE 2022 ★

| 23 000 | | 11 à 15 € |

Bien situé au sommet d'une colline dominant le Ciron, ce cru fort ancien fut constitué au XVIIIes. par les comtes d'Arche. Il est aujourd'hui la propriété d'un groupe d'investisseurs, qui ont nommé en 2020 un nouveau directeur, Didier Galhaud, ainsi qu'un nouveau maître de chai, Matthieu Arroyo. Un domaine qui s'est doté d'un nouveau chai éco-certifié en 2019 et qui mise sur d'ambitieux projets oenotouristiques avec la construction d'un hôtel haut de gamme. Le passage en bio est par ailleurs engagé sur les 70 ha du vignoble, ainsi que sur les 10 ha du Ch. Padouën, dans le giron du Ch. d'Arche.

Issu de 90 % de sémillon, planté sur des terroirs à majorité argilo-calcaire, ce blanc fort convaincant a été soigneusement élevé en cuves Inox et en barriques, avec bien sûr des fûts du sauternes, mais aussi des fûts neufs. Au nez, il offre de belles tonalités d'agrumes, de fruits mûrs et de fleurs blanches, prolongées par un palais svelte, frais et épanoui, tout en fruit, d'une belle persistance. ⌛ 2025-2029

CH. D' ARCHE, 33210 Sauternes, tél. 05 56 76 66 55, contact@chateau-arche.com V r.-v. 5

CH. BASTOR-LAMONTAGNE Confidence 2022 ★

| 24 017 | | 11 à 15 € |

Terres bordelaises est une filiale du groupe Les Grands Chais de France, qui diffuse une vaste gamme de domaines girondins, parmi lesquels Bastor-Lamontagne, Saint-Robert, Faizeau, Haut-Mouleyre, Laubès, Timberlay.

Ce bordeaux sec, plaisant et équilibré, affiche de belles notes de fleurs blanches, de fruits mûrs et un léger toasté. Arômes que prolonge une bouche à la fois fine et suave, dotée d'une jolie finale saline. Un vin élégant et bien mené, qui appelle un poisson à la crème ou même une volaille. ⌛ 2024-2028

TERRES BORDELAISES, Ch. Bastor-Lamontagne, 33210 Preignac, tél. 05 57 92 07 20, vincent.cachau@lgcf.fr V t.l.j. sf dim. 9h-12h 14h-17h

CH. BELŒIL 2023 ★

| 11 066 | | 5 à 8 € |

La famille d'Amécourt fait remonter son arbre généalogique au XIIIes. Parmi ses nombreuses branches, l'une s'est fixée dans le Sud-Ouest et possède de vastes vignobles dans l'Entre-deux-Mers et le Bergeracois.

Un sauvignon classique, alerte et intense, paré d'un fruit frais, de notes de fleurs blanches et d'agrumes, et d'une sève ronde et très agréable. À servir bien frais en apéritif ou autour d'un plateau de fromages. ⧗ 2024-2026

FAMILLE D' AMÉCOURT, 595, rte de St-Martin, 33540 Sauveterre-de-Guyenne, tél. 05 56 71 54 56, sceafamille.damecourt@neuf.fr V t.l.j. sf sam. dim. 9h-12h 14h-17h

CH. BOURDIEU LAGRANGE 2023 ★

| 6000 | | - de 5 € |

Les aïeux d'Alain Bastide ont acheté en 1886 cette maison qui aurait été jadis un relais de chasse du duc d'Épernon. Le vignoble couvre aujourd'hui 40 ha répartis sur plusieurs appellations : régionales, cadillac et cadillac-côtes-de-bordeaux. Alain Bastide, à sa tête depuis 1990, a été rejoint en 2009 par son fils Nicolas, œnologue.

Paré de beaux accents floraux et épicés, ce blanc se montre aimable en bouche, à la fois ample, frais et délicat. Une bouteille à servir dans ses jeunes années, sur des tapas ou des fruits de mer par exemple. ⧗ 2024-2026

CH. BOURDIEU LAGRANGE, 850, rte de l'Église, 33410 Monprimblanc, tél. 05 56 62 98 86, sceabastide@hotmail.fr V r.-v.

CALVET Cuvée du Cap 2023 ★★

| 33000 | | 5 à 8 € |

Les Grands Chais de France : un géant français du négoce de vins créé à la fin des années 1980 par Joseph Helfrich, aujourd'hui présent dans l'ensemble des régions viticoles françaises et dans le monde entier.

Ce sauvignon typique, sobrement élevé en cuves sur lies, se distingue par ses arômes exotiques et légèrement végétaux. C'est un vin frais, dynamique, voire explosif, sur la tension. À accompagner de fruits de mer ou de petites fritures. ⧗ 2024-2027 **Ch. Mezain 2023 ★ (5 à 8 €; 180 000 b.)** Sur la fraîcheur et la souplesse, ce sauvignon est un bon classique, marqué par des notes de pamplemousse, une belle intensité et une finale acidulée. À boire aujourd'hui avec des fruits de mer ou des fromages secs. ⧗ 2024-2026 **Dom. du Cheval Blanc Cuvée Grandes Vignes 2023 ★ (5 à 8 €; 44 000 b.)** Archétype du sauvignon vif et fringant, ce blanc séduit par sa dimension simple et fruitée, par sa fraîcheur et son caractère souple. À privilégier en début de repas. ⧗ 2024-2026

LES GRANDS CHAIS DE FRANCE, 1, rue de la Division-Leclerc, 67290 Petersbach, tél. 04 67 39 29 47, carole.martin@lgcf.fr

CHAIS DE VAURE Jandille 2023 ★★

| 2400 | | - de 5 € |

Établie dans une ancienne demeure datant du XVe s. au cœur de l'Entre-deux-Mers, la coopérative Chais de Vaure a été fondée en 1935 et compte 540 ha.

Ce sauvignon blanc offre un excellent rapport prix-plaisir. On aime les notes de zeste et d'agrumes que se dégagent du verre, l'attaque vive et acidulée aussi, prélude à un cœur de bouche à la fois ronde et frais : il donne le maximum avec simplicité et efficacité. Parfait sur des huîtres. ⧗ 2024-2026 **2023 ★★ (5 à 8 €; 2400 b.)** Un blanc exprimant parfaitement les arômes du sauvignon, autour des agrumes, des fruits blancs, du chèvrefeuille et d'une trame vive, acidulée, mais toujours équilibrée. Parfait pour les fruits de mer. ⧗ 2024-2026

CHAIS DE VAURE, 517, rte de Vaure, 33350 Ruch, tél. 05 57 40 54 09, chais-de-vaure@wanadoo.fr V t.l.j. sf sam. dim. 9h-12h30 14h-17h30

LE PETIT CHEVAL BLANC 2021 ★★

| n.c. | | + de 100 € |

Depuis plus de dix ans, le Ch. Cheval Blanc produit un bordeaux blanc sur un petit vignoble de 6,6 ha imbriqué dans le parcellaire de son glorieux aîné. Déclinaison en blanc de l'identité du grand cru classé saint-émilionnais, ce vin est un assemblage de douze parcelles différentes, sur des sols argileux, sableux et graveleux, où s'épanouissent 80 % de sauvignon blanc et 20 % de sémillon.

Du sauvignon majoritaire (83 %) pour le blanc du cru. Un vin très élégant qui s'articule autour de notes d'agrumes, de fruits blancs et d'un boisé discret et bien fondu. En bouche se dégagent la même finesse et une belle vitalité autour de saveurs fruitées fraîches et gourmandes qui infusent longuement une chair dense et consistante. Un blanc gastronome, à privilégier sur un poisson fin. ⧗ 2025-2032

LE PETIT CHEVAL BLANC, Ch. Cheval Blanc, 33330 Saint-Émilion, tél. 05 57 55 55 55, contact@chateau-chevalblanc.com

CH. CLARKE Le Merle blanc 2022 ★

| 24 000 | | 30 à 50 € |

Edmond de Rothschild – arrière-petit-fils de James, qui fit entrer Lafite dans la famille en 1868 – a acquis en 1973 le Ch. Clarke, en listrac, et le Ch. Malmaison, en moulis, avant de fonder la Compagnie vinicole Baron Edmond de Rothschild, propriétaire de plusieurs crus en Bordelais et dans le Nouveau Monde.

Créé en 1898, ce blanc historique de Bordeaux met en exergue le sauvignon blanc (70 %) né sur calcaires et argiles, avec un élevage sous bois mesuré. En résulte un vin bien construit, avec de la structure, du gras et de l'ampleur, mais également de la fraîcheur et une touche acidulée. Un vin aussi subtil et élégant qu'intense et généreux, qui demandera encore un peu de temps pour s'épanouir et se livrer pleinement. ⧗ 2026-2032

BARON EDMOND DE ROTHSCHILD, 33480 Listrac-Médoc, tél. 05 56 58 38 00, contact@edrh-wines.com V t.l.j. sf sam. dim. 9h-12h 14h-17h

B CH. LA CLYDE 2023 ★

| 1500 | | 15 à 20 € |

Un domaine de poche (1,8 ha) repris en 2016 par les Jouny, ingénieurs de métier et passionnés de vin, qui rêvaient d'avoir leur propre domaine et un projet pour leur retraite. Un cru « travaillé comme un grand jardin », en agriculture biologique.

Pure muscadelle élevée en barriques neuves, ce blanc cossu et généreux s'offre autour de notes toastées, de miel fin et de saveurs fruitées. C'est un vin ample, à la finale structurée, qui ira bien sur une volaille ou un poisson à la crème. ⧗ 2025-2029

CH. LA CLYDE, 55, pl. Miatte, 33550 Tabanac, tél. 06 14 27 66 83, laclyde@orange.fr V r.-v.

B CH. COURONNEAU 2023 ★

20 000 | 8 à 11 €

Situé aux confins de la Gironde et de la Dordogne, dans le pays foyen, ce vignoble (40 ha) est cultivé en bio et en biodynamie. Le cadre enchantera le promeneur : un vrai château, avec quatre tours aux toits coniques. Bénédicte Piat est aux commandes depuis 1994 et utilise au chai, outre des cuves Inox et des barriques bois, des foudres et des amphores en terre cuite. Son fils Grégoire a récemment rejoint l'aventure.

Alliance de sauvignons gris et blanc à parité, ce blanc se révèle avec complexité et une jolie structure. C'est un vin à la texture serrée, aux discrètes notes de fruits blancs, de bon équilibre. Un vin à vocation de repas que l'on aura plaisir à boire sur un poisson cuisiné. ⧗ 2024-2027

CH. COURONNEAU, 409, allée de Couronneau, 33220 Ligueux, tél. 05 57 41 26 55, famillepiat@chateau-couronneau.fr V *t.l.j. sf sam. dim. 8h-12h 13h-17h* E

DOURTHE N°1 2023 ★

160 000 | 8 à 11 €

Célèbre maison fondée en 1840 par Pierre Dourthe, propriétaire de plusieurs crus (Belgrave en haut-médoc, Le Boscq en saint-estèphe, Rahoul en graves, Grand Barrail Lamarzelle Figeac en saint-émilion grand cru) et élaborateur de vins de marque de qualité (N° 1, La Grande Cuvée). Une valeur sûre restée étroitement liée au Médoc, intégrée depuis 2007 au groupe familial champenois Alain Thiénot.

Ce sauvignon blanc associe avec brio fraîcheur et équilibre. C'est un blanc fin, naturellement acidulé, aux arômes d'agrumes et de pêche, qui se développe autour d'une bouche juteuse et bien construite. Un bon classique. ⧗ 2024-2027 **La Grande Cuvée 2023 ★ (8 à 11 €; 107 000 b.)** Fidèle au sauvignon, ce blanc frais et fruité navigue entre notes de citron et de fruits mûrs avec mesure et équilibre. C'est un joli classique de l'appellation, bien réalisé, à réserver à un poisson grillé ou à l'apéritif. ⧗ 2024-2027

DOURTHE, 49, allée de Boutaut, 33525 Bruges Cedex, tél. 05 56 35 53 00, contact@dourthe.com

B CH. DOYAC Le Pélican 2022 ★★

4 500 | 15 à 20 €

Venu du monde de la finance, Max de Pourtalès a réalisé un rêve en acquérant en 1998 cette belle unité de 30 ha située à Saint-Seurin-de-Cadourne, convertie à l'agriculture biologique et à la biodynamie. La nature du terroir, argilo-calcaire, a dicté le choix du merlot comme cépage dominant pour les rouges, complété en blanc par 1,6 ha de sauvignon.

Fermenté et élevé en barriques de 500 l, en foudres et en jarres de grès, ce blanc soigné, d'une grande élégance, joue dans la cour des grands. Ses arômes de miel fin, de fruits jaunes mûrs et de fruits exotiques, sa bouche à la fois suave et fraîche, légèrement acidulée et dotée d'un bon gras, enchante tout du long. Un très beau vin, complexe et gourmand, d'une longueur remarquable, qui se destine à la table et à la garde. ⧗ 2025-2030

CH. DOYAC, 2, rte de Doyac, 33180 Saint-Seurin-de-Cadourne, tél. 05 56 59 34 49, contact@chateaudoyac.fr V *t.l.j. sf dim. 9h-12h 13h30-17h* E

DUCOURT Réserve de famille 2022 ★

3 100 | 8 à 11 €

En 1858, la famille Ducourt s'établit au Château des Combes, à Ladaux, petit village au sud-est de Bordeaux. C'est sous l'impulsion d'Henri Ducourt, installé en 1951 et relayé par ses enfants et petits-enfants, que le vignoble familial prend son essor, pour atteindre aujourd'hui 440 ha répartis sur treize châteaux dans l'Entre-deux-Mers et le Saint-Émilionnais. Une activité de négoce (Les Celliers de Bordeaux Benauge) complète l'ensemble.

Ce blanc élevé en barriques, encore marqué par des touches boisées et grillées, offre aussi une tonalité d'agrumes et de fruits blancs très fraîche. C'est un vin à la fois gras, onctueux, fin et complexe, doté d'une longue finale toastée. Parfait avec un poisson au four ou une volaille à la crème. ⧗ 2025-2029

LES CELLIERS DE BORDEAUX BENAUGE, 18, rte de Montignac, Le Hourc, 33760 Ladaux, tél. 05 57 34 54 00, ducourt@ducourt.com V *t.l.j. sf sam. dim. 9h-12h 14h-17h*

CH. DUDON 2023 ★

6 732 | 5 à 8 €

En 1975, Jean Merlaut (Ch. Gruaud-Larose, à Saint-Julien) a repris en main le Ch. Dudon, dans sa famille depuis 1961 et commandé par une chartreuse construite au XVIIIᵉ s. par Jean-Baptiste Dudon. Il a assuré sa rénovation, à la vigne et aux chais, et étoffé sa surface en 2009 en achetant les vignes du Ch. Laroche. L'ensemble couvre aujourd'hui 133 ha.

Sauvignon majoritaire, ce blanc floral, nuancé par des notes d'agrumes, reste fidèle à l'appellation. Vif et légèrement perlant, il maintient un bon fruit tout du long, avec une finale agréable et équilibrée. On le verrait bien à l'apéritif avec un bouquet de crevettes sautées à l'ail. ⧗ 2024-2026

CH. DUDON, 45, rte de Dudon, 33880 Baurech, tél. 05 57 97 77 35, infos@chateau-dudon.com V *r.-v.*

CH. DUHART-MILON 2023 ★

n.c. | 75 à 100 €

Ces anciennes terres du « Prince des vignes », Nicolas-Alexandre de Ségur (XVIIIᵉ s.), furent longtemps propriété des Castéja, qui donnèrent son nom au cru (celui d'un corsaire de Louis XV établi à Pauillac à sa retraite, dont la maison orne aujourd'hui l'étiquette). Vendu en 1937, morcelé et en déclin, le vignoble de Duhart-Milon a été racheté en 1962 par les Rothschild, qui l'ont restructuré, agrandi et lui ont redonné son lustre de 4ᵉ cru classé. Le vignoble couvre aujourd'hui 76 ha attenants au Ch. Lafite,

LE BORDELAIS

sur le coteau de Milon qui prolonge le plateau des Carruades.

Expressif et très ouvert, ce vin à dominante de sémillon (70 %), cadré par un élevage sous bois bien ajusté, libère de fines notes exotiques, de toasté et de fleurs blanches. Frais et dynamique, il déroule en bouche un jus agréablement fruité, au boisé bien proportionné, avec de la rondeur et du gras, jusqu'à une finale acidulée qui apporte de la nervosité. Un beau blanc équilibré et racé. ⧗ 2025-2032

CH. DUHART-MILON, rue Étienne-Dieuzède, 33250 Pauillac, tél. 05 56 73 18 18, visites@lafite.com

CH. FAYAU 2023 ★★

30 000 | 5 à 8 €

Établis depuis près de deux siècles à Cadillac, les Médeville, également négociants, sont à la tête d'un vaste ensemble de 200 ha répartis sur une quinzaine de crus au sud de Bordeaux, dans un périmètre de 20 km autour du Ch. Fayau, berceau de la famille acquis en 1826. C'est un vignoble de 41 ha, en grande partie planté sur les coteaux entourant la cité des ducs d'Épernon.

Au nez, c'est une explosion de fruits exotiques, de fruits mûrs et de fleurs blanches. Cet assemblage haut en saveurs de sauvignons blanc et gris conjugue en bouche fraîcheur, rondeur et fruité croquant avec beaucoup d'élégance. Un vin très agréable, gourmand, long et volubile, qui sera parfait sur des gambas grillées ou une sole. ⧗ 2024-2027

JEAN MÉDEVILLE ET FILS (CH. FAYAU), 33410 Cadillac, tél. 05 57 98 08 08, medeville@medeville.com t.l.j. sf sam. dim. 9h-12h30 14h-17h30

CH. FONRÉAUD Le Cygne 2022 ★

24 000 | 20 à 30 €

« Fonréaud », autrefois « Font-réaux », signifie « fontaine royale » : la légende veut qu'au XIIe s., le roi d'Angleterre, époux d'Aliénor d'Aquitaine, Henri II Plantagenêt, se soit arrêté en ces lieux pour se désaltérer à une source. Le domaine a été acquis en 1962 par Léo Chanfreau, puis transmis à son fils Jean et son épouse Marie-Hélène en 1981. Depuis 2020, Guillaume et Loïc Chanfreau, quatrième génération, assurent la suite. Le vignoble couvre 45 ha en listrac (Fonréaud), moulis (Chemin Royal, Clos des Demoiselles) et bordeaux blanc (Cygne de Fonréaud).

Mêlant sauvignon blanc (60 %), sémillon et muscadelle, ce vin est un bon classique de Bordeaux. Ses notes d'agrumes, de fruits frais et sa pointe légèrement fumée se mêlent de nuances minérales dans une bouche charnue et persistante. Un blanc de repas, à découvrir sur un risotto aux gambas par exemple. ⧗ 2024-2029

CH. FONRÉAUD, 33480 Listrac-Médoc, tél. 05 56 58 02 43, contact@vignobles-chanfreau.com t.l.j. sf sam. dim. 9h-12h 14h-17h

B CH. FOURCAS HOSTEN 2022 ★

5 632 | 20 à 30 €

Ce cru établi au cœur de Listrac et commandé par une élégante chartreuse du XVIIIe s. entourée d'un parc de 3 ha a été acheté en 2006 par les frères Renaud et Laurent Momméja, héritiers de la famille Hermès. Ces derniers, qui y ont réalisé d'importants investissements à la vigne et au chai, disposent aujourd'hui d'un vignoble de 50 ha. Le vignoble est certifié bio depuis 2020.

Fermenté et élevé en barriques et en amphores, ce joli vin dégage une très belle harmonie. Au nez, le boisé fin laisse place aux notes de fleurs blanches, de fruits mûrs et d'agrumes. La bouche, suave, équilibrée et persistante, se développe elle aussi autour d'un fruité juteux et charnu. Un bordeaux de charme et de gastronomie, à dédier à une volaille au four ou un risotto au parmesan. ⧗ 2024-2029

CH. FOURCAS HOSTEN, 5, rue Odilon-Redon, 33480 Listrac-Médoc, tél. 05 56 58 01 15, contact@fourcas-hosten.com t.l.j. sf sam. dim. 9h-12h30 13h30-17h

B CH. FRANC-BAUDRON L'Audacieux 2022 ★

700 | 15 à 20 €

Une propriété dans la famille Guimberteau depuis sept générations. Après une expérience en Alsace, Sophie et Charles Foray ont repris en 2010 la conduite des 50 ha de vignes, conduits en agriculture biologique.

Voilà un pur sémillon fermenté en barriques neuves et élevé sur lies qui offre une version très intéressante du bordeaux blanc. C'est un vin sur les agrumes, les fruits frais, avec du gras, du volume et de la profondeur, tenu par une belle acidité. On le réserve pour la table. ⧗ 2024-2029

CH. FRANC-BAUDRON, 1, imp. de Baudron, 33570 Montagne, tél. 05 57 74 62 65, franc.baudron@orange.fr t.l.j. sf sam. dim. 9h-12h 13h30-17h30 (f. déc. à août)

CH. DE GARBES 2023 ★

30 000 | 5 à 8 €

La famille David est propriétaire du Ch. de Garbes depuis 1900 et six générations. Aujourd'hui, c'est une belle unité de 63 ha sur les coteaux de la Garonne, conduite par Jean-Luc et Annie David et leurs trois enfants. Autre étiquette : Dom. de la Gravette.

Dans un style léger et très accessible, ce blanc dominé par les agrumes et les fruits blancs se développe avec volume et équilibre en bouche. Un bon classique du secteur, parfait pour l'apéritif. ⧗ 2024-2026

CH. DE GARBES, 105, rte de Larrayan, 33410 Gabarnac, tél. 05 56 62 92 23, contact@garbes.fr t.l.j. sf dim. 8h30-12h 13h30-17h30

CH. GARBES-CABANIEU 2023 ★

125 000 | 5 à 8 €

Un domaine de 46 ha dans la famille d'Hervé David depuis six générations. Ce dernier y a pris la suite de son père en 1979, épaulé par son épouse Marinette au commercial, son fils Thomas à la vigne et au chai, ainsi que sa fille Laure et son gendre Miguel. Un travail en famille donc.

Voilà un pur sauvignon bien réalisé, porté par d'élégants arômes de fruits, de pêche notamment, à la fois suave et de belle fraîcheur en bouche. Un vin harmonieux, simple et de bon goût, à boire sur le fruit de sa jeunesse. ⧗ 2024-2026

CH. GARBES-CABANIEU, 42, chem. du Garre, 33410 Monprimblanc, tél. 05 56 62 97 59, vignobleshervedavid@orange.fr V *t.l.j. sf sam. dim. lun. 8h-12h 13h30-17h30*

B CH. GRAND BILLARD 2023 ★

| 10 000 | | 5 à 8 €

Les Vignerons réunis de Monségur est une cave coopérative fondée en 1935 à l'extrémité est de l'Entre-deux-Mers. Son vignoble s'étend sur près de 1 300 ha en rouge et 100 ha en blanc exploités par quelque 200 adhérents.

Ce sauvignon blanc certifié bio se montre agréable et charmant, forgé sur des notes florales, fraîches et acidulées. Sa bouche de bon volume, qui offre du gras et de l'équilibre, convainc largement et invite à l'associer à des fromages de caractère de type tomme de Savoie ou chèvre. ⧗ 2024-2026

LES VIGNERONS RÉUNIS DE MONSÉGUR, 1, Grand-Champ, 33580 Le Puy, tél. 05 56 61 61 85, heloise@cave-de-monsegur.com V *t.l.j. sf dim. 8h30-12h 14h30-18h*

B CH. LA GRANDE MÉTAIRIE 109 2023 ★

| 6 000 | | 8 à 11 €

Claire Buffeteau conduit, en culture biologique, 29 ha de vignes sur les coteaux vallonnés de l'Entre-deux-Mers, au cœur du Sauveterrois, dans les communes de Castelviel et Gornac. Elle y produit deux étiquettes : La Grande Métairie et Haut Dambert.

Cette cuvée «sang neuf» marque le début d'une nouvelle ère pour le domaine : le premier millésime bio né de sauvignon blanc et la transmission du flambeau entre le père et la fille, désormais aux commandes. C'est un vin à la fois rond, frais et élégant, dominé par des notes d'agrumes et de fruits exotiques. Un vin gourmand, harmonieux, bien réalisé. ⧗ 2024-2026

VIGNOBLES BUFFETEAU, Dambert, 33540 Gornac, tél. 05 56 61 97 59, contact@vignoblessbuffeteau.fr V *r.-v.*

CH. GRAND JEAN 2023 ★

| 60 000 | | 5 à 8 €

Héritier de dix générations, Michel Dulon exploite aujourd'hui 140 ha de vignes, implantées essentiellement sur la rive droite de la Garonne et dans l'Entre-deux-Mers, et réparties sur trois crus : Ch. Grand Jean, propriété la plus ancienne et la plus vaste avec ses 100 ha, située à Soulignac; Ch. Julian (20 ha), acquis en 1998 à Targon; Ch. du Vallier, à Langoiran (20 ha).

Une part importante de sémillon (60 %) dans ce joli vin marqué au nez par des notes de poire, d'agrumes et de fruit de la Passion. En bouche, il se montre bien équilibré entre rondeur et fraîcheur. Parfait pour des crustacés ou des rillettes de sardines. ⧗ 2024-2026

VIGNOBLES DULON, 1630, rte du Moulin, 33760 Soulignac, tél. 05 56 23 69 16, info@vignobles-dulon.com V *t.l.j. sf sam. dim. 8h30-12h 13h30-17h*

CH. DU GRAND PLANTIER 2023 ★

| 25 000 | | 5 à 8 €

Issus d'une très ancienne famille de producteurs de Monprimblanc, les Albucher conduisent un bel ensemble de 44 ha répartis sur plusieurs appellations et proposent une large gamme de vins. Souvent en vue pour leurs liquoreux de Loupiac et leurs bordeaux secs.

Ce bordeaux facile d'accès réunit équilibre et fruité frais dans une bouche à la fois ronde et persistante, stimulée par un accent citronné en finale. Un classique à réserver à l'apéritif, avec des fruits de mer ou des fromages frais. ⧗ 2024-2026

CH. DU GRAND PLANTIER, 43, rte de Naudin, 33410 Monprimblanc, tél. 05 56 62 99 03, chateaudugrandplantier@orange.fr V *r.-v.* E

CH. GRAND RENOM 2023 ★

| 20 000 | | 5 à 8 €

Propriété acquise en 1990 par la maison Antoine Moueix (groupe Advini depuis 2006), le Ch. Grand Renom est implanté dans l'Entre-deux-Mers, sur les coteaux argilo-calcaires d'Eynesse qui bordent la Dordogne. Le vignoble s'étend sur 38 ha plantés en merlot et cabernet franc pour les rouges, et sauvignon pour les blancs.

Ce vin léger, doté d'un bon fruit mûr, concilie fraîcheur, volume et finesse, avec en prime une jolie finale énergique sur les agrumes. Un joli blanc d'apéritif ou de poisson. ⧗ 2024-2026

CH. GRAND RENOM, 2, Grand-Renom, 33220 Eynesse, tél. 06 13 78 09 42, clement.holtz@juleslebegue.com V *r.-v.*

GRAND THÉÂTRE 2023 ★

| 100 000 | | 5 à 8 €

Créée en 1984, Univitis est une coopérative qui s'est agrandie à la suite de la fusion de plusieurs caves de Gironde et de Dordogne. Elle regroupe 135 adhérents et 1 700 ha dans le «grand Sud-Ouest» viticole. Elle propose une large gamme de vins de marques et de propriétés dans 15 appellations, à laquelle s'ajoute le Ch. les Vergnes, acquis en 1986 (130 ha près de Sainte-Foy).

Agrumes, fleurs blanches, jasmin, ce sauvignon s'exprime finement et nettement, offrant de la fraîcheur et de la simplicité. C'est un vin délicat et facile d'accès, parfaitement adapté pour un apéritif aux tonalités marines. ⧗ 2024-2026 **Ch. les Vergnes 2023 ★ (5 à 8 €; 100 000 b.)** B Ce sauvignon bio est un vin sans prétention, dont on aimera la finesse aromatique, sur les fleurs blanches, ainsi que la rondeur et l'équilibre général. Un parfait blanc d'apéritif ou pour des poissons crus. ⧗ 2024-2026

UNIVITIS, 2648, av. du Mal-Leclerc, 33220 Les Lèves-et-Thoumeyragues, tél. 05 57 56 02 02, contact@univitis.fr V *t.l.j. sf dim. 9h30-12h30 14h-18h*

CH. LE GRAND VERDUS Grande Réserve 2022 ★

| 1 300 | | 20 à 30 €

Un manoir Renaissance acquis en 1810 par Claude Deschamps, architecte du pont de pierre à Bordeaux, et transmis par mariage à la famille Le Grix de la Salle.

Ce sont aujourd'hui Antoine et son fils aîné Thomas qui conduisent le Grand Verdus, vaste unité de 115 ha implantée dans l'Entre-deux-Mers, en conversion vers l'agriculture biologique (certifiée à partir du millésime 2023). Autre étiquette : le Ch. la Loubière.

Ce pur sémillon est issu de vignes de 80 ans et fermenté et élevé en barriques bourguignonnes. Un traitement attentif qui offre un vin floral et citronné, frais et consistant à la fois, étiré dans une belle finale légèrement amère, sur le zeste. Un vin énergique, parfaitement conduit, à boire ou à garder. ⧗ 2024-2029

⊶ CH. LE GRAND VERDUS, 33670 Sadirac, tél. 05 56 30 50 94, chateau@legrandverdus.com V t.l.j. sf sam. dim. 9h-12h30 13h30-17h

DOM. DES GRAVES D'ARDONNEAU 2023 ★★

| 35 200 | | 5 à 8 € |

Un domaine incontournable du Blayais, aussi à l'aise en rouge qu'en blanc. La famille Rey écrit son histoire viticole depuis 1763 sur les terres du hameau d'Ardonneau. Installé en 1981 à la tête de 60 ha, Christian Rey a été rejoint en 2005 par son fils Laurent et en 2008 par sa fille Fanny.

Ce beau sauvignon élevé en barriques s'invitera à table avec aisance. Encore marqué par le boisé à ce stade, avec toutefois des accents floraux et de fruits mûrs bien présents, il offre une matière ample, fondue, soyeuse et persistante, sur un bon fond toasté et vanillé. C'est un vin élégant et complexe, à découvrir sur une volaille rôtie, un risotto aux morilles ou une sole meunière. ⧗ 2024-2029

⊶ DOM. DES GRAVES D'ARDONNEAU, 1, Ardonneau, 33620 Saint-Mariens, tél. 05 57 68 66 98, gravesdardonneau@orange.fr V t.l.j. sf dim. 9h-12h30 14h30-18h

CH. GRETEAU MÉDEVILLE 2023 ★

| 10 000 | | 5 à 8 € |

Cette maison de négoce fondée au XVIIIe s. et acquise par la famille Cottin en 1997 propose une sélection complète de vins de Bordeaux, mais également des cuvées de tout l'Hexagone et du monde entier. Le Ch. Greteau Médeville est l'une de ses propriétés, qui compte 9 ha sur la rive droite de la Garonne.

Ce sauvignon au nez fin et élégant, sur les fleurs blanches et un accent épicé, se développe autour d'une bouche à la fois fraîche et ronde, bien équilibrée. Un bon classique, parfait pour l'apéritif ou des fruits de mer. ⧗ 2024-2026

⊶ JEAN MÉDEVILLE ET FILS (CH. GRETEAU MÉDEVILLE), 33410 Cadillac, tél. 05 57 98 08 08, medeville@medeville.com

CH. LA HARGUE Mœlleux 2023 ★

| 80 000 | | 5 à 8 € |

En 1858, la famille Ducourt s'établit au château des Combes, à Ladaux, petit village au sud-est de Bordeaux. C'est sous l'impulsion d'Henri Ducourt, installé en 1951 et relayé depuis par ses enfants et petits-enfants, que le vignoble familial prend son essor, pour atteindre aujourd'hui 450 ha répartis sur treize châteaux dans l'Entre-deux-Mers et le Saint-Émilionnais. Un ensemble dirigé par Philippe Ducourt depuis 1980, complété par une activité de négoce.

Avec son caractère mœlleux, ses notes de fruits mûrs et confiturés, ce sauvignon séduit avec simplicité. Il offre un caractère séveux et gourmand en bouche, très immédiat, non dénué de fraîcheur. Il conviendra parfaitement sur des toasts au roquefort ou une tarte aux fruits d'automne. ⧗ 2024-2027

⊶ VIGNOBLES DUCOURT, 18, rte de Montignac, Le Hourc, 33760 Ladaux, tél. 05 57 34 54 00, ducourt@ducourt.com V t.l.j. sf sam. dim. 9h-12h 14h-17h

HAUSSMANN BARON EUGÈNE 2023 ★

| 293 323 | | - de 5 € |

Fondée en 2009 par Nathalie Haussmann, Haussmann Famille est une jeune maison de négoce; la gamme Haussmann Baron Eugène qui en émane s'articule autour de partenariats auprès de vignerons bordelais récoltants, pour forger des cuvées représentatives du style local, mises en bouteille à la propriété et proposées à des prix accessibles. La maison est également présente en Provence, dans le Languedoc et sur les IGP Atlantique et Méditerranée.

Adossé à une belle proportion de sémillon (80 %), ce blanc de style mœlleux se révèle fin, élégant et équilibré. C'est un vin de plaisir, frais et persistant, à servir sur une cuisine sucrée-salée ou des pâtes persillées. Imparable à ce niveau de prix. ⧗ 2024-2026

⊶ HAUSSMANN FAMILLE, 150, av. Michel-Montaigne, 33240 Saint-André-de-Cubzac, tél. 05 57 43 02 28, orianne.bert@groupe-lvi.com

B CH. HAUT-BIRAUD 2023 ★★

| 28 667 | | 5 à 8 € |

En 1934, 126 vignerons s'unissent pour créer la coopérative de Sauveterre-de-Guyenne, à quelques hectomètres de la bastide fondée en 1281 par Édouard Ier, roi d'Angleterre. En 2012, elle s'est associée avec la cave de Blasimon et regroupe quelque 2 000 ha de vignes et 250 vignerons.

Ce sauvignon bio se montre expressif dès le premier nez, entre notes miellées et fruits exotiques. En bouche se dévoile une même palette aromatique, infusant une matière qui associe harmonieusement fraîcheur, souplesse, rondeur et suavité. ⧗ 2024-2027

⊶ CAVE DE SAUVETERRE BLASIMON ESPIET, 10, rue de la Gare, 33540 Sauveterre-de-Guyenne, tél. 05 56 61 55 20, p.mondin@bordeauxfamilies.fr V t.l.j. sf dim. lun. 9h-12h 13h30-18h15

CH. HAUT-FONTENELLE 2023 ★★

| 2 800 | | 5 à 8 € |

Accompagné de ses deux fils, Alain Pascal gère les quatre propriétés familiales : Ch. Haut-Fontenelle (6 ha de blanc et 72 ha de rouge en bordeaux), Ch. Tour Peruchon (20 ha en lussac-saint-émilion), Ch. Lafaurie (2 ha en puisseguin-saint-émilion) et Ch. Croix de Prairie (14 ha en francs-côtes-de-bordeaux).

Intense autant qu'élégant, ce joli bordeaux dévoile à l'olfaction des notes d'agrumes, de citron notamment. Des arômes d'une grande fraîcheur qui irriguent un palais suave mais aussi très alerte, équilibré et persistant. Un sans-faute. ⧗ 2024-2027

VIGNOBLES ALAIN PASCAL, 13, Perruchon, 33570 Lussac, tél. 06 83 82 47 50, pascalviticulture@yahoo.fr V *t.l.j. sf sam. dim. 9h-12h 13h-16h*

B CH. HAUT-RIEUFLAGET Elles Les Viticultrices 2023 ★★

| 20000 | | 5 à 8 € |

Installé en 1969 dans l'Entre-deux-Mers comme jeune agriculteur, Jean-Dominique Petit a, au fil des ans, agrandi la propriété familiale, qui atteint aujourd'hui 90 ha répartis sur trois châteaux : Commanderie du Bardelet, Haut-Rieuflaget, les deux en bio, et Moulin de Bernat (dirigé depuis 2001 par Frederike Petit et en conversion bio). Ses bordeaux et bordeaux supérieurs sont régulièrement présents dans le Guide.

Ce beau sauvignon centré sur les fruits exotiques, le fruit de la Passion et la papaye notamment, offre beaucoup de plaisir dans une belle fraîcheur. C'est un blanc aromatique, souple et gourmand, stimulée par une longue finale acidulée, qui séduira largement dès l'apéritif, avec des tapas ou des fromages. ⌛ 2024-2027

JEAN-DOMINIQUE PETIT, 33790 Saint-Antoine-du-Queyret, tél. 05 56 61 33 78, contact@famillepetitvignobles.fr V *r.-v.*

B CH. L'INSOUMISE Chai 45 2023 ★

| 5017 | | 5 à 8 € |

Traversé par le 45e parallèle, le vignoble (25 ha) de ce domaine ancien (XVIIe s.) couvre les coteaux de la Dordogne. Il est conduit en culture biologique par les œnologues Cécile et Thierry de Taffin.

Ce joli blanc élevé sans apport de bois concilie un fruit frais à un bon volume de bouche. C'est un vin aimable, acidulé et vivace, d'un bel équilibre. À apprécier dès l'apéritif. ⌛ 2024-2026

CH. L'INSOUMISE, 360, chem. de Peyrot, 33240 Saint-André-de-Cubzac, tél. 05 57 43 17 82, chateaulinsoumise@orange.fr V *t.l.j. sf dim. 9h-12h 13h-18h*

CH. LAGRANGE Les Fleurs du Lac 2022 ★★

| 6000 | | 11 à 15 € |

Un nom modeste pour une vaste propriété (280 ha, dont 118 de vignes) et un château néoclassique agrémenté d'un campanile aux allures toscanes. Le vignoble d'un seul tenant, établi sur deux buttes de graves, est l'héritier d'une longue histoire, la Grange désignant souvent au Moyen Âge un grand domaine avec église, habitations et bâtiments d'exploitation. Propriété du groupe japonais Suntory depuis 1983, le cru, longtemps dirigé par Marcel Ducasse, figure de la viticulture médocaine, puis par son ancien adjoint Bruno Eynard, a recruté Matthieu Bordes en 2013.

Soigneusement fermenté et élevé en barriques, ce blanc est une réussite totale. Ses notes d'acacia, de sureau et de fruits exotiques, sa bouche à la fois fraîche, ample et suave, sa longue finale légèrement beurrée composent un ensemble élégant, équilibré et diablement séduisant. Un vin complexe que l'on associera volontiers à une cuisine épicée. ⌛ 2024-2029

CH. LAGRANGE, rte de St-Laurent, 33250 Saint-Julien-Beychevelle, tél. 05 56 73 38 38, contact@chateau-lagrange.com V *t.l.j. sf sam. dim. 9h-12h 14h-17h*

CH. LARROQUE 2023 ★

| 76000 | | - de 5 € |

Situé sur la rive gauche, en bordure des Graves, le Ch. Larroque a été racheté par la famille Ducourt en 1979. Le vignoble, de 57 ha actuellement, fut replanté en quelques années et le château, édifié en 1348, entièrement rénové. La propriété produit des vins dans les trois couleurs, vinifiés par Jonathan Ducourt.

Ce joli blanc acidulé à petit prix offre un maximum de plaisir. Frais et vivace, il reste simple et efficace, intensément fruité de bout en bout. Apéritif, fromages de chèvre, fruits de mer, tout lui va. ⌛ 2024-2026

CH. LARROQUE, 2, cours Aristide-Briand, 33000 Bordeaux, tél. 05 35 54 50 84, contact@gapenne.com

CH. LASCAUX Prestige 2023 ★

| 1000 | | 5 à 8 € |

Cuisinier, Fabrice Lascaux s'est reconverti avec succès en reprenant en 1998 avec son épouse, Sylvie, la propriété familiale, qui couvre à présent 33 ha, en appellation régionale (les 25 ha du Ch. Lascaux) et en fronsac (les 10 ha du Ch. Tour Bel Air).

Assemblage original de sauvignon gris (60 %), sauvignon blanc et muscadelle élevé sous bois, ce vin évolue sur la fraîcheur et la légèreté, avec équilibre et nuance autour de touches citronnées. Un vin sobre et de bon goût, facile à aimer. ⌛ 2024-2026

VIGNOBLES LASCAUX, La Caillebosse, 33910 Saint-Martin-du-Bois, tél. 05 57 84 72 16, contact@vignobles-lascaux.fr V *t.l.j. sf sam. dim. 9h-12h30 13h30-17h*

CH. LESTAGE La Mouette 2022 ★

| 2400 | | 20 à 30 € |

Les Chanfreau possèdent plusieurs crus dans le Médoc, gérés aujourd'hui par Jean Chanfreau, ingénieur agronome, avec son épouse Marie-Hélène et sa sœur Caroline Chanfreau-Philippon. Encadrant la route de Soulac, les domaines de Fonréaud et Lestage sont commandés par deux châteaux de style Napoléon III (de l'architecte Garros pour le premier). Les deux crus, de même que le Clos des Demoiselles, acquis en 1962, possèdent un beau terroir de graves pyrénéennes, avec des calcaires et argilo-calcaires pour Lestage (45 ha), un domaine conduit depuis 2020 par Guillaume et Loïc Chanfreau. En 1981, les Chanfreau ont également acquis le Ch. Caroline en appellation moulis-en-médoc (6 ha).

Issu d'une parcelle de 80 ares où le calcaire affleure, ce blanc mêle sauvignons blanc et gris (55 %) et sémillon. Fermenté et élevé sur lies en barriques avec 40 % de bois neuf, il s'offre dans une belle harmonie, ample, consistant et vif à la fois, développant de fins arômes de pamplemousse et de fleurs blanches. Un vin bien mené, à boire ou à garder, que l'on verrait bien sur une lotte aux épices. ⌛ 2024-2029

CH. LESTAGE, 33480 Listrac-Médoc, tél. 05 56 58 02 43, contact@vignobles-chanfreau.com V *t.l.j. sf sam. dim. 9h-12h 14h-17h*

LE BORDELAIS

♥ CH. LA LOUBIÈRE 2022 ★★

| 2800 | | 8 à 11 € |

Propriétaire du Ch. la Loubière depuis 1839, la famille Teycheney-Roux cultive ce vignoble de 60 ha depuis huit générations, désormais en conversion biologique. En 2015, elle a acquis deux propriétés en saint-émilion grand cru, les châteaux L'Étampe et Fleur de Lisse, regroupés sous le nom de Vignobles Jade et travaillés en bio et biodynamie.

Ce vin soigneusement élevé en barriques et en amphores, avec les conseils éclairés de l'œnologue Jean-Claude Berrouet, ancien artisan de Petrus, plaît unanimement. Dominé à l'olfaction par de fines notes de citron et de fruits blancs, avec une délicate pointe florale en appoint, il déroule en bouche un jus de belle dimension et de grande intensité aromatique, porté avec persistance par la fraîcheur des agrumes. Déjà très savoureux, ce blanc affiche aussi un bon potentiel de garde. ⧗ 2025-2030

CH. LA LOUBIÈRE, 3, rte de la Loubière, 33450 Montussan, tél. 05 56 44 36 72, contact@vignoblesjade.com

B CH. LOUDENNE 2022 ★★

| 7000 | | 20 à 30 € |

Une chartreuse rose du XVIIe s., un chai et un petit port du XIXe s., une collection de roses anciennes, le « Pink Château », comme on le surnomme (il est recouvert de crépi rose), est un haut lieu touristique du Médoc. C'est aussi un beau terroir de 130 ha (dont 62 ha de vignes) établi sur une croupe de graves en bordure de l'estuaire. Passé en 2013 des Lafragette au groupe chinois de spiritueux Moutai, il est aujourd'hui certifié en agriculture biologique.

Voilà un blanc complexe et intense, porté par son élevage en barriques, avec des notes boisées expressives et savoureuses. La bouche ample et charnue persiste longuement sur des touches suaves de brioche qui n'éteignent pas le fruit. Un vin aussi puissant qu'équilibré, à carafer avant de le réserver à un mets de goût, une blanquette de veau par exemple. ⧗ 2025-2032

CH. LOUDENNE, Ch. Loudenne, 33340 Saint-Yzans-de-Médoc, tél. 05 56 73 17 80, contact@chateau-loudenne.com V r.-v. E

♥ B CH. MALBAT L'Authentique 2023 ★★

| 20000 | | 5 à 8 € |

La famille Rochet cultive la vigne depuis 1865 sur les coteaux du Réolais. Depuis 1998, ce sont Fabienne, Daniel et Martine Rochet qui sont aux commandes d'un vaste vignoble de 110 ha répartis sur six châteaux : Malbat, Malbat Larquey, Larquey, Taussin, Taussin Marssot et Haut Jamin.

Duo de sauvignons blanc et gris, ce superbe bordeaux bio concilie finesse et fraîcheur avec grande efficacité. Vinifié sans apport de bois, il déroule un jus intègre, vif et fruité, avec une belle amertume finale qui ajoute à sa longueur et son dynamisme. Un vin gourmand en diable et aussi très énergique, qui s'associera parfaitement à des fruits de mer. Authentique en effet. ⧗ 2024-2028

ROCHET, 5, Malbat, 33190 La Réole, tél. 05 56 61 02 42, chateaumalbat@gmail.com V t.l.j. sf sam. dim. 8h30-12h 13h-17h

PAVILLON BLANC DE CH. MARGAUX 2022 ★★

| n.c. | | + de 100 € |

Le blanc de Margaux existe depuis le XIXe s. ; ce « vin blanc de sauvignon » est devenu « Pavillon Blanc » en 1920, et son étiquette n'a pas changé depuis. Un vin né du seul sauvignon, planté sur une douzaine d'hectares d'une ancienne parcelle de graves.

Récolté précocement le 18 août, ce pur sauvignon soigneusement élevé en barriques s'ouvre sur des notes de fruits exotiques et de fruits blancs mûrs, avec une belle touche torréfiée en soutien. Élégant et racé, il se prolonge par une bouche de grand développement, à la fois tendre, ample et raffinée, porté par une belle fraîcheur et une finale dynamique et acidulée. Un équilibre somptueux, et pour quelques années encore. ⧗ 2027-2034

CH. MARGAUX (PAVILLON BLANC), BP 31, 33460 Margaux, tél. 05 57 88 83 83, chateau-margaux@chateau-margaux.com

CH. DE MARSAN 2023 ★

| 33333 | | 8 à 11 € |

Viticultrice depuis 1830, la famille Gonfrier exploite 1 400 ha de vignes sur la rive droite de la Garonne et 50 ha sur la rive gauche, à travers de nombreuses propriétés. Une partie de ce très vaste ensemble est certifiée en culture biologique ou en cours de conversion. Philippe et Éric Gonfrier sont aujourd'hui aux commandes.

Ce beau classique de l'appellation affiche un fruit gourmand et légèrement boisé, autour de belles notes d'agrumes et de vanille. C'est un vin rond et élégant en bouche, à l'unisson du bouquet. Il sera parfait à table, sur une tarte au brocciu par exemple ou un poisson au four. ⧗ 2024-2027

VIGNOBLES GONFRIER, 11, chem. de Marsan, 33550 Lestiac-sur-Garonne, tél. 05 56 72 14 38, contact@vignobles-gonfrier.fr V t.l.j. sf dim. lun. 10h30-12h30 14h-19h

CH. MINVIELLE 2023 ★

| 40000 | | 5 à 8 € |

Ce domaine, propriété des Minvielle jusqu'à la Révolution française, est entré dans la famille Gadras en 1805. Son vignoble, composé de 80 % de vignes rouges et 20 % de vignes blanches, s'étend désormais sur 93 ha.

Beaucoup de fraîcheur et de volume dans ce blanc centré au nez comme en bouche sur le zeste de citron et les fruits exotiques. Expressif, frais, il apparaît très accessible, étiré en prime par une bonne longueur. ⧗ 2024-2027 Ch. Roc de Minvielle 2023 ★ (5 à 8 €;

35 000 b.) Floral et expressif au nez, ce joli blanc déroule finement en bouche, avec simplicité et légèreté. Les fruits frais et les agrumes sont ici bien réunis, accompagnant une trame mûre, élégante et sincère. Parfait dès l'apéritif. ⧗ 2024-2026

VIGNOBLES GADRAS, Dom. de Minvielle, 33420 Naujan-et-Postiac, tél. 06 16 03 14 11, vignobles.gadras@wanadoo.fr V *t.l.j. sf sam. dim. 9h-12h 14h-18h*

CH. NINON Cuvée Anna 2022 ★

1950 | 5 à 8 €

Un domaine commandé par une girondine de la fin du XIXᵉs., qui étend ses 27 ha de vignes sur les communes de Grézillac, Lugaignac et Daignac, au cœur de l'Entre-deux-Mers. Installé en 2001, Frédéric Roubineau a pris la suite de son père Pierre en 2010.

Marqué par un bon fruit mûr au nez comme en bouche, ce blanc bien équilibré associe volume, souplesse, rondeur et fraîcheur. Il s'accordera facilement à des fruits de mer ou des fromages. ⧗ 2024-2026

CH. NINON, 322, rte de Tenot, 33420 Grézillac, tél. 05 57 84 62 41, contact@chateauninon.fr V *r.-v.*

CH. DE L'ORANGERIE 2023 ★

60 000 | 5 à 8 €

Les ancêtres de Jean-Christophe Icard ont constitué, à partir de 1790, un domaine qui s'est agrandi au fil des générations. Conduit depuis 1986 par l'actuel exploitant, rejoint par son fils Mathias en 2020, le vignoble familial couvre 250 ha de vignes dans l'Entre-deux-Mers (bordeaux, bordeaux supérieur, entre-deux-mers, loupiac). Plusieurs étiquettes sont produites : L'Orangerie, La Sablière Fongrave, Gandoy-Perrinat, ainsi que des vins sous licence, signés du célèbre dessinateur belge Philippe Geluck, créateur du *Chat*.

Ce blanc s'ouvre à l'olfaction sur des notes de fleurs blanches, de fruits exotiques et de fruits mûrs. En bouche, il se révèle suave, rond, dense, charnu stimulé par une bonne fraîcheur, et s'étire dans une longue finale fruitée. On l'envisagera à table, sur des gambas rôties par exemple. ⧗ 2024-2026 **Ch. Gandoy-Perrinat 2023 ★ (5 à 8 €; 60 000 b.)** Ce pur sauvignon blanc aux notes exotiques séduit de bout en bout. Intense, équilibré, structuré et long, il ne manque ni de fraîcheur ni de charme. Un vin à privilégier sur une volaille ou un poisson en sauce. ⧗ 2024-2027

CH. DE L'ORANGERIE, Jardinet, 33540 Saint-Félix-de-Foncaude, tél. 05 56 71 53 67, orangerie@chateau-orangerie.com

CH. PANCHILLE Blanc de Fernand 2023 ★

3400 | 8 à 11 €

En 1981, trois ans après le décès de son père, Pascal Sirat reprenait à vingt-trois ans l'exploitation familiale : 5 ha, dont le produit était livré à la coopérative. Premier chai en 1985, sortie de la coopérative en 1992. Aujourd'hui, 17 ha sur la rive gauche de la Dordogne, dont une partie en conversion bio.

D'une belle intensité aromatique, servi par un bon fruit exotique et des notes d'agrumes, de citron notamment, ce blanc apparaît équilibré et bien frais de bout en bout. Un vin facile d'accès, à déguster dans sa jeunesse. ⧗ 2024-2026

CH. PANCHILLE, 1, Penchille, 33500 Arveyres, tél. 06 09 64 63 74, info@chateaupanchille.com V *r.-v.*

CH. PENIN 2023 ★★

40 000 | 8 à 11 €

L'une des valeurs sûres des appellations régionales, avec plusieurs coups de cœur à son actif. Un cru de 44 ha de vignes établi sur un terroir de graves, sur la rive gauche de la Dordogne, face à Saint-Émilion. Fondé par la famille Carteyron en 1855, il est désormais dirigé par Étienne et Antoine Carteyron, les fils de Patrick Carteyron qui, après une carrière dans de grands groupes, se sont formés à l'agronomie et sont revenus à la terre. Insufflant une nouvelle dynamique au cru, avec un regard neuf et une sensibilité encore plus proche de la nature, ils ont amorcé des pratiques d'agro-écologie.

Voilà un vin complexe, élevé conjointement sur lies en barriques, en cuves et œuf béton. Il offre beaucoup d'intensité, sur des notes fumées et finement boisées, prolongées et agrémentées de saveurs d'agrumes par une bouche vive, croquante, d'une grande fraîcheur. Un modèle de bordeaux blanc, complet et savoureux, à réserver à des mets iodés, des calamars grillés par exemple. ⧗ 2024-2028

CH. PENIN, 39, imp. Couponne, 33420 Génissac, tél. 05 57 24 46 98, contact@chateaupenin.com V *t.l.j. sf sam. dim. 9h-12h 13h-17h*

(B) CH. LA PEYRUCHE 2023 ★

9000 | 11 à 15 €

Construit au début du XVIIᵉs. par le Sieur Dunoyer, conseiller au parlement de Bordeaux, le Ch. la Peyruche, «la pierre rugueuse» en gascon, tire son nom des roches calcaires sur lesquelles se trouve la propriété. Appartenant depuis 2017 à Bernard Weisgerber, le vignoble compte 28 ha en culture biologique.

Fermenté et élevé en barriques, sur lies, pour un tiers du volume, ce blanc mêle des notes de fruits blancs et de chèvrefeuille à l'olfaction. Arômes prolongés par une bouche souple et fraîche. Que diriez-vous d'un chaud-froid de volaille? ⧗ 2024-2027

CH. LA PEYRUCHE, 4, La Peyruche, 33550 Langoiran, tél. 05 56 67 36 01, contact@chateau-lapeyruche.com V *r.-v.*

♥ CH. PIERRAIL 2023 ★★★

69 800 | 8 à 11 €

Aux confins du Bergeracois, un vrai château (XVIIᵉs., tours carrées, toiture à la Mansart) devenu un grand château du vin depuis que la famille Demonchaux, qui l'a acquis en 1970, préside à sa destinée.

LE BORDELAIS

Incontournable en bordeaux supérieur, très sûr aussi en bordeaux rouge ou blanc. La propriété dispose d'un vaste vignoble de 75 ha (et autant de vergers et de noyers).

Cet assemblage de sauvignons blanc et gris se révèle parfaitement équilibré, servi par une grande fraîcheur, du volume et une belle persistance. C'est un vin de pleine gourmandise, élégant et énergique, infusé de bout en bout par de fines notes citronnées caractéristiques des deux cépages. Un très beau modèle de blanc sec, appréciable en toutes circonstances. ⧗ 2024-2028 ■ **Cuvée Prestige 2022 ★★ (11 à 15 €; 10013 b.)** Comptant 40 % de sémillon dans son assemblage et servi par un élevage en barriques, ce blanc complexe et intense se destine plus particulièrement à la table. C'est un vin dense, rond, ouvert sur des notes citronnées, fumées et grillées, qui s'étire sur une fine amertume en finale. Parfait avec des crustacés ou une terrine de poisson. ⧗ 2024-2029

CH. PIERRAIL, 135, allée du Pierrail, 33220 Margueron, tél. 05 57 41 21 75, alice.pierrail@orange.fr V *r.-v.*

♥ CH. PILET 2023 ★★

■ | 22000 | | 5 à 8 €

Famille au service du vin depuis un siècle. En 1964, Jean et Yvette Queyrens acquièrent leur première vigne au lieu-dit Pilet, puis reprennent les domaines de leurs parents (Ch. du Pin-Franc et Ch. des Graves du Tich) et débutent la vente en bouteilles. Aujourd'hui, leurs fils Patrick et Christophe, avec à leurs côtés Jean-Yves, le petit-fils, exploitent un vignoble de 70 ha dans l'Entre-deux-Mers.

Associant le sémillon aux deux sauvignons, ce magnifique bordeaux blanc séduit d'emblée par ses fines nuances beurrées et fruitées. Le charme opère tout autant dans une bouche dense, ample, longue et fraîche, dominée par les fruits exotiques. Un vin d'une harmonie sans faille, à réserver pour la table, avec un risotto de gambas par exemple. ⧗ 2024-2027 ■ **Ch. de la Bouyère 2023 ★ (5 à 8 €; 22000 b.)** Souple et équilibré, doté d'une belle fraîcheur, ce blanc simple et accessible offre une belle opportunité d'accords, avec des crevettes roses par exemple ou des rillettes de poisson. C'est un vin agréable et bien mené, d'une bonne intensité aromatique. ⧗ 2024-2026 ■ **Ch. du Pin-Franc 2023 ★ (5 à 8 €; 22000 b.)** Rond et avenant, avec aussi des notes de citron en appoint, ce blanc facile d'accès conserve de la fraîcheur jusqu'en finale. Tout indiqué avec un poisson grillé ou des fromages de chèvre secs. ⧗ 2024-2026

VIGNOBLES JEAN QUEYRENS ET FILS, 3, Grand-Village-Sud, 33410 Donzac, tél. 05 56 62 97 42, scvjqueyrens@orange.fr V *t.l.j. sf dim. 8h-12h 14h-18h*

LE SEC DE RAYNE VIGNEAU 2023 ★

■ | 30000 | | 11 à 15 €

Célèbre pour les cailloux multicolores de son terroir de graves argileuses et surtout pour ses sauternes, ce cru classé de 84 ha fut propriété de la famille de Pontac – Catherine de Pontac devenue Madame de Rayne lui a donné son nom au XIXᵉs. –, puis entra dans le giron du négoce Cordier-Mestrezat, avant d'être acquis en 2004 par le Crédit Agricole. Finalement, ce dernier a cédé en 2015 la majorité de ses participations au distributeur Trésor du patrimoine, spécialiste de la vente à distance.

Ce pur sauvignon blanc, bien équilibré, offre une belle expression du cépage, porté par une fermentation en foudres de chêne qui lui apporte de la consistance et du relief. Un beau modèle de bordeaux de gastronomie, à découvrir avec un poisson de choix, un turbot par exemple. ⧗ 2025-2029 ■ **Ch. de Rayne Vigneau 2022 ★ (30 à 50 €; 1927 b.)** Encore marqué par son élevage sous bois, ce blanc (sauvignon et sémillon) saura se fondre et se conserver encore quelques années pour se révéler totalement. En bouche, il se montre ample, rond, charnu, stimulé par une belle vivacité aux tonalités d'agrumes. Un vin en devenir, patience donc... ⧗ 2027-2032

CH. DE RAYNE VIGNEAU, 541, rte du Piquey, 33210 Bommes, tél. 05 56 76 61 63, chateau@raynevigneau.fr V *t.l.j. 10h-12h 14h-18h*

CH. RECOUGNE Vol libre 2023 ★★

■ | 1000 | | 8 à 11 €

Ce domaine réputé situé dans le Fronsadais est propriété de la famille Milhade depuis 1938. Xavier Milhade a aujourd'hui passé la main à ses enfants Marc et Élodie, qui ont la charge de ce vignoble de coteaux, étendu sur 100 ha.

Expressif et complexe, avec de belles notes fumées, exotiques et minérales, ce très beau blanc réjouit au plus haut point. On appréciera aussi sa bouche ample, ronde, riche, puissante, et sa longue finale. Il sera parfait sur une viande blanche. ⧗ 2024-2028 ■ **2023 ★ (8 à 11 €; 40000 b.)** Servi par une belle amertume qui aiguise les papilles, ce blanc se montre à la fois rond et frais, expressif et avenant, liant des notes florales à des nuances plus exotiques dans un équilibre convaincant. ⧗ 2024-2027

CH. RECOUGNE, 1, rte de Savignac, 33133 Galgon, tél. 05 57 50 33 33, chateaux@xm-wines.com V *r.-v.*

CH. DE REIGNAC 2022 ★★

■ | 9260 | | 20 à 30 €

Propriété unique constituée de 145 hectares de nature préservée, avec une forêt de 35 ha, un lac, des prés et des jachères, le Ch. de Reignac abrite un vignoble de 75 ha réunissant des terroirs de grande qualité, au confluent de l'Entre-deux-Mers, sur une croupe de sols argilo-calcaires et d'argiles graveleuses. La propriété, commandée par un élégant château de style classique, a été acquise et restructurée en 1990 par Yves et Stéphanie Vatelot. Un domaine très en vue, réputé pour ses bordeaux supérieurs.

Cet élégant assemblage de sauvignons blanc et gris et de sémillon, soigneusement fermenté en barriques neuves (à 80 %), en cuves béton et en amphores de grès, s'arroge tous les codes de l'excellence. C'est un blanc de texture, riche et puissant, porté par des notes d'agrumes et de fruits exotiques, qui s'offre avec amplitude et onctuosité. Un bon potentiel se profile. ⧗ 2026-2032

CH. DE REIGNAC, 38, chem. de Reignac, 33450 Saint-Loubès, tél. 05 56 20 41 05, info@reignac.com V t.l.j. sf dim. 9h-12h30 13h30-17h (18h en été)

R DE RIEUSSEC 2022 ★★

	n.c.		20 à 30 €

Ancien domaine du couvent des Carmes de Langon, le Ch. Rieussec est établi sur une position élevée à l'ouest de la commune de Fargues, dont il est le seul 1er cru. Sa tour carrée domine une croupe de graves située à la même hauteur que son voisin immédiat, Yquem. Sa renommée, solidement ancrée, lui vaut d'accéder au rang de 1er cru classé en 1855. De nombreux propriétaires se succèdent à sa tête jusqu'en 1984, date de son achat par les Domaines Barons de Rothschild (Lafite à Pauillac). Cette acquisition a apporté d'importants moyens techniques, financiers et humains à cette vaste unité de 90 ha, dont 72 de vignes.

Alliance de sauvignon (55 %) et de sémillon élevée partiellement en barriques, avec un quart de bois neuf, ce très beau blanc évoque un caractère minéral affirmé avec une touche coquillée dès l'ouverture, agrémentée de fines nuances florales. L'attaque fraîche, sur les agrumes, le beau développement en bouche, entre tension et rondeur, et la finale sur de beaux amers composent un vin complet, énergique et équilibré, sous-tendu par un grand caractère minéral et crayeux. ⧗ 2026-2032

CH. RIEUSSEC, 34, rte de Villandraut, 33210 Fargues, tél. 05 57 98 14 14, rieussec@lafite.com V r.-v.

CH. LES ROSIERS 2023 ★

	20000		5 à 8 €

À la tête du domaine familial depuis 1980, Catherine et Jean-Marc Jolivet, épaulés par leurs filles Bénédicte et Marie, ont constitué un vignoble de 120 ha dans l'Entre-deux-Mers et proposent cinq étiquettes de bordeaux dans les trois couleurs.

Un très beau blanc, à majorité de sauvignon (90 %), qui séduit par sa rondeur, son gras, mais aussi par sa vivacité, ses touches d'agrumes et de fleurs blanches. Gourmand et équilibré, il pourra être servi en toutes occasions. ⧗ 2024-2027

VIGNOBLES JOLIVET, Saint-Florin, 33790 Soussac, tél. 05 56 61 31 61, benedicte.jolivet@gmail.com V r.-v.

DOM. DU ROUCHET 2023 ★

	20000		5 à 8 €

Situé au cœur de l'Entre-deux-Mers, ce domaine vieux de cinq siècles a été repris par la famille Millet-Onillon depuis six générations. La conversion des 27 ha vers l'agriculture biologique est en cours.

Original avec sa part non négligeable de muscadelle (20 %), ce blanc floral séduit par son attaque franche, sa trame fraîche et serrée, sa pointe de bergamote également. Un vin expressif et très agréable, à découvrir sur des fromages de chèvre ou un ceviche de bar. ⧗ 2024-2027

DOM. DU ROUCHET, 33760 Escoussans, tél. 06 78 33 32 98, earl.vignobles.millet.onillon@gmail.com V t.l.j. sf dim. 9h-12h 14h-19h

B CH. SAINCRIT L'Éphémère 2023 ★

	4000		8 à 11 €

En 2003, Florence Prud'Homme abandonne son travail d'assistante de direction chez Marie Brizard pour acheter cette propriété fondée à la fin du XIXe s. par Vincent Saincrit. Le vignoble de 18 ha est conduit en culture biologique.

Ce pur sauvignon gris issu d'un demi-hectare de vignes se révèle harmonieux et plaisant, soutenu par des notes exotiques, de la vivacité et une jolie longueur. Un vin frais et alerte, à apprécier à table sur un poisson grillé ou une tarte aux asperges. ⧗ 2024-2026

CH. SAINCRIT, 555, chem. du Peuy, 33240 Saint-André-de-Cubzac, tél. 06 07 16 47 53, chateausaincrit@gmail.com V r.-v.

QUARRY DE SOURS 2022 ★

	18000		11 à 15 €

Le vignoble du Ch. de Sours (60 ha) est entouré de 200 ha de terres qui enserrent une belle demeure édifiée par les comtes de Richemont. Acquis en 2016 par le milliardaire chinois Jack Ma, fondateur du géant du commerce en ligne Alibaba, il est en conversion biologique.

Ce vin bien réalisé s'ouvre sur de jolies notes d'agrumes, de fruits exotiques (litchi, fruit de la Passion) et de fleurs blanches. Arômes que prolonge une bouche croquante, nerveuse et acidulée, de belle amplitude. L'élevage partiel en barriques neuves ne masque pas le fruit et l'ensemble reste bien équilibré et plaisant. Idéal avec une dorade grillée. ⧗ 2024-2027

CH. DE SOURS, Au Vigneau, 33750 Saint-Quentin-de-Baron, tél. 05 57 24 10 81, clarisse.naulet@chateaudesours.com V t.l.j. sf sam. dim. 9h-12h 13h-16h

B CH. TOUR DE BIOT 2023 ★

	10000		5 à 8 €

Gilles Grémen est un habitué du Guide, souvent en vue pour ses bordeaux rouges. Héritier d'une longue lignée vigneronne, il a repris en 1986 le domaine familial et exploite aujourd'hui 20 ha de vignes en culture biologique.

Ce pur sauvignon intense et énergique est le parfait blanc à apprécier dès l'apéritif. Les saveurs de litchi, d'agrumes et d'acacia se mêlent dans une trame très fraîche, vivace et persistante. ⧗ 2024-2026

CH. TOUR DE BIOT, 787, rte de la Tour-Rouge, 33220 La Roquille, tél. 05 57 41 26 49, gilles.gremen@orange.fr V r.-v.

CH. TOUR DE MIRAMBEAU Réserve 2023 ★

	170000		8 à 11 €

Installé dans l'Entre-deux-Mers sur un plateau calcaire et veillé par une vénérable tour se dressant au milieu des plus vieilles vignes de la famille, c'est le domaine historique de la famille Despagne, à la tête d'un vaste ensemble de 300 ha et de plusieurs crus (Bel Air Perponcher, Rauzan Despagne, Lion Beaulieu, Mont-Pérat). Une valeur sûre dans les trois couleurs.

Avec de très jolis arômes d'agrumes et de fleurs blanches, un bon gras et de la fraîcheur, ce blanc bien équilibré plaira unanimement, de préférence avec des poissons crus ou des fromages de chèvre. Un vin complet et assuré. ⧗ 2024-2027

⊶ *VIGNOBLES DESPAGNE (CH. TOUR DE MIRAMBEAU), Le Peyrat, 33550 Capian, tél. 05 57 84 55 08, contact@despagne.fr* V r.-v.

TROCARD 2023 ★

■	15 000	🍾	5 à 8 €

Les Trocard sont établis dans le Libournais depuis 1628. Leurs domaines ont connu un formidable essor au lendemain de la Seconde Guerre mondiale. Aux commandes depuis 1976, Jean-Louis Trocard, épaulé par ses enfants Benoît et Marie, a porté le vignoble à près de 100 ha répartis dans plusieurs crus et appellations.

Ce joli bordeaux blanc dévoile au nez des notes de citron et de fruits exotiques qui donnent envie de poursuivre. On découvre alors un palais vif, tonique, tendu, fruité, avec une petite rondeur qui arrondit bien les angles. On l'appréciera dès à présent, en apéritif ou sur un poisson au four. ⧗ 2024-2026

⊶ *VIGNOBLES JEAN-LOUIS TROCARD, 1175, rue Jean-Trocard, 33570 Les-Artigues-de-Lussac, tél. 05 57 55 57 90, contact@trocard.com* V *t.l.j. sf sam. dim. 8h30-12h30 14h-17h30*

CH. VERMONT
Fusion Truite de Garenne 2023 ★

■	8 000	🍾	5 à 8 €

Commandée par un ravissant château du XIXᵉs. entouré de 40 ha de vignes, cette propriété de l'Entre-deux-Mers appartient à la même famille depuis les années 1880. La quatrième génération – Élisabeth et son mari David Labat – est aujourd'hui aux commandes.

Avec ses notes fumées et sa belle intensité minérale, ce duo sauvignon-sémillon offre une très belle expression de l'appellation. C'est un vin bien réalisé, à la fois suave, frais et léger, qui ne manque ni d'amplitude ni de longueur. On le verrait bien avec une dorade au fenouil. ⧗ 2024-2027

⊶ *CH. VERMONT, Vermont, 33760 Targon, tél. 05 56 23 90 16, chateauvermont@chateau-vermont.fr* V *t.l.j. sf sam. dim. 9h-12h 14h-17h*

CH. LA VERRIÈRE 2023 ★

■	120 000	🍾	5 à 8 €

Les Bessette sont implantés depuis plusieurs générations à Landerrouat, où ils ont acquis le Ch. la Verrière, créé en 1900 aux confins du Lot-et-Garonne. Restructuré dans les années 1960 par André Bessette, relayé à partir de 1999 par son fils Alain, ce cru de 80 ha s'est imposé comme une référence en appellations régionales. En conversion bio, le domaine a installé plusieurs ruches sur la propriété et s'est lancé dans la production de miel. Autre étiquette de la famille Bessette : le Ch. Bailloux-Rival, acquis en 2005.

Ce sauvignon très aimable concilie une agréable fraîcheur à de la rondeur, avec un bon volume de bouche et de l'intensité aromatique qui lui confèrent du relief et de la persistance. On le dédiera volontiers à un risotto ou une poêlée de champignons. ⧗ 2024-2027

⊶ *CH. LA VERRIÈRE, 8, La Verrière, 33790 Landerrouat, tél. 05 56 61 39 56, alainbessette@orange.fr* V *r.-v.*

Ⓑ CH. DE LA VIEILLE TOUR Héritage 2022 ★

■	1120	🛢	11 à 15 €

Ce domaine fut créé en 1839 par Pierre Boissonneau sur le plateau de l'Entre-deux-Mers. Aujourd'hui, la sixième génération est aux commandes d'un vignoble de 55 ha, conduit en bio depuis 2011 et en biodynamie depuis 2021 : Pascal gère la gestion technique et les vinifications, et Nicolas la commercialisation et la distribution des vins, des bordeaux et des côtes-du-marmandais.

Association à parts égales de sauvignon et de sémillon, ce blanc se révèle intense et bien en chair. Fermenté en barriques neuves de 400 l, soigneusement élevé sur lies, toujours sous bois, il offre un beau volume de bouche, avec du gras et de l'étoffe. L'apport de bois est judicieux et proportionné, et l'on se régale immédiatement. Parfait pour un poisson en sauce. ⧗ 2024-2028

⊶ *VIGNOBLES BOISSONNEAU, 64, imp. de la Vieille-Tour, 33190 Saint-Michel-de-Lapujade, tél. 05 56 61 72 14, vignobles@boissonneau.fr* V *r.-v.*

Ⓑ CH. VIEUX-GEORGET 2023 ★

■	16 500	🍾	5 à 8 €

Fondé en 1984 par Jean Da Fre à Saint-Laurent-du-Bois, le Ch. Vieux-Georget a toujours connu une conduite naturelle et les 24 ha de vignes sont en culture biologique depuis les origines. Jean Da Fre a également acquis, au cours des 40 dernières années, une quarantaine d'hectares tout autour de la propriété, plantant et reprenant des parcelles; il est ainsi à la tête des châteaux Baratet, Carcaud et Vieux-Georget. En 2024, son fils Antoine l'a rejoint.

Harmonieux et de bon volume, tenu par de belles notes florales, de fruits blancs et d'agrumes, ce vin combine structure et fraîcheur avec équilibre. Un bon représentant de l'appellation. ⧗ 2024-2027

⊶ *CH. VIEUX-GEORGET, Georget, 33540 Saint-Laurent-du-Bois, tél. 06 74 74 67 08, ant.dafre@gmail.com* V *r.-v.*

Y 2022 ★★★

■	n.c.	🛢	+ de 100 €

Depuis 2004, ce vin est produit régulièrement par Yquem. Il est issu des mêmes parcelles que le grand vin, seules diffèrent les conditions de récolte car Y est un vin blanc sec provenant essentiellement de parcelles de sauvignon complétées par du sémillon bien mûr.

D'un équilibre souverain, le Y 2022 dévoile au nez des notes de fruits exotiques, de légères touches de vanille, de chèvrefeuille et d'orange amère. Tout en fraîcheur, alerte, il déroule un jus dense, gras et riche, de grande volupté, à la fois gourmand et délicat. La finale acidulée et de fins amers étirent cette matière avec suavité et vivacité. Du grand art. ⧗ 2026-2034

⊶ *CH. D'YQUEM, 33210 Sauternes, tél. 05 57 98 07 07*

BORDEAUX SUPÉRIEUR

CH. ASTRELUS Sidonie 2022 ★

■ | 2000 | | 8 à 11 €

Ce petit vignoble familial de 7 ha a changé de main en 2022; il est désormais la propriété de Valérie et Frédéric André qui s'y investissent pleinement, avec la volonté de réaliser des bordeaux élégants, peu ou pas boisés. Les vins sont en cours de conversion vers l'agriculture biologique.

Un vin expressif et chaleureux, auréolé de notes de baies noires bien mûres, de fruits à noyau et de sous-bois. En bouche, il apparaît ample, bien équilibré et élégant, paré de tanins fondus. Un profil très accessible qui s'inscrit dans l'ère des bordeaux modernes. ⧗ 2024-2028

CH. ASTRELUS, 2, Font-de-Meillier, 33790 Cazaugitat, tél. 06 77 10 58 22, astrelus.sas@gmail.com V t.l.j. 10h-18h

CH. AUX GRAVES DE LA LAURENCE Réserve traditionnelle 2021 ★★

■ | 12000 | | 8 à 11 €

Œnologue et ancien directeur du laboratoire de Grézillac, Bernard Hébrard a conseillé un millier de producteurs. Arrivé à l'âge de la retraite, il a voulu faire son vin. Il a repéré, dans un enclos tombé à l'abandon, un excellent terroir : une croupe de graves sur argiles. Un petit domaine (2,25 ha) qu'il cultive comme un jardin avec son épouse Marie-Odile.

Avec son bon fruit et sa trame équilibrée, ce bordeaux supérieur remplit pleinement son rôle. Les parfums de cassis et de fruits rouges mûrs mâtinés de fines nuances florales prennent place dans une bouche suave et ronde, dotée de tanins bien affinés. Un ensemble affable et très harmonieux, qui pourra s'apprécier aussi bien jeune que patiné par quelques années de garde. ⧗ 2025-2030

CH. AUX GRAVES DE LA LAURENCE, 42, rte de Libourne, 33450 Saint-Loubès, tél. 06 82 05 21 94, h.auxgravesdelalaurence@yahoo.fr V r.-v.

CH. BEL AIR 2022 ★

■ | 336000 | | - de 5 €

Créé en 1960 dans l'Entre-deux-Mers, ce vignoble de 72 ha est aujourd'hui une des propriétés du groupe Taillan (famille Merlaut) qui, outre ses célèbres crus médocains comme Gruaud-Larose et Citran, détient 12 domaines (300 ha dans huit AOC). Replanté et modernisé en 1995, il fournit du bordeaux supérieur.

Ce bordeaux agréable et facile à boire a tout pour plaire : des notes de fruits mûrs, quelques saveurs d'amande, une trame ronde et souple, des tanins enrobés et bien mûrs, un prix mini. Que demander de plus ? ⧗ 2024-2027

CH. BEL AIR, 3, Les Mougneaux, 33580 Saint-Ferme, tél. 05 47 74 78 04, belair@vignoblesdeterroirs.com

CH. BELLEVUE 2022 ★★

■ | 36000 | | 5 à 8 €

La famille d'Amécourt fait remonter son arbre généalogique au XIIIe s. Parmi ses nombreuses branches, l'une s'est fixée dans le Sud-Ouest et possède de vastes vignobles dans l'Entre-deux-Mers et le Bergeracois.

Ce bordeaux affiche une matière ample et corsée autour de tanins richement constitués, le tout paré de notes de fruits mûrs intenses, de menthol et d'épices. Un vin de caractère, long, généreux, à réserver pour une viande giboyeuse ou marinée. ⧗ 2026-2030

FAMILLE D' AMÉCOURT, 595, rte de St-Martin, 33540 Sauveterre-de-Guyenne, tél. 05 56 71 54 56, sceafamille.damecourt@neuf.fr V t.l.j. sf sam. dim. 9h-12h 14h-17h

CH. BOIS DE ROLLAND Vieilles Vignes 2022 ★

■ | 110000 | | 5 à 8 €

Michel Géromin, œnologue et ancien de l'Inao, a acquis en 1980 le Ch. Bois de Rolland, un domaine créé dans l'Entre-deux-Mers en 1850 par les frères marianistes pour y former des orphelins à la viticulture; complété en 2013 par les vignes voisines du Ch. l'Oiseau. L'ensemble est dirigé depuis 2008 par les filles de Michel, Audrey et Marion.

Dans un style souple et léger, ce bordeaux supérieur à dominante de merlot (70 %) offre un bon compromis entre volume, structure et équilibre. C'est un vin gourmand, avec des notes de fruits noirs, de cassis notamment, à apprécier simplement avec des grillades ou des charcuteries. ⧗ 2024-2027

VIGNOBLES GÉROMIN ET FILLES, La Jalgue, 33890 Coubeyrac, tél. 06 77 19 95 46, chateaulajalgue@orange.fr r.-v.

Ⓑ VIGNOBLES BOISSONNEAU Cor-beau 2021 ★

■ | 10000 | | 8 à 11 €

Ce domaine fut créé en 1839 par Pierre Boissonneau sur le plateau de l'Entre-deux-Mers. Aujourd'hui, la sixième génération est aux commandes d'un vignoble de 55 ha, conduit en bio depuis 2011 et en biodynamie depuis 2021 : Pascal gère la gestion technique et les vinifications, et Nicolas la commercialisation et la distribution des vins, des bordeaux et des côtes-du-marmandais.

Expressif, mentholé et bien en fruit, ce vin réunit tous les attributs de ce que l'on est en droit d'attendre : une attaque fraîche, une trame ferme autour de tanins bien en place, une bonne longueur et de l'élégance. Idéal avec un rôti de bœuf. ⧗ 2025-2029

VIGNOBLES BOISSONNEAU, 64, imp. de la Vieille-Tour, 33190 Saint-Michel-de-Lapujade, tél. 05 56 61 72 14, vignobles@boissonneau.fr V r.-v.

Ⓑ CH. LE BOSQUET DES FLEURS L'Autodidacte 2022 ★★★

■ | 2000 | | 11 à 15 €

Lionel et Laurent, alias les «deux frérots», ne sont pourtant pas frères mais animés de la même passion. Le premier a grandi dans les vignes, le second a développé des marques et une structure coopérative. Deux univers complémentaires et une amitié qui les ont réunis sur ce projet de «frères de vin». Soit la création dans toute la France, essentiellement en culture biologique, en propriété ou en négoce, de vins mais aussi de spiritueux.

Ce vin bio est une vraie pépite! Une très belle bouteille qui concilie une superbe expression aromatique à une grande élégance. Les fruits rouges intenses, la trame suave soutenue par des tanins affinés et veloutés composent un ensemble idéal qui sera parfait avec une volaille rôtie ou un carré de veau au thym. ⧗ 2025-2032

LES DEUX FRÉROTS, 7, St-Aignan-Nord, 33190 La Réole, tél. 09 78 31 53 84, contact@les2frerots.fr

LA FLEUR DU BUISSON 2022 ★★

■ | 7500 | | 8 à 11 €

Créé dans les années 1960, ce domaine compte 20 ha conduits par la famille Zaros. Jérôme représente la troisième génération, arrivé sur la propriété en 2006. Il a réhabilité le chai et modernisé la gamme.

Ce pur merlot élevé en barriques durant un an présente un fruit mûr et épicé, une bouche douce et équilibrée, tout en finesse. Un registre plein et gourmand que l'on pourra apprécier dans ses jeunes années. ⧗ 2024-2028

DOM. DU BUISSON, 1395, rue de Naulin, 33670 La Sauve, tél. 05 56 23 24 04, administratif@domainedubuisson.fr V *t.l.j. sf dim. 9h-12h 14h-18h*

♥ B DOM. DE CABAT 2022 ★★

■ | 60 000 | | 5 à 8 €

Une propriété dans la famille de Cyril Fouilhac depuis six générations : 83 ha de vignes dans l'Entre-deux-Mers, conduits en agriculture biologique depuis 2013.

Gourmand et très harmonieux, ce beau bordeaux (très) supérieur séduit d'emblée par sa maturité autour de généreuses notes de cerise relevées d'épices douces. Doté de tanins fins et soyeux, il se montre très agréable en bouche, avec du volume, de la douceur et en prime une grande persistance. Imparable. ⧗ 2024-2030

■ **Ch. Peyrouley Cuvée Prestige 2022 ★ (5 à 8 €; 60 000 b.)** B Ce rouge puissant cherche la structure et l'envergure. C'est un bordeaux supérieur classique, encore serré, qu'il faudra attendre, avant de l'accompagner d'une viande en sauce. ⧗ 2027-2032

CH. POURQUEY GAZEAU, Pourquey, 33540 Casteviel, tél. 06 16 18 58 88, earl@chateau-pourquey-gazeau.com V *t.l.j. sf dim. 9h-13h 14h-20h*

B CH. CANDELEY 2022 ★★

■ | 20 000 | | 11 à 15 €

Vins de Propriétés et Châteaux de France (VPCF) est une maison de négoce qui distribue plus de 2 000 vins de vignerons et 1 500 vins de marques. Soit une gamme de plus de 3 000 vins et champagnes sélectionnés pour leurs qualités, qu'ils proviennent de grandes maisons ou de vignobles plus méconnus.

Le Ch. Candeley est la propriété de Sébastien Petit, vigneron bien connu de l'Entre-deux-Mers. Agréablement constitué, avec de belles tonalités à la fois épicées, florales et fruitées, ce vin très harmonieux propose une bouche ample et richement constituée, épaulée par des tanins soyeux et frais. C'est un vin parfaitement équilibré, à laisser reposer en cave encore quelques années. ⧗ 2027-2032

VINS DE PROPRIÉTÉS ET CHÂTEAUX DE FRANCE, 15, rue des Rustauds, 67700 Monswiller, tél. 03 88 02 82 82, contact@vpcf.fr

LES CHAIS DE VAURE Réserve 2022 ★

■ | 7300 | | 8 à 11 €

Établie dans une ancienne demeure datant du XVᵉs. au cœur de l'Entre-deux-Mers, la coopérative Chais de Vaure a été fondée en 1935 et compte 540 ha.

Un assemblage à parts égales de merlot et de cabernet-sauvignon, élevé en barriques. C'est un bordeaux de style classique, appréciable pour son fruit soutenu, sa maturité et son équilibre général. Une bouteille qui pourra s'apprécier dans ses jeunes années. ⧗ 2024-2029

CHAIS DE VAURE, 517, rte de Vaure, 33350 Ruch, tél. 05 57 40 54 09, chais-de-vaure@wanadoo.fr V *t.l.j. sf sam. dim. 9h-12h30 14h-17h30*

CH. CHAUVET 2022 ★

■ | 50 000 | | 8 à 11 €

L'année 1907 marque la création du Ch. Chauvet à Saint-Hilaire-du-Bois, située au cœur de l'Entre-deux-Mers. Cinq générations de vignerons se sont succédé pour développer ce domaine familial qui aujourd'hui s'étend sur 55 ha.

Doté d'une belle matière et porté par un élevage partiel en barriques, ce vin à dominante de merlot libère au nez un fruit frais et fin agrémenté de touches épicées. L'attaque fraîche, le milieu de bouche ample, avec toujours cet accent fruité, épicé et boisé, forment un ensemble équilibré, riche et harmonieux. À attendre encore un peu et servir avec un plat en sauce. ⧗ 2026-2030

VIGNOBLES CHAUVET DALLA LUNGA, Le Petit Chollet, 33540 Saint-Hilaire-du-Bois, tél. 06 67 38 29 24, busquet.lr@gmail.com. V *r.-v.*

CH. CHENU LAMONT 2022 ★

■ | 189 700 | | 5 à 8 €

Vaste domaine du Bordelais, le Ch. Chenu Lamont compte 36 ha de vignes qui longent en partie la Dordogne, sur la rive droite. Il était autrefois connu sous le nom de «Château Mille Secousses», peut-être en raison de sa situation géographique dans l'anse du fleuve, exposé aux vents parfois violents de l'océan, ou de ses chemins jadis difficilement praticables.

Campé sur une belle maturité, ce vin développe une riche expression aromatique, à la fois fruitée et boisée. En bouche, c'est un vin ample, frais, structuré et long. Parfait sur une viande grillée après une petite garde. ⧗ 2025-2030

CH. CHENU LAMONT, Mille Secousses, 33710 Bourg, tél. 05 33 88 00 20, contact@lamontfinanciere.fr

♥ CH. CLOU DU PIN Premium 2022 ★★

■ | 110 930 | | 5 à 8 €

Fondés en 1950 par Angelo Fontana, rejoint ensuite par ses quatre fils, les domaines Fontana sont une exploitation familiale vaste de plusieurs vignobles couvrant sur 270 ha, complétés par 100 ha d'arboriculture et par une activité de négoce.

Ce vin de belle densité propose une aromatique ultra savoureuse entre notes de confiture de mûre, cassis et légères touches épicées. L'attaque suave et la trame élégante et veloutée ne se départent pas d'un fruit mûr et d'une belle charge tannique. La finale épicée avec élégance clôt cet ensemble savoureux et généreux, bien dans le ton du millésime. ⧗ 2025-2032 ■ **Ch. Bellevue Claribes Prestige 2022 ★ (- de 5 €; 110 900 b.)** Voilà un vin de bon volume, puissant mais équilibré, porté par d'agréables notes d'épices, de fruits noirs et de figue. Un bon classique déjà à point, à associer à une viande grillée ou en sauce. ⧗ 2024-2027 ■ **Ch. Darmagnac 2022 ★ (- de 5 €; 65 000 b.)** Un vin très agréable, qui a su garder de la fraîcheur sur ce millésime à la maturité complète. Le fruit frais s'accompagne d'une pointe de menthol et la bouche poursuit ce registre de finesse avec des saveurs de cerise et de myrtille. Pour autant, la puissance est là, autour de tanins bien en place. Un ensemble cohérent, qui se destine à une belle viande rouge. ⧗ 2026-2032 ■ **Ch. Ballue-Mondon 2022 ★ (- de 5 €; 65 000 b.)** Tout en volume et en puissance, ce vin cossu mêle un bon fruit mûr à des notes épicées dans un équilibre idéal. Un vin plein et riche, avec en prime une finale agréable sur la suavité. On le verrait bien avec un confit de porc au caramel. ⧗ 2025-2030

DOMAINES FONTANA,
14, rte de Sainte-Foy-la-Grande, 33890 Gensac,
tél. 05 57 47 43 19, domainefontana@free.fr
V *t.l.j. 9h-12h 13h-17h*

CH. DE CORNEMPS 2022 ★

■ | 1700 | | 8 à 11 €

En 1964, Henri Fagard, maître de chai, crée à Petit-Palais, en Libournais, le Ch. de Cornemps, un vignoble dominé par une chapelle du XIe s., ancienne étape sur la route de Saint-Jacques. Il agrandit son exploitation qu'il transmet en 1983 à son fils Henri-Louis. Ce dernier achète en 1995 le Ch. la Jorine (3,5 ha) dans l'appellation voisine lussac-saint-émilion.

Au nez, ce vin déroule des arômes de fruits noirs bien mûrs, presque confits, avec une touche de pruneau, de cerise à l'eau-de-vie et une tonalité boisée. En bouche, il se montre ferme et concentré, mais affiche aussi du charme et de l'équilibre, épaulé par une touche de fraîcheur bienvenue et des tanins souples et fondus. ⧗ 2025-2029

VIGNOBLES FAGARD,
2419, rte de Puynormand-Cornemps, 33570 Petit-Palais,
tél. 05 57 69 73 19, vignobles.fagard@wanadoo.fr
V *t.l.j. sf dim. 8h-12h 14h-17h30*

CH. CROIX-MOUTON Réserve 2021 ★★

■ | 200 000 | | 5 à 8 €

Fils de Jean-François Janoueix, Jean-Philippe Janoueix s'est d'abord installé à Lalande (Ch. Chambrun, vendu à Silvio Denz) avant de créer en 2001 le Ch. la Confession à Saint-Émilion, réunion des châteaux Barreau et Haut-Pontet. Il produit aussi du bordeaux supérieur (Croix-Mouton et Le Conseiller) et du pomerol (Sacré-Cœur, en fermage).

Quasiment pur merlot, ce vin au fruité très agréable, très consensuel, s'accordera facilement. On aime ses notes de fruits confits bien mûrs relevées d'épices douces, sa bouche ample, ronde et équilibrée. On l'associera volontiers à un plat mijoté. ⧗ 2024-2028

CH. CROIX-MOUTON, Mouton,
33240 Lugon-et-l'Île-du-Carnay,
contact@croix-mouton.com

CH. DE L'ENCLOS 2022 ★

■ | 181 333 | | 5 à 8 €

En 1934, 126 vignerons s'unissent pour créer la coopérative de Sauveterre-de-Guyenne, à quelques hectomètres de la bastide fondée en 1281 par Édouard Ier, roi d'Angleterre. En 2012, elle s'est associée avec la cave de Blasimon et regroupe quelque 2 000 ha de vignes et 250 vignerons.

Un vin structuré, intense, bien dans le ton de ce millésime solaire, porté par un fruit surmûri de bout en bout, des fruits noirs compotés notamment, et cadré par des tanins fermes et cossus. Il appelle un mets tout aussi généreux, un cassoulet par exemple. ⧗ 2025-2030

CAVE DE SAUVETERRE BLASIMON ESPIET,
10, rue de la Gare, 33540 Sauveterre-de-Guyenne,
tél. 05 56 61 55 20, p.mondin@bordeauxfamilies.fr
V *t.l.j. sf dim. lun. 9h-12h 13h30-18h15*

CH. FÉRET-LAMBERT 2021 ★

■ | 50 000 | | 11 à 15 €

Depuis 1996, Henri Féret, courtier en vins, associé avec son beau-frère Olivier Sulzer, vigneron à Saint-Émilion (Ch. la Bonnelle), redonne son lustre à ce domaine de 27 ha de l'Entre-deux-Mers, acquis en 1930 par son arrière-grand-père Charles Féret, éditeur du célèbre *Bordeaux et ses vins*.

Ce quasi pur merlot élevé en barriques restitue tous les attributs d'un bon bordeaux. Les fruits rouges et noirs, les épices, la touche boisée accompagnent une bouche riche, aux tanins souples, très agréable. On s'en régalera dès à présent avec une épaule d'agneau confite. ⧗ 2024-2028

CH. FÉRET-LAMBERT, 139, rte de Lescours,
33420 Grézillac, tél. 05 57 74 93 18, henri@
courtageferet.com V *r.-v.* E

CH. FLEUR HAUT GAUSSENS 2022 ★

■ | 100 000 | | 8 à 11 €

Fondé en 1941, un domaine de 40 ha situé sur la rive droite de la Dordogne, au nord-ouest du Fronsadais, propriété de la famille depuis quatre générations. Hervé Lhuillier en a pris les rênes en 1997.

LE BORDELAIS

Dans un style assez cossu, porté par une aromatique à la fois florale et fruitée, avec une pointe de vanille liée à l'élevage en barriques, ce vin fait son office. Charnu, rond et bien constitué, avec des tanins encore serrés, il ira bien à un magret de canard grillé ou un canard aux olives. ⧗ 2025-2029

CH. FLEUR HAUT GAUSSENS, 85, rte de la Longa, 33240 Vérac, tél. 05 57 84 48 01, service.commercial@fleurhautgaussens.com V *t.l.j. sf sam. dim. 8h30-18h*

CH. LE GARDERA 2022 ★★

■ | 90000 | | 8 à 11 €

Viticultrice depuis 1830, la famille Gonfrier exploite 1 400 ha de vignes sur la rive droite de la Garonne et 50 ha sur la rive gauche, à travers de nombreuses propriétés. Une partie de ce très vaste ensemble est certifiée en culture biologique ou en cours de conversion. Philippe et Éric Gonfrier sont aujourd'hui aux commandes.

Ample, généreux et complexe, ce bordeaux supérieur s'inscrit pleinement dans ce millésime complet. Les fruits rouges, les épices et la touche fumée de l'élevage se fondent dans une bouche structurée, adroitement tannique et de belle dimension, qui s'étire longuement. Un beau classique. ⧗ 2026-2030 ■ **Ch. Materne 2022 ★ (5 à 8 €; 68267 b.)** Mêlant épices, violette, tabac et fruits noirs dans une trame de belle dimension, ce vin s'illustre par sa bonne maturité, sa capacité à fondre ses notes d'élevage et polir ses tanins. ⧗ 2025-2029 ■ **Ch. de Benauge 2022 ★ (5 à 8 €; 46667 b.)** À dominante de merlot (80 %), ce vin concentré, marqué par des tanins fermes et un élevage qui le soutient pleinement, aura besoin d'un peu de temps pour s'assouplir. À ce stade, la tonalité boisée toastée domine, avec les fruits noirs et les épices en arrière-plan. La matière riche et puissante, la générosité d'ensemble appellent une viande de goût longuement mijotée. ⧗ 2027-2032 ■ **Ch. de Marsan 2022 ★ (8 à 11 €; 21000 b.)** À la fois puissant et harmonieux, ce vin bâti sur la maturité conserve un bon équilibre et de la tension. C'est un vin dans le respect du fruit, ample et structuré, mais qui ne surjoue pas. Un bon classique à aborder avec une viande de goût. ⧗ 2026-2030

VIGNOBLES GONFRIER, 11, chem. de Marsan, 33550 Lestiac-sur-Garonne, tél. 05 56 72 14 38, contact@vignobles-gonfrier.fr V *t.l.j. sf dim. lun. 10h30-12h30 14h-19h*

CH. GÉNEAU 2021 ★

■ | 80000 | | 5 à 8 €

Cette exploitation familiale située à Virsac compte 32 ha de vignes, conduits depuis 2014 par Jérôme Motut.

Concentré et équilibré, ce vin constitue une belle représentation de l'appellation. On apprécie d'emblée ses notes de fruits rouges, de fruits confits et de réglisse, sa chair dense, ses tanins polis, son élégance et sa bonne persistance. ⧗ 2024-2028

CH. GÉNEAU, 12, chem. de Génaux, 33240 Virsac, tél. 06 67 27 37 36, chateaugeneau@live.fr V *r.-v.*

CH. GENLAIRE 2021 ★

■ | 175000 | | 5 à 8 €

Gentilhommière typique du paysage bordelais, le Ch. Genlaire compte 51 ha de vignes avec une majorité de cabernets qui encadrent un classique merlot.

Ce bordeaux supérieur s'ouvre sur de généreuses et appétentes notes de fruits rouges bien mûrs. Arômes prolongés avec la même gourmandise par une bouche enjôleuse et fraîche, aux tanins serrés qui augurent un joli potentiel. ⧗ 2025-2030

CH. GENLAIRE, Le Bourg, 33580 Rimons, tél. 06 84 52 87 25, mothes.christophe@orange.fr

B CH. GRAND FERRAN Nature 2022 ★★

■ | 18000 | | 8 à 11 €

La société Bordeaux Vineam exploite 270 ha dans plusieurs vignobles du Bordelais et en Bergeracois, en bio certifié ou en cours de conversion. Une affaire créée par les frères Yi Zhu et Hongtao You, l'un Chinois, l'autre Canadien, qui ont fait fortune dans la pharmacie.

Ce pur merlot a été vinifié sans sulfites ajoutés ni apport de bois. En résulte un vin harmonieux, sur les fruits noirs (cassis, myrtille) agrémentés de quelques épices et de touches de tabac. La bouche affiche de la souplesse en attaque, puis développe une structure bien dimensionnée, portée par des tanins patinés, sans aspérité. Un vin complet et long, déjà fort appréciable, mais avec du potentiel. ⧗ 2024-2030

CH. BOURDICOTTE ET GRAND FERRAND, 1, Le Bourg, 33790 Cazaugitat, tél. 05 57 40 40 99, administratif@bordeaux-vineam.fr

CH. GRAND JEAN 2022 ★

■ | 400000 | | 11 à 15 €

Héritier de dix générations, Michel Dulon exploite aujourd'hui 140 ha de vignes, implantées essentiellement sur la rive droite de la Garonne et dans l'Entre-deux-Mers, et réparties sur trois crus : Ch. Grand Jean, propriété la plus ancienne et la plus vaste avec ses 100 ha, située à Soulignac; Ch. Julian (20 ha), acquis en 1998 à Targon; Ch. du Vallier, à Langoiran (20 ha).

Voilà un vin puissant voué à la garde. Les fruits noirs compotés, la touche boisée et toastée, les tanins bien présents mais maîtrisés et soutenus par une belle fraîcheur forment un ensemble harmonieux. Un vin de caractère mais qui affiche une certaine gourmandise, à associer dans quelques années à une entrecôte aux sarments. ⧗ 2027-2032

VIGNOBLES DULON, 1630, rte du Moulin, 33760 Soulignac, tél. 05 56 23 69 16, info@vignobles-dulon.com V *t.l.j. sf sam. dim. 8h30-12h30 13h30-17h*

B CH. GUICHOT L'Éternel 2022 ★

■ | 20000 | | 8 à 11 €

Fort de son atavisme vigneron et de son expérience acquise dans de grands domaines, Sébastien Petit s'est installé en 2008 sur 19 ha dans l'Entre-deux-Mers : des vignes exposées plein sud autour d'une bâtisse du XVIIe s. et de dépendances du XIXe s., et conduites en agriculture biologique.

Ce pur merlot encore marqué par le bois demande à se fondre et nécessitera donc encore un peu de temps. Le volume et la puissance sont là, cadrés par des petits fruits frais, des arômes plus mûrs et des tanins bien présents. Une jolie matière à associer à une viande de goût. ⧗ 2027-2031

CH. GUICHOT, Guichot, 33790 Saint-Antoine-du-Queyret, tél. 05 56 61 31 53, contact@sebastien-artisan-vigneron.fr V r.-v.

CH. HAUT-BAZIGNAN 2021 ★

	40 000		8 à 11 €

Propriété familiale de l'Entre-deux-Mers, le Ch. Haut-Bazignan couvre un peu plus de 28 ha. Elle est gérée depuis 2001 par Valérie Bernard.

Comptant dans son assemblage un tiers de petit verdot, ce vin s'ouvre sur des arômes de prune et de cerise et agrémentés d'une touche de poivre noir. Arômes prolongés par une bouche de bon volume, suave et de bonne longueur. À boire dans ses jeunes années. ⧗ 2024-2028

CH. HAUT-BAZIGNAN, 1, Le Grand-Gourdin, 33540 Mauriac, tél. 06 65 60 09 14, chateauhautbazignan@orange.fr V r.-v. E

B CH. HAUT-RIEUFLAGET Cuvée Prestige 2022 ★

	20 000		11 à 15 €

Installé en 1969 dans l'Entre-deux-Mers comme jeune agriculteur, Jean-Dominique Petit a, au fil des ans, agrandi la propriété familiale, qui atteint aujourd'hui 90 ha répartis sur trois châteaux : Commanderie du Bardelet, Haut-Rieuflaget, les deux en bio, et Moulin de Bernat (dirigé depuis 2001 par Frederike Petit et en conversion bio). Ses bordeaux et bordeaux supérieurs sont régulièrement présents dans le Guide.

Ce vin s'ouvre sur des notes épicées, toastées et richement fruitées. En bouche, il affiche du volume et des tanins fermes sur fond de boisé torréfié et vanillé. Un vin bien réalisé, direct mais encore sous l'emprise du merrain. On patiente un peu. ⧗ 2027-2032 ■ **Grand-Juan du Ch. Haut-Rieuflaget Élevé en fût de chêne 2022 ★ (11 à 15 €; 20 000 b.)** B Ce bordeaux supérieur classiquement élevé en barriques ne renie pas son bois qui apporte des notes de tabac, de fumée et de noisette grillée. Le fruit mûr est également de mise, qui s'immisce dans une bouche ample et charnue, dotée de tanins fermes qui appellent la garde. ⧗ 2027-2032

JEAN-DOMINIQUE PETIT, 33790 Saint-Antoine-du-Queyret, tél. 05 56 61 33 78, contact@famillepetitvignobles.fr V r.-v. E

CH. JALOUSIE BEAULIEU Cuvée Prestige 2022 ★

	80 000		11 à 15 €

Les Vignobles Jalousie Beaulieu se transmettent de père en fils depuis 1910 : un vaste ensemble de 200 ha dans le Fronsadais, conduit depuis 1999 par Philippe Person, rejoint en 2006 par son fils Pierre. Outre le Ch. Jalousie Beaulieu, les Person ont en fermage le Ch. Pascaud et le Ch. de Marze.

Ce pur merlot élevé en barriques révèle une matière bien agrémentée de notes de fruits mûrs, sans boisé excessif, bordée de tanins présents mais sans dureté. C'est un vin plein et charnu, liant avec équilibre maturité et souplesse. ⧗ 2025-2030

VIGNOBLES JALOUSIE BEAULIEU, 1, chem. de la Jalousie, 33133 Galgon, tél. 05 57 74 30 13, contact@jalousie-beaulieu.com V t.l.j. sf sam. dim. 8h-12h 13h-17h

CH. LABATUT Grande Réserve 2022 ★★

	50 000		5 à 8 €

À l'époque où il a lancé les premières foires aux vins (1973), Édouard Leclerc a acheté des vignobles dans l'Entre-deux-Mers, développés par sa fille Hélène Levieux jusqu'en 2002, puis dirigés par son petit-fils Vincent, et aujourd'hui par Sylvie, l'épouse de ce dernier. Trois châteaux : Labatut, Lagnet et Roques Mauriac, 100 ha au total.

Porté par les cabernets (70 %), ce vin puissant, encore jeune, s'ouvre sur une tonalité de boisé torréfié affirmée. Des tanins sérieux prennent vie dans une bouche ample, riche et séveuse, agrémentée de notes de liqueur de cassis. Un vin sérieux et corsé qui ne manque pas de potentiel. ⧗ 2027-2032 ■ **Ch. Roques Mauriac 2022 ★ (5 à 8 €; 50 000 b.)** Un vin expressif, bien ouvert sur des notes de cassis, de boisé vanillé et épicé, qui offre de la vivacité et une belle suite en bouche. Les tanins fondus, la longueur agréable et la bonne structure d'ensemble iront parfaitement à une lamproie à la bordelaise ou une viande de goût. ⧗ 2026-2030

LES 3 CHÂTEAUX, Lagnet, 33350 Doulezon, tél. 05 57 40 51 84, contact@les3chateaux.com V t.l.j. sf sam. dim. 9h-12h 14h-16h

CH. LABORIE GRANGER 2022 ★

	19 000		5 à 8 €

Producta Vignobles est un négoce à actionnariat coopératif créé en 1949, qui regroupe 2 500 opérateurs et 2 000 ha de vignes dans une cinquantaine d'appellations du Bordelais et du Sud-Ouest. Dans son catalogue, une centaine de marques et 150 châteaux.

Voilà une jolie bouteille, très agréable, portée par un raisin bien mûr, de la vivacité, une chair pleine et juteuse. Les tanins fins et élégants, l'aromatique bien en place tout du long complètent ce tableau qui ravit, dès aujourd'hui. ⧗ 2024-2028

PRODUCTA VIGNOBLES, 13, av. de la Résistance, 33310 Lormont, tél. 05 57 81 18 18, producta@producta.com

CH. LACOMBE CADIOT 2022 ★★

	80 000		11 à 15 €

Le Belge Émile de Schepper a investi dans le vignoble bordelais à partir de 1950. En plus de sa maison de négoce (De Mour), la famille exploite aussi aujourd'hui une cinquantaine d'hectares en propre : en Médoc, le Ch. Haut Breton Larigaudière (margaux), le Ch. Tayet et le Ch. Lacombe Cadiot (bordeaux supérieur); en saint-émilion, Tour Baladoz et Croizille.

Riche et puissant, doté d'un excellent équilibre, ce vin plaira unanimement. Il présente une parfaite harmonie entre les notes de fruits noirs, de cacao de l'élevage et quelques touches plus épicées. L'attaque douce et ronde, la trame structurée et de bonne dimension plaisent tout autant. Un vin aussi intense qu'élégant, à réserver à une viande de goût, un gigot d'agneau par exemple. ⧗ 2026-2030 ■ **Ch. Tayet Cuvée Prestige 2022 ★ (30 à 50 €; 80 000 b.)** À dominante de cabernet-sauvignon (55 %), ce vin affiche de classiques notes d'élevage en barriques, entre toasté et grillé. À cela se mêle un bon fruité (cassis, pruneau, cerise à l'eau-de-vie) qui infuse une bouche corsée, aux tanins fondus et de bonne longueur. Un ensemble bien dimensionné, sans excès. ⧗ 2025-2030

CH. HAUT BRETON LARIGAUDIÈRE, 3, rue des Anciens-Combattants, 33460 Soussans, tél. 05 57 88 94 17, contact@de-mour.com r.-v.

CH. LAFITE MONTEIL
Le Merlot sans soufre 2022 ★

■	6800		5 à 8 €

Acquis en 1894 par Edouard Eiffel, fils de Gustave Eiffel, le Ch. Lafite Monteil peut s'enorgueillir de posséder un chai dessiné initialement par l'illustre architecte. Le vignoble est situé au cœur del'Entre-deux-Mers, à 20 km à l'est de Bordeaux, sur des coteaux argilo-graveleux orientés sud. Le domaine est certifié en agriculture biologique depuis 2023.

De l'équilibre, du volume, une trame pleine et gourmande : ce merlot vinifié sans sulfites ajoutés tient ses promesses de bordeaux moderne et digeste. On aime ses notes de fruits mûrs et de griotte fraîche, son registre franc et accessible. Un vin élégant et facile, à apprécier sur un saint-nectaire par exemple. ⧗ 2024-2028

CH. LAFITE MONTEIL, 50, av. Louis-Venot, 33370 Salleboeuf, tél. 05 40 12 93 95, f.castelnau@chateau-lafite-monteil.com r.-v. 4

CH. DE LAGARDE Cuvée Prestige 2022 ★★

■	195000		5 à 8 €

Établie de longue date à Saint-Laurent-du-Bois, la famille Raymond voit apparaître la première génération de vignerons au Ch. de Lagarde en 1850 avec 15 ha. Sept générations plus tard, Lionel Raymond, installé en 2000 à la suite de son père Jean-Pierre, conduit un vaste ensemble de 205 ha, entièrement convertis en bio, soit la plus grande exploitation du genre en Bordelais, complétée par une activité de négoce en 2010.

Duo de merlot et de cabernet-sauvignon à parts égales, ce vin sur le fruit convainc sans surjouer. Il laisse s'exprimer un bon fruité de raisin mûr et développe une bouche énergique, aux tanins séveux et persistants, soutenue avec discrétion par une touche de cacao apportée par un élevage bien dosé. Une réalisation aboutie. ⧗ 2024-2030

CH. DE LAGARDE, 3, Lagarde, 33540 Saint-Laurent-du-Bois, tél. 05 64 31 12 15, contact@maison-raymond.vin t.l.j. sf sam. dim. 9h-12h30 14h-17h

CH. LAMOTHE-VINCENT
Le Grand Rossignol 2022 ★★

■	15000		20 à 30 €

Un vaste cru de 92 ha dans l'Entre-deux-Mers, fondé en 1920 par les arrière-grands-parents. Ses atouts : un chai très moderne et les compétences complémentaires de Christophe Vincent (aux vignes) et de Fabien (en cuverie). Saint Vincent les inspire, dit-on, mais ce sont plutôt leur formation technique poussée et leur exigence qui font de ce domaine une référence en bordeaux et bordeaux supérieur.

Ce pur merlot bien en fruit, marqué par une touche boisée de vanille et de torréfaction, concilie rondeur, richesse, suavité et bonne structure tannique. Un vin fort bien réalisé, long et harmonieux, à servir avec une viande de goût après quelques années de garde. ⧗ 2027-2032

CH. LAMOTHE-VINCENT, 3, chem. Laurenceau, 33760 Montignac, tél. 05 56 23 97 72, info@lamothe-vincent.com r.-v.

CH. LANDEREAU Prestige 2022 ★

■	20000		11 à 15 €

Henri Baylet et son fils Michel ont acquis le Ch. Landereau en 1959, puis le Ch. de l'Hoste Blanc en 1980. Installé en 1988, Bruno Baylet, troisième du nom, exploite aujourd'hui 80 ha dans l'Entre-deux-Mers.

Puissant, généreux et marqué par des nuances boisées et fumées, ce classique bordelais séduit par sa bouche ample, dense, longue et bien structurée, cadrée par des tanins soyeux. Une belle bouteille à accorder à un mets de choix, un chapon rôti ou des cailles poêlées aux champignons par exemple. ⧗ 2026-2032

CH. LANDEREAU, RD 671, 33670 Sadirac, tél. 05 56 30 64 28, vignoblesbaylet@free.fr t.l.j. sf dim. 8h-12h 13h30-17h30

CH. LARTEAU 2021 ★★

■	4000		8 à 11 €

Situé en bordure de Gironde, au sud de Libourne, le vignoble de Larteau s'étend sur 16,6 ha, dont 12,18 ha de vignes qui occupent un beau terroir d'argiles sur graves profondes. L'histoire de ce cru est fort ancienne, puisqu'il fut fondé en 1770 sur la rive gauche de la Dordogne. À partir de 2007, Jean-Pierre Angliviel de la Beaumelle en a rénové le cuvier et le chai avant de revendre dix ans plus tard la propriété à un groupe étranger. En 2022, les 12 ha de vignes reviennent dans le giron français.

Ce pur merlot parfaitement exécuté, gourmand et fruité, ne manque ni de fraîcheur ni de persistance. C'est un vin très agréable, qui affiche une rondeur avenante et beaucoup de souplesse, avec un boisé parfaitement dosé, comprenez quasi imperceptible mais qui apporte sa structure. On l'appréciera sur des viandes blanches de préférence. ⧗ 2024-2029

CH. LARTEAU, 1, Larteau, 33500 Arveyres, tél. 05 57 24 86 98, contact@chateau-larteau.com t.l.j. sf sam. dim. 9h-12h 14h-17h

CH. LAUDUC Grande Cuvée 2022 ★

■	10000		15 à 20 €

Les frères Régis et Hervé Grandeau conduisent un vaste vignoble de 115 ha répartis sur huit communes de l'Entre-deux-Mers, dont 60 ha dédiés au Ch. Lauduc, le cru familial fondé en 1930, établi sur les plus hauts coteaux argilo-calcaires et graveleux de Tresses, à une dizaine de kilomètres de Bordeaux. Une valeur sûre, certifiée bio.

Ce vin d'une belle profondeur de robe livre un bouquet nuancé, entre amande, épices et myrtille. Arômes prolongés par une bouche agréable, qui laisse une sensation pleine et ronde, avec en soutien un boisé et des tanins bien fondus. ⌛ 2025-2029

CH. LAUDUC, 5, av. de Lauduc, 33370 Tresses, tél. 05 57 34 43 56, contact@lauduc.fr
V *t.l.j. sf dim. lun. 10h-12h30 14h-18h30*

B CH. LAURETAN 2022 ★

■	66 667		8 à 11 €

Viticultrice depuis 1830, la famille Gonfrier exploite 1 400 ha de vignes sur la rive droite de la Garonne et 50 ha sur la rive gauche, à travers de nombreuses propriétés. Une partie de ce très vaste ensemble est certifiée en culture biologique ou en cours de conversion. Philippe et Éric Gonfrier sont aujourd'hui aux commandes.

Ce vin bio élevé en fût est un bon modèle classique, équilibré, qui plaît pour son fruit noir, ses épices et sa touche de tabac, de vanille et de toasté, pour sa matière dense et ses tanins bien en place mais sans austérité. Le bon retour fruité et la fraîcheur de la finale achèvent de convaincre. ⌛ 2025-2029

VIGNOBLES GONFRIER, Ch. de Marsan, 33550 Lestiac-sur-Garonne, tél. 05 56 72 14 38, contact@vignobles-gonfrier.fr V *t.l.j. sf dim. lun. 10h30-12h30 14h-19h*

CH. LESCALLE 2022 ★★

■	52 800		8 à 11 €

Commandé par un château édifié en 1875 par Emmanuel Tessandier, ce cru étend ses vignes (plantées par le fondateur, arrachées en 1954 puis replantées en 1983) sur 36 ha. Il est toujours dans la famille Tessandier, propriétaire de plusieurs domaines médocains.

De la puissance, de la générosité, du volume mais aussi de la fraîcheur et une belle sensation fruitée. Ce vin bien équilibré réunit tous les atouts du bon bordeaux classique, à la fois franc, rond et structuré. ⌛ 2026-2030

CH. LESCALLE, 111, chem. du Bord-de-l'Eau, 33460 Macau, tél. 05 57 88 07 64, vitigestion@vitigestion.com V *r.-v.*

B CH. LA LEVRETTE La Petite 2021 ★★

■	2 000		11 à 15 €

Laetitia Mauriac et son frère Arthur ont racheté une ancienne propriété viticole en 2004. Partis de rien, découvrant tout du métier de vigneron, ils recréent un domaine en faisant l'acquisition de deux parcelles de vignes en Blayais. Ce sont 7 ha aujourd'hui. Après la disparition de son frère, Laetitia dirige seule la destinée du Ch. la Levrette, certifiée en agriculture biologique depuis 2013.

Tout en élégance, en longueur et en fruit mûr, ce joli bordeaux supérieur associe les fruits rouges à une trame souple et bien proportionnée. Son élevage en barriques est totalement fondu et ne masque pas le fruit. On pourra le servir dans ses jeunes années, avec un tajine de poulet ou une paupiette de veau par exemple. ⌛ 2024-2029

CH. LA LEVRETTE, 2, rte de Muchit, 33390 Saint-Seurin-de-Cursac, tél. 09 77 92 95 05, contact@chateau-la-levrette.com V *r.-v.*

B CH. LE LUC REGULA Le Bois sacré 2022 ★

■	10 000		11 à 15 €

Un château datant du XIIIe s., restauré au XIXe s., commande un petit vignoble de 6 ha certifié en bio, propriété de Dominique et Valérie Destouches.

Merlot et cabernet-sauvignon à parts quasi égales dans cette cuvée, avec une touche (5 %) de petit verdot. Dans le verre, un vin expressif (cassis et griotte mûrs), ample, gras, dense et suave, avec en prime une finale longue, fraîche et soyeuse. ⌛ 2026-2030 ■ **2022 ★ (11 à 15 €; 10 000 b.)** B Ce vin marqué par des notes de fruits mûrs, de réglisse et d'épices au nez dévoile une bouche ample, fraîche, de bonne longueur, avec des tanins fermes en soutien, encore un peu stricts en finale. ⌛ 2026-2030

CH. LE LUC REGULA, 33190 La Réole, tél. 06 75 74 40 35, chateaulucregula@orange.fr
V *r.-v.*

CH. MALBAT Mademoiselle 2022 ★

■	50 000		8 à 11 €

La famille Rochet cultive la vigne depuis 1865 sur les coteaux du Réolais. Depuis 1998, ce sont Fabienne, Daniel et Martine Rochet qui sont aux commandes d'un vaste vignoble de 110 ha répartis sur six châteaux : Malbat, Malbat Larquey, Larquey, Taussin, Taussin Marssot et Haut Jamin.

Un 100 % cabernet-sauvignon bien en chair, qui équilibre le fruit (fraise des bois, cerise, cassis) et le bois (notes toastées et fumées), la fraîcheur et la puissance. On patiente encore un peu. ⌛ 2026-2030

ROCHET, 5, Malbat, 33190 La Réole, tél. 05 56 61 02 42, chateaumalbat@gmail.com V *t.l.j. sf sam. dim. 8h30-12h 13h-17h*

B PAR MAUCAILLOU 2021 ★

■	300 000		5 à 8 €

Un cru phare de Moulis, fondé en 1875 aux lieux-dits Caubet et Maucaillou – « mauvais caillou », une croupe de graves impropre à la culture céréalière pour les paysans du Moyen Âge, mais propice à la vigne. Fief de la famille Dourthe depuis 1929, ce domaine est passé de 3,5 ha à cette époque à 90 ha aujourd'hui. Philippe Dourthe, l'actuel propriétaire, en a confié la gestion à ses trois enfants.

De l'intensité, du gras, de la persistance, une pointe de fraîcheur qui va bien : ce vin offre un bon modèle de l'appellation tel qu'on l'aime, à la fois aimable et structuré. Il sera parfait avec une viande grillée ou mijotée, en toutes saisons. ⌛ 2024-2028

LES NOTABLES DE MAUCAILLOU, quartier de la Gare, 33480 Moulis-en-Médoc, tél. 05 56 58 01 23, notables@maucaillou.com V *t.l.j. 10h-12h30 14h-18h* 5

CH. MIREFLEURS 2021 ★★

■	130 000		8 à 11 €

Acquis par Advini et le groupe chinois Changyu, associés en joint-venture depuis 2019 pour assurer le développement commercial, les châteaux Mirefleurs et Techeney (AOC régionales) sont gérés au quotidien par

les équipes d'Antoine Moueix Propriétés. Mirefleurs compte 40 ha plantés en merlot et cabernet-sauvignon, sur des sols graveleux et argilo-sableux.
Ce vin à dominante de merlot (70 %) s'ouvre sur un joli fruit noir (mûre, cassis). Un fruit volubile et gourmand prolongé par une bouche souple et très élégante, portée par une trame tannique bien en place mais sans dureté. Un ensemble très affable, que l'on pourra savourer sans avoir à trop attendre. ⧗ 2024-2029

CH. MIREFLEURS, 23, chem. du Loup, 33370 Yvrac, tél. 06 13 78 09 42, clement.holtz@jeslebegue.com r.-v.

CH. MOUSSEYRON Cuvée Joris 2022 ★★

■	15000		8 à 11 €

Un domaine familial de 28 ha datant de 1880, juché sur les hauteurs de Saint-Pierre-d'Aurillac. Joris Larriaut, représentant la cinquième génération aux commandes du vignoble, a pris la suite de son père, Jacques, en 2014.
Au nez, ce vin de caractère largement dominé par le merlot (90 %) dévoile des saveurs franches, mûres et épicées. En bouche, il se montre riche et charnu, épaulé par des tanins denses mais bien enrobés, distillant aussi une bonne fraîcheur. Tout à fait dans l'esprit bordelais, ce beau vin concilie équilibre, générosité et structure avec efficacité. ⧗ 2026-2032

CH. MOUSSEYRON, 31, rte de Gaillard, 33490 Saint-Pierre-d'Aurillac, tél. 05 56 76 44 53, larriautjacques@wanadoo.fr V r.-v.

CH. MOUTTE BLANC 2021 ★★

■	13000		11 à 15 €

À la tête d'un petit domaine de 6 ha dans le Haut Médoc, en amont de Margaux, Patrice de Bortoli a un faible pour le petit verdot, cépage exclusif de sa cuvée Moisin en bordeaux supérieur, bien présent également dans sa cuvée principale. On retrouve aussi régulièrement le domaine en haut-médoc. Depuis 2007, date du classement d'une petite parcelle de 40 ares de merlot, le vigneron propose aussi du margaux.
Une dominante de merlot (50 %), complétée par le cabernet-sauvignon et le petit verdot à parts égales pour ce vin harmonieux, porté par un bon fruit frais et de belles notes épicées à l'olfaction. Long, gras, suave et généreux, le palais est bien dimensionné, épaulé par un élevage soigné en barriques (dont 25 % de bois neuf) qui ne transparaît pas. ⧗ 2025-2030

CH. MOUTTE BLANC, 6, imp. de la Libération, 33460 Macau, tél. 06 03 55 83 38, moutteblanc@wanadoo.fr V r.-v.

CH. NAUDY Cuvée Léonie 2022 ★

■	1500		11 à 15 €

Proche de la Réole, aux confins sud-est du vignoble girondin, ce petit vignoble familial (2,5 ha) exposé plein sud offre un joli point de vue sur la Garonne. Professeur d'agronomie, de viticulture et d'œnologie, Bernard Vincent a abandonné l'enseignement pour mettre en pratique ses connaissances sur cette propriété reprise en 1990.
Voilà un vin souple et très agréable dont l'élevage sous bois ne prédomine pas et reste en retrait, libérant un fruit mûr et affable. C'est une belle réalisation, mesurée, avec des tanins présents mais élégants, et quelques touches d'épices en appoint. ⧗ 2024-2029

CH. NAUDY, 1, Terrefort, 33190 Montagoudin, tél. 06 19 23 78 18, bernardvincent33@hotmail.com V r.-v.

CH. DE L'ORANGERIE Premier Vin 2022 ★

■	25000		15 à 20 €

Les ancêtres de Jean-Christophe Icard ont constitué, à partir de 1790, un domaine qui s'est agrandi au fil des générations. Conduit depuis 1986 par l'actuel exploitant, rejoint par son fils Mathias en 2020, le vignoble familial couvre 250 ha de vignes dans l'Entre-deux-Mers (bordeaux, bordeaux supérieur, entre-deux-mers, loupiac). Plusieurs étiquettes sont produites : L'Orangerie, La Sablière Fongrave, Gandoy-Perrinat, ainsi que des vins sous licence, signés du célèbre dessinateur belge Philippe Geluck, créateur du *Chat*.
Porté par d'intenses notes de boisé vanillé au nez, ce vin richement élevé garde de la souplesse et de la fraîcheur en bouche, en associant au merrain un bon fruité (groseille, cerise) et une petite note végétale qui ajoute à son dynamisme. On attendra un peu que le bois se fonde avant de le déboucher. ⧗ 2025-2029 ■ **À la gloire du Chat 2022 ★ (5 à 8 €; 100000 b.)** Un classique du secteur, porté par un bon fruit au nez comme en bouche, avec beaucoup d'intensité, une structure un peu serrée en finale et aussi de la fraîcheur. Un vin qui conserve un bon équilibre et qui s'appréciera sans trop d'attente en cave. ⧗ 2025-2029 ■ **Ch. Gandoy-Perrinat 2022 ★ (5 à 8 €; 300000 b.)** Un vin doté d'un bon fruit mûr relevé de nuances florales et épicées, qui déroule une matière ample, ferme et assez serrée à ce stade de jeunesse. ⧗ 2026-2030

CH. DE L'ORANGERIE, Jardinet, 33540 Saint-Félix-de-Foncaude, tél. 05 56 71 53 67, orangerie@chateau-orangerie.com

CH. PANCHILLE 2022 ★★

■	20000		5 à 8 €

En 1981, trois ans après le décès de son père, Pascal Sirat reprenait à vingt-trois ans l'exploitation familiale : 5 ha, dont le produit était livré à la coopérative. Premier chai en 1985, sortie de la coopérative en 1992. Aujourd'hui, 17 ha sur la rive gauche de la Dordogne, dont une partie en conversion bio.
Largement dominé par le merlot (90 %,) ce bordeaux supérieur s'ouvre sur des notes de fruits rouges relevés d'épices. Arômes que l'on retrouve dans une bouche ample, ronde et généreuse, avec une agréable fraîcheur en soutien et des tanins de qualité, un brin plus serrés en finale. ⧗ 2025-2030 ■ **Alix 2022 ★ (8 à 11 €; 10000 b.)** Dans la lignée des bons classiques de Bordeaux, ce vin élevé en fût de chêne combine un fruit noir bordé d'épices, une trame riche et une finale ferme, légèrement boisée. ⧗ 2025-2029

CH. PANCHILLE, 1, Penchille, 33500 Arveyres, tél. 06 09 64 63 74, info@chateaupanchille.com V r.-v.

CH. DE PARENCHÈRE Cuvée Raphaël 2021 ★★

■	39300		11 à 15 €

Aux confins des départements de la Gironde et de la Dordogne, un château de style périgourdin,

construit en 1570 par Pierre de Parenchère, gouverneur de la région de Sainte-Foy-la-Grande, et un vaste cru (68 ha de vignes), régulier en qualité. Raphaël Gazaniol, viticulteur rapatrié du Maroc, l'a acquis en 1958, puis transmis à son fils Jean et à sa petite-fille Julia. En 2005, un amateur de vins suédois, M. Landin, également propriétaire d'un vignoble à Montalcino en Toscane, a racheté le domaine. La conversion bio est en cours.

Avec ses 60 % de cabernet-sauvignon, cette cuvée affiche une belle présence. Au nez, un boisé discret laisse toute sa place au fruit et à son intensité, accompagné de touches d'épices, de vanille et de réglisse. En bouche, on découvre un vin apte au vieillissement, ample, dense, cossu, concentré, cerné de tanins fermes. Une cuvée parfaitement accomplie et élevée. ⧗ 2027-2032

CH. DE PARENCHÈRE, Dom. de Parenchère, BP 57, 33220 Ligueux, tél. 05 57 46 04 17, info@parenchere.com V *t.l.j. sf sam. dim. 8h-12h 14h-18h*

CH. PENIN Grande Sélection 2021 ★

■	70 000		8 à 11 €

L'une des valeurs sûres des appellations régionales, avec plusieurs coups de cœur à son actif. Un cru de 44 ha de vignes établi sur un terroir de graves, sur la rive gauche de la Dordogne, face à Saint-Émilion. Fondé par la famille Carteyron en 1855, il est désormais dirigé par Étienne et Antoine Carteyron, les fils de Patrick Carteyron qui, après une carrière dans de grands groupes, se sont formés à l'agronomie et sont revenus à la terre. Insufflant une nouvelle dynamique au cru, avec un regard neuf et une sensibilité encore plus proche de la nature, ils ont amorcé des pratiques d'agro-écologie.

Ce pur merlot élevé en barriques de 500 l pourra encore largement attendre. À ce stade, il se montre encore ferme et intense, avec une matière large, riche, concentrée, soulignée par une acidité bien dosée qui signe le millésime. ⧗ 2027-2032

CH. PENIN, 39, imp. Couponne, 33420 Génissac, tél. 05 57 24 46 98, contact@chateaupenin.com V *t.l.j. sf sam. dim. 9h-12h 13h-17h*

DOM. DE PICARDAN 2021 ★★

■	20 000		5 à 8 €

Les Bertin sont vignerons de père en fils dans le Libournais depuis 1742. Leur propriété regroupe 34 ha sur trois appellations : bordeaux supérieur (Ch. Dallau et Dom. de Picardan), Montagne-Saint-Emilion (Ch. Cardinal) et Lalande-de-Pomerol (Clos l'Hermitage). L'ensemble du vignoble est vinifié par par Sarah Vital, œnologue et petite-fille d'Yvette Bertin, l'actuelle propriétaire.

Voilà un vin riche mais très équilibré, qui ne masque pas sa puissance et l'accompagne d'un fruit complet, mûr et intense, au nez comme en bouche. Il pourra encore largement vieillir car sa structure ferme le lui permettra, avant d'être servi sur une viande mijotée. ⧗ 2027-2032 ■ **Ch. Dallau 2021 ★ (5 à 8 €; 54 000 b.)** Un vin rond et agréable, cerné de tanins fermes et d'un bon fruit noir. C'est un bon classique d'ores et déjà très abordable, à apprécier avec un gibier ou une viande de caractère, ou à laisser vieillir quelques années de plus. ⧗ 2024-2028

VIGNOBLES BERTIN, 8, rte de Lamarche, 33910 Saint-Denis-de-Pile, tél. 05 57 84 21 17, contact@vignoblesbertin.com V *r.-v.*

CH. PIERRAIL Les Hauts de Naudon 2022 ★

■	53 300		8 à 11 €

Aux confins du Bergeracois, un vrai château (XVIIe s., tours carrées, toiture à la Mansart) devenu un grand château du vin depuis que la famille Demonchaux, qui l'a acquis en 1970, préside à sa destinée. Incontournable en bordeaux supérieur, très sûr aussi en bordeaux rouge ou blanc. La propriété dispose d'un vaste vignoble de 75 ha (et autant de vergers et de noyers).

Un vrai «vin de plaisir» que ce 2022 gouleyant, croquant, bien proportionné dans son fruit (cassis, griotte). On aime aussi sa fraîcheur, son élégance, son bon volume et son équilibre d'ensemble. Autant de qualités qui enjoignent de l'aborder avec une volaille rôtie ou un tajine de poulet. ⧗ 2024-2028

CH. PIERRAIL, 135, allée du Pierrail, 33220 Margueron, tél. 05 57 41 21 75, alice.pierrail@orange.fr V *r.-v.*

(B) CH. LE PIN BEAUSOLEIL 2021 ★★

■	10 000		20 à 30 €

Un manoir du XVe s. et un vignoble situé sur la rive gauche de la Garonne, face à Saint-Émilion. Ce dernier, important avant la crise phylloxérique, ne couvre plus que 8 ha, mais ses vins sont remarqués depuis la fin des années 1990. La qualité perdure après le rachat du cru en 2004 par un médecin allemand, Michael Hallek, qui le mène avec soin et intelligence en culture biologique. Une valeur sûre de la région.

Tout en fruit frais et en intensité, légèrement relevé de poivre, ce beau 2021 réjouit par son équilibre parfait. Liant rondeur, gras, volume et longueur, il déroule sa trame avec élégance, dotée de tanins savamment fondus, sans que l'élevage en barriques ne vienne prédominer. Une grande maîtrise de style au service du plaisir, et pour quelques années encore. ⧗ 2026-2034 ■ **Le Petit Soleil 2021 ★★ (8 à 11 €; 3 000 b.)** (B) Cette cuvée nous régale d'emblée de son fruit pur, frais et épicé. Sans apport de bois, il déroule avec justesse en bouche, associant à la souplesse une certaine concentration. Un vin de beau potentiel, mais qui se livre dès aujourd'hui avec bonheur. ⧗ 2024-2030

LE PIN BEAUSOLEIL, 1, Le Pin, 33420 Saint-Vincent-de-Pertignas, tél. 06 13 14 05 62, lepin.beausoleil@wanadoo.fr V *r.-v.*

CH. LA PLAIGE 2022 ★

■	30 000		5 à 8 €

Viticultrice depuis 1884, la famille Comin compte aujourd'hui deux vignobles à son actif : la Commanderie de Queyret (20 ha) et Tour Chapoux (20 ha), toutes deux vouées principalement au merlot.

D'un abord épicé, ce vin livre à l'aération des notes de fruits bien mûrs qui signent la chaleur du millésime. Un fruité épicé qui infuse tout du long une bouche équilibrée, dotée d'une attaque souple, d'une matière assez concentrée et aussi d'une belle fraîcheur qui accroît son dynamisme. Une jolie bouteille que l'on verrait bien en compagnie d'un mets un peu relevé, un tajine par exemple. ⧗ 2024-2028

⊶ MAUBOURGUET-TAILLIEZ VINS, 41, av. de l'Île-de-France, 33370 Artigues-près-Bordeaux, tél. 05 56 32 37 36, charlotte.fillaudeau@mtvins.com

CH. PUY FAVEREAU 2022 ★★

■ | 50000 | | 5 à 8 €

Situé dans la vallée de l'Isle, au nord-est du Libournais, ce domaine avait été laissé à l'abandon dans les années 1960 après une série de gels désastreux (dont celui de 1956). Il a été acquis en 1979 par la famille Le Pottier qui l'a reconstitué. Il couvre aujourd'hui 31 ha.

Duo de merlot et cabernet-sauvignon à parts égales, ce vin généreux plaît d'emblée pour ses parfums épicés et fruités. Arômes qui accompagnent une bouche ample, solidement arrimée à de bons tanins fermes. Une bouteille de caractère à mettre en cave. ⧗ 2027-2034

⊶ VIGNOBLE LE POTTIER, 2, rte de Cornemps, 33660 Saint-Sauveur-de-Puynormand, tél. 06 70 00 14 74, vignobles@lepottier.com V *r.-v.*

CH. DE REYNAUD 2022 ★

■ | 17000 | | 5 à 8 €

Après avoir exercé le métier de journalistes en région parisienne, Sandrine et Bernard Capdevielle se sont établis en 1999 à Bourg, non loin de la rivière, sur une surface à taille humaine (5,5 ha) afin de tout maîtriser, élaboration et commercialisation. La reconversion est réussie.

Ce pur merlot s'ouvre sur des parfums bien mariés de fruits noirs mâtinés d'un boisé léger, finement épicé. Une attaque ample prélude à un milieu de bouche généreux, épaulé par des tanins élégants, et à une longue finale. L'archétype du bordeaux bien structuré, au boisé maîtrisé. Parfait avec un gigot d'agneau. ⧗ 2026-2032

⊶ CH. DE REYNAUD, 1, Reynaud, 33710 Bourg, tél. 05 57 68 44 13, chateau.reynaud@wanadoo.fr V *r.-v.*

CH. ROC MONTALON 2022 ★★

■ | 16900 | | 5 à 8 €

Terres bordelaises est une filiale du groupe Les Grands Chais de France, qui diffuse une vaste gamme de domaines girondins, parmi lesquels Bastor-Lamontagne, Saint-Robert, Faizeau, Haut-Mouleyre, Laubès, Timberlay.

Paré d'une robe profonde et d'un joli fruit de bout en bout, ce vin se montre dense, tannique, ample et charnu en bouche, et séduit aussi par son équilibre et sa finale superbe, aussi large que longue. Un bordeaux «très supérieur», à mettre en cave. ⧗ 2027-2034 ■ **Ch. Timberlay 2022 ★ (5 à 8 €; 94297 b.)** Charnu, gourmand et agréable, ce vin a tout pour plaire : un fruit franc, des tanins élégants et néanmoins présents, une belle longueur. Un vin de moyenne garde à réserver à une viande en sauce. ⧗ 2025-2029 ■ **Ch. du Bois Chantant Cuvée Laurence H 2022 ★ (5 à 8 €; 106753 b.)** Serré et extrait, ce vin ne renie pas son millésime ni son parti pris de densité et de structure. Des notes d'encre, de sureau et de fruits noirs ouvrent le bal et se prolongent avec intensité dans une bouche solide. On met en cave. ⧗ 2027-2032

⊶ TERRES BORDELAISES, Ch. Bastor-Lamontagne, 33210 Preignac, tél. 05 57 92 07 20, vincent.cachau@lgcf.fr V *t.l.j. sf dim. 9h-12h 14h-17h*

CH. LA ROSE DU PIN 2022 ★

■ | 64000 | | 8 à 11 €

En 1858, la famille Ducourt s'établit au château des Combes, à Ladaux, petit village au sud-est de Bordeaux. C'est sous l'impulsion d'Henri Ducourt, installé en 1951 et relayé depuis par ses enfants et petits-enfants, que le vignoble familial prend son essor, pour atteindre aujourd'hui 450 ha répartis sur treize châteaux dans l'Entre-deux-Mers et le Saint-Émilionnais. Un ensemble dirigé par Philippe Ducourt depuis 1980, complété par une activité de négoce.

Un cru acquis par la famille Ducourt en 1983 et situé près de la commune de Romagne, aux lieux-dits À-la-Rose et le Pin-de-Cornet. Dans le verre, un vin de belle matière, porté par un fruit mûr, légèrement confit, et un bon boisé grillé. En bouche, il apparaît rond, ample, bien structuré, avec une belle finale fraîche qui lui donne de l'allonge. ⧗ 2026-2032

⊶ VIGNOBLES DUCOURT, 18, rte de Montignac, Le Hourc, 33760 Ladaux, tél. 05 57 34 54 00, ducourt@ducourt.com V *t.l.j. sf sam. dim. 9h-12h 14h-17h*

CH. ROSSIGNOL 2022 ★

■ | 46800 | | 5 à 8 €

Bordeaux Families regroupe les caves coopératives Louis Vallon et Sauveterre-Blasimon-Espiet, composant ainsi un vaste ensemble de 300 membres et 500 ha de vignes, dont 280 ha en bio.

Un 100 % merlot agréable et équilibré, avec de la mâche, de la tenue, un fruité mûr et une belle longueur. Bien construit et persistant, ce bon classique pourra s'apprécier sur le fruit de sa jeunesse. ⧗ 2024-2028 ■ **Ch. les Faures Bellevue 2022 ★ (5 à 8 €; 82667 b.)** Un pur merlot ample et vigoureux, marqué par une charge tannique assez imposante mais racée. Un vin qui ravira les amateurs de vins généreux et serrés, bâtis pour la garde. Idéal pour accompagner des plats en sauce ou des gibiers. ⧗ 2027-2032

⊶ CAVE LOUIS VALLON, 36, av. de la Mairie, 33350 Saint-Pey-de-Castets, tél. 05 57 40 52 07, p.mondin@bordeauxfamilies.fr V *t.l.j. sf dim. lun. 8h30-12h 14h-17h30*

CH. SAINTE-BARBE Men et Gus 2022 ★

■ | 25000 | | 8 à 11 €

Située à la pointe de l'Entre-deux-Mers, cette belle chartreuse construite au XVIIIe s. par Jean-Baptiste Lynch (maire de Bordeaux de 1809 à 1815) commande un vignoble de 30 ha. Acheté par les Touton en 2000, le cru a été acquis en 2013 par la famille de Gaye, également à la tête du Ch. Grand Corbin Manuel (saint-émilion grand cru) et du Ch. la Création (pomerol).

Des parfums de moka, d'épices, de poivre, de cassis, de fraise, ce pur merlot ne manque pas de nuances aromatiques. Il ne manque pas non plus de caractère en bouche, présentant des tanins denses et un boisé encore bien présent qui pour l'heure enserre la matière. Un classique sur l'élevage, à attendre avant de le servir avec un rôti de bœuf. ⧗ 2027-2034

CH. SAINTE-BARBE, rte du Burck, 33810 Ambès, tél. 05 56 77 49 57, commercial@chateausaintebarbe.fr V r.-v.

CH. SAINTE-MARIE
Vieilles Vignes 2022 ★

■	36000		8 à 11 €

Reprise par Stéphane Dupuch en 1997, cette valeur sûre de l'Entre-deux-Mers compte aujourd'hui 66 ha, dont la moitié plantée en rouge, ce qui est atypique pour l'appellation. On est ici sur l'ancien territoire de l'abbaye bénédictine de la Sauve, sur des argilo-calcaires de premier ordre. Vins d'appellation et vins de France sont désormais produits en bio (la certification sera effective avec le millésime 2023), véganes et « bee-friendly ». Les Dupuch exploitent aussi dans le Haut-Médoc le Ch. Peyredon Lagravette, un petit cru d'à peine plus de 4 ha.

Un fruit bien mûr, légèrement confit, des notes d'épices et de grillé, une trame ample, généreuse et bien proportionnée : voilà de quoi réjouir les amateurs de viandes rouges qui trouveront là un parfait accord. ⧗ 2025-2029

CH. SAINTE-MARIE, 51, rte de Bordeaux, 33760 Targon, tél. 05 56 23 64 30, contact@chateau-sainte-marie.com V r.-v.

CH. DE SEGUIN Cuvée Prestige 2022 ★

■	205000		8 à 11 €

Un domaine régulier en qualité que cette vaste unité (110 ha de vignes) située dans l'Entre-deux-Mers. En 2013, il a été racheté à des négociants scandinaves par la famille Mottet (Ch. la France).

Un touche de malbec (10 %) s'invite aux côtés du merlot (70 %) et du cabernet-sauvignon dans ce vin harmonieux et sérieux, ouvert sur le poivre, la vanille et un bon fruit mûr. Arômes qui prennent place dans une bouche ample, puissante, aux tanins fondus, qui garde de la fraîcheur et du dynamisme à travers une belle et longue finale. Précis dans son extraction, avec du relief et du caractère, ce vin ira bien à une côte de bœuf. ⧗ 2027-2032

CH. DE SEGUIN, 3, chem. du Bon-Coin, 33360 Lignan-de-Bordeaux, tél. 05 57 97 19 75, nathalie.lagrue@bwine-bordeaux.com V *t.l.j. sf dim. 10h-18h*

SYMPOSIUM 2022 ★

■	40000		8 à 11 €

Lise et Philippe Raguenot ont créé le Ch. des Tourtes en 1967, un cru régulier en qualité qui couvre 70 ha de vignes, auxquels s'ajoutent depuis 1998 les 26 ha du Ch. Haut Beyzac (haut-médoc). Aux commandes depuis 1997 : les filles des fondateurs, Emmanuelle et Marie-Pierre, accompagnées par Éric Lallez.

Ce joli bordeaux supérieur s'ouvre doucement mais sûrement sur des notes épicées, grillées et fruitées. En bouche, il affiche un bon volume, une matière tendre et ronde, des tanins soyeux, un boisé fondu et discret. Pas besoin de trop attendre pour en profiter pleinement. ⧗ 2024-2028

VIGNOBLES RAGUENOT (CH. DES TOURTES), 65, rue Léonce-Planteur, 33820 Val-de-Livenne, tél. 05 57 32 65 15, contact@vignoblesraguenot.fr V *t.l.j. sf dim. 9h-12h 14h-18h*

CH. TOUR DE PERRIGAL
2021 ★

■	110000		5 à 8 €

Les Grands Chais de France : un géant français du négoce de vins créé à la fin des années 1980 par Joseph Helfrich, aujourd'hui présent dans l'ensemble des régions viticoles françaises et dans le monde entier.

Ce vin nature (sans éléments de nature animale dans sa composition) se montre souple et affable. Bien en fruit, franc et équilibré, il s'appuie sur des tanins fins et élégants. À boire dès aujourd'hui. ⧗ 2024-2027

LES GRANDS CHAIS DE FRANCE, 1, rue de la Division-Leclerc, 67290 Petersbach, tél. 04 67 39 29 47, carole.martin@lgcf.fr

CH. LA TUILERIE DU PUY
Cuvée Tradition 2021 ★

■	55000		8 à 11 €

Propriété de la famille Regaud depuis 1616, un vaste domaine de l'Entre-deux-Mers (100 ha), regardant la vallée du Dropt et la bastide de Monségur. Jean-Pierre Regaud, installé en 1979, est à la tête de l'équipe d'une cuverie thermorégulée. Son fils Michaël prend la suite en 1996, après une première expérience en Californie.

Au nez, les fruits noir et les épices sont bien présents. On les retrouve avec la même intensité dans une bouche riche et ferme, d'un bon volume, avec des tanins solides qu'il faudra amadouer avec une viande en sauce, un agneau de sept heures par exemple, ou en laissant faire le temps. ⧗ 2025-2030

CH. LA TUILERIE DU PUY, 7, Aux Tuileries, 33580 Le Puy, tél. 05 56 61 61 92, vignobles.regaud@wanadoo.fr V *t.l.j. sf sam. dim. 8h30-18h*

CH. VERMONT 2022 ★

■	40000		8 à 11 €

Commandée par un ravissant château du XIXe s. entouré de 40 ha de vignes, cette propriété de l'Entre-deux-Mers appartient à la même famille depuis les années 1880. La quatrième génération – Élisabeth et son mari David Labat – est aujourd'hui aux commandes.

Un vin de structure, paré d'un fruité mûr et de notes d'épices et balsamiques. La bouche ample, de bonne longueur, dotée de tanins serrés et d'un boisé ajusté, ne se dépare pas d'une agréable fraîcheur. On le laisse respirer un peu en cave. ⧗ 2025-2030

CH. VERMONT, Vermont, 33760 Targon, tél. 05 56 23 90 16, chateauvermont@chateau-vermont.fr V *t.l.j. sf sam. dim. 9h-12h 14h-17h*

♥ CH. LA VERRIÈRE
La Vigne et l'Oiseau 2021 ★★

| 12000 | | 11 à 15 € |

Les Bessette sont implantés depuis plusieurs générations à Landerrouat, où ils ont acquis le Ch. la Verrière, créé en 1900 aux confins du Lot-et-Garonne. Restructuré dans les années 1960 par André Bessette, relayé à partir de 1999 par son fils Alain, ce cru de 80 ha s'est imposé comme une référence en appellations régionales. En conversion bio, le domaine a installé plusieurs ruches sur la propriété et s'est lancé dans la production de miel. Autre étiquette de la famille Bessette : le Ch. Bailloux-Rival, acquis en 2005.

Duo de merlot et cabernet-sauvignon issus des meilleurs terroirs du domaine et des vignes les plus âgées, ce vin élevé en barriques offre une harmonie totale. Au nez, le fruit frais livre une belle expression, aimablement fondu avec le bois. Il irrigue avec persistance une bouche ample, élégante, épaulée par un boisé parfaitement ajusté et par des tanins soyeux, sans manquer de la fraîcheur qui ajoute à son équilibre et son dynamisme. Un ensemble complet, racé, qui fera l'unanimité. ⧗ 2026-2032

CH. LA VERRIÈRE, 8, La Verrière, 33790 Landerrouat, tél. 05 56 61 39 56, alainbessette@orange.fr V r.-v.

B CH. DE LA VIEILLE TOUR
Réserve Tradition 2021 ★

| 9000 | | 11 à 15 € |

Ce domaine fut créé en 1839 par Pierre Boissonneau sur le plateau de l'Entre-deux-Mers. Aujourd'hui, la sixième génération est aux commandes d'un vignoble de 55 ha, conduit en bio depuis 2011 et en biodynamie depuis 2021 : Pascal gère la gestion technique et les vinifications, et Nicolas la commercialisation et la distribution des vins, des bordeaux et des côtes-du-marmandais.

Comptant merlot et cabernet-sauvignon à parts égales, ce bordeaux supérieur plaira sans détour. Son bouquet épanoui, entre fruits noirs et épices, avec un accent boisé présent mais de qualité, ses tanins onctueux, son gras, sa suavité et son bon volume composent un ensemble richement constitué, qui ira à merveille à un parmentier de bœuf ou de canard. ⧗ 2026-2030

VIGNOBLES BOISSONNEAU, 64, imp. de la Vieille-Tour, 33190 Saint-Michel-de-Lapujade, tél. 05 56 61 72 14, vignobles@boissonneau.fr V r.-v.

B CH. VILATTE
Cuvée Baies entières 2021 ★★

| 2500 | | 8 à 11 € |

Propriété familiale de 19 ha, le Ch. Vilatte compose autour de onze cépages différents pour établir une gamme large en vins tranquilles et effervescents. Le vignoble est certifié en agriculture biologique, situé dans une nature préservée au milieu des bois et des prés. Chevaux de trait, éco-musée, culture céréalière et parcours botanique sont autant d'attraits pour une visite sur place.

Vinifié en raisins non foulés, ce duo de merlot et de cabernet franc à parts égales convainc franchement. Par son fruit bien mis en évidence, avec de la maturité, par son boisé ajusté, par sa souplesse et sa rondeur avenantes. Un ensemble posé et harmonieux, d'ores et déjà très accessible, mais qui vieillira aussi sereinement. ⧗ 2024-2030

CH. VILATTE, 5, Vilatte, 33660 Puynormand, tél. 05 57 49 77 60, info@chateauvilatte.com V r.-v.

CRÉMANT-DE-BORDEAUX

Production : 19 560 hl (85 % blanc)

AOC depuis 1990, le crémant-de-bordeaux est élaboré selon les règles très strictes de la méthode traditionnelle – communes à toutes les appellations de crémant – à partir de cépages classiques du Bordelais, blancs comme noirs. Les crémants sont généralement blancs mais ils peuvent aussi être rosés.

BALLARIN Cuvée Noble ★

| 60000 | | 8 à 11 € |

Spécialisée depuis sa création en 1947 dans les effervescents, la société Ballarin, sise dans l'Entre-deux-Mers, a été rachetée en 2015 par les vignobles Lannoye (propriétaires de plusieurs domaines dans le Libournais) et rebaptisée Celene.

Agréable, déroulant tout en finesse sur des notes de fruits noirs et d'épices, ce crémant offre une touche acidulée très fraîche. Cette bulle persistante, centrée sur la pomme verte et la réglisse en finale, stimulée par une légère amertume, trouve un bon équilibre. ⧗ 2024-2026 ● **Celene Cuvée Royale ★ (8 à 11 €; 60000 b.)** Avec sa teinte saumonée, ses notes de fruits cuits, sa vivacité et sa belle souplesse, ce crémant est un bon classique. Fraîcheur et persistance sont au rendez-vous, parfaites pour s'allier à des poissons marinés ou des rillettes de sardines. ⧗ 2024-2026

CELENE, La Clotte, 33550 Haux, tél. 05 56 67 11 30, contact@celene-bordeaux.com

B BOURDIEU Nature ★

| 5000 | | 11 à 15 € |

Les Boudon sont en bio de père en fils depuis 1963 : Patrick, installé sur le domaine familial depuis 1981, a été initié au respect du terroir par son père et son grand-père. Il conduit aujourd'hui un vignoble de 25 ha.

Pur sémillon, non dosé, ce crémant très soigné témoigne du beau savoir-faire bordelais en la matière. Liant équilibre et fraîcheur, des touches de pêche blanche et d'acacia, il déroule avec élégance et discrétion. Un beau vin voué à la table, pourquoi pas avec un poisson ou des fromages frais. ⧗ 2024-2026

VIGNOBLE BOUDON, 2464, rte du Moulin, Le Bourdieu, 33760 Soulignac, tél. 05 56 23 65 60, contact@vignoble-boudon.fr V *t.l.j. sf sam. dim. 9h-12h 14h-18h*

CALVET ★

| 150 000 | | 8 à 11 €

Les Grands Chais de France : un géant français du négoce de vins créé à la fin des années 1980 par Joseph Helfrich, aujourd'hui présent dans l'ensemble des régions viticoles françaises et dans le monde entier.

Conciliant finesse, équilibre et fraîcheur, ce crémant rosé est un sans-faute. Porté par des parfums de fruits rouges, une bouche vivace et agréable, c'est un effervescent gourmand et facile, qui devrait plaire au plus grand nombre. ⧗ 2024-2026

LES GRANDS CHAIS DE FRANCE, 1, rue de la Division-Leclerc, 67290 Petersbach, tél. 04 67 39 29 47, carole.martin@lgcf.fr

CHAPPUT ★

| 13 000 | | 8 à 11 €

Famille au service du vin depuis un siècle. En 1964, Jean et Yvette Queyrens acquièrent leur première vigne au lieu-dit Pilet, puis reprennent les domaines de leurs parents (Ch. du Pin-Franc et Ch. des Graves du Tich) et débutent la vente en bouteilles. Aujourd'hui, leurs fils Patrick et Christophe, avec à leurs côtés Jean-Yves, le petit-fils, exploitent un vignoble de 70 ha dans l'Entre-deux-Mers.

Issu à 100 % de sémillon, soutenu par des parfums de fruits blancs et de fleurs, ce bon crémant est tenu par un bel équilibre et une finale agréable, de bonne longueur. Tout désigné pour l'apéritif ou avec un plateau de fromages. ⧗ 2024-2026

VIGNOBLES JEAN QUEYRENS ET FILS, 3, Grand-Village-Sud, 33410 Donzac, tél. 05 56 62 97 42, scvjqueyrens@orange.fr V *t.l.j. sf dim. 8h-12h 14h-18h*

CH. DE GARBES 2022 ★★

| 13 800 | | 5 à 8 €

La famille David est propriétaire du Ch. de Garbes depuis 1900 et six générations. Aujourd'hui, c'est une belle unité de 63 ha sur les coteaux de la Garonne, conduite par Jean-Luc et Annie David et leurs trois enfants. Autre étiquette : Dom. de la Gravette.

Tout en rondeur, doté d'un bon volume, ce crémant offre des notes harmonieuses et complexes de miel fin, de grillé, de fruits blancs et de raisins mûrs. C'est un très bon classique, équilibré, tenu par une effervescence bien conduite. ⧗ 2024-2027

CH. DE GARBES, 105, rte de Larrayan, 33410 Gabarnac, tél. 05 56 62 92 23, contact@garbes.fr V *t.l.j. sf dim. 8h30-12h 13h30-17h30*

♥ MALESAN ★★

| 300 000 | | 5 à 8 €

Fondé à Bordeaux en 1949 par neuf frères et sœurs, le groupe Castel a connu une croissance considérable, devenant le premier producteur de vin en France, le troisième dans le monde, avec un empire qui s'étend de Bordeaux au continent africain. Outre ses nombreuses marques, il possède une vingtaine de propriétés sur l'ensemble du vignoble français.

Parfaitement équilibré, tout en nervosité, ce joli vin offre tout ce que l'on est en droit d'attendre d'un effervescent. Le nez élégant, entre notes de fleurs, de fruits blancs et d'agrumes, puis la trame vive et percutante offrent une sensation très agréable de dynamisme. Une bulle fine, persistante et énergique, à privilégier dès l'apéritif. ⧗ 2024-2027

CASTEL FRÈRES, 24, rue Georges-Guynemer, 33290 Blanquefort, tél. 05 56 95 54 00, contact@castel-freres.com

TENTATION PAR MAUCAILLOU ★

| 60 000 | | 11 à 15 €

Un cru phare de Moulis, fondé en 1875 aux lieux-dits Caubet et Maucaillou – « mauvais caillou », une croupe de graves impropre à la culture céréalière pour les paysans du Moyen Âge, mais propice à la vigne. Fief de la famille Dourthe depuis 1929, ce domaine est passé de 3,5 ha à cette époque à 90 ha aujourd'hui. Philippe Dourthe, l'actuel propriétaire, en a confié la gestion à ses trois enfants.

Ce cru célèbre de Bordeaux se décline aussi en crémant et celui-ci se révèle équilibré et frais, soutenu par de fins arômes de fleurs et de fruits blancs. Un bon classique de l'appellation, persistant, à réserver à l'apéritif ou sur un foie gras au naturel. ⧗ 2024-2026

LES NOTABLES DE MAUCAILLOU, quartier de la Gare, 33480 Moulis-en-Médoc, tél. 05 56 58 01 23, notables@maucaillou.com V *t.l.j. 10h-12h30 14h-18h* 5

MISSION SAINT-VINCENT
Cuvée du Saint-Patron ★

| 50 000 | | 5 à 8 €

Producta Vignobles est un négoce à actionnariat coopératif créé en 1949, qui regroupe 2 500 opérateurs et 2 000 ha de vignes dans une cinquantaine d'appellations du Bordelais et du Sud-Ouest. Dans son catalogue, une centaine de marques et 150 châteaux.

Voilà un bon crémant bien construit, doté d'arômes engageants de fruits exotiques et de fruits blancs, de pêche notamment, avec un corps crémeux, équilibré et une belle longueur. Pourquoi pas sur des noix de Saint-Jacques poêlées ? ⧗ 2024-2026

PRODUCTA VIGNOBLES, 13, av. de la Résistance, 33310 Lormont, tél. 05 57 81 18 18, producta@producta.com

B LES PERLES DE POURQUEY GAZEAU ★

| 10 000 | | 11 à 15 €

Une propriété dans la famille de Cyril Fouilhac depuis six générations : 83 ha de vignes dans l'Entre-deux-Mers, conduits en agriculture biologique depuis 2013.

Tout en finesse aromatique, avec des notes de fleurs blanches et de fruits jaunes, ce crémant allie rondeur, fraîcheur, plénitude et élégance. Expressif et harmonieux, il fait honneur au cépage sémillon qui le compose. ⧗ 2024-2026

CH. POURQUEY GAZEAU, Pourquey, 33540 Casteviel, tél. 06 16 18 58 88, earl@chateau-pourquey-gazeau.com
V *t.l.j. sf dim. 9h-13h 14h-20h*

CH. DE LA RIVIÈRE
Extra-brut Le Bain des Dames ★

| 5000 | 15 à 20 €

Créé au XVIe s. et remanié au XIXe s. par Viollet-le-Duc, ce château a été cédé en 2013 au groupe chinois Bolian. Un vaste cru de 65 ha alternant plateaux et coteaux argilo-calcaires, qui abrite 8 ha de carrières où sont élevés des vins qui font référence dans le Fronsadais. Il est aujourd'hui dirigé par Xavier Buffo, ingénieur agronome et œnologue arrivé sur le domaine en 1997.

Ce crémant issu de cépages noirs, merlot et cabernet franc, trouve un équilibre très assuré autour de notes de pêche blanche et de fleurs. Discret et élégant, il déroule avec persistance et fraîcheur en bouche. Parfait pour l'apéritif ou le début de repas. 2024-2026

CH. DE LA RIVIÈRE, 33126 La Rivière, tél. 05 57 55 56 56, info@chateau-de-la-riviere.com
V *t.l.j. sf dim. 8h30-12h30 13h30-17h30* 5

♥ SIEUR GAILLARD ★★

| 200 000 | 8 à 11 €

Bordeaux Families regroupe les caves coopératives Louis Vallon et Sauveterre-Blasimon-Espiet, composant ainsi un vaste ensemble de 300 membres et 500 ha de vignes, dont 280 ha en bio.

Un crémant gourmand et frais à la fois, qui enchante par sa finesse et sa persistance. Avec ses notes légèrement toastées et briochées, d'agrumes et de fleurs blanches, son équilibre et son volume, il fait carton plein. Le fruit reste longuement en bouche et invite à passer à table avec des rillettes de la mer ou une petite friture de poisson. 2024-2027 ● Louis Vallon ★★ (8 à 11 €; 400 000 b.) Frais, souple et crémeux à la fois, associant à la perfection une belle finesse aromatique à une bouche friande et délicate, cette bulle rosée est une réussite. Un crémant gourmand et persistant à servir en toutes circonstances, de préférence en début de repas ou avec un dessert très peu sucré. 2024-2027 ● ★ (5 à 8 €; 400 000 b.) Frais, souple et bien équilibré, ce joli effervescent se livre autour d'intenses notes de rose, d'agrumes et de fruits blancs. Un vin léger, aimable et tout en subtilité, qui séduit pleinement. 2024-2026

BORDEAUX FAMILIES, 10, rue de la Gare, 33540 Sauveterre-de-Guyenne, tél. 05 56 61 59 10, p.mondin@bordeauxfamilies.fr V *t.l.j. sf dim. lun. 9h-12h 13h30-18h15*

LES ESSENCES DE SOURS 2022 ★

| 20 | 11 à 15 €

Le vignoble du Ch. de Sours (60 ha) est entouré de 200 ha de terres qui enserrent une belle demeure édifiée par les comtes de Richemont. Acquis en 2016 par le milliardaire chinois Jack Ma, fondateur du géant du commerce en ligne Alibaba, il est en conversion biologique.

Ce joli crémant rosé plaît autant par sa teinte pâle et saumonée que par son fruit frais et son élégance. Des notes de citron confit apparaissent autour des nuances des fruits noirs, dynamisées par une bulle fine, intense, très plaisante, avec en prime une finale vive et enjouée. 2024-2026

CH. DE SOURS, Au Vigneau, 33750 Saint-Quentin-de-Baron, tél. 05 57 24 10 81, clarisse.naulet@chateaudesours.com
V *t.l.j. sf sam. dim. 9h-12h 13h-16h*

♥ CH. TURCAUD ★★

| 8700 | 11 à 15 €

Un cru de 48 ha fondé en 1973 par Simone et Maurice Robert, conduit avec le même talent depuis 2009 par leur fille Isabelle et son époux, Stéphane Le May. Rendements limités, approche parcellaire pour chaque cuvée, conduite respectueuse du vignoble : un travail de précision au service des appellations régionales et des entre-deux-mers.

Porté par le sémillon (70 %), uni au sauvignon, ce superbe crémant développe de fins arômes floraux, de lilas notamment, autour d'une fine effervescence. L'attaque tout en subtilité et le bel équilibre entre fraîcheur et rondeur composent un ensemble très agréable, sans aucune aspérité, qui sera idéal à l'apéritif, sur des toasts au saumon par exemple ou sur des poissons crus. 2024-2027

CH. TURCAUD, 1033, rte de Bonneau, 33670 La Sauve, tél. 05 56 23 04 41, chateau-turcaud@wanadoo.fr
V *t.l.j. sf dim. 8h30-12h30 14h30-18h*

LE BLAYAIS ET LE BOURGEAIS

BLAYE

Superficie : 49 ha / Production : 2 100 hl

L'appellation, qui tire son nom de la fière citadelle construite par Vauban et qui s'étend dans trois cantons autour de la cité, connaît un regain d'intérêt depuis qu'en 2000 une nouvelle charte qualitative encourage la production de vins rouges charpentés et de garde, élevés dix-huit mois minimum.

BC DE BAYLE-CARREAU 2022 ★★

| 16 000 | 15 à 20 €

La famille Bayle-Carreau exploite la vigne depuis la fin du XIXe s. et cinq générations. Elle dispose de cinq propriétés dans le Blayais (Pardaillan, Carelle, Barbé) et le Bourgeais (Carpena, Eyquem, Landreau), conduites aujourd'hui par Xavier Carreau, son beau-frère Alain Jourdan et Cyril, le fils de ce dernier.

À parts égales entre merlot et cabernet-sauvignon, ce vin puissant et charpenté mérite d'être attendu. Porté par un millésime de pleine maturité, ouvert sur des notes de fruits noirs, de myrtille notamment, avec une pointe toastée et grillée, il se déploie avec emphase, onctuosité et longueur. À réserver pour une entrecôte ou une viande fondante. ⌛ 2028-2034

VIGNOBLES BAYLE-CARREAU, 33390 Cars, tél. 05 57 64 32 43, export@bayle-carreau.com
V *r.-v.*

CH. MONCONSEIL-GAZIN Grande Réserve 2021 ★★

■ | 6000 | ◍ | 11 à 15 €

En 1989, Jean-Michel Baudet a pris la suite de son père Michel à la tête d'un vignoble regroupant trois propriétés familiales : Monconseil-Gazin, Ricaud et La Petite Rauque. Les deux branches de la famille se sont entendues pour reconstituer le vignoble à l'identique de 1894, ajoutant aux 11 ha de Monconseil les 24 ha de Monconseil-Gazin, les deux châteaux ne formant désormais plus qu'un.

Sélection de 3 ha de merlot, cabernets et malbec, cette cuvée offre un équilibre frais. C'est un vin dense et puissant, cadré par des tanins fermes, mais aussi charnu et enrobé, de belle fraîcheur, doté d'un fruit juteux et des classiques notes grillées et épicées issues du merrain. Bâti pour la garde. ⌛ 2028-2034

CH. MONCONSEIL-GAZIN, 15, rte de Compostelle, 33390 Plassac, tél. 05 57 42 16 63, chateau@monconseilgazin.com V *t.l.j. sf dim. 9h-12h30 14h-18h*

♥ CH. LES PIERRÈRES 2022 ★★★

■ | 10000 | ◍ | 11 à 15 €

Catherine et Sylvain Bordenave, relayés depuis 2003 par leurs fils Alexandre et Vincent, ont fait des châteaux Haut-Canteloup et Les Pierrères des références incontournables du Blayais. À leur disposition, un beau vignoble de 51 ha : 31 ha de vignes rouges dans la commune de Fours et 20 ha de vignes blanches à Saint-Palais-de-Blaye.

Ce magnifique blaye à dominante de merlot (85 %), élevé en barriques de chêne comme il se doit, se révèle avec beaucoup de structure et de profondeur. C'est un vin ample, charnu, riche mais très équilibré, cadré par des tanins francs et salins qui poussent loin, très loin, la finale. Voilà un beau vin de garde à la maturité aboutie, qui offre déjà un plaisir maximum. ⌛ 2027-2034

CH. HAUT-CANTELOUP, 8, chem. de la Palanque, 33390 Fours, tél. 09 61 43 19 25, chateau-hautcanteloup@wanadoo.fr V *t.l.j. sf dim. 9h-12h 14h-18h*

L'ATTRIBUT DES TOURTES 2022 ★★

■ | 6600 | ◍ | 11 à 15 €

Lise et Philippe Raguenot ont créé le Ch. des Tourtes en 1967, un cru régulier en qualité qui couvre 70 ha de vignes, auxquels s'ajoutent depuis 1998 les 26 ha du Ch. Haut Beyzac (haut-médoc). Aux commandes depuis 1997 : les filles des fondateurs, Emmanuelle et Marie-Pierre, accompagnées par Éric Lallez.

Marqué par les fruits noirs et les épices, ce beau classique du Bordelais affiche de l'onctuosité, du volume et de la nervosité. Les tanins sont logiquement encore fermes et réservés à ce stade et devront s'assouplir; il faudra donc patienter pour apaiser sa puissance. ⌛ 2027-2034

VIGNOBLES RAGUENOT (CH. DES TOURTES), 65, rue Léonce-Planteur, 33820 Val-de-Livenne, tél. 05 57 32 65 15, contact@vignoblesraguenot.fr
V *t.l.j. sf dim. 9h-12h 14h-18h*

BLAYE-CÔTES-DE-BORDEAUX

Superficie : 6 490 ha
Production : 335 000 hl (95 % rouge)

L'appellation produit des vins rouges assemblant merlot, cabernet-sauvignon, cabernet franc et malbec ainsi que quelques blancs, qui associent sauvignon, sémillon et muscadelle. Les seconds sont en général secs, et on les sert en début de repas, alors que les rouges, puissants et fruités, de moyenne garde, accompagnent les viandes et les fromages.

CH. LA BARONNERIE Grand Baron 2022 ★

■ | 55000 | ◍ | 11 à 15 €

La plus grande propriété de France (70 ha) cultivée en lyre, technique qui favorise la concentration et la maturité du raisin. À sa tête, les frères Frantz (à la vigne et au chai) et Éric Bantegnies (au commercial).

Voilà un vin de belle structure, qui ne renie pas son élevage en barriques et distille de savoureux accents de boisé toasté, de pain grillé et de fruits noirs. La bouche, bien affirmée, dense et ferme, ne manque ni de fraîcheur ni d'élégance. Bâti pour la garde. ⌛ 2027-2034

CH. BERTINERIE, 1, Le Bourg-Nord, 33620 Cubnezais, tél. 05 57 68 70 74, contact@chateaubertinerie.com
V *t.l.j. sf sam. dim. 9h-12h 14h-18h*

CH. BEAUMONT LES PIERRIÈRES 2022 ★★

■ | 93000 | ▮ | 5 à 8 €

Le Ch. Beaumont les Pierrières appartient à la famille Roy puis Filliatreau depuis plus de 200 ans. Le vignoble de 18 ha est implanté à Berson, au cœur du terroir des blaye-côtes de-bordeaux.

Ce vin s'ouvre avec gourmandise sur des notes de fruits rouges. Arômes agrémentés de quelques touches d'épices et de violette par une bouche associant puissance, volume et équilibre. Un bon représentant de son terroir et du millésime. ⌛ 2026-2030

CH. BEAUMONT LES PIERRIÈRES, 9, Le Piquet, 33390 Cars, tél. 05 57 42 13 15, d.raimond@chateaux-solidaires.com V *t.l.j. sf sam. dim. 9h-12h 14h-18h* E

CÉDRIC BERGERON Ode à l'amóni 2022 ★★

■ | 600 | ◍ | 11 à 15 €

Cédric Bergeron a acquis en 2015 deux petits lopins de terre de 1,10 ha sur Cars, désormais en conversion

à l'agriculture biologique. Il y vinifie deux cuvées de pur merlot auxquelles s'ajoutent les vins du Ch. Haut la Valette, les deux structures familiales étant désormais regroupées pour le nom de Bergeron Vignerons.

Ce pur merlot sur argilo-calcaires réjouit en tous points. C'est un vin sur le fruit et la fraîcheur, associant les fruits noirs au grillé de l'élevage, affichant en bouche une très belle structure tannique bien prise dans la chair et un équilibre très assuré de bout en bout. ⧗ 2027-2034

■ **Distinction du Ch. Haut la Valette Élevé en fût de chêne 2022 ★ (5 à 8 €; 6000 b.)** Des notes de fruits noirs confits, de grillé et d'épices exhalent du verre. En bouche, on découvre un vin cossu, bien servi par son élevage sous bois, doté d'une trame charnue, concentrée et ferme, qui doit encore se fondre. ⧗ 2027-2032

BERGERON VIGNERONS, 3, Les Martins, 33390 Cars, tél. 06 21 83 05 90, contact.bergeronvignerons@gmail.com V r.-v.

CH. BERTHENON Cuvée Henri 2022 ★★

■	47000		8 à 11 €

En 1991, Thérèse Ponz-Szymanski et son mari Thierry quittent respectivement le monde de la pétrochimie et de l'agroalimentaire pour reprendre le vignoble familial, acquis par le grand-père de Thérèse en 1950. Ils conduisent aujourd'hui un vignoble de 37 ha.

Ce vin puissant et complexe offre une belle présence aromatique avec des notes de boisé, de fruits noirs et de menthol. C'est un vin taillé pour la côte de bœuf, qui supportera bien la garde. Une jolie réalisation adossée à un millésime en grande forme. ⧗ 2027-2032

CH. BERTHENON, 2638, rte de St-Christoly, 33390 Saint-Paul, tél. 05 57 42 52 24, info@chateauberthenon.com V r.-v.

CH. LES BERTRANDS Cuvée Prestige 2023 ★★

■	20000		8 à 11 €

À l'époque où Vauban faisait construire la citadelle de Blaye, un Dubois plantait ses premières vignes à Reignac. Aujourd'hui, trois générations œuvrent de concert sur une belle unité de 100 ha, valeur sûre du Blayais : Jean-Pierre et Nicole, leur fille Sophie, leur fils Laurent et leur belle-fille Isabelle, rejoints par les enfants de ces derniers, Margaux et Amaury.

Tout en joliesse de fruit, avec des notes d'agrumes et de buis appuyées, ce blanc vivace et élégant réjouit au plus haut point. On apprécie sa fraîcheur, sa finesse et son caractère bien typé sauvignon. Parfait avec des fromages de chèvre. ⧗ 2024-2027

CH. LES BERTRANDS, 33860 Reignac, tél. 05 57 32 40 27, chateau.les.bertrands@wanadoo.fr V t.l.j. sf sam. dim. 9h-12h 14h-18h

CH. LA BOTTE 1873 2022 ★

■	2400	15 à 20 €

Franck Blanchard, après douze ans d'ingénierie dans l'aéronautique et le spatial, a pris en 1998 la direction de cette propriété familiale transmise de père en fils depuis la Révolution française, dont les vignes s'étendent sur 17 ha.

Avec un élevage soigné sur lies, dans des jarres en terre cuite, ce vin souple et fruité offre un joli confort de bouche. Ses notes de fruits rouges, sa fraîcheur et sa rondeur aimable forment un ensemble plaisant, très accessible. À privilégier sur une viande blanche ou une terrine de campagne. ⧗ 2024-2030

CH. LA BOTTE, 90, rte des Terres-Noires, 33390 Campugnan, tél. 05 57 64 71 45, blanchard@chateau-labotte.com V t.l.j. sf sam. dim. 8h-12h 14h-17h

CH. BOURDIEU 2022 ★★

■	250000		5 à 8 €

Les Schweitzer (Luc depuis 1994) cultivent la vigne depuis cinq générations au Ch. Bourdieu, l'un des plus anciens domaines du Blayais (1464), qui doit son nom aux « bourdieux », exploitations viticoles qui se développèrent après la guerre de Cent Ans. Le vignoble de 45 ha est en conversion bio.

Bien parfumé, paré de notes d'épices douces et de fruits noirs confiturés, ce vin séduit d'emblée. On aime aussi sa bouche ample et charnue, portée par des tanins mûrs et soyeux et par une longue finale. Un ensemble très harmonieux, avec aussi une belle fraîcheur. ⧗ 2024-2030

■ **Ch. Luc de Beaumont 2022 ★ (5 à 8 €; 150000 b.)** Ce pur merlot combine fruits mûrs et nuances épicées avec équilibre. En bouche, il se montre ample, très gras, charnu et légèrement suave, doté de tanins riches et élégants. Un vin plein et complexe, à marier à des viandes rouges mijotées. ⧗ 2025-2030

VIGNOBLES LUC SCHWEITZER, 33390 Berson, tél. 05 57 42 68 71, contact@chateau-bourdieu.com V t.l.j. sf sam. dim. 9h15-12h30 14h-17h; f. août

♥ B CH. LA BRAULTERIE Le Blanc 2023 ★★

■	13300		5 à 8 €

Un domaine blayais de 38 ha en culture biologique, conduit en famille par Marie-Hélène Lapouméroulie au chai et son frère Olivier David à la vigne. Depuis 2021, le domaine s'est diversifié avec une production fermière : viandes de porc, maraîchage et poules pondeuses.

Avec 90 % de sauvignon, ce blanc épatant, d'une très belle harmonie, conjugue parfaitement son fruit à la fraîcheur, développant de beaux parfums de pêche blanche, de miel, d'agrumes et de fleurs. On aimera aussi unanimement cette bouche à la fois alerte et bien en chair, sans fausse note ni outrance, complexe et persistante. Et tout cela à prix doux. ⧗ 2024-2027

CH. LA BRAULTERIE, 1, Les Graves, 33390 Berson, tél. 05 57 64 39 51, braulterie@wanadoo.fr V t.l.j. 9h-12h30 14h-18h30; sam. dim. sur r.-v.

CH. LA BRETONNIÈRE 2023 ★★

■	10000		8 à 11 €

Stéphane Heurlier est arrivé du Nord de la France en 1992. Ce fils de céréalier a acquis deux propriétés : le

Ch. la Bretonnière (blaye-côtes-de-bordeaux) et le Ch. Tour de Guiet (côtes-de-bourg), ainsi que les vignes du Ch. Romfort en 1996. Il s'est entouré de spécialistes et, après 20 ans de restructuration du vignoble (25 ha) et la construction d'un nouveau chai en 2000, il produit aujourd'hui ses vins le plus naturellement possible, sans certification bio toutefois.

Associant les sauvignons blanc et gris au sémillon, ce vin très plaisant et expressif, porté par des notes de fruits exotiques et de pêche, déroule un jus ample et gourmand, d'une belle intensité, avec de la finesse, de la fraîcheur et un équilibre sans faille. ⧗ 2024-2028

⊶ CH. LA BRETONNIÈRE, 115, rte de Bordeaux, 33390 Mazion, tél. 05 57 64 59 23, sheurlier@cegetel.net V r.-v.

CH. CAILLETEAU BERGERON Tradition 2023 ★★

	16 000		5 à 8 €

Marie-Pierre Dartier et son frère Pierre-Charles se sont installés en 1992 sur le domaine familial de Cailleteau Bergeron, créé par leurs grands-parents en 1933. Un vignoble qu'ils ont étendu à 50 ha, comprenant deux autres crus : Ch. Clos Mansio et Ch. Perrin.

Ce blanc né des deux sauvignons, élevé en amphores et en cuves béton, se découvre avec discrétion, sur des tonalités d'agrumes et de fruits mûrs. Arômes qui s'invitent dans un palais gras, rond et gourmand, avec une juste fraîcheur en soutien. Une bouteille qui ira bien avec des fromages secs ou des crevettes à la thaï. ⧗ 2024-2027 ■ **Prestige 2022 ★★ (8 à 11 €; 55 000 b.)** Un nez délicatement boisé, des notes de fruits frais et de violette, une trame ronde et élégante, tout en finesse : voilà un très joli vin, qui ne surjoue pas et déroule un jus des plus plaisant, entre volume et gourmandise. ⧗ 2025-2030

⊶ CH. CAILLETEAU BERGERON, 303, rue de Bergeron, 33390 Mazion, tél. 05 57 42 11 10, info@cailleteau-bergeron.com V E

CH. CAP SAINT-MARTIN Cuvée Prestige 2022 ★★

■	28 000		8 à 11 €

Situé dans un village voisin de Blaye, ce cru domine l'estuaire de la Gironde. Depuis 1904, il s'est agrandi au fil des générations pour couvrir aujourd'hui 23 ha entre Cars et Saint-Martin-la-Caussade. La famille Ardoin (Béatrice et Pierre depuis 1990) l'exploite avec le souci de conserver les vieilles vignes et de réduire les interventions au cours des vinifications.

Avec un joli boisé et quelques notes florales au nez, ce vin fin et élégant offre une parfaite harmonie. Ses tanins soyeux et sa trame riche lui permettront de patienter encore un peu en cave. À privilégier sur une entrecôte ou un filet de bœuf. ⧗ 2027-2032 ■ **Ch. Haut Mazerolles 2022 ★ (5 à 8 €; 12 000 b.)** Cette sélection de merlot élevée pour moitié en cuve et l'autre partie en barriques déploie au nez des notes florales, toastées et fruitées. En bouche, il offre une bonne sève et de l'équilibre autour d'une structure tannique riche sans excès. ⧗ 2024-2029

⊶ VIGNOBLES ARDOIN, 11, rte de Mazerolles, 33390 Saint-Martin-Lacaussade, tél. 05 57 42 91 73, vignobles.ardoin@wanadoo.fr V r.-v.

CH. CAZEAUX 2022 ★

■	336 500		5 à 8 €

Ce domaine familial comptant 97 ha, dont 41 ha de vignes, se situe sur des coteaux argilo-calcaires, sur la rive droite, en surplomb de l'estuaire de la Gironde, face à Margaux. Le vignoble est aujourd'hui exploité par la famille Charlassier.

Souple, équilibré et de bonne fraîcheur, ce rouge élevé en cuve, sans apport de bois, trouve un bon compromis entre structure et finesse. C'est un vin très séduisant, déjà prêt à boire. ⧗ 2024-2028

⊶ CH. CAZEAUX, 9, Le Piquet, 33390 Cars, tél. 05 57 42 13 15, d.raimond@chateaux-solidaires.com V t.l.j. sf sam. dim. 9h-12h 14h-18h E

CH. CHAMAILLE Gareju 2022 ★★

■	80 000		5 à 8 €

Installé à son compte depuis 2000, Laurent Glémet s'est associé en 2006 avec son père pour créer un vignoble qu'il conduit aujourd'hui seul : 36 ha répartis entre les châteaux Moulin Neuf et Chamaille.

Ce pur merlot s'offre avec charme et équilibre, déroulant des parfums de fruits noirs, de café et de touches légèrement toastées. Son attaque ferme, sa bouche séveuse et de bon volume, fruitée et charnue, ses tanins encore bien présents forment un ensemble voué à une petite garde. ⧗ 2026-2030 ■ **Ch. Moulin Neuf Réserve du propriétaire 2022 ★★ (5 à 8 €; 46 700 b.)** Ce pur merlot est un vin soigné, bien servi par son élevage en barrique. On apprécie d'emblée son intensité de parfums, sur les fruits noirs et le toasté du merrain, sa trame droite et ferme, ses tanins soyeux et son équilibre. ⧗ 2027-2032

⊶ VIGNOBLES GLÉMET, Le Moulin-Neuf, 33920 Saint-Christoly-de-Blaye, tél. 06 61 19 55 38, chateau.moulin-neuf@orange.fr V t.l.j. 8h-12h 14h-18h

CH. LE CHAY 2022 ★

■	15 000		8 à 11 €

Les Raboutet cultivent la vigne à Berson depuis cinq générations. Didier et Sylvie, installés en 1983, ont donné le relais à leur fille Aurélie en 2018, rejointe par son mari Alexandre en 2020, aujourd'hui à la tête d'un vignoble de 38 ha répartis entre les 20 ha argilo-calcaires du Ch. le Chay (Blayais) et les 18 ha argilo-graveleux du Ch. Groleau (Bourgeais).

Voilà un vin corsé, dominé par les fruits noirs et la griotte agrémentés d'une touche florale. En bouche, il affiche de la concentration et de la fermeté. On l'attendra encore un peu avant de le servir avec des magrets de canard ou une daube de sanglier. ⧗ 2027-2032

⊶ VIGNOBLES RABOUTET, 1, Le Chay, 33390 Berson, tél. 05 57 64 39 50, lechay@wanadoo.fr V t.l.j. sf dim. 9h-12h 14h-17h30 5

CH. LA CROIX SAINT-PIERRE 2022 ★

■	120 000		5 à 8 €

Les Carreau conduisent la vigne à Cars depuis 1832 et sept générations. Le vignoble s'étend sur 82 ha et plusieurs domaines – L'Escadre, Les Petits Arnauds, Croix Saint-Pierre et Clairac –, conduits aujourd'hui

par les cousins Sébastien et Nicolas, qui se sont formés à l'étranger aux techniques modernes de vinification.

Voilà un bon classique de l'appellation. Un vin sérieux, aux tanins présents, qui affiche un jus plein, charnu et savoureux, aux notes légèrement torréfiées. Puissant, il saura attendre avant d'être associé à une viande de goût. ⧗ 2027-2032

⊶ VIGNOBLES CARREAU SÉLECTION, 28, Le Bourg, 33390 Cars, tél. 05 57 42 36 57, lauriewine@hotmail.com V r.-v.

CH. LES DONATS 2022 ★★

■	18 600		8 à 11 €

Deux anciens cadres parisiens devenus vignerons en 1994 dans le Bourgeais et le Blayais, Stéphane Donze et Lucie Marsaux-Donze ont fait du Ch. Martinat (10 ha sur petites graves et argiles à Lansac) une référence des côtes-de-bourg. Autre étiquette dans la même appellation : le Ch. Bel Air l'Escudier (12 ha). Ils exploitent aussi un petit clos de 3,6 ha du côté du Blayais voisin, à Teuillac, avec le Ch. les Donats.

Ce pur merlot issu d'une sélection d'un peu plus de 3 ha, vinifié sans apport de bois, révèle un jus gourmand et séduisant. Ses notes d'épices et de fruits rouges agrémentées d'une délicate touche florale séduisent d'emblée. On aime aussi sa bouche ample, riche, charnue, portée par des tanins fins et élégants et par une longue finale fruitée, d'une agréable sucrosité. Une bouteille que l'on pourra savourer dans ses jeunes années. ⧗ 2025-2030

⊶ MARSAUX-DONZE, 1, Martinat, 33710 Lansac, tél. 06 11 17 08 28, s.donze@chateau-martinat.com V *t.l.j. sf dim. 10h-12h 14h-18h; f. janv. et août*

CH. FONTARABIE 2022 ★

■	50 000		8 à 11 €

Plaisance, Belair Coubet, Fontarabie, La Bardonne, Bois de Tau, Jansenant : Alain Faure s'est installé en 1977 à la tête des vignes familiales, étendues alors sur 17 ha. Sa fille Delphine en a pris la tête aujourd'hui et exploite un vaste vignoble d'une centaine d'hectares répartis sur plusieurs châteaux du Blayais et du Bourgeais.

Assemblage de merlot (60 %) et de cabernet-sauvignon, ce vin de caractère impose son volume et sa dimension tannique. On aimera son fruit frais, sa matière noble, son intensité et sa richesse. À attendre quelque temps avant de l'accompagner d'une viande rouge mijotée. ⧗ 2027-2032

⊶ VIGNOBLES A. FAURE, 2 bis, Bois-de-Tau, 33710 Saint-Ciers-de-Canesse, tél. 05 57 42 68 80, belair-coubet@wanadoo.fr V *t.l.j. sf sam. dim. 8h-12h 14h-18h; f. août* 5

B CH. LA GAMAYE Cuvée Prestige 2021 ★★

■	35 000		8 à 11 €

Vigneronne depuis six générations, la famille Bourceau est représentée par Wilfried depuis 2017. Ce jeune vigneron, sensible aux enjeux écologiques, a converti l'ensemble de l'exploitation de 16 ha à l'agriculture biologique (labellisée à partir du millésime 2022).

Puissant, marqué par son élevage, avec des notes torréfiées, de moka, d'épices et de vanille, ce vin mérite encore un peu de patience. Son volume, sa carrure, sa fraîcheur et ses tanins fermes iront bien à une viande de goût, une côte de cochon au thym par exemple. ⧗ 2027-2032 ■ **Cuvée Distinction 2021 ★★ (11 à 15 €; 4 500 b.)** B Passée en barriques 18 mois, cette cuvée se range dans la catégorie des vins de garde. Au nez, les fruits noirs teintés de moka, de réglisse et de torréfaction composent une belle aromatique qui se poursuit dans une bouche corsée, ample, aux tanins serrés. Du temps s'impose. ⧗ 2028-2034

⊶ CH. LA GAMAYE, 1, La Gamaye, 33390 Berson, tél. 06 20 25 50 25, wilfried@vignobles-bourceau.com V *t.l.j. sf dim. 8h30-12h30 14h-18h30*

CH. LES GATINES Réserve 2022 ★

■	33 333		5 à 8 €

Un vignoble de 6 ha, à dominante de merlot, conduit par Denis Coudroy, dont la famille en est propriétaire depuis un siècle.

Cet ensemble détendu et équilibré, sur la souplesse, la fraîcheur et le fruit, se distingue par sa tonalité épicée et sa légère amertume. C'est un vin à servir sur une viande de goût, une joue de porc marinée par exemple. ⧗ 2024-2028

⊶ CH. LES GATINES, 132, Chaumet, 33920 Saint-Vivien-de-Blaye, tél. 05 57 42 49 45, denis-coudroy@orange.fr

B CH. CAMILLE GAUCHERAUD Cuvée Prestige 2022 ★

■	3 600		8 à 11 €

Si les Gaucheraud exploitent la vigne depuis 1880 et cinq générations, Benoît Latouche est le premier à vinifier le raisin qu'il produit. Camille Gaucheraud, tonnelier, était son bisaïeul, auquel il a rendu hommage en créant ce domaine en 1999, étendu aujourd'hui sur 40 ha.

Ce pur sauvignon bio, issu d'une petite parcelle de 70 ares, jouit d'un élevage très soigné en barriques qui lui apporte du fond et une belle allonge. C'est un vin ample et riche, mais qui offre aussi de la fraîcheur, donc de l'équilibre. Un blanc voué à la table, pour une volaille ou un poisson cuisiné. ⧗ 2024-2028

⊶ CH. CAMILLE GAUCHERAUD, 1437, rte de Taillefer, 33620 Laruscade, tél. 05 57 68 64 54, blatouche@camille-gaucheraud.com V *t.l.j. sf sam. dim. 9h-12h 14h-18h*

CH. GRAULET 2022 ★★

■	90 000		8 à 11 €

Située sur les coteaux de la commune de Plassac à côté de Blaye, cette propriété de 30 ha compte – et c'est original – l'une des plus fortes proportions de malbec de toute l'appellation et seulement 1,5 ha de blanc (sauvignon et sémillon). Elle appartient à Dominique Raimond (Montfollet, Haut Lalande, Merigot, Haut Grela, Puy d'Amour) et fait partie de

la coopérative des «Châteaux solidaires», qui vinifie séparément les vendanges d'une dizaine de châteaux adhérents.

Voilà un beau vin, au nez intense, entre baies noires mûres et épices. Une attaque confortable ouvre sur une bouche ronde et veloutée, dotée de tanins soyeux, d'un boisé fondu et d'une longue finale. Une bouteille déjà très aimable, que l'on verrait bien accompagner des paupiettes de veau. ⧗ 2025-2030

CH. GRAULET, 9, Le Piquet, 33390 Cars, tél. 05 57 42 13 15, d.raimond@chateaux-solidaires.com V *t.l.j. sf sam. dim. 9h-12h 14h-18h*

♥ DOM. DES GRAVES D'ARDONNEAU
Cuvée Prestige
Élevé en fût de chêne 2023 ★★

| 19700 | | 8 à 11 € |

Un domaine incontournable du Blayais, aussi à l'aise en rouge qu'en blanc. La famille Rey écrit son histoire viticole depuis 1763 sur les terres du hameau d'Ardonneau. Installé en 1981 à la tête de 60 ha, Christian Rey a été rejoint en 2005 par son fils Laurent et en 2008 par sa fille Fanny.

Un coup de cœur qui s'ajoute à un palmarès tout simplement admirable. La famille Rey signe ici un sauvignon majuscule. Élevé six mois en barriques, il ne renie pas son élevage, qui lui offre une belle présence et quelques touches toastées et briochées en harmonie avec des tonalités d'agrumes et de fruits mûrs. En bouche, on découvre un blanc très élégant, sur le versant de la finesse, qui conserve beaucoup de fraîcheur et affiche un équilibre parfait. ⧗ 2024-2028 ■ **Cuvée Prestige Élevé en fût de chêne 2021 ★★ (8 à 11 €; 40000 b.)** Ce superbe rouge se distingue avec une grande aisance sur ce millésime pour le moins compliqué, ce qui rend d'autant plus appréciable le travail des vignerons. Ouvert sur des arômes de baies noires bien mûres, de réglisse et de fumée, il offre de la matière, de la puissance, de la richesse, de la concentration, du soyeux et une longue finale. Bref, c'est parfait : on applaudit. ⧗ 2027-2034

DOM. DES GRAVES D'ARDONNEAU, 1, Ardonneau, 33620 Saint-Mariens, tél. 05 57 68 66 98, gravesdardonneau@orange.fr V *t.l.j. sf dim. 9h-12h30 14h30-18h*

B VIGNOBLES GUILLAUME GUÉRIN
Eos 2023 ★

| 25000 | | 8 à 11 € |

Un domaine dans la même famille depuis le XVIII^e^s. Guillaume Guérin, après avoir vinifié en Nouvelle-Zélande, au Portugal, à Pauillac et dans l'Entre-deux-Mers, a pris la suite de ses parents en 2014. Il conduit 28 ha de vignes (en bio certifié) en AOC régionales, blaye-côtes-de-bordeaux et côtes-de-bourg.

Ce blanc harmonieux et de bon volume trouve un juste compromis entre finesse et matière. On aime ses fines touches de fleurs, de fruits blancs, de fruits exotiques et d'agrumes, sa rondeur aimable, sa fraîcheur et sa belle finale étirée. Parfait avec des noix de Saint-Jacques au beurre ou des poissons crus. ⧗ 2024-2027

VIGNOBLES GUILLAUME GUÉRIN, 2, Moulin-de-Rioucreux, 33920 Saint-Christoly-de-Blaye, tél. 06 22 85 06 05, vignoblesguerin@gmail.com V *r.-v.*

B CH. HAUT BIGORD 2022 ★

| 33300 | | 5 à 8 € |

Propriété familiale depuis trois générations, ce domaine exploite 19 ha de vignes, toutes plantées avec des cépages rouges, en majorité du merlot. Certifié bio depuis 2013, il privilégie des vinifications peu interventionnistes.

Porté par un beau millésime, ce vin à dominante de merlot exprime un fruit pur et quelques touches d'épices relayés par une bouche souple et fondante, de bon équilibre. On l'associera volontiers à une joue de bœuf aux carottes. ⧗ 2024-2028

CH. HAUT BIGORD, 15, Les Martinettes, 33860 Reignac, tél. 05 57 64 72 29, contact@chateaulesvieuxmoulins.com

CH. HAUT BOURCIER 2022 ★

| 45000 | | 8 à 11 € |

Un vignoble 100 % familial : Philippe Bourcier, le père, est aux commandes des vinifications, Anne-Marie, la mère, à la comptabilité, les fils Laurent et Thomas à la vigne, Caroline la fille à la communication et au commercial, et Yannick, la belle-fille, à la facturation. Ensemble, ils ont agrandi le domaine (40 ha aujourd'hui), créé leur chai en 1999 et quitté la coopérative la même année.

Tout en franchise de fruit, avec de la fraîcheur et une structure ample et cossue, une bonne longueur, ce vin sérieux constitue un beau classique. Élevé en barriques, il présente certes encore les stigmates de son élevage, mais il a la matière pour le digérer sans crainte. ⧗ 2027-2032

CH. HAUT BOURCIER, 7, Le Coudonneau, 33390 Saint-Androny, tél. 05 57 64 43 74, sarl.bourcier@wanadoo.fr V *t.l.j. sf sam. dim. 8h-12h 13h30-17h30*

CH. HAUT CABUT
Cuvée Camille 2022 ★★

| 97500 | | 8 à 11 € |

Le Ch. Haut Cabut est un domaine familial de 18 ha, propriété de la famille d'Alain Dop depuis un siècle et demi. Il fait partie de la coopérative de Cars (1937), rebaptisée en 2011 «Châteaux solidaires», qui vinifie séparément les vendanges d'une dizaine de châteaux adhérents, sélectionnés très rigoureusement.

Cette cuvée au fruit pur préservée par un élevage en cuve, accompagné d'une discrète touche florale, propose de la fraîcheur et de la souplesse dans un équilibre idéal. Elle affiche aussi du volume autour de tanins fins. Un charme indéniable. ⧗ 2024-2028

CH. HAUT CABUT, 9, le Piquet, 33390 Cars, tél. 05 57 42 13 15, d.raimond@chateaux-solidaires.com V *t.l.j. sf sam. dim. 9h-12h 14h-18h*

LE BORDELAIS

♥ CH. HAUT-CANTELOUP
Cuvée Prestige 2022 ★★

40000 | 8 à 11 €

Catherine et Sylvain Bordenave, relayés depuis 2003 par leurs fils Alexandre et Vincent, ont fait des châteaux Haut-Canteloup et Les Pierrères des références incontournables du Blayais. À leur disposition, un beau vignoble de 51 ha : 31 ha de vignes rouges dans la commune de Fours et 20 ha de vignes blanches à Saint-Palais-de-Blaye.

Ce beau classique se révèle avec densité, harmonie et structure. Un vin à dominante de merlot, au fruit bien mûr, puisant dans ce très beau millésime toute la force et l'élégance nécessaires, avec en soutien des tanins soyeux et fondus et un élevage en barrique encore perceptible mais de grande qualité. Il pourra patienter encore en cave avant de s'accorder à un ragoût de bœuf ou des côtes d'agneau. ⧗ 2027-2034 **2023 ★★ (5 à 8 €; 40000 b.)** Ce pur sauvignon réunit tous les suffrages autour d'une matière pulpeuse, ponctuée de notes de citron et de fleurs blanches. La bouche ample, ronde et grasse offre une finale persistante. Un vin très agréable et immédiatement accessible. ⧗ 2024-2027

CH. HAUT-CANTELOUP, 8, chem. de la Palanque, 33390 Fours, tél. 09 61 43 19 25, chateau-hautcanteloup@wanadoo.fr V t.l.j. sf dim. 9h-12h 14h-18h

Ⓑ CH. HAUT GRELA 2022 ★★

68500 | 5 à 8 €

Située à Saint-Paul-de-Blaye, cette propriété de 11 ha certifiée bio depuis 2021 appartient à Dominique Raimond (Montfollet, Merigot, Haut Cabut, Graulet, Puy d'Amour) et fait partie de la coopérative des Châteaux solidaires, qui vinifie séparément les vendanges d'une dizaine de châteaux adhérents.

Voilà un vin complet et équilibré, à la tonalité fruitée et épicée, tenu par une trame juteuse, de bon relief, et des tanins fondus. Du style et de la fraîcheur, tout ce qu'il faut à ce niveau de prix. ⧗ 2024-2028

CH. HAUT GRELA, 9, Le Piquet, 33390 Cars, tél. 05 57 42 13 15, d.raimond@chateaux-solidaires.com V t.l.j. sf sam. dim. 9h-12h 14h-18h

CH. HAUT-GRELOT Coteaux de Méthez 2021 ★★

11400 | 11 à 15 €

Un cru situé au nord du Blayais, aux confins de la Charente-Maritime. Aux origines (1920), une petite exploitation de 6 ha dédiée à la vigne et à l'élevage, spécialisée et agrandie (67 ha aujourd'hui) à partir de 1975 par Joël Bonneau, relayé par ses enfants Julien et Céline en 2011.

Des notes de chocolat, de fruits noirs, de réglisse et de violette : voilà un panel enchanteur et gourmand, qui se prolonge dans une bouche longue, puissante, séveuse et mûre, bien équilibrée entre confort et tension. Ce pur merlot issu d'un coteau graveleux et élevé en barrique forme ainsi un beau vin de matière. ⧗ 2027-2034

La Belle de Blaye 2023 ★ (11 à 15 €; 13000 b.) Ce sauvignon blanc élevé en barrique sur lies fines, sans bois neuf, constitue une bonne trouvaille. On apprécie sa trame ronde et onctueuse, sa patine boisée sans lourdeur, ses notes acidulées très fraîches et son volume de bouche. ⧗ 2024-2028

CH. HAUT-GRELOT, 28, Les Grelauds, 33820 Saint-Ciers-sur-Gironde, tél. 05 57 32 65 98, jbonneau@wanadoo.fr V t.l.j. sf sam. dim. 8h30-12h30 14h-18h

CH. HAUT LALANDE 2022 ★

465000 | 5 à 8 €

Un domaine historique de la région, étendu sur 75 ha de vignes, propriété de l'incontournable Dominique Raimond (Montfollet, Merigot, Haut Cabut, Haut Grela, Graulet, Puy d'Amour).

Ce classique du secteur déploie au nez des arômes intenses de myrtille et de mûre, avec une légère touche cacaotée. Il affiche en bouche une belle ampleur suave et équilibrée, étayé par des tanins veloutés et par une agréable fraîcheur. Un ensemble très accessible. ⧗ 2024-2028

CH. HAUT LALANDE, 9, Le Piquet, 33390 Cars, tél. 05 57 42 13 15, d.raimond@chateaux-solidaires.com V t.l.j. sf sam. dim. 9h-12h 14h-18h

♥ CH. HAUT PRIEUR 2022 ★★

62400 | 8 à 11 €

Le Ch. Haut Prieur, établi sur Saint-Genès, appartient à la famille Baudin depuis trois générations. À sa disposition, un vignoble de 9 ha d'un seul tenant sur Blaye, sur un coteau argilo-calcaire exposé plein sud, désormais en conversion bio. Il fait partie de la coopérative de Cars (1937), rebaptisée en 2011 « Châteaux solidaires », qui vinifie séparément les vendanges d'une dizaine de châteaux adhérents, sélectionnés très rigoureusement.

De haute complexité et d'une grande finesse, ce vin porté par un merlot bien mûr (90 %) offre une lecture parfaite de l'appellation. Une belle opportunité de goûter à ce que propose ce vignoble : de l'élégance, de jolis tanins enrobés, servis par un élevage sans apport de bois qui laisse la place au fruit. On aimera aussi ses notes de fruits mûrs, sa rondeur, sa sucrosité plaisante, son relief de bouche et sa longueur. De quoi accompagner sans fausses notes une belle côte de bœuf. ⧗ 2026-2032

CH. HAUT PRIEUR, 9, Le Piquet, 33390 Cars, tél. 05 57 42 13 15, d.raimond@chateaux-solidaires.com V t.l.j. sf sam. dim. 9h-12h 14h-18h

CH. HAUT-TERRIER 2022 ★★

3000 | 11 à 15 €

Un domaine familial constitué à partir de 1850 et huit générations. Le développement initié à partir de 1974 par Maryse et Bernard Denéchaud se poursuit depuis 2001 avec leur fille Sandrine et son époux Jérôme

Lafon, à la tête de 90 ha dans le Blayais et 10 ha dans le Bourgeais.

Portée par une vinification en barriques neuves, cette cuvée de sauvignon s'exprime dans un registre cossu, sur des notes de boisé grillé, de fruits blancs et de fruits exotiques. Un vin de gastronomie, complexe et équilibré, avec du relief, qui ira bien sur une volaille crémée par exemple. ⧗ 2024-2028

CH. HAUT-TERRIER, 181, av. Marc-Doulus, 33620 Saint-Mariens, tél. 05 57 68 53 54, vins@vignobles-denechaud-lafon.com V ♿ r.-v.

Ⓑ DOM. DE JULLOUC Alpha 2022 ★

■ | 6000 | ⏺ | 11 à 15 €

Créé en 1972 et certifié en agriculture biologique dès 1976, ce domaine est la propriété de la famille Eymard. Des précurseurs investis pour l'environnement depuis de longues décennies et qui cultivent aujourd'hui 40 ha de vignes.

Cette cuvée haut de gamme, issue d'un hectare et élevée en fût de chêne, réunit tous les attributs d'un beau vin : respect du fruit, rondeur et fraîcheur s'articulent dans une bouche équilibrée, soutenue par des tanins souples et parfumée de notes de fruits rouges, de sous-bois, de fleurs et quelques touches grillées. Un belle composition, à boire ou à garder. ⧗ 2024-2029

DOM. DE JULLOUC, 1, Les Coyers-Est, 33820 Saint-Ciers-sur-Gironde, tél. 06 07 04 61 41, jullouCvinbio@orange.fr V ♿ t.l.j. 8h-12h 13h-20h

CH. JUSSAS 2022 ★★

■ | 150 000 | 🍾 | 5 à 8 €

Une exploitation transmise de génération en génération depuis le XIXᵉs. Les parents des actuels propriétaires, de vieille souche vigneronne, portent sa surface à 110 ha. En 1980, leurs fils Philippe, François, Vincent et Bernard, s'associent pour conduire le vignoble : 50 ha en blaye-côtes-de-bordeaux (Ch. Jussas), côtes-de-bourg (Mayne de Bernard) et bordeaux supérieur (Beausoleil). En 2016, les frères Bourdillas ont confié la gestion des vignobles à quatre cousins : Marie, Nicolas, Cédric et Gaël.

Ce vin harmonieux régale à prix doux. On ne peut que souscrire à son équilibre, sa matière ronde et confortable, tenue par des tanins élégants, son fruité intense et sa belle longueur. Une bien jolie gourmandise déjà prête à boire. ⧗ 2024-2028

VIGNOBLES BOURDILLAS, 7, chem. du Meine-Bernard, 33710 Tauriac, tél. 05 57 68 43 22, vignobles-bourdillas@orange.fr V r.-v. Ⓑ

Ⓑ CH. LA LEVRETTE 2021 ★

■ | 15 000 | ⏺ | 20 à 30 €

Laetitia Mauriac et son frère Arthur ont racheté une ancienne propriété viticole en 2004. Partis de rien, découvrant tout du métier de vigneron, ils recréent un domaine en faisant l'acquisition de deux parcelles de vignes en Blayais. Ce sont 7 ha aujourd'hui. Après la disparition de son frère, Laetitia dirige seule la destinée du Ch. la Levrette, certifiée en agriculture biologique depuis 2013.

Cette sélection parcellaire de 50 ares, mêlant merlot et cabernet-sauvignon, est passée en barriques de 400 l durant plus d'un an. En résulte un vin cossu, ouvert sur des notes de cassis, de fruits rouges mûrs et d'épices. L'attaque fraîche, les tanins fermes et l'ensemble assez nerveux méritent d'être attendus. Un bon classique du secteur. ⧗ 2027-2032

CH. LA LEVRETTE, 2, rte de Muchit, 33390 Saint-Seurin-de-Cursac, tél. 09 77 92 95 05, contact@chateau-la-levrette.com V ♿ r.-v.

CH. MONCONSEIL-GAZIN 2022 ★

■ | 54 600 | ⏺ | 5 à 8 €

En 1989, Jean-Michel Baudet a pris la suite de son père Michel à la tête d'un vignoble regroupant trois propriétés familiales : Monconseil-Gazin, Ricaud et La Petite Rauque. Les deux branches de la famille se sont entendues pour reconstituer le vignoble à l'identique de 1894, ajoutant aux 11 ha de Monconseil les 24 ha de Monconseil-Gazin, les deux châteaux ne formant désormais plus qu'un.

Affichant un bon potentiel, ce jeune vin de caractère s'appuie sur de belles notes de fleurs et de fruits rouges, avec une pointe d'épices. La bouche se montre structurée, assez corsée, énergique et long. ⧗ 2027-2032

CH. MONCONSEIL-GAZIN, 15, rte de Compostelle, 33390 Plassac, tél. 05 57 42 16 63, chateau@monconseilgazin.com V ♿ t.l.j. sf dim. 9h-12h30 14h-18h

Ⓑ CH. MONDÉSIR-GAZIN 2021 ★

■ | 7500 | ⏺ | 15 à 20 €

En 1990, Marc Pasquet, ancien photographe, et son épouse Laurence ont acquis des vignes à Plassac, dans le Blayais, ainsi qu'en côtes-de-bourg et en saint-émilion grand cru. Leur propriété totalise 14 ha, conduits en bio. Deux étiquettes : Haut Mondésir (côtes-de-bourg) et Mondésir-Gazin (blaye).

Associant merlot (65 %) et malbec, ce vin sort un peu des sentiers battus en proposant une belle concentration pour le millésime. C'est un vin harmonieux, qui offre des arômes de fruits noirs, des tanins fermes, de la vigueur et de la tension. Un vin pour la cave. ⧗ 2028-2034

CH. MONDÉSIR-GAZIN, 77, rte de l'Estuaire, 33390 Plassac, tél. 05 57 42 29 80, mondesirgazin@gmail.com V ♿ t.l.j. sf dim. 10h-12h 14h-17h

CH. MONTFOLLET Le Valentin 2022 ★

■ | 30 000 | ⏺ | 11 à 15 €

Dominique Raimond est propriétaire de plusieurs châteaux dans le Blayais et le Bourgeais : Montfollet, l'un des fers de lance de la région, Haut Lalande, Graulet, Merigot, Haut Grela et Puy d'Amour (13 ha en bio). Il fait partie de la très qualitative coopérative de Cars (1937), rebaptisée en 2011 « Châteaux solidaires », qui vinifie séparément les vendanges d'une dizaine de châteaux adhérents, sélectionnés très rigoureusement.

Allant droit à l'essentiel, ce duo merlot-malbec prodigue d'intenses et savoureuses notes de fruits rouges et noirs, teintées d'épices et de boisé fin. La bouche, charnue et équilibrée, reprend ce registre autour de tanins frais et bien en place. Un bon classique du secteur. ⧗ 2027-2032

⊶ *CHÂTEAUX SOLIDAIRES, 9, Le Piquet, 33390 Cars, tél. 05 57 42 13 15, d.raimond@chateaux-solidaires.com* V *t.l.j. sf sam. dim. 9h-12h 14h-18h*

B CH. MORILLON 2022 ★

■	20000		8 à 11 €

Établi dans le Blayais, le Ch. Morillon, belle chartreuse du XVIIIes., a été construit sur les ruines d'un château féodal du XIIIes., dans lequel séjourna Saint Louis en 1242. Installés en 2004, Jean-Marie et Chantal Mado y conduisent, en bio certifié depuis 2007, un vignoble de 20 ha.

Tout en harmonie, en structure et en élégance, ce vin plaît par son fruit frais, sa touche florale, ses tanins fermes et son bon équilibre d'ensemble. Parfait pour un bœuf bourguignon ou un chou farci. ⧗ 2027-2032

⊶ *CH. MORILLON, 436, rte d'Hervais, 33390 Campugnan, tél. 06 58 82 71 37, emma@chateau-morillon.com* V *r.-v.*

CH. LES PÂQUES
Cuvée Pierre et Yvonne 2022 ★★

■	900		11 à 15 €

Bruno Martin conduit depuis 1991 le domaine familial fondé dans les années 1970 par ses parents (premières mises en bouteilles en 1982). Le vignoble, de 12 ha à l'origine, en couvre aujourd'hui 29, dans le nord du Blayais, avec une acquisition en 2011 de 10 ha supplémentaires qui ont permis l'installation définitive de son fils Tony en 2018. La moitié du vignoble est aujourd'hui en conversion biologique et la création d'une structure adjointe en 2021, la Croix du Grand Jard, permettra d'accroître la production de vins bio.

Association de merlot (66 %) et de malbec sur calcaires, ce rouge complet et bien réalisé est un beau représentant du cru. Paré de notes de fruits rouges presque confits et relevés d'une pointe d'épices, il se révèle très gourmand en bouche, frais et équilibré, étiré dans une finale aussi large que longue. ⧗ 2026-2031 ■ **2023 ★ (5 à 8 €; 12000 b.)** Ce joli blanc, ouvert à l'olfaction sur les fruits blancs mûrs et les fruits exotiques, est un bon classique de l'appellation. Les agrumes et les fleurs blanches sont au rendez-vous dans une bouche ronde et de bon confort, qui évolue avec équilibre et légèreté. ⧗ 2024-2027

⊶ *CH. LES PÂQUES, 27, Les Pâques, 33820 Braud-et-Saint-Louis, tél. 06 08 31 06 77, bruno.martin121@wanadoo.fr* V *t.l.j. 8h30-13h 14h-19h*

CH. PATY CLAUNE 2023 ★

■	5000		5 à 8 €

Créé en 1986, ce domaine, conduit par Jean-Michel Bertrand depuis 1988, compte actuellement 20 ha de vignes, essentiellement en Gironde, mais aussi en Charente-Maritime (5 ha), où elle produit du pineau-des-charentes.

Ce sauvignon élevé sur lies offre du volume, de beaux parfums de fruits jaunes mûrs, de mangue et de citron, ainsi qu'une légère amertume qui l'étire agréablement. C'est un blanc de bonne harmonie, très agréable, qui conserve de la fraîcheur et de la tension. Parfait dès l'apéritif. ⧗ 2024-2026

⊶ *CH. PATY CLAUNE, 3, Les Renauds, 33820 Saint-Ciers-sur-Gironde, tél. 05 57 32 65 45, bertrand-jm2@wanadoo.fr* V *t.l.j. sf dim. 9h-12h30 14h-19h*

CH. PETIT BOYER 2023 ★

■	8500		5 à 8 €

Des premières vinifications à Saint-Émilion et dans le Val de Loire, puis la reprise du domaine familial en 1997 : Jean-Vincent Bideau (troisième génération) conduit aujourd'hui un coquet vignoble de plus de 40 ha, implanté principalement sur Cars. Une valeur sûre du Blayais, complétée depuis 2012 par une structure de négoce.

Bénéficiant d'un élevage en cuves et en barriques, ce blanc aimable réunit matière et finesse avec efficacité. On apprécie ses parfums frais de pêche de vigne et de fleurs blanches, qui infusent une bouche à la fois ronde, fraîche, structurée en douceur par le bois. ⧗ 2024-2027 ■ **Vieilles Vignes 2022 ★ (11 à 15 €; 80000 b.)** Liant souplesse, équilibre et fraîcheur, ce vin dévoile un nez intense de fruits noirs, d'épices et de vanille. Arômes prolongés par une bouche veloutée et légèrement acidulée, servie par des tanins fondus. Un vin agréable et immédiatement accessible. ⧗ 2024-2029

⊶ *CH. PETIT BOYER, 5, Les Bonnets, 33390 Cars, tél. 05 57 42 19 40, bideau.jv@petit-boyer.com* V *t.l.j. sf sam. dim. 8h30-12h 14h-17h30*

PETIT SECRET 2023 ★

■	12000		5 à 8 €

Après avoir œuvré dans le négoce bordelais, puis défendu les intérêts des vins du Blayais, l'ancien directeur du syndicat viticole, Jean Lissague, est passé de «l'autre côté de la barrière» en 2012 pour signer ses propres cuvées, issues de 2 ha et vinifiées par les Châteaux solidaires.

Ouvert sur des parfums de fleurs blanches et de fruits mûrs, ce blanc de bonne dimension plaira en toutes circonstances; on pourra l'apprécier dès à présent sur des poissons marinés, des crustacés ou des fromages frais. La finale, stimulée par une légère amertume, l'étire avec conviction et fraîcheur. ⧗ 2024-2027

⊶ *CH. GRAND ET PETIT SECRET, BP 83, 33240 Saint-André-de-Cubzac, tél. 06 63 01 50 44, jean@lissague.fr*

B CH. PEYBONHOMME-LES-TOURS
Le Blanc Bonhomme 2022 ★

■	15000		15 à 20 €

Le Ch. Peybonhomme-les-Tours est la propriété de la famille Hubert depuis 1890, époque où le cru était classé 1er cru bourgeois. En 1997, Catherine et Jean-Luc Hubert acquièrent le Ch. la Grolet et convertissent les deux vignobles en biodynamie. C'est désormais Rachel Hubert qui œuvre à la destinée des domaines familiaux.

Déployant de jolis arômes d'abricot et d'agrumes, ce blanc marqué par une belle part de sémillon (45 %)

et un soupçon de colombard (10 %) trouve un joli gras en bouche, quelques touches miellées et une bonne longueur. À privilégier sur un poisson à la crème. ⧗ 2024-2027

CH. PEYBONHOMME-LES-TOURS, Peybonhomme, 33390 Cars, tél. 05 57 42 11 95, contact@vignobles-hubert.com V r.-v.

CH. PUY DE LIGNAC 2022 ★★

■ | 100000 | | 5 à 8 €

Alison, Albert et Nicolas Schweitzer conduisent la destinée du Ch. de Thau et de ses vignes. Ils sont aussi négociants en appellations côtes-de-bourg et blayes-côtes-de-bordeaux, et possèdent également le Ch. Puy de Lignac et le Ch. Saint-Paul en Blayais. En tout, une centaine d'hectares.

Ce classique de l'appellation, au nez mûr et marqué par les notes boisées de son élevage, déploie une bouche concentrée et structurée, dotée de tanins puissants mais qui ne nuisent pas à l'équilibre général. L'ensemble reste confortable et harmonieux, et s'accordera avec une belle viande rouge grillée. ⧗ 2027-2032 ■ **Ch. Saint-Paul 2022 ★★** (8 à 11 €; 100000 b.) Gourmand et affable, ce rouge à dominante de merlot ne manque pas de caractère. On appréciera ses notes de fruits rouges et de vanille, sa bouche ample et charnue stimulée par une fine amertume grillée. Un bon représentant du cru. ⧗ 2026-2030

VIGNOBLES ALBERT SCHWEITZER, 46, rte de la Gabare, 33710 Gauriac, tél. 05 57 43 19 59, contact@schweitzer-albert.com V r.-v.

B CH. LA ROSE BEAUMONT 2022 ★

■ | 21000 | | 8 à 11 €

Petite propriété de 3,5 ha située au cœur du terroir de Blaye, le Ch. la Rose Beaumont appartient à Marie-Claire Filliatreau, qui la bichonne comme un jardin, en agriculture biologique.

Tout en élégance et en fraîcheur de fruit, ce pur merlot né sur argiles et graves est un très joli classique de la région. Ici, rien n'est surjoué, la finesse prévaut et laisse s'exprimer de beaux arômes de fruits rouges et d'épices dans une bouche ronde, gourmande et idéalement proportionnée. ⧗ 2024-2029

CH. LA ROSE BEAUMONT, 9, Le Piquet, 33390 Cars, tél. 05 57 42 13 15, d.raimond@chateaux-solidaires.com V *t.l.j. sf sam. dim. 9h-12h 14h-18h*

CH. LA ROSE BELLEVUE
Grappe Diem Élevé en fût de chêne 2022 ★★

■ | 15000 | | 8 à 11 €

Jérôme Eymas a parcouru le vaste monde viticole avant de prendre la direction de cette propriété en 2000 : stage en Australie, puis vinification en Champagne, dans la vallée du Rhône et en Suisse, dans le Valais. Il exploite aujourd'hui un vignoble de 54 ha dans le Blayais.

Avec une bonne intensité autour d'un fruit mûr et de touches boisées, ce rouge déroule un jus harmonieux, rond, bien travaillé, où l'élevage s'intègre parfaitement, soutenant sans l'écraser une ossature tannique fine et élégante. ⧗ 2026-2032 ■ **Grappe Diem Élevé en fût de chêne 2023 ★** (8 à 11 €; 12000 b.) Encore marqué par les notes boisées vanillées de son élevage en barrique, ce blanc a besoin de respirer. La bouche reste sensuelle et gourmande, marquée par une belle finale sur les agrumes. Il faudra encore l'attendre un peu avant de l'envisager à table, sur des poissons ou des viandes blanches. ⧗ 2025-2029

CH. LA ROSE BELLEVUE, 5, Les Mouriers, 33820 Saint-Palais, tél. 05 57 32 66 54, service.commercial@chateau-larosebellevue.com V *t.l.j. sf dim. 10h-12h30 15h-18h*

CH. TAYAT Cuvée Tradition 2022 ★

■ | 13000 | | 8 à 11 €

Les Favereaud cultivent la vigne depuis sept générations, en Charente pour commencer, au début du XIXᵉs., puis en Gironde. Ils conduisent aujourd'hui 33 ha, répartis entre les Ch. Baconne (bordeaux) et Tayat dans le Blayais, acquis par Guy Favereaud et son fils Bernard en 1972. Depuis 2001, ce sont sa fille Karine et son gendre Sébastien qui supervisent le domaine.

Ce rouge s'exprime avec élégance, dans la pure tradition bordelaise, avec un élevage en fût de chêne ostensible. Les notes de griotte, de vanille et de grillé sont en effet encore perceptibles, enrobant une matière fine et de bonne longueur. ⧗ 2026-2030

CH. TAYAT, 2, Tayat, 33620 Cézac, tél. 05 57 68 62 10, contact@chateautayat.com V *t.l.j. sf dim. 8h30-12h 14h-19h*

♥ B CH. LES TOURS DE PEYRAT
Dans la nature 2022 ★★

■ | 50000 | | 8 à 11 €

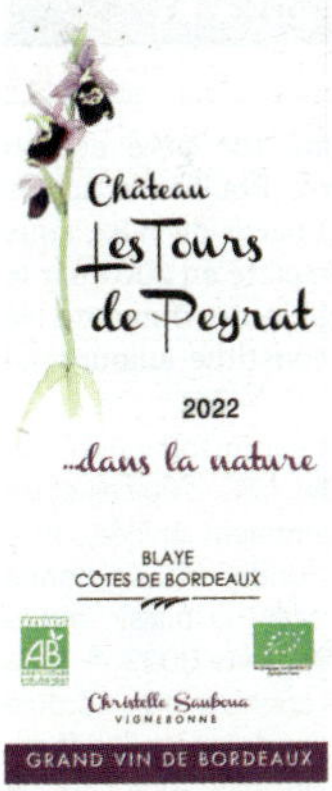

Le Ch. les Tours de Peyrat est un cru familial de 16 ha (en bio certifié) planté sur les sols argileux-calcaires de Saint-Paul-de-Blaye, conduit depuis 2000 par Christelle Sauboua. Il fait partie de la coopérative de Cars (1937), rebaptisée en 2011 « Châteaux solidaires », qui vinifie séparément les vendanges d'une dizaine de châteaux adhérents, sélectionnés très rigoureusement.

Ce très beau rouge à dominante de merlot se livre avec complexité et finesse. Les fruits mûrs, la touche de cacao et de grillé apportée par l'élevage en barrique, le grand volume de bouche, les tanins fins et soyeux et la finale longue et raffinée forment un ensemble diablement savoureux. C'est une belle bouteille, assez corsée, bien enrobée par le boisé, appelée à se garder en cave quelques années. On l'ouvrira alors avec bonheur sur une belle entrecôte ou un pigeon rôti sur le coffre. ⧗ 2027-2034

CH. LES TOURS DE PEYRAT, 9, Le Piquet, 33390 Cars, tél. 05 57 42 13 15, d.raimond@chateaux-solidaires.com V *t.l.j. sf sam. dim. 9h-12h 14h-18h*

CH. DES TOURTES Cuvée Prestige 2022 ★

■ | 20000 | | 8 à 11 €

Lise et Philippe Raguenot ont créé le Ch. des Tourtes en 1967, un cru régulier en qualité qui couvre 70 ha de vignes, auxquels s'ajoutent depuis 1998 les 26 ha du Ch. Haut Beyzac (haut-médoc). Aux commandes depuis 1997 : les filles des fondateurs, Emmanuelle et Marie-Pierre, accompagnées par Éric Lallez.

Au nez se dévoilent des parfums bien mariés de vanille, de toasté et de cerise griotte. En bouche, on découvre un rouge corsé, charnu, intense et puissant, doté d'une longue finale. On l'associera volontiers à une viande mijotée ou un cassoulet. ⌛ 2027-2032

VIGNOBLES RAGUENOT (CH. DES TOURTES), 65, rue Léonce-Planteur, 33820 Val-de-Livenne, tél. 05 57 32 65 15, contact@vignoblesraguenot.fr V t.l.j. sf dim. 9h-12h 14h-18h

Ⓑ CH. VALENTIN 2022 ★

■ | 58000 | | 5 à 8 €

Ce domaine est une propriété familiale de 20 ha conduite par Dominique Revaire. Le vignoble est certifié bio depuis 2022.

Finesse et complexité sont les maîtres-mots de cette cuvée à dominante de merlot, élevée uniquement en cuve, sans apport de bois. On se réjouit de ce choix judicieux qui laisse s'exprimer un fruit pur, aux parfums de confiture de fruits rouges mâtinés de violette. La bouche, bien équilibrée, persiste agréablement dans un style plaisant et aimable. Un vin immédiatement accessible. ⌛ 2024-2028

CH. VALENTIN, 1, Le Valentin, 33390 Cars, tél. 05 57 42 12 16, dominique.revaire@wanadoo.fr V r.-v.

CH. DU VIEUX PUIT 2022 ★★

■ | 200000 | | 5 à 8 €

Vigneron et pépiniériste comme son père et son grand-père avant lui, Jean-Pierre Bouillac a acquis peu à peu ses propres vignes, à partir de 1983, sous le nom de Ch. du Vieux Puit, complété en 2007 par le Ch. Clos du Loup, pris en fermage. Autre étiquette : le Ch. Haut Perdrias. L'ensemble constitue aujourd'hui un vignoble de 80 ha.

Voilà un bel ensemble équilibré et gourmand, qui séduit par ses notes fraîches de fraise des bois, d'épices et de violette. La bouche charnue, légèrement épicée, offre une jolie corpulence, des tanins fondus et une bonne vigueur. Tout est bien en place pour un plaisir immédiat. ⌛ 2024-2029 ■ **Ch. Haut Perdrias 2022 ★ (5 à 8 €; 50000 b.)** Ce vin qui n'a pas connu le bois déroule un profil léger et très abordable. Les épices et les fruits rouges s'orchestrent avec amabilité dans une bouche ample, ronde et suave, sans rudesse. ⌛ 2024-2029

VIGNOBLES BOUILLAC, 10, Réaud, 33860 Reignac, tél. 05 57 32 41 76, info@vignoblesbouillac.com V r.-v.

CH. LE VIROU Vieilles Vignes 2022 ★★

■ | 129000 | | 5 à 8 €

Ancien monastère construit en 1640, ce domaine de plus de 100 ha entièrement clos par un mur de 4 km de long est la propriété de Pierre-Jean Larraqué. Depuis 2002, David Caillaud en est le régisseur.

Puissance, rondeur et caractère forment le socle de ce beau vin. Concentré en fruits noirs, il offre une structure dense, bâtie sur tanins bien présents, et déploie une longue finale appuyée. Un bon représentant de son appellation, bien équilibré, à associer à une viande de goût. ⌛ 2027-2032

CH. LE VIROU, 33920 Saint-Girons-d'Aiguevives, tél. 05 57 42 44 40, contact@groupe-lvi.com

CÔTES-DE-BOURG

Superficie : 3 920 ha / Production : 210 600 hl

L'AOC est située au sud du Blayais, sur la rive droite de la Gironde puis de la Dordogne. Avec le merlot comme cépage dominant, les rouges se distinguent souvent par leur couleur et leurs arômes typés de fruits rouges. Plutôt tanniques mais agréables dans leur jeunesse, ils peuvent vieillir de trois à huit ans. Peu nombreux, les blancs sont en général secs.

CH. BELAIR-COUBET 2022 ★

■ | 60000 | | 8 à 11 €

Plaisance, Belair-Coubet, Fontarabie, La Bardonne, Bois de Tau, Jansenant : Alain Faure s'est installé en 1977 à la tête des vignes familiales, étendues alors sur 17 ha. Sa fille Delphine en a pris la tête aujourd'hui et exploite un vaste vignoble d'une centaine d'hectares répartis sur plusieurs châteaux du Blayais et du Bourgeais.

Ce vin à l'équilibre agréable et accessible est campé sur un bon fruit frais et un boisé encore dominateur mais de qualité. En bouche, il dévoile une matière souple et fondue, et une jolie finale légèrement grillée. ⌛ 2026-2029 ■ **Ch. du Bois de Tau 2022 ★ (8 à 11 €; 50000 b.)** Marqué par un boisé appuyé et des notes de fruits frais, offrant un corps souple et avenant, ce vin de bonne facture apparaît harmonieux mais encore en devenir. À marier à une viande de goût pour faire contrepoint au caractère boisé dominant. ⌛ 2026-2029

VIGNOBLES A. FAURE, 2 bis, Bois-de-Tau, 33710 Saint-Ciers-de-Canesse, tél. 05 57 42 68 80, belair-coubet@wanadoo.fr V t.l.j. sf sam. dim. 8h-12h 14h-18h; f. août ⑤

♥ CH. BRÛLESÉCAILLE 2022 ★★

■ | 10000 | | 8 à 11 €

Déjà connu sous le Second Empire, le Ch. Brûlesécaille, l'une des références en côtes-de-bourg, a été acquis en 1924 par la famille de Guillaume Rodet, ancien ingénieur en télécommunications arrivé à sa tête en 2017. Le vignoble de 30 ha a été complété en 1996 par 2 ha en saint-émilion avec le Ch. Yon Saint-Christophe. Autre étiquette : Ch. la Gravière (côtes-de-bourg).

Bâti dans une optique gastronomique, ce blanc élevé six mois en barriques de 400 l, avec un quart de fût neuf, se révèle onctueux et complexe. L'aromatique, intense, s'articule autour de notes de pamplemousse et de fleurs blanches, bien soutenue par un accent boisé. La bouche prolonge ce registre avec beaucoup de nuances et d'intensité, associant volume, densité, texture soyeuse, fraîcheur et persistance. Un blanc superbe, à l'équilibre idéal, à réserver à une blanquette de veau ou un poisson en sauce. ⧗ 2025-2030

RODET-RÉCAPET, 29, rte des Châteaux, 33710 Tauriac, tél. 05 57 68 40 31, contact@brulesecaille.com V *t.l.j. sf dim. 9h-12h 14h-18h*

CH. BUJAN 2022 ★

■ | 98000 | | 8 à 11 €

Implanté face à Margaux, à l'entrée de l'estuaire, ce château est depuis 2021 la propriété de Laurent Jonquière et de Benoît Poletto. Il compte 17 ha exposés au sud, sur des terroirs variés à dominante argilo-calcaire.

Avec une belle dominante fruitée et beaucoup de fraîcheur, ce cru à la structure souple offre un bon compromis entre matière et finesse. Les tonalités grillées et torréfiées se mêlent au fruit mûr, notamment la cerise, et charment immédiatement. ⧗ 2025-2029

CH. BUJAN, 6, rte de la Crête, 33710 Gauriac, tél. 05 57 64 86 56, accueil@bujan.fr V *t.l.j. sf sam. dim. lun. 10h-18h*

CH. CASSILLAC 2022 ★

■ | 48000 | | 5 à 8 €

Propriété de la famille Doucet depuis quatre générations, le Ch. Cassillac est situé à Pugnac, au lieu-dit éponyme, et compte près de 17 ha de vignes.

Voilà un vin agréable et bien fait, porté par un fruit frais (groseille, framboise) et quelques variations fumées et réglissées. Sa trame fraîche, ses tanins souples, sa petite sucrosité forment un ensemble aimable, équilibré et prêt à boire. ⧗ 2024-2028

CH. CASSILLAC, 447, Cassillac, 33710 Pugnac, tél. 05 57 68 85 59, doucet.christophe@neuf.fr

CH. CASTAING Élevé en fût de chêne 2022 ★

■ | 80000 | | 5 à 8 €

Depuis 1876, cinq générations de vignerons et de tonneliers se sont succédé au Ch. Haut-Guiraud, qui couvre un coteau argilo-calcaire dominant l'estuaire, en côtes-de-bourg. Conduite par Christophe Bonnet depuis 1998, la propriété s'étend aujourd'hui sur 45 ha. À ce domaine s'ajoute le Ch. Castaing, acquis en 1978, 13 ha actuellement en cours de conversion bio.

Ce vin vegan, passé sous bois, révèle une structure dense et concentrée qui aura besoin de temps pour fondre ses tanins et les notes grillées de son élevage. C'est un vin prometteur et intense, avec une bonne longueur et une légère amertume en finale. ⧗ 2027-2032 ■ **Ch. Guiraud-Grimard 2022 ★ (5 à 8 €; 50000 b.)** Un vin corsé, encore assez austère, marqué par des notes de cassis et de merrain, des tanins puissants mais aussi un bon volume et un joli retour fruité en finale. On met en cave. ⧗ 2027-2032

BONNET ET FILS, 2, Le Guiraud, 33710 Saint-Ciers-de-Canesse, tél. 05 57 64 91 39, bonnetchristophe@wanadoo.fr V *t.l.j. 9h-12h30 14h-17h30*

CH. CHAMAILLE 2022 ★★

■ | 28900 | | 5 à 8 €

Installé à son compte depuis 2000, Laurent Glémet s'est associé en 2006 avec son père pour créer un vignoble qu'il conduit aujourd'hui seul : 36 ha répartis entre les châteaux Moulin Neuf et Chamaille.

Un vin complet, de très belle réalisation, ouvert au nez sur des notes de fruits rouges et de torréfaction. En bouche, il déploie une matière ample, généreuse et nuancée, épaulée par des tanins bien en place. Une belle harmonie s'en dégage, de même que beaucoup de fraîcheur. ⧗ 2027-2032

VIGNOBLES GLÉMET, Le Moulin-Neuf, 33920 Saint-Christoly-de-Blaye, tél. 06 61 19 55 38, chateau.moulin-neuf@orange.fr V *t.l.j. 8h-12h 14h-18h*

CH. COLBERT 2022 ★

■ | 60000 | | 5 à 8 €

Un vignoble de 22 ha établi sur les coteaux argilo-calcaires de Comps. Le château néogothique a été construit grâce à la prime versée en 1880 par l'armateur du Colbert : un navire ensablé dans la Gironde au pied du domaine fut remis à flot grâce à l'ingéniosité du propriétaire de l'époque qui employa comme flotteurs ses barriques vides. Barriques où séjourne aujourd'hui une cuvée Prestige souvent remarquée.

Un vin à l'expression gourmande, sur le fruit et la jeunesse, délicatement épicé, non dénué de volume en bouche, équilibré de bout en bout, long, porté par une belle fraîcheur. ⧗ 2024-2028 ■ **Cuvée Prestige 2022 ★ (8 à 11 €; 10000 b.)** De caractère riche et boisé, ce rouge impose son bon fruit noir, ses touches d'épices et un joli volume de bouche. C'est un vin bien réalisé, concentré et puissant, à la finale serrée, qui offre un beau potentiel de garde. ⧗ 2027-2032

CH. COLBERT, 33, rte des Coteaux, 33710 Comps, tél. 05 57 64 95 04, chateau-colbert@wanadoo.fr V *r.-v.*

B CH. DE CÔTS 2022 ★

■ | 3000 | | 20 à 30 €

Situé à une trentaine de kilomètres de Bordeaux, ce domaine familial tenu par Rémi Bergon exploite 16 ha de vignes en agriculture biologique (depuis 1999) et biodynamique (depuis 2020). Le vignoble, implanté sur l'un des meilleurs plateaux de Bayon-sur-Gironde, bénéficie des coteaux orientés sud-ouest, sur un sol argilo-calcaire limoneux.

Ce pur malbec est une petite rareté et surtout une belle réussite. Un vin sur la violette, les épices et les fruits noirs, qui développe un corps rond et de belle envergure, épaulé par des tanins fermes et une fine fraîcheur. De la personnalité. À attendre en cave. ⧗ 2027-2032

CH. DE CÔTS, 12, chem. de Côts, 33710 Bayon, tél. 06 83 83 86 24, info@chateau-de-cots.com V *r.-v.* 4

CH. LA COULÉE DE BAYON 2021 ★★

■ | 1400 | | 15 à 20 €

En 2021, Simon Abrivard a réuni deux propriétés dans le Bourgeais, La Coulée de Bayon (2 ha) et le Ch. le Tertre Camillac (1,6 ha). Cultivés de façon la plus naturelle possible, ces deux vignobles donnent naissance à des micro-cuvées.

Voici un joli vin qui ne joue pas l'opulence mais reste agréable, mesuré et bien réalisé. Sa fraîcheur, sa souplesse, son élégance et son beau toasté-grillé constituent ses atouts. Un ensemble harmonieux et fidèle au millésime, qui plaira à l'unanimité. ⧗ 2025-2029

CH. LE TERTRE CAMILLAC, 38, corniche de la Gironde, 33710 Gauriac, tél. 06 27 03 43 43, abrivardvignerons@outlook.fr V *r.-v.*

CH. LA CROIX DE MILLORIT Cuvée Prestige 2022 ★★

■ | 10 000 | | 15 à 20 €

Situé en bord de Gironde, sur les pittoresques collines du Bourgeais, le Ch. la Croix de Millorit est l'une des plus anciennes résidences de l'appellation. Le vignoble de 15 ha associe traditionnellement merlot, malbec et cabernet-sauvignon.

Ce vin affiche de la richesse et de l'onctuosité, paré d'un fruit complexe aux nuances pâtissières, réglissées et épicées. C'est un vin séveux, ample et cossu en bouche, qui s'offre autour de beaux tanins dans une grande matière. Un beau potentiel de garde en perspective. ⧗ 2027-2034

CH. LA CROIX DE MILLORIT, 2, rte de la Corniche, 33710 Bayon-sur-Gironde, tél. 07 89 05 96 08, info@lacroixdemillorit.com V *t.l.j. 10h-19h*

CH. GRAVEREAU 2022 ★★

■ | 35 367 | | 5 à 8 €

Terres bordelaises est une filiale du groupe Les Grands Chais de France, qui diffuse une vaste gamme de domaines girondins, parmi lesquels Bastor-Lamontagne, Saint-Robert, Faizeau, Haut-Mouleyre, Laubès, Timberlay.

Ce vin gourmand offre tous les atouts d'une réussite à prix doux. On aimera son beau fruit paré de notes épicées, sa bouche ronde, suave et souple, son équilibre d'ensemble. Un vin fin et élégant, si facile à aimer. ⧗ 2024-2028 ■ **Ch. Peychaud 2022 ★★ (8 à 11 €; 43 690 b.)** Avec son nez intense de fruits noirs, sa bouche ronde, tendre et gourmande, associant fruits mûrs et finesse de tanins, ce vin remporte tous les suffrages. Un très beau classique qui enchante par son équilibre, à déguster dès à présent sur une volaille rôtie. ⧗ 2024-2028 ■ **Ch. Perthus 2022 ★ (5 à 8 €; 9175 b.)** Un vin gourmand, d'un bel équilibre, sans surenchère, qui s'offre avec mesure autour de tanins élégants, d'un bon fruit et d'une belle fraîcheur. On le verrait bien avec un pot-au-feu. ⧗ 2024-2028

TERRES BORDELAISES, Ch. Bastor-Lamontagne, 33210 Preignac, tél. 05 57 92 07 20, vincent.cachau@lgcf.fr V *t.l.j. sf dim. 9h-12h 14h-17h*

CH. GRAVETTES-SAMONAC Cuvée Élégance 2022 ★

■ | 70 000 | | 8 à 11 €

Dans la famille Giresse depuis 1950, un domaine de 40 ha implanté sur les hauteurs de l'appellation côtes-de-bourg. Sylvie Giresse, qui était aux commandes depuis 1986, a transmis en 2014 l'exploitation à son fils Cyril, qui représente la quatrième génération.

Typique de l'appellation, ce vin encore jeune affiche un bon fruit persistant sur fond de boisé maîtrisé. Un vin qui a de la carrure, du volume, porté par des tanins bien présents. On met en cave. ⧗ 2027-2031

CH. GRAVETTES-SAMONAC, 8, av. des Côtes-de-Bourg, 33710 Samonac, tél. 06 19 14 06 51, gravettes.samonac@orange.fr V *t.l.j. sf sam. dim. 9h-12h 14h-18h; f. août*

♥ CH. GROLEAU Élevé en fût de chêne 2022 ★★★

■ | 15 000 | | 8 à 11 €

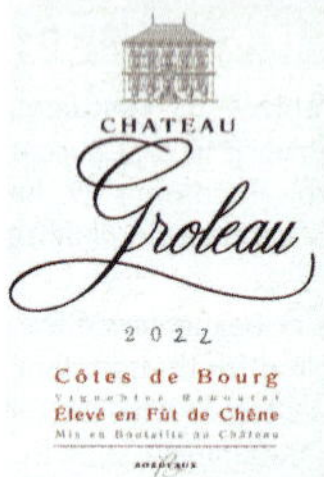

Les Raboutet cultivent la vigne à Berson depuis cinq générations. Didier et Sylvie, installés en 1983, ont donné le relais à leur fille Aurélie en 2018, rejointe par son mari Alexandre en 2020, aujourd'hui à la tête d'un vignoble de 38 ha répartis entre les 20 ha argilo-calcaires du Ch. le Chay (Blayais) et les 18 ha argilo-graveleux du Ch. Groleau (Bourgeais).

2015, 2017, 2019, 2020 et désormais 2022, Groleau, valeur très sûre du Bourgeais, décroche un nouveau coup de cœur avec un vin plein de gourmandise et de charme, qui enchante de bout en bout. Le nez, complexe et expressif, convoque les fruits confiturés, les épices et le cacao. En bouche, il se montre suave, riche et élégant, avec un boisé qui reste en retrait, offrant une juste sucrosité et du volume sans atténuer l'expression du fruit. Un vin harmonieux, parfaitement abouti. ⧗ 2027-2034

VIGNOBLES RABOUTET, 1, Le Chay, 33390 Berson, tél. 05 57 64 39 50, lechay@wanadoo.fr V *t.l.j. sf dim. 9h-12h 14h-17h30*

CH. LA GROLET Indigène 2021 ★

■ | 1700 | | 11 à 15 €

Commandé par un vieux manoir, ce domaine de 50 ha comporte non seulement 38 ha de vignes, mais aussi des prés et des bois, hâvre pour la faune sauvage. Propriétaires depuis 1997, Jean-Luc et Catherine Hubert conduisent le domaine en bio certifié (biodynamie).

Ce vin élevé en amphores, issu de 50 ares de vignes à dominante de merlot, s'inscrit dans un registre de souplesse et de légèreté qui n'est pas si commun à Bordeaux. C'est un vin honnête, franc et direct, un vin de plaisir parfait pour les grillades. ⧗ 2024-2028

CH. LA GROLET, 33710 Saint-Ciers-de-Canesse, tél. 05 57 42 11 95, contact@vignobles-hubert.com V *r.-v.*

CH. GROS MOULIN 2022 ★

■ | 36 000 | | 5 à 8 €

Dominant la Dordogne, le domaine est dans la même famille depuis 1757. À cette époque, seuls un moulin et un petit hectare de vignes subsistaient aux côtés

de cultures diverses. Aujourd'hui, ce sont 30 ha de merlot, de malbec et de cabernet franc, sur un terroir argilo-calcaire, en conversion bio. En 2010, la onzième génération – représentée par Rémy Eymas – s'est installée, perpétuant l'héritage familial.

Il y a du volume et de la structure dans ce vin, des notes de bons fruits noirs toastés et aussi un boisé encore prégnant qui domine à ce stade. En bouche, on découvre une matière solide, épaulée par des tanins ronds et de qualité. Un vin puissant taillé pour la garde, à réserver à une côte de bœuf. ⧗ 2027-2034

CH. GROS MOULIN, 7, Gros-Moulin, 33710 Bourg, tél. 06 88 02 78 88, chateau.gros.moulin@orange.fr V *r.-v.*

VIGNOBLES GUILLAUME GUÉRIN
Zéphyr 2022 ★

■	3 000		15 à 20 €

Un domaine dans la même famille depuis le XVIIIe s. Guillaume Guérin, après avoir vinifié en Nouvelle-Zélande, au Portugal, à Pauillac et dans l'Entre-deux-Mers, a pris la suite de ses parents en 2014. Il conduit 28 ha de vignes (en bio certifié) en AOC régionales, blaye-côtes-de-bordeaux et côtes-de-bourg.

Doté de jolis tanins fondus, ce rouge puissant et velouté, bien en chair, dégage de beaux arômes toastés, torréfiés, de moka et de vanille. Du sérieux et du potentiel en cave. Il faudra l'associer d'ici quelque temps à une viande mijotée. ⧗ 2027-2034 ■ **Ch. Moulin des Blais 2022** ★ **(- de 5 €; n.c.)** Sans esbroufe, ce vin bio à petit prix déploie un bon fruit rouge aux accents légèrement épicés, relayés par une bouche ronde et gourmande, à la finale enjouée. Parfait pour le poulet rôti du dimanche. ⧗ 2024-2027

VIGNOBLES GUILLAUME GUÉRIN, 2, Moulin-de-Rioucreux, 33920 Saint-Christoly-de-Blaye, tél. 06 22 85 06 05, vignoblesguerin@gmail.com V *r.-v.*

CH. HAUT-LAUNAY 2022 ★

■	30 000		5 à 8 €

À la tête de 50 ha en côtes-de-bourg et blaye-côtes-de-bordeaux, la famille Noailles cultive la vigne depuis six générations. Le Ch. Haut-Launay (20 ha) et le Ch. Croix-Lussant (6 ha), complétés par 12 ha supplémentaires en côtes-de-bourg, sont gérés par Nicolas Noailles.

Ce vin de caractère s'ouvre sur d'élégants parfums de fruits noirs agrémentés d'une touche de violette. Arômes prolongés par un palais ample, structuré par des tanins fermes, qui ne manque ni de fraîcheur ni de longueur. Pour la cave. ⧗ 2027-2034

CH. HAUT-LAUNAY, 86, rte des Vignobles, 33710 Teuillac, tél. 06 16 06 08 48, chateau.haut.launay@gmail.com V *t.l.j. sf dim. 9h-13h30 14h-18h30*

CH. HAUT-MACÔ Cuvée Jean Bernard 2021 ★

■	10 500		8 à 11 €

Anne et Hugues Mallet (quatrième génération) sont installés depuis 2004 à la tête de ce domaine familial. Le vignoble couvre aujourd'hui 53 ha, une surface qui en fait l'un des plus vastes de l'appellation côtes-de-bourg.

Bien équilibré, avec une touche florale et des notes de fruits rouges, ce joli vin, parfaitement dans les codes de l'appellation, va droit à l'essentiel. C'est une bouteille souple et élégante, sur la finesse, qui profite pleinement de ce millésime frais. On pourra l'ouvrir dans sa jeunesse. ⧗ 2024-2028

CH. HAUT-MACÔ, 61, rue des Gombauds, 33710 Tauriac, tél. 05 57 68 81 26, hautmaco@wanadoo.fr V *t.l.j. sf dim. 8h-12h 14h-18h*

CH. HOCLET 2022 ★

■	45 000		11 à 15 €

En 1926, Fernand Hoclet prend en métayage une petite ferme bordant la Gironde au lieu-dit Cheval-Blanc à Villeneuve, entre Bourg et Blaye, qu'il achète dix ans plus tard. Après Gérard puis Vincent, Xavier Hoclet a pris en 2013 la tête de l'exploitation familiale et ses 21 ha de vignes.

Ce vin qui navigue entre puissance et finesse trouve un équilibre idéal. On aimera ses parfums de fruits mûrs, mêlés à quelques touches fumées, sa richesse et son amplitude en bouche, avec un boisé bien présent mais de belle qualité. ⧗ 2026-2032

CH. HOCLET, 1, Cheval-Blanc, 33710 Villeneuve, tél. 09 81 88 58 87, contact@chateauhoclet.fr V *t.l.j. 9h-18h*

CH. LABADIE 2021 ★★

■	30 000		8 à 11 €

Gilbert Dupuy regroupe en 1956 des parcelles familiales pour former un vignoble de 8 ha. Aujourd'hui, une belle unité de 68 ha, conduite depuis 1982 par Joël, rejoint en 2010 par son fils Damien, et deux crus souvent très remarqués : Laroche Joubert et Labadie (15 ha), complétés par une autre étiquette, le Ch. Moulin des Richards.

Avec ses fines notes d'épices, de fruits noirs et de bois neuf, ce vin propose une entame séduisante. Rond, puissant et chaleureux en bouche, il n'en reste pas moins agréable, avec du volume, de la concentration et un bon retour de fruit. Un vin convaincant, à dédier à des côtes d'agneau aux herbes. ⧗ 2027-2032 ■ **Ch. Moulin des Richards 2022** ★★ **(5 à 8 €; 284 700 b.)** Déployant d'emblée une belle palette fruitée, ce classique du secteur réjouit sans détour. On appréciera également sa bouche ample, ronde, suave, très équilibrée et portée par des tanins fondus et veloutés. Un vin d'une belle dimension et déjà très affable. ⧗ 2025-2030

VIGNOBLES DUPUY, 1, Cagnac, 33710 Mombrier, tél. 05 57 64 23 84, contact@vignobles-dupuy.com V *r.-v.*

CH. LAROCHE Les Elfes 2022 ★★

■	9 600		11 à 15 €

Établi au Ch. Laroche, château fort de la guerre de Cent Ans puis maison noble rasée et reconstruite plusieurs fois, Roland de Onffroy, Varois d'origine, ingénieur agronome formé à Angers, conduit depuis 1994 un vignoble de 34 ha répartis entre le Bourgeais et le Blayais. Plusieurs étiquettes ici : Laroche et Bourg des Eyquems dans la commune de Tauriac, Monseigneur à Pugnac et Clos Bertin à Cézac.

De belle dimension, ce très bon classique du secteur déploie des notes toastées et grillées qui enrobent un bon fruit noir et quelques touches d'épices. Large et équilibré, puissant sans dureté, bâti sur des tanins soyeux et fondus, il sera le parfait compagnon de viandes de goût et en sauce. ⧗ 2027-2032 ■ **Élevé en fût de chêne 2022 ★ (5 à 8 €; 100 000 b.)** Des fruits rouges frais, une touche toastée, une trame puissante, ferme et structurée : ce classique du Bourgeais a du caractère. On l'associera à une belle viande mijotée, une daube provençale par exemple. ⧗ 2027-2032

CH. LAROCHE, 2, chem. des Augers, 33710 Tauriac, tél. 06 13 57 08 24, rolanddeonffroy@wanadoo.fr r.-v.

CH. DU LUC 2022 ★

■ | 66 300 | | 5 à 8 €

En 1992, Lionel Lorente a racheté 1,5 ha de vignes qui appartenait à sa grand-mère. Au fil des ans, il a constitué un vignoble qui s'étend aujourd'hui sur 17 ha conduits en agriculture biologique. Le nom du domaine vient du lieu-dit où se situent les vignes : Le Luc.

Un vin harmonieux, campé sur un fruit gourmand et quelques notes d'épices au nez, d'une rondeur agréable en bouche, offrant aussi un bon volume et une finale persistante. On pourra l'ouvrir dans ses jeunes années, avec une volaille forestière ou des plats en sauce par exemple. ⧗ 2024-2028

CH. DU LUC, 17, rue de l'Ancien-Bourg, 33710 Gauriac, tél. 05 57 64 93 38, sceaduluc@orange.fr

CH. MONTAIGUT 2022 ★

■ | 50 000 | | 5 à 8 €

Dominant l'estuaire, dans l'appellation côtes-de-bourg, le cru comptait 12 ha en 1975 lorsque François de Pardieu l'acheta en 1975. C'est aujourd'hui une belle unité de 35 ha, exploitée depuis 2009 par son fils Benoît. Autres étiquettes : Lestrille, Nodeau, Peyrolan, Haut-Perringue.

Ce beau vin bâti sur les fruits mûrs au nez comme en bouche affiche des tanins enrobés et une texture soyeuse tout à fait appréciable. Liant volume et finesse, fruit et équilibre, il constitue une approche gourmande de l'appellation. ⧗ 2024-2028

VIGNOBLES DE PARDIEU, 2, Nodeau, 33710 Saint-Ciers-de-Canesse, tél. 05 57 64 92 49, contact@vignobles-de-pardieu.fr t.l.j. sf dim. 9h-12h 14h-18h

CH. DE MONTEBERIOT 2022 ★

■ | 19 000 | | 8 à 11 €

Ce domaine des côtes-de-bourg tire son nom de Sulpicius de Monteberiot, moine du XIVᵉs. qui fonda le village de Mombrier. Il a été baptisé ainsi par Gilles et Marie-Hélène Marsaudon, un ancien décorateur événementiel et une ex-commerciale dans le vin reconvertis dans la vigne, qui ont acquis en 2003 ce vignoble de 7,3 ha, certifié bio.

Voilà une belle réussite du Bourgeais à réserver à des plats de chasse ou des viandes en sauce. Ses notes de cerise à l'eau-de-vie, de guignolet et ses touches épicées plaisent immédiatement. Suit une bouche de bon volume, puissante, aux tanins soyeux, qui développe une grande intensité. Un vin de matière, très bien réalisé. ⧗ 2026-2032

CH. DE MONTEBERIOT, 2, Le Maine, 33710 Mombrier, tél. 06 07 50 98 18, contact@monteberiot.com r.-v.

CH. MONTFOLLET Altus 2022 ★★

■ | 20 000 | | 8 à 11 €

Dominique Raimond est propriétaire de plusieurs châteaux dans le Blayais et le Bourgeais : Montfollet, l'un des fers de lance de la région, Haut Lalande, Graulet, Merigot, Haut Grela et Puy d'Amour (13 ha en bio). Il fait partie de la très qualitative coopérative de Cars (1937), rebaptisée en 2011 « Châteaux solidaires », qui vinifie séparément les vendanges d'une dizaine de châteaux adhérents, sélectionnés très rigoureusement.

De belle stature, tannique mais harmonieux, ce vin porté par le merlot à 95 % promet une belle évolution dans le temps. On aimera son ampleur, ses tanins bien présents mais onctueux, son architecture complète et précise. Un cru complexe, très bien construit, à conserver en cave. ⧗ 2028-2034 ■ **Ch. Puy d'Amour Grain de folie 2022 ★★ (11 à 15 €; 14 000 b.)** Ce vin bio, élevé en barriques et en amphores, se révèle frais, gourmand et équilibré, épaulé par des tanins bien présents mais sans dureté, avec en prime une belle longueur. Déjà agréable, cette cuvée s'appréciera aussi avec quelques années de garde. ⧗ 2028-2034 ■ **Ch. Merigot 2022 ★ (8 à 11 €; 25 500 b.)** Quasi pur merlot, ce rouge expressif, fruité et mentholé affiche du volume, de la sucrosité et une bonne dimension de corps dans un équilibre assuré, avec un boisé très ajusté en soutien. C'est un vin sapide, très frais, à boire dans ses jeunes années. ⧗ 2025-2029

CHÂTEAUX SOLIDAIRES, 9, Le Piquet, 33390 Cars, tél. 05 57 42 13 15, d.raimond@chateaux-solidaires.com t.l.j. sf sam. dim. 9h-12h 14h-18h

CH. MOULIN DE GAURIAC 2022 ★

■ | 25 800 | | 5 à 8 €

Au XVIIIᵉs., ce vaste domaine appartenait à de riches commerçants de Bordeaux, les Denis de Lansac. Une Lansac épouse un Piémontais du nom d'Elzéar Jean-Marie de Broglie. La propriété a été morcelée au XIXᵉs. en plusieurs exploitations. Elle a de nouveaux propriétaires depuis 2009.

D'une belle harmonie, ce vin constitue une bouteille de choix pour l'appellation, que l'on pourra apprécier dans sa jeunesse. Agréable de bout en bout, infusé de notes de fruits noirs et d'épices douces, il déploie une bouche ample, suave et équilibrée, portée par des tanins mûrs et fondus. ⧗ 2024-2029

VIGNOBLES DUPUY, 1, Le Petit-Puy, 33710 Lansac, tél. 06 08 43 96 51, dominique.bonnet0578@orange.fr

CH. MOULIN DE GUIET Élevé en fût de chêne 2022 ★

■ | 47 800 | | 5 à 8 €

Alliance Bourg, regroupement des coopératives de Pugnac, de Tauriac, de Lansac et d'Aubie, propose une gamme étendue de vins dans les appellations

du Blayais et du Bourgeais, ainsi qu'en appellations régionales.

Marqué par une belle intensité de fruit et des accents boisés harmonieux, ce vin constitue un ensemble convaincant. La bouche ample, onctueuse, aux tanins présents sans rudesse, façonne un vin plein, de belle architecture. Un classique à boire ou à attendre. ⧗ 2025-2029 ■ **Ch. Lansac la Richarde 2022 ★ (5 à 8 €; 21300 b.)** Un côtes-de-bourg affable et équilibré, façonné autour de tanins fondus et d'une trame souple, où la présence du cabernet-sauvignon (31 %) reste perceptible. Sans surpuissance ni boisé intempestif, il impose son fruit et ses épices avec amabilité. ⧗ 2024-2028

ALLIANCE BOURG, 42, rte de la Cave, 33710 Pugnac, tél. 05 57 68 81 01, accueil@alliancebourg.com V t.l.j. 9h30-12h30 14h-18h

B MALBEC DU MOULIN DE LA MARZELLE 2022 ★★

■ | 3000 | | 11 à 15 €

Domaine viticole historique de Tauriac traversé par le ruisseau de la Marzelle, ce château doit son nom à l'ancien moulin à eau situé au bas de la propriété. En 2017, il a été acquis par la famille Corporandy, qui a immédiatement entamé sa conversion vers l'agriculture biologique. Le vignoble est aujourd'hui certifié AB et en conversion biodynamique.

Ce pur malbec sur argilo-calcaires, élevé en barriques, dévoile au nez un boisé fin et élégant qui enrobe un fruit frais et mûr. Il trouve en bouche une belle complétude : c'est un vin charnu, précis et gourmand, richement constitué mais sans excès. La longue et savoureuse finale achève de convaincre. Un bon potentiel se dessine. ⧗ 2027-2032

CH. LE MOULIN DE LA MARZELLE, imp. des Gombauds, 33710 Tauriac, tél. 06 15 36 26 69, info@vinscoporandy.com V r.-v.

♥ CH. NODOZ Cuvée Barriques neuves 2022 ★★

■ | 40000 | | 11 à 15 €

Un cru déjà connu avant la Révolution, reconstitué au XIXe s. par un négociant amateur de Bordeaux et racheté en 1930 par la famille Magdeleine. Jean-Louis, installé en 1979, a conforté sa réputation avant de passer le relais en 1999 à sa fille Sandrine et à son gendre Jean-François Cénac, aujourd'hui à la tête de la propriété. Nodoz, valeur sûre du Bourgeais, couvre aujourd'hui 42 ha à Tauriac, Lansac et Bourg-sur-Gironde. Autre étiquette : Ch. Galau, situé à Lansac.

Le palmarès impressionnant de Nodoz continue de s'enrichir. Un long élevage en barriques révèle toute la dimension structurée et consistante de ce superbe merlot. Ses atouts sont nombreux : un fruit mûr, intense et complexe, agrémenté de touches chaudes grillées et toastées, un volume imposant, des tanins puissants et une longue finale étirée sur le tabac, le cacao et le café. Porté par les saveurs du bois, il mérite d'être attendu et il trouvera sa place à table avec des viandes de goût.

⧗ 2028-2034 ■ **Ch. Galau Cuvée boisée 2022 ★★ (8 à 11 €; 40000 b.)** ♥ Magnifique doublé pour le domaine avec ce pur merlot passé sous bois, qui convainc par son cœur de bouche ample et élégant et par son bouquet expressif et racé autour des fruits mûrs et d'un boisé délicat et savoureux. C'est un vin à la fois gourmand et intense, certes encore marqué par son élevage mais terriblement charmeur, structuré et très équilibré, tenu par une longue finale qui laisse serein sur son avenir. ⧗ 2028-2034 ■ **2023 ★★ (5 à 8 €; 12000 b.)** Voilà une très belle expression du sauvignon, ouverte sur des notes de pamplemousse, de buis et de fleurs blanches, élégante et équilibrée en bouche, soutenue par une agréable fraîcheur et un boisé savamment dosé, avec une finale vive étirée par de fins amers. Un vin droit, à accorder à des noix de Saint-Jacques ou des fruits de mer. ⧗ 2024-2028

CH. NODOZ, 18, chem. de Nodoz, 33710 Tauriac, tél. 05 57 68 41 03, chateau.nodoz@orange-business.fr V t.l.j. sf dim. 8h30-12h30 13h30-19h

CH. PLAISANCE 2022 ★

■ | 60000 | | 8 à 11 €

Après avoir travaillé vingt ans aux côtés de son père Alain Faure, d'une vieille lignée vigneronne du Bourgeais, Agnès Faure-Havart, a repris en 2015 les propriétés (40 ha) que ce dernier avait achetées en 2004, notamment le Ch. Plaisance et le Ch. le Ferreau-Belair, en côtes-de-bourg, implantées non loin de la pittoresque «route verte», en corniche. La famille propose aussi des cuvées de négoce.

Avec ses tanins doux et fondus, sa trame fine et élégante, son fruit intense et gourmand, ce joli côtes-de-bourg fait l'unanimité. Légèrement floral, assis sur un fruit mûr de cerise noire aux variations grillées et épicées, il déploie un jus ample, souple et équilibré, qui ira à merveille sur des viandes en sauce ou une terrine de campagne. ⧗ 2024-2029

VIGNOBLES PLAISANCE, 3, Coubet, 33710 Villeneuve, tél. 05 57 64 93 99, agnes.faure.havart@wanadoo.fr V t.l.j. sf sam. dim. 9h-12h 14h-16h

CH. POYANNE 2022 ★

■ | 120000 | | 5 à 8 €

Alison, Albert et Nicolas Schweitzer conduisent la destinée du Ch. de Thau et de ses vignes. Ils sont aussi négociants en appellations côtes-de-bourg et blayes-côtes-de-bordeaux, et possèdent également le Ch. Puy de Lignac et le Ch. Saint-Paul en Blayais. En tout, une centaine d'hectares.

Une belle expression fruitée soutenue par un boisé présent mais de qualité, du volume, de l'équilibre, de la fraîcheur, des tanins fermes et une belle longueur : que demander de plus ? ⧗ 2027-2032

VIGNOBLES ALBERT SCHWEITZER, 46, rte de la Gabare, 33710 Gauriac, tél. 05 57 43 19 59, contact@schweitzer-albert.com V r.-v.

GAÏA DE CH. PUYBARBE 2022 ★

■ | 60 000 | | 8 à 11 €

Acquis en 2018 par Anna et Riku Vaananen, ce domaine régulièrement en vue dans ces pages appartenait à la famille Orlandi depuis 1952. Il est situé sur le point culminant de l'appellation côtes-de-bourg. Le vignoble de 41 ha est cultivé sans herbicides ni fertilisants chimiques.

Au nez se dévoilent de belles notes fruitées, de cassis notamment. Arômes relayés par un palais à la fois rond et structuré, qui affiche de la matière et du volume, avec des tanins fermes en soutien. On l'attend encore un peu. ⧗ 2026-2030

CH. PUYBARBE, 6, Puybarbe, 33710 Mombrier, tél. 09 67 64 52 49, contact@chateaupuybarbe.com V *t.l.j. sf sam. dim. 8h-12h 14h-17h*

CH. RELAIS DE LA POSTE Cuvée Malbec 2022 ★

■ | 14 300 | | 11 à 15 €

Un domaine de 25 ha en Blayais et en Bourgeais, constitué autour d'un ancien relais de poste datant de 1750. Régulier en qualité, il est conduit par Bruno Drode depuis 1985.

Ce pur malbec au fruité expressif, vivace et tendu, offre une belle fraîcheur et un accent boisé bien agréables. Une cuvée originale à partager entre amis et sans chichi, sur une terrine de canard au poivre vert par exemple. ⧗ 2024-2029

CH. RELAIS DE LA POSTE, 3, chem. des Blais, 33710 Teuillac, tél. 06 33 72 84 09, brunodrode@hotmail.fr V *r.-v.*

CH. DE REYNAUD 2022 ★

■ | 6 000 | | 5 à 8 €

Après avoir exercé le métier de journalistes en région parisienne, Sandrine et Bernard Capdevielle se sont établis en 1999 à Bourg, non loin de la rivière, sur une surface à taille humaine (5,5 ha) afin de tout maîtriser, élaboration et commercialisation. La reconversion est réussie.

Autour d'un fruit frais et soutenu, ce vin se déploie tout en souplesse et en rondeur. C'est un vin équilibré, de bonne dimension, long en bouche, qui pourra se conserver quelques années out être bu dès à présent, carafé, avec une épaule d'agneau ou un onglet de bœuf. ⧗ 2024-2029 ■ **La Volière 2022 ★ (8 à 11 €; 5900 b.)** Élevé un an en barriques avec 50 % de bois neuf, cet assemblage de merlot (majoritaire) et de cabernet-sauvignon offre une bonne intensité aromatique, de la fraîcheur et des tanins fermes et présents. Tout indiqué pour une viande mijotée ou marinée longuement. ⧗ 2026-2030

CH. DE REYNAUD, 1, Reynaud, 33710 Bourg, tél. 05 57 68 44 13, chateau.reynaud@wanadoo.fr V *r.-v.*

♥ CH. ROMFORT 2022 ★★

■ | 60 000 | | 5 à 8 €

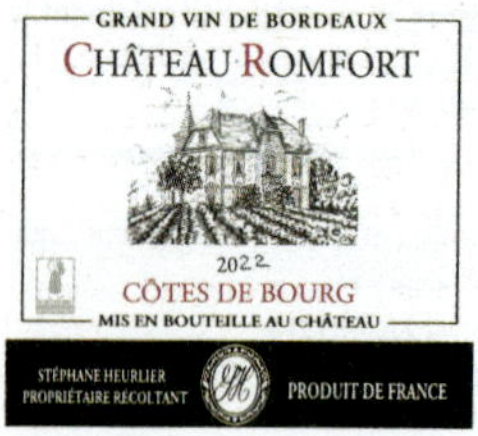

Stéphane Heurlier est arrivé du Nord de la France en 1992. Ce fils de céréalier a acquis deux propriétés : le Ch. la Bretonnière (blaye-côtes-de-bordeaux) et le Ch. Tour de Guiet (côtes-de-bourg), ainsi que les vignes du Ch. Romfort en 1996. Il s'est entouré de spécialistes et, après 20 ans de restructuration du vignoble (25 ha) et la construction d'un nouveau chai en 2000, il produit aujourd'hui ses vins le plus naturellement possible, sans certification bio toutefois.

De l'expression, de l'équilibre, de la matière : voilà de quoi réjouir. Avec ses notes de cerise et de cassis compotés, de torréfaction et de vanille, ce vin se présente avec intensité. En bouche, il se révèle ample, gras, riche, concentré et long, étayé par une belle structure tannique, bien en place mais équilibrée, sans aucune dureté. Parfait pour la garde, et une viande de goût, une entrecôte aux cèpes par exemple. ⧗ 2027-2034 ■ **2021 ★★ (5 à 8 €; 60 000 b.)** Ce 2021 déjoue les attributs de ce millésime compliqué, offrant un grosse densité, une matière concentrée et séveuse liée à des notes de fruits noirs et de toasté. C'est un très beau vin, magnifiquement réalisé, surprenant même, qui reste frais et coulant malgré son opulence et son imposante carrure. Un vin de patience. ⧗ 2028-2035

CH. LA BRETONNIÈRE, 115, rte de Bordeaux, 33390 Mazion, tél. 05 57 64 59 23, sheurlier@cegetel.net V *r.-v.*

CH. LE SABLARD Prestige 2022 ★★

■ | 10 000 | | 11 à 15 €

Ce cru familial «à taille humaine» (13 ha) est conduit depuis 2001 par Catherine et Thomas Buratti-Berlinger.

Cette sélection parcellaire sur 2 ha à dominante de merlot, élevée en barriques durant un an, offre un bon compromis entre des notes toastées et grillées et un bon fruit mûr. La bouche puissante et de grand volume, soutenue par d'élégants accents boisés, livre un ensemble séduisant, complexe et persistant. Un beau vin qui appelle un rôti de bœuf en croûte ou une épaule d'agneau confite. ⧗ 2027-2034

CH. LE SABLARD, 7, Le Rioucreux, 33920 Saint-Christoly-de-Blaye, tél. 05 57 42 57 67, chateau.le.sablard@orange.fr V *r.-v.*

CH. SAUMAN Tradition 2022 ★

■ | 40 000 | | 8 à 11 €

Surplombant l'estuaire de la Gironde, au nord de l'appellation côtes-de-bourg, ce domaine longtemps conduit par Véronique Braud a changé de mains en 2018, repris par Adef Résidences, une association à but non lucratif dédiée à l'assistance des personnes dépendantes, et sous la conduite de Jérôme Donzeaud, directeur d'exploitation.

Campé sur un fruit frais et intense au nez comme en bouche, ce vin trouve une bonne harmonie entre puissance tannique et souplesse. C'est un vin élégant et savoureux, qui pourra s'apprécier aussi bien jeune que patiné par le temps. ⧗ 2025-2030

CH. SAUMAN, 1, Le Sauman, 33710 Villeneuve, tél. 07 64 79 61 99, jerome.donzeaud@adefresidences.com V *r.-v.*

CH. TOUR BIDOU 2022 ★★

■ | 90 000 | | 8 à 11 €

Propriété des marquis de Barbe jusqu'en 1774, reconstruit au XVIIIᵉs. par de nouveaux acquéreurs, juste

après la Révolution, le château a été transmis de génération en génération jusqu'en 1993. Il a été acquis par la famille Richard, un des plus gros distributeurs de cafés et de boissons de l'Île-de-France, qui a investi dans des domaines viticoles, notamment en Bordelais. Avec ses 80 ha implantés sur le terroir argilo-calcaire de Villeneuve (dont 42 en côtes-de-bourg), c'est sans doute le plus vaste vignoble de l'appellation.

Très bel ambassadeur de ce beau millésime, ce vin s'illustre par un fruit gourmand et mûr, très persistant, et par une bouche d'une totale harmonie, tout aussi fruitée que le nez, ample et puissante. Un vin corsé et expressif, qui ira aussi bien à des charcuteries de qualité qu'à des viandes mijotées, aujourd'hui comme dans quelques années. ⧗ 2024-2030

CH. DE BARBE, 33710 Villeneuve, tél. 05 57 42 64 00, contact@chateaudebarbe.fr V *t.l.j. sf. sam. dim. 9h-12h 14h-16h*

CH. LA TUILIÈRE Tradition 2022 ★

■ | 40000 | | 11 à 15 €

Un domaine acquis en 2017 par Messieurs Dumont, Dorland et Clauzel, qui disposent d'un vignoble de 20 ha en conversion bio, planté sur les deux versants opposés d'un même coteau.

Élevé en partie sous bois, avec une recherche manifeste de puissance, ce vin affiche sa musculature autour de notes épicées et fumées. C'est une cuvée qui conviendra parfaitement aux adeptes de vins corsés et opulents. La côte de bœuf s'impose, la garde aussi. ⧗ 2028-2034

CH. LA TUILIÈRE, 33710 Saint-Ciers-de-Canesse, tél. 05 57 64 80 90, contact@vignes-secretes.com V *r.-v.* 4

TUTIAC 2022 ★★

■ | 200000 | | 5 à 8 €

Créée en 1974, la coopérative de Tutiac dispose des vendanges de 5 400 ha cultivés par quelque 500 viticulteurs. Un acteur important de la Haute Gironde et aussi le premier producteur de vins d'appellations en France, qui propose des vins de côtes (blaye-côtes-de-bordeaux et côtes-de-bourg) et d'appellations régionales.

Bien qu'élevé en barriques, ce pur merlot dispose d'un fruit frais et complexe très engageant. La bouche reprend cette panoplie fruité, qui irrigue une matière dense, consistante, offrant de la profondeur à ce vin étiré dans une longue finale pleine de gourmandise. ⧗ 2025-2030 ■ **Ch. Croix de Paty 2022 ★★ (8 à 11 €; 21000 b.)** Un 100 % merlot qui affiche un fruit mûr et intense au nez, puis une bouche tout aussi fruitée, fraîche, avec des tanins souples et une finale tonique. Une belle illustration du millésime et du terroir, idéale pour une viande blanche. ⧗ 2024-2029 ■ **Ch. Gélineau 2022 ★ (8 à 11 €; 46000 b.)** Sur le fruit croquant, la myrtille notamment, agrémenté de savoureuses notes boisées grillées, ce merlot simple, équilibré et de grande fraîcheur plaît sans détour. ⧗ 2024-2028

VIGNERONS DE TUTIAC, 491, rue Simone-Veil, La Cafourche, 33860 Marcillac, tél. 05 57 32 48 33, contact@tutiac.com V *t.l.j. sf dim. lun. 9h-12h30 14h30-18h30*

VIEUX CHÂTEAU GRENET 2022 ★

■ | 60000 | | 8 à 11 €

Après avoir travaillé vingt ans au côté de son père Alain Faure, d'une vieille lignée vigneronne du Bourgeais, Agnès Faure-Havart a repris en 2016 les propriétés familiales, avec son mari Christophe : Ch. Plaisance, Ch. le Ferreau-Belair, Vieux Château Grenet, Ch. Bidou et Ch. Douzillac. Elle propose aussi des cuvées de négoce.

Ce vin se distingue par son aromatique et sa simplicité. Équilibré, tendre et soyeux, il laisse toute sa place au fruit, la fraise compotée notamment, enrobé de quelques accents épicés. Un vin très plaisant à découvrir sans attendre. ⧗ 2024-2028 ■ **Ch. Bidou 2022 ★ (8 à 11 €; 60000 b.)** Avec sa belle palette de fruits noirs et d'épices, ce vin soyeux et de belle longueur affiche un profil souple et harmonieux immédiat. Très juteux, il s'impose dans le pur respect du fruit. On l'ouvre sur le fruit de sa jeunesse. ⧗ 2024-2027

A ET C SÉLECTION, 3, Coubet, 33710 Villeneuve, tél. 05 57 64 93 99, agnes.faure.havart@wanadoo.fr V *r.-v.*

CH. VIEUX PLANTIER Tradition 2022 ★

■ | 160000 | | 5 à 8 €

Installée dans les années 1960 à Teuillac, sur le Ch. Vieux Plantier, la famille Pauvif œuvre à la préservation du vignoble local. Depuis 2014 et à la suite de leurs parents, Pierre et Lucas Pauvif ont repris ce domaine en côtes-de-bourg. Ils ont restructuré le vignoble et modernisé les chais. En 2015, ils ont fait l'acquisition du Ch. Grand Fond, et en 2016 des vignes des châteaux Tertre de Leyle et Peyblanc, tous en appellation côtes-de-bourg et couvrant désormais 45 ha de vignoble.

Tout en fruit et en intensité de saveurs, au nez comme en bouche, ce vin rond et charnu offre un bel équilibre et déploie une réjouissante touche de griotte fraîche en finale. Un vin plaisant et franc, à savourer dans ses jeunes années. ⧗ 2024-2027

CH. VIEUX PLANTIER, 58, rte des Côtes-de-Bourg, La Loge, 33710 Teuillac, tél. 05 57 64 34 60, contact@maisonpauvif.com V *r.-v.*

➜ LE LIBOURNAIS

▶ CANON-FRONSAC ET FRONSAC

Bordé par la Dordogne et l'Isle, le Fronsadais offre des paysages tourmentés, avec deux tertres atteignant 60 et 75 m, d'où la vue est magnifique. Point stratégique, cette région joua un rôle important, notamment au Moyen Âge – une puissante forteresse, aujourd'hui disparue, y fut construite à l'époque de Charlemagne – puis lors de la Fronde de Bordeaux. Le Fronsadais a gardé de belles églises et de nombreux châteaux. Très ancien, le vignoble produit sur six communes des vins de caractère, à la fois corsés, fins et distingués. Toutes ces localités

peuvent revendiquer l'appellation fronsac, mais Fronsac et Saint-Michel-de-Fronsac sont les seules à avoir droit, pour les vins produits sur leurs coteaux (sols argilo-calcaires sur banc de calcaire à astéries), à l'appellation canon-fronsac.

CANON-FRONSAC

Superficie : 300 ha
Production : 16 200 hl

CH. BARRABAQUE
Prestige 2021 ★★

■	3 600		15 à 20 €

Les canon-fronsac de Barrabaque font référence; le cru se défend aussi en fronsac. Un domaine créé au XVIIIe s., dans la famille Noël depuis son acquisition en 1936 par le grand-père ch'ti, brasseur et négociant en vins. Sa fille Nicole a pris la suite jusqu'en 2004, année de l'arrivée aux commandes de Caroline Noël-Barroux, aujourd'hui à la tête de 9,5 ha de vignes. Incontournable.

Coup de cœur dans l'édition précédente pour son millésime 2020, cette cuvée de référence de l'appellation nous revient en très bonne forme. Elle joue la carte de l'élégance avec ses tanins ajustés qui l'épanouissent en douceur. Souple, ronde, gorgée des saveurs de fruits noirs, la bouche est un régal dont le caractère équilibré séduira le plus grand nombre. ⌛ 2026-2032 ■ **Hugo 2021 ★ (8 à 11 €; 9 000 b.)** Des saveurs intenses et gourmandes de cassis et de myrtille contribuent à l'harmonie de cette cuvée issue d'un assemblage de merlot (70 %) et de cabernet-franc. Respect du fruit assumé. ⌛ 2024-2028

CH. BARRABAQUE, 4, Barrabaque, 33126 Fronsac, tél. 06 07 46 08 08, barrabaque@gmail.com V sam. dim. sur r.-v.

PRINCESS GABY
2021 ★★

■	5 000		15 à 20 €

Fondé en 1660, le Ch. Gaby (15 ha en bio), dans le Fronsadais, est longtemps resté dans la même famille avant sa reprise en 1999 par Antoine Khayat, puis par David Curl et enfin par Tom Sullivan en 2016. Déjà aux côtés des précédents propriétaires, Damien Landouar est toujours à la direction technique. Il vinifie aussi le Ch. Moya, 8 ha cultivés en bio en appellation castillon.

Au nez, un superbe bouquet de fruits rouges tient en respect la fougue boisée de ce canon longtemps élevé au contact du chêne. Arômes prolongés par une bouche ample, bien en chair et structurée. Pour la cave. ⌛ 2027-2032

CH. GABY, Gaby, 33126 Fronsac, tél. 05 57 51 24 97, contact@chateaugaby.com V r.-v. sf sam. dim.

CH. LAFOND
2021 ★

■	30 000		8 à 11 €

Un domaine fondé en 1769 par la famille de Cournuaud. Dix générations s'y sont succédé, avec Patrick à partir de 1994 et son fils Jean depuis 2018, désormais aux commandes avec son épouse Amandine. Le vignoble, d'un seul tenant, couvre une vingtaine d'hectares sur les hauteurs de Saint-Michel-de-Fronsac. Autre étiquette : le Ch. Lafond.

Le merlot, implanté sur des coteaux argilo-calcaires, fait ici cavalier seul. Très élégant dans sa robe pourpre striée d'éclairs violines, ce canon-fronsac propose une olfaction discrètement mentholée sur fond de cassis et de framboise. Frais, stimulé par des tanins fougueux, le palais termine son parcours goûteux en compagnie de fins amers qui ajoutent à sa persistance. Un joli vin élaboré dans les canons de l'art fronsadais. ⌛ 2027-2032

CH. MAZERIS, Ch. Mazeris, 33126 Saint-Michel-de-Fronsac, tél. 06 48 55 11 52, contact@chateau-mazeris.com V r.-v.

FRONSAC

Superficie : 830 ha
Production : 44 400 hl

CH. BELLEVUE
2021 ★

■	20 000		11 à 15 €

La famille Labrune a repris en 2015 le Ch. de la Dauphine, un bel écrin de 53 ha converti au bio et orienté vers la biodynamie, commandé par un château du XVIIIe s. devant son nom à un séjour de Marie-Josèphe de Saxe, dauphine de Louis XV. En 2021, elle a racheté les 13 ha du Ch. Vrai Canon Bouché en appellation canon-fronsac, portant ainsi la surface totale à 70 ha, dont 11 dédiés au Ch. Bellevue.

Séduisant par l'allure pimpante de sa limpide robe cerise, ce fronsac plaît aussi par ses parfums soutenus et frais de fruits rouges. Le charme opère aussi dans une bouche pulpeuse et de belle tension, équipée de tanins puissants et d'une longue finale un brin boisée, mais très énergique. ⌛ 2027-2032 ■ **Ch. de la Dauphine 2021 ★ (20 à 30 €; 90 000 b.)** Un vin élevé en fûts et en amphores, au nez très mûr, épicé, imprégné des flaveurs de fruits noirs, nanti de tanins soyeux dans une bouche alerte et élégante. ⌛ 2026-2030

CH. DE LA DAUPHINE, 5, rue Poitevine, 33126 Fronsac, tél. 05 57 74 06 61, contact@chateau-dauphine.com V t.l.j. sf dim. 9h-13h 14h-17h

CH. DU CARILLON 2021 ★

■	28 000		11 à 15 €

Propriété du groupe Taillan, ce cru étend ses 7 ha de vignes sur les coteaux de Saillans exposés au sud, au bord de l'Isle. Un domaine conduit en agriculture biologique.

Un nez mûr, centré sur les fruits rouges et noirs, une bouche sérieuse et équilibrée qui, selon un dégustateur, présente un petit côté terrien, quasi austère, avec une « pointe de vert ». Cela n'empêche pas ce vin d'évoluer, après aération, vers une agréable densité fruitée évoquant avec justesse le classicisme fronsadais. ⌛ 2026-2030

CH. DU CARILLON, 1, Pillebourse, port de Saillans, 33141 Saillans, tél. 06 15 07 63 18, carillon@vignoblesdeterroirs.com

♥ CH. DE CARLES Haut-Carles 2021 ★★

15000 | 30 à 50 €

Un domaine commandé par un château des XVe et XVIes., construit sur le tertre de Fronsac par les Carles, puissante dynastie de la noblesse parlementaire de Bordeaux. Il est depuis 1900 dans la famille Chastenet de Castaing, dont descend Constance Droulers, installée en 1983 avec son mari Stéphane. Le couple a fait du vignoble (20 ha) un haut lieu des vins du Fronsadais. Haut-Carles, sélection parcellaire lancée en 1994, collectionne les étoiles et les coups de cœur.

Excellente entrée en matière pour ce Haut-Carles revêtu d'une vive parure frangée de violine. Autant d'éclairs attractifs confirmés par une olfaction éloquente où les fruits (cerise, mûre) s'acoquinent avec les épices et de subtiles notes vanillées. Porté par une trame tannique déliée, ce fronsac sapide et gourmand dès l'attaque affiche un équilibre impeccable. Élégante, la finale dessine un ensemble de parfaite harmonie. Un coup de cœur de haute expression qui vient s'ajouter à une liste impressionnante. ⧗ 2026-2032

CH. DE CARLES, Carles, 33141 Saillans, tél. 05 57 84 32 03, contact@hautcarles.com V r.-v.

CLOS DU ROY 2021 ★

40000 | 15 à 20 €

En 1987, Philippe Hermouet s'est installé sur les terres familiales, réparties entre le Clos du Roy et le Ch. Lalande Mausse à Saillans (fronsac), et Roc Meynard, dans la commune voisine de Villegouge (appellations régionales). Plantations et rachats de vignes ont porté l'ensemble à 50 ha.

Ce fronsac d'un attrayant rubis limpide dévoile à l'olfaction de tendres senteurs de cerise qui ont un peu maille à partir avec le boisé de la barrique. En bouche, il apparaît souple, délié, offrant un bon équilibre et une jolie finale fruitée. ⧗ 2025-2029

CH. CLOS DU ROY, 1, Tessendey, 33141 Saillans, tél. 05 57 55 07 41, contact@vignobleshermouet.com V *t.l.j. sf sam. dim. 8h30-12h00 13h30-16h30*

CH. HAUCHAT La Rose 2021 ★

12000 | 11 à 15 €

Vignerons depuis le XVIIIes. et neuf générations, les Saby – depuis 1997 les frères Jean-Christophe et Jean-Philippe, tous deux œnologues comme leur père Jean-Bernard – possèdent plusieurs crus dans le Libournais et exploitent un ensemble de 70 ha.

Un 100 % merlot convivial, doté d'une fraîcheur stimulante. Un vin bien dans le ton du millésime, avec une matière légère et une fine acidité qui l'accompagne tout du long. À boire sur le fruit de sa jeunesse. ⧗ 2024-2028

VIGNOBLES JEAN-BERNARD SABY ET FILS, Ch. Rozier, 7, Le Sable, 33330 Saint-Laurent-des-Combes, tél. 05 57 24 73 03, ets.saby@orange.fr V *r.-v.* B

B CH. HAUT-LARIVEAU 2021 ★

20000 | 20 à 30 €

Agriculteur dans l'Aisne, Grégoire Hubau a quitté les plaines céréalières du Nord pour s'installer en 1988 sur les coteaux de Fronsac avec Bénédicte, informaticienne. Le couple cultive aujourd'hui une quinzaine d'hectares en agriculture biologique et signe plusieurs étiquettes : Moulin Pey-Labrie, Moulin, Combes Canon et Haut-Lariveau.

Issu du seul merlot, ce 2021 est un vin franc et net, qui prodigue de délectables sensations fruitées, simples, joyeuses et délicatement acidulées, prolongées par une bouche ronde, aux tanins souples. Un fronsac aimable, léger et frais, bien dans le ton du millésime. ⧗ 2024-2029

CH. MOULIN PEY-LABRIE, Moulin Pey-Labrie, 33126 Fronsac, tél. 05 57 51 14 37, moulinpeylabrie@wanadoo.fr V *r.-v.*

CH. JEANDEMAN La Chêneraie 2021 ★

30000 | 11 à 15 €

Perché sur le point culminant du Fronsadais, ce cru régulier en qualité étend son vignoble de 33 ha d'un seul tenant sur le point culminant du Fronsadais. Il est exploité depuis 2011 par Jean Trocard, dont le grand-père avait acquis ces terres en 1919.

Une attente de quelques années ne pourra qu'améliorer ce fronsac élevé une année au contact du bois. Marqué par un brin d'austérité, il s'affiche dans une belle parure grenat, ouvert sur des arômes généreux de fruits mûrs et doté d'une bouche solide et corsée. On met en cave. ⧗ 2027-2032

CH. JEANDEMAN, Escotebise, 33126 Saint-Aignan, tél. 05 57 74 30 52, contact@roy-trocard.com V *t.l.j. sf sam. dim. 10h-12h 14h-17h*

CH. MAGONDEAU Beau site 2021 ★

1800 | 15 à 20 €

Maître Puiffe de Magondeau, notaire à Libourne et ancien propriétaire, a donné son nom à ce cru de Saillans, entré en 1934 dans la famille d'Olivier Goujon. Ce dernier, représentant la troisième génération, s'est installé en 1989 à la tête d'un vignoble de 14 ha.

Ce vin de niche issu du seul merlot, bien campé dans sa robe grenat, livre un bouquet généreux de fruits très mûrs sur un fond boisé ajusté. Souple à l'attaque, la bouche se montre délicate et ronde, stimulée par une finale vive et aromatique. ⧗ 2025-2030

CH. MAGONDEAU, 1, Le Port, 33141 Saillans, tél. 05 57 84 32 02, vignoblesgoujon@gmail.com V *t.l.j. 9h-12h 14h-17h* E

CH. MAYNE-VIEIL Cuvée Aliénor 2021 ★

6000 | 11 à 15 €

Bertrand et Marie-Christine Sèze conduisent Mayne-Vieil depuis 1989. Un cru fronsadais de 47 ha régulier en qualité, dans leur famille depuis 1918 (la vente en bouteilles date du père, Roger, et des années 1960). Un hectare est dédié à l'appellation bordeaux et au Ch. Buisson-Redon.

Ce fronsac se montre généreux en fruits noirs à l'olfaction, accompagnés de quelques notes épicées de la barrique. En bouche, il se montre équilibré, bien structuré, d'un bon volume et d'une longueur appréciable. Il vieillira sereinement. ⧗ 2026-2032

CH. MAYNE-VIEIL, 4, rte de Saillans, 33133 Galgon, tél. 05 57 74 30 06, maynevieil@chateaumaynevieil.com V t.l.j. sf sam. dim. 9h30-12h30 14h-17h

CH. MOULIN HAUT VILLARS 2021 ★

■	6300		11 à 15 €

Revenu en 1991 sur le domaine familial dont il a pris les rênes en 1998, après avoir exercé la profession d'œnologue-conseil dans le Blayais, Thierry Gaudrie a, depuis, beaucoup contribué à faire de ce cru de 30 ha – dans sa famille depuis deux siècles – une référence en fronsac. Le vignoble est installé sur des coteaux dominant la vallée de l'Isle.

Drapé de pourpre sombre, ce fronsac dispense à l'olfaction de juvéniles senteurs de fruits rouges et noirs : mûre, framboise et groseille entament une valse fraîche que prolonge une bouche ample, séveuse, corsée, dotée de tanins solides. Pour la cave. ⧗ 2027-2033

■ **Ch. Villars 2021 ★ (15 à 20 €; 12 375 b.)** Un fronsac de caractère, dense, corpulent, étayé par des tanins vigoureux, un bon boisé et une tension énergisante qui vient stimuler la finale. De bonne garde assurément. ⧗ 2027-2034

CH. VILLARS, 33141 Saillans, tél. 05 57 84 32 17, chateau.villars@wanadoo.fr V t.l.j. sf sam. dim. 9h-12h 13h30-17h

DOM. DE LA PLACETTE 2021 ★★

■	1056		15 à 20 €

Un micro-cru de 43 ares, planté du seul merlot, conduit par Christophe et Sandrine Rigaud depuis 2020.

Des tanins jeunes et prometteurs encadrent ce fronsac intense, solide, séveux, drapé d'une belle couleur améthyste foncée. Un vin chaleureux, infusé de bout en bout par un fruité concentré, qui laisse perdurer une impression à la fois élégante, puissante et énergique. Passé à un souffle du coup de cœur. ⧗ 2027-2034

DOM. DE LA PLACETTE, 2, La Placette, 33126 Fronsac, tél. 06 81 61 27 14, arigaud33@gmail.com V r.-v.

CH. PLAIN-POINT Chairman's Selection 2021 ★★

■	130 000		30 à 50 €

Plain-Point est une altération de Plein Poing, signifiant «au sommet». Ce château était jusqu'à la fin du XVes. une place forte dominant les vallées de l'Isle et de la Dordogne, dont il ne reste aujourd'hui que la chapelle. Un domaine de 100 ha, dont 80 consacrés à la vigne.

Au nez, ce fronsac propose de superbes envolées fruitées mâtinées d'un fin boisé. En bouche, il se montre dense, ample, opulent même, délivrant un jus très mûr et des tanins soyeux, bien pris dans la chair. Du caractère et du potentiel en cave. ⧗ 2027-2034

CH. PLAIN-POINT, Plain-Point, 33126 Saint-Aignan, tél. 05 57 24 95 98, marketing@chateauplainpoint.com V r.-v.

CH. DE LA RIVIÈRE 2021 ★

■	120 000		20 à 30 €

Créé au XVIes. et remanié au XIXes. par Viollet-le-Duc, ce château a été cédé en 2013 au groupe chinois Bolian. Un vaste cru de 65 ha alternant plateaux et coteaux argilo-calcaires, qui abrite 8 ha de carrières où sont élevés des vins qui font référence dans le Fronsadais. Il est aujourd'hui dirigé par Xavier Buffo, ingénieur agronome et œnologue arrivé sur le domaine en 1997.

Ce fronsac délivre au nez un bouquet intense de fruits très mûrs enrobés par un boisé épicé encore prégnant. Un même boisé très appuyé mais de qualité infuse une bouche généreuse et riche. Un vin qu'il convient d'attendre quelques années. ⧗ 2027-2032

CH. DE LA RIVIÈRE, 33126 La Rivière, tél. 05 57 55 56 56, info@chateau-de-la-riviere.com V t.l.j. sf dim. 8h30-12h30 13h30-17h30 5

B CH. LA ROSE GARNIER 2021 ★

■	20 000		11 à 15 €

Le Ch. Lamarche Canon, cru régulier en qualité, a été constitué dans les années 1950 par Jean Garnier, mis en fermage entre 1979 et 1998, jusqu'à l'arrivée du petit-fils Jean-Yves Millaire qui en a repris la gestion directe. Le vignoble (45 ha aujourd'hui) est conduit en bio et en biodynamie (certification en 2009 et 2012). Autre étiquette : Ch. la Rose Garnier.

Né du seul merlot, ce fronsac dévoile un nez diablement appétent de fruits rouges mûrs mâtinés d'un doux boisé. Mêmes sensations de gourmandise dans une bouche ample, ronde, généreuse, dotée de tanins affinés et prolongée par de beaux amers en finale qui génèrent une belle tonicité. ⧗ 2026-2031

DOM. JEAN-YVES MILLAIRE, 21, Lamarche, 33126 Fronsac, tél. 05 57 24 94 99, bureau@vins-millaire.fr V t.l.j. sf dim. 9h30-12h 14h-18h 3

CH. SAINT-VINCENT 2021 ★★

■	23 000		8 à 11 €

Un domaine transmis de père en fils depuis quatre générations, situé sur le plus haut plateau de Fronsac, à 100 m d'altitude. Installé en 2001, Nicolas Chevalier y conduit 8 ha de vignes.

Un fronsac très aguicheur dans sa robe rubis foncé. On aime aussi son nez intense, aux accents de fruits noirs agrémentés de notes poivrées, prélude à une bouche dense et soyeuse, dotée de tanins veloutés. ⧗ 2026-2030

CH. SAINT-VINCENT, 11, Vincent, 33126 Saint-Aignan, tél. 06 13 37 05 53, sarl.odsv@gmail.com V r.-v.

CH. LA VIEILLE CURE 2021 ★★

■	84 000		20 à 30 €

Acquis en 1986 par un groupe d'amis américains et racheté en 2018 par l'industriel français Jérôme Pignard, ce cru, indiqué sur la carte de Belleyme de 1780, couvre 17 ha d'un seul tenant. Les vignes sont implantées sur des coteaux argilo-calcaires à 65 m d'altitude, bien exposés, longeant la rivière l'Isle. Une valeur sûre de l'appellation fronsac.

D'allure classique dans sa robe rouge limpide, ce fronsac né du merlot et des deux cabernets livre une olfaction plaisante autour de fruits mûrs à point et d'élégantes notes boisées. En bouche, il se montre dense, charnu, «conquérant», charpenté par des tanins fermes, avant de s'étirer dans une finale. Un bon potentiel de vieillissement en perspective. ⧗ 2027-2034

CH. LA VIEILLE CURE, Coutreau, 33141 Saillans, tél. 05 57 84 32 05, vieillecure@orange.fr V *r.-v.*

POMEROL

Superficie : 785 ha / Production : 40 500 hl

Pomerol est l'une des plus petites appellations girondines et l'une des plus discrètes sur le plan architectural. Au XIXᵉs., la mode des châteaux du vin, d'architecture éclectique, ne semble pas avoir séduit les Pomerolais, qui sont restés fidèles à leurs habitations rurales ou bourgeoises. Néanmoins, l'aire d'appellation possède quelques demeures élégantes comme le Ch. de Sales (XVIIᵉs.), sans doute l'ancêtre de toutes les chartreuses girondines, ou le Ch. Beauregard, l'une des plus charmantes constructions du XVIIIᵉs., reproduite par les Guggenheim dans leur propriété new-yorkaise de Long Island.
Cette modestie du bâti sied à une AOC dont l'une des originalités est de constituer une sorte de petite république villageoise où chaque habitant cherche à conserver l'harmonie et la cohésion de la communauté; un souci qui explique pourquoi les producteurs sont toujours restés réservés quant au bien-fondé d'un classement des crus.
La qualité et la spécificité des terroirs auraient pourtant justifié une reconnaissance officielle du mérite des vins de l'appellation. Comme tous les grands terroirs, celui de Pomerol est issu du travail d'une rivière, l'Isle, née dans le Massif central. Le cours d'eau a commencé par démanteler la table calcaire pour y déposer des nappes de cailloux, travaillées ensuite par l'érosion. Il en résulte un enchevêtrement de graves ou de cailloux roulés. La complexité des terrains semble inextricable : toutefois, il est possible de distinguer quatre grands ensembles : au sud, vers Libourne, une zone sablonneuse; près de Saint-Émilion, des graves sur sables ou argiles (terroir proche de celui du plateau de Figeac); au centre de l'AOC, des graves sur ou parfois sous des argiles (Petrus); enfin, au nord-est et au nord-ouest, des graves plus fines et plus sablonneuses.
Cette diversité n'empêche pas les pomerol de présenter une analogie de structure. Très bouquetés, ils allient la rondeur et la souplesse à une réelle puissance, ce qui leur permet d'être de longue garde tout en pouvant être bus assez jeunes. Ce caractère leur ouvre une large palette d'accords gourmands, aussi bien avec des mets sophistiqués qu'avec des plats très simples.

B CH. BEAUREGARD 2021 ★

■ | 34 000 | | 75 à 100 €

75 78 81 (82) **83** 84 **85** 86 88 89 90 92 **93 94 95 96 97 98**
99 00 01 02 |**03**| 04 |05| 06 07 08 |09| |**10**| |11| |**12**| |13| 14
15 16 17 **18 19** 20 21

Commandé par une superbe chartreuse du XVIIᵉs., Beauregard compte 17,5 ha de vignes en bordure sud-est du plateau de Catusseau, complétés de 11 ha en lalande (Pavillon Beauregard). Un cru très régulier, dont la gestion est confiée à Vincent Priou. Propriété depuis 1991 du Crédit Foncier, il a été vendu en 2014 aux familles Moulin (groupe Galeries Lafayette) et Cathiard (Ch. Smith Haut Lafitte). Un nouveau cuvier a été aménagé, l'agriculture biologique adoptée.

Un pomerol plaisant et harmonieux, qui a su déjouer la verdeure du millésime tout en conservant une très belle fraîcheur. Au nez se déploient des parfums de fruits noirs, de violette et un accent boisé torréfié fondu. La bouche, souple en attaque, développe un corps charnu, soutenu par des tanins serrés mais élégants, avec une finale élancée et de la vivacité. Du style, indéniablement. ⧗ 2028-2036 ■ **Benjamin de Beauregard 2021 ★** (20 à 30 €; 30 000 b.) B Avec une belle assise, de la rondeur et des tanins soyeux, ce second vin qui donne une plus large priorité au merlot (85 %) ne manque pas de structure ni de puissance. Pour autant, c'est un vin élégant et bien équilibré, à la finale vive. Un très joli classique, gourmand et de belle fraîcheur. ⧗ 2026-2032

CH. BEAUREGARD, 73, rue de Catusseau, 33500 Pomerol, tél. 05 57 51 13 36, contact@chateau-beauregard.com V *r.-v.* 5

CH. LE BON PASTEUR 2021 ★★

■ | 13 000 | | 75 à 100 €

78 79 81 (82) **83 85 86 88** 89 90 **92 93 94** (95) 96 **97** |(98)|
99 00 01 02 03 04 |**05**| |06| 08 |09| **10** 11 12 |13| **14** 15
16 17 18 19 20 **21**

Michel Rolland possédait plusieurs crus dans le Libournais, avec pour fleuron Le Bon Pasteur, dans la famille depuis les années 1920 : à peine 7 ha morcelés en 23 parcelles, aux confins nord-est de Pomerol. Bertineau Saint-Vincent (5,6 ha en lalande) et Rolland-Maillet (3,3 ha en saint-émilion) complètent la propriété, passée en 2013 sous pavillon chinois (le groupe Golding basé à Hong-Kong); l'équipe technique est restée en place.

Voilà un grand terroir, assurément. Le volume, le gras et la très belle matière de ce cru le placent indéniablement dans la cour des grands, même sur ce millésime moins exubérant. Les parfums de cerise, de fruits noirs et d'épices se mêlent à quelques accents toastés et l'on croque ce fruit avec plaisir. La trame tannique ne manque pas et se développe avec élégance et mesure, accompagnée par la fraîcheur de l'année. Paré pour la garde. ⧗ 2028-2038

CH. LE BON PASTEUR, 10, chem. de Maillet, 33500 Pomerol, tél. 05 57 24 52 58, contact@chateaulebonpasteur.com V *r.-v.*

CH. BOURGNEUF 2021 ★

■ | 20 000 | | 50 à 75 €

Ce vignoble de 9 ha d'un seul tenant, propriété de la famille Vayron depuis 1840, est posé au cœur de Pomerol sur un patrimoine de très vieilles vignes contiguës à celles du Ch. Trotanoy. Frédérique Vayron le dirige depuis 2008.

De profil souple et léger, ce pomerol élégant ne surjoue pas, surtout sur ce millésime de demi-puissance. Il reste bien proportionné, cadré par un bon fruit mûr, une touche réglissée et boisée de bon ton. Les tanins soyeux, la fraîcheur d'ensemble et la finale raffinée ne déçoivent pas. Il s'offre déjà avec plaisir. ⧗ 2025-2032

CH. BOURGNEUF, 1, chem. de Bourgneuf, 33500 Pomerol, tél. 05 57 51 42 03, contact@chateaubourgneuf.com V r.-v.

CH. CERTAN DE MAY 2021 ★★

■	n.c.		75 à 100 €

L'un des tout premiers vignobles de Pomerol, fondé par la famille De May, d'origine écossaise, installée en France au Moyen Âge et qui reçut du roi de France, en récompense de son courage, le fief de Certan. Elle dirigea le domaine jusqu'en 1925, où il fut acquis par la famille Barreau, épaulée depuis 2013 par Jean-Claude Berrouet, longtemps l'artisan de Petrus. Ce petit cru de 5,5 ha est établie au cœur de l'appellation, sur un terroir argilo-graveleux qu'il partage avec de prestigieux voisins tels que Vieux Château Certan et La Fleur-Pétrus.

Cacique de l'appellation, ce cru trouve sur ce millésime un compromis parfait entre structure et élégance. On ne peut qu'apprécier sa belle trame tannique et sa fraîcheur apportée par les 40 % de cabernets. Les parfums de groseille, de cerise, la touche boisée fondue et les accents floraux séduisent en premier lieu, puis l'attaque dynamique ouvre le bal, suivie d'un corps tannique serré sans dureté, avec une belle et longue finale. Un pomerol élégant et racé. ⧗ 2029-2040

CH. CERTAN, 33500 Pomerol, tél. 05 57 51 41 53

B CH. LE CHEMIN 2021 ★

■	3600		50 à 75 €

Héritier d'une lignée présente dans le Libournais depuis le XVIe s., François Despagne gère depuis 1996 le Ch. Grand Corbin Despagne, cru classé au nord-ouest de l'appellation Saint-Émilion. Sa famille lui a aussi transmis en 2009 le Ch. le Chemin, petit vignoble de 93 ares situé en pomerol, à la limite de Saint-Émilion, qu'il exploite en bio.

Quelques rangs de merlot forment ce cru confidentiel qui, sur ce millésime, se distingue par son équilibre, sa bonne charpente tannique, son accent floral et son bon fruit mûr. Un vin précieux, fin et persistant, qui se gardera longtemps. ⧗ 2027-2034

DESPAGNE AUDEBERT, 3, Barraillot, 33330 Saint-Émilion, tél. 06 09 08 77 09, f-despagne@grand-corbin-despagne.com V r.-v.

CH. LA CLÉMENCE 2021 ★

■	4780		50 à 75 €

Christian Dauriac conduit depuis 1971 le Ch. Destieux, grand cru classé de Saint-Émilion depuis 2006 : 8 ha d'un seul tenant en haut du coteau de Saint-Hippolyte, complétés par 7 ha sur les terres de Lisse (Ch. Montlisse) et 2,8 ha à Pomerol (La Clémence).

Un pomerol classique et délicat, au joli nez toasté et épicé, soutenu par un fruit mûr chaleureux. La bouche ample et souple, les tanins bien proportionnés forment un ensemble rond et avenant, bien enveloppé. À dédier à une belle viande en sauce. ⧗ 2027-2034

VIGNOBLES DAURIAC, 1, Destieux, 33330 Saint-Hippolyte, tél. 05 57 24 77 44, contact@vignoblesdauriac.com V r.-v.

CLOS 126 2021 ★★

■	3000		50 à 75 €

Une histoire de famille, celle des Chevalier, qui acquiert le Ch. Haut l'Abeille (bordeaux) en 1947. La propriété est agrandie au cours des générations suivantes avec le Ch. Lafleur de Viaud en 1996 (lalande-de-pomerol) et le Ch. Chevalier Lescours en 2010 (saint-émilion grand cru). En 2019, un pied est mis à Pomerol avec le Clos 126 : un demi-hectare de merlot et de cabernet franc sur des sols argileux et graveleux. Depuis 1996, ce sont Richard Chevalier et Éric qui gèrent l'ensemble des vignobles familiaux.

Nommé ainsi en référence au numéro de la parcelle, ce vin à dominante de merlot (90 %) trouve sur ce millésime une vraie identité pomerolaise. On appréciera sa bouche chaleureuse et charnue, cadrée par de savoureuses notes de fruits noirs confiturés, un merrain bien toasté et des tanins denses mais sans rudesse. Profond, expressif, persistant, voilà un beau pomerol de garde. ⧗ 2027-2035

VIGNOBLES CHEVALIER ET FILS, 661, chem. de l'Abbeille, 33141 Villegouge, tél. 05 57 84 42 37, vignobles-chevalier@orange.fr V r.-v.

CLOS DU BEAU-PÈRE 2021 ★

■	13000		30 à 50 €

Ce cru de 4 ha est la propriété de Jean-Luc Thunevin. Il a été créé avant 1900 sur la commune de Saint-Émilion. Le vignoble, situé en bas des célèbres coteaux de la côte Pavie, a été acheté en 1998. Il est depuis lors exploité par la même équipe qui élabore le Ch. Valandraud.

Quasi pur merlot, ce mini cru offre aussi le maximum d'expression autour d'une trame douce et équilibrée, aux tanins fins et suaves. C'est un millésime très plaisant, aux saveurs de noisette et de fruits noirs, qui déroule tout en finesse, avec un cœur de bouche savoureux. Un pomerol bien typé. ⧗ 2027-2034

DOM. VIRGINIE THUNEVIN, 33240 Lalande-de-Fronsac, tél. 05 57 55 09 13, thunevin@thunevin.com

CH. LA CONSEILLANTE 2021 ★

■	43000		+ de 100 €

L'un des crus les plus prestigieux de Pomerol, auquel Catherine Conseillan, propriétaire au XVIIe s., donna son nom. Acquis en 1871 par Louis Nicolas, dont les initiales ornent toujours l'étiquette, il est aujourd'hui géré par ses héritiers Bertrand et Jean-Valmy Nicolas, et dirigé par Marielle Cazaux. Le vignoble compte 12 ha de vignes sur des sols d'argiles bleues uniques au nord-ouest, paradis du merlot, et de graves sur argiles au sud-ouest, propices au cabernet franc. Une des valeurs incontournables de l'appellation, prisée pour sa finesse d'expression et sa régularité.

Avec un élevage mêlant les traditionnelles barriques bordelaises à quelques amphores, ce 2021 séduit amplement, combinant habilement et avec équilibre une trame tannique élégante à la fraîcheur de l'année. Les fruits mûrs (cerise et framboise) s'accompagnent de touches de violette et de rose, ainsi que d'épices douces. L'attaque souple et fraîche ouvre sur une bouche veloutée, aux tanins effilés, jusqu'à une finale élancée. ⧗ 2028-2040

CH. LA CONSEILLANTE, 130, rte de Catusseau, 33500 Pomerol, tél. 05 57 51 15 32, contact@la-conseillante.com

CH. LA CROIX SAINT-GEORGES 2021 ★

| 18 000 | | 30 à 50 € |

Négociants-éleveurs et producteurs d'origine corrézienne, les Janoueix sont propriétaires de nombreux crus dans le Libournais. Leur histoire débute en 1898 quand Jean Janoueix fonde son commerce de vin, aidé de ses quatre fils. Joseph acquiert son propre domaine (Haut Sarpe) en 1930 et crée sa maison de négoce en 1932. Jean-François est aujourd'hui aux commandes de ce vaste ensemble.

Ce petit cru de 4,5 ha abonde de notes épicées et fruitées bien mûres. On apprécie son corps souple, aux tanins fondus, cadré par un élevage solide en barriques de chêne. Un pomerol équilibré et persistant, à réserver à une viande mijotée ou grillée. 2027-2035 **Ch. la Croix 2021 ★ (30 à 50 €; 19 000 b.)** Ce cru assez important de Pomerol (14,50 ha) privilégie bien sûr le merlot, sur des sols de graves, et une vinification en barriques. Ce 2021 est encore sur la réserve, corsé et tenu par son élevage, mais montre déjà une belle maturité, des tanins charnus et un bon caractère. 2027-2035

CH. LA CROIX, 37, rue Pline-Parmentier, BP 192, 33506 Libourne Cedex, tél. 05 57 51 41 86, info@j.janoueix-bordeaux.com V r.-v.

CH. L'ÉVANGILE 2021 ★★

| n.c. | | + de 100 € |

(00) 01 02 04 |05| |06| |07| |08| 09 10 |11| (12) 13 14 (16) 18 (19) 21

Né vers le milieu du XVIIIe s., époque où il porte le nom de Fazilleau, le cru est rebaptisé L'Évangile au début du XIXe s. Situé entre Pétrus et Cheval Blanc, L'Évangile doit sa renommée à son magnifique terroir de 22 ha mêlant argiles, sables et graves très pures, sur un sous-sol riche en crasse de fer. Depuis 1990, il appartient majoritairement à la société Domaines Barons de Rothschild (Lafite) qui l'a doté d'investissements importants. En 2018, la propriété amorce sa conversion à la culture biologique et en 2020, Juliette Couderc prend la direction technique de la propriété. Des essais en biodynamie sont également menés.

Fraîcheur et équilibre sont ici réunis dans une parfaite lecture du millésime et de l'appellation. Les parfums de myrtille, de cassis, d'épices douces et la touche florale qui les accompagne forment une aromatique séduisante. La bouche ronde et soyeuse et les tanins très fins composent un ensemble de belle densité, ample, harmonieux, à la puissance maîtrisée. Un vin de tempérance et de grande persistance, qui évoluera sereinement. 2030-2040 **Blason de l'Évangile 2021 ★ (75 à 100 €; n.c.)** De bel équilibre et très plaisant, ce second vin charme par son fruit mûr, ses notes de violette et d'épices douces. Tendre et frais, il développe un cœur de bouche onctueux, autour de tanins raffinés et d'une finale mûre et chaleureuse. C'est un pomerol de belle intensité, qui s'affranchit de toute dureté et de toute note végétale sur ce millésime. Une belle réalisation. 2027-2034

CH. L'ÉVANGILE, 33500 Pomerol, tél. 05 57 55 45 56, dbr@lafite.com r.-v.

CH. FEYTIT-CLINET 2021 ★

| 15 000 | | 50 à 75 € |

Jérémy Chasseuil, œnologue, a repris en 2000, à la suite de son père, ce cru familial de 6,7 ha jusqu'alors exploité en fermage. Restructuration du vignoble (des graves et des graves sur argiles), baisse des rendements, tri sévère à la vendange : il en a fait un domaine qui compte dans la hiérarchie pomerolaise.

Jérémy Chasseuil signe un vin charnu, corsé, bien épaulé mais sans dureté, qui ravit par ses parfums de fruits rouges, d'épices et de boisé-toasté, et se distingue par sa trame tannique dense et serrée. Une fine amertume et une agréable fraîcheur le portent dans une belle dynamique, avec de la matière, du gras, de la volupté, jusqu'à une finale épicée et chaleureuse. 2027-2035

CH. FEYTIT-CLINET, 1, chem. de Feytit, 33500 Pomerol, tél. 06 85 52 33 18, jeremy.chasseuil@orange.fr V r.-v.

CH. LA FLEUR-PÉTRUS 2021 ★★★

| n.c. | | + de 100 € |

82 83 85 86 88 (89) 90 95 96 98 99 01 02 03 04 |05| |06| |07| |08| |09| (10) 11 (12) 13 14 (15) (16) 17 (18) (19) (20) (21)

Implanté sur le plateau de Pomerol, contigu à Lafleur à l'ouest et à Petrus au sud, ce domaine historique – fort réputé pour l'élégance de ses vins due à son grand terroir nuancé de graves et d'argile du plateau de Pomerol – prit son nom au XVIIIe s. C'est aujourd'hui le plus vaste et le plus ancien des crus pomerolais (18,7 ha) de la famille Moueix, acquis dès 1950; il a été agrandi en 1994 grâce à l'acquisition d'une butte graveleuse du Ch. le Gay.

Porté par un merlot rayonnant (95 %), racé et élégant, ce cru surclasse le millésime par sa puissance et sa finesse. C'est un vin de haute maîtrise, très longiligne, qui déroule avec classe des notes complexes de fruits noirs, de boisé et d'épices, avec une touche florale. Les tanins veloutés, la structure et la fraîcheur sont au firmament et forment un idéal de pomerol. Sans doute l'un des sommets du millésime. 2030-2045

CH. LA FLEUR-PÉTRUS, 54, quai du Priourat, BP 129, 33502 Libourne Cedex, tél. 05 57 51 78 96, info@jpmoueix.com

CH. GAZIN 2021 ★

| 32 000 | | 75 à 100 € |

(90) 91 92 93 94 (95) (96) 97 98 99 00 01 02 (03) 04 |05| |06| |07| |08| |09| 10 11 12 |13| 14 15 16 17 18 19 20 21

C'est l'un des domaines les plus réputés de Pomerol, une ancienne propriété des Hospitaliers de Saint-Jean-de-Jérusalem entrée dans la famille Bailliencourt en 1918. L'un des plus étendus aussi, avec 26 ha d'un seul tenant posés sur un superbe terroir argilo-graveleux, où naissent des pomerols de grand classicisme.

Pur merlot, ce 2021 reste fidèle à l'identité du cru, conciliant finesse et puissance dans un bel équilibre. Les notes de l'élevage sont encore perceptibles et accompagnent le vin dans son long développement, avec une matière chaleureuse et corsée, des tanins riches et des saveurs de fruits à noyau. Un vin d'attente, très prometteur, à conserver en cave. 2028-2040

CH. GAZIN, 1, chem. de Chantecaille, 33500 Pomerol, tél. 05 57 51 07 05, contact@gazin.com r.-v.

CH. HOSANNA 2021 ★★

	n.c.		+ de 100 €

05 06 **07** |**08**| |**09**| |10| |**11**| |**12**| |**14**| **15 16** ⑰ **18 19** ⑳ **21**

Bordé par de prestigieux domaines – Petrus à l'est, La Fleur-Pétrus à l'ouest, Vieux Château Certan au sud, Lafleur au nord – ce cru de 4,5 ha au cœur du plateau de Pomerol est né du partage du Ch. Certan-Giraud. Il faisait autrefois partie du domaine de la famille de May, établie ici au XVIe s., où elle planta l'un des premiers vignobles de l'appellation. Seules les parcelles les plus élevées du plateau furent conservées pour faire partie du vignoble d'Hosanna, dont le sol mêle graves rouges et argiles sur crasse de fer. Aux côtés du merlot, l'encépagement comprend 30% de cabernet franc, dont de très vieilles vignes datant de 1956. Acquis et rebaptisé par la famille Moueix en 1999, Hosanna est une valeur sûre de l'appellation.

Harmonieux et racé, ce très beau 2021 concilie une bonne solidité d'ensemble à la fraîcheur du millésime. C'est parfaitement exécuté, avec du nerf, du volume, une mâche dense et serrée, et une finale alerte, le tout cerné de beaux parfums de fruits rouges frais agrémentés d'une discrète note florale. ⧗ 2028-2040

CH. HOSANNA, 54, quai du Priourat, BP 129, 33502 Libourne Cedex, tél. 05 57 51 78 96, info@jpmoueix.com

CH. LATOUR À POMEROL 2021 ★

	n.c.		75 à 100 €

Un petit domaine de 7,9 ha entourant l'église de Pomerol, installé sur des terroirs variés, majoritairement argileux et graveleux, plantés du seul merlot. Acheté en 1917 par Edmonde Loubat (Petrus) et légué par sa nièce Mme Lacoste au Foyer de Charité de Châteauneuf-de-Galaure, il est exploité en fermage depuis 1963 par la société Jean-Pierre Moueix.

Pur merlot, ce pomerol élégant et velouté dispose d'une très belle matière et d'une grande fraîcheur, signe de l'année. Ses notes d'épices, de fleurs et de fruits noirs ouvrent la dégustation dans une tonalité très agréable et fondue. Une attaque dynamique laisse place à un cœur de bouche souple et soyeux, doté de tanins frais, précis, délicats. ⧗ 2027-2034

CH. LATOUR À POMEROL, 54, quai du Priourat, BP 129, 33502 Libourne Cedex, tél. 05 57 51 78 96, info@jpmoueix.com

MANOIR DE GAY 2021 ★

	15000		30 à 50 €

Grande figure de Pomerol disparue en 2013, Catherine Péré-Vergé, héritière des cristalleries d'Arques, exploitait trois domaines pomerolais qu'elle a portés au sommet : Montviel, acquis en 1985 et réparti sur 17 parcelles, Le Gay (1,68 ha), bien placé sur la plateau de Pomerol et dont le chai est désormais dédié à la micro-vinification en barriques, et l'autre cru de poche (1,68 ha) La Violette, complétés par La Gravière en lalande. Un ensemble conduit aujourd'hui par son fils Henri Parent.

Ce 100 % merlot est vinifié dans de larges cuves en béton, puis élevé traditionnellement en barriques. C'est un vin structuré, construit autour d'un fruit mûr, dense et presque confit, à la carrure affirmée. Rond, charmeur et voluptueux, il sera appréciable dès aujourd'hui sur une viande mijotée. ⧗ 2026-2033

VIGNOBLES PARENT, 11, chem. de Chantecaille, 33500 Pomerol, tél. 05 57 25 34 34, communication@montviel.com V r.-v.

B CH. MAZEYRES 2021 ★

	32000		30 à 50 €

Un cru régulier en qualité, situé aux portes de Libourne, commandé par un manoir de style Directoire. Installé en 1992, Alain Moueix conduit un vignoble de 25,5 ha qu'il a depuis converti à la biodynamie.

Ce pomerol tout en rondeur ne manque ni de charme ni d'atouts. Son joli fruit confituré (fruits noirs et griotte), son attaque franche, sa trame suave et ample forment un ensemble très aimable, à apprécier avec une viande blanche. ⧗ 2027-2032

CH. MAZEYRES, 56, av. Georges-Pompidou, 33500 Libourne, tél. 05 57 51 00 48, info@chateaumazeyres.com V r.-v.

CH. LE MOULIN 2021 ★

	9000		30 à 50 €

La famille Querre possède plusieurs vignobles en Libournais. Propriété de Michel Querre depuis 1997, Le Moulin (appelé autrefois Vieux Château Cloquet) est un petit domaine pomerolais de 2,17 ha situé au nord de l'appellation, au bord de la Barbanne, près du moulin de Lavaud (racheté aussi par la famille).

Bien structuré autour de 80 % de merlot, ce vin développe un très bon fruit, qui s'exprime avec élégance autour de notes de cassis et de framboise agrémentées de touches de caramel et de vanille. La bouche est assez opulente, riche, sans être dominée par le bois, et saura vieillir sereinement. Un bon classique de Pomerol. ⧗ 2028-2034

CH. LE MOULIN, 2, chem. du Moulin-de-Lavaud, 33500 Pomerol, tél. 05 57 55 19 60, contact@moulin-pomerol.com V r.-v.

CH. NÉNIN 2021 ★

	30000		75 à 100 €

03 04 05 06 07 08 |10| 11 12 13 |14| |**15**| |16| |17| **18 19 20** 21

Commandé par une belle demeure du XVIIIe s., ce cru de 32 ha, situé au sud de l'appellation, à l'entrée du village de Catusseau, est l'un des plus importants de Pomerol. Sa surface lui permet d'accéder à la plupart des terroirs de l'appellation. En 1997, Jean-Hubert Delon (Léoville Las Cases à Saint-Julien) et sa sœur Geneviève d'Alton l'ont acheté et ont entrepris d'importants travaux de restructuration; ils ont augmenté la part du cabernet franc par rapport au merlot, qui reste dominant.

Ce n'est pas un monstre de puissance, mais un vin porté par son équilibre et la fraîcheur de l'année. Avec 36 % de cabernet franc, il offre presque un faux-air ligérien, et l'on est d'emblée séduit par son boisé bien dosé et son fruit frais. En bouche, il affiche une structure droite, précise, affinée autour de tanins délicats et des nuances florales et fruitées tout à fait savoureuses. Sa longue finale élancée achève de convaincre. ⧗ 2028-2036

CH. NÉNIN, 66, rte de Montagne, 33500 Pomerol, tél. 05 56 73 25 26, contact@lascases.com V r.-v.

CH. LA PATACHE 2021 ★★

■ | 8600 | ◍ | 30 à 50 €

Situé sur le lieux-dit éponyme, le Ch. la Patache est un mini cru de Pomerol totalisant 3,18 ha sur neuf parcelles. Entre graves fines à crasse de fer et sous-sol argileux, le vignoble compose avec une belle variété géologique et donne naissance à des vins veloutés de belle profondeur de fruit. Il fait partie des vignobles Peter Kwok (Bellefont-Belcier, Tour Saint-Christophe et Haut-Brisson à Saint-Emilion, Enclos de Viaud à Lalande-de-Pomerol).

Équilibré et savoureux, ce cru réussit haut la main l'exercice du millésime et en évite les écueils. Le fruit expressif, sans excès de bois, sur la cerise et la prune, la bouche souple, soyeuse et bien proportionnée, la belle et longue finale forment un ensemble avenant et d'ores et déjà très plaisant. ⧗ 2026-2034

⊶ CH. LA PATACHE, 1, Cassevert, 33330 Saint-Christophe-des-Bardes, tél. 05 57 24 77 15, contact@vignoblesk.com t.l.j. 9h-18h

CH. PETIT-VILLAGE 2021 ★★

■ | 13500 | ◍ | + de 100 €

La famille Moulin, déjà propriétaire du Ch. Beauregard à Pomerol, a acquis cette belle propriété en 2020, avant cela détenue par Axa Millésimes. Ce cru réputé, qui doit son nom aux anciens bâtiments qui formaient un petit hameau, est bien situé sur la partie la plus haute du plateau de Pomerol. Son vignoble, en conversion à l'agriculture biologique (certification prévue sur le millésime 2023), compose un triangle de 10,5 ha d'un seul tenant sur graves profondes enrobées d'argiles, dont une sélection rigoureuse de 4,5 ha dédiée au grand vin, avec une part importante réservée aux cabernets.

Avec une belle part laissée aux cabernets (40 %) et un élevage en barriques avec 50 % de bois neuf, ce cru s'arroge les codes des plus grands. Intense, complexe, velouté et riche, il se révèle très plaisant, cerné d'un fruit bien mûr et de notes légèrement vanillées. Sa solide charpente et ses tanins de qualité présagent un bel avenir. ⧗ 2028-2038

⊶ CH. PETIT-VILLAGE, 126, rte de Catusseau, 33500 Pomerol, tél. 05 57 51 21 08, contact@petit-village.com V r.-v.

♥ PETRUS 2021 ★★

■ | n.c. | ◍ | + de 100 €

85 86 87 (88) 89 90 92 93 94 (95) (96) 97 |98| 99 |00| |01| |02| |03| |04| 05 (06) (07) (08) (09) (10) 11 (12) 13 (14) (16) (18) 21

Presque une maison de poupée, un chai à peine plus grand et un vignoble modeste (11,5 ha), et pourtant un cru devenu mythe. Déjà réputé à la fin du XIXᵉ s., sous la conduite de la famille Arnaud, il assoit sa notoriété grâce à Edmonde Loubat, dite « Tante Lou ». Cette hôtelière libournaise débordante d'énergie, qui a acheté des parts en 1925 (seule propriétaire en 1945), va notamment conquérir Londres en envoyant du Petrus aux fiançailles d'Élisabeth d'Angleterre. Autre élément décisif, son association avec le négociant Jean-Pierre Moueix (propriétaire unique en 1964), qui va organiser la vente et créer le mythe : Petrus devient notamment le vin préféré des Kennedy. Un succès qui s'explique aussi – et surtout – par un terroir d'exception : la fameuse « boutonnière », une argile bleue en surface qui se gonfle aux premières pluies, devient totalement imperméable et assure une alimentation régulière de la plante. Un terroir magnifié pendant quarante-cinq ans par un vinificateur hors pair, Jean-Claude Berrouet, qui a laissé sa place en 2007 à son fils Olivier – la direction générale étant assurée depuis 2014 par Jean Moueix, petit-fils de Jean-Pierre; cette année 2014 est aussi celle de l'inauguration d'un chai refait à neuf et d'une grande sobriété, dessiné par Jean-Pierre Errath.

C'est le seigneur de Pomerol et même dans les millésimes intermédiaires, Petrus demeure au sommet. Déjà extrêmement tendre et délicat, à l'aube de sa longue évolution, le cru offre une énergie et une fraîcheur somptueuses. Le nez s'ouvre sur de fines notes de fruit frais, d'épices douces, de floral (violette, pivoine), de moka et de cerise. Un récital savamment orchestré qui se prolonge en bouche, accompagnant une trame qui monte en puissance peu à peu, sans brusquerie, et développe un corps ample et frais, avec toujours une petite pointe torréfiée de café et une belle intensité veloutée. Un modèle de structure et d'architecture classique. ⧗ 2030-2045

⊶ PETRUS, 3, rte de Lussac, 33500 Pomerol

CH. PIERHEM 2021 ★

■ | 5900 | ◍ | 30 à 50 €

Jean Janoueix est l'un de ces nombreux Corréziens fondateurs de maisons en Libournais. Créée en 1898, la sienne s'est séparée en plusieurs branches. Pierre-Emmanuel, l'un de ses arrière-petits-fils, fort d'un diplôme d'ingénieur, a pris en main en 2000 les vignobles familiaux : les châteaux La Bastienne (15 ha en montagne-saint-émilion), Pierhem (1,8 ha à Pomerol) et Vieux Doumayne (1,15 ha en saint-émilion, vinifié à La Bastienne).

Ce pur merlot équilibré et plaisant profite pleinement de la fraîcheur du millésime. Ses arômes de fruits noirs, de fruits secs et de noisette, parés d'une touche boisée, se prolongent dans une bouche savoureuse, aux tanins francs. C'est un vin richement constitué mais sans excès, un vin affable en phase avec son appellation. ⧗ 2027-2034

⊶ VIGNOBLES PIERRE-EMMANUEL JANOUEIX, 1, rte du Gué, 33570 Montagne, tél. 05 57 74 53 18, pej@pejanoueix.com V r.-v.

CH. PLINCE 2021 ★

■ | 43000 | ◍ | 30 à 50 €

Situé à l'est de Libourne, vers Saint-Émilion, voisin de Nénin et de La Pointe, ce cru, entré dans la famille Moreau dans les années 1930, étend son vignoble sur 8,6 ha d'un seul tenant, sur sables et argiles à crasse de fer. En 2022, la restructuration du vignoble est

amorcée : elle est aujourd'hui de 9 ha, avec 87 % de merlot et 13 % de cabernet franc.

Voilà un pomerol classique, bien dimensionné autour d'un fruit franc aux tonalités de cassis et de cerise, avec en soutien un boisé qui reste discret. L'ensemble offre beaucoup de rondeur, une bonne tenue de bouche et de la présence. ⧗ 2027-2032

⊶ CH. PLINCE, 37, chem. de Plince, 33500 Libourne, tél. 05 57 51 68 77, chateauplince@gmail.com
V ▪ ▪ t.l.j. sf ven. sam. dim. 8h-16h

CH. PORTE CHIC 2021 ★

■ | 7040 | ◖◗ | 50 à 75 €

Les Trocard sont établis dans le Libournais depuis 1628. Leurs domaines ont connu un formidable essor au lendemain de la Seconde Guerre mondiale. Aux commandes depuis 1976, Jean-Louis Trocard, épaulé par ses enfants Benoît et Marie, a porté le vignoble à près de 100 ha répartis dans plusieurs crus et appellations.

Issu de 2 ha, ce pomerol harmonieux affiche un fruit mûr, confituré et vanillé, qui se déploie dans une bouche ample, ronde, bâtie autour de tanins doux et d'une belle tension. Un vin déjà très agréable à boire, bien équilibré, à la finale élégante. ⧗ 2027-2032

⊶ VIGNOBLES JEAN-LOUIS TROCARD, 1175, rue Jean-Trocard, 33570 Les-Artigues-de-Lussac, tél. 05 57 55 57 90, contact@trocard.com
V ▪ ▪ t.l.j. sf sam. dim. 8h30-12h30 14h-17h30

CH. ROUGET 2021 ★

■ | 17000 | ◖◗ | 50 à 75 €

99 00 01 **02 03** 04 |05| |06| **07** |**08**| |09| **10 11** 12 |13| 14 **15** 16 **17 18 19** 21

En 1992, les Labruyère (Édouard depuis 2008), originaires du Beaujolais (moulin-à-vent) et aujourd'hui propriétaires en Bourgogne (Jacques Prieur) et en Champagne, ont acquis ce domaine réputé dès le XVIIIe s. Ils l'ont hissé parmi les grands de Pomerol, grâce à des vins d'une remarquable régularité, nés de 18 ha de vignes établies en pente douce sur le plateau de Pomerol.

Dans le pur esprit du millésime, avec de la fraîcheur, ce 2021 déroule à la fois avec souplesse, délicatesse et franchise. C'est un vin équilibré, charnu et élégant, un vin qui a de la classe et de la tenue mais qui n'impose pas sa présence. Du charme assuré et une réalisation tout en maîtrise. ⧗ 2027-2034

⊶ CH. ROUGET, 4-6, rte de Saint-Jacques-de-Compostelle, 33500 Pomerol, tél. 05 57 51 05 85, info@chateau-rouget.com V r.-v.

CH. SAINT-PIERRE 2020 ★

■ | 7000 | ◖◗ ▮ | 50 à 75 €

Propriétaire du négoce Horeau-Beylot, fondé en 1740, la famille Pradel de Lavaux est établie au Ch. Martinet, à Saint-Émilion, d'où elle gère plusieurs vignobles, à Pomerol (Saint-Pierre, Clos du Vieux Plateau Certan, Haut Cloquet), Lalande (Clos des Galevesses) et Fronsac (Dufort Pontus). Elle est aussi co-propriétaire du Ch. Bellevue (grand cru classé de Saint-Émilion). Depuis 2014, c'est Axel Pradel de Lavaux, neuvième génération, qui gère les vignobles.

Issu de 3 ha répartis sur cinq parcelles sur le plateau de Pomerol, ce cru puissant et équilibré, mêlant un bon fruit noir à des touches boisées torréfiées, révèle une belle complexité. La matière large, la vivacité et l'intensité se lient dans un bel ensemble charnu, puissant et structuré. On met en cave et on patiente. ⧗ 2028-2035

⊶ LAVAUX, 64, av. du Gal-de-Gaulle, 33500 Libourne, tél. 05 57 74 05 89, logistique@chateau-martinet.com
V ▪ ▪ t.l.j. sf sam. dim. 9h-12h 14h-17h

♥ CH. TOUR MAILLET 2021 ★★

■ | 12000 | ◖◗ | 30 à 50 €

99 (01) 02 03 04 |05| |06| |**07**| |**08**| |09| |**10**| |11| |**12**| |**13**| 14 15 **16 17** 19 20 **21**

Au lendemain de la guerre de 1914, Pierre Lagardère acquiert 1 ha de vignes dans le secteur de Maillet, à Pomerol. Ses petits-fils et arrière-petits-fils, Jean-Claude et Gaël, conduisent aujourd'hui un vignoble de 17 ha à Montagne (Ch. Négrit et Ch. Rocher-Calon) et de 2,20 ha à Pomerol (Ch. Tour Maillet).

Ce cru, petit par la taille mais grand par la qualité, ajoute un nouveau coup de cœur à son palmarès. Ce pur merlot séduit d'emblée par sa fraîcheur et son intensité aromatique. C'est un beau pomerol de charme, aux notes de fruits noirs, de vanille et d'épices, à la bouche riche, ample, charnue, cernée de tanins fermes, mais aussi mûrs et appétents, avec en prime une longue et belle finale réglissée. Il vieillira sereinement. ⧗ 2028-2035

⊶ VIGNOBLES LAGARDÈRE, 19, rte de Négrit, 33570 Montagne, tél. 06 85 54 93 25, vignobleslagardere@wanadoo.fr V ▪ ▪ t.l.j. 8h-12h 14h-19h

♥ CH. TROTANOY 2021 ★★★

■ | n.c. | ◖◗ | + de 100 €

88 89 (90) **92 94** (95) (96) 97 **98 99 00** (01) |**02**| |03| |**04**| |05| |06| |**07**| |08| |09| (10) **11 12 13 14** (15) (16) (17) (18) (19) (20) (21)

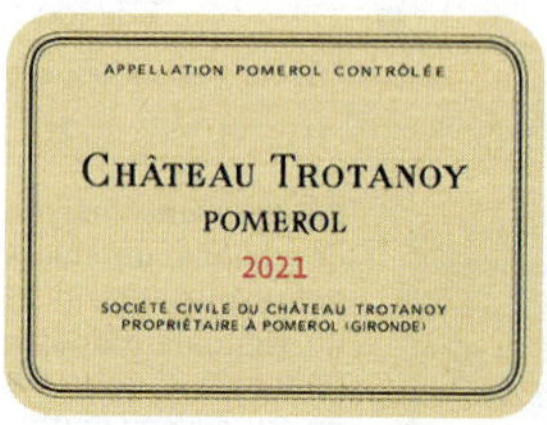

Difficile à cultiver, le sol riche en argiles (graves sur argiles et argiles noires profondes sur un lit de crasses de fer) a donné son nom à ce cru de 7,2 ha : *trop anoi* («trop ennuie» en vieux français). De ce vignoble établi sur l'une des parties les mieux exposées du plateau de Pomerol et planté du seul merlot, la maison Jean-Pierre Moueix en tire le meilleur depuis 1953, date de son acquisition. Un pilier de l'appellation pomerol.

De grande élégance et de haute distinction, ce cru est «tellement pomerol» avec son côté velours et sa richesse sans lourdeur. Il déploie de la fraîcheur et du nerf dans une texture crémeuse et suave, ourlée de tanins élégants, croquants juste ce qu'il faut, parée de fruits rouges frais, avec une légère touche mentholée. Un mœlleux phénoménal et une sensation tactile d'élite qui montrent toute la dimension du cru quelles que soient les années. ⧗ 2030-2045

CH. TROTANOY, 54, quai du Priourat, BP 129, 33502 Libourne Cedex, tél. 05 57 51 78 96, info@jpmoueix.com

CH. LA TRUFFE 2021 ★

■	8133		20 à 30 €

Issu d'une longue lignée vigneronne, Jean-Paul Garde a conduit entre 1974 et 2014 les vignes familiales (une trentaine d'hectares aujourd'hui), réparties dans trois appellations libournaises : lalande, montagne et pomerol. Ses enfants ont repris à sa suite les rênes de l'exploitation.

Ce pomerol structuré et nerveux ne se dépare pas d'une certaine fraîcheur, caractéristique de ce millésime, ni d'un joli fruit. En bouche, de beaux tanins fermes viennent en soutien d'une matière ronde et élégante pour composer un ensemble équilibré, long et de bonne garde. ⧗ 2027-2032

VIGNOBLES JEAN-PAUL GARDE, 1, Les Cruzelles, 33500 Néac, tél. 05 57 51 40 43, contact@jpgarde.wine V t.l.j. sf dim. 9h-12h 13h30-17h

CH. VIEUX MAILLET 2021 ★

■	18 000		30 à 50 €

Installés en 2000 au Ch. de Lussac, Griet Van Malderen, fille d'un industriel flamand, et son mari Hervé Laviale, ancien journaliste, ont investi dans plusieurs vignobles libournais, où ils associent viticulture et œnotourisme. Ils ont acquis Vieux Maillet (pomerol) en 2004, 8,65 ha dans le secteur du Maillet, aujourd'hui en conversion bio, complétés par une petite vigne en lalande, Saint-Jean de Lavaud (1,10 ha). Entre 2005 et 2018, ils étaient également les propriétaires de Franc Mayne (cru classé de Saint-Émilion).

Mêlant élevage en barriques et en amphores, ce cru trouve sur ce millésime un bel équilibre entre fraîcheur et maturité. Le vin développe de l'ampleur et de la rondeur autour d'un fruit rouge confit et des touches de fruits secs, avec des tanins bien en place et une bonne dimension d'ensemble. Il faut le laisser de côté encore quelque temps avant de l'associer à une viande rouge grillée ou mijotée. ⧗ 2028-2035

CH. VIEUX MAILLET, 16, chem. de Maillet, 33500 Pomerol, tél. 05 57 47 15 25, contact@sarmentsvignobles.com

CH. LA VIOLETTE 2021 ★★

■	4 000		+ de 100 €

Grande figure de Pomerol disparue en 2013, Catherine Péré-Vergé, héritière des cristalleries d'Arques, exploitait trois domaines pomerolais qu'elle a portés au sommet : Montviel, acquis en 1985 et réparti sur 17 parcelles, Le Gay (1,68 ha), bien placé sur la plateau de Pomerol et dont le chai est désormais dédié à la micro-vinification en barriques, et l'autre cru de poche (1,68 ha) La Violette, complétés par La Gravière en lalande. Un ensemble conduit aujourd'hui par son fils Henri Parent.

Ce pur merlot est un vin haute couture, dont chaque grappe est égrainée à la main et vinifiée directement en barriques de 225 l, ce que l'on appelle une « vinification intégrale ». Il rend compte de la fraîcheur du millésime tout en offrant une très belle maturité autour de notes de fruits noirs, d'épices et de boisé toasté. La bouche, franche, nette, équilibrée, affiche beaucoup de consistance et de persistance, bâtie sur des tanins racés. Un ensemble parfaitement juste et élégant. ⧗ 2029-2040 ■ **Ch. le Gay 2021 ★ (30 à 50 €; 21 000 b.)** Un pomerol d'une belle richesse aromatique autour d'intenses notes de fruits rouges frais (framboise, groseille) agrémentées de fines nuances florales, cacaotées et épicées, ample, suave et généreux en bouche, épaulé par des tanins bien affinés. De la classe et un solide potentiel. ⧗ 2028-2038 ■ **Ch. Montviel 2021 ★ (30 à 50 €; 18 000 b.)** Ce pomerol soigné, à majorité de merlot (80 %), livre une belle complexité autour de notes de fruits noirs bien mûrs, une pointe fumée et épicée qui signe un élevage sous bois présent sans être dominant. En bouche, porté par des tanins bien présents, il se montre riche et puissant, mais sans excès, offrant un équilibre très assuré. Un beau vin de garde assurément. ⧗ 2028-2036

VIGNOBLES PARENT, 11, chem. de Chantecaille, 33500 Pomerol, tél. 05 57 25 34 34, communication@montviel.com V r.-v.

LALANDE-DE-POMEROL

Superficie : 1 130 ha / Production : 61 400 hl

Créé, comme celui de Pomerol qu'il jouxte au nord, par les Hospitaliers de Saint-Jean-de-Jérusalem (à qui l'on doit aussi l'église de Lalande qui date du XIIes.), ce vignoble produit, à partir des cépages classiques du Bordelais, des vins rouges colorés, puissants et bouquetés qui jouissent d'une bonne réputation, les meilleurs pouvant rivaliser avec les pomerol et les saint-émilion.

B MARIUS BIELLE Brut(es) 2021 ★

■	10 000		20 à 30 €

Après avoir grandi dans le Paris de Pigalle, Damien Bielle s'est glissé en 2004 dans les pas de son grand-père ariégeois Marius, œnologue et ingénieur agronome ayant longtemps évolué dans l'univers des grands crus classés bordelais, tout en œuvrant sur sa propriété de Lalande. Un vignoble de 13 ha aujourd'hui, conduit au naturel, en bio et biodynamie.

« Un faux dur, un tendre qui s'ignore », indique l'étiquette atypique de ce pur merlot certifié « vin méthode nature ». Une étiquette qui montre deux boxeurs en plein combat, mais aucune dureté dans le verre : plutôt de la rondeur, de la fraîcheur aussi, un volume plaisant autour de tanins serrés au grain soyeux et un bon fruité agrémenté d'une touche animale. Une belle entrée dans le Guide pour Damien Bielle, qui plus est dans un millésime pour le moins difficile. ⧗ 2025-2030

MARIUS BIELLE, Les Sables, 33500 Lalande-de-Pomerol, tél. 06 30 94 65 86, contact@mariusbielle.com V r.-v.

DOM. DE GACHET 2021 ★★

| 808 | 15 à 20 € |

Les Estager, négociants et propriétaires d'origine corrézienne, sont établis depuis 1912 dans le Libournais. Côté vignobles, conduits par Michèle Estager et son fils François, quatre appellations : pomerol (La Cabanne, Plincette, Haut-Maillet), saint-émilion (Gourdins), lalande (Gachet) et montagne (La Papeterie).

Ce 100 % merlot sort du lot dans ce millésime diablement compliqué. Au nez se dévoilent de discrètes mais élégantes notes de fruits rouges, de toasté et de cacao. En bouche, on découvre un vin charnu, ample, aux tanins fins et serrés, qui s'étire dans une longue finale tout en douceur. Un ensemble très équilibré, bien structuré et qui vieillira harmonieusement. 2026-2032

VIGNOBLES JEAN-PIERRE ESTAGER, 35, rue de Montaudon, 33500 Libourne, tél. 05 57 51 04 09, estager@estager.com V r.-v.

CH. LE GRAVILLOT 2021 ★

| 6700 | 15 à 20 € |

D'origine corrézienne, la famille Brunot s'intéresse à la vigne depuis la fin du XIXᵉs. Elle exploite plusieurs crus dans le Libournais et l'Entre-deux-Mers : Piganeau en saint-émilion grand cru, Le Gravillot en lalande, minuscule cru d'un peu plus d'un hectare, Tour de Grenet en lussac et Maledan en bordeaux supérieur. Vincent Brunot, ingénieur agricole et œnologue, a succédé en 1998 à son père Jean-Baptiste à la tête des vignobles familiaux.

Le seul merlot à l'œuvre dans ce lalande bien en fruit au nez comme en bouche (cerise, cassis), souple, rond et avenant, doté de tanins légers. Une bouteille qui pourra s'apprécier dans sa jeunesse. 2024-2028

J.-B. BRUNOT ET FILS, 1, Jean-Melin, 33330 Saint-Émilion, tél. 05 57 55 09 99, chateau.piganeau@vignobles-brunot.fr V r.-v.

CH. HAUT-GOUJON 2021 ★

| 10 000 | 20 à 30 € |

Ce cru dispose d'un vignoble de 18 ha en lalande-de-pomerol et en montagne-saint-émilion. La famille Garde y est installée depuis 1912 et quatre générations; la dernière est représentée par Corinne, Mickaël et Vincent, qui ont pris la suite de leur père Henri en 1995.

Merlot (80 %) et cabernet-sauvignon unis dans ce lalande fumé et cacaoté au nez. La bouche apparaît souple en attaque, fraîche et un peu plus structurée dans son développement, dotée de tanins soyeux qui ajoutent à son amabilité. 2025-2030

CH. HAUT-GOUJON, 50, rte de Goujon, 33570 Montagne, tél. 05 57 51 50 05, contact@chateauhautgoujon.fr V *t.l.j. 9h-12h 14h-18h; sam. dim. sur r.-v.*

CH. LE JARD 2021 ★

| 6000 | 11 à 15 € |

La famille Micheau-Maillou (aujourd'hui Michel et Monique) est propriétaire de plusieurs vignes dans le Libournais : la Vieille Église en saint-émilion grand cru, Chatain Pineau et Le Jard en lalande-de-pomerol.

Ce petit cru de 5,5 ha a souffert du gel d'avril 2021, notamment les vignes de cabernet-franc, cépage qui entre pour moitié dans l'assemblage de ce vin, aux côtés du merlot. Mais dans le verre, la réussite est au rendez-vous autour d'un bouquet plaisant de fruits rouges frais agrémentés de notes florales et fumées, et d'une bouche légère, souple et charnue, aux tanins tendres et soyeux. 2025-2029

CHATAIN MICHEAU-MAILLOU, 1111, rte de l'Église, 33330 Saint-Hippolyte, tél. 05 57 24 61 99, vins-micheaumaillou@orange.fr V *r.-v.*

▶ SAINT-ÉMILION ET SAINT-ÉMILION GRAND CRU

Établi sur les pentes d'une colline dominant la vallée de la Dordogne, Saint-Émilion (3 300 habitants) est une petite ville viticole charmante et paisible. C'est aussi une cité chargée d'histoire. Étape sur le chemin de Saint-Jacques-de-Compostelle, ville forte pendant la guerre de Cent Ans et refuge des députés girondins proscrits sous la Convention, elle possède de nombreux vestiges évoquant son passé. La légende fait remonter le vignoble à l'époque romaine et attribue sa plantation à des légionnaires. Mais il semble que sa véritable origine se situe au XIIIᵉs. Quoi qu'il en soit, Saint-Émilion est aujourd'hui le centre de l'un des plus célèbres vignobles du monde qui, en 1999, a été incrit au patrimoine mondial par l'Unesco. L'aire d'appellation, répartie sur 9 communes, comporte une riche gamme de sols. Tout autour de la ville, le plateau calcaire et la côte argilo-calcaire (d'où proviennent de nombreux crus classés) donnent des vins d'une belle couleur, corsés et charpentés. Aux confins de Pomerol, les graves produisent des vins d'une très grande finesse (cette région possédant aussi de nombreux grands crus). Mais l'essentiel de l'appellation est représenté par les terrains d'alluvions sableuses descendant vers la Dordogne, qui produisent de bons vins. Pour les cépages, on note une nette domination du merlot, complété par le cabernet franc, appelé bouchet dans cette région, et, dans une moindre mesure, par le cabernet-sauvignon.

L'appellation saint-émilion peut être revendiquée par tous les vins produits dans la commune et dans huit autres villages environnants. La seconde appellation, saint-émilion grand cru, ne correspond pas à un terroir défini, mais à des critères d'élaboration plus exigeants : rendements plus faibles, élevage de dix-sept mois minimum, mise en bouteilles à la propriété obligatoire. C'est parmi les saint-émilion grand cru que sont choisis les châteaux qui font l'objet d'un classement. Ce dernier constitue l'une des originalités de la région de Saint-Émilion. Assez récent (il ne date que de 1955), il est régulièrement et systématiquement revu. La première révision a eu lieu en 1958; la dernière, en 2006, a été contestée devant les tribunaux pour être, à l'issue d'une longue procédure, annulée par le tribunal administratif de Bordeaux. Pour mettre

fin au vide juridique, le Parlement a voté en mai 2009 un article de loi rétablissant l'ancien classement de 1996 auquel s'ajoutent les promus de 2006, classement valable jusqu'à la récolte 2011 incluse.
Pour les saint-émilion grand cru, la dégustation Hachette s'est faite en distinguant les classés (y compris les premiers) des non-classés. Les étoiles et commentaires correspondent donc à ces deux critères.

SAINT-ÉMILION

Superficie : 5 400 ha (grands crus inclus)
Production : 51 000 hl

CH. BARBEROUSSE 2021 ★★

■ | 30 000 | | 11 à 15 €

Bien connu des lecteurs du Guide, Stéphane Puyol exploite la vigne dans le Libournais (20 ha en saint-émilion et en saint-émilion grand cru) depuis 1977 avec son Ch. Barberousse et son voisin le Ch. Montremblant. Il vinifie également dans le Bergeracois depuis l'acquisition en 1991 du Ch. Lamothe-Belair, situé sur le plateau de Belair, dans le prolongement du coteau de Saint-Émilion.

Puissant, structuré et de bel équilibre, ce saint-émilion promet un potentiel de garde certain. À ce stade, on apprécie déjà son nez fin et plaisant, sur les fruits rouges et une pointe de cannelle, son volume, sa gourmandise et ses tanins élégants. ⧗ 2025-2030

VIGNOBLES STÉPHANE PUYOL, Ch. Barberousse, 33330 Saint-Émilion, tél. 05 57 24 74 24, chateau-barberousse@wanadoo.fr V r.-v.

B CH. BEYNAT Terre amoureuse 2021 ★

■ | 6 000 | | 15 à 20 €

Nathalie Boyer et Alain Tourenne ont repris en 2008 ce cru créé en 1917 par Léonard Nebout, quincaillier de son état; ils ont converti au bio, puis en biodynamie, leurs 26 ha de vignes dédiés aux castillon, saint-émilion et bordeaux dans les trois couleurs. Un domaine très régulier en qualité, désormais conduit en solo par Alain Tourenne.

Avec une proportion marquée de cabernets (70 %), ce qui est plutôt rare pour l'appellation, ce vin dénote et séduit. Le nez floral et fruité (cerise griotte et autres fruits rouges), d'une belle intensité, plaît immédiatement. La bouche fraîche et de bon volume, à la matière sérieuse mais élégante, ponctuée de tanins tendres, est très agréable. Un vin classique, bien équilibré. ⧗ 2025-2030

CH. BEYNAT, 23 bis, rue de Beynat, 33350 Saint-Magne-de-Castillon, tél. 05 57 40 01 14, atourenne@gmail.com V r.-v. D

CH. LES CABANNES 2021 ★

■ | 8 400 | | 11 à 15 €

Producteurs en saint-émilion, saint-émilion grand cru et en appellations régionales, Brigitte et Peter Kjellberg sont œnologues, lui étant d'origine canadienne (d'ailleurs le premier canadien diplômé en œnologie de l'université de Bordeaux). Ils ont acquis en 1997 ce domaine de 7 ha situé au sud de l'appellation, en conversion bio.

Uniquement élevé en cuve sans apport de bois, ce saint-émilion se livre avec souplesse et soyeux. C'est un vin élégant, au fruit pur, avec une touche poivrée en finale, tout à fait recommandable. À réserver sur une volaille rôtie. ⧗ 2025-2030

EARL VIGNOBLES KJELLBERG-CUZANGE, 234, Les Cabannes, 33330 Saint-Sulpice-de-Faleyrens, tél. 05 57 24 62 86, kjellberg.cuzange@orange.fr V r.-v.

CLOS LE BRÉGNET 2021 ★

■ | 11 000 | | 8 à 11 €

David Coureau exploite depuis 1970 un vignoble familial de 16 ha, dont il consacre la moitié au saint-émilion, 1,50 ha au grand cru La Perle du Brégnet et le reste au Ch. l'Ancien Orme en appellation bordeaux. La partie dédiée au grand cru est située à la limite sud de la juridiction, sur un terroir de sables et de graves à dominante de merlot.

Voilà un saint-émilion de demi-puissance, souple et bien équilibré, servi par un fruité franc. Les adeptes de style digeste et léger seront ici comblés, et pourront d'ores et déjà l'apprécier sur un carré de veau au thym ou une poularde. ⧗ 2024-2028

VIGNOBLES COUREAU, 204, Le Brégnet, 33330 Saint-Sulpice-de-Faleyrens, tél. 05 57 24 76 43, clos-le-bregnet@wanadoo.fr V *t.l.j. sf dim. 9h-18h*

DOM. DES GOURDINS 2021 ★

■ | n.c. | | 15 à 20 €

Les Estager, négociants et propriétaires d'origine corrézienne, sont établis depuis 1912 dans le Libournais. Côté vignobles, conduits par Michèle Estager et son fils François, quatre appellations : pomerol (La Cabanne, Plincette, Haut-Maillet), saint-émilion (Gourdins), lalande (Gachet) et montagne (La Papeterie).

Souple, fruité et de bon volume, ce 2021 déroule une matière franche et sincère, avec des tanins encore un brin fermes. Le fruit est bien en place, à dominante de fruits rouges, souligné par un boisé discret, et l'ensemble s'avère conforme au millésime, dans un registre frais et d'abord immédiat. À déguster sur un gigot d'agneau. ⧗ 2024-2028

VIGNOBLES JEAN-PIERRE ESTAGER, 35, rue de Montaudon, 33500 Libourne, tél. 05 57 51 04 09, estager@estager.com V r.-v.

LÉO Sélection d'excellence 2021 ★

■ | 100 000 | | 8 à 11 €

La maison de négoce fondée en 1995 par Léo de Malet-Roquefort et son fils Alexandre, héritiers d'une lignée saint-émilionnaise et propriétaires du Ch. la Gaffelière (1er grand cru classé B) a été cédée graduellement à Bertrand Ravache. Le négociant a acquis la totalité des parts de la société en 2015 et lui a donné son nom.

Cette cuvée bien réalisée, équilibrée et de bonne dimension, livre beaucoup de plaisir autour d'un fruit mûr, de tanins bien travaillés, dans un registre plutôt souple et léger. Un vin avenant, que l'on pourra apprécier dès aujourd'hui. ⧗ 2024-2029

MAISON BERTRAND RAVACHE, BP 12, champs du Rivalon, 33330 Saint-Émilion, tél. 05 57 56 40 80, contact@bertrand-ravache.com

ROYAL 2021 ★

■ | 34 618 | | 11 à 15 €

Créée en 1931, la coopérative de Saint-Émilion est un acteur incontournable du Libournais, et ses cuvées – vins de marque (Aurélius, Galius) ou de domaines (une cinquantaine de propriétés apportent leur vendange à la «coop») – sont régulièrement au rendez-vous du Guide.

Une marque très ancienne de l'Union des producteurs, créée en 1935. La version 2021 répond à l'appel, offrant un joli nez friand autour de notes de fruits rouges, d'une trame souple et veloutée, assez gourmande, avec une finale parfumée. Un vin simple et efficace, de bon équilibre. ⧗ 2024-2028

UNION DE PRODUCTEURS DE SAINT-ÉMILION, Haut-Gravet, BP 27, 33330 Saint-Émilion, tél. 05 57 24 70 71, contact@udpse.com V t.l.j. 10h-12h30 13h30-18h

CH. SAINT-HUBERT 2021 ★

■ | 12 000 | | 11 à 15 €

Propriétaire de vignes depuis plus de deux siècles, la famille Aubert – aujourd'hui les frères Alain, Daniel et Jean-Claude, épaulés par leurs enfants – exploite 300 ha et de nombreux domaines du Bordelais, essentiellement en Libournais, avec pour fleuron le Ch. la Couspaude, grand cru classé de Saint-Émilion depuis 1996, acquis en 1908.

Avec une belle part de cabernets dans l'assemblage (40 %), ce saint-émilion se révèle franc et agréable, avec de la souplesse, des tanins tendres et une corpulence de demi-corps. C'est un vin bien fait, dans un registre classique, à carafer ou à boire d'ici deux ou trois ans sur une volaille rôtie ou un carré de porc aux herbes. ⧗ 2025-2029

VIGNOBLES AUBERT, 66, av. du Stade, 33350 Saint-Magne-de-Castillon, tél. 05 57 40 15 76, vignobles.aubert@wanadoo.fr V r.-v.

LE TERTRE DE SARPE 2021 ★★

■ | 17 000 | | 11 à 15 €

Implantée depuis le XIXe en Libournais, la famille Magnaudeix possède deux petits domaines viticoles à Saint-Émilion : Vieux Larmande (4,25 ha), créé en 1840, et Vieux Château Pelletan (6,9 ha), fondé en 1924. En 2008, Romain Magnaudeix a pris les commandes de la propriété, rejoint en 2019 par son cousin Guillaume Bruny. La sixième génération est ainsi depuis réunie pour opérer en tandem.

Ce pur merlot sur argiles offre à ce stade un jus encore marqué au nez par une tonalité boisée, torréfiée et grillée, mais qui devrait s'estomper à la garde. Des tanins présents soutiennent une bouche de bonne dimension, dense et charnue, offrant du velouté et déjà beaucoup de plaisir, avec une finale longue et ferme. À attendre encore un peu pour lui associer une joue de porc confite ou un bœuf bourguignon. ⧗ 2025-2030

VIGNOBLES MAGNAUDEIX, Ch. Vieux-Larmande, 33330 Saint-Émilion, tél. 05 57 24 60 49, vignobles-magnaudeix@orange.fr V t.l.j. sf sam. dim. 10h-12h 14h-17h

SAINT-ÉMILION GRAND CRU

Superficie : 5 400 ha / Production : 72 000 hl

CH. ARMENS 2021 ★

■ | 60 000 | | 20 à 30 €

Héritiers d'une lignée établie à Saint-Émilion depuis plusieurs siècles, le comte Léo de Malet Roquefort et son fils Alexandre sont propriétaires du Ch. la Gaffelière, 1er grand cru classé B; ils ont acquis en 1999 le Ch. Armens, dans la même appellation, et ont fondé en 1995 une maison de négoce qui propose des saint-émilion et des bordeaux sous différentes marques (Léo de la Gaffelière, Les Hauts de la Gaffelière, L'instant).

C'est un joli vin, avec du caractère et de la classe, qui séduit d'emblée par son élégance, ses notes de fruits noirs, de cerise et d'épices soutenues par un boisé mesuré qui s'intègrera au fil du temps. Les tanins souples et fondus, et la fraîcheur de la finale composent un ensemble harmonieux, appelé à plaire rapidement, mais aussi dans le temps. ⧗ 2026-2032

CH. ARMENS, Champs-du-Rivalon, 33330 Saint-Émilion, tél. 05 57 56 05 06, contact@domainesmr.com V r.-v. 5

CH. BADETTE 2021 ★

■ | 25 000 | | 20 à 30 €

La propriété appartenait en 1770 au comte de Carle. Elle connut un âge d'or à la fin du XIXes. À sa mort, en 2002, son propriétaire William Arreaud avait légué sa propriété viticole à la commune de Saint-Émilion. Le cru a été racheté en 2012 à l'entrepreneur belge Marc Vandenbogaerde, grand amateur de vin, qui a restructuré le vignoble (10 ha) et fait construire un nouveau cuvier et un chai à barriques.

Avec une belle maturité et une grande matière, ce 2021 se distingue de ses pairs. Les notes de fruits noirs, de cerise, de vanille et de toasté, agrémentés d'une touche d'épices, se livrent d'abord au nez. Suit une bouche sur le même registre aromatique, dotée de tanins bien enrobés et d'une longue finale sur les épices. Puissant mais bien équilibré, avec un élevage encore perceptible, ce cru soutiendra une belle garde. ⧗ 2027-2036

CH. BADETTE, Badette, 33330 Saint-Christophe-des-Bardes, tél. 06 08 30 86 13, chateaubadette@orange.fr V r.-v.

CH. BÉLAIR-MONANGE 2021 ★★

■ 1er gd cru clas. B | n.c. | | + de 100 €

10 11 12 13 14 15 16 17 18 19 20 21

Acquis en 2008 par les établissements Jean-Pierre Moueix, ce cru de 12,5 ha, anciennement Ch. Bélair, fut alors rebaptisé Bélair-Monange en l'honneur de l'épouse de Jean Moueix (grand-père de Christian, l'actuel dirigeant), Anne-Adèle Monange, première femme de la famille établie à Saint-Émilion en 1931. Un vaste programme de replantation sur 20 ans a été engagé depuis lors. À partir du millésime 2012, le domaine intègre les 11 ha du Ch. Magdelaine et accède au rang suprême de 1er grand cru classé B.

CLASSEMENT DES GRANDS CRUS DE SAINT-ÉMILION

Les 2021 dégustés cette année sont régis par ce classement révisé en 2012.
Un nouveau classement a été établi en 2022 mais ne sera effectif que sur le millésime 2022.

SAINT-ÉMILION PREMIERS GRANDS CRUS CLASSÉS

A

Château Angelus
Château Ausone
Château Cheval Blanc
Château Pavie

B

Château Beauséjour (héritiers Duffau-Lagarrosse)
Château Beau-Séjour-Bécot
Château Bélair-Monange
Château Canon
Château Canon la Gaffelière
Château Figeac
Clos Fourtet
Château la Gaffelière
Château Larcis Ducasse
La Mondotte
Château Pavie Macquin
Château Troplong Mondot
Château Trottevieille
Château Valandraud

SAINT-ÉMILION GRANDS CRUS CLASSÉS

Château l'Arrosée
Château Balestard la Tonnelle
Château Barde-Haut
Château Bellefont-Belcier
Château Bellevue
Château Berliquet
Château Cadet-Bon
Château Cap de Mourlin
Château le Châtelet
Château Chauvin
Château Clos de Sarpe
Château la Clotte
Château la Commanderie
Château Corbin
Château Côte de Baleau
Château la Couspaude
Château Dassault
Château Destieux
Château la Dominique
Château Faugères
Château Faurie de Souchard
Château de Ferrand
Château Fleur Cardinale
Château La Fleur Morange
Château Fombrauge
Château Fonplégade
Château Fonroque
Château Franc Mayne
Château Grand Corbin
Château Grand Corbin-Despagne
Château Grand Mayne
Château les Grandes Murailles
Château Grand-Pontet
Château Guadet
Château Haut-Sarpe
Clos des Jacobins
Couvent des Jacobins
Château Jean Faure
Château Laniote
Château Larmande
Château Laroque
Château Laroze
Clos la Madeleine
Château la Marzelle
Château Monbousquet
Château Moulin du Cadet
Clos de l'Oratoire
Château Pavie Decesse
Château Peby Faugères
Château Petit Faurie de Soutard
Château de Pressac
Château le Prieuré
Château Quinault l'Enclos
Château Ripeau
Château Rochebelle
Château Saint-Georges-Côte-Pavie
Clos Saint-Martin
Château Sansonnet
Château la Serre
Château Soutard
Château Tertre Daugay
Château la Tour Figeac
Château Villemaurine
Château Yon-Figeac

Affichant une pleine maturité et toute la joliesse d'un beau merlot, ce cru livre, sur ce millésime tendu, un développement tannique mesuré, sans un volume imposant mais avec beaucoup de fraîcheur, dans un profil plutôt fin et soyeux. C'est un vin très harmonieux, de grande élégance, servi par une longue finale acidulée et nerveuse. ⧗ 2027-2040

CH. BÉLAIR-MONANGE, 54, quai du Priourat, 33502 Libourne Cedex, tél. 05 57 51 78 96, info@jpmoueix.com

LES TOURS DE BELCIER 2021 ★

■ | 3200 | 🛢 | 20 à 30 €

Propriété datant de la fin du XVIIIᵉ s., ce grand cru de 13,5 ha (classé depuis 2006) est idéalement situé sur le coteau argilo-calcaire de Saint-Laurent-des-Combes, entre les Châteaux Larcis Ducasse et Tertre Roteboeuf. Acquis en 2012 par un industriel de la métallurgie, Songwei Wang, puis revendu en 2015 à un Chypriote, il a été acheté fin 2017 par le Chinois Peter Kwok, propriétaire en Libournais depuis 1997 avec Haut-Brisson et à la tête de sept propriétés. À la direction de ces Vignobles K, Jean-Christophe Meyrou, qui amorce actuellement le passage au bio.

Le second vin du Ch. Bellefont-Belcier, largement dominé par le merlot, tient la promesse d'un cru harmonieux et très agréable. Soigneusement élevé durant un an, il se livre avec justesse autour d'un fruit noir parfaitement mûr, d'un boisé léger et d'une trame dense et fraîche, aux tanins soyeux. Une réussite incontestable dans ce millésime compliqué. ⧗ 2027-2034

CH. BELLEFONT-BELCIER, 1, Cassevert, 33330 Saint-Christophe-des-Bardes, tél. 05 57 24 77 15, contact@vignoblesk.com V r.-v. 5

CH. BLANCHE HERMINE 2021 ★

■ | 3500 | 🛢 | 50 à 75 €

Tout petit domaine de 1,2 ha, planté à plus de 70 % de cabernet franc, le Ch. Blanche Hermine est la propriété d'Emma Le Bail, gérante du Dom. de Courteillac en bordeaux supérieur, et de Christophe Le Bail, négociant. Le domaine est actuellement en cours de conversion bio.

Du cabernet franc quasi pur (88 %), planté sur argiles, et un vin qui tranche dans le paysage saint-émilionnais. Le résultat est plus que convaincant : soyeux, rond, paré d'un fruit pur souligné d'une touche boisée, il se montre très expressif, avec de la présence et une bonne maturité. Il n'échappera pas à un carré de veau au thym. ⧗ 2027-2034

CH. BLANCHE HERMINE, 1, Badon-Nord, 33330 Saint-Émilion, tél. 05 57 51 37 94, ch.blanche.hermine@orange.fr V r.-v.

CH. BRUN 2021 ★

■ | 32000 | | 11 à 15 €

Descendants de l'illustre famille Decazes, la famille Brun est propriétaire de Ch. Brun depuis 1571! Étalé sur les pentes d'une colline au nord-ouest de Saint-Émilion, le vignoble de 10 ha bénéficie d'un sol argilo-calcaire et d'une exposition plein-sud.

Uniquement élevé en cuves béton, sans apport de bois, ce grand cru se distingue de ses pairs. Sur ce millésime léger, c'est une option probante, permettant d'exprimer au mieux le fruit. Les tanins fondus, la bonne tension de milieu de bouche et la finale agréable forment un ensemble délicatement épicé, à la fraîcheur subtile. Un profil souple et déjà accessible, à un prix très raisonnable. ⧗ 2025-2030

CH. BRUN, 8, Au Sable, 33330 Saint-Christophe-des-Bardes, tél. 05 57 24 77 06, chateaubrun@orange.fr V r.-v.

CH. CADET-BON 2021 ★

■ Gd cru clas. | 10000 | 🛢 | 30 à 50 €

Au XIVᵉ s., Jacques Bon, dit le Cadet, planta une vigne au nord-est de Saint-Émilion, sur un coteau nommé depuis Butte du Cadet. Célèbre au XVIIIᵉ s., ce cru d'à peine 6 ha (certifié bio depuis 2021) a été acquis en 2001 par Michèle et Guy Richard, anciens producteurs de cognac, qui ont entrepris de nombreux travaux de rénovation à la vigne comme au chai.

Intense à souhait, ce grand cru à forte dominante de merlot (82 %) relaie une belle aromatique sur les fruits rouges et noirs, avec quelques touches fumées et toastées. La bouche ample, fraîche et vivace, dotée de tanins veloutés, se montre très alerte, bien dans la lignée du millésime. ⧗ 2027-2034

CH. CADET-BON, 1, Le Cadet, 33330 Saint-Émilion, tél. 05 57 74 43 20, chateau.cadet.bon@orange.fr V r.-v.

CH. CANON 2021 ★

■ 1ᵉʳ gd cru clas. B | n.c. | 🛢 | + de 100 €

89 90 96 97 **98** 99 |**00**| |01| 02 **03** |04| |**05**| |**06**| |07| |08| **09** **10** 11 **12** **13** 14 16 17 18 **19** 21

Grand cru fondé en 1760 par le capitaine de frégate et corsaire Jacques Kanon, qui y développa la monoculture de la vigne, élevé au rang de 1ᵉʳ grand cru classé B dès 1954. La famille Fournier, installée ici en 1919, céda le domaine au groupe Chanel en 1996. Niché contre la cité médiévale, le cru est idéalement implanté au sud du plateau calcaire de Saint-Émilion. Il recèle en sous-sol d'immenses caves creusées pendant des siècles pour bâtir Libourne et Bordeaux. C'est Nicolas Audebert (également aux commandes de Rauzan-Ségla en margaux, des mêmes propriétaires) qui dirige le vignoble : 34 ha, dont 12 provenant du grand cru classé Matras, acquis en 2011, qui alimente désormais le second vin, Croix Canon.

Dans le style du millésime, avec des tanins vifs et croquants et une bouche acidulée, portée par un fruit rouge frais et épicé, ce Canon se développe en souplesse. C'est un millésime de demi-corps, déjà assez accessible, qui ne s'affiche pas sur la richesse tannique mais plutôt sur la fraîcheur océanique de l'année. Un vin équilibré, digeste, stimulé par une fine amertume finale. ⧗ 2027-2034

CH. CANON, rte du Milieu, Saint-Martin, 33330 Saint-Émilion, tél. 05 57 55 23 48, contact@chateau-canon.com

CH. CAP DE MOURLIN 2021 ★

■ Gd cru clas. | 36800 | | 30 à 50 €

Issu d'une famille déjà établie à Saint-Émilion au XVIIe s., Jacques Capdemourlin est à la tête de deux crus classés saint-émilionnais, Cap de Mourlin (14 ha) et Balestard la Tonnelle (10 ha), ainsi que du Ch. Roudier (30 ha) en montagne-saint-émilion. Il a vendu en 2017 Petit-Faurie de Soutard à son voisin le Ch. Soutard.

Bâti autour des fruits mûrs à l'olfaction, ce vin affiche du volume en bouche, de la rondeur et toujours un bon fruit doublé de notes épicées, boisées et toastées appelées à se fondre. D'un bel équilibre, c'est un classique de l'appellation, harmonieux et de bonne dimension. ⧗ 2027-2033

VIGNOBLES CAPDEMOURLIN, 5, rte de Labatut, 33330 Saint-Émilion, tél. 05 57 74 62 06, info@vignoblescapdemourlin.com V r.-v.

CH. CHANTE ALOUETTE 2021 ★

■ | 13000 | | 15 à 20 €

Repris en 1995 par Guy d'Arfeuille, propriétaire de plusieurs crus dans le Libournais, et dirigé depuis 1995 par son fils Benoit, ce domaine voisin de Pavie et de La Gaffelière compte 7,5 ha de vignes.

Voilà un 2021 assuré et complet, marqué par les fruits noirs et un boisé élégant à l'olfaction. Il développe une trame assez corsée en bouche, ample et structurée. On y trouve aussi beaucoup de fraîcheur, signe de l'année. ⧗ 2027-2033

CH. CHANTE ALOUETTE, 3, Chante-l'Alouette, 33330 Saint-Émilion, tél. 05 57 24 71 81, contact@chantealouette.fr V r.-v.

♥ CH. CHEVAL BLANC 2021 ★★

■ 1er gd cru clas. A | n.c. | | + de 100 €

(61) 64 66 69 70 71 75 76 78 79 80 81 82 83 85 86 88 89 |(90)| 92 93 94 |95| |97| |98| |99| |00| |01| |02| |03| |04| 05 06 |07| |08| 09 10 11 12 13 14 (15) (16) 17 |(18)| (19) (20) 21

À l'origine simple métairie de Figeac, Cheval Blanc devient une propriété indépendante en 1832 quand le président du tribunal de Libourne, Jean-Jacques Ducasse, l'achète et fait construire le château actuel. Ses descendants entreprennent des travaux importants, notamment de drainage, et dès la fin du Second Empire, le cru atteint ses dimensions actuelles (39 ha) et se situe parmi les plus renommés de Saint-Émilion. Son terroir, de type pomerolais avec des graves et des sables anciens sur argiles, explique l'originalité de son encépagement à dominante de cabernet franc, complété par le merlot. Les descendants du président Ducasse restent à la tête du cru jusqu'à son rachat en 1998 par Bernard Arnault (LVMH) et Albert Frère. Ces derniers placent Pierre Lurton à la direction générale et dotent le château en 2011 d'un nouveau chai, dessiné par Christian de Portzamparc. Le cru a décidé de se retirer du dernier classement de Saint- Émilion (2022), classement dont il faisait partie depuis sa création en 1955, en tant que 1er grand cru classé A.

Porté par 52 % de cabernet franc, de nouveau majoritaire avec ce millésime, le 2021 sonne la fin de dix millésimes dominés par le merlot et renoue ainsi avec le style historique de la propriété. Et avec quelle réussite ! Au nez, il développe de beaux arômes complexes de graphite, de fruits rouges et de menthol. En bouche, il dévoile une texture subtile et veloutée, avec en soutien une trame tannique dense, opulente, une grande fraîcheur et un boisé délicat. Tout simplement superbe. Il faudra savoir l'attendre. ⧗ 2030-2045 ■ **Le Petit Cheval 2021 ★ (+ de 100 €; n.c.)** Ouverture très racée au grand vin, avec 40 % de cabernets, ce 2021 s'avance ferme et épicé, avec un fruit engageant et une trame encore juvénile, serrée et volontaire. Intense et concentré, soutenu par un beau boisé, ce vin n'a rien de petit et propulse un fruit frais de cerise noire et de cassis dans une parfaite maîtrise. ⧗ 2028-2036

CHEVAL BLANC, 33330 Saint-Émilion, tél. 05 57 55 55 55, contact@chateau-chevalblanc.com

CLOS BADON-THUNEVIN 2021 ★

■ | 25000 | | 30 à 50 €

Ce cru a été créée avant 1900 sur la commune de Saint-Émilion. Le vignoble, situé en bas des célèbres coteaux de la côte Pavie, a été acquis en 1998 par Jean-Luc Thunevin. Il est depuis lors exploité par l'équipe du Ch. Valandraud.

Longuement élevé près de deux ans en barriques, ce cru offre du fruit et de l'équilibre, dans un exercice classique bien mené, soutenu par un boisé élégant et fondu. La bouche, ample et parée de tanins bien en place mais au grain soyeux, est encore ferme à ce stade. Il faudra l'attendre, de toute évidence. ⧗ 2028-2035

CLOS BADON-THUNEVIN, 6, rue Guadet, 33330 Saint-Émilion, tél. 05 57 55 09 13, thunevin@thunevin.com V r.-v.

B CH. CLOS DES PRINCE 2021 ★

■ | 10000 | | 30 à 50 €

Également courtiers en vins, Marie-Christine et Gilles Prince ont acquis en 2000 un petit vignoble (4 ha) établi sur les sables à crasse de fer de Saint-Laurent-des-Combes, à l'est de Saint-Émilion, qu'ils cultivent dans un esprit « haute couture ». La certification bio est acquise en 2021.

Du fruit tendrement épicé, de l'équilibre, de l'élégance : ce cru convainc. À dominante de merlot, élevé sobrement en barriques, il déploie sa trame avec efficacité, dans un style très accessible, à l'attaque ronde, posé sur de belles notes de fruits mûrs et une touche boisée impeccable. Un très joli vin de plaisir, avec du fond et de la fraîcheur. ⧗ 2027-2035

CH. CLOS DES PRINCE, Ferrandat-Sud, 33330 Saint-Laurent-des-Combes, tél. 05 57 84 64 14, chateau-closdesprince@orange.fr V r.-v.

LE BORDELAIS

CLOS DUBREUIL 2021 ★

■ | 7000 | | 75 à 100 €

Les Trocard sont établis dans le Libournais depuis 1628. Leurs domaines ont connu un formidable essor au lendemain de la Seconde Guerre mondiale. Aux commandes depuis 1976, Jean-Louis Trocard, épaulé par ses enfants Benoît et Marie, a porté le vignoble à près de 100 ha répartis dans plusieurs crus et appellations. Régulier en qualité, le Clos Dubreuil est un cru classé de Saint-Émilion de 7 ha situé sur le plateau calcaire.

Bien équilibré et collant au millésime, ce cru ne surjoue pas et délivre un fruité frais au nez, avec une pointe florale et légèrement épicée. C'est un vin suave en bouche, aux tanins flatteurs, qui met en avant son fruit, souligné d'un boisé fin. ⧗ 2027-2032

CLOS DUBREUIL, 107, rte de Jean-Guillot, 33330 Saint-Christophe-des-Bardes, tél. 05 57 24 63 78, contact@closdubreuil.com V r.-v.

CLOS FOURTET 2021 ★★

■ 1er gd cru clas. B | 55 000 | | + de 100 €

85 86 87 88 89 90 91 92 93 94 95 96 97 98 99 |00| 01 |02| |03| 04 |05| |06| |07| 08 09 10 11 12 13 14 15 16 17 18 19 20 21

Cet illustre grand cru classé est un vrai clos ceint de murs (20 ha), établi à l'emplacement d'un fortin romain (« un fourtet »), face à la collégiale de Saint-Émilion, sur le fameux plateau calcaire à astéries de la cité. Il a souvent changé de mains, toujours celles d'authentiques familles bordelaises, comme les Ginestet et les Lurton. Ces derniers l'ont considérablement amélioré, avant de le céder en 2001 à Philippe Cuvelier et son fils Matthieu (Ch. Poujeaux à Moulis), qui, avec l'appui des équipes de Derenoncourt Consultants et de Jean-Claude Berrouet, l'artisan de Petrus, maintiennent haut cette exigence de qualité et ont entrepris un travail de fond toujours en cours sur le vignoble. La biodynamie est pratiquée sur 15 ha.

Doté d'une belle structure tannique et appuyé par un fruit mûr, épicé, avec une touche de sous-bois, ce vin concilie force et finesse avec une belle réussite dans ce millésime difficile. Liant la fraîcheur de l'année à un beau volume de bouche et des tanins fins et serrés, il déroule un grand jus à la finale acidulée et légèrement amère. Un vin énergique et de belle dimension. ⧗ 2028-2036 ■ **La Closerie de Fourtet 2021 ★ (30 à 50 €; 16 000 b.)** Tout en finesse de caractère à l'instar de son prestigieux aîné, le second de Clos Fourtet détaille de belles notes de fruits mûrs, avec un boisé à peine perceptible. La trame fraîche et les tanins soyeux forment un ensemble équilibré et affable, doté d'une belle droiture et d'une pleine gourmandise. Une belle approche de ce grand cru, avec un potentiel de garde prometteur. ⧗ 2027-2032

CLOS FOURTET, 1, Châtelet-Sud, 33330 Saint-Émilion, tél. 05 57 24 70 90, closfourtet@closfourtet.com r.-v.

CLOS SAINT-MARTIN 2021 ★

■ | n.c. | | 50 à 75 €

Petit vignoble (1,3 ha) enclavé entre les premiers grands crus classés Angelus, Canon, Beauséjour Duffau et Beau-Séjour Bécot, le Clos Saint-Martin, ancienne « vigne du curé » de la paroisse, appartient à la famille Reiffers depuis 1850. En 2013, la famille Cuvelier (Clos Fourtet) a pris une participation dans la propriété, mais Sophie Fourcade (née Reiffers), aux commandes depuis 1998, reste l'actionnaire majoritaire. Les autres crus de la famille Reiffers (Les Grandes Murailles et Côte De Baleau) sont quant à eux passés entièrement dans le giron des Cuvelier.

Voilà un vin tannique et serré, encore un brin sévère à ce stade de jeunesse, mais qui gagnera en harmonie en vieillissant. Avec un boisé chaud et épicé agrémenté de notes de cuir et de fruits rouges mûrs, une attaque charnue et un milieu de bouche riche et corsé, il se montre solide et carré. Un peu de patience sera nécessaire. ⧗ 2028-2035

CLOS SAINT-MARTIN, BP 20017, 33330 Saint-Émilion, tél. 05 57 24 71 09, clossaintmartin.saintemilion@gmail.com

CH. LA COMMANDERIE 2021 ★

■ Gd cru clas. | 8 000 | | 30 à 50 €

Après plusieurs expériences dans le vignoble bordelais, Thibaut et Magali Decoster s'installent en 2004 à la tête de deux crus de Saint-Émilion : le Clos des Jacobins, 8,5 ha sur argilo-calcaires en pied de côte, classé depuis 1955, et le Ch. la Commanderie, 6 ha au sommet d'une croupe graveleuse, classé depuis 2012 et en cours de conversion bio. En 2017, ils reprennent l'exploitation des Ch. Candale et Roc de Candale (8 ha sur argilo-calcaires), ouvrent un restaurant et une boutique, conjuguant leurs deux passions : vignoble et art de vivre.

Vin de garde, franc et structuré, ce cru est doté de tanins fermes cernés de notes boisées, de fruits noirs et d'épices. Un vin solide et consistant, de belle tenue, qui vieillira bien. On l'appréciera volontiers sur une viande de goût, une épaule d'agneau confite par exemple. ⧗ 2028-2035

CLOS DES JACOBINS, BP 67, 33330 Saint-Émilion, tél. 05 57 51 19 91, contact@mtdecoster.com V *t.l.j. sf lun. dim.*

CH. LA CONFESSION 2021 ★★

■ | 24 000 | | 30 à 50 €

Fils de Jean-François Janoueix, Jean-Philippe Janoueix s'est d'abord installé à Lalande (Ch. Chambrun, vendu à Silvio Denz) avant de créer en 2001 le Ch. la Confession en saint-émilion grand cru (7,30 ha), réunion des châteaux Barreau et Haut-Pontet. Il produit aussi du bordeaux supérieur (Croix Mouton), du saint-georges-saint-émilion (Cap Saint-Georges) et du pomerol (Sacré Cœur, en fermage, et La Croix Saint-Georges).

Ce domaine a pris le parti de la douceur et de la modernité, avec une vinification en raisins entiers, des fermentations en barriques neuves et un élevage de 18 mois mêlant barriques et amphores. Le résultat est fort probant, de grande harmonie, offrant un fruité gourmand aux légers accents fumés, relayé par une bouche ample et veloutée. Au final, un charme et un équilibre d'ensemble qui font la différence. Une belle garde s'annonce. ⧗ 2028-2035

CH. LA CONFESSION, Haut-Pontet, 33330 Saint-Émilion, tél. 05 57 48 13 13, contact@jpjdomaines.com V r.-v. 4

B CH. CROIX DE LABRIE
2021 ★★

■ | 13560 | | + de 100 €

Dans le début des années 1990 naît l'expression « vins de garage » qui désigne les vins de Saint-Émilion produits en toute petite quantité « dans un garage au lieu d'un chai ». Le Ch. Croix de Labrie est de ceux-là. Son vignoble de 5 ha, certifié en bio, est installé sur le plateau de Saint-Christophe-des-Bardes, juste à côté de Pavie. Il est la propriété d'Axelle et Pierre Courdurié.

Dans un style gourmand et généreux, ce beau vin aux notes de bois frais, de fruits mûrs et de vanille, s'avance avec race et intensité. L'élevage de 20 mois en foudres apporte une onctuosité savoureuse, des tanins veloutés et élégants, et surtout une très grande allonge. Une superbe réussite dans ce millésime « de vigneron », avec un boisé racé qui offre une réelle plus-value. Un grand potentiel de garde se dessine. ⧗ 2028-2036

CH. CROIX DE LABRIE, 8 bis, Peymouton-Sud, 33330 Saint-Christophe des Bardes, tél. 06 20 68 90 24, pierre@chateau-croix-de-labrie.fr V r.-v. 5

♥ CH. LA CROIZILLE
2021 ★★★

■ | 18000 | | 75 à 100 €

Le Belge Émile De Schepper a investi dans le vignoble bordelais à partir de 1950. En plus de sa maison de négoce (De Mour), la famille exploite aussi aujourd'hui une cinquantaine d'hectares en propre : en Médoc, le Ch. Haut-Breton Larigaudière (margaux), le Ch. Tayet et le Ch. Lacombe Cadiot (bordeaux supérieur); en saint-émilion grand cru, Tour Baladoz (10 ha sur argilo-calcaires) et La Croizille (4,45 ha).

Paré d'un bel élevage en barriques, ce grand cru, qui compte pour un tiers de cabernet-sauvignon, forme un ensemble parfaitement convaincant. Les arômes intenses de fruits frais, de fruits des bois et d'épices du merrain se mêlent avec harmonie au nez. Harmonie que l'on retrouve dans une bouche ample, puissante, corsée, profonde, servie par un beau retour floral, des tanins d'une grande élégance et une superbe finale crayeuse. Un vin très élégant, à garder sereinement en cave. Après un 2020 déjà fort convaincant, le domaine signe un 2021 majuscule, d'autant plus dans ce millésime compliqué. ⧗ 2028-2040 ■ **Ch. Tour Baladoz 2021 ★ (30 à 50 €; 24 000 b.)** Porté par de belles notes de fruits rouges, un élevage bien maîtrisé, ce vin offre une texture charnue, puissante, jusqu'à une finale encore resserrée. C'est un bon représentant de ce millésime frais, corsé et tannique comme il se doit mais avec du liant et un boisé qui l'accompagne pour une longue garde. ⧗ 2028-2038

CH. TOUR BALADOZ, Tour-Baladoz, 33330 Saint-Laurent-des-Combes, tél. 05 57 88 94 17, contact@demour.com V r.-v.

CH. DARIUS 2021 ★

■ | 1200 | | 20 à 30 €

La famille Pommier a acquis en 1991 ce cru de 6,6 ha de Saint-Laurent-des-Combes, où le merlot et le cabernet franc sont sensiblement à parité, plantés sur sols sablonneux avec crasse de fer.

Avec une belle part de cabernet franc dans l'assemblage (45 %), ce cru rond et équilibré offre un plaisir immédiat malgré sa jeunesse. Avec un bon fruit mûr, de la mâche, un bon volume et la fraîcheur du millésime, il propose un ensemble avenant. ⧗ 2025-2030

CH. DARIUS, 234, chem. du Beurang, 33330 Saint-Laurent-des-Combes, tél. 06 24 38 06 83, gfadespommier@orange.fr V r.-v.

CH. DESTIEUX 2021 ★

■ Gd cru clas. | 27000 | | 30 à 50 €

Christian Dauriac conduit depuis 1971 le Ch. Destieux, grand cru classé de Saint-Émilion depuis 2006 : 8 ha d'un seul tenant en haut du coteau de Saint-Hippolyte, complétés par 7 ha sur les terres de Lisse (Ch. Montlisse) et 2,8 ha à Pomerol (La Clémence).

Plein et de grand volume, ce cru séduit dans ce millésime compliqué. On apprécie d'emblée son fruité rouge engageant, puis sa bouche séveuse, fraîche et enveloppée, servie par des tanins bien fondus et une large matière. Qu'on ne s'y trompe pas, sous ses atours affables, ce vin a du coffre, de la puissance et de la persistance. ⧗ 2028-2035

VIGNOBLES DAURIAC, 1, Destieux, 33330 Saint-Hippolyte, tél. 05 57 24 77 44, contact@vignoblesdauriac.com V r.-v.

CH. LA DOMINIQUE 2021 ★

■ Gd cru clas. | 55000 | | 50 à 75 €

(82) **86** 88 **89** 90 **93** 94 95 **96** 97 98 99 00 01 02 **03** 05

|06| |08| **09** 10 **11** **12** 13 **15** **16** 18 **19** **20** 21

En lisière de Pomerol, voisin immédiat de Cheval Blanc, un cru d'ancienne notoriété, auquel un riche marchand, propriétaire des lieux au XVIIIe s., aurait donné le nom d'une île des Caraïbes. La famille de Baillencourt, établie ici depuis 1933, le cède en 1969 au puissant capitaine d'industrie Clément Fayat, également propriétaire des Châteaux Fayat (pomerol) et Clément-Pichon (haut-médoc). Le vignoble de 25 ha, situé au nord-ouest de Saint-Émilion, au

voisinage de Pomerol, est établi sur un beau terroir de sables anciens au sous-sol argileux. Un nouveau chai aux lignes contemporaines, signé Jean Nouvel, est sorti de terre avec le millésime 2013. Sur le toit, la terrasse panoramique abrite un restaurant d'où l'on admire tout le vignoble alentour.

Sur le versant de l'élégance plutôt que sur la puissance, ce grand cru ne surjoue pas dans ce millésime de demi-corps. Un bouquet charmant et engageant de notes chaudes de raisin mûr et de toasté fondu, et une bouche souple, avec beaucoup de douceur, de la fraîcheur et une finale élancée, concourant à un ensemble d'une belle finesse. ⧗ 2027-2032

⊶ CH. LA DOMINIQUE, 1, La Dominique, 33330 Saint-Émilion, tél. 05 57 55 20 73, contact@vignobles.fayat.com V r.-v.

CH. FAUGÈRES 2021 ★

■ Gd cru clas. | 72 500 | | 30 à 50 €

93 94 95 96 97 **98 99 00** 01 **02 03** 04 |**05**| 06 07 |09| |**10**| 11 |12| |13| 15 16 20 21

Fondé en 1823 par la famille de Pierre-Bernard (Péby) Guisez, qui lui donna dans les années 1980 ses premières lettres de noblesse, ce cru est depuis 2005 la propriété de Silvio Denz. Agrandissement du vignoble (37 ha aujourd'hui), nouveau chai-cathédrale réalisé en 2009 par Mario Botta, l'homme d'affaires suisse spécialisé dans le luxe qui a fait de Faugères un fleuron de Saint-Émilion, hissé au rang de cru classé en 2012, comme son «cousin» Péby-Faugères.

Ce cru intense, porté par un élevage bien ajusté d'un an en barriques, trouve une belle expression entre richesse et élégance. Structuré, plein et doté d'un bon fruit mûr doublé d'épices, il offre une belle lecture de l'appellation dans ce millésime difficile. Un vin bien réalisé, à l'avenir assuré. ⧗ 2027-2034

⊶ CH. FAUGÈRES, Faugères, 33330 Saint-Étienne-de-Lisse, tél. 05 57 40 34 99, info@vignobles-silvio-denz.com V r.-v.

CH. FAURIE DE SOUCHARD 2021 ★

■ Gd cru clas. | 15 000 | | 30 à 50 €

La famille Jabiol exploitait depuis les années 1930 ce cru connu depuis le début du XIXe s., auquel elle a donné sa configuration actuelle : 12 ha de vignes sur le versant nord du plateau de Saint-Émilion, dans le secteur de Faurie. En 2013, elle a vendu son domaine à la famille Dassault, qui ajoute à son portefeuille un autre grand cru classé.

Dominé par les cabernets (60 %), ce grand cru harmonieux séduit d'emblée avec ses jolies notes de torréfaction et de fruits noirs. Il déploie en bouche une trame de belle fraîcheur, dense et cernée de tanins fermes et bien développés qui augurent une belle évolution en cave. ⧗ 2028-2036

⊶ CH. FAURIE DE SOUCHARD, 33330 Saint-Émilion, tél. 05 57 55 10 00, contact@dassaultwineestates.com V r.-v.

CH. FIGEAC 2021 ★★

■ 1er gd cru clas. B | 126 000 | | + de 100 €

62 **64 66** (70) **71** 74 **75 76** 77 **78** 79 80 **81 82 83 85 86** 87 **88 89** 90 **93** 94 |(95)| |96| 97 |**98**| |99| |00| |01| |02| |04| |05| |06| |07| 09 10 **11 12** (13) 14 **15** 16 17 **18 19 20 21**

Le plus vaste domaine de Saint-Émilion (41 ha de vignes plantées sur trois croupes de graves günziennes), situé à l'ouest de la cité, en bordure de Pomerol. Un vignoble atypique, à l'accent médocain – 70% de cabernets, répartis à parts égales entre franc et sauvignon –, adapté à son terroir de graves. Un haut lieu de l'appellation façonné par la famille Manoncourt, propriétaire depuis 1892, et notamment par Thierry, décédé en 2010, à qui l'on doit le «style Figeac» et cet encépagement original. Son épouse et ses quatre filles en ont confié en 2013 la co-gérance à Jean-Valmy Nicolas (cogérant de La Conseillante à Pomerol) et la direction générale à Frédéric Faye, son ancien directeur technique. Ce 1er grand cru classé B depuis 1955 est passé au rang A depuis le classement de 2022.

Comme toujours à Figeac, on retrouve la vibration très intense des deux cabernets (71 %), couplée à la finesse et la pureté du terroir exhibant un fruit radieux (framboise, cerise) à la floralité intense (iris, violette). L'harmonie est de mise en bouche, avec la fraîcheur du millésime, du volume, de la profondeur, des tanins très raffinés et délicats. Pour clore, la finale s'allonge avec élégance dans le plus pur style Figeac. Un vin de haute stature se dessine. ⧗ 2028-2040 ■ **Petit Figeac 2021 ★ (50 à 75 €; 44 000 b.)** Reprenant les codes de finesse de son aîné, mais avec une partition à parts égales entre le merlot et les deux cabernets, et avec un élevage un peu plus court que le grand vin, cette seconde étiquette est un bon classique de l'appellation. Fruité frais, jolie pureté, bonne tension, tanins fins, persistance : c'est une habile composition vouée à s'affiner au fil des ans. ⧗ 2027-2034

⊶ CH. FIGEAC, Ch. de Figeac, 33330 Saint-Émilion, tél. 05 57 24 72 26, chateau-figeac@chateau-figeac.com t.l.j. sf sam. dim. 9h-12h 14h-18h

B FLEUR DE FONPLÉGADE 2021 ★

■ | 13 000 | | 30 à 50 €

De rachats en successions, l'histoire du cru débute réellement en 1852 avec Jean-Pierre Beylot, à l'origine de la maison de maître et des bâtiments d'exploitation. Un cru passé en 1863 dans les mains du duc de Morny, demi-frère de Napoléon III, et de sa sœur la comtesse de Gabard. Le négociant libournais Armand Moueix reprend le domaine en 1953, jusqu'à l'arrivée en 2004 de Denise et Stephen Adams. Ces derniers ont entrepris une rénovation de fond des installations techniques et du vignoble : 18,5 ha sur le coteau sud du plateau de Saint-Émilion, en bio certifié depuis 2013 et en biodynamie certifiée depuis le millésime 2020.

Équilibre et générosité qualifient ce grand cru bien servi par un élevage maîtrisé de 14 mois en barriques. Le fruit bien mûr, entre cassis et myrtille, et le volume de la bouche, lié à une grande fraîcheur, composent un vin savoureux, où gourmandise et persistance sont aussi au rendez-vous. ⧗ 2027-2032

CH. FONPLÉGADE, 1, Fonplégade, 33330 Saint-Émilion, tél. 05 57 74 43 11, chateaufonplegade@fonplegade.fr V r.-v.

CH. LA FLEUR PENIN 2021 ★

	10 000		20 à 30 €

Patrick Carteyron est bien connu pour son vignoble implanté en face, sur l'autre rive de la Dordogne, à Génissac, et pour son Ch. Penin (en appellations régionales). Il a acquis en 2011 une petite vigne de 2,5 ha en pied de côte à Saint-Pey-d'Armens, en appellation saint-émilion grand cru, créé sa cuverie, son chai et sa salle de réception. Les vignes, à majorité de merlot (80%), bénéficient d'un terroir argilo-sablonneux.

Élevé soigneusement en barriques de 225 l et en foudres de 400 l, ce vin s'ouvre sur une note chaude de chocolat mêlée à des touches de fruits noirs, de mûre notamment. Avec un support tannique bien présent, il déploie une belle ampleur en bouche, une trame cossue et dense, et une finale persistante. Un vin bien proportionné, qui gagnera à être attendu. ⧗ 2027-2034

CH. LA FLEUR PENIN, 4, Gombaud, 33330 Saint-Pey-d'Armens, tél. 06 07 43 15 74, patrickcarteyron@orange.fr r.-v.

CH. FRANC PIPEAU 2021 ★

	8 500		15 à 20 €

Implantés à Saint-Émilion depuis cinq générations, les Bertrand – aujourd'hui Jacques et ses enfants – exploitent deux crus en saint-émilion grand cru : Carteau Côtes Daugay, 16 ha sur le tertre Daugay, au pied de la côte sud-ouest de Saint-Émilion, et Franc Pipeau, 6,5 ha en pied de côte, à Saint-Hippolyte. Des crus représentatifs du vignoble saint-émilionnais où les exploitations familiales restent majoritaires.

Dans un style fruité et semi-corsé, ce saint-émilion grand cru plaît par son classicisme, sa bouche de bon volume, sa structure tannique bien affinée. À apprécier sur une viande mijotée, comme un bourguignon ou une joue de bœuf par exemple. ⧗ 2026-2030

VIGNOBLES JACQUES BERTRAND, Ch. Franc Pipeau, 425, rte de la Mairie, 33330 Saint-Hippolyte, tél. 05 57 24 73 94, contact@vignobles-jbertrand.fr V r.-v.

LES TOURELLES DU CH. LA GRÂCE DIEU 2021 ★

	25 400		15 à 20 €

Au XIIIes., les Cisterciens fondèrent ici un prieuré, aujourd'hui disparu, nommé À la grâce de Dieu. Acquis en 1946 par Pierre Dubreuilh, le domaine est désormais conduit par ses descendantes, les sœurs Christine et Valérie Pauty, à la tête de 13 ha plantés sur le versant ouest de Saint-Émilion.

Cette seconde étiquette de la Grâce Dieu, à dominante de merlot, offre une jolie présence en bouche autour d'un fruit agréable et équilibré avec la touche de l'élevage. L'attaque veloutée, les tanins fondus, la fraîcheur, la finale longue et nerveuse et l'harmonie d'ensemble ne laisseront pas indifférent. ⧗ 2026-2032

CH. LA GRÂCE DIEU, 1, Ségottes, 33330 Saint-Émilion, tél. 05 57 24 71 10, contact@chateaulagracedieu.fr V r.-v.

CH. LA GRÂCE FONRAZADE Persevero 2021 ★★

	23 000		15 à 20 €

François-Thomas Bon et sa compagne ont acquis en 2010 le Ch. Gardegan, situé dans le village du même nom; un cru qui n'avait plus connu de vendange depuis les années 1980. Les chais ont été rénovés, le vignoble agrandi, pour atteindre aujourd'hui 11 ha (en conversion bio). Un domaine complété en 2012 par le Ch. la Grâce Fonrazade, lui aussi entièrement rénové à la vigne et au chai, et converti au bio.

Ce pur merlot a été soigneusement élevé durant près de deux ans en barriques pour livrer aujourd'hui un vin dense et profond, soutenu par d'intenses notes de vanille et de fruits mûrs à l'olfaction. La bouche, de grande dimension, bâtie sur des tanins très élégants, poursuit ce registre assuré, avec équilibre et fraîcheur. Un vin d'ores et déjà très plaisant, bien servi par son élevage, mais qui gagnera à vieillir. ⧗ 2027-2037

CH. LA GRÂCE FONRAZADE, 4, rte de Jaquemeau, 33330 Saint-Émilion, tél. 06 70 02 81 67, persevero@lagracefonrazade.com V r.-v.

CH. GRAND CORBIN 2021 ★

Gd cru clas.	80 000		30 à 50 €

Propriété du groupe d'assurance SMABTP, le Ch. Grand Corbin se situe au nord-ouest de l'appellation, sur un terroir d'argiles bleues. Le vignoble de 37 ha, dont 28,5 ha en grand cru classé, se partage classiquement entre merlot (80 %), cabernet franc et cabernet-sauvignon. En 2021, Laure Canu a pris la tête de la propriété.

Un vin structuré, à l'élevage bien perceptible à ce stade, qui s'ouvre sur des nuances d'épices et de fruits mûrs. Arômes relayés par une bouche de belle dimension, dense et ferme, prolongée par une finale encore un peu sévère. Il faudra être patient avant de pouvoir l'apprécier. ⧗ 2028-2035

CH. GRAND CORBIN, 5, Grand-Corbin, 33330 Saint-Émilion, tél. 05 57 24 70 62, chateau@grandcorbin.com V r.-v.

CH. GRAND CORBIN-DESPAGNE 2021 ★★

Gd cru clas.	44 992		30 à 50 €

97 98 99 00 01 **04** |05| |06| 07 |08| **09 10** 11 12 **13** 15 16 **19** 20 **21**

Les Despagne sont présents dans le Libournais depuis le XVIIes., avec notamment des ancêtres métayers à Cheval Blanc. Propriétaires à Corbin, au nord-ouest de l'appellation, depuis 1812, ils n'ont cessé d'agrandir leur domaine (28,8 ha aujourd'hui) et d'améliorer la qualité des vins. Sous la conduite depuis 1996 de François Despagne, septième du nom, le cru est désormais certifié en agriculture biologique et pratique des essais en biodynamie.

Un grand cru qui s'impose par son charme, son élégance et son volume. Le nez finement boisé, complexe, donne le ton de l'ensemble. La bouche, très fraîche et parfumée, poursuit cette belle démonstration avec naturel et une matière séveuse et charnue, parfaitement structurée par des tanins fermes au grain fin. Une très belle bouteille qui méritera d'être attendue. ⧗ 2028-2040

■ **Ch. Petit Corbin-Despagne 2021 ★ (20 à 30 €; 15 350 b.)** Ⓑ Le second vin du cru, élevé moins longuement, avec moins d'apport de bois et un passage en cuves et en amphores, offre une belle partition dans un style affable et logiquement plus immédiat que le grand vin. On aimera d'emblée son fruit pur, son équilibre, sa belle structure tannique et sa fraîcheur portée sur les fruits rouges. ⧗ 2027-2034

CH. GRAND CORBIN-DESPAGNE, 3, Barraillot, 33330 Saint-Émilion, tél. 05 57 51 08 38, f-despagne@grand-corbin-despagne.com V r.-v.

CH. GRAND MAYNE 2021 ★

■ Gd cru clas.	42 000		30 à 50 €

85 86 88 89 **90 91** 94 95 **96** 97 **99** 00 01 02 03 04 **05** 06 07 |08| |**10**| |11| |12| |13| |14| 15 17 **18** 20 21

Ce cru, dans la famille Nony depuis 1934, a conservé son ancien nom («grand domaine» en vieux français) : au XIXᵉs., il constituait, avec près de 300 ha, la plus vaste propriété de Saint-Émilion. Aujourd'hui, les vignes couvrent les pentes douces à l'ouest du plateau, sur 17 ha.

Ce grand cru séduit d'emblée par son fruit mûr et bien calibré. L'élégance est de mise tout du long de la dégustation et l'on apprécie la finesse de ce vin, sa consistance, sa sève équilibrée et juteuse, sa fraîcheur et sa belle persistance. ⧗ 2027-2034

CH. GRAND MAYNE, 33330 Saint-Émilion, tél. 05 57 74 42 50, contact@grand-mayne.com V r.-v.

CH. GUILLEMIN LA GAFFELIÈRE 2021 ★

■	20 860		15 à 20 €

Un vignoble de 21 ha, acquis par les Fompérier en 1956, à l'entrée sud de Saint-Émilion, au pied du coteau, dans le hameau de La Gaffelière. Une seule étiquette ici : le grand cru Guillemin la Gaffelière.

Avec une belle proposition de cabernets et une pointe de malbec, ce cru offre un caractère délicatement épicé autour d'une trame dense et serrée, encore sur la réserve. Il faudra l'attendre un peu avant de pouvoir l'apprécier, sur des magrets de canard par exemple, ou sur une daube provençale. ⧗ 2028-2034

CH. GUILLEMIN LA GAFFELIÈRE, La Gaffelière, 33330 Saint-Émilion, tél. 05 57 74 46 92, sylvain.lecellierdesgourmets@orange.fr V *t.l.j. sf dim. 8h30-12h30 13h30-17h30*

CH. HAUT-BRISSON 2021 ★

■	10 000		30 à 50 €

Première propriété acquise par Peter Kwok (Vignobles K) et sa fille Elaine en 1997, le Ch. Haut-Brisson a été racheté en 2019 par le Bordelais Stéphane Schinazi. Les 18 ha se situent au sud de l'appellation, sur trois terroirs, et bénéficient toujours de l'expertise technique et commerciale des Vignobles K.

Ce joli vin s'illustre d'emblée par ses arômes appétents de fruits noirs et ses notes légèrement grillées. Il séduit aussi par sa bouche franche, séveuse et persistante. Un grand cru qui mérite de vieillir pour parfaire des tanins serrés et une finale encore un brin contractée. ⧗ 2027-2032

CH. HAUT-BRISSON, 5, Brisson, 33330 Vignonet, tél. 05 57 74 93 32, cbriday@haut-brisson.com V *r.-v.* 5

CH. HAUT ROCHER 2021 ★

■	14 120		20 à 30 €

Propriété de la même famille depuis le XVIIIᵉs., conduite depuis 2010 par Jérôme et Béatrice de Monteil : 8 ha en saint-émilion grand cru (Haut Rocher, en conversion bio) et saint-émilion (Pavillon), 6 ha en castillon-côtes-de-bordeaux (Bréhat, en conversion bio).

Des épices douces, un bon fruit mûr, une attaque saline puis une sève riche et ample : ce cru s'illustre de belle manière, dans un équilibre bien ajusté, avec aussi de la tension et de la droiture qui signent le millésime. On l'appréciera volontiers sur un mets relevé, sur un tajine d'agneau par exemple. ⧗ 2027-2032

CH. HAUT ROCHER, 1, Haut-Rocher, 33330 Saint-Étienne-de-Lisse, tél. 05 57 40 18 09, info@haut-rocher.com V *r.-v.*

Ⓑ CH. LAMARZELLE-CORMEY 2021 ★

■	10 000		15 à 20 €

Ce vignoble de 10 ha, appartenant à la famille Moreaud depuis quatre générations, se situe dans le secteur de Figeac, à l'ouest de Saint-Émilion. Depuis 2012, Victor Moreaud et sa sœur Coraline sont respectivement responsables de la production et de la commercialisation de ce cru, ainsi que des deux autres propriétés familiales, Ch. Magnan-Figeac et Ch. Lamarzelle-Cormey. Les vignobles sont certifiés en agriculture biologique.

Un nez intense et complexe, une trame tannique de bonne mâche, avec de la générosité, de la fraîcheur et de l'équilibre : ce cru marque un sans-faute sur ce millésime et pourra s'apprécier dans ses jeunes années, avec un magret de canard au foie gras par exemple. ⧗ 2026-2030

CH. CORMEIL-FIGEAC, Cormeil-Figeac, 33330 Saint-Émilion, tél. 05 57 24 70 53, moreaud@cormeil-figeac.com V *r.-v.*

CH. LANIOTE 2021 ★

■ Gd cru clas.	16 800		30 à 50 €

89 93 94 95 96 98 99 00 01 02 03 05 06 07 08 |**09**| |12| |13| 15 **16** 17 20 21

Nous sommes ici chez l'une des familles les plus saint-émilionnaises qui soit. Elle exploite hors les murs un cru classé de 5 ha d'un seul tenant sur le haut du plateau argilo-calcaire de Saint-Émilion. Le domaine, fondé en 1821 par Pierre Lacoste, marchand de vin de Libourne, s'est transmis en ligne directe sur huit générations jusqu'à Arnaud de la Filolie, l'actuel propriétaire, et son épouse Florence Ribéreau-Gayon, œnologue. La famille possède aussi, intra-muros,

trois monuments de la cité : la grotte de l'ermitage de Saint-Émilion, la chapelle de la Trinité (XIIIe s.) et les catacombes.

Portée par deux tiers de merlot, cette belle bouteille s'ouvre à l'olfaction sur des notes de truffe bien mariées à un accent boisé et fruité harmonieux. Arômes prolongés par une bouche dense, riche et persistante, structurée par de bons tanins. ⧗ 2027-2032

CH. LANIOTE, 3, La Niotte, 33330 Saint-Émilion, tél. 05 57 24 70 80, contact@laniote.com
V r.-v. 5

CH. LAROZE 2021 ★

Gd cru clas. | 95 000 | 20 à 30 €

98 99 00 01 02 06 07 |09| |10| |11| |13| **15 16** 18 20 21

Héritier d'une lignée au service du vin remontant à 1610, Georges Gurchy a fondé le domaine en 1882. Ses descendants, les Meslin, sont toujours aux commandes : Guy a succédé à son père Georges en 1990 à la tête de la propriété. Classé depuis 1955, le cru dispose d'un important vignoble couvrant 27 ha sur des sables argileux, à l'ouest de Saint-Émilion.

Avec 40 % de cabernets, ce grand cru plein et long, marqué par des touches d'épices, de fleurs et de fruits mûrs, séduit d'emblée. On aimera aussi sa chair fruitée en bouche, sur des tonalités de fruits rouges, ses tanins veloutés et son boisé en retrait. Un vin prometteur, à apprécier sur une belle viande braisée. ⧗ 2027-2032

CH. LAROZE, Goudichau, 33330 Saint-Émilion, tél. 05 57 24 79 79, smerzeaud@laroze.com
V r.-v.

♥ LYNSOLENCE 2021 ★★

| 8 000 | 30 à 50 €

Denis Barraud, œnologue, s'est installé en 1971 à la tête du vignoble familial, constitué à la fin du XIXe s. Un bel ensemble de 36 ha répartis sur les deux rives de la Dordogne et sur plusieurs crus – 7 ha en saint-émilion et saint-émilion grand cru (Les Gravières, Lynsolence) et 29 ha en appellations régionales (La Cour d'Argent) – et des vins qui retiennent régulièrement l'attention des dégustateurs.

Puissant, riche et concentré, ce pur merlot élevé comme il se doit en barriques de chêne propulse une large matière aux accents de moka, de toasté, d'épices et de réglisse, autour d'un fruit noir intense. C'est un vin bâti sur la structure et l'allonge, de style corsé, imposant mais très agréable. Un vin de longue garde, à réserver pour une viande rouge de choix. ⧗ 2027-2036

VIGNOBLES DENIS BARRAUD, 355, port de Branne, 33330 Saint-Sulpice-de-Faleyrens, tél. 06 08 32 26 04, franckcanaldescude@vignoblesdenisbarraud.fr
V r.-v.

CH. MANGOT Todeschini Distique 14 2021 ★

| 9 500 | 30 à 50 €

Les vignobles fondés en 1951 par Jean Petit regroupent 37 ha d'un seul tenant en saint-émilion grand cru, sur un terroir riche en calcaire à astéries (Mangot, cru ancien mentionné dès 1510), et 16 ha en castillon (La Brande), conduits depuis 1989 par Jean-Guy et Anne-Marie Todeschini, rejoints en 2008 par leurs fils Karl et Yann. Le vignoble est certifié bio depuis le millésime 2020 et en cours de conversion à la biodynamie depuis 2021.

Ce pur cabernet franc, une rareté pour l'appellation, pourra en dérouter certains, mais les amateurs du genre seront servis. Le fruit est particulièrement bien défini, mis en évidence sans boisé ostentatoire. Les tanins sont racés et soyeux, portant une bouche de belle dimension, élégante et équilibrée. Un vin atypique qui suit son propre chemin et qu'il faudra laisser vieillir. ⧗ 2027-2034

FAMILLE TODESCHINI, 1, Ch. Mangot, 33330 Saint-Étienne-de-Lisse, tél. 05 57 40 18 23, contact@chateaumangot.fr V *t.l.j. sf dim. 9h-12h 13h30-17h30*

CH. LA MARZELLE 2021 ★★★

Gd cru clas. | 30 500 | 30 à 50 €

99 00 01 **02** 04 05 07 08 10 11 |13| 14 15 16 **19** 20 (21)

Classé dès 1955, ce domaine ancien, inscrit sur la carte de Belleyme de 1821, est depuis 1998 la propriété des Sioen, industriels belges. Entourant l'hôtel de luxe Grand Barrail, il couvre 17 ha sur la haute terrasse de Saint-Émilion. Un terroir d'argiles, de graves et de sables proche de celui de Figeac, qui engendre souvent des vins de longue garde.

Frais et très agréable à l'olfaction, ce grand cru plaît d'emblée par son fruité saillant. Il séduit aussi par sa bouche complète, à la fois puissante et élégante, longuement portée par des tanins veloutés, fondus, très fins, servis par un élevage sous bois parfaitement maîtrisé. Une très belle lecture du terroir de Saint-Émilion. ⧗ 2028-2035

CH. LA MARZELLE, 9, La Marzelle, 33330 Saint-Émilion, tél. 05 57 55 10 55, info@lamarzelle.com V *r.-v.*

CH. MONBOUSQUET 2021 ★

Gd cru clas. | 41 900 | 50 à 75 €

95 96 **97** 98 99 00 **01** 02 03 04 05 07 08 |**09**| |10| |11| 12 13 15 16 **20** 21

Acquis en 1993 par Gérard Perse (Pavie, Pavie-Decesse, Bellevue-Mondotte), ce cru, l'un des rares de la plaine à être classé (depuis 2006), étend ses 33 ha de vignes sur de belles graves sablonneuses propices aux cabernets, présents à 40 % dans le vin (dont 30 % de cabernet franc).

C'est un vin intense qui est ici proposé, avec un fruit mûr libéré à profusion et qui, par sa belle proportion de cabernets (40 %), pencherait presque vers l'autre rive. Un grand cru qui réjouit de bout en bout avec sa matière ample et charnue et son élégante assise tannique. Un vin riche, très dense, puissant, à garder longuement et à savourer sur des viandes de goût. ⧗ 2028-2040

CH. MONBOUSQUET, 42, av. de Saint-Émilion, 33330 Saint-Sulpice-de-Faleyrens, tél. 05 57 24 67 19, contact.monbousquet@perselatitudes.com

CH. MONTLABERT 2021 ★

■ | 35300 | | 30 à 50 €

Ce domaine, propriété au XVIIIe s. du sieur Jean-Michel Descazes-Montlabert, est entré en 2008 dans le giron du puissant groupe Castel. Il est situé aux confins des secteurs de La Grâce Dieu et de Figeac, à l'ouest de Saint-Émilion, sur des sols de molasses du Fronsadais et des calcaires à astéries. Le vignoble couvre 21 ha d'un seul tenant, sur des sables anciens, profonds et sablo-graveleux.

Ce vin bien réalisé, ouvert sur un fruit mûr et intense, offre une bonne lecture de l'appellation. Appliqué, charnu, dense et séveux en bouche, servi par un boisé ajusté, il se livre avec équilibre et justesse. On pourra commencer à l'apprécier sans avoir à trop attendre. ⧗ 2026-2032 ■ **La Croix de Montlabert 2021 ★ (15 à 20 €; 34000 b.)** Second vin du domaine, cette cuvée s'offre dans un style élégant, avec de la fraîcheur, du charnu, de l'équilibre, avec une petite touche vanillée très agréable. Elle plaît immédiatement et est prête à boire. ⧗ 2025-2030

CH. MONTLABERT, Figeac, 33330 Saint-Émilion, tél. 06 17 25 28 83, contact@chateaux-castel.com V r.-v.

CH. MOULIN BELLEGRAVE 2021 ★★

■ | 20000 | | 15 à 20 €

Antoine Mabileau, héritier d'une famille vigneronne du Val de Loire, présente à Bourgueil et Saint-Nicolas-de-Bourgueil (Ch. Moulin Neuf), a repris en 2012 le Ch. Moulin Bellegrave, situé au sud de Saint-Émilion. Les 18 ha sont actuellement en conversion bio. Autre étiquette : Ch. Vieux Lavergne.

Fruité et épicé au nez comme en bouche, ce grand cru élevé avec maîtrise offre une belle assise tannique, du gras et du volume. La fraîcheur est également de mise, de même que l'équilibre, pour constituer une bouteille très agréable, d'une bonne persistance. ⧗ 2026-2032 ■ **Ch. Vieux Lavergne 2021 ★ (15 à 20 €; 20000 b.)** Un joli vin servi par des merlots mûrs, ouvert sur de jolies notes de fruits rouges, de cerise notamment. Les tanins fondus, la fraîcheur et l'équilibre sont également au rendez-vous dans une bouche souple et d'un bon volume. Un ensemble très agréable, que l'on pourra apprécier sur le fruit de sa jeunesse. ⧗ 2025-2030

CH. MOULIN BELLEGRAVE, 8, La Grave, 33330 Vignonet, tél. 06 61 12 10 78, moulinbellegrave@gmail.com V r.-v.

♥ CH. PAVIE 2021 ★★

■ 1er gd cru clas. A | 95000 | | + de 100 €

85 86 88 (90) 91 92 93 94 95 96 |98| |99| |00| |01| |02| |04| |06| |07| |08| (09) (10) 11 (12) 13 14 (15) 16 17 18 (19) 20 21

Véritablement constitué au XIXe s., Pavie étend son vaste vignoble de 37 ha sur la côte éponyme, l'un des berceaux de la viticulture locale au IVe s. Son terroir unique en trois parties (le plateau calcaire, sa côte d'argiles denses et profondes, son pied de côte sablo-argileux légèrement graveleux) justifie son intégration en 2012 au gotha des 1ers grands crus classés A. Une élévation due aussi aux investissements considérables de son propriétaire depuis 1998, Gérard Perse, homme d'affaires ayant fait fortune dans la grande distribution. Inauguré en 2013, un nouveau chai signé Alberto Pinto, décorateur de palais et de palaces, consacre la montée au firmament du cru et permet des vinifications encore plus précises.

Avec une quasi parité entre merlot et cabernets, le 2021 de Pavie trouve une densité au-dessus de la moyenne, développant une grande présence en bouche. C'est un vin puissant, fidèle à son pedigree, qui trouve sur ce millésime un surcroît de velouté et de fraîcheur, porté par des tanins fermes et très fins à la fois, accompagnés d'un fruit mûr, généreux et nuancé. Un grand cru d'un équilibre et d'une persistance admirables, et un grand vin de garde bien entendu. ⧗ 2030-2045 ■ **Les Arômes de Pavie 2021 ★ (75 à 100 €; 40000 b.)** Mêlant merlot et cabernets, ce 2021 cossu et élégant se détache sur ce millésime. Plus qu'un second, c'est un cru à part entière, parfaitement mené avec un élevage en barriques présent sans excès. Les fruits rouges, la touche vanillée se combinent dans une trame dense, équilibrée et franche, aux tanins fermes. Un très beau classique que l'on aura plaisir à découvrir dans quelques années. ⧗ 2027-2035

CH. PAVIE, Dom. de Pavie, 33330 Saint-Émilion, tél. 05 57 55 43 43, contact.pavie@perselatitudes.com V r.-v. 5

CH. PAVIE MACQUIN 2021 ★★

■ 1er gd cru clas. B | 55200 | | 75 à 100 €

97 |98| 99 |00| |01| 16 18 19 (20) 21

Pavie Macquin et Larcis-Ducasse en saint-émilion grand cru (1ers crus classés), Charmes-Godard, Puygueraud, La Prade en francs-côtes-de-bordeaux, Alcée en castillon-côtes-de-bordeaux : Nicolas Thienpont, gérant de la propriété depuis 1994, est un nom qui compte dans le Libournais. Le nom de Pavie Macquin vient d'Albert Macquin (1852-1911), grand-père des propriétaires actuels, à qui Saint-Émilion doit l'usage du plant greffé qui devait sauver le vignoble ruiné par la crise phylloxérique. Vignoble de 15 ha d'un seul tenant, exceptionnellement situé sur le plateau argilo-calcaire, il est entouré de trois autres 1ers grands crus classés : Troplong Mondot, Pavie et Trottevielle.

Ce grand cru, coup de cœur sur le millésime précédent, impose son évidence avec une belle maturité de raisin sur ce millésime 2021 et un caractère presque « méditerranéen » avec ses parfums de réglisse, d'olive noire et d'épices, complétés par la pointe mentholée revigorante des cabernets francs. La bouche est de très belle dimension, offrant à la fois de la finesse et de l'amplitude autour de tanins raffinés et d'une fraîcheur aux tonalités calcaires qui dessinent parfaitement la trame du vin. De longue garde assurément. ⧗ 2029-2040

CH. PAVIE MACQUIN, 1, Peygenestau, 33330 Saint-Émilion, tél. 05 57 24 74 23, contact@pavie-macquin.com r.-v.

B CH. PETIT-GRAVET 2021 ★

■ | 9502 | | 15 à 20 €

L'un des trois crus saint-émilionnais (avec Ch. Gaillard et Clos Saint Julien) de Catherine Papon-Nouvel, également propriétaire en castillon-côtes-de-bordeaux (Ch. Peyrou). Elle conduit depuis 2000, à la suite de son père, ce petit domaine de 2,5 ha (en bio certifié) établi en pied de côtes, sur un terroir de sables profond, atypique par sa forte proportion (80 %) de cabernet franc.

Avec 40 % de cabernet franc dans son assemblage, cet élégant 2021 offre un bon fruit, de la fraîcheur et de l'équilibre. C'est un vin préservé par son élevage, sans boisé outrancier, qui s'inscrit dans un profil souple et accessible, d'ores et déjà très agréable. ⧗ 2026-2032

CH. PETIT-GRAVET, Gaillard, 33330 Saint-Hippolyte, tél. 05 57 24 72 44, claude.nouvel@club-internet.fr V r.-v.

CH. PIPEAU 2021 ★

■ | 120000 | | 20 à 30 €

Valeur sûre de l'appellation, ce domaine établi au pied des combes de Saint-Laurent est entré dans la famille Mestreguilhem en 1929. Les 7 ha de l'époque sont devenus 26 aujourd'hui. La propriété est conduite depuis 1983 par Richard Mestreguilhem, rejoint en 2014 par son fils Jean, ingénieur agronome, désormais à la direction technique.

Beau classique de l'appellation, ce grand cru déroule au nez un joli fruit, légèrement épicé, prolongé par une bouche d'une belle fraîcheur, avenante et équilibrée. L'ensemble reste souple, avec des tanins de bonne dimension, déjà tout à fait aimable à ce stade. ⧗ 2026-2032

CH. PIPEAU, 99, rue Barbeyron, 33330 Saint-Laurent-des-Combes, tél. 05 57 24 72 95, chateau.pipeau@wanadoo.fr V r.-v.

CH. PONTET-FUMET 2021 ★★

■ | 30000 | | 20 à 30 €

L'histoire débute au XVIIe s., au Vignonet, avec un aïeul gabarier et négociant en vin et en céréales. La famille Bardet conduit aujourd'hui un vaste ensemble de 60 ha de vignes dans le Libournais, répartis sur plusieurs crus en appellations saint-émilion grand cru (Val d'Or, Pontet-Fumet, Franc le Maine, Paradis) et castillon-côtes-de-bordeaux (Rocher Lideyre). Un ensemble dirigé par Philippe Bardet, accompagné de son épouse Sylvie et de ses quatre enfants.

Dominé par le merlot, ce grand cru se révèle ample et charnu, doté d'une bonne puissance, avec un boisé bien intégré et surtout une belle intensité gourmande et fraîche. Dans l'esprit du millésime, sans surenchère, il se déploie avec souplesse et efficacité. ⧗ 2026-2032 ■ **Ch. du Paradis 2021 ★ (50 à 75 €; 3000 b.)** Cette sélection de merlots sur graves, élevée plus de deux ans en barriques, révèle un vin ambitieux, puissant, marqué par des tanins encore fermes et un élevage perceptible. Des notes de fleurs, de vanille et de menthol s'associent au fruit noir, et l'ensemble est bien structuré, équilibré, encore en devenir. ⧗ 2027-2035

VIGNOBLES BARDET, 17, La Cale, 33330 Vignonet, tél. 05 57 84 53 16, vignobles@vignobles-bardet.fr V r.-v.

CH. PUYBLANQUET 2021 ★

■ | 36000 | | 20 à 30 €

Cette propriété de 24 ha dispose d'un joli vignoble de 19 ha posé sur une croupe argilo-calcaire qui domine la vallée de la Dordogne. La famille Malet Roquefort l'a acquise en 2020, renouant ainsi avec son histoire puisque le Ch. Puyblanquet lui a appartenu durant près d'un siècle et demi, de 1804 à 1959.

Un grand cru de belle réalisation, équilibré, qui développe d'agréables nuances fruitées au nez. Arômes prolongés par une bouche pure, fraîche et aimable. Un bel ambassadeur de l'appellation, agréable et gourmand. On pourra commencer à l'ouvrir d'ici peu, avec une volaille rôtie par exemple. ⧗ 2026-2030

CH. PUYBLANQUET, BP 65 , 33330 Saint-Émilion, tél. 05 57 24 72 15, contact@domainesmr.com V r.-v.

CH. QUINAULT L'ENCLOS 2021 ★

■ Gd cru clas. | n.c. | | + de 100 €

02 03 04 |05| |06| **07** 08 10 14 15 16 17 18 19 **20** 21

Cet important domaine (19 ha) peut à juste titre mentionner L'Enclos sur son étiquette : son vignoble clos de murs est enserré dans l'agglomération libournaise. En 2008, il a changé de mains : le Dr Alain Raynaud l'a cédé au baron Frère et à Bernard Arnault (LVMH). Il est conduit par les équipes de Pierre Lurton, qui suivent aussi le Ch. Cheval Blanc et ont engagé sa conversion à l'agriculture biologique en 2009. Les soins portés au cru se sont traduits par sa promotion lors du dernier classement des saint-émilion, en 2012.

Avec désormais un élevage partiel en foudres, ce cru issu de graves sableuses à l'entrée de Libourne laisse place au fruit et porte la fraîcheur à son comble sur ce millésime. Les arômes de mûre et de cerise, doublés de touches toastées, se fondent dans une matière ample et cossue, avec de beaux tanins. Il faudra encore l'attendre, voire le carafer. ⧗ 2028-2036

CH. QUINAULT L'ENCLOS, 30, rue Videlot, 33500 Libourne, tél. 05 57 55 55 55, chaiquinault@orange.fr

MAISON BERTRAND RAVACHE Léo by Léo 2021 ★

■ | 70000 | | 11 à 15 €

Maison de négoce fondée en 1999 par Léo de Malet-Roquefort et son fils Alexandre, héritiers d'une lignée saint-émilionnaise et propriétaires du Ch. la Gaffelière, 1er grand cru classé B. Elle a été cédée graduellement à Bertrand Ravache. Le négociant a acquis la totalité des parts de la société en 2016, à laquelle il a donné son nom.

Ce vin rond, souple et bien équilibré, offre un bon rapport prix-plaisir. On pourra le découvrir sur sa jeunesse, ou le garder quelques années, et l'associer à un boudin noir ou une côte de veau rôtie aux herbes par exemple. ⧗ 2025-2030

MAISON BERTRAND RAVACHE, BP 12 , champs du Rivalon, 33330 Saint-Émilion, tél. 05 57 56 40 80, contact@bertrand-ravache.com

CH. LA RENOMMÉE Reynaud 2021 ★

	25 000		20 à 30 €

En 2014, cette propriété de 12 ha a changé de mains et a été agrandie. Elle est maintenant constituée en groupement foncier viticole et accueille plus de 200 associés amoureux du vin. La gérance est assurée par Jean-Noël Doublet, qui a amorcé la conversion bio du vignoble.

De bonne intensité, ce grand cru à large dominante de merlot se montre généreux, avec des notes fruitées soulignées par des nuances toastées et vanillées. Il faudra attendre que le boisé se fonde davantage avant de le découvrir sur une viande mijotée. 2027-2032

Rabyon 2021 ★ (30 à 50 €; 5000 b.) Cette sélection sur 1 ha, classiquement passée un an en fûts de chêne, révèle un vin puissant, ample, généreux, persistant, marqué par son élevage, avec des notes épicées et torréfiées. La fermeté du tanin et la densité de la matière demandent de patienter. 2027-2035

CH. LA RENOMMÉE, Au Bois de l'Or, 33330 Saint-Émilion, tél. 05 57 24 65 93, info@larenommee.fr V r.-v.

CH. ROCHEBELLE 2021 ★

Gd cru clas.	10 000		30 à 50 €

Propriété des Faniest depuis 1847, Rochebelle doit son nom aux roches que l'on extrayait de ses carrières au XVIIIe s. Conduit aujourd'hui par Philippe Faniest et sa fille Émilie, œnologue, ce petit domaine de 3 ha est situé au-dessus du Château Pavie, face à la cité de Saint-Émilion. Petit train, caves monolithes, jeux de lumière : le concept d'œnotourisme est ici bien rodé, et les visiteurs sont légion. Ses vins, réguliers en qualité, lui ont valu d'être promu en 2012 au rang de cru classé.

Dans un style classique, ce 2021 s'ouvre sur des nuances florales et fruitées mêlées d'épices et de notes toastées. La trame fraîche, croquante, et les tanins fermes forment un palais vigoureux et long. Un vin de bonne garde, qui accompagnera volontiers une viande en sauce. 2027-2034

CH. ROCHEBELLE, Le Bourg, 33330 Saint-Laurent-des-Combes, tél. 05 57 51 30 71, faniest@orange.fr V *t.l.j. 10h-13h 14h-18h*

B CH. DU ROCHER 2021 ★

	45 000		15 à 20 €

Ce très ancien domaine viticole est situé à flanc de coteaux, exposé au sud, sur le terroir argilo-calcaire de Saint-Étienne-de-Lisse, à l'est de Saint-Émilion. Il s'étend sur 15 ha certifiés en agriculture biologique et est toujours aux mains de la même famille depuis plus de 500 ans, aujourd'hui représentée par Anne de Sercey.

Voilà un 2021 bien servi par un élevage d'un an en barriques sans outrance et qui porte avec harmonie de belles notes de fruits rouges et de grillé. La bouche apparaît ample et équilibrée, soutenue par des tanins fondus et la fraîcheur du millésime. Une bouteille qui pourra s'apprécier dans ses jeunes années. 2026-2032

CH. DU ROCHER, 33330 Saint-Étienne-de-Lisse, tél. 05 57 40 18 20, contact@baron-de-montfort.com V r.-v.

CH. ROYLLAND 2021 ★

	9 500		20 à 30 €

D'ancienne notoriété, apparu à l'époque d'Aliénor d'Aquitaine, ce petit cru de 5 ha est situé en pied de côte, dans l'anse de Mazerat, à l'ouest de Saint-Émilion, au milieu de grands crus classés (Angelus, Canon, Berliquet, Tertre-Daugay). Il a plusieurs fois changé de mains : Oddo-Vuiton (1989 à 2007), Stephen Adams (Ch. Fonplégade) jusqu'en 2010 et désormais Martine et Jean-Bernard Chambard, issus du secteur de la santé, qui ont confié la direction à Thomas Thiou (Ch. la Couronne à Montagne). La conversion bio est engagée.

Dotée d'une belle proportion de cabernet franc (35 %), cette cuvée offre de la matière, du volume et une jolie finale tannique. C'est un vin bien équilibré qui procure un plaisir simple et immédiat, mais dans un profil assez structuré. À détendre sur une viande mijotée, une joue de bœuf confite par exemple. 2026-2032

CH. ROYLLAND, 1, Roylland, 33330 Saint-Émilion, tél. 06 12 33 31 89, contact@chateau-roylland.fr V r.-v.

CH. SANCTUS 2021 ★

	10 000		30 à 50 €

Né de la fusion de deux propriétés voisines, ce domaine de 15 ha, établi sur le plateau argilo-calcaire de Saint-Christophe-des-Bardes, au nord-est de Saint-Émilion, appartient depuis 1990 aux familles Duval-Fleury et Corneau. Anciennement Ch. la Bienfaisance, ce cru a changé de nom en 2015 pour devenir Ch. Sanctus – nom du premier vin issu des meilleures parcelles, La Bienfaisance de Sanctus devenant le deuxième vin. Aux commandes du chai depuis 2012, Caroline Gaullier.

Ce grand cru, qui compte 40 % de cabernet franc, bénéficie d'un élevage soigné, entre des barriques de 255 et 400 l (avec moitié de bois neuf) et quelques amphores. En résulte un vin de bon volume, dense, au fruit franc et charnu, bien croquant. Aucune surenchère ici, mais de la douceur, du relief, de la vinosité, des tanins veloutés et de l'harmonie. Un vin qui respecte le millésime, à découvrir avec des magrets de canard. 2027-2032

CH. SANCTUS, 39, Le Bourg, 33330 Saint-Christophe-des-Bardes, tél. 05 57 24 65 83, contact@chateau-sanctus.fr

CH. SOUTARD-CADET 2021 ★

	4 000		30 à 50 €

Un petit cru de 2,7 ha situé le plateau argilo-calcaire du Cadet, établi sur les vestiges d'un ancien moulin. Il a été acquis en 2015 par les Lefévère, déjà propriétaires sur l'appellation des châteaux Sansonnet, Villemaurine, Moulin de Cadet et Harmonie.

Ce grand cru à la belle structure tannique reste marqué par son élevage en barriques et demi-muids, avec une proportion de 70 % de bois neuf. On apprécie son volume, sa générosité, et l'on attendra encore que ses tanins se fondent davantage et s'affinent. Le fruit, mâtiné d'une agréable touche florale, et l'équilibre sont bien au rendez-vous. ⧗ 2028-2034

⊶ *CH. SOUTARD-CADET, Le Cadet, 33330 Saint-Émilion, tél. 09 60 12 95 17, contact@chateau-sansonnet.com* V r.-v.

CH. TOUR DE CAPET 2021 ★

■ | 22 666 | | 15 à 20 €

En 1902, le Corrézien Antoine Moueix, amoureux des vins de Saint-Émilion et de Pomerol, fonde sa maison de négoce en 1902. Outre les crus Grand Renom, 38 ha dans l'Entre-deux-Mers, et Capet-Guillier, 4 ha sur Saint-Hippolyte, au sud-est de Saint-Émilion (en conversion bio), la maison propose, côté négoce, une large gamme de vins de la rive droite (Libournais, appellations régionales). Elle appartient au groupe Advini depuis 2006.

Ce vin est la seconde étiquette du Ch. Capet-Guillier. Dans un style structuré, il révèle une trame ferme et tannique, bien épaulée par le bois, mais qui reste à ce stade encore serrée. La patience est de mise. ⧗ 2027-2032

⊶ *CH. CAPET-GUILLIER, Capet, 33330 Saint-Hippolyte, tél. 06 13 78 09 42, clement.holtz@juleslebegue.com* V *r.-v.*

CH. TOUR DE PRESSAC 2021 ★

■ | 30 000 | | 20 à 30 €

Un cru classé (depuis 2012), vaste (40 ha) et historique à double titre : il fut le cadre en 1453 de la reddition des Anglais après la bataille de Castillon et, au XVIIIᵉs., le seigneur du lieu introduisit le cépage appelé auxerrois, puis noir de Pressac et finalement malbec. Il a été acquis en 1997 et entièrement rénové par Jean-François Quenin, ancien cadre du groupe Darty et ancien président du Conseil des vins de Saint-Émilion.

Voilà un vin plein de charme, porté par un fruit frais et d'élégantes notes d'élevage. On aime aussi sa structure serrée et son tanin soyeux et bien fondu. Un beau classique, déjà très agréable. ⧗ 2025-2032

⊶ *CH. DE PRESSAC, 873, rte de Pressac, 33330 Saint-Étienne-de-Lisse, tél. 05 57 40 18 02, contact@chateaudepressac.com* V *r.-v.*

CH. TOUR SAINT-CHRISTOPHE 2021 ★

■ | 75 000 | | 30 à 50 €

L'achat de vignobles bordelais par des investisseurs asiatiques n'est pas nouveau. En 1997, le Taïwanais Peter Kwok a acquis, avec sa fille Elaine, le Ch. de Haut-Brisson, racheté en 2019 par le Bordelais Stéphane Schinazi. En 2011, il a étendu son portefeuille en reprenant, avec sa fille Karen, le Ch. Tour Saint-Christophe (20 ha aujourd'hui en conversion bio), situé à Saint-Christophe-des-Bardes, avant d'acquérir en 2015 les 12,6 ha du Ch. Tourans à Saint-Étienne-de-Lisse. Il est aussi propriétaire en pomerol et en lalande.

Encore marqué à ce stade par l'emprise de son élevage sous bois (18 mois en barriques), ce 2021 demandera un peu de temps pour s'affiner. Dans ce millésime de demi-puissance, il affiche en outre un fruit frais agréable, une matière ferme et un bon volume. À réserver à un petit gibier d'ici quelques années. ⧗ 2027-2032

⊶ *CH. TOUR SAINT-CHRISTOPHE, 1, Casse-Vert, 33330 Saint-Christophe-des-Bardes, tél. 05 57 25 79 83, contact@vignoblesk.com* V *r.-v.*

CH. TOUR SAINT-PIERRE 2021 ★

■ | 28 138 | | 20 à 30 €

Situé sur le versant nord-est de la commune, le Ch. Tour Saint-Pierre compte 11,5 ha de vignoble, posé sur un plateau argilo-siliceux avec quelques roches calcaires. La propriété est depuis 2022 gérée par le directeur technique David Caillaud.

Habilement boisé sans outrance, ce grand cru laisse s'exprimer un bon fruit mûr, agrémenté de notes de graphite et d'épices. Arômes prolongés par une bouche ample et structurée, dotée d'une bonne mâche tannique et d'une longue finale. Un vin qui plaira unanimement et méritera d'être attendu. ⧗ 2027-2032

⊶ *CH. TOUR SAINT-PIERRE, 5, Vachon, 33330 Saint-Émilion, tél. 05 57 24 70 23, contact@chateau-tour-saint-pierre.com* V *t.l.j. sf dim. 10h-19h*

CH. TRIANON 2021 ★

■ | 26 500 | | 30 à 50 €

1983 : Dominique Hébrard crée son affaire de négoce. 1999 : sa famille vend Cheval Blanc, dont il était l'administrateur. 2000 : déjà copropriétaire du Ch. de Francs avec Hubert de Boüard, il acquiert ce cru de 10 ha déjà connu au XVIᵉs., situé au sud-ouest de Saint-Émilion. En 2017, la Financière immobilière bordelaise, propriétaire d'hôtels de luxe (dont l'InterContinental à Bordeaux et le Trianon Palace à Versailles) prend le contrôle du château.

Marqué par un fruit mûr et un élevage encore perceptible à ce stade, avec des nuances de réglisse, de poivre et de toasté, ce grand cru doit être attendu. C'est un vin riche en bouche, séveux, ambitieux, aux tanins fermes, doté d'une bonne longueur. À réserver sur une cuisine généreuse, un gigot d'agneau ou une daube de bœuf par exemple. ⧗ 2028-2034

⊶ *CH. TRIANON, Trianon, 33330 Saint-Émilion, tél. 05 57 25 34 46, contact@chateau-trianon.fr* V *r.-v.*

DAME DE TROTTEVIEILLE 2021 ★★

■ | 15 000 | | 30 à 50 €

L'un des fleurons de la maison Borie-Manoux. La légende raconte qu'une vieille dame habitant autrefois le domaine allait s'enquérir des nouvelles auprès de la diligence passant par là, en trottinant… Aujourd'hui administré par Philippe Castéja, ce cru de 12 ha, situé sur le coteau est du plateau de Saint-Émilion, offre un encépagement original, à parité entre le merlot et les cabernets.

Avec un élevage de 18 mois en fûts neufs exclusivement, ce grand cru charpenté et richement doté en tanins promet une belle garde. Le cabernet, bien présent dans l'assemblage (45 %), offre de la droiture et une belle colonne vertébrale. Les notes de fruits mûrs et de toasté, la fraîcheur et le volume forment un ensemble de grande matière, à dompter encore. Il faudra patienter. ⧗ 2028-2035

CH. TROTTEVIEILLE, 33330 Saint-Émilion, tél. 05 56 00 00 70, domaines@borie-manoux.fr r.-v.

CH. VALANDRAUD
2021 ★★

■ 1er gd cru clas. B | 32000 | | + de 100 €

|01| 02 |05| |06| |07| |08| **10** |**11**| **12 14 15** ⑯ **17 18 19** 20 **21**

Valandraud n'est plus le «vin de garage» qui a fait la réputation de Jean-Luc Thunevin dans les années 1990. Les 60 ares acquis en 1989 dans le vallon de Fongaban, entre Pavie-Macquin et La Clotte, sont devenus un cru à part entière : un peu moins de 9 ha aujourd'hui, essentiellement sur Saint-Étienne-de-Lisse. La consécration est arrivée en 2012 avec l'accession au rang de 1er grand cru classé B.

Avec un élevage luxueux de 22 mois en barriques, ce grand cru tient parfaitement son rang sur ce millésime compliqué. Les fruits noirs bien mûrs, mêlés de vanille et d'épices, et la bouche ample, puissante, corsée, épaulée par des tanins riches et soyeux, livrent un ensemble de haut niveau, dans un style sérieux et très persistant, avec une belle fraîcheur en prime. Un grand vin au potentiel assuré. ⧗ 2028-2040 ■ **Virginie de Valandraud 2021 ★ (30 à 50 €; 30000 b.)** Ce vin élégant, à dominante de merlot, a comme son aîné bénéficié d'un long élevage en barriques. Soutenu par une bonne maturité, il livre une version généreuse de l'appellation et du millésime, avec de la rondeur, un fruit gourmand et une bonne harmonie d'ensemble. ⧗ 2027-2032

CH. VALANDRAUD, 6, rue Guadet, 33330 Saint-Émilion, tél. 05 57 55 09 13, thunevin@thunevin.com V r.-v. 5

CH. VIRAMIÈRE
2021 ★

■ | 43200 | | 15 à 20 €

Créée en 1931, la coopérative de Saint-Émilion est un acteur incontournable du Libournais, et ses cuvées – vins de marque (Aurélius, Galius) ou de domaines (une cinquantaine de propriétés apportent leur vendange à la «coop») – sont régulièrement au rendez-vous du Guide.

Un grand cru équilibré et expressif, doté d'un fruit mûr, d'une matière veloutée, de tanins justes et d'une belle longueur. On apprécie d'ores et déjà sa rondeur et son amabilité, sans surenchère de bois sur ce millésime de demi-corps. ⧗ 2025-2030 ■ **Ch. Tour de Yon 2021 ★ (20 à 30 €; 7725 b.)** Un joli vin avec de l'amplitude, un fruit mûr et réglissé et une belle finale. Un ensemble cohérent et affable, soutenu par un boisé discret et fondu, qui pourra être apprécié rapidement. ⧗ 2025-2030

UNION DE PRODUCTEURS DE SAINT-ÉMILION, Haut-Gravet, BP 27, 33330 Saint-Émilion, tél. 05 57 24 70 71, contact@udpse.com V *t.l.j. 10h-12h30 13h30-18h*

▶ LES AUTRES APPELLATIONS DE LA RÉGION DE SAINT-ÉMILION

Plusieurs communes, limitrophes de Saint-Émilion et placées jadis sous l'autorité de sa jurade, sont autorisées à faire suivre leur nom de celui de leur célèbre voisine. Toutes sont situées au nord-est de la petite ville, dans une région pleine de charme, rythmée par des collines dominées par de prestigieuses demeures historiques et des églises romanes. Les sols sont très variés et l'encépagement est le même qu'à Saint-Émilion; aussi la qualité des vins est-elle proche de celle des saint-émilion.

LUSSAC-SAINT-ÉMILION

Superficie : 1 440 ha
Production : 85 000 hl

Lussac-saint-émilion est l'une des aires du Libournais les plus riches en vestiges gallo-romains. Au centre et au nord de l'AOC, le plateau est composé de sables du Périgord alors qu'au sud le coteau argilo-calcaire forme un arc de cercle bien exposé.

CH. LA CROIX DE GRÉZARD 2021 ★

■ | 20000 | | 15 à 20 €

Un domaine de taille modeste, 8 ha conduit en agroforesterie, acquis en 1980 par les Waldick, une famille d'hôteliers anglais, qui commercialisent l'intégralité de leur producteur dans leur hôtel-restaurant de Londres.

Bien servi par une attrayante robe grenat, profonde et limpide, ce vin révèle au nez des arômes de fruits rouges nuancés de délicatesses boisées. Une attaque «décidée» introduit une bouche souple et ronde, épaulée en douceur par des tanins fondus. Un lussac qualifié d'«hédoniste», qui ravira les palais délicats. ⧗ 2025-2029

CH. LA CROIX DE GRÉZARD, 1, Grézard, 33570 Lussac, tél. 06 82 19 82 23

CH. DE LA GRENIÈRE 2021 ★

■ | 7600 | | 11 à 15 €

Au XVII[e]s., les moines de la proche abbaye de Faize venaient s'approvisionner au Dom. de la Grenière, déjà réputé pour la qualité de ses vins. Depuis 1914, c'est la famille Dubreuil (aujourd'hui Jean-Pierre et son épouse Évelyne) qui gère ce cru de 15 ha régulier en qualité, implanté sur des terres argilo-graveleuses.

Né d'un terroir limono-argileux, ce lussac issu de merlot (40 %) et des deux cabernets se montre discret au premier abord, puis s'ouvre à l'aération sur un doux bouquet de fruits rouges. Franche et nette, l'attaque offre un joli prélude à une bouche équilibrée, agréablement veloutée. Un vin aussi serviable qu'avenant. ⧗ 2025-2029

CH. DE LA GRENIÈRE, 14, La Grenière, 33570 Lussac, tél. 05 57 24 16 87, earl.dubreuil@wanadoo.fr V *t.l.j. sf sam. dim. 10h-12h30 14h-17h30*

♥ CH. LA ROSE PERRIÈRE 2021 ★★

■	20000		15 à 20 €

Jean-Luc Sylvain, tonnelier réputé du Libournais, exerce son talent non seulement sur le contenant mais aussi sur le contenu, à travers les châteaux La Rose Perrière et La Perrière à Lussac, cru de 14 ha d'origine monastique (en conversion bio), et le Clos les Grandes Versannes, grand cru de Saint-Émilion, une petite vigne (1 ha) plantée sur les sables et les graves de Saint-Sulpice-de-Faleyrens, dans sa famille depuis trois générations.

Jean-Luc Sylvain a fait de ce cru d'origine monastique une référence emblématique du Saint-Émilionnais. Confronté à un millésime 2021 ô combien difficile, il réussit néanmoins à proposer un lussac de haute volée, paré de rubis sombre à reflets bleutés. Au nez, c'est un joli fruité fondu qui éveille les sens. Un bouquet annonciateur d'une bouche à la fois fruitée, ronde et puissante, aux tanins soyeux, avec un élevage en barrique bien ajusté qui en accentue l'harmonie. ⧗ 2027-2034

VIGNOBLES JEAN-LUC SYLVAIN, La Perrière, 33570 Lussac, tél. 05 57 55 14 64, mail@vignobles-jlsylvain.com V r.-v.

MONTAGNE-SAINT-ÉMILION

Superficie : 1 600 ha / Production : 91 600 hl

Montagne dispose d'un riche patrimoine architectural et d'une église romane (Saint-Martin) qui constitue l'un des joyaux de la région. Ses terroirs sont variés : argilo-calcaires ou graves. Le visiteur pourra apprécier la vocation viticole du village dans l'écomusée du Libournais.

CH. ARBO 2021 ★

■	6000		15 à 20 €

Les jeunes Astrid et Dorian Arbo se sont lancés en 2015 dans la vigne, exploitant un petit domaine de 6,5 ha réparti sur douze parcelles.

Des arômes prononcés de vanille, de café et de cacao sont là pour rappeler le long élevage en barrique de ce montagne ensoleillé, vêtu d'une seyante robe aux reflets framboise. Ferme et franche, la bouche campe sur les fruits rouges, avec ce même boisé de qualité en soutien. Un vin sûr et serein, armé pour la garde. ⧗ 2028-2034

CH. ARBO, 13, rte des Faucheries, 33570 Montagne, tél. 07 83 29 91 66, astrid@chateau-arbo.com V r.-v.

CH. CARDINAL 2021 ★

■	50000		8 à 11 €

Les Bertin sont vignerons de père en fils dans le Libournais depuis 1742. Leur propriété regroupe 34 ha sur trois appellations : bordeaux supérieur (Ch. Dallau et Dom. de Picardan), Montagne-Saint-Emilion (Ch. Cardinal) et Lalande-de-Pomerol (Clos l'Hermitage). L'ensemble du vignoble est vinifié par par Sarah Vital, œnologue et petite-fille d'Yvette Bertin, l'actuelle propriétaire.

Ce montagne éloquent voit se relayer au nez des notes de fruits noirs et des finesses poivrées. Bien appuyé sur une trame tannique déliée, il se montre souple et franc en bouche, avant une finale plus virile, pour l'heure un brin sévère. Un peu d'attente est de mise. ⧗ 2027-2032

VIGNOBLES BERTIN, 8, rte de Lamarche, 33910 Saint-Denis-de-Pile, tél. 05 57 84 21 17, contact@vignoblesbertin.com V r.-v.

CLOS DE LA BARBANNE 2021 ★★

■	1500		20 à 30 €

Une petite propriété de 1,7 ha acquise en 2021 par deux passionnés d'origine américaine, Patrick Garrity et Marisa Duggan. Du « cousu main » en montagne-saint-émilion qui doit son nom à la Barbanne, ruisseau-frontière entre Pomerol, Saint-Émilion et ses satellites.

En dépit des difficultés inhérentes au millésime 2021, Patrick Garrity et Marisa Duggan ont réussi à extraire de leurs terres argilo-sableuses un vin de belle expression. Sensibles à son équilibre, les dégustateurs ont également souligné la franchise d'une olfaction fruitée et le caractère avenant, soyeux et rond d'une bouche où notes de fruits noirs confiturés et boisé toasté pactisent avec bonheur. ⧗ 2026-2030

CLOS DE LA BARBANNE, 2, rte de Berlière, 33570 Montagne, tél. 06 71 95 37 64, wine@closdelabarbanne.com V r.-v.

CH. COUCY 2021 ★★

■	45000		11 à 15 €

Implanté sur les coteaux argilo-calcaires de Montagne, ce domaine de 24 ha d'un seul tenant porte le nom d'une lignée anglaise installée en Aquitaine au XVᵉs. Il a été repris en 2017 par Florence Galande.

Un montagne qui a su vaincre malgré les difficultés d'un millésime particulièrement compliqué. De sa robe pourpre aux reflets violines se dégagent des parfums appétents de myrtille et de mûre. Arômes qui irriguent une bouche franche en attaque, charnue et veloutée à souhait dans son développement, agrémenté de notes épicées dans une longue finale. En un mot : harmonieux. ⧗ 2026-2030

CH. COUCY, 25, rte des Vallons, 33570 Montagne, tél. 05 57 24 16 08, contact@chateaucoucy.com V *t.l.j. 10h-13h 14h-17h*

CH. LA COURONNE Réserve 2021 ★

■	35000		11 à 15 €

Le vignoble du Ch. la Couronne (11 ha plantés en merlot), orienté plein sud, fait face au village de Saint-Émilion. En 1994, l'autodidacte Thomas Thiou a racheté ces terres à vignes qui produisaient déjà du vin au début du XIXᵉs.

Toutes les séductions du merlot dans ce vin d'un rubis du plus bel effet, aux parfums exubérants de fruits mûrs enrichis de subtilités boisées, à la bouche ronde, tendre et gourmande, étirée dans une belle finale chaleureuse et «ensoleillée». 2025-2030 **Reclos de la Couronne 2021 ★ (15 à 20 €; 6000 b.)** Élevé 14 mois en barriques neuves, ce vin corpulant et solide fait preuve d'une puissance qui prendra une élégante envergure avec le temps. Perspectives de belles dégustations en compagnie de plats giboyeux. 2027-2032

CH. LA COURONNE, 5, Grand-Rue, 33570 Montagne, tél. 05 57 74 66 62, thomas@chateaulacouronne.fr V *r.-v.*

CH. FAIZEAU 2021 ★★

60116 | 20 à 30 €

Terres bordelaises est une filiale du groupe Les Grands Chais de France, qui diffuse une vaste gamme de domaines girondins, parmi lesquels Bastor-Lamontagne, Saint-Robert, Faizeau, Haut-Mouleyre, Laubès, Timberlay.

Ce vin séduit immédiatement par la richesse de ses arômes fruités et épicés. Ample, rond, soyeux, doté d'une fraîcheur saline en finale, le palais se révèle très équilibré. Un montagne flatteur, qui s'accommoderait fort bien de l'exotisme d'un plat du Maghreb, un tajine de bœuf par exemple. 2025-2029

TERRES BORDELAISES, Ch. Bastor Lamontagne, 33210 Preignac, tél. 05 57 98 07 20, vicent.cachau@lgcf.fr V *t.l.j. sf dim. 9h-12h 14h-17h*

CH. GRAND BERT 2021 ★★

30000 | 11 à 15 €

Sophie et Laurent Lavigne-Poitevin, héritiers de cinq générations, exploitent le Ch. Grand Tuillac (26 ha en castillon, sur le plateau de Saint-Philippe-d'Aiguille) et le Ch. Grand Bert (11 ha à Saint-Sulpice-de-Faleyrens).

Élevé pour partie au contact du merrain, ce montagne n'abandonne pas pour autant la fraîcheur et les délicatesses fruitées dispensées par un assemblage où le merlot a classiquement le rôle titre. Rond, souple, caressant, il cajole les papilles en bouche, soutenue par une pointe d'acidité qui va bien en finale. 2025-2030

VIGNOBLES LAVIGNE-POITEVIN, Ch. Grand Bert, Ch. Grand Tuillac, 33350 Saint-Philippe-d'Aiguilhe, tél. 05 57 40 60 09, contact@grandbert.com V *r.-v.*

CH. DE GRANDCHAMP 2021 ★★

15000 | 11 à 15 €

Après avoir œuvré dans plusieurs domaines bordelais, Gonzague Maurice s'est installé en 2006 à Montagne dans un domaine commandé par une folie du XVIIIe s., ancienne garçonnière du seigneur local. Travaillant dans l'esprit bio, il produit du vin dans les appellations montagne-saint-émilion, puisseguin et castillon.

Un montagne issu de vieux merlots (80 %) et de cabernets francs. Élevé en barriques de deux ou trois ans, le boisé reste discret et ce sont d'intenses arômes fruités et floraux qui se dégagent de sa robe sombre. Ronde à l'attaque, la bouche monte ensuite en puissance, se fait ample et généreuse, et s'achève sur une longue finale fondue. 2027-2032

DOM. GONZAGUE MAURICE, 2, imp. de Larue, 33570 Montagne, tél. 06 61 77 77 33, gonzaguemaurice@hotmail.com V *r.-v.*

♥ CH. GRAND MOULIN MACQUIN 2021 ★★

40000 | 11 à 15 €

Dans le Saint-Émilionnais, le nom Corbin apparaît dès le Moyen Âge : il s'agit de l'ancienne seigneurie de Montagne, où la famille Rambeaud cultivait déjà la vigne avant la Révolution. Une propriété de 37 ha aujourd'hui, qui produit en saint-georges-saint-émilion (Clos Albertus) et en montagne-saint-émilion (Corbin, Haut Musset, Grand Moulin Macquin), avec Jacques Rambeaud à sa tête depuis 2005.

Ce montagne porte beau dans son intense robe rouge sang aux nuances violines. Au nez, il dévoile de douces senteurs de fruits frais agrémentées de fines notes épicées de muscade. Impressionnante, la bouche livre un grain de texture très fin, épaulée par des tanins bien présents mais soyeux qui soutiennent une généreuse palette de saveurs fruitées. Une magnifique réussite et un bon potentiel de garde au regard de ce millésime pudiquement qualifié de «vigneron». 2027-2032 **Ch. Corbin 2021 ★ (11 à 15 €; 90000 b.)** Est-ce la vinification sans soufre ajoutée qui marque l'originalité de ce montagne, soulignée par l'ensemble des dégustateurs? Voilà un vin très agréable qui, après aération, déploie au nez une vive fraîcheur centrée sur les fruits rouges. Fraîche et suave à la fois, d'une grande souplesse, la bouche est infusée d'un fruit intense qui s'accompagne de légères nuances florales. Un vin très expressif et diablement gourmand, qui succède à un magnifique millésime 2020 élu coup de cœur dans l'édition précédente. 2025-2030

VIGNOBLES RAMBEAUD, 22, rte de Libourne, 33570 Montagne, tél. 05 57 74 62 41, info@vins-rambeaud.fr V *t.l.j. 10h-12h30 14h-18h*

B CH. GUADET PLAISANCE 2021 ★

41000 | 11 à 15 €

Le Ch. Guadet-Plaisance appartenait à la fin du XVIIIe s. à la famille d'Élie Guadet, avocat et député girondin né à Saint-Émilion et guillotiné pendant la Terreur. Pierre Taïx a ajouté en 2009 ce cru de 10 ha, planté à haute densité et conduit en bio, à un ensemble de vignobles réputés (Rigaud, Fongaban, la Mauriane).

Un joli montagne dont le côté plaisant n'a pas échappé aux dégustateurs, séduits dès le premier coup de nez, ouvert sur de friands arômes de fruits rouges. Ample et franc dès l'attaque, le palais fait écho à ce fruit, porté sur la longueur par des tanins fins et fondus. 2025-2029

DOMAINES TAÏX, 1, rte du Tord, 33570 Puisseguin, tél. 05 57 74 54 07, rigaud@vignobles-taix.com V *r.-v.*

CH. HAUT BONNEAU Vieilles Vignes 2021 ★

■ | 10000 | ◍ | 11 à 15 €

Développée au XIXe s. par Hubert David, ingénieur agronome, qui l'achète en 1892, cette propriété a changé plusieurs fois de mains. Maurice Marchand l'acquiert en 1969 et la transmet à son fils Bruno trente ans plus tard. Le domaine s'étend aujourd'hui sur 21 ha, essentiellement en appellation montagne-saint-émilion.

Fruit d'un assemblage de vieux ceps de merlot (80 %) et de cabernet-franc, ce montagne savoureux délivre des parfums de fruits frais à peine teintés de bois. Ronde et équilibrée, la bouche propose un agréable velouté autour de tanins soyeux et bien pris de la chair. ⧗ 2025-2029

⊶ CH. HAUT BONNEAU, 17, rte des Vallons, 33570 Montagne, tél. 05 57 74 69 23, bm@chateau-haut-bonneau.com V r.-v.

INSTANT D'ERLEN 2021 ★★

■ | 4000 | ◍ | 15 à 20 €

En 2013, Sabrina et Frédéric Giraud créent *Les Instants d'Erlen*, une marque autour de fioles de vins de 100 ml. En 2019, ils passent de l'autre côté de la barrière et se lancent dans leur propre production avec des vins confidentiels, dans l'esprit «vins de garage», en appellation montagne-saint-émilion.

Cet Instant d'Erlen rappelle, sur son étiquette, que si «l'Art est long, court est le Temps». Dans le verre, un montagne rouge sombre, ouvert sur d'intenses notes fruitées (prune, fraise) agrémentées de nuances de violette et de tabac. D'une belle tenue, la bouche se montre souple en attaque, puis ronde et généreuse, dotée d'une fine trame tannique parfaitement travaillée. Une entrée remarquable et remarquée dans le Guide. ⧗ 2027-2032

⊶ LES INSTANTS D'ERLEN, 14, rue du Petit-Alibi, 95800 Cergy, tél. 06 71 10 61 50, contact@lesinstantsderlen.com V r.-v.

CH. LESTAGE 2021 ★

■ | 10000 | ◍ | 11 à 15 €

Situé à Parsac, le Ch. Lestage aurait été donné par Louis XIII à un officier de ses armées en récompense de hauts faits au siège de la Rochelle. Il couvre aujourd'hui 18 ha en montagne-saint-émilion. Philippe Raoux (Ch. d'Arsac à Margaux) l'avait acquis en 2000. Cette valeur sûre de l'appellation a été vendue en 2014 à Sergueï Belikov, industriel et négociant russe, pour à nouveau changer de mains en 2023 avec le rachat par Arthur Yung.

Dix mois de contact avec le merrain n'ont pas entamé le côté fruité de ce montagne revêtu d'une belle robe rubis aux reflets violines. De prime abord discret, le nez révèle à l'aération de belles notes fruitées, prolongées par une bouche longue, vineuse et séveuse, dotée de tanins fermes. Un vin taillé pour la garde, «bien fait, compte tenu des difficultés du millésime», précise un dégustateur. ⧗ 2027-2032

⊶ CH. LESTAGE, 12, rte de Pessac, 33570 Montagne-Saint-Émilion, tél. 06 98 52 08 30, lestage.montagne@gmail.com r.-v.

CH. MESSILE-AUBERT 2021 ★★

■ | 11400 | | 11 à 15 €

Propriétaire de vignes depuis plus de deux siècles, la famille Aubert – aujourd'hui les frères Alain, Daniel et Jean-Claude, épaulés par leurs enfants – exploite 300 ha et de nombreux domaines du Bordelais, essentiellement en Libournais, avec pour fleuron le Ch. la Couspaude, grand cru classé de Saint-Émilion depuis 1996, acquis en 1908.

Ce montagne offre d'emblée un régal aromatique autour d'arômes intenses et frais de fruits noirs. Arômes auxquels fait écho une bouche charnue, ample et suave, dotée de tanins fins et harmonieux. Une bouteille déjà très affable, mais qui vieillira sereinement. ⧗ 2024-2029

⊶ VIGNOBLES AUBERT, 66, av. du Stade, 33350 Saint-Magne-de-Castillon, tél. 05 57 40 15 76, vignobles.aubert@wanadoo.fr V r.-v.

CH. DU MOULIN NOIR 2021 ★

■ | 4300 | ◍ | 11 à 15 €

Propriétaire dans le Médoc depuis la fin du XIXe s. (Ch. Lescalle, Ch. Maucamps), la famille Tessandier a acheté en 1989 à un ancien coopérateur ce vignoble de 4,5 ha dont elle a porté la superficie à 17 ha, répartis entre les appellations montagne et lussac-saint-émilion.

Ce montagne propose une olfaction fruitée dont la présence ne se révèle qu'après aération. Souple, délicate et équilibrée, avenante et gourmande, la bouche déploie le même fruité délicat, bien servi par des tanins affinés. Un montagne à déguster sur ses qualités de jeunesse. ⧗ 2024-2028

⊶ CH. DU MOULIN NOIR, 3, Le Coux, 33460 Macau, tél. 05 57 88 07 64, vitigestion@vitigestion.com

CH. PAVILLON FERRAND 2021 ★

■ | 13000 | ◍ | 11 à 15 €

Maryse François et Michel Saurue ont créé ce cru en 1993 à partir de 1 ha de vignes. Leur vignoble couvre aujourd'hui 14 ha et leurs enfants Anne-Sophie et Paul-Auguste ont rejoint l'aventure.

Des tanins jeunes et impulsifs encadrent ce montagne qui, peu à peu, révèle plus de souplesse et de rondeur. Avec sa finale fraîche, un brin épicée, il surprendra les papilles les mieux averties. Goûteuses sympathies qu'attendent mille et une charcuteries. ⧗ 2025-2029

⊶ CH. PAVILLON FERRAND, 1, imp. Penau, 33570 Puisseguin, tél. 06 89 34 85 18, contact@francois.saurue.fr V r.-v.

LERVILLE DE PLAISANCE 2021 ★

■ | 3000 | ◍ | 11 à 15 €

Représentant de la septième génération sur ce domaine, Stéphane Érésué (du nom d'un village d'Aragon duquel est originaire sa famille) s'est installé en 1992 aux commandes de ce cru de 12 ha établi sur le terroir de Parsac, au nord de Saint-Émilion.

Ce montagne dévoile un éventail aromatique cossu, autour d'arômes intenses de fruits noirs rehaussées de fines notes boisées. Une palette à laquelle fait écho une bouche ronde et équilibrée, aux tanins fondus. ⧗ 2025-2029

⊶ CH. LA FLEUR PLAISANCE, rte de Parsac, 33570 Montagne, tél. 06 88 06 76 43, lerville@yahoo.fr V r.-v.

CH. PUYNORMOND 2021 ★★

■ | 25 000 | | 8 à 11 €

Conduit depuis 2000 par Philippe Lamarque et sa sœur Catherine Barrat, ce domaine situé en montagne-saint-émilion a été acquis en 1923 par leur arrière-grand-père. Implantés sur argilo-calcaires avec crasse de fer, les 14,5 ha du vignoble sont disposés en amphithéâtre, orientés plein sud. Autodidacte, Philippe Lamarque a obtenu, à quarante ans, le BTS Viti-œno.

Du caractère, ce 2021 n'en manque pas. Faut-il l'attribuer à la discrète présence de la crasse de fer qui stimule l'assemblage de merlot (75 %), de cabernet-franc et de l'impétueux petit verdot ? Les amateurs de palettes aromatiques qui ne doivent rien aux secours boisés apprécieront. Ce montagne, élevé 18 mois en cuve, très loquace autour d'un fruité suave et intense, ne vient à aucun moment agresser le palais, déroulant une matière ronde et tendre. Un ensemble épanoui et détendu. ⧗ 2024-2028

CH. PUYNORMOND, 3, imp. de Puynormond, 33570 Montagne, tél. 05 57 74 66 69, contact@chateau-puynormond.com V t.l.j. sf dim. 9h30-12h30 13h30-19h

CH. ROCHER CORBIN 2021 ★

■ | 11 000 | | 15 à 20 €

Ancienne métairie du Ch. Corbin (saint-émilion grand cru), ce vignoble a été acquis en 1880 par Charles Durand. Installé en 1986, Philippe, son arrière-petit-fils, exploite 9,5 ha sur la pente ouest du Tertre de Calon, au cœur de l'appellation montagne-saint-émilion. Il limite les traitements au cuivre et au soufre.

Ce vin sans sulfite ajouté affiche une belle expression olfactive autour des fruits rouges et noirs, discrètement agrémentés de notes de tabac et de muscade. Un fruité qui infuse aussi une bouche fraîche et un brin acidulée, que le boisé issu de l'élevage en barriques caresse de tanins très « soft ». ⧗ 2025-2029

CH. ROCHER CORBIN, 2, rte de Barreau, 33570 Montagne, tél. 05 57 74 55 92, chateau-rocher-corbin@orange.fr V r.-v.

CH. TOUR BAYARD 2021 ★

■ | 60 000 | | 15 à 20 €

Julien Richard a pris la suite de Fanny en 2013 à la tête de ce cru de 24 ha acquis par la famille en 1956, sur lequel sont dispensés des soins raisonnés (compost naturel, vendanges manuelles) pour proposer des vins souvent en bonne place dans ces pages. Trois étiquettes ici : Ch. Tour Bayard (montagne-saint-émilion, en conversion bio), Ch. Pontet Bayard et Ch. la Croix Guillotin (puisseguin-saint-émilion).

Ce montagne ne s'est pas laissé abattre par les difficultés qui ont accompagné le millésime 2021. La robe sombre a l'attrait du mystère. Et si le nez tarde à exprimer ses parfums de fruits noirs et d'épices douces, la bouche, elle, se montre plus prolixe, encadrée de beaux tanins qui soutiennent une matière dense, ample et charnue. Un bon vin de garde. ⧗ 2027-2032

VIGNOBLES RICHARD ET FILS, 5, rte des Tuileries, 33570 Montagne, tél. 07 86 03 30 91, julien@vignoblesrichard.com V r.-v.

VIEUX CH. DES ROCHERS
Cuvée Prestige 2021 ★

■ | 1800 | | 11 à 15 €

Technicien d'élevage dans un organisme professionnel, Jean-Claude Rocher a repris en 1995 la propriété familiale fondée par son père Abel en 1964 – un domaine qui s'étend sur 5 ha de vieilles vignes à dominante de merlot en appellation montagne-saint-émilion, qu'il conduit avec son gendre Hervé Dupeux. Très régulier en qualité.

Ce 100 % merlot s'ouvre sur des notes fruitées et vanillées. Arômes relayés par une bouche franche en attaque, d'une agréable souplesse dans son développement, avant une finale joliment épicée. À découvrir sur le fruit de sa jeunesse. ⧗ 2024-2028

VIEUX CH. DES ROCHERS, 15, imp. de Mirande, 33570 Montagne, tél. 06 80 64 49 75, vieuxchateaudesrochers@gmail.com V r.-v.

VIEUX CH. GOUJON 2021 ★

■ | 5333 | | 11 à 15 €

Issu d'une longue lignée vigneronne, Jean-Paul Garde a conduit entre 1974 et 2014 les vignes familiales (une trentaine d'hectares aujourd'hui), réparties dans trois appellations libournaises : lalande, montagne et pomerol. Ses enfants ont repris à sa suite les rênes de l'exploitation.

Issu du seul merlot enraciné sur un sol argilo-graveleux, ce vin ne s'embarrasse pas de fioritures à l'olfaction, évoluant sans détour sur les fruits rouges. En bouche, de l'attaque à la finale, très veloutée, c'est du « tutti frutti » sans complexe et bien équilibré. À déguster dans sa jeunesse, sur une belle entrecôte. ⧗ 2024-2028

VIGNOBLES JEAN-PAUL GARDE, 1, Les Cruzelles, 33500 Néac, tél. 05 57 51 40 43, contact@jpgarde.wine V t.l.j. sf dim. 9h-12h 13h30-17h

CH. VIEUX PAQUILLON 2021 ★

■ | 7000 | | 15 à 20 €

Reprise en 2018 par Jenny et Grant King, un couple australien passionné par le vin et amoureux de la France, ce domaine étend ses vignes sur près de 10 ha, en cours de restructuration, avec notamment la plantation de cabernet franc.

Bien fait et appétant, ce vin séduit d'emblée par sa franche éloquence fruitée et ne se laisse pas dominer par le boisé de la barrique, toutefois perceptible et encore à laisser fondre. Il en va de même en bouche, où fruit et merrain font bon ménage, épaulés par de bons tanins au grain affiné. Une petite garde est bienvenue. ⧗ 2026-2030

CH. VIEUX PAQUILLON, 1, chem. de Paquillon, 33570 Montagne, tél. 06 77 78 91 43, contact@chateaupaquillon.fr V r.-v.

PUISSEGUIN-SAINT-ÉMILION

Superficie : 745 ha / Production : 43 000 hl

La plus orientale des appellations voisines de Saint-Émilion est implantée sur des sols à dominante argilo-calcaire, avec quelques secteurs d'alluvions graveleux. Le vignoble est exposé au sud-sud-est.

CH. BERNON-BÉCOT 2021 ★

■ | 20000 | | 11 à 15 €

En 2015, Caroline et Pierre Bécot, quatrième génération de la famille Bécot (propriétaire du Ch. Beau-Séjour Bécot, 1er grand cru classé de Saint-Émilion), ont acquis ces 9 ha de vignes plus que trentenaires plantées sur le plateau de Puisseguin.

Le merlot (95 % de l'assemblage) ne se laisse pas dominer par le boisé dans ce puisseguin bien ouvert sur le fruit. Un fruit qui se prolonge dans une bouche aimable et ronde, aux tanins fondus, avec en appoint ce même boisé délicat et bien ajusté. ⧗ 2025-2029

CH. BERNON-BÉCOT, Bernon-Ouest, 33570 Puisseguin, tél. 06 32 41 96 80, bernon.becot@gmail.com V *r.-v.*

CLOS DES RELIGIEUSES 2021 ★

■ | 15333 | | 8 à 11 €

La famille Leynier est propriétaire depuis 1952 du Clos des Religieuses, qui dépendait des Ursulines de Saint-Émilion au XVIIe s. Thierry Leynier et sa sœur Sabine y exploitent 10 ha de vignes en puisseguin et en tirent deux cuvées : le Clos des Religieuses et le Ch. Saint-Pierre l'Église. Ils possèdent aussi des vignes en montagne-saint-émilion (Ch. Notre-Dame) et en castillon-côtes-de-bordeaux (Ch. le Baradis).

Merlot (90 %) et cabernet-franc à l'origine d'un puisseguin qui porte beau dans son intense robe pourpre ourlée de violine et qui s'exprime sur de subtiles senteurs de fruits rouges et noirs. Portée par des tanins souples et fondus, la bouche prolonge le fruit, aux tonalités de cassis, agrémenté de notes épicées. Un vin harmonieux et prêt à boire. ⧗ 2024-2028

CLOS DES RELIGIEUSES, 9, rue Alcide-Masseron, 33570 Puisseguin, tél. 06 24 50 10 86, clos.des.religieuses@wanadoo.fr V *sam. dim. sur r.-v.*

CLOS DU PAVILLON 2021 ★

■ | 10000 | | 11 à 15 €

Après avoir œuvré dans plusieurs domaines bordelais, Gonzague Maurice s'est installé en 2006 à Montagne dans un domaine commandé par une folie du XVIIIe s., ancienne garçonnière du seigneur local. Travaillant dans l'esprit bio, il produit du vin dans les appellations montagne-saint-émilion, puisseguin et castillon.

Bien dessiné, le bouquet a les accents agréables d'un fruité qui ne se laisse pas dominer par le boisé de l'élevage en barriques. La bouche, souple et affable, offre une chair pulpeuse dont les saveurs fruitées jouent, sans fausse note, une valse gourmande pleine d'entrain. ⧗ 2024-2029

DOM. GONZAGUE MAURICE, 2, imp. de Larue, 33570 Montagne, tél. 06 61 77 77 33, gonzaguemaurice@hotmail.com V *r.-v.*

CH. LA CROIX TEYNAC 2021 ★

■ | 40000 | | 8 à 11 €

Issue d'une famille d'agriculteurs du nord de la France, Françoise Lannoye a souhaité retourner à la terre, préférant les vins de Bordeaux aux céréales. La famille a acquis des vignes en Libournais. D'abord en puisseguin (Ch. Lanbersac), puis en castillon-côtes-de-bordeaux (Ch. Moulin de la Clotte et Ch. Lamour, 13 ha) et enfin en saint-émilion grand cru (Ch. Ambe Tour Pourret).

Ce puisseguin des plus aimables s'ouvre au nez sur un opulent bouquet de fruits noirs. Le prélude gracieux à une bouche ample, généreuse, bien équilibrée, marquée par de beaux amers en finale. À boire dans ses jeunes années. ⧗ 2024-2028

VIGNOBLES LANNOYE, Le Chai, 33350 Les Sables-de-Castillon, tél. 05 57 55 23 28, contact@vignobles-lannoye.com

B CH. RIGAUD 2021 ★

■ | 35000 | | 11 à 15 €

Le Ch. Guadet-Plaisance appartenait à la fin du XVIIIe s. à la famille d'Élie Guadet, avocat et député girondin né à Saint-Émilion et guillotiné pendant la Terreur. Pierre Taïx a ajouté en 2009 ce cru de 10 ha, planté à haute densité et conduit en bio, à un ensemble de vignobles réputés (Rigaud, Fongaban, la Mauriane).

Issu d'un assemblage de merlot et de cabernet-francs enracinés sur l'argilo-calcaire, ce puisseguin d'un élégant rubis intense s'affirme au nez par d'intenses senteurs de fruits rouges. La bouche apparaît nette, souple, tout en fruit, à l'unisson du bouquet, prolongée par une finale fraîche et pimpante. Un vin convivial, très facile à aborder. ⧗ 2024-2028

DOMAINES TAÏX, 1, rte du Tord, 33570 Puisseguin, tél. 05 57 74 54 07, rigaud@vignobles-taix.com V *r.-v.*

CH. SOLEIL 2021 ★

■ | 21000 | | 15 à 20 €

Repris en 2018 par un investisseur passionné, Ch. Soleil est situé sur les meilleurs terroirs de Puisseguin-Saint-Émilion, sur des plateaux argilo-calcaires semblables à ceux des plus grands crus saint-émilionnais.

Ce vin soigneusement élevé en cuves et en barriques associe des fruits bien mûrs à une belle structure. Très plaisant, rond et doté de tanins élégants, il se révèle savoureux et équilibré. Un puisseguin bien construit, au potentiel certain. ⧗ 2026-2032

CH. SOLEIL, 32, rte de Saint-Émilion, 33570 Puisseguin, tél. 05 57 74 63 46, info@chateausoleil.fr

CH. TOUR GUILLOTIN 2021 ★★

■ | 6030 | | 8 à 11 €

Une petite propriété familiale de 5,3 ha située à Puisseguin, conduite depuis trois générations par la famille Lorenzon, aujourd'hui Jean-Pierre, Cathy et leur fille Marie-Audrey.

Très éloigné des vins tranchants trop souvent rencontrés lors de millésimes difficiles à gérer comme 2021, ce puisseguin ravit le nez avec de frais parfums fruités. Friande et ronde, la bouche joue sur l'équilibre et la longueur, soutenue par des tanins soyeux et un boisé finement travaillé. ⧗ 2025-2029

CH. TOUR GUILLOTIN, 14, rue de Guillotin, 33570 Puisseguin, tél. 06 71 06 18 51, chateau-tour-guillotin@orange.fr V t.l.j. 9h-12h30 13h30-17h30

SAINT-GEORGES-SAINT-ÉMILION

Superficie : 200 ha / Production : 11 500 hl

Séparé du plateau de Saint-Émilion par la rivière Barbanne, le terroir de l'appellation saint-georges présente une grande homogénéité avec des sols presque exclusivement argilo-calcaires.

CH. CAP SAINT-GEORGES 2021 ★

■ | 18 000 | | 15 à 20 €

Outre ses propriétés en saint-émilion grand cru (Haut-Pontet et La Confession) et en bordeaux supérieur (Croix Mouton), Jean-Philippe Janoueix tient bon la barre de deux châteaux de l'appellation saint-georges-saint-émilion : Ch. Cap Saint-George et Ch. Cap d'Or.

Si la robe de ce saint-georges est intense, sur des tons pourpre, le nez se montre plutôt discret, avant de s'animer, après une longue aération, sur des parfums de groseille et de cassis. Dès l'attaque en bouche, on découvre un vin vigoureux, mais aussi charnu et généreusement fruité. Taillé pour la garde. ⧗ 2027-2032

CH. CAP SAINT-GEORGES/CAP D'OR, 33570 Montagne, tél. 05 57 48 13 13, contact@jpjdomaines.com V r.-v.

CLOS ALBERTUS 2021 ★

■ | 15 000 | | 20 à 30 €

Dans le Saint-Émilionnais, le nom Corbin apparaît dès le Moyen Âge : il s'agit de l'ancienne seigneurie de Montagne, où la famille Rambeaud cultivait déjà la vigne avant la Révolution. Une propriété de 37 ha aujourd'hui, qui produit en saint-georges-saint-émilion (Clos Albertus) et en montagne-saint-émilion (Corbin, Haut Musset, Grand Moulin Macquin), avec Jacques Rambeaud à sa tête depuis 2005.

Démonstratif dans sa robe pourpre et profonde, complexe et délicat dans ses parfums de cassis, de mûre et griotte, l'approche ne manque ni de charme ni d'intensité. On aime aussi sa bouche large, charnue, fruitée, dotée de tanins fondus, aussi étoffée que cordiale. ⧗ 2025-2030

VIGNOBLES RAMBEAUD, 22, rte de Libourne, 33570 Montagne, tél. 05 57 74 62 41, info@vins-rambeaud.fr V t.l.j. 10h-12h30 14h-18h

♥ CH. HAUT-SAINT-GEORGES 2021 ★★

■ | 6 500 | | 15 à 20 €

En 1995, le brasseur belge M. van der Kelen a acquis 15 ha dans deux appellations satellites de Saint-Émilion : le Ch. la Grande Barde, en montagne, et le Ch. Haut-Saint-Georges (6 ha), en saint-georges. Une grande partie des vins est exportée outre-Quiévrain. Entièrement modernisés, les chais de la propriété sont installés dans d'immenses cavités souterraines. Le Ch. Haut-Saint-Georges, avec plusieurs coups de cœur à son actif, est une valeur sûre.

Coup de cœur incontestable pour ce Haut-Saint-Georges drapé de grenat sombre, au nez épanoui, complexe, conquérant, où un boisé discret accompagne d'intenses senteurs fruitées (cassis, framboise, cerise). Tout aussi savoureux, d'une harmonie imparable, le palais se révèle rond, tendre, caressant, relevé de fines notes épicées et soutenu par des tanins très affinés. ⧗ 2025-2030

CH. LA GRANDE BARDE, 2, rte de Puisseguin, 33570 Montagne, tél. 05 57 74 64 98, chateaulagrandebarde@wanadoo.fr V t.l.j. sf sam. dim. 9h-12h 13h30-17h

CH. SAINT-ANDRÉ CORBIN 2021 ★

■ | 50 000 | | 15 à 20 €

Vignerons depuis le XVIIIe s. et neuf générations, les Saby – depuis 1997 les frères Jean-Christophe et Jean-Philippe, tous deux œnologues comme leur père Jean-Bernard – possèdent plusieurs crus dans le Libournais et exploitent un ensemble de 70 ha.

Paré de pourpre frangé d'indigo, ce saint-georges déploie à l'olfaction un fruité virevoltant dominé par la cerise, avec un léger boisé en appoint. À une attaque ronde succède un milieu de bouche souple et affable, soutenu par des tanins discrets, résultat d'un élevage en fût calculé au plus juste. ⧗ 2024-2028

VIGNOBLES JEAN-BERNARD SABY ET FILS, Ch. Rozier, 7, Le Sable, 33330 Saint-Laurent-des-Combes, tél. 05 57 24 73 03, ets.saby@orange.fr V r.-v. B

CASTILLON-CÔTES-DE-BORDEAUX

Superficie : 3 000 ha
Production : 160 000 hl

Située à l'est du vignoble de Saint-Émilion et de ses satellites, l'appellation (anciennement bordeaux-côtes-de-castillon puis côtes-de-castillon) jouxte à l'ouest les vignobles périgourdins. Elle s'étend sur les neuf communes de Belvès-de-Castillon, Castillon-la-Bataille, Saint-Magne-de-Castillon, Gardegan-et-Tourtirac, Sainte-Colombe, Saint-Genès-de-Castillon, Saint-Philippe-d'Aiguilhe, Les Salles-de-Castillon et Monbadon. Les vins ont bénéficié en 1989 d'une appellation à part entière, les viticulteurs s'engageant à respecter des normes de production plus sévères, notamment en ce qui concerne les densités de plantation, fixées à 5 000 pieds par hectare.

CH. ALCÉE 2021 ★

■ | n.c. | | 15 à 20 €

Puygueraud, Charmes-Godard, La Prade, Lauriol en francs-côtes-de-bordeaux, Alcée en castillon-côtes-de-bordeaux, Pavie Macquin et Larcis Ducasse en saint-émilion grand cru, Vieux Ch. Certan en pomerol, Nicolas Thienpont est un nom qui compte dans le Libournais. C'est sur les terres de Puygueraud, berceau bordelais de cette famille originaire des Flandes – la propriété fut acquise par son père Georges en 1946 – qu'il a fait ses premiers pas de vigneron et qu'il

continue d'œuvrer, en tandem désormais avec son fils Cyrille.

Bel ambassadeur de l'appellation, ce cru ne dénote pas sur ce millésime frais et difficile. Les fruits rouges et noirs et les épices se lient dans une bouche de belle envergure, aux tanins solides et au corps ample, portée par une longue finale. Un vin de beau potentiel. ⧗ 2027-2032

NICOLAS THIENPONT, Lauriol, 33570 Saint-Cibard, tél. 05 57 56 07 47, contact@charmes-godard.com V r.-v.

DOM. ALINE 2021 ★

■	2500		15 à 20 €

Cru de poche d'1,2 ha, le Dom. Aline est la propriété de la famille Beauvais depuis 1954. Jusqu'en 2018, les raisins étaient vinifiés à la cave coopérative de Gardegan-et-Tourtirac; à partir de cette date, le petit-fils d'Aline, Pierre Maury, a repris le vignoble pour le développer, arrachant et restructurant les parcelles, et les vins sont désormais embouteillés sous l'étiquette familiale.

Ce pur merlot issu de vignes d'une cinquantaine d'années sur argilo-calcaires développe un très bel équilibre autour d'une trame ronde et large, cadrée par des tanins soyeux et un bon fruit mûr. Une belle réussite. ⧗ 2026-2030

DOM. ALINE, 1, Les Vergnes, 33350 Saint-Genès-de-Castillon, tél. 05 57 47 95 97, domaine.aline@gmail.com V r.-v.

CH. DE L'ANGLAIS Le Chevalier 2022 ★

■	8000		5 à 8 €

Après la bataille de Castillon qui mit un terme à la guerre de Cent Ans, un des chevaliers anglais défaits se serait fixé au nord-est de Puisseguin, sur un site portant aujourd'hui le nom de «L'Anglais». C'est sur ce lieu-dit qu'est établi ce cru de 4,65 ha (en conversion bio), racheté en 2004 par plusieurs associés, dont le célèbre restaurateur Pierre Troisgros, décédé en 2020.

Avec un joli fruit rond et gourmand de bout en bout, des tanins présents et un profil puissant, ce vin séduit pleinement. C'est un bon classique bordelais, riche et équilibré, mais sans excès de dureté. Il saura bien vieillir. ⧗ 2027-2032

CH. DE L' ANGLAIS, Langlais, 33570 Puisseguin, tél. 05 57 74 58 94, francois.brissot@numericable.fr V r.-v.

CH. D'ANVICHAR 2021 ★

■	9000		15 à 20 €

Dans l'extension du plateau de Saint-Émilion, ce petit cru de 2,14 ha se dédie au merlot dans une démarche éco-responsable. Depuis 2021, il est la propriété de Carol Zaist, une ancienne avocate d'affaires californienne. Du cabernet franc va être replanté pour compléter l'assemblage et le vignoble est en cours de conversion bio.

Marqué par ce millésime frais et compliqué à apprivoiser, ce vin de demi-corps offre de la souplesse, de la rondeur, un bon fruit rouge au nez comme en bouche et de l'équilibre. À réserver à une viande mijotée, comme une daube de bœuf par exemple. ⧗ 2025-2029

CH. D' ANVICHAR, 6, Périgord, 33350 Saint-Genès-de-Castillon, tél. 06 76 28 45 75, admin@anvichar.com V r.-v. E

B CH. BEYNAT Clos d'Hervé 2021 ★★

■	4000		20 à 30 €

Nathalie Boyer et Alain Tourenne ont repris en 2008 ce cru créé en 1917 par Léonard Nebout, quincaillier de son état; ils ont converti au bio, puis en biodynamie, leurs 26 ha de vignes dédiés aux castillon, saint-émilion et bordeaux dans les trois couleurs. Un domaine très régulier en qualité, désormais conduit en solo par Alain Tourenne.

Une sélection de cabernet-sauvignon issu de 3 ha sur argiles et silex, qui plaît par ses intenses arômes de fruits rouges, son attaque souple, son corps ample et puissant, cadré par des tanins fermes. Une belle harmonie d'ensemble se dégage de ce vin que l'on pourra conserver longuement et apprécier sur une classique côte de bœuf. ⧗ 2028-2034 ■ **Cuvée Léonard 2021 ★ (15 à 20 €; 10000 b.)** B Alliance de merlot et cabernet-sauvignon, ce vin vinifié en raisins entiers affiche de la souplesse, du fruit et de la gourmandise, avec en soutien des tanins et un boisé bien fondus. Un ensemble parfaitement mené, frais et aimable, tout à fait accessible aujourd'hui. ⧗ 2025-2029

CH. BEYNAT, 23 bis, rue de Beynat, 33350 Saint-Magne-de-Castillon, tél. 05 57 40 01 14, atourenne@gmail.com V r.-v. D

B CH. LA BRANDE 2021 ★

■	25000		15 à 20 €

Les vignobles fondés en 1951 par Jean Petit regroupent 37 ha d'un seul tenant en saint-émilion grand cru, sur un terroir riche en calcaire à astéries (Mangot, cru ancien mentionné dès 1510), et 16 ha en castillon (La Brande), conduits depuis 1989 par Jean-Guy et Anne-Marie Todeschini, rejoints en 2008 par leurs fils Karl et Yann. Le vignoble est certifié bio depuis le millésime 2020 et en cours de conversion à la biodynamie depuis 2021.

Voilà un 2021 d'un bel équilibre, qui ne surjoue pas et propose un profil aimable autour d'un bon fruit mûr. C'est un vin rond, souple, aux tanins bien fondus, porté par une fraîcheur bien sentie, et même une certaine vivacité, avec un boisé présent sans excès. ⧗ 2026-2030

FAMILLE TODESCHINI, 1, Ch. Mangot, 33330 Saint-Étienne-de-Lisse, tél. 05 57 40 18 23, contact@chateaumangot.fr V *t.l.j. sf dim. 9h-12h 13h30-17h30*

DOM. DU CAUFFOUR 2022 ★

■	9000		5 à 8 €

Un petit cru (2,5 ha) en castillon-côtes-de-bordeaux, fondé en 1955 et installé dans un ancien relais de diligence de Saint-Genès. Isabelle et Laurent Allard représentent la quatrième génération du domaine, à sa tête depuis 2009.

Ce classique de l'appellation allie fraîcheur et structure avec efficacité. Les notes boisées encore présentes et les tanins soyeux se mêlent harmonieusement à un fruit mûr. Un vin complexe et équilibré, offrant une belle mâche, à accompagner d'une viande en sauce. ⧗ 2027-2032 ■ **Cuvée Laurière 2022 ★ (8 à 11 €; 4000 b.)** Ce vin flatteur et aimable porte un bon fruit mûr, une trame souple, fraîche et charnue, bordée de tanins soyeux, avec une belle expression de fruits rouges en finale. Une bouteille que l'on peut ouvrir dans ses jeunes années. ⧗ 2025-2030

⊶ *DOM. DU CAUFFOUR, 15, Le Cauffour, 33350 Saint-Genès-de-Castillon, tél. 06 22 08 81 16, domaineducauffour@orange.fr* V *t.l.j. sf dim. 8h-12h 14h-18h*

CH. LA CLARIÈRE 2021 ★

■	146 667	⊪	30 à 50 €

Propriété de 45 ha, le Ch. la Clarière appartient à Tony Laithwaite, qui l'a acquis en 1965. Ce géographe britannique est tombé amoureux de la région et de ce coin préservé sur le plateau de Sainte-Colombe. Les vins sont distribués en majeure partie en Grande-Bretagne, mais il est possible de s'en procurer directement au domaine.

Ce vin a bénéficié d'un élevage en barriques, foudres et amphores. Structuré et puissant, il offre de l'intensité, un fruit frais et un bon développement jusqu'en finale. Un classique à réserver à une viande mijotée, un bœuf bourguignon par exemple. ⧗ 2027-2032

⊶ *CH. LA CLARIÈRE, 8, rte de Ste-Colombe, 33350 Saint-Magne-de-Castillon, tél. 06 84 11 30 79, brigitte.seigue@directwines.com* V *r.-v.* 5

CH. CLARISSE
Cuvée Allegria 2021 ★

■	3000	⊪	20 à 30 €

Détenu pendant plus d'un siècle par la famille Estager, ce cru de 17 ha, établi sur les hauteurs argilo-calcaires du plateau de Puisseguin, est depuis 2009 la propriété d'Olivia et Didier Le Calvez (figure de l'hôtellerie de luxe), qui l'ont renommé du prénom de leur fille. Les vins sont certifiés en agriculture biologique depuis le millésime 2019 et amorcent leur passage en biodynamie.

Un beau fruit, de l'équilibre et une parfaite maturité de fruit : ce joli 2021 tient toutes ses promesses et s'offre sous un profil aimable et engageant. La jolie finale, très fraîche, le portera dans le temps. ⧗ 2025-2030

⊶ *CH. CLARISSE, Croix-de-Justice, Longues-Règes, 33570 Puisseguin, tél. 06 70 54 92 16, contact@chateau-clarisse.com* V *t.l.j. 10h-17h*

CH. CLAUD BELLEVUE
2021 ★

■	15 271	⊪ 🍾	11 à 15 €

Cette propriété de 8 ha appartient depuis 2016 à la Maison Kavaklidere, la première entreprise privée et familiale de production de vins en Turquie, possédant plus de 650 ha dans différentes régions du pays. Autre acquisition, en 2018 : le Ch. Claud Bellevue, cru de 10 ha en castillon-côtes-de-bordeaux.

Élevé en barriques durant un an, avec un tiers de fûts neufs, ce joli classique séduit par son fruit mûr, son équilibre et sa bouche longue, souple et fraîche, soutenu par des tanins et un boisé bien fondus. À découvrir dès aujourd'hui ou à conserver un peu en cave. ⧗ 2025-2030

⊶ *CH. LA CROIX LARTIGUE, 146, rte Aliénor-d'Aquitaine, 33350 Belvès-de-Castillon, tél. 06 31 49 78 99, ali.basman@kavaklidere.com* V *r.-v.*

♥ CLOS LUNELLES 2021 ★★

■	20 000	⊪	20 à 30 €

Propriétaire depuis 1998 du Ch. Pavie, célèbre 1er grand cru classé A de Saint-Émilion, et d'autres crus prestigieux de la même appellation (Monbousquet, Pavie Decesse, Bellevue-Mondotte), Gérard Perse a acquis en 2001 le Ch. Lapeyronie, rebaptisé Clos Lunelles : 8,5 ha en castillon, au point culminant de l'appellation, sur le plateau argilo-calcaire de Sainte-Colombe, qui prolonge celui de Saint-Émilion.

Longuement élevé en barriques durant près de deux ans, ce vin dominé par le merlot (80 %) est particulièrement réussi sur ce millésime si compliqué. Long, riche, épicé, boisé avec mesure, il séduit avant tout par son équilibre très abouti et sa parfaite orchestration. Un vin ample et complexe, tenu par une belle dimension et des tanins présents sans excès. ⧗ 2027-2034

⊶ *CLOS LUNELLES, 65, av. Gal-de-Gaulle, 33350 Saint-Magne-de-Castillon, tél. 05 57 55 43 43, contact.pavie@perselatitudes.com*

CLOS VÉDÉLAGO 2021 ★★

■	2379	⊪	15 à 20 €

Un domaine de poche (47 ares à l'origine, 90 aujourd'hui) acquis en 2005 par Jean-Paul Védélago, ancien artisan charpentier-couvreur, qui réalise son rêve : faire son vin. Vendangés à la main, ces vieux merlots couvrant le plateau argilo-calcaire de Saint-Philippe d'Aiguilhe (castillon-côtes-de-bordeaux) bénéficient de soins méticuleux dignes d'un grand cru.

Ce merlot a bénéficié d'un élevage luxueux de 14 mois dans des barriques « Perle » de 390 l de la tonnellerie Quintessence, des barriques de fermentation de forme ovoïde tronquée. Le résultat est fort probant puisque le vin conserve un fruit intègre autour de notes de groseille, de violette et de pivoine. En bouche, la fraîcheur est de mise, autour de tanins fondus et soyeux. Cela donne un ensemble très harmonieux, à la fois structuré, ample et persistant. Une réussite du secteur. ⧗ 2026-2032

⊶ *JEAN-PAUL VÉDÉLAGO, 10, rue du Mayne, 33570 Puisseguin, tél. 06 77 22 11 05, contact@clos-vedelago.fr* V *r.-v.*

CH. CÔTE MONTPEZAT
Cuvée Compostelle 2021 ★★

■	30 000	⊪	11 à 15 €

Le Calaisien Dominique Bessineau est établi dans le Libournais depuis 1989 avec le Ch. Côte Montpezat (30 ha en castillon et en appellations régionales), un ancien relais de poste de 1620 situé sur le chemin de

Compostelle, auquel se sont ajoutés en 1991 les 6 ha de puisseguin du Ch. Haut-Bernat.

Ce bon classique, porté par la fraîcheur du millésime, doté de notes de groseille et de griotte, plaira unanimement. L'attaque est séduisante, presque moelleuse, le cœur de bouche souple et très affable. Sans être très structuré, ce vin s'offre dans un profil immédiat, avec quelques touches de vanille en finale. Un vin très avenant, à boire dans ses jeunes années. 2024-2029

CH. CÔTE MONTPEZAT, 1144, rte du Bois-de-Balette, 33350 Belvès-de-Castillon, tél. 05 57 56 05 55, contact@cote-montpezat.com V r.-v.

CH. DE MONBADON 2021 ★

15 000 | 15 à 20 €

Le Ch. de Monbadon est une propriété de près de 10 ha, détenue depuis 1602 par la famille de Montfort, à l'architecture militaire médiévale héritée du XIVᵉs. et du roi Édouard III. Le vignoble est certifié en culture biologique. Le domaine est géré par les établissements Jean-Philippe Janoueix, au même titre que les châteaux La Confession (saint-émilion grand cru classé), Cap Saint George (saint-georges-saint-émilion) et La Croix Saint-Georges (pomerol).

Bien structuré, ce bon classique offre de la matière, du volume et des tanins encore fermes. Il faudra l'attendre avant de l'envisager sur une viande mijotée, de type bœuf bourguignon ou daube provençale. 2027-2032

CH. DE MONBADON, Ch. de Monbadon, 33570 Puisseguin, tél. 05 57 48 13 10, compta@jpdomaines.com

♥ CH. LE REY
Les Rocheuses 2021 ★★

14 000 | 20 à 30 €

Composée de 12 ha d'un seul tenant sur les sols argilo-calcaires de la rive droite de la Dordogne, cette belle propriété, située à Saint-Colombe, appartient à la famille Roque depuis l'époque de Louis XIII. Le dernier descendant de cette famille, Philippe Le Roy a passé la main en 2016 au désormais célèbre trio d'amis Peter Kwok, Philippe Lambrecht et Jean-Christophe Meyrou, le local de l'étape.

Ce merlot majoritaire (80 %), élevé en barriques avec 20 % de bois neuf, est une petite sélection de deux parcelles du vignoble. En résulte un vin structuré, séveux, de grande persistance, bordé par un fruit noir bien mûr, une fine touche boisée et des tanins affinés qui soutiennent une matière ample et fondue. C'est un parfait classique de Bordeaux, très équilibré, bien fruité, promis à une belle garde. 2026-2034 ■ **Les Argileuses 2021 ★ (11 à 15 €; 35 000 b.)** Élevé en cuves Inox et en amphores, sans utilisation de bois, ce vin intensément fruité se révèle ample et expressif, bordé de tanins souples qui ajoutent à son caractère amène. Une jolie bouteille à dédier à une viande blanche grillée ou une volaille. 2024-2029

CH. LE REY, 1, Casse-Vert, 33330 Saint-Christophe-des-Bardes, tél. 05 57 24 24 15, contact@vignoblesk.com V r.-v.

CH. ROBIN 2021 ★

40 000 | 20 à 30 €

Dans l'écurie de la famille Thienpont-Heymans depuis 2018, le Ch. Robin compte 12 ha de vignes en conversion bio depuis 2020. Les méthodes employées ici sont les mêmes que celles en usage au Vieux Ch. Certan à Pomerol et dans les autres propriétés de la famille (Clos Fontaine en francs-côtes-de-bordeaux et Ch. Bouty en castillon-côtes-de-bordeaux).

Fruité et tout en fraîcheur, ce bon classique du secteur offre un plaisir immédiat. Les fruits rouges et noirs, la trame ample, sans rudesse, et la finale acidulée composent un ensemble bien mené qui devrait plaire au plus grand nombre. 2024-2029

CH. ROBIN, 1, Robin, 33350 Belvès-de-Castillon, tél. 05 57 56 05 45, contact@cru-robin.com V r.-v.

CH. ROC DE MONTPEZAT
En attendant... 2022 ★

3 000 | 5 à 8 €

Cru de 13 ha, le Ch. Roc de Montpezat appartient depuis 2021 à Guillaume et Sébastien Bataille qui le géraient en fermage depuis 2019. Dès leur arrivée, ils convertissent le vignoble en culture biologique, restructurent le vignoble et réhabilitent le chai. Un gîte voit également le jour, ainsi qu'une boutique pour mettre l'accent sur l'œnotourisme.

Ce merlot élevé sans apport de bois offre un joli délié, du volume et une belle structure tannique. C'est un vin gourmand et charnu, aux tanins présents mais soyeux, porté par sa matière et son équilibre, que l'on pourra déboucher aussi bien jeune que patiné par un peu de garde. 2024-2029

CH. ROC DE MONTPEZAT, 50, Poncet, 33350 Gardegan-et-Tourtignac, tél. 06 14 18 27 59, info@rocdemontpezat.fr V r.-v. E

CH. ROQUEVIEILLE
2021 ★

100 000 | 8 à 11 €

Acquis en 1972 par Jean-Pierre Palatin, ce cru de 29 ha en castillon-côtes-de-bordeaux est aujourd'hui géré par Nathalie et Thomas Guibert, sa fille et son gendre; il est situé sur les hauteurs de Saint-Philippe d'Aiguilhe, à plus de 100 m d'altitude. Pratiques éco-responsables, certification Bee Friendly avec présence de ruches dans les vignes et développement de jachères fleuries sont aujourd'hui à l'œuvre et constituent les nouveaux standards du domaine.

Élevé en barriques et en amphores, ce vin à forte majorité de merlot (85 %) s'offre dans un profil souple et aimable, autour de tanins fondus et d'un bon fruit paré de quelques notes épicées. Un bon classique à servir sur des grillades ou de belles salaisons. 2024-2029

CH. ROQUEVIEILLE, 3, Roquevieille, 33350 Saint-Philippe-d'Aiguilhe, tél. 05 57 40 67 27, contact@vignoblespalatinguibert.fr V r.-v.

CH. LA ROSE PONCET Vent d'ange 2022 ★

| 5000 | | 8 à 11 € |

Le Ch. la Rose Poncet est depuis 1999 géré par Élisabeth Rousseau-Rodriguez. Ce domaine de 11 ha, dans sa famille depuis deux siècles, se métamorphose petit à petit et met en valeur les terroirs argilo-calcaires de Castillon, nichés à flanc de colline, dans le prolongement du plateau argilo-calcaire de Saint-Émilion.

Ce merlot issu d'1 ha de vignes s'offre dans un profil immédiat et charnu, autour d'un bon fruit rouge sans support boisé. C'est un joli bordeaux de charme, bien équilibré entre structure et fraîcheur, que l'on pourra boire jeune et privilégier sur une viande rouge grillée. ⧗ 2024-2028

CH. LA ROSE PONCET, 3, Peyoriolle, 33350 Gardegan-et-Tourtirac, tél. 05 57 40 25 99, peyoriol@orange.fr V r.-v.

♥ B CH. LE SANCTUAIRE L'Éclipse 2022 ★★

| 10000 | | 8 à 11 € |

Les Latorre conduisent la vigne depuis 1806 en Libournais; des vignes transmises par les femmes depuis cette date et exploitées aujourd'hui par Marie-Laure, à la tête depuis 2011 d'un vignoble de 18 ha réparti entre le Vieux Ch. Bayard (montagne-saint-émilion) et Le Sanctuaire (2 ha en castillon-côtes-de-bordeaux), et conduit en culture biologique.

Ce merlot élevé traditionnellement en barriques est issu d'une vigne plantée le 11 août 1999, jour de l'éclipse totale du soleil, la dernière du XXᵉs. C'est un vin mêlant structure et fraîcheur dans un parfait équilibre, cadré par des tanins puissants mais au grain soyeux, avec une longue et belle finale sur les fruits frais. À la fois charpenté et gourmand, d'une réelle belle complexité, son éclipse n'est pas pour aujourd'hui : il vieillira sereinement. ⧗ 2027-2034

VIEUX CH. BAYARD, 7, imp. de Bayard, 33570 Montagne, tél. 05 57 74 62 82, mllatorre@netcourrier.com V r.-v.

CH. TERRASSON 2021 ★

| 20729 | | 20 à 30 € |

Après avoir fait leurs armes dans le Roussillon et le Médoc, Gérald et Alix Standley ont repris le Ch. Terrasson en 2020. Les 9 ha de vignes sont conduits en conversion bio, avec des pratiques en biodynamie. Ils se situent sur un plateau calcaire, en prolongement du plateau de Saint-Émilion et Puisseguin, et en coteaux, sur les appellations castillon et francs-côtes-de-bordeaux.

Ce bon classique castillonnais devrait faire l'unanimité. On appréciera ses beaux arômes de fruits rouges, sa trame ample et charnue, ses tanins et son boisé fondus, son équilibre d'ensemble et sa belle présence fruitée en finale. Une réussite à privilégier sur un gibier ou un magret de canard. ⧗ 2026-2032

CH. TERRASSON, 3, rte de Gasquerie, 33570 Puisseguin, tél. 06 24 25 39 57, contact@chateauterrasson.com V *t.l.j. sf sam. dim. 9h-12h 13h30-17h*

FRANCS-CÔTES-DE-BORDEAUX

Superficie : 535 ha
Production : 28 125 hl (99 % rouge)

S'étendant à 12 km à l'est de Saint-Émilion, sur les communes de Francs, Saint-Cibard et Tayac, le vignoble de l'appellation (anciennement bordeaux-côtes-de-francs) bénéficie d'une situation privilégiée sur des coteaux argilo-calcaires et marneux parmi les plus élevés de la Gironde.

CH. LES CHARMES-GODARD 2022 ★

| 14200 | | 11 à 15 € |

Puygueraud, Charmes-Godard, La Prade, Lauriol en francs-côtes-de-bordeaux, Alcée en castillon-côtes-de-bordeaux, Pavie Macquin et Larcis Ducasse en saint-émilion grand cru, Vieux Ch. Certan en pomerol, Nicolas Thienpont est un nom qui compte dans le Libournais. C'est sur les terres de Puygueraud, berceau bordelais de cette famille originaire des Flandes – la propriété fut acquise par son père Georges en 1946 – qu'il a fait ses premiers pas de vigneron et qu'il continue d'œuvrer, en tandem désormais avec son fils Cyrille.

À dominante de sémillon, ce blanc élevé soigneusement en barriques de 500 l est un parfait représentant de son appellation. D'autant que sur ce millésime complet, il affiche un fruit mûr et aussi beaucoup de fraîcheur. Les notes de citron confit, de fruits exotiques et d'agrumes se mêlent dans une bouche à la fois profonde, droite et friande. Un vin accompli, de grande texture, parfaitement servi par l'élevage. ⧗ 2024-2030 ■ **Ch. la Prade 2021 ★ (15 à 20 €; 22100 b.)** Avec un bon fruit mûr, de la tension et de la droiture, ce vin dévoile une structure serrée sans excès, avec en prime une belle persistance. Un bon classique du secteur et du millésime. ⧗ 2026-2030

NICOLAS THIENPONT, Lauriol, 33570 Saint-Cibard, tél. 05 57 56 07 47, contact@charmes-godard.com V r.-v.

CH. GODARD BELLEVUE 2021 ★

| 25000 | | 11 à 15 € |

Un arrière-grand-père, Armand Puyanché, créa le domaine au début du siècle dernier, mais il fut tué au Chemin des Dames en 1917. Bernadette et Joseph Arbo ont repris les vignes familiales en 1988 et sont sortis de la coopérative. Leurs enfants Margaux et Dorian ont repris les rênes en 2023 et cultivent aujourd'hui 51 ha en francs-côtes-de-bordeaux (Godard Bellevue, Puyanché) et 10 ha en castillon-côtes-de-bordeaux (Moulins de Coussillon), et signent des vins souvent en très bonne place dans le Guide.

Ce vin élevé partiellement en barriques marie harmonieusement au nez un fruit mûr (cerise noire, myrtille) à des touches d'épices et de vanille. Une belle alliance, intense et fondue, qui se glisse dans une bouche serrée, généreuse et puissante, bordée de tanins soyeux. ⧗ 2027-2032

VIGNOBLES ARBO, 157, rte de Godard, 33570 Francs, tél. 05 57 40 65 77, earl.arbo@orange.fr V r.-v.

➔ ENTRE GARONNE ET DORDOGNE

ENTRE-DEUX-MERS

Superficie : 1 480 ha / Production : 59 050 hl

L'appellation entre-deux-mers ne correspond pas exactement à l'Entre-deux-Mers géographique, puisque, regroupant les communes situées entre Dordogne et Garonne, elle en exclut celles qui disposent d'une appellation spécifique. Il s'agit d'une appellation de vins blancs secs dont la réglementation n'est guère plus contraignante que pour l'appellation bordeaux. Mais, dans la pratique, les viticulteurs cherchent à réserver pour cette appellation leurs meilleurs vins blancs. Aussi la production est-elle volontairement limitée. Le cépage le plus important est le sauvignon qui communique aux entre-deux-mers un arôme particulier très apprécié, surtout lorsque le vin est jeune. Sémillon et muscadelle complètent l'encépagement.

♥ CH. DE L'AUBRADE 2023 ★★

| 100 000 | | 5 à 8 € |

Après ses études d'œnologie, Jean-Christophe Lobre s'est installé en 1995 à la tête du vignoble créé en 1974 par ses parents Jean-Pierre et Paulette. Il conduit aujourd'hui, avec son épouse Andréa depuis 2010, un vaste domaine de 70 ha et poursuit ainsi une tradition familiale qui remonte à 1735.

Sauvignon (85 %) et muscadelle réunis pour le meilleur dans ce vin d'un attirant jaune soutenu, qui s'ouvre à l'aération sur des notes exotiques de mangue et de fruit de la Passion. Arômes prolongés par une bouche délicate, soyeuse, fine, alerte, portée de bout en bout par une très belle fraîcheur. Un entre-deux-mers sur le versant de l'élégance. ⧗ 2024-2027

VIGNOBLES J.-C. LOBRE, Jamin, 33580 Rimons, tél. 05 56 71 55 10, contact@vignobles-lobre.com V *r.-v.*

B CH. AURORE Les Fleurs du Mal 2023 ★

| 20 000 | | 11 à 15 € |

Dans le giron depuis 2017 des Vignobles Invindia, filiale du groupe V and B, vaste réseau de cavistes fondé en 1987 par Jean-Claude Bernard et Jean-Pierre Derouet, et propriétaire de plusieurs crus dans le Bordelais, le Ch. Aurore s'étend sur 12 ha de vignes, sur des sols argilo-calcaires à flanc de coteau. Il est conduit en bio par Hugues Laborde, qui privilégie des vinifications sans soufre, en cuves béton et en foudres.

Une cuvée née de sauvignon blanc et sauvignon gris, vinifiée sans soufre puis élevée en cuves béton et, pour 20 % du vin, sous bois. Au nez se dévoilent des arômes intenses de fruit de la Passion et de fleurs blanches. La bouche, à l'unisson du bouquet, apparaît souple, fraîche, dynamique. Un ensemble cohérent et énergique. ⧗ 2024-2027

CH. AURORE, O Goumin, 33420 Dardenac, tél. 05 56 23 71 52, vignoblesinvindia@invindia.fr V *t.l.j. sf sam. dim. 10h-12h 14h-17h*

♥ CH. BONNET 2023 ★★

| 500 000 | | 8 à 11 € |

André Lurton, disparu en 2019, conduisait depuis 1953 le Ch. Bonnet (et sa déclinaison Tour de Bonnet), son fief historique qui était aussi son lieu de naissance et le premier cru acquis par son grand-père Léonce Récapet en 1897. Un domaine de 300 ha, valeur sûre en entre-deux-mers et bordeaux, qui entre dans un vaste « empire » de 600 ha, dont 260 en pessac-léognan, l'autre « patrie » d'André Lurton (Couhins-Lurton, La Louvière…). Les sept enfants d'André Lurton poursuivent son œuvre, avec Jacques à la présidence des vignobles.

Sauvignon blanc (75 %), sémillon, colombard et muscadelle à l'œuvre dans ce beau classique de l'appellation, ouvert sans réserve sur des notes de fruits blancs, d'agrumes et de fruits exotiques. Un profil très aromatique auquel fait un long écho une bouche pleine d'allant et de fraîcheur, avec la pointe de rondeur du sémillon qui vient arrondir les angles comme il se doit. ⧗ 2024-2027

LES VIGNOBLES ANDRÉ LURTON, 33420 Grézillac, tél. 05 57 25 58 58, andrelurton@andrelurton.com V *t.l.j. sf sam. dim. 9h-12h30 14h-17h*

CH. BRONDEAU DU TERTRE 2023 ★

| 10 000 | | 5 à 8 € |

Un vaste domaine de 50 ha de vignes et 60 ha de forêts et prairies, commandé par un château du XVIIIes. construit selon les plans de Victor Louis et propriété des Glotin depuis 1930. Plusieurs étiquettes ici, en appellations régionales, graves-de-vayres et entre-deux-mers : Goudichaud, Haut Bessac, Fage, Haut Beaumard, Brondeau du Tertre, La Fleur des Graves.

Sémillon (60 %) et sauvignon font la paire dans ce vin intensément bouqueté autour des agrumes, des fruits exotiques (mangue, ananas) et de buis, accompagnés par un boisé discret. Un fruit qui s'invite dans une bouche fraîche et souple, bien enrobée par la rondeur du sémillon. ⧗ 2024-2027

CH. GOUDICHAUD, 17, chem. de Goudichaud, 33750 Saint-Germain-du-Puch, tél. 05 57 24 57 34, contact@chateaugoudichaud.fr V *r.-v.*

CH. CASTENET 2023 ★

| 50 000 | | 5 à 8 € |

Mylène et Guillaume Guennec, enfants de viticulteurs de la région, ont pris la suite en 2010 de François Greffier, vigneron réputé pour ses entre-deux-mers, désormais retiré des affaires. Ils conduisent aujourd'hui un vignoble de 50 ha, auxquels s'ajoutent les 15 ha du Ch. Valade pris en fermage auprès de la famille Hoffman.

Sauvignon (70 %), sémillon et muscadelle sont assemblés dans ce vin diaphane, ouvert sur les agrumes, les fleurs et les fruits blancs. La bouche se montre vive, énergique, d'une agréable souplesse. Efficace et de bon goût. ⏳ 2024-2026

⊶ TERRES DE GUENNEC, 3, Castanet, 33790 Auriolles, tél. 05 56 61 40 67, vignoblescastenet@orange.fr r.-v.

CH. LA GRANDE MÉTAIRIE 2023 ★

| 66000 | 5 à 8 € |

Claire Buffeteau conduit, en culture biologique, 29 ha de vignes sur les coteaux vallonnés de l'Entre-deux-Mers, au cœur du Sauveterrois, dans les communes de Castelviel et Gornac. Elle y produit deux étiquettes : La Grande Métairie et Haut Dambert.

Sauvignon (85 %) et muscadelle unis dans ce vin d'une belle intensité fruitée (agrumes, fruits blancs), qui conjugue volume, gras et acidité dans un équilibre très assuré. ⏳ 2024-2027

⊶ VIGNOBLES BUFFETEAU, Dambert, 33540 Gornac, tél. 05 56 61 97 59, contact@vignoblesbuffeteau.fr V r.-v.

CH. GRAND JEAN 2023 ★

| 90000 | 5 à 8 € |

Héritier de dix générations, Michel Dulon exploite aujourd'hui 140 ha de vignes, implantées essentiellement sur la rive droite de la Garonne et dans l'Entre-deux-Mers, et réparties sur trois crus : Ch. Grand Jean, propriété la plus ancienne et la plus vaste avec ses 100 ha, située à Soulignac; Ch. Julian (20 ha), acquis en 1998 à Targon; Ch. du Vallier, à Langoiran (20 ha).

Une belle énergie se dégage de cet assemblage de sauvignon blanc (50 %), sémillon et sauvignon gris, ouvert sur des notes intenses de pamplemousse, de citron et d'acacia, vif et bien tendu en bouche. Tout indiqué pour les fruits de mer. ⏳ 2024-2026

⊶ VIGNOBLES DULON, 1630, rte du Moulin, 33760 Soulignac, tél. 05 56 23 69 16, info@vignobles-dulon.com V t.l.j. sf sam. dim. 8h30-12h30 13h30-17h

CH. HAUT-MEYREAU 2023 ★

| 94000 | 11 à 15 € |

Ce vaste domaine, passé de 2 ha en 1802, sa date de fondation, à 110 ha aujourd'hui, est établi aux portes de Libourne, sur la petite commune de Dardenac. Il est depuis 2014 dans le giron des Vignobles Invindia, filiale du groupe V and B, vaste réseau de cavistes fondé en 1987 par Jean-Claude Bernard et Jean-Pierre Derouet, et propriétaire de plusieurs crus dans le Bordelais.

Très aromatique, ce vin exhale des parfums de fruit de la Passion, d'ananas et de fleurs blanches. Une même intensité florale et fruitée se dégage de la bouche, vive, tonique, avec une pointe de douceur qui vient enrober la finale. ⏳ 2024-2027

⊶ CH. HAUT-MEYREAU, 1, Goumin, 33420 Dardenac, tél. 05 56 23 71 52, vignoblesinvinodia@invindia.fr V r.-v.

B CH. HOSTIN LE ROC Grande Cuvée 2023 ★

| 1300 | 8 à 11 € |

Une famille originaire du Périgord, venue se fixer dans l'Entre-deux-Mers en 1910. En 1972, André et Renée Boutinon ont acquis ce domaine, avant de la transmettre en 2015 à la nouvelle génération représentée par Catherine et Jérôme, qui se sont lancés dans l'aventure après un début de carrière comme ingénieurs (chez Airbus et dans les télécommunications). Leur vignoble couvre 30 ha en bio.

Une dominante de sémillon (50 %) aux côtés des deux sauvignons dans ce blanc passé en fût, qui s'ouvre sur des parfums de fruits mûrs, d'amande et de boisé fumé. La bouche offre du corps, du gras, un bon volume, avec la vivacité attendue en soutien. ⏳ 2024-2027 **2023 ★ (5 à 8 €; 9000 b.)** B Sur la réserve au nez, un blanc plus expressif et très vif en bouche, avec du volume et de la longueur. Tout indiqué pour les fruits de mer. ⏳ 2024-2026

⊶ CH. HOSTIN LE ROC, 1, Hostin, 33750 Saint-Quentin-de-Baron, tél. 05 57 24 14 26, infos@vignobles-boutinon.com V t.l.j. sf dim. 9h-12h 13h-17h

B CH. LESTRILLE 2023 ★★

| 37000 | 8 à 11 € |

Fondé en 1901, ce domaine familial de 41 ha est une des valeurs sûres des appellations régionales. Il est conduit depuis 2006 par Estelle Roumage (revenue au domaine en 2001), qui a succédé, avec le même talent, à son père Jean-Louis et qui revendique des vins fruités nés d'une « viticulture durable ». Le vignoble est mené en bio certifiée.

Fidèle au rendez-vous, Estelle Roumage signe un beau classique de l'appellation, ouvert sur des arômes éclatants d'agrumes, de genêt et d'acacia. Nerveux et tonique en attaque, persistant et d'un bon volume, le palais respire la fraîcheur et le fruit de bout en bout. Un blanc friand et dynamique qui appelle les produits de la mer. ⏳ 2024-2027

⊶ CH. LESTRILLE, 15, rte de Créon, 33750 Saint-Germain-du-Puch, tél. 05 57 24 51 02, contact@lestrille.com V r.-v.

CH. MALEDAN 2023 ★

| 6665 | 8 à 11 € |

D'origine corrézienne, la famille Brunot s'intéresse à la vigne depuis la fin du XIXes. Elle exploite plusieurs crus dans le Libournais et l'Entre-deux-Mers : Piganeau en saint-émilion grand cru, Le Gravillot en lalande, minuscule cru d'un peu plus d'un hectare, Tour de Grenet en lussac et Maledan en bordeaux supérieur. Vincent Brunot, ingénieur agricole et œnologue, a succédé en 1998 à son père Jean-Baptiste à la tête des vignobles familiaux.

Sauvignon blanc et sauvignon gris à parts égales dans ce vin expressif et tout en fruit, ouvert sur la pomme fraîche, la poire et l'ananas, acidulé et très tonique en bouche, avec en prime une belle longueur. ⏳ 2024-2027

⊶ J.-B. BRUNOT ET FILS, 1, Jean-Melin, 33330 Saint-Émilion, tél. 05 57 55 09 99, chateau.piganeau@vignobles-brunot.fr V r.-v.

CH. MARTINON 2023 ★★

50 000 | 5 à 8 €

Ce domaine se situe en plein cœur de l'Entre-deux-Mers Haut-Benauge, sur un coteau argilo-calcaire. Héritier d'une très ancienne lignée vigneronne, Jérôme Trolliet, artiste peintre, a posé ses pinceaux en 1980 pour prendre le relais de sa mère à la tête du vignoble familial, étendu aujourd'hui sur une cinquantaine d'hectares.

Une dominante de sémillon (60 %) aux côtés des deux sauvignons et de la muscadelle dans ce vin qui respire le fruit (ananas, fruit de la Passion, citron). Des notes d'abricot et une touche miellée plus suave s'ajoutent à cette palette dans une bouche pleine d'allant, ample, fraîche et longue, avec une touche de gras qui vient arrondir les angles. ⌛ 2024-2027

CH. MARTINON, 33540 Gornac, tél. 05 56 61 97 09, chateaumartinon@wanadoo.fr V r.-v.

♥ B CH. LA MOTHE DU BARRY Cuvée French Kiss 2023 ★★

24 000 | 5 à 8 €

À la retraite de ses parents, qui ont mis en bouteilles à partir de 1970, Joël Duffau a repris une partie de leur vignoble du Ch. les Arromans, venant compléter ainsi le Ch. la Mothe du Barry qu'il avait créé en 1985. Il commande aujourd'hui un ensemble de 40 ha cultivés en bio. Ses deux étiquettes sont incontournables en bordeaux et en entre-deux-mers.

Les deux sauvignons et une touche de colombard (5 %) sont unis dans ce vin limpide et brillant, ouvert sur un fruité intense aux tonalités de pamplemousse mûr et de fruit de la Passion, agrémentées de nuances florales et fumées. Une expression fruitée qui infuse une bouche ample, fraîche, délicate, soyeuse et longue, stimulée par de beaux amers en finale. Un blanc d'une élégance et d'un équilibre admirables. ⌛ 2024-2028 **Ch. les Arromans 2023 ★★ (5 à 8 €; 20 000 b.)** B Le coup de cœur fut mis aux voix pour ce duo sauvignon blanc-sauvignon gris. Ses arguments : une belle robe limpide et nette, un bouquet nuancé et intense d'agrumes, de pêche, d'ananas et de bergamote, une bouche tout aussi aromatique, parfaitement équilibrée entre rondeur fruitée et fine acidité, avec une pointe agréable d'amertume en finale. ⌛ 2024-2027 **L'Entre 2 2022 ★★ (8 à 11 €; 2400 b.)** B Un assemblage de sauvignon blanc (60 %) et de sauvignon gris pour ce vin aérien et complexe au nez (notes briochées, cardamome, citron, acacia), suave et fondu en bouche, porté par un boisé raffiné. Un blanc de gastronomie. ⌛ 2025-2029

VIGNOBLES JOËL DUFFAU, 490, rte du Pont-Riveau, 33420 Moulon, tél. 05 57 74 93 98, vignobles.jduffau@orange.fr V t.l.j. sf dim. 9h-12h 14h-19h

CH. LE PRIEUR Cuvée Passion 2023 ★

9000 | 8 à 11 €

Les Garzaro sont établis depuis le début du XXe s. sur la commune de Baron au Ch. le Prieur, ancienne dépendance de l'abbaye de la Sauve. Pierre-Étienne et Jean David conduisent aujourd'hui un ensemble d'une cinquantaine d'hectares dans l'Entre-deux-Mers et le Libournais, répartis sur plusieurs crus et appellations.

Une touche de muscadelle (5 %) en appoint du sauvignon blanc dans ce vin floral et fruité au nez comme bouche, souple, frais, d'une appréciable longueur. Sobre et de bon goût. ⌛ 2024-2027

VIGNOBLES GARZARO, 39, rte de Branne, 33750 Baron, tél. 05 56 30 16 16, contact@vignoblesgarzaro.com V r.-v.

CH. DE LA SABLIÈRE FONGRAVE 2023 ★

80 000 | 5 à 8 €

Les ancêtres de Jean-Christophe Icard ont constitué, à partir de 1790, un domaine qui s'est agrandi au fil des générations. Conduit depuis 1986 par l'actuel exploitant, rejoint par son fils Mathias en 2020, le vignoble familial couvre 250 ha de vignes dans l'Entre-deux-Mers (bordeaux, bordeaux supérieur, entre-deux-mers, loupiac). Plusieurs étiquettes sont produites : L'Orangerie, La Sablière Fongrave, Gandoy-Perrinat, ainsi que des vins sous licence, signés du célèbre dessinateur belge Philippe Geluck, créateur du *Chat*.

Fleur de sureau, abricot, poire, agrumes, touche miellée, ce vin ne manque pas de nuances. Il affiche aussi un bel équilibre en bouche, associant sans fausse note rondeur, fraîcheur et longueur. ⌛ 2024-2027

CH. DE L'ORANGERIE, Jardinet, 33540 Saint-Félix-de-Foncaude, tél. 05 56 71 53 67, orangerie@chateau-orangerie.com

CH. THIEULEY 2023 ★

24 000 | 8 à 11 €

L'histoire viticole des Courselle débute en 1949 avec l'achat du Ch. Thieuley, non loin de la Sauve-Majeure, par André Courselle. Sous l'impulsion de Francis et, depuis 2005, de ses filles Sylvie et Marie, le vignoble s'étend aujourd'hui sur 80 ha et trois crus : Thieuley, une référence en bordeaux, Ch. Saint-Genès, destiné à l'export, et Clos Sainte-Anne, 5 ha de graves à Capian.

Un blanc élégant et aromatique, ouvert sur le pamplemousse, le citron vert et les fleurs blanches. La bouche est charnue, finement texturée, avec la fraîcheur attendue en soutien. Un bon classique. ⌛ 2024-2027

VIGNOBLES COURSELLE, 560, rte de Grimard, 33670 La Sauve, tél. 05 56 23 00 01, contact@thieuley.com V t.l.j. sf sam. dim. 9h-12h 13h30-17h30

CH. VERMONT 2023 ★

24 000 | 8 à 11 €

Commandée par un ravissant château du XIXe s. entouré de 40 ha de vignes, cette propriété de

l'Entre-deux-Mers appartient à la même famille depuis les années 1880. La quatrième génération – Élisabeth et son mari David Labat – est aujourd'hui aux commandes.

D'une belle intensité, ce vin dévoile des arômes gourmands et généreux d'ananas et de pamplemousse mûrs nuancés de touches florales. En bouche, il conjugue harmonieusement la fine sucrosité du sémillon et la fraîcheur du sauvignon (70 % de l'assemblage). ⧗ 2024-2027

⊶ CH. VERMONT, Vermont, 33760 Targon, tél. 05 56 23 90 16, chateauvermont@chateau-vermont.fr V 🚶 🍷 *t.l.j. sf sam. dim. 9h-12h 14h-17h*

GRAVES-DE-VAYRES

Superficie : 660 ha
Production : 35 300 hl (85 % rouge)

Malgré l'analogie du nom, cette région viticole, située sur la rive gauche de la Dordogne, non loin de Libourne, est sans rapport avec la zone viticole des Graves. Les graves-de-vayres correspondent à une enclave relativement restreinte de terrains graveleux, différents de ceux de l'Entre-deux-Mers. Cette dénomination a été utilisée dès le XIXe s., avant d'être officialisée en appellation en 1937. Initialement, elle correspondait à des vins blancs secs ou moelleux, mais la production des vins rouges, qui peuvent bénéficier de la même appellation, est devenue majoritaire. Une part importante des vins rouges est cependant commercialisée sous l'appellation régionale bordeaux.

CH. LES ARTIGAUX 2023 ★★

■ | 1500 | 🍾 | 5 à 8 €

Créé en 1901, le Ch. les Artigaux porte le nom d'une de ses parcelles de vignes. Le domaine s'étend sur 15 ha, une large part étant dédiée aux cépages rouges. Bruno Baudet est aux commandes depuis 1998. Une valeur sûre des graves-de-vayres.

Sauvignon (70 %) et muscadelle unis pour le meilleur dans cette cuvée qui respire le printemps avec ses arômes délicats de fleurs blanches. Notes florales qui s'agrémentent de nuances citronnées dans une bouche ample et fraîche, étirée dans une longue finale. Un blanc très élégant, à réserver pour un poisson fin, un filet de bar par exemple. ⧗ 2024-2027 ■ **L'Art des Artigaux 2023 ★★ (8 à 11 €; 1300 b.)** Sémillon, sauvignon et muscadelle par tiers dans cette cuvée au nez complexe de miel, de caramel, de fleurs blanches, d'anis et de citron. Une complexité qui caractérise aussi la bouche, ample, riche sans lourdeur, épaulée par un bon boisé fondu et une fine fraîcheur. ⧗ 2025-2030

⊶ CH. LES ARTIGAUX, 12, rue du Sudre, 33870 Vayres, tél. 06 08 16 55 45, baudet.bruno@wanadoo.fr V 🚶 🍷 *t.l.j. sf dim. 8h30-18h30*

CH. BARRE GENTILLOT Vieilles Vignes 2023 ★

■ | 22 666 | 🛢 | 8 à 11 €

Exploités depuis sept générations par la même famille, les 43 ha de vignes de ce domaine constituent la troisième propriété des vignobles Pierre-Jean Larraqué et s'étendent autour d'une bâtisse du XVIIe s., aux allures de cathédrale. Un domaine qui s'engage dans une démarche environnementale (certification HVE3, installation de ruches).

À l'olfaction, ce blanc d'une belle complexité évoque les agrumes, les fleurs blanches et le boisé vanillé. Cette palette se nuance de fruits exotiques et de pêche mûre dans une bouche ample, généreuse et longue, qui s'achève sur une jolie touche réglissée. ⧗ 2025-2029

⊶ CH. BARRE GENTILLOT, 33500 Arveyres, tél. 05 57 24 80 26, contact@groupe-lvi.com

CH. BEL-AIR Marguerite Eiffel 2022 ★★

■ | 30 000 | 🛢 | 8 à 11 €

La petite-fille de Gustave Eiffel était la propriétaire de ce château. Ses descendants sont aujourd'hui à la tête des 16 ha de vignoble, dominés par le merlot (près de 50 % de l'encépagement). Yves Glotin et Jean-Philippe Janoueix sont aux commandes depuis 2020.

Issue du merlot et des deux cabernets enracinés sur des terres de sables, graviers et gros galets, cette cuvée reste fraîche et sans lourdeur, sur des tonalités finement mentholées, offrant un beau velouté en bouche. Un ensemble équilibré et friand. ⧗ 2025-2029

⊶ CH. BEL-AIR, 1, av. de Bel-Air, 33870 Vayres, tél. 05 57 24 57 34, contact@chateaubelaireiffel.fr V 🚶 🍷 *r.-v.*

CH. BROUSCAILLOU 2023 ★

■ | 600 | 🛢 | 5 à 8 €

En 2015, après huit ans passés à se former au Ch. les Artigaux, Marie Bazin a pris en fermage un peu plus de 3,5 ha de vignes en graves-de-vayre. Son ancien « patron », Bruno Baudet, lui prête quelques cuves et un bout de son chai pour vinifier.

Une cuvée très confidentielle née classiquement de sauvignon (75 %) et de sémillon, qui s'ouvre sur des notes complexes de fleurs blanches, de beurre frais, de pinède et de… sable chaud. Ce qui fait dire à un dégustateur inspiré qu'il se verrait bien sur les plages girondines, un verre de ce blanc nuancé, ample et gras en main, avec une assiette de moules-frites. ⧗ 2025-2029

⊶ CH. BROUSCAILLOU, 9, rue des Cèdres, 33870 Vayres, tél. 06 66 79 08 96, marinette.bazin@hotmail.fr V 🚶 🍷 *t.l.j. sf sam. dim. 9h-18h30*

CH. CANTELAUDETTE Cuvée Prestige 2022 ★★

■ | 90 000 | 🍾 | 5 à 8 €

Longtemps exploité en polyculture, ce cru fondé en 1870 par l'aïeul de Jean-Michel Chatelier est désormais dédié à la vigne seule (50 ha en conversion bio), à l'origine de graves-de-vayres et de bordeaux très réguliers en qualité et proposés sous plusieurs étiquettes.

Ce 100 % merlot couleur cerise aux sombres reflets déploie au nez une intense gamme parfumée de fruits rouges et de notes noyautées agrémentés de légères nuances florales (œillet, violette) et anisées. En bouche, il se révèle ample et très charmeur, adossé à des tanins fondus et soyeux. Un ensemble des plus harmonieux et déjà fort affable. ⧗ 2024-2029 ■ **2023 ★ (5 à 8 €; 28000 b.)** Une large dominante (80 %) de sémillon dans ce blanc au nez discret mais élégant de fleurs blanches et de citron confit, suave et délicat en bouche, qui évolue sans heurt. ⧗ 2024-2027 ■ **Cuvée Margaux Chatelier 2022 ★ (8 à 11 €; 18000 b.)** Un rouge pimpant et expressif, avec ses arômes gourmands de mûre et de framboise et son palais tout en rondeur, souple et détendu. ⧗ 2024-2029

⊶ *VIGNOBLES CHATELIER, 1, Cantelaudette, 33500 Arveyres, tél. 06 07 87 63 42, contact@vignobles-chatelier.com* V *r.-v.*

CH. JEAN DUGAY 2022 ★

■ | 15000 | | 5 à 8 €

Quatre générations se sont succédé sur le domaine familial Jean Dugay, aujourd'hui dirigé par Nathalie Ballet et son frère Bruno, également propriétaires depuis 1990 du Ch. la Caussade, ancien relais de chasse du Ch. de Vayres. Leur vignoble s'étend sur 65 ha. Autre étiquette : le Ch. Haut Branda en appellations régionales.

Ce 100 % merlot élevé en cuve préserve la fraîcheur du fruit, sur des notes de mûre notamment, agrémenté de fines touches épicées. En bouche, il se montre tout aussi fruité, bien étoffé, rond, souple et long. ⧗ 2024-2029

⊶ *VIGNOBLE BALLET, La Caussade, 33870 Vayres, tél. 05 57 74 83 17, contact@vignoble-ballet.fr* V *t.l.j. sf sam. dim. 8h30-12h 13h30-17h30*

♥ CH. FAGE 2022 ★★

■ | 60000 | | 8 à 11 €

Un vaste domaine de 50 ha de vignes et 60 ha de forêts et prairies, commandé par un château du XVIIIe s. construit selon les plans de Victor Louis et propriété des Glotin depuis 1930. Plusieurs étiquettes ici, en appellations régionales, graves-de-vayres et entre-deux-mers : Goudichaud, Haut Bessac, Fage, Haut Beaumard, Brondeau du Tertre, La Fleur des Graves.

« Un vin de maître ». C'est ainsi que le jury conclut sa dégustation, d'emblée charmé par la belle robe cerise et les franches senteurs fruitées qui se dégagent du verre. En bouche se dévoile une matière cossue, ample, bien charnue, portée par une trame tannique soyeuse et fondue et par un boisé parfaitement ajusté. Un profil généreux que l'on verrait bien accompagner un mets de goût, un civet de lièvre par exemple. ⧗ 2027-2034 ■ **Ch. Haut Beaumard 2022 ★ (5 à 8 €; 10000 b.)** Un 2022 marqué par les élégances du merlot, ici majoritaire, dispensateur de finesses fruitées où le cassis joue un rôle éminent, agrémenté des notes cacaotées et vanillées de la barrique, avec en soutien des tanins fondus et soyeux qui offrent un bon confort de bouche. ⧗ 2025-2030 ■ **Ch. Haut Beaumard 2023 ★ (5 à 8 €; 10000 b.)** Ballotage favorable (55 %) pour le sémillon dans ce blanc friand, frais, léger, aérien, qui fleure bon le citron vert au nez comme en bouche. Un ensemble alerte et facile à aimer. ⧗ 2024-2027 ■ **2023 ★ (8 à 11 €; 6000 b.)** Un nez finement brioché et vanillé, qui s'ouvre à l'aération sur le zest de citron et l'orange amère. Arômes prolongés par une bouche ronde et tendre, dynamisée par une juste vivacité. ⧗ 2024-2027 ■ **Ch. Goudichaud 2023 ★ (8 à 11 €; 12000 b.)** Sauvignon (85 %), sémillon et muscadelle assemblés dans ce blanc dominé par les notes empyreumatiques du merrain, plus ouvert sur les agrumes à l'aération. Un boisé (bois de rose, vanille) qui irrigue aussi une bouche grasse et ronde. Une petite garde lui fera du bien.

⊶ *CH. GOUDICHAUD, 17, chem. de Goudichaud, 33750 Saint-Germain-du-Puch, tél. 05 57 24 57 34, contact@chateaugoudichaud.fr* V *r.-v.*

♥ CH. LESPARRE 2022 ★★

■ | 50000 | | 8 à 11 €

Originaire de Champagne (Côte des Blancs), la famille Gonet s'est aussi forgée une solide renommée dans le Bordelais : en graves-de-vayres avec les châteaux Lesparre (acquis en 1986), Lathibaude et Durand-Bayle, valeurs sûres conduites en bio, ainsi qu'en pessac-léognan (Haut-Bacalan, Eck, Haut l'Évêque, Saint-Eugène) et en appellations régionales (La Chapelle Bordes, La Rose Videau).

Une ligne de plus au palmarès déjà bien fourni du Ch. Lesparre, valeur sûre de l'appellation, avec ce vin d'un seyant rubis clairsemé de reflets violines, qui offre une olfaction très en verve autour d'intenses notes fruitées et d'un boisé délicat. Fraîche et parfaitement équilibrée, la bouche dévoile une chair ample et goûteuse, épaulée par des tanins mûrs et soyeux. Du charme, et encore du charme, jusqu'au terme d'une finale joliment fruitée. ⧗ 2027-2034

⊶ *MICHEL GONET ET FILS, Ch. Lesparre, 33750 Beychac-et-Caillau, tél. 05 57 24 51 23, info@gonet.fr* V *t.l.j. sf sam. dim. 9h-12h 14h-18h*

CH. PANCHILLE 2022 ★

■ | 34000 | | 8 à 11 €

En 1981, trois ans après le décès de son père, Pascal Sirat reprenait à vingt-trois ans l'exploitation familiale : 5 ha, dont le produit était livré à la coopérative. Premier chai en 1985, sortie de la coopérative en 1992. Aujourd'hui, 17 ha sur la rive gauche de la Dordogne, dont une partie en conversion bio.

Cet assemblage de merlot (90 %) et de cabernet franc joue sur la nuance entre notes de fruits frais, de cuir, d'épices et de tabac blond. En bouche, il charme par sa rondeur fruitée et ses tanins affinés, avec en soutien un boisé bien fondu. Une jolie gourmandise que l'on pourra apprécier dans ses jeunes années. ⧗ 2025-2029

⊶ *CH. PANCHILLE, 1, Penchille, 33500 Arveyres, tél. 06 09 64 63 74, info@chateaupanchille.com* V *r.-v.*

LE BORDELAIS

CH. PICHON BELLEVUE 2023 ★★

| 26500 | | 5 à 8 € |

Un domaine de 50 ha au cœur de l'appellation graves-de-vayre, très ouvert à l'œnotourisme et conduit depuis 1880 par une famille qui descend de l'écrivain-géographe Élisée Reclus, un brillant intellectuel acquis aux mêmes idées républicaines que le grand Victor Hugo. Depuis 1992, son héritier Laurent Reclus est aux commandes.

Le sauvignon domine dans ce vin (65 %), et cela se sent : au nez se dévoilent des arômes bien typés d'agrumes, de genêt, de buis et de camphre. Une belle fraîcheur soutient la bouche, d'un bon volume, qui ne manque pas non plus de gras ni de persistance. De l'harmonie à tous les étages. ⧗ 2024-2027 ■ **2021 ★ (5 à 8 €; 60000 b.)** Un vin mûr et sûr de ses charmes, d'une belle complexité aromatique autour de notes de fruits secs, de noix, de cassis et de groseille, agrémentées de fines nuances mentholées. Une touche épicée vient stimuler un palais aimable et rond, souligné par la fraîcheur de l'année. ⧗ 2024-2028

CH. PICHON BELLEVUE, 23, av. du Stade, 33870 Vayres, tél. 05 57 74 84 08, chateaupichonbellevue@orange.fr V *t.l.j. sf sam. dim. 9h30-12h30 14h-18h*

SAINTE-FOY-CÔTES-DE-BORDEAUX

Superficie : 370 ha
Production : 17 250 hl (90 % rouge)

À l'extrémité orientale de l'Entre-deux-Mers et aux portes du Périgord, sur les rives de la Dordogne, la bastide médiévale de Sainte-Foy-la-Grande a donné son nom à un vignoble qui propose des rouges marqués par le merlot ainsi que quelques blancs, surtout secs.

Ⓑ CH. CAPELLE 2022 ★★

| 33300 | | 5 à 8 € |

Créée en 1984, Univitis est une coopérative qui s'est agrandie à la suite de la fusion de plusieurs caves de Gironde et de Dordogne. Elle regroupe 135 adhérents et 1 700 ha dans le «grand Sud-Ouest» viticole. Elle propose une large gamme de vins de marques et de propriétés dans 15 appellations, à laquelle s'ajoute le Ch. les Vergnes, acquis en 1986 (130 ha près de Sainte-Foy).

Ce vin bio à dominante de merlot offre un parfait équilibre entre fruit et maturité. Des parfums de fruits confiturés et de pruneau, très concentrés, qui se révèlent à l'olfaction et qui accompagnent une bouche toute aussi corsée et puissante. Un vin voluptueux, dense et généreux. ⧗ 2027-2032 ■ **Ch. Vergnes-Beaulieu 2022 ★ (8 à 11 €; 10000 b.)** Ⓑ Ce pur sémillon bio affiche une très belle intensité aromatique : eucalyptus, menthe, fruits blancs. Arômes prolongés par une bouche soyeuse et de belle concentration, avec un sucre bien fondu. L'équilibre est de mise et l'ensemble s'avère long et agréable. À tester sur une pâte persillée ou un dessert aux agrumes. ⧗ 2024-2029

UNIVITIS, 2648, av. du Mal-Leclerc, 33220 Les Lèves-et-Thoumeyragues, tél. 05 57 56 02 02, contact@univitis.fr V *t.l.j. sf dim. 9h30-12h30 14h-18h*

CH. DES CHAPELAINS Prélude 2022 ★★

| 25000 | | 5 à 8 € |

Pierre Charlot est un vigneron qui compte dans l'appellation sainte-foy. Depuis 1991, il redonne ses lettres de noblesse à ce domaine de 48 ha, dans sa famille depuis le XVIIe s., dont il tire des cuvées qui laissent rarement indifférent et visent avant tout l'expression du fruit. L'une de ses devises : *Life is too short to drink bad wine.*

Ce bel assemblage, parfaitement équilibré et frais, séduit par ses parfums nuancés de fleurs et de fruits blancs. Une belle minéralité le porte tout du long et l'on apprécie sa bouche ample, tendue, à la finale persistante tenue par de fins amers. ⧗ 2024-2028 ■ **Prélude 2021 ★ (5 à 8 €; 50000 b.)** Voilà un joli vin frais et fruité, paré de notes de fruits mûrs et d'épices. Très agréable, rond et souple, il s'étire sans apport de bois, pour plus de fruit et de gourmandise. Un vin de plaisir et d'équilibre, à déguster dès à présent avec une volaille. ⧗ 2024-2028 ■ **Les Temps modernes 2021 ★ (11 à 15 €; 7000 b.)** Élevé un an en barriques neuves, cet assemblage à dominante de merlot (80 %) se montre fruité et légèrement épicé au nez. En bouche, on découvre un vin puissant, généreux, riche et mûr, porté par un boisé bien intégré. Tout indiqué pour une viande en sauce. ⧗ 2027-2032 ■ **Aphrodite 2021 ★ (8 à 11 €; 5000 b.)** Une alliance de sauvignons blanc et gris de belle intensité, portée par des notes de pain d'épices, de fleurs séchées et de fruits exotiques. La bouche ample et soyeuse ne manque pas de fraîcheur et la petite amertume finale ira bien à un dessert aux agrumes ou une tarte au citron meringuée. ⧗ 2024-2028

CH. DES CHAPELAINS, 193, rte des Rambaux, 33220 Saint-André-et-Appelles, tél. 05 57 41 21 74, chateaudeschapelains@wanadoo.fr V *t.l.j. sf sam. dim. 8h-12h 14h-18h*

Ⓑ CH. L'INDÉCISE 2021 ★★

| 2600 | | 15 à 20 € |

Sacha et Marie Sokoloff ont repris l'ancien Ch. la Tour de Chollet à l'été 2021 pour réaliser leurs premières vendanges un mois plus tard. Rebaptisé Ch. l'Indécise, ce cru de 6 ha certifié bio est leur petit jardin, géré au quotidien par Sacha (ancien directeur technique du Ch. Dalem à Fronsac) et le week-end par Marie, qui est aussi médecin.

Avec 70 % de cabernet-sauvignon, ce rouge mûr et épicé est une très belle interprétation du terroir et du millésime. Parfaitement équilibré, avec un boisé fondu et de belles nuances florales, il se montre soyeux, sans rudesse, de très belle constitution. Une étiquette à découvrir. ⧗ 2026-2032

CH. L' INDÉCISE, 106, chem. de Chollet, 33220 Les-Lèves-et-Thoumeyragues, tél. 06 46 10 54 48, sacha@chateaulindecise.com V *r.-v.* E

CH. TROIS FONDS 2022 ★

| 100000 | | 5 à 8 € |

Les vignobles Valpromy-Deffarge constituent un bel ensemble de près de 77 ha, conduit par la même famille depuis trois générations. Trois étiquettes ici : les châteaux Galouchey, Trois Fonds et Tour de Goupin.

À majorité de cabernets, ce rouge plein et texturé laisse s'exprimer un bon fruit mûr, aux nuances de cassis, de cerise griotte et de prune, sur fond d'épices douces. C'est un bordeaux classique, séveux et généreux, à boire ou à garder. ⌛ 2024-2029 ■ **2023 ★ (5 à 8 €; 20000 b.)** Plaisant par ses arômes de fruits blancs, de fleurs, de fruits exotiques et d'agrumes, ce joli blanc séduit également par sa bouche ample, ronde, souple et bien équilibrée. Un blanc accessible et jovial. ⌛ 2024-2027

⊶ VIGNOBLES VALPROMY-DEFFARGE, 1, Goupin, 33890 Gensac, tél. 05 57 47 40 76, valerie@vignobles-deffarge.fr V t.l.j. sf sam. dim. 9h-12h 14h-18h

CADILLAC-CÔTES-DE-BORDEAUX

Superficie : 2 975 ha / Production : 112 425 hl

L'appellation (anciennement premières-côtes-de-bordeaux rouges) s'étend sur une soixantaine de kilomètres le long de la rive droite de la Garonne, des portes de Bordeaux jusqu'à Verdelais. Les vignobles sont implantés sur des coteaux qui dominent le fleuve et offrent de magnifiques points de vue. Les sols y sont très variés : en bordure de la Garonne, ils sont constitués d'alluvions récentes; sur les coteaux, on trouve des sols graveleux ou calcaires; l'argile devient de plus en plus abondante au fur et à mesure que l'on s'éloigne du fleuve. Les vins ont acquis depuis longtemps une réelle notoriété. Ils sont colorés, corsés, puissants; produits sur les coteaux, ils ont en outre une certaine finesse. Les vins blancs de cette zone, moelleux ou liquoreux, continuent d'être revendiqués en appellation premières-côtes-de-bordeaux.

CH. CAYLA 2022 ★

■ | 136533 | | 8 à 11 €

Viticultrice depuis 1830, la famille Gonfrier exploite 1 400 ha de vignes sur la rive droite de la Garonne et 50 ha sur la rive gauche, à travers de nombreuses propriétés. Une partie de ce très vaste ensemble est certifiée en culture biologique ou en cours de conversion. Philippe et Éric Gonfrier sont aujourd'hui aux commandes.

Une courte majorité de cabernet-sauvignon dans ce bon 2022, au nez centré sur le cassis et le Zan, qui déploie une matière agréable, ample, fraîche, parfumée, plus tendre que concentrée, appuyée sur des tanins certes un peu accrocheurs mais sans rigueur. Déjà agréable, et sans doute un peu plus après un temps en cave. ⌛ 2025-2029 ■ **Ch. Langoiran 2022 ★ (8 à 11 €; 33333 b.)** Le nez d'abord discret, vanillé, s'ouvre à l'aération et libère des notes de fruits biens mûrs et de graphite. Fraîche à l'attaque et appuyée sur des tanins ronds, la bouche livre une matière consistante, chaleureuse, digne du millésime. On patiente un peu. ⌛ 2026-2030

⊶ VIGNOBLES GONFRIER, 11, chem. de Marsan, 33550 Lestiac-sur-Garonne, tél. 05 56 72 14 38, contact@vignobles-gonfrier.fr V t.l.j. sf dim. lun. 10h30-12h30 14h-19h

CH. DU GRAND MOUËYS Réserve 2022 ★★

■ | 60000 | | 5 à 8 €

Très vaste propriété (170 ha dont 50 de vignes) commandée par un château néogothique, ce domaine s'étend sur trois collines. Selon la légende, il aurait appartenu aux Templiers qui y auraient caché un trésor. Il a été acquis en 2017 par le groupe pharmaceutique chinois Buchang.

Un élevage en cuve et fût pour ce rouge qui fait la part belle au merlot. Le nez solaire, marqué par le kirsch, les fruits noirs et les épices du chêne, annonce une bouche grasse, puissante, mais remarquable d'élégance, dont on retient la trame tannique très enrobée et les senteurs mentholées et florales qui rafraîchissent l'ensemble. Mûr et frais, puissant et charmeur, un cadillac remarquable qui se déguste déjà très bien. ⌛ 2025-2030 ■ **L'Excellence 2022 ★ (8 à 11 €; 6000 b.)** Une robe noire, un nez pétri d'épices douces (cannelle, vanille) et de goudron marqué par le chêne neuf, un palais dense, riche, des tanins bien gras et corsés : un vin clairement de garde pour amateur de rouges charpentés. ⌛ 2027-2031

⊶ CH. DU GRAND MOUËYS, 242, rte de Créon, 33550 Capian, tél. 05 57 97 04 40, export@grandmoueys.com V r.-v.

CH. LAGAROSSE Les Comtes 2022 ★★

■ | 30000 | | 15 à 20 €

Ce très ancien domaine commandé par un château reconstruit en 1857 après un incendie étend ses 35 ha de vignes sur les coteaux de Tabanac. Il est la propriété depuis 2011 du groupe chinois Carlico, important importateur de vins à Hong Kong et dans la Chine continentale.

Vingt pour cent des deux cabernets à l'appui du merlot dans ce 2022 à fort caractère. On en retient le nez « sauvage », giboyeux, braisé, fumé, mais pas avare en fruit (noir), puis l'attaque séveuse et soyeuse en bouche, la richesse du fruit et la charpente tannique affirmée mais prise dans la chair. Généreux, il a tout pour évoluer sereinement. ⌛ 2027-2032

⊶ CH. LAGAROSSE, 846, rte de Camail, 33550 Tabanac, tél. 05 56 67 58 90, lagarosse@gmail.com V r.-v.

CH. LÉPINE 2021 ★

■ | 18000 | | 8 à 11 €

Les Boyer sont établis depuis quatre générations au Ch. du Cros, sur les hauteurs de Loupiac. Un cru étroitement lié à l'histoire du duché anglo-gascon d'Aquitaine au Moyen Âge, dirigé depuis 2004 par Catherine Boyer, à la tête d'un vignoble de 72 ha sur les deux rives de la Garonne, produisant des vins de qualité, notamment en blanc. Autres propriétés de la famille : le Ch. de Courbon (acquis en 1994 à Toulenne) et le Ch. Haut-Mayne (acquis en 1972 à Cérons).

Discrets au nez, les arômes épicés et confiturés (framboise) s'épanouissent bien plus franchement dans un palais aimable, doux à l'attaque, puis plus frais, arrimé à des tanins fermes mais bien extraits. Un 100 % merlot qui se sort avec les honneurs de ce millésime « de vigneron » et qui donnera sa pleine mesure avec un peu de garde. ⌛ 2026-2030

CH. DU CROS, 94, rte de St-Macaire, 33410 Loupiac, tél. 05 56 62 99 31, info@chateauducros.com V t.l.j. sf sam. dim. 9h-12h30 14h-17h30

CH. LA PEYRUCHE Les Trois Chênes 2022 ★★

■	25000		11 à 15 €

Construit au début du XVII[e]s. par le Sieur Dunoyer, conseiller au parlement de Bordeaux, le Ch. la Peyruche, «la pierre rugueuse» en gascon, tire son nom des roches calcaires sur lesquelles se trouve la propriété. Appartenant depuis 2017 à Bernard Weisgerber, le vignoble compte 28 ha en culture biologique.

Un merlot (85 %) qui a profité des largesses du millésime. Cuir frais, épices, cendre, fruits noirs et pruneau, ce bien beau bouquet anime aussi une bouche consistante, mûre et fraîche, flanquée de tanins puissants mais qui relâchent le fruit en finale. On lui prédit un bel avenir. ⧗ 2027-2032

CH. LA PEYRUCHE, 4, La Peyruche, 33550 Langoiran, tél. 05 56 67 36 01, contact@chateau-lapeyruche.com V r.-v.

CARAT DE CH. RÉAUT 2022 ★

■	14600		20 à 30 €

En 1978, Alain Réaut a repris les vignes familiales implantées dans la Côte des Bar, dans la vallée de la Seine, en Champagne méridionale. Alors que son père apportait ses raisins à la coopérative, il a préféré, avec deux associés, mettre tous ses soins à élaborer ses cuvées et a converti dès 1992 son domaine à la biodynamie, convaincu par Jean-Pierre Fleury, le pionnier de Courteron. Rejoint en 2018 par son fils Alexandre, il met en valeur environ 10 ha.

Une robe profonde, des arômes discrets mais frais de fruits noirs, de réglisse et de torréfaction, une attaque souple et suave ouvrant sur un cœur de bouche raffermi par des tanins encore serrés, une finale plus détendue et séveuse : la cuvée haut de gamme du château tient son rang. ⧗ 2027-2032

CH. RÉAUT, 13, chem. de Derrière-les-Murs, 10250 Courteron, tél. 07 48 77 35 90, champagne@champagne-reaut.fr V r.-v.

CÔTES-DE-BORDEAUX-SAINT-MACAIRE

Superficie : 53 ha / Production : 1 010 hl

Cette appellation, qui prolonge vers le sud-est celle des premières-côtes-de-bordeaux, produit des vins blancs secs et liquoreux.

CH. MAJOUREAU 2021 ★

■	6000		8 à 11 €

L'une des belles étiquettes en saint-macaire, également présente en appellations régionales. Un cru de 38 ha, propriété des Delong depuis cinq générations, en polyculture jusqu'en 1981, date de la première mise en bouteilles. Mathieu, désormais épaulé par sa sœur Émeline, est aux commandes depuis 2002.

Un forte dominante (90 %) de sémillon aux côtés du sauvignon dans ce liquoreux d'une belle limpidité de robe, au nez complexe de fruits jaunes acidulés et de poivre sur fond de minéralité. Minéralité qui souligne aussi une bouche élégante, souple et fraîche, sur le versant de la finesse plutôt que sur la puissance. ⧗ 2025-2030 ■ **La Petite Dorée 2021 ★ (11 à 15 €; 900 b.)** Un soupçon (1 %) de muscadelle en appoint du sémillon dans ce liquoreux généreux (145 g/l de sucres résiduels), passé 10 mois en fût. Cire, abricot confit, miel d'acacia, le nez ne manque pas d'expression. La bouche non plus avec ses tonalités miellées et cacaotées qui imprègnent une matière riche et chaleureuse. ⧗ 2025-2030

CH. MAJOUREAU, 1, Majoureau, 33490 Caudrot, tél. 06 71 41 35 50, familledelong@hotmail.com V r.-v.

CH. TOUR DU MOULIN DU BRIC Les Cerisiers 2019 ★★

■	450		15 à 20 €

Voisine du Ch. Malromé, où vécut le peintre Henri de Toulouse-Lautrec, cette propriété, dans la même famille depuis quatre générations, a pour emblème un moulin à vent en ruine qui se dresse devant l'exploitation. Conduite depuis 2003 par Sylvie Thomasson, elle s'étend sur 17 ha couvrant les coteaux de Saint-André-des-Bois, en côtes-de-bordeaux-saint-macaire et en bordeaux.

Le seul sémillon à l'œuvre dans ce beau liquoreux (140 g/l de sucres résiduels) très expressif, qui évoque pêle-mêle la confiture de coing, la mangue, le pain d'épices ou encore la vanille Bourbon. Une même intensité aromatique se dégage du palais, ample, riche, dense, très suave, épaulé par un boisé empyreumatique bien ajusté. Bâti pour durer. ⧗ 2027-2034

CH. TOUR DU MOULIN DU BRIC, Moulin du Bric, 33490 Saint-André-du-Bois, tél. 06 71 70 60 76, vignoblesfaure@wanadoo.fr V r.-v.

CÔTES-DE-BORDEAUX

Définie en 2009, c'est l'appellation générique de tous les vins rouges de côtes (Bourg excepté), d'abord connus par leurs dénominations géographiques complémentaires : Blaye, Cadillac, Castillon et Francs. La superficie théorique de l'AOC couvre 13 500 ha, mais une grande partie des raisins est destinée aux «côtes» assortis d'une dénomination géographique complémentaire (castillon-côtes-de-bordeaux, par exemple). Tous ces vignobles occupent des pieds ou des pentes de coteaux, ou encore les proches plateaux. Les sols à dominante argilo-calcaire favorisent le merlot, qui domine les assemblages.

CH. BOURDON LA TOUR 2022 ★★

■	90000		5 à 8 €

Arrivé d'Algérie en 1961, Charles Yung a bâti un vaste ensemble de propriétés dans le Bordelais ainsi qu'un négoce : aujourd'hui, plus de 132 ha de vignes, principalement implantées sur les coteaux de Garonne, autour de Béguey. Son fils Jean-Christophe est aux commandes depuis 1992, rejoint en 2006 par son frère Rodolphe, qui a pris en main la commercialisation.

Un 2022 «en rondeur», aux parfums charmeurs de fruits rouges mûrs mais croquants, rehaussés d'une touche végétale. Animée d'une sucrosité gourmande, ourlée de tanins fermes mais fins, la bouche, tendre, diffuse sans retenue ce fruit aimable qui conserve une bien belle fraîcheur dans ce millésime chaud. Déjà bien en place, on peut l'ouvrir sans trop attendre, sur une belle pièce de bœuf de préférence. ⧗ 2025-2029 ■ **Ch. Arnaud Jouan Premium Réserve 2022** ★ **(5 à 8 €; 60000 b.)** Des arômes de mûres fraîches généreusement grillées et torréfiées, une bouche puissante, charnue et vivante, rehaussée par des tanins droits, une longueur remarquée : un jeune rouge encore fougueux mais prometteur. ⧗ 2027-2032

CHARLES YUNG ET FILS, 8, chem. de Palette, 33410 Béguey, tél. 05 56 62 94 85, r.yung@wanadoo.fr V *t.l.j. sf sam. dim. 9h-12h30 13h30-18h*

CH. LES CHARMES-GODARD 2021 ★

■ | 33000 | | 8 à 11 €

Puygueraud, Charmes-Godard, La Prade, Lauriol en francs-côtes-de-bordeaux, Alcée en castillon-côtes-de-bordeaux, Pavie Macquin et Larcis Ducasse en saint-émilion grand cru, Vieux Château Certan en pomerol, Nicolas Thienpont est un nom qui compte dans le Libournais. C'est sur les terres de Puygueraud, berceau bordelais de cette famille originaire des Flandes – la propriété fût acquise par son père Georges en 1946 – qu'il a fait ses premiers pas de vigneron.

Un nez franc, net, centré sur les fruits rouges du merlot (100 % de la cuvée), ouvre sur une bouche agréable, déliée, réglissée, adossée à des tanins souples et très sagement extraits : un 2021 exemplaire, qui soigne le fruit et la souplesse, à boire sans trop attendre. ⧗ 2024-2027

CH. LES CHARMES-GODARD, Lauriol, 33570 Saint-Cibard, tél. 05 57 56 07 47, contact@charmes-godard.com V *r.-v.; f. août*

CH. CHARREAU 2022 ★

■ | 20000 | | 5 à 8 €

Propriété d'une trentaine d'hectares exploitée depuis trois générations par la famille Girotti, ce cru est situé à Verdelais, dans le sud de l'appellation cadillac-côtes-de-bordeaux. Il bénéficie d'un terroir argilo-calcaire et de bonnes conditions climatiques grâce à son exposition plein sud et à la proximité de la Garonne.

La robe sombre, jeune et violine, tranche avec un nez ouvert et légèrement évolué, aux senteurs appétentes de fruits noirs confits, d'épices et de cacao sur un fond anisé. Des tanins gras tapissent généreusement une matière ample, dense, aux saveurs matures et très persistantes en finale. Un vin entre deux âges, à déboucher dans les deux ou trois ans sur un magret. ⧗ 2024-2027

CH. CHARREAU, 104, chem. de Charreau, 33490 Verdelais, tél. 06 13 23 61 24, chateau.charreau@wanadoo.fr V *r.-v.*

CH. DUDON Cuvée Jean-Baptiste 2022 ★★

■ | 26600 | | 8 à 11 €

En 1975, Jean Merlaut (Ch. Gruaud-Larose, à Saint-Julien) a repris en main le Ch. Dudon, dans sa famille depuis 1961 et commandé par une chartreuse construite au XVIII[e]s. par Jean-Baptiste Dudon. Il a assuré sa rénovation, à la vigne et aux chais, et étoffé sa surface en 2009 en achetant les vignes du Ch. Laroche. L'ensemble couvre aujourd'hui 133 ha.

Généreux : c'est le mot-clé de cette cuvée née majoritairement (75 %) d'un merlot vendangé manifestement bien mûr. Toasté, frais, pétri de mûre et de cassis, le nez séduit. Très en chair, longue, soutenue par de beaux tanins gras et ronds, la bouche régale d'une fruit savoureux, confituré, aux accents de praliné et de café. Un vin ensoleillé et de belle garde. ⧗ 2027-2032

CH. DUDON, 45, rte de Dudon, 33880 Baurech, tél. 05 57 97 77 35, infos@chateau-dudon.com V *r.-v.*

CH. GARBES-CABANIEU 2022 ★

■ | 33500 | | - de 5 €

Un domaine de 46 ha dans la famille d'Hervé David depuis six générations. Ce dernier y a pris la suite de son père en 1979, épaulé par son épouse Marinette au commercial, son fils Thomas à la vigne et au chai, ainsi que sa fille Laure et son gendre Miguel. Un travail en famille donc.

Au nez se dévoilent des arômes expressifs et généreux, mêlant le fruit séché (raisin, datte) à un boisé toasté bien dosé. En bouche : du gras, du volume, un fruit capiteux et surmûri, des tanins granuleux et accrocheurs qui portent loin les saveurs en finale. Un vin au charme «rustique», qui offre de bien belles sensations. La viande en sauce s'impose. ⧗ 2026-2029

CH. GARBES-CABANIEU, 42, chem. du Garre, 33410 Monprimblanc, tél. 05 56 62 97 59, vignobleshervedavid@orange.fr V *t.l.j. sf sam. dim. lun. 8h-12h 13h30-17h30*

CH. LAFITTE 2022 ★★

■ | 123500 | | 11 à 15 €

Propriété achetée en 1763 par le négociant Raymond Lafitte, qui lui a légué son nom, ce cru est une belle unité de 30 ha possédant un terroir argilo-graveleux de qualité, dirigée depuis 1995 par Philippe Mengin.

Seize mois d'élevage en fût pour ce rouge marqué par le merlot (80 %). Paré d'une robe profonde, il dévoile un nez charmeur, mûr, habilement boisé, aux franches notes de fruits noirs un peu confits. Une attaque ample ouvre sur une bouche gironde, ensoleillée, étayée par des tanins mûrs et réglissés. Le tout porté par une fraîcheur pas toujours de mise en 2022. Complet, harmonieux, de belle garde, c'est une incontestable réussite. ⧗ 2027-2032

CH. LAFITTE, 6, rte de la Lande, 33360 Camblanes-et-Meynac, tél. 05 56 20 77 19, info@chateaulafitte.fr V *t.l.j. sf sam. dim. 9h-12h 13h-17h*

CH. LAGRANGE 2021 ★

■ | 35000 | | 8 à 11 €

Les aïeux d'Alain Bastide ont acheté en 1886 cette maison qui aurait été jadis un relais de chasse du duc d'Épernon. Le vignoble couvre aujourd'hui 40 ha répartis sur plusieurs appellations : régionales, cadillac et cadillac-côtes-de-bordeaux. Alain Bastide, à sa tête depuis 1990, a été rejoint en 2009 par son fils Nicolas, œnologue.

Le chêne (12 mois de fûts) dispense une discrète touche d'épices dans ce nez marqué par le cassis et le fruit rouge frais. Ronde, ample, douce, cousue de tanins fins et vanillés, la bouche trahit la forte présence du merlot (85 %) et y ajoute une touche florale et minérale du meilleur effet. Un bordeaux moderne, gourmand, que l'on peut boire ou laisser en cave. ⧗ 2024-2029 ■ **L'Enclos 2022 ★ (15 à 20 €; 1200 b.)** Un jeune rouge bien né, savamment élevé (18 mois de chêne), parfumé (épices, framboise, groseille), ample, consistant, frais, encore sous le joug de l'élevage mais sacrément bien bâti. Son potentiel ne fait aucun doute. ⧗ 2027-2034

CH. BOURDIEU LAGRANGE, 850, rte de l'Église, 33410 Monprimblanc, tél. 05 56 62 98 86, sceabastide@hotmail.fr V r.-v.

♥ CH. MALAGAR 2022 ★★★

■ | 121000 | | 8 à 11 €

Ce domaine fut «la résidence secondaire principale» de François Mauriac, acquis par son arrière-grand-père en 1843. Classé Monument historique, il est aussi un lieu de culture vivante ouvert au public. Son vignoble (30 ha) que la maison Cordier avait acquis en 1990 appartient depuis 2004 à Jean Merlaut, propriétaire de Gruaud-Larose à Saint-Julien.

Un 2022 altier qui domine d'une bonne tête la sélection de l'année. Ce qui a tant séduit? Le nez d'abord, ouvert, alléchant, aux notes savoureuses de cassis, légèrement teintées de chêne. La bouche surtout, charnue et douce à souhait, qui dévoile un fruit sapide et un bon boisé cacaoté, soutenue par des tanins fermes mais croquants, finement extraits, et des amers délicats. Un vin moderne, séveux et gourmand à la fois, simplement superbe. ⧗ 2027-2034

CH. MALAGAR, 45, rte de Dudon, 33880 Baurech, tél. 05 57 97 77 35, infos@chateau-malagar.com V r.-v.

♥ CH. PILET Prestige 2022 ★★

■ | 10200 | | 8 à 11 €

Famille au service du vin depuis un siècle. En 1964, Jean et Yvette Queyrens acquièrent leur première vigne au lieu-dit Pilet, puis reprennent les domaines de leurs parents (Ch. du Pin-Franc et Ch. des Graves du Tich) et débutent la vente en bouteilles. Aujourd'hui, leurs fils Patrick et Christophe, avec à leurs côtés Jean-Yves, le petit-fils, exploitent un vignoble de 70 ha dans l'Entre-deux-Mers.

Un petit air de Médoc dans ce 2022 vinifié avec tact, qui prouve que l'Entre-deux-Mers sait aussi produire de grands rouges issus du cabernet-sauvignon (100 % ici). Fruits noirs frais, pain grillé, vanille, le nez fait dans la dentelle. La même finesse émane d'une bouche mûre et juteuse, ronde et fraîche à la fois, traversée de tanins parfaitement enrobés par un élevage d'une discrétion exemplaire. Un vin gourmand, ensoleillé, vivant, de bonne garde, mais déjà très, très séduisant. ⧗ 2025-2032

VIGNOBLES JEAN QUEYRENS ET FILS, 3, Grand-Village-Sud, 33410 Donzac, tél. 05 56 62 97 42, scvjqueyrens@orange.fr V *t.l.j. sf dim. 8h-12h 14h-18h*

CH. TOUR DU VIDEAU 2022 ★★★

■ | 35000 | | 8 à 11 €

Avocate de formation, Chantal Larnaudie a repris en 2004 la propriété familiale acquise par son père Nicolas Benito en 1994. Elle y conduit ses 26 ha de vignes (en conversion bio depuis 2021) sur les hauteurs de Cardan, plaisant village de l'Entre-deux-Mers blotti autour de son église du XIIe s. et proche du monastère du Broussey.

Riche, parfumé, voilà un rouge affriolant parfaitement en ligne avec le millésime. Le nez, séducteur, offre un grand bol de fruits rouges mûrs et frais, nuancé de vanille. Du moelleux dans la chair, des tanins d'une douceur adorable, une gourmandise de fruit difficilement répressible, une finale épicée d'une fraîcheur impeccable… Que demander de plus? ⧗ 2025-2029

VIGNOBLES BENITO, Le Videau, 33410 Cardan, tél. 06 88 03 32 93, c.larnaudie@vignoblesbenito.com V *r.-v.*

➜ LA RÉGION DES GRAVES

GRAVES

Superficie : 3 420 ha
Production : 138 835 hl (75 % rouge)

CH. D'ARGUIN 2021 ★

■ | 16000 | | 11 à 15 €

Basé à Bordeaux et spécialisé dans le service et le conseil aux entreprises, le groupe Pouey International a investi dans le vin. Il détient dans les Graves le Ch. d'Arguin et le Dom. du Reys, à Saint-Selve, près de la Brède.

Le merlot et le cabernet-sauvignon presque à parité dans ce 2021 au nez classiquement fruité et fumé, dont on retient l'attaque suave, la trame tannique ferme mais élégante, et la bonne tenue de la finale. Un vin délié et plaisant, dans la droite ligne du millésime. ⧗ 2025-2029

POUEY INTERNATIONAL, 21, chem. de Gaillardas, BP 50, 33650 La Brède, tél. 05 56 78 49 10, blacampagne@pouey.com V *t.l.j. sf sam. dim. 8h30-12h30 13h30-17h30*

CH. BEAUREGARD DUCASSE Albert Duran 2022 ★★

■ | 40000 | | 15 à 20 €

Situé près du Ch. de Roquetaillade, ce cru a été reconstitué et agrandi à partir de 1981 par Jacques Perromat, œnologue, dont la famille est bien implantée dans les Graves et en Sauternais. Son fils Albert

est aux commandes depuis 2018. Les vignes (47 ha) sont installées sur l'un des points culminants de l'appellation.

Une touche de petit verdot à l'appui du merlot et du cabernet-sauvignon dans ce 2022 de référence, au nez très ouvert, finement boisé, aux arômes fringants de cassis et de myrtille. Bien en chair, dense et cadrée par des tanins parfaitement enrobés, la bouche, longue, en impose et conserve une magnifique pureté et fraîcheur de fruit. Du cousu-main. ⏳ 2027-2034

CH. BEAUREGARD DUCASSE, Ducasse, 33210 Mazères, tél. 06 89 42 55 87, aperromat@mjperromat.com V 🚶 🍷 *t.l.j. sf sam. dim. 9h-12h 14h-17h*

CH. BEL-AIR 2022 ★

■	25000	🍾	8 à 11 €

Très ancienne propriété familiale établie depuis 1720 au cœur des Graves, au beau bâti des XVIIe et XVIIIes. entouré d'un parc. Géré par Philippe et Marie-France Dugoua, le vignoble couvre 25 ha.

Un graves très merlot (80 %), profond de robe, aux arômes épanouis de sous-bois et de fruits noirs mentholés. Puissante dès l'attaque, la bouche livre une matière à la fois ronde et fraîche, assise sur des tanins bien mûrs. Harmonieux, de bonne allonge, c'est une belle réussite. ⏳ 2026-2030

CH. BEL-AIR, 56, rte des Graves, 33640 Portets, tél. 05 56 67 50 75, contact@vignobles-dugoua.fr V 🚶 🍷 *r.-v.*

CH. LE BOURDILLOT Séduction 2022 ★

■	60000	🍾	8 à 11 €

Originaire d'Arras, Jules Haverlan a acquis en 1906 un vignoble installé sur des graves profondes, qui appartenait en 1818 au comte de Lynch : le Ch. le Bourdillot, une propriété de 21 ha qui propose majoritairement des graves rouges; une valeur sûre complétée en 1956 par le Dom. des Lucques, à Portets. L'ensemble est dirigé depuis 1991 par Patrice Haverlan, petit-fils de Jules, et sa fille Valentine.

Des touches discrètes d'épices douces agrémentent un nez très gourmand, aux francs accents de fruits rouges. Un vent de fraîcheur plane au-dessus d'une matière ronde et souple, étayée par des tanins sans rigueur. Un graves facile à aimer, qui porte très bien son nom. ⏳ 2024-2028 ■ **La Réserve de Valentine 2022 ★ (8 à 11 €; 33000 b.)** Soutenu par des tanins fondus, voilà un graves guilleret, tendre, subtilement épicé et surtout croquant de fruit (groseille, cerise). Un «vin plaisir» à servir sur une viande rouge grillée. ⏳ 2024-2028 ■ **Tentation 2022 ★ (8 à 11 €; 33000 b.)** Un grand bol de cassis et de framboises relevé d'une touche fumée qui coule en bouche avec rondeur, élégance et fraîcheur. Un graves parfumé et d'une séduction évidente. ⏳ 2024-2028

CH. LE BOURDILLOT, 11, rue de l'Hospital, 33640 Portets, tél. 05 56 67 11 32, patrice.haverlan@gmail.com V 🚶 🍷 *r.-v.*

CH. DE BUDOS Cuvée Darmajan 2022 ★

■	3300	🛢 🍾	8 à 11 €

Aux portes du Sauternais, un château clémentin (forteresse construite au XIVes. par des parents du pape Clément V, originaire de Budos). Tout autour, un vignoble de 25 ha acquis en 1920 par la famille Boireau. À sa tête depuis 1994, Bernard Boireau a été rejoint en 2002 par Laurent Persan, architecte paysagiste.

Un tiers de muscadelle dans ce blanc vinifié et élevé en fût, sur lies fines, pendant 12 mois. Ouvert sur le genêt et le bourgeon de cassis à l'olfaction, il se teinte de brioche et de vanille dans un palais solaire, rond et charnu, rehaussé d'une discrète arête acide en finale. D'ores et déjà séduisant, on l'ouvre sur un poisson ou une viande blanche sauce crémée. ⏳ 2024-2028

CH. DE BUDOS, 3, Les Marots-Ouest, 33720 Budos, tél. 05 56 62 51 64, contact@chateau-de-budos.fr V 🚶 🍷 *t.l.j. 8h-12h 14h-19h; dim. 9h-12h*

CH. CAILLIVET 2022 ★★

■	6500	🛢 🍾	8 à 11 €

Créé en 1999 par Philippe Carillo et son fils Antoine sur des terres familiales abandonnées, ce petit cru (9 ha) situé au sud des Graves a été racheté en 2013 par Olivier Bourreau, avant de changer de nouveau de mains en 2020, repris par Guilain Latournerie, qui a engagé dans la foulée la conversion bio (certification avec le millésime 2023).

Finesse et élégance au menu de ce blanc limpide qui fleure bon le fruit frais et la citronnelle. Le raisin frais et la pêche étirent la palette dans une bouche longiligne, bien élevée (en cuve et fût), qui charme par sa texture déliée, sa tendresse et l'éclat préservé du fruit. ⏳ 2024-2029

CH. CAILLIVET, 2, Caillivet, 33210 Mazères, tél. 06 70 51 40 13, g.latournerie@caillivet.fr V 🚶 🍷 *r.-v.* 🏠 E

CH. DE CALLAC Prestige 2022 ★

■	6000	🛢	11 à 15 €

Ancien consultant, Mathieu Gufflet a changé de vie en achetant en 2007 ce cru de 38 ha commandé par une demeure de 1775, non loin de Cérons et de Barsac. Le terroir argilo-calcaire et argilo-graveleux a dicté l'encépagement, qui privilégie le merlot.

Toast, amande fraîche, agrumes et cire d'abeille, voilà un sauvignon blanc (80 %) qui ne manque pas de nuances. L'élevage en fût donne un supplément de rondeur et de texture à une bouche dynamique qui a su préserver ce qu'il faut de tension dans ce millésime solaire. La finale, sur le bourgeon de cassis discrètement vanillé, souligne la justesse de l'élevage. ⏳ 2025-2030

CH. DE CALLAC, Callac, 33720 Illats, tél. 06 32 91 09 64, chateaudecallac@orange.fr V 🚶 🍷 *r.-v.* 🏠 5 🏠 E

CH. CAMUS 2022 ★★

■	20000	🛢 🍾	11 à 15 €

Les Larriaut exploitent la vigne depuis 1880 et cinq générations : 28 ha aujourd'hui, en appellations régionales avec le Ch. Mousseyron, complétés par 10 ha en graves avec le Ch. Camus et 2 ha en loupiac avec le Ch. Roby. Joris Larriaut est aux commandes des deux premiers, sa sœur Colette à la tête de Roby.

Un graves solaire, sombre de robe, aux arômes expressifs de petits fruits rouges sur un fond pâtissier, entre vanille et praliné. Une douce sucrosité, une agréable souplesse de chair, des tanins bien enrobés, une finale sur le fruit confituré et les épices douces : un vin harmonieux et déjà très séduisant. ⧗ 2026-2030

VIGNOBLES LARRIAUT, 19, imp. du Bos, 33210 Langon, tél. 05 56 76 44 53, chateau.camus@wanadoo.fr V *r.-v.*

CH. DU CAP DE HAUT 2022 ★

■	20 000		11 à 15 €

Créée en 1974, la coopérative de Tutiac dispose des vendanges de 5 400 ha cultivés par quelque 500 viticulteurs. Un acteur important de la Haute Gironde et aussi le premier producteur de vins d'appellations en France, qui propose des vins de côtes (blaye-côtes-de-bordeaux et côtes-de-bourg) et d'appellations régionales.

Derrière une robe sombre et rubis montent du verre des parfums engageants de fruits rouges frais et de vanille. Des tanins un rien fermes à ce stade n'entament pas le plaisir que procure cette bouche harmonieuse, finement boisée, mais surtout fraîche et friande. Un graves moderne et plaisant, à ouvrir sur une viande rouge grillée. ⧗ 2025-2029 ■ **Calhavera 2022 ★ (11 à 15 €; 6 000 b.)** Calhavera? Petit tas de cailloux en occitan, une référence aux sols de graves qui ont donné vie à ce rouge sans artifice, fringant, frais, d'une agréable franchise de fruit (griotte, prune cuite), cadré par des tanins serrés. ⧗ 2026-2030

VIGNERONS DE TUTIAC, 491, rue Simone-Veil, La Cafourche, 33860 Marcillac, tél. 05 57 32 48 33, contact@tutiac.com V *t.l.j. sf dim. lun. 9h-12h30 14h30-18h30*

CARRÉ D'AS 2023 ★

■	10 000		5 à 8 €

Arrivé d'Algérie en 1961, Charles Yung a bâti un vaste ensemble de propriétés dans le Bordelais ainsi qu'un négoce : aujourd'hui, plus de 132 ha de vignes, principalement implantées sur les coteaux de Garonne, autour de Béguey. Son fils Jean-Christophe est aux commandes depuis 1992, rejoint en 2006 par son frère Rodolphe, qui a pris en main la commercialisation.

Pas de bois mais du fruit et de la souplesse au menu de ce graves qui sent bon le raisin, la pêche et le végétal frais. Tendre, fraîche, croquante de fruit, avec une touche plus florale, la bouche conserve ce profil très friand. Net et sans bavure. Parfait sur des fruits de mer. ⧗ 2024-2027

CHARLES YUNG ET FILS, 8, chem. de Palette, 33410 Béguey, tél. 05 56 62 94 85, r.yung@wanadoo.fr V *t.l.j. sf sam. dim. 9h-12h30 13h30-18h*

CH. DE CASTRES 2021 ★

■	50 000		11 à 15 €

Un pavillon du XVIIIe s., un parc, un arboretum : avec le Ch. de Castres (graves), José Rodrigues-Lalande, ingénieur et œnologue, a acquis en 1996 un beau quartier général. Il s'est agrandi en 2012 dans cette même appellation en achetant le Ch. Beau-Site, après s'être implanté en pessac-léognan en 2004, avec l'acquisition des 17 ha du Ch. Roche-Lalande. En 2013, il a encore acquis en pessac-léognan le Ch. Pont Saint-Martin. Pas moins de 40 ha pour cette exploitation familiale.

Des vignes cinquantenaires et 12 mois d'élevage en fût pour ce bon 2021 qui charme par son nez d'un joli classicisme, entre fruit noir et note fumée, et par sa chair détendue, riche, appuyée sur des tanins très fondants. Un vin tactile, élégant, «bien élevé», déjà très plaisant mais de bonne garde. ⧗ 2025-2030 ■ **Tour de Castres 2022 ★ (8 à 11 €; 100 000 b.)** Discrètes à l'olfaction, les notes de myrtilles et de toast grillé s'émancipent franchement dans un palais généreux, gras, d'une belle densité, flanqué de tanins puissants à la mesure de la matière. C'est-à-dire tout ce qu'il faut pour vieillir sereinement. ⧗ 2027-2031 ■ **Ch. Lalande-Poitevin 2022 ★ (8 à 11 €; 62 000 b.)** Un graves taiseux au nez dont la bouche, légèrement toastée, laisse parler le fruit (fruits rouges bien mûrs) dans un ensemble vigoureux, gourmand et structuré, pour l'heure, par des tanins logiquement serrés. De l'avenir. ⧗ 2026-2030

VIGNOBLES RODRIGUES-LALANDE, 33640 Castres-Gironde, tél. 05 56 67 51 51, contact@chateaudecastres.fr V *t.l.j. 8h-12h 13h-18h* 5

CH. DE CHANTEGRIVE Caroline 2022 ★★

■	54 000		15 à 20 €

Constitué ex nihilo en 1967 par le courtier Henri Lévêque, ce cru qui couvrait 2 ha à l'origine est aujourd'hui une belle unité de près de 100 ha, qu'exploite aujourd'hui la fille du fondateur, Marie-Hélène Lévêque, conseillée depuis 2006 par Hubert de Boüard. Une valeur sûre des Graves, avec de nombreux coups de cœur à son actif.

De l'éclat dans la robe et du tonus dans les parfums qui déclinent l'ananas, le fruit blanc et les épices douces. L'élevage en fût se fait très subtil dans une bouche élégante, nerveuse, qui laisse un long sillon de fraîcheur citronnée en bouche. Un graves immaculé, de table, qui mérite les meilleurs fruits de mer et crustacés. ⧗ 2025-2030 ■ **2022 ★★ (11 à 15 €; 42 000 b.)** Un blanc sobrement élevé en cuve, qui livre au nez comme en bouche un fruit allègre (raisin, fruits blancs, pomme fraîche). Un vin ample à l'attaque, puis vibrant et porté par une très belle acidité à la tonalité minérale. Un vin sans fard, précis et vivifiant, à déguster sur un beau poisson grillé. ⧗ 2024-2028 ■ **2021 ★ (15 à 20 €; 65 000 b.)** Un 2021 élevé en fût (50 % de barriques neuves), de bonne densité pour le millésime, tonique, porté sur le fruit mûr teinté de vanille, dont l'agréable sucrosité enrobe des tanins extraits avec mesure. Il vieillira avec grâce. ⧗ 2026-2032

CH. DE CHANTEGRIVE, 44, cours Georges-Clemenceau, 33720 Podensac, tél. 05 56 27 17 38, courrier@chateau-chantegrive.com V *t.l.j. sf sam. dim. 9h-12h30 13h30-17h*

♥ CH. CHERET PITRES 2022 ★★

16 000 | 8 à 11 €

Situé dans un méandre de la Garonne un peu à l'écart du bourg de Portets, ce domaine commandé par une belle maison de maître possède un vignoble 16 ha établi sur un terroir mêlant des sables à des graves profondes. Il a été repris en 2017 par Aurore et Nicolas Deswarte, la première venant du monde de la santé, le second du commerce.

D'une belle régularité depuis sa reprise par les Deswarte, ce domaine décroche le Graal avec un 2022 d'une rare plénitude. Le nez, voluptueux, infusé de fruits noirs en confiture et de fines notes de torréfaction, annonce une bouche ample, confortable, suave et ensoleillée, posée en douceur sur des tanins parfaitement enveloppés. Un graves très épanoui et d'une harmonie remarquable. ⧗ 2027-2034

CH. CHERET PITRES, Pitres, 33640 Portets, tél. 06 13 15 60 63, contact@chateaucheretpitres.fr V t.l.j. sf dim 9h-12h 14h-18h

CH. LES CLAUZOTS 2022 ★

25 000 | 8 à 11 €

Situé au sud des Graves, près de Langon, ce cru de 35 ha, dont Frédéric Tach a pris les commandes en 1993, est dans la même famille depuis plus d'un siècle. Il montre une belle régularité.

Une larme de sauvignon gris épaule le sauvignon blanc et le sémillon dans ce blanc fin et lumineux, au nez sans outrance, bien centré sur le fruit (poire et agrumes). Ronde à l'entame, la bouche déroule une jolie matière, délicate, tout en toucher et en fraîcheur. Une jolie bouteille qui trouvera sa place à table avec un poisson de rivière grillé. ⧗ 2024-2028

CH. LES CLAUZOTS, 4, Camboutch, 33210 Saint-Pierre-de-Mons, tél. 05 56 63 34 32, contact@chateaulesclauzots.com V r.-v.

♥ CLOS FLORIDÈNE 2022 ★★★

70 000 | 20 à 30 €

Valeur sûre des Graves et du Sauternais, les domaines Denis Dubourdieu regroupent plusieurs crus et quelque 135 ha. En appellation graves, on trouve le Clos Floridène qui s'étend sur 33 ha, majoritairement sur le plateau calcaire de Pujols-sur-Ciron, et le Ch. Haura, 13 ha à Illats, qui produit aussi du cérons. Depuis le décès en 2016 de leur fondateur, œnologue célèbre pour ses travaux sur les arômes notamment, ses fils Fabrice et Jean-Jacques sont à leur tête.

Une cuvée référence de l'appellation, en forme olympique dans sa version 2022. Le jury a apprécié la clarté de la robe et surtout ce nez exceptionnel, très pur, où le fût s'efface devant l'éclat du fruit (agrumes, ananas, amande). Dans la continuité, la bouche livre une matière onctueuse, ample et lumineuse, soutenue par une acidité minérale très salivante qui étire le fruit à l'infini. Un blanc majuscule. ⧗ 2025-2032

DOMAINES DENIS DUBOURDIEU, 15, Gravas, 33720 Barsac, tél. 05 56 62 96 51, contact@denisdubourdieu.fr V r.-v. D

CH. DORLÉAC 2022 ★

5 000 | 8 à 11 €

Christian Labat a fondé le Ch. des Arroucats en 1938, qui dispose d'un coquet vignoble de 49 ha, dont 23 ha à Sainte-Croix-du-Mont, son berceau, complétés par des vignes dans les Graves (Ch. Dorléac), sur l'autre rive de la Garonne, à Portets. L'ensemble est conduit depuis 2000 par Virginie Barbe, petite-fille du fondateur. Un gîte, avec vue imprenable sur la vallée de la Garonne, a vu le jour au Ch. des Arroucats.

Le merlot (90 % de l'assemblage) élevé en cuve dans un millésime généreux, cela donne ce rouge juteux, aux notes de cerise noire bien mûre et d'épices douces. Arômes qui se doublent de fruit rouge dans un palais large et souple, ourlé de tanins tendres, d'une gourmandise imparable. On peut l'ouvrir sans attendre, sur un magret rosé par exemple. ⧗ 2024-2028

VIGNOBLES LABAT-LAPOUGE, Les Arroucats, 33410 Sainte-Croix-du-Mont, tél. 05 56 62 07 37, chateau_arroucats@hotmail.com V t.l.j. sf sam. dim. 8h-12h 13h-17h E

CH. FERNON DUMEZ 2023 ★

26 000 | 8 à 11 €

En 1991, Frédéric Boudat et son épouse Françoise Cigana ont abandonné leur profession dans le secteur médical pour reprendre les vignes de la famille Cigana. Ils ont aménagé un chai (1998) et agrandi le vignoble. Aujourd'hui, les Vignobles Boudat-Cigana totalisent 160 ha. Ils ont leur siège dans l'Entre-deux-Mers, au Ch. de Viaut, et proposent du bordeaux, du bordeaux supérieur, du sainte-croix-du-mont et des graves.

Un assemblage classique (60 % de sauvignon blanc, 40 % de sémillon) pour ce graves charmeur, qui soigne le fruit et la souplesse : des notes de fleurs blanches, d'abricot et de beurre frais animent une matière rondelette, volumineuse à l'attaque, de bonne longueur, qui tire son énergie d'une finale enlevée et citronnée. ⧗ 2024-2028

VIGNOBLES BOUDAT-CIGANA, Ch. de Viaut, 33410 Mourens, tél. 05 56 61 31 31, fboudat@orange.fr V t.l.j. 8h-12h 14h-17h

CH. DU GRAND BOS 2021 ★

11 838 | 15 à 20 €

Situé à la charnière des trois communes de Portets, Castres et Saint-Selve, ce cru est solidement ancré dans le terroir bordelais par ses bâtiments, une chartreuse à pavillon central des XVIIe et XVIII[e]s. Le vignoble a été planté à la même époque. Acquis à la fin du siècle dernier par la famille Vincent, le cru

s'étend sur 43 ha, 21 ha de forêt et 22 ha de vignes (en bio certifié depuis 2023). D'abord conduit par André Vincent puis par sa fille Marie Rochet, il est aujourd'hui dirigé par sa petite-fille Lou Rochet.

Trente pour cent de malbec et de petit verdot distinguent ce graves qui a d'autres atouts : des parfums complexes de fruits rouges et de cannelle, une bouche ample et caressante, une arête tannique sans rigueur et une longue finale fruitée et vanillée. Un 2021 vinifié en douceur et déjà très harmonieux. ⧗ 2025-2030 ■ **2022 ★ (11 à 15 €; 3200 b.)** Les charmes du sémillon (dominant) dans ce 2022 fermenté et vieilli en barriques. Au nez, un mariage réussi entre le fruit blanc et le chêne qui trouve un heureux prolongement dans un palais consistant, savoureux, solaire, mais sans mollesse, destinant ce graves cossu et de bonne garde à la table. ⧗ 2026-2030

CH. DU GRAND BOS, Le Grand Bos, 33640 Castres-Gironde, tél. 06 75 20 59 39, chateaugrandbos@gmail.com V *r.-v.*

CH. GRAVAS Les Sensations de Gravas 2022 ★★

■	6600		8 à 11 €

Ce cru, jadis nommé Doisy Gravas, est la propriété de la famille Bernard depuis six générations. Bien situé entre Coutet et Climens, il s'étend sur 10 ha au point culminant de Barsac. Dédié exclusivement au sauternes jusqu'en 2007, il a multiplié les cuvées de graves. Un lieu réputé aussi pour son accueil et ses animations œnotouristiques.

Ce pur sémillon prend son temps pour développer ses parfums de pêche jaune bien mûre. Nerveuse dès l'attaque, la bouche file droit, se teinte de pamplemousse et se tend un peu plus dans une finale enlevée et minérale. Un blanc exemplaire, frais et stimulant, taillé pour les fruits de mer, qui profitera d'un passage en carafe. ⧗ 2024-2028

CH. GRAVAS, 6, Gravas, 33720 Barsac, tél. 05 56 27 06 91, chateau.gravas@orange.fr V *r.-v.*

CH. HAUT-MAYNE 2023 ★

■	26000		11 à 15 €

Les Boyer sont établis depuis quatre générations au Ch. du Cros, sur les hauteurs de Loupiac. Un cru étroitement lié à l'histoire du duché anglo-gascon d'Aquitaine au Moyen Âge, dirigé depuis 2004 par Catherine Boyer, à la tête d'un vignoble de 72 ha sur les deux rives de la Garonne, produisant des vins de qualité, notamment en blanc. Autres propriétés de la famille : le Ch. de Courbon (acquis en 1994 à Toulenne) et le Ch. Haut-Mayne (acquis en 1972 à Cérons).

Fraîchement sorti des cuves, un jeune 2023 aux notes encore fermentaires et gourmandes de bonbon anglais, de poire et de banane. Mûre mais tonique, la bouche affiche ce bon compromis entre rondeur et fraîcheur, et s'attarde sur le fruit jaune dans une finale salivante à souhait. Un graves de soif, très charmeur, à déboucher dès l'apéritif et dans ses jeunes années. ⧗ 2024-2027 ■ **2021 ★ (11 à 15 €; 24000 b.)** Des arômes discrets mais plaisants de fruits rouges mûrs teintés d'agrumes, une bouche gracile, légère, tendre, assise sur des tanins très fins, une touche originale d'orange amère pour conclure : un graves plaisant conçu pour être bu jeune, sur le fruit. ⧗ 2024-2027

CH. DU CROS, 94, rte de St-Macaire, 33410 Loupiac, tél. 05 56 62 99 31, info@chateauducros.com V *t.l.j. sf sam. dim. 9h-12h30 14h-17h30*

ESPRIT DE LASSALLE 2022 ★

■	35000		8 à 11 €

Une propriété des Graves de 16,5 ha, où le château ressemble à une ferme. Mais elle ne manque pas de lettres d'ancienneté, car elle appartient depuis 1770 à la même famille. Fabien Lalanne, qui a succédé à son oncle en 2005, représente la huitième génération.

À une robe intense et violine répond un nez non moins soutenu, très fruité, entre framboise et groseille nuancés d'une touche épicée. Un joli prélude à une bouche riche et ronde, linéaire, gorgée de fruits rouges, juste raffermie par des tanins élégants et sans austérité. Un graves déjà agréable mais consistant, qui tiendra dans le temps. ⧗ 2025-2030

CH. LASSALLE, 2, allée Lassalle, 33650 La Brède, tél. 05 56 78 49 65, contact@chateaulassalle.com V *t.l.j. 9h-12h 14h-18h; sam. dim. sur r.-v.* E

CH. LÉHOUL 2023 ★

■	8000		8 à 11 €

Le 9 ventôse an VI (1798), Georges Lehoult vend un vignoble à un aïeul d'Éric Fonta. Le cru est établi sur une belle croupe de graves et de sables, à l'orée de la forêt, au sud de l'appellation, étendu sur 9 ha. Il a été repris en 2019 par Jean-Philippe Le Guillou et Nicolas Dorronsoro. Une valeur sûre des Graves.

Élevé en cuve, très pâle, un blanc sans artifice qui restitue la palette aromatique d'un joli sauvignon blanc (70 % de l'assemblage) : bourgeon de cassis, citron et touche de buis. Le fruit ne perd rien en séduction dans un palais tendre mais alerte, plus exotique dans ses parfums et doté d'une fraîcheur exemplaire. ⧗ 2024-2027

CH. LÉHOUL, Grusson, 33210 Coimères, tél. 06 50 31 33 52, chateaulehoul@gmail.com V *t.l.j. sf sam. dim. 9h-17h; f. août*

CH. DE LIONNE 2022 ★

■	7000		11 à 15 €

Belle unité d'une quarantaine d'hectares sur Illats, à l'est du Sauternais, ce cru a été repris en 2007 par Pierre Bodon, pépiniériste, et Véronique Smati.

Parée d'une robe paille, élevée en cuve, cette cuvée s'ouvre sans réserve sur des parfums très épanouis de pêche et d'ananas nuancés de fleurs blanches. En bouche, la rondeur du sémillon (dominant) s'associe à la vitalité du sauvignon pour former un ensemble très flatteur, charnu, légèrement brioché et relevé d'une touche d'amertume en finale. ⧗ 2024-2027

CH. DE LIONNE, 230, imp. de Lionne, 33720 Illats, tél. 06 67 73 83 37, chateaudelionne@orange.fr V *t.l.j. sf sam. dim. 9h-12h 13h-17h; f. août*

CH. LUDEMAN LA CÔTE 2022 ★★

■	7000		11 à 15 €

Jean-Noël Belloc est à la tête d'un bel ensemble de propriétés, avec pour fer de lance le Ch. Brondelle, situé dans la partie sud des Graves et acquis par ses

grands-parents Louis et Andréa Turtaut en 1927. Dans la même appellation, il exploite aussi le Ch. Ludeman la Côte, propriété de sa grand-mère aujourd'hui fusionnée avec Brondelle mais qui garde son identité propre, et le Ch. Andréa, acquis en 1975 sur Saint-Pierre-de-Mons. L'ensemble est complété depuis 2008 par les 21 ha du Ch. d'Alix en pessac-léognan et par les 4 ha du Ch. Fontaine en sauternes, ainsi que par deux étiquettes en appellations régionales : Ch. Bras d'Argent et Ch. Mayne de la Cour.

Le cabernet-sauvignon et le merlot (à parité) très complices dans cette cuvée croquante et classique, au nez alléchant de confiture de prune saupoudrée de notes fumées et mentholées. Une attaque ronde, un cœur de bouche bien plein porté par des tanins mûrs et fins, une finale savoureuse, grillée et fruitée : on passe à un cheveu du coup de cœur. ⧗ 2026-2032 ■ **Ch. Brondelle 2022 ★ (11 à 15 €; 2000 b.)** Fermenté et élevé en barrique, un blanc savoureux, au nez épanoui qui marie habilement la pêche et les agrumes aux nuances fumées du fût. La même harmonie émane d'un palais gras à souhait, plein, légèrement miellé et qui trouve dans une finale acidulée tout ce qu'il faut d'énergie. Difficile de ne pas aimer. ⧗ 2025-2029

⊶ VIGNOBLES BELLOC, 32, rte de Pasquire, 33210 Langon, tél. 05 56 62 38 14, contact@chateaubrondelle.fr V

♥ B CH. LUSSEAU 2021 ★★

■	10000		15 à 20 €

Commandé par un château construit en 1805 par un officier de la Grande Armée, un vignoble acquis en 1870 par l'arrière-grand-père de Bérengère Quellien. À son installation en 2001, la vigneronne, ancienne juriste, a réduit la superficie de son exploitation à 7 ha pour convertir, en 2007, le domaine à l'agriculture biologique.

Bérengère Quellien signe ici un graves aérien, construit autour d'une majorité de cabernet-sauvignon. Fruits noirs, confiserie, violette, touche subtile de chêne, le nez enchante. Ample, caressante, très fraîche et posée sur des tanins de soie, la bouche insiste sur les petits fruits rouges et noirs dans une finale allègre et salivante. L'harmonie incarnée. ⧗ 2027-2034

⊶ CH. LUSSEAU, 6, rte de Lusseau, 33640 Ayguemorte-les-Graves, tél. 06 63 5 06 45, contactchateaulusseau@gmail.com V *t.l.j. 9h-12h 14h-17h; sam. dim. sur r.-v.* E

MARQUIS DE BERNE 2022 ★

■	133333		5 à 8 €

Viticultrice depuis 1830, la famille Gonfrier exploite 1 400 ha de vignes sur la rive droite de la Garonne et 50 ha sur la rive gauche, à travers de nombreuses propriétés. Une partie de ce très vaste ensemble est certifiée en culture biologique ou en cours de conversion. Philippe et Éric Gonfrier sont aujourd'hui aux commandes.

Derrière une robe légère, des arômes avenants qui marient la fraise des bois et la cerise bigarreau à un fond élégamment vanillé. Une touche de poivron s'insinue dans une matière volubile, ample, ronde, cintrée de tanins déjà fondus. Un style en rondeur qui en fait un vin facile à boire dès à présent. ⧗ 2024-2028

⊶ VIGNOBLES GONFRIER, 11, chem. de Marsan, 33550 Lestiac-sur-Garonne, tél. 05 56 72 14 38, contact@vignobles-gonfrier.fr V *t.l.j. sf dim. lun. 10h30-12h30 14h-19h*

CH. MOURAS 2022 ★

■	18000		11 à 15 €

Propriété très ancienne, le Ch. Laville fut dans les années 1900 l'un des pionniers de la mise en bouteilles au château. Aujourd'hui augmenté du Ch. Delmond, un vignoble voisin, ce domaine de 37 ha très régulier en qualité produit en sauternes et en graves (Ch. Mouras). Aux commandes depuis 1997, Jean-Christophe Barbe, œnologue et professeur à Bordeaux Sciences Agro.

Vingt-cinq pour cent de petit verdot et 12 mois d'un élevage en barrique bien pensé pour ce rouge prodigue dès l'olfaction avec ses senteurs intenses de fruits rouges et noirs très épicés. Des tanins encore serrés cadrent une matière capiteuse, mûre et parfumée, mais aussi énergique, dont le potentiel ne fait aucun doute. Un vin solaire et racé, à laisser reposer un peu en cave. ⧗ 2026-2032

⊶ CH. LAVILLE, 33210 Preignac, tél. 05 56 63 59 45, chateaulaville@hotmail.com V *r.-v.*

♥ CH. PERRON 2022 ★★

■	125000		8 à 11 €

Les frères Guignard, Bruno, œnologue, Dominique, ingénieur agronome, et Pascal, fort d'une expérience en Afrique du Sud, perpétuent l'œuvre des générations précédentes. Établis dans le sud des Graves à proximité de l'imposant château de Roquetaillade, construit pour un neveu du pape gascon Clément V, ils exploitent plusieurs crus.

Un graves très flatteur et bien élevé qui a parfaitement profité des largesses de ce millésime taillé pour le cabernet-sauvignon, majoritaire ici. Taiseux à l'ouverture, les arômes s'épanouissent à l'aération : cassis, mûre, puis torréfaction. La prune d'ente rehausse ce bouquet dans un palais cossu, flanqué de tanins puissants mais veloutés qui laissent s'exprimer un fruit vanillé dans une finale très étirée. Complet, harmonieux, déjà savoureux et pour quelques années encore. ⧗ 2027-2034 ■ **Ch. de Carolle 2023 ★★ (8 à 11 €; 80000 b.)** Les frères Guignard signent ici un blanc irrésistible, dont on aime tout : la robe lumineuse, l'éclat d'un nez tout en fruit (poire, abricot, litchi) et en fleurs, et la bouche, surtout, croquante, ronde, tonique, très pure dans ses parfums (cassis, fruits exotiques) et qui tire d'une finale mentholée une vigueur singulière. Un ensemble à la fois énergique et redoutable de gourmandise. ⧗ 2024-2029 ■ **Ch. de Carolle 2022 ★ (8 à 11 €; 130000 b.)** Un graves rouge aux francs accents de fruits noirs et de vanille, animé d'une agréable fraîcheur et cadré pour l'heure par des tanins corsés mais proportionnés à la matière. On patiente. ⧗ 2027-2032

GUIGNARD FRÈRES, 987, rte de Roquetaillade, 33210 Mazères, tél. 05 56 76 14 23, contact@vignobles-guignard.com V *r.-v.*

CH. DES PLACES 2022 ★

■	60000		11 à 15 €

Domaine familial né au début du XXᵉs. quand un tonnelier nommé Daniel Subervie acquit quelques parcelles dans les Graves. Premières mises en bouteilles en 1960. Aux commandes depuis 2006, Fabrice et Philippe Reynaud représentent la cinquième génération. Ils ont restructuré et agrandi leur domaine (65 ha) tout en s'équipant d'un chai très moderne. Depuis 2018, ils sont en cours de conversion au bio. Trois étiquettes ici : Ch. des Places, Ch. Lagrange et Ch. Pontet Reynaud.

La robe noire de ce graves trahit la belle maturité des raisins, ce que confirme le nez, très épanoui avec ses accents de fruits confiturés (mûre et framboise) sur lit de vanille. Souple et ronde à l'attaque, consistante dans son développement, relevée de tanins corsés, la bouche renoue avec le fruit dans une finale persistante. Du caractère et de l'avenir. ⧗ 2027-2032

VIGNOBLES REYNAUD, 46, av. Maurice-la-Châtre, 33640 Arbanats, tél. 05 56 67 20 13, contact@vignobles-reynaud.fr V *t.l.j. sf dim. 10h-12h 14h-18h*

CH. PONT DE BRION 2022 ★

■	18000		11 à 15 €

Exploitation créée par Paul Dauvin en 1931, dans le secteur méridional des Graves, à Langon. Pascal Molinari, arrière-petit-fils du fondateur installé en 1988, a passé en 2015 le relais à sa fille Charlotte. Fort de 22 ha, le domaine propose plusieurs étiquettes : Ludeman les Cèdres, Pont de Brion, Rivière Lacoste.

Derrière une robe jaune pâle d'une belle brillance se dévoilent des arômes expansifs et flatteurs, entre pêche, poire et sureau. Une petite sucrosité discrète à l'attaque et un soupçon de perlant aiguisent un peu plus la gourmandise d'une bouche souple et d'une fraîcheur exemplaire. ⧗ 2024-2027

VIGNOBLES MOLINARI, 42, rte de St-Pey, 33210 Langon, tél. 05 56 63 09 52, info@pontdebrion.com V *t.l.j. 8h30-12h 13h30-17h30*

CH. QUINCARNON 2021 ★

■	15000		8 à 11 €

En 1981, Carlos Aseretto quitte son Pérou natal pour suivre son épouse en France, En 1987, ils héritent d'une propriété familiale situé à deux pas d'Yquem : un cru de 13 ha fondé par le marquis de Quincarnon au XVIIᵉs., sur lequel leurs enfants Mathilde et Gabriel, installés en 2021, produisent du sauternes et du graves.

Fruits rouges, cassis, épices douces, le nez, d'un beau classicisme, ouvre sur une bouche charnue, accueillante, douce à l'attaque, qui séduit par son fruité allègre et sa structure déliée et aimable. Une belle bouteille dans ce millésime compliqué et un vin bientôt prêt à passer à table. ⧗ 2025-2028

CH. QUINCARNON, 10, rte de Claveries, 33210 Fargues-de-Langon, tél. 06 47 50 27 53, mathilde.aseretto@quincarnon.com V *t.l.j. sf sam. dim. 9h30-17h30*

CH. RAHOUL 2021 ★

■	35000		20 à 30 €

Le chevalier Rahoul construisit dans les Graves une belle chartreuse en 1646. Devenu viticole dès le XVIIIᵉs., développé au siècle suivant par une famille d'armateurs, le cru couvre 35 ha. Il est passé entre plusieurs mains avant son acquisition en 1986 par le négociant champenois Alain Thiénot, qui le confie en 2007 aux équipes de la maison Dourthe. Une valeur sûre.

Une bonne part de cabernet-sauvignon (67 %) et un élevage d'un an en fût pour ce graves, d'où cette robe soutenue et ces arômes complexes de cassis, de poivre, de sous-bois et de bois précieux. Le fruit gagne encore en expression dans un palais à la fois vif et pulpeux, structuré par des tanins charmeurs, extraits avec mesure. Un 2021 exemplaire de maturité, à laisser reposer en cave encore un peu. ⧗ 2026-2030

CH. RAHOUL, 4, rte du Courneau, 33640 Portets, tél. 05 56 35 53 00, contact@dourthe.com

CH. DE RESPIDE Cuvée Callipyge 2022 ★★

■	14000		15 à 20 €

Au XVIIᵉs., ce cru était la propriété de La Reynie, lieutenant de police de Louis XIV. Le château actuel a été construit vers 1850 par un préfet de la Gironde marié à la tante de Toulouse-Lautrec. Pierre Bonnet l'acquiert en 1952. À sa mort, le château est vendu, mais non le vignoble (80 ha dans la partie méridionale des Graves), géré depuis 1985 par son petit-fils Franck. Depuis 2018, le domaine a entrepris une modernisation de son chai et un agrandissement du vignoble. Il a été racheté en 2021 par la famille Chatin.

Une cuvée d'une très louable régularité, née de vignes cinquantenaires. On en retient le nez tonique qui marie le grillé vanillé du merrain et les notes fringantes d'agrumes du sauvignon (majoritaire), ainsi que les courbes généreuses d'une bouche rondelette, bien en chair, relevée d'un trait de zest de citron confit. Un graves généreux et bien nommé, parfait sur un poisson en sauce. ⧗ 2025-2029

CH. DE RESPIDE, 2, Pavillon de Boyrein, 33210 Roaillan, tél. 05 56 63 24 24, pechatin@respide.fr V *t.l.j. sf sam. dim. 9h-17h*

CH. LA ROSE SARRON 2021 ★

■	5800		15 à 20 €

Située dans le sud des Graves, cette propriété remontant au XIXᵉs. possède un terroir diversifié : graves à gros galets, graves siliceuses et argiles et terres

limoneuses. Entrée dans la famille en 1987, elle s'étend sur une quarantaine d'hectares et a été entièrement replantée par Philippe Rochet. Ce dernier a été rejoint en 2016 par son fils Damien, ingénieur de formation.
Du verre montent des arômes plus fins que puissants de mûre et de cassis sur un fond élégamment épicé et vanillé. Des tanins fins et fondus se mettent au service du fruit dans une bouche souple, facile d'accès et d'une harmonie sans faille. À boire ou à garder. 2024-2029

CH. LA ROSE SARRON, Le Sarrot, 33210 Saint-Pierre-de-Mons, tél. 05 56 76 29 42, contact@la-rose-sarron.com t.l.j. 8h-12h 14h-17h30

CH. SAINT-HILAIRE 2022 ★

5334 | 8 à 11 €

Situé au cœur des Graves, le Ch. Saint-Hilaire est un domaine familial de 15 ha qui est passé au bio depuis les années 1970. Depuis le début des années 2000, Hélène Cante-Guérin, ancienne professeur de lettres, en a pris la tête, accompagné depuis 2019 par son fils Clément, œnologue et en charge des vinifications.
Une légère dominante de sémillon dans ce graves convaincant et aérien, dont on aime le nez finement boisé et fruité (ananas, fruits jaunes), et la bouche de bon volume, confortable à l'attaque, puis citronnée, qui gagne en tension en finale. Long, croquant, vinifié et élevé en fût et avec goût, il a tout bon. 2025-2029

CH. SAINT-HILAIRE, 48, rue du Pdt-Carnot, 33640 Castres-Gironde, tél. 06 80 25 40 35, hg.guerin@orange.fr t.l.j. 8h-12h 14h-18h

CH. SAINT-ROBERT Poncet-Deville 2021 ★

15050 | 15 à 20 €

Terres bordelaises est une filiale du groupe Les Grands Chais de France, qui diffuse une vaste gamme de domaines girondins, parmi lesquels Bastor-Lamontagne, Saint-Robert, Faizeau, Haut-Mouleyre, Laubès, Timberlay.
Élevée 12 mois en fût, cette cuvée phare du domaine affiche une agréable plénitude et de l'élégance dans ce millésime difficile. Intenses dès l'olfaction, sur des nuances de fruits noirs et de bon merrain, les arômes s'épanouissent un peu plus dans un palais harmonieux, rond et frais à la fois, rehaussé de tanins agréables et veloutés. 2025-2030

TERRES BORDELAISES, Ch. Bastor Lamontagne, 33210 Preignac, tél. 05 57 98 07 20, vicent.cachau@lgcf.fr t.l.j. sf dim. 9h-12h 14h-17h

CH. SIRIO 2022 ★

9600 | 15 à 20 €

Acheté en 2015 par un couple franco-irlandais, ce cru a été baptisé du nom latin que partageaient la rivière du Ciron et le bourg de Cérons.
Les 6 mois d'élevage en barriques teintent discrètement de notes vanillées un nez fringant et frais, entre fleurs et fruit (mirabelle). Le toast et l'ananas étirent un peu plus la palette dans une bouche riche, puissante, complexe, qui ne manque ni de chair ni de parfums. Un peu de garde devrait affiner un peu plus ce graves marqué par des sauvignons (blanc et gris) manifestement bien mûrs. 2025-2029

CH. SIRIO, 4, rte de St-Cricq, 33720 Cérons, tél. 06 61 74 01 25, contact@chateausirio.fr r.-v.

CH. TOUR DE CALENS 2021 ★★

8000 | 11 à 15 €

Descendants de marins, les Doublet sont enracinés dans le vignoble bordelais depuis la fin du XVIIIes. et depuis 1975 au Ch. Vignol, ancienne propriété de Montesquieu dans l'Entre-deux-Mers, passée entre les mains d'armateurs bordelais au XIXes. En 1987, ils ont traversé la Garonne pour investir à Beautiran, dans les Graves du nord, avec le Ch. Tour de Calens, puis en saint-émilion grand cru avec le Ch. Saint-Ange en 2009.
Des notes de violette et de menthol donnent de la prestance à ce nez dominé par les épices, les fruits noirs et la framboise compotée. Bien pris dans la chair et d'une agréable souplesse, les tanins soutiennent une bouche pulpeuse, fraîche, d'une séduction évidente et d'une persistance plus qu'honorable dans le millésime. 2025-2030

CH. TOUR DE CALENS, 6, RN 113, 33640 Beautiran, tél. 05 57 24 12 93, info@famille-doublet.fr r.-v.

CH. TOURTEAU CHOLLET Le Pin 2022 ★

24000 | 15 à 20 €

Propriété constituée en 1760 par Étienne Tourteau, notaire royal à Portets. La maison Mestrezat l'a vendue en 2001 à Maxime Bontoux, ancien expert-comptable reconverti dans le vin. Ce dernier a restructuré le vignoble (hautes densités), qu'il conduit de manière très raisonnée, et a modernisé le chai. Situé dans le sud de l'appellation, le cru couvre 58 ha.
Un 2022 flatteur, au nez feutré, sur le fruit rouge, qui prend son envol dans une bouche souple, bien plus parfumée (cassis, mûre et vanille), déliée et posée en douceur sur des tanins fondants. Charmeur et harmonieux, on le déguste déjà avec plaisir. 2024-2029

CH. TOURTEAU CHOLLET, 3, chem. de Chollet, 33640 Arbanats, tél. 05 56 67 47 78, commercial@lesvignoblesdemaxime.com r.-v.

♥ CH. TRÉBIAC 2022 ★★

24000 | 8 à 11 €

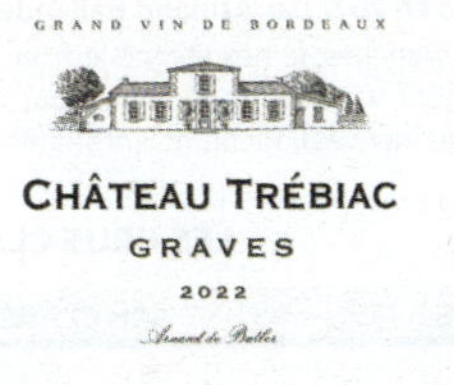

À l'origine du Ch. Crabitey, un orphelinat associé à un vignoble sur le plateau de Portets, dirigés par les sœurs franciscaines depuis 1868. En 1985, l'ordre fait appel à Jean-Ralph de Butler, ingénieur agronome, pour moderniser le domaine. Son fils Arnaud a pris le relais en 1999 et acquis la propriété en 2008. Le cru compte 31 ha sur graves garonnaises. Autre étiquette : Ch. Trébiac.
Un régal que ce 100 % sémillon né de graves argileuses, sagement élevé en cuve pendant 9 mois. Sans artifices, très purs, les arômes croquants de poire et de mirabelle sont prolongés par une bouche volubile qui a tout pour elle : une attaque grasse, un développement frais et

pulpeux, un éclat préservé du fruit et une finale très longue, tendue et minérale, qui donne à l'ensemble un éclat singulier. ⧗ 2024-2028

⊶ VIGNOBLES DE BUTLER, 63, rte du Courneau, 33640 Portets, tél. 05 56 67 18 64, contact@debutler.fr V r.-v.

BENJAMIN DE VIEUX CH. GAUBERT 2023 ★★

■	30 000	◍	8 à 11 €

Dominique Haverlan, fils de viticulteurs, a su rassembler de beaux terroirs de graves sur une centaine d'hectares, à travers plusieurs domaines : Vieux Ch. Gaubert, son fer de lance (une quarantaine d'hectares constitué au cours des années 1980), Haut-Pommarède (33 ha acquis en 2010) et Ch. Grand Bourdieu (22 ha), le tout complété par le fermage du célèbre Ch. de la Brède, où naquit le philosophe Montesquieu. Une valeur sûre.

Une touche discrète d'épices douces agrémente un nez séduisant et original, aux fragrances muscatées de litchi et de rose. Riche et ample à l'attaque, la bouche y ajoute une note croquante de poire et une touche d'amertume revigorante en finale. Un graves joliment élevé, structuré, qui saura tenir dans le temps. ⧗ 2026-2030

■ Vieux Ch. Gaubert 2021 ★★ (15 à 20 €; 10 000 b.) Dominantes au nez, les notes toastées et grillées de l'élevage en fût laissent poindre le fruit noir dans un palais en chair, charmeur de texture, et poser sur une trame tannique veloutée. Une évocation élégante du millésime qui doit digérer son élevage. ⧗ 2027-2032

■ Ch. Haut-Pommarède 2022 ★ (11 à 15 €; 80 000 b.) Un 2022 tout en parfums, au fruité expansif de petites baies rouges, qui séduit aussi par ses tanins soyeux, sa souplesse de chair et son équilibre sans fausse note. À déboucher dans ses jeunes années. ⧗ 2024-2028

⊶ DOMINIQUE HAVERLAN, 35, rue du 8-Mai-1945, 33640 Portets, tél. 05 56 67 18 63, contact@vignobleshaverlan.com V r.-v.

CH. VILLA BEL-AIR 2022 ★

■	n.c.	◍	20 à 30 €

Commandé par une remarquable chartreuse du XVIIIe s. construite pour un conseiller au parlement de Bordeaux, ce cru (43 ha aujourd'hui) a été repris en 1988 par Jean-Michel Cazes (Ch. Lynch Bages, cru classé à Pauillac), puis en 2017 par Armand Ballande.

Abricot, pêche, fleurs blanches, le nez soigne le fruit et y ajoute une subtile note vanillée issue d'un séjour en fût (30 % de barriques neuves). Riche et enrobante à l'attaque, la bouche trouve dans une finale fraîche et citronnée, à l'amertume zestée, ce qu'il faut de tension et de relief. ⧗ 2025-2028

⊶ CH. VILLA BEL-AIR, 1186, rte de Castres, 33650 Saint-Morillon, tél. 05 56 20 29 35, aurelie.ballande@villabelair.com

PESSAC-LÉOGNAN

Superficie : 1 610 ha
Production : 71 145 hl (80 % rouge)

Correspondant à la partie nord des Graves (appelée autrefois Hautes-Graves), la région de Pessac et de Léognan constitue depuis 1987 une appellation communale, inspirée de celles du Médoc. Sa création, qui aurait pu se justifier par son rôle historique (c'est l'ancien vignoble périurbain qui produisait les clarets médiévaux), s'explique par l'originalité de son sol. Les terrasses que l'on trouve plus au sud cèdent la place à une topographie plus accidentée. Le secteur compris entre Martillac et Mérignac est constitué d'un archipel de croupes graveleuses qui présentent d'excellentes aptitudes vitivinicoles par leurs sols, composés de galets très mélangés, et par leurs fortes pentes garantissant un excellent drainage. L'originalité des pessac-léognan a été remarquée par les spécialistes bien avant la création de l'appellation. Ainsi, lors du classement impérial de 1855, Haut-Brion fut le seul château non médocain à être classé (1er cru). Puis, lorsqu'en 1959 seize crus de graves furent classés, tous se trouvaient dans l'aire de l'actuelle appellation communale.

Les vins rouges possèdent les caractéristiques générales des graves, tout en se distinguant par leur bouquet, leur velouté et leur charpente. Quant aux blancs secs, ils se prêtent à l'élevage en fût et au vieillissement qui leur permet d'acquérir une très grande richesse aromatique, avec de fines notes de genêt et de tilleul.

LES CHÊNES DE BOUSCAULT 2021 ★

■	43 378	◍	20 à 30 €

Disposant d'un vignoble de 50 ha d'un seul tenant bordant la route de Toulouse, ce cru est commandé par une superbe demeure du XVIIIe s. entourée d'un parc aux arbres centenaires. Acquis en 1979 par Lucien Lurton, propriétaire de nombreux crus, notamment dans le Médoc, il est conduit depuis 1992 par sa fille Sophie et son gendre Laurent Cogombles.

LES CRUS CLASSÉS DES GRAVES

NOM DU CRU CLASSÉ	VIN CLASSÉ	NOM DU CRU CLASSÉ	VIN CLASSÉ
Ch. Bouscaut	■ ■	Ch. Latour-Martillac	■ ■
Ch. Carbonnieux	■ ■	Ch. Malartic-Lagravière	■ ■
Dom. de Chevalier	■ ■	Ch. La Mission Haut-Brion	■
Ch. Couhins	■	Ch. Olivier	■ ■
Ch. Couhins-Lurton	■	Ch. Pape Clément	■
Ch. Fieuzal	■	Ch. Smith-Haut Lafitte	■
Ch. Haut-Bailly	■	Ch. La Tour-Haut-Brion	■
Ch. Haut-Brion	■		

Un pessac délicat dans la lignée du millésime, dont on retient les arômes subtils et frais, fumés et floraux, ainsi que la matière agréable, tapissante à l'attaque, soutenue par des tanins fermes mais bien pris dans le fruit. Friand, frais et de moyenne garde, on peut aussi l'ouvrir sans attendre. 2024-2029

CH. BOUSCAUT, 1477, av. de Toulouse, 33140 Cadaujac, tél. 05 57 83 12 20, cb@chateau-bouscaut.com V t.l.j. sf dim. lun. 9h-12h 13h30-17h30

CH. BROWN 2022 ★★

| 14 000 | | 30 à 50 €

Commandé par une élégante chartreuse et son pigeonnier du XVIIIe s., ce vaste cru (60 ha dont 35 ha en vignes) doit son nom à un marchand de biens écossais, John Lewis Brown, propriétaire au XIXe s. Après quelques années difficiles, le domaine revit à la suite de son rachat en 1994 par Bernard Barthe; efforts perpétués depuis fin 2004 par les familles Mau et Dirkzwager. Le cru est dirigé par Jean-Christophe Mau.

Des reflets dorés dans la robe, un nez ouvert sur le pain grillé et la praline nuancés de citron et de fruit exotique, un palais charnu, ample, un fruit épanoui, une touche salutaire d'amertume pour conclure : un blanc expansif, joliment élevé, élégant, fidèle expression d'une année solaire. 2025-2030

CH. BROWN, 5, allée John-Lewis-Brown, 33850 Léognan, tél. 05 56 87 08 10, contact@chateau-brown.com V t.l.j. sf sam. dim. 8h-12h 13h30-16h30

CH. CARBONNIEUX 2021 ★

Cru clas. | 160 000 | | 30 à 50 €

90 91 92 93 **94** 95 **96** 97 98 99 **00** **01** 02 **03** 04 |**05**| |06|
|07| |08| |09| 10 |11| |12| |13| 14 15 |16| **17** **18** 19 20 21

Un cru très ancien, déjà exploité au XIIIe s., ancienne dépendance du monastère de l'abbaye de Sainte-Croix au XVIIe s. Occupant sur les hauteurs de Léognan une belle croupe de graves garonnaises, son vaste vignoble couvre 92 ha. Anthony Perrin l'a acquis après le grand gel de 1956, replanté, réhabilité et transmis à ses fils Éric et Philibert.

Trente-cinq pour cent de bois neuf dans l'élevage de ce cru classé qui tire un joli parti de ce millésime difficile. Des notes de cassis frais égaient un nez fumé et torréfié. L'élevage enrobe agréablement une bouche gracile, fraîche, cintrée de tanins fins qui laissent s'exprimer le fruit rouge dans une finale allègre et détendue. De bon goût et de moyenne garde. 2025-2029

CH. CARBONNIEUX, chem. Peyssardet, 33850 Léognan, tél. 05 57 96 56 20, info@chateau-carbonnieux.com V t.l.j. sf sam. dim. 8h30-12h30 13h30-17h

CH. CARBONNIEUX 2022 ★

Cru clas. | 110 000 | | 30 à 50 €

00 01 **02** **03** 04 05 06 07 **08** 09 10 12 13 |14| 15 16 **17**
18 19 20 21

Un cru très ancien, déjà exploité au XIIIe s., ancienne dépendance du monastère de l'abbaye de Sainte-Croix au XVIIe s. Occupant sur les hauteurs de Léognan une belle croupe de graves garonnaises, son vaste vignoble couvre 92 ha. Anthony Perrin l'a acquis après le grand gel de 1956, replanté, réhabilité et transmis à ses fils Éric et Philibert.

Fermenté et élevé en fût, voilà un pessac énergique, au nez sans outrance, à peine toasté, qui libère un joli bouquet floral et fruité (fruits blancs, agrumes). Une belle arête acide structure ce blanc élancé, «très sauvignon», attendri par le fût mais sans gras inutile, et dont la finale zestée laisse un sillon citronné, à l'amertume délicate. 2025-2030 **La Croix de Carbonnieux 2022 ★ (15 à 20 €; 21 000 b.)** Joliment habillé d'un boisé grillé, le nez libère ses parfums d'amande et d'agrumes, que l'on retrouve dans une bouche souple à l'attaque et qui gagne en tension dans une finale citronnée et minérale. À boire sur le fruit de sa jeunesse. 2024-2027

CH. CARBONNIEUX, chem. Peyssardet, 33850 Léognan, tél. 05 57 96 56 20, info@chateau-carbonnieux.com V t.l.j. sf sam. dim. 8h30-12h30 13h30-17h

♥ CH. D'EYRAN 2022 ★★

| 50 000 | | 15 à 20 €

Brigitte et Stéphane Savigneux dirigent un ensemble de 35 ha de vignes répartis entre le Ch. d'Eyran (pessac-léognan) et le Ch. Bastian (bordeaux). Le premier est une ancienne maison forte dont le château a été reconstruit en 1629 et acquis par la famille de Brigitte (famille de Sèze) en 1796. Le second, acheté en 1984, est une ancienne métairie de l'abbaye de Rivet, à Auros.

Un élevage de 6 mois en fût pour ce très beau classique (deux tiers de sauvignon pour un tiers de sémillon), au nez fringant, discrètement vanillé, qui laisse parler le fruit du sauvignon (pêche et bourgeon de cassis). L'élevage se fait tout aussi discret dans un palais d'une parfaite harmonie, de bonne densité, tonique et fruité (pêche), et dont la finale épicée et citronnée achève de rafraîchir. Un ensemble bien typé et d'une réelle élégance. 2025-2030

CH. D' EYRAN, 20, av. du Sable-d'Expert, 33650 Saint-Médard-d'Eyrans, tél. 05 56 77 54 37, charles@savigneux.com V t.l.j. sf dim. lun. 9h30-12h30 14h-18h

CH. FERRAN 2022 ★

| 16 600 | | 15 à 20 €

Ce cru de 20 ha, qui fit partie jadis des domaines de Montesquieu, est propriété depuis 1885 de la famille Béraud-Sudreau. Longtemps resté l'une des «belles endormies» du Bordelais, il est en plein renouveau depuis l'arrivée en 1999 de la cinquième génération incarnée par Philippe et Ghislaine Lacoste.

Fleurs blanches, groseille à maquereaux, agrumes, touches minérales et grillées, le nez ne manque pas de charme. Un fond vanillé issu de l'élevage sous-tend une jolie matière, déliée et rondelette, qui tire d'une finale fumée et citronnée tout ce qu'il faut de tension. Un sauvignon (95 % de l'assemblage) franc et sans faiblesse que l'on peut ouvrir sans attendre. 2024-2028

CH. FERRAN, 15, rte de Lartigue, 33650 Martillac, tél. 05 56 72 62 73, ferran@chateauferran.com V r.-v.

CH. DE FRANCE 2022 ★★

| 8000 | | 20 à 30 €

Commandé par une belle maison de maître du XVIIIᵉs., ce cru a été acheté en 1971 par Bernard Thomassin, ancien distillateur venu de la région parisienne, qui l'a restauré. Son fils Arnaud est aux commandes depuis 1996. Son vignoble de 44 ha, entièrement restructuré, est situé sur une croupe de graves profondes, l'un des plus hauts coteaux de la terrasse de Léognan.

Quatre-vingt pour cent de sauvignon blanc dans ce pessac-léognan classiquement vinifié et élevé en fût pendant 8 mois. Un touche de pierre à fusil donne du cachet à un nez élégant, entre fleurs blanches, pêche et citrus. Ample et charnue, la matière emplit généreusement le palais, dans une ambiance vanillée très charmeuse. Un vin confortable et solaire qui profitera certainement d'une petite garde. ⧗ 2025-2030

CH. DE FRANCE, 98, av. de Mont-de-Marsan, 33850 Léognan, tél. 05 56 64 75 39, contact@chateau-de-france.com V r.-v.

DOM. DE GRANDMAISON 2022 ★

| 12300 | | 20 à 30 €

Créé en 1780, ce cru familial est la propriété des Bouquier depuis 1939. Il étend son vignoble de 19 ha sur un terroir à dominante argilo-calcaire, exploité selon des méthodes de travail respectueuses de l'environnement (vignoble enherbé, limitation des traitements). Il ne produit qu'un seul vin.

Paré d'une robe argentée aux reflets verts, ce blanc se montre expressif dès l'olfaction : chèvrefeuille, buis et agrumes sur un fond grillé. Le fruit blanc et la tabac étirent un peu plus la palette dans une bouche souple et fraîche en attaque, puis grasse et un brin serrée en finale. Un beau vin de gastronomie qui sera à l'aise sur une viande crémée. ⧗ 2025-2030

DOM. DE GRANDMAISON, 182, av. de la Duragne, 33850 Léognan, tél. 05 56 64 75 37, courrier@domaine-de-grandmaison.fr V r.-v.

CH. HAUT-BAILLY 2021 ★★

Cru clas. | 40000 | | + de 100 €

90 92 93 94 (95) **96 97 98 99** |00| |**01**| |**02**| |**03**| |**04**| |**05**| |**06**| |07| |08| **09 10 11** 12 |13| **14 16 17 18 19 20 21**

Créé en 1630 par un financier parisien, Firmin Le Bailly, ce cru situé aux portes de Bordeaux acquiert sa notoriété au XIXᵉs. sous l'impulsion d'Alcide Bellot des Minières. Un prestige renforcé à partir de 1955 par la famille Sanders, puis par le banquier américain Robert G. Wilmers. Son fils Chris Wilmers a repris la gouvernance en 2017, toujours avec Véronique Sanders aux commandes. Le vignoble, intégralement voué aux cépages rouges, couvre 30 ha d'un seul tenant. Un nouveau chai, réalisé par Daniel Romeo, et sorti de terres en 2021.

Un haut-bailly «chic», vinifié avec tact, qui soigne la finesse. On en retient le nez fringant, mêlant harmonieusement le fruit frais aux nuances fumées de café et de Zan d'un élevage au cordeau. Dans la ligne, la bouche ne surjoue pas mais soigne l'équilibre et livre une matière élancée, fraîche, cousue de tanins effilés qui étirent le fruit dans une finale sapide et énergique. Du charme et de la classe. ⧗ 2028-2038

CH. HAUT-BAILLY, 103, av. de Cadaujac, 33850 Léognan, tél. 05 56 64 75 11, mail@haut-bailly.com r.-v. 5

CH. HAUT-BRION 2021 ★★

1ᵉʳ cru clas. | n.c. | | + de 100 €

|(82)| **83 84 85 86 87** |**88**| |**89**| |(90)| **91 92 93 94** |(95)| |(96)| **97** |(98)| |**99**| |(00)| |**01**| |(02)| |**03**| |(04)| (05) (06) **07** (08) (09) (10) **11** (12) **13** (14) (15) (16) (18) (19) (20) **21**

Créé par Jean de Pontac en 1525, le premier véritable château du vin bordelais a joué un rôle majeur dans l'apparition de la notion de cru et de bordeaux moderne – il connut la célébrité en Grande-Bretagne dès le XVIIᵉs. grâce à Arnaud de Pontac. Seul cru des Graves intégré au classement de 1855, Haut-Brion a été acquis en 1935 par le banquier américain Clarence Dillon. Son descendant le prince Robert de Luxembourg en est l'actuel propriétaire. Aujourd'hui enclavé dans l'agglomération bordelaise, le domaine continue d'entretenir sa légende, sous la conduite de son directeur Jean-Philippe Delmas, grâce à son terroir particulier, fait de graves blanches sur argiles profondes.

Dominé par le merlot, comme il est de coutume à Haut-Brion, un 2021 remarquable de densité, qui prend son temps pour diffuser ses arômes toastés et épicés, qui portent pour l'heure la marque de l'élevage. Le merlot prête ses rondeurs à un palais bien en chair, puissant, très séveux, adossé à des tanins parfaitement enrobés. Jeune mais d'une consistance rarement de mise en 2021 et d'une charme évident, on lui prédit un grand avenir. ⧗ 2029-2045

CH. HAUT-BRION, 135, av. Jean-Jaurès, 33608 Pessac Cedex, tél. 05 56 00 29 30, info@haut-brion.com r.-v.

♥ CH. HAUT-BRION 2022 ★★★

| n.c. | | + de 100 €

(82) **83 85 87 88 89 90 94 95 96 97 98** (99) (00) |**01**| |**02**| |**03**| |(04)| |**05**| |(06)| |(07)| |(08)| |(09)| (10) (11) **12** (13) (14) (15) (16) **17** **19** (20) **21** (22)

Créé par Jean de Pontac en 1525, le premier véritable château du vin bordelais a joué un rôle majeur dans l'apparition de la notion de cru et de bordeaux moderne – il connut la célébrité en Grande-Bretagne dès le XVIIᵉs. grâce à Arnaud de Pontac. Seul cru des Graves intégré au classement de 1855, Haut-Brion a été acquis en 1935 par le banquier américain Clarence Dillon. Son descendant le prince Robert de Luxembourg en est l'actuel propriétaire. Aujourd'hui

enclavé dans l'agglomération bordelaise, le domaine continue d'entretenir sa légende, sous la conduite de son directeur Jean-Philippe Delmas, grâce à son terroir particulier, fait de graves blanches sur argiles profondes.
Le sémillon majoritaire d'une courte tête (51,4 %) dans l'assemblage du 2022, année solaire et historiquement précoce (vendanges débutées le 17 août). Dans le verre, un blanc de très haute volée, aux parfums expansifs mais frais de fruits exotiques et de miel, relevés d'un trait d'agrumes et où le chêne se fait bien discret. Le fruit, très intense, infuse une matière tactile et suave qui s'étire longuement dans un palais sensuel, luxuriant, enrobé par un élevage épicé de grande classe. Un Haut-Brion certes ensoleillé, mais d'une tenue et d'une profondeur tout simplement exceptionnelles. ⧗ 2027-2036 ■ **La Clarté de Haut-Brion 2022 ★ (+ de 100 €; n.c.)** Né de parcelles issues des deux châteaux (Haut-Brion et La Mission Haut-Brion), intégrant 32 % de chêne neuf dans l'élevage, ce 2022 dévoile un nez délicat et finement grillé, entre fleurs blanches, tilleul et fruits blancs. La bouche affiche une jolie chair, volumineuse, parfumée et délicate, d'une séduction immédiate. ⧗ 2025-2030

CH. HAUT-BRION, 135, av. Jean-Jaurès, 33608 Pessac Cedex, tél. 05 56 00 29 30, info@haut-brion.com r.-v.

CH. HAUT-VIGNEAU 2022 ★

■ | 3500 | | 11 à 15 €

Planté à partir du milieu des années 1980 sur des terres graveleuses qui appartenaient au XVIIIes. à Montesquieu, ce vignoble est conduit par Éric Perrin, qui gère également Carbonnieux.
Élevé en cuve bois, voilà un blanc très épanoui, plutôt floral, dont la touche miellée trahit un début d'évolution. Accueillante, onctueuse, très tactile, portée par une bien belle fraîcheur, la bouche délivre un fruit appétant, un peu salin, aux nuances de tarte Tatin. Long, plein, mûr, il fera un très beau mariage avec un foie gras en terrine. ⧗ 2024-2029

CH. HAUT-VIGNEAU, 20, rue Jules-Guesde, 33850 Léognan, tél. 05 57 96 56 20, info@chateau-carbonnieux.fr

CH. LARRIVET HAUT-BRION 2021 ★

■ | 120000 | | 30 à 50 €

Ch. de Canolle, La Rivette, Brion-Larrivet, Haut-Brion Larrivet, le cru a changé plusieurs fois de nom (et de propriétaires) avant de prendre, en 1949, celui de Larrivet Haut-Brion. Une belle unité de 75 ha, propriété de Philippe et Christine Gervoson depuis 1987.
La robe soutenue et le nez puissant, pétri de cassis, de mûre et de vanille, donnent le ton d'une bouche ronde et pulpeuse, animée et d'une petite acidité discrète et cadrée par des tanins plaisants, extraits avec retenue. Acidulée et sur le fruit (cassis), la finale conclut très agréablement la dégustation. Une expression généreuse d'un millésime qui ne l'a pas été. ⧗ 2026-2032 ■ **2022 ★ (30 à 50 €; 15000 b.)** Boisé grillé, réglisse, agrumes, fruits jaunes et note florale, le nez a inspiré le jury. Tout aussi parfumée, très alerte à l'attaque, la bouche se détend ensuite, gagne en rondeur, avant une finale très tonique et un brin serrée, sur la pêche de vigne. Structuré, énergique, un blanc résolument de belle garde. ⧗ 2026-2030

CH. LARRIVET HAUT-BRION, 84, av. de Cadaujac, 33850 Léognan, tél. 05 56 64 75 51, larrivethautbrion@wanadoo.fr V r.-v.

CH. LÉOGNAN 2021 ★

■ | 14000 | | 30 à 50 €

En 2006, Philippe et Chantale Miecaze tombent amoureux de ce beau château de la fin du XIXes. Ils l'achètent l'année suivante et le restaurent pour en faire un haut lieu de l'œnotourisme, sans négliger le vignoble (6 ha) planté sur un terroir de belles graves.
Soixante-dix pour cent de cabernet-sauvignon et 14 mois de fût, d'où cette robe profonde et ces arômes typés de cèdre, de poivron et de cerise noire, relevés d'un trait plus original de thym. Très charmeuse, presque moelleuse, l'attaque ouvre sur un cœur de bouche puissant et structuré par des tanins corsés qui appellent la garde. Un vin sérieux qui a tout l'avenir devant lui. ⧗ 2028-2034

CH. LÉOGNAN, 88, chem. du Barp, 33850 Léognan, tél. 05 56 64 14 96, contact@chateauleognan.fr V r.-v. 5

CH. LA LOUVIÈRE 2021 ★

■ | 120000 | | 30 à 50 €

90 92 **93 94** 95 96 97 98 **99** 00 **01 02** 03 04 **05** 06 07 08 09 |**10**| |11| |**12**| |13| 14 15 **16 19** 20 21

Non classé, Ch. la Louvière, limitrophe de Carbonnieux et Haut-Bailly, n'en est pas moins un cru emblématique de Pessac-Léognan – par l'élégance de son château classé monument historique, par l'ancienneté de son vignoble (XIVes.), par le rôle de son propriétaire (André Lurton, décédé en 2019) dans la naissance de l'appellation et par la qualité constante de ses vins. Les sept enfants Lurton poursuivent désormais l'œuvre de leur père avec Jacques à la présidence des vignobles.
Timides à l'ouverture, les arômes se livrent par touches successives : vanille, cassis, mûre et voile de menthol. De demi-corps comme le veut l'année, mais fraîche et élégante, la bouche conserve un petit velouté charmeur qui enrobe joliment une trame tannique proportionnée à l'ensemble. Un pessac tout en mesure. ⧗ 2026-2032

CH. LA LOUVIÈRE, 149, av. de Cadaujac, 33850 Léognan, tél. 05 56 64 75 87, lalouviere@andrelurton.com V *t.l.j. sf dim. 10h-13h 14h-17h*

♥ CH. MALARTIC-LAGRAVIÈRE 2022 ★★

■ Cru clas. | 5000 | | 50 à 75 €

Sur l'étiquette, trois mâts en l'honneur du comte de Malartic, amiral sous le règne de Louis XV, dont la famille fut propriétaire du cru au XVIIIes. Depuis son rachat en 1996 par les Bonnie, d'origine belge, ce vignoble de 53 ha implanté sur une belle croupe de graves a bénéficié d'un vaste plan de rénovation, à la vigne et au chai. Une valeur sûre de l'appellation, dans les deux couleurs, codirigée depuis 2013 par Jean-Jacques Bonnie et sa sœur Véronique.

Rehaussé de notes toastées sans outrance, le nez affiche la vigueur aromatique d'un sauvignon blanc bien mûr, entre fruits exotiques et pêche blanche. Ample à l'attaque, la bouche livre une matière cossue, enrobante, mais d'une belle droiture, qui conserve toute la fraîcheur attendue, avec une pointe d'amertume finale qui ajoute au relief de l'ensemble. Un pessac complet, de référence. ⧗ 2026-2032 ■ **Le Comte de Malartic 2022 ★ (20 à 30 €; 6500 b.)** Des arômes débridés de fruit de la Passion, de pêche et de pamplemousse, une bouche ample, épaulée par une touche de bois, une finale enlevée et citronnée : un second vin dynamique, qui tient son rang. ⧗ 2025-2029

CH. MALARTIC-LAGRAVIÈRE,
43, av. de Mont-de-Marsan,
33850 Léognan, tél. 05 56 64 75 08,
malartic-lagraviere@malartic-lagraviere.com
V *t.l.j. sf dim. 9h-13h 14h-18h*

DOM. DE MERLET Cuvée Prestige 2021 ★

■ | 2000 | | 20 à 30 €

À côté de crus imposants commandés par de véritables châteaux, l'appellation pessac-léognan recèle de modestes propriétés familiales comme celle-ci, qui compte à peine plus de 4 ha. Resté un siècle en sommeil après le phylloxéra, le domaine a connu une renaissance après 1989 sous l'impulsion de trois frères et sœur, les Tauzin.

Merlot et cabernet-sauvignon à parité dans ce 2021 plus élégant que puissant, dont on retient les parfums typés de cassis, de torréfaction et de végétal frais, et la bouche élancée, fraîche, étirée sur les épices et assise sur des tanins ciselés. ⧗ 2025-2029

DOM. DE MERLET, 140, av. de Cadaujac,
33850 Léognan, tél. 06 82 85 31 40, domainedemerlet@gmail.com V *t.l.j. sf dim. 10h-12h30 14h-18h30*

CH. LA MISSION HAUT-BRION 2021 ★★

■ Cru clas. | n.c. | | + de 100 €

82 83 84 85 86 87 |88| |89| |(90)| 92 93 94 |95| |(96)| 97
|98| |99| |(00)| |01| |02| |03| |04| |(05)| |06| |07| 08 09 10 11
12 13 14 15 16 18 19 20 21

Séparé du château Haut-Brion juste par la RN 250 et uni à lui depuis son acquisition en 1983 par les Domaines Clarence Dillon, ce cru s'individualise par son histoire. Celle-ci est liée à la puissante famille de Lestonnac jusqu'en 1682, puis, jusqu'à la Révolution, aux pères lazaristes de Saint-Vincent, qui identifièrent les qualités remarquables de son terroir graveleux aujourd'hui planté de 29 ha de vignes, dont 3,6 ha en blanc.

Le merlot domine, d'une courte tête, l'assemblage du 2021. Sur la réserve, le nez livre des notes discrètes de fruits noirs sur fond toasté et vanillé. Bien plus expansif, le fruit (cerise bigarreau) acidulé et cacaoté perce dans une bouche cossue et confortable, posée en douceur sur des tanins épicés et bien travaillés. Frais, aimable, parfumé, l'ensemble laisse une sensation de plénitude remarquable dans le millésime. ⧗ 2029-2040

CH. LA MISSION HAUT-BRION, 67, rue Peybouquey,
33400 Talence, tél. 05 56 00 29 30, info@haut-brion.com
r.-v.

CH. LA MISSION HAUT-BRION 2022 ★★

■ | n.c. | | + de 100 €

90 93 94 95 96 97 (98) 99 00 01 02 03 04 |(05)| |06| |07|
|08| |09| |10| |11| |12| 13 14 |15| 16 17 19 20 21 22

Séparé du château Haut-Brion juste par la RN 250 et uni à lui depuis son acquisition en 1983 par les Domaines Clarence Dillon, ce cru s'individualise par son histoire. Celle-ci est liée à la puissante famille de Lestonnac jusqu'en 1682, puis, jusqu'à la Révolution, aux pères lazaristes de Saint-Vincent, qui identifièrent les qualités remarquables de son terroir graveleux aujourd'hui planté de 29 ha de vignes, dont 3,6 ha en blanc.

L'assemblage, très variable selon les millésimes, fait la part belle en 2022 au sémillon (72 %). Fin, complexe, floral, citronné, très subtilement boisé, le nez ouvre sur une bien belle bouche, riche, enrobante, aux nuances très persistantes de cire d'abeille et de miel, qui préserve tout ce qu'il faut de délicatesse et de fraîcheur dans cette année pourtant très généreuse. Un modèle d'équilibre et de séduction. ⧗ 2026-2034

CH. LA MISSION HAUT-BRION, 67, rue Peybouquey,
33400 Talence, tél. 05 56 00 29 30, info@haut-brion.com
r.-v.

CH. PICQUE CAILLOU 2022 ★

■ | 10000 | | 20 à 30 €

Situé au cœur de l'agglomération bordelaise, ce cru au nom évocateur de son terroir est conduit depuis 2007 par Paulin Calvet, de la célèbre lignée de négociants, propriétaire du domaine depuis 1947. Couvrant 22 ha, il figure parmi les derniers vignobles de Mérignac. La propriété est conduite en système de management environnemental.

Ce pur sauvignon blanc élevé en fût et en cuve dévoile des arômes séduisants et complexes de buis, de pamplemousse et de jasmin sur un lit de vanille. Du corps, de la rondeur, une belle acidité, un boisé intégré, une longue finale à l'accent fumé et minéral : la bouche ne manque pas d'atouts. ⧗ 2025-2029

CH. PICQUE CAILLOU,
93, av. Pierre-Mendès-France, 33700 Mérignac,
tél. 05 56 47 37 98, contact@picque-caillou.com
V *t.l.j. 8h30-17h30*

♥ CH. PONT SAINT-MARTIN 2021 ★★

■ | 20000 | | 30 à 50 €

Un pavillon du XVIIIe s., un parc, un arboretum : avec le Ch. de Castres (graves), José Rodrigues-Lalande, ingénieur et œnologue, a acquis en 1996 un beau quartier général. Il s'est agrandi en 2012 dans cette même appellation en achetant le Ch. Beau-Site, après s'être implanté en pessac-léognan en 2004, avec l'acquisition des 17 ha du Ch. Roche-Lalande. En 2013, il a encore acquis en

pessac-léognan le Ch. Pont Saint-Martin. Pas moins de 40 ha pour cette exploitation familiale.

Merlot et cabernet-sauvignon presque à parité dans ce cru qui décroche son premier coup de cœur. Un vin au nez puissant de fraise écrasée et d'âtre de cheminée, marque typique de l'appellation. Une attaque bien parfumée (cassis), volumineuse et fraîche précède un cœur de bouche consistant, appuyé sur des tanins cossus mais d'un soyeux singulier. Puissant, élégant, de belle garde, il transcende le millésime. ⌛ 2027-2034 ■ **Ch. Roche-Lalande la Croix 2021 ★★ (15 à 20 €; 30000 b.)** Un nez lent à s'ouvrir, d'abord toasté et réglissé puis fruité, précède une bouche charnue et fraîche, posée sur une trame tannique d'une agréable souplesse qui accompagne longuement le fruit (noir) en finale. ⌛ 2025-2029

⊶ VIGNOBLES RODRIGUES-LALANDE, 33640 Castres-Gironde, tél. 05 56 67 51 51, contact@chateaudecastres.fr V *t.l.j. 8h-12h 13h-18h* 5

CH. DE QUANTIN 2022 ★

■	10000		15 à 20 €

Fondé au XVIIᵉs. par l'avocat bordelais Jacques de Cruzeau, Cruzeau est un cru d'ancienne notoriété qui fut abandonné après le phylloxéra. Situé au sud de l'appellation pessac-léognan, il fut découvert en 1973 par André Lurton, par hasard, après une tempête qui avait déraciné les pins et révélé son beau terroir de graves. Entièrement reconstitué, le vignoble couvre aujourd'hui 97 ha. Depuis la disparition d'André Lurton en 2019, ses sept enfants prennent la relève, avec Jacques à la présidence des vignobles familiaux.

Un pessac facile d'accès, au nez d'abord taiseux mais qui livre à l'aération des parfums de sésame grillé, de fruits blancs frais et de bourgeon de cassis. Une touche épicée s'insinue dans une bouche volubile, caressante à l'attaque, à la fois tendre et fraîche dans son déroulé, d'un équilibre sans fausse note et d'une longueur honorable. À l'arrivée, un sauvignon blanc complet et bien typé. ⌛ 2024-2028

⊶ CH. DE CRUZEAU, 1, allée de Cruzeau, 33650 Saint-Médard-d'Eyrans, tél. 05 57 25 58 58, contact-val@andrelurton.com V *t.l.j. sf dim. mer. 10h-13h 14h-17h*

CH. DE ROCHEMORIN 2021 ★

■	110000		20 à 30 €

Ancienne ferme fortifiée de style périgourdin ayant appartenu à Montesquieu, ce château a failli perdre son vignoble au début du XXᵉs., les propriétaires de l'époque préférant la sylviculture à la viticulture. Racheté en 1973 par André Lurton (disparu en mai 2019), il dispose aujourd'hui d'un vaste vignoble et de chais ultramodernes.

Marqué par le merlot (80 %), le cru tire un bien joli parti de ce millésime délicat. Intense, fin, épicé, le nez laisse parler le fruit (cerise) sur un fond élégamment boisé. Fraîche et soyeuse à l'entame, puis ourlée de tanins souples, la bouche offre une mâche plaisante, confortable et mentholée, un rien serrée en finale. Un bon classique de moyenne garde. ⌛ 2025-2029

⊶ CH. DE ROCHEMORIN, chem. du Carrosse, 33650 Martillac, tél. 05 56 64 75 87, contact-val@andrelurton.com V *t.l.j. sf dim. 10h-13h 14h-17h*

CH. SAINT-EUGÈNE 2021 ★

■	75000		15 à 20 €

Originaire de Champagne (Côte des Blancs), la famille Gonet s'est aussi forgée une solide renommée dans le Bordelais : en graves-de-vayres avec les châteaux Lesparre (acquis en 1986), Lathibaude et Durand-Bayle, valeurs sûres conduites en bio, ainsi qu'en pessac-léognan (Haut-Bacalan, Eck, Haut l'Évêque, Saint-Eugène) et en appellations régionales (La Chapelle Bordes, La Rose Videau).

Un reflet presque acajou teinte la robe de ce bon pessac qui s'ouvre lentement mais sûrement sur le fruit rouge du merlot (70 % de l'assemblage), nuancé de réglisse et de menthol. Une agréable sucrosité, des tanins d'une douceur exemplaire, une finale suave et salivante : un bien joli 2021 qui soigne le fruit et la souplesse. ⌛ 2025-2029

⊶ MICHEL GONET ET FILS, Ch. Lesparre, 33750 Beychac-et-Caillau, tél. 05 57 24 51 23, info@gonet.fr V *t.l.j. sf sam. dim. 9h-12h 14h-18h*

CH. SEGUIN 2021 ★★

■	17300		30 à 50 €

Bordé par le chemin de Saint-Jacques – les pèlerins passaient devant la croix de Seguin, toujours sur la propriété – ce domaine viticole ancien tombé dans l'oubli a été entièrement reconstitué depuis 1987 par les Darriet. Le vignoble, composé de deux belles croupes de graves, couvre aujourd'hui 30 ha.

Cassis, mûre, girofle, poivre, menthol, le nez, très typé cabernet-sauvignon, est prometteur. Veloutée, riche, pulpeuse, bien parfumée, relevée de tanins serrés mais enrobés, très étirée sur le fruit et les notes fumées du merrain, la bouche ne déçoit pas. Un vin structuré, résolument de garde, qui affiche une belle maturité dans le millésime. On l'encave très sereinement. ⌛ 2028-2034

⊶ CH. SEGUIN, chem. de la House, 33610 Canéjan, tél. 05 56 75 02 43, contact@chateauseguin.com V *t.l.j. sf sam. dim. 10h-17h*

CH. SMITH HAUT LAFITTE 2022 ★

■	25000		+ de 100 €

90 91 **92** 93 94 95 **96 97** (98) **99 00 01 02 03 04** 05 06 **07** 08 **09 10** 11 |**12**| |**13**| 14 15 **16 17 18** 19 **20 21** 22

Ce cru ancien fondé en 1365 doit son nom au navigateur écossais George Smith, installé ici au XVIIIᵉs. Lui succéderont M. Duffour-Dubergier, maire de Bordeaux, puis Louis Eschenauer, grande figure du négoce bordelais. En 1990, Florence et Daniel Cathiard acquièrent le domaine et lancent de grands travaux : création de deux chais souterrains, reprise du travail du sol sans désherbant, intégration de leur propre tonnellerie, développement de l'œnotourisme avec Les Caudalies, complexe hôtelier et centre de vinothérapie. Le vignoble couvre aujourd'hui 78 ha (en bio) sur une belle croupe de graves.

Vinifié et élevé en fût (50 % de chêne neuf), un blanc de garde au nez expansif qui mêle harmonieusement le toasté de la barrique aux notes de pêche blanche et de bourgeon de cassis d'un sauvignon blanc mûr. Ample, bien enrobée par l'élevage mais dynamique, la bouche diffuse un fruité séducteur, vanillé, épicé et abricoté d'une longueur conséquente. Un pessac confortable et harmonieux, dans la droite ligne du millésime. ⧗ 2026-2032 ■ **Les Hauts de Smith 2022 ★ (30 à 50 €; 15 000 b.)** Des parfums de fruit de la Passion, de pêche, de toast et d'épices douces animent une matière charmeuse, douce à l'attaque, souple et fraîche, généreusement vanillée en finale. ⧗ 2024-2028

CH. SMITH HAUT LAFFITTE, rte Jean-de-Ramon, 33650 Martillac, tél. 05 57 83 11 22, c.meyrou@smith-haut-lafitte.com V r.-v.

CH. SMITH HAUT LAFITTE 2021 ★★

■ Cru clas.	120 000		+ de 100 €

90 91 92 **93 94 95** 96 97 **98** 99 **00 01 02** 03 04 |(05)| |**06**| |07| |**08**| **09 10 11** 12 13 **14 15 16 17 18 19** (20) **21**

Ce cru ancien fondé en 1365 doit son nom au navigateur écossais George Smith, installé ici au XVIIIᵉs. Lui succéderont M. Duffour-Dubergier, maire de Bordeaux, puis Louis Eschenauer, grande figure du négoce bordelais. En 1990, Florence et Daniel Cathiard acquièrent le domaine et lancent de grands travaux : création de deux chais souterrains, reprise du travail du sol sans désherbant, intégration de leur propre tonnellerie, développement de l'œnotourisme avec Les Caudalies, complexe hôtelier et centre de vinothérapie. Le vignoble couvre aujourd'hui 78 ha (en bio) sur une belle croupe de graves.

On retrouve avec plaisir le cachet aromatique des vins du cru dans ce 2021 qui n'a peut-être pas la chair des grands millésimes, mais qui tient incontestablement son rang. Groseille, prune cuite, cuir frais, épices, le tout dans un écrin finement vanillé, le nez, ouvert et complexe, introduit une bouche consistante, concentrée et fraîche, à l'accent fumé, épaulée par une trame tannique dense. Un vin sérieux dont la longueur augure d'un bel avenir. ⧗ 2028-2035 ■ **Le Petit Smith Haut Lafitte 2021 ★★ (30 à 50 €; 80 000 b.)** Issu de jeunes vignes (11 ans), ce pessac séduit avec ses arômes de fruits noirs mâtinés d'épices, d'ardoise et de chêne frais. Du volume, du raffinement dans la texture, une franche acidité, des tanins souples et enrobés, une finale étirée sur les épices : un second vin très abouti. ⧗ 2025-2030

CH. SMITH HAUT LAFFITTE, rte Jean-de-Ramon, 33650 Martillac, tél. 05 57 83 11 22, c.meyrou@smith-haut-lafitte.com V r.-v.

CH. LE THIL COMTE CLARY 2021 ★★

■	18 000		20 à 30 €

En 2012, Florence et Daniel Cathiard ont acquis les 12 ha (3 ha de blanc et 9 ha de rouge) du Ch. le Thil Comte Clary, commandé par une chartreuse du XVIIIᵉs. et voisin de leur emblématique Ch. Smith Haut-Lafitte. La conversion bio est engagée.

Un presque pur merlot (95 %) ouvert sur les fruits rouges, la vanille et la réglisse. Très en chair, douce à l'attaque, la bouche ne faiblit pas, intégrant sans mal dans une matière d'une belle générosité (pour le millésime) des tanins fermes mais bien enrobés par un élevage à propos. Un profil rond et d'une séduction évidente. ⧗ 2026-2032

CH. LE THIL COMTE CLARY, 35, chem. le Thil, 33650 Martillac, tél. 05 57 83 11 22, c.meyrou@smith-haut-lafitte.com V r.-v.

➜ LE MÉDOC

MÉDOC

Superficie : 5 700 ha / Production : 300 000 hl

L'ensemble du vignoble médocain a droit à l'appellation médoc, mais en pratique celle-ci n'est utilisée que dans le nord de la presqu'île, à proximité de Lesparre, les communes situées entre Blanquefort et Saint-Seurin-de-Cadourne pouvant revendiquer celle de haut-médoc ou des communales, dans le cadre de leurs zones délimitées spécifiques. Malgré cela, l'appellation médoc est la plus importante en superficie et en volume.
Les médoc se distinguent par une couleur très soutenue. Avec un pourcentage de merlot plus important que dans les vins du haut-médoc et des appellations communales, ils possèdent souvent un bouquet fruité et beaucoup de rondeur en bouche. Certains, provenant de croupes graveleuses isolées, associent aussi une grande finesse et une certaine richesse tannique.

CH. BELLEVUE
Élevé en fût de chêne 2021 ★

■ Cru bourg.	90 000		8 à 11 €

Bénéficiant d'un vignoble de 27,5 ha planté sur les terres hétérogènes des croupes de la Gironde, ce domaine familial, classé cru bourgeois depuis 1978, est conduit depuis 1997 par Régis Lassalle.

Pas de fausse note dans ce médoc qui intègre 45 % de cabernet-sauvignon. À un nez nuancé, qui hésite entre fruits rouges frais, mûre, vanille et notes fumées, répond une bouche élégante, fraîche, ourlée de tanins veloutés ouvrant sur une longue finale chocolatée. Le jury salue un «élevage maîtrisé» et entrevoit une belle garde. ⧗ 2025-2031

CH. BELLEVUE, 10, rue du 8-Mai-1945, 33340 Valeyrac, tél. 05 56 41 52 17, earl.lassalle@wanadoo.fr V *t.l.j. sf sam. dim. 8h-12h30*

CH. BOIS CARRÉ 2021 ★

■	5 000		8 à 11 €

Commencée en 1870, la construction du château – en réalité une maison bourgeoise – s'arrêta pour cause de phylloxéra et ne fut achevée qu'en 2001 après dix ans de travaux. David Renouil y conduit depuis 1999 un petit vignoble de 6 ha sur argilo-calcaires, qui doit son nom au site gallo-romain situé sur la commune de Saint-Yzans-de-Médoc.

Des nuances de cerise et de cassis percent derrière un fond dominé par le café et le Zan. Des tanins denses et serrés tiennent en respect une belle matière, ronde et ample à l'attaque, plus ferme en finale. Bien construit, longuement réglissé, il est paré pour vieillir avec grâce. ⧗ 2025-2030

CH. BOIS CARRÉ, 1, rue de Mazails, 33340 Saint-Yzans-de-Médoc, tél. 06 08 68 45 61, chateauboiscarre@outlook.fr V *t.l.j. 8h-12h 14h-18h*

CH. LE BOURDIEU 2021 ★★

■ Cru bourg. | 146 000 | | 8 à 11 €

Reconstitué en 1978 par Guy Bailly, ce cru ancien bâti sur une croupe de graves fut au début du XIXᵉs. la propriété de Philippe Delacourt, géographe du roi ayant cartographié le Médoc. Le vignoble couvre près de cinquante hectares.

Une robe soutenue, un nez qui fleure bon les fruits rouges écrasés et le chêne toasté, beaucoup de matière et de mâche, des tanins fins, des notes acidulées rafraîchissantes, une finale qui convoque les épices douces de la barrique : déjà très agréable mais de bonne tenue. Une franche réussite. ⧗ 2025-2030

⊶ CH. LE BOURDIEU, 1, rte de Troussas, 33340 Valeyrac, tél. 05 56 41 58 52, guybailly@lebourdieu.fr V *t.l.j. sf sam. dim. 9h-12h 14h-18h*

CH. CHANTEMERLE 2021 ★

■ Cru bourg. | 120 000 | | 11 à 15 €

Ayant leur siège à Gaillan à une quinzaine de kilomètres de l'océan, les vignobles Cruchon comportent un vaste ensemble de crus, s'étendant au total sur quelque 200 ha.

Le cabernet-sauvignon (60 %) donne le ton de ce 2021 tout en souplesse. On en retient les parfums séduisants de cassis et de torréfaction, ainsi que la bouche déliée, discrètement tannique et animée d'une petite sucrosité gourmande. Il est prêt à passer à table sur une grillade de viande rouge. ⧗ 2024-2028 ■ **Cru bourg. Ch. Saint-Christophe 2021 ★ (11 à 15 €; 106 666 b.)** Du fruit rouge et du poivre au nez comme en bouche dans ce médoc « de soif » qui soigne la rondeur, la fraîcheur, la souplesse des tanins et le croquant du fruit. Atypique et gourmand. On l'ouvre dans les deux ou trois ans. ⧗ 2024-2027

⊶ CH. CHANTEMERLE, 2, rte de Vendays, 33340 Gaillan-en-Médoc, tél. 05 56 41 69 71, contact@vignoblescruchon.fr V *t.l.j. sf sam. dim. 8h30-12h 14h-17h*

CH. DE LA CROIX 2021 ★

■ Cru bourg. | 72 000 | | 11 à 15 €

Belle unité de 32 ha, propriété de la famille Francisco depuis cinq générations, ce cru doit son nom à la croix située à l'entrée du village qui servait de repère pour les pèlerins se rendant à Saint-Jacques-de-Compostelle.

Une robe limpide et un nez friand, net, centré sur les fruits rouges frais, le végétal et les épices douces, ouvrent sur un palais bien en chair, vineux, tissé de tanins bien enrobés. Un vin généreux dans le millésime, très harmonieux et facile à aimer. ⧗ 2025-2030

⊶ CH. DE LA CROIX, 6, chem. de la Croix, 33340 Ordonnac, tél. 05 56 09 04 14, cdlc@chateau-de-la-croix.com V *t.l.j. sf sam. dim. 9h-12h 14h-17h*

CH. LA FLEUR DES AUBIERS 2021 ★

■ | 120 266 | | 5 à 8 €

Uni-Médoc est le premier producteur de vins de l'appellation médoc. La cave rassemble quelque 160 viticulteurs qui exploitent 1 000 ha, essentiellement sur les communes de Bégadan, Ordonnac, Prignac et Queyrac.

Le nez prend son temps pour livrer ses nuances de torréfaction et de fruits rouges frais. Le fruit monte d'un cran dans une bouche onctueuse assise sur des tanins très décontractés. Tendre et facile d'accès, un vin aimable, encore plus à ce prix. ⧗ 2024-2028 ■ **Cru bourg. Ch. de Bensse 2021 ★ (11 à 15 €; 114 400 b.)** Des arômes généreux, fruités, épicés et mentholés, de la douceur dans la texture, des tanins ciselés, ce qu'il faut de rondeur, une finale tonique et savoureuse sur le cassis : « impeccable dans sa catégorie », conclut le jury. ⧗ 2025-2028

⊶ LES VIGNERONS D' UNI-MÉDOC, 14, rte de Soulac, 33340 Gaillan-en-Médoc, tél. 05 56 41 03 12, cave@uni-medoc.com V *t.l.j. 8h30-12h30 14h-18h*

CH. FONTIS 2021 ★

■ Cru bourg. | 15 000 | | 15 à 20 €

Située sur le point culminant de l'appellation (38 m !), cette propriété de 10 ha jouit d'un beau point de vue sur l'estuaire. Vincent Boivert la conduit en agriculture raisonnée depuis qu'il en a pris les commandes en 1995.

Une petite pointe d'évolution dans la robe, ce que confirme le nez avec ses accents de sous-bois, de tabac, de fleurs séchées et de fruits confits. Les épices prennent le relais dans une bouche d'abord caressante et déliée, raffermie comme il faut par des tanins bien extraits. Un bon classique qui vieillira sereinement. ⧗ 2025-2030

⊶ CH. FONTIS, 2, rte de Hontemieux, 33340 Ordonnac, tél. 05 56 73 30 30, vincent.boivert@orange.fr V *t.l.j. sf dim. 10h-12h 14h-18h*

CH. HAUT BARRAIL 2021 ★

■ Cru bourg. | 26 000 | | 11 à 15 €

Le moulin qui subsiste sur le domaine et le frontispice de la bâtisse représentant des gerbes de blé témoignent du passé céréalier de ce domaine ancien (XIVᵉs.). Aujourd'hui, la vigne règne en maître, merlot en tête, sur 15 ha. Propriétaire depuis 1987, la famille Gillet (Cyril depuis 1997) a restauré le domaine et signé son premier millésime en 1995.

Un assemblage des plus classiques (60 % de merlot, 40 % de cabernet-sauvignon) au menu de ce 2021 expressif, aux senteurs fraîches de fruits rouges et noirs, de sous-bois et d'épices douces. Bien construit, le palais livre ce qu'il faut de chair pour adoucir, avec le temps, des tanins un brin serrés. On patiente. ⧗ 2026-2031

⊶ CH. HAUT BARRAIL, 8 rue Maquis-des-Vignes-Oudides, 33340 Bégadan, tél. 05 57 75 11 91, chateau.hautbarrail@orange.fr V *t.l.j. 8h-12h 14h-18h; sam. dim. sur r.-v.*

♥ CH. HAUT CONDISSAS Cuvée Prestige 2021 ★★

■ | 115 600 | | 50 à 75 €

Constitués progressivement depuis 1989 à partir du cru éponyme, les Domaines Rollan de By Jean Guyon constituent un vaste ensemble de 185 ha se répartissant entre les châteaux Rollan de By, Haut Condissas, Tour Seran, La Clare et Greysac. Tous ont la particularité de privilégier le merlot.

Élevé en fûts neufs (partiellement), issus de vignes cinquantenaires et d'une majorité de merlot, un must de l'année. Une robe profonde dévoile un nez très «sexy» rythmé par un boisé de classe sur fond de griotte et de fruits noirs. Aucune surenchère mais de la suavité et de la pulpe dans cette bouche veloutée, portée par des tanins parfaitement enrobés. Tonique, très long, déjà gourmand mais d'avenir, un haut de gamme qui tient magistralement son rang. ⧗ 2026-2034 ■ **Cru bourg. sup. Ch. Greyssac 2021 ★ (15 à 20 €; 420 000 b.)** Des arômes appétents (fruits rouges et noirs, cacao), une bouche tonique et tannique qui charme par sa texture élégante et sa fraîcheur mentholée : un médoc droit, à l'indéniable potentiel de garde. ⧗ 2027-2032 ■ **Cru bourg. sup. Ch. Tour Seran 2021 ★ (20 à 30 €; 54 400 b.)** Un nez retenu qui hésite entre notes grillées du chêne et fruits noirs, une bouche ronde, souple, étayée de jeunes tanins : un médoc typé bien dans la lignée du millésime. ⧗ 2025-2028

⊶ *DOMAINES ROLLAN DE BY JEAN GUYON, 18, rte de By, 33340 Bégadan, tél. 05 56 41 58 59, infos@rollandeby.com* V r.-v.

CH. LES LATTES 2021 ★

■ Cru bourg.	27 786		11 à 15 €

Le vin du cru, né sur une croupe très graveleuse, a longtemps été vendu sous le nom de «Carcanieux Les Graves Les Lattes». Depuis 1968 existent deux étiquettes : Ch. Carcanieux et Ch. les Lattes, un ensemble de 42 ha aujourd'hui propriété du groupe Taillan.

Le jury sous le charme de ce 2021 longuement affiné en cave (24 mois, en cuve et barrique). Frais mais ténu au nez, le fruit monte d'un ton dans une bouche joliment sculptée, longiligne, portée par une très belle fraîcheur et des tanins joliment ciselés. La longue finale sur le fruit frais clôt en beauté la dégustation. ⧗ 2025-2030

⊶ *CH. CARCANIEUX ET LES LATTES, 25, chem. de Lescapon, 33340 Queyrac, tél. 06 98 81 31 22, carcanieux @vignoblesdeterroirs.com* V r.-v.

CH. LOUSTEAUNEUF 2021 ★

■ Cru bourg. sup.	60 000		15 à 20 €

Acquis par Danielle et Serge Segond à leur retour d'Algérie en 1962, ce cru de 25 ha s'est doté en 1993 d'un chai à l'initiative de Bruno Segond, qui a quitté la coopérative de Bégadan pour créer son propre vin. Depuis 2017, des amphores sont également utilisées au chai.

Un cru bourgeois très souvent au rendez-vous du Guide qui entretient sa différence avec sa dominante de cabernet-sauvignon (70 %) et son élevage sophistiqué en fût, cuve bois et amphore. Avec ses parfums épanouis de fruits rouges bien mûrs et d'épices, sa chair et sa structure serrée mais prometteuse, voilà un 2021 qui ne manque pas d'intensité et qui a tout pour vieillir tranquillement. ⧗ 2027-2032

⊶ *CH. LOUSTEAUNEUF, 2, rte de Lousteauneuf, 33340 Valeyrac, tél. 05 56 41 52 11, chateau.lousteauneuf@wanadoo.fr* V r.-v.

CH. DU MOULIN NEUF 2021 ★

■	20 000		8 à 11 €

Yves Bibey acquiert le Ch. Labadie en 1970, 4 ha à la pointe du Médoc; aujourd'hui, le vignoble de ce cru bourgeois d'une régularité notable dans la qualité couvre 70 ha. Autres étiquettes : le Ch. Pontet Barrail, cru bourgeois de 17 ha, et le Ch. du Moulin Neuf. L'ensemble est conduit par Jérôme, fils d'Yves, qui a pris les rênes en 1999 après une expérience en Australie.

Cerise rouge, confiserie, touche florale et vanille, le nez ne manque pas de charme. Comme la bouche, à la fois droite et séveuse, dont on aime le toucher onctueux, les tanins affinés et la fraîcheur. Fin, gourmand, «très rive gauche», un 2021 qui porte bien ses 40 % de cabernet-sauvignon. ⧗ 2025-2030 ■ **Cru bourg. Ch. Pontet Barrail 2021 ★ (8 à 11 €; 130 000 b.)** Une robe rubis profonde, des senteurs fraîches, florales et torréfiées, de la rondeur à l'attaque, des tanins encore carrés, une jolie longueur, le tout traversé par une franche vivacité : un «vrai médoc» qui saura se détendre en cave. ⧗ 2027-2032

⊶ *JÉRÔME BIBEY, 1, rte de Chassereau, 33340 Bégadan, tél. 05 56 41 55 58, chateau.labadie@ wanadoo.fr* V *t.l.j. sf sam. dim. 9h-12h 14h-17h*

CH. NOAILLAC 2021 ★

■ Cru bourg. sup.	79 000		11 à 15 €

Belle unité de 56 ha bénéficiant d'un terroir de qualité (une croupe de graves garonnaises), ce cru a été acheté en 1982 par Marc Pagès, également à la tête du Ch. la Tour de By. Après une première expérience dans un cru classé de Margaux, son petit-fils Damien a rejoint l'exploitation, dont il a pris les commandes en 2009.

De la séduction et de la gourmandise dans ce médoc à la trame souple, très tendre à l'attaque et qui donne à croquer un joli fruit (rouge) teinté de poivre et de cacao, servi par des tanins discrets. Flatteur et fruité, on l'ouvre dans sa jeunesse. ⧗ 2024-2028

⊶ *CH. NOAILLAC, 6, chem. du Sable-des-Pins, 33590 Jau-Dignac-et-Loirac, tél. 05 56 09 52 20, noaillac@noaillac.com* V *t.l.j. sf sam. dim. 8h30-12h 13h30-17h*

CH. L'OR DES TERRES Sans sulfites ajoutés 2021 ★

■	4 700		15 à 20 €

Créé en 2009 par Sébastien Fontaneau avec un demi-hectare et un garage en guise de chai, ce micro-cru d'un peu plus d'1 ha (en bio certifié à partir du millésime 2024) cherche à élaborer un vin aussi naturel que possible.

Pas de soufre ajouté dans cette cuvée mais du fruit à foison (cassis, mûre, framboise), rehaussé de notes florales et torréfiées. Charnu, intense, flanqué de tanins serrés mais bien enrobés par un long élevage (18 mois en fûts de 500 l et cuve ovoïde), un 2021 qui dénote par sa concentration. À déboucher (sur une épaule d'agneau par exemple) ou à encaver sereinement. ⧗ 2025-2032

⊶ *CH. L' OR DES TERRES, 37 bis, rue de la Colonne, 33340 Saint-Yzans-de-Médoc, tél. 05 56 09 32 61, seb.fontaneau@orange.fr* V r.-v.

CH. LES ORMES SORBET 2021 ★

■	60 000		15 à 20 €

Propriété des Boivert depuis 1764, ce cru de 18 ha est exploité par François Boivert, neuvième génération. Il possède un terroir très particulier : un calcaire coquillier, dit de «Couquèques», où naissent des vins réguliers en qualité.

Une valeur sûre qui passe haut la main l'épreuve de ce millésime capricieux : des arômes séduisants de fruits rouges et noirs subtilement grillés, une matière charnue et gourmande cousue de tanins détendus ouvrant sur une longue finale sans une once d'astringence. «Fort joli», résume le jury. ⧗ 2025-2030 ■ **Ch. de Conques 2021 ★ (11 à 15 €; 20000 b.)** Le deuxième vin du château vinifié sur le fruit dont on retient le nez franc et fruité et la bouche aimable, déliée, d'une légèreté de bon aloi. À ouvrir sans attendre. ⧗ 2024-2027

CH. LES ORMES SORBET, 20, rue du 3-Juillet-1895, 33340 Couquèques, tél. 05 56 73 30 30, chateau@lesormessorbet.fr V *r.-v.*

CH. DE PANIGON 2021 ★

■ Cru bourg. | 133 000 | 11 à 15 €

Georges Dadda et Corinne Leveilley-Dadda sont à la tête depuis 2006 d'une belle unité familiale de 90 ha en appellation médoc, dont 53 ha sont actuellement plantés et en production. Deux étiquettes ici : le Ch. Panigon, commandé par une jolie chartreuse du XVIIIᵉs. et dont le nom renvoie à l'un des personnages de Rabelais, et le Ch. Amour.

Un trait de poivre donne un supplément de complexité à ce nez ouvert sur les fruits rouges et noirs et sur la torréfaction. Une attaque fraîche, une texture veloutée, des tanins souples, ce qu'il faut de longueur : aucune faiblesse dans ce bon 2021 bien dans le ton du millésime et d'un équilibre impeccable. ⧗ 2025-2029

CH. DE PANIGON / AMOUR, 14, rte d'Escurac, 33340 Civrac-en-Médoc, tél. 06 86 18 63 85, dwl.france@orange.fr V *t.l.j. sf sam. dim. 8h-12h 14h-17h*

CH. PATACHE D'AUX 2021 ★

■ Cru bourg. | 104 000 | 15 à 20 €

Céréalier rapatrié de Tunisie, Claude Lapalu rachète en 1964 à la famille Delon le Ch. Patache d'Aux en Médoc, puis le Ch. Leboscq. Son fils Jean-Michel, œnologue, lui succède en 1992 et poursuit son œuvre, constituant autour de Patache d'Aux un petit empire de crus bourgeois sur plus de 250 ha et plusieurs étiquettes (Liversan, Lieujan, Fonpiqueyre...). L'ensemble a été repris en 2016 par les vignobles Antoine Moueix (groupe Advini).

Un 2021 vinifié en douceur, aux senteurs épanouies de petits fruits rouges acidulés, de poivre noir et de cèdre. La même qualité de fruit fait le charme d'une bouche tendre, tonique, soutenue par des tanins juste croquants, qui s'attarde sur le tabac et les épices en finale. Facile à aimer dans sa jeunesse. ⧗ 2024-2029

CH. PATACHE D'AUX, 1, rue du 19-Mars, 33340 Bégadan, tél. 06 13 78 09 42, clement.holtz@juleslebegue.com V *r.-v.*

CH. PEY DE PONT 2021 ★

■ Cru bourg. | 102 390 | 8 à 11 €

Au XIXᵉs., Pey de Pont était déjà une importante propriété viticole. Acquis en 1950 par Jean Reich, le domaine est sorti de la coopérative en 1997 avec l'installation des petits-fils Olivier et Laurent, à la tête aujourd'hui de près de 43 ha sur les communes de Bégadan et de Civrac.

Les 25 % de petit verdot font l'originalité de ce cru flatteur, aux arômes épanouis de fruits rouges sur fond épicé et mentholé. De la bouche, on retient la vigueur du fruit, la souplesse de la chair, les tanins proportionnés et la belle fraîcheur qui laisse le souvenir d'un médoc harmonieux et élégant. ⧗ 2025-2030

CH. PEY DE PONT, 3-5, rte Port-de-Goulée, 33340 Civrac-en-Médoc, tél. 05 56 41 52 80, cht.pey-de-pont@wanadoo.fr V *t.l.j. sf dim. 9h-12h 13h30-17h30; sam. sur r.-v.*

CH. PLAGNAC 2021 ★★

■ Cru bourg. | 205 000 | 5 à 8 €

Un domaine reconnaissable à ses trois tours, classé cru bourgeois dès 1932, dont le vignoble s'étend sur 38 ha. Aux commandes depuis 2018, Romain Roux, issu d'une famille de vignerons-négociants de l'Entre-deux-Mers.

Un jury conquis par ce 2021 au nez taiseux mais qui laisse filtrer les nuances épicées et grillées du chêne. Extraite sans forcer, la bouche livre une matière caressante, ample, cousue de tanins très enrobés. Un vin tactile, harmonieux, dont la longue finale flatteuse et épicée augure d'une belle évolution. ⧗ 2025-2030

CH. PLAGNAC, 15, rte de Plagnac, 33340 Bégadan, tél. 07 60 75 14 54, etienne.ledaud@vignobles-rouse.fr

CH. PONTEY 2021 ★★

■ Cru bourg. | 80 000 | 8 à 11 €

Jadis «Pontet», ce cru a gasconisé son nom et appartient depuis 2018 à Romain Roux, négociant et propriétaire de plusieurs châteaux. Bien situé sur un terroir argilo-graveleux et argilo-calcaire, le vignoble s'étend sur 14 ha.

Une nette dominante de merlot (85 %) dans ce médoc de bonne garde aux arômes discrets qui hésitent entre cassis, fruits rouges et notes épicées. L'attaque fraîche ouvre sur un milieu de bouche consistant, gainé de tanins fermes et prolongé par un trait d'épices douces. Une des très belles réussites du millésime et une belle affaire. ⧗ 2027-2032

CH. PONTEY, 32-34, rue de Verdun, 33340 Blaignan-Prignac, tél. 07 68 75 14 54, etienne.ledaud@vignobles.rouse.fr

♥ CH. SAINT-HILAIRE 2021 ★★

■ Cru bourg. sup. | 80 000 | 11 à 15 €

Adrien Uijttewaal, né dans le Limousin et fils d'éleveurs laitiers hollandais, a créé à partir de 1983 le Ch. Saint-Hilaire, à cheval entre Jau, Queyrac et Gaillan, établi essentiellement sur des croupes de graves dominant l'estuaire. En 2006, il a acquis le Ch. Gémeillan, à Queyrac, dont il a doublé la surface en 2013 (59 ha aujourd'hui) en ajoutant des

LE BORDELAIS

vignes à Valeyrac. Un troisième cru, le Ch. Lalande Villeneuve, a été acquis en 2011 et entièrement restructuré avec l'aide de sa fille Elise. Aux côtés de la vigne, la famille pratique l'élevage bovin (blondes d'Aquitaine).

Un château rarement pris en défaut qui se sort avec les honneurs et sous les applaudissements du jury de ce millésime de «vigneron». Une robe pourpre profonde, des arômes épanouis, d'un beau classicisme, entre cassis, cerise rouge et touches fumées et vanillées du fût, l'entame est prometteuse. Bien plein, charnu, parfumé, reposant sur une trame tannique subtile, le palais enchante et donne à croquer un fruit savoureux. Élégant, gourmand, long, c'est un sans-faute. ⧗ 2026-2032

A. ET F. UIJTTEWAAL, 13, rue de la Rivière, 33340 Queyrac, tél. 05 56 59 80 88, elise@chateau.st.hilaire.com V t.l.j. sf dim. 10h-12h30 14h-18h

HAUT-MÉDOC

Superficie : 4 600 ha / Production : 255 000 hl

Le territoire spécifique de l'appellation haut-médoc serpente autour des appellations communales. Cette AOC est la seconde en importance de la presqu'île médocaine. Ses vins jouissent d'une grande réputation, due en partie à la présence de cinq crus classés dans l'aire d'appellation, les autres se trouvant dans les appellations communales.

En Médoc, le classement des vins a été réalisé en 1855, soit près d'un siècle avant celui des graves. Cette antériorité s'explique par l'avance prise par la viticulture médocaine à partir du XVIIIe s.; car c'est là que s'est en grande partie produit «l'avènement de la qualité», lié à la découverte des notions de terroir et de cru, c'est-à-dire à la prise de conscience de l'existence d'une relation entre le milieu naturel et la qualité du vin.

Les haut-médoc se caractérisent par leur générosité, mais sans excès de puissance. D'une réelle finesse au nez, ils présentent généralement une bonne aptitude au vieillissement. Ils devront être bus chambrés et iront très bien avec les viandes blanches, les volailles ou le gibier à plume. Bus plus jeunes et servis frais, ils pourront aussi accompagner certains poissons.

CH. D'AGASSAC 2021 ★

Cru bourg. exc. | 90 000 | | 15 à 20 €

Tours, douves aux dimensions d'un étang, cette ancienne maison forte médiévale est un vrai décor de roman de cape et d'épée. Elle commande aujourd'hui une belle unité de 100 ha (dont plus de 43 ha dédiés à la vigne), appartenant depuis 2021 à Gérard Jicquel, entrepreneur breton dans le secteur de l'hôtellerie.

Une robe rubis, un nez retenu centré sur les fruits noirs agrémentés d'une touche toastée élégante, une bouche longiligne, fraîche, des tanins extraits avec sagesse et bien adoucis par l'élevage, une finale qui insiste sur la cerise noire et le toast : une jolie évocation du millésime pour un vin que l'on peut ouvrir sans attendre. ⧗ 2025-2030

CH. D' AGASSAC, 15, rue du Château-d'Agassac, 33290 Ludon-Médoc, tél. 05 57 88 15 47, contact@agassac.com V *r.-v.*

CH. ARNAULD 2021 ★

Cru bourg. exc. | 85 000 | | 20 à 30 €

Avec plus de 200 ha, on sort du cadre de l'exploitation familiale. Constituant la plus vaste unité du Médoc, les vignobles de Larose Trintaudon et de Larose Perganson, jouxtant à l'ouest des crus de Saint-Julien, ont été mis en valeur à partir de 1838. Depuis 1986, ils appartiennent à un assureur, le groupe Allianz. Autre étiquette depuis 2007, le Ch. Arnauld.

Cassis, mûre, résine, touche rafraîchissante de lierre, fond fumé et vanillé, le nez ne manque ni de puissance ni de nuances. Dans la lignée, la bouche enchante par son attaque bien pleine, sa chair volumineuse, sa structure tout en souplesse qui laisse s'exprimer le fruit dans une finale alerte comme le veut le millésime. ⧗ 2025-2030

Cru bourg. sup. Ch. Larose Perganson 2021 ★ (15 à 20 €; 84 000 b.) Vanille, toast, le nez porte la marque des 14 mois d'élevage en fût mais le fruit perce à l'aération sur des nuances de fruits noirs mûrs et de fruits rouges acidulés. Assez puissante, cadrée par des tanins jeunes mais prometteurs, la bouche offre une belle sève et finit plus tendue, sur des notes de chêne. Un bon classique. ⧗ 2026-2031

VIGNOBLES DE LAROSE, 2, pl. des Châteaux, 33460 Arcins, tél. 05 56 59 41 72, info@vignoblesdelarose.com V *r.-v.*

CH. BELGRAVE 2021 ★★

5e cru clas. | 156 000 | | 30 à 50 €

83 85 86 89 (90) **94** 95 **96 97 98 99 00** 01 **02** 03 04 05 **06 07** |08| |09| 10 11 12 13 **14** 15 **16** 17 **18 19 21**

Un ancien pavillon de chasse au XVIIe s. Le nom de Bellegrave apparaît en 1845, lorsque Bruno Devès, négociant à Bordeaux, restructure la propriété et bâtit la demeure, les chais et les cuviers. Classé en 1855, ce cru situé à la lisière de Saint-Julien étend ses 60 ha sur des croupes de graves et de galets au soubassement argileux. Propriété de la maison Dourthe depuis 1979.

Cacao, épices, cèdre, puis cassis, cerise noire et sous-bois, le nez en impose. Comme la bouche, dense, riche à l'attaque, animée d'une douce sucrosité et soutenue par des tanins puissants mais parfaitement intégrés. La longue finale, entre chêne et notes végétales tonifiantes, en dit long sur son potentiel. Un cru classé qui tient son rang dans ce millésime périlleux. ⧗ 2027-2032

CH. BELGRAVE, Darrous, 33112 Saint-Laurent-Médoc, tél. 05 56 35 53 00, contact@dourthe.com *r.-v.*

♥ CH. BERNADOTTE 2021 ★★

Cru bourg. sup. | 129 000 | | 15 à 20 €

Une destinée peu commune pour ce cru. Il doit son nom à Germaine Bernadotte, qui épousa en 1615 un certain Jeandou du Pouey dont le fils garda le nom de Bernadotte (il est l'ancêtre du maréchal d'Empire et des actuels souverains

de Suède). Proche de Pauillac, le domaine (55 ha) a appartenu au Ch. Pichon Comtesse à partir de 1997, pour être finalement vendu en 2012 au groupe asiatique King Power.

Coup de cœur unanime du jury pour ce 2021 d'une maturité accomplie. Une robe rubis d'une belle limpidité, des arômes flatteurs de fruits rouges et noirs soutenus par un boisé de très bon goût : l'entame est prometteuse. Le fruit ne perd rien en séduction dans une bouche ample et fraîche, soyeuse à l'attaque, cadrée en douceur par des tanins bien pris dans la chair. Joliment élevé, croquant, de bonne garde mais déjà très gourmand, un haut-médoc de référence dans le millésime. Irrésistible sur une belle viande rouge. ⧗ 2025-2032

⊶ CH. BERNADOTTE, 2, rte du Fournas, 33250 Saint-Sauveur, tél. 05 56 59 57 04, bernadotte@chateau-bernadotte.com V r.-v.

CH. BIBIAN 2021 ★

Cru bourg. sup.	24 000		11 à 15 €

Authentique famille médocaine enracinée dans la région depuis 1810, les Meyre figurent parmi les pionniers du tourisme viti-vinicole (on ne parlait pas encore d'œnotourisme à l'époque dans la presqu'île). En 2010, Nathalie et Julien Meyre ont repris les crus familiaux (55 ha) : le Ch. Cap Léon Veyrin, berceau familial en listrac-médoc, et les châteaux Julien et Bibian, en haut-médoc, acquis à la fin des années 1980.

Soixante pour cent de merlot dans ce 2021 très aimable. On en retient les arômes discrets mais plaisants qui hésitent entre fruits rouges, fruits noirs et épices douces de l'élevage, puis la bouche souple, vinifiée en douceur, portée par des tanins ronds et une agréable fraîcheur. Un haut-médoc sur le fruit, à déboucher sans trop patienter. ⧗ 2025-2028

⊶ VIGNOBLES ALAIN MEYRE, 54, rte de Donissan, 33480 Listrac-Médoc, tél. 05 56 58 07 28, contact@vignobles-meyre.com V *t.l.j. sf sam. dim. 9h-12h 14h-17h* 3

CH. CAMBON LA PELOUSE 2021 ★

Cru bourg. exc.	96 000		15 à 20 €

Propriété de Jean-Pierre Marie depuis 1996, Cambon la Pelouse et son terroir de graves de grande qualité a été acquis en 2019 par le groupe viticole australien Treasury Wine Estates, qui a placé Sébastien Long aux commandes.

Plus de 70 % de cabernet-sauvignon et 12 mois d'élevage pour ce 2021, d'où cette robe profonde et ces arômes débridés de fruits bien mûrs et de torréfaction saupoudrés d'une pincée de fleurs fanées. Longiligne, parfumée, la bouche ne fait pas dans la puissance mais charme par sa fraîcheur, la finesse de ses tanins et son allonge respectable. À boire sur sa jeunesse. ⧗ 2024-2028

⊶ CAMBON LA PELOUSE, 5, chem. de Canteloup, 33460 Macau, tél. 05 57 88 40 32, isabelle.pascual@tweglobal.com V *r.-v.*

CH. CROIX DU TRALE 2021 ★★

Cru bourg.	50 100		11 à 15 €

Depuis sa sortie de la cave coopérative en 1999, ce domaine familial, conduit par les Négrier et leurs deux filles, s'invite avec régularité dans le Guide. Les 21 ha de vignes qui entourent le chai sont plantés sur des terroirs graveleux et argilo-calcaires, et se répartissent équitablement entre le merlot et le cabernet-sauvignon.

Le merlot dominant (70 %) dans ce 2021 enthousiasmant, dont la bouche dodue et confortable fait écho au nez avec ses flagrances de fruits noirs chocolatés, d'épices douces et de cuir. Des tanins extraits au cordeau accompagnent l'ensemble, ouvrant sur une finale à la fois ronde, fraîche et d'une longueur remarquée. Déjà plaisant mais de bonne garde, c'est une des très belles réussites du millésime. À un cheveu du coup de cœur. ⧗ 2025-2032

⊶ CH. CROIX DU TRALE, 4, rte du Trale, 33180 Saint-Seurin-de-Cadourne, tél. 05 56 59 72 73, contact@chateaucroixdutrale.com V *t.l.j. 9h-13h 14h-19h*

CH. LA CROIX MARGAUTOT 2021 ★★

	41 100		8 à 11 €

Le château appartient à Jean Larraqué à la tête de plusieurs propriétés sur la rive gauche et la rive droite bordelaises. Le vignoble, planté sur un terroir d'argile, de calcaire et de graves garonnaises, domine la commune de Cissac, entre Saint-Estèphe et Pauillac.

De la couleur, des parfums et du charme dans ce 2021 tout en rondeur, aux arômes friands de fruits rouges frais et de chocolat, assis sur des tanins fondants d'une agréable souplesse. Frais, longiligne, croquant, pourquoi attendre ? Vinifié avec tact, on frôle le coup de cœur, encore plus à ce prix. ⧗ 2024-2029

⊶ CH. LA CROIX MARGAUTOT, 15, rue de la Mairie, 33180 Saint-Estèphe, tél. 05 57 43 43 82, contact@groupe-lvi.com

LE GRAND PAROISSIEN 2021 ★

	18 000		11 à 15 €

Jouxtant au nord Saint-Estèphe, Saint-Seurin-de-Cadourne a depuis 1935 sa cave coopérative, appelée La Paroisse, qui regroupe 27 viticulteurs et 50 ha. Elle a pour président un monsieur… Bordeau.

Les 12 mois d'élevage laissent planer un voile de torréfaction sur ce nez frais, joliment fruité, relevé d'une touche animale de bon ton. Bien ronde à l'attaque, la bouche monte tranquillement en puissance, déployant une jolie chair tenue par des tanins fins et fermes. Le jury salue un compromis réussi entre puissance et rondeur. ⧗ 2026-2030

⊶ LA PAROISSE, 2, rue Clément-Lemaignan, 33180 Saint-Seurin-de-Cadourne, tél. 05 56 59 31 28, contact@cave-la-paroisse.fr V *r.-v.*

CH. LABAT 2021 ★

Cru bourg. sup.	24 000		15 à 20 €

Dans le giron de la famille Nony (également propriétaire du Ch. Caronne Sainte-Gemme) depuis les années 1920, le château est dirigé par la quatrième génération. Ses 7 ha jouxtent le plateau de Saint-Julien et reposent sur des graves günziennes posées sur un sous-sol d'argiles fines.

De l'élégance dans cet assemblage merlot et cabernet-sauvignon à parité. Une robe limpide, d'intensité moyenne, des arômes de fruits rouges relevés des épices du chêne, une bouche gracile, vivifiante, qui offre ce qu'il faut de rondeur : voilà un haut-médoc harmonieux, élégant, frais, qui tire un joli parti de ce millésime compliqué. Taillé pour des grillades de viandes rouges. ⧗ 2025-2028

⊶ CH. LABAT, Caronne, 33112 Saint-Laurent-Médoc, tél. 06 03 03 56 09, jnony@me.com V r.-v.

B CH. LA LAGUNE 2021 ★★

■ 3e cru clas.	150 000		30 à 50 €

81 82 83 85 86 88 (89) **90 91 93 94** |**95**| |**96**| 97 |**98**| **99** |(00)| |**01**| |02| |**04**| **05 06** |**07**| **08 09 10 11 12 13 14 15 16 17 19** 20 **21**

Premier cru classé rencontré par le visiteur arrivant de Bordeaux par la route des vins du Médoc, ce château a été racheté en 2000 par Jean-Jacques Frey, homme d'affaires déjà détenteur de maisons prestigieuses en Champagne et dans la vallée du Rhône. De notoriété ancienne, La Lagune associe une élégante chartreuse du XVIIIᵉs., de superbes chais, un vaste vignoble (110 ha dont 75 pour le grand vin) et un terroir de choix – de fines graves sablonneuses. Autant d'atouts mis en valeur par une équipe dynamique autour de Caroline Frey, fille du propriétaire et œnologue du domaine depuis 2004. Le domaine est certifié bio depuis le millésime 2016, et en conversion vers la biodynamie.

On retrouve l'élégance et le cachet aromatique des vins du château dans ce 2021 qui prend son temps pour déployer ses nuances de fruits rouges bien mûrs, de toast et de vanille. Cohérente, charnue, tonique, d'une bonne densité et cadrée par des tanins fins et fermes à la fois, la bouche a tout pour vieillir sereinement. On patiente (un peu). ⧗ 2027-2034

⊶ CH. LA LAGUNE, 81, av. de l'Europe, 33290 Ludon-Médoc, tél. 05 57 88 82 77, contact@chateau-lalagune.com r.-v.

CH. DE LAMARQUE 2021 ★

■	100 000		20 à 30 €

Avant d'être un château du vin, Lamarque fut une authentique forteresse médiévale (XIᵉs.) surveillant l'accès au port de la Lune (Bordeaux). Il a été acquis en 1839 par le comte de Fumel, ancêtre de Pierre-Gilles Gromand, à la tête du cru depuis 1985. Installé sur un beau terroir de graves garonnaises, le vignoble est conduit selon la méthode Cousinié.

Du cachet dans ce nez complexe qui hésite entre mûre, cassis, anis, menthol et touche boisée. Le bois se fait plus présent dans un palais bien charnu à l'attaque, puis tendu et plus serré en finale par des tanins qui demandent à s'assagir. Bien construit, long, on lui prédit un bel avenir. ⧗ 2026-2032

⊶ CH. DE LAMARQUE, 33460 Lamarque, tél. 05 56 58 90 03, lamarque@chateaudelamarque.fr V r.-v.

CH. LANESSAN 2021 ★

■	268 000		15 à 20 €

La famille Bouteiller possède trois crus dans le Médoc : le Ch. Lanessan, acquis en 1793, complété en 1962 par le Ch. Sainte-Gemme (dont le nom signifiant « pierre précieuse » renvoie à son terroir de graves garonnaises) et le Ch. Lachesnaye, pour un total de 80 ha.

Une robe limpide, pourpre, des arômes épanouis et appétants de baies noires et rouges sur fond de toast, une matière tendre relevée de tanins serrés mais fins, une finale acidulée qui renoue avec les épices douces de l'élevage : un haut-médoc d'un agréable classicisme qui donne déjà du plaisir. ⧗ 2025-2030 ■ **Ch. Sainte-Gemme 2021** ★ **(8 à 11 €; 80 000 b.)** Un 2021 encore fougueux, aux parfums généreux de fruits frais et de fumée, dont la bouche fraîche et cadrée par des tanins virils ne manque ni de chair ni de tempérament. Un vin de caractère, à affiner en cave. ⧗ 2027-2032

⊶ DOMAINES BOUTEILLER, 113, Lanessan, 33460 Cussac-Fort-Médoc, tél. 05 56 58 94 80, infos@lanessan.com V r.-v. E

CH. LIVERSAN 2021 ★

■ Cru bourg.	75 000		15 à 20 €

Le groupe Antoine Moueix Propriétés a racheté dans les années 2010 les domaines Lapalu constitués des châteaux Patache d'Aux, Lacombe Noaillac et Liversan. Ce dernier, exploité en joint-venture avec le groupe Chinois Changyu depuis 2019, a fait l'objet de nombreux investissements tant au chai que dans le vignoble. Ses 51 ha sont situés sur la commune de Saint-Sauveur, limitrophe de Pauillac.

Près de 70 % de merlot dans ce 2021 intense au nez comme en bouche, dont on retient les arômes généreux, entre fruits noirs et notes de chêne, et le palais dense, plein, corsé, tenu par des tanins solides proportionnés à la matière. Un vin d'une belle densité conçu pour la garde. ⧗ 2026-2032

⊶ CH. LIVERSAN, 146, rte de Fonpiqueyre, 33250 Saint-Sauveur, tél. 05 56 41 50 18, proprietes@amoueix.fr V r.-v.

CH. DE MALLERET 2021 ★

■ Cru bourg. exc.	19 800		20 à 30 €

Une très belle propriété familiale dont les origines remontent à la fin du XVIᵉs. Acquise en 1860 par les Classmann, importants négociants depuis le XVIIIᵉs., elle est toujours aux mains de leurs descendants. Elle s'offre le luxe de posséder aux portes de Bordeaux un immense parc (290 ha), de magnifiques écuries – son célèbre haras a été ressuscité – et un imposant château de la fin du XIXᵉs. Les vignes couvrent 60 ha, en conversion bio. Une originalité depuis 2021 : le domaine produit aussi de l'huile d'olive à partir de quelque 220 oliviers et du miel de fleurs sauvages.

Intense et déjà complexe, le nez décline les fruits rouges frais, le chocolat et les épices douces de l'élevage, relevés d'une touche de poivron. Des tanins très fins structurent en douceur une bouche tendre, bien ronde, plaisante, fraîche, qui s'attarde longuement sur le fruit en finale. Le jury souligne un haut-médoc moderne et élégant. ⧗ 2025-2030

⊶ CH. DE MALLERET, 470, chem. de Malleret, 33290 Le Pian-Médoc, tél. 05 56 35 05 36, contact@chateau-malleret.fr V r.-v.

LE CLASSEMENT DE 1855 REVU EN 1973

Classement	Nom du domaine	Appellation
Premiers crus	Ch. Haut-Brion	Pessac-Léognan
	Ch. Lafite-Rothschild	Pauillac
	Ch. Latour	Pauillac
	Ch. Margaux	Margaux
	Ch. Mouton-Rothschild	Pauillac
Deuxièmes crus	Ch. Brane-Cantenac	Margaux
	Ch. Cos-d'Estournel	Saint-Estèphe
	Ch. Ducru-Beaucaillou	Saint-Julien
	Ch. Durfort-Vivens	Margaux
	Ch. Gruaud-Larose	Saint-Julien
	Ch. Lascombes	Margaux
	Ch. Léoville-Barton	Saint-Julien
	Ch. Léoville-Las-Cases	Saint-Julien
	Ch. Léoville-Poyferré	Saint-Julien
	Ch. Montrose	Saint-Estèphe
	Ch. Pichon-Longueville-Baron	Pauillac
	Ch. Pichon-Longueville Comtesse-de-Lalande	Pauillac
	Ch. Rauzan-Gassies	Margaux
	Ch. Rauzan-Ségla	Margaux
Troisièmes crus	Ch. Boyd-Cantenac	Margaux
	Ch. Calon-Ségur	Saint-Estèphe
	Ch. Cantenac-Brown	Margaux
	Ch. Desmirail	Margaux
	Ch. Ferrière	Margaux
	Ch. Giscours	Margaux
	Ch. d'Issan	Margaux
	Ch. Kirwan	Margaux
	Ch. Lagrange	Saint-Julien
	Ch. La Lagune	Haut-Médoc
	Ch. Langoa Barton	Saint-Julien
	Ch. Malescot-Saint-Exupéry	Margaux
	Ch. Marquis d'Alesme-Becker	Margaux
	Ch. Palmer	Margaux

Classement	Nom du domaine	Appellation
Quatrièmes crus	Ch. Beychevelle	Saint-Julien
	Ch. Branaire-Ducru	Saint-Julien
	Ch. Duhart-Milon-Rothschild	Pauillac
	Ch. Lafon-Rochet	Saint-Estèphe
	Ch. Marquis de Terme	Margaux
	Ch. Pouget	Margaux
	Ch. Prieuré-Lichine	Margaux
	Ch. Saint-Pierre	Saint-Julien
	Ch. Talbot	Saint-Julien
	Ch. La Tour Carnet	Haut-Médoc
Cinquièmes crus	Ch. d'Armailhac	Pauillac
	Ch. Batailley	Pauillac
	Ch. Belgrave	Haut-Médoc
	Ch. Camensac	Haut-Médoc
	Ch. Cantemerle	Haut-Médoc
	Ch. Clerc Milon	Pauillac
	Ch. Cos-Labory	Saint-Estèphe
	Ch. Croizet-Bages	Pauillac
	Ch. Dauzac	Margaux
	Ch. Grand-Puy-Ducasse	Pauillac
	Ch. Grand-Puy-Lacoste	Pauillac
	Ch. Haut-Bages-Libéral	Pauillac
	Ch. Haut-Batailley	Pauillac
	Ch. Lynch-Bages	Pauillac
	Ch. Lynch-Moussas	Pauillac
	Ch. Pédesclaux	Pauillac
	Ch. Pontet-Canet	Pauillac
	Ch. du Tertre	Margaux

CH. MAUCAMPS 2021 ★

■ | 18 000 | (fût) | 20 à 30 €

Giscours, Cantemerle, il suffit de nommer les voisins de ce cru macalais pour deviner qu'il possède un terroir de choix. De fait, celui-ci (33 ha) est composé de belles graves garonnaises. D'origine aristocratique, la propriété, constituée au XVIIIe s., appartient à la famille Tessandier depuis 1954.

Une touche de petit verdot à l'appui du merlot et du cabernet-sauvignon dans ce 2021 élevé 16 mois en fût. Cerise rouge, fruits noirs frais, notes boisées délicates, le nez séduit. Aromatique, fraîche, soyeuse, la bouche fait dans la mesure et soigne l'expression du fruit. La petite fermeté des tanins s'apaisera vite au vieillissement. Un équilibre sans fausse note. ⧗ 2026-2030

CH. MAUCAMPS, 19, av. de la Libération, 33460 Macau, tél. 05 57 88 07 64, maucamps@maucamps.com V r.-v.

(B) CH. MEYRE 2021 ★

■ Cru bourg. sup. | 47 441 | (fût) | 15 à 20 €

Les Chinois ne sont pas les seuls à s'intéresser au bordeaux : cette ancienne propriété, commandée par un petit château typiquement médocain du XIXe s. (devenu un hôtel trois étoiles), est depuis 1998 la propriété d'un homme d'affaires thaïlandais, Pracha Hetrakul. De nouveaux chais ont été aménagés en 2007, et le vignoble de 19 ha est conduit en bio certifié depuis 2011.

Équilibre et finesse, les deux maîtres-mots de ce haut-médoc à la robe légère et aux parfums épanouis de fruits rouges, de tabac, de violette et d'épices douces. Le jury a apprécié la finesse des tanins, le caractère délié de la texture, la souplesse de la matière et l'allonge appréciable. Un vin déjà prêt à boire. ⧗ 2024-2028

CH. MEYRE, 16, rte de Castelnau, 33480 Avensan, tél. 05 56 58 10 77, contact@chateaumeyre.fr V r.-v.

CH. PEYRAT-FOURTHON 2021 ★

Cru bourg. sup.	8 000		11 à 15 €

Relais de chasse à la fin du XVIIIe s., planté au XIXe s. par le maire de Saint-Laurent-Médoc, ce cru proche des appellations communales saint-julien et pauillac a été acheté en 2004 par Pierre Narboni, qui l'a agrandi. Aujourd'hui, 23 ha d'un seul tenant (en conversion bio), sur des terrains argilo-calcaires et des graves, et un vin qui a pris ses marques dans le Guide.

Une robe sombre annonce un nez intense, très toasté, mais rafraîchi par une touche d'eucalyptus. Le palais offre de la densité, du volume, beaucoup de fraîcheur et des tanins musclés pour l'heure. Encore marqué par l'élevage mais bien bâti, on lui prédit un bel avenir. ⧗ 2027-2032

CH. PEYRAT-FOURTHON, 1, allée Fourthon, 33112 Saint-Laurent-Médoc, tél. 01 56 58 67 67, pn@peyrat-fourthon.com V r.-v.

CH. RAMAGE LA BATISSE 2021 ★

Cru bourg. sup.	87 114		15 à 20 €

Créé avec 6 ha en 1962, le Ch. Ramage la Batisse, commandé par une chartreuse entourée d'une garenne, couvre aujourd'hui 75 ha, sur des terrains sablo-graveleux, qui englobent aussi les parcelles du Ch. Tourteran. Depuis 1996, ces deux propriétés appartiennent à la MACIF.

Un 2021 délicat dont on aime le nez nuancé, entre framboise, violette et notes boisées élégantes. Peu extraite, lisse, assise sur des tanins fins, portée par une agréable fraîcheur mentholée, voilà un haut-médoc croquant, digeste et de bon goût. ⧗ 2024-2028

CH. RAMAGE LA BATISSE, Tourteran, 33250 Saint-Sauveur, tél. 05 56 59 57 24, ramagelabatisse@wanadoo.fr V r.-v.

CH. REYSSON 2021 ★

Cru bourg. sup.	90 000		15 à 20 €

Ce cru bourgeois supérieur de 54 ha est implanté à Vertheuil, près de Saint-Estèphe, sur un site ayant livré des vestiges médiévaux et gallo-romains. Propriété du groupe de vins et spiritueux nippon Mercian à partir de 1988, il a été acheté en 2014 par la maison Dourthe qui le gérait depuis 2001. Le terroir argilo-calcaire y favorise le merlot.

Un joli bouquet de cassis frais, de poivre et de notes fumées au nez comme en bouche dans ce vin façonné presque exclusivement par le merlot (94 %). Bien enrobés par l'élevage, les tanins soutiennent en douceur une bouche dont on retient surtout la souplesse et le fruit plutôt expansif. À déboucher sans trop attendre sur une viande rouge grillée. ⧗ 2024-2028

CH. REYSSON, 33180 Vertheuil, tél. 05 56 35 53 00, contact@dourthe.com r.-v.

CH. SAINT-AHON 2021 ★

Cru bourg.	9 960		15 à 20 €

Héritier d'une maison noble remontant au Moyen Âge, ce cru bourgeois de 40 ha, aujourd'hui cerné par la banlieue bordelaise, a appartenu à Montesquieu. Reconstruit sous Napoléon Ier, le château a pris en 1875 son visage actuel, de style Louis XIII. Acheté en 1985 par le comte de Colbert (descendant direct du ministre), il appartient aujourd'hui à sa fille et son gendre, les Chodron de Courcel qui y vivent et en ont fait un pôle de l'oenotourisme.

Une robe rubis améthyste, des parfums d'abord discrets de sous-bois et de cèdre qui gagnent en intensité dans une bouche charnue et de bonne concentration, soutenue par des tanins encore un brin accrocheurs et par une finale torréfiée : généreux et de bonne garde. ⧗ 2026-2030

CH. SAINT-AHON, 57, rue de St-Ahon, 33290 Blanquefort, tél. 05 56 35 06 45, info@saintahon.com V *t.l.j. sf dim. 10h-13h 14h-18h*

CH. SÉNÉJAC 2021 ★

	111 000		15 à 20 €

Commandé par une demeure du XVIIe s. avec de superbes communs, ce cru aux portes de Bordeaux intéressera les passionnés d'histoire et de patrimoine, mais aussi ceux du mystérieux, car jadis ce château avait la réputation d'être hanté… Un domaine resté longtemps aux mains de la famille Comte de Guignié, de 1860 à 1999, date d'acquisition par les Cordier (Ch. Talbot), toujours aux commandes. Le vignoble couvre 40 ha.

Une touche sanguine donne du cachet à des arômes finement fumés, sur fond de prune et de framboise. Joliment dessinée, ronde à l'attaque, parcourue de tanins discrets, la bouche livre ce qu'il faut de mâche et s'étire sur des notes végétales et mentholées rafraîchissantes. Un vin croquant et élancé qui donne déjà bien du plaisir. ⧗ 2024-2028

CH. SÉNÉJAC, allée Saint-Seurin, 33290 Le Pian-Médoc, tél. 05 56 70 20 11, chateau@senejac.com V *r.-v.*

CH. SOCIANDO-MALLET 2021 ★★

	284 123		30 à 50 €

82 85 86 88 89 90 91 93 95 96 97 98 99 00 01 02 03 04 |05| |06| |07| |09| |10| |11| |12| |13| 14 15 16 17 18 19 20 21

Au XVIIe s., une terre noble appartenant à une famille basque, les Sossiando. Confisquée à la Révolution, elle a connu plusieurs propriétaires. À la fin du siècle dernier, Jean Gautreau a mis en lumière son potentiel. Courtier chez Miailhe, il crée sa société à la fin des années 1950 pour vendre des vins dans le Benelux. Un client le charge de trouver une propriété avec un beau terroir. Il découvre Sociando-Mallet : dominant l'estuaire, une superbe croupe de graves sur sous-sol argileux. Le client ne donnant pas suite, il l'achète

pour lui en 1969, le restructure, l'agrandit (à l'origine 5 ha, aujourd'hui 82), bâtit un chai. Non classé, c'est un des crus qui compte dans l'appellation, conduit désormais par Sylvie, fille de Jean Gautreau, décédé en 2019.

À une robe intense répond un nez tout aussi expressif aux notes allègres de cassis frais et de fruits rouges juste soulignées de chêne. L'élevage a joliment affiné les tanins et attendri une matière ronde, dense, volumineuse, qui soigne l'expression du fruit. Concentré et doté d'une belle acidité, l'avenir lui appartient. ⧗ 2027-2034 ■ La Demoiselle de Sociando-Mallet 2021 ★★ (20 à 30 €; 157313 b.) Tonique, floral et finement vanillé, le nez ouvre sur un palais charnu, tactile, ourlé de tanins souples, d'un équilibre impeccable entre volume et structure. Un second vin de haute volée. ⧗ 2024-2028

CH. SOCIANDO-MALLET, rte de Mapon, 33180 Saint-Seurin-de-Cadourne, tél. 05 56 73 38 80, contact@sociandomallet.com V r.-v.

CH. TOUR SAINT-JOSEPH 2021 ★

■ Cru bourg. | 38389 | | 11 à 15 €

Propriétaire de nombreux crus et acteur majeur du négoce bordelais à travers différentes marques (Chai de Bordes, Pierre Dumontet), Cheval Quancard a été fondé par Pierre Quancard en 1844, sous le nom de Quancard et Fils. La maison est toujours dirigée par ses descendants.

Fruits rouges, pruneaux, notes fumées, cuir, sous-bois, poivre... le nez a inspiré le jury. Un joli bouquet qui persiste dans une bouche veloutée, soutenue en douceur par des tanins très tendres. Un vin crémeux, élégant, étiré sur les épices, qui a mis le jury d'accord. ⧗ 2024-2028

CH. TOUR SAINT-JOSEPH, 15, rue de la Mairie, 33180 Saint-Estèphe, tél. 05 57 43 43 82, contact@groupe-lvi.com

CH. VIEUX GABAREY 2021 ★

■ Cru artisan | 10000 | | 11 à 15 €

Chez les Martin, on était boulanger de père en fils dans le village de Lamarque au cœur du Médoc. Par tradition on y cultive aussi la vigne. Serge fut le premier à s'y consacrer pleinement. Il fera fructifier le vignoble, soit une dizaine d'hectares actuellement, avant de la transmettre à son fils Maxime en 2021. Celui-ci exploite aussi un petit domaine à Saint-Estèphe, le Ch. Graves de Pez.

Cerise noire puis cuir, poivre et menthol, le nez se dévoile par touches successives. Bien vivace à l'attaque, la bouche déroule une matière puissante étayée de tanins stricts qui méritent de se détendre. «Prometteur», conclut un jury. ⧗ 2028-2032

CH. VIEUX GABAREY, 101, rue Principale, 33460 Lamarque, tél. 06 78 87 88 24, maximesaintmartin@laposte.net V r.-v.

LISTRAC-MÉDOC

Superficie : 635 ha / Production : 25 205 hl

Correspondant exclusivement à la commune éponyme, listrac-médoc est l'appellation communale la plus éloignée de l'estuaire. Original, son terroir correspond au dôme évidé d'un anticlinal, où l'érosion a créé une inversion de relief. À l'ouest, à la lisière de la forêt, se développent trois croupes de graves pyrénéennes, dont les pentes et le sous-sol souvent calcaire favorisent le drainage naturel des sols. Le centre de l'AOC, le dôme évidé, est occupé par la plaine de Peyrelebade, aux sols argilo-calcaires. Enfin, à l'est s'étendent des croupes de graves garonnaises.

Le listrac est un vin vigoureux; toutefois, contrairement au style d'autrefois, sa robustesse n'implique plus aujourd'hui une certaine rudesse. Si certains vins restent un peu durs dans leur jeunesse, la plupart contrebalancent leur force tannique par leur rondeur. Tous offrent un bon potentiel de garde, jusqu'à quinze ans dans les grands millésimes.

CH. CAPDET 2021 ★

■ Cru bourg. | 20373 | | 15 à 20 €

Pendant longtemps, la cave de Listrac, fondée en 1935, a été choisie par la prestigieuse Compagnie internationale des Wagons-Lits pour figurer sur la carte des vins des voitures-restaurants. Cela a valu une réelle célébrité à la coopérative qui, par sa production (40 adhérents, 160 ha) et par les crus indépendants qu'elle vinifie, joue encore son rôle de locomotive dans l'appellation. Elle propose aussi des moulis.

Un bon 2021 respectueux du fruit et de l'année, qui diffuse ses arômes de griotte, de fraise, de végétal frais et d'épices dans une bouche soyeuse à l'attaque, ronde, tonique, déliée, juste relevée de tanins fins et fermes qui ne tarderont pas à s'assouplir. ⧗ 2025-2029 ■ **Cru bourg. Ch. Vieux Moulin 2021 ★ (15 à 20 €; 19800 b.)** Une robe brillante, un nez de bourgeon de cassis et d'épices, une matière effilée, sapide, croquante, étayée de tanins fermes dont la petite astringence disparaîtra bien vite à table (sur une viande grasse juste saisie) : un listrac élégant, de demi-corps comme le veut l'année. ⧗ 2025-2029

VIGNERONS ASSOCIÉS MOULIS, LISTRAC ET CUSSAC-FORT-MÉDOC, 21, av. de Soulac, 33480 Listrac-Médoc, tél. 05 56 58 03 19, contact@vigneronsassocies.fr V t.l.j. 8h-12h 14h-18h

CH. CAP LÉON VEYRIN 2021 ★

■ Cru bourg. sup. | 30000 | | 11 à 15 €

Authentique famille médocaine enracinée dans la région depuis 1810, les Meyre figurent parmi les pionniers du tourisme vitivinicole (on ne parlait pas encore d'œnotourisme à l'époque dans la presqu'île). En 2010, Nathalie et Julien Meyre ont repris les crus familiaux (55 ha) : le Ch. Cap Léon Veyrin, berceau familial en listrac-médoc, et les châteaux Julien et Bibian, en haut-médoc, acquis à la fin des années 1980.

Merlot et cabernet-sauvignon presque à parité dans ce cru qui tire un bien beau parti du millésime. Le nez propose une heureuse alliance du fruit (noir) et du chêne, qui trouve un agréable prolongement dans un palais consistant, charnu, appuyé sur des tanins fermes mais croquants et une finale énergique. Parfait avec une belle pièce de bœuf saignante. ⧗ 2026-2030

VIGNOBLES ALAIN MEYRE, 54, rte de Donissan, 33480 Listrac-Médoc, tél. 05 56 58 07 28, contact@vignobles-meyre.com V *t.l.j. sf sam. dim. 9h-17h* 3

CH. FOURCAS DUPRÉ 2021 ★★

■	82 000		15 à 20 €

Ce cru fondé au XVIIIe s. prend son nom actuel en 1843, lorsque maître Dupré, avoué près de la Cour d'appel de Bordeaux, se rend acquéreur du domaine. Couvrant 60 ha établis sur un joli terroir de graves pyrénéennes, il a longtemps été la propriété (depuis 1970) de la famille Pagès, avant d'être acquis en 2019 par l'entrepreneur breton Gérard Jicquel, qui y a fait d'importants investissements (rénovation du chai, nouveau cuvier avec cuves béton en « tulipe »).

Droit et frais, drapé d'une robe rubis limpide, un listrac ouvert sur les fruits rouges et les notes toastées d'un boisé habile. De la bouche, on retient le fruit acidulé, la bonne densité de la matière dans le millésime et la vigueur des tanins. On patiente. ⧗ 2028-2032

CH. FOURCAS DUPRÉ, Le Fourcas, 33480 Listrac-Médoc, tél. 05 56 58 01 07, info@fourcasdupre.com V *t.l.j. sf sam. dim. 8h30-12h 13h30-17h*

MARGAUX

Superficie : 1 490 ha / Production : 60 900 hl

Margaux est le seul nom d'appellation à être aussi un prénom féminin. Est-ce un hasard? Si les margaux présentent une excellente aptitude à la garde, ils se distinguent des autres grandes appellations communales médocaines par leur délicatesse que soulignent des arômes fruités d'une agréable finesse. Ils constituent l'exemple même des bouteilles tanniques généreuses et suaves.

Leur originalité tient à de nombreux facteurs. Les aspects humains ne sont pas à négliger. À l'écart de Saint-Julien, de Pauillac et de Saint-Estèphe, les viticulteurs margalais ont moins privilégié le cabernet-sauvignon : tout en restant minoritaire, le merlot prend ici une importance accrue. Par ailleurs, l'appellation, la plus vaste des communales du Médoc, s'étend sur le territoire de cinq communes : Margaux et Cantenac, Soussans, Labarde et Arsac. Dans chacune d'elles, seuls les terrains présentant les meilleures aptitudes vitivinicoles font partie de l'AOC. Le résultat est un terroir homogène composé d'une série de croupes de graves. Celles-ci s'articulent en deux ensembles : à la périphérie se développe un système faisant penser à une sorte d'archipel continental, dont les « îles » sont séparées par des vallons, ruisseaux ou marais tourbeux; au cœur de l'appellation, dans les communes de Margaux et de Cantenac, s'étend un plateau de graves blanches, d'environ 6 km sur 2, découpé en croupes par l'érosion. C'est dans ce secteur que sont situés nombre des 21 grands crus classés de l'appellation.

B CH. LA BESSANE 2021 ★

■	4 267		30 à 50 €

Complément margalais du Ch. Paloumey (haut-médoc), ce petit cru de 2,4 ha, situé non loin de Prieuré Lichine, a été repris en 1993 par Martine Cazeneuve. Il tire son originalité de la place importante qu'occupe le petit verdot dans l'encépagement.

Le merlot majoritaire dans ce 2021 finement sculpté, dont on aime le nez subtilement boisé, aux parfums de fleurs et de cerise, et le palais délié, soyeux à l'attaque, ourlé de tanins fins et fermes qui laissent s'exprimer le fruit dans une finale salivante. Un margaux harmonieux et délicat. ⧗ 2026-2032

CH. LA BESSANE, 50, rue Pouge-de-Beau, 33290 Ludon-Médoc, tél. 05 57 88 00 66, info@chateaupaloumey.com V *r.-v.*

CH. BOYD-CANTENAC 2021 ★

■ 3e cru clas.	24 500		50 à 75 €

(82) **83 85 86 88** 89 **90 95** 96 97 **98 99 00** 02 03 04 |**05**| |**06**| |07| |08| (09) **10** 11 **13 14** 15 (16) **17** 18 19 **21**

Un beau terroir de graves siliceuses maigres (17 ha), un encépagement diversifié, intégrant le petit verdot, et une famille aux solides racines médocaines, les Guillemet (propriétaires depuis 1932). Ces derniers ne sacrifient pas aux modes et visent l'équilibre et la finesse dans leurs vins. Un grand cru authentique, créé en 1754 par un négociant de Belfast, conduit depuis 1996 par l'œnologue et agronome Lucien Guillemet.

Une robe brillante, des arômes de cassis généreusement saupoudrés de chêne, une texture soyeuse, de la souplesse en attaque, puis des tanins fermes mais proportionnés à une chair plus déliée que concentrée : un margaux habilement construit, bien dans la lignée du millésime. ⧗ 2027-2032

CH. BOYD-CANTENAC, 11, rte de Jean-Fauré, 33460 Cantenac, tél. 05 57 88 90 82, administration@boyd-cantenac.fr V *t.l.j. 9h-12h 14h-18h*

♥ CH. BRANE-CANTENAC 2021 ★★

■ 2e cru clas.	n.c.		n.c.

82 **83** 84 **85** (86) 87 **88 89 90** 93 **94 95** (96) **97 98 99 00** 03 04 05 06 07 08 09 |**10**| |**11**| |**12**| 13 **21**

Figure mythique de la viticulture médocaine du XIXe s., le baron Hector de Brane n'a pas hésité à vendre Brane-Mouton (aujourd'hui Mouton-Rothschild) pour acquérir en 1833 ce cru réputé dès le XVIIIe s. pour son superbe terroir de graves profondes de 75 ha, dont le cœur (45 ha) est situé sur le plateau de Brane. Un domaine entré en 1925 dans la famille Lurton, grande lignée de propriétaires bordelais, auquel Henri Lurton, installé en 1992, a redonné tout son lustre.

Un cru au sommet de sa forme, qui signe un 2021 de référence. Délicat, intense, complexe, le nez décline la violette et les fruits mûrs et frais sur un fond subtilement vanillé et fumé. Le fruit ne perd rien en éclat dans une bouche longiligne, tactile, d'un charme de texture évident, appuyée sur une trame tannique ferme mais au grain velouté. Long, croquant et d'une maturité accomplie dans ce millésime « de vigneron », ce vin incarne avec classe et profondeur l'élégance margalaise. ⧗ 2028-2036

CH. BRANE-CANTENAC, 5001, rte de Brane, 33340 Cantenac, tél. 05 57 88 83 33, contact@brane-cantenac.com V r.-v.

CH. DU COURNEAU 2021 ★★

■ | 2000 | | 20 à 30 €

Le Belge Émile de Schepper a investi dans le vignoble bordelais à partir de 1950. En plus de sa maison de négoce (De Mour), la famille exploite aussi aujourd'hui une cinquantaine d'hectares en propre : en Médoc, le Ch. Haut Breton Larigaudière (margaux), le Ch. Tayet et le Ch. Lacombe Cadiot (bordeaux supérieur); en saint-émilion, Tour Baladoz et Croizille.

Le cabernet-sauvignon et le merlot presque à parité dans ce bon margaux très ouvert sur la prune, la cerise noire et le cacao. Des tanins sérieux mais enrobés par un élevage à propos cadrent une bouche plutôt pulpeuse, de bon volume, dont la longueur atteste du potentiel. On patiente. ⧗ 2027-2034 ■ **Trianon de Larigaudière 2021 ★ (20 à 30 €; 2000 b.)** Un margaux encore fougueux mais généreux, au nez expansif qui marie habilement le fruit (cassis, framboise) aux notes fumées du chêne. Onctueux à l'attaque, charnu puis sérieusement cadré par des tanins corsés, un rien austères à ce stade, le palais est taillé pour la garde. ⧗ 2028-2034

CH. HAUT BRETON LARIGAUDIÈRE, 3, rue des Anciens-Combattants, 33460 Soussans, tél. 05 57 88 94 17, contact@de-mour.com V r.-v.

CH. DAUZAC 2021 ★

■ 5e cru clas. | 100 000 | | 50 à 75 €

82 83 85 86 88 89 (90) 92 93 **95 96 97 98 99 00** 01 02 03 |**04**| |**05**| |**06**| |07| |08| |09| 10 11 **12** 13 14 15 **16** **19** 20 21

Après des heures glorieuses au XIXe s., ce cru a sombré dans la léthargie dans la première moitié du XXe s., avant de renaître grâce aux Miailhe, venus de Siran, aux Châtelier, arrivés de Champagne, et enfin, en 1989, à la MAIF qui a confié en 1992 la gestion à André Lurton. La fille de ce dernier, Christine Lurton Bazin de Caix, a dirigé le domaine entre 2005 et 2013. Laurent Fortin l'a remplacée et en 2014, André Lurton a cédé sa participation à la MAIF. Le vignoble compte 42 ha d'un seul tenant.

Framboise, cerise noire, cacao et épices douces, le nez, d'une belle amplitude, séduit d'entrée. L'attaque, large et veloutée, se fait tout aussi charmeuse et ouvre sur une cœur de bouche structuré, tonique et tannique, qui confère à l'ensemble une belle droiture. Un margaux d'un beau classicisme. ⧗ 2028-2034

CH. DAUZAC, 1, av. Georges-Johnston, 33460 Labarde, tél. 05 57 88 32 10, marketing@chateaudauzac.com V r.-v. 5

CH. DESMIRAIL 2021 ★

■ 3e cru clas. | 87 000 | | 30 à 50 €

97 99 00 01 06 09 |**10**| 11 12 |14| **18** 20 21

S'ouvrant sur la route des Châteaux, au cœur du bourg de Cantenac, par un majestueux portail de marbre rose, une élégante chartreuse du XVIIIe s. commande ce cru ancien (XVIIe s.), classé en 1855. Un domaine acquis en 1980 par Lucien Lurton, qui l'a transmis à son fils Denis en 1992 lors du partage entre ses enfants de son immense patrimoine viticole.

Du charme et de la chair dans ce 2021 qui fait la part belle au merlot (45 %). Discret mais élégant, mentholé, fruité (fraise cuite, mûre) et finement vanillé, le nez ouvre sur une bouche confortable, dont on aime la rondeur, mais aussi la fraîcheur et l'assise tannique large, enrobée par un boisé séducteur. Un margaux généreux et de bonne garde. ⧗ 2028-2034

CH. DESMIRAIL, 28, av. de la Ve-République, 33460 Cantenac, tél. 05 57 88 34 33, contact@desmirail.com V r.-v.

CH. LA FORTUNE 2021 ★★

■ Cru bourg. | 12 087 | | 30 à 50 €

La Société fermière des Grands Crus de France est la structure spécialisée dans le Bordelais du groupe Grands Chais de France. Son œnologue Vincent Cachau vinifie le fruit de quinze propriétés, représentant 390 ha dans les différentes appellations bordelaises.

Un margaux qui ne surjoue pas et soigne l'équilibre. Discrètes à l'olfaction, les notes de fruits rouges et de chêne fumée s'émancipent dans un palais tendre et frais, d'une agréable souplesse, qui prend appui sur des tanins extraits avec mesure. Un margaux bien fait et de moyenne garde. ⧗ 2025-2030

SOCIÉTÉ FERMIÈRE DES GRANDS CRUS DE FRANCE, Ch. du Cartillon, 33460 Lamarque, tél. 05 57 98 07 20, vincent.cachau@lgcf.fr

CH. D'ISSAN 2021 ★

■ 3e cru clas. | 110 000 | | 50 à 75 €

82 **83 85 86 88** 89 90 93 94 95 96 98 99 **00** 01 02 03 04 |05| |**06**| 07 |08| 09 10 11 **12** 13 **14 15** 16 **17** 18 **19 20** 21

Dans son château fort médiéval d'un côté, manoir du XVIIe s. de l'autre, ce cru classé marie les styles et les époques avec une réelle harmonie, que l'on retrouve dans le chai et sa charpente en forme de carène de navire. Aux commandes depuis 1945, la famille Cruse – associée depuis 2013 à Jacky Lorenzetti, déjà solidement implanté en Médoc – conduit un vignoble de 55 ha planté sur un beau terroir argilo-graveleux au cœur de l'appellation.

Fraîcheur et élégance, les maîtres-mots de ce cru classé qui tient son rang dans ce millésime exigeant. On apprécie d'emblée son bouquet complexe de fruits rouges en confiture, de réglisse, de girofle et de violette, puis sa bouche séveuse, fraîche et tendre, servie par des tanins encore serrés mais sans austérité. Harmonieux et sapide, voilà une bien jolie interprétation du millésime. ⧗ 2028-2034

CH. D' ISSAN, chem. de la Ménagerie, 33460 Margaux-Cantenac, tél. 05 57 88 35 91, issan@chateau-issan.com V r.-v.

CH. LABÉGORCE 2021 ★

■ | 120 000 | | 30 à 50 €

Bel édifice néoclassique s'élevant au milieu de son vignoble, à la sortie de Margaux et en direction de Pauillac, ce cru a bénéficié d'importants

investissements depuis son achat par la famille Perrodo en 1989, également propriétaire du Ch. Marquis d'Alesme. La fusion en 2009 avec le Ch. Labégorce Zédé lui a permis de retrouver son vignoble d'origine (70 ha), celui d'avant le partage de 1794. Nathalie Perrodo-Samani a pris les commandes des propriétés familiales en 2006, après le décès de son père Hubert.

On retrouve le style épanoui des vins du cru dans ce bon 2021 porté, comme de coutume, par un merlot dominant. On en retient les arômes épanouis et fringants de cassis, d'épices et de torréfaction, et le palais délié, crémeux à l'attaque, frais dans son développement, posé en douceur sur une trame tannique ferme mais mûre. Un margaux affable que l'on peut commencer à ouvrir (sans se presser). ⧗ 2026-2032

CH. LABÉGORCE, rte de Labégorce, 33460 Margaux, tél. 05 57 88 71 32, contact@labegorce.com

V *t.l.j. sf sam. dim. 10h-17h*

CH. LASCOMBES 2021 ★

2e cru clas. | 300000 | 75 à 100 €

82 83 85 (86) 88 89 90 95 96 97 98 00 02 03 04 |05| |06| |07| |08| |09| (10) 11 12 13 14 15 16 17 18 19 20 21

Fondé au XVe s. par le chevalier Antoine de Lascombes, acquis en 1952 par Alexis Lichine, puis par le négoce Bass & Charrington en 1971, ce cru s'est assoupi jusqu'à son rachat en 2001 par le fonds d'investissement américain Colony Capital. Un grand programme a été alors mis en place sous la conduite de Dominique Befve, ancien des domaines Rothschild, pour rénover ce vaste vignoble de 130 ha très morcelé. Racheté en 2011 par la MACSF, Lascombes a aujourd'hui retrouvé son rang. Il a changé de mains en 2022, acquis par l'Américain Gaylon Lawrence, propriétaire du célèbre Heitz Cellar aux États-Unis, qui a placé Carlton McCoy à la direction technique.

Le jury salue un nez explosif, pétri de cassis et généreusement saupoudré de torréfaction et d'épices douces issues d'un long élevage de 18 mois. Le boisé, en évidence mais fin, enrobe joliment une matière soyeuse, élégante, tonique, soutenue par des tanins ciselés et bien pris dans le fruit. Un vin élégant et structuré qui restitue la vigueur et la fraîcheur du millésime. ⧗ 2028-2034

CH. LASCOMBES, 1, cours de Verdun, 33460 Margaux, tél. 05 57 88 70 66, contact@chateau-lascombes.fr

V *t.l.j. sf dim. 9h-12h30 13h30-18h*

CH. MALESCOT SAINT-EXUPÉRY 2021 ★

3e cru clas. | 107755 | 50 à 75 €

82 83 85 86 88 89 90 94 95 96 98 99 |00| 02 03 04 |05| |06| |(07)| |08| (09) 10 11 12 13 15 16 18 20 21

Un nom double et prestigieux pour ce cru, la première partie faisant référence à Simon Malescot, conseiller de Louis XIV et propriétaire du domaine à la fin du XVIIe s., et la seconde à l'arrière-grand-père du célèbre aviateur. Doté d'un beau terroir de graves épaisses, jouxtant ceux des châteaux Margaux et Palmer, le vignoble (28 ha) est, depuis 1955, la propriété des Zuger, originaires de Suisse, qui lui ont redonné sa grandeur d'antan.

Un margaux sérieux qui prend son temps pour livrer son nuancier aromatique : fruits rouges mûrs (fraise et framboise), torréfaction, épices et pâte d'amande. Des tanins serrés et une belle acidité dessinent un vin nerveux et un brin austère à ce stade, mais qui possède toute la densité de chair pour se détendre dans le temps. Son potentiel ne fait aucun doute. ⧗ 2028-2035

CH. MALESCOT SAINT-EXUPÉRY, 16, rue Georges-Mandel, 33460 Margaux, tél. 05 57 88 97 20, malescotsaintexupery@malescot.com

♥ CH. MARGAUX 2021 ★★★

1er cru clas. | n.c. | + de 100 €

61 70 71 75 78 79 80 81 |(82)| 83 84 |85| |86| 87 |88| |89| |90| 91 92 |93| |94| |(95)| |(96)| |97| |(98)| |(99)| |(00)| |01| |02| |03| |04| (05) (06) 07 (08) (09) (10) 11 (12) 13 14 (15) (16) 17 (18) (19) (20) (21)

Un mythe dressé au bout d'une longue allée de platanes. La majesté de la demeure de style néopalladien (bâtie en 1810), qui a succédé à une ancienne maison forte appartenant à de grandes familles de la région, a contribué à sa renommée. Le domaine est constitué à la fin du XVIe s., et le vignoble créé à la fin du siècle suivant par un parent des Pontac. Passé entre plusieurs mains au fil des siècles, il est acquis en 1977 par André Mentzelopoulos (Felix Potin). Drainage, replantations, tonnellerie intégrée... une vaste rénovation du domaine est engagée, à la vigne, au chai et au château, et fait entrer le cru dans l'ère moderne. Le nouveau chai, œuvre de Norman Foster, a été inauguré en 2015. Le vignoble de 99 ha doit aussi sa qualité à son terroir d'exception, une vaste et superbe dalle calcaire recouverte de graves fines. Il est conduit depuis 1980 par Corinne Mentzelopoulos, fille d'André, qui a pu compter pendant plus de 30 ans sur Paul Pontallier, entré en 1983 au château et devenu directeur en 1990 : une carrière qui s'est hélas achevée prématurément en mars 2016. Ingénieur agronome, Philippe Bascaules, qui a travaillé 20 ans au château avant de diriger un grand domaine californien, le remplace en 2017.

Les contraintes du millésime n'ont modifié qu'à la marge la composition du grand vin, qui intègre (un peu) moins de cabernet-sauvignon qu'à l'accoutumée, 87 % précisément, ramassés le 14 octobre pour les derniers. Fruits noirs mûrs, santal, encaustique, cerise, vanille, rose... ce n'est pas un nez, c'est un pic ! Une attaque très pleine et alerte, une texture d'un fondant confondant, un cœur de bouche impressionnant d'ampleur, une trame tannique racée et croquante, une finale déliée, fraîche, longue, d'une élégance majuscule : un 2021 simplement somptueux, qui ajoute à l'énergie du millésime un moelleux de chair hors norme. ⧗ 2029-2045

CH. MARGAUX, BP 31, 33460 Margaux, tél. 05 57 88 83 33, chateau-margaux@chateau-margaux.com

PAVILLON ROUGE DU CH. MARGAUX 2021 ★★

■ | n.c. | | + de 100 €

82 83 84 85 86 88 89 90 93 95 96 97 98 99 00 01 |02| |03| |04| |05| |06| |07| |08| 09 10 11 12 13 14 15 16 17 19 20 21

Le second vin de Ch. Margaux. Apparu au XIXᵉs., il prend son nom définitif en 1908 et n'est plus produit à partir des années 1930 jusqu'à l'arrivée d'André Mentzelopoulos en 1977. Il n'a cessé de croître afin d'améliorer la qualité du «premier» : il est issu des vins non retenus, lors des assemblages, pour le grand vin. Depuis quelques années, la sélection d'un troisième vin vient renforcer la qualité du Pavillon.

Une gourmande touche chocolatée agrémente un nez déjà séduisant et bien mûr, centré sur le fruit noir et les épices douces. La fraîcheur du millésime plane au-dessus d'une bouche tonique, précise, très dense, tramée de tanins bien serrés et encore pointus, mais qui laissent parler le fruit acidulé dans une finale vibrante, très, très agréable. Un second certes solide, mais d'abord élégant. ⧗ 2028-2036

⊶ PAVILLON ROUGE DU CH. MARGAUX, BP 31, 33460 Margaux, tél. 05 57 88 83 83, chateau-margaux@chateau-margaux.com

CH. MARQUIS D'ALESME 2021 ★

■ 3e cru clas. | 46800 | | 50 à 75 €

96 97 99 00 01 03 04 05 |07| |08| 09 10 11 12 13 14 15 17 18 19 20 21

Commandé par un vaste château de style néo-Louis XIII se dressant au cœur de Margaux, ce domaine de 15 ha est le cru phare des vignobles Perrodo, également propriétaires de Labégorce. Acquis en 2006, il est dirigé par Nathalie Perrodo (fille d'Hubert, décédé l'année du rachat) et Marjolaine de Coninck, directrice générale (ancienne responsable de Fonplégade à Saint-Émilion).

Un cru classé en plein renouveau qui signe un 2021 ferme et structuré, fidèle à son style. Une robe sombre, un nez lent à s'ouvrir, entre fruits rouges, vanille et menthol, un palais large et plein adossé à des tanins puissants, carrés, mais qui s'assouplissent dans une finale à la longueur remarquée : tous les feux sont au vert pour une belle et longue maturation en bouteille. ⧗ 2028-2035

⊶ CH. MARQUIS D'ALESME, 7, rue de la Trémoille, 33460 Margaux, tél. 05 57 81 13 20, contact@marquis.wine V t.l.j. sf sam. dim. 10h-18h

CH. MARQUIS DE TERME 2021 ★

■ 4e cru clas. | 100000 | | 30 à 50 €

82 (83) 85 86 89 90 93 94 95 96 97 98 99 (00) 01 02 03 04 05 06 |08| |09| 10 11 12 13 14 15 16 17 18 (19) 20 21

À cheval sur les communes de Margaux et de Cantenac, ce cru fondé en 1762 est propriété de la famille Séneclauze depuis 1935. Aux commandes du vignoble de 40 ha, un nouveau directeur depuis 2009, Ludovic David, ingénieur agronome qui a fait ses armes dans le Libournais, chez Bernard Magrez. En 2019, un restaurant s'est ouvert en complément des activités touristiques proposées.

Un cru classé toujours au rendez-vous, qui livre un 2021 sérieux, sombre de robe, au nez grillé et vanillé laissant percer le fruit rouge à l'aération. Bien élevée, la bouche offre toute la chair nécessaire pour juguler des tanins saillants mais enrobés qui accompagnent longuement le fruit en finale. On lui prédit un bel avenir. ⧗ 2028-2034

⊶ CH. MARQUIS DE TERME, 3, rte de Rauzan, 33460 Margaux, tél. 05 57 88 30 01, mdt@chateau-marquis-de-terme.com V r.-v.

MARQUIS DE TERME Cuvée 1762 2021 ★

■ | 50000 | | 20 à 30 €

À cheval sur les communes de Margaux et de Cantenac, ce cru fondé en 1762 est propriété de la famille Séneclauze depuis 1935. Aux commandes du vignoble de 40 ha, un nouveau directeur depuis 2009, Ludovic David, ingénieur agronome qui a fait ses armes dans le Libournais, chez Bernard Magrez. En 2019, un restaurant s'est ouvert en complément des activités touristiques proposées.

Plus souple que le premier vin, voilà un margaux détendu, finement épicé, dont le nez convoque un fruit pur de cassis et de mûre. Une touche mentholée rafraîchit la palette dans une bouche effilée, tendre, expressive, relevée de tanins fermes qui ne tarderont pas à se fondre. En un mot : charmeur. ⧗ 2026-2032

⊶ CH. MARQUIS DE TERME, 3, rte de Rauzan, 33460 Margaux, tél. 05 57 88 30 01, mdt@chateau-marquis-de-terme.com V r.-v.

CH. MONGRAVEY 2021 ★

■ Cru bourg. sup. | 70000 | | 20 à 30 €

La famille Bernaleau est propriétaire de plusieurs crus dans la partie sud du Médoc, dont le plus connu est le Ch. Mongravey, 15 ha en margaux constitué à partir de 1981 par achats de parcelles sur Arsac. Dernier-né (2011), le Ch. Galland est un micro-cru (à peine 1 ha) en moulis, situé sur l'un des plus hauts points du Médoc, au pied d'un ancien moulin médiéval.

Un margaux de belle facture dans le millésime, aux arômes intenses entre fruits rouges bien mûrs et notes toastées. Un mariage heureux du fruit et du chêne auquel fait écho une bouche tendre, gracile, fraîche, structurée par des tanins fermes qui se détendront à table. Il mérite un peu de patience. ⧗ 2026-2032

⊶ CH. MONGRAVEY, 8, av. Jean-Luc-Vonderheyden, 33460 Arsac, tél. 05 56 58 84 51, k.bernaleau@mongravey.fr V r.-v.

CH. MOUTTE BLANC 2021 ★

■ Cru artisan | 2700 | | 30 à 50 €

À la tête d'un petit domaine de 6 ha dans le Haut-Médoc, en amont de Margaux, Patrice de Bortoli a un faible pour le petit verdot, cépage exclusif de sa cuvée Moisin en bordeaux supérieur, bien présent également dans sa cuvée principale. On retrouve aussi régulièrement le domaine en haut-médoc. Depuis 2007, date du classement d'une petite parcelle de 50 ares de merlot, le vigneron propose aussi du margaux.

Un pur merlot qui dénote à Margaux mais convainc dans le verre. Retenues au nez, les notes d'épices et de fruits rouges frais s'émancipent dans un palais large et rond, cousu de tanins tendres et enrobés par un élevage qui sait rester discret. Un 2021 équilibré, facile d'accès, que l'on pourra ouvrir dans ses jeunes années. ⧗ 2026-2030

⊶ CH. MOUTTE BLANC, 6, imp. de la Libération, 33460 Macau, tél. 06 03 55 83 38, mouttebland@wanadoo.fr V r.-v.

B CH. PALMER 2021 ★★

■ 3e cru clas. | n.c. | | + de 100 €

82 83 84 85 (86) 88 89 90 91 92 93 94 95 96 97 98 99 00 |01| |02| |03| |04| |05| |06| |07| 08 09 (10) 11 12 13 14 15 16 17 18 20 21

L'histoire veut que le général britannique Charles Palmer ait, lors d'un voyage en France en 1814, succombé au charme de Marie de Gascq, qui cherchait preneur pour son cru médocain. Palmer était né. Suivent en 1853 les frères Pereire, banquiers influents qui édifient le château actuel et développent le vignoble, puis, à partir de 1938, les familles Mähler-Besse, Sichel, Miailhe et Ginestet (ne restent plus que les deux premières). Géré depuis 2004 par Thomas Duroux, ce 3e cru classé, souvent considéré comme un «super-second», étend ses 66 ha (conduits en biodynamie) sur les moutonnements de Cantenac.

Un 2021 qui n'a peut-être pas la plénitude des grands millésimes mais qui restitue la droiture et le toucher légendaire des vins du château. Le jury ne s'y est pas trompé et loue la pureté et la précision d'un nez gourmand, aux nuances de fruits noirs frais, de plantes aromatiques et de vanille. Portée par une fraîcheur revigorante et soutenue par des tanins serrés et ciselés, la bouche impressionne par sa densité, la douceur du toucher et sa finale qui porte très loin le fruit. Un grand margaux sans aucune doute. ⧗ 2028-2038 ■ **Alter Ego de Palmer 2021 ★ (+ de 100 €; n.c.)** B Frais et élégant à l'olfaction, ce second plaît d'emblée par son fruité saillant (griotte, cassis) et réglissé. Il séduit aussi par sa bouche souple, tonique, parfumée, appuyée sur des tanins gras et veloutés. ⧗ 2026-2030

⊶ CH. PALMER, Issan, 33460 Margaux, tél. 05 57 88 72 72, chateau-palmer@chateau-palmer.com

♥ CH. PAVEIL DE LUZE 2021 ★★

■ Cru bourg. exc. | 145 000 | | 20 à 30 €

Remontant au XVIIe s., un vaste château possédant une roseraie et un vignoble de 32 ha d'un seul tenant, implanté sur les graves garonnaises du plateau de Soussans. Le baron Alfred de Luze a acquis en 1862 la propriété, gérée depuis 2016 par une de ses descendantes, Marguerite de Luze.

En constante progression, ce domaine décroche la palme en 2021 et signe un cabernet-sauvignon (90 %) d'une plénitude rarement de mise dans le millésime. Les 12 mois d'élevage se font bien discrets dans ce nez pourtant intense, centré sur les fruits rouges et le végétal frais. Séveuse, ample, appuyée sur des tanins corsés, la bouche restitue toute la fraîcheur de l'année, mais y ajoute une mâche aussi ronde que croquante. Puissant, voluptueux même, et déjà savoureux, il ira loin. ⧗ 2028-2036

⊶ CH. PAVEIL DE LUZE, 3, chem. du Paveil, 33460 Soussans, tél. 09 75 64 57 97, contact@chateaupaveildeluze.com V *t.l.j. sf dim. 9h30-12h30 13h30-18h*

♥ CH. RAUZAN-SÉGLA 2021 ★★

■ 2e cru clas. | n.c. | | 75 à 100 €

82 83 85 (86) 88 89 90 91 92 93 94 95 (96) 97 (98) 99 (00) |01| |02| 03 04 05 |06| |07| |08| 09 10 11 12 |13| 14 15 16 17 18 19 20 21

L'un des crus les plus anciens de Margaux, créé en 1661 par Pierre de Rauzan. Cet ancien fief de la seigneurie de Ch. Margaux fut scindé en deux sous la Révolution, donnant Rauzan-Gassies et Rauzan-Ségla. Quelque peu endormi au cours du XXe s., le cru classé (une mosaïque de 70 ha aujourd'hui) s'est «réveillé» à partir de 1994, date de sa reprise par la famille Wertheimer (Chanel), qui a beaucoup investi, tant au château qu'à la vigne et au chai. Depuis, Rauzan-Ségla a retrouvé son rang, d'abord sous la direction de John Kolasa, aujourd'hui à la retraite, puis sous celle de Nicolas Audebert, revenu d'Argentine et du Cheval des Andes (LVMH) pour s'occuper des vignobles du groupe Chanel.

Ce prestigieux domaine enchaîne les millésimes de grand standing et 2021, pourtant pas simple à apprivoiser, ne déroge pas à la règle. Porté par ses 72 % de cabernet-sauvignon, le vin déploie, à son rythme, une palette boisée, fruitée (cassis frais) et iodée. Le fruit s'épanouit un peu plus dans une bouche de très bonne densité, charnue, large d'épaule, appuyée sur une trame tannique déjà soyeuse. Le tout aiguisé par la fraîcheur propre au millésime. Racé et de longue garde. ⧗ 2028-2040

⊶ CH. RAUZAN-SÉGLA, rue Alexis-Millardet, 33460 Margaux, tél. 05 57 88 82 10, roseli.eberle@rauzan-segla.com

CH. SIRAN 2021 ★

■ | 100 000 | | 30 à 50 €

Ancienne propriété de l'arrière-grand-mère de Toulouse-Lautrec, le Ch. Siran est entré dans la famille Miailhe en 1859. Depuis 2007, c'est Édouard Miailhe qui en détient les clés. Le vignoble s'étend sur 36 ha : 9 ha en bordeaux supérieur, 2 ha en haut-médoc et 25 ha en margaux, au sud de l'aire d'appellation, sur le plateau de croupes graveleuses de Labarde; un terroir de grande qualité qui lui aurait sans doute valu d'intégrer le fameux classement de 1855 si les Miailhe étaient arrivés plus tôt.

Un tiers de bois neuf dans l'élevage de ce 2021 dessiné à trait fin, au nez ténu mais agréable, sur le fruit. L'attaque est fraîche, le corps délié, les tanins discrets et bien en ligne, la finale sapide, longue et énergique.

Un joli margaux effilé, de moyenne garde, vinifié dans le respect du fruit et du millésime. ⧗ 2026-2030

CH. SIRAN, 13, av. du Comte-J.-B.-de-Lynch, 33460 Labarde, tél. 05 57 88 34 04, commercial@chateausiran.com V *t.l.j. 10h-12h30 14h-17h30*

CH. DU TERTRE 2021 ★★

■ 5e cru clas.	60000		30 à 50 €

Unique cru classé de la commune d'Arsac, ce domaine s'étend sur 52 ha d'un seul tenant. Il est situé, comme son nom l'indique, sur l'une des plus hautes croupes du Médoc. Éric Albada-Jelgersma, son ancien propriétaire, a passé la main à la famille Helfrich (Grands Chais de France) en 2021.

On retrouve avec plaisir la fraîcheur et le cachet aromatique des vins du domaine dans ce 2021 très ouvert : fruits noirs confits, épices, notes grillées et menthol. Des tanins déjà agréablement patinés cadrent en douceur une bouche souple, de bon volume, qui diffuse sans réserve ce bouquet charmeur. Un margaux harmonieux. ⧗ 2026-2032 ■ **Les Hauts du Tertre 2021 ★ (20 à 30 €; 70000 b.)** Un margaux juteux, aux parfums friands de framboise et de cerise, dont les tanins fins et légers se mettent au service du fruit dans une bouche douce et soyeuse. Un second vin délicat et d'une gourmandise indéniable. ⧗ 2025-2029

CH. DU TERTRE, 14, allée du Tertre, 33460 Arsac, tél. 05 57 88 52 52, reservations@chateaudutertre.fr V *t.l.j. sf dim. 9h30-12h30 13h30-17h30*

CH. LA TOUR DE BESSAN 2021 ★

■	72717		20 à 30 €

Œnologue de formation, Marie-Laure Lurton a pris la tête en 1992 de trois domaines médocains de son père Lucien : Villegeorges (haut-médoc), Duplessis (moulis) et La Tour de Bessan (margaux). Ce dernier, acquis en 1972 et situé à Soussans, doit son nom à une tour du XIIIes.

Une larme de petit verdot à l'appui du cabernet-sauvignon et du merlot dans ce 2021 réservé, aux notes boisées et mentholées. Le fruit se montre bien plus généreux dans un palais tendre et frais, soutenu par des tanins carrés mais suffisamment enrobés. Un vin complet qui ne tardera pas à donner sa pleine mesure. ⧗ 2026-2032

CH. LA TOUR DE BESSAN, 17, chem. de Villegeorge, 33480 Avensan, tél. 05 57 88 84 23, contact@marielaurelurton.com V *r.-v.*

MOULIS-EN-MÉDOC

Superficie : 630 ha / Production : 23 830 hl

Ruban de 12 km de long sur 300 à 400 m de large, moulis est la moins étendue des appellations communales du Médoc. Elle offre pourtant une large palette de terroirs.

Comme à Listrac, ceux-ci forment trois ensembles. À l'ouest, près de la route de Bordeaux à Soulac, le secteur de Bouqueyran présente une topographie variée, avec une crête calcaire et un versant de graves anciennes (pyrénéennes). Au centre, une plaine argilo-calcaire prolonge celle de Peyrelebade (voir listrac-médoc). Enfin, à l'est et au nord-est, près de la voie ferrée, se développent des croupes de graves du Günz (graves garonnaises) qui constituent un terroir de choix. C'est dans ce dernier secteur que se trouvent les buttes réputées de Grand-Poujeaux, Maucaillou et Médrac.

Charnus, les moulis se caractérisent par leur caractère suave et délicat. Tout en étant de garde (sept à huit ans), ils peuvent s'épanouir un peu plus rapidement que les vins des autres appellations communales.

CH. CAROLINE 2021 ★

■	40000		11 à 15 €

Les Chanfreau possèdent plusieurs crus dans le Médoc, gérés aujourd'hui par Jean Chanfreau, ingénieur agronome, avec son épouse Marie-Hélène et sa sœur Caroline Chanfreau-Philippon. Encadrant la route de Soulac, les domaines de Fonréaud et Lestage sont commandés par deux châteaux de style Napoléon III (de l'architecte Garros pour le premier). Les deux crus, de même que le Clos des Demoiselles, acquis en 1962, possèdent un beau terroir de graves pyrénéennes, avec des calcaires et argilo-calcaires pour Lestage (45 ha), un domaine conduit depuis 2020 par Guillaume et Loïc Chanfreau. En 1981, les Chanfreau ont également acquis le Ch. Caroline en appellation moulis-en-médoc (6 ha).

Vinifié en douceur, voilà un bien joli 2021 aux senteurs appétentes de fruits rouges mûrs nuancés de chêne. Toute aussi aimable, la bouche livre une chair gracile, fraîche, souple, épaulée par des tanins soyeux et discrets proportionnés à l'ensemble. « Bien fait », résume sobrement le jury, et à boire sans trop attendre. ⧗ 2025-2029

CH. LESTAGE, 33480 Listrac-Médoc, tél. 05 56 58 02 43, contact@vignobles-chanfreau.com V *t.l.j. sf sam. dim. 9h-12h 14h-17h*

CH. DUTRUCH GRAND POUJEAUX 2021 ★

■	53000		20 à 30 €

Situé sur la croupe de Grand-Poujeaux, ce cru d'une trentaine d'hectares – fondé en 1850 par M. Dutruch – bénéficie d'un terroir de graves garonnaises de qualité. Acquis par la famille des actuels propriétaires en 1967, il est géré depuis 2016 par François Cordonnier.

Un moulis longuement affiné en barrique (12 mois) et en cuve (6 mois). Taiseux à l'ouverture, les arômes se livrent à l'aération : note fumée, toffee et fruits noirs frais. Posée sur une trame tannique soyeuse, la bouche, souple à l'attaque, déroule un joli jus, sur la cerise noire, qui se teinte d'épices douces en finale. Bien pensé, droit, le temps l'épanouira. ⧗ 2027-2032

CH. DUTRUCH GRAND POUJEAUX, 10, rue de la Forge, 33480 Moulis-en-Médoc, tél. 05 56 58 02 55, contact@chateaudutruch.com V *t.l.j. sf sam. dim. 9h-12h30 13h30-17h30*

CH. GRAVEYRON POUJEAUX 2021 ★★

■	15000		15 à 20 €

La famille Guillot dirige deux crus en appellation moulis-en-médoc : le Ch. Graveyron Poujeaux, acquis en 2013, et le Ch. Moulis, acheté en 2015, pour une surface de 10 ha au total.

Des très vieilles vignes (80 à 100 ans) de merlot (85 %) ont enfanté d'un rouge gaillard, énergique, aux parfums de fruits rouges acidulés et de torréfaction. Une belle et forte acidité, typique du millésime, et des tanins corsés mais enrobés donnent une assise solide à une matière charnue, d'une richesse épatante dans le millésime. On patiente très sereinement. ⧗ 2028-2034

⊶ *CH. GRAVEYRON POUJEAUX / MOULIS, 6, chem. du Moulin, 33480 Moulis-en-Médoc, tél. 06 48 70 96 91, contact@chateaumoulis.com* V r.-v.

PAUILLAC

Superficie : 1 215 ha / Production : 53 215 hl

À peine plus peuplé qu'un gros bourg rural, Pauillac est une vraie petite ville, agrémentée d'un port de plaisance sur la route du canal du Midi. C'est un endroit où il fait bon déguster, à la terrasse des cafés sur les quais, les crevettes fraîchement pêchées dans l'estuaire. C'est aussi, et surtout, la capitale du Médoc viticole, tant par sa situation géographique au centre du vignoble, que par la présence de trois 1ers crus classés (Lafite, Latour et Mouton) complétés par une liste assez impressionnante de quinze autres crus classés. La commune compte aussi une coopérative qui assure une production importante.

L'aire d'appellation est coupée en deux en son centre par le chenal du Gahet, petit ruisseau séparant les deux plateaux qui portent le vignoble. Celui du nord, qui doit son nom au hameau de Pouyalet, se distingue par une altitude légèrement plus élevée (une trentaine de mètres) et par des pentes plus marquées.

Détenant le privilège de posséder deux 1ers crus classés (Lafite et Mouton), il se caractérise par une parfaite adéquation entre sol et sous-sol, que l'on retrouve aussi dans le plateau de Saint-Lambert, au sud du Gahet. Ce dernier bénéficie de la proximité du vallon du Juillac, petit ruisseau marquant la limite méridionale de la commune, qui assure un bon drainage, et de ses graves de grosse taille, particulièrement remarquables sur le terroir du 1er cru de ce secteur, Château Latour.

Provenant de croupes graveleuses très pures, les pauillac allient la puissance et la charpente à l'élégance et à la délicatesse de leur bouquet. Comme ils évoluent très heureusement au vieillissement (jusqu'à vingt-cinq ans), il convient de les attendre.

CH. DUHART-MILON 2021 ★

■ 4e cru clas. | n.c. | ◍ | + de 100 €

81 82 83 85 86 87 88 89 90 91 92 93 94 95 96 97 98
|99| |00| |01| |02| |03| |04| |05| |06| |07| |08| 09 10 11 12
13 14 15 16 17 19 20 21

Ces anciennes terres du « Prince des vignes », Nicolas-Alexandre de Ségur (XVIIIe s.), furent longtemps propriété des Castéja, qui donnèrent son nom au cru (celui d'un corsaire de Louis XV établi à Pauillac à sa retraite, dont la maison orne aujourd'hui l'étiquette). Vendu en 1937, morcelé et en déclin, le vignoble de Duhart-Milon a été racheté en 1962 par les Rothschild, qui l'ont restructuré, agrandi et lui ont redonné son lustre de 4e cru classé. Le vignoble couvre aujourd'hui 76 ha attenants au Ch. Lafite, sur le coteau de Milon qui prolonge le plateau des Carruades.

Une année défavorable aux parcelles les plus argileuses du château, d'où la proportion historiquement basse (18 %) du merlot dans l'assemblage du grand vin. Un 2021 à forte emprunte de cabernet-sauvignon donc, dont le nez discret mais élégant livre ses notes toastées épicées sur fond de petits fruits frais. Une attaque droite et fraîche ouvre sur un milieu de bouche consistant, ample et caressant, cadré sans rigueur par des tanins ciselés et réglissés. Un pauillac très soigné, à la fois dense et soyeux, dont l'avenir est assuré. ⧗ 2028-2038

■ **Moulin de Duhart 2021 ★ (+ de 100 € ; n.c.)** Malgré une proportion plus élevée de cabernet-sauvignon que de coutume, un second vin sur le fruit, vinifié en douceur et bien élevé, d'où ce nez friand sur le fruit rouge nuancé de chêne frais et de torréfaction. Tissée de tanins finement sculptés, la bouche livre un matière tendre, fraîche et fruitée. Un pauillac gracile et digeste. ⧗ 2026-2032

⊶ *CH. DUHART-MILON, rue Étienne-Dieuzède, 33250 Pauillac, tél. 05 56 73 18 18, visites@lafite.com*

CH. FONBADET 2021 ★★

■ | 10 984 | ◍ | 30 à 50 €

Ce cru à la notoriété ancienne, déjà planté de vignes au XVIIIe s., couvre 12 ha au nord de Saint-Lambert ; le vignoble est assez morcelé, au milieu de grands crus classés (Mouton Rothschild, Latour, Lynch Bages...). La famille Peyronie (Pascale, aujourd'hui), établie à Pauillac depuis au moins 1700, l'a acquis dans les années 1970.

Une robe encre annonce un nez intense et déjà très ouvert qui marie harmonieusement les épices douces (cannelle, vanillé) et le fumé du chêne à un fruit rouge bien mûr et macéré. La même harmonie se dégage d'un palais en chair, large et juteux, adossé à des tanins certes puissants mais très enrobés. Le tout souligné d'une acidité millimétrée. Un vrai pauillac avec le potentiel de garde qui va avec. ⧗ 2029-2038

⊶ *CH. FONBADET, 47, rte des Châteaux, 33250 Pauillac, tél. 05 56 59 02 11, contact@domainespeyronie.com* V r.-v.

CH. LAFITE-ROTHSCHILD 2021 ★★

■ 1er cru clas. | n.c. | ◍ | + de 100 €

59 (61) 64 66 69 70 73 75 76 77 78 79 80 81 |82| |83| 84
85 |86| 87 |88| |89| 90 92 93 94 |(95)| |(96)| 97 |(98)| 99 |(00)|
|01| |(02)| |(03)| (04) (05) (06) (07) (08) (09) (10) (11) 12 13 (14) (15) (16)
17 (19) 20 21

Ancienne seigneurie, dont la juridiction s'étendait au nord de Pauillac, le domaine doit aux Ségur – parlementaires bordelais et grands propriétaires de vignes – son château et une vocation viticole établie dès le XVIIe s., qui lui a valu d'être élevé au rang de 1er cru classé en 1855. Mais il doit aux Rothschild, qui l'ont acquis en 1868, d'avoir été à l'abri des divisions et autres cessions qui ont affaibli tant de propriétés prestigieuses. Il doit aussi à l'équipe formée par Éric de Rothschild, aux commandes depuis 1974, et Charles Chevallier, son directeur technique jusqu'en 2016, sa modernisation et ses outils performants, tel son célèbre chai circulaire imaginé par Ricardo Bofill. Outils qui permettent de révéler pleinement la personnalité d'un terroir exceptionnel planté de 112 ha de vignes : une superbe croupe de graves fines et profondes sur un sous-sol calcaire. Éric Kohler a pris en 2016 la direction technique du Lafite.

Une année d'équilibriste où il a fallu jouer avec les pluies de septembre pour vendanger au plus juste. Seule un demi-cuve de merlot a été retenue, en provenance du plateau des Carruades. Du coup, la part du cabernet-sauvignon frise les 100 %. Dans le verre, un «grand vin» moins en chair que d'autres millésimes mais altier, droit et très élégant. Un boisé de grande classe accompagne les petits fruits rouges et noirs frais et la violette dans un bouquet distingué. La densité et la force du cru s'imposent dès l'attaque et rythment une bouche puissante, fraîche, qui file droit, cadrée par des tanins à grain fin, bien serrés. Longue, fraîche, délicate, la finale marque les esprits. ⧗ 2030-2045

CH. LAFITE ROTHSCHILD, 33250 Pauillac, tél. 05 56 73 18 18, visites@lafite.com

CARRUADES DE LAFITE 2021 ★

■ | n.c. | ◧ | + de 100 €

85 86 88 89 90 92 93 94 95 96 97 98 99 00 01 |02| |03| |04| |05| |06| |07| 08 09 10 11 12 13 14 15 16 17 19 20 21

Second vin de Lafite Rothschild, les Carruades offrent des caractéristiques proches du grand vin, avec une personnalité propre liée à une proportion supérieure de merlot et à des parcelles spécifiques destinées à sa production. Son nom provient du «plateau des Carruades», ensemble de parcelles jouxtant la croupe du château, acquises en 1845.

Façonné par les jeunes complants des plus belles parcelles du château, renforcé par les merlots du plateau sud-est restés (en 2021) à la porte du grand vin, les Carruades livre un pauillac d'une belle droiture, au nez délicat, frais, d'abord fumé puis fruité (mûre, myrtille). Portée par toute la fraîcheur du millésime, la bouche, vivace à l'attaque, monte tranquillement en puissance, révélant une bonne densité de matière et déployant sa trame tannique serrée mais délicate. La finale énergique, ferme et acidulée, résume bien l'esprit du millésime. ⧗ 2028-2035

CARRUADES DE LAFITE, 33250 Pauillac, tél. 05 56 73 18 18, visites@lafite.com

CH. LATOUR 2021 ★★

■ 1er cru clas. | n.c. | ◧ | + de 100 €

(61) 67 71 73 74 75 76 77 78 79 80 81 |82| |83| 84 |85| |86| 87 |88| |89| |90| |91| 92 93 94 (95) |96| |97| (98) |99| |00| |01| |02| (03) 04 (05) (06) 07 (08) (09) (10) (11) (12) 13 (14) (15) (16) (17) (18) (19) (20) 21

Maison forte, dite de Saint-Maubert, commandant une importante seigneurie au Moyen Âge et protégeant l'accès à Bordeaux, le site de Latour fit l'objet d'une bataille pendant la guerre de Cent Ans. Toutefois, l'événement marquant de son histoire fut l'unification du domaine par Arnauld de Mullet à la fin du XVIes. Elle a permis au cru de posséder très tôt un vignoble homogène (65 ha aujourd'hui), établi sur une belle croupe de grosses graves claires, dont le cœur – le terroir dit de l'Enclos (47 ha) – donne naissance au grand vin. Autre atout, la stabilité : la propriété est restée entre les mains des descendants des Ségur, illustre famille du vignoble médocain, jusqu'en 1962. Après un passage «sous pavillon britannique» (groupe Pearson), le cru a été acquis en 1993 par l'industriel François Pinault, qui a beaucoup investi à la vigne (arrachages et replantations) et à la cave (nouveau chai souterrain, rénovation du cuvier).

Les caprices du millésime ont impacté les rendements mais la bonne tenue des cabernet-sauvignon a permis de produire une proportion plus importante du grand vin. Fort de ses 96 % de cabernet, il affiche son austérité coutumière, sans doute un peu plus aiguisée en 2021. Chêne frais, fruits rouges, thé fumé, feuilles séchées, touche florale, le jury salue un nez «racé». Dense, solide, large à l'attaque, sublimé par une fraîcheur éclatante, le palais s'arrime à une trame tannique impressionnante mais croquante. Monacal à ce stade, mais sapide et très énergique, il ira loin. ⧗ 2030-2045

CH. LATOUR, Saint-Lambert, 33250 Pauillac, tél. 05 56 73 19 80, s.guerlou@chateau-latour.com

LES FORTS DE LATOUR 2021 ★

■ | n.c. | ◧ | + de 100 €

82 83 85 86 87 88 89 90 92 94 95 96 97 98 99 |00| |01| |02| |03| |04| |05| |06| |07| 08 09 10 11 12 13 14 15 16 17 18 19 20 21

Le second vin du Ch. Latour, élaboré généralement avec une plus forte proportion de merlot et à partir de parcelles extérieures à l'Enclos (et des jeunes vignes de celui-ci), cœur historique du vignoble réservé au grand vin.

Ténu, le nez s'en tient à des notes discrètes de chêne frais, de cerise et de ronce. Séveuse et mentholée à l'attaque, la bouche s'arrime vite à une trame tannique virile, sans concession, mais qui libère le fruit dans une finale vive, élancée et un rien stricte à ce stade. Un second vin qui garde le cap du style Latour, avec ce supplément de rigueur typique du millésime. ⧗ 2028-2040

LES FORTS DE LATOUR, Saint-Lambert, 33250 Pauillac, tél. 05 56 73 19 80, s.guerlou@chateau-latour.com

♥ CH. LYNCH-BAGES 2021 ★★

■ 5e cru clas. | n.c. | ◧ | + de 100 €

(82) 83 84 85 86 87 88 89 90 91 92 93 94 95 96 97 (98) 99 (00) 01 02 03 04 |05| |06| |07| |08| 09 10 11 12 13 (14) 15 16 17 18 19 21

Le nom de ce cru associe celui des négociants irlandais propriétaires au XVIIIes. et celui d'un hameau situé aux portes sud de Pauillac. Son succès résulte, depuis les années 1930, du travail continu de trois générations de Cazes : Jean-Charles, André et Jean-Michel. La part de ce dernier, qui a passé la main à son fils Jean-Charles, est essentielle. Sa réussite est liée à la qualité des vins, nés d'un vaste

vignoble de 100 ha, et aussi à une vraie stratégie de développement, incluant un négoce et des infrastructures touristiques (hôtel-restaurant, commerces). 2021 a marqué l'aboutissement d'un vaste chantier de rénovation des installations techniques, confié à l'architecte américain Chien Chung Pei.

Le style très enlevé des vins du domaine reste de mise dans ce millésime compliqué à amadouer. La robe noire et dense donne le ton d'un pauillac à la fois sérieux et élégant, aux arômes déjà complexes de fruits noirs mûrs et de chêne rafraîchis de menthol. Riche, pulpeuse, la matière se déploie avec volupté dans un palais dense et frais, rehaussé de tanins très civilisés. La longueur impressionne, encore plus dans ce millésime, et témoigne de la grande et belle tenue du cru en 2021. ⧗ 2029-2040

CH. LYNCH-BAGES, 33250 Pauillac, tél. 05 56 73 24 00, contact@jmcazes.com t.l.j. sf dim. 9h-12h30 14h-18h

PASCALE PEYRONIE 2021 ★★

■	3000		75 à 100 €

Une marque de négoce créée en 2016 par Pascale Peyronie, par ailleurs à la tête du Ch. Fonbadet, cru pauillacais de belle notoriété.

Un 2021 vinifié et élevé en barrique, classiquement dominé par le cabernet-sauvignon (80 %). On en retient les arômes épanouis de fruits rouges mûrs assaisonnés de cacao et de vanille, l'attaque vivace, l'agréable sucrosité du cœur de bouche et la trame tannique puissante et de grande classe qui porte loin le fruit. Dans un style riche et puissant, voilà un pauillac cohérent qui transcende le millésime et dont l'avenir est assuré. ⧗ 2028-2035

LADY VINS, 47, rte des Châteaux, 33250 Pauillac, tél. 05 56 59 02 11, contac@domainespeyronie.com r.-v.

CH. PICHON BARON 2021 ★★

■ 2e cru clas.	150 000		+ de 100 €

82 83 84 85 86 87 88 89 (90) 91 92 93 94 95 (96) 97 98 99 |00| 01 |02| 03 |04| |(05)| |06| |07| |08| (09) (10) 11 12 13 14 (15) 16 17 18 19 20 21

Le vignoble originel fut constitué au XVIIᵉs. par Jacques de Pichon, baron de Longueville. Divisé en deux en 1850, le cru revient en partie à Raoul de Pichon-Longueville (l'autre devenant Pichon Comtesse), qui y fait édifier le château actuel. Inspiré de celui d'Azay-le-Rideau, le bâtiment contraste avec les lignes horizontales du chai construit après le rachat du domaine en 1987 par Axa Millésimes. L'assureur y a entrepris d'importants travaux de rénovation, sous la conduite de Jean-Michel Cazes, puis de Christian Seely, Pierre Montégut assurant la direction technique. Depuis 2001, la politique de sélection a été intensifiée : ne sont désormais utilisés pour le grand vin que 40 ha sur les 73 que compte ce terroir d'exception, fait de belles graves garonnaises, voisin immédiat de Latour.

Discret à l'ouverture, le nez s'ouvre franchement, dévoilant la "puissance aromatique d'un cabernet mûr" et savamment élevé (70 % de barrique neuve), soit fruit noir, graphite, humus et épices douces. La bouche, droite à l'entame, restitue toute la fraîcheur du millésime et y associe une matière ample et soyeuse, adossée à des tanins serrés extraits avec sagesse. Long, très joliment construit et d'une harmonie parfaite, c'est une des belles réussites du millésime. ⧗ 2027-2036 ■ **Les Tourelles de Longueville 2021 ★ (30 à 50 €; 90 000).** Le merlot très majoritaire (66 %) dans ce 2021 élevé 12 mois en barriques (avec un tiers de bois neuf). Un boisé grillé sans outrance épouse le fruit noir et le sous-bois dans un nez déjà flatteur. De la matière, une texture charmeuse, beaucoup de fraîcheur, des tanins soyeux, une longueur remarquée : aucune faiblesse dans ce très bon second, au bon potentiel d'évolution. ⧗ 2027-2034 ■ **Les Griffons de Pichon Baron 2021 ★ (30 à 50 €; 60 000 b.)** Adouci par 44 % de merlot, un pauillac encore sous le joug de l'élevage dont la bouche offre de sérieuses garanties pour l'avenir : une franche vivacité, des tanins fermes mais fins et une matière généreuse pour le millésime. ⧗ 2026-2030

CH. PICHON BARON, Ch. Pichon Baron, 33250 Pauillac, tél. 05 56 73 17 17, contact@pichonbaron.com t.l.j. 9h-12h30 14h-17h30

SAINT-ESTÈPHE

Superficie : 1 230 ha / Production : 54 200 hl

À quelques encablures de Pauillac et de son port, Saint-Estèphe affirme un caractère terrien avec ses rustiques hameaux pleins de charme. Correspondant (à l'exception de quelques hectares compris dans l'appellation pauillac) à la commune elle-même, l'appellation est la plus septentrionale des six AOC communales médocaines. L'altitude moyenne est d'une quarantaine de mètres et les sols sont formés de graves légèrement plus argileuses que dans les appellations plus méridionales. L'appellation compte cinq crus classés, et les vins qui y sont produits portent la marque du terroir. Celui-ci renforce nettement leur caractère, avec, en général, une acidité des raisins plus élevée, une couleur plus intense et une richesse en tanins plus grande que pour les autres vins du Médoc. Très puissants, ce sont d'excellents vins de garde.

CH. LE BOSCQ 2021 ★

■ Cru bourg. exc.	67 800		30 à 50 €

Commandé par une belle demeure de la fin du XIXᵉs., ce cru de 18 ha, appartenant à la maison Dourthe depuis 1995, possède un terroir intéressant : une croupe de graves garonnaises sur argile regardant l'estuaire. Il dispose d'un cuvier modèle équipé de cuves de petite capacité et sans pompes.

Derrière une robe dense et sombre se dévoile un nez plus délicat que puissant qui marie habilement les épices du chêne aux fruits rouges et noirs frais. Une fraîcheur mentholée souligne une bouche ample à l'attaque, d'abord juteuse puis vite cadrée par des tanins épais qui s'adoucissent dans une finale généreusement torréfiée. On patiente. ⧗ 2027-2032

CH. LE BOSCQ, 33180 Saint-Estèphe, tél. 05 56 35 53 00, contact@dourthe.com r.-v.

CH. CALON SÉGUR 2021 ★★

■ 3e cru clas.	n.c.		+ de 100 €

98 01 |03| |04| |06| |07| 09 11 12 13 14 15 16 18 (19) 20 21

Maison noble portant le nom de la paroisse de Saint-Estèphe au Moyen Âge (Calones), ce cru est l'un des

plus anciens de la région. Entre 1659 et 1681, il passe entre les mains des Ségur, qui développent ce vignoble auquel ils sont très attachés : « Je fais du vin à Lafite et à Latour, mais mon cœur est à Calon », disait Nicolas-Alexandre. Adossé au bourg de Saint-Estèphe, le vignoble, d'un seul tenant, entièrement clos par un mur, couvre 55 ha – la même surface que lors du classement de 1855 –, plantés sur une épaisse couche de graves reposant sur des argiles. Propriété de la famille Capbern-Gasqueton de 1894 à 2012, Calon appartient aujourd'hui à la société Suravenir, filiale du groupe Crédit Mutuel, qui a engagé un vaste programme de rénovation, avec la construction d'un nouveau cuvier.

Un Calon Ségur en dentelle, qui prend son temps pour livrer son nuancier : notes toastées et fumées, cassis frais, sous-bois et violette. Une entrée en matière délicate qui trouve un joli prolongement dans un palais longiligne, caressant à l'attaque, puis vivace, ourlé de tanins serrés mais fins, extraits avec sagesse. Pas démonstratif, logiquement austère à ce stade, mais long et dessiné à traits fins, un 2021 qui soigne l'équilibre. ⧗ 2028-2038

■ **Le Marquis de Calon Ségur 2021 ★ (20 à 30 €; n.c.)** Framboise, cassis, touche fumée discrète, le nez, fringant, ouvre sur une bouche accueillante, souple et élégante, aux tanins maîtrisés qui porte toute la fraîcheur du millésime. Un second vin dans le respect du fruit. ⧗ 2025-2030

CH. CALON SÉGUR, Dom. de Calon, 33180 Saint-Estèphe, tél. 05 56 59 30 08, calon-segur@calon-segur.fr r.-v.

CH. CAPBERN 2021 ★

■	n.c.		20 à 30 €

Les origines de cette propriété remontent au XVIIIe s. et d'un mariage entre les héritiers des familles Rivière et Capbern, puis Capbern et Gasqueton. En 1894, les Capbern-Gasqueton rachètent le très prestigieux Ch. Calon Ségur. Plusieurs générations se sont ensuite succédé à la tête de ces deux crus de Saint-Estèphe, jusqu'en 2011 et le décès de Denise Gasqueton, dernière propriétaire de ce nom. Les deux crus appartiennent depuis à la société Suravenir, filiale du groupe Crédit Mutuel, et sont conduites par les mêmes équipes.

Un 2021 intense dont on aime l'éclat du nez, fumé, floral et fruité (cerise noire), et la bouche allègre, mentholée, charnue, douce à l'attaque et parcourue de tanins maîtrisés. La longue finale fumée conclut en beauté la dégustation de ce rouge racé, qui affiche une bien belle concentration dans le millésime. ⧗ 2028-2035

CH. CAPBERN, Dom. de Calon, 33180 Saint-Estèphe, tél. 05 56 59 30 08, calon.segur@calon-segur.fr

CH. LE CROCK 2021 ★

■	74 800		30 à 50 €

Fait rare, le Château le Crock, construit à la fin du XVIIIe s., agrémenté d'un parc de 6 ha et d'une pièce d'eau, est tourné vers le sud, et non vers le fleuve. Connu autrefois sous le nom de Bastérot-Ségur, son vignoble s'étend aujourd'hui sur 32 ha, sur le haut de la croupe de Marbuzet. Depuis 1903, il appartient à la famille Cuvelier (Léoville-Poyferré à Saint-Julien). Autre étiquette : La Croix Saint-Estèphe.

Un élevage de 18 mois et 56 % de cabernet-sauvignon pour ce vin qui fleure bon le chêne frais, sur fond d'humus et de fruits noirs. Portée par une belle fraîcheur, la bouche, de demi-corps, livre une matière souple gainée de tanins ciselés qui tirent loin la finale. Complet et élégant, voilà une délicate expression de ce millésime qualifié « de vigneron ». ⧗ 2026-2030

CH. LE CROCK, 1, rue Paul-Amilhat, 33180 Saint-Estèphe, tél. 05 56 59 30 33, visite@chateaulecrock.fr V r.-v.

CH. GERMAN MARBUZET 2021 ★

■	28 149		15 à 20 €

La Société fermière des Grands Crus de France est la structure spécialisée dans le Bordelais du groupe Grands Chais de France. Son œnologue Vincent Cachau vinifie le fruit de quinze propriétés, représentant 390 ha dans les différentes appellations bordelaises.

Des arômes élégants de fraise et de cerise juste saupoudrés de chêne, une attaque fraîche, un cœur de bouche plus large, une trame tannique élégante, une finale fraîche qui renoue avec le fruit : voilà un saint-estèphe délié qui ne surjoue pas dans ce millésime léger. ⧗ 2026-2030

SOCIÉTÉ FERMIÈRE DES GRANDS CRUS DE FRANCE, Ch. du Cartillon, 33460 Lamarque, tél. 05 57 98 07 20, vincent.cachau@lgcf.fr

CH. HAUT BARON 2021 ★

■	8 000		15 à 20 €

Christine et Thierry Baron dirigent cette propriété familiale de 15 ha qui jusqu'en 2008 apportait ses raisins à la coopérative locale. Dans un corps de ferme rénové, elle produit depuis ses propres vins et s'est dotée en 2019 d'un nouveau chai à barriques.

Un 2021 né de cabernet-sauvignon et de merlot à parité. Discrets à l'ouverture, les arômes de mûre, de cassis confit, de cendre et de toast s'ouvrent à l'aération. On retrouve ce bouquet typé dans une bouche consistante, agréable, structurée par des tanins sérieux mais bien enrobés. De bonne garde assurément. ⧗ 2028-2034

CH. HAUT BARON, 34, rue Édouard-Herriot, 33180 Saint-Estèphe, tél. 06 37 49 73 27, baron.lucas33@gmail.com V t.l.j. 9h-19h 4

CH. HAUT-MARBUZET 2021 ★★

■	n.c.		30 à 50 €

Dans l'après-guerre, Hervé Duboscq était sous-chef de gare à Langon. Pour améliorer l'ordinaire, il s'est établi représentant en bouchons. De voies en vin, il s'installe marchand de vin. Puis, de vin en vignes, il acquiert en 1952 7 ha de l'ancien cru des Mac Carthy, Irlandais émigrés à Saint-Estèphe, dont les héritiers avaient découpé le domaine pour le revendre. Cinquante ans durant, les Duboscq père et fils ont rassemblé les pièces éparses et reconstitué le puzzle (65 ha). Henri Duboscq a pris la suite de son père en 1973; ses fils Bruno et Hughes l'ont suivi. Le domaine est aujourd'hui l'une des références de l'appellation. En conversion bio.

Un 2021 d'une belle austérité à ce stade, dont le nez marqué par le chêne et les épices orientales laisse déjà poindre un début de complexité : fruits noirs, sous-bois, gibier et mine de crayon. Ferme dès l'attaque, d'une belle densité de matière, corsetée par une trame tannique à la fois épaisse et enrobée, la bouche restitue le fort caractère du cru. La longue finale est de bon augure pour la suite. Une certitude : l'avenir lui appartient. ⧗ 2028-2035

CH. HAUT-MARBUZET, 33180 Saint-Estèphe, tél. 05 56 59 30 54, infos@haut-marbuzet.net V r.-v.

CH. LINOT 2021 ★

■ | 4 560 | | 15 à 20 €

Au décès de son grand-père en 2009, viticulteur à Cos d'Estournel, Yohan Juste, ancien menuisier et meilleur ouvrier de France, a repris sa micropropriété de 60 ares en saint-estèphe, qui doit son nom aux «linots», petits oiseaux siffleurs qu'il observait dans sa jeunesse sur le domaine.

Une nette dominante de cabernet-sauvignon dans ce saint-estèphe qui soigne le fruit et la souplesse. On en retient les arômes discrets mais gourmands, entre fruits noirs et épices, et la bouche fraîche, ronde et veloutée à la fois, posée en douceur sur une trame tannique soyeuse. Un vin charmeur qui donne déjà bien du plaisir. ⧗ 2026-2030

CH. LINOT, 11, rue du Chasselas, 33180 Saint-Estèphe, tél. 06 84 49 31 27, yohan.juste@chateau-linot.com V r.-v.

CH. MONTROSE 2021 ★★

■ 2e cru clas. | 135 000 | | + de 100 €

(82) 83 85 86 87 88 89 90 91 92 93 94 95 96 97 98 |99| |00| |01| 02 |03| |04| |05| |06| |07| 08 09 10 11 12 13 14 15 16 17 19 20 21

Entouré de 95 ha de vignes d'un seul tenant, Montrose a pour seul horizon l'estuaire de la Gironde. Autrefois, ses sols très pauvres, essentiellement des graves sur argiles, étaient des pâturages couverts de bruyères, qui formaient d'immenses plaques roses lors de la floraison. Ce qui a valu son nom au domaine, transformé en vignoble à la fin du Premier Empire par Étienne-Théodore Dumoulin, développé par Mathieu Dolfuss à partir de 1866 et par les Charmolüe après 1896. Ces derniers ont maintenu intacts le prestige et la qualité de Montrose à travers tout le XXes., avant de céder le cru en 2006 à Martin et Olivier Bouygues, qui en ont confié en 2012 la direction à Hervé Berland, auquel a succédé Pierre Graffeuille en 2022.

Cassis, mûre, vanille, touche fumée discrète, cuir, ambiance mentholée, au nez, c'est un bonheur. Riche, ample, énergique, digérant sans mal de beaux tanins extraits au cordeau, la bouche exhibe une chair plantureuse, longue à souhait, qui transcende le millésime. En un mot : remarquable, a fortiori dans ce millésime si compliqué à amadouer. ⧗ 2028-2038

CH. MONTROSE, 3, Grandes-Vignolles, 33180 Saint-Estèphe, tél. 05 56 59 30 12, chateau@chateau-montrose.com

CH. PETIT BOCQ 2021 ★★

■ Cru bourg. sup. | 80 000 | | 20 à 30 €

À partir de 1993, Gaëtan Lagneaux, médecin belge, a constitué un vignoble en saint-estèphe. Très morcelé, le domaine s'étend sur 22 ha, disséminés en 90 parcelles réparties sur tous les terroirs de l'appellation – vinifiées séparément avant d'être assemblées. D'une constance remarquable, il s'est agrandi vers Pauillac (Lagneaux à Pauillac). Après le décès prématuré du propriétaire en 2012, son fils Adrien a pris la relève.

Le jury sous le charme de ce cru qui signe un 2021 consistant et élégant, dominé, de peu, par le cabernet-sauvignon. Le nez, très séduisant, décline le fruit noir et la violette sur un fond élégamment pâtissier et vanillé. Ample et juteuse à l'attaque, de bon volume, soutenue par des tanins veloutés, la bouche s'attarde longuement sur le fruit noir et la cardamome. Bien construit, bien élevé, une très belle réussite pour le millésime. ⧗ 2028-2034

CH. PETIT BOCQ, 3, rue de la Croix-de-Pez, 33180 Saint-Estèphe, tél. 05 56 59 35 69, contact@petitbocq.com V r.-v.

CH. PHÉLAN SÉGUR 2021 ★

■ | 150 000 | | 30 à 50 €

88 89 90 91 93 94 95 96 97 98 99 00 01 |02| 03 |(04)| |05| |06| 07 |08| 09 10 11 12 13 14 15 16 17 19 20 21

Situé sur le plateau à côté du bourg de Saint-Estèphe, ce cru allie un impressionnant ensemble de bâtiments néo-classiques à un terroir de premier choix : 70 ha de graves argileuses. Et aussi des propriétaires de renom. Bernard Phélan, possédant déjà le Dom. de Garamey, acheta en 1810 des terres venant de Joseph-Marie de Ségur, comte de Cabanac (qui n'avait qu'une simple homonymie avec les Ségur de Lafite et Calon). Puis, pendant longtemps, les Delon, une référence en Médoc, Xavier Gardinier à partir de 1985 et enfin Philippe Van de Vyvere depuis 2018.

Dix-huit mois d'élevage pour ce vin qui fait la part belle au cabernet-sauvignon (75 %). Le nez, centré sur les épices et la réglisse, ouvre sur un palais délié, frais, animé par une agréable souplesse de chair et par des tanins fins et déjà fondants. Plus délicat que puissant, un saint-estèphe de demi-corps qui tire un joli parti de ce millésime difficile. ⧗ 2027-2032

CH. PHÉLAN SÉGUR, rue des Écoles, 33180 Saint-Estèphe, tél. 05 56 59 74 00, phelan@phelansegur.com V r.-v.

CH. PUY CASTÉRA 2021 ★

■ | 45 000 | | 11 à 15 €

Si ce cru est récent (1973), la famille Marès, qui l'exploite, cultive la vigne depuis le XVIIIes. Les aïeux d'Alix Marès, qui en a pris la tête en 2002, ont même pris une part active dans la mise au point du traitement anti-oïdium au XIXes. Le vignoble couvre 28 ha.

D'abord taiseux, le nez livre, par paliers, son nuancier complexe : note toastée, petites baies noires, framboise et graphite. Plus franchement boisée, la bouche, charnue à l'entame, est vite cadrée par des tanins gras et généreusement enrobés par le chêne. Un vin conséquent qui vieillira avec grâce. ⧗ 2028-2034

CH. PUY CASTÉRA, 8, rte du Castéra, 33250 Cissac-Médoc, tél. 07 60 75 14 54, etienne.ledard@vignobles-roux.fr

CH. TOUR DE LEYSSAC 2021 ★

■	66 000		11 à 15 €

Propriétaire du Ch. Martin à Saint-Estèphe, Jean-Jacques Martin a acquis en 2018 des parcelles situées au lieu-dit Leyssac, à l'origine du Ch. Tour de Leyssac.

Des notes toastées discrètes agrémentent un nez qui fait la part belle aux fruits noirs, cassis et mûre en tête. Une agréable sucrosité, ce qu'il faut de chair, des tanins soutenus mais proportionnés à la matière, une finale un rien serrée qui se détendra dans le temps : un vin harmonieux et prometteur. ⧗ 2027-2032

CH. MARTIN, 4, rue des Érables, 33180 Vertheuil, tél. 05 56 41 97 29, chateau.martin@orange.fr V t.l.j. sf sam. dim. 8h-12h30 13h-17h

CH. TOUR DES TERMES 2021 ★

■ Cru bourg. sup.	70 000		20 à 30 €

Longtemps propriété de la famille Anney, le Ch. Tour des Termes (15 ha en saint-estèphe) a été cédé en 2023 à Eddie O'Connor, entrepreneur irlandais spécialisé dans les énergies renouvelables qui réalise ici un vieux rêve. Christophe Anney assure une transition en douceur en accompagnant Julien Brustis, le nouveau directeur.

Un 2021 énergique, bien élevé, au nez flatteur mariant les épices du chêne à un fruité acidulé. De la bouche, on retient le finesse de la texture, les tanins fermes mais fins, la matière effilée et cette finale vivace et sapide, fumée et balsamique. Un vin droit et de bonne garde. ⧗ 2027-2032

CH. TOUR DES TERMES, 2, rue du Pigeonnier, 33180 Saint-Estèphe, tél. 05 56 59 32 89, contact@chateautourdestermes.com V t.l.j. sf sam. dim. 9h-12h 13h30-16h

CH. TOUR SAINT-FORT 2021 ★

■	9 000		20 à 30 €

Longtemps conduit par Jean-Louis Laffort, ce domaine de 14 ha a changé de mains en 2016 et bénéficié d'importants investissements avec un nouveau cuvier et un chai repensé et rénové. À sa tête, Pascal Fricard, qui dirige aussi le Ch. Grand Ormeau à Lalande-de-Pomerol.

Touche grillée, fleur de sureau, cerise et fraise, le nez, discret à l'ouverture, ne manque pas de nuances. Les tanins encore saillants ne rompent pas le charme d'une bouche volumineuse, fraîche, qui donne à croquer un fruit juteux. Un vin déjà aimable que l'on peut déboucher sans trop attendre, sur une belle viande rouge. ⧗ 2026-2030

CH. TOUR SAINT-FORT, 1, rte de la Villotte, 33180 Saint-Estèphe, tél. 05 56 59 38 19, contact@chateautoursaintfort.com V t.l.j. sf sam. dim. 10h-13h 14h-18h 5

SAINT-JULIEN

Superficie : 920 ha / Production : 41 775 hl

Pour l'une saint-julien, pour l'autre Saint-Julien-Beychevelle, saint-julien est la seule appellation communale du Haut-Médoc à ne pas respecter scrupuleusement l'homonymie entre les dénominations viticole et municipale. La seconde, il est vrai, a le défaut d'être un peu longue, mais elle correspond parfaitement à l'identité humaine et au terroir de la commune et de l'aire d'appellation, à cheval sur deux plateaux aux sols caillouteux et graveleux.

Situé exactement au centre du Haut-Médoc, le vignoble de Saint-Julien constitue, sur une superficie assez réduite, une harmonieuse synthèse entre margaux et pauillac. Il n'est donc pas étonnant d'y trouver onze crus classés, dont cinq seconds. À l'image de leur terroir, les vins offrent un bon équilibre entre les qualités des margaux (notamment la finesse) et celles des pauillac (la puissance). D'une manière générale, ils possèdent une belle couleur, un bouquet fin et typé, du corps, une grande richesse et de la sève. Mais, bien entendu, les quelque 6 millions de bouteilles produites en moyenne chaque année en saint-julien sont loin de se ressembler toutes, et les dégustateurs les plus avertis noteront les différences qui existent entre les crus situés au sud – plus proches des margaux – et ceux du nord – plus près des pauillac –, ainsi qu'entre ceux qui sont à proximité de l'estuaire et ceux qui se trouvent plus à l'intérieur des terres, vers Saint-Laurent.

CLOS DU MARQUIS 2021 ★★

■	50 000		75 à 100 €

Souvent considéré comme le second vin de Léoville Las Cases, le Clos du Marquis, créé en 1902, est en réalité un cru à part entière. Son vignoble, planté sur un terroir de graves du Mindel très homogène, est situé au nord-ouest du village de Saint-Julien, le grand clos étant quant à lui au nord-est.

Ténus à l'ouverture, les arômes se libèrent franchement à l'aération et livrent un beau bouquet de fruits rouges et noirs compotés et de cuir, rehaussé d'un boisé vanillé dosé. Goûteuse, fruitée et réglissée, la bouche, agréablement dodue, s'arrime à des tanins serrés mais soyeux. Un très bel équilibre pour ce 2021 déjà savoureux et persistant. On frôle le coup de cœur. ⧗ 2027-2034

CLOS DU MARQUIS, rte de Pauillac, 33250 Saint-Julien-Beychevelle, tél. 05 56 73 25 26, contact@leoville-las-cases.com

CH. GLORIA 2021 ★

■	203 000		30 à 50 €

82 **83** 84 85 86 87 **88** **89** 90 **91** 93 94 **95** 96 97 98 99
00 **01** **02** 03 04 (05) |06| |07| |08| 09 10 **11** 12 13 14 15
16 17 18 **19** 21

Ce cru, qui s'étend aujourd'hui sur 50 ha, a été constitué ex nihilo à partir de 1942 par l'une des grandes figures du vignoble, Henri Martin, qui pendant des années a acheté des parcelles provenant de grands crus classés, au centre de Beychevelle, ainsi qu'à l'ouest et au nord de l'appellation. Sa fille Françoise

LE BORDELAIS

et son mari Jean-Louis Triaud, qui dirigeaient Gloria et l'ensemble des Domaines Martin, ont transmis en 2016 les commandes de leurs propriétés à leur fils Jean.

Un 2021 très réussi, centré à l'olfaction sur le cassis frais et les petits fruits rouges sur fond d'épices douces et de végétal frais. Une franche sucrosité et un fruit capiteux donnent une assise confortable à un palais structuré en douceur par des tanins mûrs. Un vin séveux et frais, d'une densité et d'une longueur pas si courantes dans le millésime. ⧗ 2028-2034

CH. GLORIA, 2-4, rue Marie-Amélie, 33250 Saint-Julien-Beychevelle, tél. 05 56 59 08 18, contact@domaines-henri-martin.com V *r.-v.*

CH. LANGOA BARTON 2021 ★★

■ 3e cru clas. | 85 000 | | 30 à 50 €

82 83 85 86 88 (89) **90** 93 94 95 96 97 98 **99** |**00**| **01** 02 |03| |04| |05| |**06**| |07| |08| 09 **10** 11 12 14 15 **16** 18 19 20 **21**

Commandé par une belle chartreuse du XVIIIe s., ce cru est depuis 1821 la propriété des Barton (Ch. Léoville Barton), famille d'origine irlandaise, l'un des rares domaines à être resté entre les mains de la même famille depuis le classement de 1855. Une tradition que perpétue depuis 2006, à la suite du regretté Anthony Barton, disparu en 2022, sa fille Lilian Barton-Sartorius, à la tête d'un vignoble de 20 ha réparti en quatre grandes parcelles situées entre les villages de Saint-Julien et Beychevelle.

Détendu et élégant, le nez affiche déjà une jolie complexité : fruits rouges bien mûrs, cacao, torréfaction et touche florale. Énergique et fraîche à l'attaque, la bouche, caressante et de très bon volume, est vite rehaussée de jeunes tanins serrés qui s'enrobent de notes de fruits acidulés et de chêne dans une finale enlevée. Un vin droit, élégant, bien élevé, qui fait montre d'une belle maturité de raisin dans ce millésime difficile. ⧗ 2028-2034

CH. LANGOA BARTON, rte des Châteaux, 33250 Saint-Julien-Beychevelle, tél. 05 56 59 06 05, chateau@barton-family-wines.com V *r.-v.*

CH. LÉOVILLE BARTON 2021 ★★

■ 2e cru clas. | 150 000 | | 75 à 100 €

82 83 85 86 88 |**89**| |(90)| **91** 93 **94** 95 |**96**| **97** |**98**| |**99**| |**00**| 01 **02** |**03**| **04** (05) |**06**| 07 |**08**| **09 10** |11| 12 |13| **14 15** 16 (17) **19 20 21**

Si l'Irlandais Thomas Barton a installé aux Chartrons son affaire de négoce en 1725, ce n'est qu'en 1821 que son petit-fils Hugh acquiert le château Langoa, puis en 1826 une partie de l'ancien domaine de Léoville, propriété née au début du XVIIe s. et scindée en plusieurs parties à la Révolution. Un domaine resté depuis lors dans la famille Barton : Lilian Barton-Sartorius depuis 2006, à la suite du regretté Anthony Barton, disparu en 2022. Les quelque 50 ha de vignes s'étendent au sud du bourg de Saint-Julien. Pas de demeure ni de chai ici, vinifications et élevages se déroulent à Langoa.

La robe est soutenue, comme le nez, d'abord grillé et vanillé, puis qui laisse filtrer des nuances de fruits rouges épicés et de pivoine. Souple et fraîche à l'entame, la matière se déploie généreusement et prête sa chair dense à des tanins enrobés par un boisé grillé encore en évidence. Un Léoville Barton juvénile, sous le joug de l'élevage et bâti pour durer, qui affiche la plénitude du cru malgré les difficultés du millésime. ⧗ 2029-2038

CH. LÉOVILLE BARTON, rte des Châteaux, 33250 Saint-Julien-Beychevelle, tél. 05 56 59 06 05, chateau@barton-family-wines.com V *t.l.j. sf sam. dim. 9h-12h30 13h-17h*

♥ GRAND VIN DE LÉOVILLE DU MARQUIS DE LAS CASES 2021 ★★

■ | n.c. | | + de 100 €

Las Cases ne se contente pas de posséder, avec 98 ha, les trois cinquièmes de l'ancien domaine de Léoville – divisé entre 1826 et 1846 pour aboutir aux trois Léoville connus aujourd'hui –, le cru possède le cœur historique du vignoble, le Grand Clos. Près de 60 ha plantés sur de belles graves reposant en profondeur sur des graves argilo-sableuses, au voisinage de Latour et de la Gironde, complétés par l'actuel Clos du Marquis. À cet avantage s'ajoute celui d'être géré depuis 1900 par la même famille, les Delon (aujourd'hui Jean-Hubert), qui l'ont doté, notamment depuis 2002, d'équipements à la pointe du progrès.

Le ton est donné dès l'ouverture du grand vin de Léoville. Touche florale, cassis, mûre, poivre et notes fumées, le nez enchante par son élégance. La suite est de la même veine : des tanins fermes mais d'un soyeux singulier soutiennent une bouche large et savoureuse, aux nuances successives de fruit, de chêne et de Zan qui tirent loin la finale. Excellent, déjà très flatteur, le cru passe haut la main l'épreuve de ce millésime « de vigneron ». ⧗ 2029-2040

CH. LÉOVILLE LAS CASES, rte de Pauillac, 33250 Saint-Julien-Beychevelle, tél. 05 56 73 25 26, contact@leoville-las-cases.com

CH. SAINT-PIERRE 2021 ★

■ 4e cru clas. | 70 000 | | 50 à 75 €

82 **83 85** (86) **88 89** 90 **93** 94 (95) (96) 97 **98** 99 **01 02 03 04** |05| |**06**| |**07**| |**08**| **09 10 11 12** 13 **14 15** 16 **17** 19 20 21

Ce cru ancien (XVIIe s.) a connu des heures sombres, ayant été totalement dispersé à la suite de plusieurs successions. Henri Martin le reconstitua à partir de 1982. Le vignoble couvre 17 ha, planté sur un beau terroir de graves reposant sur une couche argilo-sablonneuse. La fille d'Henri Martin, Françoise, et son mari Jean-Louis Triaud, qui le conduisaient, ont passé la main en 2016 à leur fils Jean.

Un nez pénétrant centré sur les fruits rouges frais, le sous-bois et la violette, agrémenté de chêne frais. L'élevage se fait plus présent en bouche et enrobe une structure tannique très vigoureuse mais prometteuse car la matière est à la hauteur. Un vin solide et séveux dont il faut aussi retenir la grande fraîcheur, typique du millésime. L'avenir semble assuré. ⧗ 2029-2035

CH. SAINT-PIERRE, 2-4 rue Marie-Amélie, 33250 Saint-Julien-Beychevelle, tél. 05 56 59 08 18, contact@domaines-henri-martin.com V *t.l.j. sf sam. dim. 8h-12h 13h30-17h30*

LES VINS BLANCS LIQUOREUX

LOUPIAC

Superficie : 350 ha / Production : 12 550 hl

Entre Cadillac à l'ouest et Sainte-Croix-du-Mont à l'est, ce vignoble très ancien couvre les côtes de la rive droite de la Garonne, en face de Sauternes. Par son orientation, ses terroirs et son encépagement, il est très proche de celui de Sainte-Croix-du-Mont. Toutefois, comme sur la rive gauche, les vins produits vers le nord ont souvent un caractère plus moelleux que liquoreux.

CH. DU CROS 2021 ★

6400 | 15 à 20 €

Les Boyer sont établis depuis quatre générations au Ch. du Cros, sur les hauteurs de Loupiac. Un cru étroitement lié à l'histoire du duché anglo-gascon d'Aquitaine au Moyen Âge, dirigé depuis 2004 par Catherine Boyer, à la tête d'un vignoble de 72 ha sur les deux rives de la Garonne, produisant des vins de qualité, notamment en blanc. Autres propriétés de la famille : le Ch. de Courbon (acquis en 1994 à Toulenne) et le Ch. Haut-Mayne (acquis en 1972 à Cérons).

Une robe bouton d'or, un nez élégant entre fleurs blanches et abricot, une bouche tendre, dotée d'une bonne densité, d'une fraîcheur revigorante et d'un zest d'amertume en finale : un loupiac parfumé et énergique que l'on peut boire sans attendre. ⧗ 2024-2028

CH. DU CROS, 94, rte de St-Macaire, 33410 Loupiac, tél. 05 56 62 99 31, info@chateauducros.com V *t.l.j. sf sam. dim. 9h-12h30 14h-17h30*

CH. DAUPHINÉ RONDILLON Cuvée d'Or 2022 ★

7500 | 20 à 30 €

Établis à Loupiac depuis huit générations, les Darriet exploitent plusieurs crus (68 ha en tout) sur les deux rives de la Garonne. Leurs rouges sont de qualité, mais ils possèdent aussi un réel savoir-faire en matière de vin blanc, doux comme sec – Philippe Darriet, l'œnologue, est chercheur à la faculté de Bordeaux et spécialiste du sauvignon.

Des très vieilles vignes (100 ans) de sémillon (80 %) à l'œuvre dans ce liquoreux bien né, aux arômes expansifs de fruits frais et confits nuancés de vanille issue du chêne. Des notes typées botrytis, de coing et d'abricot, s'affirment dans une bouche corpulente, flatteuse, équilibrée, étirée sur la pâtisserie. Une belle garde en perspective. ⧗ 2026-2036

CH. DAUPHINÉ RONDILLON, 8, Jean-Faux-Ouest, 33410 Loupiac, tél. 05 56 62 61 75, contact@vignoblesdarriet.fr V *t.l.j. sf sam. dim. 8h30-12h30 13h30-18h*

CH. FORTIN 2022 ★★

8000 | 11 à 15 €

Pierre Tourre a repris en 1983 la gérance des 25 ha du vignoble familial qu'il a peu à peu fait fructifier, soit 100 ha aujourd'hui et quatre châteaux, dispatchés sur les deux rives de la Garonne dans les appellations bordeaux, cérons, loupiac et graves.

À une robe intense et dorée répond un nez non moins soutenu de citronnelle, d'abricot et d'ananas saupoudrés de notes grillées. Une attaque soyeuse ouvre sur une bouche tendre, parfumée (pêche confite), rehaussée d'une bien belle vivacité. Un liquoreux digeste qui soigne la fraîcheur et l'équilibre. ⧗ 2024-2029

CH. FORTIN, Le Chay, 33410 Loupiac, tél. 06 85 21 38 42, tourrepierre@orange.fr V *r.-v.*

CH. DE LOUPIAC 2021 ★

18000 | 11 à 15 €

Cette exploitation familiale de Loupiac est née avec l'acquisition en 1870 du Ch. Pontac, complétée par l'achat du Ch. de Loupiac en 1919. Installé en 1995 et rejoint par son neveu Daniel Sanfourche, Marc Ducau exploite 30 ha sur des coteaux dominant la Garonne et propose des loupiac sous différentes étiquettes (Ch. de Loupiac et Ch. Loupiac-Gaudet notamment).

On ne se formalise pas de la discrétion du nez, la bouche marie très habilement douceur et acidité et livre sans réserve un joli bouquet marqué par l'écorce d'orange, le coing et l'abricot. Franc, tonique, sans artifice, c'est une gourmandise. ⧗ 2024-2028

CH. DE LOUPIAC, 52, rte de St-Macaire, 33410 Loupiac, tél. 05 56 62 99 88, ml@loupiacgaudiet.com V *t.l.j. 9h-12h 14h-18h; sam. dim. sur r.-v.*

SAINTE-CROIX-DU-MONT

Superficie : 400 ha / Production : 15 000 hl

Un site de coteaux abrupts dominant la Garonne, trop peu connu en dépit de son charme, et un vin ayant trop longtemps souffert (à l'égal des autres appellations de liquoreux de la rive droite, loupiac et cadillac) d'une réputation de vin de noces ou de banquets. Pourtant, cette aire d'appellation située en face de Sauternes mérite mieux : à de bons terroirs, en général calcaires, avec des zones graveleuses, elle ajoute un microclimat favorable au développement du botrytis. Quant aux cépages et aux méthodes de vinification, ils sont très proches de ceux du Sauternais. Les vins, autant moelleux que véritablement liquoreux, offrent une plaisante impression de fruité.

CH. DES ARROUCATS Sélection du château 2022 ★★

8500 | 8 à 11 €

Christian Labat a fondé le Ch. des Arroucats en 1938, qui dispose d'un coquet vignoble de 49 ha, dont 23 ha à Sainte-Croix-du-Mont, son berceau, complétés par des vignes dans les Graves (Ch. Dorléac), sur l'autre rive de la Garonne, à Portets. L'ensemble est conduit depuis 2000 par Virginie Barbe, petite-fille du

fondateur. Un gîte, avec vue imprenable sur la vallée de la Garonne, a vu le jour au Ch. des Arroucats.

Gelée de coing, abricot, fleurs blanches, épices douces, voilà un nez engageant et bien typé. Riche, grasse, intensément parfumée, soutenue par une bien belle acidité et rehaussée d'une fine amertume, la bouche ne manque de rien, et certainement pas de potentiel en cave. ⧗ 2026-2034

VIGNOBLES LABAT-LAPOUGE, Les Arroucats, 33410 Sainte-Croix-du-Mont, tél. 05 56 62 07 37, chateau_arroucats@hotmail.com V *t.l.j. sf sam. dim. 8h-12h 13h-17h*

CH. BERTRANON 2022 ★

■	7200		8 à 11 €

Établi sur la rive droite de la Garonne, à cheval sur les appellations loupiac et sainte-croix-du-mont, ce vignoble de plus de 10 ha commandé par un château construit en 1707 a été racheté en 2011 à Noella et Guillaume de la Tullaye par la société Lamont Financière, aux mains d'un investisseur chinois, Jian Liu. Cette société asiatique a aussi acquis en 2013 le Ch. l'Enclos (sainte-foy-bordeaux).

Le jury salue un nez aérien où percent la pêche, l'aubépine et l'agrume confit. Friande, dotée d'une bien belle rondeur et d'une douceur jamais pesante, la bouche signe un sainte-croix élégant, frais, bien dans l'air du temps, avec une touche cacaotée en finale qui ne nuit pas à la gourmandise de l'ensemble. On s'en régale sans attendre, comme après quelques années de garde. ⧗ 2024-2032 ■ **Ch. Lauret 2022 ★ (5 à 8 €; 36880 b.)** Pêche, melon, touche fumée, le nez fait dans la délicatesse. Des notes énergiques de zest d'agrume prennent le relais dans une bouche aimable, liquoreuse mais fraîche, agréablement saline en finale. À essayer sur un fromage à pâte persillée. ⧗ 2025-2032

CH. BERTRANON, Bertranon, 33410 Sainte-Croix-du-Mont, tél. 05 33 88 00 20, contact@lamontfinanciere.fr

CH. LA CAUSSADE 2022 ★★

■	40000		8 à 11 €

Implantée à Sainte-Croix depuis huit générations, la famille Armand fait partie des institutions locales pour ses liquoreux renommés. Elle y conduit deux crus : la Caussade et la Rame, son fleuron, dont les vins étaient déjà réputés au XIXes. Angélique et Grégoire Armand ont pris la suite de leur père Yves en 2009.

Ce 100 % sémillon, seyant dans sa robe dorée, libère un bouquet très séduisant de miel, de cire d'abeille, de raisins secs et de figue. Une liqueur onctueuse, grasse et confite tapisse généreusement le palais et laisse un sillon d'amertume stimulant en finale. Un liquoreux sensuel, riche, mais aussi remarquable d'équilibre, qui appelle résolument la table et un plat sucré-salé, un porc au caramel par exemple. ⧗ 2026-2034 ■ **Ch. la Rame 2021 ★ (11 à 15 €; 25000 b.)** Un jeune liquoreux vanillé et fumé au nez, encore sous le joug de l'élevage, gras et concentré en bouche, aux parfums puissants de caramel et d'ananas confit. Son potentiel ne fait pas de doute. ⧗ 2027-2032

DOM. DES GRANDES MAISONS, Ch. la Rame/Ch. la Caussade, 33410 Sainte-Croix-du-Mont, tél. 05 56 62 01 50, dgm@wanadoo.fr V *t.l.j. sf sam. dim. 9h-12h30 13h-17h30*

CRU DE GRAVÈRE Cuvée Prestige 2021 ★

■	1500		15 à 20 €

Basé à Monprimblanc, à cheval sur l'Entre-deux-Mers et les Côtes de Bordeaux, Laurent Réglat, installé sur le domaine familial (14 ha) en 1993, peut jouer sur plusieurs appellations et types de vins, ayant même un pied dans les Graves. Souvent en vue pour ses liquoreux (cadillac, sainte-croix-du-mont), il ne néglige pas pour autant les vins rouges (cadillac-côtes-de-bordeaux, graves).

Cent pour cent sémillon, élevé en barrique, ce liquoreux doré affiche un nez déjà épanoui qui marie la vanille et le caramel aux notes classiques d'abricot confit. Miellé, volumineux, caressant, le palais séduit par son association harmonieuse entre liqueur et fraîcheur. Riche mais digeste, on peut l'étalonner sur un plat épicé, tel un curry. ⧗ 2025-2032

VIGNOBLES LAURENT RÉGLAT, 239, imp. de Teste, 33410 Monprimblanc, tél. 06 07 30 43 83, vignobles.l.reglat@wanadoo.fr

CH. DU MONT N°03 Pierre 2022 ★★

■	6000		15 à 20 €

Paul Chevassier a constitué le vignoble du Ch. du Mont au début du XXes., à Sainte-Croix-du-Mont. Son gendre Pierre Chouvac et, depuis 2000, son petit-fils Hervé l'ont développé sur les deux rives de la Garonne, dans les Graves et le Sauternais (25 ha aujourd'hui), mais Sainte-Croix est resté le cœur du domaine, dont il est l'un des porte-drapeaux. Autre étiquette : Ch. Valentin.

Pierre, le fils d'Hervé Chouvac, à l'honneur dans cette cuvée ouverte sur les parfums du botrytis (marmelade d'orange, abricot et citron confit). Une touche de chêne fumé rehausse la palette dans une bouche riche, concentrée, aussi longue que tendue, qui restitue la richesse de fruits mûrs et d'arômes d'un raisin bien rôti. De longue garde assurément. ⧗ 2027-2038

CH. DU MONT, Pascaud, 33410 Sainte-Croix-du-Mont, tél. 06 89 96 54 73, chateau-du-mont@wanadoo.fr V *t.l.j. sf dim. 8h-12h 14h30-19h*

BARSAC

Superficie : 480 ha / Production : 6 870 hl

Tous les vins de l'appellation barsac peuvent bénéficier de l'appellation sauternes. Barsac s'individualise cependant par un moindre vallonnement et par les murs de pierre entourant souvent les exploitations. Ses vins ont un caractère plus légèrement liquoreux que les sauternes mais ils appellent les mêmes accords gourmands. Comme les sauternes, ils peuvent être servis de façon classique avec un dessert ou, comme cela se fait de plus en plus, en entrée, sur du foie gras, ou bien en accompagnement de fromages bleus de type roquefort.

CH. CAILLOU 2022 ★

■ 2e cru clas.	10000		30 à 50 €

Une gentilhommière flanquée de deux tourelles pointues commande le vignoble barsacais (16 ha) de ce

second grand cru classé, propriété acquise en 1909 par Joseph Ballan et conduite aujourd'hui par la quatrième génération (Sébastien et Jean-Noël).

Équilibre et gourmandise sont les deux maîtres-mots de ce barsac expressif dès l'olfaction, qui se livre par paliers : senteurs vanillées et grillées, puis abricot sec et fleurs blanches. En écho, la bouche restitue cette plénitude de fruit dans un ensemble plus rond que gras, suave, élancé et allégé, en filagrane, par une fine acidité. ⌛ 2026-2035

CH. CAILLOU, 9, Caillou, 33720 Barsac, tél. 05 56 27 16 38, contact@chateaucaillou.com
t.l.j. 9h-12h30 13h30-17h30

ESQUISSE DE NAIRAC 2022 ★★

■	2544		8 à 11 €

Commandant un beau parc à la française, cette élégante demeure néoclassique est due au talent de l'architecte Mollié, un disciple de Victor Louis. Une partie du vignoble (dont l'ensemble couvre 16,8 ha) se trouve sur un terroir d'exception établi sur une couche de sables rouges et d'argile qui recouvre un banc de calcaire à astéries. Un cru classé auquel ses propriétaires actuels, la famille Tari-Heeter, a su rendre ses lettres de noblesse.

Un barsac miellé, aux notes d'aubépine, de coing et d'épices douces, qui livre une liqueur capiteuse, riche et enrobante. Un style riche, généreux, mais qui reste équilibré. ⌛ 2025-2033 ■ **2e cru clas. Ch. Nairac 2022 ★ (50 à 75 €; 4321 b.)** Un jeune barsac sur la réserve mais au potentiel certain. Pour l'heure, le nez, floral et vanillé, se fait discret. Une petite arête acidulé bienvenue traverse une bouche opulente, onctueuse, très rôtie, aux fragrances miellées et confites. Long et fidèle au millésime, il ira loin. ⌛ 2028-2040

CH. NAIRAC, 33210 Preignac, tél. 05 56 27 16 16, contact@chateaunairac.fr

CH. PIADA Cuvée Frédéric 2022 ★

■	332		50 à 75 €

Situé sur le haut plateau de Barsac, le Ch. Piada, mentionné dans les archives d'Aquitaine dès 1274, est l'un des plus anciens vignobles barsacais : la ferme de «Piadez» était alors rattachée au Ch. Coutet, propriété de la famille Le Sauvage d'Yquem. Depuis 1941, la famille Lalande (Frédéric depuis 1999) est aux commandes de ce cru historique et produit aussi dans les appellations graves et cérons (Ch. Hauret-Lalande).

Cent pour cent de sémillon et de chêne neuf dans ce nectar d'une concentration singulière (178 g/l de sucres résiduels). D'où ce nez très expansif, infusé de fruit séché (raisin, pêche), de fruit exotique et d'agrume confit. Une liqueur riche à souhait s'écoule langoureusement dans une bouche luxuriante, capiteuse, à laquelle il n'aura manqué qu'un peu de peps en plus pour la deuxième étoile. ⌛ 2028-2040

LALANDE ET FILS, 1, Piada, 33720 Barsac, tél. 06 12 95 63 77, juanland@orange.fr
t.l.j. sf sam. dim. 8h30-12h30 14h-19h30

SAUTERNES

Superficie : 1 735 ha / Production : 34 260 hl

Si vous visitez un château à Sauternes, vous saurez tout sur ce propriétaire qui eut un jour l'idée géniale d'arriver en retard pour les vendanges et de décider, sans doute par entêtement, de faire ramasser les raisins surmûris malgré leur aspect peu engageant. Mais si vous en visitez cinq, vous n'y comprendrez plus rien, chacun ayant sa propre version, qui se passe évidemment chez lui. En fait, nul ne sait qui «inventa» le sauternes, ni quand ni où.

Si en Sauternais, l'histoire se cache toujours derrière la légende, la géographie, elle, n'a plus de secret. Chaque caillou des cinq communes constituant l'appellation (dont Barsac, qui possède sa propre appellation) est recensé et connu dans toutes ses composantes.

Il est vrai que c'est la diversité des sols (graveleux, argilo-calcaires ou calcaires) et des sous-sols qui donne un caractère à chaque cru, les plus renommés étant implantés sur des croupes graveleuses. Obtenus avec trois cépages – le sémillon (de 70 à 80 %), le sauvignon (de 20 à 30 %) et la muscadelle –, les sauternes sont dorés, à la fois onctueux et délicats. Leur bouquet «rôti» se développe et gagne en complexité avec le temps : miel, noisette et orange confite enrichissent sa palette. Les plus grandes bouteilles vivent des décennies. Il est à noter que les sauternes sont les seuls vins blancs à avoir été classés en 1855.

CH. D'ARCHE 2021 ★★

■ 2e cru clas.	5300		75 à 100 €

Bien situé au sommet d'une colline dominant le Ciron, ce cru fort ancien fut constitué au XVIIIᵉs. par les comtes d'Arche. Il est aujourd'hui la propriété d'un groupe d'investisseurs, qui ont nommé en 2020 un nouveau directeur, Didier Galhaud, ainsi qu'un nouveau maître de chai, Matthieu Arroyo. Un domaine qui s'est doté d'un nouveau chai éco-certifié en 2019 et qui mise sur d'ambitieux projets oenotouristiques avec la construction d'un hôtel haut de gamme. Le passage en bio est par ailleurs engagé sur les 70 ha du vignoble, ainsi que sur les 10 ha du Ch. Padouën, dans le giron du Ch. d'Arche.

Une robe brillante et dorée, des arômes épanouis d'écorces d'orange, de raisins secs et d'abricot soulignés d'une touche fumée issue de l'élevage, un palais large, ample, plus épicé dans ses parfums, d'un équilibre abouti entre douceur et fraîcheur, une longueur remarquable : un grand sauternes, doté de la capacité de garde qui va avec. ⌛ 2027-2040

CH. D' ARCHE, 33210 Sauternes, tél. 05 56 76 66 55, contact@chateau-arche.com
r.-v. 5

CH. BORDENAVE 2022 ★★

■	6243		11 à 15 €

Terres bordelaises est une filiale du groupe Les Grands Chais de France, qui diffuse une vaste gamme de domaines girondins, parmi lesquels Bastor-Lamontagne, Saint-Robert, Faizeau, Haut-Mouleyre, Laubès, Timberlay.

Le jury sous le charme de ce 2022 déjà très épanoui, aux arômes d'abricot sec, de miel d'acacia et d'agrume confit soutenus par un boisé vanillé de qualité. La même plénitude émane d'un palais très onctueux, riche, mais sans mollesse, pétri jusqu'au bout de fruits confits et de pâte de coing. Long, savoureux, bien élevé, d'une harmonie parfaite et très en ligne avec ce millésime généreux, voilà un sauternes de belle garde, à prix très contenu. ⧗ 2025-2034

TERRES BORDELAISES, Ch. Bastor-Lamontagne, 33210 Preignac, tél. 05 57 92 07 20, vincent.cachau@lgcf.fr V *t.l.j. sf dim. 9h-12h 14h-17h*

CLOS HAUT-PEYRAGUEY 2020 ★

1er cru clas.	15 000		30 à 50 €

Séparé d'Yquem par un petit val, ce cru est né en 1879 quand les propriétaires du Ch. Peyraguey vendirent la partie la plus élevée de leur propriété à un pharmacien parisien nommé Grillon. En 1914, le cru, devenu Clos Haut-Peyraguey, est acheté par les Pauly et les Ginestet. Seuls propriétaires à partir de 1937, les premiers l'ont gardé jusqu'en 2012, année de son acquisition par Bernard Magrez. Le terroir (21 ha) est de premier choix, avec des graves sableuses bien drainées reposant sur des argiles.

Un nez élégant, floral et exotique, ouvre sur une bouche raffinée, onctueuse, glissante, aux notes affirmées de fruits jaunes confits, portée par une très belle fraîcheur. Un sauternes délicat et aérien, de longue garde bien sûr, mais qu'il ne serait pas scandaleux d'ouvrir dès l'apéritif. ⧗ 2026-2035

CLOS HAUT-PEYRAGUEY, 33210 Bommes, tél. 05 56 76 61 53, closhautpeyraguey@pape-clement.com V *r.-v.*

CH. DOISY-VÉDRINES 2020 ★

2e cru clas.	33 000		30 à 50 €

Des trois Doisy (Daëne, Dubroca et Védrines) – les trois châteaux ne faisaient qu'un lors du classement de 1855 – il est le plus grand (36 ha). Son nom lui a été donné en mémoire des chevaliers de Védrines, anciens propriétaires. Un domaine typiquement barsacais par son terroir de terres rouges et de graves fines reposant sur des calcaires éclatés. Il a été acquis au milieu du XIXes. par des ancêtres de la famille Castéja, également à la tête de la maison de négoce Joanne.

Ce cru barsacais soigne son style plein et parfumé avec ce 2020 de belle garde. Floral, rôti mais réservé, le nez ouvre sur une bouche ample, riche, harmonieuse, qui libère sans réserve un bouquet savoureux d'épices douces, de coing, d'abricot sec et de miel de fleurs, avec en soutien un trait citronné plein d'allant. On lui prédit un bel avenir. ⧗ 2028-2040

CH. DOISY-VÉDRINES, 1, Védrines, 33720 Barsac, tél. 05 56 27 15 13, guillaume.lefebvre@doisy-vedrines.com *t.l.j. sf sam. dim. 9h-12h 14h-17h*

CH. FILHOT 2020 ★

2e cru clas.	22 000		20 à 30 €

Outre son château aux allures de palais – du XVIIIes., pour le bâtiment central, de 1850 pour les ailes –, ce 2e cru classé se distingue aussi par le prestige de ses propriétaires : les Filhot, établis ici en 1709, grande famille de la noblesse bordelaise dès le XVes., puis les Lur-Saluces, dont descendent les propriétaires actuels, les Vaucelles. Un cru qui se singularise enfin par la superficie du vignoble (62 ha), par la place du sauvignon dans l'encépagement (autour d'un tiers) et par le choix d'une vinification à basse température, en cuves Inox.

Une forte minorité de sauvignon blanc (36 %) contribue sans doute à la fraîcheur de ce sauternes élancé, au nez intense et aérien centré sur les fleurs blanches et le miel. Le fruit compoté et confit et les épices douces issues de l'élevage prennent le relais dans un palais élégant dans son toucher comme dans son équilibre entre douceur et fraîcheur. ⧗ 2026-2040

CH. FILHOT, 33210 Sauternes, tél. 05 56 76 61 09, filhot@filhot.com V *t.l.j. sf sam. dim. 9h-12h 14h-17h*

CH. HAUT-BERGERON 2022 ★★

	35 000		20 à 30 €

Propriété de l'une des plus anciennes familles de viticulteurs du Sauternais, les Lamothe (présents ici depuis 1820 et neuf générations), le Ch. Haut-Bergeron dispose d'un vignoble de 42 ha à cheval sur les communes de Sauternes (graves et argiles) et de Barsac (calcaires). De nombreuses parcelles sont contiguës à celles d'Yquem, de Lafaurie-Peyraguey et de Climens. Une valeur sûre du Sauternais.

Dix-huit mois d'élevage en fût (50 % de chêne neuf) pour ce 2022 très gourmand, issu à 85 % de vieilles vignes (60 ans) de sémillon. Subtil et frais à l'olfaction, sur des parfums de fruits jaunes, de fleurs et d'agrumes confits, le nez ouvre sur une bouche riche, suave, subtilement vanillée, mais surtout croquante de fruit (abricot, fruit exotique). La finale fraîche, poivrée et iodée, conclut magistralement la dégustation. ⧗ 2026-2038

CH. HAUT-BERGERON, 3, Le Piquey, 33210 Preignac, tél. 05 56 63 24 76, info@chateauhautbergeron.com V *t.l.j. sf sam. dim. mer. 8h30-12h 14h-17h30*

CH. JEANNONIER 2022 ★

	6 000		11 à 15 €

Créée en 1974, la coopérative de Tutiac dispose des vendanges de 5 400 ha cultivés par quelque 500 viticulteurs. Un acteur important de la Haute Gironde et aussi le premier producteur de vins d'appellations en France, qui propose des vins de côtes (blaye-côtes-de-bordeaux et côtes-de-bourg) et d'appellations régionales.

Un 100 % sémillon sobrement élevé en cuve qui joue la carte du fruit et de la légèreté. Un nez fringant de citron confit, de fruits jaunes et de menthol annonce une bouche friande, souple, douce et fraîche, relevée d'une petite amertume revigorante. Un sauternes digeste et moderne, à ouvrir sur son fruit de jeunesse. ⧗ 2024-2029

VIGNERONS DE TUTIAC, 491, rue Simone-Veil, La Cafourche, 33860 Marcillac, tél. 05 57 32 48 33, contact@tutiac.com V *t.l.j. sf dim. lun. 9h-12h30 14h30-18h30*

CH. LAVILLE 2022 ★★

■ | 20000 | | 20 à 30 €

Propriété très ancienne, le Ch. Laville fut dans les années 1900 l'un des pionniers de la mise en bouteilles au château. Aujourd'hui augmenté du Ch. Delmond, un vignoble voisin, ce domaine de 37 ha très régulier en qualité produit en sauternes et en graves (Ch. Mouras). Aux commandes depuis 1997, Jean-Christophe Barbe, œnologue et professeur à Bordeaux Sciences Agro.

Une robe or, des parfums expansifs de fruits confits et séchés (raisin, abricot, pêche), de miel et de fleurs, une liqueur riche, capiteuse, grasse à souhait, enrobée par un élevage qui laisse un sillon vanillé en bouche : un vin opulent et charmeur tel qu'a su en produire le millésime. ⧗ 2027-2034 ■ **Ch. Delmond 2022 ★★ (15 à 20 €; 40000 b.)** Un jeune sauternes qui ne manque ni de séduction ni de parfums : les notes de fruits jaunes compotés, de fleurs et d'épices perçues à l'olfaction se doublent de date, de miel et de coing dans une bouche dodue, grasse certes, mais croquante et jamais fatigante. ⧗ 2026-2035

CH. LAVILLE, 33210 Preignac, tél. 05 56 63 59 45, chateaulaville@hotmail.com V *r.-v.*

CH. LIOT 2022 ★

■ | 15000 | | 20 à 30 €

La famille David (Jonathan et Marie-Amélie depuis 2021) est établie depuis plusieurs générations sur le plateau du haut Barsac, où elle exploite une belle unité de 45 ha, répartie entre 24 ha en sauternes (châteaux Liot et du Levant) et 16 ha en graves (Saint-Jean des Graves).

Habillé par un boisé très discret, le nez séduit par ses accents de fleurs et d'agrumes confits. L'abricot séché prend le relais dans un palais onctueux, tendre, étiré, qui conserve une bien belle fraîcheur dans le millésime. Un sauternes harmonieux et facile d'accès qui donne déjà bien du plaisir. ⧗ 2024-2032

CH. LIOT, 33720 Barsac, tél. 05 56 27 15 31, contact@chateauliot.com V *t.l.j. 14h-17h30*

♥ CH. DU MONT N°02 Jeanne 2022 ★★

■ | 5000 | | 15 à 20 €

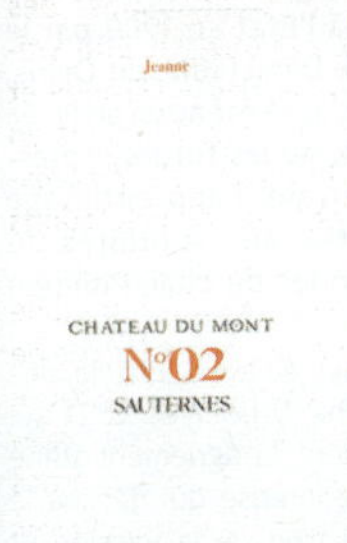

Paul Chevassier a constitué le vignoble du Ch. du Mont au début du XXe s., à Sainte-Croix-du-Mont. Son gendre Pierre Chouvac et, depuis 2000, son petit-fils Hervé l'ont développé sur les deux rives de la Garonne, dans les Graves et le Sauternais (25 ha aujourd'hui), mais Sainte-Croix est resté le cœur du domaine, dont il est l'un des porte-drapeaux. Autre étiquette : Ch. Valentin.

Un pur sémillon drapé d'une robe jaune soutenu, qui séduit dès l'entame avec son nez puissant, généreusement vanillé et grillé, où percent l'abricot, les agrumes confits et la pâte d'amande. Les épices enrichissent le bouquet dans un palais plein, bien confit, gourmand et onctueux, tonifié par une petite acidité bienvenue en finale. Un 2022 certes cossu mais surtout harmonieux, de longue garde, qui a tout le temps de digérer son élevage. ⧗ 2028-2040

CH. DU MONT, Pascaud, 33410 Sainte-Croix-du-Mont, tél. 06 89 96 54 73, chateau-du-mont@wanadoo.fr V *t.l.j. sf dim. 8h-12h 14h30-19h*

CH. DE MYRAT 2020 ★

■ 2e cru clas. | 15000 | | 30 à 50 €

Sans Jacques et Xavier de Pontac (de la même famille que Jean de Pontac, fondateur de Haut-Brion), ce cru classé aurait disparu, leur père Max ayant fait arracher le vignoble au milieu des années 1970 face aux difficultés qu'il rencontrait pour vendre ses sauternes. Ses fils ont tout replanté en 1988. Conduit aujourd'hui par les filles de Jacques et leur oncle Xavier, le domaine a retrouvé son lustre d'antan et sa vingtaine d'hectares de vignes.

Une robe or, un nez plus élégant que puissant, confit et floral, discrètement boisé, une bouche douce à l'attaque, qui monte tranquillement en puissance pour déployer une liqueur volumineuse mais fraîche, aux accents joliment rôtis : un sauternes bien né, complet, harmonieux et de belle garde. ⧗ 2027-2040

CH. DE MYRAT, 1, Myrat-Sud, 33720 Barsac, tél. 05 56 27 09 06, myrat@chateaudemyrat.fr V *r.-v.*

CH. RABAUD-PROMIS 2020 ★

■ 1er cru clas. | 5900 | | 50 à 75 €

Né en 1903 de la vente d'une partie de Sigalas-Rabaud à la famille Promis, Rabaud-Promis a connu une histoire mouvementée, de découpes en changements de propriétaires, jusqu'à son rachat par Raymond-Louis Lanneluc en 1950. Depuis, le cru connaît la stabilité. Il est depuis une vingtaine d'années conduit par Thomas Dejean, à la tête de 33 ha (en conversion bio) sur le sommet de la colline de Rabaud, face au Ch. d'Yquem. Séverine Dejean, son épouse, est en charge des vinifications.

Un pur sémillon, drapé d'une robe or soutenu, qui livre à l'olfaction un bouquet typé et déjà complexe entre fruits jaunes confits, miel et pain d'épices. Soyeuse, riche, mais allégée par une belle vivacité perceptible dès l'attaque, la bouche livre une bien jolie liqueur, d'un équilibre assuré. De belle garde assurément. ⧗ 2027-2040

CH. RABAUD-PROMIS, 33210 Bommes, tél. 05 56 76 67 38, contact@rabaud-promis.com V *r.-v.*

CH. DE RAYNE VIGNEAU 2021 ★

■ 1er cru clas. | 30000 | | 30 à 50 €

Célèbre pour les cailloux multicolores de son terroir de graves argileuses et surtout pour ses sauternes, ce cru classé de 84 ha fut propriété de la famille de Pontac – Catherine de Pontac devenue Madame de Rayne lui a donné son nom au XIXe s. –, puis entra dans le giron du négoce Cordier-Mestrezat, avant d'être acquis en 2004 par le Crédit Agricole. Finalement, ce dernier a cédé en 2015 la majorité de ses participations au

distributeur Trésor du patrimoine, spécialiste de la vente à distance.

On ne se formalise de la discrétion du nez, le fruit bien confit (agrume, abricot) s'affirme avec force dans une bouche qui ne manque de rien : ni de gras, ni de fraîcheur, ni de longueur. Un sauternes prometteur qui se sort avec les honneurs d'un millésime pour le moins capricieux. ⧗ 2027-2037

CH. DE RAYNE VIGNEAU, 541, rte du Piquey, 33210 Bommes, tél. 05 56 76 61 63, chateau@raynevigneau.fr V *t.l.j. 10h-12h 14h-18h*

CH. RIEUSSEC 2021 ★★

1er cru clas. | n.c. | | + de 100 €

83 84 85 86 87 88 89 (90) 92 94 |95| |(96)| |(97)| |98| |99| |00| |01| |02| |03| |04| |05| |06| |07| |09| 10 11 13 14 16 19 21

Ancien domaine du couvent des Carmes de Langon, le Ch. Rieussec est établi sur une position élevée à l'ouest de la commune de Fargues, dont il est le seul 1er cru. Sa tour carrée domine une croupe de graves située à la même hauteur que son voisin immédiat, Yquem. Sa renommée, solidement ancrée, lui vaut d'accéder au rang de 1er cru classé en 1855. De nombreux propriétaires se succèdent à sa tête jusqu'en 1984, date de son achat par les Domaines Barons de Rothschild (Lafite à Pauillac). Cette acquisition a apporté d'importants moyens techniques, financiers et humains à cette vaste unité de 90 ha, dont 72 de vignes.

Discrets à l'ouverture, les arômes se déploient à l'aération : melon, figue, orange, puis poivre blanc, pinède et touche vanillée. Gras, dense, d'un beau volume de bouche mais d'une richesse maîtrisée, la bouche tire son énergie d'une fine arête acidulée et d'une finale poivrée revigorante. Un sauternes harmonieux et déjà très accessible. ⧗ 2026-2040 **Carmes de Rieussec 2021 ★ (+ de 100 €; n.c.)** Un second vin expressif et harmonieux, au bouquet de citron confit, de fleurs blanches et d'ananas, relevé d'une touche minérale de silex. Souple et soyeuse à l'attaque, la bouche gagne en consistance, puis se rafraîchit de notes d'agrumes dans une finale tendre et sans mollesse. ⧗ 2025-2032

CH. RIEUSSEC, 34, rte de Villandraut, 33210 Fargues, tél. 05 57 98 14 14, rieussec@lafite.com V *r.-v.*

♥ CH. ROUMIEU 2022 ★★

| 35000 | | 20 à 30 €

Ce cru de 15 ha, établi sur le plateau du haut Barsac et contigu à Doisy-Védrines et Climens, est propriété des Craveia depuis le XVIIIe s. À sa disposition, un superbe chai de style néo-basque, construit en 1896 par Fargeaudoux, l'un des architectes d'Arcachon, et un terroir argilo-calcaire, lui, bien barsacais, avec des sables rouges recouvrant du calcaire à astéries. Vincent Craveia est aux commandes depuis 2009.

Dix pour cent de sauvignon blanc et une larme de muscadelle en soutien du sémillon dans ce grand sauternes, classiquement élevé en fût. Abricot, orange confite, genêt, acacia, miel, voilà un nez complexe où le chêne se fait discret. Volumineuse dès l'attaque, bien enrobée par l'élevage, la matière s'épanouit dans une bouche voluptueuse, miellée, gorgée de fruit, chaleureuse et qui tire son équilibre d'une fine amertume salutaire en finale. Une richesse magnifiquement assumée qui en fait un sauternes de gastronomie et de longue garde. ⧗ 2028-2040

CH. ROUMIEU, Lapinesse, 33720 Barsac, tél. 05 56 27 21 01, contact@chateau-roumieu.fr V *r.-v.*

CH. ROÛMIEU-LACOSTE 2022 ★

| 13200 | | 20 à 30 €

Un cru aux origines anciennes, acquis autour de 1900 par André Dubourdieu, dont le grand-père était aussi vigneron dans l'autre siècle. Hervé Dubourdieu, installé en 1980, a donc les racines bien ancrées dans ces terres nobles, argilo-calcaires, du haut Barsac.

Fermés au premier nez, les arômes s'épanouissent à l'agitation : sureau, acacia, fruit de la Passion, puis notes rôties du botrytis sur un fond de pain d'épices. Juvénile, encore sur la réserve, la bouche livre une liqueur concentrée, chaleureuse et très enrobante, dont le potentiel ne fait aucun doute. On patiente... avec impatience. ⧗ 2027-2040

CH. ROÛMIEU-LACOSTE, Le Plantey, 33720 Barsac, tél. 06 78 53 20 55, contact@vignobles-hervedubourdieu.com V *r.-v.*

♥ CH. LA TOUR BLANCHE 2021 ★★

1er cru clas. | 3500 | | 50 à 75 €

83 85 86 88 89 90 91 94 95 96 |97| 99 |01| |02| |03| |04| |05| 06 |07| 08 |10| |11| |12| 13 14 15 16 17 18 19 21

On pourrait croire que le nom du cru vient de la tour blanche (en fait, un pigeonnier autrefois) se trouvant sur le domaine. En réalité, il dérive du nom d'un ancien propriétaire, monsieur de Latourblanche, trésorier général de Louis XVI. Légué à l'État en 1909 par le mécène Daniel Iffla, dit Osiris, ce cru classé est aussi un lycée viticole, où les futurs professionnels trouvent un beau terrain d'apprentissage (42 ha de vignes) pour s'initier aux subtilités du Botrytis cinerea. Aux commandes du chai, Philippe Pelicano.

Une année pour le moins compliquée avec, à la clé, des rendements minuscules (1,2 hl/ha !) pour ce 2021 qui soigne la fraîcheur et le raffinement. Longuement affiné en fûts neufs, il dévoile un nez intense qui décline le fruit confit (orange, abricot), le fruit de la Passion et une touche citronnée revigorante. Ample, élancée, très parfumée, la liqueur s'écoule avec élégance et fraîcheur dans une bouche aérienne, tactile, énergique, où la douceur se fait bien discrète. Un sauternes majuscule. ⧗ 2027-2042

CH. LA TOUR BLANCHE, 704, chem. Daniel-Iffla-Osiris, 33210 Bommes, tél. 05 57 98 02 73, tour-blanche@tour-blanche.com V *r.-v.*

CH. DE VEYRES 2022 ★★

| 6000 | | 20 à 30 € |

Philippe Mercadier a acquis pendant 25 ans son savoir-faire à la direction du Ch. Suduiraut. Une expérience qui profite aujourd'hui à ses crus sauternais, conduits désormais par son fils Paul : Haut Coustet, Pechon, Tuyttens, Veyres, Partarrieu.

Vinifié en cuve, élevé 18 mois en fût, un 2022 riche, cossu, aux senteurs d'abricot sec, de caramel et d'épices douces. Très liquoreux, d'une richesse qui ne laisse pas insensible, mais harmonieux, voilà un sauternes d'inspiration traditionnelle qui offre de bien belles perspectives à table, avec un canard laqué par exemple. ⧗ 2027-2037 **Ch. Pechon 2022 ★★ (20 à 30 €; 12000 b.)** Un sauternes riche, bien dans le ton du millésime, et d'une gourmandise qui a réjouit le jury. Citronné, mentholé, abricoté et floral, un nez épanoui et printanier ouvre sur une bouche tout aussi savoureuse, pleine, grasse, tactile, aux fragrances miellées, soulignée d'une fine acidité qui donne éclat et tenue à l'ensemble. Que du bon. ⧗ 2027-2037 **Ch. Haut Coustet 2022 ★★ (20 à 30 €; 20000 b.)** Litchi, rose, fruits blancs confits, le tout généreusement saupoudré d'épices douces, le nez séduit. Comme la bouche, exotique et abricotée, qui livre une matière dense, capiteuse, sensuelle, un poil chaleureuse en finale. Un sauternes généreux. ⧗ 2027-2037

VIGNOBLES MERCARDIER, 8, rte de Villandraut, 33210 Fargues, tél. 06 24 03 90 18, emercadier@vignoblesmercadier.com V *r.-v.*

CH. VILLEFRANCHE 2022 ★

| 18000 | | 20 à 30 € |

Une famille enracinée dans le Sauternais : les Guinabert y sont établis depuis plus de cinq siècles, dont trois sur ce domaine. Aux commandes depuis 1984, Benoît Guinabert dispose d'un vignoble de 22 ha.

Un «style à l'ancienne», précise de concert le jury pour ce 2022 ambré de robe, aux parfums de marmelade d'orange, d'abricot rôti et de fleurs, où l'élevage se fait discret. Consistante, généreuse, miellée et cireuse, la liqueur coule langoureusement en bouche, relevée en finale par une amertume très à propos. Parfait avec une viande sucrée-salée, tels des travers de porc caramélisés ou un canard à l'orange. ⧗ 2027-2037

CH. VILLEFRANCHE, 33720 Barsac, tél. 06 81 01 18 82, benoit.guinabert@orange.fr V *t.l.j. sf dim. 9h-12h 14h-18h*

♥ B CH. D'YQUEM 2021 ★★★

| 1er cru clas. sup. | n.c. | | + de 100 € |

21 29 37 |45| 55 59 (67) |75| 76 83 86 88 |89| 90 (95) (96) (97) 98 99 (01) |02| (03) |04| (05) 06 (07) (08) (09) (10) (11) (13) (14) (15) 16 (17) 18 (19) (20) (21)

Superbe manoir fortifié du XVIIe s. entouré de vignes, établi au sommet des coteaux dominant la vallée de la Garonne, le château d'Yquem est, fait unique pour un grand cru, resté dans la même famille, les Sauvage puis les Lur-Saluces, pendant près de quatre cents ans. Un domaine devenu dès le XVIIIe s. le fleuron du Sauternais. Outre sa stabilité, il a pour atout de bénéficier d'un terroir d'une grande variété, tout en nuances, composé d'une multitude de petites collines, avec des vignes en haut de plateau et d'autres en milieu et bas de pente. Une diversité qui permet de s'adapter aux caprices du climat et qui fait la grande complexité du vin d'Yquem. Classé premier cru supérieur en 1855 – le seul dans sa catégorie –, il appartient depuis 1999 au groupe LVMH, qui en a confié la direction en 2004 à Pierre Lurton. La conversion en bio a été engagée en 2019.

Deux pluies salutaires mi-septembre et début octobre, puis trois semaines de temps sec, frais et ensoleillé ont offert une fenêtre au botrytis. D'emblée éclatant, le nez égrène le citron confit, la mangue et l'orange amère sur un fond de cèdre et d'épices douces. Ample et énergique dès l'attaque, la matière prend ses aises dans une bouche voluptueuse, onctueuse et caressante, plus florale dans son expression, soutenue en filagrane par une sacrée fraîcheur qui étire et illumine le fruit dans une finale saline et douce-amère. Un jury, ému, évoque un monument d'élégance et de pureté. Du grand art. ⧗ 2030-2050

CH. D' YQUEM, 33210 Sauternes, tél. 05 57 98 07 07, info@yquem.fr *r.-v.*

LE BORDELAIS

LES CRUS CLASSÉS DU SAUTERNAIS EN 1855

PREMIER CRU SUPÉRIEUR
Ch. d'Yquem
PREMIERS CRUS
Ch. Climens
Clos Haut-Peyraguey
Ch. Coutet
Ch. Guiraud
Ch. Lafaurie-Peyraguey
Ch. Rabaud-Promis
Ch. Rayne-Vigneau
Ch. Rieussec
Ch. Sigalas-Rabaud
Ch. Suduiraut
Ch. La Tour-Blanche

SECONDS CRUS
Ch. d'Arche
Ch. Broustet
Ch. Caillou
Ch. Doisy-Daëne
Ch. Doisy-Dubroca
Ch. Doisy-Védrines
Ch. Filhot
Ch. Lamothe (Despujols)
Ch. Lamothe (Guignard)
Ch. de Malle
Ch. Myrat
Ch. Nairac
Ch. Romer
Ch. Romer du Hayot
Ch. Suau

BOURGOGNE
BOURGOGNE

LA BOURGOGNE

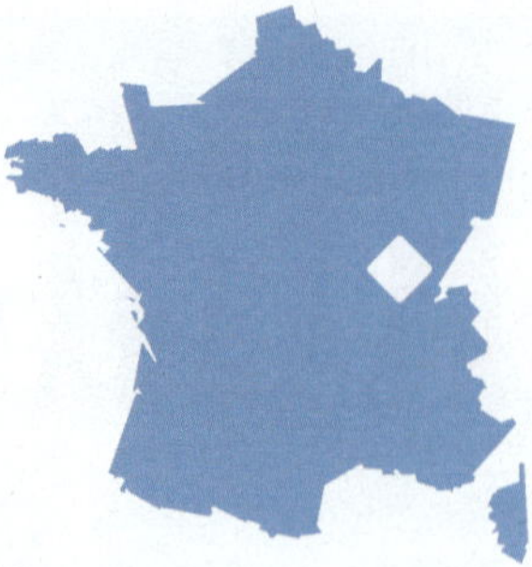

Un vignoble historique, l'un des plus anciens de France, modelé au Moyen Âge par les moines, puis les ducs de Bourgogne, et riche de domaines aux apparences souvent modestes mais de grand prestige. Inscrit en 2015 au patrimoine mondial de l'Unesco, il n'occupe guère que 4 % du vignoble planté en France, mais ne compte pas moins de 84 appellations, un record.

Ses deux principaux cépages, le pinot noir et le chardonnay, qui y règnent en maître, sont à l'origine de vins fins et de crus si célèbres qu'ils ont acquis une réputation mondiale. À la simplicité de l'encépagement s'oppose l'extrême variété de micro-terroirs, appelés localement *climats* (plus de 600), qui détermine l'immense déclinaison des vins bourguignons.

Une variété qui se répartit sur plusieurs ensembles viticoles : du nord au sud, les vignobles de l'Yonne (Chablisien), la Côte de Nuits et la Côte de Beaune (qui toutes deux forment la Côte d'Or), le Mâconnais et la Côte chalonnaise.

Reflet de ce vignoble morcelé, la hiérarchisation des vins bourguignons, qui peut paraître complexe, est d'une grande logique et définit quatre niveaux : les appellations régionales (plus de 50 % de la production), les appellations *villages* (plus de 30 % de la production), les premiers crus (environ 10 % de la production) et, en haut de la pyramide, les grands crus.

VIGNOBLE DE L'YONNE
CHÂTILLONNAIS
CÔTE DE NUITS
CÔTE DE BEAUNE
CÔTE CHALONNAISE
MÂCONNAIS
Troyes
Sens
AUBE
la Seine
l'Aube
Bar-sur-Aube
l'Yonne
l'Armançon
HAUTE-MARNE
Joigny
Auxerre
Tonnerre
Chablis
Châtillon-sur-Seine
Saint-Bris-le-Vineux
Irancy
Ancy-le-Franc
YONNE
la Cure
Montbard
Avallon
CÔTE-D'OR
Vézelay
Clamecy
NIÈVRE
0 10 20 30 km
Dijon
Ancey
Plombières-lès-Dijon
Mâlain
DIJON
l'Ouche
Gevrey-Chambertin
CÔTE-D'OR
Nuits-Saint-Georges
BEAUNE
la Dheune
Chany
Saint-Léger-sur-Dheune
Saint-Pierre-de-Varennes
la Saône
Givry
CHALON-SUR-SAÔNE
SAÔNE-ET-LOIRE
Buxy
Montceau-les-Mines
la Grosne
Sennecey-le-Grand
la Bourbince
Saint-Gengoux-le-National
N
Tournus
la Seille
Cortevaix
O
E
S
Cluny
la Reyssouze
AIN
Roche de Solutré
493 m
MÂCON
0 5 10 15 20 25 km
la Veyle
RHÔNE
Villié-Morgon

Le **Bourgogne** en un clin d'œil

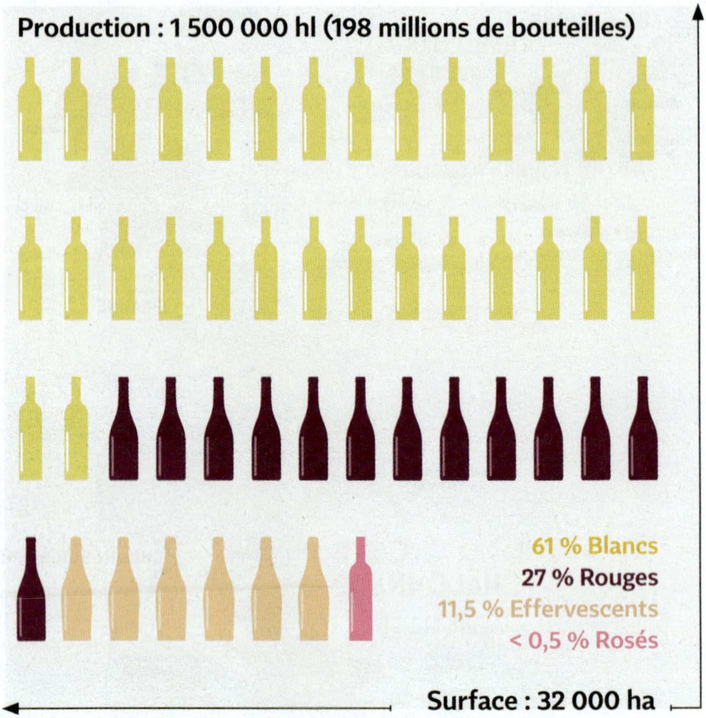

Types de vins

Principaux **cépages**

- Pinot noir
- Gamay noir à jus blanc
- César (rare)
- Chardonnay
- Aligoté
- Sauvignon (à Saint-Bris)
- Sacy (rare)
- Melon (rare)

Hiérarchie des vins

Grands crus
(romanée-conti, corton, etc.)

***Villages* 1ers crus**
(beaune 1er cru, pouilly-fuissé 1er cru, etc.)

AOC *Villages*
(beaune, saint-véran, etc.)

AOC régionales + dénomination
(mâcon-pierreclos, bourgogne côte-d'or...)

Régionales
(mâcon, bourgogne, crémant-de-bourgogne, etc.)

Un peu d'**histoire**

- **Ier-IIe s. :** les Gallo-Romains plantent des vignes.
- **312 :** Eumène, président de l'université d'Autun, défend la qualité du terroir bourguignon dans un discours adressé à l'empereur Constantin Auguste.
- **909 :** fondation de l'ordre monastique de Cluny et essor chalonnais et mâconnais.
- **1098 :** fondation de l'ordre monastique de Cîteaux (Clos de Vougeot).
- **XIIe s. :** l'abbé Bernard de Clairveaux instaure les règles de vie cistercienne. Essor du vignoble et des méthodes de vinification.
- **XIVe-XVe s. :** les ducs de Bourgogne développent le vignoble.
- **1395 :** ordonnance de Philippe le Hardi : le cépage gamay est banni au profit du pinot noir.
- **1429 :** création de l'ordre de la Toison d'Or par Philippe le Bon : le vin de Bourgogne est le vin des chevaliers.
- **1443 :** construction des hospices de Beaune par Nicolas Rolin, dotés de vignobles.
- **1693 :** ordonnance de Fagon, le vin de Bourgogne est prescrit à Louis XIV. Essor de sa consommation à la cour.
- **XVIIIe :** apparition des négociants-éleveurs.
- **1728 :** : l'abbé Claude Arnoux publie le 1er livre sur les crus de Bourgogne.
- **1789 :** Révolution, vente des biens de l'église comme biens nationaux, démembrement du vignoble entre plusieurs propriétaires.
- **1855 :** hiérarchisation des vins bourguignons par le docteur Lavalle.
- **1875-1888 :** crise du phylloxéra et replantation du vignoble à partir de greffage sur des plants américains.
- **1923 :** création de la 1re cave coopérative dans l'Yonne (La Chablisienne). Le mouvement se généralise dans le sud de la Bourgogne.
- **1932 :** création de la Paulée de Meursault.
- **1934 :** création de la Confrérie des Chevaliers du Tastevin.
- **1938 :** 1re Saint-Vincent tournante.
- **2015 :** les *climats* sont inscrits au patrimoine mondial de l'humanité.

Classements des *Climats*

C'est à l'intérieur des appellations *Villages* que la hiérarchie des vins s'établit. Dès le Moyen Âge, les moines ont défini une hiérarchie des terroirs selon la qualité des vins produits. La 1re mention d'un nom de *Climat* pour le vin intervient en 1584 (Champt Bertin) en 1584. Les propriétaires (nobles, bourgeois) en généralisent l'usage aux XVIIe et XVIIIe s., pour valoriser les vins. En 1855, le docteur Lavalle propose une liste des meilleurs crus dans son ouvrage *Histoire et statistiques de la Côte d'Or.* Six ans plus tard, le Comité d'agriculture de Beaune s'en est inspiré pour établir la classification destinée à l'Exposition universelle de Paris de 1862. Aujourd'hui, le classement est pratiquement identique.

Les *Climats* non classés

produisent des vins d'appellation communale. La mention du *Climat* sur l'étiquette est laissée à la discrétion du vigneron. Elle doit apparaître en caractères plus petits que ceux de l'appellation.

Les *Climats* classés en premiers crus

sont des parcelles délimitées au sein d'un village et distinguées pour leur potentiel. L'étiquette indique à la fois le nom de l'appellation *Village* et celui du *Climat* (souvent sur la même ligne) : par exemple, volnay 1er cru Cailleret, meursault 1er cru Charmes, chablis 1er cru Fourchaume, pouilly-fuissé 1er cru Sur la Roche. Leur liste est officialisée par décret et se trouve dans les cahiers des charges des appellations.

Les *Climats* classés en grands crus

occupent le sommet de la pyramide (1 % de la production). Ils ont été sélectionnés parmi les meilleurs *Climats.* Ils forment des appellations à part entière, dont le nom est en vedette sur l'étiquette : par exemple, chambertin, montrachet. À noter : il n'y a qu'un seul chablis grand cru, mais celui-ci est composé de sept *Climats* différents.

Les **appellations** régionales de la Bourgogne

Production : 780 000 hl (104 millions de bouteilles)

51 % Blancs
26 % Rouges
1 % Rosés
22 % Effervescents

Surface : 15 000 ha

Types de vins

Rouges · **Blancs secs** · **Rosés** · **Effervescents**

Principaux **cépages**

- **Pinot noir**
- **Gamay noir à jus blanc**
- **Chardonnay**
- **Aligoté**
- **Pinot gris (pour les rosés)**
- **Melon de Bourgogne**
- **Pinot blanc**
- **Sacy**

Le socle de la pyramide des AOC

Les AOC régionales, qui occupent la base de la pyramide des appellations bourguignonnes, peuvent être produites dans les communes viticoles des département de l'Yonne, de la Côte-d'Or, de la Saône-et-Loire et dans le canton de Villefranche-sur-Saône (département du Rhône). Elles incluent donc une petite partie du Beaujolais.

Une diversité des appellations

Compte tenu de la dispersion géographique de cette aire, l'AOC bourgogne est parfois associée à un nom de lieu-dit, de commune ou d'une région (ex. : bourgogne Montrecul, bourgogne Chitry, bourgogne Épineuil, bourgogne Côte Chalonnaise, bourgogne hautes-côtes-de-beaune...). On les nomme bourgogne + dénomination géographique. Les AOC régionales comprennent aussi les aussi en AOC coteaux-bourguignons (qui remplace les bourgogne-grand-ordinaire), bourgogne-passetoutgrain, bourgogne-aligoté et crémant-de-bourgogne, ainsi que, dans le Mâconnais, les vastes AOC mâcon, mâcon, mâcon-villages et mâcon + dénomination géographique (mâcon-serrières, mâcon-lugny...).

Le **Chablisien** et le **Grand Auxerrois** en un clin d'œil

Production : 304 000 hl* (40,5 millions de bouteilles)

*** Uniquement *Villages*, chablis 1ers crus et chablis grands crus (hors régionales)**

Surface : 6 400 ha*

Types de vins

- Rouges
- Blancs secs
- Rosés

Hiérarchie des vins

- **Chablis grand cru**
- **Chablis 1er cru**
- **AOC *villages*** (irancy, saint-bris, vézelay, petit-chablis et chablis)
- **AOC régionales + dénomination**
- **AOC régionales**

Principaux cépages

- Pinot noir (irancy)
- César (irancy)
- Chardonnay (appelé aussi beaunois), sauvignon (saint-bris)

Un terroir calcaire propice au chardonnay

Le nord de la Bourgogne inclut les territoires de la commune de Chablis et de 19 communes voisines. Le terroir se distingue par des coteaux en forte pente qui longent les deux rives du Serein, affluent de l'Yonne : des sols calcaires de marnes jurassiques (kimméridgien, portlandien) propices à l'expression délicate du chardonnay, ce qu'avaient déjà perçus, au XIIe siècle, les moines cisterciens de la toute proche abbaye de Pontigny.

La minéralité, concept très chablisien

Le climat océanique dégradé et le sous-sol calcaire confèrent aux blancs chablisiens une minéralité très typique, associée à des arômes de silex, de caillou mouillé, de mine de crayon, et aux sensations de tension, de droiture, de vivacité.

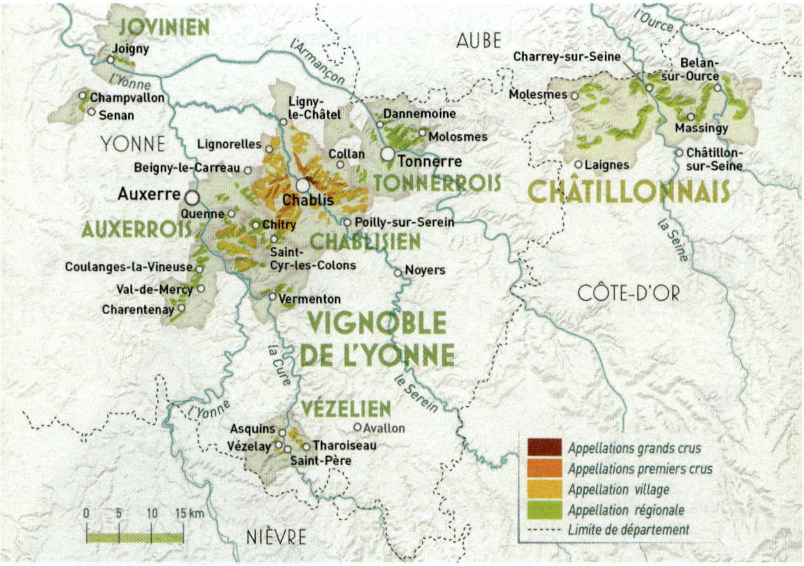
JOVINIEN
Joigny
l'Yonne
Champvallon
Senan
YONNE
Lignorelles
Beigny-le-Carreau
Auxerre
AUXERROIS
Quenne
Chitry
Coulanges-la-Vineuse
Val-de-Mercy
Charentenay
Ligny-le-Châtel
l'Armançon
Dannemoine
Molosmes
Collan
Tonnerre
TONNERROIS
Chablis
Poilly-sur-Serein
CHABLISIEN
Saint-Cyr-les-Colons
Noyers
Vermenton
VIGNOBLE DE L'YONNE
la Cure
le Serein
l'Yonne
VÉZELIEN
Asquins
Avallon
Vézelay
Tharoiseau
Saint-Père
0 5 10 15 km
NIÈVRE
AUBE
l'Ource
Charrey-sur-Seine
Belan-sur-Ource
Molesmes
Massingy
Châtillon-sur-Seine
Laignes
CHÂTILLONNAIS
la Seine
CÔTE-D'OR
Appellations grands crus
Appellations premiers crus
Appellation village
Appellation régionale
Limite de département

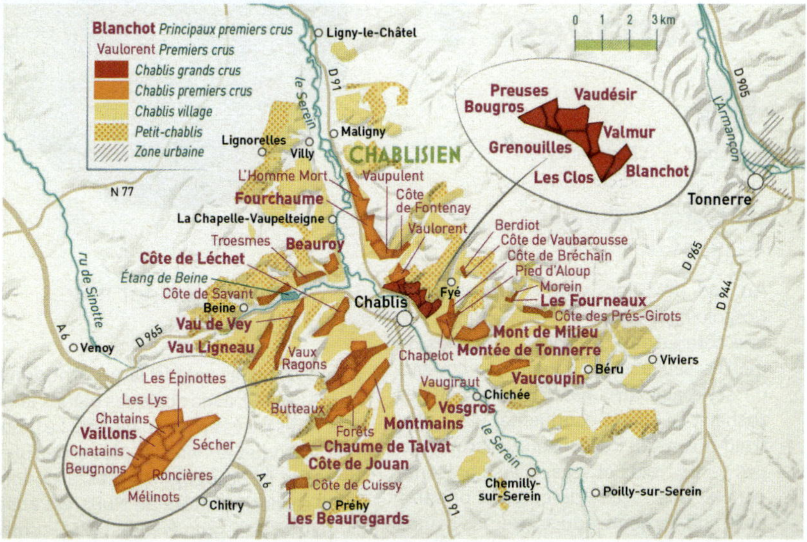
Blanchot Principaux premiers crus
Vaulorent Premiers crus
Chablis grands crus
Chablis premiers crus
Chablis village
Petit-chablis
Zone urbaine
Ligny-le-Châtel
D 91
le Serein
Maligny
Lignorelles
Villy
CHABLISIEN
0 1 2 3 km
Preuses
Vaudésir
Bougros
Valmur
Grenouilles
Blanchot
Les Clos
D 905
L'Armançon
Tonnerre
L'Homme Mort
Vaupulent
N 77
Fourchaume
Côte de Fontenay
La Chapelle-Vaupelteigne
Vaulorent
Berdiot
Côte de Vaubarousse
Côte de Bréchain
Troesmes
Beauroy
Côte de Léchet
Pied d'Aloup
Morein
Étang de Beine
Les Fourneaux
Côte de Savant
Beine
Chablis
Fyé
Côte des Prés-Girots
Vau de Vey
Mont de Milieu
Montée de Tonnerre
Vau Ligneau
Chapelot
D 965
D 944
ru de Sinotte
A 6
Venoy
D 965
Vaux Ragons
Béru
Viviers
Vaucoupin
Les Épinottes
Vaugiraut
Chichée
Les Lys
Butteaux
Vosgros
Chatains
Vaillons
Forêts
Montmains
Sécher
Chatains
le Serein
Chaume de Talvat
Beugnons
Côte de Jouan
Roncières
A 6
Côte de Cuissy
Chemilly-sur-Serein
Poilly-sur-Serein
Mélinots
Chitry
Préhy
Les Beauregards
D 91

La **Côte de Nuits** en un clin d'œil

Production : 71 000 hl* (9,5 millions de bouteilles)

*Villages, *villages* 1ers crus et grands crus (hors régionales)

Surface : 2 000 ha*

Types de vins

Rouges **Blancs secs** **Rosés**

Principaux **cépages**

Pinot noir **Chardonnay**

Hiérarchie des vins

- **Grands crus** (voir carte ci-contre)
- ***Villages* 1ers crus** (ex. : gevrey-chambertin, chambolle-musigny, vosne-romanée, nuits-saint-georges…)
- **AOC sous-régionale bourgogne-hautes-côtes-de-nuits**
- **AOC régionales**

Un terroir favorable au pinot noir

Au sud de Dijon, entre Marsannay et Corgoloin, la Côte de Nuits s'étire en une côte étroite (quelques centaines de mètres seulement), coupée de combes de style alpestre, avec des bois et des rochers. Le climat continental y est plus froid qu'en Côte de Beaune, marqué par des vents froids et secs. Elle se présente comme une façade de coteaux orientés plein sud, en pente douce, avec les grands crus à mi-hauteur, entourés des *villages* 1ers crus autour, les AOC *villages* et régionales occupant le haut et le creux des bas de pentes. Le terroir est un millefeuille de couches calcaires ni trop maigre ni trop épais favorable au pinot noir.

Le royaume du pinot noir et des grands crus

Les vins rouges sont ici largement dominants (90 %), avec quelques blancs et de très rares rosés en complément. Le pinot noir y produit les vins les plus structurés de toute la Bourgogne, aptes à de longues gardes. La Côte de Nuits est aussi la patrie des grands crus (24, contre sept en Côte de Beaune), répartis autour de sept villages : Gevrey-Chambertin, Morey-Saint-Denis, Chambolle-Musigny, Vougeot, Flagey-Echézeaux, Vosne-Romanée et Nuits-Saint-Georges.

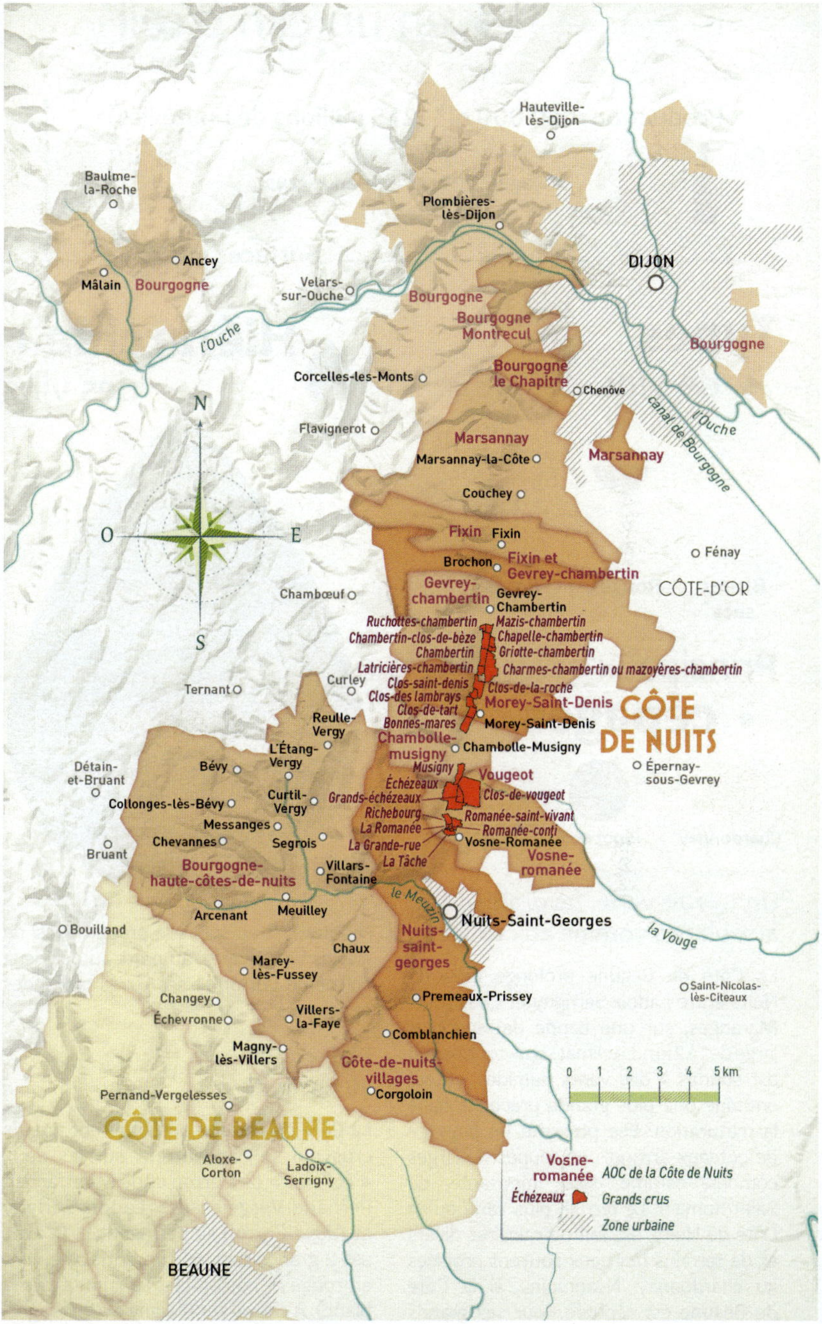
CÔTE DE NUITS
CÔTE DE BEAUNE
DIJON
BEAUNE
Nuits-Saint-Georges
CÔTE-D'OR
N
S
E
O
Hauteville-lès-Dijon
Baulme-la-Roche
Plombières-lès-Dijon
Ancey
Mâlain
Bourgogne
Velars-sur-Ouche
Bourgogne
Bourgogne Montrecul
Bourgogne
l'Ouche
Corcelles-les-Monts
Bourgogne le Chapitre
Chenôve
canal de Bourgogne
l'Ouche
Flavignerot
Marsannay
Marsannay-la-Côte
Marsannay
Couchey
Fixin
Fixin
Fénay
Brochon
Fixin et Gevrey-chambertin
Gevrey-chambertin
Gevrey-Chambertin
Chambœuf
Ruchottes-chambertin
Mazis-chambertin
Chambertin-clos-de-bèze
Chapelle-chambertin
Chambertin
Griotte-chambertin
Latricières-chambertin
Charmes-chambertin ou mazoyères-chambertin
Curley
Clos-saint-denis
Clos-de-la-roche
Ternant
Clos-des lambrays
Clos-de-tart
Morey-Saint-Denis
Reulle-Vergy
Bonnes-mares
Morey-Saint-Denis
Chambolle-musigny
L'Étang-Vergy
Chambolle-Musigny
Détain-et-Bruant
Bévy
Musigny
Épernay-sous-Gevrey
Échézeaux
Vougeot
Curtil-Vergy
Grands-échézeaux
Clos-de-vougeot
Collonges-lès-Bévy
Richebourg
Romanée-saint-vivant
Messanges
La Romanée
Romanée-conti
Chevannes
Segrois
La Grande-rue
Vosne-Romanée
Bruant
La Tâche
Vosne-romanée
Bourgogne-haute-côtes-de-nuits
Villars-Fontaine
le Meuzin
Arcenant
Meuilley
Bouilland
la Vouge
Nuits-saint-georges
Chaux
Marey-lès-Fussey
Saint-Nicolas-lès-Citeaux
Changey
Premeaux-Prissey
Échevronne
Villers-la-Faye
Comblanchien
Magny-lès-Villers
Côte-de-nuits-villages
0
1
2
3
4
5 km
Pernand-Vergelesses
Corgoloin
Aloxe-Corton
Ladoix-Serrigny
Vosne-romanée
AOC de la Côte de Nuits
Échézeaux
Grands crus
Zone urbaine

La **Côte de Beaune** en un clin d'œil

Production : 160 000 hl* (21,5 millions de bouteilles)

*Villages, 1ers crus et grands crus

Surface : 4 000 ha*

Types de vins

Blancs secs

Rouges

Rosés

Principaux **cépages**

Chardonnay

Pinot noir

Hiérarchie des vins

AOC grands crus
(voir carte ci-contre)

AOC *villages* 1ers crus

AOC *villages*
(ex. : aloxe-corton, beaune, maranges, auxey-duresses, saint-aubin, meursault…)

AOC régionales + dénomination

AOC régionales

Un terroir varié, favorable aux blancs comme aux rouges

La Côte de Beaune prolonge celle de Nuits entre Ladoix-Serrigny et Cheilly-lès-Maranges, sur une bande de vignobles large de 1 à 2 km. Le climat semi-continental est soumis à des vents humides, ce qui entraîne une plus grande précocité dans la maturation. Elle présente un paysage de coteaux arrondis et coupés de larges combes, comme celle, imposante, de Saint-Romain. Le terroir, plus varié qu'en Côte de Nuits, est fait de calcaires divers et de terrains marneux souvent propices au chardonnay. Néanmoins, si la Côte de Beaune est réputée pour ses grands blancs riches, onctueux et de grande garde, notamment autour de la colline du Montrachet au sud, elle produit aussi de grands vins rouges, au nord, autour de la colline de Corton et ses terres profondes et colorées.

Les « collines » aux grands crus

La Côte de Beaune possède sept grands crus qui se concentrent sur les deux « collines » de Corton et de Montrachet. Pernand-Vergelesses, Ladoix-Sérigny et Aloxe-Corton se partagent la 1re avec ses 2 grands crus corton principalement en rouge et corton-charlemagne (100 % blanc). À cheval sur Puligny et Chassagne, le Montrachet (« mont chauve ») abrite 5 grands crus exclusivement blancs.

N
S
O
E
l'Ouche
CÔTE DE NUITS
CÔTE DE BEAUNE
CÔTE-D'OR
Arcenant
le Meuzin
Nuits-Saint-Georges
Fussey
Marey-lès-Fussey
Bourgogne
Échevronne
Savigny-lès-beaune
Magny-lès-Villers
Pernand-vergelesses et aloxe-corton
Buisson
Pernand-Vergelesses
Corton
Corton-charlemagne
Bougogne la Chapelle Notre-Dame
Savigny-lès-Beaune
Aloxe-corton
Mavilly-Mandelot
Bouze-lès-Beaune
Montagne de Beaune 385 m
Chorey-lès-beaune
Ladoix et aloxe-corton
Bourgogne
Côte-de-beaune et beaune
Meloisey
Nantoux
Beaune
BEAUNE
Beaune
Saint-romain
Pommard
Pommard
Beaune
Saint-Romain
Monthélie
Volnay
Auxey-Duresses
Monthelie
Bligny-lès-Beaume
Melin
Auxay-duresses
Meursault
Baubigny
la Vandène
Saigey
Cormot-Vauchignon
Meursault
Bourgogne
Saint-aubin
La Rochepot
Blagny
Bourgogne
Gamay
Bâtard-montrachet
Nolay
Saint-Aubin
Bienvenues-bâtard-montrachet
la Dheune
Chevalier-montrachet
Épertully
Montrachet
Puligny-montrachet
Chassagne-Montrachet
Criots-bâtard-montrachet
Change
Montagne des Trois Croix 521 m
Chassagne-montrachet
Corpeau
SAÔNE-ET-LOIRE
Bourgogne
Créot
Santenay
Dezize-lès-Maranges
Santenay
Chagny
Remigny
Sampigny-lès-Maranges
Maranges
Santenay et chassagne-montrachet
Cheilly-lès-Maranges
Mercey
Chassey-le-Camps
Saint-Maurice-lès-Couches
Rully
la Dheune
la Thalie
Saint-aubin AOC de la côte de Beaune
Montrachet Grands crus
Bourgogne-hautes-côtes-de-beaune
Zone urbaine
Limite de département
0 1 2 3 4 5 km
Saint-Léger-sur-Dheune
CÔTE CHALONNAISE
la Saône

La **Côte Chalonnaise** en un clin d'œil

Production : 71 000 hl* (9,5 millions de bouteilles)

* *Villages* et *villages* 1ers crus (hors régionales)

Surface : 1 800 ha

Types de vins

Blancs secs | **Rouges** | **Rosés**

Hiérarchie des vins

***Villages* 1ers crus**
(toutes les AOC *villages* sauf en bouzeron)

AOC *villages*

AOC régionales + dénomination
(bourgogne-côte-chalonnaise, bourgogne-côtes-du-couchois)

AOC régionales
(bourgogne, crémant-de-bourgogne)

Principaux **cépages**

Chardonnay | **Aligoté (bouzeron)** | **Pinot noir**

Une région autant favorable aux rouges qu'aux blancs

Située entre Chagny et Saint-Gengoux-le-National, la Côte chalonnaise étend son vignoble au sud de la Côte de Beaune, sur des collines de faible altitude, à l'ouest de la vallée de la Saône. Son climat semi-continental tempéré et son terroir calcaire (et marneux par endroits) plaisent autant au pinot noir qu'au chardonnay, ainsi qu'à l'aligoté, spécialité de Bouzeron.

Cinq villages viticoles

Ce vignoble, longtemps dans l'ombre de la Côte d'Or, a beaucoup progressé. Il se répartit autour de cinq villages donnant lieu à des AOC *villages* : bouzeron (blancs), rully, mercurey, givry (rouges et blancs) et montagny (blancs). À noter également, l'importance des crémants (AOC régionale) dans la région, historiquement nés à Rully.

L'importance des coopératives

La Côte Chalonnaise s'adosse à des caves coopératives importantes qui, alliées à celles du Mâconnais, assurent quasiment la moitié de la production.

Mercurey AOC de la côte chalonnaise
Bourgogne-côte-chalonnaise
Zone urbaine
Limite de département
CÔTE DE BEAUNE
CÔTE-D'OR
Puligny-Montrachet
Chassagne-Montrachet
Change
Santenay
Chagny
la Dheune
Remigny
Cheilly-lès-Maranges
Mercey
Chassey-le-Camps
Bouzeron
Bouzeron
Rully
Rully
Saint-Sernin-du-Plain
Dracy-lès-Couches
Saint-Maurice-lès-Couches
Couches
Bourgogne-côte-du-couchois
Saint-Gilles
Dennevy
Chamilly
Bourgogne-côte-chalonnaise
la Thalie
Fontaines
Saint-Léger-sur-Dheune
Saint-Pierre-de-Varennes
Aluze
Mercurey
Bourgogne-côte-chalonnaise
Charrecey
Mercurey
Étroyes
la Dheune
Saint-Martin-sous-Montaigu
N
Germolles
Bourgogne-côte-chalonnaise
Dracy-le-Fort
Saint-Denis-de-Vaux
Givry
CHALON-SUR-SAÔNE
O
E
Jambles
Givry
Saint-Désert
S
Moroges
Bourgogne-côte-chalonnaise
CÔTE CHALONNAISE
Sassancy
Buxy
Montagny-lès-Buxy
Montagny
SAÔNE-ET-LOIRE
Jully-lès-Buxy
Saint-Vallerin
Germagny
Chenôves
Bissy-sur-Fley
Saint-Boil
Genouilly
Bourgogne-côte-chalonnaise
Saint-Maurice-des-Champs
la Grosne
Nanton
Saint-Clément-sur-Guye
Joncy
Saint-Gengoux-le-National
Sercy
Bresse-sur-Grosne
Savigny-sur-Grosne
Curtil-sous-Burnand
0 1 2 3 4 5 km
MÂCONNAIS

Le **Mâconnais** en un clin d'œil

Production : 105 000 hl* (14 millions de bouteilles)

* *Villages* et *villages* 1ers crus (hors régionales)

Surface : 2 000 ha

Types de vins

Blancs secs

Rouges

Rosés

Principaux **cépages**

Chardonnay

Pinot noir

Gamay noir à jus blanc

Hiérarchie des vins

AOC *villages* 1ers crus

AOC *villages*
(pouilly-fuissé, pouilly-loché, pouillyvinzelles, saint-véran, viré-clessé)

AOC mâcon + dénomination géographique, mâcon-villages

AOC mâcon et autres régionales

Des roches emblématiques pour un blanc prestigieux

Emblèmes de la région, les versants bien exposés des spectaculaires roches jumelles de Solutré et Vergisson, aux sols calcaires, sont le berceau des plus prestigieux vins blancs du Mâconnais avec l'AOC pouilly-fuissé. Notamment les pouilly-fuissé qui ont obtenus leurs 1ers crus en 2020.

De très rares liquoreux

Il est à noter que les villages de Viré et de Clessé défendent une longue tradition de vins liquoreux, favorisés par la proximité de la Saône et son brouillard matinal qui offre les bonnes conditions pour la pourriture noble. La production demeure néanmoins très confidentielle.

Un terroir favorable aux vins blancs

Entre Tournus et Mâcon, le Mâconnais, surnommé le « grenier à vins de la Bourgogne » (il représente ¼ de la production bourguignonne), bénéficie d'un climat semi-continental aux airs méridionaux qui favorise une maturité plus précoce qu'en Côte d'Or. Le paysage propose un jeu de collines aux sols sédimentaires calcaires et marneux favorables au chardonnay (85 % de la production).

CÔTE CHALONNAISE
Sennecey-le-Grand
Mâcon
Nanton
Mâcon-villages
la Grosne
la Saône
Saint-Gengoux-le-National
Savigny-sur-Grosne
Bresse-sur-Grosne
Étrigny
Curtil-sous-Burnand
Mâcon
Malay
Tournus
Sigy-le-Châtel
Mâcon-villages
Chapaise
La Chapelle-sous-Brancion
Mâcon
Cormatin
Brancion
Ozenay
Mâcon
Le Villars
Cortevaix
Salornay-sur-Guye
Ameugny
Mâcon
Bray
Mont Saint-Romain 579 m
Cruzille
Chardonnay
Uchizy
Flagy
Massilly
Mâcon-villages
Cortambert
Mâcon
Lugny
Montbellet
La Vineuse-sur-Fregande
Saint-Gengoux-de-Scissé
Donzy-le-National
Viré
Fleurville
Pont-de-Vaux
Cluny
Viré-clessé
la Reyssouze
Azé
Mâcon
Jalogny
Saint-Albain
Clessé
Mâcon-villages
N
Igé
Laizé
Berzé-le-Châtel
Saint-Martin-Belle-Roche
SAÔNE-ET-LOIRE
Mâcon-villages
MÂCONNAIS
Sologny
Berzé-la-Ville
La Roche-Vineuse
Hurigny
O
E
Milly-Lamartine
Mâcon-villages
Sancé
Saint-véran
Pierreclos
Pouilly-fuissé
Prissé
Charnay-lès-Mâcon
Roche de Vergisson, 485 m
Mâcon
Vergisson
MÂCON
S
Davayé
Roche de Solutré, 493 m
Solutré-Pouilly
0 1 2 3 4 5 km
Pouilly-fuissé et saint-vérand
Fuissé
Loché
Pouilly-Loché
Chasselas
Vinzelles
Pouilly-fuissé
Leynes
Saint-véran
Pouilly-Vinzelles
la Veyle
Saint-Vérand
Chaintré
Chânes
Crêches-sur-Saône
RHÔNE
Roche de Bessay, 478 m
AIN
Saint-Amour-Bellevues
Juliénas
la Saône
Émeringes
Mâcon AOC du maconnais
Macôn-villages
Zone urbaine
Limite de département
Chénas
La Chapelle-de-Guinchay
Romanèche-Thorins
Mâcon-villages

Principaux **millésimes** dégustés dans cette **édition**

TYPES DE VIN	CARACTÉRISTIQUES DU MILLÉSIME	QUALITÉ DU MILLÉSIME
Blancs 2023	Un hiver doux, un printemps maussade, un été alternant chaleur, fraîcheur et orages mais, au final, des vins éclatants de fruit, expressifs et opulents, promis à une longue et belle garde. Une très grande année pour les chardonnays, avec en prime des volumes au rendez-vous.	★★★★★
Blancs 2022	Qualitatif et généreux, ce millésime se révèle grandiose. La vigne a traversé sans dommage quatre épisodes caniculaires et un manque d'eau généralisé pour livrer des jus parfaitement équilibrés, au fruité frais et d'une savoureuse vivacité.	★★★★★
Blancs 2021	Il n'y aura pas beaucoup de vins, mais le peu produit augure d'une belle qualité, notamment les blancs qui ont concentré plus d'acidité et de fraîcheur.	★★★☆☆
Rouges 2022	Liant qualité et volume, ce millésime a, dès sa naissance, fait forte impression. Un millésime généreux et prometteur qui a livré des pinots noirs de haute intensité, remarquables de jus et de texture.	★★★★★
Rouges 2021	Sérieusement restreint en volume, ce millésime classique par ses dates de vendanges a livré des raisins concentrés, aux qualités hétérogènes. Il faudra donc privilégier les meilleurs domaines.	★★☆☆☆

➔ **LES APPELLATIONS RÉGIONALES DE BOURGOGNE**

COTEAUX BOURGUIGNONS

Superficie : 120 ha
Production : 5 000 hl (75 % rouge et rosé)

L'appellation bourgogne-grand-ordinaire, qui signifiait le « bourgogne du dimanche », tombée en désuétude en raison de son nom devenu peu commercial, a été remplacée par les coteaux bourguignons (mais les deux mentions coexistent toujours pour l'heure). À la base de la hiérarchie des AOC bourguignonnes, elle s'étend sur l'ensemble de la Bourgogne viticole et produit des rouges, des clairets, des rosés et des blancs. Elle peut faire appel à tous les cépages de la région, y compris à des variétés locales en voie de disparition, comme le tressot et le melon (le cépage du muscadet). En blanc, les principaux cépages sont le chardonnay et l'aligoté; en rouge et en rosé, le pinot noir et surtout le gamay.

JEAN LORON Duc de Belmont 2023 ★

■ | 30000 | 🍾 | 11 à 15 €

Aux origines de la maison, Jean Loron, vigneron né dans le Beaujolais en 1711. Son petit-fils Jean-Marie fonda en 1821 un commerce d'expédition de vins. Aujourd'hui dirigé par la huitième génération, ce négoce est aussi propriétaire de plusieurs domaines, comme le Ch. de la Pierre (régnié, brouilly), ceux de Fleurie, de Bellevue (morgon), les domaines des Billards (saint-amour) et de la Vieille Église (juliénas).

Une belle fraîcheur se dégage du verre, à travers des arômes intenses de cerise, de cassis et de violette. Des notes d'épices s'ajoutent à cette palette dans une bouche ronde, tendre, gourmande. Facile à aimer, on ouvre cette cuvée dans sa jeunesse. ⧗ 2024-2028

⊶ MAISON JEAN LORON, Pontanevaux, 71570 La-Chapelle-de-Guinchay, tél. 03 85 36 81 20, vinloron@loron.fr V ⛹ ▮ *t.l.j. sf dim. 10h-12h30 14h-18h*

Ⓑ **DOM. DE ROTISSON** De l'amour et du vin 2023 ★

■ | 4000 | 🍾 | 11 à 15 €

Racheté par deux familles d'entrepreneurs en 2021, ce domaine créé en 1920 a longtemps été la propriété de Didier Pouget. Couvrant 24,5 ha dans le pays des Pierres dorées, certifié bio depuis 2023, il fait preuve de régularité, en rouge et en blanc, et propose non seulement des beaujolais, mais aussi les appellations régionales bourguignonnes.

D'emblée expressif, ce vin livre des parfums intenses de fruits rouges (cerise, framboise) relevés d'épices. Un fruit qui infuse avec une bonne persistance une bouche fraîche, souple, à peine plus ferme en finale et soulignée par une agréable amertume. ⧗ 2024-2029

⊶ DOM. DE ROTISSON, 363, chem. de Conzy, 69210 Saint-Germain-Nuelles, tél. 04 26 00 36 58, contact@domaine-de-rotisson.com V ⛹ ▮ *t.l.j. sf sam. dim. 9h-12h30 14h-17h30*

JULES DU SOUZY Tradition 2022 ★

■ | 15000 | 🍾 | 11 à 15 €

Terroirs et Talents ? Une structure commerciale ombrelle, créée en 2007. Elle regroupe trois entités : un domaine, le Ch. de la Terrière, et deux maisons de négoce aussi propriétaires de vignes, Pierre Dupond et Paul Beaudet.

Un coteaux-bourguignons en provenance du Beaujolais, qui rend hommage au propriétaire du Ch. de la Terrière au XIX^e^s. Dans le verre, un fruit expansif dès l'olfaction (cassis, mûre, fraise confiturée), qui s'invite aussi dans une bouche d'un bon volume, généreuse, de belle tenue. ⧗ 2024-2029

⊶ TERROIRS ET TALENTS, La Terrière, 1031, rte du Château, 69220 Cercié, tél. 04 74 66 77 80, info@terroirs-et-talents.fr V ⛹ ▮ *r.-v.*

BOURGOGNE

Superficie : 3 200 ha
Production : 154 500 hl (65 % rouge)

L'appellation s'étend sur presque toute la superficie du vignoble régional : de l'Yonne et du Châtillonnais, au nord, au Mâconnais, au sud. Elle comprend même, en théorie, la zone des crus du Beaujolais, la plupart des appellations communales beaujolaises pouvant se « replier » en AOC bourgogne (ces bourgognes sont alors issus de gamay). Ceux qui sont produits en Bourgogne au sens strict naissent en rouge du pinot noir et en blanc du chardonnay (appelé autrefois beaunois dans l'Yonne). À côté des rouges et des blancs, l'appellation fournit de petits volumes de rosés et de clairets.
L'étendue du vignoble et la tradition régionale d'individualiser la production des terroirs et de *climats* ont conduit à compléter le nom de « bourgogne » de ceux d'aires historiques beaucoup plus restreintes, toujours délimitées : lieux-dits (Le Chapitre à Chenôve, Montrecul à Dijon, La Chapelle Notre-Dame à Serrigny, La Côte Saint-Jacques à Joigny), villages ou zones plus étendues (Côte-d'Or, Hautes-Côtes-de-Beaune, Hautes-Côtes-de-Nuits, Côte chalonnaise). Les coteaux de l'Yonne produisent ainsi le bourgogne Chitry, Épineuil, Tonnerre, Coulange-la-Vineuse, Côtes d'Auxerre. Quant au bourgogne Côtes du Couchois, c'est un vin rouge provenant de six communes à l'extrémité nord de la Côte chalonnaise.
Les bourgognes offrent les arômes de leurs cépages, avec des nuances liées à leurs origines : fleurs blanches, fruits secs, agrumes, notes beurrées, parfois grillées et miellées dans les blancs, fruits rouges et noirs dans les rouges. Plus souples et moins complexes que les *villages* et les crus, ils sont de petite ou moyenne garde (2 à 5 ans).
Les vins de l'appellation régionale mâcon sont regroupés dans le chapitre Mâconnais.

BAILLY-LAPIERRE Chitry 2022 ★

■ | 12000 | 🍾 | 8 à 11 €

Aujourd'hui, 450 vignerons apportent leurs raisins à la cave de Bailly-Lapierre, fondée en 1972, qui fut à l'origine du crémant-de-bourgogne. Principal élaborateur d'effervescents de la région, la coopérative propose une vaste gamme de crémants de qualité, qui reposent dans les immenses galeries souterraines

d'une ancienne carrière calcaire. Elle fournit aussi des vins tranquilles. Une valeur sûre.

Un chardonnay élégant qui vaut par sa fraîcheur minérale. Son nez intense s'ouvre sur des arômes de fruits (pêche, nectarine). Un fruit que l'on retrouve dans une bouche parfaitement structurée, portée de bout en bout par une fine acidité. Un vin vif et plaisant. ⧗ 2024-2027 ■ **Côtes d'Auxerre 2022 ★ (8 à 11 €; 6000 b.)** Un joli nez d'agrumes qui trouve son prolongement en bouche où l'équilibre est bien assuré entre le gras du fruit, l'acidité et la persistance aromatique. ⧗ 2024-2027 ■ **Côtes d'Auxerre 2022 ★ (8 à 11 €; 10000 b.)** Un vin friand, souple et harmonieux, à la fois élégant et généreux, cadré par des tanins affinés. ⧗ 2024-2027

⊶ CAVES BAILLY-LAPIERRE, quai de l'Yonne, hameau de Bailly, 89530 Saint-Bris-le-Vineux, tél. 03 86 53 77 77, laure@bailly-lapierre.fr V r.-v.

P.-L. ET J.-F. BERSAN
Côtes d'Auxerre Cuvée Marianne 2022 ★

■	4500		15 à 20 €

Ce domaine (20 ha de vignes certifié bio à partir de 2023), aussi maison de négoce, a été restructuré en 2010 par Pierre-Louis Bersan et son père Jean-François, issus d'une famille implantée à Saint-Bris depuis 1453 et 22 générations. Depuis, leurs vins fréquentent régulièrement ces pages.

Un chardonnay élevé en fût de chêne pendant 12 mois, ce qui explique les nuances boisées qui s'expriment, avec délicatesse, dès l'examen olfactif. Un boisé qui se fait plus marqué en bouche, alors que le fruit et la fraîcheur minérale assurent l'équilibre de cette cuvée en devenir. ⧗ 2025-2029 ■ **Côtes d'Auxerre L'Improbable 2021 ★ (20 à 30 €; 1600 b.)** Un coup d'essai réussi pour ce pinot noir né sur une micro-parcelle, toasté au nez, qui s'exprime sur les fruits noirs bien mûrs et des notes épicées en bouche. Atypique mais agréable. ⧗ 2025-2029

⊶ DOM. PIERRE-LOUIS ET JEAN-FRANÇOIS BERSAN, 5, rue du Dr-Tardieux, 89530 Saint-Bris-le-Vineux, tél. 03 86 53 07 22, contact@domainebersan.fr V r.-v.

Ⓑ DOM. J.-L. ET J.-C. BERSAN
Côtes d'Auxerre Louis Bersan 2022 ★★

■	5200		15 à 20 €

Le village de Saint-Bris, dans l'Yonne, compte plusieurs Bersan. Fondé en 2009 après une scission familiale, le domaine de Jean-Louis et Jean-Christophe compte 22 ha répartis sur les communes de Chablis, Irancy et Saint-Bris, exploités en bio (certifié depuis 2012).

D'un beau rubis soutenu, ce Côtes d'Auxerre élevé en fût pendant 14 mois s'ouvre, au nez, sur des arômes intenses de fruits rouges bien mûris par le soleil de 2022. La bouche est ample, d'une puissance contenue, avec des tanins qui se fondent dans la matière et une fine fraîcheur en finale qui apporte l'équilibre. ⧗ 2025-2030 ■ **Côtes d'Auxerre Louis Bersan 2022 ★ (15 à 20 €; 8600 b.)** Ⓑ Derrière un nez citronné se dévoile une bouche franche, portée par l'acidité. Beaucoup de fraîcheur dans ce blanc énergique. ⧗ 2024-2028

⊶ DOM. JEAN-LOUIS ET JEAN-CHRISTOPHE BERSAN, 20, rue du Dr-Tardieux, 89530 Saint-Bris-le-Vineux, tél. 03 86 53 33 73, jean-louis.bersan@wanadoo.fr V r.-v.

DOM. CATARINA ET RAPHAËL BERTRAND
Clos Les Boilles 2023 ★

■	2400		15 à 20 €

La famille Bertrand cultive la vigne de père en fils depuis 1911 dans la Côte chalonnaise, 10,5 ha aujourd'hui. Après des expériences en France et à l'étranger, Raphaël Bertrand (quatrième génération) a pris la suite de son père Patrick en 2020, avec à ses côtés sa compagne, l'œnologue Catarina Pinto.

Né dans un petit clos de 29 ares dédié au chardonnay, cette cuvée livre au nez un parfum floral et vanillé. Ample et séveuse au premier contact en bouche, elle termine sur une belle fraîcheur minérale. Un ensemble harmonieux et facile à aimer. ⧗ 2024-2027

⊶ DOM. CATARINA ET RAPHAËL BERTRAND, 2, rue Verger, 71640 Barizey, tél. 06 13 46 85 99, comm_domainebertrand@orange.fr V r.-v.

DOM. DU BICHERON 2022 ★

■	25000		8 à 11 €

Créé en 1889 par Antoine Rousset sur 3 ha de vignes, non loin de Cluny et de la roche de Solutré, ce domaine, aujourd'hui conduit par ses arrière-petits-enfants Geneviève et Denis, s'étend sur 60 ha.

Ce producteur consacre 3 ha au pinot noir sur les 60 ha qu'il exploite. Tous passent en fûts de chêne de 2 à 10 ans. Le résultat est un vin qui respecte le fruit, noir et confituré ici, qui se fait souple en attaque, avant de libérer les tanins et offrir une mâche dense et charnue. Une petite garde est recommandée. ⧗ 2025-2029

⊶ DOM. DU BICHERON, 1033, rte de Lanques, 71260 Péronne, tél. 06 14 15 31 00, gene.delbecq@orange.fr V t.l.j. sf dim. 10h-12h 13h30-18h; sam. sur r.-v.

DOM. BONNARDOT
Hautes-côtes-de-nuits Clos des oiseaux 2022 ★

■	4525		15 à 20 €

Un domaine de 21 ha situé à Villers-la-Faye, charmant petit village au cœur des Hautes-Côtes de Nuits. Quatre générations de vignerons s'y sont succédé. Danièle Bonnardot a pris la suite en 2019 et engagé la conversion bio.

Un hautes-côtes-de-nuits ciselé et énergique qui a connu un élevage d'une douzaine de mois en fût, dont 20 % neuf, sans rien perdre de sa fraîcheur. Il propose au nez d'intenses notes de fleurs blanches, de poire et de coing. En bouche, c'est un registre définitivement citronné qui s'impose. ⧗ 2024-2028

⊶ DOM. BONNARDOT, 1, rue de l'Ancienne-Cure, 21700 Villers-la-Faye, tél. 06 60 56 64 46, domaine.bonnardot@wanadoo.fr V t.l.j. 10h-12h 14h-18h; sam. sur r.-v.

DOM. BORGNAT Coulanges-la-Vineuse 2022 ★

■	3270		11 à 15 €

À partir de 1980, la famille Borgnat a redonné sa vocation originelle au château d'Escolives, ancienne ferme viticole fortifiée bâtie au XVIIe s. dotée de vastes caves voûtées. Depuis 2001, Benjamin Borgnat et son épouse Églantine conduisent les 19 ha de vignes du domaine.

Un chardonnay élevé en fût pendant 12 mois pour aboutir à cette cuvée élégante. Si le nez, discret, est dominé par des notes lactées, la bouche est beaucoup plus expressive, ample, généreuse, avec les fruits secs comme fil conducteur, un fond vanillé et une belle acidité en filigrane. Très harmonieux. ⧗ 2024-2029

DOM. BORGNAT, 1, rue de l'Église, 89290 Escolives-Sainte-Camille, tél. 03 86 53 35 28, contact@domaineborgnat.fr V t.l.j. sf dim. lun. 9h-12h 15h-18h

PASCAL BOUCHARD
Réserve Saint-Pierre 2022 ★

n.c.		15 à 20 €

Une maison de négoce établie à Chablis et spécialisée depuis le début du XXᵉs. dans les vins de l'Yonne. Elle est entrée dans le giron du groupe Albert Bichot en 2015.

Ce pinot à la robe intense couleur rubis dévoile un jolie nez typé de fruits rouges et d'épices. Passée une attaque soyeuse, le palais monte en puissance, porté par des tanins bien présents mais sans âpreté. De bon augure pour la cave. ⧗ 2027-2032

PASCAL BOUCHARD, 3, rue du Pressoir, 89800 Chablis, tél. 03 86 42 18 64, contact@pascalbouchard.com

BOUCHARD AÎNÉ ET FILS
Hautes-côtes-de-nuits 2022 ★

26400		15 à 20 €

Dans le groupe Boisset depuis 1992, ce négoce beaunois a été fondé en 1750 par Michel Bouchard et son fils aîné Joseph. C'est dans l'ancien hôtel du Conseiller du Roy (XVIIIᵉs.) que sont entreposés les fûts d'élevage de cette maison historique proposant une large gamme de vins de toute la Bourgogne, ainsi que du Beaujolais et de la vallée du Rhône.

Une cuvée d'une belle intensité aromatique, sur des notes de fruits rouges et noirs, dont notamment des nuances de framboise compotée. Des parfums d'amande grillée, apportées par un élevage de 6 mois en fût, viennent compléter cette palette d'une agréable subtilité. Des tanins soyeux, une trame fraîche et une bonne longueur constituent un palais harmonieux. Un vin de bonne garde assurément. ⧗ 2026-2032

BOUCHARD AÎNÉ ET FILS, 4, bd du Mal-Foch, 21200 Beaune, tél. 03 80 24 24 00, magasin@bouchard-aine.fr V r.-v.

RENÉ BOURGEON Les Pourrières 2022 ★

n.c.		8 à 11 €

Jambles, où vous ne manquerez pas de visiter l'église Saint-Bénigne, compte de nombreuses belles maisons vigneronnes, telle celle de René Bourgeon. Ce dernier a été rejoint par son fils Jean-François qui s'apprête à prendre seul la relève.

Le jury loue la brillance de la robe, ainsi que ces arômes friands qui vous plonge dans une corbeille de fruits frais. Doté d'une matière souple et fondus et de tanins arrondis et policés, le palais profile un bourgogne très affable, à ouvrir dans ses jeunes années. ⧗ 2024-2027

RENÉ BOURGEON, 8, rue de Charnailles, 71640 Jambles, tél. 06 80 37 83 04, gaec.renebourgeon@wanadoo.fr V r.-v.

DOM. BOURGOGNE-DEVAUX
Hautes-côtes-de-beaune Le Clou 2022 ★

5400		15 à 20 €

Sylvie Bourgogne a repris en 1986 le domaine créé en 1899 par son arrière-grand-père. Contrainte de vendre la production en raisin et de réduire le vignoble (3,6 ha aujourd'hui), elle a vinifié son premier hautes-côtes-de-beaune en 2012. En 2015, elle a transmis l'exploitation à ses deux fils, Luc, également chargé d'affaires dans la banque, et Fabrice, formé à la « viti-œno » de Beaune.

Une parcelle de 65 ares de ce *climat* sont à l'origine de ce vin d'un grenat intense, ouvert sans réserve sur la groseille, la framboise et la cerise. Un fruité tonique qui s'immisce, agrémenté de notes de figue et de prune, dans une bouche vive, dynamique, enrobée par un peu de gras et soutenue par des tanins bien en place. ⧗ 2026-2030

DOM. BOURGOGNE-DEVAUX, 2, chem. de Mavilly, 21190 Meloisey, tél. 06 03 11 65 40, domaine.bourgogne@gmail.com V r.-v.

DOM. JEAN-FRANÇOIS BOUTHENET
Vieilles Vignes 2022 ★

6000		8 à 11 €

Jean-François Bouthenet est établi à Cheilly-lès-Maranges, dans le hameau de Mercey qui domine la vallée de la Dheune, vers le Couchois. À la tête de 11,5 ha de vignes, il fut l'un des premiers à proposer du maranges blanc. Sa fille, Marie, a pris la relève en 2018.

De cette parcelle de 70 ares située dans les Maranges, le domaine extrait un joli vin couleur rubis, ouverts sur des parfums classiques de cerise rouge et de groseille, le boisé restant bien discret. On retrouve ces petits fruits dans une bouche énergique, fraîche, dotée de tanins fermes sans dureté. Une petite garde s'impose. ⧗ 2026-2029

DOM. JEAN-FRANÇOIS BOUTHENET, 4, rue du Four, 71150 Cheilly-lès-Maranges, tél. 03 85 91 14 29, contact@marie-bouthenet.fr V r.-v.

♥ DOM. BOUTHENET-CLERC
Hautes-côtes-de-beaune Au Paradis 2021 ★★

5453		11 à 15 €

Marc Bouthenet exploite depuis 1988 ce domaine familial de 21 ha, ce qui est loin d'être négligeable à l'échelle bourguignonne. Son beau-fils Antoine Clerc, arrivé en 2009 et aujourd'hui cogérant, compte développer la vente en bouteilles grâce à un nouveau caveau installé à Mercey, hameau de Cheilly-lès-Maranges.

Un fort joli vin qui vous emmènera... au Paradis. Un bourgogne d'une belle couleur dorée aux reflets verts, au nez aussi intense que complexe évoquant les fleurs blanches, les fruits secs ou encore les fruits jaunes mûrs, sans oublier la minéralité du terroir et le boisé de l'élevage. Puis une attaque franche, directe, ouvre sur un palais ample, gras, charnu, étoffé, rafraîchi par une finale plus vive et tonique. Ce blanc a du relief et mérite un mets de choix, des ris de veau par exemple. ⧗ 2024-2029

⊶ *DOM. BOUTHENET-CLERC, 11, rue Saint-Louis, Mercey, 71150 Cheilly-lès-Maranges, tél. 06 15 32 78 77, sarlbouthenet-clerc@orange.fr* V *r.-v.*

PHILIPPE BOUZEREAU Côte-d'Or 2022 ★

■	15000		15 à 20 €

Héritier de neuf générations de vignerons, Philippe Bouzereau a pris en 2006 la direction du Ch. de Cîteaux, 18 ha de petites parcelles réparties sur six villages de la Côte de Beaune, qu'il exploite avec le moins d'interventions possible à la vigne et au chai. Il a également développé une activité de négoce sous son nom propre et complète ainsi la belle gamme du domaine familial.

Brillance d'une robe or pâle, nez harmonieux sur le boisé frais et une pointe florale d'aubépine, l'entames est engageante. La bouche ne déçoit pas : ce même boisé de qualité, un bon volume, de la fraîcheur, renforcée par de fins amer qui allongent la finale. Une petite garde est recommandée. ⧗ 2025-2029

⊶ *PHILIPPE BOUZEREAU, 2, rue de Mazeray, 21190 Meursault, tél. 03 80 21 20 32, contact@philippe-bouzereau.com* V *r.-v.*

LA BURGONDIE Côte chalonnaise Chardonnay 2022 ★

■	51000		11 à 15 €

En 2015, les Caves Bailly Lapierre de l'Yonne et les Vignerons de Buxy fondent la Compagnie de Burgondie, une union de coopératives regroupant leurs moyens commerciaux, marketing et logistique. En septembre 2016, l'Alliance des Vignerons Bourgogne Beaujolais (AVB) a rejoint cette entité.

Centré sur le citron et le chèvrefeuille, le nez de ce 2022 est aussi intense que fin. À l'unisson, le palais se révèle tout aussi élégant. Le fruit mûr est bien présent, ainsi qu'une trame minérale et crayeuse qui le soutient jusqu'à une finale nette, d'une longueur très honorable. Flatteur, on peut le servir prochainement sur une blanquette de veau ou le garder deux-trois ans en cave. ⧗ 2024-2027

⊶ *LA COMPAGNIE DE BURGONDIE, 3, quai de l'Yonne, hameau de Bailly, 89530 Saint-Bris-le-Vineux, tél. 03 86 34 96 38, commercial@burgondie.info*

CAMU FRÈRES 2022 ★

■	40000		11 à 15 €

Installé au pied de la Colline Éternelle, ce domaine (15 ha) acquis par les frères Camu en 1999 a été repris en 2008 par le baron Patrick de Ladoucette, qui a confié l'élaboration des vins à Philippe Rossignol (œnologue de la maison Régnard à Chablis).

Une importante cuvée par le volume, née de 8 ha de pinot et élevée un an en cuve. Elle en ressort parée d'une robe rubis et bien ouverte sur des arômes de groseille et de poivre. En bouche, les petits fruits sont à la fête : framboise, groseille, myrtille, avec de fines notes épicées de la souplesse, de la fraîcheur et une bonne longueur. Un rouge friand, à boire sur le fruit. ⧗ 2024-2028 ■ **2022 ★ (8 à 11 €; 30000 b.)** Ce blanc joliment floral et fruité associe fraîcheur et rondeur en bouche, avec un équilibre bien assuré. On l'appréciera sur cette énergique jeunesse. ⧗ 2024-2026

⊶ *DOM. CAMU FRÈRES, Le Clos, 89450 Vézelay, tél. 03 86 42 10 45, regnard.chablis@regnard-chablis.fr* V *t.l.j. 10h-13h 14h-18h; f. oct.-avril*

LE CHAI DE LA LOUVE 2022 ★

■	1500		11 à 15 €

Le Chai de la Louve à Azé, c'est l'histoire de deux frères, Florian et Bastien, non issus du milieu viticole mais passionnés par l'agriculture : en 2019, une partie de la surface qu'ils exploitaient était en fin de contrat à la cave coopérative locale, aussi ils décident de développer leur propre domaine à partir de 5 ha de chardonnay, pinot noir et gamay.

Une vigne en pleine fleur de l'âge qui du haut de ses 40 ans fait agréablement « pinoter » le nez de ce vin bien ouvert sur les fruits rouges. En bouche, la vivacité de la framboise et de la cerise accompagne une belle trame tannique et un bon boisé qui montrent le chemin de la cave. ⧗ 2026-2030

⊶ *LE CHAI DE LA LOUVE, 1675, rte de Vaux-sur-Aine, 71260 Azé, tél. 06 87 03 87 42, pro@chaidelalouve.fr* V *r.-v.*

ÉLODIE CHALMEAU Chitry 2022 ★

■	13000		8 à 11 €

Patrick Chalmeau a repris en 1977 avec sa femme Christine les quelques arpents plantés par son grand-père vers 1945, devenus 20 ha aujourd'hui. Leur fille Élodie a pris les commandes en 2022 de ce domaine souvent en vue pour ses blancs de Chitry.

Une belle robe jaune pâle aux reflets verts et dorés, un nez intense et complexe avec ses senteurs de fleurs blanches, de miel et de pain d'épices, l'approche est séduisante. La bouche ne déçoit pas : ample, ronde, intense, persistante, avec un fruit qui explose et une acidité savamment dosée qui laisse supposer une belle garde. ⧗ 2024-2029

⊶ *ÉLODIE CHALMEAU, 76, rue du Ruisseau, 89530 Chitry, tél. 03 86 41 43 71, contact@chalmeau-chitry.com* V *r.-v.*

EDMOND CHALMEAU ET FILS Chitry Vieille Vigne d'Aimé 2022 ★★

■	6700		11 à 15 €

Une ancienne famille vigneronne installée au cœur de Chitry : Franck Chalmeau a pris la suite de son père Edmond en 1991, avant d'être rejoint par son frère Sébastien. Un domaine passé peu à peu de la polyculture à la seule viticulture (17,5 ha) et devenu une référence en bourgogne Chitry, qui a aussi développé une activité de négoce.

Les raisins de cette vieille vigne (60 ans) ont bénéficié d'un élevage mixte en cuve et en fût. Résultat : une cuvée séduisante par sa finesse et son intensité. Véritable bouquet de fleurs blanches, le nez joue les séducteurs. Le palais est, lui, le royaume du fruit, avec des notes d'agrumes qui apportent fraîcheur et dynamisme. Un Chitry très équilibré et énergique. ⧗ 2024-2029 ■ **Chitry 2023 ★ (8 à 11 €; 5000 b.)** Un pinot gris très frais et acidulé au nez, fruité, souple et gourmand en bouche. Un rosé friand. ⏳ 2024-2025

EDMOND CHALMEAU ET FILS, 20, rue du Ruisseau, 89530 Chitry, tél. 03 86 41 42 09, domaine.chalmeau@wanadoo.fr V r.-v.

MAISON CHAMPY Cuvée Edme 2022 ★

■	60 000		15 à 20 €

Fondée en 1721, la plus ancienne maison de négoce bourguignonne, établie dans le centre historique de Beaune, est désormais propriété du seul Pierre Beuchet, auparavant associé à Pierre Meurgey. Sous la direction de l'œnologue Dimitri Bazas, elle exploite 28 ha de vignes en propre, essentiellement en Côte de Beaune, mais s'approvisionne aussi plus au nord.

Ce blanc dévoile au nez des parfums complexes de fruits jaunes, de fleurs blanches et d'écorce d'agrumes. En bouche, il conjugue gras, fruité et fine tension dans un équilibre assuré, avec un boisé bien ajusté en soutien. Un avenir serein se dessine en cave. ⏳ 2025-2029

MAISON CHAMPY, 5, rue du Grenier-à-Sel, 21200 Beaune, tél. 03 80 25 09 99, contact@maisonchampy.com V r.-v.

DOM. DU CHANCELIER
Hautes-côtes-de-beaune La Rave nord Vieilles Vignes 2022 ★

■	4 000		20 à 30 €

Ce domaine est établi dans le centre historique de Beaune. Dans ses caves et sa cuverie du XVIIIe s., Elsa et Cédric Ehrhart y perpétuent depuis 2019 l'héritage du Chancelier de Bourgogne, Nicolas Rolin, fondateur avec son épouse, Guigone de Salins, des Hospices de Beaune. La conversion vers la viticulture biologique est engagée depuis 2020.

Née de ceps de 55 ans plantés sur un coteau de Meloisey, cette cuvée a connu une longue cuvaison de 21 jours, avant 12 mois de fût. Elle en ressort avec une belle robe couleur rubis et des senteurs bien mariées de fruits rouges et de boisé épicé. Fruité, ample et charnu, doté de tanins fermes. Un vin robuste, qui a tout pour bien vieillir. ⏳ 2028-2034

DOM. DU CHANCELIER, 2, rue Émile-Goussery, 21200 Beaune, tél. 03 80 20 84 49, contact@domaineduchancelier.fr V r.-v.

B DOM. CHEVROT ET FILS
Hautes-côtes-de-beaune 2021 ★

■	13 500		15 à 20 €

Depuis sa création, l'exploitation est passée de 5 ha à 19 ha, aujourd'hui convertie à l'agriculture biologique. Les fils de Fernand et Catherine Chevrot, Pablo et Vincent, tous deux œnologues, se sont installés au début de ce siècle. Le cheval est revenu labourer la vigne comme à l'époque de Paul et Henriette, fondateurs du domaine en 1930.

Ce hautes-côtes s'ouvre sur un joli nez de cassis frais sur fond de boisé fondu. Passé une attaque franche, le palais se révèle frais et d'une puissance contrôlée, comprenez tannique sans dureté. De quoi vieillir sereinement. ⏳ 2026-2032

DOM. CHEVROT ET FILS, 19, rte de Couches, 71150 Cheilly-lès-Maranges, tél. 03 85 91 10 55, contact@chevrot.fr V r.-v. D

PASCAL CLÉMENT
Côte-d'Or Chardonnay 2022 ★

■	6 000		15 à 20 €

Après vingt ans de vinification dans différents domaines de Bourgogne, Pascal Clément a créé son négoce en 2012, tourné essentiellement vers les blancs de la Côte chalonnaise et de la Côte de Beaune.

Fermenté puis élevé 11 mois en fûts, ce Côte-d'Or propose,passé une légère réduction, un joli nez floral et finement boisé. Boisé qui réapparaît dans une bouche bien construite, associant volume et minéralité. ⏳ 2024-2028

PASCAL CLÉMENT, 13, rte de Beaune, 21420 Savigny-lès-Beaune, tél. 03 80 21 65 92, contact@pascal-clement.fr V r.-v.

CLOS DE CHENÔVES
Côte chalonnaise Millebuis 2021 ★

■	16 000		11 à 15 €

Créée durant la crise de 1929, la cave des Vignerons de Buxy poursuit son développement. Cette coopérative a su rassembler et valoriser les producteurs d'un même terroir et les impliquer dans son fonctionnement.

De ce clos de 3,10 ha, l'un des plus anciens de Bourgogne, la cave tire un vin d'un seyant rouge rubis, à dominante de fruits rouges (cerise, groseille, framboise), bien enserrés dans un cocon boisé. La bouche se montre gouleyante et souple en attaque, bien équilibrée tout du long, avec en soutien des tanins soyeux. Déjà agréable, cette cuvée saura sans aucun doute parcourir le temps. ⏳ 2024-2030

CAVE DES VIGNERONS DE BUXY, 2, rte de Chalon, 71390 Buxy, tél. 03 85 92 03 03, contact@vigneronsdebuxy.fr V t.l.j. 9h-12h30 14h-18h30

B DOM. CLOS SAINT-JEAN
En Moiret 2022 ★

■	970		20 à 30 €

Philippe et Marie-Odile Beudet sont établis depuis 2016 dans la vallée des Maranges, où ils exploitent, en bio, un petit vignoble de 1,6 ha, complété par une activité de négoce.

D'abord discret au nez, ce bourgogne, produit sur un sol argilo-marneux, s'ouvre sur des notes d'acacia puis de menthe. Des notes d'amande et de cannelle prennent le relais dans une bouche ample et ronde, prolongée par une finale boisée qui appelle la garde, et une bonne volaille en sauce crémée. ⏳ 2025-2029

GAEC CLOS SAINT-JEAN, 8, place de la mairie, 71150 Cheilly-lès-Maranges, tél. 06 80 71 72 03, philippe.beudet@clos-saint-jean.wine V r.-v. E

DOM. COLBOIS Chitry Harmonie 2022 ★

■	8 000		11 à 15 €

Rejoint en 2009 par son fils Benjamin, Michel Colbois est établi depuis 1970 à Chitry-le-Fort. Ses blancs sont souvent en bonne place dans le Guide, qu'ils

proviennent du chardonnay ou de l'aligoté. Son vignoble couvre 20 ha.

L'harmonie n'est pas un vain mot pour caractériser ce chardonnay élevé en fût pendant 12 mois et très bien vinifié. Si le nez se partage entre les arômes de fleurs et de fruits blancs, la bouche est moins hésitante : les agrumes occupent le devant de la scène de bout en bout, infusant de leur fraîcheur une matière ample. Un Chitry très alerte, voire nerveux, et persistant. ⧗ 2024-2029

DOM. COLBOIS, 69, Grande-Rue, 89530 Chitry, tél. 03 86 41 43 48, contact@colbois-chitry.com V *t.l.j. sf dim. 8h30-12h 14h-18h*

COLLIN-BOURISSET Gamay 2023 ★★

	30 000		11 à 15 €

Établie à l'extrémité sud du Mâconnais, la maison de négoce Collin-Bourisset a pignon sur rue depuis 1821. Elle sélectionne des cuvées parmi les appellations mâconnaises et beaujolaises. Elle est aujourd'hui très implantée sur les marchés lointains, comme la Chine. Elle possède aussi le Ch. de Péronne (8,5 ha), datant de 1830 mais bâti sur une ancienne forteresse médiévale, ainsi que le Ch. de Loché (11 ha), ancienne dépendance de la Seigneurerie de Vinzelles construite au XIIIes.

Une belle cuvée produite à partir de 4 ha qui est passée à un souffle du coup de cœur. D'une une robe intense, exhalent des parfums de sous-bois, de champignon et de fruits rouges. La bouche affiche une belle présence et un équilibre très assuré autour d'une matière ample et soyeuse, épaulée par des tanins extraits avec doigté qui poussent loin la finale. ⧗ 2026-2030

COLLIN-BOURISSET, Pontanevaux, 71570 La Chapelle-de-Guinchay, tél. 03 85 36 81 27, particuliers@collinbourisset.com V *t.l.j. sf dim. 10h-12h30 14h-18h*

DOM. PIERRE CORNU-CAMUS
Hautes-côtes-de-beaune 2022 ★

	15 000		8 à 11 €

Un domaine de 12 ha créé par Pierre Cornu et sa femme Bernadette Camus en 1981. Après un master en biologie et un BTS en viticulture-œnologie, leur fille Lydia est devenue cogérante en 2008. Christophe Pertuzot, le mari de cette dernière, a rejoint l'exploitation familiale en 2009.

Un élevage partiel en fût (20 % du vin) pour ce hautes-côtes d'une belle intensité colorante et aromatique, avec des arômes soutenus de fruits rouges, de vanille et de poivre. Arômes qui s'agrémentent de réglisse dans une bouche délicate, fraîche, équilibrée et longue, bâtie sur des tanins très aimables et fins. Une bouteille que l'on pourra apprécier sur le fruit de sa jeunesse. ⧗ 2025-2030 **Hautes-côtes-de-nuits 2022 ★ (11 à 15 €; 3000 b.)** La parcelle à l'origine de ce vin compte un demi-hectare de chardonnay de 70 ans en moyenne. Élevée en fût pendant 10 mois, cette cuvée présente des notes expressives de citron et de minéralité. Une expression aromatique bien typée qui s'accompagne d'une matière équilibrée, à la fois souple, ronde et fraîche, spontanément plaisante. ⧗ 2024-2025

DOM. PIERRE CORNU-CAMUS, 2, rue Varlot, 21420 Échevronne, tél. 03 80 21 57 23, pierre@domainecornucamus.fr V *r.-v.*

AGNÈS, DIDIER ET FLORENT DAUVISSAT
2022 ★

	4 000		11 à 15 €

Installés à Beine, Agnès et Didier Dauvissat, qui ont créé leur domaine en 1987, ont compris que l'amélioration de la qualité passait aussi par le travail dans les vignes. C'est ainsi qu'ils sont revenus au labour de leurs 13,2 ha pour préserver le terroir. Leur fils Florent les a rejoints en 2012. À leur carte, du petit-chablis, chablis, chablis 1er cru, du bourgogne rouge et du crémant.

De très jeunes ceps de 6 ans ont produit cette cuvée expressive, où le fruité de la cerise s'associe harmonieusement avec de fines notes florales. Une attaque souple ouvre sur une bouche allègre, étayée par des tanins fins, avant une finale plus serrée qui appelle la garde. ⧗ 2026-2030

AGNÈS, DIDIER ET FLORENT DAUVISSAT, chem. de Beauroy, 89800 Beine, tél. 03 86 42 46 40, domainedauvissat@gmail.com V *r.-v.*

ÉDOUARD DELAUNAY
Hautes-côtes-de-nuits Lieu-dit Les Lares 2022 ★★

	2 699		30 à 50 €

Laurent et Catherine Delaunay, fondateurs de la maison de vins Badet-Clément à Nuits-Saint-Georges, ont fait renaître la maison de négoce Édouard Delaunay, fondée en 1893 par l'arrière-grand-père de Laurent. Elle propose une gamme de vins essentiellement issus de la Côte de Beaune et de la Côte de Nuits, allant de l'appellation régionale jusqu'au grand cru.

Une parcelle située sur la commune d'élection de la famille Delaunay : l'Étang-Vergy. Exposée au sud-ouest à 375 m d'altitude, elle livre un vin d'une remarquable finesse et complexité : aux notes florales succèdent des nuances d'agrumes et de fruits exotiques. Franche et fraîche en attaque, la bouche se révèle ample, longue, très équilibrée et finement texturée. Un vin complet et déjà diablement plaisant. ⧗ 2024-2029 **Hautes-côtes-de-nuits Lieu-dit Le Mont 2022 ★ (30 à 50 €; 1349 b.)** Ⓑ Un vin en provenance d'une parcelle à dominante calcaire située sur les hauteurs de Premeaux-Prissey, au sud de Nuits-Saint-Georges. De la minéralité, une belle rondeur gourmande et une vivifiante fraîcheur, voilà une cuvée qui dispose de tous les atouts d'un blanc équilibré. Ajoutez-y une bonne longueur, et le tableau est complet. ⧗ 2024-2028

ÉDOUARD DELAUNAY, 10, rue Lavoisier, 21700 Nuits-Saint-Georges, tél. 03 80 61 53 70, contact@edouard-delaunay.com

LAROZE DE DROUHIN
Côte-d'Or Pinot noir 2022 ★

	6 000		20 à 30 €

En 1850, Jean-Baptiste Drouhin fonde un domaine viticole à Gevrey. Six générations plus tard, son héritier Philippe Drouhin, installé en 2001, son épouse Christine et leurs enfants Caroline et Nicolas conduisent dans un esprit bio, mais sans certification, un vignoble de 11,5 ha – dont près de la moitié est dédiée aux grands crus –, complété en 2008 par un petit négoce (Laroze de Drouhin) dirigé par Caroline.

Créée en 2017, cette jeune dénomination fait de plus en plus d'adeptes. En voici un bel ambassadeur, drapé dans une robe profonde, qui dévoile des arômes gourmands de fruits noirs mûrs agrémentés du torréfié de l'élevage. Arômes que prolonge une bouche d'un bon volume, ronde, équilibrée, étayée par des tanins soyeux et un boisé encore marqué mais de qualité. On patiente un peu. ⌛ 2026-2030

DOM. DROUHIN-LAROZE, 20, rue du Gaizot, 21220 Gevrey-Chambertin, tél. 03 80 34 31 49, marie@drouhin-laroze.com V r.-v.

MAXIME DUBUET-BOILLOT
La Grande Carelle 2022 ★

■	3000		20 à 30 €

Maxime Dubuet-Boillot s'est installé en 2016 sur un terroir qui lui est familier, celui de Volnay, où son grand-père y possédait des vignes. En 2019, en complément du domaine familial (6,5 ha), il s'est vu confier un autre domaine volnaysien de 4,5 ha.

Ce 2022 s'ouvre sur des notes de sous-bois et de fruits rouges, avec un boisé (12 mois) reste très discret. Même discrétion de l'élevage dans une bouche souple, alerte, bien fruitée, dominée par des saveurs friandes de cerise. ⌛ 2024-2029

DOM. MAXIME DUBUET-BOILLOT, 4, rue de la Tour, 21190 Volnay, tél. 09 79 18 91 37, contact@dubuet-boillot.com V r.-v.

DOM. GUY ET YVAN DUFOULEUR
Hautes-côtes-de-nuits Demoiselle Huguette 2022 ★

■	13200		20 à 30 €

Les Dufouleur perpétuent une tradition vigneronne qui remonte à la fin du XVIes. Le domaine actuel est né de la fusion en 2007 de la propriété familiale avec le Dom. Yvan Dufouleur créé en 1991. Guy étant décédé, le vignoble (30 ha) est aujourd'hui dirigé par son fils aîné Yvan, épaulé à la gérance par Xavier, frère de Guy.

Un terroir situé sur les hauteurs de Nuits-Saint-Georges où le domaine dispose d'un peu plus de 2 ha de chardonnays trentenaires. Vinifiée en fût de 500 l, cette cuvée développe des notes expressives et complexes de citron, d'abricot ainsi que des nuances de fruits exotiques. Un caractère friand et printanier que sa matière en bouche vient conforter. ⌛ 2024-2028 ■ **Hautes-côtes-de-nuits Les Dames Huguette 2022 ★ (20 à 30 €; 12600 b.)** Une cuvée très régulièrement présente dans le Guide et qui s'affirme avec intensité dans sa version 2022. Les fruits rouges s'expriment sans réserve et la bouche assure une belle synthèse entre la vivacité et l'amplitude, avant de se conclure par une finale d'une belle longueur. ⌛ 2025-2029

DOM. GUY ET YVAN DUFOULEUR, 15, rue Thurot, 21700 Nuits-Saint-Georges, tél. 03 80 61 09 35, gaelle.dufouleur@21700-nuits.com V r.-v.

DOM. FOURNILLON Épineuil 2022 ★

■	3600		5 à 8 €

Conduit depuis 2004 par Pascal Fournillon, ce domaine familial couvre 25 ha sur les coteaux du Chablisien, d'Épineuil et de Bernouil dans le Tonnerrois. Fierté des Fournillon, la « Vigne de l'Empereur », parcelle de chardonnay préphylloxérique, plantée en 1835, est toujours présente sur la propriété.

Un rosé comme on les aime : tendre, alerte, fruité. Cette cuvée particulièrement harmonieuse coche toutes les cases du plaisir immédiat : un nez fin qui s'ouvre sur des arômes de rose séchée, une bouche suave et fraîche à la fois, portée par les fruits rouges. Un vin facile et agréable. ⌛ 2024-2025

DOM. FOURNILLON, 34, Grande-Rue, 89360 Bernouil, tél. 03 86 55 50 96, contact@domaine-fournillon.com V t.l.j. 8h-12h30 13h30-19h

DOM. PHILIPPE GAVIGNET
Hautes-côtes-de-nuits Clos des Dames Huguette 2022 ★

■	13000		20 à 30 €

Installé en 1979 à la suite de son père Michel, Philippe Gavignet, qui incarne la quatrième génération à la tête du domaine familial, est le premier à se consacrer pleinement à la vigne. Son fils Benoît et sa fille Élodie travaillent dorénavant à ses côtés. Ce spécialiste des nuits-saint-georges exploite aujourd'hui 14 ha.

Les Dames Huguette constitue l'un des meilleurs terroirs des hautes-côtes-de-nuits, annonce Philippe Gavignet. Cette cuvée tend à lui donner raison. Un vin élevé en fûts, dont 20 % neufs, qui évoque le pruneau, la figue et la noisette. Des tanins soyeux et denses, et une finale fraîche et longue lui assure une belle présence en bouche. ⌛ 2026-2030

DOM. PHILIPPE GAVIGNET, 36, rue du Dr-Louis-Legrand, 21700 Nuits-Saint-Georges, tél. 03 80 61 09 41, contact@domaine-gavignet.fr V t.l.j. sf sam. dim. 9h-12h 14h-17h30

♥ DOM. GLANTENET PÈRE ET FILS
Hautes-côtes-de-nuits 2022 ★★

■	13832		11 à 15 €

La famille Glantenet cultive la vigne depuis le XVIIIes. et commercialise ses vins depuis 1997. À la frontière entre hautes-côtes-de-beaune et hautes-côtes-de-nuits, le domaine, conduit par Jean-François Glantenet, s'étend sur 30 ha répartis sur cinq communes autour de Magny-lès-Villers.

Le domaine a pour leitmotiv d'exprimer au mieux le charme des terroirs des hautes-côtes. Il y parvient parfaitement avec cette cuvée puissante qui voit s'épanouir au nez, avec intensité, des notes de fruits rouges et noirs, la palette typique d'un pinot noir bien né et le résultat, aussi, d'un élevage mixte entre cuve et fût. L'équilibre, la souplesse, la finesse des tanins et la longueur en bouche sont ses autres atouts. Pour se faire plaisir sans tarder ou à attendre quelques années. ⌛ 2024-2030 ■ **Hautes-côtes-de-nuits 2022 ★ (11 à 15 €; 4800 b.)** Cette cuvée a connu un élevage en cuve et fût. Entre gourmandise et fraîcheur acidulée, l'équilibre est atteint, avec une matière d'une belle tenue en bouche, qui développe des notes de fleurs blanches, de minéralité et de fruits frais. ⌛ 2024-2028

SCE DOM. GLANTENET PÈRE ET FILS, 16, rue de l'Aye, 21700 Magny-lès-Villers, tél. 03 80 62 91 61, glantenet@orange.fr V r.-v.

GUILHEM ET JEAN-HUGUES GOISOT
Côtes d'Auxerre Corps de garde 2022 ★★

■	14000		11 à 15 €

Une valeur sûre de l'Auxerrois que ce domaine installé dans une ancienne place forte de Saint-Bris abritant un corps de garde. Installées en 2018, Guilhem Goisot, fils de Jean-Hugues, et et son épouse, Marie, exploitent en bio et biodynamie un vignoble de 28 ha et élèvent leurs vins dans de vénérables caves des XIe et XIIes.

Récidivistes des coups de cœur, les Goisot – aujourd'hui Marie et Guilhem – se sont distingués avec ce pinot noir épatant. Quinze mois de fût ont permis de dorloter cette cuvée de caractère. Au nez, les fruits rouges s'affirment, relevés de fines notes épicées. Des arômes que l'on retrouve dans une bouche ample et charnue, aux tanins soyeux et bien fondus, avec en prime une belle fraîcheur et une longue persistance sur le fruit. ⧗ 2026-2032

GUILHEM ET JEAN-HUGUES GOISOT, 30, rue Bienvenu-Martin, 89530 Saint-Bris-le-Vineux, tél. 03 86 53 35 15, domaine.jhg@goisot.com V r.-v.

DOM. MICHEL GOUBARD ET FILS
Côte chalonnaise Mont Avril 2022 ★

■	4600		11 à 15 €

Vignerons de père en fils depuis 1600, les Goubard sont très bien implantés en Côte chalonnaise, avec pas moins de 38 ha de vignes à leur disposition. Michel a aujourd'hui passé le relais à ses fils Pierre-François et Vincent.

Cette parcelle de 62 ares plantée de pinot noir de 35 ans a donné ce vin pourpre de belle profondeur. Il dévoile au nez des arômes fruités, notamment de mûre et de myrtille, prolongés par une bouche bien structurée, puissante, ferme et de bonne longueur. À laisser vieillir quelques années. ⧗ 2027-2034

EARL MICHEL GOUBARD ET FILS, 6, rue de Bassevelle, 71390 Saint-Désert, tél. 03 85 47 91 06, earl.goubard@wanadoo.fr V r.-v.

DOM. GRIVOT-GOISOT Côtes d'Auxerre 2022 ★★

■	15000		11 à 15 €

Très ancienne famille vigneronne établie à Saint-Bris, les Goisot cultivent la vigne depuis le XVes., mais la production de bouteilles date de 1947 avec Serge, relayé à partir de 1991 par Anne et Arnaud Goisot et depuis 2020 par leurs enfants Anabelle Goisot et René Grivot, à la tête aujourd'hui de 27,5 ha. Un domaine régulier en qualité.

Typé, racé, ce chardonnay a fait l'unanimité, avec la fraîcheur et la minéralité pour baliser la dégustation, aussi bien au nez qu'en bouche. Un nez d'une grande finesse qui butine sur les fruits frais. Une bouche persistante et parfaitement équilibrée, où la matière, ample, et l'acidité, savamment dosée, assurent une partition commune. Beaucoup d'élégance se dégage de ce vin. ⧗ 2024-2029

DOM. GRIVOT-GOISOT, 3, rue de Bougeilles, 89530 Saint-Bris-le-Vineux, tél. 03 86 53 32 15, contact@grivot-goisot.com V r.-v.

DOM. GUEUGNON-RÉMOND
Vieilles Vignes 2022 ★

■	4600		15 à 20 €

Établis à Charnay-lès-Mâcon, Véronique, la fille, et Jean-Christophe, le gendre, ont repris en 1997 ce domaine familial de 14 ha créé dans les années 1980 au bord de la Voie verte, très courue des Mâconnais et des touristes en quête de grand air.

Fermenté puis élevé en fût durant 10 mois, ce bourgogne né de vénérables ceps de 70 ans s'ouvre sur des senteurs de fruits blancs et de vanille. Des saveurs de pomme prennent le relais dans une bouche ample dès l'attaque, fraîche et boisée avec justesse. ⧗ 2024-2029

DOM. GUEUGNON-RÉMOND, 117, chem. de la Cave, 71850 Charnay-lès-Mâcon, tél. 03 85 29 23 88, vinsgueugnonremond@free.fr V r.-v.

DOM. HOUBLIN-VERNIN
Coulanges-la-Vineuse Cuvée Prestige 2021 ★★

■	12020		15 à 20 €

Jean-Luc Houblin s'est installé en 1987 avec 50 ares à Migé, dans le finage de Coulanges-la-Vineuse : plantations puis reprise des vignes familiales, il étend le vignoble à 20 ha, avec Valentin Vernin aux vinifications à partir de 2017 et seul aux commandes depuis 2020.

Cette remarquable cuvée, passée en fût pendant 12 mois, interpelle déjà par la couleur de sa robe, rouge carmin soutenu. Le nez est tout aussi intense et profond avec ses arômes de fruits rouges et des notes de sous-bois. La bouche apparaît ample, puissante, généreuse, gourmande de saveurs de cerise noire et de nuances fumées, avec en soutien des tanins bien fondus et une agréable fraîcheur. ⧗ 2026-2032 ■ **Coulanges-la-Vineuse Cuvée traditionnelle 2022 ★ (11 à 15 €; 4377 b.)** Un rosé de plaisir bien équilibré entre les senteurs acidulées du nez et la bouche friande de fruits rouges. ⧗ 2024-2025

DOM. HOUBLIN-VERNIN, 1, passage des Vignes, 89580 Migé, tél. 03 86 41 69 87, contact@houblin.com V *t.l.j. sf dim. 10h-12h 14h-18h*

JANOTSBOS En Bellicot 2022 ★

■	1200		15 à 20 €

Cette maison de négoce conduite par Thierry Janots, un Bourguignon issu du monde du vin, et par Richard Bos, un restaurateur néerlandais, s'est installée à Meursault en 2005, d'où elle exporte une large part de sa production.

De très vénérables vignes de 90 ans sont à l'origine de ce vin passé seulement 6 mois en fût mais sans bois neuf. On aime d'emblée ma profondeur de sa robe pourpre, ses senteurs gourmandes de cerise mûre et sa bouche ronde, charnue, bien fruitée, cadrée par une trame ferme sans dureté. Une petite garde est de rigueur. ⧗ 2025-2029

⊶ JANOTSBOS, 2, pl. de l'Europe, 21190 Meursault, tél. 06 72 16 92 04, richard@janotsbos.eu V r.-v.

♥ DOM. ALAIN JEANNIARD Côte-d'Or 2022 ★★

■ | 6100 | | 15 à 20 €

Après une carrière dans l'industrie, Alain Jeanniard est revenu à ses racines vigneronnes (qui remontent au XVIII[e]s.) pour reprendre en 2000 le Dom. de Morey : 0,5 ha à l'époque, 7 ha aujourd'hui. Il a également créé une affaire de négoce en 2003.

Des pinots noirs de 50 ans sont à l'origine de ce superbe Côte-d'Or qui annonce sa belle présence dès la robe, dense et profonde. Profondeur que l'on retrouve dans un bouquet généreux de fruits bien mûris par le soleil de 2022 et relevés d'épices. Profondeur qui caractérise aussi la bouche, ample, dense, construite sur des tanins fondus et soyeux enrobés par la saveur chocolatée d'un bon boisé. Un bourgogne déjà diablement savoureux, qui évoluera sereinement. ⧗ 2025-2030 ■ **Quintessence Pinot noir 2022 ★ (15 à 20 €; 4400 b.)** Élaborée pour moitié à partir de raisins entiers issus de vignes de 50 ans, cette cuvée d'un beau grenat profond libère des notes de fruits noirs et de vanille à l'olfaction. Arômes qui s'enrichissent d'une note poivrée dans une bouche ample, ronde et persistante, dotée de tanins souples. ⧗ 2025-2029

⊶ DOM. ALAIN JEANNIARD, 4, rue Aux-Loups, 21220 Morey-Saint-Denis, tél. 06 84 56 13 89, domaine.ajeanniard@wanadoo.fr V r.-v.

MAISON JESSIAUME Chardonnay 2022 ★

■ | 10 000 | | 20 à 30 €

Ce domaine fondé en 1850 (15 ha en bio depuis 2016) fait figure de valeur sûre en Côte-d'Or. Il a été repris en 2020 par le Dr Jean-François Bigot, spécialiste en recherche biomédicale et grand passionné de vins bourguignons. L'équipe technique, dirigée par William Waterkeyn, est restée en place. Une maison de négoce, créée en 2007, complète l'activité du domaine.

Issu de l'activité de négoce, ce chardonnay découvre un discret nez de fleurs d'acacia. L'équilibre définit sa matière acidulée et vive en finale. « Un beau vin pour son appellation, » commente un juré enthousiaste. ⧗ 2025-2028

⊶ DOM. JESSIAUME, 10, rue de la Gare, 21590 Santenay, tél. 03 80 20 60 03, info@jessiaume.com V r.-v.

DOM. JOANNET Hautes-côtes-de-beaune 2022 ★

■ | 1160 | | 11 à 15 €

Les Joannet, Michel le père et Fabien le fils, sont installés en plein cœur des Hautes-Côtes de Nuits. Ils exploitent 21 ha de vignes répartis en un vaste éventail allant de Pernand-Vergelesses à Vosne-Romanée, dont près de la moitié est dédiée aux hautes-côtes.

Ce hautes-côtes a tout pour plaire : un robe brillante et dorée, un nez élégant de fleurs blanches et de fruits jaune, une attaque vive et tonique, un cœur de bouche plus rond et enveloppant, une longue finale saline. Déjà agréable, il saura aussi être attendu. ⧗ 2024-2028

⊶ DOM. JOANNET, 76, Grande-Rue, 21700 Marey-lès-Fussey, tél. 03 80 62 90 58, domaine-michel.joannet@wanadoo.fr V r.-v.

MAISON LABOURÉ-ROI 2022 ★

■ | 26 000 | | 11 à 15 €

Située à Nuits-Saint-Georges, la maison de négoce Labouré-Roi a été fondée en 1832. Elle s'est notamment fait connaître depuis de nombreuses années en fournissant des compagnies aériennes et de navires de croisières. Aux commandes techniques, Brigitte Putzu est en place depuis 2015.

Tout droit sorti d'une cuve Inox thermorégulée, ce chardonnay séduit par ses notes citronnées. S'ajoutent des saveurs d'orange amère dans une bouche associant fraîcheur et longueur. Un blanc énergique, à boire sur le fruit de sa jeunesse. ⧗ 2024-2027

⊶ MAISON LABOURÉ-ROI, 13, rue Lavoisier, 21700 Nuits-Saint-Georges, tél. 03 80 62 64 00, contact@laboure-roi.com

CH. DE LACHASSAGNE
Clos du Ch. de Lachassagne 2022 ★★

■ | 13 451 | | 11 à 15 €

Les origines de ce domaine établi au cœur du pays des Pierres dorées remontent à 1535. Celui-ci resta propriété des Rochechouart-Mortemart et des Laguiche jusqu'à son rachat en 1977. Aujourd'hui, 62 ha clos de murs entourent le château, qui date de 1810-1830, et 26 ha sont dévolus au vignoble. L'exploitation est dirigée depuis 2007 par Olivier Bosse-Platière et son épouse Véronique.

Si le nom de cette cuvée évoque un village de la Côte de Beaune, ce pinot noir est bien né de 15 ha enserrées dans un clos du Beaujolais. Il faut dire que son sol est de l'argilo-calcaire du Bajocien, que l'on retrouve en Bourgogne. Dans le verre, un rouge haut en couleur, intense, ouvert sans réserve sur des parfums de cerise noire. Une attaque nette et fraîche ouvre sur un cœur de bouche séveux, ample, soyeux, cadré en finesse par un boisé fondu et des tanins veloutés. ⧗ 2026-2032

⊶ CH. DE LACHASSAGNE, 360, montée de l'Église, 69480 Lachassagne, tél. 04 74 67 00 57, contact@mcsvignobles.com V *sam. 9h30-12h*

DOM. LEBREUIL
Hautes-côtes-de-beaune Mont Battois 2022 ★

■ | 15 000 | | 15 à 20 €

Un domaine fondé en 1935 à partir de 2 ha, développé au cours des années 1960 par Pierre Lebreuil, repris en 2000 par son fils Jean-Baptiste, aujourd'hui à la tête de 13,7 ha en Côte de Beaune. Régulièrement en vue pour ses savigny.

Ce joli hautes-côtes livre au nez les classiques parfums de petit fruits rouges du pinot. Un fruité avenant et frais qui trouve écho dans une bouche ronde et suave, cadrée par des tanins fermes mais sans dureté. ⧗ 2026-2030

⊶ EARL PIERRE ET JEAN-BAPTISTE LEBREUIL, 17, rue Chanson-Maldant, 21420 Savigny-lès-Beaune, tél. 03 80 21 52 95, jean-baptiste@domaine-lebreuil.com V *r.-v.*

DOM. LEMOULE
Coulanges-la-Vineuse Cuvée Chanvan 2022 ★★

■	3880		15 à 20 €

Une exploitation familiale transmise de père en fils depuis 1950. Depuis 2002, c'est Steve Lemoule qui est à la tête de ce domaine qui compte 22 ha de vignes, mais aussi 20 ha de cerisiers, jadis nombreux dans cette région.

Un exemple de vin riche et bien structuré. Ce pinot noir élevé en fût repose sur un bon fond boisé présent au nez comme au palais. Pour autant, c'est le fruit mûr qui a pris le pouvoir dans une bouche longue et concentrée, portée par des tanins soyeux, avec des notes vanillées et épicées qui élargissent la gamme d'une partition très aboutie. ⧗ 2027-2034 ■ **Coulanges-la-Vineuse 2022 ★★ (8 à 11 €; 18982 b.)** Le nez brioché contraste avec la bouche gourmande de fruits rouges et stimulée par des notes épicées. Un vin franc, intense, ample et puissant. ⧗ 2025-2030 ■ **Coulanges-la-Vineuse Cuvée Pt'i Pierre 2022 ★ (15 à 20 €; 10135 b.)** Si le nez est discret, la bouche est plus expressive : fruits rouges et notes épicées cohabitent avec des tanins bien maîtrisés. Très agréable. ⧗ 2025-2029

⊶ DOM. LEMOULE, chem. du Tuyau-des-Fontaines, 89580 Coulanges-la-Vineuse, tél. 03 86 42 26 43, domaine.lemoule@orange.fr V *t.l.j. 9h-12h 14h-18h*

B DOM. DE LA LUOLLE Écume de terre 2022 ★

■	9000		15 à 20 €

Sandrine et Olivier Dovergne exploitent depuis 2017 ce domaine de 8 ha conduit en culture biologique et biodynamique. Ils proposent également un gîte et des visites sensorielles.

Sandrine et Olivier Dovergne signent une belle cuvée d'un or clair et brillant, qui déploie au nez des senteurs appétentes de brioche au beurre et de chèvrefeuille. Une attaque franche et fraîche ouvre sur un cœur de bouche droit, précis, agréablement floral, avant une longue finale iodée. Savoureux et alerte, on le servira volontiers sur des crustacés. ⧗ 2025-2028

⊶ DOM. DE LA LUOLLE, 3, imp. de la Luolle, 71390 Moroges, tél. 06 21 86 05 27, domaine@laluolle.fr V *r.-v.* D

DOM. SÉBASTIEN MAGNIEN
Hautes-côtes-de-beaune Clos de la Perrière 2022 ★

■	2500		20 à 30 €

Sébastien Magnien, originaire des Hautes-Côtes, a créé ce domaine en 2004, avec ses parents, toujours à ses côtés pour exploiter la vigne : 12 ha répartis entre les Hautes-Côtes de Beaune (6 ha sur Meloisey) et la Côte de Beaune (6 ha sur Beaune, Pommard, Volnay, Meursault, Puligny et Saint-Romain).

De ce clos situé à Meloisey, Sébastien Magnien exploite une jolie parcelle de 3 ha à l'origine d'un hautes-côtes à la robe épaisse comme du velours, qui exhale au nez des arômes de fruits rouges frais et de boisé. Une attaque franche ouvre sur une bouche puissante, concentrée, solidement structurée. Un vin en devenir. ⧗ 2028-2032 ■ **Hautes-côtes-de-beaune Vieilles Vignes 2022 ★ (20 à 30 €; 10000 b.)** Un profil gourmand pour ce vin bien fruité (cerise, groseille, prune) au nez comme en bouche, qui offre une belle mâche, avant une finale un brin plus serrée. Un peu de garde arrondira les angles. ⧗ 2026-2030

⊶ DOM. SÉBASTIEN MAGNIEN, 6, rue Pierre-Joigneaux, 21190 Meursault, tél. 03 80 21 28 57, domainesebastienmagnien@orange.fr V *r.-v.*

CATHERINE ET CLAUDE MARÉCHAL
Côte-d'Or Gravel 2022 ★

■	21000		30 à 50 €

Installé dans la plaine de Pommard depuis 1981, le couple Maréchal fait partie des valeurs sûres de la Côte de Beaune. Il conduit, avec minutie et dans un esprit bio (pas de désherbants chimiques, levures indigènes, limitation du soufre), un vignoble de 12,5 ha offrant une large gamme d'appellations.

La marne graveleuse qui constitue les 3,08 ha destinés à cette cuvée lui a donné son nom. Une robe rubis limpide, des parfums de tabac apportés par les 12 mois de fût qui voisinent avec la cerise, l'entame est engageante. La suite est dans le ton, avec une bouche fruitée, finement boisée, ronde, ample et bien équilibrée. ⧗ 2024-2028

⊶ CATHERINE ET CLAUDE MARÉCHAL, 6, rte de Châlon-sur-Saône, 21200 Bligny-lès-Beaune, tél. 03 80 21 44 37, claudemarechal21@orange.fr V *r.-v.*

DOM. MAREY
Hautes-côtes-de-nuits Les Jamées 2022 ★

■	25000		11 à 15 €

Initialement voué à la production de petits fruits, ce domaine familial couvre 21 ha de vignes aujourd'hui. Il a son siège dans les Hautes-Côtes de Nuits, non loin de Nuits-Saint-Georges.

Le domaine annonce sa volonté de produire un vin de garde et a procédé à un élevage mixte d'un an en fût et en cuve. Issue de 6 ha du lieu-dit Les Jamées, cette cuvée dévoile une aromatique d'une belle typicité où dominent les fruits rouges, le cassis et la cannelle. Après une attaque ronde, une agréable présence tannique se dévoile en milieu de bouche, lui assurant un beau relief. Une texture qui gagnera encore en harmonie après quelques années de patience. ⧗ 2026-2030

⊶ EARL DOM. MAREY, 12-14, rue Gabriel-Bachot, 21700 Meuilley, tél. 03 80 61 12 44, contact@domaine-marey.com V *r.-v.*

DOM. MARSOIF
Maison rouge de Tonnerre 2023 ★

■	15000		11 à 15 €

Situé dans l'Yonne, ce domaine de 11 ha héberge une ancienne chapelle du XIIIes. qui rappelle que Marsoif (anciennement «Marchesoif») fut une commanderie templière. La famille Masson y œuvre depuis 1989 – avec Raphaël aux commandes depuis 2005.

Des vignes de 30 ans à l'œuvre dans ce 2022 élevé 8 mois en cuve. Au nez, se dévoilent des parfums frais de petits fruits rouges (groseille, fraise), prolongés par une bouche fraîche, croquante, étayée par des tanins fermes encore en devenir. Une petite garde s'impose. ⧗ 2026-2030 ■ **Tonnerre Cuvée de Marguerite Vieilles Vignes 2023 ★ (11 à 15 €; 15000 b.)** Un chardonnay très élégant qui s'exprime au nez sur de jolis arômes de fleurs blanches. Sa jeunesse (4 mois de cuve) n'a d'égal que sa fraîcheur bien présente dans une bouche ample, soutenue par la minéralité et une légère amertume en finale. ⧗ 2024-2027

DOM. MARSOIF, 12, rue du Grand-Courtin, 89700 Serrigny, tél. 06 11 74 24 79, marsoif@marsoif.com r.-v.

B DOM. ALAIN MATHIAS
Épineuil Côte de Grisey 2022 ★★

■ | 8800 | | 20 à 30 €

En 1982, Alain Mathias, géomètre, devient vigneron, plante dans l'Yonne et participe à la renaissance du vignoble d'Épineuil. Il adopte graduellement la démarche bio et obtient la certification en 2015. Cette même année, son fils Bastien et sa belle-fille Carole, tous deux œnologues, ont pris les rênes de la propriété, qui couvre 12,5 ha à Épineuil et en Chablisien. Une petite structure de négoce complète l'activité depuis 2015.

Cette parcelle emblématique du domaine est à la hauteur de sa réputation avec ce remarquable 2022 élevé en fût. Le nez toasté témoigne d'un léger boisé. En bouche, la matière charnue est sublimée par l'élevage. Les tanins sont bien fondus et les notes grillées et épicées renforcent la longueur. Un vin puissant et généreux. ⧗ 2026-2032 ■ **Épineuil Tradition 2022 ★ (20 à 30 €; 26000 b.)** B Net et précis au nez, sur les fruits rouges, ce vin se fait ample et gourmand en bouche avec ses fruits rouges bien mûrs, le tout soutenu par un bel équilibre tannique. ⧗ 2025-2029 ■ **Tonnerre Côte de Grisey 2022 ★ (20 à 30 €; 12000 b.)** B Le nez intense est dominé par les fruits jaunes. En bouche, une fine acidité et la minéralité soutiennent une matière soyeuse. ⧗ 2024-2027

DOM. ALAIN MATHIAS, rte de Troyes, 89700 Épineuil, tél. 03 86 54 43 90, mail@domainealainmathias.com V *t.l.j. sf dim. lun. 9h-12h 14h-18h*

CAVE DE MAZENAY Côtes du Couchois 2023 ★

■ | 30000 | | 8 à 11 €

Cette maison de négoce familiale fondée en 1963 par deux amis, Louis Marinot et Adrien Verdun, est installée à Mazenay, à la lisière du vignoble du Couchois. Depuis 2017, c'est Aurélien Merle qui succède à Jacques Marinot, à la vinification d'une large gamme d'appellations (santenay, maranges, givry...).

Cette cuvée née de 6 ha dégage un nez fruité délicatement épicé sous un jus carmin dense. Des tanins fermes sont enrobés d'une saveur de fruits rouges. À déguster dans sa jeunesse. ⧗ 2024-2026

CAVE DE MAZENAY, 12, Grande-Rue, Mazenay, 71510 Saint-Sernin-du-Plain, tél. 06 28 77 55 87, contact@cavedemazenay.com V *t.l.j. 8h-12h 14h-18h*

OLIVIER MORIN Chitry Campagne 2020 ★★

■ | 2000 | | 20 à 30 €

Ici, on cultive la vigne depuis le XVIIIᵉ s. et l'on récolte les étoiles avec une belle constance, notamment en bourgogne Chitry. Olivier Morin, après dix années dans les médias et la musique, est revenu au domaine familial en 1992, prenant la suite de son père Michel. Il exploite, en conversion bio, un vignoble de 14 ha dans l'Yonne, complété par une activité de négoce.

Un très beau chardonnay dont la complexité aromatique a interpellé les dégustateurs. Le nez, intense, voyage entre les agrumes, la minéralité et les notes vanillées. Saveurs de vanille qui tapissent un palais soyeux, rond et généreux, et accompagnent un fruité élégant. Un ensemble d'une grande harmonie. ⧗ 2024-2029 ■ **Chitry Constance 2022 ★ (11 à 15 €; 25000 b.)** Un bon classique avec son nez élégant et floral, et sa bouche fraîche, alerte, guidée par la minéralité. ⧗ 2024-2026

OLIVIER MORIN, 2, chem. de Vaudu, 89530 Chitry, tél. 03 86 41 47 20, chitry@olivier-morin.fr V *r.-v.* E

♥ DOM. NICOLAS
Hautes-côtes-de-beaune En Château 2022 ★★

■ | 5400 | | 15 à 20 €

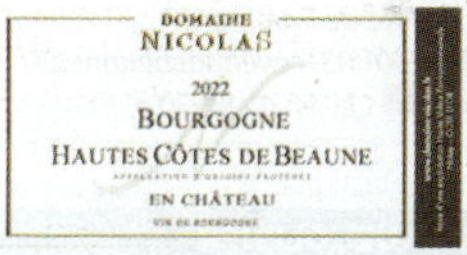

Un domaine familial de 18 ha établi sur les hauteurs de Nolay, dans les Hautes-Côtes beaunoises, et conduit depuis 1987 par Alain Nicolas, représentant la cinquième génération. En 2019, ses enfants Mylène (au commercial) et Benoît (à la cave) l'ont rejoint sur l'exploitation. Un domaine régulièrement en vue, pour ses hautes-côtes-de-beaune notamment.

Troisième coup de cœur en trois éditions pour les Nicolas : un saint-romain En Chevrot 2021, ce même hautes-côtes En Château dans son millésime 2020 et donc la version 2022 cette année. Voilà qui en dit long sur la régularité du domaine. Cette cuvée, née de vénérables vignes de 60 ans, se présente dans une belle robe carmin infusée de parfums frais et appétents de petits fruits noirs et rouges, qui laissent le bois très en retrait. Une attaque souple prélude à un cœur de bouche plus dense, plus ferme, plus tannique, bien épaulé par l'élevage et par une fine acidité qui ajoute à son allant et son allonge. Bâti pour durer. ⧗ 2027-2034 ■ **Hautes-côtes-de-beaune 2022 ★ (15 à 20 €; 8000 b.)** Un blanc charmeur par ses arômes de fleurs blanches, d'agrumes, d'amande et de vanille, plaisant aussi par sa bouche souple, ronde, séveuse, portée par une belle acidité et un boisé qui doit encore se fondre. ⧗ 2026-2030

DOM. NICOLAS, 38, rte de Cirey, 21340 Nolay, tél. 03 80 21 82 92, contact@domaine-nicolas.fr V *r.-v.* E

DOM. JEAN NOTTON Chitry 2022 ★★

■ | 4000 | | 8 à 11 €

Laurent Notton et son épouse, Céline, se sont installés en 2005 sur les terres de Chichée, avec 2,5 ha de vignes. Ils se sont progressivement agrandis et

conduisent aujourd'hui un vignoble de 17 ha, complété en 2019 par une activité de négoce sous la marque Maison Jean Notton.

Délicat autant que puissant, très harmonieux, ce Chitry a tout d'un grand. Séducteur avec sa robe rubis, enjôleur avec son nez intense aux senteurs de groseille écrasée, il régale les papilles par son ampleur, sa générosité et sa fraîcheur. « Le fruit rouge est sur la langue », souligne un dégustateur. Bien bâti pour la garde. ⧗ 2027-2034

⊶ DOM. LAURENT ET CÉLINE NOTTON, 4, imp. Saint-Paul, 89800 Chichée, tél. 06 81 03 98 66, domaine.notton@gmail.com V r.-v.

NUITON-BEAUNOY
Hautes-côtes-de-beaune La Perrière 2022 ★

■	n.c.		11 à 15 €

Fondée en 1957, la Cave des Hautes-Côtes, rebaptisée en 2013 Nuiton-Beaunoy, est la dernière coopérative de Côte-d'Or, regroupant 80 adhérents. Un nom qui marie les deux Côtes dans lesquelles elle dispose de 350 ha de vignes.

De ce terroir de Meloisey, la cave a extrait un vin qui lie le cassis et la framboise à une touche boisée. Souple en attaque, la bouche se montre ensuite un peu plus stricte, épaulée par des tanins fermes qui appellent la garde. ⧗ 2027-2032

⊶ NUITON-BEAUNOY, 97, rte de Pommard, 21200 Beaune, tél. 03 80 25 01 03, caveaudebeaune@cavesdeshautescotes.fr V *t.l.j. 9h30-12h30 13h30-18h30*

DOM. MANUEL OLIVIER
Dijon Chardonnay 2022 ★

■	14 266		15 à 20 €

Installé en 1990, Manuel Olivier, fils d'agriculteurs, a commencé par cultiver les vignes et petits fruits dans les Hautes-Côtes-de-Nuits. Aujourd'hui spécialisé en viticulture, il exploite un vignoble de 13 ha, complété depuis 2007 par une structure de négoce qui lui a permis de mettre un pied en Côte de Beaune.

Un bourgogne né sur des coteaux calcaires pentus situés à 360 m d'altitude. Dans le verre, une blanc d'une belle brillance, ouvert sur des parfums d'abricot mûr qui ont bien pris le soleil de 2022. En bouche, c'est toutefois la fraîcheur qui domine, dès l'attaque vive et alerte, et jusqu'à la finale, saline et acidulée. ⧗ 2024-2027

⊶ MANUEL OLIVIER, 7, rue des Grandes-Vignes, hameau de Corboin, 21700 Nuits-Saint-Georges, tél. 03 80 62 39 33, contact@domaine-olivier.com V *t.l.j. 9h-12h30 13h30-19h; f. dim. mi-nov.-mi-mars*

DOM. ALEXANDRE PARIGOT
Hautes-côtes-de-beaune Clos de Perrière 2022 ★

■	26 000		20 à 30 €

Un domaine de 18 ha fondé en 1983 par Régis Parigot, qui valorise avec talent les terroirs bourguignons, témoins les nombreux coups de cœur obtenus pour ses vins de la Côte de Beaune et des Hautes-Côtes. En 2008, le fils Alexandre a pris les commandes avec la même réussite.

Alexandre Parigot cultive une belle parcelle de 3,5 ha de clos établi sur les hauteurs de la commune de Meloisey. Derrière une robe soutenue et brillante se dévoilent des parfums de groseille, de fraise et un boisé marqué mais élégant. La bouche apparaît ample et fraîche, avec en soutien des tanins délicats, extraits en finesse. Un hautes-côtes qui pourra s'apprécier dans sa jeunesse. ⧗ 2025-2030

⊶ DOM. ALEXANDRE PARIGOT, 8, rte de Pommard, 21190 Meloisey, tél. 03 80 26 01 70, contact@domainealexandreparigot.com V *t.l.j. sf dim. 9h-12h 14h-18h*

DOM. LA PASCERETTE DES VIGNES 2022 ★

■	4 500		11 à 15 €

Ce domaine de 7 ha se situe entre Mâcon et Cluny, sur le village de Sologny, dans les hauteurs du Val Lamartinien. Le terme « pascerette » signifie « petite bergère » et désigne aussi la « cadole », l'abri du vigneron. Par ce nom, Céline Robergeot-Cienki, installée en 2013, tient à souligner la tradition d'élevage du Mâconnais et à indiquer sa double activité d'éleveuse de moutons et de vigneronne. Usage d'un chenillard, vignes enherbées, vendanges manuelles, la culture très raisonnée est ici de mise.

Voici un joli pinot noir en provenance du Mâconnais qui gorge le verre de senteurs de fraise et de framboise sous une couleur rubis brillant. En bouche, la finesse et la fraîcheur sont de mise, à travers des arômes fruits rouges frais qui font écho à l'olfaction. Un rouge alerte, à boire dans ses jeunes années. ⧗ 2024-2028

⊶ DOM. LA PASCERETTE DES VIGNES, Les Bois, 71960 Sologny, tél. 06 87 28 32 07, robergeot.sologny71@orange.fr V r.-v.

DOM. DE LA PERRIÈRE
Pinot noir 2022 ★

■	6 900		8 à 11 €

Un domaine familial de 13 ha établi à Chemilly-sur-Serein, dans le Chablisien, depuis 2019.

Une quinzaine d'année pour ces jeunes pinots noirs à l'origine de ce vin drapé d'une robe rubis de bonne intensité, ouvert sur des arômes de sous-bois et de fruits rouges. La bouche se montre souple, ronde, d'un bon volume, dotée de tanins fins et fondus qui ajoutent à l'harmonie de l'ensemble. ⧗ 2024-2028

⊶ DOM. DE LA PERRIÈRE, 10, rue de la Gare, 89800 Chemilly-sur-Serein, tél. 06 75 26 79 67, domainedelaperriere@orange.fr V r.-v.

B ROMUALD PETIT Héritage 2022 ★

■	2 000		11 à 15 €

Après des études de « viti-œno » qui l'ont conduit dans différents vignobles de France, Romuald Petit s'est installé en 2005 à la frontière du Mâconnais et du Beaujolais. Une exploitation de 16 ha certifiée bio qui produit du saint-véran, du morgon, du saint-amour et du chiroubles.

Ce bourgogne a pour particularité d'assembler 35 % de chardonnay, 35 % de pinot blanc et 30 % de pinot beurrot issus d'une même parcelle de 30 ares. Le résultat est un blanc agréablement doré, aux arômes de fruits exotiques mûrs, d'ananas notamment, charnu, rond et beurré en bouche, stimulée par une fraîcheur saline et minérale en finale. ⧗ 2024-2029

DOM. ROMUALD PETIT, 567, rte des Dîmes, 71570 Saint-Vérand, tél. 06 61 14 94 99, petitromuald@yahoo.fr V *r.-v.*

AU PIED DU MONT CHAUVE
Chardonnay 2021 ★★

12 000 | 20 à 30 €

Maison de négoce-éleveur créée en 1951 par Louis-Félix Picard. Francine, sa petite-fille, a pris la suite de son père Michel en 2008 avec son frère Gabriel et a rebaptisé en 2011 la société, créant la marque Au Pied du Mont Chauve. Elle dispose de l'imposant château de Chassagne-Montrachet et de ses caves médiévales, et exploite en propre 140 ha de vignes (dont 110 en biodynamie) répartis sur quatre domaines entre la Côte chalonnaise et la Côte de Beaune.

L'un des rares 2021 de cette sélection, et c'est une bien belle réussite. Un vin dont les dégustateurs vantent le nez floral d'acacia et d'aubépine, ainsi que la bouche équilibrée, ample, fruitée, centrée sur l'abricot et de la pêche, dynamisée et allongée par pointe d'acidité en finale. ⧗ 2024-2028

DOMAINES ET MAISON FAMILLE PICARD, 5, rue du Château, 21190 Chassagne-Montrachet, tél. 03 80 21 98 57, contact@domainesfamillepicard.com V *r.-v.*

DOM. LA RENARDE
Les Corbaisons 2022 ★

5300 | 11 à 15 €

Créé dans les années 1970 par Paul Perret, alors coopérateur à la Cave de Buxy, ce domaine de 24 ha est aujourd'hui entre les mains de son gendre Grégory Peyre (en 2007) et de son fils Gaspard (en 2011). En 2016, ils vinifient pour la première fois dans leur chai.

Ce producteur de la Côte chalonnaise a extrait d'une petite parcelle 70 ares ce rouge qui s'exprime à l'aération sur un bon boisé torréfié et le raisin mûri par la chaleur de 2022. En bouche, il s'enrichit d'une fine note de violette et dévoile un beau volume autour de tanins fermes qui appellent un peu de garde. ⧗ 2027-2030

DOM. LA RENARDE, 2, chem. de la Praye, 71390 Jully-les-Buxy, tél. 06 70 07 66 51, contact@domainelarenarde.com V *r.-v.*

DOM. DE LA ROCHE AIGUË
Hautes-côtes-de-beaune 2022 ★

12 500 | 8 à 11 €

Florence et Éric Guillemard, établis à la sortie d'Auxey-Duresses depuis 1995, conduisent un vignoble de 14 ha en auxey-duresses, saint-romain, meursault, pommard et hautes-côtes. Leur fille Lucie les a rejoints en 2016. Un domaine d'une régularité sans failles.

Les Guillemard signent ici une cuvée discrète au nez, mais subtile, sur des notes de mûre, de cassis et de sarment fumé. En bouche, elle affiche un bon volume, une puissance maîtrisée autour de tanins marqués mais bien pris dans la chair. On met un peu en cave. ⧗ 2026-2030

EARL LA ROCHE AIGUË, 145, rte de Beaune, Melin, 21190 Auxey-Duresses, tél. 03 80 21 28 33, contact@domainedelarocheaigue.com V *r.-v.*

DOM. DE ROCHEBIN
La Cadole 2022 ★

6666 | 11 à 15 €

Domaine familial situé non loin de Cluny et transmis de père en fils depuis 1921. Michaël Marillier s'installe en 2004 après son père; Laurent Chardigny le rejoint en 2008. Ils se partagent la conduite des 52 ha, l'un à la vigne, l'autre en cave.

Un élevage de 12 mois en fût et 2 mois en cuve pour ce pinot ouvert sur des arômes intenses de fruits rouges mûrs et de menthol. On retrouve cette maturité de fruit dans une bouche riche et bien structurée, équilibrée par une belle acidité en finale. ⧗ 2027-2032

SCEV DOM. DE ROCHEBIN, En Normont, 71260 Azé, tél. 03 85 33 33 37, contact@rochebin.fr V *t.l.j. 9h-19h15*

♥ DOM. ROLLIN PÈRE ET FILS
Hautes-côtes-de-beaune 2022 ★★

8800 | 11 à 15 €

Longtemps modestes vignerons au service d'autres exploitations, les Rollin (aujourd'hui Rémi et son fils Simon) se sont mis peu à peu à leur compte; ils exploitent depuis 1932 et quatre générations un domaine de 14 ha à Pernand-Vergelesses, appellation dans laquelle leurs vins brillent régulièrement, dans les deux couleurs.

Très à l'aise en pernand-vergelesses (ils décrochent d'ailleurs un double coup de cœur dans cette même édition), les Rollin brillent aussi avec leur hautes-côtes. Un vin né de ceps de chardonnay plantés pour l'essentiel au début des années 2000, à mi-coteau. Dans le verre, un blanc expressif, ouvert sur des notes de pain brioché, d'églantine et de citron, à la bouche ample, riche, généreuse, mais aussi bien fraîche, de bout en bout, relevée en finale par une touche de poivre blanc. ⧗ 2025-2030

DOM. ROLLIN PÈRE ET FILS, 49, rte des Vergelesses, 21420 Pernand-Vergelesses, tél. 03 80 21 57 31, contact@domaine-rollin.com V *r.-v.*

ROUX PÈRE ET FILS Côte-d'Or 2021 ★

5320 | 20 à 30 €

Créée en 1885, cette maison associant domaine et négoce, gérée par Christian Roux et ses fils Sébastien et Matthieu, est à la tête d'un vaste ensemble de 70 ha répartis sur 15 villages de la Côte-d'Or et de la Côte chalonnaise. Elle propose une vaste gamme de vins, souvent en vue, notamment en saint-aubin, puligny, chassagne et meursault.

Un bel ambassadeur des vins portant cette mention complémentaire établie en 2017 et réservés à 40 communes de la Côte de Beaune et de la Côte de Nuits. Un chardonnay bien né qui s'ouvre sur d'élégants parfums floraux, avant de prendre des tonalités fruitées, citronnées notamment, dans une bouche fraîche, dynamique, de bonne longueur, épaulée par un boisé fondu. ⧗ 2024-2029

DOM. ROUX PÈRE ET FILS, 42, rue des Lavières, 21190 Saint-Aubin, tél. 03 80 21 32 92, roux@domaines-roux.com V r.-v.

VINCENT ROYET
Authentique 2022 ★

5200 | 15 à 20 €

Jean-Claude Royet a repris en 2005 le domaine familial créé par ses parents en 1964 et entièrement replanté entre 1984 et 2004. C'est son fils, Vincent, qui est désormais aux commandes, depuis 2020. Le vignoble couvre 13 ha sur les coteaux escarpés au pied du château de Couches.

Né dans les marnes versicolores du Couchois, ce chardonnay de 45 ans a connu le chêne durant 10 mois. On le devine d'emblée avec cette touche toastée d'amandes et de noisettes grillées qui exhale du verre. Un boisé qui soutient un palais ample, vineux et chaleureux, bien dans le ton de ce millésime solaire. ⧗ 2026-2030

VINCENT ROYET, 1, rue des Champs-de-la-Grange, Combereau, 71490 Couches, tél. 06 37 21 37 48, contact@vincent-royet.com V *t.l.j. sf dim. 10h-12h 14h-18h*

PHILIPPE SAGOS
Coulanges-la-Vineuse Terra Dolia 2022 ★★

3000 | 11 à 15 €

Philippe Sagos s'est installé sur les terres de Migé en 2003 avec 28 ares de vignes. Il conduit aujourd'hui 13 ha, principalement en bourgogne Coulanges-la-Vineuse.

Un Coulanges atypique à plus d'un titre. D'abord parce qu'il est élevé en jarre en terre cuite, ensuite parce qu'une larme (1 %) de césar est ajoutée au pinot noir. Si le nez est assez discret, la bouche, elle, est très expressive autour des fruits rouges mûrs. Ample, souple, généreux, avec une belle persistance aromatique, ce vin est remarquable de pureté. ⧗ 2025-2032

PHILIPPE SAGOS, 49, Grande-Rue, 89580 Migé, tél. 06 74 75 03 72, philippe.sagos@orange.fr V *r.-v.*

DOM. SAINT-PANCRACE
Côtes d'Auxerre Terroir de Vaux 2022 ★

3000 | 8 à 11 €

Xavier Julien, l'un des rares vignerons installés à Auxerre, a planté ses premiers ceps en 1997 ; il exploite aujourd'hui 5 ha de vignes. Le domaine tient son nom d'une tour fortifiée, propriété de la famille.

Un pinot noir d'une grande fraîcheur élevé en cuve pendant 10 mois. Le nez, d'un abord discret, s'ouvre après aération sur des notes de fruits rouges. Le fruit insiste dans une bouche franche, souple, alerte et gourmande. Un vin gouleyant à souhait. ⧗ 2024-2027 ■ **Côtes d'Auxerre La Côte-d'Or 2022 ★ (11 à 15 € ; 4300 b.)** Un bon classique que ce vin harmonieux, doté de tanins bien fondus et d'une belle persistance aromatique sur les fruits rouges. ⧗ 2024-2028

XAVIER JULIEN (DOM. SAINT-PANCRACE), 17, rue Rantheaume, 89000 Auxerre, tél. 03 86 51 69 71, domaine.julien89@gmail.com V *r.-v.*

♥ **DOM. THÉVENOT-LE BRUN**
Hautes-côtes-de-nuits Clos du Vignon 2022 ★★

6500 | 15 à 20 €

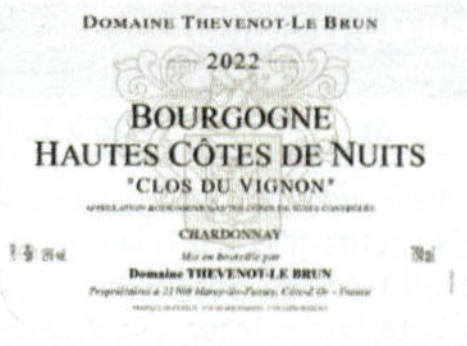

Un vaste domaine de 30 ha au cœur des Hautes-Côtes de Nuits, créé en 1960 par Maurice Thévenot-Le Brun, l'un des pères fondateurs des hautes-côtes modernes. À sa tête depuis 2010, son petit-fils Nicolas, qui a succédé à son père Daniel et à son oncle Jean.

Une cuvée issue du terroir emblématique du domaine, un clos de 7 ha replanté par Maurice Thévenot au début des années 1960. Un tiers a connu un élevage en fût neuf, un autre tiers en fût ancien et le restant a été placé en cuve Inox pendant 10 mois. Au nez, elle déploie de fines notes de pêche, de vanille et de minéralité. En bouche, elle se distingue par une belle concentration, une texture soyeuse et élégante et par une longue finale aromatique et fraîche. En résumé, un vin gourmand qui offre spontanément beaucoup de plaisir, et pour quelques années encore. ⧗ 2024-2029 ■ **Hautes-côtes-de-nuits 2022 ★ (11 à 15 € ; 13500 b.)** Une cuvée dont la particularité est d'assembler à parts égales le chardonnay et le pinot blanc. Pour une petite partie élevée en fût, elle présente des notes de fruits à chairs blanches et des nuances toastées. La bouche fait preuve de volume et s'étire dans une longue finale finement citronnée. ⧗ 2024-2028

SCEV DOM. THÉVENOT-LE BRUN, 36, Grande-Rue, 21700 Marey-lès-Fussey, tél. 03 80 62 91 64, domaine@thevenot-le-brun.com V *t.l.j. sf sam. dim. 9h-12h 14h-18h*

DOM. THIBAUT Chitry 2022 ★

1400 | 8 à 11 €

Un domaine familial recréé en 1988 par Pierre Thibaut et repris en 1997 par son fils Jean-Baptiste, avec aussi la création d'un musée de la vigne et du vin qui retrace l'histoire vigneronne de leur famille depuis 1848.

Voici un vin qui exprime bien le terroir minéral et frais de Chitry. Si le nez, intense, est dominé par des notes animales et légèrement épicées, et si la cerise mûre est bien présente en bouche, on y retrouve aussi de belles notes de pierre à fusil en appoint de tanins fondus : le socle d'une bouche vive, longue et harmonieuse. ⧗ 2024-2028 ■ **Chitry 2022 ★ (8 à 11 € ; 2000 b.)** Le nez, complexe, butine entre le fruit, les épices et des notes briochées. La bouche est fraîche, portée par un fruité élégant. L'ensemble est harmonieux et expressif. ⧗ 2024-2027

DOM. THIBAUT, 3, rue du Château, 89290 Quenne, tél. 03 86 40 35 76, domaine.thibaut@gmail.com V *r.-v.*

LA TOUR DE SAINT-HILAIRE
Côte chalonnaise Monopole 2022 ★

6500 | 30 à 50 €

En plein cœur de la Côte chalonnaise, entre Mercurey et Rully, le domaine de la Tour Saint-Hilaire, riche d'une longue histoire, est la propriété de la famille Cadel, qui a redonné naissance à ce vignoble en 2014, conduit en bio.

Cette cuvée se pare d'une belle robe dorée, brillante et limpide. Elle affiche un nez séduisant de miel, de fruits jaunes mûrs et de pierre à fusil. En bouche, elle associe harmonieusement une texture fine, de la rondeur et une agréable fraîcheur minérale, puis s'étire dans une longue finale sur le beurre frais. Tout indiqué pour accompagner un poisson en sauce crémée. ⧗ 2025-2029

⊶ LA TOUR SAINT-HILAIRE, 6, chem. du Clos-l'Évêque, 71150 Fontaines, tél. 06 18 51 81 10, domaine@latoursainthilaire.fr V r.-v.

DOM. CATHERINE ET DIDIER TRIPOZ
Vieilles Vignes 2022 ★

■	3946		8 à 11 €

En 1988, la famille Tripoz succède à la famille Chevalier à la tête de cette exploitation de Charnay couvrant 12 ha, cultivés en bio. Situé sur un chemin de randonnée, à proximité de la voie verte, le domaine accueille aussi bien les marcheurs que les cyclotouristes.

Des chardonnays de 60 ans ont donné vie à ce bourgogne exhalant d'élégants parfums de fleurs blanches sur fond de boisé fondu. Arômes prolongés par une bouche ample, ronde, bien texturée, qui saura vieillir avec grâce. ⧗ 2025-2029

⊶ DOM. DES TOURNONS, 450, chem. des Tournons, 71850 Charnay-lès-Mâcon, tél. 03 85 34 14 52, didier.tripoz@wanadoo.fr V r.-v.

DOM. DU CH. DU VAL DE MERCY Chitry 2022 ★

■	4000		8 à 11 €

En 1680, les vins étaient produits par le Clos du Ch. du Val de Mercy, situé à Chitry, dans l'Yonne. Le nouveau propriétaire du domaine (29 ha) perpétue la tradition viticole au-delà de ses terres pour fournir des vins du Chablisien, de l'Auxerrois et de la Côte de Beaune. Une activité de négoce complète la gamme de la propriété.

Un chardonnay élevé en cuve, sur lies fines, pendant 10 mois. Élégant au nez avec ses arômes de fleurs blanches, il explose en bouche autour d'un fruité gourmand soutenu par une pointe d'acidité qui apporte de la longueur et de la vivacité. La finale saline ajoute à sa complexité. ⧗ 2024-2028

⊶ DOM. DU CH. DE VAL DE MERCY, 8, promenade du Tertre, 89530 Chitry, tél. 03 80 22 77 34, roy@valdemercy.com V r.-v.

♥ DOM. VERRET Côtes d'Auxerre 2022 ★★★

■	40000		8 à 11 €

La famille Verret cultive la vigne depuis deux siècles et demi dans l'Yonne. Pionnier dans le vignoble de l'Auxerrois pour la mise en bouteilles et la commercialisation directe pratiquées dès les années 1950, ce vaste domaine (60 ha) demeuré familial fréquente très régulièrement les pages du Guide, notamment pour ses irancy, saint-bris, bourgognes Côtes d'Auxerre et bourgogne-aligoté.

Un pinot noir d'exception, tout simplement. Si le nez se montre timide de prime abord, l'aération fait « exploser » les fruits rouges. Un fruité soutenu qui infuse longuement une bouche ample, ronde, tendre, délicate, à la fois intense et soyeuse, fraîche et friande. Tout pour plaire aux plus exigeants des palais. ⧗ 2024-2029 ■ **Côtes d'Auxerre 2022 ★★ (11 à 15 €; 40000 b.)** Ce chardonnay, dont un tiers a été élevé en fût de chêne, est passé à un souffle du coup de cœur. Ses arguments : un boisé léger en soutien d'un fruit bien mûr, de la minéralité et de la fraîcheur pour l'énergie, une texture délicate et subtile, et en finale, un équilibre remarquable. ⧗ 2024-2028

⊶ DOM. VERRET, 7, rte de Champs, 89530 Saint-Bris-le-Vineux, tél. 03 86 53 31 81, dverret@domaineverret.com V *t.l.j. sf dim. 10h-12h 14h-18h*

DOM. VINCENT WENGIER 2022 ★

■	8000		15 à 20 €

Un domaine familial de 28 ha situé dans le village de Préhy, au cœur du vignoble chablisien, repris en 1998 par Vincent Wengier et son épouse Sophie. La conversion bio est engagée depuis 2020.

Une cuvée issue de toutes jeunes vignes de 5 ans, mais, on le sait depuis Corneille, la valeur n'attend point le nombre des années. Elle ne manque de rien : ni d'intensité, dans sa couleur rubis comme dans ses arômes de cassis et de poivre, ni de rondeur, ni de longueur, ni de structure. Une âme bien née... ⧗ 2026-2030

⊶ VINCENT WENGIER, 45, Grande-Rue-de-Chablis, 89800 Préhy, tél. 06 51 22 77 39, dwengier@orange.fr V r.-v.

BOURGOGNE-PASSETOUTGRAIN

Superficie : 600 ha / Production : 31 650 hl

Cette appellation réservée aux rouges et rosés est produite dans l'aire du bourgogne-grand-ordinaire. Les vins assemblent obligatoirement pinot noir et gamay, le premier représentant au minimum un tiers de l'ensemble. Les meilleurs contiennent des quantités identiques de chacun des deux cépages, voire davantage de pinot noir. Confidentiels, les rosés sont obtenus par saignée, par opposition aux « gris ». Tous ces vins sont légers et friands et doivent être consommés jeunes.

DOM. FOREY PÈRE ET FILS 2022 ★★

■	4600		8 à 11 €

Cette famille voisine de la Romanée-Conti exploitait jadis en métayage La Romanée du chanoine Liger-Belair. Installé en 1983 avec son père et son frère, Régis Forey, aux commandes depuis 1989, conduit aujourd'hui un domaine de 12 ha régulièrement en vue dans le Guide.

D'emblée, ce passetoutgrain affiche sa générosité, bien dans le ton de ce millésime solaire, avec un nez généreux de fruits mûrs nuancé de notes florales. La bouche se montre séveuse, soyeuse, soulignée par une belle fraîcheur et des tanins extraits avec doigté. Un ensemble harmonieux, à boire dans ses jeunes années. ⧗ 2024-2028

DOM. FOREY PÈRE ET FILS, 2, rue Derrière-le-Four, 21700 Vosne-Romanée, tél. 03 80 61 09 68, domaineforey@orange.fr V r.-v.

DOM. DU MERLE Côte à mon cœur 2022 ★

■	3000		8 à 11 €

Conduit par Michel Morin, ce domaine de 9 ha est situé à Sennecey-le-Grand, en Côte chalonnaise. Certains vestiges attestent la vocation viticole de ce village bourguignon vieux de plus de 2 000 ans.

Les fruits rouges, le cassis et des notes florales composent un bouquet avenant. Le prélude à une bouche souple, légère, bien fruitée, enrobée par un gras discret. ⌛ 2024-2028

DOM. DU MERLE, rue de la Mare, 71240 Sennecey-le-Grand, tél. 06 83 25 26 92, domainedumerle@sfr.fr V *t.l.j. sf dim. 10h30-12h 14h30-18h* B

BOURGOGNE-ALIGOTÉ

Superficie : 1 590 ha / Production : 96 000 hl

Le cépage aligoté donne des vins plus vifs et plus précoces que le chardonnay, mais le terroir influe sur lui autant que sur les autres cépages. Il y a ainsi autant de profils d'aligotés que de zones où on les élabore. Les aligotés de Pernand étaient connus pour leur souplesse et leur nez fruité (avant de céder la place au chardonnay); ceux des Hautes-Côtes sont recherchés pour leur fraîcheur et leur vivacité; ceux de Saint-Bris dans l'Yonne semblent emprunter au sauvignon quelques traces de sureau, sur des saveurs légères. Le bourgogne-aligoté constitue un excellent vin d'apéritif. Associé à de la liqueur de cassis, il devient alors le célèbre « kir ». L'appellation a trouvé ses lettres de noblesse dans le petit village de Bouzeron près de Chagny (Saône-et-Loire), où elle est devenue en 2001 une appellation *village*.

ALINE BEAUNÉ 2022 ★

■	3400		11 à 15 €

Aline Beauné s'est installée en 2018 sur les vignes familiales, dont les raisins étaient jusqu'alors portés à la cave coopérative de Buxy. À la tête de 6 ha, elle n'en vinifie que 1,5 ha, le reste étant vendu en moût.

Coup de cœur l'an passé, cette cuvée nous revient en bonne forme dans sa version 2022 ouverte sur les agrumes et les fleurs blanches agrémentés d'une touche mentholée. Une attaque vive et tendue ouvre sur une bouche à l'unisson du bouquet, ample, persistante à la fraîcheur préservée. Un aligoté vibrant et énergique. ⌛ 2024-2027

ALINE BEAUNÉ, 9, rue des Fossés, 71390 Buxy, tél. 06 75 01 85 39, contact@alinebeaune.fr V *r.-v.*

BAPTISTE BIENVENU 2022 ★

■	10500		11 à 15 €

Depuis... 1604, la famille Bienvenu exploite, de père en fils, une partie du vignoble d'Irancy. Dans la continuité de Léon et de Serge, c'est aujourd'hui Baptiste qui dirige le domaine. L'exploitation couvre environ 25 ha, sur lesquels sont produites les appellations irancy, bourgogne rosé et bourgogne-aligoté.

Un aligoté né de jeunes vignes (10 ans) qui n'aura connue que 6 mois en cuve Inox. Le résultat est un vin léger, ouvert sur des notes de coquille d'huître et de fruits exotiques, frais, linéaire, enrobé par une touche gras aux tonalités beurrées. Parfait pour l'apéritif. ⌛ 2024-2027

BAPTISTE BIENVENU, 1, rue Soufflot, 89290 Irancy, tél. 03 86 42 22 51, contact@caves-bienvenu.fr V *t.l.j. 9h-13h30 13h30-18h*

CHRISTINE, ÉLODIE ET PATRICK CHALMEAU 2022 ★

■	13000		5 à 8 €

Patrick Chalmeau a repris en 1977 avec sa femme Christine les quelques arpents plantés par son grand-père vers 1945, devenus 20 ha aujourd'hui. Leur fille Élodie a pris les commandes en 2022 de ce domaine souvent en vue pour ses blancs de Chitry.

Kiwi, mandarine, citron, cet aligoté ne manque pas de fruit à l'olfaction. Un fruit que l'on retrouve avec persistance dans une bouche bien équilibrée entre la vinosité du millésime et la fraîcheur attendue du cépage. ⌛ 2024-2027

ÉLODIE CHALMEAU, 76, rue du Ruisseau, 89530 Chitry, tél. 03 86 41 43 71, contact@chalmeau-chitry.com V *r.-v.* C

DOM. FILLON 2022 ★

■	23500		5 à 8 €

Propriété familiale reprise en cogérance par Hervé Fillon et sa sœur Frédérique en 1995 (troisième génération). Établis dans le joli village de Saint-Bris-le-Vineux, les Fillon exploitent un vignoble de 37 ha dédié aux appellations régionales et à celles du Chablisien.

Un aligoté né sur 7 ha du terroir kimmeridgien de Saint-Bris-le-Vineux. Au nez, de belles notes florales et citronnées. En bouche, une bonne mâche, une fine acidité, un fruité soutenu et une bonne longueur. ⌛ 2024-2027

DOM. FILLON, 53, rue Bienvenu-Martin, 89530 Saint-Bris-le-Vineux, tél. 03 86 53 30 26, domaine.fillon@gmail.com V *r.-v.*

DOM. GRIVOT-GOISOT 2022 ★

■	15000		8 à 11 €

Très ancienne famille vigneronne établie à Saint-Bris, les Goisot cultivent la vigne depuis le XVᵉ s., mais la production de bouteilles date de 1947 avec Serge, relayé à partir de 1991 par Anne et Arnaud Goisot et depuis 2020 par leurs enfants Anabelle Goisot et René Grivot, à la tête aujourd'hui de 27,5 ha. Un domaine régulier en qualité.

Une cuvée qui n'a rien de confidentiel, et c'est tant mieux car le vin est bon. Au nez, se dévoilent de fines fragrances de fruits exotiques et d'agrumes, prolongées par un palais vineux, rond, stimulé par une finale plus fraîche et citronnée. On lui prédit une bonne évolution en cave. ⌛ 2024-2029

DOM. GRIVOT-GOISOT, 3, rue de Bougeilles, 89530 Saint-Bris-le-Vineux, tél. 03 86 53 32 15, contact@grivot-goisot.com V *r.-v.*

ARMELLE ET JEAN-MICHEL MOLIN 2022 ★

2500 | 11 à 15 €

Armelle et Jean-Michel Molin ont créé en 1987 ce domaine, qui couvre aujourd'hui 8 ha. Après l'arrivée de leur fils Alexandre (en 2004) sur l'exploitation, la conversion bio a été engagée et la certification obtenue en 2010. La propriété est régulièrement sélectionnée pour ses fixin.

De vénérables ceps de 50 ans sont à l'origine de cet aligoté expressif, ouvert sur d'intenses notes d'agrumes, de fruits blancs mûrs et de fleurs blanches agrémentées de notes minérales (silex). Minéralité que l'on retrouve dans une bouche très fraîche, franche, tendue, de bonne longueur. Un ensemble cohérent et énergique. 2024-2028

ARMELLE ET JEAN-MICHEL MOLIN, 4, rue du Chapitre, 21220 Fixin, tél. 03 80 52 21 28, domaine.molin@wanadoo.fr V r.-v.

MANUEL OLIVIER Vieilles Vignes 2022 ★

8200 | 11 à 15 €

Installé en 1990, Manuel Olivier, fils d'agriculteurs, a commencé par cultiver les vignes et petits fruits dans les Hautes-Côtes-de-Nuits. Aujourd'hui spécialisé en viticulture, il exploite un vignoble de 13 ha, complété depuis 2007 par une structure de négoce qui lui a permis de mettre un pied en Côte de Beaune.

Cet aligoté s'ouvre sans réserve sur les fruits blancs, les agrumes et les fleurs blanches. Arômes auxquels fait écho une bouche bien tenue, équilibrée, à la fois fraîche et vineuse. Un ensemble expressif et gourmand. 2024-2027

MANUEL OLIVIER, 7, rue des Grandes-Vignes, hameau de Corboin, 21700 Nuits-Saint-Georges, tél. 03 80 62 39 33, contact@domaine-olivier.com V t.l.j. 9h-12h30 13h30-19h; f. dim. mi-nov.-mi-mars

♥ AGNÈS PAQUET Le Clou et la Plume 2022 ★★

11000 | 15 à 20 €

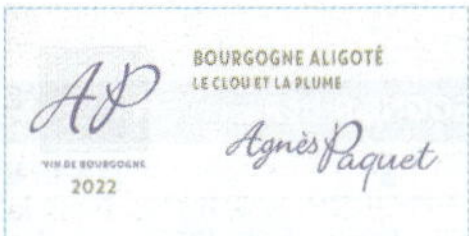

Agnès Paquet a créé son domaine en 2000 à partir d'une parcelle acquise par sa famille dans les années 1950. Installée dans les Hautes-Côtes de Beaune, elle exploite 13 ha de vignes (certifiés bio depuis 2022), dont une grande partie à Melin, hameau d'Auxey-Duresses.

L'aligoté à son meilleur dans ce vin limpide et brillant, au nez fin et retenu, qui s'ouvre à l'aération sur une belle complexité autour des agrumes confits, de l'abricot sec, des fleurs blanches et des épices. Du volume, de la consistance, de la rondeur, une fraîcheur préservée, un fruité soutenu, une longue finale salivante, la bouche ne manque de rien. 2024-2029

DOM. AGNÈS PAQUET, 10, rue du Puits-Bouret, 21190 Meloisey, tél. 03 80 26 07 41, contact@vinpaquet.com V r.-v. E

DOM. LA RENARDE 2022 ★

3200 | 5 à 8 €

Créé dans les années 1970 par Paul Perret, alors coopérateur à la Cave de Buxy, ce domaine de 24 ha est aujourd'hui entre les mains de son gendre Grégory Peyre (en 2007) et de son fils Gaspard (en 2011). En 2016, ils vinifient pour la première fois dans leur chai.

Discret mais élégant, le nez de cet aligoté dévoile à l'aération de fines notes pierreuses qui fleurent bon l'argilo-calcaire. Une minéralité à laquelle fait écho une bouche fraîche, saline, tonique. Un beau vin de teroir. 2024-2027

DOM. LA RENARDE, 2, chem. de la Praye, 71390 Jully-les-Buxy, tél. 06 70 07 66 51, contact@domainelarenarde.com V r.-v.

DOM. SAINT-JACQUES 2021 ★

4227 | 11 à 15 €

Ce domaine de 9,5 ha fut jadis une demeure étape sur le long chemin du pèlerinage de Saint-Jacques de Compostelle. Acquis en 1955 par Christophe Amédée Grandmougin, il est géré par son fils Christophe depuis 1991.

Plaisant et frais, le nez de cet aligoté évoque l'ananas, les agrumes et les fleurs blanches. Une palette qui trouve un prolongement harmonieux dans une bouche bien fraîche, finement acidulée, bien dans le ton de l'appellation. 2024-2027

DOM. SAINT-JACQUES, 11, rue St-Jacques, 71150 Rully, tél. 09 65 04 01 54, contact@christophe-grandmougin.fr V r.-v.

CRÉMANT-DE-BOURGOGNE

Superficie : 1 935 ha / Production : 125 850 hl

Comme toutes les régions viticoles françaises, ou presque, la Bourgogne avait son appellation pour les vins mousseux élaborés sur l'ensemble de son aire géographique. La qualité n'était pas très homogène et ne correspondait pas, la plupart du temps, à la réputation de la région, sans doute parce que les mousseux se faisaient à partir de vins trop lourds. Reconnue en 1975, l'appellation crémant-de-bourgogne a remplacé l'AOC bourgogne mousseux en 1984. Elle impose des conditions de production aussi strictes que celles de la région champenoise et calquées sur celles-ci. Elle connaît actuellement un bon développement. Un crémant-de-bourgogne peut être un blanc de blancs élaboré généralement par un assemblage de chardonnay et d'aligoté, ou il peut assembler des cépages blancs avec le pinot noir et/ou le gamay vinifiés en blanc. Il existe aussi des rosés.

BAILLY-LAPIERRE Pinot noir ★

350000 | 8 à 11 €

Aujourd'hui, 450 vignerons apportent leurs raisins à la cave de Bailly-Lapierre, fondée en 1972, qui fut à l'origine du crémant-de-bourgogne. Principal élaborateur d'effervescents de la région, la coopérative

propose une vaste gamme de crémants de qualité, qui reposent dans les immenses galeries souterraines d'une ancienne carrière calcaire. Elle fournit aussi des vins tranquilles. Une valeur sûre.
Cette bulle pâle et éclatante livre au nez des parfum frais et complexes de pamplemousse, de fruits blancs, de menthol et de silex. On retrouve le fruit et la minéralité dans une bouche franche, fraîche, délicate. Un beau crémant de terroir, expressif et élégant. ⧗ 2024-2027 ● **Noir et blanc ★ (8 à 11 €; 100 000 b.)** Pinot noir et chardonnay donc pour ce crémant qui s'écrit en noir et blanc, au nez nez minéral et fruité (fruits blancs, agrumes, abricot), frais et alerte en bouche, de bonne longueur. ⧗ 2024-2027

CAVES BAILLY-LAPIERRE, quai de l'Yonne, hameau de Bailly, 89530 Saint-Bris-le-Vineux, tél. 03 86 53 77 77, laure@bailly-lapierre.fr V r.-v.

AGNÈS, DIDIER ET FLORENT DAUVISSAT
Blanc de blancs ★

● | 4 000 | | 11 à 15 €

Installés à Beine, Agnès et Didier Dauvissat, qui ont créé leur domaine en 1987, ont compris que l'amélioration de la qualité passait aussi par le travail dans les vignes. C'est ainsi qu'ils sont revenus au labour de leurs 13,2 ha pour préserver le terroir. Leur fils Florent les a rejoints en 2012. À leur carte, du petit-chablis, chablis, chablis 1er cru, du bourgogne rouge et du crémant.
De très jeunes vignes de chardonnay (6 ans) sont à l'origine de ce crémant très minéral avec ses notes soutenues de pierre à fusil qui se mêlent aux agrumes. Une minéralité qui se déploie aussi dans une bouche fraîche, tendue et longue. Une bulle à la personnalité marquée, tout indiquée pour un apéritif aux tonalités marines. ⧗ 2024-2027

AGNÈS, DIDIER ET FLORENT DAUVISSAT, chem. de Beauroy, 89800 Beine, tél. 03 86 42 46 40, domainedauvissat@gmail.com V r.-v.

♥ ŒDORIA Claude Denis 2020 ★★

● | 30 000 | | 8 à 11 €

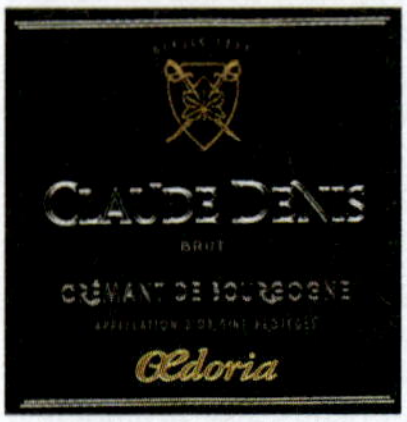

La cave du Beau Vallon de Theizé et celle des Vignerons de Liergues ont décidé de s'unir en 2009 : Œdoria est leur marque commune. Cette nouvelle entité dispose de 850 ha (pour 300 adhérents), essentiellement situés au sud du vignoble, à l'ouest de Villefranche-sur-Saône. Outre une gamme de beaujolais, la cave est également spécialiste du crémant-de-bourgogne.
Le chardonnay à son meilleur dans cette bulle racée, au nez bien développé d'agrumes, de raisin mûr et de fleurs blanches. L'opération séduction se poursuit dans une bouche ample, généreuse, longue, soutenue tout du long par une belle tension et de fines bulles. Un crémant à la fois énergique et élégante. ⧗ 2024-2027 ● **Blanc de blancs Émeraude ★ (8 à 11 €; 10 000 b.)** Ⓑ Cette bulle bio dévoile un nez intense et complexe d'agrumes, de fruits exotiques, de beurre frais et de brioche sur fond de minéralité. En bouche, elle conjugue harmonieusement rondeur, vinosité, souplesse et fraîcheur. Un crémant expressif et bien construit. ⧗ 2024-2027

ŒDORIA, 25, rte du Cottet, 69620 Theizé, tél. 04 74 71 48 00, contact@oedoria.com V r.-v.

DOM. PAPILLON-LAVOIGNAT
Blanc de blancs ★

● | 13 500 | | 8 à 11 €

Ce domaine s'étend sur 22 ha, en conversion bio, à partir duquel il produit du crémant-de-bourgogne, du bourgogne rouge, du bourgogne-aligoté, du mâcon Lugny et, surtout, du mâcon Péronne.
De vénérables vignes de 65 ans en moyenne ont produit ce crémant expressif et gourmand au nez avec ses parfums de pâtisserie (crème aux œufs, brioche), de fruits mûrs et de fleurs blanches. Une gourmandise que ne renie pas la bouche, souple, ronde et tendre. Un crémant à son apogée. ⧗ 2024-2025

DOM. PAPILLON-LAVOIGNAT, 1601, rte de Lanques, 71260 Péronne, tél. 06 32 70 44 63, llavoignat@gmail.com V *t.l.j. sf dim. 8h-12h 14h-18h; sam. sur r.-v.*

LOUIS PICAMELOT
Blanc de noirs Extra-brut En Chazot ★

● | 8 109 | | 15 à 20 €

Cette maison de négoce, propriétaire de 14 ha en Côte de Beaune et en Côte chalonnaise, a été fondée en 1926 par Louis Picamelot et reprise par son petit-fils Philippe Chautard en 1987. Dans sa cuverie installée en 2006 au creux de la roche à Rully naissent de beaux crémants de terroir ou d'assemblage et quelques vins tranquilles.
Ce terroir de Chazot, en surplomb de Saint-Aubin, où s'élevaient jadis des constructions gallo-romaines, a vu naître ce bel extra-brut complexe et élégant, dont on aime les arômes de camomille, de pêche, d'abricot et d'agrumes, et la bouche nette, bien fruitée, fraîche et énergique. Une bulle pure et vibrante. ⧗ 2024-2027

LOUIS PICAMELOT, 11 bis, rue du Moulin-à-Vent, 71150 Rully, tél. 03 85 87 13 60, info@louispicamelot.com V r.-v.

SIGNÉ BOURGOGNE Brut Réserve ★

● | 300 000 | | 11 à 15 €

En 2015, les Caves Bailly Lapierre de l'Yonne et les Vignerons de Buxy fondent la Compagnie de Burgondie, une union de coopératives regroupant leurs moyens commerciaux, marketing et logistique. En septembre 2016, l'Alliance des Vignerons Bourgogne Beaujolais (AVB) a rejoint cette entité.
Pinot noir, chardonnay, gamay et aligoté sont unis dans ce crémant au nez fin et élégant de fleurs blanches et de fruits frais. Arômes prolongés par une bouche souple, alerte, légère, aérienne, arrondie par d''agréables notes pâtissières. ⧗ 2024-2027

LA COMPAGNIE DE BURGONDIE, 3, quai de l'Yonne, hameau de Bailly, 89530 Saint-Bris-le-Vineux, tél. 03 86 34 96 38, commercial@burgondie.info

ALBERT SOUNIT Prestige ★★

| 48 900 | | 11 à 15 € |

Fondée en 1851 par Flavien Jeunet, cette maison de négoce, qui possède aussi 16 ha de vignes en propre, a été reprise dans les années 1930 par la famille Sounit, qui l'a cédée à son importateur danois en 1993. L'une des valeurs sûres de la Côte chalonnaise, en vins tranquilles comme en effervescents.

Pinot noir (65 %), chardonnay (30 %) et une larme d'aligoté assemblés dans ce crémant d'une très belle tenue, ouvert sur des parfums d'agrumes, de fruits blancs et de fleur d'acacia. Une texture fine et croquante se dévoile en bouche, animée par des bulles fines qui ajoutent à l'élégance et la fraîcheur de cette cuvée festive. ⧗ 2024-2027

MAISON ALBERT SOUNIT, 5, pl. du Champ-de-Foire, 71150 Rully, tél. 03 85 87 20 71, info@albert-sounit.fr V r.-v.

TRÉNEL Extra-brut ★

| 27 000 | | 15 à 20 € |

En 1928, Henri Claudius Trénel crée un commerce de liqueurs de fruit à Charnay-lès-Mâcon. Il se tourne ensuite vers l'achat de raisins. Son fils André lui succède à la tête de cette maison de négoce finalement rachetée en 2015 par Michel Chapoutier, célèbre négociant de la vallée du Rhône.

Chardonnay, gamay, aligoté et pinot noir unis dans ce crémant intense et complexe, où l'on devine la verveine, le bonbon anglais, l'abricot, la pêche ou encore le pamplemousse. Une complexité qui se prolonge dans une bouche à la fois onctueuse et fraîche, nette et élégante. ⧗ 2024-2027

MAISON TRÉNEL, 33, chem. du Buery, 71850 Charnay-lès-Mâcon, tél. 03 85 34 48 20, contact@trenel.com V *t.l.j. sf sam. dim. 9h-12h30 14h-17h*

VEUVE AMBAL Grande Cuvée ★

| 60 000 | | 5 à 8 € |

Vénérable négoce spécialisé en crémant, fondé en 1898 par Marie Ambal et conduit depuis 1988 par son descendant Éric Piffaut. Né à Rully, établi à Beaune depuis 2005, il est le plus important élaborateur de bulles bourguignonnes (3 millions de bouteilles par an), issues pour une large part de son vaste vignoble de 320 ha.

Chardonnay, pinot noir et gamay sont assemblés dans ce rosé au nez intense et élégant de fruits rouges, de rose et de pivoine. On aime aussi sa bouche franche, fraîche, croquante, animée par une bulle délicate et fine, étirée dans une jolie finale fruitée. ⧗ 2024-2027 **Blanc de blancs Les Parcellaires Les Cachettes ★ (15 à 20 €; 10 371 b.)** Ouvert sur les fleurs blanches, la pomme et le citron vert, ce crémant séduit aussi par sa bouche nette, fraîche, aromatique, à l'unisson du bouquet, en y ajoutant des notes exotiques d'ananas. ⧗ 2024-2027 **2019 ★ (8 à 11 €; 60 000 b.)** Ce millésime propose au nez des arômes gourmands et évolués de fruits secs, de brioche et de fruits bien mûrs (pomme, coing). Une même sensation de maturité caractérise la bouche, riche, suave et ronde. Un crémant de matière, à réserver pour la table. ⧗ 2024-2027

VEUVE AMBAL, rue du Pré-Neuf, 21200 Montagny-lès-Beaune, tél. 03 80 25 01 70, marketing@fpvd.fr V r.-v.

➡ LE CHABLISIEN ET LE GRAND AUXERROIS

PETIT-CHABLIS

Superficie : 780 ha / Production : 46 000 hl

Cette appellation constitue la base de la hiérarchie bourguignonne dans le Chablisien et provient des parcelles installées à la périphérie des appellations plus prestigieuses. Moins complexe que le chablis, le petit-chablis possède une acidité un peu plus élevée. Autrefois consommé en carafe, dans l'année, il est maintenant mis en bouteille. Victime de son nom, il a eu de la peine à se développer, mais il semble qu'aujourd'hui le consommateur ne lui tienne plus rigueur de son adjectif dévalorisant.

MAISON ALEXANDRE 2022 ★

| 32 000 | | 8 à 11 € |

Une exploitation familiale qui se transmet depuis trois générations, dirigée depuis 2012 par Olivier Alexandre, fils de Guy. Le vignoble de 13 ha est réparti sur quatre communes.

Un petit-chablis qui répond à tous les critères de l'appellation. Les racines se sont imprégnées du terroir argilo-calcaire pour le restituer au nez à travers une note crayeuse. Le fruit est également bien présent en bouche, où la rondeur et la tension minérale font bon ménage, avec une finale saline du meilleur effet en prime. ⧗ 2024-2027

MAISON ALEXANDRE, 36, rue du Serein, 89800 La Chapelle-Vaupelteigne, tél. 03 86 42 44 57, info@chablis-alexandre.com V *t.l.j. sf lun. dim. 9h-12h 14h-17h*

DOM. D'ANTHONY 2022 ★

| 4 500 | | 8 à 11 € |

Un vignoble créé de toutes pièces par Christian Grossot à partir de 1981, par achat de terres et plantations : aujourd'hui, 15 ha. Le chai a été acquis en 2007 : un bel outil de travail pour le fils, qui vient de s'installer.

Une robe jaune pâle aux reflets brillants. Un nez encore discret qui s'ouvre sur la minéralité. Une bouche tendue en attaque qui prend vite de la rondeur, avant de revenir sur la fraîcheur en finale. L'équilibre est très assuré dans ce vin de plaisir. ⧗ 2024-2027

DOM. D' ANTHONY, 2, rue de la Conciergerie, 89800 Courgis, tél. 03 86 41 43 28, domaine.danthony@orange.fr V r.-v. B

DOM. BARDET ET FILS 2022 ★★

| 5 500 | | 8 à 11 € |

Les frères Bardet, Philippe et Michel, exploitent des vignes depuis 1991 à Préhy, mais leur caveau de

dégustation est situé dans la petite cité de Noyers-sur-Serein. Leurs fils respectifs, Damien et Alexandre, ont rejoint le domaine familial de 9 ha, complété par une activité de négoce en 2009.

On sait où l'on est avec ce petit-chablis très typé. Le nez est séduisant avec ses senteurs florales d'une belle fraîcheur matinale. Une fraîcheur que l'on retrouve en bouche grâce à la minéralité qui souligne un fruité délicat. Un chardonnay très friand, avec de la longueur. ⧗ 2024-2028

DOM. BARDET ET FILS, Ferme de la Borde, 89310 Noyers, tél. 07 70 97 46 40, vins.bardet@free.fr
V r.-v.

DOM. BOIVIN-LAVANTUREUX 2022 ★★

| 2300 | 11 à 15 € |

Cette petite exploitation familiale de 6,4 ha, établie à Lignorelles, produit du petit-chablis et du chablis. Elle est conduite depuis 2003 par Gérald Lavantureux, rejoint en 2017 par son épouse Blandine.

Une très jolie cuvée dans sa robe jaune dorée. Le nez est tout aussi élégant et intense avec ses arômes d'agrumes soutenus par une pointe d'acidité. En bouche, c'est tout le terroir qui s'exprime avec une belle tension minérale accompagnant le fruit sur toute la longueur. Un vin droit et très harmonieux. ⧗ 2024-2028

DOM. BOIVIN-LAVANTUREUX, 13, rue des Carillons, 89800 Lignorelles, tél. 03 86 47 48 36, gerald.lavantureux@wanadoo.fr V r.-v.

PASCAL BOUCHARD Blancs Cailloux 2023 ★★

| 66533 | 11 à 15 € |

Une maison de négoce établie à Chablis et spécialisée depuis le début du XXᵉs. dans les vins de l'Yonne. Elle est entrée dans le giron du groupe Albert Bichot en 2015.

«Un élevage court (6 mois en cuve) pour que ce vin garde toute sa fraîcheur et son fruité», explique le vigneron. Objectif atteint avec ce petit-chablis d'une grande richesse aromatique. Le nez balise le chemin de la dégustation : frais, intense, fruité. La bouche n'est pas en reste : ample, longue, tendue. Une cuvée remarquable de précision et d'équilibre. ⧗ 2024-2028

PASCAL BOUCHARD, 3, rue du Pressoir, 89800 Chablis, tél. 03 86 42 18 64, contact@pascalbouchard.com

OLIVIER BOUSSARD 2022 ★

| 20700 | 11 à 15 € |

Issu de plusieurs générations d'agriculteurs, Olivier Boussard a planté ses premières vignes en 1992 sur le domaine du Montpierreux à Venoy, en appellation régionale bourgogne, et créé parallèlement sa cuverie à Nitry, à la frontière du vignoble chablisien, sur l'exploitation familiale agricole. Son vignoble couvre aujourd'hui 23 ha.

Un petit-chablis d'emblée séduisant avec sa robe jaune paille aux reflets dorés. Le nez, délicat, s'ouvre sur des arômes de fruits exotiques et des notes mentholées. La bouche s'inscrit dans la continuité avec la rondeur du fruit mûr qui s'appuie sur une élégante trame minérale. Très fin et bien équilibré. ⧗ 2024-2027

OLIVIER BOUSSARD, rte de Chablis, 89310 Nitry, tél. 03 86 33 65 87, contact@domaineboussard.fr
V *t.l.j. sf dim. 9h-12h 13h30-17h30*

♥ CLOSERIE DES ALISIERS
Cuvée Les Cailloux du Serein 2022 ★★

| 60000 | 11 à 15 € |

Venu du Chablisien, Stéphane Brocard a quitté en 2007 le domaine familial fondé par son père pour créer son négoce, établi à Longvic, aux portes sud de Dijon. Il propose une jolie gamme de vins dans une dizaine d'appellations bourguignonnes.

Seulement 4 mois d'élevage en cuve pour ce vin remarquable qui a rallié tous les suffrages. Un vin droit, subtil, soyeux. Le nez, très aromatique, se partage entre le jasmin, les agrumes, la minéralité et des notes iodées. La bouche est ample, vive et longue, très minérale (pierre à fusil) et citronnée en finale. Quelle fraîcheur ! ⧗ 2024-2029

MAISON STÉPHANE BROCARD, 21 bis, rue de l'Ingénieur-Bertin, 21600 Longvic, tél. 03 80 52 07 71, export@sbrocard.com
V *t.l.j. sf sam. dim. 8h30-12h30 14h-18h*

DANIEL DAMPT ET FILS 2022 ★★

| 13000 | 11 à 15 € |

Issu d'une lignée enracinée dans l'Yonne depuis un siècle et demi, Daniel Dampt a créé son domaine en 1985 conjointement avec Jean Defaix, son beau-père. Il l'a repris à son compte en 1992 avant de bénéficier du renfort de ses deux fils, Vincent en 2002 et Sébastien en 2005. Le vignoble couvre 20 ha.

Jaune vert avec des reflets verts, la robe de ce chardonnay ne manque pas d'élégance. La séduction se poursuit au nez, où les fruits jaunes côtoient des notes beurrées. Du gras que l'on retrouve dans un palais opulent, très fruité, parfaitement équilibré par une fine acidité. Un petit-chablis ample et très expressif. ⧗ 2024-2028

DANIEL DAMPT ET FILS, 1, chem. des Violettes, Milly, 89800 Chablis, tél. 03 86 42 47 23, domaine.dampt.defaix@wanadoo.fr V r.-v.

♥ AGNÈS, DIDIER ET FLORENT DAUVISSAT
Les Deux Terres 2022 ★★

| 21000 | 11 à 15 € |

Installés à Beine, Agnès et Didier Dauvissat, qui ont créé leur domaine en 1987, ont compris que l'amélioration de la qualité passait aussi par le travail dans les vignes. C'est ainsi qu'ils sont revenus au labour de leurs 13,2 ha pour préserver le terroir. Leur fils Florent les a rejoints en 2012. À leur carte, du petit-chablis, chablis, chablis 1ᵉʳ cru, du bourgogne rouge et du crémant.

Typé, racé, droit et tendu, ce vin est une très belle expression de son terroir argilo-calcaire. D'abord discret, le nez libère à l'aération des arômes de citron jaune, d'acacia et des notes iodées. Cette richesse aromatique met les papilles en éveil. Les agrumes (citron, pamplemousse) s'imposent en bouche. La minéralité et des notes salines font le reste pour assurer la vivacité et un bel équilibre. ⧗ 2024-2029

⊶ *AGNÈS, DIDIER ET FLORENT DAUVISSAT, chem. de Beauroy, 89800 Beine, tél. 03 86 42 46 40, domainedauvissat@gmail.com* V r.-v.

DURUP 2023 ★★

■	24 110	🍾	11 à 15 €

Les Durup sont établis à Maligny depuis… 1560. Jean Durup a repris en 1968 l'exploitation familiale qui comptait alors seulement 2 ha. Aujourd'hui, il conduit près de 200 ha de vignes sur différents terroirs de Chablis. C'est le domaine indépendant le plus vaste de Bourgogne.

«Ce petit-chablis atout d'un grand», note un dégustateur emballé par la richesse et l'élégance de cette cuvée. Le nez, complexe et frais, associe les agrumes à des notes épicées. La bouche apparaît ample, ronde, gourmande de fruits, portée sur la longueur par la tension minérale. Très plaisant et parfaitement équilibré. ⧗ 2024-2028

⊶ *JEAN DURUP PÈRE ET FILS, 4, Grande-Rue, 89800 Maligny, tél. 03 86 47 44 49, contact@domainesdurup.com* V *t.l.j. sf sam. dim. 8h-12h 13h30-16h45*

JEAN-PIERRE ET ALEXANDRE ELLEVIN 2022 ★

■	20 000	🍾	11 à 15 €

Si la famille cultive la vigne depuis la nuit des temps, c'est Jean-Pierre Ellevin, à partir de 1975, qui a spécialisé l'exploitation en la dédiant au chardonnay. Son fils Alexandre, qui l'a rejoint en 2004, se charge des vinifications. Le domaine a son siège à Chichée, au sud-est de Chablis, et les 16 ha de vignes s'étendent sur les deux rives du Serein.

Le nez de ce petit-chablis élevé en cuve pendant 12 mois est aussi séduisant que sa robe jaune doré. Des notes lactées et minérales accompagnent un joli fruité. La bouche est droite et tendue. La finale iodée ajoute de la vivacité à ce vin élégant et harmonieux. ⧗ 2024-2027

⊶ *DOM. ELLEVIN, 7, rue du Pont, 89800 Chichée, tél. 03 86 42 44 24, alexandre.ellevin@sfr.fr* V *r.-v.*

DOM. ALAIN ET CYRIL GAUTHERON 2022 ★

■	25 000	🍾	11 à 15 €

Vignerons de père en fils depuis 1809, les Gautheron sont établis à l'est de Chablis. Alain, installé en 1977, représente la sixième génération et Cyril, arrivé en 2001, la septième. Le père et le fils exploitent un domaine qui s'est agrandi (il est passé de 8 à 32 ha entre 1977 et aujourd'hui) et modernisé. Une belle régularité en chablis et en petit-chablis.

La finesse est le fil conducteur de ce vin qui se présente avec classe dans sa robe jaune pâle aux reflets brillants. Le nez, intense, s'ouvre sur le fruit, alors que la minéralité apporte de la vivacité en bouche. Une bouche ronde, gourmande, d'une belle longueur. ⧗ 2024-2027

⊶ *DOM. ALAIN ET CYRIL GAUTHERON, 18, rue des Prégirots, 89800 Fleys, tél. 03 86 42 44 34, vins@chablis-gautheron.com* V *t.l.j. 8h-12h 13h30-17h30; sam. dim. sur r.-v.*

B DOM. DES MALANDES 2022 ★

■	35 000	🍾	15 à 20 €

Une valeur sûre du vignoble chablisien, qui collectionne les coups de cœur du Guide. Un domaine créé en 1949 par André Tremblay, couvrant aujourd'hui 30 ha (en bio). Lyne Marchive, fille du fondateur, l'a dirigé seule de 1972 à 2018, date de la reprise par ses enfants Richard Rottiers (à la direction) et Amandine Marchive (au commercial).

Vinifié en cuve, ce petit-chablis est frais et lumineux, à l'image de sa jolie robe jaune paille. Le nez très fin s'ouvre sur un bouquet de fleurs blanches, de chèvrefeuille notamment. Les fruits blancs prennent le relais avec gourmandise dans une bouche ample et persistante, soulignée par un trait de pierre à fusil. Un vin droit et précis. ⧗ 2024-2027

⊶ *DOM. DES MALANDES, 11, rte d'Auxerre, 89800 Chablis, tél. 03 86 42 41 37, contact@domainedesmalandes.com* V *r.-v.*

DOM. DES MARRONNIERS 2022 ★

■	40 000	🍾	11 à 15 €

Créé en 1976 par Marie-Claude et Bernard Légland, ce domaine (21 ha en conversion bio) a été repris en 2013 par un autre couple, Marie-Noëlle et Laurent Ternynck. Ce ne sont pas des inconnus puisqu'ils sont déjà à la tête du Dom. de Mauperthuis, à Massangis, avec lequel ils collectionnent les étoiles du Guide.

Un vin de caractère, mais qui se démarque un peu de la typicité de l'appellation. Déjà par son nez aux tonalités de bord de mer, très marqué par les notes iodées. Dans le prolongement, la bouche est portée par l'acidité. Ce qui n'empêche pas une belle ampleur fruitée, sous tension minérale. Tout indiqué pour les fruits de mer. ⧗ 2024-2027

⊶ *DOM. DES MARRONNIERS, 3, Grande-Rue-de-Chablis, 89800 Préhy, tél. 03 86 41 42 70, contact@chablismarronniers.com* V *t.l.j. sf sam. dim. 8h30-12h 14h-17h* D

B DOM. ALAIN MATHIAS 2022 ★

■	10 000	🍾	15 à 20 €

En 1982, Alain Mathias, géomètre, devient vigneron, plante dans l'Yonne et participe à la renaissance du vignoble d'Épineuil. Il adopte graduellement la démarche bio et obtient la certification en 2015. Cette même année, son fils Bastien et sa belle-fille Carole, tous deux œnologues, ont pris les rênes de la propriété, qui couvre 12,5 ha à Épineuil et en Chablisien. Une petite structure de négoce complète l'activité depuis 2015.

Un long élevage en cuve (18 mois) pour aboutir à cette belle cuvée, vive et délicate. On découvre un nez d'une grande richesse aromatique avec ses arômes de fleurs (aubépine, jasmin, acacia) et d'agrumes. La bouche est souple et généreuse, avec un fond citronné qui contribue à sa vivacité. Un vin de plaisir qui finit sur une fraîcheur revigorante. ⧗ 2024-2027

BOURGOGNE

DOM. ALAIN MATHIAS, rte de Troyes, 89700 Épineuil, tél. 03 86 54 43 90, mail@domainealainmathias.com V *t.l.j. sf dim. lun. 9h-12h 14h-18h*

B J. MOREAU ET FILS 2022 ★

8 000 | 15 à 20 €

Difficile de s'y retrouver à Chablis entre toutes les familles Moreau. Fondé en 1814 par Jean-Joseph Moreau, ce négoce, le plus ancien du Chablisien et d'une régularité sans faille, est devenu propriété du groupe Boisset en 1997.

Un petit passage en fût pour cette cuvée bio nerveuse et énergique. D'abord discret, le nez s'ouvre sur des notes de noisette grillée, avant de butiner sur les fleurs blanches. La bouche est vive, salivante, très minérale, citronnée, pour finir sur la salinité. On prépare le plateau de fruits de mer. ⧗ 2024-2027

J. MOREAU ET FILS, 15, rte d'Auxerre, 89800 Chablis, tél. 03 86 42 88 00, depuydt.l@jmoreau-fils.com V

MOREAU-NAUDET 2022 ★★

21 950 | 20 à 30 €

Des ancêtres vignerons au XVIIes., et un aïeul, Alfred Naudet, chargé des délimitations de l'appellation. Le domaine naît du mariage, en 1950, de Marie Naudet avec René Moreau. En 1991, Stéphane Moreau arrive sur l'exploitation. Il porte la superficie du vignoble de 7 à 25 ha. Après son décès (2016), c'est Virginie, sa femme, qui dirige l'exploitation.

Typique et très séduisant, ce vin se situe dans le haut de gamme du millésime. Le nez floral et fruité donne le tempo de la dégustation. La bouche n'est pas en reste. La matière fruitée s'allonge sur un lit minéral. Un vin complet, à la fois riche, puissant, rond, vif et tendu, avec une belle fraîcheur en finale. ⧗ 2024-2028

MOREAU-NAUDET, 4, chem. de la Vallée-de-Valvan, 89800 Chablis, tél. 03 86 42 14 83, moreau.naudet@wanadoo.fr

DOM. MOSNIER 2022 ★

10 000 | 11 à 15 €

D'abord professeur de mécanique, Sylvain Mosnier, petit-fils de vignerons, a repris en 1978 les vignes de son grand-père et agrandi son domaine autour de Beine. Sa fille Stéphanie a quitté son métier d'ingénieure pour revenir en 2005 sur l'exploitation, qui compte aujourd'hui 18 ha. Elle vinifie depuis 2007 et dirige le domaine depuis 2013 et la retraite de son père.

Une belle expression de l'appellation avec ce nez minéral et crayeux qui témoigne du terroir argilo-calcaire. La bouche, ample et ronde, est dominée par les fruits jaunes, soulignée par la minéralité nécessaire à son équilibre. Fraîcheur et vivacité sont au rendez-vous. ⧗ 2024-2027

DOM. MOSNIER, 36, rte Nationale, 89800 Beine, tél. 06 06 49 71 51, contact@chablis-mosnier.com V *r.-v.*

DOM. DE LA MOTTE 2022 ★★

130 000 | 11 à 15 €

Henri Michaut a planté les premières vignes en 1947 et a été longtemps coopérateur à La Chablisienne. À sa suite, sa famille s'est lancée avec succès dans la vinification; aujourd'hui conduit par Adrien Michaut, le domaine couvre plus de 53 ha et s'est imposé comme une valeur sûre du Chablisien.

Adrien Michaut est un adepte des élevages mixtes (cuve et fût), y compris pour ses petit-chablis. Cette cuvée lui donne raison tant elle a séduit les dégustateurs. Au nez très aromatique de fruits frais et d'agrumes, succède une bouche charnue, croquante, où le gras de la matière épouse la minéralité. Un vin racé et très harmonieux. ⧗ 2024-2028

DOM. DE LA MOTTE, 35, rue du Ruisseau, 89800 Beine, tél. 03 86 42 43 71, caveau@chablis-michaut.fr V *t.l.j. sf mer. dim. 10h-12h 13h30-18h*

DOM. ORION Léa Schaller 2022 ★★

4 000 | 11 à 15 €

En 2019, Léa Schaller a repris l'exploitation familiale de ses parents et grands-parents, qui étaient membre de la cave coopérative de la Chablisienne. Le vignoble s'étend sur 10 ha à Préhy, cultivée dans une approche très raisonnée.

2022 est seulement le quatrième millésime de la jeune vigneronne Léa Schaller, qui signe ici une cuvée remarquable, élevée en cuves sur lies fines pendant 8 mois. Un petit-chablis qui a rallié les suffrages des dégustateurs pour sa précision, son élégance et sa richesse. Le nez s'ouvre sur des fruits jaunes bien mûrs avec des nuances minérales. Ample et ronde, la bouche est gorgée de fruits (mirabelle, agrumes), pour finir sur une note salivante et saline. Très harmonieux. ⧗ 2024-2028

DOM. ORION, 2, rue de Chantemerle, 89800 Préhy, tél. 06 13 76 47 26, lea@domaineorion.fr V *r.-v.*

DOM. PASSY LE CLOU 2022 ★★

12 000 | 15 à 20 €

La famille Patrice a créé le Dom. Patrice dans les années 1950. En 2017, Gérard Patrice a cédé le domaine aux Descombe (également propriétaire dans le Beaujolais et la vallée du Rhône), qui le renomme alors Dom. Passy le Clou.

Que du plaisir avec cette cuvée qui allie puissance et finesse. À la brillance de la robe jaune clair répond l'élégance du nez, centré sur des arômes subtils, floraux et fruités. L'attaque en bouche se fait sur le fruit mûr, croquant à souhait. La vivacité minérale arrive en soutien pour assurer l'équilibre. Un vin à la fois droit et soyeux, avec une belle fraîcheur. ⧗ 2024-2028

DOM. PASSY LE CLOU, 5, rue des Fossés, 89800 Beines, tél. 04 74 03 41 73, info@passyleclou.com

♥ DOM. DE PISSE-LOUP 2022 ★★

10 000 | 11 à 15 €

La lignée vigneronne remonte à la Révolution, mais le grand-père de Romuald Hugot avait arraché l'intégralité de ses vignes dans les années 1950. En 1985, le vigneron et son père ont replanté le vignoble, qui compte aujourd'hui 14 ha

aux environs de Chablis. « Pisse-Loup » est un lieu-dit proche de Beine, leur village.

Cette cuvée typée et racée exprime à merveille son terroir. D'abord discret, le nez s'ouvre sur le fruit avant d'aborder les notes minérales. En bouche, l'attaque est franche, nette, intense, sur un fruit qui tapisse le palais avec délicatesse. Un vin précis, tendu, harmonieux, tout en finesse. ⧗ 2024-2029

⊶ DOM. DE PISSE-LOUP, 30, rte Nationale, 89800 Beine, tél. 03 86 42 85 11, domaine.pisseloup@free.fr V r.-v.

B ISABELLE ET DENIS POMMIER
Hautérivien 2022 ★

57 000 | 11 à 15 €

Établis à Chablis, Isabelle et Denis Pommier exploitent un domaine de 23 ha créé en 1990 et très régulier en qualité. Après avoir conduit 15 ans leur vignoble en lutte raisonnée, ils ont obtenu la certification bio en 2014.

La minéralité est au rendez-vous de ce joli vin marqué par son terroir. Une minéralité déjà présente au nez après aération. En bouche, elle apporte son soutien, de l'équilibre et de la longueur, à une matière riche et ronde. ⧗ 2024-2027

⊶ ISABELLE ET DENIS POMMIER, 31, rue de Poinchy, 89800 Chablis, tél. 03 86 42 83 04, domaine@denis-pommier.com V r.-v.

DOM. SAVARY 2022 ★★

13 000 | 11 à 15 €

Installés dans le Chablisien en 1984 sur un domaine de poche (1 ha), Francine et Olivier Savary conduisent aujourd'hui un coquet vignoble de 20 ha.

Seulement 6 mois d'élevage en cuve pour ce joli chardonnay qui s'exprime sur la vivacité de sa jeunesse. Le nez associe les parfums de coquilles d'huîtres aux senteurs florales. La bouche se révèle satinée, très minérale, persistante et tendue. Un sans-faute. ⧗ 2024-2028

⊶ DOM. SAVARY, 4, chem. des Hâtes, 89800 Maligny, tél. 03 86 47 42 09, contact@chablis-savary.com V t.l.j. sf dim. 8h-12h 14h-17h30

DOM. SOUPÉ 2022 ★

2600 | 11 à 15 €

Un domaine familial de 15 ha conduit par les frères Soupé depuis 2012. À la carte, toutes les appellations chablisiennes, du petit-chablis aux grands crus.

Un vin bien équilibré qui réunit la fraîcheur, l'intensité et la typicité minérale d'un petit-chablis. Le nez, profond, passe en revue toute une palette d'arômes : pamplemousse, orange, cake, notes florales, iodées et miellées. La bouche se révèle onctueuse, ronde, soulignée par une fine acidité, pour finir sur la salinité. ⧗ 2024-2027

⊶ DOM. SOUPÉ, 1, rue de la Paix, ZA des Violettes, 89800 Chablis, tél. 03 86 52 79 50, contact@domainesoupe.com V r.-v.

MAISON OLIVIER TRICON 2022 ★

10 000 | 8 à 11 €

Un négociant chablisien renommé en France comme à l'étranger. Après avoir travaillé dans différents vignobles français et comme maître de chai sur le domaine familial, il a créé son affaire et racheté à sa famille l'important Dom. de Vauroux (46 ha avec des parcelles dans des 1ers crus réputés et en grand cru).

Un peu timide au nez, dont on retiendra la fraîcheur plus que les arômes, ce vin droit, tendu, sans détour, fait son lit sur une minéralité très pure. La vivacité est bien là en bouche, mais le fruit aussi, sous forme d'agrumes, avec une pointe d'amertume en finale qui ajoute à son dynamisme. ⧗ 2024-2027

⊶ MAISON OLIVIER TRICON, rte d'Avallon, BP 56, 89800 Chablis, tél. 03 86 42 10 37, commercial@olivier-tricon.com V t.l.j. sf sam. dim. 8h30-12h 13h30-17h

DOM. YVON ET LAURENT VOCORET 2022 ★★

26 666 | 11 à 15 €

Héritier d'une lignée remontant à 1707, conteur patoisant, bon vivant et pilier chablisien, Yvon Vocoret est une figure du vignoble. À la tête depuis 1980 du domaine familial (26 ha), situé à Maligny, il a passé le relais à son fils Laurent en 2011.

Toute l'élégance et la générosité du millésime transparaissent dans ce remarquable petit-chablis élevé pendant 10 mois en cuve Inox. Son nez de fruits blancs éveille les sens et invite à poursuivre la dégustation. La bouche apparaît ample, droite – « aiguisée », selon un dégustateur – et d'une grande fraîcheur minérale. Un vin racé et très équilibré. ⧗ 2024-2028

⊶ DOM. YVON ET LAURENT VOCORET, 9, chem. de Beaune, 89800 Maligny, tél. 03 86 47 51 60, domaine@yvon-laurent-vocoret.com V t.l.j. sf dim. 8h-12h 13h30-17h30; sam. sur r.-v.

B GUILLAUME VRIGNAUD 2022 ★

63 600 | 11 à 15 €

Les Vrignaud ont planté leurs premières vignes en 1955. Ils ont débuté en 1999 la vente en bouteilles avec l'arrivée de Guillaume à la tête du domaine et de ses 28 ha de vignes, conduits en bio.

Charmeur, ce vin se manifeste par une grande richesse aromatique. Le nez, d'abord citronné, évolue vers des nuances iodées de bord de mer. La bouche est vive, ample, toujours dominée par le citron, avec une acidité qui se fond dans la matière. Un vin tendu et d'une belle longueur. ⧗ 2024-2027

⊶ GUILLAUME VRIGNAUD, 10, rue de Beauvoir, 89800 Fontenay-près-Chablis, tél. 03 86 42 15 69, guillaume@domaine-vrignaud.com

♥ VINCENT WENGIER 2022 ★★

25 000 | 11 à 15 €

Un domaine familial de 28 ha situé dans le village de Préhy, au cœur du vignoble chablisien, repris en 1998 par Vincent Wengier et son épouse Sophie. La conversion bio est engagée depuis 2020.

Déjà gratifié d'un coup de cœur l'an dernier pour son chablis 2022, Vincent Wengier récidive avec son petit-chablis. Un vin d'une grande pureté, comme l'exprime, au

BOURGOGNE

premier contact, sa robe jaune pâle aux reflets verts. Le nez conjugue avec élégance les arômes de fleurs (aubépine) et les saveurs de fruits mûrs. En bouche, si l'attaque est minérale, les fruits exotiques se positionnent rapidement et infusent une matière ample, soyeuse et fraîche. Un vin percutant et persistant. ⧗ 2024-2029

VINCENT WENGIER, 45, Grande-Rue-de-Chablis, 89800 Préhy, tél. 06 51 22 77 39, dwengier@orange.fr V r.-v.

CHABLIS

Superficie : 3 150 ha / Production : 187 000 hl

Le chablis doit à son sol ses qualités inimitables de fraîcheur et de légèreté. Les années froides ou pluvieuses lui conviennent mal, son acidité devenant alors excessive. En revanche, il conserve lors des années chaudes une fraîcheur et une minéralité que n'ont pas les vins blancs de la Côte-d'Or, également issus du chardonnay. On le boit jeune, mais il peut vieillir jusqu'à dix ans et plus, gagnant ainsi en complexité.

VIGNOBLE ANGST Chatillons 2022 ★★

3000 | 15 à 20 €

Un domaine de création récente (2014), installé dans l'Yonne à Pontigny, village célèbre pour son abbaye cistercienne. Le vignoble de 11,8 ha est conduit par un jeune couple, Céline et Antoine Angst, qui ne sont pas issus du monde viticole. Un vignoble en cours de conversion bio.

Nous sommes sur une parcelle où les vignes ont été plantées depuis plus de 40 ans. Il n'est dès lors pas étonnant que la typicité du terroir trouve toute sa place dans cette cuvée remarquable. À un nez frais d'agrumes, agrémenté de notes mentholées, succède une bouche vive, tendue, d'une belle longueur. Un ensemble aussi harmonieux qu'énergique. ⧗ 2024-2029

VIGNOBLE ANGST, 1, rue Pasteur, 89230 Pontigny, tél. 06 68 36 27 75, vignobleangst@orange.fr t.l.j. 9h-18h30

DOM. BARAT 2022 ★

21000 | 15 à 20 €

Héritiers de six générations vigneronnes, Angèle Barat et son frère Ludovic ont pris la relève de leurs parents Joëlle et Michel en 2012 et conduisent un vignoble de 22 ha.

Un chablis classique, qui rassemble tous les critères de l'appellation par sa typicité et sa fraîcheur. Le nez, élégant, s'ouvre sur un bouquet de fleurs blanches. La bouche est à la fois ronde et tendue, avec des fruits jaunes tapissant le palais sur toute la longueur. Un vin de plaisir immédiat. ⧗ 2024-2027

DOM. BARAT, 6, rue de Léchet, 89800 Milly-Chablis, tél. 03 86 42 40 07, domaine.barat.angele@orange.fr V r.-v.

DOM. BEAUFUMÉ 2022 ★★★

16000 | 11 à 15 €

Bernard Beaufumé a quitté la cave coopérative, à laquelle le domaine a apporté ses raisins pendant 24 ans, pour vinifier désormais sa propre production, à partir de 18 ha de vignes, épaulé par son épouse Valérie.

Une cuvée d'une exceptionnelle richesse aromatique qui permet de passer en revue senteurs et saveurs avec un égal plaisir. Le nez butine entre les fruits jaunes et les fleurs blanches sur un fond minéral. Gourmande, la bouche n'est pas en reste. Elle croque dans les agrumes, croise des notes toastées, pour finir sur la fraîcheur. Un vin alerte, diablement friand, très printanier, mais atypique. ⧗ 2024-2029

DOM. BEAUFUMÉ, 5, rue des Vignes, 89800 Lignorelles, tél. 06 46 56 93 09, scevdomainebeaufume@orange.fr V r.-v.

♥ LA CHABLISIENNE Les Vénérables 2021 ★★

160446 | 15 à 20 €

Cave coopérative fondée en 1923 regroupant près de 300 vignerons et représentant un quart du vignoble de Chablis, La Chablisienne fête ses cent ans en 2023. Une structure moderne et performante qui contribue largement à la notoriété de l'appellation. Le grand cru Grenouilles est une de ses têtes d'affiche.

D'une belle intensité aromatique, le nez donne le ton avec une fine minéralité qui souligne la fraîcheur des agrumes. Concentrée, riche, gourmande de ces mêmes (pamplemousse, citron), la bouche va dans le même sens. Un vin parfaitement équilibré, onctueux, délicat, avec aussi beaucoup d'énergie. ⧗ 2024-2029

LA CHABLISIENNE, 8, bd Pasteur, 89800 Chablis, tél. 03 86 42 89 89, chab@chablisienne.fr V *t.l.j. 9h-19h*

EDMOND CHALMEAU ET FILS Les Monts Perriers 2022 ★

5600 | 11 à 15 €

Une ancienne famille vigneronne installée au cœur de Chitry : Franck Chalmeau a pris la suite de son père Edmond en 1991, avant d'être rejoint par son frère Sébastien. Un domaine passé peu à peu de la polyculture à la seule viticulture (17,5 ha) et devenu une référence en bourgogne Chitry, qui a aussi développé une activité de négoce.

Après aération, les notes citronnées parviennent à vaincre la discrétion du nez, avant d'être rejointes par des arômes de fleurs blanches. En bouche, c'est la vivacité minérale qui partage le pouvoir avec la salinité. Une belle fraîcheur d'ensemble. ⧗ 2024-2028

EDMOND CHALMEAU ET FILS, 20, rue du Ruisseau, 89530 Chitry, tél. 03 86 41 42 09, domaine.chalmeau@wanadoo.fr V r.-v.

MAISON DE LA CHAPELLE 2022 ★★

9000 | 20 à 30 €

Un jeune négoce créé en 2015 par Delphine et Grégory Viennois. La première est issue d'une famille de vignerons et a travaillé dans de grandes maisons de

Bourgogne. Le second, Bourguignon également et diplômé d'œnologie, présente un beau CV : il a appris le métier avec Nadine Gublin (Dom. Jacques Prieur) et Jean-Pierre de Smet (Dom. de l'Arlot), a vinifié au Ch. Smith-Haut-Lafitte, a été directeur technique de Michel Chapoutier et directeur général de Ferraton Père & Fils. Depuis 2011, il est directeur technique du Dom. Laroche à Chablis et suit comme consultant depuis 2006 la Quinta Do Monte d'Oiro au Portugal.

Le boisé de l'élevage en fût est parfaitement maîtrisé dans cette cuvée de caractère qui allie puissance et délicatesse. Le nez, élégant, s'ouvre sur des senteurs florales légèrement mentholées. La bouche est ample, généreuse, gourmande, portée par la minéralité en finale. Un vin très harmonieux. ⧗ 2024-2029

MAISON DE LA CHAPELLE, 24, rue du Serein, 89800 La Chapelle-Vaupelteigne, tél. 06 98 45 22 10, contact@vins-maisondelachapelle.fr V r.-v.

♥ DOM. DE CHAUDE ÉCUELLE 2022 ★★

13 683 | 8 à 11 €

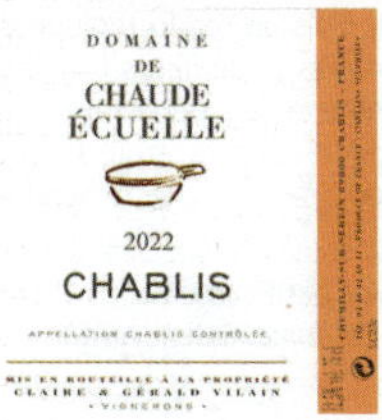

La famille Vilain est installée dans le Chablisien depuis plusieurs générations, sur 33 ha. « Chaude Écuelle » est un lieu-dit où sont plantées certaines vignes du domaine. Ces parcelles, éloignées des habitations, obligeaient jadis les vignerons à emporter leur repas, qu'ils réchauffaient sur place dans des écuelles de terre cuite.

Jaune clair à reflets verts, la robe de ce chardonnay signe son territoire. Le nez, intense, fait parler le terroir avec ses arômes de fruits jaunes bien mûrs et la fraîcheur des agrumes. Droite, tendue, d'une grande pureté minérale, la bouche prolonge le plaisir. Les notes citronnées restent le fil conducteur pour favoriser la vivacité. Une cuvée expressive et pleine d'allant. On applaudit. ⧗ 2024-2029

DOM. DE CHAUDE ÉCUELLE, 35, Grande-Rue, 89800 Chemilly-sur-Serein, tél. 03 86 42 40 44, chablisecuelle@gmail.com V r.-v.

DOM. DE LA CÔTE DE FASSE 2022 ★★

26 855 | 11 à 15 €

Un domaine de 22 ha (sur des terroirs hétérogènes) fondé en 1989 par Françoise Gagnepain et deux de ses enfants, Laurent et Isabelle. Ces derniers sont désormais aux commandes, épaulés par Paul, fils de Laurent.

Un élevage court (4 mois) en cuve Inox pour aboutir à cette cuvée d'une grande pureté minérale. Le nez citronné et frais donne un avant goût de sa vivacité. L'attaque se fait, avec gourmandise, sur les fruits jaunes. L'acidité persistante assure l'équilibre et une belle longueur. Un vin typé et très plaisant. ⧗ 2024-2029

Cuvée Paul 2022 ★★ (11 à 15 €; 1901 b.) Un élevage court en fût de chêne pour ce chablis qui affiche une belle élégance olfactive, sur des notes florales. Ronde et minérale à la fois, la bouche s'exprime toutefois surtout sur sa fraîcheur. ⧗ 2024-2029

DOM. DE LA CÔTE DE FASSE, voie du Gain, 89800 Beine, tél. 03 86 42 46 85, gaec.gagnepain@orange.fr V *t.l.j. sf sam. dim. 9h-12h 14h-18h*

COURTAULT-MICHELET
La Croix Saint-Augustin Vieilles Vignes 2022 ★

5 500 | 15 à 20 €

Originaire de Touraine, Jean-Claude Courtault arrive dans le Chablisien en 1984 et s'installe à Lignorelles pour fonder son domaine. En parallèle, sa fille Stéphanie et son mari Vincent Michelet développent leur propre domaine en 2008, avant de fusionner les deux entités en 2021 en créant le Dom. Courtault-Michelet : 27 ha aujourd'hui, complétés par une activité de négoce.

Tout le terroir argilo-calcaire remonte à la surface de cette jolie cuvée issue de vieilles vignes. Un vin bien structuré, plus expressif en bouche qu'au nez. Fruits jaunes et agrumes infusent une matière de bonne densité, avec une trame minérale qui apporte la vivacité. Un ensemble très frais et bien équilibré. ⧗ 2024-2028

COURTAULT-MICHELET, 1, rte de Montfort, 89800 Lignorelles, tél. 03 86 47 50 59, chablis@courtault-michelet.com V r.-v.

DOM. SÉBASTIEN DAMPT 2022 ★★

30 000 | 11 à 15 €

Installé à Chablis, Sébastien Dampt, fils de Daniel Dampt, vigneron à Milly, conduit depuis 2007 son propre domaine de 89 ha. Sous l'enseigne « Maison Dampt », il a ouvert une maison de négoce qu'il dirige avec son frère Vincent.

Quelle élégance ! Quelle pureté ! Ce chablis est en tout point remarquable. Le nez de fleurs blanches flirte avec les agrumes et la minéralité. La bouche est délicate, tendre, d'une grande finesse, avec une palette d'arômes qui s'expriment en harmonie (fleurs, agrumes, touche lactique), agrémentée d'un trait de minéralité soulignant cette cuvée d'une grande longueur. ⧗ 2024-2029

DOM. SÉBASTIEN DAMPT, 23C, rue du Ch., 89800 Milly, tél. 03 86 18 96 50, seb.dampt@wanadoo.fr V r.-v.

AGNÈS, DIDIER ET FLORENT DAUVISSAT
Les Petits Vignerons 2022 ★

4 000 | 15 à 20 €

Installés à Beine, Agnès et Didier Dauvissat, qui ont créé leur domaine en 1987, ont compris que l'amélioration de la qualité passait aussi par le travail dans les vignes. C'est ainsi qu'ils sont revenus au labour de leurs 13,2 ha pour préserver le terroir. Leur fils Florent les a rejoints en 2012. À leur carte, du petit-chablis, chablis, chablis 1er cru, du bourgogne rouge et du crémant.

Un chablis dans toute l'expression de son terroir, offrant une minéralité très présente qui apporte droiture et pureté. Le nez est élégant avec ses notes citronnées qui s'ajoutent aux arômes de fleurs blanches. En bouche, c'est le fruit (agrumes) qui s'installe, soutenu par un boisé discret et une pointe d'acidité. ⧗ 2024-2029

AGNÈS, DIDIER ET FLORENT DAUVISSAT, chem. de Beauroy, 89800 Beine, tél. 03 86 42 46 40, domainedauvissat@gmail.com V r.-v.

JEAN-PAUL ET BENOÎT DROIN 2022 ★★

70 000 | 15 à 20 €

Chez les Droin, on est vigneron de père en fils depuis 1620. Si Jean-Paul Droin est devenu l'historien du vignoble de Chablis, son fils Benoît a apporté sa patte à cette exploitation de 26 ha à partir de 2002. Un domaine d'une admirable régularité, qui collectionne les coups de cœur, notamment dans les grands crus.

Un chablis digne d'un grand cru. Benoît Droin met aussi son talent au service de la gamme «générique». Le nez, très floral (aubépine, tilleul, pivoine), joue les séducteurs. Ample, généreuse, la bouche prolonge le plaisir. On croque avec gourmandise dans le fruit blanc, avant de finir sur une fine salinité et une minéralité subtile qui apportent l'équilibre et la longueur. 2024-2030

JEAN-PAUL ET BENOÎT DROIN, 14 bis, rue Jean-Jaurès, BP 19, 89800 Chablis, tél. 03 86 42 16 78, benoit@jeanpaulbenoit-droin.fr

B DOM. DUPLESSIS 2022 ★★

17 540 | 15 à 20 €

Les Duplessis cultivent la vigne depuis cinq générations à Chablis. C'est aujourd'hui Lilian qui conduit le domaine et ses 10 ha de vignes répartis en une vingtaine de parcelles et certifiés bio depuis 2013.

On a l'impression d'être sur les cailloux du kimméridgien lorsqu'on déguste cette cuvée imprégnée de son terroir. Le nez, d'expression florale, côtoie le silex. Le signe annonciateur d'une minéralité bien présente en bouche, où les agrumes mûrs apportent de la rondeur. Un vin bien équilibré et très élégant. 2024-2029

DOM. DUPLESSIS, 5, quai de Reugny, 89800 Chablis, tél. 03 86 42 10 35, contact@chablis-duplessis.com V r.-v.

B DOM. NATHALIE ET GILLES FÈVRE Vieilles Vignes 2022 ★★

13 000 | 15 à 20 €

Dix générations de vignerons depuis le XVIIIᵉs. et des coopérateurs de père en fils depuis 1923. En 2004, Nathalie et Gilles Fèvre, tous deux œnologues, ont pris la décision de valoriser leur propre production en bouteilles. Ils sont désormais à la tête d'un domaine de 53 ha, en bio depuis 2019.

Des vieilles vignes, cela suscite le respect, d'autant qu'elles apportent générosité et rondeur à ce 2022 d'une grande richesse aromatique. Le nez, délicat, est à la fois floral (chèvrefeuille, acacia) et minéral (pierre à fusil). Les agrumes s'installent durablement en bouche pour donner la réplique à une trame minérale et iodée. Un vin droit, typé et racé. 2024-2029

DOM. NATHALIE ET GILLES FÈVRE, rte de Chablis, 89800 Fontenay-près-Chablis, tél. 03 86 18 94 47, domaine@nathalieetgillesfevre.com V r.-v.

DOM. FOURNILLON 2021 ★

17 500 | 11 à 15 €

Conduit depuis 2004 par Pascal Fournillon, ce domaine familial couvre 25 ha sur les coteaux du Chablisien, d'Épineuil et de Bernouil dans le Tonnerrois. Fierté des Fournillon, la «Vigne de l'Empereur», parcelle de chardonnay préphylloxérique, plantée en 1835, est toujours présente sur la propriété.

Un millésime 2021 qui a dû patienter en cuve pendant 25 mois, ce qui n'enlève rien à sa vivacité. Le nez, intense, s'ouvre sur des notes florales et fruitées (citron confit). Du gras et du fruit mûr se manifestent en bouche, avec une agréable fraîcheur minérale en soutien. Un vin classique et très plaisant. 2024-2028

DOM. FOURNILLON, 34, Grande-Rue, 89360 Bernouil, tél. 03 86 55 50 96, contact@domaine-fournillon.com V *t.l.j. 8h-12h30 13h30-19h*

DOM. DES GENÈVES 2022 ★

40 000 | 11 à 15 €

La famille Aufrère cultive la vigne depuis cinq générations. Le domaine actuel a été constitué en 1988 par Dominique Aufrère à partir de vignes familiales et il couvre aujourd'hui 22 ha. Stéphane, l'un de ses deux fils, l'a rejoint en 1993, et conduit désormais la propriété.

De ce chablis, on retiendra la franchise, l'élégance et la pureté. Pas d'excentricité, mais un rendu typique de son terroir. Un joli nez d'agrumes et de fleurs blanches précède une bouche gourmande et persistante, où des notes iodées se fondent dans le fruit (citron, pêche, ananas), avec un beau final sur la minéralité. 2024-2028

DOM. DES GENÈVES, 3, rue des Fourneaux, 89800 Fleys, tél. 03 86 42 10 15, domainegeneves@wanadoo.fr V *r.-v.*

B DOM. JEAN GOULLEY ET FILS 2022 ★

40 000 | 15 à 20 €

Le domaine a été créé en 1985 quand Philippe Goulley a rejoint son père Jean sur la structure familiale. Il s'est équipé d'une cuverie et s'est agrandi, passant de 6 à 19 ha aujourd'hui, entièrement conduit en bio certifié. Maud, fille de Philippe, a pris le relais en 2016.

Un chablis droit et tendu. Le nez, vif et minéral, donne le ton, quelques notes florales et mentholées lui apportant de l'élégance. La bouche suit le même sillon. Souple et ample, elle évolue ensuite sur le fruit mûr, tendance exotique. Typique de l'appellation. 2024-2028

DOM. JEAN GOULLEY ET FILS, 11bis, vallée des Rosiers, 89800 La-Chapelle-Vaupelteigne, tél. 03 86 42 40 85, phil.goulley@orange.fr V *r.-v.*

DOM. GRAND ROCHE 2022 ★

30 000 | 15 à 20 €

Érick Lavallée, comptable devenu céréalier, a planté en 1987 un vignoble de 10 ha à Saint-Bris. Il en a porté la superficie à 22 ha et produit du bourgogne Côtes d'Auxerre, du bourgogne-aligoté, du saint-bris, du chablis et du chablis 1ᵉʳ cru. Caroline et Clément Lavallée ont désormais pris la suite.

C'est l'un des tout premiers millésimes présenté par Caroline et Clément Lavallée, qui ont repris le domaine familial. Un chablis très réussi, d'une grande richesse aromatique. Le nez, puissant, s'exprime sur des arômes de fleurs blanches et de fruits mûrs. La bouche est gourmande, ronde, soutenue par la minéralité. Un joli «vin de plaisir». 2024-2028

DOM. GRAND ROCHE, 5, rue des Coteux, 89530 Saint-Bris-le-Vineux, tél. 03 86 53 84 07, vignoble2vallees@gmail.com r.-v.

GRIVOT-GOISOT Cuvée Héritage 2022 ★

17 000 | 15 à 20 €

Très ancienne famille vigneronne établie à Saint-Bris, les Goisot cultivent la vigne depuis le XVᵉs., mais la production de bouteilles date de 1947 avec Serge, relayé à partir de 1991 par Anne et Arnaud Goisot et depuis 2020 par leurs enfants Anabelle Goisot et René Grivot, à la tête aujourd'hui de 27,5 ha. Un domaine régulier en qualité.

Un élevage atypique (deux tiers en jarre, un tiers en fût) chez ce vigneron de Saint-Bris qui a produit cette cuvée spéciale. Avec succès si l'on en juge par les appréciations : un joli nez de fleurs blanches; une bouche agréablement fruitée soutenue par une acidité citronnée. Bref, une cuvée typique de l'appellation, avec beaucoup de fraîcheur et un bel équilibre. 2024-2029

DOM. GRIVOT-GOISOT, 3, rue de Bougeilles, 89530 Saint-Bris-le-Vineux, tél. 03 86 53 32 15, contact@grivot-goisot.com r.-v.

♥ DOM. CÉLINE ET FRÉDÉRIC GUEGUEN La Vigne de 1975 2022 ★★★

8 000 | 20 à 30 €

Frédéric Gueguen et son épouse, Céline, fille de Jean-Marc Brocard, ont d'abord travaillé pour le compte de ce dernier, notamment au Dom. des Chenevières, avant de décider de voler de leurs propres ailes en 2013. Ils conduisent aujourd'hui un vignoble de 36 ha dans le Chablisien et l'Auxerrois, dont ils ont engagé la conversion bio.

1975, c'est l'année de plantaison des vignes à l'origine de cette cuvée d'exception, à la fois puissante et délicate, tendue et soyeuse, qui fera l'unanimité auprès des amateurs de chablis. Au nez, la fraîcheur minérale soutient les arômes d'agrumes. Un fruité miellé vient tapisser une bouche grasse et onctueuse, stimulée par une belle minéralité qui lui donne de la profondeur et de la persistance. Du niveau d'un 1ᵉʳ cru, conclut le jury. 2024-2030

DOM. CÉLINE ET FRÉDÉRIC GUEGUEN, 5 bis, rue Jules-Rathier, 89800 Chablis, tél. 03 86 81 52 56, contact@chablis-gueguen.fr t.l.j. sf mer. 10h-19h

LYDIE HEIMBOURGER Secret 2023 ★★

10 000 | 11 à 15 €

Lydie Heimbourger cultive 8 ha de vieilles vignes sur les communes de Courgis, Préhy et Chablis, à partir desquels elle propose du petit-chablis, du chablis et des chablis 1ᵉʳˢ crus Beauregard et Montmain.

Une jeune cuvée issue d'un parcellaire confidentiel, avec seulement 6 mois d'élevage en cuve, et déjà une belle énergie s'en dégage. Le nez, très expressif, mêle fleurs blanches, fruits jaunes et bonbon arlequin. Le fruit jaune (nectarine) s'installe dans une bouche ample et gourmande. On y retrouve des saveurs d'agrumes pour ajouter de la complexité à ce vin atypique mais remarquable de finesse et d'équilibre. 2024-2029

LYDIE HEIMBOURGER, 25, rue de la-Porte-de-Coulon, 89800 Saint-Cyr-les-Colons, tél. 06 35 26 49 44, heimbourger@wanadoo.fr r.-v.

DOM. HEIMBOURGER Cuvée Pierre 2022 ★

2 000 | 11 à 15 €

Installée dans l'Yonne, la famille Heimbourger cultive la vigne depuis trois générations. Le domaine a été constitué en 1960 par Pierre Heimbourger et repris en 1994 par son fils Olivier. Il couvre 17 ha dans les appellations bourgogne, irancy et chablis.

Une belle robe jaune pâle à reflets verts habille ce chardonnay élevé en fût. Un classique de l'appellation avec son nez qui se partage entre les senteurs florales et la minéralité. La bouche est plus complexe avec son côté lactique et un boisé bien fondu qui enrobe les agrumes. La minéralité apporte de la fraîcheur. 2025-2030

DOM. HEIMBOURGER, 25, rue de la Porte-de-Coulon, 89800 Saint-Cyr-les-Colons, tél. 03 86 41 40 88, heimbourger@wanadoo.fr r.-v.

THIERRY LAFFAY ET FILLES Vieilles Vignes 2022 ★

6 400 | 11 à 15 €

À partir de 1978, la famille Laffay s'est mise à replanter en vigne ses terres en appellation. Aujourd'hui, Mélanie et Maïlys Laffay, établies au centre de Chablis, ont pris la suite de leur père Thierry et produisent sur 7 ha des vins principalement vendus à une clientèle particulière.

Un vin très minéral, vif et tendu. Pour autant les fleurs blanches sont bien présentes au nez. En bouche, l'attaque est franche, sur des saveurs d'agrumes. L'acidité fait le reste pour assurer l'équilibre. Un chablis racé, avec du tonus. 2024-2029

THIERRY LAFFAY ET FILLES, 20, rue Paul-Bert, 89800 Chablis, tél. 06 82 17 11 74, laffay.thierry@free.fr r.-v.

LAMBLIN ET FILS 2022 ★★

65 000 | 15 à 20 €

Le village de Maligny se situe au nord de l'aire d'appellation chablis. La famille Lamblin y est établie depuis 1690 et douze générations. Autant dire que cette maison de négoce fait partie des incontournables du vignoble chablisien.

Typé et racé, ce chablis élégant coche toutes les cases de l'appellation. Le nez, discret, s'exprime sur des notes mentholées et minérales. Les fruits exotiques et les agrumes prennent possession d'une bouche vive, d'une grande fraîcheur, à laquelle la tension minérale donne de la profondeur. 2024-2030

LAMBLIN ET FILS, 1, rue Marguerite-de-Bourgogne, 89800 Maligny, tél. 03 86 98 22 00, infovin@lamblin.com t.l.j. sf dim. 8h-12h 14h-17h

BOURGOGNE

Ⓑ LA MANUFACTURE 2022 ★★

9000 | 20 à 30 €

Issu d'une famille bien connue dans le Chablisien, enracinée dans la région depuis le XVIIe s., Benjamin Laroche, après avoir travaillé à la direction commerciale de plusieurs maisons, entre Bourgogne, Rhône et Languedoc, a créé en 2014 sa maison de négoce à Chablis.

Benjamin Laroche signe un chablis bio remarquable, qui a bénéficié d'un élevage mixte (cuve et fût), dont 25 % de la récolte passés en demi-muids. Un vin généreux et délicat avec son nez beurré mais vif, sa bouche à la fois ronde et minérale. Tout le terroir est dans la bouteille. Un vin harmonieux, avec en prime une belle longueur. ⧗ 2025-2030 **Vieilles Vignes 2022 ★ (20 à 30 € ; 2000 b.)** Ⓑ Floral et citronné au nez, vif et tendu en bouche, un chablis expressif, alerte et bien équilibré. ⧗ 2024-2028

LA MANUFACTURE, 40, rte d'Auxerre, 89800 Chablis, tél. 03 86 32 19 50, contact@lamanufacture-vins.fr

Ⓑ DOM. ALAIN MATHIAS 2022 ★

19000 | 20 à 30 €

En 1982, Alain Mathias, géomètre, devient vigneron, plante dans l'Yonne et participe à la renaissance du vignoble d'Épineuil. Il adopte graduellement la démarche bio et obtient la certification en 2015. Cette même année, son fils Bastien et sa belle-fille Carole, tous deux œnologues, ont pris les rênes de la propriété, qui couvre 12,5 ha à Épineuil et en Chablisien. Une petite structure de négoce complète l'activité depuis 2015.

Il a toutes les qualités d'un vin de bonne garde, ce chablis au caractère bien trempé. 18 mois d'élevage entre la cuve et le fût ne sont pas étrangers à sa personnalité. Le nez, intense, s'ouvre sur des arômes de fleurs blanches et de coing sur un fond boisé fondu. En bouche, c'est la minéralité qui sert de guide, accompagnant le fruit sur toute la longueur. Un chablis persistant et bien équilibré. ⧗ 2025-2030

DOM. ALAIN MATHIAS, rte de Troyes, 89700 Épineuil, tél. 03 86 54 43 90, mail@domainealainmathias.com V t.l.j. sf dim. lun. 9h-12h 14h-18h

DOM. MAUPA 2022 ★

2610 | 11 à 15 €

Consacré essentiellement à l'appellation chablis, ce domaine, transmis de père en fils depuis six générations, est situé dans le joli village de Chichée, au sud-est de Chablis. Bruno Maurice est aux commandes depuis 1996, rejoint en 2020 par ses deux enfants.

Le nez s'ouvre sur des notes citronnées qui évoluent, à l'aération, vers le fruit mûr et la minéralité. Franche et suave à l'attaque, la bouche est soulignée sur sa longueur par un trait de fraîcheur minérale bien dans le style de l'appellation. ⧗ 2024-2028

DOM. MAUPA, 6, rte de Chablis, 89800 Chichée, tél. 06 35 55 02 74, domainemaupa@yahoo.com V r.-v.

BAUDOIN MILLET Intensément 2022 ★

20000 | 15 à 20 €

Philippe Millet, jeune agriculteur beauceron, s'installe à Tonnerre dans les années 1960 et crée son domaine en 1980, à la ferme de Marcault. Ses fils Baudouin et Paterne ont pris en 2002 sa succession. Leur domaine couvre 14 ha, dont 9 ha en petit-chablis, complété par une activité de négoce.

Un nez fort séduisant entre les arômes de fleurs blanches (aubépine) et des notes toastées et anisées. La bouche, tout aussi charmante, fait parler la minéralité, qui donne la réplique à un joli fruité. On retrouve la fraîcheur anisée du nez pour finir sur la salinité. Une belle palette aromatique. ⧗ 2024-2029

DOM. MILLET, Ferme de Marcault, 89700 Tonnerre, tél. 03 86 75 92 56, intensement@chablis-millet.com V r.-v.

MOREAU-NAUDET 2022 ★★

70000 | 20 à 30 €

Des ancêtres vignerons au XVIIe s., et un aïeul, Alfred Naudet, chargé des délimitations de l'appellation. Le domaine naît du mariage, en 1950, de Marie Naudet avec René Moreau. En 1991, Stéphane Moreau arrive sur l'exploitation. Il porte la superficie du vignoble de 7 à 25 ha. Après son décès (2016), c'est Virginie, sa femme, qui dirige l'exploitation.

Cette remarquable cuvée a été élevée en cuve Inox pendant 16 mois. Le nez, d'une grande pureté, évoque les fruits blancs bien mûrs. Un fruit gourmand qui prend d'emblée possession d'une bouche délicate et longue, parfaitement servie par une belle acidité qui lui donne du relief. Un chablis bien typé, qui finit sur la vivacité. ⧗ 2024-2029

MOREAU-NAUDET, 4, chem. de la Vallée-de-Valvan, 89800 Chablis, tél. 03 86 42 14 83, moreau.naudet@wanadoo.fr

DOM. MOSNIER Vieilles Vignes 2022 ★★

10000 | 15 à 20 €

D'abord professeur de mécanique, Sylvain Mosnier, petit-fils de vignerons, a repris en 1978 les vignes de son grand-père et agrandi son domaine autour de Beine. Sa fille Stéphanie a quitté son métier d'ingénieure pour revenir en 2005 sur l'exploitation, qui compte aujourd'hui 18 ha. Elle vinifie depuis 2007 et dirige le domaine depuis 2013 et la retraite de son père.

Discret au premier nez, ce chablis gagne en complexité après aération : la palette d'arômes floraux et fruités est portée par la fraîcheur minérale. Une minéralité qui trace le parcours d'une bouche d'abord gourmande et ronde, plus vive dans son développement. Un vin droit, élancé, de grande harmonie. ⧗ 2024-2029

DOM. MOSNIER, 36, rte Nationale, 89800 Beine, tél. 06 06 49 71 51, contact@chablis-mosnier.com V r.-v.

♥ CHARLY NICOLLE Ante MCMLXXX 2022 ★★

10500 | 15 à 20 €

Les arrière-grands-parents de Charly Nicolle cultivaient déjà la vigne. À la suite des générations précédentes, le jeune vigneron s'est lancé dans l'aventure. Installé à Fleys, à l'est de Chablis, il a créé son propre domaine en 2011, choyant ses 17 ha de

chardonnay, et s'est imposé comme une valeur sûre du Chablisien.
Une des toutes meilleures cuvées de l'appellation issue de vignes plantées avant 1980. La séduction commence au nez où les arômes citronnés et miellés sont soulignés par une nuance légèrement boisée. Dans le même registre aromatique, le palais, ample, riche et gras, trouve de la vivacité en finale. La puissance alliée à la finesse. ⧗ 2025-2030

CHARLY NICOLLE, 17, rue des Prégirots, 89800 Fleys, tél. 09 54 94 40 83, contact@chablis-charlynicolle.com V r.-v.

♥ DOM. LAURENT ET CÉLINE NOTTON 2022 ★★★

| | 9 000 | | 11 à 15 € |

Laurent Notton et son épouse, Céline, se sont installés en 2005 sur les terres de Chichée, avec 2,5 ha de vignes. Ils se sont progressivement agrandis et conduisent aujourd'hui un vignoble de 17 ha, complété en 2019 par une activité de négoce sous la marque Maison Jean Notton.
Ce chablis d'un seyant jaune doré aux reflets verts commence par taper dans l'œil. L'élégance se poursuit au nez où les épices stimulent les arômes citronnés. La bouche est généreuse, tout en rondeur, soyeuse. Puis la tension minérale entre en scène pour assurer l'équilibre. Au final, des notes iodées accentuent la fraîcheur. Un vin droit, sans détour, d'une harmonie souveraine. ⧗ 2024-2030

DOM. LAURENT ET CÉLINE NOTTON, 4, imp. Saint-Paul, 89800 Chichée, tél. 06 81 03 98 66, domaine.notton@gmail.com V r.-v.

RÉGNARD Saint-Pierre 2022 ★★

| | 100 000 | | 15 à 20 € |

La maison Régnard (négoce et domaine) a pignon sur rue à Chablis depuis 1860. Elle a été rachetée en 1984 par le Baron Patrick de Ladoucette, bien connu dans le Centre-Loire, également présent dans d'autres vignobles, notamment bourguignons.
Une cuvée très harmonieuse dédiée à l'église Saint-Pierre de Chablis. L'intensité aromatique est déjà perceptible au nez, où les arômes d'agrumes se fondent dans des nuances mentholées. Ample et ronde, la bouche se nourrit de fruits confits et de notes lactiques et beurrées qui accompagnent le support minéral. ⧗ 2024-2029

RÉGNARD, 28, bd Tacussel, 89800 Chablis, tél. 03 86 42 10 45, regnard.chablis@regnard-chablis.fr V *t.l.j. 10h-13h 14h-18h*

♥ DOM. SAVARY Hommage Cuvée Raymond Bachelier 2022 ★★★

| | 3 000 | | 15 à 20 € |

Installés dans le Chablisien en 1984 sur un domaine de poche (1 ha), Francine et Olivier Savary conduisent aujourd'hui un coquet vignoble de 20 ha.
Une cuvée confidentielle en hommage à Raymond Bachelier, l'aïeul de la famille. Pas de vinification particulière, mais un terroir d'exception sur la commune de Villy pour aboutir à ce vin… exceptionnel. Le nez, élégant, est un bouquet élégant de fleurs blanches. La tension minérale traverse une bouche ample, soyeuse, gourmande en diable, tapissée de fruits mûrs. Un vin racé, d'une grande pureté. ⧗ 2024-2030 **2022 ★★ (11 à 15 €; 90 000 b.)** De ce vin, on retiendra surtout son côté gourmand avec une matière qui tapisse bien le palais sur un fond floral et brioché, avec des notes citronnées et une belle acidité qui apportent de la profondeur. ⧗ 2024-2029 **Sélection Vieilles Vignes 2022 ★★ (15 à 20 €; 15 000 b.)** Le boisé de cette cuvée vinifiée en demi-muid pendant 9 mois est bien fondu. Les agrumes ont pris le pouvoir aussi bien au nez qu'en bouche. Un vin rond, gourmand, transporté par la minéralité. L'équilibre est parfait. ⧗ 2025-2030

DOM. SAVARY, 4, chem. des Hâtes, 89800 Maligny, tél. 03 86 47 42 09, contact@chablis-savary.com V *t.l.j. sf dim. 8h-12h 14h-17h30*

CAMILLE ET LAURENT SCHALLER 2022 ★

| | 25 000 | | 11 à 15 € |

De 1980 à 2014, ce domaine vendait ses moûts à la coopérative. L'arrivée de Camille, fils de Laurent Schaller, change la donne et le premier vin élaboré à la propriété sort la même année de la toute nouvelle cuverie.
Ce vin équilibré, reflétant bien son terroir, dévoile un côté minéral et vif qui s'exprime tout du long. Le nez, intense, associe des notes de silex aux arômes d'agrumes. La bouche est puissante, droite, tendue, étirée sur toute sa longueur par l'acidité. ⧗ 2024-2029

CAMILLE ET LAURENT SCHALLER, 20, Grande-Rue-de-Chablis, 89800 Préhy, tél. 06 81 85 07 95, domaine@chablis-schaller.com V r.-v.

DANIEL SÉGUINOT ET FILLES Deuxmoizelles 2022 ★

| | 11 900 | | 11 à 15 € |

Établi à Maligny, Daniel Séguinot a créé en 1971 un petit domaine à partir de vignes familiales, qu'il a progressivement développé. Aujourd'hui, ses filles, Émilie, depuis 2003, et Laurence, depuis 2008, assurent la continuité du vignoble, qui compte 25 ha.
Les Deuxmoizelles, Émilie et Laurence Séguinot, signent une belle cette cuvée au nez intense, à la fois floral et fruité. Des saveurs de fruits jaunes prennent possession de la bouche, où la vivacité minérale garantit la fraîcheur. ⧗ 2024-2028

DOM. DANIEL SÉGUINOT ET FILLES, 3, rte de Tonnerre, 89800 Maligny, tél. 03 86 47 51 40, domaine.danielseguinot@wanadoo.fr V r.-v.

DOM. SERVIN 2022 ★

| | 180 000 | | 11 à 15 € |

Fondé au XVIIe s., ce domaine de près de 38 ha conduit aujourd'hui par François Servin possède des parcelles dans quatre des sept grands crus de Chablis. Ses vins sont régulièrement mentionnés dans le Guide.

Solaire, chaleureux, harmonieux : ces trois termes résument cette agréable cuvée. Le nez s'ouvre sur des tendances exotiques, puis sur des arômes d'agrumes et de minéralité. La bouche se révèle ample, grasse, mais aussi bien ciselée, portée sur sa longueur par l'acidité pour finir sur une note iodée. Un ensemble «très chablis». ⧗ 2024-2029

DOM. SERVIN, 20, av. d'Oberwesel, 89800 Chablis, tél. 03 86 18 90 00, contact@servin.fr V *t.l.j. sf sam. dim. 9h-12h 13h30-17h30*

DOM. LE VERGER 2022 ★

| 6000 | | 15 à 20 € |

Perpétuant une tradition viticole remontant à 1850, Alain Geoffroy, figure du vignoble chablisien, conduit un important domaine de 50 ha dont le siège est à Beine, village de la rive gauche du Serein, à l'ouest de Chablis. Pour la vinification, il privilégie l'élevage en cuve afin de préserver la fraîcheur des chablis.

La fleur et le fruit se disputent le devant de la scène dans cette cuvée bien équilibrée. Le nez n'est que fraîcheur avec ses notes d'agrumes et ses senteurs d'aubépine. Des arômes qui animent aussi la bouche, avec un joli trait de minéralité pour renforcer la vivacité. Toute la typicité du terroir. ⧗ 2024-2028

DOM. ALAIN GEOFFROY (LE VERGER), 4, rue de l'Équerre, 89800 Beine, tél. 03 86 42 43 76, info@chablis-geoffroy.com V *t.l.j. sf sam. dim. 8h-12h 13h30-18h*

DOM. VERRET 2022 ★

| 18500 | | 11 à 15 € |

La famille Verret cultive la vigne depuis deux siècles et demi dans l'Yonne. Pionnier dans le vignoble de l'Auxerrois pour la mise en bouteilles et la commercialisation directe pratiquées dès les années 1950, ce vaste domaine (60 ha) demeuré familial fréquente très régulièrement les pages du Guide, notamment pour ses irancy, saint-bris, bourgognes Côtes d'Auxerre et bourgogne-aligoté.

Très élégant de la tête aux pieds dans sa joie robe jaune pâle, ce chablis est un séducteur. Son nez flatteur évoque un bouquet de fleurs blanches. La bouche est au diapason, agrémentée de saveurs d'agrumes et d'une agréable tension minérale qui apporte fraîcheur et vivacité. Très plaisant et bien équilibré. ⧗ 2024-2028

DOM. VERRET, 7, rte de Champs, 89530 Saint-Bris-le-Vineux, tél. 03 86 53 31 81, dverret@domaineverret.com V *t.l.j. sf dim. 10h-12h 14h-18h* E

B GUILLAUME VRIGNAUD 2022 ★

| 82266 | | 15 à 20 € |

Les Vrignaud ont planté leurs premières vignes en 1955. Ils ont débuté en 1999 la vente en bouteilles avec l'arrivée de Guillaume à la tête du domaine et de ses 28 ha de vignes, conduits en bio.

Cette cuvée d'une belle finesse, bien ciselée, dévoile un nez complexe, sur les fleurs blanches, le citron et la pierre à fusil. Des arômes qui continuent à s'exprimer dans une bouche fraîche et délicate, qui ne manque ni de gras, ni de densité. La tension minérale fait le reste. ⧗ 2024-2029

GUILLAUME VRIGNAUD, 10, rue de Beauvoir, 89800 Fontenay-près-Chablis, tél. 03 86 42 15 69, guillaume@domaine-vrignaud.com

CHABLIS PREMIER CRU

Superficie : 770 ha / Production : 43 900 hl

Le chablis 1er cru provient d'une trentaine de lieux-dits sélectionnés pour leur situation et la qualité de leurs produits. Il diffère du précédent moins par une maturité supérieure du raisin que par un bouquet plus complexe et plus persistant, où se mêlent des arômes de miel d'acacia, un soupçon d'iode et des nuances végétales. Le rendement est limité à 50 hl à l'hectare. Tous les vignerons s'accordent à situer l'apogée du chablis 1er cru vers la cinquième année, lorsqu'il «noisette». Les *climats* les plus complets sont Montée de Tonnerre, Fourchaume, Mont de Milieu, Forêt ou Butteaux, et Côte de Léchet.

DOM. BILLAUD-SIMON Mont de Milieu 2022 ★

| 13000 | | 30 à 50 € |

Un domaine historique de Chablis, fondé en 1815, qui a connu un grand développement après 1945 (première mise en bouteille à la propriété en 1954). Aujourd'hui, près de 22 ha et toute la hiérarchie des appellations du Chablisien, avec un bel éventail de 1ers crus et de grands crus prestigieux. En 2014, la propriété a été vendue à la maison nuitonne Faiveley. Une valeur sûre du Guide.

Un 1er cru de la rive droite du Serein qui demande de la patience en raison d'une minéralité bien présente. Elle est accompagnée au nez d'arômes De fleurs blanches, d'agrumes et de notes beurrées. La bouche évolue sur la fraîcheur minérale, renforcée par des nuances citronnées. Un vin vif mais bien équilibré. ⧗ 2026-2032

DOM. BILLAUD-SIMON, 1, quai de Reugny, 89800 Chablis, tél. 03 86 42 10 33, contact@billaud-simon.com

LA CHABLISIENNE Les Lys 2021 ★★

| 4985 | | 20 à 30 € |

Cave coopérative fondée en 1923 regroupant près de 300 vignerons et représentant un quart du vignoble de Chablis, La Chablisienne fête ses cent ans en 2023. Une structure moderne et performante qui contribue largement à la notoriété de l'appellation. Le grand cru Grenouilles est une de ses têtes d'affiche.

Une très belle réalisation de la cave coopérative au terme d'un élevage mixte (cuve et fût). Le nez, net et précis, voyage entre les fleurs blanches et les saveurs briochées. La bouche, ample et gourmande de fruits blancs, est transportée par la minéralité; une tension qui étire ce vin harmonieux sur toute sa longueur. Un beau 1er cru de garde. ⧗ 2027-2035

LA CHABLISIENNE, 8, bd Pasteur, 89800 Chablis, tél. 03 86 42 89 89, chab@chablisienne.fr V *t.l.j. 9h-19h*

EDMOND CHALMEAU ET FILS
Les Butteaux 2022 ★

| 1500 | 20 à 30 € |

Une ancienne famille vigneronne installée au cœur de Chitry : Franck Chalmeau a pris la suite de son père Edmond en 1991, avant d'être rejoint par son frère Sébastien. Un domaine passé peu à peu de la polyculture à la seule viticulture (17,5 ha) et devenu une référence en bourgogne Chitry, qui a aussi développé une activité de négoce.

Une parcelle située dans les Montmains que le vigneron vinifie seulement pour la deuxième fois. Avec succès si l'on en croit les appréciations du jury : un nez discret certes, mais délicat, qui libère des arômes floraux et beurrés, une bouche souple, persistante, où la tension minérale vient soutenir le fruit. ⧗ 2024-2030

EDMOND CHALMEAU ET FILS, 20, rue du Ruisseau, 89530 Chitry, tél. 03 86 41 42 09, domaine.chalmeau@wanadoo.fr V *r.-v.*

DOM. DE CHANTEMERLE
L'Homme mort 2022 ★

| 1668 | 15 à 20 € |

La Chapelle-Vaupelteigne s'étire dans la vallée du Serein, en aval de Chablis. Adhémar Boudin y a créé son domaine au début des années 1960. Son fils Francis a pris la suite en 1980 et s'attache à faire des vins qui parlent de leur terroir à partir d'un vignoble de 20 ha.

Ce 1er cru de la famille des Fourchaume dévoile un nez assez discret, qui s'ouvre à l'aération sur les fleurs blanches. D'une belle longueur, la bouche se partage entre les saveurs citronnées et la minéralité. ⧗ 2024-2029

DOM. DE CHANTEMERLE, 27, rue du Serein, 89800 La Chapelle-Vaupelteigne, tél. 03 86 42 18 95, dom.chantemerle@orange.fr V *t.l.j. sf dim. 9h-12h 13h30-18h*

♥ DOM. DU CHARDONNAY
Montmains 2022 ★★

| 7000 | 15 à 20 € |

Installés à partir de 1987 sur 35 ha, Étienne Boileau, William Nahan et Christian Simon ont fait de ce domaine une des valeurs sûres du vignoble chablisien. En 2019, ils ont passé la main à Arnaud Nahan, fils de William, et à son associé Thomas Labille.

Toute l'élégance et la finesse d'un Montmains dans ce 1er cru racé, typé, ciselé comme une lame de couteau. Le nez, d'une grande richesse aromatique, passe des arômes de fleurs blanches aux agrumes et aux notes grillées. C'est au cœur d'une bouche ample et charnue que la minéralité s'impose au milieu des agrumes (citron, mandarine). Une tension qui apporte de la fraîcheur et une grande allonge. ⧗ 2027-2034

DOM. DU CHARDONNAY, rue Laffitte, 89800 Chablis, tél. 03 86 42 48 03, info@domaine-du-chardonnay.fr V *r.-v.*

DOM. DE CHAUDE ÉCUELLE Montmains 2022 ★

| 5840 | 15 à 20 € |

La famille Vilain est installée dans le Chablisien depuis plusieurs générations, sur 33 ha. «Chaude Écuelle» est un lieu-dit où sont plantées certaines vignes du domaine. Ces parcelles, éloignées des habitations, obligeaient jadis les vignerons à emporter leur repas, qu'ils réchauffaient sur place dans des écuelles de terre cuite.

Un classique de l'appellation avec sa jolie robe jaune dorée aux reflets verts. D'une belle finesse, le nez explore la pêche de vigne. C'est aussi le fruit qui domine dans une bouche ample, charnue, légèrement lactique, soutenue par l'acidité. Un vin de terroir bien équilibré. ⧗ 2025-2032

DOM. DE CHAUDE ÉCUELLE, 35, Grande-Rue, 89800 Chemilly-sur-Serein, tél. 03 86 42 40 44, chablisecuelle@gmail.com V *r.-v.*

DOM. CHEVALLIER Montmains 2022 ★★★

| 2400 | 20 à 30 € |

Héritière d'une lignée de vignerons installés à Montallery depuis 1788, Céline Chevallier exploite, à la suite de son père Claude en 2020, 17 ha au sud d'Auxerre, en appellations petit-chablis, chablis et chablis 1er cru.

Ce chardonnay a ravi le palais des dégustateurs. Élevé en fût pendant 10 mois, il s'exprime avec franchise en passant par toutes les cases de l'appellation. Au nez floral et printanier succède une bouche tout aussi séduisante, adossée à un boisé parfaitement fondu qui habille le fruit et par une minéralité qui étire longuement la finale. ⧗ 2027-2035

CLAUDE CHEVALLIER, 6, rue de l'École, Montallery, 89290 Venoy, tél. 03 86 40 25 71, contact@chevallier-chablis.com V *t.l.j. sf sam. dim. 9h-12h30 14h-17h30*

JEAN COLLET ET FILS Montée de Tonnerre 2022 ★

| 12500 | 20 à 30 € |

La famille Collet piochait déjà le kimméridgien en 1792. Romain, le petit dernier d'une dynastie de vignerons chablisiens (fils de Gilles, petit-fils de Jean), est depuis 2009 aux commandes de l'exploitation familiale : 40 ha en conversion bio.

Tout proche de la côte des grands crus, cette zone est bien marquée par son terroir. La minéralité est omniprésente. Associée au nez aux senteurs florales et aux notes briochées, elle soutient une bouche ample et généreuse, dominée par les agrumes. Des nuances mentholées et épicées ajoutent de la fraîcheur. Un sans-faute. ⧗ 2027-2034

JEAN COLLET ET FILS, 15, av. de la Liberté, 89800 Chablis, tél. 03 86 42 11 93, contact@domaine-collet.fr V *t.l.j. sf dim. 8h30-12h 13h30-18h*

COURTAULT-MICHELET Fourchaume 2022 ★★

| 3000 | 20 à 30 € |

Originaire de Touraine, Jean-Claude Courtault arrive dans le Chablisien en 1984 et s'installe à Lignorelles pour fonder son domaine. En parallèle, sa fille Stéphanie et son mari Vincent Michelet développent leur propre domaine en 2008, avant de fusionner les deux entités en 2021 en créant le Dom. Courtault-Michelet : 27 ha aujourd'hui, complétés par une activité de négoce.

Une très belle expression dans ce 1er cru de la rive droite particulièrement élégant. Le nez s'ouvre délicatement sur

BOURGOGNE

les arômes de fleurs blanches associés à des nuances minérales et beurrées. Quant à la bouche, elle conjugue volume, rondeur et fraîcheur pour finir sur une tension qui signe sa droiture. ⧗ 2027-2034

COURTAULT-MICHELET, 1, rte de Montfort, 89800 Lignorelles, tél. 03 86 47 50 59, chablis@courtault-michelet.com V r.-v.

DOM. SÉBASTIEN DAMPT
Les Beugnons 2022 ★★

2100 | 20 à 30 €

Installé à Chablis, Sébastien Dampt, fils de Daniel Dampt, vigneron à Milly, conduit depuis 2007 son propre domaine de 89 ha. Sous l'enseigne «Maison Dampt», il a ouvert une maison de négoce qu'il dirige avec son frère Vincent.

De la famille des Vaillons, ce 1er cru a été élevé en cuve béton sous forme d'œuf pendant 12 mois. Une particularité qui mérite d'être soulignée vu le résultat obtenu au terme de la vinification : un vin gourmand et très harmonieux. Délicat, le nez s'exprime sur des senteurs florales. La bouche parle davantage : attaque franche sur les agrumes, salinité, tension minérale. Ce vin a tout pour plaire. ⧗ 2027-2034 **Côte de Léchet 2022 ★ (20 à 30 €; 5000 b.)** Un élevage en cuve Inox pour ce vin charmeur. Fruits secs, brioche et amandes dominent les arômes à l'olfaction. En bouche, les agrumes prennent le relais, apportent une agréable fraîcheur. ⧗ 2026-2032

DOM. SÉBASTIEN DAMPT, 23C, rue du Ch., 89800 Milly, tél. 03 86 18 96 50, seb.dampt@wanadoo.fr V r.-v.

DOM. VINCENT DAMPT Côte de Lechet 2022 ★

6000 | 20 à 30 €

Fils de Daniel Dampt, Vincent Dampt s'est installé en 2004 à Milly, près de Chablis, sur une superficie de 3,5 ha plantée par son grand-père, portée à 10 ha aujourd'hui. Les vinifications se font en cuve Inox «pour préserver l'identité de chaque terroir».

«Un chardonnay-soleil», indique un dégustateur pour souligner la typicité de ce vin bien ancré à son terroir. Le nez, d'une belle complexité aromatique, est stimulé par des arômes floraux et des notes d'agrumes. La bouche, ample et ronde, est soutenue par une acidité bien maîtrisée. Un vin harmonieux. ⧗ 2026-2032 **Vaillons 2022 ★ (20 à 30 €; 4000 b.)** Un vin droit qui tarde à s'exprimer, mais il devient aussi délicat que généreux dès qu'il s'est libéré. Il demande encore un peu de patience. ⧗ 2027-2032

DOM. VINCENT DAMPT, 19, rue de Champlain, Milly, 89800 Chablis, tél. 03 86 42 47 23, vincent.dampt@sfr.fr V r.-v.

♥ DANIEL DAMPT ET FILS Beauroy 2022 ★★

2500 | 20 à 30 €

Issu d'une lignée enracinée dans l'Yonne depuis un siècle et demi, Daniel Dampt a créé son domaine en 1985 conjointement avec Jean Defaix, son beau-père. Il l'a repris à son compte en 1992 avant de bénéficier du renfort de ses deux fils, Vincent en 2002 et Sébastien en 2005. Le vignoble couvre 20 ha.

Un vin droit et bien typé, dont la séduction commence au nez : fleurs blanches, fruits jaunes, notes beurrées. La bouche est généreuse et naturellement gourmande, avec ces mêmes saveurs beurrées qui épousent les agrumes. L'acidité fait le reste pour assurer longueur et équilibre. Imparable. ⧗ 2027-2034 **Les Vaillons 2022 ★ (20 à 30 €; 13000 b.)** Tout en finesse et d'une grande pureté minérale. Typique de l'appellation. ⧗ 2024-2029

DANIEL DAMPT ET FILS, 1, chem. des Violettes, Milly, 89800 Chablis, tél. 03 86 42 47 23, domaine.dampt.defaix@wanadoo.fr V r.-v.

AGNÈS, DIDIER ET FLORENT DAUVISSAT
Beauroy 2022 ★

12000 | 15 à 20 €

Installés à Beine, Agnès et Didier Dauvissat, qui ont créé leur domaine en 1987, ont compris que l'amélioration de la qualité passait aussi par le travail dans les vignes. C'est ainsi qu'ils sont revenus au labour de leurs 13,2 ha pour préserver le terroir. Leur fils Florent les a rejoints en 2012. À leur carte, du petit-chablis, chablis, chablis 1er cru, du bourgogne rouge et du crémant.

Bien équilibré, prometteur, ce vin dégage beaucoup de finesse. Certes, le premier nez est discret, mais les senteurs florales se libèrent avec élégance après aération. La bouche est plus expressive, bien typée, avec de la rondeur et un côté acidulé qui apporte de la fraîcheur. Très plaisant. ⧗ 2026-2032

AGNÈS, DIDIER ET FLORENT DAUVISSAT, chem. de Beauroy, 89800 Beine, tél. 03 86 42 46 40, domainedauvissat@gmail.com V r.-v.

CLOTILDE DAVENNE Vaucoupin 2022 ★

n.c. | 20 à 30 €

Cette vigneronne œnologue a travaillé chez Jean-Marc Brocard avant de créer en 2004 son exploitation au sud de Chablis : une mosaïque de 30 ha plantés de tous les cépages bourguignons. Elle privilégie les élevages en cuve, quel que soit le cépage, pour préserver la subtilité du terroir. Une activité de négoce complète la gamme de vins issus de la Bourgogne septentrionale.

Frais et délicat, ce Vaucoupin est un beau représentant de son terroir et une expression aboutie du chardonnay. Le nez, bien ouvert, libère des arômes de fruits jaunes. La bouche, ample et gourmande, légèrement beurrée, est rafraîchie par une pointe d'acidité qui apporte de la persistance. ⧗ 2027-2032

DOM. CLOTILDE DAVENNE, 3, rue de Chantemerle, 89800 Préhy, tél. 03 86 41 46 05, serviceclient@clotildedavenne.fr V r.-v. 5

♥ JEAN-PAUL ET BENOÎT DROIN Vaillons 2022 ★★

30000 | 20 à 30 €

Chez les Droin, on est vigneron de père en fils depuis 1620. Si Jean-Paul Droin est devenu l'historien du vignoble de Chablis, son fils Benoît a apporté sa patte à cette

exploitation de 26 ha à partir de 2002. Un domaine d'une admirable régularité, qui collectionne les coups de cœur, notamment dans les grands crus.

Après un Montée de Tonnerre 2021, c'est un Vaillons 2022 qui se trouve distingué d'un nouveau coup de cœur. On n'arrête plus Benoît Droin... Cette cuvée d'une grande richesse aromatique et gustative répond à tous les critères d'un grand vin. Le nez s'exprime sur la fraîcheur des zestes de citron, les fruits jaunes et le miel. Quant à la bouche, c'est un régal : ample, ronde, soyeuse, à la fois beurrée et acidulée, portée par un boisé bien fondu et par des notes iodées comme feu d'artifice final. Un vin généreux et d'une grande pureté. ⧗ 2028-2035 ■ **Montmains 2022 ★ (20 à 30 €; 19000 b.)** Un vin bien équilibré, minéral et fruité au nez, dense et soyeux en bouche. ⧗ 2027-2032

JEAN-PAUL ET BENOÎT DROIN, 14 bis, rue Jean-Jaurès, BP 19, 89800 Chablis, tél. 03 86 42 16 78, benoit@jeanpaulbenoit-droin.fr

DOM. DUPLESSIS Montmains 2021 ★

■ | 8650 | | 20 à 30 €

Les Duplessis cultivent la vigne depuis cinq générations à Chablis. C'est aujourd'hui Lilian qui conduit le domaine et ses 10 ha de vignes répartis en une vingtaine de parcelles et certifiés bio depuis 2013.

Beaucoup de complicité entre le vin et le bois dans cette cuvée typique de son terroir. Une robe jaune pâle et brillante, un nez de fruits blancs avec des notes vanillées, l'approche est séduisante. On retrouve ces arômes enrichis de fruits exotiques dans une bouche d'une belle rondeur, adossée à un boisé bien fondu, avant de finir sur la minéralité. ⧗ 2027-2034

DOM. DUPLESSIS, 5, quai de Reugny, 89800 Chablis, tél. 03 86 42 10 35, contact@chablis-duplessis.com V r.-v.

DURUP Vau de Vey 2022 ★

■ | 3000 | | 20 à 30 €

Les Durup sont établis à Maligny depuis... 1560. Jean Durup a repris en 1968 l'exploitation familiale qui comptait alors seulement 2 ha. Aujourd'hui, il conduit près de 200 ha de vignes sur différents terroirs de Chablis. C'est le domaine indépendant le plus vaste de Bourgogne.

Un vin typé qui est bien entré dans le costume de son appellation. Le nez complexe libère à la fois des arômes de fleurs et de fruits sans négliger la minéralité et les notes épicées. La tension minérale irrigue une bouche qui s'exprime surtout sur la vivacité. Un ensemble énergique et frais. ⧗ 2027-2032

JEAN DURUP PÈRE ET FILS, 4, Grande-Rue, 89800 Maligny, tél. 03 86 47 44 49, contact@domainesdurup.com V *t.l.j. sf sam. dim. 8h-12h 13h30-16h45*

DOM. FEUILLEBOIS ET FILS Vaillons 2022 ★★

■ | 1800 | | 20 à 30 €

Représentant la quatrième génération de viticulteurs sur le domaine familial, les frères Damien et Sylvain Feuillebois sont aux commandes depuis 2013, mais ne signent leurs premières bouteilles sur la propriété qu'avec le millésime 2020.

Un élevage mixte très abouti pour ce 1er cru de la rive gauche qui ne triche pas et qui a l'élégance d'un bouquet de fleurs et la pureté minérale de son terroir. En bouche, la matière soyeuse est portée par les agrumes et une belle acidité. Un vin délicat, alerte, droit, long, très harmonieux. ⧗ 2027-2035

DOM. FEUILLEBOIS ET FILS, 12, rue Robert-Schuman, 89800 Chablis, tél. 06 63 79 90 30, chablis@domaine-feuillebois.fr V *r.-v.*

DOM. NATHALIE ET GILLES FÈVRE Fourchaume 2022 ★

■ | 24000 | | 30 à 50 €

Dix générations de vignerons depuis le XVIIIe s. et des coopérateurs de père en fils depuis 1923. En 2004, Nathalie et Gilles Fèvre, tous deux œnologues, ont pris la décision de valoriser leur propre production en bouteilles. Ils sont désormais à la tête d'un domaine de 53 ha, en bio depuis 2019.

12 mois de cuve pour ce vin d'une grande richesse aromatique. Le nez élégant s'ouvre sur les fruits blancs à maturité sur bond beurré et brioché. Ample en attaque, la bouche est ronde, soyeuse, imprégnée de la minéralité des lieux. Que demander de plus ? ⧗ 2026-2032 ■ **Vaulorent 2022 ★ (30 à 50 €; 10000 b.)** Une cuvée qui ne manque pas d'énergie. Derrière le nez floral et fruité, la bouche s'exprime sur la vivacité des agrumes acidulés et une minéralité saline. Un boisé bien fondu arrondit l'ensemble. ⧗ 2026-2032

DOM. NATHALIE ET GILLES FÈVRE, rte de Chablis, 89800 Fontenay-près-Chablis, tél. 03 86 18 94 47, domaine@nathalieetgillesfevre.com V *r.-v.*

CH. DE FLEYS Mont de Milieu 2022 ★★

■ | 13759 | | 20 à 30 €

Le premier de la lignée, Julien Philippon, venu du Morvan, s'installe en 1868 comme bûcheron et constitue peu à peu le domaine familial. Son héritier André achète en 1988 le château de Fleys, un ancien pavillon de chasse. Une belle vitrine qu'il a transmise à ses enfants Béatrice, Benoît et Olivier avec un vignoble de 30 ha implanté à l'est de Chablis, sur la rive droite du Serein.

L'élevage uniquement en cuve Inox pendant 15 mois laisse beaucoup de liberté à ce chardonnay, qui exprime pleinement son terroir. Le nez, intense, est citronné, minéral et acidulé. En bouche, c'est l'acidité qui domine. Elle donne la réplique à une matière ronde et charnue pour assurer l'équilibre. Un vin soyeux, très élégant et très frais à la fois. ⧗ 2027-2034 ■ **Les Fourneaux 2022 ★ (20 à 30 €; 3960 b.)** Le passage en fût est bien maîtrisé. Il n'enlève rien à la finesse de cette cuvée au nez floral et fruité, ample et délicate en bouche. ⧗ 2026-2032

CH. DE FLEYS, 2, rue des Fourneaux, 89800 Fleys, tél. 03 86 42 47 70, contact@philippon.com V *r.-v.*

DOM. FOURREY Vaillons 2022 ★★

■ | 5900 | | 20 à 30 €

À Milly, la propriété est adossée au coteau des Lys et à la Côte de Léchet. Héritier de trois générations de vignerons, Jean-Luc Fourrey a repris le domaine familial et ses 26 ha de vignes en 1992. Il conduit son

BOURGOGNE

vignoble en Haute Valeur Environnementale et, pratiquant des élevages longs et, il cherche à faire des vins équilibrés et puissants.

Pas la peine de se précipiter; vu sa richesse, ce 1er cru peut séjourner en cave. Le nez complexe associe les arômes de fruits jaunes à des notes lactées et beurrées. En bouche, la minéralité donne la réplique aux fruits secs et aux raisins mûrs. Un vin puissant, généreux, qui ne manque ni de droiture ni de longueur. ⧗ 2027-2034

⊶ DOM. FOURREY, 6, rue du Château, Milly, 89800 Chablis, tél. 03 86 42 14 80, contact@domaine-fourrey.com V r.-v.

DOM. ALAIN ET CYRIL GAUTHERON
Montmains Vieilles Vignes 2022 ★

	1500		20 à 30 €

Vignerons de père en fils depuis 1809, les Gautheron sont établis à l'est de Chablis. Alain, installé en 1977, représente la sixième génération et Cyril, arrivé en 2001, la septième. Le père et le fils exploitent un domaine qui s'est agrandi (il est passé de 8 à 32 ha entre 1977 et aujourd'hui) et modernisé. Une belle régularité en chablis et en petit-chablis.

On se croirait dans un verger d'agrumes en abordant ce 1er cru élégant et très généreux. Vinifié en cuves puis en fûts de chêne, il se distingue aussi par sa fraîcheur minérale. Le palais, ample et gras, est soutenu par un boisé bien fondu. La finale est longue et chaleureuse. Un profil solaire. ⧗ 2026-2032 ■ **Vaillons 2022 ★ (20 à 30 €; 1000 b.)** Des arômes de fruits frais embaument le nez. Le prélude à une bouche qui s'exprime surtout sur la vivacité, sur une fine acidité aux tonalités citronnées. ⧗ 2026-2030

⊶ DOM. ALAIN ET CYRIL GAUTHERON, 18, rue des Prégirots, 89800 Fleys, tél. 03 86 42 44 34, vins@chablis-gautheron.com V *t.l.j. 8h-12h 13h30-17h30; sam. dim. sur r.-v.*

DOM. DES GENÈVES Les Fourneaux 2022 ★

	9000		15 à 20 €

La famille Aufrère cultive la vigne depuis cinq générations. Le domaine actuel a été constitué en 1988 par Dominique Aufrère à partir de vignes familiales et il couvre aujourd'hui 22 ha. Stéphane, l'un de ses deux fils, l'a rejoint en 1993, et conduit désormais la propriété.

Un nez élégant qui s'ouvre sur des senteurs de fleurs blanches, une bouche généreuse où le fruit occupe toute sa place, une belle vivacité née de la minéralité, et on obtient ce vin friand, plaisant, bien représentatif de son terroir. ⧗ 2025-2030

⊶ DOM. DES GENÈVES, 3, rue des Fourneaux, 89800 Fleys, tél. 03 86 42 10 15, domainegeneves@wanadoo.fr V *r.-v.*

LYDIE HEIMBOURGER
Montmains Premier secret 2022 ★

	2500		15 à 20 €

Lydie Heimbourger cultive 8 ha de vieilles vignes sur les communes de Courgis, Préhy et Chablis, à partir desquels elle propose du petit-chablis, du chablis et des chablis 1ers crus Beauregard et Montmain.

Un petit parcellaire confidentiel planté de vieilles vignes pour cette cuvée persistante et pleine de fraîcheur. Un vin qui trace sa route, tendu, élégant, témoin de son terroir. Le nez délicat de fleurs blanches précède une bouche ample et bien équilibrée, étirée en finale par des notes salines. ⧗ 2026-2032

⊶ LYDIE HEIMBOURGER, 25, rue de la-Porte-de-Coulon, 89800 Saint-Cyr-les-Colons, tél. 06 35 26 49 44, heimbourger@wanadoo.fr V *r.-v.*

DOM. JEAN JACQUIN ET FILS
Montée de Tonnerre 2022 ★

	1250		20 à 30 €

Jean Jacquin est parti à la retraite en 2007 en laissant les clés de l'exploitation familiale à son fils Jean-Michel, associé avec sa mère. Le produit des 7,6 ha de vignes est désormais vendu en bouteilles.

Beaucoup de caractère et de vivacité dans cette cuvée. La minéralité et les fruits jaunes, bien mûrs, assurent l'intensité et l'élégance du nez. En bouche, le gras donne la réplique à l'acidité du pamplemousse et des nuances de fruits exotiques qui contribuent à son charme et à sa fraîcheur. ⧗ 2026-2032

⊶ DOM. JEAN JACQUIN ET FILS, 32, rue de Chichée, 89800 Chablis, tél. 03 86 42 16 32, domainejacquin@gmail.com V *t.l.j. 8h-20h*

LAMBLIN ET FILS Fourchaume 2022 ★

	20800		20 à 30 €

Le village de Maligny se situe au nord de l'aire d'appellation chablis. La famille Lamblin y est établie depuis 1690 et douze générations. Autant dire que cette maison de négoce fait partie des incontournables du vignoble chablisien.

Plutôt discret, le nez évoque les agrumes et l'abricot. Ronde, suave et ample, la bouche s'étire jusqu'à une finale fraîche, empreinte de saveurs de fruits jaunes. ⧗ 2025-2030

⊶ LAMBLIN ET FILS, 1, rue Marguerite-de-Bourgogne, 89800 Maligny, tél. 03 86 98 22 00, infovin@lamblin.com V *t.l.j. sf dim. 8h-12h 14h-17h*

DOM. LAROCHE
Les Vaillons Vieilles Vignes 2022 ★★

	18000		30 à 50 €

Négociant et producteur, Michel Laroche est l'une des figures du Chablisien. Fort d'un vignoble passé de 6 ha à la fin des années 1960 à 90 ha aujourd'hui, le domaine – fondé en 1850 – a son siège à l'Obédiencerie, un ancien monastère bâti au-dessus d'un caveau du IXe s. ayant abrité les reliques de saint Martin. Une signature incontournable des vins de Chablis, entrée en 2009 dans le giron du groupe Advini. Michel Laroche se consacre désormais à sa nouvelle propriété créée à partir de vignes familiales, le Dom. d'Henri.

Une cuvée élevée à 90 % en fût de chêne. Le nez témoigne d'un boisé sans excès qui se fond dans les arômes de fruits jaunes et de fleurs blanches. En bouche, des notes briochées épousent une matière charnue soutenue par la minéralité sur toute sa longueur. Un vin très harmonieux, aromatique, soyeux et vif à la fois. ⧗ 2027-2034

⊶ *DOM. LAROCHE, 22, rue Louis-Bro, 89800 Chablis, tél. 03 86 42 89 00, info@larochewines.com* V t.l.j. sf dim. 10h-12h30 13h30-18h

DOM. ROLAND LAVANTUREUX
Vau de Vey 2022 ★

■	7000		30 à 50 €

Valeur sûre du Guide, cette exploitation est située à Lignorelles, aux confins nord du Chablisien. Après un stage au fameux Clos des Lambrays, Arnaud Lavantureux a rejoint son père Roland sur le domaine de 21 ha où il assure depuis 2010 les vinifications. Son frère David gère quant à lui le développement commercial. Une structure de négoce complète la production.

Un élevage mixte (cuve et fût) pour aboutir à ce vin complexe et généreux., qui séduit d'emblée avec son nez associant le grillé et les fruits à chair blanche. À la fois ample et vive, la bouche se repose sur les agrumes et une agréable minéralité qui répond au gras du fruit. Un bel équilibre. ⧗ 2027-2032

⊶ *DOM. ROLAND LAVANTUREUX, 4, rue Saint-Martin, 89800 Lignorelles, tél. 07 65 15 12 12, domaine.lavantureux@gmail.com* V r.-v.

B DOM. DES MALANDES Montmains 2022 ★

■	9000		30 à 50 €

Une valeur sûre du vignoble chablisien, qui collectionne les coups de cœur du Guide. Un domaine créé en 1949 par André Tremblay, couvrant aujourd'hui 30 ha (en bio). Lyne Marchive, fille du fondateur, l'a dirigé seule de 1972 à 2018, date de la reprise par ses enfants Richard Rottiers (à la direction) et Amandine Marchive (au commercial).

Au départ discret, ce vin ne tarde pas à séduire par la finesse de son nez qui s'ouvre sur des senteurs de fleurs blanches, puis de pomme fraîche. La bouche est harmonieuse, avec une attaque vive, une belle persistance aromatique, une finale sur des notes poivrées. ⧗ 2026-2032 ■ **Côte de Léchet 2022 ★ (30 à 50 €; 9500 b.)** B Issu de la rive gauche, ce Côte de Léchet a été vinifié en cuve inox. Un vin bien typé, frais, alerte, à dominante minérale et saline. Parfait pour les fruits de mer. ⧗ 2025-2030 ■ **Fourchaume 2022 ★ (30 à 50 €; 10000 b.)** B Un boisé bien intégré dans cette cuvée droite et tendue, qui a trouvé son équilibre entre le fruit et la minéralité. ⧗ 2026-2032

⊶ *DOM. DES MALANDES, 11, rte d'Auxerre, 89800 Chablis, tél. 03 86 42 41 37, contact@domainedesmalandes.com* V r.-v.

B DOM. ALAIN MATHIAS Vau de Vey 2021 ★

■	1600		20 à 30 €

En 1982, Alain Mathias, géomètre, devient vigneron, plante dans l'Yonne et participe à la renaissance du vignoble d'Épineuil. Il adopte graduellement la démarche bio et obtient la certification en 2015. Cette même année, son fils Bastien et sa belle-fille Carole, tous deux œnologues, ont pris les rênes de la propriété, qui couvre 12,5 ha à Épineuil et en Chablisien. Une petite structure de négoce complète l'activité depuis 2015.

Un élevage en fût et en jarre pour cette cuvée de caractère, au boisé bien fondu. Il a apporté de la complexité au nez, qui mêle les fruits blancs aux saveurs vanillées. Tout aussi présent en bouche, le boisé supporte à la fois la rondeur du fruit mûr et la fraîcheur minérale. Un beau vin de garde. ⧗ 2027-2034

⊶ *DOM. ALAIN MATHIAS, rte de Troyes, 89700 Épineuil, tél. 03 86 54 43 90, mail@domainealainmathias.com* V t.l.j. sf dim. lun. 9h-12h 14h-18h

DOM. DE LA MEULIÈRE
Les Fourneaux 2022 ★★

■	15620		20 à 30 €

Neuf générations de vignerons se sont succédé sur ce domaine dont l'origine remonte à 1774. C'est Ulysse qui débuta la mise en bouteilles au domaine, en 1926. Depuis 2000, ce sont les frères Laroche, Nicolas (au chai) et Vincent (à la vigne), qui gèrent l'exploitation située à Fleys, au sud-est de Chablis, et ses 30 ha de vignes.

Fraîcheur, élégance, vivacité : trois mots pour résumer cette remarquable cuvée, très représentative de son terroir. Les senteurs florales, d'une grande finesse, caractérisent le nez. En bouche, la minéralité s'harmonise avec la rondeur du fruit. Un vin à la fois tendu, ample, d'une finesse de texture remarquée et d'une longueur épatante. ⧗ 2027-2034 ■ **Montée de Tonnerre 2021 ★ (20 à 30 €; 650 b.)** La minéralité trace le chemin de cette cuvée à la fois vive et charnue, dominée par des arômes de fruits blancs. ⧗ 2025-2030 ■ **Fourchaume 2021 ★ (20 à 30 €; 1040 b.)** Un nez frais et floral, une bouche gourmande, à la fois ronde et minérale, l'équilibre est très assuré dans ce Fourchaume. ⧗ 2025-2030

⊶ *DOM. DE LA MEULIÈRE, 18, rte de Mont-de-Milieu, BP 25, 89800 Fleys, tél. 03 86 42 13 56, contact@chablis-meuliere.com* V t.l.j. sf dim. 9h-12h 13h30-18h

DOM. MILCENT Fourchaume 2022 ★

■	2700		20 à 30 €

Un domaine familial depuis plusieurs générations commandé par une authentique ferme bourguignonne et dirigée depuis 2011 par Delphine, Christophe et Alexandre Milcent.

Un élevage de 6 mois en cuve sur lies fines pour aboutir à ce classique de l'appellation. Un vin au nez très aromatique, floral et fruité. La bouche offre à la fois une agréable rondeur fruitée et une belle fraîcheur minérale. Tout en harmonie. ⧗ 2024-2029

⊶ *DOM. MILCENT, Ferme de Pommard, 89800 Chichée, tél. 03 86 42 41 49, domaine-milcent@orange.fr* V r.-v.

BAUDOIN MILLET
Vaucoupin Intensément 2022 ★★★

■	6000		20 à 30 €

Philippe Millet, jeune agriculteur beauceron, s'installe à Tonnerre dans les années 1960 et crée son domaine en 1980, à la ferme de Marcault. Ses fils Baudouin et Paterne ont pris en 2002 sa succession. Leur domaine couvre 14 ha, dont 9 ha en petit-chablis, complété par une activité de négoce.

Le coup de cœur fut mis aux voix pour cette très jolie cuvée, appréciée pour sa richesse et son authenticité. Le nez, subtil, passe en revue les arômes d'acacia et de pêche blanche, auxquels s'ajoutent des nuances minérales et épicées. Ample, onctueuse, la bouche allie rondeur et acidité pour finir sur d'agréables notes iodées. La perfection. ⧗ 2025-2034

⊶ DOM. MILLET, Ferme de Marcault, 89700 Tonnerre, tél. 03 86 75 92 56, intensement@chablis-millet.com V r.-v.

DOM. LOUIS MOREAU Les Fourneaux 2022 ★

	12600		20 à 30 €

Louis Moreau, installé en 1994, représente la sixième génération d'une famille de propriétaires et négociants dans le Chablisien depuis 1814. Il est à la tête de 50 ha répartis en deux domaines (Louis Moreau et Biéville) et dans toutes les appellations chablisiennes.
Tout en fraîcheur sur de notes iodées qui se fondent dans des arômes floraux, ce vin s'exprime d'emblée sur le ton de la séduction. La bouche va dans le même sens : riche, opulente, avec des saveurs beurrées qui accompagnent le fruit, tendue par l'acidité qui assure l'équilibre. ⧗ 2025-2032

⊶ DOM. LOUIS MOREAU, 2-10, Grande-Rue, 89800 Beines, tél. 03 86 42 87 20, boutique@louismoreau.com V *t.l.j. 10h-12h30 14h-18h; f. janv.-fev.*

MOREAU-NAUDET
Montée de Tonnerre 2021 ★★★

	4000		50 à 75 €

Des ancêtres vignerons au XVIIes., et un aïeul, Alfred Naudet, chargé des délimitations de l'appellation. Le domaine naît du mariage, en 1950, de Marie Naudet avec René Moreau. En 1991, Stéphane Moreau arrive sur l'exploitation. Il porte la superficie du vignoble de 7 à 25 ha. Après son décès (2016), c'est Virginie, sa femme, qui dirige l'exploitation.
Un long élevage (20 mois) pour un tiers en fût et deux tiers en cuve pour ce 1er cru de caractère, au style généreux. Le boisé est bien maîtrisé, contribuant à son équilibre. Si le nez est essentiellement floral, la bouche s'exprime davantage sur la rondeur du fruit, la fraîcheur minérale et une belle salinité pour finir. ⧗ 2027-2035

⊶ MOREAU-NAUDET, 4, chem. de la Vallée-de-Valvan, 89800 Chablis, tél. 03 86 42 14 83, moreau.naudet@wanadoo.fr

DOM. MOSNIER Côte de Léchet 2022 ★★

	3500		20 à 30 €

D'abord professeur de mécanique, Sylvain Mosnier, petit-fils de vignerons, a repris en 1978 les vignes de son grand-père et agrandi son domaine autour de Beine. Sa fille Stéphanie a quitté son métier d'ingénieure pour revenir en 2005 sur l'exploitation, qui compte aujourd'hui 18 ha. Elle vinifie depuis 2007 et dirige le domaine depuis 2013 et la retraite de son père.
Une cuvée bien ciselée qui restitue son terroir. D'abord floral et minéral, le nez développe ensuite des parfums d'agrumes. Le parcours en bouche est balisé par la minéralité qui apporte tension et vivacité. La matière fruitée n'a plus qu'à se laisser guider. Un vin long et harmonieux. ⧗ 2025-2032

⊶ DOM. MOSNIER, 36, rte Nationale, 89800 Beine, tél. 06 06 49 71 51, contact@chablis-mosnier.com V r.-v.

CHARLY NICOLLE Les Fourneaux 2022 ★

	18000		20 à 30 €

Les arrière-grands-parents de Charly Nicolle cultivaient déjà la vigne. À la suite des générations précédentes, le jeune vigneron s'est lancé dans l'aventure. Installé à Fleys, à l'est de Chablis, il a créé son propre domaine en 2011, choyant ses 17 ha de chardonnay, et s'est imposé comme une valeur sûre du Chablisien.
Un vin authentique qui ne peut pas renier son terroir. Sobre et élégant, le nez butine sur un bouquet de fleurs blanches et d'agrumes. La bouche confirme la typicité de cette cuvée gourmande de fruits, soulignée sur toute sa longueur par la tension minérale. Beaucoup de fraîcheur s'en dégage. ⧗ 2026-2032 **Les Fourneaux Ante MCMLXXX 2022 ★ (20 à 30 €; 6500 b.)** Des vignes anciennes et un élevage un peu plus long pour cette cuvée bien équilibrée. La fraîcheur est une constante entre le nez et la bouche, avec une finale agréable sur des notes citronnées. ⧗ 2026-2032

⊶ CHARLY NICOLLE, 17, rue des Prégirots, 89800 Fleys, tél. 09 54 94 40 83, contact@chablis-charlynicolle.com V r.-v.

DOM. LAURENT ET CÉLINE NOTTON
Vaucoupin 2022 ★★

	4500		15 à 20 €

Laurent Notton et son épouse, Céline, se sont installés en 2005 sur les terres de Chichée, avec 2,5 ha de vignes. Ils se sont progressivement agrandis et conduisent aujourd'hui un vignoble de 17 ha, complété en 2019 par une activité de négoce sous la marque Maison Jean Notton.
Un très joli vin, harmonieux, d'une grande pureté minérale. Le nez, intense et complexe, vagabonde entre les arômes de fleurs blanches et les agrumes. Ce même fruité acidulé qui prend possession d'un palais frais et dynamique, où la minéralité est omniprésente sur toute la longueur. ⧗ 2026-2032

⊶ DOM. LAURENT ET CÉLINE NOTTON, 4, imp. Saint-Paul, 89800 Chichée, tél. 06 81 03 98 66, domaine.notton@gmail.com V r.-v.

DOM. DES PÉREGRINS
Côte de Jouan 2021 ★★

	500		20 à 30 €

Les Moreau (Éléonore, Baptiste et leur père Laurent) exploitent un vignoble de 16 ha, dont ils ont engagé la conversion bio depuis 2019, avec une certification à partir du millésime 2022.
Ce n'est pas le plus célèbre des 1ers crus, mais il gagne à être connu. Un long élevage en cuve pour un vin très aromatique, qui s'ouvre au nez sur des notes de fruits jaunes bien mûrs. L'attaque en bouche se fait sur la rondeur du fruit, avant que ne se déploie une belle élégance minérale. ⧗ 2026-2032

DOM. DES PÉRÉGRINS, 1, rte de Lichères, 89310 Poilly-sur-Serein, tél. 06 78 44 99 94, contact@domainedesperegrins.com V r.-v.

ISABELLE ET DENIS POMMIER
Côte de Léchet 2022 ★

	8600		20 à 30 €

Établis à Chablis, Isabelle et Denis Pommier exploitent un domaine de 23 ha créé en 1990 et très régulier en qualité. Après avoir conduit 15 ans leur vignoble en lutte raisonnée, ils ont obtenu la certification bio en 2014.

Le nez franc, profond, tendu, fruité, invite à poursuivre la dégustation de cette cuvée bien structurée. La bouche lui emboite le pas dans la même approche qui fait référence au terroir. Elle est carrée, sans fioriture, avec un boisé bien fondu qui habille le fruit. L'acidité fait le reste pour assurer l'équilibre. 2027-2034

ISABELLE ET DENIS POMMIER, 31, rue de Poinchy, 89800 Chablis, tél. 03 86 42 83 04, domaine@denis-pommier.com V r.-v.

CÉLINE ET ROMAIN POULLET
Fourchaume 2022 ★

	2130		20 à 30 €

Né en 1976, Romain Poullet, après ses études au lycée viticole de Beaune, a créé son domaine en 2000 à Maligny, au nord de Chablis, tout en secondant ses parents sur leur propriété. En 2014, il a pris leur succession et dispose à présent de 11 ha de vignes, complétés par une activité de négoce depuis 2010.

Un vin clair et brillant, bien ouvert au nez sur la minéralité et les agrumes. Minéralité qui irrigue aussi une bouche vive, alerte, et à la fois ample et enrobante. En bref, un ensemble équilibré et bien typé. 2026-2034

CÉLINE ET ROMAIN POULLET, 19, rue Chanteprime, 89800 Maligny, tél. 03 86 98 21 83, domainedeschaumes@wanadoo.fr V r.-v.

DOM. DENIS RACE
Vaillons 2022 ★★

	8250		15 à 20 €

Régulièrement distingué dans le Guide, ce domaine de 18 ha est conduit par les filles de Denis Race, Claire et Marine, entourées par une équipe 100 % féminine. À la carte, des petit-chablis, des 1ers crus et des grands crus d'une régularité sans faille dans la qualité. Une valeur sûre.

Ce remarquable Vaillons élevé en cuve pendant 10 mois est un vin puissant, racé, typé, qui dévoile un nez intense, à la fois floral et fruité. Portée par la minéralité, la bouche se fait ample, charnue, puis plus vivace en final. Un très bel équilibre s'en dégage. 2027-2034 **Mont de Milieu 2022 ★ (15 à 20 €; 8200 b.)** Beaucoup de finesse dans cette cuvée dominée par les fruits mûrs, avec une acidité également très présente qui ajoute à son dynamisme et sa longueur. 2025-2032

DOM. DENIS RACE, 15, rue de la Croix-Duché, 89800 Chablis, tél. 03 86 42 45 87, domaine@chablisrace.com V *t.l.j. sf dim. 9h-12h 14h-17h*

RÉGNARD Montée de Tonnerre 2021 ★

	8000		30 à 50 €

La maison Régnard (négoce et domaine) a pignon sur rue à Chablis depuis 1860. Elle a été rachetée en 1984 par le Baron Patrick de Ladoucette, bien connu dans le Centre-Loire, également présent dans d'autres vignobles, notamment bourguignons.

Le nez déroule une agréable séquence aromatique : nuances florales (acacia) et fruitées (pêche blanche) sur fond minéral. On retrouve la pêche blanche au cœur d'une bouche ample et charnue, soutenue par une fine acidité qui apporte de la fraîcheur. Un vin droit, tendu et harmonieux. 2025-2032 **Fourchaume 2022 ★ (30 à 50 €; 8000 b.)** Un nez élégant, sur des notes mentholées, et une bouche fraîche et fruitée, d'une belle persistance, composent un vin très plaisant et harmonieux. 2025-2030

RÉGNARD, 28, bd Tacussel, 89800 Chablis, tél. 03 86 42 10 45, regnard.chablis@regnard-chablis.fr V *t.l.j. 10h-13h 14h-18h*

DOM. GUY ROBIN Montée de Tonnerre 2022 ★

	11000		20 à 30 €

Denise et Guy Robin, deux figures du vignoble chablisien, ont passé la main en 2007. Leur fille Marie-Ange a quitté les bureaux pour revenir à la terre. Celle de l'exploitation familiale, fondée en 1954, avec ses 21 ha et de nombreux grands crus dans une cave riche de quelque 120 fûts de chêne.

On ne prend pas de risque à conserver cette cuvée en cave tant elle affiche du potentiel. Pour l'heure, le boisé est dominant. Au nez, il se déploie sur des notes épicées et vanillées. En bouche, le fruit à chair blanche parvient à trouver sa place, avec une acidité qui apporte un peu de fraîcheur à ce vin en devenir. 2027-2034

DOM. GUY ROBIN, 13, rue Berthelot, 89800 Chablis, tél. 03 86 42 12 63, contact@domaineguyrobin.com V r.-v.

LOUIS ROBIN Vosgros 2022 ★★

	4000		15 à 20 €

La famille Robin est établie à Chichée depuis 1888 et huit générations. Après avoir longtemps livré ses raisins à la coopérative, elle produit son propre vin depuis 1999, sous la conduite de Didier et Thierry, à la tête aujourd'hui de 30 ha de vignes.

Une jolie cuvée tout en fraîcheur et en subtilité aromatique. Floral, minéral, crayeux, le nez interpelle par son élégance. D'autres arômes s'emparent d'une bouche riche et persistante : nuances iodées, anisées, pour finir sur la salinité. Un vin droit, tendu par la minéralité et très bien équilibré. 2026-2034

LOUIS ROBIN, Grande-Ruelle-du-Gain, 89800 Chichée, tél. 03 86 42 80 49, dadarobin@orange.fr V r.-v.

DOM. SAVARY Vaillons 2022 ★

	5000		15 à 20 €

Installés dans le Chablisien en 1984 sur un domaine de poche (1 ha), Francine et Olivier Savary conduisent aujourd'hui un coquet vignoble de 20 ha.

Un premier nez sur les fruits mûrs, qui évolue sur une fraîcheur mentholée. Le fruit jaune et les agrumes constituent aussi le socle d'une bouche gourmande à souhait, ample, charnue, consistante, avec une acidité qui apporte de la nervosité à ce vin généreux. ⧗ 2026-2034

⊶ DOM. SAVARY, 4, chem. des Hâtes, 89800 Maligny, tél. 03 86 47 42 09, contact@chablis-savary.com V *t.l.j. sf dim. 8h-12h 14h-17h30*

DANIEL SÉGUINOT ET FILLES
L'Homme mort 2022 ★★

■	3900		15 à 20 €

Établi à Maligny, Daniel Séguinot a créé en 1971 un petit domaine à partir de vignes familiales, qu'il a progressivement développé. Aujourd'hui, ses filles, Émilie, depuis 2003, et Laurence, depuis 2008, assurent la continuité du vignoble, qui compte 25 ha.

Un vin élégant dans sa robe jaune doré. Élégant aussi au nez, qui évoque les fleurs et les fruits blancs, agrémentés de notes mentholées. Une fraîcheur qui se prolonge dans une bouche ample, longue et parfaitement ciselée par la minéralité des lieux. ⧗ 2026-2034 ■ **Fourchaume 2022 ★ (15 à 20 €; 12 800 b.)** Un joli nez d'agrumes précède une bouche charnue, puissante, avec une belle acidité qui assure l'équilibre et la longueur. ⧗ 2026-2032

⊶ DOM. DANIEL SÉGUINOT ET FILLES, 3, rte de Tonnerre, 89800 Maligny, tél. 03 86 47 51 40, domaine.danielseguinot@wanadoo.fr V *r.-v.*

DOM. SERVIN Vaucoupin 2022 ★

■	3300		20 à 30 €

Fondé au XVIIe s., ce domaine de près de 38 ha conduit aujourd'hui par François Servin possède des parcelles dans quatre des sept grands crus de Chablis. Ses vins sont régulièrement mentionnés dans le Guide.

Élevée en cuve pendant 15 mois, cette cuvée séduit par son élégance et sa fraîcheur. Des notes minérales enrichissent un nez dominé par les fruits exotiques. Une tendance exotique qui infuse une bouche ample et soyeuse, où la minéralité ajoute l'acidité nécessaire à son équilibre. ⧗ 2026-2032

⊶ DOM. SERVIN, 20, av. d'Oberwesel, 89800 Chablis, tél. 03 86 18 90 00, contact@servin.fr V *t.l.j. sf sam. dim. 9h-12h 13h30-17h30*

♥ DOM. SOUPÉ Vaillons 2022 ★★

■	2300		20 à 30 €

Un domaine familial de 15 ha conduit par les frères Soupé depuis 2012. À la carte, toutes les appellations chablisiennes, du petit-chablis aux grands crus.

Ce remarquable Vaillons a été assemblé pour un tiers en demi-muid et deux tiers en cuve Inox. C'est un vin puissant et charpenté, qui s'exprime davantage en bouche qu'au nez. La vivacité minérale stimule ainsi sur toute la longueur une matière fruitée, ample et ronde. L'équilibre est parfait et la fraîcheur est au rendez-vous tout du long. ⧗ 2027-2034 ■ **Montée de Tonnerre 2022 ★★ (20 à 30 €; 5000 b.)** Quelle élégance ! Quelle pureté ! Un vin typé, racé, avec un grand potentiel de garde. Le nez, intense, évolue entre les fleurs blanches et les fruits mûrs. La bouche apparaît ronde, charnue, soyeuse, conjuguant au plus-que-parfait matière et minéralité. Soyez patient... ⧗ 2027-2035

⊶ DOM. SOUPÉ, 1, rue de la Paix, ZA des Violettes, 89800 Chablis, tél. 03 86 52 79 50, contact@domainesoupe.com V *r.-v.*

DOM. TERNYNCK Vaillons 2022 ★

■	1618		15 à 20 €

Une structure de négoce fondée en 2014 par la famille Ternynck. Les vinifications se font avec des levures indigènes et un minimum d'intervention.

Un exemple de boisé maîtrisé dans une cuvée représentative de son terroir. Ouvert sur des arômes de fleurs blanches, le nez exhale aussi des nuances végétales qui lui donnent de la vivacité. La bouche s'exprime surtout sur les agrumes, avec une trame minérale persistante et un boisé bien fondu en soutien. Un ensemble harmonieux ⧗ 2026-2032

⊶ DOM. TERNYNCK, 3, Grande-Rue-de-Chablis, 89800 Préhy, tél. 03 86 41 42 70, contact@chablismarronnier.com V *t.l.j. sf sam. dim. 8h30-12h 14h-17h* D

DOM. GÉRARD TREMBLAY
Beauroy 2022 ★★

■	2000		15 à 20 €

Gérard Tremblay s'est longtemps partagé entre les vignes héritées de ses parents et les voitures de rallye, son autre passion. Avec son épouse, Hélène, ils ont passé le relais en 2014 à leurs enfants Éléonore et Vincent.

Cette cuvée remarquable se présente dans une jolie robe jaune pâle aux reflets verts. Une élégance que le nez confirme avec ses senteurs délicates de fleurs blanches, d'agrumes, de menthol et de minéralité. Une minéralité qui sert de guide à un palais frais et bien structuré, étiré dans un beau final salin et épicé. ⧗ 2027-2034 ■ **Fourchaume 2022 ★ (20 à 30 €; 20 000 b.)** Les fondations de cette cuvée reposent sur la minéralité. Au nez, elle est associée à des nuances iodées et grillées. En bouche, elle assure l'équilibre entre le boisé et la matière. ⧗ 2026-2032

⊶ DOM. GÉRARD TREMBLAY, 12, rue de Poinchy, 89800 Chablis, tél. 03 86 42 40 98, gerard.tremblay@wanadoo.fr V *t.l.j. sf sam. dim. 8h-12h 13h30-17h30*

DOM. DES TROIS V Vosgros 2022 ★

■	996		15 à 20 €

Issue d'une lignée d'agriculteurs, Marjorie Molusson a repris en 2013 une partie de l'exploitation familiale, jusqu'alors dédiée aux céréales et à quelques hectares de vignes. Elle abandonne l'activité céréalière pour se consacrer entièrement au vignoble : près de 20 ha aujourd'hui, avec des parcelles dans les 1ers crus Vaucoupin, Vosgros et Vaugiraut, les trois V du domaine.

Un élevage mixte pour un vin franc et bien équilibré. Des arômes citronnés et des nuances minérales illuminent un nez élégant. Une minéralité qui, en bouche, fait le lit d'une matière soyeuse, gorgée de fruits jaunes. Le final acidulé ajoute de la fraîcheur à ce vin de plaisir immédiat. ⌛ 2024-2030

DOM. DES TROIS V, 5, allée des Tilleuls, 89800 Chichée, tél. 06 24 39 68 47, marjorie.molusson@domaine-des-trois-v.fr V r.-v.

DOM. VOCORET ET FILS
Les Vaillons 2022 ★

40000 | | 15 à 20 €

Les Vocoret se succèdent depuis quatre générations. Installé dans les locaux de l'ancienne coopérative laitière de Chablis, leur domaine (38 ha) a pour originalité d'élever ses vins dans des foudres et des demi-muids. De grands contenants qui permettent d'arrondir le boisé.

Un soupçon de bois, surtout perceptible en bouche, dans cette cuvée de bonne complexité. Le nez, très fin, s'ouvre sur des notes florales. Une élégance que l'on retrouve dans une bouche fraîche dès l'attaque, où matière et acidité traitent d'égal à égal, avec une belle finale saline en prime. ⌛ 2026-2030

DOM. VOCORET ET FILS, 40, rte d'Auxerre, 89800 Chablis, tél. 03 86 42 12 53, contact@domainevocoret.com V *t.l.j. sf dim. 8h-12h 14h-17h30 (19h en été)*

♥ B **GUILLAUME VRIGNAUD**
Les Côtes de Fontenay Vieilles Vignes 2022 ★★★

9333 | | 20 à 30 €

Les Vrignaud ont planté leurs premières vignes en 1955. Ils ont débuté en 1999 la vente en bouteilles avec l'arrivée de Guillaume à la tête du domaine et de ses 28 ha de vignes, conduits en bio.

Une grande cuvée issue d'un lieu-dit du terroir de Fourchaume, élevée pour moitié dans des amphores en terre cuite. Les racines de ces vieilles vignes ont fait remonter la minéralité à la surface. La bouche, ample, onctueuse, navigue entre la rondeur du fruit et une acidité parfaitement dosée, renforcée par un long final salin. Un vin d'une délicatesse admirable et d'une grande richesse aromatique. ⌛ 2027-2035 **Fourchaume Les Vaupulans 2022 ★★ (20 à 30 €; 6133 b.)** B Une cuvée très harmonieuse, bien servie par des arômes de fruits exotiques et une fine minéralité au nez, puis par une bouche ample, tendue, saline et longue. ⌛ 2026-2034 **Mont de Milieu 2022 ★ (20 à 30 €; 1600 b.)** Un vin entièrement élevé en cuve, d'une belle fraîcheur mentholée au nez, à la bouche ample, ronde, imprégnée de nuances de réglisse. ⌛ 2024-2030

GUILLAUME VRIGNAUD, 10, rue de Beauvoir, 89800 Fontenay-près-Chablis, tél. 03 86 42 15 69, guillaume@domaine-vrignaud.com

CHABLIS GRAND CRU

Superficie : 103 ha / Production : 5 200 hl

Issu des coteaux les mieux exposés de la rive droite, divisés en sept lieux-dits – Blanchot, Bougros, Les Clos, Grenouilles, Les Preuses, Valmur, Vaudésir –, le chablis grand cru possède à un degré plus élevé toutes les qualités des précédents, la vigne se nourrissant d'un sol enrichi par des colluvions argilo-pierreuses. Quand la vinification est réussie, un chablis grand cru est un vin complet, à forte persistance aromatique, auquel le terroir confère un tranchant qui le distingue de ses rivaux de la Côte-d'Or. Sa capacité de vieillissement stupéfie, car il peut exiger huit à quinze ans pour s'apaiser, s'harmoniser et acquérir un inoubliable bouquet de pierre à fusil, voire, pour Les Clos, de poudre à canon !

BOURGOGNE

DOM. BESSON Vaudésir 2021 ★

n.c. | | 30 à 50 €

Petit-fils de tonnelier, fils de vigneron, Alain Besson a pris en main en 1981 le domaine familial constitué par les deux générations précédentes. Après l'avoir agrandi, il dispose de 21 ha qu'il exploite avec ses enfants Camille et Adrien. La première, œnologue, élabore les vins, et le second se charge des vignes.

Un long élevage mixte (cuve et fût) pour ce grand cru fidèle à son terroir. Le nez s'ouvre sur des senteurs florales (aubépine, jasmin, fleur d'oranger) pour évoluer sur des notes plus herbacées. La bouche est concentrée, longue et dynamique, marquée par des notes d'amandes et de verveine. Frais et plaisant. ⌛ 2027-2034

DOM. BESSON, 8, chem. de Valvan, 89800 Chablis, tél. 03 86 42 40 88, contact@domaine-besson.com V *r.-v.*

♥ **DOM. BILLAUD-SIMON** Les Clos 2022 ★★

1700 | | 75 à 100 €

Un domaine historique de Chablis, fondé en 1815, qui a connu un grand développement après 1945 (première mise en bouteille à la propriété en 1954). Aujourd'hui, près de 22 ha et toute la hiérarchie des appellations du Chablisien, avec un bel éventail de 1ers crus et de grands crus prestigieux. En 2014, la propriété a été vendue à la maison nuitonne Faiveley. Une valeur sûre du Guide.

Un vin délicat, rond et généreux : il n'en fallait pas plus pour que les membres du jury lui décernent un coup de cœur. Cette cuvée remarquable passe en revue tous les arômes du terroir, comme une vinification en cuve Inox permet de les restituer. Florale et minérale au nez, elle prend de l'épaisseur en bouche sans perdre sa minéralité et de sa fraîcheur. Un grand cru expressif, droit et tendu, avec un gros potentiel. ⌛ 2027-2035

DOM. BILLAUD-SIMON, 1, quai de Reugny, 89800 Chablis, tél. 03 86 42 10 33, contact@billaud-simon.com

MAISON DAMPT Bougros 2022 ★

2700 | 30 à 50 €

Installé à Chablis, Sébastien Dampt, fils de Daniel Dampt, vigneron à Milly, conduit depuis 2008 son propre domaine de 8 ha. Sous l'enseigne « Maison Dampt », il a ouvert une maison de négoce qu'il dirige avec son frère Vincent.

Un vin élégant dans sa belle robe jaune dorée aux reflets verts. Le nez dégage la même finesse à travers des arômes floraux sur fond minéral. En bouche, l'attaque est vive, dominée par l'acidité, avant que la matière apporte de la rondeur et une belle longueur. Droit, racé et bien typé. ⧗ 2027-2034

MAISON DAMPT, 1, chem. des Violettes, 89800 Chablis, tél. 03 86 42 47 23, domaine.dampt.defaix@wanadoo.fr V *r.-v.*

♥ **JEAN-PAUL ET BENOÎT DROIN** Valmur 2022 ★★★

7000 | 30 à 50 €

Chez les Droin, on est vigneron de père en fils depuis 1620. Si Jean-Paul Droin est devenu l'historien du vignoble de Chablis, son fils Benoît a apporté sa patte à cette exploitation de 26 ha à partir de 2002. Un domaine d'une admirable régularité, qui collectionne les coups de cœur, notamment dans les grands crus.

Avec son millésime 2022, Benoît Droin côtoie à nouveau les étoiles dans la constellation des grands crus. Commençons par cet exceptionnel Valmur à l'avenir radieux. Il dévoile un nez d'une grande richesse aromatique autour de notes fruitées et épicées. La bouche, très longue, ample, intense, se nourrit de fruits jaunes (abricot, coing) sur un fond beurré et toasté, le tout souligné par un trait de minéralité. Une cuvée d'une harmonie majuscule, élégante et d'une grande fraîcheur. ⧗ 2027-2035 **Grenouille 2022 ★★ (50 à 75 €; 3000 b.)** La droiture et l'élégance comme fil conducteur de ce vin typé et racé. Si le nez est très floral, la bouche, ample et longue, croque dans le fruit. La minéralité et un boisé bien fondu assurent l'équilibre. ⧗ 2027-2034 **Vaudésir 2022 ★★ (30 à 50 €; 7400 b.)** Intense au nez avec ses arômes floraux, ce vin allie rondeur et vivacité en bouche, offrant aussi beaucoup de finesse de texture et une belle harmonie d'ensemble. ⧗ 2027-2034

JEAN-PAUL ET BENOÎT DROIN, 14 bis, rue Jean-Jaurès, BP 19, 89800 Chablis, tél. 03 86 42 16 78, benoit@jeanpaulbenoit-droin.fr

DOM. NATHALIE ET GILLES FÈVRE Les Preuses 2022 ★★

8000 | 50 à 75 €

Dix générations de vignerons depuis le XVIIIe s. et des coopérateurs de père en fils depuis 1923. En 2004, Nathalie et Gilles Fèvre, tous deux œnologues, ont pris la décision de valoriser leur propre production en bouteilles. Ils sont désormais à la tête d'un domaine de 53 ha, en bio depuis 2019.

Entre la cuve Inox et le fût de chêne, ce vin remarquable a été dorloté pendant son élevage. Puissant, bien en chair, il porte les signes distinctifs d'un grand cru. Au nez, le minéral répond au floral pour développer des arômes d'une grande finesse. En bouche, c'est la matière qui parle. Une matière dense et ronde, bien soutenue par l'acidité. Un vin ample, tendu et très élégant. ⧗ 2027-2034

DOM. NATHALIE ET GILLES FÈVRE, rte de Chablis, 89800 Fontenay-près-Chablis, tél. 03 86 18 94 47, domaine@nathalieetgillesfevre.com V *r.-v.*

LAMBLIN ET FILS Vaudésir 2022 ★★

960 | 30 à 50 €

Le village de Maligny se situe au nord de l'aire d'appellation chablis. La famille Lamblin y est établie depuis 1690 et douze générations. Autant dire que cette maison de négoce fait partie des incontournables du vignoble chablisien.

Une petite quantité mais quelle qualité ! Ce Vaudésir vif et tendu ne demande qu'à vieillir pour livrer tout son potentiel. Pour l'instant, on retiendra son élégance tant au nez qu'en bouche, avec un fruité qui se fond dans la minéralité et le boisé subtil de la vinification. Un équilibre déjà très assuré. ⧗ 2027-2034 **Les Clos 2022 ★ (30 à 50 €; 1300 b.)** Un classique de l'appellation que ce grand cru séduisant au nez avec ses arômes de chèvrefeuille et ses notes miellées. Il est tout aussi délicat en bouche, autour de saveurs gourmandes de fruits jaunes (poire, abricot). Très plaisant. ⧗ 2027-2034

LAMBLIN ET FILS, 1, rue Marguerite-de-Bourgogne, 89800 Maligny, tél. 03 86 98 22 00, infovin@lamblin.com V *t.l.j. sf dim. 8h-12h 14h-17h*

DOM. LAROCHE Les Blanchots 2022 ★

23000 | 75 à 100 €

Négociant et producteur, Michel Laroche est l'une des figures du Chablisien. Fort d'un vignoble passé de 6 ha à la fin des années 1960 à 90 ha aujourd'hui, le domaine – fondé en 1850 – a son siège à l'Obédiencerie, un ancien monastère bâti au-dessus d'un caveau du IXe s. ayant abrité les reliques de saint Martin. Une signature incontournable des vins de Chablis, entrée en 2009 dans le giron du groupe Advini. Michel Laroche se consacre désormais à sa nouvelle propriété créée à partir de vignes familiales, le Dom. d'Henri.

Élevé sur lies fines pendant 16 mois, ce grand cru affiche une belle typicité propre à ce coteau très ensoleillé. C'est la fraîcheur qui domine un nez droit et flatteur. La bouche se révèle ample, avec des notes de fruits mûrs, pour aboutir à une finale minérale qui s'étire en pointe. Un vin vif et tendu. ⧗ 2027-2034

DOM. LAROCHE, 22, rue Louis-Bro, 89800 Chablis, tél. 03 86 42 89 00, info@larochewines.com V *t.l.j. sf dim. 10h-12h30 13h30-18h*

DOM. LONG-DEPAQUIT Les Preuses 2022 ★★

1750 | 50 à 75 €

Propriété de la maison Albert Bichot depuis 1968, ce domaine de près de 44 ha abrite un château du XVIIIe s., en plein cœur de Chablis : un cadre idéal pour valoriser ses vins et plus particulièrement ses grands crus. Une valeur sûre du Chablisien.

Sec, racé, tout en longueur, ce vin affiche une minéralité calcaire, typique de l'appellation. Le nez, intense, s'ouvre sur les agrumes. En bouche, un boisé bien fondu donne la réplique aux fruits mûrs. Un trait de minéralité pour apporter la fraîcheur vivacité, et on obtient cette cuvée parfaitement équilibrée, d'une belle capacité de garde. ⧗ 2027-2034

DOM. LONG-DEPAQUIT, 45, rue Auxerroise, 89800 Chablis, tél. 03 86 42 11 13, chateau-long-depaquit@albert-bichot.com V *t.l.j. sf dim. 9h-12h30 14h-18h*

♥ B DOM. DES MALANDES
Vaudésir 2022 ★★★

■ | 5300 | | 50 à 75 €

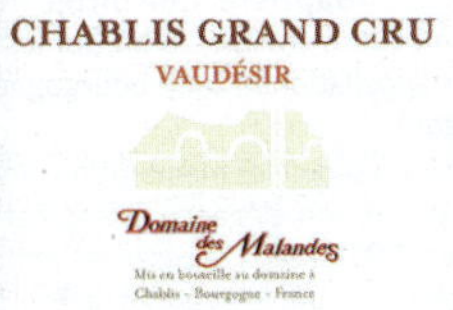

Une valeur sûre du vignoble chablisien, qui collectionne les coups de cœur du Guide. Un domaine créé en 1949 par André Tremblay, couvrant aujourd'hui 30 ha (en bio). Lyne Marchive, fille du fondateur, l'a dirigé seule de 1972 à 2018, date de la reprise par ses enfants Richard Rottiers (à la direction) et Amandine Marchive (au commercial).

Cuve Inox, fût et demi-muid ont permis de façonner ce Vaudésir qui atteint les sommets de l'appellation. Il séduit d'emblée avec sa robe jaune clair aux reflets brillants. Le nez charme tout autant avec ses arômes vanillés sur fond de fine minéralité. Une minéralité qui, en bouche, apporte la tension nécessaire pour répondre à la rondeur du fruit. Un vin gourmand, élégant, énergique et très harmonieux. ⧗ 2027-2035

DOM. DES MALANDES, 11, rte d'Auxerre, 89800 Chablis, tél. 03 86 42 41 37, contact@domainedesmalandes.com V *r.-v.*

B J. MOREAU ET FILS Valmur 2022 ★★

■ | 4300 | | 50 à 75 €

Difficile de s'y retrouver à Chablis entre toutes les familles Moreau. Fondé en 1814 par Jean-Joseph Moreau, ce négoce, le plus ancien du Chablisien et d'une régularité sans faille, est devenu propriété du groupe Boisset en 1997.

Il y a de la puissance et du relief dans ce grand cru bien charpenté, ce qui ne nuit pas à son élégance. Le nez, très concentré, s'ouvre sur les fruits jaunes mûrs. L'attaque est ample, avec des fruits qui tapissent le palais et une belle minéralité qui apporte la vivacité nécessaire à son équilibre. Le boisé est bien fondu et la finale vivace et longue. Un vin racé, marqué par son terroir. ⧗ 2027-2034

J. MOREAU ET FILS, 15, rte d'Auxerre, 89800 Chablis, tél. 03 86 42 88 00, depuydt.l@jmoreau-fils.com V

DOM. GUY ROBIN Valmur 2022 ★★

■ | 3600 | | 30 à 50 €

Denise et Guy Robin, deux figures du vignoble chablisien, ont passé la main en 2007. Leur fille Marie-Ange a quitté les bureaux pour revenir à la terre. Celle de l'exploitation familiale, fondée en 1954, avec ses 21 ha et de nombreux grands crus dans une cave riche de quelque 120 fûts de chêne.

Brillant à l'œil, élégant au nez, séduisant en bouche, pas étonnant que ce grand cru ait retenu l'attention du jury. Le nez de fruits frais, vanillé et minéral, respire le terroir. La bouche est franche et pure, avec une pointe de minéralité qui transporte une matière riche et soyeuse. Un ensemble parfaitement équilibré. ⧗ 2027-2034

DOM. GUY ROBIN, 13, rue Berthelot, 89800 Chablis, tél. 03 86 42 12 63, contact@domaineguyrobin.com V *r.-v.*

DOM. GÉRARD TREMBLAY
Vaudésir 2022 ★

■ | 2500 | 30 à 50 €

Gérard Tremblay s'est longtemps partagé entre les vignes héritées de ses parents et les voitures de rallye, son autre passion. Avec son épouse, Hélène, ils ont passé le relais en 2014 à leurs enfants Éléonore et Vincent.

Une très belle expression minérale dans ce Vaudésir en phase avec son terroir. Le nez se révèle tout en finesse et en fraîcheur avec des arômes francs d'agrumes. La bouche, ample et onctueuse, s'inscrit dans la continuité en jouant la carte de la vivacité. Un vin d'une grande pureté. ⧗ 2027-2034

DOM. GÉRARD TREMBLAY, 12, rue de Poinchy, 89800 Chablis, tél. 03 86 42 40 98, gerard.tremblay@wanadoo.fr V *t.l.j. sf sam. dim. 8h-12h 13h30-17h30*

DOM. VENTOURA Les Preuses 2022 ★★

■ | 600 | 20 à 30 €

Ancien coopérateur, Thomas Ventoura a décidé de vinifier lui-même à partir du millésime 2014. À sa disposition, un vignoble de 11 ha qu'il conduit de manière bio mais sans certification.

Une remarquable cuvée élevée sur lies fines, en fût de chêne, pendant 11 mois. Brillante, à l'image de sa robe jaune dorée, elle affiche un parfait équilibre entre un nez vanillé et légèrement toasté et une bouche gourmande à souhait, ample, soyeuse, soulignée par un trait de minéralité qui apporte la fraîcheur et la longueur. ⧗ 2027-2034

DOM. VENTOURA, 3, rue des Puits, 89800 Fontenay-près-Chablis, tél. 06 08 92 40 00, contact@ventoura.fr V *r.-v.*

IRANCY

Superficie : 165 ha / Production : 6 800 hl

Ce petit vignoble situé à une quinzaine de kilomètres au sud d'Auxerre a vu sa notoriété confirmée, devenant AOC communale. Les vins d'Irancy ont acquis une réputation en rouge, grâce au césar (ou romain), cépage local datant peut-être du temps des Gaules. Ce dernier est assez capricieux : lorsqu'il a une production faible à normale, il imprime un caractère particulier au vin et, surtout, lui apporte un tanin permettant une très longue conservation. Lorsqu'il produit trop, il donne difficilement des vins de qualité; c'est la raison pour laquelle il n'a pas fait l'objet d'une obligation dans

BOURGOGNE

les cuvées. Le pinot noir, principal cépage de l'appellation, donne sur les coteaux d'Irancy un vin de qualité, très fruité, coloré. Les caractéristiques du terroir sont surtout liées à la situation topographique du vignoble, qui occupe essentiellement les pentes formant une cuvette au creux de laquelle se trouve le village. Le terroir déborde sur les deux communes voisines de Vincelotte et de Cravant, où les vins de la Côte de Palotte sont particulièrement réputés.

VIGNOBLE ANGST 2022 ★

■ | 3000 | | 15 à 20 €

Un domaine de création récente (2014), installé dans l'Yonne à Pontigny, village célèbre pour son abbaye cistercienne. Le vignoble de 11,8 ha est conduit par un jeune couple, Céline et Antoine Angst, qui ne sont pas issus du monde viticole. Un vignoble en cours de conversion bio.

Un pinot noir classique, élégant dans sa robe grenat, et bien structuré. Douze mois d'élevage en cuve laissent le terroir s'exprimer pleinement. Fin et subtil, le nez libère des arômes de cerise. En bouche, l'attaque est franche et se prolonge sur un fruité gourmand. Très plaisant. ⧗ 2024-2029

VIGNOBLE ANGST, 1, rue Pasteur, 89230 Pontigny, tél. 06 68 36 27 75, vignobleangst@orange.fr t.l.j. 9h-18h30

BAILLY-LAPIERRE 2022 ★

■ | 25000 | | 11 à 15 €

Aujourd'hui, 450 vignerons apportent leurs raisins à la cave de Bailly-Lapierre, fondée en 1972, qui fut à l'origine du crémant-de-bourgogne. Principal élaborateur d'effervescents de la région, la coopérative propose une vaste gamme de crémants de qualité, qui reposent dans les immenses galeries souterraines d'une ancienne carrière calcaire. Elle fournit aussi des vins tranquilles. Une valeur sûre.

La robe rouge cerise invite à la découverte. Les fruits rouges sont bien installés dans cette cuvée de caractère. Au nez déjà, où ils sont soutenus par la fraîcheur. En bouche aussi, où ils apportent du croquant et un côté friand très agréable. Un vin élégant et bien équilibré. ⧗ 2024-2028

CAVES BAILLY-LAPIERRE, quai de l'Yonne, hameau de Bailly, 89530 Saint-Bris-le-Vineux, tél. 03 86 53 77 77, laure@bailly-lapierre.fr V *r.-v.*

DOM. BARDET ET FILS 2022 ★

■ | 6400 | | 15 à 20 €

Les frères Bardet, Philippe et Michel, exploitent des vignes depuis 1991 à Préhy, mais leur caveau de dégustation est situé dans la petite cité de Noyers-sur-Serein. Leurs fils respectifs, Damien et Alexandre, ont rejoint le domaine familial de 9 ha, complété par une activité de négoce en 2009.

Familier du chardonnay, le vigneron de Noyers vinifie avec un égal bonheur ce pinot noir récolté sur la commune de Cravant. Une cuvée au nez intense qui s'exprime sur les petits fruits rouges. La bouche est droite, charnue, avec une belle saveur gourmande. Un vin de plaisir immédiat. ⧗ 2024-2027

DOM. BARDET ET FILS, Ferme de la Borde, 89310 Noyers, tél. 07 70 97 46 40, vins.bardet@free.fr V *r.-v.*

♥ BAPTISTE BIENVENU Palotte 2022 ★★

■ | 8000 | | 20 à 30 €

Depuis... 1604, la famille Bienvenu exploite, de père en fils, une partie du vignoble d'Irancy. Dans la continuité de Léon et de Serge, c'est aujourd'hui Baptiste qui dirige le domaine. L'exploitation couvre environ 25 ha, sur lesquels sont produites les appellations irancy, bourgogne rosé et bourgogne-aligoté.

Une remarquable cuvée qui a séduit les membres du jury par sa puissance aromatique, son élégance et son harmonie. L'élevage en fût et 10 % de cépage césar assurent le caractère généreux de ce vin ample et gorgé de fruits (cassis, cerise, framboise), aussi bien au nez qu'en bouche. Le tout porté par une étonnante fraîcheur. Imparable. ⧗ 2027-2034 ■ **Les Climats 2022 ★ (15 à 20 €; 30000 b.)** Le nez de fruits rouges trouve son prolongement dans une bouche d'un bon volume, ronde, tendre, épaulée par un boisé bien dosé, aux saveurs caramélisées. ⧗ 2025-2030 ■ **Les Mazelots 2022 ★ (20 à 30 €; 15000 b.)** Un nez complexe autour des fruits mûrs et une bouche puissante, large, avec un boisé encore dominant, composent un irancy de caractère, à mettre en cave. ⧗ 2027-2034

BAPTISTE BIENVENU, 1, rue Soufflot, 89290 Irancy, tél. 03 86 42 22 51, contact@caves-bienvenu.fr V *t.l.j. 9h-13h30 13h30-18h*

♥ BENOÎT CANTIN Cuvée Émeline 2022 ★★

■ | 13000 | | 15 à 20 €

Établie depuis 1950 à Irancy, cette exploitation familiale est dédiée au pinot noir, en particulier à l'irancy. À sa tête depuis 1993, Benoît Cantin fait partie des valeurs sûres de l'appellation. Son domaine couvre 16 ha.

Quelle richesse ! Ce vin typé, racé, coche toutes les cases de l'appellation. Il séduit d'emblée avec sa jolie robe rubis, d'une belle brillance. Le nez répond à l'œil avec beaucoup de finesse, sur des senteurs florales et fruitées. La bouche apparaît ample, gourmande de fruits rouges, avec une pointe de réglisse et des tanins soyeux et bien fondus. Fraîcheur et harmonie sont également au rendez-vous pour valider le coup de cœur. ⧗ 2026-2034 ■ **Palotte 2022 ★ (20 à 30 €; 4700 b.)** Un vin puissant, généreux, qui intègre 10 % de césar dans son assemblage. Mais aussi un vin voluptueux, élégant, avec des tanins soyeux. ⧗ 2026-2032

DOM. BENOÎT CANTIN, 35, chem. des Fossés, 89290 Irancy, tél. 06 68 42 11 66, cantin.benoit@orange.fr V *t.l.j. sf dim. 9h30-12h 14h-18h*

♥ MAISON DE LA CHAPELLE 2022 ★★

	12 000		20 à 30 €

Un tout jeune négoce créé en 2015 par Delphine et Grégory Viennois. La première est issue d'une famille de vignerons et a travaillé dans de grandes maisons de Bourgogne. Le second, Bourguignon également et diplômé d'œnologie, présente un beau CV : il a appris le métier avec Nadine Gublin (Dom. Jacques Prieur) et Jean-Pierre de Smet (Dom. de l'Arlot), a vinifié au Ch. Smith-Haut-Lafitte, a été directeur technique de Michel Chapoutier et directeur général de Ferraton Père & Fils. Depuis 2011, il est directeur technique du Dom. Laroche à Chablis et suit comme consultant depuis 2006 la Quinta Do Monte d'Oiro au Portugal.

Le pinot noir dans sa plus belle expression. Les Chablisiens Delphine et Grégory Viennois méritent leur coup de cœur pour cette vinification remarquable. Douze mois d'élevage en fût pour aboutir à un irancy comme on les aime : franc, racé, élégant. Le nez, intense, convoque la griotte et la myrtille. La bouche se révèle ample, puissante, généreuse, mais aussi très raffinée, portée par une grande fraîcheur. Un vin d'une harmonie sans faille. ⧗ 2026-2034 ■ **Les Bâtardes 2022 ★★ (30 à 50 €; 3600 b.)** Cette cuvée séduit par son nez intense de petits fruits rouges et de sous-bois. La cerise bien mûre explose ensuite dans une bouche ronde, friande, élégante, dotée de tanins affinés et bien pris dans la chair. ⧗ 2025-2032

MAISON DE LA CHAPELLE, 24, rue du Serein, 89800 La Chapelle-Vaupelteigne, tél. 06 98 45 22 10, contact@vins-maisondelachapelle.fr V *r.-v.*

DOM. COLINOT Veaupessiot 2021 ★

	1 500		20 à 30 €

Un domaine de référence à Irancy, étendu sur 15 ha en propre. Aux commandes, Anita Colinot et son chef de cave Thomas Carré, qui vinifie les lieux-dits les plus connus d'Irancy (Palotte, Les Mazelots, Côte du Moutier, Les Cailles, Boudardes…).

Un peu de césar ajouté au pinot noir pour obtenir cette cuvée bien charpentée, typique de l'appellation. Un vin expressif, fruité, mais aussi complexe avec son nez qui se promène dans les sous-bois. En bouche, il se révèle très appétent autour d'une matière ample et ronde, soulignée par un trait d'acidité. ⧗ 2025-2030

DOM. COLINOT, 1, rue des Chariats, 89290 Irancy, tél. 06 87 15 47 29, earlcolinot@orange.fr V *r.-v.*

DOM. FERRARI Plein Sud 2022 ★★

	6 665		15 à 20 €

À l'occasion des vendanges 1981, Christophe Ferrari a une révélation : il sera vigneron. Le temps de terminer ses études, il s'installe en 1987 à Irancy comme jeune viticulteur. Il exploite aujourd'hui 21 ha en irancy et en chablis, épaulé par son fils Nicolas.

Une jolie cuvée issue de l'assemblage de trois parcelles et élevée en fût de chêne. Sa robe rubis aux reflets brillants témoigne de son élégance. Une finesse qui s'exprime aussi au nez, sur des arômes de fruits frais. La bouche apparaît ample, dense, charnue, avec des tanins bien en place et une belle fraîcheur en soutien. Un bon vin de garde. ⧗ 2027-2034

DOM. FERRARI, 7, chem. des Fossés, 89290 Irancy, tél. 03 86 42 33 43, contact@irancy-ferrari.com V *t.l.j. sf dim. 10h-12h 14h-18h30*

B DOM. DE MAUPERTHUIS Veaupessiot 2022 ★

	3 344		15 à 20 €

Installés en Tonnerrois depuis 1992, Laurent et Marie-Noëlle Ternynck conduisent un vignoble de 14 ha (en bio), complété par une structure de négoce en 2014. Ils signent des vins très souvent en bonne place dans le Guide, notamment en appellations régionales.

Un irancy classique qui se présente dans sa jolie robe rouge grenat. C'est au nez qu'on découvre l'élevage en fût, avec un boisé qui souligne les arômes de cassis et les fruits rouges. La bouche est croquante, les tanins sont bien fondus, la matière est soyeuse et la fraîcheur au rendez-vous. ⧗ 2026-2032 ■ **2022 ★ (15 à 20 €; 9424 b.)** B Un nez intense dominé par les griottes prélude à une bouche ample, généreuse et ferme, soutenue par un bon boisé et des tanins bien en place. On met en cave. ⧗ 2027-2034

DOM. DE MAUPERTHUIS, 3, Grande-Rue-de-Chablis, 89800 Préhy, tél. 03 86 41 42 70, ternynck@hotmail.com V *t.l.j. sf sam. dim. 8h30-12h 14h-17h*

CÉLINE ET ROMAIN POULLET 2022 ★★

	3 000		11 à 15 €

Né en 1976, Romain Poullet, après ses études au lycée viticole de Beaune, a créé son domaine en 2000 à Maligny, au nord de Chablis, tout en secondant ses parents sur leur propriété. En 2014, il a pris leur succession et dispose à présent de 11 ha de vignes, complétés par une activité de négoce depuis 2010.

Une petite quantité mais une qualité remarquable. Cet irancy élevé en cuve pendant 10 mois est très expressif et d'une rare élégance. Le nez, intense, est marqué par les petits fruits rouges bien mûrs. Un fruit gourmand qui tapisse une bouche soyeuse, délicate, droite, longue et parfaitement équilibrée. Que demander de plus ? ⧗ 2024-2030

CÉLINE ET ROMAIN POULLET, 19, rue Chanteprime, 89800 Maligny, tél. 03 86 98 21 83, domainedeschaumes@wanadoo.fr V *r.-v.*

B GABIN ET FÉLIX RICHOUX Veaupessiot 2021 ★★

	2 300		20 à 30 €

Cette famille de vignerons est établie à Irancy depuis le XVIe s. Elle a misé sur la viticulture dès le milieu des années 1970. Gabin et Félix, les deux enfants de Thierry et Corine Richoux, ont pris les rênes du domaine en 2015, avec à leur disposition un vignoble de 21,5 ha converti au bio (certifié) et à la biodynamie (non certifiée).

Chez les Richoux, les élevages sont plutôt longs : 24 mois en fût ici. Ce sont donc des vins aboutis qui sont proposés

BOURGOGNE

à la dégustation. Le nez de ce 2021 vous invite à parcourir les sous-bois, où les senteurs florales répondent aux saveurs de fruits rouges. En bouche, on découvre des tanins bien fondus au service d'une matière généreuse. Un vin riche, élégant et harmonieux. ⧗ 2024-2030 ■ **Les Cailles 2021 ★ (20 à 30 €; 3500 b.)** Ⓑ Le boisé est bien marqué dans cette cuvée complexe. Des notes épicées apparaissent au nez, alors que la minéralité est plus présente en bouche, apportant beaucoup de fraîcheur et une belle allonge. ⧗ 2026-2032 ■ **Palotte 2021 ★ (30 à 50 €; 560 b.)** Ⓑ Un peu de césar ajouté au pinot noir de cette cuvée élégante au nez et gourmande en bouche. Des notes épicées et une belle minéralité contribuent à l'équilibre de ce vin friand. ⧗ 2024-2029 ■ **2021 ★ (15 à 20 €; 10500 b.)** Ⓑ Un vin élevé en foudre qui se distingue par son nez floral et légèrement fumé. Quant à la bouche, elle se révèle soyeuse et ronde. Un ensemble déjà fort plaisant, mais qui vieillira sereinement. ⧗ 2024-2029

⊶ GABIN ET FÉLIX RICHOUX, 73, rue Soufflot, 89290 Irancy, tél. 03 86 42 21 60, irancy.richoux@orange.fr V *t.l.j. sf dim. 9h-12h 14h-18h*

SAINT-BRIS

Superficie : 133 ha / Production : 7 950 hl

VDQS (1974) puis AOC (2001), les saint-bris proviennent essentiellement de la commune du même nom. L'appellation est réservée au sauvignon. Ce cépage est surtout planté sur les plateaux calcaires, où il atteint toute sa puissance aromatique. Contrairement aux vins de sauvignon de la vallée de la Loire ou du Sancerrois, le saint-bris fait généralement sa fermentation malolactique, ce qui lui confère une certaine souplesse.

BAILLY-LAPIERRE 2022 ★

■	50000		8 à 11 €

Aujourd'hui, 450 vignerons apportent leurs raisins à la cave de Bailly-Lapierre, fondée en 1972, qui fut à l'origine du crémant-de-bourgogne. Principal élaborateur d'effervescents de la région, la coopérative propose une vaste gamme de crémants de qualité, qui reposent dans les immenses galeries souterraines d'une ancienne carrière calcaire. Elle fournit aussi des vins tranquilles. Une valeur sûre.

Un vin de plaisir immédiat qui reflète pleinement son terroir. Le nez intense s'exprime sur la fraîcheur de notes florales. Puis des arômes d'agrumes (pamplemousse rose) s'emparent d'une bouche bien équilibrée, qui se prolonge par une pointe de minéralité. ⧗ 2024-2027

⊶ CAVES BAILLY-LAPIERRE, quai de l'Yonne, hameau de Bailly, 89530 Saint-Bris-le-Vineux, tél. 03 86 53 77 77, laure@bailly-lapierre.fr V *r.-v.*

P.-L. ET J.-F. BERSAN Fyé gris 2022 ★★

■	3000		15 à 20 €

Ce domaine (20 ha de vignes certifié bio à partir de 2023), aussi maison de négoce, a été restructuré en 2010 par Pierre-Louis Bersan et son père Jean-François, issus d'une famille implantée à Saint-Bris depuis 1453 et 22 générations. Depuis, leurs vins fréquentent régulièrement ces pages.

Un sauvignon gris (ou fyé gris) élevé en chêne pendant 12 mois pour aboutir à une cuvée très harmonieuse. Le nez fin et frais développe des arômes de fougères et de fruits à chair blanche. Des nuances de pêche et de poire apportent de la gourmandise à une bouche remarquable d'élégance et de fraîcheur. ⧗ 2024-2029 ■ **2021 ★★ (11 à 15 €; 30000 b.)** Un sauvignon tendu, subtil, très bien équilibré. L'élevage en cuve Inox permet de restituer le terroir et le cépage, avec beaucoup de fruit et de vivacité. ⧗ 2024-2027

⊶ DOM. PIERRE-LOUIS ET JEAN-FRANÇOIS BERSAN, 5, rue du Dr-Tardieux, 89530 Saint-Bris-le-Vineux, tél. 03 86 53 07 22, contact@domainebersan.fr V *r.-v.*

EDMOND CHALMEAU ET FILS
Pimprenelle 2022 ★

■	2200		11 à 15 €

Une ancienne famille vigneronne installée au cœur de Chitry : Franck Chalmeau a pris la suite de son père Edmond en 1991, avant d'être rejoint par son frère Sébastien. Un domaine passé peu à peu de la polyculture à la seule viticulture (17,5 ha) et devenu une référence en bourgogne Chitry, qui a aussi développé une activité de négoce.

Cette cuvée tire son nom de la pimprenelle, une petite plante herbacée qui cohabite avec les vignes. Quant au vin, il est plutôt puissant, généreux, légèrement boisé et d'une belle longueur en bouche. Stylé mais atypique. ⧗ 2025-2030

⊶ EDMOND CHALMEAU ET FILS, 20, rue du Ruisseau, 89530 Chitry, tél. 03 86 41 42 09, domaine.chalmeau@wanadoo.fr V *r.-v.*

DOM. FILLON 2022 ★

■	8000		8 à 11 €

Propriété familiale reprise en cogérance par Hervé Fillon et sa sœur Frédérique en 1995 (troisième génération). Établis dans le joli village de Saint-Bris-le-Vineux, les Fillon exploitent un vignoble de 37 ha dédié aux appellations régionales et à celles du Chablisien.

Une belle cuvée, pleine de fraîcheur, qui exprime toute la typicité du sauvignon. Le nez, intense, évoque le litchi, le fruit de la Passion et le bourgeon de cassis. Des notes salines s'ajoutent en fin de bouche pour renforcer l'équilibre et le dynamisme de ce vin plaisant. ⧗ 2024-2027

⊶ DOM. FILLON, 53, rue Bienvenu-Martin, 89530 Saint-Bris-le-Vineux, tél. 03 86 53 30 26, domaine.fillon@gmail.com V *r.-v.*

Ⓑ GUILHEM ET JEAN-HUGUES GOISOT
Corps de garde 2022 ★

■	19000		11 à 15 €

Une valeur sûre de l'Auxerrois que ce domaine installé dans une ancienne place forte de Saint-Bris abritant un corps de garde. Installées en 2018, Guilhem Goisot, fils de Jean-Hugues, et et son épouse, Marie, exploitent en bio et biodynamie un vignoble de 28 ha et élèvent leurs vins dans de vénérables caves des XIe et XIIe s.

Ce Corps de garde, élevé en fût pendant 15 mois, s'exprime à la fois sur la fraîcheur d'un nez élégant et la gourmandise d'une bouche ronde, dominée par le fruit. Un vin équilibré et très plaisant. ⧗ 2024-2027

GUILHEM ET JEAN-HUGUES GOISOT, 30, rue Bienvenu-Martin, 89530 Saint-Bris-le-Vineux, tél. 03 86 53 35 15, domaine.jhg@goisot.com r.-v.

DOM. CÉLINE ET FRÉDÉRIC GUEGUEN
Curiosité de Bourgogne 2022 ★★

| 10 000 | 11 à 15 €

Frédéric Gueguen et son épouse, Céline, fille de Jean-Marc Brocard, ont d'abord travaillé pour le compte de ce dernier, notamment au Dom. des Chenevières, avant de décider de voler de leurs propres ailes en 2013. Ils conduisent aujourd'hui un vignoble de 36 ha dans le Chablisien et l'Auxerrois, dont ils ont engagé la conversion bio.

Un sauvignon élevé en cuve pendant 6 mois par des vignerons davantage habitués au chardonnay. Mais les Gueguen sont des explorateurs et la réussite est au rendez-vous avec cette cuvée très harmonieuse, au nez élégant partagé entre la pierre à fusil et les agrumes sur fond exotique, à la bouche à la fois fraîche et ronde, stimulée par une longue finale saline. ⧗ 2024-2028

DOM. CÉLINE ET FRÉDÉRIC GUEGUEN, 5 bis, rue Jules-Rathier, 89800 Chablis, tél. 03 86 81 52 56, contact@chablis-gueguen.fr t.l.j. sf mer. 10h-19h

DOM. PETITJEAN Sauvignon 2022 ★

| 2660 | 8 à 11 €

Au cœur du village de Saint-Bris-le-Vineux, dans un dédale de rues étroites, cette cave a été créée en 1950. Romaric et Mathias Petitjean ont repris l'exploitation familiale, qui compte aujourd'hui 21 ha de vignes.

Cuve et fût en temps partagé pour élever ce sauvignon gris pendant 12 mois. Le résultat est un boisé vanillé discret qui ne vient pas contrarier un nez de fruits frais. Une fraîcheur qui se prolonge en bouche où le fruit occupe tout l'espace. Typique de son terroir. ⧗ 2024-2028

DOM. PETITJEAN, 1, ruelle de l'Équerre, 89530 Saint-Bris-le-Vineux, tél. 06 29 73 66 64, domainepetitjean@orange.fr t.l.j. sf dim. 8h-12h 14h-18h

SIMMONET-FEBVRE Sauvignon 2022 ★★

| 2725 | 8 à 11 €

Reprise en 2003 par Louis Latour et dirigée par Paul Espitalié, cette maison de négoce-éleveur fondée en 1840 est une référence en Chablisien. Une solide renommée qui dépasse largement les frontières de France.

Une seyante robe jaune doré habille cette cuvée très élégante, élevée en cuve pendant 8 mois. Typique de l'appellation, elle reflète parfaitement son terroir de marnes calcaires. Le nez, intense, s'ouvre sur les agrumes et des notes minérales. Un bel équilibre apparaît en bouche sur un fond d'herbe fraîchement coupée souligné par une pointe d'acidité. Un vin complet et complexe. ⧗ 2024-2029

SIMONNET-FEBVRE, 30, rte de Saint-Bris, 89530 Chitry-le-Fort, tél. 03 86 18 95 69, caveau@simonnet-febvre.com r.-v.

♥ DOM. DU CH. DU VAL DE MERCY 2022 ★★

| 3600 | 8 à 11 €

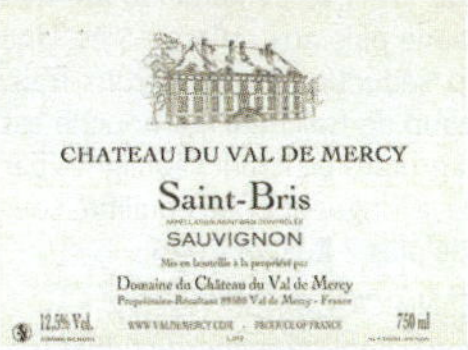

En 1680, les vins étaient produits par le Clos du Ch. du Val de Mercy, situé à Chitry, dans l'Yonne. Le nouveau propriétaire du domaine (29 ha) perpétue la tradition viticole au-delà de ses terres pour fournir des vins du Chablisien, de l'Auxerrois et de la Côte de Beaune. Une activité de négoce complète la gamme de la propriété.

C'est tout le terroir qui s'exprime dans cette cuvée admirable, au nez intense dominé par la minéralité des lieux. Minéralité qui irrigue aussi une bouche ample, généreuse, gorgée de petits fruits confits et épicés succédant à des saveurs de fruit de la Passion. Beaucoup de fraîcheur et une grande harmonie se dégagent de ce vin. ⧗ 2024-2030

DOM. DU CH. DE VAL DE MERCY, 8, promenade du Tertre, 89530 Chitry, tél. 03 80 22 77 34, roy@valdemercy.com r.-v.

DOM. VERRET 2022 ★

| 50 000 | 8 à 11 €

La famille Verret cultive la vigne depuis deux siècles et demi dans l'Yonne. Pionnier dans le vignoble de l'Auxerrois pour la mise en bouteilles et la commercialisation directe pratiquées dès les années 1950, ce vaste domaine (60 ha) demeuré familial fréquente très régulièrement les pages du Guide, notamment pour ses irancy, saint-bris, bourgognes Côtes d'Auxerre et bourgogne-aligoté.

Un bon classique de l'appellation, fruité et minéral, qui a bénéficié d'un élevage court en cuve Inox (6 mois). Au nez, des arômes de fleurs blanches donnent la réplique aux senteurs de pêche jaune. La minéralité apparaît surtout en bouche pour apporter fraîcheur et dynamisme à ce vin bien équilibré. ⧗ 2024-2027

DOM. VERRET, 7, rte de Champs, 89530 Saint-Bris-le-Vineux, tél. 03 86 53 31 81, dverret@domaineverret.com t.l.j. sf dim. 10h-12h 14h-18h

VÉZELAY

Connu dès le Xe s., sous l'impulsion de l'abbaye de Vézelay, cette ancienne dénomination géographique complémentaire de l'appellation régionale bourgogne a sa propre appellation depuis 2022. Située en Bourgogne à l'orée du parc régional naturel du Morvan, dans le sud du département de l'Yonne, et regroupée sur les coteaux des villages de Vézelay d'Asquins, Saint-Père et Tharoiseau, elle produit exclusivement du vin blanc à partir du chardonnay : un vin qui gagne en complexité et en finesse avec l'âge et qui se distingue par son caractère floral, sa fraîcheur et sa minéralité.

DOM. CAMU FRÈRES 2022 ★★

| 40 000 | 8 à 11 €

Installé au pied de la Colline Éternelle, ce domaine (15 ha) acquis par les frères Camu en 1999 a été repris

en 2008 par le baron Patrick de Ladoucette, qui a confié l'élaboration des vins à Philippe Rossignol (œnologue de la maison Régnard à Chablis).

Un joli chardonnay élevé en cuve pendant un an, très élégant dans sa robe jaune pâle aux reflets dorés. Une élégance qui tourne à la séduction au nez : fruits frais, notes florales et beaucoup de fraîcheur. La bouche est ample, ronde, avec des agrumes bien mûrs soulignés par un trait de minéralité, de la longueur et un équilibre souverain. Que demander de plus ? ⧗ 2024-2029

DOM. CAMU FRÈRES, Le Clos, 89450 Vézelay, tél. 03 86 42 10 45, regnard.chablis@regnard-chablis.fr V t.l.j. 10h-13h 14h-18h; f. oct.-avril

DOM. LA CROIX MONTJOIE
La Voluptueuse 2022 ★★

■	14 000		20 à 30 €

Tous deux ingénieurs agronomes et œnologues, Sophie et Matthieu Woillez sont installés depuis 2009 dans la commune de Tharoiseau. Leur vignoble de 15 ha (en bio), planté principalement de chardonnay, couvre un coteau face à Vézelay.

Voici «un vin qui interpelle», soulignent les dégustateurs, «qui sort de l'ordinaire». Ils saluent son nez intense qui vagabonde entre la fleur d'oranger, la motte de beurre et les notes vanillées. Puis sa bouche aussi puissante que suave et délicate, soutenue par une fine tension minérale qui accompagne la rondeur du fruit sur un fond légèrement boisé. Un vin complet et racé qui valorise l'appellation. ⧗ 2024-2029

DOM. LA CROIX MONTJOIE, 50, Grande-Rue, 89450 Tharoiseau, tél. 03 86 32 40 94, contact@lacroixmontjoie.com V t.l.j. sf dim. 10h-19h

CHARLY NICOLLE 2022 ★

■	3300		11 à 15 €

Les arrière-grands-parents de Charly Nicolle cultivaient déjà la vigne. À la suite des générations précédentes, le jeune vigneron s'est lancé dans l'aventure. Installé à Fleys, à l'est de Chablis, il a créé son propre domaine en 2011, choyant ses 17 ha de chardonnay, et s'est imposé comme une valeur sûre du Chablisien.

Ce chardonnay bien typé a bénéficié d'un élevage mixte (cuve et fût) pendant 12 mois. Fleurs blanches, notes minérales et agrumes se partagent les senteurs d'un nez frais. En bouche, les fruits mûrs apportent de la rondeur et une belle longueur. En finale, un vin expressif et bien équilibré. ⧗ 2024-2028

CHARLY NICOLLE, 17, rue des Prégirots, 89800 Fleys, tél. 09 54 94 40 83, contact@chablis-charlynicolle.com V r.-v.

LA CÔTE DE NUITS

MARSANNAY

Superficie : 227 ha
Production : 9 650 hl (85 % rouge et rosé)

Les géographes discutent encore sur les limites nord de la Côte de Nuits car, au XIXe s., un vignoble couvrant les communes situées de part et d'autre de Dijon constituait la Côte dijonnaise. Aujourd'hui, à l'exception de quelques vestiges comme les Marcs d'Or et les Montreculs, l'urbanisation a chassé les ceps de Dijon et de la commune voisine de Chenôve. Marsannay, puis Couchey ont longtemps approvisionné la ville de grands ordinaires et manqué en 1935 le coche des AOC communales. Petit à petit, les viticulteurs ont replanté ces terroirs en pinot, et la tradition du rosé – vendu sous l'appellation «bourgogne rosé de Marsannay» – s'est développée. Puis ils ont de nouveau proposé des vins rouges et blancs comme avant le phylloxéra et, après plus de vingt-cinq ans d'efforts et d'enquêtes, l'AOC marsannay a été reconnue en 1987.
L'appellation se décline en «marsannay rosé» et «marsannay» (vins rouges et vins blancs). Le rosé peut être produit sur une aire plus extensive, dans le piémont sur les graves, tandis que rouges et blancs doivent provenir uniquement du coteau des trois communes de Chenôve, Marsannay-la-Côte et Couchey.
Les marsannay rouges sont charnus, un peu sévères dans leur jeunesse; il faut les attendre quelques années. Peu répandus dans la Côte de Nuits, les vins blancs sont ici particulièrement recherchés pour leur finesse et leur solidité. Il est vrai que le chardonnay, mais aussi le pinot blanc, trouvent dans des niveaux marneux propices leur terroir d'élection.

JEAN-MARC BRUN Les Duchesses 2022 ★

■	2700		30 à 50 €

Passionné de vin, l'entrepreneur Jean-Marc Brun s'est associé en 2017 avec Jean-Philippe Marchand, vigneron à Gevrey-Chambertin. Il sélectionne et vinifie une gamme d'appellation de la Côte de Nuits. Son fils Arnaud a pris la suite en 2023.

Jean-Philippe Marchand a conservé un tiers de grappes entières pour vinifier cette cuvée qui a ensuite passé une dizaine de mois en fût de chêne. Dans le verre, un marsannay d'une belle harmonie, à la texture ronde et soyeuse, tout en faisant preuve de fermeté tannique, d'intensité et de complexité aromatiques, autour de la griotte, la groseille et la violette. Du caractère. ⧗ 2027-2032

JEAN-MARC BRUN, 115, av. du Mal-de-Saxe, 69003 Lyon, contact@jmbwine.fr

DOM. BRUNO CLAIR Les Longeroies 2021 ★★

■	3500		30 à 50 €

Bien connu des lecteurs pour ses marsannay, Bruno Clair (désormais épaulé par ses enfants Édouard, Margaux et Arthur) est établi depuis 1986 à la tête d'un vignoble né du démantèlement du Dom. Clair-Daü, créé par son grand-père Joseph, célèbre pour avoir popularisé le marsannay rosé. À sa disposition, 25 ha de vignes, dont quelques bijoux : Clos de Bèze, les Cazetiers et le Clos Saint-Jacques en gevrey, du vosne, du chambolle, du corton-charlemagne…

Les vignes de 80 ans du domaine sont implantées sur plus d'un hectare de ce *climat* qui court sur une large partie du côteau nord de l'appellation. Les Clair ont conservé 40 % de grappes non éraflées pour obtenir cette cuvée intense, qui exhale des notes de petits fruits rouges, de cassis et une nuance herbacée, superbement équilibrée, ample et longue en bouche, avec en soutien des tanins ronds et fins. ⧗ 2026-2032

DOM. BRUNO CLAIR, 5, rue du Vieux-Collège, 21160 Marsannay-la-Côte, tél. 03 80 52 28 95, domaine@brunoclair.com V r.-v.

DOM. COLLOTTE Les Boivins 2022 ★

■ | 4400 | | 20 à 30 €

Depuis l'âge de seize ans, l'autodidacte Philippe Collotte insuffle son énergie au domaine familial, épaulé depuis 2014 par sa fille Isabelle. Une exploitation qui a bien grandi : les 3 ha d'origine (1981) sont passés à 16 ha aujourd'hui. Ses vins sont régulièrement au rendez-vous du Guide, notamment ceux de son fief d'origine, Marsannay, mais aussi ses fixin et ses chambolle-musigny.

Un *climat* du centre de l'appellation où les vignes du domaine sont implantées sur du calcaire de Comblanchien. Cette cuvée élevée en fût pendant 12 mois voit cohabiter harmonieusement des nuances florales, vanillées et des notes de petits fruits rouges. La matière en bouche se montre équilibrée, bien fruitée, ronde, boisée sans excès, avec en prime une belle finale qui se distingue par sa longueur. ⧗ 2026-2032 ■ **Le Clos de Jeu 2022 ★ (20 à 30 €; 2400 b.)** Le passé médiéval de Marsannay, commune toute proche de la capitale du duché de Bourgogne, est évoqué ici dans ce nom *climat*, référence aux tournois chevaleresques. Un terroir dont Philippe Collotte tire une cuvée généreuse et gourmande, ouverte sur des notes de cerise, de griotte et une nuance florale, et qui réussit à imposer une certaine présence sans aucune rugosité ni lourdeur. De bonne garde. ⧗ 2027-2034 ■ **2022 ★ (20 à 30 €; 9000 b.)** Philippe Collotte a utilisé, à parts égales, le fût et la cuve pendant 10 mois pour obtenir ce vin harmonieux de l'attaque jusqu'à la finale. D'une belle finesse aromatique, il mêle le fruité et le floral. La bouche est ample, expressive et mise en relief par une bonne acidité. ⧗ 2026-2030

⊶ DOM. COLLOTTE, 25, rue du Carré, 21160 Marsannay-la-Côte, tél. 03 80 52 24 34, domaine.collotte@orange.fr V r.-v.

JEAN-MICHEL GUILLON ET FILS
Clos des Portes Monopole 2022 ★

■ | 4000 | | 20 à 30 €

Établi à Gevrey, Jean-Michel Guillon a débuté en 1980 sur un domaine de 2,3 ha, dont il a porté la superficie à plus de 15 ha répartis dans de nombreuses appellations (mazis, gevrey, morey, clos-de-vougeot). Il vient de passer la main à son fils Alexis après 40 millésimes et des vins d'une grande régularité dans le Guide.

Un petit clos d'un peu plus d'un hectare situé à proximité et au nord du village de Marsannay. Le vin développe des notes de pain grillé, résultant d'un élevage de 13 mois en fût, de myrtille, ainsi qu'une belle palette de fruits rouges. Sa trame tannique consistante assure un support d'une bonne tenue à cette expression complexe. On patiente pour plus de fondu. ⧗ 2028-2034

⊶ DOM. JEAN-MICHEL GUILLON ET FILS, 33, rte de Beaune, 21220 Gevrey-Chambertin, tél. 03 80 51 83 98, contact@domaineguillon.com V r.-v.

DOM. ALAIN GUYARD
Charme aux Prêtres 2021 ★

■ | 2911 | | 15 à 20 €

Un domaine familial créé en 1900 par les grands-parents pépiniéristes après la crise phylloxérique. Souvent en vue pour ses marsannay et ses fixin, Alain Guyard s'est installé en 1981 et conduit aujourd'hui un vignoble de 8,5 ha.

En provenance d'un *climat* situé au cœur de l'appellation et implanté quasiment de haut en bas du coteau, cette cuvée est un bel ambassadeur du millésime. On appréciera surtout la fraîcheur de sa structure, la rondeur de ses tanins, le tout se faisant le support d'une expression aromatique où dominent les fruits rouges associés à de fines notes boisées. ⧗ 2027-2032

⊶ DOM. ALAIN GUYARD, 10, rue du Puits-de-Têt, 21160 Marsannay-la-Côte, tél. 06 17 58 98 69, domaine.guyard@orange.fr V r.-v.

OLIVIER GUYOT La Montagne 2022 ★

■ | 2500 | | 20 à 30 €

Olivier Guyot a repris le domaine familial en 1990. Il exploite, dans un esprit bio et biodynamiste, 15 ha répartis en de nombreuses petites parcelles, dans la partie nord de la Côte de Nuits, entre Marsannay et Gevrey. Son fils David l'a rejoint en 2018.

Une cuvée qui, comme son nom l'indique, est située sur les hauteurs de l'appellation, tout en bénéficiant d'une exposition au sud. Le nez s'ouvre spontanément sur des notes de petites baies rouges associées à des nuances florales. Après une attaque souple en bouche, des tanins plus fermes se font sentir, sans nuire à l'harmonie et la longueur de l'ensemble. On met en cave. ⧗ 2027-2034

⊶ DOM. OLIVIER GUYOT, 39, rue de Mazy, 21160 Marsannay-la-Côte, tél. 03 80 52 39 71, contact@domaineguyot.fr V r.-v.

B **DOM. HUGUENOT** Champs Perdrix 2022 ★

■ | 14000 | | 20 à 30 €

Depuis 1790, dix générations se sont succédé sur ce domaine de 22 ha, réputé pour ses marsannay, ses gevrey et ses fixin. Philippe Huguenot a pris la suite de son père Jean-Louis en 1996 et obtenu la certification bio de son vignoble. Une valeur sûre.

Un terroir du sud de l'appellation sur lequel Philippe Huguenot exploite un peu plus de 2,5 ha de vignes cinquantenaires. Il livre un vin expressif, aux notes florales et fruitées (cassis, petits fruits rouges), d'un beau volume en bouche où l'équilibre et la persistance s'associent avec bonheur. Une bouteille qui pourra encore s'affiner avec la garde. ⧗ 2027-2032 ■ **Collection 2022 ★ (20 à 30 €; 11000 b.)** B Une cuvée qui résulte de l'assemblage de plusieurs *climats*. Élevé en fût de chêne pendant 12 mois, ce marsannay développe une palette aromatique complexe où la fraîcheur des agrumes se mêle à des notes de fruits secs et d'abricot. Riche et suave, la bouche fait preuve d'ampleur et aussi d'une belle énergie. ⧗ 2025-2030

⊶ DOM. HUGUENOT, 5, rue des Carrières, 21160 Marsannay-la-Côte, tél. 03 80 52 11 56, contact@domainehuguenot.com V r.-v.

JEAN-PHILIPPE MARCHAND Les Duchesses 2022 ★

■ | 2700 | | 30 à 50 €

Les vignobles Marchand ont été fondés en 1813 à Morey et agrandis en 1983 par l'achat d'une vigne à Gevrey-Chambertin. Héritier de six générations, Jean-Philippe Marchand gère, depuis 1984, le domaine

BOURGOGNE

familial – installé dans une ancienne fabrique de confitures de Gevrey –, ainsi qu'une affaire de négoce.
Une cuvée élaborée avec 30 % de grappes entières pour une cuvaison d'une vingtaine de jours au total. Cela donne un marsannay généreux autant par l'ampleur de sa structure en bouche que par ses notes de cassis et de pivoine. D'une bonne finesse, sa matière tannique laisse présager un vieillissement harmonieux. ⧗ 2027-2034

JEAN-PHILIPPE MARCHAND, 4, rue Souvert, 21220 Gevrey-Chambertin, tél. 03 80 34 33 60, contact@marchand-jph.fr V r.-v.

DOM. PHILIPPE ROBERT ET FILS
Champs Perdrix 2022 ★

■ | 2700 | | 15 à 20 €

Un domaine familial de père en fils depuis trois générations. Établi à Couchey, au nord de la Côte de Nuits, il compte aujourd'hui 8 ha après s'être progressivement agrandi sur les villages alentours : Marsannay, Gevrey-Chambertin, Fixin.
Philippe et Johann Robert ont procédé à une vinification en douceur après macération à froid d'une dizaine de jours. Le résultat : un vin aux tanins élégants et d'une belle générosité aromatique, évoquant la mûre et la cerise noire. Une cuvée déjà séduisante, en provenance de 46 ares de vignes situées tout au sud de l'appellation. ⧗ 2025-2030

DOM. PHILIPPE ROBERT ET FILS, 26, rue Pasteur, 21160 Couchey, tél. 06 27 04 73 14, domainerobert@gmail.com V r.-v.

FIXIN

Superficie : 95 ha
Production : 3 960 hl (95 % rouge)

Après avoir admiré les pressoirs des ducs de Bourgogne à Chenôve et dégusté le marsannay, on rencontre Fixin, qui donne son nom à une AOC où l'on produit surtout des vins rouges. Les fixin sont solides, charpentés, souvent tanniques et de bonne garde. Ils peuvent également revendiquer, au choix, à la récolte, l'appellation côte-de-nuits-villages.
Les *climats* Hervelets, Arvelets, Clos du Chapitre et Clos Napoléon, tous classés en 1ers crus, sont parmi les plus réputés, mais c'est le Clos de la Perrière qui en est le chef de file puisqu'il a même été qualifié de « cuvée hors classe » par d'éminents écrivains bourguignons et comparé au chambertin ; ce clos déborde un tout petit peu sur la commune de Brochon. Autre lieu-dit : Le Meix-Bas.

DOM. CLÉMANCEY
Les Hervelets Vieilles Vignes 2022 ★

■ 1er cru | 4000 | | 30 à 50 €

Marie-Odile Barçon-Clémancey a pris la tête de ce domaine familial en 1996. Un travail soigné à la vigne (labours, ébourgeonnage...) permet de tirer le meilleur parti de ses terroirs. Le domaine, basé à Couchey dans une maison datant des XVIIIe et XIXe s., exploite 8 ha de vignes, très majoritairement plantés en rouge.
Un 1er cru du nord de l'appellation dont la famille Clémancey exploite 1,3 ha. Une cuvée qui demande de la patience pour se révéler : elle évoque la framboise, la cerise et le cassis après aération. En bouche, ses tanins sont fins et de délicates notes florales et épicées lui assurent une élégance certaine. ⧗ 2026-2030

DOM. CLÉMANCEY, 33, rue Jean-Jaurès, 21160 Couchey, tél. 03 80 59 87 41, contact@domaineclemancey.com V r.-v.

DOM. COLLOTTE
Les Crais de Chêne Cuvée Vieilles Vignes 2022 ★

■ | 1700 | | 20 à 30 €

Depuis l'âge de seize ans, l'autodidacte Philippe Collotte insuffle son énergie au domaine familial, épaulé depuis 2014 par sa fille Isabelle. Une exploitation qui a bien grandi : les 3 ha d'origine (1981) sont passés à 16 ha aujourd'hui. Ses vins sont régulièrement au rendez-vous du Guide, notamment ceux de son fief d'origine, Marsannay, mais aussi ses fixin et ses chambolle-musigny.
Un *climat* placé en contrebas du village de Fixin, composé en partie de cailloutis descendus de la combe. Cette cuvée, élevée en foudre pendant 12 mois, déploie une palette complexe de fruits rouges (groseille, framboise, cerise), associée à un boisé délicat. La bouche se montre souple et élégante, donnant un caractère croquant à l'ensemble. ⧗ 2025-2029

DOM. COLLOTTE, 25, rue du Carré, 21160 Marsannay-la-Côte, tél. 03 80 52 24 34, domaine.collotte@orange.fr V r.-v.

DOM. GUY ET YVAN DUFOULEUR
Clos du Chapitre Cuvée Vieilles Vignes Monopole 2021 ★★

■ 1er cru | 9000 | | 30 à 50 €

Les Dufouleur perpétuent une tradition vigneronne qui remonte à la fin du XVIe s. Le domaine actuel est né de la fusion en 2007 de la propriété familiale avec le Dom. Yvan Dufouleur créé en 1991. Guy étant décédé, le vignoble (30 ha) est aujourd'hui dirigé par son fils aîné Yvan, épaulé à la gérance par Xavier, frère de Guy.
Sur ce terroir emblématique de l'appellation, la famille Dufouleur dispose de 2 ha de vignes âgées de 70 ans en moyenne. Élevé pour 25 % en fût de chêne neuf, pendant un an, le vin a parfaitement digéré cet apport boisé et fait la part belle à des notes de griotte et de fraise des bois. D'une belle souplesse et d'une grande finesse de grain, la bouche fait aussi preuve d'intensité et de complexité. ⧗ 2027-2034

DOM. GUY ET YVAN DUFOULEUR, 15, rue Thurot, 21700 Nuits-Saint-Georges, tél. 03 80 61 09 35, gaelle.dufouleur@21700-nuits.com V r.-v.

B DOM. HUGUENOT Terre Brune 2022 ★

■ | 16500 | | 20 à 30 €

Depuis 1790, dix générations se sont succédé sur ce domaine de 22 ha, réputé pour ses marsannay, ses gevrey et ses fixin. Philippe Huguenot a pris la suite de son père Jean-Louis en 1996 et obtenu la certification bio de son vignoble. Une valeur sûre.
Une cuvée généreuse en volume, issu d'un vignoble de près de 3,5 ha sur un sol d'argile et de marnes sableuses. Philippe Huguenot a opté pour un élevage long de 18 mois et propose un fixin gourmand, qui s'ouvre sur des notes concentrées de poivre et de fruits noirs.

La bouche apparaît souple, ronde et fraîche à la fois, stimulée par une finale acidulée. ⧗ 2026-2030

⊶ *DOM. HUGUENOT, 5, rue des Carrières, 21160 Marsannay-la-Côte, tél. 03 80 52 11 56, contact@domainehuguenot.com* V r.-v.

DOM. LIPPE BOILEAU
Les Vignes aux Grands 2022 ★

■ | 1200 | ◍ | 20 à 30 €

Respectivement fille de viticulteur et maître tonnelier, Caroline Lippe et Julien Boileau ont repris des vignes familiales en 2017. Installés à Brochon, ils sont à la tête de 3 ha et 20 parcelles sur les appellations bourgogne Côte d'Or, côte-de-nuits-villages, fixin et gevrey-chambertin.

Un vin frais, énergique qui méritera d'être attendu quelques années pour dévoiler tout son potentiel et gagner encore en harmonie. Au nez, il développe des notes complexes de confiserie, de réglisse, de groseille, de myrtille ou encore de poivre. Ses tanins s'affirment en bouche, tout en restant fins et soyeux. ⧗ 2027-2032

⊶ *DOM. LIPPE BOILEAU, 18, rte des Grands-Crus, 21220 Brochon, tél. 06 21 31 35 52, domainelippeboileau@gmail.com* V r.-v.

GEVREY-CHAMBERTIN

Superficie : 410 ha / Production : 17 280 hl

Au nord de Gevrey, trois appellations communales sont produites sur la commune de Brochon : fixin sur une petite partie du Clos de la Perrière, côte-de-nuits-villages sur la partie nord (lieux-dits Préau et Queue-de-Hareng) et gevrey-chambertin sur la partie sud. En même temps qu'elle constitue l'appellation communale la plus importante en volume, la commune de Gevrey-Chambertin abrite des 1ers crus tous plus grands les uns que les autres. La combe de Lavaux sépare la commune en deux parties. Au nord, on trouve, entre autres *climats*, les Évocelles (sur Brochon), les Champeaux, la Combe aux Moines (où allaient en promenade les moines de l'abbaye de Cluny qui furent au XIIIes. les plus importants propriétaires de Gevrey), les Cazetiers, le Clos Saint-Jacques, les Varoilles, etc. Au sud, les crus sont moins nombreux, presque tout le coteau étant en grand cru; on peut citer les *climats* de Fonteny, Petite-Chapelle, Clos-Prieur, entre autres. Les vins de cette appellation sont solides et puissants dans le coteau, élégants et subtils dans le piémont. À ce propos, il y a lieu de réfuter une opinion erronée selon laquelle l'appellation gevrey-chambertin s'étendrait jusqu'à la ligne de chemin de fer Dijon-Beaune, dans des terrains qui ne le mériteraient pas. Cette information, qui fait fi de la sagesse des vignerons de Gevrey, nous donne l'occasion d'apporter une explication : la Côte a été le siège de nombreux phénomènes géologiques, et certains de ses sols sont constitués d'apports de couverture, dont une partie a pour origine les phénomènes glaciaires du quaternaire. La combe de Lavaux a servi de «canal», et à son pied s'est constitué un immense cône de déjection dont les matériaux sont semblables à ceux du coteau. Dans certaines situations, ils sont simplement plus épais, donc plus éloignés du substratum. Essentiellement constitués de graviers calcaires plus ou moins décarbonatés, ils donnent ces vins élégants et subtils dont nous parlions précédemment.

Ⓑ DOM. LES ASTRELLES Les Crais 2022 ★★

■ | 1200 | ◍ | 50 à 75 €

Isabelle et Jean-Marie Chapier, respectivement pharmarcienne et médecin, ont changé de vie en 2019 en reprenant le Dom. Pierre Naigeon. Ils ont confié l'élaboration des vins à Julien Millet, fils de François Millet, l'ex-maître de chai du Dom. Georges de Vogüé. Les vignes sont cultivées en bio.

Un terroir de bas de côteau où le domaine exploite 35 ares de pinot noir. Les raisins ont été entièrement égrappés pour procéder à une extraction en douceur. Résultat : un vin déjà très expressif où les fruits rouges côtoient de fines notes florales. La bouche, très équilibrée, concentre des tanins soyeux et délicats qui ajoutent à son élégance. Pour se faire plaisir dès aujourd'hui ou pendant encore quelques années. ⧗ 2025-2032

⊶ *DOM. LES ASTRELLES, 1, rte de St-Philibert, 21220 Gevrey-Chambertin, tél. 03 80 33 46 03, info@lesastrelles.fr* V r.-v.

DOM. DES BEAUMONT Les Cherbaudes 2022 ★

■ 1er cru | n.c. | ◍ | 50 à 75 €

Thierry Beaumont (septième génération) a créé son domaine en 1991 en reprenant les vignes familiales et commercialise son vin en bouteille, sous son patronyme, depuis 1999. Le vignoble couvre 5,5 ha à Morey, Chambolle et Gevrey. Les cuvées de ce vigneron peu interventionniste à la vigne et au chai, qui a investi dans un outil de travail moderne, sont chaque année au rendez-vous du Guide.

Un *climat* de petite superficie qui prolonge par le nord le grand cru chapelle-chambertin. La famille Beaumont y dispose de 42 ares de pinot noir qui ont donné une cuvée à la matière opulente. Une structure épaisse qui se dessine autour de tanins soyeux et fondus. Les notes de fruits rouges se développent de bout en bout en conservant une bonne fraîcheur. ⧗ 2027-2034

⊶ *DOM. DES BEAUMONT, 9, rue Ribordot, 21220 Morey-Saint-Denis, tél. 03 80 51 87 89, contact@domaine-des-beaumont.com* V r.-v.

DOM. CASTAGNIER 2022 ★

■ | 1400 | ◍ | 30 à 50 €

Installé depuis 2004 sur le domaine familial de Morey-Saint-Denis, Jérôme Castagnier exploite un vignoble de 4 ha en Côte de Nuits (en biodynamie non certifiée). Ses grands crus, notamment ses clos-de-vougeot, clos-de-la-roche et clos-saint-denis, lui permettent de s'illustrer avec une réelle constance. Il a également développé une activité de négoce à son nom pour compléter sa gamme, toujours en Côte de Nuits.

Fidèle au style qui a fait sa réussite, récompensé par de nombreuses étoiles dans le Guide, Jérôme Castagnier propose ici un gevrey encore dans la fougue de sa jeunesse. Un boisé, assez présent à ce stade, accompagne des notes de petits fruits noirs sans les éteindre et imprime sa marque dans une bouche par ailleurs bien équilibrée,

BOURGOGNE

dotée d'une bonne structure. Quelques années de patience sont donc recommandées. ⧗ 2027-2034

DOM. CASTAGNIER, 20, rue des Jardins, 21220 Morey-Saint-Denis, tél. 03 80 34 31 62, jeromecastagnier@yahoo.fr V r.-v.

♥ DOM. DROUHIN-LAROZE
Clos des Combes 2022 ★★

■ | 3000 | ◨ | 50 à 75 €

En 1850, Jean-Baptiste Drouhin fonde un domaine viticole à Gevrey. Six générations plus tard, son héritier Philippe Drouhin, installé en 2001, son épouse Christine et leurs enfants Caroline et Nicolas conduisent dans un esprit bio, mais sans certification, un vignoble de 11,5 ha – dont près de la moitié est dédiée aux grands crus –, complété en 2008 par un petit négoce (Laroze de Drouhin) dirigé par Caroline.

La famille Drouhin-Laroze dispose de 2 ha de vignes plantés entre 1959 et 2001 dans le *climat* Combe, situé au cœur du village. Cette cuvée est composée d'une sélection des plus vieilles d'entre elles, puis a été élevée 18 mois en fût. Elle présente une palette aromatique complexe associant le fruit et les épices avec élégance et persistance. Après une attaque charnue, la bouche se distingue par son équilibre, son ampleur et sa structure tannique d'une grande finesse. Un gevrey de grande classe. ⧗ 2027-2034

DOM. DROUHIN-LAROZE, 20, rue du Gaizot, 21220 Gevrey-Chambertin, tél. 03 80 34 31 49, marie@drouhin-laroze.com V r.-v. 5

DOM. FAIVELEY Les Cazetiers 2022 ★★

■ 1er cru | 6600 | ◨ | + de 100 €

Ce domaine fondé à Nuits-Saint-Georges en 1825 est un nom qui compte en Bourgogne, depuis sept générations. À sa tête depuis 2005, Erwan Faiveley, qui a succédé à son père François. Aujourd'hui, c'est l'un des plus importants propriétaires de vignes en Bourgogne : 120 ha du nord de la Côte de Nuits au sud de la Côte Chalonnaise, dont 10 ha en grand cru et près de 25 ha en 1er cru.

Un terroir du nord de l'appellation, bien exposé au débouché de la combe Lavaux, où le domaine exploite un peu plus de 4 ha de pinots noirs. La finesse de cette cuvée se manifeste sans délai. D'élégantes notes de framboise et de groseille se font sentir dès la première approche olfactive. La matière, fine, ciselée, est soutenue par des tanins de dentelle et de soie, épaulées par une trame fraîche et un boisé bien intégré. ⧗ 2027-2034

DOM. FAIVELEY, 8, rue du Tribourg, 21700 Nuits-Saint-Georges, tél. 03 80 61 04 55, contact@domaine-faiveley.com V *t.l.j. sf dim. lun. 10h-12h30 13h30-18h*

DOM. A.-F. GROS 2022 ★

■ | 5000 | ◨ | 50 à 75 €

Le domaine a été créé en 1988 par Anne-Françoise Gros et son mari François Parent à Pommard. Leurs enfants Caroline et Mathias conduisent aujourd'hui un vignoble de 15 ha dans les deux Côtes, mais aussi en Beaujolais (moulin-à-vent). Un domaine incontournable qui collectionne les coups de cœur.

Un gevrey puissant et généreux, doté d'une structure tannique ample et solide qui ne l'empêche pas d'être spontanément plaisant. Sa palette aromatique évoque des notes empyreumatiques, mais aussi poivrées, voire pimentées, et la haute maturité des raisins récoltés par le domaine est aussi perceptible par des nuances de fruits rouges confits. ⧗ 2027-2034

DOM. A.-F. GROS, 1, pl. de l'Europe, 21630 Pommard, tél. 03 80 22 61 85, contact@af-gros.com

DOM. LE GUELLEC-DUCOUET
Clos Champ 2022 ★★

■ | 4800 | ◨ | 30 à 50 €

Un domaine créé en 2018 par Mickaël Le Guellec et Arnaud Ducouet à la suite de la reprise de vignes familiales jusqu'alors en fermage. L'exploitation compte 3,7 ha sur la commune de Brochon mais sur trois appellations différentes : gevrey-chambertin, côtes-de-nuits villages et bourgogne.

Dans le prolongement de la route des grands crus vers le nord, le *climat* Clos Champ s'étend à mi-coteau. Le domaine y exploite 80 ares de vignes de 90 ans implantées dans un clos. Vinifiée avec 30 % de vendanges entières, ce gevrey s'ouvre délicatement sur des notes fruitées et réglissées. Une délicatesse que l'on retrouve dans une bouche élégante et riche à la fois, bâtie sur des tanins affinés et soyeux, avec en prime une longue finale qui dessine le profil d'un vin typé et prometteur. ⧗ 2027-2034

DOM. LE GUELLEC-DUCOUET, 1, rue du Tilleul, 21220 Brochon, tél. 06 77 76 91 78, domaine@leguellec-ducouet.com V r.-v.

♥ JEAN-MICHEL GUILLON ET FILS
Les Champonnets Vieilles Vignes 2022 ★★

■ 1er cru | 2800 | ◨ | 50 à 75 €

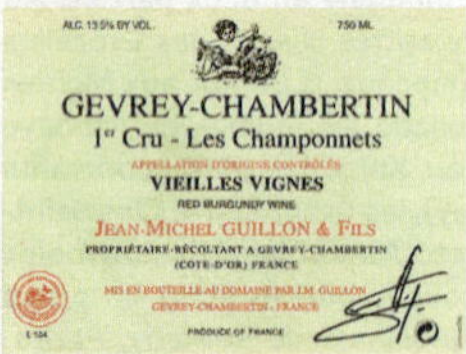

Établi à Gevrey, Jean-Michel Guillon a débuté en 1980 sur un domaine de 2,3 ha, dont il a porté la superficie à plus de 15 ha répartis dans de nombreuses appellations (mazis, gevrey, morey, clos-de-vougeot). Il vient de passer la main à son fils Alexis après 40 millésimes et des vins d'une grande régularité dans le Guide.

Une cuvée issue d'un vignoble d'1 ha situé au sortir de la combe Lavaux, sur le coteau sud, et proche du village. Dans le verre, un superbe gevrey aux notes intenses de fruits rouges compotés mâtinés de nuances poivrées. En bouche, il présente une texture veloutée, très élégante, avec en soutien des tanins bien fondus, soyeux. Une longue et puissante finale évoquant la cerise conclut en beauté la dégustation. Déjà bien en place, d'une harmonie sans faille, il saura évoluer harmonieusement. ⧗ 2027-2035

DOM. JEAN-MICHEL GUILLON ET FILS, 33, rte de Beaune, 21220 Gevrey-Chambertin, tél. 03 80 51 83 98, contact@domaineguillon.com V r.-v.

B DOM. HUGUENOT Les Crais 2022 ★

■ | 10000 | ◍ | 30 à 50 €

Depuis 1790, dix générations se sont succédé sur ce domaine de 22 ha, réputé pour ses marsannay, ses gevrey et ses fixin. Philippe Huguenot a pris la suite de son père Jean-Louis en 1996 et obtenu la certification bio de son vignoble. Une valeur sûre.

Une cuvée en provenance de vignes de 70 ans plantées sur près de 2 ha. Au nez, les notes de cassis et de myrtille à haute maturité, associées à des nuances d'épices, rappellent le caractère solaire du millésime. Bâtie sur des tanins denses mais fins, elle fait preuve de rondeur et de générosité en bouche, mais aussi d'une belle longueur. ⧗ 2027-2034

DOM. HUGUENOT, 5, rue des Carrières, 21160 Marsannay-la-Côte, tél. 03 80 52 11 56, contact@domainehuguenot.com V r.-v.

PROSPER MAUFOUX 2022 ★

■ | 912 | ◍ | 50 à 75 €

Constitué en 1860, le négoce Prosper Maufoux est une institution à Santenay, installé dans l'hôtel particulier bâti en 1838 pour Jacques-Marie Duvault, alors unique propriétaire de la Romanée-Conti. Il a été repris en 2010 par Éric Piffaut et la maison André Delorme, spécialiste des vins de la Côte chalonnaise : la fusion des deux entités a donné la Maison des Grands crus. En 2020, la maison s'installe au Ch. de Saint-Aubin, entre Chassagne et Puligny.

Au nez, des notes d'épices et des nuances grillées cohabitent avec une subtile évocation de fruits rouges compotés. En bouche, on découvre un vin puissant et fougueux, qui développe une structure tannique intense. Une densité soutenue par un boisé encore assez présent à ce stade, que le temps assagira. ⧗ 2028-2034

MAISON PROSPER MAUFOUX, 3, rue des Lavières, 21190 Saint-Aubin, tél. 03 80 20 68 71, contact@prosper-maufoux.com V t.l.j. sf lun. dim. 5 E

B DOM. THIERRY MORTET Clos Prieur 2022 ★

■ 1er cru | 800 | ◍ | 75 à 100 €

Thierry Mortet, dont les vins figurent souvent dans le Guide, s'est installé en 1992 sur une partie du domaine familial, qu'il a agrandi, portant sa superficie à 8,5 ha aujourd'hui, convertis à l'agriculture biologique à partir de 2007. Il est particulièrement à l'aise sur les terroirs de son village. Depuis 2020 sa fille Lise l'a rejoint sur l'exploitation.

Ce 1er cru, né sur un terroir du coteau sud de l'appellation, a été vinifié de manière peu interventionniste, après égrappage complet des raisins. Il présente une matière délicate, soutenue par des tanins souples et fins, et une expression aromatique délicate et harmonieuse évoquant la groseille et la cerise. Un gevrey déjà expressif et fort plaisant, mais qui pourra également être attendu. ⧗ 2026-2032

DOM. THIERRY MORTET, 16, pl. des Marronniers, 21220 Gevrey-Chambertin, tél. 03 80 51 85 07, domainethierrymortet@gmail.com V r.-v.

DOM. QUIVY Les Journaux 2022 ★

■ | 2020 | ◍ | 50 à 75 €

Installé depuis 1981 dans une belle demeure du XVIIIe s., dont les bâtiments viticoles sont inscrits aux Monuments historiques, Gérard Quivy conduit un vignoble de 7 ha et propose une gamme étendue de vins de Gevrey et de Brochon, des *villages*, 1ers et grands crus (chapelle et charmes) souvent en très bonne place dans le Guide.

En provenance d'un *climat* situé sur le village de Brochon, au nord de l'appellation, cette cuvée évoque avec précision la réglisse, les fruits rouges et la menthe. De bons arômes de pinot noir de la Côte de Nuits qu'un boisé bien fondu accompagne avec bonheur. Une matière nuancée, équilibrée et agréable lui assure une belle harmonie en bouche. ⧗ 2027-2032

DOM. QUIVY, 7, rue Gaston-Roupnel, 21220 Gevrey-Chambertin, tél. 06 07 32 93 73, gerard.quivy@wanadoo.fr V r.-v.

B DOM. TORTOCHOT Lavaux Saint-Jacques 2022 ★★

■ 1er cru | 4187 | ◍ | 50 à 75 €

Fondé à Gevrey en 1865, ce domaine est régulièrement sélectionné pour ses gevrey et ses mazis-chambertin. En 1997, Chantal Michel-Tortochot (quatrième génération), ancienne contrôleuse de gestion dans l'industrie bourguignonne, a repris les vignes familiales, un beau parcellaire de 12 ha (dont 10 % de grands crus et autant de 1ers crus), certifiés bio depuis 2014.

En provenance d'un *climat* réputé pour livrer des vins de garde d'une grande finesse et d'une belle profondeur tannique, ce 1er cru fait honneur à son rang. Il s'ouvre avec intensité sur des notes de fruits rouges et d'épices. En bouche, le volume, l'élégance et la complexité sont au rendez-vous, avec en soutien des tanins denses mais soyeux qui poussent loin la finale. À garder quelques années pour le déguster à son meilleur niveau. ⧗ 2028-2034 ■ **1er cru Les Champeaux 2022 ★ (50 à 75 €; 5136 b.)** B Situé sur le coteau nord de l'appellation, ce *climat* accueille 81 ares de vignes d'une cinquantaine d'années exploitées par la famille Tortochot. Celle-ci en tire 1er cru aux arômes intenses de fruits rouges mâtinés de nuances végétales et boisées. Un vin qui séduira les amateurs de gevrey sur le versant de la finesse et de la délicatesse. ⧗ 2027-2032 ■ **Champerrier Vieilles Vignes 2022 ★ (30 à 50 €; 4974 b.)** Ces vignes presque centenaires (plantées dans les années 1920 par Félix Tortochot, grand-père de Chantal Michel-Tortochot) n'ont pas dit leur dernier mot. Elles donnent à nouveau naissance à un vin harmonieux, délicat et ample, porté par des tanins de soie et qui évoque avec beaucoup de finesse et avec une belle fraîcheur la framboise, la cerise et la fraise. ⧗ 2027-2032

DOM. TORTOCHOT, 12, rue de l'Église, 21220 Gevrey-Chambertin, tél. 03 80 34 11 34, sarl.domaine.tortochot@gmail.com V r.-v.

DOM. TRAPET-ROCHELANDET Vieilles Vignes 2022 ★

■ | 5000 | ◍ | 30 à 50 €

Laurent Trapet-Rochelandet, sixième génération de viticulteur, a pris la tête du domaine familial en 2015.

BOURGOGNE

Il cultive près de 7 ha de vignes, avec notamment le grand cru ruchottes-chambertin à la gamme. Cette dernière compte aussi les *climats* Petite Chapelle, Champs-Chenys ou encore Bel Air.

Une belle matière et un joli fruit. Il n'en faut pas davantage pour obtenir un gevrey de bonne facture, né ici de vieux ceps de 50 ans. Au nez, il développe des notes florales de pivoine et violette bien mariées aux fruits rouges. Une précision et une finesse que des tanins souples et fondus mettent élégamment en valeur. ⧗ 2027-2032

DOM. TRAPET-ROCHELANDET, 9 bis, rue du Chambertin, 21220 Gevrey-Chambertin, tél. 06 62 12 99 26, contact@domainetr.fr V r.-v.

CHARMES-CHAMBERTIN

Superficie : 29 ha / Production : 1 115 hl

DOM. DES BEAUMONT 2022 ★

Gd cru | n.c. | | + de 100 €

Thierry Beaumont (septième génération) a créé son domaine en 1991 en reprenant les vignes familiales et commercialise son vin en bouteille, sous son patronyme, depuis 1999. Le vignoble couvre 5,5 ha à Morey, Chambolle et Gevrey. Les cuvées de ce vigneron peu interventionniste à la vigne et au chai, qui a investi dans un outil de travail moderne, sont chaque année au rendez-vous du Guide.

Le domaine est présent dans les deux lieux-dits qui constituent ce *climat* : Les Mazoyères et Aux Charmes. C'est toutefois ce dernier qui assure la très grande majorité de la provenance de la cuvée. Un vin très régulièrement salué dans le Guide et qui présente avec ce millésime un nez intense et complexe de poivre, de cannelle, de griotte et de groseille. En bouche, il se distingue davantage par sa finesse et sa souplesse que par sa puissance. Un ensemble bien représentatif de ce terroir. ⧗ 2028-2034

DOM. DES BEAUMONT, 9, rue Ribordot, 21220 Morey-Saint-Denis, tél. 03 80 51 87 89, contact@domaine-des-beaumont.com V r.-v.

MAZIS-CHAMBERTIN

Superficie : 8,8 ha / Production : 275 hl

♥ B DOM. TORTOCHOT 2022 ★★

Gd cru | 2343 | | + de 100 €

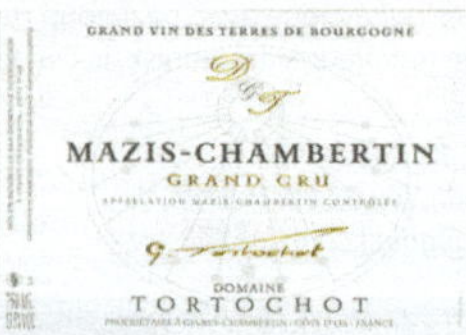

Fondé à Gevrey en 1865, ce domaine est régulièrement sélectionné pour ses gevrey et ses mazis-chambertin. En 1997, Chantal Michel-Tortochot (quatrième génération), ancienne contrôleuse de gestion dans l'industrie bourguignonne, a repris les vignes familiales, un beau parcellaire de 12 ha (dont 10 % de grands crus et autant de 1ers crus), certifiés bio depuis 2014.

Le domaine dispose de près de 42 ares de vignes dans le lieu-dit Mazis-Bas. Des vignes qui courent de bas en haut sur plus de la moitié du grand cru. Ce *climat* est marqué par la présence toute proche de la Combe Lavaux et de ses courants d'air rafraîchissants. Le vin développe une palette aromatique évoquant la cerise noire, et plus généralement les fruits rouges bien mûrs, à laquelle s'ajoutent de fines nuances chocolatées. Une complexité qui trouve un long écho dans une bouche ample, ronde, bien structurée par des tanins fins et raffermie par une pointe de fraîcheur minérale que le temps polira. Un grand cru de haute expression. ⧗ 2029-2036

DOM. TORTOCHOT, 12, rue de l'Église, 21220 Gevrey-Chambertin, tél. 03 80 34 11 34, sarl.domaine.tortochot@gmail.com V r.-v.

MOREY-SAINT-DENIS

Superficie : 96 ha
Production : 3 822 hl (95 % rouge)

Entre Gevrey-Chambertin et Chambolle-Musigny, Morey-Saint-Denis constitue l'une des plus petites appellations communales de la Côte de Nuits. Outre d'excellents 1ers crus (en majorité rouges), la commune possède cinq grands crus ayant une appellation d'origine contrôlée particulière : clos-de-tart, clos-saint-denis, bonnes-mares (en partie), clos-de-la-roche et clos-des-lambrays. Les vins rouges de cette commune apparaissent comme intermédiaires entre les puissants gevrey et les délicats chambolle. Les vignerons présentent au public les morey-saint-denis, et uniquement ceux-ci, le vendredi précédant la vente des Hospices de Nuits (3e semaine de mars) lors d'un Carrefour de Dionysos à la salle des fêtes communale.

DOM. AMIOT ET FILS Les Ruchots 2022 ★

1er cru | 2870 | | 75 à 100 €

Un domaine installé à Morey-Saint-Denis depuis cinq générations et conduit aujourd'hui par Jean-Louis Amiot et son fils Léon. Ce dernier l'a rejoint en 2020. Le vignoble couvre 5 ha à Morey, essentiellement, mais aussi à Gevrey et Chambolle, avec deux grands crus. Souvent en vue pour ses morey et ses clos-de-la-roche.

Un 1er cru situé sous le Clos de Tart, dans la partie sud de l'appellation, où le domaine cultive de vénérables vignes de 70 ans. Le vin livre à l'olfaction des notes de fruits rouges à bonne maturité, de sous-bois et une touche fumée. En bouche, il présente une solide structure, mais cadrée par des tanins soyeux; une matière pleine, dense, d'une belle longueur, qui en fait à l'évidence une bouteille de garde. ⧗ 2028-2034

DOM. AMIOT ET FILS, 33, Grande-Rue, 21220 Morey-Saint-Denis, tél. 03 80 52 95 57, contact@domaineamiot-morey.fr V r.-v.

DOM. ALAIN JEANNIARD 2022 ★

| 1200 | | 30 à 50 €

Après une carrière dans l'industrie, Alain Jeanniard est revenu à ses racines vigneronnes (qui remontent au XVIIIe s.) pour reprendre en 2000 le Dom. de

Morey : 0,5 ha à l'époque, 7 ha aujourd'hui. Il a également créé une affaire de négoce en 2003.

Souvent décrits comme structurés, les vins de Morey-Saint-Denis sont aussi capables d'élégance. En témoigne cette cuvée qui s'ouvre sur des notes délicates de rose et de violette après avoir évoqué la torréfaction. La vinification pour moitié en vendanges entières savamment menée par Alain Jeanniard y est sans doute pour quelque chose. En bouche, ce vin se distingue par la finesse de ses tanins, par sa fraîcheur et par sa longueur. ⧗ 2026-2032

DOM. ALAIN JEANNIARD, 4, rue Aux-Loups, 21220 Morey-Saint-Denis, tél. 06 84 56 13 89, domaine.ajeanniard@wanadoo.fr V r.-v.

CLOS-DE-LA-ROCHE

Superficie : 13,4 ha / Production : 450 hl

♥ DOM. AMIOT ET FILS 2022 ★★★

■ Gd cru | 2000 | | + de 100 €

Un domaine installé à Morey-Saint-Denis depuis cinq générations et conduit aujourd'hui par Jean-Louis Amiot et son fils Léon. Ce dernier l'a rejoint en 2020. Le vignoble couvre 5 ha à Morey, essentiellement, mais aussi à Gevrey et Chambolle, avec deux grands crus. Souvent en vue pour ses morey et ses clos-de-la-roche.

Le domaine dispose de 56 ares répartis sur trois parcelles disséminées au sein de ce grand cru. Les vignes, d'une cinquantaine d'années en moyenne, ont donné un 2022 d'une remarquable structure et d'une grande longueur. Il s'ouvre sur des notes de fruits noirs à haute maturité, de mûre notamment, sur fond de boisé bien fondu. Sa matière ample, riche, vigoureuse, mais parfaitement équilibrée de bout en bout, dessine le profil d'un vin complet, majuscule, et définitivement de grande garde. ⧗ 2030-2040

DOM. AMIOT ET FILS, 33, Grande-Rue, 21220 Morey-Saint-Denis, tél. 03 80 52 95 57, contact@domaineamiot-morey.fr V r.-v.

DOM. CASTAGNIER 2022 ★★

■ Gd cru | 2500 | | + de 100 €

Installé depuis 2004 sur le domaine familial de Morey-Saint-Denis, Jérôme Castagnier exploite un vignoble de 4 ha en Côte de Nuits (en biodynamie non certifiée). Ses grands crus, notamment ses clos-de-vougeot, clos-de-la-roche et clos-saint-denis, lui permettent de s'illustrer avec une réelle constance. Il a également développé une activité de négoce à son nom pour compléter sa gamme, toujours en Côte de Nuits.

Ce millésime 2022 confirme que le clos-de-la-roche du domaine est l'un des plus remarquables ambassadeurs de ce terroir. Jérôme Castagnier y exploite 60 ares de vénérables vignes de 70 ans à l'origine d'un vin au nez intense, complexe, un peu sauvage, épicé, à la une texture dense, puissante mais remarquablement équilibrée. Un vin fidèle à la réputation de grand cru concentré et solidement épaulé associée à ce *climat*. On met en cave bien sûr. ⧗ 2029-2038

DOM. CASTAGNIER, 20, rue des Jardins, 21220 Morey-Saint-Denis, tél. 03 80 34 31 62, jeromecastagnier@yahoo.fr V r.-v.

CLOS-SAINT-DENIS

Superficie : 6 ha / Production : 200 hl

DOM. CASTAGNIER 2022 ★★

■ Gd cru | 1600 | | + de 100 €

Installé depuis 2004 sur le domaine familial de Morey-Saint-Denis, Jérôme Castagnier exploite un vignoble de 4 ha en Côte de Nuits (en biodynamie non certifiée). Ses grands crus, notamment ses clos-de-vougeot, clos-de-la-roche et clos-saint-denis, lui permettent de s'illustrer avec une réelle constance. Il a également développé une activité de négoce à son nom pour compléter sa gamme, toujours en Côte de Nuits.

Jérôme Castagnier exploite une parcelle de 35 ares au cœur de ce grand cru. Des vignes qui participent à mettre en valeur, avec une grande régularité, les qualités de ce grand terroir. « Un vin qui n'est pas exubérant mais qui montre beaucoup de grâce, de distinction », comme le mentionne le vigneron. Dans le verre, on découvre une palette aromatique complexe évoquant le pain d'épices, les fruits noirs et fines des notes boisées-grillées, prolongée par une bouche aussi large que longue, à la fois intense et très élégante, fraîche et parfaitement équilibrée. ⧗ 2029-2036

DOM. CASTAGNIER, 20, rue des Jardins, 21220 Morey-Saint-Denis, tél. 03 80 34 31 62, jeromecastagnier@yahoo.fr V r.-v.

CHAMBOLLE-MUSIGNY

Superficie : 152 ha / Production : 6 050 hl

Commune de grande renommée malgré sa petite étendue, Chambolle-Musigny doit sa réputation à la qualité de ses vins et à la notoriété de ses 1ers crus, dont le plus connu est le *climat* des Amoureuses. Tout un programme ! Mais Chambolle a aussi ses charmes, chabiots, cras, fousselottes, groseilles et autres lavrottes... Le petit village aux rues étroites et aux arbres séculaires abrite des caves magnifiques (domaine des Musigny). Toujours rouges, les chambolle sont élégants et subtils. Ils allient la force des bonnes-mares à la finesse des musigny, à l'image d'un pays de transition dans la Côte de Nuits.

DOM. AMIOT ET FILS 2022 ★

■ | 1500 | | 50 à 75 €

Un domaine installé à Morey-Saint-Denis depuis cinq générations et conduit aujourd'hui par Jean-Louis Amiot et son fils Léon. Ce dernier l'a rejoint en 2020. Le vignoble couvre 5 ha à Morey, essentiellement, mais aussi à Gevrey et Chambolle, avec deux grands crus. Souvent en vue pour ses morey et ses clos-de-la-roche.

Au nez, dominent des notes de torréfaction et de poivre sans lui ôter une certaine fraîcheur aromatique soulignée par des nuances de fruits rouges. En bouche, on découvre un chambolle-musigny ample, rond, bien équilibré et d'une belle longueur. ⧗ 2026-2032

⊶ *DOM. AMIOT ET FILS, 33, Grande-Rue, 21220 Morey-Saint-Denis, tél. 03 80 52 95 57, contact@domaineamiot-morey.fr* r.-v.

DOM. RENÉ CACHEUX ET FILS
Les Argillières 2021 ★

| 1500 | | 50 à 75 € |

En 2005, après avoir travaillé sur d'autres exploitations viticoles, Gérald Cacheux a succédé à ses parents à la tête de ce petit domaine familial (3,26 ha), fondé en 1966. Il exploite des vignes sur Vosne-Romanée et Chambolle-Musigny.

Un terroir qui prolonge par le nord le grand cru musigny. Le domaine y dispose de 30 ares de vignes cinquantenaires. Ce vin, d'un équilibre assuré, évoque les fruits au sirop, la cerise fraîche et le sous-bois à l'olfaction. En bouche, il dévoile une matière ample et soyeuse, qui s'étire dans une belle et longue finale. Un chambolle déjà bien en place, mais qui dispose aussi d'une bonne réserve pour l'avenir. ⧗ 2026-2032

⊶ *DOM. RENÉ CACHEUX ET FILS, 28, rue de la Grand-Velle, 21700 Vosne-Romanée, tél. 06 98 10 47 90, contact@domaine-cacheux.com* r.-v.

DOM. CASTAGNIER 2022 ★

| 2000 | | 30 à 50 € |

Installé depuis 2004 sur le domaine familial de Morey-Saint-Denis, Jérôme Castagnier exploite un vignoble de 4 ha en Côte de Nuits (en biodynamie non certifiée). Ses grands crus, notamment ses clos-de-vougeot, clos-de-la-roche et clos-saint-denis, lui permettent de s'illustrer avec une réelle constance. Il a également développé une activité de négoce à son nom pour compléter sa gamme, toujours en Côte de Nuits.

Une cuvée en provenance de 34 ares de très vieilles vignes vendangées tout début septembre. Le vin exprime des arômes fruités gourmands et suaves agrémentés de fines nuances florales, de violette notamment. Sa matière se révèle particulièrement riche, profonde, et une belle longueur apporte une touche finale d'une notable tenue. ⧗ 2027-2032

⊶ *DOM. CASTAGNIER, 20, rue des Jardins, 21220 Morey-Saint-Denis, tél. 03 80 34 31 62, jeromecastagnier@yahoo.fr* r.-v.

♥ DIGIOIA-ROYER
Les Fremières Vieilles Vignes 2022 ★★

| 3000 | | 50 à 75 € |

Souvent en vue pour ses chambolle-musigny, Michel Digioia exploite depuis 1999 ce petit domaine familial de 5 ha créé en 1933 par son grand-père Victor Moretti. Une bonne part de ses vignes est dédiée aux appellations régionales et communales.

Les Fremières est un *climat* niché sur le coteau nord de l'appellation (côté bonnes-mares). Le domaine y dispose de 70 ares plantés de vénérables vignes de 90 ans qui ont donné une cuvée à l'expression complexe, à la fois poivrée, fumée, florale et fruitée (cerise). En bouche, elle se déploie avec rondeur, volume, mais aussi subtilité, portée par des tanins d'une grande finesse. Un ensemble particulièrement gourmand et élégant, qu'une belle longueur finale conclut avec classe. ⧗ 2027-2034

⊶ *SARL DIGIOIA-ROYER, 16, rue du Carré, 21220 Chambolle-Musigny, tél. 06 76 39 26 79, micheldigioia@wanadoo.fr* r.-v.

DOM. ANTONIN GUYON
Clos du village Monopole 2021 ★

| 1200 | | 75 à 100 € |

Ce domaine s'est constitué à partir des années 1960 un vaste vignoble de 48 ha (en bio certifié), principalement en 1ers et grands crus, allant de Gevrey-Chambertin à Meursault. Une exploitation régulière en qualité, conduite par Dominique Guyon, fils d'Antonin.

Une cuvée régulièrement présente dans le Guide, en provenance d'un petit clos (44 ares) situé à proximité immédiate du village de Chambolle-Musigny. Élevée pendant 16 mois en fût, elle livre des notes de fruits rouges et de sous-bois nuancées de touches végétales. La bouche se révèle ample, d'une belle fraîcheur, soutenue par une trame de tanins fins. ⧗ 2027-2032

⊶ *DOM. ANTONIN GUYON, 2, rue de Chorey, 21420 Savigny-lès-Beaune, tél. 03 80 67 13 24, domaine@guyon-bourgogne.com* r.-v.

♥ DOM. MICHEL NOËLLAT 2022 ★★

| 5000 | | 50 à 75 € |

Alain (au commercial) et Jean-Marc Noëllat (à la vigne et au chai) ont pris en 1990 la relève de leur père Michel sur ce vaste domaine de 22 ha. Ils ont été rejoints en 2012 et en 2015 par la sixième génération : Sébastien, fils du second, et Sophie, fille du premier. Une valeur sûre de la Côte de Nuits, notamment pour ses vosne-romanée.

De la structure dans la finesse et l'élégance, toute la magie des chambolle-musigny bien nés est ici au rendez-vous. Le nez s'ouvre sur des notes de cerise noire et de mûre. Après une attaque ample, des tanins d'un rare raffinement se mettent en place dans une bouche d'une richesse de texture et d'une harmonie remarquables. Un grand chambolle, dans un beau millésime. ⧗ 2027-2034

⊶ *DOM. MICHEL NOËLLAT, 5, rue de la Fontaine, 21700 Vosne-Romanée, tél. 03 80 61 36 87, contact@domaine-michel-noellat.com* r.-v.

DOM. MANUEL OLIVIER 2021 ★

| 1740 | | 50 à 75 € |

Installé en 1990, Manuel Olivier, fils d'agriculteurs, a commencé par cultiver les vignes et petits fruits dans

les Hautes-Côtes-de-Nuits. Aujourd'hui spécialisé en viticulture, il exploite un vignoble de 13 ha, complété depuis 2007 par une structure de négoce qui lui a permis de mettre un pied en Côte de Beaune.

Un peu plus frais que la moyenne des dernières années en Bourgogne, le millésime 2021 a souvent donné des cuvées de consistance moyenne. Ce n'est pas le cas de ce chambolle d'une belle amplitude en bouche, et d'une longueur très appréciable en prime. Une cuvée de bonne garde élaborée avec 50 % de raisins non égrappés avant une longue cuvaison (5 à 6 semaines). ⧗ 2027-2032

MANUEL OLIVIER, 7, rue des Grandes-Vignes, hameau de Corboin, 21700 Nuits-Saint-Georges, tél. 03 80 62 39 33, contact@domaine-olivier.com
V t.l.j. 9h-12h30 13h30-19h; f. dim. mi-nov.-mi-mars

BERNARD RION
Les Échézeaux Vieilles Vignes 2022 ★

■ | 4400 | | 50 à 75 €

Les Rion ont créé leur domaine en 1896, transmis de père en fils depuis cinq générations; de père en fille aujourd'hui, Alice, Nelly et Mélissa ayant rejoint leurs parents Armelle et Bernard Rion. Ils vinifient, avec le moins d'interventions possibles à la vigne et au chai, le fruit de 12 ha de vignes.

Des vignes d'une soixantaine d'années implantées sur 77 ares dans ce *climat* de haut du coteau, à proximité du village, sont à l'origine de cette cuvée vinifiée après égrappage à 100 %. Au nez, elle développe des notes harmonieuses de vanille et de fruits noirs et rouges, prolongées par un palais ample, corpulent, charnu, doté de tanins soyeux. ⧗ 2028-2034

BERNARD RION, 8, RN, 21700 Vosne-Romanée, tél. 03 80 61 05 31, rion@domainerion.fr
V t.l.j. sf dim. 9h-17h30

MORGAN TRUCHETET 2022 ★

■ | 1200 | | 75 à 100 €

Morgan et Julie Truchetet ont repris en 2019 les rênes du domaine familial de Premeaux-Prissey, hameau de Nuits-Saint-Georges. Une exploitation qui couvre une superficie de 6,5 ha en conversion bio depuis 2020. Morgan Truchetet avait auparavant, en 2018, créé une activité de négoce.

Cette cuvée est issue d'achat de raisins en provenance de deux *climats* voisins au nord de l'appellation. Au nez, elle développe des arômes bien mariés de fruits noirs et d'épices. En bouche, elle conjugue avec équilibre structure et vivacité. Un ensemble harmonieux, qui évoluera sereinement. ⧗ 2027-2032

MORGAN TRUCHETET, 5, rue des Masers, 21700 Premeaux-Prissey, tél. 06 25 85 03 39, morgantruchetet@gmail.com V *r.-v.*

BONNES-MARES

Superficie : 16 ha / Production : 520 hl

Cette appellation déborde sur la commune de Morey, le long du mur du clos-de-tart, mais la plus grande partie est située sur Chambolle. C'est le grand cru par excellence. Les bonnes-mares, pleins, vineux, riches, ont une bonne aptitude à la garde et accompagnent volontiers le civet ou la bécasse après quelques années de vieillissement.

DOM. BRUNO CLAIR 2021 ★

■ Gd cru | 6600 | | + de 100 €

Bien connu des lecteurs pour ses marsannay, Bruno Clair (désormais épaulé par ses enfants Édouard, Margaux et Arthur) est établi depuis 1986 à la tête d'un vignoble né du démantèlement du Dom. Clair-Daü, créé par son grand-père Joseph, célèbre pour avoir popularisé le marsannay rosé. À sa disposition, 25 ha de vignes, dont quelques bijoux : Clos de Bèze, les Cazetiers et le Clos Saint-Jacques en gevrey, du vosne, du chambolle, du corton-charlemagne…

La famille Clair exploite pas moins de 1,64 ha de ce grand cru, dont la majeure partie est située à l'extrémité nord du *climat*, sur la commune de Morey-Saint-Denis. Au chai, elle a conservé pour moitié des raisins non égrappés. Dans le verre, un vin aux notes intenses de cassis, de petits fruits rouges et de rose, porté en bouche par une structure puissante, solide, mais qui fait aussi preuve d'une belle élégance. Une longue finale épicée conclut harmonieusement la dégustation. ⧗ 2029-2035

DOM. BRUNO CLAIR, 5, rue du Vieux-Collège, 21160 Marsannay-la-Côte, tél. 03 80 52 28 95, domaine@brunoclair.com V *r.-v.*

CLOS-DE-VOUGEOT

Superficie : 50 ha / Production : 1 630 hl

Tout a été dit sur le Clos! Comment ignorer que plus de soixante-dix propriétaires se partagent ses quelque 50 ha? Un tel attrait n'est pas dû au hasard; c'est bien parce que le célèbre Clos produit du bon vin et que tout le monde en veut! Il faut faire la différence entre les vins « du dessus », ceux « du milieu » et ceux « du bas », mais les moines de Cîteaux, lorsqu'ils ont élevé le mur d'enceinte, avaient tout de même bien choisi leur lieu... Fondé au début du XIIes., le Clos atteignit très rapidement sa dimension actuelle; l'enceinte d'aujourd'hui est antérieure au XVes. Quant au château, construit aux XIIe et XVIes., il mérite qu'on s'y attarde un peu. La partie la plus ancienne comprend le cellier, de nos jours utilisé pour les chapitres de la Confrérie des Chevaliers du Tastevin, actuelle propriétaire des lieux, et la cuverie, qui abrite à chaque angle quatre magnifiques pressoirs d'époque.

DOM. BERTHAUT-GERBET 2022 ★

■ Gd cru | 1700 | | + de 100 €

En 2013, Amélie Berthaut a repris les vignes paternelles (Denis Berthaut à Fixin), complétées par une partie de celles de sa mère, Marie-Andrée Gerbet (Dom. François Gerbet à Vosne-Romanée). L'ensemble couvre 18 ha.

Amélie Berthaut a procédé à une vinification pour moitié en raisins entiers puis à un élevage de 15 mois en fût, dont 30 % neuf. Elle signe un grand cru élégant avec ses senteurs de rose, de poivre noir et de fruits noirs à haute maturité, auxquelles s'ajoutent des

BOURGOGNE

nuances empyreumatiques. Une trame tannique serrée et épicée, prolongée par une finale fraîche, forme une bouche solide et intense. De bonne garde assurément. ⌛ 2029-2036

⊶ *DOM. BERTHAUT-GERBET, 9, rue Noisot, 21220 Fixin, tél. 03 80 52 45 48, contact@berthaut-gerbet.com*
V t.l.j. sf sam. dim. 9h-12h 14h-18h; f. août

DOM. CASTAGNIER 2022 ★★

■ | 22300 | | + de 100 €

Installé depuis 2004 sur le domaine familial de Morey-Saint-Denis, Jérôme Castagnier exploite un vignoble de 4 ha en Côte de Nuits (en biodynamie non certifiée). Ses grands crus, notamment ses clos-de-vougeot, clos-de-la-roche et clos-saint-denis, lui permettent de s'illustrer avec une réelle constance. Il a également développé une activité de négoce à son nom pour compléter sa gamme, toujours en Côte de Nuits.

Jérôme Castagnier récolte deux nouvelles étoiles dans ce millésime 2022. Une année solaire qui a parfaitement réussi au terroir du Clos de Vougeot, où le vigneron exploite 50 ares de vignes de 55 ans. Dans le verre, un vin qui réalise à merveille la synthèse entre puissance et délicatesse. Au nez se dévoilent des notes de griotte et de cassis accompagnées d'une nuance toastée. Après une attaque souple et tendre, la bouche affiche une belle concentration et du volume autour de tanins fins et soyeux, soulignés par une pointe de fraîcheur. Un ensemble de haute tenue et de longue garde. ⌛ 2029-2036

⊶ *DOM. CASTAGNIER, 20, rue des Jardins, 21220 Morey-Saint-Denis, tél. 03 80 34 31 62, jeromecastagnier@yahoo.fr V r.-v.*

ÉCHÉZEAUX

Superficie : 35 ha / Production : 1 235 hl

♥ DOM. A.-F. GROS 2022 ★★

■ Gd cru | 4000 | | + de 100 €

Le domaine a été créé en 1988 par Anne-Françoise Gros et son mari François Parent à Pommard. Leurs enfants Caroline et Mathias conduisent aujourd'hui un vignoble de 15 ha dans les deux Côtes, mais aussi en Beaujolais (moulin-à-vent). Un domaine incontournable qui collectionne les coups de cœur.

La famille Gros est présente dans la partie sud de ce grand cru, sur une parcelle de 26 ares au lieu-dit Les Loächausses, un toponyme évoquant l'existence ancienne de ruches dans ce secteur. Elle en tire un échézeaux expressif, sur les fruits rouges et noirs accompagnés d'une pointe végétale, fumée et épicée. Tout en rondeur et en souplesse en attaque, la bouche déploie une texture d'une grande élégance, étayée par des tanins très fins, délicats, soyeux, avant de s'étirer dans une finale d'une remarquable longueur. Beaucoup d'allure dans ce vin, et plus encore après quelques années à l'ombre de la cave. ⌛ 2029-2036

⊶ *DOM. A.-F. GROS, 1, pl. de l'Europe, 21630 Pommard, tél. 03 80 22 61 85, contact@af-gros.com*

DOM. DES PERDRIX Du dessus 2021 ★

■ Gd cru | 1460 | | + de 100 €

Ce domaine incontournable de la Côte de Nuits (12 ha dont 6 en grands et 1ers crus) a été pris en main en 1995 par la famille Devillard (Ch. de Chamirey à Mercurey et Dom. de la Ferté à Givry). Il doit son nom au 1er cru Aux Perdrix, l'une des plus belles parcelles de Nuits-Saint-Georges possédée en quasi-monopole.

Avec un peu plus d'un hectare de vignes, le domaine figure parmi les principaux producteurs de ce grand cru. Il est présent essentiellement dans le lieu-dit Échézeaux du Dessus, secteur où la pente s'affirme. Le vin déploie des nuances complexes de fruits noirs et rouges, d'épices et de fleurs. En bouche, il apparaît souple, suave, élégant, cadré en douceur par des tanins fondus et soyeux qui ajoutent à son caractère affable. ⌛ 2027-2034

⊶ *DOM. DES PERDRIX, 3, rue des Seuillets, 21700 Nuits-Saint-Georges, tél. 03 85 45 21 61, contact@domaines-devillard.com V r.-v.* 5

DOM. DE LA ROMANÉE-CONTI 2022 ★★

■ Gd cru | n.c. | | + de 100 €

De ce grand cru parmi les plus vastes de Bourgogne (plus de 35 ha), La Romanée-Conti est l'un des plus importants propriétaires : elle en possède une belle parcelle de 4 ha 67 a 37 ca. Y naît le plus précoce des grands crus du domaine, réputé moins complexe que les grands-échézeaux – « glorieux aîné dont il brûle d'égaler la fortune », selon Aubert de Villaine.

D'un abord réservé, l'échézeaux du domaine se livre avec parcimonie sur des fines notes végétales (rafle) au premier nez, bientôt relayées par les fruits rouges frais relevées de touches épicées, de curry notamment. En bouche, on découvre une texture ample, ronde, veloutée, avec en soutien une belle fraîcheur et des tanins tendres, bien pris dans la chair. Une longue finale à la fois énergique et délicate conclut la dégustation. ⌛ 2029-2038

⊶ *DOM. DE LA ROMANÉE-CONTI (ÉCHÉZEAUX), 1, rue Derrière-le-Four, 21700 Vosne-Romanée, tél. 03 80 62 48 80*

GRANDS-ÉCHÉZEAUX

Superficie : 7,5 ha / Production : 240 hl

DOM. DE LA ROMANÉE-CONTI 2022 ★★

■ Gd cru | n.c. | | + de 100 €

Le domaine de la Romanée-Conti est propriétaire de 3 ha 52 a et 63 ca des 7,5 ha de ce grand cru mitoyen du Clos de Vougeot, dont il est très proche aussi par son terroir. Comme le Clos de Vougeot, les Grands Échézeaux ont appartenu à l'abbaye de Cîteaux. Dans le verre, un vin souvent droit, d'une grande élégance, « aristocrate ».

D'une belle intensité, le nez s'ouvre sur des senteurs engageantes de fruits rouges mûrs, de cerise notamment, qui rappellent le soleil de 2022, avec en appoint de fines notes florales et épicées qui ajoutent de la fraîcheur. En bouche, le vin se fait ample, riche, charnu, puissant mais jamais austère, porté sur la longueur par des tanins soyeux et un beau boisé cacaoté et fondu. ⧗ 2029-2040

SC DU DOM. DE LA ROMANÉE-CONTI (GRANDS-ÉCHÉZEAUX), 1, rue Derrière-le-Four, 21700 Vosne-Romanée, tél. 03 80 62 48 80

VOSNE-ROMANÉE

Superficie : 150 ha / Production : 5 955 hl

Là aussi, la coutume bourguignonne est respectée : le nom de Romanée est plus connu que celui de Vosne. Quel beau tandem ! Comme Gevrey-Chambertin, cette commune est le siège d'une multitude de grands crus; mais il existe à proximité des *climats* réputés, tels les 1ers crus Suchots, Les Beaux-Monts, Les Malconsorts et bien d'autres.

♥ DOM. BERTHAUT-GERBET Les Petits Monts 2022 ★★

1er cru | 3000 | 75 à 100 €

En 2013, Amélie Berthaut a repris les vignes paternelles (Denis Berthaut à Fixin), complétées par une partie de celles de sa mère, Marie-Andrée Gerbet (Dom. François Gerbet à Vosne-Romanée). L'ensemble couvre 18 ha.

Situé au-dessus des fameux grands crus de Vosne-Romanée (du richebourg notamment), le *climat* des Petits Monts compte parmi les 1ers crus exceptionnels de l'appellation. Le domaine exploite ici 50 ares. Amélie Berthaut a procédé à une vinification pour moitié en vendange entière et à un élevage pour 30 % en fût neuf. Le résultat est un vin d'un remarquable harmonie, qui s'exprime sur des notes de fruits rouges, d'épices et des nuances empyreumatiques. Arômes prolongés par une bouche ample et délicate, portée par des tanins souples, d'une grande finesse, avant de s'étirer dans une longue finale fraîche et florale. ⧗ 2028-2036

DOM. BERTHAUT-GERBET, 9, rue Noisot, 21220 Fixin, tél. 03 80 52 45 48, contact@berthaut-gerbet.com
V *t.l.j. sf sam. dim. 9h-12h 14h-18h; f. août*

DOM. RENÉ CACHEUX ET FILS Les Suchots 2021 ★

1er cru | 4500 | + de 100 €

En 2005, après avoir travaillé sur d'autres exploitations viticoles, Gérald Cacheux a succédé à ses parents à la tête de ce petit domaine familial (3,26 ha), fondé en 1966. Il exploite des vignes sur Vosne-Romanée et Chambolle-Musigny.

Quasiment un hectare de vignes et un élevage de 18 mois en fût pour cette cuvée en provenance de ce *climat* situé en limite nord de l'appellation. Un 2021 qui présente les notes de petits fruits rouges, groseille et fraise notamment, que l'on rencontre fréquemment sur ce millésime frais. Ces dernières s'accompagnent également de nuances de fruits confits, signe d'une recherche de maturité des raisins. La bouche, ample et bien structurée, laisse présager d'un bon potentiel de garde. ⧗ 2028-2034

DOM. RENÉ CACHEUX ET FILS, 28, rue de la Grand-Velle, 21700 Vosne-Romanée, tél. 06 98 10 47 90, contact@domaine-cacheux.com
V *r.-v.*

JOSEPH DROUHIN 2022 ★

10 800 | 75 à 100 €

Créée en 1880, cette maison beaunoise travaille une large palette d'appellations bourguignonnes : de Chablis (38 ha sous l'étiquette Drouhin-Vaudon) à la Côte chalonnaise (3 ha), en passant par les Côtes de Beaune et de Nuits (32 ha). On peut y ajouter les vignes américaines du Dom. Drouhin en Oregon (90 ha) et de Roserock Vineyard (112 ha) dans la région des Eola-Amity Hills. Ce négoce d'envergure grâce à ce vaste domaine de 73 ha – développé par Robert Drouhin à partir de 1957 et désormais géré par ses quatre enfants – est aussi le plus important propriétaire de vignes cultivées en biodynamie. Incontournable.

La famille Drouhin et l'œnologue Jérôme Faure-Brac se sont appliqués à se mettre en cohérence avec le terroir et le millésime. En tout cas tels qu'ils l'interprètent : égrappage total et macération de 2 à 3 semaines. Le résultat : un joli vin expressif, aux notes de griotte, de cassis et aux nuances florales, doté en bouche d'un bel équilibre et d'une puissance contenue autour de tanins fins, extraits avec doigté. ⧗ 2028-2035

MAISON JOSEPH DROUHIN, 7, rue d'Enfer, 21200 Beaune, tél. 03 80 24 68 88, christellehenriot@drouhin.com V *r.-v.*

DOM. FOREY PÈRE ET FILS 2022 ★

6000 | 30 à 50 €

Cette famille voisine de la Romanée-Conti exploitait jadis en métayage La Romanée du chanoine Liger-Belair. Installé en 1983 avec son père et son frère, Régis Forey, aux commandes depuis 1989, conduit aujourd'hui un domaine de 12 ha régulièrement en vue dans le Guide.

Régis Forey a conservé une petite moitié de raisins entiers pour vinifier cette cuvée issue de vignes de 60 ans. Un vin qui laisse entrevoir des notes de fruits rouges et de cassis à l'olfaction, prolongées par une bouche élégante, harmonieuse, dotée de tanins affinés. ⧗ 2027-2034

DOM. FOREY PÈRE ET FILS, 2, rue Derrière-le-Four, 21700 Vosne-Romanée, tél. 03 80 61 09 68, domaineforey@orange.fr V *r.-v.*

♥ DOM. JOANNET Les Suchots 2022 ★★

1er cru | 1500 | + de 100 €

Les Joannet, Michel le père et Fabien le fils, sont installés en plein cœur des Hautes-Côtes de Nuits. Ils exploitent 21 ha de vignes répartis en un vaste éventail allant de

BOURGOGNE

Pernand-Vergelesses à Vosne-Romanée, dont près de la moitié est dédiée aux hautes-côtes.

La famille Joannet exploite une parcelle de 42 ares sur ce *climat* de la partie nord de l'appellation, planté de vignes de 60 ans, dont les raisins ont été ici vinifiés longuement. Une approche qui fait mouche avec un 1er cru qui développe un bouquet intense et complexe de cassis, de groseille, de framboise, de rose, de caramel et de poivre. Une complexité qui trouve écho dans une bouche à la fois ample, charnue, élégante, adossée à un boisé parfaitement intégré et à des tanins d'une finesse remarquable. Se dessinent un équilibre irréprochable et un solide potentiel en cave. ⌛ 2028-2036

DOM. JOANNET, 76, Grande-Rue, 21700 Marey-lès-Fussey, tél. 03 80 62 90 58, domaine-michel.joannet@wanadoo.fr V r.-v.

DOM. MICHEL NOËLLAT
Les Suchots 2022 ★★

1er cru	8000		+ de 100 €

Alain (au commercial) et Jean-Marc Noëllat (à la vigne et au chai) ont pris en 1990 la relève de leur père Michel sur ce vaste domaine de 22 ha. Ils ont été rejoints en 2012 et en 2015 par la sixième génération : Sébastien, fils du second, et Sophie, fille du premier. Une valeur sûre de la Côte de Nuits, notamment pour ses vosne-romanée.

Les 16 mois d'élevage en fût ont apporté une élégante pointe grillée aux notes de fleurs et de fruits rouges qui dominent au nez. En bouche, ce 1er cru, soutenu par des tanins soyeux, est résolument tournée vers la souplesse et la fraîcheur, sans manquer de puissance pour autant, le tout dans un équilibre très assuré et avec beaucoup de persistance. Un vosne-romanée complet et bien typé. ⌛ 2028-2034

DOM. MICHEL NOËLLAT, 5, rue de la Fontaine, 21700 Vosne-Romanée, tél. 03 80 61 36 87, contact@domaine-michel-noellat.com V r.-v.

DOM. REMORIQUET
Au-dessus des Malconsorts 2022 ★★

1er cru	1000		75 à 100 €

Les Remoriquet travaillaient déjà la vigne au XVIIe s. pour les moines de l'abbaye de Cîteaux. Depuis quatre générations, ils ont constitué peu à peu leur propre parcellaire : 9,5 ha de vignes, sur Nuits-Saint-Georges et Vosne-Romanée notamment. Œnologue de formation, Gilles Remoriquet est aux commandes depuis 1979.

Une des cuvées phare du domaine née de quelque 60 ares de ce *climat* de haut de coteau, voisin du grand cru La Tâche, fameux monopole de La Romanée-Conti. Les vignes quarantenaires du domaine ont donné naissance à un 1er cru à l'harmonie et au potentiel de garde digne des grandes cuvées de la Côte de Nuits. Au nez, il déploie des notes concentrées et intenses de fruits rouges mûrs, relayées par une bouche conjuguant parfaitement puissance et toucher soyeux, avec en prime une longue et belle finale tout en finesse. ⌛ 2028-2036

DOM. REMORIQUET, 25, rue de Charmois, 21700 Nuits-Saint-Georges, tél. 03 80 61 24 84, contact@domaine-remoriquet.com V r.-v.

BERNARD RION
Dame Juliette Vieilles Vignes 2022 ★

	3300		50 à 75 €

Les Rion ont créé leur domaine en 1896, transmis de père en fils depuis cinq générations; de père en fille aujourd'hui, Alice, Nelly et Mélissa ayant rejoint leurs parents Armelle et Bernard Rion. Ils vinifient, avec le moins d'interventions possibles à la vigne et au chai, le fruit de 12 ha de vignes.

Éraflage total et macération relativement courte (12 jours) pour cette cuvée hommage à la mère de Bernard Rion. Une approche qui ne l'empêche pas de présenter une belle et grande longueur et du volume en bouche. Les tanins sont fins et la palette aromatique évoque avec élégance la fraise, la framboise, le caramel et quelques nuances épicées. ⌛ 2028-2034

BERNARD RION, 8, RN, 21700 Vosne-Romanée, tél. 03 80 61 05 31, rion@domainerion.fr V *t.l.j. sf dim. 9h-17h30*

DOM. FABRICE VIGOT Les Damaudes 2021 ★★

	900		50 à 75 €

Fabrice Vigot est installé depuis 1990 à la tête d'un petit domaine de 2,30 ha constitué à partir de vignes familiales, en vosne-romanée pour l'essentiel, dont il est devenu l'une des bonnes références, de même qu'en nuits-saint-georges.

Ce *climat* situé tout au sud de l'appellation, Les Damaudes prolonge vers le nord les... Damodes, *climat* de Nuits-Saint-Georges. Une petite nuance toponymique tout à fait bourguignonne, pour un terroir qui a la réputation de donner des vins aimables et d'une grande finesse. Fabrice Vigot y exploite 21 ares de vignes plantées en 1936, à l'origine d'un *village* bien dans le ton, vinifié en vendanges entières. Un vin expressif, sur la noisette grillée et les fruits rouges bien mûrs, doté d'une matière ample, ronde, dense, soulignée et affinée par une agréable fraîcheur fruitée. ⌛ 2027-2034

DOM. FABRICE VIGOT, 20, rue de la Fontaine, 21700 Vosne-Romanée, tél. 03 80 61 13 01, fabrice.vigot@orange.fr V r.-v.

RICHEBOURG

Superficie : 7,5 ha / Production : 200 hl

DOM. DE LA ROMANÉE-CONTI 2022 ★★

Gd cru	n.c.		+ de 100 €

Avec 3,51 ha, le domaine possède près de la moitié de l'appellation (8 ha environ). Des vignes mitoyennes (au nord-est) de celles de la Romanée-Conti; on prête d'ailleurs souvent au richebourg le même caractère soyeux que son prestigieux voisin. Ce que l'on sait moins, c'est qu'il s'agit d'une vigne de Cîteaux vinifiée jadis au château du Clos de Vougeot.

D'une belle intensité, le nez s'ouvre sur des senteurs engageantes de fruits rouges mûrs, de cerise notamment, qui rappellent le soleil de 2022, avec en appoint de fines notes florales et épicées qui ajoutent de la fraîcheur. En bouche, le vin se fait ample, riche, charnu, puissant mais jamais austère, porté sur la longueur par des tanins soyeux et un beau boisé cacaoté et fondu. ⌛ 2029-2040

SC DU DOM. DE LA ROMANÉE-CONTI (RICHEBOURG), 1, rue Derrière-le-Four, 21700 Vosne-Romanée, tél. 03 80 62 48 80

ROMANÉE-CONTI

Superficie : 1,63 ha / Production : 46 hl

DOM. DE LA ROMANÉE-CONTI 2022 ★★★

Gd cru | n.c. | | + de 100 €

84 |88| |89| |90| |91| |94| |95| (96) (97) 98 01 03 (05) (06) (08) (09) (10) 12 (13) (14) (15) (16) (17) (18) (19) (21) (22)

Un domaine, le plus prestigieux de Bourgogne, dont les limites n'ont pratiquement pas varié depuis le XVIᵉs. (1 ha 81 a 40 ca aujourd'hui), une appellation (en monopole) et un vin né d'une petite vigne d'exception plantée sur un carré presque parfait d'environ 150 m de côté. La quintessence du terroir bourguignon. Une histoire emblématique de la Bourgogne viticole également. Propriété jusqu'en 1584 du prieuré de Saint-Vivant, elle resta dans la famille Croonembourg jusqu'en 1760 et son acquisition par celui qui lui donna son nom définitif et son prestige, Louis-François de Bourbon, prince de Conti. En 1869, Jacques-Marie Duvault-Blochet fait entrer le cru dans la famille de Villaine, associée depuis 1942 aux Leroy. La gestion quotidienne du domaine était assurée depuis 1974 par Henry-Frédéric Roch (famille Leroy) et Aubert de Villaine, aujourd'hui épaulés par le neveu de ce dernier, Bertrand de Villaine, et par un chef de cave de talent, Bernard Noblet. Ce dernier, après quarante ans de (très) bons et loyaux services, a pris sa retraite en janvier 2018, remplacé par Alexandre Bernier, qui travaillait déjà à ses côtés depuis plusieurs années. Suite au décès prématuré, en novembre 2018, de Henry-Frédéric Roch, c'est Perrine Fenal, fille de Lalou Bize-Leroy, qui prend la suite aux côtés d'Aubert de Villaine.

D'une magnifique profondeur de robe, la Romanée-Conti 2022 s'offre avec une élégance hors du commun sur des parfums de fruits noirs, de cerise kirschée, de rose, de violette, d'épices fraîches, de bois de santal. En bouche, elle apparaît gracieuse, diablement soyeuse, presque aérienne, tout en affichant une matière dense, séveuse, d'un volume impressionnant, avec en finale une fraîcheur saline qui l'étire presque à l'infini. Déjà légendaire… ⧗ 2040-2055

SC DU DOM. DE LA ROMANÉE-CONTI (ROMANÉE-CONTI), 1, rue Derrière-le-Four, 21700 Vosne-Romanée, tél. 03 80 62 48 80

ROMANÉE-SAINT-VIVANT

Superficie : 9,3 ha / Production : 240 hl

♥ B DOM. DE L'ARLOT 2022 ★★★

Gd cru | 1427 | | + de 100 €

Un domaine fondé au XVIIIᵉs., réputé pour ses nuits-saint-georges et propriété d'Axa Millésimes depuis 1987. L'œnologue Géraldine Godot, ancienne régisseuse de la maison Alex Gambal, a pris en 2015 la relève de Jacques Devauges (ex-Vougeraie et Frédéric Magnien). Le domaine, sous la direction générale de Christian Seely, étend son vignoble sur 15 ha (aujourd'hui cultivé en biodynamie), dont deux monopoles en nuits-saint-georges 1ᵉʳ cru : le Clos des Forêts et le Clos de l'Arlot.

Le domaine exploite une parcelle de 25 ares située dans la partie haute du *climat*, juste en-dessous de la Romanée-Conti. Après un égrappage complet des raisins et un élevage de 16 mois en fût, dont 40 % neuf, il en extrait un 2022 qui touche à la perfection. On aime d'emblée son nez aussi subtil que complexe évoquant les fleurs, les fruits rouges frais, le cassis et le cacao. Une élégance à laquelle fait écho une bouche somptueuse, très pure, très longue, déliée, portée par des tanins d'une rare finesse et réhaussée par une pointe minérale qui ajoute à son dynamisme. ⧗ 2029-2040

DOM. DE L' ARLOT, 14, RD 974, 21700 Premeaux-Prissey, tél. 03 80 61 01 92, contact@arlot.fr r.-v.

DOM. POISOT PÈRE ET FILS 2021 ★★

| 1487 | | + de 100 €

Après vingt-cinq ans dans la Marine, Rémi Poisot a repris en 2010 le vignoble familial, 2 ha hérités en 1902 par Marie Poisot, fille de Louis Latour : un 1ᵉʳ cru en pernand et trois grands crus (corton, corton-charlemagne et romanée-saint-vivant).

Le domaine est à la tête de près d'un demi-hectare situé dans la partie sud du grand cru, en-dessous de la Romanée-Conti. Remi Poisot a égrappé la totalité des raisins et a procédé a un élevage en fût de 17 mois. Le résultat : un vin bien ouvert sur les fruits rouges et noirs et les épices mis en valeur par un boisé bien intégré. Puis se dévoile une bouche particulièrement veloutée, élégante, aérienne et fraîche, qui s'impose en finesse, sans aucune aspérité, et qui se distingue par sa longueur remarquable. ⧗ 2029-2038

DOM. POISOT PÈRE ET FILS, 8, rue des Corton, 21420 Aloxe-Corton, tél. 03 80 21 16 91, contact@domaine-poisot.fr V r.-v. 5

DOM. DE LA ROMANÉE-CONTI 2022 ★★

Gd cru | n.c. | | + de 100 €

Avec 5,28 ha, le domaine est le plus important propriétaire de ce grand cru historique (9,3 ha), qui doit sa naissance et son nom au prieuré de Saint-Vivant (fondé en 900), auquel le duc de Bourgogne céda en 1131 les terres de la future appellation dont une partie deviendra la Romanée-Conti. Exploitée en fermage par le domaine à partir de 1966, la parcelle a été rachetée aux Marey-Monge en 1988.

D'une grande délicatesse, le nez de la saint-vivant 2022 évoque les fleurs, les fruits rouges frais, la craie, les épices douces et le tabac. Une attaque franche et fraîche ouvre sur une bouche très raffinée, d'une belle pureté, mais aussi d'une grande profondeur, cadrée avec élégance par des tanins serrés mais affinés, avec en finale une longue sensation fruitée qui ajoute à son éclat. ⧗ 2030-2045

SC DU DOM. DE LA ROMANÉE-CONTI (ROMANÉE-SAINT-VIVANT), 1, rue Derrière-le-Four, 21700 Vosne-Romanée, tél. 03 80 62 48 80

LA TÂCHE

Superficie : 6 ha / Production : 95 hl

♥ DOM. DE LA ROMANÉE-CONTI 2022 ★★★

■ Gd cru | n.c. | | + de 100 €

72 73 75 78 (79) **80** |**81**| |**82**| |**85**| |**87**| |**89**| |**91**| |**92**| |**96**| |(97)| |(98)| (99) **00** (02) (04) (05) **06 08** (09) (11) **12** (13) (14) (15) (16) **17** (18) (19) (21) (22)

L'autre monopole du domaine, 6 ha 6 a 20 ca situés au sud de la Romanée-Conti. Son nom provient d'une ancienne expression bourguignonne : « faire une tâche », signifiant cultiver la vigne en échange d'une rémunération forfaitaire. Acquis par La Romanée-Conti en 1933, ce grand cru n'a connu que quatre propriétaires depuis le XVIIᵉs. Des greffons de ses vignes ont permis de reconstituer le vignoble de La Romanée-Conti entre 1947 et 1948, créant ainsi un lien de parenté entre les deux vins.

Le 2022 a su tirer profit de ce millésime qualifié d'exceptionnel par Aubert de Vilaine; « certains pourraient se dire que nous aurions besoin d'un Virgile pour écrire une ode à 2022 », ajoute-t-il dans ses fameux carnets de vendange. Tout est dit. Et la dégustation confirme. Ce vin a tout d'un (très) grand. La robe déjà, par sa profondeur, est un prélude enchanteur. Le nez est une merveille de gourmandise et de complexité : myrtille, cerise, épices exotiques, végétal noble, rose fraîche, réglisse... La bouche ? Un sommet. Large, dense et terriblement veloutée à la fois, portée haut et fort par des tanins croquants d'une finesse parfaite, elle s'étire dans une longue, très longue finale vibrante, tactile, rayonnante. Déjà tellement aimable et sans doute intemporel. ⧗ 2035-2055

⊶ SC DU DOM. DE LA ROMANÉE-CONTI (LA TÂCHE), 1, rue Derrière-le-Four, 21700 Vosne-Romanée, tél. 03 80 62 48 80

NUITS-SAINT-GEORGES

Superficie : 306 ha
Production : 12 030 hl (97 % rouge)

Cette bourgade de 5 500 habitants est l'une des plus petites capitales du vin de Bourgogne. Elle accueille le siège de nombreuses maisons de négoce et de liquoristes qui produisent le cassis de Bourgogne, ainsi que d'élaborateurs de vins mousseux qui furent à l'origine du crémant-de-bourgogne. Elle a également son vignoble des Hospices, avec vente aux enchères annuelle de la production le dimanche précédant les Rameaux, et abrite le siège administratif de la confrérie des Chevaliers du Tastevin.

La cité donne son nom à l'appellation communale la plus méridionale de la Côte de Nuits. Cette dernière, qui déborde au sud sur la commune de Premeaux, n'engendre pas de grands crus comme ses voisines du nord, mais elle compte de très nombreux 1ᵉʳˢ crus réputés, aux caractères fort divers selon leur situation au nord ou au sud de Nuits. Tous ces vins ont en commun une grande richesse tannique qui leur confère un solide potentiel de garde (de cinq à quinze ans).

Parmi les 1ᵉʳˢ crus, les plus connus sont les Saint-Georges, dont on dit qu'ils portaient déjà des vignes en l'an mil, les Vaucrains, les Cailles, les Champs-Perdrix, les Porrets, sur la commune de Nuits, et les Clos de la Maréchale, des Argillières, des Forêts-Saint-Georges, des Corvées, de l'Arlot, sur Premeaux.

B DOM. DE L'ARLOT
Clos de l'Arlot Monopole 2022 ★★

■ 1ᵉʳ cru | 9138 | | + de 100 €

Un domaine fondé au XVIIIᵉs., réputé pour ses nuits-saint-georges et propriété d'Axa Millésimes depuis 1987. L'œnologue Géraldine Godot, ancienne régisseuse de la maison Alex Gambal, a pris en 2015 la relève de Jacques Devauges (ex-Vougeraie et Frédéric Magnien). Le domaine, sous la direction générale de Christian Seely, étend son vignoble sur 15 ha (aujourd'hui cultivé en biodynamie), dont deux monopoles en nuits-saint-georges 1ᵉʳ cru : le Clos des Forêts et le Clos de l'Arlot.

Une cuvée très régulièrement en vue dans le Guide. Issue d'un *climat* très pentu, caillouteux et favorable à une bonne maturation des raisins, elle dévoile une belle palette aromatique autour de notes d'orange, de noisette, de mirabelle et de pâte d'amande, puis se livre avec un équilibre irréprochable en bouche, de l'attaque à la finale, entre un boisé racé et une texture soyeuse et ronde. Du potentiel en cave. ⧗ 2026-2034

⊶ DOM. DE L'ARLOT, 14, RD 974, 21700 Premeaux-Prissey, tél. 03 80 61 01 92, contact@arlot.fr r.-v.

DOM. JEAN CHAUVENET Vieilles Vignes 2022 ★★

■ | 15 000 | | 30 à 50 €

Christine et Christophe Drag ont repris la propriété familiale en 1994 à la suite du départ à la retraite de Jean Chauvenet, père de Christine et fondateur du domaine en 1969. Ils exploitent aujourd'hui un vignoble de 9 ha et s'imposent comme une valeur sûre de l'appellation nuits-saint-georges.

Une cuvée phare pour le domaine puisqu'elle mobilise par moins de 2,5 ha de vignes âgées de 70 ans. Elle constitue à nouveau, avec ce millésime 2022, un très recommandable ambassadeur de son appellation : aromatique discrète mais élégante évoquant les fruits noirs et le tabac, tanins bien en place et veloutés, rondeur gourmande, longue finale, elle peut séduire dès aujourd'hui mais également vieillir sereinement. ⧗ 2026-2032 ■ **1ᵉʳ cru Les Vaucrains 2022 ★ (75 à 100 €; 1500 b.)** Un terroir du sud de l'appellation réputé pour donner des vins consistants. Cette cuvée bien structurée ne renie pas ses origines. Volume et vigueur sont au rendez-vous en bouche, et une longue finale conclut la dégustation. ⧗ 2027-2034 ■ **1ᵉʳ cru Les Damodes 2022 ★ (50 à 75 €; 1200 b.)** Géographiquement situé à l'opposé des Vaucrains, ce *climat* de l'extrémité nord de l'appellation l'est aussi souvent par le profil gustatif des vins qu'il fait naître. Finesse et élégance sont le plus souvent de mise. C'est le cas de cette cuvée, fruitée et épicée, aux tanins ronds et d'une belle fraîcheur en bouche. ⧗ 2027-2032

■ **1er cru Les Bousselots 2022 ★ (50 à 75 €; 2700 b.)** Un 1er cru issu d'un terroir du nord de l'appellation, proche du village. Un vin puissant, intense, souligné par un boisé de bon aloi et des tanins fermes, qui méritera d'être attendu quelques années pour être dégusté au meilleur de sa forme. ⧗ 2028-2034

DOM. JEAN CHAUVENET, 6, rue de Gilly, 21700 Nuits-Saint-Georges, tél. 03 80 61 00 72, domaine-jean.chauvenet@orange.fr V r.-v.

DOM. CHEVILLON-CHEZEAUX
Les Porrets Saint-Georges 2022 ★

■ 1er cru	1400		50 à 75 €

Représentant la cinquième génération, Claire Chevillon et son époux Philippe Chezeaux ont repris en 2000 le domaine familial (anciennement Dom. Michel Chevillon) créé en 1887. Ils exploitent aujourd'hui près de 8 ha, dont 90 % de rouge, avec des parcelles dans une demi-douzaine de *climats* de Nuits-Saint-Georges.

Issu d'un terroir du sud de l'appellation, ce 1er cru développe une matière ample et longue. Ses tanins veloutés assurent un surcroît de gourmandise à une texture qui exhale les petits fruits rouges (fraise des bois, framboise) relevés d'épices. Un vin puissant, en devenir, qui porte haut les couleurs de son appellation. ⧗ 2028-2034

DOM. CHEVILLON-CHEZEAUX, 41, rue Henri-de-Bahèzre, 21700 Nuits-Saint-Georges, tél. 03 80 61 23 95, chevillon.chezeaux@orange.fr V r.-v.

ÉDOUARD DELAUNAY Les Poulettes 2022 ★★

■ 1er cru	592		75 à 100 €

Laurent et Catherine Delaunay, fondateurs de la maison de vins Badet-Clément à Nuits-Saint-Georges, ont fait renaître la maison de négoce Édouard Delaunay, fondée en 1893 par l'arrière-grand-père de Laurent. Elle propose une gamme de vins essentiellement issus de la Côte de Beaune et de la Côte de Nuits, allant de l'appellation régionale jusqu'au grand cru.

Un terroir de haut de coteau, avec une exposition solaire dont Laurent Delaunay et son équipe ont su tirer un vin riche et puissant, offrant une belle présence tannique que le temps devrait contribuer à rendre encore plus harmonieuse. Elle s'accompagne d'une aromatique généreuse de fruits rouges à maturité, d'épices et de nuances florales. ⧗ 2028-2034 ■ **1er cru Aux Argillas 2022 ★ (75 à 100 €; 849 b.)** Nous sommes ici sur le coteau nord de l'appellation, à proximité immédiate du village. Cette cuvée déploie des notes de fruits rouges enrobés par un boisé de belle facture. Sa matière, ample et ronde, est construite sur des tanins bien présents mais fins, qui se resserrent un peu en finale. On met en cave. ⧗ 2028-2034

ÉDOUARD DELAUNAY, 10, rue Lavoisier, 21700 Nuits-Saint-Georges, tél. 03 80 61 53 70, contact@edouard-delaunay.com

R. DUBOIS ET FILS 2021 ★

■	14100		30 à 50 €

Béatrice Dubois et son frère Raphaël, installés depuis 1991, conduisent 22 ha de vignes dans les deux Côtes. Un vignoble certifié bio depuis 2023. Béatrice vinifie, après avoir passé plusieurs années à l'étranger; Raphaël s'occupe de la vigne. Ils ont également développé en 2000 une affaire de négoce pour étoffer leur gamme.

La famille Dubois se fait un bel ambassadeur de son appellation d'élection avec cette cuvée aux notes intenses et complexes de vieille rose, de violette et de liqueur de fruits rouges. Sa texture en bouche, épaulée par des tanins soyeux, fait preuve de gourmandise. Un vin élevé pour 40 % en fût neuf qui a déjà bien digéré son boisé. ⧗ 2026-2032

DOM. R. DUBOIS ET FILS, 7, rte de Nuits-Saint-Georges, 21700 Premeaux-Prissey, tél. 03 80 62 30 61, contact@domaine-dubois.com V *t.l.j. sf dim. lun. 9h-11h30 14h-17h30*

DOM. GUY ET YVAN DUFOULEUR
Clos des Perrières 2021 ★

■ 1er cru	3600		50 à 75 €

Les Dufouleur perpétuent une tradition vigneronne qui remonte à la fin du XVIes. Le domaine actuel est né de la fusion en 2007 de la propriété familiale avec le Dom. Yvan Dufouleur créé en 1991. Guy étant décédé, le vignoble (30 ha) est aujourd'hui dirigé par son fils aîné Yvan, épaulé à la gérance par Xavier, frère de Guy.

Les Perrières désignent en Bourgogne d'anciennes carrières. On en trouve de nombreux exemples en Côte de Nuits comme en Côte de Beaune. À Nuits-Saint-Georges, ce *climat* se situe en haut de coteau, dans la partie sud de l'appellation. Des vignes d'une cinquantaine d'années ont donné naissance à une cuvée intense, dotée de tanins présents mais au touché agréable. Le tout en offrant un harmonieux mélange de notes boisées et de fruits rouges. ⧗ 2027-2032

DOM. GUY ET YVAN DUFOULEUR, 15, rue Thurot, 21700 Nuits-Saint-Georges, tél. 03 80 61 09 35, gaelle.dufouleur@21700-nuits.com V r.-v.

DOM. FOREY PÈRE ET FILS Les Perrières 2022 ★

■ 1er cru	1800		30 à 50 €

Cette famille voisine de la Romanée-Conti exploitait jadis en métayage La Romanée du chanoine Liger-Belair. Installé en 1983 avec son père et son frère, Régis Forey, aux commandes depuis 1989, conduit aujourd'hui un domaine de 12 ha régulièrement en vue dans le Guide.

Un 1er cru vinifié pour moitié en vendanges entières et élevé à 40 % en fût de chêne neuf. Dans le verre, un vin ouvert sur les fruits rouges et noirs et de fines nuances boisées, dont la densité, le charnu, les tanins solides, l'équilibre et la longueur lui assurent un bel avenir. Un nuits-saint-georges bien typé de son appellation et de son millésime. ⧗ 2028-2034

DOM. FOREY PÈRE ET FILS, 2, rue Derrière-le-Four, 21700 Vosne-Romanée, tél. 03 80 61 09 68, domaineforey@orange.fr V r.-v.

PHILIPPE GAVIGNET Les Pruliers 2022 ★

■ 1er cru	2430		30 à 50 €

Installé en 1979 à la suite de son père Michel, Philippe Gavignet, qui incarne la quatrième génération à la tête du domaine familial, est le premier à se consacrer pleinement à la vigne. Son fils Benoît et sa fille Élodie travaillent dorénavant à ses côtés. Ce spécialiste des nuits-saint-georges exploite aujourd'hui 14 ha.

La cuvée des Pruliers de Philippe Gavignet fait partie des classiques de l'appellation dans le Guide. Elle récolte une nouvelle étoile avec ce millésime 2022 qui allie tout à la fois la puissance et l'élégance. Elle développe une aromatique mêlant le fruit d'un pinot noir bien né, des nuances poivrées et une touche animale. Un *climat* du sud de l'appellation qui trouve ici l'une de ses expressions les plus abouties. ⧗ 2028-2034 ■ **Les Argillats 2022 ★ (30 à 50 €; 7600 b.)** Ce terroir situé à proximité du village et planté de vignes soixantenaires a donné un vin de caractère, ample et bien structuré, comme le domaine en livre régulièrement. Une matière d'autant plus appréciable qu'elle assure un support à de beaux et persistants arômes poivrés, chocolatés et fruités. ⧗ 2028-2034

DOM. PHILIPPE GAVIGNET, 36, rue du Dr-Louis-Legrand, 21700 Nuits-Saint-Georges, tél. 03 80 61 09 41, contact@domaine-gavignet.fr V *t.l.j. sf sam. dim. 9h-12h 14h-17h30*

DOM. GAVIGNET PÈRE ET FILS Les Chaignots 2022 ★

■ 1er cru	n.c.		30 à 50 €

L'histoire débute vers 1900, lorsqu'Honoré Gavignet, vigneron à la Romanée-Conti, fonde son domaine à Nuits-Saint-Georges. Son arrière-petit-fils, Arnaud, qui est passé par la maison Bichot et par une coopérative languedocienne, est à la tête de la propriété depuis 2008. Il exploite des vignes sur la Côte de Nuits et la Côte de Beaune, et en Champagne également depuis 2016.

Un terroir de milieu de coteau dans la partie nord de l'appellation qui livre ici un vin expressif, évoquant avec subtilité la myrtille et la mûre confiturées, agrémenté de notes épicées. La bouche se montre ample, dense, généreuse, dotée de tanins riches et fermes qui profilent une bonne évolution en cave. ⧗ 2028-2034 ■ **2022 ★ (8 à 11 €; n.c.)** Un vin plein, souple, mais aussi dynamique, où chaque élément d'une cuvée bien réussie tient sa place. La bouche est soutenue par des tanins élégants, tandis que de puissantes notes de fruits rouges, de griotte et de cerise notamment, lui assurent une généreuse expression aromatique. ⧗ 2026-2030

DOM. GAVIGNET PÈRE ET FILS, 71-73, rue Félix-Tisserand, 21700 Nuits-Saint-Georges, tél. 03 80 61 03 87, contact@maurice-gavignet.com V *t.l.j. sf dim. lun. 9h-12h 14h-18h*

DOM. DES PERDRIX 2022 ★

■	6740		75 à 100 €

Ce domaine incontournable de la Côte de Nuits (12 ha dont 6 en grands et 1ers crus) a été pris en main en 1995 par la famille Devillard (Ch. de Chamirey à Mercurey et Dom. de la Ferté à Givry). Il doit son nom au 1er cru Aux Perdrix, l'une des plus belles parcelles de Nuits-Saint-Georges possédée en quasi-monopole.

Une cuvée en provenance d'une parcelle d'un peu plus d'un hectare plantée de vignes de 60 ans. Le nez déploie d'abord des notes vanillées et s'affine à l'aération sur la mûre et la violette. Sa texture, ample et profonde, fait preuve d'une certaine solidité tannique qui incite à patienter quelques années. ⧗ 2028-2034 ■ **1er cru Les Terres Blanches 2022 ★ (+ de 100 €; 3605 b.)** Un *climat* du haut de coteau de Premeaux-Prissey, au sud de l'appellation. Les vignes soixantenaires du domaine livrent une cuvée ouvertes sur des notes florales et les fruits noirs. Généreuse sur le plan aromatique, sa matière en bouche fait preuve de suavité et d'une belle densité, mais aussi d'une agréable fraîcheur. À attendre quelques années en toute confiance. ⧗ 2028-2034 ■ **1er cru Les Terres Blanches 2022 ★ (75 à 100 €; 1380 b.)** En plus de sa cuvée de rouge, le domaine exploite 33 ares de chardonnay sur ce *climat* des hauteurs de l'appellation. Un blanc qui développe des notes de fruits exotiques apportant une certaine suavité. Sa matière riche et souple exhale également des nuances de menthe et d'épices. Un vin complexe, qui gagne de la fraîcheur en finale. ⧗ 2025-2030

DOM. DES PERDRIX, 3, rue des Seuillets, 21700 Nuits-Saint-Georges, tél. 03 85 45 21 61, contact@domaines-devillard.com V *r.-v.* 5

DOM. PETITOT Les Poisets Vieilles Vignes 2022 ★

■	4150		20 à 30 €

Installés à Corgoloin dans un bâtiment du XIIIes., Nathalie (œnologue) et Hervé Petitot ont repris en 2002 le domaine familial. Adeptes d'une viticulture très raisonnée, ils recherchent l'équilibre dans leurs vins comme dans leurs vignes, étendues sur 8,6 ha. Des vins qu'ils veulent élégants et fins, capables de bien vieillir également.

Une parcelle de près d'un hectare dont les raisins, issus de vignes soixantenaires, ont été entièrement égrappés. Dans le verre, un vin d'une notable finesse aromatique, qui s'ouvre sur les fruits rouges, la griotte notamment, et une nuance vanillée. En bouche, il s'appuie sur des tanins fins et une agréable trame acidulée qui lui apporte de la fraîcheur. ⧗ 2027-2032

DOM. PETITOT, 26, pl. de la Mairie, 21700 Corgoloin, tél. 03 80 62 98 21, domaine.petitot@wanadoo.fr V *r.-v.*

DOM. REMORIQUET Les Damodes 2022 ★

■ 1er cru	1500		30 à 50 €

Les Remoriquet travaillaient déjà la vigne au XVIIes. pour les moines de l'abbaye de Cîteaux. Depuis quatre générations, ils ont constitué peu à peu leur propre parcellaire : 9,5 ha de vignes, sur Nuits-Saint-Georges et Vosne-Romanée notamment. Œnologue de formation, Gilles Remoriquet est aux commandes depuis 1979.

Un 1er cru issu de vignes d'une quarantaine d'années plantées sur un terroir situé à proximité de Vosne-Romanée. Au nez, il évoque la griotte, la myrtille et le pain toasté. En bouche, il se distingue par sa densité, son volume, ses tanins vibrants et soyeux. Plus ferme toutefois, la finale résonne comme un appel à quelques années de patience. ⧗ 2028-2034 ■ **1er cru Les Saint-Georges 2022 ★ (75 à 100 €; 500 b.)** Le domaine dispose de 19 ares plantés de vignes de 40 ans dans ce *climat*. Le potentiel grand cru du village tient ici son rang. Cette cuvée fait preuve d'une consistance, d'un volume et d'une longueur en bouche qui méritent les superlatifs. La cerise à l'eau-de-vie, la griotte fraîche et les épices s'y expriment puissamment. Un vin de caractère et de garde. ⧗ 2029-2035

DOM. REMORIQUET, 25, rue de Charmois, 21700 Nuits-Saint-Georges, tél. 03 80 61 24 84, contact@domaine-remoriquet.com V *r.-v.*

♥ BERNARD RION
Les Damodes Vieilles Vignes 2022 ★★

1er cru | 1800 | | 50 à 75 €

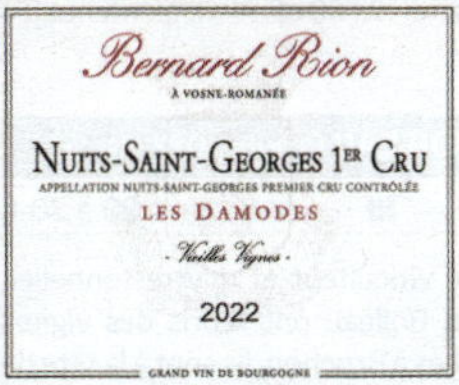

Les Rion ont créé leur domaine en 1896, transmis de père en fils depuis cinq générations; de père en fille aujourd'hui, Alice, Nelly et Mélissa ayant rejoint leurs parents Armelle et Bernard Rion. Ils vinifient, avec le moins d'interventions possibles à la vigne et au chai, le fruit de 12 ha de vignes.

Un *climat* situé côté Vosne-Romanée de l'appellation, qui se distingue bien souvent par son caractère élégant. Le domaine y exploite un peu plus de 41 ares : des vignes de 60 ans dont les raisins ont été totalement éraflés avant fermentation et élevage pour 50 % en fût neuf. Le résultat est un 1er cru d'une belle intensité aromatique, sur la cerise et le clou de girofle, ample, dense, charnu en bouche, porté par des tanins veloutés. Un vin d'une remarquable longueur et à l'équilibre idéal, dont les mensurations sont celles d'une cuvée qui peut regarder l'avenir sans crainte. ⧗ 2028-2035

BERNARD RION, 8, RN, 21700 Vosne-Romanée, tél. 03 80 61 05 31, rion@domainerion.fr V t.l.j. sf dim. 9h-17h30

MORGAN TRUCHETET Les Vallerots 2022 ★

1er cru | 900 | | 75 à 100 €

Morgan et Julie Truchetet ont repris en 2019 les rênes du domaine familial de Premeaux-Prissey, hameau de Nuits-Saint-Georges. Une exploitation qui couvre une superficie de 6,5 ha en conversion bio depuis 2020. Morgan Truchetet avait auparavant, en 2018, créé une activité de négoce.

Avec ce *climat* qui domine le coteau sud de l'appellation, les vignes prennent de la hauteur. Le vin se montre d'une grande expressivité aromatique sur une dominante de fruits rouges bien relevés de poivre et agrémentés de nuances végétales de ronce. La bouche n'est pas en reste : une texture dense et gourmande, des tanins souples et veloutés, une belle finale sur le fruit. ⧗ 2027-2032

MORGAN TRUCHETET, 5, rue des Masers, 21700 Premeaux-Prissey, tél. 06 25 85 03 39, morgantruchetet@gmail.com V r.-v.

B DOM. TRUCHETET Vieilles Vignes 2022 ★

| 2000 | | 75 à 100 €

Domaine établi à Premeaux-Prissey, le village aux deux églises, celle de Premeaux et celle de Prissey. Jean-Pierre Truchetet s'est installé en 1980 avec son épouse Sylvie sur l'exploitation. Représentant la sixième génération, leurs enfants Julie et Morgan Truchetet ont repris le domaine (7 ha), aujourd'hui converti à la viticulture bio.

Un assemblage de deux parcelles situées au sud de l'appellation (Premeaux-Prissey), dont l'une compte des vignes centenaires. Dans le verre, un vin évoquant la groseille et plus largement la confiture de fruits rouges, avec générosité, avec des nuances boisées fumées qui lui apportent de la complexité. Vive et poivrée en attaque, la bouche dévoile ensuite une matière riche, consistante, étayée par des tanins fins. Une bouteille qui évoluera favorablement en cave. ⧗ 2028-2034

DOM. TRUCHETET, 5, rue des Masers, 21700 Premeaux-Prissey, tél. 06 25 85 03 39, morgantruchetet@gmail.com V r.-v.

CÔTE-DE-NUITS-VILLAGES

Superficie : 148 ha
Production : 6 345 hl (95 % rouge)

Cette appellation associe cinq communes situées aux deux extrémités de la Côte de Nuits : au nord, Fixin (qui a aussi sa propre appellation) et Brochon (dont une partie du vignoble est classée en gevrey-chambertin); au sud, aux portes de la Côte de Beaune, Premeaux, Prissey (commune fusionnée avec la précédente), Comblanchien, réputée pour son «marbre», une pierre calcaire extraite de son coteau, et enfin Corgoloin, qui marque la limite sud de l'appellation tout comme celle de la Côte de Nuits, au niveau du Clos des Langres. Dans ce dernier village, la «montagne» diminue d'altitude et le vignoble s'amenuise; sa largeur ne dépasse guère 200 m. Rouges le plus souvent, les côtes-de-nuits-villages sont d'un bon niveau qualitatif et assez abordables.

♥ DOM. D'ARDHUY
Le Clos des Langres Monopole 2022 ★★

| 10000 | | 30 à 50 €

Un domaine fondé en 1947, comprenant notamment six grands crus et quinze 1ers crus. Près de 40 ha de vignes, de Puligny-Montrachet à Gevrey-Chambertin, dans les Côtes de Beaune et de Nuits. L'œnologue Vincent Bottreau est aux commandes du chai depuis 2016.

Le Clos des Langres, facilement identifiable par le charmant manoir qui y trône, assure le passage de témoin entre la Côte de Nuits et la Côte de Beaune. Ce monopole de la famille d'Ardhuy compte un peu plus de 3 ha qui ont appartenu au chapitre de la cathédrale de la ville de Langres au Moyen Âge. Ce 2022 s'exprime avec beaucoup de charme et développe des notes raffinées de fruits rouges frais, de framboise notamment, de réglisse et de boisé toasté. Une élégance et un caractère particulièrement charmeur que confirme la bouche, aussi large que longue, étayée par des tanins veloutés. ⧗ 2027-2034

DOM. D' ARDHUY, Le Clos des Langres, 21700 Corgoloin, tél. 03 80 62 98 73, domaine@ardhuy.com V r.-v.

BOURGOGNE

DOM. DÉSERTAUX-FERRAND Les Perrières 2022 ★

■ | 14 418 | | 20 à 30 €

Ce domaine familial de 19,5 ha implanté à Corgoloin, village-frontière entre les deux Côtes, celle de Nuits et celle de Beaune, est conduit depuis 1995 par Vincent Désertaux, son épouse Geneviève et sa sœur Christine. Souvent en vue pour ses côtes-de-nuits-villages.

Un *climat* de l'extrême sud de l'appellation qui a fait office de carrière, comme son nom l'indique. Dans le verre, un vin d'une belle expression aromatique où dominent des notes fruitées, toastées et épicées. En bouche, il développe une structure élégante, longue et bien équilibrée. ⧗ 2025-2029

EARL DOM. DÉSERTAUX-FERRAND, 135, Grande-Rue, 21700 Corgoloin, tél. 03 80 62 98 40, contact@desertaux-ferrand.com V r.-v.

DOM. XAVIER DURAND Le Vaucrain 2022 ★★

■ | 3818 | | 20 à 30 €

Xavier Durand a repris en 2009 l'exploitation familiale, vieille de quatre générations. Il conduit aujourd'hui un vignoble de 7 ha composé de vignes de 35 à 80 ans sur les communes de Ladoix, Aloxe-Corton, Comblanchien et Nuits-Saint-Georges, tout en agriculture raisonnée.

Un *climat* voisin de l'appellation nuits-saint-georges où Xavier Durand exploite près de 60 ares de vénérables pinot noirs de 70 ans. Les raisins, entièrement égrappés, ont donné naissance à une cuvée au profil long et gourmand, soutenu par un boisé de belle qualité. Un vin à la fois charnu et élégant qui offre déjà beaucoup de plaisir. ⧗ 2025-2029 ■ **La Damoda 2022 ★★ (20 à 30 €; 2021 b.)** C'est le premier millésime de cette cuvée issue de jeunes vignes plantées il y a 10 ans. Une entrée dans le Guide particulièrement réussie tant ce vin séduit par ses notes de poivre et de fruits noirs, mais aussi par sa bouche à la fois profonde, fraîche et longue. L'avenir lui appartient. ⧗ 2027-2032 ■ **La Combe à la Damoda 2021 ★ (20 à 30 €; 1422 b.)** En provenance de 41 ares d'une parcelle plantée de jeunes ceps de 15 ans, cette cuvée sort du lot par sa générosité aromatique, son ampleur et sa longueur. Elle a connu un long élevage en fût de chêne, dont la moitié neuf, qui lui apporte des notes vanillées et toastés bien intégrées. Des nuances florales et de poivre blanc sont également présentes, donnant à l'ensemble un caractère très flatteur. ⧗ 2026-2030

DOM. XAVIER DURAND, 25, Grande-Rue, 21700 Comblanchien, tél. 03 80 51 28 91, domainedurandxavier@gmail.com V *t.l.j. sf dim. 9h-18h*

GLANTENET PÈRE ET FILS
Le Clos de Magny 2022 ★

■ | 2518 | | 15 à 20 €

La famille Glantenet cultive la vigne depuis le XVIIIe s. et commercialise ses vins depuis 1997. À la frontière entre hautes-côtes-de-beaune et hautes-côtes-de-nuits, le domaine, conduit par Jean-François Glantenet, s'étend sur 30 ha répartis sur cinq communes autour de Magny-lès-Villers.

Un terroir situé sur la commune de Corgoloin, tout au sud de l'appellation. Des vignes âgées de presque 30 ans ont donné un vin ouvert sur des notes de fruits à bonne maturité (cassis, mûre), qui évolue à l'aération vers des touches florales et de cèdre. La bouche révèle une matière tannique bien structurée et une notable fraîcheur qui ajoute à sa longueur. ⧗ 2027-2032

SCE DOM. GLANTENET PÈRE ET FILS, 16, rue de l'Aye, 21700 Magny-lès-Villers, tél. 03 80 62 91 61, glantenet@orange.fr V *r.-v.*

DOM. LIPPE BOILEAU Créole 2022 ★

■ | 1188 | | 20 à 30 €

Respectivement fille de viticulteur et maître tonnelier, Caroline Lippe et Julien Boileau ont repris des vignes familiales en 2017. Installés à Brochon, ils sont à la tête de 3 ha et 20 parcelles sur les appellations bourgogne Côte d'Or, côte-de-nuits-villages, fixin et gevrey-chambertin.

Issu de vieilles vignes de 71 ans implantées sur la commune de Brochon, ce côte-de-nuits-villages se distingue par sa complexité aromatique et sa structure. Au nez, il développe des notes de cassis, de cerise, de Zan et de rose fanée. D'une bonne concentration, la bouche affiche une solide charpente qui devrait encore gagner en harmonie avec le temps. ⧗ 2027-2032

DOM. LIPPE BOILEAU, 18, rte des Grands-Crus, 21220 Brochon, tél. 06 21 31 35 52, domainelippeboileau@gmail.com V *r.-v.*

B **DOM. MOLIN** Les Créoles 2022 ★★

■ | 1500 | 20 à 30 €

Armelle et Jean-Michel Molin ont créé en 1987 ce domaine, qui couvre aujourd'hui 8 ha. Après l'arrivée de leur fils Alexandre (en 2004) sur l'exploitation, la conversion bio a été engagée et la certification obtenue en 2010. La propriété est régulièrement sélectionnée pour ses fixin.

Une cuvée en provenance de pinots noirs cinquantenaires plantés sur un terroir du nord de la Côte de Nuits (commune de Brochon), dont le nom évoque de petits cailloux calcaires. Un vin d'une belle intensité aromatique et d'une grande énergie, qui évoque la gelée de groseille, la cerise et la vanille. Des tanins souples et ronds et un fruit constamment expressif en bouche lui assurent un pouvoir de séduction immédiat. ⧗ 2024-2029

ARMELLE ET JEAN-MICHEL MOLIN, 4, rue du Chapitre, 21220 Fixin, tél. 03 80 52 21 28, domaine.molin@wanadoo.fr V *r.-v.*

DOM. PETITOT Terres Burgondes 2022 ★

■ | 7305 | | 15 à 20 €

Installés à Corgoloin dans un bâtiment du XIIIe s., Nathalie (œnologue) et Hervé Petitot ont repris en 2002 le domaine familial. Adeptes d'une viticulture très raisonnée, ils recherchent l'équilibre dans leurs vins comme dans leurs vignes, étendues sur 8,6 ha. Des vins qu'ils veulent élégants et fins, capables de bien vieillir également.

En vinification, les Petitot privilégient « l'expression du fruit plutôt qu'une extraction trop poussée ». Cette cuvée, issue de vignes cinquantenaires, constitue une belle traduction de cette approche. Elle présente une palette aromatique expressive : la violette, la cerise et les épices signalent généreusement leur présence. Les tanins sont délicats, soyeux, tout en affirmant une solide présence. Une finale tonique conclut la dégustation. ⧗ 2026-2032

⊶ *DOM. PETITOT, 26, pl. de la Mairie, 21700 Corgoloin, tél. 03 80 62 98 21, domaine.petitot@wanadoo.fr* V r.-v.

B DOM. TRUCHETET 2022 ★

■	3100		30 à 50 €

Domaine établi à Premeaux-Prissey, le village aux deux églises, celle de Premeaux et celle de Prissey. Jean-Pierre Truchetet s'est installé en 1980 avec son épouse Sylvie sur l'exploitation. Représentant la sixième génération, leurs enfants Julie et Morgan Truchetet ont repris le domaine (7 ha), aujourd'hui converti à la viticulture bio.

Une cuvée en provenance de trois *climats* regroupés sur la commune de Comblanchien. Elle connut une vinification pour 20 % en vendange entière. Au nez, elle propose une belle intensité aromatique autour de la cerise noire et la mûre. La bouche, un peu plus réservée à ce stade, mais d'un bon volume, s'appuie sur des tanins soyeux. ⧗ 2026-2030

⊶ *DOM. TRUCHETET, 5, rue des Masers, 21700 Premeaux-Prissey, tél. 06 25 85 03 39, morgantruchetet@gmail.com* V r.-v.

➜ LA CÔTE DE BEAUNE

LADOIX

Superficie : 94 ha
Production : 4 065 hl (75 % rouge)

Porte de la Côte de Beaune, cette appellation mériterait d'être mieux connue. Elle porte le nom d'un des trois hameaux de la commune de Ladoix-Serrigny, les deux autres étant Serrigny, près de la ligne de chemin de fer, et Buisson. Ce dernier est situé exactement à la frontière géographique des Côtes de Nuits et de Beaune, marquée par la combe de Magny. Au-delà commence la montagne de Corton, aux grandes pentes à intercalations marneuses, constituant avec toutes ses expositions, est, sud et ouest, l'une des plus belles unités viticoles de la Côte.

Ces différentes situations contribuent à la variété des ladoix rouges, auxquels s'ajoute une production de vins blancs mieux adaptés aux sols marneux de l'argovien; c'est le cas des Gréchons, par exemple, *climat* situé sur les mêmes niveaux géologiques que les corton-charlemagne, plus au sud, et qui donnent des vins très typés.

Autre particularité : bien que jouissant d'une classification favorable donnée par le Comité de viticulture de Beaune en 1860, Ladoix ne possédait pas de 1ers crus, omission qui a été réparée par l'INAO en 1978 : La Micaude, La Corvée et Le Clou d'Orge, aux vins de même caractère que ceux de la Côte de Nuits, Les Mourottes (basses et hautes), de tempérament sauvage, Le Bois-Roussot, Sur la Lave, sont les principaux de ces 1ers crus.

DOM. D'ARDHUY 2022 ★

■	10300		20 à 30 €

Un domaine fondé en 1947, comprenant notamment six grands crus et quinze 1ers crus. Près de 40 ha de vignes, de Puligny-Montrachet à Gevrey-Chambertin, dans les Côtes de Beaune et de Nuits. L'œnologue Vincent Bottreau est aux commandes du chai depuis 2016.

Ce 2022 présente une robe or-vert et un nez associant le boisé de ses 10 mois d'élevage aux fruits jaunes et blancs. Derrière une attaque franche, la bouche se révèle ample, fraîche et équilibrée, soutenue par un boisé fondu. ⧗ 2025-2028 ■ **1er cru Le Rognet Monopole 2022 ★ (50 à 75 €; 4200 b.)** Sur 79 ares, cette vigne, monopole du domaine, livre un blanc au nez timide de pêche et d'abricot. Des notes de fruits secs et de peau d'orange s'ajoutent à cette palette dans une bouche élégante et fraîche, finement boisée et de bonne longueur. ⧗ 2025-2030

⊶ *DOM. D' ARDHUY, Le Clos des Langres, 21700 Corgoloin, tél. 03 80 62 98 73, domaine@ardhuy.com* V r.-v.

DOM. BONNARDOT Les Vris 2022 ★

■	3120		15 à 20 €

Un domaine de 21 ha situé à Villers-la-Faye, charmant petit village au cœur des Hautes-Côtes de Nuits. Quatre générations de vignerons s'y sont succédé. Danièle Bonnardot a pris la suite en 2019 et engagé la conversion bio.

Ce nom de *climat* provient de « levrières », carrières dont on extrayait les pierres de lave. Dans le verre, un ladoix au nez délicat de fleurs blanches sur fond boisé, avenant, frais et élégant en bouche, étiré dans une longue finale pleine de vivacité. ⧗ 2025-2028

⊶ *DOM. BONNARDOT, 1, rue de l'Ancienne-Cure, 21700 Villers-la-Faye, tél. 06 60 56 64 46, domaine.bonnardot@wanadoo.fr* V *t.l.j. 10h-12h 14h-18h; sam. sur r.-v.*

B CAPITAIN-GAGNEROT La Micaude Monopole 2022 ★

■ 1er cru	7800		20 à 30 €

Vénérable domaine familial de 15 ha fondé en 1802 et implanté à Ladoix-Serrigny. Depuis 2010, Pierre-François Capitain (huitième génération) est seul maître à bord; son père, Patrice, et son oncle, Michel, restant à l'écoute. Propriété en vue notamment pour ses ladoix, aloxe et échézeaux. 2021 est le premier millésime bio certifié du domaine.

Ce monopole d'1,63 ha est le 1er cru le plus proche de la frontière avec la Côte de Nuits. Un rubis brillant éclaire le verre tandis que le nez exhale les petits fruits rouges (framboise et groseille). Les tanins sont bien présents, intégrés à une bouche corpulente et ample, étirée dans une jolie finale sur le café. Du potentiel en cave. ⧗ 2027-2032

⊶ *CAPITAIN-GAGNEROT, 38, rte de Dijon, 21550 Ladoix-Serrigny, tél. 03 80 26 41 36, contact@capitain-gagnerot.com* V *t.l.j. sf dim. 9h-12h 14h-17h*

DOM. CHEVALIER PÈRE ET FILS Le Clou d'Orge 2021 ★

■ 1er cru	2800		20 à 30 €

Installé en 1994 sur ce domaine créé en 1850 par son arrière-grand-père Émile, Claude Chevalier exploite

avec trois de ses filles – Chloé à la vigne et au chai, Julie au commercial et Anaïs à la comptabilité – un vignoble de 15 ha situé au pied et sur les pentes de la montagne de Corton. Une valeur sûre de la Côte de Beaune.

D'un abord discret, ce ladoix dévoile petit à petit des notes de fruits rouges et de rose. En bouche, il se montre souple en attaque, finement texturé dans son développement, plus carré en finale. ⧗ 2026-2030

⊶ DOM. CHEVALIER PÈRE ET FILS, 2, Grande-Rue-de-Buisson, 21550 Ladoix-Serrigny, tél. 03 80 26 46 30, contact@domaine-chevalier.fr V *r.-v.*

DOM. XAVIER DURAND Les Briquettes 2022 ★

■	2871		20 à 30 €

Xavier Durand a repris en 2009 l'exploitation familiale, vieille de quatre générations. Il conduit aujourd'hui un vignoble de 7 ha composé de vignes de 35 à 80 ans sur les communes de Ladoix, Aloxe-Corton, Comblanchien et Nuits-Saint-Georges, tout en agriculture raisonnée.

Ce *climat* peu revendiqué tient son nom des petites briques emballées dans du linge qui réchauffaient les pieds en hiver. Ces pierres étaient extraites de la carrière toute proche. Au nez, les fruits rouges frais voisinent harmonieusement avec des notes de poivre et de mine de crayon. En bouche, le vin se montre rond et charnu, porté par des tanins fins et fondus et par une agréable fraîcheur. ⧗ 2026-2030

⊶ DOM. XAVIER DURAND, 25, Grande-Rue, 21700 Comblanchien, tél. 03 80 51 28 91, domainedurandxavier@gmail.com V *t.l.j. sf dim. 9h-18h*

DOM. FAIVELEY Les Marnes Blanches 2022 ★

■	21900		30 à 50 €

Ce domaine fondé à Nuits-Saint-Georges en 1825 est un nom qui compte en Bourgogne, depuis sept générations. À sa tête depuis 2005, Erwan Faiveley, qui a succédé à son père François. Aujourd'hui, c'est l'un des plus importants propriétaires de vignes en Bourgogne : 120 ha du nord de la Côte de Nuits au sud de la Côte Chalonnaise, dont 10 ha en grand cru et près de 25 ha en 1er cru.

Derrière la brillance de sa robe cristalline, ce vin dévoile un nez flatteur de fleurs blanches et de fruits compotés sur un fond boisé. En bouche, il se montre plutôt discret en arômes mais séduit par sa fraîcheur, perceptible dès l'attaque. Simple et de bon goût. ⧗ 2024-2027

⊶ DOM. FAIVELEY, 8, rue du Tribourg, 21700 Nuits-Saint-Georges, tél. 03 80 61 04 55, contact@domaine-faiveley.com V *t.l.j. sf dim. lun. 10h-12h30 13h30-18h*

♥ DOM. DE LA GALOPIÈRE 2022 ★★

■	7333		20 à 30 €

Après avoir enseigné l'œnologie pendant quatre ans, Gabriel Fournier s'est installé en 1982 sur le domaine familial. Il exploite avec son épouse, Claire, et, depuis 2015, avec son fils Vincent 11 ha de vignes réparties dans plusieurs appellations de la Côte de Beaune, de Chassagne-Montrachet à la colline de Corton.

Gabriel Fournier signe un magnifique ladoix produit dans le riche millésime 2022. Au nez, les fleurs blanches s'associent à une fine réduction et à des notes grillées et beurrées du meilleur effet. En bouche, le vin se montre tendre, gras sans excès, délicatement texturé, caressant même, ample et long. Un blanc déjà très harmonieux mais qui ne craindra pas les affres du temps. ⧗ 2026-2032

⊶ DOM. DE LA GALOPIÈRE, 1, rte de Corcelles-les-Arts, 21190 Tailly, tél. 03 80 21 46 50, contact@domainedelagalopiere.com V *r.-v.*

DOM. JEAN GUITON La Corvée 2021 ★

■	1er cru	2800		30 à 50 €

Jean Guiton est installé depuis 1973 à Bligny, dans la plaine de Pommard. Les vignes (11,3 ha) sont quant à elles implantées sur la Côte, notamment à Savigny. Guillaume, le fils, est arrivé au début des années 2000.

Avec ses 7,14 ha, ce *climat* est le plus grand de tous les 1ers crus de l'appellation. Le domaine y exploite 79 ares à l'origine d'un ladoix complexe, mêlant au nez des notes de cerise, de cassis en gelée, de fleur de sureau et de vanille. Le vin se fait soyeux et généreux en bouche, et même chaleureux et corsé en finale autour de saveurs de cerise à l'eau-de-vie et de poivre. ⧗ 2027-2031

⊶ DOM. JEAN GUITON, 4, rte de Pommard, 21200 Bligny-lès-Beaune, tél. 03 80 21 62 07, domaine.guiton@wanadoo.fr V *r.-v.*

DOM. JACOB 2022 ★

■	16500		15 à 20 €

Quatre générations de Jacob se sont succédé sur ce domaine régulier en qualité, établi à Ladoix-Serrigny, au pied de la montagne de Corton. Raymond, épaulé par son frère, Robert, son fils Damien et sa belle-fille, Géraldine, gère ce vignoble de 12,5 ha.

Une cuvée née de vignes de 45 ans. Au nez, des parfums de petits fruits noirs et rouges se mêlent à un fin boisé épicé. On retrouve cette palette dans une bouche ronde et gourmande, épaulée par des tanins fins et par une pointe de fraîcheur qui ajoute à sa longueur. ⧗ 2026-2030

⊶ DOM. JACOB, 15, Grande-Rue de Buisson, Cidex 20bis, 21550 Ladoix-Serrigny, tél. 03 80 26 40 42, contact@domainejacob.fr V *r.-v.*

JAFFELIN 2022 ★

■	967		30 à 50 €

Cette maison de négoce-éleveur implantée à Beaune depuis 1816 appartient à la galaxie des vins Boisset. Elle conserve son autonomie d'achat avec Marinette Garnier à sa tête depuis 2011. En vue notamment pour ses pernand-vergelesses et ses auxey-duresses.

Le chardonnay se plaît à Ladoix. Il y pousse de plus en plus, notamment dans ses parties les plus calcaires. Dans le verre, celui-ci livre un vin aux senteurs de noisette et de fruits compotés, rond et large en bouche, avec en soutien une belle trame minérale qui étire la finale. ⧗ 2025-2028

⊶ MAISON JAFFELIN, 2, rue Paradis, 21200 Beaune, tél. 03 80 22 12 49, jaffelin@maisonjaffelin.com V r.-v.

DOM. MARATRAY-DUBREUIL
Les Grêchons 2022 ★

1er cru	8200		20 à 30 €

Domaine de Ladoix-Serrigny fut fondé en 1935 lorsque le père de Maurice Maratray préféra réinvestir ses gains dans l'achat de vignes plutôt que dans son entreprise de travaux publics. Maurice Maratray épousa la fille de Pierre Dubreuil, figure de Pernand. Aujourd'hui, l'exploitation couvre 19 ha; elle est dirigée depuis 1997 par François-Xavier Maratray et sa sœur, Marie-Madeleine.

Un terroir fort réputé pour faire naître de grands chardonnays. Celui-ci ne manque pas d'atouts : une robe lumineuse, un nez délicat et complexe d'aubépine en fleur et de fruits jaunes, une bouche ample, dense, généreuse et d'une belle persistance. ⧗ 2025-2030

⊶ DOM. MARATRAY-DUBREUIL, 5, pl. du Souvenir, 21550 Ladoix-Serrigny, tél. 03 80 26 41 09, contact@domaine-maratray-dubreuil.com V *t.l.j. sf sam. dim. 8h-12h 13h30-17h30*

♥ DOM. GASTON ET PIERRE RAVAUT
La Corvée 2022 ★★

1er cru	4700		20 à 30 €

Un domaine implanté à Ladoix-Serrigny depuis cinq générations, qui étend ses vignes sur 12 ha. Vincent Ravaut a succédé à son père, Gaston, en 2016 et a été rejoint par son fils aîné, Jules, en 2022.

Les Ravaut père et fils exploitent 1,23 ha de ce *climat*, l'un des onze 1ers crus de Ladoix. De vénérables ceps de 70 ans y ont donné un vin profond et complexe, ouvert sur des arômes de fruits mûrs (framboise, cassis, mûre), d'aiguille de pin et de sous-bois. La bouche apparaît ample, tendre, soyeuse, bien fruitée et relevée d'épices, étayée par des tanins fins et fondus et par un boisé empyreumatique bien ajusté qui ajoutent à son élégance. On met en cave. ⧗ 2027-2034 **1er cru Le Bois Roussot 2022 ★ (20 à 30 €; 3900 b.)** Discret mais subtil, ce 1er cru livre un bouquet de fruits rouges relevé de poivre, relayé par une bouche tapissante et fine, rafraîchie en finale par une touche végétale. ⧗ 2026-2030 **2022 ★ (20 à 30 €; 1700 b.)** De jeunes plants de chardonnay (12 ans) à l'origine d'un ladoix qui évoque les fleurs blanches sur un tapis de mousse, le menthol et le boisé grillé. En bouche, l'équilibre est de mise entre rondeur et fraîcheur, avec un bon fruit en filigrane (pêche, agrumes). ⧗ 2025-2028

⊶ DOM. GASTON ET PIERRE RAVAUT, 16, Grande-Rue de Buisson, hameau de Buisson, 21550 Ladoix-Serrigny, tél. 03 80 26 41 94, domaine.ravaut@orange.fr V r.-v.

ALOXE-CORTON

Superficie : 118 ha
Production : 4 380 hl (98 % rouge)

Encerclé par les vignes, Aloxe-Corton est l'un des trois villages établis au pied de la montagne de Corton, à l'extrémité nord de la Côte de Beaune. Les terroirs les plus réputés sont situés sur la pente, en grand cru (corton et corton-charlemagne) et en 1er cru, sur des terrains marneux et calcaires. Parmi ces derniers, Les Maréchaudes, Les Valozières, Les Lolières (Grandes et Petites) sont les plus connus. Plusieurs châteaux aux tuiles vernissées méritent le coup d'œil.

DOM. JEAN-BAPTISTE BOUDIER
Les Combes 2022 ★★

	1150		50 à 75 €

Après des expériences viticoles en France, dans des domaines renommés (Haut-Brion, Gauby, Rossignol, Vieux Télégraphe) et en Nouvelle-Zélande, Jean-Baptiste Boudier s'est installé à Pernand-Vergelesses en 2015 et exploite 6,5 ha.

Rares sont les blancs à Aloxe-Corton, à peine 2 ha. Ici, une cuvée née de vénérables ceps de 82 ans. Au nez, se dévoilent des notes florales et minérales accompagnées d'un léger boisé grillé. En bouche, on découvre un vin équilibré, ample et frais, centré sur les agrumes et les fruits blancs, avec un joli retour de la minéralité en finale. Le coup de cœur fut mis aux voix. ⧗ 2027-2032

⊶ DOM. JEAN-BAPTISTE BOUDIER, 1, rue de Pralot, 21420 Pernand-Vergelesses, tél. 06 19 37 81 48, domaine@jb-boudier.com V *r.-v.*

DOM. DOUSSOT-ROLLET Les Crapousuets 2022 ★

	3076		30 à 50 €

Créé en 1850, ce domaine conduit par les familles Troussard et Rollet a son siège à la sortie de Chorey-les-Beaune, dans la plaine. Il exploite des vignes dans le village, vers Savigny.

Ce *climat* en forme de triangle est situé dans la partie sud de l'appellation. Dans le verre, un vin ouvert sur la cerise, les épices et le merrain grillé, ample, élégant et bien fruité en bouche, cadré par des tanins fins qui poussent loin la finale. ⧗ 2027-2032

⊶ DOM. DOUSSOT-ROLLET, 2, rue des Brenots, 21200 Chorey-lès-Beaune, tél. 06 87 70 11 08, doussot-rollet@orange.fr V *r.-v.*

B DOM. ANTONIN GUYON
Les Fournières 2021 ★

1er cru	3200		50 à 75 €

Ce domaine s'est constitué à partir des années 1960 un vaste vignoble de 48 ha (en bio certifié), principalement en 1ers et grands crus, allant de Gevrey-Chambertin à Meursault. Une exploitation régulière en qualité, conduite par Dominique Guyon, fils d'Antonin.

Dominique Guyon exploite 1,35 ha de ce 1er cru situé au cœur du village. Il en tire un aloxe au nez élégant de fruits rouges et de fleurs, à la fois souple et consistant

BOURGOGNE

en bouche, porté par des tanins fermes mais sans dureté et par un boisé bien ajusté. Un vin bâti pour bien vieillir. ⧗ 2028-2034

DOM. ANTONIN GUYON, 2, rue de Chorey, 21420 Savigny-lès-Beaune, tél. 03 80 67 13 24, domaine@guyon-bourgogne.com r.-v.

DOM. JACOB 2022 ★

■	7050		20 à 30 €

Quatre générations de Jacob se sont succédé sur ce domaine régulier en qualité, établi à Ladoix-Serrigny, au pied de la montagne de Corton. Raymond, épaulé par son frère, Robert, son fils Damien et sa belle-fille, Géraldine, gère ce vignoble de 12,5 ha.

Le terroir d'aloxe-corton entre dans le village de Ladoix. Il n'est donc pas rare que de nombreux producteurs de ce dernier y exploitent des vignes. Ici, une cuvée qui assemble les *climats* Valozières et Les Bruyères. Dans le verre, un bon boisé vanillé accompagne des notes de noyau de cerise. Arômes que l'on retrouve dans une bouche ample, persistante, structurée par des tanins fermes et serrés. Un beau potentiel en cave se dessine. ⧗ 2028-2034

DOM. JACOB, 15, Grande-Rue de Buisson, Cidex 20bis, 21550 Ladoix-Serrigny, tél. 03 80 26 40 42, contact@domainejacob.fr V r.-v.

DOM. MAILLARD PÈRE ET FILS 2022 ★

■	4900		30 à 50 €

Représentant la dixième génération de viticulteurs sur le domaine (1766), Pascal Maillard (au chai) et son frère Alain (à la vigne) exploitent un vignoble constitué par leur père, Daniel, à partir de 1952. Aujourd'hui, pas moins de 19 ha répartis dans sept communes aux environs de la montagne de Corton, ainsi qu'à Pommard et à Volnay. Une valeur sûre, notamment en corton et en chorey.

Les sols bruns et rougeâtres de la colline de Corton donnent des terres favorables au pinot noir. C'est le cas ici avec cet aloxe d'une belle intensité aromatique autour de la griotte et de la framboise, agrémentée des notes vanillées et épicées du fût dans une bouche fraîche, persistante, étayée par des tanins soyeux et fondus. Une bouteille qui pourra s'apprécier aussi bien jeune que patinée par le temps. ⧗ 2025-2030

DOM. MAILLARD PÈRE ET FILS, 2, rue Joseph-Bard, 21200 Chorey-lès-Beaune, tél. 03 80 22 10 67, contact@domainemaillard.com V r.-v.

♥ DOM. MEUNEVEAUX 2022 ★★

■	10000		30 à 50 €

Un domaine familial fondé au début du XXes. et conduit depuis 2009 par Freddy Meuneveaux et son épouse, Daisy, œnologue. Le vignoble s'étend sur 6,5 ha, répartis sur douze appellations.

Régulièrement en vue pour ses aloxe-corton, les Meuneveaux signent l'unique coup de cœur de l'appellation cette année. Un vin qui s'ouvre sur des parfums intenses et friands de cerise, de groseille et de vanille. On retrouve les fruits rouges et un boisé très bien travaillé dans une bouche d'une grande harmonie, ample, longue, structurée par des tanins fins et soyeux. Un vin déjà très plaisant, et pour longtemps encore. ⧗ 2026-2032 ■ **1er cru 2022 ★ (30 à 50 €; 3000 b.)** Un 1er cru tout en puissance, paré d'une robe profonde qui annonce bien la couleur, ouvert sur les fruits mûrs et un bon boisé grillé et vanillé, et porté par de solides tanins. On met en cave. ⧗ 2028-2034

DOM. MEUNEVEAUX, 9, rue Boulmeau, 21420 Aloxe-Corton, tél. 06 27 95 95 25, domaine.meuneveaux@gmail.com V t.l.j. sf dim. 8h-12h 14h-18h

PERNAND-VERGELESSES

Superficie : 135 ha
Production : 5 640 hl (52 % rouge)

Situé à la jonction de deux vallées, exposé plein sud, le village de Pernand est sans doute le plus « vigneron » de la Côte. Rues étroites, caves profondes, vignes de coteaux, hommes de grand cœur et vins subtils lui ont fait une solide réputation, à laquelle de vieilles familles bourguignonnes ont largement contribué. Il possède le bois de Corton, ainsi qu'une partie des terroirs en grand cru de la célèbre « montagne ». Parmi les 1ers crus, le plus réputé est l'Île des Vergelesses, qui donne des vins tout en finesse.

Ⓑ DOM. BERTHELEMOT Sous Frétille 2022 ★

■ 1er cru	3613		30 à 50 €

Un domaine créé par Brigitte Berthelemot en 2006 avec la reprise des vignes de Jean Garaudet et d'Yves Darviot : 15 ha aujourd'hui (en bio certifié depuis 2021) dans plusieurs communes de la Côte de Beaune (Pommard, Meursault, Puligny-Montrachet...), dont les vins sont vinifiés par Thomas Berthelemot.

Un 1er cru situé autour des 350 m d'altitude, là où les sols de marnes jaunes et brunâtres sont dévolus au chardonnay. La maison Berthelemot y cultive 67 ares qui ont donné ce blanc au nez élégant de fleurs blanches et de fruits exotiques, souple et net en attaque, ample, généreux et dense en cœur de bouche, avec une agréable touche de noisette en finale. Un pernand bien typé. ⧗ 2025-2029

DOM. BERTHELEMOT, 24, rue des Forges, BP 30008, 21190 Meursault, tél. 03 80 21 68 61, contact@domaineberthelemot.com V r.-v.

DOM. AURÉLIE BERTHOD Sous les Cloux 2022 ★

■	2900		20 à 30 €

Aurélie Berthod a créé en 2017 sa propre exploitation de 5,5 ha, qu'elle conduit en lutte raisonnée sur Pernand-Vergelesses, Beaune et Chorey-lès-Beaune.

Ce pernand bien né livre des parfums friands et intenses de fruits rouges frais et croquants, accompagnés par un bon boisé toasté. Tout aussi fruitée, la bouche apparaît souple, ronde, épaulée par des des tanins fondus et soyeux et par une agréable fraîcheur en finale. ⧗ 2025-2029

DOM. AURÉLIE BERTHOD, 8, chem. des Vignes-Blanches, 21420 Pernand-Vergelesses, tél. 06 36 16 93 13, aurelie.berthod@sfr.fr V r.-v.

MAISON CHAMPY 2022 ★

■	21000		30 à 50 €

Fondée en 1721, la plus ancienne maison de négoce bourguignonne, établie dans le centre historique de Beaune, est désormais propriété du seul Pierre Beuchet, auparavant associé à Pierre Meurgey. Sous la direction de l'œnologue Dimitri Bazas, elle exploite 28 ha de vignes en propre, essentiellement en Côte de Beaune, mais s'approvisionne aussi plus au nord.

Une importante cuvée produite sur 2,5 ha. Floral, minéral et vanillé, le nez est engageant. La bouche ne manque pas de charme non plus : on aime son attaque acidulée, son équilibre entre rondeur et fraîcheur, sa jolie finale sur le clou de girofle et de fins amers. ⧗ 2025-2028

MAISON CHAMPY, 5, rue du Grenier-à-Sel, 21200 Beaune, tél. 03 80 25 09 99, contact@maisonchampy.com V r.-v.

DOM. CHANSON Les Vergelesses 2022 ★★

■ 1er cru	n.c.		50 à 75 €

L'une des plus anciennes maisons de négoce de Bourgogne, fondée en 1750, reprise en 1999 par le Champagne Bollinger. En plus de ses achats de raisins, elle dispose d'un important vignoble de 43 ha (dont le célèbre Clos des Fèves en monopole sur Beaune) et de l'expertise de Jean-Pierre Confuron, son œnologue-conseil. Un style reconnaissable grâce à ses vinifications en grappes entières. Son fief est situé autour de Beaune, mais Chanson propose aussi des appellations en Côte de Nuits.

Ce 1er cru s'ouvre sur un nez très élégant associant la cerise confite à un fin boisé toasté. En bouche, il apparaît très frais, très énergique en attaque, se fait ensuite plus rond, dense et concentré, offrant beaucoup de volume et des tanins soyeux. Un pernand racé, bâti pour vieillir sereinement. ⧗ 2027-2032

DOM. CHANSON, 10, rue Paul-Chanson, 21200 Beaune, tél. 03 80 25 97 97, chanson@domaine-chanson.com V r.-v.

PAUL CHAVY En Caradeux 2022 ★

■ 1er cru	850		30 à 50 €

Un tout jeune petit négoce, basé à Puligny, créé en 2019 et qui se donne comme objectif de grandir pas à pas.

L'ancienne voie romaine qui relie Beaune à Vergy et qui longe ce 1er cru était autrefois empruntée par des chars à bœufs, devenus au fil des siècles des « Caradeux ». La maison Chavy y exploite une petite parcelle de 12 ares qui ont donné ce vin ouvert sur des senteurs de pomme et d'acacia, franc en attaque, très fruité, tenu de bout en bout par une persistante fraîcheur citronnée. Un blanc tonique, paré pour la garde. ⧗ 2026-2030

PAUL CHAVY, 27, rue de Bois, 21190 Puligny-Montrachet, tél. 03 80 21 38 85, paul@domaine-chavy.fr V r.-v.

PASCAL CLÉMENT Les Belles Filles 2021 ★

■	3000		20 à 30 €

Après vingt ans de vinification dans différents domaines de Bourgogne, Pascal Clément a créé son négoce en 2012, tourné essentiellement vers les blancs de la Côte chalonnaise et de la Côte de Beaune.

On raconte que ce sont des jeunes (et sans doute jolies) femmes venues d'un couvent près de Changey, au-dessus de Pernand, qui auraient conduit les habitants à nommer ce lieu ainsi, plus exactement Sous le Bois de Noël et Belles Filles. Dans le verre, un vin expressif, ouvert sur le citron, l'écorce d'orange et la noisette, frais et fruité (fruits jaunes) en bouche, arrondi par une finale beurrée. ⧗ 2026-2030

PASCAL CLÉMENT, 13, rte de Beaune, 21420 Savigny-lès-Beaune, tél. 03 80 21 65 92, contact@pascal-clement.fr V r.-v.

BOURGOGNE

DOM. DENIS PÈRE ET FILS Les Vergelesses 2022 ★

■ 1er cru	3000		20 à 30 €

En 1940, Raoul Denis, vigneron des Hospices de Beaune comme l'étaient son père et son grand-père, reprend le vignoble familial (14 ha aujourd'hui). Christophe Denis tient le flambeau depuis 1992. Une valeur très sûre de la Côte de Beaune.

En bon « régional de l'étape », Christophe Denis place trois pernand dans la sélection. Honneur au terroir qui a accolé son nom au village avec ce vin rubis intense, parfumé de notes de fruits rouges et de sous-bois, plein, rond et généreux en bouche, porté par d'agréables tanins fondus et veloutés, avec une jolie saveur de réglisse en finale. ⧗ 2027-2032 ■ **1er cru Sous Frétille 2022 ★ (20 à 30 €; 5500 b.)** À un nez discrètement floral et beurré succède un palais ample, riche et harmonieux, vivifié par une belle touche de fraîcheur fruitée et une longue finale saline. ⧗ 2025-2030 ■ **2022 ★ (15 à 20 €; 15000 b.)** Un rouge de caractère, ample, gras, massif, doté de solides tanins taillés pour la garde. On met en cave. ⧗ 2028-2034

DOM. DENIS PÈRE ET FILS, 4, chem. des Vignes-Blanches, 21420 Pernand-Vergelesses, tél. 03 80 21 50 91, contact@domaine-denis.com V r.-v.

BAPTISTE GUYOT 2022 ★

■	5000		20 à 30 €

Baptiste Guyot a repris en 2010 le domaine familial qui avait cessé sa production en bouteilles au milieu des années 1990. Très vite, il en a augmenté la superficie cultivée jusqu'à atteindre 9 ha aujourd'hui.

Une robe pâle et un nez floral, vanillé et beurré composent une approche séduisante. Le charme opère aussi dans une bouche suave, ronde et riche, à l'unisson du bouquet, avec une petite note minérale qui vient stimuler la finale et ajuter de la fraîcheur. Pour la cave. ⧗ 2026-2030

BAPTISTE GUYOT, 48, rue du Faubourg-Saint-Martin, 21200 Beaune, tél. 03 80 22 46 55, contact@domaine-baptiste-guyot.fr V r.-v.

DOM. MARATRAY-DUBREUIL Les Fichots 2022 ★★

■ 1er cru	7600		20 à 30 €

Domaine de Ladoix-Serrigny fut fondé en 1935 lorsque le père de Maurice Maratray préféra réinvestir ses gains

dans l'achat de vignes plutôt que dans son entreprise de travaux publics. Maurice Maratray épousa la fille de Pierre Dubreuil, figure de Pernand. Aujourd'hui, l'exploitation couvre 19 ha; elle est dirigée depuis 1997 par François-Xavier Maratray et sa sœur, Marie-Madeleine.
De ce 1er cru orienté à l'est, qui jouxte le finage d'Aloxe-Corton, le domaine tire de 48 ares un pinot de belle envergure, drapé dans une robe sombre, mariant avec discrétion mais subtilité les fruits rouges, la rose et la pivoine. La bouche se révèle dense, ample, généreuse, nantie de tanins bien présents mais soyeux qui renforcent l'élégance et le côté velouté de ce très beau vin de terroir, bâti pour durer. ⏳ 2028-2034

⊸ DOM. MARATRAY-DUBREUIL, 5, pl. du Souvenir, 21550 Ladoix-Serrigny, tél. 03 80 26 41 09, contact@domaine-maratray-dubreuil.com V *t.l.j. sf sam. dim. 8h-12h 13h30-17h30*

B DOM. PAVELOT
Île des Vergelesses 2022 ★★

1er cru	4 860		30 à 50 €

Un domaine de 10 ha en bio, implanté au pied d'une des pentes de la montagne de Corton, transmis de père en fils depuis le XIXes. et conduit depuis 2002 par Luc Pavelot et sa sœur Lise.
Ce *climat* étend ses 9,4 ha entre deux 1ers crus : les Basses Vergelesses et les Vergelesses. Sa position émergeante à mi-coteau lui a donné son nom. Née de 77 ares, cette cuvée a joué sa place en finale du coup de cœur. Ses arguments : une belle robe rubis brillante, un nez élégant, entre notes de fruits rouges et de mine de crayon, une bouche souple, ronde, soyeuse, équilibrée, cadrée en douceur par des tanins fins, étirée dans une longue finale sur le poivre noir. ⏳ 2027-2032

⊸ DOM. PAVELOT, 6, rue du Paulant, 21420 Pernand-Vergelesses, tél. 03 80 26 13 65, domaine.pavelot@orange.fr V *r.-v.*

♥ DOM. ROLLIN PÈRE ET FILS
Sous Frétille 2022 ★★

1er cru	3 000		30 à 50 €

Longtemps modestes vignerons au service d'autres exploitations, les Rollin (aujourd'hui Rémi et son fils Simon) se sont mis peu à peu à leur compte; ils exploitent depuis 1932 et quatre générations un domaine de 14 ha à Pernand-Vergelesses, appellation dans laquelle leurs vins brillent régulièrement, dans les deux couleurs.
Avec une régularité qui force l'admiration, ce domaine du cru décroche un nouveau coup de cœur avec ce 1er cru d'altitude (entre 300 et 400 m), né sur la colline de Frétille, dont le sommet boisé domine le village. Un *climat* emblématique qui a donné ici un vin d'une grande élégance, complexe, ouvert sur des notes de noisette, d'amande, de fleurs blanches et de citron. Une attaque énergique et nette introduit une bouche intense, ample, tendre, soulignée sur toute la longueur par une fraîcheur qui évoque la minéralité du lieu. Un blanc gastronomique et de belle garde. ⏳ 2026-2030

■ **Les Cloux 2022 ★★ (20 à 30 €; 8800 b.)** ♥ Et un second coup de cœur pour les Rollin avec ce pernand issu d'un *climat* bien exposé au sud/sud-est, à l'abri dans une combe. Une cuvée qui ajoute de plus la quantité à la qualité. Le nez, intense, évoque les fleurs blanches, les agrumes, la pêche et le vanillé du merrain. La bouche se montre tout aussi expressive, parfaitement équilibrée entre une texture ronde et soyeuse, le boisé de l'élevage et la fraîcheur du terroir, qui prend ici des tonalités salines. ⏳ 2026-2030 ■ **1er cru Île des Vergelesses 2021 ★ (30 à 50 €; 1000 b.)** Un nez élégant et fin de fruits rouges, de rose et de café s'associe à une bouche tendre, riche, généreuse, aux tanins mûrs et fondus, pour composer un 1er cru très appétent, qui vieillira bien. ⏳ 2027-2032

⊸ DOM. ROLLIN PÈRE ET FILS, 49, rte des Vergelesses, 21420 Pernand-Vergelesses, tél. 03 80 21 57 31, contact@domaine-rollin.com V *r.-v.*

CORTON

Superficie : 95 ha / Production : 2 985 (95 % rouge)

Au nord de la Côte de Beaune, la «montagne de Corton» est constituée, du point de vue géologique, de différents niveaux auxquels correspondent plusieurs types de vins. Couronnées par le bois qui pousse sur les calcaires durs du rauracien (oxfordien supérieur), les marnes argoviennes laissent apparaître sur plusieurs dizaines de mètres des terres blanches propices aux vins blancs. Elles recouvrent la «dalle nacrée», calcaire en plaquettes qui recèle de nombreuses coquilles d'huîtres de grande dimension; sur cette formation ont évolué des sols bruns propices au pinot noir.
L'appellation corton peut produire du vin blanc, mais elle est surtout connue en rouge. Les Bressandes naissent sur des terres rouges et allient la puissance à la finesse. En revanche, dans la partie haute des Renardes, des Languettes et du Clos du Roy, les terres blanches donnent en rouge des vins charpentés qui, en vieillissant, prennent des notes animales sauvages que l'on retrouve dans Les Mourottes de Ladoix. Le corton est le grand cru le plus important en volume.

♥ AMBROISE Le Rognet 2022 ★★

Gd cru	4 000		75 à 100 €

Si la famille Ambroise cultive la vigne depuis le XVIIIes., elle n'en vit que depuis les années 1960. Installé depuis 1987, Bertrand Ambroise a laissé la place à ses enfants Ludivine et François, à la tête d'un vignoble de 21 ha (en bio certifié depuis 2013), complété par une activité de négoce-élevage.

Ce *climat*, qui peut donner des vins dans les deux couleurs, est aussi le plus vaste de la colline du Corton. La famille Ambroise en exploite une belle parcelle de 2 ha à l'origine de ce 2022 sombre et intense, qui propose un nez complexe alliant les fruits rouges mûrs, la violette, les épices et la vanille. Un caractère affirmé qui se confirme dans une bouche ample, puissante, généreuse, bien servie par un pinot à haute maturité comme le veut ce millésime solaire, mais avec aussi beaucoup d'élégance et de profondeur autour de tanins fins et soyeux. ⧗ 2029-2035

MAISON AMBROISE, 8, rue de l'Église, 21700 Premeaux-Prissey, tél. 03 80 62 30 19, contact@ambroise.com V r.-v.

DOM. D'ARDHUY Les Renardes 2022 ★

Gd cru	7000		+ de 100 €

Un domaine fondé en 1947, comprenant notamment six grands crus et quinze 1ers crus. Près de 40 ha de vignes, de Puligny-Montrachet à Gevrey-Chambertin, dans les Côtes de Beaune et de Nuits. L'œnologue Vincent Bottreau est aux commandes du chai depuis 2016.

Drapé dans une robe grenat tuilé, ces Renardes «pinotent» bien sur des notes de fruits rouges mûrs agrémentées de nuances fumées d'âtre de cheminée. Une attaque franche ouvre sur un palais rond, fruité, long, épaulé par des tanins fins et un boisé bien intégré. Un corton équilibré et expressif. ⧗ 2028-2034

DOM. D' ARDHUY, Le Clos des Langres, 21700 Corgoloin, tél. 03 80 62 98 73, domaine@ardhuy.com V r.-v.

DOM. ARNOUX PÈRE ET FILS Le Rognet 2022 ★

Gd cru	2000		50 à 75 €

Créée en 1935, cette exploitation familiale, installée à Chorey-lès-Beaune, est dirigée depuis 2007 par Pascal Arnoux, quatrième du nom, désormais secondé par deux de ses trois enfants. Au menu, une large gamme de vins de la Côte de Beaune (une vingtaine d'appellations sur plus de 20 ha entre Beaune et Corton), souvent en vue dans ces pages.

Placé sur un petit mont sous la colline de Corton, ce *climat* offre une vue imprenable sur le vignoble alentour. Pascal Arnoux y cultive une parcelle de 35 ares à l'origine d'un corton d'une belle profondeur de robe, plus discret au nez, sur les fruits noirs et le toasté. La bouche, plus expansive sur le fruit mûr, se révèle ample, riche, dense, capiteuse, solidement structurée. De quoi voir venir en cave. ⧗ 2029-2036

DOM. ARNOUX PÈRE ET FILS, 5, rue de Ley, 21200 Chorey-lès-Beaune, tél. 03 80 22 57 98, contact@arnoux-pereetfils.com V r.-v.

LOUIS LATOUR Perrières 2022 ★

Gd cru	2400		+ de 100 €

Une maison familiale toujours indépendante, fondée en 1797 et conduite successivement par dix générations de Latour. Un acteur incontournable de la Bourgogne viticole et le plus important propriétaire de grands crus de la Côte-d'Or (28 ha sur les 48 que compte son vignoble). Les raisins sont vinifiés à Aloxe-Corton, berceau de la famille, et la maison possède sa propre tonnellerie.

La maison Latour exploite plus du tiers de ce *climat* de 9,87 ha entièrement dédié au pinot noir : 3,40 ha. Elle en extrait un corton au nez intense de fruits noirs et rouges, au palais ample, bien équilibré par une fine fraîcheur et soutenu en douceur par des tanins affinés. Un grand cru plutôt sur le versant de la souplesse que sur la puissance. ⧗ 2028-2032

MAISON LOUIS LATOUR, 18, rue des Tonneliers, 21200 Beaune, tél. 03 80 24 81 00, contact@louislatour.com

DOM. MAILLARD PÈRE ET FILS
Les Renardes 2022 ★

Gd cru	6600		50 à 75 €

Représentant la dixième génération de viticulteurs sur le domaine (1766), Pascal Maillard (au chai) et son frère Alain (à la vigne) exploitent un vignoble constitué par leur père, Daniel, à partir de 1952. Aujourd'hui, pas moins de 19 ha répartis dans sept communes aux environs de la montagne de Corton, ainsi qu'à Pommard et à Volnay. Une valeur sûre, notamment en corton et en chorey.

Deux hypothèses expliqueraient le nom de ce *climat* : la présence ancienne de tanières de renard ou un nom de famille courant dans le secteur. Les frères Maillard en ont extrait ce corton sombre et profond, pour l'heure encore sous l'emprise des senteurs empyreumatiques de l'élevage en fût. Un boisé qui marque aussi la bouche, ample, riche, vineuse, cadrée par des tanins compacts. On patiente. ⧗ 2029-2035

DOM. MAILLARD PÈRE ET FILS, 2, rue Joseph-Bard, 21200 Chorey-lès-Beaune, tél. 03 80 22 10 67, contact@domainemaillard.com V r.-v.

DOM. MEUNEVEAUX Bressandes 2022 ★

Gd cru	1000		75 à 100 €

Un domaine familial fondé au début du XX^e^s. et conduit depuis 2009 par Freddy Meuneveaux et son épouse, Daisy, œnologue. Le vignoble s'étend sur 6,5 ha, répartis sur douze appellations.

Avec 17,41 ha, Bressandes est le plus grand des *climats* de l'appellation. Les Meuneveaux y cultivent 25 ares de pinot qui ont donné vie à ce corton d'un beau pourpre intense, qui livre des arômes discrets de fruits mûrs, de rose et de vanille. La bouche se révèle ample, fraîche, élégante, épaulée par des tanins bien présents mais fins et par un boisé fondu. Déjà harmonieux, ce grand cru vieillira sereinement. ⧗ 2027-2032 **Gd cru Perrières 2022 ★ (50 à 75 €; 1200 b.)** Une robe intense, profonde, un nez pour l'heure un peu réservé mais raffiné de fruits rouges, une bouche charnue, dense, portée par des tanins soyeux et délicats : ce corton n'a pas encore tout livré, mais le potentiel est là. ⧗ 2028-2032

DOM. MEUNEVEAUX, 9, rue Boulmeau, 21420 Aloxe-Corton, tél. 06 27 95 95 25, domaine.meuneveaux@gmail.com V *t.l.j. sf dim. 8h-12h 14h-18h*

B DOM. RAPET PÈRE ET FILS 2022 ★

Gd cru	3500		75 à 100 €

Ce domaine ancien (1765) et incontournable de Pernand-Vergelesses est conduit par Vincent Rapet

depuis 1985, rejoint par son fils Robin en 2022, désormais en charge des vinifications. S'ils se passionnent pour leur commune natale, ils travaillent les appellations voisines avec le même soin, sur un vignoble de 22 ha, pour partie en bio, pour partie en conversion. Une valeur sûre de la Côte de Beaune.

Ce corton est produit sur deux *climats*, les Combes et les Chaumes et la Voie Rosse. Dans le verre, un grand cru limpide et brillant, qui mêle à l'olfaction les petits fruits rouges à l'alcool, l'amande et la noisette grillées. La bouche se montre fine, précise, sans manquer de volume ni de structure. Un bon classique à mettre en cave. ⧗ 2028-2034

DOM. RAPET PÈRE ET FILS, 2, pl. de la Mairie, 21420 Pernand-Vergelesses, tél. 03 80 21 59 94, vincent@domaine-rapet.com V r.-v.

DOM. DE LA ROMANÉE-CONTI 2022 ★★

Gd cru | n.c. | | + de 100 €

En 2008, le Dom. de la Romanée-Conti a étendu sa gamme prestigieuse vers Aloxe-Corton en prenant en fermage les vignes en corton du Dom. Prince Florent de Mérode : 2,27 ha répartis sur 3 *climats* de renom, Le Clos du Roi (0,57 ha), Les Bressandes (1,19 ha) et Les Renardes (0,5 ha).

Vinifiés ensemble, les traditionnels trois *climats* du domaine ont donné vie à un corton marqué, à l'heure de la dégustation, par l'élevage au premier nez. Puis l'aération libère des notes de fruits rouges bien mûris par le soleil du millésime, de fleurs et d'épices douces. En bouche, le vin se fait frais et un rien végétal (rafle) à l'attaque, puis monte en volume et en puissance autour d'une matière riche et de tanins granuleux, croquants, avec de fins et beaux amers qui viennent dynamiser la finale. ⧗ 2028-2034

DOM. DE LA ROMANÉE-CONTI, 1, rue Derrière-le-Four, 21700 Vosne-Romanée, tél. 03 80 62 48 80

CORTON-CHARLEMAGNE

Superficie : 52 ha / Production : 2 240 hl

Le grand cru corton-charlemagne provient de la partie haute de la « montagne de Corton », propice au chardonnay – cépage qui a aujourd'hui totalement remplacé l'aligoté, autorisé jusqu'en 1948. Il tire son nom de l'empereur carolingien qui, dit-on, aurait fait planter ici des vignes blanches pour ne pas tacher sa barbe. La plus grande partie de la production vient des communes de Pernand-Vergelesses et d'Aloxe-Corton. Vins de garde, les corton-charlemagne atteignent leur plénitude après cinq à dix ans.

♥ B DOM. BERTHELEMOT 2022 ★★

Gd cru | 4 007 | | + de 100 €

Un domaine créé par Brigitte Berthelemot en 2006 avec la reprise des vignes de Jean Garaudet et d'Yves Darviot : 15 ha aujourd'hui (en bio certifié depuis 2021) dans plusieurs communes de la Côte de Beaune (Pommard, Meursault, Puligny-Montrachet...), dont les vins sont vinifiés par Thomas Berthelemot.

Coup de cœur pour son 2021, le domaine fait aussi bien avec la version 2022, née d'une belle parcelle de 91 ares et 8 centiares précisément. Dans le verre, un grand cru pâle aux reflets verts, d'une complexité admirable autour de notes de pin, citron, pamplemousse, fumée, brioche, fleurs blanches... Une complexité qui ne se dément pas en bouche (pêche, pomme, note iodée, noisette, réglisse) : quel festival ! Arômes qui infusent avec persistance une matière tendre, délicate, très élégante. Un corton-charlemagne sur le versant du raffinement, que le temps révèlera plus encore. ⧗ 2028-2036

DOM. BERTHELEMOT, 24, rue des Forges, BP 30008, 21190 Meursault, tél. 03 80 21 68 61, contact@domaineberthelemot.com V r.-v.

DOM. DENIS PÈRE ET FILS 2022 ★★

Gd cru | 2 900 | | 75 à 100 €

En 1940, Raoul Denis, vigneron des Hospices de Beaune comme l'étaient son père et son grand-père, reprend le vignoble familial (14 ha aujourd'hui). Christophe Denis tient le flambeau depuis 1992. Une valeur très sûre de la Côte de Beaune.

Raoul Denis signe un magnifique 2022, d'une pâleur délicate, cristalline, ouvert sur un beau florilège d'arômes : camomille, yuzu, pierre à fusil, noisette grillée, jasmin. Une complexité à laquelle fait un long écho une bouche vive et tonique en attaque, à la fois ample, concentrée et très élégante dans son développement, étirée par une belle note saline en finale. De la matière et de la précision. ⧗ 2028-2036

DOM. DENIS PÈRE ET FILS, 4, chem. des Vignes-Blanches, 21420 Pernand-Vergelesses, tél. 03 80 21 50 91, contact@domaine-denis.com V r.-v.

♥ FAIVELEY 2022 ★★

Gd cru | n.c. | | + de 100 €

Ce domaine fondé à Nuits-Saint-Georges en 1825 est un nom qui compte en Bourgogne, depuis sept générations. À sa tête depuis 2005, Erwan Faiveley, qui a succédé à son père François. Aujourd'hui, c'est l'un des plus importants propriétaires de vignes en Bourgogne : 120 ha du nord de la Côte de Nuits au sud de la Côte Chalonnaise, dont 10 ha en grand cru et près de 25 ha en 1er cru.

La maison Faiveley exploite 86 ares du grand cru depuis 1874, quatre parcelles aux terroirs variés situés sur Le Corton et Le Rognet et Corton, et dont les plus vieilles vignes à l'œuvre dans ce vin ont été plantées en 1933, les plus jeunes en 2010. Sous le généreux soleil de 2022, elles ont donné vie à un vin resplendissant, doré à l'or fin, qui s'ouvre sur de délicates senteurs de fleurs, de fruits blancs et de noisette toastée. Arômes prolongés par une bouche d'une grande finesse, large, riche, veloutée, profonde, étirée en finale par la minéralité du terroir et par un beau retour des notes florales. ⧗ 2028-2036

DOM. FAIVELEY, 8, rue du Tribourg, 21700 Nuits-Saint-Georges, tél. 03 80 61 04 55, contact@domaine-faiveley.com V *t.l.j. sf dim. lun. 10h-12h30 13h30-18h*

B CH. DE MEURSAULT 2022 ★

Gd cru | 668 | + de 100 €

L'emblématique Ch. de Meursault, haut-lieu du tourisme bourguignon et du folklore vineux – on y célèbre la fameuse Paulée le lendemain de la vente des Hospices de Beaune – a souvent changé de mains : famille de Pierre de Blancheton jusqu'à la Révolution; famille Serre au XIXe s.; famille du comte de Moucheron; famille Boisseaux (maison Patriarche) à partir de 1973. En décembre 2012, nouveau changement : la famille Halley achète le domaine. Ce sont aujourd'hui 67 ha de vignes en bio (certifié à partir du millésime 2022). Aux commandes du chai : Emmanuel Escutenaire.

Emmanuel Escutenaire a vinifié le fruit de jeunes vignes de 20 ans plantées sur 15 ares du grand cru. Il en tire un 2022 très appétent par ses arômes de noisette grillée, de fleurs blanches et de fruits mûrs. Une générosité que l'on retrouve dans une bouche séveuse, riche, ronde, soyeuse, profonde, équilibrée par une fine fraîcheur saline en finale. Un bel ambassadeur de son appellation et du millésime. ⧗ 2028-2035

CH. DE MEURSAULT, rue du Moulin-Foulot, 21190 Meursault, tél. 03 80 26 22 75, domaine@chateau-meursault.com V *r.-v.*

SAVIGNY-LÈS-BEAUNE

Superficie : 350 ha
Production : 13 350 hl (85 % rouge)

Au nord de Beaune, Savigny est un village vigneron par excellence. L'esprit du terroir y est entretenu, et la confrérie de la Cousinerie de Bourgogne est le symbole de l'hospitalité bourguignonne. Les Cousins jurent d'accueillir leurs convives « bouteilles sur table et cœur sur la main ».

« Nourrissants, théologiques et morbifuges » selon la tradition, les savigny sont souples, tout en finesse, fruités, agréables, jeunes tout en vieillissant bien. Parmi les 1ers crus, on citera Aux Clous, Aux Serpentières, Les Hauts Jarrons, Les Marconnets, Les Narbantons.

♥ DOM. D'ARDHUY Les Peuillets 2022 ★★

1er cru | 5300 | 30 à 50 €

Un domaine fondé en 1947, comprenant notamment six grands crus et quinze 1ers crus. Près de 40 ha de vignes, de Puligny-Montrachet à Gevrey-Chambertin, dans les Côtes de Beaune et de Nuits. L'œnologue Vincent Bottreau est aux commandes du chai depuis 2016.

Double coup de cœur dans l'édition précédente pour ses ladoix en monopole, le Clos des Chagnots 2021 et le Clos des Langres 2020, le domaine est à nouveau en haut de l'affiche avec ce savigny 1er cru. Un vin né de ceps de 60 ans qui affiche un bouquet complexe et nuancé de réglisse, violette, groseille, cassis et sureau. Une attaque souple et alerte ouvre sur une bouche ample, dense, structurée par des tanins fins et soyeux, avec en filigrane une fraîcheur qui ajoute à sa longueur et son élégance. ⧗ 2026-2030 ■ **1er cru Aux Clous 2022 ★★ (30 à 50 €; 20 600 b.)** Un 1er cru expressif et complexe, qui évoque pêle-mêle le menthol, la cerise, le cassis ou encore le tabac. En bouche, il se montre concentré et bien charpenté autour de tanins serrés, tout en affichant beaucoup d'élégance et d'énergie. ⧗ 2027-2032

DOM. D' ARDHUY, Le Clos des Langres, 21700 Corgoloin, tél. 03 80 62 98 73, domaine@ardhuy.com V *r.-v.*

DOM. ARNOUX PÈRE ET FILS 2022 ★

■ | 24 000 | 20 à 30 €

Créée en 1935, cette exploitation familiale, installée à Chorey-lès-Beaune, est dirigée depuis 2007 par Pascal Arnoux, quatrième du nom, désormais secondé par deux de ses trois enfants. Au menu, une large gamme de vins de la Côte de Beaune (une vingtaine d'appellations sur plus de 20 ha entre Beaune et Corton), souvent en vue dans ces pages.

Ce savigny, drapé dans une belle robe profonde, dévoile un nez discret de fruits noirs, de mûre notamment. Un fruit qui s'invite avec plus d'intensité dans une bouche charnue, ample et longue. ⧗ 2025-2029

DOM. ARNOUX PÈRE ET FILS, 5, rue de Ley, 21200 Chorey-lès-Beaune, tél. 03 80 22 57 98, contact@arnoux-pereetfils.com V *r.-v.*

B DOM. CAMP-ATTHALIN Les Petits Picotins 2022 ★

■ | 2500 | 30 à 50 €

Un domaine créé par Jean-Philippe Camp en 2017 à partir de 6,5 ha de vignes familiales louées à d'autres vignerons depuis 1962 et désormais conduites en bio.

Jean-Philippe Camp fait son entrée dans le Guide avec ce savigny issu d'un *climat* situé à l'entrée du village, une plaine où l'on gardait autrefois les chevaux, le picotin étant la mesure d'avoine leur servant d'alimentation. Dans le verre, un vin ouvert sur les fruits rouges, la griotte notamment, rehaussés de notes poivrées, frais et minéral en bouche, soutenu par des tanins fermes et croquants. ⧗ 2026-2030 ■ **Aux Champs des Pruniers 2022 ★ (30 à 50 €; 2500 b.)** B Figue, fruits noirs confiturés, poivre, ce savigny séduit au nez. Il plaît aussi en bouche par son fruité généreux, son volume et sa structure solide et dense. Un bon vin de garde. ⧗ 2027-2032

DOM. CAMP-ATTHALIN, 2, rue Imbault, 21420 Savigny-lès-Beaune, tél. 03 80 21 51 27 V *r.-v.*

RODOLPHE DEMOUGEOT Les Bourgeots 2022 ★

■ | 2700 | 20 à 30 €

Établi à Meursault depuis 1992, Rodolphe Demougeot exploite aujourd'hui un vignoble de 7,8 ha, dont 6 ha de pinot noir, entre Savigny et Chassagne. Labours au

cheval, refus des désherbants et des engrais chimiques, l'orientation est résolument biologique, et la vinification peu interventionniste.

Quand le Rhoin, la rivière du village, déborde, on dit que ça «borge», d'où le nom de ce *climat* dont Rodolphe Demougeot exploite 48 ares à l'origine d'un savigny bien ouvert sur les fruits mûrs (groseille, cassis), la réglisse et le menthol. La bouche se montre fraîche et franche en attaque, plus ronde et concentrée dans son développement, avec de fins tanins et un boisé bien ajusté en soutien. ⧗ 2026-2030

DOM. RODOLPHE DEMOUGEOT, 2, rue du Clos-de-Mazeray, 21190 Meursault, tél. 03 80 21 28 99, rodolphe.demougeot@orange.fr V r.-v.

DOM. PHILIPPE GIRARD Les Peuillets 2022 ★★

1er cru	4300		20 à 30 €

Ici, on est vigneron de père en fils depuis 1530. Arnaud Girard a rejoint en 2011 son père Philippe à la tête des 22 ha de vignes disséminés en Côte-d'Or et dans la Côte châlonnaise.

L'un des 1ers crus les plus réputés de Savigny, où Arnaud Girard exploite 71 ares de pinot à l'origine d'un savigny remarquable, pressenti pour le coup de cœur. Ses arguments : une belle robe rubis, un nez ouvert évoquant la figue, la cerise, la prune et les herbes fraîches, une bouche alerte, bien fruitée et relevée d'épices (poivre, muscade), épaulée par des tanins fondus et soyeux qui ajoutent à sa délicatesse. ⧗ 2026-2032

DOM. PHILIPPE GIRARD, 37, rue du Général-Leclerc, 21420 Savigny-lès-Beaune, tél. 03 80 21 57 97, contact@domaine-philippe-girard.com V r.-v.

JAFFELIN Les Vergelesses 2022 ★

1er cru	1493		30 à 50 €

Cette maison de négoce-éleveur implantée à Beaune depuis 1816 appartient à la galaxie des vins Boisset. Elle conserve son autonomie d'achat avec Marinette Garnier à sa tête depuis 2011. En vue notamment pour ses pernand-vergelesses et ses auxey-duresses.

L'un des 1ers crus les plus connus de l'appellation, qui partage son nom avec la commune voisine de Pernand-Vergelesses. Le chardonnay se plaît particulièrement dans cette partie haute de Savigny, à l'image de ce savigny ouvert sur les fruits jaunes, le miel et le zeste d'orange, ample, charnu, tendre et long en bouche. ⧗ 2025-2029

MAISON JAFFELIN, 2, rue Paradis, 21200 Beaune, tél. 03 80 22 12 49, jaffelin@maisonjaffelin.com V r.-v.

DOM. JEANSON JEANSON-PARIGOT Les Peuillets 2022 ★

	2500		20 à 30 €

Un jeune domaine fondé à Pommard en 2019 par Florent Jeanson et son épouse, Anaïs, à partir des vignes familiales du domaine Alexandre Parigot : 7 ha exclusivement en Côte de Beaune.

Un pinot noir à la robe profonde et brillante, imprégné de senteurs de fruits rouges mûrs et de rose. Arômes relayés par une bouche suave, soyeuse et ronde. Un savigny facile d'accès et prêt pour le service. ⧗ 2024-2028

DOM. JEANSON-PARIGOT, 18, rte d'Autun, 21630 Pommard, tél. 06 89 73 54 13, contact@domaine-jeanson-parigot.com V r.-v. D

DOM. DANIEL LARGEOT 2021 ★

	2200		15 à 20 €

Un domaine familial créé en 1925. Marie-France Largeot, fille de Daniel, installée en 2000, et son mari Rémy Martin, arrivé en 2003, conduisent un vignoble de 13 ha ; Marie-France est au chai, Rémy à la vigne.

Au nez, ce vin dévoile de fines notes de fruits rouges, de cerise et de fraise notamment. En bouche, il offre de la matière, de la structure, de la fraîcheur, de la longueur, portée par des tanins soyeux, avant de s'étirer dans une finale chaleureuse. Du caractère. ⧗ 2027-2032

DOM. DANIEL LARGEOT, 5, rue des Brenots, 21200 Chorey-lès-Beaune, tél. 06 75 47 40 67, domainedaniellargeot@orange.fr V *t.l.j. sf sam. dim. 9h-12h 14h-17h*

DOM. MAILLARD PÈRE ET FILS 2022 ★

	15000		20 à 30 €

Représentant la dixième génération de viticulteurs sur le domaine (1766), Pascal Maillard (au chai) et son frère Alain (à la vigne) exploitent un vignoble constitué par leur père, Daniel, à partir de 1952. Aujourd'hui, pas moins de 19 ha répartis dans sept communes aux environs de la montagne de Corton, ainsi qu'à Pommard et à Volnay. Une valeur sûre, notamment en corton et en chorey.

Du verre, exhalent des senteurs de fruits rouges, de muscade, de vanille et de torréfaction. En bouche, on découvre un savigny souple, affable, rond, doté de tanins fondus et soyeux et d'une fraîcheur de bon aloi. On peut l'ouvrir dans ses jeunes années. ⧗ 2024-2028

DOM. MAILLARD PÈRE ET FILS, 2, rue Joseph-Bard, 21200 Chorey-lès-Beaune, tél. 03 80 22 10 67, contact@domainemaillard.com V r.-v.

DOM. MARATRAY-DUBREUIL Les Vergelesses 2022 ★

1er cru	7200		20 à 30 €

Domaine de Ladoix-Serrigny fut fondé en 1935 lorsque le père de Maurice Maratray préféra réinvestir ses gains dans l'achat de vignes plutôt que dans son entreprise de travaux publics. Maurice Maratray épousa la fille de Pierre Dubreuil, figure de Pernand. Aujourd'hui, l'exploitation couvre 19 ha ; elle est dirigée depuis 1997 par François-Xavier Maratray et sa sœur, Marie-Madeleine.

Ce lieu-dit est évoqué dans une charte de 830 sous le nom de «Vergelosse». L'ancienne voie allant de Beaune à Vergy en serait à l'origine. Les Maratray y cultivent 1,35 ha de pinot à l'origine de ce vin généreusement bouqueté autour des fruits rouges confiturés, signature de ce millésime solaire. La bouche affiche une chair ronde, légèrement suave, mais aussi une belle trame de tanins fermes et serrés qui appellent la garde. ⧗ 2027-2032

DOM. MARATRAY-DUBREUIL, 5, pl. du Souvenir, 21550 Ladoix-Serrigny, tél. 03 80 26 41 09, contact@domaine-maratray-dubreuil.com V *t.l.j. sf sam. dim. 8h-12h 13h30-17h30*

DOM. MARTIN-DUFOUR
Les Petits Picotins 2022 ★

■ | 1700 | | 15 à 20 €

La sixième génération de vignerons de cette exploitation familiale est incarnée par Jean-Pierre et Pascale Martin, installés depuis 1990 à la tête d'un vignoble de 9,7 ha.

Picotins? Des mesures d'avoine que l'on réservait autrefois aux chevaux vivant sur ce *climat* de l'entrée du village. Les Martin y cultivent 33 ares, dont ils ont extrait un vin bien ouvert sur les fruits rouges agrémentés de nuances florales. Un fruit qui infuse également la bouche, d'un bon volume, consistante, fraîche, bien soutenue par des tanins élégants. ⧗ 2027-2032

DOM. MARTIN-DUFOUR, 4A, rue des Moutots, 21200 Chorey-lès-Beaune, tél. 06 15 79 98 85, domaine@martin-dufour.com V r.-v.

DOM. DU PRIEURÉ Solaris 2022 ★

■ | 4000 | | 20 à 30 €

Établi sur les vestiges d'un prieuré cistercien acquis par sa famille dans les années 1960, ce domaine de 12,5 ha est conduit en bio (certification sur le millésime 2023) depuis 1981 par Jean-Michel Maurice, rejoint par son fils Stephen au début des années 1990. Ce dernier a pris la relève en 2015.

Un vin solaire et chaud précise Stephen Maurice à propos de cette cuvée. En effet, il y a de la rondeur et de la générosité dans ce vin, mais aussi une belle fraîcheur et surtout une expression aromatique intense, autour des agrumes, des fruits jaunes, des fleurs blanches et de l'amande. En prime, une jolie finale sur d'agréables amers. ⧗ 2024-2028 ■ **Les Grands Picotins 2022 ★ (20 à 30 €; 6000 b.)** Au nez, la cerise, la prune et des notes balsamiques se mêlent harmonieusement. En bouche, s'invitent le pruneau et le poivre noir, avec en soutien des tanins bien en place. ⧗ 2026-2030

SCEV STEPHEN MAURICE (DOM. DU PRIEURÉ), 23, rte de Beaune, 21420 Savigny-lès-Beaune, tél. 03 80 21 54 27, contact@domaineduprieure-maurice.com V r.-v.

CHOREY-LÈS-BEAUNE

Superficie : 134 ha
Production : 5 240 hl (95 % rouge)

Situé dans la plaine, près de Savigny-lès-Beaune et d'Aloxe-Corton, en face du cône de déjection de la combe de Bouilland, le village produit une majorité de vins rouges friands et faciles d'accès.

DOM. ARNOUX PÈRE ET FILS 2022 ★

■ | 47000 | | 20 à 30 €

Créée en 1935, cette exploitation familiale, installée à Chorey-lès-Beaune, est dirigée depuis 2007 par Pascal Arnoux, quatrième du nom, désormais secondé par deux de ses trois enfants. Au menu, une large gamme de vins de la Côte de Beaune (une vingtaine d'appellations sur plus de 20 ha entre Beaune et Corton), souvent en vue dans ces pages.

Ce vin d'une belle teinte rubis limpide s'ouvre sur un parfum léger de petits fruits noirs et de réglisse. En bouche, il propose un beau volume, de la suavité et de la rondeur, étayée par des tanins mûrs et un boisé tendre. Un chorey gourmand, déjà agréable, mais qui vieillira aussi sereinement. ⧗ 2025-2030

DOM. ARNOUX PÈRE ET FILS, 5, rue de Ley, 21200 Chorey-lès-Beaune, tél. 03 80 22 57 98, contact@arnoux-pereetfils.com V r.-v.

JAFFELIN 2021 ★

■ | 3023 | | 30 à 50 €

Cette maison de négoce-éleveur implantée à Beaune depuis 1816 appartient à la galaxie des vins Boisset. Elle conserve son autonomie d'achat avec Marinette Garnier à sa tête depuis 2011. En vue notamment pour ses pernand-vergelesses et ses auxey-duresses.

Ce chorey séduit d'emblée par ses arômes de cerise, de violette, de réglisse et de vanille. En bouche, il offre du volume, de la matière, de la fraîcheur, étayés par des tanins présents mais sans dureté et par un boisé bien intégré. Il devrait évoluer sereinement. ⧗ 2026-2030

MAISON JAFFELIN, 2, rue Paradis, 21200 Beaune, tél. 03 80 22 12 49, jaffelin@maisonjaffelin.com V r.-v.

DOM. MAILLARD PÈRE ET FILS 2022 ★

■ | 40400 | | 15 à 20 €

Représentant la dixième génération de viticulteurs sur le domaine (1766), Pascal Maillard (au chai) et son frère Alain (à la vigne) exploitent un vignoble constitué par leur père, Daniel, à partir de 1952. Aujourd'hui, pas moins de 19 ha répartis dans sept communes aux environs de la montagne de Corton, ainsi qu'à Pommard et à Volnay. Une valeur sûre, notamment en corton et en chorey.

Un volume conséquent pour cette cuvée produite sur 6,35 ha. De la quantité, mais aussi de la qualité avec ce nez appétent de fruits rouges mûrs et de rose, et avec cette bouche ronde, consistante, bien fruitée, dotée de tanins bien pris dans la chair et d'une agréable fraîcheur en soutien. On pourra l'apprécier jeune ou patinée par un peu de garde. ⧗ 2025-2029

DOM. MAILLARD PÈRE ET FILS, 2, rue Joseph-Bard, 21200 Chorey-lès-Beaune, tél. 03 80 22 10 67, contact@domainemaillard.com V r.-v.

NUITON-BEAUNOY 2022 ★

■ | 8954 | | 15 à 20 €

Fondée en 1957, la Cave des Hautes-Côtes, rebaptisée en 2013 Nuiton-Beaunoy, est la dernière coopérative de Côte-d'Or, regroupant 80 adhérents. Un nom qui marie les deux Côtes dans lesquelles elle dispose de 350 ha de vignes.

Myrtille, cassis, cerise noire, réglisse, herbes de Provence, le nez de ce chorey a inspiré le jury. La bouche ne les a pas déçus : ample, concentrée, solidement structurée, fraîche et longue, elle appelle la garde. ⧗ 2027-2032

NUITON-BEAUNOY, 97, rte de Pommard, 21200 Beaune, tél. 03 80 25 01 03, caveaudebeaune@cavesdeshautescotes.fr V *t.l.j. 9h30-12h30 13h30-18h30*

DOM. REMY ET FILS Le Grand Saussy 2022 ★

603 | 20 à 30 €

Un domaine fondé en 1853 au sud-est de Beaune, repris en 1988 par Joël Remy (cinquième génération), qui met en valeur avec son épouse Florence et leur fils Maxime, arrivé en 2015, un vignoble de 12 ha répartis dans plusieurs appellations de la Côte de Beaune.

S'il n'y a pas de 1ers crus à Chorey, on compte 19 *climats* cadastrés et répertoriés. Joël Remy y exploite une petite vigne de 30 ans, à l'origine d'une cuvée très confidentielle, qui s'exprime dans un registre floral (camomille), fruité (agrumes, pomme) et brioché au nez, et qui affiche une belle fraîcheur aux tonalités minérales et fruitées en bouche. ⧗ 2025-2029

DOM. REMY ET FILS, 4, rue du Paradis, 21200 Sainte-Marie-la-Blanche, tél. 03 80 26 60 80, domaine.remy@wanadoo.fr V r.-v.

♥ **BERNARD RION** Vieilles Vignes 2022 ★★

4100 | 20 à 30 €

Les Rion ont créé leur domaine en 1896, transmis de père en fils depuis cinq générations ; de père en fille aujourd'hui, Alice, Nelly et Mélissa ayant rejoint leurs parents Armelle et Bernard Rion. Ils vinifient, avec le moins d'interventions possibles à la vigne et au chai, le fruit de 12 ha de vignes.

De vénérables vignes de 60 ans sont à l'origine de ce superbe chorey, unique coup de cœur de l'appellation cette année. Une robe intense et dense donne le ton. Au nez, la complexité est de mise autour des fruits des bois, de la violette, du sureau et de la vanille. Complexité à laquelle fait un long écho une bouche ample, tendre, ronde, dotée de tanins soyeux et bien pris dans la chair et d'un boisé parfaitement ajusté. Ce vin procure déjà beaucoup de plaisir, mais il est armé pour bien vieillir. ⧗ 2026-2032

BERNARD RION, 8, RN, 21700 Vosne-Romanée, tél. 03 80 61 05 31, rion@domainerion.fr V *t.l.j. sf dim. 9h-17h30*

DOM. GEORGES ROY ET FILS 2022 ★

5800 | 15 à 20 €

Vincent Roy, le vinificateur, installé en 1998, et sa sœur Claire, arrivée quelques années plus tard, conduisent un domaine familial de 9 ha, établi dans la plaine de Chorey-lès-Beaune, en vue notamment pour ses chorey et ses aloxe-corton. Alors que la propriété vendait sa production au négoce, ils ont développé la vente directe.

Un domaine d'une grande régularité, fidèle au rendez-vous avec ce blanc d'une belle couleur jaune citron, ouvert sur des notes d'agrumes et de fleurs blanches. On aime aussi cette bouche bien fraîche, tendue, minérale, avec une agréable touche saline en finale. ⧗ 2025-2028

DOM. GEORGES ROY ET FILS, 20, rue des Moutots, 21200 Chorey-lès-Beaune, tél. 03 80 22 16 28, domaine.roy-fils@wanadoo.fr V r.-v.

BEAUNE

Superficie : 410 ha
Production : 15 650 hl (85 % rouge)

En termes de superficie, l'appellation beaune est l'une des plus importantes de la Côte. Beaune, ville d'environ 23 000 habitants, est aussi et surtout la capitale viti-vinicole de la Bourgogne. Siège d'un important négoce, centre d'un nœud autoroutier, la cité possède un patrimoine architectural qui attire de nombreux touristes. La vente des vins des Hospices est devenue un événement mondial et représente l'une des ventes de charité les plus illustres. Les vins, essentiellement rouges, sont pleins de force et de distinction. La situation géographique a permis le classement en 1er cru d'une grande partie du vignoble : Les Bressandes, Le Clos du Roy, Les Grèves, Les Teurons et Les Champimonts figurent parmi les plus prestigieux.

B **DOM. FRANÇOISE ANDRÉ** Belissand 2021 ★★

1er cru | 1340 | 30 à 50 €

Un domaine de 11 ha (en bio certifié depuis 2012), créé en 1983 par Françoise André, l'un des derniers à avoir ses caves derrière les remparts de Beaune. Auparavant confiée au Comte Sénard, la gestion est assurée depuis 2009 par Lauriane André, belle-fille de la propriétaire, épaulée par son régisseur Jérôme Després. Un duo très complémentaire et talentueux qui s'impose comme une valeur très sûre, millésime après millésime.

Une nouvelle fois au rendez-vous, le domaine signe un Belissand remarquable, d'un seyant doré clair, ouvert sur des parfums discrets mais fins d'agrumes, de fleurs blanches, de vanille et de menthol. Une palette qui s'enrichit de notes minérales dans une bouche aussi ample que délicate, d'une grande fraîcheur et d'une belle longueur. ⧗ 2026-2030 ■ **1er cru Les Reversés 2021 ★ (50 à 75 € ; 1100 b.)** B Quelques notes musquées au premier nez, puis des fruits rouges et des épices, le nez ne manque pas de nuances. On retrouve le fruit dans une bouche fraîche, soyeuse, un peu plus stricte en finale, avec de fins amers en appoint qui ajoutent à son dynamisme. ⧗ 2025-2030

DOM. FRANÇOISE ANDRÉ, 7, rempart St-Jean, 21200 Beaune, tél. 03 80 24 21 65, contact@domainefrancoiseandre.fr V r.-v.

♥ **DOM. ARNOUX PÈRE ET FILS**
En Genêt 2022 ★★

1er cru | 5500 | 30 à 50 €

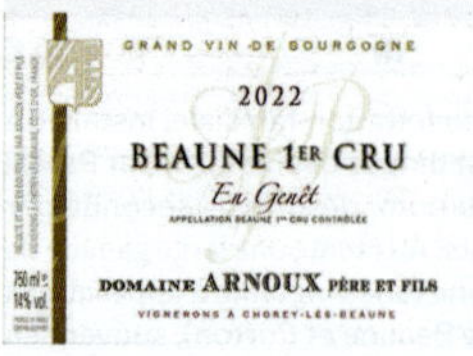

Créée en 1935, cette exploitation familiale, installée à Chorey-lès-Beaune, est dirigée depuis 2007 par Pascal Arnoux, quatrième du nom, désormais secondé par deux

de ses trois enfants. Au menu, une large gamme de vins de la Côte de Beaune (une vingtaine d'appellations sur plus de 20 ha entre Beaune et Corton), souvent en vue dans ces pages.

Pascal Arnoux décroche un nouveau coup de cœur avec ce 1er cru déjà récompensé dans sa version 2019. Les mêmes qualités d'intensité et d'élégance se dégagent du 2022. Au nez, les fruits rouges et noirs s'agrémentent des notes toastées du fût. Mais c'est en bouche que le vin s'impose : de la puissance, de la concentration, de la densité et du volume autour de tanins fins et d'un boisé parfaitement dosé. Pour la cave. ⧗ 2027-2034

DOM. ARNOUX PÈRE ET FILS, 5, rue de Ley, 21200 Chorey-lès-Beaune, tél. 03 80 22 57 98, contact@arnoux-pereetfils.com V *r.-v.*

DOM. CACHAT-OCQUIDANT Saint Désiré 2022 ★

■	3000	◍	20 à 30 €

À la tête de 12 ha de vignes répartis tout autour de la montagne de Corton, Jean-Marc Cachat et son fils David figurent en bonne place dans le Guide, surtout pour leurs rouges, majoritaires dans leur carte des vins.

Expressif, ce blanc s'ouvre sur les notes de pain grillé et de bois, puis convoque les fleurs blanches et les fruits jaunes. En bouche, on découvre un vin ample, charnu, généreux, bien dans le ton du millésime par sa maturité. On attend un peu. ⧗ 2026-2030

DOM. CACHAT-OCQUIDANT, 3, pl. du Souvenir, 21550 Ladoix-Serrigny, tél. 03 80 26 45 30, domaine.cachat@wanadoo.fr V *r.-v.*

DOM. CAUVARD Les Teurons 2022 ★★

■ 1er cru	2400	◍	30 à 50 €

Depuis 1974, Henri et Jacqueline Cauvard sont à la tête de cette exploitation familiale, rejoints en 2007 par leur fils Julien. Installés au cœur de Beaune, ils exploitent aujourd'hui 17,5 ha de vignes sur cinq villages de la Côte de Beaune.

Ce 1er cru s'ouvre sur des parfums généreux et assez concentrés de fruits rouges et noirs sur fond de boisé grillé. Une intensité que prolonge une bouche ample, charpentée, encore sous l'emprise du bois, mais un très bon bois, avec en prime une belle longueur. Du caractère et du potentiel en cave. ⧗ 2027-2034

DOM. CAUVARD, 34, rte de Savigny, 21200 Beaune, tél. 03 80 22 29 77, domaine.cauvard@wanadoo.fr V *r.-v.*

DOM. CHANSON Clos du Roi 2022 ★

■ 1er cru	6400	◍	50 à 75 €

L'une des plus anciennes maisons de négoce de Bourgogne, fondée en 1750, reprise en 1999 par le Champagne Bollinger. En plus de ses achats de raisins, elle dispose d'un important vignoble de 43 ha (dont le célèbre Clos des Fèves en monopole sur Beaune) et de l'expertise de Jean-Pierre Confuron, son œnologue-conseil. Un style reconnaissable grâce à ses vinifications en grappes entières. Son fief est situé autour de Beaune, mais Chanson propose aussi des appellations en Côte de Nuits.

Flatteur et intense, le nez de ce Clos du Roi évoque les petits fruits rouges et noirs mûrs avec un bon boisé toasté en arrière-plan. La bouche apparaît suave, dense, ronde, de bonne longueur, étayée par des tanins qui se resserrent en finale. On met en cave. ⧗ 2027-2032

DOM. CHANSON, 10, rue Paul-Chanson, 21200 Beaune, tél. 03 80 25 97 97, chanson@domaine-chanson.com V *r.-v.*

DOM. SIMON GAUDET Les Champimonts 2022 ★

■ 1er cru	2300	◍	30 à 50 €

Simon Gaudet a pris en 2021 la suite de son père Gilles sur ce domaine situé à Saint-Sernin-du-Plain, dans le giron de la famille depuis 1900. Aux 10 ha d'origine, en appellations régionales, sont venues se greffer des belles parcelles à Maranges, Santenay et Beaune pour un total de 21 ha.

Pain grillé, noisette, fleurs blanches, pomme, poire, note végétale, le nez de ce 1er cru fait dans la nuance et la complexité. On aime aussi sa bouche consistante, ronde, riche et fruitée, bien dans le ton de ce millésime chaleureux. ⧗ 2025-2029

DOM. SIMON GAUDET, 3, rue de la Fontaine, 71510 Saint-Sernin-du-Plain, tél. 06 70 17 16 73, contact@domainegaudet.fr V *r.-v.*

JAFFELIN Sur les Grèves Clos de Sainte-Anne Monopole 2021 ★

■ 1er cru	59100	◍	50 à 75 €

Cette maison de négoce-éleveur implantée à Beaune depuis 1816 appartient à la galaxie des vins Boisset. Elle conserve son autonomie d'achat avec Marinette Garnier à sa tête depuis 2011. En vue notamment pour ses pernand-vergelesses et ses auxey-duresses.

La maison Jaffelin exploite en monopole une petite parcelle située dans la partie haute du cru. Elle en tire ici un rouge aromatique, sur la pivoine, la rose et les fruits rouges mûrs (framboise, groseille). Fruits que l'on retrouve dans une bouche souple, ronde et fraîche, dotée d'une belle finesse de tanins. Un bon pinot aimable et flatteur. ⧗ 2025-2029

MAISON JAFFELIN, 2, rue Paradis, 21200 Beaune, tél. 03 80 22 12 49, jaffelin@maisonjaffelin.com V *r.-v.*

DOM. MAILLARD PÈRE ET FILS 2022 ★

■	5700	◍	20 à 30 €

Représentant la dixième génération de viticulteurs sur le domaine (1766), Pascal Maillard (au chai) et son frère Alain (à la vigne) exploitent un vignoble constitué par leur père, Daniel, à partir de 1952. Aujourd'hui, pas moins de 19 ha répartis dans sept communes aux environs de la montagne de Corton, ainsi qu'à Pommard et à Volnay. Une valeur sûre, notamment en corton et en chorey.

Au nez, fruits rouges et noirs à bonne maturité se mêlent aux notes épicées et toastées du bois. Une même harmonie fruit-merrain se dégage d'une bouche ronde, suave, aux tanins fondus. Un beaune aimable et gourmand. ⧗ 2025-2030

DOM. MAILLARD PÈRE ET FILS, 2, rue Joseph-Bard, 21200 Chorey-lès-Beaune, tél. 03 80 22 10 67, contact@domainemaillard.com V *r.-v.*

CATHERINE ET CLAUDE MARÉCHAL
Les Bons Feuvres 2022 ★

2300 | 30 à 50 €

Installé dans la plaine de Pommard depuis 1981, le couple Maréchal fait partie des valeurs sûres de la Côte de Beaune. Il conduit, avec minutie et dans un esprit bio (pas de désherbants chimiques, levures indigènes, limitation du soufre), un vignoble de 12,5 ha offrant une large gamme d'appellations.

Au nez, les épices douces du bois se marient au cassis et à la mûre. En bouche, on découvre un beaune solide, tannique, sérieux, encore sévère. Bâti pour la cave. ⧗ 2028-2034

CATHERINE ET CLAUDE MARÉCHAL, 6, rte de Châlon-sur-Saône, 21200 Bligny-lès-Beaune, tél. 03 80 21 44 37, claudemarechal21@orange.fr r.-v.

♥ B DOM. ALBERT MOROT
Bressandes 2021 ★★

1er cru | 2000 | 50 à 75 €

Si le château de la Creusotte possède un parc magnifique, non loin de celui de la Bouzaise, il a d'autres atouts dans sa cave également. Régulier en qualité, ce domaine beaunois de 8 ha exploite en bio une jolie collection de 1ers crus.

De ce *climat* d'altitude vaste et réputé, le domaine a tiré un 1er cru ouvert, fin et complexe d'épices douces, de poivre, de violette et de fruits rouges. Une élégance aromatique à laquelle fait un long écho une bouche ronde, délicate, finement texturée, épaulée par des tanins veloutés et une fraîcheur « très pinot ». Une très belle interprétation, tout en distinction, du millésime et du terroir. ⧗ 2025-2032

DOM. ALBERT MOROT, Ch. de la Creusotte, 20, av. Charles-Jaffelin, 21200 Beaune, tél. 03 80 22 35 39, contact@albertmorot.fr r.-v.

DOM. MANUEL OLIVIER Les Épenottes 2021 ★★

2400 | 30 à 50 €

Installé en 1990, Manuel Olivier, fils d'agriculteurs, a commencé par cultiver les vignes et petits fruits dans les Hautes-Côtes-de-Nuits. Aujourd'hui spécialisé en viticulture, il exploite un vignoble de 13 ha, complété depuis 2007 par une structure de négoce qui lui a permis de mettre un pied en Côte de Beaune.

Un *climat* situé côté Pommard qui existe aussi en version 1er cru. Ici, c'est le *village* qui se distingue avec un vin très élégant, au nez fin et frais de petits fruits rouges (griotte, framboise), de pivoine et de cannelle. Une même finesse caractérise la bouche, fruitée à souhait, boisée avec mesure, dotée de tanins soyeux et d'une longue finale fraîche et minérale. ⧗ 2026-2032

MANUEL OLIVIER, 7, rue des Grandes-Vignes, hameau de Corboin, 21700 Nuits-Saint-Georges, tél. 03 80 62 39 33, contact@domaine-olivier.com t.l.j. 9h-12h30 13h30-19h; f. dim. mi-nov.-mi-mars

DOM. RAPET PÈRE ET FILS
Clos des Champs Pimont 2022 ★

1er cru | 3000 | 30 à 50 €

Ce domaine ancien (1765) et incontournable de Pernand-Vergelesses est conduit par Vincent Rapet depuis 1985, rejoint par son fils Robin en 2022, désormais en charge des vinifications. S'ils se passionnent pour leur commune natale, ils travaillent les appellations voisines avec le même soin, sur un vignoble de 22 ha, pour partie en bio, pour partie en conversion. Une valeur sûre de la Côte de Beaune.

Comme son nom le laisse deviner, ce *climat* offre une situation en piémont. Les Rapet y cultivent 48 ares de chardonnay à l'origine de ce vin au nez discret mais subtil de noisette, d'amande et de fleurs blanches. Une attaque consistante ouvre sur une bouche ample et charnue, bien rafraîchie par une touche saline et de fins amers. ⧗ 2026-2030

DOM. RAPET PÈRE ET FILS, 2, pl. de la Mairie, 21420 Pernand-Vergelesses, tél. 03 80 21 59 94, vincent@domaine-rapet.com r.-v.

DOM. MICHEL REBOURGEON
Les Chouacheux 2021 ★

1er cru | 600 | 30 à 50 €

Ce domaine établi au cœur de Pommard a pris le nom de dom. Michel Rebourgeon en 1964 avec les parents de Delphine Whitehead. Cette dernière est aux commandes depuis 1996 avec son mari, Stephen, et exploite un petit vignoble de 4,25 ha en appellations beaune, pommard et volnay. Leur fils William les rejoint en 2017.

Au nez, les fruits rouges frais composent harmonieusement avec le grillé du fût de chêne. De la souplesse, de la fraîcheur, des tanins fondus, c'est un profil en finesse et légèreté qui se dévoile en bouche. ⧗ 2025-2028

DOM. MICHEL REBOURGEON, 7, pl. de l'Europe, 21630 Pommard, tél. 06 03 52 42 32, michel.rebourgeon@orange.fr t.l.j. 10h-12h 14h-17h30

POMMARD

Superficie : 320 ha / Production : 12 900 hl

C'est l'appellation bourguignonne la plus connue à l'étranger, sans doute en raison de sa facilité de prononciation… Les formations de calcaires tendres sont particulièrement favorables au pinot noir qui produit des vins colorés, solides, tanniques et de garde (jusqu'à dix ans). Les meilleurs *climats* sont classés en 1ers crus, dont les plus connus sont Les Rugiens et Les Épenots.

JEAN-CLAUDE BOISSET 2022 ★

2089 | 50 à 75 €

Un important négoce créé en 1961 par Jean-Claude Boisset qui, installé à Nuits-Saint-Georges dans l'ancien couvent des Ursulines, est propriétaire de vignes dans toute la Bourgogne, et aussi dans d'autres vignobles en France et à l'étranger. Depuis 2002, Grégory Patriat, le vinificateur, s'attache à élaborer des cuvées haut de gamme, dans une approche « domaine ».

Ce pommard revêt une jolie robe rubis et dévoile des parfums francs de cassis et de framboise mâtinés de cannelle. En bouche, il se montre bien équilibré entre des tanins affinés et soyeux et une aimable rondeur qui ajoute à son caractère gourmand et affable. On pourra le savourer sans trop attendre. ⏳ 2026-2030

⊶ *MAISON JEAN-CLAUDE BOISSET, 5, chem. des Plateaux, 21700 Nuits-Saint-Georges, tél. 03 80 62 61 61, guilloteau.l@jeanclaudeboisset.fr* V r.-v.

ÉDOUARD DELAUNAY Chaponnières 2021 ★★

1er cru	2521		75 à 100 €

Laurent et Catherine Delaunay, fondateurs de la maison de vins Badet-Clément à Nuits-Saint-Georges, ont fait renaître la maison de négoce Édouard Delaunay, fondée en 1893 par l'arrière-grand-père de Laurent. Elle propose une gamme de vins essentiellement issus de la Côte de Beaune et de la Côte de Nuits, allant de l'appellation régionale jusqu'au grand cru.

Sur 2,86 ha, les terres de ce 1er cru servaient autrefois à faire pousser les greffes que l'on nommait « chapons ». Les Delaunay y cultivent 73 ares qui ont donné vie à ce vin profond dans sa robe grenat comme dans ses arômes complexes de cassis, de musc, de vanille et d'herbes aromatiques. Une matière ample et généreuse se dévoile dans une bouche très agréable aussi par le soyeux de ses tanins, par son fruité suave et par sa longue finale épicée. Un 2021 qui montre que même dans un millésime plus frêle, on peut garder la structure généreuse d'un bon pommard de garde. ⏳ 2028-2034

⊶ *ÉDOUARD DELAUNAY, 10, rue Lavoisier, 21700 Nuits-Saint-Georges, tél. 03 80 61 53 70, contact@edouard-delaunay.com*

RODOLPHE DEMOUGEOT 2022 ★

	4000		30 à 50 €

Établi à Meursault depuis 1992, Rodolphe Demougeot exploite aujourd'hui un vignoble de 7,8 ha, dont 6 ha de pinot noir, entre Savigny et Chassagne. Labours au cheval, refus des désherbants et des engrais chimiques, l'orientation est résolument biologique, et la vinification peu interventionniste.

Cette cuvée offre au regard la brillance du rubis. Au nez, elle dévoile des parfums appétents de fruits rouges et noirs, relayés par une bouche ample et fine, épaulée par des tanins souples et élégants. Un pommard que l'on pourra déguster dans ses jeunes années. ⏳ 2026-2030

⊶ *DOM. RODOLPHE DEMOUGEOT, 2, rue du Clos-de-Mazeray, 21190 Meursault, tél. 03 80 21 28 99, rodolphe.demougeot@orange.fr* V r.-v.

DOM. PHILIPPE GIRARD Vieilles Vignes 2022 ★

	4500		30 à 50 €

Ici, on est vigneron de père en fils depuis 1530. Arnaud Girard a rejoint en 2011 son père Philippe à la tête des 22 ha de vignes disséminés en Côte-d'Or et dans la Côte châlonnaise.

Une vigne de 60 ans est à l'origine de ce pommard tout en fruit : framboise griotte, groseille, cassis. Un fruité frais qui infuse aussi une bouche souple, portée par des tanins fins qui se raffermissent en finale, donnant un surcroît de mâche et de structure. ⏳ 2026-2030

⊶ *DOM. PHILIPPE GIRARD, 37, rue du Général-Leclerc, 21420 Savigny-lès-Beaune, tél. 03 80 21 57 97, contact@domaine-philippe-girard.com* V r.-v.

BAPTISTE GUYOT Les Jarolières 2022 ★

1er cru	800		50 à 75 €

Baptiste Guyot a repris en 2010 le domaine familial qui avait cessé sa production en bouteilles au milieu des années 1990. Très vite, il en a augmenté la superficie cultivée jusqu'à atteindre 9 ha aujourd'hui.

Un *climat* de mi-pente situé à la limite de Volnay. Dans le verre, un 1er cru bien ouvert sur les fruits mûrs (prune, figue) mâtinés de notes de cèdre et de boisé grillé. Une maturité de fruit que l'on retrouve dans une bouche vineuse et ronde, épaulée par des tanins soyeux et fins. On met en cave. ⏳ 2027-2032

⊶ *BAPTISTE GUYOT, 48, rue du Faubourg-Saint-Martin, 21200 Beaune, tél. 03 80 22 46 55, contact@domaine-baptiste-guyot.fr* V r.-v.

MAISON JESSIAUME 2021 ★

	1200		50 à 75 €

Ce domaine fondé en 1850 (15 ha en bio depuis 2016) fait figure de valeur sûre en Côte-d'Or. Il a été repris en 2020 par le Dr Jean-François Bigot, spécialiste en recherche biomédicale et grand passionné de vins bourguignons. L'équipe technique, dirigée par William Waterkeyn, est restée en place. Une maison de négoce, créée en 2007, complète l'activité du domaine.

Une petite parcelle de 15 ares plantée de vignes de 40 ans est à l'origine de ce pommard au nez délicat de petits fruits rouges mûrs (groseille, framboise), de violette et de vanille. La bouche apparaît souple, fraîche, boisée avec justesse, soutenue par des tanins fins et une finale crayeuse. Une bouteille que l'on pourra ouvrir sans trop attendre. ⏳ 2026-2029

⊶ *DOM. JESSIAUME, 10, rue de la Gare, 21590 Santenay, tél. 03 80 20 60 03, info@jessiaume.com* V r.-v.

DOM. SÉBASTIEN MAGNIEN Les Perrières 2021 ★★

	5000		30 à 50 €

Sébastien Magnien, originaire des Hautes-Côtes, a créé ce domaine en 2004, avec ses parents, toujours à ses côtés pour exploiter la vigne : 12 ha répartis entre les Hautes-Côtes de Beaune (6 ha sur Meloisey) et la Côte de Beaune (6 ha sur Beaune, Pommard, Volnay, Meursault, Puligny et Saint-Romain).

De ce terroir caillouteux planté de ceps de 40 ans, Sébastien Magnien a extrait un beau pommard au caractère affirmé. Au nez, se dévoilent des parfums complexes de fruits rouges frais, de thé et de chocolat noir. La bouche apparaît ample, dense, puissante, cadrée par des tanins serrés et étirée dans une longue finale pleine de sève. Un beau potentiel de garde se dessine. ⏳ 2028-2034

⊶ *DOM. SÉBASTIEN MAGNIEN, 6, rue Pierre-Joigneaux, 21190 Meursault, tél. 03 80 21 28 57, domainesebastienmagnien@orange.fr* V r.-v.

BOURGOGNE

CH. DE MEURSAULT Clos des Épenots 2021 ★★

■ 1er cru | 6352 | 75 à 100 €

L'emblématique Ch. de Meursault, haut-lieu du tourisme bourguignon et du folklore vineux – on y célèbre la fameuse Paulée le lendemain de la vente des Hospices de Beaune – a souvent changé de mains : famille de Pierre de Blancheton jusqu'à la Révolution; famille Serre au XIXe s.; famille du comte de Moucheron; famille Boisseaux (maison Patriarche) à partir de 1973. En décembre 2012, nouveau changement : la famille Halley achète le domaine. Ce sont aujourd'hui 67 ha de vignes en bio (certifié à partir du millésime 2022). Aux commandes du chai : Emmanuel Escutenaire.

L'un des 1ers crus «star» de Pommard, dont Emmanuel Escutenaire propose une version très aboutie. Le nez, élégant, complexe et frais évoque la myrtille et le cassis en gelée, la réglisse et la rose. Après une attaque ronde et courtoise, le palais se montre très raffiné, caressant, fruité et floral, étayé par des tanins soyeux et un boisé fondu. Le coup de cœur fut mis aux voix. ⌛ 2028-2034

■ **Clos de la Platière 2021 ★ (50 à 75 €; 4668 b.)** Issu d'une belle parcelle de 2,9 ha, ce vin livre des parfums soutenus de fruits rouges relevés de fraîcheur mentholée. Le fruit persiste dans une bouche avenante, alerte et juteuse, dotée de tanins fins et fondus. Un pommard déjà très aimable, que l'on peut ouvrir dans sa jeunesse. ⌛ 2025-2029

CH. DE MEURSAULT, rue du Moulin-Foulot, 21190 Meursault, tél. 03 80 26 22 75, domaine@chateau-meursault.com V r.-v.

JEAN-LOUIS MOISSENET-BONNARD Les Épenots 2022 ★

■ 1er cru | 3000 | 50 à 75 €

Souvent en vue pour ses pommard, Jean-Louis Moissenet, issu d'une longue lignée vigneronne, a débuté comme responsable du rayon fruits et légumes dans la grande distribution, avant de reprendre en 1988 les vignes familiales provenant de sa grand-mère, Madame Henri Lamarche. Depuis 2015, c'est sa fille Emmanuelle-Sophie qui conduit le domaine et ses 6 ha de vignes.

L'un des 1ers crus les plus emblématiques de l'appellation. Dans le verre, un pommard de bonne intensité, ouvert sur des parfums de fraise des bois, de mûre et de café, rond, concentré et fruité en bouche, doté de tanins fins. On patientera un peu avant de l'ouvrir. ⌛ 2027-2032

DOM. MOISSENET-BONNARD, 4, rue des Jardins, 21630 Pommard, tél. 03 80 24 62 34, emmanuelle-sophie@moissenet-bonnard.com V r.-v.

DOM. JEAN MONNIER ET FILS Grands Épenots Clos de Cîteaux Monopole 2021 ★★

■ 1er cru | 3980 | 50 à 75 €

Issus d'une longue lignée de vignerons murisaltiens remontant à 1720, Jean-Claude Monnier et son fils Nicolas sont aujourd'hui à la tête d'une exploitation de 15 ha produisant à parts égales (ce qui n'est pas commun) des vins blancs et rouges de la Côte de Beaune.

Qu'on l'orthographie «Épeneaux» ou «Épenots», ce 1er cru fait rêver tout amateur de pommard. Les Monnier y exploitent un clos de près de 3 ha qui fut longtemps dans le giron de l'abbaye de Cîteaux, de 1207 à 1597. Le domaine le détient en monopole depuis 1950. Il en tire un 2021 admirable, passé à un souffle du coup de cœur. Ses arguments : une palette aromatique élégante et complexe de violette, de fruits rouges compotés, d'épices douces, de notes de sous-bois, un palais ample, rond, charnu, mais aussi frais, bien fruité, cadré en finesse par des tanins veloutés. ⌛ 2028-2035

DOM. JEAN MONNIER ET FILS, 20, rue du 11-Novembre, 21190 Meursault, tél. 03 45 63 17 43, contact@domaine-jeanmonnier.com V *t.l.j. 10h-12h30 14h30-18h; f. nov.-avril*

NUITON-BEAUNOY 2022 ★

■ | 14324 | 30 à 50 €

Fondée en 1957, la Cave des Hautes-Côtes, rebaptisée en 2013 Nuiton-Beaunoy, est la dernière coopérative de Côte-d'Or, regroupant 80 adhérents. Un nom qui marie les deux Côtes dans lesquelles elle dispose de 350 ha de vignes.

Ce *village* issu d'un assemblage de terroirs se présente dans une robe limpide et brillante qui laisse deviner un pommard sur le versant de la légèreté. C'est bien le cas : du fruit frais (cerise, cassis), des notes florales et épicées en appoint, une bouche souple et friande, dotée de tanins fins et enrobés. Il ne sera pas nécessaire d'attendre trop longtemps pour en profiter. ⌛ 2025-2029

NUITON-BEAUNOY, 97, rte de Pommard, 21200 Beaune, tél. 03 80 25 01 03, caveaudebeaune@cavesdeshautescotes.fr V *t.l.j. 9h30-12h30 13h30-18h30*

DOM. ALEXANDRE PARIGOT Clos de la Chanière 2022 ★

■ 1er cru | 5600 | 30 à 50 €

Un domaine de 18 ha fondé en 1983 par Régis Parigot, qui valorise avec talent les terroirs bourguignons, témoins les nombreux coups de cœur obtenus pour ses vins de la Côte de Beaune et des Hautes-Côtes. En 2008, le fils Alexandre a pris les commandes avec la même réussite.

Au bout de la combe de Pommard, sur une forte pente, se situe la Chanière («chêne» en vieux français). Alexandre Parigot y cultive une parcelle de 86 ares qui a donné naissance à ce 1er cru grenat intense, parfumé de fruits compotés et de poivre, ample, riche, structuré, rafraîchi par une longue belle finale fruitée. De bonne garde assurément. ⌛ 2029-2035

DOM. ALEXANDRE PARIGOT, 8, rte de Pommard, 21190 Meloisey, tél. 03 80 26 01 70, contact@domainealexandreparigot.com V *t.l.j. sf dim. 9h-12h 14h-18h*

♥ DOM. PILLOT-HENRY Les Charmots 2022 ★★

■ 1er cru | 4500 | 20 à 30 €

Fils d'un vigneron propriétaire de quelques ares de pommard 1er cru Les Charmots, Thomas Henry, après avoir travaillé pendant dix ans comme technicien en viticulture,

a repris un domaine à Comblanchien en 2007 (le caveau est à Pommard) et exploite aujourd'hui 10,5 ha de vignes entre Nuits-Saint-Georges et Pommard.

Ce *climat* forme un virage dans la partie haute de la colline de Pommard. Il désigne d'anciens champs en culture retournés à la vigne. Thomas Henry en a extrait un superbe 2022 qui fait écho au coup de cœur obtenu pour la version 2019. On retrouve ici les atouts de ce glorieux aîné, la même élégance : une robe intense, un nez raffiné, sur les petits fruits rouges, les fleurs et la vanille, une bouche ample, suave et délicate, dotée de tanins fins et soyeux. ⧗ 2028-2034

DOM. PILLOT-HENRY, 7, rue Nouvelle, 21700 Comblanchien, tél. 06 28 29 73 97, earl.pillot-henry@orange.fr V r.-v.

DOM. MICHEL REBOURGEON Les Rugiens 2021 ★★

■ 1er cru | 400 | | 50 à 75 €

Ce domaine établi au cœur de Pommard a pris le nom de dom. Michel Rebourgeon en 1964 avec les parents de Delphine Whitehead. Cette dernière est aux commandes depuis 1996 avec son mari, Stephen, et exploite un petit vignoble de 4,25 ha en appellations beaune, pommard et volnay. Leur fils William les rejoint en 2017.

Qu'ils soient associés à la partie des «hauts» ou des «bas», les Rugiens tirent leur nom de ces terres rouges où l'on trouve des nodules de fer. Les Whitehead exploitent 17 ares de ce 1er cru, dont ils tirent une cuvée souvent en vue dans ces pages. Leur 2021 tient son rang. Le nez, généreux, évoque le café, le pain grillé et les fruits rouges et noirs relevés de poivre. Ce fruité expansif s'invite, mâtiné de réglisse, dans une bouche large, longue, serrée, vive, portée par des tanins fermes et de garde. Prometteur. ⧗ 2028-2034 ■ **Les Noizons 2021 ★ (30 à 50 €; 600 b.)** Les petits fruits noirs, la réglisse, le menthol et le boisé de l'élevage composent un bouquet élégant. La bouche se montre ferme, ample, fraîche, énergique même, avec des tanins serrés en soutien. Soyez patients. ⧗ 2028-2034

DOM. MICHEL REBOURGEON, 7, pl. de l'Europe, 21630 Pommard, tél. 06 03 52 42 32, michel.rebourgeon@orange.fr V *t.l.j. 10h-12h 14h-17h30*

DOM. REBOURGEON-MURE 2022 ★

■ | 9000 | | 30 à 50 €

Un ancêtre s'installe à Pommard en 1552 et prend à bail pour 99 ans des vignes de l'abbaye Sainte-Marguerite-de-Bouilland. Aujourd'hui, les Rebourgeon-Mure conduisent 7,5 ha et s'illustrent régulièrement avec leurs pommard et leurs volnay.

Cette cuvée, née d'un assemblage de huit parcelles réparties sur le finage, se présente dans une robe sombre, le nez bien ouvert sur des notes de fruits noirs (cassis, mûre), d'épices et de vanille. On retrouve ces arômes dans une bouche souple en attaque, puissante, consistante et fraîche dans son développement, avec des tanins veloutés en soutien. Un avenir radieux se dessine. ⧗ 2028-2034

DOM. REBOURGEON-MURE, 6A, Grande-Rue, 21630 Pommard, tél. 03 80 22 57 39, rebourgeon.mure@orange.fr V r.-v.

DOM. REMY ET FILS Les Vignots 2022 ★

■ | 4240 | | 30 à 50 €

Un domaine fondé en 1853 au sud-est de Beaune, repris en 1988 par Joël Remy (cinquième génération), qui met en valeur avec son épouse Florence et leur fils Maxime, arrivé en 2015, un vignoble de 12 ha répartis dans plusieurs appellations de la Côte de Beaune.

Né d'une vigne de 50 ans, ce pommard tout en parfums évoque la cerise, la prune et la pivoine sur in bon fond boisé. En bouche, il dévoile un fruité soutenu, épaulé par des tanins ronds et souples, avec une fine acidité en filigrane. Un ensemble affable, qui pourra s'apprécier dans ses jeunes années. ⧗ 2026-2030

DOM. REMY ET FILS, 4, rue du Paradis, 21200 Sainte-Marie-la-Blanche, tél. 03 80 26 60 80, domaine.remy@wanadoo.fr V r.-v.

DOM. VIRELY-ROUGEOT Clos des Arvelets 2022 ★

■ 1er cru | 4200 | | 30 à 50 €

Heureuse ascendance – rouge par le père, vigneron de Pommard, blanche par la mère, originaire de Meursault – pour Patrick Virely, à la tête de 8 ha constitués dans les années 1950 à partir d'apports familiaux et de plantations.

Exposés plein sud et à mi-coteau, les 8,45 ha de vignes de ce 1er cru étaient autrefois couverts de champs. Patrick Virely en exploite 1,80 ha dont il a tiré ce pommard profond de robe, qui libère à l'olfaction des notes de fruits rouges écrasés, d'épices et de pivoine sur un fond boisé encore prégnant. La bouche apparaît franche, ample, fraîche, plus ferme et serrée en finale. On patiente. ⧗ 2028-2034 ■ **1er cru Les Chanlins Bas 2022 ★ (30 à 50 €; 3150 b.)** Un 1er cru bien en place, d'une belle intensité aromatique, sur la mûre, la myrtille, le pruneau, dense, riche, cadré par des tanins fermes mais sans dureté. Un vin aussi solide qu'harmonieux, qui vieillira bien. ⧗ 2028-2034

DOM. VIRELY-ROUGEOT, 7, rue Notre-Dame, 21630 Pommard, tél. 03 80 24 96 70, contact@domaine.virely-rougeot.fr V r.-v.

VOLNAY

Superficie : 207 ha / Production : 7 735 hl

Blotti au creux du coteau, le village de Volnay évoque une jolie carte postale bourguignonne. Moins connu que Pommard son voisin, le vignoble n'a rien à lui envier. Ses vins sont tout en finesse; ils vont de la légèreté des Santenots, situés sur la commune voisine de Meursault, à la solidité et à la vigueur du Clos des Chênes ou des Champans. Nous ne citerons pas tous ses trente 1ers crus, de peur d'en oublier… Le Clos des Soixante Ouvrées y est également très connu et donne l'occasion de définir cette mesure : 4 ares et 28 centiares, unité de base des terres viticoles, correspondant à la surface travaillée à la pioche par un ouvrier au Moyen Âge dans sa journée.

B DOM. BERTHELEMOT Le Village 2022 ★

■ | 3105 | | 30 à 50 €

Un domaine créé par Brigitte Berthelemot en 2006 avec la reprise des vignes de Jean Garaudet et d'Yves

Darviot : 15 ha aujourd'hui (en bio certifié depuis 2021) dans plusieurs communes de la Côte de Beaune (Pommard, Meursault, Puligny-Montrachet...), dont les vins sont vinifiés par Thomas Berthelemot.

Ce sont 51 ares de la partie non classée en 1er cru qui se voient distingués ici. D'un beau grenat profond, ce volnay dévoile un nez intense de cassis et de myrtille sur fond boisé. Fruits noirs qui s'agrémentent d'épices (poivre, clou de girofle) dans une bouche élégante, soyeuse, déliée, portée par des tanins fondus et un boisé bien intégré. ⧗ 2027-2032

DOM. BERTHELEMOT, 24, rue des Forges, BP 30008, 21190 Meursault, tél. 03 80 21 68 61, contact@domaineberthelemot.com V r.-v.

DOM. POULLEAU PÈRE ET FILS 2022 ★★

■ | 3550 | | 30 à 50 €

Depuis le départ à la retraite de son père Michel en 1996, Thierry Poulleau (à la technique) et son épouse Florence (au commercial) gèrent les 8 ha du domaine familial créé par le grand-père Gaston en 1960 et signent des vins souvent en vue, notamment leurs volnay, chorey et côte-de-beaune.

Né de ceps de 50 ans, ce volnay s'ouvre à l'aération sur des notes de cerise et d'épices douces. En bouche, il déroule une belle matière, ample et bien structurée par des tanins présents mais soyeux et par un boisé savamment dosé. Du potentiel en cave. ⧗ 2028-2034

DOM. POULLEAU PÈRE ET FILS, 7, rue du Pied-de-la-Vallée, 21190 Volnay, tél. 03 80 21 26 52, domaine.poulleau@wanadoo.fr V r.-v.

DOM. REBOURGEON-MURE
Caillerets 2022 ★

■ 1er cru | 1800 | | 30 à 50 €

Un ancêtre s'installe à Pommard en 1552 et prend à bail pour 99 ans des vignes de l'abbaye Sainte-Marguerite-de-Bouilland. Aujourd'hui, les Rebourgeon-Mure conduisent 7,5 ha et s'illustrent régulièrement avec leurs pommard et leurs volnay.

L'un des 1ers crus les plus connus de l'appellation, dont les Rebourgeon-Mure exploitent 32 ares. Ils en tirent ce volnay séduisant par son nez bien typé de fruits rouges, agrémentés de poivre noir et de muscade dans une bouche ample, dense et ronde, épaulés par des tanins bien en place, qui doivent encore s'affiner. ⧗ 2027-2032

DOM. REBOURGEON-MURE, 6A, Grande-Rue, 21630 Pommard, tél. 03 80 22 57 39, rebourgeon.mure@orange.fr V r.-v.

♥ CHRISTOPHE VAUDOISEY 2022 ★★

■ | 9000 | | 20 à 30 €

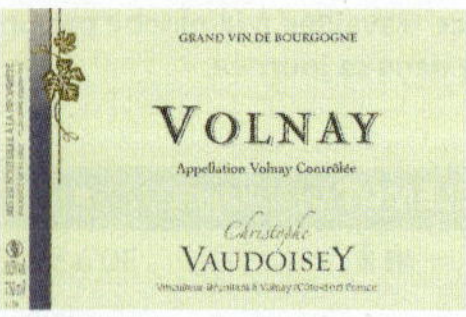

Fondé en 1804, ce domaine a vu passer huit générations de vignerons. Secondé par son fils Pierre, Christophe Vaudoisey, souvent en vue pour ses volnay, est installé depuis 1985 à la tête de 12 ha, en volnay donc, mais aussi en pommard et en meursault. Une valeur (très) sûre.

Coup de cœur dans l'édition précédente pour son volnay, Les Mitans 2021, Christophe Vaudoisey est à nouveau en haut de l'affiche avec ce *village* d'une belle profondeur de robe, qui dévoile au nez des senteurs aussi intenses que gourmandes de kirsch, de fruits noirs, d'épices et de chocolat. La bouche est ample, tendre, concentrée, soutenue par des tanins bien en place, avec en prime une longue finale fruitée. Un beau potentiel en perspective. ⧗ 2028-2034

CHRISTOPHE VAUDOISEY, 1, rue de la Barre, 21190 Volnay, tél. 03 80 21 20 14, christophe.vaudoisey@wanadoo.fr V r.-v.

MONTHÉLIE

Superficie : 120 ha
Production : 4 745 hl (85 % en rouge)

Moins connu que ses voisins, Volnay au nord et Meursault au sud, le village de Monthelie est installé à l'entrée de la combe de Saint-Romain qui sépare les terroirs à rouges des terroirs à blancs; ses coteaux exposés au sud donnent des vins d'excellente qualité.

♥ B DOM. CHANGARNIER
Pierrefitte 2022 ★★

■ | 2400 | | 30 à 50 €

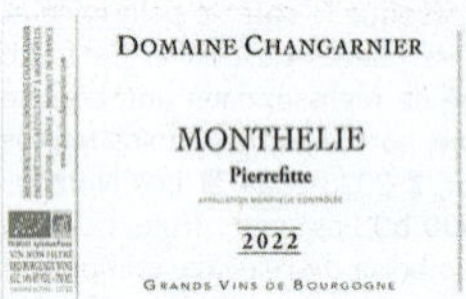

Complété par une activité de négoce, un domaine régulier en qualité, dans la famille Changarnier depuis le XVIIe s., repris en 2004 par les frères Claude et Antoine, avec Fabrice Groussin aux commandes de la cave depuis 2012. Le vignoble couvre près de 5 ha, en bio avec des pratiques biodynamiques.

L'unique coup de cœur de l'appellation nous vient d'un petit *climat* de 2,39 ha à la limite de Volnay, dont le nom proviendrait d'une pierre levée sans doute dressée là avant la vigne. Dans le verre, un vin né de vénérables ceps de 75 ans, d'un beau rubis intense, ouvert sur des arômes discrets mais subtils de fruits rouges, d'amande grillée et de poivre. En bouche, il se révèle ample, tapissant, bien fruité, soutenu par des tanins fins et délicats. Un monthélie sur le versant de l'élégance, qui ne craindra pas un long séjour en cave. ⧗ 2027-2034 ■ **1er cru Champs-Fulliot 2022** ★★ **(30 à 50 €; 2200 b.)** B Un 1er cru gourmand avec ses arômes de fruits rouges frais et de vanille, et avec sa bouche tendre, aux tanins fondus, bien épaulée par l'élevage sous bois. ⧗ 2026-2030 ■ **Le Clos 2022** ★ **(30 à 50 €; 2000 b.)** B Ce chardonnay dévoile un nez minéral sur la pierre à fusil, agrémenté de fleurs blanches et d'amande. En bouche, il se montre frais, dynamique, persistant et d'une belle finesse de texture. ⧗ 2026-2030

DOM. CHANGARNIER, 4, pl. du Puits, 21190 Monthelie, tél. 03 80 21 22 18, infos@domainechangarnier.com V r.-v.

DOM. DUBUET-MONTHELIE
Les Champs-Fulliot 2022 ★

1er cru	3000		20 à 30 €

L'essentiel des vignes de ce domaine de 7,5 ha, régulier en qualité, est à Monthelie. Guy Dubuet – Monthelie était le nom de sa mère – a cédé la place en 2004 à son fils David, qui perpétue les labours sur l'ensemble de la propriété.

Le 1er cru le plus réputé de l'appellation. Est-ce par sa proximité immédiate avec Volnay ? Quoi qu'il en soit, ce 2022 fait honneur au *climat* avec sa robe à la fois intense et limpide, son nez de fruits rouges et d'épices, son palais bien équilibré entre tanins fins et soyeux et fraîcheur des fruits noirs. ⧗ 2025-2029

DOM. DUBUET-MONTHELIE, 1, rue Bonne-Femme, 21190 Monthelie, tél. 06 64 46 10 17, david.dubuet@orange.fr V *r.-v.*

DOM. HUBER-VERDEREAU
La Combe d'Anay 2022 ★

	2500		30 à 50 €

Alsacien d'origine et formé à la sommellerie, Thiébaud Huber a repris en 1994 les terres familiales longtemps exploitées en fermage. Il cultive en bio depuis 2001 et en biodynamie depuis 2005 ses 10 ha de vignes, répartis sur 7 communes de la Côte de Beaune, complétés en 2011 par un petit négoce.

« D'Anay » serait dérivé du gaulois « ana », qui signifie terrain marécageux : les deux parcelles ainsi cadastrées étant situées tout proche du lavoir, cette explication a du sens. Thiébaud Huber en exploite 40 ares qui ont donné ce vin au nez délicat de mûre, de fruits rouges et d'amande grillée, souple en attaque, plus puissant et étoffé en cœur de bouche, prolongé par une jolie finale épicée. Il demande à s'affiner un peu en cave. ⧗ 2026-2030

DOM. HUBER-VERDEREAU, 23, RD 974, 21190 Meursault, tél. 03 80 21 64 37, contact@huber-verdereau.com V *r.-v.*

DOM. PASCAL MURE Le Cas Rougeot 2022 ★

1er cru	1500		20 à 30 €

Installé à Volnay depuis 1987, Pascal Mure, rejoint par son fils Fabien, poursuit l'histoire familiale sur ce domaine de près de 9 ha. Il fait partie de ces vignerons discrets qui, dans l'ombre des « locomotives » du cru, s'appliquent à valoriser leur appellation.

Des vignes de 60 ans sont à l'origine de ce 1er cru plutôt timide à l'olfaction, laissant poindre quelques notes de violette et de fruits frais. Son caractère se manifeste plus nettement en bouche : une attaque vive, directe, des tanins bien présents mais maîtrisés, un boisé vanillé de qualité, une finale fraîche et serrée. On met en cave. ⧗ 2027-2032

DOM. PASCAL MURE, 2, Grande-Rue, 21190 Volnay, tél. 09 75 97 58 86, contact@domaine-mure.com V *r.-v.*

DOM. THIERRY PINQUIER 2022 ★★

	5500		15 à 20 €

En 1994, Thierry Pinquier a pris la relève de ses parents Colette et Maurice, ouvriers vignerons fondateurs du domaine en 1954. Aujourd'hui, le vignoble compte 6 ha.

Thierry Pinquier signe ici un très beau monthélie, ouvert sur les petits fruits rouges croquants (groseille, framboise) agrémentés de la touche finement vanillée de la barrique. La bouche apparaît ample, fraîche, charnue, étayée par des tanins à la fois fins et bien serrés, qui poussent loin la finale, pleine d'énergie. ⧗ 2027-2032

DOM. THIERRY PINQUIER, imp. des Belges, 5, rue Pierre-Mouchoux, 21190 Meursault, tél. 03 80 21 24 87, domainepinquier@orange.fr V *t.l.j. 9h-12h 13h30-19h* 4

AUXEY-DURESSES

Superficie : 135 ha
Production : 5 840 hl (65 % rouge)

Le village d'Auxey-Duresses se niche dans un vallon qui conduit vers les Hautes-Côtes. Son vignoble couvre les deux versants de la combe et se répartit en trois îlots : sur la pente nord, il prolonge le terroir de Monthelie et porte des 1ers crus rouges exposés au midi, comme les Duresses ou le Val, fort réputés ; au fond de la combe, il jouxte des parcelles de Saint-Romain ; sur le versant de Meursault, au sud, il produit d'excellents vins blancs.

DOM. DUPONT-FAHN Les Vireux 2022 ★★

	4000		11 à 15 €

Depuis le cœur de Monthelie, Michel Dupont-Fahn, installé en 1987, exploite 4 ha de vignes, toutes situées en Côte de Beaune. Une originalité : il produit aussi en IGP Oc. Une valeur sûre.

Situé sous le bois et dans le prolongement du coteau de Meursault, ce secteur offre des vins typés. Cet auxey passé par 11 mois de fûts libère des parfums généreux de framboise et fraise bien mûres. Harmonieuse en diable, ample et suave, la bouche renoue avec le fruit, portée par des tanins doux et une longue finale. ⧗ 2025-2029

DOM. DUPONT-FAHN, 6, rue du Cinquième-Chasseur, 21190 Monthelie, tél. 06 08 51 15 13, domaine.dupontfahn@gmail.com V *r.-v.*

DOM. JESSIAUME Les Ecussaux 2021 ★

1er cru	1800		50 à 75 €

Ce domaine fondé en 1850 (15 ha en bio depuis 2016) fait figure de valeur sûre en Côte-d'Or. Il a été repris en 2020 par le Dr Jean-François Bigot, spécialiste en recherche biomédicale et grand passionné de vins bourguignons. L'équipe technique, dirigée par William Waterkeyn, est restée en place. Une maison de négoce, créée en 2007, complète l'activité du domaine.

Cet auxey-duresses dévoile des parfums complexes de fleurs blanches, de caramel, de noisette et de menthol. En bouche, il se montre souple et suave, finement beurré et riche en fruits mûrs, sur la pêche de vigne notamment, épaulé par un boisé fondu. Déjà harmonieux, il est prêt au service. ⧗ 2024-2028

DOM. JESSIAUME, 10, rue de la Gare, 21590 Santenay, tél. 03 80 20 60 03, info@jessiaume.com V *r.-v.*

DOM. FRANCK LAMARGUE Les Hautes 2022 ★

■ | 2340 | ◍ | 15 à 20 €

En 2005, à l'issue de ses études à Beaune, Franck Lamargue s'est associé à son ancien maître de stage pour fonder un domaine qu'il dirige seul depuis 2011. Installé à La Rochepôt dans une ancienne tuilerie, il exploite 12 ha de vignes en hautes-côtes et dans cinq communes du sud de la Côte de Beaune, de Monthelie aux Maranges.

Avec ses 8 ha, c'est le plus vaste *climat* classé au niveau communal. Le domaine en exploite 31,12 ares planté de vignes de 60 ans, à l'origine d'un blanc ouvert sur le raisin mûr et les fleurs blanches, à la bouche fraîche, équilibrée, idéalement allégée par un pointe de salinité en finale. ⧗ 2025-2029

⊶ *FRANCK LAMARGUE, 63, rte de Beaune, 21340 La Rochepot, tél. 06 60 25 57 88, domaineflamargue@outlook.fr* V r.-v.

DOM. HENRI LATOUR ET FILS Les Grands Champs 2022 ★

■ 1er cru | 3150 | ◍ | 20 à 30 €

Les Latour cultivent la vigne depuis sept générations à Auxey-Duresses. Installé en 1992, François Latour exploite, avec son frère Sylvain, un domaine de 15 ha dont l'essentiel est implanté dans sa commune d'origine, le reste à Saint-Romain et à Meursault.

De très jeunes ceps âgés de 8 ans, plantés dans le bas du quartier des 1ers crus, sont à l'origine de ce vin ouvert sur les fruits rouges, avec une touche de vanille et de cannelle en appoint. La bouche apparaît riche, puissante, généreuse, portée par des tanins bien en place, fermes mais fins. Un vin solide, à attendre quelques années. ⧗ 2027-2032

⊶ *DOM. HENRI LATOUR ET FILS, 51, rte de Beaune, 21190 Auxey-Duresses, tél. 03 80 21 65 49, h.latour.fils@wanadoo.fr* V r.-v.

DAVID MORET 2022 ★

■ | 3000 | ◍ | 30 à 50 €

David Moret a créé en 1999 sa maison de négoce, établie derrière les remparts de Beaune. Cet adepte des élevages longs s'est fait une spécialité de la vinification « haute couture » des blancs de la Côte de Beaune. Une valeur sûre, d'une régularité sans faille.

Cette cuvée fleure bon le chèvrefeuille, l'acacia, l'amande et le pain grillé. Passé une attaque vive, la bouche se fait ample et suave, avant une finale plus acidulée qui renoue avec la fraîcheur. ⧗ 2024-2027

⊶ *DAVID MORET, 1, rue Émile-Goussery, 21200 Beaune, tél. 03 80 24 00 70, davidmoret.vins@orange.fr r.-v.*

♥ MAX ET ANNE-MARYE PIGUET-CHOUET ET FILS Cuvée Stéphane 2022 ★★

■ 1er cru | 2300 | ◍ | 20 à 30 €

Un domaine de 12 ha, 100 % familial et 100 % beaunois, né en 1981 de l'union de Max Piguet-Chouet (sixième génération de vignerons) avec Anne-Marye (issue de la plus ancienne famille vigneronne de Meursault), rejoints par leurs fils Stéphane et William en 2004. Souvent en vue pour ses auxey-duresses et ses meursault. Depuis 2019, ce sont Stéphane et Anne-Marye qui sont aux commandes.

Après un coup de cœur l'an dernier pour leur cuvée Charly 2021, les Piguet-Chouet signent ici un très beau doublé, dans les deux couleurs. Le rouge est un vin très expressif, ouvert sur les fruits rouges bien mûrs et la vanille apportée par les 11 mois passés en fût. La bouche apparaît souple en attaque, elle aussi bien fruitée, puis elle se fait plus dense et concentrée, portée par des tanins veloutés et un boisé parfaitement ajusté. Déjà d'une harmonie sans faille, cette bouteille évoluera sereinement en cave. ⧗ 2025-2032

■ **Cuvée Charly 2022 ★★ (20 à 30 € ; 2 800 b.)** ♥ Aussi brillante que limpide, cette cuvée développe un bouquet complexe mêlant vétiver, agrumes et amande. En bouche, elle offre du gras, du volume, de la consistance, de la persistance, avec une fine fraîcheur en filigrane qui ajoute à son allant et son allonge. Une très belle expression du terroir et du millésime, que l'on appréciera à différents âges. ⧗ 2025-2030

⊶ *MAX ET ANNE-MARYE PIGUET-CHOUET ET FILS, 16, rte de Beaune, 21190 Auxey-Duresses, tél. 03 80 21 25 78, piguet.chouet@wanadoo.fr* V r.-v.

SAINT-ROMAIN

Superficie : 96 ha
Production : 3 900 hl (55 % blanc)

À l'ouest de Meursault, le site mérite une excursion : le village de Saint-Romain se blottit au fond d'une combe, adossé à de superbes falaises. Son vignoble est situé dans une position intermédiaire entre la Côte et les Hautes-Côtes. Les vins rouges sont fruités et gouleyants ; les terrains argileux, avec des bancs marno-calcaires, conviennent bien au chardonnay.

Ⓑ DOM. HENRI ET GILLES BUISSON Sous Roche 2022 ★★

■ | 13000 | ◍ | 30 à 50 €

Franck et Frédérick Buisson ont repris le domaine familial. Les 20 ha du vignoble sont en appellations saint-romain, corton, meursault, auxey-duresses, pommard, volnay 1er cru, monthélie, bourgogne-aligoté et crémant-de-bourgogne. La certification bio et biodynamique est acquise depuis 2018.

Une belle parcelle de 3 ha de pinot âgés de 60 ans est à l'origine de cette cuvée d'un rubis clair et limpide, qui dégage des parfums intenses de fruits rouges mûrs et de fleurs. Passé une attaque vive, le palais combine fruité persistant et tanins soyeux. Un beau représentant de l'appellation, qui vieillira sereinement. ⧗ 2027-2032

■ **Le Jarron 2022 ★ (30 à 50 € ; 4 000 b.)** Ⓑ Au nez, des notes d'acacia, de chèvrefeuille et d'agrumes. En bouche, une matière bien équilibrée, sur le fruit, la fraîcheur et la minéralité, bien tendue en finale. Un blanc dynamique. ⧗ 2024-2028

⊶ *DOM. HENRI ET GILLES BUISSON, 2, imp. du Clou, 21190 Saint-Romain, tél. 03 80 21 22 22, contact@domaine-buisson.com* V r.-v.

MAISON DU CHANCELIER Les Bancs 2022 ★

900 | 30 à 50 €

Ce domaine est établi dans le centre historique de Beaune. Dans ses caves et sa cuverie du XVIIIe s., Elsa et Cédric Ehrhart y perpétuent depuis 2019 l'héritage du Chancelier de Bourgogne, Nicolas Rolin, fondateur avec son épouse, Guigone de Salins, des Hospices de Beaune. La conversion vers la viticulture biologique est engagée depuis 2020.

Depuis son promontoire rocheux, ce *climat* offre un panorama unique sur le vignoble de Saint-Romain. Dans le verre, un vin doré, ouvert sur des notes de chèvrefeuille et d'écorce de citron, frais, minéral, fruité en bouche, qui ne manque ni de gras ni d'allonge, avec en soutien un boisé qui doit encore se fondre. ⧗ 2025-2028

⊶ *DOM. DU CHANCELIER, 2, rue Émile-Goussery, 21200 Beaune, tél. 03 80 20 84 49, contact@domaineduchancelier.fr* V r.-v.

♥ NICOLAS FÈVRE 2022 ★★

900 | 20 à 30 €

Si l'activité principale de Nicolas Fèvre est le conseil en œnologie, il a créé son propre petit domaine en reprenant en 2014 une partie des vignes familiales jusqu'alors exploitées en fermage, en saint-romain, en auxey-duresses et en bourgogne-aligoté.

Attention, il n'y en aura pas pour tout le monde de cette cuvée très confidentielle. Et c'est bien dommage car tout y est remarquable d'harmonie. On aime son élégante robe dorée aux reflets paille, son nez complexe, finement vanillé, floral, minéral et citronné, sa bouche ample, fraîche, dynamique, sous tension, mais avec aussi une pointe de gras qui arrondit les angles. À servir sur un beau poisson, une lotte au safran par exemple. ⧗ 2024-2030

⊶ *NICOLAS FÈVRE, 7, Petite-Rue, 21190 Saint-Romain, tél. 06 60 72 31 02, domaine.nicolas.fevre@orange.fr* V *r.-v.*

Ⓑ CH. DE MELIN Sous Château 2022 ★

11000 | 20 à 30 €

Cette famille cultive la vigne depuis sept générations. Ingénieur dans le BTP, Arnaud Derats a repris le domaine de son grand-père Paul Dumay à Sampigny-lès-Maranges. En 2000, il a acquis le Ch. de Melin (XVIe s.) à Auxey-Duresses et y a transféré ses caves. Le vignoble (27 ha) a engagé graduellement sa conversion bio (certification en 2012 pour certaines appellations).

Ce terroir pentu reconnu des amateurs est situé sous l'ancien château du village. Arnaud Derats y cultive 1,5 ha à l'origine de ce vin pâle aux reflets argentés, qui conjugue au nez les fleurs blanches aux notes grillées du bois. La bouche séduit par sa souplesse, sa texture fine et soyeuse, et sa fraîcheur minérale et saline. ⧗ 2025-2029

⊶ *CH. DE MELIN, 120, rte de Beaune, hameau de Melin, 21190 Auxey-Duresses, tél. 03 80 21 21 19, vin@chateaudemelin.com* V *t.l.j. sf dim. 10h-12h 14h-18h*

DAVID MORET 2022 ★

3000 | 30 à 50 €

David Moret a créé en 1999 sa maison de négoce, établie derrière les remparts de Beaune. Cet adepte des élevages longs s'est fait une spécialité de la vinification « haute couture » des blancs de la Côte de Beaune. Une valeur sûre, d'une régularité sans faille.

Ce saint-romain séduit d'emblée par son nez complexe où se dévoilent des notes de menthol, de badiane, d'acacia et de citron confit. Il plaît aussi par son attaque vive et franche, prélude à un palais équilibré et sapide, porté par une bonne tension et un boisé qui doit encore se fondre. ⧗ 2025-2029

⊶ *DAVID MORET, 1, rue Émile-Goussery, 21200 Beaune, tél. 03 80 24 00 70, davidmoret.vins@orange.fr r.-v.*

♥ STÉPHANE PIGUET 2022 ★★

900 | 20 à 30 €

Ouvrier viticole depuis 2003 sur la propriété de ses parents, Max et Anne-Marye Piguet-Chouet, Stéphane Piguet a entrepris en 2012 de créer sa propre activité de négoce pour élargir la gamme du domaine, qui s'étend aujourd'hui aux appellations saint-romain, puligny-montrachet et corton-charlemagne.

Ce superbe saint-romain n'a qu'un défaut : sa confidentialité. Une robe brillante, un nez très séduisant et élégant de fleurs blanches, de menthol et d'agrumes, une bouche tout aussi nuancée, ample, fraîche et ronde à la fois, texturée en finesse et soutenue par un boisé parfaitement intégré, une longue finale acidulée : il a tout bon, et pour quelques années encore. ⧗ 2025-2030

⊶ *STÉPHANE PIGUET, 16, rte de Beaune, 21190 Auxey-Duresses, tél. 06 87 54 59 02, maisonstephanepiguet@yahoo.fr* V *r.-v.*

ROPITEAU 2022 ★

2580 | 30 à 50 €

Fondée en 1848, cette maison murisaltienne historique est depuis 1992 dans l'orbite du groupe Boisset. Aux commandes des vinifications : Nicolas Burnez.

Instituée en 1947, Saint-Romain est une appellation qui ne revendique pas de 1ers crus. La qualité de ses vins lui suffit. À l'image de cette cuvée au nez discret mais élégant de fleurs blanches et de moka, à la bouche franche et fraîche en attaque, plus grasse et consistante dans son développement, puis qui déroule une saveur acidulée autour des agrumes confits en finale. ⧗ 2026-2030

⊶ *MAISON ROPITEAU, cour des Hospices, 21190 Meursault, tél. 03 80 21 69 20, info@caves-ropiteau.com*

MEURSAULT

Superficie : 395 ha
Production : 18 540 hl (98 % blanc)

La commune chevauche une vallée qui prolonge celle d'Auxey-Duresses et marque une sorte de frontière : avec Meursault commence la véritable production de grands vins blancs. Certains de ses 1ers crus sont mondialement réputés : Les Perrières, Les Charmes, Les Poruzots, Les Genevrières, Les Gouttes d'Or... Ils allient la subtilité à la force, la fougère à l'amande grillée, l'aptitude à être consommés jeunes au potentiel de garde. Si Meursault est bien la « capitale des vins blancs de Bourgogne », elle n'en fournit pas moins quelques vins rouges, issus des terroirs voisins de Volnay, au nord. Ses « petits châteaux » attestent une opulence ancienne. La Paulée, qui a pour origine le nom du repas pris en commun à la fin des vendanges, est devenue une manifestation qui clôt en novembre les « Trois Glorieuses », journées au cours desquelles se déroule la vente des Hospices de Beaune.

DOM. DE LA GALOPIÈRE Les Chevalières 2022 ★

	1733		30 à 50 €

Après avoir enseigné l'œnologie pendant quatre ans, Gabriel Fournier s'est installé en 1982 sur le domaine familial. Il exploite avec son épouse, Claire, et, depuis 2015, avec son fils Vincent 11 ha de vignes réparties dans plusieurs appellations de la Côte de Beaune, de Chassagne-Montrachet à la colline de Corton.

Ce *climat* proche d'Auxey-Duresses rappelle que l'on y gardait autrefois les chevaux. Les Fournier y cultivent 23 ares qui ont donné vie à cette cuvée élégante et expressive, sur les agrumes, les fleurs et les fruits blancs. La bouche offre un bon volume, de la souplesse et de la fraîcheur. Un ensemble équilibré et déjà prêt à boire. ⧗ 2024-2028

DOM. DE LA GALOPIÈRE, 1, rte de Corcelles-les-Arts, 21190 Tailly, tél. 03 80 21 46 50, contact@domainedelagalopiere.com V r.-v.

DOM. DAVID MORET Les Narvaux 2022 ★

	9000		50 à 75 €

David Moret a créé en 1999 sa maison de négoce, établie derrière les remparts de Beaune. Cet adepte des élevages longs s'est fait une spécialité de la vinification « haute couture » des blancs de la Côte de Beaune. Une valeur sûre, d'une régularité sans faille.

Un *climat* situé sur les hauteurs de l'appellation, autour des 300 mètres, au-dessus des 1ers crus. Il donne ici un beau représentant du millésime 2022. Au nez, les fruits exotiques voisinent avec le boisé de 14 mois d'élevage. En bouche, il se montre gras, rond, avec de la matière et une finale grillée. On le laisse se reposer un peu en cave. ⧗ 2026-2030

DAVID MORET, 1, rue Émile-Goussery, 21200 Beaune, tél. 03 80 24 00 70, davidmoret.vins@orange.fr r.-v.

LES PARCELLAIRES DE SAULX Les Pellans 2021 ★

	295		75 à 100 €

Le Manoir Murisaltien a été acquis en 2017 par un couple d'Américains passionnés d'art de vivre à la française. Propriétaires également du Dom. de Belleville à Rully et du Ch. le Clos de la Commaraine à Pommard, ainsi que de la maison de champagne Leclerc Briant, ils ambitionnent de vinifier une gamme de vins très qualitative dans leur cave de Meursault. Sur cette base est née la maison Les Parcellaires de Saulx.

Ce *climat*, qui forme la limite basse au sud avec Puligny, était un ancien lieu de pâture. En voici une version très confidentielle, qui séduit d'emblée par ses arômes de fleurs blanches, de pêche, de citron et de pain grillé. Le charme opère aussi dans une bouche riche, ronde, veloutée, finement texturée et bien soutenue par le bois, avec une finale plus vive qui ajoute de la fraîcheur. Un beau classique à mettre en cave. ⧗ 2026-2030

LES PARCELLAIRES DE SAULX, 4, rue du Clos-de-Mazeray, 21190 Meursault, tél. 03 80 21 21 83, contact@de-saulx.com V r.-v.

MAX ET ANNE-MARYE PIGUET-CHOUET ET FILS Cuvée Anne-Marye 2022 ★

	2700		30 à 50 €

Un domaine de 12 ha, 100 % familial et 100 % beaunois, né en 1981 de l'union de Max Piguet-Chouet (sixième génération de vignerons) avec Anne-Marye (issue de la plus ancienne famille vigneronne de Meursault), rejoints par leurs fils Stéphane et William en 2004. Souvent en vue pour ses auxey-duresses et ses meursault. Depuis 2019, ce sont Stéphane et Anne-Marye qui sont aux commandes.

Des vignes de 50 ans à l'origine de ce meursault généreux, ouvert sur des notes de fruits jaunes mûrs et de pâtisserie. En bouche, il apparaît ample, gras, opulent et long, bien dans le ton de ce millésime solaire que fut 2022. On le met en cave. ⧗ 2027-2032

MAX ET ANNE-MARYE PIGUET-CHOUET ET FILS, 16, rte de Beaune, 21190 Auxey-Duresses, tél. 03 80 21 25 78, piguet.chouet@wanadoo.fr V r.-v.

DOM. SAINT-MARC Bois de Blagny 2022 ★

	1200		30 à 50 €

Un domaine de 8,5 ha situé à la limite des Maranges, dans les Hautes-Côtes de Beaune. Il a été créé en 1980 à partir de 40 ares de vignes par Jean-Claude Mitanchey, rejoint en 2011 par son fils Arnaud.

Les Mitanchey exploitent 45 ares calés entre les 1ers crus et la forêt. Ils signent un meursault plaisant par ses arômes de fruits exotiques et de vanille, comme par son palais riche, rond et gras, de bonne longueur, soutenu par un boisé discret. ⧗ 2026-2030

DOM. SAINT-MARC, 1, rue de Nolay, 71150 Paris-L'Hôpital, tél. 06 79 10 70 86, domaine@saint-marc.fr V r.-v.

DOM. STÉPHANE DE SOUSA Les Millerands 2021 ★

	500		30 à 50 €

Après dix ans dans le médical et les biotechnologies, Stéphane de Sousa, fils de vignerons de Meursault, est revenu à ses racines vigneronnes : il a créé son négoce en 2012 dans la cuverie de son grand-père maternel et acquis sa première vigne en 2013, avant de reprendre le domaine paternel en 2015 (sur Meursault, Volnay et Pommard).

C'est le millet cultivé là autrefois qui a donné son nom à ce *climat* situé à l'entrée sud du village. Stéphane de Sousa en tire un vin élégant et expressif, qui évoque l'aubépine, la pomme golden, le citron et la vanille. En bouche, il se montre franc, frais, minéral, offrant aussi une texture soyeuse et une belle longueur. ⧗ 2025-2030

DOM. STÉPHANE DE SOUSA, 25, RD 974, 21190 Meursault, tél. 06 50 21 73 13, domaine.sds@gmail.com V r.-v.

PULIGNY-MONTRACHET

Superficie : 208 ha
Production : 10 850 hl (99 % blanc)

Centre de gravité des vins blancs de Côte-d'Or, serrée entre ses deux voisines Meursault et Chassagne, cette petite commune tranquille ne représente en surface de vignes que la moitié de Meursault, ou les deux tiers de Chassagne, mais se console en possédant les plus grands crus blancs de Bourgogne, dont le montrachet (en partage avec Chassagne). La position géographique de ces grands crus, selon les géologues de l'université de Dijon, correspond à une émergence de l'horizon bathonien, qui leur confère plus de finesse, plus d'harmonie et plus de subtilité aromatique qu'aux vins récoltés sur les marnes avoisinantes. Les autres *climats* et 1ers crus de la commune exhalent fréquemment des senteurs végétales à nuances résineuses ou terpéniques qui leur donnent beaucoup de distinction.

B DOM. BERTHELEMOT Les Folatières 2022 ★

1er cru	3 513		75 à 100 €

Un domaine créé par Brigitte Berthelemot en 2006 avec la reprise des vignes de Jean Garaudet et d'Yves Darviot : 15 ha aujourd'hui (en bio certifié depuis 2021) dans plusieurs communes de la Côte de Beaune (Pommard, Meursault, Puligny-Montrachet…), dont les vins sont vinifiés par Thomas Berthelemot.

Ce 1er cru des hauteurs tient son nom des « follots », des zones de brouillard qui parfois s'y dévoilent. Dans le verre, un puligny bien doré, qui exhale des senteurs florales, torréfiées et toastées. Une attaque souple ouvre sur une bouche longue et fraîche, tendue par une agréable minéralité. Un vin énergique, qui vieillira bien. ⧗ 2027-2032

DOM. BERTHELEMOT, 24, rue des Forges, BP 30008, 21190 Meursault, tél. 03 80 21 68 61, contact@domaineberthelemot.com V r.-v.

♥ JEAN CHARTON
Clos de la Pucelle Monopole 2021 ★★

1er cru	2 700		75 à 100 €

Créé en 1859 par le tonnelier Jean-Édouard Dupard, ce domaine d'une grande constance, bien implanté dans les grands crus de Puligny, étend son vignoble sur 14,5 ha – dont 90 % de chardonnay et trois monopoles (Clos de la Pucelle et Clos du Cailleret en puligny, Clos des Chevaliers en chevalier-montrachet) conduits en bio non certifié. Jean-Michel Chartron est aux commandes depuis 2004 et épaulé depuis 2015 par sa sœur Anne-Laure. Une valeur sûre.

On ne compte plus les coups de cœur pour ce domaine, qui détient en monopole ce clos d'1,16 ha idéalement situé au cœur de ce *climat* voisin des grands crus. D'un bel éclat doré, ce 1er cru dévoile au nez des parfums subtils et complexes de verveine, de chèvrefeuille, de pamplemousse et de noisette grillée. On retrouve cette élégante palette dans une bouche concentrée, puissante, large, longue et fraîche, « portée par le souffle calcaire du terroir » conclut un dégustateur. ⧗ 2027-2034

1er cru Jean Chartron Clos du Cailleret Monopole 2021 ★ (75 à 100 € ; 2900 b.) Autre cuvée phare du domaine, ce 1er cru séduit par son nez élégant et complexe de fleurs (jasmin, tilleul), de fruits blancs et de pomme sur fond de minéralité. Il plaît aussi par son attaque vive, nerveuse, droit et salin dans son développement. Un blanc rigoureux et énergique. ⧗ 2027-2032

JEAN CHARTRON, 8 bis, Grande-Rue, 21190 Puligny-Montrachet, tél. 03 80 21 99 19, info@jeanchartron.com jeu.-dim. 10h-12h 14h-18h ; f. nov.-avril

LES HÉRITIERS SAINT-GENYS
Les Referts 2021 ★

1er cru	900		+ de 100 €

Créée en 2012 à Chassagne-Montrachet sous l'impulsion de Patrice du Jeu associé à des proches et aux anciens propriétaires des vignes, cette structure exploite 13,5 ha entre Côte de Beaune et Côte chalonnaise, complétés d'une activité de négoce. La société a restructuré le domaine et rénové la cuverie. Aux commandes des vinifications, Jean-Baptiste Alinc.

Ce *climat* se situe en limite avec les 1ers crus de Meursault. Coup de cœur dans sa version 2019, elle nous revient en bonne forme avec un 2021 au nez discret de fruits blancs, d'agrumes et de fleur d'oranger. La bouche apparaît droite, fraîche, minérale, offrant aussi une belle densité et de la longueur. ⧗ 2026-2030

LES HÉRITIERS SAINT-GENYS, 1, pl. de l'Église, 21190 Chassagne-Montrachet, tél. 03 80 24 72 63, contact@saint-genys.fr V r.-v.

DOM. SYLVAIN LANGOUREAU La Garenne 2022 ★

1er cru	3 600		30 à 50 €

Représentant la cinquième génération, Sylvain Langoureau s'est installé en 1988 à la tête du domaine familial, dont les bâtiments datent de 1647. Fort de 10 ha, le vignoble est régulièrement en vue pour ses saint-aubin blancs.

Avec près de 10 ha, ce *climat* situé au-dessus du grand cru montrachet est l'un des plus vastes 1ers crus de l'appellation. Sylvain Langoureau y exploite 55 ares qui ont donné un puligny expressif, ouvert sur les fruits blancs bien mûrs et le boisé toasté, avec aussi quelques notes plus originales de thym. La bouche apparaît bien équilibrée entre boisé, gras et fraîcheur, avec en prime une longue finale minérale et bien tendue. ⧗ 2027-2032

DOM. SYLVAIN LANGOUREAU, 20, rue de la Fontenotte, 21190 Saint-Aubin, tél. 03 80 21 39 99, domainesylvainlangoureau@orange.fr V r.-v.

BOURGOGNE

♥ DOM. DAVID MORET 2022 ★★

| 5 000 | | 75 à 100 €

David Moret a créé en 1999 sa maison de négoce, établie derrière les remparts de Beaune. Cet adepte des élevages longs s'est fait une spécialité de la vinification « haute couture » des blancs de la Côte de Beaune. Une valeur sûre, d'une régularité sans faille.

David Moret ajoute un nouveau coup de cœur à son long palmarès avec ce vin réjouissant de bout en bout. Une robe dorée éclatante et un nez complexe et nuancé de noisette grillée, d'agrumes, de poire et de fleurs composent une entrée en matière emballante. La suite est tout aussi séduisante : une bouche riche, grasse, ronde à souhait, presque moelleuse, mais avec une belle fraîcheur minérale et un boisé bien intégré en soutien. Un puligny généreux, qui offre déjà beaucoup de plaisir, et pour quelques années encore. ⧗ 2025-2030

⊶ DAVID MORET, 1, rue Émile-Goussery, 21200 Beaune, tél. 03 80 24 00 70, davidmoret.vins@orange.fr r.-v.

BÂTARD-MONTRACHET

Superficie : 11,2 ha / Production : 475 hl

JEAN CHARTRON 2022 ★

Gd cru | 598 | | + de 100 €

Créé en 1859 par le tonnelier Jean-Édouard Dupard, ce domaine d'une grande constance, bien implanté dans les grands crus de Puligny, étend son vignoble sur 14 ha – dont 90 % de chardonnay et deux monopoles (Clos de la Pucelle, Clos des Chevaliers en chevalier-montrachet) –, conduits en bio non certifié. Jean-Michel Chartron est aux commandes depuis 2004, épaulé depuis 2015 par sa sœur Anne-Laure. Une valeur sûre.

La famille Chartron n'exploite que 12 ares de ce grand cru, mais une parcelle que tout vigneron bourguignon aimerait posséder. Paré d'une robe or vert clair, ce 2022 développe des parfums complexes et généreux de fruit jaunes, d'agrumes mûrs, de miel et de boisé toasté. Une générosité bien dans le ton de ce millésime solaire qui infuse aussi une bouche riche, chaleureuse, puissante, rafraîchie par une longue finale sur les agrumes. ⧗ 2028-2036

⊶ DOM. JEAN CHARTRON, 8 bis, Grande-Rue, 21190 Puligny-Montrachet, tél. 03 80 21 99 19, info@jeanchartron.com r.-v.

CRIOTS-BÂTARD-MONTRACHET

Superficie : 3,5 ha / Production : 145 hl

DOM. ROGER BELLAND Criots 2022 ★★

Gd cru | 1 800 | | + de 100 €

Un domaine ancien, dont on trouve trace au XVIIIᵉ s., couvrant aujourd'hui 24 ha. À sa tête, Roger Belland, installé en 1981, sa fille Julie, arrivée en 2003 et chargée des vinifications et leur nouveau collaborateur Martin Boyer. Pas de bio certifié ici, mais une viticulture raisonnée et maîtrisée (enherbement total du vignoble, pas de désherbants), et des vins d'une grande constance.

Les Belland exploitent 62 ares des 1,57 ha que compte le plus petit des cinq grands crus de la colline du Montrachet. Fidèles au rendez-vous, ils en tirent un 2022 remarquable. Au nez, se dévoilent des arômes engageants et nuancés de fleurs blanches, noisette, d'amande, de beurre frais et de boisé toasté. En bouche, le vin se fait ample, riche, charnue, comme le veut ce millésime solaire, mais avec aussi beaucoup d'élégance et de finesse dans la texture et une belle fraîcheur bienvenue en finale. Un criots qui conjugue parfaitement puissance et précision. ⧗ 2028-2038

⊶ DOM. ROGER BELLAND, 3, rue de la Chapelle, 21590 Santenay, tél. 03 80 20 60 95, belland.roger@wanadoo.fr V r.-v.

CHASSAGNE-MONTRACHET

Superficie : 300 ha
Production : 15 660 hl (65 % blanc)

Le village de Chassagne est situé au sud de la Côte de Beaune, entre Puligny, Montrachet et Santenay. Exposé est-sud-est, le vignoble se partage entre pinot noir et chardonnay. La combe de Saint-Aubin, parcourue par la RN 6, forme à peu près la limite méridionale de la zone des vins blancs. Les Clos Saint-Jean et Morgeot, qui donnent des vins solides et vigoureux, sont les 1ᵉʳˢ crus les plus réputés de la commune.

DOM. BACHEY-LEGROS 2022 ★

| 5 964 | | 30 à 50 €

Régulièrement mentionnés dans le Guide, les Bachey-Legros – Christiane et ses fils Samuel et Lénaïc – sont les cinquième et sixième générations à œuvrer sur ce domaine de 19 ha auquel s'est ajoutée une activité de négoce en 2008. En 2017, la propriété s'est équipée d'une nouvelle cuverie.

Ce chassagne né de jeunes vignes âgées de 12 ans dévoile au nez des arômes d'agrumes, de poire et de tilleul. En bouche, il se montre riche, gras, solaire comme le veut le millésime, rafraîchi par une touche minérale. ⧗ 2025-2029

⊶ DOM. BACHEY-LEGROS, 12, rue de la Charrière, 21590 Santenay, tél. 06 07 43 00 76, christine.bachey-legros@wanadoo.fr V r.-v.

DOM. BADER-MIMEUR En Journoblot 2021 ★

| 2 680 | | 50 à 75 €

En 1919, Charles Bader, négociant en vin à Paris, épouse Élise Mimeur, de Chassagne-Montrachet. Leurs arrière-petits-enfants, Nathalie Bernard et Sébastien Fossier, ont succédé à Alain Fossier et exploitent près de 8 ha, dont 98 % des vignes du Ch. de Chassagne, représentant un vignoble de 5 ha.

Un *climat* peu revendiqué, pourtant situé juste en dessous du grand cru criots-bâtard-montrachet : on a connu pire voisinage. Le domaine y exploite 44 ares qui ont donné ce chassagne expressif, sur le tilleul, l'aubépine, les fruits jaunes, le toasté et la vanille. En bouche, il attaque en souplesse, puis se fait rond, suave et consistant, mais sans lourdeur, bien équilibré par une pointe de vivacité. ⧗ 2025-2029

⊶ *DOM. BADER-MIMEUR, 1, chem. du Château, 21190 Chassagne-Montrachet, tél. 03 80 21 30 22, info@bader-mimeur.com* V r.-v.

B DOM. CHAPELLE ET FILS Morgeot 2022 ★

1er cru	2400		30 à 50 €

En 1989, Roger Chapelle et son fils Jean-François ont créé une structure de négoce qui commercialise en exclusivité les vins du domaine familial (18 ha en bio certifié), situé à l'extrémité sud de la Côte de Beaune. Il détient aussi des parcelles à l'autre bout de la Côte, autour de la montagne de Corton. En 2002, l'activité a été étendue à des vignerons partenaires pour élargir les gammes.

Le plus célèbre et le plus vaste 1er cru de Chassagne, situé autour des vestiges de l'abbaye de Morgeot. Les Chapelle en proposent un bel ambassadeur, né de vénérables vignes de 77 ans. Un vin au nez élégant de fleurs, de mangue et d'agrumes sur fond de minéralité. Minéralité qui irrigue aussi une bouche souple, fine et fraîche, qui prend en finale des tonalités gourmandes de tarte au citron. Une belle bouteille pour la cave. ⧗ 2026-2032

⊶ *MAISON JEAN-FRANÇOIS CHAPELLE, Le Haut-Village, 21590 Santenay, tél. 03 80 20 60 09, contact@domainechapelle.com* V r.-v. 4 D

JEAN CHARTRON 2021 ★

	1800		50 à 75 €

Créé en 1859 par le tonnelier Jean-Édouard Dupard, ce domaine d'une grande constance, bien implanté dans les grands crus de Puligny, étend son vignoble sur 14,5 ha - dont 90 % de chardonnay et trois monopoles (Clos de la Pucelle et Clos du Cailleret en puligny, Clos des Chevaliers en chevalier-montrachet) conduits en bio non certifié. Jean-Michel Chartron est aux commandes depuis 2004 et épaulé depuis 2015 par sa sœur Anne-Laure. Une valeur sûre.

Ce chassagne livre au nez d'agréables parfums de tilleul, de chèvrefeuille et d'abricot mûr agrémentés de la touche toastée du bois. Un boisé qui soutient avec justesse une bouche souple, fraîche, à la texture fine, centrée sur les agrumes. Un vin équilibré et sapide. ⧗ 2025-2029

⊶ *JEAN CHARTRON, 8 bis, Grande-Rue, 21190 Puligny-Montrachet, tél. 03 80 21 99 19, info@jeanchartron.com* *jeu.-dim. 10h-12h 14h-18h; f. nov.-avril*

DOM. SYLVAIN LANGOUREAU 2022 ★

	4300		20 à 30 €

Représentant la cinquième génération, Sylvain Langoureau s'est installé en 1988 à la tête du domaine familial, dont les bâtiments datent de 1647. Fort de 10 ha, le vignoble est régulièrement en vue pour ses saint-aubin blancs.

Ce chassagne rouge s'ouvre sur des parfums de fruits croquants (griotte, framboise, cassis) nuancés de notes florales. Un fruité tout aussi friand prend place dans une bouche, souple, fraîche, aux tanins bien affinés. Un chassagne qui reste très alerte malgré une année solaire. ⧗ 2026-2030

⊶ *DOM. SYLVAIN LANGOUREAU, 20, rue de la Fontenotte, 21190 Saint-Aubin, tél. 03 80 21 39 99, domainesylvainlangoureau@orange.fr* V r.-v.

LOUIS LATOUR Clos Saint-Jean 2022 ★★

1er cru	1700		+ de 100 €

Une maison familiale toujours indépendante, fondée en 1797 et conduite successivement par dix générations de Latour. Un acteur incontournable de la Bourgogne viticole et le plus important propriétaire de grands crus de la Côte-d'Or (28 ha sur les 48 que compte son vignoble). Les raisins sont vinifiés à Aloxe-Corton, berceau de la famille, et la maison possède sa propre tonnellerie.

Un *climat* situé au cœur du village et doyen de tous les crus de Chassagne, ancienne propriété au VIe s. de l'abbaye bénédictine féminine de Saint-Jean-le-Grand. Dans le verre, un blanc au nez subtil d'agrumes et de fruits blancs sur un fond boisé bien intégré. Un fruité qui infuse une bouche fraîche, minérale, fine de texture et dense à la fois, un peu plus chaleureuse en finale, dans le ton du millésime. Un ensemble très harmonieux, qui évoluera sereinement en cave. ⧗ 2026-2030

⊶ *MAISON LOUIS LATOUR, 18, rue des Tonneliers, 21200 Beaune, tél. 03 80 24 81 00, contact@louislatour.com*

MONTHELIE-DOUHAIRET-PORCHERET 2022 ★

	1400		50 à 75 €

Longtemps régisseur des Hospices de Beaune, André Porcheret acquit en 1989 avec Armande Monthelie-Douhairet ce domaine fondé il y a plus de trois siècles. Sa petite-fille Cataldina Lippo l'a rejoint en 2004 et conduit désormais le vignoble, qui compte 6,5 ha.

Ce chassagne s'ouvre sur un bouquet discret mais élégant d'acacia, de fleur de sureau et de pamplemousse. Une élégance qui trouve un heureux écho dans une bouche fine, fraîche, avec la minéralité et le fruit comme fils conducteurs. ⧗ 2026-2030

⊶ *MONTHELIE-DOUHAIRET-PORCHERET, 1, rue Cadette, 21190 Monthelie, tél. 03 80 21 63 13, contact@domainemontheliedouhairet.com* V r.-v.

FERNAND ET LAURENT PILLOT Vieilles Vignes 2022 ★★

	4700		30 à 50 €

Installé en 1993, Laurent Pillot, fils de Fernand, représente la quatrième génération de vignerons sur cette propriété de Chassagne-Montrachet; la cinquième (Adrien) a rejoint le domaine en 2017 après avoir parcouru le monde de cave en cave et signe aujourd'hui les vinifications. L'exploitation, qui s'est étendue sur Pommard grâce à la reprise des vignes Pothier-Rieusset, approche aujourd'hui les 15 ha, en conversion bio.

Ce chassagne rouge a été produit à partir d'un assemblage de parcelles représentant 25 ouvrées. Il se présente avec intensité dans une belle robe pourpre, ouvert sur des arômes soutenus de cerise noire bien mûre et de pruneau agrémentés de notes de violette. Arômes que prolonge une bouche souple en attaque, ample et fraîche dans son développement, portée par des tanins soyeux, d'une grande finesse. Du relief et de la classe. ⧗ 2025-2030 ■ **Les Chênes 2022 ★ (50 à 75 €; 2600 b.)** Ce *village* livre au nez des parfums délicats de citron, de mangue et de tilleul, relayés par une bouche tendre et ronde, soulignée par une fine acidité qui ajoute à son allonge et son dynamisme. ⧗ 2025-2029 ■ **1er cru Champgains 2022 ★ (50 à 75 €; 2300 b.)** Ce 1er cru dévoile un joli nez nez minéral et mentholé auquel répond une bouche fruitée, ample, charnue et soyeuse, soutenue par une agréable fraîcheur aux tonalités salines et d'orange amère en finale. ⧗ 2025-2030

⊶ FERNARD ET LAURENT PILLOT, 3, chem. du Puits-Merdreaux, 21190 Chassagne-Montrachet, tél. 03 80 21 99 83, contact@vinpillot.com V r.-v.

DOM. REGNARD Vieilles Vignes 2022 ★

■	3500		30 à 50 €

En 2010, Florian Regnard a rejoint son père Christian sur le domaine familial situé à Sampigny, l'un des trois villages de l'appellation maranges. Parcelle après parcelle, il agrandit le vignoble (aujourd'hui 17 ha dans la partie sud de la Côte de Beaune et dans les Hautes-Côtes) et fait bouger les lignes en matière de culture, de vinification et de commercialisation. Une activité complémentaire de négoce a vu le jour en 2022.

De vénérables ceps de 80 ans, entièrement égrappés, sont à l'origine de ce chassagne d'un seyant pourpre profond, au nez intense de cerise, de framboise et de pruneau accompagné d'un boisé discret. On retrouve les fruits rouges dans une bouche fraîche, alerte, structurée en finesse par des tanins bien intégrés. Une belle bouteille à mettre en cave quelques années. ⧗ 2027-2032

⊶ DOM. REGNARD, 14, rte de Cheilly, 71150 Sampigny-lès-Maranges, tél. 03 85 45 51 29, contact@domaine-regnard.fr V r.-v. E

DOM. SORINE Vieilles Vignes 2022 ★

■	3000		20 à 30 €

Originaires de Santenay, les Sorine font du vin depuis 1947. Christian s'est installé en 1990 à la tête des 12 ha familiaux, rejoint en 2009 par sa femme Emma, enseignante formée à l'œnologie. Ils ont aussi développé une petite activité de négoce pour élargir leur gamme. En 2020, leur fils Paul, diplôme d'œnologie en poche et quelques expériences à l'étranger, les a rejoints.

Produite à partir d'un demi-hectare, cette cuvée a bénéficié d'un élevage d'une année en fût. On le ressent à travers un bouquet qui associe le grillé du chêne aux fruits noirs. En bouche, elle se montre souple en attaque, puis déploient ses tanins, bien fondus et soyeux, épaulés par une agréable fraîcheur. Un bon potentiel en cave se dessine. ⧗ 2027-2032

⊶ DOM. SORINE, 1, pl. de la Poste, 71150 Cheilly-lès-Maranges, tél. 03 85 87 18 07, domainesorine@gmail.com V r.-v. sf dim.

SAINT-AUBIN

Superficie : 162 ha
Production : 8 265 hl (75 % blanc)

Saint-Aubin est dans une position topographique voisine des Hautes-Côtes; mais une partie de la commune joint Chassagne au sud et Puligny et Blagny à l'est. Le 1er cru Les Murgers des Dents de Chien se trouve même à faible distance des Chevalier-Montrachet et des Caillerets. Le vignoble s'est un peu développé en rouge, mais c'est en blanc qu'il atteint le meilleur.

PAUL CHAVY Sur Gamay 2022 ★

■ 1er cru	2700		30 à 50 €

Un tout jeune petit négoce, basé à Puligny, créé en 2019 et qui se donne comme objectif de grandir pas à pas.

Le plus haut des 1ers crus de l'appellation trouve une belle expression dans ce saint-aubin ouvert sur les fleurs blanches et les agrumes. Une attaque souple introduit une bouche ronde, ample et longue, étirée en une finale plus acidulée. ⧗ 2024-2028

⊶ PAUL CHAVY, 27, rue de Bois, 21190 Puligny-Montrachet, tél. 03 80 21 38 85, paul@domaine-chavy.fr V r.-v.

JANOTSBOS En Créot 2022 ★

■	1800		30 à 50 €

Cette maison de négoce conduite par Thierry Janots, un Bourguignon issu du monde du vin, et par Richard Bos, un restaurateur néerlandais, s'est installée à Meursault en 2005, d'où elle exporte une large part de sa production.

Sur 130 ha classés en 1er cru, 100 ha sont plantés de chardonnay. Celui-ci donne un vin brillant, associant au nez les fruits blancs à un boisé discret. Au palais, il s'exprime sur un fruit charnu avec un bel équilibre et une pointe d'acidité qui lui va très bien. ⧗ 2024-2028

⊶ JANOTSBOS, 2, pl. de l'Europe, 21190 Meursault, tél. 06 72 16 92 04, richard@janotsbos.eu V r.-v.

DOM. SYLVAIN LANGOUREAU Derrière chez Edouard 2022 ★

■ 1er cru	800		20 à 30 €

Représentant la cinquième génération, Sylvain Langoureau s'est installé en 1988 à la tête du domaine familial, dont les bâtiments datent de 1647. Fort de 10 ha, le vignoble est régulièrement en vue pour ses saint-aubin blancs.

Ce *climat* bien calé à mi-coteau, face au sud, est connu des amateurs. Élevé un an sous bois, avec 30 % de fûts neufs, ce 2022 livre un nez floral d'aubépine agrémenté d'une touche de pain grillé. Ample, enrobé mais aussi bien frais, sur des tonalités citronnées, le palais affiche une belle harmonie. ⧗ 2024-2028

⊶ DOM. SYLVAIN LANGOUREAU, 20, rue de la Fontenotte, 21190 Saint-Aubin, tél. 03 80 21 39 99, domainesylvainlangoureau@orange.fr V r.-v.

PROSPER MAUFOUX Clos du Château 2021 ★

■ 1er cru	8800		30 à 50 €

Constitué en 1860, le négoce Prosper Maufoux est une institution à Santenay, installé dans l'hôtel particulier bâti en 1838 pour Jacques-Marie Duvault, alors unique propriétaire de la Romanée-Conti. Il a été repris en 2010 par Éric Piffaut et la maison André Delorme, spécialiste des vins de la Côte chalonnaise : la fusion

des deux entités a donné la Maison des Grands crus. En 2020, la maison s'installe au Ch. de Saint-Aubin, entre Chassagne et Puligny.

Au nez, se dévoilent des arômes appétents de fruits jaunes, de coing, de miel et de fruits secs. En bouche, le vin se fait ample, charnu, riche, généreux, stimulée par une agréable fraîcheur aux tonalités exotiques (mangue, ananas). On pourra l'attendre quelques années. ⧗ 2026-2030

MAISON PROSPER MAUFOUX, 3, rue des Lavières, 21190 Saint-Aubin, tél. 03 80 20 68 71, contact@prosper-maufoux.com V *t.l.j. sf lun. dim.*

DOM. BERNARD PRUDHON
Les Castets 2021 ★

1er cru | 1800 | | 20 à 30 €

Les Prudhon cultivent la vigne depuis 1860. Isabelle et Bernard, rejoints en 2011 par leur fille Élodie, sont installés depuis 1982 à la tête d'un vignoble de 8 ha.

Avec 31 ha, les vins rouges ne représentent que 18 % de la surface plantée sur l'appellation. Seul rouge de notre sélection, ce saint-aubin à la robe profonde dévoile des arômes de mûre, de cerise noire et de cassis. On retrouve ces fruits dans une bouche équilibrée, fraîche, bien cadrée par des tanins de qualité qui assureront sa bonne évolution en cave. ⧗ 2027-2032

DOM. BERNARD PRUDHON, 15, rue du Jeu-de-Quilles, 21190 Saint-Aubin, tél. 03 80 21 35 66, contact@domaine-bernard-prudhon.com V *r.-v.*

HENRI PRUDHON ET FILS Les Castets 2022 ★

1er cru | 2000 | | 20 à 30 €

L'une des familles les plus anciennes de Saint-Aubin et une exploitation transmise depuis de nombreuses générations. Aujourd'hui, Vincent et Philippe Prudhon épaulent leur père Gérard à la tête d'un domaine de 15 ha très régulier en qualité.

Ce *climat*, dont la partie haute est classée en village, tiendrait son nom de «castel», une petite forteresse dont la position haute permettait d'observer la route. Dans le verre, un vin bien parfumé, sur les fruits exotiques, la pêche jaune, les fleurs blanches et des notes minérales. La bouche, finement texturée, apparaît aussi large que longue, tendue par une jolie finale mentholée. ⧗ 2025-2029

HENRI PRUDHON ET FILS, 32, rue des Perrières, 21190 Saint-Aubin, tél. 03 80 21 31 33, henri-prudhon@wanadoo.fr V *t.l.j. sf dim. 10h-12h 14h-18h*

SANTENAY

Superficie : 330 ha
Production : 14 040 hl (85 % rouge)

Dominé par la montagne des Trois-Croix, le village de Santenay est devenu, grâce à sa «fontaine salée» aux eaux les plus lithinées d'Europe, une ville d'eau réputée... C'est donc un village polyvalent, puisque son terroir produit également d'excellents vins. Les Gravières, La Comme, Beauregard en sont les crus les plus connus. Comme à Chassagne, le vignoble présente la particularité d'être souvent conduit en cordon de Royat, élément qualitatif non négligeable.

♥ DOM. BATTAULT
Beauregard 2022 ★★

1er cru | 2000 | | 20 à 30 €

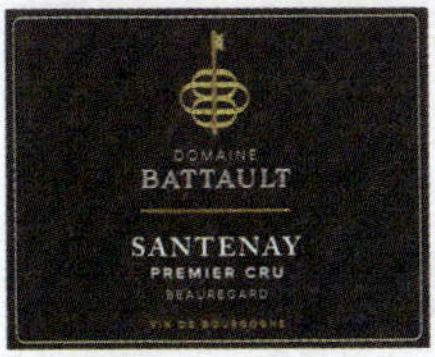

Un domaine familial de 14 ha transmis depuis plusieurs générations qui, jusqu'à l'arrivée de Jean-Marc Battault vendait son vin en vrac, à la pièce, et qui a désormais engagé la commercialisation en bouteilles.

Ce *climat*, le plus haut des 1er crus de Santenay, l'un des plus vastes aussi, a trouvé ici un formidable ambassadeur avec ce rouge égrappé et élevé 13 mois en fût. Le nez prend son temps pour diffuser ses notes de cassis bien mûr sur un fond élégamment boisé. L'intensité du fruit monte d'un ton dans une bouche veloutée à l'attaque, puis cossue, concentrée et flanquée de tanins musclés mais enrobés par un élevage au cordeau. Une structure et une longueur qui augurent d'une bien belle évolution en cave. On patiente. ⧗ 2027-2034

DOM. BATTAULT, 6, rue du Lavoir, 71150 Dezize-lès-Maranges, tél. 06 07 85 92 06, dom.battaultjeanmarc@orange.fr V *r.-v.*

DOM. ROGER BELLAND
Charmes 2022 ★★

| 9000 | | 30 à 50 €

Un domaine ancien, dont on trouve trace au XVIIIe s., couvrant aujourd'hui 24 ha. À sa tête, Roger Belland, installé en 1981, sa fille Julie, arrivée en 2003 et chargée des vinifications et leur nouveau collaborateur Martin Boyer. Pas de bio certifié ici, mais une viticulture raisonnée et maîtrisée (enherbement total du vignoble, pas de désherbants), et des vins d'une grande constance.

Un toponyme qui va à ravir à ce vin très ouvert sur le fruits rouges et noirs bien mûrs agrémentés de discrètes notes épicées. Le soyeux de la matière, la maturité du fruit, le raffinement des tanins, la longueur conséquente : voilà un santenay intense et complet qui fera une bien belle bouteille après quelques années de garde. ⧗ 2027-2032 ■ **1er cru Commes 2022 ★ (30 à 50 €; 10 000 b.)** Une robe brillante, un nez tout en fruit qui fleure bon la cerise, la framboise et la mûre, une bouche riche, ample, juteuse, adossée à des tanins joliment ciselés : un 2022 très flatteur et qui donne déjà bien du plaisir. ⧗ 2025-2030 ■ **1er cru Beauregard 2022 ★ (30 à 50 €; 10 000 b.)** Un Beauregard puissant, aux arômes épanouis et capiteux de confiture de fruits rouges et de cannelle. La bouche très en chair, riche, étayée de tanins doux et imprégnée de fruits cuits confirme ce profil solaire et généreux. ⧗ 2026-2030

DOM. ROGER BELLAND, 3, rue de la Chapelle, 21590 Santenay, tél. 03 80 20 60 95, belland.roger@wanadoo.fr V *r.-v.*

CAPUANO-FERRERI
Vieilles Vignes 2022 ★

1er cru | n.c. | | 15 à 20 €

Associé à l'ancien footballeur Jean-Marc Ferreri, John Capuano – dont le père Gino a créé en 1987 ce domaine implanté à Santenay – exploite 8 ha de parcelles s'égrenant de Beaune à Mercurey. Très régulier en qualité.

Derrière une robe d'un rubis limpide, un nez harmonieux et fringant, centré sur le fruit rouge frais relevé des épices du chêne. Plus élégante que puissante, la bouche charme par la rondeur du fruit, la souplesse des tanins, la fraîcheur préservée et ce trait salin qui étire la finale. Un santenay fin et frais. ⧗ 2025-2028

CAPUANO-FERRERI, 14, rue Chauchien, 21590 Santenay, tél. 03 80 20 68 04, john.capuano@wanadoo.fr V r.-v.

CH. DE LA CHARRIÈRE Beauregard 2022 ★★

1er cru	2750		20 à 30 €

Issu de la division en 1981 des vignes paternelles entre les quatre enfants Girardin, le Dom. Yves Girardin comptait 3 ha à ses débuts. L'acquisition en 2004 du Ch. de la Charrière a porté à 21 ha la superficie de cette propriété qui a son siège dans le hameau de Santenay-le-Haut.

Un blanc très abouti né d'un élevage en barriques bien pensé, qui reste discret. La fraîcheur minérale du terroir ressort dès le nez, marqué par les fleurs blanches, le citron, le poivre et la pierre à fusil. Nervosité et gourmandise s'associent dans une bouche alerte à souhait, citronnée, dont on retient la tension et la droiture. Un «vin de garde pour amateurs de minéralité» selon le jury, enthousiaste. ⧗ 2026-2032

EARL DOM. YVES ET BENOÎT GIRARDIN, 1, rte de Dezize-lès-Maranges, 21590 Santenay, tél. 03 80 20 64 36, yves.girardin-domaine@orange.fr V r.-v.

JUSTIN GIRARDIN Clos Rousseau 2022 ★

1er cru	12000		20 à 30 €

Après avoir obtenu en 2013 son BTS «viti-œno» à Beaune et suivi plusieurs stages à Pomerol, Maury et jusqu'en Tasmanie, le jeune Justin Girardin (13e génération) a rejoint en 2013 ses parents Jacques et Valérie sur le domaine familial établi à Santenay-le-Haut (17 ha). Il a créé dans la foulée une activité de négoce en son nom pour compléter la gamme.

Un *climat* situé en limite de l'appellation maranges joliment illustré par ce 2022 élevé 15 mois en fût. Discrètes à l'olfaction, les notes de cassis et de cerise d'un pinot noir bien mûr s'émancipent franchement dans un palais de bon volume, riche, animé d'une agréable sucrosité, et soutenu par des tanins gras et sans rigueur. Un rouge épanoui, bien dans l'esprit du millésime qui donnera sa pleine mesure dans le temps. ⧗ 2025-2029 **Les Terrasses de Bievaux 2022 ★ (20 à 30 €; 12000 b.)** Un *climat* des hauteurs, en forte pente, qui a nécessité un aménagement en terrasses. Dans le verre, un chardonnay sans fard, aux parfums flatteurs de fruit jaune bien mûr, d'agrume et de menthol, dont on aime la bouche sapide, subtilement toastée qui offre un compromis déjà savoureux entre rondeur et fraîcheur. Déjà très séduisant. ⧗ 2024-2027

SAS JUSTIN GIRARDIN, 13, rue de Narosse, 21590 Santenay, tél. 03 80 20 60 12, justin.girardin@gmail.com V r.-v. E

LES HÉRITIERS SAINT-GENYS
La Maladière 2021 ★

1er cru	1770		30 à 50 €

Créée en 2012 à Chassagne-Montrachet sous l'impulsion de Patrice du Jeu associé à des proches et aux anciens propriétaires des vignes, cette structure exploite 13,5 ha entre Côte de Beaune et Côte chalonnaise, complétés d'une activité de négoce. La société a restructuré le domaine et rénové la cuverie. Aux commandes des vinifications, Jean-Baptiste Alinc.

Ouvert au sud, ce *climat* de plein coteau accueillait jadis les lépreux qui venaient se soigner au soleil. Déjà en vue l'an passé, cette cuvée confirme dans ce millésime frais. Un rouge gracile, vinifié en douceur, qui «pinote» joyeusement au nez (cerise et groseille) et qui se fait léger, juteux et très croquant en bouche. On le boira sur le fruit de sa jeunesse. ⧗ 2024-2027 **Comme dessus et sous la roche 2021 ★ (30 à 50 €; 1350 b.)** Agrumes, fleurs blanches, miel, touche grillée, le nez ne manque pas de séduction. Suave à l'attaque, la bouche se tend ensuite autour d'une acidité sans concession qui dessine un santenay droit et très tendu. ⧗ 2024-2027

LES HÉRITIERS SAINT-GENYS, 1, pl. de l'Église, 21190 Chassagne-Montrachet, tél. 03 80 24 72 63, contact@saint-genys.fr V r.-v.

LUCIEN MUZARD ET FILS
Champs Claude Vieilles Vignes 2022 ★

	8000		30 à 50 €

Domaine de 18 ha fondé à partir de 1965 par le Santenois Lucien Muzard. Ses fils Hervé et Claude Muzard, vignerons et négociants, ont pris la relève dans les années 1990, avec brio : leurs vins, notamment leurs santenay, collectionnent les étoiles du Guide.

Des vignes de 60 ans à l'origine de ce santenay très aimable, dont on retient les arômes de cerise mûre relevés de poivre et la bouche enlevée, croquante, fraîche, large, élégamment élevée et qui donne déjà bien du plaisir. Un rouge gourmand, et sans doute un peu plus encore après un peu de garde. ⧗ 2025-2029

LUCIEN MUZARD ET FILS, 11, rue de la Cour-Verreuil, 21590 Santenay, tél. 03 80 20 61 85, contact@domainemuzard.com V r.-v.

DOM. PONSARD-CHEVALIER
Les Daumelles 2021 ★

	1500		15 à 20 €

Reprise en 1977 par Michel Ponsard et Danielle Chevalier qui l'avaient cultivée en fermage pendant plusieurs années, et désormais dirigée par leur fille Coralie, cette exploitation familiale couvre 6,16 ha. Comme nombre de propriétés établies à Santenay, elle dispose aussi de vignes dans trois 1ers crus des Maranges.

De ce *climat* situé au-dessus des Clos Rousseau, sur le coteau, ce domaine tire un chardonnay expressif, au nez fringant et tonique, plus floral que fruité. Un joli gras enrobe une bouche accueillante, vite relevée par une franche arête acide qui donne éclat et tenue à l'ensemble. Harmonieux, on peut commencer tranquillement à l'ouvrir. ⧗ 2024-2030

DOM. PONSARD-CHEVALIER, 2, les Tilles, 21590 Santenay, tél. 03 80 20 60 87, contact@ponsard-chevalier.fr V r.-v.

DOM. JEAN-CLAUDE REGNAUDOT ET FILS 2022 ★

1er cru	1500		15 à 20 €

Installés au cœur du village de Dezize, Jean-Claude et Didier Regnaudot cultivent avec talent 7 ha de vignes

entre Maranges et Santenay. Leurs vins parlent pour eux : le domaine a plusieurs coups de cœur à son actif. Une valeur (très) sûre.

La robe opaque annonce un nez bien mûr, centré sur la crème de cassis et les mûres sauvages, où l'élevage se fait très discret. Ample dès l'attaque, veloutée, charnue, appuyée sur de beaux tanins gras, la bouche confirme ce profil bien plein, mûr et franchement séduisant. Un *villages* qui lorgne du côté des 1er crus. ⧗ 2026-2030

⊶ JEAN-CLAUDE REGNAUDOT ET FILS, 6, Grande-Rue, 71150 Dezize-lès-Maranges, tél. 03 85 91 15 95, regnaudot.jc-et-fils@orange.fr V *r.-v.*

♥ DOM. SAINT-MARC Saint-Jean 2022 ★★

■	1800	⏀	20 à 30 €

Un domaine de 8,5 ha situé à la limite des Maranges, dans les Hautes-Côtes de Beaune. Il a été créé en 1980 à partir de 40 ares de vignes par Jean-Claude Mitanchey, rejoint en 2011 par son fils Arnaud.

Des dégustateurs conquis par ce santenay élevé 12 mois en fûts (25 % de barriques neuves), issu d'un millésime ensoleillé. Jasmin, abricot, puis noisette grillée et vanille : au nez, c'est un bonheur. Ample dès l'attaque, la bouche se déploie avec volupté et gourmandise, s'entiche d'une touche citronnée et trouve dans une finale mentholée tout ce qu'il faut de fraîcheur et d'énergie. Un régal pour les papilles. ⧗ 2025-2030 ■ **Chainey 2022 ★ (20 à 30 €; 1800 b.)** Un vin bien dans son appellation, issu d'un *climat* placé au-dessus des 1er crus. Puissant dès l'olfaction, sur le noyau de cerise et le tabac, le fruit se teinte de cacao dans un palais énergique, tendre et frais à l'attaque, vite cadré par des tanins musclés. Du caractère et de l'avenir. ⧗ 2027-2032

⊶ DOM. SAINT-MARC, 1, rue de Nolay, 71150 Paris-L'Hôpital, tél. 06 79 10 70 86, domaine@saint-marc.fr V *r.-v.*

♥ DOM. SORINE Beaurepaire 2022 ★★

■ 1er cru	3100	⏀	20 à 30 €

Originaires de Santenay, les Sorine font du vin depuis 1929. Christian s'est installé en 1990 à la tête des 12 ha familiaux, rejoint en 2009 par sa femme Emma, enseignante formée à l'œnologie, et par son fils Paul. Ils ont aussi développé une petite activité de négoce pour élargir leur gamme.

Beaurepaire, terroir d'altitude au sol marneux parsemé de pierres calcaires, à l'honneur dans ce rouge puissant, complet, qui a bien profité des largesses du millésime. Tout y est intense : la robe violine, le nez ouvert sur la cerise noire et les épices du chêne, la bouche surtout, vineuse, riche, ample, pulpeuse, adossée à des tanins bien pris dans la chair. Longue et parfumée, la finale conclut en beauté la dégustation. Le coup de cœur ne se discute pas. ⧗ 2027-2032 ■ **1er cru Maladière 2022 ★ (20 à 30 €; 1000 b.)** Au nez, un heureux mariage entre la pêche mûre et les notes vanillées et épicées du fût. Généreusement épicée elle aussi, la bouche en impose par ses saveurs riches de fruits au sirop, sa chair opulente et sa finale plus citronnée qui donne ce qu'il faut de vigueur à l'ensemble. Un chardonnay solide et complet, qui ne laissera pas indifférent. ⧗ 2026-2030 ■ **Vieilles Vignes 2022 ★ (15 à 20 €; 7000 b.)** Un pinot noir qui tire du millésime et de ses vieilles vignes (60 ans) un jolie sève, parfumée, mûre et fraîche, à l'accent de fruits noirs et d'épices, tenue, pour l'heure, par des tanins encore saillants. ⧗ 2027-2030

⊶ DOM. SORINE, 1, pl. de la Poste, 71150 Cheilly-lès-Maranges, tél. 03 85 87 18 07, domainesorine@gmail.com V *r.-v. ; f. dim.*

MARANGES

Superficie : 170 ha
Production : 7 450 hl (95 % rouge)

Situé en Saône-et-Loire, à l'extrémité sud de la Côte de Beaune, le vignoble des Maranges regroupe les trois communes de Chailly, Dezize et Sampigny-lès-Maranges qui avaient leur propre appellation jusqu'en 1989. Il comporte six 1ers crus. Les vins rouges ont droit également à l'AOC côte-de-beaune-villages. Fruités, corpulents et charpentés, ils peuvent vieillir de cinq à dix ans.

♥ DOM. JEAN-FRANÇOIS BOUTHENET Sur le chêne 2022 ★★★

■	3000	⏀	15 à 20 €

Jean-François Bouthenet est établi à Cheilly-lès-Maranges, dans le hameau de Mercey qui domine la vallée de la Dheune, vers le Couchois. À la tête de 11,5 ha de vignes, il fut l'un des premiers à proposer du maranges blanc. Sa fille, Marie, a pris la relève en 2018.

Bien que représentant seulement 10 % de l'appellation, les maranges blancs gagnent chaque année de nouveaux adeptes. Valeur sûre dans cette couleur, le domaine décroche un coup de cœur avec cette cuvée brillante à tous les sens du terme. Robe doré à l'or fin, nez subtil et complexe sur le grillé et le vanillé du fût, la verveine, le citron et l'abricot sec, bouche ample, soyeuse, beurrée, presque crémeuse, rafraîchie et étirée par une longue finale minérale. ⧗ 2026-2030

⊶ DOM. JEAN-FRANÇOIS BOUTHENET, 4, rue du Four, 71150 Cheilly-lès-Maranges, tél. 03 85 91 14 29, contact@marie-bouthenet.fr V *r.-v.*

DOM. MAURICE CHARLEUX ET FILS Les Clos Roussots Pépé Joseph 2022 ★

■ 1er cru	2000	⏀	20 à 30 €

Un domaine régulier en qualité; 60 ares au temps de Ferdinand Charleux, en 1894, 10 ha aujourd'hui,

BOURGOGNE

en maranges et en santenay. Maurice, figure des Maranges, ayant pris sa retraite en 2008, Vincent, l'aîné de ses trois fils, qui travaille depuis 1999 sur l'exploitation, l'a relayé.

Vincent Charleux exploite 36 ares de ce terroir réputé situé en limite avec Santenay. Il a créé cette cuvée en mémoire à son grand-père, à partir de très vieilles vignes de 90 ans, et ne la produit que dans les meilleurs millésimes. Son 2022 s'ouvre avec discrétion sur des de fruits rouges mûrs, mâtinés d'un boisé bien ajusté. La bouche, d'une belle tenue, offre du volume, de la matière, avec des tanins fermes et serrés en soutien, que le temps apprivoisera. ⧗ 2027-2032 ■ **1er cru La Fussière 2022 ★ (20 à 30 €; 9600 b.)** Un 1er cru encore sur la réserve mais bien construit autour d'une trame tannique solide et d'une fine acidité qui étire bien la finale. Pour la cave. ⧗ 2028-2034

⊶ DOM. MAURICE CHARLEUX ET FILS, 1, Petite-Rue, 71150 Dezize-lès-Maranges, tél. 03 85 91 15 15, domaine.charleux@wanadoo.fr V r.-v.

DOM. CLAUDE NOUVEAU La Fussière 2022 ★

1er cru	1100		20 à 30 €

Souvent en vue pour ses maranges et ses santenay, ce domaine établi dans le hameau de Marcheseuil, dans les Hautes-Côtes de Beaune, s'étend sur 17 ha. En 2010, Claude Nouveau en a confié les rênes à son gendre Stéphane Ponsard, rejoint en 2015 par son épouse, Aline.

Le plus grand des sept 1ers crus des Maranges, également le plus connu. Le domaine y exploite 15 ares de chardonnay à l'origine d'un vin joliment bouqueté sur la noisette, l'amande, le tilleul et la verveine. Le palais se révèle ample, charnu, persistant, souligné par une agréable fraîcheur minérale. ⧗ 2025-2028 ■ **1er cru La Fussière 2022 ★ (20 à 30 €; 7000 b.)** Ce 1er cru dévoile un nez appétent de fruits rouges mûrs et d'épices, d'un bon volume en bouche, doté de tanins fins et stimulé par de légers amers en finale. De quoi attendre un peu. ⧗ 2026-2030

⊶ DOM. CLAUDE NOUVEAU, 2, pl. du Lavoir, 21340 Change, tél. 03 85 91 13 34, domaine@claudenouveau.com V r.-v. D

BERNARD ET FLORIAN REGNAUDOT Le Saugeot 2022 ★

■	3900		11 à 15 €

Installé en 1996, le discret mais talentueux Bernard Regnaudot, d'ascendance vigneronne (père et grand-père), a transmis le vignoble familial (9,5 ha) à son fils Florian en 2015. Un domaine qui s'illustre régulièrement dans son fief des Maranges et qui signe aussi de belles cuvées du village voisin de Santenay.

Avec ses 15,23 ha, ce terroir situé sur les hauteurs du village de Dezize-lès-Maranges représente à lui seul plus de 10 % de l'appellation. Florian Regnaudot y exploite 1 ha qui a donné ce vin profond, au nez fruité et vanillé, bien équilibré en bouche, rond, charnu, chaleureux, épaulé par des tanins de qualité qui lui garantiront une belle évolution. ⧗ 2026-2030

⊶ BERNARD ET FLORIAN REGNAUDOT, 14, rte de Nolay, 71150 Dezize-lès-Maranges, tél. 03 85 91 14 90, regnaudot.bernardetflorian@orange.fr V r.-v.

DOM. JEAN-CLAUDE REGNAUDOT ET FILS 2022 ★

■	6100		15 à 20 €

Installés au cœur du village de Dezize, Jean-Claude et Didier Regnaudot cultivent avec talent 7 ha de vignes entre Maranges et Santenay. Leurs vins parlent pour eux : le domaine a plusieurs coups de cœur à son actif. Une valeur (très) sûre.

Des vignes de 50 ans à l'œuvre dans ce vin d'une belle couleur cerise noire, centré sur les petits fruits rouges. Passée une attaque franche et vive, la bouche se révèle dense, cossue, bien structurée et fraîche. De quoi voir venir en cave. ⧗ 2027-2030 ■ **1er cru Les Clos Roussots 2022 ★ (15 à 20 €; 3000 b.)** Un nez vineux et boisé, une bouche corpulente, riche, portée par des tanins fermes et serrés, ce 1er cru affiche un bon potentiel de garde. ⧗ 2028-2034

⊶ JEAN-CLAUDE REGNAUDOT ET FILS, 6, Grande-Rue, 71150 Dezize-lès-Maranges, tél. 03 85 91 15 95, regnaudot.jc-et-fils@orange.fr V r.-v.

VINCENT ROYET Les Clos Roussots 2022 ★

■ 1er cru	6900		20 à 30 €

Jean-Claude Royet a repris en 2005 le domaine familial créé par ses parents en 1964 et entièrement replanté entre 1984 et 2004. C'est son fils, Vincent, qui est désormais aux commandes, depuis 2020. Le vignoble couvre 13 ha sur les coteaux escarpés au pied du château de Couches.

À cheval sur les communes de Cheilly et Dezize, c'est l'un des sept 1ers crus que compte l'appellation. Vincent Royet y dispose de 98 ares de pinot noir dont il a extrait ce vin agréablement bouqueté sur les petits fruits rouges et quelques notes vanillées, frais, serré et d'une bonne longueur en bouche. ⧗ 2026-2030

⊶ VINCENT ROYET, 1, rue des Champs-de-la-Grange, Combereau, 71490 Couches, tél. 06 37 21 37 48, contact@vincent-royet.com V *t.l.j. sf dim. 10h-12h 14h-18h*

➜ LA CÔTE CHALONNAISE

BOUZERON

Superficie : 47 ha / Production : 2 450 hl

Petit village situé entre Chagny et Rully, Bouzeron est de longue date réputé pour ses vins d'aligoté. Cette variété occupe la plus grande partie du vignoble communal. Planté sur des coteaux orientés est-sud-est, dans des sols à forte proportion calcaire, ce cépage à l'origine de vins blancs vifs s'exprime particulièrement bien, donnant naissance à des vins complexes et d'une « rondeur pointue ». Les vignerons du lieu, après avoir obtenu l'appellation bourgogne-aligoté-bouzeron en 1979, ont réussi à hisser l'aire de production au rang d'AOC communale.

DOM. DE L'ÉCETTE Les Corcelles 2022 ★

	3000		11 à 15 €

Auparavant viticulteur dans le Mâconnais, Jean Daux s'installe dans le Chalonnais (Rully) en 1983. Arrivé sur

l'exploitation en 1997, son fils Vincent conduit aujourd'hui ce domaine de 17 ha souvent en vue dans ces pages.
Drapé dans une robe limpide jaune pâle à reflets verts, ce vin livre une palette d'arômes intenses et complexes : citron frais, pêche blanche, lys blanc, mangue, menthe fraîche. La bouche, bien équilibrée, est soulignée par une tension acidulée tout au long de la dégustation et propose un bon volume et une agréable finale citronnée. À servir dès cet automne sur une sole grillée ou des coquilles Saint-Jacques. ⧗ 2024-2027

DOM. DE L' ÉCETTE, 21, rue de Geley, 71150 Rully, tél. 03 85 91 21 52, domaine-ecette.fr V r.-v.

SYLVAIN ET LUCIE PONSOT Les Cordères 2022 ★

2200 | 15 à 20 €

Après des études au lycée viticole de Beaune, Sylvain s'installe en 1996 sur la propriété familiale. En 2016, il crée une EARL avec son épouse, Lucie, et depuis ils n'ont de cesse d'augmenter la vente en bouteille et de réduire la vente en vrac aux négociants de la région.
Issu d'une petite parcelle d'aligoté de 25 ares plantés sur un sol argilo-calcaire, ce bouzeron éclatant offre un premier nez intense d'aubépine et de citron, puis des notes de yaourt vanillé font leur apparition, avant de laisser la place à des senteurs de jasmin et de pierre à fusil. Une olfaction complexe qui trouve écho dans une bouche ample et vive, bien constituée, avec une finale saline et minérale. Un vin de plaisir à déboucher dans sa jeunesse en compagnie d'un saumon à l'oseille. ⧗ 2024-2027

EARL SYLVAIN ET LUCIE PONSOT, 5, rue de la République, 71150 Rully, tél. 03 85 87 32 44, sylvain.ponsot@sfr.fr V r.-v.

DOM. ROIS MAGES 2022 ★

6000 | 15 à 20 €

Anne-Sophie Debavelaere crée son domaine à Rully en 1984. Elle est rejointe plus tard par son fils Félix, alors jeune œnologue fraîchement diplômé. Ensemble, ils gèrent aujourd'hui 11 ha sur plusieurs appellations.
D'un bel or clair, ce fringant bouzeron offre une palette de senteurs des plus agréables : pêche blanche, fleur d'acacia, herbe fraîchement coupée. La bouche dévoile une matière ample et ronde gorgée de fruits jaunes et s'achève sur une finale longue et sapide. Un beau représentant de l'appellation que l'on prendra soin de garder un peu en cave avant de le servir avec une belle volaille de Bresse à la crème. ⧗ 2025-2029

DOM. DES ROIS MAGES, 21, rue des Buis, 71150 Rully, tél. 03 85 48 65 64, as.debavelaere@gmail.com V r.-v.

RULLY

Superficie : 357 ha
Production : 16 050 hl (65 % blanc)

La Côte chalonnaise assure la transition entre le vignoble de Côte-d'Or et celui du Mâconnais. L'appellation rully déborde de sa commune d'origine sur celle de Chagny, petite capitale gastronomique. Nés sur le jurassique supérieur, les rully sont aimables et généralement de bonne garde. Certains lieux-dits classés en 1er cru ont déjà accédé à la notoriété.

♥ DOM. BELLEVILLE Rabourcé 2021 ★★

1er cru | 600 | 30 à 50 €

Né à Rully au début du XXe s., ce domaine compte 18 ha de vignes, en conversion bio depuis 2017, année d'acquisition de la propriété par un couple d'Américains passionnés d'art de vivre à la française et leur associé, Jean-Luc Vitoux. Ensemble, ils ont également repris une petite maison de négoce à Meursault, Les Parcellaires de Saulx, ainsi que le Château et le Clos de la Commaraine à Pommard.
Jaune paille, vif et étincelant, ce superbe 2021 propose une palette fine et subtile associant les fruits mûrs (mandarine, abricot, pêche, coing) aux notes vanillées du fût. La bouche est exquise, parfaitement équilibrée entre rondeur et tension, et la finale se révèle puissante, longue et énergique. Un bel enfant de Rully né pour servir un lieu jaune rôti au beurre de yuzu. ⧗ 2025-2030

DOM. BELLEVILLE, 6, ZA Les Champs-Rouges, 71150 Rully, tél. 03 85 91 06 00, contact@domainebelleville.com

DOM. MICHEL BRIDAY Les Cloux 2022 ★

1er cru | 3000 | 20 à 30 €

Les Briday sont vignerons de père en fils : Stéphane, le fils de Michel, est installé depuis 1989 à la tête de ce domaine qui s'étend sur 14 ha implantés au cœur du village de Rully. Une valeur sûre.
Ce vin jaune clair, brillant et limpide, dévoile de subtiles fragrances de verveine et de chèvrefeuille mêlées aux notes de compote de fruits jaunes. Le prélude à une bouche ample, dense, énergique, finement boisée, avec une belle finale minérale qui ajoute à sa fraîcheur. Un rully harmonieux, complet et complexe, à associer avec une blanquette de veau. ⧗ 2025-2030

DOM. MICHEL BRIDAY, 31, Grande-Rue, 71150 Rully, tél. 03 85 87 07 90, domainemichelbriday@orange.fr V r.-v.

DOM. JEAN CHARTRON Montmorin 2022 ★

24181 | 20 à 30 €

Créé en 1859 par le tonnelier Jean-Édouard Dupard, ce domaine d'une grande constance, bien implanté dans les grands crus de Puligny, étend son vignoble sur 14 ha – dont 90 % de chardonnay et deux monopoles (Clos de la Pucelle, Clos des Chevaliers en chevalier-montrachet) –, conduits en bio non certifié. Jean-Michel Chartron est aux commandes depuis 2004, épaulé depuis 2015 par sa sœur Anne-Laure. Une valeur sûre.
Ce vin se présente dans une belle robe dorée aux franges verveine, ouvert sur des arômes de chèvrefeuille, de vanille et de mirabelle sur fond de minéralité. À la fois frais et gras en bouche, il se révèle bien équilibré et déploie une finale chaleureuse et gourmande. Un vin

flatteur que l'on verrait bien accompagner un vitello tonnato. ⧗ 2024-2029

⊶ DOM. JEAN CHARTRON, 8 bis, Grande-Rue, 21190 Puligny-Montrachet, tél. 03 80 21 99 19, info@jeanchartron.com r.-v.

DOM. DES CHAUCHOUX
Les Chauchoux Monopole 2022 ★

■ | 35000 | | 20 à 30 €

Le vignoble de Belleville a été créé en 1920 par André Belleville. Renommé Dom. des Chauchoux, il est aujourd'hui conduit par son fils Christian et ses enfants Jean-Michel et Émilie : 20 ha de vignes regroupant les vignobles historiques de Manigley et des Chauchoux.

Parée d'une belle robe rubis, cette cuvée présente un nez intense de crème de cassis, de quetsche et de cerise croquante. La bouche, tout aussi aromatique, s'enrichit d'une trame tannique bien enrobée par une chair fruitée. Idéale pour accompagner une viande de bœuf grillée. ⧗ 2025-2029 ■ **1er cru Les Cloux 2022 ★ (20 à 30 €; 22000 b.)** Un blanc expressif (mirabelle, tilleul, camomille, notes mentholées), charnu, frais et citronné en bouche. ⧗ 2024-2029

⊶ DOM. DES CHAUCHOUX (MANIGLEY), 7, rue de la Loppe, 71150 Rully, tél. 03 85 87 12 94, domainedeschauchoux@gmail.com V r.-v.

♥ DOM. DE LA FOLIE
Cuvée Marey du Clos de Bellecroix 2022 ★★

■ | 8957 | | 20 à 30 €

Ce domaine familial, fondé en 1870, jouit d'un panorama exceptionnel de toute la Côte chalonnaise jusqu'à Nuits-Saint-Georges. La cinquième génération – Clémence et Baptiste Dubrulle – a repris en 2010 les commandes des 12,35 ha de vignes familiales réparties en appellations rully et bourgogne aligoté.

Cette cuvée tire son nom du fondateur du domaine, Étienne-Jules Marey, physicien touche à tout du XIXe s., professeur au Collège de France et précurseur du cinéma, à l'origine de nombreuses inventions tels que le fusil chronophotographique (la première caméra) ou le sphygmographe. Ses héritiers ont d'autres talents, affichés dans ce magnifique rully vêtu d'une parure rubis, qui charme d'emblée par ses senteurs de raisins mûrs, de cerise noire et de quetsche, réhaussées par de fines notes végétales fraîches. Le palais se révèle soyeux, prenant de l'ampleur au fur et à mesure de la dégustation pour finir puissant et racé. Un vin de caractère à mettre en cave et à réserver à un mets de choix, un lièvre à la royale par exemple. ⧗ 2027-2034 ■ **Clos de Bellecroix 2022 ★★ (15 à 20 €; 12444 b.)** Le coup de cœur fut mis aux voix pour ce rully au nez complexe de fruits des bois, de rose et de pin. Vif en attaque, charnu et long dans son développement, bien fruité (cassis, framboise) et finement torréfié, le palais affiche un équilibre très assuré. ⧗ 2026-2032

⊶ DOM. DE LA FOLIE, chem. de la Folie, 71150 Chagny, tél. 03 85 87 18 59, contact@domainedelafolie.fr V r.-v.

♥ B DOM. JAEGER-DEFAIX Les Cloux 2022 ★★

■ 1er cru | 5800 | | 30 à 50 €

Hélène Jaeger a repris en 2005 l'exploitation de sa grand-tante Henriette Niepce, héritière d'une longue lignée vigneronne débutée au XVIe s. Elle a engagé la conversion bio dans la foulée de son vignoble, étendu aujourd'hui sur 4,5 ha. Une valeur sûre de l'appellation rully.

Hélène Jaeger signe un magnifique blanc très engageant dans sa robe éclatante, or clair à reflets verts. Le premier nez fleure bon la noisette grillée, puis se dévoilent des senteurs discrètes mais très élégantes de silex, d'agrumes, de fruits blancs et de verveine. La bouche apparaît ample, concentrée, dense, complexe, énergique, d'une longueur remarquable. Un rully déjà diablement savoureux, mais qui a tout pour bien vieillir. ⧗ 2024-2030 ■ **1er cru Préaux 2022 ★ (30 à 50 €; 1200 b.)** B Ce rully séduit par ses arômes de Zan et de fruits rouges présents tout au long de la dégustation, épaulés par des tanins fins et une agréable fraîcheur. ⧗ 2025-2030

⊶ DOM. JAEGER-DEFAIX, 20, rue des Buis, 71150 Rully, tél. 03 86 42 40 75, contact@jaeger-defaix.com V r.-v.

DOM. DAVID MORET 2022 ★

■ | n.c. | | 30 à 50 €

David Moret a créé en 1999 sa maison de négoce, établie derrière les remparts de Beaune. Cet adepte des élevages longs s'est fait une spécialité de la vinification « haute couture » des blancs de la Côte de Beaune. Une valeur sûre, d'une régularité sans faille.

Ce vin solaire, bien dans le ton du millésime, attire l'œil par sa robe dorée couleur paille. Il plaît aussi par son nez capiteux et complexe de fruits blancs très mûrs, de pain grillé, de sève de et de cardamome. Arômes qui se confirment dans une bouche structurée, suave, ample, vineuse, rafraîchie par une finale minérale. Parfait en accompagnement d'un plat exotique, un poulet au curry indien par exemple. ⧗ 2027-2032

⊶ DAVID MORET, 1, rue Émile-Goussery, 21200 Beaune, tél. 03 80 24 00 70, davidmoret.vins@orange.fr r.-v.

B DOM. NINOT Marissou 2022 ★★

■ 1er cru | 3800 | | 30 à 50 €

Les Ninot sont tonneliers et vignerons depuis le XIVe s. Le grand-père a largement contribué à la naissance et à la renommée de l'appellation. Au décès de ce dernier, la propriété fut divisée entre les cinq enfants. L'un d'eux a tout fait pour maintenir cet héritage dans la famille, mais il n'a pu sauver que sa part et a dû tout recommencer. Depuis 2003, c'est sa fille Erell, rejointe par son frère Flavien en 2013, qui gère les 13 ha du domaine, conduits en bio.

Ce très beau 1er cru livre un bouquet riche et intense de violette, de cassis, de poivre noir et de framboise. La bouche, tout aussi complexe et expressive, s'enrichie de notes de cerise croquante et de rose, soutenue par des tanins fins et par une longue finale pleine de fraîcheur et de fruit. Un vin complet et harmonieux à savourer sur une viande rouge grillée. ⧗ 2025-2030 ■ **Chaponnière 2022 ★★ (20 à 30 €; 12100 b.)** Ⓑ Un rully très friand, au style fruité (framboise, cassis), souple et frais, accessible dès à présent. ⧗ 2024-2028 ■ **La Barre 2022 ★ (20 à 30 €; 13800 b.)** Ⓑ Un blanc vif, énergique, long, minéral et citronné. Tout indiqué pour un plateau de fruits de mer. ⧗ 2024-2027

DOM. NINOT, 2, rue de Chagny, 71150 Rully, tél. 03 85 87 07 79, vin@domaineninot.com r.-v.

DOM. ROIS MAGES Plante Moraine 2022 ★★

■	6000		20 à 30 €

Anne-Sophie Debavelaere crée son domaine à Rully en 1984. Elle est rejointe plus tard par son fils Félix, alors jeune œnologue fraîchement diplômé. Ensemble, ils gèrent aujourd'hui 11 ha sur plusieurs appellations.
Jaune d'or, brillant et limpide, ce vin issu de vignes de 40 ans a été élevé 12 mois en fût de chêne, puis 4 mois en cuve. Sur les fleurs blanches en première approche, le nez s'intensifie sur des notes de noisette, d'amande grillée et de fruits exotiques. Une jolie palette que l'on retrouve dans une bouche à la fois souple, ronde et riche, bien structurée par le bois et par une belle fraîcheur minérale. Une bouteille à partager après un peu de garde avec un plat en sauce, une blanquette de veau par exemple. ⧗ 2026-2030 ■ **Clos du Moulin à vent 2022 ★ (20 à 30 €; 3000 b.)** Un joli plateau de fruits de mer sera le compagnon parfait de ce blanc bien frais, minéral et citronné. ⧗ 2024-2027

DOM. DES ROIS MAGES, 21, rue des Buis, 71150 Rully, tél. 03 85 48 65 64, as.debavelaere@gmail.com r.-v.

ALBERT SOUNIT La Pucelle 2022 ★

■ 1er cru	3874		30 à 50 €

Fondée en 1851 par Flavien Jeunet, cette maison de négoce, qui possède aussi 16 ha de vignes en propre, a été reprise dans les années 1930 par la famille Sounit, qui l'a cédée à son importateur danois en 1993. L'une des valeurs sûres de la Côte chalonnaise, en vins tranquilles comme en effervescents.
D'un bel or pâle aux nuances pistache, s'échappent des arômes de fleur d'acacia, de chèvrefeuille, de citron vert et d'amande. La bouche se révèle fraîche, séveuse, charnue, étirée par une agréable tension en finale. ⧗ 2024-2028 ■ **La Bergerie 2022 ★ (30 à 50 €; 1390 b.)** Au nez, des senteurs de pierre à fusil et de pain grillé. En bouche, de la souplesse, de la fraîcheur, de la légèreté. Un vin sobre et de bon goût. ⧗ 2024-2027

MAISON ALBERT SOUNIT, 5, pl. du Champ-de-Foire, 71150 Rully, tél. 03 85 87 20 71, info@albert-sounit.fr r.-v.

MERCUREY

Superficie : 645 ha
Production : 27 700 hl (80 % rouge)

Situé à 12 km au nord-ouest de Chalon-sur-Saône, Mercurey jouxte au sud le vignoble de Rully. C'est l'appellation communale la plus importante en volume de la Côte chalonnaise. Le vignoble s'étage entre 250 et 300 m d'altitude autour de Mercurey (fusionnée avec Bourgneuf-Val-d'Or) et de Saint-Martin-sous-Montaigu. Plus charpentés sur marnes, plus fins sur sols caillouteux, les vins sont en général solides et aptes à la garde (jusqu'à six ans, voire davantage). Parmi trente-deux *climats* classés en 1ers crus, on citera Les Champs Martin, Clos des Barrault ou encore Clos l'Évêque.

DOM. CATARINA ET RAPHAËL BERTRAND
La Pidancerie 2022 ★

■	1300		20 à 30 €

La famille Bertrand cultive la vigne de père en fils depuis 1911 dans la Côte chalonnaise, 10,5 ha aujourd'hui. Après des expériences en France et à l'étranger, Raphaël Bertrand (quatrième génération) a pris la suite de son père Patrick en 2020, avec à ses côtés sa compagne, l'œnologue Catarina Pinto.
D'un beau grenat profond, ce vin possède une agréable palette aromatique où se mêlent les épices, la torréfaction, le cacao et les fruits noirs mûrs. La bouche affiche un équilibre assuré entre fermeté (sans dureté) des tanins et suavité, rondeur, de la texture. Un vin à fort caractère, à attendre quelques années. ⧗ 2027-2032

DOM. CATARINA ET RAPHAËL BERTRAND, 2, rue Verger, 71640 Barizey, tél. 06 13 46 85 99, comm_domainebertrand@orange.fr r.-v.

CAPUANO-FERRERI Clos du Paradis 2022 ★

■ 1er cru	n.c.		20 à 30 €

Associé à l'ancien footballeur Jean-Marc Ferreri, John Capuano – dont le père Gino a créé en 1987 ce domaine implanté à Santenay – exploite 8 ha de parcelles s'égrenant de Beaune à Mercurey. Très régulier en qualité.
Le pinot noir s'associe aux argiles et aux calcaires de Mercurey pour donner cette cuvée claire de robe, au bouquet délicat de fruits rouges. Dans le prolongement, le palais se montre tout aussi fin, bien équilibré, concentré sans excès, cadré en douceur par des tanins soyeux et d'une longueur remarquée. Une bouteille déjà très agréable, à savourer prochainement sur une côte de bœuf. ⧗ 2026-2030

CAPUANO-FERRERI, 14, rue Chauchien, 21590 Santenay, tél. 03 80 20 68 04, john.capuano@wanadoo.fr r.-v.

CH. DE CHAMIREY 2022 ★

■	60300		20 à 30 €

Propriété de la famille Devillard, ce domaine emblématique a développé son activité viticole dans les années 1930, sous l'impulsion du marquis de Jouennes. Les héritiers de ce dernier, Bertrand Devillard et ses enfants Amaury et Aurore, conduisent aujourd'hui un vaste vignoble de 37 ha.
La famille Devillard signe une cuvée à la robe profonde, ouverte sur de gourmandes senteurs de confiture de cerise relevées d'épices et subtilement épaulées de boisé vanillé. La bouche se révèle équilibrée et délicate, tapissée de fruits noirs et rouges. Un vin de fruits, croquant et joyeux, que l'on prendra plaisir à boire dans ses jeunes années, avec un coq au vin ou une entrecôte à la bordelaise par exemple, mais que l'on pourra aussi attendre sagement. ⧗ 2026-2032

BOURGOGNE

CH. DE CHAMIREY, rue du Ch., 71640 Mercurey, tél. 03 85 45 21 61, contact@domaines-devillard.com r.-v.

♥ LES CHAMPS DE THÉMIS
Les Montelons 2022 ★★

| 900 | | 20 à 30 €

Xavier Moissenet était substitut du procureur de la République au Tribunal de Grande Instance de Chalon-sur-Saône avant de devenir vigneron en 2014, en acquérant 6,2 ha de vignes sur la Côte chalonnaise, en conversion bio.

Ce vin revêt une parure dorée cousue d'un fil émeraude, d'où s'échappent de nombreuses senteurs comme l'aubépine, l'amande grillée ou encore la pêche blanche. Le palais se révèle dense, gras, racé, merveilleusement équilibré. Sa finale, longue et complexe, est finement florale (églantine et acacia). Un grand vin de terroir à servir dans quelques années avec un mets de choix, une poularde de Bresse à la crème par exemple. ⧗ 2026-2032

LES CHAMPS DE THÉMIS, rue des Dames, 71150 Bouzeron, tél. 06 80 28 79 96, xavier.moissenet@gmail.com

ÉMILE CHANDESAIS 2022 ★★

| 12 000 | | 15 à 20 €

Un négoce familial fondé en 1933 par Émile Chandesais, sur la commune de Fontaine, au cœur de la Côte chalonnaise. Il prospère au fil des ans en assurant la vinification, l'élevage et la commercialisation de ses vins de Bourgogne. En 1993, Émile Chandesais cède sa société à la Compagnie Vinicole de Bourgogne, filiale du groupe Picard Vins et Spiritueux.

Ce vin propose une superbe expression aromatique allant de la fraise des bois aux notes plus végétales de la fougère, en passant par le pruneau. Il séduit aussi par son palais rond, capiteux, fruité, long, doté de tanins bien présents mais fondus et, en filigrane, d'une agréable fraîcheur. On lui réservera, après un peu de garde, un mets de goût, comme un gibier. ⧗ 2027-2032

CVB (MAISON CHANDESAIS), rte, de Saint-Loup-de-la-Salle, 71150 Chagny, tél. 03 85 87 51 04, david.fernez@m-p.fr t.l.j. sf sam. dim. 9h-12h 14h-16h

DOM. CHANSON 2022 ★

1er cru | n.c. | | 20 à 30 €

L'une des plus anciennes maisons de négoce de Bourgogne, fondée en 1750, reprise en 1999 par le Champagne Bollinger. En plus de ses achats de raisins, elle dispose d'un important vignoble de 43 ha (dont le célèbre Clos des Fèves en monopole sur Beaune) et de l'expertise de Jean-Pierre Confuron, son œnologue-conseil. Un style reconnaissable grâce à ses vinifications en grappes entières. Son fief est situé autour de Beaune, mais Chanson propose aussi des appellations en Côte de Nuits.

Ce 1er cru se présente dans une seyante robe rubis, intense et profonde. Le nez assemble harmonieusement notes de fruits compotés et d'épices douces. La bouche, ronde, ample, dense, est un concentré de fruits rouges, avec en soutien des tanins en dentelle et une finale plus puissante. Un vin complet, à garder quelques années avant de le servir sur un bœuf bourguignon. ⧗ 2027-2034 **2022 ★ (20 à 30 €; n.c.)** D'un beau volume, tannique, viril, persistant sur les fruits mûrs, ce mercurey est bâti pour (bien) durer. ⧗ 2027-2034

DOM. CHANSON, 10, rue Paul-Chanson, 21200 Beaune, tél. 03 80 25 97 97, chanson@domaine-chanson.com r.-v.

MAISON CHANZY
Le Bois Cassien Monopole 2022 ★

| 16 800 | | 20 à 30 €

Implanté à Bouzeron, dont il possède à lui seul la moitié des vignes, ce domaine de 66 ha (en Côte chalonnaise, avec un pied en Côte de Beaune et en Côte de Nuits) est dirigé depuis 2018 par Xavier Badinand, avec Max Blondelle comme maître de chai depuis 2020. Une maison de négoce complète la propriété.

Ce mercurey se pare d'une belle robe dorée, limpide et brillante. Des parfums de fleurs blanches, de silex et de vanille précèdent une attaque franche et fraîche, prélude à un palais ample et tendu, adossé à un boisé fondu. ⧗ 2024-2027

MAISON CHANZY, rue de la Fontaine, 71150 Bouzeron, tél. 03 85 87 23 69, domaine@chanzy.com *t.l.j. 10h-12h 14h-18h*

DANJEAN-BERTHOUX Les Velleys 2022 ★

1er cru | 2 800 | | 20 à 30 €

Blotti au pied du célèbre mont Avril, le petit village bourguignon de Jambles développe sa vocation viticole ainsi que l'élevage de la célèbre race bovine charolaise. Pascal Danjean y élabore ses vins depuis 1993, à la tête aujourd'hui de 12,5 ha de vignes.

Ce 1er cru est encore marqué par l'élevage et la chaleur du millésime, mais il possède cependant de nombreux atouts : une couleur rouge carmin à reflets violets, une bouche ronde en attaque, plus massive, tannique et concentrée dans son développement, avec une pointe de fraîcheur en soutien. Un vin bien construit, bâti pour vieillir sereinement. ⧗ 2027-2032

DANJEAN-BERTHOUX, 45, rte de Saint-Désert, le Moulin-Neuf, 71640 Jambles, tél. 03 85 44 54 74, danjean.berthoux@wanadoo.fr r.-v.

♥ DOM. DAVANTURE 2022 ★★

| 1000 | | 15 à 20 €

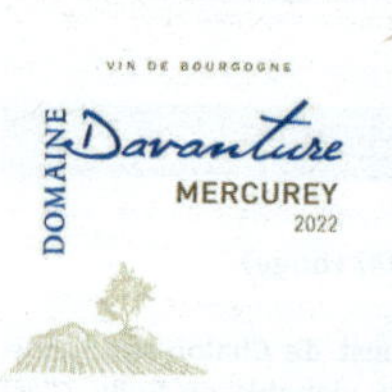

Les trois frères Davanture (Xavier, Damien et Éric) sont issus d'une longue dynastie de vignerons (huit générations). Ils officient sur un domaine de 23 ha situé à Saint-Désert, village de la Côte chalonnaise connu pour son église fortifiée.

Un coup de cœur qui vient s'ajouter à un palmarès bien fourni. Ce blanc éclatant dans sa jolie robe dorée dévoile au nez d'agréables senteurs de chèvrefeuille, de compotée d'abricot et de silex. Rond, gras, intense, le palais s'exprime sur des saveurs vanillées, tandis que la finale, puissante, s'étire longuement sur des notes de fruits mûrs. Une très belle bouteille que l'on pourra boire dès aujourd'hui, mais qui saura tirer parti d'une garde de quelques années. ⧗ 2024-2030

⊶ DOM. DAVANTURE, 26, rue de la Messe, Cidex 1516, 71390 Saint-Désert, tél. 03 85 47 95 57, domaine.davanture@orange.fr V r.-v.

DOM. LAURENT DUFOULEUR
Vigne de Maillonge 2022 ★

■	4000	◍	20 à 30 €

La maison de négoce Tramier, fondée en 1842 et installée à Mercurey, est aussi propriétaire de vignes en Côte chalonnaise et en Côte de Nuits. Elle a été reprise dans les années 1960 par la famille de Laurent Dufouleur, ce dernier étant commandes depuis 2014. Il a aussi créé son domaine (17 ha) en 2019 par adjonction des parcelles familiales et celles reprises récemment sur Mercurey et Bouzeron, venant compléter l'offre du négoce.

Or vert lumineux, ce mercurey dévoile un nez délicat et fin de tilleul et de chèvrefeuille. Une élégance que l'on retrouve dans une bouche où les fleurs, là aussi bien présentes, s'accompagnent d'une trame minérale crayeuse qui s'installe dans une étoffe voluptueuse et riche. Un très beau vin, harmonieux et racé, que l'on servira volontiers en compagnie d'une blanquette de veau. ⧗ 2024-2030

⊶ MAISON L. TRAMIER ET FILS, 14, rue de Chamerose, 71640 Mercurey, tél. 03 85 45 10 83, info@collection-tramier.com V *t.l.j. sf dim. 9h-12h 14h-18h*

Ⓑ MAISON GOUFFIER Clos de l'Évêque 2022 ★

■ 1er cru	5000	◍	20 à 30 €

Ayant appartenu à la famille Gouffier pendant plus de 200 ans, ce petit domaine de 5,5 ha (en bio) a été repris en 2012 par Frédéric Gueugneau, qui a créé en 2013 une activité de négoce destinée à l'achat de vendanges sur pied.

Ce 1er cru affiche une robe profonde, de la couleur d'un rubis. D'abord réservé, le nez dévoile peu à peu un fruité frais rappelant la groseille, la cerise et la quetsche. De la rondeur, de la longueur et une trame tannique de belle origine caractérisent la bouche, qui finit sur une jolie palette aromatique (cassis, mûre, poivre vert, pain grillé et tabac). Un vin harmonieux, que l'on verrait bien sur un pigeon rôti aux cèpes. ⧗ 2027-2032

⊶ MAISON GOUFFIER, 11, Grande-Rue, 71150 Fontaines, tél. 06 47 00 01 04, contact@gouffier.fr V *r.-v.*

DOM. PATRICK GUILLOT Les Veley 2022 ★

■ 1er cru	1589	◍	20 à 30 €

Représentant la troisième génération à conduire la propriété familiale fondée en 1942, Patrick Guillot, installé depuis 1988, exploite près de 6 ha de vignes situés principalement à Mercurey.

Ce vin couleur or pâle livre, après quelques tours dans le verre, des senteurs de fruits frais, de silex, de poudre de riz, d'iris et des notes boisées bien fondues. La bouche, délicate, affiche un équilibre très assuré entre une chair fruitée et une fine trame acidulée, et conjugue harmonieusement notes de poire et de mangue en finale. Un joli vin nuancé, que l'on servira volontiers sur un plat de fête (homard, poularde de Bresse...) et qui vieillira sereinement. ⧗ 2025-2030

⊶ DOM. PATRICK GUILLOT, Chamirey-le-Bon, 9 A, rue de Vaugeailles, 71640 Mercurey, tél. 03 85 45 27 40, domaine.pguillot@orange.fr V *r.-v.*

DOM. JEANNIN-NALTET Les Naugues 2022 ★

■ 1er cru	5700	◍	20 à 30 €

Après une carrière de dix ans en tant qu'ingénieur en optimisation industrielle et après une formation à la « Viti » de Beaune, Benoît Eschard, neveu de Thierry Jeannin-Naltet, a repris en 2013 les rênes de ce domaine de 9,8 ha, créé en 1858.

Des pinots noirs de 50 ans, cueillis à la main, une macération préfermentaire à froid, une cuvaison de 15 jours et enfin un élevage de 12 mois en fût ont donné ce vin pourpre aux reflets aubergine, qui s'anime au nez sur des notes empyreumatiques (café, pain grillé), fruitées (cassis) et épicées (poivre noir, vanille, romarin). La bouche apparaît ample, ferme, bien étoffée, riche, de bonne longueur. Un bel avenir en cave se dessine. ⧗ 2028-2034 ■ **1er cru Clos des Grands Voyens 2022 ★ (20 à 30 €; 18000 b.)** Un mercurey solide, intense, plein, encore sous l'emprise de son boisé et la fougue de sa jeunesse. On met en cave pour quelques années. ⧗ 2028-2034

⊶ DOM. JEANNIN-NALTET, 4, rue de Jamproyes, 71640 Mercurey, tél. 03 85 45 13 83, domaine@jeannin-naltet.fr V *r.-v.*

DOM. MICHEL JUILLOT
Les Vignes de Maillonge 2022 ★

■	9000	◍	20 à 30 €

Fondé par Louis Juillot, développé par son fils Michel et conduit depuis la fin des années 1990 par son petit-fils Laurent, ce domaine emblématique de la Côte chalonnaise couvre 31 ha essentiellement en appellation mercurey, avec des parcelles en Côte de Beaune.

Dorée à l'or fin, cette cuvée possède un nez ouvert à dominante de pâte d'amandes et de petites fleurs blanches. L'entrée en bouche se fait souple et fraîche, bien équilibrée, puis des arômes de miel d'acacia et de noisette parcourent les papilles avec persistance. Déjà très agréable, ce mercurey saura, sans aucun doute, affronter le temps. ⧗ 2025-2030 ■ **1er cru Clos Tonnerre 2022 ★ (20 à 30 €; 13500 b.)** Un vin apprécié pour son joli grain de tanins, sa fraîcheur et ses notes appétentes de fruits mûrs, de fève de cacao et de caramel. ⧗ 2026-2032

⊶ DOM. MICHEL JUILLOT, 59-59A, Grande-Rue, 71640 Mercurey, tél. 03 85 98 99 89, infos@domaine-michel-juillot.fr V *r.-v.*

Ⓑ DOM. DE LA LUOLLE Le Balcon 2022 ★

■	1500	◍	20 à 30 €

Sandrine et Olivier Dovergne exploitent depuis 2017 ce domaine de 8 ha conduit en culture biologique et biodynamique. Ils proposent également un gîte et des visites sensorielles.

Ce mercurey foncé aux reflets cuivrés charme d'emblée avec ses parfums de prune et de griotte bien soutenus par les notes boisées de l'élevage. La bouche se révèle ample et dense, portée par des tanins fins et bien pris dans la chair. À garder un peu avant de le servir avec, par exemple, un grenadin de veau au vinaigre balsamique et au miel. ⧗ 2025-2030

⊶ DOM. DE LA LUOLLE, 3, imp. de la Luolle, 71390 Moroges, tél. 06 21 86 05 27, domaine@laluolle.fr r.-v.

DOM. PIGNERET FILS 2022 ★★

■	n.c.	◫	15 à 20 €

Installés du côté de Givry (en 2001), les frères Éric et Joseph Pigneret, quatrièmes du nom à conduire le domaine familial (30 ha), ont créé la marque de négoce Pigneret Fils pour enrichir leur gamme. Ils achètent ainsi des raisins et des moûts qu'ils vinifient et élèvent dans leur chai.

Or pâle, d'une limpidité parfaite, ce mercurey offre un nez subtil de fleurs blanches, d'agrumes et de poivre blanc. En bouche, sa droiture se conjugue à la finesse et la souplesse de sa texture et à la présence d'une belle vivacité qui apporte de l'énergie et de la longueur. Un ensemble très abouti, à savourer après un peu de garde sur une quenelle de brochet à la sauce Nantua. ⧗ 2025-2030

⊶ DOM. PIGNERET FILS, Vingelles, 71390 Moroges, tél. 03 85 47 15 10, domainepigneretfils@pigneret.com t.l.j. sf dim. 9h-12h 14h-19h

♥ DOM. LAURENT ET ROMAIN PILLOT En Sazenay 2022 ★★

■ 1er cru	6500	◫	20 à 30 €

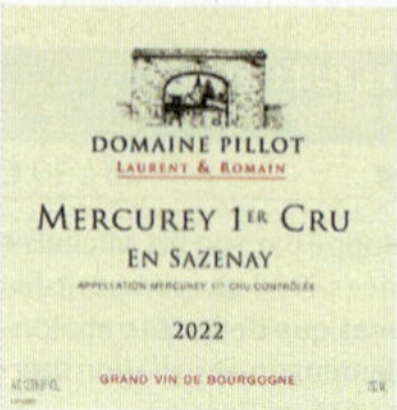

Laurent Pillot et son fils Romain incarnent les cinquième et sixième générations de vignerons sur ce domaine de 17 ha, implanté à Mellecey, au sud de Mercurey.

Vêtu d'une robe rubis profond, ce superbe 1er cru offre un nez délicat et subtil où se mêlent la vanille, la cannelle et la cerise. La bouche apparaît ronde, ample, généreuse, longuement infusée de nuances de noisette et de fruits rouges, avec en soutien des tanins bien présents mais affinés. Une bouteille d'avenir à réserver pour un mets de choix, un lièvre à la royale par exemple. ⧗ 2028-2034 ■ **2022 ★ (15 à 20 €; 5300 b.)** Cassis (fruit et bourgeon), fruits rouges écrasés, ce mercurey ne manque pas d'expression. Il plaît aussi par sa sapidité, sa fraîcheur et sa souplesse en bouche. On l'appréciera dans sa jeunesse. ⧗ 2024-2028

⊶ DOM. LAURENT ET ROMAIN PILLOT, 47, rue des Vendangeurs, 71640 Mellecey, tél. 03 85 45 20 48, contact@pillot-mellecey.com r.-v.

DOM. DE SUREMAIN La Bondue 2021 ★

■ 1er cru	8000	◫	30 à 50 €

Situé au cœur de Mercurey, le château du Bourgneuf est le fief de la famille de Suremain depuis sept générations. Un domaine né en 1870 du regroupement de différentes métairies familiales. La mise en bouteille au domaine date de 1947. Installés en 1979, Yves et Marie-Hélène de Suremain sont désormais à la retraite. Leur fils Loïc, qui a travaillé pendant près de 18 ans avec eux, est maintenant associé à sa sœur Blandine Vincent pour exploiter leur vignoble de 18 ha.

D'une belle couleur grenat, ce mercurey se révèle délicat et fin au nez, sur les petits fruits rouges. En bouche, la délicatesse se confirme avec une aimable rondeur, des tanins affinés et une ligne aromatique fruitée rappelant la griotte, la chair et son noyau. Un joli vin à accorder à une viande rouge grillée. ⧗ 2024-2029

⊶ DOM. DE SUREMAIN, 71, Grande-Rue, 71640 Mercurey, tél. 03 85 98 04 92, contact@domaine-de-suremain.com r.-v.

DOM. THEULOT JUILLOT Les Saumonts 2022 ★★

■ 1er cru	1500	◫	30 à 50 €

Nathalie et Jean-Claude Theulot dirigent depuis 1986 le domaine créé par leurs grands-parents au début du siècle dernier. Ils ont progressivement étendu le vignoble de 5,5 ha à 12 ha aujourd'hui, comprenant le fameux 1er cru La Cailloute, en monopole.

Ce 1er cru doré à l'or fin, lumineux, livre un nez complexe mêlant l'ananas et la poire aux notes boisées de l'élevage. La bouche, tout aussi aromatique, privilégie le fruit sec en attaque (amande, noisette), puis affiche un équilibre très assuré entre la rondeur des fruits mûrs et une fine fraîcheur. La suggestion d'un accord avec un saint-pierre au beurre d'agrumes est alléchante. ⧗ 2024-2029 ■ **Lieu-dit Ch. Mipont 2022 ★ (20 à 30 €; 3000 b.)** Un vin à la forte personnalité, dense, ample, riche, doté de tanins mûrs et d'un bon boisé en soutien. Pour la cave assurément. ⧗ 2027-2034

⊶ DOM. THEULOT JUILLOT, 4, rue de Mercurey, 71640 Mercurey, tél. 03 85 45 13 87, contact@theulotjuillot.eu r.-v.

GIVRY

Superficie : 270 hl
Production : 12 580 hl (80 % rouge)

À 6 km au sud de Mercurey, cette petite bourgade typiquement bourguignonne est riche en monuments historiques. Le givry rouge, la production principale, aurait été le vin préféré d'Henri IV. Mais le blanc intéresse aussi. L'appellation s'étend principalement sur la commune de Givry, mais « déborde » aussi légèrement sur Jambles et Dracy-le-Fort.

DOM. GUILLEMETTE ET XAVIER BESSON Les Bois Gautiers 2022 ★

■ 1er cru	5000	◫	20 à 30 €

Installés en 1989 sur le domaine familial fondé en 1938, Guillemette et Xavier Besson, producteurs renommés de la Côte chalonnaise, conduisent un vignoble de 8,5 ha. À leur disposition également, une magnifique cave du XVIIe s. classée monument historique.

De jeunes pinots noirs plantés sur un sol argilo-calcaire ont donné vie à ce vin prometteur. Le nez, subtil, marie la griotte à des notes plus végétales de fougère et à la réglisse. Fraîche et croquante en attaque, la bouche développe un beau volume, étayée par une trame tannique encore serrée. Une belle représentation de l'appellation, à conserver quelques années en cave. ⧗ 2027-2032

⊶ EARL GUILLEMETTE ET XAVIER BESSON, 9, rue des Bois-Chevaux, 71640 Givry, tél. 03 85 44 42 44, xavierbesson3@wanadoo.fr r.-v.

RENÉ BOURGEON Clos de la Baraude 2022 ★

1er cru	1800		15 à 20 €

Jambles, où vous ne manquerez pas de visiter l'église Saint-Bénigne, compte de nombreuses belles maisons vigneronnes, telle celle de René Bourgeon. Ce dernier a été rejoint par son fils Jean-François qui s'apprête à prendre seul la relève.

Cette cuvée porte beau dans sa robe dorée aux reflets citron. Elle propose une olfaction intense et complexe, d'abord florale, puis beurrée, pour finir sur des senteurs minérales rafraîchissantes. Une attaque franche ouvre sur un cœur de bouche plein et généreux, gorgé de fruits mûrs et déploie une longue finale minérale et saline. Un beau givry qui devrait bien évoluer dans les prochaines années et faire le bonheur des amateurs avec une lotte à la dieppoise. ⧗ 2026-2030 **Clos de la Brûlée 2022 ★ (11 à 15 €; 3400 b.)** Un bon vin de garde que ce 2022 qui propose un éventail aromatique large et épanoui, sur la pivoine, la violette, la groseille et la cerise noire. Ample et vif, le palais s'adosse à des notes boisées qui demandent à s'adoucir. La patience paiera. ⧗ 2027-2034

RENÉ BOURGEON, 8, rue de Charnailles, 71640 Jambles, tél. 06 80 37 83 04, gaec.renebourgeon@wanadoo.fr r.-v.

DOM. CHOFFLET En Choué 2022 ★

1er cru	25000		20 à 30 €

Après avoir conduit depuis 1988 ce vieux vignoble créé en 1710, Denis Valdenaire a confié, en 2019, ses 14 ha de vignes, exclusivement en appellation givry, à son gendre Jonathan Brunot.

Des vignes de 50 ans sont à l'origine de ce givry très expressif, complexe, sur la violette, le cassis, la rose et la vanille. Le palais se révèle souple et croquant, fruité et épicé, avec en soutien des tanins fondus et élégants qui ferment agréablement la marche. « Un vin gourmand, riche en fruits et en fleurs. Que du plaisir ! », conclut le jury, qui conseille de l'attendre un peu avant de le servir sur un onglet au beurre d'échalotte. ⧗ 2026-2030

DOM. CHOFFLET, 3, rue de Sauges, 71640 Givry, tél. 06 18 78 56 18, contact@domaine-chofflet.com r.-v.

DANJEAN-BERTHOUX Meix au Roi 2022 ★★

	8720		15 à 20 €

Blotti au pied du célèbre mont Avril, le petit village bourguignon de Jambles développe sa vocation viticole ainsi que l'élevage de la célèbre race bovine charolaise. Pascal Danjean y élabore ses vins depuis 1993, à la tête aujourd'hui de 12,5 ha de vignes.

Majestueux dans sa robe rubis étincelante, ce vin révèle à l'olfaction une symphonie de fruits rouges frais, comme la fraise et framboise, avec une touche plus végétale de fougère qui ajoute à sa complexité. L'harmonie est déjà là en bouche, à la fois puissante, ronde et souple, épaulée par des tanins bien présents mais élégants et soyeux. Sa longue finale, subtile et délicate, achève de convaincre. ⧗ 2026-2032 **1er cru Clos du Cras Long 2022 ★ (20 à 30 €; 8340 b.)** Ce 1er cru régulièrement en vue dans ces pages s'illustre à nouveau comme un beau vin de garde. Un vin apprécié pour son énergie, sa longueur et sa concentration. ⧗ 2028-2034

DANJEAN-BERTHOUX, 45, rte de Saint-Désert, le Moulin-Neuf, 71640 Jambles, tél. 03 85 44 54 74, danjean.berthoux@wanadoo.fr r.-v.

DOM. DAVANTURE 2022 ★

	4500		15 à 20 €

Les trois frères Davanture (Xavier, Damien et Éric) sont issus d'une longue dynastie de vignerons (huit générations). Ils officient sur un domaine de 23 ha situé à Saint-Désert, village de la Côte chalonnaise connu pour son église fortifiée.

Ce vin d'un beau rouge profond a été élevé 12 mois en fût de chêne, mais il n'en garde que d'infimes notes, dans un environnement fruité (griotte et cerise) et épicé (poivre noir). Le mariage réussi du bois et du vin se poursuit dans un palais délicat, rond et fruité, étayé par des tanins affinés. Une belle expression du pinot noir à Givry, que l'on encavera quelques années avant de l'associer à une matelote d'anguilles. ⧗ 2026-2030

DOM. DAVANTURE, 26, rue de la Messe, Cidex 1516, 71390 Saint-Désert, tél. 03 85 47 95 57, domaine.davanture@orange.fr r.-v.

DOM. MICHEL GOUBARD ET FILS
La Grande Berge 2022 ★

1er cru	4052		20 à 30 €

Vignerons de père en fils depuis 1600, les Goubard sont très bien implantés en Côte chalonnaise, avec pas moins de 38 ha de vignes à leur disposition. Michel a aujourd'hui passé le relais à ses fils Pierre-François et Vincent.

Ce rouge se pare d'une étoffe dense, couleur pourpre. L'olfaction, plutôt timide à l'approche, laisse s'échapper à l'aération des parfums subtils de petites baies rouges et cacao. En bouche, il apparaît frais, animé d'une belle tension et infusé de fruits rouges. Un joli vin de fruit à boire dans ses jeunes années, sur un bœuf bourguignon ou un coq au vin par exemple. ⧗ 2024-2029

EARL MICHEL GOUBARD ET FILS, 6, rue de Bassevelle, 71390 Saint-Désert, tél. 03 85 47 91 06, earl.goubard@wanadoo.fr r.-v.

♥ **DOM. LAURENT MOUTON** Clos Jus 2022 ★★

1er cru	12000		20 à 30 €

Cette exploitation familiale, installée depuis quatre générations à Givry, dispose aujourd'hui de 12 ha de vignes répartis entre appellations régionales, communales et 1ers crus. Elle est menée par Laurent Mouton.

Ce 1er cru se présente dans une robe profonde et séduisante, couleur pourpre, et livre des senteurs concentrées de fruits noirs, réhaussées par une élégance florale sur fond boisé. Arômes qui irriguent une bouche ample, charnue, généreuse, soutenue par une charpente tannique soyeuse. Un givry somptueux, de belle garde, parfait pour une association avec une viande de bœuf maturée. ⧗ 2027-2034 **1er cru Clos Charlé 2022 ★★ (20 à 30 €; 14000 b.)** Paré d'une belle étoffe carmin irisé de rose, ce 1er cru dévoile un nez discret de fruits rouges et noirs agrémentés de

BOURGOGNE

nuances florales. Une attaque souple et vineuse introduit un palais élégant, doté de tanins fins et d'une finale qui s'étire longuement sur le réglisse. ⧗ 2026-2032

DOM. LAURENT MOUTON, 6, rue de l'Orcène, 71640 Givry, tél. 03 85 44 37 99, contact@domainelaurentmouton.com V *r.-v.*

DOM. PELLETIER-HIBON Vieilles Vignes 2022 ★

■	7000	◫	15 à 20 €

La propriété n'a cessé de se développer depuis qu'André Pelletier (1898-1953) a pu acquérir quelques parcelles de Givry. Son fils Henri a poursuivi son œuvre jusqu'à sa retraite en 2005, après s'être associé avec son gendre Luc Hibon en 2001. Ce dernier et son épouse, Karine, exploitent désormais les 7 ha de vignes familiales.

Ce givry affiche une robe étincelante, couleur paille à reflets verts. D'abord réservé, le nez dévoile peu à peu un fruité frais rappelant les agrumes, agrémenté d'une fraîcheur mentholée et de nuances plus douces de pâtisserie et de sucre d'orge. Une gourmandise et une suavité qui s'expriment aussi en bouche, équilibrées par une acidité bienvenue. La finale, plus riche, nous rappelle que ce vin est né sous le soleil de 2022. Un blanc de gastronomie, à garder un peu en cave avant de le servir à un ris de veau beurre noisette. ⧗ 2025-2030

DOM. PELLETIER-HIBON, 6, rue de la Planchette, 71640 Givry, tél. 06 83 35 75 42, domaine@pelletierhibon.fr V *r.-v.*

DOM. RAGOT Clos Jus 2022 ★★

■ 1er cru	6000	◫	30 à 50 €

En 2003, Nicolas Ragot, incarnant la cinquième génération, rejoint son père, Jean-Paul, à la tête de ce domaine familial de 12 ha, établi au cœur de Givry. Il en reprend seul les commandes en 2008.

Nicolas Ragot signe ici un superbe 1er cru, d'emblée séduisant dans sa robe profonde et ses parfums très intenses de sous-bois, de grillé, de vanille et de confiture de cerises. Volumineux dès l'attaque, riche mais parfaitement équilibré, le palais s'exprime sur des tanins enrobés et veloutés, tandis que la finale, puissante, persiste longuement sur des notes boisées. Une garde de quelques années bonifiera tout le potentiel de ce noble givry. On le servira alors sur un mets de goût, un gibier mariné par exemple. ⧗ 2027-2034

DOM. RAGOT, 4, rue de l'École, 71640 Givry, tél. 03 85 44 35 67, vin@domaine-ragot.com V *t.l.j. sf dim. 8h-19h*

♥ **MICHEL SARRAZIN ET FILS** Champ Nalot 2022 ★★

■ 1er cru	12000	◫	20 à 30 €

La généalogie de ce domaine, toujours dans la même famille quelques siècles plus tard, remonte à 1671. Régulièrement distingués dans le Guide, les frères Sarrazin, Guy et Jean-Yves, savent tirer la quintessence des cépages bourguignons et des sols argilo-calcaires de Givry, leur fief d'origine. Incontournable.

Ce 1er cru confirme, s'il le fallait, que ce terroir est l'un des meilleurs de l'appellation, plus encore lorsqu'il passe dans les mains expertes de la famille Sarrazin. Ce 2022, millésime réputé difficile en raison d'un ensoleillement très (trop) important, a enchanté le jury. Le nez, déjà épanoui, évoque les fruits mûrs, notamment le pruneau cuit et la confiture de framboises. La bouche dévoile une superbe matière, dense, charnue, ample, gorgée de fruits noirs et soutenue par des tanins veloutés. Un vin racé, généreux, intense, bâti pour vieillir sereinement. ⧗ 2027-2034 ■ **1er cru La Grande Berge 2022 ★★ (15 à 20 €; 4000 b.)** Ce 1er cru se distingue par sa belle harmonie entre le fruit (mûre, cerise) et les épices (poivre noir), par sa puissance et son caractère chaleureux bien dans le ton de ce millésime solaire. Un givry de garde assurément. ⧗ 2028-2034 ■ **1er cru Les Pièces d'Henry 2022 ★ (15 à 20 €; 5000 b.)** Un blanc opulent et aromatique (fruits et fleurs blanches, fumée, viennoiserie), plus tendu et frais en finale, d'une belle longueur. Un vin harmonieux, que l'on verrait accompagner un fromage un peu affiné. ⧗ 2024-2029

MICHEL SARRAZIN ET FILS, 26, rue de Charnailles, 71640 Jambles, tél. 03 85 44 30 57, sarrazin2@wanadoo.fr V *t.l.j. sf dim. 8h-12h 13h30-19h*

♥ **DOM. TATRAUX JEAN ET FILS** La Grande Berge 2022 ★★

■ 1er cru	6000	◫	20 à 30 €

Sylvain Tatraux a pris en 1997 les rênes du domaine familial, fondé en 1763. À sa disposition, un vignoble de 8,5 ha en appellation givry.

Vêtu d'une élégante robe cerise, ce 1er cru offre un nez délicat et subtil où se mêlent la groseille, la framboise, la pivoine et le café grillé. La bouche, vive et franche en attaque, se montre ample, riche, corpulente dans son développement, irriguée de saveurs d'épices très distinguées et soutenues par des tanins fins et par une longue finale fluide et souple. Une très belle expression des grands terroirs de Givry, qui va se bonifier avec le temps. ⧗ 2027-2034 ■ **1er cru Crausot 2022 ★ (20 à 30 €; 3000 b.)** Un blanc lacté, beurré, gras et rond, mais aussi bien tendu par une fine acidité qui lui donne une belle allonge. Un givry très harmonieux, à servir sur une blanquette de veau. ⧗ 2025-2029

SCEA JEAN TATRAUX ET FILS, 20, rue de l'Orcène, 71640 Givry, tél. 03 85 44 36 89, sylvain.tatraux@wanadoo.fr V *r.-v.*

MONTAGNY

Superficie : 310 ha / Production : 17 000 hl

Entièrement vouée aux blancs, Montagny est l'appellation la plus méridionale de la Côte chalonnaise et annonce déjà le Mâconnais. Ses vins peuvent être produits sur quatre communes : Montagny, Buxy, Saint-Vallerin et Jully-lès-Buxy. Plusieurs 1ers crus (les Coères,

les Burnins, les Platières...) sont délimités sur la commune de Montagny. Assez subtils, avec des arômes d'agrumes et une touche de minéralité, de bonne garde, les montagny mériteraient d'être mieux connus.

♥ DOM. BERTHENET Mont-Cuchot 2022 ★★

1er cru | 5000 | 20 à 30 €

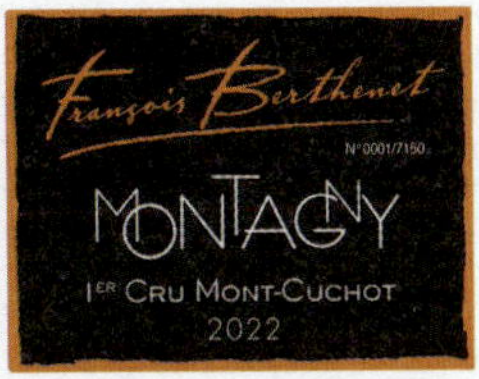

Vigneron depuis 1974, Jean-Pierre Berthenet quitte la cave coopérative de Buxy en 2002 pour vinifier sa propre production, le fruit de 20 ha. Depuis 2013, c'est son fils, François, qui préside aux destinées de ce domaine, l'une des valeurs sûres de l'appellation montagny.

Un nouveau coup de cœur pour François Berthenet avec ce 1er cru doré à l'or fin. Jouant dans le registre de la richesse et de la volupté, typique du millésime 2022, l'olfaction associe des notes d'agrumes mûrs, de miel d'acacia, de vanille et de camomille, le tout dans un écrin torréfié. La bouche, ample et capiteuse, présente une texture grasse soulignée par une fine trame boisée et s'étire longuement dans une finale gourmande et épicée. Un vin déjà abouti, mais qui prendra son envol d'ici quelques années. ⧗ 2025-2030 ■ **Les Macles 2022 ★ (15 à 20 €; 8000 b.)** Un montagny lumineux dans sa robe brillante, aux senteurs de marguerite et de mirabelle, consistant et mûr en bouche. ⧗ 2024-2030 ■ **1er cru Les Perrières 2022 ★ (20 à 30 €; 4000 b.)** Un vin au caractère bien affirmé, aromatique (poire, abricot, miel et pêche blanche), long, rond, gras et minéral en bouche. ⧗ 2025-2030

DOM. FRANÇOIS BERTHENET, 2, rue du Lavoir, 71390 Montagny-lès-Buxy, tél. 09 65 38 99 03, contact@vinsberthenet.com V t.l.j. sf sam. dim. 9h-12h 13h30-17h30

CH. DU CRAY
Le Cornevent Monopole 2022 ★

1er cru | 19000 | 20 à 30 €

Les enfants d'André Goichot, Noémie, Arnault, Adrien et Pierre-Alexandre, sont désormais à la tête de cette maison de négoce familiale fondée en 1947 près de Meursault. Ils ont déménagé en 2001 pour occuper un site plus moderne à Beaune, doté depuis 2021 de nouvelles cuverie et cave à fût. Ils sont aussi propriétaires depuis 2016 des 25 ha de vignes du Ch. du Cray à Buxy.

Ce 1er cru, monopole du Ch. de Cray, se présente dans une robe paille d'un bel éclat, ouvert sur de jolis arômes floraux (jasmin, tilleul), mais aussi de caramel et de beurre frais, le tout souligné d'un trait de citron. Dès l'attaque, on perçoit une singularité dans cet enfant de 2022 : il est très minéral, frais et salin, des qualités difficiles à obtenir sur un millésime aussi chaleureux. Sa finale puissamment épicée lui confère un caractère bien trempé. Une belle bouteille à réserver à un plateau de fruits de mer. ⧗ 2024-2029

MAISON ANDRÉ GOICHOT, 1065, rue André-Marie-Ampère, 21200 Beaune, tél. 03 80 25 91 30, noemie.goichot@maisongoichot.com V t.l.j. sf dim. 8h-12h 14h-18h30

DOM. FEUILLAT-JUILLOT
Les Coères 2022 ★

1er cru | 25000 | 20 à 30 €

Françoise Feuillat-Juillot, fille d'une illustre famille vigneronne de Mercurey, a posé ses valises en 1989 en s'associant avec un vigneron de Montagny à la tête alors de 8 ha de vignes. En 2004, après le décès de ce dernier, elle rachète l'intégralité du domaine, étendu aujourd'hui sur 15 ha, dont 13 ha en 1ers crus. En 2021, sa fille Camille arrive sur le domaine, après un apprentissage en Californie et en Languedoc-Roussillon; la même année, la conversion bio est engagée.

Ce vin s'ouvre sur des notes fraîches (herbe fraîchement coupée), boisées (vanille) et florales (acacia). Une attaque souple, empreinte de fleurs blanches, introduit une bouche ample, charnue et longue. Un ensemble harmonieux, qui se bonifiera encore en cave. ⧗ 2025-2030 ■ **1er cru Louis 2022 ★ (30 à 50 €; 1200 b.)** Un montagny discrètement floral et boisé, tendre et rond en bouche, avec une fine acidité qui l'allonge et l'équilibre. ⧗ 2025-2030

DOM. FEUILLAT-JUILLOT, 11, rte de Montorge, BP 13, 71390 Montagny-lès-Buxy, tél. 06 72 74 96 08, domaine@feuillat-juillot.com V r.-v.

DOM. DE MONTORGE
Les Coères 2022 ★

1er cru | 5000 | 20 à 30 €

Entre Montagny-lès-Buxy et Saint-Vallerin, sur le hameau de Montorge, Charles et Jean-Joseph Flandre ont recréé en 1972 une exploitation familiale à partir de 12 ha de vignes classés exclusivement en montagny 1er cru. En 2014, Yann, le second fils de Jean-Joseph, a pris le relais.

L'expression aromatique de ce montagny se fait fine et discrète, autour des fleurs blanches, de la pêche et des agrumes. On retrouve cette palette de saveurs dans une bouche acidulée et fraîche, prolongée par une agréable finale sur le gingembre et l'ananas confit qui dispose ce vin à un accord exotique, un curry de crevettes par exemple. ⧗ 2024-2029

DOM. DE MONTORGE, hameau de Montorge, 71390 Montagny-lès-Buxy, tél. 06 87 68 90 28, domainemontorge@yahoo.fr V r.-v.

DOM. LA RENARDE
Les Chaniots 2022 ★

1er cru | 5400 | 15 à 20 €

Créé dans les années 1970 par Paul Perret, alors coopérateur à la Cave de Buxy, ce domaine de 24 ha est aujourd'hui entre les mains de son gendre Grégory Peyre (en 2007) et de son fils Gaspard (en 2011). En 2016, ils vinifient pour la première fois dans leur chai.

Une robe jaune d'or, un nez séduisant de miel, de fleur de camomille, d'abricot et de nectarine, l'entame est engageante. Le palais ne déçoit pas : rond, riche, gras, il distille d'agréables saveurs fruitées, minérales et acidulées qui apportent une fraîcheur bienvenue. Une forte personnalité, d'une belle complexité aromatique. ⧗ 2025-2030

DOM. LA RENARDE, 2, chem. de la Praye, 71390 Jully-les-Buxy, tél. 06 70 07 66 51, contact@domainelarenarde.com V r.-v.

ALBERT SOUNIT Les Chaniots 2022 ★★

1er cru | 2337 | | 30 à 50 €

Fondée en 1851 par Flavien Jeunet, cette maison de négoce, qui possède aussi 16 ha de vignes en propre, a été reprise dans les années 1930 par la famille Sounit, qui l'a cédée à son importateur danois en 1993. L'une des valeurs sûres de la Côte chalonnaise, en vins tranquilles comme en effervescents.

L'intensité de la robe topaze de ce 2022 annonce celle de son bouquet puissant, ouvert sur les fruits à noyaux bien mûrs et les fleurs blanches. Une intensité que l'on retrouve dans un palais ample, riche, corpulent, aux saveurs gourmandes de pêche au sirop, avec une juste fraîcheur en soutien qui apporte l'équilibre et la longueur. Un très beau montagny à savourer après un peu de garde, sur une poularde à la crème par exemple. ⧗ 2025-2030 **1er cru Vignes de 1928 2022 ★ (50 à 75 €; 1138 b.)** Encore sous l'emprise de l'élevage, ce vin puissant, dense, généreux, possède suffisamment de matière pour l'assimiler sereinement. On le met en cave pour au moins une paire d'années. ⧗ 2026-2032

MAISON ALBERT SOUNIT, 5, pl. du Champ-de-Foire, 71150 Rully, tél. 03 85 87 20 71, info@albert-sounit.fr
V *r.-v.*

LE MÂCONNAIS

MÂCON ET MÂCON-VILLAGES

L'aire de production est assez vaste : du nord au sud, de la région de Tournus jusqu'aux environs de Mâcon, une cinquantaine de kilomètres sur une quinzaine de kilomètres d'est en ouest. À la diversité des situations répond celle des vins. Les appellations mâcon ou mâcon-villages suivis de la commune d'origine sont utilisées pour les rouges, rosés et blancs. Les deux premiers sont le plus souvent issus de gamay, les troisièmes de chardonnay. Les vins blancs peuvent s'appeler aussi mâcon-villages.

MAISON AUVIGUE Verzé 2022 ★

| 3960 | | 11 à 15 €

C'est en 1946 que Francis Auvigue s'associe avec trois autres amis producteurs pour créer une petite maison de négoce spécialisée en pouilly-fuissé. Jean-Pierre et Michel, petits-fils de Francis, prennent la relève dans les années 1970-75 et développent les autres appellations du Mâconnais. En 2017, la société reprend un domaine de 7 ha de vignes et s'installe dans l'ancienne église de Fuissé, réhabilitée en lieu de vinification et de dégustation-vente. Aujourd'hui, ce sont Sylvain Brenas, arrière-petit-fils de Francis, et Céline Hirsh qui sont aux commandes.

Des chardonnays, travaillés en cuve Inox avec des levures indigènes et un élevage sur lies fines pendant 14 mois, ont donné ce Verzé ouvert sur les fleurs blanches au nez. Une fois l'attaque franche et nette passée, le palais offre de la consistance et du gras, puis s'étire longuement sur des saveurs minérales de pierre à fusil et de craie. Du relief et de l'harmonie. ⧗ 2024-2029

MAISON AUVIGUE, 100, pl. Saint-Germain, 71960 Fuissé, tél. 03 85 34 17 36, contact@auvigue.fr
V *t.l.j. sf dim. 10h-12h 13h30-18h30*

DOM. DES CARMES Cruzille Terres blanches 2022 ★

| 2500 | | 8 à 11 €

Un domaine familial de 20,5 ha fondé dans les années 1970 par le grand-père de Thomas Rattez. Ce dernier est aux commandes depuis 1998.

Ce vin or vert, souligné de reflets lumineux, s'exprime sur des notes de beurre frais, d'églantine, de mirabelle, de litchi et de citron. Nerveuse en attaque, la bouche dévoile des nuances de noisette grillée et d'amande fraîche qui apportent de la rondeur à ce vin intense, vivant, «qui réveille les papilles», conclut un dégustateur. ⧗ 2025-2030 **Terroir de Bissy 2021 ★ (8 à 11 €; 3000 b.)** Une robe légère, couleur carmin, des petits fruits rouges frais, une bouche souple, vive et alerte : un rouge bien friand, à boire sur le fruit de sa jeunesse. ⧗ 2024-2028

DOM. DES CARMES, 1, rte de Mâcon, 71260 Bissy-la-Macônnaise, tél. 06 86 38 35 91, domainedescarmes@orange.fr V *r.-v.*

CH. CHENEVIÈRES Les Poncemeugnes 2022 ★

| 8100 | | 8 à 11 €

Ce domaine de 45 ha situé à l'ouest de Mâcon est exploité par la même famille depuis six générations. Il s'est forgé une solide réputation avec ses bourgognes d'appellations régionales et ses cuvées de mâcon, souvent en vue dans ces pages. Aujourd'hui, Aurélien et Sylvain Lenoir sont aux commandes.

Or paille aux reflets ambrés, ce mâcon-villages dévoile un nez fin de fruits à coque et de fleurs blanches souligné de notes de garrigue et d'agrumes confits. La bouche se révèle riche, ample et longue, stimulée par des saveurs minérales qui ajoutent à sa fraîcheur et son élégance. Un bel ambassadeur de son appellation, que l'on pourra le boire aussi bien jeune que patiné par un peu de garde. ⧗ 2024-2028

DOM. DES CHENEVIÈRES, 230, rte d'Azé, 71260 Saint-Maurice-de-Satonnay, tél. 03 85 33 31 27, domaine.chenevieres@orange.fr V *t.l.j. sf dim. 9h-12h 14h-18h*

B DOM. DOMINIQUE CORNIN Chaintré 2022 ★

| 20000 | | 15 à 20 €

À l'origine, les vignes du domaine (11 ha aujourd'hui) étaient récoltées à la machine et les raisins confiés à la coopérative de Chaintré. En 1995, Dominique Cornin se retire de la cave, opte pour la vendange manuelle et s'oriente peu à peu vers le bio, jusqu'à la certification obtenue en 2009. Son fils Romain l'a rejoint en 2012.

Ce vin dévoile un bouquet discret, dans lequel on distingue des notes de fleurs blanches et de pêche de vigne. Passé une attaque vive et coulante, se découvre une bouche plus ronde, bien fruitée, étirée dans une longue finale minérale. Une bouteille à partager avec un plateau de fruits de mer. ⧗ 2024-2029

DOM. DOMINIQUE CORNIN, 339, rue de Savy-le-Haut, 71570 Chaintré, tél. 03 85 32 90 87, domaine@cornin.net
V *r.-v.*

MARCEL COUTURIER
Vinzelles Au Corlier 2022 ★

4400 | 15 à 20 €

Installé en cave particulière depuis 2005 après avoir été apporteur à la cave coopérative des Grands Crus à Vinzelles, Marcel Couturier revendique une viticulture proche de l'agrobiologie. Son vignoble couvre 12 ha, certifié en bio et biodynamie.

D'un bel or profond, ce vin allie au nez les fleurs blanches à des notes plus riches de beurre frais, de pain grillé et de confiture d'oranges. La bouche se révèle soyeuse, ample, charnue, centrée sur les fruits jaunes mûrs et des saveurs de frangipane. Un profil gourmand et plein, tout indiqué sur une volaille à la crème. ⧗ 2024-2029

DOM. MARCEL COUTURIER, 730, rte de Fuissé, 71960 Fuissé, tél. 03 85 35 63 27, domainemarcelcouturier@orange.fr V *r.-v.*

DOM. CROIX D'ARBUSSIN
La Roche-Vineuse 2022 ★

3435 | 8 à 11 €

Ce jeune domaine a été créé en 2021 par Laurent Gobet autour d'un vignoble de 78 ha sur Hurigny et les communes limitrophes, dont 60 ha vinifiés à la propriété, le reste étant confié à deux coopératives.

Une belle entrée dans le Guide pour Laurent Gobet avec ce vin d'un seyant or vert profond, qui allie avec élégance des arômes d'acacia et de fruits jaunes à des nuances citronnées. La bouche conjugue harmonieusement opulence, richesse et énergie. ⧗ 2024-2028

DOM. CROIX D'ARBUSSIN, 4095, rte de Mâcon, 71870 Hurigny, tél. 06 59 26 40 61, michaeldafre@domaine-croixdarbussier.com V *t.l.j. sf dim. 9h-12h 14h-18h*

DOM. DE LA CROIX SENAILLET Davayé 2022 ★

25 000 | 15 à 20 €

Le Dom. de la Croix Senaillet a été créé en 1969 par Maurice Martin, qui a progressivement abandonné la polyculture pour la vigne. En 1990, son fils Richard reprend le domaine familial, avant d'être rejoint par son frère Stéphane en 1992. La propriété, de 6,5 ha au départ, s'est agrandie pour atteindre 27 ha aujourd'hui, répartis sur 52 parcelles en bio certifié depuis 2010. Forts de leur expérience, en 2015, les frères ont fait l'acquisition du Dom. de Mont Épin à Clessé (13 ha).

Des chardonnays de 50 ans vinifiés et élevés en cuve sur lies fines pendant 8 mois ont donné un vin expressif, qui évoque le miel, le tilleul, le citron et le mimosa. Le palais, droit et ferme en attaque, s'assouplit ensuite autour d'une matière onctueuse et fruitée, rafraîchie par une finale minérale. Un beau vin de terroir, qui a besoin de temps pour s'affirmer et s'épanouir. ⧗ 2027-2032

DOM. DE LA CROIX SENAILLET, 471, rue des Personnets, 71960 Davayé, tél. 03 85 35 82 83, contact@signaturesmartin.com V *r.-v.*

DEUX ROCHES Tradition 2022 ★

30 000 | 11 à 15 €

L'aventure au domaine commence en 1928 avec les premières vignes que Joanny Collovray possède autour de Davayé, à l'ouest de Mâcon. Deux générations plus tard, les Collovray ont rencontré les Terrier et s'associent au sein du Dom. des Deux Roches qui naît en 1986. Aujourd'hui, ce sont Julien Collovray et Pierre-Alexis Terrier qui sont aux commandes des 80 ha de vignes, en conversion bio. Une valeur sûre du Mâconnais, qui œuvre aussi dans le Languedoc depuis 1997, où ils exploitent 110 ha également en conversion bio.

D'une belle limpidité, ce vin libère d'abord de délicates senteurs de fleurs et de bonbon anglais, puis s'épanouit sur des parfums intenses de meringue. La bouche, fraîche et tonique, s'appuie sur une belle acidité minérale. Un mâcon-villages plein d'allant, idéal à l'apéritif. ⧗ 2024-2027

DEUX ROCHES, 181, rte de Mâcon, 71960 Davayé, tél. 06 46 82 11 52, info@collovrayterrier.com V *t.l.j. sf sam. dim. 8h30-12h 13h30-17h30*

JOSPEH DROUHIN
Bussières Les Clos 2022 ★

57 000 | 15 à 20 €

Créée en 1880, cette maison beaunoise travaille une large palette d'appellations bourguignonnes : de Chablis (38 ha sous l'étiquette Drouhin-Vaudon) à la Côte chalonnaise (3 ha), en passant par les Côtes de Beaune et de Nuits (32 ha). On peut y ajouter les vignes américaines du Dom. Drouhin en Oregon (90 ha) et de Roserock Vineyard (112 ha) dans la région des Eola-Amity Hills. Ce négoce d'envergure grâce à ce vaste domaine de 73 ha – développé par Robert Drouhin à partir de 1957 et désormais géré par ses quatre enfants – est aussi le plus important propriétaire de vignes cultivées en biodynamie. Incontournable.

D'un or vif et étincelant s'échappent de nombreux parfums comme la pomme Golden, la fleur d'amandier, la vanille et le pain grillé. Une acidité soutenue en attaque ouvre sur un cœur de bouche frais, énergique, avant une finale sur des notes boisées très bourguignonnes. Un vin très dynamique. ⧗ 2024-2028

MAISON JOSEPH DROUHIN, 7, rue d'Enfer, 21200 Beaune, tél. 03 80 24 68 88, christellehenriot@drouhin.com V *r.-v.*

P. FERRAUD ET FILS
Le Chai des platanes 2022 ★

20 000 | 15 à 20 €

La maison Ferraud, créée en 1882, est une affaire familiale de négoce-éleveur, spécialisée en vins du Beaujolais et du Mâconnais, qui se transmet depuis cinq générations (aujourd'hui Yves-Dominique Ferraud).

Ce 2022 d'un bel or blanc cristallin, encore timide à l'approche, se dévoile au fur et à mesure de la dégustation. L'olfaction rappelle la pêche blanche, la fleur d'acacia et le litchi. On retrouve cette palette dans une bouche fraîche et croquante, bien équilibrée. « Un vin harmonieux, très agréable, tout ce qu'on attend d'un jeune mâcon », conclut le jury, qui conseille de l'ouvrir prochainement, à l'apéritif avec des gougères. ⧗ 2024-2027

P. FERRAUD ET FILS, 31, rue du Mal-Foch, 69220 Belleville-en-Beaujolais, tél. 04 74 06 47 60, ferraud@ferraud.com V *t.l.j. sf sam. dim. 8h-12h 14h-17h*

BOURGOGNE

DOM. FICHET
Igé La Cra 2022 ★

| 11 000 | 20 à 30 € |

Les Fichet cultivent la vigne depuis… vingt-cinq générations et un certain Stéphanus Fichet au XIVe s. Plus près de nous, le domaine a été sorti de la cave coopérative d'Igé par Francis Fichet en 1976. Ses fils Pierre-Yves et Olivier, aux commandes depuis 1999, exploitent aujourd'hui 30 ha de vignes, à partir desquels ils produisent une quinzaine de cuvées différentes nées des quatre cépages de Bourgogne. Une valeur sûre du Mâconnais, complétée en 2006 par une petite structure de négoce.

Cette cuvée se présente vêtue d'une robe jaune d'or aux reflets ambrés. Elle déploie des notes fines de fumée et de pétale de rose au premier nez, avant de s'ouvrir sur les fruits jaunes mûrs. Le palais, dans le même registre aromatique, se révèle riche et gras, stimulé et allongé en finale par des notes acidulées de citron et d'orange. Une belle bouteille à apprécier dans sa jeunesse, sur un curry de poulet à l'ananas par exemple. ⧗ 2024-2028

DOM. FICHET, 651, rte d'Azé, 71960 Igé, tél. 03 85 33 30 46, contact@domainefichet.fr V t.l.j. sf dim. 8h-12h 13h-18h30

CH. DE LA GREFFIÈRE
Serrières La Croix 2022 ★

| 4 203 | 15 à 20 € |

En 2013, Xavier Greuzard a rejoint ses parents Isabelle et Vincent à la tête du Ch. de la Greffière (60 ha), dans sa famille depuis 1924. Un vignoble qu'ils ont pu agrandir l'année suivante en reprenant les 7 ha d'un seul tenant du Ch. des Bois après le départ à la retraite de son propriétaire.

Ce 2022 se pare d'une robe rouge aux reflets carmin d'une belle intensité. Il diffuse des parfums fruités de cassis et de cerise, soulignés par des notes de fougères. En bouche, il se révèle ample, vineux, dense, puissant, étayé par des tanins fermes qui appellent la garde et une belle côte de bœuf grillée. ⧗ 2027-2032

CH. DE LA GREFFIÈRE, La Greffière, 71960 La Roche-Vineuse, tél. 03 85 37 79 11, info@chateaudelagreffiere.com V t.l.j. sf dim. 9h-12h 14h-18h

GILLES GUERRIN
Charnay-lès-Mâcon 2022 ★

| 3 520 | 8 à 11 € |

Un domaine situé à Vergisson, en plein cœur des crus du Mâconnais, entre les célèbres roches de Vergisson et Solutré. Sylvie et Gilles Guerrin s'y sont installés en 1984 et exploitent 13,5 ha de vignes réparties en trois appellations : mâcon Vergisson, saint-véran et pouilly-fuissé. Depuis 2017, une de leurs filles, Blandine, est à leurs côtés.

D'un bel or soutenu et brillant, ce vin se montre plutôt discret au nez, laissant poindre de fines notes de fruits blancs. Il s'avère plus loquace en bouche, sur des saveurs gourmandes d'amande fraîche et de compote de poire. Déjà prêt à boire, il fera un compagnon parfait pour une blanquette de veau ou d'un fromage affiné. ⧗ 2024-2028

GILLES GUERRIN, 842, rte des Charmes, 71960 Vergisson, tél. 03 85 35 80 38, sylviegillesguerrin@wanadoo.fr V r.-v.

♥ DOM. GUERRIN ET FILS
Vergisson 2022 ★★

| 10 000 | 11 à 15 € |

Situé dans à Vergisson, au cœur du site naturel des Deux Roches, ce domaine fondé en 1926 est conduit depuis 1984 par Nadine et Maurice Guerrin, rejoints par leur fils Bastien en 2012 (quatrième génération). Le vignoble s'étend sur 14 ha répartis sur une mosaïque de 35 parcelles.

Issue d'une vigne de chardonnay plantée en 1983 et cueillie à la main, puis élevée 9 mois en fût de chêne, cette cuvée séduit d'emblée par son éclatante robe dorée, puis par les senteurs de pêche, d'abricot et de silex qui exhalent du verre. On découvre ensuite une bouche parfaitement équilibrée entre rondeur et fraîcheur, fine, élégante, expressive et longue. Beaucoup de relief et d'harmonie se dégagent de ce vin, que l'on servira volontiers avec une poularde de Bresse à la crème et aux morilles. ⧗ 2025-2030

DOM. MAURICE GUERRIN ET FILS, 572, rte des Bruyères, 71960 Vergisson, tél. 06 16 94 95 59, contact@domaineguerrin.fr V r.-v.

DOM. MARC JAMBON ET FILS
Pierreclos Le Carruge 2022 ★★

| 1200 | 15 à 20 € |

Établi à Pierreclos depuis 1752, le Dom. Jambon est dirigé, depuis 2017 et la retraite de Marc, par son fils Pierre-Antoine et Michel Prudhon. Un domaine de 11,5 ha réparti sur Pierreclos et Vinzelles, conduit dans un esprit très proche du bio et qui signe de belles cuvées avec une réelle constance.

Récolté à la main et vinifié avec les levures indigènes du raisin, ce vin or blanc ourlé de vert dévoile un nez complexe et élégant : aubépine, beurre frais, craie, pomme. Une attaque vive et franche introduit une bouche parfaitement équilibrée, qui offre du gras, de la rondeur, mais aussi beaucoup de fraîcheur, soulignée jusqu'en finale par une fine minéralité qui lui confère du relief et de la noblesse. Une fraîcheur qui tranche agréablement avec la chaleur de ce millésime et qui promet un accord très gourmand avec une cuisine aux tonalités marines. ⧗ 2025-2030 **Pierreclos Terroir de la Roche 2022 ★ (11 à 15 €; 6000 b.)** Un vin tendre, rond, aux accents beurrés, grillés et vanillés, mais qui affiche aussi une belle finesse et de l'élégance. De bonnes perspectives se dessinent en cave. ⧗ 2025-2030

DOM. MARC JAMBON ET FILS, 38, imp. de la Roche, 71960 Pierreclos, tél. 06 25 68 80 61, contact@domainemarcjambon.fr V r.-v.

♥ DOM. LACHARME ET FILS
La Roche-Vineuse
Sélection de vieilles vignes 2022 ★★

■ | 2388 | | 8 à 11 €

Implanté sur les collines de La Roche Vineuse, le domaine fut créé en 1953 par Blanche et Maurice Lacharme. C'est aujourd'hui leur fils aîné Gérard et leur petit-fils Sébastien, arrivé en 2015, qui président aux destinées de la propriété.

Cette cuvée porte haut les couleurs de l'appellation. Parée d'une robe profonde aux reflets aubergine, elle livre d'intenses parfums de fraise et de cassis, mêlés aux épices douces et aux arômes vanillés du bois. Le palais, bien construit, ample, long, offrant une belle mâche autour d'une charpente tannique solide, est stimulé par une agréable fraîcheur aux tonalités réglissées. Bâti pour la garde assurément. ⧗ 2027-2034

⊶ DOM. LACHARME ET FILS, 399, Montée-des-Touziers, 71960 La Roche-Vineuse, tél. 03 85 36 61 80, contact@domaine-lacharme.com V *t.l.j. sf dim. 9h-18h30*

MAURICE LAPALUS ET FILS 2022 ★

■ | 10 000 | | 8 à 11 €

La famille Lapalus cultive la vigne à Pierreclos depuis 1937. En 2000, à l'arrivée du fils Christophe, elle a entrepris de grands travaux, notamment la construction d'un nouveau chai spacieux, moderne et fonctionnel. Aujourd'hui, le domaine couvre 18 ha.

Dans le verre, une couleur or pâle et limpide des plus engageante. Des arômes élégants de fenouil et d'anis vert s'en échappent. La bouche, en harmonie avec l'olfaction, fine, subtile, fraîche et d'une belle longueur, stimulée par une finale acidulée aux accents de bonbon anglais. Un ensemble harmonieux et énergique. ⧗ 2024-2028

⊶ MAURICE LAPALUS ET FILS, 758, rte de Vergisson, 71960 Pierreclos, tél. 03 85 35 71 90, contact@vinslapalus.com V *r.-v.*

MAISON JEAN LORON
Vignes de Chassipol Chardonnay 2022 ★

■ | 25 000 | | 11 à 15 €

Aux origines de la maison, Jean Loron, vigneron né dans le Beaujolais en 1711. Son petit-fils Jean-Marie fonda en 1821 un commerce d'expédition de vins. Aujourd'hui dirigé par la huitième génération, ce négoce est aussi propriétaire de plusieurs domaines, comme le Ch. de la Pierre (régnié, brouilly), ceux de Fleurie, de Bellevue (morgon), les domaines des Billards (saint-amour) et de la Vieille Église (juliénas).

Ce 2022 d'un bel or cristallin délivre des arômes de fruits blancs (poire, pêche) et de fleurs blanches (aubépine, acacia) associés à des notes minérales. La bouche, agréable et fraîche, s'étire longuement sur une finale citronnée. Un mâcon à boire dans sa jeunesse, avec des moules de bouchot par exemple. ⧗ 2024-2027

⊶ MAISON JEAN LORON, Pontanevaux, 71570 La-Chapelle-de-Guinchay, tél. 03 85 36 81 20, vinloron@loron.fr V *t.l.j. sf dim. 10h-12h30 14h-18h*

CAVE DE LUGNY
Lugny Saint-Pierre Chardonnay 2023 ★

■ | n.c. | | 11 à 15 €

Fondée en 1926, la Cave de Lugny, en Bourgogne du sud, est la première coopérative de la région. Elle vinifie aujourd'hui les 1 360 ha de vignes de plus de 200 vignerons adhérents, ce qui en fait le plus gros producteur de Bourgogne, 80 % de la production étant dédiés au chardonnay.

Or blanc étincelant, ce vin s'ouvre sans réserve sur les fruits exotiques et les agrumes bien mûrs. Fidèle au nez, bien fruitée, la bouche est tout en rondeur et en suavité. Un mâcon généreux et gourmand, à boire sur le fruit de sa jeunesse. ⧗ 2024-2027

⊶ CAVE DE LUGNY, 995, rue des Charmes, 71260 Lugny, tél. 03 85 33 22 85, brayer@cave-lugny.com V *t.l.j. 9h-12h30 14h-19h (18h en hiver)*

DOM. MANCIAT-PONCET
Charnay Les Chênes 2022 ★

■ | 18 000 | | 11 à 15 €

Cette propriété créée en 1871, qui s'étend aujourd'hui sur 24 ha, a été transmise de père en fils jusqu'en 2003. Depuis cette date, c'est la fille de Simone et Claude Manciat, Marie-Pierre, qui tient les rênes du domaine, accompagnée depuis 2020 par sa fille, Salomé Larochette.

Brillant de mille feux et ourlé de vert tendre, ce vin développe un nez franc et complexe de menthe fraîche, de jasmin, de pêche de vigne et de pierre à fusil. La bouche, en cohérence avec l'olfaction, se révèle ciselée, fine, minérale et bien équilibrée, avec une belle finale sur le zeste d'orange qui aiguise les papilles. Parfait sur des cuisses de grenouilles au beurre persillé. ⧗ 2024-2028

⊶ MARIE-PIERRE MANCIAT, 217, rue Saint-Vincent, 71570 Chaintré, tél. 03 85 35 61 50, marie-pierre@manciat-poncet.com V *r.-v.*

Ⓑ DOM. DU CH. DE MESSEY
Cruzille Clos des Avoueries Monopole 2022 ★

■ | 10 662 | | 15 à 20 €

Anciennement propriétaires du Manoir Murisaltien, maison de négoce de Meursault, et du Ch. de Belleville à Rully, revendus en 2017 à un couple d'Américains passionnés d'art de vivre à la française, les Dumont (Marc, Vinciane et leur fils Patrick) se concentrent sur le Ch. de Messey, propriété acquise en 1988 : 10,75 ha sur Ozenay et Cruzille. La direction a été confiée à Frédéric Servais, qui a converti le vignoble en bio.

Ce vin délivre de subtils parfums de fleur d'amandier et de poire juteuse. La bouche, aux saveurs de citron, de minéralité et de meringue, plaît par sa finesse, sa fraîcheur et son énergie en finale. Un bel ambassadeur de l'appellation, à servir sur un mets de choix, comme un homard par exemple. ⧗ 2024-2029

⊶ DOM. DU CH. DE MESSEY, 3, rue de Messey, 71700 Ozenay, tél. 03 85 31 80 61, chateau@demessey.com V *r.-v.; f. 22/12-04/01* 5 D

JEAN-PIERRE MICHEL Terre blanche 2021 ★

| 8000 | | 15 à 20 € |

Valeur sûre du Mâconnais, ce vigneron exploite 8,7 ha à Quintaine, au cœur de l'appellation viré-clessé, sur les premiers coteaux exposés au soleil levant surplombant la vallée de la Saône, à mi-chemin entre Mâcon et Tournus. Ses pratiques : labour des sols, récolte manuelle à maturité, vinifications longues et « naturelles » (sans chaptalisation ni levurage) conduites, selon la nature des terroirs, en cuve ou en fût, avec des élevages longs sur lies fines. Son fils Quentin le rejoint en 2017 et ensemble, ils convertissent les vignes à l'agriculture biologique (certification obtenue en 2022).

D'une belle limpidité éclairée par des reflets argentés, ce vin libère d'abord de délicates senteurs de pamplemousse et de pêche blanche, puis s'épanouit sur des parfums intenses de fruits exotiques. Ces arômes se confirment dans une bouche bien équilibrée, à la fois ronde et fraîche, tendue par une longue finale zestée. Un vin énergique que l'on destinera à une cuisine aux accents marins, un saumon gravlax par exemple. ⧗ 2024-2028

JEAN-PIERRE MICHEL, 955, rte de Quintaine, Quintaine, 71260 Clessé, tél. 03 85 23 04 82, vinsjpmichel@orange.fr V r.-v.

SYLVAINE ET ALAIN NORMAND Igé 2022 ★

| 9000 | | 11 à 15 € |

Alain Normand s'est installé en 1993 à la tête de 13 ha. En 2010, le domaine s'est agrandi considérablement avec le vignoble du père de Sylvaine. Aujourd'hui, 35 ha de vignes en conversion bio et répartis sur Solutré, Chaintré, Prissé et La Roche-Vineuse.

Une robe couleur cerise noire de belle intensité habille ce gamay bien fuité (petits fruits noirs, confiture de framboises). Des arômes qui accompagnent une bouche harmonieuse, à la fois ample et fine, épaulée par des tanins bien pris dans la chair et prolongée avec élégance par une finale sur la violette. ⧗ 2024-2028

SYLVAINE ET ALAIN NORMAND, 10, allée En-Darèze, 71960 La Roche-Vineuse, tél. 03 85 36 61 69, vins@domaine-normand.com V *t.l.j. sf sam. dim. 9h30-12h30 14h-18h*

DOM. CHRISTOPHE PERRATON Vinzelles Floralys 2022 ★

| 5000 | | 8 à 11 € |

Depuis le haut de la colline argilo-calcaire de Chaintré sur laquelle est implanté ce domaine de 12 ha, on peut admirer la vallée de la Saône et, par temps clair, le massif du Mont-Blanc. Autrefois associé avec son frère Franck, Christophe Perraton est depuis 2018 le seul gérant de l'exploitation.

Ce vin s'ouvre lentement sur des senteurs de pêche blanche, de coing, de fleurs blanches et de craie. Gourmand et croquant, soutenu par une trame vive, il se maintient longuement en bouche autour de saveurs de fruits mûrs. On le servira dans ses jeunes années, avec des gambas grillées par exemple. ⧗ 2024-2027

DOM. CHRISTOPHE PERRATON, 163, rue du Paradis, 71570 Chaintré, tél. 03 85 35 67 45, domaine@vinsperraton.fr V *r.-v.*

DOM. PERRAUD La Roche-Vineuse L'Œuvre de Perraud Le Clos 2022 ★

| 40000 | | 15 à 20 € |

Après des études au lycée agricole de Mâcon-Davayé, Jean-Christophe Perraud s'installe sur l'exploitation familiale, alors adhérente à la cave coopérative. Aux commandes depuis 2008, il vinifie les 38 ha que compte le domaine, dans le nouveau chai. Une partie négoce complète l'activité. En conversion bio.

Ce mâcon jaune clair, pailleté d'or, séduit par son nez de fruits frais (pêche, citron) mariés harmonieusement à de fines notes florales (chèvrefeuille, acacia). Le palais séduit par ses arômes d'ananas et de miel, également par son équilibre entre rondeur et minéralité. Plaisant dès maintenant, vous pourrez le servir cet hiver avec une tartiflette par exemple. ⧗ 2024-2027

DOM. PERRAUD, 64, rte d'Hurigny, Nancelle, 71960 La Roche-Vineuse, tél. 03 85 32 95 12, info@domaineperraud.fr

DOM. DE LA PIERRE DES DAMES Prissé 2023 ★

| 15000 | | 5 à 8 € |

Vincent Nectout, associé des anciens propriétaires depuis 2002, Marie-Thérèse Canard et Jean-Michel Aubinel, a repris ce domaine et ses 26 ha de vignes en 2021, lorsque ceux-ci sont partis à la retraite.

D'un bel or pâle aux reflets verts, ce vin livre un bouquet frais et intense de poire Williams, de citron vert et de chèvrefeuille. L'élégance se poursuit en bouche, dans un équilibre très assuré entre une chair fruitée et une acidité tonique, avec en prime une finale persistante qui rappelle les pétales de rose et le litchi. ⧗ 2024-2028

DOM. DE LA PIERRE DES DAMES, 571, chem. des Pommiers, 71960 Prissé, tél. 06 81 61 45 22, contact@domainedelapierredesdames.fr V *r.-v.*

DOM. DE QUINTEFEUILLE Le Clos 2022 ★

| 4200 | | 8 à 11 € |

Si le Dom. de Quintefeuille est récent dans le paysage bourguignon, son viticulteur, Serge Lespinasse, dispose déjà d'une solide expérience. Natif du Beaujolais, fils de vigneron, il a commencé comme opticien. En 1999, l'envie de nature et de vigne ainsi que ses origines le rappellent. Il reprend un domaine à Lugny (15 ha) et livre son raisin à la coopérative. Pendant quinze ans, il réapprend son métier, explore ses terroirs, mais il ne fait toujours pas de vin. En 2013, c'est chose faite, il construit son propre chai et quitte la cave coopérative.

Une robe éclatante, jaune d'or aux reflets émeraude, et un nez complexe sur la bergamote, la pêche jaune et le silex composent une entrée en matière très engageante. La bouche, infusée de fruits mûrs, est rafraîchie par une belle trame minérale, offrant de la consistance et de la longueur. Un ensemble harmonieux, que l'on servira volontiers sur une nage de coquillages au safran. ⧗ 2024-2028

DOM. DE QUINTEFEUILLE, 33, rue de l'Écluse, 71260 Lugny, tél. 06 66 77 13 64, slespinasse@quintefeuille-lugny.fr V *r.-v.*

RAPHAËL SALLET Chardonnay 2022 ★★

18 000 | 8 à 11 €

Issu d'une famille vigneronne de plusieurs générations, Raphaël Sallet est rejoint en 1983 son père qui livrait alors ses raisins à la coopérative. Souhaitant produire son propre vin, il crée son domaine en 1986, étendu aujourd'hui sur 30 ha sur les coteaux argilo-calcaires d'Uchizy et de Chardonnay.

D'une belle couleur paille dorée, cette cuvée laisse échapper de fines senteurs de fleurs blanches et de citron. Une attaque fraîche ouvre sur une bouche ample, fine, élégante, bien tendue et minérale. Beaucoup d'énergie se dégage de ce vin, tout indiqué pour un beau plateau de fruits de mer. ⧗ 2024-2028 **Uchizy Clos des Ravières 2022 ★ (11 à 15 €; 3000 b.)** Élevé un an en fût de chêne, ce vin a séduit le jury par son caractère fruité (prune, pomme, poire) et vanillé, son équilibre entre structure et matière, sa profondeur et sa fraîcheur. Une belle bouteille à garder en cave quelques années avant de la servir sur un fromage bien affiné, un époisses par exemple. ⧗ 2026-2030

RAPHAËL SALLET, 90, rte de Chardonnay, 71700 Uchizy, tél. 03 85 40 50 45, mrsallet@orange.fr V r.-v.

VIGNOBLE DE SOMMÉRÉ
La Roche-Vineuse Les Noyerets 2022 ★

3000 | 11 à 15 €

Établi dans le hameau de Sommeré, aux portes de Mâcon, Hervé Santé, épaulé par son épouse Céline, représente la cinquième génération de vignerons sur ce vignoble de 10 ha.

Ce mâcon offre un nez d'une belle intensité, mariant harmonieusement les fruits blancs aux notes d'élevage en fût (grillé et vanillé). La bouche affiche de la rondeur et du gras, bien équilibrée par une fine acidité et des saveurs finales de compote de poire. À boire dès aujourd'hui ou à garder encore quelques années avant de le servir sur une lotte à l'armoricaine par exemple. ⧗ 2024-2029

VIGNOBLE DE SOMMÉRÉ, 32, montée de Monceau, Sommeré, 71960 La Roche-Vineuse, tél. 03 85 37 80 57, herve.sante@orange.fr V r.-v.

DOM. THEVENARD
Lugny Les Charmes 2022 ★

1677 | 20 à 30 €

Claudius Lafarge naît en 1891 à Uchizy. À son retour de la guerre, il reprend l'exploitation familiale composée d'élevage, de céréales et de vignes, qu'il développe, devenant le premier exploitant à planter du chardonnay sur la commune, des parcelles toujours en production aujourd'hui. Sa fille Marguerite et son mari Roger Thevenard prennent la suite et poursuivent le développement en cave particulière, jusqu'en 1967, quand Roger, victime d'un grave accident lui valant de nombreux mois d'immobilisation, adhère à la cave coopérative de Chardonnay. En 2021, Pascal, leur fils, épaulé de ses enfants Matthieu et Gaëtan, décident de retirer 12 ha de la coopérative et créent le Dom. Thevenard.

Une belle entrée dans le Guide pour les Thevenard avec ce mâcon généreusement bouqueté autour des épices, des fruits mûrs, de la cire d'abeille et du chèvrefeuille. Même sensation au palais, avec une matière riche et dense, rafraîchie par une fraîcheur minérale bienvenue. Flatteur et déjà très agréable, on le servira volontiers sur des noix de Saint-Jacques au beurre d'algues. ⧗ 2024-2029

DOM. THEVENARD, 49, rte de Mercey, 71700 Uchizy, tél. 03 85 20 74 40, accueil@domaine-thevenaud.com V *t.l.j. sf dim. 8h-17h; sam. sur r.-v.*

Ⓑ CH. TOURNONS
Charnay-lès-Mâcon Clos des Tournons 2022 ★

12 300 | 8 à 11 €

En 1988, la famille Tripoz succède à la famille Chevalier à la tête de cette exploitation de Charnay couvrant 12 ha, cultivés en bio. Situé sur un chemin de randonnée, à proximité de la voie verte, le domaine accueille aussi bien les marcheurs que les cyclotouristes.

D'un seyant or pâle irisé de vert, ce vin livre des parfums de fleurs blanches et d'agrumes, accompagnés à l'aération de discrètes notes minérales et crayeuses. La bouche montre un équilibre très abouti entre fraîcheur et suavité, entre richesse et acidité. Un bel ensemble à accorder aux poissons et aux crustacés. ⧗ 2024-2028

DOM. DES TOURNONS, 450, chem. des Tournons, 71850 Charnay-lès-Mâcon, tél. 03 85 34 14 52, didier.tripoz@wanadoo.fr V *r.-v.*

VIRÉ-CLESSÉ

Superficie : 390 ha / Production : 22 000 hl

Appellation communale récente née en 1998, viré-clessé a de solides ambitions en matière de vins blancs. Elle a fait disparaître les dénominations mâcon-viré et mâcon-clessé avec le millésime 2002.

♥ DOM. DU BICHERON Vieilles Vignes 2022 ★★

10 000 | 8 à 11 €

Créé en 1889 par Antoine Rousset sur 3 ha de vignes, non loin de Cluny et de la roche de Solutré, ce domaine, aujourd'hui conduit par ses arrière-petits-enfants Geneviève et Denis, s'étend sur 55 ha.

Or jaune éclatant aux légers reflets verts, ce blanc somptueux, né de vénérables vignes de 80 ans, libère d'intenses parfums de fruits bien mûrs (poire et coing), de noisette, de jasmin et de pâtisserie. La sensation chaleureuse perçue à l'olfaction, bien dans le ton de ce millésime solaire, est vite chassée par une bouche minérale et rectiligne, étirée sur des saveurs fraîches d'agrumes. La finale laisse le souvenir d'un vin à la fois énergique et gourmand. ⧗ 2024-2029

DOM. DU BICHERON, 1033, rte de Lanques, 71260 Péronne, tél. 06 14 15 31 00, gene.delbecq@orange.fr V *t.l.j. sf dim. 10h-12h 13h30-18h; sam. sur r.-v.*

DOM. ANDRÉ BONHOMME
Les Quarts 2021 ★★

	2000		20 à 30 €

André Bonhomme et son épouse, Gisèle, ont créé ce domaine en 1956 et l'ont transmis en 2001 à leur gendre Éric Palthey, ancien architecte, et à leur fille Jacqueline, tous deux rejoints entre-temps par leurs enfants Aurélien et Johan. Le travail des vignes (15 ha) est biologique, les vendanges sont manuelles et la vinification est traditionnelle avec des élevages longs. Une valeur sûre en viré-clessé.

Orné de reflets ambrés, cette belle cuvée dorée dévoile au nez des senteurs fruitées d'abricot et d'ananas confit, agrémentées de notes de noisette grillée et de pâte d'amande. On retrouve ces saveurs dans une bouche vive à l'attaque, plus câline, plus généreuse, mais sans jamais perdre en fraîcheur. Un ensemble harmonieux, élégant et persistant. 2025-2029

DOM. ANDRÉ BONHOMME, 12, rue Jean-Large, 71260 Viré, tél. 03 85 27 93 93, contact@vireclessebonhomme.fr V r.-v.

DOM. GONDARD-PERRIN En Combe 2021 ★

	1200		15 à 20 €

Implanté au cœur de Viré, Pierre et Mylène Gondard livraient auparavant la totalité de leur récolte à la cave coopérative du village. Depuis 2008, ils signent leurs propres vins à partir de leur 17,5 ha. En 2015, leur fils Franz-Ludwig les a rejoints.

Coup de cœur dans les deux éditions précédentes, le domaine des Gondard signe ici un joli viré-clessé. D'une robe d'or s'échappent de nombreux arômes rappelant l'élevage en fût : grillé, encens, fumée et amande grillée. Une attaque fraîche introduit une bouche ample, soyeuse et ronde, équilibrée par une fine acidité. Un vin racé, au bon potentiel de garde 2025-2030

DOM. GONDARD-PERRIN, 4, rue René-Boudier, 71260 Viré, tél. 09 81 23 12 47, mylene.gondard@gmail.com V r.-v.

DOM. LES GRANDS CRAYS
Clos du Ch. 2022 ★

	1800		11 à 15 €

Héritier de trois générations de vignerons établis à Clessé, Dominique Terrier, installé en 1981 d'abord comme pépiniériste viticole puis comme vigneron à la cave coopérative locale, a vinifié son premier vin en 1993. Il conduit aujourd'hui un vignoble de 20 ha, rejoint en 2022 par son fils Rémy, qui a quitté son métier d'ingénieur pour embrasser le métier de viticulteur.

Une vendange aux aurores pour garder la fraîcheur, puis un élevage sur lies fines de 10 mois en cuve ont donné vie à ce vin brillant, très doré, qui évoque les herbes fraîches et le calcaire blanc de Clessé à l'olfaction. La bouche, minérale et souple, est portée de bout en bout par une saveur acidulée de bonbon anglais qui ajoute à son dynamisme. Idéal sur un plateau de fruits de mer. 2024-2028

DOM. LES GRAND CRAYS, 115, rue du Champ-Cholet, Cray, 71260 Clessé, tél. 06 12 15 49 12, terrier@lesgrandscrays.fr V r.-v.

DOM. ROBERT MARIN
Clos du Ch. Vieilles Vignes 2022 ★

	27000		11 à 15 €

Le domaine de Marielle et Robert Marin est né la même année que l'appellation Viré-clessé, en 1998. Un vignoble de 22 ha aujourd'hui, planté de vieilles vignes d'une moyenne d'âge de 50 ans.

Ce viré-clessé se présente dans une belle robe or pâle éclatante. L'olfaction est imprégnée de parfums d'agrumes et de fleurs blanches sur un fond légèrement mentholé. L'attaque est agréable, bien ciselée, comme un bloc minéral, puis le cœur de bouche s'adoucit autour des fruits mûrs. Une belle constance, de la droiture et de la concentration, ce blanc ne manque de rien. On pourra le servir dès maintenant, avec une friture de poissons par exemple, ou l'attendre quelques années. 2024-2029

DOM. ROBERT MARIN, 256, rte de la Vigne-Blanche, 71260 Clessé, tél. 06 25 39 56 72, contact@domaine-marin.fr V r.-v.

DOM. MICHEL Quintaine 2021 ★

	23000		15 à 20 €

Ce domaine de 21,5 ha situé dans le pittoresque hameau de Cray est réputé tant pour son excellence que pour sa longévité (fondation en 1840) : les générations se succèdent, la qualité des vins demeure. Il faut dire qu'une attention très particulière est portée à la conduite de la vigne (pas d'engrais chimiques, travail du sol) et à l'élaboration des vins (récolte à maturité et tris manuels, pas de levurage, pas de chaptalisation).

Ce 2021 a été vendangé à la main fin septembre, puis élevé 24 mois en cuve. Il se présente dans une belle robe dorée lumineuse et est empreint d'arômes de fruits confits, d'abricot, de chèvrefeuille et de cire d'abeille. Un jus de caractère, gras, dense, légèrement épicé, tapisse la bouche avant de distiller une fine saveur minérale en finale. Un blanc généreux qui demande encore un peu de temps pour s'épanouir. 2025-2030

DOM. MICHEL, 372, rte de Cray, Cidex 624, 71260 Clessé, tél. 03 85 36 94 27, domainemichelclesse@orange.fr V r.-v.

DOM. DE NAISSE Église de Quintaine 2022 ★

	4700		15 à 20 €

Né de parents agriculteurs à Laizé, Guy Béranger s'installe en 1975 à la ferme de Naisse. En 1980, il plante ses premières vignes et apporte sa vendange à la coopérative. Son gendre Christophe Brenot (arrivé en 1999) et sa fille Élodie (en 2017) sont désormais à la tête de ce vignoble qui compte aujourd'hui plus de 20 ha.

Vêtu d'une robe couleur bronze d'un bel éclat, ce viré-clessé déploie une belle énergie acidulée qui n'a pas laissé le jury insensible. Le nez, très délicat, rappelle le jasmin, la pêche et la poire, tandis qu'à l'aération, on perçoit les notes calcaires du terroir. Bien équilibrée entre fraîcheur et concentration, la bouche s'appuie sur des saveurs de zestes d'agrumes et une fine minéralité qui ajoutent à son dynamisme et son élégance. 2024-2029

DOM. DE NAISSE, 2, chem. de Naisse, 71870 Laizé, tél. 03 85 33 45 29, contact@brenotberanger-vins.fr V r.-v.

DOM. DES TERRES DE CHATENAY
Fontenay 2022 ★

| | 3250 | | 11 à 15 € |

Jean-Claude et Marie-Odile Janin sont un couple de vignerons installé depuis 2006 à Péronne, village situé à l'ouest des coteaux de Viré et de Clessé. Leur vignoble couvre 12 ha, planté essentiellement de vieilles vignes.

De vieux chardonnays de 90 ans, dont 10 % de la production ont fermenté en fût de chêne durant 6 mois, ont engendré un vin d'un bel éclat, jaune pâle aux reflets absinthe. Le nez, intense, rappelle les fleurs blanches, la menthe et le sirop d'érable, le tout souligné d'un trait minéral. Une attaque vive et cristalline donne le ton d'une bouche fraîche, tendue mais aussi délicate de texture, minérale et iodée. Un blanc vibrant qui fera merveille sur les produits de la mer. ⏳ 2024-2029

⊶ DOM. DES TERRES DE CHATENAY, 135, rue du Four, 71260 Péronne, tél. 06 87 99 49 13, janinmojc@wanadoo.fr V *r.-v.*

♥ VERIZET
En Long Champ 2022 ★★

| | 14 828 | | 11 à 15 € |

Cette coopérative est née en 1928 pour faire face aux difficultés économiques engendrées par la Première Guerre mondiale et le phylloxera. Une cave réputée depuis toujours pour ses vins blancs, précurseur en matière de commerce puisqu'elle fut la première à vendre au détail en litre et à se développer à l'export. Elle compte 145 adhérents pour 250 ha de vignes.

La cave signe un viré-clessé de haute expression. Du verre, jaillissent d'intenses senteurs florales rappelant l'acacia et le sureau, ainsi que des notes fruitées de pêche blanche et de citron. Fraîche et percutante par son goût soutenu d'abricot et d'agrumes, la bouche affiche aussi un beau volume, de la longueur et un équilibre souverain. Déjà très savoureux, ce blanc saura également vieillir noblement. ⏳ 2024-2030 **La Plaine 2021 ★ (15 à 20 €; 10 000 b.)** Un vin apprécié pour son équilibre entre rondeur, fraîcheur, fruité intense (fruits blancs, agrumes) et fine salinité. Tout indiqué pour un plateau de fruits de mer. ⏳ 2024-2028

⊶ CAVE DE VIRÉ, 1, rue de la Cave, 71260 Viré, tél. 03 85 32 25 50, caveaux@cavedevire.com V *t.l.j. sf lun. 9h-12h30 14h-18h*

LES VIGNES D'ADÉLIE 2022 ★

| | 13 000 | | 15 à 20 € |

Petit-fils et fils de vigneron, Christian Terrier exerce son métier depuis 1986. En 2009, avec son épouse, Sandrine, ils ont créé ce domaine de 12 ha qui propose du viré-clessé et du mâcon Péronne. En 2021, leur fille Adélie a intégré l'exploitation en vue de prendre la succession.

D'un beau jaune intense et brillant, ce viré-clessé dévoile un nez discret de fruits frais (fruits blancs, agrumes). Une fraîcheur fruitée à laquelle fait écho une bouche très alerte, longue et équilibrée. Un blanc dynamique à réserver pour un plat aux tonalités marines. ⏳ 2024-2028

⊶ LES VIGNES D'ADÉLIE, 521, rte de la Troupe, 71260 Clessé, tél. 06 77 11 51 39, lesvignesdadelie@gmail.com V *r.-v.*

DOM. LE VIROLYS 2022 ★

| | 6 600 | | 11 à 15 € |

Laurent et Cécile Gondard ont créé leur cave de vinification en 2008; auparavant ils ont longtemps livré leurs raisins à la cave coopérative du village, comme l'ont fait avant eux leurs ancêtres. À la vigne, ils travaillent en lutte raisonnée, seuls les engrais produits par l'exploitation sont utilisés et les sols sont labourés. Leurs deux enfants les ont rejoints pour prendre soin des 30 ha de vignes.

Robe or clair d'un bel éclat, nez fruité (coing et citron) et floral (chèvrefeuille), l'approche est séduisante. La bouche se révèle bien équilibrée, de bonne consistance, longue et fraîche, à l'unisson du bouquet. ⏳ 2024-2028

⊶ DOM. LE VIROLYS, 9, rue En-Baclot, 71260 Viré, tél. 03 85 33 91 11, laurent.gondard071@orange.fr V *t.l.j. 10h-12h 14h-18h30; sept.-mai. dim. 10h-12h*

POUILLY-FUISSÉ

Superficie : 760 ha / Production : 39 150 hl

Le profil des roches de Solutré et de Vergisson s'avance dans le ciel comme la proue de deux navires; à leurs pieds, le vignoble le plus prestigieux du Mâconnais, celui du pouilly-fuissé, se développe sur les communes de Fuissé, de Solutré-Pouilly, de Vergisson et de Chaintré. Les pouilly-fuissé ont acquis une très grande notoriété, notamment à l'exportation, et leurs prix ont toujours été en compétition avec ceux des chablis. Ils sont vifs, pleins de sève et complexes. Élevés en fût de chêne, ils acquièrent avec l'âge des arômes d'amande grillée ou de noisette.

♥ DOM. BOURDON Aux vignes dessus 2022 ★★

| | 5 210 | | 20 à 30 € |

Ce domaine de 17,5 ha possède deux caves : un chai moderne au cœur du hameau de Pouilly et une magnifique cave voûtée en pierre à Vergisson. À sa tête, Sylvie et François Bourdon représentent la cinquième génération. Leurs enfants Antoine et Benoît les ont rejoints en 2019. Une des valeurs sûres du Mâconnais.

Une fois de plus, ce domaine nous prouve sa régularité avec ce coup de cœur qui récompense un vin d'un équilibre souverain. Jaune aux reflets dorés éclatants, ce pouilly-fuissé d'une grande complexité fleure bon la noisette, la noix, l'aubépine, la verveine et le citron vert. Noble et racée, la bouche se révèle concentrée et fraîche à la fois, finement mentholée, ronde et minérale. Une bouteille à réserver à un mets de choix, un homard grillé par exemple. 2025-2030 **1er cru Cuvée réservée 2022 ★ (20 à 30 €; 1955 b.)** Un vin fin et délicat, qui évoque les agrumes et les fleurs blanches, doté d'une matière riche soulignée par une fine tension acidulée qui apporte l'équilibre. 2025-2030

DOM. BOURDON, 203, rue de la Chapelle, Pouilly, 71960 Solutré-Pouilly, tél. 03 85 35 81 44, francoisbourdon2@wanadoo.fr r.-v.

DOM. NATHALIE BRESSAND
Vieilles Vignes Élevé en fût de chêne 2022 ★★

| 1500 | 20 à 30 € |

À la tête depuis 1996 d'un petit domaine de 4,5 ha dans son village natal de Solutré-Pouilly, Nathalie Bressand travaille de façon traditionnelle : vendanges manuelles, vinification et élevage en fût de chêne. Elle reprend en 2013 une petite parcelle de 15 ares de Saint-Véran, située à 500 m de son cuvage.

Ce vin né du chaleureux millésime 2022 séduit d'emblée par son étoffe jaune d'or à reflets bronze. Au nez, il livre d'intenses senteurs de noisette, de vanille et de raisin de Corinthe. Une attaque puissante ouvre sur un cœur de bouche riche, portée par une belle charpente boisée et une fraîcheur minérale qui l'allège et l'équilibre. Un vin tout en relief, à servir après un peu de garde avec des quenelles de brochet sauce Nantua. 2026-2030

NATHALIE BRESSAND, 324, rue Jean-des-Moitiers, hameau de Chevigné, 71960 Davayé, tél. 06 29 94 33 05, lesvinsdenathalie@gmail.com r.-v. 5

DOM. CARRETTE Aux Charmes 2022 ★

| 5300 | 20 à 30 € |

Vignerons de père en fils depuis plusieurs générations, l'histoire du domaine est marquée par l'achat par Henri Carrette, en 1980, d'une grande maison avec cave voûtée au pied de la roche de Vergisson. Ce sont depuis 2003 son petit-fils Hervé et son épouse œnologue, Nathalie, en charge des «vinifs» qui sont à la tête de ce vignoble de 17 ha en conversion bio, disséminés sur Vergisson et cinq villages alentour.

Ce vin s'ouvre sans réserve sur des parfums de citron, d'orange, de fruits à chair blanche, puis de noisette fraîche et de mangue. Après une attaque vive aux tonalités de pamplemousse, le palais déroule sereinement, égayé par une pointe mentholée en finale. Parfait avec des escargots de Bourgogne au beurre persillé. 2024-2028

DOM. CARRETTE, 39, rte des Crays, 71960 Vergisson, tél. 03 85 59 02 74, contact@domaine-carrette.fr r.-v.

B DOM. DOMINIQUE CORNIN 2022 ★

| 22000 | 20 à 30 € |

À l'origine, les vignes du domaine (11 ha aujourd'hui) étaient récoltées à la machine et les raisins confiés à la coopérative de Chaintré. En 1995, Dominique Cornin se retire de la cave, opte pour la vendange manuelle et s'oriente peu à peu vers le bio, jusqu'à la certification obtenue en 2009. Son fils Romain l'a rejoint en 2012.

Ce vin clair, limpide, dévoile une agréable palette aromatique à l'olfaction, évoquant le tilleul, le chèvrefeuille et la nectarine. On apprécie aussi son équilibre acidité-rondeur et sa persistance en bouche. Un ensemble harmonieux et prêt à boire. 2024-2028

DOM. DOMINIQUE CORNIN, 339, rue de Savy-le-Haut, 71570 Chaintré, tél. 03 85 32 90 87, domaine@cornin.net r.-v.

♥ DOM. CORSIN Aux Chailloux 2020 ★★

| 1er cru | 3700 | 30 à 50 € |

Ce domaine prestigieux, et toujours familial, existe depuis plus d'un siècle. Précurseur dans la vente en bouteilles, il est aujourd'hui entre les mains expertes de Gilles Corsin et de son neveu Jérémy.

Fidèle au rendez-vous, et plus encore, ce domaine signe ici un superbe 1er cru. De subtiles fragrances de fumée, de pêche blanche et d'acacia mêlées à de fines notes boisées préludent à une bouche souple et fruitée (abricot, pamplemousse, citron) en attaque, ample, dense et ronde, étirée dans une longue finale miellée. Un pouilly-fuissé de belle garde, à partager d'ici quelques années avec un mets de choix, un filet de Saint-Pierre par exemple. 2026-2034 **Vieilles Vignes 2022 ★★ (20 à 30 €; 19000 b.)** Le coup de cœur fut mis aux voix pour ce vin gras, soyeux, fruité, boisé avec justesse, très harmonieux et d'une longueur remarquable. N'hésitez pas à l'encaver quelques années, il gagnera en sagesse, puis réservez-lui une belle volaille fermière, une bonne crème épaisse et parsemez de quelques morilles. 2026-2032

DOM. CORSIN, 404, rue des Plantés, 71960 Davayé, tél. 03 85 35 83 69, contact@domaine-corsin.com r.-v.

B DOM. MARCEL COUTURIER
Clos Scellés 2022 ★

| 4400 | 20 à 30 € |

Installé en cave particulière depuis 2005 après avoir été apporteur à la cave coopérative des Grands Crus à Vinzelles, Marcel Couturier revendique une viticulture proche de l'agrobiologie. Son vignoble couvre 12 ha, certifié en bio et biodynamie.

Cette cuvée est un assemblage des deux *climats*, Les Scellés, sur la commune de Fuissé, et Le Clos Reyssié, sur le village de Chaintré. Dans le verre, un pouilly expressif, qui s'ouvre sur des notes fruitées rappelant la pêche blanche. En bouche, il évoque le coing, le miel d'acacia et la marguerite, tout en offrant un mariage harmonieux entre rondeur et fraîcheur. Parfait à l'apéritif avec quelques gougères. 2024-2028

DOM. MARCEL COUTURIER, 730, rte de Fuissé, 71960 Fuissé, tél. 03 85 35 63 27, domainemarcelcouturier@orange.fr r.-v.

DOM. GUILLAUME CURVEUX
Les Ménestrières 2022 ★★

| 1er cru | 2000 | 20 à 30 € |

Vignerons de père en fils depuis quatre générations, les Curveux conduisent une petite propriété familiale

située sur la commune de Fuissé – 8 ha de vignes, principalement en pouilly-fuissé – aujourd'hui dirigée par Guillaume.

D'une robe or pâle à reflets verts s'échappent des arômes d'écorce d'orange et de pierre à fusil. En bouche, les saveurs fruitées infusent une matière riche, soyeuse, capiteuse, dynamisée et équilibrée par une belle tension en finale. Un beau vin de garde, que l'on verrait bien accompagner des bouchées à la reine. ⧗ 2026-2032 ■ **1er cru Les Vignes blanches 2022 ★★ (20 à 30 €; 7200 b.)** Né de vieux chardonnays de 60 ans, c'est un vin concentré, dense, ample, généreux, aux parfums de fruits mûrs et de noisette, vivifié par une jolie finale mentholée. On le met en cave. ⧗ 2026-2032

DOM. GUILLAUME CURVEUX, 80, rue Cache-Poupons, 71960 Fuissé, tél. 03 85 50 15 33, domainecurveux@gmail.com V r.-v.

DOM. PIERRE DESROCHES
Au Vignerais 2022 ★

1er cru	1500		20 à 30 €

Pierre Desroches est à la tête de ce domaine de 12 ha (en bio) situé au pied de la roche de Vergisson. Depuis 2012, il vinifie la récolte dans les fameuses caves voûtées et superposées du Ch. de Vergisson, qu'il va bientôt quitter pour un nouveau chai à Solutré-Pouilly.

Un 1er cru de belle facture, d'un seyant doré intense, qui dévoile des parfums boisés mêlés aux fruits à noyaux et aux fleurs blanches. Fraîche et légèrement perlante à l'attaque, la bouche se révèle ensuite plus ronde et séveuse, soulignée par une acidité vibrante en finale. ⧗ 2025-2030

DOM. DU CH. DE VERGISSON, 101, rue du Château-de-France, 71960 Vergisson, tél. 06 22 85 22 87, pierredesroches@hotmail.fr V r.-v.

DEUX ROCHES
Les Crays 2022 ★★

1er cru	5500		30 à 50 €

L'aventure au domaine commence en 1928 avec les premières vignes que Joanny Collovray possède autour de Davayé, à l'ouest de Mâcon. Deux générations plus tard, les Collovray ont rencontré les Terrier et s'associent au sein du Dom. des Deux Roches qui naît en 1986. Aujourd'hui, ce sont Julien Collovray et Pierre-Alexis Terrier qui sont aux commandes des 80 ha de vignes, en conversion bio. Une valeur sûre du Mâconnais, qui œuvre aussi dans le Languedoc depuis 1997, où ils exploitent 110 ha également en conversion bio.

Vêtu d'une seyante parure dorée à reflets argentés, ce 1er cru offre un bouquet discret mais complexe de fleurs séchées (tilleul, verveine), de miel frais et de citron. Corsé, capiteux, puissant, le palais s'équilibre en finale autour d'une intense minéralité, qui l'allège et l'allonge. Encore un peu fougueux, il fera sensation dans quelques années avec une nage de brochet ou un filet de Saint-Pierre. ⧗ 2026-2032

DEUX ROCHES, 181, rte de Mâcon, 71960 Davayé, tél. 06 46 82 11 52, info@collovrayterrier.com V *t.l.j. sf sam. dim. 8h30-12h 13h30-17h30*

LES VINS GEORGES DUBŒUF
La Maréchaude 2022 ★

1er cru	2232		30 à 50 €

Georges Dubœuf a créé en 1964 une affaire de négoce-éleveur qui a largement contribué à la notoriété du Beaujolais. Aujourd'hui dirigée par son fils Franck, la société travaille avec de nombreux vignerons et coopératives et réalise 75 % de son chiffre d'affaires à l'international. Georges Dubœuf est aussi pionnier en matière d'œnotourisme avec son œnoparc (Hameau Georges-Dubœuf) aménagé en 1993 dans l'ancienne gare de Romanèche-Thorins.

Élevé en demi-muid sur lies fines, ce 2022 arbore un bel éclat doré. L'olfaction puissante et gourmande marie les fruits exotiques à l'abricot et à la tarte Tatin, tandis que le palais, riche, ample, puissant, s'étire longuement sur des notes fraîches de menthol. Un blanc à réserver pour la table. ⧗ 2025-2029 ■ **Dom. du Bois Rosier 2022 ★ (30 à 50 €; 10265 b.)** Au nez, se dévoilent des notes de confiture de coings et de fleurs blanches. En bouche, ce sont des arômes d'amande fraîche, d'agrumes et de verveine qui s'imposent, irriguant une matière d'un bon volume. ⧗ 2025-2029

LES VINS GEORGES DUBŒUF, 208, rue de Lancié, 71570 Romanèche-Thorins, tél. 03 85 35 34 20, gduboeuf@duboeuf.com V *r.-v.*

DOM. NADINE FERRAND Lise-Marie 2022 ★

	7600		20 à 30 €

Incarnant la troisième génération de vignerons, Nadine Ferrand est depuis 1984 à la tête d'une exploitation dont elle a porté la superficie à plus de 12 ha. Sa fille Marine l'a rejointe en 2012. Un domaine régulier en qualité.

Coup de cœur dans l'édition précédente pour le millésime 2021, cette cuvée revient en bonne forme dans sa version 2022. Une robe limpide et brillante aux reflets citron, un nez intense de pomme verte, de lait frais, de cire d'abeille, d'amande, une bouche fraîche, mais aussi enveloppante et soyeuse, prolongée par une finale chaleureuse : ce vin ne manque de rien. On le destinera plutôt à un mets riche, une poularde à la crème par exemple. ⧗ 2026-2032

DOM. NADINE FERRAND, 51, chem. du Voisinet, 71850 Charnay-lès-Mâcon, tél. 06 09 05 19 74, ferrand.nadine@wanadoo.fr V *t.l.j. 8h-18h30*

DOM. FICHET 2022 ★

1er cru	1300		30 à 50 €

Les Fichet cultivent la vigne depuis… vingt-cinq générations et un certain Stéphanus Fichet au XIVe s. Plus près de nous, le domaine a été sorti de la cave coopérative d'Igé par Francis Fichet en 1976. Ses fils Pierre-Yves et Olivier, aux commandes depuis 1999, exploitent aujourd'hui 30 ha de vignes, à partir desquels ils produisent une quinzaine de cuvées différentes nées des quatre cépages de Bourgogne. Une valeur sûre du Mâconnais, complétée en 2006 par une petite structure de négoce.

Ce vin a la couleur de l'ambre et dévoile des senteurs agréables de fruits à noyaux et de fruits exotiques. Ample et généreux en attaque, il mêle harmonieusement l'acidité et la rondeur, avec en retrait une fine saveur de zeste d'agrumes. On pourra l'apprécier sur le fruit de sa jeunesse. ⧗ 2024-2028

DOM. FICHET, 651, rte d'Azé, 71960 Igé, tél. 03 85 33 30 46, contact@domainefichet.fr V t.l.j. sf dim. 8h-12h 13h-18h30

CH. DE FUISSÉ Les Brulés 2022 ★

1er cru	858		50 à 75 €

Ce domaine emblématique de Fuissé exploite aujourd'hui 40 ha de chardonnay sur les meilleurs terroirs de l'appellation. La famille Vincent en est propriétaire depuis 1862 et Antoine, ingénieur agronome et œnologue, est aux commandes depuis 2003. Des caves du XVes. sortent des vins à la renommée internationale : 80 % sont vendus à l'export.

Ce 2022 ourlé de reflets émeraude se laisse désirer; très discret dans son olfaction, il faut aller le chercher. Après quelques secondes, il déploie quelques notes minérales et florales. Le palais, sur la retenue également, apparaît bien équilibré entre tension et richesse. Un vin d'avenir. ⧗ 2026-2032

CH. DE FUISSÉ, 419, rue du Plan, 71960 Fuissé, tél. 03 85 35 61 44, domaine@chateau-fuisse.fr V r.-v.

DOM. DES GERBEAUX Champs roux 2022 ★

1er cru	900		20 à 30 €

Ce vignoble familial fut créé en 1896 par Jacques Charvet, l'arrière-grand-père de Jean-Michel Drouin. Il compte aujourd'hui 15 ha de chardonnay répartis en mâcon, saint-véran et pouilly-fuissé. Une valeur sûre, avec des coups de cœur réguliers dans cette dernière appellation. En 2016, Xavier Drouin a pris les commandes, épaulé par son père Jean-Michel.

Ce vin offre une belle palette d'expressions olfactives, mêlant agrumes, fleurs blanches, zeste de citron et touches minérales. En bouche, il conjugue harmonieusement richesse, volume et vivacité. Un ensemble complet, que l'on appréciera volontiers avec une sole meunière. ⧗ 2022-2029

DOM. DES GERBEAUX, 261, rue des Gerbeaux, 71960 Solutré-Pouilly, tél. 03 85 35 80 17, j-michel.drouin.gerbeaux@wanadoo.fr V r.-v.

GILLES GUERRIN 2022 ★

	12190		15 à 20 €

Un domaine situé à Vergisson, en plein cœur des crus du Mâconnais, entre les célèbres roches de Vergisson et Solutré. Sylvie et Gilles s'y sont installés en 1984 et exploitent 11,5 ha de vignes réparties en trois appellations : mâcon Vergisson, saint-véran et pouilly-fuissé. Depuis 2017, une de leurs filles, Blandine, est à leurs côtés.

Cette cuvée attire l'œil dans sa robe dorée aux reflets vert tendre. Au premier nez, se dévoilent des senteurs de poire et de pomme, relayées à l'aération par des senteurs minérales et florales. La bouche est bien construite, fraîche, délicate, fondue et longue, centrée sur des arômes de chèvrefeuille et de jasmin. La finale saline appelle un accord aux tonalités marines, avec des huîtres par exemple. ⧗ 2024-2028

GILLES GUERRIN, 842, rte des Charmes, 71960 Vergisson, tél. 03 85 35 80 38, sylviegillesguerrin@wanadoo.fr V r.-v.

DOM. GUERRIN ET FILS Vieilles Vignes 2022 ★

	1500		20 à 30 €

Situé à Vergisson, au cœur du site naturel des Deux Roches, ce domaine fondé en 1926 est conduit depuis 1984 par Nadine et Maurice Guerrin, rejoints par leur fils Bastien en 2012 (quatrième génération). Le vignoble s'étend sur 14 ha répartis sur une mosaïque de 35 parcelles.

Ce vin dévoile un nez subtil rappelant les arômes de son terroir d'origine, la craie, le silex et la pierre à fusil. Après aération, ce sont des notes de pêche blanche, de miel et de beurre frais qui s'expriment. On retrouve la minéralité des lieux dans une bouche tendre et charnue. Un pouilly-fuissé fougueux mais flatteur, à encaver quelques années. ⧗ 2026-2032 **1er cru La Maréchaude 2022 ★ (20 à 30 €; 4500 b.)** Un vin ample, riche et généreux, épaulé par un boisé bien intégré et d'agréables saveurs minérales. Bâti pour durer. ⧗ 2027-2032

DOM. MAURICE GUERRIN ET FILS, 572, rte des Bruyères, 71960 Vergisson, tél. 06 16 94 95 59, contact@domaineguerrin.fr V r.-v.

DOM. GILLES NOBLET Les Champs 2022 ★★

1er cru	4400		15 à 20 €

Cette exploitation de plus de 11 ha, transmise de génération en génération depuis 1936, est située au cœur de Fuissé. En juillet 2017, Mylène Noblet Durand succède à ses parents.

Né de vieux chardonnays sexagénaires plantés sur une petite parcelle argilo-calcaire de 64 ares, ce vin bien doré s'ouvre sur des notes minérales, de mirabelle, de pêche blanche et de miel d'acacia. On retrouve le fruit dans une bouche dotée d'un équilibre parfait entre une chair dense, une fine vivacité citronnée et une fraîcheur mentholée. Une harmonie complète se dégage de ce vin déjà (très) bon à boire, mais qui ne craindra pas la garde. ⧗ 2024-2030

DOM. GILLES NOBLET, 135, rue En-Collonge, 71960 Fuissé, tél. 06 83 19 15 86, contact@domaine-gillesnoblet.com V r.-v.

DOM. CHRISTOPHE PERRATON Le Clos Reyssier 2022 ★

1er cru	2500		20 à 30 €

Depuis le haut de la colline argilo-calcaire de Chaintré sur laquelle est implanté ce domaine de 12 ha, on peut admirer la vallée de la Saône et, par temps clair, le massif du Mont-Blanc. Autrefois associé avec son frère Franck, Christophe Perraton est depuis 2018 le seul gérant de l'exploitation.

Ce vin séduit d'emblée par son olfaction puissante rappelant le citron, le brûlé du fût neuf et la vanille. La bouche, encore sous l'emprise du bois d'élevage, affiche néanmoins un bel équilibre entre une matière dense et une fine acidité, stimulée en finale par quelques nuances végétales. On attend un peu qu'il digère son caractère boisé. ⧗ 2027-2032

DOM. CHRISTOPHE PERRATON, 163, rue du Paradis, 71570 Chaintré, tél. 03 85 35 67 45, domaine@vinsperraton.fr V *r.-v.*

DOM. ALEXIS POLLIER Vieilles Vignes 2022 ★

12487 | 15 à 20 €

Représentant la cinquième génération de vignerons, Alexis Pollier s'est installé en 2015 avec à sa disposition une petite surface de 4,3 ha de vignes.

Né de vénérables chardonnays de 60 ans, ce vin séduisant libère au nez des notes de pêche jaune et de fleurs blanches dans un environnement discrètement boisé. Des arômes qui s'agrémentent de nuances minérales et florales dans une bouche fine, souple, fraîche, dynamisée par une belle finale mentholée. ⧗ 2025-2030

DOM. ALEXIS POLLIER, 22, rue de la Planchette, 71960 Fuissé, tél. 06 30 40 82 69, contact@domainedanielpollier.com V *r.-v.* 4

DOM. PASCAL ET MIRELLE RENAUD Aux Chailloux 2021 ★★

1er cru | 4300 | 30 à 50 €

Depuis 1987 à la tête de l'ancienne propriété de la famille Balladur, Pascal et Mireille Renaud sont aujourd'hui secondés par leurs enfants Guillaume et Amandine pour cultiver les 19 ha du vignoble, principalement en appellation pouilly-fuissé.

Des vignes de 65 ans et un élevage en demi-muid ont donné ce vin qui nous emporte sur les rives méditerranéennes avec ses parfums d'amande fraîche, d'orange et de thym. En bouche, il se révèle riche, rond, aussi large que long, dynamisé par une finale fraîche et bien fruitée (citron, litchi). Une bouteille de caractère, que l'on verrait bien accompagner une volaille de Bresse à la crème. ⧗ 2027-2032 **1er cru Pouilly 2021 ★ (30 à 50 €; 1280 b.)** À un nez discret de vanille et de fruits exotiques, succède un palais rond et gourmand, bien acéré par la lame acidulée du millésime 2021. À savourer avec un fromage bien affiné. ⧗ 2024-2028

DOM. PASCAL ET MIREILLE RENAUD, imp. du Tonnelier, 71960 Solutré-Pouilly, tél. 06 33 34 73 18, domainerenaudpascal@wanadoo.fr V *t.l.j. 9h-11h30 14h-17h30*

♥ DOM. SANGOUARD-GUYOT Quintessence 2022 ★★

13300 | 20 à 30 €

Pierre-Emmanuel Sangouard s'est installé en 1997 sur l'exploitation familiale alors tenue par son grand-père et, en 2000, a repris les vignes de ses beaux-parents (Dom. Guyot) : le Dom. Sangouard-Guyot est né (15 ha aujourd'hui).

Des vignes de 50 ans et un élevage soigné de 10 mois en fût de chêne ont donné vie à ce pouilly-fuissé épatant, d'emblée attirant dans sa robe brillante, couleur du bronze, et par son nez très intense de fleurs blanches, de craie et de vanille. De la fraîcheur en attaque, suivie d'une touche délicatement miellée, des saveurs florales et fruitées en complément, du volume, du soyeux mais aussi de l'énergie, de la longueur : le palais est un modèle d'équilibre. ⧗ 2026-2032

DOM. SANGOUARD-GUYOT, 802, rte de Pierreclos, 71960 Vergisson, tél. 03 85 35 89 45, domaine@sangouard-guyot.fr V *r.-v.*

DOM. SÈVE Sélection vieilles vignes 2022 ★

6500 | 15 à 20 €

Ce domaine de 7,5 ha (vingt parcelles) est situé sur les hauteurs du village de Solutré, au pied de la célèbre roche. En sortant du caveau de dégustation, on découvre un beau panorama allant du vignoble de Pouilly-Fuissé au massif du Mont-Blanc, en passant par la plaine de la Saône. Jean-Pierre Sève y est installé, à la suite de son père, depuis 1981. Ses enfants Mathilde et Antoine ont pris la relève en 2020.

D'un jaune paille profond, ce 2022 se révèle très expressif à l'olfaction, dévoilant d'intenses notes de menthol, de noix de coco, de fleurs blanches et de litchi. Après une attaque citronnée, le palais se fait plus riche et suave. Un vin plutôt atypique par sa palette aromatique, mais très plaisant. ⧗ 2024-2028

DOM. SÈVE, 53, rue Adrien-Arcelin, 71960 Solutré-Pouilly, tél. 03 85 35 80 19, domaine@vins-seve.com V *r.-v.*

BOURGOGNE

POUILLY-LOCHÉ

Superficie : 32 ha / Production : 1 500 hl

♥ B DOM. MARCEL COUTURIER Le Bourg 2022 ★★

5000 | 20 à 30 €

Installé en cave particulière depuis 2005 après avoir été apporteur à la cave coopérative des Grands Crus à Vinzelles, Marcel Couturier revendique une viticulture proche de l'agrobiologie. Son vignoble couvre 12 ha, certifié en bio et biodynamie.

Ces vieilles vignes âgées de 80 ans ont donné un vin doré, à l'allure fringante. Le nez, tout en discrétion, offre de légères mais élégantes notes florales et minérales. La bouche se distingue par une texture ronde, ample et nerveuse à la fois, avec une finale pleine de gourmandise aux tonalités de tarte à l'abricot. Un vin d'une grande harmonie. ⧗ 2024-2028

DOM. MARCEL COUTURIER, 730, rte de Fuissé, 71960 Fuissé, tél. 03 85 35 63 27, domainemarcelcouturier@orange.fr V *r.-v.*

J.C. PERRAUD Aux Barres 2022 ★

8000 | 20 à 30 €

Après des études au lycée agricole de Mâcon-Davayé, Jean-Christophe Perraud s'installe sur l'exploitation familiale, alors adhérente à la cave coopérative. Aux commandes depuis 2008, il vinifie les 38 ha que compte

le domaine, dans le nouveau chai. Une partie négoce complète l'activité. En conversion bio.

Habillé d'une robe blanche immaculée et brillante, ce vin dévoile un boisé encore dominateur mais élégant. En bouche, il conjugue la sucrosité et la générosité du raisin mûr. Un blanc vineux et riche, bien dans le ton du millésime. ⧗ 2024-2029

DOM. PERRAUD, 64, rte d'Hurigny, Nancelle, 71960 La Roche-Vineuse, tél. 03 85 32 95 12, info@domaineperraud.fr

POUILLY-VINZELLES

Superficie : 52 ha / Production : 1 700 hl

DOM. MARC JAMBON ET FILS Les Tenures 2022 ★

1100 | 20 à 30 €

Établi à Pierreclos depuis 1752, le Dom. Jambon est dirigé, depuis 2017 et la retraite de Marc, par son fils Pierre-Antoine et Michel Prudhon. Un domaine de 11,5 ha réparti sur Pierreclos et Vinzelles, conduit dans un esprit très proche du bio et qui signe de belles cuvées avec une réelle constance.

D'un beau jaune citron, net et bien brillant, ce vin s'ouvre sur des notes de chèvrefeuille, de pomme, de groseille à maquereau et d'abricot. Une palette qui s'agrémente de vanille et de miel d'acacia dans une bouche équilibrée, ronde, tendre, sans manquer de fraîcheur. Il fera un excellent compagnon pour un poisson grillé. ⧗ 2025-2029

DOM. MARC JAMBON ET FILS, 38, imp. de la Roche, 71960 Pierreclos, tél. 06 25 68 80 61, contact@domainemarcjambon.fr V *r.-v.*

DOM. MANCIAT-PONCET Les Longeays 2022 ★

2000 | 15 à 20 €

Cette propriété créée en 1871, qui s'étend aujourd'hui sur 24 ha, a été transmise de père en fils jusqu'en 2003. Depuis cette date, c'est la fille de Simone et Claude Manciat, Marie-Pierre, qui tient les rênes du domaine, accompagnée depuis 2020 par sa fille, Salomé Larochette.

Ce pouilly-vinzelles élevé en fût 7 mois et 8 mois en cuve se présente dans une robe légère, or vert d'une belle brillance. Le nez exhale d'intenses arômes de camomille et de sureau, suivies de coing et de poire, le tout souligné de notes minérales. Une attaque tout en douceur ouvre sur une bouche souple, fraîche, bien fruitée, aux saveurs de nectarine. Un vin expressif à boire dans ses jeunes années, idéal à l'apéritif avec des gougères. ⧗ 2024-2027

MARIE-PIERRE MANCIAT, 217, rue Saint-Vincent, 71570 Chaintré, tél. 03 85 35 61 50, marie-pierre@manciat-poncet.com V *r.-v.*

B SEGUIN-MANUEL Vieilles Vignes 2022 ★

3900 | 30 à 50 €

Thibaut Marion a repris en 2004 cette maison fondée à Savigny en 1824 et aujourd'hui basée à Beaune. En parallèle de son activité de négoce, il exploite un domaine (certifié bio en 2015) dont il a porté la superficie de 3,5 à 8,5 ha, essentiellement en Côte de Beaune. Une valeur sûre, notamment pour ses savigny.

Une robe claire et brillante, un nez à dominante de fleurs blanches nuancé d'un soupçon d'abricot et de notes boisées, l'approche est séduisante. Vif et acidulé en attaque, le palais présente ensuite une certaine rondeur, parfumé de saveurs grillées et vanillées. Un ensemble équilibré et prêt à boire. ⧗ 2024-2027

SEGUIN-MANUEL, 2, rue de l'Arquebuse, 21200 Beaune, tél. 03 80 21 50 42, contact@seguin-manuel.com V *r.-v.*

SAINT-VÉRAN

Superficie : 680 ha / Production : 37 500 hl

Implantée surtout sur des terroirs calcaires, l'appellation, reconnue en 1971, constitue la limite sud du Mâconnais, entre les AOC pouilly-fuissé, pouilly-vinzelles et beaujolais. Elle est réservée aux vins blancs produits dans huit communes de Saône-et-Loire. Légers, élégants et fruités, les saint-véran accompagnent bien les débuts de repas. Ils sont intermédiaires entre les pouilly-fuissé et les mâcon suivis d'un nom de village.

MAISON AUVIGUE Cuvée Chênes 2022 ★

9068 | 15 à 20 €

C'est en 1946 que Francis Auvigue s'associe avec trois autres amis producteurs pour créer une petite maison de négoce spécialisée en pouilly-fuissé. Jean-Pierre et Michel, petits-fils de Francis, prennent la relève dans les années 1970-75 et développent les autres appellations du Mâconnais. En 2017, la société reprend un domaine de 7 ha de vignes et s'installe dans l'ancienne église de Fuissé, réhabilitée en lieu de vinification et de dégustation-vente. Aujourd'hui, ce sont Sylvain Brenas, arrière-petit-fils de Francis, et Céline Hirsh qui sont aux commandes.

D'un seyant doré léger, ce vin libère doucement de fines notes de fleurs de printemps rappelant le jasmin et l'aubépine, avant d'évoluer sur les agrumes et la noisette fraîche. La bouche, dynamique et concentrée à la fois, fait la part belle aux notes acidulées comme le citron et la pomme Granny Smith. Racé et nerveux jusque dans sa finale incisive, ce saint-véran appelle des mets aux tonalités marines, des cuisses de grenouilles en persillade par exemple. ⧗ 2024-2029

MAISON AUVIGUE, 100, pl. Saint-Germain, 71960 Fuissé, tél. 03 85 34 17 36, contact@auvigue.fr V *t.l.j. sf dim. 10h-12h 13h30-18h30*

♥ DOM. DE LA BÂTIE En Réfort 2022 ★★

10000 | 11 à 15 €

La comtesse de Milly, par ailleurs propriétaire du Ch. de Berzé, dans le Val Lamartinien, est à la tête de ce domaine de 11 ha situé à Saint-Vérand, village pittoresque à la frontière du Mâconnais et du Beaujolais.

Issu de 4,5 ha au sol argileux sur calcaire à gryphées, ce saint-véran a fait forte impression. Le nez, intense et complexe, offre des parfums de jonquille, de primevère et de citron enrobés de notes de miel d'acacia. Une attaque chaleureuse ouvre sur un cœur de bouche ample, riche, généreux, équilibré par une juste fraîcheur. Un blanc de caractère, à réserver pour la table. ⧗ 2025-2030

DOM. DE LA BÂTIE, 89, rte des Bulands, 71570 Saint-Vérand, tél. 06 16 37 39 89, domainedelabatie@free.fr V *r.-v.*

DOM. CHÊNE Cuvée Prestige 2022 ★

| 13 000 | | 11 à 15 € |

Vigneronne depuis 1973, la famille Chêne quitte la cave coopérative de Prissé en 1999 pour vinifier et commercialiser sa propre production. Établi en plein cœur du Val Lamartinien, le domaine dispose d'un important vignoble : 50 ha répartis dans plusieurs appellations. Une valeur sûre du Mâconnais.

Ce saint-véran dévoile un bouquet délicat de fleurs blanches et de miel. Gourmande, suave, la bouche est allégée par un perlant aérien bienvenu qui ajoute de la fraîcheur, avant de s'étirer longuement dans une finale plus riche, aux tonalités beurrées. Agréable dès aujourd'hui, ce vin accompagnera volontiers une volaille de Bresse crémée. ⧗ 2024-2029

DOM. CHÊNE, Ch. Chardon, 71960 Berzé-la-Ville, tél. 03 85 37 65 90, domainechene@orange.fr V *t.l.j. 9h30-12h 14h30-18h45*

DOM. CORSIN Tirage précoce 2022 ★

| 18 400 | | 11 à 15 € |

Ce domaine prestigieux, et toujours familial, existe depuis plus d'un siècle. Précurseur dans la vente en bouteilles, il est aujourd'hui entre les mains expertes de Gilles Corsin et de son neveu Jérémy.

D'un or pâle ourlé de vert s'échappent de délicats arômes de citron et de chèvrefeuille. On retrouve les saveurs d'agrumes dans une bouche tonique, fraîche et minérale. Un vin agréable et bien équilibré, à déguster dès aujourd'hui sur un plateau de fruits de mer. ⧗ 2024-2027

DOM. CORSIN, 404, rue des Plantés, 71960 Davayé, tél. 03 85 35 83 69, contact@domaine-corsin.com V *r.-v.*

B DOM. MARCEL COUTURIER Au Clos du Château 2022 ★

| 4 100 | | 20 à 30 € |

Installé en cave particulière depuis 2005 après avoir été apporteur à la cave coopérative des Grands Crus à Vinzelles, Marcel Couturier revendique une viticulture proche de l'agrobiologie. Son vignoble couvre 12 ha, certifié en bio et biodynamie.

Une étoffe jaune à reflets blancs habille ce vin, qui propose une palette aromatique large et complexe : citron, chèvrefeuille, fruits confits, silex. Une attaque sur la tension précède un cœur de bouche plus dense et consistant, avant une finale minérale qui ramène de la fraîcheur. ⧗ 2024-2027

DOM. MARCEL COUTURIER, 730, rte de Fuissé, 71960 Fuissé, tél. 03 85 35 63 27, domainemarcelcouturier@orange.fr V *r.-v.*

DOM. DE LA CREUZE NOIRE La Côte 2022 ★★

| 10 000 | | 11 à 15 € |

Loïc Martin, jeune vigneron installé en 2009, exploitait 4 ha de vignes dans la partie méridionale de l'appellation saint-véran. Depuis 2013, il a intégré le domaine familial de ses parents Christine et Dominique Martin, installés depuis 1985 à Leynes, village frontière entre Beaujolais et Mâconnais.

Vêtu d'une robe jaune d'or limpide, ce 2022 offre un bouquet d'agrumes agrémenté de fleurs blanches. Après une attaque citronnée mais généreuse, la bouche se révèle ronde, ample et puissante, avec un fort goût de pamplemousse en finale. Promis à un bel avenir, il fera un bon compagnon pour un fromage de chèvre ou une viande blanche. ⧗ 2025-2029 **Terroir 2022 ★ (11 à 15 €; 10 000 b.)** D'une belle amplitude de fruit (abricot, pêche blanche, citron), mâtiné de notes de chèvrefeuille, ce saint-véran plaît aussi par sa bouche consistante, séveuse et riche. Ce vin a du fond et de l'avenir. ⧗ 2025-2030

DOM. DE LA CREUZE NOIRE, 134, rte de Creuze-Noire, 71570 Leynes, tél. 03 85 37 46 43, domainemartin.dcn@gmail.com V *t.l.j. sf dim. 8h-12h 14h-18h*

♥ B DOM. DE LA CROIX SENAILLET En Pommards 2022 ★★

| n.c. | | 20 à 30 € |

Le Dom. de la Croix Senaillet a été créé en 1969 par Maurice Martin, qui a progressivement abandonné la polyculture pour la vigne. En 1990, son fils Richard reprend le domaine familial, avant d'être rejoint par son frère Stéphane en 1992. La propriété, de 6,5 ha au départ, s'est agrandie pour atteindre 27 ha aujourd'hui, répartis sur 52 parcelles en bio certifié depuis 2010. Forts de leur expérience, en 2015, les frères ont fait l'acquisition du Dom. de Mont Épin à Clessé (13 ha).

Drapé dans une élégante robe dorée ornée de bronze, ce magnifique saint-véran livre des senteurs intenses et complexes de citron et de chèvrefeuille mêlées à des notes plus suaves de tarte aux poires et de cannelle. La bouche se révèle ample, charnue, souple et longue, rafraîchie de fines notes d'agrumes. Un blanc diablement gourmand, harmonieux de bout en bout. ⧗ 2024-2030 **La Grande Bruyère 2022 ★★ (20 à 30 €; n.c.)** B Le coup de cœur fut mis aux voix pour ce vin étincelant dans sa robe d'or pâle. Le nez, intense, convoque l'amande amère, le narcisse et la jonquille agrémentés de nuances boisées. La bouche se montre riche et concentrée, parfaitement respectée par le merrain, et sa longueur finale est remarquable. Un vin généreux, de haute expression. ⧗ 2025-2030 **Les Rochats 2022 ★ (20 à 30 €; n.c.)** B Ce vin séduit par son olfaction fine (minéralité, fleurs blanches, miel frais) et par son palais charnu, ample, équilibré par une juste fraîcheur. ⧗ 2024-2028

DOM. DE LA CROIX SENAILLET, 471, rue des Personnets, 71960 Davayé, tél. 03 85 35 82 83, contact@signaturesmartin.com V *r.-v.*

DOM. PIERRE DESROCHES
En Pommards 2022 ★

| 2660 | | 15 à 20 € |

Pierre Desroches est à la tête de ce domaine de 12 ha (en conversion bio) situé au pied de la roche de Vergisson. Depuis 2012, il vinifie la récolte dans les fameuses caves voûtées et superposées du Ch. de Vergisson, qu'il va bientôt quitter pour un nouveau chai à Solutré-Pouilly.

Vinifié et élevé en fût de 500 l pendant un an, ce vin bien doré dévoile des senteurs agréables d'aubépine, de fleur d'oranger, de zeste de citron vert, de poire et de pomme. Puis ce sont la pêche et le coing qui se distinguent dans une bouche ample et fraîche, soulignée par une fine minéralité. ⧗ 2024-2027

DOM. DU CH. DE VERGISSON, 101, rue du Château-de-France, 71960 Vergisson, tél. 06 22 85 22 87, pierredesroches@hotmail.fr V *r.-v.*

DEUX ROCHES La C-R 2022 ★★

| 3333 | | 20 à 30 € |

L'aventure au domaine commence en 1928 avec les premières vignes que Joanny Collovray possède autour de Davayé, à l'ouest de Mâcon. Deux générations plus tard, les Collovray ont rencontré les Terrier et s'associent au sein du Dom. des Deux Roches qui naît en 1986. Aujourd'hui, ce sont Julien Collovray et Pierre-Alexis Terrier qui sont aux commandes des 80 ha de vignes, en conversion bio. Une valeur sûre du Mâconnais, qui œuvre aussi dans le Languedoc depuis 1997, où ils exploitent 110 ha également en conversion bio.

Une robe jaune citron d'une belle luminosité habille ce vin au nez d'abord discret, qui déploie à l'aération des senteurs florales, miellées et fruitées (pêche, abricot), le tout souligné d'un trait boisé. On retrouve cette complexité dans un palais à la fois riche, gras et acidulé, qui s'achève sur une belle fraîcheur mentholée. Idéal pour un apéritif entre amis avec des fruits de mer. ⧗ 2024-2029

DEUX ROCHES, 181, rte de Mâcon, 71960 Davayé, tél. 06 46 82 11 52, info@collovrayterrier.com V *t.l.j. sf sam. dim. 8h30-12h 13h30-17h30*

DOM. DE LA FEUILLARDE
Prestige Maison rouge 2022 ★

| 11000 | | 11 à 15 € |

Créé en 1934 par Jean-Marie Thomas, ce domaine familial est géré depuis 1988 par son petit-fils, Lucien, actif défenseur de l'appellation saint-véran. Les 20 ha du vignoble entourent la propriété située à Prissé, ancien bourg fortifié du Mâconnais.

Un saint-véran de facture classique, ouvert sur des notes d'amande fraîche, de poire, de mangue et de citron. La bouche est élégante, fraîche, finement texturée, irriguée d'arômes de citron givré, de zeste d'orange et de pierre à fusil, avec une jolie note saline en finale. Tout indiqué pour un repas aux tonalités marines. ⧗ 2024-2028

DOM. DE LA FEUILLARDE, 2993 RD, 17, La Feuillarde, 71960 Prissé, tél. 06 20 87 02 11, contact@domaine-feuillarde.com V *t.l.j. sf sam. dim. 8h-12h 13h30-18h*

CH. DE FUISSÉ 2022 ★

| 38000 | | 20 à 30 € |

Ce domaine emblématique de Fuissé exploite aujourd'hui 40 ha de chardonnay sur les meilleurs terroirs de l'appellation. La famille Vincent en est propriétaire depuis 1862 et Antoine, ingénieur agronome et œnologue, depuis 2003. Des caves du XVe s. sortent des vins à la renommée internationale : 80 % sont vendus à l'export.

Ce saint-véran offre une belle palette d'expressions olfactives et gustatives, mêlant la camomille, l'aubépine et le lilas. En bouche, il apparaît ample, riche, rond, soutenu et rafraîchi par des notes calcaires et de fins amers. Un vin de terroir, d'une belle typicité, qui a besoin d'encore un peu de temps pour s'assagir. ⧗ 2026-2030

CH. DE FUISSÉ, 419, rue du Plan, 71960 Fuissé, tél. 03 85 35 61 44, domaine@chateau-fuisse.fr V *r.-v.*

DOM. GAILLARD Au Clos 2022 ★

| 1800 | | 11 à 15 € |

En 1981, Roger Gaillard s'installe avec 1 ha de pouilly-fuissé à Davayé. Sa femme, Véronique, le rejoint en 1988 et, au fil des années, ils développent l'exploitation en ajoutant de nouvelles appellations (saint-véran, mâcon, crémant-de-bourgogne) à leur escarcelle. Ils ont été rejoints en 2015 par leur fils Romain et leur domaine compte désormais 11 ha.

Un saint-véran bien né, d'un beau jaune d'or, brillant et limpide, au nez intense de citron, de verveine et de pamplemousse. Une attaque légère et agréable laisse place à une rondeur charnue étayée par une trame acidulée et une finale saline. Un vin énergique et prêt à boire. ⧗ 2024-2027

DOM. GAILLARD, 420, rue des Plantés, 71960 Davayé, tél. 06 08 35 42 11, contact@domainegaillard.com V *r.-v.*

DOM. GUERRIN ET FILS
La Côte dorée 2022 ★

| 2200 | | 15 à 20 € |

Situé dans à Vergisson, au cœur du site naturel des Deux Roches, ce domaine fondé en 1926 est conduit depuis 1984 par Nadine et Maurice Guerrin, rejoints par leur fils Bastien en 2012 (quatrième génération). Le vignoble s'étend sur 14 ha répartis sur une mosaïque de 35 parcelles.

Un saint-véran ourlé d'or vert, qui laisse échapper d'élégants parfums d'agrumes et de fruits à chair blanche. La bouche se révèle ample, ronde et charnue, rafraîchie par des saveurs anisées, minérales et abricotées. Un vin harmonieux et expressif. ⧗ 2024-2028

DOM. MAURICE GUERRIN ET FILS, 572, rte des Bruyères, 71960 Vergisson, tél. 06 16 94 95 59, contact@domaineguerrin.fr V *r.-v.*

DOM. GUEUGNON-RÉMOND 2022 ★

| 11500 | | 11 à 15 € |

Établis à Charnay-lès-Mâcon, Véronique, la fille, et Jean-Christophe, le gendre, ont repris en 1997 ce domaine

familial de 14 ha créé dans les années 1980 au bord de la Voie verte, très courue des Mâconnais et des touristes en quête de grand air.

Des chardonnays de 30 ans, une vinification sans sulfites et un élevage en cuve sur lies fines pendant 10 mois ont donné ce vin d'un bel éclat doré, ouvert sur des arômes de pêche blanche. Arômes qui s'enrichissent d'abricot et de mirabelle dans une bouche généreuse, riche sans lourdeur, rafraîchie par une pointe d'acidité. ⧗ 2024-2027

DOM. GUEUGNON-RÉMOND, 117, chem. de la Cave, 71850 Charnay-lès-Mâcon, tél. 03 85 29 23 88, vinsgueugnonremond@free.fr V r.-v.

B ROMUALD PETIT Les Dîmes 2022 ★

■	4000		11 à 15 €

Après des études de « viti-œno » qui l'ont conduit dans différents vignobles de France, Romuald Petit s'est installé en 2005 à la frontière du Mâconnais et du Beaujolais. Une exploitation de 16 ha certifiée bio qui produit du saint-véran, du morgon, du saint-amour et du chiroubles.

D'un abord discret, ce saint-véran s'ouvre à l'aération sur des senteurs de fleurs blanches, de fruits secs et de citron confit. Rond et consistant, il propose une matière ample infusée de pêche et de poire mûres, avant de s'orienter vers le pamplemousse rose en finale. Un joli vin sur l'opulence et le fruit, à apprécier dès à présent sur une salade exotique ou un poisson grillé. ⧗ 2024-2027 ■ **Tradition 2022 ★ (11 à 15 €; 12000 b.)** B Portée sur les agrumes, cette cuvée apparaît bien équilibrée, fraîche, délicate, de bonne longueur. ⧗ 2024-2027

DOM. ROMUALD PETIT, 567, rte des Dîmes, 71570 Saint-Vérand, tél. 06 61 14 94 99, petitromuald@yahoo.fr V r.-v.

♥ B DOM. DES PONCETYS Les Terres noires 2022 ★★

■	1950		20 à 30 €

Le lycée viticole de Mâcon-Davayé forme les vignerons de Bourgogne et d'ailleurs depuis de nombreuses générations. Le domaine attenant (11,5 ha) est cultivé en bio depuis 2012.

De vénérables chardonnays de 60 ans ont donné vie à ce vin brillant de mille feux dans sa robe or pâle. Intense et expressif, il propose un large éventail de senteurs : pêche de vigne, menthol, miel d'acacia, pâtisserie et pomme et poire mûres. En bouche, il débute sur une note saline et minérale, puis reprend les arômes de fruits mûrs, bien mariés au bois. Ample, riche, gras, il reste parfaitement équilibré, soutenu en finesse par une pointe d'acidité qui lui confère aussi une belle allonge. ⧗ 2024-2028 ■ **Les Climats 2022 ★ (11 à 15 €; 29300 b.)** B Des notes de citron confit et de cire d'abeille titillent les papilles lorsque l'on prend en bouche cette cuvée bien équilibrée, ronde, gourmande, sans manquer de fraîcheur. ⧗ 2024-2027

DOM. DES PONCETYS, 43, rue des Poncetys, 71960 Davayé, tél. 03 85 33 56 22, expl.davaye@edueagri.fr V *t.l.j. sf sam. dim. 8h-12h 14h-17h*

VIGNOBLE DE SOMMÉRÉ Au Champ Lière 2022 ★

■	1200		15 à 20 €

Établi dans le hameau de Sommeré, aux portes de Mâcon, Hervé Santé, épaulé par son épouse Céline, représente la cinquième génération de vignerons sur ce vignoble de 10 ha.

Dorée à souhait, cette cuvée livre une olfaction intense et complexe : craie, aubépine, citronnelle, menthol. Une attaque élégante et ciselée introduit une bouche tendue et minérale, mais non dénuée de chair et de volume, avec une fine touche florale qui vient agrémenter la finale. Une bouteille que l'on pourra servir dès cet automne, sur une truite meunière par exemple. ⧗ 2024-2027

VIGNOBLE DE SOMMÉRÉ, 32, montée de Monceau, Sommeré, 71960 La Roche-Vineuse, tél. 03 85 37 80 57, herve.sante@orange.fr V r.-v.

IGP SAÔNE-ET-LOIRE

DOM. DU CH. DE DEMIGNY Le Saut de loup 2022 ★

■	14000		11 à 15 €

Un micro-domaine familial de 2 ha créé en 2015, établi à la jonction de la Côte de Beaune et de la Côte chalonnaise. Dans les communs du château, la présence d'un magnifique pressoir à roue en bois daté de 1777 et inscrit à l'inventaire des monuments historiques vient souligner l'ancrage de la viticulture en ces lieux.

De très jeunes (7 ans) ceps de chardonnay ont donné ce vin expressif, ouvert sur des parfums d'agrumes, de poire et de fleurs blanches. En bouche, la fraîcheur est de mise dès l'attaque, sur des tonalités minérales et citronnées qui ajoutent aussi à la longueur de ce blanc énergique. ⧗ 2024-2027

DOM. DU CH. DE DEMIGNY, 20, rue de Vacheret, 71150 Demigny, tél. 06 67 22 68 17, mgvignat@chateaudemigny.com V r.-v.

BOURGOGNE

CHAMPAGNE

LA CHAMPAGNE

C'est dans le vignoble le plus septentrional du pays qu'a été mise au point la méthode champenoise, à l'origine d'un des vins les plus prestigieux du monde, le vin des rois devenu celui de toutes les fêtes. Un vin unique, nulle autre production ne pouvant usurper ce nom.

Poids lourd de l'agriculture française, il représente plus de 4,5 milliards d'euros de chiffre d'affaires, dont la moitié à l'export. En valeur, il contribue à environ un tiers des exportations de vins. Son élaboration particulière sur plusieurs années (en moyenne 3 ans) oblige à un stockage supérieur à 1,4 milliard de bouteilles.

Le vignoble s'étend dans les départements de la Marne (70 %), de l'Aisne et de l'Aube, avec de modestes extensions en Seine-et-Marne et en Haute-Marne. Un même paysage de coteaux se révèle dans tout le vignoble, où l'on distingue cependant plusieurs régions (et donc des styles différents) : la Montagne de Reims ; la Côte des Blancs ; la vallée de la Marne (la zone proche d'Épernay, sur la rive droite, étant appelée « Grande Vallée de la Marne ») ; enfin, à l'extrême sud-est, le vignoble de l'Aube.

Le socle crayeux du terroir est à l'origine de la finesse des vins de la Champagne ; il a également facilité le percement des galeries où mûrissent longuement des millions de bouteilles.

MASSIF DE SAINT-THIERRY
VALLÉE DE L'ARDRE
MONTAGNE DE REIMS
VALLÉE DE LA MARNE
CÔTE DES BLANCS
VITRY-LE-FRANÇOIS
SÉZANNAIS
MONTGUEUX
CÔTE DE L'AUBE
CÔTE DES BAR
ROSÉ-DES-RICEYS
Soissons
l'Aisne
Cormicy
Hermonville
Mont de Berru 270 m
Selles
Pontfaverger-Moronvilliers
Vouziers
ARDENNES
Fismes
REIMS
Serzy-et-Prin
Jouy-lès-Reims
Puisieulx
Sillery
Beaumont-sur-Vesle
Verzenay
Verzy
AISNE
Ville-en-Tardenois
Chamery
Rilly-la-Montagne
Mailly
Louvois
Billy-le-Grand
Châtillon-sur-Marne
Hautvillers
Aÿ
Ambonnay
Bouzy
Tours-sur-Marne
Château-Thierry
Dormans
Cumières
Épernay
MARNE
la Marne
Condé-en-Brie
Oiry
Chouilly
Cramant
Avize
Oger
Mesnil-sur-Oger
Pierry
Grauves
Charly-sur-Marne
Châlons-en-Champagne
Vertus (commune de Blancs-Coteaux)
Bergères-lès-Vertus
Étoges
Baye
Coligny (Val-des-Marais)
Bergères-sous-Montmirail
Lisse-en-Champagne
Bassuet
Mont Août 221 m
l'Ornain
Broyes
Fère-Champenoise
Vitry-le-François
Sézanne
SEINE-ET-MARNE
Barbonne-Fayel
la Marne
Lac du Der-Chantcoq
Provins
Villenauxe-la-Grande
Étang de la Horre
HAUTE-MARNE
Nogent-sur-Seine
l'Aube
la Seine
N
Lac d'Auzon-Temple
AUBE
Montgueux
TROYES
Lac d'Orient
Bar-sur-Aube
Estissac
O
E
Sens
Bouilly
la Seine
Bar-sur-Seine
YONNE
S
Essoyes
Mussy-sur-Seine
Les Riceys
l'Yonne
Verzy Grands crus
Premiers crus
Zone urbaine
0
10
20
30 km
CÔTE-D'OR

Principaux **millésimes** dégustés dans cette **édition**

TYPES DE VIN	CARACTÉRISTIQUES DU MILLÉSIME	QUALITÉ DU MILLÉSIME
2019	Cette année sèche et continentale a battu tous les records historiques de températures au cours d'épisodes caniculaires d'une rare intensité, et de gel également. Des rendements modérés et une magnifique maturité signent des vins la fois denses et frais, aussi bien les chardonnays que les pinots.	★★★★★
2018	Fruit d'une récolte saine et abondante, avec des vendanges sous le soleil, ce millésime profite aux raisins noirs (en particulier de la Montagne de Reims et de la Côte des Bar) et aux terroirs froids. Avec de beaux rendements, cette année pourra rester longtemps en mémoire.	★★★★☆
2017	Le fort gel de printemps a entaché ce millésime, de même que les pluies du mois d'août, déclenchant des attaques de pourriture. Sauvé des eaux, ce millésime sera sans doute très peu millésimé, avec des chardonnays qui l'emportent d'une courte tête sur les noirs, notamment en Côte des Blancs.	★★☆☆☆
2016	Une année compliquée, marquée par le gel, la grêle, la pluie, les maladies. Sauvé par une belle récolte in extremis, le millésime s'en sort bien sur les pinots et les meuniers, tout en délicatesse. Les chardonnays s'en sortent un peu moins bien. Bonne nouvelle, les volumes étaient au rendez-vous.	★★★☆☆
2015	Une superbe année, avec un été très chaud et sec, et une pluie salutaire en août. Les pinots noirs notamment sont excellents, mûrs à point, comme en Bourgogne. Les chardonnays sont un peu plus chaleureux, mais de belle qualité.	★★★★☆
2014	Une année correcte sans plus, marquée par un été froid et humide, et par la mouche drosophile, plus difficile pour les deux pinots et plus favorable au chardonnay, plus mûr.	★★☆☆☆
2013	Comme un peu partout en France, un millésime moyen, frais et humide, avec des vendanges très tardives et des maturités hétérogènes. Les vins sont moins vifs et purs que 2012, avec un petit avantage pour les chardonnays.	★★★★★

La **Champagne**

en un clin d'œil

Production : 2 00 000 hl

Surface : 33 800 ha

Structure du vignoble

Les neuf dixièmes des superficies appartiennent à des viticulteurs, mais le négoce assure près des trois quarts du chiffre d'affaires et plus de 80 % des exportations. On compte 300 maisons de négoce.

Le statut professionnel du producteur

RM, récoltant-manipulant* : vigneron qui élabore ses cuvées à partir du raisin de son domaine uniquement.

NM, négociant-manipulant* : s'approvisionne en raisin dans tout le vignoble, possède aussi des vignes en propre et élabore ses champagnes.

CM, coopérative de manipulation* : s'approvisionne dans tout le vignoble, possède aussi parfois des vignes en propre. Elle élabore le champagne et le commercialise sous sa marque ou le rétrocède au vigneron qui y appose son nom.

RC, récoltant-coopérateur : confie tout ou partie de l'élaboration à une coopérative.

SR, société de récoltants qui s'unissent pour vinifier et commercialiser.

MA, marque d'acheteur : désigne un champagne acheté par une structure qui ne le fabrique pas (restaurant, enseigne de supermarché...).

*« Manipuler » signifie « élaborer ».

Types

de vins

Effervescents blancs	Effervescents rosés	Rouges (coteaux-champenois)	Blancs secs (coteaux-champenois)	Rosés (coteaux-champenois rosé-des-riceys)

Principaux **cépages**

- Pinot noir (38 %)
- Pinot meunier (31 %)
- Chardonnay (31 %)
- Pinot blanc
- Pinot gris
- Arbane
- petit meslier (très rare)

Hiérarchie des vins

3 AOC

Champagne
(dont 17 grands crus et 44 1ers crus)

Coteaux-champenois
(rouges et blancs tranquilles)

Rosé-des-riceys
(rosés tranquilles)

Un peu d'**histoire**

- **IIIe s. apr. J.-C. :** les Romains plantent la vigne.
- **À partir du Ve s. :** développement du vignoble sous l'impulsion des abbayes comme Hautvillers ou Saint-Thierry. Les vins produits sont des rouges et des blancs tranquilles. Le sacre des rois à Reims fait connaître la production.
- **Fin du XVIIe s. :** les vins, vendus en tonneaux, sont mis en bouteilles à leur arrivée en Angleterre (invention de la bouteille industrielle en 1825 outre-Manche).
- **1728 :** le conseil du roi autorise le transport du vin en bouteilles.
- **1729 :** la première maison de vin de négoce est fondée : Ruinart.
- **1743 :** la maison de vin de négoce Moët est fondée.
- **XIXe s. :** création de la plupart des grandes maisons ; perfectionnement de l'élaboration du champagne et apparition de différents styles de champagnes. Les vins sont vendus aux États-Unis et en Russie.
- **1804 :** Mme Clicquot lance le 1er champagne rosé.
- **1860 :** Mme Pommery lance les champagnes « bruts », à l'encontre du goût majoritaire de l'époque pour les doux.
- **1870 :** 1ers champagnes millésimés.
- **1884 :** Raymond Abelé invente le banc de dégorgement à la glace.
- **1887 :** arrêt réservant aux producteurs de la région le terme de « champagne ».
- **Début XXe s. :** la crise du phylloxéra, puis la Première Guerre ravagent les vignobles.
- **1927 :** protection juridique de l'appellation contre les usurpations et à la délimitation de l'aire de production.

L'élaboration du **Champagne**

1 Vendanges

La machine à vendanger est interdite : les grains de raisin doivent arriver en parfait état au lieu de pressurage pour que les peaux des raisins noirs ne tachent pas le moût. Les centres de pressurage sont disséminés au cœur du vignoble afin de raccourcir le temps de transport du raisin. Le pressurage est réglementé : de 4 000 kg de raisins, on ne peut extraire que 25,5 hl de moût. Le pressurage est fractionné entre la cuvée (20,5 hl) et la taille (5 hl qui donnent des vins de moindre longévité). Les moûts sont vinifiés très classiquement en vins blancs tranquilles.

2 Assemblage des cuvées

À la fin de l'hiver, le chef de cave goûte les vins tranquilles (dits « clairs disponibles et les mêle de façon à obtenir une cuvée qui corresponde au goût adopté par la maison.

3 Tirage et prise de mousse

Une liqueur (dite « de tirage »), composée de levures, de vieux vins et de sucre, est ajoutée au vin au moment de la mise en bouteilles. Les levures transforment le sucre en alcool et il se dégage du gaz carbonique, prisonnier du flacon, qui se dissout dans le vin et forme les bulles. Cette seconde fermentation en bouteilles (la prise de mousse) s'effectue lentement, à basse température (11 °C), dans les caves champenoises.

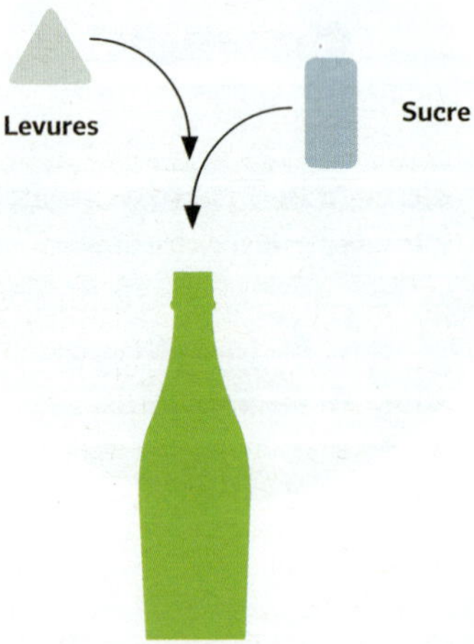

4 Repos sur lies

Les levures forment des lies. Un long vieillissement sur lies est indispensable à la finesse des bulles et à la qualité aromatique. La réglementation fixe un délai de 15 mois entre le tirage et l'expédition (dont 12 mois sur lies) pour la plupart des champagnes, qui est porté à 3 ans pour les millésimés. Ces durées sont supérieures dans la plupart des maisons. Les champagnes les plus complexes mûrissent sur leurs lies entre 5 et 10 ans.

5 Remuage

Cette opération permet d'entraîner les lies vers le col du flacon en inclinant progressivement les bouteilles – à la main, sur des pupitres, ou le plus souvent grâce aux gyropalettes, qui automatisent et raccourcissent le processus.

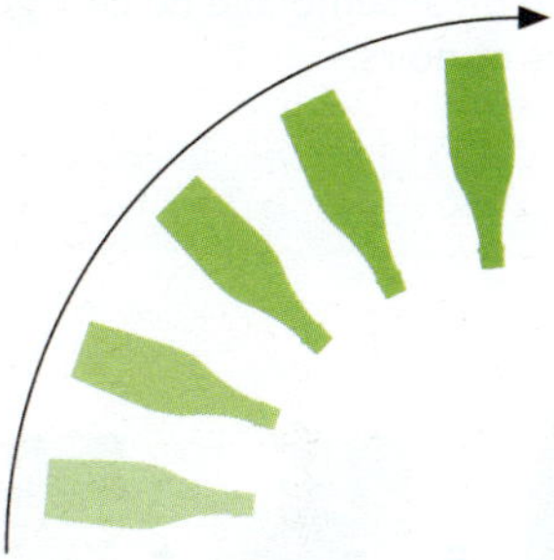

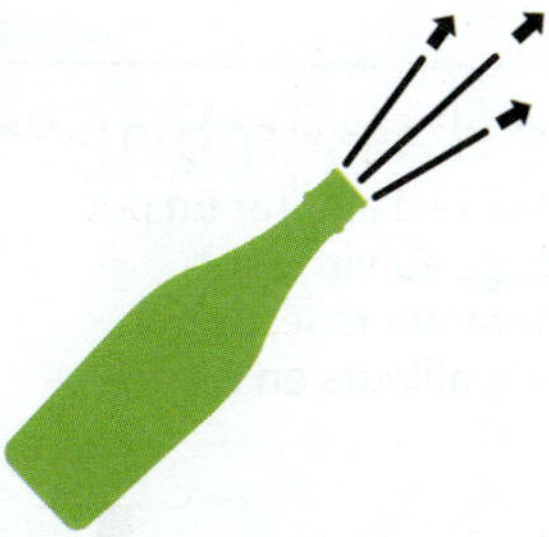

6 Dégorgement

Après 2 ou 3 mois de remuage, on gèle le col dans un bain réfrigérant et on ôte le bouchon ; le dépôt est expulsé sous la pression du gaz carbonique.

7 Dosage

On remplace le vide créé par l'expulsion du dépôt par une « liqueur de dosage » (ou « liqueur d'expédition ») : le plus souvent, composée de sucre de canne dissous dans du vin. Les bouteilles se reposent encore avant l'habillage pour que disparaisse le goût de levure. Selon le dosage, les champagnes sont dits bruts, demi-secs, doux (voir les styles de champagne).

Les styles de **champagne**

Ils dépendent du dosage (voir L'élaboration du champagne) et de l'assemblage. Les cuvées peuvent associer des cépages, des années de récolte, des communes (crus) et des vins vinifiés différemment (en cuve ou en fût).

Blancs d'assemblage :
issus d'un assemblage de cépages blancs et noirs.

Blancs de blancs :
issus du seul cépage chardonnay. Finesse et fraîcheur, arômes de fleurs et de fruits blancs, d'agrumes : on les servira à l'apéritif ou avec des poissons ou des volailles

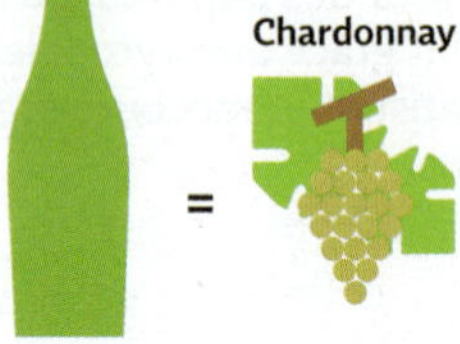

Blancs de noirs :
issus du pinot noir et/ou du pinot meunier vinifiés en blanc. Puissants et vineux, avec des arômes de fruits rouges et d'épices, ils peuvent accompagner un repas.

Rosés d'assemblage :
il est possible d'ajouter un peu de vin rouge au vin blanc pour obtenir un rosé, ce qui est interdit ailleurs en France.

Rosés de saignée :
issus d'une macération de cépages noirs, ils sont colorés et structurés.

Bruts sans année (BSA) : issus de vins d'années différentes.

La grande majorité des champagnes n'est pas millésimée. La situation septentrionale du vignoble ne permet pas de présenter chaque année un champagne de qualité né d'une seule vendange. Les Champenois ont donc créé une banque de vins – les vins de réserve, élaborés dans les années antérieures – dans laquelle peut puiser le chef de cave pour composer des cuvées équilibrées. Certaines sont composées de vins jeunes, d'autres font appel à plus ou moins de vins de réserve. Nés d'un assemblage propre à chaque maison, parfois tenu secret, les bruts sans année représentent le style de la marque.

Millésimés : ils proviennent des vendanges

d'une seule année, précisée obligatoirement sur l'étiquette et le bouchon. Les millésimés ne sont élaborés que dans les meilleures années (la décision de millésimer une année est du ressort de chaque maison). Ils sont plus structurés et complexes que les bruts sans année, grâce à la qualité des vendanges et à un long repos sur lies. Les cuvées de prestige des grandes maisons sont souvent millésimées.

Dosages et types de champagnes

Selon la quantité de liqueur utilisée pour le dosage (voir L'élaboration du champagne), on obtient un type de champagne différent :

Doux	Demi-sec	Sec	Extra dry	Brut	Extra brut
plus de 50 grammes de sucre par litre	entre 32 et 50 g/l	entre 17 et 32 g/l	entre 12 et 17 g/l	moins de 12 g/l	entre 0 et 6 g/l

Pour une teneur de moins de 3 g/l et si le vin n'a fait l'objet d'aucune adjonction de sucre, on peut utiliser la mention « **brut nature** », « **non dosé** » ou « **zéro dosage** ».

CHAMPAGNE

Production : 2 640 000 hl

CH. DE L'ABBATIALE Prestige de l'Abbatiale ★

14 100 | 20 à 30 €

La famille cultivait déjà la vigne en 1750 à Hautvillers, le village où officia dom Pérignon. En 1920, Gaston Locret se lance dans l'élaboration de ses champagnes. Après Jean-Émile et Philippe, Charlotte Locret a pris en 2000 les rênes de l'exploitation, qui compte 7 ha. (RM)

Mi-blancs mi-noirs (pinot noir), ce brut discret au nez s'ouvre sur la pomme et la poire. Plus aromatique en bouche, il reste dans ce registre fruité et montre un bel équilibre auquel contribue une fraîcheur aux accents de zeste d'agrumes. ⧗ 2024-2027

CHAMPAGNE LOCRET-LACHAUD, 40, rue St-Vincent, 51160 Hautvillers, tél. 03 26 59 40 20, champagne.locret.lachaud@wanadoo.fr t.l.j. sf dim. 10h30-12h 14h-17h

ALBANS D'AULBE Tradition ★★

28 100 | 15 à 20 €

Une marque du Barséquanais (Aube) créée en 1998 par Jean-Michel et Francine Diligent, rejoints en 2020 par leur fils Bertrand. Ces récoltants-manipulants exploitent 5 ha autour de Buxeuil, dans la vallée de la Seine. Propriété certifiée HVE. (RM)

Majoritaire dans la Côte des Bar, le pinot noir compose 80 % de ce brut, avec le chardonnay en appoint. Un champagne mêlant au nez fleurs blanches et notes exotiques, complétées en bouche d'arômes de fruits jaunes, en harmonie avec une agréable rondeur. ⧗ 2024-2027

CHAMPAGNE ALBANS D'AULBE, 3, rue de la Voie-du-Bois, 10110 Buxeuil, tél. 03 25 38 50 29, contact@champagne-albansdaulbe.fr r.-v.

♥ XAVIER ALEXANDRE Signature A 2015 ★★★

1er cru | 1000 | 30 à 50 €

Les Alexandre sont récoltants-manipulants depuis 1933. Xavier a pris en 1994 les rênes du domaine familial qui s'étend sur 7 ha répartis dans dix communes situées dans la «Petite Montagne de Reims», à deux pas de la Cité des Sacres, et dans la Grande Vallée de la Marne. Propriété certifiée HVE. (RM)

Une belle signature que ce brut millésimé, né d'un assemblage à parité de chardonnay (50 %) et de pinots (pinot noir 27 %), vinifiés en fût sans fermentation malolactique ni filtration. La vinification parcellaire et un long repos ont permis d'obtenir un champagne complexe, harmonieux et long, à la fois solaire et frais. La robe vieil or parcourue de fins cordons de bulles traduit sa patine. À la fois puissant et subtil, le nez s'ouvre sur l'amande grillée, le praliné, le citron confit, la vanille et la fleur blanche. La pêche et le pain brioché s'ajoutent à cette gamme évoluée dans un palais structuré et riche, affiné par une acidité préservée qui porte loin la finale. ⧗ 2024-2027 **1er cru Grande Réserve ★★ (30 à 50 €; 2000 b.)** Un assemblage savant (pinot noir 42 %, chardonnay 38 %, meunier 20 %, la vendange 2018 complétée de 30 % de vins d'une réserve perpétuelle, passage sous bois partiel). Le chardonnay ressort dans ce champagne élégant et frais, floral et minéral, à la finale citronnée. ⧗ 2024-2027

CHAMPAGNE XAVIER ALEXANDRE, 1, chem. de Marfaux, 51390 Courmas, tél. 06 26 07 04 08, contact@champagne-xavier-alexandre.com r.-v.

ALLOUCHERY-DEGUERNE Blanc de noirs ★

3133 | 20 à 30 €

Domaine familial et marques créés en 1998 à Chamery, village de la Montagne de Reims tout proche de la Cité des Sacres et classé en 1er cru. Nicolas Allouchery a pris la direction en 2015 du vignoble, qui s'étend sur plusieurs communes des environs. Propriété certifiée HVE. (RM)

Mariant la récolte de 2020 avec 45 % de vins tirés d'une réserve perpétuelle, ce blanc de noirs naît de pinot noir d'Écueil, village du secteur choyant ce cépage. S'il n'est pas très complexe, il est équilibré et frais, franc de goût et flatteur par son expression aromatique : nuancées de notes biscuitées, cerise, fraise et groseille portent la marque du pinot noir. ⧗ 2024-2027 **★ (20 à 30 €; 2884 b.)** Issu des 3 cépages champenois, un rosé d'assemblage à dominante de pinot noir (68 %). Au nez, des baies rouges, des fruits blancs, de l'amande fraîche; en bouche, de l'ampleur et une finale agréable par sa vivacité. ⧗ 2024-2026

ALLOUCHERY-DEGUERNE, 9, rue du Château-Rouge, 51500 Chamery, tél. 06 18 83 29 16, champagne@allouchery-deguerne.com r.-v.

ALLOUCHERY-PERSEVAL Blanc de noirs Tradition ★

1er cru | 30 000 | 20 à 30 €

De souche vigneronne, Émilien Allouchery s'est installé en 2006 après ses études à Avize et à Beaune, suivies d'expériences en Afrique du Sud et en Nouvelle-Zélande. Implanté sur la Montagne de Reims, à Écueil, aux portes de la Cité des Sacres, le domaine familial, certifié HVE, couvre 8 ha. (RC)

Cépage roi d'Écueil, le pinot noir règne sans partage dans ce brut assemblant la vendange 2021, pour un tiers, avec des vins de réserve des deux années antérieures. Fruité et floral au nez comme en bouche, bien structuré, de bonne longueur, il montre beaucoup de vivacité pour un blanc de noirs, et c'est agréable. ⧗ 2024-2027 **1er cru ★ (20 à 30 €; 4000 b.)** Un rosé saumon à dominante de pinot noir (90 %, dont 10 % vinifié en rouge, pour 10 % de chardonnay) : nez élégant, entre fruits rouges et agrumes légèrement confits, bouche équilibrée, de bonne longueur, dominée par la griotte du pinot, avec des touches grillées en finale. ⧗ 2024-2027

CHAMPAGNE ALLOUCHERY-PERSEVAL, 11, rue de l'Église, 51500 Écueil, tél. 03 26 49 74 61, contact@alloucheryperseval.com r.-v.

JEAN-ANTOINE ARISTON
Zéro dosage Pinot noir ★★

| n.c. | | 20 à 30 € |

Récoltant-manipulant établi dans un minuscule village de la vallée de l'Ardre, à l'ouest de Reims, Bruno Ariston exploite le domaine familial (8 ha), épaulé à la cave par son fils Charles-Antoine. Propriété certifiée HVE. (RM)

Issue d'un demi-hectare de vieux pinots noirs, cette cuvée non dosée assemble les récoltes 2016 et 2015. Le cépage transparaît dans les arômes de mûre et de myrtille du nez, nuancés de notes beurrées et de touches plus mûres, toastées et miellées. Fraîche en attaque, la bouche se fait ensuite ronde, vineuse, tonifiée par une finale légèrement citronnée. Un champagne bien construit, montrant du caractère (un bon caractère). ⧗ 2024-2027

CHAMPAGNE JEAN-ANTOINE ARISTON, 4, rue Haute, 51170 Brouillet, tél. 03 26 97 47 02, contact@champagnearistonja.com V r.-v.

MICHEL ARNOULD ET FILS Réserve ★★

| Gd cru | 18 000 | | 20 à 30 € |

Famille établie depuis la fin du XIXes. à Verzenay, grand cru de la Montagne de Reims. Michel Arnould a lancé sa marque en 1961, mais ses aïeux ont commercialisé leurs premières bouteilles dès 1929. Aujourd'hui, les 12 ha de vignes sont conduits par le fils et le gendre de Michel Arnould, Patrick Arnould et Thierry Gibelin. (RM)

Un assemblage de pinot noir majoritaire (70 %) et de chardonnay de Verzenay, nés des vendanges 2020 et 2019 et élevés en cuve et en foudre. Or à reflets cuivrés, ce brut offre un nez flatteur, gourmand, partagé entre fruits jaunes, biscuit vanillé et fruits secs. On retrouve les fruits jaunes (mirabelle) dans une bouche aussi ronde que longue, dosée avec doigté et vivifiée par une belle acidité. ⧗ 2024-2027 **Gd cru Extra-brut ★ (20 à 30 €; 7000 b.)** Du pinot noir de Verzenay, la récolte 2020 associée des vins de 2019 conservés en foudre et un dosage très faible. Dans le verre, un champagne rond et long, d'une belle finesse, aux arômes de biscuit, de fruits blancs et d'abricot compoté. ⧗ 2024-2028

CHAMPAGNE MICHEL ARNOULD ET FILS, 28, rue de Mailly, 51360 Verzenay, tél. 03 26 49 40 06, info@champagne-michel-arnould.com V r.-v.

ARNOULD ET GIBELIN ★

| Gd cru | 4 500 | | 20 à 30 € |

Thierry Gibelin est un amoureux du pinot noir de la Montagne de Reims. Installé depuis 2001 à Verzenay, ce négociant-manipulant s'est spécialisé dans les vins du secteur. (NM)

De noble origine, un brut rond, équilibré, de belle longueur qui, sans excès d'exubérance, séduit par la subtilité, la complexité de son nez mêlant pâte d'amande, réglisse, pêche et touches épicées. Quant à la bouche, elle allie la suavité des fruits jaunes et la fraîcheur des agrumes. ⧗ 2024-2027

ARNOULD ET GIBELIN, 5, rue de la Gare, 51360 Verzenay, tél. 03 26 49 48 74, thgibelin@wanadoo.fr V r.-v.

DOM. DES ARONDES
Les Sentiers ★

| 1er cru | 10 000 | 30 à 50 € |

Créé par Daniel Laurent en 1982, le Dom. Laurent-Gabriel est devenu en 2023 le Dom. des Arondes, hirondelles en vieux français – un oiseau qui symbolise la fidélité à l'héritage et le renouveau. Il a été rebaptisé par Marie-Marjorie Laurent, qui avait rejoint l'exploitation familiale en 2001 avant de succéder à ses parents en 2018. Le vignoble couvre 3 ha dans la Grande Vallée de la Marne (Avenay Val d'Or) et dans la Côte des Blancs (Avize, Oger). Les champagnes de la propriété ne font pas leur fermentation malolactique.

Pinot noir majoritaire (75 %) et chardonnay composent ce brut qui inclut aussi un soupçon de meunier. Un champagne mûri au moins 6 ans en cave, mariant la vendange 2016 avec 50 % de vins tirés d'une réserve perpétuelle. Le nez monte en puissance, libérant des arômes de fruits jaunes et des notes beurrées. La bouche crémeuse est tonifiée par une finale vive et par une petite pointe d'amertume. ⧗ 2024-2027 **1er cru Extra-brut Blanc de blancs Fallait pas commencer ★ (30 à 50 €; 880 b.)** Issu des vendanges 2017 et 2016, ce blanc de blancs aux arômes bien typés (fleurs blanches, citron et brioche) garde un air de jeunesse grâce à sa vivacité. ⧗ 2024-2027

DOM. DES ARONDES, 25, rue Chanzy, 51160 Avenay-Val-d'Or, tél. 03 26 52 32 69, contact@domainedesarondes.fr V r.-v.

ASPASIE Réserve ★★

| 20 000 | | 30 à 50 € |

À la tête de 12 ha de vignes dans la vallée de l'Ardre, Paul-Vincent Ariston a pris en 2011 la suite de son père Rémi sur l'exploitation, dont les origines remontent à 1794. Il commercialise ses champagnes sous la marque Aspasie, créée en hommage à une aïeule. Certifié HVE, le domaine est en bio certifié depuis octobre 2022. (RM)

Atout pour les Champenois, les vins de réserve permettent d'obtenir un «goût constant» dans les bruts sans année, en lissant l'effet millésime. Paul Vincent Ariston en fait varier les proportions selon les années, la part de chaque cépage restant constante : accompagné du pinot noir et du meunier à parts égales, le chardonnay (40 %) occupe une place non négligeable. Il en résulte un brut bien équilibré, subtilement vanillé au nez, fruité et très floral en bouche, retenu pour la quatrième année consécutive. ⧗ 2024-2027

CHAMPAGNE ASPASIE, 4, Grande-Rue, 51170 Brouillet, tél. 03 26 97 43 46, contact@champagneaspasie.com V r.-v.

VINCENT D'ASTRÉE
Blanc de noirs Meunier 2015 ★

| 6000 | | 30 à 50 € |

Marque de la coopérative de Pierry, près d'Épernay, fondée en 1956. La cave dispose des 70 ha de ses adhérents qui cultivent leur vignoble dans cette commune ou celle, voisine, de Moussy. (CM)

D'emblée, cette cuvée millésimée annonce la couleur : parée d'une robe or soutenu parcourue de trains de bulles fines, elle montre des reflets roses, faisant entrer dans l'univers des blancs de noirs. Elle dévoile dès le premier nez tout le fruité gourmand du meunier mûri sous le soleil de 2015 : fruits des bois, brioche, et surtout des notes de pommes au four, de tarte Tatin. Ces arômes se prolongent dans une bouche puissante, un rien tannique, dont l'ampleur est équilibrée par une finale salivante. ⧗ 2024-2027

CHAMPAGNE VINCENT D' ASTRÉE, 32, rue Léon-Bourgeois, 51530 Pierry, tél. 03 26 54 03 23, celliers@champagne-vincentdastree.com V r.-v.

PAUL AUGUSTIN
Grand Chardonnay ★★

5000		20 à 30 €

Repris en 1990 par Éric Ammeux et son épouse Isabelle, ce vignoble familial d'environ 4 ha se partage entre Jonquery, dans un vallon entre Ardre et Marne, et Fontaine-sur-Aÿ, près d'Épernay. Les raisins de Jonquery donnent naissance au champagne Auguste Huiban, ceux de Fontaine-sur-Aÿ à la marque Paul Augustin, lancée en 2005 par Isabelle. Propriété certifiée HVE. (RM)

Issu d'une seule vendange, un Grand Chardonnay déjà remarqué dans des éditions antérieures. Florale au nez comme en bouche, sa palette aromatique s'agrémente de notes d'agrumes, de beurre, de brioche et de nuances plus évoluées évoquant le miel, l'hydromel, la noisette et l'amande. Rond avec finesse, le palais montre une belle persistance. ⧗ 2024-2027 ● **Collection Saint-Martin ★ (30 à 50 €; 1500 b.)** Né de chardonnay majoritaire (70 %) et de meunier vinifiés en fût de chêne local, un brut bien construit, frais, à la palette aromatique partagée entre agrumes, noisette et notes toastées. ⧗ 2024-2027

CHAMPAGNE PAUL AUGUSTIN, 1, rue de la Barbe-aux-Cannes, 51700 Jonquery, tél. 03 26 58 10 55, info@champagne-maison-huiban.fr V *t.l.j. 9h-11h30 14h-18h; sam. dim. sur r.-v.*

AUTRÉAU DE CHAMPILLON ★★

1er cru	150 000		15 à 20 €

Sur leur coteau de Champillon dominant la Marne, les Autréau cultivaient la vigne du vivant de dom Pérignon. En 1953, ils ont élaboré leurs premiers champagnes à partir de 3 ha. Aujourd'hui, trois générations gèrent la maison, qui a pris le statut de négociant et s'appuie sur 32 ha en propre. Exploitation certifiée HVE. (NM)

Les raisins noirs (pinot noir et meunier à 40 % chacun) sont mis en avant dans ce brut qui assemble 2 années, l'une fraîche, 2021 et l'autre solaire, 2020. Le nez déploie à l'aération toute une gamme flatteuse d'arômes fruités, pomme, poire et citron vert en tête. On retrouve les fruits blancs, plus compotés, dans une bouche légère et fraîche, qui finit sur l'amertume tonique du pamplemousse. ⧗ 2024-2027 ● **Gd cru Cuvée Prestige Les Perles de la Dhuy 2016 ★ (30 à 50 €; 5000 b.)** Un brut millésimé issu de chardonnay majoritaire (80 %, avec du pinot noir en appoint). Un élevage prolongé sur lies lui apporte complexité aromatique (fleur blanche, pêche, cacao, crème pâtissière et fruits secs grillés), volume, richesse et persistance. ⧗ 2024-2027

CHAMPAGNE AUTRÉAU DE CHAMPILLON, 7, rue René-Baudet, 51160 Champillon, tél. 03 26 59 46 00, champagne.autreau@wanadoo.fr V r.-v.

AUTRÉAU-LASNOT
Non dosé Blanc de noirs ★

3400		20 à 30 €

À partir de 1932, la famille Autréau constitue son domaine aux environs de Venteuil, sur la rive droite de la Marne. À la tête de la propriété depuis 1988, Fabrice Autréau met en valeur un coquet domaine de 17 ha, partiellement en conversion bio. (RM)

Construit sur la vendange 2019, ce blanc de noirs assemble à parts égales pinot noir et meunier. Brut nature, il a bénéficié des épisodes solaires d'un début d'été très chaud et n'a eu nul besoin de sucre ajouté après dégorgement. Les raisins ont aussi profité de nuits fraîches, si bien que ce champagne n'offre pas un profil trop rond : Il se révèle vif, acidulé, juvénile, un caractère souligné par l'absence de dosage. Son acidité met en valeur des arômes de fruits blancs et d'abricot, et permettra de le servir à l'apéritif et avec des produits de la mer. ⧗ 2024-2027

CHAMPAGNE AUTRÉAU-LASNOT, 6, rue du Château, 51480 Venteuil, tél. 03 26 58 49 35, info@champagne-autreau-lasnot.com V *t.l.j. 10h-12h 14h-17h; dim. 10h-12h*

AYALA Brut Majeur ★

n.c.		30 à 50 €

Établie à Aÿ, la maison Ayala est née en 1860 de la rencontre d'Edmond de Ayala, fils d'un diplomate colombien d'origine basque espagnole, et de Berthe-Gabrielle d'Albrecht, nièce du vicomte de Mareuil. Depuis 2005 propriété de la Société Jacques Bollinger (le champagne du même nom et aussi Langlois-Château, Chanson Père et Fils, le cognac Delamain…), elle a bénéficié d'une nouvelle cuverie en 2017 qui, avec 120 cuves, permet des vinifications précises. Caroline Latrive a renouvelé le style des cuvées maison, où le chardonnay occupe une large place. Après son départ fin 2022 pour une autre maison, Julian Gout, qui travaillait à ses côtés, a été promu chef de cave. (NM)

Le brut sans année signature de la maison vieillit 3 ans en cave. Il a vu sa composition légèrement modifiée pour augmenter encore la part du chardonnay, qui compose 55 % de l'assemblage, avec le pinot noir (30 %) et le meunier en complément. Il assemble 70 crus. Son dosage est à la limite de l'extra-brut. Mariant 4 années (2019 à 2016), cette version séduit par son nez discret mais gourmand, sur la pâtisserie, la vanille et les fruits blancs, bien prolongé par une bouche fraîche, puissante et persistante, à la finale légèrement végétale. ⧗ 2024-2027 ● **Extra-brut Le Blanc de blancs A/18 2018 ★ (50 à 75 €; n.c.)** Six crus aux caractéristiques complémentaires (dont quatre grands crus de la Côte des Blancs) sont réunis dans ce blanc de blancs millésimé d'une année précoce, resté 6 ans en cave. Faiblement dosé, il se distingue par sa fraîcheur et par son expression minérale, crayeuse et fruitée, marquée par la pomme. ⧗ 2024-2027

CHAMPAGNE AYALA, 1, rue Edmond-de-Ayala, 51160 Aÿ, tél. 03 26 55 77 43, contact@champagne-ayala.fr V r.-v.

ALAIN BAILLY Prestige ★

●	9773		20 à 30 €

Six générations de viticulteurs. Premières bouteilles dans les années 1940, création de l'actuel domaine en 1962 par Alain Bailly qui devient récoltant-manipulant, installation de Franck en 1993. Avec ses sœurs, ce dernier exploite un vignoble de 13 ha dans la vallée de l'Ardre, ainsi qu'à Sacy et Villedommange, près de Reims. Son fils Maxime, qui officie en cave, s'apprête à prendre la relève. Propriété certifiée HVE, parcelles de chardonnay en conversion bio, écopâturage. (RM)

Ce brut Prestige doit presque tout au chardonnay (90 %, complété par les deux pinots). Mariant les récoltes 2013 et 2012, vinifié partiellement sous bois, il vieillit de longues années en cave. La robe or soutenu annonce un champagne patiné, ce que confirment le nez, riche et évolué, entre épices et acacia, et les notes confites d'une bouche nerveuse en attaque, complexe, puissante, de belle longueur, à la finale réglissée. Un champagne de repas. ⧗ 2024-2026

⊶ CHAMPAGNE ALAIN BAILLY, 3, rue du Tambour, 51170 Serzy-et-Prin, tél. 03 26 97 41 58, champagne.bailly@wanadoo.fr V r.-v.

CYRILL BANCHET Blanc de blancs ★

● Gd cru	n.c.		15 à 20 €

Petit-fils et fils de vignerons, ce récoltant-manipulant conduit le domaine familial depuis 2005. Son domaine est exigu (moins de 3 ha), mais fort bien situé à Chouilly, grand cru du nord de la Côte des Blancs. Il est donc planté pour l'essentiel de chardonnay, les 44 ares de meunier étant vendus au négoce. (RM)

Construit sur la récolte 2020 complétée par 30 % de vins de réserve, ce blanc de blancs s'ouvre sur le beurre frais et des notes grillées. Sa bouche légère et fraîche finit sur de beaux amers. ⧗ 2024-2027

⊶ CYRILL BANCHET, 8, rue du Pont, 51530 Chouilly, tél. 06 09 55 62 50, cyril.banchet@sfr.fr V r.-v.

CHAMPAGNE DE BARFONTARC
Héritage N°49 ★★

●	123 000		20 à 30 €

Voisine de l'abbaye cistercienne de Clairvaux, la coopérative de Baroville et des environs (Aube), fondée en 1962, a pour marques de Barfontarc et Eugène III, gamme plus récente. La cave vinifie les récoltes de 127 ha. Le pinot noir, largement dominant dans le secteur de Bar-sur-Aube, est très présent dans les assemblages. (CM)

De nouvelles étiquettes, sobres et précises, pour les champagnes de cette « maison champenoise de caractère » qui indique sa localisation en Côte des Bar et détaille les assemblages. Nos dégustateurs dégustant à l'aveugle ont décerné deux étoiles au contenu du flacon. Un brut mariant pinot noir majoritaire (76 %) et chardonnay des récoltes 2019 et 2018 : robe or à reflets rosés, bulles fines formant une mousse onctueuse, nez intense, élégant et tonique, entre gingembre et zeste de citron, bouche à la fois généreuse et vive, sur les fruits blancs et les agrumes : un remarquable équilibre. ⧗ 2024-2027

⊶ CHAMPAGNE DE BARFONTARC, 18, rue de Bar-sur-Aube, 10200 Baroville, tél. 03 25 27 07 09, champagne@barfontarc.com V *t.l.j. sf dim. 9h-12h 13h30-17h30*

ROGER BARNIER Cuvée exquise 2018 ★★

●	1995		30 à 50 €

Descendant de viticulteurs et ancien chef cuisinier, Roger Barnier est le premier à élaborer ses cuvées en 1936. Le domaine est dirigé depuis 1983 par son petit-fils Frédéric Berthelot, rejoint par Alix, œnologue. Il s'étend sur 8 ha entre Côte des Blancs et Sézannais. (RM)

Issue de 4 parcelles, cette cuvée millésimée d'une année solaire et précoce (vendanges le 25 août) mobilise ⅔ de chardonnay et ⅓ de pinots (dont 20 % de meunier). Les vins de base sont élevés 7 mois en fût et le champagne est tiré sous liège. Vif et fin, le nez mêle les agrumes (citron), les fleurs blanches, des notes grillées et briochées. Ces arômes et cette vivacité se confirment dans une bouche puissante et longue. ⧗ 2024-2029 ● **Cuvée blanche 2018 ★ (30 à 50 €; 4008 b.)** Née de chardonnay élevé sous bois sans fermentation malolactique et tiré sous liège, cette cuvée juvénile aux arômes d'agrumes tire de son élaboration des notes toastées, de la mâche et une franche vivacité. ⧗ 2024-2029 ● **Extra-brut 100% meunier 2017 ★ (50 à 75 €; 2254 b.)** Pur meunier issu de cinq parcelles de vieilles vignes (centenaires pour deux d'entre elles), élevé sous bois sans « malo », tiré sous liège. Reflet du cépage, un champagne très rond, ample et persistant, aux arômes de fruits jaunes compotés et d'agrumes. ⧗ 2024-2029

⊶ CHAMPAGNE ROGER BARNIER, 30, rue Vigne-Abbesse, 51270 Villevenard, tél. 03 26 52 82 77, champagne.barnier.rg@wanadoo.fr V r.-v.

BARON ALBERT
Blanc de blancs L'Éclatante ★★

●	5000		20 à 30 €

Fondée en 1947 par Albert Baron, reprise en 1972 par 3 de ses fils, puis par ses 3 petites-filles, Claire, Lise et Aline (ces dernières œnologues), la maison de négoce Baron Albert s'appuie sur un important vignoble (55 ha) dans la vallée de la Marne, aux environs de Château-Thierry. Plusieurs marques: Baron Albert, Claude Baron, Régine Baron, Baron et Fille, Jean de La Fontaine, Eugénie Bezard, Jean Duclert. (NM)

Construit sur l'année 2020, solaire, ce blanc de blancs au nez léger, finement toasté, et séveux en bouche, séduit par sa texture soyeuse soulignée par une mousse crémeuse. ⧗ 2024-2027 ● **L'Universelle ★ (15 à 20 €; 120000 b.)** Le meunier (70 %, avec 20 % de chardonnay et 10 % de pinot noir) laisse son empreinte sur ce brut à reflets or rose, au nez flatteur (fruits rouges macérés, coing, bonbon acidulé et notes beurrées), dont l'ampleur et l'onctuosité sont équilibrées par une fraîcheur ciselée. ⧗ 2024-2027 ● **Baron et Filles Songe d'été ★ (15 à 20 €; 10000 b.)** Né des trois cépages champenois, un rosé rond et suave, au nez sur la fraise et le bonbon, complétés en bouche par des notes de fruits noirs. ⧗ 2024-2027 ● **Claude Baron Pierre de lune ★ (20 à 30 €; 2000 b.)** Construit sur la vendange 2019, un blanc de blancs bien équilibré entre générosité et fraîcheur,

CHAMPAGNE

partagé entre notes fruitées (citron, fruits exotiques), minérales et pâtissières. ⧗ 2024-2027

CHAMPAGNE BARON ALBERT, 1, rue des Chaillots, Le Grand-Porteron, 02310 Charly-sur-Marne, tél. 03 23 82 02 65, contact@champagnebaronalbert.fr V t.l.j. sf dim. 8h-12h 13h30-18h; sam. 9h-12h

BARON DAUVERGNE
Blanc de noirs Fine fleur de Bouzy ★

| 25000 | 30 à 50 € |

Domaine créé en 1923, aujourd'hui structure de négoce dirigée depuis 2000 par Vincent Dauvergne, arrière-petit-fils des fondateurs. La maison a pignon sur rue à Bouzy, célèbre grand cru de la Montagne de Reims, et dispose de 7,5 ha en propre. La marque a été lancée en 2011. (NM)

La « fine fleur de Bouzy » ? Du pinot noir, évidemment. Il mêle au nez notes toastées et fruits frais, pêche en tête, et tire du cépage son ampleur et sa bonne structure. La finale charmeuse laisse une très bonne impression. Pour l'apéritif comme pour la table. ⧗ 2024-2027

VINCENT BARON DAUVERGNE, 31, rue de Tours-sur-Marne, 51150 Bouzy, tél. 03 26 57 00 56, barondauvergne@orange.fr V r.-v.

BARON-FUENTÉ Grande Réserve ★

| 600000 | 20 à 30 € |

La maison Baron-Fuenté est née en 1967 du mariage de Gabriel Baron, vigneron champenois, avec Dolorès Fuenté, originaire d'Andalousie. Elle est gérée depuis 1993 par leurs enfants, Sophie et Ignace, qui s'appuient sur un domaine de 38 ha à l'ouest de Château-Thierry. Plusieurs étiquettes : Baron-Fuenté, Sophie Baron, Monthuys Père et Fils, Consulat-Palace. (NM)

Vieilli 3 ans, ce champagne s'affiche comme un brut mais par son dosage mesuré, pourrait être classé dans les extra-bruts. Sa robe jaune intense traduit la forte proportion de raisins noirs (70 %, meunier en tête). Équilibré, de bonne longueur, il séduit par sa palette aromatique bien fruitée, qui fait ressortir l'orange et la vanille. ⧗ 2024-2027

BARON-FUENTÉ, 21, av. Fernand-Drouet, 02310 Charly-sur-Marne, tél. 03 23 82 01 97, accueil@baronfuente.com V *t.l.j. sf sam. dim. 8h30-17h30*

BAUCHET
Blanc de blancs Saint-Nicaise 2014 ★

| 5000 | 50 à 75 € |

La famile Bauchet cultive ses vignes et élabore ses champagnes depuis 1920. Le domaine familial s'est beaucoup agrandi dans les années 1960. Aujourd'hui, 37 parcelles et pas moins de 34 ha entre Côte des Blancs, Montagne de Reims et Côte des Bar. La propriété est gérée depuis 2009 par les 4ᵉ et 5ᵉ générations, Florence Bauchet-Labelle et son cousin Robin Bauchet, appuyés à la cave par l'œnologue Bruno Charlemagne. Certifiée HVE, elle est en conversion bio. (RM)

Dédié au saint patron de la Champagne, un blanc de blancs millésimé. Le 2014 (année fraîche mais plutôt favorable au chardonnay) fait jeu égal avec le 2013. Sa palette aromatique évoluée décline les fruits mûrs, les fruits secs et des notes toastées. Un peu généreusement dosé pour certains, le palais suit la même ligne, expressif et gourmand, marqué en finale par une pointe d'amertume. ⧗ 2024-2027

CHAMPAGNE BAUCHET, 4, rue de la Crayère, Bisseuil, 51150 Aÿ-Champagne, tél. 03 26 58 92 12, info@champagne-bauchet.fr V r.-v.

BAUDIN FILS Cuvée Vieilles Vignes ★

| 30000 | 15 à 20 € |

Établie à Cormoyeux, minuscule village proche de la vallée de la Marne, en lisière de la forêt de Hautvillers, la famille Baudin travaille la vigne depuis la fin du XVIIIᵉs. Patrice Baudin, investi sur le domaine dès l'âge de 16 ans, a lancé son champagne en 1991 et transmis son exploitation à son fils Pierre qui l'épaulait depuis 2016. Propriété certifiée bio à partir de la vendange 2022. (RM)

Le meunier (85 %, complété par le chardonnay et par un soupçon de pinot noir) est mis en avant dans l'assemblage de ce brut qui associe la vendange 2018 avec des vins de réserve. Il donne à ce champagne un caractère fruité et affable. Pêche jaune, fruits confits et notes grillées se mêlent au nez et se prolongent dans un palais puissant et onctueux, beurré et suave, vivifié par une délicate acidité qui étire la finale aux accents de citron confit. ⧗ 2024-2027

Cuvée de réserve ★ (15 à 20 €; 30000 b.) Retenu pour la 3ᵉ année consécutive, un brut mariant par tiers les trois cépages champenois. Subtilement floral au nez, fruité en bouche, entre agrumes et fruits blancs, marqué par une petite amertume en finale, il séduit par sa fraîcheur et par son élégance. ⧗ 2024-2027

CHAMPAGNE BAUDIN FILS, 9, rue des Gouttes-d'Or, 51480 Cormoyeux, tél. 03 26 58 65 01, champagnebaudinfils@orange.fr V r.-v.

HERBERT BEAUFORT
Extra-brut Bouzy L'Âge d'or 2019 ★

| Gd cru | 3500 | 30 à 50 € |

Bien connue à Bouzy, la famille cultive la vigne depuis le XVIᵉs. En 1904, Marcellin Beaufort vend des « vins nature de Bouzy » ; en 1929, il commercialise ses premiers champagnes. Son petit-fils Henri a transmis en 2016 à ses enfants Hugues et Ludovic la maison, qui s'appuie sur un vignoble en propre de 13 ha essentiellement implanté à Bouzy, à Ambonnay et à Tours-sur-Marne, grands crus de la Montagne de Reims. Deux étiquettes : Herbert Beaufort (RM) et Marcellin Beaufort (NM). (RM)

On commence à voir des 2019, millésime considéré comme très prometteur. Ici, du pinot noir de l'illustre Bouzy. Pour ces raisins issus d'une année solaire, l'élaborateur a choisi un dosage faible (extra-brut). Dans le verre, un champagne gourmand, qui s'ouvre sur des notes délicates de pain, de beurre frais, de fruits secs et d'abricot confituré avant de dérouler une matière étoffée, ample et ronde – « confortable » – mise en valeur par une mousse crémeuse et équilibrée par une finale crayeuse, de belle longueur. De la générosité sans lourdeur. ⧗ 2024-2028

CHAMPAGNE HERBERT BEAUFORT ET FILS, 32, rue de Tours-sur-Marne, 51150 Bouzy, tél. 03 26 57 01 34, beaufort-herbert@wanadoo.fr V r.-v.

BEAUMONT DES CRAYÈRES
Grande Réserve ★

●	154 057		30 à 50 €

Fondée en 1955, la coopérative de Mardeuil vinifie 85 ha de vignes, principalement implantées sur les coteaux proches d'Épernay. Elle apparaît avec régularité dans les sélections du Guide, sous différentes marques : Beaumont des Crayères, Comte Stanislas, Charles Leprince, Jacques Lorent. (CM)

Très souvent distingué, le brut sans année, signature de la maison, met en avant le meunier (60 %), complété par le pinot noir (15 %) et le chardonnay (25 %). Il reste longtemps en cave, pas moins de 3 ans. Sa robe or soutenu porte l'empreinte des raisins noirs. Le cépage majoritaire s'exprime par des notes fruitées gourmandes (fruits blancs et pêche jaune légèrement miellés). Avec son attaque fraîche, relayée par des impressions de rondeur et sa finale de belle longueur, marquée par une agréable amertume, le palais apparaît bien construit. ⧗ 2024-2027

SCV CHAMPAGNE BEAUMONT DES CRAYÈRES, 64, rue de la Liberté, 51530 Mardeuil, tél. 03 26 55 29 40, contact@champagne-beaumont.com V *t.l.j. sf sam. dim. 8h30-12h 13h30-17h*

O. BELIN Rose des fables ★★

●	3000		20 à 30 €

L'exploitation s'est tournée vers la viticulture vers 1960, et la première cave date de 1975. Olivier Belin, œnologue, a repris en 1997 le domaine familial qui couvre 8 ha autour d'Essômes-sur-Marne, en aval de Château-Thierry. Les coteaux environnants sont plantés majoritairement de meunier. Le vigneron vinifie en parcellaire, en séparant les types de sols. Exploitation certifiée HVE. (RM)

Mariant les années 2019 et 2018, cette Rose des Fables vient des sols argilo-sableux de la partie occidentale de la vallée de la Marne. Très présent dans le secteur, le meunier entre à hauteur de 60 % dans la cuvée (dont une part vinifiée en rouge), mais le chardonnay ne fait pas que de la figuration (40 %). Il en résulte un rosé pastel, au nez élégant, entre fleurs blanches et agrumes, et une bouche vive, juvénile, citronnée, où l'on retrouve l'acacia. À en juger par cette cuvée tout en finesse, l'élaborateur ne se paie pas de mots quand il dit viser un «style précis et limpide». ⧗ 2024-2027 ● **Bel Instant ★ (20 à 30 €; 15 000 b.)** Associant les années 2021 et 2020, un pur meunier aux reflets œil-de-perdrix, à la fois souple et très frais, à l'expression fruitée flatteuse (pêche, mandarine, petits fruits rouges nuancés de notes pâtissières). ⧗ 2024-2027

CHAMPAGNE O. BELIN, 30 A, hameau Aulnois, 02400 Essômes-sur-Marne, tél. 06 07 13 11 42, info@champagne-belin.fr V *r.-v.*

GUSTAVE BELON Cuvée Agate ★

●	40 000	20 à 30 €

Marque de la coopérative de Colombé-le-Sec, créée en 1956 près de Bar-sur-Aube, aux confins de la Haute-Marne. Ses diverses étiquettes rendent hommage à ses membres fondateurs, notamment Charles Clément. La cave compte une soixantaine d'adhérents et vinifie le produit de 120 ha de vignes réparties dans sept communes du secteur. (CM)

Composé de pinot noir (60 %) et de chardonnay, ce brut sans année mêle au nez fruits blancs compotés et amande fraîche. Un champagne bien construit, ample et vineux, équilibré par une fraîcheur minérale qui donne une certaine allonge à la finale. ⧗ 2024-2027 ● **Cuvée Opale ★ (20 à 30 €; 15 000 b.)** Issu des 3 cépages champenois (pinot noir 69 %), un brut bien équilibré entre rondeur et vivacité, intéressant aussi par son expression aromatique (fruits blancs, fruits rouges, amande, note de violette en bouche). ⧗ 2024-2027 ● **100 % Chardonnay Cuvée Quartz ★ (20 à 30 €; 15 000 b.)** Un blanc de blancs consistant et généreux, aux arômes de fleurs blanches, de brioche et de vanille. ⧗ 2024-2027

CHAMPAGNE CHARLES CLÉMENT, 33, rue Saint-Antoine, 10200 Colombé-le-Sec, tél. 03 25 92 50 71, contact@champagne-charles-clement.fr V *t.l.j. sf dim. 9h-12h 14h-17h30*

B LAURENT BÉNARD
Extra-brut Blanc de noirs 2018 ★★

● 1er cru	5000		50 à 75 €

À la tête du Dom. Bénard-Pitois depuis 1991, Michelle et Laurent Bénard songeaient à l'agriculture biologique. Après avoir mené des essais, ils constituent en 2008, sur les coteaux de Mareuil-sur-Aÿ et de Mutigny, le « vignoble des Sept Arpents » (2,45 ha), en bio certifié depuis 2012, dont les champagnes portent la signature de Laurent Bénard. Ce dernier a été rejoint à la cave par son fils Charles, ingénieur agronome et œnologue. (RM)

Les pinots noirs (60 %) et meunier réunis dans cette cuvée ont été rentrés dès le 25 août en cette année précoce. Fermentés et élevés 10 mois en cuve et en fût sur lies, ils ont donné naissance à un blanc de noirs d'un bel or, qui déploie à l'aération une farandole d'arômes : beurre, pain d'épice, pêche, cerise, fraise des bois, figue, miel, fruits à coque, bonbon acidulé, et on en oublie. Tout aussi complexe, ronde et chaleureuse, de bonne longueur, la bouche bénéficie du faible dosage. Un champagne gourmand. «La bio est un moyen, pas une fin. La fin pour moi est la qualité», écrit le vigneron. Réussite sur les 2 tableaux ! ⧗ 2024-2027

CHAMPAGNE LAURENT BÉNARD, 23, rue Duval, Mareuil-sur-Aÿ, 51160 Aÿ-Champagne, tél. 03 26 52 60 28, champagnelaurentbenard@orange.fr V *r.-v.*

L. BÉNARD-PITOIS Réserve ★★

● 1er cru	27 043		20 à 30 €

Aux commandes depuis 1991, Laurent Bénard représente la 3e génération sur le domaine familial. Il exploite 9 ha de vignes répartis dans deux grands crus et un 1er cru de la Côte des Blancs, et dans trois 1ers crus de la Grande Vallée de la Marne. Il vinifie ses vins de base en petite cuve ou en fût pour réaliser des assemblages précis. (RM)

Une fois de plus très remarqué, ce brut met en avant le pinot noir, très majoritaire (86 %) dans cette version (années 2021 et 2020). Une petite proportion du chardonnay est vinifiée sous bois. Il en résulte une expression aromatique aussi flatteuse que délicate (l'aubépine, un soupçon de rose, le bonbon, les fruits jaunes) et une bouche structurée, fraîche et droite, servie par un dosage judicieux. ⧗ 2024-2027

CHAMPAGNE

CHAMPAGNE L. BÉNARD-PITOIS, 23, rue Duval, Mareuil-sur-Aÿ, 51160 Aÿ-Champagne, tél. 03 26 52 60 28, benard-pitois@wanadoo.fr V r.-v.

VIRGINIE BERGERONNEAU
Cuvée Jeanne ★

	n.c.	20 à 30 €

Les Bergeronneau sont bien connus à Villedommange. Fille de récoltants de vieille souche vigneronne, Virginie Bergeronneau a lancé son étiquette en 2012. Son vignoble est situé sur la Montagne de Reims, à deux pas de la cité des Sacres. Certifiée HVE, la propriété est en conversion bio. (RM)

Structuré, aromatique, élégant, ce brut a séduit nos dégustateurs. Les raisins noirs (meunier 60 %, pinot noir 30 %) laissent leur empreinte dans son expression fruitée (fruits rouges nuancés de notes florales), puis dans son ampleur gourmande et sa structure. Présente dès l'attaque, une agréable vivacité lui assure un bel équilibre. ⧗ 2024-2027

CHAMPAGNE FLORENT BERGERONNEAU-MARION, 22, rue de la Prévôté, 51390 Villedommange, tél. 03 26 49 75 26, contact@florent-bergeronneau-marion.fr V r.-v.

PIERRE BERTRAND Prestige 2016 ★

	4 000		20 à 30 €

Pierre Bertrand crée son vignoble à partir de 1946 et devient récoltant-manipulant. Il a neuf enfants dont beaucoup de garçons, mais c'est sa fille Thérèse qui lui succède en 1982. Bertrand Deparnay, son petit-fils, a pris la relève en 2010. Il exploite 6 ha dans la Grande Vallée de la Marne, autour de Cumières, 1er cru connu pour sa précocité. (RM)

Ce brut Prestige millésimé 2016 reçoit la même note que le 2014. Comme son devancier, il trouve son équilibre dans un assemblage à parité du pinot noir et du chardonnay. D'un jaune doré limpide, il s'ouvre sur des notes acidulées de fruits rouges et séduit en bouche par son expression aromatique et par sa fraîcheur conservée. ⧗ 2024-2027

CHAMPAGNE PIERRE BERTRAND, 166, rue Louis-Dupont, 51480 Cumières, tél. 03 26 54 08 24, bertrand.pierre7@wanadoo.fr V r.-v.

BESSERAT DE BELLEFON
Bleu brut Cuvée des Moines ★

	250 000		30 à 50 €

Originaire de Hautvillers, Edmond Besserat a fondé en 1843 sa maison (devenue en 1920 Besserat de Bellefon) qui, après plusieurs changements de sièges et de propriétaires, appartient à la maison Burtin d'Épernay, aujourd'hui dans l'orbite de Lanson-BCC. Elle dispose d'un vignoble de 25 ha. Nathalie Doucet préside depuis 2020 la société, qui a modernisé son image, en mettant en avant ses initiales évocatrices, BB. Chef de cave, Cédric Thiébault veille au style maison : des champagnes vinifiés sans fermentation malolactique, pour plus de vivacité, et tirés à petite mousse, avec une moindre quantité de liqueur de tirage pour obtenir des bulles très fines. (NM)

Le nom «Cuvée des Moines» se lit toujours sur la contre-étiquette, mais la maison ajoute désormais celui, plus claquant, de Bleu brut. Cette cuvée assemble les trois cépages champenois (meunier 45 % chardonnay 30 %, pinot noir 25 %), en provenance de 1ers crus et de grands crus (Louvois, Avize, Le Mesnil-sur-Oger). Élaborée en suivant le style maison et vieillie 3 ans sur lies, elle a pour arguments ses arômes intenses de fruits mûrs (fruits jaunes, fraise, framboise) et son palais bien construit, puissant et gourmand, servi par une finale fraîche et saline, de belle longueur. ⧗ 2024-2027

CHAMPAGNE BESSERAT DE BELLEFON, 35, rue Maurice-Cerveaux, 51200 Épernay, tél. 03 26 78 52 16, info@besseratdebellefon.com V r.-v.

CHAMPAGNE BILLECART-SALMON
Réserve ★

	n.c.		50 à 75 €

Fondée en 1818 à Mareuil-sur-Aÿ par les époux Nicolas-François Billecart et Élisabeth Salmon, et dirigée par Mathieu Roland Billecart, représentant la 7e génération, c'est l'une des dernières maisons familiales et indépendantes. Elle s'approvisionne en raisins sur une superficie de 300 ha dans 40 crus de la Montagne de Reims, de la Côte des Blancs et dans la vallée de la Marne. Elle vinifie dans de petites cuves à basse température, parcelle par parcelle, et aligne 24 foudres et 400 fûts dans ses caves du XVIIe s. Ses cuvées vieillissent au moins 3 ans. Florent Nys est le chef de cave.

Signature de la maison, ce brut assemble meunier (40 %), pinot noir et chardonnay (à parité). Cette version marie la récolte 2019 avec une forte proportion (62 %) de vins de réserve et inclut une petite part de vins vinifiés sous bois. Quant au dosage, c'est celui d'un extra-brut (3 g/l.) Intense et acidulé, d'une belle complexité, le nez s'ouvre sur la pomme et la poire, assorties de notes plus mûres de fruits jaunes et de fruits secs. Cette gamme fruitée s'enrichit de touches florales et épicées dans une bouche bien construite, souple, gourmande, servie par une finale fraîche et mentholée. ⧗ 2024-2027

CHAMPAGNE BILLECART-SALMON, 40, rue Carnot, 51160 Mareuil-sur-Aÿ, tél. 03 26 52 60 22, billecart@champagne-billecart.fr r.-v.

BILLY-BRIFFOTEAUX Tradition ★

	11 000		11 à 15 €

Domaine de 3,7 ha implanté à La Neuville-aux-Larris, petit village niché dans le vallon du Belval, sur la rive droite de la Marne. À sa tête depuis 1987, Jean-Pierre Billy, récoltant-coopérateur, a transmis en 2021 les rênes de l'exploitation à son épouse Christelle, épaulée par leur fils Julien qui prépare la relève. Propriété certifiée HVE. (RC)

De nouveau apprécié, ce brut assemble du chardonnay de la récolte 2021 avec ⅔ de vins de réserve, du meunier pour l'essentiel. Il a pour atouts son nez intense, partagé entre la fraîcheur du citron et du gingembre et la suavité de la confiture de coings. Un fruité mûr aux accents de fruits jaunes, nuancés de fleurs et de miel se déploie dans une bouche souple et généreusement dosée, qui reste élégante. ⧗ 2024-2027

CHAMPAGNE BILLY-BRIFFOTEAUX, 26, rue de Paradis, 51480 La Neuville-aux-Larris, tél. 03 26 58 14 49, champagne.billy@orange.fr V r.-v.

CH. DE BLIGNY Grande Réserve ★★

●	134 064	30 à 50 €

Proche de Bar-sur-Aube, ce domaine de 30 ha est commandé par l'un des rares « châteaux du vin » en Champagne, construit à la fin du XVIIIes. par le marquis de Dampierre, propriétaire d'une verrerie à Bligny. Il appartient depuis 1999 à la famille Rapeneau. (RM)

Chardonnay et pinot noir à parité participent à l'harmonie de ce brut au nez flatteur, entre fruits blancs et notes briochées, qui adopte un style résolument rond, onctueux et gourmand. Une belle fraîcheur apporte équilibre et allonge. ⧗ 2024-2027 ● **Grand Rosé ★ (20 à 30 €; 1500 b.)** Mi-chardonnay, mi-pinot noir (avec 15 % de vin rouge), c'est la version « rosé » de la Grande Réserve, appréciée pour son équilibre comme pour sa palette aromatique mariant les fruits rouges aux agrumes. ⧗ 2024-2027

CHAMPAGNE CH. DE BLIGNY, 14, rue du Château, 10200 Bligny, tél. 03 26 54 18 55, qualite@champagnemansard.com r.-v.

♥ H. BLIN Extra-brut Blanc de noirs Sélection parcellaire 2015 ★★

●	2500	🍾	30 à 50 €

En 1947, dans les temps difficiles de l'après-guerre, une trentaine de vignerons, autour d'Henri Blin, fondent la « coop » de Vincelles (vallée de la Marne). La cave regroupe aujourd'hui environ 120 adhérents qui cultivent autant d'hectares de vignes, meunier en tête. (CM)

Prenant la suite de cuvées de meunier qui ont sans doute contribué à l'intérêt nouveau porté par les amateurs à ce cépage, cet extra-brut né d'un millésime solaire et de vieilles vignes est porté aux nues, n'ayant pour seul défaut que sa rareté. Sa robe or jaune est parcourue de fins cordons de bulles persistantes. Complexe, son nez s'ouvre en douceur sur l'orange, le citron confit, la vanille, le tabac blond et l'amande grillée. Des touches de fruits macérés viennent encore enrichir cette palette dans un palais onctueux, charnu, concentré, auquel une fraîcheur préservée confère élégance et longueur. ⧗ 2024-2027 ● **2016 ★★ (20 à 30 €; 30 000 b.)** Mi-chardonnay, mi-meunier, un millésimé patiné, ample et consistant, remarquable tant par sa belle tension que par sa palette complexe (mirabelle compotée, noisette, viennoiserie) témoignant d'une heureuse évolution. ⧗ 2024-2027 ● **Blanc de noirs 100% meunier ★ (20 à 30 €; 20 000 b.)** Un dosage faible pour ce champagne frais et très fruité (agrumes), à la finale vive et tonique, un rien amère. ⧗ 2024-2027

CHAMPAGNE H. BLIN, 5, rue de Verdun, 51700 Vincelles, tél. 03 26 58 20 04, contact@champagne-blin.com V *t.l.j. sf sam. dim. 8h30-12h 14h-17h*

MAXIME BLIN Évanescence ★

●	n.c.	20 à 30 €

Marque lancée par Claire et Maxime Blin, installés en 2004 à la tête d'un vignoble familial de 14 ha implanté à Trigny dans le massif de Saint-Thierry, au nord-ouest de Reims. Les champagnes Maxime Blin sont intégralement en bio certifié depuis 2021. (RM)

Évanescent? Assez léger, certes, mais intéressant par son expression évoluée, plutôt complexe. Vieilli 36 mois, c'est un rosé d'assemblage issu de pur pinot noir dont une partie (15 %), vinifiée en rouge, lui donne une teinte éclatante, saumonée-orangée. Il s'ouvre sur les agrumes, nuancés de notes toastées, d'amande grillée. Les fruits rouges confiturés s'ajoutent à cette palette dans une bouche à la fois ronde et fraîche, de belle longueur. ⧗ 2024-2027 ● **Brut nature Temporelle N°2 ★ (30 à 50 €; 3615 b.)** Ⓑ Aucun sucre ajouté en fin de vinification pour ce premier champagne millésimé bio de la propriété, né d'une année solaire et d'un assemblage dominé par les noirs (pinot noir 60 %, meunier 20 %, chardonnay 20 %). Un brut nature gourmand aux arômes de fleur d'oranger, de citron et de fruits confits. ⧗ 2024-2027

CHAMPAGNE MAXIME BLIN, 17, rue des Lombards, 51140 Trigny, tél. 03 26 03 10 97, contact@maximeblin.com V r.-v. Ⓑ

R. BLIN ET FILS Sélection ★★

●	3615	20 à 30 €

Située dans le massif de Saint-Thierry, au nord-ouest de Reims, cette exploitation de 14 ha, fondée par Robert Blin en 1960, vinifie depuis 1988. Gilles Blin a passé la main en 2004 à son fils Maxime, qui a obtenu la certification bio en 2021. Deux marques : R. Blin et Fils et, depuis 2000, Maxime Blin. (RM)

Composée pour l'essentiel de pinot noir (avec 10 % de chardonnay), cette cuvée déploie des arômes de fruits jaunes, de viennoiserie, nuancés de notes évoluées d'amande grillée, de torréfaction et de miel. La bouche, à l'unisson du nez, se montre équilibrée et longue. ⧗ 2024-2027 ● **Grande Tradition ★ (20 à 30 €; 3615 b.)** Une cuvée à dominante de chardonnay (20 % de pinot noir), discrètement minérale au nez, fraîche et citronnée en bouche. ⧗ 2024-2027

CHAMPAGNE R. BLIN ET FILS, 11, rue du Point-du-Jour, 51140 Trigny, tél. 03 26 03 10 97, contact@blinetfils.com V *r.-v.* Ⓑ

A. BOATAS ET FILS Extras-brut Blanc de blancs 2014 ★★

● Gd cru	1500	🍾	15 à 20 €

Héritier de quatre générations de viticulteurs à Avize, grand cru de la Côte des Blancs, Armand Boatas est devenu ingénieur, tout en reprenant en 2005 les vignes familiales (3,58 ha). En 2014, il a abandonné sa carrière dans l'industrie automobile pour se consacrer à plein temps à son domaine. Coopérateur comme les trois générations précédentes, il a commencé à vinifier ses cuvées, fort des connaissances acquises à l'université de Bourgogne. Propriété certifiée HVE. (RC)

Coup de cœur pour le 2012, une cuvée en bonne place dans trois millésimes successifs. Frais, difficile pour les pinots, 2014 a favorisé les chardonnays de la Côte des

Blancs. Celui-ci, expressif, harmonieux et persistant, exprime une belle maturité dans ses arômes de pain d'épice et de fruits mûrs (prune jaune, pomme et poire). ⌛ 2024-2027 ● **Gd cru Extra-brut Blanc de blancs Paradis 2016 ★ (30 à 50 €; 5000 b.)** Un blanc de blancs millésimé ample et généreux, offrant au nez comme en bouche une expression aromatique d'une belle finesse (fleurs blanches, citron, fruits blancs bien mûrs, touches miellées et toastées). ⌛ 2024-2027

CHAMPAGNE A. BOATAS ET FILS, 176, av. de Mazagran, 51190 Avize, tél. 03 26 57 92 92, aboatas@free.fr V *r.-v.*

BOCHET-LEMOINE ★★

● | 6000 | | 15 à 20 €

Domaine constitué en 1992 à la suite du mariage de Jacky Bochet avec Valérie Lemoine : après la réunion de vignobles issus des deux familles, la propriété couvre près de 8 ha sur la rive droite de la Marne. Pierre Bochet, le fils, a rejoint l'exploitation en 2015. (RM)

Composé majoritairement de meunier (70 %, dont 11 % vinifiés en rouge et passés sous bois), complété par le pinot noir (17 %) et par le chardonnay (13 %), ce rosé assemble la vendange 2019 avec des vins des 2 années antérieures. Après 4 ans passés en cave, il se pare d'une robe pastel à reflets cuivrés et enchante par son nez d'une discrète élégance, aux accents de petits fruits rouges acidulés, groseille en tête. Ces arômes et cette finesse se confirment en bouche, soulignés par une belle fraîcheur qui donne de l'allonge à la finale. ⌛ 2024-2027 ● **Cuvée sélectionnée ★ (15 à 20 €; 38 076 b.)** À dominante de noirs (meunier 60 %, pinot noir 20 %), un brut puissant, ample et gourmand, aux arômes confits (agrumes) et pâtissiers (biscuit, crème fouettée, vanille) soulignés par le dosage. ⌛ 2024-2027

CHAMPAGNE BOCHET-LEMOINE, 3, rue Dom-Pérignon, 51480 Cormoyeux, tél. 03 26 58 64 11, bochet.lemoine@wanadoo.fr V *t.l.j. sf dim. 9h-12h 14h-17h* B

PATRICK BOIVIN Pierry Meunier ★

● | 6574 | | 30 à 50 €

Domaine créé en 1978, par Patrick Boivin, Parisien, et son épouse Marie-Madeleine, petite-fille de vignerons de Cumières, rejoints par leurs filles Céline et Baptistine. Il a son siège sur les hauteurs d'Épernay et le vignoble couvre 6 ha à Cumières, Pierry et dans cinq autres communes de la vallée de la Marne ou des coteaux sud d'Épernay. (NM)

Le meunier est très présent à Pierry, commune qui jouxte Épernay au sud. En 2020, année précoce, il a été vendangé le 26 août et vinifié sans fermentation malolactique pour préserver la fraîcheur de la cuvée. Le cépage laisse sa marque dans l'expression de ce brut aux arômes de prune, de pruneau et de fruits jaunes, dans la rondeur et l'onctuosité du palais, l'année se reflète dans le côté très mûr du fruité et dans la puissance de l'étoffe, la vinification dans une vivacité qui porte loin la finale. ⌛ 2024-2029 ● **Cumières Blanc de blancs 2018 ★ (30 à 50 €; 2887 b.)** Presque un oiseau rare à Cumières où les raisins noirs sont majoritaires, un blanc de blancs millésimé né d'une année solaire, onctueux, aux arômes mûrs de citron confit et de torréfaction, parfait pour la table. ⌛ 2024-2027

CHAMPAGNE PATRICK BOIVIN, 667, chem. des Champs-de-Linette, 51200 Épernay, tél. 03 26 56 25 06, info@champagne-patrickboivin.com V *r.-v.*

BOIZEL Cuvée sous bois 2009 ★

● | n.c. | | + de 100 €

Fondée en 1834 par un couple de pâtissiers, cette maison sparnacienne très régulière en qualité a vu se succéder 6 générations. Depuis 2019, ce sont Florent et Lionel Roques-Boizel, qui avaient rejoint la société en 2010, qui sont aux commandes et impriment leur marque sur le style des cuvées, qui vieillissent au moins 3 ans, et jusqu'à 15 ans. Boizel dispose d'un vignoble en propre de 7 ha, notamment dans la Côte des Blancs, berceau de la lignée. Tout en restant familiale, elle a rejoint en 1994 le groupe créé par Philippe Baijot et Bruno Paillard, devenu Lanson-BCC. (NM)

Des vinifications sous bois, en fût de réemploi, ont été introduites en 1990 et développées par la nouvelle génération, même si la plupart des vins de base sont vinifiés en cuve Inox. Issu de grands crus et de 1ers crus, ce 2009 vieilli 13 ans sur lies met en avant le chardonnay (60 %), complété par le pinot noir. Dosé en extra-brut, il a pour atouts l'intensité et la richesse de sa palette évoluée, qui fait défiler brioche, pain d'épice, fleurs séchées, fruits à l'eau-de-vie ou au sirop. Autres qualités, une puissance héritée de l'année solaire et une fraîcheur préservée, qui souligne la finale acidulée. Parfait pour le repas. ⌛ 2024-2026 ● **Absolu ★ (30 à 50 €; n.c.)** Issu des trois cépages champenois, un rosé d'assemblage à la palette fruitée flatteuse, entre cassis et fruits rouges, à la fois rond et frais. ⌛ 2024-2027

CHAMPAGNE BOIZEL, 46, av. de Champagne, 51200 Épernay, tél. 03 26 55 21 51, boizelinfo@boizel.fr V *r.-v. ; f. en janv.*

♥ BOLLINGER ★★★

● | n.c. | | 75 à 100 €

Célèbre maison fondée en 1829 par Joseph Bollinger, négociant originaire du Wurtemberg. Elle est restée familiale, même si, depuis 2008, elle est présidée par une personne extérieure à la famille (Charles-Armand de Belenet depuis 2017). Forte d'un vignoble de 179 ha (en majorité des grands et des 1ers crus) à dominante de pinot noir (60 %) et d'un atelier de tonnellerie, elle veille au maintien de son style, fondé sur des assemblages savants de vins vinifiés séparément en fût de chêne (de réemploi pour éviter un boisé dominateur) et en cuve de petite capacité. Quant aux vins de réserve, ils sont souvent conservés en magnum sous « petite mousse ». Le tirage se fait sous bouchage liège et les vins bénéficient d'un long vieillissement sur lies. Après le départ de Gilles Descôtes, chef de cave, disparu en 2023, Denis Bunner, entré dans la maison en 2013, qui travaillait à ses côtés, est chargé de l'élaboration des cuvées. (NM)

Né de 85 % de grands et de 1ers crus, ce rosé assemble 62 % de pinot noir, 24 % de chardonnay et 14 % de meunier. Un petit apport (6 %) de vin rouge concentré, de haute origine, suffit à lui donner sa teinte corail aux multiples reflets et contribue à sa texture. Captivant par la richesse de sa palette aromatique, le nez révèle toutes ses nuances à l'aération, passant de l'ananas et des fruits

blancs ou jaunes aux petites baies rouges, avec des touches mentholées. Plus intense, complexe, gourmand, le palais évoque la cerise et le pot-pourri, et la finale, presque tannique, le chocolat noir. Une mosaïque d'arômes portée par une belle fraîcheur jusqu'à la finale salivante. ⧗ 2024-2029 ● **La Grande Année ★★★ (+ de 100 €; n.c.)** Du pinot noir (60 %) et du chardonnay issus de 1ers et grands crus, élevés sous bois, au service d'un brut millésimé élevé près de 10 ans sous liège, remué et dégorgé à la main. Une superbe patine : robe or soutenu, nez entre prune, eau-de-vie de pomme, amande, pâte d'amande, citron vert et sésame grillé, bouche ample avec élégance, puissante, riche et longue, aux arômes de yuzu, de fruits confits, de tarte Tatin, avec une petite amertume de cacao révélant le bois. Du style. ⧗ 2024-2029

CHAMPAGNE BOLLINGER, 16, rue Jules-Lobet, 51160 Aÿ-Champagne, tél. 03 26 53 33 66, contact@champagne-bollinger.fr V t.l.j. sf sam. dim. 9h-12h 14h-17h; f. 1er -15 août

BONNAIRE
Extra-brut Blanc de blancs Cramant Lieu-dit Terres des buissons 2016 ★

● | 3500 | | 50 à 75 €

Comme plus d'un viticulteur champenois, l'arrière-grand-père des vignerons actuels a pris son indépendance vis-à-vis du négoce à la suite de la crise de 1929 et s'est lancé dans la manipulation en 1932. Aujourd'hui, le domaine s'étend sur 22 ha, principalement dans la Côte des Blancs. Il est conduit depuis 2012 par Jean-Emmanuel et Jean-Étienne Bonnaire, fils de Jean-Louis, disparu en 2015. (RM)

Le millésime 2016 est réputé difficile, notamment pour le chardonnay, mais celui-ci provient d'une parcelle de vieilles vignes en grand cru très bien située en contrebas de la butte de Saran. Élevé 12 mois dans le chêne de la région, il vieillit au moins 5 ans sous liège. Son expression aromatique, qui associe fleurs blanches, fruits mûrs, notes fumées et grillées porte la marque du fût et d'une certaine évolution. Rond et gourmand avec élégance, le palais bénéficie d'une finale encore fraîche. ⧗ 2024-2029

CHAMPAGNE BONNAIRE, 120, rue d'Épernay, 51530 Cramant, tél. 03 26 57 50 85, contact@bonnaire.com V r.-v.

BONNET-GILMERT
L'Extra Blanc de blancs ★★

● Gd cru | 10000 | | 30 à 50 €

Émile Gilmert commercialise ses premières bouteilles en 1910; la marque Bonnet-Gilmert est lancée en 1955 après l'union de Colette Gilmert et de Robert Bonnet. Depuis 2015, la maison est gérée par leurs petites-filles Aude Vauban et Carla Bonnet. Leur vignoble couvre 7 ha autour d'Oger, du Mesnil-sur-Oger et d'Avize, grands crus de la Côte des Blancs. (NM)

Mariant la récolte 2020 avec 50 % de vins de réserve, ce blanc de blancs de haute origine, dosé en extra-brut, mêle les notes florales et citronnées caractéristiques du chardonnay à des touches crayeuses. Des arômes beurrés et toastés s'ajoutent à cette palette dans une bouche harmonieuse, à la fois ronde et longue, où l'on retrouve la minéralité. ⧗ 2024-2027 ● **Gd cru Extra-brut Blanc de blancs 2014 ★ (30 à 50 €; 1500 b.)** Plus réservé que le millésime précédent, ce blanc de blancs 2014 aux arômes beurrés et briochés bénéficie d'une belle acidité et d'une finale sur les agrumes. ⧗ 2024-2029

CHAMPAGNE BONNET-GILMERT, 10 bis, rue de la Cote-Oger, 51190 Blancs-Coteaux, tél. 06 22 68 13 63, contact@champagne-bonnet-gilmert.com V r.-v.

BONNET-LECONTE Cuvée Prestige ★

● | 9929 | 15 à 20 €

Dans les années 1950, la famille possédait son propre pressoir et quelques ares de vignes. Aujourd'hui, les frères Florian et Enguerran Bonnet, établis sur la rive gauche de la Marne, cultivent 9 ha. En 2019, ils ont changé d'étiquette et lancé la marque Bonnet-Leconte en hommage à leur père Gérard Bonnet. (RM)

Les trois cépages champenois contribuent à parts égales à l'équilibre de ce brut mariant trois années (2021 et les deux précédentes). Un peu discret dans son expression aromatique fruitée, ce champagne a pour arguments sa fraîcheur, sa longueur et sa finesse. ⧗ 2024-2027

CHAMPAGNE BONNET-LECONTE, 3, rue des Grèves-Bouquigny, 51700 Troissy, tél. 03 26 52 70 24, bonnet-leconte@orange.fr V r.-v.

FRANCK BONVILLE
Extra-brut Blanc de blancs 2015 ★★

● Gd cru | 25000 | | 30 à 50 €

Vers 1900, Alfred Bonville achète près d'Oger des terres à vignes dévastées par le phylloxéra, puis, en 1938, s'installe comme vigneron à Avize avec son fils Franck. Aujourd'hui, c'est le petit-fils de ce dernier, Olivier Bonville, œnologue, qui gère le domaine avec son gendre Ferdinand Ruelle. Le vignoble familial couvre 15 ha dans trois grands crus de la Côte des Blancs. (RM)

Fruit d'une année solaire, ce blanc de blancs 2015, issu d'Avize, après 8 ans passé sur ses lies, s'impose d'emblée par son nez puissant et riche, partagé entre fleurs blanches, fruits mûrs et notes briochée. À l'unisson du nez, la bouche affiche sa vinosité, équilibrée par un trait de fraîcheur qui dynamise l'ensemble et donne de l'allonge à la finale. ⧗ 2024-2027 ● **Gd cru Blanc de blancs ★ (30 à 50 €; 45000 b.)** Issu de chardonnays de haute origine (Avize, Cramant, Oger), des récoltes 2021 et 2020, faiblement dosé pour un brut, un blanc de blancs discrètement floral et fruité au nez, plus expressif en bouche, avec ses arômes de fruits jaunes, de caramel au lait et de citron confit. Persistant, il conjugue volume et fraîcheur. ⧗ 2024-2027

CHAMPAGNE FRANCK BONVILLE, 9, rue Pasteur, 51190 Avize, tél. 03 26 57 52 30, contact@champagnebonville.fr V r.-v.

JEAN-PHILIPPE BOSSER 2016 ★★

1er cru	2500		30 à 50 €

Établie à Hautvillers, 1er cru de la Grande Vallée de la Marne célèbre pour son abbaye où officia dom Pérignon, la propriété élabore son champagne depuis 1933. Jean-Philippe Bosser a pris dans les années 1970 la suite de trois générations de vignerons. En 2019, il a transmis le domaine à sa fille Christelle. (RM)

Un millésime compliqué, mais les raisins ont bénéficié d'une arrière-saison ensoleillée. Le pinot noir entre à hauteur de 60 % dans ce brut 2016, complété par le chardonnay. Un champagne généreux de bout en bout, avec son nez expansif, s'ouvrant à l'aération sur la pêche, les fruits exotiques, rehaussés de touches épicées, vanillées et fumées. L'amande grillée, le caramel au beurre salé s'ajoutent à cette riche palette dans une bouche ample, suave et ronde, affinée par une bulle persistante et par la fraîcheur un peu amère des agrumes. De l'élégance. ⧗ 2024-2028 ● **1er cru Cuvée Prestige ★ (20 à 30 €; 5000 b.)** Issu des trois cépages champenois (pinot noir 40 %, meunier 20 %, chardonnay 40 %) et resté 4 ans en cave, un brut tout en finesse, aux arômes de fruits blancs, conjuguant ampleur et fraîcheur acidulée. ⧗ 2024-2027

⊶ CHAMPAGNE JEAN-PHILIPPE BOSSER, 109, rue de Bacchus, 51160 Hautvillers, tél. 03 26 57 23 53, champagne-jp-bosser@orange.fr V t.l.j. 10h-12h 14h-17h; f. sam. dim. janv.-mars

BOULACHIN CHAPUT
Pur chardonnay ★★

	4000		20 à 30 €

Depuis 8 générations, des Boulachin et des Chaput cultivent la vigne dans la région de Bar-sur-Aube. Au terme d'une carrière militaire, Albert Boulachin, marié à Sylvette Chaput, reprend en 1986 des terres familiales et lance sa marque 10 ans plus tard. En 2012, après un parcours dans le commerce des vins, Geoffrey, l'un des deux fils, rejoint son père (disparu en 2022) et prend la relève en 2019. Son domaine compte aujourd'hui 4,4 ha. (NM)

Ce blanc de blancs intéresse par sa gamme aromatique mêlant l'ananas, la bergamote et le bonbon acidulé à des notes plus mûres de tabac blond. La pêche, le beurre frais, l'amande grillée et les épices s'ajoutent à cette palette dans une bouche ample et ronde avec élégance grâce à une belle fraîcheur. ⧗ 2024-2027 ● **Sélection ★ (15 à 20 €; 10000 b.)** Très remarqué l'an dernier, ce brut mariant pinot noir (60 %), chardonnay (30 %) et meunier ne manque ni d'étoffe, ni de mâche, ni d'arômes traduisant une belle évolution (pruneau, fruits macérés, fruits secs, fleurs séchées). ⧗ 2024-2027

⊶ CHAMPAGNE BOULACHIN CHAPUT, 21, rue Michelot, 10200 Arrentières, tél. 03 25 27 27 13, contact@champagneboulachin.com V r.-v.

BOULOGNE DIOUY
Brut nature Vieilles Vignes ★★

	500	30 à 50 €

Après Maurice et Bernard, Philippe Boulogne, s'est installé en 1986 sur le vignoble familial. Récoltant-coopérateur, il a lancé sa marque en 1999 avec sa femme Patricia Diouy. Appuyé depuis 2018 par Florian, il exploite un vignoble de 8 ha à Nesle-le-Repons, Festigny et au Mesnil-le-Hutier, sur la rive gauche de la Marne. (RC)

Issue de vieux plants (50 ans) de meunier, chardonnay et pinot noir assemblés à parts presque égales et vendangés en 2018, année chaude et précoce, cette cuvée n'a eu nul besoin de sucres ajoutés en fin de vinification : au nez, elle mêle le fruit mûr, la gelée de fruits rouges, des notes pâtissières, beurrées et toastées. Tout aussi complexe en bouche, elle se révèle ronde, riche, ample et gourmande, équilibrée par une acidité bien fondue. ⧗ 2024-2027

⊶ CHAMPAGNE BOULOGNE-DIOUY, 28, rue de l'Église, 51700 Nesle-le-Repons, tél. 03 26 52 83 94, champagne.boulogne@wanadoo.fr V r.-v.

EDMOND BOURDELAT
Extra-brut Blanc de noirs Iliade 2019 ★★

	2500		20 à 30 €

Les grands-parents de l'actuel propriétaire possédaient quelques pieds de vigne. Son père, Edmond, a lancé son champagne. Bruno, installé à ses côtés en 1990, a pris 9 ans plus tard la tête du domaine. Fort de 4 ha de vignes sur les coteaux sud d'Épernay (Brugny, Mancy, Vinay), il décide d'élaborer ses cuvées : des champagnes vinifiés en fût, qui restent au moins 3 ans en cave. (RM)

Pur meunier, cet extra-brut hérite de son élevage partiel en fût un surcroît de complexité. Intensément floral, au nez, il tire de son cépage des arômes de fruits mûrs, de coing compotés. La fraîcheur des 2019 se manifeste sans doute dans la minéralité du palais, mise en valeur par le faible dosage de l'extra-brut. ⧗ 2024-2027 ● **Cénote ★★ (20 à 30 €; 9000 b.)** Valeur sûre, ce brut assemble chardonnay majoritaire (60 %) et meunier et incorpore 30 % de vins élevés en fût. Il a pour attraits un nez délicat, entre fleurs blanches, fruits frais, notes confites et pâte d'amande, bien prolongé par une bouche gourmande, florale et biscuitée, fraîche, minérale et persistante. ⧗ 2024-2027 ● **Émersion ★ (20 à 30 €; 12000 b.)** Mariant meunier (60 %) et chardonnay élevés pour 30 % en fût, un brut discrètement floral, brioché et beurré, équilibré et frais, teinté d'une pointe d'amertume en finale. ⧗ 2024-2027

⊶ CHAMPAGNE EDMOND BOURDELAT, 3, rue des Limons, 51530 Brugny, tél. 06 07 80 31 03, contact@champagne-edmond-bourdelat.fr V r.-v.

BOURGEOIS-BOULONNAIS
Blanc de blancs ★

1er cru	n.c.		15 à 20 €

Établie à Vertus, dans la partie sud de la Côte des Blancs, la famille Bourgeois dispose d'un vignoble de 5 ha implanté uniquement dans cette vaste commune classée en 1er cru. Le chardonnay est logiquement très présent dans ses cuvées. (RM)

Ce blanc de blancs met à contribution la vendange 2021 et des vins de réserve des 3 années précédents. Plutôt végétal au nez, il séduit en bouche par ses arômes floraux mis en valeur par une belle fraîcheur. ⧗ 2024-2027

⊶ CHAMPAGNE BOURGEOIS-BOULONNAIS, 8, rue de l'Abbaye, 51130 Vertus, tél. 03 26 52 26 73, champagne-bourgeois-boulonnais@orange.fr V r.-v.

BOUTILLEZ GUER
Brut nature Armoiries de famille ★

●	n.c.		20 à 30 €

La famille Boutillez est établie à Villers-Marmery depuis le XVᵉs. Installé en 1980, Marc Boutillez, rejoint par Manon, cultive un peu plus de 5 ha dans ce 1er cru, l'un des rares de la Montagne de Reims où domine le chardonnay. (RM)

Complété par le pinot noir (30 %), le chardonnay imprime sa marque dans ce champagne aux parfums subtils d'acacia que l'on retrouve au palais. En bouche, ce brut nature révèle une certaine ampleur, équilibrée par une pointe d'acidité et par l'amertume du pamplemousse. De la délicatesse dans un style nerveux souligné par l'absence de dosage. ⧗ 2024-2027

CHAMPAGNE BOUTILLEZ-GUER, 38, rue Pasteur, 51380 Villers-Marmery, tél. 03 26 97 95 87, boutillez.guer@orange.fr V r.-v.

OLIVIER ET BERTRAND BOUVRET
Extra-brut Blanc de blancs L'Origine ★

●	1500		20 à 30 €

Un jeune domaine aubois de 3 ha environ, implanté dans la région de Bar-sur-Seine. 1986, installation d'Olivier Bouvret et premières plantations. 2001, arrivée de son frère Bertrand, suivie de la construction de la cave. Premières vinifications en 2002. Exploitation certifiée HVE. (RM)

Le chardonnay à l'origine de cette cuvée faiblement dosée (3 g/l) a été élevé en fût de chêne. Floral et minéral, le nez s'ouvre à l'aération sur des nuances plus mûres de fruits blancs compotés et d'abricot. Le beurre frais et la brioche viennent compléter cette palette dans une bouche onctueuse, à la finale fraîche et saline. Un blanc de blancs droit et élégant, qui laisse une impression de légèreté. ⧗ 2024-2027

CHAMPAGNE OLIVIER ET BERTRAND BOUVRET, 39, rue de l'Église, 10110 Merrey-sur-Arce, tél. 06 30 60 81 93, champagnebouvret@gmail.com V r.-v.

BRATEAU-MOREAUX
Réserve ★★

●	8016		15 à 20 €

Succédant à quatre générations de vignerons, Dominique Brateau a repris en 1982 l'exploitation familiale qui couvre aujourd'hui 8 ha sur la rive gauche de la Marne. Son fils Vincent a rejoint en 2018 le domaine, certifié HVE. Les champagnes de la propriété sont vinifiés sans fermentation malolactique. (RM)

Né à parts égales du chardonnay et du meunier, ce brut séduit d'emblée par l'intensité et la complexité de son expression aromatique : fleurs blanches, notes citronnées, touches de végétal noble s'élèvent au-dessus du verre et se mêlent en bouche aux fruits blancs ou jaunes, à l'amande fraîche et au citron confit. La rondeur flatteuse du palais est équilibrée par une belle vivacité qui lui donne tonus, longueur et élégance. ⧗ 2024-2027

CHAMPAGNE BRATEAU-MOREAUX, 12, rue Douchy, 51700 Leuvrigny, tél. 03 26 58 00 99, champagnebrateau-moreaux@orange.fr V r.-v.

BERNARD BRÉMONT
Élégance Ambonnay ★★

● Gd cru	12657		30 à 50 €

Un champagne lancé en 1965 par Bernard et Michèle Brémont, rejoints en 1990 par leurs enfants. Thibaut Brémont, qui a pris les rênes de la propriété en 2012, a allégé au maximum les traitements phytosanitaires et obtenu la certification HVE. Il a réintroduit foudres et fûts à la cave. Couvrant plus de 15 ha, le vignoble familial est très bien situé à Ambonnay, grand cru de la Montagne de Reims. (RM)

Ce rosé mariant chardonnay (60 %) et pinot noir tire sa couleur saumon de l'apport d'environ 10 % de vin rouge conservé en partie en fût. Le vin rouge contribue aussi largement à sa palette aromatique, qui fait défiler cerise, groseille et mûre, avec une touche de pruneau, ainsi qu'à la vinosité et à l'ampleur de sa bouche, dynamisée par une pointe acidulée aux saveurs de griotte. ⧗ 2024-2027
● **Gd cru Extra-brut Ambonnay Cuvée Prestige ★ (30 à 50 €; 5227 b.)** Présent à Ambonnay, fief des noirs, le chardonnay est majoritaire (70 %) dans cette cuvée, le pinot noir faisant l'appoint. Il lui lègue ses arômes délicats (fleurs blanches, agrumes, réglisse), sa vivacité, sa finesse et sa légèreté, soulignées par le faible dosage. ⧗ 2024-2027

CHAMPAGNE BERNARD BRÉMONT ET FILS, 1, rue de Reims, 51150 Ambonnay, tél. 03 26 57 01 65, info@champagne-bremont.com V *t.l.j. sf sam. dim. 9h-12h30 13h30-17h*

JÉRÉMY BRETON Blanc de noirs ★★

●	1000		15 à 20 €

Installé en 2004, Jérémy Breton a commercialisé ses premiers champagnes en 2008. Établi dans le Sézannais, il s'appuie sur un petit vignoble de 2 ha, disséminé entre ce secteur, les coteaux du Petit Morin et la vallée de la Marne. (RM)

Ce blanc de noirs met en œuvre du pinot noir majoritaire (80 %) et du meunier. Les raisins noirs trahissent d'emblée leur présence dans les reflets or rose de la robe, puis dans les arômes de fraise du nez, mâtinés de notes d'ananas. Une touche de poivre blanc donne un côté corsé à la bouche de belle longueur. ⧗ 2024-2027
● **Tradition ★ (15 à 20 €; 5000 b.)** Issu des trois cépages champenois (meunier 40 %, pinot noir et chardonnay à parité), un brut aux arômes mûrs d'abricot et de prune séchés, de pâtisserie et de pain grillé, en harmonie avec un palais structuré et généreux. ⧗ 2024-2027

JÉRÉMY BRETON, 3, rue de la Tuilerie, 51120 Allemant, tél. 03 26 81 65 23, j.breton@champagne-jeremy-breton.fr V r.-v.

BRIAUX LENIQUE Tradition ★

●	15300		20 à 30 €

À la quarantaine, Nathalie et Stéphanie Briaux, filles de récoltants-manipulants, ont changé de métier afin de perpétuer la marque lancée en 1965 et développée pendant près de 50 ans par leurs parents, récoltants-manipulants. Elles disposent de 4 ha de vignes autour de Mardeuil, près d'Épernay. (RM)

Ce brut privilégie le meunier (60 %), escorté du chardonnay et du pinot noir. Il met en œuvre la récolte 2020 complétée par une bonne part de vins de réserve des deux années précédentes. Plutôt discret au nez, entre fleurs blanches et pomme verte, il développe des arômes de fruits jaunes dans une bouche à la fois ronde et fraîche, qui reste élégante malgré un dosage assez sensible. ⧗ 2024-2027

CHAMPAGNE BRIAUX LENIQUE, 22, rue de la Liberté, 51530 Mardeuil, tél. 03 26 51 55 76, contact@champagne-briaux-lenique.com r.-v.

BRICE
Brut nature Bouzy Le Poteau 2019 ★★

Gd cru	3000		75 à 100 €

Des ancêtres à Bouzy du vivant de dom Pérignon, un aïeul premier maire de la commune à la Révolution, acquéreur de vignes ecclésiastiques ou nobiliaires, premières bouteilles Brice après 1945. Fondée en 1994 par Jean-Paul Brice et aujourd'hui gérée par ses fils Remi et Jean-René, une maison de négoce permet de compléter les récoltes du vignoble familial (12 ha, dont le noyau de 8 ha sur le terroir de Bouzy, en bio certifié depuis 2023). Les vins de base sont élaborés sans fermentation malolactique. (NM)

Le blanc de noirs de Bouzy doit évidemment tout au pinot noir. Il s'agit d'une cuvée parcellaire élevée en fût pour 40 %., sans sucre ajouté après dégorgement. Le nez flatteur évoque la poire cuite et la bouche brille par son élégance : étoffée et ronde, servie par un boisé bien fondu, elle dévoile une belle fraîcheur portée par l'effervescence. Un représentant harmonieux d'un millésime prometteur. ⧗ 2024-2027 ● **Brut nature Héritage E.P. ★ (30 à 50 €; 7000 b.)** Un élevage prolongé («EP»), 4 mois en fût et 8 mois en cuve pour ce champagne non dosé mariant pinot noir (70 %) et chardonnay. Un champagne légèrement boisé, équilibré et frais, de bonne longueur, teinté en finale d'une légère amertume aux accents de pamplemousse. ⧗ 2024-2027 ● **Gd cru Extra-brut Blanc de noirs Bouzy ★ (30 à 50 €; 20000 b.)** Issue de 3 parcelles et des années 2021 et 2020, une version élégante, fraîche et minérale du blanc de noirs, avec ses arômes citronnés de fleur de sureau et d'agrumes. ⧗ 2024-2027

CHAMPAGNE BRICE, 22, rue Gambetta, 51150 Bouzy, tél. 03 26 52 06 60, contact@champagne-brice.com r.-v.

BRIMONCOURT Régence ★

	120000		30 à 50 €

D'origine rémoise, Alexandre Cornot a été successivement officier de marine, juriste à Paris, marchand d'art à New York avant de racheter en 2008 la marque Brimoncourt, qu'il a pour ambition de faire revivre. La maison de négoce a son siège à Aÿ. (NM)

Très présent dans ce brut (80 %, avec le pinot noir en appoint), le chardonnay lègue à ce brut son expression aromatique, entre pêche et citron, ainsi que sa fraîcheur en bouche, soulignée par une effervescence foisonnante. «Une élégance joyeuse», selon le slogan de la maison. ⧗ 2024-2027 ● **Extra-brut ★ (30 à 50 €; 20000 b.)** Discret au nez, s'ouvrant sur l'acacia, le fruit blanc et la viennoiserie, ce champagne très peu dosé a l'ampleur et la vinosité du pinot noir qui, complété par le chardonnay, compose 80 % de la cuvée. ⧗ 2024-2027

CHAMPAGNE BRIMONCOURT, 84, bd Charles-de-Gaulle, 51160 Aÿ-Champagne, tél. 03 26 58 79 00, gmachet@brimoncourt.com r.-v.

LOUIS BROCHET 2019 ★★

1er cru	2780		30 à 50 €

Les Brochet cultivent la vigne depuis 1674 autour d'Écueil, 1er cru de la Montagne de Reims. Henri Brochet et Yvonne Hervieux ont lancé après la guerre la marque Brochet-Hervieux et créé le domaine géré pendant 45 ans par leur fils Alain, disparu en 2012. En 2011, nouvelle marque et nouvelle génération, avec Hélène et son frère Louis, œnologue comme son père. Le vignoble familial, à dominante de pinot noir, couvre 13 ha. Exploitation certifiée HVE. (RM)

Les rosés millésimés ne sont pas légion. Issu de vinifications parcellaires, celui-ci, d'un rose pastel, assemble 67 % de pinot noir (dont 5 % vinifié en rouge) et 33 % de chardonnay, (avec un petit apport vinifié sous bois). Un champagne fort loué tant pour son nez floral, entre acacia, rose et violette, que pour l'harmonie de sa bouche fruitée, gorgée de fraise, de framboise et de cassis, dont la souplesse et la vinosité sont équilibrées par une finale fraîche et énergique. ⧗ 2024-2027 ● **1er cru Extra-brut Cuvée Alain 2016 ★ (30 à 50 €; 6150 b.)** Bel hommage à Alain, un millésime toujours distingué, composé de ⅔ de pinot noir et de ⅓ de chardonnay, vinifié en partie sous bois. Le 2016 est remarqué pour son expression aromatique (pâtisserie, amande, poire) et pour sa bouche ronde, tonifiée par une acidité minérale. ⧗ 2024-2027

CHAMPAGNE LOUIS BROCHET, 12, rue de Villers-aux-Nœuds, 51500 Écueil, tél. 03 26 49 77 44, contact@champagne-brochet.com r.-v.

ÉDOUARD BRUN ET CIE L'Élégante ★

Gd cru	3000		30 à 50 €

Fondée en 1898, cette structure de négoce familiale porte le nom de son créateur, un ancien tonnelier. Elle est gérée aujourd'hui par Philippe et Emmanuel Delescot, 3e génération. Les fûts ou foudres sont toujours utilisés pour la vinification des pinots noirs. La maison dispose en propre de 10 ha en 1er cru et en grand cru dans la Montagne de Reims et aux environs d'Aÿ. (NM)

Mariant la vendange 2020 avec des vins de l'année antérieure, ce brut assemble chardonnay majoritaire (80 %) élevé en cuve et 20 % de pinot noir vinifié en fût. Il s'ouvre sur des notes confites et toastées, avec un léger côté animal, tandis qu'en bouche, ce sont des arômes floraux qui dominent. La finale fraîche et longue laisse un bon souvenir. ⧗ 2024-2027

CHAMPAGNE ÉDOUARD BRUN, 14, rue Marcel-Mailly, 51160 Aÿ-Champagne, tél. 03 26 55 20 11, contact@champagne-edouard-brun.fr r.-v.

JACQUES BUSIN Vieilles Vignes ★

Gd cru	2400		20 à 30 €

Ernest Busin commercialisait déjà son champagne en 1902. Après Pierre et Jacques, Emmanuel Busin a pris en 2006 les commandes de la propriété, forte de plus de 10 ha répartis dans cinq grands crus prestigieux de la Montagne de Reims : Verzenay, Mailly-Champagne, Verzy, Sillery et Ambonnay. Domaine certifié HVE. (RM)

Issu de pinot noir majoritaire (70 %) et de chardonnay âgés de plus de 60 ans, construit sur l'année 2018, solaire et précoce (vendanges le 24 août), ce brut mêle au nez le beurre, la brioche, la pâtisserie et les fruits blancs compotés. Des nuances florales viennent compléter cette palette dans une bouche structurée, bien équilibrée, qui allie l'ampleur du cépage principal à une belle acidité. ⧗ 2024-2027

CHAMPAGNE JACQUES BUSIN, 17, rue Thiers, 51360 Verzenay, tél. 03 26 49 40 36, jacques-busin@orange.fr V r.-v.

♥ CAILLEZ-LEMAIRE Extra-brut Éclats ★★

●	n.c.		20 à 30 €

Héritiers d'une tradition vigneronne remontant au XVIIIes., Raymond Caillez et Andrée Lemaire deviennent récoltants-manipulants. Depuis 2005, c'est leur petite-fille Virginie Caillez qui gère le domaine avec son mari, Laurent Vanpoperinghe. Le couple dispose de 6 ha de vignes implantées pour l'essentiel à Damery, sur la rive droite de la Marne. Plus de la moitié des vinifications s'effectue en fût de chêne, sans fermentation malolactique, et la propriété est en bio certifié depuis 2023. (RM)

Comptant au nombre des « Vignerons de l'année 2024 », ces élaborateurs confirment la bonne opinion que le Guide a de leur talent avec cette cuvée montrant dans tout son éclat le chardonnay (45 %), escorté des deux pinots (dont pinot noir 30 %). L'assemblage réunit une base 2016 (54 %) complétée de vins de réserve des deux années précédentes, la fermentation privilégiant le fût. Un champagne dont on loue la maturité accomplie, la vinosité, la puissance et la persistance, ainsi que le juste dosage et la richesse de sa gamme aromatique fruitée et subtilement boisée : fruits blancs ou jaunes, amande, beurre, brioche, toast, une légère touche d'agrumes vivifiant la finale. ⧗ 2024-2027 ● **1er cru Brut nature Pur meunier 2017 ★ (30 à 50 €; 1036 b.)** Un millésimé 2017 sans dosage, pari réussi. Du meunier passé entre les gouttes en cette année précoce mais chaotique... Fermenté dans du bois de Damery, il offre sa rondeur gourmande, ses arômes de fruits macérés dans l'eau-de-vie nuancés de notes de pain d'épice, de brioche et de pain grillé, le fût apportant quelques petits tanins en finale. ⧗ 2024-2027

SARL CHAMPAGNE CAILLEZ-LEMAIRE, 14, rue Pierre-Curie, 51480 Damery, tél. 03 26 58 41 85, champ-caillez.lemaire@wanadoo.fr V r.-v.

JEAN-YVES DE CARLINI 2009 ★★

● Gd cru	3526		30 à 50 €

Roger de Carlini commercialise les premiers champagnes en 1955. Jean-Yves s'installe en 1970, lance sa marque en 1984, devient vigneron indépendant en 1995 et passe le relais en 2009 à sa fille Aude Krantz. Le vignoble couvre 6,5 ha autour de Verzenay, grand cru de noirs dans la Montagne de Reims. (RM)

Un peu moins coté que le millésime précédent, 2009 n'en est pas moins une grande année solaire, témoin ce millésimé, qui mobilise pinot noir et chardonnay à parité. Après un repos de plus de 10 ans en cave, il arbore une robe jaune doré parcourue de fines bulles et libère des notes de maturité intenses évoquant la torréfaction. Gourmand et légèrement fumé en bouche, il s'impose par sa puissance et sa longueur. Une bonne acidité laisse penser qu'il n'a pas achevé sa course. ⧗ 2024-2027

CHAMPAGNE JEAN-YVES DE CARLINI, 13, rue de Mailly, 51360 Verzenay, tél. 03 26 49 43 91, champagne.decarlini@orange.fr V r.-v.

♥ CATTIER ★★★

● 1er cru	20000		30 à 50 €

Des ancêtres détenaient des vignes à Chigny-les-Roses en 1625, avant que le vin de Champagne ne prît mousse. Les premières bouteilles ont été vendues en 1918. La société, qui a pris le statut de négociant en 1958, est restée familiale et indépendante. Dirigée par Alexandre Cattier, 13e génération, elle dispose d'un vignoble en propre de 33 ha (dont le Clos du Moulin) et de caves creusées à 30 m de profondeur. (NM)

Les pinots (noir et meunier, à 40 % chacun) sont mis en avant dans ce rosé d'assemblage resté plus de 3 ans en cave. Un champagne charmeur à la robe rose tendre teintée par un apport de vin rouge. D'une belle fraîcheur, il séduit d'emblée par son nez tout en petits fruits rouges, framboise en tête. Gourmand, il laisse une impression de légèreté tout en offrant matière et longueur : coup de cœur ! ⧗ 2024-2029 ● **1er cru ★★★ (30 à 50 €; 100000 b.)** Une dégustatrice hume des fragrances de rose fraîche au-dessus du verre de la cuvée signature de la maison, élaborée... à Chigny-les-Roses. Dans ce brut à dominante de meunier (50 %, pour 30 de chardonnay et 20 % de pinot noir), on trouve aussi du coing, de l'abricot, du beurre et de la brioche et, en bouche, des touches d'agrumes et de fougère. Vieilli plus de 3 ans en cave, un 1er cru superbe par sa texture, conjuguant onctuosité, finesse et fraîcheur. ⧗ 2024-2027

CHAMPAGNE CATTIER, 12, rue de la Belle-Image, 51500 Chigny-les-Roses, tél. 03 26 03 42 11, champagne@cattier.com V *t.l.j. sf sam. dim. 9h-12h 14h-18h*

CHARLES DE CAZANOVE Tradition Père et fils Tête de cuvée ★

●	180000		20 à 30 €

Fondée en 1811 par Charles Gabriel de Cazanove, héritier d'une lignée de maîtres verriers, cette maison de négoce rémoise est restée dans la famille jusqu'au milieu du XXes. Depuis 2004, elle fait partie du groupe Rapeneau. Quant à la marque Vieille France, elle a été acquise par les Rapeneau l'année précédente. (NM) (NM)

Souvent retenue, la cuvée signature de la maison met en avant les noirs (44 % de pinot noir, 40 % de meunier et 16 % de chardonnay pour cette version, des raisins de la Montagne de Reims). Un brut sans année apprécié pour son expression aromatique, entre fruits blancs, fruits secs et agrumes et surtout pour sa vivacité citronnée. Ce caractère juvénile et frais conviendra pour l'apéritif. ⧗ 2024-2027

CHAMPAGNE CHARLES DE CAZANOVE, 8, pl. de la République, 51100 Reims, tél. 03 26 88 53 86, boutique@decazanove.com V t.l.j. 10h-13h 14h- 19h

CHANOIR-FRESNE ★★

●	n.c.		20 à 30 €

À la suite de plusieurs générations, Dominique Chanoir exploite depuis 1992 un vignoble de 3 ha autour de Ville-Dommange, joli village dominant la Cité des Sacres, sur les pentes de la Montagne de Reims. Domaine certifié HVE. (RC)

Version «rosé» du brut sans année, ce champagne marie 45 % de chardonnay , 35 % de pinot noir et 20 % de meunier. Il associe la récolte 2018 à 35 % de vins de réserve des 3 années précédentes. Un petit apport (8 %) de vin rouge vieilli en solera lui donne sa couleur rose pastel et des notes de «cerise Napoléon». Les raisins blancs, en proportion assez importante, lui confèrent un côté tonique et une palette élégante, entre pamplemousse, beurre, brioche et amande grillée. Un rosé équilibré, frais et long. ⧗ 2024-2027 ● **Brut classic ★ (20 à 30 €; 7500 b.)** Un bel équilibre entre chardonnay (45 %) et les 2 pinots (55 %) dans ce brut vieilli 4 ans en cave, bien équilibré entre ampleur et fine acidité, mêlant les fruits blancs, le citron mûr, la brioche à des notes toastées plus évoluées. ⧗ 2024-2026

CHAMPAGNE CHANOIR-FRESNE, 1, rue de la Prévôté, 51390 Ville-Dommange, tél. 06 08 60 95 05, contact@chanoir-fresne.fr V r.-v.

JACQUES CHAPUT
La Salamandre Grande Réserve ★

●	5000		30 à 50 €

Installés dans la région de Bar-sur-Aube, les Chaput cultivent la vigne depuis plus de deux siècles. Jacques Chaput a lancé sa marque en 1953. Depuis 2007, c'est son fils Jacky, rejoint par son petit-fils Jason, qui exploite le domaine familial (près de 14 ha). La Salamandre est l'emblème de la marque. (NM)

La cuvée de prestige de la maison assemble 60 % de pinot noir et 40 % de chardonnay. Longuement vieillie en cave, elle offre une expression aromatique intense, chaleureuse et évoluée que l'on retrouve dans une bouche gourmande et persistante. ⧗ 2024-2027 ● **Brut Nature Le Mythic ★ (30 à 50 €; 5000 b.)** Le blanc de blancs de prestige de la maison, sans sucre ajouté en fin d'élaboration. Resté de longues années sur ses lies, c'est un chardonnay consistant, puissant et vif, à la palette mêlant fruits blancs, végétal noble et notes grillées. ⧗ 2024-2027

CHAMPAGNE JACQUES CHAPUT, 1, rue Blanche, 10200 Arrentières, tél. 03 25 27 00 14, contact@jacques-chaput.com V t.l.j. 9h-12h 14h-18h; sam. dim. sur r.-v.

GUY CHARBAUT Blanc de blancs ★

● 1er cru	5583	20 à 30 €

André Charbaut achète et plante les premières vignes, toujours choyées par son petit-fils, et lance son champagne en 1936. Ses deux fils, dont Guy, agrandissent le domaine, lancent la marque. Avec Xavier (appuyé aujourd'hui par sa fille Hélène), la 3e génération est arrivée en 1996 sur l'exploitation, dont elle a pris les commandes en 2010. Le vignoble couvre près de 20 ha répartis sur plusieurs communes, majoritairement situées en 1er cru. Maison certifiée HVE. (NM)

Construit sur la récolte 2016, ce chardonnay provient de vignes familiales à Bisseuil. Il s'ouvre après aération sur la pomme verte, les fleurs blanches, la vanille et les fruits jaunes. Faisant écho au nez, la pêche et abricot s'épanouissent dans une bouche d'une belle puissance. ⧗ 2024-2027

CHAMPAGNE GUY CHARBAUT, 12, rue du Pont, 51160 Mareuil-sur-Aÿ, tél. 03 26 52 60 59, eloi@champagne-guy-charbaut.com V t.l.j. sf lun. dim. 9h-12h 14h-17h 4

ÉRIC CHARBONNIER
Cuvée Réserve ★

●	4747		15 à 20 €

Bligny est un village d'une centaine d'habitants niché dans la vallée de l'Ardre. L'exploitation familiale conduite par Éric Charbonnier depuis 2000 est, elle aussi, modeste par sa superficie (moins de 2 ha). Une surface cependant suffisante pour permettre à ce vigneron de lancer son champagne. (RM)

Une nouvelle version (base 2020) d'un brut déjà apprécié l'an dernier. Les noirs, majoritaires (77 %, meunier surtout), lui confèrent un fruité gourmand, assez confit, et une belle rondeur, équilibrée par une fraîcheur aux accents de pamplemousse. ⧗ 2024-2027 ● **Cuvée Émotion Blanc de noirs ★ (15 à 20 €; 3030 b.)** Construit sur la récolte 2019, ce blanc de noirs assemble pinot noir majoritaire (80 %) et meunier. Discrètement abricoté au nez, il s'affirme en bouche, où de l'attaque acidulée à la finale alerte, il séduit par sa vivacité juvénile et élégante, en harmonie avec un dosage léger. ⧗ 2024-2027

ÉRIC CHARBONNIER, 29, rue de la Barbe-aux-Cannes, 51170 Bligny, tél. 03 26 49 77 28, eric.charbonnier0124@orange.fr V r.-v.

J. CHARPENTIER
Extra-brut Paradis blanc ★

● 1er cru	9000	30 à 50 €

En 1874, Léonidas Charpentier, fermier, plante des vignes. Dans les années 1920, Pierre Charpentier fournit le négoce et produit du vin rouge. La propriété est aujourd'hui conduite par les 4e et 5e générations : Jacky, installé en 1970, qui a lancé la marque, et son fils Jean-Marc, œnologue. Le vignoble couvre 15 ha dans la vallée de la Marne. Les vinifications se font en cuve, en foudre ou en barrique. Domaine certifié HVE (RM)

Avec ses arômes légers de pomme et de citron et sa bouche à la mousse délicate, subtilement minérale, où l'on retrouve les fruits blancs, ce chardonnay resté plus de 3 ans en cave offre avec discrétion toute la finesse recherchée dans les blancs de blancs. ⧗ 2024-2027

CHAMPAGNE J. CHARPENTIER, 88, rue de Reuil, Villers-sous-Châtillon, 51700 Cœur-de-la-Vallée, tél. 03 26 58 05 78, info@jcharpentier.fr V t.l.j. sf dim. 9h-12h 14h-17h30 B

CHASSENAY D'ARCE Confidences 2012 ★

●	3155	50 à 75 €

Cette coopérative auboise fondée en 1956 par cinq viticulteurs fédère aujourd'hui 130 adhérents qui cultivent 315 ha répartis dans quatorze villages de la vallée de l'Arce, près de Bar-sur-Seine. Cépage roi de la Côte des Bar, le pinot noir est majoritaire dans l'encépagement local. (CM)

Cuvée de prestige de la cave, ce brut millésimé d'une année cotée met en avant le pinot noir (83 %), complété de cépages blancs, du chardonnay, pour l'essentiel, et une goutte de pinot blanc. Les vins de base sont vinifiés principalement en cuve Inox, avec un petit appoint vinfié sous bois. Après 9 ans de repos en cave, ce champagne libère des arômes traduisant une belle évolution : notes confites, noisette, tabac, pain grillé, aux côtés des fruits jaunes. La bouche, à l'unisson du nez, laisse une impression d'harmonie. ⧗ 2024-2024

CHAMPAGNE CHASSENAY D'ARCE, 11, rue du Pressoir, 10110 Ville-sur-Arce, tél. 03 25 38 30 78, champagne@chassenay.com V r.-v.

CHAMPAGNE CHAUDRON
Brut nature B73 Grains de nature ★

●	n.c.		20 à 30 €

Les ancêtres de Luc Chaudron se sont établis au XIXe s. à Verzenay, grand cru de la Montagne de Reims. Depuis 2000, ce dernier est à la tête d'une affaire de négoce exportant 40 % de sa production. Vieillies au moins 3 ans, ses cuvées sont vendues sous plusieurs étiquettes. (NM)

Mariant du chardonnay élevé en cuve (70 %) et du pinot noir élevé 3 mois en tonneaux, cette cuvée est construite sur la vendange 2011. Associés à des notes de fruits blancs, ses arômes beurrés, légèrement fumés et torréfiés, reflètent au nez comme en bouche un séjour partiel dans le bois. L'absence de sucre ajouté après dégorgement (brut nature) se traduit par un certain mordant, contrebalançant une attaque ample et soyeuse. La finale sur les agrumes se teinte d'une légère amertume. Ce champagne pourra accompagner un repas. ⧗ 2024-2027

CHAMPAGNE CHAUDRON, 2, rue de Beaumont, 51360 Verzenay, tél. 03 26 66 66 66, commercial@champagnechaudron.com V r.-v.

FRANÇOIS CHAUMONT
Blanc de blancs 2019 ★

● Gd cru	3400		20 à 30 €

En 1994, François Chaumont reprend un vignoble familial de 5 ha à Puisieulx, grand cru de la Montagne de Reims. Le savoir-faire et les installations de son épouse Marie-Hélène Littière, vigneronne à Œuilly (Champagne Michel Littière), lui permettent de quitter la coopérative en 2008. Domaine certifié HVE. (RM)

Aux portes de la cité des Sacres, le vignoble de Puisieulx, classé en grand cru, n'est pas très étendu : moins de 19 ha. François Chaumont y exploite, outre des parcelles de pinot noir, 1 ha de chardonnay, à l'origine de ce blanc de blancs millésimé. Le 2019 mêle au nez les fruits mûrs, la pâtisserie et des notes grillées, un rien fumées. Ample, de bonne persistance, il finit sur la fraîcheur des agrumes : un très bel équilibre. ⧗ 2024-2029

CHAMPAGNE FRANÇOIS CHAUMONT, rue des Murs-Chenots, 51480 Œuilly, tél. 06 17 96 20 33, contact@champagne-francois-chaumont.fr V r.-v.

A. CHAUVET Carte blanche ★

● 1er cru	12000		15 à 20 €

Créée en 1848 par un tonnelier et dirigée par la famille Paillard-Chauvet, apparentée au fondateur, cette maison établie à l'est d'Épernay dispose de 8,7 ha de vignes réparties dans 4 grands crus (Verzy, Verzenay, Bouzy, Ambonnay) et un 1er cru (Bisseuil) de la Montagne de Reims. Du pinot noir et du chardonnay exclusivement. (NM)

Signature de la maison, ce brut naît d'un assemblage de pinot noir (60 %) et de chardonnay et reste 3 ans en cave. Construite sur la vendange 2021 associée à des vins de réserve des 3 années antérieures, cette nouvelle version de la cuvée offre le même équilibre que la précédente. Subtile, élégante au nez, elle mêle les agrumes à des notes plus suaves de pêche jaune et de fraise. Les fruits jaunes se prolongent en bouche, en harmonie avec une certaine rondeur soulignée par le dosage. La fraîcheur de la finale apporte l'équilibre. ⧗ 2024-2027

CHAMPAGNE A. CHAUVET, 41, av. de Champagne, 51150 Tours-sur-Marne, tél. 03 26 58 92 37, contact@champagnechauvet.fr V r.-v.

MARC CHAUVET Initiales 2014 ★

●	6200		30 à 50 €

Une famille enracinée depuis le XVIe s. à Rilly-la-Montagne, au sud de Reims. Aujourd'hui, Nicolas (à la vigne) et sa sœur Clotilde, œnologue (à la cave), installés en 1996, cultivent 14 ha de vignes, perpétuant le domaine créé en 1964 par leur père Marc. Leurs vins sont vinifiés sans fermentation malolactique. Exploitation certifiée HVE. (RM)

Pour les cuvées millésimés, Clotilde Chauvet dit jouer avec les caractéristiques de l'année en variant les assemblages. Ainsi, pour ce 2014, année fraîche, parfois difficile pour les pinots, le chardonnay est mis en avant (60 %, avec le pinot noir en appoint). De ce millésime vieilli 9 ans en cave, on souligne la finesse et la complexité du nez, entre fleurs, pêche, abricot, crème pâtissière et notes mentholées. Quant à la bouche, ronde et suave en attaque, sur le fruit jaune, elle trouve son équilibre dans une finale persistante, citronnée et fraîche. ⧗ 2024-2027

CHAMPAGNE MARC CHAUVET, 3, rue de la Liberté, 51500 Rilly-la-Montagne, tél. 03 26 03 42 71, champagnemarcchauvet@gmail.com V r.-v.

HENRI CHAUVET Brut nature ★

●	n.c.		20 à 30 €

Le fondateur du domaine, Henri Chauvet, était un viticulteur et pépiniériste qui cultivait vers 1900 les plants greffés nécessaires à la reconstitution du vignoble dévasté par le phylloxéra. Depuis 1987, Damien, son arrière-petit-fils, exploite avec Mathilde 8 ha dans la Montagne de Reims. Propriété certifiée HVE. (RM)

Aucun sucre n'est ajouté après dégorgement dans cette cuvée qui est un blanc de noirs (pinot noir 80 %, meunier en appoint). Le nez, séduisant, mêle un fruité citronné et abricoté à des nuances beurrées, biscuitées mâtinées de pain d'épice. Vive en attaque, la bouche s'apaise avant d'offrir une longue finale iodée et teintée d'amertume. Un champagne frais et bien travaillé, qu'un dégustateur verrait bien sur des huîtres chaudes. ⧗ 2024-2027

CHAMPAGNE HENRI CHAUVET, 6, rue de la Liberté, 51500 Rilly-la-Montagne, tél. 03 26 03 42 69, contact@champagne-chauvet.com V r.-v.

GUSTAVE CLÉMENT Cuvée Siwa ★★

● | 70 000 | 15 à 20 €

Marque de la coopérative de Colombé-le-Sec, créée en 1956 près de Bar-sur-Aube, aux confins de la Haute-Marne. Ses diverses étiquettes rendent hommage à ses membres fondateurs, notamment Charles Clément. La cave compte une soixantaine d'adhérents et vinifie le produit de 120 ha de vignes réparties dans sept communes du secteur. (CM)

Composée de 80 % de noirs (dont 70 % de pinot noir) pour 20 % de blancs, cette cuvée brille par la finesse de son nez associant la fraîcheur des agrumes à la subtilité de l'acacia, comme par l'harmonie de sa bouche fruitée, ample et puissante, équilibrée par une belle tension et par des notes acidulées. Un brut bien construit et élégant. ⧗ 2024-2027 ● **Cuvée Kami ★ (15 à 20 €; 33 000 b.)** Seul à l'œuvre, le pinot noir lègue à cette cuvée quelques reflets roses, des arômes de petits fruits rouges et une certaine rondeur. ⧗ 2024-2027 ● **100 % Chardonnay Cuvée Eros ★ (15 à 20 €; 10 000 b.)** Un blanc de blancs subtilement floral au nez, d'une belle puissance en bouche, dont les rondeurs suaves sont affinées par une fraîcheur citronnée. ⧗ 2024-2027

CHAMPAGNE CHARLES CLÉMENT, 33, rue Saint-Antoine, 10200 Colombé-le-Sec, tél. 03 25 92 50 71, contact@champagne-charles-clement.fr V *t.l.j. sf dim. 9h-12h 14h-17h30*

J. CLÉMENT Réserve ★

● | 10 000 | | 15 à 20 €

Premières vignes en 1920, premières bouteilles en 1954. James Clément porte la surface du domaine de 4 à 9,5 ha et lance une étiquette à son nom. Il transmet en 2004 à son fils Fabien la propriété, implantée pour l'essentiel dans la vallée de la Marne. (RM)

Très présent dans ce brut sans année, le meunier (70 %, avec 20 % de pinot noir et 10 % de chardonnay) contribue à son expression aromatique bien fruitée, légèrement épicée au nez. En bouche, la fraise acidulée et les agrumes s'expriment avec persistance, soulignés par une belle fraîcheur. ⧗ 2034-2027

CHAMPAGNE J. CLÉMENT, 16, rue des Vignes, 51480 Reuil, tél. 06 10 46 76 59, contact@champagne-clement.fr V r.-v.

CHAMPAGNE CLÉRAMBAULT Carte noire ★★

● | 140 000 | | 20 à 30 €

Marque de la coopérative de Neuville-sur-Seine (Aube), fondée en 1954. En 2022, la cave, située à l'extrémité de la Champagne méridionale, a rejoint l'Union auboise qui, avec sept établissements, fédère 520 adhérents qui cultivent plus de 1 000 ha. (CM)

Pinot noir, chardonnay et meunier sont assemblés à parité dans ce brut flatteur par sa palette aromatique mûre (prune, coing, notes compotées, brioche et toast) que l'on retrouve en bouche avec un soupçon de fruits secs, en harmonie avec une rondeur élégante. ⧗ 2024-2027 ● **Tradition ★ (20 à 30 €; 230 000 b.)** Une forte proportion de pinot noir donne à ce brut gourmand, à la fois rond et vif, des reflets œil-de-perdrix et des arômes de petits fruits rouges. ⧗ 2024-2027 ● **★ (20 à 30 €; 40 000 b.)** Un rosé d'assemblage à large dominante de pinot noir, très flatteur tant par son expression aromatique (fleurs, fruits rouges, fruits exotiques, tarte aux fruits, épices) que par sa bouche suave, confiturée, ronde et gourmande, équilibrée par une belle tension. ⧗ 2024-2026

CHAMPAGNE CLÉRAMBAULT, 122, Grande-Rue, 10250 Neuville-sur-Seine, tél. 03 25 38 38 60, champagne-clerambault@champagne-clerambault.com V *t.l.j. sf sam. dim. 8h30-12h 13h30-17h30*

♥ CLOS CAZALS Extra-brut Blanc de blancs Oger Vieilles Vignes 2015 ★★

● Gd cru | 9 000 | | 75 à 100 €

Un nom du Midi : Ernest Cazals, le fondateur du domaine, tonnelier de son état, quitta l'Hérault pour venir s'installer en 1897 au Mesnil-sur-Oger. Il épousa une Champenoise. Olivier lui succéda, puis Claude, inventeur du gyropalette. Depuis 1996, c'est sa fille Delphine qui dirige l'exploitation : 9 ha environ, en Côte des Blancs. (RC)

Un clos acquis à Oger dans les années 1950 par le grand-père de Delphine Cazals pour y installer son fils. Âgés de près de 70 ans, les plants de chardonnay, mûris sous le soleil triomphant de 2015, ont engendré un vin élevé pour 20 % en fût de réemploi. Après un repos de 9 ans sur lies, le champagne à l'expression subtile, entre vanille et fruits blancs, emporte l'adhésion pour son équilibre remarquable, fait d'une mousse délicate et d'une fraîcheur préservée. ⧗ 2024-2029 ● **Cazals XV ★ (30 à 50 €; 3000 b.)** Typique de la Côte des Blancs, un rosé assemblant du chardonnay du Clos Cazals (88 %) et du vin rouge de Bouzy élevé en fût. Après 36 mois de cave, il séduit par sa fraîcheur, son élégance et par sa palette mariant framboise, fruits secs, notes vanillées et la touche légèrement amère du pamplemousse. ⧗ 2024-2028

CHAMPAGNE CLAUDE CAZALS, 28, rue du Grand-Mont, 51190 Le Mesnil-sur-Oger, tél. 03 26 57 52 26, contact@champagne-cazals.fr V r.-v.

BENOÎT COCTEAUX Extra-brut Blanc de blancs Or blanc ★

● | 15 000 | | 20 à 30 €

Héritiers l'un comme l'autre de lignées vigneronnes remontant à 1650, Hélène et Benoît Cocteaux sont établis à Montgenost, sur les coteaux sud du Sézannais, où Benoît a pris la suite de son père en 1998. Leur

vignoble de 10 ha comprend de nombreuses parcelles, non seulement dans ce secteur, mais aussi dans la Côte des Blancs (Cramant, Chouilly), sur les terres d'Hélène, dans la vallée de la Marne et dans l'Aube. Propriété certifiée HVE, en conversion bio partielle. (RM) (RM)

Un chardonnay assemblant la vendange 2019 avec des vins des 2 années précédentes, dont 20 % vinifiés en foudre. Il s'ouvre sur le pain blanc, l'amande fraîche et un léger boisé, arômes complétés en bouche de subtiles notes de fruits exotiques. Le faible dosage (extra-brut) contribue à la petite nervosité de ce blanc de blancs équilibré, de belle longueur. ⧗ 2024-2027

⊶ CHAMPAGNE BENOÎT COCTEAUX, 11, rue du Château, 51260 Montgenost, tél. 03 26 81 80 30, contact@champagnebenoitcocteaux.com V *r.-v.*

COLIN
Blanc de blancs Grandes Terres 2014 ★★

● Gd cru | 6000 | | 50 à 75 €

Le premier de la lignée cultivait la vigne en 1829. Dans les années 1990, les frères Colin, Richard et Romain quittent la coopérative pour lancer leur champagne. Ils disposent de 11 ha de vignes implantées pour l'essentiel dans la Côte des Blancs, avec des parcelles dans le Sézannais et la vallée de la Marne. (RM)

Grandes Terres? Comprenez «grand cru» : ce blanc de blancs millésimé provient de parcelles (1 ha en tout) situées à Oiry et à Cramant, au nord de l'exploitation implantée, elle, à Vertus. Après un repos de 9 ans sur lies, il montre encore une belle mousse. Ses arômes ont pris des tons d'évolution, qui évoquent la mandarine confite. Son attaque souple et généreuse est relayée par une acidité ciselée qui lui donne de l'allonge. Une droiture héritée du cépage, de l'origine, de la vinification et peut-être de l'année. ⧗ 2024-2027

⊶ CHAMPAGNE COLIN, 101, av. du Gal-de-Gaulle, Vertus, 51130 Blancs-Coteaux, tél. 03 26 58 86 32, info@champagne-colin.com V *r.-v.*

COLLERY ★

● Gd cru | 40000 | | 30 à 50 €

Maison fonée à Aÿ en 1893 par Jules Anatole Collery, l'un des premiers vignerons à commercialiser ses champagnes, et développée par les trois générations suivantes. Elle a été rachetée en 2014 par Nicolas Gueusquin qui a nommé en 2019 à sa tête Romain Levêcque et confié les clés de la cave à Julien Lefevre. La maison revoit ses approvisionnements, centrés sur les grands crus, et met en avant le pinot noir. (NM)

Le brut sans année de la maison assemble le pinot noir majoritaire (80 %), au chardonnay; il associe la récolte 2019 et 30 % de vins tirés d'une réserve perpétuelle conservée en foudre. Un quart des vins de base fermente en fût de réemploi. Après un repos de 48 mois, le champagne séduit par son équilibre et par la complexité de son expression aromatique, à dominante fruitée (fruits jaunes, pomme bien mûre, orange), nuancée de notes florales et briochées. ⧗ 2024-2028 ● **Gd cru ★ (30 à 50 €; 12000 b.)** Assez proche par sa composition du brut sans année, un rosé à forte dominante de pinot noir (89 %, dont 12 % vinfiés en rouge), resté au moins 36 mois en cave. Saumoné cuivré, il a pour atouts ses arômes fruités (fruits rouges, cassis, touche d'orange sanguine) et sa finale fraîche et longue. ⧗ 2024-2027

⊶ CHAMPAGNE COLLERY, 7, rue Jules-Lobet, 51160 Aÿ, tél. 03 26 56 86 68, info@champagne-collery.com V *r.-v.*

COLLET ★

● 1er cru | 350000 | | 30 à 50 €

Marque de la Coopérative générale des vignerons (Cogevi) établie à Aÿ, choisie en hommage à son fondateur. La cave est la plus ancienne de Champagne, constituée en 1921 à l'initiative de Raoul Collet, dans le sillage des révoltes de 1911 contre la fraude. Disposant des quelque 800 ha de ses adhérents, elle peut s'approvisionner dans l'ensemble des 17 grands crus et dans la quasi-totalité des 1ers crus. Sébastien Walasiak est le chef de cave. (CM)

Après un coup de cœur l'an dernier pour la cuvée Art Déco, voici le brut signature de la cave, vieilli au moins 3 ans, qui mobilise plus de 100 crus : des meuniers (50 %) de la vallée de la Marne et de celle de l'Ardre, des chardonnays (30 %) des coteaux d'Épernay et du Vitryat, des pinots noirs de la Côte des Bar. Un brut de très belle tenue, charnu, gourmand, expressif et frais, aux arômes de fruits blancs et de mirabelle, mâtinés de pain d'épice, et à finale teintée d'une pointe d'amertume tonique. ⧗ 2024-2027

⊶ CHAMPAGNE COLLET, 14, Pierre-Cheval, 51160 Aÿ-Champagne, tél. 03 26 55 15 88, info@champagne-collet.com V *t.l.j. sf sam. dim. 8h-12h 13h30-17h*

CHARLES COLLIN Brut ★

● | 25000 | | 30 à 50 €

En 1952, une poignée de viticulteurs aubois se rassemble pour fonder la coopérative de Fontette, dans la région de Bar-sur-Seine. En 1993, la cave prend pour marque le nom de son principal fondateur, Charles Collin. En 2022, elle a rejoint l'Union auboise. (CM)

La cuvée Charles privilégie le chardonnay (80 %), complété par le pinot noir. On aime son nez fruité, nuancé d'arômes pâtissiers, et sa bouche vive et longue, teintée d'une amertume tonique en finale. Apéritif, poisson, viandes blanches, elle aura l'usage d'un blanc de blancs. ⧗ 2024-2027 ● **Cuvée Charles ★ (30 à 50 €; 10000 b.)** Un rosé d'assemblage à dominante de chardonnay (80 %, avec le pinot noir en appoint), qui tire sa couleur saumonée d'un apport de 8 % de vin rouge. Beurré, vanillé au nez, plus fruité en bouche (fruits rouges, agrumes), toasté, vineux, plutôt long, il montre de la personnalité. ⧗ 2024-2027 ● **Extra-brut ★ (30 à 50 €; n.c.)** Un nez flatteur, entre pêche et pâte d'amande, pour ce pur pinot noir, riche, profond, élégant et persistant, dont le fruité (mangue, fruit de la Passion, citron confit, avec une touche épicée) est mis en valeur par la vivacité de l'extra-brut. ⧗ 2024-2028

⊶ CHAMPAGNE CHARLES COLLIN, 27, rue des Pressoirs, 10360 Fontette, tél. 03 25 38 31 00, info@champagne-charles-collin.com V *t.l.j. sf sam. dim. 9h-12h 14h-18h*

COPIN-CAUTEL
Les Coudes sur le zinc ★★

1500	20 à 30 €

Philippe Copin a pris en 1996 la suite de 3 générations et lancé son champagne en 2010, en associant à son patronyme le nom de jeune fille de son épouse Séverine selon la tradition champenoise. Établi dans la vallée de la Marne, il exploite un vignoble de plus de 7 ha, qui comprend quelques parcelles dans la Côte des Blancs, ainsi qu'à Mareuil et à Aÿ. Domaine certifié HVE. (RC)

Inhabituel, le nom de la cuvée rappelle que la grand-mère de la vigneronne tenait le Café des Sports à Aÿ. Elle invite à une consommation à la bonne franquette de ce champagne mi-blancs mi-noirs (pinot noir 40 %, meunier 10 %). Flatteur, facile à boire, ce brut mêle au nez les fruits blancs compotés, les agrumes, la viennoiserie ainsi que des nuances florales et toastées. L'amande grillée et une touche fumée s'ajoutent à cette palette dans une bouche qui conjugue une attaque vive et une texture crémeuse. ⧗ 2024-2028 ● **Les Jeunes Pousses ★ (20 à 30 €; 4 000 b.)** Le nom de la cuvée fait allusion au métier de pépiniéristes des grands-parents de la vigneronne. Mi-chardonnay mi-pinots (les deux pinots à parité), un brut aux arômes de fruits frais, qui laisse une impression agréable de légèreté. ⧗ 2024-2026

CHAMPAGNE COPIN-CAUTEL, 21, rue Bailly, 51700 Vandières, tél. 06 85 74 53 58, contact@champagne-copin-cautel.fr V *r.-v.*

♥ B MARIE COPINET
Brut nature Meunier Nos pas dans l'argile ★★

5000		30 à 50 €

En 1975, Jacques Copinet, fort des vignes plantées par ses parents dans le Sézannais, devient vigneron indépendant. Sa fille Marie-Laure et son mari Alexandre Kowal ont repris en 2008 la propriété et lancé leur étiquette en 2016. Leur vignoble de 9 ha s'étend au sud du Sézannais, dans la Côte des Bar et dans la vallée de la Marne. Le couple, après des années d'agriculture raisonnée, a acquis la certification bio du domaine en 2021. (RM)

Une cuvée nouvelle et originale, qui a fait l'unanimité. C'est un pur meunier planté sur les argiles vertes d'une parcelle de Cuchery, village de la rive droite de la Marne. Vendangé en 2021, vinifié en œuf en Inox, il est non dosé (brut nature). Le cépage laisse son empreinte dans les reflets or rose de la robe, dans l'expression fruitée (fruits blancs) d'un nez élégant et franc, teinté également de notes miellées et beurrées et, au palais, de nuances de cerise macérée, de pain grillé et d'épices. Il lègue aussi sa rondeur, équilibrée par une belle acidité qui donne tonus et longueur. ⧗ 2024-2027

EARL COPINET, 11, rue de l'Ormeau, 51260 Montgenost, tél. 06 71 62 43 63, champagne@marie-copinet.com V *r.-v.*

PIERRE COURTOIS
Extra-brut Ex Atris Uvis Pinot noir ★★

3218		20 à 30 €

Succédant à 2 générations, Pierre Courtois a commencé à vinifier au début des années 1970. Son fils Michael, qui a pris la suite en 2013, exploite 6 ha dans la vallée de la Marne, à l'ouest de Château-Thierry. Il a construit un caveau de dégustation en pisé, avec la terre de son vignoble. (RM)

Ex Atris Uvis, en latin, «issu de raisins noirs». Le nom donné à un duo de blancs de noirs (un pinot noir et un meunier) très faiblement dosés. Cette année, les deux cépages font jeu égal à un excellent niveau, offrant des profils légèrement différents. Construit sur la vendange 2019, ce pinot noir est tout en fraîcheur, avec ses parfums de fleurs blanches, d'amande verte, d'ananas et de pêche, sa bouche à l'unisson du nez, vive en attaque, minérale, puis plus gourmande, marquée en finale par une petite amertume agréable. ⧗ 2024-2027 ● **Extra-brut Ex Atris Uvis Meunier ★★ (20 à 30 €; 3 037 b.)** Une base 2020 pour ce meunier au nez généreux et mûr, entre pêche, pâte de coing, pâtisserie et miel. Le palais reste gorgé de fruits d'été, ample et rond avec élégance, grâce à sa vivacité et à une fine amertume. ⧗ 2024-2027 ● **Brut ★ (15 à 20 €; 36 000 b.)** Un joli nez beurré, brioché et pâtissier, une bouche puissante, nerveuse en attaque puis d'une belle rondeur pour ce brut à dominante de meunier. ⧗ 2024-2027

CHAMPAGNE PIERRE COURTOIS, 41, rue de l'Église, 02310 Crouttes-sur-Marne, tél. 06 07 53 13 43, courtois@champagne-courtois.fr V *r.-v.*

A. D. COUTELAS Cuvée 1809 ★

15000		30 à 50 €

Héritier d'une lignée vigneronne remontant à 1809, Damien Coutelas représente la 8e génération. Installé en 2005, il a pris le statut de négociant. Il s'appuie sur un vignoble en propre de 7 ha certifié HVE qu'il conduit selon une démarche proche de la bio, et vinifie séparément ses 50 parcelles, disséminées dans la vallée de la Marne, la Montagne de Reims et la Côte des Blancs. Selon la tradition familiale, il vinifie ses vins en foudre, sans fermentation malolactique. (NM)

Une fois de plus en bonne place, cette cuvée fermentée en fût avec bâtonnage peut se décrire en chiffres : 80 ans, l'âge des vignes; 70 %, la proportion de chardonnay (le pinot noir en appoint); 9 mois, la durée d'élevage en fût des vins de base; 2016, l'année de récolte; 4 g/l, le dosage (extra-brut). Dans le verre, un champagne, subtil, minéral, s'ouvrant sur des notes fraîches d'agrumes et de fruits blancs, nuancées de notes confites et empyreumatiques. La bouche, à l'unisson, est fraîche et longue, le boisé bien fondu, la finale saline. ⧗ 2024-2027

CHAMPAGNE A. D. COUTELAS, 557, av. du Gal-Leclerc, 51530 Dizy, tél. 06 49 83 96 45, contact@champagne-adcoutelas.com V *t.l.j. sf dim. 9h-12h 14h-18h* 4 D

COUVENT FILS ★

2205		15 à 20 €

La grand-mère de Sylvie Monnin-Couvent a commercialisé les premiers champagnes en 1947. À la succession de son père en 1985, cette dernière a repris sa

part de vignes (environ 3 ha), qu'elle exploite avec son mari Gérard Monnin, d'origine franc-comtoise. Le domaine est situé dans la vallée de la Marne. (RM)
Ce rosé d'assemblage met en avant le meunier (61 %), complété par le pinot noir et par un petit appoint de chardonnay, et marie l'année 2021 (fraîche), avec la précédente, plus solaire. Un apport de vin rouge lui donne sa couleur saumonée et ses arômes de fruits rouges frais, framboise en tête. On retrouve au palais ces notes de baies rouges, soulignées par une belle acidité. ⧗ 2024-2027

⊶ CHAMPAGNE COUVENT FILS, 4-5, rue Corneille, 02850 Trélou-sur-Marne, tél. 06 45 40 42 68, champagne-couventfils@orange.fr V r.-v. D

DOMINIQUE CRÉTÉ Sélection ★★

● | n.c. | | 15 à 20 €

Les Crété cultivent la vigne depuis 1887. En 1980, à 19 ans, Dominique Crété achète une première parcelle, puis d'autres sur les coteaux sud d'Épernay. Il aide son père Roland, lance en 1994 la marque à son nom et prend en 1998 la tête du domaine : près de 8 ha de vignes disséminés de l'Aisne à la Côte des Blancs. (RM)
Né de chardonnay majoritaire (85 %) complété par du meunier, ce brut au dosage mesuré mobilise 4 années de récolte (2019 à 2016). Il a pour atouts son nez partagé entre acacia, fruits blancs, fruits exotiques et notes biscuitées, et son palais de belle longueur, à la fois ample, minéral et frais. ⧗ 2024-2027 ● **Extra-brut Émeraude 2018 ★ (20 à 30 €; 5000 b.)** Un peu discret, un extra-brut millésimé mi-chardonnay, mi-meunier, frais et droit sans mordant, aux arôme d'agrumes et de fruits blancs. ⧗ 2024-2027

⊶ DOMINIQUE CRÉTÉ, 99, rue des Prieurés, 51530 Moussy, tél. 03 26 54 52 10, champagne-dominique-crete@orange.fr

CRÉTÉ CHAMBERLIN Extra-brut 1683 ★

● | 5000 | | 30 à 50 €

Un ancêtre cultivateur en 1683, premiers champagnes dès 1887. Installé un siècle plus tard, Mathieu Crété et sa sœur Blandine (15e génération) ont relancé la première marque de la famille, Crété-Chamberlin. Avec 8 ha de vignes disséminées dans onze villages (Côte des Blancs, vallée de la Marne, coteaux sud d'Épernay), le domaine, qui vinifie par commune et lieu-dit, dispose d'une palette variée de terroirs.
Cette cuvée illustre l'art de l'assemblage : pour l'élaborer, Mathieu Crété a assemblé la récolte 2017 et 26 % de vins de réserve de 2016, années compliquées. Après un repos sur lies de 3 ans, il obtient un champagne harmonieux et droit qui tire du chardonnay, cépage majoritaire (70 %, avec un appoint de meunier) son nez élégamment minéral et grillé et sa bouche d'une belle fraîcheur, aux accents de pierre à fusil. ⧗ 2024-2027

⊶ CHAMPAGNE CRÉTÉ CHAMBERLIN, 101, rue des Prieurés, 51530 Moussy, tél. 06 48 26 14 70, contact@cretechamberlin.com V r.-v.

PAUL DANGIN ET FILS Cuvée carte noire ★

● | 76860 | | 20 à 30 €

Une famille enracinée à Celles-sur-Ource, village aubois proche de Bar-sur-Seine. Le champagne a été lancé par Paul Dangin en 1947. Aujourd'hui, la structure de négoce, forte de 50 ha de vignes, mobilise une dizaine de collaborateurs. (NM)
Un blanc de noirs issu de pur pinot noir, cépage vedette de la Côte des Bar. Cette version assemble la vendange 2021 avec des vins des 2 années antérieures. Facile d'accès, flatteur, expressif, il mêle au nez les fruits jaunes frais et le coing, nuancés de notes florales. Au palais, il dévoile la bonne structure et l'ampleur de son cépage, et bénéficie d'une finale fraîche, sur le zeste d'agrumes. ⧗ 2024-2027 ● **'47 ★ (20 à 30 €; 5520 b.)** Une cuvée de pinot noir tirée d'une réserve perpétuelle commencée en 2010. Bien équilibrée, elle séduit par la netteté de ses arômes de pêche et d'abricot. ⧗ 2024-2027

⊶ CHAMPAGNE PAUL DANGIN ET FILS, 11, rue du Pont, 10110 Celles-sur-Ource, tél. 03 25 38 50 27, contact@champagne-dangin.com V *t.l.j. sf sam. dim. 8h-12h 13h30-18h; f. août*

DAUBY MÈRE ET FILLE Blanc de blancs ★

● 1er cru | 10371 | | 20 à 30 €

Une exploitation constituée au début du XXes. Premiers champagnes en 1956 avec Thérèse Tissier et Guy Dauby. Francine Dauby (depuis 1990) et sa fille Flore (arrivée en 2007) ont conduit plus de 10 ans ensemble cette exploitation. Après la disparition de la seconde, en 2018, c'est son époux, Teddy Samato, qui gère le domaine. Planté majoritairement de pinot noir, le vignoble couvre 8 ha, pour l'essentiel autour d'Aÿ, grand cru de noirs, et de Mutigny, 1er cru. (RM)
Ce blanc de blancs naît de vignes en conversion bio plantées dans les parcelles en 1er cru de l'exploitation ainsi que dans le Sézannais. Il mobilise la vendange de 2021 élevée en cuve, et des vins de réserve de 2020 et 2019 élevés 3 à 4 ans en foudre ou en fût de chêne. Discrètement floral et minéral au nez comme en bouche, d'une belle fraîcheur, il révèle un passage partiel sous bois par quelques petits tanins ainsi que par des notes de pain grillé. ⧗ 2024-2028

⊶ CHAMPAGNE DAUBY, 22, rue Jeanson, 51160 Ay, tél. 03 26 54 96 49, champagne.dauby@orange.fr V r.-v.

AURÉLIEN DAUVERGNE Blanc de noirs Prestige ★

● Gd cru | 12000 | | 20 à 30 €

La famille cultive la vigne depuis 1703, fait du champagne depuis les années 1920. Après Fernand, René et François, ce sont Aurélien (depuis 2001) et Maxime (depuis 2004) qui élaborent les cuvées, chacun les signant de son prénom. Ils mettent en valeur 2,65 ha situés dans des grands crus de noirs de la Montagne de Reims, à Bouzy pour l'essentiel, ainsi qu'à Louvois et à Ambonnay. (RC)
Un blanc de noirs grand cru de Bouzy, du pinot noir, forcément. Celui-ci adopte un style frais et délicat, avec son nez sur l'acacia, la pomme verte et les agrumes, nuancés d'une touche de fruits rouges, prélude à une bouche dans le même registre, à peine briochée, de texture fine. La finale tendue laisse une impression de pureté. ⧗ 2024-2027

⊶ AURÉLIEN DAUVERGNE, 12, rue Jeanne-d'Arc, 51150 Bouzy, tél. 03 26 57 01 83, champagne.dauvergne@orange.fr V r.-v.

CHAMPAGNE

MAXIME DAUVERGNE
Séduction ★★★

Gd cru | 8000 | | 20 à 30 €

La famille cultive la vigne depuis 1703, fait du champagne depuis les années 1920. Après Fernand, René et François, ce sont Aurélien (depuis 2001) et Maxime (depuis 2004) qui élaborent les cuvées, chacun les signant de son prénom. Ils mettent en valeur 2,6 ha situés dans des grands crus de noirs de la Montagne de Reims, à Bouzy pour l'essentiel, ainsi qu'à Louvois et à Ambonnay. (RC)

Mi-chardonnay, mi-pinot noir de Bouzy, une cuvée bien nommée, qui assemble 3 vendanges et vieillit 36 mois en bouteilles. Le nez évoque avec finesse les fruits exotiques. La bouche aux arômes d'amande et de fruits blancs apparaît ronde et généreuse, tout en faisant preuve d'une belle énergie qui étire la finale. Générosité et subtilité : l'harmonie même. ⧗ 2024-2027 ● ★ **(20 à 30 €; 6000 b.)** Proche de la cuvée Séduction, il assemble chardonnay et pinot noir à parts égales et tire de l'apport de 8 % de bouzy rouge sa teinte rose tendre. Les raisins noirs lui lèguent des arômes de pêche de vigne, de la vinosité et de l'ampleur, les blancs des notes d'agrumes et de fruits blancs acidulés ainsi qu'une belle vivacité. Un rosé tout en finesse. ⧗ 2024-2027

MAXIME DAUVERGNE, 12, rue Jeanne-d'Arc, 51150 Bouzy, tél. 03 26 57 01 83, champagne.dauvergne@orange.fr V t.l.j. sf dim. 9h-12h 14h-18h

PH. DAVIAUX-QUINET
Extra-brut Blanc de blancs 2015 ★★

Gd cru | 3800 | | 20 à 30 €

Quatre générations se sont succédé sur ce domaine implanté à Chouilly, au cœur de la Côte des Blancs. Philippe et Josiane Daviaux ont agrandi l'exploitation et l'ont cédée progressivement à leur fils Sébastien qui a lancé un champagne à son nom en 2014. Situé dans plusieurs communes de la Côte des Blancs, le vignoble familial privilégie le chardonnay. (RM)

La dernière cuvée signée et commercialisée par la mère de Sébastien Daviaux est un blanc de blancs 2015, dosé en extra-brut. Après un repos sur lies de plus de 7 ans, ce chardonnay né d'une année solaire, s'il affiche une robe jaune d'or montrant une certaine patine, garde de l'énergie. Floral et minéral au nez, il développe en bouche des arômes d'amande fraîche et montre une belle tension, jusqu'à la finale épicée, où l'on retrouve la minéralité. ⧗ 2024-2027

CHAMPAGNE PHILIPPE DAVIAUX-QUINET, 4, rue de la Noue-Coutard, 51530 Chouilly, tél. 03 26 54 44 03, philippedaviaux1@wanadoo.fr V r.-v. E

JOËL DEFRANCE
Cuvée C V (Cuvée des 5 cépages) ★

| 1500 | | 20 à 30 €

Louis, Roger, Gilbert avant Joël... Succédant à 3 générations, ce récoltant des Riceys, le plus important village viticole de la Côte des Bar, dans l'Aube, a lancé sa marque en 1979. Ses deux fils Aurélien et Alexis travaillent à ses côtés depuis 2005. Certifiée HVE, l'exploitation, qui compte 8 ha, propose des champagnes et du rosé-des-riceys, la spécialité locale. (RM)

Aux Riceys, le pinot noir est roi, mais dans cette cuvée, il ne représente que 20 % de l'assemblage, de même que le chardonnay. L'Aube est aussi un conservatoire de «cépages oubliés» en Champagne, comme le pinot gris ou le pinot blanc (15 % chacun dans ce brut) ou quasi disparus, tel l'arbane (30 %), un cépage blanc tardif, qui a besoin de chaleur et de soleil. Le résultat? Un quintette enlevé, tout en légèreté et en vivacité, aux arômes de fruits exotiques acidulés, fruit de la Passion en tête. ⧗ 2024-2027

CHAMPAGNE JOËL DEFRANCE, 5, rue de Valmolin, 10340 Les Riceys, tél. 03 25 29 17 85, champagnedefrancejoel@outlook.com V t.l.j. sf dim. 8h-12h 14h-18h

DANIEL DEHEURLES ET FILLES Prestige ★

| 17000 | | 20 à 30 €

Établie dans la Côte des Bar, la famille Deheurles a vendu son raisin au kilo jusqu'en 1990, puis s'est lancée dans la manipulation, tout en agrandissant peu à peu son domaine (7 ha aujourd'hui, certifié HVE). Daniel Deheurles, qui a commercialisé ses premières bouteilles en 1993, transmet l'exploitation à ses filles Émilie (à la cave) et Véronique. (NM)

Le chardonnay, majoritaire (60 %) et le pinot noir composent un brut équilibré, au fruité complexe et frais (agrumes, fruits blancs ou exotiques, nuancés en bouche de notes florales et miellées), en harmonie avec une belle tension. Parfait pour l'apéritif ou pour des produits de la mer. ⧗ 2024-2027

CHAMPAGNE DANIEL DEHEURLES ET FILLES, 1, rue de l'École, 10110 Celles-sur-Ource, tél. 06 84 89 20 21, contact@champagne-daniel-deheurles.com V r.-v. A

LOUIS DÉHU Blanc de blancs Léa ★

| 6000 | | 20 à 30 €

Conduit depuis 2011 par Thierry Niziolek, ce domaine familial implanté à Venteuil, sur la rive droite de la Marne, compte 11 ha répartis sur plusieurs communes des environs. (RM)

Un chardonnay fermenté et élevé un an en fût avec bâtonnage, qui a déjà eu les honneurs du Guide. Cette version, construite sur la récolte 2020, affiche une robe dorée. Elle demande une certaine aération pour libérer ses arômes beurrés, toastés, confits, assortis d'une touche végétale. Le léger boisé se confirme dans une bouche puissante, de belle longueur, à la texture souple et soyeuse. ⧗ 2024-2027

CHAMPAGNE LOUIS DÉHU, 10 bis, bd Saint-Michel, 51480 Venteuil, tél. 03 26 57 64 95, dehu-isabelle@wanadoo.fr V t.l.j. sf sam. 8h-12h 14h-17h; dim. 10h-12h C

♥ MAURICE DELABAYE ET FILS
Rosé de saignée Rosé secret ★★★

1er cru | 4232 | | 20 à 30 €

Exploitation familiale constituée en 1921 à Cumières. Maurice Delabaye devient récoltant-manipulant et lance sa marque en 1959. Germain, qui lui a succédé en 2001, transfère à Damery le siège de la propriété, forte de près de 11 ha, répartis sur 10 communes

(dont Aÿ, Cumières, Hautvillers et Dizy). Il est épaulé par ses fils Victor (depuis 2014) et Yann (depuis 2022). (RM)

De la cerise, il a la couleur et les parfums – le fruit charnu, le noyau, suivis d'un cortège de petites baies rouges : il «pinote». La bouche est à l'unisson, et s'impose par sa puissance, sa complexité et sa longueur. Le secret de ce rosé? Nos dégustateurs l'ont en partie dévoilé : «un rosé de saignée, je parie». Il est obtenu par macération de raisins noirs. Ici, du pinot noir (60 %) et du meunier, issus de vieilles parcelles de Cumières. Laissés 3 jours en cuve, ils contribuent à l'harmonie de ce champagne qu'un juré verrait bien sur un magret de canard aux cerises. ⧗ 2024-2027 ● **1er cru Cuvée Victor Delabaye 2015 ★★ (20 à 30 €; 10 812 b.)** Né du trio champenois (chardonnay, 60 %, pinot noir, 30 % et meunier) mûri sous le soleil de 2015, un brut millésimé ouvert, généreux, à la fois ample et frais, aux arômes de fruits jaunes d'été (mirabelle) rehaussés de poivre et de pain grillé. ⧗ 2024-2029

CHAMPAGNE MAURICE DELABAYE ET FILS, 16, rue Anatole-France, 51480 Damery, tél. 03 26 51 94 91, champagne-delabaye@outlook.com V r.-v.

DELAGARDE Blanc de noirs ★

●	3000		20 à 30 €

De vieille souche vigneronne, Valérie Delozanne et Vincent Delagarde ont repris en 2000 les vignes de leurs parents respectifs : 8 ha à dominante de meunier, cépage très cultivé dans le secteur des monts de Reims et dans la vallée de l'Ardre. Ils ont modernisé leur cuverie thermorégulée pour maîtriser des vendanges de plus en plus chaudes. Deux étiquettes : V. Delagarde et Yves Delozanne. Propriété certifiée HVE. (RM)

Un pur meunier gardé 36 mois sur lattes. On apprécie son expression aromatique beurrée, minérale et citronnée, puis sa bouche vive, ciselée, aux arômes de fleurs, d'agrumes et de fruits blancs. Une fraîcheur surprenante pour un blanc de noirs : «original» et «audacieux». ⧗ 2024-2027

CHAMPAGNE DELAGARDE-DELOZANNE, 67, rue de Savigny, 51170 Serzy-et-Prin, tél. 03 26 97 40 18, contact@champagne-delagarde-delozanne.fr V r.-v.

DELAHAIE Brut Premier ★

●	50000		15 à 20 €

Jacques Brochet a repris en 1991 la marque Delahaie et son vignoble, qui appartenaient à son oncle, et créé une gamme de champagnes. Ses cuvées sont souvent remarquées par les dégustateurs. (NM)

Issu des trois cépages champenois et d'une majorité de noirs (pinot noir et meunier à 40 % chacun), ce brut vinifié en cuve est dosé avec une liqueur conservée en fût. D'approche réservée, il n'en montre pas moins une certaine étoffe. Discrètement floral, équilibré et frais, de bonne longueur, il finit sur une touche épicée. ⧗ 2024-2027

CHAMPAGNE DELAHAIE, 16, allée de la Côte-des-Blancs, 51200 Épernay, tél. 03 26 54 08 74, champagne.delahaie@orange.fr V r.-v.

DELAUNOIS-CHANEZ Sublime ★

● 1er cru	8000		15 à 20 €

Constitué dans les années 1920, un domaine familial implanté à Rilly-la-Montagne, village classé en 1er cru situé sur le flanc nord de la Montagne de Reims, non loin de la cité des Sacres. Installée en 2017, Élodie Chanez cultive 3,8 ha et élabore les cuvées. (RM)

Les raisins noirs (pinot noir 60 %, meunier 20 %) et les épisodes solaires des années d'assemblage (2020 et 2019) laissent leur empreinte dans ce brut or intense, de belle tenue. Un champagne gorgé de fruits frais, au nez comme en bouche (fruits exotiques, abricot, pêche, mirabelle, fruits rouges, pomme, tout l'étal du marché...), relevés d'épices avec, sous la langue, du noyau et comme un petit tanin de pépin. Une générosité aromatique mise en valeur par une belle vivacité. ⧗ 2024-2027 ● **1er cru Fondateur ★ (20 à 30 €; 1200 b.)** Du chardonnay majoritaire (80 % avec les 2 pinots à parité) au service d'un brut frais et subtil au nez (fleur blanche, citron), fruité, intense et nerveux en bouche. ⧗ 2024-2027

CHAMPAGNE DELAUNOIS-CHANEZ, 17, rue Roger-Salengro, 51500 Rilly-la-Montagne, tél. 06 79 44 65 77, contact@champagne-delaunois-chanez.fr V *t.l.j. sf sam. dim. 8h-12h 14h-17h30*

MARTIN DELCOURT Blanc de blancs Tradition ★

●	10000		20 à 30 €

Une marque de la coopérative de Berru, commune située en contrebas du mont de Berru, colline qui s'élève dans la plaine, à l'est de Reims. Le secteur est planté pour l'essentiel de chardonnay. (RC)

Issus des plus belles parcelles du mont de Berru, des chardonnays ont permis d'élaborer cette cuvée, la première commercialisée par la coopérative locale, qui vendait auparavant au négoce. Mariant la récolte 2018 avec des vins de réserve de 2016 et 2015, c'est un blanc de blancs du réchauffement climatique : puissant, concentré, riche, intense, gourmand, compoté et presque confit (les fruits jaunes, la pâte de fruits...), le tout avec élégance et une certaine complexité. Parfait pour la table. ⧗ 2024-2027

MARTIN DELCOURT, 2, rte Stratégique, 51420 Berru, tél. 03 26 03 22 68, coop-de-berru@orange.fr V r.-v.

MARTHE DELIGNY Extra-brut Cuvée Réserve ★★

● Gd cru	2600		20 à 30 €

Fille d'un vigneron de la Montagne de Reims, Marthe Deligny étudie la gestion puis décide de revenir sur les vignes familiales. Elle a lancé sa marque en 2011 : une «simple» cuvée en grand cru. (RM)

Un extra-brut élaboré par Jacques Busin, récoltant de la Verzenay. D'emblée ce champagne mariant pinot noir (60 %) et chardonnay séduit par la fraîcheur de son nez finement floral et fruité (fruits blancs, citron, fruits secs). Cette palette s'enrichit de fruits rouges dans une bouche tonique et longue, à la finale acidulée teintée d'une agréable amertume. ⧗ 2024-2027

CHAMPAGNE MARTHE DELIGNY, 13, rue Nationale, 51500 Ludes, tél. 03 26 49 40 36, marthedeligny@hotmail.fr V r.-v.

CHAMPAGNE

DELOT
Extra-brut Les Rippes ★★

	2643		20 à 30 €

En 2006, Vincent Delot, vigneron de Celles-sur-Ource (Aube), à la tête d'une propriété créée en 1933, se retire et la cède à la maison Paul Dangin, fondée en 1947 dans la même commune, charge à elle de perpétuer son nom et ses méthodes de travail. Jean-Baptiste Dangin est alors nommé responsable de la gestion de cette exploitation de 7 ha. (RM)

Construite sur la vendange 2021, une nouvelle version d'une cuvée parcellaire déjà appréciée l'an dernier. Élevé un en fût, le pinot noir bien mûr à l'origine de cet extra-brut affiche des parfums de noyau kirsché nuancés de notes d'élevage grillées et fumées. Puissante, compotée, la bouche allie une belle fraîcheur à des impressions de rondeur. Un blanc de noirs de caractère, qui pourra accompagner un repas. ⧗ 2024-2027 ● **Extra-brut Blanc de noirs 2019 ★ (20 à 30 €; 10053 b.)** Une belle mâche pour ce pinot noir d'un millésime prometteur, à la palette complexe (pâte d'amande, crème pâtissière, viennoiserie, pêche, notes confites, miel...) qui concilie rondeur et vivacité, marqué en finale par de nobles amers. ⧗ 2023-2026 ● **Prestige ★ (20 à 30 €; 8000 b.)** Mi-pinot noir, mi-chardonnay, né de la récolte 2019, un brut assez discret dans son expression aromatique fruitée (abricot) et réglissée, mais équilibré et net. ⧗ 2024-2027

CHAMPAGNE DELOT, 3, pl. de l'Église, 10110 Celles-sur-Ource, tél. 03 25 38 50 12, contact@champagne-delot.com V r.-v.

DEMILLY DE BAERE
Or IV ★★

	10000		20 à 30 €

Gérard Demilly appartient à une famille établie à Bligny (Côte des Bar) depuis le XVIIe s. En 1978, il étudie la viticulture et achète avec son épouse Françoise un vignoble (8 ha aujourd'hui) dont le siège occupe une ancienne verrerie du XVIIIe s. Après avoir fait ses classes en Australie et en Californie, leur fils Vincent, œnologue, les a rejoints. Autre étiquette : Madame de Sainte-Maure. (NM)

Le chiffre IV sur l'étiquette indique le nombre de cépages et d'années mis en œuvre : le pinot noir, pour 66 %, le chardonnay, pour 25 %, le pinot blanc et le meunier (un soupçon chacun). La cuvée mobilise la vendange 2020 et des vins des deux années antérieures, et la vinification fait appel à quatre méthodes, notamment un élevage partiel en tonneau. Il en résulte un champagne intense, complexe, mêlant au nez pêche, boisé fumé et amande, beurré et fruité en bouche, qui s'impose par sa structure, son onctuosité et sa puissance. ⧗ 2024-2027 ● **Blanc de blancs ★ (20 à 30 €; 20000 b.)** Un blanc de blancs aubois, incluant 15 % de pinot blanc aux côtés du chardonnay, des vins élevés en partie dans le bois : assez complexe, légèrement évolué (pomme, abricot, notes pâtissières), charnu, de bonne longueur. ⧗ 2024-2027

CHAMPAGNE DEMILLY DE BAERE, Dom. de la Verrerie, 1, rue du Château, 10200 Bligny, tél. 03 25 27 44 81, champagne-demilly@wanadoo.fr V r.-v.

GASTON DERICBOURG ★★

1er cru	30000		20 à 30 €

Maire de Pierry, près d'Épernay, et président des vignerons du village durant 30 ans, Gaston Dericbourg avait lancé sa marque en 1920. Sans enfant, il a transmis en 1955 sa maison de champagne et ses vignes à la famille Mandois. (NM)

«Moderne, frais et éclatant», écrit un juré à propos de ce brut né de pinot noir majoritaire (60 %), de chardonnay (30 %) et de meunier et de 4 vendanges, élevé sous bois pour 15 %. Au nez, une certaine richesse, de la fleur blanche, de la pomme et de la poire, assorties d'une note grillée. En bouche, une vivacité tonique, quelques épices et une finale longue et acidulée, teintée d'une agréable amertume, sur la fraîcheur des agrumes. Du style. ⧗ 2024-2027

DERICBOURG, 66, rue du Gal-de-Gaulle, BP 9, 51530 Pierry, tél. 03 26 54 03 18, info@champagne-mandois.fr

DÉROT-DELUGNY
Brève Histoire de temps 2016 ★

	4156		30 à 50 €

Fils de maréchal-ferrant, l'arrière-grand-père Philippe Dérot, marié à Yvonne Delugny, devint au sortir de la Première Guerre mondiale fabricant de matériel agricole, notamment des premiers tracteurs-enjambeurs. Propriétaire de vignes, le couple vendit ses premières bouteilles en 1929. Depuis 2014, c'est la 4e génération, avec Laurent – revenu du Nouveau Monde – qui exploite le domaine, certifié HVE. La propriété dispose de 10 ha aux confins de la Seine-et-Marne et de l'Aisne. (RM)

Assemblés à parité dans ce brut millésimé, chardonnay et meunier gardent le souvenir d'une année délicate mais très ensoleillée à la saison des vendanges. Ils ont engendré un champagne élégant au nez, discrètement minéral, floral et végétal, avec une touche de fruits secs, plus fruité en bouche, structuré et frais, de bonne longueur. ⧗ 2024-2027 ● **Blanc de noirs Milieu naturel ★ (20 à 30 €; 10746 b.)** Du meunier né dans son «milieu naturel», la vallée de la Marne. Assemblage des années 2020 à 2018, un blanc de noirs équilibré à la finale fraîche, qui tire de son cépage un fruité élégant. ⧗ 2024-2027 ● **Bissextile ★ (30 à 50 €; 2548 b.)** Issu de meunier et de chardonnay à parts égales, complétés par 14 % de pinot noir vinifié en rouge, resté 3 ans sur lattes, un rosé coloré, très floral au nez (rose), juvénile et vif en bouche, marqué en finale par l'amertume du pamplemousse. ⧗ 2024-2027

CHAMPAGNE DÉROT-DELUGNY, 21, Grande-Rue, 02310 Crouttes-sur-Marne, tél. 03 23 82 18 18, info@champagne-derot-delugny.com V r.-v.

MICHEL DERVIN Blanc de noirs ★★

	650		15 à 20 €

Michel Dervin est le fondateur de cette maison créée en 1983 à partir d'un lopin de vignes. Aujourd'hui, il dispose d'un vignoble de près de 8 ha aux environs de Cuchery, village situé au bord d'un petit affluent de la Marne. Ses vins ne font pas de fermentation malolactique. Maison certifiée HVE. (NM)

Du meunier (60 %) et du pinot noir des vendanges 2019 complétées par des vins de réserve de 2018 contribuent à l'harmonie de ce champagne, remarquable représentant du blanc de noirs : robe or soutenu à reflets roses, nez fruité et floral (rose), bouche puissante, aux arômes plus marqués de fruits mûrs, tonifiée par une noble amertume et par une finale vive. ⧗ 2024-2027

CHAMPAGNE MICHEL DERVIN, 1, rte de Belval, 51480 Cuchery, tél. 03 26 58 15 22, dervin.michel@wanadoo.fr V r.-v.

E. DÉSAUTEZ ET FILS Tradition ★

●	18 000		15 à 20 €

Constitué en 1905 par Émile Désautez, ce domaine est géré depuis 1975 par Patrick Deibener, marié à la petite-fille du fondateur. Ce dernier a construit une nouvelle cave, modernisé la cuverie, introduit des gyropalettes et développé la vente à la propriété. Il dispose de près de 4 ha dans des grands crus de la Montagne de Reims : Verzenay, Verzy et Mailly-Champagne. (RM)

Une fois de plus apprécié, ce brut Tradition, vieilli 4 ans en cave, met toujours en avant le pinot noir (75 % dans cette version, avec le chardonnay en complément, la vendange 2019 assemblée à 30 % de vins de réserve des deux années précédentes). Il libère au nez des arômes de fruits frais (pêche jaune, poire et agrumes) et conjugue en bouche richesse et vivacité citronnée. ⧗ 2024-2027 ● **Grande Cuvée Saint-Nicolas ★ (20 à 30 €; 3000 b.)** Deux tiers de pinot noir et un tiers de chardonnay, une forte proportion de vins de réserve, 4 ans de cave. Dans le verre, un brut de caractère, puissant et rond, à l'expression évoluée (miel, beurre, café, chocolat, fruits secs) : parfait pour le repas. ⧗ 2024-2027

CHAMPAGNE DÉSAUTEZ ET FILS, 22, rue de Mailly, 51360 Verzenay, tél. 03 26 49 40 59, desautezetfils@orange.fr V r.-v.

A. DESMOULINS ET CIE Cuvée Prestige ★★

●	10 000		20 à 30 €

Fondée en 1908, cette maison de négoce sise à Épernay est gérée par Jean et Virginie Bouloré, petit-fils et arrière-petite-fille d'Albert Desmoulins. (NM)

Complété par le meunier, le chardonnay (70 %) domine l'assemblage de ce brut qui tire sans doute du cépage majoritaire ses arômes élégants de fruits blancs et de fruits exotiques acidulés comme l'ananas. L'orange sanguine s'ajoute à cette palette dans une bouche harmonieuse et longue. ⧗ 2024-2027 ● **Grande Cuvée du centenaire ★ (30 à 50 €; 5000 b.)** Quatre parts de chardonnay pour une de meunier au service d'un brut gourmand, intense et long, à la fois généreux et incisif. ⧗ 2024-2027

CHAMPAGNE A. DESMOULINS ET CIE, 44, av. du Mal-Foch, 51200 Épernay, tél. 03 26 54 24 24, champagne.desmoulins@orange.fr r.-v.

DEUTZ William Deutz 2014 ★

●	n.c.		+ de 100 €

Originaires d'Aix-la-Chapelle, William Deutz et Pierre-Hubert Geldermann, négociants en vins, ont fondé en 1838 cette prestigieuse maison. Longtemps demeurée familiale, la société est entrée en 1993 dans le groupe Roederer. Réputée pour ses assemblages minutieux (30 à 40 crus différents pour son brut Classic), elle dispose de 46 ha en propre et s'approvisionne sur plus de 350 ha dans un rayon restreint de 30 km autour du grand cru Aÿ, dans la Grande Vallée de la Marne. En 2023, Fabrice Rosset, après 26 ans à la présidence de la maison, a laissé sa place à Marc Hoellinger, tandis que Michel Davesne, parti à la retraite, a transmis les clés de la cave à Caroline Latrive, venue de chez Ayala. (NM)

L'assemblage de cette cuvée millésimée met toujours en avant le pinot noir : 67 % pour ce 2014, tout aussi loué que le millésime 2013. Il incorpore un peu plus de chardonnay, 28 %, le meunier n'intervenant qu'à la marge. Dix ans après la vendange, ce millésime affiche une robe doré intense parcourue de bulles très fines. Charmeur, complexe et précis, son nez mêle la viennoiserie à la fraîcheur des agrumes (citron, yuzu, pamplemousse). La noisette, l'amande, la pêche et le sous-bois s'ajoutent à cette palette dans une bouche qui laisse une impression de puissance et de générosité. ⧗ 2024-2027 ● **★ (50 à 75 €; n.c.)** Un rosé d'assemblage qui doit presque tout au pinot noir (90 % avec un appoint de chardonnay). Un soupçon (5 %) de vin rouge d'Aÿ lui lègue sa teinte saumon pastel et participe à son expression aromatique entre fruits rouges, myrtille et zeste d'agrumes. L'ensemble est gourmand et long, la fois rond et frais. ⧗ 2024-2027

CHAMPAGNE DEUTZ, 16, rue Jeanson, 51160 Aÿ, tél. 03 26 56 94 00, france@champagne-deutz.com V r.-v.

B DEVAUX Ultra D ★★

●	130 000		50 à 75 €

Les frères Jules et Auguste Devaux fondent en 1846 une maison de champagne qui a pignon sur rue à Épernay et que la dernière génération, sans héritier, cède en 1987 à l'Union auboise, importante coopérative créée en 1967 dans la Côte des Bar, devenue un acteur de taille du vignoble champenois après la fusion en 2022 avec six coopératives adhérentes. Sous la marque Veuve Devaux (ou Devaux), la cave « habille » son haut de gamme : des champagnes vieillis au moins 3 ans. (CM)

Pinot noir (55 %) et chardonnay se partagent cette cuvée bio issue de parcelles sélectionnées, restée 5 ans en cave. La vinification (fermentation malolactique partielle) et le faible dosage (extra-brut) contribuent à la fraîcheur de ce champagne minéral au nez, vif, floral et acidulé au palais. ⧗ 2024-2027 ● **Cœur de nature ★ (30 à 50 €; 18 000 b.)** Issu de pinot noir pour l'essentiel, un brut bio rond, équilibré, fruité et légèrement toasté. ⧗ 2024-2027

CHAMPAGNE VEUVE A. DEVAUX, Hameau de Villeneuve, 10110 Bar-sur-Seine, tél. 03 25 38 30 65, contact@champagne-devaux.fr V t.l.j. sf dim. 10h-19h

DISSAUX PÈRE ET FILS Prestige ★

●	15 000		15 à 20 €

La famille Dissaux (Champagne Dissaux-Brochot) est établie dans la vallée de la Marne, sur la rive droite, depuis de nombreuses générations. La dernière

en date est représentée par Morgan qui a créé en 2010, avec l'aide de son père, la structure de négoce Dissaux Père et Fils. Les cuvées sont élaborées dans la propriété familiale. (NM)

Mi-noirs (pinot noir) mi-blancs, ce brut assemble la vendange 2019 avec des vins de réserve des deux années précédentes. Il s'ouvre à l'aération sur les agrumes mûrs, le beurre et la confiserie, nuancés d'une touche de cuir. Vif en attaque, il montre une belle ampleur qui lui permettra d'accompagner une viande blanche ou un poisson en sauce. ⧗ 2024-2027

CHAMPAGNE DISSAUX PÈRE ET FILS, 10, rue du Lubre, 51700 Binson-et-Orquigny, tél. 06 45 99 57 06, morgan-dissaux@wanadoo.fr V r.-v.

DOM CAUDRON Cornalyne ★

●	n.c.		30 à 50 €

Cette marque de la cave de Passy-Grigny rend hommage au curé de ce village de la vallée de la Marne, un bon vivant qui appuya, par un don de 1 000 F, la fondation de la coopérative en 1929. Cette dernière vinifie 130 ha cultivés par ses adhérents. Le meunier est le cépage majoritaire. (CM)

Déjà distingué dans des éditions antérieures, ce brut doit tout au pinot meunier (vendangé en 2019 pour cette version), vinifié en fût de chêne avec bâtonnage. Plutôt discret dans son expression aromatique, citronné et boisé au nez, il allie vivacité et souplesse dans un bel équilibre. ⧗ 2024-2027

CHAMPAGNE DOM CAUDRON, 10, rue Jean-York, 51700 Passy-Grigny, tél. 03 26 52 45 17, champagne@domcaudron.fr V r.-v.

PIERRE DOMI
Blanc de blancs Les Hautes Roualles 2018 ★★

● 1er cru	4 000		20 à 30 €

Créée en 1947, cette exploitation familiale, conduite depuis 1995 par Stéphane et Thierry Lutz, les petits-fils de Pierre Domi, a son siège à Grauves, village surplombé par des falaises, au nord-ouest de la Côte des Blancs. Le vignoble de 8 ha s'éparpille sur les coteaux sud d'Épernay. (RM)

Bien connue des fidèles lecteurs du Guide, une cuvée parcellaire issue de plants de chardonnay âgés de 60 ans, vendangés le dernier jour d'août en 2018. Après un long repos en cave, elle décline une large palette d'arômes solaires et évolués : fruits jaunes, notes beurrées, toastées, torréfiées (chocolat), vanillées. À l'unisson du nez, la bouche déploie une belle richesse fruitée et des notes de maturité dans une matière vineuse, presque suave, vivifiée par une bulle foisonnante. Parfait pour la table. ⧗ 2024-2027

CHAMPAGNE PIERRE DOMI, 10, rue Bruyère, 51190 Grauves, tél. 03 26 59 71 03, contact@champagne-domi.com V r.-v.

DOM PÉRIGNON Vintage 2015 ★★

●	n.c.		+ de 100 €

Le champagne de prestige par excellence, nommé en hommage au « père du champagne ». Chargé du vignoble et de la cave de l'abbaye de Hautvillers, dom Pérignon, à qui la tradition attribue l'invention de la méthode champenoise, montra cette maîtrise de l'art de l'assemblage qui fait les grandes cuvées. Après 28 ans dans la maison et quinze millésimes, son lointain successeur, le Vertusien Richard Geoffroy, a passé la main en 2019 à Vincent Chaperon, qui travaillait à ses côtés depuis treize ans. Le Dom Pérignon est toujours millésimé. Sa composition reste secrète et chaque millésime est une création. Tout au plus sait-on qu'il met en œuvre du chardonnay et du pinot noir des grands crus de la Côte des Blancs et de la Montagne de Reims, ainsi que de Hautvillers (1er cru), en souvenir de dom Pérignon. (NM)

Une robe or pâle animée de trains de bulles fines pour ce millésime solaire. Après un long vieillissement, il s'ouvre sur une large gamme d'arômes : touches toastées, brioche au four, beurre fondu, caramel et confiserie, pêche jaune, abricot sec, gelée de framboise, rehaussés de pointes épicées. Ces notes complexes de maturité, grillées et fruitées, se déclinent dans un palais intense, particulièrement ample, riche, onctueux, crémeux, gourmand et persistant, où tout apparaît bien fondu. Une belle acidité contribue à la finesse de l'ensemble, portant loin la finale fraîche et citronnée. ⧗ 2024-2029 ● **Plénitude 2 2006 ★ (+ de 100 €; n.c.)** Dédiée aux vieux millésimes, la gamme Plénitude permet de redécouvrir le Dom Pérignon 2006. Puissant, presque suave, teinté d'une légère amertume en finale, il déploie toute une gamme élégante d'arômes caractéristique des champagnes patinés : toast, épices, fruits secs, pruneau, tabac blond, touches fumées, complétés en bouche de nuances balsamiques, de pêche au sirop et de framboise. ⧗ 2024-2027

DOM PÉRIGNON, 20, av. de Champagne, 51200 Épernay, tél. 03 26 54 14 03, idesmonstiers@moethennessy.com r.-v.

DOM RUINART 2007 ★★

●	n.c.		+ de 100 €

La doyenne des maisons de champagne. On pourrait la classer monument historique, comme le sont ses caves creusées dans la craie pendant la période gallo-romaine, inscrites depuis 2015 au patrimoine mondial de l'Unesco. Le fondateur de l'affaire, Nicolas Ruinart, ajouta le négoce en vin en 1729 à son activité de marchand drapier – une autre industrie florissante dans la région à l'époque, bientôt abandonnée. La société est restée familiale jusqu'à son absorption par Moët et Chandon en 1963. Son champagne de prestige tire son nom du moine dom Ruinart, érudit contemporain de dom Pérignon. Au cœur des cuvées Ruinart depuis 1947, le chardonnay, pour un style privilégiant la fraîcheur. Frédéric Panaïotis est le chef de cave depuis 2007. (RM)

Un rosé composé de 80 % de chardonnay en grands crus de la Côte des Blancs (Avize, Chouilly, Le Mesnil-sur-Oger, Oger) et de la Montagne de Reims (Sillery et Verzenay), et de 20 % de pinot noir issu du grand cru Aÿ. Un 2007 tirant sur l'ambré à l'œil, au nez évolué de fruits secs, de tabac, de pâte brisée, de toasté, de fruits rouges confiturés. On retrouve cette palette complexe et mûre, tirant sur l'oxydatif, dans une bouche encore très fraîche à l'attaque, qui se fait ample, riche, généreuse dans son développement. Pour amateurs de champagnes évolués. ⧗ 2024-2027

Blancs de blancs 2007 ★ (+ de 100 €; n.c.) Les raisins proviennent pour l'essentiel (75 %) de grands crus de la Côte des Blancs, complétés par des blancs en grand cru de la Montagne de Reims (Sillery). Dans le verre, un blanc de blancs doré soutenu qui, passé une première approche sur la réduction, s'ouvre sur des notes évoluées et complexes de noix, de tabac, de thé et de noisette. Une même palette infuse une bouche ample, crémeuse, empyreumatique, très mûre. ⧗ 2024-2028

CHAMPAGNE RUINART, 4, rue des Crayères, 51100 Reims, tél. 03 26 77 51 51, aaubry@ruinart.com V r.-v. 5

DORÉ
Blanc de blancs 2018 ★

1er cru	1500		30 à 50 €

Sous Louis XV, les Monmarthe étaient déjà propriétaires de vignes. En 1930, Ernest élabore les premières bouteilles de champagne. Son arrière-petit-fils, Jean-Guy, s'installe en 1989 à la tête du domaine (17 ha, pour l'essentiel situé dans la Montagne de Reims). En 2014, il prend la succession de Gérard Doré (propriété de 4 ha fondée en 1928 dans le même village de Ludes), dont il conserve la marque. La gestion de ce vignoble est assurée par son fils Gauthier. Exploitation certifiée HVE. (RM)

Issu d'une année précoce, ce chardonnay vendangé fin août mêle au nez fleurs blanches et fruits compotés, assortis en bouche de nuances empyreumatiques. Équilibrée par ce qu'il faut de fraîcheur, sa matière crémeuse, ample et chaleureuse porte la marque d'un millésime solaire. ⧗ 2024-2027

CHAMPAGNE DORÉ, 32, rue Victor-Hugo, 51500 Ludes, tél. 03 26 61 12 67, contact@champagne-dore.com V r.-v.

DORÉ LÉGUILLETTE
Vieilles Vignes 2015 ★

	1411		30 à 50 €

Héritier d'une lignée de cultivateurs puis de viticulteurs, Robert Léguillette a commercialisé les premiers champagnes en 1963. Sa petite-fille Carole perpétue le domaine (près de 8 ha), situé dans le gros bourg viticole de Charly-sur-Marne, et certifié HVE. Elle confie la vendange à la COVAMA.

Élevés en cuve et en fût, meunier (53 %), chardonnay (28 %) et pinot noir jouent leur partition dans ce brut millésimé né d'une année chaude et sèche. Le nez libère des arômes évolués (fruits secs, raisins de Corinthe, miel) qui se prolongent dans un palais suave, à la finale acidulée. Pour les amateurs de vieux champagnes qui l'apprécieront avec une volaille ou des fromages à pâte cuite affinés. ⧗ 2024-2027 **Réserve d'antan ★ (15 à 20 €; 4500 b.)** Issu de meunier majoritaire (68 %), complété de chardonnay et d'un soupçon de pinot noir, ce brut aux arômes grillés comprend une forte proportion de vins de réserve et vieillit au moins 6 ans en cave : une élégante maturité. ⧗ 2024-2027

CHAMPAGNE DORÉ LÉGUILLETTE, 103, rue Émile-Morlot, 02310 Charly-sur-Marne, tél. 06 71 84 19 23, contact@champagne-doreleguillette.com V *t.l.j. 9h-12h 14h-18h*

DOURDON-VIEILLARD
Grande Réserve ★

	15000	20 à 30 €

Héritière d'une lignée de vignerons établie depuis 1812 à Reuil, sur la rive droite de la Marne, Fabienne Dourdon, après 10 ans dans le marketing, a pris la relève en 2006 sur ce domaine qui commercialise son vin depuis 1958 et compte près de 10 ha. Exploitation certifiée HVE. (RM)

Vieilli 5 ans en cave, ce brut porte l'empreinte du chardonnay qui compose 70 % de l'assemblage, complété par le pinot noir, ainsi que de sa vinification (fermentation malolactique bloquée pour le chardonnay, de façon à souligner l'acidité). Léger et frais au nez, entre beurre, amande blanche, agrumes et notes végétales, il dévoile aussi des arômes briochés et miellés et des nuances de fruits jaunes. De bonne persistance, le palais apparaît vif, marqué par la fraîcheur citronnée des agrumes. ⧗ 2024-2027 **Extra-brut Instant boisé ★ (30 à 50 €; 800 b.)** Pur meunier élevé en fût et vieilli 3 ans sur lattes, un champagne d'une belle fraîcheur, un rien amer en finale, intéressant par son expression aromatique assez complexe (fruits jaunes mûrs et zeste de citron au nez, pain grillé et pamplemousse en bouche). ⧗ 2024-2027

CHAMPAGNE DOURDON-VIEILLARD, 8, rue des Vignes, 51480 Reuil, tél. 03 26 58 06 38, fabienne@champagne-dourdon-vieillard.fr V r.-v.

DOYARD-MAHÉ
Extra-brut Blanc de blancs Vertus 2015 ★

1er cru	6000		30 à 50 €

Créé en 1927 par Maurice Doyard, cofondateur du Comité interprofessionnel du vin de Champagne, ce domaine de 6 ha situé à Vertus, dans la Côte des Blancs, a été géré entre 1988 et 2015 par Philippe Doyard, l'un de ses petits-fils. Sa fille Carole, qui l'avait rejoint en 2005, est maintenant aux commandes et s'inspire de la bio dans la conduite de son vignoble. Le chardonnay est à la base des cuvées de la propriété. (RM)

Une robe dorée pour ce blanc de blancs d'un millésime solaire, qui mêle au nez notes légèrement lactées, fumées et fruits mûrs. La bouche onctueuse est affinée par un côté acidulé. ⧗ 2024-2027 **Blanc de blancs Vertus Empreinte ★ (20 à 30 €; 35000 b.)** Florale au nez comme en bouche, la cuvée signature de la propriété séduit aussi par son équilibre entre rondeur et vivacité citronnée. ⧗ 2024-2027

CHAMPAGNE DOYARD-MAHÉ, 28, chem. des Sept-Moulins, Moulin d'Argensole, Vertus, 51130 Blancs-Coteaux, tél. 03 26 52 23 85, champagne.doyard-mahe@wanadoo.fr V r.-v.

DRAPPIER
Œnothèque 2003 ★★

	n.c.		75 à 100 €

Une maison auboise de renom fondée en 1808. Son actuel propriétaire, Michel Drappier, rejoint par ses enfants Charline, Hugo et Antoine, conduit un vignoble de 65 ha, planté majoritairement de pinot noir (dont ⅓ en bio) aux environs de Bar-sur-Aube, mais il s'approvisionne aussi dans d'autres secteurs

auprès de viticulteurs. À la cave, les sulfitages et les dosages sont mesurés. Les bouteilles de prestige, notamment les grands formats, vieillissent dans les vénérables caves creusées en 1152 par les moines de la proche abbaye de Clairvaux, les autres reposant à Reims dans des caves aménagées dans d'anciennes crayères. (NM)

Dosé en extra-brut, le premier millésime du réchauffement climatique met en avant le pinot noir (80 %, complété de chardonnay et d'un soupçon de meunier). Reflet d'une année caniculaire et d'un vieillissement de plus de 20 ans, un champagne de caractère, or soutenu, à l'expression intense, riche et subtilement évoluée (abricot sec, amande, noisette, pâtisserie, cassis, notes cendrées et miellées). Harmonieux, structuré, fondu et long, il est remarquable aussi par sa fraîcheur. ⧗ 2024-2026 ● **Michel et Hugo Drappier Zéro Dosage Fromenteau Les Truchots Trop m'en faut ★★ (75 à 100 €; n.c.)** Ⓑ Trop m'en faut? Une contrepèterie, qui renvoie au fromenteau, nom champenois du pinot gris. Ce cépage, qui donnait jadis des vins gris, n'est plus aujourd'hui qu'exceptionnellement vinifié en Champagne. Issu d'une parcelle de 90 ares, ce brut nature assemble à parité les années 2018 et 2017. Cépage et vinification transparaissent dans une robe or profond couronnée d'une belle mousse, dans une palette aromatique complexe, entre fruits exotiques, notes compotées, confites, fumées, grillées, et dans une bouche à l'unisson du nez, structurée, ronde et ample, de belle longueur. Riche et bien dessiné, ce fromenteau pourra accompagner une volaille. ⧗ 2024-2027 ● **Michel et Hugo Drappier Brut nature Les Riceys ★ (50 à 75 €; n.c.)** Vinifié comme le rosé tranquille des Riceys, le pinot noir fait l'objet d'une macération carbonique de 48 h en grappes entières. L'assemblage inclut 20 % de vins rosés issus d'une réserve perpétuelle et l'élevage se fait à 50 % en foudre de chêne. Après un repos de 30 mois en bouteilles, on obtient un rosé de repas, coloré, vineux, épicé, réglissé, fumé, ample et légèrement tannique en bouche, aux arômes de fruits noirs. ⧗ 2024-2026

CHAMPAGNE DRAPPIER, 14, rue des Vignes, 10200 Urville, tél. 03 25 27 40 15, info@champagne-drappier.com V r.-v.

DRIANT-VALENTIN L'Harmonie ★

●	5147		20 à 30 €

Grauves se niche dans un vallon voisin de la Côte des Blancs ceinturé de coteaux pentus couronnés de bois. Émile Driant a fondé le domaine viticole en 1920. Installé en 2000, son arrière-petit-fils David cultive 8 ha de vignes aux environs, ainsi qu'à Aÿ, et développe l'accueil. En 2018, il a aménagé une nouvelle cuverie qui lui permet de proposer des champagnes en quantités limitées. (RM)

Une nouvelle version (années 2016 et 2015) d'un brut très en vue l'an dernier, composé de chardonnay majoritaire (60 %) et de pinot noir. Léger au nez, il s'affirme en bouche, déployant des arômes flatteurs, fruités, vanillés et miellés, soulignés par une belle fraîcheur qui donne de l'allonge. ⧗ 2024-2027

CHAMPAGNE DRIANT-VALENTIN, 7, rue du Buat, 51190 Grauves, tél. 03 26 59 72 26, contact@champagne-driant-valentin.com V r.-v. Ⓒ

FRANÇOIS DUBOIS
Pure Réserve ★★

●	70000	20 à 30 €

Fils de vignerons de Faverolles-et-Coëmy, François Dubois vend du champagne dès le XVIIIᵉs. Nicolas, son descendant, crée en 1999 une structure de négoce qui connaît une forte croissance (50 ha de vignes en propre, des pressoirs, puis une cuverie qui permet de vinifier 240 ha) et rachète la maison Jeeper. En 2013, il continue à la gérer, alors que Michel Reybier (propriétaire du Ch. Cos d'Estournel, cru classé de Saint-Estèphe) a pris le contrôle de la maison. (NM)

Mi-blancs mi-noirs (avec 30 % de pinot noir), ce brut affiche une robe or soutenu qui annonce un nez intense et mûr, aux nuances beurrées, briochées et toastées. Le prélude à un palais biscuité, puissant, charnu et onctueux, tendu par une belle acidité qui porte loin la finale et laisse une impression de droiture et d'élégance. Parfait pour la table. ⧗ 2024-2027 ● **Pure Sélection ★★ (20 à 30 €; 70000 b.)** Composé aux ⅔ de chardonnay (avec 20 % de pinot noir et une goutte de meunier en appoint), un champagne franc, tendu et long, remarqué aussi pour son expression aromatique (pâtisserie, caramel au beurre salé, vanille et notes fruitées gourmandes). ⧗ 2024-2027

LES DOMAINES JEEPER, 3, rue de Savigny, 51170 Faverolles-et-Coëmy, tél. 03 26 05 08 98, info@champagne-jeeper.com V r.-v. Ⓔ

FRANÇOIS DUCHÊNE
lBlanc de blancs Cuvée Prestige ★

●	2000		15 à 20 €

Jérôme Duchêne a pris en 2006 les rênes de l'exploitation familiale fondée en 1969. Il élabore ses champagnes à partir de 6 ha de vignes situés autour de Cumières, dans la Grande Vallée de la Marne. (RM)

Après un repos de 4 ans en cave, ce blanc de blancs affiche une robe paille dorée. Frais au nez, il laisse poindre des notes de sous-bois et des touches grillées avant de révéler une bouche très briochée. ⧗ 2024-2027

CHAMPAGNE FRANÇOIS DUCHÊNE, 105, rue des Fontaines, 51480 Cumières, tél. 03 26 51 70 75, duchenefrancois@neuf.fr V r.-v.

R. DUMONT ET FILS
Extra-brut Œnothèque 2006 ★★

●	1000		50 à 75 €

Installés dans un petit village des environs de Bar-sur-Aube, les Dumont perpétuent une tradition viticole qui remonte au XVIIIᵉs. La dernière génération a constitué un coquet vignoble (25 ha) et fait construire un chai moderne inspiré de l'architecture locale avec ses parements de brique. Les champagnes de la propriété vieillissent plus de 4 ans en cave. (RM)

L'année 2006 a produit un nombre non négligeable de cuvées millésimées, dont quelques-unes ont été soumises à nos dégustateurs après un vieillissement prolongé. Ici, un blanc de noirs de pur pinot noir, qui a connu le bois, dosé en extra-brut. D'un jaune soutenu, il libère au nez des arômes de fruits secs (amande grillée, noix), complétés en bouche de notes de fruits jaunes compotés traduisant une heureuse évolution. La bouche se déploie avec ampleur et générosité. «Un champagne qui a bien vieilli», concluent nos dégustateurs, louant «l'expression bien définie du pinot noir» ⧗ 2024-2027

R. DUMONT ET FILS, 8, rue de Champagne, 10200 Champignol-lez-Mondeville, tél. 06 08 57 79 05, rdumontetfils@wanadoo.fr V r.-v.

B DURDON-BOUVAL
Brut nature Blanc de blancs Candide ★

	2500		30 à 50 €

Ludovic et Sandie Durdon ont pris en 2000 la suite de trois générations sur le domaine familial implanté dans la vallée de la Marne. À la tête de 7,5 ha, ils ont engagé la conversion bio de 3 ha de vignes; la certification a été acquise en 2013 pour le chardonnay et en 2015 pour les pinots, la certification biodynamique en 2023. Avec l'arrivée du fils Antoine, le vignoble s'est agrandi. Depuis 2021, un pressoir et une nouvelle cuverie permettent d'effectuer à la propriété l'intégralité de la vinification confiée auparavant à la coopérative locale. (RC)

Une belle régularité pour ce blanc de blancs non dosé, construit pour cette version sur la récolte 2020, vinifiée en cuve et complétée par des vins de réserve de 2019 élevés 12 mois en fût. Discret et très minéral au nez, crayeux, iodé, le champagne apparaît vif sans mordant, net et longiligne. Un champagne droit et élégant, qui formera un bel accord avec les produits de la mer. ⧗ 2024-2027

CHAMPAGNE DURDON-BOUVAL, 11, rue de Verdun, 51700 Vincelles, tél. 06 33 51 49 04, contact@champagne-durdonbouval.com V r.-v.

CHARLES ELLNER
Prestige 2011 ★★

	10000		30 à 50 €

Maison de négoce créée en 1905 par Charles-Émile Ellner, remueur devenu élaborateur. Les générations successives ont agrandi peu à peu le vignoble, qui compte aujourd'hui 50 ha. Jean-Pierre Ellner, petit-fils du fondateur, est aux commandes, épaulé par ses deux filles et ses deux neveux. Autres étiquettes : Charles de Floricourt, Vve M. Page, Duc d'Armonville. (NM)

Précoce mais plus fraîche et humide que prévu, l'année 2011 n'est pas la plus millésimée. Elle semble avoir été propice au chardonnay, qui compose 70 % de cette cuvée, avec le pinot noir en complément. Un champagne loué tant pour son expression aromatique complexe, entre minéralité, fruits jaunes et notes évoluées de fleurs séchées, de cire et de miel, que pour sa tension élégante, à laquelle contribue sans doute sa vinification. ⧗ 2024-2029 ● **★ (20 à 30 €; 50000 b.)** Construit sur la vendange 2019, un rosé issu de chardonnay et de pinot noir à parité. Ses arômes de fruits rouges compotés et sa souplesse sont équilibrés par une finale longue et citronnée. ⧗ 2024-2027 ● **Charles de Floricourt ★ (20 à 30 €; 20000 b.)** Une palette élégante (fruits rouges poivrés et vanillés, notes florales et végétales) et une bouche harmonieuse, alliant gras et fraîcheur, pour ce rosé mi-chardonnay mi-pinot noir. ⧗ 2024-2027

CHARLES ELLNER, 6, rue Côte-Legris, 51200 Épernay, tél. 03 26 55 60 25, info@champagne-ellner.com V r.-v.

EPC
Blanc de blancs ★

Gd cru	10000		50 à 75 €

Une marque récente fondée en 2019 par trois associés, Edouard Roy, jeune entrepreneur fils de vigneron, Jérôme Queige, fort d'une expérience dans une grosse structure, et Camille Jullien, venue du marketing. Aucun outil de production ni vignoble, mais un souci de traçabilité, car la contre-étiquette indique pour chaque cuvée l'élaborateur et le(s) terroir(s). Préférant les faibles dosages, la jeune maison prône une consommation décomplexée du champagne, préférant à la flûte le blida, petit verre traditionnel. (MA)

Le chardonnay à l'origine de ce blanc de blancs grand cru provient d'Avize et d'Oger, «à 42 mn de vélo d'Épernay», précise la contre-étiquette. L'élaborateur est un «groupe de vignerons d'Avize». On explicite : la coopérative des Anciens du lycée viticole (Sanger). Élégant et subtil, le nez mêle le pamplemousse, l'aubépine, les fruits blancs et les fruits exotiques, teintés d'une touche anisée. Le zeste de citron et une note mentholée s'ajoutent à cette palette dans une bouche qui reste sur cette ligne de fraîcheur. ⧗ 2024-2027

CHAMPAGNE EPC, 2, rue de la Liberté, 51120 Vindey, tél. 09 81 08 47 25, teamblidas@epc-champagne.com V r.-v.

ESTERLIN Éclat ★

	n.c.		30 à 50 €

En 1948, trois familles fondent à Mancy la coopérative des Coteaux d'Épernay, qui prend pour marque Esterlin. Aujourd'hui, près de 200 adhérents, cultivant environ 120 ha, et trois centres de pressurage, 11 ha en propre et une certification HVE. La cave s'approvisionne non seulement dans les Coteaux d'Épernay mais aussi dans la vallée de la Marne et le Sézannais. Le chardonnay est très présent dans ses cuvées, vinifiées sans fermentation malolactique et vieillies au moins 5 ans. (CM)

Déjà «approuvé» l'an dernier, ce brut comprend dans cette dernière version 60 % de meunier, 30 % de chardonnay et 10 de pinot noir. Il inclut 30 % de vins de réserve issus d'une solera (réserve perpétuelle) débutée en 1972. Plutôt vineux et mûr au nez, floral et confit, il séduit par son attaque vive relayée par des impressions de rondeur et finit sur une légère amertume. Assez généreusement dosé pour certains palais, il n'en est pas moins flatteur. ⧗ 2024-2027

CHAMPAGNE ESTERLIN, 25, av. de Champagne, 51200 Épernay, tél. 03 26 59 71 52, contact@champagne-esterlin.fr V r.-v.

DANIEL ÉTIENNE
Zéro dosage Grande Réserve ★

1er cru	3200		20 à 30 €

Depuis quatre générations, la famille Étienne cultive 7 ha de vignes autour de Cumières, dans la Grande Vallée de la Marne. Exposé au sud, son vignoble est connu pour sa précocité et fournit, outre des champagnes en 1er cru, des vins rouges réputés. Après le père, Jean-Marie, déjà présent dans le Guide, Daniel, le fils, signe la production depuis 2009. Il a été rejoint en 2024 par Louis-Marie, 22 ans. Domaine certifié HVE. (RM)

L'assemblage est top secret ! Tout au plus sait-on que cette cuvée est construite sur la vendange 2017 complétée de vins de réserve et qu'aucun sucre n'est ajouté après dégorgement. Après un repos prolongé sur lies, ce champagne arbore une robe or jaune parcourue de bulles fines et abondantes qui laissent monter des arômes complexes, évolués, de fruits blancs compotés, de fruits secs et de pain aux raisins. Ample, puissant et structuré, il montre aussi un côté minéral et une belle tension qui lui donne de l'allonge. De la personnalité. ⧗ 2024-2027

CHAMPAGNE DANIEL ÉTIENNE, 166, rue de Dizy, 51480 Cumières, tél. 03 26 55 14 33, champagne.etiennedaniel@wanadoo.fr V r.-v.

CHRISTIAN ÉTIENNE Cuvée Tradition ★

●	28 000		15 à 20 €

Installés en 1978, non loin de Bar-sur-Aube, Christian Étienne et son épouse Anne mettent en valeur 10 ha de vignes, rejoints par leur fils Benoît et secondés par leur œnologue Laurent Achddou. S'il dispose de vastes équipements modernes, Christian, formé à Beaune, apprécie les élevages en pièce de chêne. (RM)

Une fois de plus apprécié, ce brut met en avant le pinot noir (60 % dans cette version, mariant les années 2018 et 2017), allié au chardonnay. Il comprend 25 % de vins élevés sous bois. Avec son nez élégant, entre agrumes et fleurs blanches, et sa bouche fraîche, acidulée, de belle longueur, où la pêche vient compléter la palette aromatique, il laisse une impression de légèreté et de finesse. ⧗ 2024-2027 ● **Blanc de blancs ★ (15 à 20 €; 5 600 b.)** Mariant les récoltes 2020 et 2019, incorporant des vins élevés sous bois, un blanc de blancs consistant et élégant, assez long, aux arômes de fleurs blanches, de fruits jaunes et de pain grillé. ⧗ 2024-2027

CHAMPAGNE CHRISTIAN ÉTIENNE, 12, rue de la Fontaine, 10200 Meurville, tél. 06 79 55 83 33, champagnesperance@orange.fr V r.-v.

PASCAL ÉTIENNE Tradition ★

●	12 000		15 à 20 €

Après avoir travaillé jusqu'en 1993 avec son père Jean-Marie, Pascal Étienne lui a succédé sur le domaine familial : 5 ha à Cumières, Hautvillers et Damery. Il signe ses cuvées depuis 2010 et a une salle de réception offrant une vue panoramique sur la vallée de la Marne. Pascal Étienne est aussi un pilote expérimenté qui propose aux touristes un survol de la Champagne en ULM ou en gyrocoptère. (RM)

La robe jaune doré traduit une forte proportion de raisins noirs (80 %, pinot noir et meunier à parts égales) dans ce brut généreux, aux arômes de brioche et d'amande grillée, de bonne longueur, marqué en finale par une petite pointe d'amertume. ⧗ 2024-2027 ● **Grande Cuvée ★ (20 à 30 €; 8 600 b.)** Une fois de plus apprécié, un brut à dominante de chardonnay (80 %, avec du pinot noir). Gourmand, riche, frais et long, il offre une expression élégante, d'une belle complexité (fruits blancs, ananas, agrumes). ⧗ 2024-2027 ● **Brut nature ★ (15 à 20 €; 4 000 b.)** Fruits blancs compotés, coing, notes florales : une palette complexe, légèrement évoluée, pour ce champagne à dominante de noirs (pinot noir et meunier à 40 % chacun), avec la fraîcheur minérale d'un champagne non dosé. ⧗ 2024-2027

CHAMPAGNE PASCAL ÉTIENNE, 39, rte Nationale, 51530 Mardeuil, tél. 06 89 98 64 72, champagne@pascal-etienne.com V r.-v.

EUGÈNE III Blanc de noirs ★★

●	23 000		20 à 30 €

Voisine de l'abbaye cistercienne de Clairvaux, la coopérative de Baroville et des environs (Aube), fondée en 1962, a pour marques De Barfontarc et Eugène III, gamme plus récente qui garde le souvenir d'un compagnon de saint Bernard devenu pape au XIIe s. La cave vinifie les récoltes de 127 ha. Le pinot noir, largement dominant dans le secteur de Bar-sur-Aube, est très présent dans les assemblages. (CM)

Du pinot noir, deux années solaires, 2019 et 2018. Dans le verre, une robe or jaune, un panier de fruits d'été – la quetsche, la mirabelle, la pêche jaune – et une bouche ronde, allégée par une finale fraîche. ⧗ 2024-2027 ● **★★ (20 à 30 €; 19 000 b.)** Composé de pinot noir (pour les ⅔) et de chardonnay, un rosé saumoné à la fois vineux, gourmand et élégant, aux arômes de fruits rouges et de fleurs blanches, servi par une finale minérale, fraîche et persistante. ⧗ 2024-2027 ● **Tradition ★ (20 à 30 €; 130 000 b.)** Du pinot noir majoritaire (76 %) et du chardonnay au service d'un brut agréable par sa finesse et sa fraîcheur, aux arômes de fleurs et de fruits blancs. ⧗ 2024-2027

CHAMPAGNE EUGÈNE III, 18, rue de Bar-sur-Aube, 10200 Baroville, tél. 03 25 27 07 09, champagne@barfontarc.com V *t.l.j. sf sam. dim. 9h-12h 13h30-17h30*

FENEUIL-COPPÉE
Blanc de blancs Éternelle ★★★

● 1er cru	1912	20 à 30 €

Annabelle et Olivier Coppée, frère et sœur, ont repris en 2000 le domaine et la marque créés par leurs parents. Leur vignoble couvre 8 ha à Chamery et à Écueil, villages voisins proches de la cité des Sacres, dans la Montagne de Reims, classés l'un comme l'autre en 1er cru. (RC)

La version précédente avait décroché un coup de cœur l'an dernier. Issue d'années différentes (90 % de chardonnay récoltés en 2016 assemblés à 10 % de la vendange 2015), cette cuvée restée de longues années en cave obtient encore la note maximale. Un blanc de blancs loué pour sa robe or pâle à reflets verts, animée d'une bulle légère et vive, et surtout pour sa complexité et pour sa fraîcheur préservée. D'abord minéral (coquille d'huître), il s'ouvre sur le fruit blanc, teinté de touches mentholées et reste sur cette ligne en bouche, alerte, élégant et long. ⧗ 2024-2027 ● **Sélection ★ (20 à 30 €; 9 000 b.)** Mariant les trois cépages champenois, avec une dominante de chardonnay (70 %) un brut expressif (fleur séchée, fruits blancs ou jaunes, agrumes, brioche) facile et frais, d'une belle finesse malgré un dosage assez généreux. ⧗ 2024-2027 ● **1er cru ★ (20 à 30 €; 4 000 b.)** Né d'un assemblage largement dominé par les pinots (meunier surtout), un rosé d'une agréable légèreté, à la fois suave et frais, à l'expression aromatique élégante (fleurs blanches, groseille et autres fruits rouges, touche de grillé). ⧗ 2024-2027

CHAMPAGNE FENEUIL-COPPÉE, 9, rue des Prés-Éloys, 51500 Chamery, tél. 03 26 97 66 72, info@champagne-feneuilcoppee.com V r.-v.

FENEUIL-POINTILLART
Extra-brut Pur Chardonnay Marquis de Luth ★★

2500 | | 20 à 30 €

Lancée en 1972, cette marque a consacré l'alliance de deux familles vigneronnes enracinées depuis le XVIIes. à Chamery, 1er cru de la Montagne de Reims. En 2011, la dernière génération, représentée par Astrid et Benjamin Feneuil, a pris les rênes du domaine, qui couvre 7 ha. (RC)

Le chardonnay à l'origine de cette cuvée a séjourné 6 mois en fût de chêne. Il n'a pas légué pour autant d'arômes boisés à ce blanc de blancs aux arômes de pomme mûre et à la bouche harmonieuse, minérale, fraîche sans mordant. On verrait bien ce champagne peu dosé sur des crustacés. ⧗ 2024-2027

CHAMPAGNE FENEUIL-POINTILLART, 21, rue du Jard, 51500 Chamery, tél. 03 26 97 62 35, info@champagne-fp.com V r.-v.

NICOLAS FEUILLATTE
Cuvée légendaire ★★

n.c. | | 30 à 50 €

Marque fondée par Nicolas Feuillatte, en 1976, cédée par son créateur en 1986 au Centre vinicole de Chouilly (CV CNF), union de producteurs constituée en 1972 et installée en plein vignoble. Après l'acquisition du Champagne Herni Abelé (2019) puis la fusion en 2021 avec la Coopérative régionale des Vins de Champagne (CRVC, marque Castelnau), la nouvelle union, Terroirs et Vignerons de Champagne, regroupe 82 coopératives, 6 000 adhérents et plus de 2 750 ha répartis dans toute la Champagne. Ses caves stockent des dizaines de millions de bouteilles. Guillaume Roffiaen est le chef de cave. (CM)

Déjà appréciée l'an dernier, cette cuvée de prestige, lancée en 2022, naît de pinot noir et de chardonnay à parité. Elle tire sa complexité et sa structure d'un assemblage savant : ⅓ de vins clairs, ⅓ de vins de réserve et ⅓ de flacons sur lattes de 10 années de vendanges (entre 1998 et 2018). Dans le verre, une robe jeune animée de fins cordons de bulles qui laissent monter une large palette d'arômes fruités et évolués : citron confit, notes florales, compotées, prune, brioche chaude, sous-bois, touches fumées, minérales… L'attaque acidulée, sur les agrumes, est relayée par des impressions de richesse et d'ampleur. Puissance et douceur : de la personnalité. ⧗ 2024-2027

Grande Réserve ★ (20 à 30 €; n.c.) Les trois cépages champenois (meunier 65 %, pinot noir 20 %, chardonnay 15 %) au service d'un brut sans année fruité et brioché, élégant, droit et frais. ⧗ 2024-2027

CHAMPAGNE NICOLAS FEUILLATTE, CD 40A, 51530 Chouilly, tél. 03 26 59 55 50, service-visites@feuillatte.com V r.-v.

FLEURY-GILLE 2016 ★

5000 | | 20 à 30 €

Trélou est situé au cœur de la vallée de la Marne, du côté de Dormans et en amont de Château-Thierry. Pierre-Louis Fleury était déjà vigneron dans ce village au milieu du XIXes. La marque Fleury-Gille a été créée en 1955. Installé en 2000 comme récoltant-manipulant, Bertrand Fleury exploite avec sa sœur Christine 8 ha de vignes. (RM)

Pluies excédentaires au printemps suivies d'épisodes de sécheresse estivale, l'année 2016, chaotique, a été sauvée par son arrière-saison. Après un passage sous bois et un long séjour en cave, ce brut millésimé, qui assemble à parts égales chardonnay et pinot noir, offre un nez discret, entre agrumes (citron, pamplemousse) et notes pâtissières. En bouche, son caractère vif et citronné s'affirme, teinté de beaux amers en finale. De la personnalité. ⧗ 2024-2029

CHAMPAGNE FLEURY-GILLE, 23, rue Pascal, Courcelles, 02850 Trélou-sur-Marne, tél. 03 23 70 83 99, contact@champagne-fleury-gille.fr r.-v.

ROMAIN FLORÉMONT ★

63497 | | 15 à 20 €

Émile, Lucien, Alain et, depuis 2010, Romain : les Mercier se transmettent depuis quatre générations cette exploitation fondée en 1910, située dans le secteur ouest de la vallée de la Marne. L'actuel récoltant-manipulant cultive 9 ha, avec 3 ha pour chacun des cépages champenois, et commercialise sous plusieurs marques ses cuvées, souvent vieillies au moins 3 ans. (RM)

Une marque du Champagne Alain Mercier. Mariant les récoltes 2021 (année qui pleure) et 2020 (année qui rit), ce brut est composé à 80 % de noirs (pinot noir et meunier à parts égales). Doré intense, il mêle au nez agrumes, fruits exotiques et notes biscuitées, puis dévoile des notes de fruits jaunes dans une bouche flatteuse, de belle longueur, généreusement dosée. Il pourra accompagner des cuisines du monde et même des desserts fruités. ⧗ 2024-2027

CHAMPAGNE ALAIN MERCIER ET FILS, 14, rte du Champagne, 02850 Passy-sur-Marne, tél. 03 23 70 35 48, contact@champagne-alain-mercier.fr V r.-v.

CHAMPAGNE FLUTEAU
Blanc de noirs ★

30000 | | 20 à 30 €

À l'origine, une maison de négoce créée en 1935 par Émile Hérard, vigneron, associé à son gendre Georges Fluteau, fils d'un courtier en vins. Une des pionnières des champagnes aubois. Installé en 1996, Thierry Fluteau, lui, a préféré le statut de récoltant-manipulant. Son fils Jérémy, qui élaborait déjà les cuvées, a pris en 2020 les commandes de la propriété : 9 ha de vignes au sud de la Côte des Bar (Aube). Domaine certifié HVE. (RM)

Dans le Barséquanais, le pinot noir occupe 85 % des superficies. Issu de ce cépage, ce blanc de noirs est donc un classique de la propriété. Né à 60 % de la récolte de 2020 complétée de vin de réserve, vieilli 3 ans en bouteille, il offre bien le profil de ce type de champagne : robe or jaune, nez sur la pomme cuite, assez discret, bouche plus expressive, aussi ronde que longue, d'une belle fraîcheur, aux arômes de mirabelle et de pruneau. ⧗ 2024-2028

CHAMPAGNE FLUTEAU, 5, rue de la Nation, 10250 Gyé-sur-Seine, tél. 03 25 38 20 02, champagne.fluteau@orange.fr V r.-v.

FOISSY-JOLY Réserve ★

● | 25000 | | 15 à 20 €

Noé-les-Mallets : un village aubois au bord du ru de Noé, entouré d'un amphithéâtre couvert de vignes, dans la région de Bar-sur-Seine. Installé en 2003 à la suite de trois générations, Frédéric Joly, rejoint en 2011 par son épouse Bénédicte, y conduit le domaine familial (7,5 ha). Il a lancé sa propre étiquette. (RM)

Construit sur la récolte 2021, ce brut doit presque tout au pinot noir, cépage vedette de l'Aube, complété par 5 % de chardonnay. Or à reflets roses, il offre un nez fruité et très frais, mêlant le zeste de citron, la pomme verte, la poire, des touches fumées, épicées et, en bouche, briochées et toastées. Le prélude à un palais tout en vivacité, de belle longueur. ⧗ 2024-2027

CHAMPAGNE FOISSY-JOLY, 4, rue de Chatet, 10360 Noé-les-Mallets, tél. 03 25 29 65 24, contact@champagne-foissy-joly.com V *r.-v.*

JEAN DE LA FONTAINE La Flatteuse ★

● | 20000 | | 15 à 20 €

Fondée en 1947 par Albert Baron, reprise en 1972 par trois de ses fils, puis par ses trois petites-filles, Claire, Lise et Aline (ces dernières œnologues), la maison de négoce Baron Albert s'appuie sur un important vignoble (55 ha) dans la vallée de la Marne, aux environs de Château-Thierry. Plusieurs marques : Baron Albert, Claude Baron, Régine Baron, Baron et Fille, Jean de La Fontaine, Eugénie Bezard, Jean Duclert. Maison certifiée HVE. (NM)

Une gamme inspirée par les Fables du poète né à Château-Thierry. La Flatteuse est un rosé d'assemblage issu des trois cépages champenois. Discrètement floral et fruité, il tire de l'ajout de 7 % de meunier vinifié en rouge sa teinte rose pastel, quelques arômes discrets de baies rouges et, d'une proportion non négligeable de raisins blancs (chardonnay 43 %), des arômes d'agrumes et une belle fraîcheur. Un rosé bien construit et dynamique. ⧗ 2024-2027 ● **L'indisciplinée ★ (20 à 30 €; 5000 b.)** Un blanc de blancs de la vallée de la Marne. Avec ses arômes briochés et confits de champagne patiné (vendange 2010) ce champagne de belle longueur est adapté au repas ou au fromage. ⧗ 2024-2026

CHAMPAGNE BARON ALBERT, 1, rue des Chaillots, Le Grand-Porteron, 02310 Charly-sur-Marne, tél. 03 23 82 02 65, contact@champagnebaronalbert.fr V *t.l.j. sf dim. 8h-12h 13h30-18h; sam. 9h-12h*

FOREST-MARIÉ Brut de blancs ★

● | 7040 | | 15 à 20 €

Thierry Forest, de Trigny (massif de Saint-Thierry, au nord-ouest de Reims), et Gracianne Marié, d'Écueil (1er cru de la Montagne de Reims au sud de la cité des Sacres), ont uni leurs destinées et leurs vignes en 1992 et installé un pressoir dans le village du premier. Rejoints par leurs enfants Louis et Marthe, ils exploitent 9 ha, soit 86 parcelles réparties dans les deux secteurs. Domaine certifié HVE. (RM)

Ce blanc de blancs met en œuvre la vendange de la précoce année 2018 et des vins de l'année précédente. Son séjour partiel de 8 mois dans le bois n'a pas marqué sa palette aromatique délicate qui associe des notes florales et végétales. Plus intense, le palais évoque le bonbon au citron et se distingue par une belle persistance. ⧗ 2024-2027

FOREST-MARIÉ, 20, rue de la Chapelle, 51140 Trigny, tél. 03 26 03 13 23, champagne-forest-marie@orange.fr V *r.-v.*

♥ JEAN FORGET Tradition ★★

● 1er cru | 2000 | 20 à 30 €

Installé en 2000 sur le vignoble familial, Christian Forget est établi à Ludes, dans la Montagne de Reims. Son vignoble, en 1er cru et en grand cru, se répartit entre ce secteur et la Côte des Blancs. (RM)

Christian Forget a assemblé par tiers pinot noir, meunier et chardonnay dans cette cuvée or jaune qui a charmé d'emblée nos dégustateurs par sa présence. Deux mots pour la résumer : richesse et harmonie. Complexe et généreuse, son expression aromatique mêle les fruits jaunes très mûrs, presque confits, et le miel. Vanillé et toasté, vineux, ample, frais et persistant, le palais prolonge bien le nez. Ce champagne accompagnera volontiers un repas. ⧗ 2024-2027

JEAN FORGET, 2, rue Nationale, 51500 Ludes, tél. 06 52 03 14 18, forgetchristian@gmail.com V *r.-v.*

MICHEL FORGET Brut ★★

● 1er cru | 130000 | | 20 à 30 €

Perpétuant une tradition vigneronne transmise depuis six générations, Michel Forget crée la société Forget-Brimont en 1978. Il s'associe en 2000 à Frédéric Jorez, fils d'un vigneron de son village. Le tandem exploite sur le flanc nord de la Montagne de Reims un vignoble de plus de 19 ha classé en grand cru et en 1er cru. Maison certifiée HVE. (NM)

Une très belle qualité pour cette cuvée, restée plus de 30 mois sur lies, et des volumes qui n'ont rien de confidentiel. Très fraîche, minérale et fruitée au nez, elle tire sans doute des raisins noirs, majoritaires dans l'assemblage (80 %, pinot noir et meunier à parité) son ampleur généreuse, soulignée par le dosage mais contrebalancée par une belle acidité. La finale acidulée montre une persistance rare pour un brut sans année. ⧗ 2024-2027

FORGET-BRIMONT, 11, rte de Louvois, 51500 Craon-de-Ludes, tél. 03 26 61 10 45, contact@champagne-forget-brimont.fr V *r.-v.*

FORGET-CHEMIN Grande Réserve ★★

● 1er cru | 5000 | | 20 à 30 €

Installé en 1991, Thierry Forget, œnologue, représente la 4e génération sur l'exploitation familiale, qui couvre 13 ha répartis sur 11 crus et 60 parcelles de la Montagne de Reims, de la vallée de la Marne et

de celle de l'Ardre. Domaine certifié HVE. Plusieurs étiquettes : Forget-Chemin, Paul Forget et Marie Forget. (RM)

Composée des trois cépages champenois à parts égales, cette cuvée assemble des crus du versant nord de la Montagne de Reims, notamment des raisins de Mailly-Champagne et de Verzenay (grands crus). Elle s'ouvre sur un subtil bouquet floral et fruité avant de s'orienter vers l'amande grillée et le miel. Dans le même registre, le palais, légèrement fumé, associe délicatesse et vivacité. ⧗ 2024-2027 ● **1er cru ★ (20 à 30 €; 5000 b.)** Proche de la Grande Réserve par son assemblage, ce rosé fruité, de belle longueur, tire de l'apport de pinot noir de Mailly vinifié en rouge (12 %) sa robe colorée et ses arômes framboisés. ⧗ 2024-2027

CHAMPAGNE FORGET-CHEMIN, 15, rue Victor-Hugo, 51500 Ludes, tél. 06 80 13 15 18, champagne.forget.chemin@gmail.com V r.-v.

PHILIPPE FOURRIER Pinot blanc ★★

●	5000		30 à 50 €

Fondée en 1847, cette structure familiale est présente depuis cinq générations dans la Côte des Bar (Aube) et élabore ses champagnes depuis le début du XXes. Elle a son siège à Baroville, le plus gros village viticole de la région de Bar-sur-Aube, et dispose de 22 ha en propre. À sa tête, Philippe Fourrier, rejoint par ses enfants. Plusieurs étiquettes : Philippe Fourrier, Delfour, Belvigne... Maison certifiée HVE. (NM)

Après un meunier, cépage champenois presque insolite à Baroville, très bien accueilli l'an dernier, la maison auboise présente un brut issu de pinot blanc, variété autorisée qui conserve quelque faveur dans le département. Un champagne grillé au nez, gourmand, rond et persistant, affiné par une fraîcheur saline, qui pourra accompagner crustacés cuisinés ou viandes blanches. ⧗ 2024-2027

CHAMPAGNE PHILIPPE FOURRIER, 39, rue de Bar-sur-Aube, 10200 Baroville, tél. 03 25 27 13 44, contact@champagne-fourrier.fr V *t.l.j. sf dim. 9h-12h 13h30-17h30*

CHAMPAGNE FREREJEAN FRÈRES Extra-brut Cuvée des hussards 2012 ★★

● 1er cru	13 000		75 à 100 €

Les frères Guillaume, Rodolphe et Richard Frerejean-Taittinger ont créé en 2005 leur propre maison à Avize, en association avec Didier Pierson, héritier d'une vieille famille vigneronne de la Côte des Blancs. Leur objectif : élaborer de façon artisanale des cuvées haut de gamme, exclusivement issues de vignes de 1ers ou grands crus, et vieillies de 5 à 12 ans. (NM)

Arrosé au printemps, le millésime 2012 a été sauvé par un soleil estival. Faible en volume, la vendange a conjugué richesse et acidité. Cette cuvée de prestige, déjà dégustée il y a trois ans, illustre le potentiel de ce millésime coté. Issue exclusivement de la Côte des Blancs, elle assemble 85 % de chardonnay et 15 % de pinot noir. Jeune de couleur, jaune pâle à reflets verts, riche et complexe, elle a bien évolué. Le nez mêle minéralité (pierre à fusil), touches fumées, fruits à coque, fruits exotiques et un soupçon de miel. Vive et citronnée en attaque, sur le zeste, la bouche bénéficie d'une finale longue et saline. ⧗ 2024-2029

CHAMPAGNE FREREJEAN FRÈRES, 66, rue Pasteur, 51190 Avize, tél. 01 80 50 20 03, info@frerejeanfreres.com V r.-v.

ÉMILIEN FRESNE Extra-brut Inno-Sens ★

●	2500		15 à 20 €

Domaine créé en 1957 par Émilien et Yvette Fresne à Cuisles, petit village niché au fond d'un vallon, sur la rive droite de la Marne. Récoltant-manipulant, Florent Fresne a pris en 1994 les rênes de l'exploitation, qui couvre 4,6 ha répartis dans plusieurs villages de ce secteur de la vallée.

Cépage le plus cultivé dans la vallée de la Marne, le meunier est mis en avant (80 %) dans ce champagne, complété par le pinot noir. Un blanc de noirs qui assemble deux années solaires, 2019 et 2018. Jaune doré, il offre un nez expressif, bien fruité (fruits jaunes, bonbon à la fraise, touche de violette) et vanillé. Il allie la vinosité des raisins noirs mûris sous un grand soleil à une fraîcheur acidulée, soulignée par le faible dosage des extra-bruts. Ciselé et droit, marqué par une pointe d'amertume en finale, il dévoile une belle personnalité. ⧗ 2024-2027

CHAMPAGNE ÉMILIEN FRESNE, 4, rue Eugène Moussé, 51700 Châtillon-sur-Marne, tél. 03 26 58 10 54, contact@champagne-fresne-emilien.fr V r.-v.

CHAMPAGNE FRESNE DUCRET Le Chemin du chemin ★

● 1er cru	7991		20 à 30 €

Sept générations de viticulteurs, premiers champagnes en 1946. Après avoir vinifié en Bourgogne et en Nouvelle-Zélande, puis épaulé ses parents, Pierre Fresne a pris en 2007 les rênes du domaine : 6 ha autour de Villedommange, 1er cru au sud de Reims. (RM)

Vieillie au moins 3 ans en cave, cette cuvée mobilise les trois cépages champenois, dont 40 % de chardonnay, et assemble les récoltes 2017 et 2016. Un expert, plus à l'aise dans la langue de Shakespeare, décrit son nez comme suit : *complex, smoke, apple, peach*, puis loue son palais *very well balanced*. Les autres dégustateurs vont dans le même sens : « pomme cuite et fruits mûrs, notes fumées, maturité et bel équilibre. » ⧗ 2024-2027

CHAMPAGNE FRESNE DUCRET, 10, rue Saint-Vincent, 51390 Villedommange, tél. 03 26 49 24 60, champagne@.fresneducret.com V r.-v.

DENIS FRÉZIER Brut nature 100 % Chardonnay Exception 2015 ★

● Gd cru	800		30 à 50 €

Le premier des Frézier vignerons naquit en 1799. Alfred Frézier commença la commercialisation des champagnes en 1935. Depuis 2001, c'est son petit-fils Sébastien, fils de Denis, qui gère l'exploitation : près de 6 ha, répartis dans autant de villages, entre coteaux d'Épernay, Côte des Blancs et Grande Vallée de la Marne. Certifiée HVE, la propriété est en conversion bio. (RM)

Resté plus de 7 ans sur ses lies, ce blanc de blancs millésimé vient d'une parcelle (28 ares) de Cramant. Son expression très minérale, entre craie et pierre à fusil, nuancée de notes empyreumatiques (l'âtre froid, le grillé) reflète son terroir d'origine. Surprenante pour ce millésime solaire, la bouche aux arômes d'agrumes, passée une attaque souple, se montre très fraîche, droite, presque juvénile, énergique comme ses bulles fines et alertes. Un caractère auquel contribue sans doute l'absence de sucre ajouté en fin de vinification (brut nature). ⧗ 2024-2027

CHAMPAGNE DENIS FRÉZIER, 50, rue Gaston-Poittevin, 51530 Monthelon, tél. 03 26 59 70 16, contact@champagne-frezier.com V r.-v.

FROMENT-GRIFFON
Extra-brut Blanc de blancs Élevé en fût ★

1er cru	700		30 à 50 €

Marie et Mathias Froment, œnologues diplômés, exploitent depuis 2002 les 7,4 ha du vignoble créé par l'arrière-grand-père de Mathias dans la Montagne de Reims, à Sermiers, commune classée en 1er cru. Mathias est aussi le vice-président de la coopérative de ce village, où il apporte ses raisins; le couple intervient dans les assemblages. Propriété certifiée HVE. (RC)

Baptisée en hommage à l'arrière-grand-mère du vigneron, cette cuvée met en œuvre du chardonnay de la Montagne de Reims récolté en 2019, vinifié et élevé 8 mois en fût et resté plus de 3 ans sur ses lies. Discret, subtil et complexe, le nez s'affirme à l'aération, libérant des notes fraîches de pomme verte associées à des nuances gourmandes de beurre, de brioche, voire de tarte Tatin. Charnu, onctueux, le palais offre une texture fine et élégante, tonifié par une finale acidulée, un rien amère, aux accents d'amande grillée. ⧗ 2024-2029

CHAMPAGNE FROMENT-GRIFFON, 2, rue du Clos-des-Moines, 51500 Sermiers, tél. 03 26 46 94 36, contact@champagne-froment-griffon.com V r.-v.

FROMENTIN LECLAPART ★★

Gd cru	4 500		20 à 30 €

Depuis 1925, 4 générations de viticulteurs se sont succédé sur ce domaine, dont Jean-Baptiste Fromentin a pris la tête en 2005. Il exploite un vignoble de 5 ha fort bien situé à Bouzy et à Ambonnay, grands crus de noirs de la Montagne de Reims. Il presse ses raisins en commun avec une poignée de collègues récoltants en grand cru mais élabore lui-même ses cuvées. (RC)

Déjà loué dans une version antérieure, ce rosé grand cru assemble pinot noir et chardonnay (28 %), tirant de l'apport de 12 % de vin rouge de Bouzy sa couleur framboise, légèrement tuilée. Flatteur au nez, il offre un panier de fruits rouges, avec de multiples nuances odorantes (jus de myrtille, rose, notes muscatées, bonbon). Souple, riche, gourmand, compoté, presque exotique, il évoque un cocktail, tonifié par une belle fraîcheur équilibrant son côté suave. ⧗ 2024-2027

CHAMPAGNE FROMENTIN-LECLAPART, 1, rue Paul-Doumer, 51150 Bouzy, tél. 06 75 62 09 01, contact@champagne-fromentin-leclapart.fr V r.-v.

MICHEL FURDYNA
Extra-brut Pinot blanc La Romane ★★

	776		30 à 50 €

Domaine de la Côte des Bar fondé en 1974 par Michel et Marie-Noëlle Furdyna, rejoints depuis une vingtaine d'années par Matthieu Beroux et aidés par Florine. Ces récoltants-manipulants exploitent 9 ha répartis dans six communes du Barséquanais et choient les anciens cépages champenois qui font l'originalité de leurs cuvées. Propriété certifiée HVE. (RM)

Dans l'Aube, le pinot blanc a conservé une petite place aux côtés des trois cépages champenois principaux. Récolté en 2018, celui-ci a été vinifié et élevé en fûts (neufs pour 25 %). Il hérite de cette élaboration un nez délicatement boisé, aux nuances d'amande grillée. Ces arômes d'élevage se prolongent dans une bouche harmonieuse, fondue et persistante, à la fois ronde et fraîche. ⧗ 2024-2028

CHAMPAGNE MICHEL FURDYNA, 13, rue du Trot, 10110 Celles-sur-Ource, tél. 03 25 38 54 20, contact@champagne-furdyna.com V r.-v.

GALLIMARD PÈRE ET FILS ★

	14 400	30 à 50 €

Des Gallimard qui rencontrent souvent les éditions Hachette. Cette famille des Riceys, important village viticole de la Côte des Bar (Aube), a élaboré ses 1ers champagnes en 1930. Installé sur l'exploitation en 1983, Didier Gallimard conduit 13 ha plantés majoritairement de pinot noir. (NM)

Issu d'une seule vendange, le rosé de la maison assemble 80 % de pinot noir macéré 4 jours et 20 % de chardonnay. La robe, cerise, évoque un rosé de saignée. Au nez, les fruits rouges s'expriment avec finesse et prennent des accents compotés. Puissant et ample, le palais est servi par une finale fraîche, de belle persistance, aux accents de pamplemousse. ⧗ 2024-2027

CHAMPAGNE GALLIMARD PÈRE ET FILS, 18, rue Gaston-Cheq, 10340 Les Riceys, tél. 03 25 29 32 44, champ.gallimard@wanadoo.fr V *t.l.j. sf sam. dim. 9h-12h 14h-17h; f. août*

BERNARD GANTOIS
Blanc de blancs ★

Gd cru	25 000		20 à 30 €

Structure de négoce créée en 2019 par Grégory Mallol, qui a succédé en 2016 à son père Bernard sur le vignoble familial (7 ha) implanté pour l'essentiel à Cramant et à Chouilly, grands crus de la Côte des Blancs, ainsi qu'à Mareuil-sur-Aÿ. Deux étiquettes : Mallol (champagnes de la propriété) et Bernard Gantois (cuvées du négoce, nées de ces mêmes grands crus). (NM)

Déjà distingué dans des éditions précédentes, ce blanc de blancs assemble dans cette nouvelle version les années 2021 et 2020. Discret au nez, assez rond en bouche, il associe des notes suaves, florales et confites, à la fraîcheur des agrumes. Un ensemble équilibré et flatteur. ⧗ 2024-2027

BERNARD GANTOIS, 495, rue du Gal-de-Gaulle, 51530 Cramant

GATINOIS Réserve Aÿ ★

Gd cru	8 000		20 à 30 €

Des ancêtres viticulteurs à Aÿ en 1696, du vivant de dom Pérignon, une famille enracinée au cœur du

vignoble depuis douze générations. Le nom Gatinois apparaît sur les étiquettes entre les deux guerres. Depuis 2010, Louis Cheval-Gatinois, géologue de formation, perpétue un domaine de 7 ha, implanté dans un grand cru réputé pour son pinot noir. (RM)

Vieilli 3 ans sur lattes, ce brut met en vedette le pinot noir, complété par 20 % de chardonnay. Le cépage majoritaire signale sa présence par des reflets or rose, par des arômes de fruits rouges (fraise) et des nuances florales et par une matière ronde, équilibrée dès l'attaque par une belle vivacité. Beaucoup de fruit, de la puissance alliée à une certaine délicatesse. ⧗ 2024-2027 ● **Gd cru ★ (20 à 30 €; 5000 b.)** Resté 3 ans en cave, un rosé d'assemblage né pour l'essentiel de pinot noir d'Aÿ, marié à 10 % de chardonnay : robe intense, nez complexe (fruits rouges, notes balsamiques, caramel), bouche structurée, sur la griotte, finale de belle longueur aux saveurs de zeste d'agrumes. ⧗ 2024-2027

CHAMPAGNE GATINOIS, 7, rue Marcel-Mailly, 51160 Aÿ, tél. 03 26 55 14 26, contact@champagnegatinois.com V r.-v.

BERNARD GAUCHER Blanc de blancs ★★

●	5000		15 à 20 €

Le premier de la lignée, fils de forgeron, épouse à la fin du XIXᵉs. une fille de vignerons d'Arconville, près de Bar-sur-Aube. La famille cultive aussi des céréales. Georges Gaucher développe l'exploitation viticole au sortir de la Seconde Guerre mondiale. Son fils Bernard lance son champagne en 1985. En 2017, Guillaume a rejoint l'exploitation, qui couvre 22 ha. Deux étiquettes : Bernard Gaucher et Michel Jacquot. (RM)

Construit sur la récolte 2021, ce blanc de blancs juvénile, ciselé, tout en fraîcheur, a enchanté nos dégustateurs. D'une belle complexité, il mêle au nez la fleur blanche et les fruits acidulés comme l'ananas. En bouche, il suit la même ligne, une agréable vivacité soulignant ses arômes de fruits blancs et d'agrumes et portant loin la finale. ⧗ 2024-2027 ● **Prestige 2019 ★ (15 à 20 €; 15000 b.)** Du millésime 2019 et de l'assemblage de pinot noir (60 %) et de chardonnay, ce brut gourmand, de bonne longueur, tire des arômes suaves de pêche, d'abricot sec et de pruneau, alliés à une belle tension. ⧗ 2024-2027

CHAMPAGNE BERNARD GAUCHER, 27, rue de la Croix-de-l'Orme, 10200 Arconville, tél. 03 25 27 87 31, champagnebernardgaucher@gmail.com V *t.l.j. sf sam. dim. 9h-12h 14h-17h*

GAUDINAT-BOIVIN Grande Réserve ★

●	14000		20 à 30 €

La famille cultive la vigne depuis 5 générations. Elle élabore ses champagnes depuis les années 1950 – sous la marque Gaudinat-Boivin depuis 1970. Aujourd'hui, les frères Hervé et David Gaudinat, installés sur la rive gauche de la Marne, exploitent 12,5 ha à Festigny, Leuvrigny, Nesles-le-Repons et Œuilly. Domaine certifié HVE. (RM)

Les trois cépages champenois (chardonnay 40 %, pinot noir et meunier, 30 % chacun) composent ce brut qui assemble la vendange 2018 à 35 % de vins de réserve élevés pour partie en foudre. Un champagne assez évolué dans son expression aromatique, entre agrumes, fruits blancs compotés et brioche, qui tire son équilibre d'une belle acidité. ⧗ 2024-2027

CHAMPAGNE GAUDINAT-BOIVIN, 6, rue des Vignes, Le-Mesnil-le-Huttier, 51700 Festigny, tél. 03 26 58 01 52, contact@champagne-gaudinat-boivin.fr V r.-v.

GAUTHIER-CHRISTOPHE ★

●	3000		20 à 30 €

Issus d'une lignée de viticulteurs, Serge Gauthier et son épouse Jacqueline Christophe créent leur marque en 1988 et transmettent leur vignoble à leur fils Laurent et à son épouse Catherine. Installée à Chouilly (Côte des Blancs), la famille cultive les trois cépages champenois sur 6 ha. (RM)

Ce rosé d'assemblage, qui marie les années 2016 et 2015, est resté 6 ans sur lies. Le chardonnay (60 %) lui a légué sa vivacité, le pinot noir une certaine puissance, l'apport de vin rouge sa teinte saumonée-cuivrée et ses légers arômes de fruits rouges. ⧗ 2024-2027

CHAMPAGNE GAUTHIER-CHRISTOPHE, 4, rue Saint-Vincent, 51530 Chouilly, tél. 03 26 55 40 02, contact@gauthier-christophe.com V r.-v.

GÉRIN Réserve ★★

●	50000		20 à 30 €

De Maxime Pierre Marie à Yves Gérin, 5 générations se sont succédé pour bâtir un domaine de 5,3 ha implanté de la Montagne de Reims jusqu'à la vallée de l'Ardre. Après son rachat en 2014 par Jean-Marie Zodo, homme d'affaires déjà propriétaire du Dom. de la Madrague en Provence, Philippe Gantois, qui gère aussi le domaine provençal, en a pris la direction. (NM)

Construit sur la vendange 2021, ce brut met à contribution les trois cépages champenois, meunier en tête (50 %, avec 30 % de pinot noir et 20 % de chardonnay). Élégante, d'une belle complexité, sa palette associe les fruits blancs à des touches grillées et fumées, complétée en bouche d'une note de pruneau. Sa rondeur est équilibrée par une fraîcheur minérale qui étire la finale. Une réelle harmonie. ⧗ 2024-2027 ● **Gd cru Extra-brut Chardonnay ★ (30 à 50 €; 7000 b.)** Issu de chardonnay (base 2020) élevé en foudre, un blanc de blancs typé, expressif (notes grillées, fruits exotiques, citron confit, fleurs blanches), de belle longueur, conjuguant ampleur et fraîcheur. ⧗ 2024-2027

CHAMPAGNE GÉRIN, 11, rue de la Louple, 51160 Mareuil-sur-Aÿ, tél. 03 26 53 85 73, champagnegerin@gmail.com V *t.l.j. sf sam. dim. 8h-12h 13h30-17h; ven. 8h-11h*

PIERRE GIMONNET ET FILS Extra-brut Special Club Grands Terroirs de chardonnay 2016 ★★

● 1ᵉʳ cru	26320		75 à 100 €

La lignée des Gimonnet de Cuis remonte au XVIIIᵉs. Le champagne naît en 1925, avec Pierre. Son fils Michel introduit précocement la vinification parcellaire. Arrivés sur l'exploitation dans les années 1980, ses petits-fils Didier et Olivier ont pris le relais en 1996, rejoints par la 4ᵉ génération, avec Arnaud et Pierre-Guillaume. Ils conduisent dans la Côte des Blancs

un vaste domaine (30 ha) en grand cru et en 1er cru. À leur carte, des blancs de blancs, rosé excepté. (RM)

Grands terroirs de chardonnay? Un assemblage de parcelles sélectionnées dans les grands crus de Cramant (56 %) et de Chouilly et, pour 15 %, à Cuis (1er cru). Après un repos sur lies de plus de 5 ans, ce 2016 dévoile, par petites touches, une palette d'arômes élégants : amande grillée, frangipane, léger menthol, alliés au palais à de la fleur blanche. Une élégance que l'on retrouve dans une bouche ample, de belle longueur, servie par une fraîcheur teintée d'amertume en finale. ⧗ 2024-2027 ● **1er cru Extra-brut Rosé de blancs ★★ (30 à 50 €; 25983 b.)** Né (à plus de 93 %) de chardonnay de la Côte des Blancs, il incorpore tout de même quelques gouttes de pinot noir de la Montagne de Reims pour teinter sa robe rose pastel. Faiblement dosé, un rosé floral, subtil, frais et élégant. ⧗ 2024-2027

CHAMPAGNE PIERRE GIMONNET ET FILS, 1, rue de la République, 51530 Cuis, tél. 03 26 59 78 70, info@champagne-gimonnet.com V *r.-v.*

LIONEL GIRARD ET FILS
Les Vignes du Mont'igny ★★

●	2000		30 à 50 €

Depuis les années 1920, 4 générations de viticulteurs se sont succédé. Un arrière-grand-père plante les premières vignes, un grand-père vend les premières bouteilles dans les années 1960. Joris, représentant de la 4e génération, a rejoint son père Lionel en 2007 pour prendre en 2018 les rênes de l'exploitation qui couvre aujourd'hui 3,2 ha sur la rive droite de la Marne. Domaine certifié HVE. (RC)

Mi-blancs mi-noirs (pinot noir et meunier à 25 % chacun), ce brut issu de la vendange 2016 a reposé longtemps en cave avant d'afficher une robe paille dorée et de libérer des parfums gourmands de fruits mûrs. Ces arômes prennent des accents suaves, miellés, avec une touche de caramel, dans une bouche à la fois ronde et longue, tonifiée par la fraîcheur du chardonnay. ⧗ 2024-2027 ● **Terre des Larris ★ (30 à 50 €; 12000 b.)** Né de pur meunier, mariant la récolte 2021 avec des vins tirés d'une réserve perpétuelle débutée en 2009, une cuvée appréciée pour sa fraîcheur, en harmonie avec des arômes de citron et de mandarine. ⧗ 2024-2027

CHAMPAGNE LIONEL GIRARD ET FILS, 4, ruelle du Pot-d'Étain, 51480 La Neuville-aux-Larris, tél. 06 72 59 89 06, contact@champagnelionelgirard.com V *r.-v.*

PIERRE GOBILLARD
Blanc de noirs ★★

● 1er cru	n.c.		20 à 30 €

Fondée en 1948, cette maison de négoce est établie dans la vallée de la Marne à l'entrée du village d'Hautvillers, le «berceau du champagne» où officia dom Pérignon. Hervé et Florence Gobillard, à sa tête depuis 1990, transmettent l'exploitation à leurs enfants Pierre-Alexis et Chloé. Le chardonnay est devenu très présent dans leurs cuvées. (NM)

Après un blanc de blancs l'an dernier, la maison se distingue par un blanc de noirs. Construit sur la vendange 2019, ce pinot noir bien équilibré a charmé nos dégustateurs par son expression aromatique, du premier coup de nez à la finale. La fleur séchée s'allie à la framboise et aux fruits mûrs comme la pêche, laissant le souvenir d'une réelle harmonie. ⧗ 2024-2027

CHAMPAGNE PIERRE GOBILLARD, 341, rue des Côtes-de-l'Héry, 51160 Hautvillers, tél. 03 26 59 45 66, info@champagne-gobillard-pierre.com V *t.l.j. 10h-12h 13h30-17h*

PAUL GOERG
Extra-brut Blanc de blancs 2014 ★

● 1er cru	1000	75 à 100 €

À l'origine, une coopérative, la Goutte d'or, créée en 1950 par huit familles à Vertus, village du sud de la Côte des Blancs, classé en 1er cru. En 1985, la cave a lancé sa marque en hommage à un ancien maire de la commune. Elle dispose d'un vignoble de 120 ha planté de chardonnay pour l'essentiel. La maison de négoce Ch. et A. Prieur, achetée en 2005 par la coopérative, assure la commercialisation. (NM)

S'il ne fait pas oublier le 2012 très remarqué, ce blanc de blancs millésimé, vieilli au moins 9 ans en cave, offre au nez comme en bouche une expression évoluée flatteuse, sur les fruits secs, noisette en tête. Assez ferme en bouche, il a gardé la fraîcheur de son cépage et de l'année, mise en valeur par un dosage faible. ⧗ 2024-2027 ● **1er cru ★ (30 à 50 €; 3000 b.)** Un rosé de la Côte des Blancs, dominé par le chardonnay (90 %, pour 10 % de pinot noir de Vertus, vinifié en rouge). Pâle de couleur, discrètement fruité, il révèle un dosage généreux : tout indiqué pour le dessert. ⧗ 2024-2027

CHAMPAGNE PAUL GOERG, 30, rue du Gal-Leclerc, Vertus, 51130 Blancs-Côteaux, tél. 03 26 52 15 31, info@champagne-goerg.com V *t.l.j. sf sam. dim. 9h-12h 14h-17h*

PHILIPPE GONET
Signature Blanc de blancs ★★

●	50000		30 à 50 €

Maison de négoce datant de 1830 et disposant en propre de 20 ha disséminés dans les principaux terroirs de l'appellation. Depuis 2001, elle est conduite par Pierre Gonet et sa sœur Chantal Brégeon, enfants de Philippe. La maison est installée au cœur de la Côte des Blancs et le chardonnay est très présent dans sa gamme. (NM)

Le blanc de blancs signature de la maison assemble des chardonnays de la Côte des Blancs, du Sézannais et de Montgueux (Aube). Construite sur une base 2020, cette version, au nez discret partagé entre fruits blancs, agrumes et notes briochées, se révèle en bouche : un champagne bien fondu, long, alliant vivacité et rondeur. Du style. ⧗ 2024-2028 ● **Gd cru Blanc de blancs 2017 ★ (50 à 75 €; 2000 b.)** Les 13 parcelles les plus favorisées d'Oger et du Mesnil-sur-Oger ont permis d'obtenir en 2017 un blanc de blancs millésimé d'une belle fraîcheur, aux arômes de fruits blancs. ⧗ 2024-2027 ● **Gd cru Extra-brut Ter noir ★ (50 à 75 €; 15000 b.)** Après le Ter blanc, coup de cœur l'an dernier, ce Ter noir. Ter, comme trois années de vendanges, trois cépages et trois terroirs : ⅓ de chardonnay (Le Mesnil-sur-Oger), ⅓ de pinot noir (Montgueux), ⅓ de meunier (vallée de la Marne). Après un élevage en foudre et un repos de 6 ans sur lattes, le champagne se dévoile, à la fois riche et vif, acidulé en finale, flatteur par son expression aromatique mêlant notes fraîches et mûres (sureau, ananas, citron confit, coing, pâte d'amande, notes fumées). ⧗ 2024-2029

CHAMPAGNE PHILIPPE GONET, 1, rue de la Brèche-d'Oger, 51190 Le Mesnil-sur-Oger, tél. 03 26 57 53 47, office@champagne-philippe-gonet.com V r.-v.

GONET-SULCOVA Blanc de blancs ★★

| 2500 | | 20 à 30 € |

Domaine créé au début du XXe s. par Charles Gonet et développé par son fils Jacques et son petit-fils Vincent, arrivé à sa tête en 1985. Avec son épouse Davy Sulcova, il lance la marque Gonet-Sulcova et la propriété transfère son siège à Épernay. Yan-Alexandre et Karla, les enfants du couple, lui ont succédé en 2006. Ils exploitent 14,5 ha dans la Côte des Blancs et à Montgueux, dans l'Aube. (RM)

Cet assemblage de terroirs réputés pour leur chardonnay, Le Mesnil-sur-Oger et Montgueux, obtient la même note que l'an dernier, avec un profil légèrement différent, plus solaire et généreux. Ses atouts : un nez intense, qui passe de l'aubépine et de la pêche blanche aux fruits jaunes, une attaque ample sur les fruits d'été, qui ouvre sur un palais étoffé, charnu, vivifié par une longue finale aux accents de pamplemousse rose. ⧗ 2024-2027

CHAMPAGNE GONET-SULCOVA, 13, rue Henri-Martin, 51200 Épernay, tél. 03 26 54 37 63, secretariat.gs@orange.fr V r.-v.

GOSSET
Celebris 2008 ★★

| 15000 | | + de 100 € |

« La plus ancienne maison de la Champagne » a été fondée en 1584, avant que le vin de la région ne prît mousse, par Pierre Gosset, échevin d'Aÿ et propriétaire de vignes. À l'époque, les vins de cette ville, souvent rouges, rivalisaient à la cour avec ceux de Beaune. Après Pierre Gosset, treize générations se sont succédé. Implantée aujourd'hui à Épernay, la société est depuis 1993 dans le giron du groupe Renaud-Cointreau. Les champagnes Gosset ne font pas leur fermentation malolactique. En 2016, Odilon de Varine, directeur adjoint et œnologue, a succédé à Jean-Pierre Mareigner. Il a été rejoint l'année suivante par Gabrielle Malagu, à laquelle il a confié fin 2022 la responsabilité conjointe de la cave. (NM)

Les millésimes de cette cuvée de prestige sont rares, surtout en rosé, où ce 2008 n'a été précédé que par les 2007, 2003 et 1998. Issu de 1ers crus et de grands crus, ce millésime assemble 72 % de chardonnay et 28 % de pinot noir, dont 8 % vinifiés en rouge. Après un repos sur lies de près de 12 ans, il arbore une robe or rose, parcourue de bulles très fines. Ses arômes sont ceux d'un champagne patiné : fruits confiturés, fruits secs et, à l'aération, notes miellées de pain d'épice et de raisin… macéré dans du sauternes. Gourmande, confite et miellée, à l'unisson du nez, de belle longueur, la bouche a gardé sa fraîcheur. Un rosé de repas, que l'on verrait bien avec du foie gras. ⧗ 2024-2028

CHAMPAGNE GOSSET, 12, rue Godart-Roger, 51200 Épernay, tél. 03 26 56 99 56, info@champagne-gosset.com V r.-v.

J.M. GOULARD
Extra-brut Rosé de noirs 2021 ★★

| 4000 | | 30 à 50 € |

Implanté à Prouilly, dans le massif de Saint-Thierry, ce vignoble familial couvre 7,4 ha aujourd'hui. Paul Goulard plante les premières vignes. Jean-Marie Goulard commercialise les premières bouteilles en 1978, quitte la coopérative en 1995 et monte la cuverie. Il a cédé les rênes du domaine en 2015 à son fils Damien, épaulé par ses frères Sylvain et Sébastien (ce dernier œnologue). Propriété en bio certifié à partir de la vendange 2021. (RM)

La première cuvée bio de ces récoltants, puisqu'elle met en œuvre la vendange 2021. Un rosé de noirs à la champenoise, résultant d'une vinification en blanc de meunier (56 %, en fût de chêne) et de pinot noir (en cuve). Un petit apport (4 %) de vin rouge de meunier, teinte sa robe d'une nuance saumon très pâle. Un champagne élégant de bout en bout, subtilement boisé, beurré, brioché, épicé, rond et structuré, tonifié par une finale fraîche, juteuse, persistante, sur l'orange sanguine et le pamplemousse. ⧗ 2024-2027

CHAMPAGNE J.-M. GOULARD, 24, rue Basse-de-Pévy, 51140 Prouilly, tél. 03 26 48 21 60, contact@champagne-goulard.com V r.-v.

GOULIN-ROUALET
Brut Nature Blanc de noirs Les Hatons ★★

| 1er cru | 1540 | | 20 à 30 € |

Domaine familial issu du mariage d'une demoiselle Roualet avec un monsieur Goulin, qui furent apporteurs de raisins, puis coopérateurs. Installé en 1990, Christophe Goulin est devenu récoltant-manipulant. Rejoint en 2013 par sa fille Marine, il exploite 3,3 ha à Sacy et dans trois villages voisins de la « Petite Montagne de Reims », aux portes de la cité des Sacres. En conversion bio. (RM)

Distinguée dans la version précédente (récolte 2017), cette cuvée parcellaire de pinot noir issue d'une seule année obtient une étoile supplémentaire cette année. Elle naît de la même vigne, vendangée fin août 2018. Après un repos de 4 ans en cave, elle affiche une robe jaune doré et délivre au nez comme en bouche des arômes complexes et évolués : citron et fruits blancs confits, notes miellées, biscuitées, réglissées, avec une touche de sous-bois. Rond et suave, bien équilibré, ce champagne n'a eu nul besoin de sucre ajouté après le dégorgement. Des qualités à apprécier dès maintenant. ⧗ 2024-2026 **1er cru Extra-brut Ad Vitam aeternam ★ (20 à 30 € ; 5290 b.)** Mariant pinot noir et meunier de la récolte 2021 et des trois années antérieures, un blanc de noirs à reflets rosés, frais et très fruité, aux arômes complexes de fruits rouges et d'agrumes. ⧗ 2024-2027

CHAMPAGNE GOULIN-ROUALET, 2, rue Saint-Vincent, 51500 Sacy, tél. 03 26 49 22 77, contact@goulin-roualet.fr V r.-v.

B OCTAVE GOUSSARD
Respect n°18-17 ★

| 8200 | | 30 à 50 € |

Héritier de deux générations de vignerons, Didier Goussard, œnologue, élabore des champagnes depuis une trentaine d'années. Il exploite deux domaines

dans l'Aube : le Champagne Didier Goussard, aux Riceys, comme récoltant-manipulant, et, avec le statut de négociant, le Champagne Gustave Goussard (2014), à Avirey-Lingey. Certifiées bio depuis la récolte 2014, ses vignes en propre donneront à partir de 2024 des cuvées commercialisées sous l'étiquette Octave Goussard, la marque Gustave Goussard s'appliquant aux autres champagnes. (NM)

Un blanc de noirs bio une fois de plus apprécié. Issu de pinot noir, il a pour atouts son nez bien ouvert sur la fleur blanche, avec une touche de petits fruits rouges, et sa bouche à la fois vineuse et très fraîche, de belle longueur, aux arômes de fruits blancs. Il pourra accompagner un repas. ⧗ 2024-2027 ● **Gustave Goussard Dosage zéro Blanc de noirs Purnoir ★ (20 à 30 €; 4 065 b.)** Une expression subtile, d'une belle complexité (acacia, fruits rouges, poire, noisette...) pour ce pur pinot noir harmonieux, rond et vif, de belle longueur. ⧗ 2024-2027

CHAMPAGNE OCTAVE GOUSSARD,
2, chem. Saint-Vincent, 10340 Avirey-Lingey,
tél. 03 25 29 30 03, contact@champagnesgoussard
V r.-v.

H. GOUTORBE ★★

● Gd cru	4 000		30 à 50 €

Au début du XXᵉs., à l'époque où le vignoble champenois devait se reconstituer, Émile Goutorbe s'est fait pépiniériste viticole. Henri a agrandi peu à peu son domaine et a diversifié son activité en se lançant dans la manipulation après la dernière guerre. Depuis 1970, son fils René et la génération suivante (Élisabeth et Étienne) exploitent aujourd'hui 22 ha et gèrent un hôtel à Aÿ, Étienne étant chargé du vignoble. Propriété certifiée HVE. (RM)

Élégance, le mot revient sur toutes les fiches pour décrire en un mot ce rosé associant pinot noir majoritaire (75 %, dont 12°% vinifié en rouge) et chardonnay, construit sur la vendange 2020. D'un rose orangé léger animé d'une bulle foisonnante, il offre un nez fruité et frais, entre cassis, fraise, fleur d'oranger et zeste de mandarine, nuancé de notes pâtissières, et reste sur cette ligne aromatique intense dans une bouche à la fois souple et tonique, de belle longueur, qui se resserre en finale sur de beaux amers salivants. ⧗ 2024-2027 ● **1ᵉʳ cru Cuvée Prestige ★ (20 à 30 €; 30 000 b.)** Bien construit, ce brut aux arômes subtils et complexes de fruits rouges, de miel et de grillé tire une certaine puissance d'un pinot noir dominant (75 %, avec du chardonnay en appoint). ⧗ 2024-2027

CHAMPAGNE GOUTORBE,
9 bis, rue Jeanson, 51160 Aÿ, tél. 03 26 55 21 70, info@champagne-henri.goutorbe.com V r.-v.

ANDRÉ GOUTORBE ET FILS
Extra-brut 2018 ★★

●	1520		30 à 50 €

La famille Goutorbe, qui a constitué son vignoble en 1875, a lancé son champagne dès 1902 et André Goutorbe sa propre marque en 1982. Après Victor, Armand et André, David s'est installé en 2000 avec Valentine. Son vignoble de 12 ha est implanté dans la vallée de la Marne, non loin d'Épernay. Les cuvées de la propriété restent au moins 3 ans sur lies. (RM)

Une petite cuvée parcellaire millésimée de pur meunier récolté sur un coteau de Damery et vinifié en fûts de 400 l. Reflet de son cépage, de sa vinification et de son année solaire, ce champagne affiche une robe or soutenu et charme par son nez subtil et complexe qui dévoile à l'aération de multiples nuances (pâte d'amande, miel d'acacia, fruit de la Passion), enrichies en bouche de mangue et d'orange confite. Charpenté, vineux, énergique et long, marqué en finale par de nobles amers, cet extra-brut bénéficie de son faible dosage. ⧗ 2024-2027 ● **Dosage zéro AG 1875 ★ (30 à 50 €; n.c.)** «Élaboré avec finesse et patience», pressent un dégustateur. Un blanc de blancs ambitieux : majorité de vins de réserve, vinification en fût, tirage sous liège, repos en cave de 8 à 10 ans. Un brut nature crémeux, minéral, puissant, ample et long, complexe et boisé (notes grillées, beurrées, briochées). ⧗ 2024-2027

CHAMPAGNE ANDRÉ GOUTORBE ET FILS,
6, rue Georges-Clemenceau, 51480 Damery,
tél. 03 26 58 43 47, contact@andregoutorbe.fr
V r.-v.

THIERRY GRANDIN
Marcel Jardin ★

●	8 000		15 à 20 €

Né en 1689 du vivant de dom Pérignon, un ancêtre acquit à Villedommange les premières parcelles. La lignée commercialise son vin dès la fin du XIXᵉs. Fils de Thierry Grandin, Pierre Grandin a repris en 2023 l'exploitation familiale qu'il avait rejointe 10 ans auparavant. Président de la coopérative de La Neuville-aux-Larris, élabore les cuvées de la cave et celle de sa marque, lancée en 1982. Il s'appuie sur 5,5 ha de vignes, dans la Montagne de Reims et dans la vallée de la Marne. (RC)

Vendangés en 2019, les trois cépages champenois (pinot noir et chardonnay à 40 % chacun, meunier à 20 %) concourent à l'agrément de cette cuvée aux arômes délicats de fleurs blanches, d'abricot, d'agrumes, nuancés de notes miellées et grillées. Un brut suave, de belle longueur qui s'impose non par sa puissance, mais par sa finesse. ⧗ 2024-2027 ● **Réserve ★ (15 à 20 €; 8 000 b.)** Or soutenu, discrètement fruité au nez, un blanc de noirs (meunier, base 2020) bien équilibré, aux arômes de pêche et de fruits confits. ⧗ 2024-2027

CHAMPAGNE THIERRY GRANDIN,
10, rue de la Mairie, 51480 Champlat, tél. 03 26 58 11 71, grandin.constant@orange.fr V r.-v.

ALFRED GRATIEN ★

●	n.c.		30 à 50 €

Une maison fondée en 1864 par Alfred Gratien, rachetée en 2000 par le groupe allemand Henkell & Co (devenu en 2018 Henkell-Freixenet), qui rassemble de nombreuses marques européennes d'effervescents. Elle a conservé son chef de cave, Nicolas Jaeger, quatrième du nom à travailler pour la marque et à en garder les traditions (absence de fermentation malolactique, élevage des vins de base en pièce champenoise de réemploi). (NM)

Les raisins blancs (45 %) font presque jeu égal avec les noirs (meunier 35 %, pinot noir 20 %) dans l'assemblage de ce brut qui tire de cette proportion non négligeable de chardonnay sa palette aromatique, où les agrumes s'allient à l'aubépine et à la pêche de vigne, ainsi que son attaque vive, soulignée par une bulle foisonnante, et sa finale tendue. Malgré un dosage perceptible, la dégustation laisse une impression d'agréable fraîcheur, favorisée par la vinification (sans « malo »). ⧗ 2024-2027 ● **Gd cru ★ (30 à 50 €; n.c.)** Une proportion de cépages et une vinification identiques au brut, un petit apport de vin rouge lui léguant une teinte rose intense, des arômes de fruits rouges et un côté puissant et généreux. Les 45 % de chardonnay et la vinification contribuent à sa fraîcheur citronnée, acidulée. ⧗ 2024-2029

⊶ ALFRED GRATIEN, 30, rue Maurice-Cerveaux, 51200 Épernay, tél. 03 26 54 38 20, contact@alfredgratien.com V *t.l.j. sf dim. 10h-18h*

GRATIOT ET CIE
100 % Pinot meunier
Secret d'almanach 2012 ★★

● | 2000 | | 50 à 75 €

Au tournant du XXᵉs., Désiré Gratiot, né en 1868, qui cultive 1,5 ha de vignes, remporte un prix du Concours agricole de Paris pour son vin blanc. Son petit-fils Gérard lance son champagne en 1970. Rémy Gratiot, arrière-petit-fils de Désiré, prend en 2002 les rênes de la maison : 18 ha dans la vallée de la Marne, en aval de Château-Thierry. Il se veut l'ambassadeur du principal cépage local : le meunier. (NM)

Grand promoteur du meunier, Rémy Gratiot en a tiré une cuvée millésimée, d'une année cotée. Après un élevage partiel sous bois (30 %) et un long vieillissement en cave, il l'a dosée au moût de raisin. Dans le verre, un champagne paille dorée, au nez expressif mais sans exubérance de mûre, de quetsche et de vanille. Enrichi de pomme et de poire, ce fruité s'affirme avec persistance dans une bouche ample et fraîche, suave et longue. De l'élégance et de la profondeur. ⧗ 2024-2027 ● **Désiré 2014 ★ (30 à 50 €; 2350 b.)** Mariant quelque ⅔ de pinots (meunier surtout) et ⅓ de chardonnay vinifiés en partie sous bois, un millésimé aux arômes d'amande, de pain grillé et de miel. Misant moins sur la puissance que sur la finesse, il finit sur la vivacité un peu amère du citron vert. ⧗ 2024-2027

⊶ CHAMPAGNE GRATIOT ET CIE, 27, av. Fernand-Drouet, 02310 Charly-sur-Marne, tél. 03 23 82 06 89, contact@champagne-gratiot.com V *r.-v.*

B GREMILLET
Forget me not ★

● | 60000 | | 30 à 50 €

Si les Gremillet comptent des ancêtres vignerons dès le XVIIIᵉs., leur maison est récente : elle a été fondée en 1979 par Jean-Michel Gremillet et reprise par ses enfants, qui s'appuient sur un vignoble de 55 ha voisin des Riceys, dans l'Aube. Autre étiquette : Comtesse de Genlis. (NM)

Un brut bio issu de pinot noir majoritaire (80 %) et de chardonnay, et de la vendange 2021 complétée par des vins de réserve des deux années précédentes. Il en résulte un champagne équilibré, léger et frais, discrètement fruité et grillé. ⧗ 2024-2027

⊶ CHAMPAGNE GREMILLET, 1, Envers-de-Valeines, 10110 Balnot-sur-Laignes, tél. 03 25 29 37 91, info@champagnegremillet.fr V *r.-v.*

GRUET ★

● | 73080 | | 20 à 30 €

Les Gruet cultivaient déjà la vigne sous Louis XIV dans la Côte des Bar, mais c'est Claude Gruet qui a constitué le domaine, se lançant dans l'élaboration du champagne en 1975. Il a transmis à son fils Pierre-Charles un vignoble de 20 ha complété par une structure de négoce. (NM)

Ce rosé d'assemblage, qui met en avant le pinot noir (82 %), complété par le chardonnay, tire sa couleur rose tendre de l'apport de 10 % de vin rouge. Subtilement floral et frais, le nez évoque la rose, prélude à une bouche ample, élégante et longue. ⧗ 2024-2027

⊶ CHAMPAGNE GRUET, 48, Grande-Rue, 10110 Buxeuil, tél. 03 25 38 54 94, contact@champagne-gruet.com V *t.l.j.sf sam. dim. 8h-12h 13h30-17h30*

G. GRUET ET FILS
Blanc de blancs ★

● | 110000 | | 20 à 30 €

L'Union viticole des Coteaux de Bethon a choisi pour marque le nom de son fondateur, Gilbert Gruet. Créée en 1967, cette coopérative regroupe une centaine d'adhérents qui apportent le produit de 115 ha de vignes. Au sud du Sézannais, à l'extrémité méridionale de l'aire d'appellation, le secteur de Bethon est propice au chardonnay. (CM)

Une nouvelle version d'un blanc de blancs fort loué l'an dernier. Un petit cran en dessous au moment de la dégustation, il porte bien l'empreinte du chardonnay, avec ses arômes toniques d'agrumes et d'acacia et sa bouche à la fois ronde et fraîche (un peu généreusement dosée, pour certains), marquée une vivacité citronnée et, en finale, par la note amère du pamplemousse. ⧗ 2024-2027

⊶ G. GRUET ET FILS, 5, rue des Pressoirs, 51260 Bethon, tél. 03 26 80 48 19, contact@champagne-gruetetfils.com V *t.l.j. sf dim. 9h-12h 13h30-17h30; sam. 9h-12h* 3

ALAIN GUILLAUME
Extra-brut Blanc de blancs Cuvée Atemporel ★

● | 1500 | | 30 à 50 €

Héritier de deux générations de viticulteurs, Alain Guillaume se lance dans l'élaboration du champagne en 1981. En 2012, sa fille Noémie et son marie Antoine Peudepiece reprennent le domaine. Situé pour l'essentiel à Trépail, sur le flanc sud-est de la Montagne de Reims, leur vignoble de plus de 8 ha est planté en chardonnay (très présent dans ce village) et en pinot noir. Propriété certifiée HVE.

Ce blanc de blancs tire son caractère de la proportion importante (50 %) de vins tirés d'une réserve perpétuelle (solera). Après de longues années passées en cave, il déploie au nez comme en bouche une large gamme d'arômes, mêlant les fleurs blanches, la noisette et fruits jaunes juste cueillis, le beurre, la brioche et des nuances de maturité (abricot sec, compote de pommes, fruits à l'alcool, noix). Ample, puissant, suave, onctueux et charnu, il bénéficie d'une finale acidulée sur le zeste de citron. Un champagne complexe et élégant. ⧗ 2024-2027

CHAMPAGNE

CHAMPAGNE ALAIN GUILLAUME,
2, rue du muguet, 51380 Trépail, tél. 03 26 57 06 65, contact@champagne-alain-guillaume.com r.-v.

GUYOT-GUILLAUME
Brut nature Blanc de noirs ★

●	3000		20 à 30 €

Premiers champagnes Guyot en 1954, plantations entre 1960 et 1980 dans la vallée de l'Ardre. Installé en 1975, Dominique Guyot a ajouté le nom de son épouse sur l'étiquette. En 2016, il a transmis le domaine de 5 ha à Agathe et Thomas, ce dernier œnologue. Adhérents à la coopérative, les Guyot assurent l'élaboration après la prise de mousse. Propriété certifiée HVE. (RC)

Ce champagne non dosé est un blanc de noirs, qui privilégie le meunier (85 %), très présent dans la vallée de l'Ardre. Expressif et gourmand, il mêle les petites baies (cassis) et les fruits secs, avec un côté compoté. Bien construit, il déroule une matière ronde et ample, tonifiée par une belle tension qui étire la finale. ⧗ 2024-2027

CHAMPAGNE GUYOT-GUILLAUME,
9, rue des Sablons, 51390 Méry-Prémecy, tél. 03 26 03 65 25, contact@champagneguyot-guillaume.fr r.-v.

JEAN-NOËL HATON
Zéro Dosage Pure ★★

●	23400		30 à 50 €

Un Nicolas Haton cultivait la vigne à Damery en 1610. Pionnier dans la commune, Octave Haton fut récoltant-manipulant dès 1928. Jean-Noël Haton dirige depuis 1971 la maison qui a pris le statut de négociant, appuyé en cave par son fils Sébastien et par ses petits-fils Baptiste et Rémi. Forte d'un vignoble de 22 ha répartis dans huit communes, la famille complète son approvisionnement dans 70 crus. À la cuverie, plus de 100 cuves, permettant de vinifier les crus séparément, et des fûts utilisés pour certains vins de réserve. (NM)

Chardonnay et pinot noir, vinifiés en cuve Inox et en fût de chêne, sont assemblés à parts égales dans ce brut nature qui reste au moins 4 ans en cave. Gourmand et suave, le nez mêle les fleurs et fruits blancs aux agrumes et à la brioche. Le pain d'épice s'ajoute à cette palette dans une bouche intense, harmonieuse, puissante, fraîche et longue, teintée d'une légère amertume en finale. ⧗ 2024-2027

CHAMPAGNE JEAN-NOËL HATON,
5, rue Jean-Mermoz, 51480 Damery, tél. 03 26 58 40 45, contact@champagne-haton.com r.-v.

HATON ET FILLES Accord de cépages ★

●	15000		20 à 30 €

À Damery, gros bourg viticole sur la rive droite de la Marne, on compte plusieurs branches de la famille Haton. Cette maison a été fondée en 1928 par Eugène Haton et son fils Octave. L'un des petits-fils d'Octave, Philippe, épaulé par son épouse Isabelle, l'a transmise en 2017 à ses filles Élodie et Ophélie, si bien que la marque Haton et Fils est devenue « Haton et Filles ». (NM)

Un brut issu des trois cépages champenois assemblés par tiers, mariant deux années, 2020 et 2019 pour cette version. Sa palette est dominée par des notes fruitées (citron mûr, fruits blancs) Tendu, de bonne longueur, le palais offre en finale un côté salin. Une belle harmonie. ⧗ 2024-2027 ● **Extra-brut Blanc de noirs L'Octave ★ (20 à 30 €; 11000 b.)** Du pinot noir des années 2019 et 2018, vieilli 36 mois sur lies : nez entre fruits jaunes et pruneau macéré, palais réservé mais harmonieux, à la fois rond et frais, de bonne longueur. ⧗ 2024-2027

CHAMPAGNE HATON ET FILLES,
28, rue Alphonse-Perrin, 51480 Damery, tél. 03 26 58 41 11, contact@champagnehatonetfilles.fr *t.l.j. 10h-12h 14h-17h30; dim. sur r.-v.*

CHARLES HEIDSIECK Réserve ★★

●	n.c.		30 à 50 €

La saga des Heidsieck débute avec Florens Louis, originaire d'Allemagne, qui crée en 1785 une structure à l'origine de toutes les maisons Heidsieck. Celle-ci est fondée en 1851 par son petit-neveu Charles-Camille. Ce dernier achète à Reims 47 crayères remontant à l'Antiquité pour entreposer les nombreuses cuvées qu'il entend écouler et part à la conquête des États-Unis, où il se fait l'ambassadeur de la maison. Le vignoble en propre s'étend sur 80 ha. Comme Piper Heidsieck, la marque appartient depuis 2011 au groupe EPI, détenteur de marques haut de gamme. En mars 2023, après le départ de Cyril Brun, qui avait succédé à Thierry Roset, disparu en 2014, Élise Losfelt, ingénieure agronome et œnologue, responsable des vinifications chez Moët et Chandon, a été nommée cheffe de cave. (NM)

Chardonnay et pinot noir à parts égales (40 %) et meunier en appoint – vinifiés en cuve pour l'essentiel et pour une petite partie (5 à 10 %) en fûts bourguignons de réemploi – composent cette cuvée qui tire son caractère d'une forte proportion (50 %) de vins de réserve, jusqu'à 20 ans d'âge. Intense et complexe, le nez déploie une large gamme d'arômes : fruits exotiques, agrumes, pâtisserie, viennoiserie, crème au beurre, moka et praliné. Cette complexité se prolonge dans une bouche ronde et crémeuse, dosée avec doigté, persistante, marquée en finale par un retour des arômes pralinés. Un remarquable champagne de repas. ⧗ 2024-2029

CHAMPAGNE CHARLES HEIDSIECK,
12, allée du Vignoble, 51100 Reims, tél. 03 26 84 43 00, stephanie.lebrun@charlesheidsieck.com

GÉRARD HENRY Tradition ★

●	7000		15 à 20 €

Gérard Henry a lancé son champagne en 1986. Il a été rejoint en 2018 par ses enfants Audrey et Grégoire, qui représentent la 4e génération. Certifiée HVE, l'exploitation couvre 5,6 ha dans la vallée de la Marne. Ces vignerons ont acquis en 2019 un pressoir Coquard, emblématique de la région. (RM)

Le meunier (70 %) est associé au chardonnay (25 %) et à une goutte de pinot noir dans cette cuvée qui associe la vendange 2019 à 28 % de vins de réserve. Un brut sans année qui offre tout ce que l'on attend de ce type de champagne : une expression gourmande et fruitée (fruits exotiques et fruits noirs), un palais équilibré, léger et frais, de bonne longueur. ⧗ 2024-2027 ● **Blanc de blancs ★ (15 à 20 €; 800 b.)** Issue de la vendange 2018, une petite cuvée de chardonnay, au nez sur les fruits secs grillés, et à la bouche très fraîche, discrètement fruitée. ⧗ 2024-2027

CHAMPAGNE GÉRARD HENRY, 8, rue de Reims, 51700 Verneuil, tél. 06 77 14 97 10, champagnegerardhenry@wanadoo.fr V r.-v.

PHILIPPE HENRY
Cuvée Prestige ★★

	4000		15 à 20 €

Installé en 1990 à la suite de deux générations sur environ 3 ha, Philippe Henry a agrandi son vignoble qui couvre aujourd'hui près de 6 ha sur les deux rives de la Marne, à Dormans et à Verneuil. Ses cuvées sont vinifiées à la coopérative de Verneuil. Propriété certifiée HVE. (RC)

On retrouve, à un cran supérieur, cette cuvée, mi-meunier mi-chardonnay, construite cette année sur la vendange 2020. Un champagne salué pour son nez aussi intense qu'élégant, où perce la fraîcheur épicée du gingembre, prolongé en bouche par une palette fruitée harmonieuse, entre poire juteuse, pomme mûre, coing et citron confit. Des arômes de belle persistance, mis en valeur par une matière souple, généreuse avec finesse. ⧗ 2024-2027 ● ★ **(15 à 20 €; 8000 b.)** Issu presque exclusivement de meunier (chardonnay 5 %), construit sur la récolte 2020, un brut dont la vivacité souligne la fraîcheur aromatique (zeste de citron, pomme verte et autres fruits blancs). ⧗ 2024-2027

CHAMPAGNE PHILIPPE HENRY, 26, rue du Bois-Lecomte, 51700 Verneuil, tél. 03 26 52 94 57, champagne.philippehenry@orange.fr V r.-v.

HERBELET
Blanc de blancs ★★

Gd cru	11000		20 à 30 €

Installés dans une maison champenoise typique avec ses parements de brique, Grégoire et Valérie Herbelet conduisent depuis 2005 ce domaine familial de 9,5 ha, très bien situé à Oger, grand cru de la Côte des Blancs. Les champagnes de la propriété reposent au moins 4 ans en cave. Exploitation certifiée HVE. Adresse du caveau : 15, rue du Gué, à Oger. (RM)

Oger, Avize, Cramant, Oiry, quatre grands crus et deux années (2018 et la précédente) s'unissent dans ce blanc de blancs jaune paille, au nez partagé entre la marmelade de citron et la brioche, arômes qui se prolongent dans une bouche intense et persistante. ⧗ 2024-2027 ● **Gd cru Brut nature Esprit chardonnay Cœur de cuvée** ★ **(20 à 30 €; 1500 b.)** La version non dosée du brut grand cru, mêmes années, mêmes crus. Minéralité, belle complexité (agrumes, fruits blancs), vivacité, avec un côté gourmand, une touche miellée et une finale aromatique. ⧗ 2024-2027

CHAMPAGNE HERBELET, 4, rue de Chastillon, 51190 Oger, tél. 06 03 09 77 18, gregoire.herbelet@wanadoo.fr V r.-v.

B STÉPHANE HERBERT
Réserve Véronèse ★★

1er cru	9000		20 à 30 €

Héritier de plusieurs générations de vignerons, Stéphane Herbert a lancé sa marque en 2000, quatre ans après son installation. Rejoint à la cave par son fils Hugo, il exploite 4 ha autour de Rilly-la-Montagne, 1er cru de la Montagne de Reims proche de la cité des Sacres. Ses vins de base sont vinifiés en fût. Propriété en bio certifié depuis juin 2023. (RC)

Très en vue dans l'édition 2020 du Guide, cette cuvée est de nouveau fort louée cette année. Composée de chardonnay et de pinot noir à parts égales, elle est vinifiée et élevée 10 mois en foudre de chêne et porte de bout en bout la marque de cette élaboration, avec élégance et sans ostentation. D'un or soutenu, elle allie les fruits blancs ou jaunes à de subtiles notes d'élevage (caramel au lait, réglisse) qui s'affirment dans un palais gourmand, tendu et long. ⧗ 2024-2027

CHAMPAGNE STÉPHANE HERBERT, 11, rue Roger-Salengro, 51500 Rilly-la-Montagne, tél. 03 26 03 49 93, champagneherbert@orange.fr V r.-v.

HERBERT ET CO
Extra-brut 1000% Meunier ★

	n.c.		50 à 75 €

Établie à Rilly-la-Montagne près de Reims, la famille Herbert a produit son premier champagne en 1959. Thomas Herbert, qui vinifiait depuis 2016, a pris en 2023 la suite de son père Didier. Avec sa conjointe Marie-Charlotte Mignucci, il gère une petite structure familiale, qui s'appuie sur 6 ha de vignes (dont 3 ha en propre) disséminées sur le flanc nord de La Montagne de Reims, entre Mailly-Champagne et Trois-Puits. Tout en conservant l'étiquette Didier Herbert, il a lancé en 2023 la marque Herbert & Co pour des cuvées monocépages vinifiées en fût de Bourgogne, gardées 3 ans sur lies. (NM)

Ce pur meunier tire en bonne partie son caractère d'un élevage de 9 mois en barrique, d'un long repos sur lies et d'un faible dosage. Mêlant au nez l'acacia et des notes boisées (touches fumées, noix de coco), citronné et minéral en bouche, il finit sur une petite pointe d'amertume. Un champagne bien travaillé. ⧗ 2024-2027

CHAMPAGNE HERBERT ET CO, 32, rue de Reims, 51500 Rilly-la-Montagne, tél. 03 26 03 41 53, infos@champagneherbert.fr V r.-v. 5

CHARLES HESTON
Sélection ★

	32000		15 à 20 €

Lancée en 2010, Charles Heston est la marque de la coopérative Les Six Coteaux, fondée en 1951 dans le massif de Saint-Thierry, au nord-ouest de Reims : plus de cent adhérents y apportent la récolte de leurs 105 ha. (CM)

Les trois cépages champenois, chardonnay en tête (60 %, pour 30 % de meunier et 10 % de pinot noir) participent à l'équilibre de ce brut au nez suave, légèrement évolué, partagé entre la pomme reinette et le miel, et au palais plutôt long, qui conjugue ampleur et vivacité. ⧗ 2024-2027 ● **Ambassadrice** ★ **(20 à 30 €; 14700 b.)** Mi-blancs mi-noirs (pinot noir), ce brut tient la balance égale entre la suavité des fruits jaunes et la fraîcheur de la pomme verte et des agrumes, avant de montrer en bouche une vivacité qui conviendra à l'apéritif. ⧗ 2024-2027

CHAMPAGNE CHARLES HESTON, 20, rte de Thil, 51220 Villers-Franqueux, tél. 03 26 03 08 78, contact@champagne-charlesheston.com V *t.l.j. 9h-13h 14h-19h; sam. 10h-19h30; dim. 10h-13h30*

FRANÇOIS HEUCQ Réserve ★

●	20000		15 à 20 €

François Heucq a pris en 1974 la suite de trois générations. Il a agrandi le domaine familial (5 ha aujourd'hui) et installé en 1978 un pressoir pour devenir récoltant-manipulant. Son fils Guillaume élabore aujourd'hui les cuvées. Le vignoble familial est situé aux environs de Fleury-la-Rivière, village proche d'Épernay, situé sur la rive droite de la Marne. (RM)

Avec 50 % de meunier, 30 % de chardonnay et 20 % de pinot noir, l'assemblage de ce brut reflète peu ou prou l'encépagement du domaine. Si une partie des vins a connu le bois, cet élevage ne transparaît pas dans la dégustation de ce champagne assez rond, aux arômes de citron et de fruits blancs. ⧗ 2024-2027 ● ★ **(15 à 20 €; 20000 b.)** Issu des trois cépages champenois, il correspond au brut Réserve, avec 14 % de meunier vinifié en rouge. Un rosé équilibré et fin, aux arômes de griotte, de pain et de fruits blancs. ⧗ 2024-2027 ● **Émotion ★ (20 à 30 €; 2000 b.)** Un chardonnay de la vendange 2018, vinifié et élevé dans le bois, et peu dosé. Floral et fruité au nez, centré sur les agrumes en bouche, il conjugue ampleur et franche vivacité. ⧗ 2024-2027

CHAMPAGNE FRANÇOIS HEUCQ, 3, imp. de l'École, 51480 Fleury-la-Rivière, tél. 06 77 16 35 81, champagne.francoisheucq@gmail.com V *r.-v.*

L'HOSTE PÈRE ET FILS Prestige Terroir de chardonnay ★

●	80000		15 à 20 €

À l'écart des capitales du champagne que sont Reims et Épernay, le vignoble de Vitry-le-François ne s'est développé que récemment. Jean L'Hoste, qui a constitué son exploitation à partir de 1971, est un des pionniers de l'élaboration du champagne dans la région. Aujourd'hui, ses fils Pascal et Dominique, et son petit-fils Clément disposent d'un coquet domaine de 15 ha à dominante de chardonnay. (NM)

Au nez, des fleurs blanches et des fruits frais teintés de vanille. En bouche, du citron, du pamplemousse rose, de la noisette et de l'amande grillée, soulignés par une vivacité juvénile : un blanc de blancs classique dans le bon sens du terme. ⧗ 2024-2027

CHAMPAGNE L'HOSTE, 11, rue de Vavray, 51300 Bassuet, tél. 03 26 73 94 43, contact@champagne-lhoste.com V *t.l.j. sf dim. 9h-12h 14h-18h*

HOUSSART Réserve ★

● 1er cru	6000		15 à 20 €

Œnologue fraîchement diplômé, Romain Houssart reprend en 2007 la petite exploitation de ses grands-parents à Chamery, 1er cru de la Montagne de Reims. Sa démarche : vinifications sans fermentation malolactique, élevages longs sur lies fines, en cuve Inox ou en fût, conservation des vins de réserve en demi-muid. (RM)

Ce brut met en œuvre les trois cépages champenois, meunier en tête (60 %, avec 10 % de pinot noir et 30 % de chardonnay) et associe la vendange 2020 avec 50 % de vins de réserve. Beurré et floral au nez, il se signale par une attaque vive et, jusqu'en finale, ne se départit pas d'une agréable fraîcheur florale et citronnée. ⧗ 2024-2027

CHAMPAGNE HOUSSART, 7, rue de l'Église, 51500 Chamery, tél. 06 84 38 39 66, champagnehoussart@hotmail.fr V *r.-v.*

AUGUSTE HUIBAN Blanc de noirs ★

●	20000		15 à 20 €

Repris en 1990 par Éric Ammeux et son épouse Isabelle, ce vignoble familial d'environ 4 ha se partage entre Jonquery, dans un vallon entre Ardre et Marne, et Fontaine-sur-Aÿ, près d'Épernay. Les raisins de Jonquery donnent naissance au champagne Auguste Huiban, ceux de Fontaine-sur-Aÿ à la marque Paul Augustin, lancée en 2005 par Isabelle. Propriété certifiée HVE. (RM)

Si le nez apparaît discret, subtil, le meunier seul à l'œuvre dans ce brut se manifeste dès la mise en bouche où il dévoile sa puissance, sa structure et ses arômes de cerise noire. De bonne longueur, la finale est marquée par une agréable amertume. ⧗ 2024-2027 ● ★ **(15 à 20 €; 5500 b.)** Les pinots imposent leur puissance, leur ampleur et leurs arômes de fruits rouges acidulés à ce rosé de noirs à dominante de meunier, équilibré et persistant, parfait pour la table.

CHAMPAGNE AUGUSTE HUIBAN, 1, rue de la Barbe-aux-Cannes, 51700 Jonquery, tél. 03 26 58 10 55, info@champagne-maison-huiban.fr V *t.l.j. 9h-11h30 13h30-18h; sam. dim. sur r.-v.*

LOUIS HUOT Carte noire ★

●	30000		20 à 30 €

En 1950, Louis Huot, héritier d'une lignée de viticulteurs, lance son champagne. En 2000, ses arrière-petits-enfants, Virginie et son frère Olivier Huot, reprennent le domaine : 7,6 ha sur les coteaux sud d'Épernay. Le vigneron incorpore dans ses champagnes 15 à 20 % de vins de réserve élevés en foudre de bois de 40 hl et 50 à 55 % de vins de réserve. Propriété certifiée HVE. (RM)

Né d'un assemblage savant, ce brut resté 3 ans en cave privilégie les pinots (dont 52 % de meunier), associés à 25 % de chardonnay. Un champagne flatteur, tant par ses arômes intenses de fruits blancs que par sa bouche harmonieuse et vive, de bonne longueur. ⧗ 2024-2027

CHAMPAGNE LOUIS HUOT, 27 rue Julien-Ducos, 51530 Saint-Martin-d'Ablois, tél. 03 26 59 92 81, champagne.huot@wanadoo.fr V *r.-v.*

LOUIS HURTEBISSE Tradition ★

●	39353		15 à 20 €

Émile, Lucien, Alain et, depuis 2010, Romain : les Mercier se transmettent depuis quatre générations cette exploitation fondée en 1910, située dans le secteur ouest de la vallée de la Marne. L'actuel récoltant-manipulant cultive 9 ha, avec 3 ha pour chacun des

cépages champenois, et commercialise sous plusieurs marques ses cuvées, souvent vieillies au moins 3 ans. (RM)

Majoritaires dans l'assemblage, les raisins noirs (pinot noir et meunier à 40 % chacun) des années 2020 et 2019 lèguent leur puissance à ce brut aux arômes de pâte d'amande, de mie de pain et de grillé. Un champagne structuré, gourmand, de bonne longueur, tonifié par une vivacité citronnée et par une légère amertume en finale. ⧗ 2024-2027

CHAMPAGNE ALAIN MERCIER ET FILS, 14, rte du Champagne, 02850 Passy-sur-Marne, tél. 03 23 70 35 48, contact@champagne-alain-mercier.fr V r.-v.

FERNAND HUTASSE ET FILS
Brut nature 2012 ★★

Gd cru | 20000 | | 30 à 50 €

Rudy Hutasse et Nathalie Tornay-Hutasse (cette dernière à la tête du Champagne Tornay depuis le décès de son père en 2014) ont mis en commun les domaines hérités de leurs familles respectives : 21 ha situés en majorité en grand cru, notamment à Bouzy, grand cru de la Montagne de Reims réputé pour son pinot noir. Ils ont gardé à leur carte les cuvées élaborées par les deux familles : Bernard Tornay et Fernand Hutasse. (RM)

De noble origine, ce brut nature d'un millésime coté met en avant le pinot noir (70 %), complété par le chardonnay. « Une belle année bien exprimée », conclut un dégustateur. L'aération permet à ce 2012 de déployer peu à peu une gamme complexe d'arômes qui s'épanouissent en bouche, traduisant une heureuse évolution : pain brioché, fruits exotiques bien mûrs, voire compotés, notes toastées. Reflet de l'année, la bouche conjugue structure, richesse et une grande fraîcheur, soulignée par l'absence de dosage, qui lui donne de l'allonge. Le repos en cave apporte fondu et finesse. ⧗ 2024-2027

CHAMPAGNE TORNAY-HUTASSE, rue du Haut-Petit-Chemin, 51150 Bouzy, tél. 03 26 57 08 58, info@champagne-tornay-hutasse.fr V r.-v.

ÉRIC ISSELÉE
Brut nature Blanc de blancs Le Montaigü Vieilles Vignes 2015 ★

Gd cru | 1700 | | 30 à 50 €

Arrivé en 1986 sur le domaine familial, Éric Isselée a lancé sa marque en 1999. À la tête d'un vignoble implanté pour une bonne partie au cœur de la Côte des Blancs, il a aménagé des gîtes et chambres d'hôtes. (RM)

Issu d'une parcelle de très vieux chardonnays plantés à Chouilly et d'un millésime solaire, ce blanc de blancs est resté 7 ans sur ses lies et n'a reçu aucun dosage après le dégorgement. En 2024, on découvre un champagne patiné : robe dorée parcourue de bulles très fines, expression « automnale », agréablement évoluée, sur les fruits compotés, coing en tête, bouche franche et minérale. ⧗ 2024-2027

CHAMPAGNE ÉRIC ISSELÉE, 350, rue des Grappes-d'Or, 51530 Cramant, tél. 03 26 57 54 96, champagneissele.e@wanadoo.fr V r.-v. 3 E

GILBERT JACQUESSON
Blanc de noirs Cuvée Tradition ★★

| 15000 | | 15 à 20 €

Henri Michel s'est lancé dans l'élaboration du champagne en 1926. Installé en 2004, son descendant Jean-Baptiste Jacquesson représente la 4e génération de récoltants-manipulants. Établi sur la rive gauche de la Marne, il exploite 6,9 ha de vignes. Certifiée HVE, l'exploitation a engagé une conversion bio partielle. (RM)

Issu d'années d'assemblage différentes de la dernière version (ici, vendange 2021 et vins de réserve de 2020), ce blanc de noirs (100 % meunier) est particulièrement salué cette année pour son fruité intense et persistant : au nez comme en bouche, il mêle cerise kirschée, cassis, citron et pêche blanche. Des arômes mis en valeur par un palais équilibré et soyeux. ⧗ 2024-2027 **Cuvée Sélection ★ (15 à 20 €; 9000 b.)** Mariant les trois cépages champenois (40 % de meunier, pinot noir et chardonnay à 30 %), expressif, un brut fruité et brioché, gourmand et frais, de bonne longueur. ⧗ 2024-2027

CHAMPAGNE GILBERT JACQUESSON, 6, rue de l'Avenir, 51700 Troissy, tél. 06 07 03 90 46, jb.jacquesson@orange.fr V r.-v. 4

JACQUESSON-BERJOT 2016 ★

| 2500 | 20 à 30 €

Loïc et Véronique Jacquesson exploitent 5,5 ha dans la vallée de la Marne. Ils ont lancé en 1992 leur champagne, dont ils confient l'élaboration à Terroirs et Vignerons de Champagne (Centre vinicole Nicolas Feuillatte) à Chouilly. (RC)

Issu d'un assemblage similaire au 2015 (chardonnay et pinot noir 40 % chacun, meunier 20 %), vieilli lui aussi 4 ans en cave, ce brut millésimé 2016, équilibré et frais, obtient la même note que son devancier avec un profil plus réservé, moins solaire : les fruits compotés et le coing font place à la fleur blanche, à la pomme verte, à l'amande fraîche, à la pistache. ⧗ 2024-2027

LOÏC JACQUESSON, 6, rue de Troissy, 51700 Nesle-le-Repons, tél. 03 26 58 38 92, loic.jacquesson@wanadoo.fr V t.l.j. 9h-18h C

CAMILLE JACQUET Tradition ★

Gd cru | 8500 | | 20 à 30 €

Un ancêtre de Christophe et de Frédéric Pernet cultivait la vigne au début du XVIIe s. Le tandem dirige aujourd'hui une petite maison de négoce largement tournée vers l'export et forte d'un vignoble de 16 ha répartis entre Côte des Blancs, vallée de la Marne et coteaux d'Épernay. Deux étiquettes : Jean Pernet et Camille Jacquet. (NM)

Trois cépages (pinot noir 45 %, chardonnay 40 %, meunier 15 %) et trois années (la vendange 2021 et les deux années antérieures) sont assemblés dans ce brut au nez discret, tout en finesse, qui s'ouvre sur la poire et sur une touche de grillé. Plus intense et complexe, le palais mêle les fruits mûrs, la torréfaction et des touches minérales et épicées. Sa matière ronde est équilibrée par une belle fraîcheur en finale. ⧗ 2024-2027 **★ (20 à 30 €; 8500 b.)** Pinot noir (55 % dont une petite proportion vinifiée en rouge), chardonnay (30 %) et meunier composent ce rosé d'assemblage très pâle, d'une belle finesse, aux arômes d'acacia, de fruits blancs et d'agrumes. ⧗ 2024-2027

CHAMPAGNE JEAN PERNET,
6, rue de la Brèche-d'Oger, 51190 Le Mesnil-sur-Oger, tél. 03 26 57 54 24, champagne.pernet@orange.fr
r.-v.

JACQUINET-DUMEZ
Extra-brut Blanc de noirs Dialogie ★

●	20 000		20 à 30 €

Domaine fondé en 1935. Installés en 1992, Olivier et Aline Jacquinet exploitent un vignoble de 6,5 ha autour des Mesneux, Sacy, Écueil et Ville-Dommange, 1ers crus de la Montagne de Reims situés à deux pas de la Cité des Sacres. Diane, leur fille cadette, œnologue, officie en cave. (RM)

Privilégiant les faibles dosages (extra-brut), les Jacquinet disent rechercher dans leurs cuvées une « fraîche maturité ». Tel est bien le profil relevé par nos dégustateurs dans ce blanc de noirs à dominante de meunier (80 %), vinifié à 20 % sous bois, qui marie trois années (2021 et les deux années antérieures). Un champagne intense et complexe, mêlant au nez notes grillées, eucalyptus, nuances fruitées (fruits blancs ou rouges), vif en attaque, ample, étoffé et chaleureux mais toujours allégé par une fine acidité. ⧗ 2024-2027 ● **Extra-brut Luministe ★ (30 à 50 €; 7000 b.)** Du chardonnay vinifié en foudre et en fût de réemploi, à parité avec du pinot noir vinifié en cuve. Un champagne ample, intense et frais, partagé entre fruits blancs, citron, notes briochée, biscuitées et miellées, teinté en finale d'une légère amertume. ⧗ 2024-2027

CHAMPAGNE JACQUINET-DUMEZ,
26, rue de Reims, 51370 Les Mesneux, tél. 06 24 96 13 79, contact@champagne-jacquinet-dumez.com
r.-v.

JAILLANT ET CIE
N°1 2019 ★

●	971		30 à 50 €

Vers 1860, un ancêtre produisait du vin (sans bulles) près de Troyes. En 1975, Jean-Pierre Jaillant plante les vignes du domaine actuel sur les terres familiales. Sa fille Anne-Françoise, après un premier parcours, se reconvertit pour perpétuer l'exploitation. Installée en 2009, elle met en valeur 7,5 ha de vignes sur le coteau crayeux de Montgueux, réputé pour son chardonnay et a pris le statut de négociant. Elle aime créer chaque année de nouvelles cuvées sans chercher à les standardiser.

Une discrétion de jeunesse pour ce chardonnay né de la vendange 2019 (belle année), structuré, bien construit et assez long, aux arômes d'agrumes, de tarte au citron et à la finale saline. ⧗ 2024-2029

CHAMPAGNE JAILLANT ET CIE,
111, Marivat , D141, 10300 Montgueux, tél. 03 25 41 32 02, champagne.jaillantandco@gmail.com r.-v.

E. JAMART ET CIE
Réserve ★

●	10 000		20 à 30 €

En 1930, année de crise et de mévente, le jeune boulanger Émilien Jamart achète une exploitation puis monte en 1936 une affaire de négoce avec son beau-père, caviste dans une grande maison. Dirigée aujourd'hui par son arrière-petit-fils Maxime Oudart, la maison, qui a son siège dans un village des coteaux sud d'Épernay, dispose de 5 ha de vignes. (NM)

Du meunier majoritaire (80 %) et du chardonnay, deux années d'assemblage (2021 et 2020) pour ce brut d'une belle complexité, qui joue sur la fleur blanche, l'amande fraîche et les agrumes et qui séduit par sa finesse. Un champagne d'apéritif par excellence. ⧗ 2024-2027 ● **Volupté ★ (30 à 50 €; 4000 b.)** Non millésimé mais issu de la seule année 2019, un blanc de blancs d'une belle finesse, flatteur par son expression aromatique (fleurs blanches, agrumes confits, fruits jaunes, notes grillées, vanillées), de belle longueur, conjuguant onctuosité, suavité et tension. ⧗ 2024-2027

CHAMPAGNE E. JAMART ET CIE,
13, rue Marcel-Soyeux, 51530 Saint-Martin-d'Ablois, tél. 03 26 59 92 78, champagne.jamart@wanadoo.fr
t.l.j. 9h-12h 13h30-17h30; sam. dim. sur r.-v.

JANISSON BARADON ET FILS
Brut nature ★★

●	n.c.		20 à 30 €

Implanté sur les hauteurs d'Épernay, ce domaine fondé en 1922 par Georges Baradon, remueur, et son gendre Maurice Janisson, tonnelier, est aujourd'hui conduit Cyril Janisson, qui dispose en propre de 4,5 ha de vignes. Propriété certifiée HVE. (NM)

Issu de pinot noir et de chardonnay à parts égales, ce champagne non dosé incorpore 30 % de vins de réserve élevés en fût et reste plusieurs années sur lies. Intense au nez, fruité et cacaoté, il suit la même ligne en bouche, déployant des arômes complexes de fruits confits, de torréfaction et de fruits secs. Gourmand, généreux et long, il est tendu par une belle vivacité soulignée par la vinification et par l'absence de sucre ajouté après le dégorgement (brut nature). ⧗ 2024-2027 ● **Grande Réserve ★ (20 à 30 €; 6000 b.)** Distingué une fois de plus, ce brut assemble pinot noir et chardonnay à parts égales, connaît en partie le bois et reste 5 ans en cave. Un champagne charnu, étoffé, minéral et tendu en finale, mêlant la fraîcheur des agrumes à des arômes de maturité (fruits confits, fruits secs et pâte d'amande). ⧗ 2024-2027

CHAMPAGNE JANISSON-BARADON,
9, pl. de la République, 51200 Épernay, tél. 03 26 54 45 85, maisojanisson@gmail.com t.l.j. 10h-12h 15h-16h45; f. janv.-fév.

PIERRE JARDIN
Meunier Haute Cornée 2017 ★★

●	1393		30 à 50 €

Né en 1689 du vivant de dom Pérignon, un ancêtre, Thomas Jardin, acquit à Villedommange les premières parcelles. La lignée commercialise son vin dès la fin du XIXe s. Thierry Grandin lance son champagne en 1982, son fils Pierre reprend en 2023 l'exploitation familiale qu'il avait rejointe 10 ans auparavant. Président de la coopérative de La Neuville-aux-Larris, il élabore les cuvées de la cave et celle de sa marque. Il s'appuie sur 5,5 ha de

vignes, dans la Montagne de Reims et dans la vallée de la Marne.

Cette cuvée parcellaire de meunier affiche un millésime difficile qui n'est pas le plus courant sur les étiquettes, et pourtant, quelle séduction ! La vinification en barrique a apporté un surcroît de complexité et d'étoffe à ce champagne or soutenu, qui déploie une large palette aromatique : fruits jaunes compotés et confits, beurre, miel, pâte d'amande, caramel, noisette grillée, épices se bousculent au nez et persistent en bouche, enrichis de pâte de coing. Un univers en harmonie avec une matière souple et généreuse, tonifiée par une noble amertume. ⧗ 2024-2027 ● **1er cru Les Noriats 2017 ★★ (30 à 50 €; 1104 b.)** Une cuvée parcellaire vinifiée en fût. Robe or jaune, nez flatteur, boisé et évolué (fruits mûrs, coing, viennoiserie, épices douces), bien prolongé par un palais structuré, puissant, acidulé : une remarquable interprétation du millésime.

PIERRE JARDIN, 10, rue de Reims, 51390 Ville-Dommange, tél. 06 89 32 96 08, grandinpier@gmail.com V r.-v.

JOANNÈS-LIOTÉ ET FILS
Réserve ★

●	35 000		15 à 20 €

Héritier de générations de viticulteurs à Boursault, Robert Lioté élabore ses premières cuvées en 1929. La marque résulte de l'alliance avec la famille Joannès. Aujourd'hui, Jérémie Joannès, installé à Mardeuil près d'Épernay, exploite plus de 8 ha sur les deux rives de la Marne. (RM)

Les raisins noirs, meunier en tête (70 %, complétés par le pinot noir et le chardonnay à parité), tiennent le devant de la scène dans ce brut qui associe la récolte 2020 avec 55 % de vins de réserve élevés pour partie en fût. Bien doré, le champagne s'ouvre sur les fleurs, la pomme et la pêche, avant de dévoiler des notes plus évoluées ou boisées (caramel, miel, kirsch). Après une attaque pleine de vivacité, sur des nuances acidulées d'ananas, la bouche montre une rondeur suave. ⧗ 2024-2027

CHAMPAGNE JOANNÈS-LIOTÉ ET FILS, 31, rue Victor-Hugo, 51530 Mardeuil, tél. 03 26 55 32 02, joannes-liote@wanadoo.fr V r.-v.

ABEL JOBART Prestige ★

●	4428		20 à 30 €

Fils de viticulteurs, Abel et Odette Jobart, installés dans la vallée de l'Ardre, au sud-ouest de Reims, ont lancé leur champagne en 1975 et sont devenus récoltants-manipulants en 1988. Leurs fils Thierry, Laurent et Vincent ont repris en 2002 le domaine (14 ha), certifié HVE depuis 2021. (RM)

Les trois cépages champenois (meunier et chardonnay à 40 % chacun, pinot noir à 20 %) concourent à l'équilibre de ce brut issu de trois années (2021 et les deux précédentes). Si son équilibre tend vers la rondeur, ce champagne attire l'attention par son expression fruitée gourmande et suave : pêche, abricot, mangue, prune et mûre. ⧗ 2024-2027

CHAMPAGNE ABEL JOBART, 4, rue de la Sous-Préfecture, 51170 Sarcy, tél. 06 27 58 70 40, champagneabeljobart@orange.fr V r.-v.

RENÉ JOLLY
Cuvée spéciale RJ ★

●	9000		30 à 50 €

Créé au XVIIIe s. dans la vallée de l'Ource (Aube), ce domaine familial de 14 ha est conduit depuis 2000 par Pierre-Éric Jolly. Ce dernier, s'il est fidèle aux traditions (pressoir Coquard, dégorgement à la volée, élevage en fût), est aussi soucieux d'innovation, et a mis au point un muselet à trois branches. Diplômé de commerce international, il exporte plus de la moitié de ses bouteilles. Propriété certifiée HVE. (RM)

Chardonnay (56 %) et pinot noir se partagent cette cuvée mariant deux années (2018 et 2016 pour cette version). D'une belle fraîcheur, le nez s'ouvre sur le citron et le gingembre nuancés d'une note florale. Un univers aromatique retrouvé dans une bouche intense et vive, teintée en finale d'une touche fumée léguée par un élevage partiel sous bois. ⧗ 2024-2027

CHAMPAGNE RENÉ JOLLY, 10, rue de la Gare, 10110 Landreville, tél. 03 25 38 50 91, champagne@renejolly.com V r.-v.

BERTRAND JOREZ Cuvée Prestige ★

●	n.c.		20 à 30 €

Domaine familial de 5 ha établi depuis trois générations à Ludes, sur le versant nord de la Montagne de Reims. Installé en 1980, Bertrand Jorez a lancé son champagne la même année. (RC)

Construit sur la vendange 2019, ce brut privilégie le chardonnay (60 %), assemblé aux deux pinots. Réservé au premier nez, il libère à l'aération des senteurs de pomme verte, de citron et d'ananas d'une belle fraîcheur, nuancées de touches briochées. Ces arômes d'agrumes et de fruits blancs se confirment en bouche, mis en valeur par une effervescence fine et foisonnante. Un champagne aérien, élégant et frais. ⧗ 2024-2027

CHAMPAGNE BERTRAND JOREZ, 13, rue de Reims, 51500 Ludes, tél. 06 19 64 92 34, bertrand.jorez@wanadoo.fr V r.-v. 4

JOREZ-LE BRUN
Rosé de saignée 2018 ★★★

●	1000	20 à 30 €

Prenant la suite de huit générations de vignerons, Denis et Sandrine Jorez se sont installés en 1990 sur l'exploitation familiale implantée à Ludes, dans la Montagne de Reims. Leur domaine de 6 ha comprend des parcelles dans ce secteur, ainsi que dans la vallée de l'Ardre, sur les coteaux sud d'Épernay et sur la Côte des Blancs. (RC)

Il transmet la mémoire d'une année solaire et précoce, ce rosé né d'un pinot noir récolté le 27 août et macéré brièvement en cuve, de manière à obtenir une robe profonde, un nez intense, gourmand, d'une belle complexité, sur la griotte et la grenadine, et une bouche à l'unisson. Suave, d'une rare persistance, ce champagne, malgré sa puissance, laisse une impression de légèreté. ⧗ 2024-2027 ● **1er cru Extra-brut Le Brun de Pinot 2016 ★★ (30 à 50 €; 3000 b.)** Des pinots noirs de Mailly-Champagne et de Ludes au service d'un champagne gourmand, séduisant par son expression aromatique complexe et mûre (notes grillées, tarte aux mirabelles, fruits jaunes, mangue séchée, vanille, rhum…). ⧗ 2024-2027 ● **Chardonnay ★★ (20 à 30 €; 3000 b.)** Issu de la vendange 2018, blanc de blancs équilibré, plutôt long, à la palette d'une belle complexité, partagé entre aubépine, fruits blancs, pâtisserie, vanille et notes toastées. ⧗ 2024-2027

CHAMPAGNE JOREZ-LE BRUN, 39, rue Victor-Hugo, 51500 Ludes, tél. 03 26 61 13 32, jorez-lebrun@orange.fr t.l.j. 9h-12h 14h-18h; dim. 9h-12h

♥ KRUG
Grande Cuvée 167e édition ★★★

● | n.c. | | + de 100 €

Originaire de la vallée du Rhin, Joseph Krug, fondateur en 1843 de cette célèbre maison rémoise, fut un assembleur hors pair, qui réussit à magnifier terroirs, cépages et millésimes pour élaborer des cuvées de prestige à son goût qui racontent le meilleur de la Champagne, en prêtant une attention particulière au vignoble et à l'identité de chaque parcelle, et en constituant une vaste bibliothèque de vins de réserve de différentes années. Il codifia sa méthode, transmise de génération en génération. Une obsession du détail qui fait de Krug une maison à part. Si l'affaire appartient depuis 1999 au groupe LVMH, elle est restée maîtresse de son savoir-faire, le style étant garanti par Olivier Krug, gardien du temple, et l'élaboration suivie par Julie Cavil, chef de cave. Elle ne propose que des cuvées haut de gamme, fruits d'assemblages minutieux et savants de vins vinifiés en fûts de 205 l identifiés par le cru. La cave conserve en petites cuves 150 vins de réserve, certains âgés de 20 ans. Le vieillissement sur pointe des champagnes dure 6 ans au minimum. Il en résulte des cuvées complexes, au fort potentiel de garde. (NM)

La 167e édition de la Grande Cuvée est bâtie autour des vendanges de 2011, année très précoce, la plus précoce depuis… 1822, avec un été avant l'été en mai, suivi d'un temps froid et humide. Un millésime qui a particulièrement réussi au pinot noir, avec notamment des raisins de Bouzy de 1995 dans l'assemblage. Dans le verre, un champagne de haute expression, à la couleur soutenue mais limpide et brillante, animée par un fin cordon de bulles très élégantes. Au nez, la richesse et la complexité sont de mise : fruits blancs et agrumes mûrs, amande, noisette grillée, touche fumée, notes de garrigue. La bouche, à l'unisson du bouquet, se révèle ample, ronde, généreuse en attaque, puis se fait plus vive, plus tonique, sur des notes minérales de calcaire, avant de s'étirer sur de fins amers dans une longue finale. Une édition de luxe, entre puissance et fraîcheur, force et dynamisme. ⧗ 2025-2035 ● **2011 ★★ (+ de 100 €; n.c.)** D'une seyante limpidité, le millésimé 2011 de la maison a des airs de famille avec la 167e Grande Cuvée, une même harmonie entre générosité et énergie. Il s'ouvre sur d'engageants parfums de fruits mûrs, de noisette, de pâtisserie et d'herbes aromatiques. Large, ronde, enveloppante, caressante même, la bouche s'anime en finale sur des notes plus vives, salines et citronnées qui tranchent très agréablement avec l'attaque. ⧗ 2242-2034

KRUG, 5, rue Coquebert, 51100 Reims, tél. 03 26 84 44 20, krug@krug.fr

LABBÉ ET FILS
Extra-brut Blanc 2 noirs 2015 ★

● 1er cru | 2000 | | 30 à 50 €

Depuis la fin du XIXe s., les Labbé se succèdent de père en fils sur leurs terres de Chamery, 1er cru situé sur le flanc nord de la Montagne de Reims, qui mérite le détour pour la très haute flèche de son église. Ils élaborent leur champagne depuis l'arrivée en 1975 de Didier Labbé, qui a transmis en 2015 le domaine à ses fils Damien et Jérôme. À la tête de 10 ha, ces vignerons pratiquent des vinifications parcellaires. Après s'être rapprochés de la biodynamie sans certification, ils ont engagé en 2021 la conversion bio de la propriété. (RM)

Mûris sous l'été solaire de 2015, pinot noir majoritaire (90 %) et meunier, vinifiés à 50 % en fût, s'allient dans cette cuvée qui s'est bien trouvée d'un faible dosage au terme de son élaboration. Après de longues années passées en cave, ce blanc de noirs millésimé se pare d'une robe or à reflets orangés et offre un nez intense, entre agrumes confits, miel et fruits secs. Gourmand, il montre aussi de l'élégance, grâce à une belle vivacité. ⧗ 2024-2027

CHAMPAGNE LABBÉ ET FILS, 5, chem. du Hasat, 51500 Chamery, tél. 03 26 97 65 45, contact@champagnelabbe.com r.-v.

♥ J.M. LABRUYÈRE
Extra-brut Anthologie ★★★

● | 6000 | 30 à 50 €

Propriétaire aux Thorins, dans le Beaujolais, son fief d'origine, en Bourgogne (maison Jacques Prieur), à Pomerol (Ch. Rouget), Édouard Labruyère a pris pied en Champagne en rachetant en 2012 le Champagne Christian Busin, établi à Verzenay, grand cru de noirs de la Montagne de Reims qu'il a rebaptisé du nom de son arrière-grand-père. Sur ce domaine de plus de 6 ha, il est appuyé par Vincent Van Waesberghe, chef de culture et chef de cave. Après la certification HVE obtenue en 2017, l'exploitation a engagé sa conversion bio en 2020. (RM)

Un rosé d'assemblage issu d'une sélection de parcelles de vieilles vignes : du pinot noir (87 %, dont 6 % vinifiés en rouge) et du chardonnay plantés dans les grands crus voisins de Verzenay et de Verzy. Des vendanges d'une telle qualité en 2018, année solaire et précoce, qu'elles ont conduit la propriété à millésimer ce rosé. Resté plus de 3 ans sur lies, ce champagne affiche une robe rose franc à reflets saumonés et séduit par son nez bien ouvert sur les fruits rouges mûrs (fraise) nuancés d'amande. Croquant en bouche, fruité et floral, il offre un profil élégant et tendre, malgré le faible dosage, une belle tension sous-jacente portant loin ses arômes floraux et fruités. ⧗ 2024-2027

J.M. LABRUYÈRE, 1, pl. Carnot, 51360 Verzenay, tél. 03 26 49 40 63, info@champagne-labruyere.com r.-v.

LACROIX ★★

●	6000		20 à 30 €

Constituée de toutes pièces sur la rive droite de la Marne, à partir de 1968, cette propriété a commercialisé ses premières bouteilles en 1974. Installés en 2010, Anthony et Céline Lacroix disposent de 10 ha de vignes; ils ont aménagé une nouvelle cuverie et une salle de dégustation et obtenu la certification HVE. (RM)

Construit sur la récolte 2020, ce rosé très flatteur assemble les trois cépages champenois, pinot noir en tête (60 %, avec le meunier et le chardonnay à parité). Un apport de vin rouge teinte sa robe d'un rose tendre et contribue à son expression aromatique intense, gourmande et fraîche, qui fait songer à la fraise et au bonbon acidulé. La bouche confirme le nez : fondue, de belle longueur, elle concilie suavité et finesse. Un rosé qui donne envie de charlotte à la fraise. ⧗ 2024-2027

CHAMPAGNE LACROIX, 4, rue des Genêts, 51700 Montigny-sous-Châtillon, tél. 03 26 58 35 17, champlacroix2@wanadoo.fr r.-v.

LACROIX-TRIAULAIRE
Brut nature Blanc de noirs Val Soudois 2016 ★

●	2015		50 à 75 €

Les grands-parents des actuels récoltants, qui avaient pris en 1962 une ferme en Côte des Bar (Aube), furent agriculteurs et éleveurs de moutons. François Lacroix, leur fils, planta en 1972 les premières parcelles de pinot noir, vinifia dès 1983 et vendit du champagne à partir de 1987. Ses enfants Théodore, œnologue, et Marie-Claire l'ont rejoint en 2007 et en 2012 respectivement, avant de lui succéder en 2013. À la tête de 8 ha de vignes, ils aiment créer des cuvées. (RM)

Avec cette cuvée parcellaire née de vieux plants de pinot noir, ces récoltants ont souhaité exprimer un terroir et une année, sans interférence de sucre (brut nature) mais avec un travail sur le bois : les vins ont été vinifiés en fûts (300 l) de quatre provenances différentes : Aube, Argonne, Vosges et Jura. Un élevage subtilement mené : après un séjour de 6 ans en cave, le séjour en fût des vins de base n'a pas « sauté au nez » de nos dégustateurs, qui ont relevé ses arômes intenses, évolués, de fruits confits ou macérés dans l'alcool, sa belle attaque et sa finale plutôt longue, teintée d'une légère amertume. ⧗ 2024-2027

CHAMPAGNE LACROIX-TRIAULAIRE, 4, rue de la Motte, 10110 Merrey-sur-Arce, tél. 03 25 29 83 59, contact@champagne-lacroix-triaulaire.fr t.l.j. sf sam. dim. 9h-12h 14h-18h

ALAIN LALLEMENT
Tradition ★

●	12000		15 à 20 €

Alain Lallement, qui avait pris les rênes de l'exploitation en 1975, a laissé en 2021 la conduite du domaine à son épouse et à son fils Antoine. Le vignoble est implanté dans la Montagne de Reims. La famille a développé l'hébergement, ce qui permet aux visiteurs de découvrir la vaste forêt de Verzy et ses hêtres tortillards, les célèbres faux. (RM)

Très en vue l'an dernier avec un blanc de blancs 2017 de Verzy, la propriété retourne au classicisme avec cette cuvée Tradition, dont la dernière version met en œuvre du pinot noir et du chardonnay de la récolte 2019, assemblés à parité. Le chardonnay perce dans ce brut aux arômes d'acacia, de citron confit et de pomme verte qui laisse une impression de fraîcheur. ⧗ 2024-2027 ● **Gd cru Blanc de noirs ★ (20 à 30 €; 3500 b.)** Discrètement floral et fruité au nez, plus ouvert au palais, ce pinot noir de la Montagne de Reims, bien équilibré entre rondeur et acidité, montre l'ampleur de son cépage et de plaisants arômes de pêche, avec en finale l'amertume du noyau de pêche. Un blanc de noirs charmeur. ⧗ 2024-2027

CHAMPAGNE ALAIN LALLEMENT, 19, rue Carnot, 51380 Verzy, tél. 03 26 97 92 32, champagne.alain.lallement@club-internet.fr r.-v.

LAMIRAUX Blanc de blancs ★

●	15000		20 à 30 €

Reprise par Béatrice et Raphaël Lamiraux au début des années 2000, cette structure familiale établie à Venteuil dans la vallée de la Marne a commercialisé ses premières bouteilles en 1907. La maison s'approvisionne dans la vallée de la Marne et en Côte des Blancs. Trois étiquettes : Granzamy Père et Fils, R. Lamiraux et Georges Fremy. (NM)

Ce blanc de blancs gagne en intensité à l'aération, livrant une gamme d'arômes d'une belle complexité : agrumes, notes pâtissières, grillées et toastées. Il apparaît bien structuré et sa finale longue, marquée par une légère amertume, laisse une bonne impression, malgré un dosage un peu généreux pour certains palais. ⧗ 2024-2027

CHAMPAGNE GRANZAMY PÈRE ET FILS, 15, rue de Champagne, 51480 Venteuil, tél. 03 26 58 60 62, champ.granzamy@orange.fr r.-v.

GUY LAMOUREUX
Mlle Bouquet 2015 ★

●	2550		20 à 30 €

Les Lamoureux sont installés de longue date aux Riceys (Aube), le village le plus important de la Côte des Bar, en Champagne méridionale, connu pour son rosé tranquille. Depuis 1996, Stéphane Lamoureux exploite le vignoble familial (7 ha) et la marque créée en 1970 par son père, Guy Lamoureux. Propriété certifiée HVE. (RM)

Assemblés à parts égales, pinot noir et chardonnay jouent leur partition dans ce brut millésimé qui tire aussi son caractère, généreux et évolué, de cette année solaire et d'un séjour prolongé en cave. Complexe, le nez mêle l'amande, la noisette, le pain grillé et la cerise à l'eau-de-vie. En bouche, l'abricot bien mûr et la crêpe au Grand Marnier s'inscrivent bien dans ce registre, en harmonie avec une matière puissante, riche, gourmande et onctueuse, rafraîchie par des impressions acidulées. La longue finale se teinte de la légère amertume du noyau. ⧗ 2024-2027 ● **Blanc de noirs Tradition ★ (20 à 30 €; 29343 b.)** Construit sur la vendange 2021 complétée de vins de réserve des deux années précédentes, un blanc de noirs équilibré et

CHAMPAGNE

long, aux arômes intenses et flatteurs de fruits jaunes mâtinés de brioche. ⧗ 2024-2027 ● **Rosé de saignée ★ (20 à 30 €; 3845 b.)** Un rosé obtenu par macération d'un pinot noir de la vendange 2018. Griotte à l'eau-de-vie, fraise des bois, framboise et cassis se disputent le nez de ce champagne structuré et puissant, adapté à la table. ⧗ 2024-2027

CHAMPAGNE GUY LAMOUREUX, 10, rue de Frolle, 10340 Les Riceys, tél. 03 25 29 34 39, contact@champagneguylamoureux.fr V r.-v.

VINCENT LAMOUREUX
Blanc de noirs Tradition ★

● | 30000 | | 15 à 20 €

Ce domaine est né en 1987 de l'union de Sylviane Vincent et de Jean-Michel Lamoureux, rejoints par leur fils Émilien qui s'apprête à prendre la relève. Ces récoltants-manipulants cultivent 8 ha sur les coteaux des Riceys, dans l'Aube, et proposent les trois appellations de la Champagne, dont le confidentiel rosé-des-riceys. Propriété certifiée HVE.

Vieilli environ 3 ans en cave, ce brut doit tout au bon pinot noir des Riceys, qui lui communique sa puissance. Son nez minéral et fruité attire l'attention, sa bouche vive en attaque puis ronde se révèle bien construite, consistante, aromatique, acidulée et plutôt longue, même si un dosage indiscret vient pour l'heure saturer la finale. ⧗ 2024-2027 ● **Réserve ★ (20 à 30 €; 5000 b.)** Mariant pinot noir (60 %) et chardonnay, il assemble des vins de réserve et reste 4 ans sur lattes. Un brut équilibré et très frais, d'une belle complexité, aux arômes de fruits jaunes compotés. ⧗ 2024-2027 ● **Brut nature ★ (20 à 30 €; 1000 b.)** Non dosé, né de pinot noir (60 %) et de chardonnay, vieilli 4 ans en cave, un champagne subtilement floral au nez, partagé entre fruits rouges et notes toastées en bouche, incisif et plutôt long. ⧗ 2024-2027

VINCENT LAMOUREUX, 2, rue Sénateur-Lesaché, 10340 Les Riceys, tél. 03 25 29 39 32, lamoureux-vincent@wanadoo.fr V r.-v.

LANCELOT FILS
Extra-brut Blanc de blancs Réserve Le Fer de lance ★

● | 3654 | | 20 à 30 €

Bouilleur de cru, Jean Lancelot hérite de vignes à Cramant et commercialise son champagne dès les années 1930. La 2e génération étend le vignoble et creuse la cave, la 3e lance la marque. Depuis 2012, Hubert Lancelot assure la pérennité de l'exploitation (aujourd'hui 5,5 ha sur la Côte des Blancs, à Épernay, Hautvillers et dans l'Aube) avec sa propre approche : certification HVE, vinifications privilégiant la fraîcheur. (RM)

Après des cuvées parcellaires, voici un blanc de blancs extra-brut mariant la vendange 2020 avec ⅓ de vins tirés d'une réserve perpétuelle. Malgré l'apport de vins plus anciens, c'est l'impression de jeunesse qui l'emporte : jeunesse typée blanc de blancs de la robe jaune pâle à reflets verts, jeunesse élégante du nez, entre amande fraîche, pêche et pomme verte, jeunesse fougueuse d'une bouche crayeuse, saline, puissante et incisive, où le chèvrefeuille s'allie à l'amande amère. Du potentiel. ⧗ 2024-2029

CHAMPAGNE LANCELOT FILS, 30, rue Ernest-Vallée, 51190 Avize, tél. 06 77 75 91 31, lancelot.hubert@hotmail.fr V r.-v.

LANCELOT-PIENNE
Extra-brut Chardonnay Cramant Marie Lancelot ★

● Gd cru | 2000 | | 30 à 50 €

L'union d'Albert Lancelot avec Brigitte Pienne, suivie de la mise en commun de leurs vignobles de la Côte des Blancs, est à l'origine de la marque (1967). Leur fils Gilles, œnologue, a pris la suite en 2006, rejoint en 2019 par Julien, ingénieur agronome. Forte de 9 ha de vignes implantées majoritairement autour de Cramant, la maison a réalisé en 2018 une cuverie permettant une vinification plus précise, par terroir. Ses vins sont très peu dosés. (NM)

Ce blanc de blancs de haute origine provient de la vendange 2017. Après 5 ans sur lies, il montre une belle structure, de la vinosité et de la longueur. Son expression aromatique évoluée, entre fruits confits et pâte de coing, lui donne un profil agréable de champagne patiné. ⧗ 2024-2027

CHAMPAGNE LANCELOT-PIENNE, 1, pl. Pierre-Rivière, 51530 Cramant, tél. 03 26 59 99 86, contact@champagne-lancelot-pienne.fr V r.-v.

LANSON
Sec Le White label ★

● | n.c. | 30 à 50 €

Maison fondée dès 1760 par François Delamotte, propriétaire de vignes à Cumières. Jean-Baptiste Lanson prend le contrôle de l'affaire en 1837, lui donne son nom et sa dimension internationale en commerçant vers l'Europe du Nord. Dans l'orbite du groupe BCC depuis 2006, la marque dispose de 57 ha en propre, complété d'apports de raisins qui lui permettent d'avoir accès à plus d'une centaine de crus différents. Le style maison est perpétué par Hervé Dantan, chef de cave : une grande fraîcheur due à des vinifications sans fermentation malolactique. (NM)

Le seul « sec » de cette sélection annuelle. Cette mention se fait rare et mérite d'être explicitée : moins moelleux que le demi-sec (presque doux), mais plus suave que l'extra-dry et que le brut, le sec comprend entre 17 et 32 g/l de sucres (ici 28 g/l). Lanson s'est fait une spécialité de ce type de champagne, adapté au dessert et aussi à certaines cuisines du monde. Pinot noir (53 %), chardonnay (32 %) et meunier (15 %) contribuent à l'équilibre de cette cuvée au nez minéral, complexe et évolué, crémeux, beurré et grillé, bien prolongé par une bouche ronde, suave et fondue, équilibrée par un côté acidulé et par une finale nerveuse. ⧗ 2024-2027 ● **Le Rosé ★ (30 à 50 €; n.c.)** Saumoné-orangé, il assemble les trois cépages champenois (pinot noir 53 %, chardonnay 32 %, meunier 15 %) et reste 4 ans en cave : nez floral, fruité, enrichi de notes gourmandes de tarte Tatin, bouche fraîche et longue, aux arômes de griotte et d'agrumes mentholés. ⧗ 2024-2027

CHAMPAGNE LANSON, 66, rue de Courlancy, 51100 Reims, tél. 03 26 78 50 50, info@lanson.com V r.-v.

GUY LARMANDIER Blanc de noirs 2019 ★

1er cru	4346	20 à 30 €

Récoltants-manipulants depuis plusieurs générations, les Larmandier sont bien connus dans la Côte des Blancs. La marque a été lancée en 1961. Depuis le décès de Guy, puis de Colette (fin 2022), leur fils François assure la pérennité du domaine : 7 ha à Vertus, Chouilly et Cramant. (RM)

Un blanc de noirs de la Côte des Blancs ! Probablement un oiseau rare avant les années chaudes du XXIes. Le pinot noir n'est pas absent de Vertus, au sud de la Côte (un petit 18 %, de quoi élaborer des rosés ou mettre des touches de noirs dans une cuvée de brut sans année). Le millésime 2019, solaire, a donné l'occasion de soumettre à nos dégustateurs un brut tiré de ce cépage : un champagne apprécié pour la complexité de son nez, entre grenadine et notes pâtissières, plus fruité en bouche, où la pêche s'enrobe de sirop (le dosage généreux, peut-être). Une belle fraîcheur équilibre l'ensemble. De la personnalité. ⧗ 2024-2027 **1er cru Cuvée GL ★ (20 à 30 €; 26760 b.)** Construit sur une base 2018, né de chardonnay pour l'essentiel (90 %, avec le pinot noir en appoint), un brut aux arômes intenses de pêche, plutôt long, dont la générosité, renforcée par le dosage, reflète des étés solaires. ⧗ 2024-2027

CHAMPAGNE GUY LARMANDIER, 30, rue du Gal-Kœnig, Vertus, 51130 Blancs-Coteaux, tél. 03 26 52 12 41, guy.larmandier@orange.fr
V r.-v.

LÉON LAUNOIS Cuvée réservée ★

25000		20 à 30 €

Charles Mignon est une maison de négoce familiale créée à Épernay en 1995 par Bruno Mignon, arrière-petit-fils de vignerons, et par sa femme, Laurence, rejoints par leurs enfants Manon et Guillaume. Trois marques : Charles Mignon, Louis Tollet (destinée aux cavistes et aux restaurateurs) et Léon Launois. (NM)

Les raisins noirs, meunier en tête (50 %, avec du pinot noir et du chardonnay à parité), s'expriment dans cette cuvée dorée qui s'ouvre à l'aération sur les fruits jaunes et sur des notes grillées, avec un soupçon d'agrumes. La figue et un côté biscuité confirment le côté opulent de ce champagne flatteur, dont l'équilibre penche vers la rondeur. ⧗ 2024-2027

CHAMPAGNE CHARLES MIGNON, 7, rue Irène-Joliot-Curie, 51200 Épernay, tél. 03 26 58 33 33, bm@champagne-mignon.fr

JEAN LAURENT Cuvée blanche ★★

2446		30 à 50 €

Athanas Laurent s'établit en 1850 dans la Côte des Bar (Aube) et fournit les maisons de négoce. Installé en 1996, son lointain successeur, Jean, élabore ses champagnes. Il privilégie les cuvées monocépage. Ses installations sont autonomes énergétiquement grâce à des panneaux solaires et il récupère l'eau de pluie pour traiter les vignes et laver les sols. (RM)

Aux côtés d'un pinot noir en majesté, certains récoltants de la Côte des Bar cultivent avec ferveur quelques rangs de pinot blanc, autorisé en Champagne mais cultivé surtout en Alsace. Le cépage occupe ainsi 10 % des surfaces de cette propriété. Il est à l'origine de La Cuvée blanche, qui réunit six années de récolte (entre 2016 et 2011) : un champagne de très belle facture, caractéristique de cette variété, avec son nez charmeur tout en fruits d'été (pêche, abricot), prélude à une bouche gourmande et aromatique, qui mise sur la rondeur sans manquer de longueur. ⧗ 2024-2027

CHAMPAGNE JEAN LAURENT, 5, rue des Craies, 10110 Celles-sur-Ource, tél. 03 25 38 56 02, champagne.jean.laurent@gmail.com V
t.l.j. sf sam. dim. 9h-12h 13h30-17h

LEBEAU-BATISTE Terre de chêne ★★

1400		30 à 50 €

Propriété familiale issue de l'alliance en 1981 de deux familles de récoltants de Moussy et de Chavot-Courcourt. En 2009, Florent Lebeau reprend l'exploitation, qui compte aujourd'hui 10 ha de vignes implantés sur les coteaux sud d'Épernay et dans la vallée de la Marne. Certifié HVE, le domaine a obtenu sa certification bio en 2021 pour le chardonnay. (RM)

Meunier (60 %), pinot noir et chardonnay (à parité) concourent à l'harmonie de ce brut vieilli environ 2 ans sur lattes, qui a bénéficié d'un élevage de 6 mois en fût de chêne de Bourgogne. Nos dégustateurs ne perçoivent pas la note aromatique du bois, qui sait rester discret et mettre en valeur l'intensité de sa palette (avec une note « fruits rouges » qui signe la forte présence des noirs). Le fût contribue aussi à l'harmonie d'une bouche gourmande, de belle longueur. ⧗ 2024-2027 **Terre de chardonnay ★ (30 à 50 €; 3500 b.)** Ⓑ Né de la vendange 2021, un chardonnay bio aromatique, à la fois rond et frais. ⧗ 2024-2027

CHAMPAGNE LEBEAU-BATISTE, 1, Le Pont-de-Bois, 51530 Chavot-Courcourt, tél. 03 26 55 39 14, lebeau.batiste@wanadoo.fr V r.-v.

NOËL LEBLOND-LENOIR Grande Réserve ★

	15000	15 à 20 €

Les Leblond-Lenoir sont plusieurs à Buxeuil, village de la région de Bar-sur-Seine (Aube). Fils et petit-fils de vignerons, Noël y exploite depuis 1969 un vignoble de près de 14 ha; il est aujourd'hui secondé par ses filles Mélaine et Élise. Domaine certifié HVE depuis la fin 2020. (RM)

Mi-chardonnay, mi-pinot noir, un brut construit sur la vendange 2019. Dans la lignée de la version précédente, il se partage au nez entre fleurs blanches et touches végétales. En bouche, malgré un dosage sensible en attaque, il se montre équilibré, tonique et long, et intéresse par sa palette aromatique florale, réglissée et anisée, avec une note d'amande en finale. ⧗ 2024-2025 **Sublime de Frion ★ (20 à 30 €; 4000 b.)** Avec ses arômes d'agrumes nuancés d'amande et sa bouche acidulée et persistante, il offre toute la fraîcheur attendue des blancs de blancs et trouvera sa place à l'apéritif. ⧗ 2024-2027

NOËL LEBLOND-LENOIR, 3, rue de la Fontaine-Saint-Loup, 10110 Buxeuil, tél. 03 25 38 53 33, noel.leblond@wanadoo.fr
V r.-v.

CHAMPAGNE

PASCAL LEBLOND-LENOIR Grande Réserve ★★

38644 | 15 à 20 €

Établie dans l'Aube sur les hauteurs de la Seine, à l'extrême sud de la Champagne, cette famille a commercialisé ses premières bouteilles après 1945. Pascal a lancé sa marque en 1980. Avec ses enfants Claire et Julien, il exploite un domaine de 11 ha, dont une partie est dédiée au rare pinot blanc. (RM)

Mi-blancs mi-noirs, ce brut naît d'un assemblage typique de la Côte des Bar : pinot noir, chardonnay et un soupçon de pinot blanc (5 %). Un champagne loué pour son nez intense et complexe, marqué par les raisins blancs (pêche blanche et agrumes), comme pour sa bouche tout aussi expressive, aux nuances fruitées délicates. Des arômes mis en valeur par une franche vivacité qui porte loin la finale aux accents de pain grillé. ⧗ 2024-2027 ● **Prestige ★ (15 à 20 €; 3618 b.)** Construit sur une base 2020, un brut expressif et complexe (citron confit, fruits exotiques, avec des notes toastées en bouche). Vif en attaque, puissant et persistant, il porte la marque d'un chardonnay dominant (70 %, avec du pinot noir en complément). ⧗ 2024-2027

⊶ PASCAL LEBLOND-LENOIR, 49, Grande-Rue, 10110 Buxeuil, tél. 03 25 38 54 04, pascal.leblondlenoir@gmail.com V r.-v.

LE BRUN SERVENAY Odalie ★

8900 | 20 à 30 €

Patrick Le Brun, qui conduisait depuis 1996 le vignoble familial (près de 7 ha situés pour la majeure partie au cœur de la Côte des Blancs), l'a transmis en 2017 à son fils Gauthier, qui représente la 5e génération sur le domaine. Les cuvées de la propriété ne font pas leur fermentation malolactique et sont faiblement dosées. (RM)

En 1965, la famille Servenay cultivait exclusivement les pinots, celle des Le Brun, le chardonnay. Comme les deux patronymes sont unis sur l'étiquette, les raisins blancs et les noirs, à parité, sont mariés dans cette cuvée (chardonnay 50 %, meunier et pinot noir à 25 % chacun). Resté 4 ans sur lies, c'est un brut au nez intense, assez évolué, partagé entre fruits très mûrs et fleurs blanches. La rondeur des noirs est perceptible en attaque, mais la vivacité des blancs, soulignée par la vinification, prend le dessus, donnant de l'allonge à la finale. ⧗ 2024-2027

⊶ CHAMPAGNE LE BRUN SERVENAY, 14, pl. Léon-Bourgeois, 51190 Avize, tél. 03 26 57 52 75, contact@champagnelebrun.com V r.-v.

DANIEL LECLERC ET FILS Rosé de saignée ★★

3300 | 15 à 20 €

Daniel Leclerc plante sa première vigne en 1975 à Polisot, au sud de Bar-sur-Seine, et se lance en 1990 dans l'élaboration du champagne, avec 2 ha. Ses enfants Alexandre et Raphaëlle le rejoignent en 1999 et prennent le relais en 2011; ils exploitent aujourd'hui 8 ha. (RM)

Issu d'une macération de pinot noir vendangé en 2020, ce rosé tire de sa vinification beaucoup de couleur, un nez tout en fruits rouges et un palais dans le même registre, franc, équilibré et long, assez puissant pour accompagner un repas. ⧗ 2024-2027 ● **Cuvée Gabin Vieilli en fût de chêne ★ (15 à 20 €; 5000 b.)** Récolté en 2018, élevé 7 mois en fût, ce chardonnay tire de son séjour dans le bois une belle complexité : fleurs blanches, mangue, pain frais, notes biscuitées, noisette grillée, vanille et épices se bousculent au nez et se prolongent dans une bouche ample et généreuse, aux saveurs de poire mûre et de citron confit, qui finit sur des notes de caramel et de torréfaction. ⧗ 2024-2027

⊶ CHAMPAGNE DANIEL LECLERC ET FILS, Maison-Rouge, 10110 Polisot, tél. 03 25 38 51 12, champagne.daniel.leclerc@orange.fr V r.-v.

LECLERC-MONDET Blanc de blancs ★★

10000 | 20 à 30 €

Installés en 1952 à Trélou-sur-Marne sur la rive droite de la Marne, Henri Leclerc et son épouse, Renée Mondet, lancent leur première cuvée. Leur fils Christian reprend l'exploitation en 1976, disparaît en 1992; son épouse, Jacqueline, prend le relais, rejointe en 1998 par la 3e génération. Fabien, œnologue, est à la cave et son frère Cédric à la vigne. Le domaine couvre 10 ha. En conversion bio, il a déjà obtenu la certification pour les chardonnays. (RM)

Un blanc de blancs issu de la récolte 2019 assemblée à des vins de réserve, vinifié en cuve et élevé en fût. Nos dégustateurs sont emballés par son nez, reflet de la vinification et d'une vendange mûre à point : le coing et les fruits jaunes s'allient aux fruits secs et à des notes beurrées, épicées, cacaotées et réglissées. On retrouve les épices dans une bouche d'une grande ampleur, aux arômes de pêche au sirop, équilibrée par une fraîcheur un peu amère aux accents de zeste d'agrumes. ⧗ 2024-2027 ● **2018 ★ (15 à 20 €; 6000 b.)** Mi-chardonnay, mi-pinot noir, il allie la finesse et la fraîcheur des blancs à la rondeur des noirs, et déploie des arômes de fruits jaunes et de fruits confits qui reflètent son millésime solaire, servi par une finale saline, tonique, marquée par une pointe d'amertume. ⧗ 2024-2027 ● **Prestige ★ (20 à 30 €; 5000 b.)** Mi-chardonnay mi-pinot noir (années 2020 et 2019), un brut minéral mêlant les notes boisées de son élevage à un fruité un peu évolué (fruits exotiques, fruits à l'alcool). Pour les amateurs de champagnes boisés. ⧗ 2024-2027

⊶ CHAMPAGNE LECLERC-MONDET, 5, rue Beethoven, Chassins, 02850 Trélou-sur-Marne, tél. 03 23 70 23 39, leclerc-mondet@orange.fr V r.-v.

♥ ÉMILE LECLÈRE Brut nature ★★★

50000 | 15 à 20 €

Situé à Mardeuil, village voisin d'Épernay, le domaine a son siège dans une imposante demeure, qui abritait au XVIIIe s. une laiterie appartenant à l'abbaye d'Hautvillers. Émile Leclère l'a racheté en 1880. À la tête de 12 ha de vignes, son descendant Vincent Delouvin poursuit l'activité familiale depuis 1999. Exploitation certifiée HVE. (RM)

Construite sur la récolte 2019, une cuvée composée pour l'essentiel de meunier (80 %), complété par le chardonnay. Elle est restée 3 ans sur lattes, deux fois plus longtemps qu'il n'est prescrit pour un champagne non millésimé. Après le dégorgement, elle n'a reçu aucun sucre ajouté. Elle n'en a eu nul besoin pour enchanter nos dégustateurs, qui vantent ses attraits : une bulle alerte et fine, un nez alliant les agrumes à des notes toastées, une bouche puissante et tonique où le petit fruit rouge acidulé fait une percée. Atout supplémentaire ignoré du jury : un prix plutôt doux. ⧗ 2024-2027

⊶ ÉMILE LECLÈRE, 15, rue Victor-Hugo, 51530 Mardeuil, tél. 03 26 55 24 45, info@champagne-leclere.com V r.-v.

HERVÉ LECLÈRE Blanc de blancs Élégance ★

●	2000		15 à 20 €

Installé en 1980 sur le domaine familial, Hervé Leclère cultive 4 ha à deux pas de la cité des Sacres, autour des villages d'Écueil, de Villers-aux-Nœuds, de Sermiers, 1ers crus, et de Verzenay, grand cru. (RC)

Un nez discrètement citronné et anisé, une bouche agréable par sa légèreté, aux arômes de fruits blancs, de longueur suffisante : le style de blanc de blancs fait pour l'apéritif ou pour une assiette de fruits de mer. ⧗ 2024-2027

⊶ CHAMPAGNE HERVÉ LECLÈRE, 2, rue Saint-Vincent, 51500 Écueil, tél. 03 26 49 76 64, champagneherveleclere@orange.fr V r.-v.

LECLÈRE-POINTILLART Sélection ★★

● 1er cru	8000		15 à 20 €

Quatre générations se sont succédé sur ce domaine implanté à Écueil, village en 1er cru de la Montagne de Reims, au sud de la cité des Sacres. Installé en 1979, Patrice Leclère a passé le relais en 2012 à son fils Guillaume, qui exploite 9 ha de vignes répartis dans sept villages des environs. Propriété certifiée HVE. (RC)

Resté 3 ans en cave, ce brut privilégie le pinot noir (80 %), complété par le chardonnay. Son nez engageant, intense et frais se partage entre les fleurs blanches et les fruits jaunes. Ces fruits d'été prennent des tons gourmands en bouche : les dégustateurs évoquent la tarte aux pêches caramélisées, le biscuit... Une suavité harmonieuse. ⧗ 2024-2027 ● **Brut nature ★ (15 à 20 €; 3000 b.)** Mi-pinot noir mi-chardonnay, mariant les années 2016 et 2015, il est resté 5 ans en cave. Un champagne puissant, opulent et long, aux arômes de fruits confits. ⧗ 2024-2027

⊶ CHAMPAGNE LECLÈRE-POINTILLART, 3, Grande-Rue, 51500 Écueil, tél. 03 26 49 77 47, guileclere@orange.fr V r.-v.

FRANÇOIS LECOMPTE 2014 ★★

● 1er cru	n.c.		15 à 20 €

François Lecompte conduit depuis 1987 le domaine créé par ses ancêtres en 1876. Conduit en agriculture raisonnée, son vignoble s'étend sur plus de 9 ha à Rilly-la-Montagne, village en 1er cru proche de Reims. Il vinifie avec des levures indigènes et a développé les cuvées millésimées. (RM)

Chardonnay (40 %), pinot noir et meunier (à parts égales) jouent chacun leur partition dans ce champagne harmonieux qui offre tout ce que l'on attend d'un brut millésimé vieilli de longues années sur ses lies : une palette d'arômes complexe traduisant une heureuse évolution (petits fruits et mirabelle compotés, notes confites, pâtissières, cire d'abeille...) et une bouche ample, structurée, qui montre une belle tension, comme un écho de la fraîcheur de 2014. ⧗ 2024-2027 ● **1er cru Cuvée rosée ★ (15 à 20 €; 25000 b.)** Un rosé d'assemblage issu des trois cépages champenois (chardonnay 40 %). Un apport de vins rouges lui fait une robe colorée et lui communique des arômes de fruits des bois très mûrs, discrets au nez et intenses en bouche. Avec son côté gourmand, souligné par le dosage, il accompagnera volontiers un dessert. ⧗ 2024-2027

⊶ CHAMPAGNE FRANÇOIS LECOMPTE, 9, rue Carnot, 51500 Rilly-la-Montagne, tél. 06 83 99 52 16, champagnelecompte@orange.fr V r.-v.

XAVIER LECONTE Signature du hameau ★

●	18000		20 à 30 €

Prenant la suite de 4 générations de viticulteurs établis sur la rive gauche de la Marne, Xavier Leconte a été le premier de la lignée à vinifier : coopérateur lors de son installation en 1978, il est devenu récoltant-manipulant dans les années 1980. Il a passé la main en 2013 à son fils Alexis, œnologue. Le domaine couvre 10 ha. (RM)

Presque un blanc de noirs, à 5 % de chardonnay près. Le meunier joue les premiers rôles (80 %), suivi du pinot noir. Partiellement élevé en fût, ce brut incorpore 40 % de vins de réserve gardés en foudres. Il s'ouvre sur la mirabelle, les fruits confits et révèle en bouche une étoffe dense, juteuse, pour l'heure un peu nerveuse. Du potentiel. ⧗ 2024-2028 ● **L'Héritage de Xavier ★ (20 à 30 €; 11000 b.)** La robe dorée d'un blanc de noirs (pinot noir majorritaire, 70 %), un nez intensément floral, suave avec finesse, un palais dans le même registre, persistant et frais; le fût d'un élevage partiel sous bois reste discret, presque imperceptible. ⧗ 2024-2029

⊶ CHAMPAGNE ALEXIS LECONTE, 7, rue des Berceaux, 51700 Troissy, tél. 03 26 52 73 59, contact@champagne-xavier-leconte.com V r.-v.

DIDIER LEFÈVRE Blanc de blancs ★

●	7000		20 à 30 €

On trouvera Didier Lefèvre à Épernay, sur les bords de la Marne. Héritier de quatre générations de vignerons, il cultive un vignoble réparti entre Côte des Blancs (Oger), coteaux ouest d'Épernay, Sézannais et rive droite de la Marne, dont il livre la récolte à l'une des coopératives d'Avize, appartenant au groupement Union Champagne. (RC)

Ce blanc de blancs de la Côte des Blancs assemble la récolte 2018 à 30 % de vins de réserve. Complexe, minéral au nez, il mêle des notes beurrées, fruitées à des nuances plus évoluées. Fruits blancs bien mûrs, fruits secs et touches d'herbes aromatiques se partagent une bouche équilibrée et persistante, alliant rondeur et vivacité. ⧗ 2024-2027

⊶ DIDIER LEFÈVRE, 13, quai de la Villa, 51200 Épernay, tél. 03 26 54 57 16, champagne.d.lefevre@orange.fr V r.-v.

SÉBASTIEN LEFÈVRE 2014 ★

●	1200		20 à 30 €

Sébastien Lefèvre a pris en 1997 la suite de deux générations à la tête du domaine familial. Il cultive 6,6 ha aux environs de Vert-Toulon, dans la vallée du

CHAMPAGNE

Petit-Morin, au sud de la Côte des Blancs. Il confie ses vendanges à la coopérative locale. (RC) (RC)

Les raisins blancs (51 %) et les noirs (pinot noir et meunier) s'équilibrent dans ce brut millésimé qui déploie au nez comme en bouche une gamme séduisante d'arômes évolués : miel, confiture de fruits jaunes, pruneau, pâte de coing, fruits confits, amande grillée. Une expression en harmonie avec une bouche ample et généreuse. Parfait pour une volaille ou une viande blanche. ⧗ 2024-2027

CHAMPAGNE SÉBASTIEN LEFÈVRE, 10, rue de Presles, 51130 Vert-Toulon, tél. 06 86 92 04 95, sebastien-lefevre2@orange.fr V *r.-v.*

ÉRIC LEGRAND
Extra-brut Blanc de noirs Bjorn ★

●	2000		20 à 30 €

Rejoint par son fils Édouard en 2014, Éric Legrand cultive depuis 1982 la propriété familiale qui couvre 13 ha dans les vallées de l'Ource et de la Seine (Aube). En 2017, après 4 ans passés en Chine, son second fils, Valentin, est revenu sur l'exploitation pour développer l'export. Domaine certifié HVE. Deux étiquettes : Éric Legrand et Legrand Frères. (RM)

Bjorn est un ours représenté sur l'étiquette, de quoi piquer la curiosité. Celle-sur-...Ource, bon sang, mais c'est bien sûr ! Nos dégustateurs, à l'aveugle, ont décrit l'heureuse maturité d'un blanc de noirs de la Côte des Bar, 100 % pinot noir : robe or jaune, nez flatteur et chaleureux, entre compote de poire, de fruits jaunes, notes grillées et torréfiées, le tout relevé de poivre. La bouche ajoute à cette palette la cerise à l'eau-de-vie, signature du pinot noir patiné, en harmonie avec une matière vineuse, corpulente, rafraîchie par une acidité ciselée et par de beaux amers en finale. Parfait pour la table. ⧗ 2024-2027

CHAMPAGNE ÉRIC LEGRAND, 39, Grande-Rue, 10110 Celles-sur-Ource, tél. 03 25 38 55 07, contact@champagne-legrand.com V *t.l.j. sf sam. dim. 9h-12h 14h-17h; f. août*

LEGRAS ET HAAS Exigence n°11 ★★

●	7400		75 à 100 €

Brigitte Haas s'établit en Champagne dans les années 1960, fonde une maison en 1983. Elle s'associe avec François Legras, héritier de quatre siècles de tradition vigneronne, pour créer en 1991 cette structure de négoce à Chouilly (grand cru de la Côte des Blancs), transmise à leurs fils Olivier, Rémi et Jérôme. Le vignoble ne compte pas moins de 38 ha, dont 18 à Chouilly, 12 dans le Vitryat et plus de 6 aux Riceys, complété par des achats de vendanges de la vallée de la Marne. (NM)

Ce brut, qui assemble à parité pinot noir d'Aÿ et chardonnay de Chouilly, mobilise des vins d'une réserve perpétuelle commencée avec l'année 1995. Il tire de sa vinification une robe dorée, une palette mûre, entre brioche et fruits secs, nuancés en bouche de notes de fruits à l'eau-de-vie, et un palais complexe, riche, ample et structuré, servi par une finale subtile, fraîche et persistante. Une évolution élégante. ⧗ 2024-2027 ● **Blanc de blancs 2014 ★ (50 à 75 €; 26200 b.)** Moins éloquent que le remarquable 2012 mais de belle tenue, discrètement floral et beurré au nez, plus expressif en bouche, il associe des impressions de vinosité et de fraîcheur. ⧗ 2024-2027

CHAMPAGNE LEGRAS ET HAAS, 9, Grande-Rue, 51530 Chouilly, tél. 03 26 54 92 90, info@legras-et-haas.com V *r.-v.*

MICHEL LENIQUE Blanc de réserve ★

●	6000		20 à 30 €

Un Alexandre Lenique, fils d'un chef de cave contemporain de frère Jean Oudart, fonde le domaine en 1768. Michel Lenique lance son champagne en 1960. Il a passé le relais en 2000 à son fils Alexandre et à sa fille Corinne. La maison a son siège à Pierry, premier village viticole au sud d'Épernay, et le vignoble couvre 7 ha dans la vallée de la Marne. Deux étiquettes : Michel Lenique et Alexandre Lenique. (NM)

Ce chardonnay offre, avec discrétion, tout ce que l'on attend d'un blanc de blancs : un nez élégant, associant fruits blancs et notes beurrées, briochées et grillées, une bouche franche et vive, fruitée et acidulée. Parfait pour l'apéritif. ⧗ 2024-2027

CHAMPAGNE LENIQUE, 20, rue du Gal-de-Gaulle, 51530 Pierry, tél. 03 26 54 03 65, salenique@wanadoo.fr V *r.-v.*

LEONIDAS-CHARPENTIER
Les Galipes de Solange ★

●	30000		20 à 30 €

Depuis Léonidas Charpentier, qui a lancé la marque, 4 générations de vignerons se sont succédé sur ce domaine qui couvre aujourd'hui 8 ha dans la vallée de la Marne. L'actuel propriétaire a été initié dès son plus jeune âge au métier par sa mère, Solange, devenue veuve prématurément. Propriété certifiée HVE.

Les galipes, ce sont les vignes, en patois champenois. Des vignes de meunier (45 %), de chardonnay (30 %) et de pinot noir (25 %), à l'origine d'un brut flatteur, mûr et convivial, dont l'ampleur et la rondeur gourmandes s'harmonisent avec un joli fruité aux nuances de fruits blancs et de pêche. ⧗ 2024-2027

CHAMPAGNE LEONIDAS CHARPENTIER, 89, place de la Lune, 51700 Villers-sous-Châtillon, tél. 03 26 58 05 78, info@champagnecharpentier.fr V *r.-v.*

LEPREUX-PENET 2014 ★

● Gd cru	2000		50 à 75 €

Descendant d'une lignée remontant au règne de Louis XIV, Gilbert-Louis Penet est poussé par la crise des années 1930 à élaborer et à commercialiser son champagne. En 2008, la 4e génération, représentée par Virginie Lepreux et François Barbosa, a pris les rênes du domaine : 8 ha à Verzy et Verzenay, deux grands crus de la Montagne de Reims. (RM)

Dosé en extra-brut, un rosé millésimé issu de pinot noir récolté dans ses fiefs de Verzy et Verzenay. Après un repos de 9 ans sur lies, il affiche une robe toujours franche et déploie une large gamme d'arômes évolués : rose, gelée de framboise, pêche aux sirop, fruits secs, notes épicées, chocolatées, moka. Les fruits rouges et noirs et la pâtisserie viennent enrichir cette palette dans une bouche souple en attaque, de belle longueur, qui affiche la structure de sa noble origine. Bien conservé, ce rosé 2014 pourra accompagner poissons fins, viandes blanches et carré d'agneau. ⧗ 2024-2027

⊶ CHAMPAGNE LEPREUX-PENET, 18, rue de Villers, 51380 Verzy, tél. 03 26 97 95 52, champagne@lepreux-penet.com V r.-v.

LAURENT LEQUART
Extra-brut Saignée de meunier 2019 ★★

●	1500		30 à 50 €

Domaine transmis depuis quatre générations à Passy-Grigny, aux confins de la Marne et de l'Aisne. Installé en 1988, Laurent Lequart met en valeur plus de 11 ha et chérit le meunier, cépage très cultivé dans le secteur. Il confie sa récolte à la coopérative de son village. Exploitation certifiée HVE. (RC)

Vendangés en 2019 (belle année très chaude l'été, sereine et suffisamment fraîche à la saison des vendanges), les vieux plants de meunier à l'origine de ce rosé millésimé ont certainement donné des raisins de belle qualité. Macérés 14 heures (rosé de saignée), ils ont été vinifiés de façon à exalter leur fraîcheur, sans fermentation malolactique et avec un dosage faible (extra-brut). La robe est soutenue, presque rouge; le nez mêle la grenadine, la cerise noire et la cerise au kirsch, arômes qui se prolongent dans une bouche vineuse, presque massive, épicée : un rosé de repas. ⧗ 2024-2027

⊶ CHAMPAGNE LAURENT LEQUART, 17, rue Bruslard, 51700 Passy-Grigny, tél. 03 26 58 97 48, l.lequart@champagnelaurentlequart.fr V r.-v.

LEQUIEN ET FILS Cuvée Caractère Charlotte ★★

●	1782		30 à 50 €

Philippe Lequien reprend en 1995 l'exploitation familiale, implantée à Chavot-Courcourt, village célèbre pour son église romane au milieu des vignes. Il installe des pressoirs, quitte la coopérative, agrandit le vignoble (aujourd'hui, pas moins de 7,7 ha répartis dans 8 communes des coteaux sud d'Épernay et de la vallée de la Marne), obtient la certification HVE. (RM)

Cette cuvée, qui marie chardonnay majoritaire (60 %) et pinot noir, séduit d'emblée par la richesse gourmande de son nez aux nuances de pêche caramélisée. Le prélude à une bouche ronde, fondue, tout en douceur (malgré un dosage très mesuré), fruitée et briochée, rafraîchie par une fraîcheur citronnée. ⧗ 2024-2027

⊶ CHAMPAGNE LEQUIEN ET FILS, 1, rue d'Ilbesheim, 51530 Chavot-Courcourt, tél. 06 85 43 77 06, champagnelequienetfils@orange.fr r.-v.

PAUL LEREDDE 2018 ★

●	7000		20 à 30 €

Héritier d'une lignée de laboureurs-viticulteurs remontant au XVIe s., Paul Leredde, récoltant-coopérateur, a lancé sa marque en 1960. Son fils Jean-Yves, installé en 1979, a décidé de vinifier lui-même ses cuvées et a pris le statut de récoltant-manipulant. Son vignoble couvre 6,7 ha dans la partie la plus occidentale de la vallée de la Marne, à 75 km de Paris. Domaine certifié HVE. (RM)

Assemblant par tiers pinot noir, meunier et chardonnay, ce brut millésimé provient d'un millésime très précoce. Et pourtant, nos dégustateurs insistent sur sa fraîcheur aromatique et sa vivacité : une qualité pour une année solaire. On pourra l'ouvrir dès l'apéritif. ⧗ 2024-2027

⊶ JEAN-YVES LEREDDE, 49, rue de Bézu, 02310 Crouttes-sur-Marne, tél. 03 23 82 09 41, contact@champagne-paul-leredde.com V r.-v.

LERICHE-TOURNANT Tradition Meunier ★

●	30000		15 à 20 €

Fondé en 1967 par une famille de vieille souche vigneronne, ce domaine s'étend sur 7 ha, couvrant les coteaux argilo-calcaires de la vallée de la Marne. En 2007, Isabelle Moulun-Leriche a repris avec son mari, Benjamin, l'exploitation créée par ses parents. Le couple a aménagé une nouvelle cuverie. (RM)

Le cépage vedette de la vallée de la Marne s'affiche sur l'étiquette et transparaît dans le verre. La robe dorée « fait de l'œil » : elle laisse percevoir de légers reflets rosés. Puissant, le nez mêle les fruits rouges et l'amande. Dans le même registre fruité, la bouche montre le corps et la structure d'un blanc de noirs, avec une fraîcheur bienvenue. ⧗ 2024-2027 ● **Prestige ★ (15 à 20 €; 10000 b.)** La finesse florale et la vivacité du chardonnay (55 %) alliée à la rondeur du pinot noir, de quoi obtenir un brut bien équilibré. ⧗ 2024-2027 ● **Authentique Rosé ★ (15 à 20 €; 3000 b.)** Coup de cœur du Guide 2023, ce rosé de saignée issu de la macération du pinot noir et du meunier offre ici une version plus discrète, plus légère, mais il séduit par ses arômes de fraise de bois. ⧗ 2024-2027

⊶ CHAMPAGNE LERICHE-TOURNANT, 8, rue Gamache, 51700 Vandières, tél. 06 83 29 50 84, contact@champagne-leriche-tournant.com V r.-v. E

A. LÉTÉ Les Miscellanées num. II ★

●	10000		20 à 30 €

Créé en 1890, ce domaine familial établi à Damery, sur la rive droite de la Marne, est conduit depuis 1999 par Frédéric Lété (4e génération), qui s'appuie sur un vignoble de 9 ha. (RC)

Les raisins noirs (pinot noir et meunier à 40 % chacun) impriment leur marque sur ce brut mêlant au nez notes florales, épices et sous-bois, dont l'ampleur et la rondeur lui permettront d'accompagner un repas. ⧗ 2024-2027 ● **Les Scellées ★ (30 à 50 €; 2160 b.)** Resté 3 ans en cave, un brut construit sur le chardonnay (70 %, avec du pinot noir en appoint) qui lui communique une discrète élégance. Un champagne également apprécié pour son nez vanillé, épicé, et pour ses arômes empyreumatiques (café). ⧗ 2024-2027

⊶ CHAMPAGNE A. LÉTÉ, 9, rue Ernest-Vallé, 51480 Damery, tél. 03 26 58 44 50, champagnealete@orange.fr V r.-v.

LÉTÉ-VAUTRAIN Zéro dosage ★

●	6000	20 à 30 €

Exploitation créée dans les années 1960 par Robert Lété et Liliane Vautrain dans la vallée de la Marne, en aval de Château-Thierry. En 2011, leur fils Frédéric a vendu à la maison Baron-Fuenté le domaine, qui couvre 7,5 ha. Propriété certifiée HVE. (RM)

Issu des trois cépages champenois (meunier 40 %, chardonnay 40 %, pinot noir 20 %), ce brut nature tire son caractère d'un vieillissement en cave de 4 ans. En dépit de l'absence de sucres ajoutés après dégorgement (zéro dosage), il déploie au nez des notes gourmandes

CHAMPAGNE

et suaves, beurrées, biscuitées, teintées de miel et de cannelle, évoquant un liquoreux. On retrouve cet univers miellé et évolué dans une bouche complexe, puissante, de belle longueur. ⧗ 2024-2027

CHAMPAGNE LÉTÉ-VAUTRAIN, 21, av. Fernand-Drouet, 02310 Charly-sur-Marne, tél. 03 23 82 01 97, accueil@baronfuente.com V *t.l.j. sf sam. dim. 8h30-17h30*

E. LIÉBART Prestige ★

●	5000		20 à 30 €

Étiquette lancée par Éric Liébart, installé en 2000 sur l'exploitation créée par son grand-père André. C'est son père, Paul, qui s'était lancé dans la vente en bouteilles dans les années 1970. Le vignoble de 7 ha est implanté dans la vallée de la Marne. Propriété certifiée HVE. (RC)

Issu de pinot noir majoritaire (85 %, avec du chardonnay en appoint), il assemble la vendange 2020 avec des vins de réserve et reste 3 ans en cave. Discret et acidulé au nez, il s'affirme en bouche où il déploie des arômes de bonbon, de citron et de fruits jaunes soulignés par une belle vivacité. Malgré un dosage généreux perçu par certains palais, il laisse une impression d'élégance. ⧗ 2024-2027 ● **Extra-brut Pur Chardonnay ★ (15 à 20 €; 2000 b.)** Construit sur la récolte 2018 avec 40 % de vins de réserve des deux années précédentes, il offre la fraîcheur des blancs de blancs et des arômes de brioche, d'amande fraîche, de fruits secs et de pain grillé. ⧗ 2024-2027

CHAMPAGNE E. LIÉBART, 4, rue Bailly, 51700 Vandières, tél. 06 78 52 62 20, contact@champagne-e-liebart.fr V *r.-v.*

LIÉBART-RÉGNIER Les Sols bruns ★

●	20886		20 à 30 €

Installé en 1987 sur la propriété familiale, Laurent Liébart exploite avec Valérie et leurs filles Alexandra et Marion 10 ha de vignes autour des deux villages d'origine de ses parents : Baslieux-sous-Châtillon et Vauciennes, sur les deux rives de la Marne. Domaine certifié HVE. (RM)

Né des 3 cépages champenois, il privilégie les noirs (meunier 60 %, pinot noir 20 %) et assemble la récolte 2021 avec des vins tirés d'une réserve perpétuelle. Les pinots transparaissent dans des arômes de fruits jaunes, discrets au nez et plus affirmés en bouche, ainsi que dans une certaine onctuosité, équilibrée par une belle tension qui étire la finale. ⧗ 2024-2027 ● **Brut nature Meunier Sur le grand marais ★ (30 à 50 €; 4194 b.)** Le meunier lègue à cette cuvée parcellaire son fruité pimpant (fruits rouges, blancs et jaunes) et sa rondeur. ⧗ 2024-2027

CHAMPAGNE LIÉBART-RÉGNIER, 6, rue Saint-Vincent, 51700 Baslieux-sous-Châtillon, tél. 03 26 58 11 60, liebart-regnier@orange.fr V *r.-v.* B

GÉRARD LITTIÈRE Cuvée Prestige ★

●	7300		20 à 30 €

Geoffray Littière a pris la tête en 2006 du domaine constitué par son grand-père : 5 ha de vignes à Œuilly, sur la rive gauche de la Marne. C'est son père, devenu récoltant-manipulant en 1965, qui a lancé la marque, tournée vers la vente à la propriété. Certifiée HVE, l'exploitation est attachée au traditionnel pressoir Coquard et vinifie ses cuvées en cuves Inox thermorégulées. (RM)

Un assemblage savant pour ce brut issu de vignes de plus de 50 ans, qui porte l'empreinte du chardonnay (60 %, année 2020), marié à 30 % de pinot noir de 2019 et à 15 % de meunier de 2020. Dans le verre, un champagne séduisant par sa fraîcheur tout au long de la dégustation : un nez minéral, floral, mentholé et citronné, sur le zeste d'agrumes; une bouche à l'unisson, structurée, juteuse, iodée, marquée par une amertume tonique en finale. ⧗ 2024-2027

CHAMPAGNE GÉRARD LITTIÈRE, 1, rue du Palais, 51480 Œuilly, tél. 03 26 58 31 76, littiere.gerard@wanadoo.fr V *r.-v.*

MICHEL LITTIÈRE Réserve ★★

●	15000		15 à 20 €

Marie-Hélène Chaumont a rejoint son père, Michel Littière, en 1991 avant de prendre en 2004 les rênes de l'exploitation familiale, qui couvre plus de 5 ha sur la rive gauche de la vallée de la Marne. (RM)

Les trois cépages champenois (avec une dominante de noirs : 80 %, dont meunier 55 %) concourent à l'agrément de ce brut sans année construit sur la récolte 2019. On aime son nez délicatement floral (rose séchée) et frais (zeste de citron) et sa bouche harmonieuse, d'une belle puissance, qui allie des arômes gourmands (la pêche, des notes biscuitées et miellées) à une fraîcheur aux saveurs d'agrumes. ⧗ 2024-2027 ● **Chorus ★ (20 à 30 €; 2000 b.)** Mi-blancs mi-noirs (avec les deux pinots à 25 % chacun), cette cuvée plutôt vineuse tire d'un élevage en fût une certaine complexité, ses arômes de fruits blancs se teintant de notes très beurrées. ⧗ 2024-2027

CHAMPAGNE MICHEL LITTIÈRE, 15, rue Saint-Vincent, 51480 Œuilly, tél. 03 26 58 30 25, champagne-michel-littiere@orange.fr V *r.-v.*

YVES LOISON Clovis ★

●	7500		30 à 50 €

La famille cultive la vigne depuis la fin du XIXᵉs. La marque a été lancée en 1978 par Yves Loison, représentant la 4ᵉ génération. Aujourd'hui, son épouse, Geneviève, rejointe en 2013 par Clovis, perpétue l'exploitation, qui dispose de 5 ha de vignes à Prouilly (massif de Saint-Thierry) et à Vandeuil, à l'ouest de Reims. (RC)

Cette cuvée assemble par tiers les trois cépages champenois. Elle affiche une robe bien dorée et libère au nez des arômes de fruits jaunes évocateurs de raisins noirs. Sa complexité s'affirme en bouche, où le coing et l'acacia se lient à la brioche beurrée et au pain toasté. Un champagne intense et bien construit : vif en attaque, il dévoile en finale une certaine suavité équilibrée par une légère amertume. ⧗ 2024-2027

CHAMPAGNE YVES LOISON, 22, Grande-Rue, 51140 Prouilly, tél. 03 26 48 24 06, champagne.yves.loison@gmail.com V *r.-v.*

LOMBARD Extra-brut Blanc de noirs ★

● 1ᵉʳ cru	30000		30 à 50 €

Né en 1925, ce négoce familial a connu une belle croissance dans les années 1960 avec Philippe Lombard.

Thierry Lombard, petit-fils du fondateur, arrivé en 1980, a passé en 2017 le relais à son fils Thomas qui, avec le chef de cave Laurent Vaillant, renforce l'orientation de la génération précédente en faveur des cuvées de terroir. La maison, qui possède 5,5 ha en propre, met en avant les 1ers et les grands crus, les maturations prolongées en cave et les champagnes non dosés. (NM)

Ce blanc de noirs extra-brut assemble à parts égales pinots noirs et meuniers issus de cinq premiers crus (Cumières et Montagne de Reims), élevés partiellement en fût. Il est resté 3 ans sur lattes. Cet assemblage et ce long séjour en cave contribuent à la complexité de sa palette aromatique plutôt évoluée : mirabelle, fruits secs, pain grillé, torréfaction, pâtisserie, noisette, raisins secs, nuancés au palais d'une touche de sous-bois. Ample et riche, de belle longueur, le palais est tonifié en finale par une amertume aux accents d'écorce d'agrumes. Du caractère. ⧗ 2024-2027

CHAMPAGNE LOMBARD, 1, rue des Cotelles, 51200 Épernay, tél. 03 26 59 57 40, info@champagne-lombard.com V *r.-v.*

GÉRARD LORIOT Cuvée Prestige ★

●	14 269		20 à 30 €

Issu d'une lignée vigneronne, représentant la 4ᵉ génération de récoltants, Gérard Loriot s'est installé en 1981 et a porté le vignoble familial à 9 ha, répartis sur 52 parcelles dans la vallée de la Marne. En 2009, Florent Loriot, son fils, l'a rejoint. Le domaine s'est équipé d'une nouvelle cuverie en 2014. (RM)

Une cuvée née d'une vigne complantée de trois cépages : meunier (40 %), pinot noir et chardonnay (30 % chacun). Son nez se partage entre les fruits blancs et le miel, sa bouche briochée mêle rondeur et fraîcheur dans un bel équilibre. ⧗ 2024-2027

CHAMPAGNE GÉRARD LORIOT, 10, rue Saint-Vincent, Le Mesnil-le-Huttier, 51700 Festigny, tél. 03 26 58 35 32, champagne-gerard.loriot@wanadoo.fr V *t.l.j. sf dim. 8h30-12h 13h30-17h30*

XAVIER LORIOT Insaisissable ★

●	20 000		20 à 30 €

Installé en 1981, Xavier Loriot représente la 4ᵉ génération de vignerons sur l'exploitation, fondée en 1891. Il a depuis 2000 l'appui de sa fille Charlène, qui se charge des vinifications et, avec Théo, la 6ᵉ génération se prépare à rejoindre la propriété. Le domaine compte 9 ha de vignes répartis dans trois villages de la rive droite de la Marne. (RM)

Ce chardonnay de la vallée de la Marne mêle au nez la fleur blanche et la poire légèrement compotée. Fruits jaunes et agrumes se déploient dans une bouche élégante et fraîche, de belle longueur. Un blanc de blancs convivial et flatteur. ⧗ 2024-2027 ● **Rosé de saignée ★ (20 à 30 €; 3 000 b.)** Un rosé de macération issu de meunier et de pinot noir à parts égales. Les reflets orangés de la robe cerise, les arômes de pruneau, de fruits compotés, de cerise kirschée, de sous-bois et d'épices révèlent l'évolution de ce champagne de table puissant et long, à apprécier sans trop tarder. ⧗ 2024-2026

CHAMPAGNE XAVIER LORIOT, 38, rue du Lubre, 51700 Cœur-de-la-Vallée, tél. 03 26 58 08 28, contact@champagneloriot.fr V *r.-v.* A

DE LOZEY
Blanc de blancs vinifié sous bois Le Suchot ★

●	n.c.		30 à 50 €

Quatre générations de Cheurlin se sont succédé depuis qu'Edmond a acheté et planté les premières parcelles à la fin du XIXᵉs. Après lui, Raymond (premiers champagnes), Daniel et Philippe. Ce dernier lance la marque De Lozey dans les années 1980. Certifiée HVE, la maison possède 12 ha de vignes en propre dans la Côte des Bar (Aube). (NM)

Une cuvée parcellaire de chardonnay, qui passe 6 mois en fût avant un séjour prolongé sur lies (6 ans). Sa palette complexe laisse moins parler le bois que les fruits acidulés. Vive en attaque, la bouche, d'une belle richesse, déploie des arômes de fruits compotés et de pâte de fruits qui traduisent une heureuse évolution. Un champagne adapté à l'apéritif comme au repas. ⧗ 2024-2027 ● **Extra-brut Blanc de noirs ★ (30 à 50 €; n.c.)** Resté 8 ans sur lattes, un pinot noir harmonieux, tant par son expression aromatique (notes florales, baie de sureau, fruits secs grillés, enrichis en bouche de pêche, de poire, de mirabelle et d'épices douces) que par son équilibre entre onctuosité et fraîcheur mentholée. ⧗ 2024-2027

CHAMPAGNE DE LOZEY, 72, Grande-Rue, 10110 Celles-sur-Ource, tél. 03 25 38 51 34, contact@delozey.com V *r.-v.*

PASCAL MACHET ★

●	1500		20 à 30 €

Propriété familiale constituée à partir de 1840. Elle dispose d'un vignoble de 3,9 ha implanté à Vaudemange, village situé sur une avant-butte de la Montagne de Reims, ainsi que dans le secteur de Vitry-le-François et dans l'Aube. Elle commercialise ses bouteilles depuis 1980. Après un parcours dans l'industrie, Landry Machet l'a reprise en 2012. (RC)

Né des vignes qui épousent la butte proche du village de Vaudemange, cernée de vastes parcelles de céréales, un brut issu des trois cépages champenois, dont la composition peut varier : pour cette version, il privilégie nettement le chardonnay (60 %), complété par le pinot noir et le meunier (à parité). Il tire sans doute du cépage majoritaire son nez intensément floral. Assez discrète mais bien équilibrée, la bouche prend des tons plus confits. ⧗ 2024-2027 ● **★ (20 à 30 €; 2 000 b.)** Associant pinot noir (44 %, dont 17 % vinifiés en rouge), meunier (36 %) et chardonnay (20 %), un rosé équilibré et frais, aux arômes de fruits rouges acidulés, légèrement tannique en finale. ⧗ 2024-2027

CHAMPAGNE PASCAL MACHET, 4, rue de Micaillé, 51380 Vaudemange, tél. 03 26 67 96 10, contact@champagnepascalmachet.com V *r.-v.* E

MACQUART-LORETTE 2006 ★

●	372	30 à 50 €

André Macquart a repris dans les années 1970 les vignes de son grand-père. Il a été rejoint en 2006 par son fils Clément, qui est aujourd'hui aux commandes de la propriété. Couvrant 4,5 ha, le domaine est situé à Écueil, aux portes sud de Reims. (RC)

Comme dans la précédente édition avec un 2002, ce récoltant propose une autre microcuvée d'un millésime ancien : un 2006, issu de pinot noir, cépage favorisé par cette année chaotique, chaude en début d'été et arrosée par la suite. De ce vieux flacon à la robe or soutenu, l'amateur appréciera les arômes évolués caractéristiques des champagnes patinés : raisin sec, notes biscuitées, miellées, fruits à l'alcool, noix. Au palais, il retrouvera la suavité du millésime, et sa faible acidité, qui le dissuadera d'oublier cette bouteille en cave. ⧗ 2024-2025

⊶ CHAMPAGNE MACQUART-LORETTE, 6, chem. des Glaises, 51500 Écueil, tél. 03 26 49 74 42, contact@champagne-macquart.fr V r.-v.

MAILLY GRAND CRU Réserve ★★

● Gd cru | 300000 | | 30 à 50 €

Le terroir et non la marque pour enseigne, telle est la démarche de cette coopérative fondée en 1929. Pour en être adhérent, on doit obéir à une exigence de taille : n'apporter que des raisins (pinot noir ou chardonnay) de l'aire de Mailly, grand cru du flanc nord de la Montagne de Reims, où prospère le pinot noir. Les caves ont été creusées à la pelle et à la pioche pendant 30 hivers par les premiers adhérents et l'architecte Giovanni Pace a modernisé les locaux, concevant un pavillon de verre. La cave regroupe 80 viticulteurs qui cultivent 72 ha. (CM)

Le brut sans année de la cave, qui assemble ¾ de pinot noir et ¼ de chardonnay et qui comprend 30 à 40 % de vins de réserve. Souvent apprécié, il est particulièrement en vue cette année. On loue son expression aromatique, entre agrumes et noisette, qui s'affirme dans une bouche équilibrée et fraîche, aux saveurs d'orange et de pamplemousse. ⧗ 2024-2027 ● **Gd cru Extra-brut 2018 ★ (50 à 75 €; 21146 b.)** Après un 2016, ce 2018 d'aussi belle tenue et de même style, assemble lui aussi du pinot noir majoritaire (75 %) au chardonnay. Le faible dosage met en valeur l'expression aromatique de ce champagne alliant au nez la vivacité des agrumes et de la pomme à la suavité des fruits jaunes, rehaussé de notes briochées et épicées. Il souligne la vivacité de la bouche, qui équilibre la rondeur et l'ampleur du pinot noir. ⧗ 2024-2027

⊶ CHAMPAGNE MAILLY GRAND CRU, 28, rue de la Libération, 51500 Mailly-Champagne, tél. 03 26 49 41 10, contact@champagne-mailly.com V *t.l.j. 9h-12h 14h-17h; f. déb. janv.*

FRÉDÉRIC MALÉTREZ ★★

● 1er cru | 5007 | | 20 à 30 €

Héritier d'une lignée vigneronne remontant au XVIIes., Frédéric Malétrez reprend l'exploitation familiale en 1982 et commence la vinification deux ans plus tard. Il a porté de 5 à 12,5 ha la superficie de son vignoble, qui s'étend autour de Chamery, un 1er cru de la Petite Montagne de Reims, au sud de la cité des Sacres. (RM)

Une robe saumonée pour ce rosé d'assemblage qui mobilise les trois cépages champenois, noirs en tête (76 %). Avec un peu d'aération, il dévoile une palette agréable, entre fleurs blanches et fruits rouges frais. On retrouve ces fruits rouges, alliés à l'orange sanguine, dans un palais associant dans un bel équilibre des impressions de rondeur gourmande et d'ampleur à une fraîcheur tonique qui donne de l'allonge à la finale. ⧗ 2024-2027

⊶ FRÉDÉRIC MALÉTREZ, 11, rue de la Bertrix, 51500 Chamery, tél. 03 26 97 63 92, champagne.maletrez.f@orange.fr V r.-v.

MALLOL Blanc de blancs Amplitude ★★

● Gd cru | 10000 | | 20 à 30 €

Liée aux familles Mallol et Gantois, l'histoire de la propriété remonte au début du XXes. En 2016, Grégory Mallol a pris la suite de son père, Bernard, et des deux générations antérieures. Il a lancé la marque Mallol en 2023. Son vignoble de 8 ha est très bien situé, implanté pour l'essentiel à Cramant et à Chouilly, grands crus de la Côte des Blancs. (RM)

À nouvelle génération, nouvelles étiquettes et nouveaux noms. La cuvée Amplitude assemble des chardonnays de Chouilly et de Cramant et vieillit 6 ans en cave. Un blanc de blancs très apprécié pour l'intensité et la fraîcheur de ses arômes d'agrumes et de fruit de la Passion, pour sa mousse soyeuse et son équilibre général. ⧗ 2024-2027 ● **Gd cru Blanc de blancs Intégral 2015 ★ (20 à 30 €; 5000 b.)** Resté 8 ans en cave, ce blanc de blancs millésimé au nez subtil, entre poire, amande et miel, révèle une personnalité surprenante pour le millésime solaire : plutôt discrète, faite d'une élégante légèreté. ⧗ 2024-2027 ● **Extra-brut Blanc de blancs Cramant Les Gouttes d'or ★ (50 à 75 €; 1000 b.)** Goutte d'or, sans «s» à Meursault, mais au pluriel dans ce lieu-dit de Cramant, d'où provient cette cuvée parcellaire harmonieuse, de la récolte 2015, aux arômes plutôt discrets mais agréables : fruits jaunes, brioche, amande, noyau de pêche. ⧗ 2024-2027

⊶ MALLOL-GANTOIS, 200, rue du Gal-de-Gaulle, 51530 Cramant, tél. 03 26 57 96 14, champagne.mallol@wanadoo.fr V *r.-v.*

MANDOIS
Blanc de blancs Vieilles Vignes Victor 2013 ★

● | 25000 | | 30 à 50 €

En 1735, Jean Mandois devient vigneron dans l'actuelle Côte des Blancs. En 1867, Victor, son arrière-petit-fils, commence à vinifier et à commercialiser des vins. La maison est dirigée aujourd'hui par Claude Mandois (9e génération). La famille dispose en propre de 37 ha (dont 32 sont certifiés bio depuis 2020), autour de Pierry près d'Épernay. Les caves ont été creusées à la fin du XVIIes. sous l'église de Pierry où repose le frère Jean Oudard, qui œuvra comme dom Pérignon dans le vignoble. (NM)

Un blanc de blancs millésimé de belle tenue. L'assemblage inclut des vins élevés sous bois (30 %) Le fût, ainsi qu'un début d'évolution, transparaissent dans la palette aromatique qui mêle les fruits jaunes à l'amande et au pain grillé. La bouche garde de la fraîcheur, soulignée par un dosage faible (5 g/l). Cette cuvée s'accordera avec une viande blanche, du poisson en sauce ou du fromage. ⧗ 2024-2027 ● **Origine ★ (30 à 50 €; 150000 b.)** Les trois cépages champenois (chardonnay 40 % avec les deux pinots à parité) sont réunis dans ce brut qui marie quatre années et incorpore 10 % de vins élevés sous bois. Un champagne délicat, juvénile, tonique et droit, aux arômes de citron et de fruits exotiques. ⧗ 2024-2027

⊶ CHAMPAGNE MANDOIS, 66, rue du Gal-de-Gaulle, 51530 Pierry, tél. 03 26 54 03 18, info@champagne-mandois.fr V *r.-v.*

MANSARD ET BAILLET Cuvée des Sacres 2018 ★

● | 100 471 | 20 à 30 €

Propriétaire de vignes autour de Cerseuil, dans la vallée de la Marne, et de caves à Épernay, la famille Mansard a cédé sa marque, Mansard-Baillet, qui fait désormais partie du groupe Rapeneau. Deux étiquettes : Mansard et Delagne & Fils. (NM)

Assemblés à parts égales, pinot noir et chardonnay contribuent à l'équilibre de ce brut millésimé, qui conjugue une certaine ampleur et une belle tension, et à l'agrément de son expression aromatique où se mêlent notes beurrées et pâtissières, pomme, fruits jaunes un peu compotés ou confits. L'ensemble n'est pas très long mais flatteur. ⧗ 2024-2027 ● **Delagne et Fils Tradition ★ (20 à 30 €; 200 200 b.)** Un rosé d'assemblage où pinot noir et chardonnay font sensiblement jeu égal. Floral et fruité, élégant, il montre une belle fraîcheur, soulignée par une bulle foisonnante. ⧗ 2024-2027

CHAMPAGNE MANSARD ET BAILLET, 9, av. Paul-Chandon, CS 41066, 51318 Épernay, tél. 03 26 54 18 55, qualite@champagnemansard.com V r.-v.

ARTHUR MARC Perla Néra 2014 ★★★

● | 1771 | | 30 à 50 €

À la tête de 4 ha de vignes, Patrice Marc, rejoint par Grégory, perpétue une lignée de vignerons qui remonte à 1625. Les premiers cols ont été vendus en 1978. Les récoltants sont installés à Fleury-la-Rivière, dans une petite vallée sur la rive droite de la Marne. Du fait du réchauffement climatique, ils ne font plus faire à leurs champagnes leur fermentation malolactique, pour préserver l'acidité du raisin. Ils exportent plus de la moitié de leur production. (RM)

Toujours issue d'une seule vendange et millésimée pour ce 2014, une cuvée née de vieux pinots noirs de Mailly-Champagne (grand cru). Incluse dans la « gamme d'exception » de la carte des vins du domaine, elle reçoit la note maximale (« vin exceptionnel ») et s'est placée sur les rangs pour un coup de cœur. Pourtant, 2014 ne passe pas pour avoir favorisé les pinots. Celui-ci enchante par sa palette aromatique complexe de champagne patiné (brioche, fruits secs, notes toastées, miel, cire d'abeille). Harmonieuse, à l'unisson du nez, la bouche allie la vinosité du cépage à une belle fraîcheur soulignée par la vinification. ⧗ 2024-2029 ● **Initiale noir et blanc ★ (20 à 30 €; 10 600 b.)** Mi-blancs mi-noirs (pinot noir), ce brut a pour atout une expression aromatique flatteuse, entre fleurs blanches, citron confit et pâte de fruits jaunes, soulignée par une agréable vivacité. ⧗ 2024-2027

CHAMPAGNE MARC, 1, rue du Creux-Chemin, 51480 Fleury-la-Rivière, tél. 07 71 28 08 88, contact@champagne-marc.fr V r.-v.

D. MARC Brut nature ★

● | 5000 | | 15 à 20 €

À Fleury-la-Rivière, sur la rive droite de la Marne, des ancêtres de ce récoltant-manipulant cultivaient la vigne au début du XVIIe s. Installé en 1982, Didier Marc a été rejoint en 2017 par sa fille Émeline, qui a repris le domaine en 2021. Le vignoble couvre 4 ha. Ici, on vinifie sans fermentation malolactique pour favoriser la fraîcheur des vins et toutes les cuvées bénéficient d'une longue garde avant dégorgement. Certifiée HVE, la propriété a renoncé de longue date aux engrais et aux désherbants chimiques. (RM)

Construit sur le meunier (70 %), assemblé au chardonnay et au pinot noir, resté 4 ans sur lattes, un brut nature au nez intense et précis, entre pomme, notes florales, beurrées, toastées et noisettées. Plutôt long, complexe, fruité et évolué, le palais allie la puissance et la rondeur des pinots à une vivacité aux saveurs de pamplemousse, mise en relief par l'absence de dosage. ⧗ 2024-2027 ● **100 % Arbane Originelle ★ (50 à 75 €; 2000 b.)** Proposée sous la nouvelle étiquette familiale, Marc Fille et Fils, une cuvée « Originelle » et originale : déroutante, un peu « rustique » pour certains, plaisante par sa minéralité et par ses arômes de fruits exotiques d'une belle fraîcheur pour d'autres, et très bien vinifiée de l'avis général. Unique dans cette sélection du Guide, cette cuvée doit tout à l'arbane, cépage blanc champenois très ancien, oublié, qui apparaît dans de rares assemblages. Une variété tardive nécessitant soleil et chaleur pour mûrir. Avec le réchauffement climatique, fera-t-elle son retour ? ⧗ 2024-2027

CHAMPAGNE DIDIER MARC, 11, rue Dom-Pérignon, 51480 Fleury-la-Rivière, tél. 06 86 76 05 60, champagnedidiermarc@free.fr V *t.l.j. sf dim. 10h-12h 14h-18h*

MICHEL MARCOULT Blanc de blancs Héritage ★

● | 8000 | | 20 à 30 €

Domaine fondé en 1967 par Michel Marcoult. En 2004, Julien, le petit-fils, a rejoint son père, Francis. Leur exploitation couvre près de 10 ha : plus de la moitié dans le Sézannais où la propriété a son siège, le reste dans le secteur de Vitry-le-François et dans la Côte des Bar (Aube). Propriété certifiée HVE. (RM)

Représentatif des terres à chardonnay du domaine (Sézannais pour l'essentiel, Vitryat), ce brut vinifié en cuve Inox tire son caractère d'un pourcentage notable de vins de réserve (50 %) et d'un vieillissement de 4 ans sur lattes. Son expression florale s'enrichit de notes d'évolution évoquant les fruits secs (amande, noisette) et il dévoile au palais des qualités de puissance et d'onctuosité. Son intensité et sa richesse lui permettront d'accompagner une viande blanche. ⧗ 2024-2027

CHAMPAGNE MICHEL MARCOULT, 12, rte de Queudes, 51120 Barbonne-Fayel, tél. 03 26 80 20 19, contact@marcoult.com V r.-v.

JEAN MARNIQUET Grande Réserve ★

● | 30 000 | | 20 à 30 €

Fondateur de la marque en 1920, Jean Marniquet fut l'un des pionniers de l'aviation, d'où les ailes dorées sur les étiquettes. Son petit-fils, Brice Marniquet, a pris 1999 les rênes du domaine, aujourd'hui certifié HVE. Au fil des générations, le vignoble s'est agrandi, si bien que l'actuel récoltant-manipulant pilote un domaine de 6,5 ha dans la Grande Vallée de la Marne (Avenay-Val d'Or, Mutigny, le berceau), la Côte des Blancs (Oger) et la Montagne de Reims (Verzy, Verzenay). (RM)

Ce brut à la robe dorée assemble pinot noir majoritaire (70 %) et chardonnay, et tire son caractère de 50 % de

CHAMPAGNE

vins de réserve, qui lui donnent une expression aromatique intense et mûre, de belle complexité. Il s'ouvre sur les fruits jaunes et sur des notes beurrées et toastées. Le fruit jaune prend des tons de mirabelle compotée dans une bouche vive en attaque, puis vineuse et gourmande, qui finit sur une légère amertume. Parfait avec une viande blanche ou un plateau de fromages. ⧗ 2024-2027

⊶ *CHAMPAGNE JEAN MARNIQUET, 12, rue Pasteur, 51160 Avenay-Val-d'Or, tél. 03 26 52 32 36, contact@marniquet.fr* V r.-v.

MARQUIS DE POMEREUIL Tradition ★

● | 40000 | | 20 à 30 €

L'une des plus anciennes coopératives de la Champagne, fondée en 1922 par 14 vignerons au village des Riceys, dans l'Aube. Avant 1927, elle produisait des vins tranquilles (y compris le rosé-des-riceys). Elle dispose des 82 ha de ses 55 adhérents. La marque Marquis de Pomereuil a été lancée en 1980. La cave a rejoint en 2022 l'Union auboise Vignerons en Champagne, devenue coopérative régionale. (CM)

Le pinot noir des Riceys règne sans partage (et sans ajout de sucre après dégorgement) dans cette cuvée qui offre le profil d'un rosé de macération. La robe est soutenue, presque rouge. Le nez gourmand évoque la fraise des bois, les fruits noirs, rafraîchis d'un soupçon d'agrumes et relevés de touches épicées. La bouche ajoute à cette palette la cerise et des notes torréfiées. Ronde et suave, équilibrée par une légère acidité, elle se révèle un rien tannique. ⧗ 2024-2027

⊶ *MARQUIS DE POMEREUIL, 5, rte de Gyé, 10340 Les Riceys, tél. 03 25 29 32 24, contact@champagne-marquisdepomereuil.fr* V *t.l.j. sf sam. dim. 8h-12h 14h-17h30*

G.H. MARTEL & CIE Prestige ★

● | 180000 | | 20 à 30 €

Ernest-Louis Rapeneau fonde en 1901 une société de négoce en vins. Ses descendants, notamment Bernard Rapeneau au cours de la seconde moitié du siècle dernier, en ont fait un groupe important en Champagne, avec les marques Ernest Rapeneau, G.-H. Martel et P. Louis Martin. La maison est restée familiale. (NM)

Les trois cépages champenois (meunier 43 %, chardonnay 36 %, pinot noir 21 %) sont réunis dans cette cuvée très accessible, notamment en grande distribution. Légèrement grillé au nez, ce champagne fait preuve de finesse, avec une certaine complexité. ⧗ 2024-2027

⊶ *CHAMPAGNE G.H. MARTEL & CIE, CS 31011, 51318 Épernay Cedex, tél. 03 26 51 06 33, contact@champagnemartel.com* V *t.l.j. 10h-13h 14h-19h*

PAUL LOUIS MARTIN Extra-brut ★★

● Gd cru | 10148 | 20 à 30 €

Fondé à Bouzy en 1864 par Paul-Louis Martin, président fondateur de la coopérative de ce village, ce domaine couvre actuellement 17 ha et son siège est toujours situé dans ce grand cru de la Montagne de Reims. Il est aujourd'hui propriété de la famille de Jean-François Rapeneau, géré par Vincent Rapeneau. (RM)

Composé de pinot noir (pour les ¾) et de chardonnay de Bouzy, ce rosé incorpore 17 % de vin rouge. Une proportion non négligeable qui lui lègue une robe soutenue, des arômes intenses de petits fruits noirs que l'on retrouve dans un palais vineux et long, légèrement tannique. Un rosé assez puissant pour accompagner canard ou agneau. ⧗ 2024-2027 ● **1er cru ★ (30 à 50 €; 25000 b.)** Du chardonnay, majoritaire, et du pinot noir au service d'un brut or jaune, assez mûr, à la fois étoffé et délicat, frais et long, aux arômes de fleurs blanches et de miel, teinté d'une agréable amertume en finale. ⧗ 2024-2027

⊶ *CHAMPAGNE PAUL LOUIS MARTIN, 3, rue d'Ambonnay, 51150 Bouzy, tél. 03 26 54 18 55, qualite@champagnemansard.com r.-v.*

ALBIN MARTINOT Brut nature Hommage 2012 ★

● | 2000 | | 30 à 50 €

Installé en 2005 sur 1,3 ha près de Bar-sur-Seine, Albin Martinot a quitté la coopérative 5 ans plus tard, tandis que son épouse renonçait à l'enseignement pour rejoindre l'exploitation. Il a agrandi le vignoble familial, dont les premiers arpents avaient été achetés par son arrière-grand-père, qui était tonnelier, et dispose à présent de 4,5 ha. Devenu récoltant-manipulant, il a obtenu en 2019 la certification HVE et a engagé en 2021 la conversion bio du domaine. Il a entrepris la plantation de cépages oubliés (arbane, petit meslier). (RM)

Brut nature, ce pinot noir d'une belle année n'a pas eu besoin d'un renfort de sucre après dégorgement pour affirmer son volume et sa puissance et il garde de la fraîcheur. Intense et complexe, il délivre de belles notes de pêche, d'orange confite et de zeste de citron. Un champagne de caractère qui ne manque pas d'élégance. ⧗ 2024-2025

⊶ *CHAMPAGNE ALBIN MARTINOT, Les Roussets, Faubourg-de-Champagne, 10110 Bar-sur-Seine, tél. 06 70 38 15 37, champagne.albin.martinot@gmail.com* V *r.-v.*

♥ D. MASSIN Cuvée Prestige Solera 1990 ★★★

● | 25000 | | 20 à 30 €

Les Massin se succèdent sur la propriété depuis cinq générations. Dominique et Rachel lancent leur champagne en 1975. En 2009, Tristan Massin, œnologue diplômé, s'installe aux côtés de sa mère, rejoint en 2013 par sa sœur Céline. Établie dans la Côte des Bar, la structure, certifiée HVE, dispose d'un vignoble de 12 ha principalement composé de pinot noir. Les cuvées vieillissent au moins 3 ans en cave. (NM)

Ce brut suscite cet éloge d'un dégustateur : «Une belle complexité et des vins de réserve bien intégrés.» Issu de chardonnay majoritaire (75 %, complétés par du pinot noir pour l'essentiel), il inclut des vins issus d'une solera débutée en 1990, réserve perpétuelle renouvelée en partie chaque année par un apport de vins jeunes qui rafraîchissent les vins les plus anciens, les caractères de maturité étant préservés. Il en résulte un nez intense, frais et complexe, mêlant les fleurs blanches et le citron aux fruits jaunes et à la brioche grillée, bien prolongé par une bouche vive en attaque, charnue et persistante, où l'on retrouve la complexité du nez : une rare harmonie. ⧗ 2024-2027 ● **Cuvée spéciale 100% pinot noir ★★ (20 à 30 €; 50000 b.)** Assemblant la vendange 2021 avec des vins des 2 années précédentes, une version vive et légère du pinot noir, avec de la complexité (chèvrefeuille, fruits frais, notes pâtissières) et une texture souple et soyeuse. ⧗ 2024-2027

⊶ CHAMPAGNE D. MASSIN, 40, rte des Deux-Bar, 10110 Ville-sur-Arce, tél. 03 25 38 74 97, contact@dominique-massin.com V 🚶 🍷 r.-v. 🏠 B

♥ THIERRY MASSIN Extra-brut 4P Nos Contrées ★★

● | 1762 | 🍾 | 30 à 50 €

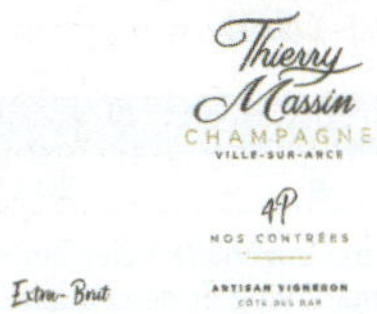

Affluent de la Seine, l'Arce suit un cours sinueux dans la Côte des Bar (Aube). Sur ses coteaux, Thierry et Dominique Massin, frère et sœur, cultivent depuis 1974 un vignoble constitué dès l'époque du grand-père, qui compte aujourd'hui 12 ha, dont 9,5 sont consacrés au pinot noir. Thibault et Violaine, leurs enfants respectifs, les ont rejoints. (RM)

Une cuvée parcellaire saluée pour son originalité, pour sa vivacité, sa minéralité et son fruité surprenant. Son secret? Outre son faible dosage, son année de récolte, 2019, à la fois solaire et fraîche, l'alliance de quatre cépages, dont trois rares en Champagne. L'assemblage réunit trois pinots : le noir, omniprésent en Côte des Bar (55 %), le blanc (24 %), nettement plus rare, et le gris (13 %), dont la Champagne ne cultive que quelques rangs, et enfin un «cépage oublié», le petit meslier. Complexe, délicat, croquant, le nez mêle les fruits jaunes, les fruits exotiques, les agrumes, la résine de pin et des touches végétales. Le prélude à une bouche tout en fruits, tendue et longue. ⧗ 2024-2027 ● **Blanc de noirs Contrées ★ (20 à 30 €; 49000 b.)** Avec ses arômes de fruits blancs, ce blanc de noirs intense au nez, d'une belle finesse, offre une interprétation fraîche et légère du pinot noir. ⧗ 2024-2027 ● **Embl'M ★ (20 à 30 €; 27340 b.)** Mariant pinot noir (70 %) et chardonnay, la récolte 2021 et 45 % de vins de réserve, un brut discret, d'une belle fraîcheur, aux arômes de pêche et d'agrumes. ⧗ 2024-2027

⊶ CHAMPAGNE THIERRY MASSIN, 6, rte des Deux-Bar, 10110 Ville-sur-Arce, tél. 03 25 38 74 01, contact@champagnethierrymassin.com V 🚶 🍷 r.-v.

RÉMY MASSIN ET FILS Prestige ★

● | 9900 | 🍾 | 30 à 50 €

Louis-Aristide Massin, né en 1865, plante les premiers ceps. Rémy lance son champagne en 1974 et transmet le domaine à ses enfants Florence et Sylvère. Avec Cédric arrivé en 2002, rejoint en 2017 par Marion, œnologue, une nouvelle génération de récoltants-manipulants prend le relais et développe l'export. Forte de 20 ha dans les vallées auboises de l'Arce et de l'Ource, l'exploitation est certifiée HVE. (RM)

Pinot noir et chardonnay s'équilibrent dans ce brut tout en finesse, aux arômes de pêche blanche nuancés de notes plus évoluées de fruits au kirsch, aussi rond que long, teinté d'une légère amertume en finale. ⧗ 2024-2027 ● **Extra-brut L'Intégrale ★ (20 à 30 €; 5000 b.)** «Intégralement pinot noir», de la vendange 2019. Au nez, la délicatesse de l'acacia. En bouche, de la générosité et de l'ampleur, reflets du cépage et de l'année, équilibrées par une longue finale sur les agrumes. ⧗ 2024-2029

⊶ CHAMPAGNE RÉMY MASSIN ET FILS, 34, Grande-Rue, 10110 Ville-sur-Arce, tél. 03 25 38 74 09, contact@champagne-massin.com V 🚶 🍷 r.-v.

LOUIS MASSING Blanc de blancs Minéralis ★

● Gd cru | 15000 | 🍾 | 20 à 30 €

Héritière d'une tradition vigneronne remontant au début du XXe s., Estelle Massing, mariée à Jean-Bernard Moroy, est la petite-fille de Louis Massing, fondateur de la maison de négoce. Rejoint par Julien, le fils, le couple dispose en propre de plus de 11 ha dans la Côte des Blancs. (NM)

Ce blanc de blancs met en œuvre des chardonnays de grands crus de la Côte des Blancs, Avize principalement. Floral et citronné, il montre au nez une belle fraîcheur, que l'on retrouve dans une bouche plus suave, aux arômes de fruits charnus d'été. ⧗ 2024-2027

⊶ SAS DEREGARD-MASSING, 118, allée Jules-Lucotte, 51190 Avize, tél. 03 26 57 52 92, commercial@deregardmassing.com V 🚶 🍷 r.-v.

HERVÉ MATHELIN Réserve ★

● | 30000 | 🍾 | 15 à 20 €

En 1930, Gaëtan Mathelin constitue sur la rive gauche de la Marne un vignoble qui compte aujourd'hui 14 ha. Son fils Hervé devient récoltant-manipulant en 1961 et lance sa marque, valorisée par Nicolas à partir de 1999. Arrivé en 2012, Florian, qui élabore aujourd'hui les vins, représente la 4e génération. (RM)

Issue des trois cépages champenois assemblés par tiers, cette cuvée «offre tout ce que l'on attend d'un brut sans année : un nez délicatement fruité et une bouche mêlant rondeur et tension dans un bel équilibre. ⧗ 2024-2027 ● **Privilège ★ (20 à 30 €; 20000 b.)** Presque exclusivement composé de chardonnay (95 %), un brut équilibré, net, de bonne longueur, aux arômes de noisette, de pain toasté, de fruits jaunes et de zeste de pamplemousse, qui a tout d'un blanc de blancs. ⧗ 2024-2027

⊶ CHAMPAGNE HERVÉ MATHELIN, 2, rte de Paris, 51700 Troissy, tél. 03 26 52 74 42, herve.mathelin@wanadoo.fr V 🍷 r.-v.

MATHELIN La Réserve du n°4 ★★

● | 45000 | 🍾 | 20 à 30 €

L'aventure viticole de la famille Mathelin a débuté en 1791 sur la rive gauche de la Marne. La marque remonte à 1960. Aujourd'hui, Cédric et Aurélien gèrent en famille une exploitation qui couvre 13,5 ha. Un domaine certifié HVE. (RM)

Réservé aux cavistes et aux distributeurs, ce brut fait preuve d'une grande régularité. Il assemble meunier majoritaire (60 %), pinot noir et chardonnay (à parité). Un champagne flatteur, facile d'accès, d'une belle puissance, au nez bien ouvert sur les fruits jaunes et des notes beurrées, conjuguant en bouche une belle vivacité et une texture crémeuse. ⌛ 2024-2027 ● **Terre de tradition ★ (20 à 30 €; 45000 b.)** Un brut à dominante de meunier (60 %, complétés par le pinot noir et le chardonnay à parité), mariant la récolte 2020 avec les deux années précédentes. Charnu, il dévoile des arômes gourmands de fruits jaunes compotés mis en valeur par une belle fraîcheur. ⌛ 2024-2027 ● **Cuvée Lady Coralie ★ (30 à 50 €; 2000 b.)** Une dominante de pinots (meunier 70 %, pinot noir 20 %) pour ce brut gourmand, floral et grillé au nez, vineux et suave, avec ce qu'il faut de fraîcheur. ⌛ 2024-2027

CHAMPAGNE MATHELIN, 4, rue des Gibarts, Cerseuil, 51700 Mareuil-le-Port, tél. 03 26 52 73 58, mathelin.champagne@orange.fr V r.-v.

MATHIEU-PRINCET Blanc de chardonnay ★★

● 1er cru | 8000 | | 20 à 30 €

Grauves est situé entre la Côte des Blancs et les coteaux sud d'Épernay. C'est dans ce village que Michel Mathieu et Françoise Princet ont débuté en 1960 leur carrière vigneronne avec à peine 1 ha. En 40 ans, ils ont constitué un domaine d'environ 9 ha. Ils ont réalisé leur projet d'élaborer leurs champagnes et sont aujourd'hui épaulés par leurs filles Sylvie et Véronique, ainsi que par Patrick Lefebvre, responsable d'exploitation. (RM)

Vieilli plus de 4 ans en cave, ce blanc de blancs s'habille d'un or intense et libère des arômes gourmands de fleurs blanches, de fruits jaunes, de beurre, de pâtisserie et de confiserie. On retrouve cette complexité dans une bouche persistante, qui conjugue rondeur suave et fraîcheur acidulée : une réelle harmonie. ⌛ 2024-2027

CHAMPAGNE MATHIEU-PRINCET, 21, rue Bruyère, 51190 Grauves, tél. 03 26 59 73 72, info@mathieuprincet.fr V r.-v.

GUY MÉA Extra-brut L'Assemblage Côte des Noirs ★

● | 28200 | | 20 à 30 €

Implantée dans un village de la Montagne de Reims où le marquis de Louvois, ministre de Louis XIV, fit construire par Mansard un château aujourd'hui en grande partie détruit, cette propriété agrandie par Guy Méa élabore du champagne depuis plus d'un demi-siècle. Évelyne Méa-Milesi, qui en avait pris les commandes en 1982, a passé le relais en 2016 à sa fille Sophie Milesi-Moussié, qui officie en cave. Certifié HVE, en conversion bio, le domaine couvre 9 ha, notamment à Bouzy et à Louvois. (RM)

Le pinot noir, majoritaire (70 %, pour 30 % de chardonnay), transparaît dans cette cuvée : la robe montre des reflets or rose, le nez s'ouvre sur le petit fruit rouge, assorti d'un léger brioché, et la bouche apparaît structurée, légèrement acidulée et plutôt longue. ⌛ 2024-2027

GUY MÉA, 8, allée des Dames de France, 51150 Louvois, tél. 06 67 41 97 91, champagne@domainemea.com V r.-v.

ALAIN MERCIER Blanc de noirs Néon ★★

● | 10650 | | 20 à 30 €

Émile, Lucien, Alain et, depuis 2010, Romain : les Mercier se transmettent depuis quatre générations cette exploitation fondée en 1910, située dans le secteur ouest de la vallée de la Marne. L'actuel récoltant-manipulant cultive 9 ha, avec 3 ha pour chacun des cépages champenois, et commercialise sous plusieurs marques ses cuvées, souvent vieillies au moins 3 ans. (RM)

Ce récoltant propose deux blancs de noirs, l'un issu du pinot noir, l'autre, celui-ci, tiré du meunier, «seule richesse de [son] grand-père». Avec sa robe dorée, son fruité généreux, mêlant fruits jaunes d'été, pomme reinette bien mûre et fraise, et sa bouche intense et longue, il offre une expression accomplie de ce cépage choyé dans la vallée de la Marne. ⌛ 2024-2027 ● **Sagacité ★ (15 à 20 €; 50037 b.)** Issu des trois cépages champenois, ce brut met en avant les noirs (meunier et pinot noir à 40 % chacun) qui lui lèguent des arômes de coing, de prune et beaucoup de puissance en bouche. ⌛ 2024-2027

CHAMPAGNE ALAIN MERCIER ET FILS, 14, rte du Champagne, 02850 Passy-sur-Marne, tél. 03 23 70 35 48, contact@champagne-alain-mercier.fr V r.-v.

MERCIER Blanc de noirs ★

● | n.c. | | 30 à 50 €

Maison fondée en 1858 par Eugène Mercier, alors âgé de 20 ans. Pionnier du marketing et de la publicité, il démocratisa le champagne en regroupant plusieurs maisons pour bénéficier de volumes suffisants. Il fit creuser à Épernay un immense réseau de 18 km de galeries que l'on visite à bord d'un petit train. En 1970, Mercier a fusionné avec Moët et Chandon, avant de rejoindre le groupe LVMH. La maison dispose d'un vaste vignoble de 249 ha. Christophe Bonnefond est son chef de cave. (NM)

Déjà remarqué dans des éditions antérieures, le blanc de noirs de la maison privilégie le pinot noir (80 %). Il s'ouvre sur les fruits jaunes au sirop, les agrumes, assortis de notes florales et suit la même ligne aromatique en bouche. Très rond en attaque, il est tendu en finale par une belle fraîcheur soulignée par un retour des agrumes et accompagnée d'une agréable amertume. À la fois gourmand et vif, il laisse une impression de légèreté. ⌛ 2024-2027

MERCIER, 68, av. de Champagne, 51200 Épernay, tél. 03 26 51 22 00, contacts@champagnemercier.com V r.-v.

LE MESNIL
Blanc de blancs Cœur de Mesnil 2010 ★★

● Gd cru | n.c. | | 50 à 75 €

Cette marque appartient à l'Union des propriétaires récoltants, structure coopérative fondée en 1937 au Mesnil-sur-Oger, grand cru de la Côte des Blancs. La récolte, issue de 320 ha, est pressée sur place. Les cuvées restent plus de 3 ans en cave. (CM)

Année délicate, arrosée en été, 2010 a donné assez peu de cuvées millésimées qui, pour beaucoup, privilégient le chardonnay. De noble origine, ce blanc de blancs, après un repos de 10 ans sur lies, affiche une robe dorée animée de bulles fines encore pleines d'énergie. Vineux au nez, il mêle les fruits mûrs ou confits à des notes toastées et grillées caractéristiques des chardonnays patinés, que l'on retrouve en bouche. Puissant, gourmand, servi par un dosage assez généreux, il est remarquable par sa fraîcheur conservée, qui tonifie la finale teintée de l'amertume du pamplemousse. Une acidité favorisée par la vinification, sans « malo ». ⌛ 2024-2027 ● **Gd cru Blanc de blancs 2014 ★ (30 à 50 €; n.c.)** Structuré, vif et long, ce blanc de blancs millésimé à la palette évoluée (notes grillées, sous-bois) ne manque pas de personnalité. ⌛ 2024-2027 ● **Gd cru Blanc de blancs ★ (20 à 30 €; n.c.)** Construit sur la récolte 2018 (à 90 %), resté 3 ans en cave, un chardonnay élégant, à la fois ample, onctueux et frais, à l'expression aromatique riche et agréable (fleurs blanches, fruits jaunes, touches d'agrumes et de grillé). ⌛ 2024-2027

LE MESNIL, 19, rue Charpentier-Laurain, 51190 Le Mesnil-sur-Oger, tél. 03 26 57 53 23, lemesnil@upr.coop V *r.-v.*

MÉTÉYER Réserve ★

●	18000		20 à 30 €

Représentant la 5e génération sur le domaine, constitué en 1860 à partir de 1 ha de vignes, Franck Météyer est installé depuis 1998. Son aïeul a été le premier récoltant de Trélou-sur-Marne à installer son propre pressoir en 1929 et l'actuel récoltant développe l'œnotourisme. Son vignoble s'étend sur la rive droite de la rivière. Les vins de la propriété sont vinifiés sans fermentation malolactique. Exploitation certifiée HVE. (RM)

Construit sur la vendange 2019, ce brut assemble par tiers pinot noir, meunier et chardonnay. D'emblée, il enchante nos dégustateurs par l'élégance et la richesse de son nez, qui s'ouvre sur la pêche blanche avant de s'orienter vers les fruits jaunes puis de prendre des tons d'abricot confit. La bouche, assez légère, apparaît plus simple, mais l'impression d'ensemble reste très favorable. ⌛ 2024-2027

MÉTÉYER PÈRE ET FILS, 39, rue de l'Europe, 02850 Trélou-sur-Marne, tél. 03 23 70 26 20, contact@champagne-meteyer.com V *r.-v.*

PAUL MICHEL Extra-brut ★

● 1er cru	8000		20 à 30 €

Dominé par une splendide église romane, le village de Cuis se voit de loin. C'est dans cette commune, 1er cru de la Côte des Blancs, que s'est installé Paul Michel, héritier d'une lignée de viticulteurs remontant à 1847. Il a élaboré ses premières cuvées en 1952. Ses fils Philippe et Denis ont pris le relais, rejoints en 2014 par Geoffroy, qui représente la 3e génération. La famille dispose d'un coquet vignoble de 20 ha. (RM)

Très particulier et typique de la Côte des Blancs, ce rosé mobilise pour l'essentiel le chardonnay (92 %), un petit apport de vin rouge lui donnant sa teinte saumon pâle. Mettant en œuvre la récolte 2018, il est resté longtemps en cave. Le faible dosage de l'extra-brut souligne la vivacité de l'attaque, équilibrée par une certaine vinosité. Assez long, il plaira aux amateurs de rosés évolués, avec ses arômes réglissés, compotés et confits. Il pourra accompagner saumon et crustacés. ⌛ 2024-2027

PAUL MICHEL, 20, Grande-Rue, 51530 Cuis, tél. 03 26 59 79 77, champagne-p.michel@orange.fr V *t.l.j. sf sam. dim. 9h-12h 14h-17h; f. août*

BENOÎT MICHEL
Extra-brut Assemblage blanc Esprit de cave ★

●	10000		20 à 30 €

Fils de Guy Michel auquel il a succédé en 2004, Benoît Michel représente la 5e génération d'une famille qui cultive la vigne depuis 1847 et qui élabore des champagnes depuis le début du siècle dernier. En 2022, il a lancé une étiquette à son nom et s'est installé à Monthelon, sur un belvédère d'où la vue embrasse les coteaux sud d'Épernay, la Côte des Blancs et la vallée de la Marne, secteurs où il détient des parcelles. Il est attaché aux longs vieillissements des vins en bouteilles, sur lies, et s'est équipé de tonneaux pour certaines cuvées. Propriété certifiée HVE. (RM)

Les vins de la gamme Esprit de cave restent longtemps à l'ombre, puisque cette cuvée, issue des trois cépages champenois (pinot noir 50 %, chardonnay 42 %, meunier 8 %) met en œuvre la vendange 2007 et qu'elle n'a été dégorgée qu'en octobre 2022. La fermentation malolactique a été bloquée pour souligner la fraîcheur. Un champagne loué pour la richesse de son expression aromatique où la pêche, l'ananas et la mangue séchée côtoient des notes plus évoluées d'orange confite et de grillé, comme pour sa fraîcheur et sa longueur. De la profondeur. ⌛ 2024-2027

BENOÎT MICHEL, 18, rte de Chavot, 51530 Monthelon, tél. 06 75 20 78 36, benoitmichel.champagne@gmail.com V *r.-v.*

CHARLES MIGNON Cuvée Comte de Marne 2015 ★

● Gd cru	7000		75 à 100 €

Charles Mignon est une maison de négoce familiale créée à Épernay en 1995 par Bruno Mignon, arrière-petit-fils de vignerons, et par sa femme, Laurence, rejoints par leurs enfants Manon et Guillaume. Trois marques : Charles Mignon, Louis Tollet (destinée aux cavistes et aux restaurateurs) et Léon Launois. (NM)

Majoritaire (70 %), le chardonnay de la Côte des Blancs s'allie au pinot noir de la Montagne de Reims pour composer une cuvée grand cru, millésimée, mêlant au nez les fruits jaunes frais à des notes plus évoluées de pain toasté. Les fruits secs s'ajoutent à cette palette dans une bouche à l'unisson du nez, à la fois vineuse et fraîche, de belle longueur, servie par un dosage judicieux. ⌛ 2024-2029

CHAMPAGNE CHARLES MIGNON, 7, rue Irène-Joliot-Curie, 51200 Épernay, tél. 03 26 58 33 33, bm@champagne-mignon.fr

PIERRE MIGNON
Grand Vintage Année de Madame 2013 ★★

●	10000		50 à 75 €

Pierre et Yveline Mignon dirigent depuis 1970 le domaine familial implanté dans la vallée du Surmelin, affluent de la Marne, sur la rive gauche. Leur vignoble (pas moins de 18 ha dans la vallée de la Marne, sur les coteaux d'Épernay et la Côte des Blancs) ne suffit pas à leur dynamisme commercial. À l'arrivée de Jean-Charles et Céline, en 2000, la propriété a pris le statut de négociant. Elle a ouvert à Épernay une boutique avec des ateliers « Mets et Vins ». (NM)

Moins millésimée que 2012, l'année 2013, tardive et renfrognée, n'a pas été avare de bonnes surprises, témoin ce Grand Vintage, qui met en avant le chardonnay (60 %), complété par les deux pinots (dont meunier 30 %). Après un repos de 10 ans sur lies, il affiche une robe or intense et séduit par son nez précis, alliant la fleur de sureau, la poire, la pêche et des notes empyreumatiques d'évolution (noisette torréfiée). Tout aussi complexe en bouche, fruité et grillé, charnu, à la fois onctueux et frais, il offre une longue finale aux accents de cacao. Un champagne élégant et mûr, que l'on verrait bien sur des ris de veau. ⧗ 2024-2027 ● **Gd cru Blanc de blancs ★ (30 à 50 €; 50000 b.)** Vieilli 4 ans en cave, un chardonnay grand cru de la Côte des Blancs alliant texture crémeuse et vivacité. ⧗ 2024-2027 ● **Blanc de noirs ★ (30 à 50 €; 20000 b.)** Une dominante de meunier (80 %) et un repos de 4 ans sur lies pour cette cuvée bien typée blanc de noirs avec son nez intense, entre fruits blancs et cerise, et sa bouche puissante et structurée, dans le même registre, servie par une belle minéralité et par un dosage ajusté. ⧗ 2024-2027

⊶ CHAMPAGNE PIERRE MIGNON, 5, rue des Grappes-d'Or, 51210 Le Breuil, tél. 03 26 59 22 03, info@pierre-mignon.com V t.l.j. sf sam. dim. 8h30-12h 13h30-16h30

JEAN MILAN Blanc de blancs Oger ★★

● Gd cru	20000		20 à 30 €

Établis depuis 1864 à Oger, grand cru de la Côte des Blancs, les Milan élaboraient déjà leurs champagnes au XIXᵉ s. Caroline et Jean-Charles Milan ont rejoint en 2007 la maison, dont ce dernier a pris les rênes en 2015. Le vignoble en propre compte 5 ha. (NM)

Pour la 3ᵉ année consécutive, la maison obtient deux étoiles. Notamment pour ce blanc de blancs d'Oger, qui associe les récoltes 2020 et 2019. Parcourue de nombreux trains de bulles, sa robe or annonce un nez généreux et mûr, aux nuances d'amande grillées et de foin séché. La bouche, à l'unisson, déploie des notes de frangipane, de pâtisserie et brille par son équilibre et sa longueur. ⧗ 2024-2027 ● **Gd cru Blanc de blancs Vieilles Vignes Terres de Noël 2018 ★★ (20 à 30 €; 10000 b.)** Solaire et patiné à l'œil comme au nez, alliant vinosité et tension, il déploie des arômes de fruits jaunes et de fruits secs : un remarquable reflet du millésime. ⧗ 2024-2027

⊶ CHAMPAGNE JEAN MILAN, 8, rue d'Avize, Oger, 51190 Blancs-Coteaux, tél. 03 26 57 50 09, info@champagne-milan.com V t.l.j. 10h-12h 14h-17h; f. dim. janv. 3

ÉRIC MILET-GOVIN Cuvée Saphir ★★★

●	2520	20 à 30 €

Installé en 2003 sur les vignes familiales, Éric Milet exploite 3,5 ha dans le massif de Saint-Thierry, au nord-ouest de Reims et du vignoble champenois. Il livre sa récolte à la coopérative de Pouillon. Propriété certifiée HVE. (CM)

« L'éminence des bruts sans année », conclut un dégustateur enchanté par cette cuvée où les chardonnays et les pinots s'équilibrent (meunier et pinot noir à 25 % chacun). Issu de la seule vendange 2020, le champagne est sorti de cave doté d'un nez complexe, subtil et gourmand, entre pomme reinette, agrumes confits, noisette et pain grillé. Vif en attaque, il déroule avec persistance une matière étoffée et harmonieuse où l'on retrouve la complexité du nez. ⧗ 2024-2027 ● **Tradition ★ (15 à 20 €; 9000 b.)** Privilégiant les raisins noirs (75 %, dont meunier 50 %), ce brut a pour atouts son expression fruitée et grillée, son équilibre et sa fraîcheur. ⧗ 2024-2027

⊶ CHAMPAGNE ÉRIC MILET-GOVIN, 25, rue Haute, 51220 Pouillon, tél. 03 26 03 18 26, champmiletgovin@hotmail.fr V r.-v.

ALBERT DE MILLY ★

● 1ᵉʳ cru	15000		15 à 20 €

Structure familiale établie à Bisseuil, 1ᵉʳ cru jouxtant Aÿ, à la croisée de la Montagne de Reims, de la vallée de la Marne et de la Côte des Blancs. Elle a été créée par Alain Demilly, fils de viticulteur qui, après des études d'œnologie, a créé une entreprise de services en vinification, agrandi son vignoble (12 ha aujourd'hui) avant de lancer en 1994 son champagne, dont l'étiquette porte le nom de son père. Il a été rejoint par ses enfants Thomas et Aline. Les cuvées de la maison vieillissent 4 à 5 ans au moins. (NM)

Composé de pinot noir (60 %) et de chardonnay vendangés en 2015, ce brut a passé de longues années en cave. Plutôt fermé au nez, il s'ouvre sur des notes grillées. Plus expressif et flatteur en bouche, équilibré, il finit sur une petite pointe d'amertume. ⧗ 2024-2027

⊶ ALBERT DE MILLY, La Maladrie, RD 1, 51150 Aÿ-Champagne, tél. 03 26 52 33 44, contact@demilly.com V t.l.j. 9h-12h 14h-18h sam. dim. sur r.-v.; f. mi-août

PIERRE MONCUIT Extra-brut Blanc de blancs 2012 ★★

● Gd cru	25000		30 à 50 €

La lignée remonte à 1889 et l'élaboration du champagne a commencé en 1928 avec Pierre Moncuit. Les enfants de ce dernier, Nicole Moncuit (à la vigne et au chai depuis 1982) et Yves, secondés par Valérie Charpentier, fille de Nicole, dirigent cet important domaine (20 ha). Implantée au cœur de la Côte des Blancs, au Mesnil-sur-Oger, la propriété fait la part belle au chardonnay. (RM)

« Un beau champagne millésimé qui tient bien ses 10 ans », conclut un dégustateur. » Déjà dégusté auparavant, ce blanc de blancs millésimé « gagne » une étoile. On loue sa palette caractéristique des champagnes patinés, alliant les fruits blancs, le citron confit aux fruits secs, sa bouche généreuse, d'une rondeur harmonieuse, qui bénéficie d'une finale vive, sur les agrumes. Cette remarquable cuvée pourra accompagner un repas. ⧗ 2024-2028 ● **Gd cru Extra-brut Blanc de blancs Pierre Moncuit-Delos ★ (20 à 30 €; 50000 b.)** Avec son nez floral et biscuité, nuancé de pain d'épice et de notes grillées, sa bouche ample et persistante, aussi puissante qu'élégante, il offre ce que l'on attend d'un blanc de blancs grand cru. ⧗ 2024-2027

⊶ CHAMPAGNE PIERRE MONCUIT, 11, rue Persault-Maheu, 51190 Le Mesnil-sur-Oger, tél. 03 26 57 52 65, contact@pierre-moncuit.fr V r.-v.

MONDET Extra-brut Blanc de noirs ★

●	9980		20 à 30 €

Jules Mondet commence à vinifier en 1926. La maison est aujourd'hui gérée par la 4ᵉ génération. Elle dispose de 10 ha de vignes, principalement dans les

villages de Romery et de Cormoyeux, blottis dans un vallon proche de la vallée de la Marne, non loin d'Hautvillers. (NM)

Le pinot noir à l'origine de cet extra-brut très peu dosé (2 g/l) a été obtenu par sélection massale, pour préserver les qualités du vignoble. Quant au champagne, il offre une interprétation du blanc de noirs pleine de fraîcheur. Son nez élégant associe notes florales, pomme verte et pêche jaune, arômes qui se prolongent dans une bouche fraîche, de bonne persistance, à la finale acidulée. ⧗ 2024-2027

CHAMPAGNE MONDET, 2, rue Dom-Pérignon, 51480 Cormoyeux, tél. 03 26 58 64 15, contact@champagne-mondet.fr t.l.j. sf dim. 9h-12h 14h-17h30; sam. sur r.-v.

MONTAUDON Réserve première ★★

300 000 | 20 à 30 €

Créée en 1891 par un chef de cave d'Épernay, cette maison, dont Joséphine Baker raffolait, est restée dans la famille du fondateur jusqu'en 2008. Si la marque fait partie depuis 2010 du vaste groupe coopératif Alliance Champagne, elle a conservé le style de ses champagnes, qui fait une belle place au pinot noir. (CM)

Complétés par le chardonnay, les deux pinots (75 %) concourent à l'harmonie de ce brut sans année qui assemble la récolte 2020 à ⅓ minimum de vins de réserve. Expansif et précis, le nez mêle les fruits rouges et des notes empyreumatiques. Ce fruité intense teinté de touches grillées se prolonge dans une bouche harmonieuse et fraîche, flattée par le dosage. ⧗ 2024-2027 **Blanc de noirs ★ (20 à 30 €; 80 000 b.)** Issu des deux pinots (pinot noir 60 %), ce blanc de noirs mêlant au nez agrumes et pain chaud se distingue par sa franchise, sa puissance et sa vivacité. ⧗ 2024-2027

CHAMPAGNE MONTAUDON, 34, bd Lundy, 51100 Reims, tél. 03 26 07 88 56, joelle.weiss@jad.fr

MOREL Pur Rosé ★★

8 000 | 20 à 30 €

Prenant la suite de quatre générations, Pascal Morel s'est installé en 1973 à la tête du vignoble familial (8 ha aujourd'hui). C'est l'un des spécialistes du rosé-des-riceys, qu'il a vinifié avant le champagne. En 2016, Simon a rejoint son père au vignoble, et Émilie à la cave et à la commercialisation. Propriété certifiée HVE. (RM)

Vieilli 36 mois en cave, ce rosé, pur pinot noir des Riceys, offre bien ce que l'on attend d'un rosé de macération : une robe intense, un nez tout en fruits rouges, petits fruits que l'on retrouve dans une bouche harmonieuse. Il pourra accompagner un repas, et aussi un dessert aux fruits rouges. ⧗ 2024-2027 **Réserve ★ (20 à 30 €; 25 000 b.)** Issu de pinot noir (90 %) et d'un petit appoint de chardonnay, resté 3 ans en cave, ce brut séduit par sa netteté, sa fraîcheur, sa finesse ainsi que par son expression fruitée et épicée. ⧗ 2024-2027 **L'Extra ★ (20 à 30 €; 5 000 b.)** Le dosage en extra-brut contribue à la plaisante vivacité de ce blanc de noirs (100 % pinot noir) à l'expression aromatique intéressante, à la fois fraîche et évoluée (yuzu, citron vert, zeste d'orange, pêche, mirabelle, pâte d'amande, fruits secs grillés…) ⧗ 2024-2027

CHAMPAGNE MOREL PÈRE ET FILS, 93, rue du Gal-de-Gaulle, 10340 Les Riceys, tél. 03 25 29 10 88, info@champagnemorel.com r.-v.

ODIL MORET ★★

894 | 15 à 20 €

Fils et petit-fils de viticulteurs, Odil Moret devient récoltant-manipulant en 1976 à Baye, village proche de la vallée du Petit-Morin, entre Côte des Blancs et Sézannais. Son fils Julien l'a rejoint en 1999 et a pris en 2019 les rênes de l'exploitation, dont la surface compte aujourd'hui près de 6 ha. (RM)

Mariant les trois cépages champenois (meunier 55 %, pinot noir 27 %), ce rosé assemble la récolte 2021 avec des vins de l'année précédente. Un apport de vin rouge lui donne sa teinte rose vif et un nez tout en fruits rouges frais, bien prolongé par une bouche pimpante aux saveurs acidulées de groseille. ⧗ 2024-2027

CHAMPAGNE ODIL MORET, 1, rte de Congy, 51270 Baye, tél. 03 26 52 81 65, odil.moret@wanadoo.fr r.-v.

MORIZE Rosé de saignée ★★

9 170 | 15 à 20 €

Établis aux Riceys (Aube) en 1830, les Morize sont récoltants-manipulants depuis trois générations. Guy Morize, installé en 1964, est parti à la retraite et ce sont désormais son gendre et son petit-fils, Frédéric et Maxence Archambault, qui exploitent le vignoble : plus de 6 ha et de splendides caves voûtées bâties par les cisterciens au XIIe s. où les bouteilles vieillissent 5 à 7 ans au minimum. (RM)

Aux Riceys, on prise les rosés de saignée, issus de la macération du pinot noir. Comme tous les champagnes de cette catégorie, celui-ci tire de cette vinification une robe rose profond à reflets rubis et un nez intensément fruité, complexe. Ce fruité s'épanouit sur des notes de fruits noirs bien mûrs dans une bouche harmonieuse, gourmande et longue, équilibrée par une belle fraîcheur. ⧗ 2024-2027

CHAMPAGNE MORIZE PÈRE ET FILS, 122, rue du Gal-de-Gaulle, 10340 Les Riceys, tél. 03 25 29 30 02, contact@champagnemorize r.-v.

MOUTARD DANGIN ★

1 660 | 30 à 50 €

En 1860, Edmé Moutard plante les premières vignes dans la Côte des Bar. Installée en 1985, son arrière-petite-fille Corinne Moutard-Dangin commence à vinifier. Elle commercialise des champagnes à son nom (Corinne Moutard) à partir de 2002. Forte d'environ 6 ha et certifiée HVE, la structure familiale, qui a le statut de négociant, est implantée dans un village proche des Riceys. En 2022, la marque est devenue Moutard-Dangin. (NM)

D'un rose à reflets ambrés, ce rosé s'annonce par un nez puissant et complexe, déroulant une ribambelle de petits fruits rouges légèrement compotés, que l'on retrouve avec plaisir dans une bouche bien construite et longue. ⧗ 2024-2027

CHAMPAGNE CORINNE MOUTARD, 49, Grande-Rue, 10110 Polisy, tél. 03 25 38 52 47, contact@champagnemoutarddangin.fr V *r.-v.*

MOUTARDIER Brut nature Pure Meunier ★

● | 2300 | | 30 à 50 €

La famille Moutardier est établie dans la vallée du Surmelin depuis le XVIIIe s. Camille est le premier du nom à avoir élaboré son champagne en 1921. William Saxby, l'arrière-petit-fils, s'est installé en 2010. Proche de la vallée de la Marne et forte de 18 ha, la maison choie le meunier. Très cultivé dans la vallée de la Marne, ce cépage forme la base de presque toutes ses cuvées. (NM)

Le meunier a la réputation d'engendrer des champagnes très fruités et très ronds. Celui-ci, pourtant issu d'une année solaire (2018, non revendiquée), offre du cépage une version affinée et tendue en raison de l'absence de dosage. L'or de la robe est bien celui d'un blanc de noirs, le fruité est présent, intense même, très franc, évocateur d'une corbeille de fruits (plutôt rouges ou noirs comme le cassis), nuancés d'un léger brioché. On retrouve ces arômes, mis en valeur par une belle tension, dans une bouche étoffée, équilibrée et longue. ⧗ 2024-2027

CHAMPAGNE MOUTARDIER, 12, chem. des Ruelles, 51210 Le Breuil, tél. 03 26 59 21 09, contact@champagne-jean-moutardier.fr V *r.-v.*

MOUTAUX Val de Beauregard 2011 ★

● | 901 | | 30 à 50 €

Installés à Bligny, village niché à mi-chemin entre Bar-sur-Aube et Bar-sur-Seine, Christine et Renaud Fischer ont pris la suite en 2007 de quatre générations de vignerons. Certifié HVE, leur domaine couvre 13 ha. (RM) (RM)

Les 2011 ne sont pas si courants. Celui-ci assemble chardonnay (54 %) et pinot noir pratiquement à parts égales. Après plus d'une décennie passée en cave, il affiche une robe jaune doré encore parcourue d'une bulle vive et déploie des arômes évolués évoquant la pomme et la poire compotée, le miel, nuancés de notes grillées. Dans le même registre, la bouche se révèle étoffée, encore tenue par une belle tension. Pour les amateurs de vieux champagnes. ⧗ 2024-2027

CHAMPAGNE MOUTAUX, 1, rue des Ponts, 10200 Bligny, tél. 03 25 27 40 25, contact@champagne.moutaux.com V *r.-v.*

NAPOLÉON Tradition ★★

● | 10 000 | 30 à 50 €

Les vignerons de la cave de la Goutte d'Or à Vertus, dans la Côte des Blancs, n'ont eu qu'à traverser la rue pour faire alliance avec une marque prestigieuse : la maison Ch. & A. Prieur, fondée en 1825, qui exploitait la marque Napoléon depuis 1907, sur le trottoir d'en face. La marque dispose de 120 ha de vignes. (NM)

Pinot noir et chardonnay se partagent équitablement ce brut à l'expression complexe, dominée par des notes beurrées, briochées et pâtissières, en harmonie avec une bouche généreuse, aussi ronde que longue. Ce champagne montre assez d'étoffe pour accompagner un repas. ⧗ 2024-2027 ● **2015 ★ (30 à 50 €; 5000 b.)** Mi-pinot noir mi-chardonnay, mûri sous une année solaire, il brille moins par sa puissance que par sa vivacité et par la complexité de sa palette aromatique mêlant notes fraîches et arômes de maturité (fleurs blanches, touches mentholées, beurrées, pêches compotées, cire, noisette grillée). ⧗ 2024-2027 ● **Blanc de blancs ★ (30 à 50 €; 5000 b.)** Élégant, crémeux, de bonne longueur, un chardonnay aux arômes de fruits secs et de miel. ⧗ 2024-2027

NAPOLÉON, 30, av. du Gal-Leclerc, Vertus, 51130 Blancs-Côteaux, tél. 03 26 52 15 31, info@champagne-napoleon.com V *t.l.j. sf sam. dim. 9h-12h 14h-17h*

BERNARD NAUDÉ Pur Meunier ★

● | 1002 | | 20 à 30 €

Une tour surmontée d'une statue de Napoléon, érigée en 1830 par un ancien officier de la Grande Armée, signale ce domaine de Charly-sur-Marne, aux confins de l'Aisne et de la Seine-et-Marne. Bernard Naudé, récoltant depuis les années 1970, s'est lancé dans la manipulation en 1983; il cultive aujourd'hui avec son fils Vincent un vignoble de près de 9 ha. Propriété certifiée HVE. (RM)

Construit sur l'année 2019, ce pur meunier montre l'ampleur de son cépage tout en offrant une interprétation plutôt fraîche du blanc de noirs, avec un nez partagé entre fleurs blanches et fruits jaunes, un rien anisé, et une bouche dans le même registre, vive et légère. ⧗ 2024-2027

CHAMPAGNE BERNARD NAUDÉ, 12, av. Fernand-Drouet, 02310 Charly-sur-Marne, tél. 03 23 82 09 26, info@champagne-bernard-naude.com V *t.l.j. sf sam. dim. 9h30-12h 13h30-18h*

♥ CHRISTIAN NAUDÉ Brut nature Hommage 2017 ★★★

● | 1985 | | 30 à 50 €

Héritier d'une lignée de viticulteurs, apporteurs de raisins au négoce, Christian Naudé crée le domaine actuel et devient récoltant-manipulant au cours des années 1980. Son fils Geoffroy a pris la relève en 2010 avec Magalie. Certifié HVE, le domaine couvre 5 ha dans la partie occidentale de la vallée de la Marne, près de Château-Thierry. (RM)

Un bel hommage au grand-père, qui planta il y a plus de 50 ans la parcelle de meunier à l'origine de cette cuvée, au terroir de Charly-sur-Marne, que de multiples méandres de la rivière séparent de la cité des Sacres, et une entrée remarquée dans le Guide pour Geoffroy Naudé qui a tiré le meilleur d'un « millésime de vigneron », arrosé pendant la phase de maturation, sans le secours du dosage. Nos dégustateurs saluent le nez précis et mûr de ce blanc de noirs or ambré, aux parfums d'abricot, de noyau et de fruits secs, arômes que l'on retrouve dans une bouche ronde, tenue par une fine acidité : un meunier tout en délicatesse. ⧗ 2024-2027 ● **Tradition ★★★ (15 à 20 €; 18 000 b.)** Harmonieux et long, ce blanc de noirs or soutenu, issu de meunier majoritaire, décline toutes les nuances des fruits d'été, quetsche, mirabelle, pruneau... mis en valeur par une agréable fraîcheur qui laisse une impression de légèreté. ⧗ 2024-2027 ● **Extra-brut Éminence ★ (20 à 30 €; 2122 b.)** Né des pinot noir, meunier et chardonnay assemblés par tiers, un extra-brut gourmand et rond, de bonne longueur, à l'expression fruitée et évoluée (fruits blancs, gelée de coing, compote de figue, notes toastées). ⧗ 2024-2027

CHAMPAGNE CHRISTIAN NAUDÉ, 18 ter, Av. Fernand-Drouet, 02310 Charly-sur-Marne, tél. 03 23 82 74 51, contact@champagne-christian-naude.com V *t.l.j. sf dim. 9h-12h 13h-18h*

CAROLE NOIZET Cuvée Perle noire ★

●	9000		20 à 30 €

En 500, saint Thierry fonda au nord-ouest de Reims une abbaye qui fut l'un des berceaux du vignoble champenois et qui donna son nom au village où Carole Noizet est aujourd'hui établie. La récoltante, installée en 2000, représente la 3e génération sur un domaine couvrant environ 8 ha. Elle élabore ses cuvées. (RM)

Souvent sélectionné, ce blanc de noirs issu du seul pinot noir offre une version fraîche et ciselée du cépage, avec une robe or pâle, un nez sur les fruits jaunes tonifiés d'une pointe de rhubarbe et une bouche elle aussi bien fruitée, alerte, de bonne longueur, qui révèle une certaine ampleur. ⧗ 2024-2027

CAROLE NOIZET, 1, rte de Thil, D 330 bis, 51220 Saint-Thierry, tél. 03 26 97 77 45, champagnenoizetcarole@gmail.com V *r.-v.* 4 A

♥ OLIVIER PÈRE ET FILS
100 % Pinot noir Cuvée Aparté ★★

●	2900		20 à 30 €

Établie sur la rive droite de la Marne, l'exploitation a vu se succéder quatre générations : Jules Olivier plante 1,5 ha de vignes en 1910, Jean agrandit le vignoble (11 ha aujourd'hui), Jean-Claude lance la marque Olivier Père et fils en 1968. En 1999, ses fils Bertrand (à la cave) et Julien prennent le relais, rejoints par Zoé, fille du premier. Domaine certifié HVE. (RM)

Déjà très remarquée l'an dernier, cette cuvée parcellaire de pinot noir âgé de 50 ans décroche en 2024 un coup de cœur, dans une version assemblant les années 2018 et 2017. Nos dégustateurs louent à l'envi sa robe jaune doré animée de bulles très fines, son nez floral, brioché et vanillé, à la fois intense et doux, que prolonge une bouche harmonieuse et persistante, conjuguant souplesse et fraîcheur, aux arômes de cerise kirschée caractéristiques du pinot noir. ⧗ 2024-2028 ● **2017 ★ (20 à 30 €; 5000 b.)** Privilégiant les noirs (pinot noir 50 %, meunier 25 %), un brut millésimé aux arômes végétaux et légèrement miellés, sorti d'une année délicate plein de fraîcheur et de vitalité. ⧗ 2024-2029 ● **100% Chardonnay La Gamine ★ (50 à 75 €; 1200 b.)** Élevé en eggonum (cuve en forme d'œuf, mi-bois mi-métal), un jeune blanc de blancs net, minéral et frais, de bonne longueur, mêlant fruits blancs, agrumes, bonbon acidulé et notes toastées. ⧗ 2024-2027

CHAMPAGNE OLIVIER PÈRE ET FILS, 2, rue Kennedy, 02850 Trélou-sur-Marne, tél. 03 23 70 25 96, contact@champagne-olivier.fr V *r.-v.*

CHARLES ORBAN Blanc de noirs ★★

●	30000	20 à 30 €

Les Orban sont établis dans la vallée de la Marne depuis le XVIIIe s. Vers la fin des années 1950, Charles Orban quitte la coopérative et lance sa marque en 1960. L'exploitation (5 ha) est passée en 1997 dans le giron de la famille Rapeneau. (RM)

Issu pour l'essentiel de pinot noir (5 % de meunier), ce blanc de noirs à reflets œil-de-perdrix charme par son fruité rappelant la baie de sureau. Un fruité que l'on retrouve dans une bouche harmonieuse et longue, tout en rondeur gourmande, dosée avec doigté, dont l'ampleur est équilibrée par une juste acidité. ⧗ 2024-2027

CHAMPAGNE CHARLES ORBAN, 44, rte de Paris, 51700 Troissy, tél. 03 26 52 70 05, contact@champagnecharlesorban.com

LUCIEN ORBAN Carte d'or ★★

●	10000		15 à 20 €

À la tête de 6,5 ha de vignes dans la vallée de la Marne, Hervé Orban dirige depuis 1991 l'exploitation fondée par son grand-père; ses champagnes portent l'étiquette créée par son père, Lucien. (RM)

Une fois de plus remarqué, ce brut Carte d'or, construit cette année sur la vendange 2021, privilégie le meunier, complété par un petit appoint de chardonnay et de pinot noir (10 % chacun). Il est d'emblée fort loué pour son nez intense et franc, entre fleurs et fruits secs, marqué par le cépage majoritaire. Les fruits blancs confits s'épanouissent dans une bouche très ronde en attaque, tonifiée en finale par une vivacité minérale. ⧗ 2024-2027

CHAMPAGNE LUCIEN ORBAN, 11, rue du Gal-de-Gaulle, 51700 Cuisles, tél. 03 26 58 16 11, herve.orban@wanadoo.fr V *r.-v.*

FRANCIS ORBAN
Extra-brut Meunier Les Hauts Beugnets 2015 ★

●	1524		75 à 100 €

L'arrière-grand-père de Francis Orban a été le premier en 1929 à se lancer dans l'élaboration de ses cuvées. Installé en 1999, ce dernier exploite sur la rive gauche de la Marne un vignoble de 7,5 ha composé à 90 % de meunier. Il s'applique à promouvoir ce cépage qu'il juge trop méconnu. (RM)

Vinifiée et élevée un an en barrique, tirée sous liège, cette cuvée parcellaire tire de son cépage, de son année solaire, de son séjour dans le bois et de son long repos (7 ans) sur lies une robe or soutenu, parcourue d'un cordon de bulles fines, ainsi qu'une palette complexe et mûre, où la pêche et la pomme légèrement compotées s'allient à la vanille. On retrouve ces arômes dans une bouche flatteuse, d'une agréable souplesse. ⧗ 2024-2026

FRANCIS ORBAN, 23, rue du Gal-de-Gaulle, 51700 Leuvrigny, tél. 03 26 58 84 41, francis.orban@free.fr V r.-v.

BRUNO PAILLARD D:Z Dosage zéro ★

Gd cru	n.c.		50 à 75 €

Maison de négoce indépendante créée en 1981 par Bruno Paillard et dirigée depuis 2019 par sa fille Alice. Le fondateur a constitué patiemment un vignoble (25 ha aujourd'hui, répartis dans 16 crus parmi les plus recherchés de la région, tels Le Mesnil-sur-Oger, Oger, Cumières, Verzenay…) et s'est équipé d'une cuverie «hors sol». Il a mis d'emblée l'accent sur le caractère septentrional et crayeux de la Champagne. Toutes les cuvées comptent au moins 20 % de vins vinifiés en fût, leur dosage est réduit (extra-brut), leur bulle très fine. Le temps d'élevage est deux à quatre fois plus long que le minimum requis par l'appellation. Le chef de cave est Laurent Guyot. (NM)

Exempt de tout dosage, ce champagne est bien dans la ligne de la maison, qui a diminué de longue date le sucre ajouté dans la liqueur de dégorgement. Composé des trois cépages champenois, avec une dominante de noirs (meunier 50 %, pinot noir 25 %), vinifié pour moitié en fût, il incorpore plus de 50 % de vins de réserve et séjourne de 3 à 4 ans sur lies. Dans le verre, ce champagne allie rondeur et fraîcheur dans un bel équilibre, sans rien d'austère ni de mordant. Son expression aromatique, entre fruits blancs et agrumes, s'enrichit en bouche d'une légère note boisée. ⧗ 2024-2027

CHAMPAGNE BRUNO PAILLARD, av. de Champagne, 51100 Reims, tél. 03 26 36 20 22, info@brunopaillard.com V *t.l.j. sf sam. dim. 8h30-12h30 14h-17h; f. 3-18 août*

PAILLETTE ★★

	60000		15 à 20 €

Richard Paillette a pris la tête en 1997 de la propriété familiale constituée en 1922 et l'a transmise en 2022 à Sébastien. Ces récoltants-manipulants exploitent plus de 7 ha de vignes en aval de Château-Thierry, sur le coteau d'Essômes-sur-Marne exposé au soleil levant. (RM)

Une fois de plus apprécié, ce brut associe dans cette version l'année 2021, fraîche, avec la précédente, solaire, et se partage entre les trois cépages champenois (avec 50 % de meunier, 40 % de chardonnay et 10 % de pinot noir). Il a pour arguments son fruité intense et frais (petites baies rouges, fruits jaunes) et sa bouche bien construite, dont la rondeur est équilibrée par une finale tendue et longue. ⧗ 2024-2027

CHAMPAGNE PAILLETTE, 4, rue Jean-Moulin, 02400 Essômes-sur-Marne, tél. 06 72 06 84 65, contact@champagne-paillette.fr V r.-v.

PALMER & CO Blanc de blancs ★★

	n.c.		50 à 75 €

Fondée à Avize en 1947 par sept vignerons, cette coopérative aujourd'hui installée à Reims a connu un bel essor dans les années 1980. Elle tire son approvisionnement de 415 ha répartis dans une quarantaine de crus, pour l'essentiel situés dans la Montagne de Reims. Palmer est sa marque. Le chardonnay et les vins de réserve, conservés en soleras, sont très présents dans les cuvées Palmer & Co, qui vieillissent 3 ans au minimum. (NM)

On trouve des chardonnays de qualité hors de la Côte des Blancs, pour preuve cette cuvée, qui met en œuvre pour l'essentiel des blancs de la Montagne de Reims (Trépail, Villers-Marmery, 1ers crus largement dédiés aux vignes blanches). Construit sur la vendange 2018, ce blanc de blancs reste environ 5 ans en cave. Un champagne harmonieux, dont les arômes de noisette et de pain toasté témoignent d'une heureuse évolution. ⧗ 2024-2027

CHAMPAGNE PALMER & CO, 67, rue Jacquart, 51100 Reims, tél. 03 26 07 35 07, contact@champagne-palmer.fr V r.-v.

PAQUES ET FILS Extra-brut Blanc de noirs Paradoxe ★★

	4000		20 à 30 €

Les Paques font du vin depuis cinq générations. D'abord à Chigny-les-Roses, ensuite à Rilly-la-Montagne, village distant d'un saut de puce, sur le versant nord de la Montagne de Reims. Installé en 1995 et rejoint par son fils Baptiste, Philippe Paques est à la tête d'un domaine de 12,5 ha en 1er cru, certifié HVE. (RM)

Mariant les années 2020 et 2019, ce blanc de noirs peu dosé (4 g/l) met en avant le pinot noir (80 %). Minéral, d'une belle complexité, le nez mêle la fleur blanche, le coing et le miel. Ample, généreuse et longue, la bouche porte l'empreinte des pinots et séduit par son dosage précis laissant parfaitement s'exprimer le vin. ⧗ 2024-2027 **1er cru Carte d'or ★ (15 à 20 €; 40000 b.)** Trois cépages (meunier et pinot noir à 40 % chacun, chardonnay en appoint), deux années (2021 et la précédente) au service d'un brut bien fruité, à la fois suave et droit. ⧗ 2024-2027 **1er cru Blanc de blancs Cuvée Aurore ★ (20 à 30 €; 10000 b.)** Mariant la vendange 2020 et des vins de l'année précédente, un blanc de blancs puissant, soyeux, salin et long, aux arômes grillés, assez étoffé pour accompagner un repas. ⧗ 2024-2027

CHAMPAGNE PAQUES ET FILS, 1, rue Valmy, 51500 Rilly-la-Montagne, tél. 03 26 03 42 53, philippepaques@champagne-paques.com V r.-v.

PARMANTIER-RIGAUT Tradition ★

1er cru	20000		15 à 20 €

Établis à deux pas de la cité des Sacres, Gérard Parmantier et Christiane Rigaut ont commencé la vente en bouteilles en 1972 comme coopérateurs. Secondés par leur fils Olivier, qui leur a succédé en 2015, ils sont devenus récoltants-manipulants en 1995. Le domaine compte 3 ha dans les villages de Chamery et d'Écueil, 1ers crus situés sur le flanc nord-ouest de la Montagne de Reims. En 2022, Charles, fils d'Olivier, a rejoint l'exploitation. (RM)

Cette cuvée est un blanc de noirs associant meunier majoritaire (70 %) et pinot noir. Pomme, poire, petits fruits rouges nuancés d'agrumes, les raisins noirs apportent leur gamme de fruits variés et, en bouche, leur rondeur à ce champagne brioché, fondu et équilibré. ⧗ 2024-2027

CHAMPAGNE PARMANTIER-RIGAUT, 5, rue de la Petite-Fontaine, 51500 Chamery, tél. 03 26 97 63 15, info@parmantier-rigaut.fr V r.-v.

DENIS PATOUX Carte d'or ★

	n.c.		15 à 20 €

Viticulteurs depuis plus d'un siècle sur la rive droite de la Marne, les Patoux ont commencé à élaborer du champagne en 1945. Installé en 1976, Denis Patoux dispose d'un vignoble de 8,5 ha qui s'est beaucoup agrandi ces vingt dernières années grâce à des plantations nouvelles. Domaine certifié HVE. (RM)

Pinot noir (50 %), meunier (20 %), chardonnay (30 %), les trois cépages champenois contribuent à l'harmonie de ce brut qui, sans être imposant, séduit par son expression bien fruitée (fruits blancs et citron) et par sa bouche suave, qui reste équilibrée. ⧗ 2024-2027

CHAMPAGNE DENIS PATOUX, 1, rue Bailly, 51700 Vandières, tél. 03 26 58 36 34, denis.patoux@wanadoo.fr V r.-v.

GHISLAIN PAYER ET FILLE Réserve ★★

	4000		20 à 30 €

Viticulteurs depuis 1854, établis dans un vallon proche de la vallée de la Marne, les Payer se flattent de figurer parmi les 24 fondateurs de la Coopérative régionale des vins de Champagne en 1962 (voir Jacquart, de Castelnau), qui élabore encore deux de leurs cuvées, même s'ils sont devenus récoltants-manipulants. Ghislain Payer a transmis en 2019 le vignoble de 4 ha à sa fille Élise. (RC)

Ce champagne, qui a déjà eu les honneurs du Guide, mobilise les trois cépages champenois dans des proportions qui varient quelque peu selon les versions (pour celle-ci : meunier 50 %, chardonnay 35 %, pinot noir 15 %). Discret au nez, légèrement végétal et empyreumatique, il montre en bouche une personnalité affirmée. Intense, franc, riche et complexe, il allie des arômes miellés à la fraîcheur de touches de verveine et de menthe. ⧗ 2024-2027 **2018 ★ (20 à 30 €; 1000 b.)** Mi-blancs mi-noirs (avec les deux pinots), peu dosé, né d'une année solaire, un millésimé conjuguant onctuosité et netteté, à la palette témoignant d'une heureuse évolution (noisette, pain grillé aux côtés des agrumes). ⧗ 2024-2027

CHAMPAGNE GHISLAIN PAYER ET FILLE, 2, rue du Creux-Chemin, 51480 Fleury-la-Rivière, tél. 06 30 44 66 11, contact@champagne-ghislain-payer.com V r.-v.

JEAN-MICHEL PELLETIER ★

	1500		20 à 30 €

Jean-Michel Pelletier s'est découvert un ancêtre vigneron né en 1668, contemporain de dom Pérignon. Quant au domaine actuel, il est l'œuvre de quatre générations. Le récoltant a pris en location en 1982 des vignes familiales dans la vallée de la Marne et porté la superficie de son exploitation à près de 5 ha. Œnologue diplômé, il participe aux assemblages à la coopérative de Passy-Grigny où sont élevés ses champagnes. (RC)

Très en vue l'an dernier, ce rosé d'assemblage (chardonnay 30 %, meunier 70 % dont 13 % vinifiés en rouge) n'est pas tombé aux oubliettes. D'un rose orangé intense, il mêle au nez des notes fraîches d'agrumes et de groseille à des nuances plus vineuses de fruits à l'alcool. Ample, crémeuse et fraîche, généreusement dosée mais agréable, la bouche bénéficie d'une finale de belle longueur sur la framboise et la myrtille. ⧗ 2024-2027

CHAMPAGNE JEAN-MICHEL PELLETIER, 22, rue Bruslard, 51700 Passy-Grigny, tél. 06 85 21 63 60, champagnejmpelletier@wanadoo.fr V r.-v.

PENET-CHARDONNET Extra-brut Terroir & Sens ★★

Gd cru	8000		50 à 75 €

Ingénieur et œnologue descendant d'une lignée de vignerons remontant à quatre siècles, Alexandre Penet conduit depuis 2009 l'exploitation familiale : 6 ha de vignes implantées sur les coteaux de Verzy et de Verzenay, grands crus de la Montagne de Reims. Il a lancé en 2011 une activité de négoce. Toutes ses cuvées sont nature ou extra-brut. Deux étiquettes : Alexandre Penet et Penet-Chardonnet. (NM)

Déjà distinguée dans plusieurs éditions antérieures, cette cuvée associe pinot noir majoritaire (70 %) et chardonnay, vinifiés en partie en fût. La vinification (sans fermentation malolactique), qui souligne la vivacité, et le faible dosage (extra-brut) contribuent au caractère de ce champagne fruité (fruits blancs) et toasté au nez, floral, citronné et tendu en bouche, de belle longueur, marqué en finale par une pointe d'amertume tonique. ⧗ 2024-2027

CHAMPAGNE ALEXANDRE PENET, 12, rue Gambetta, 51380 Verzy, tél. 03 51 00 28 80, commercial@lamaisonpenet.com V r.-v.

JEAN PERNET Tradition ★★

	49767	20 à 30 €

Un ancêtre de Christophe et de Frédéric Pernet cultivait la vigne au début du XVIIᵉs. Le tandem dirige aujourd'hui une petite maison de négoce largement tournée vers l'export et forte d'un vignoble de 16 ha répartis entre Côte des Blancs, vallée de la Marne et coteaux d'Épernay. Deux étiquettes : Jean Pernet et Camille Jacquet. (NM)

Chardonnay (40 %), pinot noir (45 %) et meunier (15 %) de trois belles années (2020 et les deux précédentes) contribuent à l'harmonie de ce brut tout en subtilité. Le nez charme par sa complexité, laissant découvrir de nouvelles nuances à l'aération : acacia et fruits jaunes, réveillés par une touche de bergamote. Minérale et vive en attaque, consistante, la bouche déploie des arômes de mirabelle, de tarte aux prunes, de miel et de fruits confits. La longue finale laisse une impression d'élégance. ⧗ 2024-2027 **Gd cru Chardonnay Réserve ★ (20 à 30 €; 27776 b.)** Mariant les années 2020 à 2018, un blanc de blancs de haute origine, vieilli 4 ans sur lattes : nez discret, palais suave et long, aux arômes de fleurs blanches, de citron et de vanille. ⧗ 2024-2027

CHAMPAGNE JEAN PERNET, 6, rue de la Brèche-d'Oger, 51190 Le Mesnil-sur-Oger, tél. 03 26 57 54 24, champagne.pernet@orange.fr V r.-v.

PERNET-LEBRUN D'Argent-Sol ★★

	n.c.		15 à 20 €

Les Pernet-Lebrun sont vignerons depuis cinq générations, commercialisent du champagne depuis les

années 1930. La marque Pernet-Lebrun a été lancée au tournant des années 1960. Janick Pernet a repris en 1990 l'exploitation familiale, qui couvre 11 ha situés pour l'essentiel sur les coteaux sud d'Épernay. Propriété certifiée HVE. (RM)

Mi-chardonnay mi-meunier, ce brut vieillit 5 ans en cave. Il en ressort paré d'une robe or jaune et riche d'un nez intense, assez complexe, mêlant la pomme verte, les fruits jaunes et la vanille. Conjuguant fraîcheur, salinité et rondeur, de bonne longueur, il laisse de bout en bout une impression d'élégance. ⧗ 2024-2027 ● ★★ (15 à 20 €; n.c.) Beaucoup de présence dans ce rosé d'assemblage (meunier 50 %, chardonnay 40 %, pinot noir 10 %) à la robe soutenue. Ses atouts : une expression aromatique assez complexe, entre fruits rouges (griotte) et fruits secs; un palais ample, puissant, charnu et long, à la finale subtile. ⧗ 2024-2027

CHAMPAGNE PERNET-LEBRUN, Ancien-Moulin, 51530 Mancy, tél. 03 26 59 71 63, contact@champagne-pernetlebrun.com r.-v.

JOSEPH PERRIER
Extra-brut Joséphine 2014 ★★

● | n.c. | | + de 100 €

À la fin du XIXᵉs., les vignes entourant Châlons-en-Champagne, qui ont aujourd'hui cédé la place à la ville, étaient réputées et la cité comptait une dizaine de maisons de champagne. Seule subsiste celle-ci, fondée en 1825 par Joseph Perrier avec son père François-Alexandre, négociant. À la tête de la vénérable maison, un jeune directeur, Benjamin Fourmon, qui a succédé en 2019 à son père, Jean-Claude. L'entreprise possède dans la ville 5,5 km de caves creusées à flanc de colline dans d'anciennes crayères gallo-romaines et dans le cœur historique de la Champagne un vignoble de 23 ha, aux alentours de Cumières et de Hautvillers. Nathalie Laplaige est à la tête de la cave. (NM)

Après les 1982, 1985, 1989, 1990, 1995, 1998, 2002, 2004, 2008 et 2012, voici le 2014 de la cuvée millésimée de prestige de la maison. Elle met en avant le chardonnay de la Côte des Blancs (60 % pour ce 2014) sans négliger le pinot noir (de la Montagne de Reims et de Cumières). Après de longues années en cave, ce millésime affiche une robe jaune doré et marie des arômes frais de fleurs blanches, de pomme verte et de poire à des notes de maturité (fruits mûrs, touches grillées, fumées). Fruitée, briochée et toastée à l'unisson du nez, la bouche associe une belle rondeur et une acidité citronnée qui porte loin la finale. De la finesse. ⧗ 2024-2030

CHAMPAGNE JOSEPH PERRIER, 69, av. de Paris, 51000 Châlons-en-Champagne, tél. 03 26 68 29 51, contact@josephperrier.fr t.l.j. sf dim. 10h-13h 14h-18h; f. janv.

DANIEL PERRIN 2011 ★

● | 13800 | | 15 à 20 €

Daniel Perrin reprend en 1957 le vignoble familial et devient récoltant-manipulant. Aujourd'hui, son fils cadet, Christian (5ᵉgénération), exploite 14 ha à Urville, près de Bar-sur-Aube. (RM)

Issu d'une année précoce (vendanges le 24 août pour cette cuvée) sans être solaire, ce 2011 vient compléter la collection de bruts millésimés de belle tenue élaborés par le domaine. Mi-chardonnay mi-pinot noir comme ses devanciers, il est resté 12 ans en cave. Moins intense que le superbe 2008, il retient l'attention par sa palette aromatique reflétant une harmonieuse évolution : fruits confits, orange amère, note de caramel, en harmonie avec une bouche vineuse et longue, d'une belle richesse. Il pourra accompagner un repas. ⧗ 2024-2024

CHAMPAGNE DANIEL PERRIN, 40, rue des Vignes, 10200 Urville, tél. 03 25 27 40 36, info@champagne-perrin.fr r.-v.

♥ BRUNO ET GRÉGOIRE PERSEVAL
Rosé de saignée ★★

● 1ᵉʳ cru | 2000 | | 15 à 20 €

Héritier d'une lignée remontant à 1625, Bruno Perseval a pris les rênes en 1988 du domaine familial. Il exploite avec son fils Grégoire un vignoble de 2,6 ha entièrement situé à Sacy, dans la partie ouest de la Montagne de Reims, à deux pas de la Cité des Sacres. Propriété certifiée HVE. (RM)

La robe rose soutenu à reflets rubis de ce rosé reflète son élaboration : la saignée d'une cuve de pinot noir après macération du raisin durant 24 h. Ce champagne n'a qu'un défaut : son caractère confidentiel. Il s'agit en effet d'une cuvée parcellaire, issue d'une petite vigne de 20 ares au lieu-dit Les Hatons. Intense et gourmand, le nez est un panier de cerises et de framboises. La bouche ajoute à ces fruits rouges une touche de violette et un côté « sirop », en harmonie avec une grande ampleur. Une finale fraîche et longue tonifie l'ensemble. La générosité alliée à l'élégance. ⧗ 2024-2024

CHAMPAGNE BRUNO ET GRÉGOIRE PERSEVAL, 13, rue des Sources, 51500 Sacy, tél. 06 13 74 03 58, bruno.perseval@champagne-perseval.fr r.-v.

PESSENET-LEGENDRE
Extra-brut Lady N ★★★

● | 700 | | 20 à 30 €

Cyrille Pessenet a repris en 1996 le domaine familial qui couvre 4,2 ha sur la rive droite de la Marne, entre Reuil et Hautvillers. Il a lancé sa propre marque en l'an 2000 et obtenu la certification HVE en 2021. (RM)

Le meunier passe pour donner des vins au fruité opulent. Tel n'est pas le style cultivé par ce blanc de noirs à reflets cuivrés, issu de ce cépage. Enjôleuse, pimpante, sa palette préfère la groseille et la poire à la pêche, avec une note d'acacia. La rondeur est présente en bouche, et même une nuance abricotée suave, mais elle est contrebalancée par une vivacité qui « réveille les papilles ». Un vin de terroir, une vraie personnalité, concluent les dégustateurs. Son secret? L'année de base, peut-être, fraîche (2021), la vinification (sans fermentation malolactique pour souligner la fraîcheur) et le faible dosage. ⧗ 2024-2027

CHAMPAGNE PESSENET-LEGENDRE, 37, Grande-Rue, 51480 Reuil, tél. 06 32 23 49 30, champagne-pessenet-legendre@orange.fr r.-v.

TH. PETIT Demi-sec ★

Gd cru	2500		20 à 30 €

Pour échapper aux ravages de la crise de 1929, Théophile Petit commercialise son champagne. Son fils André prend la relève en 1948 et, profitant des Trente Glorieuses, porte le vignoble de 1 à 6,3 ha. Sa nièce Bénédicte Bérard-Meuret gère depuis 1995 le domaine situé autour d'Ambonnay, grand cru de la la Montagne de Reims. Si elle confie sa vendange à l'Union Champagne, elle a commencé en 2018 à élaborer des cuvées. (RC)

Très dosés (45 g/l pour cette cuvée), les demi-secs, champagnes à tendance moelleuse plutôt servis au dessert, gardent leurs inconditionnels, mais cèdent le pas aux cuvées peu dosées ou non dosées. Mariant pinot noir (70 %) et chardonnay, celui-ci assemble l'année 2016 à 40 % de vins de réserve. Il a pour atouts des arômes délicats de fruits jaunes et un côté aérien, grâce à sa structure légère et à son acidité qui équilibre sa grande douceur. L'attaque est fraîche, le sucre bien fondu et la finale vive. ⧗ 2024-2027 **Extra-brut Blanc de noirs ★ (20 à 30 €; 1500 b.)** Du pinot noir d'Ambonnay, 50 % de vins tirés d'une réserve perpétuelle, un remuage à la main pour cette cuvée alliant une expression aromatique intense, riche et mûre (fruits à noyau mûrs, à l'alcool, notes beurrées, épicées) à une bouche très tendue et saline. ⧗ 2024-2027

CHAMPAGNE TH. PETIT, 11, rue Colbert, 51150 Ambonnay, tél. 06 83 17 53 46, contact@thpetit.com V r.-v. D

PETITJEAN-PIENNE Blanc de blancs Réserve ★

Gd cru	2000		20 à 30 €

De vieille souche vigneronne, Denis Petitjean crée avec son épouse sa propre marque en 1981. Leur fille Marie les rejoint en 2004. La famille exploite 3,5 ha de vignes, implantées pour plus des ⅔ dans des grands crus de la Côte des Blancs. (RM)

Des chardonnays récoltés dans trois grands crus de la Côte des Blancs (Avize, Cramant, Chouilly), un assemblage des années 2013 et 2012, un repos sur lies de 9 ans et un dosage faible pour ce blanc de blancs tendu, aux arômes de fleurs blanches, de brioche et de sous-bois. Un champagne adapté au repas, qui accompagnera aussi le fromage. ⧗ 2024-2027

CHAMPAGNE PETITJEAN-PIENNE, 4, allée des Bouleaux, 51530 Cramant, tél. 03 26 57 58 26, petitjean.pienne@wanadoo.fr V r.-v. 3 E

DANIEL PÉTRÉ ET FILS Pinot noir 2018 ★

	5000		20 à 30 €

Héritier de sept générations de vignerons, Étienne Pétré a pris en 2017 la suite de Daniel et de Marie-Christine. Il est devenu récoltant-manipulant et se veut «artisan-vigneron». Avec ses employés, il travaille en fonction des rythmes lunaires et choie les vieux cépages oubliés. Il exploite plus de 18 ha à Ville-sur-Arce et à Essoyes, dans l'Aube. Domaine certifié HVE. (RC)

Cépage roi de la Côte des Bar, le pinot noir règne sans partage sur cette cuvée millésimée issue d'une seule parcelle de 3 ha de vieilles vignes et... vinifiée en musique. Un 2018 appréciable par ses arômes (acacia et fruits blancs tels que la poire et le coing, pâte d'amande, réglisse en finale), mis en valeur par une belle tension. Son dosage en extra-brut lui donne un caractère énergique. ⧗ 2024-2027 **Rosé de saignée 2018 ★ (20 à 30 €; 2000 b.)** Un millésime solaire favorable au pinot noir, qui a macéré pour donner naissance à ce rosé discrètement floral et fruité, légèrement confituré, onctueux, à la fois puissant et élégant, assez étoffé pour accompagner un repas. ⧗ 2024-2027

DANIEL PÉTRÉ ET FILS, 2, chem. de la Voie-aux-Chèvres, 10110 Ville-sur-Arce, tél. 03 25 38 77 23, etienne@champagne-petre.com V r.-v.

PHILBERT Influence ★

	10000		20 à 30 €

Depuis Nicaise Philbert, six générations se sont succédé sur ce domaine. Les premières bouteilles, élaborées par la coopérative, sont commercialisées en 1923. Henri Philbert devient récoltant-manipulant en 1950. Arrivés à la tête de la propriété en 1997, ses petits-enfants Jérôme et Frédérique en ont confié la gestion à Yannick Dubois, qui élabore les cuvées. Le vignoble couvre 9,6 ha à Rilly-la-Montagne, Ludes et Chigny-les-Roses, 1ers crus de la Montagne de Reims. (RM)

Pinot noir, meunier et chardonnay font jeu presque égal dans cette cuvée mariant les années 2020 à 2018, restée 3 ans en bouteille. Le nom de la cuvée, Influence, fait référence à celle du bois dans lequel a séjourné la liqueur d'expédition. Nos dégustateurs saluent le «dosage parfait» de ce champagne d'une belle puissance, équilibré et frais, à l'expression partagée entre les fruits jaunes et le citron. ⧗ 2024-2027

CHAMPAGNE PHILBERT ET FILS, 7, rue de Chigny, 51500 Rilly-la-Montagne, tél. 03 26 03 42 58, contact@champagnephilbert.com V r.-v.

MAURICE PHILIPPART Prestige 2015 ★

1er cru	4048		20 à 30 €

Un Nicaise Philippart cultivait déjà la vigne sur la Montagne de Reims en 1827, mais c'est un siècle plus tard, en 1930, que Maurice Philippart lança son champagne. Son petit-fils Franck a rejoint en 1983 la propriété pour en prendre les rênes en 1993. Christophe, qui l'épaulait depuis 2012, lui a succédé en 2020. Pour compléter la production de leurs 3 ha, les Philippart ont adopté en 2011 le statut de négociant. (NM)

Assemblé au pinot noir, le chardonnay compose 90 % de ce brut millésimé resté 8 ans en bouteille. Il arbore une robe or jaune et séduit par son nez charmeur et précis, entre notes fruitées et pain grillé, prélude à une bouche expressive, gourmande, de belle longueur. ⧗ 2024-2027 **1er cru ★ (20 à 30 €; 3123 b.)** Un rosé de noirs (pinot noir 60 % meunier 40 %). Élevé en fût, le vin rouge qui teinte sa robe saumon soutenu lègue à ce champagne acidulé un léger boisé vanillé qui s'ajoute à des arômes de fruits jaunes, d'orange, de quinquina et de miel, ainsi qu'une petite amertume tannique. Original. ⧗ 2024-2027

CHAMPAGNE MAURICE PHILIPPART, 3, rue des Vignes, 51500 Chigny-les-Roses, tél. 03 26 03 42 44, contact@champagne-mphilippart.com V r.-v.

CHAMPAGNE

PHILIPPONNAT Royale Réserve ★★

●	498520	30 à 50 €

Les Philipponnat sont propriétaires de vignes à Aÿ depuis le début du XVIᵉs.; négociants et vinificateurs, ils ont un blason datant de la fin du XVIIᵉs. et un château à Mareuil-sur-Aÿ, acquis en 1910. La maison est aujourd'hui dans l'orbite de Lanson BCC, mais la famille reste à sa tête. Le fleuron de son vignoble de 22 ha (en 1ᵉʳ cru et en grand cru) est le Clos des Goisses, acheté en 1935, d'où provient la plus célèbre cuvée de prestige millésimée de la maison. L'un des rares clos champenois ceint de murs et le plus vaste aussi (5,5 ha), implanté sur un coteau aux pentes vertigineuses, en surplomb du canal latéral de la Marne et de cette rivière. Les cuvées non millésimées tirent leur style de l'apport de vins de réserve élevés sous bois selon le principe de la solera, ou réserve perpétuelle. Thierry Garnier est le chef de cave depuis 2005. (NM)

La cuvée signature de la maison, née de pinot noir majoritaire (67 %, complété de 31 % de chardonnay et de 2 % de meunier), associe la vendange 2019 à 20 à 30 % de vins de réserve et vieillit 3 ans sur lies. Puissant et harmonieux, mêlant la fleur blanche aux notes épicées et légèrement fumées héritées d'un élevage partiel en fût des vins de réserve, le nez laisse augurer un grand champagne. Une impression confirmée par la bouche, ronde et harmonieuse, aux arômes suaves de coing, offrant une longue finale où l'on retrouve les épices, alliées à la fraîcheur du pamplemousse. «Sûrement la marque de beaux vins de réserve et d'un long vieillissement», conclut un dégustateur. ⧗ 2024-2027 ● **Extra-brut Clos des Goisses 2014 ★ (+ de 100 €; 19984 b.)** Grâce à son exposition plein sud, les raisins du célèbre Clos mûrissent même dans les années fraîches et mitigées, comme 2014, si bien que la maison millésime de longue date chaque année. Pour ce 2014, presque deux fois plus de bouteilles que pour le millésime précédent, un peu moins de pinot noir, même s'il domine largement (74 % pour 29 % de chardonnay). La vinification partielle sous bois donne à ce champagne, au nez intense et précis, des nuances grillées qui s'allient au fruit évocateur de cerise du pinot noir. Équilibrée et longue, servie par le dosage en extra-brut, la bouche se teinte de l'amertume tonique des agrumes, pamplemousse en tête. ⧗ 2024-2029

CHAMPAGNE PHILIPPONNAT, 13, rue du Pont, 51160 Mareuil-sur-Aÿ, tél. 03 26 56 93 00, contact@philipponnat.com V r.-v.

PHILIZOT ET FILS N°3 ★

●	300000	▮	15 à 20 €

Établis dans la vallée de la Marne où ils disposent de 10 ha, Stéphane et Virginie Philizot ont pris en 2002 la suite de trois générations de viticulteurs et se sont fait négociants. Ce statut leur permet d'acquérir des raisins dans d'autres secteurs de la Champagne. (NM)

Pinot noir, meunier et chardonnay font jeu égal dans ce brut sans année. Nos dégustateurs soulignent l'agrément de son nez intense, déjà évolué, mêlant le citron confit, la brioche et les fruits secs, prélude à une bouche plutôt souple, généreuse avec élégance, de belle longueur, aux arômes de poire et de pêche bien mûres. ⧗ 2024-2027 ● **Éléonore ★ (15 à 20 €; 200000 b.)** Une robe abricot pour ce rosé issu des trois cépages champenois à parité, flatteur par sa large palette d'arômes fruités (fruits rouges, fruits blancs, agrumes) comme par sa fraîcheur acidulée et citronnée. ⧗ 2024-2027

CHAMPAGNE PHILIZOT ET FILS, 49, Grande-Rue, 51480 Reuil, tél. 03 26 51 02 96, lb@pixin.fr V r.-v.

JACQUES PICARD Extra-brut Art de vigne 2010 ★★

●	5000	◍	50 à 75 €

En 1950, Roger Picard plante des vignes sur les flancs du mont de Berru, qui s'élève dans la plaine, à l'est de Reims. Son fils Jacques lance son champagne. Sylvie et Corinne, filles de Jacques, José Lievens, son gendre, rejoints par Fiona Lefebvre, 4ᵉ génération, conduisent aujourd'hui la propriété, en bio certifié depuis 2022 : 17 ha, à Berru, Avenay-Val-d'Or et Montbré. Plusieurs étiquettes : Jacques Picard, Corinne Picard, Henri de Berr. (RM)

Une fois de plus en bonne place dans le Guide, cet extra-brut millésimé obtient la même note que le 2008. Comme son devancier, il assemble 60 % de chardonnay et les deux pinots à parts égales, fermentés et élevés en barrique. Après un vieillissement de 13 ans sur lies, le champagne libère de fines notes florales, beurrées, avec des évocations gourmandes et suaves de tarte Tatin. Des notes acidulées de fruit de la Passion et de citron vert viennent compléter cette palette dans une bouche intense et vive. ⧗ 2024-2028 ● **Réserve ★ (20 à 30 €; 40000 b.)** Privilégiant le chardonnay (85 %, avec les 2 pinots en appoint), vieilli 5 ans sur lies, un brut d'une belle finesse aromatique (agrumes et prune), vif et élégant malgré un dosage perceptible. ⧗ 2024-2027 ● **Corinne Picard Corinne Picard ★ (20 à 30 €; 20000 b.)** Issu de chardonnay majoritaire (60 %, complétés pour l'essentiel de meunier), un brut à la fois minéral, ciselé et généreux, à l'expression aromatique élégante, entre fruits blancs cuits, tilleul et pâtisserie. ⧗ 2024-2027

CHAMPAGNE JACQUES PICARD, 12, rue du Luxembourg, 51420 Berru, tél. 03 26 03 22 46, info@champagnepicard.com V r.-v.

PIÈTREMENT RENARD Vieilles Vignes 2015 ★★

●	5000	▮	30 à 50 €

Domaine créé en 1919 par Fernand Renard sur les bords du Petit Morin, entre Côte des Blancs et Sézannais, repris en 1992 par son descendant Emmanuel Piétrement, également président de la coopérative locale. Le vignoble s'étend sur 10 ha à Villevenard et sur différents coteaux du Sézannais. Propriété certifiée HVE. (RC)

Pinot noir, meunier et chardonnay contribuent à parité à l'harmonie de ce brut millésimé issu de vignes de 50 ans favorisées par un été solaire. Après un long repos en cave, le nez dévoile des notes de fournil de boulanger, de brioche et de miel. La noisette s'ajoute au miel dans une bouche tendue, minérale, qui bénéficie d'une agréable finale sur le zeste de citron. ⧗ 2024-2027 ● **Blanc de noirs 200 noir ★ (20 à 30 €; n.c.)** Issu d'une vieille vigne de meunier, un blanc de noirs aux arômes discrets de petits fruits acidulés, qui se mêlent au palais à des notes pâtissières. Structuré et riche, il garde en bouche ce côté vif, allié à une rondeur soulignée par le dosage. ⧗ 2024-2027

CHAMPAGNE PIÉTREMENT-RENARD, 30, rue des Hauts-de-Saint-Loup, 51270 Villevenard, tél. 03 26 52 83 03, contact@champagne-pietrement-renard.com V r.-v.

PIPER-HEIDSIECK Extra-brut Essentiel ★★

	n.c.		30 à 50 €

À l'origine de cette marque, Florens Louis Heidsieck. Arrivant en Champagne en 1777 de sa Westphalie natale pour faire fortune dans le commerce de la laine, il s'intéresse bien vite à l'autre richesse locale, appelée à un avenir plus durable, et fonde son négoce de vins en 1785. La maison est à l'origine de toutes les maisons Heidsieck de Champagne, notamment Charles Heidsieck, la société sœur. Quant à la maison Piper-Heidsieck, elle résulte de l'association de Christian Heidsieck, neveu du fondateur, avec Henri-Guillaume Piper. Le groupe EPI, spécialisé dans le luxe, est aujourd'hui le propriétaire de ces négoces prestigieux. (NM)

De nouveau en bonne place, cet extra-brut (gamme Essentiel) met en avant les noirs (pinot noir 44 %, meunier 34 %, pour 22 % de chardonnay) et contient 25 % de vins de réserve. Après un long repos en cave, il dévoile un nez mûr et vineux, mêlant la pâte d'amande à des nuances fumées, épicées et vanillées. La pêche et les fruits secs s'ajoutent à cette palette dans une bouche harmonieuse, de belle longueur. Un champagne de repas ⧗ 2024-2029

CHAMPAGNE PIPER-HEIDSIECK, 12, allée du Vignoble, 51100 Reims, tél. 03 26 84 43 00, communication@piper-heidsieck.com

FABRICE POILBLAN 2015 ★

	3000		15 à 20 €

Héritier de plusieurs générations de vignerons, Fabrice Poilblan s'est installé en 1991 et a lancé son étiquette en 1996. Il confie ses vendanges à la Covama. Situé dans la vallée de la Marne occidentale, au Mont de Bonneil, du côté de Château-Thierry, le siège de l'exploitation domine un vaste vignoble en amphithéâtre. Les parcelles familiales totalisent 3,3 ha. (RC)

Ce brut millésimé harmonieux, qui assemble les trois cépages champenois, meunier en tête (58 %, pour 12 % de pinot noir et 30 % de chardonnay) permet à ce récoltant de faire son entrée dans le Guide. Ses atouts? Un nez complexe, mûr et élégant, bien ouvert sur la noisette, le beurre, la pêche, l'abricot et le sous-bois, une bouche fruitée et toastée, charnue et ronde, équilibrée par une belle fraîcheur. ⧗ 2024-2027

CHAMPAGNE FABRICE POILBLAN, 4, rte de Moucherelle, 02400 Bonneil, tél. 06 77 99 14 16, fabrice.poilblan@laposte.net V r.-v.

POINTILLART ET FILS
Extra-brut Blanc de blancs
Crépuscule Barrique 2013 ★

	1000		20 à 30 €

Marque créée en 1946 par le grand-père d'Anthony Pointillart pour mettre en valeur le vignoble constitué par la génération précédente. Ce dernier, après avoir travaillé en Provence, a repris en 2006 l'exploitation familiale : 6 ha sur les coteaux d'Écueil (1er cru), d'où l'on aperçoit la cathédrale de Reims. Anthony Pointillart élabore ses cuvées avec l'appui de Christopher Prin, œnologue de la cave d'Écueil. (RC)

Le successeur du remarquable 2012, chardonnay élevé 6 mois en fût après fermentation en cuve, sort de son long séjour en cave revêtu de jaune doré. Il montre une évolution agréable au nez et associe en bouche les fruits blancs et un léger boisé. S'il ne fait pas oublier son devancier, plus intense et plus puissant, c'est un champagne plaisant, subtil et bien construit, qui bénéficie d'une finale vive et acidulée. ⧗ 2024-2027 **Le Rosé ★ (20 à 30 €; 2000 b.)** Une robe rose saumoné et un nez partagé entre fruits rouges et pain grillé pour ce rosé d'assemblage associant meunier (55 %), pinot noir (25 %) et chardonnay. Sa bouche fine et fraîche le fera apprécier à l'apéritif. ⧗ 2024-2027

CHAMPAGNE POINTILLART ET FILS, 10, Grande-Rue, 51500 Écueil, tél. 03 26 49 74 95, anthony@champagnepointillartetfils.com V r.-v.

GASTON POITTEVIN ★

1er cru	9265		15 à 20 €

Entre les deux guerres, un Gaston Poittevin fut député de la Marne et président du Syndicat des vignerons. Installé en 1988, son arrière-petit-fils, prénommé lui aussi Gaston, exploite 5 ha à Cumières, 1er cru de la Grande Vallée de la Marne. Dans sa cave, on pratique encore le remuage à la main. (RM)

Ce brut issu de trois années (2018 à 2016) est un blanc de noirs mariant pinot noir (85 %) et meunier. Les raisins noirs lèguent une robe doré soutenu et une belle rondeur à ce champagne aux arômes de pomme, de fruits jaunes et de pâtisserie, vivifié par la fraîcheur des agrumes. ⧗ 2024-2027 **Cuvée Perle d'or ★ (15 à 20 €; 4045 b.)** Cette cuvée de chardonnay assemble l'année 2021, fraîche, et la précédente, solaire. Discret et fin, son nez évoque le fournil de boulanger. Plus expressive, de bonne longueur, la bouche est fraîche et citronnée. Un blanc de blancs pour l'apéritif. ⧗ 2024-2027

CHAMPAGNE GASTON POITTEVIN, 129, rue Louis-Dupont, 51480 Cumières, tél. 03 26 55 38 37, gaston.poittevin@wanadoo.fr V r.-v.

♥ **POL-ROGER** Réserve ★★★

	n.c.		30 à 50 €

Cette maison de négoce d'Épernay expédia ses premières bouteilles en Angleterre dès sa création par le jeune Pol Roger en 1849. Devenue rapidement célèbre dans le royaume, elle a tissé des liens privilégiés avec les amateurs britanniques, et Winston Churchill ne manquait pas d'afficher sa préférence pour le champagne Pol Roger. L'affaire, restée familiale, s'appuie sur un vignoble de 92 ha. Au directoire, Hubert de Billy représente la 5e génération de la famille; Laurent d'Harcourt, président du directoire, a succédé en 2013 à Patrice Noyelle. Parti à la retraite, Dominique Petit, chef de cave, a laissé en 2018

son poste à Damien Cambres, ancien directeur de la coopérative de la Goutte d'or de Vertus. (NM)

Signature de la maison, ce brut marie à parts égales pinot noir, meunier et chardonnay en provenance de 30 crus et assemble la vendange 2019 avec 25 % de vins de réserve des trois années précédentes. Or pâle animé de bulles fines et persistantes, il est unanimement salué pour son élégance tout au long de la dégustation. D'abord discret, le nez laisse monter des arômes de fruits blancs gourmands et subtils. Ce fruité charnu, où ressort la pêche, se confirme dans une bouche étoffée, soyeuse et fondue, harmonieuse et longue, qui concilie richesse et délicatesse. ⧗ 2024-2027 ● **Extra-brut Pure ★★ (50 à 75 €; n.c.)** Une cuvée non dosée issue des trois cépages champenois à parts égales. Un champagne au nez bien ouvert et précis, sur le citron et le pamplemousse, salué pour la finesse de ses bulles, sa richesse, sa texture soyeuse, sa vivacité et sa longueur. ⧗ 2024-2027 ● **2016 ★ (50 à 75 €; n.c.)** Du pinot noir (60 %) et du chardonnay (40 %) en provenance de 20 grands et 1ers crus de la Montagne de Reims et de la Côte des Blancs. Fruité et mentholé au nez, un brut millésimé équilibré, conjuguant suavité et fraîcheur préservée. ⧗ 2024-2029

CHAMPAGNE POL ROGER, 1, rue Winston-Churchill, 51200 Épernay, tél. 03 26 59 58 00, polroger@polroger.fr

D. PORET Tradition ★

● | 32121 | | 20 à 30 €

Cinq générations se sont succédé sur ce domaine situé à Ville-Dommange, village de la «Petite Montagne de Reims» tout proche de la Cité des Sacres, entre les rivières Vesle et Ardre. Aujourd'hui, David Poret exploite en tant que récoltant-manipulant 7 ha de vignes répartis dans trois 1ers crus du secteur ainsi qu'à Courville, dans la vallée de l'Ardre.

Les trois cépages champenois (chardonnay et meunier à 40 % chacun, complétés par un appoint de pinot noir) composent ce brut sans année expressif, gourmand et fruité, avec ce qu'il faut de longueur. ⧗ 2024-2027

CHAMPAGNE D. PORET ET FILS, 6, rue de Jouy, 51390 Villedommange, tél. 03 26 49 25 23, myriam@champagnedporetetfils.fr V *r.-v.*

POTEL-PRIEUX Grande Réserve ★

● | 30000 | | 15 à 20 €

Charles Potel, qui vivait en 1640, semble être le premier vigneron d'une lignée qui aboutit à François Potel, à la tête du domaine entre 1997 et 2016. Depuis cette date, Béatrice Lamiraux gère la propriété, située sur la rive droite de la Marne. (RM)

Composé de pinot noir (50 %), de meunier (20 %) et de chardonnay (30 %), ce brut met en œuvre la vendange 2021 avec au moins 20 % de vins de réserve. Brioché au nez, léger et frais, beurré, de belle longueur, il trouvera sa place à l'apéritif. ⧗ 2024-2027 ● **Blanc de noirs ★ (15 à 20 €; 15000 b.)** Issu de pinot noir, un blanc de noirs équilibré, de belle longueur, au nez léger, bien fruité, entre pêche, cerise et agrumes, marqué aussi par un côté fumé et par une légère amertume en finale. ⧗ 2024-2027

CHAMPAGNE POTEL-PRIEUX, 15, rue de Champagne, 51480 Venteuil, tél. 06 80 62 78 07, potel.prieux@wanadoo.fr V *r.-v.*

PRÉVOTEAU-PERRIER Blanc de noirs ★★

● | | n.c. | 20 à 30 €

Champenois d'adoption, le Breton Christophe Boudard et Delphine, née Prévoteau, sont installés à Damery, à l'ouest d'Épernay. Ils représentent la 3e génération à la tête de cette maison fondée en 1900, qui commercialise du champagne depuis 1946. Implanté en grande partie dans la vallée de la Marne, leur vignoble en propre (22 ha) s'étend aussi sur les coteaux sud d'Épernay et dans la Côte des Blancs. (NM)

S'il doit tout aux raisins noirs (⅔ de pinot noir, ⅓ de meunier), qui ont la réputation d'engendrer des champagnes corpulents, ce brut s'impose moins par sa puissance que par sa finesse. Sa fraîcheur souligne de délicats arômes de bergamote et lui donne de l'allonge. Pour l'apéritif comme pour la table. ⧗ 2024-2027 ● **Équilibre ★ (15 à 20 €; n.c.)** Un équilibre recherché entre les trois cépages champenois assemblés par tiers. Resté 3 ans en cave, un brut intense, minéral et vif, dominé par des arômes de fruits blancs et d'agrumes. ⧗ 2024-2027 ● **Adrienne Lecouvreur ★★ (20 à 30 €; n.c.)** Baptisé en hommage à une tragédienne du XVIIIe native de Damery, il ne donne pas pour autant dans la grandiloquence. Deux mots pour décrire ce brut mi-chardonnay mi-pinot noir, resté 4 ans en cave : vif et élégant. ⧗ 2024-2027

CHAMPAGNE PRÉVOTEAU-PERRIER, 15, rue André-Maginot, 51480 Damery, tél. 03 26 58 41 56, champagneprevoteau-perrier@orange.fr V *r.-v.*

CLAUDE PRIEUR Blanc de blancs ★

● | 1000 | | 20 à 30 €

Trois générations se sont succédé sur ce domaine de plus de 9 ha situé au sud de Bar-sur-Aube, non loin de la Gironde, un petit ruisseau local. Armand, l'ancêtre, était garde-champêtre et formateur au greffage. Claude Prieur a repris l'exploitation familiale en 1975 et s'est lancé dans l'élaboration du champagne. Il a passé le relais en 2015 à son fils Pierre qui, après avoir obtenu la certification HVE, a la conversion bio en ligne de mire. (RM)

Un blanc de blancs de la Côte des Bar, presque un oiseau rare. Celui-ci séduit par son expression intense, complexe et caractéristique du chardonnay : fleurs blanches, pain grillé, brioche, complétés par la pêche dans une bouche fine, fraîche et légère. ⧗ 2024-2027

CHAMPAGNE CLAUDE PRIEUR, 2, rue Gaston-Cheq, 10200 Bergères, tél. 03 25 27 44 01, contact@champagneclaudeprieur.com V *r.-v.*

ROGER PRIOUX Extra-brut 7 cépages ★

● | 700 | | 50 à 75 €

Commune de la Montagne de Reims dominant la Cité des Sacres, Villedommange fut pendant plusieurs siècles un lieu de pèlerinage grâce aux reliques de saint Lié, patron des bergers. C'est dans ce village que Cédric Prioux s'est installé en 2005, reprenant les 2,3 ha de vignes du domaine familial, fondé en 1947. En conversion bio. (RM)

Dosée en extra-brut, cette cuvée a pour originalité d'assembler sept variétés : outre le trio bien connu, chardonnay, pinot noir et meunier (16 % chacun), elle incorpore du pinot blanc et du pinot gris, dans les mêmes proportions, et enfin du petit meslier (12 %) et de l'arbane, cépages anciens et «oubliés». Construite sur la vendange 2019, elle déploie des arômes de miel, de cire d'abeille, de coing, d'abricot et de citron mûr. Un caractère assez évolué que l'on retrouve dans une bouche ronde, équilibrée, de belle longueur. ⧗ 2024-2027

CHAMPAGNE ROGER PRIOUX, 3, rue du Gré-d'Argent, 51390 Villedommange, tél. 06 77 79 07 19, champagneprioux@orange.fr V r.-v.

PROY-GOULARD
Blanc de blancs Vertus
Éphémère 2018 ★

● 1er cru | 3 000 | | 30 à 50 €

Les grands-parents de Lucile Goulard commercialisaient déjà du champagne dans les années 1950. Cette dernière s'installe à Épernay avec Alexandre Proy, agriculteur. À la tête de 5 ha de vignes, le couple a créé sa marque en 2012. Il cultive ses raisins noirs au nord-ouest de Reims, dans le massif de Saint-Thierry, et ses chardonnays en Côte des Blancs. Il élève ses vins de réserve en fût, ses champagnes 3 ans sur lies au minimum, et pratique des dosages très mesurés. (RM)

Issu d'une parcelle de chardonnay vendangée dès le 27 août, ce blanc de blancs 2018, discrètement minéral, s'ouvre sur l'aubépine, le zeste d'agrumes et les fruits jaunes. Après une attaque fraîche, la bouche dévoile une belle ampleur, en harmonie avec des arômes de pêche. Une longue finale saline lui confère un réel équilibre. Reflet du millésime solaire, ce champagne supporte très bien l'absence de dosage. ⧗ 2024-2027 ● **Trigny Tentation ★ (15 à 20 €; 10 000 b.)** Trois cépages (avec 80 % de noirs), trois années (2020 et les deux précédentes) pour ce brut du massif de Saint-Thierry, frais et droit, partagé entre la suavité de la fleur blanche et la vivacité des agrumes. ⧗ 2024-2027

CHAMPAGNE PROY-GOULARD, 8, chem. de la Ferme-des-Forges, 51200 Épernay, tél. 03 26 32 44 69, contact@proy-goulard.fr V r.-v.

SERGE RAFFLIN Extra-Réserve ★

● | 10 000 | | 20 à 30 €

Une lignée vigneronne remontant au règne de Louis XV. Premiers champagnes dans les années 1930. Après 1945, Serge et Françoise Rafflin s'engagent dans le mouvement coopératif et lancent leur marque. Depuis 1985, leur fils Denis exploite 7,5 ha dans la Montagne de Reims et la vallée de l'Ardre. Il préside la coopérative de Chigny-les-Roses qui vinifie ses cuvées. Après l'arrivée de Benjamin, en 2014, et de Noémie, en 2019, la propriété a obtenu la certification HVE. (RC)

Privilégiant les raisins noirs (meunier 45 %, pinot noir 30 %), ce brut d'abord discret s'ouvre sur les fruits blancs, l'acacia et le citron. On retrouve la fleur blanche, mêlée de notes plus évoluées, dans un palais bien construit, vif et acidulé en attaque, crémeux dans son développement, servi par une finale fraîche et plutôt longue. Un champagne flatteur. ⧗ 2024-2027 ● **1er cru Extra-brut Blanc de blancs La Griff' by S. Rafflin ★ (30 à 50 €; 500 b.)** La Griff', une gamme en 1er cru créée par la nouvelle génération. Resté 5 ans en cave, un chardonnay de la Montagne de Reims. Sous-bois au nez, fruits blancs, agrumes, vanille et notes fumées en bouche : du caractère. ⧗ 2024-2026

CHAMPAGNE SERGE RAFFLIN, 1 A, rue de Chigny, 51500 Ludes, tél. 03 26 61 12 84, contact@champagnesergerafflin.fr V r.-v.

♥ RARE 2014 ★★

● | n.c. | + de 100 €

En 2018, la cuvée Rare de Piper Heidsieck est devenue une marque à part entière, Rare Champagne. Elle trouve son origine en 1885 dans une cuvée élaborée pour célébrer le centenaire du cham-pagne offert par la maison à la reine Marie-Antoinette. Fabergé, joaillier du tsar Alexandre III, imagina le modèle du flacon, Van Cleef & Arpels le réalisa pour le 1976, premier millésime du XXes. Il s'agit toujours de champagnes millésimés, élaborés lors d'années exceptionnelles, en séries limitées. Leur assemblage privilégie le chardonnay, associé au pinot noir, tous ces raisins issus de la Montagne de Reims. À la tête de la cave, Émilien Boutillat a succédé en 2022 à Régis Camus, parti à la retraite. (NM)

Le 4e millésime de Rare rosé, après les 2012, 2008 et 2007. Humide et fraîche, sauvée par un mois de septembre solaire, l'année 2014 est sublimée dans ce rosé orangé cuivré qui met en avant le chardonnay (60 %), allié au pinot noir. Le nez dévoile un côté minéral et toute une gamme complexe d'arômes : orange compotée, miel, cire d'abeille… Le fruit rouge, griotte en tête, s'affirme en bouche aux côtés de l'orange confite. Conjuguant vivacité et ampleur, le palais enchante par sa rondeur gourmande équilibrée par une longue finale teintée de l'amertume tonique du pamplemousse. «Très singulier, il sort des sentiers battus et ne fait pas son âge», écrit une dégustatrice. ⧗ 2024-2034

RARE CHAMPAGNE, 12, allée du Vignoble, 51100 Reims, tél. 03 26 84 43 00, communication@rare-champagne.com 5

Ⓑ RÉAUT Extra-brut Merci nature ★

● | 448 | | 50 à 75 €

En 1978, Alain Réaut a repris les vignes familiales implantées dans la Côte des Bar, dans la vallée de la Seine, en Champagne méridionale. Alors que son père apportait ses raisins à la coopérative, il a préféré, avec deux associés, mettre tous ses soins à élaborer ses cuvées et a converti dès 1992 son domaine à la biodynamie, convaincu par Jean-Pierre Fleury, le pionnier de Courteron. Rejoint en 2018 par son fils Alexandre, il met en valeur environ 10 ha.

Ces vignerons bio s'attachent aussi à élaborer des cuvées originales, un peu expérimentales, comme ce «blanc de

CHAMPAGNE

blancs » de la récolte 2015, très confidentiel, au dosage minimal, qui ne contient pas une goutte de chardonnay. Au pinot blanc, encore présent en Côte des Bar, s'ajoute le pinot gris (42 %), inusité en Champagne, autorisé lui aussi. « Curieux, assez rare, plaisant », concluent nos dégustateurs, qui décrivent une robe or pâle, un nez entre fleurs blanches, fruits mûrs (blancs et exotiques), fruits secs, notes briochées, léger boisé et une bouche d'une belle ampleur à la finale agréable, marquée par un retour des fruits secs. ⧗ 2024-2029

⊶ CH. RÉAUT, 13, chem. de Derrière-les-Murs, 10250 Courteron, tél. 07 48 77 35 90, champagne@champagne-reaut.fr V r.-v.

REINE DHUICQ Cuvée authentique ★

Gd cru	n.c.	20 à 30 €

Avant 1914, Léon Tribaut, un arrière-grand-père, cultivait quelques vignes et vendait ses légumes. Son fils Roger, qui fit carrière comme chef de vignoble chez Lanson, agrandit le domaine familial sur les coteaux de Romery. Romain Tribaut, déjà membre d'un groupement de propriétaires-récoltants et attaché à la maison Philippe Lamarlière, a créé en 2016 sa propre maison, aménagé cuverie et chai à barriques. Deux étiquettes : Romain Tribaut et Reine Dhuicq. (NM)

Pinot noir, meunier et chardonnay sont assemblés par tiers dans ce brut au nez aérien, floral et réglissé, bien prolongé par une bouche vive et iodée en attaque, marquée en finale par un retour de la réglisse. L'ensemble laisse une impression d'agréable légèreté. ⧗ 2024-2027 ● **Blanc de noirs ★ (20 à 30 €; n.c.)** Vinifié à 70 % en fût en provenance de Bourgogne, un meunier or soutenu, au nez intense, sur les fruits rouges, et à la bouche élégante, fruitée, fraîche et longue. ⧗ 2024-2027

⊶ CHAMPAGNE ROMAIN TRIBAUT, rte de Damery, 51480 Romery, tél. 03 26 58 61 57, romain.tribaut@gmail.com V r.-v.

DE REKENEIRE-PETIT 2014 ★★

●	1500	🍾	15 à 20 €

Quatre générations se sont succédé sur cette propriété implantée dans la partie ouest de la vallée de la Marne. Les récoltants actuels, Léonie et Bastien de Rekeneire, qui ont repris le domaine en 1981, ont porté la surface du vignoble de 7 à 12,5 ha et commencé les vinifications à la propriété en 2008. Exploitation certifiée HVE. (RM)

Ce brut millésimé privilégie le chardonnay (60 %), favorisé par une année 2014 plutôt fraîche et chaotique, le pinot noir (30 %) et le meunier complétant l'assemblage. Les raisins blancs contribuent à la subtilité et à la fraîcheur du nez, citronné, vanillé et grillé, ainsi qu'à la finesse de la bouche, teintée de notes d'évolution très agréables, rappelant l'amande et le pain grillé. Des arômes soulignés par une belle vivacité qui porte loin la finale. Une réelle délicatesse. ⧗ 2024-2027

⊶ CHAMPAGNE DE REKENEIRE-PETIT, 41, rue Robert-Gerbaux, Les Roches, 02570 Chézy-sur-Marne, tél. 03 23 82 81 48, contact@champagne-de-rekeneire.fr V r.-v.

BERNARD REMY Blanc de noirs ★

●	10000	15 à 20 €

Installé dans le Sézannais, Bernard Remy achète des parcelles en 1968, plante ses premiers pieds de vignes deux ans plus tard, construit sa cave et lance son champagne en 1983. Son fils Rudy le rejoint en 1996, lui succède en 2009 et adopte le statut de négociant. Il exploite en propre 13,5 ha et exporte une bonne partie de sa production. (NM)

Ce blanc de noirs à reflets or rose doit tout au pinot noir. Mariant les récoltes 2021 et 2020, il reste 18 mois en cave et mise sur l'intensité du fruit : fruits jaunes, petites baies rouges, avec un côté confituré et brioché. La bouche équilibrée, à l'unisson du nez, finit sur une note biscuitée. ⧗ 2024-2027

⊶ CHAMPAGNE BERNARD REMY, 19, rue des Auges, 51120 Allemant, tél. 03 26 80 60 34, info@champagnebernardremy.com V r.-v.

F. RÉMY-COLLARD Cuvée Tradition ★

●	13 375	🍾	20 à 30 €

Issus l'un comme l'autre de familles vigneronnes depuis quatre générations, Fabrice Rémy et Sophie Collard ont mis en commun leur nom et leur savoir-faire pour créer leur marque en 2006. Ils exploitent 11 ha répartis dans treize villages, dans la vallée de la Marne (principalement) ainsi que dans la Montagne de Reims et dans le Vitryat. Leurs vins sont vinifiés sans fermentation malolactique et souvent vieillis en foudre de chêne. (RM)

Le meunier règne sans partage dans ce brut et imprime sa marque sur un nez délicatement abricoté et sur une bouche tout aussi fruitée, de belle longueur. Pour l'apéritif comme pour la table. ⧗ 2024-2027 ● **Cuvée Prestige ★ (20 à 30 €; 5 547 b.)** Mariant chardonnay majoritaire (60 %) et meunier élevés en foudre, vieilli 3 ans en cave, un brut à l'expression élégante, florale et citronnée. Il tire sans doute de sa vinification une vivacité juvénile, un peu nerveuse. ⧗ 2024-2029

⊶ CHAMPAGNE F. RÉMY-COLLARD, 1, rue Aristide-Briand, 51700 Villers-sous-Châtillon, tél. 06 86 28 82 85, remy-collard@orange.fr V r.-v. E

CHAMPAGNE DE LA RENAISSANCE Blanc de blancs Sauvage ★

Gd cru	3000	🍾	20 à 30 €

Située au cœur de la Côte des Blancs, cette propriété a été fondée en 1974 par Nelly Dhondt, native d'Oger, fille d'apporteurs de raisins. Cette dernière l'a transmise en 2014 à son fils Michel Bernard, qui dispose de près de 9 ha de vignes en Côte des Blancs ainsi qu'à Aÿ et en Sézannais.. (RM)

Sauvage, le nom de la cuvée, ne se réfère pas à la Côte des Blancs aux vignes bien peignées d'où provient ce blanc de blancs grand cru (Avize et Oger), mais à un « dosage zéro » : l'absence de sucre ajouté après le dégorgement fait ressortir la vivacité un peu mordante d'un chardonnay épicé, de belle longueur. « Le cépage à l'état sauvage », parfait pour les produits de la mer. ⧗ 2024-2027

⊶ CHAMPAGNE DE LA RENAISSANCE, 2, rue d'Avize, 51190 Oger, tél. 03 26 57 53 90, champagne.renaissance@orange.fr V r.-v.

RENARD-BARNIER Blanc de blancs ★

● | 6000 | | 15 à 20 €

Blessé en 1915, Gaston Renard, épicier et vigneron à Villevenard, au sud de la Côte des Blancs (val du Petit-Morin), doit renoncer à prendre son indépendance vis-à-vis du négoce. Son fils Marcel lance la marque avec son beau-frère, développe les installations et étend considérablement le vignoble. La marque est exploitée aujourd'hui par des petits-enfants de Marcel, Sylvain Boulonnais (depuis 1991) et Benoît Renard (depuis 2001). Le vignoble est réparti dans 4 terroirs : Villevenard, Vertus, Côte des Bar, Sézannais. (RM)

Ce blanc de blancs assemble les années 2015 et 2014. Après 7 ans en cave, il se distingue par l'intensité et la fraîcheur de son nez minéral et floral, prélude à une bouche expressive, droite et longue, elle aussi à dominante florale, avec un côté brioché. ⧗ 2024-2027

CHAMPAGNE RENARD-BARNIER, 5, rue Vigne-Abbesse, 51270 Villevenard, tél. 03 26 52 82 51, info@champagne-renard-barnier.com V t.l.j. sf sam. dim. 9h-12h 14h-17h

ANDRÉ ROBERT Extra-brut Blanc de blancs Les Jardins du Mesnil ★★★

● Gd cru | 13500 | | 30 à 50 €

Domaine créé en 1962 par André Robert, fils de viticulteur, au cœur de la Côte des Blancs. Depuis 2018, c'est la petite-fille du fondateur, Claire Robert, et son mari, Jean-Baptiste Denizart, qui gèrent l'exploitation, forte d'un vignoble de près de 14 ha. Ici, les vins de base sont souvent élevés en barrique et toutes les cuvées reposent en cave au moins 3 ans. Propriété certifiée HVE. (RM)

Une nouvelle sélection pour ce blanc de blancs de haute origine. Construite sur la récolte 2019 complétée de vins de 2018 et élevée partiellement en fût sur lies, cette version a « gagné » une étoile cette année. On loue son nez aérien et acidulé, sur le pamplemousse, prolongé par une bouche très fraîche, partagée entre la vivacité des agrumes et la suavité de la brioche, où l'on retrouve en finale l'amertume tonique du pamplemousse. La vinification (sans fermentation malolactique) et le faible dosage soulignent le côté incisif et appétant de ce chardonnay, qui donne faim aux dégustateurs (on suggère de le servir avec du boudin de Rethel ou avec du porc noir de Bigorre). ⧗ 2024-2027 ● **Extra-brut Blanc de noirs Les Vignes de Montigny ★ (30 à 50 €; 8000 b.)** Du pinot noir et du meunier de la vendange 2019, élevés pour les ⅔ en fût sur lies. La rondeur du blanc de noirs, la vivacité de l'extra-brut (et de l'année) et une palette aromatique intéressante : acacia, miel, frangipane, torréfaction, fruits blancs. ⧗ 2024-2029

CHAMPAGNE ANDRÉ ROBERT, 15, rue de l'Orme, 51190 Le Mesnil-sur-Oger, tél. 03 26 57 59 41, info@champagne-andre-robert.com V r.-v.

JEAN-CLAUDE ROBERT 2018 ★

● | 2000 | | 20 à 30 €

Récoltant-manipulant, Jean-Claude Robert s'est installé en 1988. Il exploite 3 ha de vignes implantées sur les deux rives de la Marne, à Cormoyeux, Mardeuil et Vauciennes. (RM)

Chardonnay (40 %), meunier et pinot noir (à 30 % chacun), élevés pour moitié en fût, contribuent à l'équilibre de ce brut millésimé au nez floral, légèrement végétal et épicé. Si des notes miellées ajoutent en bouche une tonalité plus mûre à son expression aromatique, ce 2018, né d'une année solaire et pourtant dosé en brut, surprend les dégustateurs par sa vivacité, soulignée par un côté iodé. Une fraîcheur dont ils ne se plaignent pas. ⧗ 2024-2027 ● **Carte d'argent ★ (15 à 20 €; 3500 b.)** Les raisins noirs majoritaires (meunier 60 %, pinot noir 20 %) et l'assemblage de deux années solaires, 2020 et 2019, lèguent ampleur et générosité à ce brut expressif, floral, minéral, beurré et brioché. Une belle fraîcheur et une finale sur les agrumes affinent l'ensemble. ⧗ 2024-2027

CHAMPAGNE JEAN-CLAUDE ROBERT, 26, rue Saint-Vincent, 51480 Cormoyeux, tél. 03 26 58 65 04, robert.jeanclaude@orange.fr V r.-v.

BERNARD ROBERT Blanc de blancs ★★

● | 20000 | | 15 à 20 €

En 1945, Marie-Madeleine Dosne, issue d'une famille de producteurs de vins rouges, et son mari, Bernard Robert, ancien coiffeur, récoltent de quoi élaborer 300 bouteilles de champagne. Trois de leurs sept enfants suivent leurs traces et construisent des caves voûtées. Aujourd'hui, la 3ᵉ génération est arrivée sur le domaine, qui ne compte pas moins de 30 ha répartis sur sept communes de la Côte des Bar, en Champagne méridionale, de Bar-sur-Aube à Villenauxe-la-Grande. Propriété certifiée HVE. (NM)

Un blanc de blancs original, typique de la Côte des Bar : il incorpore 25 % de pinot blanc aux côtés du chardonnay. Il reste 3 ans en cave. Discret au nez, légèrement évolué, il séduit au palais par sa finesse, sa fraîcheur et son fruité. ⧗ 2024-2027 ● **Brut nature ★ (15 à 20 €; 5000 b.)** Du pinot noir (60 %), complété par le meunier et le chardonnay à parité, un long séjour en cave (années 2017 et 2016) pour ce champagne paille dorée à l'expression intense (fruits jaunes, miel). Sa rondeur est équilibrée par une fraîcheur soulignée par l'absence de sucre ajouté après le dégorgement. ⧗ 2024-2027

CHAMPAGNE BERNARD ROBERT, 22, rue de l'Orme, 10200 Voigny, tél. 03 25 27 11 53, contact@champagnebernardrobert.com V r.-v.

ROLLIN ★★

● | 4000 | | 20 à 30 €

La famille cultive la vigne depuis quatre générations et élabore son champagne depuis 1982. Implantée à l'extrémité sud de la Champagne, non loin des Riceys (Aube), l'exploitation, qui couvre 6,5 ha, est mise en valeur par Éric et Sandrine Braux. Certifiée HVE, elle élabore ses cuvées sans ajout de sulfites. (RM)

Un rosé d'assemblage à majorité de noirs (pinot noir et meunier à 40 % chacun). La dernière version marie la récolte 2018 et des vins des trois années précédentes. Ses atouts ? Une belle structure, une finale fraîche et longue et, du premier nez à la finale, une expression aromatique gourmande et riche : fruits exotiques (litchi, ananas), fruits des bois, fruits jaunes, agrumes compotés, notes florales (fleur d'oranger) se bousculent au nez et se prolongent en bouche, relevés d'épices. ⧗ 2024-2027

EARL VIGNOBLE ROLLIN, 41, Grande-Rue, 10340 Bragelogne-Beauvoir, tél. 06 84 84 67 09, champagnerollin@gmail.com V r.-v.

ALFRED ROTHSCHILD ET CIE
Cuvée Excellence Grande Réserve ★

	150 000	20 à 30 €

Marque créée dans les années 1930 par la maison Charles Alexandre Gauthier (1858), elle-même rachetée en 1958 par Gaston Burtin, dont la maison (ex-Marne et Champagne) est passée en 2006 dans l'orbite du groupe Lanson-BCC. Ses cuvées sont très présentes en grande distribution. (NM)

Une fois de plus, ce brut destiné au plus grand nombre se distingue à l'aveugle. Construite sur la vendange 2019 et vinifiée sans fermentation malolactique, la dernière version assemble les trois cépages champenois, avec une majorité de noirs (80 %). Un champagne doré, au nez bien ouvert, fruité (fruits rouges), biscuité et brioché, et au palais intense, gourmand et frais. ⧗ 2024-2027 **Blanc de blancs Cuvée Excellence ★ (20 à 30 €; 80 000 b.)** Une base 2018 pour ce blanc de blancs dont la vinification souligne la fraîcheur : nez acidulé, d'une discrète élégance, sur les agrumes (citron vert, pamplemousse) et les fleurs blanches, bouche vive et persistante, un rien amère. Parfait pour les fruits de mer. ⧗ 2024-2027

ALFRED ROTHSCHILD ET CIE, 22, rue Maurice-Cerveaux, 51200 Épernay, tél. 03 26 78 50 92

ROUSSEAUX-FRESNET Tradition ★★

Gd cru	20 000		15 à 20 €

Les coteaux nord de la Montagne de Reims accueillent un trio de grands crus prestigieux dédiés au pinot noir : Mailly-Champagne, Verzenay et Verzy. Héritiers de deux lignées vigneronnes et de trois générations de récoltants, Jean-Brice Rousseaux et son épouse exploitent 6,5 ha dans ces communes. (RM)

Le bon pinot noir de la Montagne de Reims (80 %), escorté de chardonnay de même origine, laisse son empreinte sur ce brut, qui ressemble à la version appréciée l'an dernier («le goût constant des bruts sans année»), avec un surcroît de plaisir (une étoile supplémentaire) : robe or intense, nez expressif, crémeux, flatteur, entre acacia, miel de printemps, fruits blancs et vanille, bouche ronde, charnue, généreuse, en harmonie avec des arômes solaires de fruits jaunes épicés, sans oublier la fraîcheur, qui allège et allonge, ni les nobles amers de la finale. L'élégance même. ⧗ 2024-2027 **Gd cru Blanc de blancs Solera ★ (30 à 50 €; 1200 b.)** D'une belle fraîcheur, un chardonnay teinté de notes évoluées, confites et toastées, par les vins anciens (8 ans) tirés d'une réserve perpétuelle (solera). ⧗ 2024-2027

CHAMPAGNE ROUSSEAUX-FRESNET, 17, rue de Mailly, 51360 Verzenay, tél. 03 26 49 45 66, champagnerousseauxfresnet@orange.fr V r.-v.

PHILIPPE ROUYER Tradition ★

	18 000		15 à 20 €

Domaine installé à Fleury-la-Rivière, village accroché aux coteaux de la rive droite de la Marne. Descendant de trois générations de récoltants, Philippe Rouyer en a pris les rênes en 1986. Le pinot meunier représente les trois quarts de ses 4,5 ha de vignes. (RM)

Avec une dominante de meunier (70 %, complétés par le pinot noir et le chardonnay à parité), la composition de ce brut reflète l'encépagement de la propriété. Une cuvée qui privilégie la jeunesse, puisqu'elle assemble deux années récentes, 2022 et 2021, pour cette version, aussi réussie que les deux précédentes. Le meunier donne un côté vineux à ce brut discrètement floral au nez, fruité et long en bouche; la vinification («malo» bloquée) renforce son caractère incisif et droit, parfait pour l'apéritif. ⧗ 2024-2027 **Non dosé Tradition ★ (15 à 20 €; 2000 b.)** La cuvée Tradition, sans sucre ajouté après dégorgement. L'absence de dosage accentue son côté vif et minéral et fait ressortir des arômes d'agrumes. ⧗ 2024-2027

CHAMPAGNE PHILIPPE ROUYER, 10, rue du Chauffour, 51480 Fleury-la-Rivière, tél. 03 26 58 44 29, contact@champagne-philippe-rouyer.com V r.-v.

RICHARD ROYER Mlle Jeanne 2019 ★★

	3 500		30 à 50 €

Ingénieur agronome et œnologue, Richard Royer a repris en 2007 un domaine cultivé par sa famille depuis au moins deux siècles dans la Côte des Bar (Aube), qui couvre aujourd'hui 13 ha. Il a lancé son étiquette en 2008 et engagé la conversion bio de son exploitation jusqu'alors conduite en agriculture raisonnée. (RM)

Ce millésime 2019, année solaire qui a donné des raisins à la fois très mûrs et d'une belle acidité, assemble du pinot noir (60 %) vinifié en cuve et du chardonnay vinifié en fût avec bâtonnage. De quoi obtenir équilibre et complexité. Le pinot noir lègue son ampleur, les raisins blancs et l'élevage laissent leur empreinte dans un nez élégant et frais, aux nuances de fruits secs, et dans une bouche où l'on retrouve l'amande et la noisette, alliées à l'aubépine et aux agrumes. Le dosage est parfait et la finale saline laisse le souvenir d'un champagne encore énergique, reflet de l'année. ⧗ 2024-2027 **★ (20 à 30 €; 4500 b.)** Issu de pinot noir pour l'essentiel, un rosé d'assemblage expressif (fruits rouges, agrumes), consistant, puissant, vif et long. ⧗ 2024-2027 **Blanc de blancs Miss Suzi ★ (30 à 50 €; 1200 b.)** Floral et frais, bien typé chardonnay, un blanc de blancs tiré d'une réserve perpétuelle conservée en foudre de chêne et renouvelée à 30 % chaque année. ⧗ 2024-2027

CHAMPAGNE RICHARD ROYER, 14, Grande-Rue, 10110 Balnot-sur-Laignes, tél. 03 25 29 33 23, richard-royer@hotmail.fr V r.-v.

ROYER PÈRE ET FILS Prestige ★

	25 773	20 à 30 €

Les Royer sont plusieurs à Landreville, charmant village aubois des bords de l'Ource, près de Bar-sur-Seine. Franck Thivet et Jean-Philippe Louis-Thivet sont les petits-fils de Georges Royer, le fondateur de l'exploitation en 1960. Dans leur vignoble de plus de 28 ha, le pinot noir trouve une large place. Domaine certifié HVE. (RM)

Cette cuvée associant les années 2021 et 2020 porte la marque du chardonnay (80 %), complété par le pinot noir. Discrètement beurrée au nez, elle reste dans ce registre en bouche où elle dévoile un bel équilibre entre rondeur et fraîcheur, une finesse florale et une finale biscuitée. ⧗ 2024-2027 ● ★ **(20 à 30 €; 14 081 b.)** Un rosé de noirs (pinot noir) intense, aromatique et gourmand, évocateur de grenadine, de bavarois aux fruits des bois, de bonbon, de violette au sucre, que l'on verrait bien au dessert. ⧗ 2024-2027

CHAMPAGNE ROYER PÈRE ET FILS, 120, Grande-Rue, 10110 Landreville, tél. 03 25 38 52 16, infos@champagne-royer-pf.com V r.-v.

RUELLE-PERTOIS
Extra-brut Chardonnay ★

● Gd cru	n.c.		20 à 30 €

Un domaine familial de 5 ha répartis entre coteaux d'Épernay et Côte des Blancs. Il est géré depuis 2002 par Benoît et Virginie Ruelle, frère et sœur, héritiers de trois générations de récoltants-manipulants. L'exploitation est certifiée HVE. (RM)

Un blanc de blancs de haute naissance (Chouilly, Oiry et Cramant, grands crus de la Côte des Blancs). Un repos de 4 ans en cave contribue à son expression complexe : le nez s'ouvre sur l'acacia et le pain frais, monte en puissance et prend à l'aération des tons plus évolués rappelant le pain toasté, la mirabelle à l'eau-de-vie et la noisette. Le faible dosage (extra-brut) et la finesse de l'effervescence soulignent la fraîcheur, la délicatesse et la précision de ce champagne teinté en finale d'une élégante amertume. ⧗ 2024-2027

RUELLE-PERTOIS, 9 bis, rue du Champagne, 51530 Moussy, tél. 03 26 54 05 12, champagneruellepertois@gmail.com V r.-v.

CHRISTELLE SALOMON L'Incarnate ★★

●	2544		20 à 30 €

Christelle Salomon a pris en 1999 les rênes du domaine familial, qui couvre 3 ha à Vandières, sur la rive droite de la Marne. Elle a commencé la commercialisation de son champagne en 2004, construit pressoir et cuverie en 2006. (RM)

Il doit tout aux raisins noirs, ce rosé mariant pinot noir majoritaire (80 %) et meunier. Si sa robe rose soutenu à nuances orangées justifie son nom, il n'est pas vineux pour autant. Minéral et frais, son nez sur les fruits rouges laisse une impression de délicatesse. La bouche, à l'unisson, trahit dans ses arômes la présence des pinots, avec un côté acidulé et une finale citronnée qui lui donne du tonus. Un rosé agréable à l'apéritif ou sur un dessert fruité. ⧗ 2024-2027 ● **Tradition ★ (15 à 20 €; 3682 b.)** Un blanc de noirs de pur meunier, au nez subtil, entre fruits mûrs et notes grillées. Fruité, puissant et long, il conjugue vinosité et élégance. ⧗ 2024-2027

CHAMPAGNE CHRISTELLE SALOMON, 7, rue Principale, 51700 Vandières, tél. 03 26 53 18 55, champ.c.salomon@orange.fr V r.-v.

DENIS SALOMON
Extra-brut La Belle Année 2018 ★★

●	3190		30 à 50 €

Un domaine implanté sur la rive droite de la Marne, à Vandières, derrière les remparts du village. Denis Salomon, qui l'a créé en 1974, est devenu récoltant-manipulant en 1996. Il a transmis en 2004 la propriété à son fils Nicolas, qui s'est équipé d'une cuverie adaptée à la vinification parcellaire et d'un pressoir Coquard. Le vignoble couvre aujourd'hui 4,9 ha. Exploitation certifiée HVE, avec une conversion bio en ligne de mire. (RM)

2018, une belle année : précoce, sereine, solaire, abondante. Vendangés le 28 août, pinot noir (45 %), meunier (30 %) et chardonnay (25 %) à l'origine de cet extra-brut millésimé ont été vinifiés sans fermentation malolactique, de façon à favoriser la perception d'acidité. Un champagne or soutenu, dont le nez puissant, sur le fruit à l'eau-de-vie et la brioche, reflète une harmonieuse évolution. Ample, généreux, épicé, fondu et long, le palais bénéficie du faible dosage. Ses arômes de poire confite, de bonbon arlequin, de fruits macérés et de tarte au citron sont vivifiés par des notes acidulées et de nobles amers en finale. ⧗ 2024-2027

CHAMPAGNE DENIS SALOMON, 5, rue Principale, 51700 Vandières, tél. 03 26 58 05 77, info@champagne-salomon.com V r.-v.

♥ SALON
Blanc de blancs Le Mesnil 2013 ★★★

●	60000		+ de 100 €

Aimé Salon, fils de charron, naît en 1867 à Pocancy, village de la plaine, à quelques kilomètres de la Côte des Blancs. Ses parents veulent faire de lui un instituteur. Il choisit les affaires et commence sa carrière en ramassant, à bicyclette, des peaux de lapin pour une entreprise de fourrures de la capitale qu'il finit par diriger. Épicurien, il revient dans son pays natal pour créer un champagne de rêve. Avec l'aide de son beau-frère, chef de cave, il choisit le terroir : Le Mesnil-sur-Oger; les meilleures parcelles : celles du haut de l'église; son premier millésime, 1905, est réservé à sa consommation personnelle. La maison (dans l'orbite du groupe Laurent-Perrier depuis 1988) naît en 1920. Elle est célèbre pour ne proposer qu'une cuvée de blanc de blancs millésimé élaborée seulement les bonnes années et exclusivement issue du Mesnil-sur-Oger, grand cru de la Côte des Blancs. Michel Fauconnet est le chef de cave. (NM)

Le 44e millésime Salon en 120 ans d'existence. Ce millésime 2013 a favorisé le chardonnay, malgré les intempéries qui en ont fait l'année la plus tardive du XXIes. (vendange au 1er octobre). Des épisodes ensoleillés et un travail de sélection ont permis d'obtenir un blanc de blancs alliant suavité et fraîcheur. Après 10 ans de repos en cave, ce millésime affiche une robe or jaune et mêle le zeste d'agrumes à des notes de cire traduisant une belle évolution. Ses arômes de fruits jaunes et sa rondeur sont contrebalancés par une acidité préservée qui porte loin la finale marquée par de nobles amers. Une rare harmonie. ⧗ 2024-2035

CHAMPAGNE SALON, 7, rue de la Brèche-d'Oger, 51190 Le Mesnil-sur-Oger, tél. 03 26 57 51 65, champagne@salondelamotte.com 5

CHAMPAGNE

SANGER
Extra-brut Blanc de blancs Terroir natal ★

Gd cru | n.c. | | 30 à 50 €

L'École de viticulture d'Avize a vu le jour en 1919 grâce au legs des époux Puisard, riches négociants. Depuis 1927, c'est un établissement public (rebaptisé Viti Campus) qui forme la majorité des professionnels champenois. En 1952, d'anciens élèves ont créé la coopérative des Anciens. Aujourd'hui, ils sont quelque 100 coopérateurs, et environ 2 000 apprentis et stagiaires se forment à la vigne et à la cave en participant à l'élaboration des cuvées. Chef de cave, Nicolas Robert dispose de 13 ha répartis sur 42 crus représentant l'ensemble de l'appellation et 70 % de ses approvisionnements sont en grand cru. (CM)

Plusieurs grands crus (Avize, Oger, Cramant) sont réunis dans cette cuvée mariant la vendange 2018 à 30 % de vins de réserve. La vinification, un repos sur lies de 48 mois au moins et un faible dosage ont permis d'obtenir un blanc de blancs bien construit, agréable par sa vivacité. D'une discrète élégance, le nez gagne en complexité à l'aération, mêlant les agrumes à des notes minérales et grillées. Beurré, fruité, minéral et tendu, le palais bénéficie d'une longue finale saline. ⧗ 2024-2027 ● **Pères d'origine 2016 ★ (50 à 75 €; 3000 b.)** Pinot noir et chardonnay (50/50) s'équilibrent dans ce brut millésimé puissant et frais, qui tire de son long séjour en cave une palette évoluée (fruits jaunes mûrs, brioche, café, cacao). ⧗ 2024-2027

CHAMPAGNE SANGER, 33, rempart du Midi, 51190 Avize, tél. 03 26 57 79 79, contact@champagne-sanger.fr V r.-v.

♥ SECONDÉ-SIMON Nuance ★★

Gd cru | 12 000 | | 20 à 30 €

Fils et petit-fils de vignerons, Jean-Luc Secondé s'installe en 1983 à Ambonnay, village de la Montagne de Reims classé en grand cru. Il porte la superficie du vignoble de 50 ares en propre (plus 1,3 ha en métayage) à 6 ha. La maison est aujourd'hui dirigée par Jérôme Bôle, son gendre, tandis que son fils, Nicolas, œnologue, se charge des vinifications. (NM)

Grand cru comme tous les champagnes de la maison, ce brut tire principalement son caractère du pinot noir (70 %), cépage roi d'Ambonnay, complété par le chardonnay, ainsi que de l'apport de vins tirés d'une réserve perpétuelle commencée en 1985. Or à reflets ambrés, il captive d'emblée par son nez légèrement minéral, mêlant l'orange et les petites baies rouges ou noires à des notes réglissées. Cassis, framboise, le joil fruit du pinot persiste, relevé de poivre, dans une bouche puissante et longue. Expressive, profonde et harmonieuse, cette cuvée, signature de la maison, est digne de confiance. ⧗ 2024-2027

SECONDÉ-SIMON, 14, rue de Trépail, 51150 Ambonnay, tél. 03 26 53 13 02, champagne@seconde-simon.fr V r.-v.

JEAN SÉLÈQUE Blanc de noirs ★★

| 1000 | | 30 à 50 €

Arrière-grand-père de l'actuelle récoltante, Jean Bagnost, fondateur de la coopérative de Pierry et maire de la commune, plante avec son gendre, Henry Sélèque, les premiers ceps à la fin des années 1960. Jean Sélèque commence à vendre du champagne en 1974. Sa fille Nathalie, qui a pris la suite en 2008, exploite 5 ha sur différents coteaux aux environs d'Épernay. Les cuvées sont élaborées par la coopérative. (RC)

La propriété, qui célèbre en 2024 le 55e anniversaire du Champagne Jean Sélèque, signe un remarquable blanc de noirs 100 % meunier, vieilli au moins 3 ans sur lies. Complexe au nez, ce brut déploie des arômes d'orange amère, de cire et de miel traduisant une élégante évolution. La noisette torréfiée vient compléter cette palette dans une bouche ample et d'une rare longueur, tonifiée par de nobles amers. ⧗ 2024-2027 ● **Cuvée Tradition ★ (20 à 30 €; 15000 b.)** Issu de noirs majoritaires (75 %, dont 50 % de meunier), un brut floral au nez, frais en bouche, laissant une impression de légèreté : parfait pour l'apéritif. ⧗ 2024-2027 ● **Vieilles Vignes ★ (30 à 50 €; 1000 b.)** Né des trois cépages champenois à parts égales et resté 3 ans en cave, un brut tout en finesse et en fraîcheur, aux arômes de fleurs blanches et de bonbons acidulés. ⧗ 2024-2027

CHAMPAGNE JEAN SÉLÈQUE, 12, rue de l'Égalité, 51530 Pierry, tél. 06 80 38 66 32, champagnejeanseleque@orange.fr V r.-v.

JACQUES SONNETTE ★

| 4000 | | 15 à 20 €

La famille Sonnette élabore son champagne depuis 1976. Elle est installée au Grand Porteron, hameau de Charly-sur-Marne dominant un méandre de la rivière. Elle exploite 8 ha de vignes. (RM)

Plus d'une fois sélectionné, ce rosé à la robe saumon intense marie dans cette version les années 2020 et 2019. Agrumes (pamplemousse et citron), noisette fraîche, petits fruits rouges acidulés, les raisins blancs (50 %) et les raisins noirs (meunier et pinot noir à 25 % chacun) contribuent à l'expression aromatique agréable de ce champagne équilibré et flatteur. ⧗ 2024-2027

CHAMPAGNE JACQUES SONNETTE, 2, rue du Port-Picard, Grand-Porteron, 02310 Charly-sur-Marne, tél. 03 23 82 05 71, contact@champagne-sonnette.fr V r.-v.

SOURDET-DIOT L'Atypique 2017 ★★

| 3000 | | 20 à 30 €

Un vignoble familial situé sur la rive gauche de la Marne. Éleveur puis apporteur de raisins, Raymond Sourdet a planté ses premiers ceps sur des terres agricoles classées en AOC en 1962. Son fils Patrick, installé en 1975 avec Nadine Diot, est devenu récoltant-manipulant, développant les ventes après 1990. Ludivine, sa fille, les a rejoints en 2006 sur la propriété, certifiée HVE et forte de 8,5 ha. Elle en a pris la tête en 2010. (RM)

Atypique non par son millésime (bien que les 2017 ne soient pas légion), mais par son élaboration : le chardonnay à l'origine de cette cuvée a fermenté en fût où il est resté 8 mois. Remarquable par son intensité et par sa puissance au nez comme en bouche, ce blanc de blancs développe des arômes de fruits secs (noisette, noix) et de torréfaction (café). Sa longue finale est teintée d'une légère amertume. Un champagne assez consistant pour accompagner un repas. ⧗ 2024-2028 ● **Cuvée de réserve ★ (15 à 20 €; 15000 b.)** Un nez expressif et élégant, sur les fruits jaunes, pour ce brut sans année puissant, riche, gourmand et évolué, à dominante de meunier (80% avec un appoint le chardonnay et un soupçon de pinot noir). ⧗ 2024-2027

⊶ CHAMPAGNE SOURDET-DIOT, 1, hameau de Chézy, 02330 La Chapelle-Monthodon, tél. 03 23 82 46 18, info@champagesourdet.com V *t.l.j. sf dim. 10h-12h 14h-17h*

SOUTIRAN Signature ★

● Gd cru	5852		30 à 50 €

Orphelin, Gérard Soutiran prend en location les vignes de son parrain, puis s'associe à un viticulteur possédant un pressoir, créant son exploitation dans les années 1950. Il ne cesse d'agrandir son bien (6 ha aujourd'hui), tout en créant avec d'autres la coopérative d'Ambonnay. Son fils Alain crée sa propre maison en 1969 et passe le relais en 1990 à sa fille Valérie Renaux, qui a confié les vinifications à son mari, Patrick. (NM)

La «signature» de la maison donne au chardonnay une part non négligeable (40 %) aux côtés du pinot noir. Elle reste 3 ans sur lies. Cette version assemble la vendange 2019 et des vins de réserve. Si elle montre une certaine discrétion, elle séduit d'emblée par la délicatesse de son nez évocateur de fournil de boulanger, de fleurs du verger et de mandarine. On retrouve les agrumes dans une bouche à la fois ample et ciselée, élégante et fraîche, teintée en finale d'une agréable amertume. ⧗ 2024-2027

⊶ SOUTIRAN, 3, rue de Crilly, 51150 Ambonnay, tél. 03 26 57 07 87, info@soutiran.com V *r.-v.*

PATRICK SOUTIRAN Précieuse d'argent 2018 ★★

●	2850		30 à 50 €

Vigneron bien connu, Gérard Soutiran a eu plusieurs fils. Patrick Soutiran, installé en 1970, cultive avec sa fille Estelle (depuis 2007) et son fils Fabrice (depuis 2013) un vignoble de 3 ha implanté à Ambonnay et à Trépail, villages voisins de la Montagne de Reims, classés respectivement en grand cru et en 1er cru. Propriété certifiée HVE. (RM)

Si Ambonnay tire sa réputation du pinot noir, le chardonnay n'est pas pour autant absent de ce grand cru. La famille Soutiran y cultive 60 ares de vignes blanches à l'origine d'une cuvée millésimée qui est l'un des must du domaine (un 1992 signé par Patrick obtint naguère un coup de cœur). Les raisins à l'origine de ce blanc de blancs 2018 ont été vendangés dès le 23 août. Dans le verre, un champagne salué tant pour son nez subtil et complexe (aubépine, fruits blancs, agrumes, notes pâtissières, touche vanillée) que pour sa bouche d'une grande finesse, intense, harmonieuse et longue, à la mousse crémeuse. ⧗ 2024-2027 ● **Gd cru Blanc de noirs Ambonnay ★ (20 à 30 €; 10000 b.)** Mariant les années 2018 et 2020, un pinot noir équilibré, d'une belle rondeur, assez discret dans son expression aromatique mêlant beurre, abricot et agrumes. ⧗ 2024-2027

⊶ CHAMPAGNE PATRICK SOUTIRAN, 2, rue des Tonneliers, 51150 Ambonnay, tél. 03 26 57 08 18, contact@champagnesoutiran.fr V *r.-v.*

TAISNE RIOCOUR 2017 ★

●	6872		30 à 50 €

Dans la Côte des Bar (Aube), le village des Riceys, avec environ 840 ha de vignes, est sans doute le plus étendu de la Champagne. Angelito de Taisne et Claude de Riocour y ont fait renaître en 1967 un vignoble familial fondé au XIXes. Aujourd'hui, c'est une affaire de négoce forte de 20 ha en propre, gérée par leurs cinq enfants. Maison certifiée HVE. (NM)

Un millésime difficile, mais précoce : le pinot noir (75 %) et le chardonnay à l'origine de ce 2017 ont été vendangés fin août. Or jaune, ce champagne faiblement dosé mêle au nez notes fruitées, briochées et grillées. Son attaque fraîche ouvre sur un palais ample et persistant, à la finale harmonieuse. ⧗ 2024-2027 ● **Extra-brut Blanc de noirs ★ (30 à 50 €; 10000 b.)** Construit sur l'année 2018, un pinot noir or soutenu, au nez intense, brioché et vanillé, au palais net, étoffé et long, fruité et légèrement évolué, adapté au repas.2024-2027 ⧗ 2024-2027

⊶ MAISON TAISNE RIOCOUR, 28, rue de Bise, 10340 Les Riceys, tél. 03 25 29 64 37, mariehelene@champagnetaisneriocour.com V *r.-v.*

TAITTINGER 2016 ★

●	n.c.		50 à 75 €

Alexandre Fourneaux produisait des vins tranquilles à Rilly-la-Montagne. Son fils créa une maison de négoce dès 1734. Deux siècles plus tard, Pierre Taittinger devint en 1936 l'actionnaire principal de la maison Forest-Fourneaux, à laquelle il donna son nom. Passée en 2005 sous le contrôle d'un fonds de pension américain, rachetée un an plus tard par la famille, l'affaire a été dirigée jusqu'en 2020 par Pierre-Emmanuel Taittinger. Ce dernier a passé la main à sa fille Vitalie, qui a commencé son parcours comme artiste et directrice du marketing et de la communication. La maison demeure ainsi l'une des rares en Champagne à porter le nom de ses propriétaires et dirigeants. Avant de s'installer sur la butte Saint-Nicaise, site historique, elle avait son siège à l'hôtel des Comtes de Champagne, d'où le nom de sa cuvée de prestige. Elle dispose de crayères du IVes. et d'un vaste vignoble (288 ha). Chef de cave, Alexandre Ponnavoy est le gardien du style de la maison, dont le chardonnay est le cépage emblématique. (NM)

Ce brut millésimé naît d'une année chaotique, perturbée par des gelées printanières, des pluies abondantes en juillet et par des épisodes caniculaires en août, sauvée par un mois de septembre plus serein aux nuits fraîches. Composé de chardonnays et de pinots noir de haute origine (grands crus pour 70 % et 1ers crus) assemblés à parts égales, c'est un champagne patiné, onctueux et gourmand, qui séduit par sa palette aromatique complexe : fruits jaunes compotés, mirabelle en tête, noisette grillée, cire et vanille. ⧗ 2024-2027 ● **Prestige ★ (50 à 75 €; n.c.)** Composé de 30 % de chardonnay et de 70 % de pinot noir, il tire de l'apport de 15 % de vin rouge de la Montagne de Reims et des Riceys une couleur plutôt soutenue à reflets tuilés, des arômes intenses de fruits

CHAMPAGNE

rouges compotés et une bouche structurée, dense, de belle longueur, à la fois riche et fraîche. ⧗ 2024-2027

⊶ CHAMPAGNE TAITTINGER, 9, pl. Saint-Nicaise, 51100 Reims, tél. 03 26 85 45 35, contactez-nous@taittinger.fr V r.-v.

TANNEUX-MAHY 2014 ★★

●	800		30 à 50 €

Domaine fondé en 1921 par Maurice Tanneux, premiers champagnes quelques années plus tard (alors sous la marque Tanneux-Collard). Prenant la suite des quatre générations précédentes, Christophe et Katia Tanneux se sont installés sur l'exploitation en 2009. Proche d'Épernay, leur vignoble couvre plus de 7 ha sur les deux rives de la Marne. Domaine certifié HVE. (RM)

Composée de pinot noir et de chardonnay à parts égales, vinifiés et élevés en tonneau, ce brut millésimé, après un long repos en cave, s'ouvre avec intensité sur un univers fruité, exotique (mangue) et compoté (abricot, pêche, groseille, avec une note de pruneau). La bouche ajoute à cette gamme de maturité des notes fraîches d'agrumes (yuzy) et de fleur de sureau, et relève le tout de touches de poivre blanc. À la fois généreux, gourmand et frais, un champagne harmonieux et persistant. ⧗ 2024-2027 ● **Cuvée de réserve ★ (15 à 20 €; 20000 b.)** Issue des trois cépages champenois (meunier 48 %, chardonnay 32 %, pinot noir 20 %), c'est la cuvée signature de la propriété. Un brut souple et généreux, à l'expression d'une belle fraîcheur (beurre, fleurs blanches, agrumes, gingembre, pomme verte). ⧗ 2024-2027 ● **Fût de chêne ★ (15 à 20 €; 5000 b.)** Pinot noir (58 %), chardonnay (37 %) et meunier sont vinifiés en fût avec bâtonnage, sans fermentation malolactique. Le bois ne ressort pas dans ce champagne puissant et vif, de belle longueur, aux arômes complexes et frais d'agrumes et d'ananas. ⧗ 2024-2027

⊶ CHAMPAGNE TANNEUX-MAHY, 2, rue Jean-Jaurès, 51530 Mardeuil, tél. 03 26 55 24 57, champagne.tanneux@orange.fr V *t.l.j. sf dim. 10h-12h 14h-18h; f. août*

TARLANT
Brut nature La Vigne d'antan 2006 ★★

●	1300		+ de 100 €

Enracinés en Champagne, les Tarlant cultivaient déjà la vigne à l'époque de dom Pérignon. Constitution du domaine à partir de 1780 dans la vallée de la Marne, premier champagne livré en 1929. Aujourd'hui, un vignoble de 14 ha et un style reconnu. Aux commandes depuis 1999, Benoît et Mélanie, les enfants de Jean-Mary Tarlant, qui a obtenu le premier coup de cœur de la propriété. À la cave, Benoît vinifie en petite cuve ou en barrique par «climat», sans fermentation malolactique, élève sur lies les vins de réserve et privilégie les dosages faibles (extra-brut) ou absents (brut nature). En conversion bio. (RM)

Une cuvée millésimée issue d'une rare parcelle de chardonnay non greffé, multiplié par provignement. Vinifié en fût sur lies et laissé de longues années en cave, ce blanc de blancs déploie une large gamme d'arômes évolués : fruits confits, miel, arômes toastés et torréfiés. Après une attaque aux accents de menthe et de thym, on retrouve le même registre, la pâte de fruits jaunes, la mangue, la brioche au beurre, dans une bouche de belle longueur, qui a gardé de la fraîcheur. ⧗ 2024-2027 ● **Brut nature Le Triumvirat Prestige 2009 ★ (30 à 50 €; 2800 b.)** Un triumvirat de lieux-dits, deux cépages (chardonnay à 58 % et pinot noir), 12 ans de repos sur lies. Beurré et fruité au nez, ce 2009 dévoile, malgré l'absence de dosage, la rondeur et la suavité de son année solaire tout en montrant du caractère, de la longueur et une belle fraîcheur qui étire la finale aux arômes d'agrumes. ⧗ 2024-2027 ● **Brut nature Blanc de noirs La Vigne royale 2007 ★ (50 à 75 €; 1500 b.)** Pas moins de 14 ans sur lies pour ce blanc de noirs à la palette élégante de champagne patiné (fruits secs, miel, torréfaction, cuir, note boisée). Conjuguant rondeur et vivacité, long et citronné, il accompagnera un repas. ⧗ 2024-2027

⊶ CHAMPAGNE TARLANT, 21, rue de la Coopérative, 51480 Œuilly, tél. 03 26 58 30 60, champagne@tarlant.com V *r.-v.*

THÉVENET-DELOUVIN Carte rosée ★

●	4200		15 à 20 €

Issus l'un comme l'autre de familles vigneronnes, Isabelle et Xavier Thévenet mettent leurs compétences agronomiques au service d'une viticulture durable depuis le début des années 1990 (exploitation certifiée HVE depuis 2016). Leur vignoble s'étend sur les deux rives de la Marne. (RM)

Aux côtés du chardonnay (20 %), le meunier joue les premiers rôles dans ce rosé d'assemblage issu des années 2021 et 2020. Un petit apport de vin rouge teinte sa robe rose pâle et son nez très floral de nuances légères de fruits rouges, alliées à des notes de pamplemousse. On retrouve ces arômes dans une bouche ciselée, assez longue, qui joue sur la fraîcheur. ⧗ 2024-2027

⊶ CHAMPAGNE THÉVENET-DELOUVIN, 28, rue Bruslard, 51700 Passy-Grigny, tél. 03 26 52 91 64, xavier.thevenet@wanadoo.fr V *r.-v.* E

THIERCELIN Carte noire 2014 ★★

●	2000		20 à 30 €

Anne-Sophie et Bérangère Thiercelin représentent la 5e génération à la tête de ce domaine fondé en 1893 dans le secteur des coteaux coteaux sud d'Épernay. Leur vignoble ne compte pas moins de 18 ha. (RM)

Ce brut millésimé met en avant le chardonnay (60 %) tout en donnant une large place aux raisins noirs (meunier 30 % et pinot noir). Il monte en puissance à l'aération pour livrer des notes de maturité complexes, grillées et fruitées (fruits jaunes, cerise macérée). Tout aussi expressif et net en bouche, il montre de la mâche et une tension peut-être héritée de son année de naissance. Du caractère et de la droiture. ⧗ 2024-2029 ● **Carte d'or ★ (15 à 20 €; n.c.)** Né des trois cépages champenois (meunier 60 %,, chardonnay 30 %, pinot noir 10 %), un brut intense, équilibré, de belle longueur, à l'expression aromatique complexe, où perce le sous-bois. ⧗ 2024-2027 ● **Blanc de blancs ★ (15 à 20 €; n.c.)** Floral et pâtissier au nez, beurré, fruité et minéral en bouche, un chardonnay assez discret et léger, mais harmonieux. ⧗ 2024-2027

⊶ THIERCELIN, 54, rue du 11-Novembre, 51530 Moussy, tél. 06 88 64 63 23, contact@champagne-thiercelin.com V *r.-v.*

DIOGÈNE TISSIER ET FILS Extra-brut 2018 ★

3000 | 20 à 30 €

Diogène et Juliette Tissier, les fondateurs de la maison en 1931, eurent neuf enfants, dont trois suivirent leurs traces. Rejoint en 2016 par Margaux, Vincent Huber, leur petit-fils, exploite avec Nathalie 9 ha autour de Chavot-Courcourt et d'Épernay, ainsi que dans le Sézannais et le Vitryat. Maison certifiée HVE. (NM)

Issu d'un millésime solaire, cet extra-brut privilégie le chardonnay (60 %), complété du meunier (30 %) et d'un appoint de pinot noir. Agréablement fruité au nez, il mêle le citron et la pêche, nuancés de notes briochées et vanillées. On retrouve la fraîcheur des agrumes zestés et du fruit blanc dans une bouche d'une vivacité juvénile, soulignée par le faible dosage. ⧗ 2024-2027 ● **Blanc de noirs Saveur de Juliette ★ (20 à 30 €; 14 000 b.)** Issu de meunier majoritaire, mariant les années 2021 et 2020, un blanc de noirs souple, équilibré et consensuel, aux arômes élégants de fruits blancs. ⧗ 2024-2027

DIOGÈNE TISSIER ET FILS, 10, rue du Gal-Leclerc, 51530 Chavot-Courcourt, tél. 03 26 54 32 47, diogenetissier@hexanet.fr V r.-v.

MICHEL TIXIER Cœur de montagne ★★★

1er cru | 10 000 | 20 à 30 €

Le vignoble familial remonte aux années 1920. En 1963, Michel Tixier s'installe et lance sa marque. Benoît, son fils, prend le relais en 1998. Son domaine de 5 ha, que l'on peut visiter à vélo électrique, comprend 36 parcelles réparties dans neuf villages, dans la Montagne de Reims, la Côte des Blancs et la vallée de la Marne. (RM)

Vendangés dans des villages en 1ers crus de la Montagne de Reims, pinot noir, chardonnay (40 % chacun) et meunier ont permis d'obtenir un brut souvent remarqué et particulièrement apprécié cette année. Un champagne équilibré et très flatteur, gorgé de fruits (abricot, pêche, pomme et orange) au nez comme en bouche. ⧗ 2024-2027 ● **1er cru Les 9 crus ★ (20 à 30 €; 20 000 b.)** Issu des trois cépages champenois (meunier 60 %), un brut mobilisant les neuf crus de la propriété. Assez complexe (fruits blancs, biscotte), de bonne longueur, il concilie vinosité et légèreté. ⧗ 2024-2027

CHAMPAGNE MICHEL TIXIER, 8, rue des Vignes, 51500 Chigny-les-Roses, tél. 03 26 03 42 61, info@champagne-tixier.com V r.-v.

LOUIS TOLLET ★

1er cru | 10 000 | 30 à 50 €

Charles Mignon est une maison de négoce familiale créée à Épernay en 1995 par Bruno Mignon, arrière-petit-fils de vignerons, et par sa femme, Laurence, rejoints par leurs enfants Manon et Guillaume. Trois marques : Charles Mignon, Louis Tollet (destinée aux cavistes et aux restaurateurs) et Léon Launois. (NM)

Né d'un assemblage de pinot noir majoritaire (75 %) et de chardonnay, ce brut séduit d'emblée par la fraîcheur de ses arômes d'acacia qui s'allient aux fruits blancs et aux agrumes dans une bouche d'une belle vivacité. De l'élégance. ⧗ 2024-2027

CHAMPAGNE CHARLES MIGNON, 7, rue Irène-Joliot-Curie, 51200 Épernay, tél. 03 26 58 33 33, bm@champagne-mignon.fr

TORNAY Extra-brut ★★

2100 | 20 à 30 €

Rudy Hutasse et Nathalie Tornay-Hutasse (cette dernière à la tête du Champagne Tornay depuis le décès de son père en 2014) ont mis en commun les domaines hérités de leurs familles respectives : 21 ha situés en majorité en grand cru, notamment à Bouzy, grand cru de la Montagne de Reims réputé pour son pinot noir. Ils ont gardé à leur carte les cuvées élaborées par les deux familles : Bernard Tornay et Fernand Hutasse. (RM)

Rien ne signale sur l'étiquette que ce champagne, né d'un assemblage de pinot noir majoritaire (70 %) et de chardonnay, marie la vendange 2009 et les trois années antérieures et qu'il n'a reçu aucun dosage. Après un repos d'au moins 10 ans en cave, il affiche une robe or intense animée de bulles bien présentes. Son nez séduit par sa maturité élégante dont les dégustateurs se plaisent à saisir les multiples nuances : fruits mûrs, frangipane, cerise à l'eau-de-vie et, en bouche, fruits blancs, fruits secs, pâtisserie, vanille, crème brûlée… Des arômes soulignés par une belle fraîcheur dans un palais puissant et long. ⧗ 2024-2027 ● **Gd cru 2009 ★ (30 à 50 €; 7500 b.)** Mi-chardonnay mi-pinot noir, bien conservé grâce à une belle fraîcheur, un 2009 or soutenu, riche et ample, reflet de son année solaire, à la palette complexe et évoluée (réglisse, notes confites, kirschées, pâte de coing, abricot sec, caramel, épices…).

CHAMPAGNE TORNAY-HUTASSE, rue du Haut-Petit-Chemin, 51150 Bouzy, tél. 03 26 57 08 58, info@champagne-tornay-hutasse.fr V r.-v.

♥ G. TRIBAUT Meunier N°37 ★★

n.c. | 30 à 50 €

Gaston Tribaut s'est installé en 1935 à Hautvillers, «berceau du champagne», où officia dom Pérignon. Ses deux fils sont devenus récoltants-manipulants en 1975. Aux commandes depuis 1992, Vincent Tribaut et Valérie Coudrain, petits-enfants du fondateur, viennent de recevoir le renfort de Gauthier, fils de la seconde, et d'aménager une salle de dégustation panoramique. Leur vignoble couvre 13 ha. (NM)

Deuxième coup de cœur consécutif pour la maison avec cette cuvée anniversaire, qui met à l'honneur le meunier. Un cépage renommé pour son fruité, qui se décline dans ce champagne en notes intenses de pêche, de cerise et de framboise, aussi bien au nez qu'en bouche. Un brut dont on salue en outre la finesse et la longueur. ⧗ 2024-2027 ● **1er cru 2018 ★★ (30 à 50 €; 15 432 b.)** Mariant chardonnay (75 %) et pinot noir ce brut millésimé, vieilli 54 mois en bouteilles, séduit par son harmonie et par ses arômes fruités (agrumes, pêche, poire et fruits secs). ⧗ 2024-2027 ● **1er cru Rosé de réserve**

★ (20 à 30 €; n.c.) Un rosé d'assemblage gourmand, tirant du chardonnay majoritaire (80 %) une fraîcheur acidulée et du pinot noir (vinifié en partie en rouge) une teinte saumonée et des arômes suaves de cerise et de fraise des bois. ⧗ 2024-2027

CHAMPAGNE G. TRIBAUT, 88, rue d'Eguisheim, 51160 Hautvillers, tél. 03 26 59 40 57, contact@champagne-tribaut-hautvillers.com V ♿ ⛪ t.l.j. 9h-12h 13h30-17h30; f. dim. janv.-fév.

PIERRE TRICHET L'Exception 2018 ★

● 1er cru	2650	🛢🍾	30 à 50 €

Antoinette Trichet plante les premiers pieds de vigne en 1947. Établis à Trois-Puits, aux portes de Reims, son fils René, agriculteur, et son épouse, Thérèse Didier, poursuivent les plantations et lancent leur champagne en 1971. Pierre Trichet, le petit-fils, qui a repris 2 ha du domaine familial, étend le vignoble en grand cru, lance en 2015 une étiquette à son nom et crée des cuvées originales. (NM)

Une année exceptionnelle, à commencer par sa précocité. Les pinots noirs (75 %) et les chardonnays assemblés dans ce brut ont été vendangés en août. Les premiers ont été vinifiés en cuve, les seconds en fût de réemploi. Le millésime lègue au nez des notes suaves de fruits bien mûrs sur lesquelles l'élevage des blancs pose des touches vanillées et briochées. La poire et le coing s'épanouissent avec persistance dans un palais structuré et tendu, marqué par une pointe d'amertume. ⧗ 2024-2029 ● **Gd cru Pinot noir La Puissance ★ (30 à 50 €; 5000 b.)** Vendangé à Verzy, grand cru de la Montagne de Reims, le pinot noir donne à ce brut flatteur des arômes de mûre et de fruits rouges confits, tonifiés en finale par la fraîcheur un peu amère du pamplemousse. ⧗ 2024-2029

CHAMPAGNE PIERRE TRICHET, 11, rue du Petit-Trois-Puits, 51500 Trois-Puits, tél. 03 26 82 64 10, contact@pierretrichet.com V ♿ ⛪ r.-v.

ALFRED TRITANT ★

● Gd cru	10039	🍾	30 à 50 €

Installé sur le versant sud de la Montagne de Reims, Alfred Tritant devient récoltant-manipulant en 1930. Depuis 2000, Jean-Luc Weber-Tritant est aux commandes. Son vignoble a une superficie restreinte (2,95 ha), mais il est très bien situé à Bouzy et à Ambonnay, grands crus fiefs du pinot noir. Certifiée HVE depuis 2018, et bio depuis 2023, l'exploitation pratique l'écopâturage. (RM)

Le domaine est désormais certifié bio, mais pas encore ce rosé pastel issu de chardonnay (60 %) et de pinot noir (dont 10 % de bouzy rouge), car il assemble des vins de 2018 avec 35 % de vins tirés d'une réserve perpétuelle. Ces vins de réserve teintent de notes évoluées, confites, la palette de ce champagne associant les fruits mûrs et des touches briochées. Un rosé flatteur par son intensité, son équilibre et sa longueur. ⧗ 2024-2027

CHAMPAGNE ALFRED TRITANT, 23, rue de Tours-sur-Marne, 51150 Bouzy, tél. 03 26 57 01 16, accueil@champagne-tritant.fr V ♿ ⛪ r.-v. 🏠 G

TROUILLARD Extra sélection ★★

●	100000	🍾	20 à 30 €

Maison fondée en 1896 par Lucien Trouillard, alors jeune caviste à façon, devenu à la force du poignet chef de cave d'une petite affaire à Pierry, avant de créer sa société. Celle-ci a été reprise en 2006 par la famille Gobillard de Hautvillers. (NM)

Issu des trois cépages champenois à parts égales, ce brut séduit d'emblée par son expression fruitée intense et complexe : les agrumes, la fraise, la pêche blanche et la griotte se rencontrent au nez et s'épanouissent dans un palais équilibré et long, qui finit sur une touche vanillée. ⧗ 2024-2027 ● **Elexium ★ (20 à 30 €; 100000 b.)** Mi-blancs mi-noirs (avec les deux pinots), un brut élégant, frais et minéral au nez, à la fois ample et droit, aux arômes de pêche blanche, de mirabelle et d'agrumes. ⧗ 2024-2027 ● **Extra-brut Blanc de noirs ★ (20 à 30 €; 10000 b.)** Assemblant pinot noir et meunier, un blanc de noirs d'une belle complexité (poire, fleurs blanches, notes briochées). Son faible dosage souligne sa fraîcheur, avec un côté iodé. ⧗ 2024-2027

CHAMPAGNE TROUILLARD, 38, rue de l'Église, 51160 Hautvillers, tél. 03 26 51 00 24, contact@champagnetrouillard.com V ⛪ r.-v.

TRUDON Dosage zéro Sinégramme ★★

●	3000	🛢	20 à 30 €

Fondée en 1920 par l'arrière-grand-père de Jérôme Trudon, œnologue et dirigeant depuis 2010, cette exploitation s'étend sur 7,5 ha aux environs de Festigny, dans la vallée de la Marne. (RM)

Composé de meunier majoritaire (70 %), ce blanc de noirs marie la vendange 2019 avec 40 % de vins de réserve. Au terme d'un repos de 30 mois sur lies, il a été élaboré «sans un gramme» de sucres ajoutés après dégorgement, d'où son nom. Ses reflets or rose trahissent la présence des raisins noirs. Au nez, les fruits exotiques frais et les agrumes s'allient aux fruits confits et, en bouche, au pain d'épice et au beurre. Malgré l'absence de dosage, passé l'attaque vive, le palais ne montre aucun mordant, mais apparaît bien fondu. Un agréable retour du fruit marque la finale de belle longueur. ⧗ 2024-2027 ● **Monochrome ★ (20 à 30 €; 5000 b.)** Monochrome, ou la couleur du meunier, seul à l'œuvre dans ce blanc de noirs très flatteur par son expression fruitée (fraise, framboise, abricot, orange) et vanillée. ⧗ 2024-2027 ● **Instantannée 2016 ★ (30 à 50 €; 5000 b.)** Un «instantané» de l'année 2016, dans une version blanc de noirs (avec ⅔ de meunier). Un millésime frais et long, à l'expression aromatique intense (fruits mûrs, voire compotés, miel, cire d'abeille, notes pâtissières, touche mentholée…). ⧗ 2024-2027

CHAMPAGNE TRUDON, 1, rue de la Libération, 51700 Festigny, tél. 03 26 58 00 38, contact@champagne-trudon.com V ♿ ⛪ r.-v.

TSARINE ★

● 1er cru	n.c.	🍾	30 à 50 €

Dès 1730, les frères Chanoine obtiennent de la ville l'autorisation de creuser leur cave à Épernay. Leur maison, la plus ancienne après Ruinart, a subi une éclipse après la guerre, avant de renaître grâce à son intégration dans le groupe appelé aujourd'hui

Lanson-BCC (1991), qui l'a dotée d'une vaste cave moderne, hors sol, à Reims. Elle a créé la marque Tsarine en souvenir de Catherine II, grande amatrice de champagne. Depuis 2001, Isabelle Tellier est à la tête de la cave. (NM)

Le Tsarine rosé assemble pinot noir, meunier et chardonnay à parts égales. D'un rose tendre à reflets légèrement orangés, il séduit par la subtilité et la fraîcheur de son nez teinté d'une fragrance de rose. Les fruits rouges s'épanouissent dans une bouche gourmande, un peu nerveuse en finale, qui laisse une impression de délicatesse. ⧗ 2024-2027

CHAMPAGNE CHANOINE FRÈRES, allée du Vignoble, 51100 Reims, tél. 03 26 36 61 60, contact@champagnechanoine.com

JEAN VALENTIN Blanc de blancs Saint-Avertin ★

● 1er cru | 7000 | 🍾 | 15 à 20 €

Ancien ingénieur viticole au CIVC (Comité interprofessionnel des vins de Champagne), Gilles Valentin est établi à Sacy, aux portes de la cité des Sacres. Rejoint en 2020 par son fils Brice, il dirige depuis 1995 le domaine fondé en 1922 par sa grand-mère. Le vignoble de 5 ha est situé au nord-ouest de la Montagne de Reims et dans la vallée de l'Ardre. Propriété certifiée HVE. (RM)

Une cuvée de chardonnay dédiée au saint patron du village de Sacy. Pour cette version, Gilles Valentin a assemblé la vendange de 2021 (58 %) avec des vins de l'année précédente, plus solaire. Il a obtenu un blanc de blancs au nez d'une belle complexité, entre fleurs et fruits blancs, notes épicées et vanillées, et à la bouche fraîche et soyeuse. La finale sur les agrumes laisse le souvenir d'un champagne à la fois gourmand et aérien, parfait pour l'apéritif. ⧗ 2024-2027

CHAMPAGNE JEAN VALENTIN, 9, rue Saint-Rémi, 51500 Sacy, tél. 03 26 49 21 91, edith.valentin9@orange.fr V r.-v.

VAN GYSEL-LIÉBART 2018 ★

● | 1500 | 🍾 | 15 à 20 €

Succédant à trois générations de viticulteurs, Valérie et Benoît Van Gysel se sont installés en 1996 sur le domaine familial avant de commercialiser leurs cuvées trois ans plus tard. Ils cultivent 4 ha sur la rive gauche de la Marne. (RC)

Un millésime que l'on se plaît à humer : le chardonnay (55 %) donne dans la pomme verte et les fruits blancs, tandis le meunier (45 %) apporte de la prune. En bouche, l'acacia s'ajoute à cette palette, et aussi les fruits exotiques, la noisette, la pâtisserie et une touche de caramel. Un champagne gourmand, suave et harmonieux. ⧗ 2024-2027

CHAMPAGNE VAN GYSEL-LIÉBART, 3, rue des Bons-Vivants, Cerseuil, 51700 Mareuil-le-Port, tél. 03 26 51 78 46, champagne.vangysel-liebart@orange.fr V r.-v.

M. VANZELLA Tradition ★

● | 10000 | 🍾 | 15 à 20 €

Domaine constitué en 1950 par Marius Vanzella, exploité depuis 1987 par Alain Gérin, marié à Sophie, petite-fille du fondateur, rejoints par la 4e génération. Leur vignoble couvre 9,5 ha entre Montagne de Reims et vallée de la Marne. Ces récoltants confient leurs raisins à la coopérative Les Clos à Mailly, mais ils réalisent les assemblages et font vieillir leurs champagnes au moins 3 ans dans leur cave. Exploitation certifiée HVE. (RC)

Chardonnay (45 %), meunier (30 %) et pinot noir contribuent à l'équilibre de cette cuvée qui marie trois années, 2019 et les deux précédentes. Fruits jaunes compotés et caramélisés composent un nez évolué. On retrouve cette maturité dans les notes confites, toastées et briochées d'une bouche puissante, allégée par une finale fraîche et saline. ⧗ 2024-2027 ● **Gd cru Prestige ★ (20 à 30 €; 2340 b.)** Issu de pinot noir majoritaire (70 %) et de chardonnay, mariant trois années (2021, 2020, 2018), un brut grand cru flatteur, d'une belle rondeur, aux arômes beurrés et confits. ⧗ 2024-2027 ● **★ (20 à 30 €; 2000 b.)** Un rosé d'assemblage né des trois cépages champenois et des années 2018, à 2016. De couleur abricot, ample, charnu et frais, de belle longueur, il développe des arômes de maturité (prune, coing et pomme compotés, notes pâtissières). ⧗ 2024-2027

CHAMPAGNE M. VANZELLA, 7, rue Joliot-Curie, 51500 Mailly-Champagne, tél. 03 26 49 41 67, contact@champagne-vanzella.fr V r.-v.

VARRY-LEFÈVRE ★

● | 15907 | 🍾 | 15 à 20 €

Établie dans la Montagne de Reims, près de la cité des Sacres, cette propriété (4,6 ha) a commercialisé ses premières cuvées en 1948. À sa tête depuis 2009, Christophe Lefèvre confie les vinifications à la coopérative d'Écueil, mais il effectue les assemblages, la mise en bouteilles et le dégorgement. (RC)

Très cultivé à Écueil, le pinot noir (90 %) ne laisse dans cette cuvée au meunier et au chardonnay que le rôle de comparses. Il lui lègue des reflets rosés, des arômes légers de fruits rouges et une rondeur soulignée par le dosage, équilibrée par une agréable fraîcheur. ⧗ 2024-2027

CHAMPAGNE VARRY-LEFÈVRE, 17, Grande-Rue, 51500 Écueil, tél. 03 26 49 74 47, champagnelefevre@wanadoo.fr V r.-v.

VAUTRAIN-PAULET Blanc de blancs ★★

● 1er cru | n.c. | 20 à 30 €

Représentant la 5e génération sur le domaine, Arnaud Vautrain, récoltant-manipulant, dispose d'un vignoble de 11 ha partagé entre les communes de Dizy, en 1er cru, et d'Aÿ, en grand cru. (RM)

Les blancs de blancs de Dizy n'ont pas la notoriété de ceux élaborés au cœur de la Côte des Blancs. À l'aveugle, celui-ci est retenu en bonne place dans le Guide pour la 3e année consécutive. On loue son nez minéral et frais, qui s'ouvre sur une palette élégante, d'une belle complexité : les agrumes y côtoient le beurre, la brioche, la crème anglaise vanillée et l'amande. On retrouve la minéralité et un bel équilibre entre fraîcheur et richesse dans une bouche harmonieuse et persistante, partagée entre notes pâtissières et citronnées. ⧗ 2024-2027

CHAMPAGNE VAUTRAIN-PAULET, 195, rue du Colonel-Fabien, 51530 Dizy, tél. 06 15 53 79 77, contact@champagne-vautrain-paulet.fr V r.-v.

JEAN VELUT Premier Temps ★

●		11 000	🍾	20 à 30 €

Avec ses sols crayeux propices au chardonnay, la colline de Montgueux, à l'ouest de la plaine de Troyes, fait figure d'exception dans un vignoble aubois acquis au pinot noir. C'est sur ces pentes que Jean Velut, agriculteur des environs, a constitué son domaine (7,7 ha aujourd'hui) et réalisé sa première mise en bouteilles en 1976. Il l'a transmis en 1972 à Denis, qui a passé le relais en 2016 à son fils Benoît. Propriété certifiée HVE. (RM)

Très en vue dans l'édition 2022 du Guide, la cuvée historique de la propriété voit sa composition varier légèrement selon les tirages, incorporant parfois un soupçon de pinot noir. Dans cette version (2019 et vins de réserve), elle doit tout au chardonnay. Le nez subtil joue sur les fleurs blanches et sur la poire, tandis que la bouche fine et longue, au dosage perceptible, met en avant les agrumes. ⧗ 2024-2027

CHAMPAGNE JEAN VELUT, 9, rue du Moulin, 10300 Montgueux, tél. 03 25 74 83 31, domaine@champagne-velut.fr r.-v.

VÉLY-PRODHOMME
Blanc de blancs Nuit blanche ★

●	1er cru	1550	🍾	20 à 30 €

À deux pas de Reims, Séverine Vély et son conjoint, Jean-Marie Di Girolamo, ont pris la suite en 2003 de 4 générations. Ils confient pour le pressurage la récolte de leurs 4 ha de vignes à la coopérative d'Écueil. Ils se chargent ensuite des assemblages et de la commercialisation. (RC)

Non millésimé mais né de la vendange 2018, ce blanc de blancs, après un repos en cave d'environ 5 ans, apparaît discret au nez. Il s'affirme en bouche, où ses arômes d'agrumes nuancés de fruits jaunes s'épanouissent dans une matière vineuse, dont la rondeur semble soulignée par le dosage. Une finale longue, saline et fraîche, sur l'amertume du zeste d'orange, allège l'ensemble et laisse une impression de droiture. ⧗ 2024-2027

CHAMPAGNE VÉLY-PRODHOMME, 5, rue de Chamery, 51500 Écueil, tél. 03 26 49 74 52, contact@champagne-vely-prodhomme.fr r.-v.

CHAMPAGNE DE VENOGE
Princes 2e édition ★

●		n.c.	🍾	50 à 75 €

Cette maison de champagne doit son existence à un citoyen helvète venu du canton de Vaud, région viticole de la Suisse. Henri-Marc de Venoge crée la société en 1837. Son fils la développe à l'international, lance des cuvées spéciales et introduit en 1851 sur les étiquettes le cordon bleu emblématique, qui rappelle une décoration du temps de la monarchie. L'affaire appartient depuis 1998 au groupe Lanson-BCC. Isabelle Tellier est à la tête de la cave. (NM)

Les quatre cuvées de cette gamme sont commercialisées dans des bouteilles en forme de carafe rappelant la pratique de l'aristocratie du début du XXes. de décanter le champagne en flacon de cristal. Le brut mobilise pinot noir (35 %), meunier et chardonnay à parts sensiblement égales. Il demande de l'aération pour livrer des arômes beurrés, végétaux, qui s'orientent vers le fruit blanc légèrement confit et le miel. Agrumes et citron confits s'affirment dans une bouche tendue, dont la fraîcheur est soulignée par un dosage faible. Un champagne à la fois riche et vivifiant. ⧗ 2024-2027 ● **Blanc de blancs Princes ★ (75 à 100 €; n.c.)** Issu de chardonnays du Mesnil-sur-Oger (grand cru) et de Trépail (1er cru de la Montagne de Reims), un blanc de blancs complexe, finement floral, végétal et salin, marqué par une pointe d'amertume. ⧗ 2024-2027

CHAMPAGNE DE VENOGE, 33, av. de Champagne, 51200 Épernay, tél. 03 26 53 34 34, adv@champagnedevenoge.com r.-v.

♥ J.-L. VERGNON
Extra-brut Blanc de blancs MSNL 2012 ★★★

●	Gd cru	20 000	🍾	50 à 75 €

Issu d'une famille de négociants du Mesnil-sur-Oger, Jean-Louis Vergnon reconstitue en 1950 le vignoble familial et commence à élaborer ses champagnes en 1985. Conduite depuis 1999 par Didier Vergnon et son fils Clément, qui élabore les cuvées, l'exploitation dispose de 5 ha très bien situés dans la Côte des Blancs. La maison évite la fermentation malolactique et choie les cuvées peu ou non dosées. Propriété certifiée HVE. (NM)

Repérée dans les millésimes 2010 et 2011, cette cuvée parcellaire du Mesnil-sur-Oger atteint des sommets dans un grand millésime champenois. Après un long séjour en cave, elle affiche une robe or jaune. Puissante au nez, vineuse avec finesse, elle captive par sa complexité : les fleurs blanches et la poire s'allient à des nuances gourmandes de chouquette, de brioche feuilletée, de frangipane et de miel d'acacia, arômes qui s'enrichissent encore en bouche de noisette grillée. Crémeuse, gourmande, d'un volume impressionnant, elle a gardé une remarquable fraîcheur mentholée qui lui confère une rare élégance. ⧗ 2024-2029 ● **1er cru Brut nature Blanc de blancs Murmure ★★ (30 à 50 €; 6000 b.)** Issu de 1ers crus de la partie sud de la Côte des Blancs (dont Vertus) et de la récolte 2020, un blanc de blancs non dosé jeune, acidulé, énergique et vivifiant. Sa palette mêle aubépine, fruits blancs et chlorophylle à des notes plus mûres (mirabelle, pâtisserie). ⧗ 2024-2027

CHAMPAGNE J.-L. VERGNON, 1, Grande-Rue, 51190 Le Mesnil-sur-Oger, tél. 03 26 57 53 86, contact@champagne-jl-vergnon.com r.-v.

VERRIER ET FILS Tradition ★

●		10 000	🍾	20 à 30 €

Auguste et Ismérie Verrier produisaient des vins tranquilles en 1860. Raymond Verrier élabore ses premiers champagnes en 1929. Installé en 2009, son petit-fils Emmanuel exploite 5 ha entre Sézanne et Épernay. Certifiée HVE depuis 2018, la propriété a renoncé aux herbicides et aux insecticides. (NM)

L'assemblage historique de la maison met en avant le meunier (75 %), le chardonnay et un soupçon de pinot noir. Il marie 3 années de récolte et reste 4 ans en cave. De nouveau apprécié, il présente un nez d'une discrète élégance, alliant des notes fraîches, florales et fruitées, à des nuances d'évolution. Une attaque agréable et tonique ouvre sur un palais persistant, dont le joli fruité traduit la dominante de meunier. ⧗ 2024-2027

⊶ CHAMPAGNE VERRIER ET FILS, rue des Rochelles, 51270 Étoges, tél. 03 26 59 32 42, champagne.verrier@orange.fr V r.-v.

JEAN VESSELLE
Brut nature Pur B3 Blanc de blancs de Bouzy 2015 ★

● Gd cru | 1677 | | 50 à 75 €

Les ancêtres de Delphine Vesselle étaient déjà vignerons à Bouzy il y a plus de trois siècles, alors que le vin du cru, rouge et sans bulles, était célèbre à la cour. Son arrière-grand-père constitue le domaine en 1895 et élabore du champagne dès le début du XXᵉs. Fille cadette de sa fratrie, la récoltante a pris les rênes de l'exploitation en 1994 au terme de ses études et d'une première expérience dans le Nouveau Monde, un an avant la disparition de son père, Jean. Avec son mari, David, et, depuis 2020, avec Lucas, leur fils, elle conduit 17 ha de vignes. Certifiée HVE depuis 2019, la propriété a engagé sa conversion bio. (RM)

Une cuvée millésimée originale qui doit tout au chardonnay, cépage minoritaire à Bouzy, grand cru de noirs. Sa robe jaune doré traduit une année solaire, une vinification sous bois ainsi qu'un long repos en cave. Précis, d'une belle complexité, le nez fait ressortir la fleur blanche et l'amande amère, tandis que la bouche aux arômes compotés, toastés et grillés est dominée par des impressions de rondeur suave sans doute liées au millésime, aucun sucre n'ayant été ajouté après dégorgement (brut nature). ⧗ 2024-2027

⊶ CHAMPAGNE JEAN VESSELLE, 4, rue Victor-Hugo, 51150 Bouzy, tél. 03 26 57 01 55, contact@champagnejeanvesselle.fr V r.-v.

GEORGES VESSELLE ★

● Gd cru | 120 000 | | 20 à 30 €

La famille Vesselle est installée depuis plusieurs générations à Bouzy, célèbre grand cru de la Montagne de Reims. Georges, qui fut durant 25 ans maire du village, a créé la maison en 1954. Ses deux derniers fils, Éric et Bruno (arrivés en 1980 et 1992 respectivement), ont repris l'affaire. Certifiée HVE, la société s'appuie sur un vignoble en propre de 18 ha principalement dédié au pinot noir. (NM)

Ce brut privilégie le pinot noir (90 %, avec un appoint de chardonnay), cépage roi à Bouzy : un assemblage qui correspond peu ou prou à l'encépagement de ce grand cru. Il porte l'empreinte des noirs dans son nez tout en fruits charnus (poire, mirabelle, fruits exotiques) comme dans son palais puissant et gourmand, à l'unisson du nez, qui prend des tons compotés contrebalancés par une belle fraîcheur. ⧗ 2024-2027

⊶ CHAMPAGNE GEORGES VESSELLE, 16, rue des Postes, 51150 Bouzy, tél. 03 26 57 00 15, contact@champagne-vesselle.fr V *t.l.j. sf sam. dim. 9h-12h 14h-17h* 5

MAURICE VESSELLE ★

● Gd cru | n.c. | 30 à 50 €

Les Vesselle sont nombreux à Bouzy, grand cru de la Montagne de Reims célèbre pour son pinot noir. Maurice Vesselle a inscrit la première fois son prénom sur une étiquette en 1955. Didier et Thierry, ses fils, sont attachés aux pratiques traditionnelles et labourent l'ensemble de leur vignoble, qui compte 7,5 ha. Les champagnes de la propriété ne font pas leur fermentation malolactique. (RM)

Issu de la macération de pur pinot noir, ce rosé grand cru présente une robe colorée, caractéristique de ce mode de vinification, à laquelle répond un nez un peu simple, mais plaisant pour son fruité intense. Le fruité gagne en complexité dans une bouche vive et persistante, dont la nervosité tient sans doute à la vinification (sans « malo »). Parfait pour l'apéritif. ⧗ 2024-2027

⊶ MAURICE VESSELLE, 3, rue Gambetta, 51150 Bouzy, tél. 03 26 57 00 81, champagne.vesselle@wanadoo.fr V *r.-v.*

ALAIN VESSELLE
Tradition ★

● | 18 000 | 15 à 20 €

Une des branches de la famille Vesselle, établie depuis 1885 à Bouzy, village classé en grand cru sur le flanc sud et sud-est de la Montagne de Reims. Après Alain, puis Éloi, les trois frères Guillaume (depuis 2014), Antoine et Thibaud perpétuent l'exploitation, forte de 18 ha, entre Montagne de Reims (9 ha) et Côte des Bar. Propriété certifiée HVE. (RM)

Le pinot noir joue les premiers rôles (80 %, avec le chardonnay en complément) dans ce brut aussi apprécié que l'an dernier. Expressif et élégant au nez, il mêle la poire, les fruits exotiques (mangue, ananas) et le citron. Nuancés d'une touche de torréfaction, ces fruits s'épanouissent dans une bouche vive, voire un rien nerveuse. ⧗ 2024-2027 ● **Extra-brut Cuvée Guillaume Vesselle ★ (20 à 30 €; 5 000 b.)** Plutôt ronde malgré son faible dosage, cette cuvée mi-chardonnay mi-pinot noir offre une expression aromatique flatteuse (orange confite, pêche, poire, sureau, fruits compotés). ⧗ 2024-2027

⊶ CHAMPAGNE ALAIN VESSELLE, 15, rue de Louvois, 51150 Bouzy, tél. 03 26 57 00 88, contact@champagne-alainvesselle.fr V *r.-v.*

VEUVE DOUSSOT
Ernestine 2019 ★★

● | 10 007 | 20 à 30 €

Stéphane Joly est établi à l'est de Bar-sur-Seine où il dirige depuis 2000 la maison créée en 1973 par son grand-père. Son vignoble de plus de 7 ha est implanté dans l'Aube, au pied du plateau de Blu (357 m), un des points culminants de la Champagne viticole. (NM)

Complété par le chardonnay, le pinot noir (70 %) occupe le devant de la scène dans ce brut millésimé issu d'une très belle année, qui a prodigué des raisins bien mûrs et frais. Le nez s'ouvre avec intensité sur le fruit blanc compoté et des touches grillées, prélude à une bouche harmonieuse, ronde et gourmande, où l'on retrouve le fruit cuit mêlé à l'acacia. Agréable à l'apéritif, ce champagne

CHAMPAGNE

est assez consistant pour accompagner une volaille ou une viande blanche. ⧗ 2024-2027

⊶ *VEUVE DOUSSOT, 1, rue de Chatet, 10360 Noé-les-Mallets, tél. 03 25 29 60 61, champagne.veuve.doussot@wanadoo.fr* V r.-v.

VEUVE MAURICE LEPITRE Extra Réserve ★

● 1er cru	10 000		15 à 20 €

Créée en 1905 par Maurice Lepitre, gérée à partir de 1926 par sa veuve, la propriété dotée de celliers à colombages est conduite depuis 1981 par leur descendant, Bernard Milliex. Celui-ci exploite 7 ha dans la Montagne de Reims, non loin de la Cité des Sacres. Il pratique encore le remuage manuel sur pupitre et le dégorgement à la volée. Domaine certifié HVE. (RM)

Composé de pinots (60 %) et de chardonnay de la vendange 2019, assemblée à des vins de 2018, ce brut vielli 3 ans sur lattes présente une robe dorée et un nez puissant, fruité, miellé et grillé. Beurré et vanillé en bouche, c'est un champagne structuré, expressif, avec ce qu'il faut de longueur. ⧗ 2024-2027 ● **1er cru Extra-brut Blanc de blancs Alba ★ (30 à 50 €; 2000 b.)** Né d'un assemblage de deux années solaires, 2019 et 2018, resté 3 ans en cave, un chardonnay aux arômes suaves de fruits mûrs, en harmonie avec une bouche ample et équilibrée, à la finale anisée. ⧗ 2024-2027

⊶ *CHAMPAGNE VEUVE MAURICE LEPITRE, 26, rue de Reims, 51500 Rilly-la-Montagne, tél. 03 26 03 40 27, contact@lepitre.fr* V *r.-v.*

VEUVE OLIVIER ET FILS Perle de saignée ★

●	6000	20 à 30 €

Domaine constitué en 1922 sur la rive droite de la Marne par Edmond Olivier. La marque Veuve Olivier Fils a été lancée en 1955 par sa fille et son petit-fils. C'est aujourd'hui l'arrière-petite-fille du fondateur, Sandrine Charpentier-Olivier, qui met en valeur le coquet vignoble familial (18 ha). Elle exploite aussi la marque M. Brismontier-Huet, issue du vignoble des Brismontier, propriétaires à Trélou-sur-Marne. (RM)

Un rosé de saignée issu d'une courte macération de meunier (60 %) et de pinot noir vendangés en 2019. De couleur soutenue à reflets tuilés, il libère d'intenses parfums floraux (violette, lilas, iris) et évolués (fruits rouges mûrs, cerise à l'alcool, cacao). La mûre, la quetsche et le poivre s'ajoutent en bouche à cette palette, en harmonie avec une matière ample et ronde. Puissant et persistant, un rien tannique en finale, c'est un rosé de repas. ⧗ 2024-2027

⊶ *CHAMPAGNE VEUVE OLIVIER ET FILS, 10, rte de Dormans, 02850 Trélou-sur-Marne, tél. 03 23 70 24 01, info@champagne-veuve-olivier.com* V *t.l.j. sf sam. dim. 9h-12h 14h-17h*

MARCEL VÉZIEN
Armand Vézien Souvenir d'ancêtre ★

●	14 200		30 à 50 €

Armand Vézien plante les premiers pieds de vigne à la fin du XIXe s. Son petit-fils Marcel élabore les premières cuvées en 1956. Aujourd'hui, Jean-Pierre Vézien gère une affaire de négoce, forte de 20 ha dans l'Aube. (NM)

Vieilli 5 à 6 ans en cave, ce brut, issu de pinot noir majoritaire (70 %) et de chardonnay, s'ouvre sur un fruité gourmand, riche et évolué, évocateur de figue, de confiture et de pâte de fruits, en harmonie avec une bouche crémeuse, suave, ronde, étoffée et plutôt longue. Autant de caractères qui le feront apprécier à table ou sur un dessert pas trop sucré. ⧗ 2024-2027

⊶ *MARCEL VÉZIEN ET FILS, 68, Grande-Rue, 10110 Celles-sur-Ource, tél. 03 25 38 50 22, marcelvezien@champagne-vezien.com* V *r.-v.*

VILMART ET CIE
Grand Cellier d'or 2019 ★

● 1er cru	8500		50 à 75 €

Domaine fondé en 1890 par Désiré Vilmart au pied de la Montagne de Reims, non loin de la cité des Sacres. Un siècle plus tard, son arrière-arrière-petit-fils, Laurent Champs, en a pris les rênes, rejoint par sa fille Morgane. Il exploite à Rilly-la-Montagne 11 ha, plantés de chardonnay (majoritaire) et de pinot noir. À la cave, il évite la fermentation malolactique et, comme les vignerons représentés sur les stalles de l'église de Rilly, il est resté fidèle au bois pour l'élevage de ses vins (en foudre pour les non-millésimés, en fût pour les millésimés). Maison certifiée HVE. (NM)

Ce brut millésimé à majorité de chardonnay (80 %, avec en appoint le pinot noir), après un premier nez mentholé, s'ouvre sur une palette flatteuse, complexe et généreuse, reflet d'une année solaire et d'une vinification sous bois des vins de base : fruits confits, pain grillé, amande, noix de coco. La pâtisserie s'ajoute à ces arômes dans une bouche vive, à la finale acidulée, de belle longueur. ⧗ 2024-2029 ● **1er cru Grand Cellier ★ (30 à 50 €; 30 000 b.)** Né d'un assemblage de chardonnay (70 %) et de pinot noir (années 2019 et 2018), un brut riche et rond, d'une belle complexité (agrumes confits, notes boisées et épicées). ⧗ 2014-2017

⊶ *CHAMPAGNE VILMART ET CIE, 5, rue des Gravières, 51500 Rilly-la-Montagne, tél. 03 26 03 40 01, thomas.champs@champagnevilmart.fr* *r.-v.*

A. VIOT ET FILS 2018 ★★

●	4728		30 à 50 €

Au lendemain de la Première Guerre mondiale, Armand Viot, héritier d'une lignée de viticulteurs, commence à vinifier en 1921. Il élabore ses premiers champagnes dès l'inclusion de l'Aube dans l'aire d'appellation, en 1927. Julien Viot, qui représente la 4e génération, dirige depuis 2005 le domaine, aujourd'hui certifié HVE. Il exploite 8 ha de vignes et commercialise ses bouteilles après au moins 4 ans de vieillissement en cave. (RM)

Vendangés fin août, le chardonnay (60 %) et le pinot noir sont assemblés dans ce brut millésimé. Le cépage majoritaire lui lègue un côté minéral et une agréable fraîcheur. Les raisins noirs et le côté solaire de l'année ressortent au nez comme en bouche dans des arômes de fruits jaunes aux tons confits. Un champagne intense, fruité et tonique. ⧗ 2024-2029

⊶ *CHAMPAGNE A. VIOT ET FILS, 67, Grande-Rue, 10200 Colombé-la-Fosse, tél. 03 25 27 02 07, contact@champagne-viot.com* V *t.l.j. 9h-12h 14h-17h30; sam. dim. sur r.-v.*

VOIRIN-DESMOULINS Blanc de blancs ★

Gd cru | 6000 | | 20 à 30 €

Aidée de ses enfants Aymeric et Mathilde pour le vignoble et de son cousin Laurent à la cave, Pascale Voirin exploite depuis 1997 le domaine et la marque créés en 1960 par ses parents, Bernard Voirin et Nicole Desmoulins. Le vignoble (9 ha) se partage entre la Côte des Blancs (Chouilly) et la vallée de la Marne, non loin de Château-Thierry. (RM)

Issu des récoltes 2020 et 2019, ce blanc de blancs demande un peu d'aération pour livrer des arômes d'une belle complexité, caractéristiques du chardonnay : acacia, citron, notes végétales, pâtisserie, pêche blanche, nuancés de fruits jaunes (abricot, mirabelle). La suavité des fleurs et des fruits jaunes rencontre encore la fraîcheur des agrumes dans une bouche équilibrée, de bonne longueur, à la fois ronde et tendue. ⧗ 2024-2027

VOIRIN-DESMOULINS, 24, rue des Partelaines, 51530 Chouilly, tél. 03 26 54 50 30, champagne.voirin.desmoulins@wanadoo.fr V t.l.j. sf dim. 8h30-12h 13h-18h

VOLLEREAUX Blanc de blancs 2014 ★

| 20040 | | 30 à 50 €

Établie aux portes sud d'Épernay, la famille Vollereaux cultive la vigne dès 1805 et commercialise ses premières bouteilles en 1923. Aujourd'hui, c'est une structure de négoce forte d'un important domaine (40 ha). Pierre Vollereaux a passé en 2012 le relais à son fils Franck (6e génération) qui commercialise ses cuvées sous plusieurs marques : Vollereaux, A. Chamberlain et H. de Choiseul. (NM)

Frais, difficile, mais plutôt favorable au chardonnay, le millésime 2014 a engendré un blanc de blancs séduisant tant par son expression aromatique, entre aubépine, fruits blancs, amande et abricot frais, que par son harmonie en bouche, où il déploie des arômes pâtissiers avant une finale citronnée d'une belle vivacité. Bien construit, représentatif de son cépage et de son millésime, il sera parfait sur un poisson fin. ⧗ 2024-2029 **1er cru Célébration ★ (20 à 30 €; 15222 b.)** Issu de vins de Pierry (les trois cépages champenois) et construit sur la récolte 2017, ce brut intense et puissant, à la finale tonique et saline, tire de son repos de 5 ans en cave de beaux arômes de champagne patiné : brioche beurrée, fruits jaunes, pâte de fruits. ⧗ 2024-2027

CHAMPAGNE VOLLEREAUX, 48, rue Léon-Bourgeois, 51530 Pierry, tél. 03 26 54 03 05, contact@champagne-vollereaux.fr V r.-v.

PASCAL WALCZAK Prestige ★★

| 25867 | | 20 à 30 €

Issu d'une famille de vignerons, Pascal Walczak a créé en 1973 son exploitation aux Riceys, la plus vaste commune viticole de la Côte des Bar, dans l'Aube. Récoltant-manipulant, il élabore champagne, rosé-des-riceys et coteaux-champenois à partir de 10 ha de vignes. Depuis l'arrivée en 2003 de son fils Sébastien, l'exploitation (certifiée aujourd'hui HVE) n'utilise plus d'herbicides. (RM)

Escorté du chardonnay, le pinot noir joue les premiers rôles (75 %) dans ce brut resté 30 mois en cave, qui assemble trois années (récolte 2020 et les deux précédentes). Au nez, du tilleul et, à l'aération, des notes toastées. En bouche, une attaque vive, plaisante, des arômes de fruits des bois, une légère amertume et une finale marquée par un retour des nuances toastées du nez : le portrait d'un champagne équilibré et franc, à la fois gourmand et tendu. ⧗ 2024-2027 **Extra-brut Solera ★ (20 à 30 €; 10457 b.)** Du pinot noir (75 %) et du chardonnay, des vins de réserve élevés en partie sous bois. Un champagne au nez discret, sur les fruits secs, avec un côté noyau en bouche, conjuguant l'ampleur du cépage majoritaire et le caractère incisif des extra-bruts. ⧗ 2024-2027

CHAMPAGNE PASCAL WALCZAK, 7, rue de la Presle, Parc Saint-Vincent, 10340 Les Riceys, tél. 03 25 29 39 85, contact@champagne-walczak.fr V t.l.j. 9h-17h30; dim. 10h-12h B

WARIS ET FILLES Prémices ★

Gd cru | 11000 | | 20 à 30 €

Bertrand et Virginie Waris représentent la 4e génération de Waris sur le domaine, qui couvre 7 ha répartis entre Côte des Blancs, Sézannais, vallée de l'Ardre et Côte des Bar (Aube). Ils ont d'abord conduit un domaine en Provence, puis un autre en Languedoc (qu'ils régissent toujours), avant de lancer leur étiquette en 2002, peu après la reprise du vignoble familial. (NM)

Assemblage des années 2020 et 2019, il offre de bout en bout l'élégance attendue d'un blanc de blancs de haute origine : des parfums toniques d'agrumes, une bouche minérale, vive, droite et longue montrant une petite nervosité de jeunesse. ⧗ 2024-2029 **Blanc de noirs ★ (20 à 30 €; 7500 b.)** Né d'un assemblage de raisins de la Côte des Bar et du Sézannais (années 2021 et 2020), un pinot noir «sudiste» intensément fruité (pêche, abricot, agrumes mûrs), gourmand, tout en rondeur suave. ⧗ 2024-2026

CHAMPAGNE WARIS ET FILLES, 6, rue d'Oger, 51190 Avize, tél. 06 07 26 04 96, contacts@champagnewarisetfilles.com V r.-v.

WARIS-LARMANDIER L'Instant de passions ★

1er cru | 3164 | 30 à 50 €

Aujourd'hui associée avec ses trois enfants, Marie-Hélène Waris-Larmandier exploite depuis 1989 ce domaine établi à Avize. Ses fils Jean-Philippe, arrivé sur l'exploitation en 2010, et Pierre-Louis se chargent de l'élaboration des cuvées, pour l'essentiel une gamme de blancs de blancs provenant d'un vignoble de 7 ha situé dans la Côte des Blancs. Avec l'arrivée de la nouvelle génération, le domaine a engagé sa conversion bio. (RM)

Très remarqué l'an dernier, un rosé de la Côte des Blancs, qui n'emprunte au pinot noir (de la Montagne de Reims, vinifié en rouge) que les 10 % indispensables pour teinter sa robe de nuances saumon pastel et sa palette d'un léger fruit rouge. Au nez, il libère des notes de coing et de pâte de fruits qui traduisent une certaine évolution. Cette patine se confirme dans une bouche aérienne, aux arômes d'orange sanguine. ⧗ 2024-2026

CHAMPAGNE WARIS-LARMANDIER, 608, rempart du Nord, 51190 Avize, tél. 06 83 45 80 07, earlwarislarmandier@wanadoo.fr V r.-v. D

COTEAUX-CHAMPENOIS

Production : 550 hl

Appelés à l'origine «vins nature de Champagne», ils devinrent AOC en 1974 et prirent le nom de coteaux-champenois. Tranquilles, souvent rouges, plus rarement blancs ou rosés, ils sont la survivance de temps antérieurs à la naissance du champagne. Comme ce dernier, ils peuvent naître de raisins noirs vinifiés en blanc (blanc de noirs), de raisins blancs (blanc de blancs) ou encore d'assemblages. Le coteaux-champenois rouge le plus connu porte le nom de la célèbre commune de Bouzy (grand cru de pinot noir). Dans cette commune, on peut découvrir l'un des deux vignobles les plus étranges au monde (l'autre est situé à Aÿ) : de «vieilles vignes françaises pré-phylloxériques», conduites en foule, selon une technique immémoriale abandonnée partout ailleurs. Tous les travaux sont exécutés artisanalement, à l'aide d'outils anciens. C'est la maison Bollinger qui entretient ce joyau destiné à l'élaboration d'un rare champagne. Les coteaux-champenois se boivent jeunes, à 7-8 °C pour les blancs, à 9-10 °C pour les rouges que l'on pourra, pour quelques années exceptionnelles, laisser vieillir.

BARON DAUVERGNE Bouzy 2022 ★

■ | 1300 | ◫ | 30 à 50 €

Domaine créé en 1923, aujourd'hui structure de négoce dirigée depuis 2000 par Vincent Dauvergne, arrière-petit-fils des fondateurs. La maison a pignon sur rue à Bouzy, célèbre grand cru de la Montagne de Reims, et dispose de 7,5 ha en propre. La marque a été lancée en 2011. (NM)

Les vins rouges de Bouzy, nés sur le flanc sud de la Montagne de Reims, étaient réputés avant que le champagne ne prît mousse. Élaborant avant tout du champagne, cette maison ne manque pas d'en proposer de petits volumes. Issu d'une année solaire et de vieilles vignes, le pinot noir à l'origine de ce 2022 a macéré 10 jours avant un élevage de 12 mois en fût. D'un rouge léger à reflets orangés, il s'ouvre sur la fraîcheur de la cerise adoucie des accents confits du pruneau. Un léger boisé perce dans une bouche vineuse, aux tanins maîtrisés. ⧗ 2024-2027

⊶ VINCENT BARON DAUVERGNE, 31, rue de Tours-sur-Marne, 51150 Bouzy, tél. 03 26 57 00 56, barondauvergne@orange.fr
V r.-v.

BERNARD BREMONT Ambonnay 2019 ★

■ | 500 | ◫ | 30 à 50 €

Un champagne lancé en 1965 par Bernard et Michèle Brémont, rejoints en 1990 par leurs enfants. Thibaut Brémont, qui a pris les rênes de la propriété en 2012, a allégé au maximum les traitements phytosanitaires et obtenu la certification HVE. Il a réintroduit foudres et fûts à la cave. Couvrant plus de 15 ha, le vignoble familial est très bien situé à Ambonnay, grand cru de la Montagne de Reims. (RM)

Ambonnay est un fief du pinot noir, comme son voisin Bouzy. Ce coteaux-champenois y naît de vignes âgées de plus de 50 ans, de la belle vendange 2019. Un séjour de 18 mois en fût lui a légué un boisé vanillé perceptible dès le premier nez. Le fruit noir perce toutefois sous le chêne. On retrouve avec intensité ce mariage du fruit (la cerise et le noyau, la mûre) et de la barrique dans une bouche structurée, de belle longueur. ⧗ 2025-2029

⊶ CHAMPAGNE BERNARD BRÉMONT ET FILS, 1, rue de Reims, 51150 Ambonnay, tél. 03 26 57 01 65, info@champagne-bremont.com V *t.l.j. sf sam. dim. 9h-12h30 13h30-17h*

LOUIS BROCHET Villers-aux-Noeuds Le Mont-Benoît 2020 ★★

■ | 400 | ◫ | 30 à 50 €

Les Brochet cultivent la vigne depuis 1674 autour d'Écueil, 1er cru de la Montagne de Reims. Henri Brochet et Yvonne Hervieux ont lancé après la guerre la marque Brochet-Hervieux et créé le domaine géré pendant 45 ans par leur fils Alain, disparu en 2012. En 2011, nouvelle marque et nouvelle génération, avec Hélène et son frère Louis, œnologue comme son père. Le vignoble familial, à dominante de pinot noir, couvre 13 ha. Exploitation certifiée HVE. (RM)

Fort louée, une cuvée parcellaire de pinot noir : de quoi mettre en lumière Villers-aux-Nœuds, village voisin d'Écueil, classé lui aussi en 1er cru. Un millésime précoce (vendanges en août), une courte macération (1 semaine) suivie d'un séjour de 2 ans en fût. Dans le verre, un vin rouge affichant d'emblée sa puissance et sa concentration dans une robe dense et jeune à reflets violets. Le nez acidulé, sur le cassis et la myrtille, a des accents réglissés et mentholés. On retrouve le fruit noir bien mûr, relevé d'épices (le bois, avec la noix muscade et un côté solaire, avec le poivre) dans une bouche intense, ronde et charpentée. Parfait pour un gigot. ⧗ 2025-2029

■ **Écueil Les Plantes 2020 ★ (30 à 50 €; 250 b.)** Vinifiée et élevée 2 ans en fût, une cuvée parcellaire de chardonnay au nez subtilement beurré, boisé, floral et végétal, à la bouche souple et plutôt généreuse, équilibrée par une belle acidité. ⧗ 2024-2027

⊶ CHAMPAGNE LOUIS BROCHET, 12, rue de Villers-aux-Nœuds, 51500 Écueil, tél. 03 26 49 77 44, contact@champagne-brochet.com
V *r.-v.*

DOYARD-MAHÉ Vertus ★

■ | 300 | 30 à 50 €

Créé en 1927 par Maurice Doyard, cofondateur du Comité interprofessionnel du vin de Champagne, ce domaine de 6 ha situé à Vertus, dans la Côte des Blancs, a été géré entre 1988 et 2015 par Philippe Doyard, l'un de ses petits-fils. Sa fille Carole, qui l'avait rejoint en 2005, est maintenant aux commandes et s'inspire de la bio dans la conduite de son vignoble. Le chardonnay est à la base des cuvées de la propriété. (RM)

Un coteaux rouge de la Côte des Blancs. Étonnant ? Non, car le vignoble de Vertus, à la différence des crus plus septentrionaux de la Côte, abrite des parcelles de raisins noirs, environ 10 % des surfaces. Ici, un pinot noir, élevé en cuve : un vin rouge tout en fruits, qui pinote sur des arômes de griotte. Si l'attaque est souple, la suite de la dégustation dévoile des tanins encore présents en finale, qui demandent à se fondre. ⧗ 2025-2029

CHAMPAGNE DOYARD-MAHÉ, 28, chem. des Sept-Moulins, Moulin d'Argensole, Vertus, 51130 Blancs-Coteaux, tél. 03 26 52 23 85, champagne.doyard-mahe@wanadoo.fr r.-v.

DRAPPIER
Blanc de pinot noir Perpétuité ★

	n.c.		50 à 75 €

Une maison auboise de renom fondée en 1808. Son actuel propriétaire, Michel Drappier, rejoint par ses enfants Charline, Hugo et Antoine, conduit un vignoble de 65 ha, planté majoritairement de pinot noir (dont ⅓ en bio) aux environs de Bar-sur-Aube, mais il s'approvisionne aussi dans d'autres secteurs auprès de viticulteurs. À la cave, les sulfitages et les dosages sont mesurés. Les bouteilles de prestige, notamment les grands formats, vieillissent dans les vénérables caves creusées en 1152 par les moines de la proche abbaye de Clairvaux, les autres reposant à Reims dans des caves aménagées dans d'anciennes crayères. (NM)

Une robe à reflets dorés, un nez expressif, entre fruits jaunes, notes beurrées et toastées, une bouche dans le même registre, dont la rondeur est équilibrée par un trait de vivacité citronnée, encore un peu mordante. L'originalité de ce vin? Il s'agit d'un pinot noir vinifié en blanc, et conservé en foudres du Tronçais, lesquels reçoivent chaque année une proportion de vin nouveau qui rafraîchit l'ensemble des millésimes antérieurs (ici, les foudres assemblent 14 années, entre 2002 à 2019). On utilise le terme de «réserve perpétuelle» – d'où le nom de la cuvée, allusion par ailleurs au monastère de Clairvaux, qui servit jusqu'à une date récente de prison centrale. ⧗ 2024-2027

CHAMPAGNE DRAPPIER, 14, rue des Vignes, 10200 Urville, tél. 03 25 27 40 15, info@champagne-drappier.com r.-v.

HENRI GOUTORBE Aÿ ★★

	1500	20 à 30 €

Au début du XXᵉ s., à l'époque où le vignoble champenois devait se reconstituer, Émile Goutorbe s'est fait pépiniériste viticole. Henri a agrandi peu à peu son domaine et a diversifié son activité en se lançant dans la manipulation après la dernière guerre. Depuis 1970, son fils René et la génération suivante (Élisabeth et Étienne) exploitent aujourd'hui 22 ha et gèrent un hôtel à Aÿ, Étienne étant chargé du vignoble. Propriété certifiée HVE. (RM)

Dans la Grande Vallée de la Marne, sur la rive droite, Aÿ, classé en grand cru, est une terre d'élection du pinot noir. Le cépage donne son caractère à ce vin dont la robe rubis commence à se tuiler. Après aération, le nez s'ouvre sur des notes élégantes de cerise noire, qui prennent des tons kirschés dans une bouche harmonieuse et longue, à la fois onctueuse et fraîche, sans lourdeur ni tanins revêches. Certains recourent à l'expression de «grande buvabilité». ⧗ 2024-2027

Le Rêve de l'astronome ★ (20 à 30 €; 1500 b.) Dans cette cuvée, le chardonnay fait une large place au pinot noir (70 %) vinifié en blanc. Une robe à reflets cuivrés, un nez expressif, minéral, citronné, légèrement fumé, un palais à l'unisson, fruité et tendu, aux arômes de zeste de citron. ⧗ 2024-2027

CHAMPAGNE GOUTORBE, 9 bis, rue Jeanson, 51160 Aÿ, tél. 03 26 55 21 70, info@champagne-henri.goutorbe.com r.-v.

P. LOUIS MARTIN Bouzy 2015 ★

	3000	30 à 50 €

Fondé à Bouzy en 1864 par Paul-Louis Martin, président fondateur de la coopérative de ce village, ce domaine couvre actuellement 17 ha et son siège est toujours situé dans ce grand cru de la Montagne de Reims. Il est aujourd'hui propriété de la famille de Jean-François Rapeneau, géré par Vincent Rapeneau. (RM)

Cette propriété située dans l'un des principaux fiefs du pinot noir propose souvent du bouzy rouge de belle tenue, prêt à boire. Celui-ci exprime son âge dans les reflets orangés de sa robe et dans les tons confits de ses parfums de fruits rouges, hérités peut-être aussi d'une année solaire. S'il laisse encore percevoir quelques tanins, ceux-ci ne nuisent pas à l'agrément d'un palais plutôt long et agréable par sa fraîcheur. ⧗ 2024-2027

CHAMPAGNE PAUL LOUIS MARTIN, 3, rue d'Ambonnay, 51150 Bouzy, tél. 03 26 54 18 55, qualite@champagnemansard.com r.-v.

THIERRY MASSIN La Chevêtrée 2022 ★★

	1695		20 à 30 €

Affluent de la Seine, l'Arce suit un cours sinueux dans la Côte des Bar (Aube). Sur ses coteaux, Thierry et Dominique Massin, frère et sœur, cultivent depuis 1974 un vignoble constitué dès l'époque du grand-père, qui compte aujourd'hui 12 ha, dont 9,5 sont consacrés au pinot noir. Thibault et Violaine, leurs enfants respectifs, les ont rejoints. (RM)

Cette cuvée parcellaire de pinot noir s'est attiré une foule de compliments. Élevée 13 mois en fût de chêne et mise en bouteille sans collage ni filtration, elle s'habille d'une robe rubis et s'ouvre sur les fruits rouges très mûrs, la baie de sureau, avec une nuance de sous-bois. Subtil et bien intégré, le boisé perce surtout en bouche. Un vin gourmand et frais, à la finale acidulée, de belle longueur. ⧗ 2024-2027

CHAMPAGNE THIERRY MASSIN, 6, rte des Deux-Bar, 10110 Ville-sur-Arce, tél. 03 25 38 74 01, contact@champagnethierrymassin.com r.-v.

PROY-GOULARD Vertus La Justice 2022 ★

1er cru	300		20 à 30 €

Les grands-parents de Lucile Goulard commercialisaient déjà du champagne dans les années 1950. Cette dernière s'installe à Épernay avec Alexandre Proy, agriculteur. À la tête de 5 ha de vignes, le couple a créé sa marque en 2012. Il cultive ses raisins noirs au nord-ouest de Reims, dans le massif de Saint-Thierry, et ses chardonnays en Côte des Blancs. Il élève ses vins de réserve en fût, ses champagnes 3 ans sur lies au minimum, et pratique des dosages très mesurés. (RM)

Solaire, 2022 a permis une excellente maturation des raisins, qui a incité la récoltante à proposer une petite cuvée parcellaire de coteaux champenois blancs. Fermenté en fût de réemploi à l'aide de levures indigènes, avec bâtonnage, ce chardonnay a séjourné 11 mois dans le bois. Après un premier nez discrètement minéral, floral et citronné, il laisse percevoir des notes de fruits blancs bien mûrs assorties d'un subtil boisé. En bouche, il affirme un caractère rond, onctueux, beurré tandis que le fût, plus appuyé, marque la finale d'une pointe d'amertume. ⧗ 2024-2027

CHAMPAGNE PROY-GOULARD, 8, chem. de la Ferme-des-Forges, 51200 Épernay, tél. 03 26 32 44 69, contact@proy-goulard.fr V *r.-v.*

BERNARD TORNAY
Bouzy Vieilli en fût de chêne 2020 ★

1100 | 20 à 30 €

Rudy Hutasse et Nathalie Tornay-Hutasse (cette dernière à la tête du Champagne Tornay depuis le décès de son père en 2014) ont mis en commun les domaines hérités de leurs familles respectives : 21 ha situés en majorité en grand cru, notamment à Bouzy, grand cru de la Montagne de Reims réputé pour son pinot noir. Ils ont gardé à leur carte les cuvées élaborées par les deux familles : Bernard Tornay et Fernand Hutasse. (RM)

Un millésime solaire, un village en grand cru, fief du pinot noir, campé sur le versant sud de la Montagne de Reims, déjà réputé au temps du Roi-Soleil, autant d'atouts pour ce bouzy élevé en cuve Inox puis en fût (9 mois). Si la robe, reflet du cépage, est d'un rouge léger, déjà tuilé, le nez apparaît puissant. Il s'ouvre sur un merrain épicé aux nuances de bois de santal puis explore le fruit rouge, la cerise noire, avec une nuance d'abricot. On retrouve le fruit dans une attaque ample et gourmande, avant une longue finale aux tanins réglissés et épicés. De l'élégance. ⧗ 2024-2027

CHAMPAGNE TORNAY-HUTASSE, rue du Haut-Petit-Chemin, 51150 Bouzy, tél. 03 26 57 08 58, info@champagne-tornay-hutasse.fr V *r.-v.*

♥ ALAIN VESSELLE Bouzy ★★★

5500 | 20 à 30 €

Une des branches de la famille Vesselle, établie depuis 1885 à Bouzy, village classé en grand cru sur le flanc sud et sud-est de la Montagne de Reims. Après Alain, puis Éloi, les trois frères Guillaume (depuis 2014), Antoine et Thibaud perpétuent l'exploitation, forte de 18 ha, entre Montagne de Reims (9 ha) et Côte des Bar. Propriété certifiée HVE. (RM)

Comme souvent pour le champagne, ce Bouzy, issu d'une parcelle de vieilles vignes, n'est pas millésimé. Construit sur l'année 2022, solaire, il incorpore des vins de réserve conservés en fût. Sa robe soutenue annonce une rare concentration. D'abord minéral, le nez s'ouvre avec intensité sur les fruits rouges mûrs accompagnés de notes d'élevage vanillées et grillées. En bouche, ce vin s'impose par son ampleur et par sa générosité. Bien travaillé, le boisé épicé renforce sa structure et contribue à son côté chaleureux, tout en laissant parler le fruit, sur des notes de fruits noirs comme la mûre. La longue finale poivrée laisse le souvenir d'une puissance à la hauteur de ce grand cru. ⧗ 2024-2029

CHAMPAGNE ALAIN VESSELLE, 15, rue de Louvois, 51150 Bouzy, tél. 03 26 57 00 88, contact@champagne-alainvesselle.fr V *r.-v.*

ROSÉ-DES-RICEYS

Production : 360 hl

Les trois villages des Riceys (Haut, Haute-Rive et Bas) sont situés à l'extrême sud de l'Aube, non loin de Bar-sur-Seine. La commune accueille les trois appellations : champagne, coteaux-champenois et rosé-des-riceys. Ce dernier est un vin tranquille, l'un des meilleurs rosés de France. Déjà apprécié par Louis XIV, il aurait été apporté à Versailles par les canats, spécialistes réalisant les fondations du château, originaires des Riceys.
Ce rosé est issu de la vinification par macération courte de pinot noir, dont le degré alcoolique naturel ne peut être inférieur à 10 % vol. Il faut interrompre la macération – saigner la cuve – à l'instant précis où apparaît le «goût des Riceys» (un goût d'amande et de fruits rouges) qui, sinon, disparaît. Ne sont labellisés que les rosés marqués par ce goût spécial. Élevé en cuve, le rosé-des-riceys se boit jeune, à 8-9 °C, à l'apéritif ou en entrée; élevé en pièce, il mérite d'attendre entre trois et cinq ans, et on le servira alors à 10-12 °C pendant le repas.

DEVAUX Val Bazot 2019 ★

3000 | 30 à 50 €

Les frères Jules et Auguste Devaux fondent en 1846 une maison de champagne qui a pignon sur rue à Épernay et que la dernière génération, sans héritier, cède en 1987 à l'Union auboise, importante coopérative créée en 1967 dans la Côte des Bar, devenue un acteur de taille du vignoble champenois après la fusion en 2022 avec six coopératives adhérentes. Sous la marque Veuve Devaux (ou Devaux), la cave «habille» son haut de gamme : des champagnes vieillis au moins 3 ans. (CM)

Aux côtés des champagnes, la marque auboise propose des vins tranquilles, en particulier le rosé-des-riceys, élaboré à une quinzaine de kilomètres de son siège à Bar-sur-Seine. Issu d'une seule parcelle, ce 2019 revêt une robe tuilée à reflets rouges. Discrètement minéral au premier nez, il s'ouvre sur la cerise mûre, voire confiturée, et sur l'amande, avec une touche vanillée. On retrouve la cerise, macérée dans l'alcool, dans une bouche équilibrée entre vinosité et fraîcheur, de bonne longueur. ⧗ 2024-2027

CHAMPAGNE VEUVE A. DEVAUX, Hameau de Villeneuve, 10110 Bar-sur-Seine, tél. 03 25 38 30 65, contact@champagne-devaux.fr V *t.l.j. sf dim. 10h-19h*

GALLIMARD PÈRE ET FILS 2022 ★

4000 | 20 à 30 €

Des Gallimard qui rencontrent souvent les éditions Hachette. Cette famille des Riceys, important village

viticole de la Côte des Bar (Aube), a élaboré ses premiers champagnes en 1930. Installé sur l'exploitation en 1983, Didier Gallimard conduit 13 ha plantés majoritairement de pinot noir. (NM)

Une macération de 4 jours du pinot noir a permis d'obtenir ce rosé à la robe tuilée, dont les arômes de cerise, typiques de l'appellation et du cépage, revêtent un caractère compoté et s'allient à une note de pruneau sans doute héritée de l'année solaire. Une touche mentholée rafraîchit sa matière ronde. ⧗ 2024-2027

CHAMPAGNE GALLIMARD PÈRE ET FILS, 18, rue Gaston-Cheq, 10340 Les Riceys, tél. 03 25 29 32 44, champ.gallimard@wanadoo.fr
t.l.j. sf sam. dim. 9h-12h 14h-17h; f. août

MOREL PÈRE ET FILS 2020 ★

3500 | 20 à 30 €

Prenant la suite de quatre générations, Pascal Morel s'est installé en 1973 à la tête du vignoble familial (8 ha aujourd'hui). C'est l'un des spécialistes du rosé-des-riceys, qu'il a vinifié avant le champagne. En 2016, Simon a rejoint son père au vignoble, et Émilie à la cave et à la commercialisation. Propriété certifiée HVE. (RM)

La robe à reflets tuilés est typique de l'appellation, comme la suite de la dégustation. Le nez s'ouvre sur la suavité de la cerise, avec un côté « noyau », nuancé de notes animales (cuir), épicées, poivrées et d'un léger sous-bois. On retrouve en bouche la cerise du pinot noir, un peu confiturée et macérée, relevée de poivre dans une matière ronde et gourmande, un rien tannique. Une certaine fraîcheur étire la finale et allège l'ensemble. ⧗ 2024-2027

CHAMPAGNE MOREL PÈRE ET FILS, 93, rue du Gal-de-Gaulle, 10340 Les Riceys, tél. 03 25 29 10 88, info@champagnemorel.com
r.-v.

RATAFIA CHAMPENOIS

♥ CAILLEZ LEMAIRE Solera ★★

2700 | 20 à 30 €

Héritiers d'une tradition vigneronne remontant au XVIIIe s., Raymond Caillez et Andrée Lemaire deviennent récoltants-manipulants. Depuis 2005, c'est leur petite-fille Virginie Caillez qui gère le domaine avec son mari, Laurent Vanpoperinghe. Le couple dispose de 6 ha de vignes implantées pour l'essentiel à Damery, sur la rive droite de la Marne. Plus de la moitié des vinifications s'effectue en fût de chêne, sans fermentation malolactique, et la propriété est en bio certifié depuis 2023. (RM)

Tiré d'une solera (réserve perpétuelle), ce ratafia met en œuvre du meunier muté à la fine. Il obtient la même note que l'an dernier, avec un coup de cœur en prime. Ambre sombre, il charme par la douceur de son nez, où le côté mordant de l'alcool s'est évanoui pour laisser la place à des touches suaves d'arômes captivants de complexité : noyau, fruits confits, notes florales, fruits secs (noisette et amande, avec une touche « rancio » de noix), boisé épicé et vanillé. Un univers qui rappellerait presque celui d'un porto tawny de 20 ou 40 ans d'âge. Le prélude à une bouche ample, douce et fondue, réveillée par un grain de tanin et la vivacité d'une finale élancée. ⧗ 2024-2029

SARL CHAMPAGNE CAILLEZ-LEMAIRE, 14, rue Pierre-Curie, 51480 Damery, tél. 03 26 58 41 85, champ-caillez.lemaire@wanadoo.fr r.-v.

DANIEL ÉTIENNE
Vieilli en fût de chêne ★

500 | 15 à 20 €

Depuis 4 générations, la famille Étienne cultive 7 ha de vignes autour de Cumières, dans la Grande Vallée de la Marne. Exposé au sud, son vignoble est connu pour sa précocité et fournit, outre des champagnes en 1er cru, des vins rouges réputés. Après le père, Jean-Marie, déjà présent dans le Guide, Daniel, le fils, signe la production depuis 2009. Il a été rejoint en 2024 par Louis-Marie, 22 ans. Domaine certifié HVE. (RM)

Une fois de plus, Daniel Étienne montre qu'il choie le spiritueux champenois puisque c'est la 4e fois que son ratafia est sélectionné. Pour l'obtenir, il mute un moût de pinot noir à la fine champenoise qu'il distille chaque année dans les alambics du village voisin. Après un élevage en fût de chêne de 3 ans sans collage ni filtration, on découvre un ratafia ambré profond à reflets orangés, dont la palette aromatique, bien fruitée, décline l'orange confite, la cerise et les fruits jaunes. Le prélude à un palais suave et rond, tendu par une belle acidité. ⧗ 2024-2029

CHAMPAGNE DANIEL ÉTIENNE, 166, rue de Dizy, 51480 Cumières, tél. 03 26 55 14 33, champagne.etiennedaniel@wanadoo.fr
r.-v. 5

FRESNE DUCRET ★

356 | 20 à 30 €

Sept générations de viticulteurs, premiers champagnes en 1946. Après avoir vinifié en Bourgogne et en Nouvelle-Zélande, puis épaulé ses parents, Pierre Fresne a pris en 2007 les rênes du domaine : 6 ha autour de Villedommange, 1er cru au sud de Reims. (RM)

Comme un hommage à son grand-père, grand amateur de ratafia, Pierre Fresne a obtenu un des premiers coups de cœur dans cette IGP. Pour l'élaborer, il assemble deux lots de moûts de pinot noir, l'un muté à la fine de Champagne et vieilli en fût, l'autre à du distillat de vin, plus neutre, et élevé en cuve. D'un ambre profond, le produit obtenu « laisse deviner la qualité et la maturité du raisin », selon un dégustateur, qui relève également un doux boisé évoquant le café et le caramel. Le pruneau s'ajoute en bouche à ce concert d'arômes, en harmonie avec une matière suave et équilibrée. ⧗ 2024-2029

CHAMPAGNE FRESNE DUCRET, 10, rue Saint-Vincent, 51390 Villedommange, tél. 03 26 49 24 60, champagne@.fresneducret.com
r.-v.

CHAMPAGNE

CHAMPAGNE ALEXIS LECONTE
Apeiron Meunier ★

| 200 | | 20 à 30 € |

Prenant la suite de quatre générations de viticulteurs établis sur la rive gauche de la Marne, Xavier Leconte a été le premier de la lignée à vinifier : coopérateur lors de son installation en 1978, il est devenu récoltant-manipulant dans les années 1980. Il a passé la main en 2013 à son fils Alexis, œnologue. Le domaine couvre 10 ha. (RM)

Alexis Leconte élabore sous la marque Apeiron trois ratafias monocépage. Après le chardonnay, voici un meunier muté à une eau-de-vie du domaine distillée dans l'alambic communal. Ambré sombre, le ratafia libère des arômes doux et confits. Au nez, on identifie la rhubarbe, et, en bouche, le raisin frais et des notes confiturées, qui se lient au pruneau. Bien équilibré, le palais est relevé en finale par un trait d'acidité qui laisse une impression d'harmonie. ⧗ 2024-2029

CHAMPAGNE ALEXIS LECONTE, 7, rue des Berceaux, 51700 Troissy, tél. 03 26 52 73 59, contact@champagne-xavier-leconte.com V r.-v.

MICHEL LITTIÈRE ★

| 600 | | 11 à 15 € |

Marie-Hélène Chaumont a rejoint son père, Michel Littière, en 1991 avant de prendre en 2004 les rênes de l'exploitation familiale, qui couvre plus de 5 ha sur la rive gauche de la vallée de la Marne. (RM)

Élaboré à partir de moûts de meunier (80 %) et de pinot noir mutés à l'alcool neutre pour faire ressortir les parfums du raisin, il vieillit 24 mois en fût. L'objectif est atteint, puisque ce ratafia, plutôt réservé, « sent le raisin » et rappelle aussi le fruit frais en bouche. L'alcool ne ressort pas trop, équilibré par les sucres. Certains dégustateurs auraient préféré moins de discrétion, d'autres goûtent cette droiture et cette sincérité du fruit. ⧗ 2024-2029

CHAMPAGNE MICHEL LITTIÈRE, 15, rue Saint-Vincent, 51480 Œuilly, tél. 03 26 58 30 25, champagne-michel-littiere@orange.fr V r.-v.

PAUL SADI ★

| 285 | | 20 à 30 € |

Après avoir travaillé une quinzaine d'années comme salarié de Virgile Portier, l'entreprise familiale gérée par ses parents, Jérôme Portier a lancé en 2011 sa maison et son champagne, qui porte le nom de son grand-père. Il dispose en propre de près de 3 ha de vignes. (NM)

Le pinot noir à l'origine de ce ratafia est issu de Beaumont-sur-Vesle, l'un des grands crus de noirs les moins connus de la Montagne de Reims, car la commune comprend aussi des terres agricoles et son vignoble est peu étendu. Muté à l'alcool vinique de même provenance, le moût est élevé pendant 3 ans dans trois fûts de chêne différents. Ambre foncé à reflets orangés, le ratafia offre un nez patiné, sur la noix, l'orange confite et le tabac blond. Les fruits confits se nuancent de caramel et de vanille dans une bouche riche sans lourdeur, de bonne longueur. Assez chaleureux, l'ensemble offre un petit côté « rhum vieux » plaisant. ⧗ 2024-2029

CHAMPAGNE PAUL SADI, 21 bis, rte Nationale, 51360 Beaumont-sur-Vesle, tél. 03 26 40 25 18, paul.sadi@orange.fr V r.-v.

CHAMPAGNE SANGER Androphore ★

| n.c. | | 20 à 30 € |

L'École de viticulture d'Avize a vu le jour en 1919 grâce au legs des époux Puisard, riches négociants. Depuis 1927, c'est un établissement public (rebaptisé Viti Campus) qui forme la majorité des professionnels champenois. En 1952, d'anciens élèves ont créé la coopérative des Anciens. Aujourd'hui, ils sont quelque 100 coopérateurs, et environ 2 000 apprentis et stagiaires se forment à la vigne et à la cave en participant à l'élaboration des cuvées. Chef de cave, Nicolas Robert dispose de 13 ha répartis sur 42 crus représentant l'ensemble de l'appellation et 70 % de ses approvisionnements sont en grand cru. (CM)

Ce ratafia assemble à parts égales pinot noir et chardonnay. Chacun des deux moûts a été élevé pour moitié en fût, pour l'autre en bonbonne de verre. Ambre clair à reflets dorés, minéral et iodé au nez, il développe de fines notes de mirabelle, de fruits secs ou confits associées à un boisé évocateur de tabac. Plus simple, un peu marquée par l'alcool, la bouche rappelle avec suavité la pâtisserie vanillée. ⧗ 2024-2029

CHAMPAGNE SANGER, 33, rempart du Midi, 51190 Avize, tél. 03 26 57 79 79, contact@champagne-sanger.fr V r.-v.

IGP COTEAUX DE COIFFY

DOM. CAMUS RENAUT
Réserve du domaine Chardonnay 2023 ★

| 6500 | | 5 à 8 € |

Ce domaine de 16 ha, dont les vignes sont plantées en lyre, a été restructuré en 1982 par les prédécesseurs de Laurent Renaut, à la tête de l'exploitation depuis 1995, épaulé par sa fille Camille depuis 2020.

D'un bel or pâle, ce chardonnay livre à l'olfaction des parfums de poire, d'agrumes et d'églantine rafraîchis par une note mentholée. Une attaque pleine et fraîche ouvre sur une bouche suave, qui fait écho aux arômes du bouquet. Un ensemble harmonieux. ⧗ 2024-2027

DOM. CAMUS RENAUT, 6, rue des Bourgeois, 52400 Coiffy-le-Haut, tél. 06 72 37 89 43, contact.coteauxdecoiffy@gmail.com V *t.l.j. 14h30-18h; f. dim. oct.-avril et sam. janv.-fev.*

B DOM. FLORENCE PELLETIER
Philadelphie 2023 ★

| 8850 | | 11 à 15 € |

Installés en 1996, Florence et Pierre Pelletier conduisent un domaine de 12 ha en IGP Coteaux de Coiffy. Ils ont fait du bio dès 2009 et de la biodynamie en 2017.

Ce 100 % auxerrois dévoile un joli nez de fleurs blanches, d'agrumes, d'herbes fraîches et de noisette. Quelques notes gourmandes de fleur d'oranger s'ajoutent à cette palette dans une bouche ronde et suave, stimulée par de fins amers en finale. ⧗ 2024-2027

FLORENCE PELLETIER, 3, rue des Bourgeois, 52400 Coiffy-le-Haut, tél. 03 25 90 21 12, caves-de-coiffy@wanadoo.fr V *t.l.j. sf dim. 15h-18h; groupes sur r.-v.*

IGP HAUTE-MARNE

♥ LE MUID MONTSAUGEONNAIS
Les Grandes Vignes Pinot noir 2022 ★★

■ | 16 500 | | 11 à 15 €

Après un long sommeil dû à la crise phylloxérique de la fin du XIXᵉs., le vignoble de la Haute-Marne renaît de ses cendres depuis la fin des années 1980 grâce à l'action d'une poignée d'hommes du terroir, à l'image de Dominique Bernard, à la tête depuis 1989 d'un vignoble de près de 14 ha établi sur les coteaux du Montsaugeonnais et certifié bio depuis 2023. Une valeur sûre. (RM)

Le pinot noir à son meilleur et un coup de cœur de plus pour ce domaine d'une régularité exemplaire. Griotte, groseille, confiture de fruits noirs, Zan, une belle gourmandise fruitée se dégage du verre. Elle ne baisse pas de ton dans une bouche tout en douceur, soyeuse, étayée par des tanins fins et élégants, avec en prime une belle fraîcheur qui ajoute à son dynamisme et son allonge. Un charme fou, et pour quelques années encore. ⌛ 2025-2032 ■ **Chardonnay 2023 ★★ (8 à 11 €; 45 000 b.)** Ⓑ Premier millésime certifié bio pour le domaine. Dans le verre, une belle expression aromatique autour de l'aubépine, de la poire et du coing, agrémentée d'une touche végétale. Une note anisée s'ajoute à cette palette florale et fruitée dans une bouche vive, alerte, salivante. Un blanc énergique. ⌛ 2024-2027

LE MUID MONTSAUGEONNAIS, 23, av. de Bourgogne, 52190 Le Montsaugeonnais, tél. 06 70 55 02 86, muidmontsaugeonnais@orange.fr V *t.l.j sf lun. dim. 9h-12h 14h-18h*

JURA

LE JURA

Faisant le pendant de celui de la Bourgogne, de l'autre côté de la vallée de la Saône, ce vignoble à la géologie tourmentée et au climat plus continental, est d'une superficie bien plus restreinte. Il occupe les pentes qui descendent du premier plateau des monts du Jura vers la plaine : une bande de 80 km de long, traversant tout le département du Jura, de Salins-les-Bains, au nord, à Saint-Amour, au sud. Les terroirs les plus favorables se situent en coteaux entre 250 et 400 m d'altitude. Ils voient naître des vins atypiques, à l'image du célèbre vin jaune, du vin de paille ou encore du macvin.

Les cépages locaux sont parfaitement adaptés aux terrains argileux du Jura. On trouve ainsi le poulsard, cépage rouge peu tannique à l'origine de rosés et de rouges légers. Le trousseau, autre cépage local, donne des vins rouges plus colorés et riches en tanins. Le pinot noir est souvent associé au trousseau dans les rouges et dans les effervescents blancs de noirs. Autre cépage bourguignon, le chardonnay apporte son riche bouquet aux vins blancs, secs et effervescents. Le savagnin, cépage blanc local, donne naissance au célèbre vin jaune, autre spécialité jurassienne avec le vin de paille.

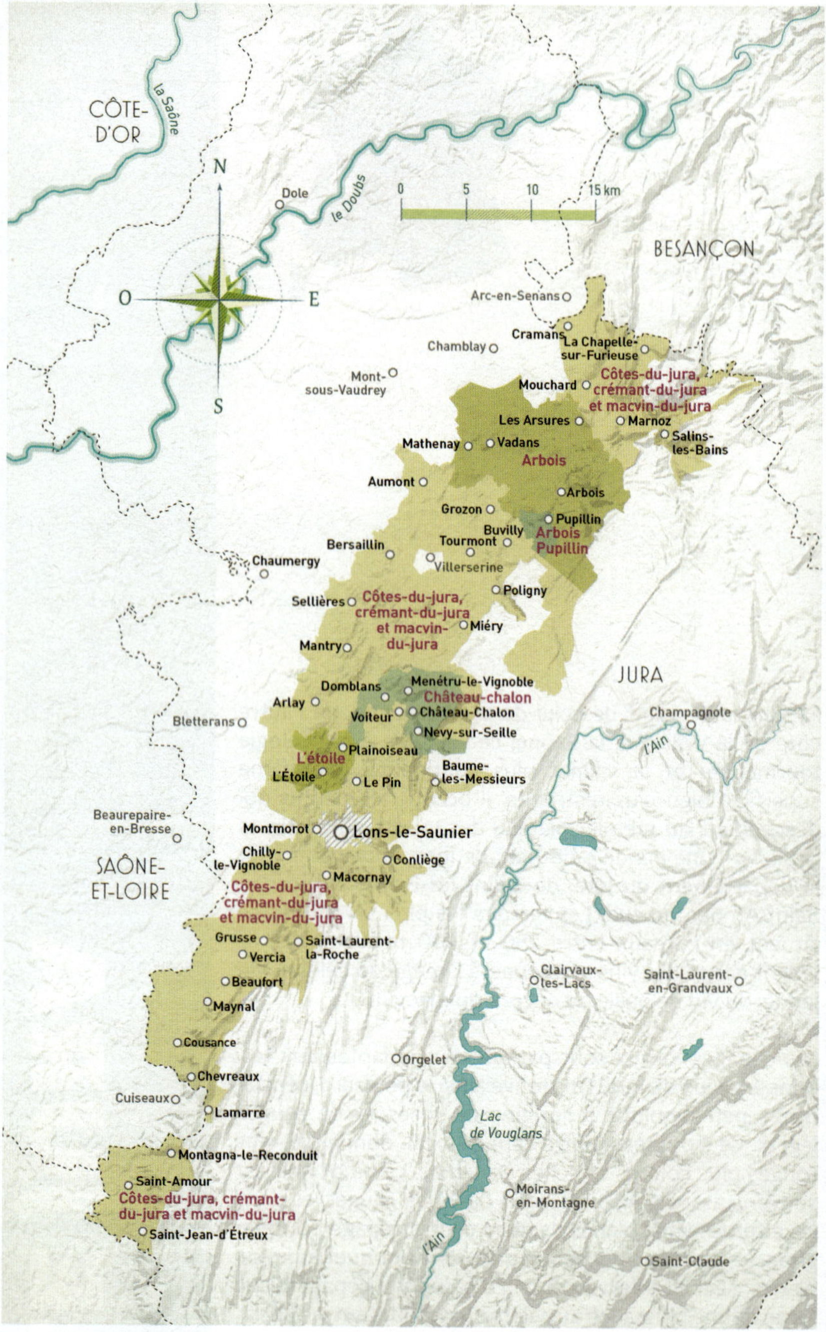
CÔTE-D'OR
la Saône
N
O
E
S
Dole
le Doubs
0
5
10
15 km
BESANÇON
Arc-en-Senans
Cramans
La Chapelle-sur-Furieuse
Chamblay
Mont-sous-Vaudrey
Mouchard
Côtes-du-jura, crémant-du-jura et macvin-du-jura
Les Arsures
Marnoz
Salins-les-Bains
Mathenay
Vadans
Arbois
Aumont
Arbois
Grozon
Pupillin
Buvilly
Arbois Pupillin
Tourmont
Bersaillin
Chaumergy
Villerserine
Poligny
Sellières
Côtes-du-jura, crémant-du-jura et macvin-du-jura
Miéry
Mantry
JURA
Domblans
Menétru-le-Vignoble
Château-chalon
Arlay
Château-Chalon
Voiteur
Bletterans
Nevy-sur-Seille
Champagnole
l'Ain
Plainoiseau
L'étoile
L'Étoile
Le Pin
Baume-les-Messieurs
Beaurepaire-en-Bresse
Montmorot
Lons-le-Saunier
Chilly-le-Vignoble
Conliège
SAÔNE-ET-LOIRE
Macornay
Côtes-du-jura, crémant-du-jura et macvin-du-jura
Grusse
Saint-Laurent-la-Roche
Vercia
Beaufort
Clairvaux-les-Lacs
Saint-Laurent-en-Grandvaux
Maynal
Cousance
Orgelet
Chevreaux
Cuiseaux
Lamarre
Lac de Vouglans
Montagna-le-Reconduit
Saint-Amour
Côtes-du-jura, crémant-du-jura et macvin-du-jura
Moirans-en-Montagne
Saint-Jean-d'Étreux
l'Ain
Saint-Claude

Le **Jura** en un clin d'œil

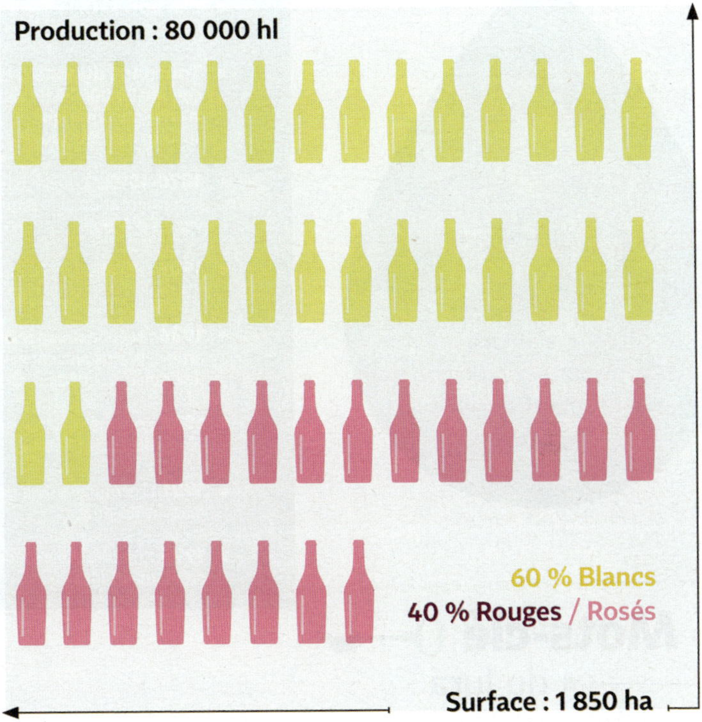

Types de vins

- Blancs secs
- Vins jaunes
- Blancs liquoreux (vins de paille)
- Rouges
- Rosés
- Effervescents

Principaux **cépages**

- Chardonnay
- Savagnin
- Pinot noir
- Poulsard (ou ploussard)
- Trousseau

Hiérarchie des vins

4 AOC viticoles dites « géographiques » : arbois, côtes-du-jura, l'étoile et château-chalon

2 AOC dites « produits » : macvin-du-jura (vin de liqueur) et crémant-du-jura (effervescent)

Un peu d'histoire

- **I[er]s. apr. J.-C. :** Pline le Jeune évoque les vins du Jura.
- **Tournant du XX[e]s. :** la région compte 20 000 ha de vignes avant la crise phylloxérique et produit surtout des vins rouges.
- **1870-1892 :** Louis Pasteur étudie la fermentation alcoolique dans ses vignes d'Arbois.
- **1906 :** création de la coopérative d'Arbois.
- **1936 :** reconnaissance des AOC arbois, la plus ancienne appellation de France, et château-chalon.
- **1937 :** reconnaissance des AOC côtes-du-jura et l'étoile.
- **1991 :** reconnaissance de l'AOC macvin-du-jura.
- **1995 :** reconnaissance de l'AOC crémant-du-jura.

Mots-clé du Jura

1 Passerillage

Séchage des grappes de raisins sur claies de façon à obtenir un taux de sucre élevé.

2 Vin de paille

Vin liquoreux issu du raisin passerillé de savagnin, de poulsard, de chardonnay et de trousseau (AOC arbois, côtes-du-jura et l'étoile).

3 Vin jaune

Vin issu du savagnin élevé pendant un minimum de 6 ans et 3 mois sous voile de levures, dans des fûts non-ouillés, laissés en vidange, afin d'assurer une lente oxydation (AOC château-chalon, arbois, côtes-du-jura et l'étoile).

4 Vin de voile

Vin élevé dans des fûts non-ouillés, sous une couche de levures qui assurent une oxydation lente propice au développement des composants aromatiques.

Principaux **millésimes** dégustés dans cette **édition**

TYPES DE VIN	CARACTÉRISTIQUES DU MILLÉSIME	QUALITÉ DU MILLÉSIME
Rouges 2022	Réussi tant en qualité qu'en quantité, ce millésime épargné (pour une fois) par les aléas climatiques et le gel, présente des jus remarquables, idéalement fruités, frais et élégants, avec une bonne consistance de matière et une maturité aboutie.	★★★★★
Rouges 2021	Tout petit millésime, touché par la grêle et le gel, cette année n'aura pas laissé grand-chose, ni aux vignerons ? ni aux amateurs. Tardif et compliqué, il restera dans les annales comme une année noire.	★★☆☆☆
Rouges 2020	Très réussi tant en qualité qu'en quantité, ce millésime précoce et ensoleillé présente des jus remarquables, idéalement fruités, frais et élégants, avec une bonne consistance de matière et une maturité aboutie. La garde s'impose.	★★★★★
Blancs 2022	C'est encore une très belle année de blanc, entre gourmandise et énergie, sans trop de pression de maladies, et les plus belles réussites sauront défier le temps.	★★★★★
Blancs 2021	Marquée par une avalanche de calamités climatiques, cette année a donné très peu de raisins, à peine 20 % du potentiel escompté. On ne verra donc pas beaucoup de bouteilles de ce millésime en rayon hélas.	★★★☆☆
Blancs 2020	Les maturités abouties de ce millésime chaud n'ont pas empêché la fraîcheur et la tension. C'est donc une très belle année de blanc, entre gourmandise et énergie, et les plus belles cuvées sauront défier le temps.	★★★★☆

ARBOIS

Superficie : 795 ha
Production : 30 000 hl (54 % rouge et rosé ; 45 % blanc et jaune ; 1 % vin de paille)

La plus connue des appellations du Jura s'applique à tous les types de vins produits sur douze communes de la région d'Arbois. Il faut rappeler l'importance des marnes triasiques dans cette zone, et la qualité toute particulière des « rosés » de poulsard qui sont issus des sols correspondants. Réputé justement pour ses vins de poulsard, le village de Pupillin peut faire figurer son nom sur les étiquettes à côté de celui d'Arbois.

CAVEAU DE BACCHUS
Cuvée des Géologues Trousseau Marne rouge 2022 ★

4400 | 20 à 30 €

Le caveau de Bacchus, c'est le repaire original qu'a créé Lucien Aviet en 1961 dans le charmant village de Montigny-lès-Arsures. Son fils l'y a rejoint en 1999. Ils dirigent une exploitation de 5 ha et pratiquent la vinification et l'élevage en foudre pour toutes leurs cuvées, dont les bouteilles sont cirées.

Une vinification très traditionnelle, en foudres, avec les levures indigènes, a donné ce trousseau couleur cerise burlat. Le nez est encore discret mais laisse apparaître quelques jolies notes fruitées. Solide et d'une grande amplitude, la bouche abrite une bonne matière avec un développement fruité prometteur. ⧗ 2026-2030

CAVEAU DE BACCHUS, 4, quartier de la Boutière, 39600 Montigny-lès-Arsures, tél. 03 83 66 11 02, caveaubacchus39@gmail.com V *t.l.j. sf dim. 8h-12h 13h-17h30*

PAUL BENOIT ET FILS Vin jaune 2017 ★

3000 | 30 à 50 €

Paul Benoit et son fils Christophe, installés au hameau La Chenevière, ancien lieu de culture du chanvre, exploitent un domaine de 9 ha sur le terroir de Pupillin, complété par une activité de négoce.

Domiciliés rue du Chardonnay à Pupillin, c'est bien sûr avec du savagnin que les vignerons ont élaboré ce vin jaune couleur or pâle, expressif au nez, sur fond de fruits secs. Équilibrée, la bouche est d'une belle intensité, avec une base de pain d'épice évolutive, accompagnée de fruits secs. ⧗ 2026-2040

PAUL BENOIT ET FILS, 2, rue du Chardonnay, La Chenevrière, 39600 Pupillin, tél. 03 84 37 43 72, paul-benoit-et-fils@orange.fr V *t.l.j. sf sam. dim. 10h-16h*

♥ B DOM. DUGOIS La Damelière Trousseau 2022 ★★

2500 | 15 à 20 €

Daniel Dugois s'installe en 1974 et commercialise sa production au négoce. En 1982, il décide d'élaborer lui-même ses vins. Son fils, Philippe, le rejoint en 2007 après avoir vinifié à l'étranger. Il conduit seul le domaine (12 ha) depuis 2013 à la retraite de son père. En 2014, son épouse Mélanie le rejoint sur le domaine. Le millésime 2022 est le premier labellisé « agriculture biologique ».

Vendangées manuellement, ce sont des grappes de trousseau dit « à la dame » (caractérisé par des grains très aérés) qui ont permis d'élaborer ce très beau vin couleur rubis. Peu nombreux, les raisins expriment alors le meilleur du terroir et ça tombe bien, c'est ici que ce cépage se plaît le plus. D'un élevage de 24 mois en foudres, ce vin a tiré un nez intense où le fruité excelle, associé à quelques notes d'élevage. En bouche, les tanins sont présents mais soyeux, et les fruits rouges s'expriment avec amplitude dans une structure d'un équilibre très assuré. ⧗ 2026-2032 **Vin jaune 2016 ★ (30 à 50 € ; 4200 b.)** L'intensité du nez n'a d'égal que la robe d'or. Fruits secs et pomme s'imposent. Riche aussi mais encore un peu éthérée, la bouche possède une belle acidité, celle qui donne du potentiel de garde. ⧗ 2027-2040

DOM. DUGOIS, 4, rue de la Mirode, 39600 Les Arsures, tél. 03 84 66 03 41, daniel.dugois@orange.fr V *t.l.j. sf dim. 10h-12h 14h-18h*

♥ DOM. FORET Poulsard 2023 ★★

4000 | 11 à 15 €

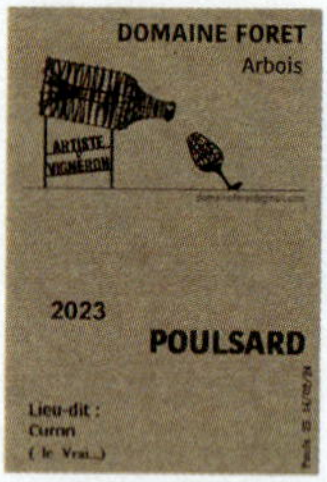

Sur les 7,5 ha cultivés dans ce domaine, 3,5 ha sont situés au lieu-dit Les Corvées, qui appartenait avant la Révolution à une abbaye d'Arbois où les paysans faisaient « la corvée ». Mais Fréderic Foret, artiste à ses heures, est aussi un passionné de soudure. On lui doit le clavelin en métal géant et son verre que l'on ne peut rater à Arbois, au bord de la nationale 83.

L'homme se dit artiste et vigneron. Ici, c'est bien une synthèse de ces deux métiers. Une œuvre magistrale que ce poulsard grenat aux reflets orangés. Originaire du lieu-dit Curon, dont Fréderic Foret dit que c'est « le vrai », on est dans une heure de vérité face à ce nez fruité, tout de cerise fait. La bouche sera-t-elle à la hauteur ? Eh bien oui, et sacrément. Légèrement perlante, elle est souple, gouleyante et persistante sur la griotte. Une fraîcheur qui ira aussi bien à l'apéritif qu'avec un magret de canard aux cerises. ⧗ 2024-2028

DOM. FORET, 13, rue de la Faïencerie, 39600 Arbois, tél. 06 20 48 27 80, domaineforet@gmail.com V *r.-v.*

DOM. DE LA GRANGE GRILLARD
Grande Côte de Grillard Pinot noir 2022 ★★

5000 | 11 à 15 €

La marque de négoce Michel Tissot et Fils, gérée depuis 1995 par Henri Maire (groupe Boisset), provient d'une maison fondée en 1896 dans le petit village de Nevy-sur-Seille, au pied de Château-Chalon, où sont encore situées les caves.

Après une macération de trois semaines avec pigeages et remontages, ce vin de pinot noir a été élevé 12 mois en fûts de chêne. Fruits rouges et noirs s'expriment sans réserve au nez. Si la matière tannique est très présente en bouche, à la limite de la sévérité, il y a cependant beaucoup d'amplitude, de complexité et de potentiel. À suivre donc. ⧗ 2028-2034

MICHEL TISSOT ET FILS, En Boichailles, 39600 Arbois, tél. 03 84 66 42 39, jhauller@henri-maire.fr

FRÉDÉRIC LORNET
Signé Roger Trousseau à la dame 2022 ★

	2500		20 à 30 €

Il est plutôt rare pour un viticulteur de travailler sur le site d'une abbaye cistercienne du XIIᵉs., et il n'est pas non plus souvent donné aux œnophiles de déguster dans une ancienne chapelle. Boire un vin de Frédéric Lornet, c'est un peu aller aux sources de l'abbaye de Gennes et du travail séculaire autour de la vigne et du vin. Une valeur sûre.

Roger, c'est le prénom du père de Frédéric Lornet. Une manière pour le vigneron de lui rendre hommage avec cette cuvée élaborée uniquement avec des raisins de vignes de trousseau à la dame plantées il y a une cinquantaine d'années dans les argiles rouges. Profonde, la robe rubis s'entoure de reflets couleur framboise. Le nez est discret mais d'une belle fraîcheur, sur les fruits rouges comme il se doit. Tout d'abord vive, la bouche s'avère légère et gouleyante. ⧗ 2024-2028

FRÉDÉRIC LORNET, L'Abbaye, 39600 Montigny-lès-Arsures, tél. 03 84 37 45 10, frederic.lornet@orange.fr V t.l.j sf dim. 9h-12h 13h30-17h30

DOM. MAIRE ET FILS
Vignes de Sorbief Chardonnay 2022 ★★

	1300		15 à 20 €

Né en 1917, Henri Maire fut le pionnier de la vente de vin grâce à laquelle il fit prospérer après-guerre sa petite maison de négoce. Également propriétaire de vignes, la société rebaptisée Domaine Maire et Fils est depuis 2015 sous le contrôle de l'entreprise bourguignonne Boisset. Un acteur important du vignoble.

Plantées voilà 50 ans sur la propriété historique de la famille Maire, au sud-ouest d'Arbois, ces vignes de chardonnay ont donné un beau vin, citronné à souhait au nez. C'est tout de suite plaisant. Une fine acidité apporte beaucoup de fraîcheur à une bouche élégante. Le citronné est toujours là et une pointe d'amertume est présente sans que cela soit gênant. ⧗ 2025-2030

DOM. MAIRE ET FILS, BP 106, 39600 Arbois, tél. 06 64 40 14 54, jhauller@henri-maire.fr V t.l.j sf lun. dim. 9h-12h 14h-19h

DOM. MARTIN-FAUDOT ET FILS
Cuvée Champs Fleurs Melon à queue rouge 2023 ★★

	4000		15 à 20 €

Louis Faudot obtint en 1896 de la part de la société de viticulture d'Arbois un diplôme d'honneur pour ses recherches concernant le greffage. Héritier de ces savoir-faire, Joris Faudot, qui représente la cinquième génération, est à la tête depuis 2022 d'un domaine familial de 13 ha.

Cette cuvée provient d'une parcelle exposée plein sud dans la «reculée» des Planches, sous les falaises des Roches du feu. Le melon à queue rouge, variété de chardonnay, y donne un vin couleur or aux reflets rosés. Floral mais surtout fruité, le nez est magnifique. Une fine acidité tient une bouche délicate où on découvre le litchi. Un bel ensemble dont l'élevage en fût reste discret. ⧗ 2025-2030 **Vin de paille 2020 ★ (30 à 50 €; 2500 b.)** 50 % de chardonnay, 30 % de poulsard et le solde en trousseau pour ce vin de paille d'un vieil or soutenu. Le premier nez n'est pas très intense mais se développe ensuite sur de belles senteurs de fruits secs, de champignon et de poire surmûrie. La bouche, un peu furtive mais enveloppante, est très liquoreuse, infusée de notes de caramel et d'un joli fruité. ⧗ 2027-2035

DOM. MARTIN-FAUDOT ET FILS, 19, rue Bardenet, 39600 Mesnay, tél. 03 84 66 29 97, info@domaine-martin.fr V r.-v. B

AUGUSTE PIROU Tradition 2022 ★

	20000		8 à 11 €

Henri Maire s'est servi de son surnom, Auguste Pirou, pour créer une marque destinée à la grande distribution. Une maison de négoce aujourd'hui dans le giron du groupe bourguignon Boisset.

La tradition n'empêche pas la précision : 42,5 % de trousseau, 42,5 % de poulsard et 15 % de pinot noir pour ce vin d'un seyant rubis tuilé. Le nez est léger, frais et fruité. Souple et sur les fruits rouges, la bouche apparaît légère, gouleyante. Un style simple mais agréable, avec une bonne finale sur la réglisse. À apprécier dans ses jeunes années. ⧗ 2024-2027

AUGUSTE PIROU, 3, pl. Notre-Dame, BP 172, 21205 Beaune Cedex 5, tél. 03 80 26 33 00, cva@cva-beaune.fr

DOM. ROLET Chardonnay 2022 ★

	11872		15 à 20 €

Un domaine créé par Désiré Rolet dans les années 1940, puis géré par ses enfants des années durant et cédé à la famille Devillard en 2018. Les Bourguignons ont ainsi investi dans ce domaine de premier ordre, aujourd'hui encore une des plus importantes exploitations du Jura, dans les appellations arbois, côtes-du-jura, l'étoile et château-chalon. En conversion vers l'agriculture biologique.

Deux mois de cuve et onze de fût pour ce chardonnay aux beaux reflets dorés. La vinification et l'élevage en fûts récents (10 %) et anciens se sentent au nez. Le boisé est donc bien présent, mais à côté de très jolies notes d'agrumes, de tilleul et de fruits blancs. On retrouve l'empreinte de l'élevage en bouche avec cependant un bon équilibre et une acidité plaisante. Pour les amateurs de vins structurés et puissants. ⧗ 2026-2033 **Trousseau 2022 ★ (15 à 20 €; 16650 b.)** Macéré à froid pendant 3 jours puis cuvé pendant 17 jours, ce trousseau couleur cerise a été élevé en fûts anciens pendant 7 mois. Les fruits rouges apparaissent tout de suite au nez, la griotte notamment. La bouche se montre assez stricte mais c'est un vin d'une bonne longueur. ⧗ 2026-2030

DOM. ROLET, chem. de Montesserin, rte de Dôle, 39600 Arbois, tél. 03 84 66 00 05, contact@domainerolet.com V t.l.j. 10h-12h30 13h30-19h

JACQUES TISSOT Vin jaune 2017 ★★

	10000		30 à 50 €

C'est en 1962 que Jacques Tissot crée son domaine avec une parcelle héritée de son père. La modernisation

des chais est engagée en 1992 avec la création d'une surface de 2 000 m² au bord de la nationale 83. Aujourd'hui, la propriété, conduite désormais par les enfants, Philippe et Nathalie, compte 30 ha de vignes.
D'une couleur or soutenue, ce vin jaune affiche tout de suite au nez une totale conformité aux canons de l'appellation. La noix verte règne en maître, laissant quand même un peu de place à la pomme et au beurré. C'est à la fois intense et délicat. Aucune déception ensuite pour la bouche, qui prend la même trajectoire avec une matière bien équilibrée. Une belle montée en puissance, associée à une bonne persistance. ⧗ 2027-2050

DOM. JACQUES TISSOT, 39, rue de Courcelles, BP 88, 39600 Arbois, tél. 03 84 66 24 54, contact@domaine-jacques-tissot.fr V r.-v.

CHÂTEAU-CHALON

Superficie : 50 ha / Production : 1 620 hl

Le plus prestigieux des vins du Jura est exclusivement du vin jaune, le célèbre vin de voile élaboré en quantité limitée selon des règles strictes. Le raisin est récolté sur les marnes noires du lias, dans un site remarquable : un vieux village établi sur des falaises. La mise en vente s'effectue six ans et trois mois après la vendange. Il est à noter que, dans un souci de qualité, les producteurs eux-mêmes ont refusé l'agrément en AOC pour les récoltes de 1974, 1980, 1984 et 2001.

CAVEAU DES BYARDS 2017 ★

1300 | 30 à 50 €

Cette petite coopérative est relativement récente puisqu'elle a été créée en 1953. C'est une affaire à taille humaine : 44 ha de vignes seulement et 17 adhérents. Mais elle investit régulièrement et sa production figure souvent en bonne place dans le Guide, notamment en crémant, qui représente 50 % de sa production.
Une belle intensité au nez, sur un fin citronné. La bouche sait être à la fois fraîche et enrobante, avec un mariage alcool/acidité harmonieux. Une douceur peu commune pour cette appellation, mais cette délicatesse est appréciée malgré une expression aromatique réservée. ⧗ 2027-2040

CAVEAU DES BYARDS, 265, rte de Voiteur, 39210 Le Vernois, tél. 03 84 25 33 52, info@caveau-des-byards.fr V *t.l.j. sf dim. 9h-12h 14h-18h*

DOM. GENELETTI Vigne aux Dames 2017 ★

7000 | 30 à 50 €

Le domaine, historiquement ancré dans l'appellation l'étoile, s'est agrandi dans les appellations château-chalon et arbois dont il est devenu l'une des belles références. Il compte désormais 15 ha, conduits depuis 1997 par David Geneletti, qui s'est installé à Château-Chalon, dans une ancienne maison d'Henri Maire.
La robe d'or est d'une grande intensité. Le nez est plus discret mais sait nous emmener vers la noix sèche, le curry et le champignon. La bouche est bien constituée, suffisamment acide et diffusant toujours la noix sèche et les épices, que certains auraient aimées plus affirmées. ⧗ 2027-2040

DOM. GENELETTI, 14, rue St-Jean, 39210 Château-Chalon, tél. 06 81 25 03 87, contact@domaine-geneletti.com V *t.l.j. 9h-12h 14h-18h*

DOM. GRAND En Beaumont 2016 ★

2050 | 50 à 75 €

Chez les Grand, on est vigneron de père en fils depuis 1692. Après René Grand, Lothain et ses frères consacrent les années 1970 à 1990 à développer le domaine familial. Aujourd'hui, ce sont Emmanuel (fils de Lothain) et son épouse Nathalie qui conduisent les 10 ha de vignes, en appellations côtes-du-jura, château-chalon et arbois. Le vignoble est désormais cultivé en agriculture biologique. Une valeur sûre.
Ah, les beaux reflets verts de la jeunesse ! Le nez semble lui aussi traduire des fragrances juvéniles, entre citron et brioché, avec quelques notes florales très fraîches. Élégante, la bouche est légère, avec un peu de noisette. La rétro-olfaction nous donne de jolies envolées de pomme mûre. Un style délicat, mais qui offre de belles perspectives. ⧗ 2027-2040

DOM. GRAND, 139, rue du Savagnin, 39230 Passenans, tél. 06 75 78 28 32, contact@domaine-grand.com V r.-v.

DOM. FRÉDÉRIC LAMBERT En Beaumont 2016 ★★

1000 | 30 à 50 €

Œnologue de formation, Frédéric Lambert a commencé à acheter des vignes en production et des terrains dès 1993. L'installation s'est faite dix ans plus tard et l'exploitation compte désormais 12 ha, comprenant tous les cépages jurassiens, vendangés manuellement. Romain, le fils, a intégré l'exploitation familiale fin 2020.
De couleur jaune pâle, ce château-chalon se donne sans compter au nez : du citronné, associé à de la pomme et du mousseron. Un très agréable début de rencontre. Ample et équilibrée, la bouche se montre aussi bien ronde, offrant avec générosité de jolies notes d'épices. Doté en outre d'une belle acidité, ce vin jaune devrait pouvoir affronter les années avec confiance. ⧗ 2027-2045

DOM. FRÉDÉRIC LAMBERT, 76, chem. des Effarets, 39230 Toulouse-le-Château, tél. 06 26 70 35 15, domainefredericlambert@orange.fr V r.-v.

♥ DOM. MAIRE ET FILS 2016 ★★★

1500 | 30 à 50 €

Né en 1917, Henri Maire fut le pionnier de la vente de vin grâce à laquelle il fit prospérer après-guerre sa petite maison de négoce. Également propriétaire de

vignes, la société rebaptisée Domaine Maire et Fils est depuis 2015 sous le contrôle de l'entreprise bourguignonne Boisset. Un acteur important du vignoble.
On n'attendrait pas moins d'un vin jaune qu'il le soit… mais celui-ci est doré à souhait. Après avoir tapé dans l'œil, voici que le nez fait des ravages. De l'élégance et du «typé» : figue, fruits confits, champignon, sous-bois et brioché sont de magnifiques notes. Ronde, ample, entière, la bouche s'ouvre à chaque seconde sur quelque chose de nouveau. On vogue ainsi de la noix vers les champignons en passant par le cacao. La structure est parfaitement équilibrée. L'alcool et l'acidité sont à leur juste place. Déjà prêt à boire mais pouvant vieillir, longtemps, ce château-chalon est vraiment un «vin plaisir». ⧗ 2025-2040

DOM. MAIRE ET FILS, BP 106, 39600 Arbois, tél. 06 64 40 14 54, jhauller@henri-maire.fr V *t.l.j sf lun. dim. 9h-12h 14h-19h*

JEAN-LUC MOUILLARD 2017 ★

■	2000	◍	30 à 50 €

Depuis 1991, Jean-Luc Mouillard, fils de vignerons coopérateurs et agriculteurs à Nevy-sur-Seille, élève dans ses belles caves voûtées datant de la fin du XVIᵉs. des vins des appellations l'étoile, côtes-du-jura, macvin-du-jura, crémant-du-jura et château-chalon. Des vins nés sur 11 ha de vignes qu'il exploite avec son épouse Annie et son fils Mathieu. Un vigneron multi-appellations et une valeur (très) sûre du vignoble jurassien.
Le nez met tout de suite en confiance : nous sommes bien dans le Jura, au cœur du vin jaune, dans une plaisante intensité : d'abord les épices, notamment le curry, et ensuite les fruits secs et un léger fumé. La première bouche peut interpeller avec une attaque mordante, mais cette belle acidité va servir une évolution tout à fait agréable, en soutien d'un développement sur les fruits secs. La puissance est installée sans heurts pour ce vin très représentatif de l'appellation. ⧗ 2027-2040

JEAN-LUC MOUILLARD, 379, rue du Parron, 39230 Mantry, tél. 03 84 25 94 30, domainemouillard@hotmail.fr V *r.-v.*

DOM. DE SAVAGNY 2017 ★★

■	4000	◍	30 à 50 €

Un domaine de 45 ha, créé en 1986 par Claude Rousselot-Pailley et acquis une quinzaine d'années plus tard par la Maison du Vigneron, affaire de négoce établie à Crançot, dans le giron des Grands Chais de France.
Typé, le nez l'est assurément. La noix sèche, le curry, la chicorée torréfiée, on est dans le domaine du «jaune», c'est sûr. L'attaque en bouche est franche, avec l'acidité attendue pour ce type de vin. L'intensité aromatique est modérée mais la qualité est là, avec toujours la noix et les épices. Un vin bien constitué, que l'on verrait bien avec un filet de sandre à la crème. ⧗ 2025-2040

DOM. DE SAVAGNY, 22, rte de Champagnole, Crançot, 39570 Hauteroche, tél. 03 84 87 61 30, rachel.gondol@maisonduvigneron.fr V *t.l.j sf dim. 8h-12h30 13h30-18h*

CÔTES-DU-JURA

Superficie : 512 ha
Production : 20 540 hl (70 % blanc et jaune ; 28 % rouge et rosé ; 2 % vin de paille)

L'appellation englobe toute la zone du vignoble de vins fins et produit tous les types de vins jurassiens, à l'exception des effervescents.

♥ B FRUITIÈRE VINICOLE D'ARBOIS
Fructea Savignin 2022 ★★★

■	15000	◍	20 à 30 €

Arbois, 1906 : après la crise phylloxérique, quelques vignerons décident de fonder cette coopérative, l'une des premières en France. La fruitière est toujours là, forte des apports de cent familles vigneronnes (pour 300 ha de vignes), de chais modernes au château Béthanie, acquis en 1969, et d'une gamme très complète. Ses vins figurent souvent en tête d'affiche dans le Guide. Une vénérable maison mais une nouvelle équipe : David Pillot la dirige depuis 2023, avec l'arrivée aussi d'une nouvelle direction commerciale et d'un nouvel œnologue.
On peut être né au début du siècle dernier mais proposer des vins «tendance», tel ce savagnin ouillé jaune d'or aux beaux reflets verts. Le premier nez surprend. Ces notes pétrolées sont peu courantes, puis viennent les arômes d'agrumes plus habituels et consensuels. Quant à la bouche, très fraîche, elle oscille entre minéralité et salinité. La finale poivrée interpelle, avec beaucoup de bonheur cependant. Les différentes strates aromatiques de ce vin se révèlent au fur et à mesure d'une dégustation atypique mais fort agréable. Une vraie découverte. ⧗ 2027-2033

FRUITIÈRE VINICOLE D' ARBOIS, 2, rue des Fossés, 39600 Arbois, tél. 03 84 66 30 12, contact@chateau-bethanie.fr V *r.-v.*

DOM. BADOZ Vin jaune 2017 ★★

■	10000	◍	30 à 50 €

Dix générations de Badoz se sont succédé sur ce domaine de 10 ha, dont les caves sont situées dans la petite ville de Poligny, qui sait si bien marier production viticole et affinage de fromage de comté. Benoît a pris la succession de son père en 2003 et le domaine est désormais certifié agriculture biologique.
De couleur or pâle, ce vin jaune offre un nez d'une belle intensité, sur le caramel et les fruits secs. Vif en bouche, il monte en puissance au cours de la dégustation, sur les fruits secs et les champignons séchés. La longueur est de mise et la finale très agréable. Un vin cohérent et classique pour des plats d'accompagnement qui le sont aussi, comme le poulet de Bresse au vin jaune par exemple. ⧗ 2027-2040
■ **Vin de paille 2020** ★ **(20 à 30 €; 4500 b.)** B Paré d'une robe d'or aux reflets ambrés, ce vin de paille nous aborde au nez d'abord avec un fond d'acidité volatile, mais viennent très vite des notes fruitées d'abricot sec et de fruits confits. Ample et chaleureuse, la bouche est bien typée, dotée d'une solide palette aromatique toujours dans ce même registre fruité. Une envie gourmande au

JURA

cœur de l'hiver? Essayez avec un carré de chocolat noir. ⧗ 2026-2034 ■ **Trousseau Marnes rouges 2022 ★ (15 à 20 €; 8000 b.)** Ⓑ Les marnes rouges du lias d'où ce trousseau est issu sont d'une couleur vraiment beaucoup moins prononcée. La robe, entre cassis et violine, est bien brillante. Le nez est encore fermé mais livre déjà quelques jolies notes de cerise, de mûre et un peu d'épices. Ronde et avenante, la bouche s'ouvre sur la fraise et finit sur la griotte. Les tanins sont fondus et l'harmonie confirmée. Représentatif de l'appellation et du millésime, ce vin est prometteur. ⧗ 2025-2030

DOM. BENOÎT BADOZ, 3, av. de la Gare, 39800 Poligny, tél. 03 84 37 18 00, contact@domaine-badoz.fr V r.-v.

♥ Ⓑ DOM. BERTHET-BONDET
Tradition 2019 ★★

■ | 5000 | | 15 à 20 €

Domaine créé en 1985 par Jean Berthet-Bondet, ancien maire de Château-Chalon et ingénieur agronome, tout comme son épouse. Conduit selon les règles de l'agriculture biologique, les 13 ha de vignes et les caves voûtées sont gérés depuis 2018 par leur fille Hélène. Une valeur très sûre du Jura viticole.

Un assemblage de 70 % de chardonnay et de 30 % de savagnin, élevé 24 mois en fût non ouillé, sous voile de levure. D'une couleur or légère aux reflets verts, ce vin d'amateur commence son opération de séduction par un nez magnifique évoluant entre mirabelle, notes végétales et pointes de curry. L'attaque en bouche est vive mais bien dans le type. La dégustation se poursuit dans le fondu, la délicatesse et l'équilibre, où noix, curry et fenouil nous emmènent au cœur du Jura et bien au-delà. Superbe, tant par sa qualité que par sa typicité. ⧗ 2027-2035 ■ **Trio 2022 ★ (15 à 20 €; 6500 b.)** Ⓑ Les trois mousquetaires sont le trousseau (60 %), le poulsard (30 %) et le pinot noir (10 %). Élevé 10 mois en cuve Inox, cet assemblage est fruité au nez (cassis, cerise) et avec une pointe fauve. Ronde et tout aussi fruitée, la bouche révèle une belle harmonie issue des qualités intrinsèques des trois cépages jurassiens. ⧗ 2024-2029

DOM. BERTHET-BONDET, 7, rue de la Tour, 39210 Château-Chalon, tél. 03 84 44 60 48, domaine@berthet-bondet.com V r.-v.

ANDRÉ BONNOT
À l'origine Savagnin ouillé 2022 ★

■ | 2000 | | 11 à 15 €

Située au cœur du village de Saint-Lothain, la maison André Bonnot est une petite affaire de négoce créée en 1936 par Xavier Bonnot. La quatrième génération est à l'œuvre, formée par Damien et Richard, les fils de Thierry.

Cette cuvée de pur savagnin a été fermentée dans des fûts de 500 l, dont un tiers de bois neuf, élevée onze mois avec ouillage et bâtonnée pendant les trois premiers mois. Tout d'abord brioché, le nez passe rapidement sur les agrumes. Racée, la bouche séduit par sa fraîcheur et sa qualité aromatique. ⧗ 2025-2030 ■ **Chardonnay 2023 ★ (8 à 11 €; 10000 b.)** Cette cuvée a été fermentée en cuve et élevée six mois en fûts sur lies fines. Frais et fruité au nez, c'est un vin qui conserve sa fraîcheur en bouche, avec un léger perlant, du volume et des arômes sympathiques de bonbon anglais. ⧗ 2024-2028

ANDRÉ BONNOT, 75, rte du Revermont, 39230 Saint-Lothain, tél. 03 84 37 10 89, contact@vinsbonnot.fr V *mar.-ven. 8h-12h 14h-18h*

CAVEAU DES BYARDS Poulsard 2023 ★

■ | 11000 | | 8 à 11 €

Cette petite coopérative est relativement récente puisqu'elle a été créée en 1953. C'est une affaire à taille humaine : 44 ha de vignes seulement et 17 adhérents. Mais elle investit régulièrement et sa production figure souvent en bonne place dans le Guide, notamment en crémant, qui représente 50 % de sa production.

Dans l'optique de la préservation de la fraîcheur et du fruit, ce poulsard n'a pas été élevé en fût. Macéré six jours, il a été vieilli en cuve pendant six mois. Couleur pelure d'oignon, il est fruité au nez, avec une légère réduction. Le côté griotte à l'eau-de-vie participe à une bouche fruitée, légère et acidulée. Un vin friand pour un barbecue d'été. ⧗ 2024-2027

CAVEAU DES BYARDS, 265, rte de Voiteur, 39210 Le Vernois, tél. 03 84 25 33 52, info@caveau-des-byards.fr V *t.l.j. sf dim. 9h-12h 14h-18h*

Ⓑ DOM. GRAND
La Grande Chaude Chardonnay ★

■ | 2500 | | 20 à 30 €

Chez les Grand, on est vigneron de père en fils depuis 1692. Après René Grand, Lothain et ses frères consacrent les années 1970 à 1990 à développer le domaine familial. Aujourd'hui, ce sont Emmanuel (fils de Lothain) et son épouse Nathalie qui conduisent les 10 ha de vignes, en appellations côtes-du-jura, château-chalon et arbois. Le vignoble est désormais cultivé en agriculture biologique. Une valeur sûre.

Pur chardonnay, cette cuvée a été élevée en fût de 10 ans pendant 14 mois. Avec un nom pareil, on pourrait s'attendre à une personnalité autre, mais c'est en fait un vin de nature timide. Le nez, sur le tilleul, est discret mais très intéressant. La bouche est un peu plus affirmée, avec une structure vive qui supporte de beaux arômes citronnés. L'ensemble est très agréable. ⧗ 2025-2029 ■ **Vin jaune 2016 ★ (30 à 50 €; 2050 b.)** Si l'intensité du nez n'est pas élevée, la composition aromatique de ce dernier est à la hauteur des attentes : de la noix fraîche accompagnée d'un peu de boisé. La bouche est fraîche; on y retrouve la noix, avec des notes de champignon et un peu d'épices et de citron. Le style reste léger. ⧗ 2026-2032

DOM. GRAND, 139, rue du Savagnin, 39230 Passenans, tél. 06 75 78 28 32, contact@domaine-grand.com V r.-v.

DOM. JOLY Le Monceau 2020 ★

■ | 3200 | | 11 à 15 €

Cette société a été créée en 2000 à partir d'un domaine fondé à la fin des années 1960 par Claude Joly. Son fils Cédric en est aujourd'hui le gérant et conduit un vignoble de 7 ha.

La fermentation de cet assemblage de 65 % de chardonnay et de 35 % de savagnin a eu lieu en cuve et le vieillissement sous voile en fût pendant trois ans. D'abord végétal, le nez évolue sur la croûte de comté. Toujours un peu lactée, la bouche est fraîche, voire vive. Un vin qu'il est conseillé de carafer. ⧗ 2026-2030

DOM. JOLY, 3, chem. des Patarattes, 39190 Rotalier, tél. 03 84 25 04 14, contact@domainejoly.fr V *r.-v.*

DOM. DE LAHAYE Cœur de marne 2020 ★

1400 | 15 à 20 €

Créé en 2003 à Nevy-sur-Seille, ce domaine dirigé par Guillaume Tissot compte aujourd'hui 7 ha et produit toute la gamme des vins du Jura sur la commune de Domblans où se situe désormais la cuverie, installée dans une ancienne fromagerie.

Composée de 100 % de savagnin, élevée en fût sous voile, cette cuvée est très expressive. Au nez, on y retrouve du fenouil, de la noix fraîche, du curry et du coing. En bouche, la colonne vertébrale est acide mais la structure le supporte parfaitement, dans un bel équilibre général, avec toujours le fenouil et un rappel d'anis et de menthol. Un très beau potentiel. ⧗ 2027-2035

DOM. DE LAHAYE, 199, rte de Voiteur, 39210 Domblans, tél. 06 80 38 54 06, domainedelahaye@yahoo.fr V *t.l.j. sf dim. 10h-19h*

DOM. FRÉDÉRIC LAMBERT Les Murgers 2022 ★

1600 | 15 à 20 €

Œnologue de formation, Frédéric Lambert a commencé à acheter des vignes en production et des terrains dès 1993. L'installation s'est faite dix ans plus tard et l'exploitation compte désormais 12 ha, comprenant tous les cépages jurassiens, vendangés manuellement. Romain, le fils, a intégré l'exploitation familiale fin 2020.

Cette cuvée de trousseau n'est élaborée que dans les meilleurs millésimes à partir de raisins cueillis manuellement et issus des plus vieilles vignes de ce cépage. Après vieillissement en foudres de 640 l, elle se révèle intense à l'œil, violacée et brillante. Au nez, le cassis s'impose dans toutes ses formes : fruits très mûrs et bourgeons. Ample, fruitée, très cassis aussi, la bouche s'avère de ce fait étonnante. ⧗ 2025-2029

DOM. FRÉDÉRIC LAMBERT, 76, chem. des Effarets, 39230 Toulouse-le-Château, tél. 06 26 70 35 15, domainefredericlambert@orange.fr V *r.-v.*

♥ JEAN-LUC MOUILLARD Bas de la Chaux 2022 ★★★

8000 | 11 à 15 €

Depuis 1991, Jean-Luc Mouillard, fils de vignerons coopérateurs et agriculteurs à Nevy-sur-Seille, élève dans ses belles caves voûtées datant de la fin du XVIᵉ s. des vins des appellations l'étoile, côtes-du-jura, macvin-du-jura, crémant-du-jura et château-chalon. Des vins nés sur 11 ha de vignes qu'il exploite avec son épouse Annie et son fils Mathieu. Un vigneron multi-appellations et une valeur (très) sûre du vignoble jurassien.

Ce pur chardonnay de couleur or a démarré sa fermentation en cuve et l'a finie en fût. L'élevage en barrique, avec ouillage, a duré 18 mois. Ce n'est donc pas un hasard si on y retrouve du boisé au nez, mais sans prééminence. De tons légèrement briochés, on accède à des notes plus accomplies sur le fruit et le miel. Fraîcheur et minéralité caractérisent une bouche complexe, délicatement beurrée, où l'équilibre règne en maître. Le boisé, qualitatif, est toujours très bien intégré. Imparable. ⧗ 2027-2034

JEAN-LUC MOUILLARD, 379, rue du Parron, 39230 Mantry, tél. 03 84 25 94 30, domainemouillard@hotmail.fr V *r.-v.*

DOM. NOIR FRÈRES Savagnin 2018 ★

5000 | 15 à 20 €

Jean-Yves et Philippe Noir ont pris la suite de leur père sur une propriété de 11 ha. Adhérents à la cave coopérative depuis 1976, ils ont décidé en 2003 de vinifier au domaine. Le nom de celui-ci fait référence à la nature des sols du terroir polinois.

Ce savagnin a été élevé 4 ans en fût sous voile. De couleur or pâle, il est expressif au nez, dans un registre floral et fruité, où la noisette trouve toute sa place. Bien équilibrée, la bouche suit la trajectoire aromatique du bouquet en y associant le curry et le curcuma. La finale est un peu sévère mais l'impression générale reste très bonne. ⧗ 2026-2030

DOM. NOIR FRÈRES, La Petite-Marne, zone Grimont-Sud, 39800 Poligny, tél. 09 81 39 19 74, contact@noir-freres.com V *t.l.j. sf mar. dim. 10h-12h 14h-18h30*

AUGUSTE PIROU Floral Chardonnay 2023 ★

20000 | 8 à 11 €

Henri Maire s'est servi de son surnom, Auguste Pirou, pour créer une marque destinée à la grande distribution. Une maison de négoce aujourd'hui dans le giron du groupe bourguignon Boisset.

Or pâle aux reflets argentés, ce vin de chardonnay a été conçu pour décliner la fraîcheur. Opération réussie : pêche et agrumes occupent le nez tandis que le pamplemousse investit la bouche. Celle-ci, bien que tendue, reste équilibrée. Un vin consensuel, facile mais agréable. Un plateau de fruits de mer serait le bienvenu. ⧗ 2024-2027

AUGUSTE PIROU, 3, pl. Notre-Dame, BP 172, 21205 Beaune Cedex 5, tél. 03 80 26 33 00, cva@cva-beaune.fr

DOM. PIERRE RICHARD Le 54 Savagnin 2017 ★★

4900 | 20 à 30 €

Pierre Richard s'est installé en 1976 à la suite de son père. Son fils Vincent est revenu sur l'exploitation en 2009 et a pris les rênes de la propriété en 2017. Les 12 ha de vignes sont cultivés principalement dans le village du Vernois, dont le vignoble a fait l'objet d'un vaste remembrement dans les années 1960. Une

JURA

conversion vers l'agriculture biologique a été engagée en 2018.

54 comme le nombre de mois passés en fût. Ce vieux millésime issu de savagnin a été élevé 5 ans sous voile. Il a acquis de ce temps de maturation une belle couleur or, très avenante. Le savagnin saute au nez dans une expression de fût chaud, de tarte Tatin, de noisette, de curry et de poivre. Tout à fait dans la veine attendue de ce type de vin, la bouche s'avère fraîche, avec une bonne persistance aromatique. Heureux rappel pour l'année d'installation de Vincent Richard, ce vin harmonieux est une boussole pour le vigneron (le millésime précédent a d'ailleurs obtenu un coup de cœur) et un appel au plaisir pour l'amateur. ⧗ 2025-2035

DOM. PIERRE RICHARD, 136, rte de Voiteur, 39210 Le Vernois, tél. 03 84 25 33 27, domainepierrerichard@wanadoo.fr V *r.-v.*

♥ DOM. DE SAINTE-MARIE
Duo de savagnin ★★

| 6000 | 15 à 20 € |

La devise du domaine est *Fidelis, Fortisque Simul*, soit «fidèles et forts à la fois». Bertrand de Sainte-Marie, son fils Gaëtan et Nicolas Cottier, œnologue, ont relancé ce domaine de 14 ha en 2020.

Un assemblage non millésimé de savagnin ouillé et de savagnin vieilli sous voile. C'est dans l'esprit des vins blancs «tradition» mais en ayant remplacé le chardonnay par du savagnin ouillé. Un choix gagnant : le nez, typé, nous promène allègrement et intensément entre la noisette, le curry et le fenouil, avec une petite pointe de comté. À la fois structurée, riche et très fraîche, la bouche évolue dans le registre aromatique bien typé de la pomme cuite et de la noix. ⧗ 2027-2034

DOM. DE SAINTE-MARIE, chem. de la Plaine, Saint-Germain-lès-Arlay, 39210 Arlay, tél. 03 84 44 97 33, contact@domaine-de-sainte-marie.com V *t.l.j. sf sam. dim. 9h-19h*

DOM. DE SAVAGNY
Vin jaune 2017 ★★★

| 9000 | 30 à 50 € |

Un domaine de 45 ha, créé en 1986 par Claude Rousselot-Pailley et acquis une quinzaine d'années plus tard par la Maison du Vigneron, affaire de négoce établie à Crançot, dans le giron des Grands Chais de France.

Les vins jaunes sont parfois un peu troubles. Celui-ci est parfaitement limpide. La robe est d'un plaisant jaune d'or. Le premier nez est un peu fermé, puis il s'ouvre sur une belle ampleur, avec des notes très typiques de noix sèche et d'épices. L'attaque est fraîche et la bouche va conserver une agréable tension tout au long de la dégustation, avec des arômes de noix verte et de curry qui s'en donnent à cœur joie dans une longueur infinie. ⧗ 2027-2040

DOM. DE SAVAGNY, 22, rte de Champagnole, Crançot, 39570 Hauteroche, tél. 03 84 87 61 30, rachel.gondol@maisonduvigneron.fr V *t.l.j sf dim. 8h-12h30 13h30-18h*

FRUITIÈRE VINICOLE DE VOITEUR
Le Melon 2020 ★★

| 8059 | 11 à 15 € |

Cette fruitière – une coopérative, au sens de la mise en commun du fruit du travail – a été créée assez récemment, en 1957, par rapport à de vénérables consœurs locales. Située au pied de Château-Chalon, elle offre un panorama intéressant sur le village et le vignoble. Elle regroupe 70 vignerons pour une surface plantée de 75 ha.

Ne cherchez pas un quelconque rapport avec la cucurbitacée, ni avec un couvre-chef, ni encore avec le cépage du Muscadet. Le melon, c'est juste ici le synonyme de chardonnay. Il y aurait presque de quoi «prendre le melon» avec ce magnifique vin, issu pour partie d'un élevage en cuve et pour autre partie d'un élevage en fûts neufs avec bâtonnage et ouillage. Au nez, ça sent bon la croûte de pain grillé et le beurré, mais aussi, plus subtilement, le tilleul. Cédrat, pamplemousse et autres agrumes opèrent une grande opération de séduction dans une bouche fraîche, d'une grande harmonie. ⧗ 2026-2032

FRUITIÈRE VINICOLE DE VOITEUR, 60, rue de Nevy, 39210 Voiteur, tél. 03 84 85 21 29, voiteur@fvv.fr V *t.l.j. 9h-12h 14h-18h; dim. 10h-12h 14h-18h*

CRÉMANT-DU-JURA

Superficie : 331 ha
Production : 19 700 hl (93 % blanc)

Reconnue en 1995, l'AOC crémant-du-jura s'applique à des mousseux élaborés selon les règles strictes des crémants (la méthode traditionnelle), à partir de raisins récoltés à l'intérieur de l'aire de production de l'AOC côtes-du-jura. Les cépages rouges autorisés sont le poulsard (ou ploussard), le pinot noir (appelé localement gros noirien) et le trousseau; les cépages blancs sont le chardonnay (appelé aussi melon d'Arbois ou gamay blanc), le savagnin (appelé localement naturé) et le pinot gris (rare).

FRUITIÈRE VINICOLE D'ARBOIS
Blanc de Blancs ★★

| 120 000 | 15 à 20 € |

Arbois, 1906 : après la crise phylloxérique, quelques vignerons décident de fonder cette coopérative, l'une des premières en France. La fruitière est toujours là, forte des apports de cent familles vigneronnes (pour 300 ha de vignes), de chais modernes au château Béthanie, acquis en 1969, et d'une gamme très complète. Ses vins figurent souvent en tête d'affiche dans le Guide. Une vénérable maison mais une nouvelle équipe : David Pillot la dirige depuis 2023, avec l'arrivée aussi d'une nouvelle direction commerciale et d'un nouvel œnologue.

Issu du seul chardonnay, ce crémant est très pâle, avec peu de bulles mais plutôt fines. L'expression est beaucoup plus affirmée au nez, où se mêlent des arômes beurrés, boisés et briochés à de jolies notes florales. Une belle balance se dévoile en bouche entre alcool, sucre et acidité. C'est fondu, agréable, avec une bonne présence et une petite amertume qui va bien en finale. ⧗ 2024-2027

FRUITIÈRE VINICOLE D' ARBOIS, 2, rue des Fossés, 39600 Arbois, tél. 03 84 66 30 12, contact@chateau-bethanie.fr V r.-v.

CAVEAU DES BYARDS 2022 ★

●	10000	🍾	11 à 15 €

Cette petite coopérative est relativement récente puisqu'elle a été créée en 1953. C'est une affaire à taille humaine : 44 ha de vignes seulement et 17 adhérents. Mais elle investit régulièrement et sa production figure souvent en bonne place dans le Guide, notamment en crémant, qui représente 50 % de sa production.

Le pinot noir (60 %), le trousseau (35 %) et le poulsard (5 %) composent ce rosé aux reflets saumon, orné d'une mousse de bonne tenue. Plutôt discret, le nez apparaît fruité, entre groseille et fraise bien mûre. Les bulles sont foisonnantes en bouche et le fruité toujours bien présent. Une bulle simple et agréable. ⧗ 2024-2026

CAVEAU DES BYARDS, 265, rte de Voiteur, 39210 Le Vernois, tél. 03 84 25 33 52, info@caveau-des-byards.fr V *t.l.j. sf dim. 9h-12h 14h-18h*

DOM. CARTAUX-BOUGAUD
Blanc de blancs Paul Cartaux Réserve ★★

●	2500	🍾	11 à 15 €

L'exploitation familiale a été créée en 1973. Co-exploitant en 1993, Sébastien Cartaux assure seul le devenir du domaine depuis 2010, secondé par son épouse Sandrine. Le vignoble, en conversion bio, couvre 20 ha, dont la moitié en appellation l'étoile.

Rien que du chardonnay pour cette cuvée à la mousse abondante et de bonne tenue. Très ouvert, le nez se montre beurré, floral, fruité et un peu miellé. Une qualité et une diversité aromatiques appréciées. Et comme la bouche poursuit cette même ligne, l'impression d'harmonie n'en est que renforcée. Les bulles sont plaisantes et aucunement agressives, même si très présentes. Le tout dans une longueur très agréable. ⧗ 2024-2027

DOM. CARTAUX-BOUGAUD, 5, rue des Vignes, Juhans, 39140 Arlay, tél. 03 84 48 11 51, contact@vinscartaux.fr V *t.l.j. sf dim. 8h-12h 16h-19h*

CAVES DE LA MUYRE ★★

●	20000	🍾	8 à 11 €

Cette petite affaire dirigée par Nicolas Mieville est implantée au cœur du vignoble jurassien, au pied du célèbre vignoble de Château-Chalon.

Du chardonnay mais aussi du savagnin (20 %) pour cette cuvée de couleur jaune pâle, qui présente 8 g/l de sucres résiduels. Dans le verre, une belle effervescence et une bonne tenue de mousse. Le nez est fin même s'il est plutôt discret, entre floral et beurré. La fraîcheur est le maître-mot de ce crémant bien dosé, précis, élégant et harmonieux. Le vin d'apéritif par excellence. ⧗ 2024-2027

LES CAVES DE LA MUYRE, 39210 Domblans, tél. 06 10 01 94 78, mieville.n@lescavesdelamuyre.fr

♥ FRUITIÈRE VINICOLE DE PUPILLIN
Papillette ★★

●	19750	🍾	8 à 11 €

Fondée par quelques vignerons en 1909, cette coopérative couvre aujourd'hui 50 ha provenant d'une trentaine de sociétaires, pour une production d'environ 3 500 hl. Située au cœur du village, dans un cadre régulièrement modernisé, elle allie les dernières techniques de vinification et le respect des usages traditionnels.

Pinot noir (70 %) et poulsard sont à l'origine de ce superbe crémant rosé à la robe très prononcée. Tout aussi intense, le nez se montre bien ouvert, centré sur les fruits rouges. La bouche apparaît tendre, ample, flatteuse et très bien pourvue sur le plan aromatique (framboise, cerise, fraise). Nos papilles sont toutes émoustillées par cette belle et bonne Papillette. La finale, riche en matière, affiche une légère sucrosité enrobante. ⧗ 2024-2027

FRUITIÈRE VINICOLE DE PUPILLIN, 35, rue du Ploussard, 39600 Pupillin, tél. 03 84 66 12 88, info@pupillin.com V *t.l.j. 9h-12h 14h-18h*

♥ B DOM. PIERRE RICHARD
Extra-brut Harmonie ★★

●	25000	🍾	15 à 20 €

Pierre Richard s'est installé en 1976 à la suite de son père. Son fils Vincent est revenu sur l'exploitation en 2009 et a pris les rênes de la propriété en 2017. Les 12 ha de vignes sont cultivés principalement dans le village du Vernois, dont le vignoble a fait l'objet d'un vaste remembrement dans les années 1960. Une conversion vers l'agriculture biologique a été engagée en 2018.

Beaucoup de chardonnay (95 %) et une pointe de pinot noir pour cet extra-brut, c'est-à-dire sans sucres résiduels, ce qui se pratique et séduit de plus en plus. De très jolies bulles fines et persistantes s'échappent d'une robe jaune pâle aux reflets dorés. Déjà très ouvert, le nez accroche tout de suite avec des tons de fleurs blanches, de pomme verte et d'anis. D'emblée très fraîche, la bouche s'avère élégante dans un très beau développement floral. À la fois aromatique, très alerte et avec un beau potentiel de vieillissement, ce crémant pourra être apprécié tant à l'apéritif que tout au long d'un repas. Un vin complet. ⧗ 2024-2028

JURA

DOM. PIERRE RICHARD, 136, rte de Voiteur, 39210 Le Vernois, tél. 03 84 25 33 27, domainepierrerichard@wanadoo.fr V r.-v.

MICHEL TISSOT ET FILS
Grande Tradition ★

20 000 | 8 à 11 €

La marque de négoce Michel Tissot et Fils, gérée depuis 1995 par Henri Maire (groupe Boisset), provient d'une maison fondée en 1896 dans le petit village de Nevy-sur-Seille, au pied de Château-Chalon, où sont encore situées les caves.

Une belle effervescence et une mousse qui se tient, des notes florales et de pêche blanche au nez, dans une intense fraîcheur : l'approche est engageante. Équilibré, affichant une bonne présence, le palais penche toutefois du côté de la vivacité. Pour l'apéritif et pour les amateurs de crémants tendus. ⧗ 2024-2027

MICHEL TISSOT ET FILS, En Boichailles, 39600 Arbois, tél. 03 84 66 42 39, jhauller@henri-maire.fr

L'ÉTOILE

Superficie : 66 ha / Production : 2 345 hl

Le village doit son nom à des fossiles, segments de tiges d'encrines (échinodermes en forme de fleurs), petites étoiles à cinq branches. Son vignoble produit des vins blancs, jaunes et de paille.

♥ DOM. GENELETTI
Génésius Savagnin ouillé 2022 ★★

9 000 | 15 à 20 €

Le domaine, historiquement ancré dans l'appellation l'étoile, s'est agrandi dans les appellations château-chalon et arbois dont il est devenu l'une des belles références. Il compte désormais 15 ha, conduits depuis 1997 par David Geneletti, qui s'est installé à Château-Chalon, dans une ancienne maison d'Henri Maire.

Un pur savagnin vieilli en fût pendant 12 mois et ouillé. La traditionnelle opulence de cette cuvée est toujours de mise. Le nez évoque autant les fruits blancs que les épices, arômes très révélateurs de ce type d'élevage sur le savagnin. Du relief et du gras pour cette bouche qui, dans une belle longueur, convoque les épices, les agrumes et les fruits secs. Puissant et racé. ⧗ 2026-2032

Floral 2022 ★ (11 à 15 € ; 9 000 b.) Un pur chardonnay qui, bien que discret au nez, est très agréable. La pomme côtoie l'aubépine, le tilleul et les agrumes. La bouche est ronde, légèrement marquée par la lie (levure), mais aussi délicatement citronnée, avec des notes de pomme reinette et de mirabelle en complément. Un vin facile à aimer. ⧗ 2024-2029

DOM. GENELETTI, 14, rue St-Jean, 39210 Château-Chalon, tél. 06 81 25 03 87, contact@domaine-geneletti.com V t.l.j. 9h-12h 14h-18h

♥ DOM. DE MONTBOURGEAU
Savagnin 2019 ★★

3 000 | 20 à 30 €

Propriété familiale acquise par Jean Gros en 1920, c'est désormais la quatrième génération, à travers César et Baptiste Deriaux, qui est à la tête du domaine et ses 11 ha de vignes. Traces de ce changement, la conversion à l'agriculture biologique en cours et la construction d'une nouvelle cuverie finalisée en 2023. Mais l'âme du domaine subsiste, comme cachée dans un environnement préservé entre bois et prairies.

2019, c'est l'année où les vins des jeunes pointent leur premier nez après plusieurs années d'observation. Nicole Deriaux peut être fière. Témoin de ce passage de flambeau remarqué, ce savagnin à la fois puissant et délicat au nez, sur les fruits secs, l'anis et la muscade. La bouche est à l'unisson, riche et complexe, sur l'anis et les fruits secs toujours, mais aussi sur les agrumes et les épices. De la puissance certes, mais dans un équilibre parfait. Vin multigénérationnel, il a aussi la capacité de s'adapter à tous les moments du repas. ⧗ 2026-2030

DOM. DE MONTBOURGEAU, 53, rue de Montbourgeau, 39570 L'Étoile, tél. 03 84 47 32 96, domaine.montbourgeau@wanadoo.fr V r.-v.

♥ JEAN-LUC MOUILLARD
Sélection 2020 ★★

11 400 | 15 à 20 €

Depuis 1991, Jean-Luc Mouillard, fils de vignerons coopérateurs et agriculteurs à Nevy-sur-Seille, élève dans ses belles caves voûtées datant de la fin du XVIᵉ s. des vins des appellations l'étoile, côtes-du-jura, macvin-du-jura, crémant-du-jura et château-chalon. Des vins nés sur 11 ha de vignes qu'il exploite avec son épouse Annie et son fils Mathieu. Un vigneron multi-appellations et une valeur (très) sûre du vignoble jurassien.

Un assemblage de chardonnay (60 %) et de savagnin pour ce vin doré soutenu, qui a été élevé 30 mois en fût. Ample et riche, le nez apparaît miellé, légèrement anisé, et part ensuite du côté des agrumes. Puis un léger boisé s'invite : nous l'accueillons avec plaisir. Puissante, structurée, racée, complexe, la bouche poursuit une route aromatique des plus riches et longues : de la noix, en passant par le fenouil caramélisé et la badiane, on finit sur des notes de miel et de mandarine confite. « La classe », résume le jury. Un étoile brille ! ⧗ 2027-2034

JEAN-LUC MOUILLARD, 379, rue du Parron, 39230 Mantry, tél. 03 84 25 94 30, domainemouillard@hotmail.fr V r.-v.

CH. DE QUINTIGNY
Vin de paille 2020 ★★

| 2200 | 20 à 30 € |

'exploitation familiale a été créée en 1973. Coxploitant en 1993, Sébastien Cartaux assure seul le evenir du domaine depuis 2010, secondé par son pouse Sandrine. Le vignoble, en conversion bio, ouvre 20 ha, dont la moitié en appellation l'étoile.

n tiers de chardonnay, un tiers de savagnin et un tiers e poulsard pour ce vin de paille de couleur ambrée, levé en fût pendant deux ans. Le nez est d'emblée très itense et représentatif de l'appellation. Cacao, caraiel, fruits compotés et nuances torréfiées ouvrent le al. Ample, harmonieuse et riche, la bouche est très quoreuse, avec cependant une note de fraîcheur ui la soutient. Et la longueur est impressionnante. 2027-2034

DOM. CARTAUX-BOUGAUD, rue des Vignes, Juhans, 39140 Arlay, tél. 03 84 48 11 51, ontact@vinscartaux.fr V *t.l.j. sf dim. 8h-12h 3h-19h*

DOM. DE SAINTE-MARIE
Ensemblage 2020 ★★

| 6000 | 15 à 20 € |

a devise du domaine est «*Fidelis, Fortisque Simul*», oit «fidèles et forts à la fois». Bertrand de Sainte-Aarie, son fils Gaëtan et Nicolas Cottier, œnologue, nt relancé le domaine de 14 ha en 2020.

oujours la même recette pour cet «ensemblage» : hardonnay (40 %), savagnin (40 %) et poulsard (20 %) nt été vinifiés séparément en cuve Inox puis assemblés t élevés en foudres durant 14 mois. D'un doré soutenu, robe est limpide et brillante. Beaucoup de richesse se égage de ce nez où l'anis côtoie les épices et les fruits ecs. À l'unisson, la bouche est opulente tant dans sa tructure que dans sa force aromatique. C'est un vin de astronomie, ample et racé, où l'orangette taquine la omme et les épices. Un bel ambassadeur, à déguster ensemble». ⧗ 2027-2034

DOM. DE SAINTE-MARIE, chem. de la Plaine, aint-Germain-lès-Arlay, 39210 Arlay, tél. 03 84 44 97 33, ontact@domaine-de-sainte-marie.com V *t.l.j. sam. dim. 9h-19h*

DOM. PHILIPPE VANDELLE
Vin jaune 2017 ★

| 5600 | 30 à 50 € |

a famille Vandelle est arrivée à L'Étoile dans les nnées 1880. Philippe s'est installé en 2001, en bas du illage. C'est avec Valentin, son fils qui l'a rejoint en 021, qu'il exploite désormais les 15 ha de vignes de propriété. Une valeur sûre de l'appellation l'étoile, ès à l'aise aussi en crémant.

e nez est discret mais les notes vanillées, grillées et oicées sont de qualité. La bouche se révèle quant à le franche, avec une belle diffusion, dans la finesse. ensemble est agréable. ⧗ 2026-2035

DOM. PHILIPPE VANDELLE, 36, rue Bouillod, 39570 L'Étoile, tél. 03 84 86 49 57, fo@vinsphilippevandelle.com V *t.l.j. sf dim. 1-12h 14h-19h*

DOM. VAPILLON Vin de paille 2018 ★

| 1000 | 20 à 30 € |

Jean-Yves Vapillon est un vigneron de la «préfecture» : les bâtiments du domaine familial sont situés dans la première ville du Jura, aux abords de la gare. Quant aux vignes, elles sont essentiellement implantées dans l'appellation l'étoile (6 ha), toute proche, mais aussi en côtes-du-jura (2 ha).

Le moût était composé de 80 % de chardonnay, de 10 % de savagnin et de 10 % de poulsard. Vieil or aux reflets orangés, ce vin de paille fait l'unanimité pour son nez ouvert et complexe, où l'abricot confit rivalise avec le brioché et le raisin frais. La bouche est louée pour son ampleur et son harmonie. ⧗ 2026-2030

DOM. VAPILLON, 120, rte de Macornay, 39000 Lons-le-Saunier, tél. 06 08 64 90 70, domaine.vapillon@gmail.com V *r.-v.*

FRUITIÈRE VINICOLE DE VOITEUR
Tradition 2019 ★

| 6276 | 11 à 15 € |

Cette fruitière – une coopérative, au sens de la mise en commun du fruit du travail – a été créée assez récemment, en 1957, par rapport à de vénérables consœurs locales. Située au pied de Château-Chalon, elle offre un panorama intéressant sur le village et le vignoble. Elle regroupe 70 vignerons pour une surface plantée de 75 ha.

71 % de chardonnay et 29 % de savagnin : de la précision tant pour les chiffres que pour la robe scintillante de ce bel assemblage élevé sous voile de levures pendant 24 mois en fût. Puissant mais subtil, le nez dévoile des notes grillées, de noix et de noisette. La bouche, sur la pomme verte et l'amande, se révèle tout aussi intense. ⧗ 2027-2035

FRUITIÈRE VINICOLE DE VOITEUR, 60, rue de Nevy, 39210 Voiteur, tél. 03 84 85 21 29, voiteur@fvv.fr V *t.l.j. 9h-12h 14h-18h; dim. 10h-12h 14h-18h*

MACVIN-DU-JURA

Superficie : 88 ha
Production : 4 095 hl (92 % blanc)

Tirant probablement son origine d'une recette des abbesses de l'abbaye de Château-Chalon, l'AOC macvin-du-jura – anciennement maquevin ou marc-vin-du-jura – a été reconnue en 1991. C'est en 1976 que la Société de Viticulture engagea pour la première fois une démarche de reconnaissance en AOC pour ce produit très original. L'enquête fut longue. En effet, au cours du temps, le macvin, d'abord vin cuit additionné d'aromates ou d'épices, est devenu mistelle, élaboré à partir du moût concentré par la chaleur (cuit), puis vin de liqueur muté soit au marc, soit à l'eau-de-vie de vin. C'est cette dernière méthode, la plus courante, qui a été finalement retenue pour l'appellation. Vin de liqueur, le macvin met en œuvre du moût ayant subi un léger départ en fermentation, muté avec une eau-de-vie de marc de Franche-Comté à appellation d'origine issue de la même exploitation que le moût. Ce dernier doit provenir des cépages et de l'aire de production ouvrant

droit à l'appellation. L'eau-de-vie doit être « rassise », c'est-à-dire vieillie en fût de chêne pendant dix-huit mois au moins. Après cette association réalisée sans filtration, le macvin doit « reposer » pendant un an en fût de chêne, puisque sa commercialisation ne peut se faire avant le 1er octobre de l'année suivant la récolte. Apéritif d'amateur, il rappelle les produits jurassiens à forte influence du terroir.

♥ DOM. BAUD GÉNÉRATION 9
Lentement vieilli en fût de chêne ★★★

■ | 8800 | ▮ | 15 à 20 €

La neuvième génération de Baud, formée de Clémentine et Bastien, a pris la suite d'Alain et Jean-Michel en 2016, perpétuant ainsi la tradition familiale depuis 1742. Acte de modernité symbolique, le domaine Baud Père et Fils est devenu le domaine Baud Génération 9. Berceau du domaine, le vignoble du Vernois fit l'objet d'un important remembrement dans les années 1960. Les 25 ha de l'exploitation sont implantés en côtes-du-jura, l'étoile et château-chalon. Une valeur très sûre.

La recette peut paraître simple mais le résultat est à la hauteur de la maîtrise absolue du processus : du moût de chardonnay, récolté à la machine, doucement pressé et muté avec du marc du Jura, distillé par la maison Baud et vieilli 24 mois minimum en fût, l'assemblage étant vieilli 3 ans avant commercialisation. Ce macvin jaune doré fait tout de suite tourner la tête au bon sens du terme par son nez enchanteur de fleurs blanches, d'abricot, de pêche, de raisin sec et de caramel. Dans une parfaite harmonie entre l'alcool et le sucre, la bouche se montre à la fois fine et riche. Un vin d'un fondu admirable. ⧗ 2024-2032

⊶ DOM. BAUD GÉNÉRATION 9, 222, rte de Voiteur, 39210 Le Vernois, tél. 03 84 25 31 41, info@domainebaud.fr V ⛏ ▮ *t.l.j sf dim. 9h-12h 14h-18h30*

JEAN-LUC MOUILLARD ★★★

■ | 10000 | ▮ | 15 à 20 €

Depuis 1991, Jean-Luc Mouillard, fils de vignerons coopérateurs et agriculteurs à Nevy-sur-Seille, élève dans ses belles caves voûtées datant de la fin du XVIes. des vins des appellations l'étoile, côtes-du-jura, macvin-du-jura, crémant-du-jura et château-chalon. Des vins nés sur 11 ha de vignes qu'il exploite avec son épouse Annie et son fils Mathieu. Un vigneron multi-appellations et une valeur (très) sûre du vignoble jurassien.

Une pluie d'étoiles pour Jean-Luc Mouillard dans le Guide cette année. En voici trois de plus avec ce macvin couleur paille, qui a attendu 30 mois avant de livrer un nez de miel, de pain d'épice et de menthol, et où bien sûr l'alcool est présent. Ce dernier est toujours là en bouche, dans un bel équilibre avec le sucre. La fraîcheur est installée avec grâce et précision, mais avec aussi un développement aromatique où l'hydromel prend une bonne place. Un côté mentholé renforce l'impression de frais e de tonicité. ⧗ 2027-2034

⊶ JEAN-LUC MOUILLARD, 379, rue du Parron, 39230 Mantry, tél. 03 84 25 94 30, domainemouillard@hotmail.fr V ⛏ ▮ *r.-v.*

DOM. DÉSIRÉ PETIT ★

■ | 10000 | ▮ | 15 à 20

Désiré Petit a bâti dès 1932 ce domaine, qui compt aujourd'hui 27 ha. Ses fils Gérard et Marcel l'ont fai prospérer à partir de 1970, et ce sont désormais le enfants de Marcel, Anne-Laure et Damien, qui e ont la responsabilité, confortant certains position nements, comme les vendanges manuelles, mai explorant aussi de nouvelles voies, telle la cuvée san soufre. Un incontournable du vignoble jurassien, qu a obtenu de nombreux coups de cœur. La certifica tion bio est acquise depuis le millésime 2022.

Pour élaborer leur macvin blanc, les Petit ont utilisé d moût de chardonnay et du marc de 4 à 5 ans d'âge. L nez se révèle bien ouvert, sur le fruit séché et le mie Ample, ronde, un peu tournée vers le sucre pour cer tains, la bouche est d'une agréable facture classique ⧗ 2026-2030

⊶ DOM. DÉSIRÉ PETIT, 62, rue du Ploussard, 39600 Pupillin, tél. 03 84 66 01 20, contact@desirepetit.com V ⛏ ▮ *t.l.j. sf dim. 9h-12h 14h30-18h*

DOM. VAPILLON ★

■ | 2000 | ▮ | 15 à 20

Jean-Yves Vapillon est un vigneron de la « préfec ture » : les bâtiments du domaine familial sont situé dans la première ville du Jura, aux abords de la gare Quant aux vignes, elles sont essentiellement implan tées dans l'appellation l'étoile (6 ha), toute proche mais aussi en côtes-du-jura (2 ha).

Le moût qui a été muté avec du vieux marc était com posé uniquement de chardonnay. D'une couleur ambrée ce macvin va pouvoir encore s'ouvrir mais on devin déjà de belles notes de pain d'épice, d'abricot, de raisi sec et de vanille. Dans le prolongement, avec la confir mation du pain d'épice notamment, la bouche se révèl riche et encore très suave. On patiente pour plus d fondu. ⧗ 2027-2034

⊶ DOM. VAPILLON, 120, rte de Macornay, 39000 Lons-le-Saunier, tél. 06 08 64 90 70, domaine.vapillon@gmail.com V ⛏ ▮ *r.-v.*

FRUITIÈRE VINICOLE DE VOITEUR Vin galant ★

■ | 15349 | ▮ | 15 à 20

Cette fruitière – une coopérative, au sens de la mis en commun du fruit du travail – a été créée asse récemment, en 1957, par rapport à de vénérable consœurs locales. Située au pied de Château-Chalon elle offre un panorama intéressant sur le village et l vignoble. Elle regroupe 70 vignerons pour une su face plantée de 75 ha.

« Vin galant », peut-on lire sur l'étiquette. Il l'est certe avec son nez ouvert, sur les fruits secs et le pain d'épic Il l'est aussi par sa bouche ronde, équilibrée et longu ⧗ 2025-2030

⊶ FRUITIÈRE VINICOLE DE VOITEUR, 0, rue de Nevy, 39210 Voiteur, tél. 03 84 85 21 29, oiteur@fvv.fr V *t.l.j. 9h-12h 14h-18h; dim. 10h-12h 4h-18h*

IGP FRANCHE-COMTÉ

VIGNOBLE GUILLAUME
Collection réservée Pinot noir 2022 ★★

	7500		20 à 30 €

.a famille Guillaume cultive la vigne depuis... 1732, sur es terres de Charcenne. Un long passé viticole, com-lété à la fin du XIXe s. par une activité de pépiniériste iticole. Autant dire que ce vaste domaine de 46 ha ispose d'un matériau de premier choix pour élabo-er ses cuvées; cuvées signées depuis 1989 par Xavier uillaume et très souvent remarquées, notamment elles issues de pinot noir.

Une nouvelle série d'étoiles pour Xavier Guillaume. Ce pinot noir né, et bien né, de ceps de 57 ans, se présente dans une robe sombre et dense qui laisse deviner un vin de caractère. Au nez, se dévoile un fruité expansif, sur les fruits noirs confiturés et la fraise des bois, à peine souligné par les 11 mois passés sous bois. La bouche apparaît nette et franche en attaque, puis monte en puissance, se fait ample, fraîche et concentrée, avec en prime une belle longueur. On met en cave. ⧗ 2026-2030

Chardonnay 2022 ★ (8 à 11 €; 21000 b.) D'une belle couleur paille et dorée, ce blanc livre un bouquet intense de poire, de coing et de fruits secs sur un fond miellé. Un caractère gourmand que prolonge une bouche généreuse, riche et suave, laissant une impression de moelleux. Un blanc solaire, à l'image du millésime. ⧗ 2024-2028

⊶ VIGNOBLE GUILLAUME, 32, Grande-Rue, 70700 Charcenne, tél. 03 84 32 77 22, vignoble@guillaume.fr V *t.l.j. sf dim. 9h15-12h15 14h-18h30; lun. 14h-18h30; groupes sur r.-v.*

SAVOIE

LA SAVOIE ET LE BUGEY

Du lac Léman à la rive droite de l'Isère, dans les départements de la Haute-Savoie, de l'Ain, de l'Isère et surtout de la Savoie, le vignoble savoyard s'éparpille en îlots le long des vallées, borde les lacs ou s'accroche aux basses pentes les mieux exposées des Préalpes. Il fournit surtout des vins friands à boire jeunes, blancs secs pour les deux tiers, mais les sélections du Guide montrent l'existence de vins de caractère, voire de garde.

Dans le département de l'Ain, le vignoble du Bugey connu pour ses effervescents rosés (Cerdon) occupe les basses pentes des monts du Jura, dans l'extrême sud du Revermont, de Bourg-en-Bresse à Ambérieu-en-Bugey, ainsi que celles qui, de Seyssel à Lagnieu, descendent vers la rive droite du Rhône.

Dans ces régions, l'encépagement épouse la diversité des terroirs avec des variétés locales comme la jacquère, l'altesse, la mondeuse, le poulsard jurassien (Cerdon) ou encore la molette, le gringet et le persan qui voisinent avec le chardonnay, le chasselas, le pinot noir et le gamay.

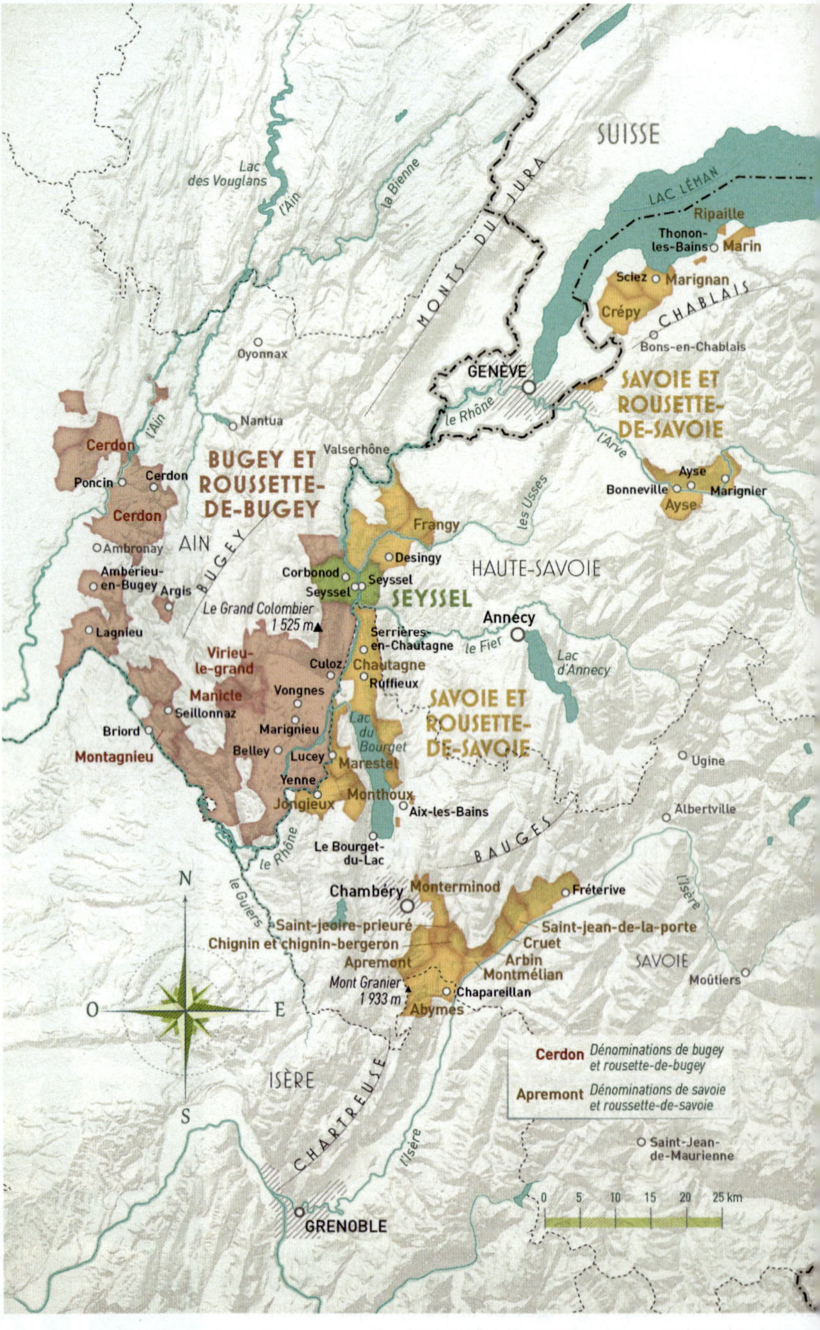
SUISSE
LAC LÉMAN
Ripaille
Thonon-les-Bains
Marin
Sciez
Marignan
Crépy
CHABLAIS
Bons-en-Chablais
MONTS DU JURA
Lac des Vouglans
l'Ain
la Bienne
Oyonnax
GENÈVE
le Rhône
SAVOIE ET ROUSSETTE-DE-SAVOIE
l'Arve
Ayse
Bonneville
Marignier
Nantua
Valserhône
BUGEY ET ROUSSETTE-DE-BUGEY
Cerdon
Poncin
Ambronay
AIN
BUGEY
les Usses
Frangy
Desingy
HAUTE-SAVOIE
Corbonod
Seyssel
SEYSSEL
Ambérieu-en-Bugey
Argis
Le Grand Colombier 1 525 m
Lagnieu
Annecy
Serrières-en-Chautagne
le Fier
Lac d'Annecy
Virieu-le-grand
Culoz
Chautagne
Ruffieux
Manicle
Vongnes
Seillonnaz
Marignieu
Briord
Montagnieu
Belley
Lucey
Lac du Bourget
Marestel
Ugine
Yenne
Jongieux
Monthoux
Aix-les-Bains
Albertville
Le Bourget-du-Lac
BAUGES
le Rhône
N
le Guiers
Chambéry
Monterminod
Fréterive
l'Isère
Saint-jeoire-prieuré
Saint-jean-de-la-porte
Chignin et chignin-bergeron
Cruet
Apremont
Arbin
Montmélian
SAVOIE
Mont Granier 1 933 m
Chapareillan
Moûtiers
O
E
Abymes
Cerdon Dénominations de bugey et rousette-de-bugey
Apremont Dénominations de savoie et roussette-de-savoie
ISÈRE
S
CHARTREUSE
l'Isère
Saint-Jean-de-Maurienne
0 5 10 15 20 25 km
GRENOBLE

La **Savoie** et le **Bugey** en un clin d'œil

Types de vins

Principaux **cépages**

- Jacquère (majoritaire)
- Altesse (roussette)
- Bergeron (roussanne)
- Chasselas
- Chardonnay
- Molette
- Gringet
- Mondeuse
- Gamay noir à jus blanc
- Pinot noir
- Persan
- Poulsard (Cerdon)

Hiérarchie des vins

Savoie

4 AOC
savoie ou vins-de-savoie

(à laquelle sont rattachées 20 dénominations géographiques : voir carte), roussette-de-savoie, seyssel et crémant-de-savoie.

Bugey

2 AOC
bugey et roussette-du-bugey

(auxquelles sont rattachées 4 dénominations géographiques : voir carte)

Un peu d'**histoire**

- **Iers s. apr. J.-C. :** le vignoble des Allobroges est cité par Pine et Columelle.
- **Moyen Âge :** les moines identifient des terroirs viticoles spécifiques pour la qualité des vins.
- **1559 :** édit d'Emmanuel Philibert qui instaure le ban des vendanges, afin de garantir la qualité du raisin.
- **XVIe-XVIIIe s. :** le vignoble se développe et la production de vin augmente. Essor du métayage. Révolution : les terres du clergé, devenues biens nationaux, sont rachetées par des propriétaires privés.
- **1860 :** rattachement de la Savoie à la France
- **1877 :** crise phylloxérique. Replantation du vignoble avec des cépages plus résistants.
- **1930 :** les cépages locaux sont remis à l'honneur.
- **1942 :** reconnaissance de l'AOC seyssel.
- **1948 :** reconnaissance de l'AOC crépy.
- **1973 :** reconnaissance des AOC vin-de-savoie et roussette-de-savoie.
- **2015 :** reconnaissance de l'AOC crémant-de-savoie.

Principaux **millésimes** dégustés dans cette **édition**

TYPES DE VIN	CARACTÉRISTIQUES DU MILLÉSIME	QUALITÉ DU MILLÉSIME
Rouges 2023	Soleil en août et pluie en septembre ont forgé de belles conditions de vendanges en dépit de forts aléas climatiques dans l'année, gel de printemps, grêle parfois très sévère et canicule. Miracle, la récolte est de qualité et les jus scintillants et frais, et les volumes parfaitement dans la moyenne.	★★★☆☆
Rouges 2022	Récolte précoce, chaleur estivale, ce millésime a échappé aux affres du climat et livre des vins rayonnant de fruit, concentrés et promis à une belle garde.	★★★★☆
Rouges 2021	Gel au printemps, mildiou à l'été en raison de l'humidité : ce millésime amputé d'une bonne partie de sa récolte a été très compliqué. Les vins sont de facture classique.	★★☆☆☆
Blancs 2023	Malgré des conditions dantesques dans l'année (gel au printemps, grêle parfois très sévère, canicule), les blancs sortent leur épingle du jeu, démontrant leur finesse et leur fraîcheur, avec de bonnes concentrations et des volumes très convenables.	★★★☆☆
Blancs 2022	Un millésime épargné par les caprices de la météo, aux quantités au niveau, et qui donne de belles raisons de se réjouir, avec des vins aromatiques, fruités, concentrés et élégants.	★★★☆☆

VIN-DE-SAVOIE

Superficie : 1 744 ha
Production : 93 372 hl (70 % blanc)

Le vignoble donnant droit à l'appellation est installé le plus souvent sur les anciennes moraines glaciaires ou sur des éboulis. La dispersion géographique s'ajoute à ce facteur géologique pour expliquer la diversité des vins savoyards, souvent consacrée par l'adjonction d'une dénomination locale à celle de l'appellation régionale (ex. : vin-de-savoie Apremont). Au bord du lac Léman, à Marin, Ripaille, Marignan et Crépy (ex-AOC), comme sur la rive suisse, c'est le chasselas qui règne. Il donne des vins blancs légers, à boire jeunes, souvent perlants. Les autres zones ont des cépages différents et, selon la vocation des sols, produisent des vins blancs ou des vins rouges. On trouve ainsi, du nord au sud, Ayze, au bord de l'Arve, et ses vins blancs pétillants ou mousseux, puis, au bord du lac du Bourget (et au sud de l'appellation seyssel), la Chautagne et ses vins rouges au caractère affirmé. Au sud de Chambéry, les bords du mont Granier recèlent des vins blancs frais, comme le cru Apremont et celui des Abymes, vignoble établi sur le site d'un effondrement qui, en 1248, fit des milliers de victimes. En face, Monterminod, envahi par l'urbanisation, a malgré tout conservé un vignoble qui donne des vins remarquables; il est suivi de ceux de Saint-Jeoire-Prieuré, de l'autre côté de Challes-les-Eaux, puis de Chignin, dont le bergeron a une renommée justifiée. En remontant l'Isère par la rive droite, les pentes sud-est sont occupées par les crus de Montmélian, Arbin, Cruet et Saint-Jean-de-la-Porte.

PHILIPPE BETEMPS Apremont 2023 ★

■	8000	🍾	5 à 8 €

Philippe Betemps s'est installé en 1990 à l'âge de dix-huit ans sur ce domaine établi sur le site d'une ancienne école communale. Ce spécialiste de l'Apremont conduit 10,8 ha de vignes sur les contreforts du mont Granier et sur les dalles calcaires de Saint-Baldoph.

Un nez fin, floral et citronné, une bouche nette, vive et très tonique donnent une belle typicité à cette jacquère tout en fraîcheur. Un bon classique à destiner aux fruits de mer. ⧗ 2024-2026

⊶ PHILIPPE BETEMPS, 431, rte de l'Église, 73190 Apremont, tél. 06 09 05 24 95, philippebetemps@orange.fr V 🚶 ▪ *r.-v.*

DOM. FRANÇOIS CARREL ET FILS Jongieux Vieilles Vignes 2023 ★

■	12000	🍾	5 à 8 €

Créé en 1882, ce domaine familial se consacre à la viticulture depuis 1977. Éric Carrel, représentant la cinquième génération, conduit aujourd'hui un vignoble de 17,5 ha. Sa fille Théa l'a rejoint en 2024.

Des vignes cinquantenaires plantées sur un sol de moraines glaciaires sont à l'origine de cette jacquère bien ouverte sur les fleurs et les fruits blancs, et lui garantissent une belle fraîcheur aux tonalités minérales. ⧗ 2024-2027

⊶ DOM. FRANÇOIS CARREL ET FILS, 3480, rte des Vignobles, 73170 Jongieux, tél. 06 25 99 51 61, commande@vinscarrelfrancois.com V 🚶 ▪ *t.l.j. sf dim. 9h-12h 14h-19h*

DOM. CARREL ET SENGER Jongieux Les Murgers 2022 ★★

■	6000	🛢 🍾	11 à 15 €

Valeur sûre du vignoble savoyard, en blanc comme en rouge, ce domaine a été fondé par les Carrel, vignerons de père en fils depuis 1830 et six générations. Spécialisé dans les années 1970 par Eugène Carrel et conduit par son fils Olivier à partir de 1994, le domaine et ses 33 ha implantés sur les fortes pentes du mont de la Charvaz et du mont du Chat ont été repris en 2022 par Thomas Senger, jeune entrepreneur natif de Savoie et passionné de vin.

Gourmandise et générosité caractérisent cette mondeuse issue de vignes de 45 ans. Un vin au nez flatteur et gourmand de coulis de fraises, de framboise et de sureau, prolongés par une bouche soyeuse et ample, dotée de tanins fins et fondus et d'un boisé très bien dosé. ⧗ 2024-2028

⊶ DOM. CARREL ET SENGER, 3387, rte des Vignobles, 73170 Jongieux, tél. 04 79 44 00 20, contact@carreletsenger.com V 🚶 ▪ *t.l.j. 8h-12h 14h-17h30* 🏠 5

JEAN CAVAILLÉ Chignin Bergeron Terres de famille 2023 ★

■	7000	🍾	11 à 15 €

Fondée en 1949 par Jean Cavaillé, cette maison de négoce a son siège à Aix-les-Bains. Si elle diffuse aujourd'hui des vins de toute la France, elle veille particulièrement à ses vins de Savoie. Laurent Cavaillé représente la troisième génération.

C'est en bouche que cette roussanne au nez discret exprime le mieux les qualités de ce noble cépage : des notes de pêche et d'abricot se fondent ainsi dans une matière ample, tendre et longue, contenue par une fine amertume. ⧗ 2024-2027

⊶ MAISON CAVAILLÉ, 285, bd du Dr-Jean-Jules-Herbert, 73100 Aix-les-Bains, tél. 04 79 61 04 90, web@cavaille.com V ▪ *t.l.j. sf dim. lun. 9h-12h30 14h30-18h30*

CAVE DE CHAUTAGNE Mondeuse Vieilles Vignes 2022 ★

■	15000	🍾	8 à 11 €

Entre lac du Bourget au sud et Rhône à l'ouest, la Chautagne est un petit pays de 15 km de long. La coopérative locale, fondée en 1952, regroupe une cinquantaine de vignerons et vinifie la récolte de 115 ha de vignes.

Totalement égrappée et encuvée durant 12 mois, cette mondeuse issue de vignes tortueuses âgées de 80 ans livre au nez des arômes de fruits rouges épicés, prolongés par une bouche friande, aux tanins souples, étirée dans une longue finale sur le cassis frais. ⧗ 2024-2027

⊶ CAVE DE CHAUTAGNE, 47, imp. de la Cave, 73310 Ruffieux, tél. 04 79 54 27 12, info@vigneron-savoyard.com V ▪ *t.l.j. 9h-12h 14h-19h*

DOM. CHEVALLIER-BERNARD
Jongieux 2023 ★

16 000 | 8 à 11 €

Jean-Pierre Bernard, épaulé par son épouse Chantal et désormais son fils Antoine, a apporté du Beaujolais sa connaissance du gamay quand il s'est installé en 1996 à Jongieux sur la petite exploitation de son beau-père, étendue aujourd'hui sur 15 ha. Il maîtrise aussi la vinification des blancs, comme en témoignent les sélections régulières de sa roussette-de-savoie.

Ce gamay vinifié à la beaujolaise en macération semi-carbonique regorge de fruits rouges. On aime aussi sa bouche souple et chaleureuse, qui s'achève sur des notes poivrées typiques du terroir de Jongieux. ⧗ 2024-2027

DOM. CHEVALLIER-BERNARD, 40, chem. de Vallières, Le Haut, 73170 Jongieux, tél. 06 60 77 14 76, cjpbernard@orange.fr V r.-v.

DOM. DU COLOMBIER Apremont 2023 ★★

16 000 | 8 à 11 €

Aujourd'hui à la tête d'un domaine de 20 ha, Patrick Tardy a démarré en 1987 avec 1 ha d'Apremont, avant de s'étendre sur neuf crus. En 2003, il a inauguré son nouveau chai et un caveau de vente flambant neuf en 2013. Il aime vendanger tard, vinifier à basse température et élever ses vins sur lies fines. Son fils Corentin l'a rejoint en 2024 après sa formation en Bourgogne et en Australie.

Avec son nez délicat de fleurs blanches, de citron et de pamplemousse, ses saveurs fraîches en bouche et son amertume subtile en finale, voici une belle définition de la jacquère dans son terroir d'élection, les éboulis calcaires du mont Granier. ⧗ 2024-2027

DOM. DU COLOMBIER, 230, chem. de la Grue, Les Marches, 73800 Porte-de-Savoie, tél. 06 18 63 11 35, patrick@lesvinstardy.fr V t.l.j. sf dim. 8h-12h 13h30-18h

B DOM. DES CORDULIES
Jacquière aligoté 2023 ★

4 000 | 8 à 11 €

Les coopératives viticoles de Chautagne et du Vigneron savoyard d'Apremont ont fusionné en 2016. Fondées respectivement en 1952 et en 1966, elles réunissent aujourd'hui 60 vignerons qui travaillent individuellement leurs vignes (150 ha au total), puis les vendangent en commun. Ils apportent leur récolte à la cave qui assure la vinification à Ruffieux, l'embouteillage et la commercialisation.

Créé en 2018, conduit en bio et vinifié par la cave de Chautagne, le domaine des Cordulies est basé sur le financement participatif. Issu de jacquère et d'aligoté à parts égales, ce savoie se distingue par ses arômes d'agrumes et de pomme Granny Smith, auxquels fait écho une bouche fraîche et alerte. Un ensemble léger et facile à boire. ⧗ 2024-2026 ■ **Chautagne 2022 ★ (8 à 11 €; 8000 b.) B** Dominé par les fruits rouges, notamment la griotte, soulignés de notes poivrées, ce gamay issu de vignes quarantenaires reflète bien le terroir de grès molassiques de la Chautagne. Un vin souple et léger en bouche, qui ne manque pas non plus de matière. ⧗ 2024-2027

LES VIGNES DES ALPES, 47, imp. de la Cave, 73310 Ruffieux, tél. 04 79 54 27 12, vignesdesalpes@vigneron-savoyard.com V t.l.j. 9h-12h 14h-19h

DOM. DES CROCS BLANCS
Lune rouge Mondeuse Élevé en fût de chêne 2023 ★

1 600 | 20 à 30 €

Avec l'arrivée de Kevin Foucher, en reconversion professionnelle après avoir œuvré dans le milieu hospitalier et nouvel associé de Franck Masson, vigneron en fin de carrière, le domaine change de nom en 2023 et passe à la culture bio (conversion en cours), tout en introduisant des pratiques biodynamiques.

2023 marque le premier millésime du domaine en biodynamie. Vendangée début octobre, cette mondeuse au nez de pivoine et de fruits rouges offre une bouche onctueuse, ronde et gourmande, épaulée par de fins tanins et un boisé bien dosé. ⧗ 2024-2029

DOM. DES CROCS BLANCS, 459, chem. des Désertes, 38530 Chapareillan, tél. 07 78 14 44 05, contact@domainedescrocsblancs.com V t.l.j. sf dim. 10h-12h 13h30-18h

♥ B CAVE DE CRUET
Sublime Mondeuse 2023 ★★

8 000 | 8 à 11 €

La plus importante coopérative savoyarde (240 ha), fondée en 1939, située dans la Combe de Savoie, au sud du massif des Bauges, sur les communes de Saint-Jeoire-Prieuré jusqu'à Fréterive, en passant par Chignin, Francin, Montmélian, Arbin, Cruet, Saint-Jean-de-la-Porte et Saint-Pierre-d'Albigny. Depuis 2023, une partie des vignes (15 ha) sont certifiées bio.

Cette mondeuse a tout d'une grande et les dégustateurs n'ont pas tari d'éloges sur ce vin rouge né dans la Combe de Savoie. Une robe grenat sombre aux reflets violines, des arômes de violette, de griotte et de myrtille soulignés de notes poivrées, l'entame est diablement charmeuse. Dotée de tanins fondus et soyeux, ample, ronde, très charnue, persistante sur les fruits relevés d'épices, la bouche achève de convaincre. Une mondeuse sensuelle et consensuelle qui ne vole pas son nom, à partager autour d'un mets de choix, un civet de biche aux airelles par exemple. ⧗ 2025-2030 ■ **Fleur blanche Jacquère 2023 ★ (5 à 8 €; 60 000 b.)** Cette jacquère étincelante évoquant la fraîcheur alpine s'ouvre sur des parfums de fleurs printanières et de fruits blancs et jaunes, puis se montre vive et tonique comme il se doit en bouche. Un blanc énergique et salivant. ⧗ 2024-2026

CAVE DE CRUET, 57, pl. de la Gare, 73800 Cruet, tél. 04 79 84 28 52, contact@cavedecruet.com V t.l.j. 9h-12h30 13h30-19h

DOM. DES GRANGES LONGES Papinot 2022 ★★

1 280 | 11 à 15 €

Face au mont Granier, ce petit domaine de 4,5 ha a été acquis en 1974 par le grand-père de la famille Cochet,

qui après une carrière dans l'hôtellerie, s'est lancé dans la culture de la vigne. Son fils Thierry reprend le domaine à sa mort, et depuis 2021, ce sont Julia et Arnaud, représentant la troisième génération, qui sont à la tête du domaine. La conversion bio est dans le viseur.
Avec cette cuvée, Julia et Arnaud Cochet rendent hommage à feu leur grand-père Yves, restaurateur passionné et amateur de vins de Savoie. Élevé sur lies pendant 8 mois en fût de chêne neuf, ce pinot aux arômes persistants de cerise burlat soulignés de notes empyreumatiques et poivrées offre une bouche ample, charnue, dotée de beaux tanins souples et veloutés. ⧗ 2025-2029 ■ **Les Abymes Terre d'enfance 2022 ★ (8 à 11 €; 3700 b.)** Julia et Arnaud Cochet ont passé leur enfance à gambader dans les vignes de leurs aïeux, au pied du mont Granier. De cette terre d'enfance est né cet Abymes élevé en cuve sur fines lies pendant 14 mois, un vin riche et minéral, qui libère de jolis arômes de fleurs blanches, de pêche et de poire. ⧗ 2024-2028

DOM. DES GRANGES LONGES, 401, rte de Myans, Les Marches, 73800 Porte-de-Savoie, tél. 06 84 59 14 80, domainedesgrangeslonges@gmail.com V t.l.j. sf lun. mar. 14h-18h E

DOM. DE L'IDYLLE Cruet Alpine Jacquère 2023 ★

■	14000	🍾	8 à 11 €

Philippe et François Tiollier ont accueilli au domaine la jeune génération, en l'occurrence Sylvain, de retour pour les vendanges 2012 après des études d'œnologie sur cet important domaine de 23 ha. Depuis que Philippe a pris sa retraite en 2017, ce sont Sylvain et son oncle François qui gèrent l'exploitation.
Très ensoleillé, le coteau sud-est de Cruet, formé d'éboulis des Alpes, donne des jacquères vives, minérales et fruitées, mais non dépourvues de rondeur, à l'image de cette cuvée à la fois riche et fraîche, dynamisée par de beaux amers en finale. ⧗ 2024-2027

DOM. DE L'IDYLLE, 345, rue Croix-de-l'Ormaie, 73800 Cruet, tél. 04 79 84 30 58, domaine@vin-savoie-idylle.fr V t.l.j. sf dim. 9h-12h 14h-18h

CHRISTOPHE JOLY Mondeuse 2023 ★

■	10000	🍾	5 à 8 €

Christophe Joly a repris en 1995 le petit domaine familial exploité jusqu'alors par son grand-oncle Julien Joly. Il a depuis augmenté la surface du vignoble, 10 ha aujourd'hui, qui s'étend sur les trois communes de Yenne, Billième et Jongieux.
Issue de sols limono-argileux, cette mondeuse égrappée à 100 % séduit d'emblée par ses arômes de pivoine, de framboise et de cerise. On retrouve cette palette gourmande dans une bouche ronde, enrobée par des tanins fins et stimulée par une finale fraîche et persistante aux saveurs de cerise. ⧗ 2024-2029

CHRISTOPHE JOLY, 1202, rte de Haut-Somont, Les Soudans, 73170 Yenne, tél. 06 74 00 69 24, christophejoly73@orange.fr V t.l.j. 9h-12h 14h-19h

DOM. LABBÉ L'Essentiel Mondeuse 2022 ★★

■	6000	🍾	8 à 11 €

Depuis 2004, les cousins Jérôme et Alexandra Labbé exploitent près de 10 ha au pied du mont Granier.
Une macération carbonique de 12 jours est à l'origine de la palette aromatique intense de cette mondeuse où l'on distingue les fruits noirs, cassis et quetsche. La bouche souple et juteuse offre des tanins soyeux. Facile à boire avec les charcuteries fines locales. ⧗ 2025-2028

DOM. LABBÉ, 461, chem. du Vorget, Porte-de-Savoie, 38530 Chapareillan, tél. 06 76 57 89 91, domainelabbe@free.fr V t.l.j. 8h-12h 13h30-18h

DOM. J.F. MARÉCHAL
Apremont Perle des Dames 2023 ★★

■	16000	🍾	5 à 8 €

Jean-François Maréchal, secondé par son épouse Nathalie, a concrétisé son rêve d'enfant lorsqu'il a planté sa première vigne, avec l'aide de ses parents, à 14 ans ! À 18 ans, il vendait ses premières bouteilles. Aujourd'hui, il exploite 11 ha, en conversion bio, et ses deux fils ont rejoint l'aventure.
Élégant de bout en bout, ce bel Apremont déploie des arômes intenses d'orange, de citron et de pierre à fusil. Après une attaque nette et vive, la bouche se pare d'un joli gras et s'achève sur une fine amertume qui ajoute à sa longueur et son dynamisme. ⧗ 2024-2027

DOM. J.F. MARÉCHAL, 287, rte du Severt, 73190 Apremont, tél. 06 03 25 41 96, marechal.jf@free.fr V t.l.j. sf dim. 11h-19h E

JÉRÔME MASSON Abymes 2023 ★

■	12000	🍾	5 à 8 €

Héritier d'une famille d'agriculteurs et viticulteurs installée sur les hauteurs de Chapareillan, depuis au moins… 1603, Jérôme Masson conduit depuis 2002 ce petit vignoble familial de 5,2 ha planté essentiellement de jacquère, dans les crus Abymes et Apremont.
Issu de vignes âgées de 60 ans, cet Abymes s'exprime avec beaucoup de finesse autour des fruits à noyau, de la pomme croquante et du citron vert. Arômes prolongés par une bouche vive, minérale et fruitée qui rappelle la fraîcheur de la jacquère. ⧗ 2024-2027

JÉRÔME MASSON, 80, chem. des Essarts, La Palud, 38530 Chapareillan, tél. 06 10 75 76 77, masson.j@sfr.fr V r.-v.

DOM. DE MÉJANE Chardonnay 2022 ★

■	19000	🍾	8 à 11 €

En 1995, Jean-Georges Henriquet, viticulteur et pépiniériste à Saint-Pierre-d'Albigny, acquiert cette propriété à l'abandon depuis 50 ans; il commence par livrer sa récolte à la coopérative, le temps de rénover le domaine (13,5 ha), qui accueille sa première vendange en 2000. Depuis 2002, c'est sa fille Anne qui s'occupe de la vigne et du vin, son fils Philippe se chargeant des pépinières.
Cette cuvée de chardonnay mêle au nez les fruits mûrs, la cire, le miel et l'acacia. Une palette aromatique complexe qui irrigue une bouche bien équilibrée, vivifiée par une fine acidité. À boire sur le fruit de sa jeunesse. ⧗ 2024-2026

DOM. DE MÉJANE, 333, rue de la Mairie, 73250 Saint-Jean-de-la-Porte, tél. 04 79 71 48 51, contact@domaine-de-mejane.com V jeu. ven. sam. 16h-18h

PASCAL PAGET
Chignin Mondeuse Les Tortueux Vieilles Vignes 2020 ★★

■ | 3000 | | 8 à 11 €

Depuis 2006, Pascal Paget conduit un petit vignoble qui a doublé sa surface depuis sa création. L'exploitation couvre aujourd'hui 2,2 ha à l'emplacement d'un ancien glacier dans le parc naturel des Bauges.

Pour ses mondeuses, de vénérables ceps tortueux âgés de 60 ans, Pascal Paget a opté pour un égrappage partiel (50 %) et un élevage en fût de 18 mois. Le résultat ? Des arômes de violette, de poivre et de fruits noirs qui évoluent dans une bouche corpulente, d'un beau volume, dotée de tanins affinés. Du potentiel en cave. ⧗ 2027-2031 ■ **Chignin Bergeron 2023 ★ (11 à 15 €; 3000 b.)** À l'aération, le nez s'ouvre sur des notes florales et fruitées. On retrouve le fruit (fruits à chair blanche et abricot) dans une bouche ronde, saline et persistante. ⧗ 2024-2027

PASCAL PAGET, 60, chem. des Bugnons, 73800 Chignin, tél. 06 68 09 23 26, pascal.paget2@wanadoo.fr V *t.l.j. sf dim. 15h-19h*

JEAN PERRIER ET FILS
Apremont Cuvée Gastronomie 2023 ★

■ | 40 000 | | 8 à 11 €

Les Perrier cultivent la vigne depuis sept générations. Par la suite, l'entreprise (négoce et propriété) s'est largement développée, notamment sous la conduite de Gilbert Perrier dans les années 1960. Ce sont aujourd'hui ses fils Philippe, Christophe et Gilles qui conduisent le vignoble familial, lequel s'étend sur 52 ha, huit communes et plusieurs domaines.

Poire, pêche, agrumes, herbe fraîchement coupée : la palette aromatique de cet Apremont ne manque pas de nuances. En bouche, il se montre perlant en attaque, vif et alerte, porté en finale par une friande amertume. ⧗ 2024-2027 ■ **Chignin Cuvée Gastronomie 2023 ★ (8 à 11 €; 10 000 b.)** Voici une jacquère provenant des coteaux caillouteux de Chignin. Tout en fraîcheur de bout en bout, elle séduit par ses arômes de fruits blancs et d'agrumes au nez, sa vivacité citronnée en bouche et sa légère amertume en finale. Un bon classique. ⧗ 2024-2027

DOM. PERRIER PÈRE ET FILS, Saint-André, Les Marches, 73800 Porte-de-Savoie, tél. 06 27 15 25 55, domaine-vins-perrier@orange.fr V *t.l.j. sf sam. dim. 9h-12h 14h-16h30*

LA CAVE DU PRIEURÉ Jongieux Gamay 2023 ★

■ | 30 000 | | 5 à 8 €

Pascal et Noël Barlet, épaulés par Julien et Simon (sixième génération), sont à la tête d'un vignoble de 30 ha sur les coteaux de Jongieux. Des vignerons aussi à l'aise en rouge qu'en blanc; en témoigne la présence régulière dans le Guide de leurs cuvées, désormais vinifiées par Julien.

Toute la fraîcheur du gamay se trouve dans ce Jongieux plaisant, aux arômes persistants de framboise et de cassis relevés de notes épicées, prolongés par une bouche souple et affable. À boire dans ses jeunes années. ⧗ 2024-2027

LA CAVE DU PRIEURÉ, 3447, rte des Vignobles, 73170 Jongieux, tél. 04 79 44 02 22, contact@cavedupprieure.fr V *t.l.j. sf dim. 9h-12h 14h-18h*

LES FILS DE RENÉ QUENARD
Arbin Mondeuse Clos de la Galèze 2023 ★★

■ | 7600 | | 11 à 15 €

Philippe Viallet a racheté en 2008 ce domaine fondé dans les années 1930 avec Claire Taittinger, des champagnes éponymes. Depuis 2014, Philippe Viallet conduit seul cette propriété de 18 ha (dont 15 ha de bergeron).

Des vignes âgées de 70 ans en moyenne, dont certaines vieilles de 130 ans, ont donné cette belle mondeuse élevée 12 mois en cuve Inox. Elle présente un nez flatteur de violette, de mûre et de poivre , qui trouve un écho persistant dans une bouche concentrée et tannique. Du caractère et un solide potentiel de garde. ⧗ 2028-2034

LES FILS DE RENÉ QUENARD, rte de Myans, 73190 Apremont, tél. 04 79 28 33 29, ccheze@vins-viallet.com V *r.-v.*

ANDRÉ ET MICHEL QUENARD
Chignin Vieilles Vignes 2023 ★★

■ | 30 000 | | 8 à 11 €

Michel Quenard s'est installé en 1976 à la tête du domaine familial, fondé par ses grands-parents. Son fils Guillaume l'a rejoint en 2009, après des études au lycée viticole de Beaune, puis à l'école d'ingénieurs de Changins (Suisse), et a pris les commandes de ce domaine parmi les plus réputés de Savoie, très régulier en qualité, aussi bien en rouge qu'en blanc.

Des vignes âgées de 70 ans situées sur les éboulis pierreux de Chignin ont donné cette superbe jacquère au nez élégant et expressif de fleur d'oranger, de pêche et de fruits exotiques. Arômes que l'on retrouve avec la même gourmandise dans une bouche douce à l'attaque et plus vive dans son développement. Un Chignin des plus élégants. ⧗ 2024-2027 ■ **Chignin Persan 2023 ★★ (20 à 30 €; 1900 b.)** Tout est profond et puissant dans ce persan : la robe grenat sombre, les arômes de cassis, de fruits rouges et d'épices, les tanins de bonne qualité mais encore jeunes, bien épaulés par le bois et par une fine acidité, signature de ce beau cépage savoyard sorti de l'oubli. À attendre. ⧗ 2028-2034 ■ **Arbin Mondeuse Terres Brunes 2022 ★ (11 à 15 €; 3000 b.)** L'aération fera beaucoup de bien à cette belle mondeuse aux arômes de sous-bois, qui laissent place aux fruits rouges et au cassis accompagnés de notes épicées et boisées. La bouche offre une bonne matière et des tanins fermes qui appellent la garde. ⧗ 2028-2034 ■ **Chignin Bergeron Les Terrasses 2023 ★ (15 à 20 €; 15 000 b.)** La roussanne se plaît beaucoup sur les cailloutis en forte pente des coteaux de Chignin. Elle a donné ce Bergeron délicat, aux arômes de fruits à noyau, à la bouche souple et affable, doté d'une jolie finale sur l'amande. ⧗ 2024-2027

ANDRÉ ET MICHEL QUENARD, 1327, rte du Coteau-de-Torméry, Torméry, 73800 Chignin, tél. 04 79 28 12 75, am.quenard@orange.fr V *t.l.j. sf dim. 8h-11h30 14h-17h*

DOM. PHILIPPE ET SYLVAIN RAVIER
Chignin Mondeuse La Belle Violette 2023 ★

■ | 5000 | | 11 à 15 €

Philippe Ravier conduit un domaine qui s'est considérablement agrandi, passant de 3 ha à ses débuts, en 1983, à 45 ha aujourd'hui. Son fils Sylvain l'a rejoint en 2008. L'une des belles références de la Savoie viticole.

SAVOIE

Cette cuvée de mondeuse porte bien son nom : c'est le bonbon à la violette qui s'exprime d'emblée, accompagné de notes de poivre et de cassis. On retrouve ces arômes dans une bouche ronde et accorte, aux tanins souples et à la finale épicée. ⧗ 2024-2029

⊶ DOM. PHILIPPE ET SYLVAIN RAVIER, 68, chem. du Cellier, 73800 Myans, tél. 04 79 28 17 75, contact@vinsravier.fr V t.l.j. sf dim. 8h-12h 14h-18h

SYLVAIN RAVIER
Chignin Bergeron Les Brêches 2022 ★★

■	5000		20 à 30 €

Sylvain Ravier, du Dom. Philippe et Sylvain Ravier, a créé sa propre étiquette en 2020 et conduit en solo un vignoble de 13 ha en conversion bio.

Le sol de brèches où cette roussanne pousse donne son nom à ce Chignin Bergeron. Tout est solaire et gourmand dans ce beau vin blanc aux arômes friands de brioche et de fruits confits dominés par l'abricot. Les mêmes saveurs se retrouvent dans une bouche ample, riche et chaleureuse. Du caractère. ⧗ 2024-2028

⊶ DOM. SYLVAIN RAVIER, 68, chem. du Cellier, 73800 Myans, tél. 04 79 28 17 75, contact@vinsravier.fr V t.l.j. sf dim. 8h-12h 14h-18h

JULIEN RENÉ Abymes 2023 ★

■	10000		- de 5 €

Cette exploitation a misé sur la viticulture à partir des années 1950. À sa tête depuis 2000, Julien René perpétue la tradition des trois générations précédentes sur 6 ha de vignes.

D'intenses arômes de pêche, d'abricot et de mirabelle signalent une jacquère très mûre, issue de vignes âgées de 50 ans. La bouche ample et généreuse s'aligne sur les parfums du nez, avant de laisser place à une minéralité bienvenue en finale qui amène de la fraîcheur. ⧗ 2024-2027

⊶ JULIEN RENÉ, 9, chem. de Joyan, 38530 Chapareillan, tél. 06 75 00 10 02, julien.rene66@sfr.fr V r.-v.

♥ Ⓑ DOM. SAINT-GERMAIN
Le Persan Princens 2023 ★★★

■	6400		20 à 30 €

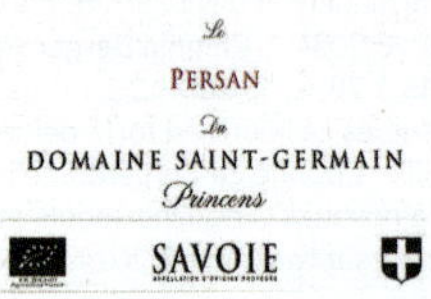

Raphaël Saint-Germain, accompagné depuis 2021 par sa fille Louise, conduit en bio certifié un domaine de 13,5 ha. Il est installé depuis 1999 à Saint-Pierre-d'Albigny, sur le côté « Bauges » du vignoble, exposé au sud-est et implanté sur le cône de déjection argilo-calcaire et caillouteux de la montagne. Une valeur sûre.

Vigneron de l'année dans le Guide 2022, Raphaël Saint-Germain avait déjà obtenu un coup de cœur pour son persan 2020. Également appelé bécuet, « princens » est le nom originel de ce vieux cépage de Savoie très réputé, puis oublié. Remis à l'honneur par quelques vignerons de la Combe de Savoie, il est aujourd'hui vinifié par sa fille Louise. Dotée d'une robe d'un violet profond, cette cuvée regorge à l'olfaction d'arômes de fruits rouges et noirs, de fleurs alpines et d'épices. Myrtille, framboise et violette se développent dans une bouche longue, ample et riche, soutenue par des tanins ronds et veloutés. Un vin au toucher magnifique, idéal pour (re)découvrir le persan. ⧗ 2026-2032

⊶ DOM. SAINT-GERMAIN, 65, rte de Miolans, la Noiriat, 73250 Saint-Pierre-d'Albigny, tél. 04 79 28 61 68, domainesaintgermainsavoie@gmail.com V r.-v.

DOM. DE SENOCHE Crépy 2022 ★

■	13680		8 à 11 €

Créé par la famille Deturche en 1982, ce petit domaine de 3 ha est dédié au chasselas (cru Crépy). Il est situé sur le coteau de Ballaison, dans le Bas Chablais, dominant le lac Léman.

Les vignes de chasselas ont donné naissance à un Crépy plein de fraîcheur, ouvert au nez sur des arômes d'aubépine, d'abricot et de brioche, à la bouche florale, vive et minérale, qui s'achève sur d'agréables notes lactées. ⧗ 2024-2026

⊶ DOM. DE SENOCHE, 501, chem. de Senoche, 74140 Ballaison, tél. 06 46 15 63 39, cave-de-senoche@gmail.com V t.l.j. sf dim. 9h-12h 14h-19h ③

Ⓑ CH. LA TOUR DE MARIGNAN
Rubis de Boisy 2022 ★★

■	5000		15 à 20 €

Les moines, qui se trompaient rarement en la matière, avaient valorisé dès le XIIIes. le coteau de Boisy, au bord du lac Léman. Olivier Canelli vinifie presque sans soufre et cultive son domaine de 5 ha en bio (certifié depuis 1993) et, depuis 2016, en biodynamie.

Élevée 12 mois en fût, cette cuvée de pinot (80 %) et de mondeuse, issue du mont Boisy, exprime des arômes de framboise et de cassis accompagnés des notes empyreumatiques de la barrique. La bouche se montre souple et gourmande, portée par des tanins élégants et finement boisés, puis persiste longuement sur les fruits épicés. Il gagnera à attendre encore quelques années pour un élevage plus fondu. ⧗ 2026-2030 ■ **Mondeuse noire 2022 ★ (15 à 20 €; 2800 b.)** Ⓑ La cerise et la mûre caractérisent le nez de cette mondeuse subtilement épicée, qui affiche en bouche de fins tanins ronds et poivrés. La longue finale sur les fruits rouges croquants achève de convaincre. ⧗ 2025-2030

⊶ CH. LA TOUR DE MARIGNAN, 264, rte de la Tour-de-Marignan, 74140 Sciez, tél. 06 30 04 06 68, tourdemarignan@hotmail.com V t.l.j. 9h-12h 14h-19h

MAISON ADRIEN VACHER
Abymes Cuvée Héritage 2023 ★

■	5000		5 à 8 €

Charles-Henri Gayet, propriétaire du château de la Violette, est également négociant et dirigeant depuis 1989 de la maison familiale Adrien Vacher, fondée en 1950. Il est épaulé par ses filles Pauline et Charlotte.

Tout en fraîcheur avec ses arômes de fruits blancs, de pomme et de pamplemousse, cet Abymes se prolonge en bouche sur une belle amertume aux tonalités de peau d'agrumes et sur une agréable note saline. Un vin harmonieux et très affable. ⧗ 2024-2027

MAISON ADRIEN VACHER, 177, rue de la Mondeuse, 73800 Porte-de-Savoie, tél. 04 79 28 11 48, contact@adrien-vacher.fr V t.l.j. 8h-12h 14h-17h

DOM. VENDANGE Le Coz Mondeuse 2022 ★

■	6000		15 à 20 €

Après des études de viticulture et d'œnologie à Beaune, Benjamin Vendange est revenu en 2015 sur la propriété familiale et son vignoble de 10 ha, dont les raisins étaient jusqu'alors portés à la coopérative de Cruet. Avec sa compagne Diane Gounel, œnologue, il élabore aujourd'hui ses propres vins et a entamé la conversion bio du vignoble.

Vinifiée sans soufre, cette mondeuse présente un nez complexe de griotte, de fruits noirs et de fève de cacao. Sa fraîcheur fruitée et ses tanins fondus la rendent légère et gourmande en bouche. ⧗ 2024-2028

DOM. VENDANGE, 232, rte du Clou, Miolanet, 73250 Saint-Pierre-d'Albigny, tél. 06 87 09 43 59, vendangeinfo@gmail.com V r.-v.

ADRIEN VEYRON Chardonnay 2023 ★

■	5600		5 à 8 €

Ce domaine familial fondé en 1950 est conduit depuis 1979 par Adrien Veyron (quatrième génération) et son fils Thomas, à la tête aujourd'hui de 12 ha de vignes à Apremont et dans la Combe de Savoie.

Voici un chardonnay fin et élégant, ouvert à l'olfaction sur des arômes d'agrumes et de fleurs blanches. La bouche vive, légère et minérale apporte une sensation de fraîcheur et un plaisir simple propices à ouvrir l'appétit. ⧗ 2024-2027 ■ **Mondeuse 2023 ★ (5 à 8 €; 4000 b.)** Totalement éraflée, cette mondeuse évoque la violette, la quetsche et la feuille de tabac à l'olfaction. Une attaque franche ouvre sur une bouche fruitée, aux tanins maîtrisés et d'une bonne longueur. Une cuvée équilibrée qui peut se garder. ⧗ 2025-2030

DOM. ADRIEN VEYRON, 1145, rte de Saint-André, La Ratte, 73190 Apremont, tél. 04 79 28 20 20, veyron.vins.savoie@wanadoo.fr V r.-v.

MAISON PHILIPPE VIALLET 2023 ★★

■	14000		5 à 8 €

En 1998, Philippe Viallet reprend la cave de Montmélian et décide de créer la Fruitière des Vignerons des Terroirs de Savoie regroupant 60 vignerons (pour un total de 300 ha de vignes) et produisant des vins en appellations et en IGP.

Ce rosé de gamay flatte le nez avec ses arômes de bonbon anglais, de pêche et de bourgeon de cassis. Une attaque dynamique et un palais de fruits frais prolongent le plaisir. ⧗ 2024-2025 ■ **Chignin Bergeron Les Bouillettes 2023 ★ (11 à 15 €; 17000 b.)** Un nez élégant d'abricot, de citron et de poire ouvre la dégustation. Elle se prolonge par une bouche conjuguant harmonieusement rondeur, vivacité et longueur. Une roussanne sur le versant de la fraîcheur. ⧗ 2024-2028

FRUITIÈRE DES VIGNERONS DES TERROIRS DE SAVOIE, rte de Myans, 73190 Apremont, tél. 04 79 28 33 29, ccheze@vins-viallet.com V r.-v.

DOM. DU CH. DE LA VIOLETTE
Chignin Bergeron Sous les cèdres… 2023 ★★

■	5000		11 à 15 €

Charles-Henri Gayet, négociant et patron de la maison Adrien Vacher, a repris en 2000 ce domaine créé en 1953 au pied du mont Granier, passé de 7 à 30 ha et dont les vins sont régulièrement au rendez-vous du Guide, en blanc comme en rouge.

Intense et complexe, le nez de ce Chignin Bergeron dévoile de beaux arômes d'abricot, de mangue et de pêche complétés de verveine citronnée. La bouche, riche, fruitée, confite et épicée, apporte un plaisir gourmand qu'il vous sera difficile de bouder. ⧗ 2024-2028 ■ **Mondeuse Sous les cèdres… 2023 ★ (8 à 11 €; 5000 b.)** Cette mondeuse présente des arômes intenses de pivoine, de quetsche et de mûre mêlés de réglisse. Une jolie palette qui se confirme dans une bouche épicée, aux tanins fermes demandant encore à s'assouplir. ⧗ 2026-2030

DOM. DU CH. DE LA VIOLETTE, 203, rte de Myans, 73800 Porte-de-Savoie, tél. 04 79 28 13 30, chateaudelaviolette@gmail.com V t.l.j. 8h-12h 14h-17h

DOM. JEAN VULLIEN ET FILS
Chignin Bergeron Harmonie 2023 ★★

■	15000		11 à 15 €

Olivier et David Vullien, les fils de Jean, sont, comme nombre de leurs collègues de Fréterive, à la fois vignerons et pépiniéristes. Ils exploitent 40 ha répartis sur les pentes de la combe de Savoie, de Fréterive à Montmélian.

Il en a fallu de peu pour que cette belle roussanne, souvent en vue dans ces pages, décroche un coup de cœur. Ses arômes intenses de frangipane, de pêche mûre et de seringa ont d'emblée charmé les jurés. On retrouve ces saveurs tendres et élégantes dans une bouche légèrement perlante en attaque, ample, riche et persistante dans son développement. Une harmonie de tous les instants. ⧗ 2024-2028 ■ **Ch. Saint-Philippe Saint-Jean-de-la-Porte Mondeuse 2022 ★★ (11 à 15 €; 6000 b.)** Voici une mondeuse de caractère, aux arômes de petits fruits rouges et noirs rehaussés par le poivre, relayés par une bouche ferme, ample, aux tanins serrés. Une très belle représentation du terroir de Saint-Jean-de-la-Porte, rarement revendiqué par les vignerons. ⧗ 2027-2032 ■ **Jeannine Pinot noir Élevé en fût de chêne 2023 ★ (8 à 11 €; 15000 b.)** Élevée 10 mois en fût de chêne, cette cuvée mêle au nez notes fruitées, florales et vanillées. En bouche, ses tanins souples et son boisé bien intégré en font un vin déjà agréable, mais qui pourra aussi vieillir sereinement. ⧗ 2025-2030

DOM. JEAN VULLIEN ET FILS, 60, rue de la Soierie, 73250 Fréterive, tél. 04 79 28 61 58, contact@jeanvullien.com V t.l.j. sf sam. dim. 9h-12h 14h-18h

ROUSSETTE-DE-SAVOIE

Superficie : 213 ha / Production : 10 600 hl

Issue aujourd'hui du seul cépage altesse, la roussette-de-savoie est produite à Frangy, le long de la rivière des Usses, à Monthoux et à Marestel, au bord du lac du Bourget. L'usage qui veut que l'on serve jeunes les

SAVOIE

roussettes de ce cru est regrettable, puisque, bien épanouies avec l'âge, elles font merveille sur du poisson, des viandes blanches ou encore avec le beaufort local.

PHILIPPE BETEMPS 2023 ★

| 7000 | | 5 à 8 €

Philippe Betemps s'est installé en 1990 à l'âge de dix-huit ans sur ce domaine établi sur le site d'une ancienne école communale. Ce spécialiste de l'Apremont conduit 10,8 ha de vignes sur les contreforts du mont Granier et sur les dalles calcaires de Saint-Baldoph.

Florale, fruitée et minérale au nez, cette roussette dévoile une attaque vive puis une matière riche, infusée des notes croquantes de la pomme Granny Smith. Un vin consensuel et plaisant. ⧗ 2024-2027

PHILIPPE BETEMPS, 431, rte de l'Église, 73190 Apremont, tél. 06 09 05 24 95, philippebetemps@orange.fr V *r.-v.*

DOM. G. ET G. BOUVET Monterminod 2023 ★★★

| 11600 | | 11 à 15 €

Établi sur les versants sud du massif des Bauges, ce domaine étend son vaste vignoble sur 36 ha et une soixantaine de parcelles qui lui permettent de proposer une large palette de cépages et de vins savoyards. Depuis 2017, c'est Philippe Viallet qui conduit l'exploitation.

À la fois élégante et gourmande, cette roussette réunit toutes les qualités que l'on attend d'une altesse : des senteurs de jus de poire et d'ananas, de pomme croquante et d'amande pilée, une attaque franche et riche, un palais à la fois vif, gras et fruité, souligné par une note saline. Cette réjouissante cuvée gagnera encore en harmonie avec quelques années de garde. ⧗ 2026-2030

DOM. G. ET G. BOUVET, rte de Myans, 73190 Apremont, tél. 04 79 28 33 29, ccheze@vins-viallet.com V *r.-v.*

DOM. FRANÇOIS CARREL ET FILS
Marestel La Mareté 2023 ★★

| 9000 | | 11 à 15 €

Créé en 1882, ce domaine familial se consacre à la viticulture depuis 1977. Éric Carrel, représentant la cinquième génération, conduit aujourd'hui un vignoble de 17,5 ha. Sa fille Théa l'a rejoint en 2024.

La Mareté est le nom que les anciens donnaient au cru Marestel, réputé donner de grandes roussettes. Ici, un vin ouvert sur des arômes de fleurs, de fruits blancs et d'amande, qui se développent dans une bouche à la fois ronde et vive, s'achevant sur une amertume délicate. Beaucoup de finesse et un joli potentiel. ⧗ 2024-2029

Loyssey 2023 ★★ (8 à 11 €; 7000 b.) Cette élégante roussette offre des arômes intenses d'orange fraîchement pelée et pressée. Dans la continuité, la bouche se montre souple, riche et citronnée, stimulée par la vivacité naturelle de l'altesse et par une fine amertume. ⧗ 2024-2028

DOM. FRANÇOIS CARREL ET FILS, 3480, rte des Vignobles, 73170 Jongieux, tél. 06 25 99 51 61, commande@vinscarrelfrancois.com V *t.l.j. sf dim. 9h-12h 14h-19h*

DOM. CARREL ET SENGER
Le Marestel 2022 ★★

| 27000 | | 15 à 20 €

Valeur sûre du vignoble savoyard, en blanc comme en rouge, ce domaine a été fondé par les Carrel, vignerons de père en fils depuis 1830 et six générations. Spécialisé dans les années 1970 par Eugène Carrel et conduit par son fils Olivier à partir de 1994, le domaine et ses 33 ha implantés sur les fortes pentes du mont de la Charvaz et du mont du Chat ont été repris en 2022 par Thomas Senger, jeune entrepreneur natif de Savoie et passionné de vin.

Fine, discrète et florale au nez, cette roussette exprime en bouche le terroir de Marestel avec ses saveurs de pêche et de mangue infusées dans une matière riche, ronde et tendue à la fois. Élégant, séducteur et prometteur, ce Marestel ne demande qu'à s'ouvrir pour vous offrir le meilleur. ⧗ 2024-2030

DOM. CARREL ET SENGER, 3387, rte des Vignobles, 73170 Jongieux, tél. 04 79 44 00 20, contact@carreletsenger.com V *t.l.j. 8h-12h 14h-17h30* 5

DOM. DU COLOMBIER 2023 ★★

| 12000 | | 8 à 11 €

Aujourd'hui à la tête d'un domaine de 20 ha, Patrick Tardy a démarré en 1987 avec 1 ha d'Apremont, avant de s'étendre sur neuf crus. En 2003, il a inauguré son nouveau chai et un caveau de vente flambant neuf en 2013. Il aime vendanger tard, vinifier à basse température et élever ses vins sur lies fines. Son fils Corentin l'a rejoint en 2024 après sa formation en Bourgogne et en Australie.

Caractérisée par des arômes citronnés, cette roussette s'avère en bouche vive et légèrement perlante en attaque, puis dévoile une belle matière ample et fruitée, infusée de saveurs gourmandes de confiture d'oranges. Elle gagnera à attendre. ⧗ 2026-2030

DOM. DU COLOMBIER, 230, chem. de la Grue, Les Marches, 73800 Porte-de-Savoie, tél. 06 18 63 11 35, patrick@lesvinstardy.fr V *t.l.j. sf dim. 8h-12h 13h30-18h*

CAVE DE CRUET Sublime 2023 ★★

| 60000 | | 5 à 8 €

La plus importante coopérative savoyarde (240 ha), fondée en 1939, située dans la Combe de Savoie, au sud du massif des Bauges, sur les communes de Saint-Jeoire-Prieuré jusqu'à Fréterive, en passant par Chignin, Francin, Montmélian, Arbin, Cruet, Saint-Jean-de-la-Porte et Saint-Pierre-d'Albigny. Depuis 2023, une partie des vignes (15 ha) sont certifiées bio.

Fruits jaunes, fleurs des bois et acacia composent le bouquet de cette roussette délicate. Une attaque souple introduit un palais vif et alerte, qui offre en finale un beau retour des arômes perçus à l'olfaction. Un vin caractérisé par l'élégance et la fraîcheur. ⧗ 2024-2028

CAVE DE CRUET, 57, pl. de la Gare, 73800 Cruet, tél. 04 79 84 28 52, contact@cavedecruet.com V *t.l.j. 9h-12h30 13h30-19h*

CHRISTOPHE JOLY 2023 ★★★

40000 | 5 à 8 €

Christophe Joly a repris en 1995 le petit domaine familial exploité jusqu'alors par son grand-oncle Julien Joly. Il a depuis augmenté la surface du vignoble, 10 ha aujourd'hui, qui s'étend sur les trois communes de Yenne, Billième et Jongieux.

Christophe Joly fait une magnifique entrée dans le Guide avec son cépage de prédilection, l'altesse. Finesse, complexité, harmonie, cette roussette très complète ne manque pas d'arguments. On aime d'emblée ses arômes intenses de fruits blancs, de fruits exotiques et de miel. On salue ensuite l'équilibre parfait, la longueur et le dynamisme en bouche, assurés par une fine acidité citronnée et de beaux amers en finale. Un mariage gourmand en perspective avec des cuisses de grenouille ou avec des escargots en persillade. ⧗ 2025-2030

CHRISTOPHE JOLY, 1202, rte de Haut-Somont, Les Soudans, 73170 Yenne, tél. 06 74 00 69 24, christophejoly73@orange.fr V *t.l.j. 9h-12h 14h-19h*

GUY JUSTIN Cuvée gastronomique 2022 ★★

10600 | 5 à 8 €

Emmanuelle Justin (cinquième génération) a rejoint son père Guy en 2008 sur ce domaine familial, spécialiste de l'altesse, ce cépage occupant près des deux tiers de la superficie totale (12 ha). Elle est accompagnée depuis 2019 par Arnaud Bellet.

Voici une roussette d'une belle typicité et très équilibrée. Au nez, elle dévoile un fruité confit (pâte de coings et ananas) des plus appétents. En bouche, elle se voit rafraîchie par une attaque vive et tonique, puis s'enveloppe d'un joli gras qui arrondit bien les angles, avant de s'étirer dans une longue finale mêlant saveurs salines et amande pilée. Une cuvée gastronomique en effet. ⧗ 2025-2030 **Marestel 2022 ★ (8 à 11 €; 3500 b.)** D'un abord discret, le nez s'ouvre sur la pêche, l'abricot et la poire à l'aération. Arômes qui s'expriment plus nettement dans une bouche ronde, dotée d'un bon gras et persistante sur le fruit. ⧗ 2024-2027

GUY JUSTIN, 2360, rte du Bas-Somont, La Touvière, 73170 Jongieux, tél. 06 82 43 06 64, justin.emmanuelle@live.fr V *t.l.j. sf dim. 9h-12h 14h-19h*

♥ DOM. DE MÉJANE Origine 2023 ★★★

19000 | 8 à 11 €

En 1995, Jean-Georges Henriquet, viticulteur et pépiniériste à Saint-Pierre-d'Albigny, acquiert cette propriété à l'abandon depuis 50 ans; il commence par livrer sa récolte à la coopérative, le temps de rénover le domaine (13,5 ha), qui accueille sa première vendange en 2000. Depuis 2002, c'est sa fille Anne qui s'occupe de la vigne et du vin, son fils Philippe se chargeant des pépinières.

Déjà remarquée dans sa version 2022 pour ses arômes charmeurs et sa bouche friande, cette roussette 2023 a gravi un échelon dans l'élégance, parvenant à un équilibre parfait. Superbe complexité aromatique autour d'un fruité intense de pêche, de coing, de citron et d'orange et de notes envoûtantes de rose, ampleur, longueur et suavité d'une bouche qui reste fraîche grâce à de beaux amers : Anne Henriquet signe ici une roussette d'exception, à découvrir sans attendre ou à garder. Les poissons nobles des lacs alpins, omble chevalier et lavaret, seront ses meilleurs alliés. ⧗ 2024-2030

DOM. DE MÉJANE, 333, rue de la Mairie, 73250 Saint-Jean-de-la-Porte, tél. 04 79 71 48 51, contact@domaine-de-mejane.com V *jeu. ven. sam. 16h-18h*

MICHEL ET XAVIER MILLION-ROUSSEAU Monthoux 2023 ★

15500 | 8 à 11 €

En 1920 déjà, Charles Million-Rousseau vendait sa production aux grands hôtels d'Aix-les-Bains. Longtemps aux côtés de son père Michel, disparu en 2023, Xavier Million-Rousseau est aujourd'hui à la tête d'un vignoble de 12 ha implanté sur le coteau de Monthoux. Situées à une altitude de 300 à 500 m, les vignes s'étagent en forte pente avec une exposition au sud-sud-ouest.

Moins connu que son voisin Marestel, le cru Monthoux, établi sur les coteaux pentus de Saint-Jean-de-Chevelu, propose des vins qui ne manquent ni de finesse ni d'harmonie. À l'image de cette roussette aux arômes d'églantine et de guimauve, qui offre une bouche ample et ronde, stimulée par une finale acidulée. ⧗ 2024-2028

MICHEL ET XAVIER MILLION-ROUSSEAU, 1322, rte de Monthoux, 73170 Saint-Jean-de-Chevelu, tél. 06 86 95 34 26, vinsmillionrousseau@orange.fr V *t.l.j. sf dim. 8h-12h 13h30-19h*

JEAN PERRIER ET FILS Cuvée gastronomie 2023 ★

10000 | 8 à 11 €

Les Perrier cultivent la vigne depuis sept générations. Par la suite, l'entreprise (négoce et propriété) s'est largement développée, notamment sous la conduite de Gilbert Perrier dans les années 1960. Ce sont aujourd'hui ses fils Philippe, Christophe et Gilles qui conduisent le vignoble familial, lequel s'étend sur 52 ha, huit communes et plusieurs domaines.

D'opulentes senteurs florales et fruitées (aubépine, pamplemousse, orange) exhalent du verre. Arômes qui se prolongent dans une bouche à la fois souple et riche, rafraîchie par une délicate amertume en finale. Une roussette démonstrative et facile à aimer. ⧗ 2024-2027

DOM. PERRIER PÈRE ET FILS, Saint-André, Les Marches, 73800 Porte-de-Savoie, tél. 06 27 15 25 55, domaine-vins-perrier@orange.fr V *t.l.j. sf sam. dim. 9h-12h 14h-16h30*

LA CAVE DU PRIEURÉ Marestel 2023 ★★★

30000 | 15 à 20 €

Pascal et Noël Barlet, épaulés par Julien et Simon (cinquième génération), sont à la tête d'un vignoble d'une trentaine d'hectares sur les coteaux de Jongieux. Des vignerons aussi à l'aise en rouge qu'en blanc; en témoigne la présence régulière dans le Guide de leurs cuvées, désormais vinifiées par Julien.

Le sol argilo-calcaire et les moraines glaciaires du coteau de Marestel confèrent élégance et noblesse à l'altesse, que l'on distingue entre toutes. Celle-ci séduit d'emblée par ses senteurs de pêche juteuse, de sureau et de pâte d'amandes. Elle plaît aussi par son attaque franche et fruitée, son palais gras, souple et plein de fraîcheur à la fois. Un superbe équilibre et un solide potentiel de garde. ⧗ 2027-2034

RAYMOND BARLET ET FILS, 3447, rte des Vignobles, 73170 Jongieux, tél. 04 79 44 02 22, contact@cavedupriere.fr V *t.l.j. sf dim. 9h-12h 14h-18h*

FABIEN TROSSET La Dévire 2023 ★

	18 000		11 à 15 €

Fabien Trosset a repris en 2011 le domaine familial à la suite du décès de son père : à l'époque, 7 ha à Arbin – un des crus consacrés à la mondeuse – et une vendange intégralement livrée en coopérative. Aujourd'hui, le vigneron vinifie à la propriété et a porté la surface plantée à 24 ha, dont une large part réservée à la mondeuse.

Voici une roussette tout en délicatesse, plaisante au nez, harmonieuse en bouche. On est séduit par son agréable bouquet, floral et fruité, dominé par l'abricot bien mûr, ainsi que par sa bouche généreuse, mais qui ne manque pas non plus de fraîcheur. ⧗ 2024-2028

FABIEN TROSSET, av. Gambetta, 73800 Arbin, tél. 06 23 58 11 80, contact@domainetrosset.com V *t.l.j. sf dim. 8h-12h 14h-18h; sam. sur r.-v.*

MAISON ADRIEN VACHER Cuvée Héritage 2023 ★

	5 000		5 à 8 €

Charles-Henri Gayet, propriétaire du château de la Violette, est également négociant et dirigeant depuis 1989 de la maison familiale Adrien Vacher, fondée en 1950. Il est épaulé par ses filles Pauline et Charlotte.

Si vous recherchez une roussette très parfumée, cette cuvée Héritage est faite pour vous avec ses arômes friands de bonbon arlequin et d'agrumes (orange, mandarine), sa bouche légèrement perlante en attaque, fraîche, acidulée et persistante, sans manquer de richesse. ⧗ 2024-2027

MAISON ADRIEN VACHER, 177, rue de la Mondeuse, 73800 Porte-de-Savoie, tél. 04 79 28 11 48, contact@adrien-vacher.fr V *t.l.j. 8h-12h 14h-17h*

DOM. VENDANGE Madame de M… 2022 ★★

	13 000		15 à 20 €

Après des études de viticulture et d'œnologie à Beaune, Benjamin Vendange est revenu en 2015 sur la propriété familiale et son vignoble de 10 ha, dont les raisins étaient jusqu'alors portés à la coopérative de Cruet. Avec sa compagne Diane Gounel, œnologue, il élabore aujourd'hui ses propres vins et a entamé la conversion bio du vignoble.

Cette roussette déploie au nez d'agréables arômes d'amande, de cire et d'aubépine. Elle séduit par son palais vif à l'attaque, plus rond en milieu de bouche et salin en finale. Madame de M ? Un clin d'œil à Murles, village de l'Hérault dont est originaire Diane Gounel, vinificatrice de cette élégante cuvée. ⧗ 2024-2027

DOM. VENDANGE, 232, rte du Clou, Miolanet, 73250 Saint-Pierre-d'Albigny, tél. 06 87 09 43 59, vendangeinfo@gmail.com V *r.-v.*

CRÉMANT-DE-SAVOIE

Superficie : 45 ha / Production : 4000 hl

Le dernier des crémants français à avoir accédé à l'appellation, en 2014. Comme les autres crémants, il est élaboré à partir de la méthode traditionnelle de seconde fermentation en bouteille et avec une durée de vieillissement en bouteille d'au moins douze mois après le tirage. Il est produit à partir de 60 % de cépages blancs locaux, avec un minimum de 40 % de jacquère et le reste en altesse, le chardonnay ne pouvant excéder 40 %. Sont toutefois autorisés en complément l'aligoté, la mondeuse blanche, le chasselas et la molette pour le département de la Haute-Savoie exclusivement, ainsi que les cépages noirs (gamay, mondeuse, pinot noir).

CAVE DE CHAUTAGNE ★★

	20 000		8 à 11 €

Entre lac du Bourget au sud et Rhône à l'ouest, la Chautagne est un petit pays de 15 km de long. La coopérative locale, fondée en 1952, regroupe une cinquantaine de vignerons et vinifie la récolte de 115 ha de vignes.

Dans ce crémant à la robe jaune soutenu, composé de jacquère (80 %), de pinot noir (10 %) et de gamay (10 %), chaque cépage joue sa partition : le premier apporte sa fraîcheur florale, le second sa vinosité fruitée et le troisième son côté acidulé. L'ensemble donne un effervescent très expressif, aux arômes d'acacia et de fruits jaunes et aux saveurs finement miellées. ⧗ 2024-2027

CAVE DE CHAUTAGNE, 47, imp. de la Cave, 73310 Ruffieux, tél. 04 79 54 27 12, info@vigneron-savoyard.com V *t.l.j. 9h-12h 14h-19h*

LES ROCAILLES ★

	21 000		8 à 11 €

Un domaine créé en 1984 et repris en 2006 par deux amis d'enfance, Alban Thouroude et Guillaume Durand, à la tête aujourd'hui d'un vignoble de 15 ha.

Jacquère (60 %), altesse (20 %) et chardonnay (20 %) constituent l'assemblage de ce crémant à l'effervescence soutenue. Frais et minéral, on l'apprécie également pour ses arômes de fruits écrasés accompagnés de notes beurrées. ⧗ 2024-2026

LES ROCAILLES, 215, chem. du Chanay, 73190 Saint-Baldoph, tél. 04 79 28 14 50, contact@lesrocailles.fr

DOM. VENDANGE Grande Réserve ★★

	8 000		11 à 15 €

Après des études de viticulture et d'œnologie à Beaune, Benjamin Vendange est revenu en 2015 sur la propriété familiale et son vignoble de 10 ha, dont les raisins étaient jusqu'alors portés à la coopérative de Cruet. Avec sa compagne Diane Gounel, œnologue, il élabore aujourd'hui ses propres vins et a entamé la conversion bio du vignoble.

Composé de jacquère (50 %), d'altesse (30 %) et de chardonnay (20 %), ce crémant a été élevé 9 mois sur lies fines, puis 18 mois sur lattes après la prise de mousse. Outre le bel éclat de la robe et la finesse des bulles, on apprécie les arômes subtils de fruits à coque, ainsi que la bouche fraîche, fruitée et minérale. Un crémant offrant une vraie identité savoyarde. ⧗ 2024-2027

⊶ DOM. VENDANGE, 232, rte du Clou, Miolanet, 73250 Saint-Pierre-d'Albigny, tél. 06 87 09 43 59, vendangeinfo@gmail.com V r.-v.

BUGEY

Superficie : 490 ha
Production : 30 335 hl (55 % rouge et rosé)

Dans le département de l'Ain, le vignoble du Bugey occupe les basses pentes des monts du Jura, dans l'extrême sud du Revermont, de Bourg-en-Bresse à Ambérieu-en-Bugey, ainsi que celles qui, de Seyssel à Lagnieu, descendent vers la rive droite du Rhône. Autrefois important, il est aujourd'hui réduit et dispersé. En 2009, il a accédé à l'AOC. Il est établi le plus souvent sur des éboulis calcaires assez escarpés. L'encépagement reflète la situation de carrefour de la région : en rouge, le poulsard jurassien – limité à l'assemblage des effervescents de Cerdon – y voisine avec la mondeuse savoyarde et le pinot et le gamay de Bourgogne; de même, en blanc, la jacquère et l'altesse sont en concurrence avec le chardonnay – majoritaire – et l'aligoté, sans oublier la molette, cépage local surtout utilisé dans l'élaboration des vins effervescents. En 2011 a été reconnue l'appellation roussette-du-bugey.

MAISON ANGELOT Cuvée Maxime 2023 ★

| | 13 000 | | 8 à 11 € |

Philippe et Éric Angelot ont repris en 1987 le domaine familial, qu'ils ont agrandi à grands pas, en portant sa surface de 5 ha de vignes à 27 ha aujourd'hui.
Issu d'un assemblage de chardonnay (85 %) et de pinot gris, ce vin est un hommage au père de Philippe et Éric Angelot. Avec ses arômes floraux et sa riche matière fruitée en bouche, cette cuvée est un mariage réussi entre l'élégance du chardonnay et la douceur du pinot gris. ⧗ 2024-2027

⊶ MAISON ANGELOT, 121, rue du Lavoir, 01300 Marignieu, tél. 04 79 42 18 84, contact@maison-angelot.com V *t.l.j. 9h-12h 14h-19h; f. dim. janv.-fév.*

SANDRINE BIGOT Cerdon Méthode ancestrale 2023 ★

| | 24 000 | | 5 à 8 € |

Initiée par son père, Sandrine Bigot a repris la petite exploitation familiale en 2003, qu'elle a entièrement restructurée : surface doublée (4,5 ha aujourd'hui), changement de technique culturale pour plus de respect de l'environnement et modernisation du matériel, construction d'une cave et d'un caveau de dégustation.
La robe rose pâle orangé évoque la cornaline, pierre énergisante et symbole de vitalité. Tout comme ce Cerdon émoustillant et alerte, aux arômes friands de fruits rouges, qui allie fraîcheur et fine sucrosité en bouche. ⧗ 2024-2025

⊶ SANDRINE BIGOT, hameau de Cornelle, 2, rue des Vignerons, 01640 Boyeux-Saint-Jérôme, tél. 06 72 77 03 16, s.bigot-cerdon@orange.fr V *t.l.j. sf dim. 10h-19h*

DANIEL BOCCARD Chardonnay 2023 ★★

| | 6 000 | | 5 à 8 € |

Daniel Boccard a créé ce domaine en 1984 à partir des vignes de ses parents : 2 ha à l'origine, 11 ha aujourd'hui, dont des parcelles centenaires.
L'âge respectable des vignes (50 ans) a donné un joli vin jaune d'or, aux arômes intenses de fruits confits et miellés, équilibrés par une vivacité de bon aloi dans un palais rond, élégant et harmonieux. ⧗ 2024-2027

⊶ DANIEL BOCCARD, Poncieux, 66, rue de la Chapelle, 01640 Boyeux-Saint-Jérôme, tél. 04 74 36 84 34, caveau@daniel-boccard.com V *t.l.j. sf dim. 8h-12h 14h-19h* 5

BONNOD FILS Cerdon Demi-sec 2023 ★

| | 9 000 | | 5 à 8 € |

Installé en 1999, Franck Bonnod exploite un domaine familial de 2,25 ha créé en 1920 par son grand-père.
Le gamay se prête bien à l'élaboration du Cerdon, encore mieux lorsqu'il provient de vieilles vignes (60 ans). Pour obtenir un maximum de fruit, Franck Bonnod l'a vinifié lentement à basse température. Pari réussi : cette méthode ancestrale regorge d'arômes de cassis et de framboise au nez comme en bouche, et conjugue harmonieusement douceur et légèreté. Tout pour plaire. ⧗ 2024-2025

⊶ FRANCK BONNOD, 157, rue de la Chapelle, Poncieux, 01640 Boyeux-Saint-Jérôme, tél. 06 99 83 11 69, cerdonbonnod@yahoo.com V *r.-v.* A

LE CAVEAU BUGISTE Chardonnay Cuvée vieilles vignes 2022 ★★

| | 10 000 | | 8 à 11 € |

Un incontournable du vignoble bugiste. Le Caveau Bugiste n'est pas une cave coopérative, mais une association de vignerons fondée en 1967 : quatre propriétaires (six au départ), tous issus de familles agricoles, qui exploitent ensemble 40 ha de vignes, à l'origine de la plus vaste gamme de vins du Bugey, complétée par une petite activité de négoce.
Issu de vignes âgées de 50 ans au faible rendement, ce chardonnay présente au nez de gourmands arômes de fruits confits à chair blanche. Arômes qui s'épanouissent dans une bouche puissante, grasse, étirée et rafraîchie par une belle trame minérale. Un superbe vin que le temps ne pourra que sublimer. ⧗ 2026-2030
● **Brut zéro 100 % chardonnay 2020 ★ (11 à 15 €; 4 000 b.)** Doté d'une robe pâle à reflets dorés et d'une effervescence très persistante, cette méthode traditionnelle issue de chardonnay offre un joli nez d'ananas, de fruits à coque et de miel. En bouche, on découvre un bugey franc, minéral et fruité, stimulé par une légère amertume en finale. ⧗ 2024-2025

⊶ LE CAVEAU BUGISTE, 326, rue de la Vigne-du-Bois, 01350 Vongnes, tél. 04 79 87 92 32, contact@caveau-bugiste.fr V *t.l.j. 9h-12h 14h-19h*

DUBREUIL ET FILS
Cerdon Les Signols Demi-sec Méthode ancestrale 2023 ★★

● | 17500 | | 8 à 11 €

Héritier d'une famille vigneronne depuis le XVIIIe siècle, Pierre Dubreuil s'est lancé en 2004 en reprenant les vignes de sa grand-mère, complétées de quelques plantations et, plus récemment, de la propriété de ses parents. Il conduit aujourd'hui un vignoble de 4 ha sur les pentes escarpées de Cerdon.

Pierre Dubreuil a baptisé ce Cerdon en souvenir du surnom donné à ses aïeux. Le nez comme la bouche expriment les classiques arômes de fruits rouges du gamay, complétés de douces nuances florales. Titrant 8°, cette méthode ancestrale vinifiée en demi-sec (48 g/l de sucres résiduels) laisse en bouche une savoureuse impression fruitée qui flatte les papilles. ⧗ 2024-2027

DUBREUIL ET FILS, 56, rue de Balme, 01450 Cerdon, tél. 06 80 71 76 40, contact@dubreuiletfils.com r.-v.

DOM. D'ICI LÀ Les Noirettes 2022 ★

■ | 6400 | | 15 à 20 €

Un petit domaine de 6 ha en bio, acquis en 2018 par Florian Brunet et Adrien Bariol. Ici ? Le Rhône. Là ? La montagne, abrupte, avec l'altesse, le chardonnay, la mondeuse et le gamay qui se partagent ce terroir d'éboulis calcaires.

Des gamays de 45 ans plantés sur des moraines glaciaires et vinifiés en macération semi-carbonique ont donné ce beau vin aux senteurs de pivoine qui allie en bouche une matière souple au fruit noir (cassis) et aux tanins croquants. ⧗ 2026-2028

DOM. D'ICI LÀ, 190, imp. du Richenard, 01680 Groslée-Saint-Benoit, tél. 06 95 00 51 31, contact@domainedicila.fr r.-v.

LINGOT-MARTIN
Cerdon Méthode ancestrale Demi-sec 2023 ★

● | 356 | | 8 à 11 €

Le Cellier Lingot-Martin, dédié au seul Cerdon, regroupe plusieurs familles et 40 ha de vignes. Les deux fondateurs sont partis à la retraite : messieurs Martin, en 2010, et Lingot, en 2014, mais quatre nouveaux associés les ont remplacés (Jean-Luc et Frédéric Guillon, David Boley et Éric Vucher), et l'aventure débutée en 1970 continue.

Élaboré à partir de gamay, ce Cerdon a été vinifié en demi-sec selon la méthode ancestrale. Avec 45 g/l de sucres résiduels, on pourrait s'attendre à plus de sucrosité. C'est pourtant une fine acidité qui met en valeur des arômes friands de petits fruits rouges et noirs et qui assure l'équilibre de cette belle cuvée. ⧗ 2024-2026

CELLIER LINGOT-MARTIN, ZA 383, rue Sous-la-Côte, 01450 Poncin, tél. 04 74 39 97 77, lingot-martin.isa@orange.fr t.l.j. 8h-12h 13h30-18h

DOM. MONIN
La Récamière Pinot noir Vieilles Vignes 2023 ★

■ | 8900 | | 8 à 11 €

Vigneron et maître fromager, Charles Varin-Bernier a repris en 2015 ce domaine fondé en 1960, régulier en qualité et ancienne propriété du célèbre gastronome Brillat-Savarin. Le vignoble couvre 18 ha (en conversion bio), dont 2 ha dédiés au cru Manicle.

Élevé pour moitié en cuve et pour moitié en fût, ce pinot noir offre au nez d'intenses arômes de petits fruits rouges, de griotte notamment. En bouche, des tanins croquants soutiennent une matière ronde, épicée et fruitée, qui donne une image gourmande et fidèle du pinot dans le Bugey. ⧗ 2024-2028

DOM. MONIN, 255, chem. des Vignes, 01350 Vongnes, tél. 04 79 87 92 33, info@domaine-monin.fr t.l.j. 9h30-12h 14h30-18h; dim. sur r.-v.

CAVEAU QUINARD
Coteaux Sous Nants Vieilles Vignes Chardonnay 2022 ★★

■ | 7512 | | 5 à 8 €

Situées sur les hautes rives de la vallée du Rhône, les vignes du Caveau Quinard sont exploitées par la même famille de viticulteurs depuis quatre générations. Certifié bio, le domaine s'étend sur 14 ha, dirigé par Julien Quinard depuis 2007.

Le coteau Sous Nants, réputé pour son terroir de molasses gréseuses, permet au chardonnay d'exprimer son élégante complexité, ici sur des notes florales (acacia) et fruitées (agrumes et fruits à noyau). Une attaque franche, un palais rond, une longue finale fraîche et fruitée : la suite ne déçoit pas. ⧗ 2024-2027 ■ **Chardonnay 2022** ★ (5 à 8 €; **16902 b.**) Offrant un nez de fleurs blanches (acacia) et de fruits à noyau accompagnés de notes beurrées, ce chardonnay tapisse la bouche d'une matière ronde, charnue et douce, d'une belle longueur fruitée. ⧗ 2024-2027

CAVEAU QUINARD, 201, rte du Lit-au-Roi, 01300 Massignieu-de-Rives, tél. 04 79 42 10 18, caveauquinard@orange.fr

DOM. RONDEAU
Cerdon Méthode ancestrale Demi-sec 2023 ★★

● | 58000 | | 8 à 11 €

Bernard et Marjorie Rondeau se sont installés en 1998 à Boyeux-Saint-Jérôme. Ils conduisent aujourd'hui un vignoble de 6 ha.

Issu d'un assemblage de gamay (90 %) et de poulsard, ce Cerdon séduit par ses arômes de bonbon à la fraise et par des notes crayeuses. En bouche, une sucrosité fruitée de bon aloi prolonge le plaisir, tandis que la finale sur le noyau de griotte apporte une certaine fraîcheur. ⧗ 2024-2025

DOM. RONDEAU, Cornelle, 7, rue des Vignerons, 01640 Boyeux-Saint-Jérôme, tél. 04 74 37 12 34, contact@domaine-rondeau.fr t.l.j. sf dim. 9h-19h

ROUSSETTE-DU-BUGEY

La roussette-du-bugey a eu droit à une AOC spécifique en 2009. Comme la roussette-de-savoie, elle est dédiée aux vins blancs issus du cépage altesse (roussette est synonyme d'altesse). L'appellation possède deux crus : Montagnieu et Virieu-le-Grand. La roussette est plantée sur les sols les plus pentus.

MAISON ANGELOT 2023 ★★

| 10200 | | 5 à 8 €

Philippe et Éric Angelot ont repris en 1987 le domaine familial, qu'ils ont agrandi à grands pas, en portant sa surface de 5 ha de vignes à 27 ha aujourd'hui.

Voici une roussette qui vous rappellera les saveurs de l'enfance telles que les bonbons aux fruits, l'amande et les agrumes confits. Avec une attaque souple et un palais rond et fruité, cette généreuse altesse trouve son équilibre dans la fine amertume qui caractérise le cépage. ⧗ 2024-2027

MAISON ANGELOT, 121, rue du Lavoir, 01300 Marignieu, tél. 04 79 42 18 84, contact@maison-angelot.com V *t.l.j. 9h-12h 14h-19h; f. dim. janv.-fév.*

CAVE SYLVAIN BOIS Coteau de Chambon 2023 ★

| 5200 | | 5 à 8 €

Sylvain Bois s'est établi en 2001, à 21 ans, sur les 1,5 ha de vignes plantées par son grand-père. Un domaine qu'il a agrandi progressivement sur Béon et les coteaux pentus de Talissieu. Il exploite aujourd'hui 5 ha exposés plein sud dans les éboulis de pierres du Grand Colombier et s'est imposé comme l'une des valeurs sûres du Bugey.

Issue du coteau très ensoleillé de Chambon, situé au pied du Grand Colombier, cette roussette offre un nez puissant d'ananas confit agrémenté de quelques notes florales. En bouche, une touche minérale ainsi qu'une légère amertume en finale équilibrent ce vin souple et fruité. ⧗ 2024-2027

CAVE SYLVAIN BOIS, 11, rte de Bourgogne, 01350 Culoz-Béon, tél. 06 88 49 03 95, cavesylvainbois@yahoo.fr V *t.l.j. sf dim. 9h-12h 14h-18h30; f. sam. 9h-12h*

LE CAVEAU BUGISTE Virieu 2022 ★

| 4000 | | 11 à 15 €

Un incontournable du vignoble bugiste. Le Caveau Bugiste n'est pas une cave coopérative, mais une association de vignerons fondée en 1967 : quatre propriétaires (six au départ), tous issus de familles agricoles, qui exploitent ensemble 40 ha de vignes, à l'origine de la plus vaste gamme de vins du Bugey, complétée par une petite activité de négoce.

Derrière une étiquette très colorée de style street art, on découvre une bien jolie roussette, au nez exotique de fruits confits accompagnés d'une touche d'épices douces. Une assise minérale et un fruité soutenus conjugués à beaucoup de gras composent une bouche bien équilibrée. Une altesse qui pourra être attendue quelques belles années. ⧗ 2025-2029

LE CAVEAU BUGISTE, 326, rue de la Vigne-du-Bois, 01350 Vongnes, tél. 04 79 87 92 32, contact@caveau-bugiste.fr V *t.l.j. 9h-12h 14h-19h*

B DOM. MARTIN-BARBAZ 2022 ★★

| 2200 | | 8 à 11 €

À l'extrémité sud de l'appellation bugey, dans la commune la plus méridionale de l'Ain, Denis Martin-Barbaz s'est installé en 2000 et conduit son vignoble en agriculture biologique depuis 2010.

Chez Denis Martin-Barbaz, les moutons paissent au milieu des vignes. Des sols travaillés naturellement sont à l'origine de beaux vins bio complexes, purs et fruités. Telle cette roussette provenant d'Izieu, commune viticole la plus au sud de l'Ain, qui libère des arômes de fruits exotiques compotés et subtilement épicés. Une explosion de fruit que l'on retrouve dans une bouche ample et ronde, soulignée par une fine amertume bienvenue. ⧗ 2025-2029

DOM. MARTIN-BARBAZ, 73, chem. de Thieux, 01300 Izieu, tél. 06 81 54 38 95, denis.martinbarbaz@gmail.com V *r.-v.*

IGP DES ALLOBROGES

B DOM. DU COTEAU DE TORMÉRY
Petite Arvine 2023 ★★

| 600 | | 20 à 30 €

Un tout jeune et microdomaine créé en 2020 par Guillaume Quenard : 2,4 ha en plein coteau de Torméry qui n'ont pas été désherbés depuis dix ans, cultivés en bio, avec une large part donnée à l'agroforesterie.

En plein cœur du coteau de Torméry, à Chignin, un terroir réputé pour le bergeron, Guillaume Quénard a planté de la petite arvine, un cépage originaire de Suisse qui donne des vins blancs délicats et très parfumés. C'est bien le cas de cette jeune vigne cultivée en bio, qui a donné un vin au nez éclatant de fruits jaunes et blancs (abricot, pêche) et d'agrumes, prolongé par une bouche ample, fraîche, longue, parfaitement équilibrée. ⧗ 2024-2028

DOM. DU COTEAU DE TORMÉRY, 1264, route du Coteau-de-Torméry, Torméry, 73800 Chignin, tél. 06 07 70 03 54, guillaume-quenard@orange.fr V *t.l.j. sf dim. 8h-11h30 14h-17h*

SAVOIE

LANGUEDOC

LE LANGUEDOC

Ce vignoble immense s'étale le long du littoral méditerranéen, principalement sur trois départements, l'Aude, le Gard et l'Hérault, et s'étire vers les Pyrénées-Orientales avec l'aire de la vaste AOC régionale languedoc. Il offre une diversité de paysages et une mosaïque de terroirs entre mer et montagne, sous influence climatique méditerranéenne (parfois plus océanique vers les terres), qui vont de pair avec une large palette de cépages, dont 75 % de rouges.

Un vignoble très ancien aussi, avec plus de 2 000 ans d'histoire. Et pourtant, que de mutations ! Aucun vignoble de France n'a connu de tels bouleversements. Naguère symbole de la viticulture de masse, il a fait l'objet d'un renouveau constant depuis les années 1980. S'il fournit encore un tiers de la production française, en AOC et en IGP, il a su développer aussi de grands vins de garde et dynamiser ses appellations en individualisant des crus réputés (AOC terrasses-du-larzac, la clape…). Il représente aussi plus de 30 % du vignoble cultivé en bio dans l'Hexagone.

Au fil des années, le Guide a apporté la preuve de son ascension qualitative. Des vins rouges (très majoritaires) aux styles variés, tour à tour profonds, charpentés ou souples, épicés, suaves, fringants, aux arômes de cerise, de garrigue, de réglisse… Des vins blancs frais ou plus ronds, tranquilles et effervescents, et des rosés « tendance ». Quant aux vins doux naturels, ils demeurent une référence.

AOC languedoc
Les dénominations de l'AOC languedoc :
Grès de Montpellier
Sommières
Montpeyroux
Saint-Saturnin
Saint-Drézéry
Saint-Christol
La Méjanelle
Saint-Georges-d'Orques
Cabrières
Pézenas
Quatourze
0 5 10 15 20 25 km
N
O
E
S
AVEYRON
TARN
MONTAGNE DE L'ESPINO
MONTAGNE NOIRE
Aussillon
Mazamet
Saint-chinian Berlou
Berlou
Minervois et Muscat-de-saint-jean-de-minervois
Saint-Chinian
Saint-Jean-de-Minervois
Saint-Chinian
Minervois-la-livinière
Minerve
Caunes-Minervois
La Livinière
Cabardès
Peyriac-Minervois
Minervois
Conques-sur-Orbiel
Minervois
l'Aude
Montréal
Carcassonne
Capendu
Lézignan-Corbières
Narbonne
Quatourze
Malepère
Boutenac
Corbières-boutenac
Alaigne
Corbières
Lagrasse
Thézan-des-Corbières
Saint-Hilaire
Limoux
Limoux
Blanquette-de-limoux
Crémant-de-limoux
AUDE
Corbières
Corbières
Mouthoumet
Durban-Corbières
La Palme
Couiza
CORBIÈRES
Embres-et-Castelmaure
Fitou et Corbières
Fitou et Corbières
Tuchan
Fitou
Quillan
Cucugnan
Paziols
Roussillon
Étang de Leucate ou de Salses
PYRÉNÉES-ORIENTALES

Alès
GARD
Anduze
Le Vigan
CÉVENNES
GARD
Terrasses-du-larzac
Languedoc
Languedoc
Sommières
Corconne
Languedoc
Terrasses-du-larzac
Clairette-du-languedoc
Montpeyroux
Sommières
Langlade
Nîmes
Terrasses-du-larzac
Pic-saint-loup
Languedoc
Sommières
Sommières
St-Mathieu-de-Tréviers
Languedoc
Languedoc
Lodève
Saint-Saturnin
St-Guilhem-le-Désert
Les Matelles
Saint-Drézéry
Saint-Christol
Vérargues
Muscat-de-lunel
Montpeyroux
Aniane
Castries
Lunel
Terrasses-du-larzac
Languedoc
Gignac
Languedoc
Saint-Georges-d'Orques
Grès de Montpellier et la Méjanelle
Clermont-l'Hérault
l'Hérault
St-Georges-d'Orques
Montpellier
Étang de Mauguio
Aigues-Mortes
le Petit Rhône
Cabrières
Grès de Montpellier
Aspiran
Pézenas
Pézenas
HÉRAULT
Mireval
Montagnac
Vic-la-Gardiole
Muscat-de-mireval
Pézenas
Frontignan
Picpoul-de-pinet
Muscat-de-frontignan
Sète
Pinet
Bassin de Thau
Languedoc
Béziers
Golfe du Lion
Agde
Cap d'Agde
MER MÉDITERRANÉE

Principaux **millésimes** dégustés dans cette **édition**

TYPES DE VIN	CARACTÉRISTIQUES DU MILLÉSIME	QUALITÉ DU MILLÉSIME
Rouges 2022	Marqué par la chaleur, ce millésime a bénéficié d'une bonne fin de saison, de quoi offrir des vins complets, aptes à la garde. Le fruit et la structure tannique sont au rendez-vous, et les plus réussis vieilliront bien et longtemps. Seul bémol, des volumes drastiquement diminués.	★★★★★
Rouges 2021	Les vignobles d'altitude, ceux qui ont conservé le plus de fraîcheur, sont à privilégier sur ce millésime tendu, marqué par le changement climatique et son lot de sécheresses. Les vins y ont conservé un beau rapport d'acidité avec des taux d'alcool modérés ; des vins sur le fruit, juteux et abordables, avec des extractions légères.	★★★☆☆
Rouges 2020	Élégant, ce millésime a bénéficié d'un printemps historiquement chaud engendrant un débourrement précoce, avec des pluies abondantes propices au mildiou. Rééquilibré par un été chaud, l'année a engendré au final des rouges aux maturités abouties, structurés et équilibrés.	★★★★☆
Blancs 2023	Ce millésime sec et hétérogène a livré des raisins plutôt riches et concentrés, bien fruités, mais hélas de faibles volumes.	★★★★☆
Blancs 2022	Ce millésime se révèle magnifique, ensoleillé et épargné des aléas climatiques. Seule subsiste la sécheresse, qui a fortement réduit les quantités. Les vins sont d'un excellent niveau, concentrant tous les atouts de fraîcheur, de fruit et d'équilibre.	★★★★★
Blancs 2021	Ce millésime sec et capricieux a livré des raisins petits et parfois un peu flétris, de faibles rendements. Après avoir été très fortement touché par le gel, puis par le mildiou fin juin, le vignoble a connu la sécheresse, livrant des blancs classiques, très agréables, à boire sur la jeunesse.	★★★☆☆

Le Languedoc en un clin d'œil

Types de vins

Hiérarchie des vins

4 AOC « crus »
(terrasses-du-larzac, la clape, pic-saint-loup, minervois-la-livinière, corbières-boutenac)

18 AOC sous-régionales
(ex : limoux, saint-chinian, faugères…)

1 AOC régionales
(languedoc, anciennement coteaux-du-languedoc)

IGP
(70 % de la production)

Principaux **cépages**

- Grenache noir
- Syrah
- Carignan
- Mourvèdre
- Cinsault
- Cabernet-sauvignon
- Grenaches gris et blanc
- Macabeu
- Clairette
- Bourboulenc
- Vermentino (rolle)
- Muscat à petits grains
- Muscat d'Alexandrie
- Marsanne
- Roussanne
- Piquepoul
- Chardonnay
- Mauzac
- Chenin
- Ugni blanc

Un peu d'**histoire**

- **VIIIe s. av. J.-C. :** 1res traces de la culture de la vigne par les Grecs.
- **118 av. J.-C. :** les Romains arrivent dans la Narbonnaise.
- **IXe s. :** développement du vignoble : l'impulsion des monastères (Lagrass Fontfroide, Valmagne, notamment).
- **XIVe - XVIIIe s. :** essor du commerc du vin grâce aux nouveaux réseau de transports (1666 : création du p de Sète ; 1681 : ouverture du canal du Midi). Le vin de Frontignan est connu jusque dans le nord de l'Eur
- **1850-1880 :** essor du chemin de f et ouverture de nouveaux marché urbains. Développement du vin de consommation courante.
- **1850 :** crise du mildiou dans les vi
- **1863 :** crise du phylloxéra, puis de l'oïdium.
- **1901 :** création de la coopérative de Maraussan (Biterrois), suivie par d'autres dans la région.
- **1907 :** dans un contexte de crise d à une pratique généralisée de vins frelatés, les vignerons manifestent Leur révolte, menée par Marcelin Albert, cafetier audois, est réprimé par le gouvernement de Clemence
- **1936 :** reconnaissance de l'AOC muscat-de-frontignan.
- **1949 :** création du statut de « vin de qualité supérieure », catégorie moins contraignante que l'AOC, qu permet aux vignobles languedocie de progresser par paliers jusqu'à l'accession à l'AOC.
- **1970-1976 :** nouvelle crise viticole due à la concurrence des vins italier Manifestations de Montredon, prè de Narbonne.
- **1976 :** reconversion du vignoble ve la qualité grâce à un arrachage des plants communs (aramon, carignan), subventionné par l'Europ
- **2007 :** création d'une appellation régionale languedoc.
- **2017 :** reconnaissance de l'AOC pic-saint-loup.

CABARDÈS

Superficie : 400 ha / Production : 18 000 hl

Rouges ou rosés, les cabardès proviennent de 18 communes situées au nord de Carcassonne et à l'ouest du Minervois. Implanté dans la partie la plus occidentale du Languedoc, le vignoble subit davantage l'influence océanique que les autres appellations. C'est pourquoi les cépages autorisés comprennent des cépages atlantiques, comme le merlot et le cabernet-sauvignon, à côté de variétés méditerranéennes comme le grenache noir et la syrah.

CH. AUZIAS Mademoiselle 2022 ★★

50000 | 8 à 11 €

À deux pas de la cité de Carcassonne et du canal du Midi, le Ch. de Paretlongue est fondé au XIIe s. par les chanoines de Carcassonne à l'emplacement d'une villa gallo-romaine, puis passe entre les mains de plusieurs propriétaires nobles. Racheté en 1872 par les Auzias, négociants en vin, il est exploité par leurs descendants, Nathalie et Dominique Auzias, qui disposent après agrandissement de 160 ha d'un seul tenant.

La syrah dominante dans ce rouge ensoleillé, au nez capiteux de fruits à haute maturité et de cuir, qui offre aussi en bouche toute la plénitude d'un raisin bien mûr: de l'étoffe, un fruit savoureux et chaleureux, une texture douce et des tanins d'une suavité exemplaire. 2025-2029 **Instinct terrien 2022 ★ (11 à 15 €; 50000 b.)** Cabernet-sauvignon et syrah à parité et un élevage en cuve et fût pour ce cabardès très tendre, sphérique, aux tanins à peine esquissés, qui donne à croquer un fruit vanillé séducteur. Un vin que l'on peut déboucher sans attendre. 2024-2027

CH. AUZIAS, Dom. Paretlongue, 11610 Pennautier, tél. 04 68 47 28 28, info@auzias.fr V *r.-v.*

CAZABAN Les Petites Rangées 2021 ★★

6500 | 15 à 20 €

Créé en 2007, situé sur les premiers contreforts de la montagne Noire, à quelques kilomètres au nord des remparts de Carcassonne, ce domaine s'étend sur 22 ha de vignes conduites en agriculture biologique et biodynamique.

Vieilli 9 mois en barriques bourguignonnes, voilà un bien bel ambassadeur de l'appellation. Toastés et mentholés au nez, les arômes de fruits rouges bien mûrs percent dans une bouche pulpeuse, à la sucrosité affirmée et posée en douceur sur une trame tannique bien fondante. Longuement épicé en finale, c'est un grand séducteur. 2025-2029

DOM. DE CAZABAN, 11600 Conques-sur-Orbiel, tél. 04 68 72 11 63, info@domainedecazaban.com V *t.l.j. 9h-17h; sam. dim. sur r.-v.*

CLOS DES NATICES 2022 ★

8000 | 11 à 15 €

Créé en 1907 par la famille Galy, ce vaste domaine s'étend sur 80 ha, dont 45 ha consacrés à la culture de la vigne et 5 ha à celle de la truffe. Depuis 2016, la troisième génération (Yann, Loïc, Camille et Romain Galy) est aux commandes.

Un cabardès encore réservé mais prometteur, au nez retenu et à l'accent épicé, ouvrant sur une bouche plus élégante que puissante, ronde à l'attaque, puis cadrée par des tanins encore serrés. Un style élégant qui demande un peu de patience pour donner sa pleine mesure. 2025-2029

LOÏC GALY, hameau de Caunettes-Hautes, 11170 Moussoulens, tél. 06 72 02 16 31, loicgaly@hotmail.fr V *t.l.j. sf sam. dim. 10h-12h 14h-18h*

CH. DU DONJON JEAN PANIS
L'Autre Château du Donjon 2020 ★

10000 | 8 à 11 €

Véritable curiosité, le pittoresque donjon du XIIIe s. de l'antique Ch. de Bagnoles – ancienne dépendance de l'abbaye de Caunes – jaillit au milieu de la cave du XXIe s. de la famille Panis, propriétaire des lieux depuis le XVe s. À la tête de la propriété depuis 1996 : Jean et Caroline Panis. Le vignoble est implanté à cheval sur les appellations minervois et cabardès.

Le merlot et la syrah forgent l'ossature de cette cuvée élevée en cuve au plus près du fruit. Mûr mais frais, le nez distille ses notes appétantes de confiture de fraises. La même gourmandise émane d'un palais joliment conçu, texturé, chaleureux, ourlé de tanins extraits avec mesure. Un rouge élégant et déjà aimable, qui sera parfait sur des grillades de viande. 2024-2028

CH. DU DONJON, Ch. du Donjon, 11600 Bagnoles, tél. 04 68 77 18 33, jean.panis@wanadoo.fr V *r.-v.*

DOM. GALY La Galynette 2022 ★★

10000 | 5 à 8 €

Créé en 1907 par la famille Galy, ce grand domaine de Cabardès a quitté la coopérative en 2016. Au programme, vins (50 ha de vignes), œnotourisme et truffes (5 ha de truffières).

Un cabardès séduisant de bout en bout. On aime l'éclat rubis de la robe, le nez épanoui, généreusement poivré sur fond de fruit rouge, et la bouche très harmonieuse, gourmande, aux tanins fins et fermes; une bouche certes ensoleillée mais qui conserve un bien belle fraîcheur. Un vin mûr mais vivant, tout indiqué sur un magret. 2025-2029

SCEA LA JOURDANNE (DOM. GALY), hameau Caunettes-Hautes, 11170 Moussoulens, tél. 06 45 77 26 73, contact@domaine-galy.com V *t.l.j. sf sam. dim. 10h-12h 14h-18h*

CH. LA MIJANE Arpège 2022 ★★

5000 | 8 à 11 €

Un domaine fondé en 2011 par Philippe de la Boisse et repris par son fils Antoine, à la tête d'un vaste ensemble d'une centaine d'hectares en bordure du canal du Midi, dont 40 dédiés à la vigne, cultivés en bio certifié, et aux cabardès, aux IGP Pays d'Oc et Cité de Carcassonne.

Quatre cépages assemblés à parts égales dans ce rouge élégant, sans outrance, au nez mariant habilement les épices de la barrique au fruit noir. Des tanins fins et fermes épaulent une matière déliée, joliment étirée sur les notes perçues à l'olfaction. Un peu de garde devrait le détendre davantage. 2025-2029

DOM. LA MIJANE, carr. de Bezons, rte de Caunes, 11620 Villemoustaussou, tél. 04 68 10 99 71, vin@lamijane.com V t.l.j. sf dim. 9h30-12h 13h30-18h30

♥ B CH. SALITIS Cuvée rouge 2022 ★★★

| 10000 | 8 à 11 €

Un des domaines historiques du Cabardès, jadis dépendance de l'abbaye de Lagrasse. Anne et Frédéric Maurel conduisent depuis 1986 cette vaste exploitation de 110 ha (en bio) établie sur le plateau caillouteux de Conques-sur-Orbiel. À l'origine, dit-on, un arrière-grand-père chanceux l'aurait gagné à un jeu de hasard…

Le must de l'année en cabardès qui vaut à son auteur son premier coup de cœur et la note maximale. Ce qui a tant plu? Ce nez «très typé cabardès», à l'accent de fruits noirs frais, saupoudré de cacao et d'épices, et ce palais charmeur, caressant à l'attaque, extrait en douceur, pétri de cerise et relevé de tanins finement ciselés. Tout cela respire l'élégance et le bon goût. Simplement parfait. ⧗ 2025-2030

Traditionnel 2023 ★ (8 à 11 €; 3000 b.) B Un rosé tout en vivacité, à peine teinté, qui offre au nez comme en bouche des notes vivaces de petits fruits rouges frais, dans un ensemble léger, acidulé et très frais. ⧗ 2024-2025

FRÉDÉRIC MAUREL, Dom. de Salitis, 11600 Conques-sur-Orbiel, tél. 04 68 77 16 10, salitis@orange.fr V t.l.j. 8h30-11h30 14h-18h

TOUR DE RISSAC 2022 ★★★

| 5000 | 11 à 15 €

L'histoire de ce château débute en 1453, avec la seigneurie de la maison des Voisins. Un domaine de 70 ha d'un seul tenant (dont 43 de vignes) acquis en 2011 par Pierre-André Degroote, fils de Pierre Degroote, propriétaire dans la même appellation du Ch. de Lalande.

Élevé en cuve béton et fût, un assemblage de cinq cépages dont on retient le nez plutôt fringant, entre fruits rouges et végétal frais, et la bouche très croquante, parfumée, soutenue par des tanins fermes mais sans rigueur. Aimable et tonique, on peut le boire (sur une viande rouge grillée) ou l'attendre quelques années. ⧗ 2024-2029

SCEA CH. TOUR DE RISSAC, Caunettes Basses, 11170 Moussoulens, tél. 06 02 31 36 24, sabrina@domainesbgwine.com V r.-v. B

MAISON VENTENAC Diane 2023 ★

| 25000 | 8 à 11 €

Alain Maurel a créé ce domaine en 1973, plantant les vignes en haute densité (6 500 pieds/ha) pour privilégier des rendements faibles et une plus grande concentration des vins. Un beau patrimoine de 115 ha qu'il a transmis à ses enfants, dirigé depuis 2011 par son gendre Olivier Ramé. Une valeur sûre de l'appellation cabardès.

Un rosé consistant et juteux comme l'appellation sait en offrir. Le nez, très alléchant, flatte franchement avec ses notes de bonbon et de petits fruits rouges acidulés. Bien en chair, grasse, fraîche et croquante à la fois, la bouche confirme ces belles promesses. En un mot, savoureux. Le plateau de charcuterie s'impose. ⧗ 2024-2025

SAS MAISON VENTENAC, 4, rue des Jardins, 11610 Ventenac-Cabardès, tél. 04 68 24 93 42, accueil@maisonventenac.fr V r.-v.

CLAIRETTE-DU-LANGUEDOC

Superficie : 60 ha / Production : 2 487 hl

Les vignes du cépage clairette sont cultivées dans 8 communes de la vallée moyenne de l'Hérault. Après vinification à basse température avec le minimum d'oxydation, on obtient un vin blanc généreux, à la robe jaune soutenu. Il peut être sec, demi-sec ou moelleux. En vieillissant, il acquiert un goût de rancio.

ADISSAN 2022 ★★

| 5000 | 5 à 8 €

Berceau de la clairette, Adissan perpétue la tradition des moelleux. Le village fournit 70 % de la production de l'appellation. Le vignoble occupe des terrasses villafranchiennes composées de galets de quartz, silex et calcaires au sein d'une matrice argilo-sableuse.

Un moelleux harmonieux dont on aime le nez miellé d'abricot sec et la bouche onctueuse, tendre, aux notes de raisins de Corinthe, relevée d'une agréable amertume et où le sucre se fait discret. Une clairette polyvalente à table, parfaite sur un foie gras ou une tarte aux pommes par exemple. ⧗ 2024-2027

LA CLAIRETTE D'ADISSAN, av. du Gal-de-Gaulle, 34230 Adissan, tél. 04 67 25 01 07, caveau.adissan@orange.fr V t.l.j. sf dim. 9h-12h 15h-18h

CALMEL ET JOSEPH
Les Crus L'Astre divin 2022 ★

| 10000 | 15 à 20 €

Laurent Calmel, œnologue, s'est associé avec Jérôme Joseph pour fonder en 1995 une maison de négoce spécialisée dans les vins de terroir du Languedoc-Roussillon. Le duo a lancé son étiquette en 2007. Il sélectionne les parcelles, vinifie et élève les cuvées.

Un élevage en cuve et fût de 6 mois pour cette clairette parée d'une robe claire. Coing, fleurs blanches et cire d'abeille, le nez déjà complexe laisse poindre un début d'évolution. Élégante, ronde, chaleureuse, la bouche s'entiche d'une touche de résine et de cèdre. Une viande blanche à la crème semble très indiquée. ⧗ 2024-2027

CALMEL ET JOSEPH, chem. de la Madone, 11800 Montirat, tél. 04 68 72 09 88, contact@calmel-joseph.com V r.-v. E

DOM. LA CROIX CHAPTAL
Clairette blanche 2022 ★

| 6600 | 11 à 15 €

Créé au IXᵉs. par les moines bénédictins de l'abbaye de Gellone, ce domaine se partage entre 11 ha de bois et 25 ha de vignes. Il revit depuis son rachat en 1999 par

Charles-Walter Pacaud, qui l'avait découvert pendant ses études de viticulture-œnologie à Montpellier.
Un long élevage (18 mois) en cuve et en fût a joliment patiné la robe (dorée) et le nez qui prend des accents de miel, de brou de noix et de fruits jaunes compotés. Souple, solaire, épanoui, épicé, le palais tire son équilibre de cette petite astringence aux accents d'orange amère typique du cépage. Parfait avec un comté un peu affiné ou un foie gras. ⧗ 2024-2029

DOM. LA CROIX CHAPTAL, hameau de Cambous, 34725 Saint-André-de-Sangonis, tél. 06 82 16 77 82, lacroixchaptal@orange.fr V r.-v.

L'ESTABEL Cabrières Le Grand Pan 2023 ★★

| | 12 000 | | 8 à 11 € |

Coopérative fondée en 1937 et forte des 330 ha de ses adhérents, les caves de l'Estabel, réputées pour leurs rosés qui ont fait la gloire de Cabrières, présentent aussi une gamme de rouges dignes d'un vif intérêt. Elles produisent également de l'appellation clairette-du-languedoc, sur une vingtaine d'hectares de schistes, et, depuis 2018, des vins sans soufre. Le paysage dominé par le pic de Vissou, la richesse géologique et les sites archéologiques en font une étape obligée.
Élevé 6 mois en cuve, ce blanc très élégant offre la palette florale et fruitée des bonnes clairettes. Tendre à l'attaque, gourmande, épicée, la bouche affiche une très belle fraîcheur et intègre en finale la fine amertume du cépage. Une épure qui a franchement réjoui le jury. De belle garde. ⧗ 2024-2028 **Cabrières Fulcrand Cabanon 2023 ★★ (5 à 8 €; 20 000 b.)** Le nez frais et floral annonce une bouche tonique, parfaitement équilibrée, parfumée, relevée d'un trait d'agrumes et de la petite astringence que l'on aime dans la clairette. Une bien belle manière de faire connaissance avec le cépage. ⧗ 2024-2027

L'ESTABEL, 20, rte de Fontes, 34800 Cabrières, tél. 04 67 88 91 60, contact@estabel.fr V *t.l.j. 9h-12h 14h-18h*

CORBIÈRES

Superficie : 13 000 ha / Production : 461 000 hl

VDQS depuis 1951, reconnus en AOC en 1985, les Corbières constituent une région typiquement viticole, et ce massif montagneux aride, qui sépare le bassin de l'Aude des plaines du Roussillon, n'offre guère d'autres possibilités de culture. Cette vaste appellation s'étend sur 87 communes. Les corbières rouges, majoritaires, ont en commun un côté chaleureux et souvent charpenté. Ils assemblent aux traditionnels carignan et grenache noir la syrah, le cinsault, le mourvèdre, le lladoner pelut… L'appellation produit aussi des rosés et des blancs; ces derniers mettent à contribution les cépages grenache, macabeu, bourboulenc, marsanne, roussanne et vermentino. Corbières maritimes au sud-est, hautes Corbières au sud, Corbières centrales faites de terrasses et de collines, montagne d'Alaric au nord-ouest… la région présente un relief très compartimenté et des terroirs divers par leur altitude, leurs sols, l'influence méditerranéenne plus ou moins dominante. Ce cloisonnement des sites a conduit à une réflexion sur les spécificités des terroirs de l'appellation, notamment ceux de Durban, Lagrasse et Sigean.

ABBAYE DE FONTFROIDE Ocellus 2023 ★

| | 11 300 | | 11 à 15 € |

Fondée en 1093, l'abbaye bénédictine de Fontfroide fut rattachée à l'ordre cistercien au XIIᵉs. Une puissance spirituelle et temporelle qui donna un pape à la chrétienté. Aujourd'hui, un site splendide, un domaine viticole (38 ha) depuis les années 1990 et une cave rénovée entre 2000 et 2005, sous l'impulsion de Laure d'Andoque et de Nicolas de Chevron Villette, installés en 2004.
Un blanc délicat, au nez timide, entre fleurs blanches et poire, ouvrant sur une bouche légère, tendre, sans aspérité, dotée d'une petite amertume de bon ton en finale. Bien équilibré, on peut le déboucher à l'apéritif. ⧗ 2024-2026

ABBAYE DE FONTFROIDE, RD 613, 11100 Narbonne, tél. 04 68 41 06 92, administration@vins-de-fontfroide.fr V *t.l.j. sf sam. dim. 9h-12h 14h-17h*

CH. AIGUILLOUX Aventure 2021 ★★

| | 20 000 | | 5 à 8 € |

Fondé en 1860 sur le site d'une *villa* gallo-romaine, un domaine de 125 ha, dont 36 de vignes d'un seul tenant, traversé par un ruisseau du nom d'Aiguilloux. Né en Normandie, François Lemarié a parcouru le monde avant de se poser dans ce coin des Corbières en 1982. En 2018, il a transmis la propriété à son fils Georges. Ce dernier, fort d'une expérience de dix ans dans la restauration, allie vin et gastronomie sur le domaine.
Un rouge sans effet de manche, vinifié avec douceur et bon goût, qui charme dès le nez par ses accents francs et croquants de fraise. Souple, tissé de tanins soyeux, très élégant de texture, consistant et ensoleillé, le palais est sous-tendu par une fine acidité qui donne de l'éclat au fruit. ⧗ 2024-2028 **2023 ★ (8 à 11 €; 2700 b.)** Un rosé friand, au bouquet de rose, de fruits rouges acidulés et de grenadine ouvrant sur une bien jolie bouche, rondelette, enrobante, bien du Sud, à laquelle il n'aura manqué qu'un soupçon d'acidité en plus pour la deuxième étoile. ⧗ 2024-2025

CH. AIGUILLOUX, 11200 Thézan-des-Corbières, tél. 04 68 43 32 71, aiguilloux@wanadoo.fr V *t.l.j. 10h-12h 14h-18h*

CH. LA BASTIDE Tradition 2021 ★

| | 28 000 | | 8 à 11 € |

Au nord-ouest de Lézignan-Corbières, un vaste domaine (180 ha) tourné vers l'exportation, acquis en 1987 par Anne-Marie et Guilhem Durand. Première en Languedoc-Roussillon. En 2015, il a été le premier en Languedoc à passer aux mains d'un groupe chinois, l'importateur BHC International Wine Assets Management. Proche du Minervois, le vignoble est installé sur une terrasse ancienne de l'Aude, riche en galets roulés.
Une touche orangée dans la robe trahit un début d'évolution. Discrètes à l'olfaction, les notes de cerise confite et d'épices gagnent en intensité dans un palais puissant, ensoleillé, mais croquant, dont la franche sucrosité enrobe des tanins assagis. Un vin mature, onctueux, facile à boire. ⧗ 2024-2027

CH. LA BASTIDE, 11200 Escales, tél. 04 68 27 08 47, contact@chateaulabastide.com V *t.l.j. sf sam. dim. 8h-12h 14h-17h*

MARQUISE DE BELLE-ISLE 2022 ★★

80 600 | 8 à 11 €

Oui, le Ch. de Belle-Isle a bien un rapport avec Belle-Île-en-Mer : l'île bretonne, acquise par Nicolas Fouquet, fut cédée par le petit-fils du surintendant des Finances déchu. Le montant de la vente servit notamment à acheter ces terres en Corbières. Longtemps conduit par un groupe d'amis, il est depuis 2021 la propriété de la famille Ruelle.

Touche fumée, cassis, mûre, noyau de cerise, voilà un nez qui ne manque pas de nuances. Des tanins à grain fin, sans aspérité, gainent une bouche corpulente et parfumée, qui se teinte de thym et de poivre dans une finale qui n'oublie pas de rester fraîche. Équilibré, typé, il a tout bon. 2025-2030 **Ch. de Belle-Isle 2022 ★ (11 à 15 €; 24 000 b.)** Des notes de fruits rouges et de gibier à l'olfaction, une attaque alerte, un cœur de bouche charnu, tenu par des tanins un rien serrés, une finale fraîche et persistante : un bon corbières à étalonner sur une viande rouge grillée. 2025-2029

CH. DE BELLE-ISLE, chem. Paul-Pugnaud, 11200 Lézignan-Corbières, tél. 04 68 41 03 70, infos@chateaubelleisle.fr V *r.-v.*

GÉRARD BERTRAND Hérésie 2021 ★★

415 000 | 5 à 8 €

Enfant des Corbières, fils de vigneron et ancien rugbyman, Gérard Bertrand est un important propriétaire (quelque 850 ha répartis sur seize domaines et cultivés en biodynamie) et négociant du sud de la France, dont les cuvées apparaissent dans le Guide sous diverses appellations (corbières, fitou, minervois, languedoc, côtes-du-roussillon) et en IGP.

Élevé en cuve et fût, paré d'une robe noire, ce 2021 dévoile un nez plaisant et original de cerise et de sous-bois agrémenté de touches de silex et d'hydrocarbure. Une attaque souple ouvre sur une bouche policée, ronde et souple, appuyée sur des tanins très tendres. Facile à boire, on l'ouvre sans trop attendre. 2024-2028

GÉRARD BERTRAND, Ch. l'Hospitalet, rte de Narbonne-Plage, 11100 Narbonne, tél. 04 68 45 28 50, vins@gerard-bertrand.com V *t.l.j. 9h-19h; été t.l.j. 9h-20h*

B CH. DE LA BOSSE 2022 ★★

39 000 | 5 à 8 €

Anciennement dénommé Dom. de Py, la propriété a changé de nom après son rachat en 2017 par les Vignobles Raymond, propriétaire et négociant à la tête de plusieurs domaines en Occitanie. Le vignoble (en bio certifié) s'étire sur plus de 100 ha au pied du mont Alaric.

Le jury enthousiasmé par ce corbières sapide, brièvement élevé en cuve. Le nez, discret mais pur, fruité (cassis, framboise), sanguin et poivré, ouvre sur une bouche gaillarde et énergique, éclatante de fraîcheur et adossée à une arête tannique d'une belle droiture. Un vin vivant et vibrant, qui ne tardera pas à donner sa pleine mesure. Une entrée dans le Guide pour le moins réussie. 2025-2029

CH. DE LA BOSSE, 6, rue des Écoles, 11700 Douzens, tél. 05 64 31 12 15, contact@maison-raymond.vin

B CH. LA BOUTIGNANE 2022 ★

37 600 | 8 à 11 €

Les Domaines languedociens possèdent le Ch. la Boutignane et le Ch. de Fournas en appellation corbières, ainsi que le Dom. du Ch. d'Eau et le Dom. Saint-Paul en IGP Oc.

Un corbières sur le fruit, dominé par la syrah, dont on retient les parfums de framboise et de marc mâtinés d'épices douces, puis la bouche souple, ensoleillée, juteuse, où les tanins se font très discrets. Gourmand et universel. 2024-2027 **Révélation 2021 ★ (11 à 15 €; 13 300 b.)** B Élevé durant 10 mois en fût, un corbières facile d'accès, mariant habilement au nez le fruit mûr et le chêne. Une attaque ronde, des tanins soyeux, une matière suave, un fruit persistant et torréfié : très plaisant, on peut le boire ou le garder. 2024-2029

CH. LA BOUTIGNANE, 534, La Boutignane, 11200 Fabrezan, tél. 04 68 43 53 46, domaine@labaume.com

CH. CAPENDU 2022 ★

10 200 | 11 à 15 €

Constitués par la famille Gau, les Vignobles de la Ferrandière ont été rachetés en 2013 par Jean-Claude Mas (maison Paul Mas). Couvrant 100 ha de vignes (surtout) et de pommiers, le vignoble est implanté sur l'étang asséché de Marseillette, une ancienne lagune, entre les Corbières et le Minervois, à 40 km de la Méditerranée. Les sols salés doivent être périodiquement inondés au printemps, ce qui permet aux vignes d'échapper au phylloxéra : de nombreux ceps sont ici francs de pied (non greffés).

Une robe couleur cerise, un nez de fruits rouges mûrs, d'épices et de garrigue, un soupçon de chêne : bienvenue dans le Languedoc. Puissante, adossée à des tanins maîtrisés, la bouche restitue ce bouquet typé et conserve une bien belle fraîcheur. En un mot, complet, et bien en ligne avec le millésime. 2025-2029

VIGNOBLES DE LA FERRANDIÈRE, Dom. de la Ferrandière, 11800 Aigues-Vives, tél. 04 67 90 16 10

♥ B CH. DE CARAGUILHES Solus 2022 ★★

9 900 | 20 à 30 €

D'origine cistercienne, ce domaine commandé par des bâtiments imposants est situé à flanc de coteau. Il domine un vaste vignoble de 95 ha d'un seul tenant qui s'étale tout autour en pente douce, entouré de 500 ha de garrigue. Un pionnier du bio – dès 1987. Propriétaire depuis 2007, Pierre Gabison reste sur cette ligne et a converti le vignoble à la biodynamie.

Solus ? Un hommage au soleil, qui est aussi le symbole du domaine. Et ce grand blanc n'en manque pas. Élevé en demi-muid et en jarre, il dévoile un nez d'une grande complexité : fenouil, anis, agrumes, fleurs blanches et brioche.

Savoureuse et fraîche à l'attaque, la matière s'étire et prend ses aises dans une bouche onctueuse, riche mais sans lourdeur, subtilement vanillée. Résolument et fièrement sudiste, voilà un vrai blanc de gastronomie à réserver à un plat à la crème (saint-jacques, blanquette...). ⧗ 2024-2029

CH. DE CARAGUILHES, 11220 Saint-Laurent-de-la-Cabrerisse, tél. 04 68 27 88 99, aude@caraguilhes.fr V r.-v.

B DOM. LES CASCADES S 2021 ★

■	270		20 à 30 €

Œnologue, Laurent Bachevillier a vinifié de la Suisse à la Nouvelle-Zélande avant de créer en 2010 avec sa femme Sylvie ce domaine en pleine nature, vers Lagrasse. Du vin, mais aussi de la bière, des olives, du safran, des truffes, des légumes… D'emblée, le bio (certification en 2013). L'hiver, les 6 ha de vignes servent de parcours aux ânes et aux moutons, qui font un bon travail de désherbage.

Du caractère et du soleil dans ce corbières dominé par le grenache noir (90 %). Au nez, un heureux mariage entre le fruit rouge du cépage et des notes de cuir et de gibier. Très parfumé, et plus nettement fruité, sur la fraise écrasée, le palais se montre chaleureux, souple à l'attaque, puis structuré par une belle acidité et des tanins fermes mais plaisants. Ce vin a du relief. ⧗ 2025-2029

DOM. LES CASCADES, 4 bis, av. des Corbières, 11220 Ribaute, tél. 06 88 21 84 99, domainelescascades@yahoo.fr V r.-v. 3

LES MAÎTRES VIGNERONS DE CASCASTEL Héritage de Bonnafous 2022 ★

■	100 000		8 à 11 €

Créée en 1921 dans le massif des Hautes Corbières et le Haut Fitou, à 20 km de la Méditerranée, la cave des Maîtres Vignerons de Cascastel rassemble une centaine d'adhérents qui cultivent 650 ha. À sa carte, des fitou, des corbières, des vins doux naturels et des vins en IGP.

Voilà un corbières complet, au nez de cacao et de fruits rouges, qui déroule en bouche une agréable chair, caressante, cousue de tanins fondus et bien enrobés par l'élevage, et qui conserve une jolie fraîcheur en finale. Harmonieux, long, on peut le boire ou le laisser en cave. ⧗ 2024-2028

LES MAÎTRES VIGNERONS DE CASCASTEL, 748, av. André-Cournède, 11360 Cascastel, tél. 04 68 45 91 74, info@cascastel.com V t.l.j. sf sam. dim. 9h30-12h30 14h-17h30

♥ CASTELMAURE La Pompadour 2022 ★★★

■	200 000		8 à 11 €

Cave fondée en 1921 dans les Hautes Corbières, entre les communes de Durban et de Tuchan. Les inondations catastrophiques de 1999 furent l'occasion d'un nouveau départ, et la coopérative a investi dans des installations modernes. Après une restructuration des caves du secteur, elle intervient autant en fitou qu'en corbières. Une structure qui revendique haut et fort son statut de « vigneron ». 25 % du vignoble sont aujourd'hui en conversion bio.

La Pompadour accroche un nouveau coup de cœur à son palmarès déjà très fourni et y ajoute les trois étoiles. Ce qui a tant plu? Ses arômes chaleureux de moût de raisin, de confiture de griottes et de réglisse, et le très gourmand velouté d'une bouche ample et séveuse, ourlée de tanins fondants ouvrant sur une très longue finale épicée. ⧗ 2025-2030

CASTELMAURE, 4, rte des Canelles, 11360 Embres-et-Castelmaure, tél. 04 68 45 91 83, vins@castelmaure.com V t.l.j. 10h-12h 15h-18h

CELLIER DES DEMOISELLES 2023 ★

■	30 000		5 à 8 €

Créée en 1914, la coopérative de Saint-Laurent-de-la-Cabrerisse, dans les Corbières centrales, a été nommée en hommage aux femmes qui l'ont maintenue en activité alors que les hommes étaient au front. À partir des années 2000, elle a développé sa production en bouteilles.

Les charmes et les rondeurs du grenache noir dans ce jeune corbières élevé brièvement en cuve (6 mois). Un nez centré sur le fruit rouge frais introduit une bouche souple et suave, chaude et juteuse, relevée en finale de jeunes tanins un peu serrés qui se détendront bien vite en bouteille. Un vin sur le fruit que l'on débouchera sans trop attendre. ⧗ 2025-2028

CELLIER DES DEMOISELLES, 5, rue de la Cave, 11220 Saint-Laurent-de-la-Cabrerisse, tél. 04 68 44 02 73, contact@cellierdesdemoiselles.com V r.-v.

LES CELLIERS D'ORFÉE Cuvée Sextant 2022 ★

■	46 275		15 à 20 €

Créée en 1933, la cave d'Ornaisons a fusionné avec celle de Ferrals-les-Corbières. Son nom poétique réunit la première syllabe de ces deux villages. La coopérative dispose d'un vignoble de 1 000 ha répartis sur les appellations corbières et corbières-boutenac et, depuis 2017, d'un chai de stockage et de vieillissement flambant neuf.

Une cuvée habituée aux étoiles et aux coups de cœur, élevée en fût pendant 12 mois. Le nez nous le rappelle avec ses notes intenses de café sur fond de fruits confits et séchés. Des tanins très doux soutiennent une bouche suave, détendue et capiteuse, qui donne à croquer un fruit mûr marqué par l'eau-de-vie et la torréfaction. Séducteur, souple et déjà plaisant, on le boit sur une entrecôte grillée aux herbes. ⧗ 2024-2028 ■ **Cuvée Sextant 2022 ★ (15 à 20 €; 3330 b.)** Un blanc confortable, vinifié et élevé en fût, issu d'une année chaude, d'où ce nez toasté et poivré et cette bouche ronde, miellée et briochée, avec une petite fraîcheur bienvenue en filigrane qui assure l'équilibre de l'ensemble. ⧗ 2024-2027

LES CELLIERS D'ORFÉE, 53, av. des Corbières, 11200 Ornaisons, tél. 04 68 27 09 76, compta@celliersdorfee.com V t.l.j. sf dim. 8h-12h 14h-18h; sam. 9h-12h

LANGUEDOC

LE CHAI DES VIGNERONS Orfèvre 2023 ★★

■ | 3 656 | | 5 à 8 €

La première coopérative languedocienne date de 1905. À peine moins ancienne, celle de Lézignan – la plus vieille du département de l'Aude – a gardé sa façade de 1909 et ses immenses foudres en chêne. Au début des années 2000, elle s'est tournée vers la vente directe et tient boutique près de la ligne de chemin de fer.

Vermentino et macabeu assemblés dans ce blanc gourmand et original. Le nez, complexe, décline les fruits exotiques, l'orange, le melon et le miel de fleurs. Un bien joli bouquet qui persiste longuement dans une bouche tendre, large mais sans lourdeur, dotée d'une amertume très gastronomique en finale. ⧗ 2024-2027 ■ **Esprit 1909 2022 ★ (11 à 15 €; 5000 b.)** Une syrah (70 %) manifestement très mûre donne le ton de cette cuvée, très ouverte sur le fruit noir surmûri et la résine. Une acidité balsamique donne du peps à un palais par ailleurs très plein, velouté, capiteux, pétri de fruits en confiture et adossé à des tanins tout aussi veloutés. Un vin solaire, fondant mais vivant. ⧗ 2025-2029

LE CHAI DES VIGNERONS, 15, av. Frédéric-Mistral, 11200 Lézignan-Corbières, tél. 04 68 27 00 36, chai-vignerons@wanadoo.fr V *t.l.j. sf dim. 9h-12h 14h-18h30*

CLOS CANOS 2023 ★

■ | 26 000 | | 8 à 11 €

Poursuivant le travail des quatre générations précédentes, Pierre Galinier s'est installé en 1986 sur le domaine familial, qui compte aujourd'hui 24 ha. Il a parié sur la vente en bouteille et, dès l'an 2000, sur le rosé, adaptant sa vigne et sa cave à l'élaboration des vins de cette couleur, qui représentent aujourd'hui plus de 70 % de sa production en appellation.

Une robe limpide, rose pâle, des arômes pimpants de fruits rouges acidulés et de bonbon, une bouche tendre, fraîche sans être vive, une finale persistante et caressante: voilà un rosé de bon goût, délicat et harmonieux. ⧗ 2024-2025

CLOS CANOS, rue de Canos, 11200 Luc-sur-Orbieu, tél. 06 85 10 23 19, chateau-canos@wanadoo.fr V *r.-v.*

CLOS DU CERS François Calmon 2021 ★

■ | 1000 | | 15 à 20 €

Paul Refalo, fils d'une lignée de vignerons, et son épouse Sarah Verrill, américaine, ont sillonné le monde pendant trois ans, travaillant pour divers domaines viticoles, avant de poser leurs valises dans le Languedoc en 2020. Ils reprennent les vignes familiales de Paul, créent le Clos du Cers (du nom de ce vent violent qui balaie le couloir audois 300 jours par an), soit 12 ha (en conversion bio).

François Calmon, l'arrière-grand-père de Paul Refalo, à l'honneur dans cette cuvée, syrah et grenache noir, longuement élevée (18 mois) en fût. Puissant, le nez distille des notes de petits fruits rouges bien mûrs, d'épices douces et de cire d'abeille. Plus marquée par l'élevage, la bouche charme par la douceur de la matière, la juste extraction des tanins et la longue finale détendue sur le fruit surmûri. Élégant et de bonne garde. ⧗ 2026-2030

CLOS DU CERS, 8 ter, av. des Corbières, 11200 Cruscades, tél. 07 82 91 66 46, closducers@gmail.com V *r.-v.*

CH. ÉTANG DES COLOMBES Bois des Dames Élevé en fût de chêne 2022 ★★

■ | 5000 | | 11 à 15 €

Propriété familiale depuis quatre générations, à l'est de Lézignan. Henri Gualco a commencé la mise en bouteilles au domaine dès 1973 et participé activement au développement de l'appellation avant de transmettre cette exploitation de 80 ha à son fils Christophe.

Un blanc limpide, dominé par le grenache blanc (80 %), d'une classe folle. L'élevage en fût s'efface au nez et laisse s'exprimer un bouquet subtil de fleurs blanches et de fenouil. Aérienne, très délicate au toucher, la bouche file droit, sans largeur inutile, et donne à croquer un fruit (mirabelle, fruit blanc) sapide, éclatant, salin et précis. L'élégance incarnée. ⧗ 2024-2028 ■ **Bicentenaire 2022 ★★ (8 à 11 €; 15000 b.)** Une discrète note boisée donne un supplément de complexité à un nez friand centré sur le fruit rouge. Posée sur des tanins fins et un boisé fondu, la bouche déroule une matière tendre, croquante, sur le fruit et d'une longueur très honorable. ⧗ 2024-2028

CH. ÉTANG DES COLOMBES, 11200 Cruscades, tél. 04 68 27 00 03, christophe.gualco@wanadoo.fr V *t.l.j. sf sam. dim. 8h-18h*

B CH. FABRE CORDON Parfums d'été 2022 ★

■ | 5000 | | 11 à 15 €

Situé dans la zone côtière des étangs, un domaine implanté à l'emplacement d'une *villa* gallo-romaine qui bordait la voie Domitienne. Aujourd'hui, 15 ha (en bio certifié depuis 2013) longtemps conduits par Henri et Monique Fabre, et depuis 2021 par leur fille Amandine, œnologue.

15 % de syrah à l'appui du grenache noir et un long élevage en cuve à l'origine de ce 2022 coloré, aux arômes puissants de cassis et de réglisse. Des notes de camphre rehaussent le bouquet dans une bouche puissante, épicée, d'abord très en chair puis raffermie par des tanins serrés qui accompagnent longuement le fruit en finale. ⧗ 2025-2029 ■ **Qui m'aime me suive 2022 ★ (15 à 20 €; 4000 b.)** B Des parfums un peu fumés de groseille et de cuir, une attaque douce, une matière agréable, des tanins un rien serrés mais sans rigueur: un corbières aimable, typé, qui sera parfait sur des côtelettes d'agneau aux herbes. ⧗ 2024-2028

CH. FABRE CORDON, Batiqueille, 11440 Peyriac-de-Mer, tél. 06 87 84 15 46, chateaufabrecordon@gmail.com V *r.-v.*

CH. FONTARÈCHE La Chapelle Mignard 2023 ★

■ | 26 000 | | 8 à 11 €

C'est en 1682 que les ancêtres d'Édouard de Lamy ont acquis ce domaine. Son vignoble, implanté sur une haute terrasse graveleuse de l'Aude, couvre 140 ha d'un seul tenant, formant un carré parfait autour du château du XVIIᵉs. Il est dirigé depuis 2008 par Vincent Dubernet, ingénieur en agriculture, œnologue et fils d'œnologue.

Un assemblage (roussanne, grenache blanc et rolle) qui se livre avec délicatesse sur des notes discrètes de fleurs blanches. Une attaque tendre, une légère sucrosité, des notes de poire et de bonbon, une finale nette: un blanc gourmand, facile à aimer et d'un équilibre sans fausse note. On l'ouvre dès l'apéritif. ⧗ 2024-2027 ■ **Origines 1682 2022 ★ (11 à 15 €; 6000 b.)** 30 % de piquepoul noir dans ce corbières ouvert sur les fruits rouges cuits et les épices. En bouche, de la chair, de la souplesse, du fruit et des tanins fondants: un bon corbières, consistant mais déjà agréable. ⧗ 2024-2028

CH. FONTARÈCHE, RD 11, 11200 Canet, tél. 04 68 27 10 01, contact@fontareche.fr V r.-v.

♥ CH. DE FONTENELLES Abeilles 2022 ★★

■ | 35000 | | 11 à 15 €

Domaine familial situé sur le versant nord de l'Alaric. En cinq générations, sa surface est passée de 7 à 40 ha. Aux commandes depuis 1993, Thierry et Nelly Tastu ont passé le flambeau à leur fils Terence et son épouse Nathalie en 2018.

Quatre cépages associés dans cette cuvée clin d'œil à l'association Bee Friendly (qui défend les abeilles). Elle a d'autres atouts: la robe lumineuse, le nez qui fleure bon le jus de cassis et les épices, et cette bouche enlevée, dense, sanguine, très acidulée, florale et un peu sauvage, aux tanins encore fermes et saillants. De la vie, du fruit et de l'avenir. ⧗ 2027-2032 ■ **Élysée 2022 ★★ (11 à 15 €; 35000 b.)** Une cuvée souvent en vue dans ces pages, au meilleur de sa forme dans le millésime. Touche fumée, puis réglisse, poivre et confiture de fruits, le nez se révèle par couches successives. Le fruit s'épanouit franchement dans une bouche envoûtante, ronde, capiteuse, très longue, pétrie d'épices et emballée par des tanins très enrobés. «Une belle âme et une belle charpente», conclut le jury. ⧗ 2026-2032

DOM. DE FONTENELLES, 76, av. des Corbières, 11700 Douzens, tél. 04 68 79 12 89, info@fontenelles.com V r.-v.

B CH. GLÉON La Clef 2021 ★

■ | 20000 | | 11 à 15 €

Une propriété très ancienne, où l'on peut admirer une chapelle préromane du Ves. Resté pendant un millénaire dans la même famille, le château, qui gardait l'entrée des Hautes Corbières, a été vendu en 1861 par la dernière marquise de Gléon aux ancêtres des propriétaires actuels. Le domaine s'étend sur 300 ha, et son vignoble sur 50 ha, entièrement cultivés en bio.

La Clef? Le logo du château et le chef-d'œuvre d'un aïeul, compagnon ferronnier. Dans le verre, un vin énergique, fruité et épicé à l'olfaction. Des tanins fermes qui méritent de vieillir donnent de la rigueur à une bouche d'abord ronde, chaleureuse et généreusement fruitée, d'une longueur remarquée. On patiente. ⧗ 2026-2030 ■ **Les Hauts de Serres 2021 ★ (20 à 30 €; 5000 b.)** B Fruits rouges en confiture, girofle, notes grillées et vanillées, le nez trahit une nette emprise du merrain. Structuré, concentré, tannique et ferme à ce stade mais prometteur, un corbières dont l'avenir semble assuré. De garde donc. ⧗ 2027-2032

CH. GLÉON, 11360 Villesèque-des-Corbières, tél. 04 68 48 28 25, info@gleon-montanie.com V *t.l.j. 10h-12h 14h-19h; sam. dim. 14h-19h*

CH. DU GRAND CAUMONT Réserve de Laurence 2023 ★

■ | 11300 | | 11 à 15 €

Une *villa* gallo-romaine, puis un château incendié à la Révolution; constitué au milieu du XIXes., ce domaine a été acquis en 1906 par Louis Rigal, propriétaire de caves de Roquefort. En 2003, sa petite-fille Laurence, après un début de carrière dans le marketing, est arrivée aux commandes de cette vaste unité (148 ha, dont une centaine plantée de vignes).

Un jeune corbières fougueux, au nez fringant, sur les fruits rouges frais, la résine et les plantes aromatiques. Très onctueuse, charnue, la bouche déroule un bien joli fruit, expansif, tenue par des tanins serrés et poudrés, avec une touche mentholée revigorante en finale. Très prometteur. ⧗ 2026-2032

CH. DU GRAND CAUMONT, 11200 Lézignan-Corbières, tél. 04 68 27 10 82, chateau.grand.caumont@wanadoo.fr V *t.l.j. 8h30-12h 13h-17h30; sam. dim. sur r.-v.* E

DOM. DU GRAND CRÈS Adagio 2023 ★★

■ | 7000 | | 8 à 11 €

En 1989, Hervé Leferrer a quitté la Romanée-Conti, où il était régisseur, après avoir eu le coup de foudre pour ce domaine (17 ha aujourd'hui) niché à 300 m d'altitude au cœur des Corbières, au milieu des bois et de la garrigue.

La robe, noire, interpelle, comme le nez, intense, centré sur le sirop de fruits (cerise, cassis) et le graphite. Juteuse, épicée et plus florale (violette), ample et ronde à l'attaque, puis flanquée de tanins serrés, la bouche garde le tempo dans un style vibrant et très frais. Un corbières rythmé qui ne laisse pas indifférent. Parfait sur un carré d'agneau au thym. ⧗ 2025-2030

DOM. DU GRAND CRÈS, 26, rue Sainte-Élisabeth, 11200 Fabrezan, tél. 09 61 48 72 67, grand.cres@outlook.fr V *t.l.j. sf sam. dim. 10h-12h 15h-18h*

LA CAVE DE GRUISSAN Les Pujots 2023 ★

■ | 8040 | | 5 à 8 €

Créée en 1947, cette cave coopérative est située face à l'étang de Gruissan, à une dizaine de kilomètres de Narbonne. Elle regroupe 45 vignerons pour 280 ha de vignes situées dans les appellations corbières, la clape et languedoc, et propose aussi les IGP locales.

Les bourboulenc et grenache blanc sont très complices dans ce blanc élégant, fin à l'olfaction, qui décline la pêche et l'anis sur un fond grillé. Légèrement perlante, fruitée, fraîche, de bon volume, relevée d'une fine amertume en finale, la bouche convainc. ⧗ 2024-2027

LA CAVE DE GRUISSAN, 19, bd de la Corderie, 11430 Gruissan, tél. 04 68 49 01 17, contact@cavedegruissan.com V *t.l.j. 9h30-12h30 15h-19h; dim. 9h30-11h*

LANGUEDOC

CH. HAUT GLÉON Cuvée Les Sources 2021 ★★

■ | 22283 | | 5 à 8 €

Créée en 1967, cette union de caves coopératives du Languedoc propose des vins d'un très grand Sud qui s'étend de la Gascogne à la vallée du Rhône. Elle regroupe plus de 650 vignerons et dispose de 4 000 ha de vignes.

Des arômes séducteurs de griotte et de fruits rouges compotés, saupoudrés de cacao et d'épices, une bouche friande, ronde, soutenue par des tanins bien mûrs, une finale détendue: un vin élégant, cohérent et déjà très en place. On l'ouvre sur des grillades et sans trop attendre. ⧗ 2024-2027 ■ **Cuvée Les Sources 2022 ★ (8 à 11 €; 4541 b.)** Beurre frais, fruits jaunes, pierre à fusil, voilà un nez engageant qui trouve un heureux prolongement dans une bouche élégante, ronde, briochée et citronnée, traversée par une agréable et discrète vivacité. Fin, précis et polyvalent à table. ⧗ 2024-2027

LES VIGNOBLES FONCALIEU, Dom. de Corneille, 11290 Arzens, tél. 04 68 76 21 68, marketing@foncalieu.com V r.-v. E

CH. HORTALA Cruscades 2022 ★

■ | 2500 | | 8 à 11 €

En l'an 985, à Cruscades, un Hortala faisait déjà du vin; une dizaine de siècles plus tard, en 2006, un de ses descendants, après avoir enseigné la gynécologie, devint viticulteur à 56 ans, en s'appuyant sur 21 associés de la famille, afin de perpétuer le domaine. Il confie la vinification aux Celliers d'Orfée, la coopérative d'Ornaisons.

Un assemblage roussanne, marsanne et grenache blanc très rhodanien qui fait mouche dans ce millésime généreux: discrètes au nez, les senteurs gourmandes de fruits à chair jaune et de fruits exotiques s'épanouissent dans une bouche sapide, fraîche, étirée dans une finale citronnée et saline vivifiante. Les fruits de mer et les poissons grillés s'imposent. ⧗ 2024-2026

CH. HORTALA, 3, rue de la Poste, 11200 Cruscades, tél. 06 75 05 87 88, bernard.hedon@gmail.com V r.-v.

CH. LALIS GR 36 2021 ★★

■ | 16000 | | 11 à 15 €

Œnologue depuis 1995 et conseiller viticole, Philippe Estrade a repris en 2002 le domaine familial fondé un siècle plus tôt, qu'il a modernisé. Il exploite aujourd'hui 52 ha sur les pentes de l'Alaric et sur le terroir de Lagrasse.

Né de parcelles situées sur le tracé du GR 36, cet excellent rouge fait la part belle au grenache noir (80 %). On en retient les arômes chaleureux de fruits compotés, de tabac et de sous-bois, puis la bouche élégante, déliée, posée sur des tanins de soie. Un corbières soigné, ensoleillé et détendu, à croquer sur une viande rouge juteuse. ⧗ 2024-2029 ■ **Les Petits Moulins 2022 ★★ (11 à 15 €; 10000 b.)** La robe dense et le nez concentré, imprégné de cerise noire à l'alcool, de cassis et de tapenade, annoncent un palais cossu, charnu à l'attaque puis structuré par des jeunes tanins encore fougueux. Un vin sérieux issu d'une vendange manifestement bien mûre et dont l'avenir est assuré. ⧗ 2027-2032

CH. LALIS, 2, rue des Fleurs, 11220 Ribaute, tél. 04 68 43 19 50, lalis@orange.fr V r.-v. C

B **CH. DE LASTOURS** 2023 ★★

■ | 7600 | | 15 à 20 €

Dominant l'étang de Bages, cette propriété de 850 ha, rachetée en 2004 par des courtiers en assurances, offre des attraits variés : les sports mécaniques, l'œnotourisme. Les pistes tortueuses servent de pistes de rallye. On y trouve gîte et couvert. Le vignoble couvre plus de 85 ha. D'importants investissements y ont été effectués, un chai moderne a été aménagé, et le vignoble est certifié bio depuis 2020.

La roussanne en première ligne dans cet assemblage élevé 6 mois en fûts, d'où ce nez subtilement boisé, épicé, aux franches notes de poire et de fleurs. La vanille et le citron prennent la main dans une palais bien dessiné, sans fioriture, tendre, délié et de belle allonge. Un blanc de table, pour risotto, fromages (peu faits) et plats à la crème. ⧗ 2024-2028 ■ **La Bergerie de Lastours 2021 ★ (8 à 11 €; 48370 b.)** B Un rouge séducteur, «d'apéro» selon le jury, ouvert sur le fruit rouge et le tabac, velouté, souple, ourlé de tanins fins et égayé d'une pincée de poivre en finale. ⧗ 2024-2027

CH. LASTOURS, 11490 Portel-des-Corbières, tél. 04 68 48 64 74, marketing@chateaudelastours.com V t.l.j. sf dim. 9h-12h30 13h30-18h 5 E

DOM. DE LONGUEROCHE
Cuvée réservée Élevé en fût de chêne 2022 ★

■ | 10000 | | 11 à 15 €

Diplômé en droit, marchand d'antiquités, Roger Bertrand cède à sa passion du vin en reprenant en 1995 l'exploitation familiale située au pied de la barre rocheuse de Roquelongue (d'où le nom du domaine, Longueroche), dans le massif de Fontfroide. Il cultive sans pesticides ses 30 ha de vignes (en conversion bio) qu'il vendange à la main.

Du caractère à revendre dans ce corbières très typé, aux senteurs puissantes, giboyeuses et fruitées (fruits compotés et kirsch). Une douce chaleur plane au-dessus d'une bouche sensuelle, ensoleillée, charnue, pétrie de cuir et de pruneau, flanquée de tanins épais mais fondants. On ne s'ennuie pas une seconde! On prévoit le gigot (de 7 heures si possible). ⧗ 2024-2029 ■ **Le Rosé 2023 ★ (8 à 11 €; 6000 b.)** Un bon rosé de soif, pâle mais lumineux, aux parfums gourmands de pêche et de bonbon, d'abord bien rond en bouche, puis très vivace en finale. ⧗ 2024-2025

DOM. DE LONGUEROCHE, 16, rue de l'Ancienne-Poste, 11200 Saint-André-de-Roquelongue, tél. 06 75 22 85 51, contact@rogerbertrand.fr V t.l.j. 9h-20h; dim. 10h-13h 5 D

MAS OSMOSE L'Elixir 2022 ★★

■ | 6000 | | 8 à 11 €

Après des expériences dans le nord de la vallée du Rhône, Aline Poisson et Damien Prat ont racheté en 2022 et rebaptisé ce vieux domaine du Lézignanais. Ils travaillent 30 ha de vignes, en conversion bio, selon les principes de la phytothérapie, et s'engagent dans la voie de l'agroforesterie.

Une larme (4 %) de viognier à l'appui du grenache blanc dans ce 2022 flatteur, ouvert sur les fleurs blanches, le fruit exotique et l'agrume. Tactile, enveloppante, la bouche livre une bien jolie matière, ensoleillée mais sans mollesse, tonifiée par ce qu'il faut de vivacité en finale. ⧗ 2024-2027 ■ **L'Irrésistible 2021 ★ (15 à 20 €; 3000 b.)** Une robe peu soutenue, des arômes légers, entre pruneau et tabac blond, une bouche ronde et souple, aux notes giboyeuses, relevée d'une agréable vivacité et de tanins un rien serrés: un vin friand mais pas sans caractère, et bien dans la ligne du millésime. À boire sans trop attendre. ⧗ 2024-2027

⊶ MAS OSMOSE, Dom. de Plaisance, 11200 Lézignan-Corbières, tél. 06 79 89 45 63, damien.prat@masosmose.com V t.l.j. 10h-12h 14h-19h; dim. matin sur r.-v.

♥ CH. DE MATTES-SABRAN Dionysos 2022 ★★

■ | 3500 | | 8 à 11 €

Proche des étangs littoraux, une ancienne dépendance de l'abbaye de Lagrasse, puis une terre noble : 4 000 ha jusqu'en 1914. De nos jours, 300 ha, dont 90 ha de vignes (65 ha en appellation). Dans la même famille depuis 1733, le domaine est géré depuis plus d'un siècle par des femmes – Marie-Alyette Brouillat aujourd'hui.

Un assemblage syrah, grenache et mourvèdre de haut vol, qui tutoie les sommets, et les dieux, Dionysos en l'occurrence. Retenues à l'olfaction, les notes d'épices et de prunelle infusent bien plus généreusement une bouche volubile, très fraîche, portée par des tanins poudrés et puissants qui donnent à l'ensemble un relief singulier. Ajoutons-y cette finale alerte, sur la mûre rafraîchie de menthe poivrée, et l'on obtient ce grand corbières. ⧗ 2026-2032

⊶ CH. DE MATTES-SABRAN, Mattes, 11490 Portel-des-Corbières, tél. 09 77 78 21 35, mattes.sabran@laposte.net V t.l.j. 8h-12h 14h-18h

CH. MAYLANDIE Le Cabanon 2023 ★

■ | 21000 | | 5 à 8 €

Jacques Maymil, entrepreneur narbonnais, crée le domaine dans les années 1950; son fils Jean quitte la coopérative en 1987, après l'accession du corbières à l'appellation. La troisième génération, Delphine et son compagnon Éric Virion, a pris les rênes du vignoble en 2007 (27 ha aujourd'hui). La première, qui a d'abord travaillé dans la communication culturelle, oriente le domaine vers l'œnotourisme.

Un rosé de pressurage direct bien dans l'air du temps: robe pâle, nez friand entre petits fruits rouges et pêche blanche, bouche rondelette, souple, qui séduit par la persistance de son fruit et par sa finale alerte. Plaisant et consensuel. ⧗ 2024-2025 ■ **Exquises esquisses 2022 ★ (11 à 15 €; 5000 b.)** Le jury salue un blanc «très terroir», fermenté en barrique, limpide de robe, dont les parfums de miel de fleurs, de pinède et de garrigue s'épanouissent dans une bouche ensoleillée, grasse à souhait mais sans mollesse et d'un équilibre assuré. Un vin clairement de table, qui sera à l'aise sur un poisson ou une viande blanche en sauce. ⧗ 2024-2028

⊶ CH. MAYLANDIE, 18, av. de Lézignan, 11200 Ferrals-les-Corbières, tél. 06 61 93 01 33, contact@maylandie.fr V t.l.j. 10h-12h30 15h-19h

MONT TAUCH Héritage Hibrini 2022 ★

■ | 13000 | | 15 à 20 €

Locomotive des Hautes Corbières, cette coopérative fondée à Tuchan en 1913 regroupe quelque 200 vignerons et vinifie le fruit de 1 500 ha de vignes implantées sur un terroir rude et sec propice aux grands vins. À sa carte, des corbières, fitou, vins doux naturels et vins en IGP.

Marqués au nez, les arômes d'élevage (12 mois de fût) laissent parler le fruit bien mûr et les épices dans une bouche puissante et capiteuse, appuyée sur une trame de tanins bien fondante et d'une longueur conséquente. Un corbières sérieux et concentré, issu de vignes cinquantenaires, dont le potentiel en cave ne fait aucun doute. ⧗ 2027-2034

⊶ CAVES DU MONT TAUCH, 2, rue de la Cave, 11350 Tuchan, tél. 04 68 45 41 08, pamiot@mont-tauch.com V t.l.j. sf dim. lun. 9h-12h 14h-17h30

CH. OLIVERY Éole 2021 ★

■ | 6500 | | 20 à 30 €

Alain Samson a racheté en 2016 cette ancienne dépendance de l'Abbaye de Fontfroide dont les terres étaient à l'abandon. Après replantation du vignoble (63 ha dont 10 en agrivoltaïque) et remise en état de la cave, les premiers vins ont vu le jour en 2021.

Une bien belle syrah (60 %), élevée en fût, au nez très expansif, centré sur le sirop de cassis et le kirsch. Très plantureuse, grasse, gainée de tanins bien enrobés par l'élevage, la bouche, très persistante, en impose dans un style riche et luxuriant. De bonne garde. ⧗ 2027-2032

⊶ CH. OLIVERY, 11200 Cruscades, tél. 06 75 19 62 13, amandine.bonnet@samfi.fr V r.-v.

B CH. PECH-LATT Mémoire d'Alaric 2022 ★

■ | 17798 | | 20 à 30 €

Comme bien des propriétés des Corbières, Pech-Latt est d'origine monastique : le domaine dépendait de l'abbaye de Lagrasse, toute proche, dont le vignoble est attesté en 784. Implantée au pied de la montagne d'Alaric, cette vaste unité (340 ha, dont 160 ha de vignes) est cultivée en bio depuis 1991. Lise Sadirac est aujourd'hui la directrice de l'exploitation, qui appartient au groupe bourguignon Louis Max.

Une robe grenat lumineuse, des arômes flatteurs, fruités, épicés et pâtissiers, une bouche ronde, tapissée de tanins veloutés et relevée d'une fraîcheur bien sentie: pas de faiblesse dans ce bon corbières, à la fois gourmand et énergique. ⧗ 2024-2028

⊶ CH. PECH-LATT, 11220 Lagrasse, tél. 04 68 58 11 40, contact@pech-latt.com

DOM. DU PECH SAINT-PIERRE Le Lotantique 2021 ★

■ | 4400 | | 8 à 11 €

Ce domaine qui a vu le jour à la fin du XIXe s. est situé au centre de Saint-Pierre-des-Champs, village chargé d'histoire, ancienne halte sur la voie romaine qui traversait

les Corbières. La famille Rivière a fait l'acquisition du domaine en 1934. Depuis 2019 Maxime Rivière est à sa tête et exploite 14 ha en appellation corbières.

Syrah, grenache et carignan vinifiés en grappes entières dans un millésime frais, cela donne ce bon corbières plus élégant que puissant, aux parfums de fruits compotés et d'épices, qui coule en bouche avec fraîcheur, souplesse et décontraction. Un vin sur le fruit, habilement vinifié, à boire dans sa jeunesse. ⧗ 2024-2027

DOM. DU PECH SAINT-PIERRE, 1, rue des Caves, 11220 Saint-Pierre-des-Champs, tél. 06 67 46 67 77, domainedupechsaintpierre@orange.fr V r.-v.

B DOM. PY Antoine 2023 ★★

■	5000		11 à 15 €

Jean-Pierre Py a repris depuis vingt ans les vignes familiales, décidé de sortir de la coopérative pour faire son vin et consenti à d'importants investissements d'équipements de la cave. Il dispose de 130 ha sur le flanc nord de la montagne d'Alaric, cultivés en bio depuis 2008 et en biodynamie depuis 2021.

Antoine, le fils de Jean-Pierre Py, à l'honneur dans ce blanc élevé en cuve et dominé par le vermentino. Ananas, agrumes, abricot, noisette, glycine, le nez a inspiré le jury. Ce joyeux bouquet anime une bouche linéaire, étirée, bien balancée entre douceur et fraîcheur, ponctuée d'une petite amertume stimulante. Un très bon classique. ⧗ 2024-2027 ■ **Antoine 2022 ★ (11 à 15 €; 20000 b.)** B Une robe brillante, des arômes de garrigue et de fruits rouges épicés de chêne, une bouche harmonieuse, très fruitée, servie par des tanins extraits avec mesure: un corbières équilibré et joliment élevé, qui tiendra la garde. ⧗ 2025-2030

DOM. PY, 114, av. des Corbières, 11700 Douzens, tél. 04 68 78 95 59, domaine.py@orange.fr V t.l.j. sf sam. dim. 8h30-12h30 13h30-17h30 C

CH. DU ROC Excelsius 2021 ★★

■	7000		15 à 20 €

Dans la famille Bacou depuis dix générations, ce domaine est situé à Montbrun, dans le nord des Corbières. Longtemps aux manettes, Jacques Bacou, à qui l'on doit les premières mises en bouteille au château dès 1972, a passé le flambeau à ses enfants, Marie et Bertrand. La propriété de 45 ha est en bio certifié depuis 2022.

Un élevage ambitieux (en barriques neuves) mais réussi pour ce corbières déjà épanoui, dont le nez d'abord très fumé laisse percer le fruit. Des tanins présents mais patinés enrobent une bouche très joliment travaillée, ronde, aromatique et fraîche, qui s'attarde longuement sur les épices. Déjà très agréable à boire, et pour quelques années encore. ⧗ 2024-2029

CH. DU ROC, Dom. de la Grange, 11700 Montbrun, tél. 04 68 32 84 84, chateauduroc@sfr.fr V r.-v.

ROQUE SESTIÈRE À l'orée des pins 2023 ★★

■	6700		5 à 8 €

Cette propriété familiale a produit en 1977 ses premières bouteilles : des corbières blancs. C'est dire son originalité : deux tiers des vins sont ici de cette couleur. Dans la lignée du fondateur, Jean Bérail, la famille Fontanille, à la tête du domaine depuis 2014, valorise un beau patrimoine de très vieilles vignes.

Très pâle de robe mais volubile au nez avec ses notes pimpantes de bonbon anglais, ce rosé va droit au but: une attaque fraîche, un milieu de bouche rond, une finale dynamique. Net et sans bavure. ⧗ 2024-2025 ■ **Vieilles Vignes 2023 ★★ (8 à 11 €; 3800 b.)** De ces vieilles vignes, on retiendra les arômes fins et floraux, le palais ample et bien en chair, la vivacité préservée et la longue finale agréablement douce-amère. Un bel équilibre et du relief. ⧗ 2024-2027

DOM. ROQUE SESTIÈRE, 8, rue des Étangs, 11200 Luc-sur-Orbieu, tél. 04 68 27 18 00, roque.sestiere@orange.fr V r.-v.

DOM. ROUÏRE-SÉGUR Tradition 2023 ★

■	4000		5 à 8 €

Domaine créé en 1910. Les 28 ha de vignes regardent la montagne d'Alaric alors que le chai se situe à Ribaute. Geneviève Bourdel et son fils Nicolas, arrivé en 2004, signent leurs bouteilles.

Des arômes déjà fondus de fruits cuits, de pruneau et d'épices tranchent avec une bouche juvénile, puissante et séveuse, au goût de Zan et de violette, rehaussée de tanins encore bruts qui méritent de se détendre. Un jeune corbières fougueux et prometteur. ⧗ 2026-2032

DOM. ROUÏRE-SÉGUR, 12, rue des Fleurs, 11220 Ribaute, tél. 06 83 18 45 10, genevievebourdel@orange.fr V r.-v.

B DOM. SAINTE-MARIE DES CROZES Timeo 2021 ★★

■	1800		15 à 20 €

Après trois générations de vignerons pluriactifs « par habitude et par héritage », Bernard Alias prend en 1997 les rênes du domaine situé sur le flanc nord de l'Alaric. Il restructure le vignoble et modernise la cave. Sa fille Christelle l'a rejoint en 2012, après une expérience à l'étranger. Aujourd'hui, 40 ha de vignes, en bio certifié depuis 2014 et en biodynamie depuis 2020.

Timeo, premier-né de la sixième génération (de vignerons), à l'honneur dans ce 2021 au nez boisé et mentholé. L'élevage pose sa patte sur une matière puissante, jeune, aiguisée par des tanins au grain serré qui donnent une touche d'austérité à l'ensemble. On ne s'en émeut pas, il évoluera avec grâce. ⧗ 2027-2032

DOM. SAINTE-MARIE DES CROZES, 50, av. des Corbières, 11700 Douzens, tél. 06 59 00 67 90, d.alias11@orange.fr V r.-v.

B CH. SAINT-ESTÈVE Cuvée Classique 2023 ★★

■	14540		8 à 11 €

Dans la famille Latham, on trouve Hubert, qui tenta le premier de traverser la Manche en avion, ou Henri de Monfreid, le célèbre explorateur et écrivain. Petit-fils du second, Éric Latham, après avoir exporté du café et du cacao de la Côte-d'Ivoire, a acquis en 1984 le Ch. Saint-Estève (120 ha aujourd'hui, en conversion bio), rattaché jadis à l'abbaye de Fontfroide. Ses enfants, David et Amélie, lui ont succédé. Une valeur sûre en corbières comme en corbières-boutenac.

Bien nommé, d'une belle typicité, voilà un blanc élégant, à la robe cristalline et au nez éclatant qui hésite entre poire, melon et fleurs blanches. En écho au bouquet, la bouche livre un joli jus, glissant, charnu, long et vivifié par une acidité parfaitement dosée. Que du bon. ⏳ 2024-2027 ■ **H. de M. 2022 ★★ (11 à 15 €; 7800 b.)** Une robe noire et un nez charmeur, très méditerranéen, infusé de réglisse et de fruits noirs en confiture: une bien belle introduction à une bouche veloutée, suave, aux notes de moka, gainée de beaux tanins gras. Riche, expansif, séduisant, il est taillé pour affronter un cassoulet ou un confit. ⏳ 2026-2030

CH. SAINT-ESTÈVE, 11200 Thézan-des-Corbières, tél. 04 68 43 32 34, contact@chateau-saint-esteve.com
V t.l.j. 9h-19h

♥ CH. DE SAINT-EUTROPE
Le Redoutable 2023 ★★

■ | 22666 | 🍾 | 8 à 11 €

Quatre générations se sont succédé sur ce domaine. Après avoir vinifié plus de 25 ans dans une coopérative, Olivier Verdale a repris l'exploitation familiale en 2000, avec son frère Jean-Louis: 50 ha de vieilles vignes sur le terroir réputé de Boutenac. La dernière génération pointe son nez.

Une saignée de syrah, grenache et cinsault pour ce rosé éclatant dans sa robe très pure et soutenue. Très friand, le nez frétille de fruits rouges et de bonbon. Un grand bol de fruits que l'on croque avec enthousiasme dans une bouche ample et élégante, d'un équilibre parfait entre rondeur et fraîcheur, avec ce trait de poivre en finale qui donne un vrai cachet à l'ensemble. Redoutable de gourmandise, effectivement. ⏳ 2024-2025 ■ **L'Instant 2023 ★ (8 à 11 €; 9333 b.)** Un blanc énergique et parfumé, aux notes épanouies de fleurs blanches et de pêche, souple à l'attaque, frais en finale, avec une touche revigorante de pomme verte. ⏳ 2024-2026

CH. DE SAINT-EUTROPE, 31, rue de Fabrezan, 11220 Saint-Laurent-de-la-Cabrerisse, tél. 06 70 85 73 61, verdale.olivier@orange.fr V r.-v.

♥ CH. DE SAINT-LOUIS Prestige 2023 ★★

■ | 35000 | 🍾 | 8 à 11 €

Martine et Philippe Pasquier-Meunier ont conduit en viticulture raisonnée pendant près de trente ans ce vaste domaine familial connu des lecteurs sous le nom de Meunier-Saint-Louis. En 2012, ils ont cédé la propriété à un investisseur russe, Praskoveiskoe, lui-même à la tête de vignobles dans son pays et déjà présent en Languedoc au travers du Ch. Saint-Martin-de-la-Garrigue. Jean-François Farinet, ancien œnologue de Deutz puis de Delas, en a pris la direction.

Un corbières gorgé de fruit, vinifié en douceur (macération courte) et d'une séduction imparable. Au nez, c'est un grand bol de fruits rouges confiturés relevés d'une pincée d'épices. Bien en chair, capiteuse même, mais très gouleyante, posée sur une trame de tanins mûrs et discrets, la bouche régale franchement. Un vin tendre, pas compliqué mais élégant et très généreux, à déboucher dans sa jeunesse, et avec enthousiasme, sur une côte de bœuf. ⏳ 2024-2028 ■ **A Capella 2022 ★★ (11 à 15 €; 8000 b.)** Une robe grenat, un nez discret mais fin, entre tapenade et grenadine, un palais consistant, fruité, frais, précis, gainé de tanins élégants, une longue finale épicée: «un très bon vin», résume sobrement le jury, et de bonne garde. ⏳ 2025-2030

CH. DE SAINT-LOUIS, Saint-Louis, 11200 Boutenac, tél. 04 68 27 09 69, contact@chateau-saintlouis.com
V r.-v.

B TERRE D'EXPRESSION Vinha 2022 ★★

■ | 3344 | ⏸ | 11 à 15 €

Fondée en 1932, la coopérative de Fabrezan s'est choisi comme nom Terre d'Expression; une manière d'exprimer la diversité des terroirs cultivés par ses adhérents – 1 400 ha répartis dans 23 communes, de Boutenac aux pentes de l'Alaric, de Lézignan à Lagrasse.

Une macération carbonique et un élevage en fût (un quart de chêne neuf) ont façonné ce rouge retenu à l'olfaction, mais précis, poivré, fruité (cerise à l'alcool, mûre) et chocolaté. Des tanins fermes donnent de la rigueur à une bouche ample et chaleureuse, qui renoue avec le fruit et les épices dans une finale enlevée. De garde. ⏳ 2027-2034

TERRE D'EXPRESSION, 5, rue des Coopératives, 11200 Fabrezan, tél. 04 68 43 61 18, info@terredexpression.fr
V t.l.j. sf sam. dim. 9h-12h 14h-18h

LES TERROIRS DU VERTIGE
Fraîcheur 2023 ★

■ | 6000 | 🍾 | 5 à 8 €

Les Terroirs du Vertige, c'est la contrée, jalonnée de châteaux cathares, la plus en altitude des Corbières. C'est aussi le nom d'une cave issue de la fusion de plusieurs petites coopératives communales. Elle regroupe 160 vignerons cultivant 1 200 ha dans une vingtaine de villages et dispose de ce fait de terroirs très variés.

Un grenache noir (80 %) au nez alerte qui convie la myrtille, les épices et la menthe poivrée. Très conviviale, la bouche restitue ce fruit sapide dans un ensemble croquant, svelte, digeste, rafraîchi de notes de garrigue. Cette cuvée ne vole pas son nom. ⏳ 2024-2027

LES TERROIRS DU VERTIGE, 2, chem. des Vignerons, 11220 Talairan, tél. 04 68 44 02 17, info@terroirsduvertige.fr
V t.l.j. sf sam. dim. 9h-12h 14h-18h

B CH. LA TOUR MONTRABECH 2022 ★★

■ | 4000 | ⏸ | 11 à 15 €

L'un des rares domaines de la région à garder l'imposante superficie des vignobles languedociens d'autrefois : plus de 210 ha (en bio certifié depuis 2013). Il est aujourd'hui la propriété de la famille d'Exea qui possède trois autres propriétés contiguës: le Ch. de Sérame, le Ch. d'Argens et l'Abbatiale de Leingoust.

LANGUEDOC

Élevé en fût et en jarre, un corbières détendu, élégant, vinifié en douceur, dont on retient le nez croquant, fruité et chocolaté, et la bouche déliée, de bonne allonge, adossée à des tanins souples et croquants. Harmonieux et de bon goût, on peut le servir sans attendre sur des côtes d'agneau grillées. ⧗ 2024-2028 ■ **2023 ★★ (11 à 15 €; 5300 b.)** Ⓑ Poire, pêche, calisson et touche florale, ce blanc dévoile un très beau nez. Étirée, plus longue que large, mais consistante, la bouche rebondit sur une bien belle fraîcheur et sur un zeste d'amertume tonifiant. Un blanc harmonieux qui laisse un goût de «reviens-y» qui a manifestement séduit. ⧗ 2024-2027

⊶ LES VIGNOBLES D' EXÉA, Ch. de Sérame, 11200 Lézignan-Corbières, tél. 04 68 33 32 22, contact@familledexea.fr V *t.l.j. sf dim. 10h30-12h30 13h30-18h30*

Ⓑ CH. VALMONT Aventure 2022 ★

■ | 40000 | | 8 à 11 €

Situé dans les Corbières maritimes, non loin des étangs de Bages, le domaine a été racheté en 2016 par la famille Ruhlmann-Schutz, propriétaire du domaine éponyme en Alsace. Elle s'est empressée de convertir les 30 ha de vignes en bio, certifiés depuis 2020.

Une robe rubis, des arômes pimpants de cerise relevés de menthol, une bouche coulante, juteuse, servie par des tanins de soie, qui restitue sans filtre ce fruité acidulé enjôleur: «gouleyant», clament de concert les dégustateurs. On le boit donc dans ses jeunes années. ⧗ 2024-2027

⊶ CH. VALMONT, Ferrier, 11440 Peyriac-de-Mer, tél. 04 83 33 67 67, vins@chateau-valmont.fr V *t.l.j. sf sam. dim. 9h-12h 13h-17h*

CH. LA VOULTE-GASPARETS
Cuvée réservée Élevé en fût de chêne 2022 ★

■ | 120000 | | 11 à 15 €

Six générations se sont succédé sur ce domaine couvrant aujourd'hui 60 ha, implanté sur une terrasse d'alluvions anciennes longue de 5 km, appuyée sur les collines gréseuses de Boutenac. Conduit avec brio depuis plus de 30 ans par Patrick Reverdy, aujourd'hui épaulé par son fils Laurent, il ne quitte pas le devant de la scène.

Un corbières corsé, d'un bon classicisme, issu d'une majorité de carignan vinifié en grappes entières, puis élevé en cuve et fût. Le boisé se fait discret dans ce nez centré sur le fruit rouge et les épices. Épaisse, solaire comme le veut l'année, adossée à des tanins bien enrobés, la bouche ne manque ni de matière ni d'avenir. ⧗ 2027-2032

⊶ CH. LA VOULTE-GASPARETS, 13, rue des Corbières, hameau de Gasparets, 11200 Boutenac, tél. 04 68 27 07 86, chateaulavoulte@wanadoo.fr V *t.l.j. 9h-12h 14h-18h*

CORBIÈRES-BOUTENAC

Superficie : 245 ha / Production : 8 926 hl

Le terroir de Boutenac (dix communes de l'Aude) fait depuis 2005 l'objet d'une appellation à part entière pour des vins rouges comportant une proportion notable de carignan (30 à 50 %).

CH. AIGUILLOUX
Infinity 2020 ★

■ | 3600 | | 15 à 20 €

Fondé en 1860 sur le site d'une *villa* gallo-romaine, un domaine de 125 ha, dont 36 de vignes d'un seul tenant, traversé par un ruisseau du nom d'Aiguilloux. Né en Normandie, François Lemarié a parcouru le monde avant de se poser dans ce coin des Corbières en 1982. En 2018, il a transmis la propriété à son fils Georges. Ce dernier, fort d'une expérience de dix ans dans la restauration, allie vin et gastronomie sur le domaine.

Un 2020 sérieux et de belle garde, élevé en fût pendant 12 mois, au nez puissant, entre liqueur de cassis, vanille, tabac et poivre blanc. Dans la continuité, la bouche en impose par sa chair cossue, charmeuse à l'attaque puis cadrée par des tanins imposants, à la hauteur de l'ensemble. On patiente. ⧗ 2028-2034

⊶ CH. AIGUILLOUX, 11200 Thézan-des-Corbières, tél. 04 68 43 32 71, aiguilloux@wanadoo.fr V *t.l.j. 10h-12h 14h-18h* Ⓒ

CH. DE BELLE-ISLE
2021 ★

■ | 11200 | | 15 à 20 €

Oui, le Ch. de Belle-Isle a bien un rapport avec Belle-Île-en-Mer : l'île bretonne, acquise par Nicolas Fouquet, fut cédée par le petit-fils du surintendant des Finances déchu. Le montant de la vente servit notamment à acheter ces terres en Corbières. Longtemps conduit par un groupe d'amis, il est depuis 2021 la propriété de la famille Ruelle.

Le grenache noir dominant dans ce rouge très juvénile qui a besoin de temps. Le nez, peu loquace à ce stade, ouvre sur une bouche puissante, serrée, fraîche et arrimée à des tanins solides qui demandent à s'assouplir. Un excès de jeunesse mais des promesses pour l'avenir. ⧗ 2028-2034

⊶ CH. DE BELLE-ISLE, chem. Paul-Pugnaud, 11200 Lézignan-Corbières, tél. 04 68 41 03 70, infos@chateaubelleisle.fr V *r.-v.*

DOM. GÉRARD BERTRAND
Cuvée d'Exception 2022 ★

■ | 51000 | | 11 à 15 €

Enfant des Corbières, fils de vigneron et ancien rugbyman, Gérard Bertrand est un important propriétaire (quelque 850 ha répartis sur seize domaines et cultivés en biodynamie) et négociant du sud de la France, dont les cuvées apparaissent dans le Guide sous diverses appellations (corbières, fitou, minervois, languedoc, côtes-du-roussillon) et en IGP.

Un boutenac séducteur, généreusement boisé, dont on retient les parfums de fruits mûrs, de vanille et de garrigue; et la bouche accueillante et consistante, ronde et réglissée, qui intègre des tanins bien enrobés. À boire dès à présent sur une belle viande rouge ou à garder quelques années. ⧗ 2024-2029

⊶ GÉRARD BERTRAND, Ch. l'Hospitalet, rte de Narbonne-Plage, 11100 Narbonne, tél. 04 68 45 28 50, vins@gerard-bertrand.com V *t.l.j. 9h-19h; été t.l.j. 9h-20h* ⑤

B DOM. LA BOUYSSE
Mazérac 2022 ★

■	6000		15 à 20 €

En 1996, Martine Pagès et son frère Christophe Molinier, tous deux œnologues, reprennent le domaine familial (aujourd'hui 40 ha près de Fontfroide, sur le terroir de Boutenac) et quittent la coopérative. Ils engagent la conversion bio de l'exploitation (certification en 2013). Ils ont récemment été rejoints par Hélène, la cinquième génération.

Un âge canonique (100 ans) pour ces vieux carignan épaulés par 20 % de grenache noir dans ce vin cossu, aux arômes puissants de fruits rouges et de torréfaction. Du volume, de la richesse, du fruit, des tanins denses mais soyeux, la bouche ne manque de rien, si ce n'est d'un peu de temps. ⏳ 2027-2034

DOM. LA BOUYSSE, 3 chem. de Montséret, 11200 Saint-André-de-Roquelongue, tél. 04 68 45 50 34, info@domainelabouysse.com V *t.l.j. sf sam. dim. 8h-12h 14h-17h*

B CH. DE CARAGUILHES
Le Trou de l'Ermite 2022 ★★

■	17875		15 à 20 €

D'origine cistercienne, ce domaine commandé par des bâtiments imposants est situé à flanc de coteau. Il domine un vaste vignoble de 95 ha d'un seul tenant qui s'étale tout autour en pente douce, entouré de 500 ha de garrigue. Un pionnier du bio – dès 1987. Propriétaire depuis 2007, Pierre Gabison reste sur cette ligne et a converti le vignoble à la biodynamie.

Le Trou de l'Ermite? Le nom de la parcelle. Dans le verre, un très joli boutenac bien dans le style du domaine, dont on aime tout: la robe brillante et violine, le nez ouvert et gourmand sur le fruit rouge et les épices, et la bouche ample, ronde à souhait, riche et adossée à des tanins fins mais fermes. Un vin élégant et prometteur. ⏳ 2027-2034

CH. DE CARAGUILHES, 11220 Saint-Laurent-de-la-Cabrerisse, tél. 04 68 27 88 99, aude@caraguilhes.fr V *r.-v.*

♥ DOM. ESPÉROU Cuvée Étienne 2022 ★★

■	3960		11 à 15 €

Depuis sa création en 1890, cinq générations se sont succédé à la tête de ce domaine situé à Boutenac et dont les 8 ha de vignes accueillent de très vieux ceps de carignan. Aujourd'hui à la barre, Cécile et Eddy Bonnafous ont conservé le vieux pressoir manuel à vis vertical utilisé par la famille depuis 1930.

De vénérables souches de vieux carignan (70 ans), vinifiées en grappes entières, forgent l'âme de cette cuvée qui offre une interprétation très élégante de l'appellation. Au nez se dévoile un bien joli bouquet de fruits rouges mûrs, de violette, de goudron et d'épices. Dotée de tanins très tendres, la bouche restitue ces arômes dans un ensemble délié, croquant, frais et très persistant. Un boutenac en dentelle, vinifié en douceur, qui donne déjà beaucoup, beaucoup de plaisir. ⏳ 2024-2030

DOM. ESPÉROU, 20, rte de Ferrals, 11200 Boutenac, contact@domaine-esperou.fr V *r.-v.*

B CH. FABRE-GASPARETS
2020 ★★

■	8000		15 à 20 €

Enracinée dans les Corbières depuis 1605, la famille Fabre exploite 360 ha répartis sur quatre domaines : le Ch. Fabre-Gasparets (corbières-boutenac, le berceau), le Ch. Coulon, le Ch. de Luc et le Dom. de la Grande Courtade, sur le territoire de Béziers, dédié aux vins IGP. Ingénieur agronome et œnologue, Louis Fabre a pris en 1982 la tête de ces vignobles cultivés en bio dès 1991 (certification pour l'ensemble en 2014).

Le temps a joliment détendu ce 2020 élevé en fût, qui fait la part belle au mourvèdre. À un nez concentré et complexe déclinant la cerise noire confite, le pain d'épice et la vanille répond une bouche riche, veloutée, suave et ample, aux tanins puissants mais enrobés, d'une douceur de texture pleine de charme. Un rouge sensuel, riche et solaire qui mérite une viande moelleuse, un gigot de 7 heures par exemple. De bonne garde aussi. ⏳ 2026-2032

FAMILLE FABRE, 1, rue du Château, 11200 Luc-sur-Orbieu, tél. 04 68 27 10 80, clemence@famille-fabre.com V *t.l.j. sf dim. 10h-19h*

DOM. DE FONTSAINTE
Clos du Centurion 2021 ★

■	8000		15 à 20 €

Conduite par une ancienne famille vigneronne, la propriété domine le village de Boutenac, dans la partie la plus réputée des Corbières. À partir de 1971, Yves Laboucarié a agrandi l'exploitation et introduit de nouvelles pratiques comme la macération carbonique. Son fils Bruno, qui a pris le relais en 1993, dispose de près de 54 ha.

À une robe profonde répond un nez non moins soutenu de fruits noirs, de prunelle, de bacon et de menthe poivrée. Des notes plus toastées issues de l'élevage s'immiscent dans une bouche tendre, relevée de tanins fins et serrés qui étirent le fruit dans une finale détendue. Déjà aimable, il gagnera encore en harmonie dans le temps. ⏳ 2025-2030

DOM. DE FONTSAINTE, 16, rte de Ferrals, 11200 Boutenac, tél. 04 68 27 07 63, earl.laboucarie@fontsainte.com V *t.l.j. sf dim. 9h-11h30 14h-18h30*

CH. GRAND MOULIN
Grès de Boutenac 2021 ★★

■	15000		15 à 20 €

Son père, vendeur de bétail, possédait une petite vigne. Jean-Noël Bousquet décide à 8 ans qu'il sera vigneron, achète son premier hectare à 17 ans, s'installe comme jeune agriculteur en 1978 – en fermage – et fait l'acquisition de vignes en coteaux alors dédaignées (500 F l'hectare...). En 1988, à la tête de 24 ha,

LANGUEDOC

il installe sa cave dans un ancien moulin. Il a transmis en 2014 à son fils Frédéric 130 ha de vignes, en IGP, en corbières et en corbières-boutenac. Un domaine d'une louable régularité.

Voilà un 2021 haut en couleur et en parfums, au nez pétri d'épices (cumin, muscade) et de fruits mûrs (cassis, framboise), généreusement teinté de chêne. L'élevage se fait plus discret dans une bouche gorgée de soleil, très suave, appuyée sur des tanins bien fondus dans la chair. Un rouge d'hiver taillé pour des viandes en sauce et qui donne déjà de belles émotions. ⧗ 2025-2032

CH. GRAND MOULIN, 6, av. Gallieni, 11200 Lézignan-Corbières, tél. 04 68 27 40 80, contact@chateaugrandmoulin.com V *t.l.j. sf dim. 9h-12h30 13h30-18h30*

CH. JÉRÉMIE Y 2020 ★

| 7000 | 15 à 20 € |

Constitués par la famille Gau, les Vignobles de la Ferrandière ont été rachetés en 2013 par Jean-Claude Mas (maison Paul Mas). Couvrant 100 ha de vignes (surtout) et de pommiers, le vignoble est implanté sur l'étang asséché de Marseillette, une ancienne lagune, entre les Corbières et le Minervois, à 40 km de la Méditerranée. Les sols salés doivent être périodiquement inondés au printemps, ce qui permet aux vignes d'échapper au phylloxéra : de nombreux ceps sont ici francs de pied (non greffés).

Sobrement élevé en cuve, voilà un boutenac convivial dont le nez discret distille des notes croquantes de framboise, de tabac et d'épices orientales. Sans outrance, appuyée sur des tanins joliment extraits, la bouche déroule un jus tendre et parfumé. Harmonieux et facile d'accès. ⧗ 2024-2028

VIGNOBLES DE LA FERRANDIÈRE, Dom. de la Ferrandière, 11800 Aigues-Vives, tél. 04 67 90 16 10

CH. MAYLANDIE Villa Ferrae Élevage en fût de chêne 2022 ★

| 13000 | 11 à 15 € |

Jacques Maymil, entrepreneur narbonnais, crée le domaine dans les années 1950; son fils Jean quitte la coopérative en 1987, après l'accession du corbières à l'appellation. La troisième génération, Delphine et son compagnon Éric Virion, a pris les rênes du vignoble en 2007 (27 ha aujourd'hui). La première, qui a d'abord travaillé dans la communication culturelle, oriente le domaine vers l'œnotourisme.

Souvent en vue, coup de cœur l'année passée, cette cuvée dominée par le grenache noir conserve ses fondamentaux en 2022: des parfums épanouis de fruits noirs bien mûrs et de cacao, une bouche riche, concentrée et veloutée, portée par un élevage encore en évidence et structurée par des tanins gras et un tantinet serrés. Le potentiel ne fait aucun doute. ⧗ 2027-2034

CH. MAYLANDIE, 18, av. de Lézignan, 11200 Ferrals-les-Corbières, tél. 06 61 93 01 33, contact@maylandie.fr V *t.l.j. 10h-12h30 15h-19h* E

♥ B CH. OLLIEUX ROMANIS Atal Sia 2022 ★★

| 20000 | 20 à 30 € |

Fondé en 1860 dans le terroir de Boutenac, ce vaste vignoble familial, à l'origine dépendance de l'abbaye de Fontfroide, est resté dans la même famille depuis lors. Il possède dès 1896 cave et chai à barriques construits avec les pierres de la carrière du domaine. Jacqueline et François Bories le relancent au cours des années 1980, rejoints en 2001 par leur fils Pierre. Le vignoble, conduit en bio, s'étend sur 65 ha.

Le domaine soigne sa belle réputation avec ce vin né de vignes cinquantenaires et sobrement élevé en cuve Inox. Concentrés mais discrets à l'ouverture, les arômes prennent tout leur temps pour déployer leurs nuances de fruits rouges confits, de cuir et de résine. Ensoleillée dans sa texture, très fraîche dans ses parfums, la bouche livre une belle matière, suave, concentrée, cousue de tanins très fins et traversée par une vivacité revigorante. Un grand boutenac, plus long que large, ciselé, persistant, qui conserve une vitalité remarquable dans ce millésime très chaud. Il ira loin. ⧗ 2027-2034

CH. OLLIEUX ROMANIS, RD 613, 11200 Montséret, tél. 04 68 43 35 20, ollieux@artisans-partisans.com V *t.l.j. sf dim. 9h-18h*

CH. SAINT-ESTÈVE Ganymède 2022 ★

| 2000 | 20 à 30 € |

Dans la famille Latham, on trouve Hubert, qui tenta le premier de traverser la Manche en avion, ou Henri de Monfreid, le célèbre explorateur et écrivain. Petit-fils du second, Éric Latham, après avoir exporté du café et du cacao de la Côte-d'Ivoire, a acquis en 1984 le Ch. Saint-Estève (120 ha aujourd'hui, en conversion bio), rattaché jadis à l'abbaye de Fontfroide. Ses enfants, David et Amélie, lui ont succédé. Une valeur sûre en corbières comme en corbières-boutenac.

Grand habitué des sélections du Guide (et des coups de cœur), Ganymède, l'échanson des dieux, nous revient en bonne forme dans ce millésime solaire. Au nez se dévoilent des notes de fruits surmûris saupoudrés de cacao et d'épices issues du chêne. Des arômes mentholés distillent un peu de fraîcheur dans une bouche puissante, capiteuse, gainée pour l'heure de tanins sérieux. Tout cela est de bon augure pour la suite. On patiente. ⧗ 2027-2034

CH. SAINT-ESTÈVE, 11200 Thézan-des-Corbières, tél. 04 68 43 32 34, contact@chateau-saint-esteve.com V *t.l.j. 9h-19h*

CH. DE SAINT-EUTROPE La Cuvée d'Émilie 2022 ★★

| 2666 | 20 à 30 € |

Quatre générations se sont succédé sur ce domaine. Après avoir vinifié plus de 25 ans dans une coopérative, Olivier Verdale a repris l'exploitation familiale

en 2000, avec son frère Jean-Louis: 50 ha de vieilles vignes sur le terroir réputé de Boutenac. La dernière génération pointe son nez.

Des vieilles vignes de carignan et de grenache noir (à parité) exposées sud-sud-est ont enfanté un rouge solaire, élevée 12 mois en fût. On en retient la robe profonde et violacée, le nez centré sur le fruit confit et le menthol, et la bouche très volumineuse, concentrée, longue et cintrée de jeunes tanins énergiques. Un vrai boutenac avec la capacité de garde qui va avec. ⌛ 2028-2034

⊶ CH. DE SAINT-EUTROPE, 31, rue de Fabrezan, 11220 Saint-Laurent-de-la-Cabrerisse, tél. 06 70 85 73 61, verdale.olivier@orange.fr V 🚶 ■ *r.-v.*

FAUGÈRES

Superficie : 2 004 ha
Production : 68 733 hl (99 % rouge et rosé)

Reconnus en AOC depuis 1982, comme les saint-chinian leurs voisins, les faugères sont produits sur sept communes situées au nord de Pézenas et de Béziers, et au sud de Bédarieux. Les vignobles sont plantés sur des coteaux à forte pente, d'une altitude relativement élevée (250 m), dans les premiers contreforts schisteux peu fertiles des Cévennes. Produits à partir des cépages grenache, syrah, mourvèdre, carignan et cinsault, les faugères rouges sont bien colorés, chaleureux, avec des arômes de garrigue et de fruits rouges. L'appellation produit aussi des rosés et de rares blancs.

B ABBAYE SYLVA PLANA
Les Moines blancs 2023 ★

■ | 8000 | 🍾 | 8 à 11 €

Une abbaye fondée en 1139 sous l'abbatiat de Desiderius. Elle dresse sa tour capitulaire au cœur des schistes de Faugères, où la tradition viticole inaugurée par les moines cisterciens se perpétue depuis plus de huit siècles. Nicolas Bouchard officie aujourd'hui sur les 54 ha de vignes du domaine, conduits en bio (certification en 2008).

Clin d'œil aux cisterciens, dominé par le grenache blanc, voilà un blanc sapide, aux arômes pimpants et printaniers de fleurs blanches qui se fait léger, tendre et très frais en bouche. On peut l'ouvrir dès l'apéritif. ⌛ 2024-2026

⊶ ABBAYE SYLVA PLANA, 13, Ancienne-RN, 34480 Laurens, tél. 04 67 24 91 67, info@vignoblesbouchard.com V 🚶 ■ *r.-v.*

CH. DES ADOUZES
Frère et Sœur 2021 ★

■ | 5300 | 🛢 | 15 à 20 €

Issus d'une longue lignée de vignerons languedociens, Jeanne et Olivier Coste ont acquis en 2018 ce domaine de 35 ha, dont les plus vieilles vignes affichent plus de 90 ans.

70 % de grenache noir et un élevage d'un an en fût, d'où ces notes de fruits rouges bien mûrs, de fumée et d'épices douces. Le fruit se teinte de touches de laurier et de genévrier dans une bouche tout en rondeur, aussi veloutée que gouleyante, d'une gourmandise évidente. On peut donc commencer à le boire sur un tajine ou une viande rouge au thym. ⌛ 2024-2027 ■ **Le Tigre 2021 ★ (8 à 11 €; 35 000 b.)** Cassis, iris, violette, garrigue, le nez nous fait voir du pays. Souple, soyeuse, relevée d'un trait de poivre et de réglisse, la matière coule en bouche avec décontraction et fraîcheur. Bien dans l'esprit du millésime, on l'ouvre sans trop tarder. ⌛ 2024-2027

⊶ CH. DES ADOUZES, 8, imp. des Caves, 34320 Roquessels, tél. 04 67 98 63 33, oliviercoste@domaine-montrose.com V 🚶 ■ *r.-v.*

B CH. LES ARBOUSIERS Sensation 2022 ★

■ | 4000 | 🍾 | 11 à 15 €

Après avoir sillonné le Nouveau Monde et repris le domaine familial (Ch. Grézan), Fabien Crouzol a créé ce domaine de 14 ha, cultivés en bio, à l'écart de tout, situé à Cabrerolles, à 365 m d'altitude sur les schistes ardoisiers de Faugères.

Grenache, syrah et mourvèdre associés dans ce rouge convaincant élevé 6 mois en cuve. On en retient les parfums très languedociens de fruits noirs mûrs, de réglisse et de garrigue et la bouche suave, large à l'attaque, dotée d'une fraîcheur bien sentie et d'une trame tannique affirmée. Complet, typé, il mérite de se détendre un peu en cave. ⌛ 2025-2029

⊶ CH. LES ARBOUSIERS, 34480 Cabrerolles, tél. 06 31 01 00 40, contact@arbousiers.bio V 🚶 ■ *r.-v.*

B DOM. DE L'ARBUSSÈLE Envol 2022 ★★

■ | 10 000 | 🍾 | 8 à 11 €

Œnologue diplômé, Sébastien Louge a fait ses classes dans divers vignobles de France et du monde avant de s'installer en 2014 comme jeune agriculteur sur le terroir schisteux de Faugères. Il a créé sa cave et exploite 10,5 ha en lutte raisonnée.

Une robe profonde, un nez charmeur centré sur les fruits noirs, les épices et le cacao, la syrah (70 %) donne le la de cette cuvée conséquente, grasse, riche et fraîche à la fois, longuement épicée, cadrée pour l'heure par des tanins imposants. Un faugères corsé, cohérent, de bonne garde et taillé pour une belle viande rouge mature. ⌛ 2027-2032 ■ **Authentique 2022 ★ (8 à 11 €; 3 000 b.)** B Le carignan (80 %) domine dans ce rouge capiteux, charnu, parfumé de griotte, de genévrier et de notes fumées, qui offre en bouche un savoureux compromis entre puissance et rondeur. De quoi défier viandes en sauce et mets épicés. ⌛ 2025-2030

⊶ DOM. DE L'ARBUSSÈLE, 6, le Moulenc, 34320 Fos, tél. 06 18 07 47 96, contact@domaine-larbussele.com V 🚶 ■ *r.-v.*

B CALMEL ET JOSEPH
Les Terroirs Le Gaillard 2021 ★

■ | 20 000 | 🍾 | 11 à 15 €

Laurent Calmel, œnologue, s'est associé avec Jérôme Joseph pour fonder en 1995 une maison de négoce spécialisée dans les vins de terroir du Languedoc-Roussillon. Le duo a lancé son étiquette en 2007. Il sélectionne les parcelles, vinifie et élève les cuvées.

«Gourmand à souhait», «vin de copain», le jury a pris bien du plaisir à étalonner ce Gaillard d'une séduction évidente: des parfums de fruits rouges très mentholés prennent vie dans une matière pulpeuse, douce, assaisonnée de tanins bien enrobés. À croquer sans attendre sur une belle pièce de bœuf. ⧗ 2024-2027

CALMEL ET JOSEPH, chem. de la Madone, 11800 Montirat, tél. 04 68 72 09 88, contact@calmel-joseph.com V r.-v. E

B DOM. DE CÉBÈNE À la venvole 2022 ★★

■ | 5500 | | 15 à 20 €

Après avoir œuvré pendant vingt ans dans le négoce bordelais, Brigitte Chevalier, originaire du Médoc, a pris en 2007 la tête de ce domaine de 11 ha, cultivés en bio, au cœur du parc régional du Haut-Languedoc, sur les schistes de Faugères.

Carignan, syrah et grenache à parité dans ce rouge aux nuances grenat et aux parfums de fruits mûrs, de garrigue et d'épices. Suave à l'attaque, frais, gainé de tanins détendus, longuement étiré sur les épices, un faugères harmonieux et bien ancré dans son terroir de schistes. ⧗ 2024-2028 ■ **Les Bancèls 2021 ★ (20 à 30 €; 9500 b.)** B Bancèls? «Les terrasses» en occitan, lieu de naissance de cette cuvée qui prend son temps pour livrer son nuancier centré sur les fruits noirs et les épices. Bien en chair, concentré, doté de tanins gras et enrobés, un haut de gamme qui tient son rang. Patience. ⧗ 2025-2030

DOM. DE CÉBÈNE, Dom. de Cébène, 34600 Faugères, tél. 06 74 96 42 67, bchevalier@orange.fr V r.-v.

CH. CHÊNAIE Conviction 2023 ★

■ | 8000 | | 5 à 8 €

Un vrai château du XIIᵉs. : au Moyen Âge, un poste de guet sur le passage de la montagne du Carroux vers la plaine littorale. Établie du côté de Faugères depuis désormais six générations, la famille Chabbert est propriétaire des 38 ha de vignes du domaine et a installé son chai à barriques et son caveau de dégustation dans l'imposant donjon.

Une robe légère, à peine teintée, des notes gourmandes d'agrumes, de poivre et de buis, une bouche tendre à l'attaque, vite stimulée par une agréable vivacité citronnée, une touche de rose pour conclure: un rosé sans fausse note, d'apéritif et de table (fruits de mer et poisson grillé). ⧗ 2024-2025

CH. CHÊNAIE, 1, rue du Carcan, Le Château, 34600 Caussiniojouls, tél. 04 67 95 48 10, chateauchenaie@orange.fr V r.-v.

♥ B CH. DE CIFFRE Le Ciffre Altiniac 2022 ★★★

■ | 15000 | | 11 à 15 €

Les Lorgeril possèdent six domaines familiaux en Languedoc-Roussillon, parmi lesquels le Ch. de Ciffre (70 ha) qui s'étend sur les appellations faugères, saint-chinian et languedoc. Nicolas et Miren de Lorgeril sont également à la tête d'une structure de négoce.

Le hit de l'année en faugères et un modèle d'harmonie et de distinction pour ce Ciffre à la robe brillante et aux arômes fringants de mûrs sur un fond balsamique et grillé. La framboise et les épices chaudes embaument un palais délié, caressant de texture, ourlé de tanins croquants et rehaussé d'une touche mentholée revigorante. Allègre, élégant, d'ores et déjà délicieux, il a tout d'un grand. ⧗ 2024-2032 ■ **Le Causse 2021 ★ (30 à 50 €; 5000 b.)** B Né des schistes de l'appellation, vinifié et élevé en fût, un 2021 séducteur, ouvert sur la garrigue et les fruits rouges, charnu à l'attaque, frais, juteux, épicé et structuré par des tanins un brin serrés qui ne tarderont pas à se fondre. ⧗ 2025-2029

MAISON LORGERIL (CH. DE CIFFRE), BP 4, 11610 Pennautier, tél. 04 68 75 65 29, contact@lorgeril.com V t.l.j. 10h-19h; f. janv. E

DOM. COTTEBRUNE Transhumance 2021 ★

■ | 6000 | | 15 à 20 €

Ce vignoble de 12 ha a été créé en 2007 par Pierre Gaillard, vigneron réputé de la vallée du Rhône nord (Dom. Pierre Gaillard), implanté aussi dans le Roussillon (Dom. Madeloc).

Une majorité de syrah et un élevage de 18 mois en fûts à l'origine de ce rouge charmeur au nez infusé de violette, de cerise noire et d'épices douces. Des tanins joliment enrobés par l'élevage accompagnent un palais charnu, frais, de bonne concentration, qui s'attarde sur la vanille. Harmonieux et vinifié avec goût. ⧗ 2025-2030 ■ **Le Cairn 2022 ★ (15 à 20 €; 6000 b.)** Pâle, discrètement fruité et floral à l'olfaction, plus vanillé en bouche, voilà un blanc incisif, tendu de bout en bout, qui laisse une singulière sensation de droiture. Pour la table et les poissons cuisinés. ⧗ 2024-2027 ■ **Parole de berger 2021 ★ (20 à 30 €; 1500 b.)** Une robe grenat, des arômes plus subtils que puissants marqués par la violette et les fruits rouges, une matière généreuse sertie de tanins soyeux, beaucoup de croquant dans le fruit, le tout dans un écrin de fraîcheur typique du millésime: une réussite. ⧗ 2024-2028

DOM. COTTEBRUNE, rte de la Chaudière, La Liquière, 34480 Cabrerolles, tél. 04 74 87 13 10, famille@gaillard.vin V r.-v.

B CH. ESTANILLES Clos du Fou 2021 ★★

■ | 6000 | | 20 à 30 €

L'autodidacte Julien Seydoux a racheté en 2009 ce domaine de 44 ha, conduit en bio, qui propose des faugères souvent remarquables. Une valeur sûre.

Une presque pure syrah, de haut vol, qui interpelle par ses arômes complexes mariant le fruit noir confit au Zan et au graphite. Profond, crémeux, très plein, soutenu par une trame tannique crayeuse, un faugères ample, puissant, de grande classe et soigneusement élevé (18 mois). On lui promet un grand avenir. ⧗ 2027-2034 ■ **Sous les rocs 2021 ★ (15 à 20 €; 8000 b.)** B Un 2021 tout en rondeur, généreusement vanillé et torréfié au nez, qui charme par sa sucrosité affirmée en bouche, ses formes pleines et ses tanins épicés bien pris dans la chair. ⧗ 2025-2028

CH. ESTANILLES, hameau de Lentheric, 34480 Cabrerolles, tél. 04 67 90 29 25, contact@chateau-estanilles.com V r.-v.

DOM. LA FOLIE VIGNERONNE L'Envie 2021 ★

	3600		15 à 20 €

Rompue au commerce du vin, Anne-Sophie Raifaud se forme au métier dans différents domaines avant de poser ses valises en 2022 au domaine Balliccioni à Faugères, qu'elle reprend et rebaptise la Folie Vigneronne. Situé à Autignac, le vignoble s'étend sur 8,75 ha au cœur des schistes de l'appellation, en conversion bio depuis 2023.

Le grenache noir et le mourvèdre très complices dans ce rouge bien élevé, tout en fruit, dont le nez égrène les fruits rouges et noirs, la violette et le poivre. Une touche plus vanillée s'immisce dans un palais élégant, souple, soyeux, d'une gourmandise évidente. Un rouge vivant, prêt à passer à table sur un tournedos par exemple. ⧗ 2024-2027

DOM. LA FOLIE VIGNERONNE, 1, chem. de Ronde, 34480 Autignac, tél. 07 61 40 84 48, domaine@lafolievigneronne.com V r.-v.

B CH. GRÉZAN 2022 ★★

	4000		15 à 20 €

Jadis villa romaine puis commanderie de Templiers, ce curieux château vaut le détour. On l'appelle le « petit Carcassonne du Biterrois » avec son mur d'enceinte fortifié et crénelé remanié au XIXe s. Côté vignes, 85 ha conduits par Fabien Pujol, revenu au domaine après avoir sillonné les vignobles du Nouveau Monde.

Cassis, figue, épices, violette et touche de cèpe, le nez a inspiré le jury. Un bouquet qui s'épanouit sans réserve dans un palais ensoleillé, plein, animé d'une sucrosité gourmande et structuré par des tanins sans rigueur. Ajoutons-y une fraîcheur préservée et on obtient ce faugères savoureux et prêt à passer à table. ⧗ 2024-2028 ■ **Schistes dorés 2022 ★ (20 à 30 €; 10000 b.)** Un soupçon de mourvèdre à l'appui de la syrah dans ce 2022 marqué par les arômes toastés et vanillés du chêne. L'élevage en fût pose sa patte sur une bouche luxuriante, riche, à la sucrosité affirmée. Généreux, séducteur et taillé pour des plats mijotés, comme un tajine d'agneau. ⧗ 2025-2029

CH. GRÉZAN, RD 909, Ch. de Grézan, 34480 Laurens, tél. 04 67 90 27 46, france@grezan.fr V *t.l.j. sf dim. 9h-12h 14h-18h*

CH. HAUT LIGNIÈRES Empreinte carbone 2022 ★★

	700		20 à 30 €

Jérôme Rateau, œnologue formé à Bordeaux et issu d'une famille champenoise, a repris ce vignoble de 15 ha en 2007 et installé sa cave dans un ancien relais de poste datant du XIXe s.

Des dégustateurs sous le charme de ce blanc pas loin d'être parfait. La vinification et l'élevage en fût ont finement saupoudré de notes toastées et grillées ce nez centré sur la pêche et les agrumes. Rondelette et vivace à la fois, poivrée en finale, la bouche offre ce savoureux compromis entre chair et fraîcheur qui signe les bons blancs du Sud. ⧗ 2024-2027

CH. HAUT-LIGNIÈRES, 188, rte de Pézenas, 34600 Faugères, tél. 06 82 85 65 16, hautlignieres@yahoo.fr V *t.l.j. sf sam. dim. 10h-12h30 14h-17h; f. 1er-14 juil.*

B CH. DE LA LIQUIÈRE Les Malpas 2021 ★

	4000		20 à 30 €

Depuis les années 1970, ce domaine en bio certifié est l'un des fleurons de l'appellation, présent dans le Guide avec une régularité sans faille. Doté d'un magnifique terroir de 70 petites parcelles de schistes (58 ha en bio) qui sculptent le paysage, il bénéficie aujourd'hui du savoir-faire de la jeune génération, hérité du grand-père Jean et du père Bernard Vidal, l'un et l'autre anciens présidents de l'appellation.

Issu du lieu-dit éponyme situé sur les hauteurs de la Liquière, ce 2021 élégant distille à l'aération des nuances de thym, de myrtille, de cuir et de chêne. Construite sur la fraîcheur du millésime, la bouche file droit, donnant à croquer un fruité gouleyant et relevé de poivre, ponctué par une discrète note de chêne. ⧗ 2024-2028

CH. DE LA LIQUIÈRE, hameau de la Liquière, 34480 Cabrerolles, tél. 04 67 90 29 20, info@chateaulaliquiere.com V *t.l.j. sf sam. dim. 9h-17h30*

MAS GABINÈLE Rarissime 2022 ★★

	15000		30 à 50 €

Petit-fils de vignerons, Thierry Rodriguez débute sa carrière dans l'exportation de vins du Languedoc, puis dans le négoce. Il redevient vigneron en achetant en 1997 ses premières parcelles en faugères à son ami Gabriel Mas, surnommé Gabinelle. *Gabinelà* désigne en occitan un cabanon de vignes, c'est le nom qu'il a choisi pour son domaine, qui couvre aujourd'hui 20 ha.

Les petits rendements (d'où le nom de la cuvée) d'une syrah (70 %) récoltée à belle maturité, cela donne ce grand rouge coloré, aux senteurs typées de violette, de cassis et de poivre sur fond de boisé. Une attaque soyeuse, des tanins croquants et poudrés, un fruit qui se teinte de framboise et de cacao, une touche fraîche d'eucalyptus pour finir: on tutoie le coup de cœur. ⧗ 2025-2030 ■ **Inaccessible 2022 ★ (75 à 100 €; 2400 b.)** Le mourvèdre à l'honneur dans cette cuvée luxueusement élevée en fûts neufs. Puissant, vanillé, mentholé, le nez ne laisse pas indifférent. Tout comme la bouche, profonde, solaire, suave, saturée d'épices, de tabac et de notes fumées, et gainée de tanins très corsés. Atypique pour le jury mais sensations fortes garanties ! De belle garde. ⧗ 2027-2032

MAS GABINÈLE, 1750, chem. de Bédarieux, 34480 Laurens, tél. 06 07 11 14 45, info@masgabinele.com V r.-v. E

B MAS OLIVIER Esprit nature 2022 ★★

	76800		5 à 8 €

La coopérative Crus Faugères est l'une des toutes dernières créées en Languedoc. Sa fondation en 1959 correspond à l'émergence du vignoble de cette appellation. Dès les années 1970, la cave vend aux particuliers. En 1995, elle lance la marque Mas Olivier. Elle organise aussi des promenades dans le vignoble où l'on peut découvrir les moulins restaurés de Faugères.

Pas de bois mais du fruit et des notes épicées dans ce 2022 aimable qui séduit par la douceur de sa texture, son grain de tanins déjà affiné et sa fraîcheur aromatique préservée dans ce millésime caniculaire. En un mot, croquant et prêt à boire. ⧗ 2024-2027 ■ **Expression 2022 ★ (11 à 15 €; 18 000 b.)** Généreux, chaleureux, flanqué de tanins épais mais enrobés, un rouge cossu marqué à ce stade par les notes intensément fumées et vanillées d'un élevage d'un an en barrique. On patiente. ⧗ 2025-2029 ■ **Expression 2023 ★ (11 à 15 €; 10 600 b.)** Des notes florales relayées à l'aération par les fruits à chair blanche, une bouche gourmande, « explosive », ronde à l'attaque et vite soutenue par une franche vivacité: un faugères bien construit. ⧗ 2024-2027

LES CRUS FAUGÈRES, Mas Olivier, 34600 Faugères, tél. 04 67 95 08 80, contact@lescrusfaugeres.com V t.l.j. 9h-12h 14h-18h

DOM. OLLIER-TAILLEFER Castel Fossibus 2019 ★★

■	8000		20 à 30 €

Fos est un charmant village fleuri du Haut-Languedoc. Incarnant la cinquième génération, Luc et Françoise Ollier, frère et sœur natifs du cru, y conduisent un vignoble familial de 36 ha certifié bio depuis 2012. Sixième génération, Florent, fils de Luc, les a rejoints en 2020. Une valeur sûre de l'appellation faugères.

Castel Fossibus? Le nom d'origine du château de Fos. Des notes fumées et réglissées agrémentent un nez suave sur la mûre et le cassis. Des tanins fins soutiennent une matière détendue, ensoleillée, qui sait préserver tout ce qu'il faut de fraîcheur avec cette touche mentholée qui ragaillardit un peu plus l'ensemble. À déboucher dans les trois ou quatre ans. ⧗ 2024-2028

DOM. OLLIER-TAILLEFER, 11, rte de Gabian, 34320 Fos, tél. 04 67 90 24 59, ollier.taillefer@orange.fr V r.-v.

CH. DES PEYREGRANDES Prestige 2021 ★★

■	3300		15 à 20 €

Marie Boudal cultive avec un soin méticuleux ses vieilles vignes (24 ha en bio) de syrah, de grenache, de carignan et de mourvèdre (certaines sont âgées de plus de 70 ans) accrochées sur les flancs des coteaux escarpés de Roquessels, en appellation faugères. Elle a deux étiquettes : Ch. des Peyregrandes et Dom. Bénézech-Boudal.

Les 24 mois de cuve ont joliment épanoui les arômes (fraise, poivre blanc et touche végétale) et attendri la bouche, qui séduit par sa souplesse de chair, ses tanins juste esquissés, son fruit bien acidulé et son trait de muscade en finale. « Gouleyant », résume un juré. ⧗ 2024-2027

CH. DES PEYREGRANDES (DOM. BÉNÉZECH-BOUDAL), 11, chem. de l'Aire, 34320 Roquessels, tél. 04 67 90 15 00, chateau-des-peyregrandes@wanadoo.fr V r.-v.

DOM. DU ROUGE-GORGE 2023 ★★

■	6000		8 à 11 €

Le vin est une vieille histoire de famille chez les Borda, qui se poursuit avec Alain, Monique et Philippe, à la tête d'un important vignoble de 122 ha établi sur les coteaux d'Autignac. Deux étiquettes : Dom. Affanies, exploité depuis 1964, en IGP et vins de France, et Dom. du Rouge-Gorge, quelque 40 ha en appellation faugères, créé en 1982 et conduit par Philippe Borda.

Des parfums épanouis de pêche et de poire égayés d'une touche minérale de bon ton, une matière glissante, tendre, légère, délicieusement parfumée: un blanc rond, net, sans effet de manche et d'une efficacité redoutable. Universel en somme. ⧗ 2024-2027 ■ **2023 ★ (8 à 11 €; 26 000 b.)** Un rosé cuivré, convivial, rond, souple, qui livre au nez comme en bouche, et sans réserve, des saveurs croquantes de petits fruits rouges acidulés et de poivre. ⧗ 2024-2025

ALAIN ET PHILIPPE BORDA, Les Affanis, 34480 Magalas, tél. 06 85 83 36 00, sceaborda@orange.fr V r.-v.

DOM. SAINT-MARTIN D'AGEL Le Pèlerin 2022 ★★

■	15 000		11 à 15 €

Propriété de la famille Lugagne Delpon depuis 1822, ce domaine de 32 ha entre vignes et oliviers, ancienne étape des pèlerins sur le chemin de Compostelle, est situé aux portes du parc régional du Haut-Languedoc. Le vignoble, implanté sur plusieurs niveaux de terrasses de l'appellation faugères, jouit d'une intéressante diversité de sols.

On ne s'offusque pas de la discrétion d'un nez sanguin et épicé, le fruit bien mûr et la garrigue s'émancipent dans un palais ample, charmeur de texture et néanmoins musclé. Un vin consistant, charpenté, de bonne garde et marqué par son terroir de schistes. Du caractère et du potentiel en cave. ⧗ 2025-2030

DOM. SAINT-MARTIN D'AGEL, 34480 Magalas, tél. 06 03 12 25 94, lugagne.delpon@wanadoo.fr V r.-v.

FITOU

Superficie : 2 590 ha / Production : 90 023 hl

L'appellation fitou, la plus ancienne AOC rouge du Languedoc-Roussillon (1948), est située dans la zone méditerranéenne de l'aire des corbières; elle comprend à l'est le fitou maritime, qui borde l'étang de Leucate, séparé par un plateau calcaire du fitou de l'intérieur situé dans le massif des Corbières, à l'abri du mont Tauch. L'appelation s'étend sur neuf communes, qui ont également le droit de produire les vins doux naturels rivesaltes et muscat-de-rivesaltes. Le carignan trouve ici son terroir de prédilection. Il peut être complété par le grenache noir, le mourvèdre et la syrah. Élevé au moins 9 mois, le fitou affiche une couleur rubis foncé et un corps puissant et charpenté.

DOM. BERTRAND-BERGÉ Ancestrale 2021 ★

■	12 000		15 à 20 €

À l'instar de son aïeul Jean Sirven, qui vinifiait son vin à la fin du XIXe s., Jérôme Bertrand a quitté la coopérative en 1993 pour élaborer ses propres vins. Il a cru très tôt dans la qualité des terroirs rudes de Fitou, a élevé et valorisé les vins du cru, puis hissé son domaine (40 ha) parmi les grands. Depuis la récolte 2011, le vignoble est conduit en bio certifié.

Cette cuvée élevée 12 mois en fût, parée d'une profonde robe grenat, dévoile un bouquet intense et complexe de sous-bois, de cuir, de violette, de fruits noirs et de réglisse. Une attaque souple ouvre sur une bouche harmonieuse, ronde, dotée de tanins fondus et d'une longue finale fruitée. ⧗ 2024-2028

⊶ DOM. BERTRAND-BERGÉ, 38, av. du Roussillon, 11350 Paziols, tél. 04 68 45 41 73, bertrand-berge@wanadoo.fr V t.l.j. 9h-12h 14h-18h

VIGNOBLES CAP LEUCATE
Les Murailles de Cézelly 2022 ★

■ | 5462 | | 11 à 15 €

La coopérative du Cap Leucate, issue d'une fusion de plusieurs coopératives, est incontournable dans le Fitou maritime. Plus de 150 sociétaires y sont rassemblés, exploitant près de 1 400 ha de vignes.

Née de carignan, de grenache et de mourvèdre, élevée 9 mois en fûts, cette cuvée dévoile un nez puissant et complexe de fruits rouges, d'agrumes et d'épices. Une attaque fraîche, sur les fruits rouges agrémentés d'une pointe végétale, introduit une bouche équilibrée, longue, aux tanins fondus. ⧗ 2024-2028 ■ **Le Belvédère 2021 ★ (8 à 11 €; 9000 b.)** Souple et rond en attaque, dominé par les fruits rouges, avec en soutien un léger boisé, ce vin dévoile ensuite des tanins encore jeunes qui lui permettront de vieillir harmonieusement. ⧗ 2025-2029

⊶ VIGNOBLES CAP LEUCATE, Chai La Prade, 11370 Leucate, tél. 04 68 33 20 41, p.bivent@cave-leucate.com V t.l.j. 9h30-12h30 15h30-19h

LES MAÎTRES VIGNERONS DE CASCASTEL
Sélection vieilles vignes 2022 ★

■ | 200000 | | 8 à 11 €

Créée en 1921 dans le massif des Hautes Corbières et le Haut Fitou, à 20 km de la Méditerranée, la cave des Maîtres Vignerons de Cascastel rassemble une centaine d'adhérents qui cultivent 650 ha. À sa carte, des fitou, des corbières, des vins doux naturels et des vins en IGP.

Carignan, grenache et syrah, c'est la trilogie gagnante du Haut-Fitou. La robe est grenat, brillante, et le bouquet, s'il offre encore des notes d'élevage (boisé, fumé, pain grillé), s'ouvre sur les fruits rouges à l'aération. Ronde en attaque, centrée sur les fruits noirs et la vanille, la bouche monte ensuite en volume et en puissance, portée par des tanins bien présents qui s'affineront en cave. ⧗ 2027-2032

⊶ LES MAÎTRES VIGNERONS DE CASCASTEL, 748, av. André-Cournède, 11360 Cascastel, tél. 04 68 45 91 74, info@cascastel.com V t.l.j. sf sam. dim. 9h30-12h30 14h-17h30

B CLOS PADULIS L'Âme de Padulis 2022 ★★

■ | 2500 | | 20 à 30 €

Après un parcours en cave coopérative, Thierry Billès décide de créer son propre domaine en 1993. Il lui donne l'ancien nom de Paziols, village auquel il est très attaché. Il exploite 22 ha en bio, auxquels s'ajoute une oliveraie de 2 ha.

Cette cuvée de caractère, vinifiée en barriques, met en valeur le carignan et la syrah. La robe est grenat profond et le bouquet, intense, sur la cerise noire, puis les plantes de la garrigue (cade, thym et romarin) s'invitent à l'agitation. Franche et racée, longuement imprégnée de fruits noirs, la bouche s'appuie sur des tanins puissants mais équilibrés qui poussent loin la finale. ⧗ 2027-2032 ■ **Sérénité 2021 ★ (15 à 20 €; 8000 b.)** B Intense au nez, centrée sur les fruits rouges, cette cuvée affiche un solide caractère en bouche autour de tanins fermes qui appellent un peu de garde. ⧗ 2025-2029

⊶ CLOS PADULIS, 7, chem. du Pont-Romain, 11350 Paziols, tél. 06 07 78 50 10, clospadulis@gmail.com V t.l.j. 8h-12h 14h-18h

B CH. LES FENALS Cuvée Julie 2022 ★

■ | 3000 | | 15 à 20 €

Le domaine est un mas languedocien entre étangs littoraux et Corbières. Commandé par un château détenu par la maison d'Aragon au Moyen Âge, il fut administré par un neveu de Voltaire qui fit apprécier à la cour la « liqueur du Cap de Salses ». Racheté et restauré en 1970 par une sage-femme parisienne, il est aujourd'hui dirigé par sa fille Marion Fontanel qui le conduit avec Mickaël Moyer, venu de Touraine. Le vignoble de 13 ha est certifié bio.

Une dominante de grenache dans ce vin à la robe profonde et au nez élégant, sur le poivre et les fruits rouges. Une attache fraîche et alerte ouvre sur un palais souple et bien fruité, doté de tanins fondus et bien pris dans la chair. De la dentelle. ⧗ 2024-2027

⊶ CH. LES FENALS, Les Fenals, 11510 Fitou, tél. 04 68 45 71 94, les.fenals@wanadoo.fr V t.l.j. sf dim. 9h30-12h30 14h30-18h30

LES GRANDS CHAIS DE FRANCE
Vignes centenaires Élevé en fût de chêne 2021 ★

■ | 7000 | | 5 à 8 €

Les Grands Chais de France : un géant français du négoce de vins créé à la fin des années 1980 par Joseph Helfrich, aujourd'hui présent dans l'ensemble des régions viticoles françaises et dans le monde entier.

Sur les terroirs autour du mont Tauch et en collaboration avec la cave du même nom, les Grands Chais de France proposent ici une cuvée mêlant le grenache, majoritaire, et le carignan. Le nez associe les fruits noirs confiturés et les épices de la garrigue. La bouche se montre ronde et généreuse, irriguée de fruits rouges et soutenue par des tanins bien présents. ⧗ 2024-2028 ■ **Prieur de Ségure Vieilles Vignes 2021 ★ (5 à 8 €; 20000 b.)** Un vin gourmand, fruité et épicé, bien équilibré et d'une agréable souplesse de bouche. On le sert sur le fruit de sa jeunesse. ⧗ 2024-2026

⊶ LES GRANDS CHAIS DE FRANCE, 1, rue de la Division-Leclerc, 67290 Petersbach, tél. 04 67 39 29 47, carole.martin@lgcf.fr

B CH. DE LA GRANGE Fonteius 2022 ★

■ | 6000 | | 11 à 15 €

Implanté dans le Fitou maritime, le domaine des frères Dell'Ova vinifie en cave particulière depuis 1986. Traversé par la voie Domitienne, le vignoble, cultivé en bio depuis 2012, couvre aujourd'hui 62 ha

LANGUEDOC

sur le territoire de La Palme, dans une zone ventée bénéficiant de la fraîcheur des embruns.

Un assemblage de carignan, grenache et mourvèdre pour cette cuvée à la robe profonde, ornée de reflets acajou. Le nez est marqué par des notes fumées, puis les fruits noirs compotés s'imposent. La bouche apparaît d'emblée franche et puissante, portée par des tanins jeunes et prometteurs qui s'affineront en cave. ⧗ 2026-2030

⊶ DOM. DE LA GRANGE, Cabanes-de-la-Palme, 11480 La Palme, tél. 06 16 21 14 65, dellovafreres@orange.fr V *t.l.j. sf dim. 10h-12h 14h-18h*

B DOM. LÉRYS Respélida 2022 ★

■ | 30000 | | 8 à 11 €

Domaine familial fondé en 1861 sur les terres schisteuses du Haut Fitou. Succédant à ses parents Alain et Maguy Izard, Alban Izard a repris en 2012 ce vignoble de 50 ha implanté sur un terroir de schiste et a été rejoint en 2019 par son épouse Anaïs. La certification bio est en vigueur depuis 2020.

Respélida, « renaissance » en occitan, met en valeur le carignan. Elle déploie un bouquet élégant et complexe de fruits noirs et d'épices de la garrigue. La bouche propose une belle densité, avec en soutien le tranchant des schistes qui s'exprime à travers des tanins précis et une fraîcheur salutaire. ⧗ 2024-2027

⊶ DOM. LÉRYS, 13, av. des Hautes-Corbières, 11360 Villeneuve-les-Corbières, tél. 06 32 94 09 84, anais@domainelerys.com V *mar. jeu. ven. sam. 10h-18h; lun. mer. dim. sur r.-v.*

MAS DE LA ROQUE Les Pipelettes 2022 ★★

■ | 1002 | | 15 à 20 €

Romain Vidal est la troisième génération de vignerons de la famille. Titulaire d'un diplôme d'œnologue, c'est en 2019 qu'il reprend les rênes de cette exploitation de 10 ha de vignes sur un terroir de schistes et argilo-calcaire aux environs du village de Fitou.

Cette cuvée est issue des meilleures parcelles du domaine et fait la part belle au carignan, vendangé à parfaite maturité. Au nez, elle dévoile d'élégantes et intenses notes de cassis bien mûr et de pruneau. Arômes que l'on retrouve dans une bouche franche, portée par des tanins fermes et fins et par une très agréable trame de fraîcheur qui porte loin la finale, aux tonalités de tapenade d'olives noires. De l'harmonie de bout en bout. ⧗ 2026-2030 ■ **Les Petits Cailloux 2022** ★ **(5 à 8 €; 5000 b.)** Un vin agréable et rond, aux notes de fruits rouges et noirs, stimulé en bouche par une belle acidité qui lui confère de la longueur et de l'énergie. ⧗ 2024-2027

⊶ MAS DE LA ROQUE, 4, rue du Vigné, 11510 Fitou, tél. 06 28 45 07 90, romainvidal.ups@gmail.com V *r.-v.* 2

B MAS DES CAPRICES Retour aux sources 2021 ★

■ | 4000 | | 15 à 20 €

Enfants de viticulteurs alsaciens, Mireille et Pierre Mann étaient restaurateurs avant de devenir artisans-vignerons en 2005. Premières bouteilles en 2009, premier succès. Aujourd'hui, 18 ha en biodynamie sur le plateau calcaire de Leucate et sur les contreforts schisteux des Corbières.

Cette cuvée née de carignan, lledoner pelut et syrah a été élevée pour moitié en cuve et pour moitié en foudre. Le nez, élégant, associe la griotte et le curry à une note fraîche d'agrumes. Beaucoup de volume se dégage en bouche autour de ces mêmes arômes d'agrumes et de fruits rouges, avec en soutien des tanins bien présents et une belle amertume en finale. Un vin gourmand et racé. ⧗ 2025-2028

⊶ MAS DES CAPRICES, 5, imp. de la Menuiserie, 11370 Leucate, tél. 06 76 99 80 24, tchin@masdescaprices.fr V *r.-v.*

DOM. MAYNADIER Cuvée de l'Ancêtre 2022 ★★

■ | 10000 | | 8 à 11 €

Une lignée vigneronne remontant au XVIe s. Aujourd'hui Marie-Antoinette et sa fille Cécile vinifient dans la plus ancienne cave de Fitou, jadis relais de diligences datant de 1697, et exploitent un vignoble de 23 ha dans un esprit bio mais sans certification.

Une cuvée souvent en vue dans ces pages. Le nez, aussi élégant qu'intense, évoque un panier de fruits noirs saupoudrés de thym. Une attaque franche et puissante ouvre sur une bouche imprégnée avec persistance de fruits noirs confiturés et de cannelle, épaulée par des tanins soyeux qui ajoutent à sa gourmandise et son harmonie. ⧗ 2024-2029

⊶ DOM. MAYNADIER, 45, RD 6009, 11510 Fitou, tél. 06 81 35 65 80, cecile@domainemaynadier.com V *t.l.j. 9h30-12h 14h-19h*

DOM. LES MILLE VIGNES L'Idyllique 2021 ★★

■ | 2410 | | + de 100 €

Les mille pieds de vignes des débuts se sont transformés au fil des achats et des plantations en une propriété de 11 ha dans le Fitou maritime. Ce domaine créé en 1979 par Jacques Guérin, ancien professeur de « viti » au lycée d'Orange, est conduit depuis 2000 par ses filles Valérie et Agnès.

Une cuvée atypique avec ses 80 % de lledoner pelut, rare cépage autochtone cousin du grenache. Après une longue macération et un élevage en cuve, elle se présente dans une robe grenat foncé, ouverte sur les fruits noirs, la cerise kirschée et les épices. En bouche, on découvre un vin tout en finesse, subtilement fruité, long, étayé par des tanins fins et veloutés. ⧗ 2024-2028 ■ **Dom. Les Mille Vignes Dennis royal 2021** ★ **(50 à 75 €; 4720 b.)** Un vin d'un bel équilibre, alerte, fruité, doté de tanins jeunes et frais, et d'une bonne longueur. ⧗ 2024-2028

⊶ DOM. LES MILLE VIGNES, 24, av. San-Brancat, 11480 La Palme, tél. 04 68 48 57 14, les.mille.vignes@free.fr V *r.-v.* 5

DOM. MONTLUZIA Coup 2 foudres 2022 ★

■ | 5062 | | 11 à 15 €

Le Belge Adrien Tyou, en provenance de Liège, s'installe en 2016 à Cascastel-des-Corbières, dans les Hautes Corbières, sur 15 ha de vignes dont il apporte les raisins à la cave coopérative. En 2020, Saskia Lepage, originaire

de Corrèze, vient faire les vendanges, tombe amoureuse du lieu et... du vigneron. Ils agrandissent le vignoble et fondent, en 2023, le domaine Montluzia (de *montluz* ou «lumière» en occitan): 24 ha aujourd'hui, pour partie certifiés bio et plantés sur un terroir de schistes, qu'ils vinifient dans une cave centenaire du village.

Une belle réussite pour ce jeune domaine avec cette cuvée sans soufre ajouté. La robe est intense, rouge sombre. Le nez, aussi élégant que gourmand, mêle les notes de mûre et de tapenade. Une attaque franche ouvre sur une bouche expressive, sur les fruits noirs et la garrigue, avec en soutien des tanins soyeux et une belle finale épicée. ⧗ 2024-2028

DOM. MONTLUZIA, 1 bis, chem. du Col-de-la-Serre, 11360 Cascastel-des-Corbières, tél. 06 40 44 33 63, montluzia@gmail.com V r.-v.

♥ CH. DE NOUVELLES Gabrielle 2021 ★★

■ | 10000 | 15 à 20 €

Aux abords du col d'Extrême, le domaine tire son nom de Jacques Fournier de Novelli – pape sous le nom de Benoît XII au XIVᵉs. – qui eut ici un château. Propriété de la famille Daurat-Fort depuis 1834, il couvre 67 ha (en conversion bio). À sa tête, Jean-Rémy Daurat-Fort, qui succède à son père Jean, ancien président de l'appellation fitou, décédé en 2021.

Issue des vieilles vignes de la propriété et d'une fermentation soignée avec une longue cuvaison, avant un élevage de 18 mois en fût, cette cuvée emblématique du domaine nous revient en pleine forme. La robe grenat profond invite à poursuivre. Le nez, intense et complexe, convoque les épices de la garrigue (cade, ciste, thym...) et les fruits noirs compotés sur fond de nuances fumées. Du volume, du gras, de subtiles notes épicées, des tanins veloutés et fondus, une longue finale sur la fraîcheur et la minéralité: la bouche profile un fitou majuscule. ⧗ 2025-2030

CH. DE NOUVELLES, 11350 Tuchan, tél. 04 68 45 40 03, chateaudenouvelles@gmail.com V t.l.j. 8h30-12h 13h30-19h

DOM. DE LA ROCHELIERRE Privilège 2022 ★★

■ | 16000 | 11 à 15 €

Quatre générations se sont succédé sur ce domaine dirigé depuis 1998 par Jean-Marie Fabre, œnologue et président des Vignerons indépendants de l'Aude. Un producteur engagé qui, accompagné de son épouse Émilie, préserve son terroir de Fitou: ses vignes (15 ha) n'ont pas vu de produits chimiques depuis 1979 (méthode Cousinié).

Drapée dans une seyante robe grenat profond aux reflets violines, cette cuvée livre un bouquet complexe de fruits rouges et noirs, de vanille et de réglisse. On retrouve ces arômes dans une bouche fraîche, ample, délicatement boisée, soutenue sur la longueur par des tanins soyeux et fondus. ⧗ 2025-2030 ■ **Cuvée tradition 2022 ★ (8 à 11 €; 12600 b.)** Les arômes de cassis et de mûre explosent dans le verre, puis irriguent une bouche fraîche, alerte, dotée de tanins souples. Un fitou très équilibré et déjà savoureux. ⧗ 2024-2027 ■ **Noblesse du temps 2022 ★ (20 à 30 €; 2500 b.)** Au nez, les notes épicées et empyreumatiques dominent. En bouche, les tanins sont fermes et serrés, bien servis par un élevage soigné. Un vin solide, bâti pour la garde. ⧗ 2027-2032

DOM. DE LA ROCHELIERRE, 8, rue de la Noria, 11510 Fitou, tél. 04 68 45 70 52, la.rochelierre@orange.fr V t.l.j. 9h-12h 14h-19h

DOM. SARRAT D'EN SOL 2022 ★★

■ | 6000 | 11 à 15 €

Sur ce domaine, des vignes ancestrales entourent une bergerie datant du XIVᵉs. transformée en gîte. Vigneron depuis près de 30 ans, Nicolas Brassou vinifie des raisins vendangés manuellement sur le terroir de Tuchan.

Puissant et complexe avec ses notes de fruits rouges et noirs, d'épices douces et de garrigue, le nez de ce fitou ne laisse pas de marbre. En bouche, la fraîcheur et le fruit sont de mise, accompagnés par des tanins fins et soyeux qui portent loin la finale. Un vin très élégant et déjà savoureux, qui vieillira sereinement. ⧗ 2025-2030

DOM. SARRAT D'EN SOL, 4, chem. Sarrat-d'en-Sol, 11350 Tuchan, tél. 06 38 93 82 86, famille.brassou@wanadoo.fr V r.-v. D

B CH. VALFAURÈS 2022 ★★

■ | 30000 | 8 à 11 €

Ancien directeur commercial de la cave de Fitou (disparue après fusion), Benoit Valery a ensuite travaillé pour diverses propriétés avant de rejoindre en tant que maître de chai ce domaine du Fitou maritime (45 ha en bio), puis d'en devenir le propriétaire en 2019.

À une robe intense et profonde répond un nez non moins soutenu de fruits noirs, de cassis et de pruneau notamment, relevés de poivre et de muscade. Le prélude «explosif» à une bouche ample, dense et racée, adossée à des tanins puissants. Pour la cave. ⧗ 2026-2030 ■ **Cana nuptia 2021 ★★ (30 à 50 €; 1000 b.)** B Un long élevage en fût pour ce vin aux notes intenses de fruits noirs et d'épices, au palais vigoureux mais sans excès, étayé par des tanins de caractère mais au grain soyeux. Un joli vin de garde. ⧗ 2027-2032 ■ **Nomads 2022 ★ (8 à 11 €; 20000 b.)** B Vinifiée sans sulfite, cette cuvée évoque le kirsch et le menthol à l'olfaction, puis déploie beaucoup de volume et de longueur en bouche, avec d'agréables tanins veloutés en soutien. ⧗ 2024-2028

CH. VALFAURÈS, 5, rue Gilbert-Salamo, 11510 Fitou, tél. 06 12 91 83 22, benoit.valery@hotmail.fr V r.-v.

♥ DOM. DU VENT Autan en emporte... 2022 ★★★

■ | 6600 | 11 à 15 €

Nathalie et Benjamin Boyer, après avoir travaillé dans différents domaines viticoles, en Bourgogne, à Bergerac, en Corse ou encore à Bagnols-sur-Cèze et

LANGUEDOC

à Châteauneuf-du-Pape, ont posé leurs valises en 2022 sur ce domaine de 15 ha en appellations fitou, muscat-de-rivesaltes et en IGP Aude.

Cette cuvée a séduit le jury par son équilibre parfait. Le bouquet est dominé par les fruits rouges et noirs, agrémentés à l'aération de notes fraîches de camphre. Ample, suave et ronde, la bouche prolonge avec intensité ces saveurs fruitées, épaulée en douceur par des tanins fondus, avant de s'étirer dans une longue finale saline. ⧗ 2024-2029

⊶ DOM. DU VENT, 54, av. de la Mairie, 11510 Fitou, tél. 06 03 68 03 61, domaineduventfitou@gmail.com
V t.l.j. 10h-12h30 16h-20h

VIEUX MOULIN T de Tauch 2022 ★

■ | 36000 | | 11 à 15 €

Locomotive des Hautes Corbières, cette coopérative fondée à Tuchan en 1913 regroupe quelque 200 vignerons et vinifie le fruit de 1 500 ha de vignes implantées sur un terroir rude et sec propice aux grands vins. À sa carte, des corbières, fitou, vins doux naturels et vins en IGP.

Une cuvaison d'environ un mois pour ce vin d'un seyant grenat aux reflets violines, au nez riche et complexe de fruits rouges légèrement grillés (framboise et cerise). En bouche, il se révèle ample et suave, étayé par des tanins bien présents qui le portent vers une finale chaleureuse. ⧗ 2025-2028 ■ **Mont Tauch Hommage 2022 ★ (15 à 20 €; 14000 b.)** Le boisé est encore bien présent à ce stade, à travers des notes de grillé, de vanille et de cannelle, mais le fruit pointe. En bouche, le vin se montre charnu, puissant, soutenu par des tanins de caractère qui appellent la garde. ⧗ 2027-2032 ■ **Mont Tauch Vignes centenaires 2022 ★ (11 à 15 €; 46600 b.)** Douze mois d'élevage en fûts de 500 l pour ce fitou ouvert sur les fruits mûrs et les notes grillées du bois, renforcé en bouche par des tanins encore jeunes et fermes qui s'affineront en cave. ⧗ 2026-2030

⊶ CAVES DU MONT TAUCH, 2, rue de la Cave, 11350 Tuchan, tél. 04 68 45 41 08, pamiot@mont-tauch.com V t.l.j. sf dim. lun. 9h-12h 14h-17h30

LANGUEDOC

Superficie : 9 522 ha
Production : 398 780 hl (85 % rouge et rosé)

En 2007, l'appellation coteaux-du-languedoc s'est élargie et a pris le nom de languedoc. L'ancienne appellation était formée de terroirs disséminés en Languedoc, dans la zone des coteaux et des garrigues, entre Narbonne et Nîmes, du pied de la Montagne Noire et des Cévennes à la mer Méditerranée – d'anciennes aires VDQS promues en AOC en 1985. Elle a fait place à partir du millésime 2006 à une vaste appellation régionale incluant toutes les aires d'appellation du Languedoc et du Roussillon, jusqu'à la frontière espagnole – à l'exception de Malepère : près de 500 communes (122 dans les Pyrénées-Orientales, 195 dans l'Aude, 160 dans l'Hérault et 19 dans le Gard). Les AOC existantes (corbières, faugères, côtes-du-roussillon, etc.) subsistent. Quant au nom « coteaux-du-languedoc », il a pu figurer sur les étiquettes jusqu'en 2012 pour les vins provenant de l'aire historique de l'appellation.

Six cépages dominent la production des vins rouges (majoritaires) et des rosés : carignan et cinsault (limités à 40 %) complétés par les grenache noir, lladoner, mourvèdre et syrah; en blanc, grenache blanc, clairette, bourboulenc, marsanne, roussanne et vermentino sont les principaux cépages, le piquepoul étant également utilisé. Ce dernier, qui donne un vin vif, est la variété exclusive du picpoul-de-pinet, produit autour du bassin de Thau, promu au rang d'AOC avec le millésime 2013. D'autres dénominations géographiques, correspondant à un terroir particulier et affichant des conditions de production plus restrictives que dans le reste de la région, sont devenues des appellations à part entière : Terrasses du Larzac, La Clape et le pic Saint-Loup. Restent plusieurs dénominations liées à une renommée ancienne pouvant figurer sur l'étiquette des rouges et des rosés : Cabrières, célèbre pour ses rosés, Pézenes, Grès de Montpellier, Montpeyroux, Saint-Saturnin, Saint-Georges-d'Orques, La Méjanelle, Quatourze, Saint-Drézéry, Saint-Christol et Vérargues.

B ALLEGRIA Dolce Farniente 2023 ★★

■ | 20000 | | 11 à 15 €

Créé en 2008 sur les premières collines du Haut-Languedoc, au nord de Pézenas, Allegria est le fruit d'une amitié franco-argentine entre Ghislain et Delphine d'Aboville et Roberto de la Mota (œnologue de renom). La nouvelle cave bioclimatique, implantée au pied du volcan des Baumes, est entourée d'un vignoble de 9 ha conduit en bio dès l'origine.

On ne se fie pas à la pâleur de la robe, il y a du caractère dans ce rosé aux parfums expressifs de petits fruits rouges, d'iris et de citron. Une touche réglissée s'invite dans une bouche qui a tout pour elle : la rondeur, la chair, la fraîcheur et cette touche saline en finale qui donne à l'ensemble un vrai cachet. ⧗ 2024-2025

⊶ DOM. ALLEGRIA, Fontarêche, 34720 Caux, tél. 06 25 93 08 08, allegria@vinotinto.fr
V r.-v. D

BRUNO ANDREU
Pézenas Grande Cuvée 2021 ★★

■ | 604 | | + de 100 €

Issu d'une famille vigneronne et lui-même vigneron pendant vingt ans (Ch. la Condamine Bertrand), Bruno Andreu a créé sa propre marque en 2018. Il s'approvisionne auprès de vignerons et domaines languedociens et élève ses vins dans un chai datant de 1610, situé près de Montpellier.

Un élevage pour le moins cossu, de 22 mois en barriques neuves, pour ce haut de gamme dominé par le mourvèdre et produit au compte-goutte. D'où ce nez intensément fumé et vanillé qui laisse percer le fruit et la liqueur de framboise et de cerise. Encore sous le joug de l'élevage mais bien construit, charnu, assis sur des tanins très enrobés, c'est un vin consistant dont l'avenir est assuré. ⧗ 2026-2032 ■ **Élixir 2022 ★ (11 à 15 €; 5895 b.)** Une roussanne de bon goût, vinifiée et élevée en fût, charmeuse de texture, d'une agréable fluidité et dotée d'un fruité croquant, sur la poire, juste souligné de chêne. ⧗ 2024-2027

MAISON BRUNO ANDREU, 53, av. de Béziers, 34290 Montblanc, tél. 04 67 31 58 48, contact@bruno-andreu.com V t.l.j. sf sam. dim. 9h-12h 14h-17h

DOM. LES ANGES DE BACCHUS
Délice des Anges 2023 ★

■	8000		8 à 11 €

À une quinzaine de kilomètres au nord de Montpellier, ce domaine familial de 20 ha a repris vie à partir de 2005 grâce à David Mouysset, qui a recréé la cave de son grand-père, inactive depuis 1963.

Un rosé léger, très estival, à peine coloré, bien équilibré dans un style léger et vivace aux saveurs croquantes de pomelo, de bonbon, d'abricot et de fleurs. Il sera parfait à l'apéritif. ⧗ 2024-2025

DOM. LES ANGES DE BACCHUS, Bel-Air, 34570 Montarnaud, tél. 06 17 31 57 18, lesangesdebacchus@yahoo.fr V r.-v.

B DOM. GUILLAUME ARMAND
Le Petit Camartel 2022 ★★

■	5000		8 à 11 €

Fils de vignerons gardois, Guillaume Armand a multiplié les expériences dans les vignes et les caves d'Australie, de Bourgogne et de la vallée du Rhône avant de s'installer en 2012 sur les 4 ha (portés à 6) d'un vallon caché aux portes de Nîmes. Dans cet environnement préservé, il a d'emblée entrepris une conversion bio.

Une robe d'un rouge profond, un grand bol de fruits rouges et une touche de violette au nez, une attaque tout en douceur, une belle fraîcheur, un fruit qui s'exprime sans entrave, des tanins un rien saillants qui se détendront à table: un rouge sans fausse note et très accessible. À boire sur le fruit de sa jeunesse. ⧗ 2024-2027

GUILLAUME ARMAND, hameau de Robiac, 30730 Saint-Mamert-du-Gard, tél. 06 52 45 78 88, domaineguillaumearmand@gmail.com V r.-v.

DOM. DE L'ASTER Prélude 2023 ★

■	5400		8 à 11 €

Issu d'une vieille famille vigneronne, Jacques Bilhac, rejoint en 2003 par son frère Alex, est à la tête de 30 ha de vignes dont il confie l'essentiel des raisins à la cave coopérative. En 2014, les frères ont construit leur cave de vinification et retiré 7 ha de la «coop» pour élaborer leurs propres vins. Vincent, le fils de Jacques, les a rejoints.

Cinq cépages associés et un élevage en cuve et fût pour ce 2023 qui sent bon les fleurs blanches et le fruit frais. Bien vif à l'attaque, plus rondelet ensuite, bien parfumé, voilà un blanc généreux qui profitera d'une petite garde en cave. ⧗ 2025-2027

DOM. DE L' ASTER, 20, rte de Clermont, 34800 Péret, tél. 09 52 68 14 91, domainedelaster@gmail.com V r.-v.

B DOM. D'AUPILHAC
Montpeyroux La Boda 2021 ★

■	6000		30 à 50 €

Descendant de quatre générations de vignerons, Sylvain Fadat a créé en 1989 ce domaine de 25 ha. Il travaille en agriculture biologique et biodynamie ses deux terroirs : argilo-calcaires et marnes bleues pour Aupilhac, en versant sud, argilo-calcaires et vestiges volcaniques pour Cocalières, à 350 m d'altitude. D'une régularité sans faille.

Boda? «Mariage», en espagnol, celui de deux terroirs associés dans ce rouge intense et de belle garde, fermenté et élevé en cuve bois. Des arômes dominés par le Zan et la vanille, une matière cossue, charnue, gainée de tanins fins et fermes, une longue finale sur la confiture de cerise et les épices douces: bien bâti, l'avenir lui appartient. ⧗ 2026-2032 ■ **Montpeyroux Le Clos 2021 ★ (30 à 50 €; 700 b.)** B Du charme et de la typicité dans ce Clos qui fait la part belle au carignan et au mourvèdre. Intense, fruité, poivré et fumé, consistant, ourlé de tanins fins et fermes, long, il est paré pour bien vieillir. ⧗ 2025-2030

DOM. D' AUPILHAC, 28-32, rue du Plô, 34150 Montpeyroux, tél. 04 67 96 61 19, aupilhac@aupilhac.com V t.l.j. sf sam. dim. 9h30-12h 14h30-17h E

BEAUVIGNAC
HB Diamond 2023 ★★

■	n.c.		5 à 8 €

Après les fusions avec la cave de Castelnau-de-Guers (2003), puis avec celle de Mèze (2007), la cave de Pomérols, fondée en 1932, regroupe aujourd'hui environ 170 viticulteurs en picpoul-de-pinet, languedoc et en IGP Côtes de Thau. Elle gère un vignoble de 2 500 ha, qui couvre aussi bien le terroir de garrigue de Castelnau-de-Guers que le glacis d'épandage qui constitue le cœur historique de l'appellation picpoul-de-pinet.

Ce rosé de macération à dominante de syrah a donné de bien belles sensations au jury: une teinte pétale de rose, des arômes croquants de fleurs et de petits fruits rouges acidulés, une touche minérale, et une jolie bouche, charnue, riche et tonique à la fois, relevée d'une fraîcheur parfaite et d'un zeste d'amertume en finale. Pour la table. ⧗ 2024-2025

CAVE LES COSTIÈRES DE POMÉROLS, 68, av. de Florensac, 34810 Pomérols, tél. 04 67 77 89 94, info@cave-pomerols.fr V t.l.j. sf sam. dim. 8h30-12h30 14h-18h30

GÉRARD BERTRAND Côte des Roses 2023 ★

■	1408000		5 à 8 €

Enfant des Corbières, fils de vigneron et ancien rugbyman, Gérard Bertrand est un important propriétaire (quelque 850 ha répartis sur seize domaines et cultivés en biodynamie) et négociant du sud de la France, dont les cuvées apparaissent dans le Guide sous diverses appellations (corbières, fitou, minervois, languedoc, côtes-du-roussillon) et en IGP.

Une robe «œil-de-perdrix», des arômes flatteurs qui hésitent entre aubépine, groseille et fruits à noyau, une bouche tactile, tendre, large à l'attaque, généreuse mais sans mollesse: ce rosé est un bon classique. ⧗ 2024-2025

GÉRARD BERTRAND, Ch. l'Hospitalet, rte de Narbonne-Plage, 11100 Narbonne, tél. 04 68 45 28 50, vins@gerard-bertrand.com V t.l.j. 9h-19h: juil.-août t.l.j. 9h-20h 5

DOM. DE BLANVILLE B de Blanville 2021 ★

| 2600 | | 11 à 15 €

À partir de 1997, Bernard Nivollet, après un long parcours dans le monde de la finance et de l'entreprise, réalise un projet de vie : constituer un domaine avec son épouse Béatrice. Il dispose aujourd'hui de 70 ha à l'ouest de Montpellier : 40 ha en languedoc Grés de Montpellier et 30 ha en IGP, le tout en conversion bio. Les deux filles de Bernard, Margaux et Charlotte, s'apprêtent à prendre sa suite.

Un assemblage des plus classiques (syrah, grenache noir) et 12 mois de cuve pour ce vin harmonieux, bien mûr au nez, sur des notes de fruits rouges, qui s'entiche de réglisse et de cacao dans un palais tendre et frais, plus élégant que puissant, d'une souplesse de tanins très agréable. Prêt à boire, sur des viandes rouges grillées par exemple. ⧗ 2024-2027

DOM. DE BLANVILLE, rte de Gignac, 34230 Saint-Pargoire, tél. 04 67 25 22 53, margaux@blanville.com V r.-v.

DOM. BOIS BORIES Les Peyrades 2023 ★

| 3000 | | 8 à 11 €

Dans le giron de la famille Raymond depuis quatre générations, dirigé par Vincent et Delphine, ce domaine qui compte 25 ha de vignes est situé sur la commune de Clermont-l'Hérault, à proximité du lac de Salagou.

Des reflets violines animent la robe de ce rosé abouti, aux senteurs de fruits des bois et d'épices. La framboise et la mûre sauvage se précisent en bouche, servie par une matière ample, tonique, bien juteuse, d'une fraîcheur exemplaire. En un mot : gouleyant. ⧗ 2024-2025

DOM. BOIS BORIES, Les Bories, 34800 Clermont-l'Hérault, tél. 06 80 95 41 44, domaineboisbories@orange.fr V *t.l.j. 10h-12h 15h-18h*

CALMEL ET JOSEPH
Ams Tram Gram Cérès 2023 ★★

| 15000 | | 11 à 15 €

Laurent Calmel, œnologue, s'est associé avec Jérôme Joseph pour fonder en 1995 une maison de négoce spécialisée dans les vins de terroir du Languedoc-Roussillon. Le duo a lancé son étiquette en 2007. Il sélectionne les parcelles, vinifie et élève les cuvées.

Un rosé d'une classe folle. Tout y est de bon goût: la robe scintillante, rose pâle, le nez sans outrance qui distille ses notes de fleurs, de petits fruits rouges acidulés sur un fond minéral et grillé, la bouche surtout, large, gourmande, caressante, tonique, très pure et d'une longueur que l'on oublie pas. Tout cela respire le naturel et le très bon goût. ⧗ 2024-2025

CALMEL ET JOSEPH, chem. de la Madone, 11800 Montirat, tél. 04 68 72 09 88, contact@calmel-joseph.com V r.-v. E

CARRIÈRE-PRADAL GCB 2022 ★★

| 2500 | | 15 à 20 €

Une famille vigneronne depuis sept générations qui exploite 50 ha en appellation languedoc et en IGP Oc, travaillés en bio (conversion en cours) et en agroforesterie. Outre la vigne, elle cultive l'olivier, le grenadier et les chênes truffiers.

G comme grenache blanc, C comme clairette et B comme bourboulenc. Ajoutons-y un élevage astucieux de 6 mois en fûts, et on obtient un blanc attachant, au nez complexe, grillé, torréfié et vanillé. Le fruit jaune bien mûr et la cire étoffent la palette dans une bouche harmonieuse, bien en chair, enrobée par l'élevage, qui conserve tout ce qu'il faut d'énergie. De table, sur des plats en sauce crémée de préférence. ⧗ 2024-2028

CARRIÈRE-PRADAL, Dom. de la Massole, 34290 Servian, tél. 06 38 64 54 02, claire@carrierepradal.fr V r.-v.

CASTELBARRY
Montpeyroux Cuvée Or 2022 ★

| 40000 | | 5 à 8 €

Rebaptisée Castelbarry, la « coopérative artisanale » de Montpeyroux a été fondée en 1950 : c'est l'une des dernières caves créées en Languedoc (le grand boom coopératif se situant entre 1910 et 1929). Elle a bien grandi depuis sa création : 75 adhérents alors, de modestes propriétaires, 100 aujourd'hui. Le vignoble (450 ha) se partage entre trois entités toutes baignées de soleil : le causse, le piémont et la terrasse d'éboulis.

Des notes de fruits rouges bien mûrs, d'épices et de garrigue, une matière déliée, des tanins fins, du croquant dans le fruit, un trait de menthol pour conclure et rafraîchir: un bien joli grenache (50 % de l'assemblage) qui ne surjoue pas et soigne la souplesse. Parfait avec des côtelettes d'agneau au thym. ⧗ 2024-2027

CASTELBARRY, 5, pl. François-Villon, 34150 Montpeyroux, tél. 04 67 96 61 08, oenotechnique@castelbarry.com V *t.l.j. 9h30-12h30 14h30-18h30*

LE CHAI D'ÉMILIEN E... Majuscule 2020 ★

| 1900 | | 20 à 30 €

Les cinq générations précédentes ont agrandi le domaine et cultivé la vigne. Installé en 2014, Émilien Fournel perpétue cette tradition avec son épouse Ophélie tout en devenant récoltant. Il exploite 35 ha au nord-est de Montpellier.

Pas moins de 24 mois de fûts pour cette syrah (80 %) née sur des sols chauds de galets roulés. Les fruits rouges et le poivre percent derrière les notes torréfiées du chêne. Frais et lardé, le fruit s'exprime plus librement dans un palais joliment construit, rond, raffermi sans rigueur par des tanins encore serrés. À boire ou à garder. ⧗ 2024-2029
Edmond le Démon 2023 ★ (8 à 11 €; 4500 b.) Derrière une robe saumonée aux reflets bleutés, des arômes vifs de citron vert qui se doublent de franches notes de cerise Bigarreau et de fraise des bois dans un palais consistant, ample, doté d'une fine amertume en finale. Bien structuré, sa place est à table. ⧗ 2024-2025

LE CHAI D'ÉMILIEN, 6, rte de Montpellier, 34160 Sussargues, tél. 06 99 50 45 38, o.fournel@lechaidemilien.com V r.-v.

B LE CHEMIN DES RÊVES La Soie 2022 ★

| 6000 | | 15 à 20 €

Pour Benoît Viot, ancien pharmacien et toujours passionné de biologie et de médecine, l'alchimie du vin n'a

pas de secret. Après une première vie professionnelle, ce Tourangeau, qui revendique aujourd'hui une « vie de passion », a créé ex nihilo en 2004 son domaine (aujourd'hui 21 ha), très régulier en qualité.

Une vinification et un élevage en cuve et fût pour ce blanc onctueux qui assume joliment ses rondeurs. On en retient le nez discret hésitant entre beurre frais, fruits blancs et moka, ainsi que la bouche large et sensuelle, à laquelle il n'aura manqué qu'un petit peu plus de peps pour décrocher la deuxième étoile. ⧗ 2024-2027

⊶ LE CHEMIN DES RÊVES, 218, rue de la Syrah, 34980 Saint-Gély-du-Fesc, tél. 04 99 62 74 25, contact@chemin-des-reves.com V t.l.j. sf dim. 16h-19h

LA CLAIRETTE D'ADISSAN Quartz 2023 ★★

■	16 000		5 à 8 €

Berceau de la clairette, Adissan perpétue la tradition des moelleux. Le village fournit 70 % de la production de l'appellation. Le vignoble occupe des terrasses villafranchiennes composées de galets de quartz, silex et calcaires au sein d'une matrice argilo-sableuse.

Une robe pâle aux reflets orangés, des arômes pimpants de fruits exotiques, de fleurs et de grenadine, une nuance grillée, une matière ample, bien acidulée, une belle vivacité, une touche d'amertume: de l'expression et de la tenue pour ce rosé gastronomique. ⧗ 2024-2025

⊶ LA CLAIRETTE D'ADISSAN, av. du Gal-de-Gaulle, 34230 Adissan, tél. 04 67 25 01 07, caveau.adissan@orange.fr V t.l.j. sf dim. 9h-12h 15h-18h

Ⓑ DOM. CLAVEL Copa Santa 2021 ★

■	12 000		20 à 30 €

Créé en 1986, le domaine d'Estelle et Pierre Clavel est situé au cœur du Languedoc entre vignes et garrigues. Leur vignoble de 30 ha (en bio certifié, avec une démarche biodynamique) couvre deux terroirs : Pic Saint-Loup et Montpeyroux. Une référence du Languedoc viticole. Les clous représentés sur les étiquettes rappellent que les Clavel en fabriquaient avant de se consacrer entièrement à la vigne.

Un blanc charmeur aux reflets dorés, discret à l'olfaction, sur des nuances élégantes de fruits blancs un peu confits. Plus épicée, large à l'attaque, la bouche déroule sans faiblir une chair bien ronde aux notes joliment évoluées, jusqu'à la finale fraîche et grillée. Un vin à maturité, dont la place est à table. ⧗ 2024-2026

⊶ DOM. CLAVEL, Mas de Périé, rte de Sainte-Croix-de-Quintillargues, 34820 Assas, tél. 04 99 62 06 13, info@vins-clavel.fr V *t.l.j. sf dim. lun. 14h-18h*

CLOS AGUILEM L'An 8 2022 ★

■	1330		15 à 20 €

En 2015, aidé financièrement par sa famille et des amis, l'ingénieur agronome et œnologue Jean-Charles Auffret a créé ce domaine de 7 ha, dont le parcellaire, en conversion bio, est réparti sur quatre communes (Saint-Saturnin-de-Lucian, Saint-Guiraud, Ceyras et Arboras) et présente une belle diversité de sols permettant des adaptations variées.

Le huitième millésime du domaine dignement fêté avec ce blanc né du vermentino et de la roussanne. Un vin gourmand de bout en bout: des notes d'abricot, de coing et d'écorces d'agrumes parfument une chair rondelette, croquante, sans mollesse, qui s'attarde longuement sur les épices en finale. Très bien à l'apéritif, parfait à table sur un beau poisson grillé. ⧗ 2024-2027

⊶ CLOS AGUILEM, 29, cours Grégoire, 34725 Saint-André-de-Sangonis, tél. 06 88 82 92 48, contact@closaguilem.com V *r.-v.*

Ⓑ CLOS DE L'AMANDAIE
Grès de Montpellier Huis Clos 2021 ★

■	8000		15 à 20 €

À Aumelas, village situé à l'ouest de Montpellier, hameaux et vignobles parsèment la garrigue. Autour d'un château du XIIes., parmi les chênes verts, de petites parcelles cachées dans les combes composent le domaine de Philippe Peytavy, soit 30 ha en bio certifié. Il dispose depuis 2020 d'un chai flambant neuf.

Un élevage de 12 mois en fûts pour ce Grès qui se distingue par son bouquet puissant et solaire de fruits noirs et de cacao, avec une touche très sanguine. Puissante, concentrée, flanquée de tanins conséquents, la bouche en impose et finit sur les épices douces du chêne. Une sacrée constitution qui réclame de la patience. ⧗ 2027-2032

⊶ CLOS DE L'AMANDAIE, 8, rte de Montpellier, 34230 Aumelas, tél. 06 86 68 08 62, closdelamandaie@free.fr V *t.l.j. sf dim. 9h-12h 14h-19h*

Ⓑ CLOS DES ORS
Le Vieux Charles 2021 ★

■	1800		20 à 30 €

Ancien pilote de chasse, Alexandre Thouroude s'est formé au métier avant de reprendre en 2021 une douzaine d'hectares de vignes dispersés dans la forêt méditerranéenne, sur les contreforts Cévenols, cultivés en bio certifié et selon les préceptes de la biodynamie.

Le grenache noir (élevé en jarre) et la syrah (élevée en demi-muid) très complémentaires dans ce rouge vinifié avec tact, aux arômes de café, de fruits mûrs et de tourbe, qui se montre tendre en bouche, coulant, digeste et très facile à boire. Une belle entrée en matière pour le domaine dans un style délié et élégant. ⧗ 2024-2028

⊶ CLOS DES ORS, 20, rte de Nîmes, 30260 Orthoux-Sérignac-Quilhan, tél. 06 26 36 46 90, info@clos-des-ors.fr V *r.-v.*

LES COLLECTIONNEURS
L'Entre 2 Fleuves Terres Hautes 2023 ★

■	23 000		5 à 8 €

Située près de Béziers à 3 km d'« écoplages », la coopérative de Sérignan, fondée en 1935, regroupe quelque 1 000 ha de vignes établies sur les plateaux caillouteux de cette commune et des villages de Vendres et de Sauvian.

Derrière une robe rubis montent du verre des arômes discrets de fruits noirs frais, de ronce et de poivre. On apprécie la libre expression du fruit dans une bouche charnue, ensoleillée, gourmande, cadrée par des tanins toniques appelés à vite se détendre. Bien fait, on patiente (un peu). ⧗ 2025-2028

LES VIGNERONS DE SÉRIGNAN, 114, av. Roger-Audoux, 34410 Sérignan, tél. 04 67 32 24 82, gestion@vignerons-serignan.com V *t.l.j. sf dim. 9h-12h 15h-18h*

DOM. COSTE-MOYNIER
Lou Camp de la qualitat 2023 ★★

| 20000 | 8 à 11 € |

L'ordre des chevaliers de Saint-Jean-de-Jérusalem (ou ordre de Malte) cultivait déjà la vigne sur ce terroir de galets roulés de Saint-Christol. Luc et Élisabeth Moynier perpétuent depuis 1975 la tradition des moines hospitaliers sur un vignoble de 74 ha.

Du soleil et de la tension dans ce beau blanc qui assume ses origines. Les arômes de pêche et d'ananas flirtent avec des notes grillées et minérales dans une bouche en deux temps: accueillante et suave à l'attaque, vive et bien tendue en finale. En un mot, complet. ⧗ 2024-2027

DOM. COSTE-MOYNIER, 266, chem. du Mas-de-la-Coste, 34400 Saint-Christol, tél. 04 67 86 02 10, administration@coste-moynier.com V *t.l.j. sf dim. 9h-12h 14h-19h*

Ⓑ LA CROIX GRATIOT Le Chant des Dolia 2022 ★

| 2000 | 20 à 30 € |

Orienté vers la culture de melon et apporteur en cave coopérative, le domaine a pris un virage important en 2004 avec la création d'un chai de vinification. En 2009, Anaïs Ricôme a rejoint son père Yves à la tête d'un vignoble de 35 ha (en bio), créé une nouvelle gamme et développé les ventes.

Élevée en dolia (grande jarre) et cuve béton, une pure roussanne aux arômes discrets, entre fleurs et épices douces. Une touche miellée et un zeste de citron rehaussent le bouquet dans une bouche tactile, dont on aime la texture caressante et la fraîcheur préservée. Harmonieux, élégant, il mérite un poisson fin en sauce crémée. ⧗ 2024-2027

LA CROIX GRATIOT, Dom. de Sainte-Croix, 34530 Montagnac, tél. 04 67 25 27 88, croixgratiot@gmail.com V *t.l.j. sf sam. dim. 9h30-13h 14h-17h30*

Ⓑ DOM. DÉCALAGE
Grès de Montpellier Trois Amours 2022 ★

| 7000 | 11 à 15 € |

Domaine familial depuis 1867, ce vignoble d'un seul tenant sur des terroirs de galets roulés, tout proche de Montpellier, est conduit depuis 2004 par Nathalie Delbez. Elle l'a restructuré, tout en conservant précieusement de vieilles vignes, et a obtenu la certification bio pour ses 16 ha.

Dédiée à ses enfants, une cuvée qui restitue les charmes d'un grenache noir (80 %) cueilli à belle maturité: des arômes expressifs de fruits rouges confiturés, de garrigue et d'épices infusent une chair ample, ronde, relevée de tanins fermes et d'une touche de fraîcheur salutaire. Encore un peu serré mais bien pensé, ce vin a besoin de reposer en cave. ⧗ 2025-2029

DOM. DÉCALAGE, Mas de Calage, chem. de Calage, 34130 Saint-Aunes, tél. 06 77 50 12 90, contact.domainedecalage@gmail.com V *r.-v.*

S. DELAFONT Mosaïque 2021 ★

| 12800 | 11 à 15 € |

Après avoir créé une structure de négoce en 2000, Samuel Delafont a eu envie de s'investir davantage dans l'élaboration et s'est installé en 2010 dans un petit village gardois comme négociant-éleveur pour produire des vins dans quelques-unes des appellations les plus en vue du Languedoc. Il a depuis acquis des vignes en propre, travaillées en permaculture.

Fruits noirs en confiture, épices, note torréfiée venue du chêne (élevage de 12 mois), ce nez très languedocien ouvre sur une bouche conséquente, chocolatée et très parfumée, ourlée de tanins bien pris dans le fruit. L'ensemble offre confort et gourmandise. On peut le boire (avec une viande en sauce) ou le garder. ⧗ 2024-2028

S. DELAFONT, ZA Mas-David, 178 A, chem. du Cimetière, 30360 Vézénobres, tél. 04 66 56 94 78, info@delafont-languedoc.fr V *t.l.j. sf sam. dim. 10h-18h*

CH. DE L'ENGARRAN
Grès de Montpellier 2020 ★

| 11000 | 15 à 20 € |

Le Ch. de l'Engarran est une « folie » montpelliéraine du XVIIIe s., classée à l'Inventaire national des Monuments historiques. Trois générations de femmes ont fait de ce domaine de 55 ha l'une des belles adresses des Grès de Montpellier et de Saint-Georges-d'Orques.

La cuvée ambassadrice du domaine en grande forme dans ce millésime généreux. Lent à s'ouvrir, le nez prend son temps pour livrer son nuancier de cassis, violette et épices. Une jolie fraîcheur mentholée plane au-dessus d'un palais réjouissant, cossu, imprégné de fruits noirs, relevée de tanins un rien serrés. Puissant et dynamique, ce Grès a de beaux jours devant lui. ⧗ 2027-2032

CH. DE L' ENGARRAN, 34880 Lavérune, tél. 04 67 47 00 02, contact@chateau-engarran.com V *t.l.j. sf dim. 10h-13h 15h-19h*

♥ L'ESTABEL
Cabrières Fulcrand Cabanon 2022 ★★★

| 20000 | 5 à 8 € |

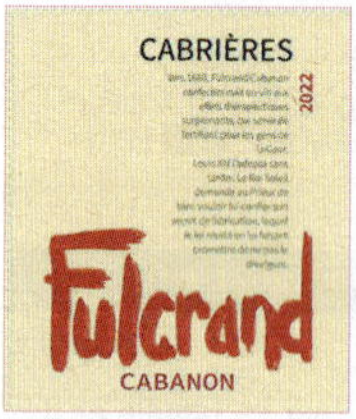

Coopérative fondée en 1937 et forte des 330 ha de ses adhérents, les caves de l'Estabel, réputées pour leurs rosés qui ont fait la gloire de Cabrières, présentent aussi une gamme de rouges dignes d'un vif intérêt. Elles produisent également de l'appellation clairette-du-languedoc, sur une vingtaine d'hectares de schistes, et, depuis 2018, des vins sans soufre. Le paysage dominé par le pic de Vissou, la richesse géologique et les sites archéologiques en font une étape obligée.

Très souvent en vue pour ses rosés, l'excellente cave de l'Estabel « voit rouge » cette année. Des parfums épanouis de fruits rouges, de myrtille et de feuilles séchées animent une bouche finement extraite, décontractée, plus épicée dans ses parfums, confortablement assise sur des tanins tendres et moelleux. Velouté, harmonieux, facile d'accès, c'est un exemple de vin de fruit, avec ce petit supplément d'âme qui fait la différence et justifie le coup de cœur. Encore plus à ce prix. 2024-2028 **Cabrières Le Grand Pan 2023 ★★ (8 à 11 €; 50000 b.)** B Une couleur assumée, un nez explosif de fruits rouges, violette et menthol, de la chair, un soupçon de gaz carbonique, une acidité revigorante, un long trait de citron et de cassis en finale: un rosé énergique, intense, «très Cabrières» selon le jury. 2024-2025 **Cabrières Fulcrand Cabanon 2023 ★★ (5 à 8 €; 50000 b.)** Cinsault et grenache composent ce rosé saumoné, bien en chair, croquant de fruits rouges, très énergique, avec cette touche épicée que l'on aime à Cabrières. Du cousu main. 2024-2025 **Cabrières Cantate des Garrigues 2022 ★ (11 à 15 €; 5000 b.)** Une compotée de cerises saupoudrée de garrigue dans ce rouge délié, gourmand, suave, qui soigne la souplesse et l'expression du fruit, avec une touche de violette pour conclure. 2024-2027

L' ESTABEL, 20, rte de Fontes, 34800 Cabrières, tél. 04 67 88 91 60, contact@estabel.fr V t.l.j. 9h-12h 14h-18h

CH. DE FLAUGERGUES
Grès de Montpellier Les Galets 2021 ★★

15000		15 à 20 €

Un château classé, un jardin à la française et un domaine viticole : Flaugergues, construit en 1696, est une «folie» (maison de campagne et domaine) montpelliéraine aujourd'hui cernée par la capitale régionale. Le vignoble couvre 25 ha, implanté sur galets roulés. Pierre de Colbert en a pris la direction en 2002, perpétuant une tradition familiale qui remonte à plus de trois siècles.

Un jury comblé par ce rouge qualifié «d'addictif», aux arômes très épanouis et bien typés de violette, de menthol et de petits fruits rouges et noirs. Le fruit ne perd rien en séduction dans un palais soyeux, appuyé sur des tanins fondus avec cette finale salivante qui donne envie «d'y revenir». Tout est dit. 2024-2028

CH. DE FLAUGERGUES, 1744, av. Albert-Einstein, 34000 Montpellier, tél. 04 99 52 66 34, caveau@flaugergues.com V t.l.j. sf dim. 9h-18h

FONJOYA Saint-Saturnin Belle de soie 2021 ★

40000		8 à 11 €

Née de la réunion des caves viticoles de Saint-Félix-Saint-Jean et de Saint-Saturnin, Fonjoya («fontaine des joyaux» en latin) a vu le jour en décembre 2018. Le nouveau groupe fédère 160 coopérateurs pour 1 000 ha de vignes en appellations (terrasses-du-larzac, languedoc) et en IGP.

Hommage aux magnarelles qui élevaient les vers à soie, cette cuvée est construite sur les meilleures parcelles de grenache noir (60 %) du domaine. Cassis, framboise, réglisse et touche végétale, le nez séduit. Comme la bouche, déliée, coulante, fraîche et friande, gainée de tanins tendres, bien dans le ton du millésime. 2024-2027

FONJOYA, 5, av. Noël-Calmel, 34725 Saint-Saturnin-de-Lucian, tél. 04 67 96 49 08, contact@fonjoya.com V t.l.j. sf dim. lun. 9h-12h 14h-18h

B CH. LA FONT DES ORMES
Pézenas Basalte 2021 ★★

2232		20 à 30 €

Sur un site qui porte les traces de peuplements d'hominidés très anciens, Guy Cazalis de Fondouce a redonné un nouvel élan à ce domaine familial typiquement languedocien et restauré de très belle façon le chai et ses cuves semi-enterrées datant du XVIIes. pour les convertir en chai à barriques. Le vignoble de 20 ha est certifié en biodynamie depuis 2018.

Un jus de fruits rouges teinté de plantes aromatiques et de Zan, qui coule en bouche avec douceur et souplesse, juste relevé de tanins très soyeux: bien élevé, détendu, typé, d'une harmonie parfaite, ce Pézenas est passé à un cheveu du coup de cœur. 2024-2030

CH. LA FONT DES ORMES, 34720 Caux, tél. 07 62 73 90 75, contact@fontdesormes.fr V r.-v.

LA GRANGE
Pézenas Castalides Icône 2022 ★

3000		30 à 50 €

Un domaine acquis en 2007 par Rolf et Renate Freund, anciens importateurs allemands de vins. Idéalement situé en bordure du parc naturel régional du Haut Languedoc, à une altitude de 250 m, son vignoble de 54 ha est cerné par la garrigue. Les raisins mûrissent entourés de thym et de romarin, puis sont vinifiés parcelle par parcelle dans une nouvelle cave en pierre à l'équipement neuf.

Un long élevage en fûts pour ce rouge enlevé dont la robe sombre donne le ton d'un nez à fort caractère, puissant, giboyeux, qui marie les fruits noirs confits aux épices douces (cannelle et vanille) du chêne. Douce et ample à l'attaque, concentrée, cadrée par des tanins bien enrobés, la bouche affiche la même plénitude. Généreux, charmeur, on peut le boire mais rien ne presse. 2025-2030 **Pézenas Castalides Édition 2022 ★ (20 à 30 €; 3000 b.)** Des arômes distingués de griotte, d'épices et de moka, une bouche ronde, souple, croquante, étayée de tanins fondants: un vin joliment équilibré et prêt à boire. 2024-2027

LA GRANGE, rte de Fouzilhon, 34320 Gabian, tél. 07 81 33 24 28, compta@domaine-lagrange.com V t.l.j. sf sam. dim. 9h-12h 14h30-18h E

LA GRANGE DES COPAINS
À trois mains 2022 ★

2000		20 à 30 €

Trois copains, Cyril, Jérémy et Julien, passionnés par la viticulture, débarquent dans l'Hérault en 2002, avec l'idée de cultiver la vigne. Ils rachètent en 2008 une petite parcelle vouée à l'arrachage, vendent bien leur vin et rachètent une parcelle. À ce jour, 6 ha.

À une robe profonde répond un nez non moins intense à l'accent de compote de fraises, de cacao et de vanille. Une agréable sucrosité, de l'opulence dans la matière, un boisé encore en évidence qui enrobe des tanins bien extraits, une longueur remarquée: un vin solidement construit qui ne manque de rien, si ce n'est de temps. ⧗ 2026-2030

⊶ LA GRANGE DES COPAINS, 10, rue Mistral, 34800 Nébian, tél. 06 45 16 40 40, contact@lagrangedescopains.com V r.-v.

GRANITE 2022 ★★

■	35 000		5 à 8 €

La coopérative Costières et Soleil est devenue Vignerons Propriétés Associés en 2013. Regroupant les caves de Calvisson, Générac et Saint-Hilaire d'Ozilhan, elle vinifie le produit de 150 adhérents et de 24 domaines pour un total de 3 000 ha.

26 % de grenache noir à l'appui de la syrah dans ce rouge harmonieux. Tout y est affiné et de bon goût, à commencer par le nez expressif, pétri de fruits rouges saupoudrés d'épices. Le même charme émane d'un palais détendu, parcouru de tanins soyeux qui laissent s'exprimer un joli fruit teinté de garrigue. Pourquoi attendre? ⧗ 2024-2027

⊶ VIGNERONS PROPRIÉTÉS ASSOCIÉS, 32, rte de la Cave, 30420 Calvisson, tél. 04 66 01 31 31, contact@vigneronsproprietesassocies.fr V *jeu. ven. sam. 9h30-12h 15h-18h30*

LA CAVE DE GRUISSAN
Le Coteau 2023 ★

■	6400		5 à 8 €

Créée en 1947, cette cave coopérative est située face à l'étang de Gruissan, à une dizaine de kilomètres de Narbonne. Elle regroupe 45 vignerons pour 280 ha de vignes situées dans les appellations corbières, la clape et languedoc, et propose aussi les IGP locales.

Du soleil et du caractère dans ce rosé pâle aux parfums de rose et de bonbon anglais. Une touche originale de caramel s'insinue dans un palais bien en chair, ensoleillé, dont le gras rebondit sur une acidité bienvenue. Généreux, sa place est à table. ⧗ 2024-2025

⊶ LA CAVE DE GRUISSAN, 19, bd de la Corderie, 11430 Gruissan, tél. 04 68 49 01 17, contact@cavedegruissan.com V *t.l.j. 9h30-12h30 15h-19h; dim. 9h30-11h*

DOM. GUINAND
Saint-Christol Grande Cuvée 2021 ★

■	10 000		11 à 15 €

C'est au cœur de Saint-Christol, village de culture taurine, que se trouve la cave de la famille Guinand (sixième génération), qui a quitté la coopérative en 1993 pour créer ce domaine réputé de 60 ha. Le caveau de vente voûté est situé dans une bâtisse datant du XVIe s. Ici, les vignes de syrah et de grenache trouvent leur expression sur un sol de galets.

Les dégustateurs n'ont pas été insensibles à ce vin très ouvert sur le fruit frais, la violette et la torréfaction. L'élevage (12 mois en fûts) et ses notes cacaotées enrobent une bouche plantureuse, alerte, gainée de tanins granuleux et accrocheurs. Du coffre et une forme de rusticité attachante dans ce vin qui semble né pour accompagner un gibier en sauce. ⧗ 2025-2029

⊶ DOM. GUINAND, 36, rue de l'Épargne, 34400 Saint-Christol, tél. 04 67 86 85 55, contact@domaineguinand.com V *t.l.j. sf dim. 9h-12h 15h-19h* E

B DOM. VIRGILE JOLY Saint-Saturnin 2021 ★

■	5828		20 à 30 €

Cet œnologue natif de la vallée du Rhône, petit-fils de vigneron, a fondé son propre domaine en 2000 après avoir été *flying winemaker* dans le sud de la France et au Chili. Il s'est installé sur la place du village de Saint-Saturnin-de-Lucian, entre mairie et église. Les vignes, agrandies petit à petit, conduites en bio, couvrent 18 ha.

Une robe grenat soutenu drape ce Saint-Saturnin solaire, au nez séduisant de fruits à l'eau-de-vie et de laurier sur un fond balsamique et vanillé. Marquée par l'élevage, généreuse, structurée en douceur par des tanins sans rigueur, la bouche charme par sa suavité et par la richesse de son fruit. À boire ou à garder. ⧗ 2024-2029

⊶ DOM. VIRGILE JOLY, 22, rue du Portail, 34725 Saint-Saturnin-de-Lucian, tél. 04 67 44 52 21, magdalena.joly@dvj.fr V *t.l.j. sf sam. dim. 9h-12h 14h-18h*

B FAMILLE BRUNO LAFON
Magallana 2022 ★★

■	4000		15 à 20 €

Bruno Lafon a hérité de son père la passion du vin et la rigueur bourguignonne. Séduit par le terroir languedocien, il s'associe en 1999 avec Sylvie Legros pour restaurer ce domaine de 32 ha, conduit en agriculture biologique.

Un élevage en cuve et fût pour ce blanc complet, très «tendance» selon le jury, aux senteurs florales fraîches et aériennes. De l'onctuosité dans la chair, une touche beurrée, une autre de fruits jaunes confits, de la persistance, le tout tonifié par une jolie arête acidulée: cette cuvée n'a pas fait débat. ⧗ 2024-2028 ■ **Les Millemandises La Cerise sur le gâteau 2021 ★★ (15 à 20 €; 6500 b.)** B Un grand bol de fruits frais (framboise, cassis, cerise) pimenté de girofle et de cacao, de la matière, une texture douce, des tanins finement extraits, une fraîcheur impeccable, de l'allonge: un languedoc qui ne manque de rien. ⧗ 2025-2029

⊶ FAMILLE BRUNO LAFON, 467, av. de la Gare, 34480 Magalas, tél. 04 67 36 20 83, famille@famillebrunolafon.com V *r.-v.* 5

B CH. LANCYRE
D'ombre et de lumière 2023 ★★

■	9000		15 à 20 €

Régis Valentin, œnologue et maître de chai, a repris en 2001 le domaine créé en 1960 par les familles Durand-Valentin. Il produit des vins sur 80 ha de vignes (en bio depuis 2023) occupant un beau terroir de calcaires durs et d'argiles rouges. Une valeur sûre du Languedoc.

L'ombre pour les nuits fraîches, la lumière pour les jours chauds, un contraste qui sied à ce blanc vigoureux né de la roussanne (80 %). On aime l'éclat d'un nez porté sur le coing, les fruits exotiques et les fleurs blanches, et le volume d'une bouche tout aussi expressive, ronde à souhait mais tonique, avec cette amertume qui étire joliment le fruit en finale. Complexe et fièrement languedocien. ⧗ 2024-2028

CH. LANCYRE, hameau de Lancyre, 34270 Valflaunès, tél. 04 67 55 32 74, contact@chateaudelancyre.com V *t.l.j. sf dim. 10h-12h30 14h30-18h30*

♥ B CH. DE LASCAUX Garrigue 2022 ★★

20000 | 11 à 15 €

Jean-Benoît Cavalier, agronome de formation, a relancé le domaine familial au milieu des années 1980, marchant dans les pas de quatorze générations de vignerons sur ce terroir de cailloutis calcaires mis en valeur par sa famille depuis 1554. Cette figure emblématique du pic Saint-Loup conduit son vignoble (85 ha aujourd'hui) en agriculture biologique et en biodynamie. Sur certaines parcelles, des moutons broutent l'herbe entre les ceps, labourent et apportent un engrais tout naturel. Une valeur sûre.

Abonné au Guide, le domaine s'illustre à nouveau avec cette syrah (80 %) vendangée à juste maturité. Fermentée avec les levures indigènes, élevée sobrement en cuve, tout y est éclatant: la parure violine, les arômes très purs de cerise et de cassis relevés d'une touche de cacao et de réglisse, le palais finement dessiné, tendre, très pur dans son fruit et soutenu en douceur par des tanins de soie. D'une harmonie parfaite et d'une gourmandise évidente, cette cuvée peut passer à table, sur un magret ou une viande rouge grillée par exemple. ⧗ 2024-2029

CH. DE LASCAUX, rte du Brestalou, 34270 Vacquières, tél. 04 67 59 00 08, info@chateau-lascaux.com V *t.l.j. sf dim. 10h-12h 14h-18h (19h en été)*

LATUDE Pézenas 2020 ★

20000 | 11 à 15 €

La cave de Fontès a été créée en 1932 par une trentaine de vignerons. Aujourd'hui, cette coopérative, rebaptisée La Fontesole, en compte près de 160. Sur les premiers contreforts des Cévennes méridionales, les vignes recouvrent les coulées basaltiques de Fontès.

80 % de syrah dans cette version allègre et détendue de la dénomination Pézenas. Un vin aux senteurs de fruits bien mûrs et de moka; arômes relevés de garrigue dans un palais délié, épaulé comme il faut par des tanins extraits avec mesure. Très agréable, et pour quelques années encore. ⧗ 2024-2028

LA FONTESOLE, 16, bd Jules-Ferry, 34320 Fontès, tél. 04 67 25 14 25, cave@fontesole.fr V *t.l.j. sf dim. 9h-12h 15h-18h*

DOM. DES LAURIERS Baptiste 2022 ★★

5000 | 8 à 11 €

Jouxtant Pézenas, le domaine de Marc Cabrol s'étend sur 55 ha de vignes entre garrigue et pinèdes, à Castelnau-de-Guers, l'une des cinq communes de l'appellation picpoul-de-pinet. Une valeur sûre.

Un assemblage original (vermentino et piquepoul) et un élevage en cuve et en fût pour ce blanc sensuel, vanillé, miellé, dont le palais offre un savoureux compromis entre suavité et tonicité, richesse et minéralité. Un vrai blanc de table, tactile, qui fera mouche sur des viandes blanches et des poissons à la crème. ⧗ 2024-2027

DOM. DES LAURIERS, 15, av. de Pézenas, 34120 Castelnau-de-Guers, tél. 04 67 98 18 20, contact@domaine-des-lauriers.com V *t.l.j. sf sam. dim. 9h30-12h30 14h-18h*

MAISON LORGERIL Ô de rosé Cuvée Prestige 2023 ★★

25000 | 11 à 15 €

Les Lorgeril possèdent plusieurs domaines familiaux en Languedoc-Roussillon. Le Ch. de Pennautier est leur fief, un Versailles en Languedoc construit en 1620 à la gloire des seigneurs locaux, trésoriers des États du Languedoc, une valeur sûre en cabardès (120 ha). Il est complété par les 25 ha du Ch. de Garille et les 15 ha du Ch. des Caunettes dans la même appellation; le Ch. de Ciffre (70 ha) en faugères et saint-chinian; le Dom. de la Borie Blanche en minervois, minervois-la-livinière et languedoc (16 ha); le Mas des Montagnes (19 ha) en côtes-du-roussillon, *villages* et maury. Un vaste ensemble conduit par Nicolas et Miren de Lorgeril, représentant la dixième génération, également à la tête d'une structure de négoce.

Des vendanges à la pointe du jour et un pressurage délicat, tout est fait, et bien fait, pour préserver l'éclat du fruit: fraise des bois, cassis, pomelo. Un bien joli bouquet qui parfume aussi une bouche sapide, ample à l'attaque et très fraîche en finale. Énergique, élégant, ce rosé n'usurpe pas son nom. ⧗ 2024-2025 **Ô de rosé 2023 ★ (8 à 11 €; 70000 b.)** Un rosé effilé, tout en vivacité, qui donne à croquer un fruit stimulant, entre petits fruits rouges acidulés et notes citronnées. Net et très frais, on l'ouvre dès l'apéritif. ⧗ 2024-2025

MAISON LORGERIL, BP 4, 11610 Pennautier, tél. 04 68 72 69 29, contact@lorgeril.com V *r.-v.; f. janv.* E

B CH. DE LUNES 2022 ★

15000 | 5 à 8 €

Aux portes de Narbonne et au bord de l'étang de Bages, le plateau de Quatourze est un terroir historique du Languedoc, aux sols de galets roulés. Les évêques de la cité audoise y avaient des vignes. En 1983, Georges Ortola, ingénieur, rachète un vignoble à l'abandon, puis un deuxième, cinq ans plus tard. Aujourd'hui, il exploite avec ses enfants Hélène et Nelson 120 ha en biodynamie. Son vignoble sert de pacages à des moutons en hiver.

Derrière une robe pivoine, se dévoilent les arômes épanouis d'un vrai languedoc: cassis, olive noire et violette sur lit de plantes aromatiques. La petite fermeté des tanins n'entame en rien le plaisir que procure une bouche sapide, vivante, réglissée, qui soigne la pureté et la gourmandise du fruit. ⧗ 2024-2027 **Dom. Ortola Nautica 2022 ★ (11 à 15 €; 5000 b.)** B Une touche discrète de chêne rehausse le bouquet fruité et floral de ce vermentino très consistant, généreux, enrobant, tonifié par un long trait citronné en finale. Plein et structuré, il peut prétendre à la garde. ⧗ 2024-2028

DOM. ORTOLA, Notre-Dame-du-Quatourze, 11100 Narbonne, tél. 06 38 43 49 24, georges@ortola.fr V r.-v.

MARCIANICUS 2023 ★

2000 | 5 à 8 €

Née en 2014 de la fusion de deux caves (les Vignerons de Montpellier et les Coteaux Saint-Geniès-des-Mourgues), rénovée en 2019, cette coopérative regroupe une centaine d'adhérents.

On ne se fie pas à la pâleur de la robe, voilà un rosé structuré comme le Languedoc sait en produire: un nez volubile, entre pamplemousse, framboise et épices, ouvre sur un palais dodu, large et rond, un tantinet chaleureux mais sans outrance. Long, savoureux, plein, on le réserve à des mets relevés, un tajine de poisson par exemple. 2024-2025

SCA LES COTEAUX DE MONTPELLIER, av. de Beaulieu, 34160 Saint-Geniès-des-Mourgues, tél. 04 67 86 21 99, coteauxdemontpellier@orange.fr V *t.l.j. sf dim. lun. 9h30-12h 15h-18h*

CH. PAUL MAS
Clos des Mûres Élevé en fût de chêne 2022 ★★

120 000 | 11 à 15 €

Vigneron-négociant, Jean-Claude Mas dispose d'un vaste vignoble de plus de 600 ha en propre constitué par quatre générations, auxquels s'ajoutent les apports des vignerons partenaires (1 300 ha). Le Ch. Paul Mas se compose de 25 ha à Conas, 27 ha à Moulinas, près de Pézenas, et 80 ha à Nicole, près de Montagnac. Côté négoce, plusieurs marques : Prima Perla, Forge Estate, Arrogant Frog, Côté Mas...

Boisée mais charmeuse, une bien jolie syrah (85 %) expressive dès l'entame avec ses parfums lardés et toastés sur fond de fruits noirs bien mûrs. Difficile de ne pas être séduit par ce toucher caressant, ces tanins veloutés et ce fruit expansif et torréfié. Du potentiel, certes, mais déjà gourmand. 2024-2029 **Pézenas Clos Moulinas 2022 ★ (15 à 20 €; 6000 b.)** Un rouge qui fleure bon le Languedoc avec son fruité mûr mâtiné de garrigue et d'épices douces venues du chêne. Suave, tendre, posé sur une trame tannique discrète, rehaussé d'une touche balsamique, un Pézenas accessible et facile à aimer. 2024-2027 **Belluguette 2023 ★ (11 à 15 €; 24 000 b.)** Des arômes de poire et de vanille prennent vie dans une bouche bien balancée entre rondeur et fraîcheur, d'une séduction évidente. 2024-2026

CH. PAUL MAS, rte de Villeveyrac, 34530 Montagnac, tél. 04 67 90 16 10, info@paulmas.com

MAS D'ARCAŸ
Grès de Montpellier 1779 2022 ★★

17 000 | 11 à 15 €

Jean Lacauste est issu d'une très longue lignée de vignerons qui débute en 1730. Il a acquis en 2010 cette ancienne propriété viticole de la fin du XIXe s. et exploite aujourd'hui 45 ha sur le terroir historique de Saint-Drézéry.

1779, l'année où l'aïeul de la famille a défriché cette parcelle aujourd'hui plantée de carignan, complété dans cette cuvée de grenache noir et de mourvèdre. Fruits noirs écrasés, lilas, agrumes, épices douces, le nez dénote et séduit. Des tanins très tendres se fondent dans une matière presque doucereuse, rafraîchie de notes acidulées et anisées en finale. Séducteur. 2024-2028 **Saint-Drézéry Valentibus 2022 ★ (15 à 20 €; 5000 b.)** De l'énergie dans ce jeune rouge fougueux et encore sous le joug du chêne, mais très fringant, frais, mentholé, tannique et consistant. Tout cela devrait faire, dans le temps, une bien belle bouteille. 2025-2030

MAS D'ARCAŸ, 1080, rte de Beaulieu, 34160 Saint-Drézéry, tél. 06 48 70 17 70, contact@arcay.fr V *t.l.j. sf dim. 10h-12h 15h-19h*

B MAS DE FIGUIER Seigneur de Leuze 2023 ★

10 000 | 11 à 15 €

Le domaine fut créé par le grand-père en 1920. Gilles Pagès, installé en 1984, y conduit aujourd'hui un vignoble de 20 ha converti à l'agriculture biologique.

Une robe brillante, un nez qui en impose, sur des nuances de miel de fleurs, d'agrumes et de pêche, l'entame est séduisante. Rythmé par une acidité discrète en soutien, le palais affiche la richesse et la plénitude de chair d'un vrai blanc du Sud, capiteux mais sans une once de lourdeur. Un poisson au curry (peu épicé) ou un tajine ne lui feront pas peur. 2024-2027

MAS DE FIGUIER, Mas de Figuier, 34270 Vacquières, tél. 06 18 19 53 33, pagesgi@orange.fr V *r.-v.* E

MAS DE LA DRAILLE
Grès de Montpellier K-yasse 2021 ★★

2800 | 11 à 15 €

Un domaine familial situé à Montagnac sur un plateau surplombant la mer et l'étang de Thau, mené par Laurent Paillet qui vinifie depuis 2012 ses propres vins tout en gardant un pied dans la coopérative du village.

Laurent Paillet signe son entrée dans le Guide avec un mourvèdre en dentelle, qui restitue toutes les nuances du cépage: cuir, épices, fruits rouges et noirs bien mûrs et touche florale. Le Zan étire encore la palette dans un palais extrait en douceur, ample, plein, cousu de tanins ciselés. Du travail d'orfèvre. 2024-2028

MAS DE LA DRAILLE, 51, rue de l'Hospice, 34530 Montagnac, tél. 06 13 13 08 47, lole.paillet@orange.fr V *t.l.j. sf dim. 9h-12h 14h-17h*

B MAS DE LA SERANNE Les Ombelles 2022 ★

4700 | 15 à 20 €

À la suite d'une reconversion professionnelle, Isabelle et Jean-Pierre Venture se sont installés en 1998 sur le terroir réputé d'Aniane. Ils conduisent aujourd'hui, en bio certifié, un vignoble de 16 ha qu'ils continuent d'embellir, remontant des murs de pierre sèche et plantant des essences méditerranéennes. Côté cave, des vins d'une grande régularité, souvent en vue dans ces pages.

Une fermentation partielle en barriques pour ce blanc cossu, né de huit cépages. Le nez, complexe, associe fleurs jaunes, agrumes, beurre frais et notes fumées. Une franche sucrosité à l'attaque, du gras, de la richesse, la bouche ne laissera personne indifférent. Un blanc de gastronomie qui assume parfaitement ses rondeurs. 2024-2027

MAS DE LA SERANNE, rte de Puechabon, 34150 Aniane, tél. 04 67 57 37 99, venture@mas-serrane.com V *t.l.j. sf dim. 10h-12h 15h-18h*

♥ B MAS DE LUNÈS Grès de Montpellier 2022 ★★

	50000		8 à 11 €

Le Mas de Lunès, un mas de pierre d'architecture typiquement languedocienne, est l'un des domaines des vignobles Jeanjean, le berceau, acquis dès 1936 par Maurice et Paul Jeanjean. Ces derniers ont petit à petit transformé cette partie du plateau d'Aumelas en un vignoble qui couvre aujourd'hui 45 ha cultivés en bio au milieu de 1 000 ha de garrigue.

Syrah et grenache très complices dans ce Grès de référence, élevé 12 mois en fûts. Le chêne se fait discret dans un nez très ouvert sur la cerise noire, la mûre et la garrigue. Ensoleillé mais sans outrance, le palais restitue la plénitude de chair des vins de l'appellation: plein, suave, gorgé de fruits bien mûrs et d'épices, soutenu comme il faut par des tanins très tendres et crayeux. Du velours et de la Méditerranée en bouteille. ⧗ 2025-2030

⊶ MAS DE LUNÈS, 1, av. de l'Enclos, 34725 Saint-Félix-de-Lodez, tél. 06 80 98 32 42, brigitte.barreiro@vigobles-jeanjean.com r.-v.

B MAS DES CABRES Terres d'Aspères 2022 ★★

	12000		8 à 11 €

Les Boutin sont présents à Aspères depuis 1724, et Florent, ingénieur agronome et œnologue, est depuis 2003 à la tête du domaine familial et de ses 13 ha de vignes conduits en bio.

Cerise, framboise, réglisse, cacao, le nez ne manque ni d'intensité ni de nuances. Ce joli bouquet persiste dans une bouche veloutée et fraîche, soutenue en douceur par des tanins civilisés. Un vin harmonieux, vinifié avec tact, fin prêt à passer à table. ⧗ 2024-2027

⊶ MAS DES CABRES, 12, Le Plan, 30250 Aspères, tél. 06 23 68 14 24, masdescabres@hotmail.fr V r.-v.

♥ MAS DES QUERNES Montpeyroux Les Cros 2021 ★★

	4400		15 à 20 €

Pari réussi pour Peter Riegel, négociant allemand, et Jean Natoli, œnologue, qui ont créé en 2009 ce domaine de 18 ha. Leur vignoble, établi sur un glacis de cailloutis calcaires et converti au bio, orne les flancs d'un petit vallon secret sur le versant sud du Larzac. Pierre Natoli, le fils de Jean, sur le domaine depuis 2012, en a pris la direction en 2019.

Cette cuvée Les Cros (du nom de la famille qui a cédé ses vignes) est née de vignes quarantenaires, sur des sols de marnes bleues, à quelques 230 m d'altitude. Dans le verre, un vin aux senteurs furieusement languedociennes, de fruits mûrs, de garrigue et d'épices, dont la bouche ample, suave, ourlée de tanins fondants, donne une irrépressible envie de se resservir. La finale rafraîchie de menthe poivrée, comme il est de bon ton à Montpeyroux, donne à l'ensemble de qu'il faut d'énergie. Parfait. ⧗ 2024-2028

⊶ MAS DES QUERNES, 1 bis, imp. du Pressoir, 34150 Montpeyroux, tél. 06 61 08 22 02, masdesquernes@gmail.com V r.-v.

MAS GRANIER Sommières Camp de l'Oste 2020 ★

	5000		15 à 20 €

Situé dans le Gard, ce domaine était autrefois une ferme du prieuré Saint-Pierre-d'Aspères, qui remonte au IXes. pour ses parties les plus anciennes. Acquis par Marcel Granier dans l'après-guerre, il est depuis 1992 la propriété de deux de ses fils, Dominique, économiste, et Jean-Philippe, œnologue, qui conduisent aujourd'hui 40 ha en bio depuis 2021.

Les 18 mois de fûts se font discrets dans ce nez qui laisse parler le fruit mûr et la garrigue. Bien typée, épanouie, rythmée par une fraîcheur préservée, la bouche déroule une matière charmeuse, sertie de tanins finement sculptés. Un Sommières aimable, raffiné, élevé avec retenue. ⧗ 2024-2028

⊶ MAS GRANIER, 2, chem. du Mas-Montel, 30250 Aspères, tél. 04 66 80 01 21, contact@masgranier.com V t.l.j.sf dim. 9h30-12h30 14h-18h30

MAS PAGÈS La Bossue 2023 ★★

	4000		8 à 11 €

Ce tout jeune domaine (2018) est l'œuvre du non moins jeune vigneron Pierre Pagès, issue d'une longue lignée de viticulteurs. Ses 12 ha, sur la commune de Vacquières, sont cultivés en bio.

Au nez, des notes de fraise agrémentées d'un zeste de clémentine et d'une feuille de menthe. Juteuse, redoutablement gourmande, souple, la bouche a tout du parfait vin de fruit. Un rouge qualifié de «joyeux», à boire dans ses jeunes années, autour d'un barbecue. ⧗ 2024-2027

⊶ MAS PAGÈS, Mas de Figuier, 34270 Vacquières, tél. 06 12 65 33 81, pagespierre34@gmail.com V r.-v.

B CH. MINISTRE Cuvée Réserve Élevé en fût de chêne 2023 ★

	3000		8 à 11 €

Aux portes de Montpellier, ce mas du XVIes. dominant la Petite Camargue et la Méditerranée tire son nom d'un pasteur de l'Église réformée (le ministre du culte). Le vignoble est implanté sur le terroir de la Méjanelle, constitué de coteaux aux sols chauds de galets roulés qui bénéficient des brises marines. Denis Tissot l'exploite depuis 1987.

Grenache blanc, vermentino et roussanne au menu de ce blanc gourmand et facile à aimer, dont on retient les arômes de miel, de cire et de poire, ainsi que la bouche bien en chair, franche, qui ne manque ni de parfums ni de peps. ⧗ 2024-2027

LANGUEDOC

CH. MINISTRE, chem. du Ministre, 34130 Mauguio, tél. 04 67 12 19 09, domainetissot@gmail.com V *t.l.j. sf dim. 9h-12h 14h-18h*

B DOM. MONPLÉZY Pézenas Félicité 2021 ★★

■	6000		15 à 20 €

Ce domaine familial datant de 1734, situé sur une colline près de Pézenas, fut marqué naguère par la forte personnalité de Georges Sutra, syndicaliste viti-vinicole et député européen. Situé en zone Natura 2000, il est désormais dirigé par Anne Sutra de Germa, militante à la Ligue de protection des oiseaux, et par son fils Benoît. L'agriculture biologique et biodynamique est bien sûr de mise sur les 25 ha de vignes.

Au nez, ce Pézenas accompli fleure bon la confiture de cassis, la cannelle et le Zan. Le cuir et une touche balsamique étoffent la palette dans une bouche ensoleillée, de bonne concentration, structurée par des tanins enrobés qui laissent s'exprimer le fruit (grillé) dans une finale à la longueur remarquée. Déjà très convaincant, et sans doute un peu plus dans le temps. ⧗ 2025-2030

DOM. MONPLÉZY, chem. Mère-des-Fontaines, 34120 Pézenas, tél. 07 49 17 89 54, info@domainemonplezy.fr V *r.-v.*

B MORTIÈS 2022 ★

■	10000		15 à 20 €

Ce domaine, créé en 1996 autour d'un mas du XVIIIe s., est situé à 20 km au nord de Montpellier, sur le versant sud du pic Saint-Loup, dans la cuvette de Mortiès. Depuis 2017, la famille Moustiés exploite ce vignoble de 12 ha entièrement conduit en bio. Une valeur sûre.

Cette roussanne se livre avec délicatesse sur des notes de fruits jaunes confits, d'écorce d'orange et de pain d'épice. Une attaque suave et large, un milieu de bouche consistant et gras, une finale alerte étirée sur la viennoiserie: ce blanc séduisant, tactile, donnera sa pleine mesure à table, sur des volailles et viandes blanches. ⧗ 2024-2027

MORTIÈS, rte de Cazevieille, 34270 Saint-Jean-de-Cuculles, tél. 04 67 55 11 12, contact@morties.com V *r.-v.*

NEFFIEZ La Muse 2023 ★★

■	6000		5 à 8 €

Née en 2009 de la fusion des coopératives d'Alignan-du-Vent et de Neffiès, la cave regroupe 140 viticulteurs et exploite un vignoble de 750 ha qui s'étend des contreforts de la Montagne Noire jusqu'au cœur des Côtes de Thongue.

Le jury salue un blanc vibrant qui séduit dès l'olfaction avec ses parfums croquants de muguet, de pêche et d'agrumes. Une petite sucrosité discrète rehausse encore la gourmandise d'une bouche très pure, fraîche et délicieusement salivante en finale. ⧗ 2024-2027 ■ **Pézenas Baltazar 2022 ★ (11 à 15 €; 6000 b.)** Du fruit et du caractère pour ce Pézenas enjôleur, vinifié en grappes entières et sobrement élevé en cuve. Centré au nez sur le cassis, la cerise et la garrigue, le fruit se fait plus fumé dans un palais pulpeux, chaleureux, cadré par des tanins encore saillants. Un peu de cave les détendra. ⧗ 2025-2028

SAS LES VIGNERONS D'ALIGNAN-DU-VENT – NEFFIÈS, 27, rue de la Guissaume, 34290 Alignan-du-Vent, tél. 04 67 24 91 31, caveau-alignan@cavecooperative.com V *t.l.j. 9h30-12h30 15h-18h30*

CH. LA NÉGLY La Natice 2023 ★★

■	20000		11 à 15 €

Sur le versant sud du massif de la Clape, les brises marines estivales tempèrent la force du soleil et de la tramontane. Installé en 1996, Jean Paux-Rosset a replanté le vignoble qui couvre aujourd'hui 100 ha et qu'il exploite avec ses enfants Bastien et Mario, épaulés par Claude Gros, célèbre œnologue narbonnais.

Une dominante de mourvèdre dans ce rosé saumoné, au nez franchement fruité, sur la fraise des bois et les agrumes. Des touches de menthe et de poivre étoffent la palette et donnent du cachet à une bouche suave, ronde et fraîche. ⧗ 2024-2025

CH. LA NÉGLY, rte des Vins, 11560 Fleury-d'Aude, tél. 04 68 32 41 50, export@lanegly.fr V *t.l.j. sf sam. dim. 9h-12h 13h-17h*

B DOM. LE NOUVEAU MONDE Tradicion 2021 ★

■	10000		11 à 15 €

Ce vignoble de 20 ha, en bio certifié depuis 2020, établi au sud de Béziers, est la propriété de la famille Borras-Gauch depuis plusieurs générations. Il est situé entre mer et étang, sur une terrasse villafranchienne de galets roulés mêlés à l'argile rouge, et sous l'influence de la Méditerranée. Anne-Laure, œnologue, et Sébastien Borras, restaurateur, en ont pris les commandes en 2003. Une valeur sûre.

Derrière une robe limpide, se dévoile un joli bouquet de fruits noirs bien mûrs et de poivre. Bouquet qui s'émancipe un peu plus dans un palais énergique, frais à l'attaque, plus chaleureux ensuite, relevé en finale par des tanins un tantinet serrés. Un vin à affiner en cave, bien dans l'esprit du millésime. ⧗ 2025-2028 ■ **L'Estanquier 2022 ★ (15 à 20 €; 4000 b.)** B Syrah et mourvèdre associés dans ce vin élevé en cuve et en fût. Le nez nous le rappelle avec ses accents d'épices douces sur fond de fruits noirs compotés. Bien construit, ample, capiteux, appuyé sur une belle trame tannique, le palais a tout pour faire une belle bouteille. ⧗ 2025-2029

DOM. LE NOUVEAU MONDE, av. du Port, 34350 Vendres, tél. 04 67 37 33 68, info@nouveaumonde.com V *r.-v.*

♥ DOM. DE LA PERRIÈRE Terre blanche 2023 ★★

■	4000		8 à 11 €

Au Moyen Âge, les bénédictins de Saint-Chaffre du Monastier construisirent un prieuré, à la fin du XIe s., pour leurs pâturages d'hiver et leurs vins, dédiés aux

comtes de Toulouse. La cave de Thierry Sauvaire l'occupe aujourd'hui.

Un blanc éclatant comme le calcaire, dominé par le duo roussanne et marsanne. Élevé en cuve, brillant de robe, très floral (rose, tilleul) à l'olfaction, plus fruité en bouche (mirabelle), il brille par le raffinement de sa texture, sa délicatesse de chair et sa finale enlevée, fraîche, aux accents de caillou. Minéral, «très calcaire» selon le jury, un blanc sapide, bien enraciné dans son terroir, qui mérite un poisson fin. ⌛ 2024-2027 ■ **Grès de Montpellier Clos de la Chapelle 2022 ★★ (11 à 15 €; 10000 b.)** Au nez, un panier de fruits rouges et noirs assaisonné de garrigue, de réglisse et de cacao. Un plaisant bouquet qui s'épanouit dans une bouche élégante, jamais démonstrative, appuyée sur un joli grain de tanins. Aromatique, élégant, digeste, il peut passer à table. ⌛ 2024-2028

DOM. DE LA PERRIÈRE, 975, rte de Saint-Vincent, 34820 Assas, tél. 04 67 59 61 75, domaine.perriere@free.fr V t.l.j. sf lun. dim. 10h-12h 15h-19h

DOM. PICARO'S Pézenas Plurielle 2022 ★★

■ | 3600 | | 11 à 15 €

Après trois ans passés en Amérique du Sud, Pierre-Yves Rouille et Caroline Vioche ont redonné vie à la cave du grand-père et créé le domaine en 2006, 11 ha sur les coteaux de Roujan, vendangés à la main et conduits en culture très raisonnée.

Syrah et grenache noir à parité dans ce Pézenas qui a tout pour lui: l'intensité du fruit, entre cassis et épices, l'élégance de la texture, l'étoffe du corps, le velouté des tanins et cette fraîcheur qui plane tout au long de la dégustation. Suave et aérien, déjà gourmand, on passe tout près du coup de cœur. ⌛ 2024-2028

DOM. PICARO'S, 5, chem. de Pézenas, 34320 Roujan, tél. 06 81 97 10 44, cvioche@orange.fr V r.-v.

LATUDE Pézenas 2020 ★

■ | 20000 | | 11 à 15 €

La cave de Fontès a été créée en 1932 par une trentaine de vignerons. Aujourd'hui, cette coopérative, rebaptisée La Fontesole, en compte près de 160. Sur les premiers contreforts des Cévennes méridionales, les vignes recouvrent les coulées basaltiques de Fontès.

80 % de syrah dans cette version allègre et détendue de la dénomination Pézenas. Un vin aux senteurs de fruits bien mûrs et de moka; arômes relevés de garrigue dans un palais délié, épaulé comme il faut par des tanins extraits avec mesure. Très agréable et pour quelques années encore. ⌛ 2024-2028

LA FONTESOLE, 16, bd Jules-Ferry, 34320 Fontès, tél. 04 67 25 14 25, cave@fontesole.fr V t.l.j. sf dim. 9h-12h 15h-18h

CH. PUECH-HAUT Tête de bélier 2022 ★★

■ | 29402 | | 20 à 30 €

Dès 1985, Gérard Bru a relancé la notoriété du terroir historique de Saint-Drézéry et fait de Puech-Haut une valeur sûre. Son domaine s'étend aujourd'hui sur 250 ha répartis dans plusieurs dénominations de l'appellation languedoc. Dans la cave, des têtes de bélier sculptées dans la pierre soutiennent des cuves tronconiques en bois.

Un blanc cossu, très rhodanien dans son assemblage (roussanne, marsanne, grenache blanc), élevé en fût, au nez retenu pour l'heure, qui hésite entre notes beurrées, cire et acacia. Une riche matière miellée emplit le palais avec puissance et suavité, soutenue par une fine amertume qui donne tout ce qu'il faut d'énergie à ce beau blanc résolument sudiste, de table et de bonne garde. ⌛ 2025-2029

CH. PUECH-HAUT, 2250, rte de Teyran, 34160 Saint-Drézéry, tél. 04 99 62 27 27, contact@puech-haut.com V t.l.j. sf dim. 10h-12h 14h-19h

DOM. DE QUERELLE Soumestre 2022 ★

■ | 3000 | | 15 à 20 €

Depuis quatre générations, la famille de Michel Abel dirige ce domaine qui tire son nom de l'occitan *cairas* (lieu pierreux); un terroir situé sur une terrasse caillouteuse au sud de Béziers, sur lequel est implanté un vignoble de 15 ha.

Des vignes trentenaires pour ce vin soigné, brillant de robe, ouvert sur la cerise, les épices et le cacao. Joliment élevée (12 mois en fûts), la bouche restitue ce fruité élégant et croquant dans un ensemble déjà harmonieux, très tendre et dotée d'une fraîcheur exemplaire dans ce millésime chaud. Une réussite. ⌛ 2024-2028

DOM. DE QUERELLE, Querelle, 34410 Sérignan, tél. 06 14 97 35 21, domainedequerelle@orange.fr V r.-v.

ROCHES CASSÉES Grès de Montpellier 2021 ★

■ | 11000 | | 8 à 11 €

Cette coopérative à taille humaine située entre Montpellier et le Pic Saint-Loup résulte de la fusion des caves de Sussargues et de Saint-Bauzille-de-Montmel. Elle fédère 70 viticulteurs pour quelques 600 ha de vignes, dont 20 % sont en conversion bio.

Le grenache noir (65 %) et le millésime donnent le ton de ce Grès fringant, aux arômes de bourgeon de cassis et de fruits rouges bien mûrs sur un fond de pierre à fusil et de graphite. De demi-corps, fraîche, cadrée par des tanins encore rigoureux, la bouche conserve ce profil minéral et y ajoute une touche tonifiante d'herbes aromatiques. Une structure alerte qui demande à s'assouplir en cave. ⌛ 2025-2029

CELLIER DU VAL DES PINS, 18, rue de Montlaur, 34160 Montaud, tél. 06 28 91 60 55, commercial@vinsvaldespins.com V t.l.j. sf dim. lun. 9h30-12h 15h30-19h

♥ B DOM. DE ROQUEMALE Grès de Montpellier Lema 2021 ★★

■ | 5000 | | 15 à 20 €

Roquemale signifie «mauvaise roche» en langue d'Oc; la vigne y produit peu de raisin, mais un raisin de bonne maturité. Valérie et Dominique Ibanez, enfants de vignerons,

LANGUEDOC

ont entièrement créé ce domaine en 2001, séduits par ce terroir constitué de sols argilo-calcaires et de terres rouges : 12 ha aujourd'hui, en bio certifié.
Lena et Mathias (d'où Lema), les deux enfants du couple Ibanez, à l'honneur dans ce Grès d'une séduction imparable. Fruits noirs, groseille, épices douces, touche florale et herbacée, voilà un nez qui ne manque pas de nuances. Des tanins de taffetas se mettent au service du fruit dans une bouche suave, généreuse, juteuse, gorgée de cassis et de cerise noire acidulée, qui se fait très salivante et d'une sapidité redoutable en finale. Un vin bien du Sud, que l'on peut l'ouvrir sans attendre et avec enthousiasme, sur des côtelettes d'agneau au thym par exemple. ⧗ 2024-2029 ■ **Grès de Montpellier Male 2021 ★★ (20 à 30 €; 5000 b.)** Ⓑ 80 % de syrah dans ce vin élevé en fûts de 400 l. On en retient le nez racé entre épices douces, garrigue et fruits rouges, ainsi que le palais dodu, réglissé, très friand, cadré par des tanins finement extraits et relevé d'une fraîcheur bien sentie. Une franche réussite dans ce millésime « de vigneron ». On patiente (un peu). ⧗ 2025-2028

DOM. DE ROQUEMALE, 25, rte de Clermont, 34560 Villeveyrac, tél. 06 85 93 51 64, contact@roquemale.com V t.l.j. sf dim. lun. mar. 10h-12h 16h-19h

CH. ROUMANIÈRES
L'Instant 2023 ★★

■	7000		8 à 11 €

Entre Gard et Hérault, au flanc sud du bois de Paris, le village de Garrigues porte bien son nom. Le Ch. Roumanières y compte 40 ha de vignes sur cailloutis calcaires à flanc de colline. Matthieu Gravegeal a pris le relais à la tête de l'exploitation familiale en 2008.
Une parure violine, un nez pimpant de groseille, de mûre et d'agrumes, une bouche détendue, ronde, douce et ensoleillée qui restitue toute la vigueur et le croquant du fruit, avec une touche épicée en prime: une bouteille à déboucher effectivement dans l'instant, et avec plaisir. ⧗ 2024-2027 ■ **Grès de Montpellier Le Chant des pierres 2022 ★ (11 à 15 €; 53700 b.)** Peu expressifs au premier nez, les arômes de fraise des bois, de cassis, de fleurs et de rafle s'émancipent franchement dans un palais puissant mais confortable, épicé, de bonne allonge et gainé de tanins bien ronds. Un équilibre soigné pour ce vin qui donne déjà bien du plaisir et pour quelques années encore. ⧗ 2024-2028

CH. ROUMANIÈRES, 2, chem. des Verriers, 34160 Garrigues, tél. 06 78 00 24 62, vins.roumanieres@gmail.com V t.l.j. sf dim. lun. 9h-12h 15h-18h

Ⓑ DOM. DE SAUMAREZ
S' 2023 ★

■	11000		8 à 11 €

Liz Williamson est néo-zélandaise et Robin est anglais. Ils ont choisi en 2004 de s'établir sur le terroir de calcaire jurassique à silex des collines de Murviel-lès-Montpellier, dans un site proche de ruines romaines, offrant une vue étonnante sur la Méditerranée, pour créer leur domaine : 13 ha, conduits en agriculture biologique.
S'? Saumarez tout simplement, soit un assemblage de grenache blanc, marsanne et roussanne, élevé sur lies en barrique et cuve. Retenons surtout l'éclat d'un nez fin, printanier, qui sent bon le verger et les fleurs blanches, et l'équilibre impeccable d'une bouche bien balancée entre rondeur et vivacité. Difficile de ne pas aimer. ⧗ 2024-2027

DOM. DE SAUMAREZ, chem. de Cathala, 34570 Murviel-lès-Montpellier, tél. 06 24 41 56 20, desaumarez@yahoo.fr V t.l.j. sf dim. 10h-12h30 14h-18h30

Ⓑ DOM. SILÈNE DES PEYRALS
Grès de Montpellier 2022 ★

■	12000		15 à 20 €

Vigneron-négociant, Jean-Claude Mas dispose d'un vaste vignoble de plus de 600 ha en propre constitué par quatre générations, auxquels s'ajoutent les apports des vignerons partenaires (1 300 ha), à l'origine de plusieurs marques de négoce : Prima Perla, Forge Estate, Arrogant Frog, Côté Mas…
Une syrah (65 %) boisée, habillée de grenat, dont le nez laisse poindre à l'aération des nuances de framboise et de fraise des bois. L'élevage se fond davantage dans une bouche svelte, agréable, sur les épices douces, à peine raffermie par des tanins bien enrobés. Facile d'accès, un vin gourmand, astucieusement élevé. ⧗ 2024-2027

DOM. SILÈNE DES PEYRALS, 34230 Saint-Pons-de-Mauchiens, tél. 04 67 90 16 10, info@paulmas.com

LES VIGNERONS DU SOMMIÉROIS
Les Romanes 2022 ★★

■	10000		5 à 8 €

Fondée en 1923 à Sommières, dans la partie la plus orientale de l'appellation languedoc, cette cave coopérative dispose d'un vignoble de près de 700 ha répartis dans sept communes gardoises, sur des terroirs variés : marnes, alluvions, terres rouges à silex, cailloux calcaires. Le pont romain de Sommières orne les étiquettes.
Une roussanne sur le fruit, aux arômes croquants de fleurs blanches et de fruits jaunes, dont on aime la bouche décontractée, ronde, légère, d'une gourmandise évidente, qui s'entiche d'une touche d'épices. Un bon vin tout simplement, et à prix d'ami. ⧗ 2024-2026

LES VIGNERONS DU SOMMIÉROIS, 2, rue de l'Arnède, 30250 Sommières, tél. 04 66 80 03 31, contact@vin-vds.com V t.l.j. sf dim. 9h-12h30 15h-19h

Ⓑ STELLA NOVA
Polaris 2022 ★

■	2500		15 à 20 €

En 2002, Philippe Richy décide de laisser derrière lui son passé d'ingénieur et de chef d'entreprise et crée son domaine viticole à Caux, non loin de Pézenas. Sur une dizaine d'hectares conduits en biodynamie, son vignoble offre une belle diversité de terroirs : coteaux calcaires, terrasses villafranchiennes et sols basaltiques.
Polaris, le nom latin de l'étoile Polaire (Philippe Richy est un passionné d'astronomie), brille aussi dans le

palmarès de l'année. Un vin conséquent qui restitue le caractère des vieilles vignes (40 ans) de carignan (75 %): des arômes expressifs de confiture de fruits rouges et de mûres animent une matière généreuse, énergique, tissée de tanins soyeux. Un profil détendu qui en fait un vin déjà très accessible. ⧗ 2024-2028 ■ **Les Pléiades 2022 ★ (15 à 20 €; 4 000 b.)** Ⓑ Vinifié et élevé sous bois, voilà un blanc à part et déjà épanoui, d'où la robe dorée et les arômes légèrement patinés de miel, de cumin, d'écorce d'orange et de fruits jaunes confits. Les épices s'imposent franchement dans une bouche singulière, puissante et très tendue, à l'accent minéral, relevée d'un trait de tanins en finale. Vigoureux, de table, il ne laissera pas indifférent. ⧗ 2026-2030

DOM. STELLA NOVA, 6, rue des Artisans, 34720 Caux, tél. 06 20 14 53 87, stellanova@wanadoo.fr V *r.-v.*

TERRE DES 2 SOURCES
Empreintes 2022 ★

■ | 2400 | | 11 à 15 €

Bâti sur les fondations d'une ancienne *villa* gallo-romaine, ce domaine, développé pendant 50 ans par la famille Damais, a été repris en 2018 par deux couples (les «2 sources»), les Creasy (États-Unis et Nouvelle-Zélande) et les Taillefer (France), représentant l'Ancien et le Nouveau Monde. Deux sources aussi comme celles qui traversent le vignoble étendu sur 35 ha dans un écrin naturel préservé, à l'extrémité nord de l'appellation terrasses-du-larzac.

Le fruit jaune perce derrière les arômes élégamment boisés d'une roussanne élevée en cuve et en fût. Vif à l'attaque, le palais déploie une belle matière, marquée par les épices douces et les fruits secs, relevée d'une amertume stimulante. Un vin de gastronomie à envisager sur un plat à la crème. ⧗ 2024-2027

TERRE DES 2 SOURCES, 6, chem. la Devèze, La Plaine, 34190 Montoulieu, tél. 04 67 73 70 21, contact@terredes2sources.com V *t.l.j. sf sam. dim. 10h-17h*

Ⓑ VIGNOBLES DES TROIS CHÂTEAUX
La Diablesse 2023 ★

■ | 12 000 | | 8 à 11 €

Fondée en 1950, la cave coopérative de Saint-Mathieu-de-Tréviers, établie au pied du pic Saint-Loup, exploite un vaste vignoble de 800 ha qui couvre le tiers de l'appellation dont une partie en bio. La gamme est large et balaie, outre l'appellation pic-saint-loup, les terrasses-du-larzac et les IGP locales.

La Diablesse, c'est le nom d'une des trois prisons taillées dans le rocher, à quelques pas du pic Saint-Loup, dans le château de Montferrand. Dans le verre, une robe paille, des parfums de poire et de pêche, une bouche tendre, légère, discrètement parfumée, portée par une bien belle vivacité. Un blanc facile à aimer et à boire dans sa jeunesse. ⧗ 2024-2026

VIGNOBLES DES TROIS CHÂTEAUX, 140, av. des Coteaux-de-Montferrand, 34270 Saint-Mathieu-de-Tréviers, tél. 04 67 55 81 19, vignoble@coteaux-du-pic.com V *t.l.j. sf dim. 9h30-12h30 15h-19h*

♥ Ⓑ LES TROIS PUECHS
Pézenas L'Excellence Élevé en fût de chêne 2022 ★★

■ | 1300 | | 20 à 30 €

Le vignoble (25 ha sur argilo-calcaires mêlés de basalte) est implanté sur trois puechs – «monts» en occitan –, correspondant chacun à un lieu-dit. Un patrimoine familial que Jacques Couderc a largement restructuré (nouvelles plantations, remembrements) pour créer le domaine en 2010. L'emploi de désherbant a été aboli bien avant la conversion bio entamée en 2018.

Une cuvée d'une remarquable régularité qui ne vole pas son nom dans ce millésime solaire. Bien qu'élevée un an en fût, ce n'est pas le chêne qui s'impose à l'olfaction, mais les fruits noirs bien mûrs nuancés de notes de pierre chaude. Des tanins logiquement un peu serrés et une sacrée fraîcheur soutiennent un palais très charmeur, ample et séveux, à l'accent épicé et minéral. De bonne garde certes, mais déjà très gourmand, voilà un bien bel ambassadeur de Pézenas. ⧗ 2025-2030 ■ **Pézenas L'Élégance 2022 ★★ (20 à 30 €; 1300 b.)** Ⓑ Une robe grenat, des arômes épanouis de cerise, d'épices, de tabac et de garrigue, de la chair, de la rondeur, des tanins fins et fondus, une finale étirée sur la réglisse: un Pézenas consistant, harmonieux et de bonne garde. ⧗ 2025-2030

DOM. LES TROIS PUECHS, 4, rte de Magalas, 34480 Fouzilhon, tél. 09 62 20 98 87, lestroispuechs@gmail.com V *r.-v.*

UMA Hommage 2022 ★★

■ | 6000 | | 20 à 30 €

Créé en 2021 par Emmanuel Clausel, ancien promoteur immobilier, ce domaine de 120 ha est né de la réunification du Ch. Cambon et du Dom. de Valcyre. Le vignoble (36 ha en conversion bio) s'étend des éboulis calcaires situés au pied du pic Saint-Loup et jusqu'aux terres argilo-calcaires de la plaine.

De l'éclat et de la minéralité dans ce blanc sapide dont l'origine calcaire a été perçue par le jury. Très floral, élégant, tonique, le nez ouvre sur une bouche enlevée, à la suavité très joliment aiguisée par une arête acide, saline et salivante. Né pour les saveurs iodées, il frôle le coup de cœur. ⧗ 2024-2027

DOM. UMA, rte de la Chapelle-d'Aleyrac, 34270 Valflaunès, tél. 06 16 38 43 48 V *t.l.j. 10h-12h30 14h-18h*

DOM. DE VALFEUILLE
Jalousie 2023 ★★

■ | 2000 | | 11 à 15 €

DNO de la faculté de Montpellier en poche, Camille Maraval a repris le domaine familial de 18 ha situé à Saint-Georges d'Orques, et a produit en 2022, à 23 ans, son premier millésime dans une cave de vinification flambant neuve.

Une belle entrée dans le Guide pour Camille Maraval avec ce duo roussanne et rolle. Un très joli blanc d'une seyante teinte paille, qui a aussi pour lui un nez direct, franc, centré sur la pêche blanche, et une bouche volubile, plus citronnée, vive et très dynamique. Parfait avec un carpaccio de saint-jacques. ⧗ 2024-2027

⊶ DOM. DE VALFEUILLE, 1, av. d'Occitanie, 34680 Saint-Georges-d'Orques, tél. 07 82 77 31 38, valfeuille@gmail.com V r.-v.

♥ DOM. DES VALS Parcelles 2023 ★★

■ | 25000 | | 5 à 8 €

Créée en 1914, la coopérative de Saint-Laurent-de-la-Cabrerisse, dans les Corbières centrales, a été nommée en hommage aux femmes qui l'ont maintenue en activité alors que les hommes étaient au front. À partir des années 2000, elle a développé sa production en bouteilles.

De bien belles sensations offertes par ce rosé moderne et d'une gourmandise redoutable. Classiquement dominé par le grenache noir, pâle de robe comme il se doit, on aime la franchise d'un nez centré sur les petits fruits rouges et l'éclat d'une bouche relevée, légèrement perlante, vive mais tendre à la fois, qui se teinte de réglisse et de menthol dans une finale aussi longue que fringante. Du cachet, du fruit, de l'énergie et beaucoup de plaisir. ⧗ 2024-2025 ■ **2023 ★ (5 à 8 €; 17000 b.)** Grenache blanc et marsanne associés dans ce blanc lumineux, aux arômes tonifiants de fruits verts et de menthol, léger et nerveux en bouche, doté d'une petite astringence finale stimulante. Un blanc original et très frais, tout indiqué pour l'apéritif et les fruits de mer. ⧗ 2024-2026

⊶ CELLIER DES DEMOISELLES, 5, rue de la Cave, 11220 Saint-Laurent-de-la-Cabrerisse, tél. 04 68 44 02 73, contact@cellierdesdemoiselles.com V r.-v.

CH. VAUGELAS Les Falaises 2023 ★★

■ | 100000 | | 11 à 15 €

Créé par les bénédictins de l'abbaye de Lagrasse, cet ancien et vaste domaine (144 ha de vignes) est implanté sur quatre terrasses aux sols distincts. Repris en 2000 par la famille Bonfils, il est devenu une valeur sûre du Guide.

Grenache blanc, vermentino et marsanne vendangés de nuit et élevés en cuve, sur lies, au menu de ce vin floral (iris, pivoine) et citronné au nez, épicé en bouche, qui livre une matière confortable, ensoleillée et soulignée de fins amers en finale. Un blanc de table, tout indiqué avec un poisson au fenouil. ⧗ 2024-2027

⊶ CH. VAUGELAS, 11200 Camplong-d'Aude, tél. 04 67 93 10 10, bonfils@bonfilswines.com

TERRASSES-DU-LARZAC

Superficie : 470 ha / Production : 14 000 hl

Ancienne dénomination de l'AOC languedoc, les terrasses-du-larzac sont devenues en 2015 une appellation à part entière (vins rouges). L'aire est délimitée dans 32 communes au nord-ouest de Montpellier aux terroirs variés (terrasses de galets, argilo-calcaires, grès, schistes, ruffes...), tous pauvres et caillouteux. Éloignée de la mer, elle est limitée au nord du plateau du Larzac, avec pour repère le mont Baudile, qui culmine à 800 m. La bordure abrupte du causse abrite le vignoble des vents du nord, tout en maintenant une atmosphère fraîche. Elle favorise de fortes amplitudes thermiques entre le jour et la nuit (jusqu'à 20 °C en été), avec pour conséquence des maturations lentes et des récoltes plus tardives que près du littoral. Les vins en tirent une grande fraîcheur et une belle expression aromatique.

Les terrasses-du-larzac proviennent de l'assemblage d'au moins trois cépages, choisis parmi neuf variétés. Deux des variétés principales – syrah, grenache, mourvèdre et carignan – doivent entrer dans leur composition. Après un élevage d'au moins douze mois, ils apparaissent colorés, concentrés, structurés, profonds et frais. Complexe, leur palette aromatique mêle les fruits rouges et noirs, la réglisse, la violette, l'olive noire, la garrigue et les épices, auxquels peuvent s'ajouter avec le temps le cuir, le tabac et la truffe.

GÉRARD BERTRAND An 100 2021 ★

■ | 62800 | | 15 à 20 €

Enfant des Corbières, fils de vigneron et ancien rugbyman, Gérard Bertrand est un important propriétaire (quelque 850 ha répartis sur seize domaines et cultivés en biodynamie) et négociant du sud de la France, dont les cuvées apparaissent dans le Guide sous diverses appellations (corbières, fitou, minervois, languedoc, côtes-du-roussillon) et en IGP.

Un vin délié et prêt à boire dont la robe laisse deviner un début d'évolution. Le nez le confirme avec son caractère fondu où les fruits noirs confits et le sous-bois répondent aux notes épicées et fumées de la barrique. Le boisé insiste dans une bouche bien en chair, souple, dotée de toute la fraîcheur du millésime. Séduisant, équilibré, on peut l'ouvrir sans trop attendre. ⧗ 2024-2028

⊶ GÉRARD BERTRAND, Ch. l'Hospitalet, rte de Narbonne-Plage, 11100 Narbonne, tél. 04 68 45 28 50, vins@gerard-bertrand.com V *t.l.j. 9h-19h; été t.l.j. 9h-20h* 5

B DOM. LES CAIZERGUES Les Amoriers 2021 ★

■ | 4500 | | 11 à 15 €

En 2017, Patricia et Robert Middleton, deux entrepreneurs britanniques amoureux du vin, ont repris les rênes de ce domaine situé à Brissac, au nord de Montpellier, sur les contreforts des Cévennes. Sur 33 ha de vignoble, conduit en bio, ils cultivent une large palette de cépages et signent des vins en languedoc, terrasses-du-larzac et en IGP.

Une robe limpide et rubis, un joli fruit centré sur la framboise et le cassis nuancé d'épices et de sous-bois, une matière tendre, élégante, qui coule en bouche avec souplesse et vigueur: un terrasses sur le fruit bien dans le ton du millésime, à boire dans ses jeunes années. ⧗ 2024-2027

⊶ DOM. LES CAIZERGUES, Les Caizergues, 34190 Brissac, tél. 04 67 73 36 55, contact@domainelescaizergues.com V *r.-v.* 5

B DOM. DU CAUSSE D'ARBORAS
La Sentinelle 2022 ★

■ | 35 000 | | 11 à 15 €

Ce domaine acquis en 2013 par le groupe Jeanjean dispose d'un vignoble de 16 ha (conduit en bio) planté à 320 m d'altitude sur le causse d'Arboras, un plateau très calcaire au pied du mont Saint-Baudile, en plein cœur des Terrasses du Larzac.

Le fût (12 mois d'élevage) se fait discret et épice subtilement un nez centré sur les fruits noirs. Une attaque fraîche, un milieu de bouche ample, tenu en douceur par des tanins mûrs et réglissés, une longue finale teintée de caramel: un ensemble convaincant et complet que l'on ne se pressera pas de déboucher. ⧗ 2026-2030

DOM. DU CAUSSE D'ARBORAS, 1, av. de L'Enclos, 34725 Saint-Félix-de-Lodez, tél. 06 80 98 32 42, brigitte.barreiro@vignobles-jeanjean.com r.-v.

B CLOS AGUILEM
Kiara 2022 ★★

■ | 2 500 | | 20 à 30 €

En 2015, aidé financièrement par sa famille et des amis, l'ingénieur agronome et œnologue Jean-Charles Auffret a créé ce domaine de 7 ha, dont le parcellaire, en bio, est réparti sur quatre communes (Saint-Saturnin-de-Lucian, Saint-Guiraud, Ceyras et Arboras) et présente une belle diversité de sols permettant des adaptations variées.

Cinq cépages assemblés, une longue cuvaison et un an de fût pour ce terrasses puissant et bien typé, aux senteurs capiteuses d'amande et de fruits rouges et noirs mûrs. Dans la continuité, la bouche en impose par sa chair cossue cadrée par des tanins musclés et enrobés. Agréablement bâti, on lui prédit un bel avenir. ⧗ 2027-2032 ■ **Maëve 2022 ★ (15 à 20 €; 4 800 b.)** Un terrasses de garde, haut en couleur, bien élevé, parfumé (cerise noire, mûre), dont la bouche offre de sérieuses garanties pour l'avenir: des tanins serrés, une belle acidité, du volume et une longueur remarquée. ⧗ 2026-2030

CLOS AGUILEM, 29, cours Grégoire, 34725 Saint-André-de-Sangonis, tél. 06 88 82 92 48, contact@closaguilem.com V r.-v.

B LE CLOS DES COMBALS
L'Obstinée 2021 ★

■ | 1 910 | | 15 à 20 €

Marie-Noëlle Tournes a créé en 2017 ce tout jeune domaine sur les terres familiales situées dans l'Hérault, à proximité du pont du Diable, au sein de l'appellation terrasses-du-larzac. Elle exploite ici et à la main un vignoble de 5 ha (et 1 ha d'oliviers) qui offre une poignée de cuvées dans les appellations locales, IGP, terrasses-du-larzac et languedoc.

Une robe très intense et un nez ouvert sur le balsamique et les fruits noirs bien mûrs introduisent un palais gourmand, plus souple qu'attendu, cousu de tanins fins et joliment étiré sur la réglisse, le tout porté par la fraîcheur du millésime. ⧗ 2024-2028

LE CLOS DES COMBALS, 176, rte de Montpeyroux, 34150 Saint-Jean-de-Fos, tél. 06 87 44 83 52, leclosdescombals@gmail.com V r.-v.

B DOM. LE CLOS RIVIERAL
Le Roc des Cistes 2022 ★

■ | 4 000 | | 15 à 20 €

Ce domaine a été créé en 2008 par Olivier Bellet, jeune œnologue : un petit vignoble de 7 ha conduit en bio, éparpillé sur une vingtaine de parcelles autour du village du Bosc, dans les premiers contreforts du Larzac, sur un terroir de schistes et de grès.

Des vieilles vignes de 55 ans et une extraction tout en douceur pour ce vin élégant et énergique. On retient le nez discret de cassis et de grillé, et la bouche volubile, fraîche, relevée de menthol et de garrigue, dont la finale s'entiche de la touche vanillée issue d'un élevage bien pensé (12 mois de fûts). Aérien, croquant, il peut passer à table sur des grillades au thym. ⧗ 2024-2027

DOM. LE CLOS RIVIERAL, 6, rue du Rivieral, Loiras, 34700 Le Bosc, tél. 06 72 22 38 68, celiabellet4@gmail.com V r.-v. D

♥ B DOM. COSTON
Les Garigoles 2022 ★★

■ | 10 000 | | 15 à 20 €

Les 18 ha de vignes de ce domaine sont nichés au cœur de la garrigue sur les communes d'Aniane et de Puéchabon. Perpétuant la tradition familiale, les frères Coston ont réhabilité en 2002 la cave de leur grand-père. Le vignoble est certifié bio depuis 2010.

Ample, soyeuse, fraîche, cette cuvée impressionne et vaut au domaine un premier coup de cœur. Le jury a aimé l'intensité d'un nez à la fois mûr et frais, déclinant la violette, la bergamote et le fruit noir, et le charme redoutable d'une bouche caressante, juteuse, ourlée de tanins fondants, qui laisse une singulière sensation de fraîcheur et de gourmandise. De bonne garde certes, mais déjà irrésistible. ⧗ 2025-2030

DOM. COSTON, 3, rte de Montpellier, 34150 Puéchabon, tél. 06 26 40 45 33, domainecoston@yahoo.fr V t.l.j. 9h-18h

B DOM. DU JONCAS
Canta 2022 ★★

■ | 20 550 | | 15 à 20 €

Rémi Duchemin a repris en 2009 le Plan de l'Homme, à l'origine le Plan de l'Om. Après avoir brillé dans le Pic Saint-Loup, au Mas de Mortiès, c'est entre les collines rouges et les galets noirs de basalte des Terrasses du Larzac qu'il a entrepris, avec succès, de produire sur 12 ha très morcelés et certifiés bio des vins hautement expressifs, tant en rouge qu'en blanc. En 2017, il a vendu sa propriété aux Grands Chais de France.

Une jolie mélodie que ce Canta («chant» en occitan), à la tonalité violine et aux notes complexes et bien typées de ciste, de fruits noirs et d'olive noire sur un fond minéral et fumé. Ourlée de tanins fondants, ample, soyeuse, rafraîchie de garrigue, la bouche ne manque ni de soleil, ni de séduction, ni d'énergie. Une bien belle incarnation de l'appellation. ⧗ 2025-2030

DOM. DU JONCAS, 670, chem. des Saumailles, 34150 Montpeyroux, tél. 04 67 39 29 41, domaine@labaume.com

MAS BRUNET
Cuvée Tradition Élevé en fût de chêne 2019 ★

■	13 200		11 à 15 €

Le haut terroir du Causse-de-la-Selle, fait d'argiles rouges et de pierres dolomitiques sculptées par les ans, est l'un des plus septentrionaux de l'appellation. Représentant la 4e génération, Serge et Marc Coulet, désormais épaulés par Louis, le fils de Serge, œuvrent respectivement depuis 1988 et 1990 sur ce domaine de 28 ha implanté en pleine garrigue, en conversion bio depuis 2019.

Un 2019 à point, aux nuances orangées et aux senteurs matures mêlant la cerise amaretto, la violette, l'orange amère et le café. Un bouquet singulier que l'on retrouve dans une bouche caressante, suave et fraîche, étayée de tanins un rien serrés en finale. Un vin original, joliment évolué, que l'on ouvre sans trop attendre. ⧗ 2024-2027

DOM. DE BRUNET, Mas de Brunet, rte de Saint-Jean-de-Buèges, 34380 Causse-de-la-Selle, tél. 04 67 73 10 57, brunet.vins.oc@domainedebrunet.com V r.-v.

Ⓑ MAS COMBARÈLA Ode aux Ignorants 2021 ★

■	9 000		20 à 30 €

Après une carrière dans le marketing international, Olivier Faucon, petit-fils d'agriculteur et amateur de vin, décide de devenir vigneron à la lecture de la bande dessinée *Les Ignorants* d'Étienne Davodeau. En 2012 et après une solide formation en Bourgogne, il jette son dévolu sur le Languedoc où il crée son domaine, 12 ha aujourd'hui, lance la conversion bio du vignoble et signe son premier millésime en 2016.

Élevé 24 mois en barrique et en œuf béton, un 2021 peu disert au nez, dans un registre sauvage et animal. Le fruit rouge et la réglisse s'expriment bien plus librement dans une bouche puissante, large, mais élégante, servie par des tanins joliment extraits. De l'intensité, de la finesse et de l'équilibre. ⧗ 2025-2030

MAS COMBARÈLA, 1833, rte de Montpeyroux, 34150 Saint-Jean-de-Fos, tél. 06 19 42 07 00, contact@mas-combarela.com V r.-v.

Ⓑ DOM. MAS CONSCIENCE L'Éveil 2021 ★

■	6 000		15 à 20 €

Créé par Éric et Nathalie Ajorque, ce domaine de 15 ha conduit en bio, situé au pied du massif de la Séranne, a été racheté en 2000 par Roman Kocholl qui a réalisé son rêve après une longue carrière dans le numérique à Hambourg. À sa tête, Audrey Bonnet, ingénieure agronome, ancienne directrice de la cave de la Peira, épaulée par Claude Gros, œnologue-conseil réputé.

Syrah, grenache noir et cinsault associés dans cette cuvée qui ne joue pas des coudes et tire le meilleur parti du millésime: des tanins bien mûrs cintrent en douceur un corps élégant, rond et ensoleillé, puissant mais fin, imprégné de fruits noirs, d'épices et de réglisse. La finale, nette, gourmande et sans une once d'amertume, achève de convaincre. ⧗ 2025-2030

MAS CONSCIENCE, rte de Montpeyroux, 34150 Saint-Jean-de-Fos, tél. 06 76 78 56 14, hello@mas-conscience.com V t.l.j. sf dim. 9h-12h30 14h-17h; sam. sur r.-v.

MAS D'AGAMAS Baies choisies 2021 ★★

■	8 000		15 à 20 €

Viticulteurs depuis plusieurs générations à Lagamas sur les contreforts du Larzac, les Visseq, coopérateurs, ont commencé en 2009 à vinifier une partie de leur production. Leur fils Vincent, œnologue, a pris en 2016 les rênes du domaine familial, et c'est désormais l'intégralité des vendanges de ses 11 ha qui est vinifiée dans un nouveau chai.

Une sélection des meilleures grappes qui fait mouche dès le nez: fruits noirs, épices, garrigue, thym... bien venue dans le Languedoc! Le boisé se fait un peu plus prégnant en bouche, mais on retiendra surtout la vivacité du fruit, la souplesse des tanins et le caractère très croquant de l'ensemble. Un 2021 allègre, précis, harmonieux, habilement vinifié. ⧗ 2025-2028

MAS D'AGAMAS, 2, rue des Treilles, 34150 Lagamas, tél. 04 67 57 53 22, vvisseq@yahoo.fr V r.-v.

Ⓑ MAS DE LA SERANNE
Antonin et Louis 2021 ★★

■	11 500		20 à 30 €

À la suite d'une reconversion professionnelle, Isabelle et Jean-Pierre Venture se sont installés en 1998 sur le terroir réputé d'Aniane. Ils conduisent aujourd'hui en bio certifié, un vignoble de 16 ha qu'ils continuent d'embellir, remontant des murs de pierre sèche et plantant des essences méditerranéennes. Côté cave des vins d'une grande régularité, souvent en vue dans ces pages.

Parfumé, intense, structuré, un 2021 de haute volée, au nez très ouvert sur les fruits noirs (cassis, mûre) et les épices. On apprécie sa sève puissante, ses tanins bien proportionnés et l'expressivité d'un fruit très épicé qui se teinte de torréfaction dans une finale de belle allonge. Puissant mais très harmonieux, il ira loin. ⧗ 2026-2033

■ **Le Clos des Immortelles 2022 ★ (15 à 20 € 20 000 b.)** Ⓑ Derrière une robe plutôt légère, les arômes se révèlent pas touches successives: fruits rouges frais, épices, note animale. Rafraîchie de garrigue, la bouche fait dans l'élégance: une texture soyeuse, des tanins fins, une finale très étirée sur les épices, le tout dans un écrin de fraîcheur préservée. Délicat, on peut l'ouvrir sans trop attendre. ⧗ 2024-2027

MAS DE LA SERANNE, rte de Puechabon, 34150 Aniane, tél. 04 67 57 37 99, venture@mas-serrane.com V t.l.j. sf dim. 10h-12h 15h-18h

Ⓑ MAS DES QUERNES Les Ruches 2022 ★

■	16 000		15 à 20 €

Pari réussi pour Peter Riegel, négociant allemand et Jean Natoli, œnologue, qui ont créé en 2009 ce domaine de 18 ha. Leur vignoble, établi sur un glacis de cailloutis calcaires et converti au bio, orne les flancs d'un petit vallon secret sur le versant sud du Larzac. Pierre Natoli, le fils de Jean, sur le domaine depuis 2012, en a pris la direction en 2019.

Le grenache (40 %) dominant dans ce vin peu coloré, plus délicat que puissant, aux senteurs revigorantes de fruits rouges et noirs frais et de garrigue. Légère, croquante, bâtie sur des tanins d'une grande souplesse, la bouche confirme ce profil résolument aérien. On peut l'ouvrir dès l'apéritif. ⧗ 2024-2028

MAS DES QUERNES, 1 bis, imp. du Pressoir, 34150 Montpeyroux, tél. 06 61 08 22 02, masdesquernes@gmail.com V r.-v.

MAS ORIGINE Du bout des doigts 2022 ★

	8000		15 à 20 €

Venus d'autres horizons, Julien Fabregat et Laura Balsan ont réalisé leur rêve en créant en 2021 ce domaine de 17 ha (en conversion bio) situé au cœur des Terrasses du Larzac. Origine? Un clin d'œil aux valeurs de travail, de passion et de partage que leur ont transmis leurs aînés.

Une touche fumée s'immisce dans ce joli bouquet marqué par la violette et le Zan. De la mâche, de la matière, des tanins gras, épicés et sans rudesse, une finale enlevée sur la menthe poivrée: un vin généreux, cossu, au charme rustique qui fera une belle bouteille après un peu de garde. ⧗ 2025-2030

MAS ORIGINE, rte de Saint-Étienne, 34150 Montpeyroux, tél. 06 26 73 48 72, masorigine@gmail.com V *t.l.j. sf sam. dim. 10h-12h 14h-17h*

B **TROIS TERRES** La Minérale 2021 ★★

	4200		11 à 15 €

Conduit par Graeme Angus, ancien hématologue au CHU de Londres passionné de vins, amateur de la région et de coins sauvages, ce vignoble de 6,5 ha cultivés sur trois types de sols est labellisé en agriculture biologique.

Tout est intense et séduisant dans ce 2021 de référence: la robe sombre et pourpre, les arômes débridés de mûre, de cassis, et d'épices douces et le palais surtout, d'un velouté irrésistible qui donne à croquer un fruit ensoleillé et juteux servi par des tanins de soie. De la classe, de la longueur et beaucoup de plaisir. On passe tout près du coup de cœur. ⧗ 2025-2030

TROIS TERRES, 18, rue de la Vialle, 34800 Octon, tél. 06 15 16 92 68, contact@trois-terres.com V r.-v.

PIC-SAINT-LOUP

Superficie : 980 ha / Production : 30 000 hl

Ce terroir réputé, ancienne dénomination géographique du Languedoc, est devenu en 2017 une appellation à part entière réservée aux vins rouges et aux rosés. À 20 km de Montpellier, dans la partie nord-est du Languedoc, l'AOC pic-saint-loup s'étend sur 15 communes de l'Hérault et 2 du Gard, toutes dominées par la pointe acérée du pic Saint-Loup, l'un des sites les plus spectaculaires du vignoble languedocien.

Le vignoble du pic Saint-Loup, implanté sur des sols à dominante calcaire, s'inscrit dans un paysage de garrigue et de pinèdes, succession de crêtes et de combes, à l'écart de grandes vallées. Le climat y est plus frais et plus arrosé que dans le reste du Languedoc. Les pluies, qui tombent au printemps et en automne, permettent aux ceps d'éviter sécheresse et stress hydrique; elles autorisent des plantations à densité élevée, facteur de concentration. En août et septembre, l'amplitude thermique importante entre le jour et la nuit favorise l'expression aromatique et l'acidité. Ces conditions sont propices au cépage syrah, l'une des variétés principales de la nouvelle appellation, aux côtés du grenache et du mourvèdre, et de cépages accessoires (carignan, cinsault, counoise, morrastel, plus le grenache gris pour les rosés). Tant les rouges que les rosés doivent toujours assembler au moins deux cépages, la syrah étant mise en avant (50 % minimum pour les rouges et 30 % pour les rosés). Les vins rouges tirent de la syrah leur texture dense, leurs arômes intenses de fruits noirs et de réglisse et leur potentiel. Les rosés sont, eux aussi, toniques et fruités. Le climat donne à tous ces vins relief et fraîcheur.

B **DOM. DE BAUBIAC** Scolopax 2022 ★★

	3420		15 à 20 €

Remis sur pied par Hervé Philip, géologue et botaniste, passionné de vins, disparu en 2009, le domaine familial, soit 150 ha entre vignes, oliviers, garrigues et forêt, a été relancé (après une décennie de fermage) par son épouse Samira et leurs enfants, qui signent leur premier millésime en 2022.

Scolopax? Le nom latin de la bécasse, symbole du domaine qui fait un retour très remarqué dans le Guide avec ce 2022 intégrant 40 % de mourvèdre. Épanoui, intense, infusé de fruits rouges mûrs et de garrigue, le nez donne le ton d'une bouche très cossue, bien pleine, plus florale et réglissée, soutenue par des tanins à la mesure de la chair. Long, structuré, complet, il est paré pour vieillir avec grâce. ⧗ 2026-2031

DOM. DE BAUBIAC, Baubiac, 30260 Brouzet-lès-Quissac, tél. 07 81 71 23 32, baubiac.vin@gmail.com V r.-v. E

LANGUEDOC

BERGERIE DU CAPUCIN
Dame Jeanne 2021 ★

	45000		15 à 20 €

Guilhem Viau, après dix ans passés en cave coopérative, s'est lancé en 2008 et a baptisé son domaine languedocien du nom du lieu-dit où se situaient les pâturages et la bergerie de son aïeule Jeanne. Il conduit aujourd'hui un vignoble de 15 ha au pied du pic Saint-Loup.

D'abord timides, les arômes s'ouvrent lentement sur des nuances de cassis et de garrigue sur un fond fumé. Très fraîche à l'attaque, la bouche déroule une matière soyeuse, plus tendre que concentrée, relevée de tanins à point et croquants. Épicé en finale, un pic frais, élégant, «en dentelle», bien dans la lignée du millésime et que l'on peut boire sans attendre. ⧗ 2024-2027

BERGERIE DU CAPUCIN, 80, imp. Puech-Camp, 34270 Lauret, tél. 04 67 59 01 00, contact@bergerieducapucin.fr V *t.l.j. sf dim. lun. 10h30-12h30 15h-18h*

DOM. CAMMAOUS ET CAUSSARELLE
Marie Loïsa 2022 ★★

	17000		11 à 15 €

Après une première carrière dans un bureau d'étude, Maxence Panchau, fils de vigneron, crée à 32 ans le Dom. Caussarelle, à Vacquières dans l'Hérault (là où

il est né), grâce au financement participatif de Terra Hominis. Ses 116 «associés» lui ont permis d'acquérir 6 ha d'un seul tenant, plantés en cépages rouges uniquement et en conversion bio.

Fruits noirs frais, Zan, garrigue et menthol, le nez séduit. Les épices prennent le relais dans une bouche confortable, ronde, ourlée de tanins souples, avec cette longue finale sur l'eucalyptus qui renforce encore la sensation de fraîcheur de l'ensemble. Séduisant, typé, énergique, harmonieux, un régal! ⧗ 2024-2028 ■ **Gensollen 2020 ★ (20 à 30 €; 2400 b.)** Ⓑ Une jolie syrah (90 %) élevée en cuve et fût, qui déploie arômes bien typés de fruits noirs et d'épices sur un fond fumé. Puissante, bien en chair, soutenue par des tanins enrobés par l'élevage, relevée d'une fraîcheur bien sentie, une cuvée déjà accessible qui restitue toute l'énergie du terroir du Pic-Saint-Loup. ⧗ 2024-2028

DOM. CAMMAOUS ET CAUSSARELLE, 14, chem. des Cammaous, 34270 Vacquières, tél. 06 75 94 20 13, panchau.maxence@gmail.com V r.-v.

♥ Ⓑ LE CHEMIN DES RÊVES
Gueule de loup 2022 ★★★

■ | 14 000 | | 15 à 20 €

Pour Benoît Viot, ancien pharmacien et toujours passionné de biologie et de médecine, l'alchimie du vin n'a pas de secret. Après une première vie professionnelle, ce Tourangeau, qui revendique aujourd'hui une «vie de passion», a créé ex nihilo en 2004 son domaine (aujourd'hui 21 ha), très régulier en qualité.

Le jury époustouflé par ce pic-saint-loup d'anthologie qui récolte unanimement la note maximale. La robe dense et profonde fait écho à un nez démonstratif infusé de cerise noire, de mûre, de sirop de violette et de vanille. Suave, enrobante, l'attaque précède un milieu de bouche concentré, plein, très énergique, gainé de tanins puissants et bien moelleux à la fois. Longue, savoureuse, réglissée et cacaotée, la finale clôt magistralement la dégustation. Gourmand, complexe, de longue garde certes, mais déjà terriblement séduisant. ⧗ 2025-2032 ■ **L'Optimiste 2022 ★ (11 à 15 €; 40 000 b.)** Ⓑ Une robe rubis intense, des parfums subtils de violette, de garrigue et de tapenade, une matière déliée, fraîche, ciselée de tanins fins, une finale croquante sur les fruits noirs et les plantes aromatiques: un vin délicat, sapide, que l'on ne se pressera pas d'ouvrir. ⧗ 2025-2029

LE CHEMIN DES RÊVES, 218, rue de la Syrah, 34980 Saint-Gély-du-Fesc, tél. 04 99 62 74 25, contact@chemin-des-reves.com V *t.l.j. sf dim. 16h-19h*

Ⓑ LA CHOUETTE DU CHAI
L'Orfraie 2023 ★

■ | 4 000 | | 15 à 20 €

Après plus de 10 ans au Mas de Mortiès, Sylvie Guiraudon et Oivier Rabassa se sont installés sur les hauteurs de Cazevieille avec 17 ha de vigne cultivés en bio.

Une robe brillante, couleur paille, des senteurs printanières de fleurs blanches et de pêche rehaussées de citron, un palais charmeur animé d'une douce sucrosité, du gras, de l'allonge, une touche d'amertume revigorante en finale: une interprétation bien typée du rolle (70 % de l'assemblage) en version languedocienne. ⧗ 2024-2026

LA CHOUETTE DU CHAI, La Figarède, 34270 Cazevieille, tél. 04 67 57 34 75, contact@lachouetteduchai.com V *t.l.j. sf dim. lun. mar. 10h-17h, f. janv.*

Ⓑ LA GRAVETTE À l'état pur 2022 ★★

■ | 13 602 | | 11 à 15 €

Créée en 1939, la coopérative de Corconne, aujourd'hui appelée Cave la Gravette, regroupe une centaine d'adhérents cultivant environ 500 ha sur le territoire de quatre communes. Une partie importante du vignoble est en appellation pic-saint-loup.

On ne se formalise pas de la discrétion du nez, les arômes (cassis, épices, pivoine et garrigue) s'épanouissent franchement dans un palais serré mais très tonique, avec ce long trait de menthe poivrée qui relève la finale. Structuré, énergique, il a de beaux jours devant lui. ⧗ 2025-2030 ■ **Vignes hautes 2022 ★ (11 à 15 € ; 20 000 b.)** De chauds effluves de kirsch et de confiture de fruits rouges se dégagent de ce pic chaleureux, facile d'accès, d'une agréable souplesse de chair, dynamisé par une touche d'eucalyptus en finale. Prêt à boire et de nature à défier une viande en sauce. ⧗ 2024-2028

CAVE LA GRAVETTE, rte de Montpellier, 30260 Corconne, tél. 04 66 77 32 75, contact@lagravette.fr V *t.l.j. 9h-12h30 14h-19h*

DOM. HAUT-LIROU Les Costes 2022 ★★

■ | 50 000 | | 15 à 20 €

Cinq générations se sont succédé sur ce domaine fondé en 1848 au pied du pic Saint-Loup et conduit par Jean-Pierre Rambier depuis 1990. Le vignoble s'étend sur 105 ha, entre 150 et 300 m d'altitude, sur des sols pauvres et caillouteux.

À une robe opaque répond un nez non moins intense qui marie le fruit rouge bien mûr et la garrigue aux notes d'épices douces issues d'un an d'élevage en fût. Onctueux, animé d'une agréable sucrosité, étayé de tanins doux, le palais s'attarde sur le moka dans une finale d'une longueur remarquée. Un pic aimable et bien élevé. ⧗ 2025-2030 ■ **Esprit 2021 ★ (30 à 50 €; 8000 b.)** Marqué par un élevage ambitieux, pétri de vanille et de cannelle, un vin très en chair, gras, flatteur, épaulé par des tanins déjà parfaitement intégrés. Boisé et séducteur. ⧗ 2025-2028

DOM. HAUT-LIROU, Le Triadou, 34270 Saint-Jean-de-Cuculles, tél. 04 67 55 38 50, info@lesdomainesjeanpierrerambier.com V *t.l.j. sf dim. 9h-12h30 14h30-18h30* Ⓑ

Ⓑ HÉRITAGE DU PIC SAINT-LOUP
Tour de pierres 2022 ★

■ | 60 000 | | 15 à 20 €

Ce domaine (45 ha) de référence, anciennement connu sous le nom d'Ermitage du Pic Saint-Loup, est adossé aux premiers contreforts du pic Saint-Loup. Il est cultivé en bio et en biodynamie par les frères Ravaille.

Élevée en cuve et foudre, habillée d'une robe rubis peu profonde, cette cuvée s'ouvre sur des parfums retenus et bien typés de garrigue. Les épices et la griotte étirent la palette dans une bouche élégante, effilée, structurée par des tanins fins et serrés. Un vin énergique, finement sculpté, mentholé, bien dans l'esprit de l'appellation. ⧗ 2025-2030

HÉRITAGE DU PIC SAINT-LOUP, Dom. de Sainte-Agnès, rue Cami-Lou-Castellas, 34270 Saint-Mathieu-de-Tréviers, tél. 04 67 54 24 68, contact@heritagedupicsaintloup.fr V t.l.j. sf dim. 9h-12h 14h-17h

HOMMES ET TERRES DU SUD Galabert 2023 ★★

■	10 000		5 à 8 €

Ce groupe coopératif, né de la fusion de quatre caves, exploite plus de 700 ha situés dans l'Hérault, entre IGP et appellations.

Une robe éclatante, rose orangé, un nez gourmand et ouvert sur le bonbon, les fruits exotiques et les petits fruits rouges, une bouche accueillante, rondelette, très tonique, savoureuse, ponctuée par une petite amertume stimulante : un rosé de soif généreux et pas loin d'être parfait. ⧗ 2024-2025 ■ **La Cordée 2022 ★ (15 à 20 €; 5000 b.)** Ⓑ Un 2022 détendu qui fleure bon les épices et les fruits rouges bien mûrs, dont on aime aussi la chair souple, ensoleillée, le fruit capiteux, les tanins déjà fondus et la fraîcheur préservée. On le boira sans (trop) attendre. ⧗ 2024-2027

HOMMES ET TERRES DU SUD, 285, av. de Sainte-Croix, 34820 Assas, tél. 04 67 65 93 55, cave@vpic.fr V t.l.j. 9h-12h 15h-19h

CH. LANCYRE Vieilles Vignes 2021 ★★

■	14 000		15 à 20 €

Régis Valentin, œnologue et maître de chai, a repris en 2001 le domaine créé en 1960 par les familles Durand-Valentin. Il produit des vins sur 80 ha de vignes (en bio depuis 2023) occupant un beau terroir de calcaires durs et d'argiles rouges. Une valeur sûre du Languedoc.

35 à 40 ans pour ces vignes de syrah et de grenache qui ont enfanté d'un vin élégant, au nez discret et nuancé, entre cassis, épices et garrigue. Le fruit se fait plus intense dans une bouche élégante, fraîche, plus droite que large, posée sur des tanins fins et croquants. Une expression fidèle au millésime et à l'appellation. ⧗ 2024-2028 ■ **Grande Cuvée 2020 ★★ (20 à 30 €; 13 000 b.)** Des parfums puissants de confiture de fruits noirs, de fumée et de torréfaction animent une matière capiteuse, intense mais surprenante de fraîcheur, intégrant sans mal des tanins cossus à la mesure de l'ensemble. La cuvée historique du domaine en grande forme. Entre deux âges, on peut la boire ou la garder. ⧗ 2024-2028

CH. LANCYRE, hameau de Lancyre, 34270 Valflaunès, tél. 04 67 55 32 74, contact@chateaudelancyre.com V t.l.j. sf dim. 10h-12h30 14h30-18h30

Ⓑ MAS BRUGUIÈRE La Grenadière 2022 ★

■	12 000		30 à 50 €

On accède au Mas Bruguière par une route sublime se faufilant entre les falaises de l'Hortus et le pic Saint-Loup. Après avoir succédé à son père Guilhem en 1999, Xavier Bruguière (septième génération) a converti au bio le domaine familial et ses 11 ha de vignes.

Le grenadier planté par le père de Xavier Bruguière sur cette parcelle de syrah donne son nom à cette cuvée patiemment (18 mois) élevée en fût. Les notes de fruits rouges et de réglisse se doublent de laurier, de cade et de fruits noirs frais dans un palais dense, plein, porté par une très belle acidité et par des tanins extraits en douceur. Harmonieux, digeste, élégant, une réussite. ⧗ 2025-2031

MAS BRUGUIÈRE, La Plaine, 34270 Valflaunès, tél. 04 67 55 20 97, info@mas-bruguiere.com V r.-v.

Ⓑ MAS DE FIGUIER Joseph 2022 ★

■	10 000		15 à 20 €

Le domaine fut créé par le grand-père en 1920. Gilles Pagès, installé en 1984, y conduit aujourd'hui un vignoble de 20 ha converti à l'agriculture biologique.

Joseph, le patriarche qui a acquis le domaine, à l'honneur dans ce pic aimable, discret au nez mais plus ouvert en bouche, sur la mûre, la garrigue et les épices douces issues d'un élevage bien pensé. Tendre, souple, raffermi par des tanins un rien serrés et appelés à se détendre, voilà un rouge qui fera une belle bouteille après un peu de garde. ⧗ 2025-2028

MAS DE FIGUIER, Mas de Figuier, 34270 Vacquières, tél. 06 18 19 53 33, pagesgi@orange.fr V r.-v. Ⓔ

MAS GOURDOU Joseph Onésime 2022 ★★

■	15 000		11 à 15 €

Domaine historique de l'appellation, le Mas Gourdou appartient à la famille de Jocelyne Thérond depuis la Révolution. Benoît, le fils, a pris en 2013 la tête de ce vignoble de 20 ha commandé par une bâtisse datant du XIIIe s. En 2015, un nouveau chai a été aménagé.

De cette cuvée dédiée aux grands-parents de Benoît Thérond, on aime l'éclat et la complexité du nez floral et très mentholé, ainsi que l'énergie qui émane de cette bouche certes bien mûre mais fringante, enlevée, sertie de tanins poudrés. Redoutablement gourmand, digeste, longuement poivré en finale, on frôle le coup de cœur. ⧗ 2025-2030 ■ **Divin Venin 2021 ★ (20 à 30 €; 10 000 b.)** Une robe d'un rubis brillant, des parfums de fruits noirs compotés et généreusement saupoudrés de vanille, une matière ample, alerte, cadrée par des tanins déjà bien assouplis, une finale vibrante, fumée et mentholée: un 2021 énergique et prêt à passer à table. ⧗ 2024-2028

MAS GOURDOU, Mas de Gourdou, 34270 Valflaunès, tél. 06 22 63 34 25, contact@masgourdou.com V t.l.j. sf dim. 10h-12h 14h-18h

Ⓑ MAS PEYROLLE Chant de l'aire 2022 ★★

■	4 000		15 à 20 €

Descendant d'une longue lignée de vignerons, Jean-Baptiste Peyrolle a réaménagé la cave de son arrière-grand-père à partir de 2002, après plusieurs aventures viticoles à l'étranger (Maroc, États-Unis, Nouvelle-Zélande, Australie). Il conduit aujourd'hui un vignoble de 11 ha en agriculture biologique.

À une robe légère répond un nez charmeur, entre fruits rouges frais, violette et notes vanillées issues d'un élevage

LANGUEDOC

en fût. Une douce sucrosité, un toucher élégant, des tanins fins et fermes bien pris dans le fruit: un 2022 de haut vol qui soigne l'élégance et la retenue. ⧗ 2025-2029

MAS PEYROLLE, 5, rte du Brestalou, 34270 Vacquières, tél. 06 12 29 53 91, jbpeyrolle@yahoo.fr V r.-v.

B **DOM. MIRABEL** Les Bancels 2022 ★★

■ | 12500 | | 15 à 20 €

Les frères Feuillade, Samuel et Vincent, travaillent ensemble et en bio les quelque 15 ha du domaine. Les meilleures parcelles sont situées à la limite nord de l'aire d'appellation du pic-saint-loup, sur un terroir d'éboulis d'éclats calcaires s'étalant entre Corconne et Brouzet-lès-Quissac.

Belles émotions garanties avec cette cuvée longuement élevée en cuve et en fût, qui assemble cinq cépages. Il y a du cachet dans ces arômes complexes, sanguins, salins, kirschés et réglissés, et du caractère dans cette bouche large et ronde, ourlée de tanins ronds et rehaussée d'un long trait de menthol. Gourmand, charnu, énergique, la côte de bœuf s'impose. ⧗ 2025-2030

DOM. MIRABEL, 261, rte du Brestalou, 30260 Brouzet-lès-Quissac, tél. 06 22 78 17 47, domainemirabel@neuf.fr V r.-v.

♥ B **MORTIÈS** Jamais content 2022 ★★

■ | 8000 | | 20 à 30 €

Ce domaine, créé en 1996 autour d'un mas du XVIIIe s., est situé à 20 km au nord de Montpellier, sur le versant sud du pic Saint-Loup, dans la cuvette de Mortiès. Depuis 2017, la famille Moustiés exploite ce vignoble de 12 ha entièrement conduit en bio. Une valeur sûre.

Remarquée l'an passé, cette cuvée atteint les sommets en 2022. Voilà une magnifique syrah (85 % de l'assemblage) longuement infusée, élevée en cuve et fût, qui fait mouche dès le nez avec ses parfums de cerise noire et de fraise sur fond de garrigue et de cacao. Concentré, dense, très frais, saturé de poivre et de plantes aromatiques, parcouru de tanins fins et fermes, d'un raffinement de texture singulier, c'est un pic profond, vibrant, interminable, qui ira loin. ⧗ 2027-2034 ■ **2022** ★ **(15 à 20 €; 19000 b.)** B Un nez sur les fruits rouges frais, la griotte notamment, une bouche plus épicée, tendre et déliée, qui séduit par la douceur de son toucher, sa fraîcheur préservée, son allonge et ses tanins finement extraits. Consistant, ensoleillé mais élégant, un 2022 déjà savoureux mais de bonne garde. ⧗ 2025-2030

MORTIÈS, rte de Cazevieille, 34270 Saint-Jean-de-Cuculles, tél. 04 67 55 11 12, contact@morties.com V r.-v.

DOM. PECH-TORT Folle Passion 2021 ★

■ | 3500 | | 15 à 20 €

C'est en 2008 que Nadège Jeanjean a créé son domaine, à partir de vignes auparavant vinifiées en cave coopérative par son père Francis, décédé en 2016. Le Pech Tort, tout proche, est une colline boisée dont la courbure sert d'écrin au vignoble. Son exploitation de 16 ha produit des rouges et des rosés en appellation pic-saint-loup et des IGP.

Une nuance d'évolution dans la robe, un nez ténu sur la garrigue et les épices, un palais bien plus ouvert, vivace, croquant, souple, conclu par une touche mentholée revigorante: un 2021 qui soigne l'élégance et l'expression du fruit, et que l'on peut commencer tranquillement à déboucher. ⧗ 2024-2027

DOM. PECH-TORT, 419, rte de Pompignan, 34270 Valflaunès, tél. 06 18 92 65 08, jeanjean.nadege@gmail.com V r.-v.

DOM. SAINT-DAUMARY Belladona 2022 ★

■ | 8000 | | 15 à 20 €

Julien Chapel a été le plus jeune vigneron du Languedoc lors de son installation. Il a repris les vignes de son père en 1999 à l'âge de dix-neuf ans à peine et quitté la cave coopérative. La conversion de son vignoble (20 ha) à la culture biologique est en cours.

Du mourvèdre (40 %) et une touche de grenache à l'appui de la syrah dans cette cuvée qui n'a pas vu de bois. Discrets à l'olfaction, les arômes, fruit et garrigue en tête, montent d'un ton et parfument intensément un palais corsé et alerte, cadré par des tanins encore vigoureux. On patiente un peu. ⧗ 2025-2029

DOM. SAINT-DAUMARY, 106, rue des Micocouliers, 34270 Valflaunès, tél. 06 09 23 81 76, julien.chapel@orange.fr V r.-v.

CH. LA SALADE SAINT-HENRI 1803 2022 ★

■ | 15000 | | 15 à 20 €

Sur ce domaine familial, qui doit son nom à un casque romain trouvé en ces lieux, les bâtiments datent du Moyen Âge, et la vigne est cultivée depuis le début du XVIIIe s. Anne Donnadieu, pharmacienne de formation, est aux commandes depuis 2006, avec à sa disposition un vignoble de 35 ha qu'elle prépare à une future conversion bio.

Un pic-saint-loup au regard noir et aux parfums «sombres» de confiture de mûres, de cade, de réglisse et d'hydrocarbure. Puissant, capiteux, concentré, gainé de tanins corsés proportionnés à la matière, le palais ne manque ni de caractère ni de potentiel. Un style qui détonne mais qui séduit. ⧗ 2026-2030

CH. LA SALADE SAINT-HENRI, 1050, rte de Saint-Jean-de-Cuculles, 34270 Saint-Mathieu-de-Tréviers, tél. 06 12 62 03 71, annedonnadieu@gmail.com V *t.l.j. 11h-13h 17h-19h*

B **VIGNOBLES DES TROIS CHÂTEAUX** Les Déesses muettes Obsession 2020 ★

■ | 2900 | | 20 à 30 €

Fondée en 1950, la cave coopérative de Saint-Mathieu-de-Tréviers, établie au pied du pic Saint-Loup, exploite un vaste vignoble de 800 ha qui couvre le tiers de l'appellation dont une partie en bio. La gamme est large et balaie, outre l'appellation pic-saint-loup, les terrasses-du-larzac et les IGP locales.

Une vinification dite «intégrale» en fût (macérations et fermentations alcoolique et malolactique s'y déroulent) pour ce 2020 épanoui de bout en bout. Une touche balsamique rehausse un nez chaleureux et joliment évolué de fruits noirs confits. De la suavité dans la texture, du fondant dans les tanins, de la sensualité dans ce pic chaleureux et épicé: langoureux, à point, on peut l'ouvrir sans attendre sur une viande mijotée. ⧗ 2024-2028

VIGNOBLES DES TROIS CHÂTEAUX, 140, av. des Coteaux-de-Montferrand, 34270 Saint-Mathieu-de-Tréviers, tél. 04 67 55 81 19, vignoble@coteaux-du-pic.com V *t.l.j. sf dim. 9h30-12h30 15h-19h*

DOM. UMA Hommage 2021 ★★

■ | 11000 | | 20 à 30 €

Créé en 2021 par Emmanuel Clausel, ancien promoteur immobilier, ce domaine de 120 ha est né de la réunification du Ch. Cambon et du Dom. de Valcyre. Le vignoble (36 ha en conversion bio) s'étend des éboulis calcaires situés au pied du pic Saint-Loup et jusqu'aux terres argilo-calcaires de la plaine.

Un assemblage des plus classiques (70 % syrah, 30 % grenache) pour ce vin élevé en œuf et cuve béton. On en retient les parfums ténus de fruits noirs et de garrigue, et la bouche joliment construite, à la fois charnue et élancée, très harmonieuse, qui s'attarde longuement sur les épices douces. Un profit élégant, à boire ou à garder. ⧗ 2024-2029

DOM. UMA, rte de la Chapelle-d'Aleyrac, 34270 Valflaunès, tél. 06 16 38 43 48 V *t.l.j. 10h-12h30 14h-18h*

B CH. DE VALFLAUNÈS Par hasard… 2023 ★★

■ | 6000 | | 11 à 15 €

Fabien Reboul a installé son chai en 1998 au cœur du village de Valflaunès, à l'emplacement de l'ancienne ménagerie du baron Jean-Jacques Louis Durand, premier maire de Montpellier élu au XVIII^e^s. Il exploite aujourd'hui, à la main et sans insecticides, un vignoble de 14 ha conduit en bio.

Une jolie brillance égaie la robe saumonée de ce rosé cossu, ouvert sur la groseille, la pêche et les fleurs blanches. Charnu, frais, parfumé et doté d'une petite amertume saline et sapide en finale, c'est magistralement équilibré et redoutablement gourmand. ⧗ 2024-2025

CH. DE VALFLAUNÈS, 128, rte de Trente-Loups, 34270 Valflaunès, tél. 04 67 55 76 30, chateaudevalflaunes@gmail.com V *t.l.j. sf sam. dim. lun. 10h-12h 15h-18h*

E

DOM. DE VILLENEUVE Vieilles Vignes 2022 ★★

■ | 40000 | | 11 à 15 €

À Claret, au nord de Montpellier, le domaine d'Anne-Lise Fraisse et de son mari apiculteur étend son vignoble sur 50 ha. Les bâtiments et le caveau voûté du XII^e^s., récemment restauré, sont établis au cœur des vignes, dans un cirque naturel bordé de garrigue et de pinède. Thibaut et Victorine, fils et fille d'Anne-Lise, l'épaulent depuis 2019.

Vinifiées en grappes entières, les vieilles vignes de syrah (60 % de l'assemblage) donnent le ton de cette cuvée grenat, au nez franchement épicé. Les fruits noirs confits, le thym et le cade rehaussent le bouquet dans une bouche onctueuse, ample, fraîche, mentholée, dotée de tanins savamment extraits. Remarquable d'harmonie, long, furieusement languedocien, on frôle le coup de cœur. ⧗ 2025-2030

DOM. DE VILLENEUVE, 149, chem. des Horts, 34270 Claret, tél. 04 67 59 08 66, fraisse.villeneuve@orange.fr V *t.l.j. sf dim. 10h-12h 14h-17h*

LA CLAPE

Superficie : 780 ha / Production : 23 900 hl

Cette ancienne dénomination géographique de l'appellation languedoc a été élevée en 2015 au rang d'appellation communale pour ses vins rouges (80 %) et aussi pour ses blancs. La Clape, en occitan, désigne un «tas de pierres». Du IIe jusqu'au XIV^e^s., ce massif calcaire forme une barrière séparant la côte de Narbonne. Favorisée dès la conquête romaine par l'importance de cette ville, capitale de la Narbonnaise, alors ouverte sur la Méditerranée, la vigne a colonisé ses contreforts et ses vallons, entre garrigue sauvage et pinède. Éclats calcaires, terres rouges, marnes, grès, les sols, très variés, expliquent la variété des cépages cultivés. Les vins bénéficient d'un climat méditerranéen très ensoleillé, presque semi-aride, de l'air maritime et de nombreux vents qui éloignent les pluies. L'appellation concerne sept communes, dont Narbonne. Les vins assemblent au moins deux variétés. En rouge, les principales sont les grenache, mourvèdre, syrah, adaptés à la chaleur. Parmi les onze cépages autorisés en blanc, le bourboulenc est le plus typé du lieu (40 % des surfaces). À la fois ronds et frais, les blancs sont floraux, fruités, minéraux et iodés. Les rouges sont profonds, amples et structurés, souvent marqués par des notes balsamiques.

♥ CH. LE BOUÏS 2022 ★★★

■ | 4800 | | 15 à 20 €

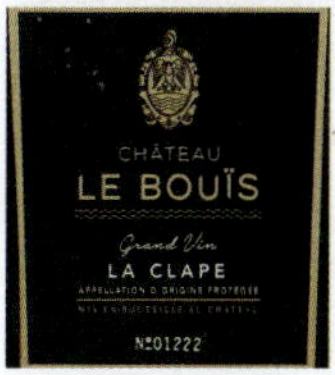

Appuyé aux contreforts du massif de La Clape, un ancien domaine de 50 ha. À l'horizon, le trait bleu de la mer; aux alentours, les pins et le vacarme reposant des cigales. Petite-fille d'un négociant sétois, Frédérique Olivié a été kiné à la Réunion. De retour en métropole avec ses enfants, elle a acheté d'abord quelques parcelles de la propriété et vinifié dans un garage. Aujourd'hui propriétaire de la totalité, elle s'implique dans le tourisme (musée, restaurant, activités œnotouristiques, etc.).

La cuvée icône du domaine en forme olympique dans ce millésime solaire. Élevée en fût et en jarre, tout y est profond, à commencer par la robe intense et le nez très complexe qui convie le cachou, la tapenade et la garrigue sur un lit d'épices et de crème de mûre. Le fruit se teinte de menthol dans une bouche absolument voluptueuse qui a tout pour elle: la rondeur de la matière, le soyeux de la texture, le fondu des tanins, la longueur interminable, le tout dans un écrin

LANGUEDOC

de fraîcheur. «Impressionnant», «typé», le jury est aux anges. ⧗ 2025-2032 ■ **Cuvée Arthur 2022 ★★ (15 à 20 €; 5000 b.)** Fruits noirs à l'alcool, épices, notes fumées et tapenade, le nez ne manque pas de nuances. Chaleureux, bien en chair, suave, adossé à des tanins très mûrs, le palais enchante. Un grand séducteur. ⧗ 2024-2028

CH. LE BOUÏS, rte Bleue, 11430 Gruissan, tél. 06 44 08 38 92, viniviti@chateaulebouis.com V t.l.j. 9h-13h 15h-20h 4

CH. COMBE DES DUCS
Sourire de Vénus Élevé en fût de chêne 2022 ★

■	3000		11 à 15 €

Sur les pas de ses ancêtres, Gautier Fountic, installé en 2005, a longtemps dirigé ce beau domaine de 50 ha de vignes dans le massif de La Clape, essentiellement sur le flanc sud, entre mer et garrigue. Son gendre a pris la relève.

Élevée 9 mois en fûts, cette cuvée s'ouvre sur des parfums retenus et typés de garrigue, de menthol et de fruits noirs sur fond de toast. Gras et chaleureux, flanqué de tanins fermes mais enrobés par l'élevage, le palais conserve la fraîcheur aromatique que l'on aime à La Clape. À l'arrivée, un vin solaire mais sapide, bien dans l'esprit de l'appellation. ⧗ 2025-2029

CH. COMBE DES DUCS, 24, bd du Gal-de-Gaulle, 11560 Fleury-d'Aude, tél. 06 73 39 52 09, combedesducs@orange.fr V r.-v.

♥ B COMMANDERIE SAINT-PIERRE LA GARRIGUE
Grand Maître 2022 ★★

■	5000		50 à 75 €

Jehan de Woillemont, par ailleurs à la tête du Ch. de Marmorières, a racheté cette propriété en 2005, ancienne Commanderie créée au XIIe s. par les Hospitaliers de Saint-Jean-de-Jérusalem. Sur 60 ha patiemment remis sur pied, cultivés en bio depuis 2018, le vignoble joue sur une mosaïque de terroirs avec des défriches de garrigues, des terres rouges, des terres blanches et des combes, sur un site qui surplombe la Méditerranée.

Vinifiée en grappes entières, élevée partiellement en barriques, la cuvée haut de gamme du domaine tient son rang. Garrigue, fruits noirs mûrs, laurier et notes fumées: au nez, c'est un bonheur. Un voile de fraîcheur plane sur une matière séveuse, suave, pétrie de kirsch et de réglisse, étayée de tanins fins et fondants: en bouche, c'est un délice. D'une harmonie parfaite et d'une longueur que l'on oublie pas : un coup de (grand) maître. ⧗ 2025-2030 ■ **2022 ★★ (30 à 50 €; 8000 b.)** B Le bourboulenc classiquement dominant dans ce blanc facile à aimer qui a pour lui des parfums débridés de fruit frais, d'abricot et d'acacia, puis une bouche ample à l'attaque, raisonnablement ensoleillée, un peu beurrée et agréablement acidulée en finale. ⧗ 2024-2027

COMMANDERIE SAINT-PIERRE LA GARRIGUE, rte de Saint-Pierre, 11560 Saint-Pierre-la-Mer, tél. 06 99 73 04 54, contact@woillemont.com

B CH. LAQUIROU Champs rouge 2022 ★

■	50000		11 à 15 €

Repris par un couple suisse, Erika et Eckard Hug-Harke en 1993, le Ch. Laquirou («petit rocher rouge»), dont les origines remontent au XIVe s., est niché dans le creux d'une vaste vallée. Le vignoble, cultivé en bio, s'étend sur 35 ha, plantés d'une dizaine de cépages.

Un vin dominé par le grenache noir, sur le versant de la souplesse, dont on aime les parfums épicés, sanguins et fruités, et la bouche svelte, de densité moyenne, fraîche, ourlée de tanins fins et relevée d'un trait de garrigue en finale. On peut le déboucher sans attendre. ⧗ 2024-2027

CH. LAQUIROU, rte de Saint-Pierre, 11560 Fleury-d'Aude, tél. 04 68 33 91 90, commercial@laquirou.fr V t.l.j. 9h-12h 14h-19h

CH. DE MARMORIÈRES
Marquis de Raymond 2022 ★★

■	30000		15 à 20 €

Une chapelle romane datant du XIe s. semble veiller sur ce vaste domaine de 120 ha, le plus vaste (et le plus ancien) de La Clape, dans la même famille depuis 1826.

À une robe profonde répond un nez non moins intense qui marie le fruit noir bien mûr, le poivre et les plantes aromatiques. Charnu, animé d'une belle sucrosité, étayé de tanins doux, le palais se fait très juteux et s'attarde sur la garrigue dans une finale enlevée. Un rouge sapide et bien élevé. ⧗ 2025-2030 ■ **Les Pinèdes 2023 ★★ (8 à 11 €; 80000 b.)** Amande fraîche, acacia, fenouil, des parfums charmeurs prennent vie dans une bouche bien équilibrée, déjà plaisante, tendre et fraîche. À boire dans ses jeunes années, sur un poisson au fenouil par exemple. ⧗ 2024-2026 ■ **Les Pinèdes 2022 ★ (8 à 11 €; 200000 b.)** Concentré mais frais, le jury salue un vrai La Clape aux saveurs ensoleillées de cerise à l'alcool et de garrigue, juteux en bouche mais cadré pour l'heure par des tanins encore saillants. On patiente. ⧗ 2025-2028

CH. DE MARMORIÈRES, rte de Fleury, 11110 Vinassan, tél. 06 99 73 04 54, marmorieres@orange.fr V t.l.j. sf sam. dim. 9h-12h30 14h-17h30

CH. MIRE L'ÉTANG
Cuvée des Ducs de Fleury 2022 ★★

■	28300		15 à 20 €

Depuis les hauteurs du domaine, face au soleil levant, on «mire les étangs», l'embouchure de l'Aude, la Méditerranée et le golfe du Lion. Le terroir caillouteux s'étale en terrasses, caressé par la brise marine. Acquis par la famille Chamayrac en 1972, le domaine comptait alors 36 ha de vignes; il s'étend sur 51 ha aujourd'hui. Un pilier de La Clape.

Douze mois de fûts pour cet assemblage dominé par la syrah. Des parfums épanouis de fruits noirs, de chocolat et d'épices, une bouche ample, musclée, posée sur une trame tannique affirmée, une finale qui laisse longuement parler la réglisse: un sans-faute pour ce 2022 bien mûr, à l'élevage maîtrisé et de longue garde. ⧗ 2027-2034 ■ **Aimée de Coigny 2023 ★ (11 à 15 €; 26800 b.)** Une parure brillante, jaune citron, et des arômes sans exubérance, entre agrumes et fleurs blanches, ouvrent sur une bouche de bon volume, dense mais sans lourdeur, relevée par ce qu'il faut de vivacité. ⧗ 2024-2027 ■ **Réserve du ch. 2021 ★ (20 à 30 €; 7200 b.)** Le grenache noir dominant dans ce vin qui fleure bon la garrigue, la violette et la confiture de cassis et de mûres. L'intensité du fruit ne faiblit pas dans une bouche enlevée, puissante, structurée par de beaux tanins affinés par l'élevage. Déjà du plaisir mais du potentiel en cave. ⧗ 2025-2029

CH. MIRE L'ÉTANG, rte des Vins, 11560 Fleury-d'Aude, tél. 04 68 33 62 84, chateau@mire-letang.fr V t.l.j. sf dim. 9h-12h 14h-19h

B CH. CATHERINE DE MONTGOLFIER
Empreinte des sens 2022 ★★

| | 5460 | | 30 à 50 € |

Épaulé par ses frères cadets, Christophe Chamouleau de Montgolfier dirige ce domaine de 15 ha cultivés en bio au cœur du Massif de la Clape. À noter, un chai de vieillissement constitué de cuves béton ovoïdes et une offre très variée d'activités œnotouristiques.

Une entrée dans le Guide remarquée pour le domaine qui place ce vin harmonieux, aux senteurs épanouies de fruits rouges, de chocolat et de garrigue. La réglisse prend le relais et infuse une bouche ample et raffinée, qui charme par la douceur de sa texture et ses tanins de soie. Tout cela respire l'élégance et le bon goût. ⧗ 2025-2029

CH. CATHERINE DE MONTGOLFIER, La Ramade, 11110 Armissan, tél. 04 68 41 31 15, contact@chateaucdm.com V t.l.j. 10h-12h 14h-19h 5

CH. LA NÉGLY La Falaise 2022 ★

| | 32000 | | 20 à 30 € |

Sur le versant sud du massif de la Clape, les brises marines estivales tempèrent la force du soleil et de la tramontane. Installé en 1996, Jean Paux-Rosset a replanté le vignoble qui couvre aujourd'hui 100 ha et qu'il exploite avec ses enfants Bastien et Mario, épaulés par Claude Gros, célèbre œnologue narbonnais.

Une robe profonde, un nez expressif sur la tapenade, les épices, les fruits rouges et la garrigue, un palais capiteux, suave, posé sur des tanins veloutés: un vin ensoleillé mais qui sait rester digeste. Parfait sur une entrecôte aux herbes. ⧗ 2024-2028

CH. LA NÉGLY, rte des Vins, 11560 Fleury-d'Aude, tél. 04 68 32 41 50, export@lanegly.fr V t.l.j. sf sam. dim. 9h-12h 13h-17h

CH. RICARDELLE
Cuvée Vendredi XIII 2022 ★

| | 4400 | | 20 à 30 € |

Aux portes de Narbonne, le terroir de La Clape n'a plus de secret pour Bruno Pellegrini, œnologue de formation et originaire du Tyrol italien, installé ici depuis 1990. Une longue histoire précède le Ch. de Ricardelle (43 ha) puisque des parchemins font état de ses vignes dès 1696.

Des nuances fumées et florales donnent du cachet à ce nez expressif dominé par la fraise des bois. On aime le velouté de la texture, la rondeur de la matière, les tanins fins et serrés et la finale fraîche qui confère beaucoup d'allant à l'ensemble. En un mot, harmonieux. ⧗ 2025-2030

CH. RICARDELLE, rte de Gruissan, 11100 Narbonne, tél. 04 68 65 21 00, commercial@chateau-ricardelle.com V t.l.j. sf dim. 10h-12h 14h-18h D

B CH. RIVIÈRE-LE-HAUT 2022 ★

| | 39259 | | 11 à 15 € |

Éric Fabre, après une longue carrière de directeur technique au Ch. Lafite-Rothschild dans le Médoc, s'est installé à La Clape. Un terroir déjà couvert de vignes du temps de Jules César qu'il s'attache à valoriser depuis 2002. Le vignoble couvre 42 ha cultivé en bio et en conversion vers la biodynamie.

Un long élevage en cuve de 18 mois pour ce vin dont le nez épanoui laisse parler les épices, le menthol et les fruits rouges bien mûrs. La même plénitude émane d'une bouche élancée, remarquable de fraîcheur, appuyée sur des tanins détendus. La jury salue un vin frais et aérien, à boire ou à garder quelques années. ⧗ 2024-2028

CH. D' ANGLÈS, rte des Cabanes-de-Fleury, 11560 Saint-Pierre-la-Mer, tél. 04 68 33 61 33, info@chateaudangles.com V t.l.j. 8h-16h30 (hiver); t.l.j. 10h-14h 16h-18h30 (été)

CH. ROUQUETTE-SUR-MER
Cuvée Amarante 2021 ★★

| | 45000 | | 11 à 15 € |

Implantées sur les falaises de bord de mer du massif de la Clape, les vignes, disposées en îlots entourés de garrigues et de bois, regardent la mer, dont elles reçoivent les brises salutaires. Ancienne propriété de la vicomtesse de Narbonne au XV[e]s., le domaine appartient depuis 1970 à Jacques Boscary, à la tête aujourd'hui d'un vignoble de 50 ha.

Un trio de cépages emmené par le mourvèdre, d'une bien jolie complexité aromatique: garrigue, paprika, petits fruits bien mûrs, relevés de fleurs et d'une touche sanguine. Sphérique, douce, dotée de tanins fondants bien pris dans la chair, la bouche offre la même sensation de plénitude. Le tout soutenu par une fraîcheur bien sentie. Bienvenue à La Clape! ⧗ 2024-2028 **Cuvée Arpège 2023 ★ (8 à 11 €; 22000 b.)** On ne pressera pas pour déboucher ce jeune blanc gastronomique, brillant de robe, très floral au nez, dont la bouche cossue et structurée, entre acidité et amertume, demande à se patiner (un peu) en cave. De l'avenir. ⧗ 2025-2028

CH. ROUQUETTE-SUR-MER, rte Bleue, 11100 Narbonne-Plage, tél. 04 68 65 68 65, bureau@chateaurouquette.com V t.l.j. 10h-12h30 15h-18h E

DOM. SARRAT DE GOUNDY
Le Moulin 2022 ★★

| | 20000 | | 8 à 11 € |

Pour la famille Calix, Sarrat de Goundy est une aventure familiale démarrée en 2000. Claude, le père, a acquis sa première vigne en 1966 – le vignoble couvre 80 ha aujourd'hui (en conversion bio) sur le massif de la Clape – et a présidé aux destinées de la cave coopérative d'Armissan. Puis il a voulu tirer profit de son terroir rocailleux pour signer ses propres vins, aidé par sa femme Rosy et rejoint par son fils Olivier, en 2003, actuellement à la tête de l'exploitation.

Le nez prend son temps pour diffuser ses nuances de fruits rouges mûrs saupoudrés de garrigue et d'une touche balsamique. Des tanins fondus soutiennent en douceur une bouche ample, suave, d'une séduction imparable, étirée sur les épices et les petits rouges

LANGUEDOC

confits. Un profil charmeur qui en fait un vin à boire sur le fruit. ⧗ 2024-2027

DOM. SARRAT DE GOUNDY, 46, av. de Narbonne, 11110 Armissan, tél. 04 68 45 30 68, contact@sarratdegoundy.fr V *t.l.j. sf dim. 9h30-12h30 15h-19h*

LA VENDÉMIAIRE Les Arbres blancs 2022 ★

■ | 6000 | | 8 à 11 €

Cette coopérative regroupe les vignerons de Fleury d'Aude et Salles d'Aude, au cœur du massif de la Clape, site classé. Fondée en 1937, elle est le témoin architectural de la création des caves coopératives vinicoles du début du XXᵉs., qui fait preuve encore aujourd'hui d'une grande modernité dans l'esprit de solidarité et de partage qui a prévalu à la naissance de la coopération.

Les Arbres blancs, ce sont les amandiers qui entourent le vignoble. Dans le verre, des arômes chaleureux d'agrumes et de garrigue qui se doublent de réglisse et de fenouil dans une bouche confortable, charmeuse et charnue, élevée (12 mois de fûts) avec goût. Un vin dont la place est à table, sur un plat de poisson cuisiné. ⧗ 2024-2027 ■ **L'Insulaire 2021 ★ (15 à 20 €; 5000 b.)** Un nom de cuvée qui nous rappelle que La Clape fut une île. Le chêne (14 mois de fûts) se fait discret dans ce nez marqué par la garrigue, la violette et les petits fruits rouges. Tendre et suave, réglissée, cousue de tanins soyeux, la bouche trahit la forte présence du grenache (70 %), dans un style délié comme le veut le millésime. ⧗ 2024-2027

LA VENDÉMIAIRE, 3, rue Jean-Jaurès, 11560 Fleury-d'Aude, tél. 04 68 33 61 21, service.commercial@lavendemiaire.com V *t.l.j. 8h-12h 14h-18h*

PICPOUL-DE-PINET

Superficie : 250 ha

Couvrant six communes autour de l'étang de Thau, sur le littoral, entre Agde, Pézenas et Sète, cet ancien terroir délimité de l'appellation languedoc (il bénéficiait d'une dénomination complémentaire), dédié de longue date aux vins blancs, est devenu en 2013 une appellation à part entière. Déjà cité par Olivier de Serres au début du XVIIᵉs., le cépage piquepoul donne des vins particulièrement vifs pour la région, aux arômes de fleurs blanches et d'agrumes, avec une note minérale. Des vins parfaits pour les huîtres, notamment celles de Bouzigues produites localement. Ils sont à apprécier jeunes, dans les trois ans.

♥ BEAUVIGNAC Cuvée Anniversaire 2023 ★★

■ | n.c. | | 5 à 8 €

Après les fusions avec la cave de Castelnau-de-Guers (2003), puis avec celle de Mèze (2007), la cave de Pomérols, fondée en 1932, regroupe aujourd'hui environ 170 viticulteurs en picpoul-de-pinet, languedoc et en IGP Côtes de Thau. Elle gère un vignoble de 2 500 ha, qui couvre aussi bien le terroir de garrigue de Castelnau-de-Guers que le glacis d'épandage qui constitue le cœur historique de l'appellation picpoul-de-pinet.

Déjà consacrée coup de cœur l'année passée, cette cuvée double la mise. Ce qui a tant plu? Le brillant de la robe, ce nez fin, très pur, mariant les agrumes, le fruit exotique et les fleurs blanches, et la bouche, accueillante à l'attaque, qui gagne en tension pour offrir ce délicieux compromis entre gras et fraîcheur. La longue finale à tonalité minérale ne gâche rien au plaisir. Le jury applaudit. ⧗ 2024-2027 ■ **2023 ★★ (5 à 8 €; n.c.)** Une robe brillante, des parfums enlevés de bonbon, de fleurs blanches et de pêche, du volume, une sucrosité très gourmande, le tout soutenu par une belle arête acide: un «très beau standard», pour le jury. ⧗ 2024-2026

CAVE LES COSTIÈRES DE POMÉROLS, 68, av. de Florensac, 34810 Pomérols, tél. 04 67 77 89 94, info@cave-pomerols.fr V *t.l.j. sf sam. dim. 8h30-12h30 14h-18h30*

DOM. DE BELLE MARE Patience 2022 ★★

■ | 2500 | | 5 à 8 €

Un domaine de 55 ha (dont 5 ha dédiés à l'appellation picpoul-de-pinet) établi tout au bord de l'étang de Thau, qui vivifie les vignes de son influence maritime.

Vinifié en amphore, élevé sur lies avec bâtonnage, un vin singulier qui fait la preuve que les picpoul savent aussi vieillir. Drapée d'un joli jaune vert, la cuvée s'ouvre sur des notes de fleurs et de pierre à fusil. Les agrumes et le bourgeon de cassis précisent le bouquet dans une bouche à la fois confortable, grasse et très vivace. Long, frais, tactile, acidulé, il a tout, y compris le prix plus que raisonnable. ⧗ 2024-2026

DOM. BELLE MARE, rte des Salins, CD 18, 34140 Mèze, tél. 04 67 43 17 68, contact@belle-mare.com V *t.l.j. sf dim. 9h30-12h30 13h30-17h*

CALMEL ET JOSEPH Villa blanche 2023 ★

■ | 40000 | | 11 à 15 €

Laurent Calmel, œnologue, s'est associé avec Jérôme Joseph pour fonder en 1995 une maison de négoce spécialisée dans les vins de terroir du Languedoc-Roussillon. Le duo a lancé son étiquette en 2007. Il sélectionne les parcelles, vinifie et élève les cuvées.

Une cuvée souvent au rendez-vous du Guide, en grande forme dans ce millésime. On aime la limpidité de la robe, le nez fin et fringant, sur les agrumes et les fleurs blanches, et le palais vif comme il se doit, mais surtout enveloppant, voluptueux même, avec cette finale saline qui rafraîchit un peu plus. ⧗ 2024-2026

CALMEL ET JOSEPH, chem. de la Madone, 11800 Montirat, tél. 04 68 72 09 88, contact@calmel-joseph.com V *r.-v.*

B DOM. DE CAMPAUCELS Jean le Blanc 2022 ★

■ | 5000 | | 11 à 15 €

Un nouvel élan depuis 2009 pour ce domaine dédié aux oiseaux : *Campaucels* signifie le «champ des

oiseaux». Situé en zone Natura 2000, il est conduit en agriculture biologique certifiée par Cathy Do, œnologue. Clément, son neveu, l'a rejointe en 2022 et s'apprête à prendre la suite.

Une nuance dorée dans la robe et une touche de coing indique un début d'évolution qui sied parfaitement à ce picpoul floral, muscaté et citronné, élégant, à la fois tendre et frais, doté d'une petite touche d'amertume revigorante. À ouvrir sans attendre sur un poisson grillé. ⧗ 2024-2025

DOM. DE CAMPAUCELS, 34530 Montagnac, tél. 04 67 24 19 16, domainecampaucels@orange.fr V r.-v.

DOM. FÉLINES JOURDAN Féline 2022 ★

■	5000		11 à 15 €

Claude Jourdan a intégré le domaine familial en 1995, prenant la suite de sa mère Marie-Hélène. Ce vaste domaine de 100 ha se répartit en trois entités sur la zone de Picpoul-de-Pinet, en bordure de l'étang de Thau, à quelques mètres de la mer.

Voilà un picpoul cossu, doré, qui ne manque pas de complexité: citron confit, miel d'acacia, cire et fleur d'oranger. Gras à souhait, ample, miellé, généreux mais sans mollesse, le palais en impose dans un style solaire comme l'année le veut. Un vrai picpoul de gastronomie, à essayer sur une bourride. ⧗ 2024-2026

DOM. FÉLINES JOURDAN, 34140 Mèze, tél. 06 52 49 91 65, contact@felines-jourdan.com V r.-v.

FLORÈS Sélection 2022 ★

■	3000		11 à 15 €

Née en 1934, cette coopérative installée dans des bâtiments à l'architecture typique du Languedoc regroupe 150 adhérents et 700 ha de vignes. À sa carte, du picpoul-de-pinet et des vins IGP.

Un picpoul d'un beau classicisme, au nez retenu pour l'heure, hésitant entre agrumes, jonquille et bourgeon de cassis, mais élancé, consistant et porté par une belle acidité citronnée en bouche. Tendu à souhait, long, de bonne garde, il est né pour les fruits de mer et les poissons grillés. ⧗ 2024-2027 ■ **Soleil 2023 ★ (5 à 8 €; 62600 b.)** Fruité et floral, vigoureux à l'attaque, bien en chair et rythmé par une belle acidité, un picpoul complet, fédérateur et de bonne allonge. On l'ouvre dès l'apéritif. ⧗ 2024-2026

LES VIGNERONS DE FLORENSAC (FLORÈS), 5, av. des Vendanges, 34510 Florensac, tél. 04 67 77 00 20, caveau@vignerons-florensac.fr V t.l.j. 9h30-17h30; sam. 9h30-17h

♥ DOM. REINE JULIETTE Terres rouges 2023 ★★

■	40000		8 à 11 €

Tracée en 118 av. J.-C. pour relier l'Italie à l'Espagne, la via Domitia est la plus ancienne voie romaine de Gaule. Elle favorisa l'expansion de la viticulture en Narbonnaise. Sous le nom de «chemin de la reine Juliette», elle jouxte ce domaine familial créé en 1986. Couvrant 60 ha, le vignoble est à l'origine de cuvées en picpoul-de-pinet et en IGP. Très régulier en qualité.

Une cuvée d'une rare régularité qui aligne les étoiles et les coups de cœur. Le second en trois ans pour ces Terres rouges aux parfums vigoureux et tonifiants de litchi, de fleurs blanches et d'épices douces. L'éclat du fruit ne faiblit pas dans une bouche qui a tout pour elle: le charme de la texture, la fraîcheur, la netteté, l'élégance et une longueur qui ne passe pas inaperçue. En un mot, savoureux. ⧗ 2024-2027

DOM. REINE JULIETTE, Montredon, 34120 Castelnau-de-Guers, tél. 06 35 25 67 78, marion.allies0765@orange.fr V t.l.j. sf sam. dim. 10h-12h 15h-17h

CH. SAINT-MARTIN DE LA GARRIGUE Peyro-Dréj 2023 ★

■	30000		11 à 15 €

Au milieu des pins centenaires, ce château d'inspiration Renaissance a conservé son esthétique classique en s'enrichissant des apports de ses propriétaires successifs : seigneurs et notables, hommes d'épée ou d'Église, investisseurs dont le dernier en date (2019) est norvégien. Depuis 2011, Jean-Luc Parret, assisté de Gilles Habit à la vinification, est responsable de ce domaine de 60 ha, planté de 17 cépages répartis sur des terroirs de grès rouges et de calcaires lacustres. Un complexe œnotouristique a vu le jour récemment.

Une cuvée parcellaire, élevée pendant 4 mois en cuve, sur lies fines, dont on retient les arômes ténus mais fins, à dominante florale, puis la texture charmeuse et la belle fraîcheur qui émane d'une bouche droite et tendue à souhait. Parfait avec des fruits de mer. ⧗ 2024-2026

CH. SAINT-MARTIN DE LA GARRIGUE, D 615, 34530 Montagnac, tél. 09 71 05 68 67, contact@stmartingarrigue.com V t.l.j. 8h-17h30; sam. dim. sur r.-v. E

B VILLA NORIA La Serre 2023 ★

■	10000		11 à 15 €

Un domaine créé de toutes pièces en 2010 par quatre jeunes vignerons : 43 ha de vignes nichés entre mer et contreforts montagneux, sur des terroirs basaltiques, entre Pézenas et Montagnac. L'engagement en agriculture biologique (certifiée) concerne tous les aspects de la propriété, de l'eau aux paysages. Depuis 2019, deux partenaires ont quitté l'aventure et c'est désormais le duo Fabien Gross-Cédric Arnaud qui est aux commandes.

Récolté de nuit, habillé d'une robe jaune pâle, un picpoul énergique, au nez subtil sur les fruits jaunes bien mûrs nuancés de miel de fleurs et d'épices. Très vif, animé d'une rondeur légère, le palais y ajoute des touches originales de goyave et de menthol. Tonique, singulier, il fera mouche sur des coquillages et des poissons grillés. ⧗ 2024-2027

VILLA NORIA, L'Hortevieille, 34530 Montagnac, tél. 06 84 80 33 98, contact@domaine-noria.com V t.l.j. sf sam. dim. 8h-17h

▶ LES APPELLATIONS DE LIMOUX

BLANQUETTE MÉTHODE ANCESTRALE

AOP à part entière, la blanquette méthode ancestrale reste un produit confidentiel. Le principe d'élaboration réside dans une seule fermentation en bouteille. Aujourd'hui, les techniques modernes permettent d'élaborer un vin peu alcoolisé (autour de 6 % vol.), doux, provenant de l'unique cépage mauzac.

♥ FAMILLE ANTECH L'Ancestrale Le Mauzac ★★

● | 60000 | 🍾 | 11 à 15 €

Propriétaire de vignes, une maison de négoce familiale depuis six générations, dirigée aujourd'hui par Françoise Antech, à la suite de son père Georges et de son oncle Roger. Une valeur sûre, spécialisée dans l'élaboration des bulles limouxines.

L'arrêt de la fermentation se réalise en bouteille, lorsque les levures privées d'oxygène cessent leur travail en laissant quasiment la moitié des sucres naturels du raisin. Telle est la méthode ancestrale. Une recette qui trouve un bien bel ambassadeur avec cette cuvée d'emblée très engageante par son effervescence fine et festive. Le nez, fin, délicat, évoque l'églantine, la poire et la pomme légèrement caramélisée. Cette palette s'enrichit de la saveur de la tarte Tatin dans une bouche où la sucrosité est en balance avec une surprenante fraîcheur. Un ensemble des plus harmonieux, gourmand et riche d'arômes. ⧗ 2024-2027

⊶ FAMILLE ANTECH, Dom. de Flassian, 9, rue Dewoitine, 11300 Limoux, tél. 04 68 31 15 88, courriers@antech-limoux.com V *t.l.j. sf sam. dim. 8h-12h 14h-18h*

CAPDEPON Héritage ★

● | 32000 | 🍾 | 11 à 15 €

L'arrière-grand-père a été pionnier dans la commercialisation de la blanquette de « propriétaires ». Une production alors confidentielle. Depuis 1984, Régis et David conduisent le vignoble (80 ha) implanté à l'ouest de Limoux, entre chênes et garrigues, et mettent en avant leur mère Michèle sur leurs étiquettes. Si leur spécialité est la blanquette méthode ancestrale, ils proposent tous les styles de vins.

Pour une bonne prise de mousse avec une fin de première fermentation en bouteille (principe de la méthode ancestrale), rien ne vaut une mise lors de la vieille lune de mars. La tradition est tenace, et efficace. Cela permet d'obtenir la bonne pression, comme dans cette cuvée affichant un peu moins de 100 g/l de sucres résiduels. La belle robe dorée s'agrémente d'une effervescence fine, régulière, et d'emblée se dévoilent des senteurs intenses de pomme cuite vanillée et de poire Williams. La bouche est sous la coupe des fruits: pomme façon cidre, pêche blanche, avec une belle fraîcheur qui vient en contrepoint de la douceur. On est dans l'authentique. ⧗ 2024-2026

⊶ DOM. CAPDEPON, 4, chem. de l'Horto, 11300 Villelongue-d'Aude, tél. 04 68 69 51 81, domaine@capdepon.fr V *t.l.j. sf dim. 9h-12h 14h-18h*

DOM. J. LAURENS ★

● | 13000 | 🍾 | 11 à 15 €

Jacques Calvel, un enfant du pays de Sault, dans les Pyrénées audoises, est revenu aux sources après une carrière dans l'informatique aux États-Unis et en Suisse. En 2002, il a repris le Dom. Laurens, fondé dans les années 1980 par le Champenois Michel Dervin, l'a agrandi (30 ha aujourd'hui en conversion bio) et modernisé, secondé par son maître de chai Henri Albrus.

Pour une méthode ancestrale, tout le doigté du vinificateur est de trouver le juste équilibre entre la faiblesse du degré alcoolique (autour de 7 % vol) et les sucres naturels du raisin restant après l'arrêt (volontaire) de la fermentation. Objectif atteint avec cette bulle fraîche, à l'effervescence très fine. Au nez, se détachent des notes de cidre, de pomme au four, et plus surprenant, une pointe végétale rappelant le tilleul. Avec une sucrosité assez basse (60 g/l), rien d'étonnant à ce que l'équilibre soit sur la fraîcheur, avec l'omniprésente pomme est présente jusqu'en finale, relevée par une légère pointe tannique. ⧗ 2024-2026

⊶ DOM. J. LAURENS, Les Graimenous, rte de la Digne-d'Amont, 11300 La Digne-d'Aval, tél. 04 68 31 54 54, contact@jlaurens.fr V *t.l.j. sf sam. dim. 9h-12h 13h30-18h*

BLANQUETTE-DE-LIMOUX

Ce sont les moines de l'abbaye Saint-Hilaire, commune proche de Limoux, qui, découvrant que leurs vins repartaient en fermentation, ont été les premiers élaborateurs de blanquette-de-limoux. Trois cépages sont utilisés pour son élaboration : le mauzac (90 % minimum), le chenin et le chardonnay; ces deux derniers cépages introduits à la place de la clairette apportent à la blanquette acidité et finesse aromatique. La blanquette-de-limoux est élaborée suivant la méthode de seconde fermentation en bouteille et se présente sous dosages brut, demi-sec ou doux.

♥ FAMILLE ANTECH M 3.0 Le Mauzac 2020 ★★

● | 10000 | 🍾 | 15 à 20 €

Propriétaire de vignes, une maison de négoce familiale depuis six générations, dirigée aujourd'hui par Françoise Antech, à la suite de son père Georges et de son oncle Roger. Une valeur sûre, spécialisée dans l'élaboration des bulles limouxines.

Pur mauzac élevé 36 mois sur lattes, non dosé, c'est la pleine expression du cépage qui est recherchée ici, sur les argilo-calcaires limouxins. Une approche dynamique sur la fraîcheur, tant par la teinte pâle de la robe que par la délicatesse d'une bulle fine et persistante. Au nez, après l'aubépine, les fruits prennent le relais (pomelo et litchi) à l'aération. Un remarquable équilibre se dévoile en bouche entre une matière ample et moelleuse, une fine tension et la fraîcheur du fruit, avec en prime une longue finale sur la pomme verte qui signe le mauzac. ⧗ 2024-2027 ● **Réserve extra-brut Le Mauzac 2022 ★ (11 à 15 €; 60 000 b.)** Cette blanquette livre un bouquet intense sur la poire et la pomme golden, prolongé par une bouche qui conjugue la finesse, la vivacité et la gourmandise. ⧗ 2024-2026

FAMILLE ANTECH, Dom. de Flassian, 9, rue Dewoitine, 11300 Limoux, tél. 04 68 31 15 88, courriers@antech-limoux.com V *t.l.j. sf sam. dim. 8h-12h 14h-18h*

B DELMAS Cuvée Mémoire 2020 ★★

● | 6 800 | | 15 à 20 €

Domaine implanté sur le versant méridional d'un coteau en amphithéâtre, dans le charmant village d'Antugnac, dans la haute vallée de l'Aude. Bernard Delmas, cuisinier de formation et troisième du nom à conduire l'exploitation familiale, avec son épouse Marlène, est un pionnier de l'agriculture biologique : ses 34 ha de vignes sont convertis depuis 1986. Son fils Baptiste a pris la relève en 2015.

Un vin original dans sa conception, avec un élevage de 9 mois en fût de chêne avant prise de mousse et 30 mois sur lattes. Une blanquette or tendre à reflets argentés, à la bulle délicate et persistante, au nez intense et complexe, sur la minéralité, les agrumes, les fleurs mellifères et le pain brioché. Une attaque sur le fruit ouvre sur une bouche parfaitement équilibrée entre une belle fraîcheur et la rondeur due à l'élevage. Un ensemble aromatique et d'une grande finesse. ⧗ 2024-2026

EURL DELMAS, 11, rte de Couiza, 11190 Antugnac, tél. 04 68 74 21 02, contact@domaine-delmas.com V *t.l.j. sf sam. dim. 9h-12h 14h-18h*

MARTINOLLES Blanc de blancs ★

● | 3 000 | | 8 à 11 €

Ancienne dépendance de l'abbaye voisine de Saint-Hilaire, où les moines élaboraient des vins effervescents dès 1531, le Ch. de Martinolles (80 ha aujourd'hui) a été racheté en 2010 à la famille Vergnes par Jean-Claude Mas, négociant et propriétaire de neuf domaines (plus de 600 ha) en Languedoc-Roussillon.

La robe est agréable, or pâle à reflets verts, agrémentée d'une effervescence fine, régulière et persistante. Discrètement, le vin se dévoile sur les arômes classiques du mauzac: pomme mûre et touche florale. Le fruit domine aussi dans une bouche alerte, portée par une belle acidité, avec une légère amertume qui étire la finale. Parfait à l'apéritif. ⧗ 2024-2025

CH. MARTINOLLES, 11250 Saint-Hilaire, tél. 04 68 69 41 93, info@martinolles.com

DOM. PAUL MAS Prima Perla Blanc de blancs ★

● | 3000 | 8 à 11 €

Vigneron-négociant, Jean-Claude Mas dispose d'un vaste vignoble de plus de 600 ha en propre constitué par quatre générations, auxquels s'ajoutent les apports des vignerons partenaires (1 300 ha).

Une robe or pâle à reflets verts, une effervescence fine et régulière, un nez qui s'épanouit à l'aération sur les fleurs, les fruits blancs et une touche exotique, une bouche vive en attaque, puis plus douce autour de la pêche blanche, avec la légère amertume sapide typique du mauzac: cette Prima Perla ne manque de rien. ⧗ 2024-2026

DOMAINES PAUL MAS, 20, av. de Chardonnay, 11214 Malras, tél. 04 67 90 16 10, info@paulmas.com V *r.-v.* 5

B CH. RIVES-BLANQUES Brut nature 2021 ★

● | 2 500 | | 15 à 20 €

Ce domaine de 30 ha (dont 20 de vignes certifiées bio depuis 2021), spécialisé dans les vins blancs, est établi dans une zone protégée Natura 2000, à la croisée des influences méditerranéennes et océaniques, sur le terroir de Cépie, à quelques 350 m d'altitude. Il a été racheté en 2001 par un couple anglo-hollandais, les Panman. Jérôme Joulia en est le nouveau régisseur.

La tendance actuelle est au brut nature, c'est-à-dire un vin avec une teneur nulle en sucres fermentescibles. En voici un bel ambassadeur avec ce 100 % mauzac or pâle et brillant, à l'effervescence abondante, fine et persistante. Fruité et floral au nez, il marie la pêche blanche à l'aubépine. En bouche, l'équilibre est très assuré, avec de la finesse, un brin d'onctuosité pour accompagner une belle tension et un joli fruit bien typé mauzac jusqu'en finale. ⧗ 2024-2026

CH. RIVES-BLANQUES, plaine de Roquefort, 11300 Cépie, tél. 04 68 31 43 20, ollieux@artisans-partisans.com V *r.-v.*

SIEUR D'ARQUES Aimery ★

● | 138 000 | | 5 à 8 €

La cave coopérative Sieur d'Arques est un acteur incontournable du vignoble limouxin, où elle assure environ 60 % de la production. Fondée en 1946, elle fédère aujourd'hui quelque 205 adhérents et dispose d'un vaste vignoble de 1 800 ha éparpillés dans plus de 40 communes, ce qui lui permet d'opérer une sélection parcellaire rigoureuse sur une très large variété de terroirs. Sa vente aux enchères Toques et Clochers, instituée en 1990, a donné à Limoux un regain de notoriété et attiré l'attention sur ses vins tranquilles.

La principale entreprise d'élaboration de bulles limouxines se devait d'être présente. Classique dans sa présentation, cette cuvée livre un bouquet discret mais original, mêlant fleurs mellifères, pomme au four, minéralité et touche fumée. Animée d'une tendre sucrosité et d'une petite amertume stimulante en finale, la bouche se fait légère, aérienne et très fraîche. ⧗ 2024-2026

LES VIGNERONS DU SIEUR D'ARQUES, av. du Languedoc, 11303 Limoux, tél. 04 68 74 63 00, contact@sieurdarques.com V *t.l.j. sf dim. 9h30-12h30 14h-18h30*

CRÉMANT-DE-LIMOUX

Production : 30 000 hl

Reconnu seulement en 1990, le crémant-de-limoux n'en bénéficie pas moins de la solide expérience

et de l'exigence des producteurs de la région en matière de vins effervescents. Les conditions de production de la blanquette étant déjà très strictes, les Limouxins n'ont eu aucune difficulté à adopter la rigueur de l'élaboration propre au crémant. Depuis déjà quelques années s'affinaient dans leurs chais des cuvées issues de subtils mariages entre la personnalité et la typicité du mauzac, l'élégance et la rondeur du chardonnay, la jeunesse et la fraîcheur du chenin. Depuis 2004, le mauzac, cépage traditionnel de la région, est désormais réservé à la blanquette et c'est le chardonnay qui règne en maître dans l'appellation crémant-de-limoux. Enfin, le pinot noir peut être utilisé en appoint dans l'élaboration des rosés.

FAMILLE ANTECH Héritage 2021 ★★

● | 25000 | | 15 à 20 €

Propriétaire de vignes, une maison de négoce familiale depuis six générations, dirigée aujourd'hui par Françoise Antech, à la suite de son père Georges et de son oncle Roger. Une valeur sûre, spécialisée dans l'élaboration des bulles limouxines.

Ce crémant offre une présentation remarquable, avec une bulle fine qui agrémente une élégante robe jaune tendre. Il propose aussi une belle expression aromatique née d'un long élevage sur lattes avec des notes de genêt, de pêche et de miel. En bouche, il conjugue la rondeur, le moelleux, la finesse aromatique, la fraîcheur du zeste de citron et un superbe volume. On applaudit. ⧗ 2024-2027 ● **Émotion Extra-brut 2022 ★★ (11 à 15 €; 130000 b.)** Une Émotion qui trouve sa source dans une belle robe pâle, un nez bien fruité, sur la pêche et les petits fruits rouges, puis dans un palais tout aussi fruité, dynamique, vif, persistant. Que demander de plus? ⧗ 2024-2026 ● **Eugénie Extra-brut 2022 ★ (11 à 15 €; 100000 b.)** Les atouts de cette Eugénie: un équilibre très assuré, de la finesse, un bon volume, une aromatique très fraîche et fruitée. Parfait pour l'apéritif. ⧗ 2024-2026 ● **Brut nature 2022 ★ (11 à 15 €; 50000 b.)** Un brut nature, non dosé donc, vif, tendu, centré au nez comme en bouche sur des arômes de pomme verte et de citron. Une bulle énergique à l'accent minéral que l'on verrait bien en compagnie d'un apéritif aux tonalités marines. ⧗ 2024-2026

FAMILLE ANTECH, Dom. de Flassian, 9, rue Dewoitine, 11300 Limoux, tél. 04 68 31 15 88, courriers@antech-limoux.com V *t.l.j. sf sam. dim. 8h-12h 14h-18h*

DOM. CAPDEPON Excellence ★

● | 2500 | | 15 à 20 €

L'arrière-grand-père a été pionnier dans la commercialisation de la blanquette de «propriétaires». Une production alors confidentielle. Depuis 1984, Régis et David conduisent le vignoble (80 ha) implanté à l'ouest de Limoux, entre chênes et garrigues, et mettent en avant leur mère Michèle sur leurs étiquettes. Si leur spécialité est la blanquette méthode ancestrale, ils proposent tous les styles de vins.

Bulles fines, de belle intensité, cordon persistant, l'approche est festive sur un fond rose saumoné. Discret, le nez se dévoile doucement sur la fraise et une touche compotée de pêche jaune. Entre cette fine effervescence et la vivacité naturelle du chenin, le palais s'exprime pleinement sur la fraîcheur, avec un fruité qui ajoute à son caractère très friand et une touche d'amertume qui étire la finale. ⧗ 2024-2026

DOM. CAPDEPON, 4, chem. de l'Horto, 11300 Villelongue-d'Aude, tél. 04 68 69 51 81, domaine@capdepon.fr V *t.l.j. sf dim. 9h-12h 14h-18h*

Ⓑ DOM. DELMAS Cuvée des Sacres 2020 ★

● | 3400 | | 15 à 20 €

Domaine implanté sur le versant méridional d'un coteau en amphithéâtre, dans le charmant village d'Antugnac, dans la haute vallée de l'Aude. Bernard Delmas, cuisinier de formation et troisième du nom à conduire l'exploitation familiale, avec son épouse Marlène, est un pionnier de l'agriculture biologique : ses 34 ha de vignes sont convertis depuis 1986. Son fils Baptiste a pris la relève en 2015.

Un long élevage pour assurer le fondu d'un chardonnay mature, dompter la vivacité du chenin et façonner un crémant prêt à boire. Une belle robe or pâle, une effervescence fine et persistante, des arômes de miel de fleurs et de brioche, une bouche fraîche, harmonieuse, prolongée par une douce amertume: un extra-brut savoureux et épanoui. ⧗ 2024-2025

EURL DELMAS, 11, rte de Couiza, 11190 Antugnac, tél. 04 68 74 21 02, contact@domaine-delmas.com V *t.l.j. sf sam. dim. 9h-12h 14h-18h*

DOM. GIBERT Les Pipistrelles Brut nature 2021 ★

● | 4320 | | 11 à 15 €

Céline et David Forget ont racheté en 2018 ce domaine situé sur les hauteurs du village de Saint-Polycarpe. Ils ont repris les 7 ha de vignes, juchés entre 280 et 400 m d'altitude et plantés de sept cépages. Au menu des bulles limouxines et des vins tranquilles sous bannière IGP ou Vin de France.

Le chardonnay épaulé à parité par le chenin et le pinot: ce brut nature vise l'équilibre entre rondeur et vivacité, avec en prime la note de fruit rouge apportée par le pinot. La robe or tendre s'agrémente d'une effervescence persistante. Le nez, d'un abord discret, s'ouvre sur des notes de fruits mûrs à l'aération. La bouche se fait ample, généreuse, équilibrée comme attendu entre une belle fraîcheur, la note vineuse du pinot et une fine amertume qui prolonge le plaisir. ⧗ 2024-2026

DOM. GIBERT, 11300 Saint-Polycarpe, tél. 06 48 65 00 50, david.forget@orange.fr V *r.-v.*

♥ J. LAURENS Les Graimenous 2022 ★★

● | 250000 | | 11 à 15 €

Jacques Calvel, un enfant du pays de Sault, dans les Pyrénées audoises, est revenu aux sources après une carrière dans l'informatique aux États-Unis et en Suisse. En 2002, il a repris le Dom. Laurens, fondé dans les années 1980 par le Champenois Michel Dervin, l'a agrandi (30 ha aujourd'hui

en conversion bio) et modernisé, secondé par son maître de chai Henri Albrus.

Avec un passage de 12 mois sur lies, les quatre cépages de l'appellation ont eu le temps de faire connaissance, se fondre et apporter chacun les éléments d'un ensemble des plus harmonieux. Une impression de délicatesse se dégage d'emblée de ce crémant or très pâle animé par une bulle aérienne. Le nez se révèle expressif, sur l'acacia et l'agrume. La bouche séduit par son équilibre, sa finesse, sa souplesse, sa sucrosité très légère et sa belle longueur. Imparable. ⧗ 2024-2027 ● **Clos des Demoiselles ★ (15 à 20 €; 20000 b.)** Cette bulle couleur peau de pêche livre un bouquet intense associant la framboise, la pêche blanche et une fine minéralité. Il plaît aussi par sa concentration en bouche, son fruité, sa fraîcheur et son équilibre. ⧗ 2024-2026 ● **Clos des Demoiselles 2022 ★ (11 à 15 €; 105000 b.)** Un crémant flatteur, aromatique, bien frais, ouvert sur des notes citronnées et épicées au nez comme en bouche. ⧗ 2024-2025

⊶ DOM. J. LAURENS, Les Graimenous, rte de la Digne-d'Amont, 11300 La Digne-d'Aval, tél. 04 68 31 54 54, contact@jlaurens.fr V *t.l.j. sf sam. dim. 9h-12h 13h30-18h*

♥ DOM. ROSIER Terre de Villelongue ★★

●	28000		8 à 11 €

En 1982, Michel Rosier a quitté sa Champagne natale pour venir s'implanter sur les terres d'altitude (300 à 450 m) de Villelongue-d'Aude, ancien village fortifié en circulade, situé dans la partie ouest de l'appellation limoux. Douceur du climat… et du foncier, les terres du Sud ont leurs attraits. Au programme, des bulles de blanquette et de crémant. En 1985, la maison s'est installée à Limoux. Michel Rosier est épaulé depuis 2010 par son fils Nicolas et une quinzaine de viticulteurs lui apportent leurs raisins.

Le rose de la robe est tendre, légèrement saumoné, de belle brillance, accueillant une effervescence fine et persistante. Au nez, des senteurs discrètes d'églantine cèdent rapidement le pas à la fraîcheur des petits fruits rouges (fraise, framboise). Une agréable complexité aromatique qui se prolonge dans une bouche ample, très équilibrée, à la fois ronde, gourmande de fruit et très fraîche. ⧗ 2024-2027 ● **Terre de Villelongue ★★ (8 à 11 €; 28000 b.)** Un crémant expressif et complexe, sur la rose, le thé vert, le citron, la pêche ou encore la poire, qui séduit également par son élégance, sa finesse et sa persistance en bouche. ⧗ 2024-2027 ● **Salazar Carte azur ★ (8 à 11 €; 28000 b.)** Ce crémant s'ouvre sur des senteurs de poire et d'aubépine, avec un léger toasté en filigrane. La bulle est fine, animant un palais bien équilibré entre rondeur et fraîcheur, avec un écho harmonieux aux arômes du bouquet, quelques notes de fruits secs en appoint et une fine amertume sur l'écorce d'agrume en finale. ⧗ 2024-2026 ● **La Baume ★ (8 à 11 €; 28000 b.)** Un crémant ouvert sur des notes florales et d'amande amère, qui joue de bout en bout la carte de la fraîcheur, avec en prime une belle longueur. ⧗ 2024-2025

⊶ DOM. ROSIER, ZI de Flassian, rue Farman, 11300 Limoux, tél. 04 68 31 48 38, limoux@domaine-rosier.com V *r.-v.*

LIMOUX

Superficie : 194 ha
Production : 8 097 hl (60 % blanc)

L'appellation limoux nature, reconnue en 1938, désignait le vin de base destiné à l'élaboration de l'appellation blanquette-de-limoux et toutes les maisons de négoce en commercialisaient quelque peu. En 1981, cette AOP s'est vu interdire, au grand regret des producteurs, l'utilisation du terme *nature*, et elle est devenue limoux. Resté à 100 % mauzac, le limoux a décliné lentement, les vins de base de la blanquette-de-limoux étant alors élaborés avec du chenin, du chardonnay et du mauzac. Cette appellation renaît depuis l'intégration, pour la première fois à la récolte 1992, des cépages chenin et chardonnay, le mauzac restant toutefois obligatoire. La dynamique équipe limouxine voit ainsi ses efforts récompensés. Une particularité : la fermentation et l'élevage jusqu'au 1er mai, à réaliser obligatoirement en fût de chêne. Depuis 2004, l'AOP produit également des vins rouges à partir des cépages atlantiques (merlot surtout, cabernets et côt) et des cépages méditerranéens (syrah, grenache).

ALTUGNAC Las Gravas 2022 ★★

■	1300		15 à 20 €

L'aventure au domaine commence en 1928 avec les premières vignes que Joanny Collovray possède autour de Davayé, à l'ouest de Mâcon. Deux générations plus tard, les Collovray ont rencontré les Terrier et s'associent au sein du Dom. des Deux Roches qui naît en 1986. Aujourd'hui, ce sont Julien Collovray et Pierre-Alexis Terrier qui sont aux commandes des 60 ha de vignes, en conversion bio depuis 2020. Une valeur sûre du Mâconnais, qui œuvre aussi dans le Languedoc depuis 1997, où ils exploitent 110 ha également en conversion bio.

Issu d'une seule parcelle, ce chardonnay vinifié et élevé 9 mois en fût se présente dans une robe or vert lumineuse. Un peu réservé, le nez s'ouvre doucement sur des notes vanillées, avec une pointe plus vive d'agrumes sur fond de miel de fleurs. La bouche reprend cette aromatique dans un ensemble fondu, souple, fin, élégant, et d'un équilibre assuré. ⧗ 2024-2028 ■ **Terres amoureuses 2022 ★ (11 à 15 €; 20000 b.)** Voilà un blanc floral et citronné à l'olfaction, dont on aime la bouche élégante, croquante et énergique, qui se teinte de vanille dans une longue finale. ⧗ 2024-2028

⊶ ALTUGNAC, 4, rue du Château, 11190 Antugnac, tél. 03 85 35 86 51, info@collovrayterrier.com V *r.-v.*

♥ ANNE DE JOYEUSE Very Limoux 2022 ★★

■	10000		8 à 11 €

Fondée en 1929, la cave coopérative Anne de Joyeuse qui regroupe 370 vignerons s'est fait une spécialité de l'élaboration des vins rouges de Limoux et

LANGUEDOC

de la haute vallée de l'Aude issus de sélections parcellaires rigoureuses, sans pour autant négliger la production des vins blancs de l'appellation. À sa carte figurent aussi des vins en IGP.

Grâce à un vignoble regroupant les différents sols et climats de Limoux, la cave a tout le loisir de façonner un vin représentatif de l'ensemble de l'appellation. C'est le cas avec ce chardonnay à la robe dorée, ouvert sur une belle palette aromatique où se mêlent fleurs, fruits blancs, épices et finesse d'un boisé bien dosé. Alerte et expressif en bouche, sur les fruits blancs très mûrs avec ce même joli boisé en soutien, le vin évolue entre rondeur et tension. C'est très équilibré et «very limoux». ⧗ 2024-2028 ■ **Very Limoux 2021 ★★ (8 à 11 €; 9500 b.)** De la version rouge du Very Limoux, on retient la robe brillante, le nez ouvert sur la cerise noire et la confiture de mûres nuancées de camphre et de chêne, et la bouche sapide, gourmande, bien élevée, ourlée de tanins granuleux. Parfait sur un pavé de bœuf grillé. ⧗ 2024-2029 ■ **La Butinière 2022 ★ (11 à 15 €; 12000 b.)** Marquées au nez, les notes vanillées et toastées de la barrique se font plus discrètes dans une bouche joliment fruitée, à l'accent de pomme et de poire, ample, séveuse et fraîche, habilement épicée en finale. ⧗ 2025-2029

⊶ ANNE DE JOYEUSE, 34, prom. du Tivoli, 11300 Limoux, tél. 04 68 74 79 40, marketing@cave-adj.com V t.l.j. sf dim. lun. 9h-12h 15h-19h

B DOM. BERNATAS L'Outreblanc 2022 ★

■	3330	◖◗	15 à 20 €

Après des carrières dans le monde de la presse écrite, Jérôme et Stéphane Bernatas ont fait un retour aux sources en s'installant dans les environs de Limoux en 2019. Ils exploitent 6,5 ha d'un vignoble en coteaux, exposé au nord, entre 250 et 410 m d'altitude, en bio et travaillé selon les principes de la biodynamie.

Pur chardonnay issu d'une sélection parcellaire et élevé en foudre et demi-muids, le vin se présente dans une robe or vert très brillante. Le nez est fin, élégant, mariant les senteurs florales intenses du jasmin à celles toastées, beurrées et cacaotées nées d'un élevage sous bois. Cette jolie palette se prolonge dans une bouche charnue, confortable, aux accents très pâtissiers. Un vin ample et de bonne garde, à réserver à un poisson ou à une viande blanche crémés. ⧗ 2025-2030 ■ **La Petite Cordillière 2022 ★ (15 à 20 €; 2880 b.)** B Un bien beau chenin élevé sous bois et avec goût. On en retient le nez subtil mariant les fruits blancs (pêche, poire), le pain grillé et les épices douces, et le palais bien en chair mais énergique, plus citronné, qui assume parfaitement ses rondeurs et son élevage. Déjà séduisant, et sans doute un peu plus après un peu de garde. ⧗ 2025-2029

⊶ DOM. BERNATAS, 9, imp. du Pla, 11300 La Digne-d'Amont, tél. 06 64 28 56 94, domainebernatas@gmail.com V r.-v.

CAPDEPON Roquecave 2020 ★★

■	5320	◖◗	11 à 15 €

L'arrière-grand-père a été pionnier dans la commercialisation de la blanquette de «propriétaires». Une production alors confidentielle. Depuis 1984, Régis et David conduisent le vignoble (80 ha) implanté à l'ouest de Limoux, entre chênes et garrigues, et mettent en avant leur mère Michèle sur leurs étiquettes. Si leur spécialité est la blanquette méthode ancestrale, ils proposent tous les styles de vins.

Cassis, mûre, griotte, violette, tourbe, le tout souligné des épices du chêne, voilà un nez qui ne manque ni de complexité ni de charme. La même séduction émane d'un palais ample, rond, velouté, posé en douceur sur des tanins enrobés et torréfiés. Juteux, caressant, vivant, de belle garde, le jury a manifestement apprécié. ⧗ 2025-2029 ■ **Dom. Capdepon Chapelle Sainte-Barbe 2022 ★ (11 à 15 €; 7300 b.)** Un chardonnay classique, élégamment boisé, à l'accent vanillé, qui libère le fruit dans une bouche consistante, élégante et fraîche, qui gagnera à se détendre un peu en bouteille. ⧗ 2025-2029

⊶ DOM. CAPDEPON, 4, chem. de l'Horto, 11300 Villelongue-d'Aude, tél. 04 68 69 51 81, domaine@capdepon.fr V t.l.j. sf dim. 9h-12h 14h-18h

B DOM. DELMAS Le Passeur 2021 ★★

■	2340	◖◗	20 à 30 €

Domaine implanté sur le versant méridional d'un coteau en amphithéâtre, dans le charmant village d'Antugnac, dans la haute vallée de l'Aude. Bernard Delmas, cuisinier de formation et troisième du nom à conduire l'exploitation familiale, avec son épouse Marlène, est un pionnier de l'agriculture biologique : ses 34 ha de vignes sont convertis depuis 1986. Son fils Baptiste a pris la relève en 2015.

Un jeune limoux bien né, au boisé grillé généreux mais superbement fondu dans un bouquet puissant et énergique à l'accent citronné. Altière, la bouche, soyeuse et ample à l'attaque, monte en puissance et en tension, livrant une matière énergique, droite, vanillée en finale. Un blanc d'avenir. ⧗ 2025-2030 ■ **Terroir Haute Vallée 2021 ★ (15 à 20 €; 6000 b.)** B Un chardonnay sapide et minéral, au nez floral et grillé, ferme et droit en bouche, bien élevé, qui possède la nervosité du millésime et mérite de s'arrondir un peu en cave. ⧗ 2025-2028

⊶ EURL DELMAS, 11, rte de Couiza, 11190 Antugnac, tél. 04 68 74 21 02, contact@domaine-delmas.com V t.l.j. sf sam. dim. 9h-12h 14h-18h

DOM. GIRARD Las Salvios 2022 ★★

■	3000	◖◗	15 à 20 €

Le village d'Alaigne est une circulade : un village médiéval bâti en rond, les ruelles s'enroulant autour de l'église. Les Girard, vignerons depuis quatre générations, y conduisent un domaine en altitude (350 à 450 m) qui couvre aujourd'hui 35 ha. Ils élaborent leurs propres vins depuis 2000, année de l'installation de Philippe, secondé depuis 2014 par Jean-François. Une valeur sûre.

Un limoux remarqué pour son intensité aromatique alliant le floral des fleurs blanches à la fraîcheur fruitée de la pêche et de la poire, sur fond de boisé enrobé. Puis encensé pour sa bouche ample, ronde et citronnée, accompagnée d'un boisé fin, élégant, aux accents de réglisse et de pain grillé. Volailles, poisson aux herbes, chèvre, il est prêt à passer à table. ⧗ 2024-2028

⊶ DOM. GIRARD, 3, chem. de la Garriguette, 11240 Alaigne, tél. 04 68 69 05 27, contact@domaine-girard.eu V t.l.j. sf sam. dim. 8h30-12h 13h-17h30

CH. MARTINOLLES Vieilles Vignes 2022 ★★

| 31000 | | 11 à 15 € |

Ancienne dépendance de l'abbaye voisine de Saint-Hilaire, où les moines élaboraient des vins effervescents dès 1531, le Ch. de Martinolles (80 ha aujourd'hui) a été racheté en 2010 à la famille Vergnes par Jean-Claude Mas, négociant et propriétaire de neuf domaines (plus de 600 ha) en Languedoc-Roussillon.

Certes, le boisé domine avec un bon toasté en appoint de jolies notes briochées qui soulignent un séjour sur lies, mais le fruit blanc et la douceur miellée de l'acacia ne sont pas en reste. L'attaque, ample et suave, avec une pointe de sucrosité, ouvre sur un cœur de bouche consistant et bien fruité, avant une longue finale énergique sur les agrumes. En un mot, complet. ⧗ 2024-2029 **Garriguet Vieilles Vignes 2022 ★ (11 à 15 €; 8000 b.)** Un nez gourmand de fruits rouges et de tapenade, une matière ample, des tanins fermes mais croquants, une fin de bouche acidulée et mentholée: un rouge harmonieux, à boire ou à garder quelques années. ⧗ 2024-2028

CH. MARTINOLLES, 11250 Saint-Hilaire, tél. 04 68 69 41 93, info@martinolles.com

PLÔ ROUCARELS Oh lala! 2022 ★

| 280 | | 30 à 50 € |

Deux jeunes vignerons et un jeune domaine, constitué à partir de 2006. Originaire de Dresde, Julia Gil-Hubrich s'est formée à Montpellier et dans le Bordelais. Quant à Julien Gil, natif du sud de la France, passionné de cuisine et de vin dès l'adolescence, il a fait un détour par le Médoc pour apprendre le métier. Le couple a commencé par «sauver» 2 ha de vieux carignans promis à l'arrachage, puis acquis des vignes en appellation limoux. Aujourd'hui 7,5 ha constitués exclusivement de vieilles vignes.

Un vin rare que ce chardonnay, car il est issu d'une seule barrique neuve et a été élaboré sans levurage, avec une seule filtration très légère, et sans collage. L'apport de la barrique neuve lui vaut le doré de la robe et une présence aromatique intense où dominent les notes grillées, toastées et la douceur de la vanille. Le fruit blanc prend le relais dans un palais tendre et aérien à l'attaque, puis nerveux et tendu à souhait par une belle acidité qui donne éclat et droiture à l'ensemble. Très prometteur. ⧗ 2025-2029

PLÔ ROUCARELS, 18, rue Frédéric-Mistral, 11250 Couffoulens, tél. 06 61 77 51 35, post@plo-roucarels.com V *r.-v.*

B CH. RIVES BLANQUES La Trilogie 2022 ★★★

| 2500 | | 20 à 30 € |

Ce domaine de 30 ha (dont 20 de vignes certifiées bio depuis 2021), spécialisé dans les vins blancs, est établi dans une zone protégée Natura 2000, à la croisée des influences méditerranéennes et océaniques, sur le terroir de Cépie, à quelques 350 m d'altitude. Il a été racheté en 2001 par un couple anglo-hollandais, les Panman. Jérôme Joulia en est le nouveau régisseur.

Trois cépages (chardonnay, chenin et mauzac) associés et très complices dans ce limoux de référence qui se montre très épanoui après 10 mois d'élevage en fûts. D'où ces arômes complexes et profonds mariant la vanille aux senteurs de fruits exotiques, de pêche, de pomme et de poire Williams. Dans la continuité, la bouche livre une matière somptueuse, pleine, riche et caressante, aux accents de réglisse et de pain grillé qui s'éternisent dans une finale d'une fraîcheur imparable. On touche à la perfection. ⧗ 2025-2030 **Odyssée 2022 ★ (15 à 20 €; 25000 b.)** B Un pur chardonnay floral qui joue sur la rondeur du cépage et de son affinité avec la barrique, dans un ensemble friand, frais, fondu et prêt à passer à table. ⧗ 2024-2027 **Conservatòri 2022 ★ (15 à 20 €; 3500 b.)** B Les charmes du mauzac dans ce blanc ouvert sur les fleurs blanches, le miel et les agrumes, qui se tend agréablement dans une bouche effilée, droite, au profil minéral. Un vin énergique pour mets iodés. ⧗ 2024-2028

CH. RIVES-BLANQUES, plaine de Roquefort, 11300 Cépie, tél. 04 68 31 43 20, ollieux@artisans-partisans.com V *r.-v.*

DOM. LA ROLANDE
Le Claux Élevé en fût de chêne 2021 ★

| 4040 | | 11 à 15 € |

Un jeune domaine d'une quinzaine d'hectares, constitué petit à petit, à partir de 2013, par Kevin Alcaïdé, natif de Digne d'Amont, village situé à 5 km de Limoux. La première cuvée est sortie de sa cave en 2015.

La robe est intense, profonde, avec les reflets tuilés d'une sage évolution. Un vin prêt à consommer, dans un style acidulé, gouleyant, souple, bien attendri par l'élevage, qui donne à croquer un fruit juteux, entre cassis, tapenade et touches boisées très discrètes. ⧗ 2024-2027

DOM. LA ROLANDE, 3, chem. de la Rolande, 11300 La Digne-d'Amont, tél. 06 86 79 61 69, just.kevin@hotmail.fr V *r.-v.*

SIEUR D'ARQUES
Toques et clochers Océanique 2021 ★

| 46000 | | 11 à 15 € |

La cave coopérative Sieur d'Arques est un acteur incontournable du vignoble limouxin, où elle assure environ 60 % de la production. Fondée en 1946, elle fédère aujourd'hui quelque 205 adhérents et dispose d'un vaste vignoble de 1 800 ha éparpillés dans plus de 40 communes, ce qui lui permet d'opérer une sélection parcellaire rigoureuse sur une très large variété de terroirs. Sa vente aux enchères Toques et Clochers, instituée en 1990, a donné à Limoux un regain de notoriété et attiré l'attention sur ses vins tranquilles.

Quatre ans et encore en pleine jeunesse! Ce chardonnay d'altitude cueilli tardivement dans les terres fraîches de l'ouest limouxin, vinifié et élevé en barrique, se plaît à se faire attendre. Légèrement doré, il se cache encore un peu derrière un boisé vanillé, mais laisse percer des notes de verveine, d'épices, d'agrumes et de fruits blancs. Gracile et aérienne, dessinée à traits fins, la bouche fait dans la mesure et s'étire avec bonheur dans une finale alerte. ⧗ 2024-2028

LES VIGNERONS DU SIEUR D'ARQUES, av. du Languedoc, 11303 Limoux, tél. 04 68 74 63 00, contact@sieurdarques.com V *t.l.j. sf dim. 9h30-12h30 14h-18h30*

CH. TERAMAS ASTRUC 2022 ★

| 4 812 | | 11 à 15 € |

Vigneron-négociant, Jean-Claude Mas dispose d'un vaste vignoble de plus de 600 ha en propre constitué par quatre générations, auxquels s'ajoutent les apports des vignerons partenaires (1 300 ha). Depuis 2003, il est le propriétaire du Dom. Astruc et ses 50 ha de vignes (dont 25 dédiés à l'appellation limoux), créé en 1862 par Jean Astruc, cocher du fiacre au Ch. de Bourigeole.

Avec l'élevage, le chardonnay arbore un joli doré et s'exprime à l'olfaction avec une belle intensité sur les fleurs blanches, les agrumes et le beurre frais nuancés de notes fumées issues de l'élevage. Le fruité s'impose avec la même énergie autour d'un boisé soutenu dans une bouche où la rondeur et l'acidité jouent de concert. Un vin gourmand, souple, à boire dans ses jeunes années. 2024-2027 **2022 ★ (11 à 15 €; 3000 b.)** Un rouge à dominante de merlot qui livre à l'olfaction un bien joli bouquet floral et fruité (mûre et myrtille), saupoudré de menthol et d'épices. Des tanins un rien saillants (qui se lisseront vite à table) épaulent une bouche aimable, plus souple que puissante, étirée sur la prune cuite. À boire sur le fruit, sur des cochonnailles et grillades. 2024-2027

DOM. ASTRUC, 20, av. du Chardonnay, 11300 Malras

CH. VILLEMARTIN 2022 ★★

| 1800 | | 11 à 15 € |

Le Ch. de Villemartin est un domaine historique de Limoux. Il fut la propriété de la famille Guiraud dans les années 1800 et a été repris en 2016 par trois associés, Pierre Burel, Botica Gomes Antonio et Loic Galy, qui lui ont donné une seconde jeunesse: création d'un chai, renouvellement du vignoble (70 ha) et projets touristiques autour de son riche patrimoine.

La robe est fraîche, lumineuse et rubis. Les 18 mois de vieillissement en cuve ont détendu le bouquet, qui libère des parfums très croquants de cerise, de fraise compotée et d'épices. Une gourmandise que confirme et renforce une bouche ronde, juteuse, suave, mûre mais aussi fraîche, dotée de tanins veloutés. Tout cela respire l'élégance. 2024-2027

CH. VILLEMARTIN, Dom. de Villemartin, 11300 Gaja-et-Villedieu, tél. 06 02 31 36 24, sabrine@domainesbgwine.com V *r.-v.*

MALEPÈRE

Superficie : 384 ha / Production : 18 521 hl

Longtemps AOVDQS côtes-de-la-malepère, ce vignoble a accédé à l'appellation d'origine contrôlée en 2007. Il s'étend sur le territoire de 39 communes de l'Aude. Sa situation au nord-ouest des hauts de Corbières limite les influences méditerranéennes pour le soumettre à des influences océaniques. Aussi les malepères, vins rouges ou rosés, ne privilégient-ils pas les cépages du Sud mais les variétés bordelaises. En rouge, le merlot doit constituer la moitié de l'assemblage, suivi du cabernet franc ou du côt (20 %). En rosé, c'est le cabernet franc qui joue le rôle majeur (50 %). Les cépages méditerranéens comme le grenache et le cinsault n'entrent dans les assemblages qu'à titre accessoire.

♥ DOM. LE FORT
La Tour du Fort 2023 ★★

| 6000 | | 11 à 15 € |

Une propriété familiale où siège une ancienne bâtisse fortifiée du XVIIe s., entourée de 35 ha de vignes et conduite depuis 1995 par Marc et Stéphanie Pagès, tous deux œnologues, qui ont parachevé la reconstruction du domaine.

Coup double pour cette cuvée déjà coup de cœur dans l'édition précédente. On retrouve avec plaisir ce qui fait son charme: des arômes très généreusement fruités (confiture de fruits noirs et rouges), une touche d'épices, et une bouche terriblement gourmande, tout en chair, en sucrosité et en fruit, soutenue par des tanins déjà bien fondus. L'ensemble laisse une bien belle sensation de plénitude et de gourmandise. Pourquoi attendre? 2024-2028 **Élevé en fût de chêne 2021 ★★ (11 à 15 €; 12 600 b.)** Des arômes torréfiés, cacaotés et fruités (fruits rouges), un palais bien composé, mentholé, doté de tanins fermes et d'une bonne allonge sur les notes du chêne: un 2021 sérieux qui doit encore digérer son élevage. 2027-2032

DOM. LE FORT, Dom. le Fort, 11290 Montréal-de-l'Aude, tél. 04 68 76 20 11, info@domainelefort.com V *t.l.j. sf dim. 10h-12h 14h30-18h30*

B CH. GUILHEM
Terrasses du Couchant 2021 ★★

| 9000 | | 15 à 20 € |

Établi à Malviès, près de Carcassonne, ce domaine, commandé par un château construit à la fin du XVIIIe s. sur des vestiges gallo-romains, est dans la même famille depuis 1878 et six générations. Brigitte Gourdou-Guilhem, aux commandes pendant plus de 25 ans, a passé le relais en 2005 à Bertrand Gourdou. Aujourd'hui, ce dernier exploite 35 ha (en bio certifié depuis 2013). Une valeur sûre de l'appellation malepère.

Un assemblage bordelais (merlot, cabernet franc et cabernet-sauvignon) pour ce vin habilement élevé, qui séduit dès l'entame avec ses parfums de fruits rouges et d'épices douces rafraîchis de menthol. Des tanins élégants, un fruit vanillé séducteur, une matière gracile, déliée, une jolie fraîcheur: vinifié avec tact, voilà une franche réussite dans ce millésime capricieux. 2024-2028

CH. GUILHEM, 1, bd du Château, 11300 Malviès, tél. 04 68 31 14 41, contact@chateauguilhem.com V *t.l.j. sf sam. dim. 9h-12h 14h-17h30* E

B DOM. LA LOUVIÈRE
La Maîtresse 2022 ★★

| 20 000 | | 8 à 11 € |

C'est l'histoire d'un industriel allemand, Klaus Grohe, qui tombe sous le charme de cette région et de ce

terroir de la Malepère. Installé en 1992, désormais épaulé par son fils Nicolas, il a patiemment reconstruit ce domaine dont le vignoble couvre aujourd'hui 50 ha en bio.

Cette cuvée, qui restitue les charmes d'un merlot (60 %) vendangé bien mûr, dévoile un nez gourmand de cassis et de fruits rouges frais. Une touche d'épices étire la palette dans une bouche accueillante, riche, épaulée en douceur par des tanins bien assouplis, qui conserve ce qu'il faut de vigueur. Complet, déjà très agréable, et pour quelques années encore. ⧗ 2024-2028 ■ **La Séductrice 2022 ★ (11 à 15 €; 20 000 b.)** Ⓑ Des arômes intenses de cerise noire mâtinés des notes toastées et grillées du chêne, une bouche ample, ourlée de tanins bien enrobés par l'élevage, une finale fraîche et vanillée: déjà harmonieux et sans doute un peu plus après un peu de garde. ⧗ 2025-2028 ■ **L'Empereur 2021 ★ (30 à 50 €; 4 000 b.)** Ⓑ Dominant au nez, sur des nuances de moka et de vanille, l'élevage se fait plus discret dans une bouche joliment fruitée (petits fruits rouges écrasés), nerveuse à l'attaque, puis bien pleine et rehaussée de jeunes tanins qui ne tarderont pas à se fondre. ⧗ 2025-2028

⊶ DOM. LA LOUVIÈRE, La Louvière, 11300 Malviès, tél. 04 68 20 71 55, j.harris@domaine-la-louviere.com
V t.l.j. sf sam. dim. 8h-12h 14h-18h

DOM. DE MATIBAT
Élégance 2021 ★

■	2000		11 à 15 €

Un domaine acquis en 1973 par Jean-Claude Turetti : création de la cave en 1977 et premières mises en bouteilles en 1979. Le vignoble couvre aujourd'hui 34 ha.

Un malepère élégant, au nez ouvert sur la vanille et les petits fruits rouges. L'élevage (14 mois de fût) se fond dans une bouche tonique, élancée, parfumée et relevée de tanins extraits avec sagesse. Un bon représentant de l'appellation et du millésime, à déboucher dans les trois ans. ⧗ 2024-2027

⊶ DOM. DE MATIBAT, 11300 Saint-Martin-de-Villereglan, tél. 06 85 17 75 07, domainedematibat@orange.fr
V t.l.j. sf dim. 8h30-12h 14h-18h; sam. sur r.-v.

Ⓑ DOM. DE LA SAPINIÈRE
Bianca Flora 2023 ★

■	2040		15 à 20 €

Il n'y a plus de sapins à la Sapinière : le bois a été fourni à Viollet-le-Duc pour la restauration du château comtal de Carcassonne. Il n'y avait plus de ceps non plus sur la propriété, mais Joëlle Parayre, après une carrière dans l'industrie agro-alimentaire, a redonné vie à partir de 1997 à ce domaine à l'abandon, créé par un négociant bordelais en 1865. L'exploitation est certifiée Haute valeur environnementale et son vignoble, de 13 ha, est bio.

Un rosé bien en chair comme l'appellation sait en produire: une robe rose poudré, des arômes pimpants de fraise fraîche et d'agrumes, une bouche vive à l'attaque, onctueuse, vineuse, longue et savoureuse dans son développement. Un vrai rosé de gastronomie qui saura passer l'année. ⧗ 2024-2026 ■ **Archibald 2021 ★ (15 à 20 €; 3240 b.)** Ⓑ Le merlot et le grenache noir dominants dans ce rouge élevé en fût, dont le nez discret laisse poindre à l'aération des touches de toast, de griotte et de végétal. De bonne concentration pour le millésime, frais mais cadré par des tanins serrés, il mérite de se reposer en cave. ⧗ 2025-2029 ■ **2023 ★ (11 à 15 €; 7300 b.)** Ⓑ Habillée d'un rose saumon, une cuvée très estivale aux senteurs élégantes de bonbon, de fleurs et de fruits blancs, ronde, fraîche et d'une longueur très honorable. En un mot, harmonieux. ⧗ 2024-2025

⊶ DOM. DE LA SAPINIÈRE, Maquens, 11000 Carcassonne, tél. 06 64 27 03 32, j.parayre@domainedelasapiniere.com V t.l.j. 9h-12h30 15h-19h

LES VIGNOBLES DE VENDÉOLE
Cers-Volant 2023 ★

■	6666		8 à 11 €

Evoc est né en 2019 de la fusion des deux coopératives de l'Ouest audois : les caves de la Malepère et du Razès. La nouvelle entité regroupe 400 vignerons et 5 000 ha de vignes répartis sur quelque quarante communes, depuis la Montagne Noire jusqu'aux contreforts des Pyrénées.

Des reflets brillants égayent la robe de ce rosé séducteur, aux senteurs croquantes de groseille, de framboise et de fleurs. Un grand bol de fruits que l'on croque avec enthousiasme dans une bouche à la fois vive et vineuse, étirée sur le poivre et le sous-bois. Complet, généreux et dynamique. ⧗ 2024-2025

⊶ LES VIGNOBLES DE VENDÉOLE, RD 623, 11240 Routier, tél. 04 68 69 39 15, mhpoussou@vendeole.com V t.l.j. sf dim. 9h-12h 14h-18h

MINERVOIS

Superficie : 4 000 ha
Production : 120 000 hl (97 % rouge et rosé)

Le minervois est produit sur 61 communes, dont 45 dans l'Aude et 16 dans l'Hérault. Cette région plutôt calcaire, aux collines douces et aux revers exposés au sud, protégée des vents froids par la Montagne Noire, produit des vins blancs, rosés et rouges. Le vignoble du Minervois est sillonné de routes séduisantes; un itinéraire fléché constitue la route des Vins, bordée de nombreux caveaux de dégustation. Un site célèbre dans l'histoire du Languedoc, celui de l'antique cité de Minerve, où eut lieu un acte décisif de la tragédie cathare; de nombreuses chapelles romanes et les églises de Rieux et de Caune sont les atouts touristiques de la région.

CH. L'AMIRAL
2022 ★

■	2000		15 à 20 €

Un domaine fondé en 1817 par l'amiral Gayde, commandé par de spectaculaires bâtiments en forme de fer à cheval, que l'on remarque par satellite. Dans ce cadre abrité des vents dominants, Bénédicte Gobé, arrière-petite-nièce de l'amiral, est aux commandes depuis 2008 d'un vignoble de 30 ha en conversion bio. À la carte du domaine, des minervois et des vins en IGP.

LANGUEDOC

Des arômes intenses de fruit rouge mâtinés de plantes aromatiques, une bouche pleine, capiteuse, tenue par des tanins encore saillants, une touche de garrigue pour conclure: un vin bien composé, très typé, qui profitera d'un court séjour en cave. ⧗ 2025-2028

CH. L' AMIRAL, 14, av. de l'Amiral-Gayde, 11800 Aigues-Vives, tél. 06 83 51 68 88, contact@chateaulamiral.fr V r.-v. D

DOM. AMPELOUS Derrière chez Marie 2022 ★

■	9900		11 à 15 €

Bourguignon d'origine et fort de plus de 30 ans d'expérience en Bourgogne dans de prestigieux domaines, Pascal Guillemier a repris une propriété située à Caunes-Minervois, soit une trentaine d'hectares, entre vignes, chênes verts et garrigue.

Des vieilles vignes de carignan (79 ans) forgent l'ossature de ce minervois puissant, au nez épanoui de petits fruits noirs bien mûrs et de poivre. Appuyée sur une trame tannique affirmée, la bouche possède tout ce qu'il faut pour la digérer: de la chair, de la concentration et une longueur qui en dit beaucoup sur le pedigree de la cuvée. De bonne garde. ⧗ 2026-2030

DOM. AMPELOUS, 543, Sainte-Marie, 11160 Caunes-Minervois, tél. 06 01 72 34 23, domaineampelous@orange.fr V r.-v.

CH. BEAUFORT Vieilles Vignes 2022 ★★

■	70000		11 à 15 €

Installé en 1997, Jérôme Portal, qui exploite plusieurs propriétés en Minervois, non loin de la Serre d'Oupia, a pris ses marques dans le Guide. Il décline bon nombre de cuvées, sous différentes étiquettes : Ch. Beaufort, Ch. Molières, Ch. Artix, Ch. Portal, Ch. Sainte-Madeleine.

La syrah et le grenache noir vinifiés en macération carbonique et élevés en cuve, dans un millésime généreux, cela donne ce rouge épanoui qui sent bon le cassis et les épices. La garrigue et le fruit rouge prennent la relève dans un palais très harmonieux, tendre, digeste et structuré en douceur par des tanins bien extraits. On peut le boire ou le garder. ⧗ 2024-2028

CH. BEAUFORT, 34210 Beaufort, tél. 04 68 91 28 28, vignoble.beaufort@gmail.com V r.-v.

DOM. BÉNAZETH Aragonite 2022 ★★

■	24000		8 à 11 €

Frank Bénazeth a suivi les traces de ses parents vignerons et repris en 1987 le domaine familial (32 ha), établi sur les contreforts de la Montagne Noire. Plus original, il élève depuis 1998 une cuvée en barriques sous les stalactites du gouffre géant de la Cabrespine.

Une cuvée abonnée au Guide, parée ici d'une robe profonde et d'arômes très séduisants, fumés, floraux, sur un fond anisé et mentholé revigorant. Le fruit s'épanouit sans réserve dans une bouche puissante, concentrée, généreusement boisée mais aimable, adossée à des tanins très enrobés. Déjà très agréable, on verrait bien ce vin sur une viande en sauce. ⧗ 2024-2029

DOM. BÉNAZETH, 40, rte du Pont-Vieux, Le Moulin, 11160 Villeneuve-Minervois, tél. 06 30 61 30 01, benazeth.frank@orange.fr V r.-v.

GÉRARD BERTRAND
GB Réserve 2022 ★

■	28400		5 à 8 €

Enfant des Corbières, fils de vigneron et ancien rugbyman, Gérard Bertrand est un important propriétaire (quelque 850 ha répartis sur seize domaines et cultivés en biodynamie) et négociant du sud de la France, dont les cuvées apparaissent dans le Guide sous diverses appellations (corbières, fitou, minervois, languedoc, côtes-du-roussillon) et en IGP.

Les notes de fruits rouges bien mûrs percent derrière les arômes vanillés et épicés d'un élevage de 8 mois en fûts. Le boisé insiste dans une bouche généreuse, charnue et chaleureuse, d'une douceur de texture déjà très agréable. On peut le déboucher sans attendre sur un carré d'agneau aux herbes. ⧗ 2024-2028

GÉRARD BERTRAND, Ch. l'Hospitalet, rte de Narbonne-Plage, 11100 Narbonne, tél. 04 68 45 28 50, vins@gerard-bertrand.com V *t.l.j. 9h-19h; été t.l.j. 9h-20h* 5

B **DOM. CAILHOL-GAUTRAN**
L'Enclos 2022 ★

■	130000		8 à 11 €

Quatre générations se sont succédé sur ce domaine fondé au début du XXᵉs. En 1997, l'exploitation s'équipe d'une cave au hameau de Cailhol. En 2006, Jeanne et Christian Gautran transmettent le domaine à leur fils Nicolas et son épouse Olivia qui l'ont doté d'un nouveau chai leur permettant de travailler avec peu ou pas de sulfites. En conversion bio, le vignoble couvre 55 ha dans le Causse du haut Minervois.

Du soleil et du fruit dans ce minervois joliment dessiné, aux senteurs bien typées de fruits noirs et d'épices. Soulignée de tanins soyeux affinés par un élevage en fût discret, la matière s'étire avec suavité et douceur dans une ambiance certes chaleureuse mais qui conserve tout ce qu'il faut de dynamisme. ⧗ 2025-2029

DOM. CAILHOL-GAUTRAN, hameau de Cailhol, 34210 Aigues-Vives, tél. 04 68 91 26 03, gautran@orange.fr V r.-v. E

CH. CANET 2022 ★★

■	50000		8 à 11 €

Commandé par une grande demeure du XIXᵉs., ce domaine viticole en Minervois a été racheté en 2007 par les Néerlandais Floris et Victoria Lemstra. Aujourd'hui, 45 ha de vignes, 3 ha d'oliviers et 55 ha de champs et de pinèdes, un chai créé dans les écuries, ainsi que des gîtes aménagés dans les anciennes maisons des ouvriers vignerons.

Des petits fruits noirs et de la cardamome au nez comme en bouche dans ce minervois convivial, facile d'accès, ensoleillé mais fringant, dont on aime la texture déliée, le fondu des tanins, le croquant du fruit et la finale épicée. À boire dans les trois ans sur des grillades. ⧗ 2024-2027

CH. CANET, Ch. Canet, 11800 Rustiques, tél. 04 68 79 28 25, nathalie@chateaucanet.com V r.-v. E

♥ DOM. DE CANTALAUZE Le Secret 2021 ★★

3800 | 11 à 15 €

Alors âgé de 37 ans, Thomas Sanane a le coup de foudre pour ce domaine viticole situé aux portes de Carcassonne. En 2015, il quitte son métier et se fait vigneron en se formant sur le tas. Outre ses 5 ha de vignes, il cultive aussi la pistache, les poivres exotiques et le safran.

Au nez, un grand bol de fruits mûrs (cerise noire, groseille, pruneau) relevé à l'aération de poivre et de tabac. Fraîche, voluptueuse, très gourmande, l'attaque ouvre sur un cœur de bouche tout en rondeur, bien en chair, cadré par des tanins encore serrés mais qui laissent s'exprimer le fruit (rouge) et les épices dans une finale enlevée, à la longueur remarquée. «Très équilibré», «très cohérent», le jury est (très) content. Un minervois de belle garde. ⧗ 2026-2032

DOM. DE CANTALAUZE, chem. de Cantalauze, 11800 Trèbes, tél. 06 19 45 74 65, domainedecantalauze@gmail.com V r.-v.

DOM. CAVAILLES À Jeannot 2022 ★★

2603 | 5 à 8 €

Situé dans le causse de Minerve, ce domaine d'environ 13 ha se transmet depuis trois générations. Il a son siège au cœur même de la superbe cité qui a donné son nom à l'appellation, dans la rue qui surplombe les gorges de la Cesse. Installé en 1995, Didier Cavailles pratique avec un grand savoir-faire la macération carbonique.

Une dominante de grenache noir dans ce minervois taiseux, qui prend son temps pour diffuser ses notes de sous-bois puis de fruits rouges. Plus loquace et soutenue par des tanins fermes mais fins, la bouche charme surtout par sa fraîcheur et le croquant du fruit. Un vin allègre à boire dans sa jeunesse, tout indiqué pour une viande rouge saisie. ⧗ 2024-2027 ■ **Cuvée Coralie 2022 ★ (5 à 8 €; 3493 b.)** Un minervois facile, «de soif», dont on retient la robe brillante, le nez ouvert sur les fruits noirs et la bouche ronde, fluide, raffermie par des tanins un rien stricts en finale. Ils se détendront sur une grillade. ⧗ 2024-2027

DOM. CAVAILLES, 2, Grand-Rue, 34210 Minerve, tél. 04 68 91 12 60, didier.cavailles0486@orange.fr V *t.l.j. 14h-18h30*

CELLIER LAURAN CABARET L'Empreinte 2023 ★

3000 | 11 à 15 €

Le Cellier Lauran Cabaret est une coopérative fondée en 1929. Elle fournit 15 % de l'appellation minervois et a inauguré un nouveau caveau à Villeneuve-Minervois dédié à la vente et aux activités œnotouristiques. À côté d'une gamme de vins rouges de tous les styles, elle s'illustre dans les autres couleurs, plus rares, du Minervois.

Vinifié et élevé en fût, un minervois ensoleillé, aux parfums de mangue, d'ananas, d'amande fraîche et d'épices douces, dont on aime la bouche généreuse, grasse, ample et persistante. Il n'aura manqué qu'un soupçon de fraîcheur en plus pour décrocher la deuxième étoile. Un blanc de table. ⧗ 2024-2028

CELLIER LAURAN CABARET, 1, rue de la Cave-Coopérative, 11800 Laure-Minervois, tél. 04 68 78 12 12, direction@laurancabaret.fr V *t.l.j. sf dim. 8h-12h 14h-19h*

DOM. DE CLARMON Hommage Élevé en fût de chêne 2022 ★

4000 | 15 à 20 €

Ce nom à consonance occitane est la contraction du prénom des deux filles de Frédérique et de Denis Josserand, Clara et Manon. Le couple s'est établi en 1997 sur un vignoble du Minervois; il a créé sa cave en 2004. Aujourd'hui, 15 ha de vignes – en bio certifié depuis 2012 et en agroforesterie (pour la biodiversité) –, un nouveau chai (2018), une oliveraie et des chênes truffiers.

Une robe claire, des arômes gourmands de kirsch et de fruits rouges frais juste saupoudrés de poivre, une bouche gracile, croquante, fraîche, sertie de tanins discrets: une cuvée Hommage (à tous ceux qui ont aidé le couple au tout début de l'aventure) qui soigne le fruit et l'élégance. ⧗ 2024-2027

DOM. DE CLARMON, Stalary, 11200 Tourouzelle, tél. 06 15 87 19 75, domaine@clarmon.fr V *t.l.j. 9h-18h*

LOU COLOMBIER La Plume du peintre 2021 ★★

4000 | 11 à 15 €

Ancien commercial, Alain Clerbout a quitté le nord de la France et étudié un an au lycée viticole de Beaune avant de créer son domaine et de construire sa cave. Son vignoble couvre 27 ha sur argilo-calcaires, à cheval sur les appellations minervois et saint-chinian. Premières vendanges en 2004. Son fils, Valentin, l'épaule depuis 2020.

On aime tout dans ce rouge explosif et singulier: le nez déjà complexe, entre thé noir, thym, fruits noirs, Zan et menthol, et la bouche ample, juteuse, exubérante dans ses parfums et étayée de tanins serrés. La finale très salivante, sur la mûre et la garrigue, conclut très joliment la dégustation. On frôle le coup de cœur. ⧗ 2025-2030

DOM. LOU COLOMBIER, 13, chem. de Mortplo, 34310 Montouliers, tél. 06 19 43 30 08, al.clerbout@gmail.com V r.-v.

DOM. LES COMBES CACHÉES La Curiosité de Lauriole 2022 ★★

7658 | 11 à 15 €

Ce domaine a vu le jour grâce à trois amis du Lauragais, passionnés de viticulture : Michel Pousse, géographe de formation, Xavier Michelin, céréalier, et François Aumonier, agronome et chef d'entreprise. C'est avec David Ciry, œnologue conseil, et Christian Mignard, vigneron accompli, qu'ils ont élaboré leur premier millésime en 2015. Les vignes (12 ha), certifiées bio depuis 2018, sont éparpillées sur les communes de La Livinière, Siran et Cesseras.

75 % de grenache noir dans ce rouge enjôleur aux arômes de Zan, de cassis frais et de garrigue. Servi par des tanins de soie, le fruit coule en bouche avec décontraction, générosité et fraîcheur. Facile à boire, vinifié avec goût, c'est un excellent vin «de fruit», à servir dans ses jeunes

années. 2024-2027 **Combe Violon 2023 ★ (15 à 20 €; 3502 b.)** Une note fumée égaie ce nez plus fin que puissant, aux notes discrètes de fruits blancs qui se doublent de melon et de noisette dans une bouche élégante, ronde, tactile et fraîche. Un blanc de bon goût, digeste et élégant. 2024-2027

DOM. LES COMBES CACHÉES, La Distillerie, 8, av. du Causse, 34210 Siran, tél. 06 72 88 65 10, lescombescachees@gmail.com V r.-v.

LA CROIX DE SAINT-JEAN
La Croix du Père Michel 2022 ★★

| 24 000 | 8 à 11 €

La famille Fabre est établie depuis trois générations en Minervois. Pierre, le grand-père, mise sur la pêche; Robert, le fils, réintroduit le vignoble sur les coteaux. Michel parie sur le vin de propriété et crée en 2003 (pour commencer) le Dom. la Croix de Saint-Jean. Il a racheté en 2022 l'ancienne cave coopérative d'Agel pour en faire un chai spacieux et modernisé qui permet de vinifier par petits lots le fruit des 17 ha de vignes (en conversion bio) implantées pour l'essentiel sur le plateau de Cazelles, à l'orient du Minervois.

Des notes épicées et chocolatées agrémentent un nez suave centré sur la confiture et la cerise noire à l'alcool. Une franche sucrosité, de la matière, des tanins très enrobés, une finale enlevée: un minervois puissant et capiteux, mais élégant, qui donne déjà bien du plaisir, et pour quelques années encore. 2024-2028

DOM. LA CROIX DE SAINT-JEAN, La Croix-de-Saint-Jean, 11120 Bize-Minervois, tél. 06 14 98 27 34, domainedelacroixdesaintjean@gmail.com V r.-v.

♥ PIERRE CROS
Les Aspres 2022 ★★★

| 3300 | 30 à 50 €

Installé sur 25 ha de vignes, et au moins autant d'oliviers, d'amandiers et de chênes truffiers, Pierre Cros est un grand artiste vigneron, référence du Minervois, à en juger par son palmarès dans le Guide. Il se voit comme un «paysan» et dit tenir de ses père et grand-père, boulangers à Badens, son respect du client. Outre les cépages de l'appellation, Pierre Cros préserve de vieux ceps oubliés, voire «mal aimés» (comme l'aramon et le terret), et acclimate des variétés venues d'ailleurs.

Trois étoiles et un coup de cœur de plus dans l'escarcelle de Pierre Cros, qu'il doit à cette grande syrah élevée en fûts neufs. D'une robe très noire émerge un bouquet affriolant de cassis, de violette, de cannelle et de vanille. Une douce sucrosité enrobe un palais charnu et charmeur, aux notes chaleureuses de fruits à noyau, épaulé comme il faut par des tanins gras et mûrs. À la mesure de l'ensemble, la finale s'éternise sur les notes grillées et épicées du fût. Puissant, séduisant, élégant, on touche à la perfection. 2027-2034

PIERRE CROS, 20, rue du Minervois, 11800 Badens, tél. 06 74 47 25 80, contact@pierrecros.fr V t.l.j. sf dim. 8h-12h 14h-17h

CH. DE FAUZAN 2022 ★★

| 50 000 | 5 à 8 €

Domaine proche de Minerve. Le grand-père de Jean-Philippe Bourrel, intéressé par les truites fario de la Cesse, l'achète en 1956 et s'attache à ce terroir lumineux et minéral. Son père, double actif, continue les plantations de cépages nobles et lui lègue en 2002 la propriété. À son tour, Jean-Philippe concasse, rénove, construit un chai et restructure un vignoble qui couvre aujourd'hui 70 ha. En 2016, il plante les plus hautes syrah de l'appellation, à 400 m d'altitude, et convertit tout le vignoble au bio.

Une longue cuvaison et un élevage d'un an en cuve pour ce minervois qui offre les parfums très fruités (cassis) et épicés d'un assemblage dominé par la syrah et le grenache noir. Une attaque pulpeuse et tonique ouvre sur un palais consistant, suave, gainé de tanins doux et qui s'attarde sur la garrigue en finale. Un vin bien typé, déjà aimable, et qui tiendra en cave. 2024-2030

CH. DE FAUZAN, 3, chem. de Cesseras, hameau de Fauzan, 34210 Cesseras, tél. 06 83 82 24 90, chateaudefauzan@orange.fr V r.-v.

CH. LA GRAVE
Tristan et Julien 2022 ★

| 20 000 | 5 à 8 €

Ancien prieuré de l'abbaye de Lagrasse devenu métairie, ce domaine de 100 ha est installé sur les balcons de l'Aude, vaste amphithéâtre dominant le canal du Midi. Héritiers d'une longue lignée de vignerons, Josiane et Jean-Pierre Orosquette, établis en 1978, ont transmis le flambeau en 1985 à leur fils Jean-François.

Tristan et Julien, les deux jeunes pousses de la famille à l'honneur dans ce minervois délié, au nez discret entre garrigue et épices. Le fruit (prune et mûre) perce dans une bouche souple, étirée, harmonieuse, où les tanins se font très discrets. Un vin d'une agréable fluidité, conçu pour être bu jeune et qui gagnera à être aéré avant le service. 2024-2027 **Expression 2023 ★ (8 à 11 €; 12 000 b.)** Chocolat blanc, muguet, touche fumée, le nez séduit. Comme la bouche, souple, à l'attaque, puis vive, très citronnée et ponctuée par une petite amertume zestée en finale. Un blanc énergique que l'on peut déboucher dès l'apéritif. 2024-2027

CH. LA GRAVE, Ch. la Grave, 11800 Badens, tél. 04 68 79 16 00, chateaulagrave@wanadoo.fr V t.l.j. sf sam. dim. 9h-12h 14h-17h; sam. dim. sur r.-v.

♥ CH. GUÉRY Grès 2022 ★★★

| 15 000 | 5 à 8 €

René-Henry Guéry représente la huitième génération d'une famille vigneronne enracinée à Azille, dans le Minervois. Avec son épouse Florence, venue du Lot, autre terre de vignes, il exploite depuis 1998 ce domaine de 40 ha et l'a doté en 2022 d'un nouveau chai à barriques. Les 15 ha plantés en cépages blancs sont désormais conduits en bio.

Trois étoiles, un coup de cœur et une très belle affaire pour ce minervois dominé par le grenache noir. Discret mais typé, le nez dispense ses arômes chaleureux de fruits rouges mûrs sur fond de garrigue, de Zan et de poivre. Surprenante de fraîcheur à l'attaque, posée sur des tanins de soie, la bouche livre une chair ronde, douce, sans outrance, qui s'attarde très longuement sur ce fruit ensoleillé, très Languedoc. Déjà épanoui, rien ne dépasse, sauf le plaisir! ⧗ 2024-2029 ■ **Les Éolides 2021 ★★ (11 à 15 €; 6000 b.)** Du caractère dans ce nez fumé et sanguin qui s'entiche de cassis à l'aération. Des notes franchement lardées et de fruits compotés prennent le relais dans un palais généreux, souple et chaleureux qui a bien profité des chaleurs du millésime. À carafer ou à garder un peu en cave. ⧗ 2024-2028

CH. GUÉRY, 4, av. du Minervois, 11700 Azille, tél. 04 68 91 44 34, chateau.guery@gmail.com V t.l.j. sf dim. 10h-12h 16h-19h

B DOM. DES HOMS Paul 2021 ★★

■	25000		11 à 15 €

À la croisée du vent marin et du cers, les vignes sont idéalement plantées sur des terrasses caillouteuses au pied de la Montagne Noire. Jean-Marc de Crozals a repris en 2000 l'exploitation familiale, qui compte aujourd'hui environ 20 ha (en bio depuis 2007). Il a replanté 90 % du vignoble et commencé la mise en bouteilles à la propriété.

Une syrah (80 %) de référence dans ce millésime frais. Discrets à l'olfaction, les arômes de fruits noirs et de cèdre s'épanouissent franchement dans une bouche ample et riche, où tout est au diapason: la texture soyeuse, les tanins fins et la finale fringante sur le bâton de réglisse. Il sera «au top dans deux ou trois ans», précise le jury. ⧗ 2026-2030

DOM. DES HOMS, hameau des Homs, 11160 Rieux-Minervois, tél. 04 68 78 10 51, jm.decrozals@free.fr V t.l.j. 10h-12h30 15h-19h30 C

B LAURAIRE DES LYS Loriza 2021 ★★

■	3500		11 à 15 €

En 2001, David Pamiès fonde avec son épouse Danielle Khalkhal un domaine sur le causse de Vialanove à La Caunette, dans la région natale du premier. Dans ces confins nord de l'appellation minervois, l'hiver est froid, l'été sec et venté, le sol calcaire très rocailleux. Le vignoble (15 ha aujourd'hui) est conduit en bio certifié.

Une robe limpide aux reflets pourpres, des arômes exubérants de fruits en confiture et de poivre, une matière riche à souhait, pleine, suave, épaulée par des tanins bien pris dans la chair: un minervois, né de vignes cinquantenaires, puissant et harmonieux, qui a de beaux jours devant lui. ⧗ 2025-2030

LAURAIRE DES LYS, 9, rte du Sieuré, Vialanove, 34210 La Caunette, tél. 04 67 97 07 11, laurairedeslys@wanadoo.fr V t.l.j. sf sam. dim. 9h-12h 14h-18h

B LE LOUP BLANC La Mère Grand 2021 ★

■	5600		20 à 30 €

Copropriétaire d'un bar à vin à Montréal, Alain Rochard s'est formé au métier à l'université de Suze-la-Rousse avant de racheter en 2002 ce domaine de 18 ha, en bio, situé à Bize, sur le piémont de la Montagne Noire, dans la partie du Minervois appelée «Les Causses». Il est épaulé par Carine Farre et Nicolas Gaignon, vignerons et responsables du domaine.

Grenache noir et carignan sont associés dans ce minervois réservé au nez, sur des nuances de violette et de fruits bien mûrs. Des touches d'orange amère et de fruits rouges étoffent cette palette dans une bouche suave, lisse, peu tannique et agréablement acidulée en finale. Aimable et facile d'accès, on l'aérera avant le service. ⧗ 2024-2027

LE LOUP BLANC, hameau de la Roueyre, 11120 Bize-Minervois, tél. 04 67 38 00 15, contact@vignobleduloupblanc.com V r.-v. E

B CH. MASSIAC Origine 2021 ★

■	11000		8 à 11 €

Productrice de vins depuis de nombreuses générations, la famille Boudouresques a repris en 1988 ce domaine à l'abandon construit sur le site d'un ancien château détruit à la Révolution. Jean-Baptiste Boudouresques a rejoint en 2018 son père sur l'exploitation et ses 26 ha de vignes produisant des vins en IGP et en minervois.

La cuvée historique du domaine, élevée 18 mois en cuve qui soigne le fruit et la légèreté: une robe claire, des arômes gourmands de fruits rouges, une bouche tendre, souple, sapide et croquante. Facile à boire, on l'ouvre sans attendre. ⧗ 2024-2027

DOM. DE MASSIAC, 11700 Azille, tél. 06 38 01 18 14, domainedemassiac@gmail.com V r.-v. E

B CH. MIGNAN Aurus 2021 ★★★

■	6870		15 à 20 €

Domaine créé en 1956 par le grand-père de Christian Mignard sur les hautes terrasses argilo-calcaires de Siran et repris en 2002 par ce dernier. Aujourd'hui, 22 ha partagés entre les appellations minervois et minervois-la-livinière. L'actuel vigneron a construit sa cave et converti son vignoble au bio (certification en 2012).

Élevé en cuve et fût, voilà un minervois complet et savoureux. Très épanoui dès l'olfaction, le bouquet de violette, de cassis et de chêne parfume une bouche sensuelle, ronde, suave, vanillée en finale et structurée en douceur par des tanins bien enrobés. Du charme à revendre et une harmonie sans faille. ⧗ 2025-2030

CH. MIGNAN, Puech-Quisou, 34210 Siran, tél. 06 74 23 33 54, christianmignard@icloud.com V r.-v. D

CH. MILLEGRAND Élevé en fût de chêne 2022 ★★

■	120000		5 à 8 €

Un site très ancien, non loin de la via Domitia; un château du XVIe s. et 180 ha de vignes sur argilo-calcaires, schistes et même sur une veine de marbre rose où furent établies en 1700 des carrières royales. La famille Julien, qui détenait la propriété depuis 1858, l'a vendue en 2013 aux Domaines Bonfils, propriétaires de vingt domaines dans la région, et de trois crus bordelais.

Une robe profonde, un nez qui fleure bon les fruits rouges, une attaque ample, de la chair, une texture veloutée, des tanins extraits avec doigté, une touche boisée discrète, une finale longue et douce: aucune faute de goût dans ce minervois déjà très séduisant. ⧗ 2024-2029 ■ **Ch. Villerambert Julien Incarnat 2022 ★ (11 à 15 €; 26000 b.)** Un 2022 chaleureux comme il se doit, mais aussi fringant, ouvert sur les fruits mûr et les épices, dont on aime la rondeur et la finale enlevée et mentholée. Du relief et déjà beaucoup de plaisir. ⧗ 2024-2027 ■ **Ch. Villerambert Opéra 2022 ★ (8 à 11 €; 50000 b.)** Des vendanges nocturnes et une longue macération pour ce minervois généreux, ouvert sur le fruit mûr et les épices, très rond, long, parfumé et cousu de tanins très soyeux. ⧗ 2024-2027

CH. VILLERAMBERT/MILLEGRAND, 11800 Trèbes, tél. 04 67 93 10 10, bonfils@bonfilswines.com

CH. MIRAUSSE Le Cendrous 2021 ★

■ | 3960 | | 15 à 20 €

Proche de Carcassonne, une ancienne terre du seigneur de Badens, émigré en Autriche à la Révolution, devenue bien national et achetée par un ancêtre de Raymond Julien. Ce dernier a pris les rênes de la propriété et sa vingtaine d'hectares en 1971. Viticulteur exigeant, fidèle à la vendange manuelle et aux vinifications en grains entiers, il a passé la main à ses deux enfants en 2021.

Une presque pure syrah (90 %) vinifiée en macération carbonique et élevée un an en fût, d'où cette robe profonde et ce nez floral, épicé et végétal. Des tanins serrés cadrent une bouche souple et fraîche, qui conserve jusqu'en finale ce fruit allègre et réglissé. On l'ouvre dans ses jeunes années. ⧗ 2024-2027 ■ **Le Grand Penchant 2022 ★ (11 à 15 €; 10000 b.)** Des vignes de 40 ans à l'œuvre dans ce minervois de bonne concentration, aux arômes de chocolat et de fruits noirs, frais à l'attaque, puis charnu, riche et structuré par des tanins sans rigueur. On patiente un peu. ⧗ 2025-2028

DOM. DE MIRAUSSE, 11800 Badens, tél. 06 87 77 81 53, julien.mirausse@wanadoo.fr V r.-v.

♥ CH. MOLIÈRES Réserve 2022 ★★

■ | 60000 | | 8 à 11 €

Installé en 1997, Jérôme Portal, qui exploite plusieurs propriétés en Minervois, non loin de la Serre d'Oupia, a pris ses marques dans le Guide. Il décline bon nombre de cuvées, sous différentes étiquettes : Ch. Beaufort, Ch. Molières, Ch. Artix, Ch. Portal.

Souvent étoilée, cette cuvée décroche le coup de cœur dans sa version 2022. Vinifiée en grappes entières, sobrement élevée en cuve, voilà une syrah (70 %) bien mûre, au nez engageant de sirop de cassis et de framboise, nuancé de cacao et de poivre. La même richesse de fruit fait le charme d'une bouche gironde, succulente, à la fois mûre et fraîche, épaulée par des tanins très ronds. Un vin pulpeux, solaire, vivant, redoutablement gourmand dès à présent, et pour quelques années encore. ⧗ 2024-2029

GILLES PORTAL, Dom. d'Artix, 34210 Beaufort, tél. 04 68 91 28 28, vignoble.beaufort@gmail.com V r.-v.

DOM. MONASTREL Hyspe 2021 ★

■ | 2250 | | 15 à 20 €

Constitué dans les années 1920, ce domaine du Minervois a été repris en 2001 par Vincent Enaud, œnologue, et Brigitte, son épouse, qui ont restructuré le vignoble, arrachant certains ceps et défrichant la garrigue pour former un ensemble 8,5 ha, en bio certifié. Ils ont construit une cave en 2007 et planté des oliviers.

Du soleil et du plaisir dans ce 2021 qui offre une version souple du mourvèdre. Griotte, mûre, fruits noirs, touche de chêne, le nez ne manque pas de séduction. Le fruit persiste dans une bouche déliée, chaleureuse, accueillante, relevée par une touche de fraîcheur bienvenue en finale. Bien équilibré, il est prêt à passer à table. ⧗ 2024-2027

DOM. MONASTREL, 29, rue Courbe, 11120 Pouzois-Minervois, tél. 06 46 88 87 84, physa@domainemonastrel.com V r.-v.

CH. DE PARAZA Horizon 2021 ★★

■ | 27000 | | 11 à 15 €

Au cœur du village de Paraza, ce château datant du XVIIe s. accueillit à l'époque Paul Riquet, l'architecte à qui l'on doit le percement du canal du Midi. Annick Danglas a repris ce domaine familial de 70 ha en 2005, épaulée par ses deux fils.

Du caractère et de la puissance dans ce 2021 qui prend son temps pour déployer ses arômes suaves de fruits rouges et noirs très mûrs. Des tanins corsés gainent une bouche cossue, pulpeuse, complexe et épicée dont l'avenir est assuré. De bonne garde, fièrement languedocien et taillé pour une viande mijotée en sauce. ⧗ 2025-2029

CH. DE PARAZA, 1, rue du Viala, 11200 Paraza, tél. 09 64 33 37 43, contact@chateau-de-paraza.com V t.l.j. 10h-20h

DOM. DE PIERRE BLANCHE La Cuvée d'Adrien 2022 ★

■ | 4000 | | 8 à 11 €

Créé en 1989 par Véronique et Michel Soulié, le domaine a été repris par leur fils, Guilhem, ingénieur, et son épouse Morgane en 2018. Ils exploitent 9 ha de vignes, en conversion bio, situés au pied de la Montagne Noire.

Le domaine signe son entrée dans le Guide avec un minervois croquant. léger de robe, parfumé, sur la fraise écrasée. Charnue, souple, appuyée sur des tanins fondus, la bouche offre un grand bol de fruits et s'entiche d'une touche d'épices en finale. En un mot, gouleyant. ⧗ 2024-2026

DOM. DE PIERRE BLANCHE, 63, av. du Languedoc, hameau de Saint-Aunay, 11700 Puichéric, tél. 07 87 19 96 17, guilhem-soulie@hotmail.fr V r.-v.

CH. PORTAL Cuvée Haute Expression Vieilles Vignes 2022 ★

■ | 100000 | | 8 à 11 €

Installé en 1997, Jérôme Portal, qui exploite plusieurs propriétés en Minervois, non loin de la Serre d'Oupia, a pris ses marques dans le Guide. Il décline bon nombre de cuvées, sous différentes étiquettes : Ch. Beaufort, Ch. Molières, Ch. Artix, Ch. Portal, Ch. Sainte-Madeleine.

Une cuvée charmeuse, colorée, aux arômes débridés et juteux, entre mûre, cassis et garrigue. Le cassis insiste franchement dans une bouche caressante, très ronde, bien croquante, appuyée sur des tanins à peine esquissés. «Très agréable», résume le jury. ⧗ 2024-2027

⊶ CH. PORTAL, 34210 Beaufort, tél. 04 68 91 28 28, vignoble.beaufort@gmail.com V r.-v.

CH. POUZOLS Héritage 2021 ★

■ | 12000 | | 11 à 15 €

Le Ch. de Pouzols est propriété de la famille De Fournas depuis 1437 : vingt-deux générations de vignerons s'y sont succédé! En 2020, Charles, formé en France et dans le Nouveau Monde, a rejoint son père François-Régis à la tête d'un vignoble de 85 ha situé dans un des secteurs les plus chauds du Minervois.

Un assemblage syrah, mourvèdre et grenache noir et un élevage de 14 mois en fûts pour cette cuvée rubis foncé, au nez lent à se déployer, entre fruits mûrs et notes épicées du chêne. Consistante, chaleureuse, appuyée sur une trame tannique affirmée, la bouche ne manque ni de chair ni de potentiel. Elle doit juste digérer son élevage. ⧗ 2026-2032

⊶ CH. DE POUZOLS, 11120 Pouzols-Minervois, contact@chateaupouzols.com V r.-v.

LES VIGNERONS DE POUZOLS MAILHAC Chapelle Saint-Jean de Caps 2022 ★

■ | 25000 | | 5 à 8 €

Réunissant une centaine de vignerons de deux communes voisines au sud-est de l'appellation minervois, non loin de Narbonne, cette coopérative dispose des quelque 500 ha de ses adhérents.

Des touches mentholées et grillées donnent du cachet à un nez complexe et joliment fruité. Très souple, bien dans la lignée du millésime, ponctué par une petite astringence stimulante, voilà un minervois convivial et épicé que l'on boira volontiers sur une grillade de viandes rouges. ⧗ 2024-2027

⊶ LES VIGNERONS DE POUZOLS MAILHAC, RD 5, Les Auberges, 11120 Pouzols-Minervois, tél. 04 68 46 13 76, cave.pouzols@yahoo.fr V t.l.j. 9h-12h 14h-19h

DOM. PUJOL Au gré des grès 2021 ★★

■ | 7700 | | 11 à 15 €

Le domaine résulte de l'association en 2000 de deux vieilles familles vigneronnes de Saint-Frichoux, village proche du canal du Midi : André Izard, ancien coopérateur, et Yves et Jean-Claude Pujol. Les deux exploitations réunies couvrent 110 ha. Stéphanie et Emmanuel, la nouvelle génération des Pujol, sont désormais aux manettes.

«Joli produit», «vin plaisir», le jury sous le charme de ce minervois né de syrah et de grenache noir, sobrement vieilli en cuve. Très intenses dès l'olfaction, les arômes de fruits rouges confits infusent une bouche bien en chair, d'une douceur de texture et d'une souplesse de tanins exemplaires. Gourmand et bien typé, on peut le boire ou le garder. ⧗ 2024-2028

⊶ DOM. PUJOL, 8 bis, av. de l'Europe, 11800 Saint-Frichoux, tél. 04 68 78 15 30, info@domainepujol.com V r.-v.

B CH. SAINT-JACQUES D'ALBAS Albas 2022 ★

■ | 8140 | | 11 à 15 €

Amateur de vins et financier dans une vie antérieure, l'Anglais Graham Nutter s'est ménagé une retraite active en rachetant ce domaine viticole du Minervois (60 ha, dont 26 de vignes). Il a construit un chai et restauré tant les vignes que les vieilles pierres – la chapelle romane du XIe s. qui domine la propriété et des maisons anciennes dont il a fait des gîtes. Ses cuvées sont écoulées majoritairement à l'export.

Un assemblage classique, syrah et grenache noir, élevé en cuve et fût, pour un minervois non moins classique dans ce millésime solaire: des arômes puissants de fruits surmûris et de réglisse, une bouche ample, ourlée de tanins tendres, avant une finale gourmande sur le fruit compoté. Parfait avec un magret rosé. ⧗ 2024-2028

⊶ CH. SAINT-JACQUES D'ALBAS, Le Bas, 11800 Laure-Minervois, tél. 04 68 78 24 82, info@chateaustjacques.com V t.l.j. 8h30-12h 13h30-17h E

CH. SAINT-MÉRY Cuvée Exige 2021 ★

■ | 1800 | | 11 à 15 €

Héritier de huit générations de vignerons et petit-fils d'un viticulteur roussillonnais venu s'établir en Minervois, Richard Labène exploite 23 ha sur deux terroirs bien distincts, l'un sec et rocailleux, sur les coteaux de Tourouzelle, l'autre de galets roulés à Marseillette, près du canal du Midi, ce qui lui offre une belle richesse d'assemblage. Avec le mont Alaric comme horizon lointain, il s'attache à marier la tradition au souffle neuf d'un jeune vigneron.

Vinifié en macération carbonique, voilà un rouge fruité et friand, aux arômes de groseille, de framboise et de pruneau, souple, détendu et très facile à boire, avec cette petite pointe chaleureuse en finale qui nous ramène dans le Sud. ⧗ 2024-2027 ■ **2022 ★ (5 à 8 €; 3500 b.)** Un minervois efficace, aux parfums de fruits rouges au nez, qui se doublent de réglisse et d'une touche fumée dans une bouche ronde, appuyée sur des tanins encore un peu fermes à ce stade. Ils se détendront vite à table ou après une courte garde. ⧗ 2024-2027

⊶ CH. SAINT-MÉRY, rte de Puichéric, 11800 Marseillette, tél. 09 50 30 06 00, info@saintmery.com V r.-v.

DOM. TERRES GEORGES Quintessence 2021 ★★

■ | 3624 | | 15 à 20 €

Trois semaines après avoir confié son bien, Georges s'est éteint, satisfait de savoir que ses vignes resteraient dans la famille. Anne-Marie, sa fille, et Roland Coustal ont quitté leur métier pour assurer la pérennité du domaine, qu'ils ont rebaptisé en 2001 Terres Georges en hommage au père. Ce dernier était coopérateur; les héritiers, adeptes de la méthode Cousinié, ont créé une cave et limité à 14 ha la surface de leur exploitation pour tout suivre de près.

Un élevage en cuve et fût pour cet assemblage dominé par la syrah (80 %). Très expressif au nez, centré sur les petits fruits rouges mûrs mais agrémenté d'une note d'ardoise et de torréfaction, ce vin se montre tendre, délicat, parfumé et remarquable de fraîcheur en bouche. Une bien belle évocation de ce millésime «de vigneron». ⧗ 2024-2028

DOM. TERRES GEORGES, 2, rue des Jardins, 11700 Castelnau-d'Aude, tél. 06 30 49 97 73, info@domaineterresgeorges.com V r.-v.

DOM. DES TOURELS
Les Terres Rouges 2022 ★

■	3000		5 à 8 €

Domaine fondé en 1885 par un médecin qui épousa une patiente vigneronne. Installé en 2005, son descendant Sébastien Sabatier exploite 30 ha dans la partie sud-est du Minervois, au voisinage de l'Aude et du canal du Midi.

Une nuance tuilée dans la robe annonce un nez déjà mature et très expressif, entre romarin, eucalyptus, kirsch et cassis. Des notes franches de garrigue et d'épices s'immiscent dans un palais confortable, fringant, doté de tanins fermes qui donnent ce qu'il faut de nerf à l'ensemble. Bien typé, on peut le servir sur un carré d'agneau aux herbes. ⧗ 2024-2028 ■ **Louis Sabatier Élevé en fût de chêne 2022 ★ (8 à 11 €; 2400 b.)** Louis Sabatier, le fondateur du domaine, à l'honneur dans ce vin convaincant: fruits noirs mûrs, touches florales et fumées, un joli bouquet qui s'épanouit un peu plus dans une bouche de bon volume, bien structurée et très agréablement mentholée en finale. Un vin allègre qui gagnera en souplesse dans le temps. ⧗ 2025-2029

DOM. DES TOURELS, 12, Le Sol, 11200 Tourouzelle, tél. 06 76 22 85 02, sebastien@domainedestourels.com V r.-v.

TOUR SAINT-MARTIN Prestige 2022 ★

■	6000		5 à 8 €

La tour Saint-Martin, l'un des derniers bastions cathares tombé en même temps que Minerve en 1210, donne son nom à cette coopérative fondée en 1930. La cave regroupe aujourd'hui 50 viticulteurs et quelque 300 ha de vignes.

Une cuvée Prestige qui ne surjoue pas et qui séduit d'emblée avec ses parfums de fruits noirs grillés et épicés. On aime aussi la bouche ronde, souple, d'une légèreté de bon aloi, soutenue par des tanins finement extraits. Harmonieux et déjà accessible, on le boit dans les deux ou trois ans sur une viande rouge simplement grillée. ⧗ 2024-2027

TOUR SAINT-MARTIN, 33, av. Ernest-Ferroul, 11160 Peyriac-Minervois, tél. 04 68 78 11 20, contact@tour-saint-martin.com V *t.l.j. sf dim. 9h-12h 14h-18h*

MINERVOIS-LA-LIVINIÈRE

Superficie : 200 ha / Production : 7 000 hl

Reconnue en 1999, l'appellation minervois-la-livinière regroupe cinq communes des contreforts de la Montagne Noire. Elle produit des vins rouges issus de petits rendements.

CH. CESSERAS 2021 ★★

■	12000		15 à 20 €

Huit générations se sont succédé depuis 1840 sur le domaine. Pierre-André Ournac a rejoint son frère (aujourd'hui disparu) en 1985, l'année où la propriété a quitté la coopérative. L'encépagement a été revu, deux chais ont été aménagés. Aujourd'hui, Pierre-André exploite avec son neveu Guillaume 90 ha, dont 15 en minervois-la-livinière. L'exploitation produit un tiers de vins de cépages blancs.

Élevé en fût pendant 12 mois, cette cuvée intrigue et séduit avec son bouquet complexe de cèdre et de pierre à fusil. Élancée, élégante, fraîche, soutenue par des tanins bien extraits, la bouche conserve ce profil minéral et s'étire sur le kirsch en finale. « Une autre facette de l'appellation », résume le jury. ⧗ 2025-2030

DOM. COUDOULET, 4, rue des Caves-Hautes, 34210 Cesseras, tél. 04 68 49 35 21, domainecoudoulet@gmail.com V *t.l.j. sf sam. dim. 8h-12h30 13h30-17h*

CHAMPS DU LIÈVRE 2021 ★

■	3200		20 à 30 €

Dirigé par Nicolle Meyer, le Champs du Lièvre est un petit domaine de 2,5 ha convertis au bio, divisé en cinq parcelles toutes situées dans le cru La Livinière. Le chai est situé au cœur du village.

40 % de grenache noir en complément de la syrah dans ce vin très solaire, au nez chaleureux d'épices, de fruits rouges surmûris et d'hydrocarbure. Suave à l'attaque, généreux en milieu de bouche, étayé de tanins un rien stricts, il s'étire avec volupté sur les fruits à l'eau-de-vie. Un vin taillé pour l'hiver et pour une viande en sauce mijotée. ⧗ 2026-2030

CHAMPS DU LIÈVRE, chem. de Parignoles, (angle rte des Meulières), 34210 La Livinière, tél. 06 80 43 40 61, nicolle@champsdulievre.com V r.-v.

DOM. COMBE BLANCHE
La Chandelière 2021 ★★

■	2400		20 à 30 €

Guy Vanlancker, ancien instituteur originaire de Wallonie, se trouva en 1981 parachuté par les hasards de la vie sur les hauts coteaux de Calamiac où il commença à planter sur des terroirs alors délaissés. Il a patiemment développé le domaine qui couvre 12 ha, convertis au bio, sur les coteaux de La Livinière. Son fils Ambroise a repris la propriété en 2021.

Né d'une parcelle en forme de chandelier, un la livinière très classique, aux notes de mûre et de tapenade mariées aux arômes vanillés issus de l'élevage (15 mois en fûts). Le boisé enrobe un peu plus une matière consistante, suave, qui prend appui sur une trame tannique très douce. Harmonieux, bien élevé, c'est un bien bel ambassadeur de l'appellation. ⧗ 2027-2032 ■ **Clos du Causse 2022 ★ (15 à 20 €; 13000 b.)** Une dominante originale de grenache noir dans cette cuvée aux accents de fruits rouges confits et d'épices, qui déroule une matière élégante, ronde et suave, appuyée sur une trame tannique élégante qui étire agréablement la finale. Un vin sur le versant de la finesse. ⧗ 2025-2029

DOM. COMBE BLANCHE, chem. du Cavet, 34210 La Livinière, tél. 06 86 56 03 65, lacombeblanche@free.fr V r.-v.

LES COMBES CACHÉES
Soleil rouge 2021 ★★

■	13248		15 à 20 €

Ce domaine a vu le jour grâce à trois amis du Lauragais, passionnés de viticulture : Michel Pousse, géographe

de formation, Xavier Michelin, céréalier, et François Aumonier, agronome et chef d'entreprise. C'est avec David Ciry, œnologue conseil, et Christian Mignard, vigneron accompli, qu'ils ont élaboré leur premier millésime en 2015. Les vignes (12 ha), certifiées bio depuis 2018, sont éparpillées sur les communes de La Livinière, Siran et Cesseras.

Drapé d'une robe d'un rubis soutenu, un 2021 qui relâche, par touches successives, ses arômes toniques de griotte relevés de cèdre et d'eucalyptus. Une très belle fraîcheur plane sur un palais vibrant, juteux, un peu fumé, de bonne concentration et soutenu par des tanins ciselés. Un vin dynamique, vinifié avec bon goût, comme il est de rigueur au domaine. ⧗ 2026-2032

⊶ DOM. LES COMBES CACHÉES, La Distillerie, 8, av. du Causse, 34210 Siran, tél. 06 72 88 65 10, lescombescachees@gmail.com V ✈ ▮ *r.-v.*

B CH. LA CROIX MARTELLE
L'Onoriva 2022 ★

■ | 4000 | ▮ | 15 à 20 €

Vigneronne en Camargue, Marion Cornille a racheté en 2024 ce domaine de bonne réputation situé au cœur de l'AOC minervois la livinière. Outre la vigne, 27 ha travaillés en bio depuis 1998 et plantés d'une majorité de grenache, elle cultive aussi l'olivier.

Le grenache et le cinsault dominants dans ce rouge charmeur, aux arômes francs et intenses mêlant les fruits rouges à la réglisse et à la garrigue. Une belle acidité et des tanins encore fermes donnent de l'assise à un palais concentré, qui prend des accents fumés et épicés dans une finale de bonne allonge. Un vin solide qui mérite de s'épanouir en cave. ⧗ 2027-2032

⊶ CH. LA CROIX MARTELLE, 5, av. du Château, 34210 Siran, tél. 06 04 53 31 71, direction@chateaulacroixmartelle.com V *r.-v.*

CH. GUÉRY Magnifique 2021 ★★

■ | 4000 | ◍ | 20 à 30 €

René-Henry Guéry représente la huitième génération d'une famille vigneronne enracinée à Azille, dans le Minervois. Avec son épouse Florence, venue du Lot, autre terre de vignes, il exploite depuis 1998 ce domaine de 40 ha et l'a doté en 2022 d'un nouveau chai à barriques. Les 15 ha plantés en cépages blancs sont désormais conduits en bio.

Un nom de cuvée ambitieux mais justifié dans le verre: derrière une robe violacée, des arômes complexes et expressifs, entre fruits rouges, menthol et touches fumées et épicées d'un élevage de 18 mois en barriques. Le fruit se teinte franchement de vanille et de coco dans une bouche ample, puissante, ourlée de tanins fondants et qui conserve une bien belle fraîcheur. Complet, harmonieux, long, on lui prédit un bel avenir. ⧗ 2027-2032

⊶ CH. GUÉRY, 4, av. du Minervois, 11700 Azille, tél. 04 68 91 44 34, chateau.guery@gmail.com V ✈ ▮ *t.l.j. sf dim. 10h-12h 16h-19h*

B CH. MARIS La Touge 2022 ★★

■ | 100 000 | ▮ | 15 à 20 €

Cofondé en 1997 par le vigneron australien Robert Eden et Kevin Parker, entrepreneur spécialisé dans le développement durable, ce domaine a fait du respect de l'environnement (et de l'œnotourisme) son credo. Certifié en bio depuis 2002 et en biodynamie depuis 2004, le vignoble s'étend sur 45 ha divisés en de multiples parcelles disposées sur la colline au-dessus de La Livinière.

Quatre semaines de macération et un long élevage en cuve pour ce vin ensoleillé qui soigne l'élégance. Discret et mentholé au nez, il dévoile une bouche langoureuse, charnue et concentrée, mais rafraîchie de garrigue et structurée en douceur par des tanins très intégrés. ⧗ 2025-2029

⊶ CH. MARIS, chem. de Parignoles, 34210 La Livinière, tél. 04 68 91 42 63, hannah@chateaumaris.com V ✈ ▮ *r.-v.* ⌂ E

DOM. DE L'OSTAL 2021 ★★

■ | n.c. | ◍ ▮ | 20 à 30 €

Jean-Michel Cazes, propriétaire du Ch. Lynch-Bages en pauillac, a acheté en 2002 au pied de la Montagne Noire 150 ha de terres. Le vignoble a été restructuré, et une ancienne tuilerie aménagée en cave. Aujourd'hui, 62 ha situés en partie sur le prestigieux terroir de La Livinière et formant l'Ostal Cazes, terme occitan qui signifie à la fois la famille et la maison.

La robe soutenue, pourpre, et le nez, floral, fruité et épicé, trahissent la forte présence de la syrah dans l'assemblage (70 %). Plus réglissée et vanillée, la bouche, ronde et douce à l'attaque, se tend en finale autour de tanins encore un rien mordants. Bien bâti, voilà un beau la livinière solaire et structuré, que l'on ne se pressera pas d'ouvrir. ⧗ 2027-2032

⊶ DOM. DE L' OSTAL, Tuilerie Saint-Joseph, 34210 La Livinière, tél. 04 68 91 47 79, contact@jmcazes.com V ✈ ▮ *t.l.j. sf sam. dim. 10h-12h30 14h-19h*

♥ CH. SAINTE-EULALIE
Bellezour Anima 2022 ★★

■ | 2700 | ▮ | 20 à 30 €

Créé en 1868 sur les coteaux de La Livinière aux sols calcaires, ce domaine de 38 ha est depuis 1996 la propriété d'Isabelle et de Laurent Coustal – ce dernier, œnologue. Si la maison de maître et le logement des employés sont typiques d'une «campagne» du Languedoc, les bâtiments sont aussi HQE (Haute Qualité Environnementale).

Bellezour Anima? «Une âme plus belle encore», soit un fragment du plus ancien poème rédigé en langue romane. Dans le verre, une ode à l'appellation et un grand livinière qui fleure bon la tapenade, la garrigue et les fruits noirs confits. Une douce sucrosité, de la chair, des tanins très ronds, un fruit ensoleillé mais rafraîchi de plantes aromatiques: une harmonie parfaite et un vin plein de promesses mais déjà savoureux. ⧗ 2025-2030

■ **La Cantilène 2021 ★ (15 à 20 €; 26 600 b.)** Discret au nez, dominé par les notes épicées de l'élevage en fût, ce vin présente un palais bien composé, charnu, structuré en douceur par des tanins croquants et porté par une belle acidité typique du millésime. ⧗ 2025-2029

CH. SAINTE-EULALIE, Sainte-Eulalie, 34210 La Livinière, tél. 04 68 91 42 72, info@chateausainteeulalie.com
V *t.l.j. sf sam. dim. 10h30-12h 15h-17h*

♥ DOM. DE LA SENCHE
Cuvée Sòmi Élevé en fût de chêne 2021 ★★★

| | 2000 | | 15 à 20 € |

Ce domaine a pris l'accent britannique depuis sa reprise en mains en 2009 par un couple écossais passionné de vins, Guy et Liz Crawford, et leur associé gallois, Ross Furlong. Au programme : des oliviers dont ils tirent une huile maison et un vignoble de poche travaillé par le couple et les amis de passage.

Sòmi? Le «rêve» en occitan, un nom de cuvée qui va à ravir à ce grand rouge vinifié et élevé en fût. La robe noire annonce un nez impressionnant de puissance et de complexité, truffé, torréfié, sur un fond généreux de fruits compotés et de garrigue. Des tanins très enrobés soutiennent une chair grasse, concentrée, d'une plénitude aromatique peu commune, avec une note mentholée revigorante qui donne à l'ensemble tout ce qu'il faut d'énergie. Un vin voluptueux, déjà savoureux, qui touche à la perfection. ⧗ 2025-2030

DOM. DE LA SENCHE, 12, rte des Meulières, 34210 La Livinière, tél. 06 79 63 39 69, domainedelasenche@gmail.com V *r.-v.*

SAINT-CHINIAN

Superficie : 3 261 ha
Production : 138 218 hl (99 % rouge et rosé)

Mentionnés dès 1300, les saint-chinian, promus en VDQS en 1945, sont en AOP depuis 1982. Implanté dans l'Hérault, au nord-ouest de Béziers, orienté vers la mer, le vignoble couvre 20 communes et s'étend sur des coteaux le plus souvent situés entre 100 et 300 m d'altitude. Il s'enracine dans les schistes, surtout dans la partie nord, et dans les cailloutis calcaires, vers le sud. Les vins sont notamment rouges, de deux styles différents: empyreumatiques et souples dans la zone schisteuse; fruités, gras et plus aptes à la garde dans la zone argilo-calcaire. L'appellation produit aussi des rosés et de rares blancs.

♥ BELOT Mouleyres 2022 ★★★

| | 10500 | | 8 à 11 € |

Dans les années 1980, peu après la promotion en appellation du saint-chinian, Jacques Belot, instituteur, crée un vignoble de toutes pièces, défrichant, plantant des cépages nobles. Lionel, qui prend sa suite en 1997, acquiert, pour agrandir son domaine et installer sa cave, un ancien rendez-vous des chasses royales du XVIIᵉs., qui aurait reçu la visite de Louis XIV. Il cultive aujourd'hui 36 ha en saint-chinian, languedoc et IGP.

Encensé l'année passée pour son Best of Belot, le domaine récidive avec ce Mouleyres, sélection parcellaire élevée un an en fûts neufs. Une robe violine lumineuse, des parfums délicats et fringants d'épices douces et de griotte, l'entame est prometteuse. Au palais, un récital: une attaque pleine, un cœur de bouche charnel et caressant, des tanins de soie bien enrobés par l'élevage, une finale vanillée d'une séduction imparable. Le tout dans un écrin de fraîcheur préservée. Simplement parfait et déjà irrésistible. ⧗ 2024-2029 ■ Best of Belot 2021 ★ (15 à 20 €; 4 500 b.) Des parfums de petits fruits rouges frais percent derrière les notes boisées (un an de fût neuf). La mûre et le cassis pointent dans une bouche tendre, adossée à des tanins un rien sévères à ce stade. Peut-être un ton en dessous du 2020, millésime oblige, mais tout de même très recommandable, surtout après un peu de garde. ⧗ 2025-2028

VIGNOBLE BELOT, Dom. du Tendon, 34360 Pierrerue, tél. 04 67 38 08 96, vignoble.belot@orange.fr
V *t.l.j. sf sam. dim. 9h-12h 14h-18h*

B CALMEL ET JOSEPH
Les Crus Le Saint-Festin 2022 ★★

| | 10000 | | 15 à 20 € |

Laurent Calmel, œnologue, s'est associé avec Jérôme Joseph pour fonder en 1995 une maison de négoce spécialisée dans les vins de terroir du Languedoc-Roussillon. Le duo a lancé son étiquette en 2007. Il sélectionne les parcelles, vinifie et élève les cuvées.

Une «belle découverte» pour le jury que ce blanc élevé sur lies, en cuve et fût. Un vin doré de robe, au nez singulier, entre fleurs blanches, agrumes et note pétrolée. Tendre à l'attaque, citronnée, bien en chair, la bouche gagne en tension dans une finale plus nerveuse et très salivante. Un joli contraste qui offre de belles perspectives à table. ⧗ 2024-2027

CALMEL ET JOSEPH, chem. de la Madone, 11800 Montirat, tél. 04 68 72 09 88, contact@calmel-joseph.com V *r.-v.* E

B CH. CASTIGNO 2021 ★★

| | 3334 | | 30 à 50 € |

Tine et Marc Verstraete, chef costumière au cinéma et homme d'affaires belges, ont acquis le domaine en 2007, ancienne propriété de l'ordre de Malte, situé sur la commune d'Assignan, pour en faire un complexe oenotouristique avec tables (dont l'une étoilée) et chambres aménagées dans un hameau joliment rénové. Côté vigne, 30 ha cultivés en bio, principalement constitués de vieilles vignes (50 à 120 ans).

Un retour dans le Guide remarqué pour le domaine qui signe un blanc de bonne garde, élevé en fût et en jarre. On en retient les arômes de fleurs blanches et d'agrumes nuancés d'épices douces et de pierre à fusil, et le palais encore serré mais gourmand, gras et structuré. À ouvrir sur une volaille ou un poisson à la crème, après un petit séjour en cave. ⧗ 2025-2028

CH. CASTIGNO, 7, Carriera-Dals-Camps, 34360 Villespassans, tél. 06 39 23 54 16, emeline_lerat@chateaucastigno.com V *t.l.j. 9h30-13h 14h-18h30*
4 C

DOM. CATHALA Cuvée A' 2021 ★★

■ | 9200 | | 11 à 15 €

La famille Cathala cultive la vigne de père en fils depuis sept générations à Cessenon-sur-Orb, à 20 km au nord-ouest de Béziers. Les frères Bruno et Pascal ont constitué en 2011 à partir des terres familiales (15 ha) un vignoble de 5 ha dédié au saint-chinian. Ils proposent également des cuvées de négoce.

À une robe opaque aux franges légèrement évoluées répond un nez complexe, déjà épanoui, entre fruits rouges séchés et épices douces. Chaleureuse, suave, appuyée sur des tanins fondants, la bouche confirme ce profil mature. Un vin sensuel, solaire et savoureux, à déboucher dans sa jeunesse, sur un tournedos Rossini par exemple. ⌛ 2024-2027 ■ **Passion rosé 2023 ★ (8 à 11 €; 4200 b.)** Un rosé aimable, couleur peau de pêche, aux arômes de pomelo soulignés d'épices, qui s'épanouit avec rondeur dans une bouche gourmande, plus suave que fraîche. Simple et efficace. ⌛ 2024-2025

DOM. CATHALA, 19, chem. du Pizou, 34460 Cessenon, tél. 06 07 01 97 62, domaine.cathala@gmail.com V r.-v.

CHAI JULIP Leïla 2022 ★

■ | 6000 | | 15 à 20 €

Judith Melka, à la cave, et Philippe Peignier, dans les vignes, ont repris en 2021 l'ancien Dom. Belles Courbes, rebaptisé Chai Julip, soit 12 ha de vieilles vignes (60 ans d'âge moyen) disposées le long d'une courbe de niveau qui offre toutes les orientations. Les vinifications se font au plus proche du fruit (sans intrant et minimum de soufre) et la conversion bio est engagée (certification en 2025).

Drapée d'une robe violine, Leïla ne manque pas de séduction: des arômes croquants de fruits rouges et noirs frais relevés d'épices, qui s'épanouissent un peu plus dans une bouche juteuse, pulpeuse, souple, à la fois ensoleillée et très dynamique. Un grand bol de fruits et de Méditerranée qui a donné de bien belles sensations au jury. ⌛ 2024-2027

CHAI JULIP, 24, cours Lafayette, 34480 Saint-Geniès-de-Fontedit, tél. 06 49 41 31 72, judith@chaijulip.com V r.-v.

B CH. DE CIFFRE Terroirs d'altitude 2022 ★★

■ | 25000 | | 11 à 15 €

Les Lorgeril possèdent six domaines familiaux en Languedoc-Roussillon, parmi lesquels le Ch. de Ciffre (70 ha) qui s'étend sur les appellations faugères, saint-chinian et languedoc. Nicolas et Miren de Lorgeril sont également à la tête d'une structure de négoce.

Grenache noir et syrah à parts égales dans ce 2022 gourmand, qui prend tout son temps pour diffuser ses notes de fruits rouges sur fond d'épices et de garrigue. Le fruit gagne franchement en expression dans un palais charmeur, velouté à l'attaque, plein et relevé en finale par des tanins un brin serrés qui se détendront vite en cave ou à table, avec un carré d'agneau aux herbes par exemple. ⌛ 2025-2028

MAISON LORGERIL (CH. DE CIFFRE), BP 4, 11610 Pennautier, tél. 04 68 75 65 29, contact@lorgeril.com V *t.l.j. 10h-19h; f. janv.* E

CLOS BAGATELLE 2023 ★

■ | 9500 | | 8 à 11 €

En 1623, un ancêtre, artisan drapier, s'établit à Saint-Chinian, au lieu-dit Bagatelle. Au XXe s., le domaine est transmis de mère en fille. Le vignoble est replanté dans les années 1960, avec une extension sur un terroir de muscat. Depuis 1993, ce sont Christine Deleuze (au commercial) et son frère Luc Simon (à la vigne) qui sont aux commandes des 60 ha de vignes familiales, à l'origine de saint-chinian et de muscat-de-saint-jean-de-minervois appréciés. Une valeur sûre.

Un court passage en cuve (5 mois) pour ce blanc dominé par le vermentino, aux parfums de fleurs blanches et d'agrumes sur un fond légèrement beurré. Une note grillée s'invite dans une bouche aimable, rondelette, d'une gourmandise appréciable. On en profite dans ses toutes jeunes années, à l'apéritif ou sur des gougères et fromages à pâte pressée (peu affinés). ⌛ 2024-2026

CLOS BAGATELLE, 34360 Saint-Chinian, tél. 04 67 93 61 63, closbagatelle@wanadoo.fr V *t.l.j. sf sam. dim. 9h-12h 14h-18h*

CLOS LA RIVIÈRE 2023 ★★

■ | 4000 | | 5 à 8 €

Le grand-père de Jean-Philippe Madalle a planté de la syrah dès 1970. Ce dernier, œnologue, a repris en 2007 avec Carole le domaine familial établi dans un décor magnifique : de vieilles vignes (17 ha) cultivées en terrasses, à 300 m d'altitude.

Un rosé obtenu par saignée qui sort du lot: expressifs dès l'olfaction, les arômes de pamplemousse et de jasmin parfument une bouche volubile, élégante au toucher, parfaitement acidulée, d'une longueur remarquée et qui rebondit en finale sur une petite amertume stimulante. ⌛ 2024-2025

CLOS LA RIVIÈRE, 52, av. Jean-Jaurès, 34490 Causses-et-Veyran, tél. 06 76 29 26 34, madallejp@orange.fr D

DOM. COMPS Cuvée de Pénelle 2022 ★

■ | 6000 | | 8 à 11 €

Défriché par un ancêtre venu des premiers contreforts du Massif central, le domaine est resté dans la même famille depuis 1870. Pierre Comps vend les premières bouteilles en 1975. En 1982, il est le premier à produire du saint-chinian à Puisserguier. Pierre-François Comps conduit aujourd'hui l'exploitation, à la suite de Jean-Christophe Martin. Le vignoble compte 17 ha.

Régulièrement en vue dans le Guide, cette cuvée nous revient en forme dans ce millésime solaire. Finement boisé et torréfié, le nez laisse parler les fruits rouges bien mûrs. Bâtie sur une franche ossature tannique, la bouche ne manque ni d'étoffe, ni de profondeur, ni de parfums, seulement d'un peu de temps en cave. Généreux ! ⌛ 2026-2030 ■ **Cuvée Le Soleiller 2022 ★ (8 à 11 €; 2000 b.)** La robe est dense et le nez dominé par les épices douces du chêne. Des tanins fermes cadrent une bouche conséquente, fraîche, ouvrant sur une finale généreusement torréfiée. Bien bâti, on le laisse tranquillement digérer son élevage. ⌛ 2026-2030

DOM. COMPS, 23, rue Paul-Riquet, 34620 Puisserguier, tél. 06 08 75 77 38, contact@domainecomps.com V *mer. ven. sam 9h-12h30 16h-18h30*

LANGUEDOC

B CH. COUJAN
Gabrielle de Spinola 2022 ★

■ | 10 890 | | 11 à 15 €

La famille Guy est propriétaire depuis 1868 de ce vaste domaine (plus de 140 ha cultivables) établi sur un îlot de corail fossilisé. Replanté par François Guy et exploité depuis 1990 par sa fille Florence, le vignoble, converti à l'agriculture biologique, couvre 55 ha et côtoie oliveraie, vergers et jardins peuplés de paons.

Les 24 mois de cuve ont agréablement épanoui ce saint-chinian franchement séducteur, parfumé de fraise écrasée, de rose et de réglisse fraîche. Le fruit coule en bouche avec souplesse et rondeur, juste raffermi par une arête tannique sans aucune austérité. Déjà très aimable, on peut le boire ou le garder. ⧗ 2024-2028

CH. COUJAN, 34490 Murviel-lès-Béziers, tél. 04 67 37 80 00, chateau-coujan@orange.fr V t.l.j. sf dim. 9h-12h 14h-18h E

CH. FONTANCHE
Les Uyères 2022 ★

■ | 25 000 | | 8 à 11 €

Propriété de Frédéric Lornet, valeur sûre du vignoble jurassien, ce domaine a changé de mains en 2014, repris par Nathalie et Gilles Cantons. Le vignoble s'étend sur 18 ha à travers bois et vallons, sur un plateau sauvage situé à 200 m d'altitude. La conversion bio est engagée.

De la couleur, des arômes intenses de violette, de fruits noirs et de chocolat, une bouche satinée, croquante, enlevée, parcourue de tanins soyeux: une cuvée bien maîtrisée qui offre les charmes d'une syrah (80 %) mûre et élégante. ⧗ 2024-2028

CH. FONTANCHE, rte de Fontanche, 34310 Quarante, tél. 06 14 54 15 25, gilles.cantons@wanadoo.fr V r.-v.

CH. DE GRAGNOS Dolmen 2022 ★★

■ | 3 500 | | 20 à 30 €

Bâti sur les vestiges d'une ancienne villa romaine, le Ch. de Gragnos remonterait au Moyen Âge. Restructuré dans sa forme actuelle en 1710, il dépend alors du duché de Toulouse. Le château devient propriété familiale en 1864. Le domaine totalise 80 ha, dont 20 ha dédiés à la vigne.

Au nez, un mariage heureux entre les notes florales et fruitées et celle grillées issues de l'élevage en fût. Une harmonie qui se confirme dans un palais bien dessiné, ensoleillé, charnu, adossé à des tanins sans austérité. Un joli fruit, de la tenue, de la gourmandise : une franche réussite. ⧗ 2025-2029 ■ **Bout du monde 2022 ★ (15 à 20 €; 8 000 b.)** Discret à l'olfaction, plus ouvert en bouche, sur des notes florales et épicées, voilà un saint-chinian convivial, cousu de tanins fins, dont la chair ample et ronde donne déjà bien du plaisir. On peut le carafer et l'ouvrir sans attendre sur une grillade au thym. ⧗ 2024-2028

CH. DE GRAGNOS, La Combe-de-Gragnos, rte de Villespassans, 34360 Saint-Chinian, tél. 06 82 10 10 43, contact@chateaudegragnos.com V r.-v.

CH. JOUGRAND 2020 ★★

■ | 23 000 | | 8 à 11 €

Amis de longue date, Olivier Mignard, le Languedocien, et Raymond Roudaire, l'Auvergnat, se sont associés et ont acquis en 2019 le Ch. Veyran et, en 2020, le Ch. Jougrand. En tout, 88 ha de vignes répartis dans les appellations languedoc, saint-chinian et l'IGP Oc.

Un reflet orangé dans la robe signe un tout début d'évolution confirmé par des arômes épanouis de fruits rouges confiturés, d'épices et de garrigue. Des tanins affinés accompagnent une matière élégante, infusée de notes de pain d'épice, qui laisse une agréable sensation de souplesse et de fraîcheur. Pourquoi attendre? ⧗ 2024-2027

VIGNOBLES AUVERGNE LANGUEDOC, 20, hameau de Veyran, 34490 Causses-et-Veyran, tél. 07 69 53 13 17, alv.olivier34@free.fr V r.-v.

B DOM. LA LAUZETA
Roquebrun Mezura 2020 ★

■ | 7 000 | | 15 à 20 €

Thomas Hills s'est établi en 2015 sur les coteaux schisteux du nord de l'appellation saint-chinian. Partisan des levures indigènes, il a d'emblée engagé la conversion bio de son vignoble, plus de 21 ha plantés entre 200 et 300 m d'altitude. La certification biodynamique est actée depuis 2022.

Mezura? « Mesure » en occitan. Dans le verre, un vin noir, aux arômes intensément torréfiés nés des 12 mois d'élevage en fût. Concentrée, boisée mais aussi très riche en fruit, soutenue par une belle vivacité et des tanins enrobés, la bouche en impose. Un rouge cossu que l'on peut ouvrir jeune (sur une viande de goût) ou laisser en cave. ⧗ 2025-2030

DOM. LA LAUZETA, 6, place de l'Église, 34490 Saint-Nazaire-de-Ladarez, tél. 06 45 48 98 68, florian@domainelalauzeta.com V t.l.j. sf sam. dim. 8h-12h 14h-18h

♥ DOM. LA LINQUIÈRE
Au nom du Père 2021 ★★

■ | 600 | | 30 à 50 €

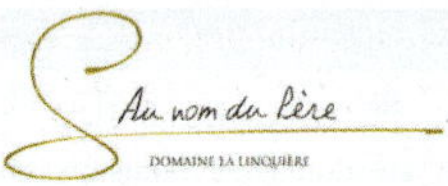

Le nom du domaine rappelle que le lin et le textile, avant la vigne, ont fait la prospérité de Saint-Chinian. Robert Salvestre sort de la coopérative en 2001 et reconstitue le vignoble familial, fondé au milieu du XIXᵉ s. En 2010, il disparaît, et ses fils Luc et Pierre poursuivent son œuvre. Le domaine, qui couvre 25 ha sur les trois terroirs de Saint-Chinian (schistes, calcaires et grès), s'est affirmé comme l'un des porte-drapeaux de l'appellation.

Luc et Pierre Salvestre ont racheté en 2021 la dernière parcelle manquante qui leur a permis de reconstituer le domaine tel qu'il était à l'origine, selon le rêve de leur père. Une larme de mourvèdre (5 %) à l'appui de la syrah dans ce 2021 qui a tout: un nez expressif et complexe centré sur les fruits rouges bien mûrs et les épices, une bouche ample, ronde, soyeuse et fraîche à la fois, soutenue par des tanins fins, une finale remarquable de longueur. Un bien bel hommage au père et une cuvée qui « respire les schistes » selon le jury. 2026-2032 **Le Chant des cigales 2022 ★★ (11 à 15 €; 16000 b.)** Floral, fruité (cerise), épicé, balsamique, un bien joli bouquet prend vie dans une bouche puissante, tonique, charnue, structurée en douceur par des tanins bien pris dans la chair. Jeune, frais, complet, déjà savoureux et pour quelques années encore. 2025-2030 **Fleur de lin 2023 ★ (11 à 15 €; 4000 b.)** Grenache blanc et vermentino à parité dans ce vin ouvert sur le pamplemousse, dont on aime aussi la rondeur en bouche, la vigueur citronnée et la finale légèrement amère soulignée de badiane. Une belle image du terroir de Saint-Chinian pour ce blanc tendre, à savourer dans sa jeunesse. 2024-2027

DOM. LA LINQUIÈRE, 12, av. de Béziers, 34360 Saint-Chinian, tél. 04 67 38 25 87, linquiere@neuf.fr V t.l.j. 9h-12h 14h30-19h; dim. 9h-12h

MAS D'ALBO Or brun 2022 ★

4000 | 11 à 15 €

Le domaine a confié pendant plusieurs décennies sa vendange à la cave coopérative. En 2004, Max Azema a décidé de créer ses propres vins. Dix ans plus tard, son fils Fabien, après une décennie passée dans le secteur du social, a pris la relève. Il est à la tête de 11 ha de vignes cultivées en bio en saint-chinian, répartis sur une vingtaine de microparcelles.

Une nette dominante de syrah (80 %) dans ce vin très ouvert sur les fruits noirs, l'olive et les notes toastées du fût. La réglisse prend la main dans une bouche onctueuse, assise sur une trame tannique élégante, qui s'entiche de notes chaleureuses et grillées en finale. Harmonieux et solaire, on l'appréciera sur une viande en sauce. 2025-2028 **2023 ★ (5 à 8 €; 3000 b.)** Des reflets bleutés égayent la robe de ce rosé bien en chair, pulsant de fruit, dont on aime la douce sucrosité et les notes exubérantes de bonbon à la violette. Une pure friandise à petit prix. 2024-2025

MAS D'ALBO, hameau de Ceps, 34460 Roquebrun, tél. 06 80 06 99 24, masdalbo@wanadoo.fr V t.l.j. 9h-19h E

MAS DE PIERRIL Gros Pech 2022 ★★

3000 | 8 à 11 €

En 2020, Eddy Moreau et Joël Bousquet, viticulteurs passionnés, rénovent une cave centenaire dans le hameau de la Maurerie, au cœur de Saint-Chinian, et entament la conversion au bio de leurs vignes situées sur la partie schisteuse de l'appellation.

Des notes de fruits rouges frais, de fleurs et de cassis, une bouche tendre, déliée, des tanins bien mûrs, du croquant dans le fruit, une fraîcheur bien sentie, un trait de violette et d'épices pour conclure: un saint-chinian qui ne joue pas des coudes et soigne l'expression du fruit. 2024-2028 **Terrasses de Martel 2021 ★ (15 à 20 €; 2000 b.)** Un élevage en cuve a préservé le fruit qui s'exprime sans fard ni artifice sur les fruits rouges et le cassis mâtinés d'anis. L'attaque se fait souple, le cœur de bouche très tendre et la finale, longue, prend des accents de mûre fraîche et d'épices. 2024-2028

MAS DE PIERRIL, La Maurerie, 34360 Prades-sur-Vernazobre, tél. 06 71 72 92 06, contact@masdepierriel.com V r.-v.

DOM. DE L'ORCHIS POURPRE Sirius 2021 ★

1700 | 20 à 30 €

Repris en 2018 et rebaptisé l'Orchis pourpre en référence à cette jolie fleur qui parsème le vignoble au printemps, le domaine s'étend sur 12 ha d'un seul tenant sur les coteaux de schistes de Saint-Chinian.

Syrah et grenache noir à parité dans ce rouge convaincant. Timides à l'ouverture, les arômes s'émancipent à l'aération: une touche de fruits noirs, une autre de griotte, puis un soupçon de végétal frais. De demi-corps, soyeux, suave, gainé de tanins fondus, alerte en finale, voilà un saint-chinian qui se laissera apprécier sans effort. 2024-2027

DOM. DE L' ORCHIS POURPRE, 430, rte de la Louvière-Donnadieu, 34360 Babeau-Bouldoux, tél. 06 85 81 87 00, contact@orchis-poupre.com V r.-v.

LES PAÏSSELS 2021 ★

8000 | 11 à 15 €

Vivien Roussignol et Marie Toussaint se sont installés en 2011 avec un seul hectare, de vignes taillées en gobelet, cultivé sur des coteaux schisteux. Ils ont petit à petit agrandi le vignoble en privilégiant les vieilles vignes et en conservant vivant un riche patrimoine de cépages (une vingtaine aujourd'hui). Les 12 ha sont en bio.

D'une robe profonde émergent des parfums de poivre et d'épices douces. Une note de Viandox étire la palette dans une bouche déliée qui charme par son toucher élégant, sa suavité et ses tanins extraits avec mesure. Bien épicé, plus élégant que concentré, comme le veut le millésime, il devrait faire mouche sur une viande rouge grillée sauce au poivre. 2025-2028

LES PAÏSSELS, rue des Cèdres, 34360 Babeau, tél. 06 22 74 24 51, contact@paissels.fr r.-v.

CH. QUARTIRONI DE SARS Haut Coup de foudres 2022 ★

6600 | 15 à 20 €

Guilhem et Magali Quartironi ont pris en 2008 la suite de leurs parents Armelle et Roger à la tête de ce domaine créé en 1950 par leurs grands-parents et aujourd'hui conduit en bio. Au hameau du Priou – au sud du Caroux et de l'Espinouse –, les vignes (15,7 ha) sont implantées sur des coteaux aux sols de schistes, entre 300 et 400 m d'altitude, au-dessus de la vallée de Saint-Chinian.

Élevé un an en foudre, paré d'un rubis pourpre, ce saint-chinian élégant distille à l'olfaction des nuances de violette, de poivre et de fruits noirs bien mûrs. Tout aussi parfumé, le palais déroule avec mesure une jolie chair, tendre, gorgée d'épices et soutenue par des tanins finement travaillés. Déjà savoureux. 2024-2028 **Skhistos II 2022 ★ (20 à 30 €; 1300 b.)** Issu des coteaux de schistes (*skhistos* en grec), un saint-chinian de bon volume, caressant, ourlé de tanins soyeux, aux parfums fringants de fruits noirs frais et d'épices. Fin, gourmand, bien ancré dans son terroir, on peut l'ouvrir ou le garder. 2024-2028

DOM. DES PRADELS QUARTIRONI, hameau Le Priou, 34360 Saint-Chinian, tél. 06 58 19 41 66, quartironipradels@gmail.com V t.l.j. sf dim. 9h-12h 15h-18h

DOM. DE SAINT-CELS
2023 ★

	28 000		5 à 8 €

Créé en 1974 par Henri Rouanet à partir de deux vignobles familiaux, ce domaine est conduit depuis 1992 par Étienne, le petit-fils, à la tête d'un vaste ensemble de 60 ha conduit en agriculture biologique.

Grenache blanc, roussanne et rolle en trio dans ce blanc énergique, d'une seyante teinte paille, qui a pour lui un nez épanoui entre fleurs blanches, amande et agrumes, puis une bouche enlevée, nerveuse, dont la finale minérale ne manque pas d'éclat. Fruits de mer et poisson grillé sont conseillés. ⧗ 2024-2027

DOM. DE SAINT-CELS, Saint-Cels, 34360 Saint-Chinian, tél. 06 23 36 78 90, info@saintcels.fr V *t.l.j. sf dim. 9h30-19h*

CAVE DE SAINT-CHINIAN
Le Chant des garrigues 2021 ★

	7400		8 à 11 €

Créée en 1937, la coopérative de Saint-Chinian est installée au cœur du village éponyme de l'appellation. Elle regroupe 175 adhérents cultivant 750 ha et se flatte d'être le premier fournisseur des vins de ce cru. Sa production (3,5 millions de bouteilles) se partage entre les saint-chinian (deux tiers) et les vins en IGP.

Au nez, un panier de fruits (mûre, myrtille, fraise) et une touche d'épices pour la complexité. La bouche conforte cette gourmandise par une chair ronde, suave et savoureuse structurée en douceur par des tanins de soie. Très charmeur, il est à déguster dans ses jeunes années. ⧗ 2024-2027

CAVE DE SAINT-CHINIAN, rte de Sorteilho, 34360 Saint-Chinian, tél. 04 67 38 28 48, info@vin-saintchinian.com V *t.l.j. sf dim. 9h-12h 14h-18h*

TERRES 2 FRÈRES
Signatures XXIV 2021 ★

	600		20 à 30 €

Sébastien et Christophe Ortiz conduisent un domaine d'une trentaine d'hectares dont toute la récolte prenait le chemin de la coopérative jusqu'en 2019. Depuis 2020, ils vinifient une petite partie de leurs raisins dans une cave réhabilitée.

Un élevage de « XXIV » mois en barriques pour cet assemblage syrah-grenache noir. D'où ce nez puissamment fumé et épicé mais qui n'éteint pas le fruit (noir). Ample, généreusement boisée mais dynamique et posée sur une belle assise tannique, la bouche ne manque déjà pas de charme et possède tout ce qu'il faut pour digérer l'élevage. On patiente. ⧗ 2025-2030

TERRES 2 FRÈRES, 12, rte de Saint-Privat, 34310 Quarante, tél. 06 68 43 40 51, vignerons@terres2freres.com V *t.l.j. 10h-18h*

CH. VILLESPASSANS
2022 ★

	260 000		- de 5 €

Une union qui résulte du rapprochement de deux coopératives, celle de Cruzy-Cébazan dans l'Hérault et celle d'Argeliers dans l'Aude.

Une robe soutenue, un nez charmeur aux notes grillées, fruitées et florales, une bouche souple, certes encore boisée mais joliment dessinée, fraîche et relevée de tanins qui ne tarderont pas à se fondre, une longueur très honorable: un saint-chinian bluffant à ce prix. ⧗ 2025-2028 **Tradition 2023 ★ (- de 5 €; 260 000 b.)** Un rosé croquant et original aux senteurs fumées, florales et citronnées, dont la bouche confortable et fraîche se fait très saline en finale. Du cachet. ⧗ 2024-2025

UNION DES CAVES COOPÉRATIVES DU SECTEUR DE SAINT-CHINIAN, RD 612, 34360 Cébazan, tél. 04 67 38 01 74, eric.cazals@uce-cebazan.com V *t.l.j. sf dim. 8h30-12h 14h-18h*

CH. VIRANEL Intuition 2023 ★★

	91 000		11 à 15 €

Histoire familiale et patrimoine se transmettent depuis 1551 sur cette propriété en terrasses dominant la vallée de l'Orb, dans l'aire du saint-chinian. Depuis 2012, la dernière génération, représentée par Arnaud et Nicolas Bergasse, conduit le vignoble qui couvre aujourd'hui 40 ha.

Vendangé « à la fraîche », élevé en cuve et fût (pour 15 % de l'assemblage), voilà un blanc fringant aux parfums toniques de fruit de la Passion et de bourgeon de cassis, qui offre en bouche un savoureux compromis de rondeur et de vivacité. La finale un peu pâtissière et épicée ajoute encore au charme de l'ensemble. Difficile de ne pas aimer. ⧗ 2024-2027

DOM. DE VIRANEL, rte de Causses-et-Veyran, 34460 Cessenon-sur-Orb, tél. 04 67 89 60 59, secretariat@viranel.fr V *t.l.j. sf sam. dim. 9h-12h 13h-17h*

MUSCAT-DE-LUNEL

Superficie : 321 ha / Production : 8 206 hl

Implanté entre Nîmes et Montpellier, le vignoble est principalement installé sur des nappes de cailloutis de plusieurs mètres d'épaisseur à ciment d'argile rouge. Le seul muscat à petits grains est à l'origine de vins doux naturels qui doivent garder au minimum 110 g/l de sucre.

CLOS DE BELLEVUE
Lacoste ★★

	15 000		8 à 11 €

Situé sur les hauteurs de Saturargues, le domaine porte bien son nom. La vue panoramique donne sur la mer au sud et la montagne au nord. Racheté aux époux Lacoste en 2010 par Nicolas Charrière, ancien directeur d'une coopérative ardéchoise, le Clos de Bellevue compte 19 ha. Le vigneron cultive du muscat dont il tire les vins les plus divers : outre le muscat-de-lunel, des vins hors appellation (muscats secs, pétillants, carthagène...), il propose aussi des languedoc.

Mangue, abricot, pêche de vigne, le nez évoque un grand bol de fruits rafraîchi de menthol et de verveine. Acidulée à l'attaque, la bouche livre une bien jolie matière, soyeuse, intensément parfumée, rythmée par une fraîcheur sous-jacente qui équilibre parfaitement la douceur. Un modèle d'harmonie et de séduction.

⧗ 2024-2027 ■ **Vieilles Vignes ★ (8 à 11 €; 3000 b.)** 60 ans pour ces vieilles vignes plantées dans un sol caillouteux de galets roulés. Le domaine en tire un muscat savoureux, confortable, riche et gras, aux saveurs florales, exotiques et épicées, ponctué d'un trait de menthol rafraîchissant en finale. ⧗ 2024-2027

⊶ EARL LE CLOS DE BELLEVUE, Mas de Bellevue, 34400 Saturargues, tél. 04 67 83 24 83, leclosdebellevue@gmail.com V *t.l.j. sf dim. 9h-12h 15h-19h*

MUSCAT-DE-FRONTIGNAN

Superficie : 812 ha / Production : 19 666 hl

Reconnu en 1936, le frontignan a été le premier muscat à obtenir l'appellation d'origine contrôlée. Il naît entre Sète et Mireval. Le vignoble, exposé au sud-est, est abrité des vents du nord par le massif de la Gardiole. Il s'enracine dans des terrains secs, caillouteux, pierreux, issus de couches jurassiques, molassiques et d'alluvions anciennes – des sols ingrats pour toute autre culture. Autrefois appelé «muscat doré de Frontignan», le muscat à petits grains est le cépage exclusif de l'appellation. Avec un minimum de 110 g/l de sucre, les frontignan sont des vins doux naturels puissants; ils ne manquent pourtant jamais d'élégance.

MAS DE MADAME 2023 ★

■ | 21000 | | 11 à 15 €

Conduit par les Sourina père et fils, le premier agronome, le second œnologue, ce vignoble de coteaux (46 ha d'un seul tenant sur le piémont du massif de la Gardiole) est l'un des plus anciens de Frontignan : les archives municipales attestent la présence du muscat dès 1170. Bâti au XVIe s., le mas a été restauré en 2003, et les chais ont été modernisés en 2006.

Aucune exubérance mais de l'élégance dans ce jeune muscat dont on aime le nez subtil, floral (acacia, muguet), abricoté et citronné, et la bouche aérienne, acidulée à l'attaque et plus miellée en finale. Sapide, digeste, il sera idéal à l'apéritif et parfait, en dessert, sur une salade de fruits frais. ⧗ 2024-2027

⊶ EARL DOM. DU MAS DE MADAME, rte de Montpellier, 34110 Frontignan, tél. 06 30 20 33 31, g.sourina@gmail.com V *t.l.j. 9h30-12h30 14h30-19h*

MAS ROUGE 2023 ★

■ | 3000 | | 11 à 15 €

Un mas (rouge effectivement) entre Méditerranée et étangs, niché au cœur du bois des Aresquiers. Julien Cheminal, qui l'a acquis en 1997, en a restauré sans relâche le vignoble (35 ha), ainsi que le chai à l'imposante charpente. Il vinifie depuis 2002, montrant une belle régularité dans ses vins doux de muscat, en mireval et frontignan. Il développe aussi une production de vins secs en IGP.

Macération à froid, fermentation lente, élevage en cuve sur lies fines, tout est fait, et bien fait, pour préserver la pureté de fruit du cépage, qui se livre dès l'olfaction sur un délicat bouquet de fleurs (chèvrefeuille, acacia et muguet). Une texture fondante, une douceur discrète, un fruit expressif qui se teinte d'amande et de miel, une petite astringence utile: un très bon muscat. ⧗ 2024-2027

⊶ DOM. DU MAS ROUGE, 30, chem. de la Poule-d'Eau, 34110 Vic-la-Gardiole, tél. 04 67 51 66 85, contact@domainedumasrouge.com V *t.l.j. sf dim. 10h-13h 15h-19h*

♥ DOM. DE LA PLAINE
Nuits blanches ★★

■ | 8000 | | 8 à 11 €

Marie-Noëlle et Francis Sala sont installés depuis 1988 dans la partie orientale de l'aire d'appellation muscat-de-frontignan, au pied du massif de la Gardiole. Ils y ont façonné un vignoble de 20 ha exclusivement planté en muscat à petits grains qui vaut au domaine des mentions régulières dans le Guide. Leur fils Christophe a pris la suite en 2018.

Des nuits blanches, c'est ce qu'il a fallu pour façonner ce muscat sensuel, limpide, aux parfums élégants de peau de pêche et de fleurs blanches rehaussés d'une touche fraîche d'anis. Langoureuse, ample, la bouche déroule sans faiblir sa chair douce, miellée, pétrie de fruit (poire, pêche), qui se prolonge dans une finale longue, soyeuse et chaleureuse. Une épure et une sacrée gourmandise. À se relever la nuit ! ⧗ 2024-2028

⊶ DOM. DE LA PLAINE, 6, rte de Montpellier, 34110 Vic-la-Gardiole, tél. 06 15 60 69 66, muscat-de-f@wanadoo.fr V *t.l.j. 9h-19h; oct.-fév. sur r.-v.*

MUSCAT-DE-MIREVAL

Superficie : 275 ha
Production : 6 211 hl

Ce vignoble est bordé par Frontignan à l'ouest, le massif de la Gardiole au nord et la mer et les étangs au sud. D'origine jurassique, les sols se présentent sous forme d'alluvions anciennes de cailloutis calcaires. Le cépage exclusif est le muscat à petits grains; le mutage est effectué assez tôt, car les vins doivent avoir un minimum de 110 g/l de sucre; ceux-ci sont fruités et liquoreux, avec onctuosité.

B DOM. DE LA BELLE DAME
Irrésistible Baiser 2023 ★

■ | 3800 | | 5 à 8 €

Jean-Luc Mazas a créé en 1996 ce domaine qui couvre 19 ha, cultivés en bio, situé dans un secteur classé en zone Natura 2000. Depuis 2007, il vinifie sa récolte et commercialise ses vins – secs, pétillants et VDN (muscat-de-mireval). Il propose aussi des produits du terroir. Il a engagé la conversion biodynamique de son exploitation.

Un muscat soigné et croquant, au nez délicat, parfumé de rose. Fruits exotiques, melon, agrumes, touche de thé vert, la palette s'étoffe franchement dans une bouche souple, soyeuse, relevée d'une petite arête acidulée discrète et d'une amertume délicate. «De la dentelle», résume le jury. ⧗ 2024-2027

⊶ *SCEA DOM. DE LA BELLE DAME, D 116, en face de la gare, 34110 Mireval, tél. 06 62 24 10 10, contact@belledame.fr* V r.-v. 4

♥ MAS ROUGE 2023 ★★

| 4000 | 11 à 15 € |

Un mas (rouge effectivement) entre Méditerranée et étangs, niché au cœur du bois des Aresquiers. Julien Cheminal, qui l'a acquis en 1997, en a restauré sans relâche le vignoble (35 ha), ainsi que le chai à l'imposante charpente. Il vinifie depuis 2002, montrant une belle régularité dans ses vins doux de muscat, en mireval et frontignan. Il développe aussi une production de vins secs en IGP.

Habitué aux honneurs et aux coups de cœur, le domaine affiche sa constance avec un 2023 remarquable, qui a tout pour lui: le brillant de la robe, l'éclat du nez qui décline l'ananas, le jasmin, la poire et la rose, et la parfaite harmonie d'un palais très pur, suave, parfumé, persistant et traversé de part en part par une fraîcheur acidulée qui allège et illumine le fruit. Un modèle d'équilibre et de séduction. ⧗ 2024-2028

⊶ *DOM. DU MAS ROUGE, 30, chem. de la Poule-d'Eau, 34110 Vic-la-Gardiole, tél. 04 67 51 66 85, contact@domainedumasrouge.com* V *t.l.j. sf dim. 10h-13h 15h-19h*

MUSCAT-DE-SAINT-JEAN-DE-MINERVOIS

Superficie : 185 ha / Production : 5 522 hl

Constitué de parcelles imbriquées dans la garrigue, le vignoble est perché à 200 m d'altitude. Il s'ensuit une récolte tardive – près de trois semaines environ après les autres appellations de muscat de l'Hérault. Seul cépage autorisé, le muscat à petits grains plonge ses racines dans des sols calcaires d'un blanc étincelant où apparaît parfois le rouge de l'argile. Les vins doivent avoir un minimum de 125 g/l de sucre. Ils sont très aromatiques, avec beaucoup de finesse, de fraîcheur et des notes florales caractéristiques.

DOM. DE BARROUBIO
Carte noire 2023 ★★

| 40000 | 11 à 15 € |

La famille est établie dans le Minervois depuis la fin du XVᵉs. Installé en 2000, Raymond Miquel exploite 60 ha, dont 31 sont dédiés à la vigne. Référence en muscat-de-saint-jean-de-minervois, le domaine propose aussi des rouges intéressants en appellation minervois.

Retenus, les arômes de litchi, de jasmin et d'écorces d'orange perçus au nez s'émancipent franchement dans une bouche qui a tout pour elle: le gras, la texture soyeuse et enrobante, la pureté du fruit, la longueur et la fraîcheur préservée. Un modèle de muscat, comme il est de coutume au domaine. ⧗ 2024-2027

Dieuvaille 2022 ★ (11 à 15 €; 5000 b.) Un muscat généreux, aux notes bien typées de jasmin, de confiture de mirabelle et de citron confit, qui tapisse la bouche d'une belle liqueur, ensoleillée, lascive, intensément parfumée et sans mollesse. À boire ou à garder. ⧗ 2024-2028

⊶ *DOM. DE BARROUBIO, Barroubio, 34360 Saint-Jean-de-Minervois, tél. 04 67 38 14 06, raymond.miquel63@gmail.com* V *t.l.j. 10h-12h 14h-18h*

DOM. MARCON
Petit Grain 2023 ★

| 10000 | 8 à 11 € |

Fils de viticulteur, Philippe Marcon, installé en 1989, fait ses premières gammes comme coopérateur et préside aux destinées de la cave pendant trois ans. En 2010, il décide de vinifier ses propres vins. Il dispose aujourd'hui de 15 ha de vignes. Si le caveau de dégustation se trouve à Saint-Chinian, le vignoble est implanté au hameau de Barroubio, à Saint-Jean-de-Minervois.

Des vignes de 30 ans à l'origine de ce muscat inspiré, au nez flatteur et chaleureux de pêche et de miel. De la chair, du gras, une douceur nullement pesante, un fruit pâtissier qui se teinte d'épices douces en finale: du charme et de la gourmandise. ⧗ 2024-2026

⊶ *DOM. MARCON, 30, rue du Magot, 34360 Saint-Chinian, tél. 06 15 02 18 34, marconp@orange.fr* V *r.-v.*

♥ B DOM. DE MONTAHUC
Grande Cuvée 2022 ★★

| 2657 | 11 à 15 € |

Repris en 2004 par Michel Poudou, œnologue consultant, et la famille Lopez, établie dans la région de Valence en Espagne, le vignoble est cultivé en bio depuis les années 1990. Rénové et agrandi récemment, le domaine est dirigé depuis 2020 par la nouvelle génération.

La Grande Cuvée succède avec panache au Chemin du chêne 2022, coup de cœur de l'édition précédente. Un élevage patient en cuve a affiné le nez qui intrigue et séduit avec ses francs accents de fruits rouges sur fond de coing et d'orange sanguine. Élégante, joliment miellée mais sans une once de lourdeur, la bouche s'étire avec douceur, volupté et longueur, diffusant ce même fruité sapide et gourmand. Remarquable d'équilibre et original, un must de l'année. ⧗ 2024-2028

⊶ *DOM. DE MONTAHUC, 11, rte de Bize, 34360 Saint-Jean-de-Minervois, tél. 04 67 38 40 33, contact@domainedemontahuc.com* V *t.l.j. sf dim. 10h-16h*

LE MUSCAT Éclat blanc 2023 ★

■	8000	▮	11 à 15 €

Fondée en 1955, la coopérative Le Muscat – autrement nommée Les Vignerons de Saint-Jean –, a contribué au renouveau de ce cépage traditionnel, qui n'occupait qu'une dizaine d'hectares au début du siècle dernier. Elle regroupe les 220 ha de ses adhérents et fournit la moitié des volumes de l'appellation muscat-de-saint-jean-de-minervois. Elle fournit aussi des minervois rouges et des IGP Oc.

Une robe légère, un nez effectivement éclatant, et même exubérant, aux parfums entêtants de lys et d'acacia, un palais bien en chair, détendu, plus exotique et pâtissier, doté d'une petite amertume revigorante: les amateurs de muscat ne seront pas déçus. ⧗ 2024-2026

CAVE LE MUSCAT, 2, pl. du Muscat, 34360 Saint-Jean-de-Minervois, tél. 04 67 38 03 24, lemuscat@wanadoo.fr V t.l.j. 9h-12h 14h-18h; sam. 14h-18h

IGP AUDE

B ANNE DE JOYEUSE
Haute vallée de l'Aude Panorama 2023 ★

■	13500	▮▮	8 à 11 €

Fondée en 1929, la cave coopérative Anne de Joyeuse qui regroupe 370 vignerons s'est fait une spécialité de l'élaboration des vins rouges de Limoux et de la haute vallée de l'Aude issus de sélections parcellaires rigoureuses, sans pour autant négliger la production des vins blancs de l'appellation. À sa carte figurent aussi des vins en IGP.

Une parcelle sise sur les hauteurs de Roquetaillade qui sied manifestement bien au pinot noir sur la foi de ce 2023 aux parfums frais de fruits rouges, de violette et de garrigue. La bouche y ajoute une matière confortable, acidulée à l'attaque et flanquée de tanins gras mais conviviaux. Généreux, on l'ouvre sur des grillades de viandes blanches ou rouges. ⧗ 2024-2027

ANNE DE JOYEUSE, 34, prom. du Tivoli, 11300 Limoux, tél. 04 68 74 79 40, marketing@cave-adj.com V t.l.j. sf dim. lun. 9h-12h 15h-19h

DOM. LA BASTIDE
Hauterive Parentèsi Grenache 2023 ★

■	2586	▮	8 à 11 €

Au nord-ouest de Lézignan-Corbières, un vaste domaine (180 ha) tourné vers l'exportation, acquis en 1987 par Anne-Marie et Guilhem Durand. Première en Languedoc-Roussillon. En 2015, il a été le premier en Languedoc à passer aux mains d'un groupe chinois, l'importateur BHC International Wine Assets Management. Proche du Minervois, le vignoble est installé sur une terrasse ancienne de l'Aude, riche en galets roulés.

Parentèsi? La «parenthèse» en occitan, dédiée au seul grenache noir, vinifiée en grappes entières et élevée en cuve. Peu causantes à l'olfaction, les notes de fruits noirs et de tabac s'émancipent franchement dans une bouche bien typée grenache, c'est-à-dire suave, large, aux tanins fondants. Un rouge gourmand à boire dans les deux ou trois ans. ⧗ 2024-2027

CH. LA BASTIDE, 11200 Escales, tél. 04 68 27 08 47, contact@chateaulabastide.com V t.l.j. sf sam. dim. 8h-12h 14h-17h

B DOM. DELMAS
Haute Vallée de l'Aude Terroir Pinot noir 2023 ★

■	9000	▮▮	11 à 15 €

Domaine implanté sur le versant méridional d'un coteau en amphithéâtre, dans le charmant village d'Antugnac, dans la haute vallée de l'Aude. Bernard Delmas, cuisinier de formation et troisième du nom à conduire l'exploitation familiale, avec son épouse Marlène, est un pionnier de l'agriculture biologique : ses 34 ha de vignes sont convertis depuis 1986. Son fils Baptiste a pris la relève en 2015.

Un court passage en barriques (5 mois) pour ce jeune pinot noir friand, clair de robe, discrètement parfumé (confiture de fraises), souple, tendre et doté d'une fraîcheur revigorante. Un rouge de barbecue à boire sur son fruit de jeunesse. ⧗ 2024-2026

EURL DELMAS, 11, rte de Couiza, 11190 Antugnac, tél. 04 68 74 21 02, contact@domaine-delmas.com V t.l.j. sf sam. dim. 9h-12h 14h-18h

FONTARÈCHE
Hauterive Purissima Piquepoul noir 2023 ★

■	1800	▮▮	15 à 20 €

C'est en 1682 que les ancêtres d'Édouard de Lamy ont acquis ce domaine. Son vignoble, implanté sur une haute terrasse graveleuse de l'Aude, couvre 140 ha d'un seul tenant, formant un carré parfait autour du château du XVIIe s. Il est dirigé depuis 2008 par Vincent Dubernet, ingénieur en agriculture, œnologue et fils d'œnologue.

Nouveau venu dans la gamme, le piquepoul noir fermenté en barriques est à l'origine de ce 2023 original et surtout convaincant. On en retient les parfums toniques de fleurs et d'agrumes, et le palais expressif, plus exotique dans ses arômes, tendre à l'attaque puis bien tendu, citronné et iodé en finale. Délicat, stimulant, minéral, c'est une belle réussite. ⧗ 2024-2025

CH. FONTARÈCHE, RD 11, 11200 Canet, tél. 04 68 27 10 01, contact@fontareche.fr V r.-v.

B DOM. DU GRÈS VAILLANT
Haute vallée de l'Aude
Les Gravettes Sauvignon 2022 ★

■	4000	▮	11 à 15 €

Ce domaine de la haute vallée de l'Aude, créé par les bénédictins de l'Abbaye de Saint-Polycarpe au XIIIe s., a été repris en 2017 par Aigline de Causans et Laurent Maffeïs, «paysans vignerons» en quête de terroirs d'altitude. Cerné par les prairies et les forêts, leur vignoble de 7 ha, certifié bio, est travaillé avec leurs trois chevaux de trait.

Le sauvignon blanc planté en altitude sur des sols de petites graves et confié à de bons «paysans vignerons», cela donne ce blanc peu disert au nez, mais à la fois fringant, dodu et frais en bouche, aux notes croquantes de fruits exotiques et d'agrumes. Efficace et stimulant. ⧗ 2024-2026

LANGUEDOC

DOM. DU GRÈS VAILLANT, chem. du Cassé, 11300 Saint-Polycarpe, tél. 06 72 15 34 38, gresvaillant@gmail.com V t.l.j. 11h-19h E

LA CAVE DE GRUISSAN
Les Sens des étangs Chardonnay 2023 ★★★

| 6600 | 5 à 8 € |

Créée en 1947, cette cave coopérative est située face à l'étang de Gruissan, à une dizaine de kilomètres de Narbonne. Elle regroupe 45 vignerons pour 280 ha de vignes situées dans les appellations corbières, la clape et languedoc, et propose aussi les IGP locales.

Un chardonnay vinifié en pressurage direct et à basse température pour préserver l'éclat du fruit. C'est réussi: le nez dévoile des notes intenses de fruits exotiques, de pêche et d'agrumes. Un joyeux bouquet qui s'entiche de notes de bonbon dans un palais rondelet, confortable, pulsant de fruit et d'une persistance admirable. Une friandise à savourer dans ses jeunes années et dès l'apéritif. ⌛ 2024-2026 **Les Sens de la garrigue Syrah 2023 ★ (5 à 8 €; 4500 b.)** B Une robe pétale de rose, des arômes explosifs de petits fruits rouges acidulés, une bouche tendre, généreuse, relevée d'une fraîcheur bien sentie, un trait d'épices pour conclure: un très bon rosé. ⌛ 2024-2025

LA CAVE DE GRUISSAN, 19, bd de la Corderie, 11430 Gruissan, tél. 04 68 49 01 17, contact@cavedegruissan.com V *t.l.j. 9h30-12h30 15h-19h; dim. 9h30-11h*

LAURENT MIQUEL
Albarino Lagrasse 2023 ★

| 100000 | 11 à 15 € |

Henri Miquel, qui fut président de l'AOC saint-chinian, cultive avec son fils Laurent un vaste et ancien domaine de 140 ha, le plus grand de l'appellation : le Ch. Cazal Viel, propriété de l'abbaye de Fontcaude jusqu'à la Révolution française et entré dans la famille Miquel en 1791. Laurent a aussi acquis en 2009 le Dom. les Auzines dans les Corbières (170 h) et créé une structure de négoce en 2000, qui diffuse les vins de ces propriétés ainsi que d'autres domaines.

Bien connu du côté de la Galice (albariño) et du Vinho Verde (alvarinho), l'albarino se plaît manifestement bien sous le soleil du Languedoc. Vendangé de nuit, vinifié «à froid» et élevé en cuve, il livre sans réserve à l'olfaction ses nuances de pêche et de fruits exotiques. La même gourmandise émane d'une bouche en deux temps: ample à l'attaque et nerveuse à souhait en finale. En un mot, séducteur. ⌛ 2024-2026

SAS LAURENT MIQUEL, hameau Cazal-Viel, 34460 Cessenon-sur-Orb, tél. 04 67 89 74 93, caroline@laurent-miquel.com V *t.l.j. sf sam. dim. 9h-12h 13h-17h*

IGP CÉVENNES

LES VIGNERONS DE BARJAC
Piquoiseau 2023 ★

| 3500 | 8 à 11 € |

Cette coopérative du Gard et de l'Ardèche regroupe une quarantaine de coopérateurs. Elle vinifie une majorité de vins rosés dans les IGP de la région et en appellation côtes-du-vivarais.

Syrah et grenache noir complices dans cette cuvée ensoleillée, élevée 6 mois en cuve. Fruits noirs en confiture, tomate séchée et olive noire, le nez, flatteur, ouvre sur une bouche généreuse, charnue mais fraîche, à la trame tannique bien fondue. À boire, sur une viande rouge saisie, ou à garder quelques années. ⌛ 2024-2028

LES VIGNERONS DE BARJAC, 1, rte du Mas-de-Bonnaure, 30430 Barjac, tél. 04 66 24 50 18, contact@cavecoopbarjac.com V *t.l.j. sf dim. 9h-12h 14h-18h*

DOM. DE CAUVIAC Terra Oursy 2023 ★

| 7350 | 8 à 11 € |

Jadis voué à la polyculture (vigne, céréale et mûrier) ce vieux domaine, situé à Quissac dans le Gard, est entre les mains de la même famille depuis 1524. À sa tête, Béatrice Walcker qui travaille un vignoble d'une trentaine d'hectares.

Des cépages bordelais (cabernet-sauvignon et merlot) sous le soleil gardois, cela donne ce rouge charmeur, aux parfums originaux de tabac, de tomate verte et de menthol. Des notes chocolatées prennent le relais dans une bouche ronde, ample, fraîche, intensément parfumée et structurée en douceur par des tanins souples. Un vin attachant et gourmand qui donne déjà bien du plaisir. ⌛ 2024-2028

DOM. DE CAUVIAC, Dom. de Cauviac, 30260 Quissac, tél. 04 66 77 15 71, domainedecauviac@hotmail.fr V *t.l.j. sf dim. 10h-12h 14h-18h*

CÉVENNES WINES
Globe Grenache 2023 ★

| 12000 | - de 5 € |

Née de la fusion de trois caves, cette coopérative exploite 500 ha de vignes répartis sur 23 communes allant de Brignon à Saint-Christol-lès-Alès. Au menu, deux IGP, Cévennes et Oc, déclinées en une vingtaine de cuvées.

Des jeunes vignes de grenache noir seules en scène dans ce rosé alerte, pâle de robe, aux senteurs de pamplemousse et de petits fruits rouges, rehaussés d'une touche de thym. Bien tendue à l'attaque, acidulée, croquante de fruit, la bouche se détend dans une finale douce-amère très agréable. ⌛ 2024-2025 **Les Costes 2023 ★ (5 à 8 €; 12000 b.)** 75 % de viognier et un passage en fût pour ce blanc qui sent bon la vanille et la citronnelle. Plus florale, la bouche séduit par son toucher délicat, sa matière tendre et sa finale fraîche qui renoue avec les épices du chêne. Charmeur. ⌛ 2024-2027

SCA LES CLAUX DES TOURETTES, 2400, rte des Vignerons, 30360 Cruviers-Lascours, tél. 04 66 83 21 64, contact@cevenneswine.com V *t.l.j. sf sam. dim. 9h-12h 14h-17h*

VIGNOBLES CHABRIER
Chardonnay 2023 ★★

| 43500 | 5 à 8 € |

Constitué en 1925 par Louis Chabrier, ce domaine a été repris en 1988 par les petits-fils du fondateur, Christophe et Patrick, qui ont créé la même année leur

cave particulière. La propriété compte aujourd'hui 70 ha de vignes éparpillées en une mosaïque de terroirs. À sa carte, du duché-d'uzès et des IGP.

Un chardonnay sapide et énergique, sur le fruit, sans outrance mais nuancé, qui offre une jolie déclinaison aromatique: agrumes, fruits exotiques, amande amère et touche lactée. La même séduction émane d'un palais souple et très tonique, relevée d'une petite astringence stimulante. Un «goût de reviens-y», précise le jury. C'est très bon signe. ⧗ 2024-2027

DOM. CHABRIER FILS, chem. du Grès, 30190 Bourdic, tél. 04 66 81 24 24, louis.chabrier@outlook.fr V t.l.j. sf dim. 9h-12h 14h30-18h30

B DOM. DU CHÊNE Charlotte 2023 ★

	4800		11 à 15 €

Le domaine, situé aux portes des Cévennes, jouxte une magnanerie datant du XVIIes. où trône un chêne millénaire. La famille Ozil y est installée depuis 1953, et Sylvain depuis 1998 (troisième génération), à la tête de 25 ha de vignes cultivés en bio.

Charlotte, la fille de Sylvain Ozil, à l'honneur dans ce pur marselan coloré comme il se doit et très discret au nez. Le fruit se fait bien plus expressif dans une bouche détendue, souple et ronde, étayée de tanins tout aussi tendres. Facile d'accès, on l'ouvre sans trop attendre sur une grillade de viande. ⧗ 2024-2026

DOM. DU CHÊNE, 1, rue Mistral, 30190 Castelnau-Valence, tél. 06 77 88 60 68, ozildomaineduchene@gmail.com V t.l.j. sf dim. 9h-12h 15h-18h30

B DOM. CLAU DU SOL
Ton ton 1/2 ton Vermentino 2022 ★

	3200		8 à 11 €

Après des études d'œnologie et plusieurs expériences à l'étranger, Loïc Berard de Malavas a repris en 2018 les vignes de son père, entamant d'emblée la conversion bio. Il crée sa cave, organisée pour un travail en gravité, et signe ses premiers vins (sans intrant) avec le millésime 2021.

Un rolle savoureux, large, aux parfums francs de pêche blanche et de citron, qui prend ses aises dans une bouche accueillante, grasse, ensoleillée certes mais sans mollesse, étirée sur les fruits à coque. De table, on prévoit le plateau de fromages ou une viande blanche à la crème. ⧗ 2024-2027

LOÏC BERARD DE MALAVAS CLAU DU SOL, 99, rue des Prés, 30350 Savignargues, tél. 06 76 09 11 24, loic_bern@hotmail.fr V t.l.j. 10h-19h

B CLOS DES ORS
Cannelle 2022 ★

	1200		20 à 30 €

Ancien pilote de chasse, Alexandre Thouroude s'est formé au métier avant de reprendre en 2021 une douzaine d'hectares de vignes dispersés dans la forêt méditerranéenne, sur les contreforts Cévenols, cultivés en bio certifié et selon les préceptes de la biodynamie.

Cannelle? La dernière ourse («ors» en occitan) de souche pyrénéenne, abattue en 2004... Dans le verre, un blanc fragrant né de grenache blanc et d'ugni blanc, aux parfums capiteux de fruits jaunes confits, de fruits secs et de brioche, dont on aime les courbes généreuses, la douce chaleur et la fin de bouche saline qui donne ce qu'il faut de nerf à l'ensemble. Taillé pour la table, avec une sole meunière par exemple. ⧗ 2024-2028

CLOS DES ORS, 20, rte de Nîmes, 30260 Orthoux-Sérignac-Quilhan, tél. 06 26 36 46 90, info@clos-des-ors.fr V r.-v.

B DURFORT LA CAVE
Le Mammouth 2023 ★

	4000		5 à 8 €

Les vins de la coopérative de Durfort sont une valeur sûre. Une cave qui regroupe une centaine de viticulteurs repartis sur neuf communes, pour une surface de 640 ha. Elle travaille depuis plusieurs années avec Philippe Nusswitz, meilleur sommelier de France en 1986, pour l'élaboration de ses cuvées.

Un viognier raffiné, au nez singulier mais convaincant qui convie les fleurs blanches, l'agrume confit et la poudre à canon. L'abricot et la pêche étirent la palette dans un palais élégant, plus long que large, acidulé et zesté en finale. Un Mammouth très aérien. ⧗ 2024-2026

DURFORT LA CAVE, rte de Canaules, 30170 Durfort, tél. 04 66 77 50 55, secretariat@coteaux-cevenols.fr V r.-v.

DOM. GRAND-CHEMIN
Amour de blanc 2023 ★

	10500		8 à 11 €

Au pied des Cévennes, le Dom. Grand-Chemin est exploité depuis cinq générations par la famille Floutier, de père en fils. Le vignoble s'étend sur une superficie de 70 ha.

Une robe paille aux reflets verts, des parfums tonifiants de pomme verte et d'agrumes, un soupçon d'épices douces, une bouche fragrante, puis plus alerte, acidulée, ponctuée d'une petite astringence en finale: un sauvignon blanc (70 %) fringant, tout indiqué pour l'apéritif et les plats iodés. ⧗ 2024-2026

DOM. GRAND-CHEMIN, 115, rue des Vins, 30350 Savignargues, tél. 04 66 83 42 83, contact@domainegrandchemin.fr V t.l.j. sf dim. 9h-12h 13h30-18h30

LES VIGNERONS DE SAINT-DÉZÉRY
Cantarel 2022 ★

	1778		8 à 11 €

Les 37 vignerons de la cave de Saint-Dézéry, petit village gardois, cultivent environ 400 ha. Ils ont décidé de donner de la notoriété à leur coopérative, fondée en 1928, en misant sur la qualité. À leur carte, beaucoup de vins de cépage.

Du nom d'un cours d'eau, voilà un rouge élancé et frais qui prend sa source du couple grenache noir et syrah. Des arômes intenses de fruits rouges et noirs ouvrent sur un palais délicat, souple, croquant, cousu de tanins fins qui portent loin le fruit en finale. ⧗ 2024-2027

LES VIGNERONS DE SAINT-DÉZÉRY, 28, rte de Saint-Chaptes, 30190 Saint-Dézéry, tél. 04 66 81 21 31, caveau.stdezery@gmail.com V t.l.j. sf dim. 9h-12h 14h-18h

♥ B CAVE SAINT-MAURICE
Gustave Mori 2023 ★★

| 2680 | | - de 5 € |

Fondée en 1924 au pied des Cévennes, la Cave Saint-Maurice regroupe aujourd'hui 200 viticulteurs, répartis sur 44 communes autour de Saint-Maurice-de-Cazevieille, et quelque 2 000 ha de vignes (dont 20 % en bio), ce qui en fait la coopérative la plus importante du Gard septentrional.

Sauvignon blanc et rolle associés dans ce blanc épatant, intense, aux senteurs expansives de litchi, d'agrumes et de poire. Tout aussi parfumée, consistante et structurée par une belle acidité, la bouche s'entiche d'une touche minérale du meilleur effet dans une finale remarquable de persistance. Un modèle d'équilibre et d'intensité, à tout petit prix. Les poissons grillés s'imposent. ⧗ 2024-2027 ■ **Gustave Mori Syrah grenache 2022 ★ (- de 5 €; 2657 b.)** B Du fruit rouge frais au nez comme en bouche dans ce bon rouge de soif, digeste et friand, où les tanins se font très discrets. On l'ouvre dans l'année et on sort le barbecue. ⧗ 2024-2025 ■ **Réserve des Auléines 2023 ★ (5 à 8 €; 160000 b.)** B Un agréable bouquet de prune, de cassis et de poivre, un toucher délicat, des tanins fermes mais au grain fin, un fruit joyeux, une finale alerte et salivante: un rouge vivant de nature à égayer un magret rosé. ⧗ 2024-2027

⊶ LES VIGNERONS DE SAINT-MAURICE, 370, montée de Pissevin, rte d'Uzès, 30360 Saint-Maurice-de-Cazevieille, tél. 04 66 83 26 85, info@cavestmaurice.com

B VIGNERONS DE TORNAC
Terre d'émoi Chardonnay 2023 ★

| 16000 | | 5 à 8 € |

Implantée au pied des Cévennes, à 5 km d'Anduze, la cave coopérative de Tornac, fondée en 1924, s'est tournée vers la vente directe à partir de 1970. Elle dispose de près de 400 ha de vignes installées sur argilo-calcaires, marnes et sols caillouteux et mise sur l'agriculture biologique depuis 2002 : aujourd'hui, la majorité de la production est en bio certifié.

Anis, fenouil, menthol, réglisse, coing, mirabelle, voilà un nez qui aura inspiré le jury. Le fruit persiste longuement dans une bouche efficace, expressive, à la fois rondelette et déliée, d'une harmonie sans fausse note. Un blanc à boire sur le fruit. ⧗ 2024-2026

⊶ SCA LES VIGNERONS DE TORNAC, 712, rte de Quissac, 30140 Tornac, tél. 04 66 61 81 31, contact@vignerons-tornac.com V t.l.j. sf dim. 8h30-12h30 14h-18h30

LES VIGNES DE L'ARQUE
Alexia 2023 ★★

| 20000 | | 5 à 8 € |

Ce domaine du pays d'Uzège (Gard) porte le nom du château médiéval du IXᵉs. qui surplombe la cave. Il a été créé en 1994 par MM. Fabre et Rouveyrolles, deux anciens coopérateurs. Patrick, fils du premier, est responsable des vinifications. Le vignoble s'étend sur 85 ha dispersés dans quatre villages voisins; il produit du duché-d'uzès et des vins en IGP Cévennes et Pays d'Oc.

Deux cépages aromatiques associés (muscat et sauvignon), d'où ce nez débridé, tout en fruit (nectarine, fruits exotiques, agrumes) et cette bouche pimpante, tendre et tactile à l'attaque, puis tendue comme il faut. Un vin enjôleur, d'une gourmandise insolente. ⧗ 2024-2027

⊶ SARL LES VIGNES DE L'ARQUE, rte d'Alès, 30700 Baron, tél. 04 66 22 37 71, contact@vignedelarque.fr V t.l.j. 9h-12h 14h-18h30; été 19h

IGP CITÉ DE CARCASSONNE

DOM. AUZIAS PARETLONGUE
Rosé d'été 2023 ★

| 76000 | | 5 à 8 € |

À deux pas de la cité de Carcassonne et du canal du Midi, le Ch. de Paretlongue est fondé au XIIᵉs. par les chanoines de Carcassonne à l'emplacement d'une villa gallo-romaine, puis passe entre les mains de plusieurs propriétaires nobles. Racheté en 1872 par les Auzias, négociants en vin, il est exploité par leurs descendants, Nathalie et Dominique Auzias, qui disposent après agrandissement de 160 ha d'un seul tenant.

Un rosé saumoné attachant et sans artifice, aux arômes de fleurs et de petits fruits rouges (fraise, framboise), qui coule en bouche avec douceur, fraîcheur et longueur, rehaussé d'une touche saline originale. De bon goût. ⧗ 2024-2025

⊶ CH. AUZIAS, Dom. Paretlongue, 11610 Pennautier, tél. 04 68 47 28 28, info@auzias.fr V r.-v. 1

DOM. DE CANTALAUZE O
de Cantalauze 2023 ★

| | 5000 | 8 à 11 € |

Alors âgé de 37 ans, Thomas Sanane a le coup de foudre pour ce domaine viticole situé aux portes de Carcassonne. En 2015, il quitte son métier et se fait vigneron en se formant sur le tas. Outre ses 5 ha de vignes, il cultive aussi la pistache, les poivres exotiques et le safran.

Un rosé dominé par le grenache gris (70 %), logiquement peu teinté, couleur pêche, dont on aime les parfums plus élégants que puissants de bonbon et de fruits rouges, ainsi que la bouche souple et ronde, tonifiée par un trait citronné. ⧗ 2024-2025

⊶ DOM. DE CANTALAUZE, chem. de Cantalauze, 11800 Trèbes, tél. 06 19 45 74 65, domainedecantalauze@gmail.com V r.-v. E

PLÔ ROUCARELS Les Pépieux 2020 ★★★

| 1890 | | 15 à 20 € |

Deux jeunes vignerons et un jeune domaine, constitué à partir de 2006. Originaire de Dresde, Julia Gil-Hubrich s'est formée à Montpellier et dans le Bordelais. Quant à Julien Gil, natif du sud de la France, passionné de cuisine et de vin dès l'adolescence, il a fait un détour par le Médoc pour apprendre le métier. Le couple a commencé par «sauver» 2 ha de vieux

carignans promis à l'arrachage, puis acquis des vignes en appellation limoux. Aujourd'hui 7,5 ha constitués exclusivement de vieilles vignes.

Les Pépieux? Le nom du petit ruisseau qui contourne cette parcelle plantée de très vieilles (80 ans) souches de carignan. Dans le verre, un rouge pas loin d'être parfait, épanoui par un long séjour en fûts de 24 mois. Puissant, complexe, le nez offre un bouquet charmeur de fruits surmûris, d'épices et de plantes aromatiques. Des touches de sous-bois étoffent la palette dans un palais capiteux, suave, ample, long, relevé de tanins gras et fondants. Du Languedoc et du soleil en bouteille. ⧗ 2025-2029

⊶ PLÔ ROUCARELS, 18, rue Frédéric-Mistral, 11250 Couffoulens, tél. 06 61 77 51 35, post@plo-roucarels.com V r.-v.

LES VIGNOBLES DE VENDÉOLE
Des Filles dans le vent 2023 ★★

	6462	5 à 8 €

Evoc est né en 2019 de la fusion des deux coopératives de l'Ouest audois : les caves de la Malepère et du Razès. La nouvelle entité regroupe 400 vignerons et 5 000 ha de vignes répartis sur quelque quarante communes, depuis la Montagne Noire jusqu'aux contreforts des Pyrénées.

Sauvignon blanc et gewurztraminer très complices dans ce blanc qui fleure bon le fruit blanc frais, la pêche jaune et la rose. Le fruit ne perd rien en séduction dans une bouche tactile, soyeuse, à la fois ronde et aérienne, d'une séduction imparable. Difficile de ne pas aimer. ⧗ 2024-2027 ■ **Des Filles dans le vent 2023 ★ (5 à 8 €; 13000 b.)** Un rosé séducteur, pâle, aux parfums expansifs de fleurs et de bonbon qui se font plus poivrés dans une bouche harmonieuse, à la fois ronde et fraîche. Bien fait, efficace, consistant, on le débouche dès l'apéritif et on le ressert sur des charcuteries et des salades composées. ⧗ 2024-2025

⊶ LES VIGNOBLES DE VENDÉOLE, RD 623, 11240 Routier, tél. 04 68 69 39 15, mhpoussou@vendeole.com V t.l.j. sf dim. 9h-12h 14h-18h

IGP COTEAUX DE BÉZIERS

ALMA CERSIUS
In vino érotico 2023 ★

	35333		5 à 8 €

Fondée en 1937, la coopérative de Cers, rebaptisée Alma Cersius, regroupe trois communes aux portes de Béziers : outre Cers, Portiragnes et Villeneuve-les-Béziers. Elle dispose des 1 300 ha de ses adhérents et développe vente en bouteilles et gammes de cuvées.

Un assemblage de chardonnay, sauvignon blanc et viognier, et un élevage en cuve pour ce blanc de bon goût, floral à l'olfaction, fruité en bouche (pêche et pamplemousse), qui offre un bien joli compromis entre rondeur à l'attaque et fraîcheur en finale. ⧗ 2024-2027 ■ **In vino érotico 2023 ★ (5 à 8 €; 34666 b.)** Bonbon, pomelo, fruits rouges acidulés, voilà un rosé facile, vif à l'attaque, puis tendre, souple et séducteur, qui finit comme il avait commencé, sur le bonbon. ⧗ 2024-2025

⊶ ALMA CERSIUS, 3, av. de l'Égalité, 34420 Portiragnes, tél. 04 67 90 91 90, caveau.portiragnes@almacersius.com V t.l.j. sf dim. 9h-12h 14h-18h30

DOM. DE PIERRE BELLE
Cuvée Aurore Élevé en fût de chêne 2023 ★

	2200		11 à 15 €

Un domaine de 60 ha établi sur des coteaux argilo-calcaires au nord de Béziers, propriété de la famille Laguna-Fernandez depuis quatre générations.

Un rosé atypique, élevé en demi-muid pendant 6 mois, dont la robe soutenue montre des reflets orangés. Singulier et convaincant, le nez associe le fruit jaune un peu confit aux notes épicées du bois. Charmeuse, fumée, tactile, la bouche assume très joliment sa différence. Clairement de table, on recommande un plat de poisson légèrement épicé. ⧗ 2024-2026 ■ **Cuvée 6 de coeur 2022 ★ (15 à 20 €; 4000 b.)** Au nez, ce vin évoque le jus de fraise et de cerise, avec un boisé qui se fait imperceptible. En bouche: un soupçon de tanins, une matière très tendre, beaucoup de rondeur et ce même fruité juteux, gouleyant, relevé de poivre. Le parfait «vin de copains», résume le jury. ⧗ 2024-2027

⊶ DOM. PIERRE BELLE, 14, rue des Peyralles, 34290 Lieuran-lès-Béziers, tél. 04 67 49 17 96, vins@domainepierrebelle.com V t.l.j. sf dim. 9h-12h 14h30-18h30

BIJOU
Sophie Valrose 2023 ★

	1100000	8 à 11 €

Une structure de négoce qui produit des vins dans différentes appellations et IGP du Languedoc et de Provence.

Une robe pâle et brillante, des arômes aguicheurs de bonbon arlequin, de fruits exotiques et de fraise acidulée, une bouche légère, fraîche, croquante, bien équilibrée: un rosé moderne d'apéro, gourmand et facile à aimer. ⧗ 2024-2025

⊶ BIJOU, 42, rue de l'Aiguillerie, 34000 Montpellier, tél. 06 52 13 99 55, edward@bijouwine.com

DOM. PREIGNES LE NEUF
Chardonnay Prestige 2023 ★

	60000		5 à 8 €

Entre Agde et Béziers, un terroir mis en valeur depuis les Romains, un château fortifié et aujourd'hui un vignoble de 150 ha d'un seul tenant, qui s'étend en pente douce sur les coteaux du Libron. Le domaine a été acquis en 1905 par l'arrière-grand-père de la génération actuelle, ouvrier agricole enrichi par la distillation et le négoce du vin. Depuis 1990, il est conduit par Jérôme Vic, rejoint par Aurélie qui vinifie.

Une sélection des meilleurs chardonnay du domaine dans cette cuvée au nez franchement minéral de pierre à fusil, sur fond de fruits blancs frais. Aiguisée par une belle et puissante acidité, la bouche file droit, conserve sa trame minérale et y ajoute une amertume stimulante en finale. Un vin énergique né pour les plats iodés. ⧗ 2024-2027

⊶ SCEA DE PREIGNES LE NEUF, chem. de Preignes, 34450 Vias, tél. 04 67 21 51 48, contact@preignesleneuf.com V t.l.j. sf dim. 8h-12h30 13h30-17h

LANGUEDOC

DOM. PREIGNES LE VIEUX
Hauts comme 3 pommes 2023 ★

| 50 000 | | 5 à 8 € |

Entre Agde et Béziers, un terroir mis en valeur depuis les Romains, un château fortifié et aujourd'hui un vignoble de 200 ha d'un seul tenant qui s'étend en pente douce sur les coteaux du Libron. Le domaine a été acquis en 1905 par l'arrière-grand-père de la génération actuelle, ouvrier agricole enrichi par la distillation et le négoce du vin. Depuis 1990, il est conduit par Jérôme Vic, rejoint par Aurélie qui vinifie.

Brièvement élevé en cuve, un blanc parfumé aux arômes dynamiques floraux et exotiques, qui se doublent d'agrume dans un palais rond, consistant, ragaillardi par une petite vivacité discrète. On l'ouvre dans ses jeunes années. ⧗ 2024-2026

DOM. PREIGNES LE VIEUX, 34450 Vias, tél. 04 67 21 67 82, contact@preignes.com V t.l.j. sf sam. dim. 9h-18h; oct.-avril sur r.-v.

LES VIGNERONS DE SÉRIGNAN
Lo Vièlh Muscat sec 2023 ★

| 47 700 | | 5 à 8 € |

Située près de Béziers à 3 km d'« écoplages », la coopérative de Sérignan, fondée en 1935, regroupe quelque 1 000 ha de vignes établies sur les plateaux caillouteux de cette commune et des villages de Vendres et de Sauvian.

Lo Vièlh, « les anciens » en occitan : un nom en référence au muscat implanté de longue date dans la région. La cave en tire un blanc tout en parfums, sec et vif, qui restitue fidèlement et longuement la pureté de fruit (pêche, abricot) du cépage. ⧗ 2024-2026 ■ **La Tentation Cabernet Syrah 2023 ★ (5 à 8 €; 14 660 b.)** Une cuvée bien nommée, aux parfums fruités et sucrés de bonbon et de fruits rouges, que l'on retrouve dans un palais bien rond, charnu, facile et d'un séduction évidente. ⧗ 2024-2026

LES VIGNERONS DE SÉRIGNAN, 114, av. Roger-Audoux, 34410 Sérignan, tél. 04 67 32 24 82, gestion@vignerons-serignan.com V t.l.j. sf dim. 9h-12h 15h-18h

IGP COTEAUX D'ENSÉRUNE

DOM. DE SOUSTRES
Linium 2022 ★★

| 4 896 | | 11 à 15 € |

Créé par la famille Mamert dans les années 1970, dirigé par Anne-Sophie et Jean-Paul Mamert, ce domaine est situé sur les coteaux d'Ensérune, dont la vocation viticole remonte à l'Antiquité. Sur la centaine d'hectares que compte la propriété, un peu moins de la moitié est consacrée à la vigne et aux IGP locales.

Un rouge solaire et bien du Sud, à dominante de grenache noir, qui séduit dès l'olfaction avec ses effluves chaudes de pruneau, de griotte et de Toffee. Le fruit s'épanouit sans réserve dans une bouche capiteuse, confortable, aux nuances de cannelle, d'une douceur de texture très sensuelle, le tout relevé d'une fraîcheur étonnante. Plein, suave, gorgé de saveurs et de soleil, c'est un bonheur. ⧗ 2024-2027 ■ **Gris de gris Les Grenaches 2023 ★ (8 à 11 €; 5 160 b.)** 100 % grenache gris, voilà un rosé certes pâle mais généreux, aux arômes de confiserie et de fruits frais, qui prend ses aises dans une bouche douce, large et acidulée à la fois, dotée d'une petite amertume gastronomique en finale. ⧗ 2024-2025 ■ **Cuvée Pierre 2022 ★ (11 à 15 €; 5 118 b.)** Discrets au nez, les arômes de fruits rouges et noirs et d'épices s'émancipent dans une bouche suave et ample, bien typée grenache, structurée en douceur par les tanins d'un cabernet-sauvignon (40 %) mûr à souhait. Un duo qui fonctionne en bonne harmonie. ⧗ 2024-2028

SCEA DOM. DE SOUSTRES, chem. de Soustres, 34310 Montady, tél. 04 67 93 43 75, contact@domaine-de-soustres.fr V t.l.j. sf dim. 10h-12h30 14h-18h30

IGP COTEAUX DE PEYRIAC

Ⓑ DOM. TOUR BOISÉE
Amuse-bouche 2023 ★

| 10 000 | | 5 à 8 € |

Fondé en 1826, ce domaine familial doit son nom à la tour fortifiée datant du Moyen Âge qui se trouve sur la propriété. Longtemps dirigé par Jean-Louis Poudou, c'est désormais la famille Guilhem qui en a la gestion. Située à 20 km à l'est de Carcassonne, forte de 37 ha de vignes et d'un millier d'oliviers, la propriété est conduite en bio certifiée.

Un bref passage en cuve pour ce rouge friand, bien nommé, dont on retient les arômes fringants de petits fruits rouges et noirs et la bouche rondelette, souple, fraîche, où les tanins se font bien discrets. On l'ouvre dès l'apéro. ⧗ 2024-2026 ■ **Amuse-bouche 2023 ★ (5 à 8 €; 4 000 b.)** Ⓑ Une robe d'un rose limpide, des parfums expansifs de bonbon, une bouche ample, gourmande, très fruitée, qui conserve tout ce qu'il faut de fraîcheur: une friandise. ⧗ 2024-2025

SAS LTB LAURE MINERVOIS, 1, rue du Château-d'Eau, 11800 Laure-Minervois, tél. 04 68 78 10 04, info@domainelatourboisee.com V t.l.j. sf sam. dim. 9h-12h 14h-17h

IGP CÔTES DE THAU

LES VIGNERONS DE FLORENSAC
Absolu Chardonnay 2022 ★★

| 3 600 | | 11 à 15 € |

Née en 1934, cette coopérative installée dans des bâtiments à l'architecture typique du Languedoc regroupe 150 adhérents et 700 ha de vignes. À sa carte, du picpoul-de-pinet et des vins IGP.

On aime tout dans ce chardonnay du Sud: la robe brillante, le nez expressif aux parfums de genêt, de pêche et de vanille, et la bouche surtout, volumineuse, souple et très fraîche, avec de fines touches poivrées et salines qui illuminent la finale. ⧗ 2024-2027

LES VIGNERONS DE FLORENSAC (FLORÈS), 5, av. des Vendanges, 34510 Florensac, tél. 04 67 77 00 20, caveau@vignerons-florensac.fr V t.l.j. 9h30-17h30; sam. 9h30-17h

LES GRANDS CHAIS DE FRANCE
Carte postale 2023 ★

1300000 | 5 à 8 €

Les Grands Chais de France : un géant français du négoce de vins créé à la fin des années 1980 par Joseph Helfrich, aujourd'hui présent dans l'ensemble des régions viticoles françaises et dans le monde entier.

Un assemblage baroque entre le terret, l'ugni blanc, le colombard, le souvignier gris et le villar dans ce blanc étonnant, aux reflets dorés, très généreux à l'olfaction: fleurs blanches, fenouil et abricot sur un fond nettement fumé. La même note grillée plane sur une bouche expressive et harmonieuse, fraîche et ronde à la fois, d'une longueur très honorable. Un vin original et stimulant. ⧗ 2024-2026

LES GRANDS CHAIS DE FRANCE, 1, rue de la Division-Leclerc, 67290 Petersbach, tél. 04 67 39 29 47, carole.martin@lgcf.fr

(B) DOM. LA GRANGETTE Canailles 2023 ★

8000 | 5 à 8 €

Au Moyen Âge, les terres du domaine appartenaient à la seigneurie du Baron de Guers. Elles étaient plantées de luzerne et de céréales pour nourrir l'importante cavalerie du château, d'où le nom de «grangette» (petite grange). La vigne y était aussi cultivée, ce dont témoignent de très anciennes cuves de pierre. Elle s'étend aujourd'hui sur 10 ha, et produit du picpoul-de-pinet et des vins en IGP.

Un rouge fougueux et prometteur né de vignes centenaires élevé 3 mois en cuve, aux notes flatteuses de fruits rouges bien mûrs nuancées d'un soupçon d'épices. Juvénile, concentrée, chaleureuse, appuyée sur des tanins puissants mais très enrobés, la bouche est armée pour la garde. Canaille certes, mais d'un profil costaud. ⧗ 2026-2030

SCEA DOM. LA GRANGETTE, 305, chem. du Picpoul, 34120 Castelnau-de-Guers, tél. 06 64 71 42 58, domainelagrangette@gmail.com V hiver sur r.-v.

IGP CÔTES DE THONGUE

DOM. DE L'ARJOLLE
Equinoxe Cabernet syrah 2022 ★

20000 | 11 à 15 €

Situé à Pouzolles, ce très vaste domaine de 110 ha s'est réveillé en 1974 avec l'arrivée de la famille Teisserenc (sept associés), qui en a fait l'une des belles références des Côtes de Thongue.

Des raisins vendangés aux premiers jours de l'automne et un passage en fût de 9 mois pour ce rouge généreux, coloré, aux arômes démonstratifs de cassis, de cerise noire et d'épices douces. Généreusement torréfiée, riche et douce à l'attaque, structurée par des tanins très enrobés, la bouche affiche la même plénitude. Un vin consistant qui gagnera à vieillir. ⧗ 2026-2030

DOM. DE L'ARJOLLE, 7 bis, rue Fournier, 34480 Pouzolles, tél. 04 67 24 81 18, caveau@arjolle.com V t.l.j. sf dim. 9h-18h; sam. nov.-mars 9h-13h

♥ (B) DOM. BASSAC
XX 2020 ★★

4300 | 15 à 20 €

Situé à Puissalicon, petit village médiéval du Languedoc, à égale distance de Béziers, Pézenas et Bédarieux, un domaine de 80 ha cultivé en bio depuis 1990, sur des sols d'une grande diversité, propriété depuis 2014 de François Delhon et Jean-Philippe Leca.

Le domaine soigne sa belle réputation avec ce 2020 dominé par la syrah, à point, charmeur, élevé sous bois 12 mois, puis vieilli en bouteille. Le bouquet mûr et complexe, entre fruits noirs, sous-bois, Zan et olive noire, annonce une bouche suave et capiteuse, infusée de fruit et d'épices, confortablement calée sur des tanins d'un soyeux exemplaire. Long, caressant, épanoui, un must de l'année qui mérite une viande de goût, un gigot de 7 heures par exemple. ⧗ 2025-2030

DOM. BASSAC, 315, rue Cave-des-Consuls, 34480 Puissalicon, tél. 04 67 36 05 37, contact@domaine-bassac.com V t.l.j. sf sam. dim. 9h-12h 13h30-17h30

(B) DOM. DES CAPRIERS
Le Rêve de Louis Rolle Viognier Sauvignon 2023 ★★

10000 | 8 à 11 €

Marion Vergnes et son frère Mathieu, autodidactes mais d'origine vigneronne, ont repris les commandes de ce domaine familial (32 ha) en 2001. En 2003, ils ont construit un nouveau chai et se sont lancés dans la commercialisation de leurs vins.

Trois cépages aromatiques associés, cela donne ce blanc délicat et expansif, aux parfums de pêche, de fleurs et d'agrumes. Ce bien joli bouquet anime une bouche tendre et souple, tout en fruit et en peps, portée par une fraîcheur bien sentie. Du cousu main. ⧗ 2024-2027

Le Rêve de Louis Syrah Grenache 2023 ★ (8 à 11 €; 10000 b.) (B) Un rosé de belle facture, classiquement pâle, au nez non moins classique mais sans outrance de bonbon et d'agrumes, qui ouvre sur un palais léger, bien balancé entre rondeur et vivacité. ⧗ 2024-2025

GAEC MARION ET MATHIEU VERGNES, 605, av. de la Gare, 34480 Puissalicon, tél. 06 58 02 57 59, contact@domainedescapriers.fr V r.-v.

DOM. DESHENRY'S
Elle et lui 2023 ★

5000 | 8 à 11 €

La famille Bouchard, par ailleurs propriétaire du Dom. de l'Abbaye Sylva Plana, est également à la tête, depuis cinq générations, de cette propriété dont le vignoble s'étend sur 53 ha. Elle doit son nom au prénom Henry donné aux différents responsables qui se sont succédé à sa tête. Nicolas Bouchard et son épouse Charline sont aujourd'hui aux manettes.

Syrah et carignan à parité dans ce 2023 vinifié en grappes entières. On en retient la robe sombre, le nez puissamment fruité et le palais capiteux, très en chair, ensoleillé et structuré par des tanins bien pris dans le fruit. Un ensemble généreux. ⧗ 2024-2028

SARL HF BOUCHARD ET FILS, 3, rue de Fraisse, 34290 Alignan-du-Vent, tél. 04 67 24 91 67, info@vignoblesbouchard.com V r.-v. 4

DOM. DE L'ENVOLÉE
Drôle d'oiseau 2022 ★★

■ | 3920 | | 11 à 15 €

Passionnés de vignes et de vins, Alix et Christophe Veroone ont acquis en 2012 et restauré un domaine à l'abandon et agrandi petit à petit un vignoble qui totalise aujourd'hui 6 ha cultivés en bio (certification en 2023). Ils possèdent aussi quatre gîtes offrant une vue imprenable sur les Cévennes.

Marselan et merlot dominants dans ce vin joyeux, aux arômes concentrés de fruits rouges et d'épices douces. Une texture soyeuse, une agréable sucrosité, des tanins extraits en douceur, un fruit épicé et acidulé, une fraîcheur imparable: un rouge bien du Sud mais très gouleyant. ⧗ 2024-2027

DOM. DE L' ENVOLÉE, lieu-dit Saint-Jean, 34120 Tourbes, tél. 06 17 41 01 52, contact@domainedelenvolee.fr V r.-v. E

DOM. LES FILLES DE SEPTEMBRE
Clos Marine 2022 ★★

■ | 3000 | | 8 à 11 €

Roland et Hugues Géraud dirigent ce domaine (41 ha) depuis 1995 et ont été inspirés par les dates de naissance de leurs filles respectives, nées le mois des vendanges, pour en trouver le nom.

Un blanc fermenté en barriques neuves et élevé en cuve, d'où ce nez de chêne frais et de vanille. Boisée certes mais voluptueuse, la bouche affiche une bien belle chair, à l'accent de réglisse et de beurre frais, et tire son énergie d'une finale salivante. Un beau blanc de gastronomie pour viande et poisson en crème, et qui saura tenir la garde. ⧗ 2025-2029

LES FILLES DE SEPTEMBRE, 30, av. Georges-Guynemer, 34290 Abeilhan, tél. 04 67 39 01 65, les-filles-de-septembre@club-internet.fr V *t.l.j. sf dim. 10h-12h 14h-18h; f. fév.*

B DOM. LA GRANGE
Tradition Combelles Cinsault syrah 2023 ★

■ | 3000 | | 11 à 15 €

Un domaine acquis en 2007 par Rolf et Renate Freund, anciens importateurs allemands de vins. Idéalement situé en bordure du parc naturel régional du Haut Languedoc, à une altitude de 250 m, son vignoble de 54 ha est cerné par la garrigue. Les raisins mûrissent entourés de thym et de romarin, puis sont vinifiés parcelle par parcelle dans une nouvelle cave en pierre à l'équipement neuf.

Une syrah (80 %) au regard noir qui prend son temps pour développer son nuancier de fruits noirs en confiture, de tabac et de réglisse. Plus expressive, cossue, ourlée de tanins tendres, la bouche se livre sans réserve dans un style solaire et charnu, d'une séduction immédiate. ⧗ 2024-2028

LA GRANGE, rte de Fouzilhon, 34320 Gabian, tél. 07 81 33 24 28, compta@domaine-lagrange.com V *t.l.j. sf sam. dim. 9h-12h 14h30-18h* E

MAS DELGI 2023 ★

■ | 1820 | | 8 à 11 €

Tout en vinifiant pour d'autres producteurs, Gilles Giraud, issu d'une lignée de vignerons, a acquis ses premières vignes en 1999 et a repris dix ans plus tard celles de ses parents. Il exploite aujourd'hui, avec son épouse Delphine, 30 ha à l'origine des toutes premières cuvées maison en 2020.

Du soleil et du fruit à foison dans ce jeune rouge très ouvert sur les fruits noirs et la tapenade. Les tanins, très fins, passent inaperçus dans cette bouche grasse, mûre et gouleyante, qui offre un grand bol de fruits surmûris. Facile à aimer, on l'ouvre sans attendre sur un magret ou une viande rosée. ⧗ 2024-2026

MAS DELGI, 110, chem. des Flabègues, 34120 Tourbes, tél. 06 51 21 96 10, masdelgi@orange.fr V *lun. ven. sam. 10h-12h; mar.-jeu. 18h-20h*

B MAS DES BRUNES
Cuvée des cigales 2022 ★

■ | 5000 | | 8 à 11 €

Né en 1999 d'un partage familial, le Mas des Brumes, sur la commune de Magalas, entre Béziers et Pézenas, est la propriété de Claude et Isabelle Bertrand. Ils exploitent en IGP Côtes de Thongue, une douzaine d'hectares exposés plein sud et cultivés en bio de longue date.

Un rouge sapide et bien nommé, aux arômes typés de confiture de fruits rouges, d'olive noire et de plantes aromatiques, dont on aime aussi la bouche coulante souple et fraîche, appuyée sur des tanins fins et croquants. Délicat, friand, moderne, une première dans le Guide très réussie. ⧗ 2024-2027

MAS DES BRUNES, 225, chem. du Pendut, 34480 Magalas, tél. 06 11 54 10 20, claudebertrand369@gmail.com V

♥ B MAS LOU Ïnti 2023 ★★

■ | 11500 | | 11 à 15 €

Œnologues, Adèle Arnaud et Olivier Gil ont fait leurs classes auprès de vignerons reconnus avant de s'installer en 2014 dans ce domaine du Haut-Languedoc. Ils exploitent (en bio) 11 ha de vieilles vignes sur l'appellation faugères et 4 ha en IGP Côtes de Thongue. Vendanges manuelles et levures indigènes sont ici de rigueur.

Une entrée en fanfare dans le Guide pour le domaine qui signe un blanc charmeur issu du vermentino et du viognier. La vinification et l'élevage en fût marquent le nez de notes gourmandes, lactées et pâtissières, avec une touche de pierre à fusil pour la complexité. Le fruit (pêche et abricot) nuance une bouche tout en toucher délicate, onctueuse, étirée sur le beurre frais en finale

Jn vin raffiné, gourmand, remarquablement élevé : le coup de cœur ne se discute pas. ⧗ 2025-2029

MAS LOU, 1907, rte de Pézenas, 34600 Faugères, tél. 06 77 81 06 44, lemaslou@gmail.com mar. ven. 11h-12h 14h-18h

DOM. DE MONTMARIN
Sauvignon 2023 ★

	40000		5 à 8 €

La famille Sarret est aux commandes de cette ancienne seigneurie royale depuis treize générations, aujourd'hui un vaste domaine de 450 ha (dont 85 de vignes et autant de céréales) qui s'étend sur une ligne de coteaux dominant plein sud le Golfe du Lion.

Bergamote, citron vert et yuzu : au nez, c'est un foisonnement d'agrumes. Le pamplemousse et une touche de pêche blanche se mêlent à la fête dans un palais tendre, léger, rondelet et doté d'une petite acidité très à propos. Un joli sauvignon du Sud à boire sur le fruit de sa jeunesse. ⧗ 2024-2026

GFA DE MONTMARIN, D 28, 34290 Montblanc, tél. 04 67 77 47 70, domainemontmarin@outlook.fr t.l.j. sf ven. sam. dim. 8h-12h 13h-17h

DOM. DE MONTROSE Salamandre 2022 ★

	6000		15 à 20 €

Implanté à quelques kilomètres de Pézenas, dans la zone des Côtes de Thongue, le domaine a été créé en 1701 par Jacques Alazard – d'où les armoiries aux trois lézards figurant sur les étiquettes –, ancêtre des vignerons actuels, Bernard Coste et son fils Olivier. Le vaste vignoble couvre 95 ha et côtoie plus de 1 000 arbres (chênes, oliviers, figuiers). Les rosés sont la spécialité de la maison.

Un assemblage cabernet-sauvignon et syrah dans ce vin de bonne garde élevé 12 mois en fût, d'où cette robe sombre et ces arômes de chêne et de fruits noirs rehaussés d'une note fraîche et mentholée. La bouche affiche une bien belle stature : de la matière, des arômes ensoleillés et une trame tannique ferme et élégante qui laisse parler le fruit en finale. Un rouge complet et structuré, que l'on laisse évoluer sereinement. ⧗ 2026-2030

SARL DOM. DE MONTROSE, RN 9, 34120 Tourbes, tél. 04 67 98 63 33, oliviercoste@domaine-montrose.com t.l.j. 9h-12h 14h-18h

VILLA DELMAS Rosé en terrasse 2023 ★★

	7800	5 à 8 €

Achat de vignes entre 1998 et 2005, construction de la cave et du caveau de 2009 à 2011, et voici Jocelyn Delmas et son frère Fabrice aujourd'hui aux commandes d'un petit vignoble, qu'ils agrandissent (14,5 ha aujourd'hui). Ils y cultivent les cépages languedociens et aussi l'alsacien gewurztraminer.

Un rosé généreux, aux senteurs gourmandes de bonbon et d'aubépine, qui prend ses aises dans une bouche gironde, grasse mais fraîche, sans lourdeur, au fruité plus élégant qu'exubérant et d'une longueur pas si commune. À déguster, en terrasse donc, sur des charcuteries et plats de légumes cuisinés (tian, ratatouille). ⧗ 2024-2025 ■ **Le Natu 2023** ★ **(8 à 11 € ; 2000 b.)** Pas de soufre ajouté mais du fruit rouge relevé de poivre et d'eucalyptus dans cette jeune syrah ample, large, croquante et parcourue de tanins très fins qui se mettent au service du fruit. Rond et juteux, il est à boire sur le fruit. ⧗ 2024-2026

EARL DELMAS, rte de Valros, 34630 Saint-Thibéry, tél. 06 77 74 00 35, earldelmas@wanadoo.fr r.-v.

IGP PAYS CATHARE

DOM. GUILHEM Vignes du levant 2023 ★

	13000		11 à 15 €

Établi à Malviès, près de Carcassonne, ce domaine, commandé par un château construit à la fin du XVIIIe s. sur des vestiges gallo-romains, est dans la même famille depuis 1878 et six générations. Brigitte Gourdou-Guilhem, aux commandes pendant plus de 25 ans, a passé le relais en 2005 à Bertrand Gourdou. Aujourd'hui, ce dernier exploite 35 ha (en bio certifié depuis 2013). Une valeur sûre de l'appellation malepère.

15 % de chardonnay à l'appui du sauvignon blanc dans ce 2023 qui fleure bon la poire, la pêche et le fruit vert. Gras comme il faut et porté par une fraîcheur bien sentie, le palais y ajoute une touche de fleur et une longueur remarquée. Harmonieux, parfumé, tonique, il a tout bon. ⧗ 2024-2026

CH. GUILHEM, 1, bd du Château, 11300 Malviès, tél. 04 68 31 14 41, contact@chateauguilhem.com t.l.j. sf sam. dim. 9h-12h 14h-17h30

IGP PAYS D'HÉRAULT

DOM. ALLEGRIA
Poivre de mourvèdre 2021 ★★

	3288		15 à 20 €

Créé en 2008 sur les premières collines du Haut-Languedoc, au nord de Pézenas, Allegria est le fruit d'une amitié franco-argentine entre Ghislain et Delphine d'Aboville et Roberto de la Mota (œnologue de renom). La nouvelle cave bioclimatique, implantée au pied du volcan des Baumes, est entourée d'un vignoble de 9 ha conduit en bio dès l'origine.

Des vignes de 40 ans plantées sur les pentes d'un ancien volcan ont engendré un mourvèdre raffiné, au bouquet typé de fruits noirs, de tapenade, de sous-bois et d'épices. Tendre, fin, étiré, appuyé sur des tanins extraits avec doigté, c'est un rouge harmonieux qui soigne l'élégance et la souplesse. ⧗ 2025-2029

DOM. ALLEGRIA, Fontarêche, 34720 Caux, tél. 06 25 93 08 08, allegria@vinotinto.fr r.-v.

CLOS BAGATELLE La Divine 2023 ★

	3500		8 à 11 €

En 1623, un ancêtre, artisan drapier, s'établit à Saint-Chinian, au lieu-dit Bagatelle. Au XXe s., le domaine est transmis de mère en fille. Le vignoble est replanté dans les années 1960, avec une extension sur un terroir de muscat. Depuis 1993, ce sont Christine Deleuze (au commercial) et son frère Luc Simon (à la vigne) qui sont aux commandes des 60 ha de vignes familiales, à l'origine de saint-chinian et de muscat-de-saint-jean-de-minervois appréciés. Une valeur sûre.

Connu pour ses saint-chinian, le domaine soigne ses IGP, en témoigne ce muscat moelleux aux parfums explosifs de fleur d'oranger et d'anis, qui coule en bouche avec douceur, rondeur et volupté. Une pure gourmandise et un modèle d'équilibre. Pourquoi attendre? ⌛ 2024-2027

⊶ *CLOS BAGATELLE, 34360 Saint-Chinian, tél. 04 67 93 61 63, closbagatelle@wanadoo.fr* V *t.l.j. sf sam. dim. 9h-12h 14h-18h*

Ⓑ DOM. DU CLOS ROCA
Côtes du Ceressou Ecceterra 2023 ★★

	12500		5 à 8 €

Salarié dans l'industrie, Louis Aleman décide en 2009 de se convertir à la vigne et acquiert ce domaine d'une quinzaine d'hectares établi au lieu-dit Saint-Jean-de-Roca, à Nizas, dont le vignoble marie deux composantes majeures du terroir de Pézenas : basalte et terrasses villafranchiennes. Le domaine a été repris en 2024 par Nicolas Dutour.

Classique dans sa conception (pressurage direct) mais d'une finesse singulière, ce rosé longiligne se démarque par son nez retenu, qui respire le naturel, centré sur le fruit frais. Une subtilité que l'on retrouve dans une bouche délicate, caressante, ciselée et d'une harmonie parfaite. On frôle le coup de cœur. ⌛ 2024-2025 **■ Côtes du Ceressou Ecceterra 2023 ★ (5 à 8 €; 18000 b.)** Des parfums alléchants de petits fruits rouges frais, une matière ronde, ensoleillée mais très croquante, ourlée de tanins fins, une touche d'agrumes revigorante, une finale sapide: un parfait «rouge de soif». ⌛ 2024-2026 **■ Côtes du Ceressou Ecceterra 2023 ★ (5 à 8 €; 12500 b.)** Ⓑ La passe de trois pour le domaine qui place aussi ce blanc, tout aussi fringant, né du sauvignon blanc (et une touche de colombard): des parfums explosifs d'agrumes infusent allègrement une bouche tapissante et vivace, à l'accent minéral affirmé. Du peps à revendre. ⌛ 2024-2026

⊶ *EARL VIGNOBLES ALEMAN, Dom. du Clos Roca, D 124, 34320 Nizas, tél. 04 67 25 19 43, info.closroca@gmail.com* V *r.-v.*

LA GRANGE DES COPAINS
2023 ★

	5000		8 à 11 €

Trois copains, Cyril, Jérémy et Julien, passionnés par la viticulture, débarquent dans l'Hérault en 2002, avec l'idée de cultiver la vigne. Ils rachètent en 2008 une petite parcelle vouée à l'arrachage, vendent bien leur vin et rachètent une parcelle. À ce jour, 6 ha.

Un rosé saumoné au nez débridé et croquant de melon et de pêche, agrémenté de poivre et de réglisse. Le fruit ne perd rien en séduction dans un palais ample et vigoureux, tonifié par une fraîcheur bien sentie. ⌛ 2024-2025

⊶ *LA GRANGE DES COPAINS, 10, rue Mistral, 34800 Nébian, tél. 06 45 16 40 40, contact@lagrangedescopains.com* V *r.-v.*

MAS DE MADAME
Collines de la Moure Rosé moelleux 2023 ★★

	9000		8 à 11 €

Conduit par les Sourina père et fils, le premier agronome, le second œnologue, ce vignoble de coteaux (46 ha d'un seul tenant sur le piémont du massif de la Gardiole) est l'un des plus anciens de Frontignan : les archives municipales attestent la présence du muscat dès 1170. Bâti au XVIᵉs., le mas a été restauré en 2003 et les chais ont été modernisés en 2006.

Un assemblage original entre le muscat à petits grains et le grenache pour un rosé non moins original et surtout très séducteur. Le nez, infusé de rose, ouvre sur une bouche qui a tout pour elle: la rondeur, la fraîcheur, la légèreté, l'éclat du fruit, la douceur discrète, et la redoutable gourmandise. On frise le coup de cœur. ⌛ 2024-2025

⊶ *EARL DOM. DU MAS DE MADAME, rte de Montpellier, 34110 Frontignan, tél. 06 30 20 33 31, g.sourina@gmail.com* V *t.l.j. 9h30-12h30 14h30-19h*

MAS FRIGOULET
Coteaux du Salagou Cortes de Baza 2023 ★

	1500		11 à 15 €

Corentin Michel et Marie Mazeran conduisent ce jeune domaine créé en 2018 à partir d'une parcelle détenue par le grand-père de Corentin. Aujourd'hui 4 ha exclusivement composés de vieilles vignes cultivées en terrasses. Frigoulet? De *frigoule*, soit le «thym», en occitan, qui pousse en abondance autour du Mas restauré par les deux jeunes vignerons.

Le domaine fait son entrée dans le Guide avec un sauvignon revigorant et très pur, éclatant de fruit (pamplemousse, pêche et note de buis), à la fois dynamique et tendre, qui s'entiche d'une touche exotique dans une finale alerte et très propre. Harmonieux, plein de fruit, précis, le jury a apprécié. ⌛ 2024-2026

⊶ *MAS FRIGOULET, 648, chem. de Frigoulet, 34700 Le Puech, tél. 06 77 62 57 23, masfrigoulet@gmail.com* V *r.-v.* Ⓔ

Ⓑ MAS LAVAL Les Pampres 2023 ★★

	16000		11 à 15 €

Un domaine situé à Aniane, créé en 2001 par Joël Laval, informaticien de profession, à partir des vignes détenues par son père et son grand-père. Rejoint au début de l'aventure par son épouse Christine, et désormais par leur fils Geoffrey (maître de chai), la famille exploite 35 ha en bio certifié depuis 2023.

Le domaine signe son retour dans le Guide avec ce blanc convaincant qui assemble chardonnay, viognier et grenache blanc. Fin, floral (acacia) et épicé, le nez ouvre sur une bouche qui a tout pour elle: la texture enrobante, la consistance de la matière, la fraîcheur et cette longue finale salivante florale et poivrée. ⌛ 2024-2027

⊶ *MAS LAVAL, 46, rue de l'Huilerie, ZAE Les Treilles, 34150 Aniane, tél. 04 67 57 79 23, contact@maslaval.com* V *r.-v.*

Ⓑ DOM. MASPIQUET
Collines de la Moure Métis 2022 ★

	3340		8 à 11 €

Situé à Grabels, aux portes de Montpellier, le Dom. Maspiquet (15 ha en bio certifié) est l'exploitation pédagogique du lycée agricole Frédéric Bazille-Agropolis.

Élevé en cuve, habillé d'une belle robe rubis, ce 100 % marselan s'ouvre sur des parfums généreux de framboise et de thé vert. Les fruits rouges insistent dans un palais souple et suave, étayé de tanins agréables qui donnent un supplément de relief bienvenu. À boire dans ses jeunes années, sur des grillades. ⌛ 2024-2027

EPLEFPA MONTPELLIER-ORB-HÉRAULT, Dom. Maspiquet, ancienne rte de Ganges, 34790 Grabels, tél. 06 84 71 86 71, guillaume.alepee@educagri.fr V r.-v.

B DOM. DE PETIT ROUBIÉ Viognier 2023 ★

| 17800 | | 5 à 8 € |

Installé en 1980, Olivier Azan, en précurseur, pratique l'agriculture biologique depuis plus de trente ans sur un domaine situé au cœur de l'aire du picpoul-de-pinet, à proximité de l'étang de Thau : 70 ha de vignes, dont près d'une vingtaine dédiée à cette appellation de vins blancs. Il propose aussi des vins de cépage en IGP.

Un viognier tendre et léger comme le Languedoc sait en produire. On en retient le nez crémeux et floral, la matière tendre et souple, la fraîcheur préservée et la finale gourmande sur le fruit exotique. Facile à aimer, on l'ouvre dès l'apéritif. ⌛ 2024-2026

CH. PETIT ROUBIÉ, 34850 Pinet, tél. 04 67 77 09 28, petitroubie@gmail.com V t.l.j. sf sam. dim. 9h-12h 13h-17h E

ROSÉ DE BESSAN
Pays de Bessan Cuvée spéciale 2023 ★★

| 250000 | | 5 à 8 € |

Le village de Bessan, entre Agde et Béziers, élabore des rosés depuis le début du siècle dernier, si bien que sa coopérative, fondée en 1938, a pris pour nom Le Rosé de Bessan. La cave dispose d'une surface de 550 ha.

Des raisins vendangés de nuit et un très bref séjour en cuve pour ce rosé efficace, aux parfums exubérants de bonbon anglais. Arômes que l'on retrouve dans une bouche gracile, sans lourdeur, qui laisse un long sillon de fraîcheur en finale. ⌛ 2024-2025

SCA LE ROSÉ DE BESSAN, chem. de la Coopérative, 34550 Bessan, tél. 04 67 77 42 03, contact@lerosedebessan.fr V t.l.j. sf dim. 9h-12h30 15h-19h (juil.-août 9h-19h)

DOM. VEUVE MICHEL
Coteaux du Salagou Vieilles Syrah 2022 ★

| 6000 | | 11 à 15 € |

Philippe Ramond, géologue de formation puis œnologue, a repris en 2003 l'exploitation de sa grand-mère maternelle (la Veuve Michel), a quitté la coopérative et produit depuis ses propres vins à partir d'un vignoble de 10 ha en coteaux situé en bordure du lac du Salagou.

45 ans pour ces vieux ceps de syrah sobrement élevés en cuve. Le nez, lent à s'ouvrir, décline le fruit rouge, le fumé et la terre fraîche. Les fruits noirs et les épices douces percent à leur tour dans une bouche harmonieuse, ronde, tissée de tanins fins mais fermes. Un vin aimable, déjà gourmand, qui saura aussi tenir la garde. ⌛ 2024-2029
Coteaux du Salagou Vieilles Syrah 2023 ★ (15 à 20 €; 5000 b.) Un vin clairement de garde, opaque, saturé de violette et de Zan à l'olfaction et qui se teinte d'originales notes pétrolées dans un palais puissant, solidement structuré par des tanins corsés. Bien né et bien bâti, on lui prédit un bel avenir. ⌛ 2026-2032

DOM. VEUVE MICHEL, rue du Mas de l'église, 34800 Octon, tél. 06 65 58 62 06, pramond163@orange.fr V r.-v. A

VILLA EXINDRIO
Collines de la Moure Les Salins 2023 ★

| 4500 | | 5 à 8 € |

Ancienne villa gallo-romaine puis bien épiscopal (des vestiges de la chapelle Sainte-Marie-Madeleine d'Exindre furent trouvés ici), ce domaine a été acquis à la Révolution par la famille Sicard, qui en été propriétaire jusqu'en 2021 et son rachat par Clément et Mathilde Veyras. De la cave du XIXᵉs. et de 45 ha de vignes, naissent des IGP, du languedoc et du muscat-de-mireval.

Des vignes de syrah et de cinsault surplombant les anciens salins sont à l'origine de ce rosé orangé, aux parfums gourmands et expressifs de confiserie et de fruit des bois. Un trait d'agrumes rehausse le bouquet dans une bouche alerte et tendue, mais longue et assez savoureuse. ⌛ 2024-2025

CH. D' EXINDRE LA MAGDELAINE, 34750 Villeneuve-lès-Maguelone, tél. 06 15 67 27 77, villaexindrio@gmail.com V t.l.j. sf mer. dim. 9h-12h 14h-19h C

B DOM. VILLA NORIA
Coteaux de Bessilles Basic Instinct 2023 ★

| 20000 | | 11 à 15 € |

Un domaine créé de toutes pièces en 2010 par quatre jeunes vignerons : 43 ha de vignes nichés entre mer et contreforts montagneux, sur des terroirs basaltiques, entre Pézenas et Montagnac. L'engagement en agriculture biologique (certifiée) concerne tous les aspects de la propriété, de l'eau aux paysages. Depuis 2019, deux partenaires ont quitté l'aventure et c'est désormais le duo Fabien Gross-Cédric Arnaud qui est aux commandes.

15 % de viognier pour accompagner le chardonnay dans ce blanc très plaisant. Une robe limpide, des parfums de pêche et de fleurs blanches, une bouche plus exotique dans son fruit, qui offre ce qu'il faut de gras et de vivacité, et une pincée d'épices douces pour finir: que du bon. ⌛ 2024-2027

VILLA NORIA, L'Hortevieille, 34530 Montagnac, tél. 06 84 80 33 98, contact@domaine-noria.com V t.l.j. sf sam. dim. 8h-17h

IGP PAYS D'OC

ALMA CERSIUS Miss Alma 2023 ★

| 35333 | | 5 à 8 € |

Fondée en 1937, la coopérative de Cers, rebaptisée Alma Cersius, regroupe trois communes aux portes de Béziers : outre Cers, Portiragnes et Villeneuve-les-Béziers. Elle dispose des 1 300 ha de ses adhérents et développe vente en bouteilles et gammes de cuvées.

Une version légère et digeste du viognier (accompagné de 30 % de grenache blanc), parfumée (abricot, litchi, agrume, touche florale) comme il se doit, dont on aime la bouche rondelette, souple et fraîche à la fois. Facile à boire, on l'ouvre dès l'apéritif. ⌛ 2024-2027

LANGUEDOC

ALMA CERSIUS, 3, av. de l'Égalité, 34420 Portiragnes, tél. 04 67 90 91 90, caveau.portiragnes@almacersius.com V t.l.j. sf dim. 9h-12h 14h-18h30

ANNE DE JOYEUSE
Terroir des dinosaures Ampelosaurus Chardonnay 2023 ★★

	60000		8 à 11 €

Fondée en 1929, la cave coopérative Anne de Joyeuse qui regroupe 370 vignerons s'est fait une spécialité de l'élaboration des vins rouges de Limoux et de la haute vallée de l'Aude issus de sélections parcellaires rigoureuses, sans pour autant négliger la production des vins blancs de l'appellation. À sa carte figurent aussi des vins en IGP.

Vinifié en cuve, élevé en barriques pendant 6 mois, voilà un bon chardonnay qui marie habilement arômes de chêne (amande, vanille), de chèvrefeuille et d'orange confite. Grasse à l'attaque, la matière s'étire avec rondeur dans une bouche généreuse, à l'accent miellé, qui tire son équilibre d'une petite acidité discrète en finale. Bon vivant. ⧗ 2024-2028

ANNE DE JOYEUSE, 34, prom. du Tivoli, 11300 Limoux, tél. 04 68 74 79 40, marketing@cave-adj.com V t.l.j. sf dim. lun. 9h-12h 15h-19h

L'ARTISAN Le Chardonnay 2023 ★

	60000		5 à 8 €

Vigneron-négociant, Jean-Claude Mas dispose d'un vaste vignoble de plus de 600 ha en propre constitué par quatre générations, auxquels s'ajoutent les apports des vignerons partenaires (1 300 ha). Depuis 2003, il est le propriétaire du Dom. Astruc et ses 50 ha de vignes (dont 25 dédiés à l'appellation limoux), créé en 1862 par Jean Astruc, cocher du fiacre au Ch. de Bourigeole.

Fruit de la Passion, citron, vanille, notes fumées minérales, le nez affiche une belle complexité. Charnue, plus nettement boisée et beurrée, ensoleillée mais tonifiée par une belle fraîcheur citronnée, la bouche ne manque ni de matière ni d'équilibre. Un poisson sauce curry (peu relevée) semble tout indiqué. ⧗ 2024-2028 ■ **Le Grenache noir 2023 ★ (5 à 8 €; 60000 b.)** Du fruit (grenadine, cassis), une touche d'épices et de garrigue, un palais large, suave, des tanins discrets, une note acidulée, un trait de poivre pour conclure: une version gourmande et typée du grenache noir. ⧗ 2025-2027

DOM. ASTRUC, 20, av. du Chardonnay, 11300 Malras

Ⓑ BLANVILLE
Dom. des Celtis Volcano Syrah 2022 ★

	1500		20 à 30 €

À partir de 1997, Bernard Nivollet, après un long parcours dans le monde de la finance et de l'entreprise, réalise un projet de vie : constituer un domaine avec son épouse Béatrice. Il dispose aujourd'hui de 70 ha à l'ouest de Montpellier : 40 ha en languedoc Grés de Montpellier et 30 ha en IGP, le tout en conversion bio. Les deux filles de Bernard, Margaux et Charlotte, s'apprêtent à prendre sa suite.

Des sols de basalte et des raisins manifestement concentrés ont donné naissance à cette sélection parcellaire. Des arômes très mûrs de fruits rouges compotés, de goudron et de café annoncent une bouche capiteuse, très pleine, relevée de tanins doux et granuleux. La pointe de sécheresse en finale disparaîtra à table sur une viande bien mijotée. ⧗ 2024-2028

DOM. DE BLANVILLE, rte de Gignac, 34230 Saint-Pargoire, tél. 04 67 25 22 53, margaux@blanville.com V r.-v.

DOM. BOIS BORIES Viognier 2023 ★

	5000		8 à 11 €

Dans le giron de la famille Raymond depuis quatre générations, dirigé par Vincent et Delphine, ce domaine qui compte 25 ha de vignes est situé sur la commune de Clermont-l'Hérault, à proximité du lac de Salagou.

Les amateurs de viognier devraient être comblés avec ce blanc limpide, aux parfums très typés de lys, de jasmin et de fruits jaunes à noyau. Gourmande, d'un équilibre assuré entre rondeur et fraîcheur, la bouche rebondit sur la petite amertume appétante typique du cépage. Un bon viognier. ⧗ 2024-2027

DOM. BOIS BORIES, Les Bories, 34800 Clermont-l'Hérault, tél. 06 80 95 41 44, domaineboisbories@orange.fr V t.l.j. 10h-12h 15h-18h

CALMEL ET JOSEPH
Villa blanche Chardonnay 2023 ★★

	800000		8 à 11 €

Laurent Calmel, œnologue, s'est associé avec Jérôme Joseph pour fonder en 1995 une maison de négoce spécialisée dans les vins de terroir du Languedoc-Roussillon. Le duo a lancé son étiquette en 2007. Il sélectionne les parcelles, vinifie et élève les cuvées.

Vendangé de nuit et en deux temps (le 4, puis le 25 août), vieilli en cuve et fût, un jeune chardonnay d'une harmonie parfaite: fines et fraîches à l'olfaction, les notes d'aubépine, de jasmin et d'agrumes parfument aussi une bouche à la fois cossue, délicate et très énergique, portée par une bien belle fraîcheur. ⧗ 2024-2028 ■ **Ams tram gram L'Épicurius 2023 ★ (11 à 15 €; 70000 b.)** Un assemblage pas si courant (malbec et petit verdot) dans ce rouge juvénile, brillant de robe, aux arômes fringants de cassis frais, de violette et d'épices. Toute aussi croquante, généreuse, servie par des tanins discrets, la bouche se résume à un grand bol de fruits bien mûrs. En un mot, gourmand. ⧗ 2024-2027

CALMEL ET JOSEPH, chem. de la Madone, 11800 Montirat, tél. 04 68 72 09 88, contact@calmel-joseph.com V r.-v. Ⓔ

DOM. DE CASTELNAU
Cinsault Sélection parcellaire 2023 ★

	2666		8 à 11 €

À proximité de Pézenas et de l'étang de Thau, Castelnau-de-Guers, entre plaine et garrigue, est une commune viticole dont le terroir argilo-calcaire est propice à la production de vins de qualité. Le vaste Dom. de Castelnau (110 ha), dont les origines remontent au XIIe s., y cultive une multitude de cépages sous la conduite de Béatrice et Christophe Muret.

En vogue dans le Sud, le cinsault est seul en scène dans ce rouge facile à boire, dont le nez, ténu, laisse poindre des notes de fruits rouges et de cassis. Des tanins doux ɔoutiennent une matière souple, sphérique, fruitée, très charmeuse au toucher, qui se teinte de tabac et d'épices dans une finale suave. ⧗ 2024-2027

⊶ DOM. DE CASTELNAU, 32, av. de Pézenas, 34120 Castelnau-de-Guers, tél. 04 67 98 16 19, castelnau1@orange.fr V 🍷 *t.l.j. sf sam. dim. 8h-12h 13h-18h*

CELLIER DES DEMOISELLES
Vieux Carignan 2023 ★

	40000	🍾	5 à 8 €

Créée en 1914, la coopérative de Saint-Laurent-de-la-Cabrerisse, dans les Corbières centrales, a été nommée en hommage aux femmes qui l'ont maintenue en activité alors que les hommes étaient au front. À partir des années 2000, elle a développé sa production en bouteilles.

D'un âge vénérable, 60 ans, ces vieilles vignes de carignan ont enfanté un rouge pulpeux, aux senteurs un peu fumées de kirsch, de cranberry et de terre. Veloutée, juteuse, très fraîche, la bouche restitue cette vigueur de fruit et y ajoute les tanins classiquement fermes du cépage. ⧗ 2025-2028

⊶ CELLIER DES DEMOISELLES, 5, rue de la Cave, 11220 Saint-Laurent-de-la-Cabrerisse, tél. 04 68 44 02 73, contact@cellierdesdemoiselles.com V 🚶 🍷 *r.-v.*

LES CHAIS COULEURS DU SUD
Réserve spéciale Chardonnay 2023 ★

	300000	🍾	- de 5 €

La famille Skalli s'initia à la vigne et aux cépages méridionaux en Algérie, dans les années 1920. Francis et surtout son fils Robert ont œuvré pour implanter dans tout le sud de la France cette maison de négoce, lançant des marques comme Fortant de France (1987). Dans le giron du groupe bourguignon Boisset depuis 2011.

Des arômes pimpants de pamplemousse et de fruits exotiques, une bouche légère, tendre, fraîche de bout en bout, qui tire d'une finale zestée un petit supplément d'énergie: un chardonnay alerte, élégant et irréprochable, à boire dans les deux ans. ⧗ 2024-2026

⊶ SAS LES VINS SKALLI (FORTANT), 7, quai Paul-Riquet, 34200 Sète, tél. 04 67 80 90 90, contact@fortant.com

PIERRE CHAVIN 2023 ★

	30000	🍾	8 à 11 €

Implantée à Béziers, une maison de négoce créée en 2010 par l'œnologue Fabien Gross, fils de vigneron du Haut-Rhin devenu «assembleur et éleveur de vins français». Présente sur différents vignobles du pays, elle vise des «créations haute couture» et des vins «prêts à consommer», aptes à conquérir les marchés internationaux. Aux commandes aujourd'hui, Mathilde Boulachin, d'origine champenoise.

Une robe classiquement pâle, un nez non moins classique mais sans outrance, entre bonbon et note florale, une bouche à la fois rondelette et fraîche, à la sucrosité discrète, une finale nette et longue sur la rose: plaisant et de bon goût, on le débouche dès l'apéritif. ⧗ 2024-2025 ■ **Cuvée Réserve Cabernet-sauvignon 2023 ★ (8 à 11 €; 30000 b.)** Des arômes épanouis de fruits rouges compotés, un palais doux, lisse, mûr et épicé: un cabernet-sauvignon facile d'accès, «très Nouveau Monde» selon le jury, à ouvrir sur le fruit de sa jeunesse. ⧗ 2024-2026

⊶ SARL DOMAINES PIERRE CHAVIN, 259, imp. Jérémy-Beier, 34500 Béziers, tél. 04 67 90 12 60, info@pierre-chavin.com

LES COTEAUX DE MONTPELLIER
Insania 2023 ★★

	3000	🍾	5 à 8 €

Née en 2014 de la fusion de deux caves (les Vignerons de Montpellier et les Coteaux Saint-Geniès-des-Mourgues), rénovée en 2019, cette coopérative regroupe une centaine d'adhérents.

Forgé à partir de quatre cépages, brièvement élevé en cuve (3 mois), un blanc harmonieux, très tonique dès l'olfaction sur des nuances de fleurs et de menthol. Le fruit jaune élargit la palette dans un palais onctueux à l'attaque, mais surtout droit et frais, à l'accent minéral affirmé. Parfait sur des fruits de mer ou un poisson grillé. ⧗ 2024-2027 ■ **Insania 2023 ★ (5 à 8 €; 2000 b.)** Une robe légère, des arômes débridés de fruit de la Passion, de cassis frais et de fleurs, une bouche franche, de bon volume, aux saveurs croquantes et persistantes: un rosé friand, bien dans l'air du temps. ⧗ 2024-2025

⊶ SCA LES COTEAUX DE MONTPELLIER, av. de Beaulieu, 34160 Saint-Geniès-des-Mourgues, tél. 04 67 86 21 99, coteauxdemontpellier@orange.fr V 🚶 🍷 *t.l.j. sf dim. lun. 9h30-12h 15h-18h*

CATHERINE DELAUNAY
Les Jamelles Reflets secrets 2023 ★★

	50000	🍾	8 à 11 €

Laurent et Catherine Delaunay, fondateurs de la maison de vins Badet-Clément à Nuits-Saint-Georges, ont fait renaître la maison de négoce Édouard Delaunay, fondée en 1893 par l'arrière-grand-père de Laurent. Elle propose une gamme de vins essentiellement issus de la Côte de Beaune et de la Côte de Nuits, allant de l'appellation régionale jusqu'au grand cru.

Habillée d'un rose argenté, une cuvée pimpante et énergique qui fleure bon la fraise fraîche et les fleurs blanches. Précise, acidulée, très pure dans son fruit et longue à souhait, la bouche réjouit franchement. Du cousu main. ⧗ 2024-2025 ■ **Les Jamelles Chardonnay 2023 ★ (8 à 11 €; 250000 b.)** Élevé en cuve et fût, un chardonnay intense, bien en chair, gras, et sans lourdeur aux parfums intenses et très persistants de pâte de coin. Convaincant et original, il accompagnera avec bonheur une viande blanche à la crème (et champignons). ⧗ 2024-2026

⊶ ÉDOUARD DELAUNAY, 10, rue Lavoisier, 21700 Nuits-Saint-Georges, tél. 03 80 61 53 70, contact@edouard-delaunay.com

ESPRIT DE CRÈS RICARDS
Viognier Élevé en fût de chêne 2023 ★★

	8000	🛢	5 à 8 €

Colette et Gérard Foltran ont passé la main à Jean-Claude Mas en 2010. Ce domaine fondé en 1960 est situé au lieu-dit Les Crès Ricards, au cœur des Terrasses du Larzac, sur un terroir de schistes et de galets roulés. Agrandi, il compte une quarantaine d'hectares. Une valeur sûre.

Des reflets dorés dans la robe, des parfums classiques de fleurs blanches, d'abricot et de mirabelle, une matière souple, ronde, discrètement vanillée par l'élevage en fût, une pointe de vivacité pour alléger le tout: un blanc consistant qui offre, avec bon goût, les charmes du cépage. À boire ou à garder quelques années. ⧗ 2024-2028

SARL DOM. DES CRÈS RICARDS, Dom. Nicole, rte de Villeyrac, 34800 Ceyras, tél. 04 67 90 16 10, info@cresricards.com

DOM. FERRANDIÈRE
Le Grand Vin rouge 2023 ★

| 7000 | | 8 à 11 € |

Constitués par la famille Gau, les Vignobles de la Ferrandière ont été rachetés en 2013 par Jean-Claude Mas (maison Paul Mas). Couvrant 100 ha de vignes (surtout) et de pommiers, le vignoble est implanté sur l'étang asséché de Marseillette, une ancienne lagune, entre les Corbières et le Minervois, à 40 km de la Méditerranée. Les sols salés doivent être périodiquement inondés au printemps, ce qui permet aux vignes d'échapper au phylloxéra : de nombreux ceps sont ici francs de pied (non greffés).

Fruits rouges mûrs, garrigue, menthol, goudron, le nez n'a pas laissé le jury de marbre. Une note d'hydrocarbure confirme le profil minéral d'une bouche facile à aimer, douce à l'attaque, posée sur des tanins tendres, et qui se teinte de vanille et de toast en finale. Séducteur. ⧗ 2024-2028

VIGNOBLES DE LA FERRANDIÈRE, Dom. de la Ferrandière, 11800 Aigues-Vives, tél. 04 67 90 16 10

LES VIGNOBLES FONCALIEU
Le V Syrah 2023 ★

| 24000 | | - de 5 € |

Créée en 1967, cette union de caves coopératives du Languedoc propose des vins d'un très grand Sud qui s'étend de la Gascogne à la vallée du Rhône. Elle regroupe plus de 650 vignerons et dispose de 4 000 ha de vignes.

Puissants et centrés sur les fruits noirs bien mûrs, les arômes de cette syrah se doublent d'épices dans un palais ample et acidulé à l'attaque, puis structuré par des tanins corsés qui demandent à se fondre. Un petit prix mais du caractère. On patiente (un peu). ⧗ 2025-2028

LES VIGNOBLES FONCALIEU, Dom. de Corneille, 11290 Arzens, tél. 04 68 76 21 68, marketing@foncalieu.com V r.-v. E

B JACQUES FRELIN
La Marouette Sauvignon 2023 ★

| 6600 | | - de 5 € |

Jacques Frelin, cofondateur du salon Millésime Bio, a créé en 1983 cette structure de négoce originale, spécialisée dès l'origine dans la production de vins bio (certifiés Ecocert). Sa fille Carole, entourée d'une équipe exclusivement féminine, a pris sa suite.

Marouette? Un petit échassier migrateur vivant dans les zones humides. Dans le verre, un sauvignon blanc croquant et sans exubérance, aux notes d'agrumes et de végétal frais, qui prend son envol dans une bouche ample et très fraîche. Net et sans bavure. ⧗ 2024-2027

JACQUES FRELIN, 23 rue Nelson-Mandela, 34070 Montpellier, tél. 04 67 15 61 04, marketing@jacquesfrelin.com

CH. DE GOURGAZAUD
Le Chardonnay gourmand 2023 ★★

| 12000 | | 8 à 11 |

Adossée aux premiers contreforts de la Montagn Noire, dans le Minervois, cette propriété viticole d 100 ha a été acquise en 1973 par Roger Piquet, fil d'un négociant en vins normand et lui-même fon dateur de la société Chantovent, qui a développé l production de vins de pays en Languedoc. À sa dis parition en 2005, ses filles Chantal Piquet et Annic Tiburce ont pris le relais.

Élevé en cuve, voilà un chardonnay bien nommé, réso lument du Sud, au nez ouvert sur l'amande grillée et le fruits exotiques, dont on aime aussi les courbes géné reuses, le crémeux de la matière et la finale enlevée e tonique. À la fois riche et frais, il a tout bon. ⧗ 2024-202

SAS CH. DE GOURGAZAUD, Ch. de Gourgazaud, 34210 La Livinière, tél. 04 68 78 10 02, contact@gourgazaud.com V *t.l.j. sf sam. dim. 9h-11h30 14h-16h30*

DOM. GRAND-CHEMIN
Le Faillet Viognier 2023 ★★

| 15000 | | 8 à 11 |

Au pied des Cévennes, le Dom. Grand Chemin est exploit depuis cinq générations par la famille Floutier, de pèr en fils. Le vignoble s'étend sur une superficie de 70 ha.

Le Faillet, lieu-dit aux sols argilo-calcaires, donne nais sance à un bien joli viognier, sobrement élevé en cuve qui déploie un agréable bouquet de fleurs blanches Plus abricotée, tendre à l'attaque, déliée puis plus viv en finale, la bouche fait mouche. Un blanc typé et bie équilibré, à ouvrir dès l'apéritif. ⧗ 2024-2026

DOM. GRAND-CHEMIN, 115, rue des Vins, 30350 Savignargues, tél. 04 66 83 42 83, contact@domainegrandchemin.fr V *t.l.j. sf dim. 9h-12h 13h30-18h30*

B GRANDE COURTADE Ban des cigales 2023 ★

| 40000 | | 8 à 11 |

Enracinée dans les Corbières depuis 1605, la famill Fabre exploite 360 ha répartis sur quatre domaines: l Ch. Fabre Gasparets (corbières-boutenac, le berceau) le Ch. Coulon, le Ch. de Luc et le Dom. de la Grand Courtade, sur le territoire de Béziers, dédié aux vin IGP. Ingénieur agronome et œnologue, Louis Fabre pris en 1982 la tête de ces vignobles cultivés en bi dès 1991 (certification pour l'ensemble en 2014).

Deux cépages aromatiques, muscat et viognier, à l'ori gine de ce moelleux (25 g/l de sucres résiduels) pimpan aux parfums très épanouis de poire, de rose et de fruit exotiques. Caressante, douce mais fraîche, la bouch insiste longuement sur les fruits exotiques. Facile et ha monieux, il devrait plaire à l'apéritif ou sur un desser léger à base de fruits frais. ⧗ 2024-2027

GRANDE COURTADE, 1, rue du Château, 11200 Luc-sur-Orbieu, tél. 04 68 27 10 80, clemence@famille-fabre.com V *t.l.j. sf dim. 10h-19h*

CH. GRAND MOULIN Le Cayre Grenache 2023 ★

| 50 000 | | 5 à 8 € |

Son père, vendeur de bétail, possédait une petite vigne. Jean-Noël Bousquet décide à 8 ans qu'il sera vigneron, achète son premier hectare à 17 ans, s'installe comme jeune agriculteur en 1978 – en fermage – et fait l'acquisition de vignes en coteaux alors dédaignées (500 F l'hectare…). En 1988, à la tête de 24 ha, il installe sa cave dans un ancien moulin. Il a transmis en 2014 à son fils Frédéric 130 ha de vignes, en IGP, en corbières et en corbières-boutenac. Un domaine d'une louable régularité.

Un jeune rouge qui restitue les charmes d'un grenache noir vendangé manifestement bien mûr, d'où la robe noire et les arômes puissants de cassis, de genévrier et de pain d'épice. Capiteux, large, solaire, appuyé sur des tanins doux, le palais tire son équilibre d'une petite amertume finale plutôt stimulante. Du Languedoc en bouteille. ⧗ 2024-2028

CH. GRAND MOULIN, 6, av. Gallieni, 11200 Lézignan-Corbières, tél. 04 68 27 40 80, contact@chateaugrandmoulin.com V t.l.j. sf dim. 9h-12h30 13h30-18h30

♥ **CH. GUÉRY**
Serre de Guéry L'Esprit d'Éloi Petit Verdot 2022 ★★

| 7 000 | | 11 à 15 € |

l'esprit d'Éloi

René-Henry Guéry représente la huitième génération d'une famille vigneronne enracinée à Azille, dans le Minervois. Avec son épouse Florence, venue du Lot, autre terre de vignes, il exploite depuis 1998 ce domaine de 40 ha et l'a doté en 2022 d'un nouveau chai à barriques. Les 15 ha plantés en cépages blancs sont désormais conduits en bio.

Deux étoiles en 2020, cette cuvée progresse encore en 2022 et décroche le coup de cœur. Vous ne connaissez pas le petit verdot? Plongez votre nez dans ce vin rubis, aux senteurs fraîches de fruits noirs, de fraise et de vanille. L'élevage (12 mois en fûts), discret, enrobe des tanins exemplaires de finesse et donne un surplus de sucrosité à une bouche riche et très séveuse, relevée d'un trait mentholé revigorant. Déjà irrésistible (sur une côte de bœuf), on peut aussi sereinement l'encaver. ⧗ 2025-2030 **Serre de Guéry Intelligence Viognier 2023 ★ (8 à 11 €; 25 000 b.)** B Un nez élégant et très floral, une bouche ample, soyeuse, un tantinet chaleureuse mais qui puise dans une finale légèrement amère et saline ce qu'il faut de tenue et de la beauté: un viognier équilibré et sans outrance. ⧗ 2024-2027

CH. GUÉRY, 4, av. du Minervois, 11700 Azille, tél. 04 68 91 44 34, chateau.guery@gmail.com V t.l.j. sf dim. 10h-12h 16h-19h

HAUT-LIROU Viognier 2023 ★★

| 10 000 | | 8 à 11 € |

Cinq générations se sont succédé sur ce domaine fondé en 1848 au pied du pic Saint-Loup et conduit par Jean-Pierre Rambier depuis 1990. Le vignoble s'étend sur 105 ha, entre 150 et 300 m d'altitude, sur des sols pauvres et caillouteux.

On aime tout dans ce viognier «très viognier», vendangé aux aurores: la robe scintillante, le nez puissamment floral, la bouche surtout, voluptueuse, qui déroule une chair grasse, consistante et beurrée, le tout porté par une fraîcheur impeccable. Difficile de ne pas aimer. Un blanc très gourmand et polyvalent à table (apéritif, risotto, viande blanche ou fromage). ⧗ 2024-2027 **Chardonnay 2023 ★ (8 à 11 €; 37 000 b.)** Un chardonnay séducteur et typé, aux notes de fruits exotiques et de crème pâtissière qui prend ses aises dans une bouche large, ronde, titillée par un soupçon de gaz carbonique. ⧗ 2024-2026

DOM. HAUT-LIROU, Le Triadou, 34270 Saint-Jean-de-Cuculles, tél. 04 67 55 38 50, info@lesdomainesjeanpierrerambier.com V t.l.j. sf dim. 9h-12h30 14h30-18h30 B

MON JARDIN DE VIGNES Solair 2023 ★

| 500 | | 11 à 15 € |

Reconvertis dans le monde du vin depuis 2013, Patrick et Sabine Moderc se lancent dans un projet viti-vinicole en acquérant en 2016 l'ancienne cave coopérative de Siran en Minervois. Ils y aménagent leur appartement, créent un restaurant bar à vins puis un gîte et louent en 2019 leurs premières parcelles, soit aujourd'hui 2 ha cultivés en bio (conversion entamée).

Un vin nature (sans intrant) issu de souches cinquantenaires de carignan. Discrets à l'ouverture, sur des nuances de fruits cuits, de réglisse et de menthol, les arômes se libèrent franchement dans une bouche consistante, structurée par des tanins finement extraits, mais dont on retient surtout la fraîcheur et l'élégance. Un vin à boire sur le fruit (carafé) ou à garder quelques années. ⧗ 2024-2028

MON JARDIN DE VIGNES, 6, chem. des Vignerons, 34210 Siran, tél. 06 10 32 47 68, monjardindevignes@gmail.com V r.-v. 5 B

MAISON JEANJEAN LYV Sauvignon ★

| 150 000 | | 5 à 8 € |

Depuis 1870 et cinq générations, la famille Jeanjean exerce les métiers de vigneron et de négociant à Saint-Félix-de-Rodez, au cœur du Languedoc. Un acteur de poids des vins du Sud de la France, rattaché au groupe Advini.

Un bon sauvignon blanc du Sud, aux arômes expressifs, et bien typés, d'agrume, de fruit exotique et de végétal frais, qui prend ses aises dans une bouche accueillante, très ronde, à laquelle il n'aura manqué qu'un soupçon de fraîcheur en plus pour accrocher la deuxième étoile. «Résolument gourmand et appétant», conclut le jury. ⧗ 2024-2026

MAISON JEANJEAN, av. de l'Enclos, 34725 Saint-Félix-de-Lodez, tél. 04 67 88 96 67, laura.stabarin@maison-jeanjean.com

DOM. LALAURIE Symphonie 2022 ★

| 2 000 | | 8 à 11 € |

Transmis depuis dix générations, ce vaste domaine familial de 50 ha a démarré la mise en bouteilles à la propriété en 1974, sous l'impulsion de Jean-Charles et Catherine Lalaurie, épaulés depuis 2007 par leurs filles jumelles, Camille et Audrey. À sa carte, des vins en IGP.

Des nuances dorées teintent la robe de ce sauvignon blanc fermenté et élevé en fût, à la bourguignonne. Le nez nous le rappelle avec ses notes fumées et vanillées. Le fût enrobe joliment une matière élégante qui laisse s'exprimer le fruit (ananas et pêche) dans un ensemble charmeur, à la trame acide affirmée. Atypique mais convaincant, on le réserve à la table. ⧗ 2024-2028

DOM. LALAURIE, 2, rue Le-Pelletier-de-Saint-Fargeau, 11590 Ouveillan, tél. 04 68 46 84 96, lalaurie@domaine-lalaurie.com t.l.j. sf dim. 10h-12h 15h-18h30

CH. LAROCHE 2023 ★★★

250 000 | 8 à 11 €

Le Chablisien Michel Laroche s'est constitué un petit empire jusqu'au Chili et en Afrique du Sud. En Languedoc, il a acquis en 1995 le Mas la Chevalière, domaine d'environ 40 ha situé dans la vallée de l'Orb, près de Béziers, et l'a équipé d'un chai en 2003. Il y vinifie ses récoltes et des vendanges de vignerons partenaires (négoce).

Un assemblage des plus classiques (grenache noir, syrah, cinsault) pour un rosé de soif, mais un grand rosé de soif, qui touche à la perfection. La robe, brillante, et les arômes très purs, frais et frétillants de fruit, entre bonbon et fraise écrasée, annoncent une bouche éclatante, riche à l'attaque, puis plus élancée, très longue, soutenue de bout en bout par une fraîcheur immaculée. Redoutable de gourmandise. ⧗ 2024-2025

MAS LA CHEVALIÈRE, rte de Murviel, chem. 12, 34500 Béziers, tél. 04 67 49 88 30, info@larochewines.com r.-v.

DOM. DES LAURIERS Chardonnay 2023 ★★

5 000 | 8 à 11 €

Jouxtant Pézenas, le domaine de Marc Cabrol s'étend sur 55 ha de vignes entre garrigue et pinèdes, à Castelnau-de-Guers, l'une des cinq communes de l'appellation picpoul-de-pinet. Une valeur sûre.

Du fruit et encore du fruit dans ce jeune chardonnay charmeur brièvement (3 mois) élevé en cuve. Muscatés, floraux et exotiques à l'olfaction, les arômes se teintent d'abricot et d'agrumes dans un palais à la fois rondelet et vivace, parfaitement équilibré en somme, et bien citronné en finale. On l'ouvre dès l'apéritif. ⧗ 2024-2027 **Viognier 2023 ★ (8 à 11 €; 10 000 b.)** Un blanc peu causant au nez, mais plus ouvert et exotique en bouche, qui offre la rondeur et la souplesse du viognier, avec un zeste de fraîcheur en plus. ⧗ 2024-2026

DOM. DES LAURIERS, 15, av. de Pézenas, 34120 Castelnau-de-Guers, tél. 04 67 98 18 20, contact@domaine-des-lauriers.com t.l.j. sf sam. dim. 9h30-12h30 14h-18h

DOM. DE LONGUEROCHE Chardonnay Élevé en fût de chêne 2022 ★

5 000 | 11 à 15 €

Diplômé en droit, marchand d'antiquités, Roger Bertrand cède à sa passion du vin en reprenant en 1995 l'exploitation familiale située au pied de la barre rocheuse de Roquelongue (d'où le nom du domaine, Longueroche), dans le massif de Fontfroide. Il cultive sans pesticides ses 30 ha de vignes (en conversion bio) qu'il vendange à la main.

Voilà un blanc joliment évolué dans sa robe dorée, vinifié et élevé en fût, dont le nez décline le fruit jaune bien mûr, le safran, le miel et l'agrume confit. Brioche, banane flambée, coco, la palette s'élargit encore dans un palais suave et beurré qui conserve une pointe salutaire d'acidité en finale. Un blanc de gastronomie à boire sans trop tarder, avec un poisson ou une viande à la crème. ⧗ 2024-2026

DOM. DE LONGUEROCHE, 16, rue de l'Ancienne-Poste, 11200 Saint-André-de-Roquelongue, tél. 06 75 22 85 51, contact@rogerbertrand.fr t.l.j. 9h-20h; dim. 10h-13h

♥ MAISON LORGERIL Les Terrasses Syrah-Viognier 2023 ★★

6 000 | 5 à 8 €

Les Lorgeril possèdent plusieurs domaines familiaux en Languedoc-Roussillon. Le Ch. de Pennautier est leur fief, un Versailles en Languedoc construit en 1620 à la gloire des seigneurs locaux, trésoriers des États du Languedoc, une valeur sûre en cabardès (120 ha). Il est complété par les 25 ha du Ch. de Garille et les 15 ha du Ch. des Caunettes dans la même appellation; le Ch. de Ciffre (70 ha) en faugères et saint-chinian; le Dom. de la Borie Blanche en minervois, minervois-la-livinière et languedoc (16 ha); le Mas des Montagnes (19 ha) en côtes-du-roussillon, *villages* et maury. Un vaste ensemble conduit par Nicolas et Miren de Lorgeril, représentant la dixième génération, également à la tête d'une structure de négoce.

Un coup de cœur de plus dans l'escarcelle de cette maison, qu'elle doit à cet assemblage « made in côte-rôtie ». Au nez, du fruit noir frais à foison et une bonne pincée de notes florales. Des tanins fins et fondants donnent assise à une matière pulpeuse, suave et joyeuse, aux parfums explosifs et frais de violette. Un rouge moderne, flatteur, à boire sur le fruit. ⧗ 2024-2027 **Terroir d'altitude Les Coteaux Chardonnay 2023 ★ (11 à 15 €; 15 000 b.)** Un grand vent de fraîcheur plane sur ce chardonnay vendangé de nuit, élevé en fût, aux arômes délicats de fruit frais et d'épices, dont on aime la bouche en deux temps, charnue à l'attaque, puis tonique et tendue comme un arc en finale. Un blanc énergique pour poisson grillé et fruits de mer. ⧗ 2024-2027

MAISON LORGERIL, BP 4, 11610 Pennautier, tél. 04 68 72 69 29, contact@lorgeril.com r.-v.; f. janv.

DOM. LA LOUVIÈRE La Souveraine 2023 ★★

4 000 | 15 à 20 €

C'est l'histoire d'un industriel allemand, Klaus Grohe, qui tombe sous le charme de cette région et de ce terroir de la Malepère. Installé en 1992, désormais épaulé par son fils Nicolas, il a patiemment reconstruit ce

domaine dont le vignoble couvre aujourd'hui 50 ha en bio.

Peu loquace et grillé à l'ouverture, ce chardonnay très tactile s'offre lentement sur le fruit blanc et la vanille d'un élevage en fût ambitieux mais réussi. Riche mais sans lourdeur, caressante, la matière emplit généreusement le palais et diffuse sans faiblir ce fruit très pâtissier et séducteur. À déboucher, sans se presser, sur une blanquette de la mer ou un poulet Vallée d'Auge, par exemple. ⧗ 2025-2028

DOM. LA LOUVIÈRE, La Louvière, 11300 Malviès, tél. 04 68 20 71 55, j.harris@domaine-la-louviere.com V t.l.j. sf sam. dim. 8h-12h 14h-18h

B DOM. DES MAELS Colombard 2023 ★

	10 000		8 à 11 €

Un projet de vie : jeunes œnologues, Morgane et Frédéric Laigre-Schwertz ont quitté l'Alsace pour s'installer en 2002 sur les rives du canal du Midi dans un petit domaine de 16 ha exploité en bio (certification en 2011). Les nouvelles plantations sont menées en agroforesterie (plantées d'arbres ou entourées de haies). Pâtissiers à la retraite, les parents de Morgane s'occupent des chambres et tables d'hôtes.

Un colombard qui se livre sans réserve dès l'olfaction avec ses parfums typés de fruit de la Passion et de pamplemousse. Tout aussi expressive, la bouche, à la fois ronde et acidulée, y ajoute une note épicée dans une finale remarquable de longueur et dotée d'une petite amertume agréable. Fringant et très apéritif. ⧗ 2024-2027

DOM. DES MAELS, 32, av. des Platanes, 11200 Argens-Minervois, tél. 06 23 49 34 16, vignoble@domainedesmaels.com V r.-v. 4

♥ JEAN-CLAUDE MAS
Le Pioch Viognier 2023 ★★

	200 000		- de 5 €

Vigneron-négociant, Jean-Claude Mas dispose d'un vaste vignoble de plus de 600 ha en propre constitué par quatre générations, auxquels s'ajoutent les apports des vignerons partenaires (1 300 ha).

Une cuvée d'une régularité sans faille, récompensée ici par un coup de cœur. Expressif et fin, le nez nous mène d'un verger (abricot, poire) à un champs de fleurs blanches. La bouche restitue avec la même élégance et sans outrance toute la pureté aromatique du viognier et y ajoute une matière caressante, souple, très étirée avec cette finale saline et fumée qui donne un supplément d'âme à l'ensemble. Un apéritif de très grande classe à prix d'ami. ⧗ 2024-2027 **Le Coteau Chardonnay 2023 ★★ (- de 5 €; 15 000 b.)** Un chardonnay dodu et séducteur, aux parfums de fruits jaunes, de noisette et d'épices douces, rond, lacté, sans lourdeur et facile à aimer. Une belle réussite, encore plus à ce prix. ⧗ 2024-2027

JEAN-CLAUDE MAS, 20, av. du Chardonnay, 11200 Malras

♥ DOM. PAUL MAS
Vignes de Nicole Cabernet-sauvignon Merlot 2023 ★★

	56 000		8 à 11 €

Vigneron-négociant, Jean-Claude Mas dispose d'un vaste vignoble de plus de 600 ha en propre constitué par quatre générations, auxquels s'ajoutent les apports des vignerons partenaires (1 300 ha). Le Ch. Paul Mas se compose de 25 ha à Conas, 27 ha à Moulinas, près de Pézenas, et 80 ha à Nicole, près de Montagnac. Côté négoce, plusieurs marques : Prima Perla, Forge Estate, Arrogant Frog, Côté Mas…

Jean-Claude Mas renoue avec le coup de cœur grâce à cet assemblage très bordelais mûri sous le soleil du Languedoc, dont le nez puissant et suave laisse parler la garrigue et les fruits noirs confits. La même plénitude émane d'une bouche onctueuse, gorgée de fruit et de soleil, étayée de tanins très enrobés par un élevage qui reste discret. Un vin capiteux et généreux qui ne laissera pas indifférent. ⧗ 2025-2030 **Vignes de Nicole Cabernet-sauvignon Syrah Élevé en fût de chêne 2023 ★ (8 à 11 €; 75 000 b.)** Cabernet-sauvignon et syrah complices dans ce rouge floral, fruité et vanillé au nez, animé en bouche d'une douce sucrosité et de tanins tendres pris dans la chair, avant une finale suave et caramélisée. Un rouge gras et rond, d'une aimable générosité. ⧗ 2024-2027

CH. PAUL MAS, rte de Villeveyrac, 34530 Montagnac, tél. 04 67 90 16 10, info@paulmas.com

B MAS DE LUNÈS
Secret de Lunès Chardonnay 2023 ★★

	30 000		8 à 11 €

Depuis 1870 et cinq générations, la famille Jeanjean exerce les métiers de vigneron et de négociant à Saint-Félix-de-Rodez, au cœur du Languedoc. Un acteur de poids des vins du Sud de la France, rattaché au groupe Advini.

Des vendanges nocturnes et un élevage en barriques pour ce blanc gourmand et digeste, aux arômes élégants centrés sur la pêche jaune, dont on aime aussi la bouche acidulée à l'attaque, puis plus tendre, égayée de notes originales de fleurs de Tiaré et dotée d'une fraîcheur exemplaire. En un mot, harmonieux. ⧗ 2024-2027

VIGNOBLES JEANJEAN, 1, av. de l'Enclos, BP 1, 34725 Saint-Félix-de-Lodez, tél. 04 67 88 96 67, laura.stabarin@maison-jeanjean.com

MAS DE MADAME
2023 ★

	12 000		8 à 11 €

Conduit par les Sourina père et fils, le premier agronome, le second œnologue, ce vignoble de coteaux (46 ha d'un seul tenant sur le piémont du massif de la Gardiole) est l'un des plus anciens de Frontignan : les

LANGUEDOC

archives municipales attestent la présence du muscat dès 1170. Bâti au XVIe s., le mas a été restauré en 2003, et les chais ont été modernisés en 2006.

29 g/l de sucres résiduels pour ce jeune muscat qui livre sans retenue les parfums typés du cépage (litchi, rose, abricot) et y ajoute des notes singulières de houblon et de kumquat. Un bouquet très charmeur que l'on retrouve dans une bouche ronde, douce, mais où le sucre se fait discret, équilibré par une pointe acidulée. Un muscat épanoui et délicat, pour l'apéritif ou un dessert à base de fruits frais. ⧗ 2024-2026

⊶ EARL DOM. DU MAS DE MADAME, rte de Montpellier, 34110 Frontignan, tél. 06 30 20 33 31, g.sourina@gmail.com V *t.l.j. 9h30-12h30 14h30-19h*

MAS DU NOVI
Lou Blanc 2023 ★★

	15 000		11 à 15 €

Halte sur le chemin de Saint-Jacques-de-Compostelle au XIe s. et ancien noviciat de l'abbaye de Valmagne, le Mas du Novi possède un calvaire portant l'inscription «*Siste et ora viator*» : Assieds-toi et prie, voyageur. C'est aujourd'hui un domaine de 100 ha, dont 42 de vignes en bio (conversion achevée pour toutes les surfaces en 2017), établi dans une couronne de garrigue offrant une vue surprenante sur la mer et l'étang de Thau.

Lou, soit «le» en occitan. Dans le verre, un chardonnay qui a pris le soleil, d'où ce nez chaleureux, floral et épicé, et ce palais riche, tout en rondeur mais équilibré, aux parfums expansifs de miel et d'amande douce. On le boit à table avec des fromages peu faits ou un poisson en sauce par exemple. ⧗ 2024-2027

⊶ MAS DU NOVI, D5, rte de Villeveyrac, 34530 Montagnac, tél. 04 67 24 07 32, contact@masdunovi.com V *t.l.j. 10h-18h en hiver; 10h-19h en été*

MAS PAGÈS
Les Éboulis de Pierre 2023 ★

	6400		8 à 11 €

Ce tout jeune domaine (2018) est l'œuvre du non moins jeune vigneron Pierre Pagès, issue d'une longue lignée de viticulteurs. Ses 12 ha, sur la commune de Vacquières, sont cultivés en bio.

Fraîchement sorti des cuves, le duo sauvignon blanc et chardonnay fonctionne en bonne harmonie. On en retient les arômes acidulés, jeunes et encore fermentaires de bonbon, qui s'expriment sans retenue dans une bouche accueillante, sphérique, gourmande, qui sait rester fraîche. Simple et efficace, un bon blanc d'apéritif. ⧗ 2024-2026

⊶ MAS PAGÈS, Mas de Figuier, 34270 Vacquières, tél. 06 12 65 33 81, pagespierre34@gmail.com V *r.-v.*

DOM. DE LA MASSOLE
Vieilles Vignes 2022 ★

	10 000		11 à 15 €

Une famille vigneronne depuis sept générations qui exploite 50 ha en appellation languedoc et en IGP Oc, travaillés en bio et en agroforesterie. Outre la vigne, elle cultive l'olivier, le grenadier et les chênes truffiers.

D'une robe noire émergent lentement des arômes discrets mais chaleureux de fruits noirs et rouges bien mûrs. Des notes plus chocolatées teintent une bouche vigoureuse mais élégante, plaisante de texture, structurée par de beaux tanins serrés qui tirent loin la finale. Un vin de bonne garde taillé pour un cassoulet ou une viande en sauce. ⧗ 2025-2029

⊶ CARRIÈRE-PRADAL, Dom. de la Massole, 34290 Servian, tél. 06 38 64 54 02, claire@carrierepradal.fr V *r.-v.*

DOM. DE MÉDEILHAN
Les Dames de Médeilhan Grenache 2023 ★

	8000		8 à 11 €

Exploité depuis cinq générations par la même famille et depuis 1999 par Christine de Saussine, ce domaine s'étend aujourd'hui sur 80 ha à Vias, près d'Agde – aux abords du canal du Midi sur le point d'achever son parcours. Le vignoble couvre les flancs aux sols de basalte d'un volcan, Roque Haute, une roche sombre que l'on remarque dans le bâti local.

Voilà un bon grenache noir juteux, lisse, aux notes croquantes de petits fruits rouges et d'épices, qui coule en bouche avec décontraction et suavité, relevé par un trait de poivre blanc qui rafraîchit la finale. Exemplaire dans le style, c'est le parfait compagnon des chipolatas et merguez. ⧗ 2024-2026

⊶ SCEA DE MÉDEILHAN, Dom. de Médeilhan, 34450 Vias, tél. 06 14 42 53 14, contact@medeilhan.fr V *t.l.j. sf sam. dim. 9h-16h*

DOM. LA NÉGLY
Les Terrasses de La Négly 2023 ★

	n.c.		5 à 8 €

Sur le versant sud du massif de la Clape, les brises marines estivales tempèrent la force du soleil et de la tramontane. Installé en 1996, Jean Paux-Rosset a replanté le vignoble qui couvre aujourd'hui 100 ha et qu'il exploite avec ses enfants Bastien et Mario, épaulés par Claude Gros, célèbre œnologue narbonnais.

Un assemblage sauvignon blanc et muscat au nez pimpant et printanier, entre fleurs blanches, pêche et agrumes. Du volume à l'attaque, de la rondeur dans le cœur de bouche, du raffinement dans la texture, le tout porté par une bien belle acidité: un blanc éclatant, né pour un poisson grillé. ⧗ 2024-2026

⊶ CH. LA NÉGLY, rte des Vins, 11560 Fleury-d'Aude, tél. 04 68 32 41 50, export@lanegly.fr V *t.l.j. sf sam. dim. 9h-12h 13h-17h*

DOM. DE PARAZA Cocotte 2023 ★

	26 000		8 à 11 €

Au cœur du village de Paraza, ce château datant du XVIIe s. accueillit à l'époque Paul Riquet, l'architecte à qui l'on doit le percement du canal du Midi. Annick Danglas a repris ce domaine familial de 70 ha en 2005, épaulée par ses deux fils.

La syrah dominante dans ce rouge très épanoui et solaire, avec une touche d'évolution dans la robe que confirme le nez, sur le fruit confit nuancé de garrigue et de réglisse. Très rond dès l'attaque, capiteux, pétri d'épices et de plantes aromatiques, voilà un rouge puissant, «très Languedoc», long et ponctué d'une petite amertume agréable. La viande en sauce s'impose. 2024-2028

CH. DE PARAZA, 1, rue du Viala, 11200 Paraza, tél. 09 64 33 37 43, contact@chateau-de-paraza.com V t.l.j. 10h-20h 5

♥ PREIGNES LE VIEUX Collection 2022 ★★

15000 | 15 à 20 €

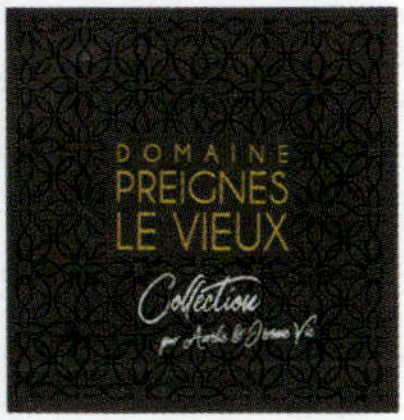

Entre Agde et Béziers, un terroir mis en valeur depuis les Romains, un château fortifié et aujourd'hui un vignoble de 200 ha d'un seul tenant qui s'étend en pente douce sur les coteaux du Libron. Le domaine a été acquis en 1905 par l'arrière-grand-père de la génération actuelle, ouvrier agricole enrichi par la distillation et le négoce du vin. Depuis 1990, il est conduit par Jérôme Vic, rejoint par Aurélie qui vinifie.

Syrah, cabernet-sauvignon, petit verdot et mourvèdre, un assemblage pas si courant pour ce rouge enlevé, à la fois mûr et frais, élevé 8 mois en fût (dont un tiers de barriques neuves). Le nez s'ouvre à son rythme: fruits noirs, fruits rouges compotés, puis vanille. Un sacré vent de fraîcheur souffle sur cette bouche ronde et riche, vanillée et savoureuse, posée en douceur sur des tanins finement sculptés. Séveuse à souhait, la finale porte loin le fruit. En un mot, délicieux. Du potentiel certes, mais déjà irrésistible aujourd'hui. 2025-2030

Paradis 2023 ★★ (8 à 11 €; 50000 b.) Précis, frais, parfumé, le jury ne tarit pas d'éloges sur ce blanc floral et citronné, rond à l'attaque, puis dense et très alerte en finale. Consistant et frais à la fois, voilà une version très aboutie du vermentino made in Languedoc. 2024-2027

DOM. PREIGNES LE VIEUX, 34450 Vias, tél. 04 67 21 67 82, contact@preignes.com V t.l.j. sf sam. dim. 9h-18h; oct.-avril sur r.-v.

DOM. LA PROVENQUIÈRE Syrah 2023 ★

10000 | 5 à 8 €

Datant du XVe s., ce domaine situé près de Béziers a été transformé dans son état actuel par Paul Teissonière, conseiller de Napoléon III, qui l'acquit en 1860. Depuis 1954, il est la propriété de la famille Robert, qui veille sur un vignoble de 155 ha.

Sirop de cassis, menthol, touche goudronnée et balsamique, le nez ne manque ni de séduction ni de complexité. Charnue et chaleureuse à l'attaque, la bouche déroule une matière agréable, cadrée par des tanins trapus et serrés. Une syrah généreuse et sans fioriture dont la petite astringence s'estompera à table sur une viande grasse (canard, agneau). 2024-2028

Signature 2023 ★ (11 à 15 €; 7000 b.) Un blanc d'assemblage de trois cépages cofermentés qui offre au nez comme en bouche un bien joli fruit (pêche, abricot, fleurs blanches) dans un ensemble harmonieux, rond, frais et d'une longueur remarquée. 2024-2026

DOM. LA PROVENQUIÈRE, RD 39, rte de Maureilhan, 34310 Capestang, tél. 04 67 90 54 73, contact@provenquiere.com V t.l.j. sf dim. 9h-12h 14h-18h

DOM. DE PUILACHER
Prologue 2023 ★

3600 | 8 à 11 €

Propriété de la famille Fages depuis le... XVIe s., ce domaine de 38 ha doit son nom au village éponyme où il est établi. Aux commandes aujourd'hui, Margottin Fages, à la suite de son père Edouard.

Un chardonnay sans fioriture, élevé en cuve, au nez franchement exotique (litchi) et dont la bouche, tonique dès l'entame, file droit, sans gras inutile, et gagne encore en fraîcheur dans une finale alerte et citronnée. Vivifiant, on le boit sur son fruit, à l'apéritif ou pour accompagner sardinade et friture. 2024-2026

DOM. DE PUILACHER, 70, av. Notre-Dame-de-Rouviège, 34230 Puilacher, tél. 06 64 09 30 28, contact@domainedepuilacher.fr V t.l.j. sf sam. dim. 9h30-12h 14h-17h D

LES CAVES RICHEMER
Sauvignon 2023 ★

47418 | 5 à 8 €

Cette cave située sur le quai du port de Marseillan, au bord de l'étang de Thau, a été longtemps intimement liée au commerce maritime du vin. En effet, son créateur, Henri Richet, fut surnommé Henri de Richemer en raison de la prospérité de son activité de négoce. Aujourd'hui, c'est une coopérative née de la fusion des caves de Marseillan et d'Agde qui regroupe 200 viticulteurs et 1 400 ha de vignes.

Une robe claire, couleur paille, des arômes épanouis de citron, de buis et de fruits exotiques : pas de doute, c'est du sauvignon. Légère, furtive, très tonique, la bouche restitue ce fruit efficace et bien typé. Un blanc pas compliqué, bien équilibré et universel. 2024-2026

LES CAVES RICHEMER, 51, rte de Bessan, 34340 Marseillan, tél. 04 67 77 20 16, contact@richemer.fr V t.l.j. sf dim. 9h-12h30 14h-18h30

LE ROSÉ DE BESSAN
L'Exubérant Viognier 2023 ★

25000 | 5 à 8 €

Le village de Bessan, entre Agde et Béziers, élabore des rosés depuis le début du siècle dernier, si bien que sa coopérative, fondée en 1938, a pris pour nom Le Rosé de Bessan. La cave dispose d'une surface de 550 ha.

Vendanges nocturnes, fermentation à basse température, élevage court en cuve, tout est fait, et bien fait, pour préserver la pureté de fruit du viognier: plutôt réservé, le nez distille des parfums exotiques et floraux qui se font plus intenses dans une bouche tonique, tendre, saline et citronnée en finale. Un bon viognier, finalement plus élégant qu'exubérant. 2024-2026

SCA LE ROSÉ DE BESSAN, chem. de la Coopérative, 34550 Bessan, tél. 04 67 77 42 03, contact@lerosedebessan.fr V t.l.j. sf dim. 9h-12h30 15h-19h (juil.-août 9h-19h)

MAISON ROSE ET PAUL
Pinot noir 2023 ★

■ | 10000 | 🍾 | 8 à 11 €

Les ancêtres de Gilles Foussat cultivaient la vigne à la fin du XVIIIes. Ses grands-parents, Rose et Paul, ont œuvré à la création de la coopérative locale; son père Gérard a été l'un des premiers à introduire le merlot dans la région. Quant à Gilles, il a participé activement à la reconnaissance de l'appellation malepère. Il a repris l'exploitation familiale (43 ha en bio certifié depuis 2021) et s'est installé en 2009 en cave particulière. Il passe progressivement le relais à ses enfants Camille et Clément, la sixième génération.

Seul pinot noir de la sélection annuelle, ce rouge offre les parfums typés du cépage, entre fruits rouges et épices. Fraîche à l'attaque, tendre, à peine tannique, la bouche restitue ce fruit plutôt gourmand dans un ensemble très rond et facile à boire. ⧗ 2024-2026

⊶ DOM. ROSE ET PAUL, 158, chem. de la Malepère, 11290 Arzens, tél. 04 30 34 30 33, maison@rose-paul.fr V t.l.j. sf dim. 17h30-19h

Ⓑ DOM. SAINTE-MARIE DES CROZES
Naked Syrah 2023 ★★

■ | 5000 | 🍾 | 8 à 11 €

Après trois générations de vignerons pluriactifs «par habitude et par héritage», Bernard Alias prend en 1997 les rênes du domaine situé sur le flanc nord de l'Alaric. Il restructure le vignoble et modernise la cave. Sa fille Christelle l'a rejoint en 2012, après une expérience à l'étranger. Aujourd'hui, 40 ha de vignes, en bio certifié depuis 2014 et en biodynamie depuis 2020.

Naked Syrah? La syrah «mise à nue», élevée en cuve, au plus prêt du fruit. Fidèles au cépage, les arômes de fruits noirs et d'épices se doublent de violette dans un palais léger, vivace, «de soif», ourlé de tanins granuleux et un rien fermes en finale. Juteux, on l'ouvre sur des charcuteries ou une viande rouge grillée. ⧗ 2024-2026

⊶ DOM. SAINTE-MARIE DES CROZES, 50, av. des Corbières, 11700 Douzens, tél. 06 59 00 67 90, d.alias11@orange.fr V r.-v.

DOM. SAINT-MARTIN-DES-CHAMPS
Cri des hirondelles 2023 ★

■ | 50000 | 🍾 | 5 à 8 €

Michel Birot et son fils Pierre ont acquis en 1997 ce château situé à Murviel-lès-Béziers, une des communes de l'appellation saint-chinian – un terroir déjà cultivé par leurs ancêtres en 1675. Ils l'ont restauré de fond en comble, le vignoble (95 ha) tout comme la cave.

Assemblage très gascon (colombard et ugni blanc), voilà un moelleux digeste au nez lent à s'ouvrir, sur la poire Williams, le silex et les fleurs blanches. Plus exotique (mangue), doucereuse, caressante, mais sans une once de lourdeur, la bouche se résume à un grand bol de fruits et de douceur. Une pure gourmandise. ⧗ 2024-2026

⊶ CH. SAINT-MARTIN-DES-CHAMPS, rte de Puimisson, 34490 Murviel-lès-Béziers, tél. 04 67 32 92 58, domaine@saintmartindeschamps.com V t.l.j. sf dim. 9h-12h 14h-17h Ⓔ

♥ Ⓑ LES SALINS DU MIDI
Saint Louis 2023 ★★

■ | 6600 | 🍾 | 11 à 15 €

Hubert François, qui préside la compagnie des Salins du Midi, a ressuscité près d'Aigues-Mortes un vignoble qui existait il y a plus d'un siècle en le dotant d'un chai flambant neuf. Il s'est pour cela appuyé sur l'expertise de sa sœur, Patricia Ortelli, propriétaire de l'excellent Ch. La Calisse.

Premier coup de cœur pour ce domaine qui a régalé le jury d'un parfait «vin de copains». Rose, chèvrefeuille, jasmin: au nez, c'est un vrai bouquet de fleurs. Des touches fraîches de citron, de pamplemousse et d'embruns aiguisent le fruit dans une bouche enlevée, croquante, très pure, avec cette petite note saline du meilleur effet pour conclure. Une bien belle expression du grenache blanc (80 %), à croquer dans sa jeunesse. ⧗ 2024-2026

⊶ DOM. DES SALINS DU MIDI, rte du Grau-du-Roi, 30220 Aigues-Mortes, tél. 06 82 66 74 92, vindessalins@salins.com V r.-v. Ⓔ

DOM. SESQUIÈRES Chasan 2023 ★★

■ | 1570 | 🍾 | 8 à 11 €

Situé au pied de la Montagne Noire, le domaine appartenait aux moines de l'abbaye de Villelongue au XVIIes. Au XIXes, il vivait surtout de la vente de bois de chauffage et de fagots de bruyère aux villages alentour. Les premières vignes sont apparues ici au début du XXes. Depuis quatre générations, la famille Lagoutte exploite 20 ha dans la garrigue, sur un terroir calcaire exposé au sud.

Le rare cépage chasan (croisement entre le listan et le chardonnay) à l'honneur dans ce blanc très pâle de robe mais vigoureux au nez, entre agrumes, fleurs blanches et buis. Expressive dès l'attaque, parfumée, plus délicate que puissante, franchement épicée, la bouche s'anime autour d'une amertume stimulante en finale. ⧗ 2024-2026

⊶ EARL SESQUIÈRES, rte de Montolieu, 11170 Alzonne, tél. 06 79 54 27 37, jean-francois@chateau-sesquieres.fr V r.-v. ② Ⓔ

Ⓑ LES VIGNERONS DU SOMMIÉROIS
Les Cistes 2023 ★★

■ | 30000 | 🍾 | 5 à 8 €

Fondée en 1923 à Sommières, dans la partie la plus orientale de l'appellation languedoc, cette cave coopérative dispose d'un vignoble de près de 700 ha répartis dans sept communes gardoises, sur des terroirs variés : marnes, alluvions, terres rouges à silex, cailloux calcaires. Le pont romain de Sommières orne les étiquettes.

Un assemblage, tout ce qu'il y a de plus classique (grenache noir, cinsault). Dans le verre, un rosé fin, très floral au nez, plus exotique en bouche, dont on aime l'attaque tonique et juteuse, le toucher délicat et la finale longue et nette. ⧗ 2024-2025 ■ **Secret de cépage Viognier**

2023 ★ (5 à 8 €; 13000 b.) B Un viognier charmeur, aux arômes feutrés, miellés et floraux, qui gagnent en intensité dans un palais délié, frais à l'attaque, puis tendre et étiré sur les fruits exotiques. ⧗ 2024-2026

⊶ LES VIGNERONS DU SOMMIÉROIS, 2, rue de l'Arnède, 30250 Sommières, tél. 04 66 80 03 31, contact@vin-vds.com V *t.l.j. sf dim. 9h-12h30 15h-19h*

B DOM. DE SURVILLE
2023 ★

■	6000	🍾	8 à 11 €

Un domaine de 88 ha, l'un des plus importants de l'appellation costières-de-nîmes, propriété de la même famille depuis 1740. Basile et Nicolas Ricome, fils de Dominique, sont arrivés en 2009 à la tête de ce cru régulier en qualité, conduit en bio et biodynamie certifiés.

Un blanc très élégant, issu du grenache blanc, qui fleure bon l'amande amère, l'aubépine et la réglisse. Souplesse et soyeux caractérisent la bouche, avec en filigrane une très jolie fraîcheur qui illumine le fruit et donne tout ce qu'il faut de nerf à l'ensemble. ⧗ 2024-2026

⊶ LES VIGNOBLES DOMINIQUE RICOME, 4800, rte de Saint-Gilles, 30510 Générac, tél. 04 66 01 32 20, info@chateaudevalcombe.com V *t.l.j. sf lun. dim. 9h30-12h30 14h30-18h30*

B MAISON VENTENAC
Pierre 2023 ★

■	20000	🍾	5 à 8 €

Alain Maurel a créé ce domaine en 1973, plantant les vignes en haute densité (6 500 pieds/ha) pour privilégier des rendements faibles et une plus grande concentration des vins. Un beau patrimoine de 115 ha qu'il a transmis à ses enfants, dirigé depuis 2011 par son gendre Olivier Ramé. Une valeur sûre de l'appellation cabardès.

Les deux cabernets associés dans ce jeune rouge sans fard, élevé en cuve, aux arômes stimulants de cassis frais et de sous-bois. Riche et douce à l'entame, la bouche se resserre autour de tanins fermes qui donnent un surcroît de droiture à l'ensemble. Un vin sapide et énergique qui profitera d'une courte garde. ⧗ 2025-2028

⊶ SAS MAISON VENTENAC, 4, rue des Jardins, 11610 Ventenac-Cabardès, tél. 04 68 24 93 42, accueil@maisonventenac.fr V *r.-v.*

B VILLA NORIA
La Peyrière Sauvignon 2023 ★

■	20000	🍾	8 à 11 €

Un domaine créé de toutes pièces en 2010 par quatre jeunes vignerons : 43 ha de vignes nichés entre mer et contreforts montagneux, sur des terroirs basaltiques, entre Pézenas et Montagnac. L'engagement en agriculture biologique (certifiée) concerne tous les aspects de la propriété, de l'eau aux paysages. Depuis 2019, deux partenaires ont quitté l'aventure et c'est désormais le duo Fabien Gross-Cédric Arnaud qui est aux commandes.

Un sauvignon blanc très énergique, aux parfums puissants de fruits verts, de fruits exotiques et de végétal frais qui gagnent encore en intensité dans une bouche nerveuse à souhait, tendue comme un arc, aux accents bien citronnés en finale. Un blanc énergique, né pour les fruits de mer. ⧗ 2024-2026

⊶ VILLA NORIA, L'Hortevieille, 34530 Montagnac, tél. 06 84 80 33 98, contact@domaine-noria.com V *t.l.j. sf sam. dim. 8h-17h*

DOM. LES YEUSES
Viognier 2023 ★

■	30000	🍾	5 à 8 €

Située entre le littoral et la garrigue méditerranéenne, cette propriété d'origine templière (XIIIe s.) doit son nom à une forêt de chênes verts (Yeuses) qui a aujourd'hui pratiquement disparu, remplacée par une allée d'oliviers menant à la cour du domaine. Dans la famille Dardé depuis 1977, elle couvre 80 ha. À sa tête, Sylvain et Magali Dardé qui proposent une large gamme de vins en IGP.

Un viognier plantureux et séducteur, aux arômes de bonbon et d'amande, dont on aime les courbes généreuses, la trame riche et grasse, et la très honorable persistance. Plutôt de table, on l'ouvre sur un poisson ou une viande blanche sauce crémée. ⧗ 2024-2027

⊶ GAEC DU DOM. LES YEUSES, rte de Marseillan, RD 51, 34140 Mèze, tél. 04 67 43 80 20, contact@lesyeuses.fr V *t.l.j. sf dim. 9h-12h 15h-19h*

IGP SABLE DE CAMARGUE

B DIVALI
Gris de gris 2023 ★

■	16000	🍾	5 à 8 €

Sudvin, filiale du géant Cordier, est une maison de négoce qui rayonne dans le Sud de la France (et le Nouveau Monde), avant tout spécialiste du commerce des vins en vrac.

Le jury salue un nez explosif qui offre un grand bol de fruits (fraise, agrumes, fruits exotiques) et qui ne perd rien en séduction dans une bouche harmonieuse, ample, fraîche, vivace même, et très gouleyante. ⧗ 2024-2025

⊶ SUDVIN, 265, rue de Murano, ZAC Béziers Ouest, 34500 Béziers, tél. 04 68 48 52 81, eric.lanxade@cordier.com

B DOM. DE LA FOURMI
Gris de gris 2023 ★

■	30000	🍾	8 à 11 €

Œnologue, Patrick Guiraud est propriétaire de ce domaine de 45 ha (en bio certifié) situé à Aigues-Mortes, dédié exclusivement au rosé et planté de grenache et de cinsault. Les vins sont élaborés dans les nouvelles caves du Dom. Valescure, son autre propriété qui s'étend sur 80 ha dans la plaine d'Aimargues.

Une robe lumineuse, un nez délicat, citronné et un rien épicé, une bouche tout aussi élégante, animée par une agréable sucrosité, aux parfums de fruits à noyau, qui conserve ce qu'il faut de peps: un rosé tendre, d'un joli classicisme. ⧗ 2024-2025

⊶ DOM. DE LA FOURMI, Dom. du Bousquet, 30470 Aimargues, tél. 04 66 88 03 77, domaines.guiraud@wanadoo.fr V *t.l.j. sf sam. dim. 8h-12h 14h-17h*

B MAS DES JEUX Gris 2023 ★

■ | 10000 | | 5 à 8 €

Alain Drivon, ancien croupier (d'où le nom de Mas des Jeux), a fondé dans les années 1990 ce domaine, cultivé en bio, situé en plein cœur de la petite Camargue. Laura, sa fille, a pris la suite.

Un bien joli 2023 qui offre tout ce que l'on attend d'un bon gris de Camargue: une robe pâle, un nez vigoureux, très fruité, entre agrumes et fruits exotiques, et une bouche tendre, ronde, gourmande, tonifiée par une belle fraîcheur. ⧗ 2024-2025

MAS DES JEUX, Rte d'Arles, 30220 Saint-Laurent-d'Aigouze, tél. 06 19 02 36 29, masdejeux@gmail.com V r.-v. A

B DOM. DE MONTCALM Prestige Gris 2023 ★

■ | 100000 | | 5 à 8 €

Après les graves attaques de phylloxéra dans le vignoble français, Louis Prat-Noilly, qui avait constaté que la maladie épargnait les terroirs sableux, racheta à la fin du XIXe s. cette ancienne propriété du marquis de Montcalm. En 1905, les vignes s'étendent alors sur une superficie de 305 ha. Aujourd'hui, le domaine compte une superficie de 65 ha conduits en agriculture biologique.

La syrah et le merlot épaulent le grenache dans ce rosé alerte, aux arômes débridés de pêche blanche et d'agrumes. Le fruit s'entiche d'une touche de fraise et persiste dans un palais vigoureux et en deux temps: plein et rond à l'attaque, plus vif en finale. En somme, un bon gris. ⧗ 2024-2025

DOM. DE MONTCALM, 197, rue du Château, dom. de Montcalm, 30600 Montcalm, tél. 04 66 73 51 52, domainedemontcalm@hotmail.fr V t.l.j 8h30-18h30

♥ B DOM. DU PETIT CHAUMONT Mamz'Elles Gri-gri..s 2023 ★★

■ | 6000 | | 8 à 11 €

Vigneronne de père en filles, la famille Bruel a totalement reconstruit le vignoble et la cave du domaine, détruits et minés pendant la Seconde Guerre mondiale. Entre mer et étangs, le domaine s'étend sur 120 ha de vignes d'un seul tenant, entourant les bâtisses de la fin du XIXe s., et cultivés en bio.

Vendangé sous les étoiles pour préserver la fraîcheur du fruit (et la pâleur de la robe), et dédié aux filles Bruel, voilà un bien bel ambassadeur des Sables de Camargue. La robe brillante et le nez très pur, fruité, floral et pâtissier, ouvre sur un palais charmeur, vif à l'attaque, puis caressant, tactile, qui s'enrichit d'une note gourmande d'ananas dans une finale longue et très énergique. Simplement parfait. ⧗ 2024-2025 ■ **Le Gris de Nathalie 2023** ★ **(5 à 8 €; 160000 b.)** B Un rosé bien frais, confortable, qui donne à croquer un fruit sapide, alerte, entre pamplemousse et petits fruits rouges acidulés. Le parfait gris d'apéritif. ⧗ 2024-2025

GAEC BRUEL, Le Petit Chaumont, 30220 Aigues-Mortes, tél. 04 66 53 60 63, gaecbruel@nordnet.fr V r.-v.

B PUECH-HAUT Watusi 2023 ★

■ | n.c. | 15 à 20 €

Dès 1985, Gérard Bru a relancé la notoriété du terroir historique de Saint-Drézéry et fait de Puech-Haut une valeur sûre. Son domaine s'étend aujourd'hui sur 250 ha répartis dans plusieurs dénominations de l'appellation languedoc. Dans la cave, des têtes de bélier sculptées dans la pierre soutiennent des cuves tronconiques en bois.

Une robe pâle, aux reflets saumonés, un nez discret mais précis de petits fruits rouges et d'agrumes, une bouche souple, tendre et de bonne allonge: un rosé élégant, sur le versant de la légèreté, qui sera parfait à l'apéritif. ⧗ 2024-2025

CH. PUECH-HAUT, 2250, rte de Teyran, 34160 Saint-Drézéry, tél. 04 99 62 27 27, contact@puech-haut.com V t.l.j. sf dim. 10h-12h 14h-19h

♥ VIGNERONS DES SABLONS Nérée Gris de gris 2023 ★★

■ | 2000 | | 11 à 15 €

En 1952, la cave particulière Les Sablons, située non loin des remparts d'Aigues-Mortes, devient cave coopérative et prend le nom de Sabledoc en 1987. Équipée d'un outil de vinification à la pointe de la technologie, elle vinifie le fruit de quelque 450 ha de vignes plantés sur des sables éoliens par une centaine de coopérateurs.

Nérée, dieu marin de la Grèce Antique, aurait enfanté 50 filles, et ce bien joli gris qui fleure bon le bonbon anglais, le yuzu et l'écorce de mandarine. Le fruit ne perd rien en séduction dans une bouche qui a tout pour elle: l'amplitude de la matière, le soyeux du toucher, l'énergie, la plénitude du fruit et cette longue finale exotique qui prolonge le plaisir. Un must. ⧗ 2024-2025 ■ **Dune Gris 2023** ★★ **(5 à 8 €; 900000 b.)** Discrets à l'olfaction, les parfums de fruits exotiques, de citron et de petits fruits rouges percent plus franchement dans une bouche tendre, légère, et très vivace. Un rosé stimulant. ⧗ 2024-2025 ■ **Respire Gris 2023** ★★ **(8 à 11 €; 40000 b.)** B Une robe éclatante, des parfums intenses centrés sur les agrumes, un palais harmonieux, ample et vif, aux accents de pamplemousse et de confiserie, une touche iodée pour conclure: «la Camargue en bouche», résume, ravi, le jury. ⧗ 2024-2025

SABLEDOC, Caveau Les Sablons, rte d'Arles, 30220 Saint-Laurent-d'Aigouze, tél. 04 66 53 75 20, sabledoc@wanadoo.fr V t.l.j. 9h-12h 14h-18h

IGP SAINT-GUILHEM-LE-DÉSERT

FONJOYA Échine d'âne 2023 ★

■ | 40 000 | 5 à 8 €

Née de la réunion des caves viticoles de Saint-Félix-Saint-Jean et de Saint-Saturnin, Fonjoya («fontaine des joyaux» en latin) a vu le jour en décembre 2018. Le nouveau groupe fédère 160 coopérateurs pour 1 000 ha de vignes en appellations (terrasses-du-larzac, languedoc) et en IGP.

Un 2023 qui restitue les charmes d'un grenache noir bien mûr: une robe profonde, des arômes de fruits rouges en confiture et d'épices douces, un palais large, souple, ourlé de tanins très tendres. Bien du Sud et facile d'accès, on l'ouvre dans sa jeunesse, sur des grillades ou des charcuteries fumées. ⧗ 2024-2027

FONJOYA, 5, av. Noël-Calmel, 34725 Saint-Saturnin-de-Lucian, tél. 04 67 96 49 08, contact@fonjoya.com V t.l.j. sf dim. lun. 9h-12h 14h-18h

DOM. LES GRANDES COSTES Canaille le rouge 2022 ★

■ | 10 000 | | 8 à 11 €

Jean-Christophe Granier a repris en 2000 la vieille propriété familiale, l'a rebaptisée du nom des collines qui jouxtent la maison, Les Grandes Costes, et a donné un nouvel élan à ce vignoble de 19 ha situé à Corconne et à Vacquières, en bordure du pic Saint-Loup.

Un rouge vraiment canaille, «glouglou» selon le jury, en tout cas réussi dans un style très en vogue, très clair (œil-de-perdrix), léger, facile, lisse et croquant, qui délivre au nez comme en bouche un grand bol de fruits rouges frais. Le parfait «vin de soif» pour l'apéritif et le plateau de charcuteries. ⧗ 2024-2026

DOM. LES GRANDES COSTES, 2, rte du Moulin-à-Vent, 34270 Vacquières, tél. 04 67 59 27 42, contact@grandes-costes.com V r.-v.

CAVE COOPÉRATIVE LA GRAVETTE Marquis des Horts 2023 ★

■ | 7188 | 5 à 8 €

Créée en 1939, la coopérative de Corconne, aujourd'hui appelée Cave la Gravette, regroupe une centaine d'adhérents cultivant environ 500 ha sur le territoire de quatre communes. Une partie importante du vignoble est en appellation pic-saint-loup.

Un très bon sauvignon du Sud, aux arômes pimpants, floraux (acacia, aubépine) et fruités (pêche), dont on aime la bouche très nette, fraîche, gourmande, tonifiée par un trait de pamplemousse en finale. ⧗ 2024-2026

CAVE LA GRAVETTE, rte de Montpellier, 30260 Corconne, tél. 04 66 77 32 75, contact@lagravette.fr V t.l.j. 9h-12h30 14h-19h

B CH. LANCYRE Lancyre en liberté 2023 ★

■ | 5400 | | 8 à 11 €

Régis Valentin, œnologue et maître de chai, a repris en 2001 le domaine créé en 1960 par les familles Durand-Valentin. Il produit des vins sur 80 ha de vignes (en bio depuis 2023) occupant un beau terroir de calcaires durs et d'argiles rouges. Une valeur sûre du Languedoc.

Une robe légère, rubis clair, des notes croquantes de fleurs, de griotte et de framboise, une bouche rondelette, ensoleillée, pimpante de fruit, tendre et très gouleyante, agrémentée d'une pincée de poivre: il y a un peu air de primeur dans ce rouge joyeux et très facile à boire. Parfait autour du barbecue. ⧗ 2024-2026

CH. LANCYRE, hameau de Lancyre, 34270 Valflaunès, tél. 04 67 55 32 74, contact@chateaudelancyre.com V t.l.j. sf dim. 10h-12h30 14h30-18h30

TERRE DES 2 SOURCES Caprices 2022 ★

■ | 1700 | | 15 à 20 €

Bâti sur les fondations d'une ancienne *villa* gallo-romaine, ce domaine, développé pendant 50 ans par la famille Damais, a été repris en 2018 par deux couples (les «2 sources»), les Creasy (États-Unis et Nouvelle-Zélande) et les Taillefer (France), représentant l'Ancien et le Nouveau Monde. Deux sources aussi comme celles qui traversent le vignoble étendu sur 35 ha dans un écrin naturel préservé, à l'extrémité nord de l'appellation terrasses-du-larzac.

Une jeune robe aux reflets verts ouvre sur un nez élégant, très floral, aux nuances de narcisse et de tilleul. Toujours floral, le palais livre une jolie chair accueillante et fondante qui affiche une fraîcheur et même une tension pas toujours de mise avec le viognier. On y cède très facilement. ⧗ 2024-2027

TERRE DES 2 SOURCES, 6, chem. la Devèze, La Plaine, 34190 Montoulieu, tél. 04 67 73 70 21, contact@terredes2sources.com V t.l.j. sf sam. dim. 10h-17h

DOM. LA VOÛTE DU VERDUS La Valise blanche 2023 ★

■ | 1200 | | 15 à 20 €

Guilhem Bonnet et son épouse Sylvie ont repris en 1983 les vignes familiales (23 ha aujourd'hui). Coopérateurs, ils décident en 2011 d'en vinifier une part croissante. Leur fille Mélanie (à la vinification) et son mari Pierre Estival, œnologues, les accompagnent dans l'aventure. Au cœur de Saint-Guilhem-le-Désert, leur cave voûtée enjambe le ruisseau du Verdus qui traverse le village.

Une belle opportunité de faire connaissance avec le rare carignan blanc, né ici d'une parcelle sauvée des buissons qui dissimulait une collection de valises anciennes. Le nez discret et épicé trahit un court élevage en fût. Le fruit gagne en clarté dans une bouche élégante, tactile, souple et d'une allonge très respectable. ⧗ 2024-2027

GAEC DOM. LA VOÛTE DU VERDUS, 15, rue Descente-du-Portal, 34150 Saint-Guilhem-le-Désert, tél. 04 67 57 45 90, lavouteduverdus@gmail.com V r.-v.

IGP VAL DE MONTFERRAND

DOM. DE L'HORTUS Bergerie de l'Hortus 2023 ★

■ | 67 000 | | 15 à 20 €

Entre le pic Saint-Loup et le causse de l'Hortus, dans la combe de Fambetou, ce domaine de référence

LANGUEDOC

s'étend sur 85 ha de terroirs variés. À partir de 1978, Jean et Marie-Thérèse Orliac ont défriché la garrigue, remis en état des terrasses, construit un chai, bâti une maison, puis installé leurs enfants à leurs côtés.

Six cépages associés dans ce blanc tout en fruit, élevé en cuve, au nez vigoureux, floral et exotique. L'ananas, la pêche et l'abricot se précisent dans une bouche enlevée, aussi ronde que fraîche, d'un équilibre sans fausse note et d'une gourmandise certaine. ⧗ 2024-2027 ■ **Grande Cuvée 2022 ★ (30 à 50 €; 20000 b.)** Un blanc haut de gamme et de gastronomie, dominé par le chardonnay, fermenté et élevé en fût. Brioché et vanillé, le nez nous le rappelle, tout comme la bouche, beurrée, ample, accueillante, qui offre une bien jolie chair et tout ce qu'il faut de tension. Déjà séduisant, mais aussi de bonne garde. ⧗ 2025-2030

EARL VIGNOBLES ORLIAC, Dom. de l'Hortus, 34270 Valflaunès, tél. 04 67 55 31 20, contact@domaine-hortus.fr V *t.l.j. sf dim. 9h-12h 13h-18h*

IGP VALLÉE DU PARADIS

CH. L'ESPIGNE Relique 2022 ★

■	5600		11 à 15 €

Au XVIIe s., on retrouve trace de ce domaine alors exploité en polyculture. Au fil de son histoire mouvementée, l'exploitation, située à Villeneuve-les-Corbières, sur la route des citadelles cathares, s'est orientée vers la vigne. Dirigée par Philippe Cassignol depuis 1978, elle est désormais exploitée par Laurent, soit 34 ha de vignes établis sur des schistes primaires.

De vieilles vignes de grenache noir et de cinsault composent cette cuvée à la robe légère et aux parfums ensoleillés de fruits rouges en confiture. Des tanins un rien fermes en finale n'entament guère le plaisir qu'offre cette bouche souple, ronde, gourmande et facile d'accès. On l'ouvre dans les deux ans sur une belle terrine de viande ou sur des grillades. ⧗ 2024-2026

CH. L' ESPIGNE, 2, rue des Moulins, 11360 Villeneuve-les-Corbières, tél. 06 08 23 63 89, chateau.lespigne@orange.fr V *r.-v.*

DOM. HAUT GLÉON 2023 ★

■	30000		11 à 15 €

Créée en 1967, cette union de caves coopératives du Languedoc propose des vins d'un très grand Sud qui s'étend de la Gascogne à la vallée du Rhône. Elle regroupe plus de 650 vignerons et dispose de 4 000 ha de vignes.

Une robe classiquement pâle mais un rosé original dont on aime le bouquet singulier de fenouil et de fruits à l'eau-de-vie, puis la bouche légère, tendre, fraîche, étirée sur les épices. Un rosé d'apéritif qui dénote et séduit. ⧗ 2024-2025

LES VIGNOBLES FONCALIEU, Dom. de Corneille, 11290 Arzens, tél. 04 68 76 21 68, marketing@foncalieu.com V *r.-v.* E

HOŸM La Mougère 2022 ★★

■	930		8 à 11 €

Architecte de profession, Matthieu de Hoÿm, fils de viticulteur des Corbières, rêvait de produire ses propres vins. C'est chose faite depuis 2022, à partir d'1 ha de vieilles vignes qu'il a isolées. Le reste, soit 4 ha, est vinifié à la (très bonne) coopérative de Castelmaure.

Issue d'une parcelle éponyme plantée de vieux carignan (62 ans), voilà un rouge sapide, vinifié en grappes entières, au nez épanoui centré sur les fruits rouges bien mûrs teintés de notes fumées. Posée sur des tanins très fins, la bouche fait mouche dans un style digeste, moderne et frais. « On a envie d'y revenir », commente le jury : c'est toujours très bon signe. ⧗ 2024-2027

HOŸM, 5, rte de Narbonne, 11360 Embres-et-Castelmaure, hoym.vins@gmail.com V *r.-v.*

DOM. DE MANDOURELLE Eth Aroussat dé Toy 2023 ★

■	3200		8 à 11 €

Situé dans les Corbières, du côté de Durban, ce domaine tire son nom du col du Mandourelle, à la sortie du village de Villesèque-des-Corbières. Il a été racheté en 2013 et développé à partir de 2015 par Christophe Fernandez qui n'a pas ménagé ses efforts pour restructurer le vignoble (22 ha en bio certifié depuis 2022) et installer des gîtes.

Un rosé soigné, rose poudré, aux arômes croquants de bonbon anglais et de petits fruits rouges acidulés. Portée par une belle fraîcheur, la bouche ne manque ni de chair ni d'équilibre, soigne le fruit et y ajoute une pincée de poivre. ⧗ 2024-2025

DOM. MANDOURELLE, SAS VHC France, lieu-dit Mandourelle, 11360 Villesèque-des-Corbières, tél. 06 16 58 94 02, mesancetres11@gmail.com V *r.-v.* E

IGP VICOMTÉ D'AUMÉLAS

DOM. DE PUILACHER Chemin de Nougou 2018 ★

■	2400		15 à 20 €

Propriété de la famille Fages depuis le... XVIe s., ce domaine de 38 ha doit son nom au village éponyme où il est établi. Aux commandes aujourd'hui, Margottin Fages, à la suite de son père Edouard.

Nougou ? Le nom de cette parcelle plantée de vieux carignan, complété par autant de syrah. Dans le verre, un rouge certes boisé mais surtout ensoleillé, aux senteurs de fruits rouges surmûris. Des tanins bien enrobés par l'élevage soutiennent une bouche charnue, puissante et ronde. On peut le boire ou le garder. ⧗ 2024-2029

DOM. DE PUILACHER, 70, av. Notre-Dame-de-Rouviège, 34230 Puilacher, tél. 06 64 09 30 28, contact@domainedepuilacher.fr V *t.l.j. sf sam. dim. 9h30-12h 14h-17h* D

ROUSSILLON

N
S
O
E
AUDE
LANGUEDOC
l'Orbieu
la Berre
Corbières
Sigean
Port-la-Nouvelle
Corbières
La Palme
Muscat-de-rivesaltes
Embres-et-Castelmaure
Muscat-de-rivesaltes
Leucate
CORBIÈRES
Corbières
Tuchan
Fitou
Opoul-Périllos
le Verdouble
Paziols
Tautavel
Cucugnan
Salses-le-Château
l'Agly
Étang de Leucate ou de Salses
Côtes-du-roussillon
Maury
Maury
Lesquerde
Tautavel
Tautavel
Côtes-du-roussillon-villages
la Boulzane
FENOUILLÈDES
Latour-de-france
Cases-de-Pène
Côtes-du-roussillon
Lesquerde
l'Agly
Rivesaltes
Claira
Latour-de-France
Baixas
Côtes-du-roussillon-villages
Sournia
Caramany
Caramany
Canet-en-Roussillon
Côtes-du-roussillon
Saint-Estève
Montalba-le-Château
Millas
Perpignan
la Têt
Ille-sur-Têt
Étang de Canet
Arboussols
ROUSSILLON
la Têt
Vinça
Côtes-du-roussillon
Alénya
Thuir
Pollestres
Saint-Cyprien
Prades
Castelnou
Retenue de Villeneuve-de-la-Raho
Estoher
Les Aspres
Elne
Prunet-et-Belpuig
le Tech
Argelès-sur-Mer
PYÉRÉNÉES-ORIENTALES
Oms
Collioure
Le Boulou
Côtes-du-roussillon
Port-Vendres
Pic du Canigou 2 784 m
Banyuls, banyuls grand cru et collioure
Amélie-les-Bains-Palalda
Céret
CHAÎNE DES ALBÈRES
Pic Neulos 1 256 m
Le Perthus
Cerbère
le Tech
PYRÉNÉES
ESPAGNE
Caramany Dénominations des côtes-du-roussilon-villages
Maury et Corbières, Tauravel et Corbières et Lesquerde et Corbière
Rivesaltes et muscat-de-rivesaltes
0 5 10 15 20 25 km

LE ROUSSILLON

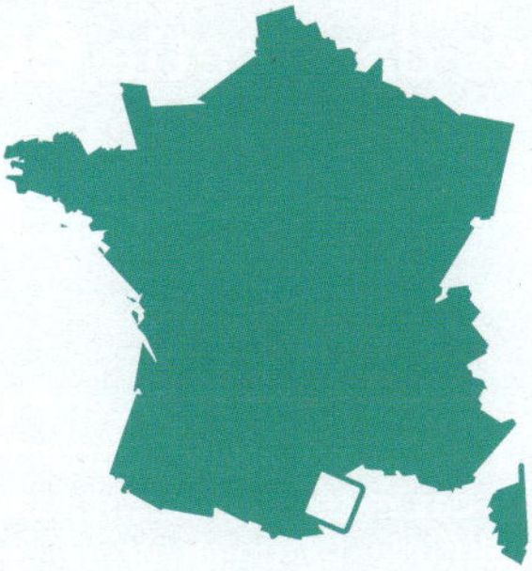

Le Roussillon viticole, qui correspond au département des Pyrénées-Orientales, est un vaste amphithéâtre aux terroirs multiples, cerné de massifs montagneux, une sorte d'île terrestre bordée au nord par les Corbières, par le massif du Canigou à l'ouest, par les Albères au sud et, à l'est, par la Côte Vermeille et ses vignobles plongeant dans la Méditerranée. Le tout balayé par la Tramontane.
Il est très proche du Languedoc voisin par son climat méditerranéen, son histoire, son encépagement très varié et les styles de vins. La différence est avant tout culturelle : le Roussillon est en majeure partie catalan.
La production du plus méridional des vignobles de France se partage entre de superbes vins doux naturels, qui ont fait sa réputation, et des vins secs : rouges aux multiples facettes, rosés généreux et, de plus en plus, blancs vifs.

Principaux **millésimes** dégustés dans cette **édition**

TYPES DE VIN	CARACTÉRISTIQUES DU MILLÉSIME	QUALITÉ DU MILLÉSIME
Rouges 2022	La chaleur a préservé des maladies et engendré un millésime de très bonne maturité, concentré et élégant, affranchi des excès solaires, notamment sur les terroirs d'altitude. La fraîcheur est de mise et augure une très belle garde.	★★★★★
Rouges 2021	Des petits rendements mais des vins gourmands. Gel d'avril et sécheresse estivale ont eu raison des volumes, mais pas de la qualité. Ce millésime tardif assure des vins tendres, élégamment fruités, de demi-puissance.	★★★☆☆
Rouges 2020	Des vendanges ultra précoces, début août par endroits, des vignes éclaircies par un mildiou qui a grandement altéré les volumes : ce millésime compliqué a finalement offert une qualité inespérée, avec de belles matières, concentrées et équilibrées.	★★★★☆
Blancs 2023	De la sécheresse et des volumes toujours ténus, mais un millésime réussi, avec des blancs parfumés, frais et concentrés à la fois. Des vins à l'empreinte solaire qui conservent leur acidité et offrent les meilleurs résultats, comme le plus souvent, sur les terroirs d'altitude.	★★★★☆
Blancs 2022	Malgré des baisses de rendements dus à la sécheresse, le millésime livre de très beaux blancs, parfumés et concentrés, tout en élégance, grâce à des raisins à l'état sanitaire parfait.	★★★★★
Blancs 2021	Des petits rendements mais des vins gourmands. Gel d'avril, sécheresse de l'été et coulure, ce millésime compliqué et tardif a donné des baies petites, aux pellicules épaisses. En découlent des vins sur la fraîcheur et sur le fruit, sans hauts degrés, des « vins de soif » par excellence.	★★★☆☆

Le **Roussillon** en un clin d'œil

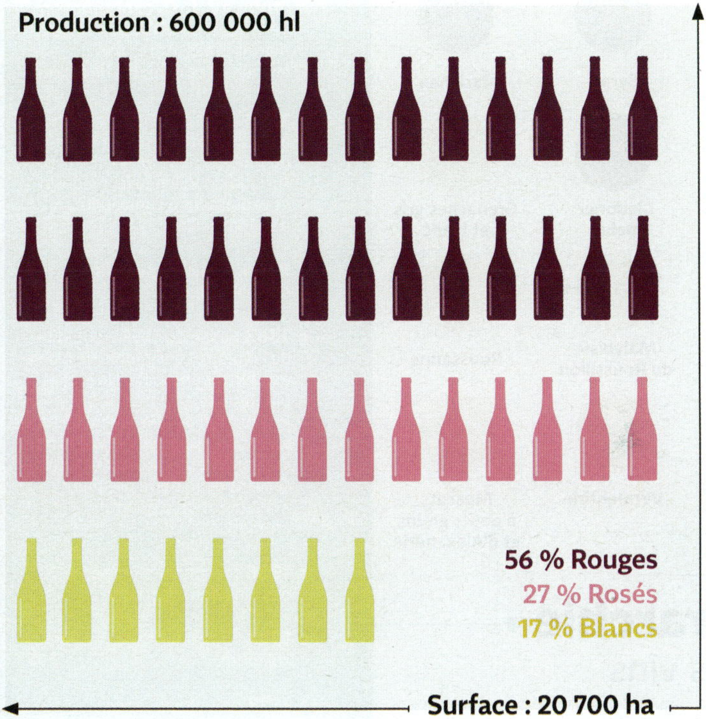

Types de vins

Principaux **cépages**

Grenache noir	Syrah	Carignan
Mourvèdre	Lledoner pelut	Grenaches gris et blanc
Macabeu	Malvoisie du Roussillon	Roussanne
Marsanne	Vermentino	Muscats à petits grains et d'Alexandrie

Hiérarchie des vins

1 AOC RÉGIONALE
(côtes-du-roussillon)

1 AOC SOUS-RÉGIONALE
(AOC côtes-du-roussillon-villages), éventuellement spécifiée par l'une des 5 dénominations (Tautavel, Lesquerde, Latour-de-France, Caramany, Les Aspres)

2 AOC COMMUNALES
(collioure, maury sec)

5 AOC VINS DOUX NATURELS
(rivesaltes, muscat-de-rivesaltes, maury, banyuls et banyuls grand cru)

3 IGP (côtes catalanes, côte vermeille, oc) : 40 % des volumes de vins secs produits

Un peu d'**histoire**

- **VIIe s. av. J.-C. :** implantation de la vigne sous l'impulsion des marins grecs attirés par les richesses minières de la côte.
- **XIIIe s. :** essor de la viticulture. Mise au point de la technique du mutage des vins à l'alcool par Arnaud de Villeneuve, médecin et professeur à l'université de Montpellier.
- **XIXe s. :** développement du vignoble.
- **1863 :** crise du phylloxéra, puis de l'oïdium. Le vignoble de plaine est détruit en partie. Nouvelles plantations en coteaux. Production de vins légers destinés au coupage avec les vins d'Afrique du Nord. Les vins doux naturels servent de matière première à l'élaboration d'apéritifs aromatisés.
- **1936 :** reconnaissance en AOC des vins doux naturels.
- **1971 :** reconnaissance de l'AOC collioure.
- **1977 :** reconnaissance de l'AOC côtes-du-roussillon et côtes-du-roussillon-villages.

▶ CÔTES-DU-ROUSSILLON ET CÔTES-DU-ROUSSILLON-VILLAGES

Ces deux appellations s'étendent dans les Pyrénées-Orientales – la région historique du Roussillon. L'aire la plus étendue, celle des côtes-du-roussillon, produit des vins dans les trois couleurs, tandis que les côtes-du-roussillon-villages sont toujours rouges. Les côtes-du-roussillon blancs sont produits principalement à partir des cépages macabeu et grenache blanc, complétés par le grenache gris, la malvoisie du Roussillon, la marsanne, la roussanne et le rolle, et vinifiés par pressurage direct. Bien méditerranéens, finement floraux (fleur de vigne), ils accompagnent les fruits de mer, les poissons et les crustacés. Les vins rosés et les vins rouges sont obtenus à partir d'au moins trois cépages, le carignan (50 % maximum), le grenache noir, la syrah et le mourvèdre constituant les cépages principaux. Tous ces cépages (sauf la syrah) sont conduits en taille courte à deux yeux. Souvent, une partie de la vendange est vinifiée en macération carbonique, notamment le carignan qui donne, avec cette méthode de vinification, d'excellents résultats. Les vins rouges sont fruités, épicés et riches. Les rosés, vinifiés obligatoirement par saignée, sont aromatiques, corsés et nerveux.

Au sud de Perpignan, depuis 2003, on produit des côtes-du-roussillon-les-aspres, une dénomination attribuée aux vins rouges après identification parcellaire.

Les côtes-du-roussillon-villages sont localisés dans la partie septentrionale du département des Pyrénées-Orientales; ils s'enrichissent de quatre dénominations reconnues pour leur terroir particulier : Caramany, Lesquerde, Latour-de-France et Tautavel. Gneiss, arènes granitiques et schistes confèrent aux vins une richesse et une diversité qualitatives que les vignerons ont bien su mettre en valeur. Les côtes-du-roussillon-villages varient selon la nature de leur terroir mais affichent toujours de beaux tanins, fins pour les terroirs acides, plus solides sur schistes et argilo-calcaires; certains peuvent se boire jeunes, d'autres gagnent à être gardés quelques années; ils développent alors un bouquet intense et complexe.

CÔTES-DU-ROUSSILLON

Superficie : 5 770 ha
Production : 215 500 hl (98 % rouge et rosé)

LES VIGNERONS DES ALBÈRES
La Mandorle 2022 ★

■ | 15 000 | | 8 à 11 €

Installée à Saint-Génis-des-Fontaines, la coopérative des vignerons des Albères, fondée en 1939, regroupe une trentaine de viticulteurs et un vignoble de 40 ha. Elle propose une large gamme de vins rouges, rosés et blancs, sans oublier les vins doux naturels, et commercialise plusieurs étiquettes : le Prestige, Ch. la Roca, Ch. Montesquieu…

Le terroir acide des Albères donne des vins qui se caractérisent par la fraîcheur et la minéralité. La syrah, majoritaire dans ce vin, y trouve un terrain de jeu à sa mesure. Dans le verre, un 2022 à la robe soutenue, ouvert sur un boisé au joli grain, encore marqué, qui enveloppe le fruit de ses notes fumées, toastées et vanillées. La bouche offre une belle matière, sans lourdeur, rafraîchie par la minéralité du terroir et portée par de bons tanins. ⧗ 2026-2030 ■ **Le Prestige 2022 ★ (5 à 8 €; 40 000 b.)** Un vin encore sous l'emprise du boisé, grillé et vanillé, avec des notes de truffe et de sous-bois, porté en bouche par une belle trame tannique et une agréable fraîcheur. ⧗ 2026-2030

LES VIGNERONS DES ALBÈRES, 9, av. des Écoles, 66740 Saint-Génis-des-Fontaines, tél. 04 68 89 81 12, vigneronsdesalberes@wanadoo.fr V *t.l.j. sf dim. 9h30-12h 15h-18h (sam. 9h30-12h)*

Ⓑ DOM. D'ANSIGNAN Petites Grappes 2022 ★

■ | 10 260 | | 11 à 15 €

Un domaine fondé en 2016 au cœur du Fenouillèdes, entre 200 et 500 m d'altitude, situé en totalité sur la commune d'Ansignan, dans la vallée de l'Agly, et conduit (en bio) par Jeff Carrel et Sébastien Calduch.

Dans l'arrière pays, avec un peu d'altitude, les nuits sont plus fraîches l'été, ce qui permet au vin d'afficher une agréable vivacité, tout en préservant la complexité aromatique. Fruits noirs, noix de muscade, cerise kirschée, l'entame des ces Petites Grappes (de carignan et de grenache, à parts égales) est de bonne intensité. En bouche, le vin déploie une belle attaque, franche, très fraîche, signature du carignan, puis monte en puissance porté par des tanins solides qui demandent un peu de temps pour s'affiner. Un vin original, à la fois vif et charpenté, qui porte en lui son terroir. ⧗ 2027-2032

DOM. D' ANSIGNAN, 2, rue du lère, 66220 Ansignan, tél. 03 77 00 90 05, info@jeffcarrel.com V *jeu. ven. 10h-12h 14h-18h*

Ⓑ DOM. BOUDAU Le Clos 2023 ★★

■ | 20 000 | | 8 à 11 €

Véronique Boudau et son frère Pierre sont à la tête du domaine familial depuis 1993. Ils ont décidé de donner un nouveau souffle à la propriété, qui couvre 50 ha (en bio certifié) sur d'excellents terroirs, à l'entrée de la vallée de l'Agly. Le pari est réussi : la totalité de la production est mise en bouteilles et commercialisée, notamment dans un réseau de restaurants et de cavistes. Une valeur sûre. La fille de Véronique a rejoint l'aventure en 2020.

Cueilli au petit matin, le vermentino (ou rolle) apporte une originalité que le grenache vient compléter de sa rondeur et son volume. Agrumes, pêche blanche, poire et petites fleurs blanches mellifères, s'expriment avec intensité. Des arômes qui s'enrichissent de notes anisées dans une bouche ample, ronde, mais aussi de grande fraîcheur, très équilibré en somme, avec en prime une finale sapide qui invite à se resservir. ⧗ 2024-2028 ■ **Henri Boudau 2023 ★ (11 à 15 €; 5 000 b.)** Ⓑ Une dominante de grenache blanc (70 %) aux côtés du macabeu dans ce blanc qui a connu un court passage en barriques. Un vin gourmand et flatteur au nez (vanille, brioche, notes salines et mentholées), ample et rond en bouche, porté par un joli toasté. ⧗ 2024-2028 ■ **Le Clos 2023 ★ (8 à 11 €; 8 000 b.)** Ⓑ Un bon rosé de grenache (80 %) et de syrah, qui séduit par ses notes fraîches de petits fruits rouges, ses nuances florales (rose), et par sa bouche ronde et de belle ampleur. ⧗ 2024-2025

DOM. BOUDAU, 6, rue Marceau, 66600 Rivesaltes, tél. 04 68 64 45 37, contact@domaineboudau.fr
t.l.j. sf dim. 10h-12h 15h-18h; sam. 10h-12h

CH. DE CALADROY Rajola 2023 ★

	3000		11 à 15 €

Une forteresse médiévale qui gardait la frontière entre le royaume de France et celui d'Espagne. De la terrasse du château, on découvre un panorama exceptionnel : au loin, la mer, le Canigou; en contrebas, les vignes (130 ha) et les oliviers (7 ha). La chapelle du XIIe s. accueille le caveau de dégustation. Depuis 1999, le domaine viticole est conduit par Virginie Mezerette.

Un vin très pâle, « tendance », dont la couleur chair semble souligner la fragilité et l'éphémère des rosés. Le premier nez est amylique, sur les notes classiques de bonbon à la fraise, puis apparaissent l'amande fraîche et le citron. De la sucrosité, apanage du grenache (60 % de l'assemblage, avec la syrah en appoint), de la rondeur, un joli volume, du fruit frais, une jolie finale légèrement anisée : c'est simple mais pas simpliste, bien construit, idéal pour un apéritif accompagné de *pa amb tomaquet*. ⧗ 2024-2025

CH. DE CALADROY, rte de Bélesta, 66720 Bélesta, tél. 04 68 57 10 25, chateau.caladroy@wanadoo.fr
t.l.j. sf sam. dim. 9h-12h 13h-18h

CH. CAP DE FOUSTE 2023 ★

	6000		8 à 11 €

La vieille demeure catalane (construite en 1830) et son parc au charme délicieux sont situés aux portes de Perpignan, non loin du lac de Villeneuve de la Raho. Sébastien Balaguer a pris la suite de son oncle, Joseph Mas, en 2017. Le vignoble couvre aujourd'hui 80 ha, certifiés bio depuis 2023.

Or pâle lumineux, ce blanc étale sa jeunesse et offre un joli bouquet de fleurs blanches, de rose notamment, de litchi et de pêche blanche. La bouche apparaît onctueuse à l'attaque, puis très fraîche, souple, fine, centrée sur la poire et fruits exotiques. Une belle expression du grenache blanc et du rolle, assemblés ici à parts égales. ⧗ 2024-2027 ■ **2021 ★ (8 à 11 €; 6000 b.)** Syrah (70 %) et mourvèdre à l'œuvre dans ce rouge expressif, ouvert sur des arômes de fruits rouges épicés, de cerise à l'eau-de-vie, de figue et de tapenade, ample en bouche, porté par des tanins bien présents mais ronds, tout en conservant une belle fraîcheur. ⧗ 2024-2029

CH. CAP DE FOUSTE, 1, D39, 66180 Villeneuve-de-la-Raho, tél. 04 68 55 91 04, boutique@chateau-cap-de-fouste.com
t.l.j. sf dim. 9h-12h 14h30-18h30

DOM. CARLE-COURTY Camps Bernats 2022 ★

	1850		11 à 15 €

Implanté au pied de l'ermitage de Força Réal, d'où le panorama embrasse tout le Roussillon, le vignoble de Carle-Courty (3,5 ha au départ, 18 ha aujourd'hui) est cultivé en bio depuis 2002. Un choix de vie pour Frédéric Carle, comptable né en Champagne, installé depuis 1995 dans la vallée de la Têt, entre ceps de syrah et schistes bruns, vieilles vignes de carignan et de grenache, et cheminées de fées. Sa fille Marion l'a rejoint en 2023.

Vinifié avec les levures indigènes en fûts neufs de 300 l puis élevé un an sous bois, avec un attelage roussann (majoritaire) et grenaches blanc et gris, voilà un assemblage qui crée l'originalité de ce vin. La robe est d'u jaune or soutenu et l'aromatique complexe, sur les fruit jaunes mûrs, les notes grillées de la barrique et le beurr plus suave de l'élevage sur lies. La bouche apparaî ample, riche, solidement structurée par le bois, avec un finale capiteuse qui ajoute à son volume. Un blanc d caractère à laisser un peu respirer en cave. ⧗ 2025-2029

DOM. CARLE-COURTY, 6, rte de Corneilla, 66170 Millas, tél. 06 23 91 14 38, gaecvfc66@gmail.com
t.l.j. sf dim. 9h30-12h 14h30-19h

CH. CASTELNOU Cuvée Scandale 2022 ★

	7000		11 à 15

Un domaine familial de 10 ha établi au cœur des Aspres repris en 2019 par Régis Teixido et sa fille Camille.

Rares sont en Roussillon les vins à dominante de mour vèdre. Dommage, car ce cépage (44 % de l'assemblag aux côtés de la syrah, du carignan et du grenache marque ce rouge de son empreinte « racée », lui appor tant une touche épicée en complément des fruits confi turés et de la réglisse, et surtout le velouté, le soyeux de tanins. Un ensemble ample, suave, de belle tenue, prê pour les grillades dès cet automne, mais qui pourra auss connaître une petite garde. ⧗ 2024-2028

CH. DE CASTELNOU, Bach de Masquareill, rte de Corbère, 66300 Castelnou, tél. 06 33 24 31 08, registeixido@gmail.com *t.l.j. 11h-19h*

DOM. CAZES John Wine 2023 ★★★

	45000		8 à 11

Fondation en 1895, premières mises en bouteille en 1955 et une croissance continue. Aujourd'hui, u domaine de 220 ha entièrement conduit en bio e biodynamie depuis 2005. À sa carte, toutes les appel lations du Roussillon, des IGP, tous les styles de vir Dans le giron du groupe Advini depuis 2004.

Voilà un vin nature, sans sulfites ajoutés, qui n'atten pas des années pour exposer sa classe. D'un grenat vio line très intense, il s'ouvre sans réserve sur la réglisse, le épices et une pointe minérale, avant que n'apparaisser les petits fruits des bois et la cerise. En bouche, il s montre à la fois puissant, structuré, mais aussi suave e gourmand, centré sur les fruits frais. Le velouté de se tanins le rend dores et déjà savoureux, mais il est aus construit pour durer. À vous de voir... ⧗ 2024-2030 ■ **2023 ★★ (8 à 11 €; 10000 b.)** Un vin nature qu mêle les senteurs de garrigue à la fraîcheur de la griott se fait ample, frais et croquant en bouche, avec en sou tien de beaux tanins assouplis. Une vraie gourmandise très séduisante par son dynamisme et son fruit expansi ⧗ 2024-2028

DOM. CAZES, 4, rue Francisco-Ferrer, 66600 Rivesaltes, tél. 04 68 64 08 26, info@cazes.com
t.l.j. sf dim. 9h-12h 14h-18h30

CLOS DEL REY Le Sabina 2023 ★

	13000		8 à 11

Domaine créé en 2001 par Jacques Montagne Aujourd'hui, Julien, qui a pris le relais en 2010, travaill

une douzaine d'hectares au milieu de 300 ha de garrigue aux senteurs de thym et de romarin. À 300 m d'altitude, ses parcelles sont les plus hautes du cru Maury, au pied du château cathare de Quéribus.

Avec des grenaches blancs et gris plantés à 300 m d'altitude, il faut s'attendre à beaucoup de fraîcheur. C'est bien le cas ici, avec en prime une belle minéralité conférée par le massif calcaire surplombant la vallée de Maury, et de délicates notes l'acacia. Une minéralité qui irrigue une bouche fine, vive, élégante. Idéal avec des crustacés ou un fromage de chèvre. ⧗ 2024-2027

CLOS DEL REY, 51, av. Jean-Jaurès, 66460 Maury, tél. 06 70 86 96 83, closdelrey@gmail.com V r.-v.

B CLOS SAINT-ANTOINE Únic 2021 ★

■ | 1500 | | 30 à 50 €

L'ancien domaine de Besombes-Singla, devenu Domaine Singla. Au XVIIIᵉs., la famille de Besombes-Singla s'installe en Roussillon pour développer un commerce vinicole entre l'Espagne et l'Afrique. Le commerce étant fructueux, elle s'installe à Rivesaltes pour exploiter dans la vallée de l'Agly un grand vignoble de 250 ha. En 2001, Laurent prend la tête de la propriété et en isole les meilleures parcelles, soit 50 ha, conduits en bio.

«Cuvée éphémère», «assemblage secret», on n'en saura pas plus, si ce n'est que ce vin est né d'un clos de 4 ha sur les premiers contreforts des Corbières catalanes, propriété historique des Besombes-Singla un temps sortie du giron familial avant d'y revenir en 2020. Dans le verre, un vin de caractère, au nez nuancé de fruits noirs, de violette, d'épices vives et de laurier. Une aromatique que l'on retrouve dans une bouche solide, charnue, au volume généreux, stimulée par une pointe d'amertume en finale. On met en cave. ⧗ 2026-2030

DOM. SINGLA, 52, rue Arago, 66250 Saint-Laurent-de-la-Salanque, tél. 09 67 30 77 90, laurent@domainesingla.com V *t.l.j. sf sam. dim. 9h-12h30 14h-18h*

CH. L'ESPARROU Prestige 2022 ★★

■ | 180 000 | | 5 à 8 €

Construit à la fin du XIXᵉs. par l'architecte danois Petersen, comme ceux de Rey, de Valmy et d'Aubiry, un château noyé dans son parc, à deux pas des plages et de l'étang de Canet, qui fut la résidence d'été de nombreux artistes comme Raoul Dufy, Jean Cocteau ou André Breton. Le vignoble (62 ha) occupe la pointe avancée d'un plateau viticole de galets roulés de haute expression. Longtemps propriété de la famille Rendu, il a été acquis en 2014 par Jean-Michel Bonfils, dont la famille détient de nombreux vignobles en Languedoc.

Une robe très profonde à reflets violines habille ce vin aux arômes intenses de fruits mûrs et confiturés, de tourbe, de boisé toasté et vanillé. Le palais se révèle puissant, corsé, charpenté, soutenu par des tanins bien présents mais soyeux et enrobés, et par un beau boisé fondu. Un rouge corpulent et de garde pour mets de caractère, du gibier par exemple. ⧗ 2027-2034 ■ **Les Alysses 2022 ★ (11 à 15 €; 80 000 b.)** Fruit d'une longue macération, ce vin évoque les fruits bien charnus (cerise Napoléon, mûre), les épices, la réglisse, avec un boisé vanillé encore très présent, en soutien d'une bouche ample, ferme et serrée. On met en cave. ⧗ 2027-2032

CH. L'ESPARROU, 66140 Canet-en-Roussillon, tél. 04 67 93 10 10, caveau.esparrou@bonfilswines.com V *r.-v.*

♥ CH. DES HOSPICES DE CANET Grande Terre 2022 ★★

■ | 6000 | | 15 à 20 €

Depuis cinq générations, la famille Benassis est installée au cœur de Canet-en-Roussillon. La cave est abritée dans une bâtisse traditionnelle catalane datant de 1836. Le vignoble (50 ha) est implanté sur les terrasses de galets roulés entre le littoral et la ville de Perpignan. Depuis 2007, Marc Benassis, ingénieur agronome, est aux commandes.

Du volume, de la mâche, le croquant de la cerise Burlat, la mûre, le grain velouté des tanins, l'équilibre dans la puissance, le boisé vanillé de la vinification intégrale en barriques et de l'élevage, un soupçon de venaison et d'épices pour la complexité, la bouche est tout simplement superbe. On y retrouve tout le plaisir et l'intensité qu'annonçaient le pourpre profond de la robe et les senteurs fruitées, épicées et finement boisées perçues au nez. Un régal de vin, né sur une belle parcelle de galets roulés plantés de syrah (60 %), de mourvèdre et de grenache noir. ⧗ 2026-2032 ■ **Grande Terre 2023 ★★ (15 à 20 €; 2500 b.)** Un bien joli blanc que ce vin très expressif, ouvert sur les fleurs et les fruits blancs, teinté d'exotisme et d'un léger boisé toasté, rond, onctueux, gourmand en bouche, avec une finale très fraîche qui lui confère un côté aérien très plaisant. ⧗ 2024-2028 ■ **Maïa 2023 ★ (8 à 11 €; 6000 b.)** Un blanc très aromatique (jasmin, verveine, pêche, mie de pain, touche végétale), ample, rond et gras en bouche, bien dynamisé par une fine acidité qui étire la finale. ⧗ 2024-2027

CH. DES HOSPICES DE CANET, 13, av. Joseph-Sauvy, 66140 Canet-en-Roussillon, tél. 04 68 80 34 14, chateau.des.hospices@gmail.com V *r.-v.*

B CH. DE JAU J 2023 ★

■ | 45 000 | | 8 à 11 €

Du bâtiment construit au XIIᵉs. par les moines cisterciens, il ne reste que la superbe tour épousant la roche. Jean et Bernard Dauré ont acheté le domaine en 1974. La magnanerie du milieu du XIXᵉs. abrite aujourd'hui un espace d'art contemporain, qui voisine avec l'un des premiers restaurants vignerons créés en France. Le vignoble, converti à l'agriculture bio, couvre 100 ha.

Rose pâle légèrement saumoné, ce rosé à dominante de syrah se présente avec intensité sur les fleurs blanches et le cassis. Les fruits rouges prennent le relais dans une bouche à la fois fraîche, souple et ronde. Un rosé gouleyant à souhait, idéal pour la cuisine méditerranéenne. ⧗ 2024-2025

CH. DE JAU, 66600 Cases-de-Pène, tél. 04 68 38 90 10, daure@wanadoo.fr V *t.l.j. sf sam. dim. 9h30-12h30 13h30-16h* 5

ROUSSILLON

B F. JAUBERT Orus 2023 ★

■ (blanc)	4500	▮	11 à 15 €

En 2019, François Jaubert, héritier d'une histoire vigneronne remontant à 1842, a repris officiellement la tête de ce domaine familial de 30 ha dans la plaine des Aspres, mais il y travaille depuis 2017, avec à sa disposition une belle palette d'une dizaine de cépages, des plus classiques aux plus rares en Roussillon, comme le chardonnay ou l'alicante bouschet.

Le bâtonnage sur fines lies pendant 15 jours, avant un affinage en cuve, a conféré de l'onctuosité, de la rondeur et une belle robe or jaune limpide et brillante à ce vin né des grenaches blanc et gris à parts quasi égales. Il apporte aussi une touche briochée qui vient compléter des arômes d'acacia, de fruits blancs compotés et de miel. Arômes qui s'enrichissent d'une pointe anisée dans une bouche ample, qui conserve de la fraîcheur. ⌛ 2024-2027

⊶ DOM. F. JAUBERT, 3, rue de la Tramontane, 66300 Ponteilla, tél. 06 33 71 71 02, francois.jaubert@outlook.fr **V** *r.-v.*

DOM. JONQUÈRES D'ORIOLA Altitude 2023 ★

■ (rosé)	96000	▮	8 à 11 €

Célèbre pour les exploits olympiques de Pierre en hippisme et de Christian en escrime, la famille Jonquères d'Oriola est installée depuis… 1485 au Ch. de Corneilla, bâti par les Templiers au XIIIᵉs., et conduit 90 ha de vignes. William, qui a rejoint en 2010 son père Philippe après un « tour du monde œnologique », représente la vingt-septième génération de vignerons et a repris les rênes en 2020.

Ce rosé né de syrah (60 %) et de grenache noir robe revêt une robe pivoine à reflets nacrés aussi brillante qu'accueillante. L'approche aromatique est aussi délicate et engageante, avec de la minéralité, une note de bonbon acidulé et la fraîcheur des agrumes. Une même sensation de finesse et de fraîcheur se dévoile en bouche autour de notes de griotte. Un ensemble harmonieux et alerte. ⌛ 2024-2025

⊶ JONQUÈRES D'ORIOLA, 3, rue du Château, 66200 Corneilla-del-Vercol, tél. 04 68 22 73 22, admin@jonqueresdoriola.fr **V** *t.l.j. sf dim. lun. 10h-12h 15h-18h30*

♥ DOM. LAFAGE Gallica 2023 ★★

■ (rosé)	70000	◍ ▮	15 à 20 €

Gallica

Éliane et Jean-Marc Lafage ont vinifié pendant dix ans dans l'hémisphère Sud, puis ont repris l'exploitation familiale en 1995, établie sur une mosaïque de terroirs variés, depuis les rives de la Méditerranée jusqu'aux contreforts des Pyrénées; un domaine complété par l'acquisition en 2006 du Ch. Saint-Roch. Aujourd'hui, quelque 180 ha cultivés à petits rendements, avec un patrimoine conséquent de très vieilles vignes et des vins très réguliers en qualité, notamment en côtes-du-roussillon et muscat-de-rivesaltes.

Un travail d'orfèvre pour cet assemblage entre le grenache gris, le grenache noir et le macabeu, qui a connu une très longue macération avant une fermentation pour partie en cuve bois tronconique, suivie d'un élevage sur lies avec bâtonnage. Le résultat est ce magnifique rosé d'une lumineuse teinte pivoine, qui s'offre sur la délicate fraîcheur exotique du fruit de la Passion, la douceur amylique de la banane et la vivacité du pomelo. La bouche apparaît très alerte, centrée sur les petits fruits acidulés (framboise, groseille), mais aussi fine, délicate, fluide, avec une finale très vive qui ajoute à son dynamisme et sa longueur. ⌛ 2024-2025

■ **Saint-Roch Sélections parcellaires 2022 ★ (5 à 8 €; 40000 b.)** Un vin ouvert sur les petits fruits rouges, les épices et les notes torréfiées de la barrique, charnu, rond et d'un bon volume en bouche, porté par des tanins bien fondus. On pourra l'apprécier dans sa jeunesse. ⌛ 2024-2028

⊶ MAISON LAFAGE, Mas Miraflors, rte de Canet, 66000 Perpignan, tél. 04 68 80 35 82, contact@domaine-lafage.com **V** *t.l.j. sf dim. 10h-12h30 15h-19h*

LAURE DE NYLS
Baïas 922 Élevé en fût de chêne 2020 ★

■ (rouge)	12320	◍	8 à 11 €

Cette structure est issue du regroupement de trois coopératives : Bages, Saint-Jean-Lasseille et Trouillas, soit 1 350 ha. Ici, pas de constructions spectaculaires mais un bon usage des compétences et des équipements de chaque cave, avec une approche parcellaire par cépage et des élevages en fûts pour les vins d'appellations. Une destinée commune pour 200 viticulteurs du terroir des Aspres, ces collines du sud de Perpignan.

La cave nous a présenté un 2020 pour la simple et bonne raison que ce vin est prêt à boire. Un vin tactile, velouté, finement épicé, rond, doté de tanins fondus, avec une belle trame aromatique de fruits mûrs, de poivre et de réglisse. Préparez les grillades au feu de bois. ⌛ 2024-2026

⊶ LAURE DE NYLS, 28, av. de la Canterrane, 66450 Pollestres, tél. 04 68 54 22 86, contact@laure-de-nyls.fr **V** *t.l.j. sf dim. 8h-12h 14h-18h30*

CH. LAURIGA Soleil Blanc 2022 ★★

■ (blanc)	7200	◍ ▮	11 à 15 €

Vigneron-négociant, Jean-Claude Mas dispose d'un vaste vignoble de plus de 600 ha en propre constitué par quatre générations, auxquels s'ajoutent les apports des vignerons partenaires (1 300 ha). Ancienne propriété de l'abbaye de Cuixa, le Ch. Lauriga, acquis en 2016, s'étend sur 80 ha dans les Aspres.

La robe dorée et les senteurs de toasté, d'amande grillée et de pain beurré, trahissent un élevage sous bois. Les arômes de fleurs mellifères, de cire d'abeille et de fruits jaunes sont quant à eux la signature d'un grenache à maturité (85 % de l'assemblage, le macabeu en appoint). La bouche est élégante, fondue, très bien équilibrée, persistante, avec en soutien un bon boisé grillé et une fine minéralité. Un blanc de caractère, à apprécier sur un poisson au four ou une viande blanche après un peu de garde. ⌛ 2025-2029

⊶ CH. LAURIGA, traverse de Ponteilla, RD 37, 66300 Thuir, tél. 04 68 53 26 73, info@lauriga.com **V** *t.l.j. sf dim. lun. 10h-19h*

♥ B MAS BÉCHA Hipgnosis 457 2022 ★★

| | 1200 | | 30 à 50 € |

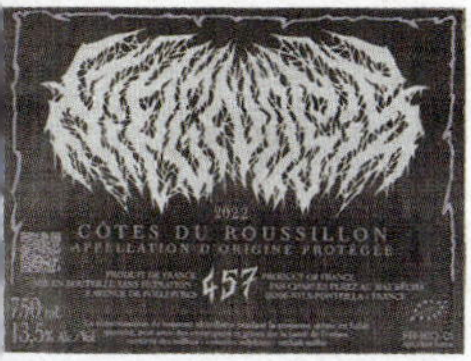

Au sud de Perpignan, Charles Perez exploite son domaine depuis 2008 au hameau de Nyls, dans les Aspres – 30 ha en bio plantés sur trois collines au sein d'un ensemble de 110 ha. En rouge, ses assemblages mettent la syrah en avant. Cette figure du vignoble se fait « croquer » par un artiste différent chaque année pour illustrer ses étiquettes. Il en va de même pour les membres de sa famille. Le Mouton Rothschild catalan, en quelque sorte.

Ce blanc né de vermentino (80 %), grenache blanc et macabeu ne cache pas son solide élevage sous bois (12 mois). Et cela lui va très bien, à commencer par sa couleur d'un or soutenu, qui évoque un liquoreux. Au nez, c'est une superbe communion qui est proposée entre les notes empyreumatiques du merrain, les fleurs mellifères, le pain d'épices, la cannelle ou encore le vieux rhum. Puis c'est un boisé très enveloppant, complexe, avec une touche « banane flambée », qui vient en soutien d'une bouche ample, puissante, riche, mais très bien équilibrée, sans lourdeur aucune, d'une longueur remarquable. Un vin construit avec soin et pour durer, à réserver à un mets (et des amis) de choix, avec un sandre au beurre blanc ou des ris de veau à la crème par exemple. ⧗ 2026-2032

MAS BÉCHA, 3, av. de Pollestres, 66300 Nyls-Ponteilla, tél. 06 31 32 33 33, contact@masbecha.com V r.-v.

B MAS CRÉMAT 2022 ★

| | 12 000 | | 11 à 15 € |

Les terres de schistes noirs ont donné son nom au Mas Crémat (« brûlé » en catalan), repris en 2006 par une famille de vignerons bourguignons : Christine et Julien Jeannin, secondés par leur mère Catherine. Un superbe mas du XIXe s. et un vignoble de 26 ha labouré et conduit en bio, et en fonction du cycle de la lune.

Sur les terres noires du domaine, les quatre cépages principaux de l'appellation sont sollicités, jouant sur leur complémentarité : syrah, grenache noir, carignan et mourvèdre. L'approche est fraîche avec une couleur rubis très brillante et une belle intensité aromatique sur les fruits noirs légèrement réglissés. De la vivacité aussi dès l'attaque, autour d'un fruité énergique, soutenu par des tanins souples et bien fondus dans un ensemble friand, à apprécier dans la fraîcheur de cette jeunesse. ⧗ 2024-2027

MAS CRÉMAT, 66600 Espira-de-l'Agly, tél. 04 68 38 92 06, mascremat@mascremat.com V t.l.j. sf sam. dim. 10h-12h 14h-18h

B MAS CRISTINE 2022 ★

| | 15 000 | | 11 à 15 € |

Superbe mas installé depuis 1810 dans le massif des Albères, à la limite du cru banyuls, isolé au milieu du maquis ponctué de chênes-lièges. Les vignes dominent les pins qui descendent en pente douce vers la mer. Implanté sur des sols de schistes, de quartz et d'argile rouge, le domaine (30 ha en conversion bio) a été acheté en 2007 à la famille Dauré (Jau) par Philippe Gard (Coume del Mas) et Julien Grill (vigneron roussillonnais).

Des vignes qui regardent la grande bleue, entourées de chênes liège, des sols de schistes et des arènes granitiques comme support, rien d'étonnant à ce que le vin se dévoile avec fraîcheur et finesse. Une robe or pâle brillante, des senteurs de fleurs blanches, de laurier-tin et de pêche blanche accompagnent un boisé vanillé discret. Cette palette s'enrichit de la fraîcheur des fruits exotiques dans une bouche ample, fine, souple, équilibrée. Un blanc gouleyant, que l'on verrait bien avec un loup en croûte de sel. ⧗ 2024-2027

MAS CRISTINE, chem. de St-André, 66700 Argelès-sur-Mer, tél. 04 68 54 27 60, info@mascristine.com V t.l.j. sf dim. 10h-12h30 14h-18h

MAS DE LA DEVÈZE Malice 2022 ★

| | 5400 | | 8 à 11 € |

Simon Hugues était agriculteur, Nathalie commerciale dans la filière viticole à l'export. Ils ont repris en 2012 au cœur du terroir de Maury une très ancienne propriété qui avait été démantelée dans les années 1980. Ils cultivent 27 ha de vignes, la plupart conduites en gobelet.

Après 11 mois d'élevage en cuve, la couleur n'a rien perdu de sa fraîcheur ni de son intensité, seul le premier nez laisse percer un début d'évolution sur un fruité très mûr. Le temps a aussi assoupli les tanins, qui présentent un joli fondu. L'élevage a enfin mûri le vin, lui conférant du volume et de la rondeur, tout en préservant son fruit et son élégance. On l'appréciera dans ses jeunes années. ⧗ 2024-2027

MAS DE LA DEVÈZE, rte des Mas, 66720 Tautavel, tél. 06 52 38 57 36, nathalie@masdeladeveze.fr V r.-v.

MAS FARINES Lily 2021 ★

| | 2000 | | 11 à 15 € |

En 2020, Pascal Dieunidou vend sa part du Dom. de l'Edre et fonde un an plus tard le Mas Farines, du nom de son habitation perdue en pleine garrigue. Il crée sa cave de vinification et sort son premier millésime en 2021. À sa disposition, un vignoble de 6 ha en conversion bio, planté de cépages traditionnels du Roussillon, sur les terroirs de Vingrau et d'Opoul-Peillos, à 350 m d'altitude. Son objectif : « des vins sur la fraîcheur, l'élégance et le fruit dans un esprit plus vin nature ».

La roussanne apporte sa vivacité, autour d'un belle note d'agrumes. Le grenache gris fait saliver avec cette pointe tannique perceptible qui soutient et prolonge le vin. Le grenache blanc, quant à lui, donne du volume, de la générosité et de la rondeur. Au final, un blanc élégant, à déboucher dès à présent, sur une tielle à la sétoise ou des encornets farcis. ⧗ 2024-2027

MAS FARINES, 66600 Opoul-Périllos, tél. 06 08 66 17 51, masfarines@gmail.com V r.-v.

B MAS JANEIL Le Petit Pas 2023 ★

| | 65 000 | | 11 à 15 € |

Représentant la cinquième génération d'une célèbre lignée bordelaise, François Lurton a créé en 1988 avec

ROUSSILLON

son frère Jacques une société qu'il dirige seul depuis 2007. S'il exploite de nombreux vignobles dans le Nouveau Monde, notamment en Argentine, il a trouvé en Roussillon des terroirs aptes à produire des vins concurrençant ceux des pays émergents. Il a ainsi acquis le Mas Janeil en 2009 et ses 70 ha, dont 35 ha de vigne conduits en bio.

La robe est légère, grenat aux reflets violines. Un peu timide au premier nez, le nez s'ouvre à l'aération sur l'eucalyptus, la violette, le cassis et la cerise. La bouche apparaît fluide, fraîche sans manquer de rondeur, gouleyante, offrant un fruit à croquer et des tanins souples. Un ensemble est fondu et très sapide à savourer dans sa jeunesse. ⧗ 2024-2027

FRANÇOIS LURTON, Mas Janeil, 66720 Tautavel, tél. 04 68 38 08 64, communication@francoislurton.com r.-v.

LES VIGNERONS DE MAURY Notre blanc 2023 ★★

■	4000		8 à 11 €

Fondée en 1910, la cave coopérative de Maury est aujourd'hui la plus ancienne du département encore en activité. Après les révoltes viticoles de 1907, elle regroupa plus de 130 propriétaires. Aujourd'hui, la cave dispose des 700 ha de ses adhérents; elle vit du grenache qui donne les traditionnels vins doux naturels et, depuis 2011, les maury secs.

Réputée pour ses vins doux naturels, la cave de Maury excelle également dans les blancs secs. Sur la base des cépages habituels des VDN, grenache et macabeu, l'ajout de carignan blanc apporte une fraîcheur remarquée dans ce vin. Un vin à la robe pâle, lumineuse, aux senteurs de fleurs de cerisier, de fruits blancs et de fruits exotiques. En bouche, une légère salinité et des arômes frais de gingembre et de fenouil équilibrent la rondeur bonhomme du grenache. Une gourmandise tout indiquée pour accompagner un ceviche épicé. ⧗ 2024-2027

LES VIGNERONS DE MAURY, 128, av. Jean-Jaurès, 66460 Maury, tél. 04 68 59 00 95, contact@vigneronsdemaury.com V *r.-v.*

B DOM. MODAT De-ci de-là 2022 ★★

■	8000		15 à 20 €

Philippe Modat a créé ce domaine en 2007 dans la vallée de l'Agly : 27 ha de vignes conduits en bio et biodynamie sur un terroir d'altitude de gneiss et de granite, avec la pratique des couverts végétaux et du pastoralisme. En 2016, les deux fils du vigneron, Louis et Quentin, ont pris les rênes de la propriété.

Sur des sols de gneiss et d'arènes granitiques, les cépages blancs (grenaches blancs et gris, macabeu, carignan blanc) sont cueillis «de-ci de-là», parsemés au milieu de très anciennes vignes rouges, puis vinifiés en foudres et demi-muids, avant un élevage de 10 mois sur lies. Cela conduit à un vin minéral, vif, tendu, avec un boisé très discret en soutien et un agréable moelleux en milieu de bouche, avant une finale fraîche sur le citron et le litchi. ⧗ 2024-2028

DOM. MODAT, rte du Barrage, 66720 Cassagnes, tél. 06 13 48 17 18, qmodat@domaine-modat.fr V *r.-v.*

B CH. DE L'OU 2023 ★

■	35000		11 à 15 €

Philippe Bourrier, agronome, et son épouse Séverine, œnologue, ont acheté en 1999 ce domaine dont le nom vient d'une résurgence dans un bassin en forme d'œuf (*ou* en catalan). Ils ont refait le chai et travaillé d'emblée en agriculture biologique leur vignoble qui couvre 40 ha entre plaine du Roussillon et Fenouillèdes.

La vinification en barrique d'une syrah très mature a donné cette cuvée affichant une forte personnalité. La robe d'un grenat profond «annonce la couleur», celle d'un vin riche, dense, aux senteurs complexes de poivre, de truffe, de cacao, de cannelle et de fruits confiturés. Prolongeant cette belle palette aromatique, la bouche se révèle ample, puissante, chaleureuse, étayée par des tanins solides. On met en cave pour quelques années. ⧗ 2026-2030

CH. DE L' OU, rte de Villeneuve, 66200 Montescot, tél. 04 68 54 68 67, contact@chateaudelou.fr V *r.-v.* 5

CH. DE PÈNA Thérapie de groupe 2023 ★★

■	6000		8 à 11 €

Le village de Cases-de-Pène tient son nom d'un ermitage du Xe s. établi sur un roc (*pena* en catalan) calcaire qui ferme la vallée de l'Agly. Les terres noires schisteuses y alternent avec l'ocre des argilo-calcaires, formant deux superbes terroirs sur lesquels travaillent la vingtaine de vignerons de la coopérative locale, fondée en 1942 et représentant 280 ha de vignes.

Ce rosé de syrah (80 %) et de grenache noir ose la couleur, entre cerise cœur de pigeon et groseille. Au nez se dévoile un fruit intense, sur la cerise, la mûre et le cassis, agrémenté de fines touches amyliques. La bouche est ample, charnue, structurée, elle aussi gorgée de fruit, étirée dans une longue finale pleine d'allant et de fraîcheur. Idéal pour une «thérapie de groupe», entre amis de préférence et autour d'une *planxa* poissons-crustacés. ⧗ 2024-2025 ■ **Regards de femmes 2023 ★★ (8 à 11 €; 7000 b.)** Une cuvée dite «solidaire» née d'un assemblage (macabeu, grenache blanc, viognier) choisi par un jury de 80 femmes. Dans le verre, un très joli blanc floral, fruité et minéral, qui offre de la vivacité, du volume, beaucoup de longueur et un équilibre très assuré. On le servirait bien sur un ceviche ou un poulpe grillé. ⧗ 2024-2027 ■ **Action Vérité 2022 ★ (11 à 15 €; 3200 b.)** Un blanc vif, tendu, riche de saveurs d'agrumes, de pêche blanche et de fruits exotiques, qui affiche aussi beaucoup d'élégance dans sa texture fine et fondue, avec en soutien un boisé très discret. ⧗ 2024-2028

CH. DE PÈNA, 2, bd Mal-Joffre, 66600 Cases-de-Pène, tél. 04 68 38 93 30, maitredechai@chateau-de-pena.com V *t.l.j. sf dim. 10h-12h30 14h-18h30*

CH. PEZILLA La Marquise 2023 ★★

■	16300	5 à 8 €

Résultant de la fusion de trois caves, cette coopérative porte le nom de l'inventeur des vins doux naturels, Arnaud de Villeneuve. Elle rassemble 320 viticulteurs de Salses, de Rivesaltes et de Pézilla-la-Rivière, qui cultivent quelque 1 600 ha de vignes (dont 125 ha en bio) répartis sur 26 communes et des terroirs

variés. Une valeur très sûre du Roussillon viticole. Autre étiquette : Ch. Pezilla.

Cette Marquise a de l'allure dans sa robe brillante, grenat à reflets rubis. Très intense dès l'entame, elle nous offre à l'olfaction une belle corbeille de fruits rouges et noirs (cassis, groseille, cerise, framboise), la violette venant compléter ce nez des plus accueillant. La bouche est à l'avenant, gourmande, fine, fraîche, centrée sur les petits fruits, avec en soutien la justesse de tanins soyeux et une longue finale mentholée. ⧗ 2024-2028 ■ **Arnaud de Villeneuve N°153 2023 ★ (5 à 8 €; 40000 b.)** Une belle robe pivoine pâle habille ce rosé plaisant par ses senteurs de pêche blanche, de pamplemousse et de fraise des bois. Arômes prolongés par une bouche fraîche, acidulée, prolongée par une agréable touche saline en finale. ⧗ 2024-2025

ARNAUD DE VILLENEUVE, 153, RD 900, 66600 Rivesaltes, tél. 04 68 64 06 63, contact@caveadv.com V *t.l.j. sf dim. 9h30-12h30 14h30-18h30*

CH. LES PINS 2023 ★

■	7000		15 à 20 €

Suivi à la parcelle, maîtrise de la totalité de la chaîne d'élaboration, du raisin à la bouteille, démarche de développement durable… La cave de Baixas, fondée en 1923, compte 200 coopérateurs qui exploitent 1 700 ha (dont une partie en bio) répartis dans une trentaine de communes. Son nom renvoie au père dominicain Dom Brial, qui œuvra pour les enfants les plus pauvres des villages de Baixas et de Pia. La cave possède aussi le Ch. les Pins, un domaine de 28 ha situé au cœur de Baixas, légué par un coopérateur en 1992.

Vinifié et élevé en fûts de 500 l, ce vin né de grenache blanc et de roussanne affiche une seyante couleur or. Il s'impose par sa présence solide, soutenu par un boisé grillé et fumé prenant encore un peu le pas sur les fruits blancs et les senteurs de fleurs d'acacia, avec en prime une belle fraîcheur qui emporte loin la finale. Un vin de gastronomie assurément, pour une aileron de raie sauce au beurre blanc et aux câpres par exemple. ⧗ 2025-2028 ■ **Dom Brial L'Étreinte 2023 ★ (11 à 15 €; 10000 b.)** Ce blanc non boisé s'exprime sur le jasmin et la pêche de vigne avec persistance; arômes qui infusent une bouche ample, riche, intense, mais bien épaulée et équilibrée par une finale fraîche et droite sur le pamplemousse. ⧗ 2024-2027 ■ **Dom Brial L'Étreinte 2023 ★ (8 à 11 €; 10000 b.)** Grenache noir et syrah unis dans ce rosé au nez friand de groseille, qui dévoile un palais tendu, frais, d'une belle vivacité. Sobre et de bon goût. ⧗ 2024-2025

VIGNOBLES DOM BRIAL, 14, av. Mal-Joffre, 66390 Baixas, tél. 04 68 64 22 37, contact@dom-brial.com V *t.l.j. sf dim. 9h-12h 14h-18h30*

DOM. PIQUEMAL La Coume de l'Esprit 2021 ★

■	1000	20 à 30 €

Sous l'impulsion d'Annie et de Pierre Piquemal, ce domaine familial (48 ha) établi dans la vallée de l'Agly est devenu une référence du Roussillon. Tout en maintenant les pratiques traditionnelles, il dispose d'un chai très moderne, à l'extérieur du village. Un outil adapté pour exalter l'expression de chaque terroir (schistes feuilletés, argilo-calcaires, galets roulés). Les vinifications sont assurées par Marie-Pierre Piquemal et la conversion bio est engagée depuis 2021.

La forte dominante de rolle (80 %) apporte une belle originalité à ce vin à la robe or pâle, pas du tout affectée par ses années d'élevage en amphore. D'un abord timide, le nez s'ouvre à l'aération sur des notes minérales « terroitées » du maquis, la mandarine et la pêche blanche. L'élevage a apporté de la rondeur en bouche, de l'harmonie, et le fruit est bien là, avec une surprenante jeunesse et une belle sucrosité. ⧗ 2024-2027 ■ **Tradition 2022 ★ (8 à 11 €; 14000 b.)** Ce rouge dévoile un nez complexe de fruits, de poivre, de tourbe et de fleurs des sous bois. En bouche, il affiche un bon volume, avec des tanins souples et fins en soutien. ⧗ 2024-2028

DOM. PIQUEMAL, RD 117, km 7, 66600 Espira-de-l'Agly, tél. 04 68 64 09 14, contact@domaine-piquemal.com V *t.l.j. sf dim. 9h-12h 14h-18h; sam. 9h-12h*

CH. PONTEILLA Les Vignes du Vent 2022 ★

■	30000		5 à 8 €

En 1964, une poignée de vignerons s'unissent parce qu'ils sont convaincus que « le groupe est meilleur que le meilleur du groupe ». Aujourd'hui, les Vignerons Catalans rassemblent plusieurs caves coopératives (Vignerons des Côtes d'Agly, Vignobles Dom Brial, Vignerons de Trémoine, Vignobles Terrassous, Terres Plurielles et Laure de Nyls), 1 000 adhérents et une quarantaine de caves privées, soit plus de 10 000 ha. Désormais dénommée Vica, cette vaste structure a lancé en 2022 la marque Les Vignes du vent, avec la volonté de faire souffler un air nouveau sur les vins du Roussillon.

D'une belle profondeur de robe, ce vin s'ouvre sur la griotte, la fraise mûre et les épices. En bouche, il offre de la rondeur, des tanins soyeux, un bon volume et de l'équilibre, avec toujours ce fruit épicé omniprésent. Idéal pour une cuisine méditerranéenne. ⧗ 2024-2027

VICA, 1870, av. Julien-Panchot, 66000 Perpignan, tél. 04 68 85 04 51, contact@vica.fr

B CH. DE REY Sisquò 2022 ★

■	13000		11 à 15 €

Dominant la Grande Bleue et les étangs, le Ch. de Rey, fondé en 1875, déroule ses 40 ha (en bio certifiée depuis le millésime 2022) sur les galets et les sables de la « haute » terrasse de l'Agly culminant à… 15 m. Un château très « fin XIXe s. » à la tour élancée, des gîtes à 5 mn des plages. Aux commandes depuis 1996, Cathy et Philippe Sisqueille, héritiers de quatre générations de vignerons, sont désormais accompagnés de leur fils Rémy.

Une dominante de syrah pour la robe, le fruit et la fraîcheur, la complicité du mourvèdre pour un joli grain de tanins et le grenache pour la rondeur et le corps. Une association très réussie qui donne ce vin grenat vif, au nez intense de fruits des bois, de fraise et de cassis, à la fois frais et rond en bouche, épaulé par des tanins fins et discrets. ⧗ 2024-2027

CH. DE REY, rte de St-Nazaire, 66140 Canet-en-Roussillon, tél. 04 68 73 86 27, contact@chateauderey.com V *t.l.j. sf dim. 10h-12h 15h-18h; sam. 10h-12h* E

ROUSSILLON

DOM. ROMBEAU Alchemia 2019 ★★

■	2730		20 à 30 €

Le Dom. de Rombeau est dans la même famille depuis 1810. Vigneron médiatique, restaurateur et hôtelier, Pierre-Henri de La Fabrègue, arrivé à sa tête en 1993, lui a donné un bel éclat. Des quelque 100 ha de l'exploitation, dont un quart cultivé en bio, naissent des muscat-de-rivesaltes, des rivesaltes et des vins secs, en appellations et en IGP. Une production large et bien connue des lecteurs du Guide.

Voilà un beau chalenge que de commercialiser un 2019 en blanc sec du Roussillon. Pari réussi avec ce vin né de la rare malvoisie, de la fine marsanne et de l'inévitable grenache blanc plantés sur les hautes terrasses du Rivesaltais, le tout avec la patte expérimentée du vinificateur Fernand Baixas. Une alchimie qui donne ce vin abouti, bien doré, alliant minéralité, fruits exotiques et léger boisé (crème de marron, croûte de pain), des airs de gewurztraminer propose même un dégustateur. Capiteux, puissant, solide, mais aussi bien fondu et frais, toujours sur des tonalités exotiques, le palais séduit tout autant. Cela valait le coup d'attendre... ⧗ 2024-2028 ■ **Ch. Rombeau Le Botaniste 2023 ★ (11 à 15 €; 11 500 b.)** Ⓑ Ce rosé évoque la pêche des vignes et les fleurs blanche à l'olfaction, avant de s'enrichir de notes de pamplemousse rose dans un palais souple, frais, gouleyant à souhait. ⧗ 2024-2025

DOM. DE ROMBEAU, 2, av. de la Salanque, 66600 Rivesaltes, tél. 04 68 64 64 66, vin@rombeau.com V t.l.j. 10h-18h

Ⓑ **DOM. SPIAGGIA** Polux 2022 ★

■	3659		11 à 15 €

Benoit Spiaggia a repris en 2022 l'ancien domaine Rossignol, qu'il a rebaptisé à son nom. Il dispose d'un vignoble de 40 ha dans les Aspres, conduit en agriculture biologique depuis 2005.

Une quasi parité entre la syrah et le carignan confère l'originalité de ce vin. L'une apporte la note de sous-bois, de venaison, d'épices et de fruits noirs, l'autre une solide charpente, avec des tanins encore bien présents qui demandent à se fondre. Un ensemble bien construit que l'on verrait bien en compagnie d'un lapin en sauce après un peu de garde. ⧗ 2026-2030

DOM. SPIAGGIA, 2, imp. Las-Clotes, 66300 Passa, tél. 06 56 66 67 64, domainespiaggia@yahoo.com V t.l.j. sf dim. mer. 10h-12h 14h-18h

LES VIGNERONS DU TERRASSOUS
Villare Juliani 2022 ★

■	17664		8 à 11 €

La coopérative de Constance et Terrassous, fondée en 1932, regroupe depuis 2009 trois caves des Aspres, dans la partie sud du Roussillon : 70 adhérents pour 650 ha de vignes. Un terroir de collines et de terrasses au pied du Canigou, lequel apporte avec ses schistes une palette supplémentaire de terroirs. La cave commercialise en tirage limité toute une gamme de splendides vins doux naturels, du six ans d'âge aux millésimes anciens.

La syrah vinifiée en macération carbonique apporte un fruité intense, tandis que le grenache en longue macération traditionnelle offre sa puissance, sa sucrosité et une rondeur accentuée par le velouté des tanins du mourvèdre. Une fine équipe pour ce vin grenat à reflets rubis, ouvert après aération sur les fruits rouges épicés, qui se prolongent dans une bouche associant harmonieusement puissance contenue, rondeur et fine amertume en finale qui ajoute une sensation de fraicheur. On le sert aujourd'hui pour le fruit, ou dans quelques d'années pour le fondu, accompagné d'un magret. ⧗ 2024-2028 ■ **Ch. Mossé 2022 ★ (5 à 8 €; 27 514 b.)** Gouleyant, frais, fondu et élégant, ce rouge associant syrah, mourvèdre et carignan est à consommer dans sa jeunesse pour apprécier la corbeille de petits fruits rouges qu'il propose au nez comme en bouche. ⧗ 2024-2027

LES VIGNOBLES DE CONSTANCE ET DU TERRASSOUS, 46, av. des Corbières, 66300 Terrats, tél. 04 68 53 02 50, contact@terrassous.com V t.l.j. sf sam. dim. 9h-12h 14h-18h30

DOM. LA TOUPIE Fine Fleur 2023 ★

■	4200		15 à 20 €

Après vingt ans passés dans l'administration viticole, puis à parcourir le vignoble pour la coopérative du Mont Tauch, dans l'Aude, Jérôme Collas a franchi le pas et la « frontière » entre Languedoc et Roussillon, pour s'installer en 2012 sur 12 ha dans la vallée de l'Agly.

Détournés de leur vocation initiale de cépages pour vins doux naturels, grenaches blanc et gris et macabeu ont largement prouvé leurs aptitudes à s'imposer en vins secs. Avec ici l'appui d'un court élevage en barrique, ils donnent ce blanc très pâle, qui se décline sur la rose, l'amylique et la touche vanillée du fût. En bouche, le vin apparaît ample, onctueux, dense, avec en finale des notes de brioche et noisette. Tout indiqué pour un poisson au beurre blanc ou une blanquette de veau. ⧗ 2024-2028

DOM. LA TOUPIE, ZA Clos-de-la-Serre, D69, rte des Mas, 66460 Maury, tél. 07 86 28 99 52, contact@domainelatoupie.fr V r.-v.

DOM. TRELOAR Motus 2019 ★

■	6600		15 à 20 €

Rachel et Jonathan Hesford habitaient non loin du World Trade Center. Après la tragédie du 11 septembre 2001, ils décident de changer de vie et partent en Nouvelle-Zélande où ils restent trois ans pour apprendre le métier de vigneron. Installés en Roussillon depuis 2006, ils conduisent un domaine de 9 ha.

Un long élevage de plusieurs années en cuve, fût et, pour finir, en bouteille a donné vie à ce un vin mature, prêt à la consommation. Appuyé sur un mourvèdre de grande classe, à peine marqué par l'élevage, il surprend par son intensité aromatique : fruits noirs confiturés, myrte, épices, notes toastées, cacao. La bouche, au diapason du nez, se révèle ample, ronde, intense, soutenue par des tanins bien présents et par une fine vivacité qui ajoute à sa longueur et son dynamisme en finale. ⧗ 2024-2027 ■ **Le Maudit Two Saints Tactical 2019 ★ (15 à 20 €; 2400 b.)** Sur une base de grenache (80 %), puis élevé trois ans en fût, ce vin conjugue harmonieusement ampleur, sucrosité, fruité savoureux du grenache et bon boisé torréfié, avant une finale encore un peu sévère qui appelle la garde. Two Saints Tactical? Le nom cuvée est le fruit d'une collaboration avec la marque de bijouterie éponyme. ⧗ 2025-2029

DOM. TRELOAR, 16, traverse de Thuir, 66300 Trouillas, tél. 04 68 95 02 29, admin@domainetreloar.com V r.-v.

LES VIGNERONS DE TRÉMOINE
Trémoine de Rasiguères 2023 ★★

| 25000 | | 8 à 11 € |

Les Vignerons de Trémoine : une coopérative fondée en 1919, regroupant quelque 70 vignerons qui cultivent 420 ha dans quatre villages situés dans la vallée de l'Agly : Planèzes, Rasiguères, Lansac et Cassagnes. L'histoire de la cave est liée au festival de musique classique créé en 1980 par la pianiste britannique Moura Lympany. Elle est aujourd'hui dirigée par David Bleuze.

Capitale du rosé en Roussillon, la cave de Trémoine est depuis des décennies une référence en la matière. Connue pour son rosé qui ose la couleur soutenue, elle propose ici une explosion de fruits rouges (fraise, framboise), agrémentée d'une touche amylique de grenadine. Un plaisir aromatique qui se prolonge dans une bouche ample, très fraiche, longue et parfaitement équilibrée. Un beau rosé de gastronomie. ⧗ 2024-2025 **Tradition 2023 ★ (5 à 8 €; 10000 b.)** Ce rosé séduit par l'élégance et la délicatesse des ses aromes floraux et fruités, de pêche notamment, par sa souplesse et sa belle vivacité en bouche. Sobre et de bon goût, il se sert à l'apéritif. ⧗ 2024-2025

LES VIGNERONS DE TRÉMOINE, 5, av. de Caramany, 66750 Rasiguères, tél. 04 68 29 11 82, contact@tremoine.com V *t.l.j. sf dim. 9h-12h 14h-18h*

B DOM. TRILLES Incantation 2022 ★★

| 3000 | | 11 à 15 € |

BTS en poche, Jean-Baptiste Trilles rejoint en 2000 le domaine familial (40 ha en bio) dans les Aspres. Apporteur de raisins à la coopérative à ses débuts, il devient vinificateur en 2007, avant de construire une nouvelle cave à sa mesure en 2010, à Tresserre, au pays des « bruixes » (fées ou sorcières). Des sorcières qui ont inspiré le nom de ses cuvées.

Une Incantation intense, à dominante de syrah (60 %), autour des fruits noirs très murs mâtinés d'épices et de réglisse. En bouche, on découvre un vin ample, suave, persistant, épaulé par des tanins soyeux et un bon boisé toasté. On lui réserve, après un peu de garde, une belle viande mijotée. ⧗ 2026-2030 **Les Asptres Pedra Lluna 2022 ★ (15 à 20 €; 3000 b.)** B Ce vin doit presque tout (90 %) au mourvèdre, associé à une pointe de syrah. Cela donne un vin racé, au nez intense de fruits confiturés (cassis et cerise Burlat), ample et puissant en bouche, cadré par un boisé juste et par des tanins fermes. Pour la cave. ⧗ 2027-2032

DOM. TRILLES, chem. des Coulouminettes, 66300 Tresserre, tél. 09 84 43 86 31, contact@domainetrilles.fr V *t.l.j. sf sam. dim. 10h-12h 15h-18h*

CÔTES-DU-ROUSSILLON-VILLAGES

Superficie : 2 270 ha / Production : 67 500 hl

VIGNOBLES LA BAUME Tautavel 2022 ★★

| 133000 | | 5 à 8 € |

Les Grands Chais de France : un géant français du négoce de vins créé à la fin des années 1980 par Joseph Helfrich, aujourd'hui présent dans l'ensemble des régions viticoles françaises et dans le monde entier. Dans le Roussillon, elle possède depuis 2003 le Dom. de la Baume, ancienne propriété fondée en 1880, commandée par une Folie typique du XIXes.

Drapé dans une belle robe rubis aux reflets violines, ce Tautavel dévoile un nez subtil de petits fruits rouges relevé de poivre. La bouche se révèle tout aussi délicate, ronde, tendre, épaulée par des tanins fins et par une longue finale pleine de fraîcheur. Parfait pour accompagner une viande longuement mijotée, un bœuf bourguignon par exemple. ⧗ 2025-2029

LES GRANDS CHAIS DE FRANCE, 1, rue de la Division-Leclerc, 67290 Petersbach, tél. 04 67 39 29 47, carole.martin@lgcf.fr V *r.-v.*

GÉRARD BERTRAND
Les Aspres Héritage 2020 ★★

| 3000 | | 8 à 11 € |

Enfant des Corbières, fils de vigneron et ancien rugbyman, Gérard Bertrand est un important propriétaire (quelque 850 ha répartis sur seize domaines et cultivés en biodynamie) et négociant du sud de la France, dont les cuvées apparaissent dans le Guide sous diverses appellations (corbières, fitou, minervois, languedoc, côtes-du-roussillon) et en IGP.

Cette cuvée élevée 12 mois en barrique propose un nez élégant et complexe de fruits rouge mûrs, de cerise noire et de pain d'épice. Une touche mentholée et herbacée s'ajoute à cette palette dans une bouche ample, ronde, soyeuse, dotée de tanins élégants et fondus et d'une longue finale sur la fraîcheur. Un ensemble très harmonieux, entre puissance maîtrisée et délicatesse. ⧗ 2025-2030

GÉRARD BERTRAND, Ch. l'Hospitalet, rte de Narbonne-Plage, 11100 Narbonne, tél. 04 68 45 28 50, vins@gerard-bertrand.com V *t.l.j. 9h-19h; été t.l.j. 9h-20h* 5

B DOM. BOUDAU Tradition 2021 ★

| 6500 | | 11 à 15 € |

Véronique Boudau et son frère Pierre sont à la tête du domaine familial depuis 1993. Ils ont décidé de donner un nouveau souffle à la propriété, qui couvre 50 ha (en bio certifié) sur d'excellents terroirs, à l'entrée de la vallée de l'Agly. Le pari est réussi : la totalité de la production est mise en bouteilles et commercialisée, notamment dans un réseau de restaurants et de cavistes. Une valeur sûre. La fille de Véronique a rejoint l'aventure en 2020.

D'un beau rouge profond aux reflets grenat, ce vin dévoile un nez frais associant notes boisées et fruitées (griotte). On retrouve les fruits rouges avec intensité dans un palais chaleureux, de belle longueur, doté de tanins souples et fondus. ⧗ 2024-2029

DOM. BOUDAU, 6, rue Marceau, 66600 Rivesaltes, tél. 04 68 64 45 37, contact@domaineboudau.fr V *t.l.j. sf dim. 10h-12h 15h-18h; sam. 10h-12h*

FAMILLE BOUSQUET
Terroir calcaire Carignan Grenache Syrah 2019 ★

■ | 1500 | | 8 à 11 €

La famille Bousquet s'est installée en 1986 sur les terroirs de Tautavel et d'Estagel : un vignoble de 21 ha conduit par Franck et Benoit Bousquet, à partir duquel ils produisent des côtes-du-roussillon-villages, des rivesaltes et des IGP Côtes catalanes.

Rouge grenat d'une belle brillance, cette cuvée s'ouvre sur des notes de café, de baies sauvages et d'herbes aromatiques. En bouche, on découvre un vin bien équilibré, expressif, aux tanins fondus, centré sur les fruits noirs compotés et prolongé par une finale suave. ⧗ 2024-2028

SARL BOUSQUET ET FILS, 3 bis, av. Henri Barbusse, 66310 Estagel, tél. 06 28 19 52 74, domainebousquet@free.fr V *t.l.j. sf dim. 8h-12h 14h-18h*

♥ LES VIGNERONS DE CARAMANY
Y de Caramany 2021 ★★★

■ | 1444 | | 30 à 50 €

Caramany se niche dans la vallée de l'Agly, non loin d'un lac de retenue. Fondée en 1924, sa coopérative est au centre de la vie locale, proposant des journées d'animation au bord du lac. Les vignes en altitude de ses adhérents (280 ha) bénéficient de nuits fraîches et de terroirs de gneiss qui confèrent de la subtilité aux vins.

Issu de syrah et de carignan plantés sur des sols de gneiss et des arènes granitiques, ce vin haut en couleur se présente dans une robe cerise noire profonde. Le nez, intense et complexe, associe les fruits rouges confiturés, le thym, la vanille, le chocolat, les épices douces. Une complexité à laquelle fait un long écho une bouche ample, onctueuse et suave, qui ne manque ni de fraîcheur ni de structure, bien épaulée par des tanins veloutés et un boisé parfaitement ajusté. Puissance, élégance, équilibre, il a tout d'un grand. ⧗ 2026-2034

LES VIGNERONS DE CARAMANY, 70, Grand-Rue, 66720 Caramany, tél. 04 68 84 51 80, contact@vigneronsdecaramany.com V *t.l.j. sf dim. 9h-12h 14h-18h*

M. CHAPOUTIER 2022 ★

■ | n.c. | | 8 à 11 €

Cette vénérable (XIXᵉs.) et incontournable maison, mise sur orbite internationale par Michel Chapoutier à partir des années 1990, propose une large gamme issue de ses propres vignes (345 ha, en biodynamie) ou d'achats de raisin, dans la plupart des appellations phares de la vallée du Rhône, et aussi en Roussillon et en Alsace. Ses enfants, Mathilde et Maxime, ont récemment rejoint l'aventure familiale.

Le nez, frais, gourmand, légèrement acidulé, évoque la groseille. On retrouve cette fraîcheur fruitée dans une bouche affable, dotée de tanins souples, qui se prolonge en finale sur des arômes de griotte et de cacao. Parfait avec une viande mijotée, un bœuf bourguignon par exemple. ⧗ 2024-2029

M. CHAPOUTIER, 18, av. du Dr-Paul-Durand, 26600 Tain-l'Hermitage, tél. 04 75 08 28 65, abodin@chapoutier.com V *t.l.j. 9h-13h 14h-19h*

B DOM. DES CHÊNES
Les Grands-Mères Vieilles Vignes 2021 ★

■ | 8000 | | 11 à 15 €

Propriété créée au XVIIIᵉ, le Domaine des Chênes a vu se succéder plusieurs générations de la famille Razungles. Les vins sont produits dans le pittoresque cirque des falaises de Vingrau. Aujourd'hui, Alain et sa fille Marion perpétuent la tradition familiale dans l'enceinte de ce vieux mas catalan, avec à leur disposition un vignoble de 32 ha conduit en bio.

Un robe burlat, un nez sur les fruits confiturés et la menthe poivrée, une bouche généreuse, tout en fruit, équilibrée, une jolie finale minérale : ce vin a tout bon. ⧗ 2024-2028 ■ **La Carissa Tautavel 2019 ★ (20 à 30 €; 3500 b.)** Né des traditionnels grenache noir (de très vieilles vignes), syrah, carignan et mourvèdre, ce Tautavel d'un noir profond s'ouvre sur les fruits mûrs et la violette. La bouche se montre ronde, charnue, généreuse, portée par des tanins soyeux, mais qui se resserrent en finale. On met en cave. ⧗ 2026-2032

DOM. DES CHÊNES, 7, rue Mal-Joffre, 66600 Vingrau, tél. 04 68 29 40 21, domainedeschenes@wanadoo.fr V *r.-v.*

CLOS 58 Caramany Koudou 2021 ★

■ | 4400 | | 20 à 30 €

Le Clos 58, créé en 2018, c'est une histoire de quatre amis, celle de Sylvie, Victoire, Gilles et Marc, ces deux derniers étant tous les deux nés en 1958. C'est aussi 2,2 ha de parcelles closes au sein d'un massif forestier sur le terroir de Caramany.

Syrah et carignan composent un vin de belle intensité, ouvert sur les fruits rouges (cerise, fraise des bois) agrémentés de notes de poivre et de cuir. Une palette qui trouve écho dans une bouche fraîche et minérale en attaque, ample, ronde, étoffée dans son développement, étayée par des tanins soyeux. Un peu de garde à prévoir. ⧗ 2026-2030

CLOS 58, 27, rue des Capitelles, 66720 Cassagnes, tél. 06 64 09 07 47, lecellier58@gmail.com V *r.-v.*

B CLOS SAINT ANTOINE 2021 ★★

■ | 1370 | | 20 à 30 €

L'ancien domaine de Besombes-Singla, devenu Domaine Singla. Au XVIIIᵉs., la famille de Besombes-Singla s'installe en Roussillon pour développer un commerce vinicole entre l'Espagne et l'Afrique. Le commerce étant fructueux, elle s'installe à Rivesaltes pour exploiter dans la vallée de l'Agly un grand

vignoble de 250 ha. En 2001, Laurent prend la tête de la propriété et en isole les meilleures parcelles, soit 50 ha, conduits en bio.

Un clos établi sur les premiers contreforts des Corbières catalanes : 4 ha conduits en bio. D'un beau rouge intense, ce vin dévoile un nez riche et puissant de chocolat légèrement vanillé. Des notes de cassis, de réglisse, de garrigue et d'épices douces prennent le relais dans une bouche franche, ample et ronde, dotée de tanins veloutés. On le verrait bien avec un filet mignon de porc aux épices. ⧗ 2026-2032 ■ **Dom. Singla El Molí 2021 ★ (15 à 20 €; 10 800 b.)** Ⓑ D'un beau rouge profond, ce vin dévoile un nez fin et frais de fruits rouges écrasés. Une même fraîcheur se dégage d'une bouche souple, fruitée, cacaotée, aux tanins légers, stimulée par une touche végétale en finale. ⧗ 2025-2030

DOM. SINGLA, 52, rue Arago, 66250 Saint-Laurent-de-la-Salanque, tél. 09 67 30 77 90, laurent@domainesingla.com V t.l.j. sf sam. dim. 9h-12h30 14h-18h

LES VINS DE LA DIFFÉRENCE
La Racine carrée 2023 ★★

■ | 30 000 | | 11 à 15 €

Un domaine créé en 2007 par quatre amis passionnés de vin qui souhaitent « faire la différence » à partir de leur vignoble de 12,5 ha aujourd'hui, implanté sur le terroir de Tautavel.

D'un rouge burlat intense aux reflets violines, cette cuvée livre un nez frais et soutenu de cassis, de mûre, de myrtille et de violette. En bouche, elle se révèle généreuse, bien équilibrée, épaulée par des tanins souples et fondus, avec une agréable fraîcheur mentholée en arrière-plan et une belle finale qui renoue avec les fruits. Prometteur. ⧗ 2027-2033

DOM. LA DIFFÉRENCE, 1, av. Jean-Badia, 66720 Tautavel, tél. 06 87 95 80 45, ladifference.caroline@orange.fr

DOM BRIAL Crest Petit 2018 ★★

■ | 10 000 | | 20 à 30 €

Suivi à la parcelle, maîtrise de la totalité de la chaîne d'élaboration, du raisin à la bouteille, démarche de développement durable... La cave de Baixas, fondée en 1923, compte 200 coopérateurs qui exploitent 1 700 ha (dont une partie en bio) répartis dans une trentaine de communes. Son nom renvoie au père dominicain Dom Brial, qui œuvra pour les enfants les plus pauvres des villages de Baixas et de Pia. La cave possède aussi le Ch. les Pins, un domaine de 28 ha situé au cœur de Baixas, légué par un coopérateur en 1992.

Très profond de robe, ce vin dévoile un nez puissant, complexe et frais de mûre, de cerise noire, de garrigue et de poivre. Une intensité fruitée à laquelle fait écho une bouche élégante, longue et suave, soulignée par une agréable fraîcheur. Un joli potentiel se dessine pour ce vin que l'on verrait bien accompagné d'un filet de bœuf aux champignons. ⧗ 2026-2032

VIGNOBLES DOM BRIAL, 14, av. Mal-Joffre, 66390 Baixas, tél. 04 68 64 22 37, contact@dom-brial.com V t.l.j. sf dim. 9h-12h 14h-18h30

DOM. DE L'EDRE
Carrément rouge Tautavel 2022 ★

■ | 5 852 | | 15 à 20 €

Un domaine créé en 2002 par Jacques Castany et Pierre Laporte. En 2002, ils se lancent en viticulture dans une cave minuscule. Ils exploitent aujourd'hui un vignoble de quelque 10 ha à Vingrau, face à un cirque grandiose où domine le calcaire.

Une robe grenat soutenu, un nez centré sur les fruits rouges, les épices et le laurier sauvage : l'approche est engageante. La bouche se révèle soule, ronde, équilibrée, cadrée en douceur par des tanins élégants et fondus. ⧗ 2024-2029

DOM. DE L' EDRE, 81, rue du Mal-Joffre, 66600 Vingrau, tél. 06 25 60 14 24, contact@domainedeledre.com V r.-v. Ⓔ

Ⓑ CH. DE JAU Cuvée J 2022 ★

■ | 140 000 | | 8 à 11 €

Du bâtiment construit au XIIes. par les moines cisterciens, il ne reste que la superbe tour épousant la roche. Jean et Bernard Dauré ont acheté le domaine en 1974. La magnanerie du milieu du XIXes. abrite aujourd'hui un espace d'art contemporain, qui voisine avec l'un des premiers restaurants vignerons créés en France. Le vignoble, converti à l'agriculture bio, couvre 100 ha.

Ouvert sur les fruits noirs relevés d'une pointe d'épices orientales, ce vin se montre ample et riche en bouche, relayant avec persistance le fruit perçu à l'olfaction, avec en soutien des tanins soyeux et une légère acidité. Parfait avec un gibier et une poêlée de champignons. ⧗ 2026-2032

CH. DE JAU, 66600 Cases-de-Pène, tél. 04 68 38 90 10, daure@wanadoo.fr V t.l.j. sf sam. dim. 9h30-12h30 13h30-16h Ⓢ

Ⓑ MAS BÉCHA Les Aspres MVD 2020 ★

■ | 1200 | | 50 à 75 €

Au sud de Perpignan, Charles Perez exploite son domaine depuis 2008 au hameau de Nyls, dans les Aspres – 30 ha en bio plantés sur trois collines au sein d'un ensemble de 110 ha. En rouge, ses assemblages mettent la syrah en avant. Cette figure du vignoble se fait « croquer » par un artiste différent chaque année pour illustrer ses étiquettes. Il en va de même pour les membres de sa famille. Le Mouton Rothschild catalan, en quelque sorte.

Drapé dans une robe profonde aux intenses reflets violines, ce vin dominé par le mourvèdre (80 %) dévoile un nez complexe et puissant de fruits confiturés, d'épices et de tabac brun. Une intensité qui caractérise aussi une bouche corsée, riche, vineuse et mûre, portée par des tanins bien présents qui appellent la garde. Tout indiqué pour accompagner du gibier en sauce. ⧗ 2027-2034

MAS BÉCHA, 3, av. de Pollestres, 66300 Nyls-Ponteilla, tél. 06 31 32 33 33, contact@masbecha.com V r.-v.

MAS DE LA DEVÈZE Syrare 2020 ★

■ | 2300 | | 30 à 50 €

Simon Hugues était agriculteur, Nathalie commerciale dans la filière viticole à l'export. Ils ont repris en 2012

au cœur du terroir de Maury une très ancienne propriété qui avait été démantelée dans les années 1980. Ils cultivent 27 ha de vignes, la plupart conduites en gobelet.

Une robe profonde aux reflets brillants, des parfums de fruits mûrs, de réglisse et d'épices sur un fond légèrement boisé, l'entame est engageante. La suite réjouit tout autant : une attaque souple, des tanins ronds et fondus, une belle intensité aromatique sur le poivre, le Zan et les fruits mûrs. Un ensemble harmonieux, qui trouvera un bon accord avec un carré de veau au jus de rancio. ⏳ 2024-2029

MAS DE LA DEVÈZE, rte des Mas, 66720 Tautavel, tél. 06 52 38 57 36, nathalie@masdeladeveze.fr
V r.-v.

MAS DE LAVAIL Éperdument 2021 ★★

■ | 10 000 | | 11 à 15 €

Jean et Nicolas Batlle, père et fils, ont acquis ce joli mas du XIXe s. en 1999, à l'installation du second. À la tête de ce domaine de 80 ha planté de vieilles vignes, Nicolas poursuit le travail de quatre générations de vignerons sur les terres noires de Maury, dont une partie en bio depuis 2021.

Ce vin sombre et profond s'ouvre sur des arômes complexes et généreux de fruits mûrs, d'épices douces et de sous-bois. Une même gourmandise émane de la bouche, souple, fraîche, concentrée en fruit et portée par des tanins bien fondus. Un vin bien travaillé, très équilibré, qui joue à la fois la carte de la finesse et celle de la maturité. Avec un filet de bœuf au jus corsé de truffe, c'est le bonheur assuré. ⏳ 2024-2030 ■ **Tradition 2022** ★ **(8 à 11 €; 40 000 b.)** Un nez aromatique sur les fruits rouges acidulés et les épices douces agrémentés de notes florales, et une bouche douce, souple, longue et fruitée composent un ensemble harmonieux, qui accompagnera idéalement un tajine d'agneau. ⏳ 2024-2028

MAS DE LAVAIL, RD 117, 66460 Maury, tél. 04 68 29 08 95, info@masdelavail.com
V t.l.j. sf dim. 10h-12h 14h-18h

♥ CH. MONTANA Les Aspres Silencio 2022 ★★

■ | 10 700 | | 15 à 20 €

Depuis 1996, Patrick Saurel n'a pas chômé. Venu du monde du commerce, il a poussé sa passion pour la vigne jusqu'au bout : restructuration et agrandissement du domaine, création d'un nouveau chai, inauguration d'un musée du Vin, conduite raisonnée… Son exploitation couvre aujourd'hui 30 ha et est en cours de conversion biologique.

Syrah (70 %), grenache et carignan unis pour le meilleur dans ce vin au nez complexe et intense de fruits noirs confiturés, d'épices, de bois vanillé et fumé. La bouche, tout aussi expressive, sur les fruits rouges, conjugue dans une totale harmonie la finesse et la puissance, la fraîcheur et la générosité, avec en soutien des tanins fermes mais fins et un boisé savamment dosé. ⏳ 2026-2032

CH. MONTANA, Mas Vidalou, rte de Saint-Jean-Lasseille, 66300 Banyuls-dels-Aspres, tél. 04 68 37 54 84, chateaumontana@orange.fr
V r.-v.

CH. DE L'OU Compartir 2021 ★

■ | 7 000 | | 30 à 50 €

Philippe Bourrier, agronome, et son épouse Séverine, œnologue, ont acheté en 1999 ce domaine dont le nom vient d'une résurgence dans un bassin en forme d'œuf (*ou* en catalan). Ils ont refait le chai et travaillé d'emblée en agriculture biologique leur vignoble qui couvre 40 ha entre plaine du Roussillon et Fenouillèdes.

D'un rouge profond tirant ver le noir, cette cuvée très aromatique évoque les fruits noirs confiturés et la vanille. Des notes de garrigue s'ajoutent à cette palette dans une bouche délicate, dotée de tanins souples et élégants. Pourquoi pas sur un dessert au chocolat? ⏳ 2024-2029 ■ **R10 2022** ★ **(+ de 100 €; 1300 b.)** Un nez intense et fruité agrémenté de notes amyliques, une bouche bien équilibrée, tout en fraîcheur, sur le fruit et la réglisse, cadrée par des tanins bien présents mais au grain soyeux : une belle gourmandise mais aussi de la structure se dégagent de ce vin élevé en foudres, que l'on verrait bien avec un cochon de lait rôti à la broche. ⏳ 2027-2032

CH. DE L' OU, rte de Villeneuve, 66200 Montescot, tél. 04 68 54 68 67, contact@chateaudelou.fr
V r.-v.

CH. DE PÉNA ADN de Péna 2021 ★

■ | 8 000 | | 11 à 15 €

Le village de Cases-de-Pène tient son nom d'un ermitage du Xe s. établi sur un roc (*pena* en catalan) calcaire qui ferme la vallée de l'Agly. Les terres noires schisteuses y alternent avec l'ocre des argilo-calcaires, formant deux superbes terroirs sur lesquels travaillent la vingtaine de vignerons de la coopérative locale, fondée en 1942 et représentant 280 ha de vignes.

Cette cuvée dévoile un nez expressif et frais de fruits noirs, avec un boisé discret et bien fondu en soutien. Une même tonalité fruitée caractérise la bouche, ronde et chaleureuse. Tout indiqué avec une bonne viande rouge grillée. ⏳ 2024-2028

CH. DE PÈNA, 2, bd Mal-Joffre, 66600 Cases-de-Pène, tél. 04 68 38 93 30, maitredechai@chateau-de-pena.com
V t.l.j. sf dim. 10h-12h30 14h-18h30

♥ CH. ROMBEAU Le Botaniste Fig. 4 Réserve 2022 ★★

■ | 11 500 | | 15 à 20 €

Le Dom. de Rombeau est dans la même famille depuis 1810. Vigneron médiatique, restaurateur et hôtelier, Pierre-Henri de La Fabrègue, arrivé à sa tête en 1993, lui a donné un bel éclat. Des quelque 100 ha de l'exploitation, dont un quart cultivé en bio, naissent des muscat-de-rivesaltes, des rivesaltes et des

vins secs, en appellations et en IGP. Une production large et bien connue des lecteurs du Guide.

Cette magnifique cuvée, née de syrah (70 %), grenache et mourvèdre, porte beau dans sa robe profonde aux reflets violines. Elle réjouit d'emblée avec son nez complexe de fruits rouges finement relevé d'épices. Elle plaît tout autant par sa bouche ample, généreuse, dense, longue, d'une belle fraîcheur également, avec en soutien des tanins veloutés et un boisé boisé fondu qui laisse le fruit s'exprimer pleinement. Une harmonie totale. ⧗ 2026-2032 ■ **Pierre de la Fabrègue 2022 ★ (15 à 20 €; 12000 b.)** Un nez fruité et boisé, une bouche agréable, sur les fruits mûrs, des tanins bien présents, une belle longueur, une jolie finale épicée : une cuvée bien construite, qui vieillira sereinement. ⧗ 2027-2032

⊶ DOM. DE ROMBEAU, 2, av. de la Salanque, 66600 Rivesaltes, tél. 04 68 64 64 66, vin@rombeau.com V t.l.j. 10h-18h

CH. SAINT-ROCH Chimères 2021 ★

■	60000		11 à 15 €

Éliane et Jean-Marc Lafage ont vinifié pendant dix ans dans l'hémisphère Sud, puis ont repris l'exploitation familiale en 1995, établie sur une mosaïque de terroirs variés, depuis les rives de la Méditerranée jusqu'aux contreforts des Pyrénées; un domaine complété par l'acquisition en 2006 du Ch. Saint-Roch. Aujourd'hui, quelque 180 ha cultivés à petits rendements, avec un patrimoine conséquent de très vieilles vignes et des vins très réguliers en qualité, notamment en côtes-du-roussillon et muscat-de-rivesaltes.

Cette cuvée s'ouvre sur un nez intense de fruits des bois. Une tonalité fruitée qui infuse aussi une bouche d'une jolie fraîcheur, accompagnée par des tanins bien en place. Un bel équilibre se dégage de ce vin, avec en prime une agréable finale légèrement épicée. Accord gourmand en perspective avec un effiloché de bœuf aux épices. ⧗ 2025-2030

⊶ MAISON LAFAGE, Mas Miraflors, rte de Canet, 66000 Perpignan, tél. 04 68 80 35 82, contact@domaine-lafage.com V t.l.j. sf dim. 10h-12h30 15h-19h

DOM. THUNEVIN-CALVET Cuvée Constance 2021 ★★★

■	60000		8 à 11 €

En 2001, Jean-Roger Calvet, son épouse et Jean-Luc Thunevin, propriétaire bien connu à Saint-Émilion (Ch. Valandraud), se sont associés pour créer ce domaine (60 ha). Depuis dix ans, les désherbants sont proscrits sur l'exploitation.

D'un beau rouge profond et intense, ce superbe *villages* dévoile un nez tout aussi soutenu de fruits noirs et de cerise à l'eau-de-vie mâtinés de notes réglissées et fumées. Une attaque nette et franche ouvre sur un cœur de bouche parfaitement équilibrée, centré sur le fruit, très concentré et d'une longueur admirable. Un vin de très haute expression, à boire ou à garder, qui se fera accompagner royalement d'un tournedos Rossini. ⧗ 2024-2030 ■ **L'Amourette 2021 ★★ (11 à 15 €; 15000 b.)** D'une belle profondeur de robe, ce vin présente un nez puissant d'épices, de fruits noirs très mûrs et de cuir. Une attaque franche et fraîche prélude un palais fruité, relevé d'épices et soutenu par des tanins bien présents. Une belle et longue finale sur le cacao ajoute à son harmonie. ⧗ 2025-2030

⊶ EARL CALVET-THUNEVIN, 13, rue Pierre-Curie, 66460 Maury, tél. 04 68 51 05 57, info@thunevin-calvet.fr V été t.l.j. 10h-12h30 14h30-19h; hiver t.l.j. sf lun. dim. 9h30-12h30 14h-17h30

DOM. LA TOUPIE Phi 2022 ★★★

■	1000		30 à 50 €

Après vingt ans passés dans l'administration viticole, puis à parcourir le vignoble pour la coopérative du Mont Tauch, dans l'Aude, Jérôme Collas a franchi le pas et la «frontière» entre Languedoc et Roussillon, pour s'installer en 2012 sur 12 ha dans la vallée de l'Agly.

Drapée dans une belle robe cassis aux reflets lumineux, cette cuvée propose un nez gourmand de fruits noirs et d'épices sur fond de senteurs de la garrigue. Une attaque franche ouvre sur une bouche ample, ronde, très fruitée, très longue, d'un équilibre parfait, portée par des tanins soyeux. Un vin d'une grande finesse, qu'un peu de garde affinera plus encore. ⧗ 2027-2032 ■ **Volte-face 2022 ★★ (20 à 30 €; 3000 b.)** La dégustation débute par un nez élégant de fruits mûrs agrémentés de cuir et de légères notes fumées. Des arômes de marmelade et d'épices émanent d'une bouche souple, tendre et fraîche. Un vin facile à boire, qui se mariera volontiers à des côtes d'agneau. ⧗ 2024-2028

⊶ DOM. LA TOUPIE, ZA Clos-de-la-Serre, D69, rte des Mas, 66460 Maury, tél. 07 86 28 99 52, contact@domainelatoupie.fr V r.-v.

♥ LES VIGNERONS DE TRÉMOINE Capitelles 2023 ★★

■	20000		5 à 8 €

Les Vignerons de Trémoine : une coopérative fondée en 1919, regroupant quelque 70 vignerons qui cultivent 420 ha dans quatre villages situés dans la vallée de l'Agly : Planèzes, Rasiguères, Lansac et Cassagnes. L'histoire de la cave est liée au festival de musique classique créé en 1980 par la pianiste britannique Moura Lympany. Elle est aujourd'hui dirigée par David Bleuze.

D'un rouge intense tirant vers le noir, cette cuvée très aromatique s'ouvre sans réserve sur des parfums de fruits noirs bien mûrs. Une même intensité fruitée infuse une bouche ample, longue, d'un équilibre très assuré, avec en soutien des tanins soyeux et veloutés qui accompagnent une finale longue et suave. Lui réserver un mets de choix, un filet de bœuf à la truffe par exemple. ⧗ 2025-2030 ■ **Lesquerde Loubet de Sceaury 2023 ★★ (8 à 11 €; 25000 b.)** Le coup de cœur fut mis aux voix pour ce Lesquerde intense et expressif, qui fleure bon la garrigue, les fruits rouges mûrs (cerise, fraise) et le poivre gris. De délicates notes de pivoine et de réglisse s'ajoutent à cette palette dans une bouche dotée de tanins souples et fins et d'une très agréable fraîcheur en finale. Un vin très équilibré, énergique et élégant, que l'on pourra apprécier dans ses jeunes années. ⧗ 2024-2029 ■ **Moura Lympany 2021 ★★ (8 à 11 €; 60000 b.)** Un nez gourmand et expressif de fruits noirs mâtinés d'épices introduit une bouche elle aussi d'une belle intensité aromatique, ample, fraîche, portée par des tanins élégants et un bon boisé fondu. ⧗ 2025-2030 ■ **Caramany Excellence du Ch. Cuchous 2021 ★ (11 à 15 €; 30000 b.)** Des arômes bien mariés d'épices fraîches, de bois de santal, de grillé et de fruits rouges, des tanins soyeux et fondus, un Caramany expressif et facile à aimer. ⧗ 2024-2029 ■ **Latour de France Ch. Planèze 2021 ★ (11 à 15 €; 25000 b.)** Au nez, c'est un panier de fruits rouges agrémenté de réglisse et d'épices. On croque aussi le fruit dans une bouche ronde, de bon volume, épaulée par des tanins veloutés et une agréable fraîcheur en finale. ⧗ 2024-2029

⊶ *LES VIGNERONS DE TRÉMOINE, 5, av. de Caramany, 66750 Rasiguères, tél. 04 68 29 11 82, contact@tremoine.com* V *t.l.j. sf dim. 9h-12h 14h-18h*

DOM. DE VÉNUS Passions 2017 ★★

■ | 5500 | | 15 à 20 €

Un domaine constitué en 2003 par des associés et amis (Jean-François Nègre, Jean-Luc Coupet et Gilles Gavignaud), conduit depuis 2019 par Sylvie Thomas, épaulée par Nathalie Abet, au chai, et son mari Laurent, chef de culture. Situé dans le haut Agly, le vignoble couvre 40 ha, certifiés bio depuis 2019.

Quelques reflets d'évolution ornent la robe de ce vin parfumé de vanille légèrement truffée et toastée. On retrouve ces arômes dans une bouche ample, tendre et ronde, étayée par des tanins bien pris dans la chair et par un boisé fondu. Un pavé de bœuf aux morilles ⧗ 2024-2030

⊶ *DOM. DE VÉNUS, rte des Mas, 66460 Maury, tél. 06 03 03 56 20, commercial@domainedevenus.com* V *r.-v.*

♥ LES VIGNES DU VENT Signature Tautavel 2021 ★★

■ | 50000 | | 5 à 8 €

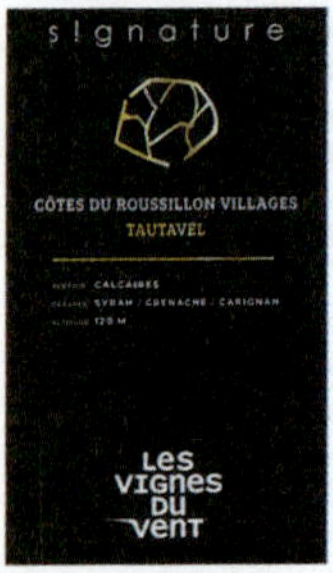

En 1964, une poignée de vignerons s'unissent parce qu'ils sont convaincus que « le groupe est meilleur que le meilleur du groupe ». Aujourd'hui, les Vignerons Catalans rassemblent plusieurs caves coopératives (Vignerons des Côtes d'Agly, Vignobles Dom Brial, Vignerons de Trémoine, Vignobles Terrassous, Terres Plurielles et Laure de Nyls), 1 000 adhérents et une quarantaine de caves privées, soit plus de 10 000 ha. Désormais dénommée Vica, cette vaste structure a lancé en 2022 la marque Les Vignes du vent, avec la volonté de faire souffler un air nouveau sur les vins du Roussillon.

Issu de syrah, grenache et carignan, ce Tautavel ne laisse pas indifférent dans sa robe grenat brillant. Il séduit aussi par ses parfums soutenus et frais de cassis, de fraise, d'épices, de tapenade et de sous-bois. Le charme continue d'opérer dans une bouche ample, riche, ronde, gorgée de fruit, cadrée avec élégance par des tanins bien en place mais au grain velouté et fin. Déjà savoureuse, cette cuvée évoluera sereinement en cave. ⧗ 2024-2030 ■ **Red domus 2022 ★ (5 à 8 €; 80000 b.)** Le nez est frais et suave à la fois, évoquant les fruits noirs mûrs et violette. Une attaque franche introduit une bouche à l'unisson du bouquet, offrant une légère sucrosité, de la souplesse et une agréable finale aux tonalités réglissées. Un vin persistant et harmonieux. ⧗ 2024-2028 ■ **Canigou Montagne sacrée des Catalans 2022 ★ (5 à 8 €; 10000 b.)** Au nez, des notes de fruits rouges mûrs se marient à un bon boisé aux tonalités de cacao. Le merrain, aux accents toastés et vanillés, accompagne aussi la bouche, ronde et soyeuse, laissant sur une sensation de gourmandise. Idéal pour une viande en sauce. ⧗ 2025-2030

⊶ *VIGNERONS CATALANS, 1870, av. Julien-Panchot, 66000 Perpignan, tél. 04 68 85 04 51, contact@vigneronscatalans.com*

ARNAUD DE VILLENEUVE RD900 Réserve 2022 ★

■ | 24300 | | 8 à 11 €

Résultant de la fusion de trois caves, cette coopérative porte le nom de l'inventeur des vins doux naturels, Arnaud de Villeneuve. Elle rassemble 320 viticulteurs de Salses, de Rivesaltes et de Pézilla-la-Rivière, qui cultivent quelque 1 600 ha de vignes (dont 125 ha en bio) répartis sur 26 communes et des terroirs variés. Une valeur très sûre du Roussillon viticole. Autre étiquette : Ch. Pezilla.

Paré d'une seyante robe grenat aux reflets de cerise, ce vin dévoile au nez des arômes appétents de fruits noirs et une belle fraîcheur mentholée. Une fraîcheur qui infuse également la bouche, souple et équilibrée, aux tanins fondus, relevée par une finale légèrement épicée. ⧗ 2024-2028

⊶ *ARNAUD DE VILLENEUVE, 153, RD 900, 66600 Rivesaltes, tél. 04 68 64 06 63, contact@caveadv.com* V *t.l.j. sf dim. 9h30-12h30 14h30-18h30*

COLLIOURE

Superficie : 619 ha
Production : 19 930 hl (85 % rouge et rosé)

Portant le nom d'un charmant petit port méditerranéen, cette appellation couvre le même terroir que celui de l'appellation banyuls; il regroupe les quatre communes de Collioure, Port-Vendres, Banyuls-sur-Mer et Cerbère. Les collioures rouges et rosés assemblent principalement grenache noir, mourvèdre et syrah, le cinsault et le carignan entrant comme cépages accessoires. Issus de petits rendements, ce sont des vins colorés, chaleureux aux arômes de fruits rouges bien mûrs. Les rosés sont aromatiques, riches et néanmoins nerveux. Les collioures blancs, qui font la part belle aux grenaches blanc et gris, sont produits depuis le millésime 2002.

DOM. DE LA CASA BLANCA 2022 ★★

■ | 1200 | | 30 à 50 €

En 2021, Casa Blanca, une des plus vieilles caves de Banyuls (1870), s'est associée au Domaine Nénu, créé en 2017 en appellation collioure. Sur ce petit domaine

(7 ha), Hervé Levano et Rasmus Olesen utilisent des treuils de vignes, motoculteurs et débroussailleuses pour éviter l'emploi de désherbant et des brebis pâturent dans le vignoble.
Grenache blanc et grenache gris unis à parts égales dans ce blanc très aromatique, complexe, nuancé : pêche, abricot, ananas, boisé toasté, menthol. La bouche se révèle ample, grasse, riche, intense, rafraîchie par une longue finale minérale et saline. Un collioure de haute expression. ⧗ 2024-2029

DOM. DE LA CASA BLANCA, 16, av. de la Gare, 66650 Banyuls-sur-Mer, tél. 06 52 38 58 38, domainedelacasablanca@orange.fr V *r.-v.*

B MAISON CAZES Les Haits de Paulilles 2022 ★

50 000 | 15 à 20 €

Fondation en 1895, premières mises en bouteilles en 1955 et une croissance continue. Aujourd'hui, un domaine de 220 ha entièrement conduit en bio et biodynamie depuis 2005. À sa carte, toutes les appellations du Roussillon, des IGP, tous les styles de vin. Dans le giron du groupe Advini depuis 2004.
D'une belle intensité, ce collioure s'ouvre sur les fruits rouges mûrs. Un fruité généreux qui s'agrémente de notes mentholées et cacaotées dans une bouche puissante, ample, cadrée par des tanins bien présents mais veloutés. Un caractère bien trempé et un bon avenir en cave. ⧗ 2026-2030

DOM. CAZES, 4, rue Francisco-Ferrer, 66600 Rivesaltes, tél. 04 68 64 08 26, info@cazes.com V *t.l.j. sf dim. 9h-12h 14h-18h30*

♥ DOM. MADELOC Tremadoc 2022 ★★★

16 000 | 20 à 30 €

Pierre Gaillard aime les côtes et les schistes. Producteur bien connu de la vallée du Rhône nord, il s'est tourné vers le sud et s'est intéressé à Faugères, avant de racheter en 2002 Madeloc en côte vermeille. Sa fille Élise, ingénieure agricole, conduit le domaine (20 ha) et vinifie avec brio. Sur certaines pentes, on a recours au treuil, comme dans la vallée du Rhône.
Grenache gris (60 %), rolle et roussanne unis dans ce collioure vinifié et élevé en barrique. Drapé dans une robe dorée d'une belle brillance, il dévoile au nez des parfums intenses et complexes d'amande fraîche, de pamplemousse et d'ananas sur un léger fond de boisé grillé et de minéralité. Une même intensité aromatique caractérise la bouche, ample, riche, centrée sur les fruits blancs bien mûrs et les agrumes, soulignée de bout en bout par une fine fraîcheur, renforcée par une longue finale saline. À réserver pour un mets de choix, des Saint-Jacques au yuzu par exemple. ⧗ 2024-2029 **Penya 2022 ★ (20 à 30 €; 1200 b.)** Grenache gris (70 %) et vermentino pour ce blanc expressif, sur le miel, la fleur d'acacia et l'abricot sec, gras, rond et suave en bouche, vivifié par une pointe d'acidité bienvenue en finale. Atypique mais harmonieux. ⧗ 2024-2028

DOM. MADELOC, 1 bis, av. du Gal-de-Gaulle, 66650 Banyuls-sur-Mer, tél. 04 68 88 38 29, elise@gaillard.vin V *r.-v.*

♥ DOM. DU MAS BLANC Les Junquets 2021 ★★★

1755 | 30 à 50 €

Jean Solé et Laura Parcé ont fondé leur domaine en 2019 à partir de vignes familiales et créé leur cave avec seulement 2,3 ha. Aujourd'hui, ils exploitent plus de 12,5 ha en « artisans vignerons ». À leur carte, des collioure fort remarqués et des banyuls. Autre étiquette : Dom. du Mas Blanc.
Née de syrah et de grenache plantés sur les schistes bruns de Collioure, cette cuvée de haute expression se présente dans une robe profonde. L'annonce d'un vin de caractère, intense, complexe, qui conjugue notes de tapenade, de garrigue, de fruits noirs, d'épices, de boisé toasté. Tout aussi intense, la bouche se révèle ample, suave, onctueuse, cadrée par des tanins denses et serrés mais sans dureté, bien pris dans la chair. Un avenir radieux se dessine. ⧗ 2027-2034 **Dom. du Pic Joan Insolence 2023 ★ (11 à 15 €; 6120 b.)** Un blanc aromatique, frais et élégant, qui évoque la pêche blanche, la poire, l'abricot sec et l'amande fraîche sur fond de notes iodées bien typées, qui se fait riche, rond, gras en bouche, relevé par une belle finale fraîche, saline et mentholée. ⧗ 2024-2027

DOM. DU MAS BLANC, 11, av. Général-de-Gaulle, 66650 Banyuls-sur-Mer, tél. 06 21 34 20 96, domainepicjoan@orange.fr V *t.l.j. sf lun. dim. 10h-13h 15h-18h30*

DOM. PIÉTRI-GÉRAUD Le Rosé de mon père 2023 ★

7 582 | 11 à 15 €

Établi au cœur de Collioure, dans une des plus petites rues de la cité, ce domaine est dirigé depuis 2006 par Laetitia Piétri-Clara, qui a pris la suite de sa mère Maguy. Appuyée par l'œnologue Hélène Grau, la vigneronne perpétue la tradition inaugurée à la fin du XIXe s. par son arrière-grand-père Étienne Géraud, médecin retourné aux vignes familiales. Le vignoble couvre 20 ha, essentiellement en appellations banyuls et collioure.
Grenache noir, syrah et mourvèdre associés dans ce rosé très pâle de robe, très floral au nez, agrémenté d'une touche fruitée et iodée. La bouche, à l'unisson du bouquet, est harmonieuse, délicate, longue, stimulée par une jolie finale saline. ⧗ 2024-2025

DOM. PIÉTRI-GÉRAUD, 22, rue Pasteur, 66190 Collioure, tél. 04 68 82 07 42, domaine.pietri-geraud@orange.fr V *r.-v.*

DOM. DE LA RECTORIE L'Argile 2022 ★★

12 000 | 20 à 30 €

La famille Parcé avait renoncé à vinifier après la mort de l'arrière grand-père en 1913. Marc et son frère Thierry – rejoints par Jean-Emmanuel, fils de ce dernier – ont agrandi le domaine et sont sortis de la coopérative en 1984. À partir d'une trentaine de parcelles, Thierry, le vinificateur, propose des vins d'une régularité exemplaire en banyuls et en collioure.

ROUSSILLON

Le grenache gris est très dominateur (90 %) dans cette cuvée qui inclut une larme de grenache blanc. Un vin limpide et doré, aux reflets légèrement ambrés, au nez gourmand de fruits exotiques, d'agrumes confits et de boisé grillé. Une gourmandise qui caractérise aussi la bouche, ample, riche, ronde, dynamisée par de fins amers et une note mentholée en finale. ⧗ 2024-2028
■ **Montagne 2022 ★★ (20 à 30 €; 10000 b.)** Mourvèdre, grenache, carignan et counoise associés dans ce rouge expressif, sur la réglisse, les fruits noirs, les épices et la vanille, ample, généreux, charnu et vineux en bouche, étayée par des tanins soyeux et un boisé de qualité. Un collioure puissant, à mettre en cave. ⧗ 2027-2034

DOM. DE LA RECTORIE, 28-65, av. du Puig-del-Mas, 66650 Banyuls-sur-Mer, tél. 04 68 88 13 45, info@rectorie.fr V *t.l.j. sf dim. 10h-12h 16h-19h*

♥ TERRES DES TEMPLIERS
Cuvée de la Salette 2022 ★★

■	117702		11 à 15 €

Devenu Terres des Templiers, l'ancien Cellier des Templiers est une coopérative créée en 1921. Elle revendique l'héritage de cet ordre militaire à qui l'on doit la mise en valeur des pentes schisteuses de Banyuls. Aujourd'hui, la cave dispose des 620 ha de ses 655 adhérents et, depuis la récolte 2011, du Mas Ventous, un vaste chai de vinification qui s'ajoute à la grande cave de 1964, réservée aux longs élevages. À sa carte, des collioure et des banyuls. La Cave de l'Abbé Rous appartient au même groupe coopératif : une cave créée en 1950 et nommée en hommage à l'abbé qui, vers 1870, devint négociant-éleveur de vins de Banyuls pour financer l'agrandissement de l'église paroissiale sans faire appel à la générosité publique et qui se fit à l'occasion le mécène de Maillol.

Une pluie d'étoiles pour la cave qui ne décroche pas moins de trois coups de cœur dans cette édition, en banyuls, en banyuls grand cru et en collioure donc. Celui-ci récompense un rosé de haute volée, issu pour moitié de saignée, pour moitié de pressurage direct, d'où cette couleur assez soutenue qui tranche avec la pâleur habituelle. Les fruits rouges et le bonbon anglais sont à la fête tout du long, infusant une bouche parfaitement équilibrée, à la fois grasse, ronde et très fraîche, avec en prime une longue finale aux tonalités acidulées et salines qui ajoute à son dynamisme. Un beau rosé de table, que l'on verrait bien en compagnie de rougets ou d'une bouillabaisse. ⧗ 2024-2025
■ **Cave de l'Abbé Rous Cuvée des peintres 2023 ★★ (8 à 11 €; 20070 b.)** Un beau rosé (pour partie de saignée) né de grenache noir, mourvèdre et syrah. La robe est claire, limpide, le nez gourmand, tout en fruits rouges, la bouche élégante, intense, offrant un équilibre très assuré entre rondeur et fraîcheur. ⧗ 2024-2025

TERRES DES TEMPLIERS, 8, rte du Mas-Reig, 66650 Banyuls-sur-Mer, tél. 04 68 98 36 92, contact@terresdestempliers.com V *t.l.j. 10h-19h30; en hiver 10h-13h 14h30-18h30; f. janv.*

DOM. LA TOUR VIEILLE Puig Oriol 2022 ★★

■	5000		15 à 20 €

Créé en 1982, ce domaine de 12 ha regroupe les vignes de Vincent Cantié (à Collioure) et celles de Christine Campadieu (à Banyuls), issus l'un comme l'autre de vieilles familles vigneronnes. L'exploitation domine la mer sur les hauteurs de Collioure. Elle montre une belle régularité, aussi bien en vins doux naturels qu'en vins secs.

Puig Oriol? Le lieu-dit qui a vu naître cet assemblage de syrah (60 %), grenache noir et carignan. Un vin au nez aussi complexe que délicat avec ses arômes de framboise, de mûre et de poivre gris, agrémentés de touches iodées «très collioure». La bouche est ronde, ample, charnue, étayée par des tanins veloutés et fondus et par une ligne de fraîcheur qui étire bien la finale. Un ensemble très harmonieux, que l'on pourra savourer aussi bien jeune que patiné par le temps. ⧗ 2025-2030

DOM. LA TOUR VIEILLE, 12, rte de Madeloc, 66190 Collioure, tél. 04 68 82 44 82, info@latourvieille.com V *t.l.j. sf sam. dim. 9h-12h 14h-18h*

DOM. VIAL-MAGNÈRES Les Espérades 2021 ★★

■	2500		20 à 30 €

Bernard Sapéras, œnologue et chimiste de formation, arrivé en 1985 sur le domaine de son beau-père, avait donné un bel élan à la propriété et à l'appellation : c'est à lui que l'on doit le banyuls blanc, l'engouement pour le rancio, la réussite du collioure blanc et le chemin d'Anicet pour découvrir le cru. Après sa disparition en 2013, Olivier et Chrystel Sapéras ont pris la relève, épaulés par leur maître de chai Laurent Dal Zovo. En 2021, ils se sont associés aux frères Luc et Damien Berjoan pour gérer les 12 ha de vignes répartis en petites unités sur la façade maritime des communes de Banyuls et Port-Vendres.

Né d'une majorité de grenache noir et d'une touche de carignan, ce rouge d'une grande délicatesse dévoile un nez appétent de cassis mûr, d'épices, de violette et de garrigue. Arômes que prolonge une bouche conjuguant harmonieusement volume, densité, fraîcheur, tanins soyeux et élégants, avec en prime une longue finale pleine d'allant. ⧗ 2025-230 ■ **Armenn 2022 ★★ (20 à 30 €; 2500 b.)** Grenache gris (60 %) et grenache blanc à l'origine d'un blanc élégant dans sa robe brillante, jaune clair, ouvert sur l'ananas bien mûr et l'amande fraîche, ample, gras, suave et fruité en bouche, équilibré et allongé par une belle ligne de fraîcheur. ⧗ 2024-2028

DOM. VIAL-MAGNÈRES, 14, rue Édouard-Herriot, 66650 Banyuls-sur-Mer, tél. 06 02 53 17 76, info@vialmagneres.com V *r.-v.*

MAURY SEC

Réservée à l'origine aux vins doux naturels, l'appellation maury est accordée à partir du millésime 2011 aux vins secs produits sur le même terroir (communes de Maury, Tautavel, Saint-Paul et Rasiguères). Les vignerons de cette aire d'appellation proposaient auparavant leurs vins secs en AOC côtes-du-roussillon-villages. Le grenache noir, emblématique de l'appellation, entre à hauteur de 60 % minimum (et 80 % maximum) dans les assemblages. Les vins bénéficient d'un élevage de six mois au minimum.

DOM. FONTANEL Arrels 2022 ★

| | 4000 | | 15 à 20 € |

Les origines du domaine, où six générations se sont succédé, remontent à 1864. La propriété est forte d'un vignoble de 22 ha installé sur des terroirs variés. À sa tête depuis 1989, Pierre et Marie-Claude Fontaneil ont proposé pendant près de 30 ans des cuvées à forte personnalité, aussi bien en vins secs qu'en vins doux naturels. En 2016, ils ont cédé l'exploitation à un jeune couple de vignerons, Élodie et Matthieu Collet.

Drapé dans une robe profonde, intense et pourpre aux reflets noirs, ce vin se dévoile au nez sur des arômes généreux de confiture de myrtilles, d'épices et de sous-bois. La bouche apparaît ample, suave, concentrée, cadrée en douceur par des tanins veloutés et prolongée par une finale riche, longue et épicée. À boire ou à attendre. ⧗ 2024-2030

DOM. FONTANEL, 25, av. Jean-Jaurès, 66720 Tautavel, tél. 06 11 07 01 22, contact@domainefontanel.fr V r.-v.

♥ **MAS DE DEVÈZE** 2020 ★★

| | 7000 | | 15 à 20 € |

Simon Hugues était agriculteur, Nathalie commerciale dans la filière viticole à l'export. Ils ont repris en 2012 au cœur du terroir de Maury une très ancienne propriété qui avait été démantelée dans les années 1980. Ils cultivent 27 ha de vignes, la plupart conduites en gobelet.

Grenache noir, syrah et une larme de mourvèdre à l'œuvre dans ce maury intense et profond, qui déploie un beau bouquet de fruits rouges cuits, de myrtille, de réglisse, de boisé fumé et cacaoté. La bouche n'est pas en reste, offrant beaucoup de matière et de volume, portée par une structure tannique très enrobée qui ajoute à sa rondeur. La finale, persistante, mentholée et finement saline, apporte un regain de fraîcheur. Du relief, de la générosité, de la force, mais aussi un équilibre souverain. ⧗ 2025-2032

MAS DE LA DEVÈZE, rte des Mas, 66720 Tautavel, tél. 06 52 38 57 36, nathalie@masdeladeveze.fr V r.-v.

DOM. LA TOUPIE Sur 1 fil rouge 2022 ★

| | 7000 | | 15 à 20 € |

Après vingt ans passés dans l'administration viticole, puis à parcourir le vignoble pour la coopérative du Mont Tauch, dans l'Aude, Jérôme Collas a franchi le pas et la « frontière » entre Languedoc et Roussillon, pour s'installer en 2012 sur 12 ha dans la vallée de l'Agly.

Une robe profonde, un nez intense et généreux, sur les fruits rouges bien mûrs, le sous-bois et les épices douces, l'entame est riche et engageante. Une attaque ample et franche, d'une belle fraîcheur, ouvre sur une bouche ronde, corpulente, toujours fraîche, avec en soutien des tanins soyeux et enrobés qui renforcent le caractère voluptueux de l'ensemble. La finale mentholée, agrémentée de fins amers, étire le plaisir. ⧗ 2026-2030

DOM. LA TOUPIE, ZA Clos-de-la-Serre, D69, rte des Mas, 66460 Maury, tél. 07 86 28 99 52, contact@domainelatoupie.fr V r.-v.

▶ LES VINS DOUX NATURELS

Dès l'Antiquité, les vignerons de la région ont élaboré des vins liquoreux de haute renommée. Au XIIIe s., Arnaud de Villeneuve découvrit le mariage miraculeux de la « liqueur de raisin et de son eau-de-vie » : c'est le principe du mutage qui, appliqué en pleine fermentation sur des vins rouges ou blancs, arrête celle-ci en préservant ainsi une certaine quantité de sucre naturel. Les vins doux naturels d'appellation contrôlée se répartissent dans la France méridionale : Pyrénées-Orientales, Aude, Hérault, Vaucluse et Corse, jamais bien loin de la Méditerranée. Les cépages utilisés sont le grenache (blanc, gris, noir), le macabeu, la malvoisie du Roussillon, dite tourbat, le muscat à petits grains et le muscat d'Alexandrie. La taille courte est obligatoire. Les rendements sont faibles et les raisins doivent, à la récolte, avoir une richesse en sucre de 252 g minimum par litre de moût. L'agrément des vins est obtenu après un contrôle analytique. Ils doivent présenter un taux d'alcool acquis de 15 à 18 % vol., une richesse en sucre de 45 g minimum à plus de 100 g pour certains muscats et un taux d'alcool total (alcool acquis plus alcool en puissance) de 21,5 % vol. minimum. Certains sont commercialisés tôt (muscats), d'autres le sont après trente mois d'élevage. Vieillis sous bois de manière traditionnelle, c'est-à-dire dans des fûts, ils acquièrent parfois après un long élevage des notes très appréciées de rancio.

▶ BANYULS ET BANYULS GRAND CRU

Superficie : 1 160 ha
Production : 28 500 hl (90 % rouge)

Voici un terroir exceptionnel, comme il en existe peu dans le monde viticole : à l'extrémité orientale des Pyrénées, des coteaux en pente abrupte sur la Méditerranée. Seules les quatre communes de Collioure, Port-Vendres, Banyuls-sur-Mer et Cerbère bénéficient de l'appellation. Le vignoble s'accroche à des terrasses installées sur des schistes dont le substrat rocheux est, sinon apparent, tout au plus recouvert d'une mince couche de terre. Le sol est donc pauvre, souvent acide, n'autorisant que des cépages très rustiques, comme le grenache, au rendement extrêmement faible – souvent moins d'une vingtaine d'hectolitres à l'hectare. En revanche, le lieu bénéficie d'un microclimat particulier avec un ensoleillement optimisé par la culture en terrasses – culture difficile car manuelle, afin de protéger la terre qui ne demande qu'à être ravinée par le moindre orage – et par la proximité de la Méditerranée.
L'encépagement des rouges, majoritaires, est à base de grenache ; ce sont surtout de vieilles vignes qui

occupent le terroir. La vinification se fait par macération; le mutage intervient parfois sur le raisin, permettant ainsi une longue macération qui peut durer plus d'un mois; c'est la pratique de la macération sous alcool, ou mutage sur grains. Grenaches gris et blanc, macabeu, plus rarement muscat et malvoisie, entrent dans la composition des blancs.

L'élevage joue un rôle essentiel. En général, il tend à favoriser une évolution oxydative du produit, dans le bois (foudres, demi-muids) ou en bonbonnes exposées au soleil sur les toits des caves. Les différentes cuvées ainsi élevées sont assemblées avec le plus grand soin par le maître de chai pour créer les nombreux types que nous connaissons. Dans certains cas, l'élevage cherche à préserver au contraire le fruit du vin jeune en empêchant toute oxydation; on obtient alors des produits différents : ce sont les rimages. Pour l'appellation grand cru, l'élevage sous bois est obligatoire pendant trente mois.

BANYULS

B LE CLOS DE PAULILLES Rimage 2023 ★

■ | 15000 | | 15 à 20 €

Avec 90 ha d'un seul tenant (dont 63 plantés, en bio), c'est le plus vaste domaine des appellations collioure et banyuls, situé dans le site protégé de l'anse de Paulilles. Ancienne propriété de la famille Pams, puis pendant 35 ans des Dauré (Jau). Ces derniers l'ont vendue en 2013 à la famille Cazes, laquelle s'implante ainsi en Côte Vermeille. La cave a été totalement rénovée. Le restaurant *Les Pieds dans l'eau* est un des attraits du lieu.

Toute la jeunesse et la fraîcheur du vin transparaissent dans la robe grenat lumineux aux reflets violines de ce rimage. Au nez, c'est un fruit à croquer qui se dévoile, sur des tonalités de cerise, de myrtille et de mûre. Un fruit que l'on retrouve, agrémenté de nuances mentholées et épicées, dans une bouche souple, suave, enveloppante, soulignée par la fraîcheur d'un alcool encore présent et par une touche de salinité en finale qui appelle le chocolat noir au sel de Guérande. ⧗ 2024-2034

LES CLOS DE PAULILLES, baie de Paulilles, 66660 Port-Vendres, tél. 04 68 64 76 39, info@cazes.com V r.-v. 5

L'ÉTOILE Doré ★

■ | 25000 | | 11 à 15 €

Au cœur du village, la petite cave garde l'aspect rétro de l'époque de sa création. Fondée en 1921, c'est la plus ancienne coopérative de Banyuls. Connue pour ses vins doux naturels traditionnels hors d'âge, elle a su maintenir les traditions dans un esprit de famille. Les grands foudres, les demi-muids et les dames-jeannes accueillent des produits bien typés.

Après 36 mois d'élevage oxydatif en fûts, le grenache noir a conservé un grenat encore soutenu où seuls les reflets tuilés trahissent l'âge. Typique des banyuls traditionnels, la palette aromatique évoque les fruits mûrs compotés, la cerise kirschée, le pruneau, la torréfaction, le cacao et l'amande grillée. L'élevage apporte de la rondeur à une bouche bien fondue, irriguée par un fruit bien présent, avec en soutien de la fraîcheur et de bons tanins qui contribuent à l'harmonie. Un bel exemple de vin au croisement de la jeunesse et de la sérénité. ⧗ 2024-2035 ■ **2023 ★ (15 à 20 €; 14000 b.)** Ce banyuls blanc livre un joli bouquet exotique de kumquat et d'ananas agrémenté de notes de fruits blancs. Un exotisme qui trouve écho dans une bouche ample, ronde, riche et suave, rafraîchie par une finale épicée et citronnée. Que diriez-vous d'une tarte au citron meringuée? ⧗ 2024-2034 ■ **Rimage Les Amis de l'Étoile 2019 ★ (15 à 20 €; 6500 b.)** Un rimage né des grenaches noir et gris original par son fruité suave, presque confituré, apporté par l'évolution en bouteille. Un fruité relevé de notes épicées qui trouve un heureux prolongement dans une bouche équilibrée entre douceur et fraîcheur. ⧗ 2024-2030

CAVE L'ÉTOILE, 26, av. du Puig-del-Mas, 66650 Banyuls-sur-Mer, tél. 04 68 88 00 10, info@cave-letoile.com V r.-v.

♥ DOM. MADELOC Ma Dame Jeanne ★★★

■ | 2000 | 30 à 50 €

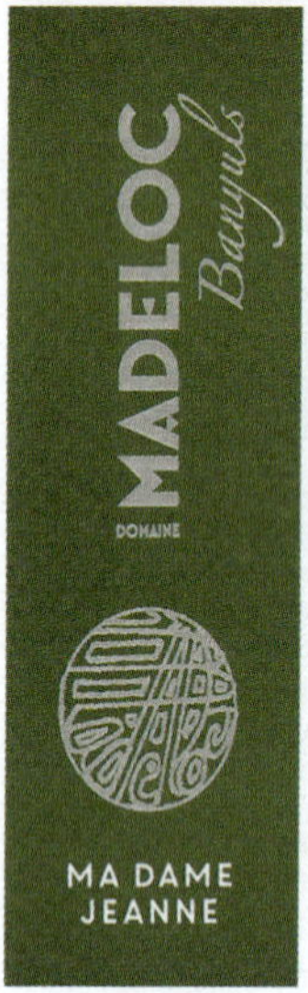

Pierre Gaillard aime les côtes et les schistes. Producteur bien connu de la vallée du Rhône nord, il s'est tourné vers le sud et s'est intéressé à Faugères, avant de racheter en 2002 Madeloc en côte vermeille. Sa fille Élise, ingénieure agricole, conduit le domaine (20 ha) et vinifie avec brio. Sur certaines pentes, on a recours au treuil, comme dans la vallée du Rhône.

Peu d'extraction, et on laisse faire le travail en dame jeanne, au soleil. Le résultat est un magnifique vin tuilé-acajou, impressionnant par son intensité et sa richesse aromatiques entre caramel noir, rhum élevé, noix, abricot sec, orange confite... La bouche, à l'unisson, étire les notes de fruits et d'épices, ajoute des saveurs de cacao et de moka, et se déploie avec souplesse, élégance et délicatesse, alliant puissance et rondeur dans une harmonie parfaite, avec en fil conducteur une belle tension qui prolonge le plaisir, longtemps. ⧗ 2025-2040 ■ **Asphodèles 2022 ★★★ (20 à 30 €; 1600 b.)** Rare car élaboré avec un tiers de tourbat, vieux cépage devenu quasi anecdotique, ce banyuls réjouissant, d'un bel or ambré à reflets cuivrés, dévoile un superbe bouquet de fruits confits, d'abricot et d'orange sur fond d'infusion agrume-miel et d'épices. Une attaque diablement gourmande sur la pomme d'amour caramélisée introduit un cœur de bouche très alerte, qui reprend les agrumes, y ajoute des notes de torréfaction et une discrète amertume étirant bien l'ensemble, jusqu'à une longue finale, tout en fraîcheur. Tout simplement parfait. ⧗ 2025-2040 ■ **Robert Pagès ★★ (20 à 30 €; 5000 b.)** Cette cuvée hommage à l'ancien propriétaire du domaine se présente dans une belle robe acajou, cuivrée, ouverte sur les fruits secs, le pruneau, le cacao et le pain grillé. Une aromatique prolongée par une bouche fondue, tendre, élégante, de belle longueur, soutenue par des tanins très affinés. Un équilibre souverain s'en dégage. ⧗ 2025-2035

⊶ *DOM. MADELOC, 1 bis, av. du Gal-de-Gaulle, 66650 Banyuls-sur-Mer, tél. 04 68 88 38 29, elise@gaillard.vin* V *r.-v.*

DOM. PIÉTRI-GÉRAUD Joseph Géraud 2015 ★

■ | 5406 | | 20 à 30 €

Établi au cœur de Collioure, dans une des plus petites rues de la cité, ce domaine est dirigé depuis 2006 par Laetitia Piétri-Clara, qui a pris la suite de sa mère Maguy. Appuyée par l'œnologue Hélène Grau, la vigneronne perpétue la tradition inaugurée à la fin du XIXᵉs. par son arrière-grand-père Étienne Géraud, médecin retourné aux vignes familiales. Le vignoble couvre 20 ha, essentiellement en appellations banyuls et collioure.

Pour trouver l'oxydation recherchée dans les VDN, ce vin a affronté le temps pendant 7 ans, en foudres, et pour une partie plus infime, en bonbonnes au soleil. Cela apporte au tuilé de la robe des reflets bruns cuivrés, ainsi qu'une belle complexité au nez : cerise à l'eau-de-vie, cacao, orange confite, abricot. Arômes qui se poursuivent dans une bouche à la sucrosité marquée en attaque, puis l'oxydation s'impose à travers une note soutenue de fruits secs et la vivacité de fruits à l'eau-de-vie. ⧗ 2025-2035

⊶ *DOM. PIÉTRI-GÉRAUD, 22, rue Pasteur, 66190 Collioure, tél. 04 68 82 07 42, domaine.pietri-geraud@orange.fr* V *r.-v.*

DOM. DE LA RECTORIE
Rimage Cuvée Thérèse Reig 2022 ★

■ | 2930 | | 15 à 20 €

La famille Parcé avait renoncé à vinifier après la mort de l'arrière grand-père en 1913. Marc et son frère Thierry – rejoints par Jean-Emmanuel, fils de ce dernier – ont agrandi le domaine et sont sortis de la coopérative en 1984. À partir d'une trentaine de parcelles, Thierry, le vinificateur, propose des vins d'une régularité exemplaire en banyuls et en collioure.

La robe est d'un grenat profond, avec les classiques reflets violines de la jeunesse. L'élevage en milieu réducteur en cuve pleine a permis d'acquérir un joli fondu aromatique, autour de la mûre, la cerise noire et le cassis confiturés. La bouche est bien équilibrée, à la fois fraîche, ronde, expressive, centrée sur un fruité charnu et soutenue par des tanins bien fondus. Un ensemble harmonieux, qui s'étire en finale sur les fruits à l'eau-de-vie. ⧗ 2025-2035

⊶ *DOM. DE LA RECTORIE, 28-65, av. du Puig-del-Mas, 66650 Banyuls-sur-Mer, tél. 04 68 88 13 45, info@rectorie.fr* V *t.l.j. sf dim. 10h-12h 16h-19h*

DOM. RENO 2022 ★

■ | 2100 | | 15 à 20 €

Fondée en 1948, cette exploitation est conduite depuis 1998 par la troisième génération : Anne et Frédéric Capdet, respectivement œnologue et viticulteur. Elle a son siège à l'entrée de Collioure, à deux pas de la mer, et son vignoble de 46 ha s'étage en terrasses. Les visiteurs peuvent voir son parc de 400 bonbonnes où le banyuls mûrit au soleil pendant 3 ans.

Au pays du grenache noir, il existe encore quelques très vieux ceps de grenache blanc qui permettent d'élaborer, en assemblage, du collioure ou du banyuls blanc, comme cette cuvée confidentielle. D'un bel or limpide et lumineux, elle dévoile un nez timide qui s'ouvre doucement sur la canne à sucre, les fruits confits et le coscoll, « plante sacrée des Catalans » poussant dans des zones d'altitude et rocailleuses. En bouche, elle apparaît ronde, moelleuse, dominée par la douceur, stimulée et allongée par une pointe d'amertume en finale. ⧗ 2026-2035

⊶ *EARL CAPDET ET FILS, Les Hauts-de-l'Ouille, D 114, 66190 Collioure, tél. 04 68 81 12 65, domainereno@orange.fr* V *t.l.j. 9h30-12h30 14h-18h30*

♥ TERRES DES TEMPLIERS Alegría 2023 ★★★

■ | 15 372 | | 15 à 20 €

Devenu Terres des Templiers, l'ancien Cellier des Templiers est une coopérative créée en 1921. Elle revendique l'héritage de cet ordre militaire à qui l'on doit la mise en valeur des pentes schisteuses de Banyuls. Aujourd'hui, la cave dispose des 620 ha de ses 655 adhérents et, depuis la récolte 2011, du Mas Ventous, un vaste chai de vinification qui s'ajoute à la grande cave de 1964, réservée aux longs élevages. À sa carte, des collioure et des banyuls. La Cave de l'Abbé Rous appartient au même groupe coopératif : une cave créée en 1950 et nommée en hommage à l'abbé qui, vers 1870, devint négociant-éleveur de vins de Banyuls pour financer l'agrandissement de l'église paroissiale sans faire appel à la générosité publique et qui se fit à l'occasion le mécène de Maillol.

Une sélection des parcelles les plus fraîches du cru pour ce pur grenache noir profond de robe, orné de reflets violines de jeunesse. Après une note de sous-bois, il déploie un fruité explosif rappelant la mûre et la cerise noire, avec une étonnante touche douce et lactée. On retrouve les fruits, charnus et gourmands (cerise, fraise des bois, myrtille), agrémentés d'épices dans une bouche ample, longue, bien équilibrée, aux tanins veloutés mais encore très présents, gages d'un très bel avenir. ⧗ 2027-2040 ■ **Rimage Mise tardive 2022 ★ (30 à 50 €; 8501 b.)** Après 10 mois en barriques, ce rimage offre un vin ample, charnu, suave et expressif, ouvert sur la confiture de mûre et de cerise, la figue, le pruneau et une très agréable touche cacao. Gourmand et harmonieux. ⧗ 2024-2035 ■ **Impertinence 2023 ★ (15 à 20 €; 14 562 b.)** À déguster frappé, ce joli banyuls rosé séduit par sa fraîcheur et son expression aromatique soutenue, au nez comme en bouche, sur la fraise des bois, les agrumes, le bonbon anglais et les senteurs de la garrigue. ⧗ 2024-2030 ■ **Cave de l'Abbé Rous Cornet et Cie Mise tardive 2022 ★ (20 à 30 €; 2298 b.)** Le fait de retarder d'une dizaine de mois la mise en bouteille (la fameuse « mise tardive ») permet, tout en conservant le fruit typique du rimage, d'acquérir plus de fondu et aussi des notes torréfiées apportées par un passage en barriques ouillées. Ici, ce sont les fruits qui se bousculent à l'olfaction : framboise, mûre et groseille légèrement confiturées. Un vin ample et très suave en bouche, très fondu aussi, comme attendu, avec ce même fruit bien présent, enrobé par la douceur miellée du tabac blond et par le grillé et la touche cacao de la barrique. ⧗ 2025-2035

TERRES DES TEMPLIERS, 8, rte du Mas-Reig, 66650 Banyuls-sur-Mer, tél. 04 68 98 36 92, contact@terresdestempliers.com V *t.l.j. 10h-19h30; en hiver 10h-13h 14h30-18h30; f. janv.*

DOM. LA TOUR VIEILLE Reserva ★★★

■ | 8000 | | 20 à 30 €

Créé en 1982, ce domaine de 12 ha regroupe les vignes de Vincent Cantié (à Collioure) et celles de Christine Campadieu (à Banyuls), issus l'un comme l'autre de vieilles familles vigneronnes. L'exploitation domine la mer sur les hauteurs de Collioure. Elle montre une belle régularité, aussi bien en vins doux naturels qu'en vins secs.

Plusieurs années d'élevage, pour partie en foudres et en dames-jeannes au soleil, et l'oxydation donne ce tuilé profond aux reflets cuivrés. Mais elle apporte surtout cette intensité et cette richesse aromatiques, ici sur la cerise, le pruneau, l'orange confite, les épices, le cacao et la noix. Une palette que l'on retrouve dans une bouche ample, puissante sans lourdeur, très fondue, bien fraîche et d'une superbe longueur. Un banyuls de haute volée, très équilibré et d'une grande élégance. ⧗ 2025-2040 ■ **Ambré 2020 ★★ (15 à 20 €; 1000 b.)** Un rare blanc élevé en milieu oxydatif, d'une seyante couleur vieil or, lumineux, qui associe les agrumes, les fruits secs, la douceur de la liqueur d'abricot, la fraîcheur et l'amertume du pomelo, la touche de rancio «qui va bien», le tout dans un équilibre très assuré et avec un boisé élégant en soutien. Un dégustateur inspiré conseille de le déguster pour lui-même, sur fond de couché de soleil, avec une paire d'amis. ⧗ 2025-2040 ■ **Rimage Mise tardive 2022 ★ (15 à 20 €; 2400 b.)** Ce rimage livre un bouquet séduisant de cerise à l'eau-de-vie, d'épices, de moka et de toasté des foudres, prolongé par un palais frais, délicat, étiré dans une jolie finale sur le cacao qui appelle un dessert au chocolat. ⧗ 2024-2030

DOM. LA TOUR VIEILLE, 12, rte de Madeloc, 66190 Collioure, tél. 04 68 82 44 82, info@latourvieille.com V *t.l.j. sf sam. dim. 9h-12h 14h-18h*

CH. VIAL-MAGNÈRES Rivage 2023 ★

■ | 1500 | | 20 à 30 €

Bernard Sapéras, œnologue et chimiste de formation, arrivé en 1985 sur le domaine de son beau-père, avait donné un bel élan à la propriété et à l'appellation : c'est à lui que l'on doit le banyuls blanc, l'engouement pour le rancio, la réussite du collioure blanc et le chemin d'Anicet pour découvrir le cru. Après sa disparition en 2013, Olivier et Chrystel Sapéras ont pris la relève, épaulés par leur maître de chai Laurent Dal Zovo. En 2021, ils se sont associés aux frères Luc et Damien Berjoan pour gérer les 12 ha de vignes répartis en petites unités sur la façade maritime des communes de Banyuls et Port-Vendres.

Le banyuls blanc est une production confidentielle, le grenache blanc et le grenache gris étant le plus souvent destinés à l'appellation collioure. Drapé dans une élégante robe dorée, celui-ci affiche une belle complexité aromatique : un petit air de vin d'Alsace avec des notes pétrolées, puis arrivent la poire, l'abricot frais et l'amande. Une attaque nette, sur les fleurs mellifères, ouvre sur une bouche ample et suave, où la sucrosité est bien compensée par une fraîcheur minérale et une pointe de salinité. ⧗ 2025-2035 ■ **Rimage 2023 ★ (15 à 20 €; 800 b.)** Ouvert sur les fruits rouges et noirs frais agrémentés d'une touche végétale, ce rimage séduit par son palais suave, rond, fondu, mais aussi d'une belle fraîcheur renforcée par une note iodée en finale. ⧗ 2024-2030

DOM. VIAL-MAGNÈRES, 14, rue Édouard-Herriot, 66650 Banyuls-sur-Mer, tél. 06 02 53 17 76, info@vialmagneres.com V *r.-v.*

BANYULS GRAND CRU

L'ÉTOILE Cuvée du Centenaire 2000 ★★★

■ | 4400 | | 50 à 75 €

Au cœur du village, la petite cave garde l'aspect rétro de l'époque de sa création. Fondée en 1921, c'est la plus ancienne coopérative de Banyuls. Connue pour ses vins doux naturels traditionnels hors d'âge, elle a su maintenir les traditions dans un esprit de famille. Les grands foudres, les demi-muids et les dames-jeannes accueillent des produits bien typés.

Pour fêter ses cent ans, en 2021, la cave avait réservé ce 2000, soumis aux palais expérimentés de nos dégustateurs. Pour leur plus grand bonheur. Un grand cru conservé dans des vieux foudres depuis plus de 20 ans, comme un pont entre les deux siècles. Le temps d'obtenir ce tuilé acajou chatoyant et cette complexité perçue au nez : sous-bois, notes empyreumatiques, écorce d'orange, noix, réglisse ou encore cerise à l'eau-de-vie. Un vin fait pour affronter le temps, puissant, ample et superbe d'équilibre en bouche, alliant le pruneau, les fruits confiturés, le toasté, le café, les épices et une fine salinité originale, avant de s'étirer dans une longue finale aux saveurs de rancio. Intemporel. ⧗ 2024-2050

CAVE L' ÉTOILE, 26, av. du Puig-del-Mas, 66650 Banyuls-sur-Mer, tél. 04 68 88 00 10, info@cave-letoile.com V *r.-v.*

♥ TERRES DES TEMPLIERS Solaris 2012 ★★★

■ | 9486 | | 30 à 50 €

Devenu Terres des Templiers, l'ancien Cellier des Templiers est une coopérative créée en 1921. Elle revendique l'héritage de cet ordre militaire à qui l'on doit la mise en valeur des pentes schisteuses de Banyuls. Aujourd'hui, la cave dispose des 620 ha de ses 655 adhérents et, depuis la récolte 2011, du Mas Ventous, un vaste chai de vinification qui s'ajoute à la grande cave de 1964, réservée aux longs élevages. À sa carte, des collioure et des banyuls. La Cave de l'Abbé Rous appartient au même groupe coopératif : une cave créée en 1950 et nommée en hommage à l'abbé qui, vers

1870, devint négociant-éleveur de vins de Banyuls pour financer l'agrandissement de l'église paroissiale sans faire appel à la générosité publique et qui se fit à l'occasion le mécène de Maillol.

Si le fruit est bien présent en toile de fond, notamment le pruneau et le cédrat, ce sont les notes, complexes, d'évolution et d'élevage qui dominent : amande, noix, cacao, café, tabac blond, miel. Un élevage de plus de six ans en foudres qui a apporté de la douceur en bouche, de l'équilibre, tout en laissant la part belle à une puissance maîtrisée autour de fins tanins et d'une remarquable fraîcheur, sans oublier un final sur le rancio qui prolonge le plaisir. ⧗ 2024-2050 ■ **Cave de l'Abbé Rous Baillaury 2016 ★ (20 à 30 €; 11 598 b.)** Un travail au chai conçu pour commercialiser un vin prêt à boire, même si l'avenir lui appartient encore largement. Cela donne ce tuilé « d'école », d'un bel acajou, qui évoque les fruits compotés, la figue et la cerise confite sur fond de patine de vieux foudres. D'un fondu très agréable, le palais se révèle souple, glissant, complexe (pruneau, cerise, réglisse, muscade, touche eucalyptus), plein de fraîcheur, épaulé par des tanins soyeux. Parfait avec un fondant au chocolat. ⧗ 2024-2040 ■ **La Serra 2016 ★★ (20 à 30 €; 56 993 b.)** Plus de six ans d'élevage en foudres pour cette cuvée qui présente beaucoup de volume, de fraîcheur, de finesse, de longueur, ainsi qu'une bien belle palette aromatique évoquant le pain brioché, la nougatine, la réglisse, la griotte et les fruits confits. Le complice idéal d'un foie gras truffé. ⧗ 2024-2040

TERRES DES TEMPLIERS, 8, rte du Mas-Reig, 66650 Banyuls-sur-Mer, tél. 04 68 98 36 92, contact@terresdestempliers.com V *t.l.j. 10h-19h30; en hiver 10h-13h 14h30-18h30; f. janv.*

RIVESALTES

Superficie : 5 180 ha
Production : 107 930 hl (55 % blanc)

Longtemps, rivesaltes fut la plus importante des appellations des vins doux naturels : elle couvrait 14 000 ha et produisait 264 000 hl en 1995. Puis la crise a frappé et après un Plan rivesaltes qui a permis la reconversion d'une partie de ce vignoble, la production de cette appellation se rapproche désormais en volume de celle du muscat-de-rivesaltes. Le terroir du rivesaltes s'étend en Roussillon et dans une toute petite partie des Corbières, sur des sols pauvres, secs, chauds, favorisant une excellente maturation. Quatre cépages sont autorisés : grenache, macabeu, malvoisie et muscat, les deux premiers étant largement dominants. La vinification se fait en blanc et en rouge. Les rivesaltes rouges proviennent principalement du grenache noir; ce cépage subit alors souvent une macération, afin de donner le maximum de couleur et de tanins.

L'élevage des rivesaltes est fondamental pour la détermination de la qualité. Les blancs donnent les ambrés, et les rouges les tuilés, au terme de deux ans ou plus d'élevage. Selon l'élevage, en cuve ou dans le bois, ils développent des arômes bien différents. Le bouquet rappelle la torréfaction, les fruits secs, avec une note de rancio dans les vins les plus évolués. Certains rivesaltes rouges ne sont pas soumis à un élevage et sont mis très jeunes en bouteilles. Ce sont les grenats, caractérisés par des arômes de fruits frais : cerise, cassis, mûre. Les derniers cahiers des charges autorisent les rivesaltes rosés.

B DOM. BERTRAND-BERGÉ
Ambré Grande Réserve ★

■ | 1000 | | 15 à 20 €

À l'instar de son aïeul Jean Sirven, qui vinifiait son vin à la fin du XIXe s., Jérôme Bertrand a quitté la coopérative en 1993 pour élaborer ses propres vins. Il a cru très tôt dans la qualité des terroirs rudes de Fitou, a élevé et valorisé les vins du cru, puis hissé son domaine (40 ha) parmi les grands. Depuis la récolte 2011, le vignoble est conduit en bio certifié.

Les neuf communes de l'appellation fitou, dans l'Aude, sont aussi dans l'aire classée du rivesaltes. C'est dans les hautes Corbières que ce vin a attendu seulement 24 mois pour obtenir ce bel ambré. Il se montre frais, souple, fin, coulant, ouvert sur des jolies notes d'agrumes, de verveine et de sous-bois printanier. Un produit très agréable, tendre, original car déjà ambré, tout en conservant la vivacité de sa jeunesse. À consommer sans trop attendre pour en apprécier toute la délicatesse. ⧗ 2024-2027

DOM. BERTRAND-BERGÉ, 38, av. du Roussillon, 11350 Paziols, tél. 04 68 45 41 73, bertrand-berge@wanadoo.fr V *t.l.j. 9h-12h 14h-18h*

♥ B DOM. BOUDAU Grenat Sur grains 2022 ★★

■ | 8500 | | 15 à 20 €

Véronique Boudau et son frère Pierre sont à la tête du domaine familial depuis 1993. Ils ont décidé de donner un nouveau souffle à la propriété, qui couvre 50 ha (en bio certifié) sur d'excellents terroirs, à l'entrée de la vallée de l'Agly. Le pari est réussi : la totalité de la production est mise en bouteilles et commercialisée, notamment dans un réseau de restaurants et de cavistes. Une valeur sûre. La fille de Véronique a rejoint l'aventure en 2020.

Le grenache noir muté sur grains (ajout d'alcool sur le moût en pleine fermentation pour stopper celle-ci) se dépouille totalement pour tout donner au vin. Ensuite, la finesse, le fondu, l'équilibre, c'est l'affaire du savoir-faire du vigneron. Et celui des Boudau n'est plus à démontrer. Ils signent ainsi un riversaltes magnifique, d'un grenat profond flirtant avec le noir, agrémenté de reflets violines. Au nez se dévoilent de délicats parfums de fruits mûrs rouges et noirs finement épicés. La bouche se révèle ample, parfaitement équilibrée, alliant fraîcheur et élégance, puissance, velouté des tanins et fruit réglissé. L'harmonie est au rendez-vous, le plaisir aussi. ⧗ 2024-2035

DOM. BOUDAU, 6, rue Marceau, 66600 Rivesaltes, tél. 04 68 64 45 37, contact@domaineboudau.fr V *t.l.j. sf dim. 10h-12h 15h-18h; sam. 10h-12h*

FAMILLE BOUSQUET Ambré ★

■ | 1000 | | 8 à 11 €

La famille Bousquet s'est installée en 1986 sur les terroirs de Tautavel et d'Estagel : un vignoble de 21 ha conduit par Franck et Benoit Bousquet, à partir

ROUSSILLON

duquel ils produisent des côtes-du-roussillon-villages, des rivesaltes et des IGP Côtes catalanes.

Pour prendre cette robe ambrée soutenue aux reflets cuivrés, ce sont plus de dix années de patience et de soins dans des fûts non ouillés. Un boisé qui confère une douce patine au vin, ouvert sur des arômes de cire, de miel, de fruits secs, d'abricot, d'orange confite et de fruits à l'eau-de-vie, ample, suave chaleureux en bouche, équilibré par une finale très fraîche et sapide. ⧗ 2024-2034

⊶ SARL BOUSQUET ET FILS, 3 bis, av. Henri Barbusse, 66310 Estagel, tél. 06 28 19 52 74, domainebousquet@free.fr V t.l.j. sf dim. 8h-12h 14h-18h

♥ CH. CAP DE FOUSTE Paciencià Ambré Hors d'âge 15 ans ★★

■ | 1500 | | 20 à 30 €

La vieille demeure catalane (construite en 1830) et son parc au charme délicieux sont situés aux portes de Perpignan, non loin du lac de Villeneuve de la Raho. Sébastien Balaguer a pris la suite de son oncle, Joseph Mas, en 2017. Le vignoble couvre aujourd'hui 80 ha, certifiés bio depuis 2023.

Ce pur grenache blanc a été élevé en fûts non ouillés pendant 15 ans. Une patience largement récompensée à en juger par la qualité remarquable de cet ambré brillant, légèrement cuivré, qui impose dès l'ouverture ses senteurs intenses de boisé vanillé, de pain d'épices, de thé et de fruits confiturés. Ample, suave, mais aussi d'une surprenante fraîcheur, le palais affiche un équilibre parfait et s'accompagne de savoureux arômes d'abricot sec, d'orange confite et de tabac blond, avant un long final vanillé. ⧗ 2024-2040

■ **Paciencià temps Tuilé Hors d'âge 15 ans ★ (20 à 30 €; 1500 b.)** Patience et longueur de temps également pour ce tuilé, plus discret que l'ambré au nez, mais fort plaisant par ses notes de noix, de café, de cerise comptée et d'épices, qui joue avec bonheur entre douceur et acidité en bouche, sur fond d'orange confite, de fruits rouges confiturés et d'amande amère. ⧗ 2024-2040

⊶ CH. CAP DE FOUSTE, 1, D39, 66180 Villeneuve-de-la-Raho, tél. 04 68 55 91 04, boutique@chateau-cap-de-fouste.com V t.l.j. sf dim. 9h-12h 14h30-18h30

DOM. DES CHÊNES Ambré 2012 ★★

■ | 2000 | | 20 à 30 €

Propriété créée au XVIIIe, le Domaine des Chênes a vu se succéder plusieurs générations de la famille Razungles. Les vins sont produits dans le pittoresque cirque des falaises de Vingrau. Aujourd'hui, Alain et sa fille Marion perpétuent la tradition familiale dans l'enceinte de ce vieux mas catalan, avec à leur disposition un vignoble de 32 ha conduit en conversion bio.

L'élevage sur lies fines, avant un passage de sept ans sous bois, apporte le gras et la rondeur équilibrant les notes boisées, complétées dans cet ambré aux reflets mordorés par d'intenses parfums de pain d'épices, de miel, de figue sèche et d'une pointe de cacao. La bouche est ample, longue, alliant puissance et élégance, avec un bel équilibre fraîcheur-sucrosité. Fromage bleu, foie gras, dessert aux agrumes, bien des accords gourmands s'envisagent. ⧗ 2024-2040

⊶ DOM. DES CHÊNES, 7, rue Mal-Joffre, 66600 Vingrau, tél. 04 68 29 40 21, domainedeschenes@wanadoo.fr V r.-v.

CH. DES HOSPICES Petite Vermeille Hors d'âge ★★

■ | 2000 | | 20 à 30 €

Depuis cinq générations, la famille Benassis est installée au cœur de Canet-en-Roussillon. La cave est abritée dans une bâtisse traditionnelle catalane datant de 1836. Le vignoble (50 ha) est implanté sur les terrasses de galets roulés entre le littoral et la ville de Perpignan. Depuis 2007, Marc Benassis, ingénieur agronome, est aux commandes.

C'est en clin d'œil que cette petite merveille rime avec son lieu de naissance, la côte Vermeille. Un vin sans âge car construit et mené en solera dans des barriques non ouillées, avec une base de très vieux vin. L'ambré est très soutenu, roux, à reflets acajou. D'emblée, la complexité et l'intensité aromatiques interpellent : fruits secs, boisé fumé, noix, pain d'épices, eau-de-vie de quetsche. Et la bouche n'est pas en reste. Bien équilibrée entre douceur et vivacité, ample, généreuse, son univers aromatique s'enrichit d'orange amère et d'abricot confit, avec une finale portée par une pointe d'acidité et un rancio persistant. ⧗ 2024-2040

⊶ CH. DES HOSPICES DE CANET, 13, av. Joseph-Sauvy, 66140 Canet-en-Roussillon, tél. 04 68 80 34 14, chateau.des.hospices@gmail.com V r.-v.

CH. DE JAU Chez Jau Ambré 2009 ★

■ | 8000 | | 15 à 20 €

Du bâtiment construit au XIIe s. par les moines cisterciens, il ne reste que la superbe tour épousant la roche. Jean et Bernard Dauré ont acheté le domaine en 1974. La magnanerie du milieu du XIXe s. abrite aujourd'hui un espace d'art contemporain, qui voisine avec l'un des premiers restaurants vignerons créés en France. Le vignoble, converti à l'agriculture bio, couvre 100 ha.

Un ambré bien travaillé lors de son long élevage sous bois, ce qui lui permet d'aborder l'avenir avec sérénité : il n'évoluera quasiment plus en bouteille, à l'abri de la lumière, le travail est déjà fait. Ample, généreux, sur un équilibre plutôt sec, le vin reprend en bouche l'aromatique du nez : cacao, figue sèche, caramel, note miellée, boisé bien présent mais de belle facture. Les fruits à l'eau-de-vie s'invitent dans un final relevé, très frais et d'une belle longueur. ⧗ 2024-2040

⊶ CH. DE JAU, 66600 Cases-de-Pène, tél. 04 68 38 90 10, daure@wanadoo.fr V t.l.j. sf sam. dim. 9h30-12h30 13h30-16h 5

MAS CRISTINE Ambré ★

■ | 3000 | | 20 à 30 €

Superbe mas installé depuis 1810 dans le massif des Albères, à la limite du cru banyuls, isolé au milieu du maquis ponctué de chênes-lièges. Les vignes

dominent les pins qui descendent en pente douce vers la mer. Implanté sur des sols de schistes, de quartz et d'argile rouge, le domaine (30 ha en conversion bio) a été acheté en 2007 à la famille Dauré (Jau) par Philippe Gard (Coume del Mas) et Julien Grill (vigneron roussillonnais).

Macabeu, grenache blanc et grenache gris accueillent une larme (5 %) de muscat, reconnaissable à la touche de zeste d'orange et de verveine mentholée. Arômes qui s'associent aux notes de caramel et d'épices des barriques. Une attaque franche et fraîche et un cœur de bouche plus chaleureux qui rappelle les fruits macérés à l'eau-de-vie composent un ensemble harmonieux et déjà très agréable, mais qui saura durer. ⧗ 2024-2035

⊶ MAS CRISTINE, chem. de St-André, 66700 Argelès-sur-Mer, tél. 04 68 54 27 60, info@mascristine.com V ⬛ ⬛ *t.l.j. sf dim. 10h-12h30 14h-18h*

CH. DE PÉNA Tuilé Hors d'âge ★★

■	1500	◍	20 à 30 €

Le village de Cases-de-Pène tient son nom d'un ermitage du Xe s. établi sur un roc (*pena* en catalan) calcaire qui ferme la vallée de l'Agly. Les terres noires schisteuses y alternent avec l'ocre des argilo-calcaires, formant deux superbes terroirs sur lesquels travaillent la vingtaine de vignerons de la coopérative locale, fondée en 1942 et représentant 280 ha de vignes.

Élevé plusieurs années (plus de 5 ans pour la mention Hors d'âge) en milieu oxydatif par la technique de solera, où le vin ancien «éduque» les vins plus jeunes, ce grenache se présente dans un tuilé acajou très sombre. Le nez est superbe : torréfaction, épices, figue sèche, note de cire des vieux foudres, fruits secs du rancio. Dans la continuité et en ajoutant des notes de café et de noix, la bouche se révèle puissante, riche, enrobée, corsée, bien soutenue par une pointe fraîche de volatile, avec en prime une longueur remarquable sur les fruits secs conférée par le rancio. ⧗ 2024-2040

⊶ CH. DE PÈNA, 2, bd Mal-Joffre, 66600 Cases-de-Pène, tél. 04 68 38 93 30, maitredechai@chateau-de-pena.com V ⬛ *t.l.j. sf dim. 10h-12h30 14h-18h30*

Ⓑ CH. DE REY Grenat Le Muté sur grain 2023 ★

■	1060	▮	15 à 20 €

Dominant la Grande Bleue et les étangs, le Ch. de Rey, fondé en 1875, déroule ses 40 ha (en bio certifiée depuis le millésime 2022) sur les galets et les sables de la «haute» terrasse de l'Agly culminant à... 15 m. Un château très «fin XIXe s.» à la tour élancée, des gîtes à 5 mn des plages. Aux commandes depuis 1996, Cathy et Philippe Sisqueille, héritiers de quatre générations de vignerons, sont désormais accompagnés de leur fils Rémy.

La mention «muté sur grain» souligne que l'alcool utilisé pour muter le vin doux naturel est ajouté sur le moût (les grains) en pleine fermentation, pour stopper celle-ci. L'extraction des composés du raisin est alors totale après, comme ici, deux à trois semaines de macération. D'où cette robe au grenat profond et ces aromes fruités intenses et frais (cerise, cassis, framboise). Une fraîcheur à laquelle fait écho une bouche ample, équilibrée, cadrée en douceur par des tanins souples. ⧗ 2024-2030

⊶ CH. DE REY, rte de St-Nazaire, 66140 Canet-en-Roussillon, tél. 04 68 73 86 27, contact@chateauderey.com V ⬛ ⬛ *t.l.j. sf dim. 10h-12h 15h-18h; sam. 10h-12h* ⌂ Ⓔ

Ⓑ DOM. SPIAGGIA Ambré 2018 ★★

■	678	◍	15 à 20 €

Benoit Spiaggia a repris en 2022 l'ancien domaine Rossignol, qu'il a rebaptisé à son nom. Il dispose d'un vignoble de 40 ha dans les Aspres, conduit en agriculture biologique depuis 2005.

Après 5 ans de barrique, le couple grenache blanc-grenache gris a conservé une robe jeune, affichant un ambré léger, vieil or lumineux. Discret au nez, sur les épices, la pâte d'amande et la douceur vanillée du merrain, c'est en bouche qu'il se révèle. Rond, fin et puissant à la fois, très équilibré entre le fruité du raisin et l'empyreumatique des fûts, entre douceur et fraîcheur, il déroule sereinement jusqu'à la finale relevée par un début de rancio. ⧗ 2025-2040

⊶ DOM. SPIAGGIA, 2, imp. Las-Clotes, 66300 Passa, tél. 06 56 66 67 64, domainespiaggia@yahoo.com V ⬛ ⬛ *t.l.j. sf dim. mer. 10h-12h 14h-18h*

LES VIGNERONS DE TRÉMOINE 100 ans 1980 ★

■	3000	◍▮	50 à 75 €

Les Vignerons de Trémoine : une coopérative fondée en 1919, regroupant quelque 70 vignerons qui cultivent 420 ha dans quatre villages situés dans la vallée de l'Agly : Planèzes, Rasiguères, Lansac et Cassagnes. L'histoire de la cave est liée au festival de musique classique créé en 1980 par la pianiste britannique Moura Lympany. Elle est aujourd'hui dirigée par David Bleuze.

Trente ans de cuve, douze de fût, la cuvée du centenaire de la cave, forgée à l'épreuve du temps, a fort belle allure. Le vin blanc d'origine a évolué sur un ambré soutenu, lumineux, aux reflets cuivrés. Des arômes d'eau-de-vie de noix, de fruits secs, de tabac blond, de café et de cacao soulignent un bel élevage. L'attaque en bouche est ample, suave, racée, puis le rancio et les fruits secs s'installent, avec une belle vivacité renforcée par une note à la fois chaleureuse et fraîche de vieille eau-de-vie. Un plaisir pour les amateurs de rancio. ⧗ 2025-2040

■ **Tuilé 2019 ★ (8 à 11 €; 4 200 b.)** Issu de grenache noir élevé en milieu oxydatif, ce tuilé encore soutenu en couleur, se montre suave et tout en rondeur en bouche, évoluant sur des arômes gourmands de fruits confiturés, de pruneau, de figue et de chocolat blanc. ⧗ 2024-2034

⊶ LES VIGNERONS DE TRÉMOINE, 5, av. de Caramany, 66750 Rasiguères, tél. 04 68 29 11 82, contact@tremoine.com V ⬛ ⬛ *t.l.j. sf dim. 9h-12h 14h-18h*

ARNAUD DE VILLENEUVE Ambré 5 ans d'âge ★★★

■	11000	◍▮	11 à 15 €

Résultant de la fusion de trois caves, cette coopérative porte le nom de l'inventeur des vins doux naturels, Arnaud de Villeneuve. Elle rassemble 320 viticulteurs de Salses, de Rivesaltes et de Pézilla-la-Rivière, qui cultivent quelque 1 600 ha de vignes (dont 125 ha

en bio) répartis sur 26 communes et des terroirs variés. Une valeur très sûre du Roussillon viticole. Autre étiquette : Ch. Pezilla.

Ce 5 ans d'âge à l'ambre soutenu, plébiscité dans toutes les sélections et concours, dévoile des arômes complexes et intenses de verveine, d'écorce d'orange confite, d'épices et de début de rancio. Une palette qui infuse une bouche superbe d'équilibre, élégante, à la fois ronde et nerveuse, d'une grande fraîcheur, étirée dans une belle et longue finale sur les fruits secs et les agrumes, avec en prime un retour du rancio. Le mariage parfait de la force et de la finesse. ⧗ 2024-2035 ■ **Ch. Pezilla Ambré 5 ans d'âge ★★ (8 à 11 €; 4000 b.)** D'une belle couleur ambrée soutenue, cette cuvée se distingue d'emblée par son nez intense et complexe mêlant les agrumes, les fruits confits, le miel, les épices et la noix d'un début de rancio. Elle séduit tout autant par sa bouche à la fois puissante et fine, longue et large, très équilibrée. ⧗ 2024-2035 ■ **Ambré Grande Réserve 10 ans d'âge ★★ (15 à 20 €; 8000 b.)** Cet ambré obtenu par un assemblage de vins d'au moins dix ans d'âge, élevé en fûts, foudres et cuves béton, livre un bouquet harmonieux de fruits confits, de fruits secs, de pain grillé et de miel. En bouche, il conjugue à merveille finesse et fraîcheur, sans oublier la longueur. ⧗ 2024-2040 ■ **Ambré Collection 1993 ★ (30 à 50 €; 2400 b.)** Cet ambré millésimé revêt une belle robe mordorée et brillante. Au nez se dévoilent des notes intenses de cacao, de boisé fumé, de fruits secs et de fruits confits, prolongées par un palais puissant, suave, chaleureux, racé. Déjà savoureux, il n'a pas fini de faire parler du lui. ⧗ 2024-2040

⊶ ARNAUD DE VILLENEUVE, 153, RD 900, 66600 Rivesaltes, tél. 04 68 64 06 63, contact@caveadv.com V *t.l.j. sf dim. 9h30-12h30 14h30-18h30*

MUSCAT-DE-RIVESALTES

Superficie : 5 221 ha / Production : 106 765 hl

Le muscat-de-rivesaltes peut provenir de l'ensemble du terroir des appellations rivesaltes, maury et banyuls. Les deux cépages autorisés sont le muscat à petits grains et le muscat d'Alexandrie. Le premier, souvent appelé muscat blanc ou muscat de Rivesaltes, est précoce et préfère les terrains relativement frais et calcaires. Le second, appelé aussi muscat romain, est plus tardif et très résistant à la sécheresse. La vinification s'opère soit par pressurage direct, soit avec une macération plus ou moins longue. La conservation se fait obligatoirement en milieu réducteur, pour éviter l'oxydation des arômes primaires. Avec 100 g/l minimum de sucres, les vins sont liquoreux. Ils sont à boire jeunes, à une température de 9 à 10 °C.

B DOM. BERTRAND-BERGÉ 2023 ★★

■ | 1200 | | 11 à 15 €

À l'instar de son aïeul Jean Sirven, qui vinifiait son vin à la fin du XIXᵉ s., Jérôme Bertrand a quitté la coopérative en 1993 pour élaborer ses propres vins. Il a cru très tôt dans la qualité des terroirs rudes de Fitou, a élevé et valorisé les vins du cru, puis hissé son domaine (40 ha) parmi les grands. Depuis la récolte 2011, le vignoble est conduit en bio certifié.

D'un or clair d'une belle limpidité, ce muscat laisse entrevoir au nez des notes intenses de fruits exotiques dominées par le litchi. La bouche apparaît fraîche, fruitée, très équilibrée, avec une belle longueur en prime. Accord gourmand assuré avec une tarte citron meringuée. ⧗ 2024-2027

⊶ DOM. BERTRAND-BERGÉ, 38, av. du Roussillon, 11350 Paziols, tél. 04 68 45 41 73, bertrand-berge@wanadoo.fr V *t.l.j. 9h-12h 14h-18h*

B DOM. BOUDAU 2023 ★

■ | 24000 | | 11 à 15 €

Véronique Boudau et son frère Pierre sont à la tête du domaine familial depuis 1993. Ils ont décidé de donner un nouveau souffle à la propriété, qui couvre 50 ha (en bio certifié) sur d'excellents terroirs, à l'entrée de la vallée de l'Agly. Le pari est réussi : la totalité de la production est mise en bouteilles et commercialisée, notamment dans un réseau de restaurants et de cavistes. Une valeur sûre. La fille de Véronique a rejoint l'aventure en 2020.

Une belle robe d'or aux reflets verts, un nez frais et très expressif sur les fruits exotiques, l'entame est engageante. La bouche ne déçoit pas : elle se montre gourmande, tendre, bien équilibrée par une pointe de fraîcheur, portée de bout en bout sur des notes de pêche et de bonbon. Parfait avec une tarte aux fruits exotiques ou un sorbet aux agrumes. ⧗ 2024-2027

⊶ DOM. BOUDAU, 6, rue Marceau, 66600 Rivesaltes, tél. 04 68 64 45 37, contact@domaineboudau.fr V *t.l.j. sf dim. 10h-12h 15h-18h; sam. 10h-12h*

FAMILLE BOUSQUET 2021 ★

■ | 1900 | | 5 à 8 €

La famille Bousquet s'est installée en 1986 sur les terroirs de Tautavel et d'Estagel : un vignoble de 21 ha conduit par Franck et Benoit Bousquet, à partir duquel ils produisent des côtes-du-roussillon-villages, des rivesaltes et des IGP Côtes catalanes.

D'un beau doré soutenu, ce muscat dévoile un joli nez d'abricot et de miel. Une palette qui s'enrichit de notes e cannelle dans une bouche bien équilibrée et fraîche. Ce vin accompagnera volontiers des fromages bleus. ⧗ 2024-2027

⊶ SARL BOUSQUET ET FILS, 3 bis, av. Henri Barbusse, 66310 Estagel, tél. 06 28 19 52 74, domainebousquet@free.fr V *t.l.j. sf dim. 8h-12h 14h-18h*

CH. DES HOSPICES Intuition 2023 ★★★

■ | 7000 | | 11 à 15 €

Depuis cinq générations, la famille Benassis est installée au cœur de Canet-en-Roussillon. La cave est abritée dans une bâtisse traditionnelle catalane datant de 1836. Le vignoble (50 ha) est implanté sur les terrasses de galets roulés entre le littoral et la ville de Perpignan. Depuis 2007, Marc Benassis, ingénieur agronome, est aux commandes.

D'une belle couleur citron aux reflets brillants, ce grand muscat dévoile un nez frais, intense, élégant, tout en fruit, sur la pomme et la poire. Une même palette fruitée infuse longuement une bouche parfaitement équilibrée, à la fois suave et fraîche, et d'un raffinement admirable. Fromages bleus bien gras, tarte Tatin, la fin de repas s'annonce des plus gourmandes. ⧗ 2024-2030

⊶ CH. DES HOSPICES DE CANET, 13, av. Joseph-Sauvy, 66140 Canet-en-Roussillon, tél. 04 68 80 34 14, chateau.des.hospices@gmail.com V r.-v.

B MAS CRISTINE 2022 ★

| 2500 | | 11 à 15 € |

Superbe mas installé depuis 1810 dans le massif des Albères, à la limite du cru banyuls, isolé au milieu du maquis ponctué de chênes-lièges. Les vignes dominent les pins qui descendent en pente douce vers la mer. Implanté sur des sols de schistes, de quartz et d'argile rouge, le domaine (30 ha en conversion bio) a été acheté en 2007 à la famille Dauré (Jau) par Philippe Gard (Coume del Mas) et Julien Grill (vigneron roussillonnais).

Ce muscat s'ouvre sur des notes fraîches d'agrumes et de fleurs blanches. Arômes qui s'agrémentent d'une douce touche miellée dans une bouche tendre et suave, mais qui reste fraîche de bout en bout. ⧗ 2024-2027

⊶ MAS CRISTINE, chem. de St-André, 66700 Argelès-sur-Mer, tél. 04 68 54 27 60, info@mascristine.com V *t.l.j. sf dim. 10h-12h30 14h-18h*

♥ CH. DE PÉNA ★★★

| 6000 | | 8 à 11 € |

Le village de Cases-de-Pène tient son nom d'un ermitage du Xᵉs. établi sur un roc (*pena* en catalan) calcaire qui ferme la vallée de l'Agly. Les terres noires schisteuses y alternent avec l'ocre des argilo-calcaires, formant deux superbes terroirs sur lesquels travaillent la vingtaine de vignerons de la coopérative locale, fondée en 1942 et représentant 280 ha de vignes.

D'un seyant jaune soutenu aux reflets dorés, ce muscat de haute expression s'ouvre sans réserve sur des parfums de miel, de pêche blanche et d'agrumes (orange, mandarine). Une attaque franche et dynamique prélude à une bouche ample, longue et intense, centrée sur les fruits jaunes et l'écorce d'orange, avec en soutien une superbe fraîcheur qui étire bien la finale. On se laisserait bien tenter par un soufflé glacé au Grand-Marnier. ⧗ 2024-2030

⊶ CH. DE PÈNA, 2, bd Mal-Joffre, 66600 Cases-de-Pène, tél. 04 68 38 93 30, maitredechai@chateau-de-pena.com V *t.l.j. sf dim. 10h-12h30 14h-18h30*

DOM. PIÉTRI-GÉRAUD 2023 ★★

| 2760 | | 11 à 15 € |

Établi au cœur de Collioure, dans une des plus petites rues de la cité, ce domaine est dirigé depuis 2006 par Laetitia Piétri-Clara, qui a pris la suite de sa mère Maguy. Appuyée par l'œnologue Hélène Grau, la vigneronne perpétue la tradition inaugurée à la fin du XIXᵉs. par son arrière-grand-père Étienne Géraud, médecin retourné aux vignes familiales. Le vignoble couvre 20 ha, essentiellement en appellations banyuls et collioure.

Jaune pâle aux étincelants reflets argentés, ce muscat livre un bouquet très expressif et bien muscaté de fruits exotiques. L'exotisme est aussi de mise dans une bouche fraîche, souple, délicate et longue, relevée par une agréable touche poivrée en finale. Parfait avec des crêpes Suzette. ⧗ 2024-2027

⊶ DOM. PIÉTRI-GÉRAUD, 22, rue Pasteur, 66190 Collioure, tél. 04 68 82 07 42, domaine.pietri-geraud@orange.fr V r.-v.

DOM. DE LA ROCHELIERRE 2023 ★

| 2500 | | 11 à 15 € |

Quatre générations se sont succédé sur ce domaine dirigé depuis 1998 par Jean-Marie Fabre, œnologue et président des Vignerons indépendants de l'Aude. Un producteur engagé qui, accompagné de son épouse Émilie, préserve son terroir de Fitou : ses vignes (15 ha) n'ont pas vu de produits chimiques depuis 1979 (méthode Cousinié).

Ce muscat clair et limpide s'ouvre sur des notes de mangue, de jasmin et d'abricot. Une note de fleur de sureau et d'ananas confit s'ajoute à cette palette dans une bouche riche, intense, mais qui reste bien équilibrée. Que diriez-vous de l'accompagner d'un poulet au curry ? ⧗ 2024-2027

⊶ DOM. DE LA ROCHELIERRE, 8, rue de la Noria, 11510 Fitou, tél. 04 68 45 70 52, la.rochelierre@orange.fr V *t.l.j. 9h-12h 14h-19h*

DOM. ROMBEAU Ceramista 2023 ★

| 6900 | | 11 à 15 € |

Le Dom. de Rombeau est dans la même famille depuis 1810. Vigneron médiatique, restaurateur et hôtelier, Pierre-Henri de La Fabrègue, arrivé à sa tête en 1993, lui a donné un bel éclat. Des quelque 100 ha de l'exploitation, dont un quart cultivé en bio, naissent des muscat-de-rivesaltes, des rivesaltes et des vins secs, en appellations et en IGP. Une production large et bien connue des lecteurs du Guide.

Le seul muscat à petits grains dans ce vin d'une belle brillance, ouvert sur des parfums de fruits à chair blanche. Un fruit qui irrigue une bouche fraîche, ample, d'un équilibre bien assuré. ⧗ 2024-2027

⊶ DOM. DE ROMBEAU, 2, av. de la Salanque, 66600 Rivesaltes, tél. 04 68 64 64 66, vin@rombeau.com V *t.l.j. 10h-18h*

B DOM. DES SCHISTES Jaia 2022 ★★

| 3000 | | 15 à 20 € |

La cinquième génération officie dans cette exploitation de la vallée de l'Agly qui vinifie en cave particulière depuis 1989. Comme son nom l'indique, les marnes schisteuses dominent. À la vigne, Jacques et Michaël Sire sont pointilleux sur le travail du sol et leur domaine (45 ha) est conduit en bio. Une valeur sûre.

Or intense aux reflets miel, d'une belle brillance, ce 100 % muscat à petits grains livre au nez des arômes gourmands de miel, de fruits confits et de fleurs blanches.

La bouche est à l'unisson du bouquet, offrant en prime une agréable rondeur. Tout indiqué sur des fromages de brebis ou une crème catalane. ⧗ 2024-2027

DOM. DES SCHISTES, 21, av. Henri-Barbuse, 66310 Estagel, tél. 06 64 75 66 54, sire-schistes@wanadoo.fr V r.-v. B

SERRE ROMANI 2023 ★★

4 500 | 11 à 15 €

Laurent et Cylia Pratx se sont rencontrés lors de leurs études d'ingénieurs agronomes à Toulouse. Laurent a travaillé successivement pour le Ch. de Nages à Nîmes et pour la maison Gabriel Meffre à Gigondas. En 2008, le couple a fait l'acquisition de ce domaine de 25 ha répartis sur les communes d'Espira-de-l'Agly et de Maury, planté majoritairement de grenache. La propriété tire son nom (la « montagne aux romarins ») de celui de l'une des parcelles.

D'un élégant jaune doré, ce muscat présente un nez bien typé, sur les fruits exotiques et le miel. Prolongeant ces arômes avec une belle intensité, la bouche apparaît ample, généreuse et longue. Une bien jolie friandise. ⧗ 2024-2027

SERRE ROMANI, Mas Parets, RD 18, 66600 Espira-de-l'Agly, tél. 06 62 84 29 04, pratx.sr@gmail.com V *t.l.j. sf sam. dim. 10h-12h 14h-18h*

B DOM. SPIAGGIA 2022 ★

2 600 | 11 à 15 €

Benoit Spiaggia a repris en 2022 l'ancien domaine Rossignol, qu'il a rebaptisé à son nom. Il dispose d'un vignoble de 40 ha dans les Aspres, conduit en agriculture biologique depuis 2005.

D'un jaune clair aux reflets dorés, ce 100 % muscat d'Alexandrie livre au nez de discrets mais élégants parfums de fleurs blanches. Des notes d'épices et d'agrumes s'ajoutent à ces nuances florales dans une bouche bien équilibrée entre sucres résiduels et fraîcheur. ⧗ 2024-2027

DOM. SPIAGGIA, 2, imp. Las-Clotes, 66300 Passa, tél. 06 56 66 67 64, domainespiaggia@yahoo.com V *t.l.j. sf dim. mer. 10h-12h 14h-18h*

LES VIGNERONS DE TRÉMOINE 2021 ★★

12 000 | 8 à 11 €

Les Vignerons de Trémoine : une coopérative fondée en 1919, regroupant quelque 70 vignerons qui cultivent 420 ha dans quatre villages situés dans la vallée de l'Agly : Planèzes, Rasiguères, Lansac et Cassagnes. L'histoire de la cave est liée au festival de musique classique créé en 1980 par la pianiste britannique Moura Lympany. Elle est aujourd'hui dirigée par David Bleuze.

D'un jaune clair aux reflets dorés, ce muscat dévoile un nez fin et délicat de poire et de verveine. En bouche se déploie une délicate sucrosité aux tonalités de fruits au sirop, soulignée par une fine fraîcheur qui ajoute à l'élégance et l'équilibre de ce vin très harmonieux. De bons bleus affinés ou une tarte amandine seront en excellente compagnie. ⧗ 2024-2028

LES VIGNERONS DE TRÉMOINE, 5, av. de Caramany, 66750 Rasiguères, tél. 04 68 29 11 82, contact@tremoine.com V *t.l.j. sf dim. 9h-12h 14h-18h*

MAURY

Superficie : 280 ha
Production : 6 600 hl (85 % rouge)

Le vignoble recouvre la commune de Maury, au nord de l'Agly, et une partie des trois communes limitrophes. Encadré par des montagnes calcaires, les Corbières au nord et les Fenouillèdes au sud, il s'accroche à des collines escarpées aux sols de schistes noirs de l'aptien plus ou moins décomposés. Les maury rouges doivent leur caractère au grenache noir, cépage dominant. La vinification se fait souvent par de longues macérations, suivies d'un long élevage en fût – parfois en bonbonnes de verre – qui permet d'affiner des cuvées remarquables. D'un rouge profond lorsqu'ils sont jeunes, les maury prennent par la suite une teinte acajou. Au bouquet, ils évoquent d'abord les petits fruits rouges, avant d'évoluer vers le cacao, les fruits cuits et le café. Plus rares sont les blancs, élaborés à partir des grenaches blancs et gris et du macabeu.

DOM. LAFAGE Grenat 2023 ★

18 000 | 11 à 15 €

Éliane et Jean-Marc Lafage ont vinifié pendant dix ans dans l'hémisphère Sud, puis ont repris l'exploitation familiale en 1995, établie sur trois terroirs bien distincts du Roussillon : les terrasses de galets roulés proches de la mer ; les Aspres et ses terres d'altitude ; la vallée de l'Agly, vers Maury (depuis l'acquisition en 2006 du Ch. Saint-Roch). Aujourd'hui, quelque 180 ha cultivés à petits rendements, avec un patrimoine conséquent de très vieilles vignes, pour certaines centenaires. Un domaine très régulier en qualité, souvent en vue pour ses côtes-du-roussillon et ses muscats, complété par une activité de négoce.

La robe en rouge et noir est en adéquation avec les arômes, marqués par la cerise bigarreau, la framboise, le cassis et la mûre à haute maturité. Fraîcheur et sucrosité s'équilibrent dans une bouche ample, ronde, riche d'un fruité dominé par le charnu de la cerise. Un vin encore en pleine jeunesse, porté par des tanins solides et prometteurs. Le futur complice d'un chocolat très noir. ⧗ 2026-2034

DOM. LAFAGE, Mas Miraflors, rte de Canet, 66000 Perpignan, tél. 04 68 80 35 82, contact@domaine-lafage.com V *t.l.j. sf dim. 10h-12h30 15h-19h ; ouverture dim. jui.-août 10h-13h*

♥ MAS DE LAVAIL Expression 2022 ★★

6 000 | 15 à 20 €

Jean et Nicolas Batlle, père et fils, ont acquis ce joli mas du XIXe s. en 1999, à l'installation du second. À la tête de ce domaine de 80 ha planté de vieilles vignes, Nicolas poursuit le travail de quatre générations de vignerons sur les terres noires de Maury, dont une partie en bio depuis 2021.

Vieilles vignes, petits rendements, schistes noirs complices du grenache noir, longue macération sur marc après mutage pour extraire le maximum des composantes du raisin, voilà ce qui conduit à ce grenat sombre, de haute expression, dont le volume et la puissance ont été domptés par un court élevage. Cette expression intense de fruits mûrs infuse un palais onctueux, fondu, charnu, structuré par des tanins veloutés et prolongé par une finale sur les fruits confiturés, la réglisse et les épices, qui conserve toutefois une belle fraîcheur. Un vin sérieux, complet, au caractère affirmé. ⧗ 2027-2035

MAS DE LAVAIL, RD 117, 66460 Maury, tél. 04 68 29 08 95, info@masdelavail.com V t.l.j. sf dim. 10h-12h 14h-18h

MAS PEYRE Ambré La Rage du soleil 2017 ★★

	2000		15 à 20 €

La famille Bourrel a constitué son domaine en 1988. Elle a quitté la coopérative en 2003 pour créer sa cave. À l'arrivée de Baptiste, le fils aîné, en 2009, elle a engagé progressivement la conversion bio du vignoble, 26 ha plantés sur les terroirs de schistes de la vallée des Fenouillèdes. Le jeune frère, César, gère la commercialisation.

L'ambré est un produit rare sur ces terres noires de Maury connues pour être le terrain de jeu du grenache noir. Mais voilà, le discret macabeu élevé des années en foudre s'y exprime pleinement. Il s'affiche dans une robe lumineuse d'ambre-roux déjà irrésistible. Pain d'épices, miel, vieille eau-de-vie, le nez est intense dès l'approche, puis les fruits secs et la noix annoncent un début de rancio. La bouche apparaît complexe (noix, noisette grillée, torréfaction, abricot sec), ronde, charnue, puissante, chaleureuse sans excès, d'une harmonie sans faille. ⧗ 2026-2035 **Grenat La Rage du soleil 2022 ★★ (15 à 20 €; 2000 b.)** B La «rage du soleil» de 2022 n'a pas affecté la fraîcheur fruitée de ce beau grenat ouvert sur une corbeille de cassis, de fraise, de mûre ou encore de griotte. Un fruit frais qui s'impose aussi dans un palais charnu, puissant, doté de tanins, soyeux et enrobés, aptes à porter ce vin durant la décennie à venir. ⧗ 2025-2035

DOM. MAS PEYRE, 39, av. du Gal-de-Gaulle, 66220 Saint-Paul-de-Fenouillet, tél. 06 18 70 62 24, maspeyre@orange.fr V t.l.j. 9h30-19h30 3

LES VIGNERONS DE MAURY
Cuvée du Centenaire ★★

	20000		20 à 30 €

Fondée en 1910, la cave coopérative de Maury est aujourd'hui la plus ancienne du département encore en activité. Après les révoltes viticoles de 1907, elle regroupa plus de 130 propriétaires. Aujourd'hui, la cave dispose des 700 ha de ses adhérents; elle vit du grenache qui donne les traditionnels vins doux naturels et, depuis 2011, les maury secs.

Le long élevage oxydatif en foudres a transformé le rouge profond d'origine en un brillant et limpide tuilé acajou à reflets bronze trahissant un début de rancio. Les senteurs douces des vieux foudres à vins doux se mêlent aux fruits secs, à l'orange confite, au moka, au tabac blond et au pruneau. L'ensemble est accompagné par une pointe d'acidité volatile qui confère un surcroît de complexité et d'intensité. La bouche est superbe, ronde, riche, longue, dotée de tanins fondus et d'une belle fraîcheur, infusée de notes de figue sèche, d'épices, de cacao et de fruits confiturés. Un maury remarquablement équilibré et construit pour durer. ⧗ 2027-2035 **Ambré 2015 ★ (11 à 15 €; 7000 b.)** Cet ambré né de grenache blanc (80 %) et de macabeu s'ouvre sur des parfums de fruits secs, d'abricot et d'agrumes, agrémentés de saveurs épicées et cacaotées dans une bouche ample, veloutée, intense et suave. Parfait avec des fromages bleus. ⧗ 2027-2035

LES VIGNERONS DE MAURY, 128, av. Jean-Jaurès, 66460 Maury, tél. 04 68 59 00 95, contact@vigneronsdemaury.com V r.-v.

DOM. POUDEROUX 2023 ★

	3000		20 à 30 €

Une remarquable régularité pour ce domaine de près de 20 ha (certifié bio sur une partie du vignoble, en conversion sur d'autres parcelles), niché au cœur du village de Maury. Une petite cave bien agencée et un joli jardin-terrasse où Robert et Cathy Pouderoux, représentant la sixième génération vigneronne, accueillent leurs visiteurs. À leur carte, le rouge est en vedette : du maury, bien sûr (doux ou sec), et aussi des côtes-du-roussillon-villages. Depuis 2021, une transition est en marche avec Louise Tanguy et Léo Hemmer Bury pour la reprise de l'exploitation.

La robe est très sombre, dense, ornée de reflets rubis. Une intensité née d'un court élevage en demi-muids pour une partie de la récolte. Très expressif, le nez évoque la mûre, la myrte, la cerise noire et le sous-bois. La bouche, souple et ronde en attaque, sur un fruité intense, se fait plus ferme dans son développement, autour de tannins encore un peu accrocheurs. Un vin construit pour durer. ⧗ 2027-2035

VIGNOBLES POUDEROUX, 2, rue Émile-Zola, 66460 Maury, tél. 06 42 78 08 19, contact@domainepouderoux.fr V r.-v.

DOM. DES SCHISTES La Cerisaie 2023 ★

	6000		15 à 20 €

La cinquième génération officie dans cette exploitation de la vallée de l'Agly qui vinifie en cave particulière depuis 1989. Comme son nom l'indique, les marnes schisteuses dominent. À la vigne, Jacques et Michaël Sire sont pointilleux sur le travail du sol et leur domaine (45 ha) est conduit en bio. Une valeur sûre.

C'est la cerise noire que l'on croque, charnue, légèrement vanillée, dans ce maury ample et expressif, qui a su garder de la fraîcheur, en équilibre avec la sucrosité enrobée du grenache. Une touche méditerranéenne de garrigue (myrte) ajoute de la complexité, avec un alcool bien fondu apportant un final mentholé et des tanins soyeux supportant l'ensemble. Une harmonie très appréciable. ⧗ 2024-2034

DOM. DES SCHISTES, 21, av. Henri-Barbuse, 66310 Estagel, tél. 06 64 75 66 54, sire-schistes@wanadoo.fr V r.-v.

DOM. DES SOULANES Grenat 2023 ★

	3800		15 à 20 €

Avant de se mettre à son compte en 2002, Daniel Laffite a travaillé quinze ans pour une importante

propriété, exploitée en agriculture biologique depuis 1972. Il en a racheté une partie et a aménagé sa cave. Il conduit aujourd'hui 18 ha avec sa femme Cathy.

De la profondeur avec des reflets vifs pour ce grenat dense, brillant, éclatant de jeunesse. Intense, droit, élégant, le fruit s'impose d'emblée, entre cerise noire et cassis légèrement poivrés. Une superbe attaque, sur le fruit charnu et la réglisse, ouvre sur un cœur de bouche offrant beaucoup de fraîcheur et d'amplitude, soutenu par des tanins soyeux. Un ensemble harmonieux et expressif. ⧗ 2024-2034

⊶ DOM. DES SOULANES, Mas de Las Fredas, 66720 Tautavel, tél. 06 12 33 63 14, soulanes66@gmail.com V r.-v.

DOM. LA TOUPIE
Grenat Au gré d'Éole 2022 ★

■	1600		15 à 20 €

Après vingt ans passés dans l'administration viticole, puis à parcourir le vignoble pour la coopérative du Mont Tauch, dans l'Aude, Jérôme Collas a franchi le pas et la « frontière » entre Languedoc et Roussillon, pour s'installer en 2012 sur 12 ha dans la vallée de l'Agly.

D'un beau grenat profond aux reflets violines, ce maury séduit dès le premier nez par ses arômes soutenus de cerise et de cassis frais. Le fruité se fait plus mature, plus épicé en bouche, accompagné par la sucrosité du grenache. Un vin ample, savoureux, équilibré et gourmand, qui n'attend plus qu'un dessert au chocolat. ⧗ 2025-2034 ■ **Tertio 2023 ★ (15 à 20 €; 1100 b.)** Drapé dans une robe claire et limpide, ce blanc livre un bouquet élégant, très floral, agrémenté de fruits blancs et de pêche. Arômes enrichis d'une touche de mile dans une bouche ample et fraîche, un brin plus stricte en finale. ⧗ 2025-2034

⊶ DOM. LA TOUPIE, ZA Clos-de-la-Serre, D69, rte des Mas, 66460 Maury, tél. 07 86 28 99 52, contact@domainelatoupie.fr V r.-v.

IGP CÔTES CATALANES

LES VIGNERONS DES ALBÈRES
Muscat sec 2023 ★★

■	13000		5 à 8 €

Installée à Saint-Génis-des-Fontaines, la coopérative des vignerons des Albères, fondée en 1939, regroupe une trentaine de viticulteurs et un vignoble de 40 ha. Elle propose une large gamme de vins rouges, rosés et blancs, sans oublier les vins doux naturels, et commercialise plusieurs étiquettes : le Prestige, Ch. la Roca, Ch. Montesquieu…

Les charmes du muscat à petits grains dans ce 2023 élégant de bout en bout. Épanoui, floral, fruité (pomme verte, citron) et beurré, le nez ouvre sur une bouche franche, harmonieuse, tendre et fraîche, qui restitue la pureté de fruit du cépage. ⧗ 2024-2027

⊶ LES VIGNERONS DES ALBÈRES, 9, av. des Écoles, 66740 Saint-Génis-des-Fontaines, tél. 04 68 89 81 12, vigneronsdesalberes@wanadoo.fr V t.l.j. sf dim. 9h30-12h 15h-18h (sam. 9h30-12h)

DOM. LAURENT BATTLE
Équinoxe Blanc de noirs 2023 ★★

■	2500		11 à 15 €

Après avoir travaillé dans de grands domaines du Languedoc-Roussillon, Laurent Batlle, œnologue de formation, a repris en 2019 6 ha de vignes situés sur les hautes terrasses caillouteuses de Baixas, Peyrestortes et Saint-Estève

De ce grenache vinifié en blanc de noirs, on retient la robe légèrement teintée de rose, les arômes intenses, floraux et fruités (pêche de vignes), et la bouche consistante, glissante, élégante, très longue, ponctuée de la subtile astringence typique de ce type de vin. Un blanc de gastronomie, pour viandes blanches et fromages. ⧗ 2024-2028 ■ **Villa Cora 2023 ★ (8 à 11 €; 2000 b.)** Grenache blanc et muscat d'Alexandrie unis pour le meilleur : verveine, citron, pamplemousse, un bouquet dynamique que l'on retrouve dans une bouche vive, tendue et alerte. ⧗ 2024-2026 ■ **Les Landes de pierres 2022 ★ (11 à 15 €; 2500 b.)** Des arômes puissants de fruits rouges surmûris, une bouche tendre, chaleureuse, fluide et plus resserrée en finale autour de tanins un rien fermes : un bon grenache qui a pris le soleil généreux de 2022. ⧗ 2025-2029

⊶ DOM. LAURENT BATLLE, 47, rue du Château-d'Eau, 66600 Peyrestortes, tél. 06 95 46 23 67, leslandesdepierres@gmail.com V r.-v.

DOM. BISCONTE Le Carignan 2022 ★★

■	3000		8 à 11 €

Créé en 1930, le domaine Bisconte compte 60 ha de vignes réparties sur trois terroirs distants de quelques kilomètres. En 2005, Pascale Jonca, docteure en pharmacie, et Manuel Vincent, hydrogéologue, l'ont repris, et c'est en 2016 qu'ils sont devenus vignerons indépendants.

Ce vin né de vieux carignans (50 ans) s'affiche dans une robe violette, profonde, aux reflets rubis. Cerise fraîche, fruits des bois, épices, garrigue, réglisse, voilà un bouquet engageant et bien typé. Ample, ronde, pétrie de fruits rouges frais et compotés, soutenue par des tanins fins et d'une longueur convaincante, la bouche ne déçoit pas. ⧗ 2024-2028 ■ **La Légende 2023 ★★ (8 à 11 €; 3000 b.)** Des saveurs printanières de fruits blancs et de fleurs animent une bouche harmonieuse, longue, qui se teinte de verveine et de poivre blanc dans une finale alerte. ⧗ 2024-2027 ■ **Cuvée des Cabanes 2023 ★ (5 à 8 €; 6000 b.)** Un rosé vinifié avec tact, discret à l'olfaction, plus ouvert en bouche sur des notes de bourgeon de cassis, de vanille et de cerise, qui offre une matière charnue, souple et gourmande. « Réconfortant », résume le jury. ⧗ 2024-2025

⊶ DOM. BISCONTE, chem. du Salitar, 66740 Saint-Génis-des-Fontaines, tél. 06 87 42 96 46, bisconte@wanadoo.fr V t.l.j. 12h-19h

DOM. LES BONÈRES
Terres de Bruixes 2022 ★

■	1200		8 à 11 €

Un domaine familial implanté à Corbère depuis des générations, qui compte une dizaine d'hectares de vignes cultivées en bio (certification en 2023) et plantées de cépages traditionnels en blanc et en rouge.

Vinifié en douceur, voilà un rouge cohérent et séduisant, issu de vieilles vignes de syrah et de carignan. L'élevage en cuve a préservé le fruit, qui se livre généreusement au nez, sur des notes de fruits rouges mûrs mais aussi frais. Ronde, riche, épaulée par des tanins bien pris dans la chair, la bouche restitue efficacement cette franchise de fruit. ⧗ 2024-2028 **Terres de Bruixes 2023 ★ (8 à 11 €; 780 b.)** Ⓑ Issue de vieilles vignes, cette cuvée de macabeu s'offre dans une robe or pâle aux reflets gris. Le nez, élégant et expressif, décline la pêche blanche et l'aubépine. Souple, ronde, relevée par une fine amertume, la bouche soigne l'équilibre et l'expression du fruit. ⧗ 2024-2026

⊶ DOM. BONERES, Mas Saint-Jude, 66130 Corbère, tél. 06 19 42 43 32, lesboneres@gmail.com V *r.-v.*

Ⓑ DOM. BOUDAU 2023 ★★

| 25 000 | | 8 à 11 € |

Véronique Boudau et son frère Pierre sont à la tête du domaine familial depuis 1993. Ils ont décidé de donner un nouveau souffle à la propriété, qui couvre 50 ha (en bio certifié) sur d'excellents terroirs, à l'entrée de la vallée de l'Agly. Le pari est réussi : la totalité de la production est mise en bouteilles et commercialisée, notamment dans un réseau de restaurants et de cavistes. Une valeur sûre. La fille de Véronique a rejoint l'aventure en 2020.

Ce rouge ciselé, drapé dans une robe légère, livre des parfums enlevés de fraise, de rose et de garrigue (thym et ciste). Cousue de tanins fins, la bouche se fait certes chaleureuse mais équilibrée, toute en retenue et en longueur, avec une finale croquante sur les petits fruits rouges. ⧗ 2024-2027 **Le Petit Closi 2023 ★★ (8 à 11 €; 10 000 b.)** Ⓑ Un rosé coloré, style clairet, bien en chair, vineux, structuré, aux parfums épanouis d'agrumes, d'orange, de fraise et de cerises Taillé pour la table, il pourra aussi être gardé un peu en cave. ⧗ 2024-2026 **Malvoisie pure souche 2023 ★ (20 à 30 €; 1500 b.)** Ⓑ Une malvoisie énergique et parfumée (fleurs blanches, citron), discrètement vanillée, dont on retient la souplesse de chair et la franche vivacité en finale. ⧗ 2024-2027

⊶ DOM. BOUDAU, 6, rue Marceau, 66600 Rivesaltes, tél. 04 68 64 45 37, contact@domaineboudau.fr V *t.l.j. sf dim. 10h-12h 15h-18h; sam. 10h-12h*

Ⓑ CH. CAP DE FOUSTE Galdric 2023 ★★

| 6000 | | 8 à 11 € |

La vieille demeure catalane (construite en 1830) et son parc au charme délicieux sont situés aux portes de Perpignan, non loin du lac de Villeneuve de la Raho. Sébastien Balaguer a pris la suite de son oncle, Joseph Mas, en 2017. Le vignoble couvre aujourd'hui 80 ha, certifiés bio depuis 2023.

La robe de ce rosé est saumon clair avec de beaux reflets argent. Le nez aux effluves de fruits exotiques, de bourgeon de cassis, d'angélique et de rose annonce une bouche alerte, construite autour d'une belle acidité revigorante sur fond de saveurs de framboise et d'agrumes. ⧗ 2024-2025

⊶ CH. CAP DE FOUSTE, 1, D39, 66180 Villeneuve-de-la-Raho, tél. 04 68 55 91 04, boutique@chateau-cap-de-fouste.com V *t.l.j. sf dim. 9h-12h 14h30-18h30*

♥ LES VIGNERONS DE CARAMANY
Les Amoureux du Sud 2023 ★★★

| 5160 | | 5 à 8 € |

Caramany se niche dans la vallée de l'Agly, non loin d'un lac de retenue. Fondée en 1924, sa coopérative est au centre de la vie locale, proposant des journées d'animation au bord du lac. Les vignes en altitude de ses adhérents (280 ha) bénéficient de nuits fraîches et de terroirs de gneiss qui confèrent de la subtilité aux vins.

Derrière un assemblage tout ce qu'il y a de plus classique (grenache noir, syrah), se dévoile un grand rosé volubile qui a enthousiasmé le jury. Le nez explose de senteurs florales et fruitées : pêche, abricot, banane, confiserie et fleur d'oranger. Le fruit s'épanouit un peu plus dans une bouche volumineuse, très acidulée, d'un éclat et d'une gourmandise insolents. Tout simplement parfait. ⧗ 2024-2025 **Huguet de Caraman 2022 ★★ (11 à 15 €; 5296 b.)** Ce grenache gris élevé 8 mois en fûts déploie à l'olfaction des parfums séduisants de pêche blanche et de miel. Arômes prolongés par un palais rond, subtil et long. Un blanc bâti pour la table. ⧗ 2024-2028

⊶ LES VIGNERONS DE CARAMANY, 70, Grand-Rue, 66720 Caramany, tél. 04 68 84 51 80, contact@vigneronsdecaramany.com V *t.l.j. sf dim. 9h-12h 14h-18h*

Ⓑ DOM. CARLE-COURTY Planes Altes 2022 ★★

| 1350 | | 8 à 11 € |

Implanté au pied de l'ermitage de Força Réal, d'où le panorama embrasse tout le Roussillon, le vignoble de Carle-Courty (3,5 ha au départ, 18 ha aujourd'hui) est cultivé en bio depuis 2002. Un choix de vie pour Frédéric Carle, comptable né en Champagne, installé depuis 1995 dans la vallée de la Têt, entre ceps de syrah et schistes bruns, vieilles vignes de carignan et de grenache, et cheminées de fées. Sa fille Marion l'a rejoint en 2023.

Une belle régularité dans le Guide pour cette cuvée qui marie syrah et carignan. D'abord discrets, les arômes s'ouvrent à l'ouverture sur des nuances de fruits noirs, de ciste et de thym sauvage. Légèrement perlante à l'attaque, la bouche allie fraîcheur et longueur dans un style croquant et aérien. ⧗ 2024-2027

⊶ DOM. CARLE-COURTY, 6, rte de Corneilla, 66170 Millas, tél. 06 23 91 14 38, gaecvfc66@gmail.com V *t.l.j. sf dim. 9h30-12h 14h30-19h*

JEFF CARREL Vieille Mule 2022 ★

| 79 308 | | 8 à 11 € |

Jeff Carrel décide en 1991 de changer de vie et devient œnologue en 1994. Il fait ensuite un tour de France des vignobles avant de se poser en Occitanie où il vinifie ses propres vins. Il crée des cuvées en partenariat avec des producteurs et en assure la commercialisation.

Une robe légère, un nez frais, parfumé de fruits rouges et noirs compotés, une bouche gourmande, souple, charnue, ensoleillée, cousue de tanins croquants, qui conserve ce qu'il faut de fraîcheur : un bon grenache à boire dans ses jeunes années. ⧗ 2024-2027 ■ **Vieille Mule 2023 ★ (8 à 11 €; 12588 b.)** Un rosé tonique, aux aromes pimpants de feuille de cassis et de pamplemousse, droit, sapide et très vivace en bouche. Idéal à l'apéritif. ⧗ 2024-2025 ■ **Vignes perdues 2022 ★ (11 à 15 €; 6972 b.)** Un blanc de gastronomie, élevé en fûts, déjà très épanoui, consistant, rond et long, aux saveurs patinées de crème, de fleurs blanches et de pomme caramélisée. Parfait pour une volaille ou un poisson en sauce crémée. ⧗ 2024-2028

JEFF CARREL, 32, av. de Narbonne, 11220 Saint-Laurent-de-la-Cabrerisse, tél. 07 70 09 00 05, info@jeffcarrel.com

CLOS CÉRIANNE Ànfora 2022 ★

■	2500	15 à 20 €

Si on cultive la vigne depuis au moins six générations dans la famille, Laurianne Garcia-Tournier et son père ont créé la cave particulière seulement en 2017, avec à leur disposition un petit vignoble de 2 ha.

Après un séjour en amphore, cette cuvée composée majoritairement du rare carignan blanc s'offre dans une robe jaune pâle aux reflets verts. Le nez, sur l'élégance, met en valeur des notes de fleurs blanches, de pêche de vigne et d'ananas. Élégante, tendre et ample à l'attaque, la bouche tire son équilibre et son énergie d'une belle et forte acidité à l'accent salin. ⧗ 2024-2028

CLOS CÉRIANNE, 25, av. de la Canterrane, 66300 Trouillas, tél. 06 76 84 91 65, closcerianne@gmail.com V r.-v.

LE CLOS D'ELPIS Elpis 2022 ★★

■	2300	15 à 20 €

Le Clos d'Elpis a été créé en 2018 par deux amis : Jean-François Daudiès et Benjamin Roig. Ils exploitent 20 ha de vignes et sont installés à Saleilles où leurs vins sont vinifiés et élevés en jarre en terre cuite.

Paré d'une robe or aux reflets verts, ce bon grenache gris, élevé en jarre, s'ouvre sur un nez élégant mariant fleurs blanches, garrigue, épices et note minérale. Une touche d'évolution confère une vraie complexité à une bouche souple et étirée, marquée en finale par une amertume saline très gastronomique. ⧗ 2024-2027

LE CLOS D'ELPIS, 2, rue Denis-Papin, 66280 Saleilles, tél. 06 70 71 26 25, roigbenjamin1@gmail.com V *jeu. ven. sam. dim. 16h-20h*

CLOS DEL REY La Noia 2022 ★★★

■	7000		15 à 20 €

Domaine créé en 2001 par Jacques Montagné. Aujourd'hui, Julien, qui a pris le relais en 2010, travaille une douzaine d'hectares au milieu de 300 ha de garrigue aux senteurs de thym et de romarin. À 300 m d'altitude, ses parcelles sont les plus hautes du cru Maury, au pied du château cathare de Quéribus.

Un 100 % grenache noir né sur des sols calcaires et sobrement élevé en cuve. Le bouquet évoque la fraîcheur des petits fruits rouges soutenu par des notes épicées de ciste. D'un bel équilibre, douce, capiteuse, ronde, la bouche délivre un fruit savoureux, persistant, relevé par une discrète arête acidulée. Facile d'accès, moderne, bien typé, il a tout. ⧗ 2024-2028 ■ **Noia 2022 ★ (15 à 20 €; 7000 b.)** Un grenache gris élevé en demi-muid, aux parfums plus élégants que puissants de fruits jaunes mâtinés d'une pointe salée. Notes que l'on retrouve dans une bouche élégante, tendre et fraîche, d'une harmonie sans fausse note. ⧗ 2024-2027

CLOS DEL REY, 51, av. Jean-Jaurès, 66460 Maury, tél. 06 70 86 96 83, closdelrey@gmail.com V *r.-v.*

DOM. DEPRADE-JORDA Insolent 2023 ★

■	10878		5 à 8 €

Domaine constitué en 1920 dans les Albères. Thomas Deprade est l'œnologue et le commercial, François est au vignoble. Toute la famille, parents compris, est mobilisée pour faire vivre cette vaste propriété (90 ha) dont toute la production s'écoule en vente directe – en bouteilles et en petit vrac.

Un assemblage original qui intègre 25 % de colombard en complément du muscat et du maccabeu. Le nez, très citronné et floral, ouvre sur une bouche généreuse, grasse, aux notes de fruits jaunes, attendrie par une douceur perceptible (12 g/l de sucres résiduels). Un blanc gourmand, séducteur, à ouvrir dès l'apéritif. ⧗ 2024-2027

DEPRADE-JORDA, 98, rte Nationale, 66700 Argelès-sur-Mer, tél. 04 68 81 10 29, contact@depradejorda.fr V *t.l.j. hiver 9h-12h30 14h-18h; été 9h-12h30 14h-19; dim. 9h30-12h30*

B DOM. DOMANOVA La Loi du cépage 2022 ★

■	1276		11 à 15 €

Un jeune domaine situé à Joch, dans les Pyrénées-Orientales, créé en 2018 par Philippe Janiot, notaire puis avocat et enfin vigneron. Il exploite une quinzaine d'ha situés au sud du lac de Vinça, en altitude, entre coteaux et plaines.

Le grenache se plaît sur ces coteaux d'altitude. La robe est claire et limpide, prémisse d'un nez gourmand et aérien aux parfums de petits fruits rouges et de grenadine. Le fruit insiste franchement dans une bouche joviale, joliment dessinée, tendre, fraîche, légère et calée sur des tanins discrets. Un rouge à boire dans les deux ou trois ans. ⧗ 2024-2027

DOM. DOMANOVA, 8, rte de Vinça, 66320 Vinça, tél. 06 84 81 10 19, domaine.domanova@gmail.com V *t.l.j. sf sam. dim. 10h-18h*

B DOM BRIAL Chardonnay Latitude 42.75 2023 ★★

■	10000		8 à 11 €

Suivi à la parcelle, maîtrise de la totalité de la chaîne d'élaboration, du raisin à la bouteille, démarche de développement durable… La cave de Baixas, fondée en 1923, compte 200 coopérateurs qui exploitent 1 700 ha (dont une partie en bio) répartis dans une trentaine de communes. Son nom renvoie au père dominicain Dom Brial, qui œuvra pour les enfants les plus pauvres des villages de Baixas et de Pia. La cave possède aussi le Ch. les Pins, un domaine de 28 ha situé au cœur de Baixas, légué par un coopérateur en 1992.

Un chardonnay épanoui qui séduit dès l'entame avec ses parfums d'agrumes confits, de paille et de céréales.

Ronde et veloutée, la bouche y ajoute des parfums tropicaux et lactés ouvrant sur une finale énergique. Un blanc à boire sur le fruit de sa jeunesse. ⧗ 2024-2026

■ **Echinops 2023 ★ (8 à 11 €; 6300 b.)** Ⓑ Un blanc complet, sans faiblesse, au nez de fleurs blanches et d'abricot, souple, gourmand, d'un équilibre assuré et doté d'une finale appétante, sur le fruit. ⧗ 2024-2026

■ **El Cami 2023 ★ (8 à 11 €; 7000 b.)** Ⓑ Une bien belle syrah, vinifiée sans soufre ajouté, fruitée et épicée, qui coule en bouche avec décontraction, rondeur et grande fraîcheur, ponctuée d'une franche salinité. À boire sans trop attendre. ⧗ 2024-2026

VIGNOBLES DOM BRIAL, 14, av. Mal-Joffre, 66390 Baixas, tél. 04 68 64 22 37, contact@dom-brial.com V t.l.j. sf dim. 9h-12h 14h-18h30

DOM. DE L'ÉVÊCHÉ Garriga 2022 ★

■ | 40000 | | 5 à 8 €

Situé sur les hauteurs d'Espira-de-l'Agly, ce domaine est une ancienne propriété de l'Église, d'où son nom. Alain Sabineu y exploite près de 52 ha de vignes sur les différents terroirs du Roussillon.

Un joli vin de fruit, clair de robe, au nez croquant et flatteur centré sur les petits fruits rouges. Dans le prolongement, appuyée sur des tanins de velours, la bouche se fait tout aussi gourmande et complète la palette par des touches d'anis et de réglisse. ⧗ 2024-2027

EARL DOM. DE L' ÉVÊCHÉ, rte de Baixas, 66600 Espira-de-l'Agly, tél. 06 07 78 27 86, alain.sabineu@orange.fr V r.-v.

FORÇA RÉAL Grenache blanc 2023 ★

■ | 1281 | | 8 à 11 €

Força Réal? La «forteresse royale», en catalan. Un château fort (détruit au XVIIe s.), élevé au XIVe s. au sommet d'une montagne par les rois d'Aragon et de Majorque pour garder la vallée de la Têt qui marquait la frontière nord de leur royaume. C'est le nom qu'a pris la coopérative de Millas, créée en 1930, qui regroupe aujourd'hui 90 adhérents et dispose de 130 ha.

Une robe claire aux reflets verts, un nez élégant déclinant les fleurs blanches et les agrumes, une attaque vive, un cœur de bouche plus tendre, parfumé (pêche), une finale longue et minérale étirée sur de beaux amers : un grenache blanc très vivant, dont la place est à table. ⧗ 2024-2027

DOM. FORÇA RÉAL, 4, rue Léo-Lagrange, 66170 Millas, tél. 04 68 57 35 02, cave-coop-millas@wanadoo.fr V t.l.j. sf dim. 9h-12h 14h-18h

♥ Ⓑ DOM. JAÇA Dalìz 2021 ★★

■ | 1560 | | 20 à 30 €

Installé depuis 2021, Lize Corbin et Damien Roucayrol exploitent les dernières vignes du village à 400 m d'altitude, soit 4 ha, en bio, et vinifient de manière naturelle trois cuvées de rouge.

Une entrée fracassante dans le Guide pour ce petit domaine qui livre une syrah d'une légèreté exemplaire. La robe est rubis éclatante. Le nez, tout en finesse, distille ses parfums typés de garrigue, de ciste et de thym sur un lit de fraise et de groseille. Des petits tanins croquants relèvent une bouche souple, veloutée, gourmande, traversée par une vivacité parfaite qui donne éclat au fruit. Un vin digeste, ciselé, d'une séduction évidente. ⧗ 2024-2027

DOM. JAÇA, 7, av. des Albères, 66480 Maureillas-Las-Illas, tél. 06 07 28 84 22, lize@domainejaca.com V r.-v. Ⓑ

Ⓑ CH. DE JAU Jaujau 1er 2022 ★

■ | 11000 | | 15 à 20 €

Du bâtiment construit au XIIe s. par les moines cisterciens, il ne reste que la superbe tour épousant la roche. Jean et Bernard Dauré ont acheté le domaine en 1974. La magnanerie du milieu du XIXe s. abrite aujourd'hui un espace d'art contemporain, qui voisine avec l'un des premiers restaurants vignerons créés en France. Le vignoble, converti à l'agriculture bio, couvre 100 ha.

Un grenache gris élevé en barriques dont on aime le nez cossu, certes boisé mais aussi intensément fruité (pêche jaune), et la bouche bien en chair, large et goûteuse, aux accents de fleurs blanches et de vanille. Un blanc clairement de table, qui sera parfait sur un poisson à la crème. ⧗ 2024-2028

CH. DE JAU, 66600 Cases-de-Pène, tél. 04 68 38 90 10, daure@wanadoo.fr V t.l.j. sf sam. dim. 9h30-12h30 13h30-16h 5

Ⓑ DOM. F. JAUBERT Elios 2023 ★

■ | 2500 | | 8 à 11 €

En 2019, François Jaubert, héritier d'une histoire vigneronne remontant à 1842, a repris officiellement la tête de ce domaine familial de 30 ha dans la plaine des Aspres, mais il y travaille depuis 2017, avec à sa disposition une belle palette d'une dizaine de cépages, des plus classiques aux plus rares en Roussillon, comme le chardonnay ou l'alicante bouschet.

C'est le grenache blanc qui est mis ici en valeur, associé à 30 % de chardonnay. La robe est jaune pâle et le nez élégant, centré sur la poire et la pêche blanche. Un joli gras enrobe une bouche déliée, souple, fraîche, croquante de fruit et d'un équilibre impeccable. ⧗ 2024-2027

DOM. F. JAUBERT, 3, rue de la Tramontane, 66300 Ponteilla, tél. 06 33 71 71 02, francois.jaubert@outlook.fr V r.-v.

JONQUÈRES D'ORIOLA VIGNOBLES Garden party 2023 ★

■ | 72000 | | 8 à 11 €

Célèbre pour les exploits olympiques de Pierre en hippisme et de Christian en escrime, la famille Jonquères d'Oriola est installée depuis... 1485 au Ch. de Corneilla, bâti par les Templiers au XIIIe s., et conduit 90 ha de vignes. William, qui a rejoint en 2010 son père Philippe après un «tour du monde œnologique», représente la

vingt-septième génération de vignerons et a repris les rênes en 2020.

Grenache blanc et chardonnay à parité dans ce blanc élevé 6 mois en cuve. On en retient le nez plus subtil que puissant, sur le jasmin, et la bouche sapide, glissante, discrète, citronnée et très fraîche. ⧗ 2024-2026

JONQUÈRES D'ORIOLA, 3, rue du Château, 66200 Corneilla-del-Vercol, tél. 04 68 22 73 22, admin@jonqueresdoriola.fr V *t.l.j. sf dim. lun. 10h-12h 15h-18h30*

DOM. LAFAGE Miraflors 2023 ★★

■	200000	🍾	11 à 15 €

Éliane et Jean-Marc Lafage ont vinifié pendant dix ans dans l'hémisphère Sud, puis ont repris l'exploitation familiale en 1995, établie sur une mosaïque de terroirs variés, depuis les rives de la Méditerranée jusqu'aux contreforts des Pyrénées; un domaine complété par l'acquisition en 2006 du Ch. Saint-Roch. Aujourd'hui, quelque 180 ha cultivés à petits rendements, avec un patrimoine conséquent de très vieilles vignes et des vins très réguliers en qualité, notamment en côtes-du-roussillon et muscat-de-rivesaltes.

Après 4 mois d'élevage sur lies, ce rosé présente un robe éclatante aux reflets argentés. Petits fruits rouges et fleurs blanches composent un bouquet avenant que l'on retrouve dans une bouche en deux temps : grasse et ronde à l'attaque et parfaitement acidulée en finale. Savoureux, tonique, parfumé, sa place est à table. ⧗ 2024-2025 ■ **Nicolas 2022 ★ (11 à 15 €; 80000 b.)** Un rouge gourmand, généreux, tout en rondeur, bien du Sud en somme, aux notes de griotte et de fruits noirs, doté d'un bel équilibre de bout en bout. ⧗ 2024-2027 ■ **Centenaire 2023 ★ (11 à 15 €; 70000 b.)** Des vignes centenaires de grenache (blanc et gris) et de roussanne ont enfanté d'un blanc de bonne garde, floral et minéral, droit, élégant et porté par une belle acidité. ⧗ 2024-2028

MAISON LAFAGE, Mas Miraflors, rte de Canet, 66000 Perpignan, tél. 04 68 80 35 82, contact@domaine-lafage.com V *t.l.j. sf dim. 10h-12h30 15h-19h*

CH. LAURIGA Le Gris 2023 ★★

■	19000	🍾	5 à 8 €

Vigneron-négociant, Jean-Claude Mas dispose d'un vaste vignoble de plus de 600 ha en propre constitué par quatre générations, auxquels s'ajoutent les apports des vignerons partenaires (1 300 ha). Ancienne propriété de l'abbaye de Cuixa, le Ch. Lauriga, acquis en 2016, s'étend sur 80 ha dans les Aspres.

Voici un joli rosé à la robe pétale de rose et au nez très expressif et complexe : fraise, framboise, citron, fleurs blanches, poivre blanc, un vrai florilège. On retrouve le fruit dans une bouche qui a tout pour elle : le charme de la texture, la fraîcheur, la légèreté et cette finale salivante qui donne envie de se resservir. ⧗ 2024-2025 ■ **Racines 2022 ★★ (8 à 11 €; 20000 b.)** Un rouge charmeur, aux parfums de fruits frais et d'épices qui infusent une bouche charnue, chaleureuse, aux saveurs douces et un peu caramélisées, et sur laquelle plane une fraîcheur surprenante. ⧗ 2024-2028

CH. LAURIGA, traverse de Ponteilla, RD 37, 66300 Thuir, tél. 04 68 53 26 73, info@lauriga.com V *t.l.j. sf dim. lun. 10h-19h*

Ⓑ DOM. DU LENDEMAIN Pied d'argile 2017 ★★

■	1700	🍾	15 à 20 €

Mireille a créé le domaine du Lendemain en 2017. Herbaliste et vigneronne, elle reprend le flambeau de plusieurs générations de vignerons dans la région des Aspres. Elle exploite ses 9 ha en bio et confectionne ses préparations pour le bien-être de ses vignes.

Pas moins de deux ans d'élevage en œuf pour ce mourvèdre fin prêt à passer à table. Le nez puissant, mêlant fruits mûrs, griotte et pruneau, annonce un palais très épanoui, capiteux mais souple, juste étayé de tanins bien assouplis par le temps. La finale fumée appelle une belle viande rouge grillée. ⧗ 2024-2027

DOM. DU LENDEMAIN, 102, rte de Trouillas, 66300 Fourques, tél. 06 85 82 04 52, mireilleribiere8@gmail.com V *r.-v.*

Ⓑ MAS BAUX Rouge à lèvres 2023 ★

■	16500	🍾	11 à 15 €

Serge Baux a changé de vie en 1998 pour devenir vigneron et reprendre ce domaine situé à quelques pas de la mer, entre Perpignan et Canet-en-Roussillon. La propriété couvre 20 ha, dont 12,5 ha de vignes sur un terroir de galets roulés, travaillés en bio (certification en 2013). La production est variée et valorise toutes les richesses des terroirs du Roussillon.

Peu de couleur mais du fruit (fraise, citron, poire) et des fleurs blanches, et aussi du naturel dans ce rosé souple, charmeur au toucher et bien acidulé. De bon goût, on le débouche à l'apéritif. ⧗ 2024-2025 ■ **Grand Red 2023 ★ (11 à 15 €; 13000 b.)** Ⓑ Né de sols de galets roulés, voilà un rouge typé, aux arômes de fruits rouges et noirs bien mûrs relevés de menthol. De beaux tanins fermes épaulent une bouche charnue, animée d'une très agréable sucrosité et d'une fraîcheur bien sentie. À ouvrir sans se presser sur une belle pièce de bœuf au thym. ⧗ 2024-2028 ■ **Le Baux blond 2023 ★ (11 à 15 €; 6700 b.)** Un muscat sec éclatant, dont les parfums de rose infusent une bouche enlevée, puissante, très fraîche et d'une longueur que l'on oublie pas. ⧗ 2024-2027

MAS BAUX, voie des Coteaux, 66140 Canet-en-Roussillon, tél. 04 68 80 25 04, contact@mas-baux.com V *t.l.j. sf dim. 10h-12h 15h-19h*

Ⓑ MAS CRÉMAT Les Petites Demoiselles 2023 ★

■	8000	🍾	8 à 11 €

Les terres de schistes noirs ont donné son nom au Mas Crémat («brûlé» en catalan), repris en 2006 par une famille de vignerons bourguignons : Christine et Julien Jeannin, secondés par leur mère Catherine. Un superbe mas du XIXe s. et un vignoble de 26 ha labouré et conduit en bio, et en fonction du cycle de la lune.

Une robe légère, saumonée, des arômes délicats d'orange, de fraise et de pomme verte, une bouche glissante, veloutée et longue : un rosé aimable, sans effet de manche, à ouvrir dès l'apéritif. ⧗ 2024-2025

MAS CRÉMAT, 66600 Espira-de-l'Agly, tél. 04 68 38 92 06, mascremat@mascremat.com V *t.l.j. sf sam. dim. 10h-12h 14h-18h*

MAS CRISTINE Red socks 2021 ★

	2500		15 à 20 €

Superbe mas installé depuis 1810 dans le massif des Albères, à la limite du cru banyuls, isolé au milieu du maquis ponctué de chênes-lièges. Les vignes dominent les pins qui descendent en pente douce vers la mer. Implanté sur des sols de schistes, de quartz et d'argile rouge, le domaine (30 ha en conversion bio) a été acheté en 2007 à la famille Dauré (Jau) par Philippe Gard (Coume del Mas) et Julien Grill (vigneron roussillonnais).

Cette cuvée met en valeur un beau carignan élevé un an en fût. Belle robe rubis foncé pour faire connaissance. Puis le bouquet, d'un abord discret, s'ouvre progressivement sur des notes fumées et de fruits noirs. Subtilement vanillée, la bouche déroule une jolie chair fraîche et fruitée qui en fait un vin franchement aimable, à déguster sur une viande grillée. ⧗ 2024-2028

MAS CRISTINE, chem. de St-André, 66700 Argelès-sur-Mer, tél. 04 68 54 27 60, info@mascristine.com V *t.l.j. sf dim. 10h-12h30 14h-18h*

♥ MAS DE LA DEVÈZE Macabeu 2023 ★★

	1300		11 à 15 €

Simon Hugues était agriculteur, Nathalie commerciale dans la filière viticole à l'export. Ils ont repris en 2012 au cœur du terroir de Maury une très ancienne propriété qui avait été démantelée dans les années 1980. Ils cultivent 27 ha de vignes, la plupart conduites en gobelet.

Un jury unanime salue ce blanc de très bon goût né du seul maccabeu, puis élevé sobrement en cuve. Fruits blancs, fleurs, orange et poivre blanc, le nez ne manque pas de nuances. Une touche fumée réhausse encore la palette dans une bouche soyeuse, franche, précise, longuement épicée, d'une harmonie parfaite. De la haute couture. ⧗ 2024-2027

MAS DE LA DEVÈZE, rte des Mas, 66720 Tautavel, tél. 06 52 38 57 36, nathalie@masdeladeveze.fr V *r.-v.*

MAS DE LAVAIL
Carignan Vieilles Vignes 2023 ★★

	10 000		8 à 11 €

Jean et Nicolas Batlle, père et fils, ont acquis ce joli mas du XIXᵉ s. en 1999, à l'installation du second. À la tête de ce domaine de 80 ha planté de vieilles vignes, Nicolas poursuit le travail de quatre générations de vignerons sur les terres noires de Maury, dont une partie en bio depuis 2021.

Cuvée signature abonnée au Guide, ce carignan blanc s'affiche dans une robe jaune claire aux reflets verts. Le nez, toute en délicatesse, exhale des senteurs d'agrumes et de menthol relevées d'une touche minérale. Un bel équilibre se dévoile en bouche, où la fraîcheur relaie le gras de l'attaque sur fond de saveurs d'agrumes qui portent longuement la finale. ⧗ 2024-2027 ■ **2023 ★ (8 à 11 €; 6000 b.)** Un rosé aux reflets pétale de rose dont le nez, floral et fruité (groseille, framboise, citron vert), ouvre sur une bouche qui marie habilement rondeur et fraîcheur. Efficace, plein, tonique, on l'ouvre dès l'apéritif. ⧗ 2024-2025

MAS DE LAVAIL, RD 117, 66460 Maury, tél. 04 68 29 08 95, info@masdelavail.com V *t.l.j. sf dim. 10h-12h 14h-18h*

Ⓑ MAS JANEIL C2 2023 ★★

	6600		15 à 20 €

Issu d'une grande famille bordelaise et présent sur plusieurs continents, le propriétaire et négociant François Lurton est aussi implanté dans le Languedoc-Roussillon depuis les années 1990. Associé à son frère Jacques jusqu'en 2007, il y dirige seul aujourd'hui plusieurs domaines dans les appellations saint-chinian, fitou, corbières, maury, côtes-du-roussillon-villages ou encore en IGP Oc.

10 % de viognier à l'appui de la syrah et un élevage en jarre pour ce jeune rouge au nez ouvert sur les fruits rouges et noirs bien mûrs. La bouche allie rondeur et concentration, équilibre et fraîcheur, les fruits noirs s'invitant sur la finale, le tout porté par des tanins déjà très tendres. Une franche réussite. ⧗ 2024-2027 ■ **Le Petit Pas 2023 ★ (11 à 15 €; 20 000 b.)** Ⓑ Cinq cépages réunis dans ce blanc fumé et floral à l'olfaction, intense et bien équilibré en bouche, doté en prime d'une longue finale minérale. De table (poisson cuisiné, fromage à pâte pressée), on pourra utilement le carafer avant le service. ⧗ 2024-2027

DOMAINES FRANÇOIS LURTON, Dom. du Mas Janeil, 66720 Tautavel, tél. 04 68 38 08 64, communication@francoislurton.com

LES VIGNERONS DE MAURY
Nature de schiste Grenache gris 2023 ★

	10 000		8 à 11 €

Fondée en 1910, la cave coopérative de Maury est aujourd'hui la plus ancienne du département encore en activité. Après les révoltes viticoles de 1907, elle regroupa plus de 130 propriétaires. Aujourd'hui, la cave dispose des 700 ha de ses adhérents; elle vit du grenache qui donne les traditionnels vins doux naturels et, depuis 2011, les maury secs.

Un pur grenache gris dont on retient le nez complexe, entre zestes d'agrume, pêche blanche et poivre blanc, ainsi que la bouche ronde à l'attaque, parfumée et très tonique en finale. Très bien à l'apéritif, parfait sur des fruits de mer. ⧗ 2024-2026

LES VIGNERONS DE MAURY, 128, av. Jean-Jaurès, 66460 Maury, tél. 04 68 59 00 95, contact@vigneronsdemaury.com V *r.-v.*

Ⓑ CH. NADAL-HAINAUT 3 sources 2023 ★

	8000		8 à 11 €

Implanté sur les sols caillouteux de la vallée de la Têt, non loin de Perpignan, ce domaine a pour lointaine origine le prieuré cistercien de Santa Maria de l'Eule, dont il reste une chapelle. Les bâtiments datent du XVIIIᵉ s. et la propriété actuelle remonte au début

du XIXe s. Jean-Marie Nadal, œnologue, son épouse Martine et leur fille Pauline exploitent, dans un vaste ensemble de 110 ha, une quarantaine d'hectares dédiés à la vigne et conduits en bio certifié depuis 2013.

Ce macabeu se présente avec une belle brillance et des reflets verts. Le bouquet, très élégant, exprime des notes intensément florales d'aubépine et de chèvrefeuille. Accueillante, d'une belle rondeur de chair, la bouche y ajoute des saveurs gourmandes de pêche jaune et de mirabelle. Un blanc plantureux qui sera très à l'aise sur un risotto ou une blanquette de la mer. ⧗ 2024-2027

CH. NADAL-HAINAUT, RD 37, 66270 Le Soler, tél. 06 13 50 75 21, chateaunadalhainaut@gmail.com V r.-v.

B CH. DE L'OU Infiniment de l'Ou 2022 ★★

| 8000 | 20 à 30 €

Philippe Bourrier, agronome, et son épouse Séverine, œnologue, ont acheté en 1999 ce domaine dont le nom vient d'une résurgence dans un bassin en forme d'œuf (*ou* en catalan). Ils ont refait le chai et travaillé d'emblée en agriculture biologique leur vignoble qui couvre 40 ha entre plaine du Roussillon et Fenouillèdes.

Sur les terres schisteuses d'une partie du domaine, le chardonnay s'épanouit pleinement. Élevée en jarre et barrique, cette cuvée brille d'une robe jaune intense et offre, progressivement, ses nuances très fumées. Puissante dès l'attaque, enrobée par l'élevage, la bouche déploie une matière à la fois concentrée, grasse, beurrée et très acidulée. Un blanc de haut vol, structuré et de garde. On patiente. ⧗ 2025-2030 **Secret des schistes 2022 ★ (20 à 30 €; 4000 b.)** B Luxueusement élevé (barrique neuve et jarre), ce grenache gris, discret à l'olfaction, prend ses aises dans un palais consistant, nerveux, qui libère des notes appétentes de prune rouge et de pêche. À ouvrir sans se presser sur un poisson au fenouil. ⧗ 2025-2029 **Grenache Rhapsody 2022 ★ (50 à 75 €; 4000 b.)** B Un grenache noir sur schistes, concentré, très ensoleillé, large, aux parfums chaleureux de fruits rouges en confiture et de café, relevé de tanins doux et poudrés. Un vin réconfortant, taillé pour une viande en sauce. ⧗ 2024-2028

CH. DE L' OU, rte de Villeneuve, 66200 Montescot, tél. 04 68 54 68 67, contact@chateaudelou.fr V r.-v.

B DOM. PAGNON Micheline 2023 ★★

| 18000 | 8 à 11 €

Un moulin à farine du XIIe s. est l'emblème de ce domaine familial où sont cultivés des oliviers, des abricotiers et des vignes (en bio certifié depuis 2021). Marie Pagnon est aux commandes avec son frère depuis 2014.

Des parfums expansifs d'ananas, d'orange et de pêche jaune, une bouche ronde, souple, à la sucrosité affirmée, soulignée d'une petite arête acide discrète et dotée d'une longueur remarquée : un chardonnay du Sud séducteur et tout en rondeur. ⧗ 2024-2027

DOM. PAGNON, 3, rue du Roussillon, 66440 Torreilles, tél. 06 17 56 35 92, domaine.pagnon@outlook.fr V t.l.j. 10h-12h30 15h-19h

DOM. DE PEZILLA Muscat sec 2023 ★★

| 7200 | 5 à 8 €

Résultant de la fusion de trois caves, cette coopérative porte le nom de l'inventeur des vins doux naturels, Arnaud de Villeneuve. Elle rassemble 320 viticulteurs de Salses, de Rivesaltes et de Pézilla-la-Rivière, qui cultivent quelque 1 600 ha de vignes (dont 125 ha en bio) répartis sur 26 communes et des terroirs variés. Une valeur très sûre du Roussillon viticole. Autre étiquette : Ch. Pezilla.

Une robe limpide, des parfums explosifs de fruits exotiques et de fruits jaunes, une bouche ample, fraîche, parfumée, très longue, légèrement fumée et réglissée en finale : un muscat exemplaire comme le Roussillon sait en produite. ⧗ 2024-2025 **Arnaud de Villeneuve Le Gris 2023 ★ (5 à 8 €; 39900 b.)** Un rosé de grenache noir élégant, aux notes délicates de fruits rouges et d'agrumes, harmonieux en bouche, très plein à l'attaque et bien tendu en finale. En un mot, complet. ⧗ 2024-2025 **Arnaud de Villeneuve Grenache Vieilles Vignes 2022 ★ (8 à 11 €; 7200 b.)** Ce grenache noir croquant livre au nez un grand bol de fruits rouges mûrs et de violette, que l'on retrouve dans une bouche détendue, douce, discrètement tanique et qui conserve une bien jolie fraîcheur. ⧗ 2024-2027

ARNAUD DE VILLENEUVE, 153, RD 900, 66600 Rivesaltes, tél. 04 68 64 06 63, contact@caveadv.com V t.l.j. sf dim. 9h30-12h30 14h30-18h30

DOM. PIQUEMAL Élise 2023 ★★

| 6500 | 5 à 8 €

Sous l'impulsion d'Annie et de Pierre Piquemal, ce domaine familial (48 ha) établi dans la vallée de l'Agly est devenu une référence du Roussillon. Tout en maintenant les pratiques traditionnelles, il dispose d'un chai très moderne, à l'extérieur du village. Un outil adapté pour exalter l'expression de chaque terroir (schistes feuilletés, argilo-calcaires, galets roulés). Les vinifications sont assurées par Marie-Pierre Piquemal et la conversion bio est engagée depuis 2021.

Un muscat sec tout en fruit, pâle de robe, qui distille au nez ses arômes typés de bourgeon de cassis, de raisin frais et de fleurs. Une touche de pamplemousse et une autre de buis complètent la palette dans un palais qui marie harmonieusement rondeur et fraîcheur. Très pur, il se boit à l'apéritif ou sur un mets léger, un ceviche de poisson à la citronnelle par exemple. ⧗ 2024-2027 **Clarisse 2023 ★ (5 à 8 €; 7500 b.)** Un viognier (70 % de l'assemblage) classique, à boire sans trop attendre, dont on aime la rondeur, l'éclat du fruit (pêche), la fraîcheur préservée et la finale nette et légèrement poivrée. ⧗ 2024-2026

DOM. PIQUEMAL, RD 117, km 7, 66600 Espira-de-l'Agly, tél. 04 68 64 09 14, contact@domaine-piquemal.com V t.l.j. sf dim. 9h-12h 14h-18h; sam. 9h-12h

B DOM. DES SCHISTES V.O. 2022 ★

| 2500 | 11 à 15 €

La cinquième génération officie dans cette exploitation de la vallée de l'Agly qui vinifie en cave particulière

depuis 1989. Comme son nom l'indique, les marnes schisteuses dominent. À la vigne, Jacques et Michaël Sire sont pointilleux sur le travail du sol et leur domaine (45 ha) est conduit en bio. Une valeur sûre.

Le muscat à petits grains confié à de bons vignerons et vinifié en vin orange (macération sur peaux), cela donne ce joli nectar, effectivement orangé, aux senteurs capiteuses de fleurs, d'épices et d'abricot. La bouche allie fraîcheur et matière, et s'étire agréablement dans une finale typée, à l'astringence maîtrisée. Une belle et forte personnalité, pour amateur du genre. ⧗ 2024-2027

DOM. DES SCHISTES, 21, av. Henri-Barbuse, 66310 Estagel, tél. 06 64 75 66 54, sire-schistes@wanadoo.fr V r.-v. B

SERRE ROMANI La Vallée de l'aigle 2023 ★★

■	6500		11 à 15 €

Laurent et Cylia Pratx se sont rencontrés lors de leurs études d'ingénieurs agronomes à Toulouse. Laurent a travaillé successivement pour le Ch. de Nages à Nîmes et pour la maison Gabriel Meffre à Gigondas. En 2008, le couple a fait l'acquisition de ce domaine de 25 ha répartis sur les communes d'Espira-de-l'Agly et de Maury, planté majoritairement de grenache. La propriété tire son nom (la « montagne aux romarins ») de celui de l'une des parcelles.

Coup de cœur l'année passée en rouge, cette cuvée (grenache blanc et macabeu sur schistes) décroche cette année, en blanc, la note maximale. Le nez, très complexe, minéral, fumé, agrémenté de notes de plantes aromatiques, ouvre sur un palais somptueux, gras, caressant, élevé avec goût, porté une fraîcheur parfaite et prolongé par une subtile amertume. Tout bonnement parfait. ⧗ 2024-2028 ■ **Ma bouteille à la mer 2023 ★ (8 à 11 €; 13300 b.)** Un blanc ouvert sur les agrumes et la narcisse, souple, vif, dynamique et agréablement poivré en finale. Parfait sur un poisson grillé. ⧗ 2024-2026 ■ **La grande aventure 2022 ★ (8 à 11 €; 10500 b.)** Un grenache noir élevé en cuve, aux arômes de fruits rouges et d'épices, d'une agréable souplesse de bouche, certes mûr mais frais et digeste. Le jury salue un rouge « moderne », que l'on peut commencer à déboucher, sur des grillades ou des charcuteries. ⧗ 2024-2028

SERRE ROMANI, Mas Parets, RD 18, 66600 Espira-de-l'Agly, tél. 06 62 84 29 04, pratx.sr@gmail.com V *t.l.j. sf sam. dim. 10h-12h 14h-18h*

B **DOM. DES SOULANES** Kaya 2023 ★

■	4000		11 à 15 €

Avant de se mettre à son compte en 2002, Daniel Laffite a travaillé quinze ans pour une importante propriété, exploitée en agriculture biologique depuis 1972. Il en a racheté une partie et a aménagé sa cave. Il conduit aujourd'hui 18 ha avec sa femme Cathy.

Un rouge généreux et joyeux, facile à boire, né de vieux carignan, aux senteurs de fruits rouges ensoleillés et d'épices. La violette et le cassis prennent la main dans une bouche bien potelée, juteuse et cousue de tanins serrés et croquants. De la vie et du plaisir. ⧗ 2024-2029

DOM. DES SOULANES, Mas de Las Fredas, 66720 Tautavel, tél. 06 12 33 63 14, soulanes66@gmail.com V *r.-v.*

B **DOM. SPIAGGIA** Sirius 2023 ★

■	2500		8 à 11 €

Benoit Spiaggia a repris en 2022 l'ancien domaine Rossignol, qu'il a rebaptisé à son nom. Il dispose d'un vignoble de 40 ha dans les Aspres, conduit en agriculture biologique depuis 2005.

Ce jeune domaine intègre le Guide avec un macabeu brièvement élevé en cuve (3 mois). On en retient le nez discret mais élégant, entre fleurs blanches et fruits exotiques, et la bouche consistante mais alerte, plus citronnée et minérale dans son fruit. À boire sans se presser avec un tian ou un poisson cuisiné. ⧗ 2024-2027 ■ **La Cuvée de Jeannot 2022 ★ (8 à 11 €; 2500 b.)** B Deux muscats (à petits grains et d'Alexandrie) associés dans ce blanc aux parfums exubérants de fleurs blanches et de fruits jaunes, souple, acidulé et légèrement perlant. Les amateurs de muscat devraient être comblés. ⧗ 2024-2026

DOM. SPIAGGIA, 2, imp. Las-Clotes, 66300 Passa, tél. 06 56 66 67 64, domainespiaggia@yahoo.com V *t.l.j. sf dim. mer. 10h-12h 14h-18h*

B **PIERRE TALAYRACH** L'Atypique 2022 ★

■	n.c.		8 à 11 €

Pierre Talayrach, installé autour de Pézilla-la-Rivière, dans la vallée de la Têt, perpétue la tradition vigneronne familiale en la renouvelant, sur 11 ha : agriculture biologique, vinification en monocépage, élevage sous bois des vins élaborés dans un vieux mas historique, le Mas de Blanes.

Drapé d'une robe rubis clair, cet assemblage de quatre cépages (qui varie chaque année) s'ouvre à l'aération sur des notes un peu sauvages, fumées et giboyeuses. Le fruit rouge et la garrigue s'épanouissent plus franchement dans une bouche légèrement perlant à l'attaque, fraîche et croquante, aux tanins à l'astringence stimulante et maîtrisée. Un rouge vivant, idéal pour un magret ou des côtelettes d'agneau aux herbes. ⧗ 2024-2027

PIERRE TALAYRACH, Mas de Blanes, 66370 Pézilla-la-Rivière, tél. 06 09 31 89 01, contact@pierre-talayrach.com V *r.-v.*

DOM. LA TOUPIE Pirouette 2022 ★

■	7000		8 à 11 €

Après vingt ans passés dans l'administration viticole, puis à parcourir le vignoble pour la coopérative du Mont Tauch, dans l'Aude, Jérôme Collas a franchi le pas et la « frontière » entre Languedoc et Roussillon, pour s'installer en 2012 sur 12 ha dans la vallée de l'Agly.

Assemblage de mourvèdre et de grenache plantés sur schistes, ce vin se présente dans une belle robe rubis clair. Le nez, intense, associe les petits fruits rouges à des notes florales, notamment l'iris, et aux épices. La bouche ronde et charnue, posée en douceur sur des tanins bien extraits, rebondit en finale sur une petite vivacité citronnée. ⧗ 2024-2028 ■ **Petit Frisson 2023**

★ (8 à 11 €; 4400 b.) Un joli rosé d'apéritif, couleur saumon, aux franches notes de bonbon, de pamplemousse et de fraise, souple et agréablement acidulé en bouche. ⧗ 2024-2025 ■ **Petit Salto 2023 ★ (11 à 15 €; 5400 b.)** Un blanc sapide, droit, dont on aime le nez vigoureux, floral et minéral, puis la bouche alerte, acidulée et citronnée. Il appelle les fruits de mer et les sardines grillées. ⧗ 2024-2026

DOM. LA TOUPIE, ZA Clos-de-la-Serre, D69, rte des Mas, 66460 Maury, tél. 07 86 28 99 52, contact@domainelatoupie.fr
V r.-v.

DOM. TRELOAR Le Rescape 2021 ★

■	1200		11 à 15 €

Rachel et Jonathan Hesford habitaient non loin du World Trade Center. Après la tragédie du 11 septembre 2001, ils décident de changer de vie et partent en Nouvelle-Zélande où ils restent trois ans pour apprendre le métier de vigneron. Installés en Roussillon depuis 2006, ils conduisent un domaine de 9 ha.

Cette cuvée est composée de carignan et de lladoner pelut (variante du grenache noir) vinifiés en macération carbonique, puis élevés en vieux fûts. On en retient la robe claire, le bouquet élégant mariant les petits fruits rouges et la violette, et la bouche de bon volume, longue, chaleureuse, cadrée par des tanins un rien serrés en finale qui méritent un peu de patience. Son potentiel en cave ne fait pas de doute. ⧗ 2025-2030

DOM. TRELOAR, 16, traverse de Thuir, 66300 Trouillas, tél. 04 68 95 02 29, admin@domainetreloar.com V r.-v. E

LES VIGNERONS DE TRÉMOINE
Terres de Lansac 2022 ★★

■	13000		11 à 15 €

Les Vignerons de Trémoine : une coopérative fondée en 1919, regroupant quelque 70 vignerons qui cultivent 420 ha dans quatre villages situés dans la vallée de l'Agly : Planèzes, Rasiguères, Lansac et Cassagnes. L'histoire de la cave est liée au festival de musique classique créé en 1980 par la pianiste britannique Moura Lympany. Elle est aujourd'hui dirigée par David Bleuze.

C'est sur un sol de schistes que les grenaches blancs et gris de cette cuvée s'épanouissent. L'élevage en fût se fait très discret dans ce nez subtilement floral. Les fruits exotiques (ananas, fruit de la Passion) et une touche de fenouil s'immiscent dans un palais bien composé, gras à l'attaque, long et structuré par une bien belle acidité. Harmonieux, «très terroir», il mérite un mets délicat, un poisson fin juste grillé par exemple. ⧗ 2024-2028 ■ **Muscat sec 2023 ★★ (5 à 8 €; 8000 b.)** Fleur d'oranger, agrumes, pêche, pas de doute c'est du muscat, en version bien sec. Un vin tendre à l'attaque, souple, tonique, croquant dans son développement, ponctué par une petite amertume zestée de très bon goût. Exemplaire. ⧗ 2024-2026

LES VIGNERONS DE TRÉMOINE, 5, av. de Caramany, 66750 Rasiguères, tél. 04 68 29 11 82, contact@tremoine.com
V t.l.j. sf dim. 9h-12h 14h-18h

LES VIGNES DU VENT Entre copains 2023 ★

■	20000		- de 5 €

En 1964, une poignée de vignerons s'unissent parce qu'ils sont convaincus que «le groupe est meilleur que le meilleur du groupe». Aujourd'hui, les Vignerons Catalans rassemblent plusieurs caves coopératives (Vignerons des Côtes d'Agly, Vignobles Dom Brial, Vignerons de Trémoine, Vignobles Terrassous, Terres Plurielles et Laure de Nyls), 1 000 adhérents et une quarantaine de caves privées, soit plus de 10 000 ha. Désormais dénommée Vica, cette vaste structure a lancé en 2022 la marque Les Vignes du vent, avec la volonté de faire souffler un air nouveau sur les vins du Roussillon.

Au nez, un panier de fruits frais (raisin, pêche) et un bonne pincée de fleur d'oranger comme le muscat sait en offrir. La bouche, légère et vivace, conforte cette gourmandise dans un ensemble très acidulé. Un muscat franc, soigné, qui appelle les fruits de mer. ⧗ 2024-2026 ■ **Entre copains 2023 ★ (- de 5 €; 30000 b.)** Grenache noir et carignan associés dans ce rouge aimable, ensoleillé, fruité et mentholé, souple en bouche, avec en finale une petite astringence des tanins qui s'effacera bien vite à table, sur un magret par exemple. À boire sur son fruit, dans les deux ou trois ans. ⧗ 2024-2027

VICA, 1870, av. Julien-Panchot, 66000 Perpignan, tél. 04 68 85 04 51, contact@vica.fr

RANCIO SEC

Le Roussillon est une province française de culture catalane correspondant à la plus grande partie du département des Pyrénées-Orientales. Bien avant la naissance des vins doux naturels, fierté des Catalans, on y produisait des vins secs à fort degré, élevés sans ouillage dans de vieux fûts de bois (élevage oxydatif). Au bout de longues années, ce vin prenait ce que l'on appelle des notes de rancio, arômes très complexes évoquant notamment la noix fraîche et les fruits secs, tandis que des reflets verts apparaissaient dans leur robe. Ces vins faillirent tomber dans l'oubli. Cependant, de nombreux vignerons en conservaient un tonneau au fond de leur cave, car ces rancios étanchaient la soif des anciens, coupés d'eau et, surtout, servaient à élaborer une cuisine typique. Aujourd'hui, cette saveur authentiquement catalane redevient à la mode et séduit un public de plus en plus nombreux.

Après les vignerons de l'IGP Côte Vermeille, qui ont été les premiers à disposer d'un cahier des charges, ceux de l'autre indication géographique protégée départementale, l'IGP Côtes catalanes, en ont défini en 2011, avec l'aide de l'INAO, le mode d'élaboration : ce cahier des charges impose cinq ans d'élevage minimum, liste les cépages autorisés, qui sont ceux de la région (grenaches, carignan, tourbat, macabeu...), et prévoit quelques variantes dans l'élaboration, ouvrant la possibilité d'un élevage sous voile ou en solera, système où les vins vieux reçoivent régulièrement un apport de vins plus jeunes. Les rancios secs accompagnent jambons bellota, anchois salés de Collioure, fromages très affinés ou simplement, pour les amateurs, un bon cigare.

DOM. DES CHÊNES L'Oublié 1999 ★

1300 | 20 à 30 €

Propriété créée au XVIIIe, le Domaine des Chênes a vu se succéder plusieurs générations de la famille Razungles. Les vins sont produits dans le pittoresque cirque des falaises de Vingrau. Aujourd'hui, Alain et sa fille Marion perpétuent la tradition familiale dans l'enceinte de ce vieux mas catalan, avec à leur disposition un vignoble de 32 ha conduit en conversion bio.

Le destin réserve parfois de belles surprises, comme avec ce rancio «oublié» qui nous arrive du siècle précédent, drapé dans une magnifique robe acajou. Le nez, évolué et complexe, évoque la noisette, le café, le cacao, le caramel, le champignon noir et le cuir. Une complexité que l'on retrouve dans une bouche dense, puissante, à laquelle l'acidité volatile apporte beaucoup de nerf et étire la finale. ⧗ 2024-2050

DOM. DES CHÊNES, 7, rue Mal-Joffre, 66600 Vingrau, tél. 04 68 29 40 21, domainedeschenes@wanadoo.fr V r.-v.

DOM. LES CONQUES El Barral 2017 ★

200 | 20 à 30 €

Ingénieur en agro-alimentaire et œnologue, François Douville s'est installé vers 2000 en Roussillon, reprenant un domaine à l'abandon dans le paysage accidenté des Aspres, au pied du Canigou. Parti en bio au pas lent et sûr de sa mule, il cultive 10 ha de vignes en préservant les haies entre les parcelles.

François Douville se pose en défenseur du patrimoine catalan en rachetant les rancios secs du regretté Joseph de Massia et en les valorisant en bouteille, comme cette cuvée de grenache qui s'impose d'emblée avec sa robe acajou foncé. Le nez, puissant, convoque les parfums de moka, de chocolat, de cuir et de fines notes iodées. La bouche réjouit avec ses saveurs d'amande grillée, de noix et de vieux fûts, cadrée par une bonne trame tannique et étirée dans une très longue et généreuse finale sur les fruits rouges à l'eau-de-vie. Un beau rancio de tradition. ⧗ 2024-2050

FRANÇOIS DOUVILLE, 2, rte de Passa, 66300 Villemolaque, tél. 06 81 51 36 99, francois.douville@lesconques.fr V t.l.j. 16h-19h

L'ÉTOILE Al Padri 2004 ★

1300 | 20 à 30 €

Au cœur du village, la petite cave garde l'aspect rétro de l'époque de sa création. Fondée en 1921, c'est la plus ancienne coopérative de Banyuls. Connue pour ses vins doux naturels traditionnels hors d'âge, elle a su maintenir les traditions dans un esprit de famille. Les grands foudres, les demi-muids et les dames-jeannes accueillent des produits bien typés.

Un rancio sec né de grenache noir (55 %), de grenache gris et de carignan. Il affirme d'emblée sa belle personnalité avec sa robe acajou intense qui en impose. Le nez évoque le rancio de tradition autour de notes fumées, iodées (tonneau d'anchois), du pruneau et de l'amande. Arômes que l'on retrouve agrémentés de saveurs de nougatine et de croûte de pain dans une bouche puissante, saline et longue. Tout indiqué avec des anchois, de Collioure de préférence. ⧗ 2024-2050

CAVE L'ÉTOILE, 26, av. du Puig-del-Mas, 66650 Banyuls-sur-Mer, tél. 04 68 88 00 10, info@cave-letoile.com V r.-v.

DOM. FONTANEL L'Ancêtre 2018 ★

860 | 20 à 30 €

Les origines du domaine, où six générations se sont succédé, remontent à 1864. La propriété est forte d'un vignoble de 22 ha installé sur des terroirs variés. À sa tête depuis 1989, Pierre et Marie-Claude Fontaneil ont proposé pendant près de 30 ans des cuvées à forte personnalité, aussi bien en vins secs qu'en vins doux naturels. En 2016, ils ont cédé l'exploitation à un jeune couple de vignerons, Élodie et Matthieu Collet.

Ce rancio, hommage à l'homme de Tautavel, associe à parts égales grenache blanc et grenache gris. D'une belle couleur ambrée, il présente au nez d'agréables notes de vanille, de girofle, de cannelle, de curry et d'orange amère. La bouche n'est pas en reste, affichant un bel équilibre entre une matière suave et ronde, des saveurs d'amande fumée et de fruits confits, un boisé fondu et une finale très élégante. ⧗ 2024-2050

DOM. FONTANEL, 25, av. Jean-Jaurès, 66720 Tautavel, tél. 06 11 07 01 22, contact@domainefontanel.fr V r.-v. E

DOM. DES SCHISTES Algo ★★

n.c. | 20 à 30 €

La cinquième génération officie dans cette exploitation de la vallée de l'Agly qui vinifie en cave particulière depuis 1989. Comme son nom l'indique, les marnes schisteuses dominent. À la vigne, Jacques et Michaël Sire sont pointilleux sur le travail du sol et leur domaine (45 ha) est conduit en bio. Une valeur sûre.

Un beau vin d'initiation au rancio sec que cette cuvée qui affiche un équilibre voisin de celui des «cousins» de Jerez et leur Fino. La robe légèrement orangée et brillante est un bon présage. Le prélude à un nez d'une grande élégance, sur la noix fraîche, l'iode, le raisin sec, le curry. La bouche débute sur une note fraîche et mentholée, puis arrivent des saveurs de champignon et d'épices, avant une longue, très longue finale saline. ⧗ 2024-2050

★ (20 à 30 €; 800 b.) Le rancio classique du domaine séduit d'emblée par ses parfums de raisin sec, de caramel et d'abricot. La bouche apparaît puissante, structurée, centrée sur le chocolat et la noix, Un rancio de caractère. ⧗ 2024-2050

DOM. DES SCHISTES, 21, av. Henri-Barbuse, 66310 Estagel, tél. 06 64 75 66 54, sire-schistes@wanadoo.fr V r.-v. B

♥ ARNAUD DE VILLENEUVE ★★

1500 | 15 à 20 €

Résultant de la fusion de trois caves, cette coopérative porte le nom de l'inventeur des vins doux naturels, Arnaud de Villeneuve. Elle rassemble 320 viticulteurs de Salses, de Rivesaltes et de Pézilla-la-Rivière, qui cultivent quelque 1 600 ha de vignes (dont 125 ha en bio) répartis sur 26 communes et des terroirs variés. Une valeur très sûre du Roussillon viticole. Autre étiquette : Ch. Pezilla.

La cave perpétue la tradition des vieux vins doux et des rancios secs rassemblés au gré des différentes fusions : de véritables trésors, à l'image de cet assemblage de grenache blanc et de macabeu drapé dans une belle robe ambrée aux reflets miel. Le nez est une symphonie d'arômes d'une incroyable richesse : litchi, fruits blancs très mûrs, vanille, raisins secs, vieux champagne, quinquina, coing… La bouche est de la même trempe, offrant un équilibre souverain, du volume, beaucoup de fraîcheur, une texture fine et élégante et une longueur infinie. Beaucoup de classe dans ce rancio aérien et intemporel. ⌛ 2024-2050

ARNAUD DE VILLENEUVE, 153, RD 900, 66600 Rivesaltes, tél. 04 68 64 06 63, contact@caveadv.com V *t.l.j. sf dim. 9h30-12h30 14h30-18h30*

POITOU
CHARENTES

LE POITOU ET LES CHARENTES

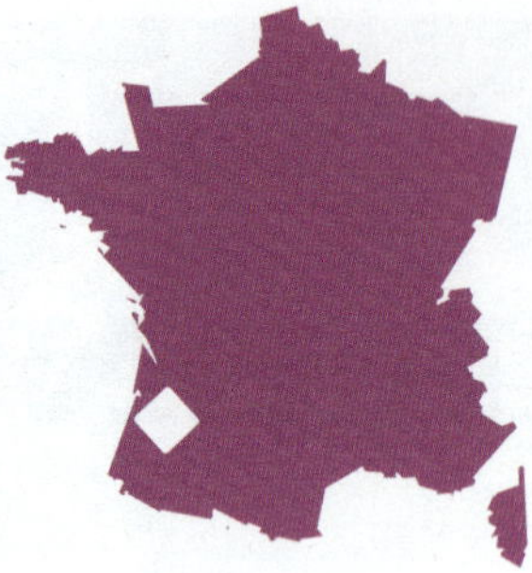

Prospères au Moyen Âge, quand le Poitou se rattachait à l'Aquitaine, les vignobles du Haut-Poitou furent très étendus jusqu'à la fin du XIXe s. Ils se réduisent aujourd'hui à des enclaves entre herbages et cultures, au nord et à l'est de Poitiers. Leurs vins appartiennent à la famille du Val de Loire tout en montrant des influences bordelaises. Les rouges sont généralement légers et frais, mais possèdent une bonne structure. Les rosés présentent un caractère assez proche. Les blancs sont vifs et bouquetés.

Si le Poitou n'a gardé que quelques ceps, les Charentes ont, depuis le XVIe s., fondé leur essor sur la distillation de vins blancs et la production du cognac, qui a fait la réputation de la région. Celui-ci est « l'esprit » du pineau-des-charentes, vin de liqueur qui résulte du mélange de moûts de raisins partiellement fermentés avec la fameuse eau-de-vie.

Le **Poitou** et les **Charentes** en un clin d'œil

Production : haut-poitou : 3400 hl ; cognac : 895 000 hl ; pineau-des-charentes 72 250 hl

Le Poitou
55 % Blans
45 % Rouges / Rosés

Surface : Haut-poitou : 100 ha
Cognac : 685 400 ha (82 000 plantés, essentiellement destinés à la production de l'eau-de-vie)
Pineau-des-charentes : 1 132 ha

Types de vins

vins tranquilles — vins de liqueur — Eau-de-vie

vins tranquilles			vins de liqueur			Eau-de-vie
Blancs secs	Rouges	Rosés	Blancs	Rouges	Rosés	Cognac

Principaux cépages

Cabernet franc	Cabernet-sauvignon	Merlot
Gamay	Ugni blanc	Colombard
Sémillon	Montils	Sauvignon
	Folle blanche (pour le cognac)	

Hiérarchie des vins

1 AOC régionale haut-poitou

1 AOC vin de liqueur : pineau-des-charentes

1 AOC eau-de-vie : cognac

1 IGP (charentais)

Un peu d'histoire

- **XIe-XIIIe s. :** le Poitou ente dans le royaume Plantagenêt, avec l'Aquitaine, l'Anjou et l'Angleterre. Le vignoble se développe. La Rochelle est le principal port d'expédition des vins vers l'Angleterre jusqu'à sa prise par le roi de France en 1224.
- **1562-1598 :** les guerres de religion ravagent le vignoble.
- **XVIIe s. :** l'Europe du Nord devient le principal débouché des vins du Poitou. Comme le vin voyage mal, les Hollandais le distillent pour élaborer de l'eau-de-vie. L'alambic se répand dans les campagnes de l'Aunis et de la Saintonge.
- **XVIIIe-XIXe s. :** la notoriété du cognac s'affirme. Des maisons de négoce sont créées.
- **1882 :** crise phylloxérique et destruction du vignoble.
- **1909 :** délimitation de la zone géographique de production du cognac.
- **1936 :** création de l'AOC cognac.
- **1938 :** délimitation régionales des crus du cognac.
- **1945 :** création de l'AOC pineau-des-charentes.
- **1970 :** création de l'AOVDQS haut-poitou.
- **2011 :** l' AOVDQS haut-poitou devient AOC.

la Loire
Nantes
LOIRE-ATLANTIQUE
N
S
O
E
ANJOU-SAUMUR
MAINE-ET-LOIRE
Saumur
TOURAINE
INDRE-ET-LOIRE
Cholet
HAUT-POITOU
Châtellerault
Mirebeau
Neuville-de-Poitou
Jaunay-Marigny
la Vienne
La Roche-sur-Yon
VENDÉE
DEUX-SÈVRES
Poitiers
VIENNE
Fontenay-le-Comte
Niort
Bois Ordinaires
Courçon
Ars-en-Ré
Île de Ré
La Rochelle
Beauvoir-sur-Niort
Surgères
Bois Ordinaires
Bons Bois
Aulnay
Ruffec
Bois Ordinaires
Rochefort
Saint-Jean-d'Angély
Saint-Pierre-d'Oléron
Île d'Oléron
Saint-Savinien
COGNAC
Mansle
Marennes
CHARENTE-MARITIME
Rouillac
Borderies
Fins Bois
CHARENTE
Saintes
Cognac
la Charente
Bois Ordinaires
Fins Bois
Bons Bois
Pointe de la Coubre
Royan
Grande Champagne
Angoulême
Bons Bois
Pons
OCÉAN ATLANTIQUE
Pointe de Grave
Saint-Genis-de-Saintonge
Petite Champagne
Dignac
Fins Bois
la Gironde
Jonzac
Fins Bois
Bons Bois
Chalais
Saint-Aulaye-Puymangou
Montguyon
Bois Ordinaires
LE BORDELAIS
DORDOGNE
GIRONDE
Cognac et pineau-des-charentes
Limite de département
0 10 20 30 40 50 km
BORDEAUX

HAUT-POITOU

Superficie : 186 ha
Production : 11 000 hl (55 % blanc)

Le docteur Guyot rapporte en 1865 que le vignoble de la Vienne représente 33 560 ha. De nos jours, outre le vignoble du nord du département, rattaché au Saumurois, et une enclave dans les Deux-Sèvres, seuls subsistent deux îlots viticoles autour des cantons de Neuville et de Mirebeau. Marigny-Brizay est la commune la plus riche en viticulteurs indépendants. Les autres se sont regroupés pour former la cave de Neuville-de-Poitou. En 2011, le Haut-Poitou a accédé à l'appellation d'origine contrôlée. Les sols du plateau du Neuvillois, évolués sur calcaires durs et craie de Marigny ainsi que sur marnes, sont propices aux différents cépages de l'appellation; le plus connu d'entre eux est le sauvignon (blanc ou gris). En rouge, le cépage principal est le cabernet franc, complété par le merlot, le pinot noir et le gamay.

DOM. LA TOUR BEAUMONT
Le Fié gris 2023 ★★

■ | 24000 | 🍾 | 8 à 11 €

Le donjon d'un ancien château du XIIe s. a donné son nom au domaine, dont les 34 ha se répartissent sur deux coteaux séparés par la rivière Clain. Une valeur sûre du Haut-Poitou. Après cinq années passées en Bourgogne, Pierre Morgeau a rejoint en 2011 son père Gilles sur cette exploitation familiale créée en 1860, qu'il dirige depuis 2015. Cécile Pailhasse, sœur de Pierre, est également de la partie depuis 2022.

Fidèle au rendez-vous, le domaine signe un fié gris (sauvignon gris) au nez flatteur d'agrumes (orange, pamplemousse), de menthol et d'aubépine. La bouche apparaît très fraîche, saline et fruitée, avec de surcroît une belle densité en matière qui lui confère du volume et une présence certaine. ⧗ 2024-2027 ■ **Sauvignon blanc 2023 ★ (5 à 8 €; 80000 b.)** Un vin très aromatique, sur le genêt, les agrumes, les fruits exotiques, la pierre à fusil et le bonbon anglais, vif et persistant en bouche. Parfait avec un fromage de chèvre. ⧗ 2024-2026 ■ **Cabernet franc 2023 ★ (5 à 8 €; 35000 b.)** Du verre se dégagent des parfums de fruits noirs bien mûrs, de cassis notamment, prolongés par une bouche bien équilibrée entre fruit et matière tannique, avant une finale plus austère. ⧗ 2024-2028

⊶ DOM. LA TOUR BEAUMONT, 2, av. de Bordeaux, 86490 Beaumont-Saint-Cyr, tél. 05 49 85 50 37, contact@domainelatourbeaumont.fr V 🚶 🍷 *t.l.j. sf dim. 9h30-12h 14h30-19h (18h sam. et hiver)*

DOM. DE VILLEMONT
Surprise d'antan 2023 ★

■ | 1800 | 🍾 | 8 à 11 €

Créé en 1995, ce domaine très régulier en qualité surplombe la vallée de l'Envigne, au nord de l'appellation haut-poitou. Il étend son vignoble sur 33 ha, exploités en famille par les Bourdier. En 2019, Rodolphe et Virginie ont pris la suite de leurs parents Alain et Annie.

Cette Surprise d'antan doit tout au sauvignon gris. Au nez, des notes chaudes de miel et de cire d'abeille se mêlent à l'aubépine et au citron. Une agréable minéralité vient ensuite en soutien d'une bouche d'un bon volume, bien équilibrée entre gras et acidité. ⧗ 2024-2027

⊶ DOM. DE VILLEMONT, 6, rue de l'Ancienne-Commune, Seuilly, 86110 Mirebeau, tél. 05 49 50 51 31, domaine-de-villemont@wanadoo.fr V 🚶 🍷 *t.l.j. sf sam. dim. 9h30-12h30 14h-18h30*

PINEAU-DES-CHARENTES

Le pineau-des-charentes est produit dans la région de Cognac – vaste plan incliné d'est en ouest avec une altitude maximale de 180 m, qui s'abaisse progressivement vers l'océan Atlantique. Le vignoble, traversé par la Charente, est implanté sur des coteaux au sol essentiellement calcaire. Sa destination principale est la production du cognac. Cette eau-de-vie est « l'esprit » du pineau-des-charentes, vin de liqueur résultant du mélange des moûts des raisins charentais frais ou partiellement fermentés avec du cognac.

Selon la légende, c'est par hasard qu'au XVIe s. un vigneron un peu distrait commit l'erreur de remplir de moût de raisin une barrique qui contenait encore du cognac. Constatant que ce fût ne fermentait pas, il l'abandonna au fond du chai. Quelques années plus tard, alors qu'il s'apprêtait à vider la barrique, il découvrit un liquide limpide, doux et fruité : ainsi serait né le pineau-des-charentes. Le recours à cet assemblage se poursuit aujourd'hui encore de la même façon artisanale et à chaque vendange, car le pineau-des-charentes ne peut être élaboré que par les viticulteurs.

Les moûts de raisin proviennent essentiellement, pour les blancs, des cépages ugni blanc, colombard, montils, sauvignon et sémillon, auxquels peuvent être adjoints le merlot et les deux cabernets, et, pour les rouges et rosés, des cabernets, du merlot et du malbec. Le moût doit dépasser les 170 g de sucre par litre en puissance. Le pineau-des-charentes vieillit en fût de chêne pendant au moins un an, le plus souvent pendant plusieurs années. Il ne peut sortir de la région que mis en bouteilles.

Comme en matière de cognac, il n'est pas d'usage d'indiquer le millésime. En revanche, un qualificatif d'âge est souvent spécifié. Le terme « vieux pineau » est réservé au pineau de plus de 5 ans, et celui de « très vieux pineau » à celui de plus de 10 ans. Dans ces deux cas, le vieillissement s'accomplit exclusivement en barrique. La qualité de ce vieillissement doit être reconnue par une commission de dégustation. Le degré alcoolique est généralement compris entre 17 % vol. et 18 % vol., et la teneur en sucre non fermenté entre 125 et 150 g; le rosé est généralement plus doux et plus fruité que le blanc, lequel est plus nerveux et plus sec.

Le pineau-des-charentes peut être consommé jeune (à partir de 2 ans); il donne alors tous ses arômes de fruits, encore plus présents dans le rouge et le

rosé. Avec l'âge, il prend des parfums de rancio très caractéristiques.

♥ JEAN BARBOTIN ET FILS Natol ★★★

■ | 14 274 | ◖◗ | 8 à 11 €

Un domaine familial fondé en 1964 où l'on produit du pineau-des-charentes à partir d'un vignoble de 67 ha environ. Olivier Barbotin, représentant la quatrième génération, est aux commandes depuis 1990.

Le seul merlot à l'œuvre dans ce pineau, et pour le meilleur. Une belle robe intense, foncée, et un nez soutenu de fruits rouges frais et de menthol composent une entrée en matière très séduisante. Suave, souple, onctueuse, longue, avec un fruit très en verve et toujours cette touche de fraîcheur mentholée, la bouche est tout aussi convaincante. ⧗ 2024-2029

⊶ MAISON BARBOTIN, 68, rue de Saintonge, Les Épeaux, 17120 Meursac, tél. 05 46 96 20 00, contact@natol-barbotin.fr V t.l.j. sf sam. dim. 8h-12h 14h-17h

RAYMOND BOSSIS ★

■ | 8 000 | ◖◗ | 11 à 15 €

D'origine vendéenne, la famille Bossis s'est installée en Charente en 1924. Raymond Bossis a développé le domaine et, en 1970, la vente directe. C'est aujourd'hui son fils Jean-Luc, épaulé par son frère Jean-Marie au commercial, qui conduit les 39 ha de vignes plantées sur les coteaux argilo-calcaires de l'estuaire de la Gironde, face au Médoc.

Ugni blanc (80 %) et montils unis dans ce pineau d'une belle limpidité, au nez discret de fleurs blanches et de notes miellées. En bouche, il séduit par son équilibre rondeur-fraîcheur et son appréciable longueur. ⧗ 2024-2028

⊶ RAYMOND BOSSIS, 4, les Groies, 17150 Saint-Bonnet-sur-Gironde, tél. 05 46 86 02 19, contact@raymond-bossis.com V t.l.j. 9h-12h30 14h30-19h

VIGNOBLES BOULE ET FILS ★

■ | 30 000 | ◖◗ | 8 à 11 €

Cette exploitation, située à la limite de la Charente-Maritime et de la Gironde, a été créée par la famille Boule en 1975. Vincent a repris le flambeau transmis en 2003 par son père Philippe. Le vignoble de 52 ha est réparti entre appellations du Cognaçais et du Blayais.

Né du seul ugni blanc, ce pineau porte beau dans sa robe dorée aux reflets légèrement cuivrés. Au nez, il dévoile des parfums intenses de raisin sec et de noisette. Arômes prolongés par une bouche harmonieuse, aimable et souple. ⧗ 2024-2028

⊶ VIGNOBLES BOULE ET FILS, 3, la Verrerie, 17150 Boisredon, tél. 06 89 90 36 56, vignobles.boule@orange.fr V r.-v.

CHAI DU ROUISSOIR ★

■ | 2 500 | ◖◗ | 11 à 15 €

En 2000, Hugues, le fils de Didier Chapon, reprend la propriété familiale alors exclusivement dédiée au cognac. Il diversifie la production avec le pineau et les vins de pays, qu'il commercialise en bouteilles. Il exploite aujourd'hui 32 ha de vignes, en conversion bio.

Le seul ugni blanc pour ce pineau paré d'une seyante robe dorée, limpide et brillante, ouvert sur des parfums gourmands de pêche et d'abricot confit. Un fruit qui s'immisce aux côtés de la vanille dans une bouche équilibrée, suave sans lourdeur, stimulée par une agréable pointe acidulée en finale. ⧗ 2024-2028

⊶ EARL CHAPON, 1, Roussillon, 17500 Ozillac, tél. 06 89 95 08 22, chaidurouissoir@hotmail.com V t.l.j. sf dim. 14h-18h

♥ CHAINIER Vieux ★★

■ | 5 400 | ◖◗ | 20 à 30 €

Cette propriété familiale située au cœur de la région de Cognac étend son vignoble de 39 ha dans les crus de la Petite et de la Grande Champagne. Dominique Chainier y produit des cognacs et des pineaux.

Ugni blanc et colombard associés à parts égales dans ce pineau drapé dans une belle robe couleur vieil or aux reflets ambrés. Le nez se révèle complexe : confiture de figues, rancio, cire d'abeille, boisé fondu. Les épices douces, la cannelle notamment, et le miel de châtaigne se mêlent à la danse dans une bouche tendre, délicate, parfaitement équilibrée, avec une fraîcheur bien sentie en filigrane. Un ensemble tout en nuances, d'un équilibre sans faille. ⧗ 2024-2028 ■ ★ **(11 à 15 € ; 15 000 b.)** Noix, marmelade de pêches, fruits confits, fruits secs, ce pineau ne manque pas d'expression. Il plaît aussi pour sa bouche vineuse, voluptueuse et riche, rafraîchie par une pointe d'amertume en finale. ⧗ 2024-2028

⊶ SAS DOMINIQUE CHAINIER ET FILS, 15, la Barde-Fagnouse, 17520 Arthénac, tél. 05 46 49 12 85, info@cognacchainier.com V r.-v.

DOM. DES CLAIRES ★★★

■ | 2 921 | ◖◗ | 11 à 15 €

Domaine viticole depuis 6 générations, d'abord orienté vers la production de cognac (le seul bouilleur de cru de la presqu'île d'Arvert). Toutefois, l'activité ostréicole et l'affinage des huîtres en claires prédominaient jusque dans les années 1970. Jonathan Guillon, son diplôme d'œnologue en poche, s'est installé en 2010 et a diversifié l'encépagement. Les mises en bouteilles à la propriété de vins de pays, de cognac et de pineau ont alors débuté. Le vignoble compte environ 18 ha, en conversion bio depuis 2023.

Merlot (70 %) et cabernet franc composent ce superbe pineau d'un beau grenat intense, ouvert sans réserve sur le fruit à l'olfaction : framboise, cassis, cerise à l'eau-de-vie. Un fruit qui infuse une bouche aussi large que longue, parfaitement équilibrée entre l'alcool, les sucres résiduels et la fraîcheur. Un ensemble de haute expression et d'une harmonie irréprochable. ⧗ 2024-2030

■ **Galion d'or ★ (15 à 20 €; 3617 b.)** Au nez, des notes de rancio se mêlent harmonieusement à la pomme et à des senteurs boisées fondues. La bouche apparaît souple, ronde, élégante, vivifiée par une petite acidité en finale. ⧗ 2024-2028

DOM. DES CLAIRES, 2, rue des Tonnelles, 17530 Arvert, tél. 05 46 47 31 87, contact@domainedesclaires.fr V *r.-v.*

DROUET ★

■ | 1860 | | 15 à 20 €

Les arrière-grands-parents étaient domestiques sur ce domaine fondé en 1848 ; les grands-parents achetèrent l'exploitation, et le père installa l'alambic. Les Drouet, livreurs de vins, devinrent ainsi bouilleurs de cru en Grande Champagne. Patrick s'est établi en 1993 et a développé la vente en direct. Il conduit aujourd'hui, avec son épouse, Corinne, un vignoble de 45 ha.

Issu du merlot (60 %) et des deux cabernets, ce pineau d'une belle brillance convoque les fruits rouges à l'olfaction, la cerise notamment. On retrouve le fruit dans une bouche souple et ronde, d'une suavité bien dosée. ⧗ 2024-2027

DROUET COGNAC, 1, rte du Maine-Neuf, 16130 Salles-d'Angles, tél. 05 45 83 63 13, contact@cognac-drouet.fr V *t.l.j. sf dim. 9h-12h30 13h30-17h30*

MICHEL FORGERON ★

■ | 5000 | | 11 à 15 €

Spécialisé dans le cognac et le pineau-des-charentes depuis 1965, ce domaine familial étend son vignoble sur 24 ha, conduit depuis 2008 par Christophe Forgeron.

Ugni blanc, colombard et montils unis à parts égales dans ce pineau au nez flatteur de noisette, de poire et de pomme. La bouche se montre souple, très fruitée et d'une belle fraîcheur. Un blanc alerte, simple et de bon goût. ⧗ 2024-2028

MICHEL FORGERON, 11, rte de Bouteville, 16130 Segonzac, tél. 05 45 83 43 05, contact@cognacforgeron.com V *r.-v.*

DOM. DE FRAICHEFONT
Vieux Élevé en fût de chêne ★

■ | 1000 | | 30 à 50 €

Vendange manuelle à maturité, extraction lente des jus, élevage à 50 % en fûts neufs, vieillissement durant 3 à 5 ans, telles sont les méthodes d'élaboration employées par Lionel Ducom, installé en 1991 sur ce petit domaine familial (2 ha) qui avait créé son activité dix ans plus tôt.

Ce 100 % colombard s'ouvre un joli nez associant la cire d'abeille, le rancio, la pâte d'amandes et la noisette torréfiée. En bouche, il se révèle chaleureux et riche, étiré sur des notes de miel, de pruneau et de tarte aux pommes, avec un élevage maîtrisé en soutien. Un bon classique. ⧗ 2024-2028

VIGNOBLE DUCOM, 19, rue du Labeur, Fraichefont, 16170 Val-d'Auge, tél. 06 80 00 87 84, dl.ducom@wanadoo.fr V *r.-v.*

♥ JULES GAUTRET ★★

■ | 14600 | | 8 à 11 €

L'histoire commence au XIXe s. lorsque deux frères, Jacques et Étienne Gautret, achètent le Château de Jonzac en 1818. En 1847, le château devient la société de négoce de spiritueux Gautret & Fils, fondée par le fils de Jacques et Françoise Gautret, Louis François Jules. En 1959, un groupe de 60 viticulteurs prend une participation dans l'entreprise. Aujourd'hui, ce sont 120 vignerons adhérents qui sont à l'origine de la marque Jules Gautret, désormais dans le giron de la Maison Ansac, elle-même filiale de la coopérative Océalia.

Merlot (80 %) et cabernet franc sont à l'origine de ce pineau rosé réjouissant de bout en bout. On aime sa robe brillante et limpide aux reflets argentés, son bouquet intense et appétent de petits fruits rouges (fraise, framboise), et sa bouche tendre, finement suave, longue, elle aussi très généreuse en fruit. De la gourmandise à l'état pur. ⧗ 2024-2028

MAISON ANSAC, 51, rte de Saint-Genis, 17500 Saint-Germain-de-Lusignan, tél. 05 46 48 10 99, info@maisonansac.com V *t.l.j. sf sam. dim. 8h-17h30; f. sem. du 15 août*

GUÉRIN FRÈRES Tradition ★

■ | 30000 | | 11 à 15 €

Au sortir de la Seconde Guerre mondiale, Robert Guérin, viticulteur à Chenac-sur-Gironde, s'oriente vers la production de pineau-des-charentes. Ses enfants développent l'activité familiale pour fonder en 1967 la société Puy Gaudin. À partir des années 1980, les produits de Puy Gaudin sont commercialisés en grande distribution sous la marque « Guérin Frères ». Ce sont aujourd'hui les petits et arrière-petits-enfants qui conduisent la maison.

Ugni blanc (55 %), montils (30 %) et colombard composent ce blanc au nez discret mais plaisant de pomme et d'abricot confit. Plus loquace, ronde et riche, la bouche convoque la pêche, la mandarine et l'abricot confits, agrémentés de notes pâtissières. Un pineau sur le versant de la gourmandise. ⧗ 2024-2028

SOCIÉTÉ PUY GAUDIN, rte de Pons, 17260 Gémozac, tél. 05 46 90 79 81, boutique@puygaudin.com V *t.l.j. sf sam. dim. 9h-12h 14h-18h*

GUILLON-PAINTURAUD Exception or Très Vieux ★

■ | 1000 | | 50 à 75 €

Une exploitation ancrée au cœur de la Grande Champagne, sur des coteaux argilo-calcaires et

crayeux. Un domaine de 19 ha très régulier en qualité, réputé notamment pour ses pineaux extra vieux et resté depuis 1610 dans la famille de Line Sauvant et de son père Pierre Guillon, jusqu'à sa reprise en 2021 par les sœurs Élise et Mathilde Thorin.

Ugni blanc et sémillon sont associés à parts égales dans ce vénérable pineau aux tonalités cuivrées, ouvert sur des senteurs intenses d'épices (curry, vanille, cannelle) et de vieux fûts. Arômes qui s'enrichissent de notes de pomme caramélisée et de truffe dans une bouche longue, riche et concentrée. « Un voyage initiatique dans le monde des épices et du silence des vieux chais », conclut un dégustateur inspiré. ⧗ 2024-2028

GUILLON-PAINTURAUD, 1, rue de l'Ancien-Puits, Biard, 16130 Segonzac, tél. 05 45 83 41 95, info@guillon-painturaud.com V t.l.j. sf dim. lun. 10h-12h 14h-18h

LEYRAT
Les Pierres blanches ★★

■	1228		20 à 30 €

La maison Leyrat, productrice de cognac et de pineau-des-charentes, est née en 1900. Elle est dans le giron des Domaines Francis Abécassis, aujourd'hui le plus grand producteur indépendant de cognac, fort de 460 ha de vignes.

L'ugni blanc seul maître à bord dans ce pineau éclatant dans sa robe vieil or comme dans ses parfums puissants de pêche, de confiture de prunes et de vanille. Une attaque souple ouvre sur un palais fondu, soyeux, porté sur la longueur par un rancio léger qui ajoute à sa noblesse et sa complexité. ⧗ 2024-2030

DOM. FRANCIS ABÉCASSIS - ABK6 COGNAC, Dom. de chez Maillard, 1, rte du Ménager, 16250 Val-des-Vignes, tél. 05 45 66 35 72, marketing@abk6-cognac.com V r.-v.

MÉNARD Très Vieux ★

■	4000		20 à 30 €

La société Ménard exploite plusieurs propriétés (64 ha), toutes établies en Grande Champagne, terroir très réputé du cognac, et vend pineaux et cognacs en bouteilles depuis 1946, à Saint-Même-les-Carrières. Une valeur sûre.

Après un long vieillissement de 12 ans en fût, ce très vieux pineau 100 % ugni blanc se présente dans une belle robe cuivrée de laquelle se dégagent des parfums complexes de mangue et d'abricot rôtis, de poivre de Sichuan et de rancio. Ample et délicate, centrée sur des nuances de fruits jaunes et d'agrumes confits, de miel et de cire, la bouche profile un pineau sur le versant de la finesse et à son apogée. ⧗ 2024-2026

PINEAU ET COGNAC MÉNARD, 2, rue de la Cure, BP 50016, 16720 Saint-Même-les-Carrières, tél. 05 45 81 90 26, menard@cognac-menard.com V r.-v.

CH. DE MONTIFAUD Vieux ★★

■	20000		15 à 20 €

Depuis six générations dans la famille de Laurent Vallet (installé lui en 2001), le Ch. Montifaud étend son vaste vignoble sur 150 ha, en Petite et en Grande Champagne.

D'une belle limpidité, cet assemblage à parts égales de colombard et d'ugni blanc dévoile un nez aussi intense que subtil d'épices douces, de fruits caramélisés, de miel et de menthol. Une complexité qui trouve un écho persistant dans une bouche enveloppante, tendre et fondue, d'un équilibre parfait entre sucre, alcool et acidité. Un pineau qui répond en tous points au profil des vieux pineaux matures et envoûtants. ⧗ 2024-2028

CH. MONTIFAUD, 36, rte d'Archiac, 17520 Jarnac-Champagne, tél. 05 46 49 50 77, marketing@chateau-montifaud.com V r.-v.

CH. DE L'OISELLERIE Gerfaut Très Vieux ★★

■	n.c.		30 à 50 €

Situé à la périphérie d'Angoulême, le château de l'Oisellerie (édifié à la fin du XVe s.) était autrefois réputé pour son élevage de faucons et aussi pour son cognac. Racheté au XXe s. par le Conseil général, il a été reconverti en lycée viticole. Les vignes couvrent 35 ha, dont 20 % sont en conversion bio.

Après 20 ans de fût, cet ugni blanc se présente dans une belle robe ambrée comme il se doit. Au nez, il livre des parfums d'épices douces, de noisette caramélisée, de noix et de tabac blond. En bouche, c'est la vivacité qui prime en attaque, puis la richesse s'impose autour de notes de pruneau, de fruits rôtis et de rancio. Un très vieux pineau harmonieux, bien balancé entre puissance et fraîcheur. ⧗ 2024-2028

CH. DE L' OISELLERIE, Service Exploitation, 40, allée de l'Oisellerie, 16400 La Couronne, tél. 05 45 67 36 90, expl.angouleme@educagri.fr V t.l.j. sf sam. dim. lun. 9h-12h 13h30-17h30

B L'ÎLE D'OLÉRON Naturellement bio ★

■	7278		15 à 20 €

Née en 1992 de la fusion de cinq coopératives d'Oléron, la cave Viti-Oléron regroupe aujourd'hui une vingtaine de producteurs répartis sur toute l'île, offrant ainsi une belle palette de terroirs. Une partie des produits de la cave sont proposés en bio.

Le merlot sur argilo-calcaire a donné ce pineau d'un beau grenat, au nez intense de cassis, de bourgeon de cassis, d'épices et de fruits rouges frais. Du fruit, un bon volume, de la fraîcheur, de la longueur, une finale relevée d'épices, le palais ne manque pas non plus de charme. ⧗ 2024-2028

SCA VITI-OLÉRON, 368, rue du Cellier, 17190 Saint-Georges-d'Oléron, tél. 05 46 47 00 32, info@vigneronsoleron.fr V t.l.j. 9h-12h30 14h-19h; dim. 9h-12h30

AUX PARGERS ★

■	4000		8 à 11 €

Un domaine familial de 64 ha situé en Petite Champagne, dont les origines remontent à 1874, longtemps dédié à la culture céréalière et à l'élevage bovin en plus de la distillation. Jusqu'en 2015 et l'arrivée au domaine d'Emmanuel et sa compagne Estèle, qui ont construit leur chai et lancé la production au domaine.

Merlot (70 %) et cabernet-sauvignon unis dans ce pineau ouvert sur les fruits rouges et le pruneau à l'olfaction. La bouche plaît par sa fraîcheur et son fruité expansif, au diapason du bouquet. Sobre et de bon goût. ⧗ 2024-2027

POITOU-CHARENTES

AUX PARGERS, 3, Grolon, 17520 Saint-Ciers-Champagne, tél. 07 86 72 12 00, auxpargers@gmail.com V sam. 9h-12h 14h-18h; lun.-ven. sur r.-v.

G. ET C. RABY Vieux ★

288 | 20 à 30 €

Nichée sur les coteaux calcaires de Grande Champagne, cette exploitation est installée au logis de la Brée, sur les terres du chevalier de la Croix Marron, inventeur de la double distillation charentaise. La famille Raby y élabore cognacs et pineaux depuis cinq générations. Gérard et sa fille Cécile conduisent aujourd'hui un vignoble de 40 ha. Ils se sont lancés dans la vente directe en 2007.

Ce pur merlot passé par 7 ans de fût livre un bouquet agréable de fruits croquants (fraise, cerise, pêche) et de pain d'épice qui trouve un heureux prolongement dans une bouche franche, fraîche, harmonieuse et de bonne longueur, stimulée par de fins amers en finale. ⧗ 2024-2027

GÉRARD ET CÉCILE RABY, 3 bis, rte de la Brée, 16130 Segonzac, tél. 05 45 83 35 69, contact@cognac-raby.fr V r.-v.

VEUVE BARON ET FILS ★

n.c. | 11 à 15 €

Commandée par un ancien pavillon de chasse datant de François Ier, avec cour fermée par les chais de vinification et de vieillissement, la propriété, située au nord de Cognac, se transmet de père en fils depuis 1837. Antoine Baron, cinquième du nom, dirige depuis 2007 ce domaine de 55 ha réputé pour ses pineaux blancs.

Ce pur ugni blanc dévoile au nez des arômes intenses de pêche et de vanille. S'ajoutent à cette palette des notes de rancio dans une bouche vineuse, généreuse et suave, bien épaulée par le bois. ⧗ 2024-2027

SCEA VIGNOBLES BARON, 19, rte du Coudret, Logis-du-Coudret, Cherves-Richemont, 16370 Val-de-Cognac, tél. 05 45 83 16 27, veuve.baron@wanadoo.fr V t.l.j. sf dim. 10h-12h 14h-18h30

IGP CHARENTAIS

B DOM. DES CLAIRES Merlot 2022 ★★

2789 | 5 à 8 €

Domaine viticole depuis 6 générations, d'abord orienté vers la production de cognac (le seul bouilleur de cru de la presqu'île d'Arvert). Toutefois, l'activité ostréicole et l'affinage des huîtres en claires prédominaient jusque dans les années 1970. Jonathan Guillon, son diplôme d'œnologue en poche, s'est installé en 2010 et a diversifié l'encépagement. Les mises en bouteilles à la propriété de vins de pays, de cognac et de pineau ont alors débuté. Le vignoble compte environ 18 ha, en conversion bio depuis 2023.

L'étiquette mentionne le seul merlot, mais une touche de cabernet franc (11 %) est également présente. Au nez, passé une petite note de réduction, se développent des arômes de griotte et de mûre. En bouche, le vin se révèle rond, ample, long, porté par des tanins fondus et fins. Une jolie bouteille à ouvrir dans ses jeunes années. ⧗ 2024-2027

DOM. DES CLAIRES, 2, rue des Tonnelles, 17530 Arvert, tél. 05 46 47 31 87, contact@domainedesclaires.fr V r.-v.

DOM. FRADON Merlot Cabernet-sauvignon 2022 ★

10000 | 5 à 8 €

Ici, on commercialise le pineau en bouteilles depuis 1933. Damien Fradon a pris la suite de son père Michel en 2008 à la tête de ce domaine de 40 ha situé en Petite Champagne, près de Jonzac. La tradition est de ne proposer à la vente que de vieux pineaux (5 ans minimum d'élevage sous bois) et de très vieilles qualités de cognac.

Au nez, ce joli rosé dévoile des arômes classiques de petits fruits rouges et de bonbon. Une aromatique que reprend en chœur une bouche ronde, longue, titillée par une pointe acide qui lui va bien. ⧗ 2024-2025

DOM. FRADON, 8, le Château, 17500 Réaux-sur-Trèfle, tél. 05 46 48 46 02, contact@domaine-fradon.com V t.l.j. sf dim. 9h-19h

♥ B DOM. GRAINS D'ESTUAIRE Cuvée Emma 2022 ★★

6600 | 15 à 20 €

Un domaine de 15 ha conduit en bio, situé au nord du Blayais, aux confins de la Charente-Maritime, et propriété depuis 2014 de deux amis : Julien Bonneau et Alexandre Lavigne, propriétaire d'un restaurant gastronomique.

Le merlot à son sommet dans cette cuvée nature, sans sulfite ajouté, qui s'installe petit à petit comme une valeur sûre de l'IGP Charentais : second coup de cœur en deux éditions. Après 8 mois en barrique, ce vin livre des parfums soutenus de griotte mûre, avec un merrain des plus discrets. La bouche apparaît puissante, ronde, charnue, centrée sur les fruits rouges confits. Du fruit, de l'équilibre, de la générosité, beaucoup de gourmandise : que demander de plus ? ⧗ 2024-2028

DOM. GRAINS D'ESTUAIRE, 28, les Grelauds, 33820 Saint-Ciers-sur-Gironde, tél. 05 57 32 65 98, jbonneau@wanadoo.fr V t.l.j. sf sam. dim. 8h30-12h30 14h-18h

DOM. DE LA LURE 2023 ★★

25000 | - de 5 €

Cette exploitation, située à la limite de la Charente-Maritime et de la Gironde, a été créée par la famille Boule en 1975. Vincent a repris le flambeau transmis en 2003 par son père Philippe. Le vignoble de 52 ha est réparti entre appellations du Cognaçais et du Blayais.

Le merlot en version rosé. Et un très bon rosé. Au nez, les fruits rouges sont à la fête comme il se doit. Le fruit ne baisse pas d'intensité dans une bouche ronde, souple, suave et longue, avec une juste acidité en arrière-plan. Une très jolie friandise pour l'apéritif. ⧗ 2024-2025

VIGNOBLES BOULE ET FILS, 3, la Verrerie, 17150 Boisredon, tél. 06 89 90 36 56, vignobles.boule@orange.fr V r.-v.

FAMILLE NAUD Pic noir Merlot 2023 ★

6500 | 5 à 8 €

Œnologue de souche vigneronne, Jean-Michel Naud, accompagné de son fils Pierre, a fondé en 1989 la Distillerie de la Tour, dans l'ancienne distillerie familiale, complétée par une activité de négoce.

Ce rosé 100 % merlot, très pâle de robe, livre un bouquet gourmand de petits fruits rouges, de framboise notamment. Un fruit repris avec une belle intensité par une bouche ronde, souple, stimulée par une fraîcheur acidulée et amylique. ⧗ 2024-2025 **Lepontis Les Roches Sauvignon 2023 ★ (5 à 8 €; 6500 b.)** Un blanc de sauvignon qui s'ouvre sur des notes typiques de buis, d'agrumes et de menthol. Mêmes sensations aromatiques en bouche, avec de la vivacité, une bonne longueur et une texture fine. Préparez les huîtres. ⧗ 2024-2026

DISTILLERIE DE LA TOUR, 4, rue des Distilleries, 17800 Pons, tél. 05 46 91 31 44, cl.naud@distilleriedelatour.com *t.l.j. sf sam. dim. 9h-18h* D

NORDET Chardonnay 2023 ★

6000 | 5 à 8 €

Natif de Gironde, ayant grandi au milieu des vignobles de Pessac-Léognan, œnologue depuis 1988 pour des maisons de cognac, Thierry Archereau a créé en 2003, avec son employeur de l'époque, une maison de négoce dans le hameau de Saint-Eugène qui commercialise une gamme de vins de pays charentais, les vins du Maine au Bois. Depuis 2013, il est seul aux commandes.

Agrumes, fleur de tilleul, pêche, abricot, cette cuvée ne manque pas de nuances. On aime aussi sa bouche ronde, tendre, à la texture fine et soyeuse, avec une pointe minérale qui souligne le tout jusqu'en finale et apporte de la fraîcheur. Un blanc élégant et friand. ⧗ 2024-2027

MAINE AU BOIS, 22, allée des Marronniers, 17520 Archiac, tél. 06 08 58 49 80, t.archereau@orange.fr V *r.-v.*

♥ DOM. LE PETIT MARAND Chardonnay Extra Ordinaire 2022 ★★

2000 | 30 à 50 €

Un domaine familial de 10 ha situé sur un coteau calcaire dominant l'estuaire de la Gironde, dont 7 ha destinés à la production de vin de Cognac. Fabrice Papin, aux commandes depuis 2019, a engagé la conversion bio.

Fabrice Papin poursuit son chemin étoilé dans le Guide avec une constance remarquable et décroche ici son deuxième coup de cœur avec cette cuvée qui décidément n'usurpe pas son nom. Ce chardonnay a tout d'un grand : des arômes diablement gourmands de pâtisserie, de toasté, d'ananas et de pamplemousse, une bouche ronde à souhait, suave, ample, finement boisée, dynamisée par de beaux amers en finale. On lui réservera un mets de choix : sole meunière, turbot sauce écrevisses, ris de veau? Et n'hésitez pas à l'encaver, ce vin a du potentiel. ⧗ 2025-2030

DOM. LE PETIT MARAND, 9, le Petit-Marand, 17150 Saint-Bonnet-sur-Gironde, tél. 06 40 20 14 72, fabrice@domaine-papin.com V *t.l.j. sf sam. dim. 9h-12h 14h-18h*

DOM. PONCEREAU DE HAUT Florian 2022 ★★

4249 | 8 à 11 €

Ce domaine familial a longtemps produit volailles, céréales et vins de chaudière pour le cognac. En 1978, Jean-Claude Benassy signe le premier vin blanc sec, suivi en 1983 des premiers rouges et rosés, et se lance dans la vente directe. Depuis 2017, ce sont ses enfants Ophélie et Florian qui sont aux commandes, à la tête de 39 ha de vignes.

Cabernet-sauvignon (75 %) et merlot à l'origine de cette cuvée bien sous tous rapports. Au nez, les épices douces du boisé et du fruit mûr, de la griotte notamment. En bouche, de la rondeur, une structure tannique bien en place, un boisé non moins ajusté même si encore dominant à ce stade, de la longueur. Cette bouteille vieillira sereinement. ⧗ 2025-2030 **Ophélie 2023 ★ (5 à 8 €; 43300 b.)** Un blanc associant le sauvignon blanc et sa version grise. Fleurs blanches, agrumes, touche de buis, les notes variétales sont bien là. De la fraîcheur, renforcée par une pointe de minéralité, du fruit, la bouche ne renie pas non plus ses cépages. ⧗ 2024-2026

OPHÉLIE ET FLORIAN BENASSY, 1, Poncereau-de-Haut, 17120 Épargnes, tél. 05 46 90 73 63, contact@vin-benassy.fr V *t.l.j. sf dim. 9h-12h 14h30-18h30*

SAPIENS Petit Sapiens 2022 ★

10000 | 11 à 15 €

La Maison Soulat a repris la cave de Saint-Sornin, ravagée par la grêle en juillet 2018, et qui depuis ne produisait plus de vin. Jacques Soulat s'est associé avec Olivier Pucek, qui cultive des vignes attachées aux coteaux de Saint-Sornin pour ses propres vins, sous l'étiquette Maverlan. Sapiens? Une évocation des traces de nos lointains ancêtres retrouvées dans la grotte voisine du Placard, classée monument historique en 1989.

Un retour à la vie pour le vignoble de Saint-Sornin, et sous une bonne étoile avec cet assemblage mi-gamay mi-cabernet-sauvignon. Un vin ouvert sur la griotte bien mûre, rond, gouleyant et tendre en bouche, facile à aimer. On le sert dans ses jeunes années pour profiter de son fruit. ⧗ 2024-2027

SAPIENS, 1, rte de Montbron, 16220 Saint-Sornin, contact@maison-soulat.com V *t.l.j. sf dim. lun. 9h-12h 14h-18h*

PROVENCE

LA PROVENCE

La Provence, un pays des vacances, « où il fait toujours soleil » et où les gens, à l'accent chantant, prennent le temps de vivre… Pour les vignerons aussi, c'est un pays de soleil, qui brille 3 000 heures par an. Les pluies y sont rares mais violentes, les vents fougueux et le relief tourmenté. Les Phocéens, débarqués à Marseille vers 600 av. J.-C., ne se sont pas étonnés d'y voir de la vigne, comme chez eux, et ont participé à sa diffusion.

Le vaste vignoble provençal s'étend sur près de 200 km de long, d'est en ouest, de Nice au sud d'Avignon, et sur 60 km de large entre les Alpilles et la Méditerranée. Aux côtés des pins et des oliviers, la vigne occupe des îlots très diversifiés. Si l'on y trouve les trois couleurs, la Provence voit le vin en rosé, consacrant près de 90 % de sa production à cette couleur.

CARPENTRAS
VAUCLUSE
VALLÉE DU RHÔNE
AVIGNON
Forcalquier
le Rhône
l'Ouvèze
la Durance
Apt
CAVAILLON
Manosque
Tarascon
Saint-Rémy-de-Provence
MASSIF DU LUBERON
Les baux-de-provence
LES ALPILLES
Cadenet
Les Baux-de-Provence
La Roque-d'Anthéron
Eyguières
Pertuis
le Verdon
ARLES
SALON-DE-PROVENCE
Lambesc
Meyrargues
Peyrolles-en-Provence
BOUCHES-DU-RHÔNE
Rians
Coteaux-d'aix-en-provence
Grand Rhône
La Fare-les-Oliviers
Vauvenargues
SAINTE-VICTOIRE
AIX-EN-PROVENCE
Istres
Palette et
Côtes-de-provence Sainte-Victoire
Côtes-de-provence Sainte-Victoire
Rognac
Étang de Berre
Vitrolles
Trets
MARTIGUES
MARIGNANE
Côtes-de-provence
Golfe de Fos
Nans-les-Pins
Allauch
MARSEILLE
AUBAGNE
SAINTE-BEAUME
Îles du Frioul
Cassis
Bandol
Cap Croisette
LES CALANQUES
Le Beausset
Île Riou
LA CIOTAT
Bec de l'Aigle
Îles des Embiez
N
O
E
S
0
10
20
30 km

Côte-de-provence
Zone urbaine
Limite de département
Digne-les-Bains
la Bléone
ALPES-DE-HAUTE-PROVENCE
Lac de Castillon
le Var
la Tinée
Côtes-de-provence
Villars-sur-Var
Moustiers-Sainte-Marie
Castellane
le Verdon
ALPES-MARITIMES
le Var
Lac de Sainte-Croix
Comps-sur-Artuby
Saint-Roman-de-Bellet
Bellet
Saint-Paul-de-Vence
NICE
Côtes-de-provence
Seillans
GRASSE
Aups
Fayence
ANTIBES
Coteaux-varois-en-provence
Côtes-de-provence
CANNES
DRAGUIGNAN
ESTÉREL
Cap d'Antibes
Cotignac
Côtes-de-provence
Lorgues
Îles de Lérins
Le Muy
Côtes-de-provence Fréjus
Pointe de l'Esquillon
l'Argens
Les Arcs-sur-Argens
FRÉJUS
Roquebrune-sur-Argens
Brignoles
VAR
Vidauban
Saint-Raphaël
Cap du Dramont
Besse-sur-Issole
Le Luc
Côtes-de-provence-Notre-Dame-des-Anges
MASSIF DES MAURES
Sainte-Maxime
Golfe de Saint-Tropez
Pignans
Grimaud
Côtes-de-provence-pierrefeu
Saint-Tropez
Côtes-de-provence
Solliès-Pont
La Môle
Cap Camarat
Côtes-de-provence La Londe
Bormes-les-Mimosas
Cavalaire-sur-Mer
Cap Lardier
HYÈRES
Le Lavandou
Côtes-de-provence pierrefeu
Cap Bénat
Côtes-de-provence La Londe
Île du Levant
Île de Porquerolles
Île de Port-Cros
ÎLES D'HYÈRES
MER MÉDITERRANÉE

La **Provence** en un clin d'œil

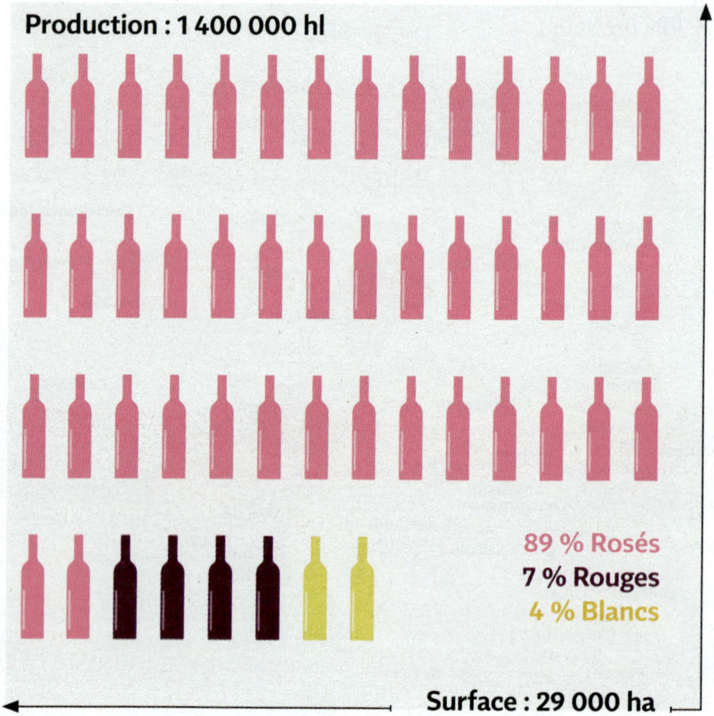

Types de vins

Principaux **cépages**

- Cinsault
- Grenache
- Mourvèdre
- Syrah
- Tibouren
- Carignan
- Cabernet-sauvignon
- Clairette
- Vermentino (rolle)
- Sémillon
- Ugni blanc

Hiérarchie des vins

8 AOC
COMMUNALES

96 %
de la production en côtes-de-provence, coteaux-d'aix-en-provence et coteaux-varois-en provence

Un peu d'**histoire**

- **600 av. J.-C. :** les Phocéens s'installent à Marseille. Les Grecs développent la vigne.
- **125 av. J.-C. :** les Romains font la conquête de la région et fondent Aix-en-Provence. Développement du vignoble et exportation de la production depuis Marseille, Toulon et Fréjus.
- **Moyen Âge :** les nobles et les moines de Saint-Victor de Marseille, de Lérins, de Saint-Pons de Nice, puis les Cisterciens intensifient la viticulture.
- **1236 :** Éléonore de Provence épouse Henri III d'Angleterre. Elle fait connaître les vins de la région.
- **XVe s. :** René d'Anjou, devenu comte de Provence et connu sous le nom de « roi vigneron », introduit le cépage muscat dans son vignoble de Palette. Il favorise le commerce des vins par les ports de Marseille et de Bandol.
- **1850 :** la viticulture est la 1re activité agricole de la région.
- **1880 :** crise phylloxérique. La région se tourne vers la viticulture de masse et des cépages productifs comme l'aramon.
- **1936 :** création de l'AOC cassis.
- **1941 :** création de l'AOC bandol et bellet.
- **1948 :** création de l'AOC palette.
- **Après 1945 :** essor du tourisme et des vins rosés.
- **1977 :** création de l'AOC côtes-de-provence.
- **1985 :** création de l'AOC coteaux-d'aix-en-provence.
- **1993 :** création de l'AOC coteaux-varois-en-provence.
- **1995 :** création de l'AOC les baux-de-provence.

Principaux **millésimes** dégustés dans cette **édition**

TYPES DE VIN	CARACTÉRISTIQUES DU MILLÉSIME	QUALITÉ DU MILLÉSIME
Rosé 2023	Malgré la pression intense du mildiou, la récolte s'est déroulée dans de bonnes conditions et les rosés se livrent aromatiques, avec de belles acidités et de jolies teintes claires. Un beau millésime.	★★★★☆
Rouges 2022	En dépit de quelques épisodes caniculaires qui ont pu bloquer les maturités et des précipitations très rares tout au long de l'année, le millésime s'en sort bien et propose des vins puissants, charnus et racés, de belle complexité aromatique, de quoi envisager un grand potentiel de garde.	★★★★★
Rouges 2021	Une année mouvementée, avec un épisode de gel au printemps, de la pluie et de la sécheresse, mais qui finalement a offert une récolte avantageuse grâce à des conditions de vendanges excellentes. Les raisins sains, avec des degrés d'alcool moyens et de jolies acidités, ont donné des vins denses et fruités, très agréables.	★★★☆☆
Blancs 2023	Une belle année liant concentration et fraîcheur, avec des blancs de bonne dimension, tenus par leur dimension solaire, sans excès, avec des notes de fruits blancs et de légères touches de fruits exotiques.	★★★★☆
Blancs 2022	Un millésime généreux et plutôt précoce, proche de 2020 dans l'esprit (malgré un été très sec), et offrant in fine des vins gourmands, sur la finesse, assez expressifs. La vigne, qui avait fait le plein d'eau au printemps et en juin, a bien tenu.	★★★★☆

BANDOL

Superficie : 1 690 ha
Production : 56 466 hl (95 % rouge et rosé)

Noble vin produit sur les terrasses brûlées de soleil des villages de Bandol, Le Beausset, La Cadière-d'Azur, Le Castellet, Évenos, Ollioules, Saint-Cyr-sur-Mer et Sanary, à l'ouest de Toulon, le bandol est blanc, rosé ou rouge. Ce dernier est corsé et tannique grâce au mourvèdre, cépage qui le compose pour plus de la moitié. Généreux, il s'accorde avec les venaisons et les viandes rouges. Sa palette aromatique et subtile est faite de poivre, de cannelle, de vanille et de cerise noire. Le bandol rouge supporte fort bien une longue garde.

♥ B LA BASTIDE BLANCHE
Cuvée Estagnol 2022 ★★

■ | 4 200 | | 30 à 50 €

Un domaine de référence, créé en 1972 par Baptistin Bronzo et son fils Michel à partir de 10 ha de vignes. Agrandi et entièrement restructuré, le vignoble couvre aujourd'hui 48 ha aménagés en terrasses au pied du Castellet et cultivés en bio certifiée et en biodynamie. La famille Bronzo a également pris en fermage les châteaux des Baumelles (10 ha à Saint-Cyr) et du Castillon (8 ha au Castellet).

Un égrappage intégral, une vinification en levures indigènes avec des pigeages réguliers et un élevage en foudres de 18 mois ont engendré ce bandol souverain, encore revêtu des attributs de l'âge tendre. Un éclat violacé barde la robe de pourpre sombre, d'où filtrent des parfums raffinés de cerise noire en clafoutis, de pain grillé et de fève tonka. Une austérité prometteuse qui caractérise également le palais, ample, riche, puissant, sculpté par des tanins athlétiques, avec en soutien un boisé élégant souligné de girofle et de Zan. Un vin droit et racé, à mettre en cave et à ressortir pour un repas de fête. ⧗ 2028-2035

⊶ LA BASTIDE BLANCHE, 367, rte des Oratoires, 83330 Sainte-Anne-du-Castellet, tél. 04 94 32 63 20, contact@bastide-blanche.fr V *t.l.j. sf sam. dim. 9h-12h 13h-17h30*

BASTIDE DE LA CISELETTE 2023 ★

■ | 20 200 | | 15 à 20 €

Jusqu'alors coopérateur, Robert De Salvo s'est lancé dans l'élaboration de son propre vin en 2010. Installé sur les terres de ses ancêtres, au Brûlat-du-Castellet, il exploite un vignoble de 15 ha sur des terroirs variés, au parcellaire découpé.

Mourvèdre (75 %), grenache (25 %) et cinsault, ramassés à la main comme il est de mise sur l'appellation, sont les artisans de cet élégant rosé pastel, aux senteurs de jasmin et de kumquat nuancées d'une touche singulière de propolis. Fin, savoureux, porté par une belle acidité aux saveurs d'agrumes qui se teinte d'une légère amertume tonique en finale, le palais fait preuve d'une tenue irréprochable qui le destine à la table. ⧗ 2024-2025 ■ **Lou Pigna 2021 ★ (15 à 20 €; 3 928 b.)** Ce rouge dévoile un nez intense de cassis macéré et d'olive noire, empreint de discrètes notes boisées (noisette, cacao amer). Bien composée, élégante, adossée à des tanins tactiles mais sans dureté, la bouche dessine le profil d'un bandol accessible et plaisant, que l'on peut déboucher dans sa jeunesse. ⧗ 2025-2029

⊶ BASTIDE DE LA CISELETTE, 1205, chem. de l'Enfant-Jésus, 83330 Le Castellet, tél. 04 94 07 98 84, rds.bastideciselette@orange.fr V *t.l.j. sf dim. 9h30-12h 14h-18h*

B DOMAINES BUNAN Mas de la Rouvière 2021 ★★

■ | 7 000 | | 20 à 30 €

La quatrième génération est aujourd'hui aux commandes des Domaines Bunan, créés par Paul et Pierre Bunan en 1962. Un ensemble de plusieurs exploitations réputées en côtes-de-provence et en bandol : le Moulin des Costes, le Ch. de la Rouvière, Bélouvé, tous ces vignobles étant conduits en agriculture biologique depuis 2008. Aux commandes des vinifications, Philippe Bunan, ingénieur agronome.

Les domaines Bunan font le plein d'étoiles cette année encore, avec comme réussite majeure ce 2021 épatant de maîtrise et de complexité. Baies rouges légèrement confiturées, safran, fourrure et notes mentholées se succèdent avec entrain au bouquet, infusant ensuite en profondeur une bouche dense, mûre, adossée à des tanins ciselés, étirée dans une finale saline rehaussant son caractère sapide. On sent une parfaite maturité du raisin, pas si simple dans ce millésime frais, qui rend ce rouge tout bonnement irrésistible. ⧗ 2026-2032 ■ **Charriage 2021 ★★ (30 à 50 €; 4 000 b.)** B Une cuvée parcellaire née de vieilles vignes et élevée 24 mois en fûts de 500 l. Bien typé, le bouquet plaît par ses parfums de laurier noble et de boîte à épices, où percent les fruits rouges compotés. Franc à l'attaque, ample et long, le palais laisse le souvenir d'un vin étoffé et séveux, gage d'un vieillissement fructueux en cave. ⧗ 2027-2036 ■ **Mas de la Rouvière 2023 ★ (15 à 20 €; 20 000 b.)** B Une moitié de cinsault, un tiers de mourvèdre et le complément de grenache au menu de ce rosé floral (sureau) et épicé (gingembre), bien équilibré, droit et élégant, stimulé par de fins amers qui apportent relief et croquant à la finale. Une finesse qui fait honneur à l'appellation. ⧗ 2024-2025 ■ **Ch. la Rouvière 2023 ★ (15 à 20 €; 15 000 b.)** B Cette quasi pure clairette offre un nez mûr et envoûtant d'abricot rôti et de genêt, rehaussé de notes camphrées évoquant la gentiane. Les épices (safran, cardamome) s'ajoutent à cette palette complexe dans une bouche onctueuse et structurée, soulignée par de fins amers au caractère résolument gastronomique. ⧗ 2024-2029

⊶ DOMAINES BUNAN, 336 bis, chem. de Fontanieu, 83740 La Cadière-d'Azur, tél. 04 94 98 58 98, claire@bunan.com V *en été t.l.j. 9h-12h30 14h30-19h; en hiver t.l.j. sf dim. 9h-12h 14h-18h* D

DOM. DU CAGUELOUP Blanc de blancs 2023 ★★

■ | 7 600 | | 15 à 20 €

Héritier d'une longue lignée de vignerons (21 générations), Richard Prébost conduit depuis les années 1980

PROVENCE

ce domaine (42 ha) bien connu pour ses bandol, qui propose aussi de beaux côtes-de-provence. Cagueloup? C'est l'histoire d'un petit Prébost qui un jour avala un louis d'or. Son père, pris de panique, lui lança : «Cague l'ou»...

Né d'un sol argilo-calcaire et d'une dominante de clairette (85 %), ce joli blanc couleur paille fait preuve d'une réjouissante complexité aromatique : freesia, agrumes, kiwi, ananas, eucalyptus... Goûteuse et séveuse, la bouche affiche une plaisante sucrosité aux saveurs de fruits d'été, servie par une acidité idoine. ⧗ 2024-2028 ■ **2023 ★ (11 à 15 €; 26200 b.)** Une superbe robe de pamplemousse rose habille de rosé façonné par le mourvèdre (70 %), qui séduit par son bouquet fringant de melon jaune, de fleur de citronnier et de cumin. Net et frais à l'attaque, le palais déploie une agréable rondeur, puis persiste longuement sur des saveurs de nèfle et d'abricot mûr. Un bon classique. ⧗ 2024-2025

DOM. DE CAGUELOUP, 267, chem. de la Verdelaise, 83270 Saint-Cyr-sur-Mer, tél. 04 94 26 15 70, domainedecagueloup@gmail.com V *t.l.j. sf dim. 9h-13h 15h-18h; été 9h-13h 15h-19h*

B CH. CANADEL 2023 ★★

■ | 30000 | | 20 à 30 €

Lors de la construction de la cave en 2013, des fouilles archéologiques ont mis au jour des traces d'activité agricole (moulin à huile, cuves à vin) datant de l'époque romaine qui témoignent de l'antériorité du domaine. Un domaine qui n'a retrouvé son identité qu'en 2007 avec son rachat par Jacques et Caroline de Chateauvieux. Deux ans plus tard, ces derniers ont confié la direction du vignoble (15 ha en restanques) à leur fille Laure Benoist et son mari Vianney, tous deux ingénieurs agronomes. En 2014, la première bouteille du Ch. Canadel voit le jour et la conversion bio est achevée.

Construit sur le mourvèdre (50 %), complété d'une bonne part de cinsault (40 %) et d'une larme de grenache, ce rosé est issu d'une vinification par pressurage direct mais pas que : 30 % du volume ont subi une macération de 24 h à froid et 10 % proviennent d'une saignée. Fardé d'un bel éclat doré, il livre un bouquet élégant de jasmin, d'ananas rôti et de zeste de mandarine, trouvant un écho dynamique dans un palais rond, épicé et frais. De nombreuses vertus qui le destinent à la table. Bonne nouvelle : il présente aussi un excellent potentiel de garde. ⧗ 2024-2027

SCEA CH. CANADEL, 994, chem. du Canadeau, 83330 Le Castellet, tél. 04 94 98 40 10, contact@chateau-canadel.fr V *t.l.j. sf sam. dim. 10h-12h30 15h-18h*

♥ B CH. CROIX D'ALLONS 2023 ★★

■ | 5100 | | 20 à 30 €

Propriété familiale depuis 1924, les 9 ha de terres ont été rachetées par Pierre et Maria Damiano aux pères salésiens de Don Bosco, puis cultivées pour partie en vigne et pour partie en maraîchage. En 2018, Philippe Damiano, représentant la quatrième génération, décide de les consacrer exclusivement à la viticulture, produisant aujourd'hui trois cuvées en bandol, en blanc, rosé et rouge, certifiées en bio.

Entré au Guide l'an passé et déjà coup de cœur avec son blanc 2022, ce domaine confirme l'essai avec ce brillant 2023, né de ceps de clairette (60 %) et d'ugni blanc d'âge vénérable (50 ans). Fin et complexe, le nez associe fleurs blanches (sureau), amande verte, notes beurrées et touche fumée de garrigue. D'un charme renversant, la bouche se montre parfaitement étoffée, enveloppée de saveurs suaves de fruits d'été, avant une finale longiligne pleine de relief. Un bandol frais, délicat et d'excellente tenue, à réserver pour des mets raffinés. ⧗ 2024-2028 ■ **2023 ★ (15 à 20 €; 18000 b.)** B Un rosé cuivré aux senteurs chaleureuses de pomme au four, de cannelle et de zeste confit. Ample, généreux, stimulé par une finale fraîche à l'accent tonique de gingembre, le palais offre la présence que l'on attend d'un rosé de mourvèdre (60 %) et du cru. ⧗ 2024-2025

CH. CROIX D'ALLONS, 624, chem. de Naron, 83740 La Cadière-d'Azur, tél. 06 14 18 72 69, contact@chateaucroixdallons.com V *r.-v.*

B DOM. DUPUY DE LÔME 2023 ★

■ | 250000 | | 15 à 20 €

Ancienne propriété de Stanislas Dupuy de Lôme, l'inventeur du cuirassé à vapeur, ce domaine (80 ha, dont 15 ha de vignes) conduit en bio certifié (2013) est situé au cœur du site naturel des grès de Sainte-Anne-d'Évenos. Il a été restructuré en 1998 par deux descendants, Benoît Cossé et Geoffroy Perouse, et le chai est sorti de terre en 2006. En 2015, Laurence Minard a succédé à Gérald Damidot à la tête de l'exploitation.

D'une chatoyante teinte quartz rose, ce rosé lumineux charme l'œil, confirmant ses beaux atours par un bouquet fin et légèrement fumé, exhalant la pêche de vigne, la mangue et une note de ciste. Une trame fraîche guide le palais, à la fois structuré et fondu, dévoilant une finale épicée un tantinet suave. Un bon classique, à découvrir sur un sauté de porc aux poivrons par exemple. ⧗ 2024-2025

SAS LES GRÈS (DOM. DUPUY DE LÔME), 624, rte de Toulon, 83330 Sainte-Anne-d'Évenos, tél. 06 08 55 53 51, domainedupuydelome@orange.fr V *r.-v.*

CH. DE FONT VIVE 2022 ★

■ | 12000 | | 20 à 30 €

La famille Barthès est à la tête de deux domaines : le Ch. de Font Vive et le Ch. Barthès, implantés dans les restanques du Val d'Arenc. Elle signe des vins régulièrement en vue.

Le grenache entre à hauteur de 10 % dans ce rouge classiquement dominé par le mourvèdre. Le nez, complexe, demande un peu d'aération pour se libérer de sa gangue boisée, livrant à mesure des parfums de fève de cacao grillée, d'épices, de tabac, de myrtille et de résine de pin. Adossée à des tanins veloutés, soutenue par un boisé discret, la bouche amplifie cette palette variée dans une matière confortable, étirée par d'élégants amers balsamiques en finale. Une maîtrise de l'extraction et de l'élevage saluée par le jury. ⧗ 2027-2034

CH. DE FONT VIVE, chem. du Val-d'Aren, 83330 Le Beausset, tél. 04 94 98 60 06, barthesph2@wanadoo.fr V *r.-v.*

DOM. DE FRÉGATE 2023 ★★

| 13 000 | | 15 à 20 € |

« Entre mer et pierres » ; ainsi s'affiche le domaine, dans la même famille depuis 1882. Son nom vient du vieux provençal *fragato* (« cassé »), en référence au travail d'épierrage nécessaire pour planter la vigne. La Grande Bleue, ici omniprésente, borde la propriété dont le vignoble couvre 30 ha, à cheval entre Saint-Cyr et Bandol.

Des reflets rose bonbon animent la robe vive de ce bandol fin et persistant, au bouquet fringant de fleurs fraîchement coupées et de zeste de clémentine, qui plaît aussi par sa bouche aromatique et vineuse mais toujours fraîche, servie par une acidité aux saveurs d'agrumes. Un rosé sur le versant de la finesse, idéal à l'apéritif, dont la belle présence en fera aussi le parfait compagnon d'une oursinade. ⧗ 2024-2026 **2021 ★ (15 à 20 € ; 18 000 b.)** Né de raisins partiellement égrappés (30 %), ce rouge vigoureux a pour lui un nez appétant de poivre vert, de garrigue, de menthol et de mûre écrasée. Structurée, puissante, soutenue par un boisé ferme, avec en filigrane une trame de fraîcheur prometteuse, la bouche affiche le profil d'un vin encore dans sa jeunesse, qui à passer quelques années en cave. ⧗ 2028-2036

DOM. DE FRÉGATE, rte de Bandol, 83270 Saint-Cyr-sur-Mer, tél. 04 94 32 57 57, domainedefregate@orange.fr V *t.l.j. 8h30-18h30*

DOM. LE GALANTIN 2021 ★

| 12 000 | | 15 à 20 € |

Céline Devictor et son frère Jérôme Pascal ont pris en 2000 la suite de leurs parents Liliane et Achille, qui avaient créé le domaine en 1965 au Plan-du-Castellet face à la montagne du Gros-Cerveau, à quelques encablures de la mer. Le vignoble s'est étendu sur plusieurs parcelles de l'appellation bandol et couvre aujourd'hui 30 ha. L'une des belles références de l'appellation.

Après un long séjour de 22 mois en foudres, ce quasi pur mourvèdre (95 %) offre une expression aromatique nuancée : fruits rouges macérés, cardamome, fleur d'immortelle et notes réglissées. Long, tendu par une fine acidité, le palais intègre des tanins serrés bien pris dans la chair et insiste sur les épices en finale. Un bandol expressif et charmeur, à la maturité accomplie malgré un millésime en demi-teinte. ⧗ 2027-2034

DOM. LE GALANTIN, 690, chem. du Galantin, 83330 Le Plan-du-Castellet, tél. 04 94 98 75 94, domainelegalantin@gmail.com V *t.l.j. sf sam. dim. lun. 9h-12h 14h-17h30* E

♥ DOM. DE LA GARENNE Cuvée M 2023 ★★★

| 17 000 | | 20 à 30 € |

La Garenne ? Un enclos qui servait de terrain de chasse aux ancêtres de l'actuelle propriétaire. Jean de Balincourt a constitué le domaine à partir de 1960 en achetant des parcelles mitoyennes, sur le territoire de La Cadière-d'Azur. Aujourd'hui, sa fille Béatrix exploite un vignoble de 25 ha environné de pinèdes et en conversion bio.

L'appellation bandol est exigeante et impose un ébourgeonnage, les fameuses « sagattes » printanières, puis une vendange manuelle. Des règles qui participent à la grande qualité des vins, dans les trois couleurs, comme cette époustouflante cuvée M. Une initiale qui réfère au roi mourvèdre, en proportion significative dans ce flacon (70 %). D'une gracieuse robe cuivrée, montent des senteurs de goyave, de gingembre et de vétiver. Dense, charnu, intensément fruité, le palais prolonge ce ravissement aromatique, souligné par de fins amers et stimulé par une finale saline à la fraîcheur exemplaire. Un must du cru. ⧗ 2024-2027

DOM. DE LA GARENNE, chem. de Saint-Côme, 83740 La Cadière-d'Azur, tél. 06 88 69 15 97, domaine-garenne@orange.fr V *t.l.j. sf dim. 9h-12h 14h-18h ; sam. sur r.-v.*

VIGNOBLES GUEISSARD 2023 ★

| 30 000 | | 11 à 15 € |

Pauline Giraud et Clément Minne, diplôme de « viti-œno » en poche, après des expériences en Provence et aux antipodes, décident de faire leur propre vin. Vignerons sans terres, ils prennent des parcelles en fermage en 2010 puis en pleine propriété, et constituent ainsi une mosaïque de 30 ha répartis sur plusieurs terroirs, en bandol et en côtes-de-provence. En conversion bio.

Robe brugnon légèrement dorée, nez de freesia et de fruits d'été (abricot, nèfle) mâtiné d'une touche fumée, bouche soyeuse, tendre et finement structurée, aux saveurs de dragée, de poudre de riz et de bonbon à la framboise acidulé : tout est nuancé et de bon goût dans ce bandol qui joue la carte de l'élégance. ⧗ 2024-2025 **Cuvée Marcel 2023 ★ (20 à 30 € ; 3000 b.)** Une cuvée haute couture, façonnée par le mourvèdre (70 %), fermentée et élevée entre cuves Inox et demi-muids. Un rosé généreux aux parfums de fruits mûrs (kaki, mangue, pêche rôtie) et d'amande grillée, affichant un bel équilibre entre opulence et fraîcheur, avec en point d'orgue une finale à l'accent minéral pleine de panache. Un caractère bien trempé pour ce rosé de garde. ⧗ 2024-2028

VIGNOBLES GUEISSARD, 405, traverse des Grenadières, Les Escadenières, RN 8, 83330 Le Beausset, tél. 09 81 49 76 00, pauline@lesvignoblesgueissard.com V *t.l.j. sf dim. lun. 9h-12h 14h-18h ; sam. 10h-12h 15h-18h*

♥ B DOM. MARIE-BERENICE 2022 ★★

| 12 000 | | 20 à 30 € |

Ce domaine créé en 2012 par Damien Roux entre les villages de La Cadière-d'Azur et du Castellet dispose de 14 ha de vignes en restanques, conduites en agriculture biologique. Il produit aussi de l'huile d'olive, bio également.

Premier coup de cœur pour ce jeune domaine qui signe un rouge magistral né de vénérables vignes soixantenaires de mourvèdre (90 %) et d'un élevage en foudres parfaitement exécuté. Paré d'une captivante robe grenat

PROVENCE

sombre, ce vin se distingue par son nez fin et naissant de fruits noirs compotés, d'épices douces et de moka. Des tanins serrés accompagnent une matière concentrée, dense et soyeuse, soutenue par un discret boisé cacaoté et libérant en finale un long sillage suave de safran. Sa mâche mûre et ses parfums solaires dessinent un avenir radieux pour ce bandol voluptueux et bien typé. ⧗ 2027-2036

⊶ DOM. MARIE-BERENICE, 1826, rte du Grand-Vallat, 83330 Le Castellet, tél. 09 50 67 59 59, domaine@marieberenice.com V t.l.j. sf 10h-13h 15h-19h

B DOM. MAUBERNARD 2023 ★

■	13730	▮	15 à 20 €

Installé en 1994 sur la propriété familiale après avoir dirigé les domaines viticoles de Paul Ricard, Michel Vidal conduit ce petit domaine créé vers 1830 par son arrière-grand-père Julien Fabre, qui fut capitaine au long cours. Le vignoble, certifié bio, s'étend sur 8 ha aux portes de Saint-Cyr.

Mourvèdre, cinsault et grenache s'entendent à merveille dans ce rosé épatant, d'une belle teinte franche aux reflets fuchsia, au bouquet à la fois frais et gourmand de fleur d'oranger, de bonbon à la framboise et d'ananas. Ample, onctueuse, insolente de fruit, la bouche enfonce le clou. Pour un apéritif raffiné. ⧗ 2024-2025

⊶ DOM. MAUBERNARD, 4949, chem. de St-Antoine, 83270 Saint-Cyr-sur-Mer, tél. 07 66 40 02 84, domaine.maubernard@wanadoo.fr V r.-v.

MOULIN DE LA ROQUE
Terre du Trias 2021 ★★

■	12000	◍	15 à 20 €

En 1950, les caves de Saint-Cyr, Sanary-sur-Mer et La Cadière-d'Azur (bandol), aménagent un espace commun dans un moulin du XVIes. situé dans cette dernière commune. Une cave semi-enterrée aux normes éco-environnementales et un lieu d'accueil construits au Castellet se sont ajoutés en 2012. La coopérative s'est agrandie et compte environ 200 adhérents; le site de La Cadière-d'Azur abrite désormais les vinifications.

Vinifié en grappes entières, ce bandol livre un bouquet fringant et bien typé de mûre compotée, de champignon frais, de fourrure et de poivre sauvage. Flatteuse à l'attaque, servie par une texture veloutée aux accents floraux légèrement camphrés, guidée par une trame tannique puissante mais déliée, la bouche livre une expression sincère du millésime 2021. Aucune fausse note, du potentiel en cave mais déjà beaucoup de plaisir. ⧗ 2026-2034 ■ **Le Fief du Moulin 2021 ★ (11 à 15 €; 12000 b.)** Un bon classique avec cette cuvée au bouquet épanoui de fruits rouges compotés, de rose séchée et de paprika, à la bouche ronde et fondue, soulignée par un plaisant boisé caramélisé et nantie de tanins présents mais fins. ⧗ 2025-2032

⊶ MOULIN DE LA ROQUE, 1, rte des Sources, RD 82, 83330 Le Castellet, tél. 04 94 90 10 39, contact@laroque-bandol.fr V t.l.j. sf dim. 9h30-12h30 14h-18h

CH. DE LA NOBLESSE 2023 ★★

■	10000	▮	15 à 20 €

Ce domaine, fondé dans les années 1930 et resté familial depuis lors, étend ses vignes sur 10 ha d'un seul tenant. Aux commandes, Henri Gaussen, épaulé depuis 1990 par sa fille Agnès Gaussen-Cade, œnologue.

Attrayant dans sa robe saumon vif, ce rosé se distingue aussi par son nez pimpant de pivoine, de brugnon et de fruits rouges, et par sa bouche équilibrée, fraîche et d'excellente tenue, structurée comme il se doit, avec en soutien d'élégants amers qui portent loin la finale, sur des notes de sarriette et de fenouil sauvage. Harmonieux, complexe et sapide, ce 2023 offre une très belle évocation de l'appellation. ⧗ 2024-2026 ■ **2023 ★ (15 à 20 €; 4500 b.)** Une cuvée façonnée par la clairette (60 %), l'ugni blanc et le rolle en appoint. Jasmin, chèvrefeuille, noisette fraîche et notes citronnées ouvrent le bal olfactif, la poire complétant cette palette séduisante dans une bouche ample, consistante, mais sans lourdeur, soulignée par une discrète amertume en finale. Un vrai blanc du Sud, idéal pour accompagner tout un repas. ⧗ 2024-2028

⊶ CH. DE LA NOBLESSE, 1685, chem. de l'Argile, 83740 La Cadière-d'Azur, tél. 04 94 98 72 07, chateau.noblesse@gmail.com V t.l.j. sf sam. dim. 10h-12h 14h-18h

DOM. DE L'OLIVETTE 2023 ★★

■	9000	▮	20 à 30 €

Depuis deux siècles, la famille Dumoutier, très impliquée dans la création de l'appellation bandol, anime l'un des plus vastes domaines de l'appellation avec ses 55 ha de vignoble implantés entre les villages médiévaux du Castellet et de La Cadière-d'Azur; il est aussi l'un des plus constants.

Élevée sur lies, cette ravissante clairette (80 %) dévoile un nez élégant mêlant le seringa, la nectarine, le litchi et la guimauve. Vive, croquante et longue, la bouche s'enveloppe d'une discrète rondeur, prolongeant les arômes fruités perçus à l'olfaction, avec une plaisante amertume évoquant l'écorce d'agrumes et la pomme Granny en finale. Un blanc harmonieux et tout en nuances, à découvrir sur un poulet à l'estragon. ⧗ 2024-2028 ■ **2023 ★ (15 à 20 €; 150000 b.)** Cinsault et grenache font jeu égal aux côtés du mourvèdre (40 %) dans ce vin à l'éclat orangé, au nez engageant de melon jaune, de fleur de citronnier et d'anis. Avec sa texture charnue, son fruité net, son aimable sucrosité et sa finale saline pleine de panache, la bouche profile un rosé raffiné et de bon goût. Une belle carte postale de l'appellation. ⧗ 2024-2025

⊶ DOM. DE L' OLIVETTE, 519, chem. de l'Olivette, Le Brûlat, 83330 Le Castellet, tél. 04 94 98 58 85, contact@domaine-olivette.com V t.l.j. 8h30-12h 14h-18h

DOM. DU PATERNEL Grande Réserve 2021 ★

■	30000	◍	20 à 30 €

Initialement exploitée en polyculture, la ferme du Paternel est acquise en 1943 par la famille Santini, qui réalise sa première mise en bouteilles huit ans plus tard. Ce domaine de référence, dirigé aujourd'hui par Jean-Christophe et Olivier Santini (troisième

génération), est l'un des plus grands (50 ha) de l'appellation cassis. Ils élaborent aussi des bandol (5 ha) et des côtes-de-provence (15 ha) près de Saint-Cyr-sur-Mer, l'intégralité du vignoble étant conduit en bio.
Façonnée par cinq cépages, le mourvèdre naturellement en tête (60 %), et un séjour de 18 mois entre foudres et barriques, cette cuvée a pour elle un bouquet gracieux et composite de baies rouges acidulées, de café, de fève tonka et de vanille. Un bon mariage entre le vin et le bois prolongé par une bouche fondue, longiligne et fraîche, ourlée de tanins élégants. Un bandol expressif et avenant, bien dans son millésime. ⧗ 2025-2032

⊶ DOM. DU PATERNEL, 11, rte Pierre-Imbert, 13260 Cassis, tél. 04 42 01 77 03, contact@domainedupaternel.com V t.l.j. 9h30-12h30 14h-18h

CH. PEY NEUF 2023 ★

| 7000 | | 15 à 20 € |

Héritier de trois générations de vignerons sur les terres familiales de La Cadière-d'Azur, non loin du port de Bandol, Guy Arnaud a pris en 1982 les rênes du domaine, dont il a porté la superficie à 80 ha (plus de la moitié en AOP bandol), travaillant son vignoble en s'inspirant de la biodynamie, sans certification. Son fils Anthony conduit aujourd'hui la propriété.
Une belle teinte melon doré habille ce rosé d'un classicisme de bon augure, au bouquet sincère distillant de plaisantes fragrances d'œillet, de gelée de groseille et de fruits à noyau (cerise Napoléon, pêche de vigne). La bouche se révèle souple, étoffée, bien équilibrée, allégée par une fraîcheur idoine et par une pointe d'amertume dynamique qui portent loin les arômes de fruits rouges perçus à l'olfaction. Idéal pour un déjeuner aux couleurs italiennes, avec des antipasti à l'apéritif, puis avec l'inimitable *vitello tonnato* piémontais. ⧗ 2024-2027

⊶ EARL DOM. PEY NEUF, 1947, rte de la Cadière, 83270 Saint-Cyr-sur-Mer, tél. 06 03 53 35 33, domaine.peyneuf@wanadoo.fr V t.l.j. sf dim. 9h-12h 15h-18h

Ⓑ CH. DE PIBARNON 2021 ★★

| 99000 | | 30 à 50 € |

La famille de Saint-Victor (aujourd'hui Éric) prend pied en 1978 sur ces terres bandolaises qu'elle exploite en bio, sous certification officielle depuis 2019. Après de nombreux travaux d'agrandissement, la propriété compte 52 ha de vignes s'étageant en restanques, à 300 m d'altitude, et formant un cirque exposé au sud-est. Une référence incontournable de l'appellation bandol.
Sans égaler les trois derniers millésimes, élus coups de cœur, ce domaine signe tout de même un rouge de haute volée. Lustré d'élégants reflets carminés, ce 2021 livre un bouquet profond de rose ancienne, de gelée de mûre et de bois de santal signant les grands vins de garde. Épaulée par des tanins gras et soyeux, la bouche affiche une matière conséquente, ample et veloutée, étirée dans une savoureuse finale vive, bien poivrée. Une plaisante fraîcheur qui porte la marque du millésime, n'entamant en rien le prestige de cet éminent seigneur bandolais. ⧗ 2027-2034

⊶ CH. DE PIBARNON, 410, chem. de la Croix-des-Signaux, 83740 La Cadière-d'Azur, tél. 04 94 90 12 73, contact@pibarnon.fr V t.l.j. sf dim. 9h-12h 14h-18h

Ⓑ DOM. PIERACCI 2023 ★

| n.c. | | 15 à 20 € |

Fils et petit-fils de vignerons, Jean-Pierre Pieracci a construit un nouveau chai à Saint-Cyr-sur-Mer. Il exploite 15 ha en bandol, à La Cadière-d'Azur, en côtes-de-provence, à Saint-Cyr-sur-Mer, en IGP, et produit aussi de l'huile d'olive. Son vignoble est certifié bio.
Une robe délicate, «chair de litchi», habille ce rosé enjôleur, dévoilant des parfums expansifs de mangue, de bonbon à l'ananas et d'écorce d'orange confite. Soutenu par une bonne acidité, il déploie une matière déliée et très persistante, sur un bon fruité exotique. Un rosé expressif, souple et fédérateur. ⧗ 2024-2025 **2023 ★ (20 à 30 €; n.c.)** Ⓑ De jeunes ceps de clairette et d'ugni blanc au menu de ce blanc exubérant, qui dissimule sous une robe cristalline des parfums intenses de mimosa, de fruit de la Passion et d'écorce de pomelo. Plus sobre, la bouche restitue la fraîcheur des agrumes dans une matière souple et tonique, enrobée par une pointe de sucrosité. Un blanc flatteur et énergique, un peu en dehors des standards de l'appellation. ⧗ 2024-2027

⊶ JEAN-PIERRE PIERACCI, Dom. Pieracci, 975, chem. du Sauvet, 83270 Saint-Cyr-sur-Mer, tél. 04 89 30 26 32, domaine.pieracci@gmail.com V t.l.j. sf lun. dim. 9h-12h 14h30-18h

Ⓑ CH. SALETTES 2023 ★

| 10000 | | 20 à 30 € |

Depuis 1604, dix-huit générations de vignerons se sont succédé sur ce terroir argilo-calcaire et caillouteux sur lequel est implanté le vignoble : 34 ha d'un seul tenant au pied de La Cadière-d'Azur, conduit en bio. Un domaine entièrement restructuré, à la vigne et au chai, par Jean-Pierre Boyer, aux commandes depuis 1964. Une valeur sûre, d'une grande constance dans la qualité, et ce dans les trois couleurs de l'appellation.
Clairette (65 %), ugni blanc (30 %) et rolle forment un attelage classique d'une élégance et d'une sobriété toute bandolaise. Un attrait qui s'annonce par une lumineuse robe miel clair et se poursuit par des parfums raffinés de pêche de vigne et de biscuit à la noisette. Ample et onctueuse, presque beurrée, infusée de notes suaves d'abricot mûr, la bouche trouve son équilibre grâce à une fine amertume qui lui confère du relief et du peps. Bel accord en vue avec une piccata de veau au citron et aux câpres. ⧗ 2024-2029

⊶ SARL CH. SALETTES, 913, chem. des Salettes, 83740 La Cadière-d'Azur, tél. 04 94 90 06 06, salettes@salettes.com V r.-v.

Ⓑ DOM. LA SUFFRÈNE 2023 ★★

| 73000 | | 15 à 20 € |

C'est au lieu-dit La Suffrène – qui aurait été autrefois la résidence d'une compagne du Bailli de Suffren – que s'étend une partie des vignes de ce domaine incontournable de l'appellation bandol. Un vignoble familial de 60 ha en bio, morcelé en une centaine de parcelles, dont les raisins étaient portés à la coopérative jusqu'à l'arrivée de Cédric Gravier, qui a pris en 1996 la suite de ses grands-parents.
Intrigant avec son joli teint abricot soutenu, séduisant par sa palette aromatique qui fait la part belle aux épices

PROVENCE

(cannelle, gingembre), nuancées d'écorce de bergamote, c'est un bandol équilibré, complexe et de bonne tenue, mis en valeur par un léger perlant rafraîchissant, qui conjugue vivacité et élégance. ⧗ 2024-2025 **2023** ★ **(15 à 20 €; 11300 b.)** Ⓑ Prenant la suite d'un 2022 très remarqué, ce 2023 n'est pas sans rappeler son aîné. Une cuvée mi-clairette mi-ugni blanc à la robe translucide, aux parfums de tilleul, de poire pochée et de verveine. La bouche déroule une matière ronde et séveuse, infusée de fruits blancs et de fleurs mellifères, servie par une fine amertume qui réveille les papilles en finale. ⧗ 2024-2027

DOM. LA SUFFRÈNE, 1066, chem. de Cuges, 83740 La Cadière-d'Azur, tél. 04 94 90 09 50, commercial@suffrene.fr V t.l.j. sf sam. dim. 9h-12h 14h-18h

Ⓑ DOM. DE TERREBRUNE 2023 ★★

	17000		20 à 30 €

Dans les années 1960, Georges Delille entreprend d'énormes travaux pour mettre en état la propriété qu'il vient d'acquérir. Les argiles très brunes dans lesquelles s'enracinent les 35 ha de vignes (cultivées en bio depuis les origines) inspirèrent alors le nom du domaine, dirigé par Reynald, le fils du fondateur arrivé en 1980, date des premières mises en bouteilles.

Un florilège de cinq cépages, dont une moitié de clairette, a engendré ce blanc peaufiné par un séjour de 6 mois en demi-muids. Derrière une robe brillante aux reflets argentés perce un bouquet intense de genêt, de brugnon bien mûr et de miel. Délicate et arrondie, la bouche associe avec harmonie les saveurs généreuses de fruits d'été et d'épices à une fraîcheur saline, laissant le souvenir d'un vin à la fois friand et complexe. ⧗ 2025-2030 **2021** ★ **(30 à 50 €; 43000 b.)** Ⓑ Le mourvèdre (85 %) a engendré ce rouge convaincant, aux senteurs de fruits noirs écrasés, de vanille et de Zan. Cadré par des tanins présents au grain fin et un boisé ajusté, le palais porte en filigrane une amertume sapide qui étire la finale. Un bel avenir se dessine en cave. ⧗ 2028-2036

DOM. DE TERREBRUNE, 724, chem. de la Tourelle, 83190 Ollioules, tél. 04 94 74 01 30, domaine@terrebrune.fr V r.-v.

CH. GUILHEM TOURNIER
Cuvée La Malissonne 2022 ★

	4000		20 à 30 €

Guilhem Tournier a créé son vignoble en 2004 : 6,5 ha établis au pied du village médiéval de La Cadière-d'Azur et cultivés en bio. Il a aussi repris la propriété familiale de ses parents, le Dom. Roche Redonne. 12 ha au total.

Née d'une petite parcelle de 1 ha exposée au soleil couchant et plantée de mourvèdre de 70 ans, cette cuvée séduit d'emblée par son élégance aromatique, sur des notes intenses de fruits des bois, d'épices douces (badiane, cannelle) et de noisette toastée. Avec son attaque souple, sa matière riche et séveuse, ses tanins de velours et sa finale à l'amertume réglissée, la bouche affiche une gourmandise prometteuse. Doté d'un bon potentiel de garde, ce bandol pourra toutefois s'apprécier d'ici deux ou trois ans. ⧗ 2026-2036

CH. GUILHEM TOURNIER, 46, ancien chem. du Pey-Neuf, 83740 La Cadière-d'Azur, tél. 06 61 19 84 52, roche.redonne@free.fr V sept.-avril sur r.-v.; avril-août t.l.j. sf dim. 10h-12h 16h-18h

DOM. DES TROIS FILLES 2021 ★★

	10000		15 à 20 €

Une nouvelle vie pour ce tout jeune domaine sorti en 2013 de la coopérative par les trois filles de la famille Arlon – Audrey, Léonie et Justine. Le vignoble, dont la surface a été portée à 9 ha, s'accroche à une colline surplombant la mer, à La Cadière-d'Azur. Il est en conversion bio.

Ce rouge s'annonce par un bouquet fin et contrasté de violette, de ronce, de pâte d'amande et de cacao. A la fois fraîche, franche et puissante, solidement cadrée par des tanins extraits avec tact, la bouche brille par son caractère fruité renforcé par une pointe de salinité qui illumine la finale. Un beau bandol de garde, avec une énergie et un relief propres au millésime. ⧗ 2028-2036 **2023** ★★ **(11 à 15 €; 18000 b.)** Grenache et cinsault à l'appui du mourvèdre (60 %) dans ce joli rosé peau de pêche, au bouquet détonant de fleur de frangipanier, de guimauve et de pierre à fusil. Les fruits du verger prennent le relais dans une bouche étoffée, caressante, renouant en finale avec la fraîcheur et le minéral. Clairement de table, cette bouteille fera merveille avec des seiches à la plancha. ⧗ 2024-2026

DOM. DES TROIS FILLES, 1616, chem. de la Bégude, 83740 La Cadière-d'Azur, tél. 06 62 89 79 90, contact@domainesdestroisfilles.com V t.l.j. sf dim. 10h-12h30 15h-18h

♥ Ⓑ CH. VAL D'ARENC 2023 ★★

	5000		20 à 30 €

Propriétaire du Ch. la Lauzade en côtes-de-provence, ainsi que du Ch. Marquis de Terme en margaux, la famille Sénéclauze a acquis ce vignoble en 1990, puis l'a restructuré (25 ha aujourd'hui, certifiés bio) et a construit un nouveau chai de vinification et d'élevage. En 2015, Gérald Damidot, d'origine bourguignonne, arrive à la tête de l'exploitation.

Retour en force du domaine dans le Guide avec trois cuvées sélectionnées, dont ce blanc signant une ode à la finesse. Dominé par la clairette (75 %), élevé sobrement en cuve (6 mois), il livre un bouquet nuancé et charmeur de poire pochée, de vanille et d'épices (cannelle, cardamome). Nette, harmonieuse et très onctueuse, infusée d'un fruit à peine épicé, la bouche fait parfaitement écho à l'olfaction, s'étirant avec panache dans une superbe finale mentholée. Tout en nuances, d'un équilibre rare, ce véritable vin de gastronomie s'appréciera de l'apéritif au dessert. ⧗ 2024-2029 **2023** ★★ **(15 à 20 €; 40000 b.)** Ⓑ D'une seyante robe abricot doré montent des parfums de garrigue, d'épices, d'écorce de bergamote et de verveine. Une

discrète touche de kaki mûr s'ajoute à cette palette singulière dans une bouche ample, vineuse, ronde et structurée, tendue par une acidité idoine, qui renoue avec les agrumes et le poivre blanc en finale. Un beau rosé de caractère, qui pourra vieillir. ⧗ 2024-2026
■ 2020 ★ (20 à 30 €; 30 000 b.) Ⓑ Après un séjour de 18 mois en barriques (40 % neuves et le reste de deux vins), ce 2020 dévoile un nez plaisant de baies noires mûres, de girofle et de fougère. La bouche se révèle bien fruitée, gourmande et soyeuse, avec une bonne acidité et une solide structure en soutien. On patiente encore quelques années pour un fondu parfait. ⧗ 2027-2032

CH. VAL D'ARENC, 997, chem. du Val-d'Arenc, 83330 Le Beausset, tél. 04 94 98 71 89, chateauvaldarenc@orange.fr
V t.l.j. sf sam. dim. 8h-12h 13h-16h

BELLET

Superficie : 48 ha
Production : 1 150 hl (65 % rouge et rosé)

De rares privilégiés connaissent ce minuscule vignoble situé sur les hauteurs de Nice, dont la production est presque introuvable ailleurs que localement. Elle est faite de blancs originaux et aromatiques, grâce au rolle, cépage de grande classe, et au chardonnay (qui se plaît à cette latitude quand il est exposé au nord et suffisamment haut); de rosés soyeux et frais; de rouges somptueux, auxquels deux cépages locaux, la fuella et le braquet, donnent une typicité certaine. Ils seront à leur juste place avec la riche cuisine niçoise si originale, la tourte de blettes, le tian de légumes, l'estocaficada, les tripes, sans oublier la socca, la pissaladière ou la poutine.

♥ Ⓑ COLLET DE BOVIS 2022 ★★

■ | 1000 | | 20 à 30 €

Jean Spizzo, enseignant universitaire, s'est passionné pour la culture de la vigne et la vinification dès 1974. Son vignoble de 4,5 ha, converti à l'agriculture biologique, est situé sur les collines de Bellet qui dominent la ville de Nice. Un domaine très régulier en qualité.

Grenache et fuella, autrement dit folle noire, font jeu égal dans ce rouge souverain, à la robe rouge sang, exhalant des parfums captivants d'eucalyptus, de poivre sauvage, de Zan et de poudre de riz. Porté par des tanins serrés très prometteurs, le palais brille par sa concentration, son soyeux et sa fraîcheur, servi par un boisé fondu discrètement vanillé qui l'escorte dans une finale irrésistible de gourmandise. Un bellet complexe, racé et d'excellente garde. Ce serait péché que de l'ouvrir avant 2 ou 3 ans. ⧗ 2027-2034

COLLET DE BOVIS, Le Fogolar, 06200 Nice, tél. 06 14 76 09 71, jeanetmichele.spizzo@sfr.fr
V t.l.j. sf dim. 8h30-12h30 14h-19h

Ⓑ DOM. DE LA SOURCE 2022 ★

■ | 2500 | | 30 à 50 €

Une source qui alimentait autrefois des cultures florales et maraîchères donne son nom à ce domaine de 5 ha conduit en agriculture biologique par Jacques Dalmasso, épaulé de ses enfants Carine et Éric depuis 2003.

Né d'un sol de poudingue, ce pur rolle a été fermenté et élevé partiellement en fût. En témoigne le boisé perceptible à l'olfaction qui marque de ses parfums beurrés et toastés un bouquet floral sur la retenue. Ample et charnue, la bouche s'exprime avec plus d'entrain, sur les fruits blancs miellés bien mariés aux épices douces du chêne, rafraîchie par une finale citronnée. Une fidèle évocation de l'appellation, qui gagnera en expression après quelque temps en cave. Pour un poisson noble en sauce. ⧗ 2026-2030

DOM. DE LA SOURCE, 303, chem. de Saquier, 06200 Nice, tél. 04 93 29 81 60, contact@domainedelasource.fr V t.l.j. sf dim. 10h-18h

CASSIS

Superficie : 200 ha
Production : 7 687 hl

Un creux de rochers, auquel on n'accède que par des cols relativement hauts de Marseille ou de Toulon, abrite, au pied des plus hautes falaises de France, des calanques et une certaine fontaine qui, selon les Cassidens, rendrait leur ville plus remarquable que Paris... Mais aussi un vignoble que se disputaient déjà au XIes. les puissantes abbayes, en demandant l'arbitrage du pape, et qui produit aujourd'hui des vins rouges, rosés et surtout blancs. Mistral disait de ces derniers qu'ils sentaient le romarin, la bruyère et le myrte. Capiteux et parfumés, les cassis blancs sont des vins de classe qui s'apprécient particulièrement avec les bouillabaisses, les poissons grillés, les coquillages et les viandes blanches.

Ⓑ DOM. DE LA FERME BLANCHE Classique 2023 ★★

■ | 9000 | | 15 à 20 €

En 1714, le vignoble s'étendait jusqu'aux portes de la cité phocéenne. Démembré à la Révolution, il n'en reste aujourd'hui que 30 ha menés par Jéromine Paret et Philippe Garnier, qui l'ont converti au bio.

Cinq cépages complices avec la marsanne pour guide (40 %) dans ce ravissant blanc qui respire le naturel. Frais et bien typé, le nez exhale la fleur de lys, la sève de pin et les épices (carvi, anis étoilé). Une complexité qui se prolonge dans une bouche ample, alerte et caressante à la fois, tenue par de fins amers aux accents de fenouil et par une élégante finale saline qui lui donne de l'allant. Une interprétation sincère et tout en finesse de l'appellation. ⧗ 2024-2028

DOM. DE LA FERME BLANCHE, RD 559, 13260 Cassis, tél. 04 42 01 00 74, domainefermeblanche@gmail.com
V t.l.j. sf dim. 9h-18h

B DOM. DU PATERNEL Esprit de famille 2023 ★

| 15000 | 20 à 30 € |

Initialement exploitée en polyculture, la ferme du Paternel est acquise en 1943 par la famille Santini, qui réalise sa première mise en bouteilles huit ans plus tard. Ce domaine de référence, dirigé aujourd'hui par Jean-Christophe et Olivier Santini (troisième génération), est l'un des plus grands (50 ha) de l'appellation cassis. Ils élaborent aussi des bandol (5 ha) et des côtes-de-provence (15 ha) près de Saint-Cyr-sur-Mer, l'intégralité du vignoble étant conduit en bio.

Marsanne, sauvignon et clairette (8 %) complices dans cette cuvée souvent en vue, fermentée et élevée en barriques et foudres de chêne. Lumineuse et dorée à l'œil, elle s'ouvre sur des parfums de fleur de frangipanier et d'ananas enveloppés de notes vanillées. Un bouquet flatteur auquel répond une bouche riche, structurée, au fruité persistant s'associant aux notes grillées du fût, stimulée en finale par une pointe d'amertume. ⧗ 2025-2030

DOM. DU PATERNEL, 11, rte Pierre-Imbert, 13260 Cassis, tél. 04 42 01 77 03, contact@domainedupaternel.com V t.l.j. 9h30-12h30 14h-18h

♥ B DOM. DES QUATRE VENTS 2023 ★★

| 25000 | 11 à 15 € |

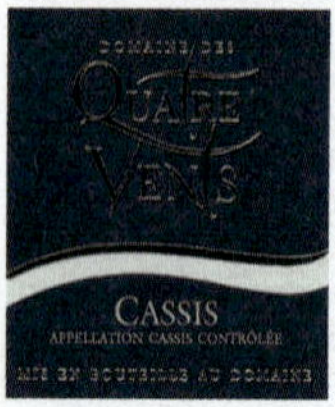

Depuis 2016, Camille de Montillet représente la troisième génération à la tête de ce domaine familial de 10 ha cultivé en bio, qui produit du cassis depuis la création de l'appellation en 1936.

Né des sols calcaires de l'appellation et d'un élevage bref sans usage du bois, cet attelage marsanne, clairette, ugni blanc à parité forme une composition exemplaire : nul besoin d'artifices quand les raisins sont ramassés à parfaite maturité et vinifiés avec soin. D'un bel éclat doré, ce vin séduit dès l'entame, offrant une palette riche et bien mariée de mimosa, de kaki, de gelée de coing et de notes biscuitées. À la fois fraîche, onctueuse et étoffée, la bouche ne se départit pas d'une fine tension et s'étire dans une savoureuse finale évoquant la nougatine. Une interprétation originale et enthousiasmante du cru. ⧗ 2024-2028

EARL DOM. DES QUATRE VENTS, 7, av. des Albizzi, 13260 Cassis, tél. 04 42 01 88 10, quatrevents-cassis@orange.fr V t.l.j. sf dim. 9h-12h 14h-17h

COTEAUX-D'AIX-EN-PROVENCE

Superficie : 4 720 ha
Production : 211 012 hl (95 % rouge ou rosé)

Sise entre la Durance au nord et la Méditerranée au sud, entre les plaines rhodaniennes à l'ouest et la Provence triasique et cristalline à l'est, l'AOC coteaux-d'aix-en-provence appartient à la partie occidentale de la Provence calcaire. Le relief est façonné par une succession de chaînons, parallèles au rivage marin et couverts de taillis, de garrigue ou de résineux : chaînon de la Nerthe près de l'étang de Berre, chaînon des Costes prolongé par les Alpilles, au nord. Entre ces reliefs s'étendent des bassins sédimentaires d'importance inégale (bassin de l'Arc, de la Touloubre, de la basse Durance) où se localise l'activité viticole. Grenache et cinsault forment encore la base de l'encépagement, avec une prédominance du premier; syrah et cabernet-sauvignon sont en progression et remplacent peu à peu le carignan.

Les vins rosés sont légers, fruités et agréables. Les vins rouges bénéficient d'un contexte pédologique et climatique favorable. Ils atteignent leur plénitude après deux ou trois ans de garde. La production de vins blancs est limitée. La partie nord de l'aire de production est plus favorable à l'élaboration de ces cuvées qui mêlent la rondeur du grenache blanc à la finesse de la clairette, du rolle et du bourboulenc.

AIX 2023 ★

| 300000 | 15 à 20 € |

Située à Jouques au nord-est d'Aix-en-Provence, à 420 m d'altitude, cette cave a été fondée en 2009 pour produire une seule et unique cuvée de rosé. Au cœur du Dom. de la Grande Séouve, un chai ultramoderne a été aménagé et vinifie le fruit des 65 ha du vignoble, planté en grenache, syrah et cinsault.

Nouveau venu dans le Guide, cet élégant rosé attire le regard grâce à son attrayante teinte pastel, qui sonne comme une invitation à poursuivre. Intense, sans exubérance, le nez oscille entre le bonbon au cassis, la bergamote et la fleur d'oranger. À l'unisson, la bouche fait la balance entre onctuosité et fraîcheur, et se prolonge par une fine tension parfumée aux accents d'écorce d'agrumes. Un style aérien qui fera merveille à l'apéritif, avec des tapas de fruits de mer. ⧗ 2024-2025

MAISON SAINT-AIX, Dom. de la Grande Séouvre, 13490 Jouques, tél. 06 80 58 56 00, isabel@aixrose.com V r.-v.

B DOM. BELAMBRÉE
Les Éphémères 2023 ★★

| 25000 | 11 à 15 € |

Professionnels dans le monde du spectacle, Caroline et Fabrice Joyeuse changent de vie en 2007 en achetant leur propre domaine, un vignoble de 10 ha situé sur le massif de la Trévaresse au nord d'Aix-en-Provence. Après l'inauguration d'un nouveau chai en 2014 et de nouvelles plantations, ils cultivent aujourd'hui 15 ha en agriculture biologique et produisent des coteaux-d'aix et des IGP Méditerranée dans les trois couleurs.

Une magnifique robe pétale de rose habille cet attrayant rosé forgé par le grenache (85 %), délivrant un nez capiteux et complexe de fleur de jasmin, de goyave et de poivre blanc. À la fois gourmande et très élégante, la bouche se révèle ample, riche mais toujours fraîche, avec un bel équilibre entre une subtile acidité et la douceur sucrée du fruit. Convivial et fédérateur. ⧗ 2024-2025

DOM. DE BELAMBRÉE, 2070, rte du Seuil, 13540 Puyricard, tél. 04 42 28 04 77, domainedebelambree@orange.fr V t.l.j. sf sam. dim. 9h-12h 15h-18h

B CH. CALAVON Roquerousse 2023 ★

21000		8 à 11 €

ropriété des Audibert depuis cinq générations, ce omaine est l'un des plus anciens de Lambesc. Il pro- uit du vin depuis l'époque des princes d'Orange. Son ignoble, certifié bio avec le millésime 2013, s'étend ur 60 ha d'un seul tenant.

Jne bonne proportion de syrah (30 %) et un peu de insault (10 %) dynamisent le grenache dans cette élé- ante cuvée aux reflets litchi. Notes florales (sureau) et ruitées (pêche jaune, écorce de mandarine) se mêlent armonieusement au bouquet, puis investissent une ouche souple, soyeuse et persistante, équilibrée par ne agréable fraîcheur zestée jusqu'en finale. Un rosé lerte et expressif. ⧗ 2024-2025 **Roquerousse 2023 ★ (8 à 11 €; 4000 b.)** B Il y a de la gourmandise et de éclat dans ce rouge juvénile, composé de cinsault, de renache et de syrah à quasi-parité. Il exhale les par- ıms alléchants d'un grand bol de fruits rouges et noirs, uancés d'une touche de laurier-sauce. Dans le droit-fil, e palais est frais, juteux, parfumé, cadré par des tanins oyeux qui poussent loin la finale. ⧗ 2024-2027

SCEA MICHEL AUDIBERT, 12, av. Badonviller, 3410 Lambesc, tél. 04 42 57 15 37, contact@ hateaudecalavon.com V t.l.j. sf dim. 9h-13h 14h-18h

LE CELLIER D'ÉGUILLES Ophélie 2023 ★★

30000		5 à 8 €

etite cave coopérative fondée en 1923 à 8 km d'Aix- n-Provence, le Cellier d'Éguilles regroupe une qua- antaine de producteurs et quelque 240 ha de vignes. lle fournit majoritairement des coteaux-d'aix, ainsi ue des vins en IGP.

'est bien la syrah (70 %) qui mène le bal dans cette armonieuse cuvée au teint pâle et au nez volubile de renadine et de bonbon à la violette. En bouche, on écouvre une matière ample et onctueuse, soulignée ar une élégante vivacité anisée qui tient les papilles en veil, conférant à la fois de l'allonge et du nerf à l'en- emble. On applaudit le travail en cave qui a enfanté ce osé allègre. ⧗ 2024-2025 **Le Sieur d'Éguilles 2023 ★ (5 à 8 €; 50000 b.)** D'une robe aux discrets reflets corail 'échappent de délicats parfums de groseille écrasée, de ivoine et de baie de rose. Intense, soyeuse et longue, la ouche fait montre d'une belle intensité autour du cassis, onifiée par une pointe de citron jaune et par un retour picé en finale (carvi). Un rosé harmonieux, qui ne manque as de complexité. ⧗ 2024-2025 **Le Sieur d'Éguilles 023 ★ (5 à 8 €; 10000 b.)** Un blanc alerte qui distille es parfums printaniers d'aubépine et d'amande fraîche uancés d'une touche iodée. De bon volume, persistante t finement suave, la bouche affiche cette même fraîcheur romatique, sur les agrumes et les fleurs blanches. Tout ıdiqué pour un plateau de fruits de mer. ⧗ 2024-2026

LE CELLIER D'ÉGUILLES, 1, pl. Lucien-Fauchier, 3510 Éguilles, tél. 04 42 92 51 12, celliereguilles@orange.fr t.l.j. sf dim. 9h-12h30 14h-19h

B DOM. D'ÉOLE 2022 ★

31500		15 à 20 €

e domaine situé à Eygalières, au pied des Alpilles, a té créé en 1993 puis racheté par Marc Rebouah en 2018. Aujourd'hui, c'est Ludovic Vançon, œnologue de formation, qui conduit les 35 ha du vignoble certi- fiés en agriculture biologique depuis 1996.

Une touche de carignan (10 %) vient épauler le duo syrah-grenache, fermenté en grappes entières et lon- guement élevé en cuve (18 mois). Un doigté en cave qui a porté ses fruits, sur la foi de ce nez délicat de sirop de cassis et de thym citron. Droite et concentrée à la fois, la bouche offre du volume, des tanins soyeux et une longue finale à l'amertume réglissée du plus bel effet. Il est à point. ⧗ 2024-2027

DOM. D' ÉOLE, 396, chem. des Pilons, 13810 Eygalières, tél. 04 90 95 93 70, domaine@ domainedeole.com V t.l.j. 10h-12h30 14h30-18h; ven. 10h-12h30 14h30-17h

B DOM. FREDAVELLE Aromance 2023 ★

28000		11 à 15 €

Un domaine fondé en 1999 par David Ravel, troi- sième génération de viticulteurs à Éguilles et dirigé depuis 2015 en duo avec l'œnologue Olivia Menigoz. Un vignoble de 25 ha cultivé en bio, à seulement 10 minutes d'Aix-en-Provence.

De la syrah (60 %), du cabernet-sauvignon (30 %) et une touche de grenache composent la formule de cette Aromance : un vibrant rosé à la robe poudrée, mariant la goyave et l'écorce de pamplemousse à une touche de fenouil. Des arômes qui infusent également une bouche généreuse, souple et persistante, dynami- sée par une ligne de vivacité aux accents de gingem- bre. ⧗ 2024-2025

DOM. FREDAVELLE, 1250, rte de Pelissanne, 13510 Éguilles, tél. 04 42 92 38 29, domaine@fredavelle.fr V t.l.j. sf dim. 9h-12h 14h-18h; f. sam. de janv. à mars

HOSTELLERIE DES VINS DE ROGNES L'Ambassadeur 2023 ★★

72000		5 à 8 €

La cave coopérative de Rognes, fondée en 1924, est devenue l'Hostellerie des Vins de Rognes en 2012. Elle regroupe 45 vignerons-coopérateurs pour une sur- face en vignes de plus de 330 ha en coteaux-d'aix-en- provence. La production se concentre principalement sur le vin rosé (85 %).

Dans sa chatoyante robe saumonée aux reflets dorés, cet Ambassadeur porte haut les couleurs de la cave et du rosé de Provence. Intense et persistant, le nez s'exprime avec éloquence sur des parfums de groseille à maquereau, de bois de cassis et de buis, caractéris- tiques d'une fermentation à basse température. S'ensuit une bouche gourmande, confortable et suave, subtile- ment rafraîchie par une finale réglissée. ⧗ 2024-2025 **N°20 2023 ★ (8 à 11 €; 140000 b.)** Un rosé d'une pâleur diaphane très tendance, dont le bouquet com- posite marie la mangue, la pêche de vigne et la cannelle. Un léger perlant à l'attaque renforce son caractère cro- quant et juteux, bien balancé par une aimable rondeur. ⧗ 2024-2025

HOSTELLERIE DES VINS DE ROGNES, 1, chem. de Brès, RD 15, 13840 Rognes, tél. 04 42 50 26 79, contact@hvrognes.com V t.l.j. sf dim. 9h30-12h15 14h30-19h

MAS BLEU 2023 ★

	13000	8 à 11 €

Eau-de-vie de marc de Provence, liqueur de thym, vin cuit provençal, huile d'olive, la production du Mas Bleu ne se limite pas aux coteaux-d'aix-en-provence. Situé entre étang de Berre et Méditerranée, ce domaine familial s'est agrandi en 1996 avec l'acquisition du Val des vignes à Velaux. Il dispose de 35 ha de vignes et de 4 ha d'oliviers.

Grenache et cabernet-sauvignon s'entendent à merveille dans cet élégant rosé aux reflets sable, au bouquet discret mais fin de pêche blanche, d'agrumes et de beurre frais rehaussé d'une touche d'amande amère. Du volume, du gras et de jolies saveurs de noisette fraîche caractérisent une bouche qui n'a manqué que d'un petit surcroît de longueur pour atteindre la deuxième étoile. ⧗ 2024-2025 ■ **Val des vignes 2023 ★ (8 à 11 €; 13000 b.)** Un assemblage qui invite la syrah (70 %) aux côtés du grenache. Habillé d'une robe intense à l'éclat mauve, ce rosé distille des parfums frais de fruits rouges croquants, de violette et de feuille de cassis. Le palais séduit par sa rondeur et son fruit enveloppant. ⧗ 2024-2025

⊶ MAS BLEU, 6, av. de la Côte-Bleue, 13180 Gignac-la-Nerthe, tél. 04 42 30 41 40, contact@mas-bleu.com V t.l.j. sf lun. dim. 9h-12h 14h30-18h30 E

B DOM. ODDO Vallon des Glauges 2023 ★

	30000		11 à 15 €

Dans un vallon protégé au pied des Opies, point culminant des Alpilles, ce domaine couvre 40 ha de vignes. Il a été racheté en 2015 par la famille Oddo, qui a replanté la moitié du vignoble et entamé la conversion vers la bio (désormais acquise).

Tout respire la fraîcheur dans ce blanc lumineux emmené par le rolle (60 %), la clairette et le sauvignon blanc. À la fois délicat et tonique, le bouquet évoque la fleur de citronnier et la carambole, puis évolue sur des notes iodées. Une attaque vive ouvre sur une bouche tendue, empreinte d'agrumes, tandis que la finale s'allonge sur des notes d'amande grillée, fruit d'un élevage mesuré en fût (seulement 5 % du vin). De la cohérence et un équilibre très abouti. ⧗ 2024-2027

⊶ DOM. DU VALLON DES GLAUGES, voie d'Aureille, 13430 Eyguières, tél. 04 90 59 81 45, emilie@vallondesglauges.com V t.l.j. sf dim. 10h-13h 14h-18h

DOM. PEY BLANC N°1 2023 ★

	50000		11 à 15 €

Sur les terres familiales, dont les premiers ceps furent plantés en 1930, Gabriel Guisiano, aidé de son père Jean-Claude, a cré en 2004 son propre domaine. 25 ha de vignes aux portes de la ville, qui produisent des coteaux d'aix et des IGP dans les trois couleurs.

Une vinification partielle par macération des raisins et une bonne part de cinsault (30 %) en appui du grenache composent la recette gagnante de cette cuvée raffinée. Dans le verre, une pâleur diaphane et un bouquet expressif et complexe, égrenant l'abricot, le melon confit et le safran. La bouche n'est pas en reste et charme par son attaque franche, sa chair parfumée et sa vivacit bien dosée, laissant une impression durable de fraîcheu ⧗ 2024-2025

⊶ DOM. PEY BLANC, 1200, chem. du Vallon des Mourgues, 13090 Aix-en-Provence, tél. 04 42 12 34 76, contact@peyblanc.com V t.l.j. sf dim. 9h30-12h30 15h-19h

CH. PIGOUDET Classic 2023 ★

	86400		11 à 15

Propriété depuis 1992 de la famille Schmidt-Rabe, c château, situé à l'extrême nord-est de l'appellatior à l'emplacement d'une ancienne villa romaine, fu la résidence d'été de l'archevêque d'Aix au XVIe s. L domaine couvre 110 ha, dont 40 ha plantés en vignes à 400 m d'altitude.

Du classique certes, mais du bon classique avec ce ros qui n'oublie pas l'élégance. La robe pâle aux nuance cuivrées dévoile un bouquet complexe mêlant les fruit du verger, les parfums exotiques et les fleurs capiteuse (gardénia). La bouche est fraîche, tendre et persistante infusée d'un fruité gourmand que souligne de bout e bout une fine acidité aux accents d'agrumes. Un équi libre et un plaisir fédérateurs. ⧗ 2024-2025

⊶ SC PIGOUDET, 289, chem. de Pigoudet, 83560 Rians, tél. 04 94 80 31 78, pigoudet@pigoudet.com t.l.j. sf sam. dim. 8h30-12h 13h30-17h; ven. 8h30-12h

B DOM. TOUR CAMPANETS 2023 ★

	60000		8 à 11

Cette vaste propriété s'étend sur 100 ha d'un seu tenant, dont 32 dédiés à la vigne et aux coteaux-d'aix en-provence. Un domaine repris par Emmanuell Baude en 2012, qui a abandonné son métier de notair pour réaliser son rêve. Elle a procédé à de nombreu investissements à la vigne et au chai, avec notam ment la conversion bio (achevée) et biodynamiqu (en cours).

Animée d'un léger perlant, cette cuvée à la pâleur dia phane déploie un nez explosif de bonbon anglais e de zeste d'orange confite associés à une touche d'ani étoilé. Friand, souple et persistant, le palais se ten sous l'effet d'une vivacité acidulée rappelant l'écorc de cédrat. Un rosé tonique, parfait pour l'apéritif et le mets iodés. ⧗ 2024-2025

⊶ DOM. TOUR CAMPANETS, 3243, rte de Rognes, 13610 Le Puy-Sainte-Réparade, tél. 04 42 61 86 91, contact@domaine-tour-campanets.com V r.-v. E

B DOM. DE VALDITION Vallon des anges 2023 ★

	11000		11 à 15

Cet important domaine de 250 ha (dont 90 d vignes et 30 d'oliveraies) est une ancienne propriét de François Ier, qui l'offrit en dot à sa fille naturel Caroline du Prévôt. Commandé par une bastide, vignoble est en bio certifié depuis 2012.

Une cuvée élaborée sur les coteaux caillouteux d Roquemartine : 2 ha de grenache, de cinsault et d rolle ramassés dès la mi-août pour pallier un millésim très précoce. La robe d'une élégante teinte chair diss mule un nez net et disert de pêche au sirop, de frais ècrasée et de rose ancienne. L'attaque vive laisse place à un palais rond, étoffé, qui enrobe les papilles de son fruité gourmand, puis se tend sous l'effet d'une fine amertume. Un rosé structuré, pour la table et des mets élevés. ⧗ 2024-2026

DOM. DE VALDITION, rte d'Eygalières, 13660 Orgon, tél. 04 90 73 08 12, valdition@valdition.com V *t.l.j. 9h30-12h30 14h-18h*

CH. VIGNELAURE La Source 2023 ★

	25000	11 à 15 €

Ce château de belle notoriété fut constitué à partir de la fin des années 1960 par Georges Brunet, ancien propriétaire du Ch. la Lagune, cru classé du Médoc. Les vignes cultivées en bio certifié, qui s'étendent sur 55 ha au pied de la montagne Sainte-Victoire, font la part belle au cabernet-sauvignon et à la syrah. Propriétaire depuis 2008, Bengt Sundström est aussi amateur et marchand d'art.

De très jeunes vignes de rolle (70 %), de sémillon et de sauvignon blanc ont enfanté ce blanc lumineux, dont les raisins ont séjourné sur lies avec un bâtonnage régulier. Encore un peu sur la réserve, le nez livre des parfums élégants de coing et de chèvrefeuille agrémentés de beurre noisette. La bouche se montre souple, caressante et bien parfumée, rafraîchie par des notes minérales et une fine amertume aux accents d'amande verte. Un profil aérien. ⧗ 2024-2027

CH. VIGNELAURE, rte de Vignelaure, 83560 Rians, tél. 04 94 37 21 10, info@vignelaure.com V *t.l.j. 10h-18h*

COTEAUX-VAROIS-EN-PROVENCE

Superficie : 2 285 ha
Production : 123 900 hl (97 % rouge et rosé)

Reconnue en 1993, l'AOC est produite dans le département du Var sur 28 communes. Ceinturé à l'est et à l'ouest par les côtes-de-provence, le vignoble, discontinu, se niche entre les massifs calcaires boisés, au nord de la Sainte-Baume et autour de Brignoles qui fut la résidence d'été des comtes de Provence. Signalons que le syndicat a son siège dans l'ancienne abbaye de La Celle reconvertie en hôtel-restaurant sous la houlette d'Alain Ducasse.

CH. DES ANNIBALS Fesse-Mathieux 2021 ★

	14467		11 à 15 €

Après une première vie dans la finance, Nathalie Coquelle a pris en 2001 la tête de ce vignoble créé en 1792, qui comprend aujourd'hui 28 ha conduits en bio et un caveau voûté du XIIᵉs. L'éléphant figurant sur les étiquettes rappelle la légende selon laquelle le Carthaginois Hannibal marchant sur Rome avec ses pachydermes serait passé à l'emplacement du domaine. En 2016, après avoir géré pendant 20 ans une entreprise de recyclage de déchets industriels, Henri De Wulf s'est associé à Nathalie Coquelle pour conduire le domaine.

Avec son nez de cassis mûr, de cacao et de menthol, cette cuvée séduit sans détour, livrant au palais une matière fraîche, étoffée, épaulée par des tanins virils au grain fin promettant une bonne évolution. Une concentration appréciable due aux faibles rendements des vignes de syrah (35 %) et grenache à l'œuvre dans cette cuvée au nom facétieux, une expression désignant un grippe-sou, à l'image de ces parcelles « avares de raisins ». ⧗ 2026-2030 **Grands Annibals 2023 ★ (11 à 15 € ; 2667 b.)** Souvent en bonne place dans le Guide, cette cuvée confidentielle est élaborée par saignée de grenache (60 %) et de cinsault. Pétulante dans sa robe peau de pêche à l'éclat cuivré, elle livre un bouquet éloquent de fleur d'oranger, de prune jaune et de verveine. Droite et finement étoffée, la bouche trouve son équilibre grâce à un discrète astringence qui lui confère du relief et à une allonge saline pleine de charme. ⧗ 2024-2025

DOM. DES ANNIBALS, chem. de Bras, RD 35, 83170 Brignoles, tél. 04 94 69 30 36, contact@annibals.com V *t.l.j. sf dim. 9h-12h30 14h-18h*

BASTIDE DE BLACAILLOUX Miraia 2021 ★

	1046		15 à 20 €

Depuis plus de quatre générations, la famille de Bruno Chamoin cultive les terres de la Bastide de Blacailloux, situées en plein cœur du parc naturel de la Sainte-Baume. Bruno a repris le bastion de la propriété en 1995 et cultive aujourd'hui 40 ha de vignes en agriculture biologique.

Prune confite, sauce soja, garrigue, pain d'épices : on sent une bonne maturité des raisins (syrah à 75 % et cabernet-sauvignon) dans ce rouge aimable, dont on apprécie la texture souple et bien étoffée, les tanins fondus et la fraîcheur préservée. De bonne garde mais déjà épanoui. ⧗ 2024-2029 **Aquino 2022 ★ (20 à 30 € ; 1040 b.)** Un pur rolle, issu de vignes de 10 ans, élevé sur lies fines et en fût pendant 12 mois. Très aromatique, le nez met un peu de temps pour se libérer de sa gangue boisée, déclinant le toast grillé, la cire et la noisette, d'où percent des parfums de fruits confits et d'eucalyptus. Ronde, légèrement suave, la bouche plait par sa douceur persistante aux flaveurs de nougat, équilibrée par une acidité discrète. A découvrir après une bonne année de garde, sur une marmite de coquillages à la crème. ⧗ 2025-2028

BASTIDE DE BLACAILLOUX, Dom. de Blacailloux, 83170 Tourves, tél. 04 94 86 83 83, comptabilite@bastide-de-blacailloux.com V *t.l.j. sf dim. 10h-12h30 14h30-19h*

BASTIDE DE FAVE Héritage de Saint Victor 2021 ★

	3000		11 à 15 €

Ancien maître de chai chez Martell, Benoît Fil, ingénieur agronome et œnologue, a débuté sa carrière en 2000 en Georgie – berceau probable du vin. En 2017, il a quitté la Charente et le cognac pour renouer avec ses racines provençales, s'installant avec sa famille au Dom. de Fave, ancien prieuré de l'abbaye Saint-Victor : près de 12 ha de vignes certifiées en bio, 1 ha d'oliviers, et des chambres d'hôtes.

La syrah dans sa plus fidèle expression (90 %) pour cette cuvée confidentielle. Discret à l'ouverture, un agréable bouquet de confiture de cerise noire et de graphite prend vie dans une bouche déliée, fondue et puissante,

PROVENCE

au fruité omniprésent et bien poivré. Structuré mais déjà très aimable, ce rouge mérite un plat simple et goûteux comme des petits farcis provençaux. ⧗ 2024-2029 ■ **Réserve du Prieuré 2021 ★ (20 à 30 €; 1800 b.)** Une dominante de syrah (90 %) ici, que le domaine affectionne pour toutes ses cuvées en rouge. Après 15 mois en fût, cette Réserve s'annonce par une robe profonde, libérant des senteurs complexes de rose fanée, pâte de cassis, santal et olive noire. Le bois, fondu et séveux, donne un supplément de rondeur à une bouche caressante, épicée, cadrée par des tanins serrés. On patiente. ⧗ 2026-2032

⊶ BASTIDE DE FAVE, rte de Bras, 83119 Brue-Auriac, tél. 06 73 40 58 41, benoit.fil@bastidedefave.com r.-v.

B LA BASTIDE DES OLIVIERS
Cuvée Mathieu 2022 ★

■	2800	◫	15 à 20 €

Enfant du pays, héritier de générations d'agriculteurs-éleveurs puis de viticulteurs, petit-fils du fondateur de la coopérative locale, Patrick Mourlan, dès son installation en 2000, a créé sa cave et s'est orienté vers l'agriculture biologique. Il est installé dans une bastide entourée d'oliviers centenaires et cultive 10 ha de vignes. Au chai, il limite les interventions, vinifiant sans soufre.

Dédicace à Mathieu, le fils du vigneron, et à la syrah (80 %), pour ce rouge dense aux reflets d'encre, qui a séjourné 12 mois en fûts de 300 et 400 l. Il n'y paraît pas au nez avec ses parfums affriolants de fraise des bois, de groseille cuite, de serpolet et de tapenade. Au palais, il se montre riche, concentré et soyeux, soutenu par des veloutés, étiré dans un long sillage de fruit rouges mûrs. Un vin complet et savoureux pour une belle évocation des rouges de Provence. ⧗ 2026-2032

⊶ PATRICK MOURLAN, La Bastide des Oliviers, 1011, chem. Louis-Blériot, 83136 Garéoult, tél. 06 80 30 63 10, patrick.mourlan@wanadoo.fr r.-v.

B CH. BELLINI 2022 ★

■	7450	◫	20 à 30 €

Un domaine établi le long de la Via Aurelia dès le Xe s., qui fut fréquenté par les Comtes de Provence. Un vignoble ancien donc, étendu sur 35 ha en terrasses et repris en 2016 par Tom Bove. L'exploitation est certifiée bio.

Née de très jeunes vignes et élevée 12 mois en amphores, cette syrah (90 %) déploie toute la fougue de la jeunesse : une robe sombre, un bouquet explosif de fruits noirs, de cacao amer et de cannelle, une bouche puissante, ample, soutenue par des tanins lissés, qui s'épanouit dans une finale suave où pointe la chaleur du millésime. Un vrai rouge du Sud, généreux et de bonne garde. ⧗ 2026-2032 ■ **Bocaia 2022 ★ (30 à 50 €; 270 b.)** B Des syrah (90 %) et une larme de rolle, ramassés à la main, pressés en douceur puis fermentés et élevés en barriques : cette cuvée représente une rareté dans le monde des rosés et plaît par sa singularité. Une robe saumonée intense aux reflets fauve, des parfums généreux de fraise écrasée, de pâte de coing et de fruits secs, un palais cossu, moelleux et finement tannique, parfumé de fruits mûrs et de propolis, sou tenu par une acidité mesurée: autant d'atouts pour ur accord raffiné à table et pour la garde. ⧗ 2024-2027

⊶ DOM. BELLINI, 1484, RD 79, Via Aurelia, 83170 Brignoles, tél. 04 98 14 84 89, info@chateaubellini.com *t.l.j. sf dim. 9h-17h; sam. 9h-13h*

B DOM. DE LA BERGERIE D'AQUINO
Bergerie 2021 ★★

■	344	◫	30 à 50

Depuis plus de quatre générations, la famille de Brun Chamoin cultive les terres de la Bastide de Blacailloux situées en plein cœur du parc naturel de la Sainte Baume. Bruno a repris le bastion de la propriété e 1995 et cultive aujourd'hui 40 ha de vignes en agricul ture biologique.

Avec à peine 344 bouteilles produites, il va falloir joue des coudes pour obtenir un flacon de ce rosé haute cou ture et « de garde », dont la pâleur diaphane l'apparent à un vin blanc. D'un élevage singulier d'un an en fût, tire un nez intensément épicé, où percent des notes d fruits confits, de propolis et de brioche toastée. Ave son palais cossu, généreux et très long, se révèle un vi au charme ravageur, un peu « hors-cadre », mais d'u équilibre souverain. ⧗ 2024-2027

⊶ BASTIDE DE BLACAILLOUX, Dom. de Blacailloux, 83170 Tourves, tél. 04 94 86 83 83, comptabilite@bastide-de-blacailloux.com *t.l.j. sf dim. 10h-12h30 14h30-19h*

DOM. DE CALA 2020 ★★

■	7000	◫	30 à 50

Acquis en 2015 par Joachim Splichal, ancien chef étoilé ce grand domaine de 180 ha, compte 40 ha de vignes Épaulé par ses fils Stéphane et Nicolas, ils s'affairen ensemble à restructurer le vignoble (augmentatio des densités, sélections massales, amélioration d palissage des parcelles, enherbement…), dont ils enta ment la conversion bio (certifiée en 2022).

Cet éminent rouge a emballé le jury. Ce qui a plu? S robe grenat sombre, son bouquet racé et nuancé d fruits noirs, de rose séchée et d'humus, rehaussé d notes lardées, et sa matière veloutée, nantie de tanin fins au grain serré, servie par un boisé subtil et par un finale vivace et bien poivrée. Cossu et très harmonieux il a un bel avenir en cave. ⧗ 2027-2032 ■ **2022 ★ (15 20 €; 4000 b.)** B La fermentation et l'élevage en fût neufs ont doré la robe de ce blanc élégant, attelage d rolle, grenache et clairette, rehaussant de notes de pro polis et de noix fraîche un nez centré sur le melon jaun et le citron confit. Ronde et bien étoffée, la bouche tien sur la longueur. ⧗ 2024-2028

⊶ DOM. DE CALA, 703, chem. de la Pelegrine, 83170 Brignoles, tél. 04 94 69 84 93, contact@domainedecala.com *t.l.j. sf sam. dim. été 9h-18h hiver 9h-17h*

B CH. LA CALISSE Cuvée Étoiles 2023 ★★

■	2500	▮	30 à 50

Une ancienne magnanerie, exploitée en polycultur au XIXe s. On y cultivait notamment des amandier

dont les fruits servaient aux confiseurs d'Aix-en-Provence pour la fabrication des calissons. Désormais dédié à la vigne (12 ha), le domaine est dirigé par Patricia Ortelli depuis 1991, et conduit en bio depuis 1996. Une valeur (très) sûre des coteaux-varois.

Régulièrement à l'honneur dans le Guide, le domaine signe en 2023 un rosé renversant et parfaitement abouti qui, outre sa robe vive aux ravissants reflets framboise et son bouquet éloquent de freesia, d'écorce de cédrat et de banane mûre, plaît par sa bouche à la fois consistante et tendue, dont le fruité gourmand persiste longuement dans une finale animée par de fins amers salivants. À la fois intense et élégante, cette bouteille se destine à la table. ⧗ 2024-2025 ■ **Patricia Ortelli 2021 ★ (20 à 30 €; 3000 b.)** Ⓑ Si le nez intensément fumé de cette jolie syrah (80 %) a besoin de prendre l'air pour révéler le fruit (mûre) et les épices (poivre blanc), la bouche est plus amène, onctueuse, consistante et fraîche, épaulée par des tanins délicatement ciselés. ⧗ 2024-2029 ■ **Cuvée Étoiles 2021 ★ (50 à 75 €; 2500 b.)** Ⓑ D'une belle densité dans le verre, ce rouge se dévoile lentement sur des senteurs suaves de cassis en liqueur et de cardamone, rehaussées de notes sanguines. Avec sa matière confortable saturée de fruits et d'épices, et ses tanins musculeux, la bouche a tout pour évoluer avec grâce. ⧗ 2026-2032

CH. LA CALISSE, 5055, rte de Draguignan, 83670 Pontevès, tél. 04 94 77 24 71, contact@chateau-la-calisse.fr V t.l.j. sf dim. 9h-12h 14h-17h

DOM. DE CANTARELLE 2023 ★

■ | 27000 | | 8 à 11 €

Situé à 310 m. d'altitude, aux portes du parc naturel régional du Verdon, ce domaine a été crée en 1974 par la famille Dieudonné qui l'a peu à peu étendu jusqu'à en faire le plus grand vignoble des coteaux-varois avec ses 130 ha. Aux commandes depuis 2017 : Pascal Debon.

Un plaisant coteaux-varois composé de rolle (70 %) et de clairette. Derrière une robe discrète aux reflets vert cendre, il dévoile des parfums nets et engageants de pêche au sirop et de pamplemousse rose. Fraîche et équilibrée, la bouche séduit par sa douce sucrosité aux saveurs de fruits du verger, stimulée par une fine tension saline et par une amertume tonique un brin végétale (buis). On l'imagine déjà avec un plateau de fruits de mer. ⧗ 2024-2027

DOM. DE CANTARELLE, Rte de Varages, 83119 Brue-Auriac, contact@contarelle.com V r.-v.

DOM. LA CHAUTARDE 2023 ★

■ | 5000 | | 8 à 11 €

En 2003, Vincent Garnier a repris, en association avec son frère Christophe, les rênes du domaine appartenant à sa famille depuis le XVIIIe s. Joël et Louise, les enfants de Vincent, ont rejoint l'aventure en 2018. Implanté près de la commune de La Celle, en appellation coteaux-varois, le vignoble s'étend sur 33 ha.

Façonné à partir de 30 % de saignée, complétée par un jus de pressurage direct, ce rosé fringant s'habille d'une délicate robe peau de pêche, libérant des senteurs engageantes de glycine et d'orange sanguine. Fine, alerte, ciselée, la bouche affiche une délicate sucrosité, prolongée par une finale saline et un brin épicée (gingembre) qui lui donne de l'allonge et une appréciable tenue. ⧗ 2024-2025

DOM. LA CHAUTARDE, 2927, rte de Bras, 83143 Le Val, tél. 06 74 67 57 96, la-chautarde@orange.fr V r.-v.

COMPTOIR DES VINS DE FLASSANS
Rêves de comptoir 2023 ★★

■ | 40000 | | 5 à 8 €

Cette coopérative, qui regroupe près de 1 100 ha de vignes implantées sur des sols calcaires et argilo-calcaires, est née en 2004 de la fusion des caves de Flassans et de Cabasse, toutes deux fondées en 1912. Elle a été rejointe en 2022 par celle de Besse, devenant ainsi la plus grande cave coopérative de Provence.

Couleur pelure d'oignon, ce pétulant rosé de grenache (70 %) est salué pour son nez franc et volubile de pomelo, de fruit de la Passion et de bonbon au cassis. Un fruité pulpeux que l'on retrouve dans une bouche structurée, servie par une belle fraîcheur et qui se fait agréablement acidulé en finale. Expressif et dynamique, il est passé à un souffle du coup de cœur. ⧗ 2024-2025

COMPTOIR DES VINS DE FLASSANS, av. Gal-de-Gaulle, 83340 Flassans-sur-Issole, tél. 04 94 69 71 01, o.demri@comptoirdesvinsflassans.fr V *t.l.j. sf sam. dim. 9h30-12h30 15h-19h*

♥ Ⓑ CH. L'ESCARELLE Les Deux Anges 2021 ★★

■ | 4500 | | 15 à 20 €

En 1920, François-Joseph Fournier (déjà propriétaire de l'île de Porquerolles) fit cadeau à son épouse de cette propriété adossée aux contreforts de la montagne de La Loube. Dans les années 1960, la famille Gassier a transformé le domaine qui, avec 100 ha de vignes, représente sans doute la plus grande cave particulière des coteaux-varois. Acquis en 2014 par l'homme d'affaires Yann Pineau, il a été converti en bio.

Un élevage ambitieux de deux ans, dont un partiellement effectué en fût, a présidé à la naissance de ce rouge superlatif, attelage de syrah (60 %) et de grenache. Le bouquet offre un mariage exemplaire du fruit croquant (cerise) et du bois, avec des parfums foisonnants de laurier noble, de cacao et de menthol. Imposant, ample et riche, doté de tanins veloutés parfaitement pris dans la chair, le palais profile un vin très abouti et déjà savoureux en diable. ⧗ 2024-2030 ■ **Les Deux Anges 2023 ★ (15 à 20 €; 50000 b.)** Ⓑ Tentatrice dans sa lumineuse robe corail, cette cuvée façonnée par la syrah (60 %) offre une belle expression de fleurs blanches et de poire confite, mâtinée d'une touche fumée. Une complexité qui s'agrémente d'épices (carvi) dans un palais à la fois rond et frais, dynamisé par une finale aux saveurs acidulées de citron jaune. ⧗ 2024-2025 ■ **2023 ★ (8 à 11 €; 21500 b.)** Ⓑ Ce quasi pur rolle, complété d'ugni blanc, exhale des parfums printaniers d'aubépine, de feuille de figuier et de fenouil, qui s'infusent avec entrain dans un palais croquant, vif et souple, porté par une fraîcheur

PROVENCE

acidulée de citron jaune. Un style friand conçu pour l'apéritif. ⧗ 2024-2026 ■ **Les Deux Anges 2023** ★ **(15 à 20 €; 6000 b.)** Ⓑ Le rolle, brièvement élevé en barriques, livre un bouquet fringant et raffiné de chèvrefeuille, d'agrumes, de thé à la bergamote et de silex. Une complexité à laquelle fait écho un palais étoffé, frais, de belle tenue. ⧗ 2024-2027

LES VIGNOBLES DE L' ESCARELLE, rte de la Roquebrussanne, 83170 La Celle, tél. 04 94 69 09 98, communication@escarelle.fr V *Hiver : t.l.j. sf dim. 9h-13h 14h-18h; été : t.l.j. sf dim 10h-13h 14h-19h*

ESTANDON Reflet 2023 ★

■ | 56000 | | 8 à 11 €

En 2005, les Celliers de Saint-Louis, union de coopératives basée à Brignoles, accueillent les Vignerons des caves de Provence, propriétaires de la marque Estandon (lancée en 1947). Cette dernière regroupe 300 vignerons et couvre 2 000 ha de vignoble.

Nés sur les sols calcaires des collines de l'arrière-pays varois, les raisins de grenache, cinsault et syrah ont été vendangés de nuit pour préserver la fraîcheur des arômes. Ils ont engendré ce rosé au teint pêche légèrement doré, dont le bouquet délicat rappelle la groseille croquante et l'écorce de bergamote. Gourmande, sur le fruit, la bouche trouve son équilibre grâce à une belle fraîcheur zestée. ⧗ 2024-2025

ESTANDON COOPÉRATIVE EN PROVENCE, 727, bd Bernard-Long, 83170 Brignoles, tél. 04 94 37 21 00, contact@estandon.fr V *t.l.j. sf sam. dim. 8h30-12h 13h30-17h*

FONTAILLADE 2023 ★★

■ | 480 | | 8 à 11 €

Fondée en 1909, cette petite cave coopérative regroupe quinze viticulteurs pour 220 ha de vignes. Elle produit essentiellement des vins rosés en coteaux-varois et des IGP Var.

Cette cuvée bio composée de syrah, cinsault et grenache à quasi-parité s'annonce par une chatoyante robe rose tendre aux reflets fuchsia. Du verre s'échappent des parfums de narcisse, de pêche de vigne et de berlingot à la cerise, qui ne faiblissent pas d'un iota dans une bouche fraîche, fondue et souple, soulignée de bout en bout par une agréable tension acidulée. Un rosé expressif, friand et facile à aimer. ⧗ 2024-2025

SCV FONTAILLADE, av. de Saint-Maximin, 83119 Brue-Auriac, tél. 04 94 80 90 10, fontaillade.cavecoop@free.fr V *t.l.j. sf lun. dim. 9h-12h 15h-18h*

Ⓑ CH. FONTAINEBLEAU Louis-Baptiste 2023 ★★

■ | 6600 | | 20 à 30 €

L'eau est omniprésente sur la propriété: fontaines moussues et canaux de pierre de l'époque romaine forment un véritable réseau d'irrigation. Racheté en 2009 par Jean-Louis Bouchard, président d'une société de services numériques, ce domaine d'une quarantaine d'hectares, ceinturé de forêt, a retrouvé tout son dynamisme après avoir bénéficié d'importants travaux de rénovation. Sous l'impulsion de l'œnologue Valérie Courrèges, la conversion à la biodynamie a été opérée en 2013.

Cépage fétiche de Provence, le rolle (70 %) mène la danse dans cette cuvée dédiée au fils du propriétaire qui a bénéficié d'un élevage soigné de 8 mois en demi-muids. D'une belle complexité, le nez décline la fleur d'acacia, l'abricot et la gelée de coing, nuancés de subtiles notes boisées. Des saveurs capiteuses que l'on retrouve dans une bouche caressante et grasse, tendue par une belle fraîcheur et par une pointe de minéralité qui lui confère de l'allonge. Un blanc complet et raffiné, à laisser respirer en cave. ⧗ 2025-2030

DOM. FONTAINEBLEAU EN PROVENCE, rte de Montfort-sur-Argens, 83143 Le Val, tél. 04 94 59 59 09, admin-vignoble@domaine-fontainebleau-en-provence.com V *t.l.j. 10h-18h*

DOM. LA GAYOLLE Syagria 2023 ★

■ | 7300 | | 8 à 11 €

Au cœur de la Provence Verte, entre chênes et pins maritimes, ce domaine, ancienne dépendance de l'abbaye Saint-Victor, est dans la famille de Nicolas Paul depuis 1855. Ce dernier, après avoir pris la tête de l'exploitation en 2008, a achevé en 2014 la construction d'un nouveau chai. Son vignoble s'étend aujourd'hui sur 54 ha au pied du massif de La Loube. En conversion bio.

Bien connue des lecteurs du Guide, cette cuvée, dont le nom orne aussi un sarcophage du Ves. retrouvé au domaine, ravit encore une fois par son éloquence et sa singularité. Une robe prononcée couleur grenadine révèle un bouquet attrayant de gelée de framboise, d'épices douces et de brioche beurrée. En bouche, onctuosité et rondeur se combinent harmonieusement, ponctuées par une pointe de fraîcheur aux tonalités de fruits rouges acidulés. Un rosé franc et généreux que l'on réserve à la table, avec des mets épicés notamment. ⧗ 2024-2025

DOM. LA GAYOLLE, rte de la Roquebrussanne, D 205, 83170 La Celle, tél. 09 66 81 18 28, caveau@domaine-la-gayolle.com t.l.j. sf dim. 9h30-12h30 14h30-18h30

Ⓑ DOM. LA GRAND'VIGNE 2023 ★

■ | 5000 | | 5 à 8 €

Roland Mistre, œnologue, a repris en 1998 l'exploitation familiale créée à la fin du XIXes., qui livrait ses raisins à la coopérative. Il a relancé en 2002 la vinification à la propriété et exploite 13 ha de vignes en bio certifiée.

Un style sudiste bien trempé pour ce blanc au nez expressif de fleurs mellifères, de poire Williams et d'ananas rôti. Ample et onctueux, le palais laisse la part belle au fruit et à la douceur, bien stimulé par une pointe d'amertume anisée qui ramène de la fraîcheur et du peps. ⧗ 2024-2027 ■ **Cuvée Les Fournerys 2021** ★ **(11 à 15 €; 3000 b.)** Le nez, intense, est dominé par le cassis et le poivre noir, avec en appoint une touche de réglisse. Enveloppante à l'attaque, guidée par des tanins fondus, la bouche se montre fraîche et très longue, étirée sur dans une finale mentholée pleine de panache. ⧗ 2024-2028 ■ **Cuvée Les Fournerys 2022** ★ **(11 à 15 €; 1000 b.)** Grenache blanc (70 %) et rolle associés dans ce blanc fermenté et élevé en fût de bois d'acacia avec un bâtonnage régulier. Une singulière composition qui se traduit par les nuances mordorées de la robe, des notes de caramel et de beurre de cacao enveloppant un fruité exotique et capiteux (mangue), et par un palais structuré, ample et persistant, dessinant clairement un vin de gastronomie. ⧗ 2024-2029

⊶ DOM. LA GRAND'VIGNE, rte de Cabasse, 83170 Brignoles, tél. 04 94 69 37 16, contact@lagrandvigne.com V *t.l.j. sf dim. 9h-12h 14h-18h*

B CH. LAFOUX Vinicius 2021 ★

■	1200		30 à 50 €

Rachetée en 1999 par Claudine et Yvon Boisdron, la propriété doit son nom à la source voisine, La Foux. Elle est commandée par une bastide du XVIII^{e}s. bâtie sur un ancien fortin romain situé le long de la voie aurélienne. Le domaine s'étend sur 174 ha: du blé dur, des oliviers et 24 ha de vignes plantées sur un sol argilo-calcaire et entourées de chênes. L'exploitation est conduite en agriculture biologique.

Un rouge façonné par la syrah (90 %) et le chêne (12 mois en fût), construit tout en subtilité. Les nuances épicées et chocolatées soulignent avec élégance les fragrances de cassis confit et de fleurs séchées. Des promesses prolongées par une bouche posée, alerte et joliment structurée par des tanins ciselés qui demandent encore à se détendre encore un peu en cave. ⧗ 2025-2029

⊶ CH. LAFOUX, 1372, allée du cépage, 83170 Tourves, tél. 04 94 78 77 86, contact@chateaulafoux.com V *t.l.j. sf dim. 9h30-12h30 14h30-18h30*

B CH. LA LIEUE 2023 ★

■	77500		8 à 11 €

Fondé en 1876 par Batilde Philomène, veuve d'un soyeux lyonnais, ce domaine (77 ha aujourd'hui) se transmet depuis cinq générations au sein de la famille Vial. Converti à l'agriculture biologique dès 1997, le vignoble est conduit par Jean-Louis Vial et son fils Julien. Créée en 1906, la cave a été réaménagée pour permettre des vinifications sur de petits volumes.

Animé de reflets orangés, ce rosé prend son temps avant de livrer un bouquet fin et nuancé de mirabelle, de gingembre et de zestes d'agrumes confits. En bouche, il dévoile une matière onctueuse, déliée et saline, avec en appoint une touche épicée de poivre blanc pleine de panache. Un caractère singulier à découvrir à l'apéritif, avec des tapas bien relevées. ⧗ 2024-2025 ■ **Tradition 2022 ★ (8 à 11 €; 23000 b.)** B Florilège de cinq cépages, ce rouge plaît par son ardeur de jeunesse : une robe intense, un nez centré sur le fruit (framboise, fraise des bois) et teinté d'humus, une bouche fraîche, persistante et bien structurée, offrant une mâche ferme qui appelle une petite garde. Un bel équilibre. ⧗ 2025-2029

⊶ CH. LA LIEUE, rte de Cabasse, 83170 Brignoles, tél. 04 94 69 00 12, chateau.la.lieue@orange.fr V *t.l.j. 9h-12h30 14h-19h; dim. 10h-12h 15h-18h*

B DOM. DU LOOU Blanc sous bois 2023 ★★

■	950		11 à 15 €

Longtemps propriété de l'abbaye Saint-Victor à Marseille, le Dom. du Loou, dont la tradition viticole remonte à l'Antiquité, appartient depuis 1954 à la famille Di Placido. Couvrant 25 ha à l'origine, il compte aujourd'hui 60 ha de vignes d'un seul tenant, conduites en bio.

L'étiquette l'annonce sans ambages : du blanc (du rolle en majorité) et un élevage de 7 mois en barriques neuves. Dans le verre, un vin qui séduit par sa complexité et de son raffinement (jasmin, agrumes, sésame grillé, craie mouillée), et par sa bouche arrondie, presque crémeuse, mais puissante et structurée, soulignée de bout en bout par une fine fraîcheur minérale. Taillé pour la table. ⧗ 2024-2029

⊶ DOM. DU LOOU, chem. du Loou, 83136 La Roquebrussanne, tél. 04 94 86 94 97, contact@domaineduloou.fr V *t.l.j. sf dim. 9h-12h 14h-18h*

B CH. MARGILLIÈRE Hautes Terres 2023 ★

■	1300		15 à 20 €

Domaine implanté à quelques kilomètres de Brignoles, comprenant vignes (22 ha aujourd'hui), oliviers et un caveau de dégustation aménagé dans une ancienne magnanerie du XVII^{e}s. Patrick Caternet, à partir de 1996, lui a redonné son lustre et l'a converti à l'agriculture biologique avant de le transmettre en 2002 à sa fille Pauline. En 2016, la gestion de la propriété a été confiée à la famille Bunan.

Issue d'un plateau argilo-calcaire surplombant la cave, nommé Hautes Terres, cette cuvée met en œuvre du rolle et un larme d'ugni blanc (10 %), élevés pour partie en barriques neuves. D'abord toasté, le nez laisse poindre à l'aération des senteurs de gingembre confit et d'ananas séché. À la fois énergique et ronde, la bouche révèle une matière conséquente au fruité solaire et finit bien fraîche sur des notes minérales. Complet et bien vinifié, ce blanc élégant a encore de beaux jours devant lui. ⧗ 2025-2029

⊶ CH. MARGILLIÈRE, rte de Cabasse, 83170 Brignoles, tél. 04 94 69 05 34, contact@chateau-margilliere.com V *t.l.j. sf dim. 9h30-12h 14h30-18h*

♥ B DOM. MASSON 2023 ★★

■	6400		8 à 11 €

Gilles Masson a acquis en 2002 un vignoble de 24 ha environné de bois, niché au pied du massif du Bessillon. Après avoir apporté pendant près de quinze ans sa vendange à la coopérative locale, cet œnologue n'a pas résisté à la tentation de faire son propre vin : il a construit sa cave en 2016, vinifié le produit de 8,5 ha, le solde de la récolte restant confié à la coopérative. La production est certifiée bio.

Ce blanc allègre, sobrement élevé en cuve, expressif, livre un bouquet volubile de freesia, de goyave et d'agrumes. Un fruité insolent qui infuse également en bouche dans une matière ample, onctueuse et riche, soutenue par une acidité imparable à l'accent acidulé de citron vert. Immédiatement accessible, d'un équilibre exemplaire, on le croque sur sa jeunesse. ⧗ 2024-2027

■ **2023 ★★ (8 à 11 €; 30000 b.)** Ⓑ Habillé d'une robe litchi très pâle, ce rosé livre un bouquet exubérant de mangue et de pêche melba. Une même intensité aromatique caractérise le palais, délié, saturé de fruit, soutenu par une fine acidité et une discrète amertume anisée qui relève la finale. Un ensemble élégant, expressif, d'un équilibre irréprochable. ⧗ 2024-2025

DOM. MASSON, Lieu-dit Saint-Estève, rte de Bras, 83119 Brue-Auriac, tél. 04 94 80 09 49, info@domainemasson.fr V t.l.j. sf dim. lun. 14h30-18h30

Ⓑ DOM. MIRA LUNA 2023 ★

■ | 3600 | | 15 à 20 €

Créé en 2008 par l'homme d'affaires américain Thomas Bove, ce domaine de 8 ha, autrefois rattaché au Ch. Miraval, est conduit par Anne-Cécile et Antoine Samaille depuis 2023. Un vignoble cultivé en bio qui cohabite avec 900 oliviers.

D'une élégante pâleur nacrée, comme il est souvent de mise avec les rosés de cinsault (60 %), complété ici de syrah, ce 2023 enchante par son bouquet fin de fleur d'oranger, de nèfle et de craie. Au palais, les fruits se manifestent avec plus d'ardeur, infusant une matière équilibrée, ronde et déliée, tonifiée par une fraîcheur savamment dosée. Ce rosé croquant et dynamique signe une entrée au Guide des plus convaincantes pour le couple Samaille. ⧗ 2024-2025

DOM. MIRA LUNA, lieu-dit Vireigueit, 83670 Châteauvert, tél. 04 98 60 23 12, contact@mira-luna.com r.-v.

CH. D'OLLIÈRES Prestige 2021 ★★

■ | 7000 | | 15 à 20 €

Sous la direction de Charles Rouy, qui a fait ses armes dans la célèbre maison beaunoise Bouchard Père et Fils, cette ancienne seigneurie a su retrouver sa tradition viticole à partir de 2003 grâce à une restructuration du vignoble (16 ha replantés sur les 35 ha que compte aujourd'hui le domaine) et à un investissement dans des équipements modernes.

Comme l'an passé, le domaine récolte une moisson d'étoiles. En haut de l'affiche, ce rouge souverain, un mi-syrah mi-grenache, au boisé cossu, qui associe la noisette, la fève tonka et la cerise macérée à l'olfaction. Un mariage réussi du fruit et du merrain qui s'épanouit dans une bouche équilibrée, ample et complexe, marquée par des tanins perceptibles mais fins, subtilement épicés. Un vin d'avenir. ⧗ 2027-2034 ■ **Haut du Prieuré 2021 ★ (20 à 30 €; 3500 b.)** Grenache, syrah et cabernet-sauvignon patiemment fermentés puis élevés 18 mois en barriques forment ce rouge ouvert sur des parfums de cassis, de cerise au kirsch et de bois de santal. Le palais affiche une belle charpente mais sans dureté, étayant une matière fondue, longue et bien épicée. ⧗ 2025-2032 ■ **Prestige 2023 ★ (15 à 20 €; 3500 b.)** Une cuvée élégante qui doit tout au rolle, aux senteurs intenses de pomme reinette, de poire, de mangue séchée et de zeste de citron. Alerte et vif, le palais brille par sa légèreté et sa texture caressante et bien parfumée. ⧗ 2024-2027

CH. D' OLLIÈRES, Le Château, 83470 Ollières, tél. 04 94 59 85 57, info@chateau-ollieres.com V t.l.j. sf. sam. dim. 9h-12h30 14h-17h30

CH. LA PRÉGENTIÈRE Sainte-Catherine 2023 ★

■ | 23000 | | 8 à 11 €

Au sein de ce vaste vignoble de 57 ha exposé plein sud, au pied des Petit et Gros Bessillon, au cœur de la Provence verte, on distingue encore les traces de la ligne de chemin de fer qui reliait Nice à Meyrargues au XIXᵉs. Reprise en 2001 par l'entrepreneur Jean-Claude Caillou, cette propriété a connu une profonde restructuration.

Une cuvée mi-cinsault mi-grenache, enrichie d'une larme de sémillon et de rolle, qui porte beau dans sa robe vive au reflets bleutés et séduit aussi par ses arômes de loukoum à la rose, de griotte au sirop et d'agrumes. Ample et onctueuse, portée par une belle trame saline, la bouche confirme cette franche gourmandise et invite à passer à table. Un rosé de repas. ⧗ 2024-2025 ■ **2020 ★ (8 à 11 €; 4043 b.)** Après quatre ans en cave, ce rouge est à son apogée. Un vin d'un grenat sombre aux reflets tuilés au bouquet épanoui de griotte macérée, d'épices douces et de cuir. De la rondeur, du soyeux, des tanins mûrs et patinés : la bouche offre le profil d'un beau vin fondu. ⧗ 2024-2027 ■ **Sainte Catherine 2023 ★ (8 à 11 €; 3004 b.)** Il a tout bon ce blanc élégant et parfumé, qui fleure bon le chèvrefeuille, les agrumes et l'abricot, fin souple et alerte en bouche, porté par une amertume croquante de zeste de cédrat qui dynamise l'ensemble. Un coteaux-varois sur le versant de la finesse. ⧗ 2024-2027

CH. LA PRÉGENTIÈRE, 6095, rte de Draguignan, 83670 Pontevès, tél. 06 11 42 01 42, directeurexploitation@lapregentiere.fr V t.l.j. sf sam. dim. 9h-17h30

Ⓑ DOM. DE RAMATUELLE Origine 2023 ★

■ | 10000 | | 8 à 11 €

Fanny, sa fille, et Hugues Chaboud, son gendre, sont venus seconder Bruno Latil sur ce domaine familial fondé en 1936 par un tanneur toulonnais au cœur de la Provence verte. Niché au pied du massif de la Sainte-Baume, sur des coteaux et semi-coteaux argilo-calcaires, le vignoble de 60 ha cultivé en agriculture biologique, est enherbé et pâturé de l'hiver au printemps par un troupeau de brebis.

Mariage très provençal de rolle et de clairette, complété d'une touche d'ugni blanc, cette cuvée or pâle charme par ses parfums allègres de citron vert, de carambole et de fenouil. Une palette qui s'enrichit de saveurs de nèfle croquant dans une bouche ronde, fluide et élégante rafraîchie par une finale tonique sur le bonbon acidulé. Un vin convivial et facile à accorder. ⧗ 2024-2027

DOM. DE RAMATUELLE, hameau des Gaëtans, 83170 Brignoles, tél. 04 94 69 10 61, accueil@domaine-ramatuelle.com V t.l.j. sf dim. 9h-12h 14h-18h

♥ Ⓑ DOM. LA ROSE DES VENTS 2023 ★★

■ | 13500 | | 8 à 11 €

Fondée au début du XXᵉs., l'exploitation s'est transmise au fil des générations. Depuis 1994, Gilles Baude, œnologue talentueux, conduit

le domaine et ses 60 ha de vignes (certifiés bio) avec son beau-frère Thierry Josselin, chargé de la commercialisation. Une valeur sûre en coteaux-varois.

Habitué aux honneurs, ce domaine est de nouveau bardée d'étoiles et décroche deux coups de cœur. À commencer par ce blanc emballant qui séduit dès l'entame par son bouquet expansif de mangue, de zeste de citron vert et de bourgeon de cassis. Onctueuse et ronde, gorgée de saveurs juteuses de brugnon, la bouche trouve son équilibre grâce à une fine fraîcheur acidulée qui porte loin la finale, prolongeant ce florilège fruité, flatteur et sapide. ⧗ 2024-2025 ■ **2023 ★★ (5 à 8 €; 165000 b.)** ♥ Déjà coup de cœur l'an passé, ce rosé garde le cap et propose à nouveau un vin qui captive dès l'entame avec sa robe diaphane et son nez affriolant de fruits jaunes mûrs (brugnon, abricot) et exotiques (maracuja, mangue).

On retrouve cette richesse aromatique dans une bouche ample, séveuse mais aussi très fine, soutenue par une fraîcheur dynamique et une finale minérale pleine de panache évoquant la craie humide. Exemplaire. ⧗ 2024-2026 ■ **Seigneur de Broussan 2023 ★ (8 à 11 €; 10000 b.)** Ⓑ Maître à bord, le grenache (75 %) guide ce Seigneur vers de plaisantes contrées où les fruits exotiques se mêlent aux nuances de rose ancienne et d'écorces d'agrumes. Des arômes qui persistent longuement dans une bouche ronde, équilibrée, dessinant le profil d'un vin convivial et fédérateur. ⧗ 2024-2025

⊶ DOM. LA ROSE DES VENTS, rte de Toulon, 83136 La Roquebrussanne, tél. 04 94 86 99 28, larosedesvents073@orange.fr V *t.l.j. sf dim. 9h-12h 14h-18h (juil.-août 9h-19h)*

CAVE SAINT-ANDRÉ Passion 2023 ★

■	3000		8 à 11 €

Seillons-Source-d'Argens est un village perché plein de charme d'où la vue embrasse la Sainte-Baume, la Sainte-Victoire et Saint-Maximin. Fondée en 1909, sa cave coopérative, après diverses fusions à partir de 1995, dispose de quelque 380 ha. Elle propose des coteaux-varois et des IGP Var.

Cette cuvée confidentielle offre une expression tout en finesse de l'appellation. Robe pâle très tendance, nez élégant et subtil de muguet et de litchi, matière tendre, fraîche et florale, prolongé par une finale plus suave sur la griotte confite : tout est harmonieux et nuancé dans ce rosé croquant, à savourer à l'apéritif. ⧗ 2024-2025

⊶ CAVE SAINT-ANDRÉ, 52, rue des Plaines-de-l'Aire, 83470 Seillons-Source-d'Argens, tél. 04 94 72 14 10, cave.st.andre@gmail.com V *t.l.j. sf lun. dim. 9h-12h 14h-17h45*

DOM. SAINT-ANDRIEU L'Oratoire 2023 ★

■	26000		11 à 15 €

Acquis en 2003 et restructuré par Jean-Paul et Nancy Bignon – par ailleurs propriétaires du Ch. Talbot, cru classé de saint-julien dans le Médoc –, ce vignoble de 30 ha jouit d'un terroir argilo-calcaire privilégié à 380 m d'altitude, au pied du Bessillon. Deux étiquettes ici : le Dom. Saint-Andrieu en côtes-de-provence et l'Oratoire Saint-Andrieu en coteaux-varois, sans oublier la production d'huile d'olive.

Régulièrement en vue, cette cuvée offre un plaisir intact avec ce 2023 paré d'une élégante robe rose poudrée, charmeur avec ses senteurs de framboise poêlée, de nectarine bien mûre et de carambole, à la matière détendue, coulante et soyeuse, réveillée par une finale vive à l'accent zesté. Un rosé de belle tenue. ⧗ 2024-2025 ■ **L'Oratoire 2023 ★ (11 à 15 €; 2400 b.)** Ce pur rolle livre un bouquet enthousiasmant de fruits frais (nectarine, mangue, poire), allié à une touche de genêt. Une intensité qui ne faiblit pas d'un iota dans une bouche structurée et opulente mais sans excès, tendue par une finale dynamique mâtinée de rhubarbe. ⧗ 2024-2028

⊶ DOM. SAINT-ANDRIEU, chem. St-Andrieu, 83570 Correns, tél. 04 94 59 52 42, contact@domaine-saint-andrieu.com V *t.l.j. sf sam. dim. 9h-17h*

LES VIGNERONS DE LA SAINTE-BAUME
Les Restanques bleues 2023 ★

■	30000		5 à 8 €

Fondée en 1913 dans l'ouest varois sous le nom de la Fraternelle, la coopérative de Rougiers, rebaptisée Vignerons de la Sainte-Baume, est l'une des plus anciennes de la région. Ses bâtiments sont classés à l'Inventaire général du patrimoine culturel de Rougiers. C'est aujourd'hui une petite structure qui regroupe une quarantaine d'adhérents pour un vignoble de 185 ha.

Séduisant dans sa robe corail nacrée, ce rosé charme aussi par son nez nuancé et délicat de poire mûre, de poudre de riz et de citron vert. Finement étoffée, gourmande avec ses saveurs de fruits blancs et d'agrumes, la bouche est stimulée par une réjouissante acidité minérale, qui vient couronner la finale d'une note saline. Un style aérien et tonique, parfait à l'apéritif. ⧗ 2024-2025 ■ **Les Restanques vertes 2023 ★ (8 à 11 €; 9300 b.)** Ⓑ Une touche de rolle (5 %) et de syrah (15 %) à l'appui du grenache dans cette cuvée ouverte sur des senteurs de lilas, de pomelo et de sauge. Alerte, charnue et bien fruitée, la bouche plaît par son caractère friand et par sa finale fraîche. Un rosé simple, convivial et sans artifices, qui accompagnera tout un repas. ⧗ 2024-2025

⊶ LES VIGNERONS DE LA SAINTE-BAUME, lieu-dit Les Fauvières, 83170 Rougiers, tél. 04 94 80 42 47, cave.saintebaume@orange.fr V *r.-v.*

DOM. SAINT-FERRÉOL Lyon 2023 ★★

■	2000		11 à 15 €

Dans la même famille depuis 1720, le domaine et ses 85 ha de vignes s'étend dans la plaine de Pontevès aux pieds des Bessillons. Il est aujourd'hui dirigé par un jeune vigneron, Thomas de Jerphanion, qui succède à son père Guillaume, parti à la retraite en 2017.

Crée en l'honneur de Joseph Lyon, l'ancêtre du vigneron qui fit l'acquisition du domaine au XVIIIe, cette cuvée dissimule sous une robe chair très tendance un nez diablement séducteur de goyave, de groseille à maquereau et de thé blanc. Un fruit immaculé et persistant qui infuse aussi une chair onctueuse, ronde, tonifiée par une fine amertume aux accents d'écorce de cédrat. Un rosé dans l'air du temps, à essayer avec la cuisine asiatique, un pad thaï aux crevettes par exemple. ⧗ 2024-2025

DOM. SAINT-FERRÉOL, 585, rte de Draguignan, 83670 Pontevès, tél. 04 94 77 10 42, info@saintferreol.com V t.l.j. sf dim. 10h-13h 15h-19h

CH. SAINT-JULIEN 2023 ★

■	42530		11 à 15 €

Depuis 1989, la famille Garrassin redynamise ce vaste domaine (plus de 400 ha) dont l'origine remonterait à l'époque gallo-romaine. La cave a été aménagée sur les vestiges d'une ancienne bergerie du XVIIe s., et le vignoble replanté pour dépasser 30 ha. Claire et Lucas, petits-enfants de Maurice Garrassin, acquéreur du domaine, apportent leur énergie à la propriété.

Issue d'une bonne moitié de grenache, complétée de cinsault et de syrah, cette cuvée est bien dans le ton de l'appellation. Dans le verre, on découvre un rosé à peine teinté, au bouquet naissant de fruits rouges acidulés et de berlingot à la cerise, nuancé de notes minérales. La bouche se révèle parfumée et gracieuse, dynamisée par une finale fraîche, saline et délicatement citronnée. À ouvrir pour un déjeuner d'été, avec un beau poisson blanc grillé. ⧗ 2024-2025

CH. SAINT-JULIEN, 600, rte de Tourves, RD 205, 83170 La Celle, tél. 04 94 59 26 10, info@domaine-st-julien.com V t.l.j. sf dim. 9h-12h 14h-18h 5

DOM. SAINT-MITRE Madon 2023 ★

■	5000		11 à 15 €

Un domaine de 35 ha repris en 2004 par Nelly et Daniel Martin, vignerons champenois, qui ont procédé à une importante restructuration du vignoble et du chai.

Le grenache (80 %) a façonné cette cuvée que le domaine annonce comme son rosé de gastronomie. Animée de beaux reflets bleutés, elle dévoile un nez discret mais élégant de jasmin, de framboise écrasée et d'écorce d'agrumes. Tendre et ronde, soulignée par une fraîcheur persistante, la bouche révèle une matière soyeuse parfumée de bonbon acidulé et de fleurs capiteuses jusqu'en finale. Tout est au diapason. ⧗ 2024-2025

DOM. SAINT-MITRE, 1782, chem. de Saint-Mitre, 83470 Saint-Maximin-la-Sainte-Baume, tél. 04 94 78 07 54, virginie@domainesaintmitre.com V lun. mer. ven. 9h-12h 14h-17h; f. nov.

LES TERRES DE SAINT-HILAIRE Mas de la Marotte 2023 ★

■	100000		5 à 8 €

Entre la montagne Sainte-Victoire et le mont Aurélien, un immense domaine de 1 500 ha de forêts et de vignes (167 ha), commandé par des bâtiments abbatiaux du XVIIe s. Acquis par la famille Burel en 2002, il comprend aussi un centre équestre et des structures d'hébergement. Des centaines de moutons pâturent l'hiver dans les vignes.

Le cinsault donne le ton (60 %) dans ce rosé issu des terres siliceuses qui jouxtent le mas, une ancienne verrerie reconvertie en gîte. Une séduisante pâleur pétale de rose, des parfums bien mariés de gardénia, de fruits rouges caramélisés et de citron, un palais vif et persistant sur des saveurs de bonbon acidulé: se dessine un vin friand et sans chichi. ⧗ 2024-2025 ■ **Oppidum 2023 ★ (5 à 8 €; 100000 b.)** Un chatoyant rose franc aux reflets vifs habille ce vin séduisant par son bouquet de fraise des bois et de bonbon à la violette, et sa matière déliée, ronde et très parfumée, rafraîchie par une finale saline et poivrée. ⧗ 2024-2025

SCEA LES DOMAINES DE PROVENCE, Abbaye de Saint-Hilaire, 3695, rte de Rians, 83470 Ollières, tél. 04 98 05 40 10, jpmanzoni@tdsh.fr V t.l.j. sf dim. 9h-12h 13h-18h 3 D

CH. THUERRY Les Abeillons 2019 ★★

■	20000		15 à 20 €

Au sein du parc régional du Haut-Var Verdon, une bâtisse templière du XIIe s., soulignée par un chai longiligne ultramoderne et semi-enterré (2 200 m²) commande une propriété de 340 ha, dont environ 40 ha de vignes. Une valeur sûre de la Provence viticole rachetée en 1998 par le Versaillais Jean-Louis Croquet, entrepreneur en études de marché, ancien joueur de rugby et d'abord propriétaire à Chablis. La conversion bio est acquise.

D'élégantes nuances cuivrées animent la robe pourpre sombre de ce 2019 épanoui, qui livre au nez des senteurs de fruits rouges très mûrs, de tabac et de bois de cade d'un raffinement absolu. Dense, charnue, étayée par des tanins parfaitement affinés, la bouche donne déjà beaucoup de plaisir, persistant longuement sur des notes chaleureuses de réglisse et de cuir. Savoureux et pour quelques années encore. ⧗ 2024-2028 ■ **Les Abeillons 2023 ★ (15 à 20 €; 16000 b.)** B Ne vous fiez pas à sa robe diaphane: ce rosé révèle un caractère bien trempé. Complexe, le nez évoque la pêche de vigne, la feuille de cassis et les fruits secs. Le palais se révèle puissant, ample, relayant avec persistance cette même palette, en y ajoutant une touche mentholée pleine de fraîcheur. Une cuvée résolument gastronomique. ⧗ 2024-2025

CH. THUERRY, rte de Thuerry, 83690 Villecroze, tél. 04 94 70 63 02, thuerry@chateauthuerry.com V t.l.j. 9h-19h

B CH. TRIANS T 2020 ★

■	6000		15 à 20 €

Cette ancienne magnanerie, qui a toujours eu une activité viticole, tire son nom d'une villa romaine, la villa Triana. Le domaine a été repris et restauré en 1990 par Jean-Louis Masurel, ancien directeur du groupe LVMH, puis revendu en 2017 à Emmanuel et Bertrand Delhom, entrepreneurs champenois. Implantés en coteau, à 350 m d'altitude, exposés au nord-ouest, les 20 ha de vignes sont certifiés en culture biologique depuis 2012.

Après un séjour de 18 mois en foudres, cette syrah (90 %) à la forte personnalité se présente dans une robe sombre, dévoilant un nez nuancé de mûre confite, de lierre, de moka et de graphite. En bouche, se révèle un vin puissant, solide, d'une belle persistance, bien servi par un boisé élégant aux accents d'épices douces et de cacao. Vigoureux, expressif, ce rouge gagnera encore à s'assouplir quelque temps en cave. ⧗ 2027-2034

CH. TRIANS, rte de Rocbaron, 83136 Néoules, tél. 04 94 04 08 22, chateau@trians.com t.l.j. sf dim. 9h-12h 14h-18h

♥ DOM. DE VALCOLOMBE
Cuvée spéciale 2023 ★★

| 1400 | 20 à 30 € |

Créé en 1993 par Pierre et Marie-Pascale Leonetti, médecins, ce domaine comprend 6 ha de vignes et une oliveraie. Il a été racheté en 2012 par Marie-Hélène et Philippe Grammont, ce dernier ancien de chez Veuve-Clicquot. Riche de son encépagement diversifié (dix cépages), ce petit vignoble est exclusivement vendangé à la main.

Le domaine décroche la palme pour ce rosé raffiné et épanoui, né d'une dominante de syrah (75 %) ramassée à la main, fermentée et élevée 5 mois entre barriques et œuf de grès. Charmeur dès l'entame, il se pare d'une élégante robe tendre aux reflets argentés, délivrant un bouquet irrésistible d'abricot frais, de pâte de coing, de toast beurré et de nougatine. L'équilibre en bouche est exemplaire : alliant fraîcheur et onctuosité, elle évolue dans un registre de fruits du verger bien mûrs et s'épanouit dans une longue finale suave et grillée. Un rosé haute couture. ⧗ 2024-2026

SCEA DOM. DE VALCOLOMBE, 1375, chem. des Espèces, 83690 Villecroze, tél. 06 79 61 20 13, p.grammont@domaine-valcolombe.com t.l.j. 9h-19h

CÔTES-DE-PROVENCE

Superficie : 23 280 ha
Production : 975 977 hl (96 % rouge et rosé)

Née en 1977, cette vaste appellation occupe un bon tiers du département du Var, avec des prolongements dans les Bouches-du-Rhône, jusqu'aux abords de Marseille, et une enclave dans les Alpes-Maritimes. Trois terroirs la caractérisent : le massif siliceux des Maures, au sud-est, bordé au nord par une bande de grès rouge allant de Toulon à Saint-Raphaël, et, au-delà, l'importante masse de collines et de plateaux calcaires qui annonce les Alpes. Issus de nombreux cépages en proportions variables, sur des sols et des expositions tout aussi divers, les côtes-de-provence présentent, à côté d'une parenté due au soleil, des variantes qui font précisément leur charme... Un charme que le Phocéen Protis goûtait sans doute déjà, six cents ans avant notre ère, lorsque Gyptis, fille du roi, lui offrait une coupe en aveu de son amour... La diversité des côtes-de-provence a conduit à individualiser certains terroirs, comme ceux de Sainte-Victoire et de Fréjus, reconnus en 2005, ou La Londe en 2008.

Sur les blancs tendres mais sans mollesse du littoral, les nourritures maritimes et très fraîches seront tout à fait à leur place, tandis que ceux qui sont un peu plus « pointus », nés un peu plus au nord, appelleront des écrevisses à l'américaine et des fromages piquants. Les rosés, plus ou moins tendres ou nerveux, s'accorderont aux fragrances puissantes de la soupe au pistou, de l'anchoïade, de l'aïoli, de la bouillabaisse, et aussi aux poissons et fruits de mer aux arômes iodés : rougets, oursins, violets. Parmi les rouges, ceux qui sont tendres, à servir frais, conviennent aussi bien aux gigots et aux rôtis qu'au pot-au-feu, surtout si l'on sert ce dernier en salade; les rouges puissants, généreux, qui peuvent parfois vieillir une dizaine d'années, conviendront aux civets, aux daubes, aux bécasses. Et pour les amateurs d'harmonies insolites, rosés frais et champignons, rouges et crustacés en civet, blancs avec daube d'agneau (au vin blanc) procurent de bonnes surprises.

DOM. DE L'ALLAMANDE Héritage 2023 ★

| 8000 | 8 à 11 € |

Vincent Quiroga, dont les aïeules étaient vigneronnes en Champagne, s'est installé en 2013 comme jeune agriculteur sur le domaine acquis par sa famille. Les 30 ha de vignes sont répartis sur des terroirs variés, permiens et calcaires. Cultivée depuis l'Antiquité, la parcelle de l'Allamande, perchée à 400 m d'altitude au pied de la barre calcaire de Cuers, face aux îles d'Hyères, a donné son nom à la propriété.

Un teint pâle animé de reflets argentés, un nez délicat qui dispense de fines notes zestées et minérales (silex), un palais d'abord rond, étoffé, qui finit plus ciselé, sur la groseille acidulée : tout est équilibré et de bon goût dans ce rosé gouleyant, à glisser dans son panier pour un déjeuner sur l'herbe. ⧗ 2024-2025

DOM. DE L' ALLAMANDE, 710, chem. des Mourvèdres, 83390 Cuers, tél. 04 94 75 71 98, contact@allamande.net t.l.j. 8h-12h 13h-19h

FLEUR DE L'AMAURIGUE 2023 ★★★

| 106666 | 8 à 11 € |

Un domaine situé entre Le Luc-en-Provence et Cabasse, cerné de vignes et de collines boisées entourant une longue bâtisse provençale. Il est la propriété depuis 1999 de la famille De Groot (Dick, Eugénie et leurs enfants Fleur et Melvin), qui a entièrement rénové le vignoble (45 ha) et les bâtiments, créé une cave de vinification et sorti la production de la coopérative du village.

Cette cuvée bien nommée dissimule derrière une lumineuse robe peau de pêche un bouquet intensément floral (rose, lilas), mâtiné d'une touche exotique de goyave. Une palette aromatique ensorcelante qui enveloppe aussi un palais puissant, fondant et rond, mais sans une once de lourdeur, porté de bout en bout par une fraîcheur aux accents de cédrat et de vétiver. Long, tonique et savoureux, ce grand rosé coche toutes les cases. ⧗ 2024-2026 ■ **2021 ★★ (8 à 11 €; 5333 b.)** Syrah (80 %) et cabernet-sauvignon se combinent pour le meilleur dans cette cuvée très aboutie, élevée 12 mois en fût, dont la robe frangée de reflets fauves annonce une évolution de bon aloi. Avenant, le nez distille des senteurs de confiture de figues, de cacao amer et de noisette torréfiée. Appuyée sur des tanins affinés, soyeuse et parfumée, la bouche déroule un fruité suave parfaitement souligné par les épices du chêne. Le jury salue l'alliance réussie d'un raisin bien mûr et de l'élevage sous bois. ⧗ 2025-2030

DOM. DE L' AMAURIGUE, rte de Cabasse, 83340 Le Luc, tél. 06 70 16 88 15, contact@amaurigue.com V *r.-v.*

B CH. DES ANGLADES La Londe 1852 2023 ★

| 3333 | | 15 à 20 €

À la sortie de la ville d'Hyères, une allée de palmiers conduit à la bâtisse du XVIIᵉs., cœur de ce domaine créé en 1852 par le Marquis de Gairoird, racheté en 2000 par un Varois, Léon Gautier. À son décès en 2008, son fils Christophe prend la relève, agrandissant le vignoble de 17 ha supplémentaires pour atteindre les 42 ha actuels, convertis en bio en 2018.

Né de sols de colluvions schisteux du massif des Maures, ce pur rolle a connu un élevage de 4 mois en cuve. Striée de reflets vert tendre, la robe annonce un vin encore dans sa jeunesse. Pimpant et expressif, le nez le confirme par ses parfums de fleurs printanières (aubépine, seringa), de maracuja et de bourgeon de cassis. Fraîche, croquante et bien parfumée, enrobée par une agréable sucrosité miellée, la bouche affiche un bel équilibre. ⧗ 2024-2027 **■ La Londe 1852 2023 ★ (15 à 20 €; 3333 b.)** B Cuvée confidentielle issue d'à peine 1 ha, ce rosé aux nuances sable blond charme par son bouquet subtil de jasmin, de fruits jaunes mûrs et de verveine. Vive et saline, avec ce qu'il faut de matière, un fruité croquant et une longueur honorable ponctuée de fins amers, la bouche ne manque ni de peps ni de cachet. ⧗ 2024-2025

CH. DES ANGLADES, 1845, rte de Nice, quartier Couture, 83400 Hyères, tél. 04 94 65 22 21, chateaudesanglades@gmail.com V *r.-v.* E

CH. L'ANTICAILLE 2023 ★★

■ | 40000 | | 11 à 15 €

En 2012, Frédéric Féraud a laissé de côté sa carrière d'avocat pour s'investir dans le domaine familial. Le vignoble de 35 ha est situé à la limite du Var et des Bouches-du-Rhône, entre la montagne Sainte-Victoire et le mont Olympe. Un lieu où les habitants du canton de Trets se retrouvaient autrefois pour célébrer la fin des moissons et danser la farandole locale, l'Anticaille.

Un quart de raisins blancs (rolle) apporte un surcroît de fraîcheur et de croquant à ce rosé au teint pastel, constitué d'une bonne part de raisins noirs (grenache, syrah et cinsault). Expressif, le nez brille par sa belle complexité mêlant les fleurs (muguet), les épices (carvi) et les plantes du maquis (immortelle). Les notes d'agrumes s'ajoutent à cette riche palette dans une bouche déliée et sapide, tendue par une vivacité aux accents d'anis vert. Un must de l'appellation. ⧗ 2024-2025

CH. L' ANTICAILLE, 192, RD 57, 13530 Trets, tél. 04 42 29 22 64, contact@anticaille.com V *t.l.j. sf sam. dim. 9h-12h 14h-17h30*

B CH. ASPRAS Les Trois Frères 2023 ★

| 50000 | | 15 à 20 €

Le Dom. des Aspras, qui s'étend sur 25 ha, se situe à Correns. Michaël Latz, son propriétaire, fut l'un des premiers à se lancer dans la conversion intégrale en agriculture biologique en 1996. Aujourd'hui, le vigneron est épaulé par ses fils Sébastien, Alexandre et Raphaël. Les collines calcaires à terre blanche qui entourent la propriété lui ont donné son nom (aspera, «rocaille» en latin).

Du rolle et rien d'autre dans ce joli blanc à peine teinté, qui exhale un bouquet fin de chèvrefeuille et de citron confit. Frais, salin et bien équilibré, animé par une délicate amertume de fenouil sauvage, le palais profile un vin alerte. On en profite avec un plateau de fruits de mer. ⧗ 2024-2026 **■ Les Trois Frères 2023 ★ (15 à 20 €; 46000 b.)** Cette composition de grenache, de rolle et de cinsault donne un vin allègre et bien construit, engageant avec sa belle robe abricot, son nez pimpant de brugnon et de fleur de citronnier, et sa bouche ronde, tout en fruit, prolongée par une finale saline. Un équilibre très assuré à découvrir à table. ⧗ 2024-2025

DOM. DES ASPRAS, chem. des Aspras, 83570 Correns, tél. 04 94 59 59 70, domaine@aspras.com V *t.l.j. sf lun. dim. 10h-18h* E

AUROSE Au bord de l'aube 2023 ★

■ | 20000 | | 15 à 20 €

Fondée en 2019 à Levallois-Perret par trois passionnés de vin, cette jeune maison de négoce a commencé par élaborer du Champagne. Fort du succès de sa cuvée EPC, elle décide de lancer en 2022 une gamme provençale prénommée Aurose, qui produit trois cuvées : un vin blanc et rosé en côtes-de-provence et un vin rosé en IGP Méditerranée.

Pas moins de cinq cépages (grenache pour moitié) s'associent dans cette cuvée chatoyante d'un élégant rose poudré, exhalant des parfums délicats de narcisse, de badiane et de pêche jaune. Soulignée par une impeccable fraîcheur, la bouche ravit par sa belle tenue, son fruité tendre et sa longue persistance infusée de plantes sauvages. Un dégustateur suggère un accord avec une tarte fine aux tomates séchées et aux rougets ⧗ 2024-2025

AUROSE, 97, rue Anatole France, 92300 Levallois, tél. 09 81 08 47 25, contact@aurose-provence.com

LES VIGNERONS DU BAOU 2023 ★

| 7000 | | 8 à 11 €

Les Vignerons du Baou est le nom que s'est donné la coopérative viticole de Pourcieux, créée en 1912 dans la commune du même nom, face au massif de la Sainte-Victoire. Elle vinifie la production de 380 ha de vignes.

Une bouteille à l'étiquette «punchy» à l'image de ce pur rolle enflaconné à l'intérieur. Au nez, il offre un florilège de fruits frais (ananas), mûrs (coing) et secs (noisette), rehaussés d'une touche de coco. Généreuse et très parfumée, saturée de saveurs exotiques, la bouche offre un caractère résolument gourmand, équilibré par une fine vivacité zestée en finale. Un vin exubérant et convivial, à essayer sur un curry de poisson à l'indienne ⧗ 2024-2027

SCA LES VIGNERONS DU BAOU, 45, rue Raoul Blanc, 83470 Pourcieux, tél. 04 94 78 03 06, vignerons-du-baou@wanadoo.fr V *t.l.j. sf dim. 9h-12h 14h30-18h30*

LOU BASSAQUET 2023 ★

■ | 46500 | | 5 à 8 €

Créée en 1914 dans la vallée de l'Arc, la cave coopérative de Trets tire son nom, Lou Bassaquet, du surnom donné aux Tretsois par les villages voisins en mémoire du saccage infligé au village par les armées de François Ier en 1537. Implanté face au massif de la Sainte-Victoire, le vignoble couvre près de 550 ha.

Ce rosé s'affiche dans une robe claire à la nuance litchi. Un bouquet affriolant de fruits rouges croquants et d'amande verte ouvre sur un palais souple et plein de fraîcheur, empreint d'une plaisante sucrosité et relevé par une pointe d'amertume aux flaveurs anisées. Un plaisir simple que l'on croque à l'apéritif. ⧗ 2024-2025

LOU BASSAQUET, chem. du Loup, BP22, 13590 Trets, tél. 04 42 29 20 20, contact@loubassaquet.com
V t.l.j. sf lun. dim. 9h-12h 14h-18h

B BASTIDE DES DEUX LUNES Tout près des étoiles 2023 ★★

■ | 37000 | | 8 à 11 €

Au pied du massif des Maures, cette propriété familiale créée en 1850 produisait à l'origine du vin et de l'huile. À partir de 1940, les raisins furent livrés à la coopérative. Bertrand Dubois, œnologue, a repris en 2000 le vignoble (33 ha aujourd'hui en bio certifiée) et relancé les vinifications au domaine. Le chai a vu le jour pour les vendanges 2012.

Un pur rolle plein de vigueur, qui séduit l'œil par sa robe vive à l'éclat mordoré, révélant un nez explosif et bien typé d'écorce de pomelo, de fruit de la Passion et de frangipanier. Des saveurs exotiques qui ne faiblissent pas d'un iota dans un palais ample, rond et détendu, stimulé par une fine vivacité zestée qui aiguise les papilles. ⧗ 2024-2027 ■ **Tout près des étoiles 2023 ★ (8 à 11 €; 50000 b.)** B Une robe pâle aux reflets corail, un nez avenant de genêt et de pêche de vigne, rehaussé de notes exotiques (ananas), une bouche sapide, généreuse et bien équilibrée, offrant à la fois du gras, de la vivacité et une allonge suave bien épicée : tout est de bon goût dans cette cuvée facile à aimer. ⧗ 2024-2025

BASTIDES DES DEUX LUNES, 467, chem. des Deux-Lunes, 83390 Puget-Ville, tél. 07 70 48 86 87, bastidedes2lunes@gmail.com
V r.-v.

♥ CH. LE BASTIDON L'Absolu 2023 ★★★

■ | 9600 | | 11 à 15 €

Sous le regard des îles de Port-Cros et de Porquerolles, une imposante bastide provençale, ancienne propriété des chartreuses de la Verne au XVIIIe s., commande un vignoble de 79 ha et quelque 3 000 oliviers. C'est sur ce terroir de schistes réputé de La Londe-les-Maures que la famille Rose, Normande d'origine, est venue trouver la chaleur en 1995 et troquer la pomme et le cidre contre le raisin et le vin.

En 2023, les étoiles pleuvent sur le domaine et sur cette cuvée qui avait déjà fait forte impression l'an passé. Il semble donc que Thomas Rose ait trouvé en cave la recette magique. Ici, un pur rolle issu d'un sol argilo-sableux, récolté précocement, macéré avec ses peaux à froid avant pressurage, puis élevé sur lies fines. D'une robe dorée aux larmes fines, s'échappent des parfums alléchants: goyave, seringa, feuille de cassis, crème anglaise. Avec son volume, sa texture savoureuse mariant fruits frais et notes vanillées, sa fine tension et sa longueur irréprochable, le palais dessine un monument de gourmandise. ⧗ 2024-2029 ■ **L'Absolu 2023 ★ (11 à 15 €; 8000 b.)** Syrah (70 %) et mourvèdre composent ce 2023 aux arômes de fruits rouges bien poivrés, fin, souple et frais en bouche, nanti de tanins croquants qui appellent la garde. ⧗ 2026-2030 ■ **L'Absolu 2023 ★ (8 à 11 €; 22000 b.)** Née d'un duo bien assorti de mourvèdre (65 %) et de cinsault, cette cuvée s'annonce par une belle teinte abricot doré. Expressive, elle mêle dans une réjouissante harmonie l'ananas séché, la nèfle mûre et le miel, ajoutant au palais des saveurs de noix grillée du plus bel effet. Structuré, consistant, parfumé et long, nul doute que ce rosé original et raffiné se destine à la table. ⧗ 2024-2026

LE BASTIDON, 853, chem. du Pansard, 83250 La Londe-les-Maures, tél. 04 94 66 80 15, chateau.bastidon@gmail.com V t.l.j. 9h-12h30 14h-19h

CH. DE BEAUMEL Grande Réserve 2022 ★★

■ | 4000 | | 15 à 20 €

Situé au pied du massif des Maures, le Ch. de Beaumel a été repris en 2015 par Daniel Caille et son épouse Brigitte. Autour de la bastide du XVIIe s. s'étend un vignoble de 30 ha que les nouveaux propriétaires ont restructuré et passé en bio (conversion en cours).

Presque aussi sombre que son étiquette, cette cuvée emmenée par la syrah (80 %) a séjourné 12 mois en barriques. Elle en tire un nez ensorcelant et complexe de benjoin, de beurre de cacao et de myrtille au sirop, avec une touche de fourrure. La bouche plaît par son étoffe, sa fraîcheur soutenue, sa structure ferme et sa longue finale mentholée. Autant d'arguments qui jouent en sa faveur mais invitent à la patience. ⧗ 2027-2032 ■ **Prestige 2023 ★ (11 à 15 €; 3000 b.)** Ce pur rolle déploie de beaux arômes de fleurs blanches, de kumquat et de citron. En bouche, il se montre souple et tendre, réveillé par une fraîcheur à l'accent de fenouil sauvage. Un beau classique du cépage. ⧗ 2024-2027

CH. DE BEAUMEL, 1400, chem. de Beaumet, 83590 Gonfaron, tél. 04 98 05 21 00, info@chateaudebeaumel.fr V t.l.j. sf sam. dim. 9h-12h30 14h-17h30

B DOM. LE BERCAIL Mademoiselle 2023 ★

■ | 11000 | | 8 à 11 €

Créé en 1888, le Bercail est depuis 1984 un ESAT (Établissement et service d'aide par le travail) accueillant des adultes en situation de handicap. Proche de Fréjus, le domaine viticole s'étend sur 15 ha et fournit des vins bio depuis 2013.

Une robe saumonée teintée d'argent habille ce rosé avenant qui s'ouvre sur des parfums fruités (pêche blanche) et tropicaux (maracuja) délicieusement amyliques. Ronde, onctueuse et bien parfumée, la bouche tire parti d'une fine acidité. Une cuvée expressive et consensuelle qui trouvera une place de choix aux côtés de mets épicés. ⧗ 2024-2025

DOM. LE BERCAIL, 864, chem. de la Plaine, 83480 Puget-sur-Argens, tél. 04 94 19 54 09, domaine.le.bercail@groupe-umane.fr V *t.l.j. sf sam. dim. 9h-17h*

CH. DE BERNE Les Oliviers 2023 ★★

| 35 000 | | 15 à 20 € |

Situé au cœur du Var, ce vaste domaine de 500 ha, dont 143 ha de vignes en bio, est devenu un véritable centre œnotouristique sur le modèle des *wineries* du Nouveau Monde, sous l'impulsion de son nouveau propriétaire depuis 2007, un homme d'affaires britannique : journées à thème, concerts, cours de cuisine, hôtel 5 étoiles, deux restaurants...

Du fruit et de l'élégance au menu de ce joli rosé couleur abricot qui n'est pas passé loin du coup de cœur. Au nez, des senteurs appétentes de fruits d'été (brugnon, cerise Napoléon), rehaussées de notes épicées (gingembre, fenugrec). La bouche se montre fondue, bien étoffée, persistante, parfaitement tenue par l'acidité. Un rosé vineux, à la fois gourmand et frais. ⧗ 2024-2025

CH. DE BERNE, 2400, chem. des Imberts, 83780 Flayosc, tél. 04 94 60 48 70, alexis.cornu@mdcvfr.com V *t.l.j. 10h-17h; f. janv. fév.*

CH. DES BORMETTES
La Londe-Les-Maures Hélène 2023 ★

| 18 000 | | 11 à 15 € |

Ce domaine viticole, dont l'existence est avérée depuis le X^e^s., devient la propriété des moines de la chartreuse de la Verne en 1588. En 1855, Horace Vernet, peintre officiel de Napoléon III, l'acquiert et le dote d'un château. En 1929, il est acheté par la famille Goulin, toujours propriétaire des lieux, qui a relancé la mise en bouteilles au domaine dans les années 1980. En 2018, la direction des 72 ha de vignes a été confiée à Julie Darneau et Christophe Deffilippi.

Le rolle seul à bord de ce La Londe d'un classicisme de bon ton, qui s'annonce par une robe translucide et un bouquet allègre exhalant l'ananas croquant et le beurre frais. Fringante, vive, la bouche se fait plus gourmande en finale, portée par une fine acidité aux saveurs de zeste d'orange. Un blanc alerte et facile d'accès, à croquer sur un poisson grillé. ⧗ 2024-2027 **Côte et mer 2023 ★ (8 à 11 €; 70 000 b.)** Cette cuvée habillée d'une robe de couleur chair bien dans l'air du temps exhale des parfums réjouissants de pomelo et de violette. On retrouve ce fruité croquant dans une bouche détendue, enveloppante et savoureuse, soutenue par une vivacité à l'accent de citron vert. Un style moderne et gourmand, à découvrir à l'apéritif. ⧗ 2024-2025

CH. DES BORMETTES, 903, rte du Pellegrin, 83250 La Londe-les-Maures, tél. 04 94 66 81 35, commercial@chateaudesbormettes.com V *t.l.j. sf dim. 9h-12h 13h-19h*

DOM. BORRELY-MARTIN Carré de Laure 2020 ★

| 5 000 | | 15 à 20 € |

Au pied du massif des Maures, ce vignoble familial de 8 ha conduit par les frères Martin s'étend sur des sols de schistes et de grès permiens dans l'aire des côtes-de-provence.

L'élevage de 24 mois en cuve a peaufiné l'expression de cette composition très aboutie de mourvèdre (40 %), syrah (30 %) et cinsault, émanant d'une vendange manuelle comme toutes les cuvées du domaine. Fruits noirs, fraise écrasée, violette et épices douces égrènent leurs doux parfums, s'immisçant dans un palais dense, juteux et ferme, étayé de tanins croquants qui commencent à se fondre. Chaleureuse, teintée de tabac blond, la finale ajoute une touche solaire à ce bel édifice. ⧗ 2025-2030

BORRELY-MARTIN, pl. de la Victoire, 83340 Les Mayons, tél. 06 80 13 03 80, jacques.martin132@wanadoo.fr V *r.-v.*

DOM. DU BOURRIAN Inspiration 2023 ★

| 8 000 | | 15 à 20 € |

Situé au pied de la colline de Gassin au cœur de la presqu'île de Saint-Tropez, ce domaine a été fondé en 1871. Dans le bâtiment principal de la cave sont conservés les gigantesques fûts en chêne du Caucase installés à la fin du XIX^e^s. Le domaine a été acquis en 2014 par de nouveaux propriétaires qui ont entrepris une reconstruction complète des installations, en préservant l'authenticité de vieux bâtis et de certains équipements anciens. Le vignoble de 24 ha est certifié bio.

Cinsault, grenache, syrah et tibouren se partagent la vedette dans cet harmonieux rosé pâle aux reflets orangés, qui s'ouvre sur des parfums engageants de chèvrefeuille et de poire croquante. D'une fraîcheur impeccable, souple et juteuse, la bouche monte en intensité, libérant un long sillage infusé de pâte de fruits et de bonbon à la violette. ⧗ 2024-2025 **Préférence 2023 ★ (20 à 30 €; 6800 b.)** Ce pur rolle dévoile un bouquet discret mais délicat de nèfle juteuse et d'acacia, se prolongeant en bouche, accompagnés de nuances d'agrumes qui apportent de la fraîcheur. Expressif, onctueux et de bonne longueur, ce blanc se destine à la table et fera mouche sur un gratin de fruits de mer ou un fromage à croûte lavée. ⧗ 2024-2026

SCEA DOM. VITICOLE DU BOURRIAN, 2360, rte du Bourrian, 83580 Gassin, tél. 04 94 49 09 79, info@bourrian.com V *r.-v.*

CH. DE BRÉGANÇON Hermann Sabran 2022 ★★

| Cru clas. | 2900 | | 50 à 75 € |

Situé en bordure maritime des côtes-de-provence, ce cru classé d'une cinquantaine d'hectares est commandé par une demeure du XVII^e^s. (résidence présidentielle d'été), propriété de la famille Tézenas depuis 1816. Si l'on y élevait jadis les vers à soie, seuls les vignes et les oliviers y sont désormais exploités, sous la direction d'Olivier Tézenas depuis 2008; un vignoble certifié bio depuis 2020.

Hommage aux ancêtres avec ce rouge de haute volée. Ramassés à pleine maturité lorsque 20 % des raisins offrent des notes confiturées liées au flétrissement, syrah (90 %) et mourvèdre sont vinifiés avec pigeages réguliers, puis élevés 18 mois en barriques. Des soins dont ce vin tire des attributs particuliers : un bouquet puissant mêlant la myrtille et la prune à des notes de toast et de sève de pin, une bouche cossue, épicée, servie par des tanins mûrs et bien enrobés par l'élevage. Quel panache ! ⧗ 2026-2032

CH. DE BRÉGANÇON, 639, rte de Léoube, 83230 Bormes-les-Mimosas, tél. 04 94 64 80 73, contact@chateaubregancon.fr t.l.j. 9h30-12h30 14h-18h

DOM. DU CAGUELOUP Cuvée Minette 2023 ★★

	20200		8 à 11 €

Héritier d'une longue lignée de vignerons (21 générations), Richard Prébost conduit depuis les années 1980 ce domaine (42 ha) bien connu pour ses bandol, qui propose aussi de beaux côtes-de-provence. Cagueloup? C'est l'histoire d'un petit Prébost qui un jour avala un louis d'or. Son père, pris de panique, lui lança : «Cague l'ou»...

Ont été associés dans cette cuvée 60 % de grenache et 40 % de mourvèdre provenant d'une vendange manuelle, fait assez remarquable pour un côtes-de-provence rosé et dont elle tire une élégance peu commune. Robe peau de pêche très brillante, parfums enjôleurs de fruits à noyau, d'amande et d'écorce de pomelo, palais ciselé, fin et de belle longueur, à l'enveloppe soyeuse discrètement tannique : son équilibre et sa prestance le destinent à la table. ⧗ 2024-2026 **Cuvée Minette 2023** ★ **(11 à 15 €; 8600 b.)** Ugni blanc et clairette à parité ont engendré ce blanc allègre, au bouquet volubile de fleur de sureau et de melon jaune, auquel répond un palais tout aussi flatteur, rond, gourmand et délié, vivifié par une touche de fraîcheur anisée. ⧗ 2024-2027

DOM. DE CAGUELOUP, 267, chem. de la Verdelaise, 83270 Saint-Cyr-sur-Mer, tél. 04 94 26 15 70, domainedecagueloup@gmail.com t.l.j. sf dim. 9h-13h 15h-18h; été 9h-13h 15h-19h

DOM. CARA Libeccio 2023 ★

	4000		15 à 20 €

Situé au cœur de l'arrière-pays varois, à quelques encablures de l'abbaye cistercienne du Thoronet, ce domaine s'étend sur 50 ha. Exploité jusqu'à la fin des années 2000, il a ensuite été laissé à l'abandon jusqu'à son rachat et sa rénovation en 2017.

Beaux reflets abricot pour cet assemblage à majorité de grenache, qui distille des senteurs engageantes de fleur de sureau, de melon et de nèfle mûre. La bouche fait écho au nez dans un style plus frais, agréablement floral, bien tendu mais avec ce qu'il faut de chair, restituant en finale le croquant du fruit sur des notes de groseille acidulée. Un rosé fin et alerte qui mettra les convives en appétit. Pour l'apéritif donc. ⧗ 2024-2025

DOM. DES CARAMAGNOLES, 1381, chem. du Canadel, 83310 Cogolin, tél. 04 94 67 31 47, v.severi@lamanuelle.com

CH. DU CARRUBIER Cuvée Ingénue 2023 ★

	4000		15 à 20 €

Située sur la route du fort de Brégançon, cette propriété, dans la famille des actuels propriétaires depuis 1974, est nichée à La Londe, en contrebas du massif des Maures, dans le secteur maritime des côtes-de-provence. Les vignes, implantées sur un sol siliceux d'origine schisteuse, occupent 25 des 88 ha que compte l'exploitation.

Si la robe tendre aux reflets or met déjà dans de bonnes dispositions, le nez ravit par ses parfums délicats de glycine et de framboise écrasée mâtinés de notes minérales. Une intensité aromatique qui monte d'un cran dans une bouche ronde, onctueuse et suave, animée par une acidité idoine que renforce une finale pleine de relief et d'allant. Une belle évocation de l'appellation, tout indiquée pour accompagner un aïoli provençal. ⧗ 2024-2025

CH. DU CARRUBIER, 1590, rte du Carrubier, 83250 La Londe-les-Maures, tél. 04 94 66 82 82, contact@carrubier.fr t.l.j. sf dim. oct.-mars 14h30-17h; 14h30-17h30 de avril à sept.

CELLIER MARIUS CAÏUS L'Olympe 2023 ★★

	1500		8 à 11 €

Le Cellier de Marius Caïus est la coopérative de Pourrières, au sud-est de la montagne Sainte-Victoire. Son nom rappelle que c'est sur le site de ce village varois que le général romain éponyme vainquit les Cimbres et les Teutons en 102 av. J.-C, comme le rappelle aussi un trophée pyramidal reproduit sur l'étiquette. Fondée en 1912, la cave regroupe 130 viticulteurs qui cultivent 900 ha de vignes.

Un profil expressif et séducteur pour ce pur rolle évoluant sur la poire croquante, la douceur miellée de l'acacia et la fraîcheur de notes mentholées. L'élevage de 5 mois en fût apporte une belle rondeur à la bouche, marquée par un caractère séveux qui se fond parfaitement au fruit perçu à l'olfaction, avec en point d'orgue une longue finale minérale. Un blanc précis et élégant, que l'on verrait bien sur une lotte sauce dieppoise. ⧗ 2024-2028

CELLIER DE MARIUS CAÏUS, 47, Grand-Rue, 83910 Pourrières, tél. 04 98 05 12 05, contact@cellier-marius-caius.fr t.l.j. sf dim. lun. 9h-12h 15h30-19h

MATHILDE CHAPOUTIER Orsuro 2023 ★★

	n.c.		11 à 15 €

Directrice commerciale du groupe Chapoutier, la fille de Michel Chapoutier a créé en 2014 sa propre maison de négoce, qui sélectionne des vins du Sud, de Bordeaux et d'Espagne. Ancienne championne de tir, spécialiste de management international, Mathilde Chapoutier, qui maîtrise entre autres langues le mandarin, a certainement l'ambition de porter loin la renommée des vins de Provence.

Habillée d'une robe tendre couleur dragée, cette cuvée dévoile un nez tout aussi charmeur de fraise des bois, de pêche blanche et de poudre de riz, rehaussé d'une touche vivifiante de vétiver. Tout en fruit, riche et ample, la bouche plaît par son caractère gourmand, sans une once de lourdeur, stimulée par une pointe d'amertume aux accents de peau de mandarine. Un rosé élégant et de bonne tenue, façonné pour la cuisine méditerranéenne. ⧗ 2024-2025

MATHILDE CHAPOUTIER, 18, av. du Dr-Paul-Durand, 26600 Tain-l'Hermitage, tél. 04 75 08 28 65, abodin@chapoutier.com t.l.j. sf dim. 9h-13h 14h-18h

B CH. DE CHAUSSE 2023 ★

	40000		15 à 20 €

Depuis 1990, Roseline Schelcher est à la tête de cette propriété qu'elle a créée de toutes pièces en contrebas

du village de La Croix-Valmer, ses vignes implantées sur des coteaux de schistes et phyllades dominant la mer. Le vignoble compte aujourd'hui 15 ha, conduits en bio depuis 2015.

Un attelage cinsault-grenache-syrah très convainquant pour ce rosé pâle aux reflets abricot, au nez flatteur de fleur d'oranger, de brugnon et de zestes d'agrumes, au palais souple, enveloppant et frais, qui aiguise les papilles par sa finale épicée aux tonalités de gingembre. Un bon classique, expressif, dynamique et sans artifice. ⧗ 2024-2025

CH. DE CHAUSSE, rue Frédéric-Mistral, 83420 La Croix-Valmer, tél. 04 94 79 60 57, contact@chateaudechausse.fr V t.l.j. sf dim. 10h-12h 15h-18h; été 10h-19h

B CHAVIN 2023 ★★

■	150 000		8 à 11 €

Implantée à Béziers, une maison de négoce créée en 2010 par l'œnologue Fabien Gross, fils de vigneron du Haut-Rhin devenu « assembleur et éleveur de vins français ». Présente sur différents vignobles du pays, elle vise des « créations haute couture » et des vins « prêt-à-consommer », aptes à conquérir les marchés internationaux. Aux commandes aujourd'hui, Mathilde Boulachin, d'origine champenoise.

25 % de cabernet s'invitent dans l'assemblage classique grenache-cinsault-syrah de ce joli rosé bio, au teint pâle nuancé de gris, révélant à l'aération un bouquet subtil de freesia, de rose ancienne, de thé et de citron. Ronde, expressive et soyeuse, la bouche restitue cette élégance toute florale, soulignée par une acidité zestée parfaitement calibrée. Une personnalité originale et un équilibre irréprochable. ⧗ 2024-2025

SARL DOMAINES PIERRE CHAVIN, 259, imp. Jérémy Beier, 34500 Béziers, tél. 04 67 90 12 60, info@pierre-chavin.com

B CLOS DES ROSES
Dame de cœur 2023 ★

■	9 200		20 à 30 €

Sur les contreforts de l'Esterel, cette exploitation créée en 2006 par la famille Barbero dispose de 10 ha de vignes ancrées sur le terroir volcanique réputé de Fréjus et converties à l'agriculture biologique.

Façonnée par le grenache (75 %), née de ceps de 15 ans et vendangée à la main, cette élégante cuvée séduit par son teint diaphane très tendance et par son bouquet délicat de fruits blancs et de verveine. Vineuse, suave, la bouche fait montre d'une belle puissance, équilibrée par une plaisante vivacité et une légère amertume qui lui confère de la longueur et du nerf. ⧗ 2024-2025

CLOS DES ROSES, 1609, rte de Malpasset, 83600 Fréjus, tél. 04 94 52 80 51, communication@closdesroses.com V t.l.j. sf dim. 9h-12h 14h-18h 5

DOM. DU CLOS GAUTIER CG 2023 ★

■	35 000		8 à 11 €

Le Clos Gautier a été créé en 2003 et repris en 2011 par Gilles Pedini, originaire de la région niçoise. Le vignoble situé à flanc de coteaux de Carcès s'étend sur 33 ha, en conversion bio. Grâce à l'installation de panneaux photovoltaïques, le domaine utilise aujourd'hui une énergie 100 % renouvelable.

Le cinsault est majoritaire (60 %) dans cette cuvée de bon goût, parée d'une délicate robe rose poudré. Zesté et floral, le nez s'exprime aussi sur le litchi et la fraise des bois. Tout en fruit, agréable par sa fraîcheur, son volume et son gras, la bouche se teinte en finale d'une légère amertume d'écorce d'agrumes, promesse de nombreux accords à table. Un rosé énergique, sincère et polyvalent. ⧗ 2024-2025

DOM. CLOS GAUTIER, 800, chem. des Bastides, 83570 Carcés, tél. 04 94 80 05 05, contact@closgautier.com V t.l.j. sf sam. dim. 9h-12h30 13h30-17h

B CLOS MIRAGES 2023 ★

■	16 000		15 à 20 €

Sur la presqu'île de Saint-Tropez, ce domaine de 15 ha d'un seul tenant a été racheté en 2019 par Hervé Paillard, architecte à la ville mais varois d'origine. Complantation des vieilles vignes à l'abandon, conversion bio et construction d'un chai bioclimatique ont été menées de front, avec l'appui de toute sa famille, et en particulier de son fils Thibaud, avec lequel il dirige la propriété.

Provenant de vieilles vignes quarantenaires de mourvèdre (60 %) et de grenache ramassés à la main, ce rosé clair à l'œil, frangé de reflets dorés, fleure bon les fruits d'été à noyau, le sureau et la pâte de coings. Des notes flatteuses que l'on retrouve dans un palais enrobé, long et gras, tonifié par une finale acidulée, à la fraîcheur saline. Un bel équilibre qui trouvera un dénouement heureux à table, avec un carpaccio de daurade au fenouil par exemple. ⧗ 2024-2025

CLOS MIRAGES, 2631, chem. de Saint-Marc, 83310 La Mole, tél. 07 68 09 62 86, thibaud.paillard@closmirages.fr V t.l.j. sf dim. 9h-12h 13h-18h

B CLOS RÉAL 2023 ★★

■	7 000		15 à 20 €

Un vignoble de près de 18 ha conduit selon les préceptes de la biodynamie et de l'agriculture biologique, planté sur des sols schisteux dans la petite vallée fluviale du Réal Martin, occupant le versant méridional du massif des Maures. Changement de propriétaires en 2015: Marlena et Paul Weindel, installés depuis 1996, ont vendu à la famille Montaner.

Rolle, ugni blanc et clairette sont les artisans de ce blanc ambitieux, qui a séjourné 12 mois en fût. Du verre montent des parfums de poire pochée, de noisette et d'un soupçon d'épices, mâtinés de notes briochées et beurrées. Charnue, gourmande et longue, la bouche prolonge ces saveurs bien mariées, avec en filigrane une trame tactile au charme singulier. De la complexité et de l'avenir en cave pour cette bouteille de gastronomie, à déboucher aujourd'hui ou à laisser reposer quelques années. ⧗ 2024-2030

CLOS RÉAL, quartier Les Vidaux, 83390 Pierrefeu-du-Var, tél. 04 94 48 24 01, contact@closreal.fr V t.l.j. sf sam. dim. 9h-12h 14h-18h

LES CLOS SERVIEN 2022 ★

| | 6500 | | 11 à 15 € |

Un domaine familial dont la production était jusqu'en 2010 portée à la coopérative. Charles Servien exploite avec son père Pierre-Gilles un vignoble de 11 ha planté sur une terre schisteuse, à quelques kilomètres du golfe de Saint-Tropez.

Nés d'une matrice sablo-schisteuse et de ceps de 15 ans, syrah (80 %) et mourvèdre ont été ramassés à la main, vinifiés en douceur et élevés un an en fût. Dans le verre, une robe d'un joli rouge soutenu, d'où s'échappent des parfums engageants de fraise et de cassis compotés, de violette et de Zan. Rond et très flatteur, le palais réjouit par sa sucrosité sans outrances, sa trame fondue et pommadée et sa finale détendue aux tonalités épicées. ⧗ 2024-2029

SCEA LES CLOS SERVIEN, 310, chem. de la Tour, 83310 Grimaud, tél. 06 09 96 12 67, lesclosservien@orange.fr V r.-v.

CH. DE LA CÔMBE Cuvée Saint-Georges 2021 ★★

| | 8420 | | 20 à 30 € |

La famille Landsberg a repris ce domaine « endormi » en 2009 et l'a entièrement réhabilité en plantant de nouvelles vignes, en rénovant la cave et le chai à barriques (tout en gravité). De nombreux oliviers ont également été plantés pour diversifier la production. Toutes les cultures sont menées en agriculture biologique.

Si le domaine a choisi de ne pas élaborer de rosés, il semble avoir opté pour la réhabilitation des rouges de Provence avec cette excellente cuvée, née d'un mariage de syrah et de cabernet-sauvignon. Fougueux, le nez libère des parfums enivrants de framboise à l'alcool, de gingembre et de réglisse. Une même harmonie règne dans une bouche puissante, complète et structurée, accompagnée par des tanins fins qui augurent une bonne évolution en cave. Un rouge de haute volée qui fait honneur à l'appellation. ⧗ 2025-2030

SCEA DOM. DE LA CÔMBE, rte de Fréjus, 83490 Le Muy, tél. 06 40 11 93 72, lacombe@chateaulacombe.fr

LES CAVES DU COMMANDEUR Secrète 2023 ★

| | 8000 | | 8 à 11 € |

Cette coopérative née en 1913 regroupe 500 ha de vignes répartis sur neuf communes et exploités par 120 adhérents, au cœur de la Provence verte. Elle produit, à l'image de la Provence viticole, plus de 85 % de rosés. Son nom provient de la commanderie templière du XIIᵉs. dominant le village de Monfort-sur-Argens.

Classique dans sa robe translucide aux reflets verveine, ce pur rolle, d'un abord discret, distille à l'aération quelques notes de tilleul et de pomme reinette. En bouche, il affiche un équilibre très assuré entre matière ronde, intensité fruitée et fine amertume anisée qui lui confère croquant et fermeté. Bien dans son cépage et son appellation, on savoure cette Secrète sur un loup grillé. ⧗ 2024-2026

LES CAVES DU COMMANDEUR, 18, rue du Moulin, 83570 Montfort-sur-Argens, tél. 04 94 59 59 02, eurlcommandeur@orange.fr V r.-v.

COMPTOIR DES VINS DE FLASSANS Secret de comptoir 2023 ★★

| | 50000 | 5 à 8 € |

Cette coopérative, qui regroupe près de 1 100 ha de vignes implantées sur des sols calcaires et argilo-calcaires, est née en 2004 de la fusion des caves de Flassans et de Cabasse, toutes deux fondées en 1912. Elle a été rejointe en 2022 par celle de Besse, devenant ainsi la plus grande cave coopérative de Provence.

Loin d'être confidentielle, cette cuvée n'en est pas moins parfaitement exécutée. Un rosé façonné par le grenache (70 %), qui réjouit d'emblée par sa belle teinte sable aux reflets orangés et son bouquet pimpant de pulpe de groseille, de pêche Melba et de menthol. Tendre, gourmande, stimulée par un trait de pamplemousse rose, la bouche affiche un caractère sapide et frais, prolongé par une finale croquante sur les fruits rouges acidulés. ⧗ 2024-2025 **Secret de comptoir 2023 ★ (5 à 8 €; 20000 b.)** Du rolle et rien d'autre dans cette cuvée que l'on savoure comme un bonbon, aux notes d'angélique confite et d'écorce de mandarine, à la matière fraîche, juteuse, croquante de fruit. Un blanc convivial et sans chichi, idéal pour l'apéritif. ⧗ 2024-2026

COMPTOIR DES VINS DE FLASSANS, av. Gal-de-Gaulle, 83340 Flassans-sur-Issole, tél. 04 94 69 71 01, o.demri@comptoirdesvinsflassans.fr V t.l.j. sf sam. dim. 9h30-12h30 15h-19h

LES VIGNERONS DE CORRENS Vallon Sourn 2023 ★

| | 4000 | | 11 à 15 € |

Née en 1935 de la fusion de deux coopératives rivales (L'Amicale et La Fraternelle), la cave de Correns compte 30 adhérents et couvre un territoire qui s'étend de la vallée d'Argens au pied du Bessillon. Les 150 ha de vignoble sont conduits en agriculture biologique depuis 1998.

Dans un style fin et croquant, cette cuvée contrecarre les rosés excessifs avec bonheur. Teint translucide aux reflets peau de pêche, nez délicat de noyau de cerise, de zeste d'agrumes et d'amande grillée, matière charnue, souple et bien fruitée, prolongée par un trait de fraîcheur citronnée : tout est nuancé et de bon goût dans ce vin prêt à accompagner un apéritif marin, avec quelques coques et couteaux poêlés. ⧗ 2024-2025

LES VIGNERONS DE CORRENS, rue de l'Église, 83570 Correns, tél. 04 94 59 59 46, lesvignerons-correns@wanadoo.fr V 01/10 au 30/04 lun. mar. mer. 14h30-18h; jeu. ven. sam. 9h30-12h30 14h30-18h

LES VIGNERONS DE COTIGNAC Fouan d'amour 2023 ★★

| | 10400 | | 5 à 8 € |

Héritière des deux coopératives locales créées en 1905 sur les sites de moulins à l'huile – La Défense (dite « des blancs » ou royalistes) et La Travailleuse (dite « des rouges ») –, la cave des Vignerons de Cotignac est née officiellement en 1967 de la fusion de ces deux entités antagonistes. Elle regroupe aujourd'hui quelque 230 ha de vignes répartis en côtes-de-provence et en IGP du Var.

PROVENCE

Une étiquette qui fait honneur à cette jolie fontaine de Cotignac (*fouan* en provençal), et dans le verre, un pur rolle bio au bouquet délicat d'amande et de fleur de citronnier. Arômes relayés avec plus d'intensité dans une bouche ample, cossue et légèrement suave, agrémentée de saveurs de poire mûre et de poivre blanc. Un blanc voluptueux qui réserve de beaux accords à table, avec un curry de gambas au lait de coco par exemple. ⧗ 2024-2027 ■ **2 Tours 2023 ★ (8 à 11 €; 6666 b.)** Ⓑ Une belle robe litchi à peine teintée habille ce rosé façonné par le grenache (80 %), avec le cinsault en appoint. On aime son nez nuancé et fin de fleur d'acacia, de nèfle et d'écorce d'orange, puis sa bouche souple, croquante et parfumée, soulignée par une fine tension zestée et une amertume aux accents de bergamote. Sapide et élégante, cette cuvée se montrera polyvalente de l'apéritif au dessert. ⧗ 2024-2025

LES VIGNERONS DE COTIGNAC, 1, rue Arnoux-Borghino, 83570 Cotignac, tél. 04 94 04 60 04, lesvignerons.decotignac@orange.fr V *t.l.j. sf dim. 9h-12h15 14h-18h*

CH. LES CROSTES Cuvée Liam 2021 ★

■	13300		15 à 20 €

Un domaine de plus de 200 ha, fondé au XVIIe s. par le comte de Ramatuelle. Ses oliveraies furent ravagées par le grand gel de 1956 et, 30 ans plus tard, l'exploitation se tourna vers la vigne. La propriété a été acquise en 1998 par un entrepreneur allemand, Harmut Lademacher, dont la fille Claire a épousé en 2013 le prince Felix du Luxembourg. La même année, le couple a pris les commandes de son fief provençal.

Honneur au prince Liam, le fils aîné des propriétaires, avec cette cuvée mi-syrah mi-cabernet-sauvignon qui a bénéficié d'un élevage soigné de 12 mois en barriques. L'attaque fraîche, la belle persistance en bouche sur des saveurs de fruits noirs croquants et de noisette grillée et les tanins soyeux forment un ensemble équilibré et gourmand. Il est déjà à point, mais vieillira aussi sereinement. ⧗ 2024-2029

CH. LES CROSTES, 2086, chem. de Saint-Louis, 83510 Lorgues, tél. 04 94 73 98 40, linda.schaller@chateau-les-crostes.eu V *t.l.j. sf dim. 9h-12h30 13h30-18h* Ⓢ Ⓐ

♥ DOM. DES DIABLES MIP Collection Premium 2023 ★★

■	70000		11 à 15 €

Virginie Fabre et Guillaume Philip, valeur sûre de la Provence viticole, dirigent depuis 2007 le Dom. des Diables, une propriété de 30 ha auparavant laissée à l'abandon. Une création récente, mais déjà une référence, souvent en vue dans le Guide pour ses côtes-de-provence rosés. Quant à Made in Provence Diffusion, il s'agit de leur société de négoce et de commercialisation.

Les années se suivent et se ressemblent pour Virginie Fabre et Guillaume Philip, toujours sur les plus hautes marches du podium, qu'il s'agisse de leurs vins de domaine ou ceux élaborés par leur négoce, comme ici avec ce rosé MIP né de syrah (60 %), de grenache (30 %) et de rolle. Ses atouts? Un teint très pâle, couleur peau de pêche, un nez enivrant de gardénia, d'ananas rôti et de carambole qui sait rester frais, et un palais onctueux, gourmand, saturé de saveurs exotiques et cadencé par une vivacité ciselée aux tonalités salines. Irrésistible. ⧗ 2024-2025 ■ **L'Hydropathe 2023 ★★ (20 à 30 €; 5000 b.)** Une fermentation en fût suivie d'un élevage de 9 mois dans ces mêmes contenants ont présidé à la destinée de ce pur rolle, sans engager en rien la fraîcheur de son bouquet, raffiné mais encore naissant de tilleul, de fruits exotiques et de brioche toastée. Bien construit, consistant et long, avec cette tension saline qui signe les vins du domaine, le palais restitue ce fruité profond, savoureux et finement vanillé perçu à l'olfaction. Un blanc cousu main. ⧗ 2024-2029

DOM. DES DIABLES, chem. de la Colle, 13114 Puyloubier, tél. 06 68 65 33 22, guillaume@mip-provence.com V *t.l.j. sf dim. 10h-12h 14h-17h* Ⓔ

DOM. ESCARAVATIERS 2022 ★

■	6000		8 à 11 €

Jules César donna ces terres à l'un des vétérans de la 9e légion, Caïus Novellius, qui y implanta les premières vignes. Un héritage que cultive depuis 1928 la famille Costamagna, à la tête d'un vignoble d'une trentaine d'hectares planté sur argilo-calcaires, actuellement en conversion bio. À noter : le domaine invite tous les étés des artistes à se produire en concert.

Bien du Sud, le nez de cette jolie syrah (90 %) séduit par ses parfums de thym, de fruits noirs confits et de tabac blond. Arrimé à une solide structure tanique, le palais affiche une chair soyeuse et bien enrobée, soutenue par une fine acidité saline qui confirme le caractère très digeste de cette cuvée. Un rouge complexe et raffiné, à réserver à des mets délicats comme une pastilla de pigeon. ⧗ 2024-2029 ■ **2023 ★ (8 à 11 €; 30000 b.)** Mariant quatre cépages sudistes, dont 15 % du rare tibouren, un rosé apprécié pour son joli teint nacré et son nez finement amylique, exhalant à l'aération le sureau et la pêche de vigne. Bien parfumée, souple et gironde, la bouche rebondit en finale sur une très agréable vivacité, rehaussée par de fins amers aux saveurs d'écorce de cédrat. Un bon classique, expressif et fédérateur. ⧗ 2024-2025

DOM. DES ESCARAVATIERS, 514, chem. de St-Tropez, 83480 Puget-sur-Argens, tél. 04 94 51 55 80, info@escaravatiers.com V *t.l.j. sf dim. lun. 10h-12h 14h-18h*

CH. L'ESPARRON Cuvée Virginie 2023 ★

■	20000		8 à 11 €

Laurent Migliore et sa sœur Virginie représentent la 4e génération à la tête de ce domaine fondé en 1937. Non loin du Village des tortues de Gonfaron, cette propriété s'étend sur 47 ha au pied du massif des Maures, sur des terres argilo-calcaires.

Grenache et cinsault associés dans ce rosé à la pâleur diaphane, qui plaît par son expression nuancée mêlant la pivoine et la nectarine à une touche biscuitée très gourmande. Souple, gouleyant, dynamisé par une fine amertume de citron vert et par une note crayeuse pleine de relief, le palais dessine un ensemble croquant et aérien, idéal pour accompagner une salade niçoise ou un plateau de crustacés. ⧗ 2024-2025

⊶ *CH. L'ESPARRON, 781, chem. de l'Esparron, 83590 Gonfaron, tél. 04 94 78 34 41, domaineesparron@orange.fr* V *t.l.j. sf dim. 8h-12h 13h30-19h*

B ESTANDON Temps des vignes 2023 ★★

■	n.c.		11 à 15 €

En 2005, les Celliers de Saint-Louis, union de coopératives basée à Brignoles, accueillent les Vignerons des caves de Provence, propriétaires de la marque Estandon (lancée en 1947). Cette dernière regroupe 300 vignerons et couvre 2 000 ha de vignoble.

2023 marque une belle réussite à la cave avec trois cuvées retenues, à commencer par cet épatant rosé bio, aux parfums bien assortis de fleur de frangipanier, de litchi et de caramel au beurre. Arômes qui évoluent dans un palais d'une belle finesse, à la fois structuré et suave, déployant des saveurs de poire et une fine amertume en finale. Une harmonie à réserver à la table, avec un poulet en sauce crémée par exemple. ⧗ 2024-2025 ■ **Notre-Dame des Anges Zénith 2023 ★ (11 à 15 €; n.c.)** Le trio grenache, cinsault, syrah à l'œuvre dans cette cuvée d'un beau rose franc, au bouquet généreux de fruits exotiques, de pamplemousse rose et de jasmin, tonifié par une touche mentholée. À la fois onctueuse et acidulée, la bouche se prolonge sur une note saline pleine de nerf. Énergique et moderne. ⧗ 2024-2025 ■ **Les Cercles 2023 ★ (11 à 15 €; 10600 b.)** B Ce rosé pâle aux reflets cuivrés séduit d'emblée par son bouquet raffiné de rose ancienne et d'abricot, rehaussé de notes poivrées. Le palais se révèle gras, ample et bien épicé, avec en filigrane une fine minéralité aux accents de pierre à fusil qui confère un caractère original et très frais à cette cuvée de gastronomie. ⧗ 2024-2025

⊶ *ESTANDON COOPÉRATIVE EN PROVENCE, 727, bd Bernard-Long, 83170 Brignoles, tél. 04 94 37 21 00, contact@estandon.fr* V *t.l.j. sf sam. dim. 8h30-12h 13h30-17h*

B DOM. FAGONE Fagone 2023 ★

■	1700		8 à 11 €

Un petit domaine de 8 ha niché dans un vallon entre Lorgues et Flayosc, fondé en 2016 par un couple de néo vignerons, Ghislaine et Alain Sarran. Sous le regard de l'œnologue varois Emmanuel Gaujal, ils élaborent des côtes-de-provence dans les trois couleurs.

Cueillis à la main, cinsault (70 %), rolle (20 %) et syrah, issus d'une minuscule parcelle d'à peine 40 ares, composent ce rosé chatoyant animé de reflets corail du meilleur effet. Une bonne impression qui se prolonge au nez, ouvert et pimpant de fruit avec ses senteurs de brugnon et de canneberge acidulée. Vif à l'attaque, souple et croquant, le palais brille par sa fraîcheur tonique aux tonalités zestées et minérales (silex). Un vin très alerte, qui met en appétit. ⧗ 2024-2025

⊶ *LA BASTIDES DES TERRES BLANCHES FAGONE, 3186, rte de Lorgues, 83780 Flayosc, tél. 07 89 87 54 06, alain.sarron@orange.fr* V *t.l.j. 9h-18h*

B FIGUIÈRE La Londe Confidentielle 2023 ★

■	30000		20 à 30 €

Situé dans la commune de La Londe-les-Maures et dominant les îles d'Or, Figuière est une maison appartenant à la famille Combard depuis 1992. Aujourd'hui, ce sont Magali, Delphine et François qui sont à la tête de ce vignoble cultivé en agriculture biologique depuis 40 ans. En 2019, Figuière a acquis le Ch. Barbeiranne, situé à Pignans, et en 2021, Clos Fanny à Collobrières, faisant passer le vignoble d'une superficie de 85 à 200 ha. Une valeur sûre.

Il en a fait couler de l'encre ce pétulant rosé, commenté avec force descriptions par des dégustateurs enthousiastes. Un attrayant teint chair aux reflets vieux rose, des parfums régressifs de guimauve, de litchi au sirop et de banane séchée, une bouche ample et souple, cadencée par une acidité ciselée qui lui donne beaucoup d'allant : tout est plaisant dans ce rosé gourmand conçu comme une friandise. ⧗ 2024-2025 ■ **La Londe Confidentielle 2022 ★ (20 à 30 €; 6500 b.)** B Souvent en bonne place dans le Guide, cette cuvée mi-syrah mi-mourvèdre nous revient dans de bonnes dispositions avec ce 2022 aux senteurs complexes de fruits noirs, violette, poivre blanc et notes camphrées. Profonde, la bouche enveloppe les papilles d'une matière conséquente, étayée de tanins virils et soulignée par un boisé vanillé qui ajoute une pointe de sucrosité. Voilà qui augure une bonne perspective de garde. Certains préféreront le carafer pour en profiter rapidement. ⧗ 2025-2032

⊶ *FIGUIÈRE, 605, rte de St-Honoré, BP47, 83250 La Londe-les-Maures, tél. 04 94 00 44 70, karine@figuiere-provence.com* V *t.l.j. sf lun. dim. 10h-13h 14h-18h*

B CH. FONTAINEBLEAU 2022 ★

■	8000		15 à 20 €

L'eau est omniprésente sur la propriété: fontaines moussues et canaux de pierre de l'époque romaine forment un véritable réseau d'irrigation. Racheté en 2009 par Jean-Louis Bouchard, président d'une société de services numériques, ce domaine d'une quarantaine d'hectares, ceinturé de forêt, a retrouvé tout son dynamisme après avoir bénéficié d'importants travaux de rénovation. Sous l'impulsion de l'œnologue Valérie Courrèges, la conversion à la biodynamie a été opérée en 2013.

À l'attrait de la robe rubis s'ajoute un bouquet intense de confiture de cerises noires et d'humus, mâtiné de notes biscuitées. Bâtie sur une solide trame tannique, la bouche séduit par sa fraîcheur, sa bonne concentration et sa finale aux accents de mûre relevée de poivre. Un rouge vineux et prometteur, qui aura les faveurs d'un rôti de bœuf aux cèpes d'ici quelques années. ⧗ 2027-2032

⊶ *DOM. FONTAINEBLEAU EN PROVENCE, rte de Montfort-sur-Argens, 83143 Le Val, tél. 04 94 59 59 09, admin-vignoble@domaine-fontainebleau-en-provence.com* V *t.l.j. 10h-18h* E

B DOM. LA FOUQUETTE Notre-Dame des Anges Pierres de moulin 2023 ★

■	17000		8 à 11 €

Sur les contreforts du massif des Maures, Isabelle Daziano conduit depuis 2005, avec son époux

PROVENCE

Jean-Pierre, les 20 ha du domaine paternel. Elle a signé en 2013 son premier millésime en bio certifié.

Une bonne fée s'est penchée sur le chai des Daziano en 2023, parsemant d'étoiles leurs côtes-de-provence. Ici, un ravissant rosé croquant, au teint rose des sables, exhalant le lys, la pêche blanche et les agrumes, à la bouche équilibrée, finement amylique et bien tendue, dont le style alerte et convivial fera mouche sur des antipasti à la provençale. ⧗ 2024-2025 ■ **Brin de mimosa 2023 ★ (11 à 15 €; 11700 b.)** Ⓑ Saluant les exubérantes forêts de mimosa qui fleurissent en février dans le massif des Maures, ce pur rolle à l'élevage soigné entre Inox, œuf béton et jarre de grès, fait preuve d'une belle harmonie. Si l'abord est discret, il déploie à l'aération un bouquet foisonnant évoquant le kiwi, la mangue rôtie, le toast beurré et la citronnelle. L'écorce de cédrat s'ajoute à cette palette dans une bouche tendre, juteuse et longue, tenue par une acidité dynamique. ⧗ 2024-2027 ■ **Notre-Dame des Anges Bonne chère 2022 ★ (11 à 15 €; 8000 b.)** Ⓑ Bonne chère? Le nom de la parcelle qui porte les ceps de syrah (pour moitié), de grenache et de carignan à l'origine de ce rouge aux parfums engageants de muscari, de fruits noirs et d'épices douces, mâtinés de notes fumées. Énergique, fondue et équilibrée, avec un fruité croquant et acidulé, la bouche plaît avant tout par sa fraîcheur. ⧗ 2024-2029

⊶ DOM. DE LA FOUQUETTE, 74, chem. de la Fouquette, 83340 Les Mayons, tél. 04 94 73 08 45, domaine.fouquette@wanadoo.fr V t.l.j. sf dim. 10h-12h 15h-18h ④

Ⓑ CH. DE LA GALINIÈRE Le Cengle 2023 ★★

■	100000		8 à 11 €

Le Ch. de la Galinière se situe à l'est d'Aix-en-Provence sur la commune de Châteauneuf-le-Rouge, sur le plateau du Cengle, première marche calcaire de la montagne Sainte-Victoire. Le domaine s'étend sur 38 ha cultivés en agriculture biologique.

Puissance et élégance sont des qualificatifs qui reviennent sous la plume de nos dégustateurs, qui ont fort apprécié ce ravissant rosé bien ouvert sur des parfums de fruits d'été, de bourgeon de cassis et de pamplemousse caramélisé. Très expressive, la bouche offre de la tenue et du gras, étirée dans une finale d'une longueur exemplaire, aux saveurs mentholées et minérales. Un rosé de gastronomie. ⧗ 2024-2025 ■ **Sainte-Victoire Le Cengle 2023 ★ (8 à 11 €; 100000 b.)** Ⓑ Ce bon classique livre un bouquet généreux de prune jaune et d'abricot, mâtiné d'un discrète touche fumée. Agréable par sa fraîcheur, son fruit croquant et sa persistance, la bouche profile un rosé bien gouleyant. ⧗ 2024-2025

⊶ CH. DE LA GALINIÈRE, RN 7, 13790 Châteauneuf-le-Rouge, tél. 06 17 26 70 68, florent.lallemant@domaines-rhodaniens.com V r.-v.

Ⓑ DOM. DE GAVAISSON Inspiration 2023 ★

■	14000		20 à 30 €

Un domaine ancien, acquis en 1987 par la famille Than, originaire d'Autriche et d'Allemagne. C'est aussi l'un des plus petits de l'appellation côtes-de-provence : 4 ha conduits en bio et entièrement dédiés au blanc avec deux cuvées nées de rolle et sémillon.

Ramassés de nuit à la main, et à parfaite maturité, rolle (80 %) et sémillon s'entendent à merveille dans cette cuvée délicate et charmeuse, qui livre un nez de seringa et de nèfle croquante finement zesté. Raffinée, persistante et charnue, la bouche prolonge avec brio ces notes capiteuses, stimulée par une finale acidulée sur les agrumes frais. Un blanc élégant et de bonne tenue. ⧗ 2024-2028

⊶ SARL DOM. DE GAVAISSON, 2487, chem. de Ginasservis, 83510 Lorgues, tél. 06 59 05 40 41, g.pellegrin@gavaisson.fr V r.-v.

TERRES AILÉES GONFARON
Notre-Dame des Anges 2023 ★

■	6700		8 à 11 €

Créée en 1921, la coopérative des maîtres vignerons de Gonfaron réunit aujourd'hui quelque 120 adhérents pour un vignoble de 550 ha implanté sur des terroirs d'une grande diversité – schistes, grès rouge, argilo-calcaires – entre le massif des Maures et l'Aille, qui prend sa source au village.

Six cépages, dont une bonne moitié de grenache, élevés pour une petite partie en fût (15 %), ont façonné ce rosé expressif, qui s'annonce par une élégante robe dragée et par des senteurs de violette, de fleur d'oranger et d'écorce de pomelo. Ample et déliée, la bouche affiche cette plaisante douceur amylique de fruit au sirop, tout en restant dynamique grâce à une attaque vive et à une finale acidulée. Une belle composition qui se destine à la table. ⧗ 2024-2025

⊶ LES VIGNERONS DE GONFARON, 25, rte de Pignans, 83590 Gonfaron, tél. 04 94 78 30 02, info@vignerons-gonfaron.com V t.l.j. sf dim. 9h-12h 14h-18h

DOM. DE LA GRANDE BAUQUIÈRE
Moment inattendu 2023 ★

■	10000		11 à 15 €

Ce domaine de 80 ha d'un seul tenant, niché au pied de la montagne Sainte-Victoire et protégé du mistral par un écrin végétal, est en pleine restructuration depuis son acquisition en 2012 par Alain et Dorothée Salat.

D'un sol argilo-limoneux et d'un élevage bref de 4 mois en cuve, ce pur rolle a su tirer une plaisante complexité autour de la verveine, du kiwi et de la citronnelle. Vive à l'attaque, la bouche déroule ces saveurs fraîches agrémentées de notes mentholées dans une matière croquante, souple et persistante, qui appelle spontanément des accords marins, des brochettes de gambas sauce rouille par exemple. ⧗ 2024-2027 ■ **Le B création 2023 ★ (11 à 15 €; 7000 b.)** Syrah (70 %) et grenache unis pour le meilleur dans ce rouge séveux et prometteur, au bouquet naissant de myrtille et d'humus mâtiné d'une touche végétale de lierre et à la bouche soyeuse, bien tenue par des tanins présents mais sans dureté. Il est bientôt à point. ⧗ 2025-2029

⊶ DOM. DE LA GRANDE BAUQUIÈRE, chem. des Plaines, 13114 Puyloubier, tél. 04 42 29 05 37, contact@domainelagrandebauquiere.com V t.l.j. sf sam. dim. 9h-12h 13h-16h

Ⓑ DOM. GRANDE PALLIÈRE 2022 ★

■	10000		11 à 15 €

Ce domaine familial de 36 ha, fondé en 1951 et situé à près de 250 m d'altitude, est entièrement tourné

vers l'agriculture biologique depuis 1998, comme tous les vignobles de Correns, village «bio» depuis les années 1990.

La part du lion revient à la syrah (65 %) dans cette cuvée affichant une certaine austérité de jeunesse. Des notes poivrées dominent le bouquet, laissant filtrer à l'aération des parfums raffinés de myrtille, de noyau de cerise et de propolis. Élégant et puissant à la fois, le palais cherche son équilibre entre rondeur et structure tannique encore ferme. Une savante composition à laisser s'affiner encore un peu en cave. ⌛ 2025-2029 ■ **2023 ★ (11 à 15 €; 50000 b.)** Ⓑ Il a de beaux arguments ce ravissant rosé pastel frangé de reflets jaunes, au nez amène et sans artifices mariant la grenade, le genêt et la badiane dans une belle harmonie. Tout en fraîcheur et en finesse, la bouche charme par persistance sur des notes florales rehaussées de fins amers teintés de bergamote. Parfait avec un tartare de thon. ⌛ 2024-2025

DOM. DE LA GRANDE PALLIÈRE, 2523, chem. Pallière, 83570 Correns, tél. 04 94 59 57 55, contact@lagrandepalliere.com V *r.-v.*

DOM. LA GRAND'PIÈCE Andréa 2023 ★★★

■ | 10000 | | 8 à 11 €

Sur cette exploitation familiale d'une vingtaine d'hectares d'un seul tenant (d'où son nom), située en bordure de la voie Aurélienne, des fouilles archéologiques ont permis de mettre au jour un village gallo-romain dont certains vestiges sont exposés au caveau. Les 27 ha de vignes sont conduits par Bruno de Chauvelin depuis 1984, épaulé depuis 2011 par son fils Thibaut.

Aux abonnées du Guide, coup de cœur en 2021, cette cuvée bénéficie d'une aura qui ne se dément pas. Le cinsault est le maître à bord (70 %) de cette composition éblouissante, habillée d'une robe vive couleur pamplemousse rose, distillant des senteurs intenses de fruits à noyau, de feuille de cassis et d'amande amère. Le palais, montant et très équilibré, relaye avec persistance ces saveurs dans une matière ample et finement texturée, vivifiée par une admirable fraîcheur mentholée. Quel cachet! ⌛ 2024-2026 ■ **2023 ★★ (5 à 8 €; 13400 b.)** Un blanc associant à quasi-parité du rolle issu de très jeunes ceps (6 ans) et de l'ugni blanc né de vielles vignes (60 ans). Dans le verre, on assiste à un beau mariage de pêche, poire et de chèvrefeuille, qui infusent une matière onctueuse, souple et savoureuse, tendue par une acidité ad hoc. Un bel accord se profile avec un poisson blanc en sauce. ⌛ 2024-2027 ■ **2023 ★ (5 à 8 €; 40000 b.)** Fringant avec son nez gorgé de parfums tropicaux (mangue, maracuja), et avec sa bouche enveloppante, dotée d'une finale saline, ce rosé invite à passer à table, avec une escalope de veau à la milanaise par exemple. ⌛ 2024-2025

DOM. LA GRAND'PIÈCE, 83340 Cabasse, tél. 06 10 78 49 58, lagrandpiece@live.fr V *r.-v.*

DOM. DE GRANDPRÉ Cuvée Minotaure 2021 ★★

■ | 4000 | | 11 à 15 €

Valérie Vidal-Revel conduit depuis 2006 ce domaine de 25 ha, niché dans la vallée de Puget-Ville, au pied du massif des Maures. Elle le travaille d'une manière de plus en plus raisonnée, utilisant en cave des produits œnologiques agréés en bio et limitant l'usage des sulfites.

Le carignan majoritaire (60 %), issu de vignes de 50 ans, façonne la personnalité de ce rouge aimable, fermenté et élevé 10 mois en demi-muids de réemploi. Tout en nuances, le bouquet affiche une belle fraîcheur avec ses fragrances allègres de freesia, de pivoine et de cerise burlat. Une même finesse caractérise le palais, parfumé, onctueux et long, nanti de tanins ronds déjà affinés. Savoureux dès à présent, il laisse aussi présager un bon potentiel en cave. ⌛ 2025-2029

DOM. DE GRANDPRÉ, chem. des Grands-Prés, 83390 Puget-Ville, tél. 04 94 23 42 86, vur@domainedegrandpre.fr V *t.l.j. sf dim. 9h-18h*

Ⓑ DOM. GRAND ROUVIÈRE Cuvée des Vieilles Vignes 2023 ★★

■ | 12000 | | 8 à 11 €

La coopérative de Roquefort-la-Bédoule, petit village provençal proche de la Méditerranée, a été créée en 1963. Elle regroupe 100 ha de vignes implantées sur les coteaux argilo-calcaires de la commune. En conversion bio.

Avec ses 30 % de rolle, complétant grenache et cinsault à parts égales, la cave a choisi de marquer du sceau de la finesse ce rosé de très bon goût. D'une jolie robe rose poudré percent des parfums frais de freesia et de grenadine, rehaussés de notes minérales. À l'unisson du nez, le palais se montre rond, ample et long, souligné par une agréable fraîcheur. On le verrait bien accompagner un poisson noble. ⌛ 2024-2025

LES VIGNERONS DE ROQUEFORT, 1, bd Frédéric-Mistral, 13830 Roquefort-la-Bédoule, tél. 04 42 73 22 80, lesvigneronsderoquefort@orange.fr V *t.l.j. sf dim. 8h-12h 14h-19h*

VIGNOBLES GUEISSARD Cuvée G 2023 ★

■ | 13000 | | 11 à 15 €

Pauline Giraud et Clément Minne, diplôme de «viti-œno» en poche, après des expériences en Provence et aux antipodes, décident de faire leur propre vin. Vignerons sans terres, ils prennent des parcelles en fermage en 2010 puis en pleine propriété, et constituent ainsi une mosaïque de 30 ha répartis sur plusieurs terroirs, en bandol et en côtes-de-provence. En conversion bio.

Émanant d'une vendange manuelle, un attelage de syrah et de cinsault en bonne harmonie dans cette cuvée au teint pastel, qui exhale des parfums nets de rose, de raisin croquant et de feuille de cassis. S'y ajoutent une touche de fraise écrasée et un trait de citron dans une bouche souple et étoffée, vivifiée par une finale tonique à l'accent mentholé. Un rosé élégant et friand qui accompagnera volontiers un mets exotique (poulet au curry, nouilles sautées aux crevettes). ⌛ 2024-2025

VIGNOBLES GUEISSARD, 405, traverse des Grenadières, Les Escadenières, RN 8, 83330 Le Beausset, tél. 09 81 49 76 00, pauline@lesvignoblesgueissard.com V *t.l.j. sf dim. lun. 9h-12h 14h-18h; sam. 10h-12h 15h-18h*

DOM. HAUTS DU CLOS 2023 ★

■ | 40000 | | 8 à 11 €

Racheté en 2017 avec l'aide de son ami François Rauscent, Aurélien Bothuyne, agriculteur picard

PROVENCE

devenu vigneron, est à la tête de ce vignoble de 17 ha situé à Carcès, au cœur de la Provence verte. À la vigne, au chai, au marketing et à la vente : plus aucun poste n'a de secret pour lui.

Une entrée très réussie dans le Guide avec ce rosé qui porte beau dans sa robe couleur pêche frangée d'argent, au bouquet exaltant de lilas, de brugnon et de guimauve. Le jury a aussi aimé sa matière ample, onctueuse, étirée par une fine fraîcheur discrètement amère évoquant le pamplemousse. Entente cordiale en perspective avec les mets épicés, comme un poulet sauce satay par exemple. ⧗ 2024-2025 ■ **Céleste 2023 ★ (11 à 15 €; 5000 b.)** Une moitié de grenache, l'autre de cinsault et de rolle, au menu de ce rosé délicat, au teint translucide à peine plus teinté qu'un blanc, charmeur avec ses arômes de citronnier, d'ananas et de melon jaune, prolongés par une bouche enveloppante et longue, restituant en finale la fraîcheur des agrumes. ⧗ 2024-2025

DOM. HAUTS DU CLOS, Les Clos de Gérin, 83570 Carces, tél. 06 08 21 83 50, contact@hautsduclos.fr V *r.-v.*

DOM. DE JALE La Bouïsse 2022 ★

■ | 3100 | | 15 à 20 €

Ce vignoble familial de 20 ha, implanté au pied du massif des Maures sur des sols de grès rose et de schistes, est entouré de pins parasols et de chênes-lièges. Suite au départ en retraite de François Seminel, fondateur du domaine, sa fille Anne et le mari de cette dernière, Dimitri, ont repris l'exploitation en 2017.

Nommée d'après son lieu-dit, cette cuvée parcellaire issue d'à peine 70 ares met à l'honneur la syrah et l'élevage sous bois (8 mois en fût de 600 l). C'est ce mariage bien assorti que raconte le nez, intense et foisonnant, aux senteurs de fruits écrasés, de thym sauvage et de caramel au lait. Encore ferme, la bouche offre du volume et du gras, une mâche fraîche et une finale un brin austère, empreinte des notes fumées du chêne. Un profil de vin de garde, à laisser respirer quelques années en cave. ⧗ 2027-2032

DOM. DE JALE, Les Fenouils, D 48, rte de la Garde-Freinet, 83550 Vidauban, tél. 04 94 73 51 50, domjale@yahoo.fr V *t.l.j. sf dim. 10h-13h 14h-18h*

B CH. LÉOUBE Love 2023 ★

■ | 395490 | | 15 à 20 €

S'étendant sur 4 km le long du littoral du cap Bénat, cet imposant domaine de 560 ha est la propriété de Lord Bamford, un industriel anglais. Totalement réhabilité, il comprend 68 ha de vignes (en bio certifié depuis 2012) et 20 ha d'oliviers plantés autour d'un chai à l'architecture moderne. La direction a été confiée à Romain Ott.

Loin d'être confidentielle, cette cuvée n'en est pas moins parfaitement réalisée et de très bon goût. Dans le verre, un rosé pastel au nez élégant et frais de litchi et de pomelo agrémenté de nuances florales. Tendue, expressive, la bouche se révèle souple et friande, avec une touche d'amertume salivante qui invite à se resservir. ⧗ 2024-2025 ■ **Secret de Léoube 2023 ★ (20 à 30 €; 62000 b.)** B Des vendanges manuelles de cinsault (63 %) et de grenache ont engendré ce rosé ouvert sur des parfums de rose ancienne, de melon jaune et de pierre à fusil. Tout en dentelle, florale et fruitée (pêche), la bouche affiche un équilibre très assuré entre gras et vivacité. Une touche saline aiguise les papilles en finale, signant les côtes-de-provence les plus distingués. Un domaine qui joue visiblement la carte de la finesse. ⧗ 2024-2025

CH. LÉOUBE, 2387, rte de Léoube, 83230 Bormes-les-Mimosas, tél. 04 94 64 80 03, info@leoube.com V *t.l.j. 10h-20h*

B DOM. LOLICÉ Voltige 2023 ★★

■ | 5300 | | 8 à 11 €

Tourné vers la plaine de Cuers-Pierrefeu, ce domaine appartient aux Monet depuis 1998 : Patrick s'occupe des vignes (17 ha en bio), tandis que son épouse Barbara œuvre au chai. Son nom est une contraction des prénoms des enfants, Lola, Lissy et Célia. Deux d'entre elles, Lola et Célia, ont rejoint le domaine en 2023.

Le rolle en solo propulse cette cuvée dans une franche gourmandise, offrant dès l'entame un délicieux bouquet de fleurs blanches et de fruits exotiques, rehaussé de nuances d'écorce de citron confit. Les saveurs en bouche sont celles d'une friandise (bonbon à l'ananas, meringue), infusant une matière suave, souple et ronde, rafraîchie par une finale plus tonique sur les agrumes. ⧗ 2024-2027

SCEA DOM. LOLICÉ, 1122, chem. de la Ruol, 83390 Puget-Ville, tél. 06 12 09 93 81, lolicedomaine@orange.fr V *t.l.j. sf dim. 9h-12h 14h-18h*

B CH. MALHERBE Pointe du diable 2023 ★

■ | 8000 | | 20 à 30 €

Depuis quatre générations, la famille Ferrari exploite ce domaine, une ancienne ferme du Fort de Brégançon, dont le vignoble couvre 20 ha entre collines et bord de mer, sur un sol de micaschistes bleus émaillés de filons granitiques. Travaillées depuis toujours dans l'esprit bio, les vignes sont certifiées en agriculture biologique depuis 2014 et en biodynamie depuis 2021.

Une cuvée parcellaire née de vignes de sémillon et d'ugni blanc jouxtant la mer, qui a réalisé sa malo, avant un élevage de 7 mois sur lies. Brillante dans sa robe bouton d'or, elle exhale des parfums engageants de lys, de beurre frais et de biscuit. Ample et soyeuse, la bouche offre du gras et une agréable souplesse, avec en soutien une fine acidité qui apporte de l'allonge, infusée de savoureuses notes de pignon et de miel. Un blanc raffiné qui aura les faveurs d'un poisson noble. ⧗ 2024-2029

CH. MALHERBE, 1, rte du Bout-du-Monde, 83230 Bormes-les-Mimosas, tél. 04 94 64 80 11, adele@chateau-malherbe.com V *t.l.j. sf dim. 10h-18h (10h-20h juil.-sept.)*

B CH. MARAVENNE La Londe Don de Dieu 2023 ★

■ | 3000 | | 20 à 30 €

Ce vignoble de 30 ha implanté sur des sols schisteux au pied du massif des Maures est conduit en agriculture biologique depuis 2001. En 2012, Jean-Louis Gourjon a cédé son domaine à Karine et Alexandre

Audinet, un couple de néo vignerons, et à Raphaël Venturini.

Des reflets argentés irisent la robe pâle de ce rosé emmené par le grenache (80 %), qui déploie un nez pimpant et complexe de jasmin, de litchi, de carambole et de gingembre. Nerveuse à l'attaque, puis ronde et tendre, la bouche flatte les papilles par sa douce suavité aux saveurs de brugnon et de fraise écrasée agréablement relevées par les épices. Un rosé exubérant et facile à aimer. ⧗ 2024-2025 ■ **Collection privée 2023 ★ (15 à 20 €; 6000 b.)** Ⓑ Délicatement doré, ce pur rolle, élevé brièvement en fût (3 mois), s'ouvre progressivement sur des senteurs de chèvrefeuille et de poire. Harmonieuse et souple, soulignée par un boisé fondu aux accents de beurre noisette, la bouche prolonge ces saveurs suaves dans une matière étoffée, tendue par une pointe de fraîcheur en finale. Parfait avec une raie au beurre blanc. ⧗ 2024-2028

CH. MARAVENNE, 1, rte de Valcros, 83250 La Londe-les-Maures, tél. 04 94 66 80 20, contact@maravenne.com V *t.l.j. 9h-12h30 14h-18h*

Ⓑ MAS DE CADENET L'Échappée belle 2023 ★★

■	16000		11 à 15 €

Accompagné de ses enfants Maud et Matthieu, Guy Négrel perpétue une tradition familiale débutée en 1813 sur ces terres des contreforts de la montagne Sainte-Victoire. Le vignoble de 60 ha d'un seul tenant (certifié bio) est implanté sur un terroir de gravoches.

Un terroir d'argile et de jeunes ceps de rolle de 10 ans forment un mariage épatant avec cette cuvée au teint diaphane, qui dissimule un tempérament explosif. Foisonnant, le bouquet mêle des notes de rose, de calisson, d'écorce d'orange et d'eucalyptus. L'ananas séché s'ajoute à cette riche palette aromatique, infusant une bouche consistante, à la sucrosité marquée mais sans excès, servie par une belle fraicheur et relevée d'une élégante finale poivrée. Pour des mets goûteux comme un risotto de fruits de mer. ⧗ 2024-2027 ■ **Sainte-Victoire 2023 ★ (15 à 20 €; 90000 b.)** Ⓑ Cinsault, grenache et syrah : un attelage classique pour ce rosé pâle aux reflets corail, au nez délicat évoquant la grenade, la griotte et la graine de coriandre. Vive, croquante et saline à l'attaque, mais aussi caressante avec son toucher soyeux, cette cuvée affiche un bel équilibre. ⧗ 2024-2025

MAS DE CADENET, chem. D 57, 13530 Trets, tél. 04 42 29 21 59, com@masdecadenet.fr V *r.-v.*

Ⓑ CH. LES MESCLANCES Cuvée Saint-Honorat 2021 ★

■	5600		15 à 20 €

En 2009, Arnaud et Élisabeth de Villeneuve Bargemon ont repris la gestion du domaine familial. Une propriété de 110 ha d'un seul tenant dont 32 ha de vignes en agriculture biologique, certifiés en 2020. En dix ans, ils ont fait construire chai, cuverie et salle de dégustation, ouvrant un nouveau chapitre d'une longue histoire.

Un rouge convaincant, à la robe intensément violacée, comme attendu pour un vin dominé par la syrah (60 %), distillant au nez des parfums discrets de framboise compotée et de poivre noir. Frais, concentré et de bonne longueur, le palais plaît par ses tanins fondus, son boisé élégant et sa finale gourmande aux accents de confiture de cerises noires. ⧗ 2026-2030 ■ **Cuvée Saint-Honorat 2022 ★ (15 à 20 €; 3500 b.)** Ⓑ 70 ares d'un terrain schisteux plantés de rolle (75 %) et d'ugni blanc (25 %) ont présidé à la naissance de cette cuvée soignée, élevée 10 mois en fût de 500 l et en jarres de grès. Encore naissant, le bouquet exhale des parfums sages de prune jaune et de nèfle, enveloppés de notes lactées. La bouche déploie une matière ronde à souhait, onctueuse et fraîche, soulignée par un boisé suggestif aux accents de lait de coco et de beurre noisette : un excès de jeunesse qui n'entame en rien la belle harmonie de ce blanc de gastronomie. ⧗ 2025-2030

LES MESCLANCES, 3583, chem. du Moulin-Premier, 83260 La Crau, tél. 04 94 12 10 95, chateaulesmesclances@mesclances.com V *t.l.j. sf sam. dim. 9h-12h 14h-18h*

MINUTY Prestige 2023 ★

■	170000		15 à 20 €

Les vignes du Ch. Minuty, construit à l'époque de Napoléon III, surplombent la presqu'île de Saint-Tropez, en contrebas du village de Gassin. Incarnant la troisième génération à la tête de ce cru fort réputé, classé depuis 1955, Jean-Étienne et François Matton conduisent aujourd'hui un vaste domaine de 145 ha. Le vignoble occupe des terroirs variés : 45 ha d'un seul tenant sur des sols de calcaire schisteux, 20 ha sur un sol calcaire et 15 ha sur les coteaux du Val de Rians à Ramatuelle.

Habituée aux honneurs, cette cuvée nous revient en bonne forme. Nez floral (réséda) et zesté (cédrat), palais net, vif et élégant, détendu par une finale suave aux saveurs de pêche mûre: c'est un blanc délicat, frais et aérien, à croquer sur le fruit de la jeunesse. ⧗ 2024-2026

CH. MINUTY, 2491, rte de la Berle, 83580 Gassin, tél. 04 94 56 12 09, cmongeot@minuty.fr V *t.l.j. sf sam. dim. 9h-12h30 13h30-18h*

CH. MONTAUD Terres de Ravel 2023 ★

■	8000		11 à 15 €

Depuis 1952, la famille Ravel est à la tête d'un vaste vignoble de 320 ha, qui comprend quatre propriétés (Guiranne, Garamache, L'Oasis et Montaud) établies sur des sols de schistes et de grès au pied du massif des Maures. Après des expériences en Bourgogne et en Espagne, Frédéric Ravel, l'actuel propriétaire, représente la quatrième génération. Il a insufflé une nouvelle dynamique tournée vers la distribution des vins en bouteilles, regroupés sous la marque Terre de Ravel Les 4 Châteaux.

Un rolle expressif et qui ne manque pas d'ampleur. D'abord discret, le nez s'ouvre à l'aération sur le kaki mûr et les épices (gingembre, fenugrec). La bouche se révèle étoffée, concentrée, ronde, soutenue par une belle acidité et une fine amertume aux accents de garrigue. Un blanc original et raffiné. ⧗ 2024-2027 ■ **Terres de Ravel 2023 ★ (11 à 15 €; 45000 b.)** Une teinte sable aux reflets cuivrés colore ce rosé délicat qui se livre par touches discrètes de tilleul, de verveine et de zeste de citron vert. En bouche, il se montre tendu, souligné par une franche acidité, et s'étire dans une finale tonique aux saveurs de bonbon acidulé. Un style dynamique et sapide, à marier à un plateau de fruits de mer. ⧗ 2024-2025

PROVENCE

TERRES DE RAVEL, 348, rte des Maures, 83390 Pierrefeu-du-Var, tél. 04 94 28 20 30, contact@chateau-montaud.eu V t.l.j. sf sam. dim. 9h-12h 13h-18h

MOULIN DE LA ROQUE Roque star 2022 ★

■ | 17 000 | | 8 à 11 €

En 1950, les caves de Saint-Cyr, Sanary-sur-Mer et La Cadière-d'Azur (bandol), aménagent un espace commun dans un moulin du XVIᵉs. situé dans cette dernière commune. Une cave semi-enterrée aux normes éco-environnementales et un lieu d'accueil construits au Castellet se sont ajoutés en 2012. La coopérative s'est agrandie et compte environ 200 adhérents; le site de La Cadière-d'Azur abrite désormais les vinifications.

Vinifié au cœur de l'appellation bandol, ce côtes-de-provence naturellement dominé par le mourvèdre (85 %) a connu une longue macération de 4 semaines et un élevage de 12 mois en cuve. Il en tire une expression tout en nuances de fruits noirs frais, d'épices douces et d'humus. Étoffée, longue, structurée avec élégance par des tanins serrés, la bouche affiche une aromatique encore sur la retenue : on patiente encore un peu. ⧗ 2026-2030 ■ **Roque star 2023 ★ (8 à 11 €; 6 600 b.)** La finesse de la clairette (75 %) alliée à la fraîcheur de l'ugni blanc donnent une cuvée élégante et tonique, aux parfums d'aubépine, de zeste d'agrumes et de fenouil. Arômes qui infusent une bouche à la fois onctueuse et déliée, contenue par une belle acidité dont l'allonge saline met en appétit. ⧗ 2024-2027

MOULIN DE LA ROQUE, 1, rte des Sources, RD 82, 83330 Le Castellet, tél. 04 94 90 10 39, contact@laroque-bandol.fr V t.l.j. sf dim. 9h30-12h30 14h-18h

Ⓑ DOM. MURENNES 2023 ★

■ | n.c. | | 15 à 20 €

À quelques kilomètres du col du Canadel, sur la route des Crêtes, agrippées aux pentes du massif des Maures à 300 m d'altitude, ce domaine créé en 2010 par Rachel et Ivan Gresle, rejoints désormais par leur fils Julien, exploite 6,5 ha de vignes en agriculture biologique.

Cinsault et grenache à parts égales, complétés de syrah, s'associent pour le meilleur dans ce rosé qui charme l'œil par son joli teint frais couleur pétale de rose. Une même élégance florale caractérise le bouquet, délicat, évoluant à l'aération sur des notes de goyave et de groseille à maquereau. Onctueuse et vivace à la fois, renforcée par un léger perlant qui souligne le croquant du fruit, la bouche brille par sa persistance évoquant la poudre de riz. Un beau rosé de gastronomie. ⧗ 2024-2025

DOM. DE MURENNES, lieu-dit Murene, 83310 La Môle, tél. 06 46 87 00 02, domainemurennes@yahoo.fr V t.l.j. 10h-12h 15h-18h

DOM. DES MYRTES Tradition 2023 ★

■ | 27 000 | | 5 à 8 €

Situé sur les contreforts sud du massif des Maures, le vignoble du domaine, implanté sur un sol de cailloutis de schistes caractéristique de la dénomination La Londe, s'étend sur 37 ha. L'exploitation, dans la famille Barbaroux depuis 1835, pratique une polyculture horticole, arboricole, viticole et maraîchère. Les Barbaroux, longtemps coopérateurs, ont construit leur cave en 1982.

Drapée dans une jolie robe litchi aux reflets argentés, cette cuvée d'assemblage (grenache, cinsault, syrah, tibouren) dévoile des parfums délicats de fruits rouges croquants (groseille) et de pâte de coings. Expressive et ample, avec ce qu'il faut de gras, la bouche déploie une jolie vivacité qui se teinte de notes salines en finale. Un rosé équilibré et sapide. ⧗ 2024-2025

DOM. DES MYRTES, 1167, rte de la Jouasse, 83250 La Londe-les-Maures, tél. 04 94 66 83 00, administration@domainedesmyrtes.fr V r.-v.

Ⓑ DOM. LA NAVICELLE 2023 ★

■ | 5 600 | | 15 à 20 €

Entre Méditerranée et forêt, au pied de la Colle noire d'origine volcanique, les 20 ha du domaine sont établis sur un terroir de grès et d'argiles. Le vignoble, certifié bio depuis 2014, est tourné vers les principes fondamentaux de la biodynamie.

Cet attelage de rolle et de clairette, élevé 5 mois en cuve, revendique un style tonique dès l'entame avec son bouquet frais de poire croquante, de géranium et d'amande verte. Une même énergie émane de la bouche, déliée et tendue, prolongeant longuement l'alliance du fruit blanc et des plantes aromatiques. Les plats végétariens lui iront comme un gant. ⧗ 2024-2027

DOM. DE LA NAVICELLE, 1617, chem. de la Cibonne, 83220 Le Pradet, tél. 04 94 21 79 99, contact@domainedelanavicelle.com V t.l.j. sf sam. dim. 9h-12h 14h-17h Ⓔ

CH. DE PAMPELONNE Légende 2023 ★

■ | 3 000 | | 20 à 30 €

Situé sur la presqu'île de Saint-Tropez et propriété de la famille Pascaud de Gasquet depuis 1840, le vignoble s'étend sur 52 ha de sol sablonneux où l'influence maritime est permanente. Œnologue de formation et forte de nombreuses vinifications à l'étranger, Marie, septième génération, dirige le domaine depuis 2014.

Un beau retour dans le Guide pour le domaine avec cette cuvée mi-grenache mi-cinsault d'un équilibre et d'une finesse exemplaires. Pâle et brillante, la robe affiche un teint poudré très engageant, dévoilant un bouquet friand de grenade et de goyave. À l'unisson, la bouche, fraîche et sans outrances, développe une matière fondue, de bonne consistance, servie par une fine acidité évoquant le fruit croquant. ⧗ 2024-2025

CH. DE PAMPELONNE, 3786, rte des Plages, 83350 Ramatuelle, tél. 06 81 36 74 78, contact@chateaupampelonne.fr V t.l.j. 10h-19h

♥ Ⓑ DOM. DU PATERNEL 2023 ★★★

■ | 88 000 | | 15 à 20 €

Initialement exploitée en polyculture, la ferme du Paternel est acquise en 1943 par la famille Santini, qui réalise sa première mise en bouteilles huit ans plus

tard. Ce domaine de référence, dirigé aujourd'hui par Jean-Christophe et Olivier Santini (troisième génération), est l'un des plus grands (50 ha) de l'appellation cassis. Ils élaborent aussi des bandol (5 ha) et des côtes-de-provence (15 ha) près de Saint-Cyr-sur-Mer, l'intégralité du vignoble étant conduit en bio.

Plus souvent en vue pour ses cassis, le domaine grimpe à nouveau tout en haut du podium avec ce côtes-de-provence ébouriffant, né d'une alliance classique de grenache (70 %) et de cinsault. Pétulant dans sa ravissante robe litchi frangée de reflets vifs, il déploie un nez explosif de jasmin, de pêche de vigne, de fruit de la Passion et de bonbon berlingot. Parfaitement construite, à la fois fraîche et soyeuse, la bouche subjugue par sa tenue, son croquant et sa grande persistance aromatique évoquant le fruit rouge juteux et le menthol. Un caractère hautement gastronomique qui ne sacrifie en rien le plaisir spontané. ⧗ 2024-2025

⊶ DOM. DU PATERNEL, 11, rte Pierre-Imbert, 13260 Cassis, tél. 04 42 01 77 03, contact@domainedupaternel.com V *t.l.j. 9h30-12h30 14h-18h*

B CH. PEIGROS
Pierrefeu Croix haute des schistes 2023 ★

■	2500		15 à 20 €

Robert Ghigo est propriétaire depuis 2010 du Ch. Vert (30 ha), l'un des plus vieux domaines de La Londe-les-Maures, et du Ch. Peigros. Exploité en bio certifié, ce dernier compte 30 ha – une partie sur le plateau argilo-calcaire de Pierrefeu et l'autre cultivée en restanques, sur les pentes schisteuses de la Règue des Botes.

Mi-grenache mi-cinsault, ce Pierrefeu affiche une robe nuance chair à la pâleur «tendance», se dévoilant lentement au bouquet sur des senteurs de chèvrefeuille, de rose et de noisette. Allègre, caressant et légèrement acidulé, sur des notes de carambole et de citron jaune, le palais laisse le souvenir d'un rosé fin et alerte, prêt à dynamiser un bel aïoli provençal. ⧗ 2024-2025

⊶ CH. PEIGROS, 80, rte de Cuers, 83390 Pierrefeu-du-Var, tél. 04 94 93 60 02, commerce@vignobles-ghigo.com V *t.l.j. sf dim. 9h30-12h 15h30-18h30; été 9h30-12h 15h30-19h*

B DOM. DES PEIRECÈDES Le Fil d'Ariane 2023 ★★

■	12000		8 à 11 €

Situé sur le terroir de Pierrefeu, à l'orée des Maures, entre Saint-Tropez et Toulon, le Dom. de Peirecèdes se transmet de génération en génération depuis un siècle. Aujourd'hui, ce sont Alain Baccino et son épouse Véronique, rejoints par leurs filles Audrey, œnologue, et Leslie, qui conduisent en bio ce vignoble de 35 ha.

La gourmandise guide ce Fil d'Ariane associant syrah, grenache et cinsault à parts égales, qui s'exprime avec emphase sur des parfums d'iris, d'ananas et d'agrumes frais. Consistante et très aromatique, la bouche s'enveloppe de saveurs juteuses de mirabelle mûre, puis rebondit sur une finale zestée aux accents toniques de pomelo. Un vrai «vin de plaisir», qui ne manque pas de personnalité pour autant. ⧗ 2024-2025 ■ **Règue des Botes 2023 ★★ (11 à 15 €; 3900 b.)** B Ce pur rolle confidentiel, récolté dès la mi-août pour préserver le caractère croquant du fruit, plaît par ses parfums éloquents de bonbon au citron, de verveine et de mélisse. La bouche restitue ces arômes toniques dans une matière tendre et étoffée, stimulée par une plaisante amertume d'écorce d'agrume et de gingembre. Un style moderne, partenaire tout trouvé d'un apéritif estival. ⧗ 2024-2027 ■ **Pierrefeu Règue des Botes 2021 ★ (15 à 20 €; 8888 b.)** B Après avoir atteint le firmament l'an passé, ce rouge nous revient dans une version plus sage, avec ce 2021 à dominante de mourvèdre (70 %). Fruits rouges compotés, notes épicées et camphrées : le nez dévoile une belle complexité. Volume et structure sont au rendez-vous en bouche, et la densité de la mâche annonce un vin encore dans sa jeunesse. Patience. ⧗ 2027-2034 ■ **Le Fil d'Ariane 2023 ★ (8 à 11 €; 6000 b.)** B Une touche de clairette (10 %) agrémente ce quasi pur rolle allègre et gourmand avec ses saveurs de pêche mûre, de miel et d'agrumes frais, infusant une bouche de bonne tenue, tendre et longue. ⧗ 2024-2027

⊶ DOM. DES PEIRECÈDES, 1201, chem. la Mue, 83390 Cuers, tél. 04 94 48 67 15, contact@peirecedes.com V *t.l.j. sf dim. 9h-12h 14h-18h* E

B CH. PEYRASSOL 2023 ★

■	n.c.		15 à 20 €

La cave moderne et le parc de sculptures s'intègrent aujourd'hui parfaitement à cette ancienne commanderie templière créée en 1204. Ici, face au massif des Maures, on exploite 95 ha de vignes, 150 chênes truffiers et des milliers d'oliviers sur une vaste propriété acquise en 2001 par Philippe Austruy, en bio certifiée depuis 2023.

D'élégants reflets nacrés animent la robe pâle de ce rosé délicat, qui livre un nez net et franc évoquant la pêche blanche, le bonbon anglais et le muguet. Vive et expressive, la bouche associe un fruité caressant à une fine minéralité aux tonalités de craie humide. Un profil racé qui fera merveille dès l'apéritif, puis à table, avec un poisson blanc en sauce. ⧗ 2024-2025

⊶ CH. PEYRASSOL, RN 7, Commanderie de Peyrassol, 83340 Flassans-sur-Issole, tél. 04 94 69 71 02, contact@peyrassol.com V *t.l.j. sf dim. 9h-18h; en été t.l.j. 9h-19h* S

LES MAÎTRES VIGNERONS DE LA PRESQU'ÎLE DE SAINT-TROPEZ
Gold 2023 ★

■	40000		11 à 15 €

Premier producteur de côtes-de-provence, les Maîtres Vignerons de la presqu'île de Saint-Tropez regroupent onze domaines et trois grandes caves, soit l'équivalent de 900 ha de vignoble. L'accompagnement des vignerons-sociétaires est établi de la vigne à l'embouteillage, et la commercialisation est gérée à 100 % par le groupement, qui réalise 45 % de ses ventes à l'export, presque exclusivement en rosé (90 %).

Façonnée par le grenache (80 %), cette cuvée au teint abricot doré brille par son bouquet spontané de pêche jaune, de brugnon, de kaki et de fleur de sureau. De bonnes dispositions qui se prolongent dans une bouche ample, séveuse et ronde, dynamisée par une finale pleine de fraîcheur. Un rosé expressif et consistant, qui pourra faire corps avec une bouillabaisse. ⧗ 2024-2025

⊶ SCA LES MAÎTRES VIGNERONS DE LA PRESQU'ÎLE DE SAINT-TROPEZ, 270, RD98, la Foux, 83580 Gassin, tél. 04 94 56 60 24, info@mavigne.com t.l.j. sf dim. 9h-18h30; juil.-août 9h-19h30

PROVENCE

B CH. RÉAL MARTIN Grande Cuvée 2023 ★

■ | 30000 | ▮ | 15 à 20 €

Jean-Marie Paul, pionnier de la restauration moderne et fondateur du groupe Score, a été séduit par cet ancien domaine des comtes de Provence (320 ha, dont 35 ha de vignes en conversion bio) situé à 350 m d'altitude. Il s'y est installé en 2001 et a entrepris une rénovation complète de la bastide du XVIes. et de la cave. L'exploitation propose aussi de l'huile d'olive. La certification bio est acquise pour l'ensemble de la production.

Il ne manque pas d'arguments cet élégant rosé né de ceps de 30 ans, des grenaches principalement (80 %). Habillé d'une seyante robe pastel, il dévoile un nez subtil de fleur d'oranger, de brugnon et de kumquat légèrement confit. On retrouve cette palette nuancée dans un palais croquant, salin et long, confirmant le profil raffiné de cette cuvée qui joue pleinement la carte de la finesse. Pour la table. ⧗ 2024-2025 ■ **L'Optimum 2021 ★ (30 à 50 €; 3000 b.)** B Fermentation avec les levures indigènes, pigeages quotidiens et élevage de 18 mois en barriques : tout a été mis en œuvre pour faire rendre aux raisins de cabernet-sauvignon (60 %) et de syrah le meilleur d'eux-mêmes. Dans le verre, un rouge au nez engageant de mûre confite, de griotte à l'alcool et de bois de santal, au palais rond, caressant et très persistant, nanti de tanins mûrs, avec en appoint une petite fermeté qui appelle un peu de garde. ⧗ 2026-2032

⊸ DOM. RÉAL MARTIN, 4476, rte de Barjols, 83143 Le Val, tél. 04 94 86 40 90, accueil@chateau-real-martin.com V ▮ *t.l.j. sf sam. dim. 14h-17h*

CH. REILLANNE Grande Réserve 2023 ★★★

■ | 1000000 | ▮ | 5 à 8 €

Savoyards d'origine, les Chevron Villette sont arrivés dans le Var en 1919 grâce à l'union de Pierre Joseph de Chevron Villette et Marie de Colbert-Cannet, héritière de l'ancestrale seigneurie du Cannet. Une aventure viticole qui s'est considérablement développée avec aujourd'hui un ensemble de 550 ha, de nombreuses propriétés et une affaire de négoce, le tout sous la conduite de Guillaume de Chevron Villette, petit-fils de Pierre Joseph.

Voilà un pétulant rosé, flatteur et gourmand à souhait avec son bouquet affriolant de goyave, de fleur de sureau et de peau de mandarine. Tout aussi parfumée, soutenue par une belle vivacité, la bouche déploie une tendre sucrosité, avant de se tendre sous l'effet d'une discrète amertume anisée. Un rosé énergique et réjouissant, qui appelle des accords sucrés-salés, un tajine de poulet aux abricots par exemple. ⧗ 2024-2025 ■ **Chevron-Villette Rosé de satin 2023 ★ (5 à 8 €; 200000 b.)** De discrets reflets cuivrés fardent le teint abricot de cette jolie composition de grenache, de cinsault et de rolle, au bouquet délicat de violette, de mangue et de lierre. Croquant et souple à l'attaque, le palais déroule une aimable sucrosité, empreinte de la douceur du fruit mûr et de saveurs briochées et beurrées. Un rosé friand et facile à aimer. ⧗ 2024-2025

⊸ DOM. DE REILLANNE, 83340 Le Cannet-des-Maures, tél. 04 94 50 11 70, gcv@cv-vigneron.com

B DOM. DE RIMAURESQ 2022 ★★

■ Cru clas. | 20000 | ▮ | 20 à 30 €

Fondé en 1864, ce cru classé de Provence a été acquis en 1988 par une famille de distillateurs écossais. Aujourd'hui forte de plus de 65 ha, la propriété s'étend au pied de Notre-Dame-des-Anges, point culminant des Maures, sur un sol schisteux pauvre. Depuis 2020, le domaine est certifié bio.

Vinifiée et élevée en fût (12 mois), cette cuvée en conserve la marque avec ses notes d'épices douces (vanille, cannelle) et de coco râpée enveloppant un fruité alléchant de framboise et de fraise des bois. Soutenue par une élégante acidité, la bouche offre une belle chair ronde, cadrée en douceur par des tanins présents mais parfaitement extraits, promis à une bonne évolution. Du charme et de la vigueur pour ce rouge qui a encore de beaux jours devant lui. ⧗ 2027-2034

⊸ DOM. DE RIMAURESQ, rte Notre-Dame-des-Anges, 83790 Pignans, tél. 04 94 48 80 45, contact@rimauresq.fr V ▮ ▮ *t.l.j. sf sam. dim. 9h-12h 14h-18h* 5

♥ B CH. ROSAN Élégance 2023 ★★

■ | 7600 | ▮ | 11 à 15 €

Acquis en 2012 par Gérard Chauvet, ce domaine, construit autour d'une ancienne plâtrière et cultivé sur des restanques, offre une superbe vue sur le massif des Maures et la chapelle de Notre-Dame-des-Anges. Cinq générations de viticulteurs coopérateurs s'y sont succédé. Le nom du château a été choisi pour rendre hommage aux grands-parents ROSe et ANdré, à l'origine de l'extension de la propriété. Les 30 ha, cultivés en bio, sont répartis sur trois communes (Pignans, Gonfaron et les Mayons) et constitués essentiellement de coteaux dans l'aire d'appellation côtes-de-provence.

Cette cuvée doit tout au rolle et celui-ci le lui rend bien, très bien même. Une belle brillance, un nez de fruits blancs, d'agrumes et de fleurs, l'entame est engageante. La suite est au diapason : parfaitement dimensionnée, la bouche conjugue harmonieusement gras, fraîcheur, souplesse et longueur, avec en prime une finale pleine d'énergie, stimulée par une touche saline et anisée. De l'élégance en effet, de bout en bout. ⧗ 2024-2028 ■ **Évidence 2023 ★★ (8 à 11 €; 12800 b.)** B Sobrement élevé en cuve pendant 6 mois, ce blanc pâle à l'éclat vert tendre s'ouvre allègrement sur des notes citronnées et délicatement florales (aubépine). Les fruits du verger prennent le relais dans une bouche équilibrée, ample et concentrée, relevée par une agréable fraîcheur. Le rolle dans son plus simple appareil. ⧗ 2024-2027

⊸ CH. ROSAN, RDN 97, quartier la Fondaille, 83790 Pignans, tél. 06 70 08 13 79, chateau.rosan@gmail.com V ▮ ▮ *r.-v.*

CAVE DE ROUSSET Vent d'été 2023 ★★★

| 4 864 | | 5 à 8 € |

La cave de Rousset, située aux pieds de la montagne Sainte-Victoire, est une coopérative créée en 1914. Elle regroupe environ 70 adhérents et couvre un vignoble de 400 ha et signe des vins en côtes-de-provence, en dénomination Sainte-Victoire et en IGP Méditerranée.

Drapée dans une robe tendre striée de lumineux reflets corail, cette cuvée dévoile un bouquet tonique et raffiné mariant la fleur de citronnier, la nèfle et le zeste de combava. Ce qui a plu au palais? Son aimable sucrosité, sa trame fraîche aux saveurs pulpeuses d'agrumes et sa finale un brin tannique lui conférant allonge et relief. La cave au meilleur de sa forme s'illustre dans ce rosé croquant et savoureux. ⧗ 2024-2025

CAVE DE ROUSSET, quartier St-Joseph, 13790 Rousset, tél. 04 42 29 00 09, administratif@caverousset.com V *t.l.j. sf dim. 9h-12h30 14h30-19h*

DOM. SAINT-ANDRIEU 2023 ★★

| 4000 | | 11 à 15 € |

Acquis en 2003 et restructuré par Jean-Paul et Nancy Bignon – par ailleurs propriétaires du Ch. Talbot, cru classé de saint-julien dans le Médoc –, ce vignoble de 30 ha jouit d'un terroir argilo-calcaire privilégié à 380 m d'altitude, au pied du Bessillon. Deux étiquettes ici : le Dom. Saint-Andrieu en côtes-de-provence et l'Oratoire Saint-Andrieu en coteaux-varois, sans oublier la production d'huile d'olive.

La version 2022 de ce pur rolle avait ravi les dégustateurs et nous revient paré de ses plus séduisants atours avec ce 2023 au charme ravageur, fruit d'un élevage mixte en Inox et barriques (20 %). Au bouquet foisonnant de genêt, de mangue et de bergamote répond une bouche à la fois ronde et ciselée, étirée par une surprenante finale saline qui porte loin tout un florilège de saveurs fruitées, pâtissières (frangipane) et zestées. Le jury salue un beau travail d'élevage et une superbe évocation des blancs de l'appellation. ⧗ 2024-2029

DOM. SAINT-ANDRIEU, chem. St-Andrieu, 83570 Correns, tél. 04 94 59 52 42, contact@domaine-saint-andrieu.com V *t.l.j. sf sam. dim. 9h-17h*

Ⓑ **DOM. SAINT-CÔME** 2023 ★

| 4500 | | 11 à 15 € |

Issu d'une famille de vignerons-polyculteurs originaire de la Cadière-d'Azur depuis huit générations, Joël Poutet décide de revenir à la terre après des études de professeur d'EPS. Année après année il reconstitue le vignoble familial : aujourd'hui, 16 ha en bandol et en côtes-de-provence, certifiés en bio.

Dominée par le mourvèdre, le grenache et le cinsault en appoint, cette cuvée à la composition toute bandolaise plaît par sa robe vive, rose pamplemousse, et par son bouquet tout aussi éloquent de litchi au sirop, de mangue et de kumquat confit. Franche en attaque, la bouche se développe avec équilibre et vivacité sur des accents gourmands de fruits exotiques et de bonbon acidulé. Un rosé expansif, à ouvrir pour un déjeuner les pieds dans le sable, avec une salade de poulpe par exemple. ⧗ 2024-2025

DOM. SAINT-CÔME, 120, chemin des Arnaud, 83740 La Cadière-d'Azur, tél. 06 73 42 43 58, domainesaintcome@gmail.com V *r.-v.*

CH. SAINTE-CROIX Acacia 2023 ★

| 26 000 | | 8 à 11 € |

L'ancienne ferme fortifiée du XII^e^s. était habitée par les moines lors de la construction de l'abbaye du Thoronet. Fondé en 1927 par Fernand Pélépol, le domaine actuel est conduit depuis 2007 par Stéphane, qui a pris la relève de son père Jacques. Le vignoble compte 50 ha.

Ce ravissant blanc, éclairé de reflets verveine très engageants, dévoile un bouquet saturé de fruits juteux (pêche blanche) et zesté (pomelo), rafraîchi de vétiver. Tout aussi expansive, droite et finement texturée, bien servie par une acidité idoine et par une longue finale poivrée, la bouche ne manque pas de relief. Une complexité qui se savoure de préférence à table. ⧗ 2024-2027

CH. SAINTE-CROIX, rte du Thoronet, 83570 Carcès, tél. 04 94 80 79 13, chateausaintecroix83@yahoo.fr V *t.l.j. sf dim. 9h-12h 14h-18h* Ⓖ

Ⓑ **DOM. SAINTE-MARIE** 1884 2023 ★★

| 10400 | | 15 à 20 € |

En 1884, une épidémie de choléra s'arrête aux portes de la propriété – dépendance de la chartreuse de la Verne au XVIII^e^s. Une statue de la Vierge est édifiée, et le domaine trouve alors son nom. Le vignoble (40 ha) a été repris en 2007 par Christopher Duburcq, qui a engagé une conversion bio qui est désormais acquise.

Né de ceps de 40 ans plantés sur un sol argilo-schisteux, ce rosé se présente avec élégance dans une robe nacrée aux reflets abricot, livrant des senteurs de poire Williams, de berlingot à la cerise et de cannelle. Équilibré, parfumé, le palais restitue cette bonne harmonie des arômes dans une matière étoffée, souple et longue, stimulée par une fine amertume réglissée en finale. Une présence qui incite à le découvrir à table, avec un tajine de veau par exemple. ⧗ 2024-2025 **1884 2022 ★ (15 à 20 €; 3510 b.)** Ⓑ Le rolle (92 %) est la vedette de cette cuvée distinguée, élevée 12 mois en barriques. Le bouquet en porte la marque discrète et raffinée, ajoutant une touche biscuitée aux senteurs de jasmin, d'ananas et de brugnon. Fraîche, déliée et de bonne longueur, la bouche séduit par sa matière ample et séveuse, étirée sur une note suave de pâte de coings. ⧗ 2024-2028

SARL DOM. SAINTE-MARIE, RN 98, rte de Saint-Tropez, 83230 Bormes-les-Mimosas, tél. 04 94 49 57 15, contact@domainesaintemarie.fr V *t.l.j. sf dim. 9h-18h* Ⓔ

Ⓑ **CH. SAINT-JULIEN D'AILLE** Triumvir 2021 ★★

| 4200 | | 20 à 30 € |

Très ancienne exploitation viticole. Monastique avant la Révolution, elle fut pendant plus d'un demi-siècle la propriété de l'Institut Pasteur. Entièrement restaurée par Bernard Fleury, qui l'a acquise en 1999, elle s'étend sur 75 ha de vignes en bio certifié. Le nom du domaine associe l'Aille, petite rivière de la plaine des Maures, et saint Julien, centurion romain martyr au IV^e^s.

Fortement imprégnée de l'histoire romaine, le domaine y fait référence dans le nom même de ses cuvées. Contre

PROVENCE

toute attente, ce Triumvir n'associe que deux cépages : la syrah (83 %) et une touche de mourvèdre. Après 18 mois en fût, il offre un bouquet encore discret mais engageant de baies noires poêlées, mâtinées de notes fumées et lardées. De la bouche, on retient la texture puissante et ronde imprégnée de fruit mûr, les tanins solides et la finale encore ferme qui augurent une belle garde. ⧗ 2027-2032

■ **Imperator 2023** ★ **(11 à 15 €; 10 000 b.)** Ⓑ Fruit d'une savante composition de six cépages, cette cuvée s'annonce par une pimpante robe orangée à l'éclat fauve, dévoilant des parfums bien mariés de melon, d'abricot et de poivre blanc. Le fruit, mûr et juteux, tisse la trame d'une bouche consistante et vineuse, qui sait rester fine grâce à une discrète acidité qui pousse loin la finale. Le rosé de repas par excellence. ⧗ 2024-2025

SARL CH. SAINT-JULIEN D'AILLE, 5480, rte de la Garde-Freinet, 83550 Vidauban, tél. 04 94 73 02 89, contact@saintjuliendaille.com V t.l.j. sf dim. 9h-18h

SAINT-LOUIS LA MANUELLE Seren 2023 ★

■	10 000		8 à 11 €

Situé au cœur de l'arrière-pays varois, commandé par une bastide du XIIe s., ce vignoble de 50 ha est planté sur les anciennes terres de l'abbaye cistercienne du Thoronet. Il tient son nom du lieu-dit La Manuelle, une parcelle de 13 ha d'un seul tenant. Après une décennie d'abandon, le couple Malerba s'est installé en 2017, entreprenant la reconstruction des restanques en pierre sèche et la rénovation du chai.

Une robe chair aux reflets orangés habille ce rosé friand au nez flatteur et intense distillant des senteurs de jasmin, de genêt et de melon jaune. Arômes qui font également le charme d'une bouche à la fois tendre, ciselée et fraîche, ponctuée par les épices (carvi, fenugrec). Un style classique et de bon goût. ⧗ 2024-2025

DOM. SAINT-LOUIS LA MANUELLE, rte de l'Abbaye, D279, 83340 Le Thoronet, tél. 04 94 67 31 47, v.severi@lamanuelle.com V *t.l.j. sf dim. 9h-12h 13h-17h*

CH. DE SAINT-MARTIN Grande Réserve 2023 ★

■ Cru clas.	60 000		20 à 30 €

Les Romains au IIe s. av. J.-C., puis les moines de Lérins du Xe au XVIIIe s., ont cultivé la vigne sur ces terres. Depuis 1740, le domaine se transmet généralement de mère en fille. En 1993, Adeline de Barry prend les commandes de ce cru classé, dont le vignoble couvre 50 ha.

Déjà en bonne place dans le Guide précédent, cette cuvée ne démérite pas avec ce 2023 au teint rose tendre, au nez délicat mêlant pêche blanche, tubéreuse et bonbon à la framboise. Dynamique, parfumée et fraîche, la bouche brille par sa vivacité et par sa persistance, portant longuement des saveurs de fruits à noyau et d'agrumes. Un équilibre et une élégance fidèles à l'appellation. ⧗ 2024-2025

■ **Grande Réserve 2023** ★ **(20 à 30 €; 25 000 b.)** Ugni blanc et clairette complices du rolle (50 %) dans cette cuvée raffinée, qui offre un nez plaisant et contrasté évoquant la poire croquante, la badiane, l'iode et les zestes d'agrumes. Vif à l'attaque, structuré, le palais déploie une texture onctueuse, épicée et finement suave, qui appelle des accords avec des mets délicats. ⧗ 2024-2027

CH. DE SAINT-MARTIN, 614, rte des Arcs, 83460 Taradeau, tél. 04 94 99 76 76, contact@chateaudesaintmartin.com V *t.l.j. sf dim. 9h-12h 13h-19h*

CH. SAINT-MAUR L'Excellence 2023 ★

■ Cru clas.	20 200		20 à 30 €

Déjà propriétaire de la Quinta do Pessegueiro (Douro), l'entrepreneur Roger Zannier a acquis en 2011 cette propriété située à Cogolin, au pied du massif des Maures et à 10 km de Saint-Tropez. C'est aujourd'hui son gendre, Marc Monrose, qui conduit ce cru classé de 100 ha, dont 60 plantés en vigne.

Il a du cachet ce joli blanc lumineux à la robe cerclée d'or, issu d'une vendange manuelle de rolle. Notes de chèvrefeuille et de tilleul montent lentement du verre, laissant peu à peu place à des parfums d'abricot mûr et d'ananas. Bien équilibrée, souple et concentrée, la bouche fait preuve de la même harmonie, stimulée par une fraîcheur persistante aux accents de zeste d'orange. Conçu pour la table. ⧗ 2024-2027

CH. SAINT-MAUR, 535, rte de Collobrières, 83310 Cogolin, tél. 04 94 95 48 48, oenotourisme@zannier.com V *t.l.j. 9h30-13h30 15h-19h30*

LES VIGNERONS DE SAINT-ROMAIN L'Horloge 2023 ★★

■	3 627		5 à 8 €

Au sud de Draguignan, la cave coopérative du village de la Motte, prénommée La Mottoise, existe depuis 1929. Dans les années 1980, elle fusionne avec les cinq autres caves des villages voisins, devenant les vignerons de Saint-Romain. Un nouveau site de vinification plus moderne a été inauguré en 2015.

L'horloge de tuf qui trône sur la place du vieux village est l'emblème de cette cuvée façonnée par cinq cépages, la syrah dominant d'une courte tête. Un vin qui s'annonce par une délicate robe pétale de rose; une pâleur qui dissimule un nez exubérant à l'expression débridée de fruits exotiques (litchi, banane) et de zeste d'agrumes (citron vert, kumquat). Ronde et enveloppante, la bouche s'étire avec élégance dans une tendre fraîcheur florale. L'apéritif lui ira comme un gant. ⧗ 2024-2025

LES VIGNERONS DE SAINT-ROMAIN, 2738, rte de Bagnols, 83920 La Motte, tél. 04 94 70 25 68, contact@cavesaintromain.fr V *t.l.j. sf dim. 9h-12h 14h-18h*

Ⓑ CH. SAINT-ROUX Le Pigeonnier 2023 ★

■	30 000		11 à 15 €

Le Ch. Saint-Roux est né au XVe s. et tire son nom de la couleur des sols sur lesquels il se situe, riches en fer et en bauxite. Le vignoble s'étend sur 40 ha conduits en bio. En plus de son activité hôtelière, le domaine propose un restaurant alimenté par un potager de 3 800 m², fabrique son propre pain et son propre fromage grâce à un troupeau de 50 chèvres.

Une cuvée d'une belle constance qui confirme ici ses bonnes dispositions : une robe chair d'une pâleur très tendance, un bouquet délicat de fleur d'oranger et de nèfle, finement zesté, et une bouche croquante, déliée vivace, qui s'entiche de saveurs de mirabelle et de bonbon acidulé. Un rosé élégant et moderne. ⧗ 2024-2025

CH. SAINT-ROUX, rte de la Garde-Freinet, 83340 Le Cannet-des-Maures, tél. 04 94 60 48 70, alexis.cornu@mdcvfr.com V *t.l.j. 10h-18h; f. janv. fév.*

LA SANGLIÈRE Signature 2023 ★★

	n.c.		8 à 11 €

Situé au cap Bénat, site protégé à quelques kilomètres des îles d'Hyères, ce vignoble d'une quarantaine d'hectares a été créé en 1980 par François Devictor, ingénieur agricole, qui y a installé une cave. Ses fils et petit-fils exploitent le domaine dans un esprit bio, dont la certification est acquise depuis peu. Une valeur sûre de la Provence viticole.

Fidèle au rendez-vous, la Sanglière livre un très beau rosé couleur corail aux reflets vifs, au nez intense de fruits mûrs (papaye, kaki) et d'écorce de cédrat. Frais, ample et alerte, le palais prolonge ces saveurs gourmandes, avec en point d'orgue une finale sapide et dynamique sur l'amertume du gingembre. ⧗ 2024-2025 **Spéciale 2023 ★★ (11 à 15 €; 8500 b.)** Le rolle dans son plus simple appareil (5 mois en cuve) forge le caractère friand et allègre de cette cuvée au nez frais et bien ouvert de fleur de citronnier, d'abricot et de zeste d'agrumes. Tonique, déliée et de belle longueur, la bouche offre ce qu'il faut de volume et de gras. Un ensemble très équilibré, à réserver pour la table. ⧗ 2024-2027 **Spéciale 2023 ★ (11 à 15 €; 50 000 b.)** Né de grenache (60 %) et de cinsault, ce pimpant rosé pâle à l'éclat cuivré plaît par ses arômes de pamplemousse rose et de goyave. Une discrète amertume aux accents de rhubarbe apporte à la bouche un caractère croquant et frais, signant une vinification moderne aux températures bien maîtrisées. Convaincant. ⧗ 2024-2025

DOM. DE LA SANGLIÈRE, 3886, rte de Léoube, 83230 Bormes-les-Mimosas, tél. 04 94 00 48 58, sangliere@domaine-sangliere.com V *t.l.j. sf dim. 9h30-12h 14h30-18h*

CH. LA SEIGNEURIE 2023 ★★

	5000		5 à 8 €

Cette propriété de l'illustre famille de Pontevès, d'origine provençale, qui lui légua son nom de Seigneurie, passa à l'issue des guerres de Religion du XVIes. et jusqu'en 1830 aux mains des Bourbon-Condé. Acquis en 2006 par Charles Rouquette, brasseur et distributeur de boissons, ce vignoble de 70 ha a été réorienté vers une production plus importante de vins rosés. Son fils Bruno et sa petite-fille Solène sont désormais aux commandes.

Ce pur rolle a pour leitmotiv la finesse. Blond comme les blés, il exhale un bouquet raffiné mariant dans une subtile harmonie l'abricot, le chèvrefeuille et le beurre frais. Le palais, tendu, souple et très long, imprégné de fruits à noyau et d'amande verte, affiche une réjouissante complexité, signant une entrée au Guide remarquée. ⧗ 2024-2027

DOM. DE LA SEIGNEURIE, 1847, Ancienne Voie romaine, 83340 Flassans-sur-Issole, tél. 06 14 28 62 58, contact@chateaulaseigneurie.com

TERRA PROVINCIA Saint-Sidoine 2023 ★★

	150 000		5 à 8 €

Née en 2021 de la fusion de deux caves coopératives, le Cellier Saint-Sidoine et Saint-Roch-les-Vignes, Terra Provincia est installée à Cuers. Cette cave représente 1 200 ha de vignes, principalement en côtes-de-provence avec ou sans dénomination Pierrefeu.

La tendance est au rose pâle et ce rosé est bien dans le ton. Élégant et volubile, le nez s'exprime sur des notes exotiques (kiwi, lime) et légèrement confites (écorce d'orange), s'infusant à mesure dans une bouche croquante, souple et fondue, avec en filigrane une légère astringence qui lui confère du relief et du nerf. Un vin bien vinifié, friand et alerte. ⧗ 2024-2025

TERRA PROVINCIA, 505, bd Gambetta, 83390 Cuers, tél. 04 94 28 60 60, commercial@terraprovincia.com V *r.-v.*

DOM. LA TOURRAQUE L'Intrigue 2022 ★

	400		20 à 30 €

Sur le site classé des Trois Caps (Lardier, Camarat et Taillat) de la presqu'île de Saint-Tropez, les 36 ha de vignes du domaine convertis en bio s'étendent jusqu'à la mer aux côtés de quatre cents oliviers. L'œnologue José Craveris laisse aujourd'hui les commandes à la nouvelle génération.

Ce pur rolle élevé 6 mois en fût annonce la couleur sur l'étiquette : celle d'un vin atypique qui surprend et séduit. Et c'est gagné, en témoigne sa robe vive aux reflets miel, son bouquet capiteux exhalant tout un florilège d'arômes : gardénia, mirabelle, brioche, beurre, pralin, fruits confits... Arômes qui investissent une bouche opulente et généreuse, équilibrée par une fine fraîcheur. Un brin oxydatif, terriblement gastronomique, ce blanc distingué n'a qu'un seul défaut : sa rareté. ⧗ 2024-2027

DOM. LA TOURRAQUE, 2444, chem. de la Bastide-Blanche, 83350 Ramatuelle, tél. 04 94 79 25 95, latourraque@wanadoo.fr V *t.l.j. sf sam. dim. 10h-18h*

CH. TOUR SAINT-HONORÉ TSH 2023 ★

	80 000		11 à 15 €

Ancienne propriété d'une riche famille de notables locaux, la Tour Saint-Honoré est aujourd'hui entre les mains de Serge et Chantal Portal, propriétaires depuis 1988. Le domaine s'étend sur 28 ha conduits en agriculture biologique et situés sur la commune de la Londe-les-Maures, en face des îles d'Or.

Un joli teint clair abricot et un nez discret qui s'ouvre lentement sur les fleurs blanches et l'amande fraîche : l'entrée en matière joue la carte de la légèreté. Puis les arômes se révèlent en bouche, rehaussés de saveurs gourmandes d'ananas et de banane séchée, infusant une matière ample et consistante, dynamisée par une fine amertume. Du relief et de la tenue pour ce rosé qui prendra place à table, avec un poulpe grillé au citron confit par exemple. ⧗ 2024-2025 **Sixtine 2021 ★ (20 à 30 €; 1500 b.)** Syrah (60 %), grenache (25 %) et mourvèdre élevés en fût avant assemblage pour cette cuvée raffinée et originale, dédiée à Sixtine, la fille des propriétaires. Du verre s'élèvent des parfums de fruits rouges mûrs, enveloppés de notes mentholées et camphrées d'une rare intensité. Rond, soyeux, cadré par des tanins encore serrés, le palais surprend par sa fraîcheur et son fruité juteux. Reste à attendre encore un peu que l'ensemble se fonde. ⧗ 2026-2030

CH. TOUR SAINT-HONORÉ, 602, chem. du bas-Pansard, 83250 La Londe-les-Maures, tél. 04 94 66 98 22, contact@chateautoursthonore.fr V *r.-v.*

PROVENCE

DOM. LES TROIS TERRES Cuvée Famille 2023 ★

| 5000 | | 8 à 11 € |

Luc Nivière, ancien pompier professionnel reconverti dans la viticulture pour succéder à son père, est depuis 2002 à la tête de ce domaine de 25 ha. Les vignes sont implantées au point de jonction de trois terroirs argilo-calcaires, de couleurs différentes.

Seul à l'œuvre, le rolle, ramassé à pleine maturité vers la mi-septembre, a façonné ce joli blanc cristallin, aux parfums exaltants de fleurs blanches et de fruits d'été (nectarine, abricot). Tout en dentelles, la bouche prolonge ce fruité juteux dans une matière légère et souple, égayée par de fins amers. Un blanc sans artifices et facile à aimer, tout indiqué pour l'apéritif. ⧗ 2024-2027

DOM. LES TROIS TERRES, RD 79, rte de Brignoles, 83340 Cabasse, tél. 04 94 80 38 46, contact@troisterresprovence.com V r.-v.

ULTIMATE PROVENCE 2023 ★★

| 80000 | | 15 à 20 € |

Situé sur les contreforts du massif des Maures, le Ch. des Launes était conduit depuis 2005 par Jacqueline et Lambert Dielesen, des Hollandais qui avaient engagé d'importantes restructurations et fait de la propriété un haut lieu d'œnotourisme. Il a été acquis en 2014 par le propriétaire britannique du Ch. de Berne, qui a porté la superficie du vignoble à 45 ha et a rebaptisé le domaine Ultimate Provence.

Pêche de vigne, guimauve, épices douces et touche végétale de buis : le nez séduit par sa complexité. La framboise s'ajoute à cette palette alléchante dans une bouche confortable, souple et bien fruitée, portée jusqu'au bout par une très belle acidité. Un rosé fringant. ⧗ 2024-2025 **2023 ★ (15 à 20 €; 7000 b.)** Ce pur rolle a été élevé sur lies pendant 5 mois en œuf béton. Il s'ouvre sur l'acacia et les fruits à noyau. On retrouve ces arômes intacts dans une bouche charnue, séveuse et longue, mise en valeur par une belle acidité. Un style allègre et gourmand, signant les vins du domaine. ⧗ 2024-2027

ULTIMATE PROVENCE, 7270, rte du Luc, 83680 La Garde-Freinet, tél. 04 94 60 48 70, alexis.cornu@mdcvfr.com V *t.l.j. 10h-21h; f. janv.-mars* 5

B CH. LES VALENTINES La Londe Le Grand Huit 2023 ★★

| 8000 | 20 à 30 € |

Apparu aux premières heures du XXᵉs., ce domaine apportait sa vendange à la coopérative, avant son rachat en 1997 par Gilles Pons, venu de la communication, qui a créé la cave et baptisé la propriété du nom de ses enfants Valentin et Clémentine. Situé au bord de la Méditerranée, au sein de la dénomination La Londe, le vignoble compte aujourd'hui 45 ha conduits en bio.

Un rosé mi-mourvèdre mi-cinsault, associant les raisins de huit parcelles, d'où son nom. Il charme l'œil par ses belles nuances cuivrées. Tout en fruit, il enchante aussi par son bouquet alléchant où ressortent le brugnon, les fruits rouges et la mandarine, puis par la tenue de sa bouche, structurée, nerveuse, charnue et très parfumée. Un vin complet, précis et très digeste, pour l'apéritif comme pour la table. ⧗ 2024-2025 **La Gourmande 2021 ★★ (20 à 30 €; 6000 b.)** B Cette quasi pure syrah (95 %) est née d'un sol de micaschiste planté de ceps de 35 ans, vendangés à la main. Une belle profondeur de robe habille ce rouge soigné, auquel la vinification en cuve de chêne a donné des accents boisés et épicés sans étouffer le vin, intense, gourmand et long, infusé de fraise compotée et de menthol. Déjà bien affinés, les tanins annoncent une bouteille bientôt prête à accompagner avec bonheur viandes mijotées et tajines sucrés-salés. ⧗ 2024-2029

CH. LES VALENTINES, 807, rte de Collobrières, 83250 La-Londe-les-Maures, tél. 04 94 15 95 50, contact@chateaulesvalentines.com V *t.l.j. sf dim. 9h-18h; été 9h-19h*

CH. VAUDOIS 2023 ★

| 25000 | | 15 à 20 € |

Un domaine de 15 ha d'un seul tenant implanté sur sol schisteux, entre Saint-Raphaël et Saint-Tropez, et créé par Marie et Gérard Delli-Zotti en 2000.

Une cuvée extra-pâle, d'un blanc à peine teinté, qui livre un bouquet énergique de fleur de citronnier et de pomelo rehaussé d'une touche poivrée. Harmonieux, croquant et bien structuré, le palais plaît par son caractère sapide, renforcé par une fine amertume en finale aux accents frais de mélisse et de zeste. Que diriez-vous de petits farcis nîmois à la brandade? ⧗ 2024-2025

CH. VAUDOIS, rte Ch.-Vaudois, 83520 Roquebrune-sur-Argens, tél. 04 94 81 49 41, chateauvaudois@delliresort.com V *r.-v.*

LES MAÎTRES VIGNERONS DE VIDAUBAN Dom. de Cristol 2023 ★★

| 69000 | | 5 à 8 € |

La cave des Maîtres Vignerons de Vidauban a été fondée en 1912. Le vignoble est situé au cœur même de l'appellation des côtes-de-provence dans le département du Var et s'étend sur 357 ha, rassemblant une centaine de vignerons-coopérateurs.

Un rosé de domaine, façonné par le grenache (65 %), le cinsault et la syrah, habillé d'une robe vive aux reflets fuchsia. Une présentation appétissante auquel participe le nez, énergique et éloquent, sur des senteurs de fruits exotiques (kiwi, goyave) et de zeste de citron vert. La bouche n'est pas en reste : croquante, fraîche et gouleyante, animée par une finale sur le bonbon acidulé, elle donne envie de passer à table. Parfait pour des nouilles sautées aux crevettes. ⧗ 2024-2025 **Fleur de Vitis 2023 ★★ (8 à 11 €; 20000 b.)** Un blanc issu de rolle et d'un assemblage de terroirs argileux et sableux, qui joue la partition de l'élégance, avec son bouquet fin, floral et anisé, et sa bouche équilibrée, charnue et saline, où s'infusent des saveurs de fruits blancs et une note citronnée qui dynamise la finale. ⧗ 2024-2027

LES MAÎTRES VIGNERONS DE VIDAUBAN, 89, chem. de Ste-Anne, 83550 Vidauban, tél. 04 94 73 00 12, caveau@mvv.vin V *t.l.j. sf dim. 8h-12h 14h-18h*

DOM. VIGNERET La Cadière d'Azur 2023 ★

| 2172 | | 11 à 15 € |

Héritier de plusieurs générations au service du vin, Olivier Pascal a pris en 2006 les rênes de cette propriété qui compte 16 ha en bandol et 4 ha en

côtes-de-provence. La majeure partie de son vignoble couvre les coteaux de La Cadière-d'Azur, à l'emplacement d'une ancienne carrière d'argile bleue exploitée par des ancêtres pour fabriquer des tuiles.

Olivier Pascal a à cœur de réhabiliter les rouges du Sud, ceux de Bandol notamment, mais pas que. Il le prouve avec cet épatant côtes-de-provence associant, comme il se doit dans le secteur, mourvèdre (60 %) et grenache à un court élevage en fût de 6 mois. Bien ouvert, le nez distille des parfums attrayants de fruits rouges macérés, nuancés d'une touche de coriandre. Ronde, consistante, bien enrobée par la cerise, avec des tanins actifs en soutien, la bouche dessine le profil d'un vin encore dans sa jeunesse. On le laisse s'affiner en cave. ⌛ 2027-2032

⊶ SCEA OLIVIER PASCAL, 25, allée de Dublin, 83870 Signes, tél. 04 94 90 57 63, contact@vigneret.com V r.-v.

B VILLA GIROUD Terre l'évidence 2023 ★★

| 6000 | 8 à 11 € |

Après avoir vinifié dans toute la France (Sud-Ouest, Savoie, Sancerrois…), puis élaboré ses propres cuvées au Ch. Giroud à Cabasse (revendu en 2019), Thierry Giroud, œnologue de formation, a fini par poser ses valises à Cotignac, au cœur de la Provence verte. Un minuscule domaine de 3,5 ha d'un seul tenant, racheté en 2020 et converti à l'agriculture biologique (certifiée depuis 2023). La cave a été aménagée dans un ancien hangar agricole et équipée avec un matériel dernier cri.

Une composition classique intégrant 20 % de raisin blanc (rolle) pour ce rosé détonant, qui charme dès l'entame par son teint pastel à l'éclat nacré et par son bouquet très fin de litchi, de poire pochée et de poivre rose. Un fruité immaculé et gourmand se prolonge dans une bouche souple, caressante et longue, rafraîchie par une étonnante finale saline. Des dégustateurs ravis et une entrée dans le Guide en grande pompe pour le domaine. À suivre… ⌛ 2024-2025

⊶ VILLA GIROUD, 1894, rte de Carcès, 83570 Cotignac, tél. 06 82 86 52 29, villairoud83@gmail.com V r.-v.

♥ VILLA MONCIGALE Cicada L'Éveil 2023 ★★

| 150 000 | 8 à 11 € |

Un site de production établi à Beaucaire dans le Gard, entré dans le giron de la maison Boisset en 2021, qui élabore sous la marque Villa Moncigale cinq cuvées en vin rosé exclusivement. Aurélie Saadi supervise les sélections parcellaires issues des vignerons partenaires autour de la montagne Sainte-Victoire, en appellations coteaux-d'aix et côtes-de-provence.

Une robe translucide d'un rose poudré impeccable, un nez irrésistible et franchement amylique de framboise caramélisée, de banane séchée et de citron vert : les prémices sont pour le moins engageantes. Vive, pulpeuse, la bouche déploie une admirable sucrosité empreinte de baies rouges, dynamisée par une vivacité parfaitement intégrée libérant en finale un long sillage de verveine et d'écorce d'agrumes. Un rosé énergique et fédérateur, à savourer tout au long du repas. ⌛ 2024-2025

⊶ VILLA MONCIGALE, 6, quai de la Paix, 30300 Beaucaire, contact@villamoncigale.com

VILLA PEREIRE 2023 ★

| 15 000 | 5 à 8 € |

Savas (Société d'approvisionnement de vins, d'alcools et de spiritueux) est une maison de négoce fondée en 1978, présidée par Évelyne Courriades, qui propose des vins de marque du Bordelais et de Provence.

Le grenache est à la fête (82 %) dans cet attrayant rosé pâle aux reflets dorés, qui exhale des parfums de cake aux fruits confits et de peau de mandarine. Une sucrosité bien typée enveloppe le palais, souligné par une acidité dynamique, avant de s'étirer dans une finale nette et savoureuse évoquant l'orange sanguine. Élégant, précis, ce rosé trouvera sa place à table. ⌛ 2024-2025

⊶ SAVAS, 28, rue de Capeyron, 33200 Bordeaux, tél. 05 56 92 19 20, support@savas-sa.fr

B CH. LA VIVONNE 2023 ★

| 40 000 | 11 à 15 € |

Situé sur les hauteurs du village médiéval du Castellet, entre mer et montagne, au cœur du vignoble bandolais, ce domaine de 23 ha a été racheté à Walter Gilpin par Michel Benhaim en 2010. L'exploitation est certifiée bio.

Cinsault, grenache et mourvèdre à quasi-parité composent cette jolie partition qui appelle les mets d'été, comme ces langoustines grillées au feu de bois suggérées par un dégustateur. Une robe vive de quartz rose ouvre sur une nez subtil mêlant notes florales (genêt, immortelle), lactées et anisées. On retrouve cette belle complexité aromatique, y ajoutant quelques fruits à noyau, dans une bouche souple, croquante et longue, animée par une fine acidité citronnée. ⌛ 2024-2025

⊶ CH. LA VIVONNE, 3345, montée du Château, 83330 Le Castellet, tél. 04 94 98 70 09, domaine@vivonne.com V t.l.j. sf sam. dim. 10h-19h

PALETTE

Superficie : 48 ha
Production : 1 843 hl (70 % rouge et rosé)

Tout petit vignoble, aux portes d'Aix, qui englobe l'ancien clos du bon roi René. Rosés, rouges et blancs font appel à de nombreux cépages locaux. Les rouges, de garde, expriment la violette et le bois de pin.

B CH. HENRI BONNAUD 2023 ★★

| 70 000 | 20 à 30 € |

En 1996, Stéphane Spitzglous reprend l'exploitation de son grand-père Henri Bonnaud. Après de grands travaux de construction d'un bâtiment rassemblant la cave, le chai et le caveau, il sort son premier

millésime en 2004 et rebaptise son domaine au nom de son grand-père. Le vignoble est situé à Tholonet, au sud-est d'Aix-en-Provence face à la montagne Sainte-Victoire et couvre 29 ha conduits en agriculture biologique depuis 2013.

La clairette (70 %) domine l'assemblage de ce blanc distingué, apportant une fois de plus la preuve de sa finesse. C'est par un joli nez de fleurs blanches, de propolis et de poire pochée que débute la dégustation. La vinification en fût apporte une densité à la bouche, opulente et charnue, intensément florale, portée par une acidité ad hoc. Avec son toucher crayeux et ses notes de dragée, la finale ajoute à cette réjouissante harmonie. ⧗ 2026-2032

CH. HENRI BONNAUD, 585, chem. de la Poudrière, 13100 Le Tholonet, tél. 04 42 66 86 28, contact@chateau-henri-bonnaud.fr V t.l.j. sf dim. 10h-12h 14h-18h; sam. 10h-13h 14h-18h E

IGP ALPILLES

B DOM. DES BLAQUIÈRES 2022 ★

■ | 8650 | | 15 à 20 €

Clément Bernard a repris en 2014 les vignes de son père situées dans les collines de Châteaurenard. Il cultive 6,5 ha de vignes trentenaires en bio certifiée.

De la couleur à revendre dans cette robuste cuvée composée de merlot, de syrah et de cabernet-sauvignon par tiers, fermentés séparément puis élevés 12 mois en fût. Un élevage patient qui a posé son empreinte fumée et torréfiée sur un bouquet expressif mais un brin austère, où percent les fruits rouges mûrs et la vanille. Généreuse, ronde et capiteuse, cadrée par des tanins fermes et serrés que souligne un boisé manifeste mais soigné, la bouche a tout pour intégrer l'ensemble d'ici quelques années. De belles promesses à table, à condition d'être patient. ⧗ 2027-2032

DOM. DES BLAQUIÈRES, 601, chem. Notre-Dame, 13160 Châteaurenard, tél. 06 66 51 45 82, contact@domainedesblaquieres.com V r.-v.

DOM. DE BOIS REDON
La Chapelle des Quatre Cèdres 2023 ★★

■ | 5000 | | 11 à 15 €

Situé à Lamanon, aux portes du massif des Alpilles, un domaine de 110 ha d'un seul tenant, comportant des vignes, une truffière, des oliviers et des prairies produisant du foin de Crau. Fondé en 1851 autour d'une chapelle plantée de quatre cèdres et d'un mas provençal, racheté en 1991 par Philippe et Geneviève Isnard, le domaine est depuis 2016 cogeré avec leur fils Geoffrey qui, BTS viti-œno en poche, a décidé de transformer une ancienne bergerie en cave de vinification. Une production en bouteilles issue de 5 ha de vignes voit le jour en 2023, le reste des raisins étant encore apporté en cave coopérative.

Entrée au Guide remarquée pour la première cuvée de Geoffrey Isnard: un rouge en conversion bio, né du seul caladoc brièvement élevé en cuve. Le jury a apprécié l'éclat de sa robe d'un joli grenat luisant et son bouquet fin et expressif alliant la confiture de figues, la pâte de cassis et le caramel au beurre. Tout aussi flatteuse, la bouche affiche une confortable sucrosité, un fruité gourmand et une superbe fraîcheur, bien épaulée par des tanins fondus. Son énergie dessine un parfait rouge des beaux jours. ⧗ 2024-2027

DOM. DE BOIS REDON, 292, chem. de Bois-Redon, 13113 Lamanon, tél. 06 23 39 40 63, lepetitredon@gmail.com V t.l.j. sf dim. 8h-12h 14h-17h

B DOM. DE LANSAC
Les Quatre Reines Chardonnay 2023 ★

■ | 3000 | | 8 à 11 €

À l'entrée de ce domaine commandé par un mas provençal du XIXᵉs., une tour construite par les Templiers au XIIIᵉs. sur des fondations romaines : une propriété qui a « vécu » en somme, entrée dans la famille d'Éléonore de Sabran en 1817. Cette dernière y conduit, depuis 1996 un vignoble de 37 ha en bio certifié, dont certains ceps ont été plantés en 1901.

Une vendange de nuit à la mi-août et un pressurage direct à l'arrivée en cave a soigné la fraîcheur de ce pur chardonnay bien ouvert sur des senteurs fines de rose, de tilleul et de zeste de bergamote. Le litchi apporte une touche exotique à cette palette dans une bouche gracile, nette et tendue, dotée d'une aimable rondeur qui le destine à des mets légers. ⧗ 2024-2027

DOM. DE LANSAC, 1700, Lansac, 13150 Tarascon, tél. 04 90 91 38 38, eloise.palot@gmail.com V t.l.j. sf dim. 10h-12h30 14h-18h30

B DOM. DE VALDITION 2023 ★

■ | 110 000 | | 8 à 11 €

Cet important domaine de 250 ha (dont 90 de vignes et 30 d'oliveraies) est une ancienne propriété de François Iᵉʳ, qui l'offrit en dot à sa fille naturelle Caroline du Prévôt. Commandé par une bastide, le vignoble est en bio certifié depuis 2012.

Pas moins de six cépages composent ce rosé brillant aux reflets parme et aux senteurs délicates de chèvrefeuille, de fleur d'oranger et d'écorce de cédrat. Grasse et vive à fois, finement poivrée, la bouche plaît par son équilibre et la longue persistance du fruit en finale. De l'élégance et de la tenue. ⧗ 2024-2025

DOM. DE VALDITION, rte d'Eygalières, 13660 Orgon, tél. 04 90 73 08 12, valdition@valdition.com V t.l.j. 9h30-12h30 14h-18h

IGP BOUCHES-DU-RHÔNE

B DOM. ATTILON
Terre de Camargue Ambition 2022 ★★

■ | 7008 | | 11 à 15 €

Renaud et Odile de Roux, à la tête depuis 1968 de ce vignoble très ancien de 95 ha – on en trouve trace dès le XVIIᵉs. –, conduisent leurs vignes en agriculture biologique depuis 1983. Ils ont été des précurseurs de ce mode de culture dans la région.

On ne se pressera pas pour ouvrir ce rouge de caractère issu de marselan et cabernet-sauvignon à parité, se dévoilant avec lenteur sur des parfums de baies noires mûres, de pruneau confit et de cacao amer. Dans le droit-fil, le palais affiche une étoffe conséquente, cadrée par des tanins puissants et serrés, puis s'étire dans une longue finale au fruité chaleureux et bien poivré. Un profil vigoureux qui exige encore un peu de patience. ⧗ 2027-2032

DOM. ATTILON, rte de Port-St-Louis-du-Rhône, 13104 Mas-Thibert, tél. 04 90 98 70 04, sceaderouxcavard@gmail.com V *t.l.j. sf dim. 10h-12h 15h30-18h; f. janv-mars*

RESTANQUES DE LASCOURS 2023 ★

20000 | 5 à 8 €

Regroupement des caves du pays d'Aubagne jusqu'aux portes de Marseille, cette coopérative créée en 1924 dispose d'un vignoble de 165 ha entre les collines du Garlaban et de la Sainte-Baume, dans le secteur le plus occidental des côtes-de-provence. HVE, bio, sans sulfites : la coopérative a choisi de s'engager dans la voie d'une production écologique et naturelle.

Une moitié de rolle, l'autre de clairette et de sauvignon, composent ce joli blanc à l'éclat nacré et aux senteurs printanières de seringa et d'amande fraîche qui prennent vie dans une bouche déliée, tendre et fondue, soutenue par une fine tension saline et relevée par une finale dynamique teintée d'anis vert. Pour l'apéritif avec une marmite de tellines et de coques en persillade. ⧗ 2024-2027

LES VIGNERONS DU GARLABAN, 454, rte de St-Zacharie, 13390 Auriol, tél. 04 42 04 70 70, vignerons.garlaban@orange.fr V *t.l.j. sf dim. 9h-12h 15h-19h* E

DOM. DES OULLIÈRES Plaisir 2023 ★

75000 | 5 à 8 €

Les Ambrosio-Collomb sont vignerons depuis six générations, mais la cave a été construite en 1990. Trois générations y travaillent de concert, avec un vignoble de 40 ha à leur disposition.

Caladoc, merlot et cinsault au menu de ce rosé convaincant, qui s'annonce dans une robe très pâle aux reflets gris. Avenant, le nez marie la fraise écrasée et l'écorce d'orange confite. Un fruité composite qui persiste et s'agrémente de saveurs fraîches de pomelo dans une bouche ronde, friande et acidulée. On appréciera sa belle tenue et son caractère sapide à table, avec la cuisine asiatique en particulier. ⧗ 2024-2025

DOM. DES OULLIÈRES, 5200, RD7N, 13410 Lambesc, tél. 04 42 92 83 39, contact@oullieres.com V *t.l.j. sf dim. 9h-12h 14h-18h*

IGP HAUTES-ALPES

DOM. ALLEMAND Rayon de soleil 2023 ★★

1500 | 11 à 15 €

Un domaine familial de 11 ha créé en 1954 par Marcelle et Louis Allemand, repris par leur fils Marc en 1984, engagé dans la sauvegarde et la valorisation des cépages haut-alpins, dont l'emblématique mollard. Il est aujourd'hui épaulé par son neveu Maxime, et sa fille Laetitia, laquelle a entamé la conversion bio du domaine. Les vendanges sont exclusivement manuelles et l'apport de soufre en cave est réduit à la portion congrue.

Du muscat à petits grains vendangés en légère surmaturité a présidé à la naissance de ce moelleux exaltant et généreux (50 g/l de sucres résiduels), aux parfums enjôleurs et bien typés de jasmin, de reine-claude bien mûre et d'abricot compoté. Suave et généreuse, la bouche prolonge ces mêmes saveurs de fruits jaunes, allégée par une belle fraîcheur en finale. Un vin convivial, taillé pour accompagner des toasts au foie gras, un fromage bleu ou une tarte aux mirabelles. ⧗ 2024-2028 **Globe-trotteur 2023 ★ (11 à 15 €; n.c.)** Un pur chardonnay issu d'une minuscule parcelle d'un demi-hectare et un nom de cuvée qui rappelle la plasticité de ce cépage, cultivé dans le monde entier. Teinté d'un bel éclat ambré, ce séduisant blanc s'ouvre sur des senteurs de poire mûre et de gelée de coing sur un fond discrètement fumé. En bouche, il se montre cossu, soutenu par une fine tension et une longue finale épicée (carvi). ⧗ 2024-2027

DOM. ALLEMAND, 1495, rte de l'Eau-Vive, 05190 Théüs, tél. 04 92 54 40 20, domaineallemand@orange.fr V *t.l.j. sf sam. dim. 9h-12h 14h-18h*

♥ B DOM. DU MONT GUILLAUME Entre lac et montagnes 2022 ★★

1650 | 15 à 20 €

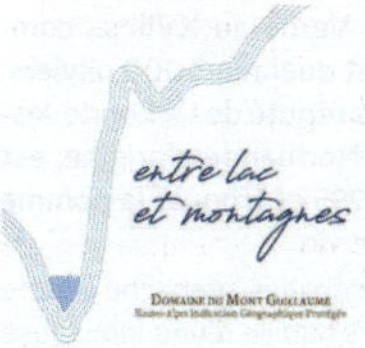

Bourguignons de naissance mais Haut-alpins de cœur, Emmanuel et Delphine Berteloot décident en 2016 de réhabiliter ce petit vignoble familial des pourtours du lac de Serre-Ponçon, dans le parc national des Écrins. Sept cépages, dont l'endémique mollard, sont cultivés sur ces 4 ha, en bio certifié.

Une parcelle de 70 ares sise à 900 m d'altitude est la matrice de ces très jeunes ceps de syrah (4 ans), dont les raisins ramassés à la main et extraits en douceur ont été élevés 9 mois en fût. Le jury a aimé la robe sombre de ce vin et son bouquet subtil de framboise fraîche et de cacao. La bouche confirme ces bonnes impressions par sa concentration, son boisé discret, ses tanins délicats et tactiles, et sa fine tension teintée de fleurs fraîches (lilas, violette). Une entrée au Guide par la grande porte pour les Berteloot. ⧗ 2026-2032 **Enclos de la Pinée 2023 ★ (15 à 20 €; 1800 b.)** B Il s'agit bien d'un clos : une parcelle de mollard, cépage endémique des Hautes-Alpes, encerclée de murs séculaires de plusieurs mètres de hauteur. Une vinification «à la bourguignonne» en cuve ouverte et sous l'action des seules levures indigènes a présidé à la naissance de ce rouge friand, qui plaît par ses arômes de baies noires mûres et de torréfaction, et par sa matière déliée, souple et ronde. ⧗ 2024-2028

DOM. DU MONT GUILLAUME, 4, chem. de l'Aigle, 05200 Les Orres, tél. 06 75 36 71 89, domainemontguillaume@orange.fr V *r.-v.* 5

DOM. DE TRESBAUDON L'Exception de Lou 2022 ★★

10000 | 8 à 11 €

Un vignoble de 35 ha conduit par Caroline et Olivier Ricard, qui ont repris la propriété familiale en 1999,

PROVENCE

passant d'une exploitation fruitière à un domaine viticole. Lou, leur fille cadette, œuvre désormais en cave aux côtés de son père.

Le merlot (75 %), associé au cabernet-sauvignon, mène la danse dans ce rouge au caractère bien trempé. Une robe grenat sombre ornée d'un disque cuivré annonce des prémices d'évolution, ce que confirme un bouquet de baies sauvages compotées, de caramel et de cuir. Gorgée d'épices et d'un fruité bien mûr, la bouche en impose par sa concentration et ses tanins serrés, que vient alléger une finale acidulée. Un profil distingué et prometteur à laisser respirer en cave. ⧗ 2027-2032

⊶ DOM. DE TRESBAUDON, 2030, rte de Tresbaudon, 05130 Tallard, tél. 04 92 54 19 28, domaine-de-tresbaudon@orange.fr V ▪ *r.-v.*

IGP VAR

DOM. LE BASTIDON
Rosé de saignée 2023 ★★

■	70 666	▮	5 à 8 €

Sous le regard des îles de Port-Cros et de Porquerolles, une imposante bastide provençale, ancienne propriété des chartreuses de la Verne au XVIIIe s., commande un vignoble de 79 ha et quelque 3 000 oliviers. C'est sur ce terroir de schistes réputé de La Londe-les-Maures que la famille Rose, Normande d'origine, est venue trouver la chaleur en 1995 et troquer la pomme et le cidre contre le raisin et le vin.

Issue d'un assemblage de cinq cépages, grenache en tête (46 %), cette pétulante cuvée s'habille d'une lumineuse robe corail. Des parfums exquis de fruits à chair blanche et de fleurs mellifères (sureau, acacia) se mêlent harmonieusement au bouquet, infusant à volonté une bouche souple et onctueuse, dynamisée par une fine acidité aux saveurs de fenouil et d'amande verte. Un rosé allègre et de bonne tenue, pour une tablée d'été autour d'un aïoli provençal. ⧗ 2024-2025

⊶ LE BASTIDON, 853, chem. du Pansard, 83250 La Londe-les-Maures, tél. 04 94 66 80 15, chateau.bastidon@gmail.com V ▪ *t.l.j. 9h-12h30 14h-19h*

DOM. DES ESCARAVATIERS 2023 ★

■	22 000	▮	5 à 8 €

Jules César donna ces terres à l'un des vétérans de la 9e légion, Caïus Novellius, qui y implanta les premières vignes. Un héritage que cultive depuis 1928 la famille Costamagna, à la tête d'un vignoble d'une trentaine d'hectares planté sur argilo-calcaires, actuellement en conversion bio. À noter : le domaine invite tous les étés des artistes à se produire en concert.

Une larme de muscat (5 %) agrémente cette engageante composition de caladoc (40 %), grenache (25 %) et cinsault (30 %), qui porte beau dans sa robe poudrée aux nuances peau de pêche. Le nez s'ouvre lentement sur des notes de tilleul et d'acacia dynamisées par le zeste d'agrumes. Vif à l'attaque, animé par une acidité tonique, le palais s'enveloppe d'une sucrosité bienvenue, où s'invitent les fruits rouges acidulés et le bonbon au coquelicot. Un rosé expressif et fringant, tout indiqué à l'apéritif. ⧗ 2024-2025

⊶ DOM. DES ESCARAVATIERS, 514, chem. de St-Tropez, 83480 Puget-sur-Argens, tél. 04 94 51 55 80, info@escaravatiers.com V ▪ ▪ *t.l.j. sf dim. lun. 10h-12h 14h-18h*

DOM. VAL D'ASTIER One Maures 2023 ★

■	5 000	▮	8 à 11 €

C'est dans le lieu-dit Val-d'Astier, sur les hauteurs de Cogolin, au pied des Maures et à quelques kilomètres du golfe de Saint-Tropez, que Bruno Seignez a créé son domaine en 2003, après avoir fait ses armes dans des caves provençales. Le vignoble s'étend sur 23 ha.

Né de jeunes ceps de 10 ans plantés sur un sol de micaschistes, ce blanc alerte soigne les présentations avec sa jolie brillance et son bouquet subtil et aérien de raisin croquant et d'écorce de pomelo, assorti d'intenses notes minérales (craie). Tendre et acidulée, d'un volume confortable, infusée de saveurs d'agrumes frais, la bouche achève de convaincre. Un blanc friand et convivial, à ouvrir à l'apéritif avec des fruits de mer. ⧗ 2024-2026

⊶ VAL D'ASTIER, 330, chem. du Val-d'Astier, 83310 Cogolin, tél. 06 09 13 27 64, bruno@domainevaldastier.com V ▪ ▪ *t.l.j. sf sam. dim. 9h-12h30 15h-19h*

CORSE

LA CORSE

Montagne dans la mer, l'île de Beauté et sa topographie tourmentée offre une multiplication de pentes et de coteaux, de microclimats favorisés par la proximité de la Méditerranée, des montagnes et des vallées et par une pauvreté des sols bénéfiques à la vigne. Le vignoble court tout autour de l'île, à proximité des côtes.

La production viticole est avant tout orientée vers l'élaboration de vins identitaires portés par des cépages autochtones introuvables sur le continent comme le sciaccarellu et le nielluccius, qui, parfois associés aux « locaux » barbarossa et aleatico ou à des variétés importées, sont à l'origine de vins rouges et rosés bien typés et très majoritaires. En blanc, le vermentino (ou malvoisie de Corse) domine, accompagné parfois de l'ugni blanc (ou rossola), du bianco gentile, du codivarta... Sans oublier le muscat à petit grains qui engendre le muscat-du-cap-corse.

Cap Corse
Rogliano
Pino
Luri
Muscat-du-cap-corse
Corse Coteaux-du-cap-corse
Nonza
Brando
Golfe de St-Florent
Muscat-du-cap-corse
Bastia
Saint-Florent
Patrimonio
Oletta
MER LIGURIENNE
N
O
E
S
L'Île-Rousse
Algajola
Belgodère
Corse Calvi
Calvi
Lama
Santo-Pietro-di-Tenda
Corse
Borgo
Feliceto
Calenzana
Casamozza
Vescovato
Ponte Leccia
Morosaglia
Corse
Corse Calvi
Galéria
Haut Asco
Monte Cinto 2 706 m
Corse
Piedicroce
HAUTE-CORSE
Cervione
le Golo
Corte
Golfe de Porto
Calanques de Piana
Porto
Piana
Erbajolo
Monte Rotondo 2 622 m
Corse
Vico
Cargèse
Ajaccio
le Tavignano
Étang de Diane
Sagone
Ghisoni
Aléria
Golfe de Sagone
Bocognano
Sari-d'Orcino
Corse
Étang d'Urbino
Bastelica
Ghisonaccia
Ajaccio
Prunelli-di-Fiumorbo
la Gravona
CORSE-DU-SUD
Ajaccio
Zicavo
Grosseto-Prugna
Monte Incudine 2 134 m
Sari-Solenzara
Golfe d'Ajaccio
Ajaccio
le Taravo
Col de Bavella 1 218 m
MER MÉDITERRANÉE
Petreto Bicchisano
MER TYRRHÉNIENNE
Casalabriva
Conca
Zonza
Olmeto
Corse Porto-vecchio
Corse Sartène
Levie
Golfe de Valinco
Propriano
Sartène
Porto-Vecchio
Corse Sartène
Corse Figari
Sotta
Corse Porto-vecchio
Roccapina
Figari
Muscat-du-cap-corse (vin doux naturel)
Limite de département
0
10
20
30 km
Bonifacio
Détroit de Bonifacio

Principaux **millésimes** dégustés dans cette **édition**

TYPES DE VIN	CARACTÉRISTIQUES DU MILLÉSIME	QUALITÉ DU MILLÉSIME
Rosé 2023	Plus tardif que 2022, 2023 reste marqué par un bel ensoleillement et des températures plutôt douces. C'est un millésime chaud sans être sec, qui a livré des vins frais et équilibrés, particulièrement éloquents en rosés.	★★★★★
Rouges 2022	Millésime magnifique, 2022 signe des vins d'équilibre, qui ont réussi à peu près partout sur l'île. Les rouges sont souples, avec de la matière et de jolies couleurs, liant à merveille fraîcheur et concentration.	★★★★★
Rouges 2021	Un bon millésime qui évite tous les écueils malgré le gel, la sécheresse et des rendements légèrement en baisse, et qui livre des vins souples, élégants, expressifs et dotés d'un bon équilibre.	★★★☆☆
Blancs 2023	Ce millésime plus tardif que le précédent, qui n'a pas souffert des excès de chaleur, offre des vins équilibrés, frais et élégants, superbes de finesse. Récompense ultime : les volumes sont au diapason de la qualité.	★★★★★
Blancs 2022	Conciliant volume et qualité, ce millésime enchante par ses blancs de belle finesse, au fruit croquant et parfumé, sans excès. Une très belle année qui augure un bon vieillissement pour les cuvées les plus ambitieuses.	★★★★★

La **Corse** en un clin d'œil

Types de vins

Principaux **cépages**

Niellucciu	Sciaccarellu	Grenache
Cinsault	Syrah	Carignan
Aleatico	Vermentino (rolle ou malvoisie de Corse)	Muscat à petits grains

Hiérarchie des vins

AOC COMMUNALES (ou « CRUS »)
Ajaccio, patrimonio, muscat-du-cap-corse (vin doux naturel)

AOC RÉGIONALE CORSE + dénominations (ou « VILLAGES »)
Calvi, Figari, Sartène, Porto-Vecchio, Coteaux-du-cap-corse

AOC RÉGIONALE CORSE

IGP ÎLE DE BEAUTÉ
Plus de la moitié de la production des vins corses

Un peu d'**histoire**

- **À partir du VIe s.av. J.-C. :** implantation de la vigne par les Phocéens, puis par les Romains.
- **XIe s. :** la Corse est sous la domination de Pise. Les ordres religieux développent la vigne.
- **XIIe-XVIIIe s. :** la Corse est sous la domination de Gênes. Poursuite de l'essor du vignoble.
- **XIXe s. :** l'arrivée du chemin de fer à Sète favorise la commercialisation des vins de Corse jusqu'à Paris. La production double.
- **1850 :** crise de l'oïdium, puis du phylloxéra. Le vignoble passe de 17 000 ha à moins de 6 000 ha. S'ensuit un long déclin.
- **1960 :** les rapatriés d'Afrique du Nord développent le vignoble, lequel atteint plus de 30 000 ha. Une viticulture de masse, orientée en partie vers la production de vins de table algérien.
- **1968 :** création de l'AOC patrimonio.
- **1970 :** crise économique due à la désaffection des vins ordinaires. Réorientation qualitative de la viticulture corse.
- **1976 :** création de l'AOC vin-de-corse.
- **1984 :** création de l'AOC ajaccio.
- **1993 :** création de l'AOC muscat-du-cap-corse

AJACCIO

Superficie : 243 ha
Production : 8 800 hl (90 % rouge et rosé)

L'appellation ajaccio borde sur quelques dizaines de kilomètres la célèbre cité impériale et son golfe. Ce terroir d'exception, généralement granitique, permet au sciaccarellu, cépage phare pour les rouges et rosés, et au vermentinu, en blanc, d'exprimer tout leur potentiel.

CLOS CAPITORO 2019 ★★★

60 000 | 11 à 15 €

Fondé au XIXᵉs., le Clos Capitoro (30 ha aujourd'hui) fut l'un des premiers domaines corses à mettre son vin en bouteilles (1856). Situé sur des coteaux aux sols argilo-siliceux non loin des plages de Porticcio, il est aujourd'hui conduit par Jacques Bianchetti, secondé par ses filles Éloïse (œnologue comme son père, à la cave) et Mélissa (à la commercialisation).

20 % de grenache noir à l'appui du sciaccarellu et un très long élevage (48 mois) en cuve à l'origine de ce 2019 remarquable. Petits fruits rouges, épices, sous-bois, touches florales, c'est un bouquet très intense et complexe qui infuse une bouche détendue, ronde à souhait, cousue de tanins fins, longue, fraîche et absolument savoureuse. « Waouh ! » s'exclame le jury. Tout est dit. ⧗ 2026-2032 ■ 2023 ★★ (11 à 15 € ; 15 000 b.) Une touche d'orange amère égaie ce nez volubile de groseille et de pomelo. Vif à l'attaque, d'une belle amplitude en milieu de bouche, bien acidulé en finale, voilà un rosé à la fois tonique et consistant. ⧗ 2024-2025

CLOS CAPITORO, Pisciatella, 20117 Cauro, tél. 04 95 25 19 61, info@clos-capitoro.com V *r.-v.*

CLOS VIGNARELLA Santu 2021 ★★

600 | 15 à 20 €

En 2015 Jean-Baptiste Valle reprend les terres agricoles exploitées jusque-là par on père et son parrain. Il y exploite notamment 1,5 ha de vignes, en conversion bio (depuis 2021) et produit des vins en appellation corse et ajaccio.

La gourmandise est le maître-mot de cette cuvée née du sciaccarellu et du cinsault. Un vin qui laisse s'exprimer à l'aération un bouquet fin de cerise confite, de cuir et de réglisse. Appuyée sur des tanins extraits avec sagesse, la matière s'étire avec élégance et fraîcheur dans une bouche tendre, digeste et très croquante. ⧗ 2025-2030

CLOS VIGNARELLA, lieu-dit Cattaraggio, 20129 Bastelicaccia, tél. 04 95 76 28 19, vignarella2a@orange.fr V *r.-v.*

♥ PETRA DI MELA Signorina 2022 ★★

1384 | 11 à 15 €

Jules Celli a repris en 2014 le petit domaine (moins de 4 ha) créé en 1931 par son grand-père dans la plaine de Peri (arrière-pays d'Ajaccio), qu'il exploite en famille. Il cultive uniquement le sciaccarellu et le vermentinu.

Drapée d'une belle robe rubis, cette Signorina au charme irrésistible vaut au domaine son premier coup de cœur. On ne se formalise pas de la discrétion du nez, les arômes, cassis et épices en tête, montent d'un ton dans une bouche expressive, ensoleillée, qui tire du sciaccarellu sa sève charnue et ses tanins fins, le tout souligné d'une salinité singulière. Un vin « très terroir » et d'une harmonie remarquable. ⧗ 2025-2030 ■ 2023 ★★ (8 à 11 € ; 5800 b.) Des parfums exotiques et printaniers de litchi et de fleurs blanches, une attaque fraîche, du gras, une texture très caressante, une finale enlevée ponctuée d'une fine amertume : un vermentinu consistant, de table, à réserver à des poissons cuisinés. ⧗ 2024-2027

PETRA DI MELA, A Croce, plaine de Peri, 20167 Peri, tél. 06 74 98 64 54, jules.celli@gmail.com V *t.l.j. sf dim. 14h-19h*

♥ GUILLAUME DE PRATAVONE 2023 ★★

5000 | 15 à 20 €

Cette propriété d'environ 50 ha située non loin du site préhistorique de Filitosa est dirigée par Isabelle Courrèges. Cette dernière en a modernisé le chai en 2012, le dotant d'un équipement à la pointe de la technologie, et a engagé en 2015 la rénovation des bâtiments. Une valeur sûre de l'appellation ajaccio.

Un jury unanime pour souligner la classe de ce grand blanc corse, issu comme il se doit du vermentinu, élevé ici 12 mois en fût. Élégants et très floraux (acacia, aubépine) à l'olfaction, les arômes s'enrichissent de touches beurrées et exotiques dans un palais ample dès l'attaque, tactile, concentré et très étiré dans une finale à l'accent minéral. Un vin de belle garde qui pourrait devenir « encore plus incroyable avec le temps », conclut le jury. ⧗ 2025-2030

DOM. DE PRATAVONE, 20123 Cognocoli-Monticchi, tél. 04 95 24 34 11, contact@domainepratavone.com V *t.l.j. sf dim. 8h-12h 14h-18h ; ouv. dim. en juil.-août*

TARRA DI L'APA Aeterna 2023 ★★★

4500 | 15 à 20 €

Terra di l'Apa, ou Terre de l'abeille. Désireux de vivre de la terre, Romain Salasca s'est installé comme apiculteur dans la plaine de Peri, non loin d'Ajaccio, et il « transhume » ses 350 ruches au gré des floraisons pour produire du miel de Corse, AOP depuis 1998. Pour renouer avec l'activité de ses grands-parents, en 2015, il a planté des vignes dans le même terroir. Pour l'heure, 3 ha de sciaccarellu et de vermentinu ; aujourd'hui 7 ha et la construction d'une cave.

Un grand rosé qui a tout pour lui : une robe lumineuse, couleur pétale de rose, des arômes débridés et fringants de fleurs, d'agrumes et de menthol, et un palais vigoureux, très en chair, juteux, aiguisé par une très belle acidité. Ajoutons-y une petite amertume parfaitement stimulante et l'on obtient ce parfait rosé de gastronomie. ⧗ 2024-2025

TARRA DI L'APA, Albitronu, gare de Carbuccia, 20133 Carbuccia, tél. 06 13 02 69 85, tarradilapa@gmail.com r.-v.

CORSE OU VIN-DE-CORSE

Superficie : 2 150 ha
Production : 90 360 hl (90 % rouge et rosé)

L'AOC corse ou vin-de-corse peut être produite dans les trois couleurs sur l'ensemble des terroirs classés de l'île, à l'exception de l'aire d'appellation patrimonio, au nord. Selon les régions et les domaines, les proportions respectives des différents cépages ainsi que les variétés des sols apportent aux vins des tonalités diverses. Les nuances régionales justifient une dénomination spécifique de microrégions, dont le nom peut être associé à l'appellation (Coteaux-du-Cap-Corse, Calvi, Figari, Porto-Vecchio, Sartène). La majeure partie de la production est issue de la côte orientale.

B DOM. CASTELLU DI BARICCI
Sartène 2023 ★

| 40 000 | | 20 à 30 € |

Établie dans la vallée de l'Ortolo au sud de l'île de Beauté, la famille Quilichini cultive la vigne depuis le début du XIXᵉs. Elle a redonné vie à partir de 2000 à ce domaine de plus de 150 ha, plantant vignes (15 ha aujourd'hui) et oliviers (12 ha) pour produire vins et huiles d'appellation. En 2010, Élisabeth Quilichini a pris les rênes de la propriété dont elle a engagé la conversion bio (certification en 2013).

Un vermentinu généreux, élevé en cuve inox et cuve béton (en forme de tulipe), dont on aime les arômes épanouis et ensoleillés de fruits à chair jaune et la bouche dodue, riche, longue, plus exotique dans ses parfums, tonifiée par ce qu'il faut d'acidité en finale. ⧗ 2025-2028
■ Sartène 2023 ★ (15 à 20 € ; 15 000 b.) B Une robe tirant sur l'orange, des arômes discrets mais gourmands de fleurs et de pamplemousse, une bouche tendre, acidulée à l'attaque et plus chaleureuse en finale : un rosé souple et facile à boire. ⧗ 2024-2025

CASTELLU DI BARICCI, haute-vallée de l'Ortolo, 20100 Sartène, tél. 09 88 99 30 62, info@castelludibaricci.com t.l.j. sf sam. dim. 10h-13h 15h-18h

♥ CLOS LUCCIARDI
Signora Catalina 2023 ★★

| 6 500 | | 11 à 15 € |

Après une période de fermage, Josette et Joseph Lucciardi ont repris en 2004 l'exploitation familiale, créée en 1926. Situé dans la partie orientale de l'île de Beauté, entre mer et montagne, le vignoble, d'un seul tenant (14 ha), est enraciné dans le sol argilo-caillouteux des coteaux d'Antisanti, sur les anciennes terrasses alluviales du Tavignano.

Le jury avait beaucoup aimé le 2021, il adore le 2023. Une note grillée confère un accent minéral à ce nez intense, floral et fruité. Au diapason, la bouche charme par son volume, sa longueur, l'intensité du fruit et sa finale sapide, relevée d'une très stimulante touche d'amertume de jeunesse. Puissant et harmonieux, voilà un vermentinu bien né, savoureux, que l'on pourra carafer ou garder quelque temps en cave. ⧗ 2024-2028

CLOS LUCCIARDI, Dom. de Pianiccione, 20270 Antisanti, tél. 06 77 07 27 34, contact@closlucciardi.com r.-v.

♥ B DOM. FIUMICICOLI
Sartène Cuvée Vassilia 2020 ★★

| 20 000 | | 20 à 30 € |

Créé en 1964 par Félix Andreani, ce domaine situé à l'extrême sud de la Corse fait partie des incontournables du Sartenois. Une très belle propriété de 75 ha conduite en bio par le fondateur et son fils Simon, vignerons rigoureux et vinificateurs de talent.

Après les millésimes 2016 et 2019 déjà consacrés coups de cœur, cette cuvée récidive en 2020. Les niellucciu (70 %) et sciaccarellu sont très complices dans ce rouge sacrément charmeur. L'élevage en fût saupoudre de notes épicées un nez très ouvert et croquant, sur les petits fruits rouges et noirs. La même gourmandise émane d'un palais d'une belle souplesse de chair, ourlé de tanins fins enrobés par un boisé très à propos. Déjà irrésistible, on peut aussi sereinement le mettre en cave quelques années. ⧗ 2026-2032

DOM. FIUMICICOLI, rte de Levie, 20100 Sartène, tél. 04 95 77 10 20, contact@fiumicicoli.corsica t.l.j. sf sam. dim. ; f. oct.-avr.

♥ B DOM. DE GRANAJOLO
Porto-Vecchio Monika 2023 ★★★

| 10 400 | | 15 à 20 € |

Ce domaine, fondé en 1974 par André et Monika Boucher aux environs de Porto-Vechio, à l'extrémité sud-est de l'île, se flatte d'avoir été le premier de Corse à obtenir une certification bio, en 1982. À la disparition de son père, Gwenaële, œnologue, forte d'une première expérience en France et en Australie, a repris en 2002 la gestion de la propriété (20 ha) avec sa mère.

Monika, la mère de Gwenaële Boucher, honorée dans ce grand rosé gastronomique dominé par le sciaccarellu, bien dans le style du domaine. Très soutenue, la robe annonce un nez bouqueté qui mêle les petits fruits rouges et l'agrume aux épices et à l'eucalyptus. Fraîche et vineuse à la fois, complexe, pétrie de poivre, la matière s'étire dans un palais qui a tout : le gras, le croquant et ce peps « qui donne envie d'y retourner ».

Parfait sur les charcuteries corses ou des rougets grillés. ⧗ 2024-2026 ■ **Porto-Vecchio Le J 2021 ★ (20 à 30 €; 3 900 b.)** Ⓑ « J » comme jumeaux, soit les deux fils de Gwenaële Boucher. Dans le verre, un rouge typé aux notes complexes de tabac, de petits fruits rouges bien mûrs et de vanille, à la bouche élégante, épicée, détendue, appuyée sur des tanins soyeux. ⧗ 2025-2029

DOM. DE GRANAJOLO, La Testa, 20144 Sainte-Lucie-de-Porto-Vecchio, tél. 04 95 70 37 83, info@granajolo.fr V r.-v.

Ⓑ DOM. ORSINI Calvi 2023 ★★

■	3000		11 à 15 €

La famille Orsini conduit un domaine créé en 1962, situé sur les coteaux de Calenzana, dominant la baie de Calvi. Elle a également créé une structure de négoce. En conversion bio, son vignoble de 22 ha est surtout planté de cépages insulaires : outre les cépages principaux de l'appellation comme le niellucciu, le sciaccarellu et le vermentinu, les biancu gentile, codivarta, carcajolo et muscat. La propriété propose aussi apéritifs, liqueurs et confiseries.

Une teinte pétale de rose, des parfums expansifs de fleurs blanches, de pamplemousse et de litchi, un palais gourmand, expressif, à la fois charnu et vivace : un rosé plein et énergique, dont la place est à table. ⧗ 2024-2025 ■ **Calvi Astro 2021 ★ (15 à 20 €; 4 000 b.)** Les niellucciu, sciaccarellu et syrah associés dans ce rouge longuement élevé en fût. Le nez déjà patiné, entre fruits rouges confits et épices douces, tranche avec une bouche juvénile, nerveuse, consistante, adossée à des tanins corsés. On patiente. ⧗ 2026-2032

DOM. ORSINI, Rochebelle, 20214 Calenzana, tél. 06 16 22 57 45, direction@domaine-orsini.com V *t.l.j. sf dim. 9h-12h 14h-19h*

DOM. ORSUCCI 2021 ★★

■	9300		8 à 11 €

Trois générations se sont succédé sur ce domaine situé à Aléria, en Corse orientale. Philippe Orsucci, qui perpétue l'héritage familial depuis 2018, a diminué la superficie du vignoble, pour le dédier aux vins d'appellation. Il exploite 26 ha.

Dominé par le niellucciu, un bien joli 2021 épanoui par un long vieillissement en cuve. Fruits rouges, épices, touche animale, le nez ne manque pas de séduction. Comme la bouche, déliée, équilibrée, adossée à des tanins déjà fondus et agréablement étirée sur le poivre et le fruit en finale. On peut l'ouvrir sans attendre, sur une viande rouge grillée aux herbes par exemple. ⧗ 2024-2028

DOM. ORSUCCI, lieu-dit Croce, 20270 Aléria, tél. 04 95 55 73 63, domaine-orsucci@orange.fr V *r.-v.*

DOM. POLI Cuvée Tradizione 2022 ★★

■	13000		8 à 11 €

Éric Poli, fils d'Ange Poli (Dom. de Piana), a d'abord travaillé à Paris en salle des marchés avant de revenir à ses racines corses et vigneronnes. Également responsable de domaines en AOC patrimonio, il a créé en 2007, non loin de la côte orientale, cette exploitation qui compte 65 ha de vignes.

Un élevage en cuve de 15 mois pour ce rouge sapide et parfumé, centré sur les fruits noirs à l'olfaction. La même séduction émane d'une bouche croquante, fraîche, posée en douceur sur des tanins d'un soyeux très confortable. Long et juteux, on l'ouvre volontiers sur un magret. ⧗ 2024-2029

DOM. POLI, Bravone, 20230 Linguizzetta, tél. 06 19 42 54 91, clos.alivu@orange.fr V *r.-v.*

Ⓑ DOM. RENUCCI Calvi Vignola 2023 ★

■	20000		11 à 15 €

Un domaine familial établi en Balagne, au nord-ouest de l'île, dans la vallée du Reginu. Les Renucci ont commencé à travailler la vigne en 1850. Parmi leurs clients, ils comptaient alors des églises et des couvents. En 1960, Joseph Renucci hérite du domaine, qu'il transmet en 1991 à son fils Bernard et son épouse. Complanté essentiellement en cépages locaux, le vignoble, certifié bio, compte aujourd'hui 28 ha.

Une sélection parcellaire pour un blanc charmeur, élevé sobrement en cuve. Agrumes, fleurs blanches, touche fumée, un bouquet séduisant anime une bouche très tonique à l'attaque, puis volumineuse, gourmande et qui rebondit sur une vivacité à l'accent minéral en finale. Un blanc énergique qui sera parfait sur les mets iodés. ⧗ 2024-2027

DOM. RENUCCI, Village, 20225 Feliceto, tél. 04 95 61 71 08, contact@domaine-renucci.com V *r.-v.*

DOM. SAN MICHELI Sartène 2023 ★

■	20000		11 à 15 €

Le domaine San Micheli, l'un des plus anciens de l'appellation corse Sartène, est dans la famille des vignerons depuis le XVIIIᵉs. Jean-Paul et Bénédicte Phélip en ont pris les commandes en 1980. Implanté sur un coteau aux sols d'arènes granitiques exposé au sud-ouest, leur vignoble couvre 25 ha.

Un rosé sans outrance, discret au nez, plus ouvert en bouche (sur le pamplemousse), tendre et facile à boire. Il tire son équilibre d'une jolie fraîcheur et d'une petite amertume de bon ton qui étire franchement le fruit en finale. Crustacés et fruits de mer sont les bienvenus. ⧗ 2024-2025

DOM. SAN MICHELI, Capanelli, vallée de l'Ortolo, 20100 Sartène, tél. 04 95 77 06 38, contact@domainesanmicheli.com t.l.j. sf dim. 8h30-12h 15h-19h

DOM. SAPARALE Sartène 2023 ★

■	75000		8 à 11 €

Nichée dans la vallée de l'Ortolo, entre Sartène et Bonifacio, au sud de l'île, cette propriété a été fondée au XIXᵉs. par Philippe de Rocca Serra, avocat, après un parcours qui l'a conduit en Afrique et jusqu'à la cour d'Égypte. Elle a repris vie en 1998 avec l'arrivée à sa tête de Philippe Farinelli, œnologue de talent et vinificateur averti, descendant du fondateur. En conversion bio, le domaine couvre 52 ha.

Un blanc très typé vermentinu avec ses arômes de fleurs et de fruits à chair blanche. Une attaque grasse et confortable, une sucrosité discrète dans le cœur de bouche, une belle tension en finale : un bien joli contraste et beaucoup de plaisir. 2024-2027

DOM. SAPARALE, vallée de l'Ortolo, 20100 Sartène, tél. 04 95 77 15 52, contact@saparale.com V *t.l.j. sf dim. 10h-19h* 5

DOM. DE TANELLA
Figari Cuvée Alexandra 2021 ★★

| 13 000 | | 11 à 15 € |

Fondé par la famille de Peretti della Rocca en 1870, ce domaine de 80 ha d'un seul tenant, établi sur des arènes granitiques et transmis de père en fils depuis sa création, est conduit depuis 1975 par Jean-Baptiste de Peretti, aujourd'hui assisté à la cave par ses enfants Alexandra et Marc Aurèle. Il produit également des fromages de brebis. Un des fleurons du terroir de Figari, au sud de l'île de Beauté.

Ce rouge déjà à point, dominé par le niellucciu, se montre dense de robe et séducteur avec ses parfums de fruits rouges concentrés. Ces arômes s'expriment avec autant d'éclat dans une bouche puissante, ronde, appuyée sur des tanins fermes mais fins qui portent loin le fruit en finale. Savoureux et consistant, on peut le boire ou le garder sereinement quelques années. 2024-2030 **Figari Cuvée Alexandra 2023 ★★ (11 à 15 €; 38 000 b.)** Derrière une robe brillante se dévoilent des arômes intenses de bonbon et de petits fruits rouges. On les retrouve dans un palais tout aussi expressif, alerte, croquant et d'une longueur remarquée. Simplement très bon. 2024-2025 **Figari Cuvée Alexandra 2023 ★ (11 à 15 €; 45 000 b.)** Des parfums séducteurs de fruits exotiques et d'agrumes au nez comme en bouche dans ce bon blanc, franc, sans artifice, de belle allonge et tenu par de fins amers en finale. Parfait pour l'apéritif. 2024-2026

DOM. DE TANELLA, Poggiale, 20114 Figari, tél. 04 95 70 46 23, contact@domaine-tanella.com V *t.l.j. sf dim. lun. 9h-12h30 15h-18h30*

LA VILLA ANGELI
Cuvée Don Pasquale 2023 ★

| 24 000 | | 15 à 20 € |

Ce domaine de 35 ha, installé sur les terres d'Antisanti, a été créé par Albert Mizael dans les années 1960. Il est depuis 2000 conduit par ses enfants, Alain, Jean-Pierre et Guy, qui ont entièrement restructuré le vignoble. Guy Mizael est par ailleurs président de la Cave coopérative de la Marana.

Voilà un bel exemple de rosé gouleyant, né du seul sciaccarellu. Discrètes à l'olfaction, les notes de fruits rouges et de menthol s'émancipent dans une bouche ronde, souple, déliée, acidulée et énergique à la fois. On prévoit le plateau de charcuterie (corse, bien sûr). 2024-2025

LA VILLA ANGELI, Campo Quercio, 20270 Antisanti, tél. 06 15 08 54 19, lavillaangeli@gmail.com

PATRIMONIO

Superficie : 418 ha
Production : 16 140 hl (85 % rouge et rosé)

Au pied du cap Corse, la petite enclave de terrains calcaires qui, du golfe de Saint-Florent, se développe vers l'est et surtout vers le sud, présente les caractères d'un cru bien homogène. Le niellucciu, en rouge et en rosé, et le vermentinu en blanc laissent leur empreinte dans des vins typés et d'excellente qualité : des rouges fruités et épicés, qui peuvent être somptueux et de longue garde, des rosés colorés, puissants et fruités, des blancs gras et aromatiques.

DOM. BRIZI Rialzu 2022 ★★★

| 2 500 | | 15 à 20 € |

Le domaine a été créé en 1920 par le grand-père de Napoléon Brizi. Fort de 12 ha (en conversion bio) situés non loin des portes nord de Saint-Florent, il fait partie des propriétés historiques de l'appellation patrimonio. Après la disparition de Napoléon Brizi en 2014, puis celle, en 2020, de l'œnologue Alain Mazoyer, une nouvelle équipe a pris la relève. Les vins sont vinifiés au sein de la cave Orenga en attendant la construction d'un nouveau chai.

Rialzu? Renaissance en corse. Dans le verre? Un vin élevé en cuve puis vieilli en bouteille nous fait voir du pays avec son nez de mûre, kirsch, myrte et maquis. Très harmonieuse, la bouche livre une bien belle matière, épanouie à l'attaque, fraîche comme il se doit avec le cépage, affûtée par des tanins fins et fermes qui laissent longtemps respirer le fruit en finale. Un patrimonio raffiné, de belle garde, mais déjà très séduisant, encore plus sur un carré d'agneau au thym. 2026-2034

DOM. BRIZI, imp. Colombaggia, Les Terrasses-de-Frementica, 20217 Saint-Florent, tél. 06 13 24 39 41, earlbrizi@gmail.com r.-v.

♥ B **CLOS SAN QUILICO** Riserva 2023 ★★

| 25 000 | | 11 à 15 € |

Co-géré par Mathieu Piazza-Alessandrini et Henri Orenga, le Clos San Quilico est commandé par un corps de ferme du XVIIIe s. Il compte 26 ha de vignes implantées au bord de la petite route qui rejoint Poggio-d'Oletta depuis Saint-Florent. En bio certifié depuis 2019. Une valeur sûre en patrimonio comme en muscat-du-cap-corse.

La grande forme du domaine (coup de cœur pour son muscat-du-cap-corse dans la présente édition) se confirme avec ce blanc de référence, élevé en cuve et sur lies pendant 6 mois. Derrière une robe cristalline, le nez se livre sans réserve sur les notes classiques d'un jeune vermentinu : aubépine, fruits blancs, agrumes. L'attaque pleine et grasse ouvre sur un cœur de bouche tout aussi consistant, qui rebondit en finale sur une bien belle acidité. Des parfums, du corps, de la fraîcheur : il a tout bon. 2024-2029 **2023 ★ (11 à 15 €; 30 000 b.)** B Ce rosé très typé niellucciu dévoile des arômes intenses de fruits rouges acidulés que l'on retrouve dans une bouche volubile, ample et ronde à l'attaque, vite tendue par une belle acidité qui aiguise le fruit. Un vin énergique et structuré, né pour la table (fruits de mer et poisson grillé). 2024-2026

CLOS SAN QUILICO, Morta Majo, 20253 Patrimonio, tél. 04 95 37 45 00, contact@orangadegaffory.com V *r.-v.*

CLOS TEDDI Grande Cuvée 2022 ★★

	5000		20 à 30 €

Marie-Brigitte Poli a rejoint en 1997 la propriété constituée en 1970 par son père Joseph avant d'en prendre les rênes en 2007. Implanté sur un site archéologique, dans le désert des Agriates, son vignoble n'est accessible que par une piste difficile. Il couvre 42 ha sur un terroir d'arènes granitiques. Régulièrement en vue pour ses sélections parcellaires travaillées avec soin.

Une cuvaison longue et un an d'élevage en fût pour ce rouge au nez épanoui et complexe qui marie les fruits rouges bien mûrs, les épices et la violette aux notes fumées de la barrique. Ample dès l'attaque, puissante, parfumée et cadrée par des tanins encore musclés, la bouche possède tout ce qu'il faut pour vieillir sereinement. 2027-2034

CLOS TEDDI, Casta, 20217 Saint-Florent, tél. 09 66 82 24 07, clos.teddi@orange.fr V *r.-v.*

DOM. DEVICHI Mlle D 2023 ★

	6000		8 à 11 €

Un domaine créé en 1734, dans la famille Devichi depuis six générations. Situé à Barbaggio, village voisin de Patrimonio, en Haute-Corse, il étend ses 29 ha de vignes sur un sol argilo-calcaire. Arrivée sur l'exploitation en 2002 après un parcours dans le tourisme, Marie-Françoise est la première femme à la tête de l'exploitation. Elle a succédé à son père Jacques en 2012.

Un rosé fringant, léger en couleur mais très pimpant au nez avec ses notes florales. Arômes qui se doublent de fruits rouges et blancs dans un palais en deux temps, rondelet à l'attaque et très tonique en finale, avec une petite amertume qui achève de rafraîchir. 2024-2025

DOM. DEVICHI, Fontana, 20253 Barbaggio, tél. 06 03 83 57 03, m.f@wanadoo.fr V *r.-v.*

DOM. LIGENDA 2023 ★★

	6700		15 à 20 €

Après une longue carrière dans le commerce des vins, Franck Malassigne, bordelais d'origine, a réalisé son rêve en devenant vigneron. En 2023, il crée avec Franck Santini (du Clos Santini à Patrimonio) ce domaine de 14 ha en appellation patrimonio et en IGP Île de Beauté.

Ce tout jeune domaine signe son entrée dans le Guide avec un rosé de caractère qui ne laissera pas indifférent. Derrière une belle robe rose pâle se dévoilent des arômes expansifs et très gourmands centrés sur les fruits à noyau, que l'on retrouve dans une bouche remarquable d'amplitude, soutenue par une acidité discrète. Riche, harmonieux et très long, sa place est à table. 2024-2026

DOM. LIGENDA, Morta Majo, 20253 Patrimonio, tél. 06 21 74 57 37, vignadoru@gmail.com V *t.l.j. 9h-19h*

DOM. MONTEMAGNI Menhir 2023 ★★

	8000		11 à 15 €

Le domaine le plus important de l'appellation patrimonio en surface : 15 ha en 1850, date de sa création par l'arrière-grand-père, 80 ha aujourd'hui. Aux commandes, le patriarche respecté Louis Montemagni s'appuie sur ses filles. Il a confié les vinifications à une jeune œnologue de talent, Aurélie Melleray. Un pilier de la Corse viticole. Une exploitation certifiée bio.

Un rosé de saignée élevé sur lie, dont on aime le nez épanoui, entre pêche et petits fruits rouges acidulés, et la bouche vineuse, ample, fraîche, dotée d'une petite astringence très gastronomique et d'une longueur remarquable. Un très beau rosé de table, qui n'est pas passé loin du coup de cœur. 2024-2026

DOM. MONTEMAGNI, Puccinasca, 20253 Patrimonio, tél. 04 95 35 90 40, domainemontemagni@orange.fr V

♥ **DOM. NOVELLA** 2021 ★★★

	5000		15 à 20 €

Fondé en 1950, un vignoble familial en patrimonio et en muscat-du-cap-corse, situé dans la commune d'Oletta, au cœur de la Conca d'Oro. Après avoir pris le relais en 1976, Pierre-Marie Novella a planté les cépages traditionnels et engagé en 2014 la conversion bio du domaine (20 ha aujourd'hui).

Des raisins non foulés et un élevage en cuve à l'origine de ce nielluccio qualifié de «charismatique», aux parfums débridés de cassis et de cacao rehaussés de notes d'eucalyptus et de maquis. Redoutable de gourmandise, fraîche, très veloutée de texture et ourlée de tanins soyeux, la bouche est un enchantement et restitue, sans filtre, ce fruit qui respire la Corse. En un mot : irrésistible, et pour quelques années encore. 2025-2030 **Cuvée Biancu Lunghellu 2023 ★ (15 à 20 €; 3000 b.)** Une robe jeune aux reflets verts, des arômes croquants de bonbon et d'agrumes, une bouche puissante, citronnée, longue, dotée d'une amertume zestée de bon ton en finale : un blanc de table, pour fromages et fruits de mer. 2024-2027

DOM. NOVELLA, rte de St-Florent, 20232 Oletta, tél. 04 95 39 07 41, domainenovella@gmail.com V *t.l.j. sf dim. 10h-12h30 15h-19h; f. nov.-mars*

DOM. ORENGA DE GAFFORY
Cuvée Felice 2021 ★★

	6000		15 à 20 €

En 1966, alors que l'appellation patrimonio n'est pas encore reconnue, Pierre Orenga de Gaffory crée son domaine. Aujourd'hui, un vaste ensemble de 53 ha, répartis dans différents terroirs et sur cinq des sept communes de l'appellation, dont il est l'une des valeurs

sûres. Aux commandes depuis 1974, Henri, fils de Pierre, dirige aussi un second domaine, le Clos San Quilico, dans la commune de Poggio-d'Oletta. La propriété bénéficie de la double certification bio (2019) et HVE.

Sélection parcellaire élevée en cuve puis en bouteille, un 2021 de haute volée, au nez déjà complexe qui décline les fruits noirs et le cuir sur un fond chocolaté. Des tanins encore saillants en finale donnent de la rigueur à un palais d'abord bien en chair, élégant, intensément parfumé, aux accents frais d'eucalyptus. Complet, il ne lui manque qu'un peu de temps en cave. ⧗ 2026-2030

DOM. ORENGA DE GAFFORY, Morta Majo, 20253 Patrimonio, tél. 04 95 37 45 00, contact@orengadegaffory.com V *r.-v.*

DOM. TEPPA 2022 ★

1100 | 30 à 50 €

Créé en 2015, un petit domaine de Patrimonio travaillé à la main, dont la totalité du vignoble est planté en terrasses, en forte pente, essentiellement de vermentinu et de niellucciu.

Un blanc haut de gamme produit au compte-goutte, aux parfums élégants et très floraux à l'olfaction, relayés par des notes de pêche de vigne dans une bouche tactile, charmeuse, onctueuse et de bonne allonge. Élégant, on lui destine un beau poisson grillé ou un fromage de brebis (peu fait de préférence). ⧗ 2024-2028

DOM. TEPPA, rte de Brietta, 20253 Barbaggio, tél. 06 37 85 90 24, perquis@hotmail.fr V *r.-v.*

MUSCAT-DU-CAP-CORSE

Superficie : 89 ha / Production : 1 977 hl

Délimitée dans les territoires de 17 communes de l'extrême nord de l'île, l'appellation a été reconnue en 1993 – aboutissement des longs efforts d'une poignée de vignerons regroupés sur les terroirs calcaires de Patrimonio et sur ceux, schisteux, de l'AOC vin-de-corse Coteaux-du-Cap-Corse.

Le seul muscat blanc à petits grains entre dans ce vin, élaboré par mutage à l'eau-de-vie de vin comme tout vin doux naturel. L'eau-de-vie arrête la fermentation et préserve ainsi au moins 95 g/l de sucres résiduels. Les muscats n'en gardent pas moins une belle fraîcheur.

♥ B CLOS SAN QUILICO 2023 ★★★

3000 | 15 à 20 €

Co-géré par Mathieu Piazza-Alessandrini et Henri de Orenga, le Clos San Quilico est commandé par un corps de ferme du XVIIIe s. Il compte 26 ha de vignes implantées au bord de la petite route qui rejoint Poggio-d'Oletta depuis Saint-Florent. En bio certifié depuis 2019. Une valeur sûre en patrimonio comme en muscat-du-cap-corse.

Également coup de cœur pour son patrimonio, le domaine double la mise grâce à ce muscat d'une classe folle, au nez enlevé et bien typé de rose, de litchi et d'abricot sec. Le miel et la pâte de fruit étoffent la palette et attisent encore la gourmandise d'une bouche douce, capiteuse et caressante, qui tire d'une finale alerte tout ce qu'il faut de fermeté. Un muscat très pur, sensuel et tactile, à déguster avec une poignée de fruits secs ou sur un fromage à pâte persillée. Autre option : une mise en cave car le potentiel de garde est certain si l'on aime les muscats à maturité. Le jury est debout ! ⧗ 2025-2030

CLOS SAN QUILICO, Morta Majo, 20253 Patrimonio, tél. 04 95 37 45 00, contact@orengadegaffory.com V *r.-v.*

B DOM. ORENGA DE GAFFORY 2023 ★★

6000 | 15 à 20 €

En 1966, alors que l'appellation patrimonio n'est pas encore reconnue, Pierre Orenga de Gaffory crée son domaine. Aujourd'hui, un vaste ensemble de 53 ha, répartis dans différents terroirs et sur cinq des sept communes de l'appellation, dont il est l'une des valeurs sûres. Aux commandes depuis 1974, Henri, fils de Pierre, dirige aussi un second domaine, le Clos San Quilico, dans la commune de Poggio-d'Oletta. La propriété bénéficie de la double certification bio (2019) et HVE.

Une robe jaune paille, des parfums débridés et sucrés d'abricot, de fruits exotiques et de mimosa : pas de doute, c'est du muscat. Une texture douce et miellée forme un bien bel écrin à un palais langoureux, à la douceur affirmée mais maîtrisée, qui laisse en finale un long sillon d'eau de rose. Une tarte aux fruits (pommes ou agrumes) sera tout indiquée. ⧗ 2024-2028

DOM. ORENGA DE GAFFORY, Morta Majo, 20253 Patrimonio, tél. 04 95 37 45 00, contact@orengadegaffory.com V *r.-v.*

IGP ÎLE DE BEAUTÉ

B DOM. MONTEMAGNI
E Donne 2023 ★

3000 | 11 à 15 €

Le domaine le plus important de l'appellation patrimonio en surface : 15 ha en 1850, date de sa création par l'arrière-grand-père, 80 ha aujourd'hui. Aux commandes, le patriarche respecté Louis Montemagni s'appuie sur ses filles. Il a confié les vinifications à une jeune œnologue de talent, Aurélie Melleray. Un pilier de la Corse viticole. Une exploitation certifiée bio.

Derrière une robe saumonée, un rosé bien fait et équilibré, dominé par le sciaccarellu. Le nez, sans outrance mais tonique, centré sur les petits fruits rouges acidulés, annonce une bouche guillerette, vivace et croquante de fruit, sans maigreur ni mollesse, d'une gourmandise imparable. ⧗ 2024-2025

DOM. MONTEMAGNI, Puccinasca, 20253 Patrimonio, tél. 04 95 35 90 40, domainemontemagni@orange.fr V

DOM. ORSINI E Chjuselle Carcaghjolu 2023 ★

2500 | 11 à 15 €

La famille Orsini conduit un domaine créé en 1962, situé sur les coteaux de Calenzana, dominant la baie de Calvi. Elle a également créé une structure de négoce. En conversion bio, son vignoble de 22 ha est surtout planté de cépages insulaires : outre les cépages principaux de l'appellation comme le nielluciu, le sciaccarellu et le vermentinu, les biancu gentile, codivarta, carcajolo et muscat. La propriété propose aussi apéritifs, liqueurs et confiseries.

Sarde d'origine, le cépage carcaghjolu neru (ou carcajolo) trouve quelques défenseurs en Corse, dont la famille Orsini qui en tire ici un rouge au nez intensément fruité (fruits noirs) et épicé. Le fruit ne baisse pas d'intensité dans un palais agréable, cadré par les tanins vigoureux du cépage. Parfait sur une viande en sauce, surtout après un peu de garde. ⧗ 2026-2030

DOM. ORSINI, Rochebelle, 20214 Calenzana, tél. 06 16 22 57 45, direction@domaine-orsini.com V *t.l.j. sf dim. 9h-12h 14h-19h*

DOM. E PETRE Pise 2021 ★★★

1800 | 20 à 30 €

Installée en 2009, Marie-Françoise Garcia a repris le vignoble familial implanté dans la vallée du Tavignanu (axe Aléria/Corte) dans les années 1970. Moins de 2 ha, mais beaucoup de passion dans la culture de ses vignes : pratique de l'enherbement, vendanges manuelles. En 2016, le domaine, rebaptisé E Petre, s'agrandit avec l'arrivée des enfants. Après des plantations successives en cépages autochtones, il compte 10 ha. En conversion bio.

La cuvée rêvée pour faire connaissance avec le minustellu, cépage rare que l'on trouve par petites touches dans d'autres pays du sud de l'Europe. Vinifié ici en grappes entières et élevé 12 mois en fût, il séduit dès l'entame par ses parfums exubérants de cerise noire et de fruits rouges bien mûrs, avec cette touche de maquis qui nous ramène en Corse. Un boisé vanillé teinte plus nettement le fruit dans un palais puissant, charnu, très en rondeur, appuyé sur des tanins d'une maturité parfaite. La fin de bouche mentholée ajoute la touche finale à ce tableau de maître. ⧗ 2027-2032

DOM. E PETRE, 80, chem. d'Arena, hameau de Rotani, 20270 Aléria, tél. 06 17 79 41 18, domaineepetre@live.fr V *t.l.j. sf dim. 9h-12h 14h-19h*

DOM. DE TERRA VECCHIA 2023 ★★

108800 | 5 à 8 €

En Corse orientale, vers la Costa Serena, entre maquis, mer et étang de Diana, Terra Vecchia et Clos Poggiale constituent un vignoble de 200 ha. Il était déjà cultivé par les Romains – ce que rappelle le nom de Terra Vecchia (« Terres anciennes »). Jean-François Renucci l'a acheté en 2011 à la famille Skalli. Les deux ensembles ont obtenu leur certification bio pour le millésime 2018.

Bianco gentile et vermentinu associés dans ce bon blanc aux parfums de fruits blancs et de fleurs, dont on aime aussi le soyeux de la texture, la vitalité du fruit et la petite pointe de CO_2 qui renforce encore la très agréable vivacité de l'ensemble. Net, croquant et très frais, on l'ouvre dès l'apéritif. ⧗ 2024-2027 ■ **2023** ★ **(5 à 8 €; 708000 b.)** Une robe rose bonbon, des arômes friands centrés sur les petits fruits rouges frais et l'agrume, une bouche bien ronde, mûre et très revigorante, relevée en finale d'une petite amertume zestée : un bon classique. ⧗ 2024-2025

DOM. TERRA VECCHIA, Terra Vecchia, 20270 Aléria, tél. 04 95 32 33 01, contact@clospoggiale.fr V *t.l.j. 10h-12h 13h-19h*

UVAL Mulinu di Rasignani 2023 ★

35000 | 8 à 11 €

L'Union des vignerons associés du Levant ou Corsican-groupe UVAL, est la structure commercialisant les vins de la Cave coopérative de la Marana, groupement de producteurs fondé en 1975 et établi à Borgo, commune au sud de Bastia. La cave regroupe environ 900 ha de vignes et une soixantaine de vignerons répartis sur la côte orientale de la Corse (1 300 ha vinifiés au total). Elle propose des vins de marque et vinifie également pour quelques domaines particuliers.

Une version moelleuse et élégante du muscat à petits grains, dont on aime les parfums expansifs de fleurs et d'abricot, puis la bouche onctueuse, tendre, d'un équilibre sans fausse note entre douceur et fraîcheur, avec une finale salivante qui incite à se resservir, ce qui est toujours bon signe ! ⧗ 2024-2027

CORSICAN-GROUPE UVAL, 759, av. Rasignani, 20290 Borgo, tél. 04 95 58 44 00, f.malassigne@corsicanwines.com *r.-v.*

DOM. VECCHIO Collezzione 2022 ★

n.c. | 15 à 20 €

Implanté non loin de la côte orientale, au pied du monte Sant'Appiano (1 100 m), face à la mer, un domaine progressivement agrandi (30 ha aujourd'hui) et restructuré à partir de 2000 par Florence Giudicelli-Girard et son mari. La conduite du vignoble se fait a *l'antiga* (à l'ancienne), ce que la vigneronne appelle la culture « sur-raisonnée » : limitation des rendements, enherbement hivernal, labourage un rang sur deux, emploi mesuré du cuivre.

La robe est soutenue, comme le nez, qui fleure bon la pâtisserie, la mirabelle et les fruits jaunes. Des notes épicées s'insinuent dans une bouche de bon volume, longue et dynamisée par une bien belle fraîcheur. Un vermentinu complet et harmonieux qui ne manque ni de chair ni de dynamisme. ⧗ 2024-2028

DOM. VECCHIO, Listincone, 20230 Chiatra, tél. 06 03 78 09 96, vecchio@sfr.fr V *t.l.j. sf sam. dim. 9h-12h 14h30-17h (19h été)*

DOM. ZURIA Initiale 2022 ★★

5000 | 30 à 50 €

Doté d'une cave flambant neuve (2021) à l'entrée de Bonifacio, ce domaine a été créé en 2012 à l'initiative de Dominique Zuria. Situé sur e plateau calcaire de Bonifacio, le vignoble

CORSE

se compose d'une douzaine d'hectares (cultivés en bio) répartis sur plusieurs terroirs et majoritairement plantés de sciaccarellu et de vermentinu.

Un entrée en fanfare dans le Guide pour le domaine, qui signe un vermentinu de référence, élevé 9 mois en fût. Enchanteur et très complexe, floral, beurré et pâtissier, le nez ouvre sur un palais tout aussi charmeur, caressant, très étiré, doté d'une finesse de texture remarquable et d'une fraîcheur irrésistible. Long, savoureux, raffiné, c'est un bijou. ⧗ 2024-2029 ■ **Initiale 2022** ★ **(30 à 50 €; 1800 b.)** Ⓑ Un pur sciaccarellu élevé en œufs béton, aux senteurs un peu sauvages entre note animale, fruits rouges confiturés et épices. Des tanins souples épaulent en douceur une bouche élégante ronde, très épicée, qui conserve ce qu'il faut d'énergie. Un sciaccarellu aimable et typé que l'on peut ouvrir sans attendre. ⧗ 2024-2028

DOM. ZURIA, Spinella, 20169 Bonifacio, tél. 06 67 98 69 38, domainezuria.vente@gmail.com
V t.l.j. sf dim. 10h-19h; f. nov.-mars

SUD-OUEST

LE SUD-OUEST

Groupant sous la même bannière des appellations aussi éloignées qu'irouléguy, bergerac ou gaillac, la région viticole du Sud-Ouest rassemble ce que les Bordelais appelaient le « Haut-Pays » et le vignoble de l'Adour, proche des Pyrénées. Elle comprend des micro-vignobles très anciens, jusqu'au pied du Massif central.
À la grande diversité des cépages cultivés dans ces régions dispersées, dont certaines variétés sorties de la nuit des temps viticoles, répond celle de la production : le Sud-Ouest fournit pratiquement tous les styles de vins. Des vins originaux, longtemps restés dans l'ombre, et qui bénéficient souvent de ce fait d'un bon rapport qualité-prix.
Quatre sous-régions se distinguent : le piémont du Massif Central, la moyenne Garonne, le Bergeracois et Duras, et le piémont pyrénéen.

Principaux **millésimes** dégustés dans cette **édition**

TYPES DE VIN	CARACTÉRISTIQUES DU MILLÉSIME	QUALITÉ DU MILLÉSIME
Rouges 2022	Un grand millésime de rouge qui a su tirer le meilleur de cette année chaleureuse mais qui offre un bon équilibre acide, avec des vendanges précoces, signe de qualité dans la région. Les vins sont bâtis sur une assise tannique généreuse et soyeuse et sur un très bon fruit.	★★★★☆
Rouges 2021	Les terroirs les plus tardifs et les plus continentaux de la vallée de la Garonne ont été fortement touchés, avec en moyenne 60 % de récolte en moins.	★★★☆☆
Rouges 2020	Porté par une météo providentielle et un printemps ensoleillé, 2020 restera dans les annales. Les vins offrent des degrés et des indices tanniques élevés mais surtout beaucoup d'équilibre avec l'intensité d'un grand millésime solaire, sans surmaturité.	★★★★★
Blancs secs 2023	Malgré la très forte pression du mildiou, le millésime excelle en blanc, avec des vins offrant de très belles acidités et une grande fraîcheur.	★★★★☆
Blancs secs 2022	Un millésime très réussi, qui a forgé des blancs aromatiques dotés d'une belle densité et de beaucoup de fraîcheur. Une garde s'imposera pour les meilleurs d'entre eux.	★★★★☆
Blancs doux 2022	Des liquoreux très purs et harmonieux qui ont su tirer parti de ce millésime chaud et sec, aux raisins très sains mais livrant peu de volume. La qualité est bien au rendez-vous.	★★★★☆
Blancs doux 2021	Les aléas climatiques de ce millésime n'ont pas épargné les liquoreux qui, malgré une très faible récolte, restent de facture classique, équilibrés et de bonne acidité.	★★★★☆
Blancs doux 2020	Avec un millésime compliqué, une floraison difficile au cours de laquelle le botrytis a eu du mal à se développer, les résultats sont inégaux et les quantités restreintes. Les vins sont séduisants et digestes.	★★★☆☆

OCÉAN ATLANTIQUE
GIRONDE
BORDEAUX
LE BORDELAIS
Libourne
la Dordogne
l'Isle
Côtes-de-montravel
Montravel
Haut-montravel
Saussignac
Monbazillac
Côtes-de-duras
BERGERAC
Pécharmant
Rosette
Bergerac
Bergerac et côtes-de-bergerac
PÉRIGORD
DORDOGNE
Périgueux
la Garonne
Côtes-du-marmandais
Marmande
LOT-ET-GARONNE
Villeneuve-sur-Lot
le Lot
Buzet-sur-Baïse
Buzet
Agen
Layrac
Brulhois
Nérac
MOYENNE GARONNE
N
O
E
S
LANDES
Mont-de-Marsan
Condom
la Baïse
ARMAGNAC
GERS
Auch
Dax
l'Adour
Aire-sur-l'Adour
Tursan
Geaune
Saint-Mont
Saint-mont
Madiran
Madiran, pacherenc-du-vic-bilh et béarn
Mirande
PIÉMONT PYRÉNÉEN
Béarn
Bayonne
PYRÉNÉES-ATLANTIQUES
gave d'Oloron
gave de Pau
Monein
Pau
Jurançon
Jurançon et béarn
BÉARN
BIGORRE
Tarbes
Irouléguy
Oloron-Sainte-Marie
Lourdes
HAUTES-PYRÉNÉES
Saint-Gaudens
PYRÉNÉES
ESPAGNE

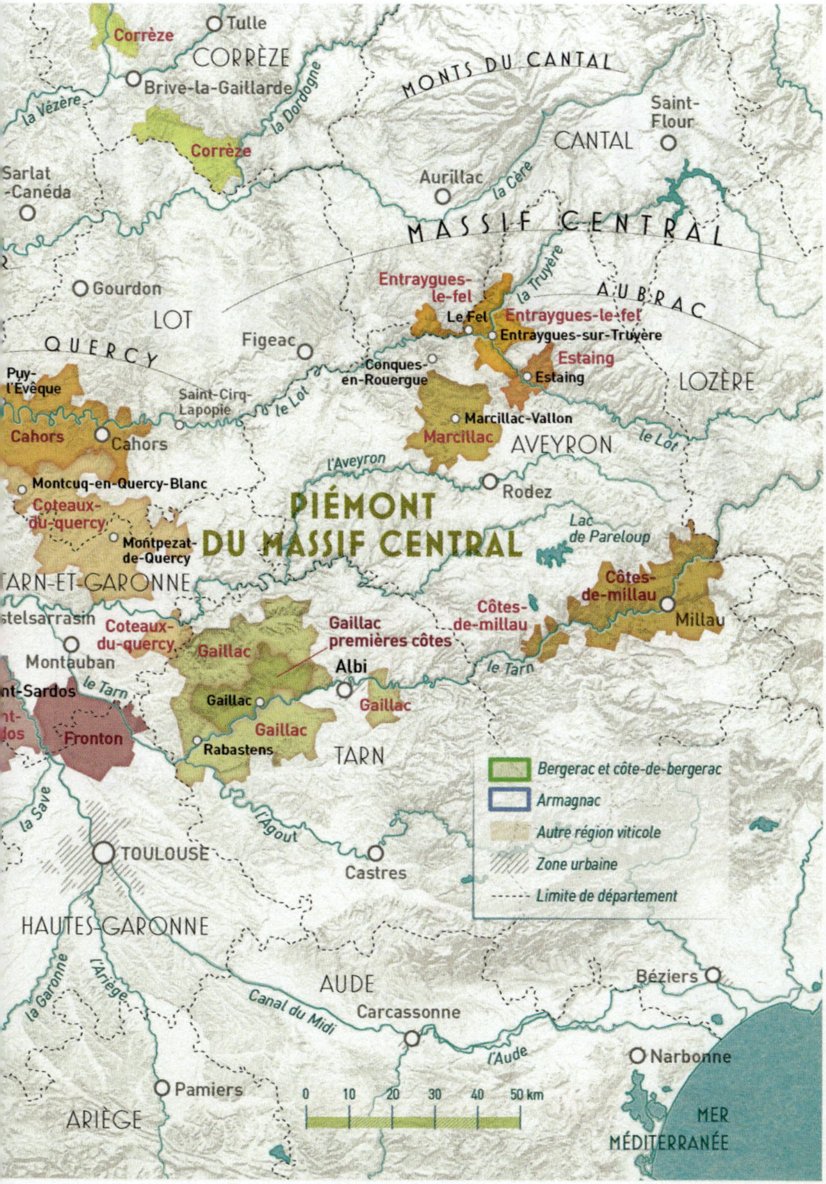

Corrèze
Tulle
CORRÈZE
Brive-la-Gaillarde
la Vézère
la Dordogne
Corrèze
MONTS DU CANTAL
Saint-Flour
CANTAL
Aurillac
la Cère
Sarlat-Canéda
MASSIF CENTRAL
Entraygues-le-fel
la Truyère
AUBRAC
Gourdon
LOT
Le Fel
Entraygues-le-fel
Figeac
Entraygues-sur-Truyère
QUERCY
Conques-en-Rouergue
Estaing
Estaing
LOZÈRE
Puy-l'Évêque
Saint-Cirq-Lapopie
le Lot
Marcillac-Vallon
Cahors
Cahors
Marcillac
AVEYRON
le Lot
l'Aveyron
Montcuq-en-Quercy-Blanc
Rodez
PIÉMONT DU MASSIF CENTRAL
Coteaux-du-quercy
Lac de Pareloup
Montpezat-de-Quercy
Côtes-de-millau
TARN-ET-GARONNE
Côtes-de-millau
Millau
Castelsarrasin
Coteaux-du-quercy
Gaillac
Gaillac premières côtes
Montauban
Gaillac
Albi
le Tarn
Saint-Sardos
le Tarn
Gaillac
Gaillac
Fronton
Gaillac
Rabastens
TARN
Bergerac et côte-de-bergerac
Armagnac
la Save
Autre région viticole
l'Agout
Zone urbaine
TOULOUSE
Castres
Limite de département
HAUTES-GARONNE
Béziers
AUDE
la Garonne
l'Ariège
Canal du Midi
Carcassonne
l'Aude
Narbonne
Pamiers
0 10 20 30 40 50 km
ARIÈGE
MER MÉDITERRANÉE

Le **Sud-Ouest** en un clin d'œil

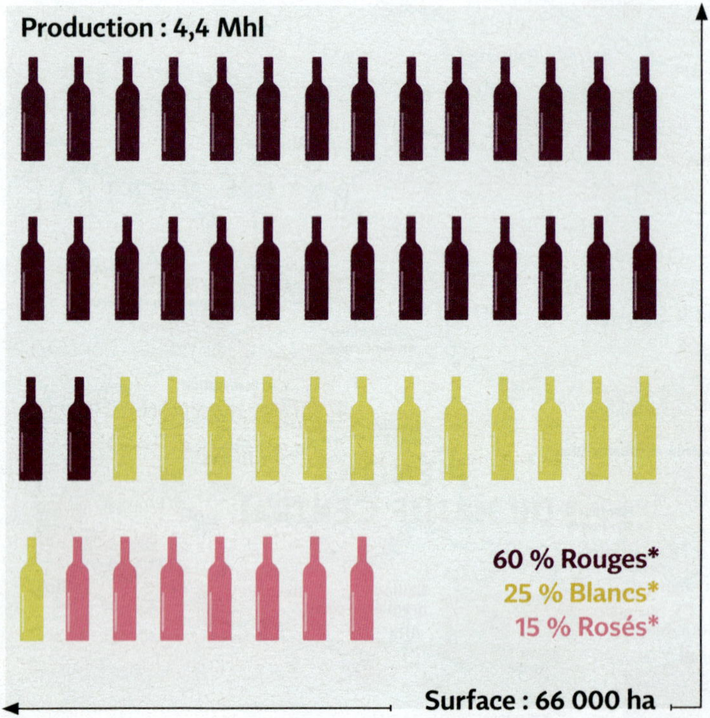

Chiffres relatifs aux AOC.
En IGP 20 % rouges, 65 % blancs et 15 % rosés

Types de vins

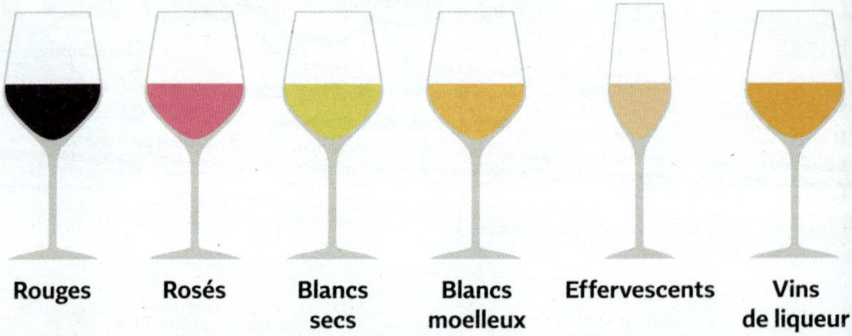

Principaux **cépages**

Merlot	Malbec (cot ou auxerrois)	Cabernet-sauvignon
Cabernet franc	Tannat	Fer servadou
Duras	Négrette	Colombard
Sauvignon	Sémillon	Muscadelle
Gros manseng	Petit manseng	Mauzac
L'en-de-lel (loin-de-l'œil)		

Hiérarchie des vins

Le vignoble du Sud-Ouest se compose d'une mosaïque de terroirs très distincts. C'est pourquoi, il n'y a pas de hiérarchie d'appellations, à la différence du Bordelais voisin. Les volumes de production des AOC (près d'une cinquantaine) et des IGP (une quinzaine) sont sensiblement équivalents.

Un peu d'**histoire**

- **I^ers. av. J.-C. :** conquêtes de Jules César, la culture de la vigne se développe, notamment à Gaillac. Montans est un centre de fabrication de poteries et d'amphores exportées dans tout l'empire romain.
- **XIe s. :** essor du vignoble sous l'influence des monastères (Madiran, Bergerac, Gaillac, Irouléguy, etc.).
- **1241 :** le « privilège de Bordeaux » impose aux producteurs du Sud-Ouest (« le haut pays ») d'attendre la fin de l'année pour écouler leurs vins vers l'Europe du Nord par Bordeaux. Les vins du Sud-Ouest restent dans l'anonymat et servent de « vins médecins » pour remonter des clairets bordelais.
- **XIVe s. :** la distillation du vin se développe.
- **XVIIe s. :** le cahors gagne en réputation en Angleterre et jusqu'en Russie. Les Hollandais apprécient les vins blancs doux (monbazillac). Essor des vins de Madiran.
- **1776 :** abolition du privilège de Bordeaux. Extension de la viticulture.
- **1880 :** la crise phylloxérique détruit les vignobles aveyronnais. Cahors et le Quercy sont particulièrement touchés.
- **1936 :** création des AOC bergerac, jurançon, monbazillac.
- **1937 :** création des AOC montravel et côtes-de-duras.
- **1938 :** création de l'AOC gaillac (en blanc).
- **1970-2011 :** de nombreux vignobles délimités en AOVDQS deviennent AOC. Coopératives et vignerons indépendants travaillent au renouveau des vins de la région.

Le **piémont** du **Massif central** en un clin d'œil

Production : 475 000 hl

75 % Rouges
20 % Blancs
15 % Rosés

Surface : 99 000 ha

Types de vins

Rouges · Blancs secs · Blancs doux · Rosés · Effervescents

Principaux **cépages**

Malbec · Merlot · Tannat · Duras · Fer servadou · Gamay · Cabernet-sauvignon · Mauzac · Len-de-l'el · Muscadelle · Ondenc · Chenin

Une mosaïque de vignobles

Entre la vallée du Lot, au nord, et celle du Tarn, au sud, se succèdent les vignobles les plus orientaux du Sud-Ouest, qui confinent au Massif central. Ce sont les AOC gaillac et cahors, prolongée par les coteaux-du-quercy. Les terroirs et les cépages y sont très divers. La plupart des petits vignobles de l'Aveyron (marcillac, entraygues-le-fel, estaing, côtes-de-millau) appartiennent déjà au Massif central. On y trouve toutes les couleurs, mais avec une dominante de vins rouges.

La **moyenne Garonne** en un clin d'œil

Production : 370 000 hl

70 % Rouges
5 % Blancs
25 % Rosés

Surface : 6200 ha

Types de vins

Rouges

Blancs secs

Rosés

Principaux **cépages**

Merlot	Cabernet-sauvignon	Cabernet franc	Malbec (ou cot)	Négrette	Duras
Fer servadou	Abouriou	Sauvignon	Sémillon	Muscadelle	Chardonnay

Un vignoble proche du Bordelais, mais singulier

Entre Fronton et Marmande, à cheval entre le Midi-Pyrénées et l'Aquitaine, s'égrènent des vignobles établis sur les terrasses du Tarn et de la Garonne. Ceux du Midi-Pyrénées (fronton, saint-sardos) gravitent autour de Toulouse ; ceux de Buzet et de Marmande ont longtemps vécu dans l'ombre du Bordelais. Les vins rouges dominent, très souvent nés d'assemblages. Les cépages y sont les mêmes qu'en Gironde, associés à quelques variétés locales (abouriou dans le Marmandais, tannat et côt (malbec) dans le Brulhois, négrette à Fronton…).

Le **Bergeracois** et **Duras** en un clin d'œil

Production : 505 000 hl

49 % Blancs
40 % Rouges
11 % Rosés

Surface : 11 300 ha

Types de vins

Blancs secs — Blancs moelleux et liquoreux — Rouges — Rosés

Principaux **cépages**

Merlot — Cabernet-sauvignon — Cabernet franc — Malbec — Sauvignon — Sémillon — Muscadelle — Chenin — Mauzac

La transition Bordelais/Sud-Ouest

Extension naturelle du Libournais, cette région s'articule autour de la ville de Begerac et étend ses vignobles au nord et au sud de la Dordogne (AOC bergerac, monbazillac, montravel, pécharmant...). On y trouve le même climat océanique, tempéré par des influences continentales. Les cépages sont pour l'essentiel ceux du Bordelais : sauvignon, sémillon, muscadelle en blanc, merlot (dominant), cabernet-sauvignon, cabernet franc en rouge. Les vins sont donc proches : rouges friands ou plus tanniques, parfois élevés sous bois ; blancs secs sous l'influence du sauvignon ; blancs moelleux et liquoreux.

Le Piémont pyrénéen en un clin d'œil

Production : 1,4 Mhl

55 % Rouges
45 % Blancs
10 % Rosés

Surface : 18 600 ha

Types de vins

- Rouges
- Blancs secs
- Blancs moelleux
- Rosés
- Vins de liqueur (floc-de-gascogne)

Principaux cépages

- Tannat
- Cabernet franc
- Cabernet-sauvignon
- Fer-servadou
- Gros et petit mansengs
- Courbu
- Arrufiac
- Sauvignon
- Clairette

L'original

Tout au sud, ce vignoble est irrigué par l'Adour et ses affluents. Il est soumis à la double influence climatique de l'Atlantique et de la chaîne de montagne des Pyrénées. Aux côtés des cépages bordelais, on trouve des variétés originales comme le tannat en madiran et en irouléguy, ou les gros et petits mansengs en jurançon et pacherenc-du-vic-bilh.

➜ LE PIÉMONT DU MASSIF CENTRAL

CAHORS

Superficie : 4 050 ha / Production : 155 370 hl

D'origine gallo-romaine, le vignoble de Cahors est l'un des plus anciens de France. Jean XXII, pape d'Avignon, fit venir des vignerons quercynois pour produire le châteauneuf-du-pape, et François Ier planta à Fontainebleau un cépage cadurcien; l'Église orthodoxe adopta le cahors comme vin de messe, et la cour des tsars comme vin d'apparat... Pourtant, ce vignoble revient de loin! Totalement anéanti par les gelées de 1956, il était retombé à 1 % de sa superficie antérieure. Reconstitué dans les méandres de la vallée du Lot avec des cépages nobles traditionnels – le principal étant l'auxerrois, également appelé côt ou malbec (70 % de l'encépagement), complété par le merlot (environ 20%) et le tannat –, le terroir de Cahors a retrouvé la place qu'il mérite, gagnant même les causses comme dans les temps anciens.
Appelé jadis *black wine* par les Anglais, le cahors est puissant, robuste, haut en couleur; il s'agit incontestablement d'un vin de garde, même si cette aptitude au vieillissement varie en fonction du terroir, de l'encépagement et de la vinification. Il peut toutefois être servi jeune : il est alors charnu, agréablement fruité, et doit être consommé légèrement rafraîchi, sur des grillades, par exemple.

LA BÉRANGERAIE Cuvée Maurin 2022 ★

■ | 15200 | | 8 à 11 €

Née en 1971, la propriété des Bérenger a le même âge que l'appellation cahors. Le fils (Maurin) et la fille (Juline) de Sylvie et d'André Bérenger, aidés de leurs conjoints, ont repris le vignoble familial (38 ha) en 1997.
Une signature fiable, souvent en haut de l'affiche, notamment coup de cœur du Guide 2024 pour cette même cuvée, un modèle de malbec élevé en cuve. Fruité expressif sur les fruits mûrs et compotés, agrémenté de violette, de réglisse et de poivre, bouche croquante, fringante, tout en souplesse et en concentration aromatique, portée par des tanins soyeux, la version 2022 réjouit de bout en bout. ⧗ 2024-2030 ■ **Cuvée Juline 2022 ★ (8 à 11 €; 10660 b.)** Une pincée de merlot (10 %) aux côtés du malbec dans cette cuvée, tout entière dédiée aux fruits (cerise, framboise, groseille), relevés d'épices, ronde et veloutée, épaulée par des tanins élégants et rafraîchie par une belle finale mentholée. À boire ou à garder. ⧗ 2024-2030

LA BÉRENGERAIE, 20, imp. la Bérangerie, 46700 Grézels, tél. 06 33 83 07 20, berangeraie@wanadoo.fr r.-v.

GÉRARD BERTRAND GB Réserve 2022 ★

■ | 4000 | | 5 à 8 €

Enfant des Corbières, fils de vigneron et ancien rugbyman, Gérard Bertrand est un important propriétaire (quelque 850 ha répartis sur une dizaine de domaines et cultivés en biodynamie) et négociant du sud de la France, dont les cuvées apparaissent dans le Guide sous diverses appellations (corbières, fitou, minervois, languedoc, côtes-du-roussillon) et en IGP.
Le malbec seul maître à bord de cette cuvée expressive de bout en bout. Beaucoup de fruit à l'olfaction (cerise burlat, gelée de cassis), de la fraîcheur en bouche autour de notes mentholées et réglissées, de la souplesse, des tanins fondus : voilà un cahors facile d'accès, frais, moderne, à boire sur le fruit. ⧗ 2024-2028

GÉRARD BERTRAND, rte de Narbonne-Plage, Ch. l'Hospitalet, 11100 Narbonne, tél. 04 68 45 28 50, vins@gerard-bertrand.com r.-v.

DOM. LE BOUT DU LIEU 2022 ★

■ | 15000 | | 11 à 15 €

L'histoire commence en 1925, quand les grands-parents d'Arnaldo Dimani quittent leur Italie natale une valise à la main pour s'installer dans le Lot, où ils acquièrent en 1980 une exploitation agricole avec un petit vignoble de 7 ha. Aujourd'hui, c'est un domaine viticole à part entière, qui s'étend sur près de 20 ha.
Ce malbec livre un panier de fruits rouges et noirs très frais à l'olfaction. Un fruit qui infuse une bouche soyeuse, tendre, aux tanins soyeux, étirée dans une finale légère et fraîche. Le résultat d'un beau travail d'élevage pour un vin harmonieux et facile à aimer, dès aujourd'hui ou après un peu de garde. ⧗ 2024-2029

DOM. LE BOUT DU LIEU, Le Bout-du-Lieu, 46140 Saint-Vincent-Rive-d'Olt, tél. 07 86 07 71 26, bonjour@domainedbl.com r.-v.

♥ CALOS Malbec Réserve 2022 ★★

■ | 20000 | | 8 à 11 €

Repris en 2017 par Hervé et Diane Joyaux, les Vignobles Saint-Didier-Parnac rassemblent les châteaux Prieuré de Cénac, Saint-Didier et Grézels, complétés par une structure de négoce qui sélectionne et élève des vins du Sud-Ouest (cahors, bergerac, gaillac, fronton notamment) et les commercialise sous différentes marques : Mayne de Beauregard, Mission de Picpus, Chemin Saint-Jacques et Latis. Une adresse très recommandable.
Un assemblage malbec (85 %)-merlot au service du fruit. Le nez, explosif, franc et gourmand, associe les fruits noirs mûrs, le menthol et les épices. La bouche, à l'unisson, se révèle ample, souple et tendre, irriguée de bout en bout par un fruité friand et frais, agrémenté de réglisse dans une longue finale, avec en soutien des tanins fins et soyeux. Un cahors déjà diablement gourmand, que l'on pourra aussi mettre en cave quelques années. ⧗ 2024-2030 ■ **Mayne de Beauregard 2022 ★ (5 à 8 €; 20000 b.)** Un cahors qui plaît immédiatement par son nez très fruité (cassis, mûre, prune d'Ente) et réglissé, puis par son palais ample et frais, épaulé par des tanins bien en place, au grain fin. On le laisse respirer encore un peu en cave. ⧗ 2025-2029 ■ **Mission de Picpus 2022 ★ (8 à 11 €; 20000 b.)** Une cuvée centrée sur un bon fruité (cerise, cassis, fraise) agrémenté de réglisse et de violette, souple et friand en bouche, de l'attaque à la finale. Un cahors très apéritif. ⧗ 2024-2029 ■ **Latis Réserve 2022 ★ (8 à 11 €; 20000 b.)** Un vin sur la fraîcheur, ouvert sur des arômes de réglisse, de menthol et de fruits rouges, généreux, rond et d'un bon volume en bouche. ⧗ 2024-2029

LES VIGNOBLES SAINT-DIDIER-PARNAC, 26, allée Porte-Vitré, 46140 Parnac, tél. 05 65 30 78 13, secretariat@vsdp.com r.-v.

CLOS DES BATUTS 2022 ★★

■ | 120 000 | | 5 à 8 €

Commandée par une grande bâtisse flanquée de deux pigeonniers, cette propriété familiale de Puy-l'Évêque, dans la vallée du Lot, est aux mains de Johan Vidal (cinquième génération), arrivé en 1997 et accompagné par son fils Elio, qui vinifie à ses côtés depuis 2020. Le vignoble s'étend sur 40 ha, conduits en bio. Une activité de négoce est menée en parallèle.

Ce malbec dévoile un nez montant, complexe et gourmand, ouvert sur un fruité intense et mûr de cerise et de framboise relevé d'épices. L'élevage est parfaitement intégré, sur des notes fumées et vanillées. La bouche apparaît voluptueuse, ample, souple et fraîche, avec en soutien des tanins bien affinés. De l'élégance et une harmonie parfaite entre le bois et le raisin. ⧗ 2024-2030

CH. LA REYNE, Leygues, 46700 Puy-l'Évêque, tél. 05 65 30 82 53, chateaulareyne@orange.fr V *t.l.j. sf dim. 9h-12h 14h-18h*

♥ B LE CLOS D'UN JOUR
Un jour sur terre 2022 ★★

■ | 5 000 | 20 à 30 €

Un jour... Stéphane Azémar, architecte de formation, et Véronique, archéologue, ont quitté la région parisienne pour s'installer en 1999 sur une petite propriété à Duravel, un village abrité du vent du nord par un arc de collines, et faire de la vigne leur métier. Véronique Azémar conduit en solo désormais un vignoble de 7 ha sur la troisième terrasse du Lot en bio certifié. Quant aux vins, ils sont très souvent en vue dans ces pages.

Une nouvelle grande réussite pour cette cuvée riche et aboutie, qui ajoute une ligne supplémentaire au palmarès déjà bien fourni du domaine. Un malbec «authentique» né d'une terre argilo-calcaire et de la terre cuite des jarres d'élevage. Au nez, le fruit est intense et nuancé : mûre, myrtille, cerise confiturée, avec une évolution vers le chocolat et la violette. Un fruit qui s'enrichit d'épices et infuse longuement une bouche ample, dense, suave, adossée à des tanins de soie. Un cahors profond, intense, généreux, d'une harmonie sans faille, que l'on pourra boire sur le fruit de sa jeunesse ou attendre patiemment en cave. ⧗ 2024-2032

■ **Un jour... 2022 ★★ (20 à 30 €; 5000 b.)** B Une cuvée de caractère, élevée deux ans sous bois mais qui reste très fruitée (cerise, grenade, groseille, kirsch) au nez comme en bouche, à peine teintée des notes torréfiées du bois, ample, dense, étayée par une solide base tannique qui laisse très confiant sur son avenir. ⧗ 2027-2034

LE CLOS D'UN JOUR, 288, chem. du Port, 46700 Duravel, tél. 06 70 74 18 33, s.azemar@wanadoo.fr V *r.-v.*

CLOS SADRA 2022 ★

■ | 13 000 | | 8 à 11 €

Un jeune domaine de près de 20 ha créé en 2019 par Guillaume Delevers au cœur de l'appellation cahors, sur des plateaux calcaires entre 250 et 300 m d'altitude.

Une belle entrée dans le Guide pour Guillaume Delevers avec ce malbec expressif et bien typé, ouvert sur les fruits noirs et rouges, la violette et la réglisse. Arômes que prolonge une bouche mûre, ronde, dotée de tanins fins. Une bouteille à ouvrir sur le fruit de sa jeunesse. ⧗ 2024-2028

CLOS SADRA, Sadra, 46800 Porte-du-Quercy, tél. 06 32 51 01 76, gdelevers@yahoo.fr V *r.-v.*

CLOS TRIGUEDINA The New Black Wine 2020 ★★

■ | 4 000 | | 75 à 100 €

En 1830, Étienne Baldès plante ses premières vignes au Clos Triguedina. Après des expériences en Bourgogne et dans le Bordelais, Jean-Luc Baldès (septième génération) prend la suite en 1990. Il agrandit le vignoble – 65 ha aujourd'hui dont 40 ha de malbec, plantés essentiellement sur les trois plus belles terrasses de l'appellation cahors (à Vire-sur-Lot, Puy-l'Évêque et Floressas) –, fait du domaine l'une des grandes références cadurciennes et s'impose comme un ambassadeur incontournable du malbec. Clos Triguedina ? Les pèlerins de Saint-Jacques de Compostelle avaient l'habitude de s'y restaurer : *«me trigo de dina»* signifie «il me tarde de dîner» en occitan.

Un vin noir marqué par la concentration des arômes et de la matière. Le nez, épanoui, conjugue les fruits noirs (cassis, cerise burlat) et les notes d'élevage (vanille, toasté, tabac). La bouche se révèle dense, opulente, généreuse, portée par des tanins élégants, bien serrés, et par une belle fraîcheur réglissée et mentholée en finale. Un cahors de caractère et de garde, à réserver pour les soirs d'hiver et une viande longuement mijotée. ⧗ 2027-2034

CLOS TRIGUEDINA, Les Poujols, 46700 Vire-sur-Lot, tél. 05 65 21 30 81, contact@jlbaldes.com V *t.l.j. sf dim. 9h-12h 14h-18h*

B CH. COMBEL LA SERRE Au Cerisier 2022 ★

■ | 8 000 | | 15 à 20 €

Sortis de la coopérative en 1998, Jean-Pierre Ilbert et son fils Julien, revenu sur le domaine en 2003, ont fait le choix de ne planter que le malbec sur les sols d'argiles rouges de leur propriété. Après le départ à la retraite de son père, le second conduit avec son épouse Sophie le vignoble de 23 ha, en bio certifié depuis 2016.

Ce cahors, élevé 16 mois en cuve ciment, vise le fruit et l'objectif est atteint. Au nez, les fruits noirs (myrtille, mûre) sont à la fête, agrémentés de notes de violette. Un fruit auquel fait écho une bouche, souple, gouleyante et tendre, dynamisé par une finale fraîche et fringante. ⧗ 2024-2028

EARL ILBERT ET FILS, Cournou-la-Serre, 314, rte de Roques, 46140 Saint-Vincent-Rive-d'Olt, tél. 05 65 21 04 09, contact@combel-la-serre.com V *t.l.j. sf sam. dim. 9h-12h30 14h-18h*

B CH. LES CROISILLE Divin 2022 ★

■ | 10 000 | | 20 à 30 €

Cécile et Bernard Croisille se sont installés en 1979 au hameau de Fages, perdu sur le causse au-dessus de Luzech. Ils ont agencé une cave moderne et commencé

à élaborer leur vin en 2000. Depuis 2007, ce sont leurs fils Germain et Simon, accompagnés de leur ami d'enfance Nicolas, qui élaborent, avec talent, les cuvées du domaine, en visant la finesse et la fraîcheur (pas de bois neuf mais des foudres et des fûts de 500 l). À leur disposition, un vignoble de 30 ha aujourd'hui, certifié en bio et, depuis 2022, en biodynamie.

Un long élevage en foudre de 20 mois pour cette cuvée, ce qui a permis de préserver le fruit, dominant au nez, sur la myrtille et la griotte à peine teintées des notes de vanille et de viennoiserie du bois. Solide, puissante, structurée par des tanins biens présents mais fins, la bouche s'étire dans une belle finale aromatique, sur le kirsch, le cèdre et l'eucalyptus. Du caractère et du potentiel. ⌛ 2027-2034

CH. DES CROISILLE, 290, rte de l'Ancienne-École, 46140 Luzech, tél. 05 65 30 53 88, contact@lescroisille.com V t.l.j. sf dim. 10h-12h 14h-18h

CH. EUGÉNIE Réserve de l'Aïeul 2022 ★

■ | 62 000 | | 11 à 15 €

C'est en 1470 que remontent les archives de ce domaine qui connut de prestigieux clients au XVIIIe s., notamment les tsars de Russie. Dans la famille Couture depuis cinq générations, la propriété s'appuie sur un vignoble de 54 ha. Souvent en vue pour ses cahors de caractère, notamment sa cuvée Réserve de l'Aïeul.

Quelques pieds de tannat pour élargir les épaules de ce cahors solide, qui s'ouvre sur les fruits rouges (groseille, framboise), la garrigue, le cacao et des notes balsamiques. La bouche est ample, charnue, dense, portée par des tanins fermes et une finale fraîche. On met en cave. ⌛ 2027-2034

CH. EUGÉNIE, 1468, rte de Rivière-Haute, 46140 Albas, tél. 05 65 30 73 51, couture@chateaueugenie.com V t.l.j. sf dim. 9h30-12h30 14h-19h

DOM. DE LA GARDE Cuvée Momentum 2022 ★

■ | 13 000 | | 15 à 20 €

Installé au sud du Lot, dans la région du Quercy blanc, Jean-Jacques Bousquet conduit depuis 1984 un vignoble de 21 ha. Présent dans le Guide dès les premières éditions en coteaux-du-quercy (alors vins de pays), ce domaine très régulier en qualité s'est agrandi et propose aussi du cahors, ainsi que des vins en IGP.

Un élevage de 18 mois en cuve pour ce cahors qui ne laisse pas indifférent. Par sa robe noire et dense. Par son bouquet intense de fruits noirs relevés d'épices. Et par sa bouche puissante, concentrée, structurée par des tanins bien présents mais fins. On met en cave. ⌛ 2027-2032

DOM. DE LA GARDE, 120, chem. du Mazut, 46090 Labastide-Marnhac, tél. 06 03 89 72 45, contact@domainedelagarde.com V t.l.j. sf dim. 9h-12h 14h-18h30

CH. GAUTOUL 2022 ★

■ | n.c. | | 15 à 20 €

L'industriel belge Éric Swenden a acheté en 1992 au chef étoilé Alain Senderens ce domaine de 19 ha commandé par une chartreuse du XVIIIe s., en parfaite harmonie avec le joli village médiéval de Puy-l'Évêque. Changement de propriétaire en 2021 avec l'arrivée de la famille Dessay.

Ce malbec passé 12 mois en fût se présente avec une belle intensité autour des fruits rouges et de la réglisse. En bouche, il se révèle ample, riche et rond, épaulé par des tanins fermes et un boisé qui doit encore se fondre. On le laisse respirer quelques années en cave. ⌛ 2027-2032

CH. GAUTOUL, hameau de Meaux, 46700 Puy-l'Évêque, tél. 07 89 49 81 20, gautoul@hotravail.com V r.-v. 5

CH. DE HAUTERIVE H 2022 ★

■ | 38 000 | | 5 à 8 €

Les frères Gilles et Dominique Filhol ont rejoint leur père sur le domaine familial implanté au cœur de Vire-sur-Lot. Le vignoble couvre 21 ha sur la deuxième terrasse de la vallée du Lot et bénéficie d'une exposition plein sud.

Le merlot (30 %) en appoint du malbec dans cette cuvée qui fleure bon le fruit noir compoté à l'olfaction, mâtiné de notes de violette, de réglisse et d'épices. Un fruité mûr que prolonge une bouche suave, ronde, soyeuse, stimulée par une finale plus fraîche et ferme. Un peu de garde lui apportera la plénitude. ⌛ 2026-2030

CH. DE HAUTERIVE, Le Bourg, 46700 Vire-sur-Lot, tél. 05 65 36 52 84, chateaudehauterive@wanadoo.fr V t.l.j. sf dim. 8h-12h30 14h-19h

B CH. HAUT-MONPLAISIR Pur Plaisir 2022 ★★

■ | 6 000 | | 30 à 50 €

Cathy et Daniel Fournié ont repris en 1998 ce domaine qui compte 30 ha, conduit depuis 2012 en bio certifié. Autodidactes, ils ont pris conseil auprès des vignerons voisins. Ils ont vite et bien appris, en témoignent les sélections régulières dans ces pages. Leur fille Mathilde les a rejoints en 2015.

Après 36 mois d'élevage, cette cuvée affiche une belle de la plénitude. Un fruité rouge et noir, bien compoté, persiste derrière les notes boisées (tabac, vanille, cacao). La bouche qui se montre dense, opulente, puissante mais aussi veloutée, avec beaucoup de douceur en finale. Un flacon qui assume son nom, mais le plaisir sera décuplé après un peu de garde. ⌛ 2027-2032

CH. DE MONPLAISIR, Monplaisir, 46700 Lacapelle-Cabanac, tél. 05 65 24 64 78, chateau.hautmonplaisir@wanadoo.fr V r.-v.

B CH. LAMARTINE Cuvée particulière 2022 ★★

■ | 100 000 | | 11 à 15 €

Selon la légende, la ramure d'un chêne centenaire abritait ici les rendez-vous galants d'une belle Martine. Depuis 2016, Alain Gayraud a laissé la place à ses enfants Lise et Benjamin, fort de solides expériences à l'étranger, pour conduire ce domaine aux origines anciennes (1883), situé aux confins du Lot. Le vignoble couvre 37,5 ha (en conversion bio), exposés plein sud. Un pilier de l'appellation cahors.

Deux ans d'élevage, en fût et foudre, pour ce malbec étoffé et de garde, saupoudré de tannat (10 %). Le nez, frais et friand, évoque le cassis et les fleurs agrémentés d'épices orientales et de cacao. La bouche apparaît ample, grasse, concentrée sans excès, portée par des tanins élégants et par une fine acidité qui étire bien la finale. L'alliance de la force et de la finesse. ⧗ 2027-2034 ■ **Expression 2022 ★ (20 à 30 €; 20000 b.)** Ⓑ Un pur malbec élevé en fût 18 mois, au nez intense de mûre, de cassis, de violette, de vanille et de noisette grillée. La bouche est ample, dense, solidement structurée par des tanins fermes et une finale très fraîche. Patience. ⧗ 2028-2034

CH. LAMARTINE, 9, rte de Sotoul, 46700 Soturac, tél. 05 65 36 54 14, cahorslamartine@orange.fr
V t.l.j. sf dim. 9h-12h 14h-18h30

♥ MÉTAIRIE GRANDE DU THÉRON
Cuvée Prestige Malbec 2022 ★★

■ | 55000 | 11 à 15 €

Ce domaine aux bâtiments en pierre jaune du Quercynois, ordonnés autour d'une grande cour carrée, dispose de 42 ha de vignes plantés sur les coteaux pentus de la troisième terrasse dominant la vallée du Lot. Régulier en qualité, il est conduit par les frères Pierre et Sébastien Sigaud depuis 2020.

Deuxième coup de cœur en deux éditions pour cette cuvée qui doit tout au malbec. Un cahors au caractère bien trempé, passé une année et demi en fût. Au nez, se dévoile un fruité affirmé et complexe (mûre, fraise compotée, kirsch), rehaussé des notes d'élevage (toasté, vanille), de réglisse et de poivre. La bouche affiche beaucoup de volume, de rondeur, de suavité, de longueur, avec en soutien des tanins soyeux et un beau boisé grillé. Un vin bâti pour durer. ⧗ 2027-2034 ■ **Parcelle des origines 2021 ★ (20 à 30 €; 4300 b.)** Un passage de deux ans dans le chêne n'a pas étouffé le fruité du malbec. Le nez, complexe, évoque la cerise, le cassis, le menthol, agrémentés de notes de vanille et de cacao. La bouche se révèle ample, charnue, sans rugosité, épaulée par des tanins extraits avec mesure et soulignée par une agréable fraîcheur en finale. ⧗ 2027-2032 ■ **Ch. Haute-Borie 2022 ★ (8 à 11 €; 40000 b.)** Un bon classique que cette cuvée met en valeur par les caractères du malbec (fruits rouges et noirs, épices), ronde et tendre en bouche, dotée de tanins souples et affinés. Un cahors aimable, à boire dans sa jeunesse. ⧗ 2024-2028

MÉTAIRIE GRANDE DU THÉRON, 46220 Prayssac, tél. 05 65 22 41 80, barat.sigaud@wanadoo.fr
V r.-v.

Ⓑ LIONEL OSMIN ET CIE Cœur de malbec 2023 ★

■ | 30000 | 11 à 15 €

Fils d'un bijoutier béarnais, Lionel Osmin est devenu ingénieur agricole et a fondé en 2010 une maison de négoce qui compte, spécialisée dans les vins du grand Sud-Ouest, d'Irouléguy à Bergerac, de Madiran à Marcillac. Aux commandes des vinifications de cette vaste gamme, l'œnologue Damiens Sartori.

Une belle expression du fruit se dégage du verre, sur des notes de cerise et de fraise relevées d'épices et de réglisse. Un fruité friand qui se prolonge dans une bouche souple, charnue et bien équilibrée, étirée dans une finale élégante et fraîche. Un cahors moderne, à boire sur le fruit. ⧗ 2024-2028

LIONEL OSMIN ET CIE, 9, rue Ada-Byron, 64000 Pau, tél. 05 59 05 74 09, comm@osmin.fr

CH. PAILLAS 2022 ★★

■ | 35000 | 5 à 8 €

Germain Lescombes a créé de toutes pièces ce domaine en 1978 à Floressas et planté ses vignes à 240 m d'altitude, sur le plateau dominant la vallée du Lot. Dirigé aujourd'hui par la troisième génération (Nathalie Lescombes et son frère Robert), le vignoble s'étend sur 27 ha d'un seul tenant, en demi-cercle autour du chai et des bâtiments, dont certains datent du XIIIᵉs.

Un peu de merlot (10 %) pour renforcer le fruité du malbec dans ce cahors aux arômes expansifs de fruits noirs (cassis, prune d'Ente). Un plaisir intense et fruité renouvelé dans une bouche souple en attaque, ample, charnue, soutenue en douceur par des tanins soyeux, avant une jolie finale mentholée. Une bien jolie friandise, à boire ou à attendre un peu. ⧗ 2024-2029

CH. PAILLAS, 1151, rte de Pech-Calvert, 46700 Floressas, tél. 05 65 36 58 28, info@paillas.com
V t.l.j. sf sam. dim. 9h30-12h 14h-17h

LE PARADIS Élevé en fût de chêne 2022 ★★

■ | 4000 | 15 à 20 €

Les caves de Técou, de Rabastens, de Fronton et des Côtes d'Olt ont uni leurs forces en 2006 en créant le groupe Vinovalie, dont le nom renvoie aux valeurs collectives du rugby. Un groupe qui fédère 400 vignerons et regroupe quelque 3 800 ha de vignes répartis sur trois appellations : gaillac, fronton et cahors.

Coup de cœur dans sa version 2020, cette cuvée Paradis confirme ses qualités avec ce 2022 complexe, servi par un boisé parfaitement maîtrisé, aux accents de vanille et de chocolat, qui n'asphyxie pas un fruité généreux, fait de cerise burlat et de confiture de mûres. Un mariage bois-fruit qui trouve un heureux et long écho dans une bouche très équilibrée, à la fois ample, riche, fraîche et souple, étayée par des tanins fins et tendres. ⧗ 2027-2034 ■ **T8 T8 2022 ★ (20 à 30 €; 4000 b.)** Une sélection de différents terroirs pour ce vin intense et complexe, ouvert sur la cerise kirschée, les fruits noirs, le cacao et le grillé, souple et frais en attaque, plus ferme et tannique dans son développement, avec un beau retour fruité en finale. De bonne garde assurément. ⧗ 2027-2034

SCA VINOVALIE (SITE DE CÔTES D'OLT), Caunezil, 46140 Parnac, tél. 06 33 67 45 73, elodie.marsoni@vinovalie.com V t.l.j. sf dim. 9h-12h30 14h-18h30

CH. PECH DE JAMMES 2022 ★

■ | 2250 | 15 à 20 €

Ce petit domaine de 5 ha a appartenu au ministre Bernard Pons jusqu'aux années 1990, avant d'être vendu à des familles américaines et laissé à

l'abandon. Grâce à l'aide technique de Bertrand-Gabriel Vigouroux, Thomas Chardard, issu du monde de l'automobile et propriétaire depuis 2009, a redonné ses lettres de noblesse à cette exploitation, dont le vignoble s'enracine dans un clos en forme d'amphithéâtre, orienté plein sud et ceint par la traditionnelle murette de pierres sèches.

Le nez révèle tous les arômes du malbec : cerise, cassis, réglisse, poivre noir. La bouche, harmonieuse et suave, respire elle aussi le fruit de bout en bout, étayée par des tanins fondus. Un cahors de goût. ⌛ 2025-2030

CH. PECH DE JAMMES, 740, rte de Vayrols, 46090 Flaujac-Poujols, tél. 05 65 20 80 99, thomas@pechdejammes.fr

DOM. DU PEYRIÉ Cuvée de l'Âge d'Or 2022 ★★

■ | 2800 | ▮ | | 11 à 15 €

Dans la famille depuis 1920, le domaine est aujourd'hui exploité par Christian Gilis, incarnant la quatrième génération de vignerons. Il compte quelque 16 ha de vignes sur la commune de Soturac.

Élevé 15 mois en cuve ovoïde, ce vin fleure bon les fruits rouges et noirs bien mûrs relevés d'épices et de réglisse. En bouche, il se montre rond, charnu, suave et long, étayé par des tanins soyeux et une fine acidité en finale qui ajoute à son élégance. ⌛ 2025-2030

DOM. DU PEYRIÉ, 62, rte de Cahors, Le Peyrié, 46700 Soturac, tél. 05 65 21 18 86, domaine.peyrie@wanadoo.fr V ▮ t.l.j. sf sam. dim. 9h-12h 14h-18h

CH. PINERAIE L'Authentique 2022 ★★

■ | 15 000 | ▮ | | 15 à 20 €

Un domaine de 50 ha fondé en 1862 sur les deuxième et troisième terrasses du Lot. Aujourd'hui, les cinquième et sixième générations travaillent ensemble, Anne et Emmanuelle Burc ayant rejoint leur père, Jean-Luc, et signent des cahors très réguliers en qualité. La conversion bio est engagée.

Fidèle au rendez-vous, ce domaine signe un cahors complet et très harmonieux, ouvert sur des arômes bien mariés de cerise kirschée, de cassis, de boisé finement grillé et de viennoiserie. La bouche apparaît ample, mûre, puissante sans excès, portée par des tanins élégants et veloutés et par une longue finale sur la fraîcheur réglissée. Un vin bâti pour durer. ⌛ 2027-2034

CH. PINERAIE, Leygues, 46700 Puy-l'Évêque, tél. 05 65 30 82 07, chateaupineraie@wanadoo.fr V ▮ ▮ t.l.j. sf sam. dim. 9h-12h 14h-18h

♥ B CH. PONZAC 2022 ★★

■ | 20 000 | ▮ | | 11 à 15 €

CHÂTEAU PONZAC CAHORS · MALBEC MATTHIEU MOLINIÉ VIGNERON

Enracinés à Carnac depuis le XIVe s., les Molinié sont très liés à l'histoire du village. Matthieu Molinié et son épouse Virginie y ont créé ce domaine en 1998 à partir d'un vignoble 33 ha réparti sur une mosaïque de terroirs variés et converti à l'agriculture biologique.

Ce malbec issu du Causse cadurcien, élevé 18 mois en foudre, a tout d'un grand. On aime d'emblée ses arômes intenses et complexes de fruits noirs, de cacao, de sous-bois et de cuir. Une complexité qui trouve un long écho dans une bouche ample, dense, charnue, cadrée en finesse par des tanins crayeux extraits avec beaucoup de doigté et par un boisé parfaitement fondu. Déjà très savoureux, ce vin n'a pas besoin d'être attendu trop longtemps. ⌛ 2026-2030 ■ **La Temperadou 2020 ★★ (15 à 20 €; 2000 b.)** Un brin « sauvage » au premier nez, sur des notes animales et pétrolées, cette cuvée s'ouvre à l'aération sur les fruits très mûrs, presque confiturés. Le prélude à une bouche ample, puissante, mais aussi soyeuse et onctueuse, qui s'allonge sur la griotte et une belle fraîcheur minérale en finale. Un cahors de caractère, complexe et atypique. ⌛ 2027-2032

CH. PONZAC, Le Causse, 46140 Carnac-Rouffiac, tél. 06 07 86 49 43, chateau.ponzac@wanadoo.fr V ▮ ▮ t.l.j. sf sam. dim. 10h-12h 13h-18h

CH. QUATTRE 2022 ★

■ | 255 600 | ▮ | | 5 à 8 €

Établi en Quercy blanc, ce vignoble de 60 ha créé de toutes pièces dans les années 1960 est planté en forme de fer à cheval autour du chai, sur les plus hautes terrasses du sud de l'appellation. Il est la propriété de la société bordelaise Vignobles de Terroirs (groupe Taillan de la famille Merlaut).

Un malbec saupoudré de merlot et de tannat. Au nez, les fruits rouges et noirs se mêlent aux épices. La bouche, à l'unisson du bouquet, se montre souple, fraîche, équilibrée. Pour un plaisir immédiat. ⌛ 2024-2027

CH. QUATTRE, 183, quai de Brazza, 46800 Bagat-en-Quercy, tél. 05 47 74 78 04, saintseurin@vignoblesdeterroirs.com V ▮ ▮ r.-v.

RIGAL Troisième terrasse 2022 ★★

■ | 3600 | ▮ | | 5 à 8 €

À la tête de plus de 250 ha en cahors, cette vénérable maison cadurcienne, dont les origines remontent à 1755, rayonne aujourd'hui dans tout le Sud-Ouest, rachetée en 2021 par la cave coopérative de Buzet.

Cette cuvée élevée un an en fût livre un bouquet complexe et intense mariant les fruits confiturés (frais, cerise), les épices, la violette et les fragrances empyreumatiques de la barrique. En bouche, il se montre ample, tendre, velouté et frais à la fois, épaulé par des tanins délicats et un boisé toasté du meilleur effet. Un ensemble très harmonieux, élégant, qui évoluera sereinement en cave. ⌛ 2027-2032 ■ **Belles rives 2022 ★★ (5 à 8 €; 16 000 b.)** B Un pur malbec bio, élevé en cuve, qui nous offre toute la gourmandise du cépage autour d'un intense fruité (mûre, prune d'Ente, cassis) à peine relevé d'épices, puis d'une bouche souple et ronde en attaque, plus structurée dans son développement, autour de tanins fins et bien pris dans la chair et d'une longue finale sur la fraîcheur. ⌛ 2026-2030

MAISON RIGAL, 56, av. des Côtes-de-Buzet, 47160 Buzet-sur-Baïse, tél. 05 53 84 74 30, buzet@vignerons-buzet.fr V ▮ ▮ t.l.j. sf dim. 10h-12h30 14h-18h

CH. DE ROUFFIAC
Tradition 2022 ★

| 16000 | | 20 à 30 € |

:e domaine d'une trentaine d'hectares a changé de nains en 2022, racheté par Stéphane Revel, ingénieur n informatique natif de Bourgogne, qui a étudié la 'iticulture, et par Jonathan Basse, entrepreneur, en harge de la partie commerciale. Ils ont d'emblée opté our la conversion bio et diversifié les contenants our l'élevage, barriques de chêne traditionnelles, uves béton, petites jarres de terre cuite de 160 l et de lus ample, de 600 l.

remier millésime pour les nouveaux propriétaires et éjà une belle réussite avec ce cahors élevé pour 40 % u vin en fûts neufs. Dans le verre, un cahors expressif, ır la mûre, la myrtille, le tabac et le boisé grillé. Arômes ui s'enrichissent de notes de réglisse et de violette ans une bouche charpentée, puissante, dense mais ans sécheresse, épaulée par des tanins bien extraits et ar un boisé certes encore dominateur mais de qualité. 'atience. ⧗ 2028-2034

CH. DE ROUFFIAC, 46700 Duravel, él. 07 89 60 29 77, bonjour@rouffiac.vin

CH. SOULEILLOU 2022 ★

| 30000 | | 5 à 8 € |

nplanté sur un terroir argilo-calcaire au cœur de vallée du Lot, ce domaine familial créé en 1977 ompte 19 ha et appartient depuis 2011 à Pierre et à lisabeth Sigaud.

près 18 mois passé en cuve, ce cahors livre des parıms délicats et gourmands de fruits rouges compotés. rômes que l'on retrouve dans une bouche souple, uave, soyeuse, rafraîchie en finale par une note menolée. Un ensemble harmonieux et facile à aimer. 2024-2028

CH. SOULEILLOU, 5, pl. du 11-Novembre, 6220 Prayssac, tél. 06 77 91 67 74, sigaudp@ 'anadoo.fr V r.-v.

CH. VINCENS
Origine 2022 ★★

| 80000 | | 8 à 11 € |

rosper Vincens acheta sa première parcelle à son etour de la Grande Guerre. En 1982, Michel Vincens uitta la coopérative pour élever ses propres vins. a famille – aujourd'hui Isabelle Vincens et son frère hilippe – est toujours aux commandes et conduit un ignoble de 49 ha.

e cahors chaleureux s'ouvre sans réserve sur des ômes de cerise et de fraise bien mûres, relevés de otes épicées et soulignés par un élevage très diset. La bouche, puissante à l'attaque, se déploie avec nctuosité et douceur autour de cette même maturité e fruit, agrémentée de violette et de réglisse, et de nins bien pris dans la chair. Il y a eu du soleil sur les appes, il y en a dans la bouteille. ⧗ 2026-2030

CH. VINCENS, 746, rte de Taoulette, Foussal, 5140 Luzech, tél. 05 65 30 51 55, philippe@ ıateauvincens.fr V t.l.j. sf sam. dim. 1-18h

COTEAUX-DU-QUERCY

Superficie : 300 ha / Production : 13 290 hl

Située entre Cahors et Gaillac, la région viticole du Quercy s'est reconstituée assez récemment. Mais, comme dans toute l'Occitanie, la vigne y était cultivée dès l'Antiquité. La viticulture connut cependant plusieurs périodes de reflux. Elle pâtit notamment, au Moyen Âge, de la prépondérance de Bordeaux, puis au début du XXes., du poids du Languedoc-Roussillon. La recherche de la qualité, qui s'est manifestée à partir de 1965 par le remplacement des hybrides, a conduit à la définition d'un vin de pays en 1976. Peu à peu, les producteurs ont isolé les meilleurs cépages et les meilleurs sols. Ces progrès qualitatifs ont débouché sur l'accession à l'AOVDQS en 1999. Le territoire délimité s'étend sur 33 communes des départements du Lot et du Tarn-et-Garonne. En 2011, la catégorie des AOVDQS a disparu et les coteaux-du-quercy ont été reconnus en AOC. Rouges et rosés, les coteaux-du-quercy assemblent le cabernet franc, cépage principal pouvant atteindre 60 %, et les tannat, côt, gamay ou merlot (chacune de ces variétés à hauteur de 20 % maximum).

DOM. DE LA GARDE 2022 ★

| 20000 | | 8 à 11 € |

Installé au sud du Lot, dans la région du Quercy blanc, Jean-Jacques Bousquet conduit depuis 1984 un vignoble de 21 ha. Présent dans le Guide dès les premières éditions en coteaux-du-quercy (alors vins de pays), ce domaine très régulier en qualité s'est agrandi et propose aussi du cahors, ainsi que des vins en IGP.

Une robe cerise burlat aux nuances violines habille ce vin qui déploie au nez des senteurs intenses de mûre, de groseille et de cassis agrémentées d'une touche mentholée. Une attaque virile et capiteuse donne le ton d'une bouche dense, carrée, tannique et chaleureuse, en cohérence avec les arômes du bouquet. Un sérieux potentiel en cave. ⧗ 2027-2034

DOM. DE LA GARDE, 120, chem. du Mazut, 46090 Labastide-Marnhac, tél. 06 03 89 72 45, contact@domainedelagarde.com V t.l.j. sf dim. 9h-12h 14h-18h30

DOM. DE GUILLAU 2023 ★★

| 8000 | | 5 à 8 € |

Un ancêtre charpentier a construit la grange qui sert aujourd'hui de chai, faisant parfois payer ses services en lopins de terre. Quant à Jean-Claude Lartigue, installé en 1990, il est au nombre des producteurs qui ont « bâti » leur appellation. Le Guide l'a découvert en 1999 alors que les coteaux-du-quercy étaient encore classés en vins de pays. Le domaine couvre aujourd'hui 15 ha, non loin de Montpezat-du-Quercy. Une valeur sûre.

Une belle robe de pêche, brillante et limpide, un nez montant et gourmand de pâtisserie aux fruits, de fruits rouges et de citron, l'approche est engageante. Une attaque franche introduit une bouche ample, ronde et très expressive : orange sanguine, pamplemousse, fruits exotiques, avec de jolis amers en finale qui ajoutent à son dynamisme et sa longueur. ⧗ 2024-2025 ■ Tradition 2022 ★ (5 à

8 €; 16000 b.) Des notes de gelée de groseille, de mûre, de menthol et d'épices montent du verre. Puis se dévoile une bouche chaleureuse, sur les fruits compotés, dotée de tanins solides et d'une agréable fraîcheur en finale. Un vin cohérent, complet, de bonne garde. ⧗ 2026-2030

⊶ DOM. DE GUILLAU, 181, rte de Borredon, 82270 Montalzat, tél. 06 11 86 22 04, jean-claude.lartigue V *t.l.j. 17h30-19h30; sam. 9h-18h; dim. sur r.-v.*

LES VIGNERONS DU QUERCY
La Chênaie du Mas L'Orignal 2022 ★★★

■ | 33000 | | **- de 5 €**

Créée en 1984, cette coopérative est implantée à Montpezat-de-Quercy, très belle bastide située au nord du Tarn-et-Garonne, au milieu d'un pays vallonné, où la vigne compose avec de multiples cultures. La cave vinifie le produit de 125 ha récoltés par 24 adhérents et propose des cuvées certifiées bio.

Ce vin porte beau dans sa robe grenat sombre, aux légers reflets bruns. Au nez, on devine un vin corsé, bien ouvert sur la cerise kirschée, les fruits rouges très mûrs, les épices et le cacao, le tout rafraîchi d'une touche de menthol. Dès l'attaque se déploie une matière savoureuse, suave, où la cerise à l'alcool renoue avec le chocolat noir, avec en soutien des tanins soyeux et bien pris dans la chair. Une belle note de résine vient conclure la dégustation. Un vin à la fois raffiné et généreux. ⧗ 2025-2030 ■ **La Chênaie du Mas L'Original 2023 ★★ (- de 5 €; 41000 b.)** Cet affriolant rosé couleur pêche présente un nez net et franc d'agrumes, de fruits exotiques et de groseille, relevé d'une touche de poivre blanc. Une belle vivacité à l'attaque prélude à une bouche bien fruitée, parfaitement équilibrée entre fraîcheur et rondeur. Un ensemble harmonieux, élégant et enveloppant à la fois. ⧗ 2024-2025 ■ **Terres de Causse 2022 ★★ (8 à 11 €; 6574 b.)** À un nez expansif, où perce une boisé bien intégré, aux accents vanillés, qui associé à un beau fruité, répond une bouche chaleureuse et tendre, épaulée par des tanins de qualité. ⧗ 2026-2030 ■ **La Juste Mesure 2022 ★ (8 à 11 €; 11000 b.)** La cave propose ici un vin ambitieux, solide, robuste, qui doit encore digérer son élevage sous bois. Du caractère et du potentiel en cave donc. ⧗ 2028-2033

⊶ SCA LES VIGNERONS DU QUERCY, 4555, rte de Paris, 82270 Montpezat-de-Quercy, tél. 05 63 02 03 50, lesvigneronsduquercy@wanadoo.fr V *t.l.j. sf dim. 9h-12h 14h-18h; été 9h-12h 14h-19h*

GAILLAC

Superficie : 3 923 ha
Production : 160 000 hl (65 % rouge et rosé)

Comme l'attestent les vestiges d'amphores fabriquées à Montels, les origines du vignoble gaillacois remontent à l'occupation romaine. Au XIIIe s., Raymond VII, comte de Toulouse, prit à son endroit un des premiers décrets d'appellation contrôlée, et le poète occitan Auger Gaillard célébrait déjà le vin pétillant de Gaillac bien avant l'invention du champagne. Le vignoble se répartit entre les premières côtes, les hauts coteaux de la rive droite du Tarn, la plaine, la zone de Cunac et le pays cordais. Les coteaux calcaires se prêtent admirablement à la culture des cépages blancs traditionnels comme le mauzac, le len de l'el (loin de l'œil), l'ondenc, le sauvignon et la muscadelle. Les zones de graves sont réservées aux cépages rouges : duras, braucc ou fer-servadou, syrah, gamay, négrette, caberne merlot. La variété des cépages explique la palette de vins gaillacois. Pour les blancs, on trouvera les sec et perlés, frais et aromatiques, et les moelleux de premières côtes, riches et suaves. Ce sont ces vins très marqués par le mauzac, qui ont fait la renommée de l'appellation. Le gaillac mousseux peut êtr élaboré soit par une méthode artisanale à partir d sucre naturel du raisin (méthode gaillacoise), so par la méthode traditionnelle (la première donn des vins plus fruités, avec du caractère). Les rosés d saignée sont légers; quant aux vins rouges, s'ils sor souvent gouleyants, notamment lorsqu'ils sont issu de gamay, ils peuvent aussi se montrer plus charper tés et offrir un certain potentiel de garde.

VIGNOBLES ARBEAU Langlade 2022 ★

■ | 30000 | | **5 à 8**

Créée en 1878, la maison de négoce des Arbeau a pr de l'envergure au XXe s. en se spécialisant dans le vins et spiritueux. Depuis les années 2000, Gérau Arbeau et sa sœur Anne dirigent l'affaire, ainsi que Ch. Coutinel et ses 50 ha en conversion bio.

Mauzac (55 %), loin de l'œil (30 %) et sémillon unis dar ce moelleux d'un beau jaune paille clair, au nez agréab de pomme et de poire au sirop. Une attaque soup ouvre sur une bouche bien équilibrée entre sucres rés duels (48 g/l) et fraîcheur, légère et fruitée. Tout indiqu pour l'apéritif. ⧗ 2024-2027

⊶ VIGNOBLES ARBEAU, 6, rue Demages, 82370 Labastide-Saint-Pierre, tél. 05 63 64 01 80, vignobles@arbeau.com V *r.-v.*

♥ CH. BALSAMINE
Un Ange passe Méthode ancestrale Extra-dry 2023 ★★

● | 4300 | | **11 à 15**

Christelle Demanèch et Christophe Mer ont décidé de vol de leurs propres ail et ont quitté la co pérative en 200 Ainsi a vu le jour Ch. Balsamine, su les premières côte de Gaillac. Depui leurs vins fréquentent assidûment ces pages, souver en très bonne place. Les vignes (15 ha) sont exposée au sud-sud-est, avec pour horizon lointain les Pyrénée

Ce mauzac effervescent a fait l'unanimité. Les dégu tateurs ont d'emblée aimé ses bulles abondantes persistantes, puis son nez intense, franc et gourmar de pomme fraîche, d'ananas et de citron. Ils salue aussi une bouche très harmonieuse, chapeautée p une mousse onctueuse, souple, ronde, suave (15 g de sucres résiduels), finement miellée, soulignée p une juste acidité qui apporte longueur et équilibr Un excellent représentant de la méthode ancestra ⧗ 2024-2027 ■ **Un Ange passe 2022 ★★ (8 à 11 2400 b.)** Un Ange passe en version blanc sec, né parts égales de mauzac et de sauvignon. Un gailla très aromatique, ouvert sur les fleurs blanches, le mi 'écorce de mandarine et les notes de café de la barrique. .a bouche, très florale, offre du volume, de la rondeur, ıvec une belle tension et de jolis amers en soutien. ⌛ 2024-2028

CH. BALSAMINE, 365, chem. de Téoulet, 1600 Gaillac, tél. 06 70 61 11 46, chateaubalsamine@ ›range.fr V *t.l.j. 9h30-12h 14h-19h; dim. sur r.-v.*

♥ DOM. BARREAU
Les Braisiers 2022 ★★

3000 | 8 à 11 €

Installé sur la rive droite du Tarn, au niveau des premières côtes de Gaillac, ce domaine familial, régulier en qualité, a été fondé en 1865. Il compte 50 ha de vignes conduits aujourd'hui par la sixième génération de Barreau : Sylvain et Romain.

Assemblage de mauzac (60 %) et d'ondenc, ce superbe vin, d'un beau jaune paille aux reflets d'or intenses, s'ouvre sur une corbeille de fruits (agrumes, fruit de la Passion, coing) agrémentée d'une touche de vanille et de miel. Une large palette aromatique qui infuse longuement une bouche parfai-ement équilibrée, offrant à la fois de la rondeur et de la ension, avant une finale saline et pleine de panache. Un ılanc de caractère, à boire ou à garder. ⌛ 2024-2029

DOM. BARREAU, 850, rte de Cordes, 1600 Gaillac, tél. 05 63 57 57 51, ontact@domaine-barreau.com *t.l.j. sf dim. 9h-12h 14h-19h*

CH. BOURGUET
Premières grappes 2023 ★★

4000 | 5 à 8 €

Quatre générations se sont succédé sur ce domaine onduit par Jean et Jérôme Borderies, situé à Vindrac-layrac, sur les terres les plus au nord de l'appellation aillac. Le vignoble d'un seul tenant s'étend sur près e 22 ha, exposé au levant face à la cité médiévale de ordes-sur-Ciel.

e blanc né de mauzac, sauvignon et muscadelle se résente dans une robe claire et brillante, bien ouverte ır des parfums de fleurs blanches, de buis, de fruits xotiques et de citron. Une attaque fraîche ouvre sur un œur de bouche à la fois ample et bien tendu, d'un équi-ɔre parfait, à l'unisson du bouquet dans ses arômes, vec en prime une longue finale plaine d'allant et de vacité. Un vin très énergique, tout indiqué pour un ɔéritif aux tonalités marines. ⌛ 2024-2027 ■ **L'Or en rappe 2023 ★ (8 à 11 €; 2730 b.)** Ce moelleux, 100 % ıin de l'œil, dévoile un joli bouquet de fleurs blanches, e poire et d'agrumes, prolongé par une bouche suave parfumée, rafraîchie par une pointe de vivacité envenue en finale. ⌛ 2024-2027

CH. BOURGUET, 331, rte des Bourguets, 170 Vindrac-Alayrac, tél. 06 75 40 76 31, ›ntact@chateaubourguet.fr V *r.-v.*

DOM. LA CAMBA TÒRTA
Le Rouge 100% Braucol 2022 ★

■ | n.c. | 11 à 15 €

Après une dizaine d'années d'expérience, Estela Loddo s'est lancée et a créé son propre domaine en 2016, dont le nom signifie « la jambe tordue » en occitan, comprenez le cep de vigne : une petite surface de 4,2 ha sur le plateau cordais, à partir duquel elle valorise les cépages autochtones du Gaillacois.

Une belle entrée dans le Guide pour cette jeune vigneronne avec ce braucol sur la retenue au premier nez, qui s'ouvre sur les fruits rouges à l'aération. Un fruit (griotte, framboise, cassis) qui s'invite avec plus d'intensité et une touche de poivre dans une bouche tendre, suave, signe d'une bonne maturité du raisin, portée par d'agréables tanins fondus et veloutés. Un gaillac déjà à point, dont on pourra profiter dès aujourd'hui ou patiné par quelques années de garde. ⌛ 2024-2028

DOM. LA CAMBA TÒRTA, 1557, rte de Cordes, Condomines, 81140 Andillac, tél. 06 17 62 68 82, contact@lacambatorta.com V *r.-v.*

DOM. CARCENAC Jadis 2022 ★

■ | 30000 | 8 à 11 €

Situé au cœur de Montans, petit village aux vestiges gallo-romains, ce domaine, dans la même famille depuis sept générations, est aujourd'hui conduit par Joseph, Nicole et leur fils Cédric Carcenac. Il compte 70 ha de vignes établis sur les trois types de terroirs gaillacois : graveleux, argilo-graveleux et argilo-calcaire.

Une robe sombre habille cet assemblage de braucol (60 %) et de syrah. Le prélude intense à un nez non moins soutenu de fruits noirs (mûre, cassis), de café et de pain toasté. Une attaque veloutée introduit un cœur de bouche bien structuré, puissant mais enrobé, épaulé par des tanins fins et soyeux et par un boise de qualité. Un gaillac encore jeune et fougueux, à l'avenir radieux. ⌛ 2028-2034 ■ **Braucol 2022 ★ (15 à 20 €; 8000 b.)** Un gaillac solide, puissant, riche, dominé par des notes d'élevage en fût très prononcées à ce stade, se déclinant sous des senteurs toastées et largement épicées (vanille, cannelle). Pour amateurs de vins boisés. On met en cave. ⌛ 2028-2035

DOM. CARCENAC, 807, rte du Jauret, 81600 Montans, tél. 05 63 57 57 28, contact@domainecarcenac.com V *t.l.j. sf dim. 8h-12h 14h-19h*

DOM. LA CROIX DES MARCHANDS
Élégance 2022 ★★

■ | 15000 | 8 à 11 €

Jérôme Bezios conduit depuis 1999 une cinquantaine d'hectares dans le Gaillacois, à travers deux domaines : le Dom. de la Croix des Marchands et sa trentaine d'hectares sur un terroir de graves, et de l'autre côté du Tarn, sur la rive droite et ses coteaux, le Ch. Palvié, son terroir argilo-calcaire et ses vignes plus âgées, « en gobelet ». Une valeur sûre de l'appellation gaillac.

Syrah et braucol unis dans ce rouge d'un seyant grenat, frais et épicé au nez (groseille et poivre), soutenu par une touche végétale et mentholée. La bouche offre elle aussi beaucoup de fraîcheur et de fruit, mais aussi de la rondeur, du velouté, du gras, et laisse une agréable impression d'harmonie. ⧗ 2024-2028 ■ **Vieilles Vignes 2020 ★ (8 à 11 €; 10000 b.)** Une cuvée élevée en fût, ouverte sur des parfums de fruits cuits, d'épices, de tabac et de café torréfié. Une maturité de fruit mariée à un boisé affiné que l'on retrouve dans une bouche riche, chaleureuse, aux tanins fondus. Un rouge à son apogée. ⧗ 2024-2027 ■ **2023 ★ (5 à 8 €; 20000 b.)** Un rosé de syrah et de gamay bien friand, au nez franc et intense de bonbon acidulé et de fruits rouges, souple, frais, étiré sur de fins amers en finale. ⧗ 2024-2025

VIGNOBLES JÉRÔME BÉZIOS, av. des Potiers, 81600 Montans, tél. 05 63 57 19 71, contact@croixdesmarchands.fr V t.l.j. sf dim. 9h-12h 14h-18h

B CH. D'ESCABES
Loin de l'œil 2023 ★

■	6000		11 à 15 €

En 2018, la famille Hauchard, propriétaire du Ch. d'Escabes depuis 1974, a décidé de quitter le giron de la coopérative et de travailler en tant que cave particulière. Son domaine de 50 ha d'un seul tenant est certifié en agriculture biologique depuis le millésime 2021.

Ce cépage doit son nom à la longueur de sa tige jusqu'au bourgeon (l'œil). Un loin de l'œil vendangé ici de nuit pour en préserver tout le fruit. Mission accomplie sur la foi de ce nez intense de poire, de fruits jaunes et de fruits exotiques, et de cette bouche équilibrée, riche et fraîche à la fois, qui s'étire dans une belle finale sur les épices, le zeste d'agrumes et une petite touche d'amertume. ⧗ 2024-2027

CH. D' ESCABES, rte des Barrières, 81310 Lisle-sur-Tarn, tél. 07 68 70 27 06, chateau.escabes81@gmail.com V t.l.j. sf dim. lun. 10h-13h 14h-18h

♥ DOM. D'ESCAUSSES
La Croix Petite 2022 ★★

■	12000		15 à 20 €

Roselyne et Jean-Marc Balaran se sont installés en 1979 sur le Dom. d'Escausses, valeur sûre du Gaillacois, en cours de conversion bio. Leur fille Aurélie les a rejoint en 2007, a acquis des parcelles du Ch. Larroze, propriété de la famille Cros dans les années 1980, et créé le Ch. l'Enclos des Roses. Elle conduit aujourd'hui un ensemble de 50 ha.

Syrah, braucol et cabernet-sauvignon unis pour le meilleur dans ce gaillac haut en couleur dans sa robe pourpre soutenu. Le nez, intense et complexe, associe les fruits noirs (cassis, mûre), la menthe, la réglisse, la vanille et le cacao. Une palette qui s'invite avec la même intensité dans une bouche majestueuse, ample, ronde, généreuse, puissante et fraîche à la fois, étayée par des tanins doux et finement épicés. Tout est harmonie, et pour longtemps. ⧗ 2026-2034 ■ **La Vigne blanche 2022 ★★ (8 à 11 €; 15000 b.)** Cette Vigne blanche associe des cépages... rouges : syrah, braucol, duras, cabernet-sauvignon et merlot. Une toponomie qui rappelle que ce lieu-dit fut autrefois planté en blanc. Dans le verre, un gaillac d'une grande complexité, à l'image de son assemblage : fruits noirs, kirsch, violette, réglisse, vanille, chocolat... La bouche, d'une gourmandise irrésistible, est dense, riche suave, veloutée, cadrée en douceur par des tanins soyeu et un boisé fondu. On applaudit. ⧗ 2026-2034

FAMILLE BALARAN, 32, rte de la Salamandrie, 81150 Sainte-Croix, tél. 05 63 56 80 52, contact@famillebalaran.com V t.l.j. 8h-13h 14h-19h; dim. sur r.-v.

B FAR FROM THE EYE
Loin de l'œil 2023 ★

■	67173		8 à 11 €

Les caves de Técou, de Rabastens, de Fronton et des Côtes d'Olt ont uni leurs forces en 2006 en créant le groupe Vinovalie, dont le nom renvoie aux valeurs collectives du rugby. Un groupe qui fédère 470 vignerons et quelque 3 800 ha de vignes répartis sur trois appellations : gaillac, fronton et cahors.

Présenté par Vinovalie côté Rastens, ce gaillac bio séduit d'emblée par son nez net, frais et intense de fruits jaunes et d'agrumes sur fond de minéralité. Il plaît aussi par sa bouche équilibrée, fraîche, parfumée, étirée dans une belle finale sur un trait d'épices et de vivacité. ⧗ 2024-202 ■ **Saint-Michel Perlé Grande Réserve 2023 ★ (5 à 8 € 201866 b.)** Un gaillac expressif, parfumé de fruits jaunes et de bourgeon de cassis, frais et alerte en bouche, anim par un perlé léger comme il faut. ⧗ 2024-2026

VINOVALIE (VIGNERONS DE RABASTENS), 33, rte d'Albi, 81800 Rabastens, tél. 05 63 33 73 80, laboratoire.rabastens@vinovalie.com V t.l.j. 10h-12h30 14h30-19h; dim. 10h-12h30

CH. GAYSSOU Marylou 2022 ★

■	1000	11 à 15

Situé sur les premières côtes de Gaillac, ce domain se transmet de génération en génération depuis l XVI^e^s. Il s'étend aujourd'hui sur 40 ha, conduit depui 2000 par Nathalie Caussé (à la cave et à la commer cialisation) et par son frère Christophe (à la vigne).

Une originité que ce gaillac né de prunelart et élev en jarre qui rend hommage à Marylou, la fille aînée d Christophe Caussé. On aime son nez délicat de violett et d'épices, puis sa bouche équilibrée, souple et fruité étonnante de fraîcheur, qui se prolonge en finale sur d légers amers. Un ensemble harmonieux, facile d'accès, boire sur le fruit. ⧗ 2024-2027

DOM. GAYSSOU, 156, imp. Borie-Constant, 81600 Broze, tél. 06 03 61 08 31, gayssou.broze@gmail.com V t.l.j. sf dim. 10h-12h 15h-19h

DOM. GRAND CHÊNE
La Parcelle de l'Ortolan 2023 ★

■	26000		5 à 8

Dans la famille Lacombe depuis 1910, ce domaine d 37 ha en appellation gaillac est implanté sur plusieur versants de la rive droite du Tarn. En 2018, Yannick e Nelly Lacombe ont passé le relais à leur fils Aristide e à son épouse Céline. Le jeune vigneron complète le savoir-faire ancestraux par des perfectionnement techniques. Il a ainsi breveté un moyen de récupére la chaleur induite par la fermentation.

Loin de l'œil (80 %) et sauvignon unis dans ce blanc limpide aux reflets verts, au nez soutenu de fleurs blanches, de buis et d'agrumes. Une attaque vive ouvre sur une bouche alerte et bien tenue, avec un beau retour des agrumes en finale, épaulée par de fins amers qui ajoutent à son dynamisme et sa persistance. Un vin aromatique, avec la fraîcheur comme fil conducteur. ⧗ 2024-2027 ■ **Sélection Aristide Julian 2022** ★ **(8 à 11 €; 8000 b.)** Braucol, duras et syrah associés dans ce vin profond, aux accents de fruits rouges et noirs bien mûrs et de chocolat. La bouche reflète cette maturité, bien cadrée par des tanins fermes qui doivent encore s'affiner. ⧗ 2026-2030

DOM. DU GRAND CHÊNE, 961, rte de la Figayrade, 31600 Senouillac, tél. 06 58 51 90 87, contact@domaine-grand-chene.com V t.l.j. sf sam. dim. 9h-12h 14h-17h

DOM. DE LABARTHE
Cuvée Guillaume 2022 ★★

■	33000		11 à 15 €

Ce domaine transmis de père en fils depuis 1550 est aujourd'hui conduit par Jean-Paul Albert, à la tête d'un vignoble de 68 ha qui entoure d'anciennes bâtisses de pierre blanche. En 2013, son fils Thibault l'a rejoint sur l'exploitation, convertie à l'agriculture biologique depuis 2013.

Le seul braucol à l'œuvre dans cette cuvée intense et brillante, qui se déploie à l'aération pour offrir des parfums de fruits rouges et noirs, de réglisse et d'épices. L'attaque est franche, le milieu de bouche ample, gras et velouté, avec un fruit bien présent, enrobé par un beau boisé. C'est expressif, déjà très bon, et cela peut encore vieillir. ⧗ 2026-2030 ● **Méthode ancestrale** ★ **(11 à 15 €; 30000 b.)** Une jolie bulle dorée, ronde, bien gourmande, mais aussi fraîche et alerte, offrant un bon équilibre sucre-acide. ⧗ 2024-2025

DOM. DE LABARTHE, Labarthe, 81150 Castanet, tél. 05 63 56 80 14, labarthe@vinlabarthe.com V t.l.j. sf dim. 9h-12h 14h-19h

DOM. DE LARROQUE
Les Seigneurines 2022 ★★

■	5800		11 à 15 €

Commandé par une maison de maître du XVIIIe s. en pierres du pays, le domaine existe depuis 1995, année durant laquelle les Nouvel ont entrepris la restauration des bâtiments et du vignoble de 20 ha, en bio certifié depuis 2015. Une valeur sûre du vignoble gaillacois.

Assemblage de braucol (60 %) et de syrah, cette cuvée se présente avec élégance dans une robe profonde, d'un pourpre intense. Le nez, montant et corsé, est centré sur les fruits à l'eau-de-vie, les fruits noirs, la groseille et la cerise. Un fruit qui trouve un long prolongement dans une bouche ample et suave, doté de tanins mûrs et bien pris dans la chair. Un vin généreux et flatteur, qui vieillira sereinement. ⧗ 2026-2030 ■ **Volupté 2022** ★ **(15 à 20 €; 4000 b.)** Braucol et prunelart à parts égales dans ce gaillac très étoffé, d'un volume imposant, dense et chaleureux, aux arômes marqués de fruits et d'épices macérés, cadré par de solides tanins qui doivent encore s'affiner. On met en cave. ⧗ 2028-2034

DOM. DE LARROQUE, 883, chem. de Larroque, 81150 Cestayrols, tél. 05 63 56 87 63, contact.domainedelaroque@gmail.com V t.l.j. sf dim. 10h-12h 14h-18h

DOM. LAUBAREL
Premières côtes L'Aubarèl Mauzac 2022 ★★

■	2000		8 à 11 €

Ce petit domaine de 7 ha fondé en 1904 a été repris en 2008 par Lucas Merlo, vigneron natif d'Albi. Après avoir travaillé dans le Médoc et à Cahors, il s'est installé sur les premières côtes de Gaillac.

Ce pur mauzac se présente dans une robe brillante et soutenue, dévoilant un nez aussi subtil que complexe de fruits jaunes, de pomme, de cannelle et de vanille sur fond de minéralité. En bouche, il conjugue rondeur, gras et fine tension, fruits confits, épices douces et notes toastées issues d'un boisé bien fondu. Un blanc très harmonieux, cohérent, d'une grande finesse, à réserver pour la table. ⧗ 2024-2029

DOM. LAUBAREL, 3000, rte de Cordes, 81600 Gaillac, tél. 06 61 94 76 91, contact@domaine-laubarel.fr V t.l.j. sf dim. 9h-12h 15h-19h

DOM. DE LONG-PECH
La Boussole 2022 ★

■	6700		11 à 15 €

Implanté sur les hauteurs de Lisle-sur-Tarn, ce domaine familial a été créé par l'arrière-grand-père dans les années 1930, mais les premières mises en bouteilles datent de 1989. Depuis 2000, Sandra Bastide et sa sœur Karine exploitent ce vignoble de 30 ha perché sur une «longue colline» calcaire (*long pech* en occitan), et proposent tous les types de vin gaillacois. Un domaine très régulier en qualité.

Braucol, duras, prunelard, syrah, associés par quarts, cette Boussole indique la voie des cépages autochtones et du plaisir immédiat. Un gaillac au nez franc, frais et bien fruité, agrémenté de touches végétales et épicées, rond, souple, tendre et bien fruité en bouche, souligné par une belle fraîcheur en finale. On le boit sur le fruit de sa jeunesse. ⧗ 2024-2027

DOM. DE LONG-PECH, 582, rte de Lapeyrière, 81310 Lisle-sur-Tarn, tél. 06 31 85 66 93, longpech81@gmail.com V r.-v.

MAS D'AUREL Loin de l'œil 2022 ★

■	1100		15 à 20 €

Après avoir cultivé le célèbre vignoble algérien de Mascara, Albert et Bernadette Ribot s'installent en 1963 sur ce domaine (28 ha), à présent conduit par leur fille Brigitte et son mari, Jacques Molinier. Un corps de bâtiment en pierre calcaire blanche, une cour fermée, un pigeonnier : le mas d'Aurel est des plus typiques. La conversion bio est engagée.

Une robe claire, jaune à reflets d'or, un nez sur la retenue, qui laisse filtrer des notes de fleurs blanches d'agrumes, d'épices et d'aromates, l'approche est engageante. De la rondeur, du volume, une expression aromatique plus intense, sur des arômes citronnés, beurrés et vanillés, une fraîcheur préservée : la bouche achève de convaincre. ⧗ 2024-2028 ■ **Cuvée Alexandra 2022** ★

SUD-OUEST

(11 à 15 €; 10 000 b.) Braucol et merlot (20 %) unis dans ce rouge prêt à boire, au nez intense de cerise et de cassis agrémenté d'une touche végétale, à la bouche ronde et veloutée, tout aussi fruitée, dotée de tanins soyeux et fondus et d'une belle fraîcheur en finale. ⧗ 2024-2028

⊶ MAS D'AUREL, 4047, rte d'Arzac, 81170 Donnazac, tél. 05 63 56 06 39, contact@masdaurel.fr
V t.l.j. sf dim. 9h-12h 14h-18h

MAS PIGNOU
Bulle de paradis Méthode ancestrale 2023 ★★

●	8000		11 à 15 €

Héritiers de quatre générations, Jacques et Bernard Auque conduisent un domaine de 40 ha, établi à plus de 200 m d'altitude au sommet des premières côtes de Gaillac, offrant une vue exceptionnelle à 360° sur la route des Bastides.

Parée d'une robe claire aux reflets argentés et d'une mousse abondante, cette méthode ancestrale dévoile un nez délicat et élégant de fleurs blanches, de pomme et de coing. En bouche, la bulle est fine, l'équilibre sucre-acide parfait, les arômes en cohérence avec l'olfaction et la finale bien agréable, sur des saveurs gourmandes de tarte Tatin. Une bulle parfaitement construite, d'un classicisme très assumé. ⧗ 2024-2026

⊶ MAS PIGNOU, 84, chem. du Mas-de-Bonnal, 81600 Gaillac, tél. 05 63 33 18 52, maspignou@gmail.com V t.l.j. sf dim. 9h-12h 14h-19h

Ⓑ DOM. PHILÉMON Prunelart 2022 ★★

■	2000		11 à 15 €

Les premières vignes furent plantées ici par Philémon Vieules à son retour de la Grande Guerre. Son fils, son petit-fils et, depuis 2003, son arrière-petit-fils, Mathieu, ont poursuivi l'aventure. Ce dernier n'a conservé que les cépages autochtones du Gaillacois : braucol, prunelart, duras, loin de l'œil, jurançon noir, ondenc, mauzac rose. La vigne (25 ha) a été convertie à l'agriculture biologique en 2010 et voisinent avec la culture des chênes truffiers, du tournesol, des pois chiches et de l'immortelle d'Italie, avec aussi un troupeau de brebis solognotes pour entretenir cet environnement préservé.

Le prunelart à l'honneur dans ce vin noir, profond, au nez intense et complexe de fruits rouges et noirs, de violette et de lilas. Une palette qui infuse une bouche ample, ronde, remarquable d'équilibre, cadrée en finesse par des tanins parfaitement intégrés, qui s'étire dans une longue finale pleine de fruit et de vie. Un gaillac de haute expression, à boire ou à garder quelques années en cave. ⧗ 2024-2030

⊶ DOM. PHILÉMON, Les Alliés, 81130 Villeneuve-sur-Vère, tél. 06 24 98 67 99, domainephilemon@gmail.com V t.l.j. sf dim. 9h-12h 14h-18h

MAISON BERTRAND RAVACHE
Perlé Aligança 2023 ★★

■	12000		5 à 8 €

La maison de négoce fondée en 1995 par Léo de Malet-Roquefort et son fils Alexandre, héritiers d'une lignée saint-émilionnaise et propriétaires du Ch. la Gaffelière (1er grand cru classé B) a été cédée graduellement à Bertrand Ravache. Le négociant a acquis la totalité des parts de la société en 2015 et lui a donné son nom.

Une belle robe limpide et claire habille ce blanc d'assemblage (mauzac, loin de l'œil, muscadelle, sauvignon), ouvert sur des parfums frais et appétents fleurs blanches et les agrumes. Une fraîcheur qui imprime aussi sa marque dans une bouche équilibrée tout du long, d'un bon volume, persistante et sapide. Un vin très tonique, tout indiqué pour l'apéritif. ⧗ 2024-2027 ■ **Perlé Aligança 2023 ★ (5 à 8 €; 12000 b.)** Peu perceptibles à la vue, les perles se ressentent bien en bouche, relevant une agréable palette aromatique de fleurs blanches et de brioche et soutenant la sensation de fraîcheur perçue de bout en bout. Un bon perlé classique et de bon goût. ⧗ 2024-2026

⊶ MAISON BERTRAND RAVACHE, BP 12, champs du Rivalon, 33330 Saint-Émilion, tél. 05 57 56 40 80, contact@bertrand-ravache.com

DOM. SALVY Tradition 2023 ★★

■	1650		8 à 11 €

Un aïeul prénommé Salvy a fondé en 1881 ce domaine auquel il a laissé son nom. Sur les coteaux pierreux qui surplombent la Vère, Anne, Marc et Patrick Dure cultivent sur 25 ha les cépages à l'accent gaillacois les rouges duras et braucol, et les blancs mauzac et loin de l'œil.

Mauzac et muscadelle à parts égales dans ce moelleux d'un beau doré brillante et soutenu, au nez subtil de fleurs blanches, de coing, d'abricot secs et d'épices. Une attaque charnue ouvre sur un cœur de bouche rond tendre, d'un beau volume, finement miellé, avec une ligne de fraîcheur pour équilibrer le tout. Parfait avec un foie gras. ⧗ 2024-2027 ■ **Braucol 2022 ★ (8 à 11 € 3600 b.)** Un nez généreux de fruits rouges confiturés une bouche à l'unisson, ronde, souple, aux tanins fondus : ce braucol vise la gourmandise et le plaisir immédiat, c'est très réussi. ⧗ 2024-2027

⊶ DOM. SALVY, 1219, rte d'Arzac, 81140 Cahuzac-sur-Vère, tél. 05 63 33 97 29, salvy@wanadoo.fr V t.l.j. sf lun. 10h-12h 15h-18h

DOM. SARRABELLE In Sarra 2023 ★

■	25000		5 à 8 €

La légende raconte que la source qui jaillit près du château de Montaigut, détruit lors de la Croisade contre les Albigeois au XIIIe s., était jadis le lieu des rendez-vous galants de la belle Yolande, que ses prétendants rêvaient de serrer dans leurs bras, *sarrobelle* en occitan. Telle est l'origine du nom de ce domaine dans la famille Caussé depuis huit générations. Le vignoble, qui compte aujourd'hui 49 ha, est conduit depuis 2000 par Laurent et Fabien Caussé.

Muscadelle et loin de l'œil à parts égales, accompagnés par une touche de mauzac, telle est la recette de cette cuvée d'un beau jaune clair et limpide, au nez intense et frais de fleurs blanches et d'agrumes. Une fraîcheur à laquelle fait écho une bouche souple et légère, prolongée par de jolis amers en finale. Sobre et efficace. ⧗ 2024-2027

⊶ DOM. SARRABELLE, 1130, rte des Fortis, 81310 Lisle-sur-Tarn, tél. 05 63 40 47 78, contact@sarrabelle.com V t.l.j. sf dim. 9h-12h 14h-19h

B CH. DE SAURS La Constance 2022 ★

■	40000	🍾	8 à 11 €

Établi dans le village de Saurs, près de Gaillac, le château d'inspiration palladienne a été bâti au milieu du XIXᵉs. par Eliézer Gineste de Saurs, l'arrière-grand-père de l'actuel propriétaire, héritier d'une famille implantée sur ces terres depuis le XVIᵉs. Le vignoble, conduit en bio certifié depuis 2012, couvre 40 ha.

Né de duras, braucol, syrah et merlot, ce rouge vise la simplicité et le fruit, et l'objectif est atteint. Un gaillac à déguster sans chichi pour ses arômes frais de fraise écrasée, d'épices et de menthol, pour sa bouche souple, ronde et équilibrée, mentholée et relevée par les épices en finale. On le verrait bien avec une cuisine exotique, un tajine de veau par exemple. ⧗ 2024-2027

⊶ CH. DE SAURS, 48, chem. de Toulze, 81310 Lisle-sur-Tarn, tél. 05 63 57 09 79, info@chateau-de-saurs.com V 🚶 🍷 *t.l.j. sf sam. dim. 9h-12h 13h-17h30*

LES VIGNERONS DES SEPT PROVINCES
Le Loin de l'œil 2023 ★

■	44000	🍾	5 à 8 €

La plus ancienne coopérative du Tarn (fondée en 1949) est aussi le plus gros producteur de vins blancs de la région. Elle s'est illustrée dès 1957 en créant le gaillac perlé. Elle regroupe aujourd'hui une centaine d'adhérents et quelque 900 ha de vignes.

Ce blanc paré d'une robe jaune nette et brillante livre un joli bouquet de belle intensité et frais, aux senteurs minérales, lactées et fruitées. Une agréable palette que l'on retrouve avec le même plaisir dans une bouche ample, bien équilibrée entre rondeur et fraîcheur. ⧗ 2024-2027

⊶ CAVE DE LABASTIDE, La Barthe, 81150 Labastide-de-Lévis, tél. 05 63 53 73 73, commercial@cave-labastide.com V 🚶 🍷 *t.l.j. sf dim. 9h-12h 14h-18h*

B CH. TAUZIÈS 2022 ★

■	10500	🛢	11 à 15 €

Les caves de Técou, de Rabastens, de Fronton et des Côtes d'Olt ont uni leurs forces en 2006 en créant le groupe Vinovalie, dont le nom renvoie aux valeurs collectives du rugby. Un groupe qui fédère 400 vignerons et regroupe quelque 3 800 ha de vignes (dont une bonne partie en bio ou en conversion) répartis sur trois appellations : gaillac, fronton et cahors.

Ce rouge bio, né de fer servadou et syrah à parts égales, complété par le merlot, ne cache pas son élevage en fût et s'ouvre sur d'intenses notes boisées, vanillées et chocolatées, les fruits noirs et la réglisse pointant à l'aération. Un boisé qui imprime aussi sa marque dans une bouche ronde, chaleureuse, étayée par des tanins fermes et serrés. Un solide potentiel se dessine. ⧗ 2028-2034 ■ **Saint-Michel Grande Réserve 2023 ★ (5 à 8 €; 195000 b.)** Un rosé né de duras (85 %) et de braucol, pâle de robe, floral, amylique et fruité de goût, frais de bout en bout, avec de fins amers qui relèvent la finale. ⧗ 2024-2025

⊶ SCA VINOVALIE (SITE DE TÉCOU), 100, rte de Técou, 81600 Técou, tél. 05 63 33 00 80, passion@cavedetecou.fr V 🚶 🍷 *t.l.j. sf dim. 9h-12h30 14h-18h30*

CH. CLÉMENT TERMES Mémoire 2022 ★

■	22000	🛢	11 à 15 €

Ce domaine est né en 1860 sous l'impulsion de Clément Termes qui construisit un chai, puis le château. Olivier et Caroline David, ses descendants (septième génération), sont désormais à la tête de 120 ha de vignes. Ils sont aussi négociants.

Braucol syrah, duras, un assemblage classique pour ce gaillac de caractère élevé en fûts de 400 l pendant 12 mois. Intense, généreux, le nez évoque les fruits noirs mûrs et la vanille. Le prélude à un palais ample, gras, dense, chaleureux, adossé à des tanins fermes mais sans dureté. Un rouge corsé et étoffé, bien dans le ton de ce millésime solaire. ⧗ 2027-2032

⊶ CH. CLÉMENT TERMES, 302, chem. de Toulze, Les Fortis, 81310 Lisle-sur-Tarn, tél. 05 63 40 47 80, production@clement-termes.com V 🚶 🍷 *t.l.j. sf dim. 9h-12h 14h-18h* 🏠 D

B CH. DE TERRIDE
Méthode ancestrale Mauzac ★★

●	8133	🍾	11 à 15 €

Un château flanqué de deux tours carrées – un ancien relais de chasse construit en 1650 par un maître-verrier – devenu viticole dans les années 1960, se dresse devant un vignoble de 30 ha ceint de bois et conduit en bio. Jean-Paul et Solange David ont acquis le domaine en 1996; ils sont aujourd'hui relayés par leur fille Alix, œnologue, et par son mari Romain, épicurien passionné de cuisine qui organise régulièrement des évènements culinaires et s'occupe du gîte.

Des bulles fines sur fond d'or pâle, des senteurs de fleurs, de fruits blancs frais (poire, pomme Golden) et de brioche : l'approche est séduisante. La suite est tout aussi appétente avec une effervescence remarquable de finesse et d'élégance qui vient stimuler une bouche très équilibrée, expressive et fraîche, mentholée et fruitée (pêche, abricot), étirée dans une belle finale acidulée. De la classe et de l'énergie. ⧗ 2024-2027 ■ **Ta main sur mon chemin 2022 ★ (15 à 20 €; 4400 b.)** B Le seul braucol à l'œuvre dans cette cuvée qui célèbre la rencontre d'Alix David et son mari. Un gaillac expressif dont on appréciera les généreux parfums de cerise à l'eau-de-vie et d'épices, ainsi que la bouche chaleureuse et bien structurée. Une bouteille qui respire le soleil de 2022 et qui peut encore vieillir. ⧗ 2025-2030

⊶ CH. DE TERRIDE, 185, rte de Ste-Catherine, 81140 Puycelsi, tél. 05 63 33 26 63, info@chateau-de-terride.com V 🚶 🍷 *t.l.j. sf dim. 10h-12h 14h-18h* 🏠 E

DOM. DES TERRISSES 2023 ★

■	20000	🍾	8 à 11 €

Les terrisses sont des briques de terre crue et de paille mélangées qui servaient à l'édification des bâtisses traditionnelles du Gaillacois, comme l'imposante ferme à quatre pentes qui commande ce vignoble. À la suite de sept générations, Brigitte et Alain Cazottes gèrent depuis 1984 le domaine familial, qui compte aujourd'hui 35 ha.

Assemblage de loin de l'œil (55 %), de sauvignon de mauzac, ce blanc dévoile un nez puissant de fleurs blanches et d'agrumes. La même intensité florale et fruitée caractérise la bouche, suave, tendre et ronde, soulignée par une fine acidité qui lui confère de l'allonge et un bel équilibre. ⧗ 2024-2027

DOM. DES TERRISSES, 249, chem. des Terrisses, 81600 Gaillac, tél. 06 73 48 42 27, domainedesterrisses@gmail.com V r.-v.

♥ DOM. VAYSSETTE
Les Jardins de Thibault Duras 2022 ★★

■	2700		8 à 11 €

Florentin et Andrée Vayssette, les grands-parents, se sont installés en 1930 sur le chemin des Crêtes de Gaillac. Jacques, leur fils, et Maryse, ont pris leur suite. Puis leur petit-fils Patrice et son épouse Nathalie les ont rejoints pour exploiter les 29 ha de vignes du domaine. Une valeur sûre de l'appellation.

Une ligne supplémentaire au palmarès déjà bien fourni en coups de cœur des Vayssette. Ici, une cuvée 100 % duras qui se distingue d'emblée par sa robe intense, carmin soutenu, et par son nez tout aussi profond de fruits noirs, de figue et de cerise bien mûrs. Une intensité qui ne baisse pas d'un ton dans une bouche ample, ronde, généreuse, pleine de fruit, adossée à des tanins fins et bien pris dans la chair. Et quelle longueur ! Déjà savoureux, ce gaillac en a encore sous le pied. ⧗ 2024-2030 ■ **Cuvée Léa 2022 ★ (11 à 15 €; 13700 b.)** Braucol et syrah à parts égales dans cette cuvée expressive (cerise, pruneau, épices douces, café, sous-bois), qui balance bien entre puissance et fraîcheur en bouche, appuyée par une jolie trame tannique qui permet d'envisager l'avenir avec sérénité. ⧗ 2027-2032 ● **Méthode ancestrale V7=20 ★ (8 à 11 €; 16000 b.)** Une bulle de mauzac aux parfums typiques et délicats de fleurs blanches et de pomme, à la mousse crémeuse, suave, ronde, veloutée en bouche. Une méthode ancestrale sur le versant de la douceur assumée. ⧗ 2024-2026

DOM. VAYSSETTE, 2738, chem. des Crêtes, 81600 Gaillac, tél. 05 63 57 31 95, domaine.vayssette81@gmail.com V *t.l.j. sf dim. 9h-12h 14h-19h (18h en hiver)*

B LES VIGNALS L'Herbe folle 2022 ★

■	30000		8 à 11 €

Un domaine de 80 ha situé à Cestayrols, au nord-ouest de Gaillac, sur le terroir argilo-calcaire de la rive droite du Tarn balayé par le vent d'autan. Racheté en 1996 par les Vanoli, il est régi par Olivier Jean depuis 2003, qui a converti le domaine à l'agriculture biologique (certification en 2013) et à la biodynamie (2020). Des vins en «méthode nature» sont également proposés depuis 2022.

Braucol, syrah, duras et merlot à l'œuvre dans ce gaillac qui s'ouvre doucement, après aération, sur les petits fruits frais, la groseille et le cassis notamment. Le fruit se fait plus intense dans une bouche très plaisante, épaulée par des tanins extraits avec doigté qui tiennent bien l'ensemble et ajustent la longueur, le tout enrobé par une maturité aboutie signant le millésime. ⧗ 2024-2029

CH. LES VIGNALS, chem. les Vignals, 81150 Cestayrols, tél. 05 63 55 41 53, contact@lesvignals.fr V *t.l.j. sf sam. dim. lun. 9h-13h 14h-18h* E

♥ VIGNÉ-LOURAC Terrae Veritas 2023 ★★

■	23300		8 à 11 €

En 1972, Alain Gayrel, âgé de vingt ans, doit seconder sans formation viticole sa mère sur le domaine familial, qui compte alors 9 ha. Aujourd'hui, les Vignobles Alain Gayrel disposent de 250 ha de vignes, complétés d'achats de raisins sur plus de 450 ha. Annuellement, la vinification porte sur la récolte de 700 ha de vignes au minimum. Un acteur de poids du vignoble gaillacois, à la tête de quatre domaines : Vigné-Lourac, Les Méritz, Larroze et La Tour Olivier.

Une belle pluie d'étoiles pour les Vignobles Gayrel, et un coup de cœur pour ce superbe liquoreux né de loin de l'œil et de mauzac. La robe, vieil or aux reflets cuivrés séduit d'emblée, de même que le nez, intense et tout en fruit, sur la pomme et le coing. Un fruit qui s'invite avec persistance dans une bouche puissante, concentrée opulente, très soyeuse, soulignée par une pointe de fraîcheur qui assure l'équilibre et la longueur. ⧗ 2024-2030 ■ **Ch. les Méritz Prestige 2022 ★ (5 à 8 €; 29300 b.)** Né de braucol et de merlot, un gaillac très expressif centré sur les petits fruits rouges. Le fruit reste bien présent dans une bouche très agréable, souple, ronde élégante, de bonne longueur. À boire dans sa jeunesse ⧗ 2024-2027 ■ **Ch. Larroze 2022 ★ (5 à 8 €; 146600 b.)** Un vin tendre et fruité, bien équilibré entre fraîcheur et rondeur, doté de tanins souples et discrets. Un gaillac gouleyant et facile à boire, à servir autour d'une bonne grillade au feu de bois. ⧗ 2024-2027

LES VIGNOBLES GAYREL, 103, av. Foch, 81600 Gaillac, tél. 05 63 81 21 11, gaillac@cave-gaillac.fr V *t.l.j. 10h-12h30 14h30-19h*

MARCILLAC

Superficie : 185 ha / Production : 7 904 hl

Reconnu en AOC en 1990, ce vin rouge naît dans l'Aveyron, dans une cuvette naturelle au microclimat favorable : le «vallon». Cultivé sur des argiles riches en oxyde de fer – les rougiers –, le mansois (fer servadou) lui donne une réelle originalité, faite d'une rusticité tannique et d'arômes de framboise.

DOM. LAURENS Cuvée de Flars 2021 ★★

■	24000		11 à 15 €

Quand Michel Laurens revint à Clairvaux en 1983 et qu'il retrouva son frère Gilbert, il décida avec lui d'étendre le domaine familial et de poursuivre l'œuvre de leur père, Henri, qui avait commencé à restaurer le vignoble : rachat de vieilles vignes, de terrasses, de terres en friche, défrichage, plantations. Après des années de travail, la propriété qui couvrait à l'origine 1,5 ha s'étend aujourd'hui sur 25 ha. La

nouvelle génération (Vincent, Éric et Pascal) a pris les commandes en 2015. Un incontournable de l'appellation marcillac.

La cuvée phare du domaine, qui a décroché de nombreux coups de cœur. Elle nous revient en pleine forme dans sa version 2021, portant une belle robe profonde, le nez épanoui et complexe, sur les fruits rouges, le chocolat, les épices et la réglisse. La bouche est intense, à la fois fraîche et puissante, très expressive aussi, portée par des tanins fondus à souhait, bien pris dans la chair, avant de s'étirer dans une longue finale réglissée. ⧗ 2025-2030

⊶ GAEC DOM. LAURENS, 7, av. de la Tour, 12330 Clairvaux-d'Aveyron, tél. 05 65 72 69 37, info@domaine-laurens.com V *t.l.j. sf dim. 10h-12h 14h-19h*

DOM. DU MIOULA 2023 ★★

■ | 10000 | | 8 à 11 €

Le *mioula* («milieu» en patois), c'est le milieu des vignes. Cultivé par les moines de Conques au XIe s., puis par les abbés de la cathédrale de Rodez au XIIe s., ce vignoble de 4,5 ha d'un seul tenant a été acquis en 1995 par Bernard Angles. Planté 70 ans auparavant et mal en point lors de son rachat, il a été restauré par les nouveaux propriétaires. Conduit depuis 2014 par Philippe Angles, fils de Bernard, il est devenu l'un des piliers de l'appellation marcillac.

Ce pur mansois (fer servadou) dévoile un nez frais, intense et plein de fruit (fruits rouges), agrémenté d'une touche de réglisse. Un équilibre se dégage du palais, lui aussi d'une belle intensité aromatique, souple, fondu, doté de tanins enrobés. Un vin facile à aimer. ⧗ 2024-2027

⊶ DOM. DU MIOULA, Saint-Austremoine, 12330 Salles-la-Source, tél. 05 65 42 24 20, philippe.angles@marcillac.net V *r.-v.*

♥ LIONEL OSMIN ET CIE Fer de soif 2023 ★★

■ | 13000 | | 11 à 15 €

Fils d'un bijoutier béarnais, Lionel Osmin est devenu ingénieur agricole et a fondé en 2010 une maison de négoce qui compte, spécialisée dans les vins du grand Sud-Ouest, d'Irouléguy à Bergerac, de Madiran à Marcillac. Aux commandes des vinifications de cette vaste gamme, l'œnologue Damiens Sartori.

L'étiquette dit tout, et l'on n'est pas déçu. Ce fer servadou a tout du vin de copains facile à aimer, mais sans manquer de caractère pour autant. Paré d'une seyante robe grenat, il livre au nez, superbe, complexe, témoignant d'une grande maturité de la vendange, des parfums aussi soutenus que gourmands de fruits noirs confits et d'épices sur fond de minéralité. La bouche apparaît ronde, soyeuse, charnue, intensément parfumée elle aussi. Un vin éloquent et diablement charmeur. ⧗ 2024-2028

⊶ LIONEL OSMIN ET CIE, 9, rue Ada-Byron, 64000 Pau, tél. 05 59 05 74 09, comm@osmin.fr

LE VALLON Cuvée réservée 2022 ★★

■ | 40000 | | 8 à 11 €

Établie dans le fameux vallon de Marcillac, la coopérative, créée en 1965, regroupe une quarantaine de vignerons qui cultivent 105 ha. Elle fournit 55 % de la production de l'appellation. Une valeur sûre.

Une belle pluie d'étoiles pour la cave, avec en tête ce vin d'une grande brillance, au nez intense et bien balancé entre fruits mûrs, chocolat, réglisse et menthe. En bouche, on découvre un jus savoureux, conjuguant la douceur, le soyeux, la fraîcheur et la longueur. Un ensemble aussi élégant qu'appétent. ⧗ 2024-2028 ■ **Adonis goutte de sang 2023 ★ (11 à 15 €; 20000 b.)** Ⓑ Un bon classique que ce rouge bien construit, aromatique, sur les fruits rouges relevés d'épices, d'un bon volume en bouche, doté de tanins souples. ⧗ 2024-2027 ■ **Les Burons 2023 ★ (5 à 8 €; 20000 b.)** Un aimable rosé au caractère primeur de bonbon anglais et de fruits rouges frais, très gouleyant en bouche, avec de fins amers qui viennent titiller la finale. ⧗ 2024-2025 ■ **L'Ady 2023 ★ (8 à 11 €; 3500 b.)** Un rosé gourmand à souhait, garni de fruits rouges frais au nez comme en bouche, franc, frais, souple et équilibré. ⧗ 2024-2025

⊶ LES VIGNERONS DE ROUGIER, RD 840, 12330 Valady, tél. 05 65 72 70 21, valady@groupe-unicor.com V *t.l.j. sf dim. 9h-12h 14h-18h*

CÔTES-DE-MILLAU

Superficie : 56 ha
Production : 2 030 hl (97 % rouge et rosé)

Reconnu en AOVDQS en 1994, le plus méridional des vignobles aveyronnais est implanté sur des coteaux de la haute vallée du Tarn, dans un secteur déjà soumis aux influences méditerranéennes. Majoritaires, les rouges et rosés sont composés de syrah et de gamay et, dans une moindre proportion, de cabernet-sauvignon, de fer-servadou et de duras. Les blancs assemblent chenin et mauzac. Les côtes-de-millau ont accédé à l'AOC en 2011.

Ⓑ DOM. DU VIEUX NOYER Cuve Isaïe 2021 ★

■ | 4200 | | 11 à 15 €

Un grand noyer au tronc sculpté des symboles de la vigne trône à l'entrée de cette propriété conduite par Ludovic Bouviala et Éric Portalier, vignoble de 32 ha cultivé en bio, établi au pied des Grandes Causses, autour du Château de Peyrelade. À découvrir également au domaine, le Calistou, un apéritif élaboré à partir de vin rosé et de macérations de mirabelles et de noix issues de leur exploitation, ainsi que les bières nées de leur brasserie artisanale.

Née de barriques de 2 à 5 ans, qui marquent donc peu le vin, cette cuvée se présente dans une robe grenat clair, ouverte sur des parfums floraux et fruités relevés de poivre vert. La bouche est bien en place, de bonne densité, animée par une belle vivacité et soutenue par des tanins fermes. On met en cave. ⧗ 2027-2032

⊶ GAEC DOM. DU VIEUX NOYER, rte des Gorges-du-Tarn, Boyne, 12640 Rivière-sur-Tarn, tél. 06 82 58 73 48, contact@levieuxnoyer.fr V *t.l.j. sf dim. 9h-12h15 14h-19h*

SUD-OUEST

➜ LA MOYENNE GARONNE

FRONTON

Superficie : 2 060 ha / Production : 97 242 hl

Vin des Toulousains, le fronton provient d'un très ancien vignoble, autrefois propriété des chevaliers de l'ordre de Saint-Jean-de-Jérusalem. Lors du siège de Montauban, Louis XIII et Richelieu se livrèrent à force dégustations comparatives... Reconstitué grâce à la création des coopératives de Fronton et de Villaudric, le vignoble a conservé un encépagement original avec la négrette, variété locale que l'on retrouve à Gaillac. Elle est vinifiée seule ou assemblée à la syrah, au côt, au cabernet franc et au cabernet-sauvignon, au fer-servadou et, dans une moindre mesure, au gamay. Le terroir occupe les trois terrasses du Tarn, aux sols de boulbènes, de graves ou de rougets. Les vins rouges comprenant des cabernets, du gamay ou de la syrah, sont fruités et aromatiques. Plus riches en négrette, ils sont alors puissants, assez tanniques, dotés d'un fort parfum de terroir aux accents de violette. Les rosés sont francs, vifs et fruités.

CH. BAUDARE Les 3 terroirs 2022 ★

■ | 9000 | 🍾 | 11 à 15 €

Au temps de Napoléon, Guillaume Vigouroux fut le seul des quatre frères à revenir des champs de bataille. David, son descendant (cinquième génération), installé sur le domaine familial en 1995, s'est marié avec une Anglaise qui contribue à la renommée de la négrette outre-Manche. Le vignoble, créé en 1882, s'étend aujourd'hui sur 75 ha, complété en 2009 par les 20 ha du Dom. Callory. À la carte des Vigouroux, des fronton très réguliers en qualité.

Ce fronton intense dévoile un nez expressif et appétent de fruits rouges et noirs bien mûrs. Une attaque douce ouvre sur une bouche ample et équilibrée, à la fois acidulée et ronde, légèrement suave, et bien parfumée, avec en finale une agréable touche poivrée. ⧗ 2024-2027

⊶ EARL CH. BAUDARE, 161, rue Basse-Près-de-l'Église, 82370 Campsas, tél. 05 63 30 51 33, chateaubaudare@sfr.fr V ▪ *sam. 9h-12h*

CH. BELLEVUE LA FORÊT Forêt royale 2022 ★

■ | 9500 | ◍ | 8 à 11 €

Avec 100 ha d'un seul tenant, Bellevue la Forêt est le plus vaste domaine de l'appellation fronton. Patrick Germain, issu d'une lignée de viticulteurs d'Afrique du Nord, l'avait acquis en 1974, un an avant la création de l'AOC, puis l'avait mis en valeur et en avait largement diffusé les vins. En 2008, il l'a vendu à Philip Grant, homme d'affaires irlandais formé au vin.

Parée d'une robe sombre, cette cuvée livre un nez puissant, sur les épices et les fruits rouges mûrs. Arômes prolongés par une bouche accueillante, gourmande, suave, ronde, d'un bon volume. ⧗ 2024-2028

⊶ SCEA CH. BELLEVUE LA FORÊT, 5580, rte de Grisolles, 31620 Fronton, tél. 06 71 37 61 39, contact@chateaubellevuelaforet.com V ▪ ▪ *r.-v.*

DOM. BOIS DE DEVÈS Les Tuiliers 2022 ★★

■ | 5000 | 🍾 | 11 à 15 €

En 2020, Nicholas Smith, Britannique, a repris le Dom. Devès et l'a rebaptisé Bois de Devès. Ce sont 10,5 ha de vignes à partir desquelles il produit du fronton et des IGP. Il aime faire de nouvelles expériences avec les cépages.

D'un seyant pourpre profond, ce majestueux fronton très expressif, convoque les fruits noirs et la réglisse à l'olfaction. La bouche, d'une grande tenue, se révèle ample, généreuse, soyeuse, d'une longueur admirable étayée par des tanins mûrs et veloutés qui ajoutent à son caractère diablement gourmand. Un fronton qualifié de « méditerranéen ». ⧗ 2024-2028 ■ **Négrette 2022 ★ (11 à 15 € ; 6000 b.)** Cette négrette s'ouvre sur un nez frais, fruité et finement épicé, auquel fait écho une bouche souple et croquante, pleine d'allant et de saveurs. Plaisir immédiat assuré. ⧗ 2024-2027

⊶ DOM. BOIS DE DEVÈS, 2255, rte de Fronton, 31620 Castelnau-d'Estretefonds, tél. 06 80 54 85 10, contact@domaineboisdedeves.com V ▪ ▪ *r.-v.* ⌂ D

Ⓑ CH. BOUJAC Les Petites Demoiselles 2022 ★★

■ | 25000 | 🍾 | 5 à 8 €

Un domaine familial tourné, à l'origine, vers la polyculture et l'élevage. Arrivés à sa tête en 1989, Philippe et Michelle Selle l'ont spécialisé et se sont orientés vers la vente directe. Le vignoble, qui compte aujourd'hui 30 ha, complété par 2 ha d'oliviers, est exploité en bio certifié depuis 2012 et entame sa conversion à la biodynamie.

D'un élégant grenat intense, ce fronton dévoile un nez net et franc de fruits noirs (cassis, mûre) relevé d'épices. Passé une attaque légèrement acidulée, la bouche se fait plus rond, plus grasse, mais aussi bien structurée par une finale tannique qui appelle un peu de garde. ⧗ 2026-2030

⊶ EARL CH. BOUJAC, 427, chem. de Boujac, 82370 Campsas, tél. 05 63 30 17 79, chateauboujac@orange.fr V ▪ ▪ *t.l.j. sf dim. 9h-12h 14h-18h30* ⌂ D

CH. CLAMENS Julie 2023 ★★

■ | 7000 | 🍾 | 8 à 11 €

Ce domaine de 25 ha est depuis 2012 la propriété de Stefan Heppelmann, originaire de Münich, passionné de vin et de... rugby, qui en a confié la conduite technique à Jean-Michel Bégué. La moitié de la production est dédié aux rosés, autre passion du propriétaire.

Une robe couleur pêche jaune, limpide et brillante, un nez de belle intensité ouvert sur des senteurs de fleurs et d'agrumes, l'entame est engageante. La suite ne déçoit pas : de la rondeur, du volume, du gras mais aussi la fraîcheur attendue d'un bon rosé, et un retour aromatique qui se prolonge sur une jolie note minérale. Un ensemble très harmonieux en somme. ⧗ 2024-2025

CH. CLAMENS, 740, chem. de Caillol, 31620 Fronton, tél. 05 61 82 45 32, chateauclamens@orange.fr V *t.l.j. sf sam. dim. 9h-12h 14h-17h*

CH. FONT BLANQUE 2022 ★★

| 4000 | | 5 à 8 € |

Ce domaine familial créé en 2005 est déjà bien connu des habitués du Guide. Implanté sur un sol argilo-limoneux, il s'étend sur 19 ha. Le vignoble a été entièrement restructuré et replanté par Jacqueline et Didier Bonhoure.

Drapé dans une élégante robe grenat intense, ce fronton de bonne intensité et d'une belle maturité, évoque au nez le coulis de fruits rouges et noirs sur fond lacté. Une attaque franche prélude à une bouche ample et dense, dotée d'une matière bien mûre, étoffée par des tanins encore jeunes et fermes. En devenir. ⧗ 2026-2032

EARL DE FONT BLANQUE, 1055, rte de Fabas, D 50, 82370 Campsas, tél. 06 86 69 26 19, chateau.font-blanque@orange.fr V *r.-v.*

DOM. DE LESCURE
Instant présent 2022 ★★

| 15000 | | 5 à 8 € |

Acquise en 1923 par la famille Cardetti, cette exploitation a commencé la viticulture en 1970, avec Jean-Marie. Installé en 2008, Fabien Cardetti a porté la superficie du vignoble à 25 ha; il cultive également 15 ha de céréales et 12,5 ha de noisetiers. Le vigneron propose des fronton bien typés, souvent en vue dans ces pages.

Ce fronton dévoile un superbe bouquet bien typé négrette avec son accent floral de violette, ses notes de fruits noirs (cassis et myrtille) et sa touche épicée. L'attaque est nette, franche, le milieu de bouche souple et rond, stimulé par une fine trame acidulée et soutenu par des tanins fondus et veloutés, avant une jolie finale sur la violette. Une cuvée très harmonieuse, à boire, comme son nom l'indique, sur le fruit de sa jeunesse. ⧗ 2024-2027

EARL DOM. DE LESCURE, 151, chem. de Lescure, 82370 Labastide-Saint-Pierre, tél. 06 61 70 55 45, fabiencardetti@gmail.com V *t.l.j. 10h-20h*

B LIONEL OSMIN ET CIE
Le Pouvoir des fleurs 2022 ★

| 20000 | | 11 à 15 € |

Fils d'un bijoutier béarnais, Lionel Osmin est devenu ingénieur agricole et a fondé en 2010 une maison de négoce qui compte, spécialisée dans les vins du grand Sud-Ouest, d'Irouléguy à Bergerac, de Madiran à Marcillac. Aux commandes des vinifications de cette vaste gamme, l'œnologue Damiens Sartori.

D'un rouge profond aux nuances mauves, cette cuvée s'ouvre sur le fruit, les épices prennent le relai. La bouche apparaît ronde, charnue, d'un bon volume, avant une finale finement poivrée appuyée sur des tanins fermes qui appellent un peu de patience. ⧗ 2026-2030

LIONEL OSMIN ET CIE, 9, rue Ada-Byron, 64000 Pau, tél. 05 59 05 74 09, comm@osmin.fr

B CH. DES PEYRAUX
Les Âmes galantes 2022 ★

| 4000 | | 11 à 15 € |

Un petit domaine de 5 ha conduit en bio dédié à l'appellation fronton, avec des vins répondant au cahier des charges Vin Méthode Nature. Une propriété ancienne, à l'abandon près de 20 ans, que fait patiemment renaître depuis 2014 Marie-Emmanuelle Couderc, de formation scientifique et issue du monde de l'industrie. Les premières vendanges datent de 2019.

Une belle entrée dans le Guide pour Marie-Emmanuelle Couderc avec ce joli fronton «nature», brillant de robe, d'une intensité appréciée au nez, autour des fruits rouges, du bourgeon de cassis et d'une petite note animale. Franc en attaque, le palais se montre frais, alerte, infusé de fruits en cohérence avec le bouquet et porté par des tanins bien en place. Une très bonne base pour mettre en cave. ⧗ 2026-2030

CH. DES PEYRAUX, 1185, rte des châteaux, 31340 Villematier, tél. 06 72 62 55 91, chateaupeyraux@gmail.com V *r.-v.*

♥ DOM. DES PRADELLES
Légende 2022 ★★★

| 1130 | | 11 à 15 € |

Un vénérable domaine fondé en 1869. Sa vocation viticole s'affirme en 1990 avec François Prat, qui sort de la coopérative. Sa fille Noëlle prend le relais en 2012, mais son père reste actif à la cave. Le domaine s'étend sur 17 ha d'un seul tenant dans le sud de l'appellation, sur la troisième terrasse du Tarn. Le nom de Pradelles vient du provençal *pradelo*, ou prairie.

Une imposante robe sombre couleur cerise burlat habille ce vin au nez puissant et riche de fruits rouges et noirs (cerise et myrtille notamment), relevé d'épices. L'annonce d'une bouche dense dès l'attaque, suave, d'une redoutable onctuosité, mais sans mollesse aucune, avec en soutien une structure bien en place, et pour quelques années encore. Un fronton de... légende, au caractère bien trempé. ⧗ 2026-2032 ■ **100sations 2022 ★ (8 à 11 €; 1326 b.)** Un nez bien typé négrette, sur la violette, les épices et les fruits rouges, une bouche, ample, souple et croquante : voilà un fronton des plus plaisant et convivial, à boire sur le fruit de sa jeunesse. ⧗ 2024-2027

DOM. DES PRADELLES, 44, chem. de la Bourdette, 31340 Vacquiers, tél. 06 50 02 17 38, noelle.prat@hotmail.fr V *t.l.j. sf dim. 15h-19h* B

SUD-OUEST

♥ B DOM. LE ROC Don Quichotte 2022 ★★

■ | 16000 | | 20 à 30 €

Dans la famille Ribes, chacun trouve sa place. Jean-Luc, bluesman à ses heures, a repris la propriété familiale en 1981 et a été rejoint au fil du temps par son frère Frédéric et son épouse, Cathy, puis par Pierre, et désormais par Anne et Grégoire, représentant la dernière génération. La propriété couvre aujourd'hui 38 ha entre le Ch. Le Roc (en bio certifiée) et le Ch. Flotis (en conversion bio), repris en 2018 par Fabienne et Raphaël Agosti mais toujours vinifié par la famille Ribes.

La robe est nette, d'un rouge profond, intense. Le nez, aussi puissant que charmeur, mêle les notes fruitées à la touche de violette et d'épices si caractéristique de la négrette, associée ici à la syrah. La bouche, gourmande et fine à la fois, riche sans manquer d'allant, est infusée du fruité de cerise et de fraise des bois qui se prolonge avec délice jusqu'en finale, avec en soutien un boisé parfaitement fondu (élevage en barrique de 400 l et foudre) et des tanins soyeux en diable. Irrésistible. ⧗ 2025-2030

⊶ DOM. LE ROC, 1605 C, rte de Toulouse, 31620 Fronton, tél. 05 61 82 93 90, familleribes@leroc.fr V *t.l.j. sf dim. 10h-12h 14h-18h*

DOM. ROUMAGNAC Capitaine 2022 ★

■ | 15000 | | 5 à 8 €

Établi à Raygades, hameau de Villematier en Haute-Garonne, le domaine s'étend sur 20 ha, à la limite des troisième et deuxième terrasses. Jean-Paul Roumagnac cultive depuis longtemps les vignes familiales. Son fils Nicolas l'a rejoint en 2011 et a lancé la vente directe, ainsi qu'une structure de négoce.

Une robe rubis, légère, habille ce vin au nez discret mais gourmand de fruits rouges. Le prélude à une bouche souple, fraîche, acidulée, tout en fruit. Un vin «glouglou», fringant et digeste à servir dans ses jeunes années. ⧗ 2024-2026

⊶ EURL NICOLAS ROUMAGNAC, 20, hameau de Raygades, 31340 Villematier, tél. 06 80 95 34 08, vignoble@domaineroumagnac.fr V *t.l.j. sf dim. 9h-12h 14h30-18h*

SECRET DE FRONTON Confidence 2022 ★

■ | 10000 | | 8 à 11 €

G. Sica est la réunion de cinq domaines, mise en place en 2019 : le Ch. Caze (14 ha) dans la famille de Martine Rougevin-Baville depuis 1776, le Ch. Font Blanque (20 ha), créé en 2005 par Jacqueline et son fils Didier Bonhoure, le Ch. Joliet (25 ha), repris en 2010 par Marie-Ange et Jérôme Soriano, le Dom. de Lescure (23 ha), dans la famille de Fabien Cardetti depuis 1923, et le Dom. Gendre (13 ha), repris par Éric Gendre en 2003.

D'un seyant pourpre limpide, ce vin expressif, fruité, floral et réglissé, séduit par son palais bien équilibré, ample et gras, aux tanins enrobés, signe d'une maturité aboutie. Un joli vin dans la typicité du fronton. ⧗ 2024-2027

⊶ SAS G. SICA, 8, av. de la Tuilerie, 31620 Villeneuve-lès-Bouloc, tél. 06 80 91 92 26, g-sica@groupe-gendre.fr V *r.-v.*

♥ VINOVALIE Soulédré 2023 ★★

■ | 48000 | | 5 à 8 €

Les caves de Técou, de Rabastens, de Fronton et des Côtes d'Olt ont uni leurs forces en 2006 en créant le groupe Vinovalie, dont le nom renvoie aux valeurs collectives du rugby. Un groupe qui fédère 400 vignerons et rassemble quelque 3 800 ha de vignes répartis sur trois appellations : gaillac, fronton et cahors.

Une robe pâle et délicate habille ce rosé finement bouqueté, évoquant le bonbon, les petits fruits rouges, la grenadine ou encore les agrumes. Rond à l'attaque, c'est ensuite une fraîcheur soutenue qui s'installe, maintenant le palais sous tension sur toute la longueur, avec une finale légèrement mentholée qui renforce encore ce caractère énergique. ⧗ 2024-2025 ■ **Chant du côt à la négrette! 2023 ★ (5 à 8 €; 48000 b.)** Côt et négrette associé pour le meilleur dans ce rosé très expressif ouvert sans réserve sur les fruits frais (cerise, fraise, cassis), agrémentés de notes plus exotiques. On aime auss sa bouche à la fois fraîche tendre et soyeuse, portée par un beau fruit de bout en bout. ⧗ 2024-2025

⊶ SCA VINOVALIE (SITE DE FRONTON), 175, av. de la Dourdenne, 31620 Fronton, tél. 05 62 79 97 79, laboratoire.fronton@vinovalie.com V *t.l.j. sf dim. 9h-12h30 14h-18h; 14h19h en été*

BRULHOIS

Superficie : 194 ha / Production : 8 787 hl

Passés de la catégorie des AOVDQS en 1984 à celle de AOC en 2011, ces vins sont produits de part et d'autre de la Garonne, autour de la petite ville de Layrac, dans les départements du Gers, du Lot-et-Garonne et du Tarn-et-Garonne. Essentiellement rouges ils sont issus des cépages bordelais et des cépages locaux, tannat et côt.

CH. LABASTIDE ORLIAC Deux Sœurs 2022 ★

■ | 10000 | | 8 à 11 €

Deux sœurs, Catherine et Isabelle Orliac, ont su mettre en valeur, depuis 2007, cette ancienne maison forte du XIIe s. qui commande 12,5 ha de vignes sur la rive droite de la Garonne. Leur aïeul, Jean Orliac, vendait ses vins jusqu'aux Antilles et fournissait la cour du roi Louis XVI.

Une jolie robe cerise burlat habille ce vin au nez intense et frais, à la fois floral, végétal et fruité. Une attaque franche ouvre sur une bouche concentrée, centrée sur le cassis et la mûre, avec toujours cet accent végétal et frais perçu à l'olfaction, le tout soutenu par des tanins sapides qui relayent une petite touche d'amertume en finale. Un bon vin séveux. ⧗ 2024-2028

CH. LABASTIDE ORLIAC, 38, rte du Bourg, 47270 Clermont-Soubiran, tél. 06 08 69 02 27, chateau.orliac@wanadoo.fr V r.-v.

DOM. DE SÉGAILLÉ 2021 ★★

■	40 000		5 à 8 €

Créée en 1878, la maison de négoce des Arbeau a pris de l'envergure au XXᵉs. en se spécialisant dans les vins et spiritueux. Depuis les années 2000, Géraud Arbeau et sa sœur Anne dirigent l'affaire, ainsi que le Ch. Coutinel et ses 50 ha en conversion bio.

D'un beau grenat, ce vin propose un nez intense et complexe de fruits rouges et noirs légèrement confits, de pivoine et de poivre noir agrémenté d'une touche fraîche de sous-bois. Souple en attaque, le bouche se montre juteuse et suave, tapissée de tanins crayeux bien fondus qui accompagnent une finale savoureuse. Un ensemble déjà très gourmand, mais qui pourra vieillir. ⧗ 2024-2030

VIGNOBLES ARBEAU, 6, rue Demages, 82370 Labastide-Saint-Pierre, tél. 05 63 64 01 80, vignobles@arbeau.com V r.-v.

BUZET

Superficie : 2 091 ha
Production : 115 003 hl (95 % rouge et rosé)

Connu depuis le Moyen Âge et faisant autrefois partie intégrante du haut pays bordelais, le vignoble de Buzet s'étendait entre Agen et Marmande. D'origine monastique, il a été développé par les bourgeois d'Agen, puis a failli disparaître après la crise phylloxérique. Il est devenu, à partir de 1956, le symbole de la renaissance du vignoble du haut pays. Deux hommes, Jean Mermillod et Jean Combabessouse, ont présidé à ce renouveau, qui doit beaucoup à la cave coopérative de Buzet, laquelle élève une grande partie de sa production en barrique. Ce vignoble s'étend aujourd'hui entre Damazan et Sainte-Colombe, sur les premiers coteaux de la Garonne, près des villes touristiques de Nérac et de Barbaste. L'alternance de boulbènes et de sols graveleux et argilo-calcaires permet d'obtenir des vins à la fois variés et typés. Les rouges, puissants, profonds, charnus et soyeux, rivalisent avec certains de leurs voisins girondins.

♥ NOUS VIGNERONS DE BUZET
Odalis 2022 ★★★

■	40 000		8 à 11 €

Fondée en 1953, cette importante coopérative du Sud-Ouest de la France a largement contribué à la création de l'appellation buzet 20 ans plus tard. Elle produit 95 % des vins de l'appellation (en rouge, blanc et rosé) et réunit 184 viticulteurs (plus de 1 900 ha). Elle prône une viticulture durable, conciliant progrès techniques et pratiques naturelles. Une part importante des propriétés adhérentes sont certifiées HVE (70 ha en bio).

Dans la belle moisson de l'année, c'est la cuvée Odalis, 100 % cabernet-sauvignon, qui décroche le gros lot. La richesse du fruit (fruits rouges compotés et cachou) s'impose dès le nez et ne lâche rien dans une bouche certes structurée mais surtout ronde, charnue, ensoleillée et d'un juteux insolent. Pourquoi attendre? La côte de bœuf s'impose. ⧗ 2025-2030 ■ **Côté terrasse 2023 ★★ (5 à 8 €; 15 000 b.)** Une robe corail, un nez sans outrance qui distille des notes croquantes de fraises des bois, de noyau de cerise et de rose séchée, une bouche glissante, souple, rondelette, fraîche, qui restitue sans faiblir la gourmandise perçue au nez : un rosé très facile à boire, de bon goût, et à peu près universel. ⧗ 2024-2025 ■ **Nous les Vignerons de Buzet Ch. Balesté 2022 ★ (5 à 8 €; 40 000 b.)** Une robe encre ouvre sur un nez retenu où percent des touches de fusain, de violette et de confiture de prune. Une bonne sucrosité enrobe un palais plutôt charmeur, chaleureux, rond, lâche, réhaussé de tanins un brin serrés. On le servira sur des grillades après un bref séjour en cave. ⧗ 2025-2028 ■ **Baron d'Ornezan 2022 ★ (5 à 8 €; 110 000 b.)** Un buzet qui a bien pris le soleil et qui livre, au nez comme en bouche, un bon bol de fruit rouge mûr dans un ensemble rond, plein et gourmand. On prépare le barbecue. ⧗ 2024-2027

LES VIGNERONS DE BUZET, 56, av. des Côtes-de-Buzet, 47160 Buzet-sur-Baïse, tél. 05 53 84 74 30, buzet@vignerons-buzet.fr V r.-v. 3 D

♥ CH. PIERRON 2022 ★★

■	49 000		8 à 11 €

Établi sur un plateau dominant Nérac, cet ancien domaine de 26 ha a été replanté en merlot et cabernets dans les années 1970. Il été racheté en 2007 à la famille Hérail par Guy Beloussoff, acheteur national dans la grande distribution, et par Jean-François Fonteneau, chef d'entreprise et œnologue, qui ont mis en place une nouvelle équipe et rénové les chais.

Il a tout bon ce buzet. On aime sa robe dense, intense, prélude à un nez non moins soutenu de fruits rouges et noirs bien mûris par la chaleur du millésime, avec en soutien un beau boisé épicé et grillé. Le ton ne baisse pas d'un iota dans une bouche aussi large que longue, dense, charnue, consistante, épaulée par des tanins encore dans la vigueur de leur jeunesse mais fort prometteurs. Patience... ⧗ 2028-2034 ■ **Alternative 2022 ★★ (11 à 15 €; 17 700 b.)** Cassis juteux, cerise noire, touche fumée discrète, le nez séduit. La bouche y ajoute une matière puissante, plus marquée par l'élevage, mais pulpeuse et campée sur des tanins solides et enrobés. Long, mentholé, voilà un buzet ensoleillé et énergique qui mérite de s'affiner en cave. ⧗ 2025-2029

CH. PIERRON, rte de Mézin, 47600 Nérac, tél. 05 53 65 05 52, chateau.pierron@orange.fr V r.-v.

CÔTES-DU-MARMANDAIS

Superficie : 1 314 ha
Production : 67 387 hl (97 % rouge et rosé)

Les côtes-du-marmandais sont produits sur les deux rives de la Garonne ; le vignoble, un peu en aval de Buzet, jouxte à l'ouest l'entre-deux-mers, au nord les côtes-de-duras. Les vins blancs, à base de sémillon, de sauvignon, de muscadelle et d'ugni blanc, sont secs, vifs et fruités. Les vins rouges, issus des cépages bordelais et d'abouriou, de syrah, de côt et de gamay, sont bouquetés et souples. La Cave du Marmandais, qui regroupe les deux sites de Beaupuy et de Cocumont, fournit les volumes les plus importants de l'AOC.

B VIGNOBLES BOISSONNEAU
Les Geais Abouriou 2022 ★

■ | 8400 | | 11 à 15 €

Ce domaine fut créé en 1839 par Pierre Boissonneau sur le plateau de l'Entre-deux-Mers. Aujourd'hui, la sixième génération est aux commandes d'un vignoble de 55 ha, conduit en bio depuis 2011 et en biodynamie depuis 2021 : Pascal gère la gestion technique et les vinifications, et Nicolas la commercialisation et la distribution des vins, des bordeaux et des côtes-du-marmandais.

Voilà une version ronde, et sur le fruit, de l'abouriou, cépage à fort caractère, attendri ici par un long élevage en cuve de 18 mois. Agréable, ouvert, le nez marie les fruits rouges bien mûrs à des notes iodées, épicées et réglissées. Des tanins très domestiqués soutiennent une bouche riche et parfumée, dont on retient surtout la rondeur et la générosité. À déguster sur une belle viande rouge saignante. ⧗ 2025-2029

VIGNOBLES BOISSONNEAU, 64, imp. de la Vieille-Tour, 33190 Saint-Michel-de-Lapujade, tél. 05 56 61 72 14, vignobles@boissonneau.fr V *r.-v.*

B DOM. GILBERT BONNET
Les Astéries 2022 ★★

■ | 15000 | | 8 à 11 €

Œnologue, Gilbert Bonnet décide en 2004 de sortir de la cave coopérative. Il crée un chai en 2012 et installe un espace d'accueil à Marmande. Il a converti en bio son vignoble (28 ha, répartis entre coteaux pentus et hauts de coteaux) et mis en place l'agroforesterie à partir de 2020. Il en tire des vins rouges remarqués.

La robe, très dense, annonce un nez riche, pulpeux, où les notes boisées et réglissées du fût épousent joliment des arômes ensoleillés de fruits rouges. La même plénitude émane d'une bouche généreuse et toastée, adossée à des tanins gras et très mûrs. Un vin puissant, savoureux, qui offrent de bien belles sensations, et pour quelques années encore. ⧗ 2026-2032 ■ **2023 ★ (5 à 8 € ; 20000 b.)** B Un jeune rouge fraîchement sortie des cuves dont on aime les parfums bien mûrs de griotte, de poivre et de cacao, et le palais gras, charnu, certes structuré mais d'une richesse de fruit déjà fort séduisante. Parfait avec une viande en sauce. ⧗ 2024-2028

DOM. BONNET, Lachaupe-Bouilhats, 47200 Marmande, tél. 06 14 74 78 90, domainebonnet-gilbert@vinsdemarmande.com V *r.-v.*

♥ CAVE DU MARMANDAIS
Excellence de Bazin 2022 ★★

■ | 10000 | | 8 à 11 €

Née en 2003 de la fusion de la cave de Beaupuy (1947), située sur la rive droite de la Garonne, et de celle de Cocumont (1956), sur la rive gauche, la coopérative de Marmande représente 92 % de la production de l'appellation, soit environ 900 ha pour 6 millions de bouteilles, répartis dans de nombreux domaines. Elle a remis à l'honneur l'abouriou, vieux cépage rouge du Lot-et-Garonne menacé de disparition, en lui aménageant un conservatoire en 2004.

Une coopérative en grande forme qui décroche le Graal avec ce rouge expansif qui a bien profité des largesses du millésime. Fruits noirs confits, raisins secs, sous-bois, notes épicées et fumées du fût, le nez enchante. Comme la bouche, volumineuse à souhait, grasse, veloutée, intégrant sans peine des tanins corsés mais fondus dans la masse. C'est généreux, très long, capiteux, certes taillé pour la garde, mais on en voudra à personne de l'ouvrir dès à présent sur une côte de bœuf. ⧗ 2025-2032 ■ **Grains de plaisir 2022 ★★ (5 à 8 € ; 66000 b.)** Du plaisir et de la mâche dans ce rouge cossu, aux parfums débridés de fruits rouges mûrs et d'épices douces, qui prend ses aises dans une bouche dodue, gourmande et fumée, d'une séduction imparable. Généreux, il sera parfait sur un magret grillé. ⧗ 2024-2029 ■ **Cave du Marmandais Terre d'Abouriou 2022 ★★ (5 à 8 € ; 60000 b.)** B Une robe noire, des parfums expansifs de mûre et de fruits noirs agrémentés de poivre et d'épices douces, un corps large, une charpente imposante mais veloutée, un fruit très expansif : c'est-à-dire tout ce qu'il faut pour succomber au charme de l'abouriou. ⧗ 2025-2029 ■ **La Vieille Église Réserve 2022 ★★ (5 à 8 € ; 60000 b.)** Du fruit rouge et noir au nez comme en bouche dans ce vin convivial, tendre, frais, souple, qui tire un joli parti du millésime. Croquant, on l'ouvre sans attendre sur des grillades et charcuteries grasses. ⧗ 2024-2026

LES MARMANDAIS, 301, rte de la Cave, Lieu-dit La Vieille Église, 47250 Cocumont, tél. 05 53 94 50 21, commercial@cavedumarmandais.fr V *t.l.j. sf dim. 9h-12h 14h-18h*

SAINT-SARDOS

Superficie : 104 ha / Production : 5 492 hl

Ancien vin de pays, le saint-sardos a été reconnu en AOVDQS en 2005 et en AOC en 2011. Ce vignoble fut créé au XIIe s. lors de la fondation de l'abbaye de Grand Selve à Bouillac. Il s'étend sur la rive gauche de la Garonne, au sud-ouest du Tarn-et-Garonne et au nord de la Haute-Garonne. Rouges et rosés, les saint-sardos assemblent au moins trois cépages : la syrah (plus de 40 % de l'encépagement) et le tannat

(plus de 20 %), complétés par le cabernet franc et le merlot.

LES VIGNERONS DE SAINT-SARDOS
Belle de Cadis 2023 ★★

■ | 2300 | 🍷 | 8 à 11 €

L'appellation saint-sardos est née autour de la coopérative locale, fondée en 1956, qui a fait renaître ce vignoble de la Lomagne, déjà mis en valeur au Moyen Âge par les cisterciens. La cave assure l'essentiel de la production et a créé de multiples marques.

Séduisant par sa robe légère aux reflets saumonés comme par son nez flatteur de fleurs blanches, de pêche et de cerise, agrémenté de nuances amyliques, ce rosé se présente avec goût. Il séduit aussi par son palais très équilibré, à la fois rond et soutenu par une fine tension acide, avec un fruit qui s'étire dans une longue finale acidulée. Un rosé complet et harmonieux. ⧗ 2024-2025

SCA LES VIGNERONS DE SAINT-SARDOS, 2, chem. de Naudin, 82600 Saint-Sardos, tél. 05 63 02 52 44, sylvie.saintsardos@orange.fr V t.l.j. sf dim. 9h-12h 14h-18h

B DOM. LA TUCAYNE Les Gabares 2022 ★

■ | 13 000 | 🍷 | 5 à 8 €

Le seul domaine indépendant de la petite appellation saint-sardos, qui vinifie 18 ha. Installé sur le vignoble familial en 1985, Jean-Claude Delpech a quitté en 1998 son poste de président du syndicat pour construire son chai. Il a engagé dès 2008 la conversion bio du domaine et s'est associé avec un jeune œnologue franco-suisse, Stéphane Almendros.

Des fruits rouges et noirs intenses au nez, une attaque souple, avant une belle montée en puissance des arômes et de la structure tannique, qui reste toutefois assez déliée et fondue : ce saint-sardos ne manque de rien. ⧗ 2025-2030 ■ **Synergie 2023 ★ (8 à 11 €; 6600 b.)** B Une robe sombre habille ce vin sur la retenue de prime abord, qui s'ouvre à l'aération sur les fruits noirs mûrs et de la cerise griotte. La bouche, de belle tenue, se révèle fraîche et fruitée, portée par une sérieuse structure tannique. Un vin encore jeune, à laisser s'affiner en cave. ⧗ 2027-2032

LA TUCAYNE, 5450, chem. des Crêtes, 82600 Bouillac, tél. 06 49 49 35 65, latucayne@gmail.com V mer. dim. 9h-12h 14h-18h

LE BERGERACOIS ET DURAS

BERGERAC

Superficie : 10 002 ha
Production : 500 562 hl (70 % rouge et rosé)

Héros de la célèbre pièce d'Edmond Rostand, Cyrano de Bergerac a certainement accru la notoriété de la cité dordognaise qui a donné son nom à l'AOC en 1936. Sa gastronomie comme son vignoble vallonné, mosaïque de terroirs, confèrent à la région un réel intérêt touristique. Les vins peuvent être produits dans 90 communes de l'arrondissement de Bergerac. Rouges, rosés ou blancs secs, les bergerac naissent principalement du merlot, des cabernets et du malbec en rouge et en rosé, du sémillon, du sauvignon et de la muscadelle en blanc. Les rouges sont aromatiques et souples, les rosés, frais et fruités. La diversité des terroirs (calcaires, graves, argiles, boulbènes) donne aux blancs des expressions aromatiques variées. Jeunes, les vins sont fruités, élégants, un rien nerveux. Vinifiés dans le bois, ils devront attendre un an ou deux avant de révéler l'expression du terroir.

ALLIANCE AQUITAINE Mosaïque 2023 ★★

■ | 40 000 | 🍷 | - de 5 €

Alliance Aquitaine est une structure coopérative née en 2010 de la fusion de la cave de Saint-Vivien et de celle de Bergerac-Le Fleix. Disposant de trois sites de vinification, la cave regroupe 102 adhérents pour une surface totale de plus de 1 550 ha de vignes, dans le Bergeracois (80 %) et en AOC bordeaux.

Souvent retenu, ce rosé naît du pressurage direct du merlot et des deux cabernets. Il a pour atouts sa robe rose tendre, son nez intense, entre notes florales, bonbon anglais et fruits rouges frais, bien prolongé par une bouche fruitée, gourmande, charnue et vive. ⧗ 2024-2025 ■ **Ch. de la Vaure Élevé en fût de chêne 2022 ★ (5 à 8 €; 4000 b.)** Issu de merlot (66 %) et de cabernet-sauvignon, un rouge étoffé, d'une belle complexité (cerise noire, cassis, épices, notes grillées), vif en attaque, ample et rond, aux tanins fondus. ⧗ 2024-2028

ALLIANCE AQUITAINE, Le Vignoble, 24130 Le Fleix, tél. 05 53 24 64 32, pyprudhomme@allianceaquitaine.com V t.l.j. sf dim.

B DOM. DE L'ANCIENNE CURE Ça sulfit 2022 ★★

■ | 6000 | 🍷 | 11 à 15 €

Cinquième génération à cultiver la vigne, Christian Roche avait hérité en 1984 d'une partie de la propriété familiale et avait aménagé 5 ans plus tard son chai de vinification. Établi dans l'ancien presbytère de Colombier, et fort d'un vignoble de 50 ha (avec une dominante de vignes blanches) aux sols variés, conduit en bio, il avait fait de son domaine, complété d'une activité de négociant-éleveur, l'un des incontournables du Bergeracois. Après son décès prématuré en 2021, son épouse Nathalie poursuit son œuvre.

Vinifié et élevé 3 mois en cuve et vinifié sans sulfites ajoutés, ce bergerac n'est pas conçu pour une longue garde. Pourtant ce merlot mûri au grand soleil de 2022 laisse une impression de puissance : robe grenat profond, nez intense, tout en fruits noirs (mûre, cassis) relevé d'épices, bouche à l'unisson, nette, structurée, ample et suave, de belle longueur, aux tanins cacaotés. L'harmonie même. ⧗ 2024-2027

DOM. L' ANCIENNE CURE, 3920, rte des Pyrénées, 24560 Colombier, tél. 05 53 58 27 90, ancienne-cure@orange.fr V t.l.j. sf dim. 9h-18h

B CH. BAROUILLET Larcin 2022 ★

■ | 7000 | 11 à 15 €

L'arrière-grand-père a été l'un des pionniers de la vente du monbazillac en bouteilles. En 2010, Vincent Alexis a pris la tête du domaine familial (48 ha). Renonçant à

la vente en vrac et en grande distribution, il a engagé d'emblée la conversion bio du domaine, qu'il conduit en biodynamie. Il adapte les vinifications à chaque cuvée (cuve béton, Inox, foudre, fût de réemploi, amphore).

Original et plaisant, écrivent nos dégustateurs, qui soulignent sa robe plutôt claire, son expression à la fois florale et réglissée et sa bouche suave, souple, épicée, aiguillonnée par une finale vive, qui laisse une impression de légèreté. De fait, ce bergerac vinifié sans sulfites est original par son assemblage (mi-malbec mi-merlot) et surtout par sa vinification (une macération carbonique en grappes entières et un élevage de 12 mois en amphore de terre cuite). Il se placera facilement à l'apéritif ou à table, avec des viandes grillées. ⧗ 2024-2027

CH. BAROUILLET, Le Barouillet, 24240 Pomport, tél. 05 53 58 42 20, vincent@barouillet.com V *t.l.j. sf sam. dim. 9h-12h 13h30-17h*

CH. BÉLINGARD Réserve 2022 ★

■	9200		11 à 15 €

Dominant la vallée de la Dordogne, ce vignoble familial (75 ha) fondé en 1820 est établi sur un promontoire célèbre pour son ancien culte druidique – « Belengaard » ou « jardin du soleil » –, où se déroulèrent aussi les premiers combats de la guerre de Cent Ans. Héritiers de six générations, Laurent de Bosredon et son épouse Sylvie sont aux commandes depuis 1986.

Ce bergerac sec fait jeu égal avec le millésime précédent. Ses arômes de fleurs blanches, de citron, de poire, de bonbon acidulé se teintent de nuances de fruits jaunes. L'élevage en fût de 9 mois est imperceptible dans ce vin droit, net et frais, qui reflète la forte proportion de sauvignon (85 %) dans l'assemblage. Sa vivacité s'accordera avec un poisson grillé, une blanquette ou tranchera avec l'onctuosité ou le gras d'un fromage. ⧗ 2024-2027

CH. BÉLINGARD, Bélingard, 24240 Pomport, tél. 05 53 58 28 03, contact@belingard.com V *r.-v.*

DOM. DE BOUFFEVENT 2023 ★

■	13000		5 à 8 €

Situé à Monbazillac, ce domaine a été exploité pendant quatre générations par la famille Chabrol qui l'a transmise en 2021 à Kévin Jarzaguet, jeune vigneron qui travaillait sur le domaine depuis 4 ans. Le vignoble domine la vallée de la Garonne à environ 180 m : un site très venté qui a inspiré le nom du domaine. À la tête de 85 ha au total, Kevin Jarzaguet propose aussi du monbazillac et du pécharmant sous l'étiquette du Ch. Malfourat.

Né d'un assemblage de sauvignons gris (70 %) et blanc, ce 2023 offre une version légère du bergerac sec, pas très longue mais agréable avec son nez de poire, de fleurs blanches et de fruits exotiques, un peu végétal et sa bouche aromatique et droite. ⧗ 2024-2027

CH. DE MALFOURAT, 523, rte de Malfourat, 24240 Monbazillac, tél. 05 53 58 30 63, contact@vignoblesdemalfourat.com V *t.l.j. sf sam. dim. 10h-12h 13h-17h*

Ⓑ LAETITIA ET FABIEN CASTAING Tu seras un homme mon fils… 2023 ★

■	80000		8 à 11 €

À la tête depuis 2008 d'un vignoble familial de 55 ha sur la rive gauche de la Dordogne (Ch. Moulin Pouzy), complété en 2016 par le Ch. des Mailleries (12 ha en bio), Fabien Castaing propose aussi, sous son nom, des vins de négoce, diffusés par une structure créée en 2011.

Dans une année parfois compliquée pour le merlot, Fabien Castaing a réussi une cuvée construite sur ce cépage, complété par un petit appoint de cabernet-sauvignon. Un 2023 d'aussi bonne tenue que le 2022, avec au nez moins de pruneau que de fruits rouges épicés. Frais en attaque, rond dans son développement, il offre une longue finale poivrée. ⧗ 2024-2029

LAETITIA ET FABIEN CASTAING, 12, rte des Rivalles, 24240 Cunèges, tél. 05 53 58 41 20, info@fabiencastaing.com V *t.l.j. sf dim. 10h-12h 13h-17h30*

CASTEL LA PÈZE 2023 ★

■	20000		5 à 8 €

Fondateur du domaine en 1727, Raymond de la Pèze exportait des vins blancs doux en Hollande. Entrée dans la famille en 1850, la propriété comptait alors 4 ha. Le grand-père de l'actuel vigneron aménagea une cuverie et vendit son vin en bouteilles dès 1962. Installé en 1993, Patrick Daniel agrandit peu à peu le vignoble. À l'arrivée de son fils en 2021, l'exploitation couvre 50 ha. À sa carte, des bergerac, côtes-de-bergerac et monbazillac.

Né de malbec et de cabernet-sauvignon, un rosé saumoné, au nez floral, fruité et mentholé. Demi-sec, il se montre gourmand, ample et suave en bouche, où il déploie des arômes flatteurs de fruits exotiques frais. ⧗ 2024-2025

CASTEL LA PÈZE, La Pèze, 24240 Pomport, tél. 06 48 94 86 12, castellapeze@orange.fr V *t.l.j. sf sam. dim. 13h30-16h30*

CH. LE CLÉRET Cuvée d'or 2022 ★

■	7236		5 à 8 €

Situé dans le département de la Gironde, à la limite de la Dordogne, ce domaine qui abrite un gîte rural et produit du miel exploite en appellation bergerac un petit domaine d'environ 3 ha.

Composé de merlot et de cabernet franc à parité, ce 2022 présente bien le côté accessible et flatteur du bergerac rouge : un nez sur le fruit rouge mûr, la cerise légèrement confite, assorti d'une touche de sous-bois, une bouche souple et généreuse, compotée et épicée, de belle longueur, réveillée par une finale vive. Il se placera facilement à table, et aussi à l'apéritif. ⧗ 2024-2028

CH. LE CLÉRET, 106, av. du Périgord, 33220 Port-Sainte-Foy, tél. 07 83 62 83 70, swklecleret@gmail.com V *t.l.j. sf sam. dim. 10h-12h 14h-16h30*

Ⓑ LE CLOS DU BREIL L'Odyssée 2022 ★

■	2266		8 à 11 €

Aux marges orientales de l'appellation, cette petite propriété familiale de 16 ha est implantée sur les calcaires d'Issigeac, riches en silex. Yann Vergniaud, qui avait pris la suite de ses parents en 2009, a été rejoint en 2020 par son frère Loïc. Tout en proposant des vins de terroir, les frères sont soucieux d'innovation : utilisation du drone à la vigne, plantation de cépages résistants au stress hydriques, comme le sapéravi de

Georgie, le touriga nacional ou encore le marselan. Exploitation en bio certifié depuis 2022.

Cette cuvée comprend ⅔ de cabernet franc pour ⅓ de merlot et a été élevée 14 mois en cuve ovoïde de béton. Son nom suggère un vin fait pour voyager dans le temps. De fait, pour l'appellation, ce 2022 arbore une robe profonde et montre une bonne structure. Conjuguant générosité et fraîcheur, bien fondu, il révèle en finale quelque tanins plutôt vifs. Son expression aromatique associe la mûre, la cerise noire et le pruneau aux fruits rouges frais. Un vin sur le fruit mais plutôt étoffé. ⧗ 2024-2029

⊶ LE CLOS DU BREIL, La Pouille, 24560 Faurilles, tél. 06 88 74 90 23, info@leclosdubreil.fr V *t.l.j. sf sam. dim. 9h30-12h30 14h-17h30*

DOM. DE LA COMBE M. Malbeck 2022 ★

| 4000 | | 8 à 11 €

Sylvie et Claude Sergenton ont créé ce domaine en 1980 aux confins de la Gironde, à partir de 8 ha de vignes, surface qu'ils ont portée à 26 ha. Leur fils Thierry les a rejoints en 2005 avant de prendre leur succession 10 ans plus tard. À leur carte, des vins du Bergeracois.

Élevé 6 mois en cuve, il ne joue pas les vins de garde, même s'il doit pratiquement tout au malbec, variété qui se répand en Bergeracois aux côtés du merlot et des cabernets. Le cépage lui lègue une robe sombre, un nez intense et précis, sur le fruit rouge, et une bouche de belle tenue, bien structurée et fraîche, qui joue sur le fruit. ⧗ 2024-2029 **Éclair 2023 ★ (5 à 8 €; 10 000 b.)** Issu d'une macération «éclair» (24 h) de quatre cépages, cabernet franc en tête, un rosé de couleur grenadine, ample et gourmand, bien structuré, légèrement tannique, qui accompagnera volontiers des cuisines du monde. ⧗ 2024-2025

⊶ DOM. DE LA COMBE, 871, rte des Vignes-Rouges, 24240 Razac-de-Saussignac, tél. 06 11 42 74 73, thierrysergenton@gmail.com V *r.-v.*

Ⓑ DOM. DE COMBET Symbiose 2021 ★★

| 1800 | | 20 à 30 €

Cofondateur de la coopérative de Monbazillac, le domaine, constitué en 1896, a créé son propre chai en 1965. Daniel Duperret, à sa tête entre 1995 et 2021, a restructuré le vignoble (32 ha aujourd'hui). Il a d'abord adopté l'agriculture raisonnée avant d'obtenir les certifications HVE, puis bio (en 2021). Cette année-là, il a cédé l'exploitation à David Notteghem et à Matthieu Simon, néo-vignerons venus respectivement de la finance et de l'informatique, qui s'étaient associés à lui deux ans auparavant en vue de la reprise.

La symbiose du vin et du chêne. Cette cuvée naît de cabernet franc, récolté à la main – à la mi-octobre, pour lui laisser le temps de bien mûrir sous un ciel enfin serein. Vinifiée intégralement sous bois, elle reste 18 mois en barriques (neuves ou de un vin). Elle affiche une robe profonde, exprime surtout le fruit mûr au nez, avant de dévoiler une bouche suave, mêlant un boisé bien fondu, fumé et chocolaté, à des arômes persistants de fruits noirs. Reflet de raisins mûrs, un vin d'une belle complexité, reflet d'un millésime lui aussi complexe. ⧗ 2024-2030

⊶ DOM. DE COMBET, chem. du Pressoir, 24240 Monbazillac, tél. 07 82 30 87 14, contact@domainedecombet.com V *t.l.j. sf sam. dim. 9h-18h*

CH. COURT-LES-MÛTS 2023 ★★

| 8700 | | 5 à 8 €

Cinq générations au service du vin. Pierre Sadoux quitte les hauts plateaux algériens en 1961 pour s'établir sur cet ancien domaine (XVIIᵉs.) du Bergeracois implanté sur les coteaux de la rive gauche de la Dordogne. Un domaine dédié depuis longtemps à la vigne : *mûts* signifie «moût» en ancien français. En 2007, son fils du même prénom a pris la relève et conduit l'exploitation qui compte aujourd'hui 38 ha. Une valeur (très) sûre du Bergeracois.

Si les rouges du domaine sont très en vue, ceux du millésime 2023, sans démériter, laissent la première place à ce blanc mariant sauvignon blanc (pour l'essentiel) et sauvignon gris. Intense avec subtilité, complexe, le nez mêle les fruits blancs et l'ananas. On retrouve cette présence fruitée dans un palais aussi puissant qu'élégant, qui conjugue rondeur et fraîcheur. ⧗ 2024-2027 **Ch. Rudel 2023 ★ (5 à 8 €; 9300 b.)** Issu de malbec majoritaire (60 %), de merlot et de cabernet franc, un rouge à la robe profonde, au nez tout en petits fruits rouges, agréable par sa fraîcheur et par ses tanins fins. De la finesse et un certain potentiel. ⧗ 2024-2029

⊶ CH. COURT-LES-MÛTS, 4052, rte de la Plaine-Pourpre, 24240 Razac-de-Saussignac, tél. 05 53 27 92 17, court-les-muts@wanadoo.fr V *t.l.j. sf dim. 9h-12h 14h-18h; sam. sur r.-v.*

CH. LES DONATS 2022 ★

| 13 000 | | 5 à 8 €

Un domaine acheté en 1994 par Patrick Somers, négociant originaire de Belgique, qui l'a restructuré et rénové. En 2011, son gendre Olivier Verhelst, ingénieur-œnologue, a rejoint l'équipe dont il a pris les commandes en 2013. Il a mis en pratique le savoir-faire des maîtres bordelais, avec lesquels il a travaillé après sa formation initiale en Belgique. Le domaine, qui s'est agrandi en appellation pécharmant, compte aujourd'hui quelque 20 ha de vignes.

Quatre cépages, merlot en tête, et un élevage de 12 mois en cuve concourent à l'agrément de ce bergerac aux arômes intenses de fruits rouges et à la bouche tout aussi fruitée, consistante, ample et ronde, de belle longueur. ⧗ 2024-2029

⊶ CH. LES DONATS, imp. des Donats, 24520 Saint-Nexans, tél. 05 53 58 42 78, info@chateaulesdonats.com V *r.-v.*

♥ CH. DES EYSSARDS Cuvée Prestige Élevé en fût de chêne 2022 ★★★

| 15 000 | | 8 à 11 €

Situé sur la rive gauche de la Garonne, aux confins de la Gironde et du Lot-et-Garonne, un domaine du Bergeracois créé en 1985 par Pascal et Laurent Cuisset avec leurs parents Léonce et Marcelle. En 2015, Flavie Cuisset, la fille de Pascal, a rejoint l'exploitation, qui compte 60 ha de vignes et propose des bergerac, saussignac et des cuvées en IGP Périgord.

Pascal Cuisset avait obtenu les premiers coups de cœur du Guide dans les années 1990. Après un liquoreux très remarqué en saussignac l'an dernier, ce bergerac sec est plébiscité. Il associe sauvignon blanc (60 %), sauvignon gris et muscadelle (à parité), fermente en fût où il séjourne 10 mois. On loue la finesse de son nez associant la poire, les fruits exotiques et un subtil boisé fumé, et son palais à l'unisson, ample, onctueux et dense, tendu par un trait d'acidité aux accents de zeste d'agrumes. La finale saline et persistante laisse le souvenir d'un blanc raffiné. ⧗ 2024-2029 ■ **2023 ★★ (5 à 8 €; 150 000 b.)** Issu de sauvignon majoritaire, élevé en cuve, un vin frais et harmonieux tout au long de la dégustation, tant par ses arômes d'acacia et de pêche blanche que par son équilibre en bouche, alliant rondeur et droiture. ⧗ 2024-2027

CH. DES EYSSARDS, 231, imp. des Eyssards, 24240 Monestier, tél. 06 81 95 52 65, eyssards@wanadoo.fr V t.l.j. sf dim. 8h-12h 13h30-17h30

CH. LE FAGÉ
Cuvée Prestige Vinifiée en fût de chêne 2022 ★

■ | 7200 | | 11 à 15 €

Créé en 1757, ce domaine commandé par un petit château aux allures de chartreuse, sur la côte nord de Monbazillac, vend son vin en bouteilles dès 1921. Il couvre 55 ha aujourd'hui. Héritier de dix générations, Benoît Gérardin, après un premier parcours dans le négoce girondin, est arrivé en 2000 sur la propriété, dont il a pris les rênes en 2012. Il a engagé la restructuration du vignoble, ainsi que la rénovation des chais. Il cherche à élaborer des vins droits, fruités et frais.

Issu de merlot très majoritaire, il a bénéficié d'un élevage en fût qui transparaît dans un nez intensément boisé, où percent des notes de fruits rouges mûrs. Le merrain domine aussi en bouche, mais le boisé est bien travaillé et ne terrasse pas le fruit. L'ensemble, suave, ne montre nulle rugosité tannique et le vin possède suffisamment d'étoffe pour évoluer avec grâce. ⧗ 2025-2032

CH. LE FAGÉ, 788, rte de Roxanne, 24240 Pomport, tél. 05 53 58 32 55, info@chateau-le-fage.com V t.l.j. 9h-17h; sam. dim. sur r.-v.

CH. FONGRENIER Entre Acte 2023 ★

■ | 2600 | | 5 à 8 €

Représentant la 4e génération de vignerons, Olivier Mayet s'est installé sur le domaine familial en 1992. Après avoir quitté la coopérative, il a signé sa première vinification en 2011 sous le nom de «Premier Acte». Avec l'arrivée sur le domaine de sa fille Axelle en 2021, de nouvelles cuvées sont créées et le vin change de nom : le Ch. Fongrenier succède au Ch. la Ferrière.

Une fois de plus appréciée, cette cuvée séduit par sa fraîcheur fruitée typique du bergerac sec, expression d'un sauvignon blanc très majoritaire, cueilli bien mûr... le dernier jour d'août. Nul côté rustique ou végétal dans ce blanc, mais la délicatesse de la fleur blanche alliée à la vivacité acidulée du fruit de la Passion et de l'ananas frais, prélude à une bouche dont l'agréable nervosité est soulignée par un petit perlant. Parfait pour les fruits de mer. ⧗ 2024-2027 ■ **Premier Acte 2022 ★ (8 à 11 €; 5300 b.)** Longuement macéré avec pigeages manuels, ce rouge issu d'une dominante de merlot, présente une robe jeune à reflets violines, un nez fruité un peu discret et une bouche charnue, ample et puissante, aux arômes de fruits bien mûrs et aux tanins un peu vifs. ⧗ 2025-2030

CH. FONGRENIER, La Prade, 24240 Razac-de-Saussignac, tél. 06 26 73 06 73, axellemayetpro@gmail.com V

CH. LES FONTENELLES
Vieilles Vignes Élevé en fût de chêne 2022 ★

■ | 25 000 | | 5 à 8 €

Son père et son grand-père avant lui officiaient sur ce domaine implanté sur les coteaux sud du Bergeracois et livraient leurs raisins à la coopérative. En 1999, à 20 ans, Nicolas Bourdil a repris le vignoble (25 ha aujourd'hui); il a créé un chai, sorti son premier millésime et entrepris d'importants travaux de rénovation des bâtiments.

Après le bergerac rouge élevé en cuve décrit l'an dernier, voici un autre 2022, élevé 10 mois en barrique, né de merlot (60 %) et de cabernet-sauvignon. Paré d'une robe profonde, il inspire confiance par son nez franc, au boisé agréable et fondu, que l'on retrouve en bouche dès l'attaque dans des notes fumées et vanillées, alliées à des arômes de fruits noirs. Assez rond et corsé, soutenu par des tanins enrobés, encore stricts en finale, il laisse augurer une bonne garde. ⧗ 2025-2030

CH. LES FONTENELLES, Les Fontenelles, 24500 Saint-Julien-d'Eymet, tél. 06 83 89 05 09, contact@chateaulesfontenelles.com V r.-v.

CH. LA FORÊT
Les Hauts de Sainte-Innocence 2022 ★

■ | 26 000 | | 5 à 8 €

Domaine en polyculture créé vers 1900 par les Borie sur les coteaux sud de l'appellation bergerac, près d'Eymet, dédié à la vigne, aux pruniers d'ente, aux noyers et aussi aux céréales, au tournesol, à la luzerne... Installé en 1998, Hervé Borie a étendu et restructuré le vignoble (70 ha aujourd'hui). Depuis l'arrivée en 2011 de sa compagne Laurence Nicolas, œnologue, il développe la vente directe.

Mûri sous le soleil de l'été 2022, élevé 12 mois en cuve, ce bergerac rouge apparaît plutôt réservé au nez. Il laisse poindre des arômes de petits fruits noirs, qui s'affirment dans une bouche structurée, de belle longueur. Pour l'heure un peu marqués, ses tanins s'assoupliront à la faveur d'une courte garde. Une cuvée réservée à la grande distribution. ⧗ 2025-2030 ■ **Trésor d'automne 2020 ★ (5 à 8 €; 6800 b.)** Issue de cabernet-sauvignon majoritaire, élevée 18 mois pour moitié en barrique, cette cuvée à rechercher en grande distribution affiche une robe toujours sombre et jeune. On aime sa bouche soyeuse, restée fraîche et ses arômes mêlant un boisé élégant aux accents de torréfaction, de fumé, de réglisse à des arômes de fruits noirs. ⧗ 2024-2030

CH. LA FORÊT, 2198, rte du Château-d'Eau, 24500 Sainte-Innocence, tél. 06 34 40 57 57, contact@chateaulaforet-bergerac.com V r.-v.

B DOM. DES FRÉTILLÈRES 2023 ★

■ | 3000 | | 5 à 8 €

Installé en 1980, Bernard Rigal a dédié à la vigne la propriété familiale jusqu'alors exploitée en polyculture. Il a agrandi son vignoble qui couvre 25 ha, à cheval

sur les AOC bergerac, saussignac et bordeaux, l'a conduit en agriculture raisonnée, avant d'obtenir la certification HVE puis d'engager la conversion bio du domaine. En 2021, son fils Sylvain a repris l'exploitation, mettant à profit son expérience professionnelle en Irlande.

Sauvignon blanc (50 %), sauvignon gris et sémillon donnent son caractère à ce blanc, au nez partagé entre fleurs blanches, bourgeon de cassis et notes mentholées. Vif et minéral en attaque, plus apaisé ensuite, c'est un vin franc, parfait pour un poisson grillé, des crustacés ou un chèvre chaud sur salade. ⧗ 2024-2027 ■ **2023 ★ (5 à 8 €; 3000 b.)** Ⓑ Issu de merlot et de malbec, un rosé appétant avec son nez sur le bonbon acidulé, bien prolongé par les arômes de groseille et de framboise d'une bouche à la fois gourmande et vive. ⧗ 2024-2025

⊶ DOM. DES FRÉTILLÈRES, 44, rue du Geai, 24240 Razac-de-Saussignac, tél. 06 45 90 46 86, sceafretilleres@gmail.com V r.-v.

DOM. DU GOUYAT Réserve 2022 ★★★

■	50 000		5 à 8 €

Installés dans le Périgord en 1977, les Dubard ont choisi la terre et créé un vaste ensemble viticole, conduit depuis 2008 par la deuxième génération, représentée par Grégory Dubard, ingénieur-œnologue. Au berceau, dans le Bergeracois (les 85 ha du Dom. du Gouyat, avec le Ch. Laulerie), valeur sûre de cette région, se sont ajoutés des vignobles dans le Libournais voisin : 8,5 ha en lalande-de-pomerol (Clos des Grands Moines) et autant en puisseguin-saint-émilion (Ch. Vieux Barrail).

Un millésime 2022 pleinement maîtrisé qui, après avoir hissé l'an dernier au sommet de l'appellation un merlot élevé en cuve, donne la note maximale à cette cuvée vinifiée en cuve et élevée 12 mois en barrique, composée de merlot majoritaire, de malbec et de cabernet franc. On loue son nez intense, heureux mariage de fruits rouges et du boisé, sa bouche structurée, tonique et persistante, tout en petits fruits soulignés de notes d'élevage. Les propriétaires insistent sur l'intérêt des vendanges nocturnes, qui préservent la fraîcheur aromatique du vin. ⧗ 2024-2030 ■ **2023 ★ (5 à 8 €; 25 000 b.)** Issu de sauvignon majoritaire, un bergerac sec au nez subtil partagé entre l'aubépine et la pomme fraîche et à la bouche légère, tout en finesse. ⧗ 2024-2027 ■ **2023 ★★ (5 à 8 €; 50 000 b.)** Construit sur le merlot élevé 4 mois en cuve, un vin rouge de très belle tenue dans un millésime délicat. Ses atouts : un nez intense sur les fruits rouges mûrs et une bouche à l'unisson, harmonieuse, fraîche et longue. ⧗ 2024-2029

⊶ DOM. DU GOUYAT, 642, rte de Calon, 24610 Saint-Méard-de-Gurçon, tél. 05 53 82 48 31, contact@vignoblesdubard.fr t.l.j. 8h30-12h30 13h30-17h; sam. dim. sur r.-v.

Ⓑ DOM. DE GRIMARDY Empreinte 2022 ★

■	2500		8 à 11 €

Un domaine situé à Montazeau, à équidistance de Saint-Émilion et de Bergerac. Déjà exploité en bio depuis 2013, il a été racheté en 2021 par des néo-vignerons, Sophie Der Mikaelian, ancienne chargée de mission Environnement dans le marais Poitevin, et Gaël Valet, ingénieur électronique puis directeur d'école dans une première vie, à Marcel Establet, le créateur du chai (en 1998). Le vignoble compte environ 8 ha de vignes rouges et 3 ha de vignes blanches.

Une robe d'un pourpre profond et jeune pour ce 2022 issu de merlot majoritaire et d'un petit appoint de cabernet-sauvignon. Élevé 18 mois en cuve, il séduit par la précision et l'intensité de ses arômes de fruits noirs épicés que l'on retrouve avec plaisir dans une bouche très équilibrée. ⧗ 2024-2030 ■ **Nucléus 2022 ★ (11 à 15 €; 3500 b.)** Ⓑ Né de 3/4 de merlot pour 1/4 de cabernet-sauvignon, il tire d'un court séjour en barrique un boisé fin qui souligne ses arômes de petits fruits des bois bien mûrs ainsi qu'une une belle structure, avec de la rondeur et ce qu'il faut de longueur. ⧗ 2024-2030

⊶ DOM. DE GRIMARDY, 270, imp. du Buisson, 24230 Montazeau, tél. 06 50 57 59 94, domaine.grimardy@gmail.com V *t.l.j. sf dim. 9h-12h30 14h-18h30*

Ⓑ CH. HAUT BERNASSE Les Œnopotes 2022 ★★

■	6000		8 à 11 €

Créé à la fin du XIXe s., ce domaine implanté au sommet des coteaux de Monbazillac avait été acquis en 1977 par Jacques Blais qui l'avait agrandi et développé. Il compte aujourd'hui 14 ha (dont 11 en vignes blanches) regroupés autour des chais. En 2014, Romain Claveille, jeune vigneron de 28 ans, formé à la gestion des espaces naturels, l'a repris alors qu'il était en conversion bio. Son but est de renouveler l'image de la propriété en élaborant des vins gourmands, des « vins de terroir ».

Bien nommée, cette cuvée conviviale charme tout au long de la dégustation par ses arômes complexes de petits fruits comme la cerise noire et la mûre, dont les tons compotés expriment avec volubilité le merlot bien mûr, majoritaire. La bouche ajoute à cette palette une touche de pruneau, en harmonie avec une rondeur suave et des tanins affables. La longue finale se teinte d'une note de griotte qui montre que la fraîcheur est là, elle aussi, pour parfaire l'harmonie. Un vin à la fois structuré et soyeux. ⧗ 2024-2028

⊶ CH. HAUT BERNASSE, 24240 Monbazillac, tél. 06 89 31 72 02, chateau.hautbernasse@orange.fr V *r.-v.*

Ⓑ CH. HAUTE BRANDE 2023 ★

■	4000		5 à 8 €

Éric Nicolas a pris en 1984 les rênes de cette propriété familiale constituée en 1950, et située en Gironde, à la limite du Bergeracois. Rejoint en 2017 par son fils Pierre, il conduit un vignoble de 38 ha implanté dans les aires d'appellation bordeaux et bergerac, certifié bio depuis le millésime 2022.

Très remarquée pour ses rouges dans les dernières éditions, la propriété se distingue en bergerac sec dans ce millésime. Dominé par le sauvignon, l'assemblage laisse un tiers au sémillon. De quoi obtenir un blanc frais et délicat, qui s'ouvre sur le fruit blanc, légèrement épicé, nuancé en bouche de subtiles notes florales. Le sémillon ajoute un côté rond et onctueux au palais, équilibré par une belle fraîcheur et par une finale saline. ⧗ 2024-2027

SUD-OUEST

CH. HAUTE BRANDE, 124, rte de la Brande, 33220 Saint-Avit-Saint-Nazaire, tél. 05 57 46 38 48, vignobles.nicolas@gmail.com V t.l.j. sf sam. dim. 9h-12h 14h-18h

CH. HAUT LAMOUTHE
L'Inédite Élevé en fût de chêne 2022 ★

4800	11 à 15 €

Implantée sur la rive gauche de la Dordogne, cette propriété familiale, conduite par Michel Durand et ses neveux Nicolas Pouget et Julien Durand, possède aussi des vergers de pruniers et de pommiers. Côté vigne, le domaine s'est développé à partir des années 1980 pour atteindre aujourd'hui 48 ha, implantés au pied du tertre de Montcuq.

Née d'un assemblage classique de merlot majoritaire et de cabernet-sauvignon, cette cuvée tire son caractère d'un élevage de 14 mois en fût de chêne qui teinte d'une touche chocolatée son nez chaleureux aux nuances de fruits noirs bien mûrs. Ample et charnue, suffisamment fraîche, elle est très agréable. Malgré une certaine austérité tannique en finale, on pourra l'apprécier dès maintenant. ⌛ 2024-2029

CH. HAUT LAMOUTHE, 56, rte de Lamouthe, 24680 Lamonzie-Saint-Martin, tél. 06 21 03 51 36, chateauhautlamouthe@wanadoo.fr V t.l.j. sf sam. dim. 9h-12h 14h-18h

CH. LADESVIGNES Une belle histoire… 2023 ★

20000	5 à 8 €

Véronique et Michel Monbouché ne cessent d'améliorer et d'étendre leur propriété (60 ha aujourd'hui), ancienne métairie du château de Bridoire acquise en 1989 par le vigneron. Certifié en bio à partir du millésime 2020, le domaine, régulier en qualité, a rénové complètement son chai en 2021. Il bénéficie d'un panorama imprenable sur Bergerac et sur la vallée de la Dordogne.

L'« histoire » est un peu brève, cette cuvée misant sur la légèreté. Le sauvignon, presque seul à l'œuvre, montre son intensité aromatique coutumière, dans des tons délicats de pêche blanche et de nectarine qui reflètent une bonne maturité des raisins, et la bouche offre la fraîcheur attendue dans un bergerac sec. ⌛ 2024-2026

CH. LADESVIGNES, 3865, rte de Cyrano, 24240 Pomport, tél. 05 53 58 30 67, contact@ladesvignes.com V t.l.j. 9h-12h 14h-18h

CH. LAMOTHE-BELAIR IV 2022 ★★

5000	5 à 8 €

Bien connu des lecteurs du Guide, Stéphane Puyol exploite la vigne dans le Libournais (20 ha en saint-émilion et en saint-émilion grand cru) depuis 1977 avec son Ch. Barberousse et son voisin le Ch. Montremblant. Il vinifie également dans le Bergeracois depuis l'acquisition en 1991 du Ch. Lamothe-Belair, situé sur le plateau de Belair, dans le prolongement du coteau de Saint-Émilion.

Les quatre cépages principaux de l'appellation, merlot en tête, contribuent à l'agrément de ce 2022 qui s'ouvre sur la cerise confite, le cassis, les épices douces et charme par sa structure élégante : ampleur de l'attaque, trame tannique bien fondue et veloutée montrant une bonne aptitude à la garde, expression aromatique fruitée en harmonie avec le nez, tout laisse le souvenir d'un vin à la fois consistant et harmonieux. ⌛ 2025-2032 ■ **2022 ★ (5 à 8 €; 90000 b.)** La cuvée principale de Lamothe-Belair a pour atouts un joli nez fruité et boisé, et une bouche bien construite et plutôt longue, à l'unisson du nez. ⌛ 2024-2029 ■ **Ch. Lamothe Bellevue 2022 ★ (5 à 8 €; 20000).** Quel que soit le millésime, radieux ou ingrat, ce bergerac rouge privilégiant le merlot fait preuve d'une belle régularité. Issu d'une année solaire, ce 2022 n'offre pas pour autant un profil chaleureux et expansif. D'abord fermé, il dévoile une palette aromatique à dominante fruitée, qui met en avant la fraise, la framboise et les fruits noirs compotés. Etayé par une bonne charpente de tanins fins, plus marqués en finale, il laisse une impression de délicatesse. ⌛ 2024-2029

VIGNOBLES STÉPHANE PUYOL, Ch. Barberousse, 33330 Saint-Émilion, tél. 05 57 24 74 24, chateau-barberousse@wanadoo.fr V r.-v.

CH. DES LYS Fanny 2023 ★

2000	8 à 11 €

Un domaine acquis en 2016 par Thierry et Annette Bellagamba. En s'appuyant sur leur régisseur Julien Delmares, ils ont porté la surface du vignoble de 9 à 19 ha, planté des cépages blancs, restructuré le parcellaire, obtenu la certification HVE puis (en 2022) bio, replantant des haies et installant des nichoirs à oiseaux. À leur carte, du pécharmant, du rosette et du bergerac.

Un blanc au nez charmeur, parfumé, entre acacia et fruits blancs. Un côté très floral auquel contribue peut-être la muscadelle (20 %). Le sauvignon apporte de l'attaque à la finale une certaine nervosité, tandis que le sémillon arrondit les angles avec son onctuosité. Un assemblage réussi, conclut un dégustateur. ⌛ 2024-2027

CH. DES LYS, 1214, chem. du Hameau-de-Pécharmant, 24100 Bergerac, tél. 06 03 23 94 92, julien.delmares@gmail.com V r.-v.

CH. MARIE PLAISANCE Le Brin 2022 ★

35000	5 à 8 €

Une demeure du XVIII^e^s. de style périgourdin, un chai du XIX^e^s. rénové et 60 ha de vignes sur la rive gauche de la Dordogne, aux confins du département de la Gironde. Aussi à l'aise en rouge qu'en blanc et en rosé, en vin sec qu'en vin doux, le domaine a été repris en 2006 par les trois enfants (la 5e génération) de la famille Merillier. En bio certifié depuis 2013.

Une cuvée dominée par le merlot, complété par le cabernet franc. La robe plutôt légère annonce un vin souple et facile. D'abord réservé, un peu animal, le nez s'ouvre sur les fruits rouges bien mûrs, avec un côté « fraise écrasée ». À l'unisson du nez, la bouche, suave en attaque, monte en puissance sans aucune aspérité tannique. Un rouge à boire sur son fruit. ⌛ 2024-2027 ■ **Le Brin 2023 ★ (5 à 8 €; 30000 b.)** Discrètement fruité et mentholé, un bergerac sec tout en finesse et en fraîcheur, de style léger. ⌛ 2024-2026

CH. MARIE PLAISANCE, 180, chem. Françoise-Sagan, 24240 Gageac-et-Rouillac, tél. 05 53 27 86 23, contact@chateau-marieplaisance.fr V t.l.j. sf sam. dim. 8h-12h 14h-18h

DOM. DE MAYAT 2023 ★★

	8000		5 à 8 €

Représentant la troisième génération de viticulteurs, Francis Lagarde s'installe en 1979 et crée son chai 10 ans plus tard. Son vignoble (45 ha) est implanté sur la rive droite de la Dordogne, près de Sainte-Foy-la-Grande, à cheval sur le Bordelais et le Bergeracois. Il produit sous plusieurs étiquettes du bordeaux et des vins d'appellation du Sud-Ouest.

Issu du pressurage de merlot et de cabernet franc, ce rosé monte en puissance sur des notes de fleur d'oranger et de fruits rouges. Une délicate présence aromatique que l'on retrouve dans une bouche ample et ronde, persistante, tonifiée par une belle fraîcheur. ⧗ 2024-2025

DOM. DE MAYAT, 1358, rte de Mayat, 33220 Fougueyrolles, tél. 06 47 24 38 01, francislagarde@orange.fr V t.l.j. sf sam. dim. 8h-12h 13h30-18h

CH. MAYE DE BOUYE Héritage 2023 ★

	12000		5 à 8 €

Cinq générations se sont succédé sur cette exploitation du Bergeracois, qui propose monbazillac et bergerac. Aux commandes depuis 2017, Teddy Couture et sa sœur Alexandra perpétuent l'héritage familial. Ils ont engagé la conversion bio du vignoble familial, qui compte 48 ha.

Sa robe saumon pastel reflète une élaboration par pressurage direct des deux cabernets et du merlot. À ce teint pâle répondent un nez discrètement floral, minéral, et une bouche à la fois ample, acidulée et nerveuse, de belle longueur, à la finale mentholée. Un rosé tout en fraîcheur. ⧗ 2024-2025

CH. MAYE DE BOUYE, imp. Maye-de-Bouye, 24240 Rouffignac-de-Sigoulès, tél. 06 88 90 27 86, john.vignoblecouture@orange.fr V t.l.j. sf dim. 10h-12h 14h-18h

B CH. LES MIAUDOUX 2023 ★

	30000		5 à 8 €

Domaine de 35 ha acquis en 1987 par Gérard et Nathalie Cuisset qui en ont fait une valeur sûre du Bergeracois et qui l'ont converti en 2003 à l'agriculture biologique. Installés en 2014, leur fils Samuel et son épouse Lisa ont adopté la biodynamie. L'exploitation, qui pratiquait aussi le maraîchage, s'est concentrée sur la vigne.

Sémillon, sauvignon et muscadelle, les cépages principaux de l'appellation composent ce bergerac au nez précis, partagé entre le fruit de la Passion et le citron. On retrouve ce fruité acidulé dans une bouche équilibrée, conjuguant une certaine rondeur avec une belle vivacité. ⧗ 2024-2026

CH. LES MIAUDOUX, 459, rte de Compostelle, 24240 Saussignac, tél. 05 53 27 92 31, lesmiaudoux@gmail.com V r.-v. E

CAVE DE MONBAZILLAC Euphonie 2023 ★★

	10600		8 à 11 €

La coopérative de Monbazillac regroupe une cinquantaine d'adhérents et vinifie près d'un tiers de l'appellation monbazillac. Elle propose de nouvelles gammes dans cette appellation ainsi qu'en bergeac et côtes-de-bergerac. Propriété de la cave depuis 1960, le château de Monbazillac (XVIᵉs.) présente une architecture originale, qui allie des systèmes défensifs médiévaux et des éléments Renaissance. Emblématique du Bergeracois, il est le cadre de multiples activités culturelles.

Diversifiant son offre, la cave de Monbazillac propose aujourd'hui des vins régionaux simples et plus faciles d'accès que les liquoreux, dans les trois couleurs, comme ce rosé privilégiant le cabernet-sauvignon, au nez partagé entre la grenadine, les fruits rouges et le bonbon anglais. Un rosé gourmand, suave, équilibré par une petite pointe de nervosité. ⧗ 2024-2025

CAVE DE MONBAZILLAC, rte de Mont-de-Marsan, 24240 Monbazillac, tél. 05 53 63 65 00, cave@chateau-monbazillac.com V t.l.j. sf dim. 9h-12h30 13h30-18h30

CH. MONDÉSIR 2022 ★★

	34000		5 à 8 €

Créée en 1984, Univitis est une coopérative qui s'est agrandie à la suite de la fusion de plusieurs caves de Gironde et de Dordogne. Elle regroupe 135 adhérents et 1 700 ha dans le «grand Sud-Ouest» viticole. Elle propose une large gamme de vins de marques et de propriétés dans 15 AOC, à laquelle s'ajoute le Ch. les Vergnes, acquis en 1986 (130 ha près de Sainte-Foy).

Mondésir est une propriété de 15 ha commandée par un manoir du XVIIᵉs. qui appartint à une descendante de Montaigne. Reflet d'un merlot dominant, associé au cabernet-sauvignon, et d'une année solaire, son bergerac rouge séduit par son intensité et par sa profondeur : robe grenat sombre, nez expansif, entre fruits rouges bien mûrs, myrtille et épices, bouche sur le fruit, suave, ample et généreuse, adossée à des tanins enrobés et tonifiée par une belle vivacité. ⧗ 2024-2029 ■ **Brennus Brennus Cuvée Prestige 2023 ★ (5 à 8 €; 70000 b.)** Né de merlot majoritaire et de cabernet-sauvignon, ce 2023 offre une belle expression du fruit (fruits noirs) et conjugue ampleur et fraîcheur. Les reflets violets de sa robe et ses tanins serrés, encore marqués, disent sa jeunesse. ⧗ 2024-2029

UNIVITIS, 2648, av. du Mal-Leclerc, 33220 Les Lèves-et-Thoumeyragues, tél. 05 57 56 02 02, contact@univitis.fr V t.l.j. sf dim. 9h30-12h30 14h-18h

CH. MONTDOYEN Divine Miséricode 2022 ★

	2400		30 à 50 €

Originaires du Nord, les Hembise ont repris en 1996 ce domaine de Monbazillac alors presque à l'abandon, commandé par une bâtisse élevée sur les ruines d'un petit château périgourdin et entouré de 83 ha de terres, dont environ 40 ha de vignes. Les propriétaires, qui pratiquent la lutte raisonnée à tendance bio, ont installé dans les vignes des nichoirs à oiseaux et à insectes pour favoriser la biodiversité.

Le successeur d'un coup de cœur. Sa composition associe un soupçon de chenin (cépage accessoire de l'appellation, très rare) aux sauvignons blanc et gris, à parité. Une vinification et un séjour de 12 mois sous bois donnent complexité et personnalité à ce vin mêlant au nez le citron à l'amande et aux notes toastées de la barrique. Bien fondu, le boisé aux nuances de pain d'épice se prolonge dans un palais tendu, à la finale salivante marquée par un retour des agrumes. Parfait pour une viande blanche ou une volaille. ⧗ 2025-2029

CH. MONTDOYEN, Le Puch, 24240 Monbazillac, tél. 05 53 58 85 85, contact@chateau-montdoyen.com V t.l.j. sf sam. dim. 8h-17h

B CH. MONTPLAISIR Polychrome 2022 ★★

■	5000		15 à 20 €

Les parents de Charles Blanc, originaires de Saint-Émilion et de Cognac et eux-mêmes enfants de vignerons, ont acheté en 1978 ce domaine constitué à partir de 1917. Leur fils a repris la propriété en 2001 après s'être formé à Sancerre et en Nouvelle-Zélande. Il n'a gardé que le meilleur de son vignoble, dont la superficie est passée de 12 ha à 6 ha aujourd'hui, a replanté huit cépages, arbres et haies, adopté l'agriculture biologique et s'attache à «démécaniser» ses pratiques pour gagner en précision.

Le nom de la gamme Polychrome suggère la pluralité des cépages, vinifiés séparément. Aucun ne doit prendre le pas sur l'autre. Au trio classique du Bergeracois, sauvignon (40 %), sémillon et muscadelle, le vigneron a associé 20 % du chenin, variété autorisée mais beaucoup plus rare dans le Sud-Ouest qu'en Anjou. Le fût de 400 l où les vins sont vinifiés et élevés contribue encore à la complexité de ce blanc aux arômes de fleurs blanches et de fruits exotiques, riche et minéral, conjuguant ampleur et fraîcheur. ⧗ 2024-2029 ■ **2022 ★★ (11 à 15 €; 3000 b.)** B Mi-cuve mi-fût, mariant sauvignon et muscadelle, il séduit par l'harmonie de son palais complexe, caressant, opulent et persistant, tendu par une belle fraîcheur dans des tons zestés et mentholés. ⧗ 2024-2027

CH. MONTPLAISIR, 137, rte de Peymilou, 24130 Prigonrieux, tél. 06 81 05 69 64, info@chateau-montplaisir.com V t.l.j. 10h-19h

DOM. MOULIN-POUZY Prestige 2021 ★★

■	10000		8 à 11 €

Fabien Castaing est à la tête depuis 2008 d'un vignoble constitué par cinq générations à partir de la fin du XIXe s. sur la rive gauche de la Dordogne, en particulier le Dom. de Moulin-Pouzy : après agrandisssements, 65 ha exploités d'abord en viticulture raisonnée, puis certifiés HVE (2013) et bio (2022). En 2016, il a acquis le Ch. les Mailleries, un domaine de 12 ha conduit lui aussi en bio.

«La cuvée fruitée et boisée», selon l'étiquette. De fait, ce bergerac rouge, né d'un assemblage classique de merlot dominant et de cabernet-sauvignon, élevé 15 mois en barriques (neuves pour ⅓) reflète bien son élaboration. Encore jeune d'aspect avec ses reflets violets, il s'ouvre sur un boisé très présent qui fait place aux petits fruits des bois. Après une attaque souple, il monte en puissance en déployant de jolis arômes vanillés et fruités (la gelée de groseille plutôt que le fruit noir compoté, c'est un 2021…), soutenu par des tanins harmonieux. ⧗ 2024-2030

DOM. DE MOULIN-POUZY, 12, rte des Rivailles, 24240 Cunèges, tél. 05 53 58 41 20, info@fabiencastaing.com V t.l.j. sf dim. 10h-12h 13h-17h30 E

LE ZÉNITH DE PANISSEAU 2022 ★

■	52000		8 à 11 €

Témoignage de l'architecture périgourdine féodale, construit par les Anglais peu avant 1200, puis remanié à la Renaissance, le château de Panisseau dresse sa silhouette à 5 km du Bordelais. Il commande un domaine de 106 ha, dont 37 ha de vignes exploitées. Il est depuis 2022 la propriété du jeune couple formé par Claire et Audoin d'Aboville, la première issue de la famille des Janoueix, bien connue dans le Bordelais, formée en histoire de l'art, en marketing et en gestion, le second venu du monde de l'informatique en entreprise. Leurs efforts portent sur la mise en valeur du patrimoine et sur la montée en qualité des vins.

Associant les quatre cépages principaux de l'appellation, ce bergerac rouge issu d'une longue cuvaison n'a pas connu le bois. Elle s'ouvre à l'aération sur les petits fruits des bois mûrs qui se déploient dans une bouche bien structurée, de bonne longueur, soutenue par une belle fraîcheur et marquée en finale par une légère amertume tannique. Fruitée et étoffée, elle atteindra bientôt son zénith. ⧗ 2024-2030

CH. DE PANISSEAU, 201, rte de Panisseau, 24240 Thénac, tél. 05 53 58 40 03, contact@panisseau.com V t.l.j. sf dim. 9h-12h 14h-18h B

CH. POULVÈRE La Part des anges 2022 ★★

■	14000		8 à 11 €

Ancienne dépendance du château de Monbazillac, le Ch. Poulvère date de la même époque. Il est exploité depuis plus de 100 ans par les Borderie, qui travaillent toujours en famille : Francis conduit le vignoble (105 ha) depuis 1977, épaulé par ses neveux Frédéric (au chai) et Benoît (au commercial), rejoints en 2018 par Paul et Anaïs, enfants de Frédéric. À sa carte, la plupart des appellations du Bergeracois.

Coup de cœur pour le millésime 2020, cette cuvée, «archétype du sauvignon blanc» pour un juré, inclut en appoint sémillon et muscadelle. Un court passage sous bois n'est guère perceptible dans son expression aromatique, mais il contribue sans doute à la texture caressante de ce blanc ample, généreux, frais et long, à la palette typée du cépage majoritaire (fleurs blanches, pomme, groseille à maquereau, touche végétale). Un vin à la fois précis et solaire, bien dans le ton du millésime. ⧗ 2024-2028

CH. POULVÈRE, Poulvère, 24240 Monbazillac, tél. 05 53 58 30 25, famille.borderie@poulvere.com V t.l.j. sf dim. 9h-12h30 13h30-18h30

B CH. LA RAYRE 2023 ★

■	1000		8 à 11 €

Les Vesselle sont bien connus à Bouzy. Vincent a quitté sa Champagne pour pratiquer l'assemblage sous des cieux plus cléments. Il a racheté en 1999 La Rayre, ancienne métairie du château de Fonvieille. Couvrant 27 ha de coteaux au sud de Monbazillac, son vignoble est en bio certifié depuis 2013.

Issu d'un pressurage direct de merlot et des deux cabernets, un rosé à la robe saumonée-orangée, au nez avenant et frais, entre fleur d'oranger et fruits mûrs. Ample, suave et rond, de belle longueur, il trouve son équilibre dans une petite nervosité et dans une pointe d'amertume en finale. Parfait pour l'apéritif. ⧗ 2024-2025

CH. LA RAYRE, 200, allée de la Rayre, 24560 Colombier, tél. 05 53 58 32 17, vincent.vesselle@orange.fr V r.-v.

CH. LA RESSAUDIE 2022 ★

7530 | 8 à 11 €

Créée en 1890, cette exploitation située sur les coteaux de la Dordogne, en AOC montravel, est restée dans la famille Rebeyrolle pendant cinq générations, jusqu'à sa vente en janvier 2020 à Frank et Marie Magiera, originaires des États-Unis. Le premier, après une carrière industrielle internationale, s'est découvert une passion pour le vin et a totalement changé de vie, quittant Los Angeles pour exploiter un domaine de 35 ha, doté d'un vignoble de 14 ha.

Curieusement, ce bergerac où le merlot joue les premiers rôles se montre plus discret que le millésime précédent, qui avait décroché trois étoiles. Il n'en offre pas moins netteté et bonne tenue, libérant à l'aération des arômes de petits fruits rouges que l'on retrouve dans une bouche souple en attaque, puissante, consistante et assez longue. ⧗ 2024-2029

CH. LA RESSAUDIE, 611, rte de Ponchapt, 33220 Port-Sainte-Foy, tél. 07 85 99 80 43, contact@laressaudie.fr V *t.l.j. 9h-12h 14h-18h*

♥ FOLLY DU ROOY 2022 ★★

2400 | 11 à 15 €

Installés en 1998 sur un domaine vieillissant racheté à des viticulteurs retraités, Gilles et Laëtitia Gérault améliorent chaque année les vignes, le chai, les équipements de vinification et de stockage, et la qualité des vins, nés d'un vignoble comptant aujourd'hui 22 ha. En 2021, leur fille Chloé a rejoint l'exploitation; elle œuvre aux vinifications. Un domaine en vue pour ses pécharmant comme pour ses blancs.

Composé des quatre cépages blancs principaux de l'appellation et élevé 8 mois en fût, ce bergerac sec, dans la lignée du 2020, ajoute un coup de cœur à un palmarès bien fourni. Sa palette aromatique mariant boisé, fleurs blanches et citron s'affirme et gagne en complexité au palais, où les agrumes se lient à des notes vanillées et épicées bien fondues. Quant au palais, rond, onctueux et bien construit, il affiche l'opulence et la puissance du millésime, contrebalancées par une franche vivacité. ⧗ 2024-2029

CH. DU ROOY, 982, chem. de la Cote-de-Rosette, 24100 Bergerac, tél. 06 78 75 11 55, contact@chateau-du-rooy.com V *t.l.j. sf dim. 10h-12h30 14h30-18h30*

CH. SAINT-CERNIN Héritage 2023 ★★

50000 | 5 à 8 €

Situé à Saint-Cernin-de-Labarde, le premier domaine bergeracois acquis (en 2016, avant Les Verdots) par l'Islandais Róbert Wessman, homme d'affaires à la tête de groupes pharmaceutiques, qui s'intéresse aussi au champagne et au limoux. Après une quête de 15 ans pour dénicher une propriété, certainement séduit par le cadre, un château médiéval remontant au XIIᵉs. mais aux allures Renaissance, revisité en 1875, il a confié le vignoble et les vinifications à James de Roany, appuyé par l'œnologue-conseil Julien Viaud (équipe M. Rolland).

Déjà appréciée dans le millésime précédent, cette cuvée de négoce «gagne» une étoile avec ce millésime, où sauvignon blanc et sémillon s'équilibrent. Il en résulte un nez délicat, sur le fruit blanc, discrètement réglissé, et une bouche ronde et suave qui, à l'unisson du nez, loin de toute exubérance tapageuse, mise sur la finesse de ses arômes de fruit de la Passion, de pêche blanche et de bonbon acidulé. Une finale fraîche donne à l'ensemble netteté et droiture. ⧗ 2024-2027

CH. SAINT-CERNIN, Le Château, 24560 Saint-Cernin-de-Labarde, tél. 05 53 58 34 31, adv@maisonwessman-wines.com

LES VIGNERONES DE SIGOULÈS Doméa 2023 ★★

11000 | 5 à 8 €

Fondée en 1938, la coopérative de Sigoulès regroupe aujourd'hui 75 viticulteurs, qui cultivent 960 ha de vignes au sud de Bergerac. Des investissements importants sont consacrés à la gestion du vignoble et à la modernisation des chais, rénovés en 2014. Les arrière-petits-enfants des premiers adhérents ont à cœur le respect de l'environnement : certaines exploitations sont certifiées HVE, d'autres sont conduites en bio.

Construit sur le sauvignon, complété de quelques gouttes de sémillon et de muscadelle, ce bergerac sec s'est placé sur les rangs pour un coup de cœur. Discret mais charmeur, le nez ajoute un soupçon de rose à l'acacia et aux agrumes. Plus expressive, structurée et longue, la bouche dévoile une richesse et une onctuosité reflétant des raisins bien mûrs. Une belle tension et une petite pointe d'amertume agréable en finale apportent dynamisme et longueur. ⧗ 2024-2027

LES VIGNERONES DE SIGOULÈS, 302, rte des Vignerons, 24240 Mescoulès, tél. 05 53 61 55 00, contact@vigneronsdesigoules.fr V *r.-v.*

♥ FLEUR DE THÉNAC 2023 ★★

5900 | 8 à 11 €

Un château construit sur les ruines d'un prieuré bénédictin et une vaste propriété de 200 ha où la vigne (35 ha, dont 25 en rouge) côtoie pruniers, cultures, prés, bois et étangs. Racheté en 2001 par Eugene Shvidler, homme d'affaires américain d'origine russe, dirigé depuis 2012 par l'œnologue Stéphane Guillot, formé à Bordeaux, et conseillé depuis 2017 par Hubert de Boüard, le domaine a été équipé d'un nouveau chai. Bénéficiant d'une grande variété d'expositions et de sols, il est devenu en quelques années une valeur sûre du Bergeracois.

Dans la production du château, c'est le bergerac sec élevé en cuve qui l'emporte grâce à sa séduction immédiate. Issu de sauvignon majoritaire, de sémillon et d'un petit appoint de muscadelle, il gagne en intensité et en complexité à l'aération, mêlant la fleur blanche au fruit exotique acidulé comme le fruit de la Passion. On retrouve cette remarquable expression fruitée au palais où des notes de fruits jaunes reflètent une belle maturité. Une bouche saluée pour son ampleur, équilibrée par une fraîcheur qui met en valeur ses arômes et porte loin la finale. ⧗ 2024-2027 ■ **Ch. Thénac 2022 ★★ (20 à 30 €; 25000 b.)** Issu des quatre cépages principaux de l'appellation, merlot en tête, macéré 3 semaines, élevé 12 mois en fût puis 6 mois en cuve, il brille par son nez intense, floral et fruité, que n'écrase pas le bois, bien prolongé par une bouche intense et persistante, aux arômes de cassis et de fruits rouges épicés, souple en attaque et encore tannique en finale. ⧗ 2025-2032 ■ **Fleur de Thénac 2022 ★ (8 à 11 €; 20000 b.)** Le second vin, élevé lui aussi 18 mois, mais pour moitié en cuve. Plus simple que le grand vin, plus discret, il est distingué pour ses arômes de fruits rouges et pour sa bouche bien construite, de bonne longueur. ⧗ 2025-2029

⊶ CH. THÉNAC, Le Bourg, 24240 Thénac, tél. 05 53 61 36 85, wines@chateau-thenac.com V *t.l.j. sf sam. dim. 9h-12h 14h-17h30*

♥ TOUR DE GRANGEMONT 2023 ★★

■ | 8000 | | 5 à 8 €

Le gros de ce vignoble de 80 ha se trouve au lieu-dit Grangemont, sur la rive gauche de la Dordogne; une haute tour se dressait autrefois en haut du coteau, d'où le nom du domaine. Fabien Lavergne, œnologue, a pris en 2012 la direction de la propriété familiale, où il secondait depuis des années son père Christian. Il a engagé la conversion bio des vignes rouges du domaine.

Le millésime précédent s'était placé sur les rangs pour un coup de cœur, ce 2023 l'obtient. Son assemblage, plus classique, redonne le premier rôle au sauvignon blanc, complété par la muscadelle. Un bergerac sec d'emblée salué pour l'agrément et la netteté de ses parfums de poire et d'ananas rôti, teintés d'une touche végétale. Ample, fraîche et persistante, la bouche tient les promesses du nez. Un blanc intense et harmonieux. ⧗ 2024-2027

⊶ CH. TOUR DE GRANGEMONT, 357, rte de l'Octroi, 24560 Saint-Aubin-de-Lanquais, tél. 05 53 24 32 89, tour-de-grangemont@sfr.fr V *t.l.j. sf dim. 10h-12h 15h-19h*

Ⓑ CH. TOUR DES GENDRES Cantalouette 2022 ★

■ | 4100 | | 11 à 15 €

Du savagnin, cépage jurassien, fait son apparition en Bergeracois! Une brasserie artisanale et une distillerie va encore diversifier l'offre de la propriété. Avec Gilles et Margaux de Conti, la nouvelle génération, pleine de projets, s'est installée en 2022 sur ce domaine familial. Tout en créant des cuvées originales, elle n'en conserve pas moins les vins d'appellation qui ont fait la notoriété du Ch. Tour des Gendres, fondé en 1981 par leur père Luc, fils d'agriculteurs-viticulteurs et petit-fils d'immigrés Italiens installés dans la région en 1925. Le domaine, 30 ha aujourd'hui, s'est engagé dès 1996 dans une démarche bio avant la certification en 2009.

Composé de merlot (50 %), de malbec et de cabernet franc, ce bergerac rouge, après une cuvaison de 3 semaines, reste 6 mois en cuve. Il est vinifié sans sulfites. Plutôt réservé au nez, puissant en bouche, il séduit par son profil très rond et suave, comme par ses arômes de fruits rouges relevés de touches épicées et poivrées. Il accompagnera dès maintenant grillades, rôtis et fromages. ⧗ 2024-2028 ■ **Moulin des Dames 2022 ★ (20 à 30 €; 7000 b.)** Ⓑ Issu d'une parcelle de vieux sauvignon et élevé en foudre de chêne, un bergerac sec bien connu de nos fidèles lecteurs, apprécié pour son étoffe et pour son profil citronné, minéral, net, tonique et «péchu». ⧗ 2024-2027

⊶ CH. TOUR DES GENDRES, Les Gendres, 24240 Ribagnac, tél. 05 53 57 12 43, contact@chateautourdesgendres.com V *t.l.j. sf sam. dim. 10h-12h30 14h-17h*

CH. LES TOURS DES VERDOTS 2023 ★

■ | 20000 | | 11 à 15 €

Le vignoble des Verdots tire son nom d'une rivière souterraine du même nom, qui s'écoule au cœur de la cave d'élevage monumentale creusée dans la roche. Il a été racheté en 2021 par Robert Wessman, homme d'affaires islandais à la tête de groupes pharmaceutiques, qui a porté sa superficie à 55 ha. Pendant 4 générations, le domaine a été la propriété d'une famille originaire de Saint-Émilion. David Fourtout, qui en avait hérité en 1992, en a fait une valeur sûre du Bergeracois. Un succès lié à un beau terroir de calcaires veinés de silex, à des installations modernes et à des sélections exigeantes.

Vendangées à la main, de vieilles vignes (sauvignon blanc dominant) sont à l'origine de cette cuvée élevée partiellement en barrique (40 %). Imperceptible aromatiquement, le fût contribue à la texture de ce vin ample, acidulé, vif sans mordant, aux arômes d'acacia, de poire et d'agrumes (pamplemousse). Un blanc flatteur, qui trouvera sa place à table, sur des viandes blanches ou du poisson en sauce. ⧗ 2024-2027

⊶ VIGNOBLE DES VERDOTS, Les Verdots, 24560 Conne-de-Labarde, tél. 05 53 58 34 31, contact@verdots.com V *t.l.j. sf dim. 9h30-13h 14h-18h30*

CÔTES-DE-BERGERAC

Cette appellation ne définit pas un terroir mais des conditions de récolte plus restrictives qui doivent permettre d'obtenir des vins riches, concentrés, charpentés, au potentiel de garde plus important que les bergerac.

CH. BELLEVUE 2023 ★

■ | 30000 | | 5 à 8 €

À partir de 1950, trois générations de Lajonie ont constitué dans le Bergeracois un vaste vignoble (180 ha en tout). La famille, qui commercialise son vin en bouteille depuis 1965, exploite trois domaines principaux: les châteaux Pintouquet, le berceau, Bellevue, en monbazillac et côtes-de-bergerac blanc, et Les Merles, gérés depuis 1983 par Joël et Alain. La dernière génération, avec Romain Lajonie, a rejoint la propriété.

Sémillon majoritaire et muscadelle concourent à l'agrément de ce moelleux qui demande un peu d'aération pour monter en puissance et délivrer par petites touches une gamme d'arômes suaves, floraux et fruités : pêche, abricot, poire, ananas, amande… En bouche, la rondeur et la douceur, très présentes, sont équilibrées par une fraîcheur acidulée qui met en valeur un retour fruité. Une discrète élégance. ⧗ 2024-2028

LAJONIE DAJ, Saint-Christophe, 1370, rte de Pantouquet, 24100 Bergerac, tél. 05 53 57 17 96, vignobles-lajonie@wanadoo.fr V *t.l.j. sf sam. dim. 9h-12h 14h-18h*

DOM. DE BOUFFEVENT 2023 ★★

■	35000		5 à 8 €

Situé à Monbazillac, ce domaine a été exploité pendant 4 générations par la famille Chabrol qui l'a transmise en 2021 à Kévin Jarzaguet, jeune vigneron qui travaillait sur le domaine depuis 4 ans. Le vignoble domine la vallée de la Garonne à environ 180 m : un site très venté qui a inspiré le nom du domaine. À la tête de 85 ha au total, Kevin Jarzaguet propose aussi du monbazillac et du pécharmant sous l'étiquette du Ch. Malfourat.

Le sauvignon gris (60 %) s'allie au sémillon dans ce moelleux séduisant par la fraîcheur de ses arômes d'acacia, de citron, de fruits blancs (poire), de nectarine teintés d'une touche mentholée. Des notes confiturées et miellées enrichissent cette palette d'une note suave, en harmonie avec une bouche ample en attaque, moelleuse avec légèreté, équilibrée par une finale fraîche et longue. ⧗ 2024-2027

CH. DE MALFOURAT, 523, rte de Malfourat, 24240 Monbazillac, tél. 05 53 58 30 63, contact@vignoblesdemalfourat.com V *t.l.j. sf sam. dim. 10h-12h 13h-17h*

CLOS DU BREIL Lei Peires 2021 ★★★

■	1076		20 à 30 €

Aux marges orientales de l'appellation, cette petite propriété familiale de 16 ha est implantée sur les calcaires d'Issigeac, riches en silex. Yann Vergniaud, qui avait pris la suite de ses parents en 2009, a été rejoint en 2020 par son frère Loïc. Tout en proposant des vins de terroir, les frères sont soucieux d'innovation : utilisation du drone à la vigne, plantation de cépages résistants au stress hydriques, comme le saperavi de Georgie, le touriga nacional ou encore le marselan. Exploitation en bio certifié depuis 2022.

Si 2021 a laissé le souvenir d'un gel de printemps et d'un début d'été pourri, l'arrière-saison, sereine et fraîche, a permis une bonne maturation des raisins. Ici, des cabernets (cabernet-sauvignon surtout), plantés sur ces *Peires* (pierres, en occitan), l'un des meilleurs terroirs du domaine, constitué de roches calcaires friables entremêlées de silex. Vendangés le 27 septembre, élevé 14 mois en barrique, ils ont donné naissance à un rouge d'une rare harmonie, avec son nez sur le fruit rouge légèrement confit, ourlé d'un subtil boisé, et son palais complexe et long, remarquable par sa finesse et par la texture soyeuse de ses tanins. ⧗ 2025-2032 ■ **Expression 2021 ★★ (15 à 20 €; 5669 b.)** Expression des terroirs et du savoir-faire du vigneron, une cuvée très régulière en qualité, dont l'assemblage varie. Pour ce 2021, les quatre cépages rouges principaux de l'appellation (merlot en tête, 51 %), un élevage de 15 mois en barrique. Un vin au fruité épicé et poivré, conjuguant ampleur et dynamisme. ⧗ 2025-2029

LE CLOS DU BREIL, La Pouille, 24560 Faurilles, tél. 06 88 74 90 23, info@leclosdubreil.fr V *t.l.j. sf sam. dim. 9h30-12h30 14h-17h30*

CH. COURT-LES-MÛTS 2022 ★

■	22300		11 à 15 €

Cinq générations au service du vin. Pierre Sadoux quitte les hauts plateaux algériens en 1961 pour s'établir sur cet ancien domaine (XVIIes.) du Bergeracois implanté sur les coteaux de la rive gauche de la Dordogne. Un domaine dédié depuis longtemps à la vigne : *mûts* signifie «moût» en ancien français. En 2007, son fils du même prénom a pris la relève et conduit l'exploitation qui compte aujourd'hui 38 ha. Une valeur (très) sûre du Bergeracois.

Si ce 2022 apparaît en retrait par rapport aux superbes 2020, 2019 et autres 2015, il pourrait bien gagner des étoiles dans votre cave, car nos jurés soulignent son potentiel. Il réunit malbec (45 %), merlot (40 %) et cabernet franc et séjourne 12 mois en barrique. La profondeur de sa robe est remarquée, ainsi que la dominante fruitée de son bouquet, aux nuances de myrtille et de cassis. L'attaque fraîche ouvre sur un palais riche et dense, marqué en finale par des amers séduisants. ⧗ 2026-2030

CH. COURT-LES-MÛTS, 4052, rte de la Plaine-Pourpre, 24240 Razac-de-Saussignac, tél. 05 53 27 92 17, court-les-muts@wanadoo.fr V *t.l.j. sf dim. 9h-12h 14h-18h; sam. sur r.-v.*

CH. LES DONATS
Panache 2020 ★★

■	2000		20 à 30 €

Un domaine acheté en 1994 par Patrick Somers, négociant originaire de Belgique, qui l'a restructuré et rénové. En 2011, son gendre Olivier Verhelst, ingénieur-œnologue, a rejoint l'équipe dont il a pris les commandes en 2013. Il a mis en pratique le savoir-faire des maîtres bordelais, avec lesquels il a travaillé après sa formation initiale en Belgique. Le domaine, qui s'est agrandi en appellation pécharmant, compte aujourd'hui quelque 20 ha de vignes.

Issue de merlot très majoritaire et de cabernet-sauvignon, cette cuvée a bénéficié d'une vinification en barrique suivie d'un élevage de 12 mois dans le bois. Parée d'une robe sombre et jeune à reflets bleutés, elle mêle au nez les fruits rouges bien mûrs et un boisé réglissé. Ferme en attaque, puis suave, onctueuse et gorgée de fruits noirs confits, elle s'appuie sur des tanins de qualité qui donnent envie d'une côte de bœuf. ⧗ 2025-2030

CH. LES DONATS, imp. des Donats, 24520 Saint-Nexans, tél. 05 53 58 42 78, info@chateaulesdonats.com V *r.-v.*

CH. LA FORÊT
Les Hauts de Sainte-Innocence 2023 ★

■	12000		- de 5 €

Domaine en polyculture créé vers 1900 par les Borie sur les coteaux sud de l'appellation bergerac, près d'Eymet, dédié à la vigne, aux pruniers d'ente,

SUD-OUEST

aux noyers et aussi aux céréales, au tournesol, à la luzerne... Installé en 1998, Hervé Borie a étendu et restructuré le vignoble (70 ha aujourd'hui). Depuis l'arrivée en 2011 de sa compagne Laurence Nicolas, œnologue, il développe la vente directe.

Réservé à la grande distribution, un moelleux issu de sauvignon majoritaire et de sémillon. Discret au premier nez, il libère à l'aération des parfums floraux (aubépine, lilas) ainsi que des notes de pêche, d'abricot et de fruits confits. Onctueux et suave en attaque, il est vivifié par un trait acidulé qui laisse la bouche nette. Générosité et fraîcheur, un bel équilibre. ⧗ 2024-2027

CH. LA FORÊT, 2198, rte du Château-d'Eau, 24500 Sainte-Innocence, tél. 06 34 40 57 57, contact@chateaulaforet-bergerac.com V r.-v.

B DOM. DE GRANGE NEUVE 2023 ★

■ | 35700 | | 5 à 8 €

Anthony Castaing préside depuis 1997 aux destinées de ce domaine fondé en 1896 par son aïeul Pierre Pichon. À l'origine, 4 ha, en polyculture. Aujourd'hui, pas moins de 92 ha de vignes, pour l'essentiel à Pomport, à 12 km au sud de Bergerac. Côté vins, on recherche ici le fruit et l'expression du terroir, en évitant souvent l'élevage sous bois. Propriété en bio certifié à partir du millésime 2023.

«Le domaine est certifié bio... dans la douleur», écrit Anthony Castaing. Le millésime 2023, avec notamment son mildiou virulent, a été compliqué, surtout pour les exploitants qui ne pouvaient recourir à la chimie. Le 7 septembre, le vigneron a récolté le sauvignon et le sémillon assemblés à parité pour obtenir ce moelleux qui, sans obtenir de coup de cœur comme nombre de ses devanciers, séduit par la finesse de son expression fruitée (pêche, fruit de la Passion, coing et abricot frais...) comme par l'harmonie de sa bouche à la fois généreuse et fraîche. ⧗ 2024-2027

DOM. DE GRANGE NEUVE, 1830, rte du Périgord, 24240 Pomport, tél. 05 53 58 42 23, castaing@grangeneuve.fr V *t.l.j. 9h-12h 14h-18h; dim. sur r.-v.*

♥ B CH. LADESVIGNES Une belle histoire... 2023 ★★

■ | 10000 | | 8 à 11 €

Véronique et Michel Monbouché ne cessent d'améliorer et d'étendre leur propriété (60 ha aujourd'hui), ancienne métairie du château de Bridoire acquise en 1989 par le vigneron. Certifié en bio à partir du millésime 2020, le domaine, régulier en qualité, a rénové complètement son chai en 2021. Il bénéficie d'un panorama imprenable sur Bergerac et sur la vallée de la Dordogne.

Déjà apprécié dans le millésime précédent, ce moelleux jaune pâle issu de sémillon (90 %) et d'un appoint de sauvignon gris a enchanté nos dégustateurs. Son nez intensément floral s'enrichit de nuances de fruits frais évoquant la poire et la pêche. Ronde en attaque, généreuse et complexe, la bouche suit la même ligne fruitée, enrichissant la palette de coing, d'abricot et d'agrumes. Une finale vive et longue vient parfaire l'harmonie. ⧗ 2024-2027

CH. LADESVIGNES, 3865, rte de Cyrano, 24240 Pomport, tél. 05 53 58 30 67, contact@ladesvignes.com V *t.l.j. 9h-12h 14h-18h*

B CH. MARIE PLAISANCE Le Brin 2023 ★

■ | 40000 | | 5 à 8 €

Une demeure du XVIII^e^s. de style périgourdin, un chai du XIX^e^s. rénové et 60 ha de vignes sur la rive gauche de la Dordogne, aux confins du département de la Gironde. Aussi à l'aise en rouge qu'en blanc et en rosé, en vin sec qu'en vin doux, le domaine a été repris en 2006 par les trois enfants (la 5e génération) de la famille Merillier. En bio certifié depuis 2013.

Issu de sémillon majoritaire et de muscadelle, ce moelleux rencontre le même accueil que dans le millésime précédent. Sa palette aromatique élégante montre une belle complexité : teintée d'agrumes, elle laisse aussi une bonne place à la fleur blanche, à la poire et à la pêche jaune bien mûres. Des notes confites s'ajoutent à cette gamme dans une bouche ample, onctueuse et persistante, marquée en finale par la vivacité du pamplemousse. ⧗ 2024-2027

CH. MARIE PLAISANCE, 180, chem. Françoise-Sagan, 24240 Gageac-et-Rouillac, tél. 05 53 27 86 23, contact@chateau-marieplaisance.fr V *t.l.j. sf sam. dim. 8h-12h 14h-18h*

CAVE DE MONBAZILLAC Secret de M 2022 ★★

■ | 10600 | 11 à 15 €

La coopérative de Monbazillac regroupe une cinquantaine d'adhérents et vinifie près d'un tiers de l'appellation monbazillac. Elle propose de nouvelles gammes dans cette appellation ainsi qu'en bergerac et côtes-de-bergerac. Propriété de la cave depuis 1960, le château de Monbazillac (XVI^e^s.) présente une architecture originale, qui allie des systèmes défensifs médiévaux et des éléments Renaissance. Emblématique du Bergeracois, il est le cadre de multiples activités culturelles.

Ce n'est plus un secret, la cave de Monbazillac a mis des vins rouges à sa carte. Et à en juger par celui-ci, construit sur le merlot, ils plairont. Il tire son caractère boisé d'un élevage de 6 mois sous douelles (morceaux de chêne). Cette technique a permis d'obtenir dans ce vin très sombre à reflets bleutés de jeunesse un boisé délicat soulignant des arômes de fruits noirs, qui se prolonge, bien fondu, dans une bouche ample, fruitée, suave et pleine de vitalité. ⧗ 2024-2029

CAVE DE MONBAZILLAC, rte de Mont-de-Marsan, 24240 Monbazillac, tél. 05 53 63 65 00, cave@chateau-monbazillac.com V *t.l.j. sf dim. 9h-12h30 13h30-18h30*

CH. LES MONDERYS M 2023 ★★

■ | 3700 | | 8 à 11 €

En 2022, David Fourtout a acquis avec son épouse Emmanuelle un domaine de 10 ha à Conne-de-Labarde, non loin de son ancienne propriété familiale des

Verdots, dont il avait fait la notoriété, revendu en 2021. Il vient de faire construire sur l'exploitation un chai semi-enterré ultramoderne, entièrement gravitaire, équipé d'une petite cuverie, de cuves tronconiques, d'un chai à barriques, d'une salle et d'une terrasse panoramique. De quoi mettre en valeur un domaine riche de vieilles vignes implantées sur les calcaires d'Issigeac.

Récoltés en partie passerillés et botrytisés, sémillon et muscadelle ont donné naissance à un moelleux dont la robe doré brillant annonce une belle concentration. Le nez précis se partage entre la délicatesse de l'acacia, la vivacité des fruits exotiques et la suavité des fruits confits. Douce en attaque, ronde, onctueuse et très dense, la bouche est tendue par une belle acidité qui met en valeur son fruité, à l'unisson du nez. Un côtes-de-bergerac généreux et charmeur, qui s'est placé sur les rangs pour un coup de cœur. ⌛ 2024-2030

⊶ CH. LES MONDERYS, 236, imp. les Monderys, 24560 Conne-de-Labarde, tél. 05 53 74 85 05, contact@lesmonderys.com V *t.l.j. sf dim. 9h-12h 14h-18h (19h en été)*

CH. POULVÈRE Sur le fruit 2022 ★★

■	14 000		5 à 8 €

Ancienne dépendance du château de Monbazillac, le Ch. Poulvère date de la même époque. Il est exploité depuis plus de 100 ans par les Borderie, qui travaillent toujours en famille : Francis conduit le vignoble (105 ha) depuis 1977, épaulé par ses neveux Frédéric (au chai) et Benoît (au commercial), rejoints en 2018 par Paul et Anaïs, enfants de Frédéric. À sa carte, la plupart des appellations du Bergeracois.

Construit sur le sémillon (90 %) complété par la muscadelle, ce moelleux or jaune ajoute deux étoiles au palmarès fourni de la famille Borderie, qui avait obtenu un coup de cœur pour un bergerac rouge du même millésime. Il charme d'emblée par son nez minéral, sur les fruits jaunes mûrs, la poire confite et le miel, teintés d'une note plus fraîche d'agrumes. À la fois ample et longue, la bouche confirme le nez. On y retrouve les notes confites rappelant un liquoreux, soulignées par une belle vivacité et par une pointe d'amertume tonique en finale. ⌛ 2024-2030

⊶ CH. POULVÈRE, Poulvère, 24240 Monbazillac, tél. 05 53 58 30 25, famille.borderie@poulvere.com V *t.l.j. sf dim. 9h-12h30 13h30-18h30*

Ⓑ CH. LA ROBERTIE Cuvée Ecce MMXXI 2021 ★★

■	3 000		11 à 15 €

Cadre dans la presse, Brigitte Soulier acquiert en 1999 La Robertie et s'y installe avec sa famille. Elle recentre son vignoble sur ses meilleures parcelles et ses jeunes vignes plantées à haute densité, le convertit à la bio (2011). En 2021, Juliette Muret-Sbrana rachète le domaine, dont elle exploite 10 ha. Une autre néovignreonne, ingénieure-agronome, soucieuse de renouer avec la nature après avoir dirigé des exploitations de lycées viticoles.

Le cabernet-sauvignon et le merlot, assemblés à parité dans cette cuvée sont restés sur pied jusqu'à la mi-octobre, profitant d'une arrière-saison plus sereine que le début de l'été pour parfaire leur maturation. Ils ont bénéficié d'un élevage ambitieux de 12 mois en fût de chêne neuf. Dans le verre, un vin à la robe profonde, presque noire, salué pour son élégance de bout en bout. Subtil, le nez marie avec bonheur groseille, cassis, arômes confits et notes d'élevage. Complexe, ample, riche et dense, la bouche confirme avec éclat le nez, soutenue par des tanins veloutés et marquée en finale par un beau retour fruité. ⌛ 2025-2032

⊶ CH. LA ROBERTIE, 72, chem. de la Robertie, 24240 Rouffignac-de-Sigoulès, tél. 06 77 13 85 85, juliette@chateau-larobertie.com V *r.-v.*

CH. LES SAINTONGERS D'HAUTEFEUILLE 2021 ★★

■	5 900		11 à 15 €

La famille d'Hautefeuille arrivant de Picardie en 1973 trouve des chais à l'abandon. À partir de 1997, Catherine d'Hautefeuille renoue avec la vocation viticole du domaine en replantant merlot et cabernet-sauvignon sur les meilleures parcelles. Il en résulte un petit vignoble (moins de 2 ha), établi sur le plateau des calcaires d'Issigeac, dans la partie sud-est du Bergeracois.

Une propriété très régulière en qualité, puisque ce vin, souvent retenu, obtient deux étoiles pour trois millésimes consécutifs et bien différents. Mi-merlot, mi-cabernet-sauvignon, ce 2021, après une macération préfermentaire, a fermenté en cuve Inox et séjourné 12 mois en fût de chêne. Il affiche une robe profonde et jeune, à reflets violines, et charme par son nez délicat à dominante de fruits noirs (cassis, myrtille, cerise noire), puis par son palais frais en attaque, ample et généreux, servi en finale par un beau retour du fruit. ⌛ 2025-2030

⊶ CH. LES SAINTONGERS D'HAUTEFEUILLLE, Les Saintongers, 24560 Saint-Cernin-de-Labarde, tél. 06 35 12 68 56, saintongersdhautefeuille@gmail.com V *t.l.j. 9h-12h 14h-18h*

CH. DE LA VAURE 2022 ★

■	13 330		8 à 11 €

Alliance Aquitaine est une structure coopérative née en 2010 de la fusion de la cave de Saint-Vivien et de celle de Bergerac-Le Fleix. Disposant de trois sites de vinification, la cave regroupe 102 adhérents pour une surface totale de plus de 1 550 ha de vignes, dans le Bergeracois (80 %) et en AOC bordeaux.

Les vins rouges de ce domaine historique de la coopérative du Fleix, conduit par la cave Alliance Aquitaine, figurent avec une belle régularité dans le Guide. Ce 2022 assemble ⅔ de merlot et ⅓ de cabernet-sauvignon. Longuement macéré en cuve Inox puis élevé 12 mois dans le bois, il dévoile au nez comme en bouche des notes d'élevage, qui n'étouffent pas un fruité aux accents de cassis et de myrtille : un bel équilibre. ⌛ 2024-2029

⊶ ALLIANCE AQUITAINE, Le Vignoble, 24130 Le Fleix, tél. 05 53 24 64 32, pyprudhomme@allianceaquitaine.com V *t.l.j. sf dim.*

GRAND VIN LES VERDOTS 2022 ★

■	10 000		20 à 30 €

Le vignoble des Verdots tire son nom d'une rivière souterraine du même nom, qui s'écoule au cœur de la cave d'élevage monumentale creusée dans la roche. Il a

été racheté en 2021 par Robert Wessman, homme d'affaires islandais à la tête de groupes pharmaceutiques, qui a porté sa superficie à 55 ha. Pendant 4 générations, le domaine a été la propriété d'une famille originaire de Saint-Émilion. David Fourtout, qui en avait hérité en 1992, en a fait une valeur sûre du Bergeracois. Un succès lié à un beau terroir de calcaires veinés de silex, à des installations modernes et à des sélections exigeantes.

Issu de vignes de 50 ans, le Grand Vin des Verdots assemble merlot (70 %), cabernet-sauvignon (20 %) et cabernet franc. Il termine sa fermentation en barrique neuve et séjourne 16 mois dans le bois. Le 2022 revêt une robe presque noire à reflets violines de jeunesse. Il demande beaucoup d'aération avant de s'ouvrir sur la cerise à l'eau-de-vie. Puissant en bouche, il montre aussi une belle vivacité, une bonne longueur, soutenu par des tanins déjà soyeux. ⧗ 2025-2030

VIGNOBLE DES VERDOTS, Les Verdots, 24560 Conne-de-Labarde, tél. 05 53 58 34 31, contact@verdots.com V *t.l.j. sf dim. 9h30-13h 14h-18h30*

MONBAZILLAC

Superficie : 1 949 ha / Production : 44 152 hl

Ce vignoble est implanté au cœur du Bergeracois, sur des coteaux pentus de la rive gauche de la Dordogne, exposés au nord. Les grappes y reçoivent en automne la fraîcheur et les brumes qui favorisent le développement du botrytis, la pourriture noble. Le sol argilo-calcaire apporte des arômes intenses ainsi qu'une structure puissante à ces vins moelleux et liquoreux.

♥ B DOM. L'ANCIENNE CURE L'Abbaye 2022 ★★

■	5000	◍	20 à 30 €

Cinquième génération à cultiver la vigne, Christian Roche avait hérité en 1984 d'une partie de la propriété familiale et avait aménagé 5 ans plus tard son chai de vinification. Établi dans l'ancien presbytère de Colombier, et fort d'un vignoble de 50 ha (avec une dominante de vignes blanches) aux sols variés, conduit en bio, il avait fait de son domaine, complété d'une activité de négociant-éleveur, l'un des incontournables du Bergeracois. Après son décès prématuré en 2021, son épouse Nathalie poursuit son œuvre.

« Des arômes encore là dans le verre vide », note un dégustateur. C'est dire la présence de ce liquoreux, « à l'ancienne », selon le même juré. Comprendre : « dense, large, concentré ». Sa robe jonquille est éclatante. Ses parfums de fruits exotiques bien mûrs et de zeste de mandarine confite annoncent une belle fraîcheur. On les retrouve, teintés par la vanille d'un élevage de 24 mois en barrique, dans une bouche ronde et opulente, dont la richesse est contrebalancée par une finale vive et longue. Un liquoreux dans la lignée des 2020 et 2015 du domaine. À noter, son assemblage original, dominé par la muscadelle (60 %), assemblée à du sémillon, de l'ondenc et du chenin. ⧗ 2025-2035

DOM. L'ANCIENNE CURE, 3920, rte des Pyrénées, 24560 Colombier, tél. 05 53 58 27 90, ancienne-cure@orange.fr V *t.l.j. sf dim. 9h-18h*

CH. BELLEVUE
Réserve Lajonie Élevé en fût de chêne 2021 ★

■	6000	◍	11 à 15 €

À partir de 1950, trois générations de Lajonie ont constitué dans le Bergeracois un vaste vignoble (180 ha en tout). La famille, qui commercialise son vin en bouteille depuis 1965, exploite trois domaines principaux : les châteaux Pintouquet, le berceau, Bellevue en monbazillac et côtes-de-bergerac blanc, et Les Merles, gérés depuis 1983 par Joël et Alain. La dernière génération, avec Romain Lajonie, a rejoint la propriété.

Né de sémillon dominant et de muscadelle, élevé 12 mois en barrique, ce 2021 jaune doré s'ouvre sur des notes de menthol, d'eucalyptus avant de libérer une gamme flatteuse de nuances fruitées : pêche jaune, orange confite ananas rôti. Si le bois de l'élevage apparaît très marqué en attaque, les arômes confits et rôtis reviennent, mis en valeur par une belle fraîcheur qui donne de l'allonge à la finale. Un ensemble un peu chaleureux, mais équilibré et à l'expression très agréable. ⧗ 2025-2034

LAJONIE DAJ, Saint-Christophe, 1370, rte de Pantouquet, 24100 Bergerac, tél. 05 53 57 17 96, vignobles-lajonie@wanadoo.fr V *t.l.j. sf sam. dim. 9h-12h 14h-18h*

LAETITIA ET FABIEN CASTAING
Du bout des lèvres... 2022 ★

■	30000	▮	11 à 15 €

À la tête depuis 2008 d'un vignoble familial de 55 ha sur la rive gauche de la Dordogne (Ch. Moulin Pouzy) complété en 2016 par le Ch. des Mailleries (12 ha en bio), Fabien Castaing propose aussi, sous son nom, des vins de négoce, diffusés par une structure créée en 2011.

Parmi les monbazillac proposés par le vigneron, celui-ci se classe dans les liquoreux plus accessibles, plus aériens, moins riches en sucres, qui peuvent accompagner volailles rôties et cuisine du monde. Issu de sémillon et de muscadelle (40 %), fermenté et élevé en cuve il affiche une robe paille et décline avec une certaine discrétion des arômes de pêche jaune, de melon et d'agrumes, nuancés de miel et de cire d'abeille. Équilibrée, la bouche dévoile des notes de fruits confits caractéristiques des vins doux, tonifiée par une finale fraîche aux accents d'agrumes. ⧗ 2024-2030

LAETITIA ET FABIEN CASTAING, 12, rte des Rivalles, 24240 Cunèges, tél. 05 53 58 41 20, info@fabiencastaing.com V *t.l.j. sf dim. 10h-12h 13h-17h30*

CH. LE FAGÉ 2022 ★

■	15000	▮	11 à 15 €

Créé en 1757, ce domaine commandé par un petit château aux allures de chartreuse, sur la côte nord de Monbazillac, vend son vin en bouteilles dès 1921 Il couvre 55 ha aujourd'hui. Héritier de dix générations, Benoît Gérardin, après un premier parcours dans le négoce girondin, est arrivé en 2000 sur la propriété, dont il a pris les rênes en 2012. Il a engagé la restructuration du vignoble, ainsi que la rénovation

des chais. Il cherche à élaborer des vins droits, fruités et frais.

La cuvée classique de la propriété, vinifiée en cuve. D'un jaune soutenu, elle tire son caractère du sémillon, qui règne presque sans partage dans l'assemblage. Le nez, précis, est dominé par les fruits confits teintés d'agrumes. Passé une attaque vive, le vin déploie une matière concentrée, particulièrement riche et onctueuse où s'épanouissent les notes confites perçue au nez. Déjà agréable, ce monbazillac devrait gagner en complexité avec le temps. ⧗ 2025-2034

⊶ CH. LE FAGÉ, 788, rte de Roxanne, 24240 Pomport, tél. 05 53 58 32 55, info@chateau-le-fage.com
V t.l.j. 9h-17h; sam. dim. sur r.-v.

♥ B GRANDE MAISON
Cuvée du Château 2022 ★★

■	2000		20 à 30 €

Grande Maison? Une ancienne demeure fortifiée construite par les Anglais pendant la guerre de Cent Ans. Acquis en 1990 par Thierry Desprès, qui l'a converti à la bio et à la biodynamie (label Demeter depuis 2019) et qui lui a donné tout son lustre, notamment grâce à ses monbazillac, le domaine et ses 14 ha de vignes ont été repris en 2012 par la famille Chabrol.

Remarquable, le 2021 de ce cette cuvée, avait manqué de peu le coup de cœur. Son successeur l'obtient, comme le 2018. Du sémillon (80 %) et du sauvignon, pas de muscadelle cette année, cépage rare et capricieux. Fermenté et élevé en barrique neuve, ce monbazillac jaune soutenu ne dévoile son élevage que par quelques touches vanillées, qui viennent saupoudrer un ensemble de fruits surmûris et confits, où le citron et la mandarine apportent un côté tonique. Ronde et confite, à l'unisson du nez, la bouche s'impose par sa richesse et par sa concentration qui permettront à ce liquoreux de traverser la décennie. ⧗ 2025-2035

⊶ GRANDE MAISON, 24240 Monbazillac, tél. 05 53 58 26 17, grandemaison.monbazillac@gmail.com

DOM. DE GRANGE NEUVE 2022 ★

■	40500		8 à 11 €

Anthony Castaing préside depuis 1997 aux destinées de ce domaine fondé en 1896 par son aïeul Pierre Pichon. À l'origine, 4 ha, en polyculture. Aujourd'hui, pas moins de 92 ha de vignes, pour l'essentiel à Pomport, à 12 km au sud de Bergerac. Côté vins, on recherche ici le fruit et l'expression du terroir, en évitant souvent l'élevage sous bois. Propriété en bio certifié à partir du millésime 2023.

Un élevage de 16 mois en cuve et un assemblage dominé classiquement par le sémillon pour ce liquoreux qui offre tout ce que l'on attend de l'appellation : une robe jonquille, jaune éclatant, un nez complexe, où les fruits confits, le bonbon, le pruneau et le pamplemousse jouent à cache-cache, une attaque généreuse ouvrant sur un palais rond et riche, rafraîchi par des notes de citron, de mandarine et de fruits exotiques confits. Un monbazillac dans la tradition. ⧗ 2025-2034

⊶ DOM. DE GRANGE NEUVE, 1830, rte du Périgord, 24240 Pomport, tél. 05 53 58 42 23, castaing@grangeneuve.fr V t.l.j. 9h-12h 14h-18h; dim. sur r.-v. E

CH. HAUTE FONROUSSE 2022 ★★

■	70000		8 à 11 €

Gaston Géraud a acheté en 1962 à une famille belge le domaine Haute Fonrousse, implanté à Monbazillac. Son petit-fils Stéphane conduit aujourd'hui l'exploitation, dont le vignoble couvre 34 ha. Autre étiquette : Ch. Beautrand.

Est-ce la part du sauvignon (25 %, aux côtés du sémillon et d'un soupçon de muscadelle)? L'élevage en cuve (24 mois)? La recherche d'une richesse pas trop imposante? La cuvée principale du domaine est louée pour sa «buvabilité», qui permet de la déguster de l'apéritif au dessert, et aussi avec une viande blanche ou une volaille. Jaune pâle, ce 2022 s'ouvre à l'aération sur des notes fraîches de pêche blanche rôtie, de citron et de mandarine. On retrouve au palais les agrumes, en harmonie avec une belle tension, qui équilibre la richesse propre aux liquoreux et porte loin les arômes. ⧗ 2025-2034

⊶ EARL CH. HAUTE FONROUSSE, 403, chem. de la Fonrousse, 24240 Monbazillac, tél. 06 14 22 15 04, geraud.vins@wanadoo.fr
V t.l.j. sf dim. 9h-12h 14h-18h

B DOM. DU HAUT MONTLONG Tradition 2022 ★

■	30000		8 à 11 €

En 1925, un métayage de 6 ha sur le même site. La deuxième génération achète les vignes en 1950 et le domaine s'agrandit peu à peu. Aujourd'hui, 67 ha sur les hauteurs de Pomport, dans la vallée de la Dordogne. Installé en 1983, Alain Sergenton a passé le relais à la 4ᵉgénération. Sa fille Laurence et son genre Philippe Métifet ont racheté la propriété à la famille en 2017 pour la convertir à la bio. À leur carte, du monbazillac, des bergerac, côtes-de-bergerac et vins de France.

Né de sémillon pour l'essentiel, élevé 12 mois en cuve, le premier monbazillac bio du domaine dans le Guide. Jaune paille, il demande de l'aération avant de libérer des fragrances fraîches de fleurs blanches, de pêche, de citron vert et d'agrumes confits. Vive en attaque, ample et généreuse, aromatique, la bouche finit sur des notes raffinées de mandarine. Un liquoreux bien fruité que certains dégustateurs invitent à déguster prochainement, dans sa simplicité, même s'il ne manque pas de réserves. ⧗ 2024-2032

⊶ DOM. DU HAUT MONTLONG, Le Malveyrein, 24240 Pomport, tél. 06 74 78 45 78, d.h.m@orange.fr
V t.l.j. sf sam. dim. 8h-12h 13h30-18h

B CH. KALIAN 2022 ★

■	4665		15 à 20 €

Anne et Alain Griaud ont acquis en 1992 cette propriété (après agrandissements, 13,5 ha) qu'ils ont baptisée Ch. Kalian, en référence aux prénoms de leurs enfants : Katell et Kilian. L'un comme l'autre

sont devenus œnologues. La première est aujourd'hui *winemaker* en Virginie, le second a pris la suite de ses parents en 2007 et a engagé la conversion bio du domaine l'année suivante.

Composé du trio classique sémillon (50 %), sauvignon et muscadelle (à parité), ce 2022 a été vinifié et élevé en barriques de 1 à 2 vins. Jaune pâle à reflets verts, il séduit par la netteté et par la fraîcheur tonique de son nez partagé entre acacia, litchi et citron, teintés de la vanille du fût. S'il n'est pas des plus longs, il dévoile un bel équilibre, avec une attaque légère, primesautière et une tension qui met en valeur des arômes d'orange et de fruits blancs épicés. ⧗ 2025-2034

CH. KALIAN, 179, chem. de Bernasse, 24240 Monbazillac, tél. 06 30 27 57 36, kalian.earl@orange.fr V *t.l.j. 10h--19h*

B CH. LADESVIGNES Automne 2021 ★★

3000 | 20 à 30 €

Véronique et Michel Monbouché ne cessent d'améliorer et d'étendre leur propriété (60 ha aujourd'hui), ancienne métairie du château de Bridoire acquise en 1989 par le vigneron. Certifié en bio à partir du millésime 2020, le domaine, régulier en qualité, a rénové complètement son chai en 2021. Il bénéficie d'un panorama imprenable sur Bergerac et sur la vallée de la Dordogne.

Un monbazillac bien concentré issu de sémillon (64 %) et de muscadelle botrytisés et passerillés, vinifié en barrique où il reste 24 mois. Plus serein que le printemps et l'été, l'automne 2021 a permis d'obtenir ce liquoreux à la robe encore pâle, qui mêle au nez la rose, les épices et des notes confites. Une juste douceur, une belle fraîcheur et un boisé fondu composent une bouche harmonieuse, où se déploient les fruits confits et l'ananas rôti, soulignés en finale des notes toastées de la barrique. De la finesse. ⧗ 2025-2034

CH. LADESVIGNES, 3865, rte de Cyrano, 24240 Pomport, tél. 05 53 58 30 67, contact@ladesvignes.com V *t.l.j. 9h-12h 14h-18h*

DOM. DE LEYRISSAT 2022 ★

56000 | 5 à 8 €

Union de coopératives à vocation commerciale, Couleurs d'Aquitaine, née en 2008, regroupe aujourd'hui les caves de Sigoulès, de Monbazillac et Alliance Aquitaine, réunies sous la bannière Vignerons Coopérateurs du Périgord. Ces caves en sont les principaux actionnaires et fournisseurs. Couleurs d'Aquitaine sélectionne, élève et distribue aussi des vins de propriétés du Bergeracois et du Bordelais. Un acteur de poids du grand Sud-Ouest viticole, premier metteur en marché du Bergeracois, regroupant 300 coopérateurs, un centre d'embouteillage et près de 3 500 ha de vignes.

Issu de sémillon pour l'essentiel, élevé en cuve, le monbazillac de Claude Paviot, viticulteur-coopérateur. Un liquoreux aux arômes légers mais frais d'ananas et de zeste d'agrumes, pamplemousse notamment, que l'on retrouve en bouche. D'une richesse mesurée, il montre une générosité équilibrée par une belle tension. Parfait à l'apéritif, au dessert et avec des cuisines du monde. ⧗ 2024-2030

COULEURS D'AQUITAINE, rte de Montmarsant, 24100 Saint-Laurent-des-Vignes, tél. 06 27 00 23 91, avernhet@couleursdaquitaine.fr

CH. MONBAZILLAC 2022 ★★

6600 | 20 à 30 €

La coopérative de Monbazillac regroupe une cinquantaine d'adhérents et vinifie près d'un tiers de l'appellation monbazillac. Elle propose de nouvelles gammes dans cette appellation ainsi qu'en bergeac et côtes-de-bergerac. Propriété de la cave depuis 1960, le château de Monbazillac (XVI^e^s.) présente une architecture originale, qui allie des systèmes défensifs médiévaux et des éléments Renaissance. Emblématique du Bergeracois, il est le cadre de multiples activités culturelles.

Ce monbazillac, qui doit presque tout au sémillon, a été élevé 9 mois en barrique de chêne français et américain (neuves pour ⅓). Il affiche une robe paille dorée et s'ouvre à l'aération, dévoilant par petites touches des nuances complexes : fruits frais, confiture d'oranges, pêche et abricot confits, nuancés de notes d'élevage évoquant la vanille et le caramel. On retrouve en bouche les notes confites, en harmonie avec une grande richesse, contrebalancée par une belle fraîcheur qui donne à l'ensemble finesse et longueur. La finale agréable est marquée par un retour du boisé évoquant la châtaigne et le grillé. Digne du château, ce liquoreux s'affinera avec le temps. ⧗ 2025-2035

CAVE DE MONBAZILLAC, rte de Mont-de-Marsan, 24240 Monbazillac, tél. 05 53 63 65 00, cave@chateau-monbazillac.com V *t.l.j. sf dim. 9h-12h30 13h30-18h30*

CH. MONTDOYEN Femme, je vous aime 2022 ★

2600 | 15 à 20 €

Originaires du Nord, les Hembise ont repris en 1996 ce domaine de Monbazillac alors presque à l'abandon, commandé par une bâtisse élevée sur les ruines d'un petit château périgourdin et entouré de 83 ha de terres, dont environ 40 ha de vignes. Les propriétaires, qui pratiquent la lutte raisonnée à tendance bio, ont installé dans les vignes des nichoirs à oiseaux et à insectes pour favoriser la biodiversité.

L'élevage de 18 mois en barrique neuve de ce monbazillac riche et ambitieux transparaît dans des touches vanillées perceptibles au nez comme en bouche. Ces notes boisées n'étouffent cependant pas la belle gamme fraîche et délicate du jeune liquoreux, encore discret, qui se dévoile à l'aération : fleurs blanches, citron confit, fruits exotiques. On retrouve le citron confit dans une attaque vive, qui ouvre sur un palais gras, riche et long, à la finale teintée de mandarine. ⧗ 2026-2035

CH. MONTDOYEN, Le Puch, 24240 Monbazillac, tél. 05 53 58 85 85, contact@chateau-montdoyen.com V *t.l.j. sf sam. dim. 8h-17h*

B CH. PÉCANY Cousu main 2023 ★

15000 | 11 à 15 €

Dominant Pomport, le Ch. Pécany est un bel ensemble architectural du XVIIIes., remanié au XIXes. En 2012, Benoît Beigner, ingénieur-œnologue issu d'une vieille famille de vignerons de la région, l'a racheté à son dernier propriétaire. Membre de l'association Bee friendly, il a installé des ruches et

converti à la bio le vignoble de 20 ha qu'il projette de restructurer. Le miel bio s'ajoute à ses vins (monbazillac et bergerac).

Ce jeune monbazillac assemble les quatre cépages principaux de l'appellation : sémillon (50 %), sauvignons blanc et gris et muscadelle. De couleur jaune pâle, il s'ouvre avec discrétion sur le citron, les fruits frais nuancés de notes confites et épicées. Dans le même registre aromatique, la bouche montre la rondeur et la richesse d'un liquoreux. Une bonne aération lui permet de dévoiler ses arômes discrets à l'ouverture. À apprécier de l'apéritif au dessert. ⧗ 2025-2032

CH. PÉCANY, Le Chrisly, 24240 Pomport, tél. 07 81 25 11 38, benoitbeigner@yahoo.fr V r.-v.

DOM. DE PÉCOULA Cuvée Millénaire 2021 ★

6500 | 15 à 20 €

Propriété dans la famille Labaye depuis 1930. Le grand-père de l'actuel vigneron a acheté les premières parcelles de vignes en 1936. Benjamin d'une fratrie de 8 enfants, Jean-Marie Labaye a fait ses armes dans un autre métier avant de rejoindre en 2005 son frère René sur la propriété familiale, qu'il gère désormais seul. En 2019, il a engagé la conversion bio de l'exploitation, qui compte aujourd'hui 32 ha, dont 25 sont destinés au monbazillac. Un domaine souvent en vue pour ses bergerac et monbazillac.

Né d'un assemblage de sémillon (80 %) et de muscadelle, élevé 18 mois en cuve, ce 2021 jaune doré demande de l'aération pour libérer des fragrances florales associées aux notes confites d'un vin botrytisé, teintées de cire d'abeille et de nuances balsamiques. Dans le même registre, la bouche montre une tension qui reflète peut-être le millésime. L'ensemble est assez simple, mais agréable. ⧗ 2024-2030

DOM. DE PÉCOULA, 256, rte des Millésimes, 24240 Pomport, tél. 06 80 52 38 68, contact@domaine-de-pecoula.com V *t.l.j. sf sam. dim. 9h-12h 14h-18h*

CH. PERROU-LA-BARAGOILE Sélection de grains nobles 2022 ★★

2000 | 15 à 20 €

La famille d'Amécourt fait remonter son arbre généalogique au XIIIe s. Parmi ses nombreuses branches, l'une s'est fixée dans le Sud-Ouest et possède de vastes vignobles dans l'Entre-deux-Mers et le Bergeracois.

Les Amécourt, qui affichent un blason sur leurs étiquettes, chérissent les «grains nobles», lesquels ne figurent pas dans l'Armorial : il s'agit d'une mention officielle s'appliquant à des monbazillac issus de moûts plus riches en sucres (255 g/l au minimum). En 2022, année solaire, le sémillon à l'origine de ce liquoreux s'est gorgé de soleil, dont la robe or jaune semble avoir gardé l'éclat. Le nez brille par sa complexité, dévoilant une large gamme typique des vins botrytisés : ananas, pêche et abricot rôtis, miel, marmelade d'orange. Imposante par sa concentration et sa richesse, la bouche offre une finale longue et fraîche marquée par un retour de l'orange confite. ⧗ 2026-2040

FAMILLE D' AMÉCOURT, 595, rte de St-Martin, 33540 Sauveterre-de-Guyenne, tél. 05 56 71 54 56, sceafamille.damecourt@neuf.fr V *t.l.j. sf sam. dim. 9h-12h 14h-17h*

DOM. LE PETIT MARSALET Sélection 2023 ★

800 | 8 à 11 €

Pierre Cathal avait racheté en 1976 un domaine dans l'aire du monbazillac. Rebaptisé Dom. Le Petit Marsalet en 1990, la propriété s'est étendue (14 ha aujourd'hui), un chai a été créé, et Jean-Philippe Cathal, le fils, a repris l'exploitation en 2022.

Né de pur sémillon et élevé en cuve, ce 2023 offre une version moderne du monbazillac : accessible et frais. Très pâle, il s'ouvre sur la pêche, le bonbon aux fruits acidulés et sur le pamplemousse. Dès la mise en bouche, il montre un vivacité alerte qui équilibre bien sa suavité et met en valeur ses arômes de fruits jaunes teintés en finale d'orange confite. On le verrait bien à l'apéritif. ⧗ 2024-2029

DOM. LE PETIT MARSALET, Le Marsalet, 24100 Saint-Laurent-des-Vignes, tél. 05 53 57 53 36, jean.philippe.cathal@orange.fr V *t.l.j. 8h-12h 14h-19h*

B CH. TIRECUL LA GRAVIÈRE Les Pins 2022 ★★

14000 | 11 à 15 €

Il était en piteux état lorsqu'en 1992, Claudie et Bruno Bilancini reprirent tout d'abord en fermage ce domaine de 15 ha autrefois prestigieux. Les vignes couvrent les versants pentus de coteaux formant un cirque, exposés au nord et à l'est, orientation favorable à la genèse du fameux botrytis. Conduit en bio, le domaine choie la muscadelle, malgré les difficultés de sa culture.

Cette cuvée naît des vignes les plus jeunes de la propriété et reste 13 mois en cuve et en fût. Le 2022 réunit 50 % de sémillon, 35 % de muscadelle, complétés par un petit appoint de sauvignon et de chenin. D'un jaune soutenu, il affiche un nez à la fois riche et frais aux nuances d'agrumes confits, citron en tête, teintés de la vanille de l'élevage. La bouche persistante prolonge bien le nez par son ampleur, son opulence et son gras, en harmonie avec des arômes de confiture d'agrumes. (Bouteilles de 50 cl.) ⧗ 2025-2032

CH. TIRECUL LA GRAVIÈRE, 786, rte de Tirecul, 24240 Monbazillac, tél. 05 47 77 07 60, contact@tirecul-la-graviere.fr V *t.l.j. sf sam. dim. 9h-12h30 13h30-17h (18h en été)*

MONTRAVEL

Cette région garde le souvenir de Montaigne : c'est dans la maison forte familiale que l'écrivain rédigea ses *Essais* et l'on peut encore visiter sa «librairie» à Saint-Michel-de-Montaigne. La production se divise en montravel blanc sec, typé par le sauvignon, en côtes-de-montravel et haut-montravel, deux appellations de vins moelleux, et depuis 2001, en montravel rouge. En rouge comme en blanc, les cépages sont ceux du Bordelais voisin.

ESPRIT DE LA FONVIEILLE Élevé en barrique 2022 ★

16000 | 8 à 11 €

Alliance Aquitaine est une structure coopérative née en 2010 de la fusion de la cave de Saint-Vivien et de celle de Bergerac-Le Fleix. Disposant de trois sites de

vinification, la cave regroupe 102 adhérents pour une surface totale de plus de 1 550 ha de vignes, dans le Bergeracois (80 %) et en AOC bordeaux.

Une cuvée issue d'une sélection de parcelles de vieux merlots (3 ha en tout) de la propriété de Stéphane Chaumard, sur le plateau de Saint-Vivien. Les raisins ont été récoltés à pleine maturité la dernière semaine de septembre. Après une longue macération, le vin est resté 13 mois en barrique. Il affiche une robe sombre et jeune et dévoile un nez concentré et élégant, mêlant myrtille et cerise noire à des notes d'élevage chocolatées. On retrouve ce mariage des fruits noirs et d'un léger boisé bien fondu dans un palais onctueux, suave, ample et généreux, plutôt long. ⧗ 2025-2030

ALLIANCE AQUITAINE, Le Vignoble, 24130 Le Fleix, tél. 05 53 24 64 32, pyprudhomme@allianceaquitaine.com V t.l.j. sf dim.

♥ CH. LAULERIE
Comtesse de Ségur 2023 ★★

| 6000 | 11 à 15 € |

Installés dans le Périgord en 1977, les Dubard ont choisi la terre et créé un vaste ensemble viticole, conduit depuis 2008 par la 2e génération, représentée par Grégory Dubard, ingénieur-œnologue. Au berceau, dans le Bergeracois (les 85 ha du Dom. du Gouyat, avec le Ch. Laulerie), valeur sûre de cette région, se sont ajoutés des vignobles dans le Libournais voisin : 8,5 ha en lalande-de-pomerol (Ch. Croix Romane) et autant en puisseguin-saint-émilion (Ch. Dubard Bel-Air).

En rouge comme en blanc, la cuvée phare du domaine, issue du château de Ségur, qui appartint à la célèbre comtesse, peut se flatter d'un brillant palmarès. Ce coup de cœur, le 5e en blanc, ne ternira pas sa renommée. Le 2023 doit presque tout au sauvignon. Il a bénéficié d'une macération pelliculaire destinée à exalter ses arômes fruités, suivie d'une fermentation et d'un élevage en foudre de chêne. Il brille par l'intensité de son nez finement minéral, qui s'ouvre sur les agrumes teintés de miel, puis par son harmonie en bouche, faite d'ampleur, de puissance, de gras et d'une belle tension qui apporte équilibre et longueur. ⧗ 2024-2027

CH. LAULERIE, 642, rte de Calon, 24610 Saint-Méard-de-Gurçon, tél. 05 53 82 48 31, contact@vignoblesdubard.fr V t.l.j. 8h30-12h30 13h30-17h; r.-v. sam. dim.

Ⓑ DOM. DE PERREAU Initiale G 2023 ★

| 30000 | 5 à 8 € |

Le domaine de la famille Reynou se situe à Perreau, hameau du XVIe s., proche du village de Saint-Michel-de-Montaigne, dans l'aire du montravel. Succédant à quatre générations de viticulteurs, Gaëlle Reynou-Gravier, diplôme d'ingénieur en poche, a pratiqué en France et à l'étranger avant de prendre en 2013 les commandes de ce vignoble de 27 ha. D'abord conduite en agriculture raisonnée, certifiée HVE, l'exploitation s'est convertie à la bio (certification en 2022).

Cette propriété revient avec un montravel bio, assemblage équilibré de sémillon (40 %) et de sauvignons (blanc et gris à parité). Un blanc délicat, sans exubérance mais précis et flatteur, discrètement citronné au nez. Vif en attaque, rond dans son développement, frais et long, c'est un vin bien construit qui reflète dans sa structure les cépages qui le composent. ⧗ 2024-2027

DOM. DE PERREAU, 133, chem. de Jacinthes, 24230 Saint-Michel-de-Montaigne, tél. 06 81 08 98 36, contact@domainedeperreau.com V t.l.j. sf sam. dim. 8h30-12h 13h30-17h30

CH. PIQUE-SÈGUE 2023 ★

| 12000 | 11 à 15 € |

Dirigée depuis 1990 par Philip et Marianne Mallard, une propriété déjà mentionnée au XIVe s. par l'archevêque de Bordeaux pour la qualité de ses vins. Henri IV y fit halte, dit-on, pour abreuver son cheval à l'une de ses fontaines. La vigne représente 66 ha sur cette exploitation qui couvre plus de 400 ha sur les plus hauts coteaux de Montravel. On y élève aussi des vaches limousines.

Un nez fin qui monte en puissance sur des notes d'agrumes, un palais gras, frais et long, marqué en finale par une agréable amertume : intéressant par sa puissance, ce montravel, qui doit pourtant tout au sauvignon, apparaît plutôt timide dans son expression aromatique. Il se placera facilement à table, y compris sur les plats végétariens. ⧗ 2024-2027

CH. PIQUE-SÈGUE, Ponchapt, 33220 Port-Sainte-Foy-et-Ponchapt, tél. 05 53 58 52 52, contact@chateaupiquesegue.fr V t.l.j. sf sam. dim. 9h-12h 13h-17h

CH. PUY-SERVAIN
Marjolaine Élevé en fût de chêne 2022 ★

| 4200 | 11 à 15 € |

Puy-Servain est le nom du lieu-dit et signifie « sommet » (*puy*), « venteux ou servi par le vent » (*servain*). Daniel Hecquet fut œnologue au célèbre Ch. d'Yquem avant de regagner la propriété familiale à Ponchapt, qui compte aujourd'hui 50 ha de vignes. Un pilier du Bergeracois pour ses montravel et haut-montravel.

Construite sur le sauvignon, cette cuvée en dévoile au nez comme en bouche les arômes caractéristiques, agrumes en tête, avec finesse, sans exubérance tapageuse ni nuances végétales. L'élevage de 9 mois en barrique contribue peut-être à son onctuosité et l'année solaire à une certaine générosité en bouche. Une légère amertume marque la finale. ⧗ 2024-2028

CH. PUY-SERVAIN, 196, rte de Puy-Servain, Calabre, 33220 Port-Sainte-Foy-et-Ponchapt, tél. 05 53 24 77 27, oenovit.puyservain@wanadoo.fr V t.l.j. sf sam. dim. 8h-12h 13h30-16h

CH. LE RAZ 2023 ★

| 38000 | 5 à 8 € |

Régulièrement en vue pour ses montravel, le domaine est entré en 1958 dans la famille Barde, enracinée en Bergeracois depuis le XVe s. Aujourd'hui, une gentilhommière restaurée du XVIIe s. et 220 ha de céréales,

de colza, de tournesol, de bois et de vignes, exploités par deux cousins. Rejoint par la nouvelle génération et appuyé au chai par Francesca Contessi et par Régis Giron, Patrick Barde se charge du vignoble. Au fil des ans, des achats et des fermages, ce dernier couvre près de 70 ha sur des plateaux. Une structure de négoce s'ajoute à l'ensemble.

Élevé sur lies fines, ce montravel assemble le sauvignon à 30 % de muscadelle. Un vin apprécié pour son nez tout en finesse, sur les agrumes, ainsi que pour sa bouche puissante, plus expressive que le nez, épicée, de bonne longueur, conjuguant gras et fraîcheur. ⧗ 2024-2027

CH. LE RAZ, 983, rte des Vins, 24610 Saint-Méard-de-Gurçon, tél. 05 53 82 48 41, chateauleraz@gmail.com V *r.-v.*

♥ CH. LA RESSAUDIE Réserve 2022 ★★

1370 | 20 à 30 €

Créée en 1890, cette exploitation située sur les coteaux de la Dordogne, en appellation montravel, est restée dans la famille Rebeyrolle pendant cinq générations, jusqu'à sa vente en janvier 2020 à Frank et Marie Magiera, originaires des États-Unis. Le premier, après une carrière industrielle internationale, s'est découvert une passion pour le vin et a totalement changé de vie, quittant Los Angeles pour exploiter un domaine de 35 ha, doté d'un vignoble de 14 ha.

Cette cuvée décroche un coup de cœur pour deux millésimes consécutifs. Comme son devancier, le 2022 associe sauvignon blanc et sauvignon gris (60 %) et bénéficie d'un élevage de 9 mois en barrique. Il en tire une couleur paille intense, et une expression complexe, alliant un subtil boisé à des notes de fruits exotiques. La bouche suit la même ligne, marquée par un merrain épicé encore appuyé mais qui laisse parler le fruit. Reflet de l'année solaire, sa générosité est équilibrée par une belle fraîcheur minérale. Un blanc puissant, qui pourra accompagner viandes blanches et poissons en sauce. ⧗ 2024-2029

CH. LA RESSAUDIE, 611, rte de Ponchapt, 33220 Port-Sainte-Foy, tél. 07 85 99 80 43, contact@laressaudie.fr V *t.l.j. 9h-12h 14h-18h*

CÔTES-DE-MONTRAVEL

Superficie : 30 ha / Production : 1 169 hl

CH. PIQUE-SÈGUE 2023 ★

6000 | 11 à 15 €

Dirigée depuis 1990 par Philip et Marianne Mallard, une propriété déjà mentionnée au XIVᵉs. par l'archevêque de Bordeaux pour la qualité de ses vins. Henri IV y fit halte, dit-on, pour abreuver son cheval à l'une de ses fontaines. La vigne représente 66 ha sur cette exploitation qui couvre plus de 400 ha sur les plus hauts coteaux de Montravel. On y élève aussi des vaches limousines.

Pour ce moelleux, le vigneron mise sur le sauvignon gris, cépage qui se prête particulièrement à la vinification en doux. Les raisins sont restés sur pied jusqu'en octobre, où ils ont été récoltés surmûris et passerillés. Jaune paille, le vin s'ouvre sur la fleur blanche accompagnée d'une touche végétale. Les fruits prennent le relais dans une bouche vive et longue. Par sa fraîcheur, ce moelleux accompagnera aussi bien un fromage (pas trop puissant) qu'un dessert. On pourra aussi le servir à l'apéritif. ⧗ 2024-2027

CH. PIQUE-SÈGUE, Ponchapt, 33220 Port-Sainte-Foy-et-Ponchapt, tél. 05 53 58 52 52, contact@chateaupiquesegue.fr V *t.l.j. sf sam. dim. 9h-12h 13h-17h*

HAUT-MONTRAVEL

CH. PUY-SERVAIN Terrement 2022 ★★★

979 | 11 à 15 €

Puy-Servain est le nom du lieu-dit et signifie « sommet » (*puy*), « venteux ou servi par le vent » (*servain*). Daniel Hecquet fut œnologue au célèbre Ch. d'Yquem avant de regagner la propriété familiale à Ponchapt, qui compte aujourd'hui 50 ha de vignes. Un pilier du Bergeracois pour ses montravel et haut-montravel.

Une appellation confidentielle de liquoreux, représentée surtout par ce domaine, qui en est la vitrine. De nouveau au rendez-vous de Guide, Puy Servain-Terrement est au sommet, aussi bien au sens qualitatif qu'au sens topographique. D'un jaune d'or brillant, il affiche sa richesse dans des notes grillées rappelant le caramel, puis explore les fruits confits et le miel. Après une attaque suave et très ronde, il montre une belle tension qui l'affine et porte loin sa finale. L'harmonie même. (Bouteilles de 50 cl.) ⧗ 2025-2034

CH. PUY-SERVAIN, 196, rte de Puy-Servain, Calabre, 33220 Port-Sainte-Foy-et-Ponchapt, tél. 05 53 24 77 27, oenovit.puyservain@wanadoo.fr V *t.l.j. sf sam. dim. 8h-12h 13h30-16h*

PÉCHARMANT

Superficie : 418 ha / Production : 14 864 hl

Au nord-est de Bergerac, ce « Pech », colline couverte de vignes, donne un vin rouge aux tanins fins et élégants, apte à la garde.

DOM. DU HAUT-PÉCHARMANT Cuvée Veuve Roches 2022 ★

20000 | 8 à 11 €

Installé dans une demeure du XIXᵉs. entourée d'un parc dominant la vallée de la Dordogne, Didier Roches a pris la tête en 1998 du domaine exploité par sa famille depuis 1929 : un vignoble (35 ha aujourd'hui) exposé plein sud et implanté au sommet du coteau de Pécharmant, sur des sables et graviers, avec ses argiles grises et rouges ferrugineuses. La propriété propose des randonnées dans les vignes.

La cuvée en hommage à la grand-mère de Didier Roches est élaborée de façon à souligner la charpente, sans excès de bois. Mi-merlot, mi-cabernets (franc et sauvignon à parité), elle bénéficie d'une très longue macération et d'un

SUD-OUEST

élevage de 18 mois, dont 12 en foudre. Il en résulte une robe profonde, un nez à la fois puissant et frais, sur les petits fruits rouges, et une bouche à l'unisson, ronde en attaque, solidement bâtie sur des tanins pour l'heure encore massifs, où l'on retrouve la fraîcheur du nez. ⧗ 2026-2030

DOM. DU HAUT-PÉCHARMANT, Haut-Pécharmant, 24100 Bergerac, tél. 05 53 57 29 50, hautpecharmant@orange.fr V t.l.j. dim. 8h30-12h30 13h30-18h30

HUKULUMBARROS Constellations 2022 ★★★

| 13500 | | 15 à 20 € |

Petit-fils et fils de viticulteur, Mickaël Gaulhiac s'intéresse à la biodynamie qui l'incite à rester dans la filière, débute en 2007 comme chef de culture en Gironde, au Ch. Couronneau, dont il mène à bien la conversion bio. En 2017, il s'installe sur un vignoble d'environ 6 ha en pécharmant (aujourd'hui en bio). Le nom du domaine attire l'attention! Nom de navire et province romaine qui devint la Grombalia, région viticole tunisienne, il est lié à la mémoire familiale.

Trois belles étoiles pour cette cuvée Constellations, issue de merlot, cabernet-sauvignon et malbec longuement mûris sous le soleil généreux de 2022 et élevés 14 mois en fût. D'un rouge profond à reflets violines de jeunesse, le vin séduit par son nez expansif, sur les fruits noirs soulignés d'un boisé épicé de qualité. Rond et suave en bouche, il s'appuie sur une belle charpente de tanins serrés, au grain fin. Puissance, consistance, fraîcheur, persistance : l'harmonie même. ⧗ 2026-2034 ■ **Kallinago 2022 ★ (11 à 15 €; 13500 b.)** Élevé un an en cuve sans sulfites ajoutés, puissant sans être imposant, un pécharmant agréable par ses tanins fins et par sa fraîcheur qui souligne son expression aromatique (fruits rouges myrtille, cerise, touche mentholée). ⧗ 2024-2028

HUKULUMBARROS, 18, chem. du Château-d'Eau, 24100 Creysse, tél. 06 26 56 35 62, mickael.gaulhiac@gmail.com V r.-v.

DOM. LE MARTINAT Cuvée Désiré 2020 ★

| 5000 | | 11 à 15 € |

Une exploitationdans la même famille depuis 4 générations. Katia Ollivier Coutelier a commencé à vinifier en 2016 sur 1,4 ha. Depuis 2019, elle met en valeur la totalité de la surface du vignoble familial : plus de 8 ha. Elle signe trois cuvées, qui se différencient notamment par leur élevage : en jarre, en barrique et en cuve.

Parmi le trio de trois cépages qui composent cette cuvée, le cabernet-sauvignon joue les premiers rôles. Un 2020 à la robe profonde, au nez réservé, discrètement fruité. Plus expressive, la bouche déploie des arômes de fruits rouges mûrs et d'épices et dévoile une belle matière, avec de la rondeur, un certain volume, de la chair et des tanins enrobés. La finale acidulée laisse un bon souvenir. ⧗ 2024-2027

KATIA OLLIVIER COUTELIER, Le Martinat, 24100 Lembras, tél. 06 69 15 42 19, katiacoutelierollivier@yahoo.fr V r.-v.

CH. MÉTAIRIE-HAUTE Élevé en fût de chêne 2022 ★★★

| 20000 | | 5 à 8 € |

Alliance Aquitaine est une structure coopérative née en 2010 de la fusion de la cave de Saint-Vivien et de celle de Bergerac-Le Fleix. Disposant de trois sites de vinification, la cave regroupe 102 adhérents pour une surface totale de plus de 1 550 ha de vignes, dans le Bergeracois (80 %) et en AOC bordeaux.

Métairie-Haute figure presque toujours dans la section Pécharmant du Guide. Privilégiant comme ses devanciers le merlot, avec les deux cabernets en appoint, élevé 12 mois en fût, le 2022 est particulièrement abouti. On salue la profondeur de la robe, la complexité du nez mêlant cassis, moka, épices, vanille et menthol, l'harmonie d'une bouche suave, riche, charpentée, persistante, adossée à des tanins enrobés, où l'on retrouve les fruits noirs et un boisés qui se fondra avec la garde. Puissance et finesse. ⧗ 2026-2032 ■ **Dom. du Vieux Sapin Élevé en fût de chêne 2022 ★★ (8 à 11 €; 43800 b.)** Un pécharmant de facture remarquable robe profonde et jeune, nez puissant, entre fruits rouges, épices douces, noisette grillée et menthol, bouche ronde et persistante, sur le fruit, discrètement boisée, charpentée sans être massive, aux tanins soyeux. ⧗ 2025-2030

ALLIANCE AQUITAINE, Le Vignoble, 24130 Le Fleix, tél. 05 53 24 64 32, pyprudhomme@allianceaquitaine.com V t.l.j. sf dim.

CH. POULVÈRE Sur le fruit 2021 ★

| 32000 | | 8 à 11 € |

Ancienne dépendance du château de Monbazillac, le Ch. Poulvère date de la même époque. Il est exploité depuis plus de 100 ans par les Borderie, qui travaillent toujours en famille : Francis conduit le vignoble (105 ha) depuis 1977, épaulé par ses neveux Frédéric (au chai) et Benoît (au commercial), rejoints en 2018 par Paul et Anaïs, enfants de Frédéric. À sa carte, la plupart des appellations du Bergeracois.

Mariant les quatre cépages de l'appellation, une cuvée bien nommée : élevée 18 mois en cuve, elle offre une version relativement souple et bien fruitée du pécharmant, avec son nez sur le fruit rouge mûr et les épices et sa bouche ronde et charnue, aux tanins enrobés, où s'affirment les arômes du nez, soulignés par une bonne fraîcheur. Quant à la charpente, sans être imposante, elle est correcte pour le millésime, en harmonie avec le style du vin. ⧗ 2025-2030

CH. POULVÈRE, Poulvère, 24240 Monbazillac, tél. 05 53 58 30 25, famille.borderie@poulvere.com V t.l.j. sf dim. 9h-12h30 13h30-18h30

CH. LA TILLERAIE Cuvée Vintage Suraya Élevé en fût de chêne2019 ★★

| 7600 | | 20 à 30 € |

Ce domaine doit son nom à l'allée de tilleuls majestueux menant à un joli manoir de la fin du XVII^e^s. Entourée d'un parc planté d'arbres centenaires (séquoias, pins maritimes, pins bleus, marronniers et chênes), la demeure a été rachetée en 2012 par Christian Bègue, promoteur immobilier, avec Nathalie Barraud. Les nouveaux propriétaires l'ont équipée d'une cuverie, d'un chai et d'une salle de réception; Ils ont aussi restructuré le vignoble (31 ha) établi sur les collines dominant Bergerac, et investi dans le cadre pour accueillir événements, fêtes familiales et séminaires.

Issu des quatre cépages de l'appellation, ce 2019 à la robe profonde, presque noire, a bénéficié d'un long élevage en fût (18 mois) sans soutirage. Complexe, son expression aromatique fait une large place au fruit, du fruit noir surmûri, enrichi de notes d'élevage bien fondues, épicées, vanillées et torréfiées (café, chocolat). Cet heureux mariage entre le raisin et le merrain se prolonge dans une bouche harmonieuse, ample et charnue, aux tanins enrobés, qui finit sur une note cacaotée. ⌛ 2026-2032

CH. LA TILLERAIE, 1323, rue des Côtes-de-Pécharmant, 24100 Bergerac, tél. 06 09 42 05 51, priscilla@chateaulatilleraie.com V r.-v. 5

ROSETTE

Superficie : 10,6 ha / Production : 402 hl

Dans un amphithéâtre de collines dominant au nord la ville de Bergerac, sur un terroir argilo-graveleux, est installée l'appellation la plus confidentielle de la région, qui produit un vin moelleux.

DOM. DU GRAND JAURE 2023 ★

14 500 | 8 à 11 €

Achetée en 1920, la propriété est dans la famille depuis un siècle. Sa superficie est passée de 4 à 16 ha. À l'origine dédié aux cépages blancs, le vignoble a été replanté en variétés rouges à partir de 1965 pour proposer du pécharmant. Bernadette Baudry et son frère Bertrand, qui ont pris la relève en 1992, ont réintroduit au cours des vingt dernières années des vignes blanches pour produire du rosette. Ils montrent un même savoir-faire dans les deux couleurs et ont l'agriculture biologique en ligne de mire.

D'un jaune clair, ce rosette laisse monter des fragrances délicates d'acacia, de poire et des parfums très frais qui évoquent le sauvignon. De fait, les sauvignons blanc (45 %) et gris représentent les ⅔ de l'assemblage, complétés par le sémillon. La bouche suit la même ligne aromatique et conjugue la douceur des moelleux et une petite nervosité qui lui donne de l'allonge et un bel équilibre. ⌛ 2024-2028

DOM. DU GRAND JAURE, 451, chem. de Jaure, 24100 Lembras, tél. 06 77 90 85 13, domaine.du.grand.jaure@wanadoo.fr V *t.l.j. sf dim. 9h30-12h 14h-18h30*

CH. DU ROOY 2023 ★

22 600 | 5 à 8 €

Installés en 1998 sur un domaine vieillissant racheté à des viticulteurs retraités, Gilles et Laëtitia Gérault améliorent chaque année les vignes, le chai, les équipements de vinification et de stockage, et la qualité des vins, nés d'un vignoble comptant aujourd'hui 22 ha. En 2021, leur fille Chloé a rejoint l'exploitation; elle œuvre aux vinifications. Un domaine en vue pour ses pécharmant comme pour ses blancs.

Issu des sauvignons blanc et gris et de la muscadelle, ce rosette jaune pâle à reflets verts rappelle, avec plus de discrétion, le millésime précédent, élu coup de cœur. Il mêle au nez la poire et les fleurs blanches, teintées d'une légère touche de buis qui trahit la présence du sauvignon. Les fruits blancs se confirment dans une bouche vive en attaque, légèrement perlante, qui garde cette ligne de fraîcheur jusqu'à la finale assez longue, marquée d'une pointe d'amertume. Un moelleux bien construit. ⌛ 2024-2028

CH. DU ROOY, 982, chem. de la Cote-de-Rosette, 24100 Bergerac, tél. 06 78 75 11 55, contact@chateau-du-rooy.com V *t.l.j. sf dim. 10h-12h30 14h30-18h30*

SAUSSIGNAC

Superficie : 49 ha / Production : 771 hl

Un vignoble situé sur la rive gauche de la Dordogne, entre celui du pays foyen (Gironde), à l'ouest, et l'aire du monbazillac, à l'est. Loué au XVIᵉs. par le Pantagruel de François Rabelais, inscrit au cœur d'un superbe paysage de plateaux et de coteaux, ce terroir engendre de grands vins liquoreux.

B CH. MONESTIER LA TOUR 2022 ★

3 002 | 20 à 30 €

Valeur sûre du Bergeracois, cette propriété a changé de mains en 2012, Karl-Friedrich Scheufele, coprésident de la société horlogère suisse Chopard, l'ayant rachetée. L'ancien propriétaire, Philip de Haseth-Möller, avait restauré cette ancienne capitainerie du XIIIᵉs., où voisinent des bâtiments du XVIIIᵉs. et une tour du XIXᵉs. façon Viollet-le-Duc. L'actuel propriétaire a équipé le domaine d'un nouveau cuvier en 2016, restructuré le vignoble, qui représente 31 ha sur une superficie de 100 ha, l'a converti à la bio (2018), adoptant la biodynamie.

Issu de sémillon et d'un petit appoint de muscadelle, ce liquoreux jaune paille apparaît encore discret mais net, très floral, légèrement fruité, ne laissant guère percevoir la barrique où se sont déroulés la fermentation, puis l'élevage (10 mois). En bouche, il reflète l'année solaire qui l'a vu naître dans des arômes de fruits confits ainsi que dans une douceur et une onctuosité marquées, sans excès de lourdeur. Une rondeur élégante. (Bouteilles de 50 cl.) ⌛ 2025-2034

CH. MONESTIER LA TOUR, 45, rue du Château-la-Tour, Le Bourg, 24240 Monestier, tél. 05 53 24 18 43, contact@chateaumonestierlatour.com V r.-v.

♥ DOM. TOURMENTINE Salva d'Or 2022 ★★

2 400 | 20 à 30 €

Issus de lignées vigneronnes de la vallée du Douro, berceau du porto, les parents de Jorge Mesquita ont abandonné la viticulture et se sont établis en France. Ce dernier, formé à Avize, après un parcours exploratoire qui l'a fait travailler dans des vignobles aussi divers que la Champagne et le Minervois, s'est installé en Bergeracois en reprenant en 2022 le Ch. Tourmentine (devenu « domaine »), conduit et converti au bio (2009) par Jean-Marie Huré entre 1986 et 2021. À la tête de 17 ha, le nouvel exploitant confirme l'orientation biodynamique et propose de nouvelles cuvées dans l'air du temps.

Ces « grains d'or » (Salva d'or) doivent tout au sémillon, dont les baies, en 2022, année solaire et précoce, avaient déjà atteint la richesse nécessaire à l'obtention de liquoreux le dernier jour d'août ! Jaune d'or intense, la robe est caractéristique. Subtiles, encore timides, les notes confites du

SUD-OUEST

nez s'accompagnent de nuances d'amande, de viennoiserie et de châtaigne qui évoquent le séjour de 12 mois en barrique. C'est surtout en bouche que ce 2022 se révèle : ses arômes de fruits confits s'affirment, mis en valeur par une remarquable acidité qui équilibre sa douceur et porte loin la finale, laissant une impression de légèreté flatteuse. (Bouteilles de 50 cl.) ⧗ 2025-2034

DOM. TOURMENTINE, rue du Monastère, 24240 Monestier, tél. 06 48 67 72 99, contact@tourmentine.fr V *r.-v.* E

CÔTES-DE-DURAS

Superficie : 1 943 ha
Production : 111 660 hl (65 % rouge et rosé)

Entre côtes-du-marmandais au sud et vignes du Bergeracois au nord, ce vignoble fait la jonction entre ceux de la Garonne et ceux de la Dordogne. Il est implanté sur des coteaux découpés par la Dourdèze et ses affluents, aux sols d'argilo-calcaires et de boulbènes. Prolongement du plateau de l'Entre-deux-Mers, il a accueilli tout naturellement les cépages bordelais : en blanc, sémillon, sauvignon et muscadelle; en rouge, cabernet franc, cabernet-sauvignon, merlot et malbec. Historiquement, il a été marqué par l'influence des huguenots, très présents dans la région. Après la révocation de l'édit de Nantes, les exilés protestants faisaient venir, dit-on, le vin de Duras jusqu'à leur retraite hollandaise et marquaient d'une tulipe les rangs de vigne qu'ils se réservaient. Le vignoble se partage entre les vins blancs, secs ou moelleux, et les vins rouges, souvent vinifiés en cépages séparés. Il produit aussi des rosés. La Maison des Vins de Duras permet de découvrir tous ces vins ainsi que les cépages, dans un Jardin des vignes où l'on peut pique-niquer.

♥ DOM. DES ALLÉGRETS
Cuvée Champ du Bourg 2023 ★★★

2500 | 11 à 15 €

Quatre générations de Blanchard ont façonné ce domaine familial de 19 ha conduit en bio (non certifié à partir de 2007, la certification étant acquise en 2021). Une propriété où l'on cultive aussi des pruniers, des légumes, et où l'on pratique l'apiculture. Une valeur sûre des côtes-de-duras, dirigée depuis 2001 par Julien Blanchard.

Les blancs doux sont l'un des points forts du domaine, et notamment cette cuvée Champ de Bourg, dont le premier coup de cœur du Guide remonte au millésime... 1996, les plus récents étant des 2017 et 2011. Un authentique liquoreux, issu de très vieilles vignes : 115 ans pour le sémillon (70 %) et 60 ans pour le sauvignon. Élevé en cuve, ce vin jaune paille séduit par son nez précis, entre fleurs blanches, poire et coing confits, bien prolongé par une bouche suave en attaque, d'une belle ampleur, servie par une finale fraîche et persistante. ⧗ 2024-2030

DOM. DES ALLÉGRETS, 277, chem. des Allégrets, 47120 Villeneuve-de-Duras, tél. 06 87 11 50 20, contact@allegrets.com V *r.-v.*

♥ LES VIGNERONS DE BERTICOT
Cuvée Première Sauvignon 2023 ★★

45000 | 5 à 8 €

Fondée en 1965, au lieu-dit Berticot, par une poignée de vignerons, la cave coopérative de Duras rassemble plus de 100 viticulteurs et 1 000 ha de vignes (dont 150 ha en bio). Ses installations permettent de vinifier 50 000 hl. Un acteur incontournable des côtes-de-duras qui fournit 55 % de la production de l'appellation, dans les trois couleurs : des vins de propriétés et des vins de la cave, sous la marque Berticot.

Un blanc porté aux nues, tant pour son nez tout en finesse, minéral et fruité, que pour son palais intense et complexe, ample et gras, équilibré et long. Les arômes pimpants du sauvignon, agrumes et bourgeon de cassis, s'y déploient avec précision et subtilité. ⧗ 2024-2027 ■ **La Grange aux garçons 2022 ★★ (11 à 15 €; 9000 b.)** Né d'une sélection de parcelles de merlot et de cabernet-sauvignon, élevé un an en barrique, un rouge harmonieux par son ampleur, ses tanins enrobés, son boisé fondu et sa palette aromatique d'une belle complexité, mêlant le fruit du raisin à la vanille et au café du fût. ⧗ 2024-2030 ■ **Premier grain 2023 ★ (5 à 8 €; 45000 b.)** B Un peu discret mais sans verdeur, un blanc bio de pur sauvignon, équilibré et net, aux subtils arômes de fruits blancs (poire). ⧗ 2024-2026

LES VIGNERONS DE BERTICOT, rte de Ste-Foy-la-Grande, 47120 Duras, tél. 05 53 83 75 47, contact@berticot.com V *t.l.j. sf dim. 9h-12h30 14h-18h*

SECRET DE BERTICOT 2022 ★

39000 | - de 5 €

Créée sous ce nom en 2012, Terre de Vignerons est l'union de production et de commercialisation d'une dizaine de coopératives de l'Entre-deux-Mers et du Pays duraquois. Elle représente 15 000 ha de vignes et 1 000 coopérateurs, dont les raisins sont accueillis sur 17 sites de production. Elle vend ses propres marques, des vins de propriété et des marques de distributeurs. Un acteur de poids de la coopération girondine.

Sans être secrète, la composition de cette cuvée n'est pas affichée, mais elle pourrait bien réunir merlot et cabernets. Dans le verre, un « vin plaisir » souple et équilibré, aux tanins enrobés et aux arômes fruités et épicés, agréable à l'apéritif avec de la charcuterie et facile à placer à table. ⧗ 2024-2029

TERRE DE VIGNERONS, 17-19, rte des Vignerons, 33790 Landerrouat, tél. 05 56 61 33 73, a.mauro@terredevignerons.com

LE BONHOMME RICHARD 2023 ★★

2000 | 5 à 8 €

Fabrice Pauvert a plusieurs cordes à son arc : vigneron avec la reprise en 2007 du petit vignoble de sa belle-famille (10 ha), négociant avec la création de marques (Le Bonhomme Richard) et coopérateur

(il dédie 5 ha de vignes à la cave). Il est aussi fondateur de la Caisse de solidarité des vignerons de Duras.

Le produit de la vente de cette cuvée est destiné à l'association qui s'est donné pour but de reconstruire la frégate Bonhomme Richard (anciennement nommée Duc de Duras), qui participa aux combats de l'indépendance américaine. Les travaux d'études se sont terminés en 2023. La version «rosé» affiche une robe colorée et offre des arômes de fraise et de bonbon, avec équilibre et longueur. ⧗ 2024-2025 ■ **2022 ★ (5 à 8 €; 7000 b.)** Une robe foncée, un nez discret, sur les fruits rouges teintés de notes boisées et une bouche à la fois ronde et tonique, au fruité légèrement compoté. ⧗ 2024-2029

⊶ *LE BONHOMME RICHARD, 2387, rte du Grand-Coup, 47120 Saint-Sernin, tél. 06 42 88 78 00, vinlebonhommerichard@gmail.com* V r.-v.

B DOM. DE FERRANT Sauvignon 2023 ★★

■	4300		8 à 11 €

Denis Vuillien, ex-ingénieur de travaux publics, et son épouse Marie-Thérèse ont opté pour une retraite active en reprenant en 2003 ce domaine situé dans la vallée du Dropt : près de 13 ha de vignes (en bio certifié depuis 2018) et 9 ha de pruniers d'Ente qui donnent des pruneaux d'Agen.

Subtilement minéral au nez, plus fruité en bouche, ce sauvignon élevé 4 mois sur lies offre un style rond et gourmand, vivifié par un petit perlant. On le verrait bien à l'apéritif, avec des rillettes de poisson, des crevettes ou du fromage de chèvre sur salade. ⧗ 2024-2027 ■ **Empreinte 2021 ★★ (11 à 15 €; 10000 b.)** B Vitrine du savoir-faire de la maison, un rouge né de quatre cépages (pour ce 2021, du merlot et des cabernets faisant sensiblement jeu égal et un appoint de malbec) et élevé 16 mois en fût. Reflet de son millésime, il semble plus frais que le 2020 avec ses arômes de framboise, de groseille et sa touche végétale nuancés d'un boisé vanillé. Un vin ample et rond, bien fruité, aux tanins fondus. ⧗ 2024-2030

⊶ *DOM. DE FERRANT, 1202, rte de Galice, 47120 Esclottes, tél. 06 09 47 22 03, contact@domaineferrant.com* V *t.l.j. sf dim. 9h-17h* E

DOM. GRAND MAYNE L'Alter Ego 2022 ★

■	13000		8 à 11 €

Référence de l'appellation, le domaine (34 ha), acheté en 1986 et restauré par l'importateur britannique Andrew Gordon a changé de mains en 2023, acquis par le Néerlandais Folkert Sytsema qui a engagé comme directrice technique la Provençale Coline Sicard, ingénieure diplômée de l'Agro de Montpellier, formée au Chili, au Portugal, en Georgie, venue de la Cave du Marmandais. Les nouveaux propriétaires ont pour ambition d'orienter le domaine vers l'agroécologie.

Le merlot (50 %) et les deux cabernets s'équilibrent dans cette cuvée grenat intense, qui s'ouvre sur un fruité mâtiné d'épices douces. Fraîche en attaque, ronde, suave et chaleureuse dans son développement, la bouche déploie des arômes de fruits noirs. Malgré des tanins un peu sévères en finale, ce 2022 pourra être débouché prochainement. ⧗ 2024-2028

⊶ *DOM. GRAND MAYNE, imp. Grand-Mayne, 47120 Villeneuve-de-Duras, tél. 05 53 94 74 17, coline@domainegrandmayne.com* V *t.l.j. sf sam. dim. 9h-17h* E

B DOM. K. L. Le Nord 2022 ★

■	1800		15 à 20 €

KL comme Klels-Lambotte : en 2017, Philippe Klels, industriel et chef d'entreprise belge, a racheté avec son épouse Marie-Agnès Lambotte un domaine en côtes-de-duras. Les nouveaux propriétaires ont engagé la restructuration du vignoble (en bio certifié depuis 2019) et la modernisation du chai.

On a décrit le Sud dans une édition antérieure, voici le sauvignon «face» Nord, vinifié en fût neuf et jarre de grès. Né d'une année solaire, il n'en montre pas moins de la fraîcheur dans son nez subtil, sur les agrumes, arômes qui se confirment en bouche. Un vin ample, de bonne longueur, à la finale épicée, qui tire de son élevage une certaine complexité. ⧗ 2024-2027

⊶ *DOM. K. L., 1229, rte de la Lègue, 47120 Saint-Sernin-de-Duras, tél. 06 06 40 85 43, vignoble.legue@gmail.com* V r.-v.

DOM. DE LAULAN 2022 ★★

■	22000		5 à 8 €

Des habitués du Guide. Depuis leur arrivée en 1974, Gilbert et Claudie Geoffroy ont entièrement rénové leur vignoble tout en l'agrandissant : 33 ha aujourd'hui. En 2000, ils ont passé le relais à leur fils, Régis.

Si le domaine brille particulièrement en blanc sec, avec six coups de cœur, il ne démérite pas en rouge, témoin ce 2022 à dominante de merlot (avec un appoint de 20 % de cabernet franc). Élevé 18 mois en cuve Inox, il apparaît aussi intense à l'œil qu'au nez, tout en fruits rouges. Des petits fruits (fraise, groseille) qui se prolongent dans une bouche ample, assez longue, aux tanins déjà affables. ⧗ 2024-2030

⊶ *DOM. DE LAULAN, 535, Petit-Ste-Foy, 47120 Duras, tél. 05 53 83 73 69, contact@domainelaulan.com* V *t.l.j. sf sam. dim. 8h-12h 13h30-18h30*

CH. MOLHIÈRE Sauvignon Terroir des Ducs 2023 ★

■	9000		5 à 8 €

Au XVI[e]s., un nommé Lamolhière, venu au pays de Duras dévasté par la guerre de Cent Ans, obtint une tenure du baron de Duras et se convertit au protestantisme. Après la révocation de l'édit de Nantes, le domaine fut confisqué. Une exploitation acquise en 1950 par le Bordelais Claude Blancheton, qui a vendu son vin en bouteille dès 1967, et transmise à partir de 1993 à ses fils Patrick et Francis. Agrandi, le vignoble est passé de 8 à 30 ha de vignes. Après Francis (retiré en 2014), Patrick s'apprête à partir à la retraite et cherche un repreneur.

Qui reprendra le «terroir des ducs», ancien terrain de chasse des ducs de Duras? Voici sans doute la dernière vendange des Blancheton. Ce vin blanc naît d'un jus de sauvignon non pressé, issu de l'écoulement d'une macération pelliculaire de 5 h. À une robe très pâle répond un nez discret, qui s'ouvre à l'aération sur les agrumes. Plus aromatique, étoffé, le palais se distingue par son

SUD-OUEST

gras. Pour l'apéritif ou pour des produits de la mer. ⧗ 2024-2027

⊶ *CH. MOLHIÈRE, 1816, rte de Ste-Foy-la-Grande, Le Boucaud, 47120 Duras, tél. 06 86 57 49 51, hello@molhiere.com* V *t.l.j.10h30-13h 14h-19h*

➜ LE PIÉMONT PYRÉNÉEN

MADIRAN

Superficie : 1 273 ha / Production : 61 738 hl

D'origine gallo-romaine, le madiran fut pendant longtemps le vin des pèlerins de Saint-Jacques-de-Compostelle, avant de retrouver la notoriété grâce à la gastronomie du Gers. Son aire de production, à quelque 40 km au nord-est de Pau, est à cheval sur trois départements : le Gers, les Hautes-Pyrénées et les Pyrénées-Atlantiques. Le cépage roi à l'origine de ce vin rouge est le tannat, complété par les cabernet franc (ou bouchy), cabernet-sauvignon et fer-servadou (ou pinenc). Les vignes, cultivées en demi-hautain, partagent les coteaux avec cultures et bosquets.
Les madiran traditionnels, à forte proportion de tannat, sont colorés et virils. Fort tanniques, ils supportent très bien le passage sous bois et doivent attendre quelques années. Avec l'âge, ils se montrent à la fois sensuels, charnus et charpentés. Lorsqu'ils sont moins riches en tannat et issus de cuvaisons plus courtes, les madiran sont plus souples et fruités. Ils peuvent alors être servis jeunes.

♥ DOM. BERTHOUMIEU Aulet 2022 ★★

■ | 8000 | | 30 à 50 €

Fondée vers 1850, cette propriété familiale a vu se succéder six générations. À la suite de son père Louis, Didier Barré, installé en 1983, a contribué au renouveau du madiran, dont il fut l'un des porte-étendards. En 2017, les sœurs Claire et Marion Bortolussi (filles d'Alain Bortolussi du Ch. Viella) ont pris en main les destinées de ce domaine phare de 25 ha en nouant un partenariat avec le négociant Lionel Osmin pour la conduite de l'exploitation et la commercialisation des cuvées. La conversion bio est engagée depuis 2020. Autre étiquette : le Dom. Bortolussi.
L'enthousiasme résume assez bien les débats du jury qui a consacré ce 100 % tannat. Élevé en cuve après une extraction manuelle délicate diffusant le meilleur sans excès, ce madiran n'en est pas moins intense et sombre, ouvert sur des parfums puissants de cerise noire, de prune et d'épices. En bouche, la densité des tanins, tout en velours, est soulignée par une fraîcheur éclatante, gage de longueur et d'un solide potentiel de garde. Le tout se conclut par un festival aromatique de fruits mûrs et d'épices. ⧗ 2028-2035 ■ **Dom. Bortolussi Haute tradition 2022 ★★ (8 à 11 €; 80000 b.)** Le madiran est aussi un vin d'assemblage, en témoignent les 40 % de cabernet franc en appoint du tannat. Cela donne un beau bouquet de cassis et de myrtille mûrs, qui infuse aussi une bouche enrobée, tapissante, veloutée. Une vraie gourmandise. ⧗ 2024-2029 ■ **Constance 2022 ★ (11 à 15 €; 30000 b.)** Appréciée pour son équilibre, sa fraîcheur et sa bonne expression aromatique, fruitée et épicée, cette cuvée, assemblage de tannat, cabernet sauvignon et pinenc, affiche encore un peu d'austérité en bouche. On patiente une paire d'années. ⧗ 2026-2030

⊶ *DOM. BERTHOUMIEU, Dutour, 32400 Viella, tél. 06 83 06 11 55, contact@domaine-berthoumieu.com* V *r.-v.*

CH. DE FITÈRE Tradition 2022 ★★

■ | 60000 | | 5 à 8 €

Conduit par René Castets depuis 1978, épaulé par ses fille Karine et Amélie, un domaine de 52 ha implanté sur les sols argilo-calcaires de Cannet, tout petit village du Gers. On y cultive la vigne depuis le XVIIe s. et huit générations; la première production fut commercialisée en 1872 en barrique, pour des clients anglais. La conversion bio est engagée.
Ce madiran se présente dans une robe soutenue, cerise noire, signe d'une maturité poussée des raisins. Cette impression est confortée par les notes de fruits mûrs et d'épices douces qui se dégagent du verre. Flatteur et affable, long, bien balancé entre structure et douceur, porté par des tanins fondus, le palais achève de convaincre. ⧗ 2025-2030

⊶ *EARL VIGNOBLES FITÈRE, Saint-Jean, 32400 Cannet, tél. 05 62 69 82 36, chateaudefitere@gmail.com* V *t.l.j. sf sam. dim. 9h-12h 14h-19h*

DOM. D'IDERNES 2021 ★

■ | 50000 | | 11 à 15 €

La coopérative de Crouseilles a été créée en 1950, deux ans après la reconnaissance en appellations du madiran et du pacherenc-du-vic-bilh. Elle a largement contribué au renouveau du grand vin rouge pyrénéen, dont elle fournit plus du tiers des volumes. Regroupant 130 vignerons, elle propose, outre le madiran, du pacherenc et du béarn.
Cabernets et tannat sont ici associés pour offrir ce vin très plaisant, d'un seyant grenat profond, qui s'ouvre timidement à l'aération sur les fruits noirs et rouges frais. Un fruit qui s'exprime plus franchement dans une bouche fraîche, équilibrée, de bonne intensité, portée par des tanins bien extraits. Prévoir un passage en cave avant de l'ouvrir sur une bonne viande rouge grillée. ⧗ 2026-2030

⊶ *SAS CROUSEILLES, 5, rte de Madiran, 64350 Crouseilles, tél. 05 62 69 67 48, k.gaultier@crouseilles.fr* V *t.l.j. 9h-12h 14h-19h*

B DOM. LAFFONT Cuvée Érigone Tradition 2021 ★

■ | 6600 | | 15 à 20 €

Le domaine familial remonte à la Révolution. Jeune œnologue, Christine Dupuy s'installe en 1992 sur l'exploitation. Elle porte sa superficie de 6 à 22 ha

et, surtout, s'impose comme l'une des valeurs sûres des appellations madiran et pacherenc. Son trésor : 50 ares de vignes préphylloxériques. Vignoble en bio certifié depuis 2014.

Dans la mythologie grecque, Érigone est la fille de l'Athénien Icarios, qui reçut Dionysos lorsqu'il apporta sur terre la vigne et le vin aux hommes. Ce dernier séduisit alors Érigone en se métamorphosant en grappe. Ici, des grappes de tannat (70 %) et de cabernet franc à l'origine d'un madiran ouvert sur les fruits noirs et rouges frais. Fruits qui irriguent une bouche ample, ronde, concentrée, cadrée par des tanins fermes et serrés, mais sans que la puissance ne l'emporte sur le soyeux. De bonne garde assurément. ⧗ 2027-2034

DOM. LABRANCHE LAFFONT, 230, chem. de Laguian, 32400 Maumusson-Laguian, tél. 05 62 69 75 23, info@domainelaffont.fr V *t.l.j. sf sam. dim. 9h-12h30 14h-19h*

DOM. DE MAOURIES
Cailloux de Pyren 2021 ★

■ | 7000 | | 11 à 15 €

Fondé en 1907, le Dom. de Maouries compte aujourd'hui 27 ha de vignes, répartis sur trois communes et 25 parcelles, en conversion bio. Si Jacqueline et André Dufau s'activent toujours sur l'exploitation, ce sont leurs trois enfants, Philippe, Pascal et Isabelle qui en assurent la gestion, avec la nouvelle génération (Claire, ingénieure agronome). La carte des vins propose trois appellations (pacherenc, madiran et saint-mont) et des IGP Côtes de Gascogne.

Le millésime 2021 a été marqué par un coup de froid terriblement destructeur. Les belles qualités de cette cuvée témoignent de la force de caractère des Gascons confrontés au pire, et aussi leur talent. Au nez, ce madiran devant presque tout au tannat (90 %) dévoile d'agréables senteurs d'eucalyptus et de fruits noirs, qui apportent aussi leur fraîcheur à une bouche ronde, soyeuse, aux tanins souples. Un ensemble bien équilibré que l'on verrait bien accompagner une côte de veau aux pleurotes. ⧗ 2025-2030

GAEC DOM. DE MAOURIES, Maouries, 32400 Labarthète, tél. 05 62 69 63 84, domainemaouries@gmail.com V *t.l.j. 9h-12h 14h-18h; sam. dim. sur r.-v.*

DOM. DU MOULIÉ
Mademoiselle Chiffre 2021 ★★

■ | 5000 | | 11 à 15 €

En gascon, *moulié* signifie «moulin» et «meunier». Le domaine remonte au XVIIIe s. Dans la famille depuis 1920, il borde l'ancien chemin menant au moulin du village situé sur le Bergons, petit affluent de l'Adour. Les sœurs Charrier, Lucie (à la cave) et Michèle (à la vigne), y conduisent un vignoble de 16 ha selon des pratiques respectueuses de l'environnement (en bio pour les cépages du pacherenc).

Ce 100 % tannat, hommage à la mère des vigneronnes, est un vin ample, riche, puissant, corpulent, mais qui reste très élégant, adouci au contact du bois, par ailleurs bien fondu, et qui libère une fine expression de réglisse, de grillé et de tabac. Un beau vin de caractère, un madiran en somme... ⧗ 2027-2034 ■ **Le Moulié 2022** ★ (8 à 11 €; 16000 b.) Couleur encre noire, ce bel assemblage 80-20 entre le tannat et le cabernet franc, qui n'a pas connu le bois, dévoile une forte intensité aromatique autour de notes de lilas, de violette et de fruits noirs. Palette que prolonge une bouche ample, ronde, suave, portée par des tanins souples, avant une finale pleine de fraîcheur qui ajoute au caractère friand de l'ensemble. ⧗ 2025-2030

DOM. DU MOULIÉ, 395, chem. du Moulié-Cannet, 32400 Riscle, tél. 05 62 69 77 73, domainedumoulie@orange.fr V *t.l.j. 9h-12h30 14h-18h; dim. et jours fériés sur r.-v.*

♥ CH. PEYROS Greenwich 43N 2020 ★★

■ | 1200 | | 20 à 30 €

Ce domaine ancien, dont les origines remontent au XVIIe siècle et dont le nom signifie «terrain pierreux» en gascon, appartient depuis 1999 à la famille Lesgourgues, déjà propriétaire en Bas Armagnac et dans les Graves : 26 ha de vignes aujourd'hui dirigés par la troisième génération, représentée par Arnaud Lesgourgues.

Un vin rare, élaboré uniquement dans les grands millésimes; rare aussi par le volume car issu d'une petite parcelle de 1,5 ha traversée par le méridien de Greenwich et plantée de vénérables ceps de tannat âgés de 55 à 100 ans. Rare enfin par la qualité remarquable de ce 2020, dont le maître-mot est «élégance». Élégance d'un bouquet alerte de fruits noirs, de poivre et de menthol. Élégance d'une bouche ample, bien fraîche, puissante sans rigueur, bâtie sur des tanins au grain très fin et étirée dans une longue finale séveuse et profonde. Déjà charmeur en diable, ce madiran est loin d'avoir dit son dernier mot. ⧗ 2027-2035

SA CH. PEYROS, 9, chem. du Château, 64350 Corbère-Abères, tél. 06 77 79 76 35, chateau.peyros@maisonleda.fr

PLAIMONT À Tire-d'elle 2021 ★

■ | 15000 | | 5 à 8 €

Le groupe Plaimont est le fruit d'une association de trois caves qui, en 1979, unirent leurs initiales (PL pour Plaisance, AI pour Aignan et MONT pour Saint-Mont) pour créer ce leader des vins du Sud-Ouest produisant 40 millions de bouteilles par an. Rejoint en 1999 par les caves de Condom et de Crouseilles, Plaimont représente 98 % de l'appellation saint-mont, environ la moitié des AOC madiran et pacherenc-du-vic-bilh ainsi que des IGP côtes-de-gascogne. Un acteur de poids.

Ce madiran bio vise le fruit et la gourmandise, à l'image du papillon Belle-Dame qui orne l'étiquette. Cette volonté affichée par la cave de proposer une autre voix que celle de la puissance typique des vins de l'appellation trouve ici un bel ambassadeur. On aime en effet son caractère léger, énergique et croquant à souhait, tout en fruits frais, qui s'est harmonisé au contact d'un boisé des plus discret. ⧗ 2025-2029

USCA PLAIMONT, 199, rte de Corneillan, 32400 Saint-Mont, tél. 05 62 69 62 87, l.mene-castillou@plaimont.fr V *t.l.j. 9h-12h 14h30-19h*

♥ DOM. SERGENT 2022 ★★

33 000 | 8 à 11 €

En 1902, Hubert Dousseau acquiert le domaine. Depuis 1995, Brigitte et Corinne, ses arrière-petites-filles, y conduisent un vignoble de 22 ha en conversion bio. Elles ont converti en gîte une petite maison gasconne au cœur des vignes et proposent, outre le vin (très bon), des foies gras, confits et autres magrets de canard. En 2023, la cinquième génération (Nathan, fils de Corinne) a rejoint l'aventure. Une valeur sûre en madiran comme en pacherenc-du-vic-bilh.

Une nouvelle ligne au palmarès déjà bien fourni des sœurs Dousseau, élues vigneronnes de l'année pour le Sud-Ouest dans l'édition 2021. Un coup de cœur qui récompense un madiran moderne, tout en souplesse, dans un registre gourmand, mais sans renier ses origines. Un nez complexe de fruits noirs, de réglisse et d'épices, une bouche ample, onctueuse, cadrée en douceur par des tanins soyeux et enrobés, une longueur remarquable : ce vin réjouissant est déjà parfait et prêt à boire, mais il ne craindra pas la garde. ⧗ 2024-2030 ■ **Les Noyers 2022 ★ (11 à 15 €; 10 000 b.)** Dans un registre classique, sur la puissance, ce 100 % tannat est un madiran riche, corsé, corpulent, bâti sur une maturité poussée, avec des arômes généreux de réglisse et de fruits rouges mûrs. On le met en cave pour quelques années. ⧗ 2028-2034

DOM. SERGENT, 943, rte de Maumusson, 32400 Maumusson-Laguian, tél. 05 62 69 74 93, contact@domaine-sergent.com V *t.l.j. 9h-12h30 14h-18h; sam. dim. sur r.-v.*

PACHERENC-DU-VIC-BILH

Superficie : 260 ha / Production : 10 510 hl

Né sur la même aire que le madiran, ce vin blanc est issu de cépages locaux (courbu, gros et petit mansengs, arrufiac) et bordelais (sauvignon); cet ensemble apporte une palette aromatique d'une extrême richesse. Tous les pacherenc sont gras et vifs. Suivant les conditions climatiques du millésime, ils sont secs ou moelleux. Les premiers, à boire jeunes, expriment les agrumes, les fruits exotiques et le miel. L'amande et la noisette s'ajoutent à cette gamme dans les moelleux, de moyenne garde.

FAMILLE BARADAT
Cuvée gastronome 2022 ★★

20 000 | 15 à 20 €

Riche d'une expérience acquise en Californie, en Amérique latine et en Espagne, Jérôme Baradat, ingénieur en agriculture, est revenu dans son Béarn natal pour créer en 2011 la marque de négoce Marlère, dédiée aux vins du Sud-Ouest, qui porte le nom de la ferme de sa famille.

Assemblage de petit courbu (80 %) et de petit manseng, ce pacherenc sec séduit d'emblée par sa complexité aromatique autour de nuances de litchi, d'agrumes et d'abricot. Une palette qui s'enrichit de fines notes minérales dans une bouche parfaitement construite, fraîche, longue, croquante, stimulée par un soupçon d'amertume en finale. ⧗ 2024-2028

MAISON MARLÈRE, 7, av de la Grande-Lande, CS 11030 - BP 152, 33081 Bordeaux Cedex, tél. 07 65 82 46 44, marketing@marlere.com

B CLOS BASTÉ 2021 ★

4 400 | 11 à 15 €

En 1998, Philippe Mur, œnologue et maître de chai, achète avec son épouse Chantal une bâtisse en ruine, la maison Basté, puis quelques parcelles alentour. Le domaine, qui compte aujourd'hui 10 ha, est conduit en agriculture biologique. Très régulier en qualité.

D'une belle couleur or soutenu, ce 100 % petit manseng vinifié en fût de chêne et d'acacia déploie un bouquet intense et complexe d'agrumes, de fruits exotiques, de vanille et de miel. Le fruit, bien mûr, s'invite dans une bouche chaleureuse, riche, vineuse, concentrée, rafraîchie par une finale plus fraîche. On le laisse respirer un peu en cave. ⧗ 2026-2032

CLOS BASTÉ, 6, chem. Duviau, 64350 Moncaup, tél. 05 59 68 27 37, closbaste@wanadoo.fr V *t.l.j. sf dim. 10h-18h* D

CROUSEILLES
Grains du roy 2023 ★★

50 000 | 11 à 15 €

La coopérative de Crouseilles a été créée en 1950, deux ans après la reconnaissance en appellations du madiran et du pacherenc-du-vic-bilh. Elle a largement contribué au renouveau du grand vin rouge pyrénéen, dont elle fournit plus du tiers des volumes. Regroupant 130 vignerons, elle propose, outre le madiran, du pacherenc et du béarn.

Une cuvée souvent en vue, qui rend hommage à François Ier et Henri IV, promoteurs historiques du vignoble local. Doté d'une belle vivacité centrée sur les agrumes (pamplemousse) et les fruits exotiques, ce pacherenc se montre franc, net, croquant et persistant en bouche, avec en appoint une élégante touche florale. Du fruit, du nerf, de l'allonge : que demander de plus? ⧗ 2024-2029 ■ **Dom. d'Idernes 2023 ★ (11 à 15 €; 20 000 b.)** Un blanc sec apprécié pour son fruité soutenu (agrumes, fruits jaunes), sa fraîcheur minérale, son boisé bien fondu, aux accents torréfiés, et son équilibre général. ⧗ 2024-2029

SAS CROUSEILLES, 5, rte de Madiran, 64350 Crouseilles, tél. 05 62 69 67 48, k.gaultier@crouseilles.fr V *t.l.j. 9h-12h 14h-19h*

B DOM. DAMIENS 2023 ★

7 000 | 8 à 11 €

Un domaine fondé dans les années 1970 par André Beheïty, restructuré par son fils Pierre-Michel à partir de 2008, avec une densité plus élevée, de nouveaux terroirs explorés, tout en gardant un capital de vieilles vignes sur 6 ha. Aujourd'hui, 17 ha de vignes converties en bio, qu'il conduit désormais avec sa sœur cadette Marie.

Vinifié en cuve et en barrique, cet assemblage des deux mansengs et du petit courbu libère une large palette : citron, abricot, tilleul, touche lactée. Arômes qui nfusent une bouche équilibrée, tout en fraîcheur, avec en prime une fine amertume qui ajoute à son énergie. ⧗ 2024-2027

DOM. DAMIENS, 2076, chem. départemental 317, 64330 Aydie, tél. 05 59 04 03 13, domainedamiens64@gmail.com V *t.l.j. 9h-12h 14h-19h*

DOM. DOU BERNÈS 2023 ★

2400 | 5 à 8 €

Dans le paysage des petites collines dodues d'Aydie, Jean-Paul Cazenave, à la suite de trois générations, cultive un vignoble qui compte aujourd'hui 14 ha, les trois-quarts en madiran, le reste en pacherenc-du-vic-bilh et en béarn. Il est également éleveur bovin.

Un assemblage original des deux mansengs, du petit courbu et du sauvignon pour ce pacherenc discret au premier nez, qui s'ouvre à l'aération sur les fleurs blanches, la pêche de vigne et des notes minérales. Cette palette s'enrichit de nuances végétales et citronnées dans une bouche fraîche, alerte, portée par une amertume qui devrait s'adoucir avec le temps, ou se fondre avec bonheur sur un chèvre frais.

DOM. DOU BERNÈS, 441, imp. Curon, 64330 Aydie, tél. 05 59 04 06 78, domaine.doubernes@orange.fr V *t.l.j. sf dim. 9h30-18h30*

Ⓑ DOM. LABRANCHE LAFFONT 2022 ★

6000 | 15 à 20 €

Le domaine familial remonte à la Révolution. Jeune œnologue, Christine Dupuy s'installe en 1992 sur l'exploitation. Elle porte sa superficie de 6 à 22 ha et, surtout, s'impose comme l'une des valeurs sûres des appellations madiran et pacherenc. Son trésor : 50 ares de vignes préphylloxériques. Vignoble en bio certifié depuis 2014.

Vinifié en barrique, ce duo petit (95 %) et gros mansengs intègre parfaitement l'élevage. Robe lumineuse et dorée aux reflets verts, notes intenses et gourmandes d'agrumes, de fruits exotiques, de toasté léger et de crème au beurre, l'entame est séduisante. La suite est au diapason avec une bouche tendre, souple et surtout très fraîche. Un moelleux sapide et avenant. ⧗ 2024-2028 **2022 ★ (15 à 20 €; 11000 b.)** Ⓑ Une dominante (60 %) de gros manseng dans ce blanc sec visiblement né de raisins à pleine maturité à en juger par sa couleur bien dorée, ses arômes généreux de fruits jaunes bien mûrs et relevés d'épices, et par sa bouche tout en rondeur, enveloppante, stimulée par une heureuse fraîcheur en finale. ⧗ 2024-2028

DOM. LABRANCHE LAFFONT, 230, chem. de Laguian, 32400 Maumusson-Laguian, tél. 05 62 69 75 23, info@domainelaffont.fr V *t.l.j. sf sam. dim. 9h-12h30 14h-19h*

CH. LAFFITTE-TESTON
Rêve d'automne 2022 ★★

20000 | 15 à 20 €

Jean-Marc Laffitte a acquis en 1983 ce domaine qui compte aujourd'hui 50 ha. Il possède un chai souterrain de 600 barriques et expérimente le vieillissement de ses madiran en fût, à 800 m de profondeur au fond des grottes de Bétharram. Ses enfants, Ericka et Joris, l'épaulent désormais.

Une cuvée très souvent en vue, qui nous revient en très bonne forme dans sa version 2022, dont la macération préfermentaire a bien concentré le fruit et l'élevage en barrique, complexifié l'expression aromatique avec des notes de torréfaction et de noisette. En bouche, elle se révèle remarquable de finesse, alliant douceur, boisé fondu et fraîcheur dans un équilibre très assuré, avec en finale de tendres amers qui renforcent sa longueur. ⧗ 2024-2030

CH. LAFFITTE-TESTON, 1180, rte du Château, 32400 Maumusson-Laguian, tél. 05 62 69 74 58, info@laffitte-teston.com V *t.l.j. sf sam. dim. 9h-12h 14h-17h30*

♥ DOM. MONTBLANC
Émergence 2022 ★★

2000 | 11 à 15 €

Florian Saint-Orens a repris en 2021 l'exploitation familiale fondée en 1985 par son père Daniel, toujours à ses côtés : 10 ha de vignes sur la commune de Maumusson-Laguian, en cours de conversion bio, sur lequel il produit du madiran, du pacherenc-du-vic-bilh et des cuvées « plus atypiques », le tout dans une approche parcellaire.

Vinifiée en sec, pour moitié en fût et pour moitié en amphore, cette cuvée révèle toutes les qualités du petit manseng en élevage long. Le jury a particulièrement apprécié sa complexité aromatique : fruits exotiques, miel, fleur de sureau, notes torréfiées et fumées. Il a aussi aimé son attaque droite et pure, prélude à une bouche très longue, très fraîche, étirée sur des saveurs citronnées et une belle finale minérale. Un blanc enthousiasmant, déjà à croquer, mais auquel le temps apportera le complément de noblesse dont il porte déjà la marque. ⧗ 2025-2030

DOM. MONBLANC, 378, rue de l'église, 32400 Maumusson-Laguian, tél. 07 60 06 75 21, domainemonblanc@hotmail.fr V *t.l.j. sf sam. dim. 8h-12h30 14h-18h30*

Ⓑ DOM. DU MOULIÉ
Sur le chemin 2022 ★

1500 | 11 à 15 €

En gascon, *moulié* signifie « moulin » et « meunier ». Le domaine remonte au XVIIIe s. Dans la famille depuis 1920, il borde l'ancien chemin menant au moulin du village situé sur le Bergons, petit affluent de l'Adour. Les sœurs Charrier, Lucie (à la cave) et Michèle (à la vigne), y conduisent un vignoble de 16 ha selon des pratiques respectueuses de l'environnement (en bio pour les cépages du pacherenc).

D'une attirante couleur or pâle, ce moelleux livre un nez frais et de bonne intensité, floral et fruité. Une aromatique à laquelle fait écho une bouche dotée d'un bel équilibre sur le versant de la fraîcheur, avec en finale une note acidulée qui ajoute à son dynamisme. ⌛ 2024-2027

DOM. DU MOULIÉ, 395, chem. du Moulié-Cannet, 32400 Riscle, tél. 05 62 69 77 73, domainedumoulie@orange.fr V t.l.j. 9h-12h30 14h-18h; dim. et jours fériés sur r.-v.

PLAIMONT
Maestria 2022 ★★

| | 10 000 | | 11 à 15 € |

Le groupe Plaimont est le fruit d'une association de trois caves qui, en 1979, unirent leurs initiales (PL pour Plaisance, AI pour Aignan et MONT pour Saint-Mont) pour créer ce leader des vins du Sud-Ouest produisant 40 millions de bouteilles par an. Rejoint en 1999 par les caves de Condom et de Crouseilles, Plaimont représente 98 % de l'appellation saint-mont, environ la moitié des appellations madiran et pacherenc-du-vic-bilh ainsi que des IGP Côtes de Gascogne. Un acteur de poids.

D'un beau jaune soutenu, ce liquoreux a séduit le jury par sa vitalité. La bouche apparaît ample, croquante, acidulée, affichant un équilibre très assuré entre fruits exotiques, fruits jaunes, boisé toasté et fine pointe d'amertume en finale. Un peu de garde lui apportera le fondu attendu. ⌛ 2026-2030

USCA PLAIMONT, 199, rte de Corneillan, 32400 Saint-Mont, tél. 05 62 69 62 87, l.mene-castillou@plaimont.fr V t.l.j. 9h-12h 14h30-19h

SAINT-MONT

Superficie : 1 149 ha
Production : 76 724 hl (80 % rouge et rosé)

Consacré AOVDQS en 1981 sous le nom de côtes-de-saint-mont, le saint-mont a accédé trente ans plus tard à l'AOC. Prolongement vers l'est du vignoble de Madiran, il tire son nom et son origine d'une abbaye fondée au XIᵉs. et a connu une renaissance à partir de 1970. Le cépage rouge principal est encore ici le tannat, les cépages blancs, vinifiés en secs, se partageant entre la clairette, l'arrufiac, le courbu et les mansengs. L'essentiel de la production est assuré par l'union dynamique des caves coopératives Plaimont. Les rouges sont colorés et corsés, rapidement ronds et plaisants, les rosés, fins et fruités, les blancs secs et nerveux.

DOM. DE MAOURIES
Sélection n°16 2022 ★

| | 18 000 | | 8 à 11 € |

Fondé en 1907, le Dom. de Maouries compte aujourd'hui 27 ha de vignes, répartis sur trois communes et 25 parcelles, en conversion bio. Si Jacqueline et André Dufau s'activent toujours sur l'exploitation, ce sont leurs trois enfants, Philippe, Pascal et Isabelle qui en assurent la gestion, avec la nouvelle génération (Claire, ingénieure agronome). La carte des vins propose trois appellations (pacherenc, madiran et saint-mont) et des IGP Côtes de Gascogne.

Ce vin sombre s'ouvre sur un savoureux mariage de fruits frais et de fruits confiturés, avec une touche d'épices en appoint. On retrouve ce fruité soutenu dans une bouche bien ronde, aux tanins fondus, épaulée par une agréable fraîcheur en finale. Un saint-mont très aimable et gourmand. ⌛ 2024-2027

GAEC DOM. DE MAOURIES, Maouries, 32400 Labarthète, tél. 05 62 69 63 84, domainemaouries@gmail.com V t.l.j. 9h-12h 14h-18h; sam. dim. sur r.-v.

♥ PLAIMONT Empreinte 2022 ★★

| | 20 000 | | 15 à 20 € |

Le groupe Plaimont est le fruit d'une association de trois caves qui, en 1979, unirent leurs initiales (PL pour Plaisance, AI pour Aignan et MONT pour Saint-Mont) pour créer ce leader des vins du Sud-Ouest produisant 40 millions de bouteilles par an. Rejoint en 1999 par les caves de Condom et de Crouseilles, Plaimont représente 98 % de l'appellation saint-mont, environ la moitié des appellations madiran et pacherenc-du-vic-bilh ainsi que des IGP Côtes de Gascogne. Un acteur de poids.

Parée d'une robe légère, or pâle aux reflets verts, cette cuvée dévoile un nez franc et élégant de fruits jaunes et blancs, souligné par une fine minéralité. Rond, gras, corpulent, mais tendu par cette même fraîcheur minérale, le palais affiche un équilibre remarquable et s'étire dans une longue finale aux accents de vieux noiserie. Un beau blanc de gastronomie. ⌛ 2024-2028 **Monastère 2021 ★★ (30 à 50 €; 20 000 b.)** Le coup de cœur fut mis aux voix pour ce rouge charmeur de bout en bout, par l'intensité et la complexité de ses parfums de fruits rouges et noirs sur fond de boisé et par sa bouche veloutée, ronde, juteuse, concentrée, persistante. Diablement gourmand, et pour quelques années encore. ⌛ 2025-2030 **Le Passé authentique 2022 ★★ (5 à 8 €; 30 000 b.)** Un nez délicat de fleurs blanches, de pomme Chantecler et de reine-claude, une bouche souple en attaque, plus vive et tendue dans son développement, une longue finale sur les fruits jaunes : on en redemande. ⌛ 2024-2027 **Océanide 2023 ★ (11 à 15 €; 10 000 b.)** Un rosé très agréable infusé de petits fruits rouges, à la fois bien rond et plein de fraîcheur en bouche, bien équilibré en somme. ⌛ 2024-2025

USCA PLAIMONT, 199, rte de Corneillan, 32400 Saint-Mont, tél. 05 62 69 62 87, l.mene-castillou@plaimont.fr V t.l.j. 9h-12h 14h30-19h

TURSAN

Superficie : 300 ha
Production : 16 532 hl (82 % rouge et rosé)

Autrefois vignoble d'Aliénor d'Aquitaine, le terroir de Tursan s'étend essentiellement dans les Landes sur les coteaux de l'est de la Chalosse, autour d'Aire-sur-Adour et de Geaune. Il produit des vins dans les trois couleurs. Les plus intéressants sont

les blancs, issus principalement d'un cépage original, le baroque. Des vins secs et nerveux, au parfum inimitable. Longtemps classé en AOVDQS (appellation d'origine vin délimité de qualité supérieure), il a accédé à l'AOC à la disparition des AOVDQS en 2011.

♥ PENTES DE BARÈNE
Les Pentes de Barène 2022 ★★

2700 | 8 à 11 €

Avec 1,5 ha, cette exploitation est la plus petite de l'appellation tursan. C'est aussi la plus récente : Daniel Vergnes l'a fondée en 2004, après avoir passé un an à aménager des terrasses sur l'escarpement calcaire exposé plein sud qui borde son village de Pimbo. Le vignoble est dédié aux cépages blancs.

La cuvée principale du domaine au sommet dans sa version 2022. Robe d'un éclatant jaune d'or, nez subtil et frais d'agrumes, de pêche et de chèvrefeuille : l'entame a de quoi séduire. Opération séduction prolongée par une bouche très élégante, toute en finesse, conjuguant une tension parfaitement dosée et une matière harmonieuse, fondue, infusée de pêche et d'abricot, une agréable touche d'amertume venant stimuler et allonger la finale. ⧗ 2024-2027

DANIEL VERGNES, 410, rue de la Bastide, 40320 Pimbo, tél. 07 84 85 16 18, contact@barene.fr V *r.-v.*

LES VIGNERONS DE TURSAN
Secret 2022 ★★

5000 | 15 à 20 €

Cette coopérative fondée en 1958 regroupe aujourd'hui quelque 150 vignerons sur les terroirs de Tursan et de Chalosse, dans le sud des Landes. Elle dispose de 500 ha et vinifie 95 % de l'appellation tursan.

Ce vin sombre aux reflets rubis dévoile un nez profond et généreux de fruits noirs confiturés mâtinés des notes toastées du bois. Souple et ronde en attaque, la bouche affiche un beau volume et d'intenses arômes de cassis et de prune noire sur fond de boisé savamment dosé et de tanins bien intégrés qui accompagnent une longue finale. ⧗ 2026-2030 ■ **Cœur de vignerons 2022 ★ (8 à 11 €; 10000 b.)** Un rouge expressif, sur les fruits rouges et noirs agrémenté d'un bon boisé fondu, élégant et souple en bouche, doté de tanins bien fondus. ⧗ 2025-2029

SCA LES VIGNERONS LANDAIS TURSAN-CHALOSSE, 10, rue St-Jean, 40320 Geaune, tél. 05 58 44 51 25, technique@tursan.fr V *t.l.j. sf dim. 9h-12h 14h-17h30*

BÉARN

Les vins du Béarn peuvent être produits sur trois aires séparées. Les deux premières coïncident avec celles du jurançon et du madiran. La troisième comprend les communes qui entourent Orthez, Salies-de-Béarn et Bellocq. Reconstitué après la crise phylloxérique, le vignoble occupe les collines prépyrénéennes et les graves de la vallée du Gave. Les cépages rouges sont constitués par le tannat, les cabernet-sauvignon et cabernet franc (bouchy), les anciens manseng noir, courbu rouge et fer-servadou. Les vins sont corsés et généreux, les rosés vifs et délicats, avec des arômes fins de cabernet et une bonne structure en bouche.

♥ DOM. LAPEYRE Série 1909 2021 ★★

1500 | 15 à 20 €

Installé à Salies-de-Béarn, une des nombreuses petites villes thermales du piémont pyrénéen, Pascal Lapeyre a repris en 1987 le domaine fondé en 1909 par son arrière-grand-père et aménagé la cuverie et le chai. Exposés plein sud, ses 13 ha de vignes couvrent les coteaux du Guilhemas, face aux Pyrénées. Ses vins, valeurs sûres de l'appellation béarn, sont vendus sous l'étiquette Dom. Lapeyre ou Dom. Guilhemas.

Né sur la parcelle dite « Des framboisiers », ce pur tannat se révèle floral et fruité au nez, épaulé par de subtiles notes de bois frais et des nuances légèrement toastées. Adossée au même boisé racé, la bouche est élégante, ample, longue et fraîche, avec juste ce qu'il faut de sucrosité pour pour bien envelopper les tanins, soyeux à souhait. Déjà savoureuse, cette bouteille ne craindra pas le passage du temps. ⧗ 2027-2034 ■ **2021 ★★ (8 à 11 €; 10000 b.)** Le classique du domaine, et du très bon classique. Un vin d'une très belle harmonie avec son nez profond et généreux de fruits rouges et de sous-bois, et son palais ample, chaleureux, velouté en diable. Paré pour la garde. ⧗ 2026-2033

SCEA PASCAL LAPEYRE, 52, av. des Pyrénées, 64270 Salies-de-Béarn, tél. 05 59 38 10 02, contact@domaine-lapeyre-guilhemas.fr V *t.l.j. 8h30-12h 14h-19h*

JURANÇON

« Je fis, adolescente, la rencontre d'un prince enflammé, impérieux, traître comme tous les grands séducteurs : le jurançon », écrit Colette. Célèbre depuis qu'il servit à Pau au baptême d'Henri IV, le jurançon est devenu le vin des cérémonies de la maison de France. On trouve ici les premières notions d'appellation protégée – car il était interdit d'importer des vins étrangers – et même une hiérarchie des crus, puisque toutes les parcelles étaient répertoriées suivant leur valeur par le parlement de Navarre. Comme les autres vins de Béarn, le jurançon, alors rouge ou blanc, était expédié jusqu'à Bayonne, au prix de navigations parfois hasardeuses sur les eaux du Gave. Très prisé des Hollandais et des Américains, le jurançon connut une éclipse avec la crise phylloxérique. La reconstitution du vignoble fut effectuée avec les méthodes et les cépages anciens, sous l'impulsion de la Cave de Gan et de quelques propriétaires.
Ici plus qu'ailleurs, le millésime revêt une importance primordiale, surtout pour les jurançon moelleux qui demandent une surmaturation tardive par passerillage sur pied. Les cépages traditionnels, uniquement

blancs, sont le gros et le petit mansengs, et le courbu. Les vignes sont cultivées en hautains pour échapper aux gelées. Il n'est pas rare que les vendanges se prolongent jusqu'aux premières neiges.
Le jurançon sec est un blanc de couleur claire à reflets verts, très aromatique, avec des nuances miellées. Les jurançon moelleux ont une couleur dorée, des arômes complexes de fruits exotiques (ananas et goyave) et d'épices (muscade et cannelle), et offrent un bel équilibre acidité-liqueur. Ils peuvent vieillir très longtemps et donner de grandes bouteilles qui accompagneront un repas.

DOM. BAYARD
Myriades 2021 ★★

■ | 2200 | | 20 à 30 €

Avec sa charpente de bois, la salle de dégustation de ce domaine de Monein évoque la toiture en chêne, en forme de coque de navire renversée, de l'église du village. La propriété et son petit vignoble de 4,3 ha ont été rachetés en 2016 par Rose et Louis Laborde – ce dernier enfant du pays et fondateur d'une PME locale de sous-traitance aéronautique.

La complexité de ce jurançon a d'emblée impressionné le jury. C'est un festival aromatique : coing, ananas, mangue, fruits blancs, touche de vanille. Arômes qui infusent une bouche ample, tendre, caressante, veloutée, très longue, portée par un boisé fondu et par la fraîcheur qui signe l'appellation et les grands vins doux. ⧗ 2026-2034 ■ **Griffe d'Ucha 2023 ★ (11 à 15 €; 3600 b.)** Un sec au style tonique et vif, dont les notes intenses de citron et de pamplemousse accompagneront à merveille vos apéritifs aux tonalités marines. ⧗ 2024-2027

SCEA LABORDE-BAYARD, 30, chem. Pierrette, Quartier Ucha, 64360 Monein, tél. 06 20 58 43 20, laborde-bayard@gmail.com V r.-v.; f. dim.

♥ DOM. BELLEGARDE
Cuvée Thibault 2021 ★★

■ | 6000 | | 15 à 20 €

Pascal Labasse s'est formé au Ch. la Tour Blanche à Sauternes. Installé en 1986, il exploite près de 13 ha (en conversion bio) autour de Monein, important bourg viticole dédié au jurançon. En 2019, Maxime, son fils, a fait son entrée au domaine.

Ce jurançon réjouissant a été vinifié en demi-muids avec des levures indigènes. La robe intense et brillante est le reflet d'une belle fraîcheur, que confirme la bouche avec un équilibre des plus précis entre concentration, fine acidité, arômes intenses et gourmands de fruits blancs mûrs, de fruits exotiques et de vanille, avec en prime une très belle longueur. ⧗ 2025-2034 ■ **Pierre Blanche 2022 ★ (15 à 20 €; 12000 b.)** Ce jurançon sec propose une belle expression de fruits tropicaux et de nuances florales et miellées, de noisette grillée, prolongée par une bouche ample, riche, généreuse, suave mais sans aucune lourdeur, bien épaulée par le bois et par une fine acidité qui apporte l'équilibre. Une cuvée bien dans le ton de ce millésime solaire, à laisser respirer en cave. ⧗ 2026-2032

SCEA DOM. BELLEGARDE, 20, chem. Bellegarde, quartier Coos, 64360 Monein, tél. 05 59 21 33 17, maxime@domaine-bellegarde.fr V r.-v.

DOM. DE CABARROUY
Ambre de Samonios 2019 ★

■ | 3700 | | 15 à 20 €

Dans les années 1980, Patrice Limousin, alors jeune vigneron dans la région nantaise, rencontre Frey Skoda, une étudiante berlinoise venue faire les vendanges. Le couple achète en 1988 ce domaine à l'abandon, replante les vignes (5,3 ha aujourd'hui), restaure la demeure du XVIII^e^s. et aménage un chai.

Voilà un pari osé et réussi : présenter un vin issu d'un élevage très long de 36 mois, dont 12 en fût. Les bénéfices du temps sont au service de la complexité aromatique : ananas, orange sanguine, citron, épices. Complexité qui trouve écho dans une bouche bien équilibrée, alerte, sur le versant de la fraîcheur, avec une douceur très mesurée et une discrète amertume en finale qui ajoute à son dynamisme. Samonios ? Une évocation de la mythologie celto-gauloise et des fêtes automnales et soli-lunaires éponymes, qui ont inspiré l'Halloween d'aujourd'hui. ⧗ 2024-2030

DOM. DE CABARROUY, 448, chem. Cabarrouy, 64290 Lasseube, tél. 05 59 04 23 08, domaine.cabarrouy@orange.fr V *t.l.j. 10h-12h30 14h-18h30; dim. 10h-12h30*

Ⓑ DOM. CASTÉRA
Caubeigt 2022 ★★★

■ | 4000 | | 20 à 30 €

Achetée en 1895 par un trisaïeul de l'actuel propriétaire, cette ferme béarnaise fondée au XVIII^e^s. a longtemps accueilli veaux, vaches, cochons, couvées. Aujourd'hui, les blondes d'Aquitaine paissent tout à côté, les champs de maïs ont disparu et le vignoble a gagné du terrain (12 ha en bio et biodynamie) avec l'arrivée de Christian Lihour. Son fils Franck, qui l'a rejoint en 2014, est aujourd'hui aux commandes.

Beaucoup de soins ont été apporté à ce 100 % petit manseng, et le jury ne s'y est pas trompé, le gratifiant de la note maximale. Une diversité de contenant (demi-muid, cigare et grès) a accueilli la noble matière à l'origine de ce jurançon né au lieu-dit Caubeig («vallon chauve»), d'une expression aromatique admirable, sur les fruits exotiques, les agrumes, le coing, le miel et les épices douces. Une palette complexe qui s'étire longuement dans une bouche ample d'un équilibre parfait, particulièrement tonique et fraîche. Déjà grand, ce liquoreux n'a pas encore tout livré. ⧗ 2025-2035 ■ **Tauzy 2022 ★ (20 à 30 €; 5000 b.)** Ⓑ Robe aux reflets de chaume, nez montant et complexe sur les fruits jaunes et blancs, la viennoiserie, le miel de garrigue, les fruits à coque, la vanille : l'approche est particulièrement engageante. La bouche ne déçoit pas : on y découvre un vin friand, tout en douceur et en légèreté, déjà à croquer. ⧗ 2024-2029

SCEA DOM. CASTÉRA, 15, ch. de Castéra, quartier Ucha, 64360 Monein, tél. 05 59 21 34 98, contact@domainecastera.fr V r.-v.

DOM. CAUHAPÉ La Canopée 2020 ★★

	12000		20 à 30 €

Dans la première édition du Guide, un coup de cœur avait couronné un jurançon moelleux 1982 élaboré par Henri Ramonteu, installé en 1980. Bien d'autres ont suivi. Le domaine s'étend sur 50 ha de vignes escarpées, plantées à flanc de colline. Il propose une large gamme de jurançon secs et doux.

Canopée : l'ambition d'atteindre les sommets est affichée, et Henri Ramonteux a bien assuré l'ascension. Pour cette magnifique balade sur les hauteurs sensorielles, tout est réuni pour nous donner le vertige. Vous rencontrerez en chemin des fleurs blanches, du tabac, de la vanille, des fruits jaunes, des agrumes et même quelques notes pétrolées, puis vous emprunterez une pente très douce dans une ambiance enveloppante, luxuriante, mais avec aussi une agréable fraîcheur tout du long. 2025-2030 **Geyser 2022 ★ (15 à 20 €; 30000 b.)** Cette cuvée remet au goût du jour de vieux cépages locaux comme le lauzet et le camaralet, aux côtés des traditionnels courbu, petit et gros mansengs. Dans le verre, un «geyser» d'arômes, entre pamplemousse, citron, épices douces, fleurs blanches, touche amylique, et un palais croquant et plein d'allant, à peine teinté de bois (seul le petit manseng a connu la barrique). Un blanc sec à savourer sur le fruit de sa jeunesse. 2024-2027

SCEA DOM. CAUHAPÉ, quartier Castet, 64360 Monein, tél. 05 59 21 33 02, contact@cauhape.com V r.-v.

DOM. DU CINQUAU Sensations 2023 ★

	6700		15 à 20 €

Germain Laborde est le directeur et le maître de chai de cette très ancienne maison (on en trouve trace peu après la mort d'Henri IV), propriété de la famille Saubot. En 1984, Pierre Saubot y a fait renaître la viticulture, tournée vers la vente directe. Couvrant 15,3 ha, l'exploitation est certifiée bio depuis le millésime 2023 et signe des jurançons réguliers en qualité.

Drapé dans une robe pâle, ce jurançon sec se montre discret au premier nez avant de libérer ses arômes floraux et fruités, qui prennent plus d'ampleur dans une bouche fraîche, légère, croquante. On en profite dans ses jeunes années. 2024-2027

SCEA DOM. DU CINQUAU, chem. du Cinquau, 64230 Artiguelouve, tél. 05 59 83 10 41, a.robert@gmail.com V t.l.j. sf dim. 9h-12h30 13h30-18h

SIMON FORGUE Cairn 2022 ★

	2500		15 à 20 €

«Vigneron sans terre», Simon Forgue, ancien œnologue du château Montus, a créé en 2012 avec une poignée de proches une petite structure de négoce et de vinification : Vignoble de Pyrenaïa. Il a installé son chai dans une ancienne carrosserie avant d'en construire un nouveau en 2018. Il élabore des vins du piémont pyrénéen.

Derrière une belle robe dorée intense et éclatante, les mansengs déploient toutes leurs qualités aromatiques, témoignages d'un élevage précis et soigné pour lequel ont été mobilisés jarres de grès, fûts et foudres. Voilà qui donne un bouquet nuancé et subtil de fleurs blanches, de fruits blancs et de caramel, élégant et bien équilibré entre gras et acidité en bouche. 2024-2028 **Or pailleur 2022 ★ (20 à 30 €; 2800 b.)** Chercher, c'est bien, mais trouver, c'est mieux. Simon Forgue tient son filon sur la foi de cet Or pailleur à la robe bien dorée, richement bouqueté sur les fruits exotiques, les fruits jaunes cuits, les agrumes et la cire d'abeille, ample et équilibré en bouche, bien épaulé par une fine acidité. Un liquoreux déjà très affable, mais qui évoluera sereinement à l'ombre de la cave. 2024-2030

VIGNOBLES DE PYRENAÏA, 4 bis, rue de l'aérodrome, 64110 Mazères-Lezons, tél. 06 86 16 82 63, simon.forgue@pyrenaia.com V t.l.j. sf dim. lun. 10h-12h 14h30-18h30; sam. 9h30-12h30

CAVE DE GAN JURANÇON Peyre d'or 2023 ★★

	33000		5 à 8 €

Fondée en 1949, la cave de Gan réunit 750 ha de vignes, soit plus de 250 viticulteurs. Elle fournit plus de la moitié des volumes de l'appellation jurançon et joue aussi un rôle majeur dans l'appellation béarn. Elle propose ses vins de marque et des vins de propriétés élaborés par ses soins. Un acteur incontournable du vignoble du piémont pyrénéen.

Quoi de plus approprié que ce joli vin gourmand pour découvrir l'appellation et la noblesse de ses mansengs ? Sans pour autant céder à la facilité des vins jeunes, les maîtres œnologues de Gan ont déployé leur savoir-faire pour signer une expression intense de fruits mûrs (pêche, ananas et poire), qui infuse une bouche ample, suave, souple, longue, soulignée de bout en bout par une belle tension. 2024-2028 **Prestige d'Automne 2022 ★★ (8 à 11 €; 100000 b.)** Ce liquoreux or pâle livre un bouquet gourmand de fruits mûrs et de fleurs blanches. En bouche, il s'adosse une fine acidité bien enrobée par les sucres résiduels pour composer un ensemble harmonieux, long et très élégant. 2025-2032 **Le Vieux Chai 2022 ★ (5 à 8 €; 100000 b.)** Les deux mansengs à parts égales dans ce liquoreux conçu pour être bu jeune. Un vin expressif, sur le miel, la fleur d'acacia et le sous-bois, gras et suave en bouche, avec une juste acidité en soutien. En un mot : équilibré. 2024-2028 **Lueur d'Automne 2023 ★ (5 à 8 €; 10666 b.)** Un 100 % petit manseng d'un or étincelant, aux nuances de poire, de pomme, d'ananas, de fleurs blanches, ample, gras, légèrement suave en bouche, équilibré par une fine acidité. 2024-2027

SCA CAVE DES PRODUCTEURS DE JURANÇON, 53, av. Henri-IV, 64290 Gan, tél. 05 59 21 57 03, cave@cavedejurancon.com V r.-v.

DOM. HAUGAROT André Jean 2022 ★

	2000		11 à 15 €

En 2001, à 19 ans, Jean-Pierre Proharam reprend les vignes familiales (6 ha en jurançon) jusqu'alors vinifiées à la coopérative. En 2004, il réalise sa première vinification et inaugure son chai en 2008. En 2019, il a entrepris de convertir le domaine à l'agriculture biologique, aujourd'hui certifié.

Ce 100 % petit manseng plein de générosité, encore un peu trop diront certains un peu pressés, mérite d'être oublié en cave quelques temps pour se patiner. Pour l'heure, on apprécie son fruité intense et mûr, porté sur les agrumes et les fruits exotiques, son bon boisé torréfié et la fine vivacité qui souligne l'ensemble. Patience... 2027-2034

SUD-OUEST

DOM. HAUGAROT, 672, chem. des Crêtes, 64110 Saint-Faust, tél. 06 80 40 87 00, domainehaugarot@yahoo.fr V *t.l.j. sf dim. 8h30-12h30 13h30-19h*

CH. JOLYS 2023 ★★

60000 | 11 à 15 €

Le Ch. Jolys a été créé en 1958 par Pierre-Yves Latrille, ingénieur agronome, et conduit par ses héritiers jusqu'en 2019 et sa reprise par Michel Boutin, qui y dispose d'un vignoble de 42 ha.

Remarquable représentant de l'expression des mansengs que cet excellent sec à l'intensité impressionnante. Se succèdent au nez comme en bouche le fruit de la Passion, la mangue, le pomelo, le citron et l'ananas. Une véritable corne d'abondance à croquer dès à présent sur sa jeunesse et sa fraîcheur. ⧗ 2024-2027 ■ **Cuvée Jean 2022 ★ (11 à 15 €; 6000 b.)** Un jurançon doux apprécié pour sa robe limpide, ses fins arômes de fleurs blanches, sa sucrosité bien maîtrisée par une fraîcheur qui ne baisse pas d'un ton de bout en bout. Pourquoi attendre ? ⧗ 2024-2028

CH. JOLYS, 330, rte de la Chapelle-de-Rousse, 64290 Gan, tél. 05 59 21 72 79, t.rongier@domainesboutin.fr V *t.l.j. sf sam. dim. 9h-12h 14h-16h30*

B CH. LAPUYADE 2022 ★

3000 | 8 à 11 €

Installée sur des coteaux pentus du Jurançonnais, entre gave de Pau et gave d'Oloron, la famille Aurisset conduit son domaine de 8 ha en bio certifié depuis 1999 et, en biodynamie depuis 2007. L'hiver, le vignoble enherbé offre un pâturage aux moutons.

L'élevage en fût de chêne a adouci les contours de ce jurançon et a renforcé sa complexité avec de jolis arômes fumés qui se mêlent aux fleurs blanches et aux agrumes. Arômes qui irriguent une bouche fraîche, de bon volume et persistante. Un ensemble de bonne facture qui satisfera tous les palais adeptes de jurançon classique. ⧗ 2024-2028

CH. LAPUYADE, 761, chem. Lapuyade, 64360 Cardesse, tél. 05 59 21 32 01, clos.marie-louise@wanadoo.fr V *r.-v.*

B DOM. LARROUDÉ
Lou Mansengou 2022 ★

3000 | 11 à 15 €

Christiane et Julien Estoueigt ont commencé en 1986 la vente en bouteilles sur leur exploitation, située entre gave de Pau et gave d'Oloron. Après l'arrivée du fils Jérémy en 2012, ils ont converti la propriété à l'agriculture biologique et se tournent progressivement depuis 2016 vers la biodynamie. Le vignoble (8 ha) couvre des coteaux exposés plein sud, face aux Pyrénées.

Doré et lumineux, ce 100 % petit manseng s'ouvre doucement sur des parfums de vanille, de boisé fumé et d'ananas. La bouche, dense et ronde, affiche déjà un bel équilibre entre acidité et sucrosité, mais une petite garde sera nécessaire pour découvrir tout le caractère de ce vin. ⧗ 2025-2030

EARL DU DOM. LARROUDÉ, 20, chem. du Then, 64360 Lucq-de-Béarn, tél. 06 84 05 18 54, domaine.larroude@wanadoo.fr V *t.l.j. sf dim. 9h-12h30 13h30-19h*

B DOM. MONTESQUIOU
L'Estela 2023 ★★

12000 | 8 à 11 €

Les racines des vignes plongent dans les galets dont on a fait les bâtiments du domaine. Les frères Fabrice et Sébastien Bordenave-Montesquiou mènent la propriété familiale (14 ha aujourd'hui) depuis 2002, après avoir exercé dans divers vignobles de France (Alsace, Jura et Provence). La conversion bio est engagée, et certaines parcelles sont déjà certifiées. Une valeur sûre.

Sous une robe paille limpide et brillante se dévoilent des parfums intenses et nuancés de fruits mûrs, fruit de la Passion, de pomelo, mais aussi de buis et de bourgeon de cassis qui ne sont pas sans rappeler le cousinage des mansengs avec le sauvignon. Un festival aromatique qui infuse tout autant une bouche fraîche, souple et alerte. ⧗ 2024-2027

GAEC DOM. MONTESQUIOU, 153, rte du Haut-Ucha, 64360 Monein, tél. 05 59 21 43 49, domainemontesquiou@orange.fr V *t.l.j. sf dim. 9h-12h 14h-18h*

B DOM. NIGRI Pierre de Lune 2022 ★★

10000 | 11 à 15 €

Créé en 1685 et commandé par une bâtisse du XVIIIe, le Dom. Nigri (16 ha en jurançon, pour partie en bio, pour partie en conversion) est depuis quatre générations dans la famille de Jean-Louis Lacoste, œnologue, arrivé à sa tête en 1993. Ce dernier l'a complété d'une structure de négoce, Vignobles et Domaines Lacoste. Une référence de l'appellation jurançon.

Ce très beau jurançon souligne, si besoin était, la grande constance de ce domaine. Au nez, les fleurs blanches se mêlent aux agrumes adroitement enrobés dans une ambiance vanillée et toastée. La bouche est d'un équilibre imparable : du volume, du gras, un boisé savamment dosé et finement épicé, une fraîcheur continue jusqu'en finale, une longueur remarquable. On applaudit. ⧗ 2025-2030 ■ **Toute une histoire... 2021 ★★ (15 à 20 €; 6000 b.)** Un liquoreux éclatant au sens propre comme au figuré. Drapé dans une élégante robe dorée et brillante, il livre un bouquet élégant de fruits blancs et de miel d'acacia, prolongé par une bouche fraîche en attaque, plus suave et riche dans son développement ample et velouté, épaulée par un boisé ajusté et une fine acidité qui étire bien la finale. ⧗ 2025-2032 ■ **Jean Louis Lacoste Le Plein de sens 2021 ★★ (11 à 15 €; 10000 b.)** Une belle cuvée issue de la partie négoce, qui n'a pas connu le bois et qui séduit par ses parfums de fleurs blanches, de truffe et de miel, puis par son palais moelleux, enveloppant, souligné et allongé par une acidité bien dosée. ⧗ 2024-2030

DOM. NIGRI, 31, chem. Lacoste, quartier Candeloup, 64360 Monein, tél. 05 59 21 42 01, domaine.nigri@wanadoo.fr V *t.l.j. sf dim. 9h-12h 13h30-18h*

LIONEL OSMIN ET CIE
Clos Cancaillaü Au Lavoir 2023 ★

20000 | 11 à 15 €

Fils d'un bijoutier béarnais, Lionel Osmin est devenu ingénieur agricole et a fondé en 2010 une maison de négoce qui compte, spécialisée dans les vins du grand Sud-Ouest, d'Irouléguy à Bergerac, de Madiran à

Marcillac. Aux commandes des vinifications de cette vaste gamme, l'œnologue Damiens Sartori.

.e seul gros manseng à l'œuvre dans ce jeune jurançon :ouleur or pâle, au caractère déjà bien trempé. Le nez 'ouvre à l'aération sur de délicats arômes de fleurs ılanches et de fruits jaunes. L'attaque fougueuse, vive, ɛst vite tempérée par un une rondeur avenante en cœur le bouche, avant que la finale ne s'étire sur de fins ımers. On le laisse respirer un peu cave. ⧗ 2026-2030

LIONEL OSMIN ET CIE, 9, rue Ada-Byron, 64000 Pau, tél. 05 59 05 74 09, comm@osmin.fr

DOM. PEYRETTE 2022 ★★

| 1360 | | 11 à 15 € |

Patrick Peyrette a repris en 1992 cette petite propriété familiale de 5,2 ha où l'on s'était arrêté de vinifier en 1969.

.e petit manseng est un véritable miracle pyrénéen jue le fabuleux climat local transforme en or. La magie opère pleinement avec ce nectar réjouissant, passé à ın souffle du coup de cœur. Vinifié et élevé en cuve, il 'ouvre sur des parfums captivants de truffe, de miel et l'abricot confit, prolongés par une bouche ample, paraitement équilibrée, offrant à la fois beaucoup de gras ɛt de richesse et une grande fraîcheur. ⧗ 2026-2032

DOM. PEYRETTE, Dom. Peyrette, 23, chem. des Vignes, 64360 Cuqueron, él. 05 59 21 31 10, domaine.peyrette@orange.fr V *t.l.j. 9h-12h 14h-18h30*

CH. DE ROUSSE Réserve 2022 ★★

| 10 000 | | 8 à 11 € |

Jn domaine de 11 ha conduit depuis 2000 par les frères Marc et Olivier Labat. Cultivées en étroites errasses, les vignes exposées au sud-sud-est sont lisposées en amphithéâtre, avec à l'arrière-plan la haîne des Pyrénées. Henri IV y venait chasser.

.a robe dorée soutenue témoigne d'une maturité aboutie des raisins (petit et gros mansengs, petit courbu) à l'œuvre dans ce liquoreux ouvert sans réserve sur les arômes de fruits confits et de pâte de coing. Une palette qui trouve un bel écho dans une bouche ample, puissante, riche, veloutée, soulignée par une acidité habilement intégrée. On met en cave pour quelques années. ⧗ 2027-2024 **Séduction 2022 ★★ (15 à 20 €; 6000 b.)** Le seul petit manseng à l'œuvre dans e liquoreux ample, dense, généreux, très aromatique et long, où l'on perçoit des arômes bien mariés de fruits confits, de pâte de coing et de boisé torréfié. Une bien belle gourmandise, et pour quelques années encore. ⧗ 2027-2034

EARL CH. DE ROUSSE, 723, rte de la Chapelle-de-Rousse, 64110 Jurançon, él. 05 59 21 75 08, chateauderousse@wanadoo.fr V *t.l.j. 9h-19h*

B DOM. DE SARROS La Vallée heureuse 2022 ★

| 1050 | | 15 à 20 € |

Situé à Gelos, village voisin de Pau et de Jurançon, ce petit domaine (2 ha) a été restauré en 2004, replanté l'année suivante et converti à l'agriculture biologique. Le chai de vieillissement est aménagé sous la maison d'habitation datant du XIXes. L'exploitation est conduite depuis 2017 par Hugues Chadal et Jean-Luc Ducasse.

Un 100 % petit manseng assurément plein de caractère mais encore dans la retenue. Le nez demande un peu d'agitation et de patience, récompensées par une belle panoplie d'arômes de fleurs blanches, fruits jaunes, vanille et fruits secs. Une subtile complexité que l'on retrouve dans une bouche souple en attaque, ronde dans son développement et bien fraîche dans sa finale. Un vin équilibré, abordable dès à présent, mais qui ne craindra pas un peu de garde. ⧗ 2024-2028

CHAPAL ET DUCASSE, 390, vallée Heureuse, 64110 Gelos, tél. 06 30 67 64 23, domainedesarros@gmail.com V *r.-v.*

♥ B DOM. VIGNAU LA JUSCLE 2022 ★★

| 4 500 | | 11 à 15 € |

Acheté en 1983 et replanté par Michel Valton, chirurgien devenu vigneron, ce domaine de 5 ha cultivé en bio est installé à l'emplacement d'une ferme du XVIIIes. Il est traversé par un sentier de randonnée, une occasion pour les promeneurs de faire halte pour découvrir une vue imprenable sur les Pyrénées et les vins de ce domaine, valeurs sûres du Guide. Le fils, Antonin, a pris le relais en 2014.

Petit manseng (60 %), petit courbu et camaralet unis pour le meilleur dans ce jurançon sec qui a tout pour lui : une seyante robe jaune à reflets dorés qui souligne la belle maturité des raisins et un élevage soigné (en fût, demi-muid et amphore), une remarquable complexité aromatique (fruits jaunes, fruits exotiques, miel, vanille, noix de coco) et une bouche riche sans lourdeur, finement texturée, équilibrée, qui se déploie tout en longueur, avec classe. Déjà savoureux, on lui prédit aussi un bel avenir en cave. ⧗ 2025-2030

DOM. VIGNAU LA JUSCLE, 364, chem. Mantoulan, 64290 Aubertin, tél. 06 58 99 64 88, antonin.valton@gmail.com V *r.-v.*

IROULÉGUY

Superficie : 214 ha
Production : 6 380 hl (88 % rouge et rosé)

Dernier vestige d'un grand vignoble basque dont on trouve la trace dès le XIes., l'irouléguy témoigne de la volonté des vignerons de perpétuer l'antique tradition des moines de Roncevaux. Le vignoble s'étage sur le piémont pyrénéen, dans les communes de Saint-Étienne-de-Baïgorry, d'Irouléguy et d'Anhaux. Les cépages d'autrefois ont à peu près disparu pour laisser place au cabernet-sauvignon, au cabernet franc et au tannat pour les vins rouges et rosés, au courbu et aux gros et petit mansengs pour les blancs. De couleur cerise, le rosé est vif et léger, le blanc, fruité et frais, le rouge, charnu, volontiers tannique et de bonne garde.

♥ DOM. ETXONDOA
Xut 2022 ★★

■ | 7000 | 15 à 20 €

Olivier Pouchoulou s'est installé en 2020, après des études d'œnologie à Bordeaux et en Bourgogne, et après avoir travaillé en Côte Rôtie, dans la Vallée du Rhône. Á sa disposition, un vignoble de 7 ha sur les pentes raides de l'Arradoy, conduit en bio non certifié.

Drapé dans une élégante robe jaune d'or aux nuances vertes, ce magnifique irouléguy dévoile un bouquet épanoui et délicat de fleurs blanches. Une attaque souple ouvre sur une bouche d'une grande finesse et persistance aromatiques, parfaitement équilibrée, à la fois ample, puissante et fraîche, relevée par de beaux amers en finale. Du relief et de l'élégance de bout en bout. ⧗ 2024-2027 ■ **Xut 2022 ★ (15 à 20 €; 10000 b.)** Cette cuvée offre une belle montée en puissance aromatique à l'olfaction, autour des fruits noirs confiturés et des notes finement toastées du merrain. Arômes prolongés par une bouche ronde, soyeuse et gourmande, qui ne manque pas de fraîcheur. ⧗ 2024-2028

OLIVIER POUCHOULOU, Dom. Etxondoa, 107, chem. d'Antxiburua, 64220 Ispoure, tél. 06 71 40 99 08, etxondoa@gmail.com V *r.-v.*

Ⓑ DOM. ILARRIA 2022 ★

■ | 4500 | 20 à 30 €

Peio Espil reprend en 1987 le domaine familial, où l'on cultive la vigne depuis des siècles. Premier des viticulteurs de l'appellation à vinifier en dehors de la coopérative, il s'engage dans l'agriculture biologique au cours des années 1990. Aujourd'hui, il exploite 10 ha.

D'un seyant jaune clair et brillant, ce vin livre un bouquet harmonieux de fleurs blanches et d'agrumes. Il attaque avec franchise en bouche, se montre bien frais, tendu comme il faut mais sans excès, offrant un bon volume et une trame aromatique en cohérence avec le nez, puis s'étire dans une jolie finale stimulée par de fins amers. Un blanc énergique. ⧗ 2024-2027

DOM. ILARRIA, Bourg, 37, Pikatorreko Bidea, 64220 Irouléguy, tél. 05 59 37 23 38, ilarria@wanadoo.fr V *t.l.j. sf sam. dim. 14h30-18h*

♥ LA CAVE D'IROULÉGUY
Omenaldi 2020 ★★

■ | 38000 | 15 à 20 €

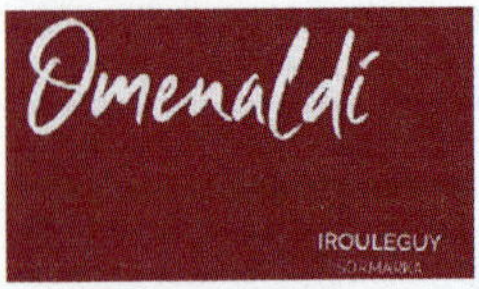

Non loin de Saint-Étienne-de-Baïgorry et de son château, la coopérative a été créée en 1952, une année avant la promotion des irouléguy en «vins délimités de qualité supérieure». Elle a participé à l'ascension de l'appellation et amorcé un virage qualitatif au cours des années 1990. Aujourd'hui, elle regroupe 40 viticulteurs qui apportent le fruit de près de 140 ha. Les chais ont été rénovés à plusieurs reprises après 2000 (avec notamment, après 2015, la création d'un nouveau cuvier de petite capacité et d'un nouveau magasin). Une valeur sûre.

Fidèle au rendez-vous, la cave d'Irouléguy décroche un nouveau coup de cœur avec cette cuvée «hommage» (*omenaldi* en basque), née des meilleures parcelles de tannat, avec le cabernet franc en appoint. Robe d'un beau rouge carmin, nez intense de fruits noirs mâtinés d'un doux boisé (épices, tabac blond, toasté), l'approche a tout bon. La suite est au diapason : une attaque franche et nette, un milieu de bouche charnu et soyeux, soutenu par des tanins veloutés, avec un fruit qui s'associe sans fausse note au merrain, une longue finale. Déjà charmeur en diable, ce vin en a encore sous le tanin. ⧗ 2026-2032 ■ **Kattalin 2020 ★ (11 à 15 €; 70000 b.)** Ⓑ Parfumé de petits fruits rouges à l'eau-de-vie au nez comme en bouche, cette cuvée se révèle souple et ronde, épaulée par des tanins légers et fondus. Un ensemble gouleyant et prêt à boire. ⧗ 2024-2027

SCA CAVE D' IROULÉGUY, CD 15, rte de St-Jean-Pied-de-Port, 64430 Saint-Étienne-de-Baïgorry, tél. 05 59 37 41 33, iban.falxa@cave-irouleguy.com V *t.l.j. sf lun. sam. dim. 9h30-12h30 14h30-18h*

FLOC-DE-GASCOGNE

Le floc-de-gascogne est produit dans l'aire géographique de l'appellation armagnac. Il s'agit d'un vin de liqueur muté à l'aide de la célèbre eau-de-vie. La région viticole fait partie du piémont pyrénéen et se répartit sur trois départements : le Gers, les Landes et le Lot-et-Garonne. Afin de donner une force supplémentaire à l'antériorité de leur production, les vignerons du floc-de-gascogne ont mis en place un principe nouveau qui n'est ni une délimitation parcellaire telle qu'on la rencontre pour les vins ni une simple aire géographique comme pour les eaux-de-vie. C'est le principe des listes parcellaires approuvées annuellement par l'INAO.

Les blancs sont issus des cépages colombard, gros manseng et ugni blanc, qui doivent ensemble représenter au moins 70 % de l'encépagement et ne peuvent dépasser seuls 50 % depuis 1996, avec pour cépages complémentaires le baroque, la folle blanche, le petit manseng, le mauzac, le sauvignon, le sémillon. Pour les rosés, les cépages sont le cabernet franc et le cabernet-sauvignon, le côt, le fer servadou, le merlot et le tannat, ce dernier ne pouvant dépasser 50 % de l'encépagement. Les règles de production mises en place par les producteurs sont contraignantes : 3 300 pieds/ha taillés en guyot ou en cordon, nombre d'yeux à l'hectare toujours inférieur à 60 000, rendement de base des parcelles inférieur ou égal à 60 hl/ha…

Les moûts récoltés ne peuvent avoir moins de 170 g/l de sucres. La vendange, une fois égrappée et débourbée, est mise dans un récipient où le moût peut subir un début de fermentation. Aucune adjonction de produits extérieurs n'est autorisée. Le mutage se fait avec une eau-de-vie d'armagnac

d'un compte d'âge minimum 0 et d'un degré minimum de 52 % vol. Tous les lots de vins sont dégustés et analysés. En raison de l'hétérogénéité toujours à craindre de ce type de produit, l'agrément se fait en bouteilles et ces dernières ne peuvent sortir des chais des récoltants avant le 15 mars de l'année qui suit celle de la récolte.

DOM. DE BILÉ 2022 ★

| 10 600 | | 11 à 15 € |

Un domaine familial de 25 ha, entre les mains du «clan» Della-Vedove – Didier et Marie-Claude, et leurs fils Romain et Thibault – établi non loin de Bassoues, une bastide fortifiée dominée par son donjon. Plantation du vignoble en 1968, premiers armagnacs en 1973, premiers flocs vers 1990. En 2021, le domaine a obtenu le label HVE et a créé un circuit touristique dans les vignes.

Le nez encore timide, plutôt floral, ouvre sur une bouche élégante, harmonieuse, qui séduit par sa texture fondante et son fruit, plus expressif et persistant, aux accents de pomme cuite, de poire et de miel. ⧗ 2024-2027

GAEC DELLA VEDOVE (DOM. DE BILÉ), Bilé, 32320 Bassoues, tél. 06 12 86 01 97, contact@domaine-de-bile.com t.l.j. 9h-19h; dim. 9h-12h30

♥ DOM. DES CASSAGNOLES 2023 ★★

| 2762 | | 8 à 11 € |

Autrefois consacré à la seule production d'armagnac, le domaine campe à Gondrin, au cœur de la Ténarèze. Installés en 1974, Janine et Gilles Baumann se sont lancés dans l'élaboration des «flocs de terroir» et des IGP. En 2010, leur fille Laure a repris l'exploitation, qui compte aujourd'hui 60 ha. Une valeur sûre.

Le domaine, qui sait tout faire et bien faire, récolte deux grands coups de cœur, les seuls de l'année dans l'appellation. Le premier va à ce petit bijou poli par un long séjour en fût qui n'a altéré ni la robe, pâle, ni le nez, intense, pétri de fruits exotiques et de pêche blanche. Le sucre se fond joliment dans une bouche ample, caressante, miellée, arrondie par l'élevage, qui restitue la pureté de fruit perçue au nez. Un modèle d'harmonie. ⧗ 2024-2028 ■ ★★ (8 à 11 €; 1800 b.) ♥

De la brillance dans la robe, rubis aux reflets violacés, de l'éclat dans les arômes de fruits rouges, de fleurs et se sous-bois, voilà une entrée en matière engageante. Aucune déception en bouche : c'est velouté, savoureux, pétri de fruit, croquant et d'une fraîcheur insolente. Un floc juteux qui conserve une sapidité redoutable. ⧗ 2024-2027

SCEA DE LA TÉNARÈZE (DOM. DES CASSAGNOLES), 3981, av. de l'Europe, 32330 Gondrin, tél. 05 62 28 40 57, j.baumann@domainedescassagnoles.com t.l.j. sf dim. 9h-12h30 14h-18h; sam. 9h30-12h30 14h-17h30

DOM. CHIROULET Sensation fruit 2023 ★★

| 8000 | | 11 à 15 € |

Héritier de quatre générations de vignerons établies ici depuis 1893, Philippe Fezas contemple de son domaine de 55 ha (en bio certifié depuis 2021) la petite église du XIIIe s. érigée au hameau d'Heux, tout proche. Dans les rangs de vignes souffle le *chiroula*, un vent bienfaisant qui sèche les grappes, lesquelles donneront des flocs, des armagnacs et des IGP Côtes de Gascogne de haute expression. Une valeur sûre.

Muté avec les blanches les plus fines et florales, voilà un floc séduisant, aux parfums affirmés de miel, de fleurs et de fruits secs. L'abricot séché se précise dans un palais généreux, onctueux, aux parfums matures et à la longue finale un rien chaleureuse. Parfait avec une tarte Tatin. ⧗ 2024-2027

EARL FAMILLE FEZAS, Dom. Chiroulet, 32100 Larroque-sur-l'Osse, tél. 05 62 28 02 21, maisonfezas@chiroulet.com t.l.j. sf ven. sam. dim. 9h-12h 14h30-18h

DOM. D'EMBIDOURE 2023 ★★

| 4000 | | 11 à 15 € |

Établies en Haut-Armagnac, à Réjaumont, les sœurs Ménégazzo, Nathalie et Sandrine, ont ajouté les flocs et les vins de pays à la tradition bachique inaugurée par leur père avec l'armagnac. Elles ont abandonné leurs vergers de pommiers pour se consacrer à leurs 36 ha de vignes. Une valeur sûre de la Gascogne viticole.

On aime tout dans ce floc très équilibré : le rubis brillant de la robe, les parfums qui déclinent le noyau de cerise, les épices, le fruit rouge bien mûr et la violette, et la bouche tendre, ample, douce, qui conserve un bien joli dynamisme. ⧗ 2024-2027 ■ **2023 ★ (11 à 15 €; 4500 b.)** Un floc harmonieux, aux parfums élégants d'amande, de fleurs blanches et de prune, qui livre une bouche ronde et douce, avec cette petite amertume agréable en finale qui équilibre l'ensemble. ⧗ 2024-2027

EARL MÉNÉGAZZO FILLES (DOM. D'EMBIDOURE), 621, chem. d'Embidoure, 32390 Réjaumont, tél. 05 62 65 28 92, menegazzo.embidoure@wanadoo.fr t.l.j. sf sam. dim. 9h-12h 14h-18h30

DOM. ENTRAS ★

| 2730 | | 11 à 15 € |

Tout a commencé après-guerre dans la Ténarèze : Zoé et Miguel Maestrojuan sont ouvriers agricoles à la ferme de Bordeneuve, qu'ils finissent par acheter. Aujourd'hui, leurs héritiers, qui ont abandonné la production laitière, cultivent 29 ha de coteaux entre l'Auloue et la Baïse. Michel Maestrojuan, à la tête du domaine depuis 2011, a obtenu la certification bio sur une grande partie du vignoble et s'est lancé dans la biodynamie. Une valeur sûre.

Le colombard dominant dans ce floc longuement élevé en fût (24 mois). La robe en tire ses reflets dorés et le nez ses parfums épanouis de miel, de fleurs (acacia, aubépine) et de pâte de coing. Cette palette aromatique ne perd rien en séduction dans une bouche concentrée, généreuse, mais fraîche, où les fragrances de miel l'emportent en finale. ⧗ 2024-2028

⊶ *EARL BORDENEUVE-ENTRAS, Entras, 32410 Ayguetinte, tél. 05 62 68 11 41, contact@domaine-entras.fr* V ✶ ◼ *t.l.j. 9h-12h30 14h-18h; sam. dim. sur r.-v.*

FERME DE GAGNET 2023 ★★

■	5000	▮	11 à 15 €

Établie à Mézin, bourg connu jadis pour ses bouchonniers, aux confins sud-ouest du Lot-et-Garonne, Marielle Tadieu a pris en 1993 la suite de son père et de son grand-père. Entourée d'une équipe 100 % féminine, elle conduit 10 ha de vignes et un élevage de canards, dont les foies gras accompagnent fort bien le floc.

Un rosé tirant sur le rubis, au nez flatteur et très intense centré sur les fruits rouges, fraise en tête. Riche, raisonnablement chaleureuse, avec un sucre joliment intégré à la matière, la bouche ne dénote pas et offre un grand bol de cerises et de cassis. En un mot, gourmand. ⧗ 2024-2027

⊶ *EARL FERME DE GAGNET, Gagnet, 47170 Mézin, tél. 06 82 36 19 82, fermedegagnet@gmail.com* V ✶ ◼ *t.l.j. sf dim. 9h-13h 15h-19h* ⌂ C

LES HAUTS DE MONTROUGE Lafontan ★

■	28000	▮	8 à 11 €

Créée en 1963, la coopérative de Nogaro, au cœur du Bas-Armagnac, a été rebaptisée en 2016 Les Hauts de Montrouge. Regroupant une cinquantaine de viticulteurs pour quelque 1 200 ha de vignes, elle propose armagnacs et floc-de-gascogne issus de sables fauves, ainsi qu'une gamme de vins en IGP Côtes de Gascogne.

Un peu discrets à l'ouverture, les arômes de coing et de prune se libèrent dans une bouche large, généreuse, où la douceur, l'alcool et la fraîcheur font très bon ménage. Harmonieux donc et d'une longueur remarquée, c'est un bel ambassadeur de l'appellation. ⧗ 2024-2027

⊶ *SCA LES HAUTS DE MONTROUGE, rte d'Aire-sur-l'Adour, 32110 Nogaro, tél. 05 62 09 01 79, info@hdmontrouge.com* V ✶ ◼ *t.l.j. 9h-12h30 14h-17h30*

DOM. DE LARTIGUE 2023 ★★

■	3500	▮	11 à 15 €

Proche d'Eauze, au cœur du Bas-Armagnac, ce domaine de 60 ha a été fondé en 1952 par le grand-père de Sonia et Jérôme Lacave, horticulteur et pépiniériste. Il a ajouté à sa production de plants de vignes, des armagnacs, des flocs et des IGP Côtes de Gascogne.

Muté avec un jeune armagnac, voilà un floc épanoui, qui livre par paliers ses nuances de miel, de fruits confits, puis de citron et de verveine. L'abricot et la banane séchée prennent le relai dans une palais équilibré, facile à boire, tendre et plus vivace en finale. ⧗ 2024-2027 ■ **★ (11 à 15 €; 3500 b.)** Merlot et cabernet-sauvignon à parts égales dans ce rosé retenu à l'olfaction, plus épicé et miellé que fruité, qui a pour lui une bouche élégante et légère, où le douceur se fait discrète. ⧗ 2024-2026

⊶ *EARL FRANCIS LACAVE, Au Village, 32800 Bretagne-d'Armagnac, tél. 06 12 25 92 78, francis.lacave@orange.fr* V ✶ ◼ *r.-v.*

DOM. DE MALARTIC Saveur Gascogne ★★

■	8000	▮	8 à 11 €

Installé à Sarragachies, village des coteaux de l'Adour abritant de très vieux ceps inscrits aux Monuments historiques, Sébastien Périssé a pris en 1997 la suite de quatre générations sur ce domaine, propriété de sa famille depuis 1901. Le vignoble de 68 ha produit de l'armagnac, du floc-de-gascogne et des IGP Côtes de Gascogne.

Le jury salue un floc bien équilibré sur la fraîcheur, dont les arômes pâtissiers et fruités (prune, fruits blancs) perçus au nez se font plus floraux dans une bouche volumineuse, bien balancée entre douceur et vivacité. Le parfait floc d'apéritif. ⧗ 2024-2027 ■ **Saveur Gascogne ★ (8 à 11 €; 6500 b.)** Un floc généreux et gourmand couleur cerise, très ouvert sur les petits fruits rouges et noirs. La bouche se montre riche, très miellée, pas avare en fruits et dominée en finale par la chaleur de l'armagnac. ⧗ 2024-2027

⊶ *GAEC PÉRISSÉ (DOM. DE MALARTIC), Dom. de Malartic, 32400 Sarragachies, tél. 06 08 01 63 63, contact@domainedemalartic.com* V ◼ *r.-v.*

CH. DE MILLET ★

■	7000	▮	8 à 11 €

Fondé en 1890 à Eauze, l'une des plus anciennes cités de Gascogne, au cœur du Bas-Armagnac, le domaine (90 ha aujourd'hui) est passé de la polyculture à la viticulture et propose des IGP Côtes de Gascogne, des flocs et quelques armagnacs. Francis et Lydie Dèche ont passé le relais en 2002 à leur fille Laurence, qui continue de développer l'œnotourisme (expositions, représentations théâtrales...). Une valeur sûre.

Un élevage de 6 mois en cuve pour ce floc aux franches notes de fruits rouges et de cassis, réhaussées d'une touche épicée. Les fruits bien mûrs insistent dans une bouche de bon volume, très parfumée et d'un équilibre assurée entre douceur et fraîcheur. ⧗ 2024-2027

⊶ *EARL CH. DE MILLET, 3356, rte de Parlebosc, 32800 Eauze, tél. 05 62 09 87 91, info@chateaudemillet.com* V ✶ ◼ *t.l.j. sf dim. 9h-12h 14h-18h* ⌂ D

DOM. DE POLIGNAC ★★

■	5000	▮	8 à 11 €

Village gascon posé au milieu du vignoble de l'Armagnac, Gondrin est situé sur l'une des routes empruntées jadis par les pèlerins de Saint-Jacques-de-Compostelle. Jacques Gratian, à la tête de l'exploitation familiale (plus de 41 ha) depuis 1981, a passé le relai à son fils Rémi en 2019. Armagnac, floc-de-gascogne et IGP Côtes de Gascogne sont au programme.

La robe foncée annonce un nez puissant où percent franchement le cassis et la cerise bien mûre. L'armagnac accompagne le fruit et impose sa puissance dans une bouche épicée, ample, d'une longueur conséquente, certes capiteuse mais d'un équilibre magistral. On tutoie le coup de cœur. ⧗ 2024-2028 ■ **★ (8 à 11 €; 5500 b.)**

Un floc consistant, pétri de miel, de fruits secs et de fruits jaunes en confiture, qui emplit le palais d'une liqueur intense marquée par la chaleur de l'armagnac en finale. De table, avec un foie gras poêlé par exemple. ⧗ 2024-2028

⊶ EARL GRATIAN (DOM. DE POLIGNAC), Polignac, 32330 Gondrin, tél. 05 62 28 54 74, contact@domainedepolignac.fr V t.l.j. 9h-12h30 14h-17h; sam. dim. sur r.-v.

SAINT-LANNES ★

	4000		11 à 15 €

Au hameau de Saint-Lannes, dans les années 1950, les gens vivaient l'autarcie à la gersoise entre céréales, vaches, basse-cour et vignes. Michel Duffour, arrivé en 1973 sur l'exploitation familiale, l'a dédiée à la viticulture et a élaboré sa première bouteille de vin en 1982. Son fils Nicolas, a pris le relais en 2004 sur les 95 ha.

Le colombard et le gros manseng associés dans ce floc bien né, ouvert sur des parfums de mangue, de miel et d'abricot. La bouche apparaît riche, corpulente, grasse, puissamment parfumée, équilibrée par une pointe de vivacité bienvenue en finale. ⧗ 2024-2027

⊶ SARL NICOLAS DUFFOUR, Saint-Lannes, 32330 Lagraulet-du-Gers, tél. 05 62 29 11 93, contact@saint-lannes.fr V r.-v.

SILAS Catherine Marcelin 2022 ★

	2500		11 à 15 €

Silas Marcellin conduit depuis 2011 ce domaine familial de 120 ha, dont 43 ha de vignes, implanté en Ténarèze sur les coteaux de Gascogne. Il élabore des IGP Côtes de Gascogne, des floc-de-gascogne et des armagnacs et cultive des pruniers qui donnent des pruneaux d'Agen.

La robe est très soutenue, comme le nez, riche et intense, entre fruits rouges en confiture, pruneau et épices douces. Dans le prolongement, la bouche livre une bien jolie matière, épanouie, à la sucrosité affirmée, chaleureuse et longue à souhait. ⧗ 2024-2027

⊶ SCEA DES REMPARTS, Le Bourdilet, 32100 Condom, tél. 05 62 28 39 30, domainelesremparts@silas.fr V t.l.j. 9h-12h30 13h30-17h; sam. dim. sur r.-v.

IGP AGENAIS

BARON DE LISSE Sauvignon blanc 2023 ★

	6000		5 à 8 €

Commandé par un château du XIVe s., un domaine proche de Nérac, viticole depuis le XIX e s. Il est conduit depuis 2001 par Cedric Walcker, qui dispose aujourd'hui de 12,5 ha de vignes.

Brillant et limpide, ce sauvignon livre un bouquet délicat de fleurs (acacia, aubépine) et de fruits blancs, qui trouve un heureux prolongement dans une bouche fraîche, souple, de bonne longueur, stimulée par la fine amertume du pamplemousse en finale. Idéal sur un plateau de fruits de mer. ⧗ 2024-2026

⊶ SCEA CH. DE LISSE, Ch. de Lisse, 47170 Réaup-Lisse, tél. 05 53 65 19 87, info@bonaslisse.com V t.l.j. sf sam. dim. 14h-17h50

IGP ARIÈGE

DOM. DE LASTRONQUES Syrah 2022 ★★

	8000		8 à 11 €

Situé au nord du département, sur des coteaux argilo-calcaires de la vallée de la Lèze, face aux Pyrénées, ce domaine de 16 ha (en conversion bio), créé en 1998 par Andrea et Christian Zeller sur les terres d'une ancienne seigneurie du XVIIIe s., est l'un des acteurs de la renaissance du vignoble ariégeois et l'une des valeurs sûres de l'IGP locale. Laure, la fille des fondateurs, a pris la relève en 2024.

Très attrayante à l'œil, d'un beau pourpre intense et brillant, cette syrah bien née va crescendo à l'olfaction, livrant par touches ses arômes complexes de sésame grillé, puis de fruits rouges et noirs, de menthol et de poivre. Une attaque franche prélude à un cœur de bouche onctueux et opulent, étayé par des tanins intenses et épicés. Un vin cossu, large, très harmonieux, à laisser respirer encore un peu en cave. ⧗ 2025-2030

⊶ DOM. DE LASTRONQUES, 168, chem. de Lastronques, 09210 Lézat-sur-Lèze, tél. 05 61 69 12 13, contact@domainedelastronques.fr r.-v.

IGP AVEYRON

DOM. LAURENS Cuvée des Flars 2022 ★

	2000		11 à 15 €

Quand Michel Laurens revint à Clairvaux en 1983 et qu'il retrouva son frère Gilbert, il décida avec lui d'étendre le domaine familial et de poursuivre l'œuvre de leur père, Henri, qui avait commencé à restaurer le vignoble : rachat de vieilles vignes, de terrasses, de terres en friche, défrichage, plantations. Après des années de travail, la propriété qui couvrait à l'origine 1,5 ha s'étend aujourd'hui sur 25 ha. La nouvelle génération (Vincent, Éric et Pascal) a pris les commandes en 2015. Un incontournable de l'appellation marcillac.

Un assemblage complexe de sauvignon, chenin et muscadelle, associés aux très rares felen et saint-côme, originaires du Sud-Ouest. Cela donne un blanc couleur paille aux nuances vertes, au nez intense de coing et de miel, avec un côté pâtissier apporté par un léger boisé, à la bouche bien fraîche, qui s'étire sur une acidité citronnée bien intégrée. Une jolie découverte. ⧗ 2024-2027

⊶ GAEC DOM. LAURENS, 7, av. de la Tour, 12330 Clairvaux-d'Aveyron, tél. 05 65 72 69 37, info@domaine-laurens.com V t.l.j. sf dim. 10h-12h 14h-19h

BLANC DU VALLON Chenin et sauvignon 2023 ★

	10000		8 à 11 €

Établie dans le fameux vallon de Marcillac, la coopérative, créée en 1965, regroupe une quarantaine de vignerons qui cultivent 105 ha. Elle fournit 55 % de la production de l'appellation. Une valeur sûre.

Drapé dans une robe d'or pâle, ce vin dévoile des parfums francs de fleurs blanches, d'ananas et de pêche blanche. Arômes qui trouvent un écho persistant dans une bouche d'une belle vivacité. Un blanc énergique, simple et efficace, tout indiqué pour un apéritif aux accents marins. ⧗ 2024-2026

LES VIGNERONS DE ROUGIER, RD 840, 12330 Valady, tél. 05 65 72 70 21, valady@groupe-unicor.com V *t.l.j. sf dim. 9h-12h 14h-18h*

IGP COMTÉ TOLOSAN

FAMILLE BALDÈS
Vin de lune Viognier chardonnay 2023 ★

	12200		8 à 11 €

En 1830, Étienne Baldès plante ses premières vignes au Clos Triguedina. Après des expériences en Bourgogne et dans le Bordelais, Jean-Luc Baldès (septième génération) prend la suite en 1990. Il agrandit le vignoble – 65 ha aujourd'hui dont 40 ha de malbec, plantés essentiellement sur les trois plus belles terrasses de l'appellation cahors (à Vire-sur-Lot, Puy-l'Évêque et Floressas) –, fait du domaine l'une des grandes références cadurciennes et s'impose comme un ambassadeur incontournable du malbec. Clos Triguedina ? Les pèlerins de Saint-Jacques de Compostelle avaient l'habitude de s'y restaurer : «*me trigo de dina*» signifie «il me tarde de dîner» en occitan.

Viognier et chardonnay à parts égales dans ce blanc pâle aux reflets argentés, au nez atypique mais complexe, à la fois beurré, minéral et légèrement oxydatif. Une attaque ample ouvre sur un cœur de bouche bien tendu, sur la pomme et le buis, avant une finale acidulée qui ajoute au dynamisme de l'ensemble. Original et énergique. ⧗ 2024-2027

CLOS TRIGUEDINA, Les Poujols, 46700 Vire-sur-Lot, tél. 05 65 21 30 81, contact@jlbaldes.com V *t.l.j. sf dim. 9h-12h 14h-18h*

B DOM. BORDATTO Erotasuna 2022 ★

	4970		11 à 15 €

Pascale et Bixintxo Aphaule se sont installées en 2001, hors du cadre familial, sur les terres basques de Jaxu : 2,7 ha aujourd'hui (en bio), en appellation irouléguy et en IGP Pyrénées-Atlantiques, complétés par 4 ha de vergers pour la production de cidre et de vin de pommes.

Erotasuna ? «Folie» en basque. Dans le verre, un assemblage de marselan (90 %) et de cabernet franc qui s'ouvre sur d'intenses parfums de cassis. La bouche se révèle franche fraîche, alerte, dotée de tanins souples et d'une fruité mûr. Un bon «vin de copains» à mettre dans le panier avant le pique-nique. ⧗ 2024-2028

DOM. BORDATTO, 450, chem. de Bordatto, 64220 Jaxu, tél. 06 87 44 80 91, badatto@orange.fr V *r.-v.* E

♥ CABIDOS
Pyrénées Atlantiques Le Luy Petit Manseng 2017 ★★★

	8000		8 à 11 €

Agriculteur originaire de l'Aisne, Vivien de Nazelle avait hérité d'une gentilhommière dans le nord du Béarn. Découvrant son passé viticole, il entreprit à partir de 1995 d'y développer le vignoble et planta notamment du petit manseng : 9 ha aujourd'hui, et des installations dernier cri qui lui permettent d'élaborer d'excellents vins, blancs secs et doux notamment, très souvent en vue dans ces pages. En 2015, le domaine a été repris par Robert Alday, promoteur et constructeur de la côte basque.

Un nouveau coup de cœur pour le domaine, impressionnant de régularité. Il signe ici un liquoreux qualifié «de méditation» par un jury sous le charme. Robe d'or et d'ambre, nez «explosif», riche et complexe, sur la viennoiserie, le miel de garrigue, l'eucalyptus, le tabac blond, la noix ou encore le curry : l'entame est impressionnante. Le vin ne baisse pas d'un ton en bouche un équilibre souverain entre une matière riche, ample corpulente, un boisé bien fondu et une fraîcheur acidulée qui lui confère beaucoup de nerf et de longueur Déjà savoureux, mais il n'a pas dit son dernier mot ⧗ 2024-2034 **Pyrénées Atlantiques Gaston Phœbus Petit Manseng 2020 ★ (11 à 15 €; 4600 b.)** Un élevage pour partie dans de vielles barriques (10 mois) pour ce blanc sec original, aux arômes de fruits secs, de gelée de coing et d'hydrocarbure, ample et suave en bouche équilibré par une fine acidité. ⧗ 2024-2028

DOM. DU CH. DE CABIDOS, 303, rte du Chateau, 64410 Cabidos, tél. 05 59 04 43 41, contact@chateau-de-cabidos.com V *t.l.j. 8h-17h; sam. dim. sur r.-v*

♥ L'ESCUDÉ
Osez l'Escudé Petit Manseng 2022 ★★

	1500		8 à 11 €

En 2004, Laurent et Murielle Caube décident d'apporter un nouveau souffle à cette ancienne ferme béarnaise. Ils louent des parcelles de vieilles vignes et transforment le poulailler en chai, puis la grange en cuvier. Depuis, ils produisent avec brio, sur 7,5 ha, dans toutes les couleurs et sous deux étiquettes : L'Escudé et le Dom. de Moncade. Incontournable

Une nouvelle ligne au palmarès bien fourni des Caube avec ce liquoreux somptueux dans sa robe aux nuances vieil or. Le nez, très élégant, subtil, d'une rare complexité mêle des parfums de miel de tilleul, de compote de pomme, de pâte de coing, de reine-claude ou encore de fruits secs. La bouche apparaît ample, douce, riche sans lourdeur, relevée par un trait de citron et une pincée d'épices orientales, avant de s'alanguir en finale sur des notes gourmandes de tarte Tatin. Réjouissant de bout en bout, et pour encore quelques années. ⧗ 2024-2030 **Osez l'Escudé 2022 ★ (5 à 8 €; 3200 b.)** Un rosé 100 % cabernet franc d'une bonne intensité aromatique sur les fruits rouges, le bonbon et des nuances florales frais et énergique en bouche, souligné par une fine trame minérale. Friand et facile à aimer. ⧗ 2024-2025

L'ESCUDÉ, 220, chem. de l'Escudé, 64410 Cabidos, tél. 06 07 47 10 27, vin.lescude@orange.fr V *r.-v.*

LE CADET DE LABASTIDE ★

	56000		5 à 8 €

La plus ancienne coopérative du Tarn (fondée en 1949) est aussi le plus gros producteur de vins blancs de la région. Elle s'est illustrée dès 1957 en créant le gaillac perlé. Elle regroupe aujourd'hui une centaine d'adhérents et quelque 900 ha de vignes.

Un rosé friand, qui dévoile un nez expressif de framboise et de cassis. La bouche apparaît souple, ronde, bien fruitée, stimulée par une pointe citronnée en finale. Sobre et de bon goût. ⧗ 2024-2025

CAVE DE LABASTIDE, La Barthe, 81150 Labastide-de-Lévis, tél. 05 63 53 73 73, commercial@cave-labastide.com V *t.l.j. sf dim. 9h-12h 14h-18h*

DOM. DE MONTELS
Coteaux et terrasses de Montauban Prestige2023 ★

| 15000 | 5 à 8 € |

Thierry et Philippe Romain sont propriétaires de trois domaines : Ch. Montels à Albias, fleuron de l'IGP Coteaux et terrasses de Montauban, le Mas des Anges dans la même IGP, et Serre de Bovila, à Fargues, 8 ha acquis en 2010 sur l'un des sites les mieux exposés de l'appellation cahors. L'ensemble fait 70 ha.

Sauvignon (70 %) et colombard unis dans ce blanc sec très énergique, bâti sur l'acidité, avec des tonalités intenses et vives de citron vert, agrémentés de légères nuances florales. Tout indiqué pour les fruits de mer. ⧗ 2024-2026

DOM. DE MONTELS, Chem. de la Tauge, 1531, dom. de Montels, 82350 Albias, tél. 06 82 10 78 93, philippe.romain.montels@orange.fr V *t.l.j. sf dim. 9h-12h 14h-19h* D

B LIONEL OSMIN ET CIE
La Baie orientale 2023 ★

| 30000 | 8 à 11 € |

Fils d'un bijoutier béarnais, Lionel Osmin est devenu ingénieur agricole et a fondé en 2010 une maison de négoce qui compte, spécialisée dans les vins du grand Sud-Ouest, d'Irouléguy à Bergerac, de Madiran à Marcillac. Aux commandes des vinifications de cette vaste gamme, l'œnologue Damiens Sartori.

Un assemblage atypique, aux tonalités alsaciennes : gewurztraminer, riesling, muscat, viognier. Dans le verre, un blanc logiquement très aromatique avec de tels cépages : rose, litchi, épices douces. Un caractère «oriental» en effet, auquel fait écho une bouche longue, fine, élégante, très fraîche, étirée sur de fins amers en finale. ⧗ 2024-2027

LIONEL OSMIN ET CIE, 9, rue Ada-Byron, 64000 Pau, tél. 05 59 05 74 09, comm@osmin.fr

VIGNERONS DU QUERCY Quercus 2023 ★★

| 6500 | - de 5 € |

Créée en 1984, cette coopérative est implantée à Montpezat-de-Quercy, très belle bastide située au nord du Tarn-et-Garonne, au milieu d'un pays vallonné, où la vigne compose avec de multiples cultures. La cave vinifie le produit de 125 ha récoltés par 24 adhérents et propose des cuvées certifiées bio.

Herbes fraîches, fleurs blanches, fruits jaunes, le nez ne manque pas de nuances, ni d'intensité, ni d'élégance. Traits de caractère que l'on retrouve dans une bouche ample, dense, offrant aussi une belle tension et une longue finale pleine d'allant et de fraîcheur. Un blanc qui ne laisse pas indifférent. ⧗ 2024-2027

SCA LES VIGNERONS DU QUERCY, 4555, rte de Paris, 82270 Montpezat-de-Quercy, tél. 05 63 02 03 50, lesvigneronsduquercy@wanadoo.fr V *t.l.j. sf dim. 9h-12h 14h-18h; été 9h-12h 14h-19h*

TERRA VALLONA Merlot cabernets 2023 ★★

| 200000 | - de 5 € |

Née en 2003 de la fusion de la cave de Beaupuy (1947), située sur la rive droite de la Garonne, et de celle de Cocumont (1956), sur la rive gauche, la coopérative de Marmande représente 92 % de la production de l'appellation, soit environ 900 ha pour 6 millions de bouteilles, répartis dans de nombreux domaines. Elle a remis à l'honneur l'abouriou, vieux cépage rouge du Lot-et-Garonne menacé de disparition, en lui aménageant un conservatoire en 2004.

Du merlot et les deux cabernets, mais pas que : on trouve aussi de l'abouriou, du malbec et du très rare egiodola, croisement entre le cépage portugais tinta negra mole et le local abouriou. Une curiosité donc, mais aussi et surtout un très bon vin, d'un seyant rouge intense, ouvert sur les fruits rouges et noirs (framboise, cerise, cassis), souple, frais et onctueux en bouche, épaulé par des tanins soyeux. Un joli «vin de copains», à ouvrir sans chichi. Sortez le barbecue et les grillades ! ⧗ 2024-2027 **Malbec 2023 ★ (- de 5 €; 30000 b.)** Un vin profond de robe, comme il se doit avec ce cépage, centré sur le fruit (prune, cerise) de bout en bout, souple et frais en bouche, sobre et de bon goût. ⧗ 2024-2027

LES MARMANDAIS, 301, rte de la Cave, Lieu-dit La Vieille Église, 47250 Cocumont, tél. 05 53 94 50 21, commercial@cavedumarmandais.fr V *t.l.j. sf dim. 9h-12h 14h-18h*

NICOLAS TORTIGUE Terroir de Bigorre 2115 2022 ★★

| 12000 | 8 à 11 € |

Issu d'une lignée de vignerons, Nicolas Tortigue s'installe en 2013 sur le Dom. de Larroque, rebaptisé Pyrénéales, clin d'œil au massif pyrénéen et à ses enfants Pierre et Alan. Il conduit près de 8 ha de vignes.

Ce vin, qui doit tout au tannat, tire son nom de l'altitude en haut du col du Tourmalet, célèbre sommet pour les amateurs du Tour de France, en haut duquel la vue embrasse tout le terroir de Bigorre. Dans le verre, un rouge sombre de robe, assez réservé au nez, plus expansif en bouche, autour des fruits rouges (groseille, cerise), frais, long, structuré par des tanins bien affinés. Parfait pour une belle viande rouge grillée. ⧗ 2024-2028 **Plaisir de Bigorre 1489 2023 ★ (5 à 8 €; 10000 b.)** Un rosé 100 % cabernet franc, très expressif, floral, fruité (cerise, grenade) et amylique, soyeux en attaque, plus frais et acidulé dans son développement. ⧗ 2024-2025

DOM. LES PYRÉNÉALES, chem. de Las-Techeneres, 65700 Madiran, tél. 06 88 39 59 00, lespyreneales@orange.fr V *r.-v.* E

IGP COTEAUX DE GLANES

LES VIGNERONS DU HAUT-QUERCY
Quatre Saisons Élevé en fût de chêne 2022 ★

| 15600 | 8 à 11 € |

À la fin des années 1960, sept vignerons ont réuni leurs compétences pour fonder la petite coopérative du Haut-Quercy, faisant ainsi renaître un vignoble qui existait déjà au IXe s. et qui s'étend aujourd'hui sur près de 40 ha.

Un pur merlot élevé quatre saisons en fût. Le nez porte encore la marque du chêne avec ses parfums vanillés, caramélisés et fumés qui pour l'heure masquent le fruit, de timides notes de fraise et de cerise pointant à l'aération. La bouche se révèle ample, cossue, portée par des tanins sur la voie de la sagesse. Encore un peu de patience. ⧗ 2027-2032

LES VIGNERONS DU HAUT-QUERCY, 84, rte de Pontouillac, 46130 Glanes, tél. 05 65 39 73 42, coteauxdeglanes@orange.fr V *r.-v.*

IGP CÔTES DE GASCOGNE

DOM. DES CASSAGNOLES Chill 2023 ★★

18 000 | 5 à 8 €

Autrefois consacré à la seule production d'armagnac, le domaine campe à Gondrin, au cœur de la Ténarèze. Installés en 1974, Janine et Gilles Baumann se sont lancés dans l'élaboration des « flocs de terroir » et des IGP. En 2010, leur fille Laure a repris l'exploitation, qui compte aujourd'hui 60 ha. Une valeur sûre.

Le colombard seul en scène dans ce blanc très volubile, au nez franchement exotique (litchi, mangue), floral et légèrement poivré. Une belle et forte acidité traverse une bouche rondelette à l'attaque, gorgée de fruit, légère, adoucie par un soupçon de sucres résiduels (7 g/l) et d'une longueur plus qu'honorable. Net, gourmand, facile et sans bavure. ⧗ 2024-2027 **Gros Manseng Réserve 2022 ★ (5 à 8 €; 5000 b.)** Une note vanillée égaie un nez intense, qui hésite entre fruits blancs et acacia. L'élevage en fût (12 mois) enrobe et adoucit une bien jolie bouche, tendue à souhait, revigorante, gourmande, qui ajoute au fruit (mirabelle, poire) une pincée de poivre. ⧗ 2024-2027

SCEA DE LA TÉNARÈZE (DOM. DES CASSAGNOLES), 3981, av. de l'Europe, 32330 Gondrin, tél. 05 62 28 40 57, j.baumann@domainedescassagnoles.com V *t.l.j. sf dim. 9h-12h30 14h-18h; sam. 9h30-12h30 14h-17h30*

DOM. CHIROULET Soleil d'automne 2022 ★★

90 000 | 8 à 11 €

Héritier de quatre générations de vignerons établies ici depuis 1893, Philippe Fezas contemple de son domaine de 55 ha (en bio certifié depuis 2021) la petite église du XIIIe s. érigée au hameau d'Heux, tout proche. Dans les rangs de vignes souffle le *chiroula*, un vent bienfaisant qui sèche les grappes, lesquelles donneront des flocs, des armagnacs et des IGP Côtes de Gascogne de haute expression. Une valeur sûre.

Un passerillage sous les derniers rayons de soleil de l'automne à l'origine de ce moelleux (45 g/l de sucres résiduels) qui marie les deux mansengs. Discret à l'olfaction, sur des nuances de miel, de coing et d'abricot cuit, le fruit gagne en intensité dans un palais ample où douceur et fraîcheur entretiennent une joyeuse complicité. Harmonieux donc, et très gourmand. ⧗ 2024-2028 **Côte d'Heux 2022 ★★ (11 à 15 €; 25000 b.)** Un 100 % gros manseng né de la Côte d'Heux, terroir argilo-calcaire fixant le sud. Bien mûr, parfumé, entre fleurs, agrumes et abricot, ample, consistant, complexe et aiguillé par une bien belle acidité, voilà un blanc éclatant et élégant, de table, qui mérite un beau poisson de rivière. De bonne garde aussi. ⧗ 2024-2028

EARL FAMILLE FEZAS, Dom. Chiroulet, 32100 Larroque-sur-l'Osse, tél. 05 62 28 02 21, maisonfezas@chiroulet.com V *t.l.j. sf ven. sam. dim. 9h-12h 14h30-18h*

DOM. D'EMBIDOURE Cuvée Nona di Embidoure 2022 ★★

10 000 | 8 à 11 €

Établies en Haut-Armagnac, à Réjaumont, les sœurs Ménégazzo, Nathalie et Sandrine, ont ajouté les flocs et les vins de pays à la tradition bachique inaugurée par leur père avec l'armagnac. Elles ont abandonné leurs vergers de pommiers pour se consacrer à leurs 36 ha de vignes. Une valeur sûre de la Gascogne viticole.

Nona, la grand-mère de Nathalie et Sandrine Ménégazzo, à l'honneur dans ce vin doux cossu dominé par le petit manseng. Seyant dans sa robe dorée, il livre un joli bouquet miellé de pâte de coing et de dates, qui anime aussi une bouche riche, ample et sans mollesse. De quoi affronter très sereinement un foie gras en terrine. ⧗ 2024-2028 **Cuvée des filles d'Embidoure 2022 ★ (11 à 15 €; 20000 b.)** Un rouge d'inspiration bordelaise né du merlot et des deux cabernets, élevé en fût, intensément fruité (fruits rouges), discrètement épicé, tendre, souple, équilibré et déjà très facile à boire. Grillades et barbecue sont les bienvenus. ⧗ 2024-2028

EARL MÉNÉGAZZO FILLES (DOM. D'EMBIDOURE), 621, chem. d'Embidoure, 32390 Réjaumont, tél. 05 62 65 28 92, menegazzo.embidoure@wanadoo.fr V *t.l.j. sf sam. dim. 9h-12h 14h-18h30*

B DOM. ENTRAS Solelh 2022 ★

26 500 | 8 à 11 €

Tout a commencé après-guerre dans la Ténarèze : Zoé et Miguel Maestrojuan sont ouvriers agricoles à la ferme de Bordeneuve, qu'ils finissent par acheter. Aujourd'hui, leurs héritiers, qui ont abandonné la production laitière, cultivent 29 ha de coteaux entre l'Auloue et la Baïse. Michel Maestrojuan, à la tête du domaine depuis 2011, a obtenu la certification bio et s'est lancé dans la biodynamie. Une valeur sûre.

De soleil (« solelh » en occitan), la vendange 2022 n'en a pas manqué. Le domaine en tire un moelleux dominé par le gros manseng, épanoui, parfumé, assez complexe, fruité (agrumes), épicé et miellé, à la fois frais et doux en bouche, avec toute l'énergie que l'on attend des bons blancs gascons. Croquant, il se boit sur son fruit de jeunesse. ⧗ 2024-2027

EARL BORDENEUVE-ENTRAS, Entras, 32410 Ayguetinte, tél. 05 62 68 11 41, contact@domaine-entras.fr V *t.l.j. 9h-12h30 14h-18h; sam. dim. sur r.-v.*

♥ DOM. D'ESPÉRANCE Cuvée d'or 2023 ★★★

15 000 | 5 à 8 €

Après une carrière de « chasseur de tête » en Angleterre, Claire de Montesquiou décide en 1990 de revenir sur la terre de ses ancêtres. Elle est aujourd'hui à la tête d'un domaine de 50 ha et a fait appel au talent de Jean-Charles de Castelbajac pour dessiner l'étiquette qui habille ses cuvées.

Sauvignon blanc et gros manseng très complices dans cette cuvée tonitruante qui a bien profité des largesses du millésime. Le nez, explosif et très pur, marie le fruit de la Passion, les agrumes et la pêche blanche. En écho, la bouche se fait toute aussi parfumée, affichant une bien belle matière portée par une fraîcheur au diapason. Éclatant, savoureux, revigorant, c'est juste parfait. ⧗ 2024-2027

SARL DOM. D' ESPÉRANCE, 320, chem. d'Espérance, 40240 Mauvezin-d'Armagnac, tél. 05 58 44 85 93, info@esperance.fr r.-v.

DOM. DE FORTUNET Phénomène 2023 ★★★

| 40000 | 5 à 8 € |

Quatre générations se sont succédé sur cette exploitation familiale du Bas-Armagnac. Depuis 1996, c'est Vincent Debets qui préside à ses destinées. Il a contribué à restructurer le vignoble (120 ha) et à se lancer dans la production de bouteilles de vins en IGP. Les cépages blancs sont installés sur des sols argilo-calcaires ou limoneux et les variétés rouges plantées sur des terrains argilo-graveleux.

Une robe éclatante, des arômes complexes qui restituent la riche palette du petit manseng, entre truffe, poivre, agrumes et fruits confits, une bouche puissante, très douce à l'attaque, glissante et délicate, d'une élégance rare, tonifiée par une fraîcheur très intégrée à l'ensemble : effectivement, c'est un phénomène. Fromages (bleu), foie gras (en terrine) et dessert (aux fruits), toutes les occasions sont bonnes. ⧗ 2024-2028

DOM. DE FORTUNET, Lieu-dit Fortunet, 32110 Lanne-Soubiran, tél. 06 80 32 74 50, info@domaine-fortunet.com t.l.j. sf dim. 9h-12h 14h-18h30

DOM. GUILLAMAN Chardonnay 2023 ★

| 80000 | 5 à 8 € |

En 1985, Dominique Ferret n'avait pas seize ans quand il commença à travailler sur le domaine de ses grands-parents, ancienne métairie du couvent des ursulines de Gondrin. Une propriété dédiée à l'armagnac qu'il prit en charge en 1990 et restructura pendant vingt ans, afin de l'orienter vers la production de vins de pays. Ces dix dernières années, il a plus que doublé la surface de son vignoble (155 ha aujourd'hui) tout en aménageant un chai moderne.

Le seul chardonnay de la sélection cette année. Mais cette cuvée a d'autres atouts : ses parfums printaniers de fleurs et de vergers, sa décontraction, sa légèreté, sa fraîcheur et son croquant en bouche. parfait à l'apéritif. ⧗ 2024-2026

SCEA DOMINIQUE FERRET, Guillaman, 32330 Gondrin, tél. 05 62 29 13 82, contact@domaine-guillaman.fr t.l.j. sf dim. 9h-12h 14h-18h

HAUT MARIN Fossiles 2023 ★

| 450000 | 5 à 8 € |

Domaine gersois fondé en 1922 par Jean-François Morel, viticulteur suisse, et exploité depuis 1988 par la troisième génération : Philippe Jegerlhener, Élisabeth Prataviera (œnologue) et son mari Henry. La quatrième génération se prépare à rejoindre la propriété, qui compte 160 ha dédiés à l'armagnac et (surtout) aux Côtes de Gascogne.

Une robe légère aux reflets verts, des parfums pimpants de fruit de la Passion et de pamplemousse, une bouche lisse, fluide, fraîche, une finale sur la pêche : un bon résumé de ce qui fait le succès de la Gascogne. ⧗ 2024-2026 **Venus 2023 ★ (5 à 8 €; 250000 b.)** Des parfums de fleurs et de pêche blanche, une touche de miel, une douceur caressante qui n'empatte pas, une finale alerte : un moelleux simple et efficace, parfait pour s'initier aux joies du gros manseng. ⧗ 2024-2027 **Amande 2023 ★ (5 à 8 €; 80000 b.)** Très floral au nez, plus exotique en bouche, un blanc vif, léger, énergique, né pour l'apéritif, avec les fruits de mer et une sardinade. ⧗ 2024-2026

SARL MÉNARD, Charpenties, 32330 Gondrin, tél. 05 62 29 13 33, contact@domaine-hautmarin.com t.l.j. sf sam. dim. 8h30-12h 14h-17h

LES HAUTS DE MONTROUGE Bird#9 2023 ★★

| 33000 | 5 à 8 € |

Créée en 1963, la coopérative de Nogaro, au cœur du Bas-Armagnac, a été rebaptisée en 2016 Les Hauts de Montrouge. Regroupant une cinquantaine de viticulteurs pour quelque 1 200 ha de vignes, elle propose armagnacs et floc-de-gascogne issus de sables fauves, ainsi qu'une gamme de vins en IGP Côtes de Gascogne.

Vendange «à la fraîche», fermentation à froid, élevage en cuve, la recette a fait ses preuves. Appliquée au seul colombard, cela donne ce blanc sapide, expressif (pamplemousse, litchi, acacia), vivace, qui coule en bouche avec légèreté. ⧗ 2024-2026 **1/4 d'heure gascon Petit Manseng 2023 ★★ (8 à 11 €; 16000 b.)** Frais, harmonieux, gourmand, le jury ne tarit pas d'éloge à propos de ce moelleux léger (45 g/l de sucres résiduels), qui au nez comme en bouche offre un grand bol de fruits (mandarine, abricot mûr) servi par un équilibre impeccable entre douceur et fraîcheur. Du cousu main. ⧗ 2024-2027 **1/4 d'heure gascon 2023 ★ (- de 5 €; 80000 b.)** Une robe légère, des arômes pimpants de fraise, une touche lactée, une bouche rondelette, agréable, énergique en finale : un rosé léger, tonifiant et sans exubérance. ⧗ 2024-2025

SCA LES HAUTS DE MONTROUGE, rte d'Aire-sur-l'Adour, 32110 Nogaro, tél. 05 62 09 01 79, info@hdmontrouge.com t.l.j. 9h-12h30 14h-17h30

DOM. DE LA HIGUÈRE Blanc fruité 2023 ★★

| 6000 | - de 5 € |

Un domaine de 150 ha, dont les origines remontent à 1784 et qui est demeuré dans la famille Esquiro depuis neuf générations. La maison date de cette époque. Le nom de «higuère» vient du gascon et se réfère aux figuiers bordant la propriété. La conversion bio est engagée.

10 % de gros manseng à l'appui du colombard dans ce blanc ouvert sur la mirabelle et les agrumes. L'éclat du fruit ne faiblit pas dans une bouche en deux temps : ample et douce à l'attaque, puis vive en finale, avec une touche de silex qui donne du cachet à l'ensemble, très harmonieux. ⧗ 2024-2027

SUD-OUEST

EARL DOM. DE LA HIGUÈRE, La Higuère, 32390 Mirepoix, tél. 06 08 43 86 94, de-la-higuere@orange.fr t.l.j. 9h-19h; sam. dim. sur r.-v.

DOM. HORGELUS
Colombard-sauvignon Sables fauves 2023 ★★

| 800 000 | | 5 à 8 € |

Œnologue diplômé, Yoan Le Menn a repris en 2007, à l'âge de 21 ans, le domaine fondé par son grand-père entre Ténarèze et Bas-Armagnac, qui couvre aujourd'hui 90 ha, et l'a complété d'une structure de négoce. Il propose de l'armagnac, à côté d'une production tournée vers les IGP Côtes de Gascogne. Pour préserver la fraîcheur aromatique des baies, il privilégie les vendanges nocturnes.

Une robe limpide, des parfums expansifs de pêche, de rose et de pivoine, une bouche volubile, enlevée, tonifiée par un trait de pamplemousse et attendrie par un soupçon de sucres résiduels : la combinaison fait mouche. Efficace. ⧗ 2024-2027 ■ **Le Bal des papillons 2023 ★ (5 à 8 €; 300 000 b.)** Les deux manseng unis dans ce moelleux séduisant, aux notes de carambole, de mandarine et de goyave, qui se fait tout aussi charmeur dans un palais ample, tactile, où la douceur est parfaitement canalisée par une belle acidité. ⧗ 2024-2028 ■ **Philing 2022 ★ (8 à 11 €; 20 000 b.)** Deux cépages à fort caractère (cabernet-sauvignon et tannat) mais un rouge aimable, généreusement torréfié, souple, parfumé et adossé à des tanins bien enrobés par un élevage judicieux. En un mot, harmonieux. ⧗ 2024-2028

SAS HORGELUS, Le Cassou, 32250 Montréal-du-Gers, tél. 05 62 09 95 94, domaine@horgelus.com V t.l.j. sf sam. dim. 9h-12h 13h30-17h

DOM. DE JOY Saint André 2023 ★

| 300 000 | | 8 à 11 € |

Originaire de Suisse, Paul Gessler s'installe en Bas-Armagnac en 1927. Roland et Olivier, ses petits-fils, lui succèdent en 1988, puis le second reste seul aux commandes. Il est aujourd'hui secondé par ses enfants Vanessa et Kévin. Implanté sur des sols argilo-siliceux et limono-siliceux, le vaste domaine (190 ha, dont 10 ha en bio) propose une large gamme d'armagnacs, de flocs et d'IGP Côtes de Gascogne.

Un gros manseng moelleux qui sent bon la fleur d'oranger et le miel, dont on retient aussi la bouche gracile, légère, discrètement sucrée (35 g/l de sucres résiduels) et surtout très vivace. On le sert dès l'apéritif. ⧗ 2024-2027

SARL JOŸ SÉLECTION, À Joÿ, 32110 Panjas, tél. 05 62 09 03 20, info@domaine-joy.com V t.l.j. sf dim. 9h-12h 14h-17h30; sam. sur r.-v.

DOM. LAFFITTE 2023 ★

| 62 000 | | 5 à 8 € |

Héritiers d'une lignée vigneronne remontant à la nuit des temps, Christophe et Sébastien Laffitte (installés respectivement en 2001 et 2005) ont repris l'exploitation familiale qui couvre 150 ha dans la partie occidentale du Gers, en Bas-Armagnac. Ils ont restructuré le vignoble, aménagé un chai (2013) et lancé à partir de 2015 leurs gammes de vins, qui s'ajoutent à une production traditionnelle d'armagnac.

Un blanc plus tendre que sec, dominé par le sauvignon, qui ne manque pas d'éclat. Un panier d'agrumes et de fruits exotiques, une touche florale, une petite sucrosité gourmande, une sacrée fraîcheur, une finale nette : la formule devrait séduire. ⧗ 2024-2027 ■ **2023 ★ (5 à 8 €; 40 000 b.)** Un moelleux agréable, floral et miellé au nez, plus fruité en bouche (pêche), bien servi par une texture élégante, d'une rondeur légère et d'une acidité tranchante. Un ensemble frais et gourmand. ⧗ 2024-2027

DOM. DES FRÈRES LAFFITTE, Guillombeyrie, 32800 Ayzieu, tél. 07 75 95 84 60, export.laffitte@gmail.com V t.l.j. sf sam. dim. 9h30-12h 14h-17h30

CH. LAFFITTE-TESTON Frangin frangine 2023 ★★

| 15 000 | | 8 à 11 € |

Jean-Marc Laffitte a acquis en 1983 ce domaine qui compte aujourd'hui 50 ha. Il possède un chai souterrain de 600 barriques et expérimente le vieillissement de ses madiran en fût, à 800 m de profondeur au fond des grottes de Bétharram. Ses enfants, Ericka et Joris, l'épaulent désormais.

Plutôt original à l'olfaction avec ses parfums d'aiguilles de pin, d'eucalyptus et de fruits exotiques, ce moelleux, vif à l'attaque, déploie en bouche une joie chair miellée, goûteuse, fraîche, réhaussée en finale d'une fine touche d'amertume. ⧗ 2024-2027

CH. LAFFITTE-TESTON, 1180, rte du Château, 32400 Maumusson-Laguian, tél. 05 62 69 74 58, info@laffitte-teston.com V t.l.j. sf sam. dim. 9h-12h 14h-17h30

DOM. LAGUILLE La Rencontre 2023 ★★

| 53 300 | | 8 à 11 € |

Un domaine familial de 64 ha fondé en 1922 au cœur de la Gascogne, à Eauze. Aux commandes depuis 1980, Colette et Guy Vignoli ont une démarche très raisonnée, à tendance bio, visant à améliorer la biodiversité; ils investissent dans les énergies renouvelables.

Dominé par le sauvignon blanc (80 %), brièvement élevé en cuve, ce blanc pas tout à fait sec (8 g/l de sucres résiduels) livre un bouquet fruité, discret mais gourmand, entre pêche et pamplemousse. Une touche de fruits secs s'immisce dans une bouche de bon volume, fruitée, fraîche, relevée d'une touche d'amertume appétente en finale. ⧗ 2024-2027 ■ **Petit Manseng 2022 ★ (11 à 15 €; 8 000 b.)** Un blanc doux consistant, intense dès le nez avec des notes de miel, de pêche mûre et de truffe blanche qui signent le petit manseng. Les épices douces étoffent la palette dans une bouche ronde, riche, mais qui reste fraîche et qui ne manque ni de longueur ni de potentiel. ⧗ 2024-2028

SCEA LA TREILLE, Laguille Saint-Amand, 32800 Éauze, tél. 05 62 09 77 05, contact@laguille.com V r.-v.

DOM. DE MAGNAUT Pur Colombard 2023 ★

| 100 000 | | 8 à 11 € |

Fondé en 1975, ce domaine de 45 ha situé en Ténarèze dans le nord du Gers, s'est fait connaître grâce aux armagnacs de Pierre Terraube. C'est son fils Jean-Marie, arrivé en 2000, qui entretient à présent sa

réputation. À sa carte, des armagnacs, des flocs et des IGP Côtes de Gascogne.

Du fruit et de la vivacité au menu de ce blanc classiquement pâle, au nez enlevé, centré sur la pêche et la nectarine. Légère, très vivace, très citronnée, la bouche réveille et stimule les papilles. Un blanc tonifiant, parfait pour l'apéritif. ⧗ 2024-2026 ■ **Euphorie de rosé 2023 ★ (8 à 11 €; 30000 b.)** Euphorique peut-être pas, mais satisfait certainement, le jury a retenu ce bon rosé couleur grenadine à l'eau, aux senteurs croquantes de fraise et de bonbon, souple, rond et frais en bouche. ⧗ 2024-2025

JEAN-MARIE TERRAUBE (DOM. DE MAGNAUT), Magnaut, 32250 Fourcès, tél. 05 62 29 45 40, domainedemagnaut@wanadoo.fr V t.l.j. sf dim. 9h-12h 14h-17h; sam. sur r.-v.

MAISON MARLÈRE L'Atelier 2023 ★

■ | 20000 | | 8 à 11 €

Riche d'une expérience acquise en Californie, en Amérique latine et en Espagne, Jérôme Baradat, ingénieur en agriculture, est revenu dans son Béarn natal pour créer en 2011 la marque de négoce Marlère, dédiée aux vins du Sud-Ouest, qui porte le nom de la ferme de sa famille.

Une robe couleur pêche, un nez gourmand de «lait fraise», une bouche ronde, légère et finement fruitée, une finale nette et fraîche : un rosé délicat. ⧗ 2024-2025

MAISON MARLÈRE, 7, av de la Grande-Lande, CS 11030 - BP 152, 33081 Bordeaux Cedex, tél. 07 65 82 46 44, marketing@marlere.com

B DOM. DE MASTRIC L'Entre amis 2022 ★

■ | 4200 | | 5 à 8 €

Héritiers d'une longue lignée agricole, établie sur ces terres depuis 1652, Jérôme Guichanné et sa sœur Laurence conduisent en bio une propriété de 11,5 ha de vignes implantée sur les coteaux du Bas-Armagnac. Ils produisent des vins rouges, des rosés et des blancs (secs ou moelleux), ainsi que de l'armagnac et complètent leur activité viticole par un élevage de volailles en plein air.

Une robe soutenue, un nez d'abord marqué par le poivron, qui s'ouvre à l'aération sur la prune et les fruits noirs, une attaque souple, un cœur de bouche tendre, des tanins fermes mais aimables, une franche vivacité en finale : un bon merlot qui s'adoucira à table sur une belle viande rouge. ⧗ 2025-2029 ■ **Traditionnelle 2023 ★ (8 à 11 €; 3000 b.)** B La robe, noire, annonce un nez puissant, sur les fruits mûrs, ouvrant sur une bouche trapue, tapissée de tanins granuleux qui enserrent une matière douce et généreuse, plus fraîche en finale. Un bon tannat qui mérite de se détendre (un peu) en cave. ⧗ 2025-2028

DOM. DE MASTRIC, lieu-dit Mastric, 1801, rte d'Aire-sur-L'Adour, 32400 Le Houga, tél. 06 86 51 04 38, mastric@orange.fr V t.l.j. 7h30-12h30 13h30-19h30

DOM. DE MATILAT Gros et petit manseng 2023 ★

■ | 4000 | | 5 à 8 €

Baptiste Labenne a repris le domaine familial de 12 ha en 2020, après s'être formé en viti-œnologie à Bordeaux puis en Nouvelle-Zélande.

Petit et gros manseng complices dans ce jeune 2023 élevé 3 mois en cuve. Un nez frétillant d'agrumes et de pêche annonce une bouche épanouie, acidulée à l'attaque, aux franches notes d'ananas, qui marie harmonieusement douceur et fraîcheur. Net, gourmand et précis. ⧗ 2024-2027 ■ **Merlot/syrah 2023 ★ (5 à 8 €; 1500 b.)** Peu expressifs au nez, les arômes de fruits rouges frais s'épanouissent dans une bouche bien ficelée, équilibrée, à la fois ronde et fraîche. ⧗ 2024-2025

EARL VIGNOBLES LABENNE (DOM. DE MATILAT), 433, rte des Burosses, 32400 Riscle, tél. 06 38 33 91 86, labennebaptiste@hotmail.fr V t.l.j. 9h-19h

CH. DE MILLET Au son de la cloche 2023 ★★

■ | 100000 | | 5 à 8 €

Fondé en 1890 à Eauze, l'une des plus anciennes cités de Gascogne, au cœur du Bas-Armagnac, le domaine (90 ha aujourd'hui) est passé de la polyculture à la viticulture et propose des IGP Côtes de Gascogne, des flocs et quelques armagnacs. Francis et Lydie Dèche ont passé le relais en 2002 à leur fille Laurence, qui continue de développer l'œnotourisme (expositions, représentations théâtrales...). Une valeur sûre.

Un rosé vineux qui sort du lot et qui donne le premier rôle au rare egiodola (croisement entre l'abouriou et le tinta da madeira). Dans le verre, une robe pâle mais pimpante, des arômes aguicheurs de fraise et une bouche dodue, ronde, longue et savoureuse, qui donne de belles et fortes sensations. ⧗ 2024-2025

EARL CH. DE MILLET, 3356, rte de Parlebosc, 32800 Eauze, tél. 05 62 09 87 91, info@chateaudemillet.com V t.l.j. sf dim. 9h-12h 14h-18h D

B DOM. DE MIRAIL Mirlandes nature 2022 ★

■ | 6000 | | 11 à 15 €

Situé au cœur de la Lomagne, près de la belle cité de Lectoure, ce domaine de 20 ha, réhabilité par la famille Hochman, est cultivé en bio (2013) et biodynamie (2022) certifiés. Au menu, des vins dans les trois couleurs et des haut-armagnac.

Pas de soufre ajouté mais des levures indigènes et de la séduction dans ce merlot harmonieux, au nez flatteur, fruité (mûre), lacté et épicé. Des tanins fins tapissent et soutiennent une chair ample, ronde, réhaussée d'un trait frais d'eucalyptus en finale. ⧗ 2024-2027

DOM. DE MIRAIL, Dom. de Mirail, 32700 Lectoure, tél. 09 77 24 98 78, domainedemirail@orange.fr V t.l.j. sf sam. dim. 9h-12h 14h-17h

DOM. DE MISELLE Petit Manseng 2022 ★★

■ | 20500 | | 8 à 11 €

Ce domaine est depuis longtemps déjà voué à la viticulture : des armagnacs y étaient élaborés au XIXᵉs. Depuis 1998, la famille Chevallier, originaire du nord de la France, fait revivre cette propriété typiquement gasconne avec son pigeonnier traditionnel, dotée d'un vignoble de 30 ha. À sa tête, Julien Chevallier, ingénieur en agriculture.

Un 100 % petit manseng bien taiseux à l'olfaction, mais qui prend son envol en bouche : douce, grasse, glissante et un peu beurrée, elle livre, avec la fraîcheur attendue, un fruit confit et miellé bien plus expressif. Le foie gras s'impose. ⧗ 2024-2027 ■ **Colombard Gros Manseng**

SUD-OUEST

2023 ★ (5 à 8 €; 76000 b.) Pamplemousse, buis et mandarine au nez comme en bouche au menu de ce blanc vivace, léger, friand, qui sera parfait à l'apéritif et sur des fruits de mer. ⧗ 2024-2026

⊶ EARL DOM. CHEVALLIER, Dom. de Miselle, 32110 Caupenne-d'Armagnac, tél. 05 62 08 84 56, contact@miselle.com V r.-v.

LIONEL OSMIN ET CIE
Villa chambre d'amour 2023 ★

■ | 900000 | | 8 à 11 €

Fils d'un bijoutier béarnais, Lionel Osmin est devenu ingénieur agricole et a fondé en 2010 une maison de négoce qui compte, spécialisée dans les vins du grand Sud-Ouest, d'Irouléguy à Bergerac, de Madiran à Marcillac. Aux commandes des vinifications de cette vaste gamme, l'œnologue Damiens Sartori.

Résine, mandarine, touche légère de buis, le nez, frais et sans outrance, ouvre sur une bouche douce, miellée, tendre, mais aussi fraîche. Un moelleux d'un agréable classicisme et très polyvalent à table (apéritif, fromage, dessert aux fruits). ⧗ 2024-2027

⊶ LIONEL OSMIN ET CIE, 9, rue Ada-Byron, 64000 Pau, tél. 05 59 05 74 09, comm@osmin.fr

DOM. DE PELLEHAUT
Harmonie de Gascogne 2023 ★★

■ | 150000 | | 5 à 8 €

Située aux confins du Bas-Armagnac, dans la Ténarèze, cette exploitation familiale, dont l'origine remonte à 1750, est conduite depuis 1960 par les frères Martin et Mathieu Béraut. Le domaine, en polyculture (céréales, vignes, élevage bovin extensif), s'étend aujourd'hui sur 550 ha, dont 250 dédiés à la viticulture.

Pas moins de six cépages associés dans ce rosé aux parfums de groseille, de fraise et de tabac. Le fruit persiste et signe dans une bouche légère, fluide, croquante, fraîche, dont la petite astringence finale disparaîtra bien vite à table, autour d'un plateau de charcuteries par exemple. ⧗ 2024-2025 ■ **Harmonie de Gascogne 2023 ★ (5 à 8 €; 300000 b.)** Un blanc sapide, sec, vif à l'attaque, plus tendre en finale, qui diffuse un fruit énergique, citronné et légèrement salin, de nature à égayer un beau plateau de fruits de mer. ⧗ 2024-2026

⊶ SCV BÉRAUT, Dom. de Pellehaut, 32250 Montréal-du-Gers, tél. 05 62 29 48 79, contact@pellehaut.com V *t.l.j. sf dim. 10h-12h 14h-18h*

DOM. DE PICARDON 2023 ★★★

■ | 125000 | | 5 à 8 €

Situé à Réans, à l'ouest d'Eauze dans le Gers, ce domaine familial de quelque 76 ha aujourd'hui a été redynamisé et restructuré à partir de 1986 par Jean-Pierre Randé, qui y produit une gamme d'IGP, de flocs et d'armagnacs.

Les deux cabernets à l'œuvre dans ce grand rosé volubile. Diablement gourmand, le nez frétille de fraîcheur, de fruits rouges, de pêche, de jasmin et de menthol. Une pointe de douceur (7 g/l de sucres) attise encore la gourmandise d'une bouche qui a tout pour elle : le gras, le toucher caressant, l'énergie, et ce fruité affriolant qui s'entiche d'une pincée de poivre de Timut. Irrésistible. ⧗ 2024-2025 ■ **Petit Manseng 2023 ★★★ (8 à 11 €; 4500 b.)** Goyave, truffe, clémentine, citron confit, un nez pur et de grande classe ouvre sur une bouche éclatante, qui mêle dans une rare harmonie suavité, fraîcheur, pureté et longueur. Déjà savoureux, ce grand blanc vieillira sans crainte. ⧗ 2024-2028

⊶ JEAN-PIERRE RANDÉ (DOM. DE PICARDON), Picardon, 32800 Réans, tél. 05 62 09 95 52, domainedepicardon@orange.fr V *t.l.j. sf sam. dim. 9h-12h30 14h-18h*

PLAIMONT Elia Liberty 2023 ★★

■ | 30000 | | 8 à 11 €

Le groupe Plaimont est le fruit d'une association de trois caves qui, en 1979, unirent leurs initiales (PL pour Plaisance, AI pour Aignan et MONT pour Saint-Mont) pour créer ce leader des vins du Sud-Ouest produisant 40 millions de bouteilles par an. Rejoint en 1999 par les caves de Condom et de Crouseilles, Plaimont représente 98 % de l'appellation saint-mont, environ la moitié des appellations madiran et pacherenc-du-vic-bilh ainsi que des IGP Côtes de Gascogne. Un acteur de poids.

Des vendanges plus précoces que de coutume pour ce blanc léger, enjôleur, très citronné, avec des nuances de litchi et de bonbon. Fine, déliée, très vivace mais jamais agressive, la bouche restitue ce fruité très croquant. Ajoutons-y un faible degré d'alcool et un petit fond de douceur, et l'on obtient ce blanc d'une gourmandise à peu près universelle. ⧗ 2024-2027 ■ **Elia 2023 ★ (- de 5 €; 280000 b.)** Fluide, léger, tendre et souple, ce 100 % colombard expressif (fruit de la Passion, fruit vert) est efficace et facile à aimer. Tout indiqué à l'apéritif. ⧗ 2024-2026 ■ **Io 2023 ★ (5 à 8 €; 95000 b.)** Une vraie salade d'agrumes (kumquat, pamplemousse, citron) assaisonnée d'une petite pincée de rondeur, d'un poil de douceur et allongé d'un long trait d'acidité. Un moelleux croquant. ⧗ 2024-2026 ■ **Le Manseng noir 2023 ★ (11 à 15 €; 25000 b.)** Un rouge vivant, aux parfums de framboise, de violette et d'épices, charnu à l'attaque, plus ferme, serré et vif en finale. Un caractère à attendrir un peu en cave. ⧗ 2025-2028

⊶ USCA PLAIMONT, 199, rte de Corneillan, 32400 Saint-Mont, tél. 05 62 69 62 87, l.mene-castillou@plaimont.fr V *t.l.j. 9h-12h 14h30-19h*

DOM. DU REY 4 cépages 2023 ★★

■ | 44000 | | - de 5 €

De la biologie à l'œnologie, l'écart n'est pas si grand. Claude Almayrac a franchi le pas en 2008 pour reprendre les vignes exploitées en Ténarèze par la famille Appouy depuis trois générations. Aujourd'hui à la tête de 42 ha, il propose armagnacs et vins en IGP Côtes de Gascogne.

Des parfums acidulés de pamplemousse, de fruit de la passion et de végétal frais, une bouche ronde à l'attaque, intensément parfumée, souple, nette et très vivace en finale : on ne peut pas faire plus gascon. ⧗ 2024-2027 ■ **Colombard-sauvignon 2023 ★★ (5 à 8 €; 40000 b.)** Discrets au nez, les arômes (agrumes, pomme verte, fleurs blanches) s'ouvrent franchement dans une bouche effilée, sapide, tonique, à l'amertume zestée en finale. Un blanc énergique qui mérite un peu d'aération. ⧗ 2024-2027 ■ **Gros et petit manseng 2023 ★**

(5 à 8 €; 35000 b.) Simple et efficace, voilà un moelleux croquant, très porté sur les agrumes, où douceur et fraîcheur font très bon ménage. ⧗ 2024-2026

EARL VENTAYRAC, Dom. du Rey, 32330 Gondrin, tél. 05 62 29 11 85, contact@domainedurey.com V r.-v.

DOM. TARIQUET Dernières Grives 2022 ★★

■	30000	fût	20 à 30 €

À l'origine de ce domaine, un montreur d'ours ariégeois émigré aux États-Unis qui achète à son retour en France, en 1912, cette propriété gersoise ruinée par le phylloxéra. Sa petite-fille épouse Pierre Grassa; le couple et deux de ses enfants, Maïté et Yves, développent la production d'armagnac, puis misent, dans les années 1980, sur les vins de pays (IGP), essentiellement blancs, qui connaissent un immense succès. Armin et Rémy Grassa, fils d'Yves, achètent en 1999 le Dom. la Hitaire. En tout, pas moins de 1 125 ha.

Un classique du domaine et de l'appellation, en grande forme dans ce millésime. Vinifié en fût, encore réservé à l'olfaction, ce petit manseng vendangé en surmaturité prend ses aises dans une bouche concentrée, onctueuse, aux parfums complexes de fruits confits (coing, abricot) et de pain grillé, dotée d'une longueur qui ne trompe pas sur son potentiel. ⧗ 2026-2032

SCV CH. DU TARIQUET, Saint-Amand, 32800 Eauze, tél. 05 62 09 87 82, contact@tariquet.com V t.l.j. sf dim. 10h-12h 14h-18h

♥ DOM. UBY
N°3 Colombard-sauvignon 2023 ★★

■	2000000	cuve	5 à 8 €

La tortue cistude d'Europe, clin d'œil à ceux qui luttent pour la sauvegarde des espèces menacées, est souvent représentée sur les étiquettes de la maison Uby (domaine et négoce), fondée en 1956. À la tête de ce vaste vignoble (300 ha) depuis 1995, François Morel multiplie les démarches orientées vers le respect de l'environnement et sélectionne pour la partie négoce des partenaires apporteurs de raisins bio.

Un jury unanime salue ce blanc immaculé, assemblage de colombard et de sauvignon blanc. Puissant, exubérant même, le nez frétille de fruits exotiques, d'agrumes et de fleurs blanches. Ça démarre fort. Puis on accélère : des notes perçantes de pêche réhaussent encore la palette dans une bouche d'abord bien potelée, qui file droit ensuite, portée par une fraîcheur éclatante. Du peps, du fruit, de la Gascogne en bouteille. ⧗ 2024-2027 ■ **Uby Domus Uby Sauvignon Gros manseng 2023 ★** (5 à 8 €; 1100000 b.) Une robe brillante et des parfums expansifs de fruits exotiques et d'agrumes, l'introduction est engageante. Fondante, élégante, de bonne allonge, la bouche ne déçoit pas. «Un panier de fruits», résume le jury. ⧗ 2024-2026

SAS DISTRIBUTION DU DOM. D'UBY, Dom. Uby, 32150 Cazaubon, tél. 05 62 09 51 93, contact@domaine-uby.com V t.l.j. 9h-12h 14h-18h

VILLA DRIA Lune de miel 2023 ★★

■	22000	cuve	8 à 11 €

Installé en 1993 sur les terres familiales où l'on mène de front élevage, polyculture et activités viticoles, Jean-Pierre Drieux, ingénieur en agriculture, a confié ses raisins à la cave coopérative jusqu'en 2009. Il pratique la géobiologie et s'inspire de la biodynamie pour conduire son vignoble de 76 ha.

Un petit manseng vendangé de nuit et élevé en cuve, sur lies fines, seyant dans sa robe dorée. Lys, truffe, abricot, figue, le bouquet, d'une belle finesse, donne le ton d'une bouche élégante, complexe, douce et miellée, qui s'étire longuement dans une finale fraîche, à l'amertume subtile. Déjà séducteur, il le sera sans doute un peu plus dans le temps. ⧗ 2024-2029

SARL VILLA DRIA, Vignoble Drieux, Le Haget, 32800 Eauze, tél. 05 62 08 38 19, contact@villadria.com V t.l.j. sf sam. dim. 9h-12h 14h-17h30

IGP CÔTES DU LOT

Ⓑ DOM. BELMONT 2021 ★★

■	5000	fût	20 à 30 €

Situé sur la rive droite du Lot, au nord-ouest de Cahors, un domaine replanté en 1993 par Christian Belmon sur les terres d'un ancien vignoble qui s'étendait sur plus de 150 ha au début du XIXes. Comptant 6 ha, certifié bio, il est aujourd'hui conduit par Françoise Belmon.

Cabernet franc (90 %) et syrah unis pour le meilleur dans ce rouge d'une éclatante couleur cerise. Très gourmand, bien balancé entre l'intensité fruits rouges et noirs relevés de poivre et la douceur d'un boisé bien maîtrisé, le nez invite à poursuivre. On découvre alors une bouche tout aussi séduisante, élégante, aromatique, posée sur une belle trame de tanins soyeux et un élevage parfaitement ajusté. Déjà savoureux, ce vin vieillira sereinement. ⧗ 2024-2030 ■ **Dolmen 2022 ★** (30 à 50 €; n.c.) Ⓑ Ce pur chardonnay passé en barriques de 500 l plaît par sa complexité aromatique (fleurs blanches, fruits blancs, citron) et son touché savoureux en bouche entre fraîcheur, gras discret et légère amertume. ⧗ 2024-2027

DOM. BELMONT, Le Gagnoulat, 46250 Goujounac, tél. 05 65 36 68 51, chai.belmont@domaine-belmont.com V r.-v.

LA BÉRANGERAIE
Les Dames blanches Chenin 2023 ★

■	4000	cuve	11 à 15 €

Née en 1971, la propriété des Bérenger a le même âge que l'appellation cahors. Le fils (Maurin) et la fille (Juline) de Sylvie et d'André Bérenger, aidés de leurs conjoints, ont repris le vignoble familial (38 ha) en 1997.

Cet élégant chenin dévoile un nez délicat de fleurs blanches, d'agrumes et de miel d'acacia. La bouche, bien équilibrée, associe rondeur et fraîcheur, puis s'étire dans une agréable finale fruitée, sur la poire. ⧗ 2024-2026

LA BÉRANGERAIE, 20, imp. la Bérangerie, 46700 Grézels, tél. 06 33 83 07 20, berangeraie@wanadoo.fr V r.-v. Ⓔ

CH. LE BRÉZÉGUET
Chemin de Compostelle Viognier 2023 ★

2500 | 8 à 11 €

À l'origine producteurs de rhum en Guadeloupe, Delphine et Jean Longueteau ont repris en 1999 le petit domaine du Ch. le Brézéguet (5 ha à Saux), complété en 2015 par le Ch. Grand Chêne à Belaye.

Une belle expression du viognier dans ce vin séduisant par son fruité soutenu : abricot, mirabelle, melon, mangue, pommes Granny. Un fruité qui infuse aussi une bouche ronde, riche, mais harmonieuse, stimulée par une finale plus fraîche. ⧗ 2024-2027

CH. LE BRÉZÉGUET, 4125, rte d'Agen, 46800 Porte-du-Quercy, tél. 06 82 84 56 30, chateaulebrezeguet@orange.fr V *r.-v.*

CH. LA CAMINADE Oléti 2023 ★★

5000 | 5 à 8 €

Ce domaine familial de 27 ha, dont le nom signifie «presbytère» en occitan, a appartenu au clergé jusqu'à la Révolution. Propriété de la famille Resses pendant quatre générations, il a été repris en 2023 par Xavier Gravelat et Hervé Chauvin, deux amis de longue date originaires de Nouvelle-Calédonie. Un pilier de l'appellation cahors.

Le malbec à son meilleur dans ce rosé diablement friand avec ses arômes intenses de fruits rouges (fraise, cerise, framboise). Un caractère fruité auquel fait un long écho une bouche fringante, tout en souplesse et bien fraîche. Un vin plein d'allant qui invite à convoquer de ce pas les amis sous la tonnelle. ⧗ 2024-2025 ■ **Oléti 2022 ★ (5 à 8 €; 20000 b.)** Un malbec tout en douceur et en légèreté, ouvert au nez sur les fruits rouges et le cassis, souple, frais, équilibré et tout aussi fruité en bouche. Simple et de bon goût. ⧗ 2024-2027

CH. LA CAMINADE, 314, rue de la Forge, 46140 Parnac, tél. 07 49 92 27 02, contact@chateaulacaminade.fr V *t.l.j. sf sam. dim. 8h-12h 14h-18h; sam. sur r.-v.*

CH. EUGÉNIE La Jolie Sauvignon 2023 ★

18700 | 5 à 8 €

C'est en 1470 que remontent les archives de ce domaine qui connut de prestigieux clients au XVIIIe s., notamment les tsars de Russie. Dans la famille Couture depuis cinq générations, la propriété s'appuie sur un vignoble de 54 ha. Souvent en vue pour ses cahors de caractère, notamment sa cuvée Réserve de l'Aïeul.

Un sauvignon expressif, porté sur les agrumes et la nectarine enrobés de notes miellées. Arômes prolongés par une bouche fraîche et alerte jusqu'en finale, où s'invitent le citron vert et le pamplemousse. ⧗ 2024-2026 ■ **La Jolie 2023 ★ (5 à 8 €; 11200 b.)** Le rare cépage ségalin est associé ici à parts égales au cabernet-sauvignon. Cela donne un rouge expressif, sur les fruits rouges (framboise, cerise) et noirs (cassis, myrtille), très structuré en bouche, renforcé par une finale pleine de fraîcheur. Un beau potentiel de garde se dessine. ⧗ 2027-2032

CH. EUGÉNIE, 1468, rte de Rivière-Haute, 46140 Albas, tél. 05 65 30 73 51, couture@chateaueugenie.com V *t.l.j. sf dim. 9h30-12h30 14h-19h*

MAISON MARLÈRE
La Petite Auberge Malbec 2023 ★

80000 | 5 à 8 €

Riche d'une expérience acquise en Californie, en Amérique latine et en Espagne, Jérôme Baradat, ingénieur en agriculture, est revenu dans son Béarn natal pour créer en 2011 la marque de négoce Marlère, dédiée aux vins du Sud-Ouest, qui porte le nom de la ferme de sa famille.

Ce vin dévoile un nez gourmand de fruits noirs compotés, de réglisse et d'épices bien dans le ton du malbec. La bouche apparaît ample, concentrée, soyeuse, étayée par des tanins fondus qui invitent d'ores et déjà au partage autour d'une viande bien mijotée. ⧗ 2024-2027

MAISON MARLÈRE, 7, av de la Grande-Lande, CS 11030 - BP 152, 33081 Bordeaux Cedex, tél. 07 65 82 46 44, marketing@marlere.com

♥ DOM. PECH DE JAMMES
Chardonnay 2022 ★★

2089 | 11 à 15 €

Ce petit domaine de 5 ha a appartenu au ministre Bernard Pons jusqu'aux années 1990, avant d'être vendu à des familles américaines et laissé à l'abandon. Grâce à l'aide technique de Bertrand-Gabriel Vigouroux, Thomas Chardard, issu du monde de l'automobile et propriétaire depuis 2009 a redonné ses lettres de noblesse à cette exploitation dont le vignoble s'enracine dans un clos en forme d'amphithéâtre, orienté plein sud et ceint par la traditionnelle murette de pierres sèches.

Acacia, fruits blancs (pêche et poire en particulier), miel vanille, noisette : pas de doute, nous avons bien affaire à un chardonnay élevé sous bois. Et un très bon chardonnay sur la foi de cette bouche parfaitement équilibrée entre un gras enrobant et une fine fraîcheur fruitée qui étire bien la finale et laisse le souvenir d'un vin alerte et intense ⧗ 2024-2029 ■ **Petit Jammes Le Chardonnay sympathique 2023 ★ (8 à 11 €; 3750 b.)** Une cuvée qui respecte les caractères du chardonnay malgré les nuances sudistes du terroir : nez floral et légèrement miellé, fruits blancs note de citron, bouche équilibrée, avec de la rondeur et de la fraîcheur. Sympathique en effet. ⧗ 2024-2026

CH. PECH DE JAMMES, 740, rte de Vayrols, 46090 Flaujac-Poujols, tél. 05 65 20 80 99, thomas@pechdejammes.fr

VIGNOBLES PELVILLAIN
Côt Côt Côt Malbec 2023 ★

75000 | 5 à 8 €

Une famille au service du vin depuis le XIXe s. La génération précédente, à partir de 1968, développe le vignoble, avec le Ch. de Cénac et celui du Port, à Albas. Après 1993, les frères Arnaud, Didier et Francis Pelvillain prennent le relais et acquièrent en 2013 le Ch. du Théron, ce qui porte à 50 ha la totalité de leurs vignobles, complétés d'une maison de négoce fondée en 2016.

Un modèle d'expression aromatique que ce malbec ouvert sans réserve sur les fruits noirs, la cerise et la violette. On aime aussi son palais charnu, ample, bien structuré et long. Un bon potentiel se dessine. ⧗ 2025-2030 ■ **Inspiration Gros manseng 2023 ★ (5 à 8 €; 9000 b.)** C'est tout le fruité du gros manseng, sur les fruits blancs et jaunes, l'ananas, la mangue ou encore les agrumes, le tout légèrement miellé, qui s'exprime dans le verre. La bouche se révèle dense, opulente et suave, équilibrée une juste acidité qui met en valeur le coing et les fruits confits en finale. ⧗ 2024-2028

VIGNOBLES PELVILLAIN, 1800, promenade de Tournepique, Circofoul, 46140 Albas, tél. 05 65 20 13 13, contact@vignoblespelvillain.fr V *r.-v.*

CH. LA REYNE Elio 2023 ★★

1600 | 11 à 15 €

Commandée par une grande bâtisse flanquée de deux pigeonniers, cette propriété familiale de Puy-l'Évêque, dans la vallée du Lot, est aux mains de Johan Vidal (cinquième génération), arrivé en 1997 et accompagné par son fils Elio, qui vinifie à ses côtés depuis 2020. Le vignoble s'étend sur 40 ha, conduits en bio. Une activité de négoce est menée en parallèle.

Ce vin dévoile un nez typé chardonnay, dominé par les fruits blancs, la poire et la pêche notamment, enrobés d'un léger miellé, avant l'arrivée des arômes d'élevage (vanille, cannelle, caramel). La bouche apparaît souple, délicate, bien équilibrée, avec une finale plus vive sur le pamplemousse rose. Un ensemble des plus harmonieux et très bien élevé. ⧗ 2024-2028

CH. LA REYNE, Leygues, 46700 Puy-l'Évêque, tél. 05 65 30 82 53, chateaulareyne@orange.fr V *t.l.j. sf dim. 9h-12h 14h-18h*

FAMILLE VINCENS
La Pierre Levée Chenin 2023 ★

3000 | 8 à 11 €

Prosper Vincens acheta sa première parcelle à son retour de la Grande Guerre. En 1982, Michel Vincens quitta la coopérative pour élever ses propres vins. La famille – aujourd'hui Isabelle Vincens et son frère Philippe – est toujours aux commandes et conduit un vignoble de 49 ha.

Ce vin propose une belle expression du chenin (une première pour le domaine sur ce cépage) autour d'arômes intenses d'acacia, de pêche et de poire Williams. En bouche, il se révèle élégant et équilibré, à l'unisson du bouquet, et s'achève sur une belle finale à la fois opulente et fraîche. Du caractère et du potentiel. ⧗ 2024-2028

CH. VINCENS, 746, rte de Taoulette, Foussal, 46140 Luzech, tél. 05 65 30 51 55, philippe@chateauvincens.fr V *t.l.j. sf sam. dim. 9h-18h*

IGP CÔTES DU TARN

L'ENCLOS DES SONGES 2022 ★

1200 | 20 à 30 €

Agnès et Bruno Spagnoli ont repris en 2021 une petite vigne de 1,8 ha de vieilles ceps de braucol (50 ans), une parcelle unique sur un terroir profond d'argiles et de graves. La conversion bio est engagée.

Vinification intégrale et élevage de 18 mois en fût pour ce pur braucol bien ouvert sur les fruits mûrs (cassis, groseille) à l'olfaction, agrémenté d'un bon boisé toasté. La bouche, à l'unisson du bouquet, évolue tout en douceur, bien enrobée, soyeuse et vanillée, portée par des tanins de velours. ⧗ 2025-2030 ■ **Le Petit 2022 ★ (15 à 20 €; 5000 b.)** Ce vin (qui n'a rien de petit) dévoile un nez intense de fruits confiturés, de caramel et d'épices. La bouche apparaît bien équilibrée, ronde, soyeuse, centrée sur les fruit mûrs, avec en soutien des tanins fins qui étirent bien la finale, aux accents d'épices douces. ⧗ 2025-2029

L'ENCLOS DES SONGES, 2470, rte des Rives de l'Agout, 81800 Coufouleux, tél. 06 63 11 86 21, bruno@lenclosdessonges.com V *r.-v.*

♥ DOM. D'EN SÉGUR
Cuvée Germain 2022 ★★

36600 | 11 à 15 €

Disparu en 2013, Pierre Fabre, pharmacien castrais de renommée mondiale, voulant promouvoir les vins de sa région natale, avait créé en 1989 ce domaine comptant aujourd'hui 38 ha, géré depuis 2017 par l'œnologue Lionel Barre et certifié bio depuis 2023.

Une robe très profonde habille ce duo merlot-syrah (60-40), au nez intense de mûre, de cerise et d'épice sur un bon fond boisé, vanillé et toasté. Une attaque franche ouvre sur une bouche dense, à la fois fraîche et puissante, qui déroule un jus bien mûr, fruité et finement boisé, épaulé par de beaux tanins épicés qui se fondent en finale. Un vin très harmonieux, parfaitement balancé entre le fruit et l'élevage. ⧗ 2026-2032

DOM. D' EN GOURAU, 140, av. Georges-Spénale, 81500 Lavaur, tél. 05 63 58 09 45, contact@ensegur.com V *t.l.j. sf dim. 9h-12h30 13h30-18h*

DOM. DE LONG-PECH
L'Envol des hirondelles Gamay 2023 ★

4000 | 8 à 11 €

Implanté sur les hauteurs de Lisle-sur-Tarn, ce domaine familial a été créé par l'arrière-grand-père dans les années 1930, mais les premières mises en bouteilles datent de 1989. Depuis 2000, Sandra Bastide et sa sœur Karine exploitent ce vignoble de 30 ha perché sur une «longue colline» calcaire (*long pech* en occitan), et proposent tous les types de vin gaillacois. Un domaine très régulier en qualité.

Ce rosé lumineux et pâle dévoile un nez de belle intensité, sur la fraise des bois et autres fruits rouges. Une attaque franche et bien fruitée ouvre sur un cœur de bouche équilibré, à la fois suave et frais, qui ne manque ni de peps ni de persistance sur le fruit (cassis, framboise). On sort le barbecue et on invite les copains. ⧗ 2024-2025

DOM. DE LONG-PECH, 582, rte de Lapeyrière, 81310 Lisle-sur-Tarn, tél. 06 31 85 66 93, longpech81@gmail.com V r.-v.

CH. CLÉMENT TERMES
Les Petits Clément Chardonnay 2023 ★

■	11 000	▮	- de 5 €

Ce domaine est né en 1860 sous l'impulsion de Clément Termes qui construisit un chai, puis le château. Olivier et Caroline David, ses descendants (septième génération), sont désormais à la tête de 120 ha de vignes. Ils sont aussi négociants.

De légers reflets dorés animent le verre, duquel s'échappent des parfums intenses de poire et de coing bien mûr. La bouche, tout aussi intense et gourmande, laisse une sensation d'équilibre entre un côté gras et suave et une agréable fraîcheur en finale. ⧗ 2024-2026

CH. CLÉMENT TERMES, 302, chem. de Toulze, Les Fortis, 81310 Lisle-sur-Tarn, tél. 05 63 40 47 80, production@clement-termes.com V t.l.j. sf dim. 9h-12h 14h-18h D

IGP LANDES

BARON DE BACHEN 2022 ★

■	6 366	◍	15 à 20 €

Le chef étoilé Michel Guérard (*Les Prés d'Eugénie*) cultive en tursan son jardin de vignes (13 ha) à Duhort-Bachen et aussi les étoiles et les coups de cœur dans le Guide. Maison noble dominant l'Adour, le Ch. de Bachen a été acquis en 1983 et, sous la conduite du maître de chai Philippe Dutoya, fait partie des incontournables du vignoble landais, en rouge comme en blanc.

Après un 2021 d'exception, triplement étoilée dans ces pages, cette cuvée issue de sauvignon (80 %) et petit manseng nous revient en bonne forme dans sa version 2022. Une belle robe affirmée, or vert, un nez montant et complexe de viennoiserie, de tabac blond, de fruits jaunes et de miel toutes fleurs, une bouche souple, tendre, charnue, agrémentée d'une touche de vanille et d'un trait d'acidité en finale : ce blanc ne laissera pas indifférent, aujourd'hui comme après quelques années passées en cave. ⧗ 2024-2029

CH. DE BACHEN, pl. de l'Impératrice, 40800 Duhort-Bachen, tél. 05 58 71 76 76, direction@lespresdeugenie.com V r.-v.

IGP PÉRIGORD

B DOM. CHANTE L'OISEAU
Vin de Domme So'Vignon 2022 ★★★

■	955	◍	11 à 15 €

Francis Gibert est établi au sud du Périgord noir, sur la rive gauche de la Dordogne, à la tête de l'ancienne ferme du Pouchou, exploitée naguère en polyculture. À partir de 2008, il a planté des cépages blancs sur d'anciennes prairies. Exploité en bio, le domaine d'environ 5 ha participe à la renaissance du vignoble de Domme. Vaste et prospère avant la crise phylloxérique, ce dernier fait parler de lui depuis les années 1990.

Ce sauvignon s'est placé sur les rangs pour un coup de cœur. Son élevage de 9 mois sur lies en fût de chêne, sans lui donner d'arômes boisés marqués, contribue sans doute à sa présence. Intensément floral au nez, il suit la même ligne au palais, les agrumes ajoutant une note de fraîcheur à une matière ample et charnue à souhait. La longue finale se teinte de l'amertume tonique du pamplemousse. ⧗ 2024-2028 ■ **Viognier Le Cinquième Péché 2022 ★★ (11 à 15 €; 3942 b.) B** Aussi remarquable que le 2021, ce viognier offre la rondeur et l'ampleur du viognier, des arômes gourmands de pêche mâtinés de touches florales et d'un subtil boisé beurré et toasté, hérité d'un séjour de 9 mois en fût. ⧗ 2024-2028 ■ **Chardonnay Cuvée Olivia 2022 ★ (15 à 20 €; 818 b.) B** Il offre la rondeur du chardonnay, avec le volume et les arômes de fruits jaunes d'un millésime solaire et une note de caramel liée à l'élevage en fût. ⧗ 2024-2028

DOM. CHANTE L'OISEAU, Pouchon, 24550 Campagnac-lès-Quercy, tél. 06 21 94 01 57, corine.nay@domaine-chante-loiseau.com V r.-v.

DOM. DU GOUYAT
Merlot-Malbec Dordonia 2023 ★★★

■	50 000	▮	5 à 8 €

Installés dans le Périgord en 1977, les Dubard ont choisi la terre et créé un vaste ensemble viticole, conduit depuis 2008 par la deuxième génération, représentée par Grégory Dubard, ingénieur-œnologue. Au berceau, dans le Bergeracois (les 85 ha du domaine du Gouyat, avec le Ch. Laulerie), valeur sûre de cette région, se sont ajoutés des vignobles dans le Libournais voisin : 8,5 ha en lalande-de-pomerol (Clos des Grands Moines) et autant en puisseguin-saint-émilion (Ch. Vieux Barrail).

Il s'est placé sur les rangs pour un coup de cœur, ce rouge montrant une belle maîtrise dans la vinification du merlot (90 %, complétés par le malbec), pourtant peu favorisé par le millésime. Un court élevage en cuve met en valeur ses arômes de petits fruits des bois très mûrs que l'on retrouve dans une bouche chaleureuse, aussi ronde que longue, aux tanins soyeux. ⧗ 2024-2029 ■ **Sauvignon blanc-Sémillon Dordonia 2023 ★★ (5 à 8 €; 50 000 b.)** Du sauvignon pour l'essentiel et un appoint de sémillon pour ce blanc d'une belle rondeur aux arômes de pêche et de poire. ⧗ 2024-2027 ■ **Merlot-Malbec Dordonia 2023 ★ (5 à 8 €; 50 000 b.)** Un rosé aux arômes de fleurs et de bonbon, plutôt long et bien équilibré entre rondeur et acidité. ⧗ 2024-2025

DOM. DU GOUYAT, 642, rte de Calon, 24610 Saint-Méard-de-Gurçon, tél. 05 53 82 48 31, contact@vignoblesdubard.fr t.l.j. 8h30-12h30 13h30-17h; sam. dim. sur r.-v.

B DOM. DE GRANGE NEUVE Félibrée 2023 ★

■	4 856	▮	5 à 8 €

Anthony Castaing préside depuis 1997 aux destinées de ce domaine fondé en 1896 par son aïeul Pierre Pichon. À l'origine, 4 ha, en polyculture. Aujourd'hui, pas moins de 92 ha de vignes, pour l'essentiel à Pomport, à 12 km au sud de Bergerac. Côté vins, on

recherche ici le fruit et l'expression du terroir, en évitant souvent l'élevage sous bois. Propriété en bio certifié à partir du millésime 2023.

Cuivré, un rosé très original par ses arômes muscatés, un peu miellés et par son caractère moelleux (35 g/l). De belle longueur, il conviendra à l'apéritif ou au dessert. Un vin expérimental et pionnier par sa composition : il assemble 70 % d'artaban (cépage rouge) et 30 % de muscaris (cépage blanc), issus d'hybridation et de croisement, l'un comme l'autre résistants au mildiou et à l'oïdium, ce qui permet d'éviter les traitements. Ces deux variétés ont été admises fin 2020 dans le cahier des charges de l'IGP Périgord. Un progrès pour l'environnement. Pour le vin, le jury a approuvé à l'aveugle : bon début. ⧗ 2024-2025

DOM. DE GRANGE NEUVE, 1830, rte du Périgord, 24240 Pomport, tél. 05 53 58 42 23, castaing@grangeneuve.fr V *t.l.j. 9h-12h 14h-18h; dim. sur r.-v.* E

B DOM. DE GRIMARDY
100 % cabernet-sauvignon Especial 2022 ★

■	1200	▮	8 à 11 €

Un domaine situé à Montazeau, à équidistance de Saint-Émilion et de Bergerac. Déjà exploité en bio depuis 2013, il a été racheté en 2021 par des néo-vignerons, Sophie Der Mikaelian, ancienne chargée de mission Environnement dans le marais Poitevin, et Gaël Valet, ingénieur électronique puis directeur d'école dans une première vie, à Marcel Establet, le créateur du chai (en 1998). Le vignoble compte environ 8 ha de vignes rouges et 3 ha de vignes blanches.

Élevé 18 mois en cuve, ce 2022 issu de pur cabernet-sauvignon s'habille d'une robe profonde, attirante, tout comme son nez de fruits noirs intenses, légèrement végétal. Le prélude à une bouche puissante, dans le même registre, marquée en finale par des tanins sévères qui devraient s'arrondir en cave. ⧗ 2026-2030

DOM. DE GRIMARDY, 270, imp. du Buisson, 24230 Montazeau, tél. 06 50 57 59 94, domaine.grimardy@gmail.com V *t.l.j. sf dim. 9h-12h30 14h-18h30*

B CH. HAUT BERNASSE
Les Œnopotes 2023 ★

■	7200	▮	8 à 11 €

Créé à la fin du XIXᵉs., ce domaine implanté au sommet des coteaux de Monbazillac avait été acquis en 1977 par Jacques Blais qui l'avait agrandi et développé. Il compte aujourd'hui 14 ha (dont 11 en vignes blanches) regroupés autour des chais. En 2014, Romain Claveille, jeune vigneron de 28 ans, formé à la gestion des espaces naturels, l'a repris alors qu'il était en conversion bio. Son but est de renouveler l'image de la propriété en élaborant des vins gourmands, des «vins de terroir».

Composé de sauvignon blanc majoritaire, complété par du sauvignon gris et du chenin, vendangés fin août, un vin délicatement floral et fruité au nez (agrumes), agréable en bouche, tant par sa rondeur équilibrée par une belle fraîcheur que par ses arômes de fruits blancs, pêche en tête. ⧗ 2024-2027

CH. HAUT BERNASSE, 24240 Monbazillac, tél. 06 89 31 72 02, chateau.hautbernasse@orange.fr V *r.-v.*

DOM. DE MAYAT
Chardonnay 2023 ★

■	7000	▮	5 à 8 €

Représentant la troisième génération de viticulteurs, Francis Lagarde s'installe en 1979 et crée son chai 10 ans plus tard. Son vignoble (45 ha) est implanté sur la rive droite de la Dordogne, près de Sainte-Foy-la-Grande, à cheval sur le Bordelais et le Bergeracois. Il produit sous plusieurs étiquettes du bordeaux et des vins d'appellation du Sud-Ouest.

Le chardonnay s'adapte à de nombreux terroirs. En Bergeracois, il vient compléter le sauvignon dans les vins en IGP. Offrant au nez une fraîcheur citronnée, ce 2023 dévoile en bouche la souplesse, l'ampleur et le gras caractéristiques de cette variété, avec des arômes de fruits exotiques teintés d'agrumes. ⧗ 2024-2027

DOM. DE MAYAT, 1358, rte de Mayat, 33220 Fougueyrolles, tél. 06 47 24 38 01, francislagarde@orange.fr V *t.l.j. sf sam. dim. 8h-12h 13h30-18h*

L'OIE DU PÉRIGORD
Sauvignon 2023 ★

■	202000	▮	- de 5 €

Union de coopératives à vocation commerciale, Couleurs d'Aquitaine, née en 2008, regroupe aujourd'hui les caves de Sigoulès, de Monbazillac et Alliance Aquitaine, réunies sous la bannière Vignerons Coopérateurs du Périgord. Ces caves en sont les principaux actionnaires et fournisseurs. Couleurs d'Aquitaine sélectionne, élève et distribue aussi des vins de propriétés du Bergeracois et du Bordelais. Un acteur de poids du grand Sud-Ouest viticole, premier metteur en marché du Bergeracois, regroupant 300 coopérateurs, un centre d'embouteillage et près de 3 500 ha de vignes.

Avec son nez assez complexe, floral, net et frais, bien prolongé par une bouche à la fois ample et dynamique, aux arômes d'agrumes, marquée par une petite amertume tonique, ce sauvignon sera parfait à l'apéritif, sur des fruits de mer ou sur des cabécous. ⧗ 2024-2027

COULEURS D'AQUITAINE, rte de Montmarsant, 24100 Saint-Laurent-des-Vignes, tél. 06 27 00 23 91, avernhet@couleursdaquitaine.fr

DOM. DU PETIT PUY Le Blanc 2023 ★

■	3800	▮	5 à 8 €

Pendant la dernière guerre, la ligne de démarcation passait sur la propriété – le dernier domaine viticole subsistant de nos jours à Montpeyroux, village pittoresque situé du côté de Montravel, aux confins de la Gironde. D'une superficie de 25 ha, dont 9,5 dédiés à la vigne, l'exploitation a été reprise en 2021 par Thomas Flouret. Couvrant les pentes d'un coteau exposé au sud, au milieu des prés et des bois, les ceps produisent du bergerac et des vins du Périgord en IGP.

Les vins en IGP donnent aux vignerons l'occasion de proposer des cuvées originales, expérimentales même. Ainsi, Thomas Flouret a-t-il pressé ce merlot pour le vinifier en blanc, comme les Champenois, notamment, pratiquent avec leurs pinots. Il a obtenu un vin au nez partagé entre notes florales et bonbon anglais et au palais bien fruité, d'une rondeur équilibrée, avec ce qu'il faut de longueur. ⧗ 2024-2025

DOM. DU PETIT PUY, 582, chem. de Bellevue, 24610 Montpeyroux, tél. 06 25 19 42 72, domainedupetitpuy@gmail.com V r.-v.

CH. LE RAZ Ter'Raz 2023 ★

| 95000 | 5 à 8 €

Régulièrement en vue pour ses montravel, le domaine est entré en 1958 dans la famille Barde, enracinée en Bergeracois depuis le XVe s. Aujourd'hui, une gentilhommière restaurée du XVIIe s. et 220 ha de céréales, de colza, de tournesol, de bois et de vignes, exploités par deux cousins. Rejoint par la nouvelle génération et appuyé au chai par Francesca Contessi et par Régis Giron, Patrick Barde se charge du vignoble. Au fil des ans, des achats et des fermages, ce dernier couvre près de 70 ha sur des plateaux. Une structure de négoce s'ajoute à l'ensemble.

Sur le domaine, les vins en IGP représentent plus de la moitié des volumes. Pour celui-ci, un assemblage bien bergeracois de sauvignon (70 %) et de sémillon, avec une vinification destinée à exalter les arômes (macération pelliculaire). Un blanc au nez intense et délicat, entre fruits exotiques, pêche blanche et pamplemousse, tout aussi fruité en bouche, consistant et vif, à la finale acidulée. ⧗ 2024-2027 **Ter'Raz n°1 Vieux Ceps 2022 ★ (8 à 11 €; 26000 b.)** Né de merlot dominant (75 %),de cabernet-sauvignon et de malbec, élevé 12 mois en fût, un vin convivial, vanillé au nez, suave en bouche, d'une rondeur élégante. ⧗ 2024-2028

CH. LE RAZ, 983, rte des Vins, 24610 Saint-Méard-de-Gurçon, tél. 05 53 82 48 41, chateauleraz@gmail.com V r.-v.

CH. ROUILLATS Harmonie 2022 ★★

| 1400 | 15 à 20 €

Danièle et Benoît Coq ont repris en 2008 le domaine familial qu'ils ont converti à la bio : ils ont obtenu la certification en 2010. Établis en Dordogne sur l'aire du montravel, aux portes du Libournais, ils exploitent un petit vignoble de 2,5 ha ainsi que des vergers. À leur carte, du montravel et des vins en IGP Périgord.

Cépage accessoire en appellation bergerac, le chenin compose 80 % de cette cuvée. Élevé 8 mois en barrique, il est complété par de la muscadelle et par quelques gouttes de sémillon élevés en cuve. Le boisé ressort au nez dans des notes de toast, de pain beurré, de noisette grillée, associées à des nuances de fruits jaunes. On retrouve cet heureux mariage du merrain et du raisin dans une bouche ample, ronde, charnue et longue. Un blanc généreux qui pourra donner la réplique à une viande blanche ou à du fromage. ⧗ 2024-2028

DOM. DES ROUILLATS, 1290, rte de St-Aulaye, 24230 Saint-Antoine-de-Breuilh, tél. 06 32 09 82 47, daniele.coq@gmail.com V r.-v.

♥ LES VIGNERONS DE SIGOULÈS Sauvignon L'Original Haut Païs 2023 ★★

| 13333 | - de 5 €

Fondée en 1938, la coopérative de Sigoulès regroupe aujourd'hui 75 viticulteurs, qui cultivent 960 ha de vignes au sud de Bergerac. Des investissements importants sont consacrés à la gestion du vignoble et à la modernisation des chais, rénovés en 2014. Les arrière-petits-enfants des premiers adhérents ont à cœur le respect de l'environnement : certaines exploitations sont certifiées HVE, d'autres sont conduites en bio.

La gamme L'Original décline des cuvées monocépage, comme ce sauvignon qui a enchanté d'emblée nos dégustateurs par son nez élégant, d'une belle complexité, mêlant l'acacia, la pêche, la poire et les agrumes. On retrouve le fruit blanc dans une bouche ample, tendue et persistante, à la finale nerveuse, acidulée. ⧗ 2024-2027 **L'Original Merlot Haut Païs 2023 ★ (- de 5 €; 16000 b.)** Caractéristique du rosé de pressurage, ce 2023 montre une robe très pâle et séduit par son équilibre comme par ses arômes floraux et fruités. ⧗ 2024-2025

LES VIGNERONES DE SIGOULÈS, 302, rte des Vignerons, 24240 Mescoulès, tél. 05 53 61 55 00, contact@vigneronsdesigoules.fr V r.-v.

B CH. LE TAP 2023 ★

| 3000 | 8 à 11 €

Domaine du Bergeracois situé à l'emplacement d'une carrière, inscrite au cadastre napoléonien au lieu-dit Tas-de-Pierre, raccourci au fil du temps en Tap. Olivier Roches, fils de vigneron de Pécharmant, s'y est installé en 2001 avec son épouse Mireille. Ensemble, ils cultivent une dizaine de cépages sur 14 ha, conduits en bio certifié depuis 2010.

Très remarqué dans le millésime précédent, ce moelleux à base de sauvignon gris séduit de nouveau par l'élégance et l'intensité de son expression aromatique dominée par les fruits blancs, poire en tête, ainsi que par son harmonie en bouche, faite de rondeur suave, de souplesse et de fraîcheur. ⧗ 2024-2027

CH. LE TAP, 144, rte de Lenvège, 24240 Saussignac, tél. 05 53 27 53 41, contact@letap.bio V *t.l.j. sf dim. 9h-12h30 14h-19h* E

IGP THÉZAC-PERRICARD

♥ B DOM. DE LANCEMENT Prémices 2023 ★★

| 1800 | 11 à 15 €

Après ses études et une première expérience dans le commerce des vins à Londres, Sandrine Annibal a fait ses classes chez un

égociant, puis dans des domaines en cahors et en aye. En 2006, elle est revenue sur le domaine famil à la limite des causses du Quercy : une ferme du VIIe s. avec pigeonnier, des pâtures où paissent des ondes d'Aquitaine et 8 ha de vignes, qu'elle conduit bio depuis 2010.

malbec à son meilleur dans ce vin sombre et profond, i livre à l'olfaction des arômes puissants de fruits uges et noirs mûrs, relevés d'épices. Une intensité i ne baisse pas d'un ton dans une bouche ample, yeuse et longue, portée par des tanins de velours, us resserrés en finale, apportant un surcroît de caractère à cet ensemble déjà très élégant. On le met en cave sans crainte et on le ressort pour une belle côte de bœuf. ⧗ 2026-2032 ■ **Verdus 2023 ★ (11 à 15 €; 1330 b.)** Ⓑ Un blanc né de jeunes vignes (13 ans) de gros manseng, expressif (pêche blanche mûre, abricot, rose), frais, finement amer et enrobé par une touche de gras : un ensemble harmonieux, à boire sur le fruit. ⧗ 2024-2026

DOM. DE LANCEMENT, 297, rte de Mauroux, 47370 Thézac, tél. 05 53 41 17 02, info@domainelancement.fr V *t.l.j. sf dim. 10h-12h 14h-18h; sam. 10h-12h* Ⓔ

LOIRE

LA VALLÉE DE LA LOIRE

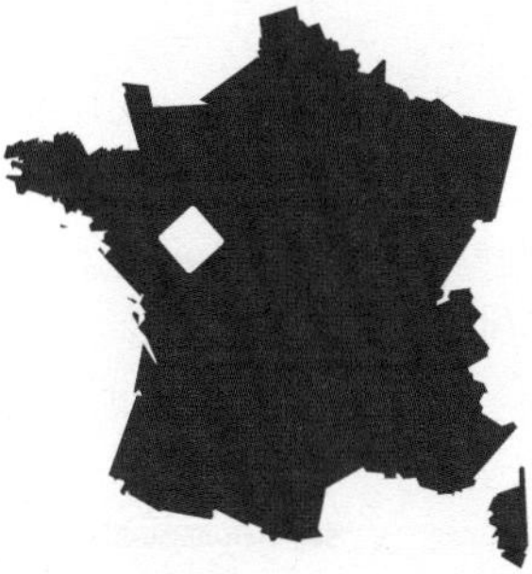

nis par un fleuve majestueux jalonné de châteaux enaissance, les divers pays de la vallée de la Loire sont aignés par une lumière unique, qui fait éclore ici le « Jarin de la France ». Dans ce jardin, bien sûr, la vigne est résente ; des confins du Massif central jusqu'à l'esıaire, elle ponctue le paysage au long du fleuve et d'une izaine de ses affluents.

es vignobles de la région nantaise, de l'Anjou-Saumur de la Touraine forment de véritables entités. Sont également inclus dans les vignobles de la Loire ceux, plus ispersés, du Berry, des côtes d'Auvergne et roannaises. appartiennent au bassin hydrographique de la Loire et rapprochent des vignobles ligériens par les types de ns produits, friands et fruités.

ans ce vaste ensemble aux terroirs et aux climats ariés, une large palette de cépages donne naissance une des productions les plus variées du pays : blancs ecs, moelleux et liquoreux, effervescents, rouges légers plus tanniques, rosés souples et fruités... Des vins qui nt pour traits communs des prix doux et une vivacité ui anime jusqu'à ses grands vins liquoreux.

Rennes
ILLE-ET-VILAINE
Laval
MAYENNE
Le Mans
SARTHE
la Sarthe
La Flèche
le Loir
Segré-en-Anjou-Bleu
Durtal
ANJOU
MAINE-ET-LOIRE
LOIRE-ATLANTIQUE
l'Erdre
Angers
Savennières
St-Nicolas-de-Bourgueil
Bourgueil
Ancenis
Brissac
Quincé
Loire Aubance
la Loire
Saint-Nazaire
Nantes
la Loire
Saumur
Azay-le-Rideau
Chinon
Doué-en-Anjou
Pornic
Clisson
Cholet
la Maine
Île de Noirmoutier
Legé
Thouars
ANJOU-SAUMUR
RÉGION NANTAISE
Mirebeau
Neuville-de-Poitou
La Roche-sur-Yon
Île d'Yeu
HAUT-POITOU
VENDÉE
DEUX-SÈVRES
VIENNE
Les Sables-d'Olonne
Fontenay-le-Comte
Niort
OCÉAN ATLANTIQUE
Île de Ré
La Rochelle
LE POITOU ET LES CHARENTES
Rochefort
Saint-Jean-d'Angély
Île d'Oléron
CHARENTE-MARITIME
COGNAC
CHARENTE
Saintes
Cognac
Royan
la Gironde
Jonzac

Crémant-de-loire
Rosé-de-loire
Limite de département
0 10 20 30 40 50 km
Orléans
LOIRET
la Loire
Auxerre
Gien
Saint-Fargeau
YONNE
Blois
Cour-Cheverny
Cheverny
SOLOGNE
LOIR-ET-CHER
Oisly
SANCERROIS
Cosne-Cours-sur-Loire
Sancerre
Pouilly-sur-Loire
Vierzon
Menetou-Salon
Valençay
La Charité-sur-Loire
Reuilly
Bourges
CHER
NIÈVRE
Nevers
Issoudun
INDRE
Châteauroux
le Cher
l'Indre
la Creuse
l'Allier
SAÔNE-ET-LOIRE
Châteaumeillant
CENTRE
ALLIER
Moulins
la Loire
Montluçon
Saint-Pourçain-sur-Sioule
La Pacaudière
la Sioule
Vichy
Guéret
CREUSE
Roanne
N
MASSIF CENTRAL
Aubusson
Riom
Thiers
LOIRE
Limoges
Clermont-Ferrand
Boën-sur-Lignon
O
E
PUY-DE-DÔME
Issoire
Ambert
Montbrison
Saint-Germain-Lembron
CORRÈZE
S
Brioude

La vallée de la **Loire** en un clin d'œil

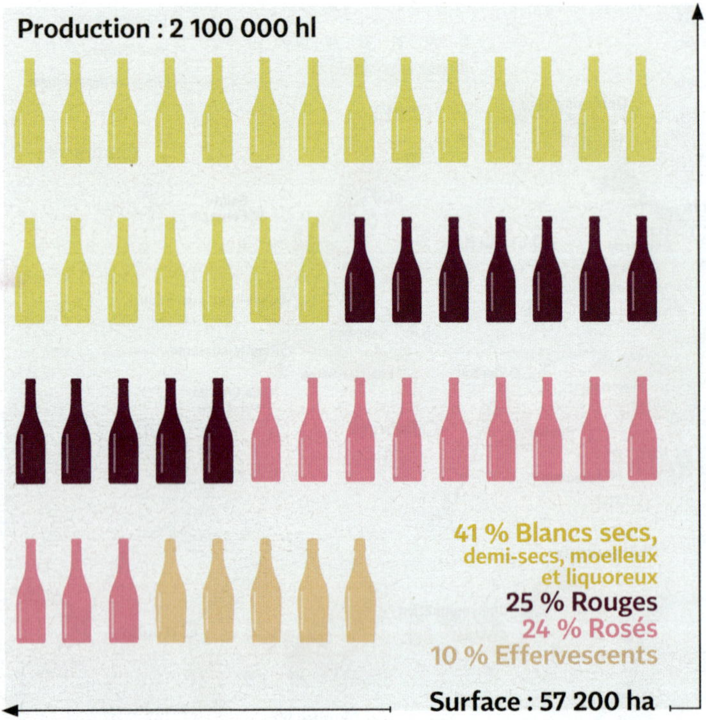

Types de vins

Principaux **cépages**

›ernet franc (breton)	Gamay	Pinot noir
Grolleau	Cabernet-sauvignon	Cot

ccessoirement : pineau d'Aunis, cabernet-sauvignon, inot meunier, négrette...

enin (pineau le la Loire)	Muscadet (ou melon de Bourgogne)	Sauvignon

ccessoirement : gros plant, chardonnay, romorantin, inot gris (malvoisie), tressallier, menu pineau...

Hiérarchie des vins

85 % du vignoble est consacré aux **AOC**

AOC COMMUNALES

AOC COMMUNALES + DÉNOMINATIONS
(ex. : Clisson, le Pallet ou Gorges pour le muscadet-sèvre-et-maine, Puy-Notre-Dame pour saumur...).

3 AOC SOUS-RÉGIONALES
muscadet (81 communes), anjou (154 communes) et touraine (143 communes)

2 AOC RÉGIONALES rosé-de-loire et crémant-de-loire

Un peu d'**histoire**

- **IVe s. :** saint Martin, ancien officier romain devenu évêque de Tours, fonde l'abbaye de Marmoutier. Les vignobles monastiques se développent.
- **VIIIe s. :** essor du vignoble de Vouvray.
- **XIe s. :** l'abbaye bénédictine de Bourgueil est réputée pour ses vins.
- **XIIe s. :** sous le règne d'Henri Plantagenêt, comte d'Anjou et duc d'Aquitaine, les vins sont exportés outre-Manche.
- **XVe s. :** sous l'impulsion du roi René, comte d'Anjou, de Provence, les vins de Loire poursuivent leur essor. Rabelais célèbre les vins de Chinon et le cépage breton.
- **XVe-XVIe s. :** construction des châteaux de la Loire où séjournent les souverains. Plantations de nouveaux vignobles.
- **XVIIe s. :** sous l'influence des négociants hollandais, les cépages gros-plant et chenin sont implantés, soit pour la distillation, soit pour l'élaboration de vins moelleux.
- **1709 :** le grand gel détruit une partie du vignoble. Le melon de bourgogne est acclimaté dans la région.
- **XIXe s. :** développement des vins effervescents. Création des premières maisons de négoce à Saumur.
- **1883 :** crise phylloxérique. Restructuration du vignoble avec des cépages rouges.
- **1930 :** une vingtaine d'AOC sont reconnues.
- **1980 :** les vignobles à la périphériedu Val de Loire (Sologne, Centre, Vendée et Poitou) passent en statut AOVDQS.
- **2000 :** la partie de la vallée de la Loire entre Sully-sur-Loire et Chalonnes est inscrite au patrimoine mondial de l'Unesco.
- **2011 :** les dernières AOVDQS sont promues en AOC.

Les **appellations** régionales de la vallée de la Loire

Rosé-de-loire

Production : 44 200 hl

Surface : 860 ha

Types de vins

Rosés

Effervescents blancs

Effervescents rosés

Principaux **cépages**

Grolleau

Cabernet franc

Cabernet-sauvignon

Pineau d'Aunis

Gamay

Cot

Base de la hiérarchie des vins

Les appellations rosé-de-loire et crémant-de-loire sont considérées comme régionales et peuvent être produites dans les limites des aires d'appellations anjou, saumur et touraine, ainsi que cheverny pour les crémants.

Crémant-de-loire

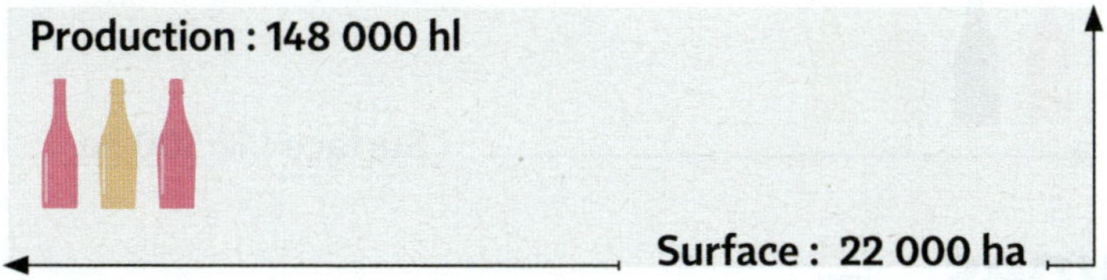

Types de vins

Principaux cépages

- Chenin
- Chardonnay
- Cabernet-sauvignon
- Cabernet franc
- Pinot noir
- Grolleau
- Pineau d'Aunis

La **région nantaise**
en un clin d'œil

Production : 485 000 hl

95 % Blancs
5 % Rosés / Rouges

Surface : 12 500 ha

Types de vins

Blancs secs | Blancs moelleux | Rouges | Rosés

Principaux **cépages**

Melon de Bourgogne | Gros plant (folle blanche) | Melon de Bourgogne | Cabernet franc | Négrette | Pinot noi

Un vignoble dominé par les blancs

Après un hiver terrible en 1709, le vignoble fut complètement détruit, puis reconstitué principalement par des plants du cépage melon venu de Bourgogne. Ils'étend au sud et à l'est de Nantes, principalement en Loire-Atlantique, débordant un peu vers la Vendée et le Maine-et-Loire. Les vignes, surtout blanches, sont plantées sur des coteaux ensoleillés exposés aux influences océaniques, sur des sols légers et caillouteux composés de terrains anciens entremêlés de roches éruptives. On distingue sept AOC : muscadet, muscadet-coteaux-de-la-loire, muscadet-sèvre-et-maine (la plus vaste), muscadet-côtes-de-grand-lieu, gros-plant-du-pays-nantais, coteaux-d'ancenis et fiefs-vendéens.

Les crus du muscadet-sèvre-et-maine

Au sommet de l'AOC muscadet-sèvr et-maine, ont été délimités sept cru communaux : Gorges, Clisson, Le Palle Goulaine, Château-Thébaud, Monnière Saint-Fiacre et Mouzillon-Tillières. I ont été délimités en fonction de critère pédologiques (granites, gneiss, gal bro…). Leur cahier des charges prévo un temps d'élevage sur lies fines, entr 18 et 24 mois. Leur profil varie selon le terroirs (minéraux à Gorges, plus fruité et mûrs à Clisson, floraux et fruités a Pallet…), mais tous se distinguent pa leur puissance et leur potentiel de gard

Muscadet
Muscadet-coteaux-de-la-loire
Coteaux-d'ancenis
Muscadet-sèvre-et-maine
Muscadet-côtes-de-grandieu
Gros-plant-du-pays-nantais
Zone urbaine
Limite de département
LOIRE-ATLANTIQUE
ANJOU-SAUMUR
Champtoceaux (commune d'Orée d'Anjou)
l'Erdre
Ligné
Ancenis
la Loire
Saint-Florent-le Vieil
Carquefou
NANTES
Saint-Père-en-Retz
Le Loroux-Bottereau
MAINE-ET-LOIRE
Beaupréau-en-Mauges
Vertou
Vallet
Chaumes-en-Retz
Pornic
Montfaucon-Montigné
Lac de Grand-Lieu
Clisson
Cholet
la Boulogne
Île de Noirmoutier
Saint-Philbert-de-Grand-Lieu
Machecoul-Saint-Même
Montaigu
Rocheservière
Legé
Challans
Palluau
RÉGION NANTAISE
Crus du Muscadet
1 Goulaine
2 Le Pallet
3 Château-Thébaud
4 Monnières Saint-Fiacre
5 Mouzillon-Tillières
6 Gorges
7 Clisson
Crus du Muscadet en cours de reconnaissance
8 Champtoceaux
9 La Haye-Fouassière
10 Vallet
Saint-Gilles-Croix-de-Vie
La Roche-sur-Yon
Chantonnay
VENDÉE
OCÉAN ATLANTIQUE
Brem
Mareuil
Mareuil-sur-Lay-Dissais
Olonne-sur-Mer
Les Sables-d'Olonne
Pissotte
Fontenay-le-Comte
FIEFS-VENDÉENS
la Vendée
Vix
N
O
E
S
La Rochelle
CHARENTE-MARITIME
Île de Ré
COGNAC
0
10
20
30 km

L'Anjou-Saumur en un clin d'œil

Production : 980 000 hl

50 % Rosés
20 % Rouges
19 % Effervescents
11 % Blancs

Surface : 21 400 ha

Types de vins

Blancs secs · Blancs demi-secs · Blancs moelleux et liquoreux · Rouges · Rosés · Effervesc

Principaux cépages

Cabernet franc · Cabernet-sauvignon · Gamay · Chenin (majoritaire) · Sauvignon · Chardonna

Anjou blanc et Anjou noir

Sous un climat atlantique, avec un relief peu accentué et de nombreux cours d'eau, le vignoble s'étend surtout dans le Maine-et-Loire, débordant un peu sur la Vienne et les Deux-Sèvres. À l'ouest, l'Anjou noir correspond aux terrains sombres, schisteux de la bordure orientale du Massif armoricain. À l'est, l'Anjou blanc correspond au Saumurois et ses terres blanches sédimentaires provenant du tuffeau.

Anjou : le règne du chenin

Si l'on y trouve de nombreux rouges et rosés, la réputation de l'Anjou est due aux blancs doux nés du chenin. Un cépage qui se plaît sur les sols schisteux et produit aussi bien des vins secs, demi-secs, moelleux ou liquoreux (avec six AOC dédiées à ce type de vins). En liquoreu l'AOC quarts-de-chaume est devenu l 1er grand cru de la vallée de la Loire.

Saumurois : des rouges estimé

Dans le Saumurois, les rouges (saumu saumur-champigny), sont les plus estimé de même que les vins effervescents qu ont connu une forte croissance, notam ment les AOC saumur et crémant-de-loir

Deuxième région de France en rosé

Environ 50 % des vins de l'Anjou Saumur sont des rosés : secs (cabe net-de-saumur, rosé-de-loire), demi-sec (cabernet-d'anjou, rosé-d'anjou, cabe net-de-saumur) ou moelleux (cabe net-d'anjou). Ce qui en fait la 2e région d France en la matière, derrière la Provenc

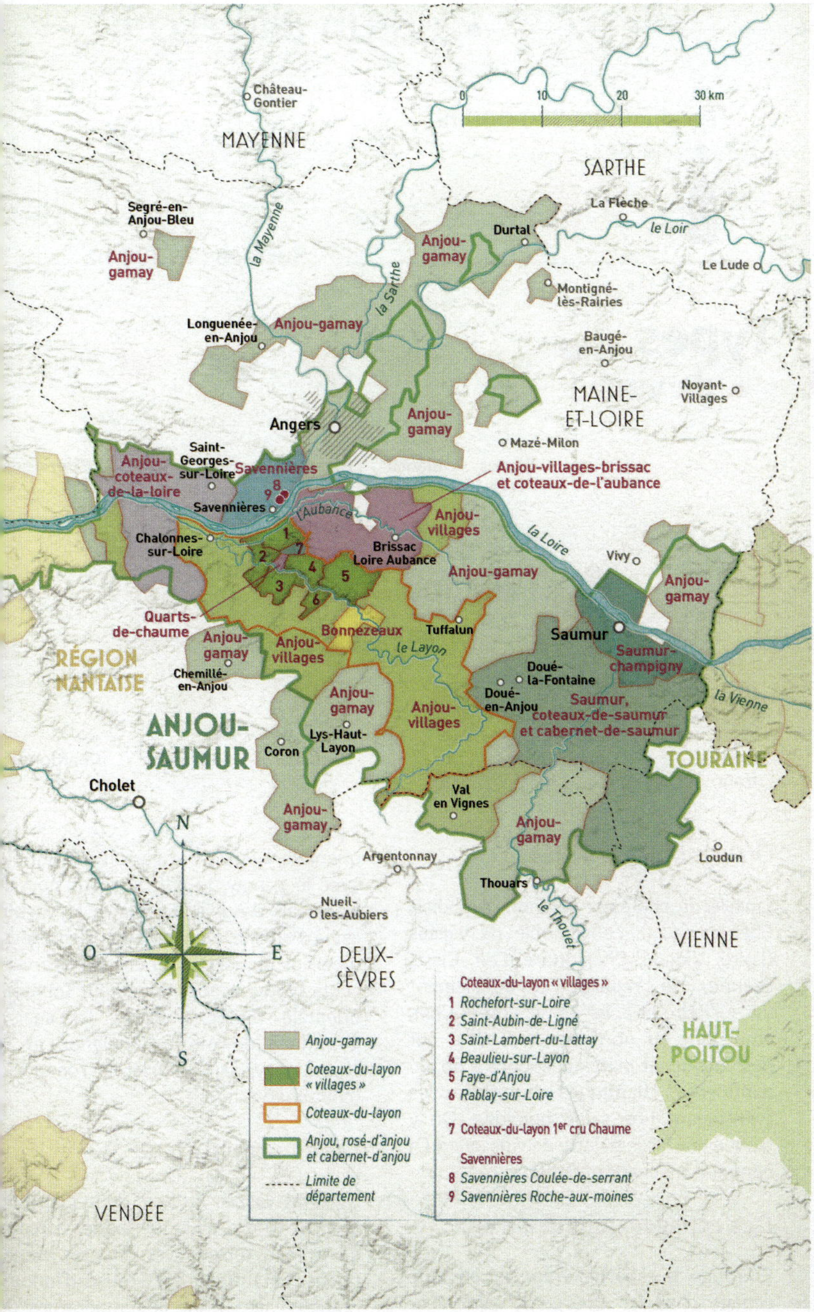
Château-Gontier
MAYENNE
0 10 20 30 km
SARTHE
La Flèche
le Loir
Le Lude
Durtal
Anjou-gamay
Segré-en-Anjou-Bleu
Anjou-gamay
la Mayenne
la Sarthe
Montigné-lès-Rairies
Longuenée-en-Anjou
Anjou-gamay
Baugé-en-Anjou
Noyant-Villages
MAINE-ET-LOIRE
Anjou-gamay
Angers
Mazé-Milon
Saint-Georges-sur-Loire
Anjou-coteaux-de-la-loire
Savennières
Anjou-villages-brissac et coteaux-de-l'aubance
Savennières
l'Aubance
Anjou-villages
la Loire
Chalonnes-sur-Loire
Brissac Loire Aubance
Vivy
Anjou-gamay
Anjou-gamay
Quarts-de-chaume
Bonnezeaux
Tuffalun
Saumur
RÉGION NANTAISE
Anjou-gamay
Anjou-villages
le Layon
Saumur-champigny
Chemillé-en-Anjou
Doué-la-Fontaine
Doué-en-Anjou
Saumur, coteaux-de-saumur et cabernet-de-saumur
la Vienne
ANJOU-SAUMUR
Anjou-gamay
Anjou-villages
Lys-Haut-Layon
Coron
TOURAINE
Cholet
Val en Vignes
Anjou-gamay
Anjou-gamay
N
Argentonnay
Loudun
Thouars
Nueil-les-Aubiers
le Thouet
O
E
DEUX-SÈVRES
VIENNE
S
HAUT-POITOU
VENDÉE
Anjou-gamay
Coteaux-du-layon « villages »
Coteaux-du-layon
Anjou, rosé-d'anjou et cabernet-d'anjou
Limite de département
Coteaux-du-layon « villages »
1 Rochefort-sur-Loire
2 Saint-Aubin-de-Ligné
3 Saint-Lambert-du-Lattay
4 Beaulieu-sur-Layon
5 Faye-d'Anjou
6 Rablay-sur-Loire
7 Coteaux-du-layon 1er cru Chaume
Savennières
8 Savennières Coulée-de-serrant
9 Savennières Roche-aux-moines

La **Touraine** en un clin d'œil

Production : 980 000 hl

51 % Rouges
27 % Blancs
17 % Effervescents
5 % Rosés

Surface : 16 300 ha

Types de vins

Principaux **cépages**

Cabernet franc
Gamay
Cot
Chenin
Sauvignon
Chardonnay

Un vignoble de vallées

Émaillé de châteaux (Chinon, Amboise, Chenonceau...), ce vignoble de vallées (Loire, Vienne, Cher, Indre, Loir, Cisse, Brenne) se répartit essentiellement dans l'Indre-et-Loire et le Loir-et-Cher, empiétant au nord sur la Sarthe, sur des coteaux et plateaux soumis à un jeu d'influences atlantiques et continentales entretenant une saine humidité. On y trouve une large palette de vins ayant en commun fraîcheur et fruité.

Des cépages qui s'illustrent

En rouge, le cabernet franc est l'unique cépage dans les bourgueil, saint-nicolas-de-bourgueil et chinon. En Touraine orientale, il voisine et parfois s'assemble avec le gamay, le cot, le pinot noir et le pineau d'Aunis. En blanc, le chenin est à l'origine de vins secs, demi-secs, moelleux, liquoreux ou encore effervescents (vouvray, montlouis). En Touraine orientale (Sologne, Berry, Orléanais) il s'efface devant le sauvignon et le chardonnay, sans oublier le romorantin (cour-cheverny).

Le règne du tuffeau

Dans les vallées du Loir, de la Loire, du Cher, de l'Indre, de la Vienne, les coteaux de tuffeau offrent des nuances climatiques. Le tuffeau est creusé d'innombrables caves dont la température de 12 °C est idéale pour l'élevage des vins...

Le Mans
SARTHE
LOIRET
Orléans
Orléans
Orléans
Orléans-cléry et orléans
Jasnières et coteaux-du-loir
Coteaux-du-vendômois
Vendôme
LOIR-ET-CHER
Lhomme
Château-du-Loir (commune de Montval-sur-Loir)
Montoire-sur-le-Loire
Le Lude
le Loir
Coteaux-du-loir
Saint-Paterne-Racan
TOURAINE
Touraine-mesland
Blois
Cheverny
Cour-cheverny et cheverny
Cour-Cheverny
Cheverny
Cheverny
Chaumont-sur-Loire
MAINE-ET-LOIRE
Château-la-Vallière
Saint-nicolas-de-bourgueil et bourgueil
Touraine-amboise
Vouvray
Vouvray
Tours
Amboise
Touraine
Touraine-oisly
Montlouis-sur-loire
Touraine
Touraine-noble-joué
Chenonceaux
Montrichard Val de Cher
Touraine-chenonceaux
Bourgueil
Touraine-azay-le-rideau
la Loire
Chinon
Chinon
Touraine
INDRE-ET-LOIRE
Touraine
Valençay
Valençay
CHER
Loches
Touraine
Sainte-Maure-de-Touraine
Touraine
Reuilly
ANJOU-SAUMUR
Touraine
CENTRE
Issoudun
Châtellerault
Touraine
Azay-le-Ferron
Châteauroux
Mirebeau
HAUT-POITOU
INDRE
Neuville-de-Poitou
Jaunay-Marigny
Poitiers
la Creuse
CENTRE
N
O
E
S
VIENNE
la Vienne
la Gartempe
la Braye
le Loir
la Cisse
la Loire
le Beuvron
la Sauldre
le Cher
l'Indre
Touraine
Crémant de Loire
Limite de département
HAUTE-VIENNE
CREUSE
Guéret
0
10
20
30
40
50 km

Le **Centre** en un clin d'œil

Production : 980 000 hl

80 % Blancs
15 % Rouges
5 % Rosés

Surface : 16 300 ha

Types de vins

Principaux **cépages**

Pinot noir · Gamay · Cot · Sauvignon · Chardonnay · Chasselas · Pinot gris

Trois zones viticoles

De Gien au cœur du Massif central, le vignoble se répartit sur trois zones viticoles : le Centre-Loire (autour de Sancerre), zone la plus vaste et largement dominée par les blancs, le Roannais et le Forez (département de la Loire), l'Auvergne (Puy-de-Dôme et le piémont des volcans) et le Bourbonnais (Saint-Pourçain dans l'Allier) ; ces deux dernières zones étant très majoritairement rouges.

Le Centre-Loire, « boulevard des grands sauvignons »

Les AOC sancerre, pouilly-fumé, quincy, reuilly et menetou-salon offrent l'une des expressions les plus abouties du sauvignon : minéralité, fraîcheur et aptitude à la garde. À noter, la spécialité des blancs de pouilly-sur-loire, nés du seul chasselas. Le pinot noir s'est aussi fait une place dans le Centre-Loire en rouge et en rosé.

Gamay et chardonnay

Le gamay est le cépage exclusif des côte-roannaise et côtes-du-forez (rouges et rosés). Il s'impose aussi en côtes-d'auvergne et en saint-pourçain, aux côtés du pinot noir. En blanc, le chardonnay est seul à l'œuvre en Auvergne et s'associe avec le tressallier (ou sacy) et le sauvignon dans le Bourbonnais.

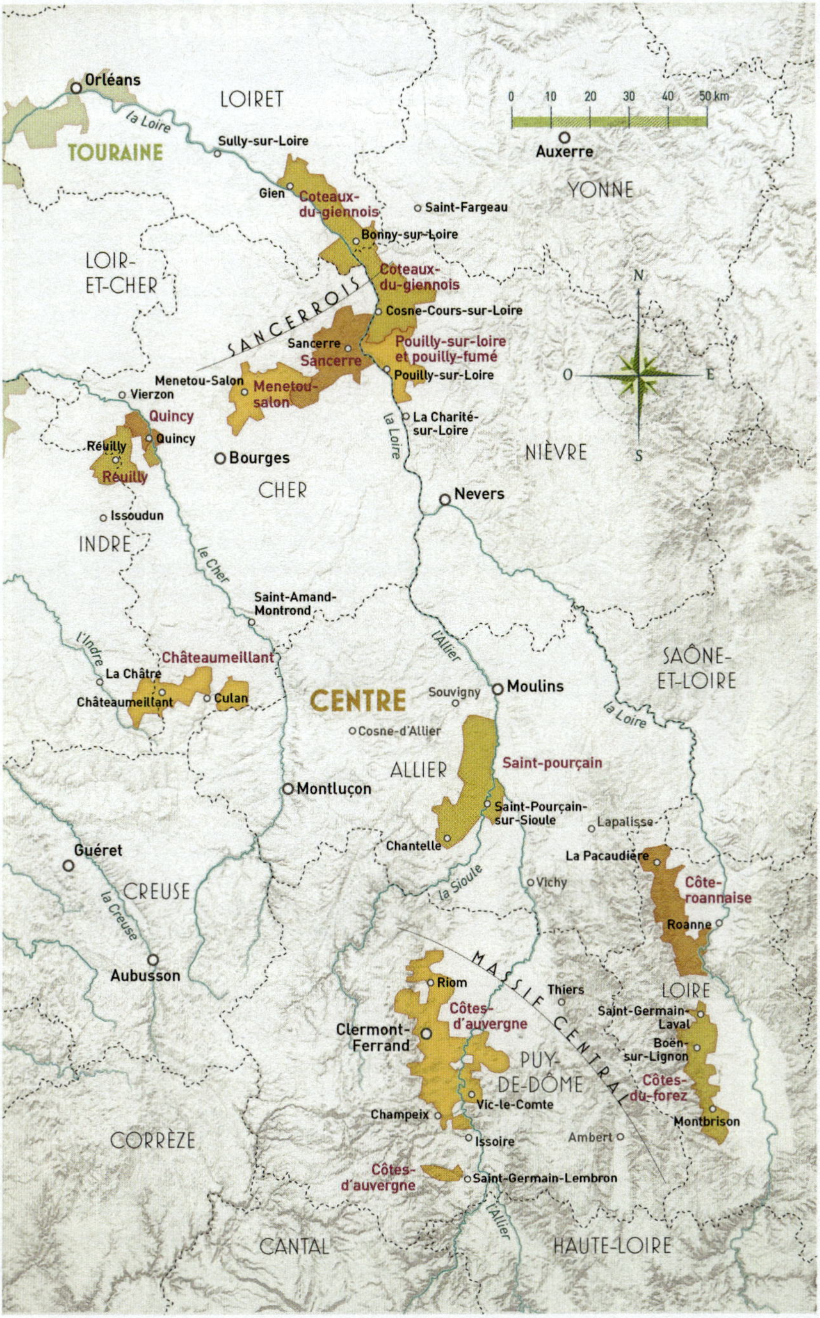
Orléans
LOIRET
la Loire
TOURAINE
Sully-sur-Loire
0 10 20 30 40 50 km
Auxerre
YONNE
Gien
Coteaux-du-giennois
Saint-Fargeau
Bonny-sur-Loire
LOIR-ET-CHER
Coteaux-du-giennois
SANCERROIS
Cosne-Cours-sur-Loire
N
O
E
S
Sancerre
Sancerre
Pouilly-sur-loire et pouilly-fumé
Pouilly-sur-Loire
Menetou-Salon
Menetou-salon
Vierzon
Quincy
Quincy
Reuilly
Reuilly
La Charité-sur-Loire
la Loire
NIÈVRE
Bourges
CHER
Nevers
Issoudun
INDRE
le Cher
Saint-Amand-Montrond
l'Indre
l'Allier
SAÔNE-ET-LOIRE
Châteaumeillant
La Châtre
Châteaumeillant
Culan
CENTRE
Souvigny
Moulins
la Loire
Cosne-d'Allier
ALLIER
Saint-pourçain
Montluçon
Saint-Pourçain-sur-Sioule
Lapalisse
Chantelle
La Pacaudière
Guéret
Vichy
Côte-roannaise
CREUSE
la Sioule
la Creuse
Roanne
Aubusson
MASSIF CENTRAL
Riom
Thiers
LOIRE
Saint-Germain-Laval
Côtes-d'auvergne
Clermont-Ferrand
Boën-sur-Lignon
PUY-DE-DÔME
Côtes-du-forez
Vic-le-Comte
Champeix
Montbrison
Ambert
CORRÈZE
Issoire
Côtes-d'auvergne
Saint-Germain-Lembron
l'Allier
CANTAL
HAUTE-LOIRE

Principaux **millésimes** dégustés dans cette **édition**

TYPES DE VIN	CARACTÉRISTIQUES DU MILLÉSIME	QUALITÉ DU MILLÉSIME
Rouges 2023	Millésime compliqué, touché par la pression du mildiou et les précipitations, 2023 est un rescapé. Une récolte en baisse mais une qualité de bonne facture, qui offre des vins légers en alcool, gourmands, friands et rapidement prêts à boire.	★★★☆☆
Rouges 2022	Un millésime enthousiasmant, associant la quantité à la qualité. Les vins sont concentrés, charmeurs et fruités, parfaitement équilibrés sur la fraîcheur et vieilliront bien.	★★★★☆
Blancs secs 2023	Le climat a usé les nerfs des vignerons qui ont dû batailler pour réaliser finalement de jolis blancs, surtout dans le Centre-Loire, où les quantités ont été satisfaisantes. La qualité rappelle d'ailleurs les millésimes d'antan, avec des degrés d'alcool modérés et de la fraîcheur.	★★★☆☆
Blancs secs 2022	Une année classique qui a su allier quantité et qualité ; les blancs particulièrement sont savoureux, fruités et de belle fraîcheur, capables d'une longue garde pour les plus ambitieux.	★★★★☆
Blancs secs 2021	Les gelées de printemps, le mildiou et la grêle n'ont pas épargné le vignoble et particulièrement la Touraine. C'est donc une récolte extrêmement réduite, mais où les vins s'expriment avec du fruit, de la nervosité et un bon équilibre. Un millésime classique.	★★★☆☆
Blancs doux 2023	Une année bien compliquée, synonyme de tris exigeants et sévères au vignoble, avec des volumes en chute de 40 à 70 % par rapport à une année normale.	★☆☆☆☆
Blancs doux 2022	Portés par un millésime de belle équation entre maturité et fraîcheur, les liquoreux affichent un équilibre serein. Seule ombre au tableau, les quantités restreintes et parfois certains secteurs qui ont souffert de la sécheresse. Une belle année de passerillage où la pureté aromatique est de la partie.	★★★★☆

➡ LES APPELLATIONS RÉGIONALES DU VAL DE LOIRE

ROSÉ-DE-LOIRE

Superficie : 1 100 ha / Production : 61 672 hl

Vin d'appellation régionale, AOC depuis 1974, le rosé-de-loire peut être produit dans les limites des AOC anjou, saumur et touraine. Ce rosé sec naît des cépages cabernet franc, cabernet-sauvignon, gamay noir à jus blanc, pineau d'Aunis et grolleau.

DOM. ASSERAY 2023 ★

■ | 6000 | | 5 à 8 €

Emmanuel et Aurélie Asseray sont la quatrième génération à diriger cette exploitation de 55 ha. Situé au sud d'Angers, sur la commune de Vauchrétien, le domaine, bâti sur des terroirs de schistes ou argilo-graveleux, est établi dans les aires d'appellations coteaux-de-l'aubance et anjou-villages-brissac.

Ce rosé exubérant et largement porté sur le fruit, avec des accents de framboise et d'agrumes, affiche une belle minéralité et beaucoup de fraîcheur. Un rosé vif, équilibré, à la finale tendre, à privilégier sur des toasts de saumon fumé. ⧗ 2024-2025

DOM. ASSERAY, la Raterie, 49320 Vauchrétien, tél. 02 41 91 25 16, domaineasseray@yahoo.fr V t.l.j. sf dim. 9h-12h 14h-18h30

DOM. CADY 2023 ★

■ | 10 000 | | 5 à 8 €

Appartenant à la famille Cady depuis 1927, ce domaine (28 ha certifiés en bio et travaillés entièrement à la main) est une référence en matière de vins liquoreux (jamais chaptalisés). Il est implanté sur les coteaux surplombant le Layon à Saint-Aubin-de-Luigné, village surnommé la « Perle du Layon », et produit des coteaux-du-layon 1er cru Chaume, des coteaux-du-layon Saint-Aubin Les Varennes et de l'anjou blanc.

Rond et acidulé, ce rosé de pleine fraîcheur associe des notes de fleurs blanches à des touches de fruits rouges et de pamplemousse très agréables. C'est un ensemble convaincant, gourmand et estival, facile à aimer. Parfait sur des crustacés, comme un tourteau par exemple. ⧗ 2024-2025

SCEA DOM. CADY, 20, Valette, Saint-Aubin-de-Luigné, 49190 Val-du-Layon, tél. 02 41 78 33 69, contact@domainecady.fr V t.l.j. sf sam. dim. 9h-12h30 14h-18h30

DOM. DES CHAPELLES 2023 ★

■ | 1000 | | 5 à 8 €

Ce domaine familial situé à Thouarcé, créé en 1962 par Louis Brault, est aujourd'hui conduit par ses petits-enfants Violaine et Antoine, qui ont pris la suite de leur père Yves. Il compte 40 ha de vignes.

Voilà un joli vin bien réalisé, qui séduit par ses arômes de fruits rouges, sa fraîcheur et sa longueur très agréable. Doté d'une bonne vivacité, il sera à l'aise sur une cuisine épicée, comme des crevettes au curry vert par exemple. ⧗ 2024-2025

DOM. DES CHAPELLES, 329, Chasles, Thouarcé, 49380 Bellevigne-en-Layon, tél. 02 41 80 27 58, domaine.des.chapelles@orange.fr V r.-v.

DOM. DU CLOS DES GOHARDS 2023 ★★

■ | 2000 | | - de 5 €

Mickaël Joselon gère désormais l'exploitation familiale. Régulièrement distingué dans le Guide, le domaine compte 49 ha et propose diverses appellations ligériennes.

Ce rosé à petit prix donne le maximum : d'intenses notes de fruits rouges, de bonbon acidulé et d'arlequin, une bouche pleine d'allant, à la fois tonique, gourmande et persistante. On le verrait bien sur une glace à la cerise par exemple, ou un dessert aux agrumes. ⧗ 2024-2025

DOM. DU CLOS DES GOHARDS, Les Oisonnières, Chavagnes-les-Eaux, 49380 Terranjou, tél. 02 41 54 13 98, earljoselon@orange.fr V r.-v.

DOM. DE FLINES 2023 ★★

■ | 4000 | | 5 à 8 €

Originaires du Loir-et-Cher, où leurs ancêtres étaient vignerons, Chantal et Jean Motheron s'installent comme négociants en 1955, en Anjou, à Martigné-Briand. En 1968, ils constituent ce domaine (53 ha aujourd'hui) que leur fille Catherine reprend en 2006 et modernise.

Avec le grolleau gris comme colonne vertébrale (70 %), ce rosé fruité et équilibré réjouit grandement. On apprécie sa teinte intense, ses arômes de groseille, de griotte et sa bouche friande, vive et acidulée. Parfait avec une belle sélection de charcuteries et terrines de campagne. ⧗ 2024-2025

DOM. DE FLINES, 102, rue d'Anjou, 49540 Martigné-Briand, tél. 02 41 59 42 78, contact@domainedeflines.com V r.-v.

DOM. DES FONTAINES La Robe d'Iris 2022 ★

■ | 1100 | | 8 à 11 €

Situé au cœur de l'appellation bonnezeaux, ce domaine familial de 34 ha est dirigé par Alain Rousseau et son fils Vincent, qui représente la quatrième génération.

Un pur cabernet franc à la texture douce et agréable, qui ravit par son bouquet de guimauve, de bonbon acidulé et d'agrumes. Un rosé gourmand, souple, frais et facile à boire, qui pourra accompagner aussi bien des crevettes à l'ail qu'un dessert aux fruits frais. ⧗ 2024-2025

DOM. DES FONTAINES, 303, les Noues, Thouarcé, 49380 Bellevigne-en-Layon, tél. 02 41 54 32 30, domaine.des.fontaines@wanadoo.fr V r.-v.

DOM. GARDEZ 2023 ★

■ | 900 | | 5 à 8 €

Ce domaine familial créé en 1926, situé au pied des coteaux de Verchers-sur-Layon, vient d'être repris en 2020 par un jeune couple originaire de la commune.

Souple, fruité et onctueux, ce rosé fait mouche et séduit par ses arômes de petits fruits rouges, sa fraîcheur et sa gourmandise naturelle. Idéal dès l'apéritif avec une planche de charcuteries. ⧗ 2024-2025

⊶ EARL DOM. GARDEZ, 20, rte du Coteau, Savonnières, 49700 Les Verchers-sur-Layon, tél. 02 41 59 76 29, contact@domainegardez.com
V t.l.j. sf dim. 9h-12h 14h-18h; sam. 17h

DOM. DE HAUT MONT 2023 ★★

| 4000 | 5 à 8 € |

Chez les Robin, on cultive la vigne depuis sept générations. C'est Alfred qui a fondé ce domaine en 1955. Son petit-fils Nicolas est aux commandes depuis 2013, avec à sa disposition un vignoble de 28 ha.

Constitué autour de 80 % de cabernet franc, ce rosé intense et fruité, rond en bouche et affichant aussi de la fraîcheur et de la persistance, réussit un sans faute. Très équilibré, il séduit sans détour et ira bien à un poisson cru mariné. ⧗ 2024-2025

⊶ DOM. DE HAUT MONT, 31, rue des Monts, Faye-d'Anjou, 49380 Bellevigne-en-Layon, tél. 02 41 54 02 55, robin.pichery@wanadoo.fr
V t.l.j. sf dim. 9h-12h 14h-19h

Ⓑ CH. DE PASSAVANT 2023 ★

| 7000 | 5 à 8 € |

Claire et Olivier Lecomte sont les heureux propriétaires de ce domaine phare de l'Anjou, qu'ils mènent avec rigueur, désormais associés à Aubin Lecomte et Lucie Chéné depuis janvier 2024. Les 55 ha sont cultivés en bio depuis 1998 et en biodynamie depuis 2011. Depuis 2022, l'agroforesterie est aussi de mise, avec l'installation sur le domaine de ruches et d'un troupeau d'une cinquantaine de brebis.

Ce rosé en biodynamie, mêlant principalement grolleau noir et grolleau gris, a de quoi ravir. Il dispose en outre de beaux arômes de fraise, de bonbon acidulé et d'une bonne fraîcheur d'ensemble. C'est un vin qui offre de la tension, de la persistance et une belle amertume structurante, parfaite pour passer à table, sur un poison par exemple. ⧗ 2024-2025

⊶ CH. DE PASSAVANT, 31, rue du Prieuré, 49560 Passavant-sur-Layon, tél. 02 41 59 53 96, passavant@orange.fr V r.-v.

DOM. DE TERREBRUNE 2023 ★

| 20000 | 5 à 8 € |

Situé non loin du château de Brissac, ce domaine de 57 ha (pour onze appellations) était géré depuis 1986 par Alain Bouleau et Patrice Laurendeau. Installé en 2013, Nicolas, fils d'Alain, leur a succédé. Les rosés représentent aujourd'hui la moitié des vins produits par la propriété.

Suave et gourmand, ce rosé déploie une belle panoplie d'arômes frais, coulés dans une bouche de belle acidité et de bonne longueur. Vif et intense, c'est un bon classique du secteur à privilégier sur des entrées légères, une terrine de saumon à l'aneth par exemple. ⧗ 2024-2025

⊶ DOM. DE TERREBRUNE, 843, rte de Vauchrétien, la Motte, Notre-Dame-d'Allençon, 49380 Terranjou, tél. 02 41 54 01 99, contact@domainedeterrebrune.fr
V t.l.j. sf dim. 8h-12h30 14h-19h

LES VIGNES DE L'ALMA 2023 ★

| 3000 | 5 à 8 € |

Saint-Florent-le-Vieil, village charnière entre l'Anjou et le Pays nantais. Romain Chevalier y conduit (seul depuis 2017, son père Roland étant parti à la retraite) un clos de 10 ha, commandé par un bâtiment datant de 1856 baptisé par le propriétaire d'alors – un général des Armées – en souvenir de la bataille de l'Alma. Ses vins rosés et rouges se rattachent à l'Anjou, ses blancs au muscadet-coteaux-de-la-loire. Une valeur sûre.

Mêlant grolleau et cabernet à parts égales, ce rosé friand, aux tonalités fruitées au nez comme en bouche, affiche une belle fraîcheur et une persistance acidulée de bon aloi. ⧗ 2024-2025

⊶ LES VIGNES DE L' ALMA, 5, l'Alma, Saint-Florent-le-Vieil, 49410 Mauges-sur-Loire, tél. 02 41 72 71 09, lesvignesdelalma@orange.fr
V t.l.j. sf dim. 9h-12h 14h-19h (sam. 17h)

CRÉMANT-DE-LOIRE

Superficie : 1 512 ha / Production : 100 963 hl

Il s'agit d'une appellation régionale qui peut s'appliquer à des vins effervescents surtout blancs, parfois rosés, produits selon la méthode traditionnelle dans les limites des appellations anjou, saumur, touraine et cheverny. Les cépages, nombreux, sont les variétés plantées dans les différents secteurs du Val de Loire : chenin ou pineau de Loire, cabernet-sauvignon et cabernet franc, pinot noir, chardonnay… Reconnue en 1975, l'AOC a trouvé son public.

Ⓑ DOM. AMIRAULT Armantine ★

| 10000 | 15 à 20 € |

Installé en Touraine occidentale sur une terrasse ancienne de la Loire, ce domaine, dans la même famille depuis six générations, est bien connu des lecteurs du Guide pour ses saint-nicolas-de-bourgueil. Agnès et Xavier Amirault – qui a pris la suite de son frère Thierry en 2011 – exploitent aujourd'hui plus d'une quarantaine d'hectares en bio et biodynamie. En 2020, ils se sont associés à leur chef de culture Jean-François Roit-Levêque pour acquérir des vignes sur les très beaux terroirs du Clos de la Gaucherie à Restigné (4 ha), complété par 1 ha sur le lieu-dit Grant-Mont, réputé pour son sol argilo-calcaire.

Ce pur chenin se distingue d'emblée par de gourmandes notes toastées et briochées. Cette tonalité chaude lui va à ravir et soutient sa complexité et son ampleur en bouche. Une bulle de gastronomie à découvrir à table, sur un poisson cuisiné ou une volaille en sauce crémée. ⧗ 2024-2027

⊶ EARL CLOS DES QUARTERONS (AMIRAULT), 42, av. Saint-Vincent, 37140 Saint-Nicolas-de-Bourgueil, tél. 02 47 97 75 25, contact@domaineamirault.com
V t.l.j. sf dim. 10h-12h30 14h30-18h

CH. D'AVRILLÉ Cuvée Platinium 2022 ★★

| 25000 | 8 à 11 € |

Créé par Eusèbe Biotteau en 1938, ce domaine se situe sur l'ancienne voie romaine conduisant d'Angers à

Poitiers et domine la vallée de l'Aubance. Aujourd'hui géré par l'un de ses petits-fils, Pascal, le vignoble compte 200 ha.

Ce blanc de noirs, issu du pinot noir, trouve un bon équilibre entre vigueur et arômes frais. Des notes de poire, de griotte et d'amande s'épanouissent dans une bulle à la fois légère et tonique. L'effervescence est onctueuse, le dosage parfaitement intégré, l'équilibre total : que demander de plus ? ⧗ 2024-2027 ● **2022 ★ (5 à 8 €; 25993 b.)** Un crémant équilibré et expressif, aux délicates notes florales, qui déploie une fraîcheur appuyée. Parfait pour l'apéritif, avec des rillettes de thon par exemple. ⧗ 2024-2026

CH. D' AVRILLÉ, Saint-Jean-des-Mauvrets, 49320 Les Garennes-sur-Loire, tél. 02 41 91 22 46, chateau.avrille@wanadoo.fr V *t.l.j. sf dim. 9h30-12h 14h30-18h30*

DOM. DE LA BESNERIE ★

● | 3333 | | 5 à 8 €

Frédéric Pironneau a repris en 2008 les rênes du domaine (15 ha), acheté et remis en état à partir de 1976 par ses parents.

Au nez, cette jolie bulle dévoile des arômes de fruits blancs, de toasté et de fleurs. Arômes prolongés par une bouche ronde et gourmande, qui reste très fraîche et fine. Un crémant bien équilibré, parfait à table, sur un poisson par exemple, comme à l'apéritif. ⧗ 2024-2027

DOM. DE LA BESNERIE, 41, rte de Mesland, La Besnerie, 41150 Monteaux, tél. 02 54 70 23 75, pironneau.f@wanadoo.fr V *r.-v.*

DOM. DES BESSONS Élégance 2022 ★★

● | 3500 | | 11 à 15 €

Établi sur la rive droite de la Loire tout près d'Amboise, ce domaine de 14 ha en touraine et touraine-amboise a été repris en 2020 par Isabelle et Grégory Lemaire.

Cet extra-brut se révèle tendre et fort agréable, porté par de beaux parfums de pêche blanche, d'agrumes et une certaine floralité. La bulle fraîche et souple emporte immédiatement, prolongeant ce registre aromatique primesautier avec de la vigueur et de la persistance. Un vin très convaincant à réserver pour la table. ⧗ 2024-2027

DOM. DES BESSONS, 113, rue de Blois, 37530 Limeray, tél. 02 47 30 09 10, contact@domainedesbessons.com V *t.l.j. sf dim 10h-18h*

BOUVET Excellence ★

● | 250000 | | 8 à 11 €

Fondée par Étienne Bouvet en 1851, la maison Bouvet-Ladubay est un négoce emblématique du Saumurois. Ancienne propriété des Monmousseau, puis de Taittinger, elle est passée entre 2005 et 2013 dans le giron d'un poids lourd mondial des spiritueux, l'indien UB Group, qui l'a revendue au groupe britannique Diageo. Finalement, la famille fondatrice, qui n'a jamais cessé de gérer l'affaire, a pu la racheter fin 2015.

Une dominante de chenin dans ce crémant qui révèle de beaux arômes de fruits blancs dans une bulle ample et joyeuse, d'une belle gourmandise. Tout en simplicité, harmonieux, il ira de pair avec des toasts de saumon cru ou quelques gougères au comté. ⧗ 2024-2026 ● **Excellence ★ (8 à 11 €; 150000 b.)** Ce rosé à base de cabernet franc ne laissera pas indifférent. On aime sa bulle légèrement acidulée et fraîche, et cette belle présence de fruits rouges et d'épices qui apportent de l'énergie. Un crémant très accessible, à découvrir sur un rouget par exemple ou sur un saumon à l'aneth. ⧗ 2024-2025

SASU BOUVET-LADUBAY, 11, rue Jean-Ackerman, CS 94048 Saint-Hilaire-Saint-Florent, 49412 Saumur Cedex, tél. 02 41 83 83 83, contact@bouvet-ladubay.fr V *r.-v.*

CH. DE BROSSAY 2021 ★

● | 4100 | | 8 à 11 €

Régulier en qualité, et ce dans tous les styles de vins d'Anjou, ce domaine créé en 1919 par Alexis Deffois se situe dans le Haut-Layon, dans le sud de l'Anjou et à l'ouest du Saumurois. Les petits-fils du fondateur, Hubert et Raymond Deffois – rejoints en 2010 par les gendres de ce dernier, Nicolas Tamboise et Benjamin Grandsart –, conduisent un vignoble de 54 ha.

Ce crémant 100 % chardonnay joue la carte de la simplicité et de l'évidence. Très accessible, porté par des notes beurrées et de fruits blancs, il déroule avec efficacité et fraîcheur. Une bulle bien menée, ample et confortable. ⧗ 2024-2027

CH. DE BROSSAY, 4, Brossay, 49560 Cléré-sur-Layon, tél. 02 41 59 59 95, contact@chateaudebrossay.fr V *t.l.j. sf dim. 8h-12h 14h-19h*

CH. DE CHAMPTELOUP Tête de cuvée ★

● | n.c. | | 5 à 8 €

Les Grands Chais de France ont acquis en 2005, auprès de la société Lacheteau, le Ch. de Champteloup et le Ch. Monguéret, qui représentent un vaste ensemble de 100 ha souvent en vue pour ses rosés et ses effervescents.

Voilà un joli crémant à dominante de chenin (70 %), ample et équilibré, légèrement vineux. Le dosage enrobe bien l'ensemble, la fraîcheur reste de mise et la finale est de bonne longueur. Un bon représentant de l'appellation. ⧗ 2024-2027

CH. DE CHAMPTELOUP, Brigné, 49700 Doué-en-Anjou, tél. 02 40 36 66 00

DOM. DUBOIS ★

● | 3500 | | 5 à 8 €

Ce domaine remonte à 1880, époque à laquelle le vignoble produisait presque exclusivement des vins blancs. Depuis 2008, c'est Christelle Dubois, représentant la cinquième génération, qui exploite quelque 19 ha essentiellement plantés en cabernet franc.

Tout en fraîcheur, cette bulle ligérienne séduit par son harmonie et ses notes de fleurs blanches et de fruits mûrs. C'est un vin plaisir à la bulle discrète mais de bonne vivacité, parfait pour l'apéritif ou des fromages secs. ⧗ 2024-2026

DOM. DUBOIS, 8, rte de Chacé, Saint-Cyr-en-Bourg, 49260 Bellevigne-les-Châteaux, tél. 06 10 12 27 72, ch-dubois@hotmail.com V *r.-v.*

LOIRE

DOM. DE L'ÉTÉ ★

| 20500 | | 8 à 11 € |

Catherine Nolot a repris en 2006 deux propriétés situées à Concourson-sur-Layon : le Ch. des Rochettes, qui appartenait à la famille Douet depuis de nombreuses générations, et le Dom. de l'Été, géré pendant vingt ans par Yannick Babin.

Avec son accent beurré et gourmand, ce crémant ne renie pas ses 70 % de chardonnay présents dans son assemblage. En résulte une bulle ample et équilibrée, de belle fraîcheur, qui s'étire sur les fruits blancs avec harmonie et délicatesse. ⧗ 2024-2027

⊶ CATHERINE NOLOT, 104, les Rochettes, 49700 Concourson-sur-Layon, tél. 02 41 59 11 63, domainedelete49@orange.fr V r.-v.

FORTERESSE DE BERRYE 2022 ★★

| 6500 | | 11 à 15 € |

La Forteresse de Berrye est une demeure du XIIe s. entourée de vignes, classée aux Monuments historiques. Le vignoble compte 12 ha en conversion bio, sur des sols de tuffeau typiques de la région; les vins sont vinifiés en cuves ciment dans des chais troglodytiques. Sandra et Gilles Colinet qui veillent à sa destinée produisent ainsi du saumur, du saumur Puy-Notre-Dame, du crémant-de-loire et du cabernet-d'anjou.

Ce pur chenin au dosage faible et très bien intégré réjouit par sa complexité autour des fruits mûrs comme par sa bouche ample et ronde qui manque pas de fraîcheur, servie par une bulle fine et alerte. Une belle réalisation à découvrir à l'apéritif ou à table sur un produit de la mer. ⧗ 2024-2027

⊶ FORTERESSE DE BERRYE, 2, rue du Château, 86120 Berrie, tél. 06 46 76 35 76, forteressedeberrye@gmail.com V r.-v.

DOM. LA GACHÈRE 2022 ★★

| 12000 | | 8 à 11 € |

Ce domaine familial de 32 ha est situé dans les Deux-Sèvres, aux confins méridionaux du vignoble angevin. Les jumeaux Alain et Gilles Lemoine ont pris la succession de leur père Claude en 1998.

Ce crémant dévoile de fins arômes floraux et fruités stimulés par de fins amers. En bouche, l'équilibre est très assuré entre volume, rondeur et fine acidité, avec jolie une pointe d'agrumes qui réveille la finale. On le verrait bien à table avec des crevettes aux épices. ⧗ 2024-2027

⊶ DOM. DE LA GACHÈRE, 4, la Gachère, St-Pierre-à-Champ, 79290 Val-en-Vignes, tél. 05 49 96 81 03, gachere@orange.fr V r.-v.

DOM. DES GALLOIRES ★★

| 6000 | | 5 à 8 € |

Située à l'emplacement d'un ancien manoir, cette propriété familiale créée en 1967 est régulièrement en vue pour l'une ou l'autre de ses 18 cuvées. L'exploitation, conduite par la famille Toublanc depuis sept générations, couvre aujourd'hui 45 ha surplombant la Loire, côté sud.

Dominée par le grolleau (90 %), cette bulle fine et légère profile de jolis arômes de fruits rouges, d'épices, de fleurs et d'agrumes. Soyeuse et équilibrée, tenue par une acidité naturelle, elle ne manque de rien et sera parfaite dès l'apéritif ou, pourquoi pas, sur une cuisine exotique. ⧗ 2024-2026

⊶ DOM. DES GALLOIRES, 1, la Galloire, Drain, 49530 Orée-d'Anjou, tél. 02 40 98 20 10, contact@galloires.com V *t.l.j. sf dim. 9h-12h 14h-19h (sam. 9h-12h 14h-17h)*

LOUIS DE GRENELLE Blanc de noirs ★

| 5000 | | 11 à 15 € |

Dotée de caves situées à 12 m sous terre en plein cœur de Saumur, cette vénérable maison de négoce fondée en 1859 est aujourd'hui la dernière affaire familiale du Saumurois. Quatre millions de bouteilles reposent dans une ancienne carrière de tuffeau creusée au XVe s.

Cette bulle de cabernet franc, quasiment pas dosée (1,5 g/l), regorge d'un fruit frais, expressif et plaisant. Sans être d'une grande complexité, elle reste agréable et accessible, dans un registre léger et immédiat. ⧗ 2024-2026

⊶ CAVES DE BUSSY/GRENELLE, 839, rue Marceau, 49400 Saumur, tél. 02 41 50 17 63, qualite@louisdegrenelle.fr V r.-v.

♥ DOM. DU HAUT BELLAY 2021 ★★

| 5485 | | 8 à 11 € |

En 2009, le lycée viticole de Montreuil-Bellay a été rebaptisé du nom d'Edgard Pisani, son fondateur en 1967, à l'époque maire de la commune, célèbre homme d'État qui fut ministre de l'Agriculture sous la présidence du général de Gaulle. Le vignoble de 15 ha est certifié en bio.

Une alliance parfaite de chenin (82 %) et de chardonnay, vieillie 18 mois sur lattes. Car ici tout est au rendez-vous : la fraîcheur, un dosage équilibré, de beaux arômes de fleurs et de fruits blancs, une bouche ample et élégante, une finale onctueuse et longue. Un crémant très abouti, à ouvrir dès l'apéritif et suivre avec des saint-jacques poêlées. ⧗ 2024-2027

⊶ DOM. DU HAUT BELLAY, rte de Méron, 49260 Montreuil-Bellay, tél. 02 41 40 19 24, contact@domaineduhautbellay.fr V *jeu. ven. 9h-12h 14h-18h; sam. 9h-12h; f. 1er-15 août*

DOM. DU HAUT FRESNE ★

| 6600 | | 5 à 8 € |

Fondé en 1959, ce domaine de 88 ha se transmet de père en fils depuis trois générations. Situé sur des coteaux faisant face à la Loire, près de Liré, il est souvent remarqué pour la qualité de ses vins, de ses coteaux-d'ancenis notamment.

Pinot noir (75 %) et grolleau se lient dans cette bulle rosée de bon aloi, soutenue par des parfums de fruits rouges et d'épices, avec une acidité bien présente. C'est un vin gourmand, équilibré, très accessible, à savourer en toutes occasions, en privilégiant le début de repas et bien sûr l'apéritif. ⧗ 2024-2026

DOM. DU HAUT FRESNE, Drain, 49530 Orée-d'Anjou, tél. 02 40 98 26 79, contact@renou-freres.com r.-v.

DOM. MICHAUD Tête de cuvée ★

6000 | 11 à 15 €

Installé en 1985, Thierry Michaud exploite 25 ha de vignes (dont 80 % en appellation touraine-chenonceaux) dans la vallée du Cher et élabore de jolis vins de terroir nés de sols riches en silex, désormais en conversion bio. Une valeur sûre.

Cette élégante bulle de chemin et de chardonnay a bénéficié d'un repos sur lattes de près de trois ans. De catégorie extra-brut, elle offre beaucoup de fraîcheur, de l'équilibre et de la légèreté autour de notes de fleurs blanches, d'agrumes et de fruits acidulés. Elle a toute sa place à l'apéritif, avec des gougères par exemple. ⧗ 2024-2027

DOM. MICHAUD, 20, rue des Martinières, 41140 Noyers-sur-Cher, tél. 02 54 32 47 23, thierry@domainemichaud.com t.l.j. 9h-12h 14h-19h

DOM. DU PETIT CLOCHER ★

25000 | 8 à 11 €

Conduite par la jeune génération, Stéphane, Julien et Vincent Denis, arrivés respectivement en 2003, 2006 et 2009, une affaire de famille depuis 1920; 5 ha aux origines, 90 ha aujourd'hui. Un domaine phare du Haut-Layon, réputé notamment pour ses vins rouges, mais aussi très à l'aise en blanc et en rosé. Une valeur (très) sûre.

Entre fleurs blanches et fruits du verger, ce crémant déroule une trame fraîche et équilibrée. Une bulle simple et de bon goût, toute indiquée pour l'apéritif, avec un bouquet de crevettes grises par exemple. ⧗ 2024-2026

DOM. DU PETIT CLOCHER, 6, La Laiterie, 49560 Cléré-sur-Layon, tél. 02 41 59 54 51, contact@domainedupetitclocher.fr t.l.j. sf dim. 9h-12h30 14h-18h

♥ DOM. DE TERREBRUNE ★★

20000 | 8 à 11 €

Situé non loin du château de Brissac, ce domaine de 57 ha (pour onze appellations) était géré depuis 1986 par Alain Bouleau et Patrice Laurendeau. Installé en 2013, Nicolas, fils d'Alain, leur a succédé. Les rosés représentent aujourd'hui la moitié des vins produits par la propriété.

Ce quatuor de chardonnay, chenin, grolleau et cabernet franc plaira unanimement. Peu dosé, il s'ouvre sur de charmantes notes de fruits blancs et de fruits du verger. Arômes prolongés avec une belle persistance par une bouche tout en sobriété et en finesse, stimulée par une bulle fine et tonique, très agréable. Un crémant parfaitement maîtrisé qui s'appréciera en début de repas, ou à table avec un saint-pierre au four ou un capriccio de dorade par exemple. ⧗ 2024-2027

DOM. DE TERREBRUNE, 843, rte de Vauchrétien, la Motte, Notre-Dame-d'Allençon, 49380 Terranjou, tél. 02 41 54 01 99, contact@domainedeterrebrune.fr t.l.j. sf dim. 8h-12h30 14h-19h

VEUVE AMIOT ★

229000 | 5 à 8 €

Fondée en 1884 par Élisa Amiot, cette maison s'est spécialisée dans les fines bulles de Saumur et les crémants de Loire, qu'elle élabore toujours de façon traditionnelle dans ses caves séculaires troglodytes. Depuis 1988, elle appartient à la Compagnie française des grands vins, l'un des négoces les plus importants du Saumurois en matière d'effervescents.

Voilà une bulle aromatique et bien fruitée, qui offre des notes de cerise et de fruits blancs, avec une touche d'agrumes et d'épices. Elle plaira aussi par son onctuosité, sa franchise, sa finesse et sa belle persistance. Parfait pour l'apéritif, avec des toasts au saumon ou des rillettes de sardine. ⧗ 2024-2025

VEUVE AMIOT, 19, rue Jean-Ackerman, Saint-Hilaire-Saint-Floret, 49400 Saumur, tél. 02 41 83 14 14, admin@veuve-amiot.com r.-v.

➔ LA RÉGION NANTAISE

▶ LES AOC DU MUSCADET ET LE GROS-PLANT DU PAYS NANTAIS

Le muscadet est un vin blanc sec reconnu en appellation d'origine contrôlée dès 1936. Il est issu d'un cépage unique : le melon. Principalement situé dans la partie sud du département de Loire-Atlantique, avec quelques incursions dans le Maine-et-Loire et en Vendée, le vaste vignoble comprend 4 appellations d'origine contrôlée : l'AOC régionale muscadet; le muscadet-sèvre-et-maine, qui regroupe 23 communes des vallées de la Sèvre et de la Maine, et qui fournit les plus importants volumes; le muscadet-coteaux-de-la-loire, qui s'étend plus en amont sur 24 communes des 2 rives du fleuve, en particulier dans la région d'Ancenis sur la rive droite; le muscadet-côtes-de-grand-lieu, AOC plus récente, qui correspond à 19 communes au sud-ouest de Nantes.

À ces appellations se sont ajoutés en 2011 trois crus communaux délimités dans l'AOC sèvre-et-maine en fonction des critères pédologiques (granites, gneiss, gabbro...) : Gorges, Clisson et Le Pallet. Ces crus constituent le sommet de la hiérarchie des muscadets. Leur cahier des charges prévoit un temps d'élevage sur lie très long, entre 18 et 24 mois. Si leur profil varie selon les terroirs (minéraux à Gorges, plus fruités et mûrs à Clisson, floraux et fruités au Pallet), tous se distinguent par leur puissance et leur potentiel. D'autres crus devraient voir le jour (Château-Thébaud, Goulaine, Monnières-Saint-Fiacre...).

La mise en bouteilles sur lie est une technique traditionnelle de la région nantaise, qui fait l'objet d'une réglementation précise, renforcée en 1994. Pour bénéficier de cette mention, les vins doivent n'avoir passé qu'un hiver en cuve ou en fût, et se trouver

encore sur leur lie et dans leur chai de vinification au moment de la mise en bouteilles; celle-ci ne peut intervenir qu'à des périodes définies et en aucun cas avant le 1er mars, la commercialisation étant autorisée seulement à partir du premier jeudi de mars. Ce procédé permet d'accentuer la fraîcheur, la finesse et le bouquet des vins. Vif mais sans verdeur, aromatique, le muscadet accompagne parfaitement les poissons et les fruits de mer; il constitue également un excellent apéritif et doit être servi frais mais non glacé (8-9 °C).

MUSCADET

Superficie : 2 977 ha / Production : 185 011 hl

LES VIGNES DE L'ALMA 2023 ★

4000 | 5 à 8 €

Saint-Florent-le-Vieil, village charnière entre l'Anjou et le Pays nantais. Romain Chevalier y conduit (seul depuis 2017, son père Roland étant parti à la retraite) un clos de 10 ha, commandé par un bâtiment datant de 1856 baptisé par le propriétaire d'alors – un général des Armées – en souvenir de la bataille de l'Alma. Ses vins rosés et rouges se rattachent à l'Anjou, ses blancs au muscadet-coteaux-de-la-loire. Une valeur sûre.

Cette cuvée issue de 50 ares se livre sans fard, déroulant un jus très agréable, sur les fruits blancs, avec quelques touches de citron vert, de menthol et de poivre. On aime aussi sa vivacité et son ressort, son équilibre flatteur et sa finale légèrement saline. Tout indiqué sur un banc d'huîtres. ⧗ 2024-2026

LES VIGNES DE L' ALMA, 5, l'Alma, Saint-Florent-le-Vieil, 49410 Mauges-sur-Loire, tél. 02 41 72 71 09, lesvignesdelalma@orange.fr V *t.l.j. sf dim. 9h-12h 14h-19h (sam. 17h)*

LE MOULIN DE LA TOUCHE 2023 ★

6000 | 5 à 8 €

Ce domaine a été créé en 1970 sur les coteaux sud qui dominent le marais breton et la baie de Bourgneuf. 16 ha de vignes entourent aujourd'hui un ancien moulin érigé en 1745 et transformé en caveau par la famille Hérissé. Vincent a repris l'exploitation en 2014. Souvent en vue pour ses IGP Val de Loire.

Voilà un blanc qui a du peps, de la minéralité et de la fraîcheur. Paré de notes d'agrumes, léger et équilibré, ce muscadet plaira unanimement, jusqu'à sa finale pimpante et son sillage acidulé. Parfait avec des fruits de mer ou des maquereaux au barbecue. ⧗ 2024-2026

LE MOULIN DE LA TOUCHE, 44580 Bourgneuf-en-Retz, tél. 02 40 21 47 89, contact@lemoulindelatouche.com V *t.l.j. sf dim. 10h-12h 15h-18h30*

MANOIR LA PERRIÈRE 2023 ★

28000 | - de 5 €

Aux commandes depuis 1993 de ce domaine de près de 50 ha, Vincent Loiret, quatrième du nom à diriger l'exploitation, est installé non loin du musée du Vignoble nantais au Pallet, une des communes les plus réputées pour le muscadet-sèvre-et-maine.

Intense, frais et équilibré, ce muscadet réalise un sans-faute. Et tout cela à moindre coût. On sera d'emblée séduit par sa touche fine d'agrumes, ses notes de pamplemousse et de fruits jaunes, sa dynamique et sa belle longueur. ⧗ 2024-2026

CH. LA PERRIÈRE, 120, La Mare-Merlet, 44330 Le Pallet, tél. 02 40 80 43 24, vins.loiret@free.fr V *t.l.j. sf dim. 8h-12h30 14h-18h*

MUSCADET-SÈVRE-ET-MAINE

Superficie : 7 822 ha / Production : 421 272 hl

♥ JEAN AUBRON Vallet 2018 ★★

18000 | 15 à 20 €

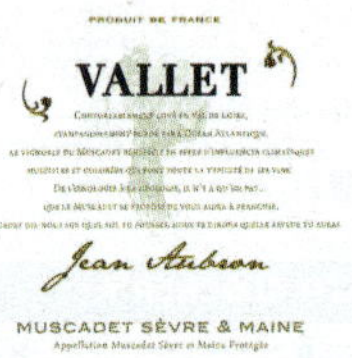

Cette ancienne seigneurie du XVIIe s., qui fut propriété de la famille de Sévigné, est située sur un terroir de gabbro typique de la région. Le domaine couvre aujourd'hui 84 ha. Il est conduit par Jean-Pascal Aubron depuis 1985.

Après deux ans d'élevage sur lies et une belle conservation en bouteille, ce muscadet illustre tout le potentiel de cette appellation en pleine renaissance. Ses notes fruitées et légèrement briochées au nez, agrémentées d'une touche florale, annoncent un vin fringant, frais et complexe. La bouche confirme et prolonge ce registre dans une trame riche, persistante et intense, avec de belles notes d'agrumes en finale. Imparable. ⧗ 2024-2028 **La Fleurielle Vieilles Vignes 2022 ★ (8 à 11 €; 80000 b.)** Vive et de belle intensité, cette cuvée se livre avec finesse autour de notes de fleurs blanches, de fruits jaunes et d'agrumes. C'est un vin frais et équilibré en bouche, soutenu par une amertume idéale qui ira de pair avec des mets délicatement épicés. ⧗ 2024-2028

JEAN AUBRON, L'Audigère, 44330 Vallet, tél. 02 40 33 91 91, jean.aubron@wanadoo.fr r.-v.

B DOM. BATARD-LANGELIER Monnières Saint-Fiacre 2019 ★

3000 | 11 à 15 €

Une exploitation familiale de 21 ha conduite depuis 2017 par Jérémie Batard, qui l'a convertie à l'agriculture biologique.

Avec son joli nez floral et bien fruité, sa trame fine et fraîche et sa persistance sur de fins amers, ce vin délicat et chatoyant réjouit pleinement, encore plus sur des fruits de mer ou un poisson au four. ⧗ 2024-2028

EARL DOM. BATARD-LANGELIER, 26, la Bigotière, 44690 Maisdon-sur-Sèvre, tél. 06 63 79 41 43, domaine.batard.langelier@gmail.com V *r.-v.*

DOM. MICHEL BERTIN 2023 ★

24000 | 5 à 8 €

Situé dans le hameau La Tour-Gasselin, qui domine le vignoble et le marais de Goulaine, ce domaine familial

de 20 ha qui se transmet depuis quatre générations est conduit depuis 1990 par Michel Bertin. À sa carte, du sèvre-et-maine, du gros-plant et des vins de cépage en IGP.

Cette sélection de parcelles plantées sur des sols de gneiss et de micaschistes compose un blanc bien sec, frais et gourmand, au fruité pimpant. On appréciera aussi sa maturité, sa bouche riche et complexe, dotée d'un bon volume. ⧗ 2024-2027

DOM. MICHEL BERTIN, 14, la Tour-Gasselin, 44430 Le Landreau, tél. 02 40 06 41 38, earlbertin.michel@wanadoo.fr V *r.-v.*

VIGNOBLE BLANCHARD Cuvée royale 2023 ★

| 10 000 | 5 à 8 € |

Alain et Philippe Blanchard exploitent un domaine de 32 ha répartis dans trois communes très réputées de l'appellation muscadet-sèvre-et-maine : Mouzillon, Gorges et Vallet. Outre le muscadet, ils proposent aussi des vins en IGP.

Des notes fraîches de pamplemousse, de pêche et de fleurs blanches, une trame de bon volume, voilà un joli blanc harmonieux et de belle longueur. Parfait pour des crustacés ou un poisson au beurre blanc. ⧗ 2024-2026

CLAUDE BLANCHARD ET FILS, 4, le Quarteron, 44190 Gorges, tél. 06 22 51 70 38, gaec.blanchard@wanadoo.fr V *t.l.j. sf dim. 9h-12h 14h-19h*

DOM. DU BOIS BRÛLÉ 2023 ★

| 17 000 | 5 à 8 € |

Emmanuel Luneau est installé depuis 1997 sur ce domaine (22 ha) créé par son père, qui a son siège dans un ancien relais de poste établi au nord-ouest du bourg de Vallet, au cœur de l'appellation muscadet-sèvre-et-maine.

Ce jeune muscadet se livre tout en finesse. On aimera son nez floral et charmeur, tout en fraîcheur et en gourmandise, sa trame délicate, vive et équilibrée, ainsi que la touche plus exotique et florale en seconde partie de bouche. La belle finale, sur le zeste et le poivre blanc, achève de convaincre. ⧗ 2024-2027

EMMANUEL LUNEAU, 5, rue du Bois-Brûlé, 44330 Vallet, tél. 06 10 70 20 08, emmanuel-luneau@orange.fr V *r.-v.*

DOM. DU BOIS-JOLY Harmonie 2023 ★

| 36 000 | 5 à 8 € |

Un arrière-grand-père tonnelier, des parents vignerons, Laurent Bouchaud a la vigne dans le sang. Depuis 1993, il conduit le domaine familial et ses 25 ha de vignes.

Voilà un joli classique de l'appellation qui séduit d'emblée par ses notes de citron et de fruits blancs. La bouche déroule avec autant de fraîcheur et de gourmandise, dans un registre vif et minéral. Tout ce que l'on attend d'un bon muscadet. ⧗ 2024-2026

DOM. DU BOIS-JOLY, 54, le Bois-Joly, 44330 Le Pallet, tél. 06 40 80 45 85, contact@domaineduboisjoly.com V *r.-v.*

DOM. DU BOURGEAIS Le Bourgeais 2023 ★

| 10 000 | 5 à 8 € |

Créé en 1992, ce domaine de 40 ha situé à Vertou, au sud de Nantes, est géré par Édith, Pierrick et Clément Albert. Soucieuse de ses pratiques culturales, la famille a engagé en 2020 sa conversion à l'agriculture biologique.

Franc et intense, ce blanc plaît unanimement par ses tonalités d'agrumes, de fruits blancs et de fleurs, et par sa touche iodée. C'est un vin frais et délicat, parfait pour les fruits de mer. Que demande de plus ? ⧗ 2024-2026

EARL ALBERT (DOM. DU BOURGEAIS), 20, rue des Ouches, 44120 Vertou, tél. 02 40 34 81 27, contact@domaine-du-bourgeais.com V *r.-v.*

B DOM. JULIEN BRAUD Moulin de la Justice 2022 ★

| 4 000 | 11 à 15 € |

Installé à Monnières, en plein cœur du vignoble nantais, Julien Braud est issu d'une famille de vignerons. Il conduit 14 ha de vignes en culture biologique certifiée, épaulé depuis 2021 par son épouse Apolline.

Tout en fraîcheur et en intensité florale, ce joli blanc élevé plus d'un an en cuves, sur ses lies, offre une belle lecture du muscadet. Notes de pêche et d'agrumes, trame souple et vivifiante, équilibre, tout y est. Parfait dès l'apéritif ou avec un poisson. ⧗ 2024-2028

DOM. JULIEN BRAUD, 11, rue des Moulins, 44690 Monnières, tél. 02 28 21 76 25, braudjulien@yahoo.fr V *r.-v.*

CH. BRIACÉ Goulaine 2018 ★

| 2 600 | 11 à 15 € |

Le Château de Briacé est une très ancienne propriété viticole, brûlée pendant la Révolution et reconstruite au XIXᵉs. Depuis 1957, il appartient à la congrégation des frères de Saint-Gabriel et sert de support pédagogique au lycée viticole qui forme une partie des vignerons de la région nantaise. À sa disposition, un vignoble de 22 ha en conversion bio.

Ce cru élevé durant quatre ans sur lies dévoile de bons arômes fruités, de poire notamment, prolongés par une bouche douce et grasse, d'une harmonie sans faille. À apprécier sur un poisson à la crème ou au beurre blanc. ⧗ 2024-2027 **Le Phare 2022 ★ (5 à 8 €; 7000 b.)** Voilà un muscadet qui pourra vieillir tranquillement et affiner son style. D'ici là, on le découvre avec plaisir autour d'un bon fruit mûr, du coing notamment, d'une belle fraîcheur et d'une longueur idéale. ⧗ 2024-2027

AFG DE BRIACÉ, Ch. de Briacé, 44430 Le Landreau, tél. 02 40 06 49 16, contact@chateau-briace.com V *t.l.j. sf lun. mar. dim. 10h-12h 14h-18h*

DOM. DES CHABOISSIÈRES 2023 ★

| 13 300 | - de 5 € |

Philippe Bodineau a repris en 2002 l'exploitation familiale après avoir été responsable du vignoble pour la maison Barré Frères à Gorges. Il conduit un domaine de 21 ha.

À si petit prix, ce muscadet réunit tous les attributs d'un bon vin blanc : souplesse et gourmandise, notes de citron, de fruits blancs et de fruits exotiques.

Il s'accordera très bien avec un poulet sauce coco ou un poisson à la crème. ⌛ 2024-2026

⊶ *DOM. DES CHABOISSIÈRES, 18, les Chaboissières, 44330 Vallet, tél. 02 40 36 34 40, philippebodineau@orange.fr* V 🚶 🍷 *r.-v.*

DOM. DE CHAINTRE Cuvée prestige 2023 ★

■	50 000	🍾	5 à 8 €

Marcel Luneau a repris en 1970 l'exploitation familiale alors en polyculture, qu'il a peu à peu spécialisée. Son fils Sylvain, ingénieur œnologue, a pris la relève en 2013; il est à la tête aujourd'hui de 60 ha de vignes, sur lesquels il produit muscadets et vins en IGP.

Un blanc juvénile, sur la fraîcheur, qui s'offre avec aisance et simplicité, mêlant des parfums floraux à des touches de fruits secs. Harmonieux, frais, avec une belle amertume en finale, il propose une belle évocation de l'appellation. On s'en régalera sur des fromages secs ou un curry de poisson au lait de coco. ⌛ 2024-2026

⊶ *DOM. DE CHAINTRE, Chaintre, 44330 Mouzillon, tél. 02 40 36 31 16, sylvain.luneau@orange.fr* V 🚶 🍷 *r.-v.*

CH. LA CHEVILLARDIÈRE 2023 ★

■	70 000	🍾	5 à 8 €

Succédant à son père, Claude-Michel Pichon a pris les commandes en 2009 du Ch. la Chevillardière et de ses 95 ha de vignes, après avoir débuté sa carrière comme maître de chai d'une maison de négoce. Il a engagé un programme de plantation de nouveaux cépages et étoffé sa gamme d'IGP Val de Loire avec différents rosés.

De jeunes vignes et un court élevage de 6 mois en cuves propulsent ce vin de plaisir sur le devant de la scène nantaise. Son nez intense et plaisant, sa bouche vive, aux notes d'agrumes et de fruits exotiques, et sa finale poivrée sont de précieux atouts pour l'apéritif ou pour un tataki de thon. ⌛ 2024-2026

⊶ *CLAUDE-MICHEL PICHON, 60, la Chevillardière, 44330 Vallet, tél. 06 28 98 58 97, cmpichon@orange.fr* V 🚶 🍷 *t.l.j. sf dim. 9h-12h 14h-18h30*

LE CLOS DU CH. L'OISELINIÈRE DE LA RAMÉE
La Haie Fouassière 2018 ★★

■	20 000	🍾	15 à 20 €

La famille Chéreau-Carré est établie dans la région depuis 1412. En 1953, Bernard Chéreau acquiert le Ch. de Chasseloir. Son mariage avec Edmonde Carré, qui possède le Ch. de l'Oiselinière de la Ramée, permet d'agrandir le vignoble. La famille a acquis ensuite le Dom. de la Chesnaie et le Dom. du Bois Bruley et enfin, en 2015, le Ch. de la Turmelière et le Ch. de la Cantrie. Rejoint par sa fille Louise, Bernard Chéreau fils, médecin de formation, soigne ces vignobles depuis 2003.

Doté d'une belle structure, tendu et complexe, ce blanc a conservé beaucoup de fraîcheur. On appréciera aussi sa rondeur, son profil acidulé et ses parfums élégants de fleurs blanches. Un muscadet racé et de bonne garde, à réserver sur un poisson au four ou une viande blanche. ⌛ 2024-2028 ■ **Ch. de la Cantrie Monnières Saint-Fiacre 2016 ★ (15 à 20 €; 10 000 b.)** Sans prétention, ce vin très agréable dispense une fraîcheur parfaite, de la finesse et une bonne longueur. On l'aimera à l'apéritif ou à table, avec des poissons marinés, des fromages de chèvre ou de petites fritures. ⌛ 2024-2026

⊶ *ÉTABLISSEMENTS CHÉREAU-CARRÉ, Chasseloir, 44690 Saint-Fiacre-sur-Maine, tél. 02 40 54 81 15, contact@chereau-carre.fr* V 🚶 🍷 *r.-v.*

CH. DU COING DE SAINT-FIACRE
Comte de Saint-Hubert 2023 ★

■	34 000	🍾	11 à 15 €

Issue d'une lignée au service du vin remontant au XVe s., Véronique Günther-Chéreau, docteur en pharmacie, a quitté l'officine en 1989 pour se consacrer exclusivement aux trois vignobles familiaux (70 ha en tout), implantés dans trois terroirs distincts : le Ch. du Coing de Saint-Fiacre, acquis par son père, Bernard Chéreau, en 1973, le Grand Fief de la Cormeraie et le Ch. de la Gravelle (ces deux derniers en culture biologique certifiée). Elle est épaulée depuis 2010 par sa fille Aurore, œnologue.

Expressif et tonique, ce joli sèvre-et-maine joue d'intensité, de finesse et de fraîcheur avec équilibre. Les notes de minéralité, de pêche blanche et de citron nous invitent à passer à table, et à l'accorder avec des crustacés, un bouquet de crevettes ou un filet de poisson. ⌛ 2024-2028 ■ **Vignobles Günther-Chéreau Gorges 2022 ★ (15 à 20 €; 16 000 b.)** Ⓑ Ce cru communal porte de beaux arômes de fleurs blanches et de fruits mûrs. La bouche, aussi intense que précise, à l'attaque mentholée, révèle une très agréable finale. Il faudra le réserver à des langoustines ou une darne de saumon à l'unilatéral, ou encore à des fromages de chèvre. ⌛ 2024-2030

⊶ *VÉRONIQUE GÜNTHER-CHÉREAU, 44690 Saint-Fiacre-sur-Maine, tél. 02 40 54 85 24, contact@vgc.fr* V 🚶 🍷 *r.-v.*

DOM. DE LA COLLINE Clisson 2020 ★

■	4 000	🍾	8 à 11 €

Un domaine de 27 ha conduit par Damien et Vincent Papin depuis 1996, situé au bord de la Moine, petit affluent de la Sèvre à l'extrême est du vignoble nantais et de l'aire du muscadet.

Ce Clisson élevé 40 mois sur lies offre un équilibre très assuré. On est aussi séduit par ses notes de fruits exotiques et d'agrumes, par sa trame souple et fraîche, légèrement acidulée, et par sa belle harmonie générale. Un vin que l'on verrait bien servi avec des harengs fumés. ⌛ 2024-2028

⊶ *DOM. DE LA COLLINE, 3, la Colline, Saint-Crespin-sur-Moine, 49230 Sèvremoine, tél. 06 18 74 20 84, papin.lacolline49@orange.fr* V 🚶 🍷 *r.-v.*

DOM. DU COLOMBIER L'Envol 2022 ★★

■	7 000	🛢 🍾	5 à 8 €

Domaine situé à la limite est du vignoble nantais, aux portes des Mauges et de l'aire du muscadet. Représentant la 4e génération, Jean-Yves Bretaudeau conduit depuis 1996 le vignoble de 36 ha.

Des touches de fleurs blanches, de jasmin notamment, une bouche agréable, offrant de la finesse et de la persistance, voilà un joli muscadet qui sera idéal à l'apéritif ou sur des fromages frais. ⧗ 2024-2027

⊶ *DOM. DU COLOMBIER, 3, le Colombier, Tillières, 49230 Sèvremoine, tél. 06 82 93 94 70, contact@lecolombier.com* V r.-v.

♥ DOM. BRUNO CORMERAIS Vieilles Vignes 2021 ★★

11000 | 8 à 11 €

Établi non loin de la Maine, sur les coteaux granitiques de Saint-Lumine-de-Clisson, ce domaine familial de 32 ha a été longtemps conduit par Bruno Cormerais qui a transmis en 2009 le flambeau à son fils Maxime. Pour imprimer à leurs vins leur « marque de fabrique », ces vignerons vendangent souvent plus tardivement que leurs collègues.

Avec ses notes florales très fraîches, son fruit vivace et son intensité, ce fort joli sèvre-et-maine, élevé longuement et arrivé aujourd'hui à point, se révèle superbe de finesse. On craque pour sa fraîcheur, sa trame ronde et gourmande, son équilibre et sa persistance autour des fruits mûrs, du citron confit et de l'ananas. Il fait honneur à l'appellation et méritera un plat à sa hauteur, comme un homard, une araignée de mer en gelée ou un saint-pierre cuit au four. ⧗ 2024-2028 **Clisson 2017 ★★ (11 à 15 €; 3900 b.)** ♥ Élevé plus de 3 ans en cuve, ce Clisson révèle sa complexité autour de délicates notes florales, de pêche de vigne et de fleur d'oranger. La bouche ample et fraîche, d'une très grande finesse, impose son élégance et son équilibre. C'est un vin tout en tension, vibrant et gainé, déjà remarquable mais aussi doté d'un beau potentiel. À réserver sur un mets de choix, une queue de lotte sauce chorizo par exemple. ⧗ 2024-2030

⊶ *EARL BRUNO, MARIE-FRANÇOISE ET MAXIME CORMERAIS, 41, la Chambaudière, 44190 Saint-Lumine-de-Clisson, tél. 02 40 03 85 84, contact@domaine-bruno-cormerais.com* V r.-v.

DOM. DE LA CORNULIÈRE Gorges 2019 ★

6000 | 11 à 15 €

Cinq générations se sont succédé depuis 1850 sur ce domaine implanté à Gorges, haut lieu du pays nantais, et conduit depuis 1984 par Jean-Michel Barreau. Le vignoble couvre 27 ha sur les coteaux de la Sèvre-Nantaise, implanté sur des sols argilo-siliceux reposant sur une roche mère de gabbro.

Rond et avenant, avec un joli fruité sur les agrumes et la nectarine, ce Gorges issu de vénérables vignes de 50 ans et élevé pendant 70 mois en cuve porte l'appellation avec sincérité. C'est un très bon classique, tout particulièrement recommandé pour un poisson. ⧗ 2024-2029

⊶ *DOM. DE LA CORNULIÈRE, La Cornulière, 44190 Gorges, tél. 02 40 03 95 06, vignoble.barreau44@orange.fr* V r.-v.

DOM. DELAUNAY Le Val-Fleuri 2023 ★★

20000 | 5 à 8 €

La famille Delaunay cultive la vigne depuis plusieurs générations sur les terres du Loroux-Bottereau, et c'est Florent qui a pris les commandes de ce domaine de 30 ha en 2020. La conversion bio est engagée.

Avec des notes d'agrumes, d'acacia et de réglisse au nez, ce muscadet détonne par son intensité. La bouche suit le même registre, dans un profil harmonieux et gourmand, très agréable à boire, avec une belle salinité finale qui ajoute à son dynamisme et à sa complexité. À découvrir sur des fromages de chèvre. ⧗ 2024-2028 **Clos du Paradis 2020 ★ (8 à 11 €; 5000 b.)** Cette cuvée élevée un an sur lies déploie d'appétentes et intenses notes de miel, de fruits blancs et de genêt. On apprécie également son volume en bouche, son côté fondu et gourmand, associant du gras et de la fraîcheur. Un vin très équilibré, fin et élégant, avec une touche minérale qui ira à merveille avec une bouillabaisse ou des rougets. ⧗ 2024-2028

⊶ *DOM. DELAUNAY, 118, le Val-Fleuri, 44430 Le Loroux-Bottereau, tél. 02 40 33 86 84, contact@domainedelaunay.fr* V *t.l.j. sf dim. 9h-12h30 14h-18h*

♥ VIGNOBLE DROUARD Château-Thébaud 2019 ★★

2000 | 11 à 15 €

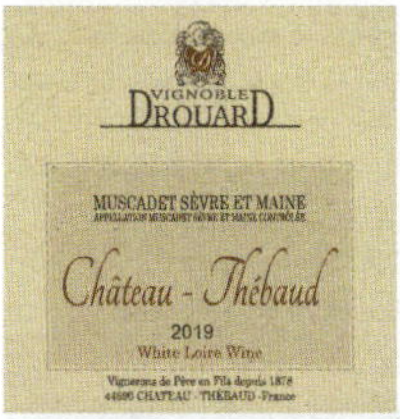

Sur les granites de Château-Thébaud, les vignes sont généralement précoces car les sols sont bien drainants. Ce domaine transmis de père en fils depuis 1878 est aujourd'hui conduit par les quatre frères Drouard, Pascal, Laurent, Denis et Jean-Paul, qui disposent de 87 ha.

Quasiment 6 ans d'élevage en cuve pour ce cru qui a donc pris le temps de maturer et de s'affiner pour livrer une très belle trame acidulée parée de notes de fruits blancs et d'agrumes. Un vin élégant, gourmand et complexe, de grande plénitude, que l'on pourra aérer ou carafer pour s'affranchir du léger perlant, et que l'on pourra servir sur un curry de poisson à la citronnelle par exemple, ou sur un tataki de maquereau au fenouil. ⧗ 2024-2030

⊶ *VIGNOBLE DROUARD, 4, La Noë, 44690 Château-Thébaud, tél. 02 40 06 50 57, contact@vignobledrouard.com* V *t.l.j. sf dim. 9h-12h30 14h-18h*

DOM. DE L'ESPÉRANCE R de famille 2022 ★

7000 | 8 à 11 €

Un domaine familial fondé en 1913, conduit par Patrice Chesne (installé en 1992) et sa sœur Anne-Sophie (arrivée en 2004), représentant la 4e génération. Le vignoble couvre 36 ha plantés de 12 cépages.

Après 2 ans d'élevage sur lies, ce sèvre-et-maine aux jolies notes de fleurs blanches lie intensité et fraîcheur avec efficacité. C'est une très belle réalisation, conforme à l'appellation, à la finale persistante et saline. ⧗ 2024-2026

⊶ *DOM. DE L' ESPÉRANCE, 4, l'Espérance, Tillières, 49230 Sèvremoine, tél. 02 41 70 46 09, gaecchesne@orange.fr* V r.-v.

DOM. LE FIEF DE LA BRIE
Cuvée Prestige Vieilles Vignes 2023 ★

| 17000 | | 5 à 8 € |

Établie à Gorges, cru réputé pour ses terroirs de gabbros propices à l'élaboration de vins de garde, la famille Bonhomme s'est spécialisée depuis quatre générations dans le muscadet-sèvre-et-maine et exploite un vignoble de 54 ha, sous la conduite de François Bonhomme depuis 1994.

Légèrement perlant, paré de belles notes d'agrumes et de fruits frais, ce blanc tonique se monte très agréable et d'une totale harmonie. Souple et léger, il sera plaisant à l'apéritif, avec des gougères ou des poissons marinés par exemple. ⧗ 2024-2026

⊶ *DOM. LE FIEF DE LA BRIE, 3, le Haut-Banchereau, 44190 Gorges, tél. 06 87 69 71 14, f.bonhomme@wanadoo.fr* V r.-v.

DOM. DE LA GARNIÈRE Tradition 2023 ★

| 13000 | | 5 à 8 € |

Sur la route menant de Saint-Fiacre à Monnières, l'on passe par la Hautière, qui domine les coteaux escarpés de la Sèvre. Pascale et Patrice David y conduisent depuis 1995 les quelque 31 ha de vignes de la propriété familiale.

Avec du gras, une belle richesse aromatique et une bonne longueur, ce vin garde de la tension sans manquer de douceur. Un sèvre-et-maine équilibré à déguster en début de repas ou avec des fromages secs. ⧗ 2024-2026

⊶ *DOM. DE LA GARNIÈRE, 202, la Garnière, Saint-Crespin-sur-Moine , 49230 Sèvremoine, tél. 02 41 70 40 25, fleurance@garniere.com* V r.-v. 2

DOM. DU GRAND AIR Clisson 2019 ★

| 3000 | | 11 à 15 € |

Vignerons à Clisson, les Loiret travaille ces terres depuis cinq générations : 23 ha qui forgent des muscadets, mais aussi du gros-plant et des IGP. Depuis 2008, Frédéric et son épouse Valérie sont aux commandes.

Voilà un muscadet intense et opulent, porté par des arômes de fruits exotiques, de fruits mûrs et d'agrumes confits, et soutenu par une fine amertume. Une belle harmonie d'ensemble. On pourra l'envisager sur une poularde à la crème et aux champignons. ⧗ 2024-2027

⊶ *DOM. DU GRAND AIR, chem. des Sauts-Bournigal, 44190 Clisson, tél. 02 40 54 21 79, domainedugrandair44@gmail.com* V r.-v.

DOM. DU GRAND MOUTON
Louis Métaireau Cuvée carte noire 2022 ★

| 15000 | | 8 à 11 € |

Créé dans les années 1970 par Louis Métaireau, le domaine du Grand Mouton compte actuellement 24 ha de vignes, dont les deux tiers ont été plantées entre 1937 et 1942. Julien et Laure Rossignol, tous deux ingénieurs agronomes, ont pris la suite en 2019 et converti le domaine en bio (certification prévue pour le millésime 2024).

Légèrement salin, avec un fruité exotique et des notes de coing, ce beau blanc étiré et frais présente beaucoup d'harmonie. C'est un vin tendu et minéral, qui se révélera tout à fait appréciable avec des fruits de mer. ⧗ 2024-2027

⊶ *LOUIS MÉTAIREAU GRAND MOUTON, Dom. du Grand Mouton, 44690 Saint-Fiacre-sur-Maine, tél. 02 40 54 81 92, contact@muscadet-grandmouton.com* V *t.l.j. 9h-12h 14h-18h* E

B DOM. DE LA GRANGE D'ABÉLARD
Muscad'émoi 2023 ★

| 14000 | | 5 à 8 € |

Laurent et Nathalie Bouchaud sont installés au Pallet sur 6 ha en culture biologique. Leur gamme courte restitue l'intégrité de leur terroir de schistes et de gabbro, cette roche grise magmatique typique de la région.

Léger et frais, ce sèvre-et-maine affiche un léger perlant qui soutient sa dynamique, renchérie par des arômes de fruits blancs et d'agrumes mêlés à une touche saline. Un vin plaisant et équilibré, idéal pour l'apéritif, avec des huîtres ou des crevettes roses. ⧗ 2024-2027

⊶ *DOM. DE LA GRANGE D'ABÉLARD, 54, le Bois-Joly, 44330 Le Pallet, tél. 02 40 80 45 85, contact@domainedelagrangeabelard.com* V r.-v.

DOM. DE LA GRENAUDIÈRE 2023 ★

| 33300 | | 5 à 8 € |

Ce domaine familial de 28 ha, propriété des Ollivier depuis le XIXᵉs. et exclusivement planté de melon de Bourgogne, est aujourd'hui géré par Mathilde, représentant la 8ᵉ génération.

Frais, fruité et minéral, ce muscadet libère d'agréables notes d'agrumes, de coing et de fleurs. C'est un blanc simple (mais pas simpliste) mais bien exécuté, avec du volume et un bol acidité naturelle. Parfait avec des langoustines ou un crabe mayonnaise. ⧗ 2024-2026

⊶ *DOM. DE LA GRENAUDIÈRE, 27, la Grenaudière, 02 28 01 07 07, 44690 Maisdon-sur-Sèvre, muscadet@vignobleollivier.eu* V *t.l.j. sf sam. dim. 8h30-12h30 14h-18h*

DOM. DE GUÉRANDE
Clémence Lefeuvre 2023 ★

| 10000 | | 5 à 8 € |

Ce domaine est conduit par la famille Jussiaume depuis trois générations (Pierrick depuis 1998). Planté au sommet de la Butte de la Roche, le vignoble de 20 ha domine les marais de Goulaine et offre une vue panoramique sur Nantes.

Avec ses notes de fleurs blanches et son expression délicate, cette cuvée offre une définition classique et convaincante du muscadet. Sa tension, sa fraîcheur, sa touche citronnée composent un vin plaisant et harmonieux, de bonne intensité, soutenu par de fins amers. Tout désigné pour des huîtres. ⧗ 2024-2026

JUSSIAUME, Guérande Marguais, 44430 Le Loroux-Bottereau, tél. 06 22 16 74 62, domainedeguerande@wanadoo.fr V r.-v.

DOM. DE LA GUIPIÈRE La Grange 2023 ★

| 50 000 | | 5 à 8 € |

Autrefois appelé «la Guiptière», ce domaine (23 ha aujourd'hui) dépendait de la seigneurie du Pallet, l'une des plus influentes de la région au XVIes. Après 1945, les Charpentier l'avaient exploité en métayage, puis en pleine propriété. À son départ à la retraite en 2015, Joël Charpentier l'a revendu à Philippe Nevoux et à Nicolas Routhiau. Stéphane Gouraud est chargé de l'exploitation.

Voilà un muscadet discret, souple et avenant, dominé par les fleurs blanches de type acacia, qui associe gras et fraîcheur en bouche, avec une jolie finale sur les amers. À déguster à l'apéritif, sur des fromages de chèvre ou un jambon ibérique. ⧗ 2024-2026 **L'Étang 2023 ★ (8 à 11 €; 11 000 b.)** Ce blanc juvénile, vif et citronné, porte une belle sensation de fraîcheur, de la délicatesse et de la souplesse. Les fruits blancs et les agrumes l'accompagnent, dans un ensemble tout en minéralité, aiguisé, idéal pour les fruits de mer. ⧗ 2024-2026

SCEA DOM. DE LA GUIPIÈRE, 5, la Guipière, 44330 Vallet, tél. 02 40 36 23 30, contactdomaine@chateauguipiere.com V r.-v.

HAUTE-COUR DE LA DÉBAUDIÈRE 2023 ★

| 20 000 | | 5 à 8 € |

Chantal et Yves Goislot sont installés depuis 1984 au sud de Vallet, au-dessus des boucles de la Sanguèze, petite rivière qui se jette dans la Sèvre. Leur domaine de 30 ha, établi sur des coteaux escarpés, bénéficie de sols de gabbro. En 2003, ils se sont associés avec Jeannick Papin, donnant naissance à l'étiquette Goislot-Papin.

Ce blanc dispose de tous les atouts pour composer un joli moment de dégustation : généreux au nez comme en bouche, centré sur les fruits jaunes, souple et frais, il plaira unanimement. Avec des Saint-Jacques, par exemple. ⧗ 2024-2026

HAUTE-COUR DE LA DÉBAUDIÈRE, 220, La Débaudière, 44330 Vallet, tél. 06 13 24 48 91, goislot.papin0464@orange.fr V r.-v.

B FAMILLE HÉRAUD Clos des Perrières 2023 ★★

| 8000 | | 5 à 8 € |

Depuis cinq générations, la famille Héraud cultive la vigne (21 ha aujourd'hui) au sud-est du vignoble de Nantes, à Clisson, sur ses terroirs de granite réputés, désormais certifiés en culture biologique. Romain et Gwenaël ont pris la suite de leurs parents à partir de 2018.

Doté d'un très bel équilibre, à la fois frais et rond, avec une belle assise fruitée au nez comme en bouche, ce vin gourmand et intense ne manque de rien. Il conviendra à merveille à un poisson à la crème. ⧗ 2024-2028

HÉRAUD, 64, rte de Saint-Crespin, 44190 Clisson, tél. 02 40 54 09 24, vallondesperrieres@gmail.com V r.-v.

FAMILLE LEBAS 2023 ★

| 20 000 | | - de 5 € |

Avec 25 ha de vignes resserrés tout autour de la cave, au sud de Nantes, la famille Lebas perpétue la longue tradition familiale, présente sur ces terres nantaises depuis la Révolution. Une large part de la production est dédiée au muscadet mais la gamme compte aussi du gros-plant, du gamay, du sauvignon et un gewurztraminer.

Fruité et bien équilibré, avec une belle rondeur de bouche, ce muscadet donne le maximum pour un minimum de prix. Dégustez-le avec des fromages ou des poissons marinés. ⧗ 2024-2026

FAMILLE LEBAS, 405, La Haie-Trois-Sous, 44690 Maisdon-sur-Sèvre, tél. 06 60 58 62 78, herve.lebas@neuf.fr V r.-v.

DOM. DES LOUÉTTIÈRES 2023 ★

| 4400 | | - de 5 € |

Un domaine de 30 ha créé en 1986 par Dominique Peigné, installé à la limite de l'appellation sèvre-et-maine et des coteaux-de-la-loire. En 2023, son fils Tanguy a pris la relève.

Franc et tranchant, centré sur des notes citronnées, ce muscadet-sèvre-et-maine concilie en bouche gras, structure et fraîcheur dans un équilibre idéal. À découvrir sur des crevettes à la thaï. ⧗ 2024-2028

DOM. DES LOUÉTTIÈRES, 2 bis, le Martinet, Barbechat, 44450 Divatte-sur-Loire, tél. 06 76 90 04 76, peigne63@orange.fr V r.-v.

DOM. RAPHAËL LUNEAU Goulaine 2018 ★

| 3600 | | 11 à 15 € |

Une propriété familiale située au sud-est de Nantes, au cœur de l'aire du muscadet-sèvre-et-maine. Incarnant la 9e génération de vignerons, Raphaël Luneau a pris la suite de son père, Rémy, en 2010.

Rond et équilibré, avec un fruit légèrement acidulé et des notes d'agrumes, ce Goulaine de bonne intensité reste frais et encore juvénile pour un 2018. Son long élevage de 60 mois sur lies lui offre une belle densité et du gras qui iront parfaitement à une volaille au curry. ⧗ 2024-2029

DOM. RAPHAËL LUNEAU, 1, La Grange, 44430 Le Landreau, tél. 02 40 06 45 65, contact@domaineraphaelluneau.fr V *t.l.j. sf dim. 9h30-12h30 14h30-18h30*

FAMILLE LUNEAU
Mouzillon-Tillières Cuvée nuance 2019 ★

| 3000 | | 11 à 15 € |

Un domaine de 34 ha implanté au cœur du Muscadet, entre les communes de Vallet et Mouzillon, et conduit par la famille Luneau depuis quatre générations.

Ce vin est doté d'une belle complexité aromatique avec des notes de fruits exotiques, de fruits confits et de coing. Liant gras, volume, fraîcheur et persistance en bouche, il offre une réelle dimension gastronomique. Un cru très agréable, à associer à des Saint-Jacques poêlées ou à un poisson au curry. ⧗ 2024-2028

EARL FAMILLE LUNEAU, Bois-Braud, 44330 Vallet, tél. 06 76 31 85 85, cpluneau@wanadoo.fr V r.-v.

VIGNOBLE MAILLARD Charmance 2023 ★★

| 10 000 | | 5 à 8 € |

Les Maillard sont vignerons depuis 1890. Héritier de cette longue lignée, Bernard s'est installé en 1989 à la tête du domaine familial et de ses 25 ha de vignes. Les vins sont vinifiés et conservés en cuves de verre souterraines ou en cuves Inox.

Agréable et expressif, entre fruits mûrs et fleurs blanches, ce muscadet joue la carte de l'assurance avec une grande réussite. C'est un très beau classique de l'appellation, aussi frais que gourmand, tout en équilibre. Un poisson de choix s'impose, un bar en croûte de sel, par exemple. ⧗ 2024-2028

EARL BERNARD MAILLARD, 32, Les Défois, 44190 Saint-Lumine-de-Clisson, tél. 06 15 35 64 78, bernard.maillard@wanadoo.fr V *r.-v.*

DOM. MARTIN-LUNEAU Gorges 2020 ★

| 8 700 | | 11 à 15 € |

Christophe Martin a repris en 1991 le domaine familial fondé en 1944. Sur 32 ha, il s'attache à mettre en valeur la diversité de ses terroirs, répartis sur les communes de Gorges, de Clisson et de Mouzillon.

Détaillant de beaux arômes fruités, avec des nuances de pêche et de fruits exotiques, ce Gorges élevé près de 4 ans sur lies se livre tout en rondeur et en fraîcheur mêlées, avec de jolis amers et beaucoup de suavité. Un cru séduisant et complet, à associer à une viande blanche à la crème. ⧗ 2024-2028 ■ **Cuvée Tradition 2023 ★ (5 à 8 €; 16 000 b.)** Porté par une belle minéralité, d'intenses notes exotiques et florales, ce blanc léger et persistant plaît par sa fine amertume et son onctuosité. À découvrir sur un plateau de fromages ou un poisson cuisiné. ⧗ 2024-2026

DOM. MARTIN-LUNEAU, 16, Le Magasin, 44190 Gorges, tél. 02 40 54 38 44, contact@martin-luneau-muscadet.fr V *r.-v.*

Ⓑ DOM. MÉNARD-GABORIT Le Pallet 2020 ★

| 5 600 | | 15 à 20 € |

Située au cœur de l'appellation muscadet-sèvre-et-maine, cette propriété familiale conserve l'un des rares moulins de la région nantaise, vestige d'un temps où l'on cultivait encore des céréales sur les coteaux; il campe sur une butte au milieu des vignes. Le domaine (65 ha), conduit en bio, est depuis 2021 géré par François Ménard, le fils de Philippe et Pascale.

Fin, harmonieux et équilibré, ce cru réunit tous les attributs du succès. On apprécie ses nuances d'agrumes et de fruits blancs, sa souplesse, sa fraîcheur préservée et son élégance d'ensemble. Un blanc à vocation gastronomique. ⧗ 2024-2028 ■ **Monnières-Saint Fiacre 2020 ★ (15 à 20 €; 7 600 b.)** Ⓑ Élevée 36 mois sur lies, cette cuvée vive et acidulée mêle à l'olfaction de belles notes de fruits blancs et d'amande, prolongées par une bouche souple et alerte. Un vin des plus agréable et déjà prêt à boire. ⧗ 2024-2026

DOM. MÉNARD-GABORIT, 34, La Minière, 44690 Monnières, tél. 02 40 54 61 06, contact@domainemenardgaborit.com V *r.-v.*

DOM. DES MORANDIÈRES 2023 ★

| 10 000 | | 5 à 8 € |

Le domaine de Florence et Joël Forgeau réunit deux vignobles hérités des générations précédentes : celui des Rouaudières, sur un sol de gabbro, et celui des Morandières, adossé au château éponyme. En tout, 21 ha de vignes sur les communes de Mouzillon, Gorges et Le Pallet.

Entre vivacité et volume, ce joli blanc séduit par sa fraîcheur, ses notes d'agrumes, de citron notamment, ses beaux amers qui étirent la bouche et lui apportent une belle dynamique. Un beau vin, très complet. ⧗ 2024-2027

EARL JOËL ET FLORENCE FORGEAU, 222, rue des Caves, 44330 Mouzillon, tél. 06 20 21 19 28, muscadet.forgeau@wanadoo.fr V *t.l.j. 8h30-12h 15h-18h30* ②

MORILLE-LUNEAU Excellence 2023 ★

| 10 500 | | 5 à 8 € |

La famille Morille-Luneau exploite la vigne sur les bords de Loire depuis 1904 et cinq générations. Une exploitation en cours de conversion bio.

D'une belle fraîcheur aromatique, entre fruits blancs et agrumes, ce muscadet opte pour la simplicité et l'efficacité. On apprécie ce style sans concession, incisif et soigné; c'est tout ce que l'on attend d'un blanc de la région. ⧗ 2024-2026

GAEC MORILLE-LUNEAU, 31, L'Auberdière, 44450 Divatte-sur-Loire, tél. 02 40 06 34 09, contact@morille-luneau.com V *r.-v.*

DOM. ALAIN OLIVIER Goulaine 2018 ★

| 1 600 | | 11 à 15 € |

Ce viticulteur officie depuis trois générations sur un domaine de 20 ha, actuellement en conversion bio, sur la route de Vallet à Nantes, à la limite des gabbros et des micaschistes. Il commercialise une vingtaine de cuvées, dont de nombreux muscadets.

Issu de vignes de 75 ans plantées sur des sols peu profonds, ce Goulaine élevé 2 ans sur lies libère des notes de fruits exotiques et d'épices douces, relayées par une bouche de bon volume, riche et intense. À réserver à table, sur une viande blanche de préférence. ⧗ 2024-2027

EARL ALAIN OLIVIER, 308, La Moucletière, 44330 Vallet, tél. 09 74 56 54 04, alain.olivier0365@orange.fr V *t.l.j. sf dim. 10h-18h; sam. 10h-12h30*

CH. LA PERRIÈRE 2023 ★

| 36 000 | | 5 à 8 € |

Aux commandes depuis 1993 de ce domaine de près de 50 ha, Vincent Loiret, quatrième du nom à diriger l'exploitation, est installé non loin du musée du Vignoble nantais au Pallet, une des communes les plus réputées pour le muscadet-sèvre-et-maine.

Droit, frais et élégant, ce 2023 déploie la panoplie classique du muscadet-sèvre-et-maine avec brio. C'est un vin à la fois subtil et tendu, avec une belle touche florale, du fruit et du gras en fin de bouche. Un beau vin sur la fraîcheur, qui sera à l'aise dès l'apéritif ou sur une bourriche d'huîtres. ⧗ 2024-2026

CH. LA PERRIÈRE, 120, La Mare-Merlet, 44330 Le Pallet, tél. 02 40 80 43 24, vins.loiret@free.fr *t.l.j. sf dim. 8h-12h30 14h-18h*

DOM. PÉTARD-BAZILE L'Alouette 2023 ★★

	12000		5 à 8 €

Saint-Julien-de-Concelles domine la vallée de la Loire et les terres maraîchères où sont cultivés, entre autres, le muguet et la mâche nantaise. La famille Pétard y exploite, elle, la vigne depuis le XIXe s. sur des coteaux aux sols de micaschistes. Vincent Pétard a rejoint ses parents en 2004. Dix ans plus tard, après leur départ à la retraite, il s'est associé avec son ami d'enfance Christophe Bazile. Ensemble, ils cultivent 25 ha, dont un tiers est en conversion bio.

Un muscadet comme on les aime! Ce jeune vin floral, fruité et acidulé séduit d'emblée par son profil équilibré, consistant et complet. Un blanc fort aimable, de grande fraîcheur et de grande persistance, qui offre ici un sans-faute avec une réelle aisance en bouche. À ce niveau de prix, c'est sans conteste l'une des plus belles réussites du millésime. 2024-2028 **Tristan 2023 ★★ (8 à 11 €; 8000 b.)** B Cette cuvée certifiée bio offre une belle image de l'appellation. C'est un blanc frais et sincère, qui s'ouvre sur les fruits jaunes, puis qui révèle une bouche riche, gourmande et intense, de bonne persistance. On l'appréciera sur des fromages ou une volaille. 2024-2028

DOM. PLESSIS GLAIN, 35 bis, Le Plessis-Glain, 44450 Saint-Julien-de-Concelles, tél. 09 52 66 99 44, contact@petardbazile.fr V *t.l.j. sf dim. 10h-12h 14h-18h*

DOM. PETITEAU L'Authentique 2023 ★

	25000		5 à 8 €

Á la sortie de Vallet, sur la route de Beaupréau, La Chalousière est un petit village typique du vignoble nantais. Constitué en 1845, ce domaine familial se transmet depuis huit générations. Michel et Viviane Petiteau y ont développé l'œnotourisme. En 2015, ils ont passé le relais à leur fils Vincent, qui dispose de 30 ha de vignes et pratique un accueil œnotouristique reconnu.

Tout en finesse, ce beau blanc enchante par ses arômes frais d'agrumes, de citron notamment. La bouche apparaît légère, sur la tension et la fraîcheur, reprenant ce registre citronné, avec quelques touches de fruits blancs en appoint. Un vin de plaisir, idéal sur des fruits de mer. 2024-2026

DOM. PETITEAU, 451, La Chalousière, 44330 Vallet, tél. 02 40 36 20 15, contact@domainepetiteau.com V *r.-v.*

DOM. HENRI POIRON Goulaine 2018 ★

	4200		11 à 15 €

Représentant la 8e génération, Éric Poiron est aux commandes du domaine familial (30 ha aujourd'hui) depuis 1990. Les Poiron sont également pépiniéristes et producteurs de pommes.

Ce Goulaine élevé près de 2 ans en cuve se livre aujourd'hui avec intensité autour de belles notes florales et d'un fruité acidulé. La bouche ample et ronde, bien équilibrée par une fine acidité, offre une belle représentation d'un cru de ces terroirs. On le découvrira avec des langoustines ou des gambas aux épices. 2024-2028

DOM. HENRI POIRON ET FILS, Les Quatre Routes, 44690 Maisdon-sur-Sèvre, tél. 02 40 54 60 58, contact@poironhenri.com V *t.l.j. sf lun. dim. 9h30-12h30 14h-18h; sam. 9h30-12h30* 1

DOM. POIRON-DABIN Château-Thébaud 2019 ★★

	7500		11 à 15 €

La famille Poiron-Dabin cultive la vigne depuis 1858 sur les terres de Château-Thébaud. En 1962, Jean Poiron épouse Thérèse Dabin. Déjà propriétaire du Ch. de l'Enclos, le couple agrandit son vignoble (acquisition du Clos du Château de la Verrie en 1970, puis du Dom. de Chantegrolle en 1990). Leurs fils Laurent et Jean-Michel achètent encore le Clos des Tabardières, ce qui porte la superficie de leur exploitation à 70 ha.

Ce muscadet illustre parfaitement la capacité de garde de ces blancs du pays nantais. Son long élevage sur lies lui assure en effet une belle fraîcheur, de la matière et de la structure, le tout soutenu par des parfums de fruits confits, de fumée et de fruits mûrs. Souple, droit, gourmand et persistant : c'est un sans-faute. 2024-2030 **Clé du sol Chantegrolle 2023 ★ (5 à 8 €; 114000 b.)** Voilà un joli vin de soif, salin et équilibré, qui brille par ses arômes francs d'agrumes, de citron notamment, et de fleurs blanches. Doté d'une belle structure, ce blanc associe minéralité, générosité et fraîcheur en toute décontraction. 2024-2028

DOM. POIRON-DABIN, 4, Chantegrolle, 44690 Château-Thébaud, tél. 02 40 06 56 42, contact@poiron-dabin.com V *t.l.j. sf dim. 9h-12h 14h-18h*

DOM. DES POUINIÈRES 2023 ★★

	16000		5 à 8 €

Depuis 2002, Dominique Chupin conduit ce domaine de 16 ha établi à l'est de Vallet, sur un terroir de micaschistes. Il propose du muscadet, du gros-plant, des effervescents et des vins en IGP rouges et rosés.

Fruits blancs, notes citronnées, arômes de fleurs blanches : ce muscadet fin et léger enchante par ses saveurs à la fois suaves et fraîches, avec une belle tension de bouche. C'est un vin droit, sans esbroufe, bien équilibré, parfait pour les fruits de mer. 2024-2027

DOM. DES POUINIÈRES, 1, La Pouinière, 44330 Vallet, tél. 06 19 82 64 58, earlchupin44@orange.fr V *t.l.j. 8h-12h30 14h-19h*

B CH. DE LA RAGOTIÈRE La Belle Vie 2022 ★

	18000		8 à 11 €

Les frères Bernard, Michel et François Couillaud ont acquis en 1979 le Ch. de la Ragotière, ancienne maison noble ayant appartenu à un compagnon d'armes de Du Guesclin. En 2006, Amélie, fille de Bernard, et son mari, Vincent Dugué, ont pris la suite, à la tête d'un

vaste vignoble de 30 ha d'un seul tenant, d'où ils tirent des muscadet-sèvre-et-maine et des vins de cépage en IGP Val de Loire vendus sous diverses étiquettes.

Issu d'une parcelle certifiée en bio, ce joli blanc garde une belle fraîcheur, de l'élégance et de fins arômes de citron confit, de fruits secs et de fruits blancs. Un vin ample, complet et persistant, avec de l'élégance. Tout indiqué sur des gambas grillées. ⧗ 2024-2027

CH. DE LA RAGOTIÈRE, 2, la Grande-Ragotière, 44330 La Regrippière, tél. 02 40 33 60 56, info@freres-couillaud.com V t.l.j. sf dim. 9h-12h30 14h-18h; sam. 10h-13h

DOM. DE LA RENOUÈRE 2023 ★

20000 | 5 à 8 €

Une grande partie de ce domaine dépendait autrefois du château de Beauchêne. Installé en 1995, Jean-Luc Viaud, représentant la quatrième génération, exploite 16 ha de vignes.

Voilà un muscadet très plaisant, porté par un léger perlant et de la fraîcheur, qui affiche aussi du gras et de la gourmandise. On aime ce style simple et avenant, tout en finesse. Pour l'apéritif, impérativement ! ⧗ 2024-2026

EARL VINCENT VIAUD, 1, La Renouère, 44430 Le Landreau, tél. 06 20 53 88 04, muscadetviaudv@orange.fr V t.l.j. sf dim. 10h-12h 15h-18h

♥ LA ROCHE BLANCHE 2023 ★★

18000 | 5 à 8 €

Le grand-père a acheté les premières parcelles en 1946. Chaque génération a agrandi le domaine. Arrivés respectivement en 1994 et en 1997, Anthony et Thierry Lechat exploitent aujourd'hui 43 ha. Établis à Vallet, ils possèdent aussi un caveau de dégustation-vente sur la côte vendéenne, à Saint-Gilles-Croix-de-Vie.

Quelle belle démonstration de finesse ! Ce joli blanc déroule un jus délicat autour de notes discrètes de fruits jaunes et d'agrumes, avec une bouche croquante et citronnée, stimulée par un léger perlant. Un vin vif et souple à la fois, porté par de beaux amers en finale, qui séduit par sa tension et sa fraîcheur. Idéal sur des moules marinières. ⧗ 2024-2028 ■ **Vallet 2018 ★ (8 à 11 €; 5400 b.)** Doté d'une belle rondeur, ce Vallet associe volume et gras dans une bouche d'envergure, avec du volume et de la structure. On aime également les notes de fruits secs en finale qui étirent l'ensemble avec gourmandise. On l'ouvrira volontiers avec un poisson cuisiné aux épices. ⧗ 2024-2028

LA ROCHE BLANCHE, 12, av. des Roses, 44330 Vallet, tél. 02 40 33 94 77, earl-lechat@orange.fr V t.l.j. sf dim. 8h-12h 14h-18h

CH. DE ROCHEFORT 2023 ★★

14400 | 8 à 11 €

Créé sous Louis XV, par le frère du gouverneur de Nantes, Charles de Goyon-Rochefort, ce domaine viticole a traversé les siècles jusqu'à la famille de Rosnay, qui en a relancé l'activité en 2018. Les 18 ha sont aujourd'hui en conversion vers l'agriculture biologique.

Conforté par de belles notes de fruits confits, de fruits jaunes et d'agrumes, ce blanc droit et harmonieux se révèle très plaisant au nez comme en bouche. Il fera l'unanimité sur un poisson à la plancha ou des gambas grillées. ⧗ 2024-2027

SCEA CH. DE ROCHEFORT, Ch. de Rochefort, 44690 La Haye-Fouassière, tél. 06 76 46 19 01, guillaume@chateauderochefort V r.-v.

DOM. SALMON Grande Réserve 2023 ★

50000 | 5 à 8 €

Dominique Salmon est installé à Château-Thébaud, village perché sur un coteau rocheux dominant la Maine. Il conduit le domaine fondé par son grand-père depuis 1984.

Voilà tout ce que l'on attend d'un muscadet sur lies : vif, porté par des notes citronnées, il est tout à fait conforme aux attentes, avec un accent iodé parfait. Le très léger perlant garantit un surcroît de fraîcheur et l'on sera heureux de déguster ce classique de la région sur des fruits de mer. ⧗ 2024-2026

DOM. SALMON, Les Landes-Devin, 44690 Château-Thébaud, tél. 02 40 06 53 66, contact@domaine-salmon-muscadet.com V

DOM. DES TILLEULS Vallet 2019 ★

6000 | 11 à 15 €

Créée en 1905, cette propriété familiale proche de Vallet comptait 5 ha à l'origine. Elle a été agrandie en 1989 par Daniel Houssin et son épouse, Évelyne, rejoints par leurs enfants Jérôme et Noémie. Le vignoble couvre aujourd'hui 27 ha.

Entre fruits blancs et fruits compotés, ce vin nuancé, élevé plus de 3 ans en cuve, se livre avec souplesse et équilibre. Son volume de bouche et sa finale tendue montrent un beau potentiel d'évolution. Encore un peu de patience. ⧗ 2026-2030

DOM. DES TILLEULS, Les Tilleuls, 18, rue du Vignoble, 44330 La Regrippière, tél. 02 40 33 60 04, contact@domainedestilleuls.fr V r.-v.

TOPAZE 2023 ★

6000 | 5 à 8 €

Jean-Paul et Nathalie Sauvaget ont travaillé 10 ans dans le Bordelais avant de reprendre en 2001, à Monnières, un petit domaine qu'ils agrandissent progressivement, tout en diversifiant leur gamme. Leur vignoble, implanté sur un terroir de gneiss, compte aujourd'hui 7,5 ha en bio.

Ce jeune muscadet affiche un profil puissant et généreux, autour de notes d'agrumes, de coing et de fruits secs. Avec du gras, beaucoup de matière et de la structure, il compose un ensemble voué à la table. On l'envisage plutôt sur une viande blanche ou un poisson cuisiné. ⧗ 2024-2029

TOPAZE, 22, rue de la Poste, 44690 Monnières, tél. 06 08 34 37 46, jpaul@topaze-monnieres.com V r.-v.

DOM. DES TROIS COTEAUX Le Chlo Enina 2018 ★

| 8500 | | 8 à 11 €

Créé en 1987, le Domaine des Trois Coteaux compte aujourd'hui 10,5 ha essentiellement en appellations muscadet et muscadet-sèvre-et-maine, avec quelques vignes en gros-plant, en chardonnay et sauvignon, et, pour les rouges, 1 ha de gamay et de cabernet franc.

Élevé durant 3 ans sur lies, ce blanc réjouit par sa générosité et sa fraîcheur. Une alliance équilibrée portée par une pointe saline, des note de fruits exotiques et de fruits mûrs, et un cœur de bouche ample et bien structuré. Un vin persistant, de bonne dimension, destiné à un poisson au beurre blanc ou une volaille en sauce crémée. ⧗ 2024-2028

DOM. DES TROIS COTEAUX, Lusignan, 44430 Le Loroux Bottereau, tél. 06 80 35 63 71, troiscoteaux@orange.fr V r.-v.

VIGNOBLE VALTON 2022 ★

| 6666 | | 5 à 8 €

Aux commandes du vignoble familial de 9 ha depuis 2022, Antoine Valton veille à mettre en valeur le potentiel de garde de ses muscadet-sèvre-et-maine. Situé à Saint-Lumine-de-Clisson, le domaine jouit d'un parcellaire varié qui permet de restituer toutes les nuances de ces sols de gabbros et de granites.

Frais, tendu et bien équilibré autour de notes de pêche et de bourgeon de cassis, ce joli blanc réalise un sans-faute. On apprécie sa fraîcheur naturelle, sa belle persistance acidulée et son fruit intense tout du long. Une très belle réalisation à ne pas manquer. ⧗ 2024-2028

VIGNOBLE VALTON, 18, rte de Clisson, 44190 Saint-Lumine-de-Clisson, tél. 06 15 70 47 38, valton.vignoble@outlook.com V r.-v.

DOM. DU VIEUX FRÊNE Cuvée Camille 2023 ★

| 28500 | | 5 à 8 €

Représentant la 3e génération, Daniel Baudrit est installé depuis 1998 sur ce domaine familial à l'origine en polyculture. Son vignoble de 17 ha est implanté sur un terroir tardif à l'est de Mouzillon.

Ce muscadet réunit tous les atouts de la région : fraîcheur, tension et équilibre. Les notes de zeste et d'agrumes, le léger perlant qui assure sa vitalité et sa finale bien étirée offrent un ensemble de belle facture. À privilégier sur des fruits de mer ou des fromages secs. ⧗ 2024-2027

DOM. DU VIEUX FRÊNE, La Recivière, 44330 Mouzillon, tél. 06 98 46 38 44, daniel-baudrit@sfr.fr V r.-v.

DOM. DE LA VINÇONNIÈRE Cru Clisson 2019 ★

| 7899 | | 11 à 15 €

Les générations de Perraud se succèdent sur le domaine depuis 1804. Dernier du nom, Laurent, installé en 1986, exploite 52 ha.

Un blanc riche et élégant à la fois, marqué par des notes de fruits secs, d'amande et d'abricot. Malgré son long élevage, il a conservé une belle fraîcheur, mais offre aussi de la rondeur. Un vin équilibré, en somme, à réserver à un poisson au four. ⧗ 2024-2027

LAURENT PERRAUD, Dom. de la Vinçonnière, Le Perthuis-Fouques, 44190 Clisson, tél. 02 40 03 95 76, domaine.vinconniere@gmail.com V r.-v.

DOM. DE LA VRILLONNIÈRE 2023 ★

| 15000 | | 5 à 8 €

À mi-chemin entre les villages viticoles réputés du Landreau et de La Chapelle-Heulin, ce domaine de 41 ha est transmis de père en fils depuis quatre générations. Installé en 1999, Stéphane Fleurance y est seul aux commandes depuis 2008.

Tout en douceur et en finesse, avec des notes de fruits à noyau au nez comme en bouche, ce joli muscadet se profile avec aisance et fraîcheur. On s'en régalera avec des crustacés ou des fromages secs. ⧗ 2024-2026

DOM DE LA VRILLONNIÈRE, 10, la Vrillonnière, 44430 Le Landreau, tél. 02 40 06 42 00, lavrillonniere44@gmail.com V r.-v.

MUSCADET-CÔTES-DE-GRAND-LIEU

Superficie : 277 ha / Production : 14 447 hl

DOM. DE LA COCHE La Salle aux fées 2023 ★

| 15000 | | 5 à 8 €

Située dans l'extrême ouest du vignoble nantais, Sainte-Pazanne est une commune principalement tournée vers l'agriculture. Un îlot viticole demeure : celui des cousins Emmanuel et Laurent Guitteny, à la tête depuis 2000 d'un vignoble de 36 ha en conversion bio.

Avec un bon fruité exotique, une bouche ample et droite, étirée par de fins amers et d'un équilibre très agréable, ce blanc bien réalisé s'appréciera en toutes saisons, sur des fromages comme sur un poisson au four. ⧗ 2024-2027

DOM. DE LA COCHE, La Coche, 44680 Sainte-Pazanne, tél. 02 40 02 44 43, contact@domainedelacoche.com V *t.l.j. sf lun. dim.10h-12h 14h-19h*

JULIEN CORBINEAU Le Puits héritage 2023 ★

| 12050 | | - de 5 €

Issu d'une famille vigneronne, Julien Corbineau a pris la suite de son arrière-grand-père, fondateur du domaine en 1903. Il gère aujourd'hui 4,85 ha en appellations muscadet et gros-plant.

Avec une belle expression de fruit mûr, une touche florale et exotique, ce blanc frais et élégant offre un plaisir immédiat. C'est un vin simple et particulièrement appréciable en début de repas, avec des crevettes en tempura par exemple. ⧗ 2024-2026

JULIEN CORBINEAU, 28, rue de l'Enclose, 44860 Viais, tél. 06 88 77 12 79, jcorbineau.jc@gmail.com V *mar. jeu. sam. 8h-12h 17h-19h*

VIGNOBLE ÉPIARD 2023 ★

| 12000 | | 5 à 8 €

Ce domaine de 38 ha, conduit depuis 1971 par la famille Épiard, tire son nom de la première pierre posée lors de l'édification des bâtiments en 1850.

Il est aujourd'hui géré par Freddy Épiard, épaulé par sa sœur Sandrine.

Rond, frais et d'une belle expression florale, étiré par de fins amers, ce blanc joue la sobriété avec efficacité. On aimera sa finesse et son élégance, son bel équilibre d'ensemble et son aspect digeste et sapide. Impeccable avec des fruits de mer. ⌛ 2024-2026

SCEA VIGNOBLE ÉPIARD, La Pierre-Blanche, 85660 Saint-Philbert-de-Bouaine, tél. 02 51 41 93 42, vignoble-epiard@orange.fr V *r.-v.*

MANOIR DE LA GARNAUDIÈRE 2023 ★

| 17000 | 5 à 8 €

Au sud du lac de Grandlieu, la commune de La Limouzinière a conservé quelques exploitations viticoles. Celle-ci, constituée en 1981, est conduite depuis 2003 par François Denis, à la tête d'un vignoble de 55 ha.

Un fruit frais, entre agrumes et touches exotiques, de l'équilibre, de la souplesse et une belle longueur : ce joli blanc sera idéal sur des fromages frais ou une petite friture de poissons. ⌛ 2024-2026

MANOIR DE LA GARNAUDIÈRE, 15, La Garnaudière, 44310 La Limouzinière, tél. 02 40 05 82 28, lagarno@orange.fr V *t.l.j. sf dim. 8h-12h30 13h30-18h30*

DOM. DES GILLIÈRES 2023 ★★

| 20000 | 5 à 8 €

Fondé vers 1900 et racheté par D. Régnier en 1999, cet important domaine de 86 ha, principalement installé dans l'aire d'appellation du muscadet-sèvre-et-maine, propose aussi du gros-plant et s'est agrandi vers Corcoué-sur-Logne dans l'appellation muscadet-côtes-de-grand-lieu.

D'une réelle intensité fruitée, offrant une matière ample et cossue, avec une belle puissance et une longue finale étirée, ce blanc de caractère est à réserver pour la table, avec un poisson cuisiné ou une viande blanche. ⌛ 2024-2028

DOM. DE LA GUILLAUDIÈRE, Les Gillières, 44690 La Haye-Fouassière, tél. 06 25 18 60 54, my.prevost@lesgillieres.com V *t.l.j. sf dim. 8h-12h30 14h-18h*

DOM. DES HERBAUGES Vieilles Vignes 2023 ★★

| 120000 | - de 5 €

Sur les bords du lac de Grandlieu, Jérôme Choblet, perpétuant le savoir-faire de trois générations, conduit depuis 2007 un vaste vignoble de 118 ha répartis sur plusieurs propriétés : le domaine familial des Herbauges, créé en 1864 ; le Dom. du Fief Guérin, l'un des plus anciens vignobles de l'appellation muscadet-côtes-de-grand-lieu, repris en 1998 ; le Ch. de la Pierre (1726), acquis en 2007 ; le Dom. Les 5 Chemins, acquis en 2018. Jérôme Choblet conduit aussi, dans le Saumurois, le Ch. La Salle, propriété de Michel Houdebine.

Marqué par de scintillantes notes d'agrumes et de fruits blancs au nez comme en bouche, ce blanc délicat, soutenu par de fins amers en finale, offre aussi une certaine richesse et une rondeur avenante qui en font un vin complet. Un parfait compagnon des poissons, grillés ou en sauce. ⌛ 2024-2028

SAS DOM. DES HERBAUGES, chem. d'Herbauges, 44830 Bouaye, tél. 02 40 65 44 92, qualite@domaine-des-herbauges.com

MUSCADET-COTEAUX-DE-LA-LOIRE

Superficie : 244 ha / Production : 12 064 hl

DOM. DES GALLOIRES Champtoceaux 2018 ★

| 6000 | 8 à 11 €

Située à l'emplacement d'un ancien manoir, cette propriété familiale créée en 1967 est régulièrement en vue pour l'une ou l'autre de ses 18 cuvées. L'exploitation, conduite par la famille Toublanc depuis sept générations, couvre aujourd'hui 45 ha surplombant la Loire, côté sud.

D'une belle maturité, ce Champtoceaux bien évolué s'ouvre sur des notes de fruits exotiques, de mangue notamment. La bouche, intense, riche et complexe, reprend et prolonge ce registre de fruits mûrs, avec une touche de coing et de fruits secs, et une finale mentholée. Un vin long et nuancé, à réserver pour la table. ⌛ 2024-2028 **Les Chailloux 2023 ★ (5 à 8 € ; 16000 b.)** Porté par un léger perlant qui lui donne de la fraîcheur et du dynamisme, ce melon de Bourgogne est dominé par des arômes de fruits blancs. Affichant un bon équilibre, ce vin simple et efficace sera idéal à l'apéritif. ⌛ 2024-2026

DOM. DES GALLOIRES, 1, la Galloire, Drain, 49530 Orée-d'Anjou, tél. 02 40 98 20 10, contact@galloires.com V *t.l.j. sf dim. 9h-12h 14h-19h (sam. 9h-12h 14h-17h)* 1 A

DOM. DES GÉNAUDIÈRES La Coulée d'or 2022 ★

| 10000 | 5 à 8 €

Régulièrement sélectionné dans le Guide pour ses coteaux-d'ancenis, ce domaine familial est campé sur un rocher de la commune du Cellier depuis 1635. Les Athimon exploitent aujourd'hui 25 ha de vignes à flanc de coteaux sur la rive droite de la Loire, en conversion biologique depuis 2020.

Ce blanc généreux et harmonieux a su conserver beaucoup de fraîcheur, liant des parfums de fleurs et de fruits blancs dans une trame vive, au bon fruit, assurée d'une longueur très agréable. Idéal avec des huîtres. ⌛ 2024-2026

DOM. DES GÉNAUDIÈRES, 101, les Génaudières, 44850 Le Cellier, tél. 02 40 25 40 27, earl.athimon@wanadoo.fr V *t.l.j. sf dim. 9h-12h30 14h-19h* D

♥ DOM. DU MOULIN GIRON 2023 ★★

| 15300 | 5 à 8 €

Construit dans les années 1450, cet ancien moulin est situé à 500 m des ruines du château où naquit le poète Joachim Du Bellay, à Liré. Conduit par Nadine Allard et son fils Quentin, le vignoble couvre 74 ha sur un beau terroir de schistes.

Ce très joli coteaux-de-la-loire plaît sans concession. Ses notes de fleur de sureau et de fruits blancs parfaitement mûrs sont une invitation à la légèreté. La bouche a conservé un léger perlant qui lui donne du dynamisme et un sursaut de fraîcheur, offrant ainsi un vin gourmand, persistant, d'un équilibre parfaitement assuré. À découvrir sur un thon mi-cuit ou un plateau de fruits de mer. ⧗ 2024-2028

DOM. DU MOULIN GIRON, 44, Le Moulin-Giron, Liré, 49530 Orée-d'Anjou, tél. 06 08 09 56 20, domainemoulingiron@orange.fr V *t.l.j. sf mer. dim. 9h30-12h 14h30-18h30 (sam. 17h)* B

GROS-PLANT-DU-PAYS-NANTAIS

Superficie : 1 212 ha / Production : 90 255 hl

Le gros-plant-du-pays-nantais est un vin blanc sec, AOVDQS depuis 1954 et AOC depuis 2011, produit dans 3 départements : Loire-Atlantique, Maine-et-Loire et Vendée. Il est issu d'un cépage unique d'origine charentaise, la folle blanche, appelée ici gros-plant. Comme le muscadet, le gros-plant peut être mis en bouteilles sur lie.

CH. BRIACÉ Le Nantais 2022 ★

1800 | 5 à 8 €

Le Château de Briacé est une très ancienne propriété viticole, brûlée pendant la Révolution et reconstruite au XIXes. Depuis 1957, il appartient à la congrégation des frères de Saint-Gabriel et sert de support pédagogique au lycée viticole qui forme une partie des vignerons de la région nantaise. À sa disposition, un vignoble de 22 ha en conversion bio.

Avec son accent légèrement fumé et son fruité bien mûr, ce blanc harmonieux et facile à aimer s'appréciera volontiers avec des sardines grillées ou des harengs pomme à l'huile. Simple et efficace. ⧗ 2024-2026

AFG DE BRIACÉ, Ch. de Briacé, 44430 Le Landreau, tél. 02 40 06 49 16, contact@chateau-briace.com V *t.l.j. sf lun. mar. dim. 10h-12h 14h-18h*

CH. DE LA CORMERAIS 2023 ★

4000 | 5 à 8 €

Une ancienne seigneurie du Moyen Âge autrefois protégée par des douves et un pont-levis. Aujourd'hui, une exploitation viticole de 38 ha acquise par les aïeux de Thierry Besnard en 1856, qui offre une gamme complète d'une vingtaine de cuvées autour de 9 cépages. Une valeur sûre du vignoble nantais.

Léger et vivace, ce blanc aiguisé offre un bon fruit autour de plaisantes notes d'agrumes. D'une belle longueur, bien équilibré, il s'accordera sans fausses notes à des huîtres, des fruits de mer ou des fromages secs. ⧗ 2024-2026

CH. DE LA CORMERAIS, La Cormerais, 44690 Monnières, tél. 06 11 04 45 69, chateau.cormerais@gmail.com V *r.-v.*

CH. DES GILLIÈRES 2023 ★

16000 | - de 5 €

Fondé vers 1900 et racheté par D. Régnier en 1999, cet important domaine de 86 ha, principalement installé dans l'aire d'appellation du muscadet-sèvre-et-maine, propose aussi du gros-plant et s'est agrandi vers Corcoué-sur-Logne dans l'appellation muscadet-côtes-de-grand-lieu.

Avec une identité florale bien définie, des notes d'agrumes et une bonne fraîcheur, ce blanc pimpant et équilibré réjouit par son croquant et son caractère acidulé très plaisant. Parfait pour les crustacés ⧗ 2024-2026

DOM. DE LA GUILLAUDIÈRE, Les Gillières, 44690 La Haye-Fouassière, tél. 06 25 18 60 54, my.prevost@lesgillieres.com V *t.l.j. sf dim. 8h-12h30 14h-18h*

VÉRONIQUE GÜNTHER-CHÉREAU Folie blanche 2023 ★

13333 | 5 à 8 €

Issue d'une lignée au service du vin remontant au XVes., Véronique Günther-Chéreau, docteur en pharmacie, a quitté l'officine en 1989 pour se consacrer exclusivement aux trois vignobles familiaux (70 ha en tout), implantés dans trois terroirs distincts : le Ch. du Coing de Saint-Fiacre, acquis par son père, Bernard Chéreau, en 1973, le Grand Fief de la Cormeraie et le Ch. de la Gravelle (ces deux derniers en culture biologique certifiée). Elle est épaulée depuis 2010 par sa fille Aurore, œnologue.

Ample, frais et harmonieux, ce vin combine tous les atouts. Sa tonalité de pamplemousse, sa petite touche acidulée, sur l'agrume, forment un ensemble équilibré, savoureux et long. Tout indiqué avec des crustacés. ⧗ 2024-2026

VÉRONIQUE GÜNTHER-CHÉREAU, 44690 Saint-Fiacre-sur-Maine, tél. 02 40 54 85 24, contact@vgc.fr V *r.-v.*

CH. HAUTE-CARIZIÈRE 2023 ★★

3000 | 5 à 8 €

Centenaire, le Domaine Bid'Gi est situé au cœur du vignoble de Nantes, à La Haye-Fouassière, et réunit historiquement les familles Bideau et Giraud. Il s'est converti à l'agriculture biologique en 2011 et la moitié du vignoble de 52 ha est converti. En 2023, Sarah et Charly Bideau, frère et sœur, reprennent l'exploitation en accentuant la sélection parcellaire et en valorisant davantage les crus du Muscadet et leurs vins de garde millésimés.

Voilà un très beau vin, d'un équilibre parfait entre le fruit et la fraîcheur, porté par de belles notes d'agrumes, de pamplemousse notamment, et par un joli gras. C'est un blanc gracile, harmonieux, très fruité, persistant, qui aura toute sa place sur des fruits de mer, des poissons ou des fromages. ⧗ 2024-2028

DOM. BID'GI, 11, rue du Calvaire, 44690 La Haye-Fouassière, tél. 02 40 54 83 24, contact@bidgi.fr V *r.-v.*

HAUTE-COUR DE LA DÉBAUDIÈRE 2023 ★★

2000 | 5 à 8 €

Chantal et Yves Goislot sont installés depuis 1984 au sud de Vallet, au-dessus des boucles de la Sanguèze, petite rivière qui se jette dans la Sèvre. Leur domaine de 30 ha, établi sur des coteaux escarpés, bénéficie

de sols de gabbro. En 2003, ils se sont associés avec Jeannick Papin, donnant naissance à l'étiquette Goislot-Papin.

Marqué par les fleurs blanches et les agrumes, ce blanc très harmonieux affiche une belle franchise, de la longueur et un registre acidulé des plus agréables. Parfait pour un poisson au four comme pour les fruits de mer. ⧗ 2024-2026

⊶ HAUTE-COUR DE LA DÉBAUDIÈRE, 220, La Débaudière, 44330 Vallet, tél. 06 13 24 48 91, goislot.papin0464@orange.fr V *r.-v.*

DOM. RAPHAËL LUNEAU L'R marin 2022 ★★

| 5900 | 5 à 8 €

Une propriété familiale située au sud-est de Nantes, au cœur de l'aire du muscadet-sèvre-et-maine. Incarnant la 9e génération de vignerons, Raphaël Luneau a pris la suite de son père, Rémy, en 2010.

Cette folle blanche aux belles notes d'agrumes et de chèvrefeuille montre une belle finesse, une chair gourmande et légère, au profil acidulé. On aime cette aisance et cette facilité, à accorder à des fromages ou un poisson. ⧗ 2024-2026

⊶ DOM. RAPHAËL LUNEAU, 1, La Grange, 44430 Le Landreau, tél. 02 40 06 45 65, contact@domaineraphaelluneau.fr V *t.l.j. sf dim. 9h30-12h30 14h30-18h30*

MERLAUD 2023 ★

| 1500 | - de 5 €

Avec 40 ha de vignes, dont 35 ha en muscadet et 5 ha en gros-plant et merlot, ce domaine est une adresse familiale installée à Vallet, au cœur du pays nantais.

Un fruit franc parsemé de touches citronnées, une belle fraîcheur, du gras et une bonne longueur : à si petit prix, ce vin est une aubaine, qui ravira dès l'apéritif, avec des huîtres ou des gougères. ⧗ 2024-2026

⊶ MERLAUD, 125, Les Corbeillères, 44330 Vallet, tél. 06 81 13 14 20, merlaudchristophe44@orange.fr

DOM. DE LA PAPINIÈRE 2023 ★

| 3000 | - de 5 €

Après le départ à la retraite de Bernard Cousseau, fondateur du domaine en 1980, la Papinière (45 ha sur une butte entre le ruisseau de la Braudière et la Sanguèze) a été reprise en 2014 par Vincent Barré, qui conduit par ailleurs le Dom. de la Chignardière. Deux domaines situés dans la partie orientale du vignoble nantais, aux confins des Mauges.

Harmonieux, acidulé et franc, avec une belle matière, ce blanc à petit prix offre un maximum de plaisir. Avec beaucoup de douceur, une texture ronde et avenante, il ira bien sur des fromages ou des poissons crus. ⧗ 2024-2026

⊶ VINCENT BARRÉ, 2 bis, La Papinière, Tillières, 49230 Sèvremoine, tél. 02 41 70 46 31, lapapiniere.vb@gmail.com V *r.-v.*

DOM. PETITEAU L'Invincible 2023 ★

| 5000 | - de 5 €

Á la sortie de Vallet, sur la route de Beaupréau, La Chalousière est un petit village typique du vignoble nantais. Constitué en 1845, ce domaine familial se transmet depuis huit générations. Michel et Viviane Petiteau y ont développé l'œnotourisme. En 2015, ils ont passé le relais à leur fils Vincent, qui dispose de 30 ha de vignes et pratique un accueil œnotouristique reconnu.

D'une belle fraîcheur, avec des notes citronnées, ce blanc équilibré et délicat offre un bon confort de bouche. On l'appréciera dès l'apéritif sur des poissons marinés, des crevettes ou des fromages. À ce niveau de prix, on n'hésite pas une seule seconde. ⧗ 2024-2026

⊶ DOM. PETITEAU, 451, La Chalousière, 44330 Vallet, tél. 02 40 36 20 15, contact@domainepetiteau.com V *r.-v.*

FIEFS-VENDÉENS

Superficie : 469 ha
Production : 27 613 hl (85 % rouge et rosé)

Anciens fiefs du Cardinal : cette dénomination évoque le passé de ces vins appréciés par Richelieu après avoir connu un renouveau au Moyen Âge à l'instigation des moines comme bien souvent. L'AOVDQS fut accordée en 1984, puis l'AOC en 2011. À partir de gamay, de cabernet et de pinot noir, la région de Mareuil produit des rosés et des rouges fins et fruités; les blancs sont encore confidentiels. Non loin de la mer, le vignoble de Brem, lui, donne des blancs secs à base de chenin et de grolleau gris ainsi que des rosés et des rouges. Aux environs de Fontenay-le-Comte, blancs secs (chenin, colombard, melon, sauvignon), rosés et rouges (gamay et cabernets) proviennent des régions de Pissotte et de Vix. Plus récemment promu, le terroir de Chantonnay produit dans les 3 couleurs.

MOLINUM Le Dominé 2023 ★★

| 5000 | 5 à 8 €

Établie aux portes de Rosnay depuis quatre générations, la famille Brisson exploite 50 ha de vignes. Situées à une vingtaine de kilomètres de la côte atlantique, elles bénéficient d'un climat océanique qui favorise une lente et complète maturité du raisin.

Alliance de gamay et de pinot noir, ce joli rosé de fruit combine fraîcheur et gourmandise avec constance. On aimera ses notes de fruits rouges, de griotte notamment, d'épices également, sa trame légère et friande offrant un très bon équilibre. Un rosé de caractère, avec de la chair et du ressort, à déguster sur des grillades ou une salade de pamplemousse, avocat et crevettes. ⧗ 2024-2025 ■ **Le Dominant 2022 ★ (5 à 8 €; 5000 b.)** À majorité de cabernet franc, ce rouge souple et bien en fruit offre un caractère épicé très frais. Un vin simple et équilibré, paré pour les grillades, les viande blanches et pourquoi pas l'apéritif, car il reste très facile à boire. On pourra le rafraîchir légèrement avant le service. ⧗ 2024-2026 ■ **Le Soumis 2023 ★ (5 à 8 €; 4000 b.)** Avec trois quarts de chenin et le reste en chardonnay, ce blanc franc et floral garde un caractère minéral idéal. On aimera sa densité, sa matière ronde, sa finale élancée et son bel équilibre. Parfait sur des fromages ou une viande blanche, un rôti de porc froid par exemple. ⧗ 2024-2026

SCEA HAUT BRILLOUET, Dom. de la Vrignaie, La Noue, 85310 Le Tablier, tél. 07 60 02 09 63, contact@domainedelavrignaie.com V r.-v.

DOM. DE PIERRE FOLLE 2023 ★★

	14 000		5 à 8 €

Cette propriété fondée en 1937 doit son nom à deux menhirs dressés à l'entrée du domaine, sur le secteur de Mareuil. La quatrième génération est actuellement aux commandes et conduit un vignoble de 48 ha.

Ce duo de chenin et de chardonnay convainc hautement par sa fraîcheur, ses notes d'agrumes et de litchi, son relief de bouche et sa souplesse. C'est un vin ample et très agréable, de belle expression, tout indiqué pour des fruits de mer ou un poisson grillé. Il fera l'unanimité. ⧗ 2024-2027 ■ **Les Grandes Pierres du Lay Les Menhirs 2023 ★ (5 à 8 €; 17 500 b.)** Bien coloré, ce rosé charnu offre de beaux arômes de fraise et de framboise, avec une touche de confiserie. C'est un vin dense et plutôt puissant. Une belle harmonie s'en dégage et la gourmandise est au rendez-vous. Il ira bien sur des grillades ou des plats épicés, de type cuisine thaï. ⧗ 2024-2025

EARL DOM. DE PIERRE FOLLE, 6, rte de Follet, Pierre-Folle, 85320 Rosnay, tél. 06 70 16 66 74, domaine-de-pierre-folle@orange.fr V r.-v.

COTEAUX-D'ANCENIS

Superficie : 170 ha
Production : 10 131 hl (85 % rouge et rosé)

Produits sur les 2 rives de la Loire, à l'est de Nantes, les coteaux-d'ancenis, classés AOVDQS en 1954, ont accédé à l'AOC en 2011. On en produit 4 types, à partir de cépages purs : gamay (80 % de la production), cabernet, chenin et malvoisie (pinot gris).

DOM. DE LA CAMBUSE Malvoisie 2023 **★★**

	10 000		5 à 8 €

Vivant aussi de l'élevage bovin, ce domaine familial de 13 ha géré par Aurélie et Anthony Toublanc exploite des vignes plantées sur les coteaux escarpés du sud de la Loire. Après avoir longtemps livré sa production au négoce, il a développé une activité de vente directe.

Cette malvoisie (pinot gris) souple et équilibrée est un vin digeste très appréciable, porté par de séduisantes notes de fruits blancs et par une grande sensation de douceur. Il se destine de préférence à des cuisines légèrement épicées. ⧗ 2024-2026 ■ **2023 ★ (- de 5 €; 3000 b.)** Ce pur gamay vinifié en rosé est une petite bombe de fraîcheur à la couleur intense et au nez puissant. Les arômes de fruits blancs, de pêche notamment, prennent place dans une bouche avenante et équilibrée, facile d'accès. Un vin d'évidence. ⧗ 2024-2025 ■ **2023 ★ (5 à 8 €; 3000 b.)** Voilà un rouge de gamay qui pourra faire office de vin d'apéritif ou s'apprécier sur tout un repas. Ses atouts : d'agréables parfums de fruits rouges, une structure élégante et une belle intensité d'ensemble. ⧗ 2024-2026

DOM. DE LA CAMBUSE, 7, La Cambuse, Drain, 49530 Orée-d'Anjou, tél. 06 21 04 78 85, domainedelacambuse@orange.fr V t.l.j. sf dim. 9h-12h30 14h-19h

DOM. DES CLÉRAMBAULTS 2023 ★

	5500		- de 5 €

En 2005, Sébastien Terrien, diplômé d'œnologie, a rejoint son père, Pierre, sur ce domaine de 20 ha qu'il conduit seul aujourd'hui. Les vignes sont situées dans l'ouest de l'appellation anjou, sur les sols schisteux de la commune de Bouzillé.

Ce pur gamay facile d'accès se distingue par son fruité intense, sa touche torréfiée et sa belle finale sur la fraîcheur. Un ensemble équilibré et très agréable. ⧗ 2024-2026

DOM. DES CLÉRAMBAULTS, 2, rue des Mutreaux, 49530 Bouzillé, tél. 06 63 06 07 79, domainedesclerambaults@gmail.com V r.-v.

DOM. DES GALLOIRES Les Grandes Vignes 2022 **★**

	13 000		8 à 11 €

Située à l'emplacement d'un ancien manoir, cette propriété familiale créée en 1967 est régulièrement en vue pour l'une ou l'autre de ses 18 cuvées. L'exploitation, conduite par la famille Toublanc depuis sept générations, couvre aujourd'hui 45 ha surplombant la Loire, côté sud.

Un gamay structuré et élégant, parcouru de fines épices et d'un bon fruit mûr. Un vin de grillades et de grandes tablées, qui reste long et intense, servi par des tanins fermes. On pourra le carafer avant le service. ⧗ 2024-2027 ■ **Malvoisie 2023 ★ (5 à 8 €; 40 000 b.)** De style moelleux (25 g/l de sucres résiduels), ce pur pinot gris séduit par sa douceur et ses notes exotiques. Sa finale sur les agrumes lui apporte une jolie énergie et de l'équilibre. On l'associera volontiers à un dessert de type sabayon ou salade d'orange, ou pourquoi pas à une cuisine sucrée-salée. ⧗ 2024-2027 ■ **Les Deux Fillettes 2023 ★ (5 à 8 €; 6500 b.)** De teinte soutenue, servi par de belles notes d'agrumes, ce rosé frais et minéral reste discret et bien équilibré. On pourra le servir sur tout un repas, avec une cuisine aigre-douce par exemple. ⧗ 2024-2025

DOM. DES GALLOIRES, 1, la Galloire, Drain, 49530 Orée-d'Anjou, tél. 02 40 98 20 10, contact@galloires.com V t.l.j. sf dim. 9h-12h 14h-19h (sam. 9h-12h 14h-17h)

DOM. DES GÉNAUDIÈRES Malvoisie 2023 **★**

	30 000		5 à 8 €

Régulièrement sélectionné dans le Guide pour ses coteaux-d'ancenis, ce domaine familial est campé sur un rocher de la commune du Cellier depuis 1635. Les Athimon exploitent aujourd'hui 25 ha de vignes à flanc de coteaux sur la rive droite de la Loire, en conversion biologique depuis 2020.

Dans un registre demi-sec, ce blanc de pinot gris détaille des notes de miel, d'agrumes et de fruits blancs, relayés par une bouche ronde et gourmande. À privilégier sur un dessert aux agrumes, un cake à l'orange par l'orange. ⧗ 2024-2026

⊶ *DOM. DES GÉNAUDIÈRES, 101, les Génaudières, 44850 Le Cellier, tél. 02 40 25 40 27, earl.athimon@wanadoo.fr* V t.l.j. sf dim. 9h-12h30 14h-19h

DOM. DU HAUT FRESNE Malvoisie 2023 ★★

■	70 000	5 à 8 €

Fondé en 1959, ce domaine de 88 ha se transmet de père en fils depuis trois générations. Situé sur des coteaux faisant face à la Loire, près de Liré, il est souvent remarqué pour la qualité de ses vins, de ses coteaux-d'ancenis notamment.

Tout en nuances de fruits blancs et d'agrumes, cette malvoisie à l'équilibre parfait aligne une belle trame vive et pure, sans lourdeur aucune. Un vin très agréable, à accompagner d'une pâte persillée, par exemple. ⧗ 2024-2027

⊶ *DOM. DU HAUT FRESNE, Drain, 49530 Orée-d'Anjou, tél. 02 40 98 26 79, contact@renou-freres.com* V r.-v.

DOM. DU MOULIN GIRON Gamay 2023 ★

■	8 000	🍾	- de 5 €

Construit dans les années 1450, cet ancien moulin est situé à 500 m des ruines du château où naquit le poète Joachim Du Bellay, à Liré. Conduit par Nadine Allard et son fils Quentin, le vignoble couvre 74 ha sur un beau terroir de schistes.

Avec des tanins fermes et une certaine rigueur, ce gamay déroule un jus frais autour de notes de fruits rouges. À servir sur une terrine de campagne ou un pâté en croûte. ⧗ 2024-2026

⊶ *DOM. DU MOULIN GIRON, 44, Le Moulin-Giron, Liré, 49530 Orée-d'Anjou, tél. 06 08 09 56 20, domainemoulingiron@orange.fr* V t.l.j. sf mer. dim. 9h30-12h 14h30-18h30 (sam. 17h)

➜ **ANJOU-SAUMUR**

ANJOU

Superficie : 1 890 ha
Production : 98 794 hl (61 % rouge)

Constituée d'un ensemble de près de 200 communes, l'aire géographique de cette appellation régionale englobe toutes les autres. Traditionnellement, le vin d'Anjou était un vin blanc doux ou moelleux, issu de chenin, ou pineau de la Loire. L'évolution de la consommation vers des vins secs a conduit les producteurs à associer à ce cépage chardonnay ou sauvignon, dans la limite maximale de 20 %. La production de vins rouges s'est accrue depuis les années 1970 (et également celle des rosés, qui disposent d'appellations spécifiques). Ce sont les cépages cabernet franc et cabernet-sauvignon qui sont alors mis en œuvre.

AGUILAS Les Vauguérins 2022 ★

■	5 100	🍾	5 à 8 €

Valeur sûre de l'Anjou, ce domaine familial a été créé en 1969 par Pierre Aguilas et son épouse Janes. Couvrant 52 ha, l'exploitation est conduite par leur fils Antoine depuis 2012.

Un vin souple et gourmand, porté par de beaux arômes de groseille et de cerise, ainsi qu'une petite note grillée. Le cœur de bouche est bien structuré par des tanins soyeux, formant un ensemble équilibré et plaisant. Parfait sur des grillades ou des salaisons. ⧗ 2024-2027

⊶ *AGUILAS, Les Saules, 49290 Chaudefonds-sur-Layon, tél. 02 41 78 10 68, antoine.aguilas@orange.fr* V r.-v.

Ⓑ **L'ARCHE DE LA REBELLERIE** 2023 ★

■	10 000	🍾	5 à 8 €

Établissement et service d'aide par le travail, ce domaine appartient à la Fédération des communautés de l'Arche de Jean Vanier. Il accueille trente adultes handicapés qui participent aux travaux de la vigne. L'exploitation de 24 ha est conduite en bio depuis 2000.

Un vin à dominante de chenin (90 %), qui s'ouvre sur des notes de fleurs blanches et de fruits frais. Bien équilibré en bouche, frais, savoureux et de bonne longueur, il ira parfaitement à des fromages secs ou des rillettes de sardines. ⧗ 2024-2027

⊶ *ESAT L' ARCHE EN ANJOU, La Rebellerie, Nueil-sur-Layon, 49560 Lys-Haut-Layon, tél. 02 41 59 53 51, secretariat.esat@arche-anjou.org* V t.l.j. sf sam. dim. 8h30-12h 14h-16h; f. août

DOM. DES BARRES Clos des Casses 2022 ★★

■	3 000	🍾	5 à 8 €

La commune de Saint-Aubin-de-Luigné, surnommée la « Perle du Layon », se situe dans le Bas-Layon, tout près de la jonction entre la Loire et le Layon. La famille Achard y conduit ce domaine de 33 ha depuis trois générations. Une valeur sûre.

Ce rouge savoureux, liant cabernet-sauvignon (70 %) et cabernet franc, trouve une voie idéale entre finesse et structure. Ses parfums de cassis et de myrtille s'accompagnent de touches réglissées et épicées, qui se fondent dans une bouche souple, tendre, dotée de tanins soyeux et d'une belle persistance. Un anjou très équilibré, facile à aimer et à accorder. ⧗ 2024-2027

⊶ *DOM. DES BARRES, 1, les Barres, Saint-Aubin-de-Luigné, 49190 Val-du-Layon, tél. 02 41 78 98 24, achardpatrice@wanadoo.fr* V t.l.j. sf dim. 9h-12h30 14h-18h30

CH. DE BELLEVUE Cuvée Tradition 2022 ★

■	10 850	🍾	8 à 11 €

Le Château Bellevue (35 ha) est la propriété de la famille Tijou qui exploite toutes les appellations de la région depuis 1894. Hervé et Anne Tijou sont aujourd'hui les représentants de cette grande lignée familiale.

Ce pur cabernet franc bien en fruit associe maturité et générosité avec équilibre. Au nez, il dévoile des parfums de fruits noirs agrémentés d'une petite touche épicée. Arômes relayés par une bouche expressive, chaleureuse, souple et harmonieuse. ⧗ 2024-2027

⊶ CH. BELLEVUE, 3820, rte des Hauts-de-Chaume, ieu-dit Bellevue; Saint-Aubin-de-Luigné, 49190 Val-du-.ayon, tél. 02 41 78 33 11, chateaubellevuetijou@)range.fr V *t.l.j. sf dim. 9h-18h (été 19h)*

DOM. BODINEAU 2022 ★

■ | 5000 | | 5 à 8 €

Ètablis dans le petit hameau de Savonnières, Frédéric 3odineau et sa sœur Anne-Sophie officient ensemble ;ur ce domaine familial (40 ha) dont l'origine remonte 1850. Lui est à la vigne et au chai, elle à l'accueil et au service clientèle. Une valeur sûre.

Ce cabernet franc sur schistes s'offre autour de belles notes florales, de cassis et de fruits mûrs. C'est un vin charnu, puissant et complexe, cadré par de beaux tanins oyeux et enrobé d'un bon fruité gourmand. Un vin à boire ou à garder. ⧗ 2024-2028 ■ **2023 ★ (8 à 11 €; 5000 b.)** Quel beau chenin, fin et subtil! Il séduit d'emblée par sa floralité, ses notes citronnées, de pomme Granny et de fruits frais. La trame harmonieuse, de même expression fruitée, coule avec évidence et fraîcheur, jusqu'à une longue finale. Il sera idéal avec un beau poisson au four. ⧗ 2024-2028

⊶ DOM. BODINEAU, 5, chem. du Château-d'Eau, .es Verchers-sur-Layon, 49700 Doué-en-Anjou, él. 02 41 59 22 86, domainebodineau@yahoo.fr V *t.l.j. sf dim. 9h-12h30 14h-18h*

SOPHIE ET JEAN-CHRISTIAN BONNIN 2023 ★

■ | 15000 | | 5 à 8 €

Régulièrement mentionné dans le Guide, ce domaine créé en 1920 couvre aujourd'hui 43 ha autour de Martigné-Briand. En 1998, son diplôme d'œnologue en poche, Jean-Christian Bonnin a repris le vignoble familial en compagnie de sa femme Sophie.

Un chenin de style généreux, ouvert à l'olfaction sur de beaux arômes floraux et de fruits à chair blanche. Un vin riche en bouche, doté d'un bon volume, accompagné des mêmes parfums délicats et nuancés que ceux perçus au nez et qui s'étire dans une longue finale. Un sans-faute. ⧗ 2024-2027

⊶ SOPHIE ET JEAN-CHRISTIAN BONNIN, 4, chem. du Vignoble, Martigné-Briand, 49540 Terranjou, él. 02 41 59 43 58, contact@famillebonnin.com V *r.-v.*

CH. DE BROSSAY Les Néprons 2022 ★★

■ | 2250 | | 5 à 8 €

Régulier en qualité, et ce dans tous les styles de vins d'Anjou, ce domaine créé en 1919 par Alexis Deffois se situe dans le Haut-Layon, dans le sud de l'Anjou et à l'ouest du Saumurois. Les petits-fils du fondateur, Hubert et Raymond Deffois – rejoints en 2010 par les gendres de ce dernier, Nicolas Tamboise et Benjamin Grandsart –, conduisent un vignoble de 54 ha.

Avec de belles notes de fleurs blanches et d'agrumes, ce blanc ne manque pas de présence à l'olfaction. Il n'en manque pas non plus en bouche, s'y révélant ample, tendre, généreux et long, avec une juste fraîcheur et un boisé bien fondu en soutien. Du caractère. ⧗ 2024-2029

⊶ CH. DE BROSSAY, 4, Brossay, 49560 Cléré-sur-Layon, tél. 02 41 59 59 95, contact@chateaudebrossay.fr V *t.l.j. sf dim. 8h-12h 14h-19h*

♥ B DOM. CADY Cheninsolite 2022 ★★

■ | 14000 | | 15 à 20 €

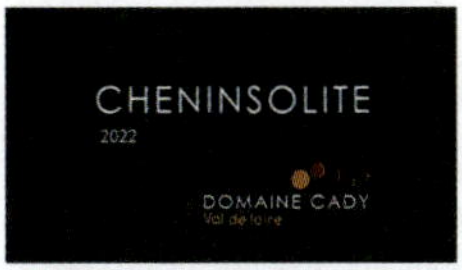

Appartenant à la famille Cady depuis 1927, ce domaine (28 ha certifiés en bio et travaillés entièrement à la main) est une référence en matière de vins liquoreux. Il est implanté sur les coteaux surplombant le Layon à Saint-Aubin-de-Luigné, village surnommé la «Perle du Layon», et produit du coteaux-du-layon 1er cru Chaume, du coteaux-du-layon Saint-Aubin Les Varennes et de l'anjou blanc.

Un chenin passé en barriques durant 8 mois qui tranche de ses pairs. Le nez intense de fruits confits, de fruits blancs et de fruits exotiques est une invitation à la gourmandise. La bouche, ronde et complexe, étirée par une belle acidité naturelle et une fine touche boisée, complète ce tableau idyllique. C'est un superbe vin, équilibré, long et savoureux, qui exulte d'arômes et reste frais. À réserver pour la table. ⧗ 2024-2030

⊶ SCEA DOM. CADY, 20, Valette, Saint-Aubin-de-Luigné, 49190 Val-du-Layon, tél. 02 41 78 33 69, contact@domainecady.fr V *t.l.j. sf sam. dim. 9h-12h30 14h-18h30* 4 E

CH. DE LA CALONNIÈRE Le Colombier Voyage entre les rangs de cabernet franc 2022 ★

■ | 10756 | | 8 à 11 €

Seigneurie au XVIe s., cette propriété familiale depuis 1967 est établie à Martigné-Briand, commune reconnue pour ses vins de qualité. L'exploitation viticole de 18 ha, en agriculture biologique depuis 2024, produits des vins rouges, rosés et blancs, secs, moelleux et effervescents. Elle est aujourd'hui dirigée par Catherine de Clermont-Tonnerre et Samuel Touchais.

Avec ses beaux arômes de fruits rouges frais et d'épices, ce cabernet franc intense, long et équilibré, plaira unanimement. On aime sa joliesse, sa finale fruitée et sa bonne dimension de bouche. À découvrir sur un bœuf aux carottes. ⧗ 2024-2027

⊶ CH. DE LA CALONNIÈRE, la Calonnière, Martigné-Briand, 49540 Terranjou, tél. 02 41 59 43 37, contact@chateaudelacalonniere.fr V *r.-v.*

DOM. DE CHANTEMERLE Le Châtelier Vieilles Vignes 2023 ★

■ | 2500 | | 5 à 8 €

Ce domaine est situé entre Saumur, Cholet et Angers, sur la commune de Trémont, dans le vignoble du Haut-Layon. Les 34 ha sont aujourd'hui conduits par Guénaël Laurilleux et sa sœur Edwige Martineau.

Avec ses plaisantes notes de fruits rouges frais, de fraise des bois notamment, accompagnés d'une touche plus végétale, ce cabernet franc colle à la tradition. Ses tanins soyeux, sa structure de bonne dimension et sa belle fraîcheur forment un ensemble tout à fait avenant,

LOIRE

à réserver à un rôti de porc aux herbes par exemple. ⧗ 2024-2027

DOM. DE CHANTEMERLE, 55, rue de Chantemerle, Trémont, 49310 Lys-Haut-Layon, tél. 02 41 59 43 18, chantemerle49@wanadoo.fr V r.-v.

DOM. DES CHAPELLES Saint-Martin 2022 ★

2000 | 8 à 11 €

Ce domaine familial situé à Thouarcé, créé en 1962 par Louis Brault, est aujourd'hui conduit par ses petits-enfants Violaine et Antoine, qui ont pris la suite de leur père Yves. Il compte 40 ha de vignes.

Ce chenin élevé en barriques ne manque pas d'expression. Il s'offre tout en rondeur, paré de belles notes d'agrumes et de fleurs blanches, équilibré par une fraîcheur bien sentie, renforcée par une finale légèrement saline. Un joli vin de partage et d'apéritif, déjà prêt à boire. ⧗ 2024-2028

DOM. DES CHAPELLES, 329, Chasles, Thouarcé, 49380 Bellevigne-en-Layon, tél. 02 41 80 27 58, domaine.des.chapelles@orange.fr V r.-v.

DOM. DE LA CLARTIÈRE Terres de Paillé 2022 ★

8600 | 8 à 11 €

Depuis 1930, quatre générations de «Pierre» se sont succédé à la tête de ce vignoble (40 ha) situé dans le Haut-Layon. Après Pierre-Marie, Pierre-Antoine Pinet a pris les rênes du vignoble en 2007, rejoint en 2017 par son frère cadet Édouard, de retour de l'étranger. Ce dernier œuvre à la cave.

Voilà un joli blanc, frais et équilibré, qui trouve dans son passage en barriques un regain de générosité et d'étoffe. La belle dimension fruitée demeure, et l'on se régalera de cette bouteille dès à présent ou après un peu de garde, avec un poisson au four ou une volaille. ⧗ 2024-2028

DOM. DE LA CLARTIÈRE, 49560 Nueil-sur-Layon, tél. 02 41 59 53 05, earlpinet@orange.fr V r.-v.

B DOM. DES CLOSTIERS L'Affûté 2022 ★

2000 | 11 à 15 €

Repris par Boris Clause et Stéphane Bonnet en 2018, le Domaine des Clostiers est un vignoble de 12 ha de vignes, cultivées en bio dès 1997. Il est situé à Tigné, entre Angers et Saumur, sur les hauteurs du Layon et produit des vins blancs et rouges. Le vignoble est constitué de trois parcelles, distinctes par leur géologie, et 6 ha de vignes sont ceints de murs.

Issu de 50 ares de jeunes vignes et passé en barriques, ce chenin s'offre avec exubérance dans un registre de fruits exotiques, de toasté léger et de fleurs blanches. Suit une bouche ample et riche qui ne manque pas de la fraîcheur attendue, infusée de notes persistantes d'agrumes, de pamplemousse et de tilleul. ⧗ 2024-2028

DOM. DES CLOSTIERS, 6, rue Chanoine-Colonel-Panaget, Martigné-Briand, 49540 Terranjou, tél. 02 41 03 68 11, domainedesclostiers@gmail.com V r.-v.

DOM. DU COLOMBIER 2023 ★

10000 | 5 à 8 €

Ce domaine familial créé en 1974 comprend un vignoble de 45 ha situé non loin de Doué-la-Fontaine, la «cité des roses». À sa tête depuis 2003, Sylvain Bazantay et sa sœur Florence, à l'aise dans les trois couleurs, proposent une vaste gamme de vins d'Anjou.

C'est un vin gourmand et friand, marqué par un bon fruit rouge et une touche de réglisse, porté en bouche par des tanins fins et élégants. Un anjou harmonieux à la fois frais et bien structuré, à réserver aux grillades et aux charcuteries, en toute simplicité. ⧗ 2024-2027

Tentation Élevé en fût de chêne 2023 ★ (5 à 8 €; 3600 b.) Ce chenin élevé sous bois constitue une très belle réussite. Marqué par un fruit mûr et des notes plus vives d'agrumes, avec quelques touches légèrement grillées en appoint, il conserve de la tension et de l'équilibre de bout en bout. On l'adoptera immédiatement, avec un poisson en sauce ou une volaille pochée. ⧗ 2024-2028

DOM. DU COLOMBIER, 10, rue du Colombier, Linières, Brigné-sur-Layon, 49700 Doué-en-Anjou, tél. 02 41 59 31 82, vinsbazantay@orange.fr V *t.l.j. sf dim. 9h-12h30 14h-18h30; sam. 9h-12h30*

DOM. DITTIÈRE La Cerclerie 2022 ★

2050 | 8 à 11 €

Fondée vers 1900 par le grand-père des frères Dittière (Bruno et Joël, installés en 1983), cette exploitation de 39 ha est établie près de Brissac sur des terroirs sablo-graveleux. Souvent en vue pour ses rouges.

Soutenu par un bel élevage en barriques, ce blanc intense, de caractère, offre un bon fruit et un bon boisé avec en appoint une touche d'amertume qui stimule une bouche aussi large que longue. Il faudra lui laisser encore un peu de temps avant de l'envisager à table, sur un poisson à la crème par exemple. ⧗ 2026-2030

DOM. DITTIÈRE, 1, chem. de la Grouas, Vauchrétien, 49320 Brissac-Loire-Aubance, tél. 02 41 91 23 78, domaine.dittiere@sfr.fr V r.-v.

DOM. DE LA DUCQUERIE Les Clavières 2023 ★

12000 | 5 à 8 €

Installés non loin du musée de la Vigne et du Vin à Saint-Lambert-du-Lattay, dans la vallée du Layon les Cailleau sont à la tête de 55 ha de vignes. Leur fils Cyril a rejoint l'exploitation en 2003 et s'occupe des vinifications, épaulé depuis 2016 par sa sœur Céline.

Gourmand et équilibré, ce chenin sur schistes livre un bouquet très agréable, entre amande, fleurs blanches et agrumes. Le fruit et le volume se lient avec efficacité dans une bouche fraîche et souple. On se plaira à le déguster avec une belle sélection de fromages secs. ⧗ 2024-2026

SCEA LA DUCQUERIE CAILLEAU, 2, chem. du Grand-Clos, Saint-Lambert-du-Lattay, 49750 Val-du-Layon, tél. 02 41 78 42 00, domaine.ducquerie@wanadoo.fr V r.-v.

B CH. DE FESLES La Chapelle Vieilles Vignes 2022 ★

23000 | 11 à 15 €

En juillet 2008, le groupe Grands Chais de France a acheté à Bernard Germain le Ch. de Fesles, situé dans l'aire du bonnezeaux. Le domaine de 43 ha est désormais en culture biologique certifiée depuis le millésime 2022.

ssu d'une parcelle de 3 ha de vignes de 45 ans plan-ées sur schistes, ce blanc élevé en barriques offre de la ichesse et de la consistance autour d'un boisé délicat et 'un bon fruit mûr. Un vin long et généreux, à conserver n cave. ⧗ 2026-2030

CH. DE FESLES, 316, rte des Gauliers, Thouarcé, 9380 Bellevigne-en-Layon, tél. 02 41 68 94 08, illes.bigot@lacheteau.fr V *t.l.j. sf dim. 8h30-12h30 4h-18h*

LE FIEF NOIR Cartelles 2022 ★

	2000		20 à 30 €

Dominique Sirot et Alexis Soulas, œnologues, ont isité ce domaine de la vallée du Layon en 2012 pour éguster les vins de Catherine et Olivier de Cenival Dom. des Chesnaies). Séduits, ils ont quitté la Corse les deux associés œuvraient alors au Dom. Terra Vecchia – et repris en 2014 l'exploitation (30 ha onduits en bio) qu'ils ont rebaptisée en 2017, choi-issant le nom de Fief noir en hommage au terroir de Anjou noir.

Ce chenin a la particularité d'avoir été élevé pour 80 % n jarres de grès, pour le reste en barriques. En résulte n très joli vin, ample, de très bon équilibre, porté par le ruit, avec en appoint une petite touche beurrée et une ne salinité qui ajoute à son dynamisme et sa longueur. ⧗ 2025-2030

LE FIEF NOIR, 6 bis, rue du Bon-Repos, Saint-Lambert-du-Lattay, 49750 Val-du-Layon, él. 02 41 44 40 36, contact@fiefnoir.com V *r.-v.*

DOM. DES FONTAINES Burnizellus Cuvée Landry 2022 ★★

	4200		11 à 15 €

Situé au cœur de l'appellation bonnezeaux, ce domaine amilial de 34 ha est dirigé par Alain Rousseau et son ils Vincent, qui représente la quatrième génération.

Issu de 60 ares de sols de schistes, ce chenin passé un an en fûts de chêne réjouit tout du long. C'est un beau vin avec de la puissance, ouvert sur des notes de fruits bien mûrs, de miel et de coing. En bouche, une matière ample, concentrée, onctueuse se joint à une bonne ten-ion pour composer un ensemble de grande harmonie, à réserver sur un fromage affiné. ⧗ 2025-2030

DOM. DES FONTAINES, 303, les Noues, Thouarcé, 9380 Bellevigne-en-Layon, tél. 02 41 54 32 30, omaine.des.fontaines@wanadoo.fr V *r.-v.*

CH. DU FRESNE Chevalier Le Bascle 2022 ★

	4250		11 à 15 €

Ce château du XVe s. bâti en pierre de schiste a gardé de son architecture d'origine une tourelle ronde. Constitué en 1927, le vignoble de 80 ha est conduit depuis 2010 par trois associés, David Maugin, Yannis Bretault et Olivier Bretault. Un domaine régulier en qualité.

Ce blanc structuré est encore jeune et gagnera à vieillir. À ce stade, il offre des parfums élégants de tilleul et de leur d'acacia mêlés à la touche boisée de son élevage. En bouche, il apparaît dense, gras, opulent mais onctueux, marqué par le bois, mais un bon bois. Parfait avec un comté affiné ou une volaille à la crème. ⧗ 2026-2030

CH. DU FRESNE, 25 bis, rue des Monts, Faye-d'Anjou, 49380 Bellevigne-en-Layon, tél. 02 41 54 30 88, contact@chateaudufresneanjou.com V *t.l.j. sf dim. 9h-12h 15h-18h30*

DOM. DES GALLOIRES 50 2022 ★

	13000		8 à 11 €

Située à l'emplacement d'un ancien manoir, cette propriété familiale créée en 1967 est régulière-ment en vue pour l'une ou l'autre de ses 18 cuvées. L'exploitation, conduite par la famille Toublanc depuis sept générations, couvre aujourd'hui 45 ha surplom-bant la Loire, côté sud.

Ce cabernet franc à l'élevage partiel en barriques a bénéficié d'une macération de 50 jours avec le marc. De quoi amplifier ses arômes, entre fruits noirs mûrs, presque confits, groseille et vanille, et lui offrir cette bouche intense, dense, enveloppée, aux tanins soyeux. De quoi bien vieillir également. ⧗ 2026-2032

DOM. DES GALLOIRES, 1, la Galloire, Drain, 49530 Orée-d'Anjou, tél. 02 40 98 20 10, contact@galloires.com V *t.l.j. sf dim. 9h-12h 14h-19h (sam. 9h-12h 14h-17h)* 1 A

DOM. DES GIRAUDIÈRES Cuvée Louis Élevé en fût de chêne 2022 ★★

	5460		8 à 11 €

Ce domaine familial créé en 1927 étend son vignoble sur 42 ha. Il est conduit depuis 1983 par Dominique et Françoise Roullet, rejoints en 2018 par leurs enfants Marion et Guillaume. Ils proposent toute la gamme des vins de la région de Brissac.

Après un élevage cossu en barriques, ce chenin s'ouvre sur des notes de brioche, de boisé et de fleur d'aca-cia. Un bois encore bien présent mais racé, qui sou-tient une bouche large, consistante et persistante, mais aussi d'une belle fraîcheur, renforcée par de fins amers en finale. Du caractère et du potentiel en cave. ⧗ 2025-2030

DOM. DES GIRAUDIÈRES, 763, rue des Giraudières, Vauchrétien, 49320 Brissac-Loire-Aubance, tél. 02 41 91 24 00, roulletdo@orange.fr V *t.l.j. sf dim. 9h-12h 14h-18h30* 3

DOM. DES HAUTES OUCHES 2023 ★

	26000		5 à 8 €

Ce domaine créé en 1963 par Joël Lhumeau, repris par son fils Jean-Louis en 1991, a vu sa surface passer de 3 ha de vignes à l'origine à 60 ha aujourd'hui. Cette expansion n'a pas été menée au détriment de la qua-lité, comme en témoignent de nombreuses sélec-tions, aussi bien en appellations qu'en IGP, et plu-sieurs coups de cœur.

Équilibré, fruité et gourmand, voilà un vin très flatteur. Ses bons arômes de fruits rouges, ses tanins fondants et souples, sa belle fraîcheur acidulée forment un ensemble convaincant, à apprécier dans sa jeunesse. Idéal pour les charcuteries et les grillades. ⧗ 2024-2027

DOM. DES HAUTES OUCHES, 7, rue Saint-Vincent, Linières, Brigné, 49700 Doué-en-Anjou, tél. 02 41 59 30 51, domainedeshautesouches@orange.fr V *r.-v.*

DOM. DU HAUT FRESNE
Les Pierres bleues 2023 ★★

| 10 000 | | 5 à 8 € |

Fondé en 1959, ce domaine de 88 ha se transmet de père en fils depuis trois générations. Situé sur des coteaux faisant face à la Loire, près de Liré, il est souvent remarqué pour la qualité de ses vins, de ses coteaux-d'ancenis notamment.

Un beau nectar que ce chenin sur schistes liant finesse et structure. On aimera d'emblée ses notes de fleurs et de fruits à chair blanche, sa trame généreuse et intense, de belle harmonie, servie par un bon boisé, une touche de fruit exotique et de fins amers qui étirent la finale. Un sans-faute. ⧗ 2025-2030

DOM. DU HAUT FRESNE, Drain, 49530 Orée-d'Anjou, tél. 02 40 98 26 79, contact@renou-freres.com V r.-v.

LEDUC-FROUIN La Seigneurie 2022 ★

| 4 200 | | 8 à 11 € |

Installés dans le village troglodytique de Martigné-Briand, Antoine Leduc, œnologue, et sa sœur Nathalie conduisent depuis 1990 le domaine familial (30 ha en agriculture raisonnée). Leurs vins séjournent, comme il se doit, dans la fraîcheur de caves souterraines creusées dans le falun. Une valeur sûre de l'Anjou viticole.

Tout en fruit et en fraîcheur, avec ses notes d'agrumes et de fruits exotiques, à peine souligné par le bois, ce joli chenin s'offre avec générosité et longueur. Un bon classique que l'on pourra servir dans ses jeunes années. ⧗ 2024-2027

DOM. LEDUC-FROUIN, 20, rue Saint-Arnoul, Sousigné, Martigné-Briand, 49540 Terranjou, tél. 02 41 59 42 83, info@leduc-frouin.com V t.l.j. sf sam. dim. 8h-12h30 14h-18h30

DOM. DU MATIN CALME
Schistes gris du Pré Clos 2022 ★

| 2 100 | | 20 à 30 € |

Nouvellement installés en Anjou, Anne-Laura Aulon et Victor Robion cultivent 16,5 ha sur quatre terroirs distincts, entre schistes, schistes gréseux, alluvions sur sables et galets et roches volcaniques. Après avoir travaillé et voyagé en France et à l'étranger, le couple s'est installé à Juigné-sur-Loire et produit du coteaux-de-l'aubance, du crémant-de-loire, du rosé, de l'anjou rouge, de l'anjou-villages-brissac et du cabernet-d'anjou. Le domaine est en conversion bio.

Paré d'un bel élevage en barriques, dont 15 % de bois neuf, ce blanc soigné affiche une belle aromatique autour de notes exotiques, d'agrumes, de toasté et de vanille. Arômes qui irriguent une bouche d'un bon volume, dynamisée par une finale vive et persistante. ⧗ 2024-2030

DOM. DU MATIN CALME, 7, chem. de la Coudre, Juigné-sur-Loire, 49610 Les Garennes-sur-Loire, tél. 02 41 54 69 39, contact@domainedumatincalme.fr V r.-v.

DOM. DE MONTGILET
Clos de Roche noire 2022 ★★

| 8 200 | | 11 à 15 € |

Ce domaine situé aux portes d'Angers est une référence de la région, notamment en matière de «douceurs angevines» avec entre autres de superbes coteaux-de-l'aubance à la carte. À la tête de l'exploitation créée par son grand-père, Victor, développé par son père, Victor également, Vincent Lebreton, aux commandes depuis 1995, conduit (de façon très raisonnée) 75 ha sur un terroir de schistes ardoisiers. La sixième génération l'épaule désormais.

Ce blanc généreux, élevé en barriques de 400 l, affiche de plaisantes notes florales très fraîches mêlées d'un fruit bien mûr. Riche, rond et gras en bouche, il conserve un aspect boisé qui s'atténuera avec le temps et offre déjà une belle sensation de plénitude. Un vin ample et puissant à associer à une cuisine épicée ou à une viande blanche. ⧗ 2026-2032

DOM. DE MONTGILET, 10, chem. de Montgilet, Juigné-sur-Loire, 49610 Les Garennes-sur-Loire, tél. 02 41 91 90 48, contact@montgilet.com V t.l.j. sf dim. 9h-12h30 14h-18h

MUSSET-ROULLIER
Le Moulin de Châteaupanne 2022 ★

| 10 266 | | 8 à 11 |

Ce domaine situé à 25 km d'Angers, fondé en 199 par Gilles Musset et Serge Roullier, a été transmi en 2022 à Jean-Christophe Courné-Noléo et Mathia Levron. Ces derniers travaillent un parcellaire d 25 ha sur les coteaux de la Loire, planté de caberne franc, chenin et chardonnay sur des sols très ancien de schistes et de calcaires bleus. Une valeur sûre d vignoble angevin.

Entre notes florales et acidulées, ce chenin trouve un voie simple et efficace, et ravit par sa fraîcheur, ses fin amers minéraux et sa bonne longueur en bouche. U blanc équilibré, expressif et alerte, à marier à un carpac cio de saumon par exemple. ⧗ 2024-2027

VIGNOBLE MUSSET-ROULLIER, 2 bis, le Pélican, 49620 Mauges-sur-Loire, tél. 02 41 39 05 71, domaine@musset-roullier.fr V t.l.j. sf lun. mar. dim. 10h-12h 14h30-18h; f. août

B OGEREAU Côte de la Houssaye 2022 ★

| 4 328 | | 15 à 20 |

Implantée dans la vallée du Layon, cette exploitatio créée à la fin du XIXe s. collectionne étoiles et coup de cœur dans toutes les couleurs de l'Anjou. L vignoble de 25 ha certifié bio est conduit par Vincer Ogereau, l'un des vinificateurs ligériens les plus taler tueux, épaulé par son fils Emmanuel depuis 201 Incontournable.

Ce pur cabernet-sauvignon sur schistes issu de vigne de 50 ans, partiellement élevé en œuf béton et e barriques, offre un fruit à maturité, de myrtille et d mûre. Puissant, structuré, avec une légère touche d cuir, il affiche une grande intensité et gagnera à vieill ⧗ 2027-2032

DOM. OGEREAU, 44, rue de la Belle-Angevine, Saint-Lambert-du-Lattay, 49750 Val-du-Layon, tél. 02 41 78 30 53, contact@domaineogereau.com V r.-v.

DOM. DU PETIT CLOCHER 2023 ★

| 70 000 | | 8 à 11 |

Conduite par la jeune génération, Stéphane, Julien e Vincent Denis, arrivés respectivement en 2003, 200

t 2009, une affaire de famille depuis 1920; 5 ha aux rigines, 90 ha aujourd'hui. Un domaine phare du laut-Layon, réputé notamment pour ses vins rouges, nais aussi très à l'aise en blanc et en rosé. Une valeur rès) sûre.

'oilà un anjou qui fait honneur au chenin et s'illustre vec simplicité autour d'une belle aromatique de fruits unes, de fleurs blanches, de citron et d'ananas. Liant ondeur, fraîcheur et tension en bouche, il est prêt à oire. 2024-2027

DOM. DU PETIT CLOCHER, 6, La Laiterie, 9560 Cléré-sur-Layon, tél. 02 41 59 54 51, contact@ omainedupetitclocher.fr V *t.l.j. sf dim. 9h-12h30 4h-18h*

DOM. DE LA PETITE ROCHE 2022 ★

| 9300 | | 5 à 8 € |

e vénérable domaine du Haut-Layon, fondé en 1791, ompte aujourd'hui 80 ha de vignes plantées sur des ols argilo-schisteux, graveleux et limono-sableux; 0 % de sa superficie sont destinés à l'élaboration es rosés (cabernet-d'anjou et rosé-d'anjou), mais il e distingue aussi dans d'autres couleurs.

e cabernet franc élevé sans apport de bois plaît imméiatement par sa belle expression aromatique, entre uits noirs et notes de sous-bois. Il séduit aussi par sa ouche intense, persistante, de bon volume, portée par es tanins fondus. Idéal avec une viande rouge grillée. 2024-2028

DOM. DE LA PETITE ROCHE, la Petite Roche, rémont, 49310 Lys-Haut-Layon, tél. 02 41 59 43 03, ontact@domainepetiteroche.com V *r.-v.*

DOM. DES PETITS QUARTS
Mea Culpa 2022 ★

| 3800 | | 15 à 20 € |

ongtemps porté par l'emblématique Jean-Pascal iodineau, qui en a assuré la réputation depuis 1987, e domaine historique implanté à Faye-d'Anjou, au œur des coteaux-du-layon, a été racheté en 2022 ar cinq Angevins amoureux des liquoreux. Les 6 ha répartis entre les appellations bonnezeaux et oteaux-du-layon sont complétés par une gamme de lancs secs et d'effervescents.

ermenté et élevé en barriques de 400 l durant un an, e chenin affiche à ce stade une expression boisée, nais qui s'affinera avec le temps. En bouche, il offre du olume et de la générosité autour de notes gourmandes e brioche, de vanille et de fruits jaunes. À conserver onc, et déguster avec une viande blanche en sauce. 2026-2032 **Burnizellus 2022 ★ (15 à 20 €; 1600 b.)** e chenin offre au nez un bel élan salin, des notes itronnées et florales et une bonne assise minérale. En ouche, on découvre un blanc à la fois frais et intense, harnu et délicat, doté d'un agréable support fruité. Un laisant ambassadeur de la région et de l'appellation, à ssocier à des fruits de mer ou des poissons cuisinés. 2025-2030

DOM. DES PETITS QUARTS, la Douve, Faye-d'Anjou, 9380 Bellevigne-en-Layon, tél. 02 41 54 03 00, ontact@domainedespetitsquarts.com t.l.j. sf dim. 9h-12h30 14h-17h30

♥ DOM. PIED FLOND 2023 ★★

| 11000 | | 5 à 8 € |

Commandée par un petit manoir construit en pierre de falun (pierre coquillière), cette ancienne seigneurie du XVe s. est entrée dans la famille Gourdon en 1864 et a vu se succéder sept générations. En 2000, Franck Gourdon a pris les commandes du domaine, qui compte 26 ha.

Ce cabernet franc offre le maximum avec simplicité et efficacité. Sans apport de bois, il restitue un fruit rayonnant, entre cassis, cerise et mûre. Fruit qui infuse une bouche riche et gourmande, aux tanins fondus et soyeux. Un vin d'une très belle amplitude qui ravit par son équilibre, sa persistance et sa présence assurée. 2024-2028 **Les Réflexions... 2022 ★ (11 à 15 €; 3066 b.)** Doté d'un beau fruit et de notes légèrement boisées, ce chenin trouve une bonne voie d'expression, associant richesse, équilibre, consistance et longueur. Un bel ambassadeur du cru et de la région. 2024-2028

DOM. DE PIED FLOND, 710, chem. du Domaine, Les Loges, Martigné-Briand, 49540 Terranjou, tél. 02 41 59 92 36, contact@piedflond.fr V *t.l.j. sf dim. 9h-12h 14h-17h* D

DOM. DES SAULAIES L'Herbilière 2023 ★

| 6500 | | 5 à 8 € |

Appartenant à Philippe Muller depuis 2022 (après avoir été dans la famille Leblanc depuis 1939), ce domaine compte aujourd'hui 18 ha. Pascal Leblanc, le maître de chai, vinifie toute la gamme variée de l'Anjou, dont les coteaux-du-layon et cabernet-d'anjou. En 2023 a été amorcée la conversion vers l'agriculture biologique.

Ce pur cabernet-sauvignon s'ouvrant sur le cassis et la réglisse conjugue avec réussite structure et finesse. Ses tanins fondus, sa fraîcheur, sa texture harmonieuse, ronde et affable, avec tout du long un fruit très expressif (framboise, cerise) forment un vin flatteur et très accessible. 2024-2027

DOM. DES SAULAIES, 1, rue des Monts, Faye d'Anjou, 49380 Bellevigne-en-Layon, tél. 02 41 54 30 66, contact@domainedessaulaies.fr V *t.l.j. sf dim. 9h-18h30, f. août*

B DOM. SAUVEROY Rivière sauvage 2022 ★★

| 5400 | 15 à 20 € |

Un domaine fondé en 1866, dans la famille de Pascal et Véronique Cailleau depuis 1947. Ces derniers, aux commandes depuis 1985 et désormais épaulés par leur fils Quentin, conduisent un vignoble de 26 ha, en bio depuis 2022 pour les blancs (certification en 2024 pour les rouges et les rosés). Une valeur sûre de l'Anjou viticole, à l'aise dans les trois couleurs, en secs comme en doux.

Fermenté et élevé en amphores, ce blanc frais et fruité offre une trame très complexe et d'excellente longueur. C'est un très beau vin, mature, intense et équilibré, avec

LOIRE

du gras et de la générosité. Idéal à table avec une volaille ou un poisson à la crème. ⧗ 2024-2029

⊶ *DOM. SAUVEROY, le Sauveroy, Saint-Lambert-du-Lattay, 49750 Val-du-Layon, tél. 02 41 78 30 59, domainesauveroy@sauveroy.fr*
V *t.l.j. sf dim. 9h-12h30 14h-18h*

B CH. SOUCHERIE Reliefs 2022 ★

■	13000		8 à 11 €

Cette propriété historique dotée d'un magnifique point de vue sur la vallée du Layon est depuis 2007 la dame de cœur de Roger-François Béguinot. Cet industriel a connu le succès dans l'agroalimentaire et a décidé de vouer son énergie aux 25 ha de vignes réparties en appellations anjou, savennières (1,80 ha au Clos des Perrières) et coteaux-du-layon (4 ha). Les vins sont certifiés bio à partir du millésime 2022.

Ce rouge de fruit, pimpant et équilibré, trouve une voie idéale entre consistance et finesse. Les fruits rouges, la groseille notamment, fondent un socle fruité très agréable qui se glisse dans une bouche à la fois ronde, fraîche et persistante. ⧗ 2024-2027

⊶ *CH. SOUCHERIE, la Soucherie, 49750 Beaulieu-sur-Layon, tél. 02 41 78 31 18, contact@domaine-de-la-soucherie.fr*
V *t.l.j. sf dim. 10h-12h30 14h-18h* E

DOM. DES TROTTIÈRES 2022 ★

■	11329		5 à 8 €

Ce domaine créé en 1906 par M. Brochard, pionnier dans le vignoble angevin de l'introduction des porte-greffes américains résistant au phylloxéra, couvre aujourd'hui 128 ha et propose une large gamme d'appellations de l'Anjou et du Saumurois. Une valeur sûre.

Voilà un rouge équilibré, rond et gourmand, issu des deux cabernets à parts égales. La belle maturité de vendange, les fruits rouges et noirs, la bouche profonde forment un ensemble très agréable, à boire dans ses jeunes années sur des grillades ou une viande blanche. ⧗ 2024-2027

⊶ *DOM. DES TROTTIÈRES, les Trottières, Thouarcé, 49380 Bellevigne-en-Layon, tél. 02 41 54 14 10, contact@domainedestrottieres.com*
V *t.l.j. sf sam. dim. 8h-12h 14h-17h*

DOM. DE LA TUFFIÈRE L'Automnale 2022 ★

■	12000		8 à 11 €

Situé sur la rive droite de la Loire, au nord-est d'Angers, ce domaine de 27 ha, de création monastique, remonte au XVIIᵉs. Longtemps propriété du Ch. de la Tuffière, il a été repris en 1989 par les Coignard, exploitants sur ces terres depuis 1972. Leur fille Clarisse et son mari Fabrice Benesteau sont aux commandes depuis 2002. Leurs vins (blancs et rosés notamment) sont régulièrement remarqués dans nos éditions.

Fruité, puissant, long et chaleureux, ce beau rouge conjugue tous les atouts. Issu de cabernet franc (60 %) et de cabernet-sauvignon, tous deux élevés en barriques, il déroule un jus complexe et puissant teinté de notes de fruits noirs et de pruneau. Un vin cossu à associer à un gibier ou une viande rouge mijotée. ⧗ 2026-2032 ■ **Ledit vin 2022 ★** (11 à 15 €; 6200 b
Ce chenin soigné, passé en fûts de 450 l, offre un ju puissant et complexe, paré de notes boisées, fumée de fruits jaunes et de brioche. Nerveux et frais, conserve une belle acidité naturelle tout en restant ron et harmonieux. Il faudra le réserver à la table, sur de poissons cuisinés ou des fromages affinés par exempl ⧗ 2025-2030

⊶ *DOM. DE LA TUFFIÈRE, Lué-en-Baugeois, 49140 Jarzé-Villages, tél. 02 41 45 11 47, vignobletuffiere@gmail.com* V *r.-v.* C

VIGNES DE L'ALMA 2022 ★

■	40000		5 à 8

Saint-Florent-le-Vieil, village charnière entre l'Anjo et le Pays nantais. Romain Chevalier y conduit (se depuis 2017, son père Roland étant parti à la retraite un clos de 10 ha, commandé par un bâtiment datar de 1856 baptisé par le propriétaire d'alors – un génér des Armées – en souvenir de la bataille de l'Alma. Se vins rosés et rouges se rattachent à l'Anjou, ses blanc au muscadet-coteaux-de-la-loire. Une valeur sûre.

Ferme, puissant et intense, ce rouge parfaitement m affiche de la consistance. Il faudra le carafer et l'accom pagner d'une viande savoureuse et mijotée pour l'assou plir, ou l'attendre encore en cave. ⧗ 2024-2028

⊶ *LES VIGNES DE L' ALMA, 5, l'Alma, Saint-Florent-le-Vieil, 49410 Mauges-sur-Loire, tél. 02 41 72 71 09, lesvignesdelalma@orange.fr*
V *t.l.j. sf dim. 9h-12h 14h-19h (sam. 17h)*

ANJOU-GAMAY

Superficie : 125 ha / Production : 6 630 hl

Vin rouge produit à partir du cépage gamay. Né su les terrains les plus schisteux de la zone, bien vinifi il peut donner un excellent vin de carafe. Quelque exploitations se sont spécialisées dans ce type, q n'a d'autre ambition que de plaire au cours de l'anné suivant sa récolte.

VIGNES DE L'ALMA 2023 ★★

■	10000		5 à 8

Saint-Florent-le-Vieil, village charnière entre l'Anjo et le Pays nantais. Romain Chevalier y conduit (se depuis 2017, son père Roland étant parti à la retraite un clos de 10 ha, commandé par un bâtiment datar de 1856 baptisé par le propriétaire d'alors – un génér des Armées – en souvenir de la bataille de l'Alma. Se vins rosés et rouges se rattachent à l'Anjou, ses blanc au muscadet-coteaux-de-la-loire. Une valeur sûre.

Dominé par les fruits rouges, la groseille notamment, a nez comme en bouche, ce gamay enjôleur et express affiche une fraîcheur de tous les instants. Il plaît aus par son volume, sa densité et son équilibre très assur Accord gourmand en perspective avec un rôti de bœu ⧗ 2024-2027

⊶ *LES VIGNES DE L' ALMA, 5, l'Alma, Saint-Florent-le-Vieil, 49410 Mauges-sur-Loire, tél. 02 41 72 71 09, lesvignesdelalma@orange.fr*
V *t.l.j. sf dim. 9h-12h 14h-19h (sam. 17h)*

ANJOU-VILLAGES

uperficie : 190 ha / Production : 8 510 hl

e terroir de l'AOC anjou-villages correspond à une élection de terrains dans l'appellation anjou : seuls ›s sols se ressuyant facilement, précoces et bénéfi-iant d'une bonne exposition ont été retenus. Ce sont ssentiellement des sols développés sur schistes, ltérés ou non.
ssus du cabernet franc parfois complété par du abernet-sauvignon, les anjou-villages sont colorés, uités, charnus et assez charpentés.

DOM. DE LA CLARTIÈRE Cuvée Les 4 Pierre 2022 ★

| 7000 | | 8 à 11 € |

epuis 1930, quatre générations de « Pierre » se sont uccédé à la tête de ce vignoble (40 ha) situé dans le aut-Layon. Après Pierre-Marie, Pierre-Antoine Pinet pris les rênes du vignoble en 2007, rejoint en 2017 ar son frère cadet Édouard, de retour de l'étranger. e dernier œuvre à la cave.

e cabernet franc élevé en grands contenants de bois e 500 l offre une très belle maturité de fruit, centrée sur groseille et le cassis. Suit une bouche intense, de bon olume et longue, structurée par des tanins et un boisé ndus et bien mariés. ⧗ 2024-2028

DOM. DE LA CLARTIÈRE, 49560 Nueil-sur-Layon, él. 02 41 59 53 05, earlpinet@orange.fr r.-v.

DOM. DU CLOS DES GOHARDS 2022 ★

| 4500 | | 5 à 8 € |

lickaël Joselon gère désormais l'exploitation fami-iale. Régulièrement distingué dans le Guide, le omaine compte 49 ha et propose diverses appella-ons ligériennes.

oilà un pur cabernet-sauvignon de grande richesse, uvert sur un fruité mûr et accompli. On apprécie d'em-lée son attaque fraîche, sa structure puissante, ses anins fermes et serrés et son beau volume. Un vin qui du potentiel et qui devrait bien évoluer. ⧗ 2025-2030

DOM. DU CLOS DES GOHARDS, Les Oisonnières, havagnes-les-Eaux, 49380 Terranjou, tél. 02 41 54 13 98, arljoselon@orange.fr r.-v.

DOM. DES DEUX ARCS Expression 2021 ★

| 7000 | | 8 à 11 € |

an-Marie Gazeau, après une expérience en Afrique u Sud, a rejoint son père Michel en 2005 sur le omaine familial (50 ha). Leurs vins sont régulièrement électionnés dans le Guide, dans diverses appellations e l'Anjou et dans les trois couleurs. Une valeur sûre.

uissant et intense, porté par un bon fruit mûr et légè-ement épicé, ce joli rouge d'Anjou restitue toute la liesse de ces terroirs et la profondeur des cabernets. ond, équilibré et soyeux, il déroule avec aisance et aura accompagner une viande blanche grillée ou des alaisons. ⧗ 2024-2028

DOM. DES DEUX ARCS, 11, rue du 8-Mai-1945, lartigné-Briand, 49540 Terranjou, tél. 02 41 59 47 37, ccueil.domainedes2arcs@gmail.com t.l.j. dim. 9h-12h30 14h-18h

DOM. LA GUILLAUMERIE 2022 ★

| 6600 | | 5 à 8 € |

Après vingt ans passés dans le monde du vin, Frédéric Hanse et son épouse réalisent leur rêve en rachetant le Dom. la Guillaumerie, situé dans l'aire des coteaux-du-layon. Ils exploitent près de 20 ha de vignes, dont la moitié en chenin.

Ferme et doté de tanins bien présents, ce rouge livre un fruit mûr et compoté dans une bouche puissante. Un vin de forte carrure à réserver à une viande longuement mijotée, comme un bœuf bourguignon. ⧗ 2026-2032

DOM. LA GUILLAUMERIE, 1633, rue de Piéguë, la Liaumerie, 49190 Rochefort-sur-Loire, tél. 06 51 03 10 54, domainelaguillaumerie@gmail.com r.-v.

♥ LEDUC-FROUIN
La Seigneurie 2022 ★★

| 6000 | | 8 à 11 € |

Installés dans le village troglodytique de Martigné-Briand, Antoine Leduc, œnologue, et sa sœur Nathalie conduisent depuis 1990 le domaine familial (30 ha en agriculture raisonnée). Leurs vins séjournent, comme il se doit, dans la fraîcheur de caves souterraines creusées dans le falun. Une valeur sûre de l'Anjou viticole.

Tout en fruit, ce très joli vin né sur les schistes angevins, ravit sans détour. Ses tanins fondus, sa bouche charnue, expressive et joviale, sur les baies rouges notamment, forment un ensemble déjà prêt à boire, marqué par la très bonne maturité du fruit. La fraîcheur est aussi de mise, ajoutant à la rondeur un parfait argument d'accessibilité. Réjouissant. ⧗ 2024-2028

DOM. LEDUC-FROUIN, 20, rue Saint-Arnoul, Sousigné, Martigné-Briand, 49540 Terranjou, tél. 02 41 59 42 83, info@leduc-frouin.com t.l.j. sf sam. dim. 8h-12h30 14h-18h30

DOM. DU PETIT CLOCHER 2022 ★★

| 25000 | | 8 à 11 € |

Conduite par la jeune génération, Stéphane, Julien et Vincent Denis, arrivés respectivement en 2003, 2006 et 2009, une affaire de famille depuis 1920; 5 ha aux origines, 90 ha aujourd'hui. Un domaine phare du Haut-Layon, réputé notamment pour ses vins rouges, mais aussi très à l'aise en blanc et en rosé. Une valeur (très) sûre.

À dominante de cabernet-sauvignon (70 %), cet anjou bien fruité de bout en bout a de quoi réjouir. La groseille, le cassis et la prune se coulent dans une bouche corsée, intense et structurée mais sans rudesse, bien équilibrée, étayée par de beaux tanins fondus et crayeux. ⧗ 2024-2029

DOM. DU PETIT CLOCHER, 6, La Laiterie, 49560 Cléré-sur-Layon, tél. 02 41 59 54 51, contact@domainedupetitclocher.fr t.l.j. sf dim. 9h-12h30 14h-18h

MICHEL ROBINEAU 2022 ★

■ | 1700 | 🍾 | 5 à 8 €

À la tête de 11 ha de vignes, Michel Robineau a créé son exploitation en 1990 dans l'aire des coteaux-du-layon. Son domaine jouit d'une très bonne réputation, confortée par nombre d'étoiles et de coups de cœur dans le Guide.

Toute la virtuosité d'un cabernet franc bien mûr, porté par un millésime riche et ensoleillé. Le cassis et les fruits rouges, la cerise fraîche notamment, se glissent sur une bouche intense, ample et équilibrée, dotée de tanins fondus. Un bon classique de l'appellation. ⧗ 2024-2027

⊶ MICHEL ROBINEAU, 3, chem. du Moulin, les Grandes-Tailles, Saint-Lambert-du-Lattay, 49750 Val-du-Layon, tél. 02 41 78 34 67, vignoblemichelrobineau@orange.fr V r.-v.

ANJOU-VILLAGES-BRISSAC

Superficie : 105 ha / Production : 4 517 hl

Au sein de l'AOC anjou-villages, les dix communes situées autour du château de Brissac constituent l'aire géographique de cette AOC reconnue en 1998. Les vignes sont implantées sur un plateau en pente douce vers la Loire, limité au nord par ce fleuve et au sud par les coteaux abrupts du Layon. Les sols sont profonds. La proximité de la Loire, qui limite les températures extrêmes, explique également la particularité du terroir. Complexes, charnus et denses, les anjou-villages-brissac sont aptes à une moyenne garde (deux à cinq ans) et peuvent vivre dix ans les meilleures années.

DOM. DES BONNES GAGNES Les Clos 2022 ★

■ | 8000 | 🍾 | 8 à 11 €

Exploité par les Héry de père en fils depuis 1610, ce domaine fondé par les moines de l'abbaye du Ronceray s'étend sur 38 ha. Il bénéficie d'une terre riche, argilo-calcaire, qui assure le bon développement de la vigne.

Ce joli rouge bien en fruit et en chair se montre rond et soyeux, déjà prêt à boire. C'est un vin simple mais pas simpliste, très plaisant, très gourmand, marqué par la cerise noire et la cerise griotte de bout en bout. Plaisir immédiat garanti. ⧗ 2024-2027

⊶ DOM. DES BONNES GAGNES, Orgigné, Saint-Saturnin-sur-Loire, 49320 Brissac-Loire-Aubance, tél. 02 41 91 22 76, hery.vigneron@orange.fr V r.-v.

DOM. DITTIÈRE Clos Guenet 2021 ★

■ | 3540 | 🍾 | 8 à 11 €

Fondée vers 1900 par le grand-père des frères Dittière (Bruno et Joël, installés en 1983), cette exploitation de 39 ha est établie près de Brissac sur des terroirs sablo-graveleux. Souvent en vue pour ses rouges.

Frais et croquant, ce brissac très agréable ne manque ni de fruit ni de présence. Les tanins sont fondus, la bouche de bon volume, dotée d'une belle expression fruitée, avec aussi la robustesse attendue dans l'appellation, et une finale vive et tendue. On le verra bien avec un magret de canard. ⧗ 2025-2030

⊶ DOM. DITTIÈRE, 1, chem. de la Grouas, Vauchrétien, 49320 Brissac-Loire-Aubance, tél. 02 41 91 23 78, domaine.dittiere@sfr.fr V r.-v.

DOM. DE GAGNEBERT Clos de Grésillon 2022 ★

■ | 13300 | 🛢 | 8 à 11

C'est sur les schistes ardoisiers de la commune d Juigné-sur-Loire qu'officie depuis cinq générations famille Moron. Elle cultive aujourd'hui 130 ha et vin fie toutes les appellations d'Anjou.

Dominée par le cabernet-sauvignon (90 %), cette cuvé passée en fûts de chêne associe au nez les notes toa tées du merrain à un bon fruit mûr et épicé. En bouch on découvre un vin affable et élégant, doté de tanir soyeux et d'une belle fraîcheur. À boire ou à garde ⧗ 2024-2030

⊶ DOM. DE GAGNEBERT, 2, chem. de la Naurivet, Juigné-sur-Loire, 49610 Les Garennes-sur-Loire, tél. 02 41 91 92 86, moron@domaine-de-gagnebert.com V t.l.j. sf dim. 8h-12h 14h-19h; sam. 9h-12h 15h-19h

B HAUTE PERCHE Clos de derrière l'église 2022 ★

■ | 2400 | 🛢 | 15 à 20

Ce domaine de 30 ha créé en 1966 aux portes d'Ar gers par la famille Papin (Agnès et Christian, pu leur fille Véronique) a changé de main en 2019. Repr par Thierry Denjean, il connaît depuis une méta morphose complète : après la certification bio, il amorcé la conversion en biodynamie en 2022, rer forcé l'équipe, renouvelé le matériel et favorisé le sélections massales pour les nouvelles plantation Le domaine vise également la neutralité carbone e 2025 et l'autosuffisance en énergie et en eau grâce un toit solaire et des réserves en eau naturelle. Un valeur sûre des appellations anjou-villages-brissac e coteaux-de-l'aubance.

Né de ceps de cabernet franc âgés de 50 ans et planté sur schistes, élevé en barriques de 400 l avec peu d bois neuf, ce vin réunit tous les codes du vin de carac tère : tannique, cossu, encore enrobé de son boisé, s'impose par sa puissance. On met en cave. ⧗ 2027-203

⊶ DOM. DE HAUTE PERCHE, 60, chem. de Haute-Perche, 49610 Saint-Melaine-sur-Aubance, tél. 02 41 57 75 65, contact@hauteperche.fr V t.l.j. sf dim. 10h-12h30 14h-18h30

♥ B DOM. DES ROCHELLES
La Croix de Mission 2022 ★★

■ | 26000 | 🍾 | 11 à 15

Conduit depuis le années 1970 pa Jean-Yves Lebretor rejoint entre-temp par son fils Jean Hubert, à la tête d l'exploitation depu 2004, ce domaine d 35 ha s'était spécia lisé en viticulture dès 1920. Avec plusieurs coups d cœur à son actif, il fait partie des références de l'Anjo

our sa production de vins rouges. Il est désormais ertifié en culture biologique.

n nouveau coup de cœur pour ce domaine phare l'Anjou viticole. Une forte dominante de cabernet-auvignon (90 %) dans ce rouge soyeux et voluptueux ui ne manque ni de charme ni de potentiel. Bien repré-entatif de son appellation, il offre de la puissance, de densité et de l'équilibre, avec en soutien un tanin en présent mais fondu et de beaux arômes de fruits ûrs et confiturés. Un vin d'ores et déjà très agréable ais aussi de belle garde, qui allie fruité, intensité et ersistance avec brio. ⧗ 2025-2034

⊶ DOM. DES ROCHELLES, chem. des Rochelles, aint-Jean-des-Mauvrets, 49320 Les Garennes-sur-Loire, l. 02 41 91 92 07, jy.a.lebreton@wanadoo.fr r.-v.

CABERNET-D'ANJOU

uperficie : 5 341 ha / Production : 331 114 hl

n trouve dans cette appellation d'excellents vins osés demi-secs issus des cépages cabernet franc t cabernet-sauvignon. À table, on les associe assez acilement, servis frais, au melon en hors-d'œuvre u à certains desserts pas trop sucrés. En vieillis-ant, ces vins prennent une nuance tuilée et peuvent tre bus à l'apéritif. Ceux qui naissent sur les faluns e la région de Tigné et dans le Layon sont les plus putés.

DOM. ANJOUÉ Sweetie L'Envolée 2023 ★

■	1300	🍾	5 à 8 €

eprise d'un vignoble de 6 ha (en conversion bio) ans le Maine-et-Loire, ce domaine a été créé de outes pièces en 2022 par Gaëtan Dieusaert. Les ignes se situent sur les terroirs d'Ardenay, un pla-au ouvert sur la vallée du Layon et les bocages du ays des Mauges.

gréable, frais et gourmand, ce classique de l'appella-on trouve un bon équilibre entre sucre et acidité, sur es parfums d'angélique et de fruits rouges. À découvrir vec une tarte aux fraises. ⧗ 2024-2025

⊶ DOM. ANJOUÉ, 30, rue de l'Onglée, 9290 Chalonnes-sur-Loire, tél. 06 62 24 68 79, dieusaert@hotmail.com V r.-v.

DOM. ASSERAY 2023 ★

■	80000	🍾	5 à 8 €

mmanuel et Aurélie Asseray sont la quatrième géné-ation à diriger cette exploitation de 55 ha. Situé au ud d'Angers, sur la commune de Vauchrétien, le omaine, bâti sur des terroirs de schistes ou argilo-raveleux, est établi dans les aires d'appellations oteaux-de-l'aubance et anjou-villages-brissac.

e rosé sobre et efficace trouve une belle voie de aîcheur et d'équilibre autour des fruits rouges, u nez comme en bouche. Simple et de bon goût. 2024-2025

⊶ DOM. ASSERAY, la Raterie, 49320 Vauchrétien, l. 02 41 91 25 16, domaineasseray@yahoo.fr t.l.j. sf dim. 9h-12h 14h-18h30

DOM. DES BONNES GAGNES 2023 ★

■	5000	🍾	5 à 8 €

Exploité par les Héry de père en fils depuis 1610, ce domaine fondé par les moines de l'abbaye du Ronceray s'étend sur 38 ha. Il bénéficie d'une terre riche, argilo-calcaire, qui assure le bon développement de la vigne.

Voilà un rosé intense et gourmand, ouvert sans réserve sur des notes de fruits des bois et de fruits mûrs, qui se distingue par sa souplesse et sa fraîcheur. Un vin très accessible. ⧗ 2024-2025

⊶ DOM. DES BONNES GAGNES, Orgigné, Saint-Saturnin-sur-Loire, 49320 Brissac-Loire-Aubance, tél. 02 41 91 22 76, hery.vigneron@orange.fr V r.-v.

FAMILLE BOUGRIER Prémices 2023 ★

■	100000	🍾	8 à 11 €

Établie au cœur de la Touraine, entre Amboise et Montrichard, cette maison créée en 1995 appartient à la famille Bougrier, propriétaire de domaines en Touraine et négociant-éleveur présent dans l'ensemble du Val de Loire (Anjou-Saumur, Nantais et Touraine).

D'une belle expression, offrant de jolies nuances de framboise et d'épices avec une fine amertume, ce rosé discret en sucre se montre très plaisant, stimulé par une finale vive et expressive. Un ensemble harmonieux qui appelle un dessert délicat à base de fruits rouges. ⧗ 2024-2025

⊶ SAS BOUGRIER, 1, rue des Vignes, 41400 Saint-Georges-sur-Cher, tél. 02 54 32 31 36, stgeorges@bougrier.fr

DOM. DE LA CLARTIÈRE Cuvée Élégance 2023 ★★

■	26000	🍾	5 à 8 €

Depuis 1930, quatre générations de « Pierre » se sont succédé à la tête de ce vignoble (40 ha) situé dans le Haut-Layon. Après Pierre-Marie, Pierre-Antoine Pinet a pris les rênes du vignoble en 2007, rejoint en 2017 par son frère cadet Édouard, de retour de l'étranger. Ce dernier œuvre à la cave.

Ce pur cabernet-sauvignon, frais et équilibré, s'offre autour de notes bien mariées d'agrumes et de fruits compotés, au nez comme en bouche. Sa longue finale achève de convaincre. On le verrait bien avec une cuisine épicée de type crevettes à la thaï. ⧗ 2024-2025

⊶ DOM. DE LA CLARTIÈRE, 49560 Nueil-sur-Layon, tél. 02 41 59 53 05, earlpinet@orange.fr V r.-v.

DOM. DU COLOMBIER 2023 ★

■	7000	🛢🍾	- de 5 €

Ce domaine familial créé en 1974 comprend un vignoble de 45 ha situé non loin de Doué-la-Fontaine, la « cité des roses ». À sa tête depuis 2003, Sylvain Bazantay et sa sœur Florence, à l'aise dans les trois couleurs, proposent une vaste gamme de vins d'Anjou.

Tout en gourmandise croquante, ce rosé de cabernet franc bien fruité peut se suffire à lui-même. C'est presque un bonbon, guidé par son ampleur, son caractère suave et son fruit bien présent. ⧗ 2024-2025

DOM. DU COLOMBIER, 10, rue du Colombier, Linières, Brigné-sur-Layon, 49700 Doué-en-Anjou, tél. 02 41 59 31 82, vinsbazantay@orange.fr t.l.j. sf dim. 9h-12h30 14h-18h30; sam. 9h-12h30

DOM. DES ÉPINAUDIÈRES 2023 ★

8140 | 5 à 8 €

Ce domaine de 26 ha est géré par Paul et Nathalie Fardeau, aidés de leur fille Juliette pour la commercialisation et de leur fils Clément à la production. Producteurs de beaux cabernet-d'anjou et coteaux-du-layon, ils s'illustrent aussi régulièrement en appellation anjou.

Souple et soyeux, ce rosé reste campé sur un bon fruit rouge, des notes d'agrumes et de pamplemousse, et une sucrosité assumée. On le verrait volontiers sur un clafoutis à la cerise. ⧗ 2024-2025

DOM. DES ÉPINAUDIÈRES, 14, Sainte-Foy, Saint-Lambert-du-Lattay, 49750 Val-du-Layon, tél. 02 41 78 35 68, scea.fardeau@gmail.com r.-v.

DOM. DES FONTAINES La Vignerie 2023 ★

26500 | 5 à 8 €

Situé au cœur de l'appellation bonnezeaux, ce domaine familial de 34 ha est dirigé par Alain Rousseau et son fils Vincent, qui représente la quatrième génération.

Des accents de fruits rouges et d'agrumes, une trame légère et équilibrée, voilà un rosé bien expressif, simple et avenant, à essayer sur une cuisine aigre-douce. ⧗ 2024-2025

DOM. DES FONTAINES, 303, les Noues, Thouarcé, 49380 Bellevigne-en-Layon, tél. 02 41 54 32 30, domaine.des.fontaines@wanadoo.fr r.-v.

DOM. GARDEZ 2023 ★

1800 | 5 à 8 €

Ce domaine familial créé en 1926, situé au pied des coteaux de Verchers-sur-Layon, vient d'être repris en 2020 par un jeune couple originaire de la commune.

Ce cabernet franc tenu par une franche acidité et un joli fruit frais, sur des notes d'agrumes et de pamplemousse, se révèle équilibré et alerte. Parfait pour une tarte aux framboises par exemple. ⧗ 2024-2025

EARL DOM. GARDEZ, 20, rte du Coteau, Savonnières, 49700 Les Verchers-sur-Layon, tél. 02 41 59 76 29, contact@domainegardez.com t.l.j. sf dim. 9h-12h 14h-18h; sam. 17h

DOM. DU HAUT FRESNE 2023 ★

n.c. | 5 à 8 €

Fondé en 1959, ce domaine de 88 ha se transmet de père en fils depuis trois générations. Situé sur des coteaux faisant face à la Loire, près de Liré, il est souvent remarqué pour la qualité de ses vins, de ses coteaux-d'ancenis notamment.

Ce beau cabernet franc réjouit par son caractère très expressif, autour de notes d'agrumes, de bonbon acidulé et de guimauve. Fraîcheur et équilibre sont au rendez-vous et iront bien à une cuisine sucrée-salée à base de poisson. ⧗ 2024-2025

DOM. DU HAUT FRESNE, Drain, 49530 Orée-d'Anjou, tél. 02 40 98 26 79, contact@renou-freres.com r.-v

♥ DOM. DE LA MARZELLE 2023 ★★

600 | - de 5

Le Dom. de la Marzel' appartient à la famil Fribault depuis quatr générations. Prenant l suite de son père, Davi exploite à présent le 40 ha, en tandem avec so épouse Patricia, initiar de nouvelles approche la construction d'un nou veau chai et d'un caveau de dégustation.

Voilà un rosé des plus réconfortants, généreux e expressif, porté de bout en bout par un fruit croquai et explosif agrémenté de notes de bonbon acidulé. C aime aussi son harmonie en bouche, sa persistance, so intensité et sa suavité bien dosée. Un très beau vin à u prix défiant toute concurrence. ⧗ 2024-2025

DOM. DE LA MARZELLE, 2, rte de la Hardière, Champ-sur-Layon, 49380 Bellevigne-en-Layon, tél. 02 41 78 85 29, scev.fribault@gmail.com t.l.j. sf dim. 9h-12h 14h-18h; f. 10-24 août

DOM. LE MONT 2023 ★

20000 | 5 à 8

Depuis 1995, c'est Claude Robin, fils de Louis, q conduit l'exploitation fondée par son grand-père e 1930 et implantée au sommet d'un coteau dominar la vallée du Layon. Il y pratique sur ses 25 ha ur culture raisonnée avec enherbement et travail du so Une bonne référence de l'Anjou, notamment pour se liquoreux, bonnezeaux en tête.

Avec ses notes de bonbon acidulé, sa sucrosité aimab et sa rondeur, ce rosé formule un vin attrayant, sur confort, qui séduit par son fruit débonnaire. À réserv à une cuisine épicée, un curry de poisson par exempl ⧗ 2024-2025

DOM. LE MONT, 64, rue des Monts, Faye-d'Anjou, 49380 Bellevigne-en-Layon, tél. 02 41 54 31 41, robinclaudemont@orange.fr r.-v.

♥ DOM. DE MONTGILET 2023 ★★

21000 | 8 à 11

Ce domaine situé au portes d'Angers es une référence de région, notammer en matière de « dou ceurs angevines avec entre autres c superbes coteaux-d l'aubance à la cart À la tête de l'exploitation créée par son grand-pèr Victor, développée par son père, Victor égalemen Vincent Lebreton, aux commandes depuis 199 conduit (de façon très raisonnée) 75 ha sur un terro de schistes ardoisiers. La sixième génération l'épau désormais.

Ce superbe cabernet franc fera l'unanimité. Ses arômes de fraise vont crescendo au fil de la dégustation. Légèrement perlant en attaque, long, ample et frais, il s'impose avec délicatesse et équilibre, avec en soutien une fine acidité. À privilégier sur une cuisine exotique, des crevettes épicées ou un poulet sauce aigre-douce par exemple. ⧗ 2024-2026

DOM. DE MONTGILET, 10, chem. de Montgilet, Juigné-sur-Loire, 49610 Les Garennes-sur-Loire, tél. 02 41 91 90 48, contact@montgilet.com
t.l.j. sf dim. 9h-12h30 14h-18h

DOM. DE LA TUFFIÈRE 2023 ★

8000 | 5 à 8 €

Situé sur la rive droite de la Loire, au nord-est d'Angers, ce domaine de 27 ha, de création monastique, remonte au XVIIᵉs. Longtemps propriété du Ch. de la Tuffière, il a été repris en 1989 par les Coignard, exploitants sur ces terres depuis 1972. Leur fille Clarisse et son mari Fabrice Benesteau sont aux commandes depuis 2002. Leurs vins (blancs et rosés notamment) sont régulièrement remarqués dans nos éditions.

Fruité et gourmand, porté par des arômes de fruits rouges, ce classique de l'appellation convainc par son équilibre aimable. On l'associera volontiers à un sabayon à la cerise. ⧗ 2024-2025

DOM. DE LA TUFFIÈRE, Lué-en-Baugeois, 49140 Jarzé-Villages, tél. 02 41 45 11 47, vignobletuffiere@gmail.com r.-v.

ROSÉ-D'ANJOU

Superficie : 2 267 ha / Production : 149 536 hl

Après un fort succès à l'exportation au début du XXᵉs., ce vin demi-sec connaît à nouveau une embellie. Le grolleau, principal cépage, autrefois conduit en gobelet, produit des vins rosés légers, jadis appelés « rougets ».

DOM. ASSERAY 2023 ★★

30000 | 5 à 8 €

Emmanuel et Aurélie Asseray sont la quatrième génération à diriger cette exploitation de 55 ha. Situé au sud d'Angers, sur la commune de Vauchrétien, le domaine, bâti sur des terroirs de schistes ou argilo-graveleux, est établi dans les aires d'appellations coteaux-de-l'aubance et anjou-villages-brissac.

Au nez, ce rosé affiche des accents de fruits rouges bien mûrs. Arômes prolongés par une bouche gourmande et bien équilibrée, conjuguant rondeur et légère suavité à une belle tension acidulée. Parfait avec un sabayon de fruits rouges. ⧗ 2024-2025

DOM. ASSERAY, la Raterie, 49320 Vauchrétien, tél. 02 41 91 25 16, domaineasseray@yahoo.fr
t.l.j. sf dim. 9h-12h 14h-18h30

CH. DE CHAMPTELOUP 2023 ★

78000 | - de 5 €

Les Grands Chais de France ont acquis en 2005, auprès de la société Lacheteau, le Ch. de Champteloup et le Ch. Monguéret, qui représentent un vaste ensemble de 100 ha souvent en vue pour ses rosés et ses effervescents.

Ce rosé tout en simplicité, très agréable, plaît par son fruité franc et acidulé, et par son équilibre élégant entre une aimable rondeur et une fraîcheur bien dosée. Tout indiqué avec une salade de fruits frais ou une tarte aux framboises. ⧗ 2024-2025

CH. DE CHAMPTELOUP, Brigné, 49700 Doué-en-Anjou, tél. 02 40 36 66 00

♥ LEDUC-FROUIN La Seigneurie 2023 ★★★

10000 | 5 à 8 €

Installés dans le village troglodytique de Martigné-Briand, Antoine Leduc, œnologue, et sa sœur Nathalie conduisent depuis 1990 le domaine familial (30 ha en agriculture raisonnée). Leurs vins séjournent, comme il se doit, dans la fraîcheur de caves souterraines creusées dans le falun. Une valeur sûre de l'Anjou viticole.

Ce pur grolleau aux accents soutenus de fruits rouges, de groseille notamment, offre un équilibre remarquable et une gourmandise de tous les instants. Très plaisant, frais et persistant, il régale sans discontinuer et sa bouche acidulée, légère et dynamique intègre totalement le sucre. Tout simplement parfait, encore plus avec un dessert délicat. ⧗ 2024-2025

DOM. LEDUC-FROUIN, 20, rue Saint-Arnoul, Sousigné, Martigné-Briand, 49540 Terranjou, tél. 02 41 59 42 83, info@leduc-frouin.com
t.l.j. sf sam. dim. 8h-12h30 14h-18h30

COTEAUX-DE-L'AUBANCE

Superficie : 216 ha / Production : 6 722 hl

Petit affluent de la rive gauche de la Loire, comme le Layon qui coule plus à l'ouest, l'Aubance est bordée de coteaux de schistes portant de vieilles vignes de chenin, dont on tire un vin blanc moelleux qui s'améliore en vieillissant. Cette appellation a choisi de limiter strictement ses rendements. Depuis 2002, la mention « Sélection de grains nobles » est autorisée pour les vins de vendanges présentant une richesse naturelle minimale de 234 g/l, soit 17,5% vol. sans aucun enrichissement. Ceux-ci ne pourront être commercialisés que dix-huit mois après la récolte.

DOM. DE GAGNEBERT 2022 ★

20000 | 8 à 11 €

C'est sur les schistes ardoisiers de la commune de Juigné-sur-Loire qu'officie depuis cinq générations la famille Moron. Elle cultive aujourd'hui 130 ha et vinifie toutes les appellations d'Anjou.

Ce chenin frôle les 100 g/l de sucres résiduels et pourtant il ne se dépare ni de fraîcheur ni d'expression fruitée. Au nez, il déploie de beaux arômes de fruits blancs, de fruit de la Passion, de jasmin et d'abricot, qui se coulent avec gourmandise dans une bouche vigoureuse et intense, dotée d'une belle acidité naturelle qui signe le cépage. À découvrir sur une cuisine sucrée-salée. ⧗ 2024-2030

DOM. DE GAGNEBERT, 2, chem. de la Naurivet, Juigné-sur-Loire, 49610 Les Garennes-sur-Loire, tél. 02 41 91 92 86, moron@domaine-de-gagnebert.com V *t.l.j. sf dim. 8h-12h 14h-19h; sam. 9h-12h 15h-19h*

DOM. DU MATIN CALME L'Embrumée 2022 ★★

	500		15 à 20 €

Nouvellement installés en Anjou, Anne-Laura Aulon et Victor Robion cultivent 16,5 ha sur quatre terroirs distincts, entre schistes, schistes gréseux, alluvions sur sables et galets et roches volcaniques. Après avoir travaillé et voyagé en France et à l'étranger, le couple s'est installé à Juigné-sur-Loire et produit du coteaux-de-l'aubance, du crémant-de-loire, du rosé, de l'anjou rouge, de l'anjou-villages-brissac et du cabernet-d'anjou. Le domaine est en conversion bio.

Cette cuvée parcellaire de chenin botrytisé s'ouvre sur de chatoyantes notes de pomme confite et de miel sur un fond boisé savamment dosé. C'est un liquoreux charnu, dense et opulent que l'on découvre en bouche, qui s'étage tout en nuances avec des accents d'abricot, de pêche et de muscade, et qui s'étire dans une longue finale. À boire pour lui-même ou avec une salade d'agrumes. ⧗ 2024-2030 **2022 ★ (11 à 15 €; 7000 b.)** Ce chenin passerillé (confit sur souche) offre une belle partition entre fraîcheur et densité. Les parfums de fruits blancs, de miel, d'ananas et de fruits confits se glissent dans une bouche à la fois franche et vive, ample et concentrée, avec de fins amers qui stimulent la finale. Une jolie réalisation à privilégier sur une pâte persillée ou un dessert aux fruits acidulés. ⧗ 2024-2030

DOM. DU MATIN CALME, 7, chem. de la Coudre, Juigné-sur-Loire, 49610 Les Garennes-sur-Loire, tél. 02 41 54 69 39, contact@domainedumatincalme.fr V *r.-v.*

SAVENNIÈRES

Superficie : 147 ha
Production : 5 068 hl (crus inclus)

Implanté sur la rive droite de la Loire, à une quinzaine de kilomètres en aval d'Angers, ce vignoble se singularise par sa production : des vins blancs secs, issus du chenin, essentiellement sur la commune de Savennières. Les schistes et grès pourpres leur confèrent un caractère particulier, ce qui les a fait définir longtemps comme crus des coteaux de la Loire; mais ils méritent une appellation à part entière. Ce sont des vins pleins de sève, un peu nerveux.

CH. DE BELLEVUE Éclat de schiste 2022 ★

	1200		20 à 30 €

Le Château Bellevue (35 ha) est la propriété de la famille Tijou qui exploite toutes les appellations de la région depuis 1894. Hervé et Anne Tijou sont aujourd'hui les représentants de cette lignée vigneronne.

Encore marqué par son élevage sous bois, ce chenin dévoile un nez complexe de fleurs blanches, de fruits jaunes compotés et de fruits plus confits sur un fond toasté. Arômes qui se mêlent avec intensité dans une bouche ample et ronde, de belle maturité. Il faudra l'attendre encore un peu et l'associer à une volaille. ⧗ 2026-2032

CH. BELLEVUE, 3820, rte des Hauts-de-Chaume, lieu-dit Bellevue; Saint-Aubin-de-Luigné, 49190 Val-du-Layon, tél. 02 41 78 33 11, chateaubellevuetijou@orange.fr V *t.l.j. sf dim. 9h-18h (été 19h)*

♥ B CH. DU BREUIL 2022 ★★★

	6880		20 à 30 €

Situé au cœur de l'Anjou à Beaulieu-sur-Layon, le Ch. du Breuil est un domaine historique de 30 ha, intégralement conduit en agriculture biologique. Le lieu, la situation du vignoble et les sols de schistes gréseux constituent un terreau idéal à l'éclosion de vins authentiques et élégants. La famille Petitbois a confié la gérance à David Vigan.

Puissant et intensément bouqueté, avec des accents de poire juteuse, d'agrumes et de fruits blancs, ce magnifique savennières recueille tous les suffrages. Sa tension, sa bouche ample, de grand confort, portée par un élevage au cordeau, et sa longue finale légèrement fumée composent un ensemble aussi complexe que gourmand, parfaitement tenu par l'acidité naturelle du chenin. À réserver à un mets de choix, pourquoi pas des ris de veau à la crème? ⧗ 2025-2034

CH. DU BREUIL, le Breuil, 49750 Beaulieu-sur-Layon, tél. 02 41 78 32 54, ch.breuil@wanadoo.fr V *t.l.j. sf sam. dim. 9h-12h 14h-17h30* 5

♥ B DOM. DU CLOSEL Les Caillardières 2021 ★★

	3493		30 à 50 €

Un vignoble d'origine monastique, devenu seigneurie de Vaults dans le comté de Serrant au XIIIᵉ s. Quatre générations de femmes se sont succédé à sa tête. Aux commandes depuis 2001, Évelyne de Pontbriand y produit des vins de caractère et conduit en bio (certifié) et en biodynamie un vignoble de 14 ha.

Ce superbe savennières s'ouvre avec élégance sur les fruits mûrs agrémentés de fines notes toastées et miellées. D'un équilibre très assuré, de grande persistance, à la fois intense, ample et d'une finesse admirable, étiré par de fins amers en finale, le palais augure une longue garde. Un grand blanc de gastronomie. ⧗ 2025-2034

■ **La Jalousie 2021 ★ (20 à 30 €; 4768 b.)** Ⓑ Ce chenin sur schistes, sans boisé, offre une première lecture très convaincante de l'appellation, dans un style délicat et floral. Il développe un bon fruit mûr, autour de la poire juteuse, mâtiné de touches d'amande grillée et porté par une belle fraîcheur. Une agréable harmonie s'en dégage et on l'appréciera sur un poisson délicat, un turbot ou un saint-pierre par exemple. ⧗ 2024-2029

DOM. DU CLOSEL, Ch. des Vaults, 1, pl. du Mail, 49170 Savennières, tél. 02 41 72 81 00, contact@savennieres-closel.com V t.l.j. sf lun. 10h-13h 14h-18h; f. dim. hors saison

DOM. DES DEUX ARCS 2022 ★

■ | 4000 | | 15 à 20 €

Jean-Marie Gazeau, après une expérience en Afrique du Sud, a rejoint son père Michel en 2005 sur le domaine familial (50 ha). Leurs vins sont régulièrement sélectionnés dans le Guide, dans diverses appellations de l'Anjou et dans les trois couleurs. Une valeur sûre.

Voilà un joli vin capable de patienter encore un peu et de s'affiner en cave. À ce stade, il se livre autour des fruits mûrs (abricot, pêche et mangue) et d'une bouche soyeuse, de belle fraîcheur, tendue et vive en finale, avec une bonne longueur sur les agrumes. Un beau classique de l'appellation. ⧗ 2025-2029

DOM. DES DEUX ARCS, 11, rue du 8-Mai-1945, Martigné-Briand, 49540 Terranjou, tél. 02 41 59 47 37, accueil.domainedes2arcs@gmail.com V t.l.j. sf dim. 9h-12h30 14h-18h

DOM. DES DEUX VALLÉES 2022 ★

■ | 21773 | | 8 à 11 €

René Socheleau et son fils Philippe ont repris et restructuré ce domaine de 44 ha en 2001, et construit un nouveau chai situé sur la corniche angevine, surplombant les vallées de la Loire et du Layon. Leurs vins sont régulièrement retenus dans le Guide. Une valeur (très) sûre.

Des notes de fruits blancs, de fruits jaunes confits et d'agrumes, de l'intensité, de l'équilibre, du volume et de la tension : voilà un savennières efficace et très bien réalisé, affichant à la fois de la maturité et de la finesse. ⧗ 2024-2029

DOM. DES DEUX VALLÉES, 3586, rte des Hauts-de-Chaume, Bellevue, Saint-Aubin-de-Luigné, 49190 Val-du-Layon, tél. 02 41 78 33 24, contact@domaine2vallees.com V t.l.j. sf dim. 9h-12h 14h-18h

DOM. DE LA DUCQUERIE Clos de Frémine 2022 ★

■ | 5000 | | 11 à 15 €

Installés non loin du musée de la Vigne et du Vin à Saint-Lambert-du-Lattay, dans la vallée du Layon, les Cailleau sont à la tête de 55 ha de vignes. Leur fils Cyril a rejoint l'exploitation en 2003 et s'occupe des vinifications, épaulé depuis 2016 par sa sœur Céline.

Ce chenin réunit de nombreux atouts et plaira dans sa jeunesse. C'est un vin frais, long, équilibré, complexe, ouvert sur les agrumes, l'amande et les fruits blancs. Un sandre au beurre blanc lui ira très bien. ⧗ 2024-2028

SCEA LA DUCQUERIE CAILLEAU, 2, chem. du Grand-Clos, Saint-Lambert-du-Lattay, 49750 Val-du-Layon, tél. 02 41 78 42 00, domaine.ducquerie@wanadoo.fr V r.-v.

SAVENNIÈRES-ROCHE-AUX-MOINES

Superficie : 19 ha / Production : 336 hl

Il est difficile de séparer les deux crus savennières-roche-aux-moines et savennières-coulée-de-serrant, qui ont pourtant reçu une appellation particulière, tant ils sont proches en caractère et en qualité. La coulée-de-serrant, plus restreinte en surface, est située de part et d'autre de la vallée du Petit Serrant. Elle est propriété en monopole de la famille Joly. La roche-aux-moines appartient à plusieurs propriétaires. Si elle est moins homogène que son homologue, on y trouve cependant des cuvées qui n'ont rien à lui envier.

DOM. DES FORGES 2022 ★

■ | 3066 | | 20 à 30 €

La première parcelle a été acquise en 1890. Réputée pour ses vins liquoreux, la propriété, qui compte aujourd'hui 50 ha, a vu en 1996 l'installation de Stéphane et de Séverine Branchereau, représentant la cinquième génération aux commandes du domaine. Une valeur sûre de l'Anjou viticole.

Ce vin sur la largeur, campé sur de beaux arômes de fruits bien mûrs à confits, offre un bon confort de bouche, une texture soyeuse, avec de fins amers minéraux qui viennent dynamiser la finale. Un vin élégant et complet, à privilégier sur un poisson en sauce. ⧗ 2024-2028

DOM. DES FORGES, 6, les Barres, Saint-Aubin-de-Luigné, 49190 Val-du-Layon, tél. 02 41 78 33 56, cb@domainedesforges.net V t.l.j. sf dim. 9h-12h 14h-18h Ⓔ

SAVENNIÈRES-COULÉE-DE-SERRANT

♥ Ⓑ CLOS DE LA COULÉE DE SERRANT 2022 ★★★

■ | 15400 | | 75 à 100 €

Ce vénérable clos de 7 ha planté de vieux ceps de chenin accrochés à des coteaux schisteux, création des cisterciens en 1130, est l'une des rares appellations en monopole du vignoble français. Confortée au fil des siècles par des amateurs illustres et couronnés, son aura a pris une dimension internationale depuis que Nicolas Joly, « pape » français de la biodynamie, préside à sa destinée, accompagné aujourd'hui de sa fille Virginie. Le vin tire son caractère original et unique de raisins récoltés en surmaturité – voire botrytisés – en quatre ou cinq passages. À la cave, surtout pas de bois neuf

qui masquerait le terroir, mais des barriques de 500 l. Et aussi peu d'interventions que possible.

Une rareté que cette Coulée de Serrant qui affiche 32 g/l de sucres résiduels, soit une version moelleuse née de vendanges semi-tardives, avec quelque 10 % de pourriture noble. Une Coulée hors normes donc : seuls trois millésimes avaient jusqu'alors engendré ce type de vinification «en douceur»; 2022, année de grande maturité et de concentration, se prêtait parfaitement à l'exercice. Et cela lui va diablement bien ! La robe est finement dorée, offrant une belle brillance. Au nez, ce sont pourtant des notes fraîches et minérales de caillou mouillé qui se manifestent en premier, accompagnant ensuite des arômes plus suaves d'orange et de poire confites, de brioche beurrée, de miel et de fumé. Une complexité qui s'agrémente de coing, de fruits secs et d'une petite touche oxydative dans une bouche ample, profonde, caressante, d'une rare délicatesse. Certes une Coulée sur le versant de la douceur, mais qui rappelle plus un «sec tendre» qu'un moelleux tant elle respire la fraîcheur avec ses tonalités minérales et ses fins amers stimulant la finale. Atypique et renversant. ⧗ 2026-2045

FAMILLE JOLY, Ch. de la Roche aux Moines, 7, chem. de la Roche-aux-Moines, 49170 Savennières, tél. 02 41 72 22 32, info@coulee-de-serrant.com
V *t.l.j. sf dim. 9h-12h 14h-17h*

COTEAUX-DU-LAYON

Superficie : 1 486 ha / Production : 46 625 hl

Demi-secs, moelleux ou liquoreux, les coteaux-du-layon naissent du seul chenin, cultivé le long de la rive gauche de la Loire sur les coteaux des communes qui bordent le Layon, de Nueil à Chalonnes. Plusieurs villages sont réputés : le plus connu, devenu une appellation à part entière, est celui de Chaume. Six noms peuvent être ajoutés à l'appellation : Rochefort-sur-Loire, Saint-Aubin-de-Luigné, Saint-Lambert-du-Lattay, Beaulieu-sur-Layon, Rablay-sur-Layon, Faye-d'Anjou. Depuis 2002, les vins ont droit à la mention «Sélection de grains nobles» lorsque la richesse naturelle minimale de la vendange est de 234 g/l, soit 17,5 % vol. sans aucun enrichissement. Ils ne peuvent être commercialisés avant les dix-huit mois suivant la récolte. Vins subtils, or vert à Concourson, plus jaunes et plus puissants en aval, les coteaux-du-layon présentent des arômes de miel et d'acacia, acquis lors de la surmaturation. Leur capacité de vieillissement est étonnante.

DOM. DES BARRES Saint-Aubin 2023 ★

| | 9200 | | 8 à 11 € |

La commune de Saint-Aubin-de-Luigné, surnommée la «Perle du Layon», se situe dans le Bas-Layon, tout près de la jonction entre la Loire et le Layon. La famille Achard y conduit ce domaine de 33 ha depuis trois générations. Une valeur sûre.

Issu de tris de vendange surmûrie, ce liquoreux associe avec tact dynamisme et richesse. Les parfums de miel, de fruits compotés et de fruits confits sont bien équilibrés par des touches de menthol et une fraîcheur affirmée. Très agréable, on pourra le destiner, dès aujourd'hui ou après quelques années de garde, à une pâte persillée d'Auvergne ou un bleu de Gex. ⧗ 2024-2032

DOM. DES BARRES, 1, les Barres, Saint-Aubin-de-Luigné, 49190 Val-du-Layon, tél. 02 41 78 98 24, achardpatrice@wanadoo.fr
V *t.l.j. sf dim. 9h-12h30 14h-18h30*

B DOM. CADY Chaume 2022 ★

| 1er cru | 3200 | | 20 à 30 € |

Appartenant à la famille Cady depuis 1927, ce domaine (28 ha certifiés en bio et travaillés entièrement à la main) est une référence en matière de vins liquoreux (jamais chaptalisés). Il est implanté sur les coteaux surplombant le Layon à Saint-Aubin-de-Luigné, village surnommé la «Perle du Layon», et produit du coteaux-du-layon 1er cru Chaume, du coteaux-du-layon Saint-Aubin Les Varennes et de l'anjou blanc.

Riche et porté sur les fruits confits, la pomme au four et les fruits exotiques, ce liquoreux s'exprime s'équilibre parfaitement entre une généreuse sucrosité (135 g/l) et une fraîcheur naturelle renforcée par une finale acidulée qui donne de l'énergie à l'ensemble et clôt la dégustation avec harmonie. ⧗ 2025-2034

SCEA DOM. CADY, 20, Valette, Saint-Aubin-de-Luigné, 49190 Val-du-Layon, tél. 02 41 78 33 69, contact@domainecady.fr V *t.l.j. sf sam. dim. 9h-12h30 14h-18h30* 4 E

DOM. CHUPIN 2023 ★

| | 50000 | | 8 à 11 € |

Ce vaste domaine de 94 ha est établi dans l'aire des coteaux-du-layon. Il a été racheté en 1988 aux héritiers d'Émile Chupin par Guy Saget, bien connu pour ses vignobles de la région de Pouilly-sur-Loire.

Voilà un coteaux-du-layon de belle facture, intensément fruité et gourmand. Les fruits jaunes, le miel et l'ananas trouvent un équilibre savoureux et irriguent une bouche mêlant fraîcheur, amplitude et persistance. Un bel ambassadeur du cru, très abordable. ⧗ 2024-2028

SCEA DOM. ÉMILE CHUPIN, 8, rue de l'Église, Champ-sur-Layon, 49380 Bellevigne-en-Layon, tél. 03 86 39 57 75, domaine.chupin@wanadoo.fr

♥ DOM. DU CLOS DES GOHARDS Cuvée Emma 2023 ★★

| | 2000 | | 8 à 11 € |

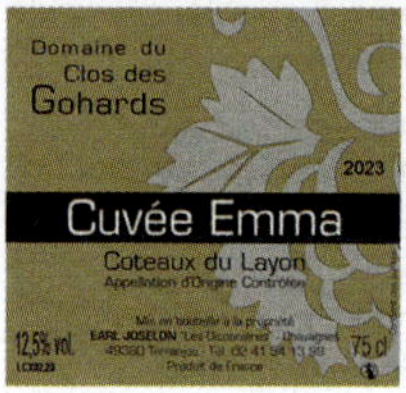

Mickaël Joselon gère désormais l'exploitation familiale. Régulièrement distingué dans le Guide, le domaine compte 49 ha et propose diverses appellations ligériennes.

Une cuvée très souvent en vue. Une petite gourmandise à l'état pur dans sa version 2023, campée sur de beaux arômes de fruits confits, d'abricot frais et de pâtisserie. La bouche se révèle intense, aussi longue que large, d'une richesse de bon aloi et parfaitement équilibrée par une fine ligne de fraîcheur. Un coteaux-du-layon d'ores et déjà très accessible, mais qui vieillira sans crainte, à savourer sur une tarte aux agrumes ou une cuisine épicée. ⧗ 2024-2034

DOM. DU CLOS DES GOHARDS, Les Oisonnières, Chavagnes-les-Eaux, 49380 Terranjou, tél. 02 41 54 13 98, earljoselon@orange.fr V r.-v.

♥ DOM. DES DEUX VALLÉES
Clos de la Motte 2023 ★★

■ | 10 000 | | 11 à 15 €

René Socheleau et son fils Philippe ont repris et restructuré ce domaine de 44 ha en 2001, et construit un nouveau chai situé sur la corniche angevine, surplombant les vallées de la Loire et du Layon. Leurs vins sont régulièrement retenus dans le Guide. Une valeur (très) sûre.

Un coup de cœur qui s'ajoute à une très longue liste pour les Socheleau, spécialistes émérites des douceurs angevines. Ce liquoreux séduit d'emblée par ses arômes diablement gourmands de fruits compotés et surmûris, de figue, de datte et d'abricot notamment. En bouche, on découvre un vin riche, gras, ample, complexe, mais jamais pesant, servi par une belle fraîcheur mentholée et une persistance remarquable. Un grand vin de plaisir à partager, aujourd'hui comme dans la décennie à venir. ⧗ 2024-2035

■ **1er cru Chaume 2022 ★★ (11 à 15 €; 10 200 b.)** Liant richesse, complexité et fraîcheur, ce Chaume réalise un sans-faute. Les notes de fruits confits et de pomme chaude au beurre se coulent avec bonheur dans une matière de grand volume, large et nuancée, étirée dans une longue et belle finale sur le coing. ⧗ 2024-2035

DOM. DES DEUX VALLÉES, 3586, rte des Hauts-de-Chaume, Bellevue, Saint-Aubin-de-Luigné, 49190 Val-du-Layon, tél. 02 41 78 33 24, contact@domaine2vallees.com V *t.l.j. sf dim. 9h-12h 14h-18h*

DOM. DES ÉPINAUDIÈRES 2023 ★

■ | 3 490 | | 5 à 8 €

Ce domaine de 26 ha est géré par Paul et Nathalie Fardeau, aidés de leur fille Juliette pour la commercialisation et de leur fils Clément à la production. Producteurs de beaux cabernet-d'anjou et coteaux-du-layon, ils s'illustrent aussi régulièrement en appellation anjou.

Ouvert sur des notes persistantes de coing et de fruits confits, ce joli moelleux affiche un bel équilibre entre maturité, rondeur et fraîcheur. À privilégier sur un curry de poisson ou un fromage bleu. ⧗ 2024-2028

DOM. DES ÉPINAUDIÈRES, 14, Sainte-Foy, Saint-Lambert-du-Lattay, 49750 Val-du-Layon, tél. 02 41 78 35 68, scea.fardeau@gmail.com V r.-v.

DOM. DE L'ÉTÉ 2022 ★

■ | 20 353 | | 8 à 11 €

Catherine Nolot a repris en 2006 deux propriétés situées à Concourson-sur-Layon : le Ch. des Rochettes, qui appartenait à la famille Douet depuis de nombreuses générations, et le Dom. de l'Été, géré pendant vingt ans par Yannick Babin.

Des touches d'abricot mûr, de fruits exotiques et de miel, une belle acidité persistante, gage de fraîcheur, en soutien d'une matière à la fois suave, chaleureuse, parfaitement mûre et délicate : voilà qui réjouit. Le sucre s'oublie et le plaisir reste. ⧗ 2024-2030

CATHERINE NOLOT, 104, les Rochettes, 49700 Concourson-sur-Layon, tél. 02 41 59 11 63, domainedelete49@orange.fr V r.-v.

DOM. DES FORGES Chaume Les Onnis 2022 ★

■ 1er cru | 3 239 | | 15 à 20 €

La première parcelle a été acquise en 1890. Réputée pour ses vins liquoreux, la propriété, qui compte aujourd'hui 50 ha, a vu en 1996 l'installation de Stéphane et de Séverine Branchereau, représentant la cinquième génération aux commandes du domaine. Une valeur sûre de l'Anjou viticole.

Ce Chaume exclusivement issu de botrytis, fermenté et élevé en fûts de chêne, s'offre avec largesse autour d'arômes de fruits confits, de melon, de fruits jaunes et de fruits à noyau. Doté d'une belle fraîcheur naturelle, il reste opulent et généreux mais sans lourdeur. Un vin à savourer pour lui-même ou avec une pâte persillée de type roquefort. ⧗ 2025-2032

DOM. DES FORGES, 6, les Barres, Saint-Aubin-de-Luigné, 49190 Val-du-Layon, tél. 02 41 78 33 56, cb@domainedesforges.net V *t.l.j. sf dim. 9h-12h 14h-18h* E

DOM. GARDEZ Le Chapitre 2022 ★★

■ | 900 | | 8 à 11 €

Ce domaine familial créé en 1926, situé au pied des coteaux de Verchers-sur-Layon, vient d'être repris en 2020 par un jeune couple originaire de la commune.

Porté par la belle richesse du millésime, ce liquoreux affiche de gourmandes notes de fruits secs, de fruits mûrs, de pain d'épice et de coing. La bouche allie tension, densité, structure et équilibre, avec une longue finale en prime. Un ensemble très harmonieux, qui vieillira avec grâce. ⧗ 2025-2034

EARL DOM. GARDEZ, 20, rte du Coteau, Savonnières, 49700 Les Verchers-sur-Layon, tél. 02 41 59 76 29, contact@domainegardez.com V *t.l.j. sf dim. 9h-12h 14h-18h; sam. 17h* E

CH. DE MONTGUÉRET 2023 ★

■ | 10 000 | | 5 à 8 €

Les Grands Chais de France, géant français du négoce de vins créé à la fin des années 1980 par Joseph Helfrich, aujourd'hui présent dans le monde entier, ont acquis en 2005, auprès de la société Lacheteau, les châteaux de Montguéret et de Champteloup, un vaste ensemble de 100 ha souvent en vue pour ses rosés et ses effervescents.

Cette cuvée enchante par ses arômes de fleurs blanches, d'agrumes et de pêche au sirop, tenus par une belle acidité naturelle et un boisé discret, puis s'étire dans une jolie finale sur le coing et les fruits confits. Un liquoreux bien réalisé, efficace et aimable. ⧗ 2024-2028

SCEA CHAMPTELOUP (CH. DE MONTGUÉRET), Ch. de Montguéret, Nueil-sur-Layon, 49560 Lys-Haut-Layon, tél. 02 40 36 66 00

♥ DOM. DU PETIT CLOCHER
Nascentia Victoria 2022 ★★

■ | 2100 | | 20 à 30 €

Conduite par la jeune génération, Stéphane, Julien et Vincent Denis, arrivés respectivement en 2003, 2006 et 2009, une affaire de famille depuis 1920; 5 ha aux origines, 90 ha aujourd'hui. Un domaine phare du Haut-Layon, réputé notamment pour ses vins rouges, mais aussi très à l'aise en blanc et en rosé. Une valeur (très) sûre.

Inaugurant la nouvelle gamme du domaine, cette cuvée récemment créée sur des terroirs de schistes ajoute une nouvelle distinction à une impressionnante liste de coups de cœur. Elle est issue à 100 % de botrytis, vinifiée et élevée en barriques durant un an. En résulte un très beau liquoreux au nez intense de fruits secs, de raisin mûr, de pruneau, de datte et de miel, disposant d'une grande concentration, d'un volume et d'une structure imposants, avec en filigrane la ligne de fraîcheur qui assure l'équilibre. Un layon puissant, expressif et long, bâti pour durer. ⧗ 2026-2035

DOM. DU PETIT CLOCHER, 6, La Laiterie, 49560 Cléré-sur-Layon, tél. 02 41 59 54 51, contact@domainedupetitclocher.fr V *t.l.j. sf dim. 9h-12h30 14h-18h*

DOM. DES PETITS QUARTS 2023 ★

■ | 8000 | | 15 à 20 €

Longtemps porté par l'emblématique Jean-Pascal Godineau, qui en a assuré la réputation depuis 1987, ce domaine historique implanté à Faye-d'Anjou, au cœur des coteaux-du-layon, a été racheté en 2022 par cinq Angevins amoureux des liquoreux. Les 26 ha répartis entre les appellations bonnezeaux et coteaux-du-layon vont également se tourner, dans les prochains millésimes, vers une gamme de blancs secs et d'effervescents.

Ce liquoreux subtil, aux parfums de tilleul, d'aubépine et de pêche, contraste avec sa sucrosité (110 g/l). D'un équilibre très assuré, porté par l'acidité naturelle du chenin, il fait totalement oublier cette sucrosité au profit d'une gourmandise de tous les instants, sur le confit et le coing. ⧗ 2024-2030

DOM. DES PETITS QUARTS, la Douve, Faye-d'Anjou, 49380 Bellevigne-en-Layon, tél. 02 41 54 03 00, contact@domainedespetitsquarts.com V *t.l.j. sf dim. 9h-12h30 14h-17h30*

DOM. PIED FLOND 2023 ★★

■ | 12000 | | 8 à 11 €

Commandée par un petit manoir construit en pierre de falun (pierre coquillière), cette ancienne seigneurie du XVe s. est entrée dans la famille Gourdon en 1864 et a vu se succéder sept générations. En 2000, Franck Gourdon a pris les commandes du domaine, qui compte 26 ha.

Des notes de zeste et d'écorce d'orange confite se mêlent aux fruits compotés, au miel, au coing et aux épices, formant un délicieux bouquet, extrêmement gourmand. La fraîcheur et la longueur complètent ce tableau quasi parfait. Une bouteille que l'on pourra d'ores et déjà apprécier, sur une cuisine aigre-douce ou épicée par exemple. ⧗ 2024-2028

DOM. DE PIED FLOND, 710, chem. du Domaine, Les Loges, Martigné-Briand, 49540 Terranjou, tél. 02 41 59 92 36, contact@piedflond.fr V *t.l.j. sf dim. 9h-12h 14h-17h* D

LUDOVIC PIN Roche Saint-Aens 2023 ★★

■ | 30000 | | 8 à 11 €

Situé sur les hauteurs de Rochefort-sur-Loire, ce domaine exploité par Ludovic Pin s'inscrit dans le paysage remarquable de la corniche angevine. Le vignoble compte aujourd'hui 58 ha, avec notamment de splendides coteaux de schistes, parmi les plus réputés de la région.

Ce layon sur schistes s'ouvre sur de belles notes d'orange amère, de miel et de fleurs blanches. Il apparaît confortable en bouche, porté par une grande opulence, de la richesse, mais aussi et surtout par une belle acidité naturelle et par une finale sapide, de toute beauté. Accord (très) gourmand en perspective avec une pâte persillée. ⧗ 2025-2034 ■ **Puy Martin 2023 ★ (8 à 11 €; 30000 b.)** D'intenses notes de miel, de fruits compotés, de fruits exotiques et de figue pointent au nez. La bouche prolonge ces accents suaves et gourmands sans aucune lourdeur, étirée par une bonne fraîcheur naturelle. Un vin à réserver en début de repas, sur un foie gras, par exemple. ⧗ 2024-2029

EARL PIN, 3055, rte des Hauts-de-Chaume, Les Hautes-Brosses, 49190 Rochefort-sur-Loire, tél. 06 71 60 16 33, domaine@famillepin.com V *r.-v.*

♥ DOM. DE LA ROCHE MOREAU
Saint-Aubin 2022 ★★★

■ | 6000 | | 11 à 15 €

Ce domaine de 28 ha, conduit par les Davy depuis cinq générations, est situé sur la Corniche angevine entre les vallées de la Loire et du Layon. Le chai ancien est classé (XVIIe s.) et la cave est installée dans une mine à charbon désaffectée, dans laquelle mûrissent les vins de garde. Une valeur sûre de l'Anjou viticole, souvent en vue pour ses liquoreux, ses coteaux-du-layon et quarts-de-chaume notamment.

Après un magnifique doublé dans l'édition précédente, en coteaux-du-layon et quarts-de-chaume, les Davy ajoutent une nouvelle perle à leur long collier de coups de cœur. Ce vin doré à l'or fin s'exprime avec autant d'élégance que d'intensité autour du coing compoté et de l'abricot confit. En bouche, on découvre un très beau vin, ample, gras, généreux, long et tout aussi expressif, mais aussi plein de fraîcheur et d'allant malgré ses sucres

(100 g/l). Un layon qui reste tendre et parfaitement équilibré, une gourmandise à l'état pur. ⧗ 2024-2034 ■ **1er cru Chaume 2022 ★ (11 à 15 €; 5900 b.)** Ce liquoreux joue à fond la carte de la gourmandise. C'est un vin immédiat, ouvert sur des notes de fruits mûrs et de fruits confits, riche, confortable, dense et ample en bouche, mais qui reste équilibré de bout en bout. ⧗ 2024-2032 ■ **Paradis 2023 ★ (8 à 11 €; 12000 b.)** Bâti sur la fraîcheur et la jeunesse, ce mœlleux arbore de belles tonalités de coing, de brioche et d'abricot, et une trame large et dense. C'est un joli classique de l'appellation, à réserver sur une cuisine aigre-douce ou une tarte au citron meringuée. ⧗ 2024-2028

⊶ DOM. DE LA ROCHE MOREAU, 5, rte de la Corniche, Saint-Aubin-de-Luigné, la Haie-Longue, 49190 Val-du-Layon, tél. 02 41 78 34 55, davy.larochemoreau@wanadoo.fr V r.-v.

Ⓑ CH. SOUCHERIE Patrimoine 2022 ★

■	19000		11 à 15 €

Cette propriété historique dotée d'un magnifique point de vue sur la vallée du Layon est depuis 2007 la dame de cœur de Roger-François Béguinot. Cet industriel a connu le succès dans l'agroalimentaire et a décidé de vouer son énergie aux 25 ha de vignes réparties en appellations anjou, savennières (1,80 ha au Clos des Perrières) et coteaux-du-layon (4 ha). Les vins sont certifiés bio à partir du millésime 2022.

Porté sur une aromatique fine autour des fruits jaunes mûrs, de la nectarine notamment, ce chenin restitue une belle fraîcheur et une franche amertume structurante. Un layon très agréable, d'un équilibre réconfortant, à marier à une pâte persillée. ⧗ 2024-2030

⊶ CH. SOUCHERIE, la Soucherie, 49750 Beaulieu-sur-Layon, tél. 02 41 78 31 18, contact@domaine-de-la-soucherie.fr V *t.l.j. sf dim. 10h-12h30 14h-18h* Ⓔ

QUARTS-DE-CHAUME

Superficie : 28 ha / Production : 579 hl

Le nom de l'appellation dit l'ancienneté de ce vignoble réputé de la vallée du Layon : le seigneur se réservait le quart de la production et gardait le vin né sur le meilleur terroir. Les quarts-de-chaume proviennent d'une colline exposée plein sud autour de Chaume, à Rochefort-sur-Loire. Les vignes souvent vieilles, l'exposition et les aptitudes du chenin conduisent à des productions, généralement faibles, de grande qualité. Récoltés par tries, les vins sont moelleux ou liquoreux. Séveux et nerveux, ils sont de garde (de cinq ans à plusieurs décennies, selon le millésime).

DOM. DES FORGES 2022 ★★

■ Gd cru	2512		30 à 50 €

La première parcelle a été acquise en 1890. Réputée pour ses vins liquoreux, la propriété, qui compte aujourd'hui 50 ha, a vu en 1996 l'installation de Stéphane et de Séverine Branchereau, représentant la cinquième génération aux commandes du domaine. Une valeur sûre de l'Anjou viticole.

Ce vin fermenté et élevé en barriques, aux parfums de fruits blancs confits et d'abricot, affiche une onctuosité parfaite. C'est un vin de haute gourmandise, doté d'une belle minéralité et d'une grande fraîcheur naturelle qui lui confèrent une longueur remarquable et beaucoup d'élégance. Un vin aussi puissant qu'équilibré, à déguster seul ou en début de repas avec une pâte persillée. ⧗ 2027-2040

⊶ DOM. DES FORGES, 6, les Barres, Saint-Aubin-de-Luigné, 49190 Val-du-Layon, tél. 02 41 78 33 56, cb@domainedesforges.net V *t.l.j. sf dim. 9h-12h 14h-18h* Ⓔ

DOM. DE LA ROCHE MOREAU 2022 ★★

■ Gd cru	786		30 à 50 €

Ce domaine de 28 ha, conduit par les Davy depuis cinq générations, est situé sur la Corniche angevine entre les vallées de la Loire et du Layon. Le chai ancien est classé (XVIIe s.) et la cave est installée dans une mine à charbon désaffectée, dans laquelle mûrissent les vins de garde. Une valeur sûre de l'Anjou viticole, souvent en vue pour ses liquoreux, ses coteaux-du-layon et quarts-de-chaume notamment.

Ce liquoreux frôle les 200 g/l de sucres résiduels et pourtant, quelle fraîcheur et quel équilibre! Le sucre ne domine jamais et ce sont des notes de fruits à noyau et de fruit de la Passion qui s'imposent dans une bouche logiquement opulente et onctueuse, d'un grand volume, soulignée de bout en bout par l'acidité naturelle du chenin. ⧗ 2027-2040

⊶ DOM. DE LA ROCHE MOREAU, 5, rte de la Corniche, Saint-Aubin-de-Luigné, la Haie-Longue, 49190 Val-du-Layon, tél. 02 41 78 34 55, davy.larochemoreau@wanadoo.fr V r.-v.

BONNEZEAUX

Superficie : 67 ha / Production : 1 830 hl

«L'inimitable vin de dessert», disait le Dr Maisonneuve en 1925. À cette époque, les grands liquoreux étaient surtout consommés à ce moment du repas ou dans l'après-midi, entre amis. De nos jours, on apprécie plutôt ce grand cru à l'apéritif. Très parfumé, plein de sève, de grande garde, le bonnezeaux doit toutes ses qualités au terroir exceptionnel qu'il occupe : surplombant le village de Thouarcé, trois petits coteaux de schiste abrupts exposés plein sud : La Montagne, Beauregard et Fesles.

DOM. DES FONTAINES Les Brunettes 2022 ★

■	7840		15 à 20 €

Situé au cœur de l'appellation bonnezeaux, ce domaine familial de 34 ha est dirigé par Alain Rousseau et son fils Vincent, qui représente la quatrième génération.

Quelle belle gourmandise que ce liquoreux aux notes de fruits confits et d'ananas. En bouche, une trame fraîche, bien acidulée, compense la richesse et équilibre l'ensemble avec grâce. Les beaux amers de la finale offrent un supplément d'âme et de nerf, et aussi une belle voie d'accord avec une fourme d'Ambert ou un sabayon d'abricot. ⧗ 2026-2034

DOM. DES FONTAINES, 303, les Noues, Thouarcé, 49380 Bellevigne-en-Layon, tél. 02 41 54 32 30, domaine.des.fontaines@wanadoo.fr V r.-v.

♥ DOM. DES PETITS QUARTS
Cuvée Arthur 2022 ★★

1200 | 20 à 30 €

Longtemps porté par l'emblématique Jean-Pascal Godineau, qui en a assuré la réputation depuis 1987, ce domaine historique implanté à Faye-d'Anjou, au cœur des coteaux-du-layon, a été racheté en 2022 par cinq Angevins amoureux des liquoreux. Les 26 ha répartis entre les appellations bonnezeaux et coteaux-du-layon sont complétés par une gamme de blancs secs et d'effervescents.

Un coup de cœur qui s'ajoute à une longue liste pour ce domaine de référence. Ce magnifique chenin élevé en barriques, qui affiche 186 g/l de sucres résiduels, embaume de parfums de fruits jaunes et blancs compotés, d'ananas, de miel et de caramel au lait. En bouche, on découvre un liquoreux intense, complexe, riche, puissant, mais aussi très bien équilibré par l'acidité naturelle du cépage, qui déploie ses notes de coing dans une longue, très longue finale. Gourmand en diable, ce bonnezeaux majuscule se suffit à lui-même; on pourra aussi l'associer à une belle pâte persillée. ⧗ 2027-2040 ■ **Clos des Melleresses 2022 ★ (20 à 30 €; 2400 b.)** Issu d'un hectare de vignes, ce chenin passé en barriques de 400 l et doté de 160 g/l de sucres résiduels est un beau représentant de son appellation. Complexe, gras et persistant, il compose autour de savoureux arômes de fruits confits, de coing frais, de caramel et de fruits exotiques. Un vin qui en impose, à déguster tranquillement pour lui-même. ⧗ 2027-2040

DOM. DES PETITS QUARTS, la Douve, Faye-d'Anjou, 49380 Bellevigne-en-Layon, tél. 02 41 54 03 00, contact@domainedespetitsquarts.com V *t.l.j. sf dim. 9h-12h30 14h-17h30*

DOM. DE TERREBRUNE 2022 ★

2000 | 15 à 20 €

Situé non loin du château de Brissac, ce domaine de 57 ha (pour onze appellations) était géré depuis 1986 par Alain Bouleau et Patrice Laurendeau. Installé en 2013, Nicolas, fils d'Alain, leur a succédé. Les rosés représentent aujourd'hui la moitié des vins produits par la propriété.

Au nez, ce bonnezeaux bien né dévoile des parfums de brioche, de coing, de fruits compotés et de fruits confits. Tout aussi complexe, le palais se montre gras, onctueux, presque crémeux, avec une finale sur le caramel au lait qui prolonge agréablement le plaisir. Une pure gourmandise à savourer sur un dessert très peu sucré, à base d'agrumes par exemple. ⧗ 2027-2040

DOM. DE TERREBRUNE, 843, rte de Vauchrétien, la Motte, Notre-Dame-d'Allençon, 49380 Terranjou, tél. 02 41 54 01 99, contact@domainedeterrebrune.fr V *t.l.j. sf dim. 8h-12h30 14h-19h*

SAUMUR

Superficie : 2 613 ha
Production : 161 278 hl (61 % mousseux, 24 % rouge)

Le vignoble s'étend sur 36 communes. Il couvre les coteaux de la Loire et du Thouet, implanté sur le blanc tuffeau qui marque aussi l'habitat local. Les vins blancs de Turquant et de Brézé étaient autrefois les plus réputés; depuis le milieu des années 1970, les vins rouges se développent. Ils dominent en volume les blancs secs tranquilles. Ceux du Puy-Notre-Dame, de Montreuil-Bellay et de Tourtenay ont acquis une bonne notoriété. Les premiers bénéficient d'ailleurs d'une dénomination officielle figurant sur l'étiquette. L'appellation est beaucoup plus connue pour les vins effervescents, qui ont progressé en qualité. Les élaborateurs, tous installés à Saumur, possèdent des caves creusées dans le tuffeau, que l'on peut visiter.

DOM. LA BONNELIÈRE Tradition 2023 ★

12000 | 8 à 11 €

Après un parcours diversifié dans des vignobles en France et à l'étranger, Anthony et Cédric Bonneau ont repris les rênes de la propriété familiale en 2000. Implanté sur les terres argilo-calcaires de la butte des Poyeux dominant la jolie vallée du Thouet, affluent de la Loire, le domaine couvre 42 ha.

Frais et aimable, ce joli chenin présente une belle expression aromatique autour des fruits secs et des fruits confits. Un fruité qui infuse une bouche bien balancée entre souplesse et tension, entre gras et vivacité. ⧗ 2024-2027

DOM. LA BONNELIÈRE, 45, rue du Bourg-Neuf, 49400 Varrains, tél. 02 41 52 92 38, bonneau@labonneliere.com V *r.-v.*

♥ BOUVET Trésor Élevé en fût de chêne 2020 ★★

250000 | 15 à 20 €

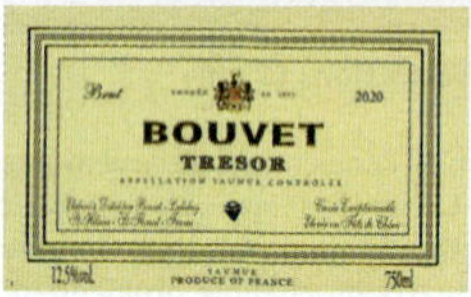

Fondée par Étienne Bouvet en 1851, la maison Bouvet-Ladubay est un négoce emblématique du Saumurois. Ancienne propriété des Monmousseau, puis de Taittinger, elle est passée entre 2005 et 2013 dans le giron d'un poids lourd mondial des spiritueux, l'indien UB Group, qui l'a revendue au groupe britannique Diageo. Finalement, la famille fondatrice, qui n'a jamais cessé de gérer l'affaire, a pu la racheter fin 2015.

Appuyé par un élevage partiel en barriques, cet effervescent à dominante de chenin (85 %) ne manque ni d'ampleur ni d'équilibre. C'est un très beau vin, porté par les fruits blancs, les fruits secs et une légère touche toastée et grillée. On aimera aussi sa persistance et son confort en bouche, sa rondeur et sa souplesse. Une bulle qui se montrera particulièrement appréciable sur une sole meunière, un risotto aux champignons ou des fromages affinés. ⧗ 2024-2027 ● **Saphir Vintage Méthode traditionnelle 2021 ★ (8 à 11 €; 250000 b.)** D'un bel équilibre, cet effervescent détaille de jolies notes de fruits blancs dans une bulle fine, aimable et souple. C'est un beau classique du genre, appréciable pour son fruit, sa légèreté et son harmonie. Idéal à l'apéritif. 2024-2026

SASU BOUVET-LADUBAY, 11, rue Jean-Ackerman, CS 94048 Saint-Hilaire-Saint-Florent, 49412 Saumur Cedex, tél. 02 41 83 83 83, contact@bouvet-ladubay.fr V r.-v.

CH. DE BROSSAY ★

2700 | 8 à 11 €

Régulier en qualité, et ce dans tous les styles de vins d'Anjou, ce domaine créé en 1919 par Alexis Deffois se situe dans le Haut-Layon, dans le sud de l'Anjou et à l'ouest du Saumurois. Les petits-fils du fondateur, Hubert et Raymond Deffois – rejoints en 2010 par les gendres de ce dernier, Nicolas Tamboise et Benjamin Grandsart –, conduisent un vignoble de 54 ha.

Voilà une bulle réjouissante, servie par une fine effervescence, de l'équilibre et de jolies notes de fleurs blanches au nez comme en bouche. Un beau classique du secteur à privilégier dès l'apéritif mais également à table, sur des noix de Saint-Jacques poêlées par exemple. 2024-2026

CH. DE BROSSAY, 4, Brossay, 49560 Cléré-sur-Layon, tél. 02 41 59 59 95, contact@chateaudebrossay.fr V t.l.j. sf dim. 8h-12h 14h-19h

DOM. DES CAVIERS 2022 ★

5000 | 11 à 15 €

Implanté sur les terrasses de la rive gauche du Thouet, sur les communes de Montreuil-Bellay et du Vaudelnay, le dom. des Caviers s'étend sur 2 ha. Depuis 2011, le vignoble est cultivé en bio par Claude Mesnard, rejoint en 2022 par son fils Julien.

D'un bel équilibre entre le fruit et la fraîcheur, ce chenin expressif, de large matière, offre un ensemble cossu qui se destine à la table. C'est un vin à la fois énergique et ample, aux notes chaudes de brioche, de pêche et d'abricot, qui s'étire avec persistance dans une finale légèrement iodée. 2024-2027 **Les Moulins 2022 ★ (20 à 30 €; 2000 b.)** Élevé en demi-muids, ce blanc cossu s'ouvre sur des notes de pomme cuite, de coing et de pêche blanche. Assuré et richement constitué, il offre une bouche large et crémeuse qui conserve de la fraîcheur, avec une finale longue et acidulée. 2025-2030

DOM. DES CAVIERS, 332, rue de la Société, 49260 Montreuil-Bellay, tél. 06 84 82 38 07, julien.mesnard@domaine-des-caviers.com V r.-v.

DOM. DES CHAMPS FLEURIS 2023 ★

12000 | 5 à 8 €

Denis Rétiveau préside aux destinées de ce domaine composé de 26 ha. Les vignes sont situées sur les coteaux qui dominent la Loire, sur les communes de Turquant et de Montsoreau.

Un bon chenin agréable et richement constitué, qui détaille un joli fruit autour des agrumes et des fruits exotiques. On appréciera également sa rondeur et sa persistance en bouche. Parfait avec un poisson au four ou des fromages de chèvre frais. 2024-2027

SCEA RÉTIVEAU, Dom. des Champs Fleuris, 54, rue des Martyrs, 49730 Turquant, tél. 02 41 38 10 92, retiveau.denis@orange.fr V t.l.j. sf sam. dim. 10h-12h30 13h30-18h

DOM. DE LA CUNE La Favorite 2022 ★★

2500 | 11 à 15 €

Fondé en 1928, ce domaine familial est établi au cœur de l'appellation saumur-champigny. L'exploitation qui s'étend sur 17 ha est conduite par Jean-Luc et Jean-Albert Mary.

Richement constitué, bien servi par un élevage en barriques, ce vin complexe, au boisé fin, affiche à la fois du volume, du gras, de la rondeur et de la fraîcheur. C'est un blanc de caractère paré pour la table, parfait pour un poisson cuisiné ou une volaille. 2024-2029

DOM. DE LA CUNE, rue de la Cuve, Chaintres, 49400 Saumur, tél. 02 41 52 91 37, jlmcune@orange.fr V r.-v.

DOM. DUBOIS Grand Vida 2023 ★

3000 | 8 à 11 €

Ce domaine remonte à 1880, époque à laquelle le vignoble produisait presque exclusivement des vins blancs. Depuis 2008, c'est Christelle Dubois, représentant la cinquième génération, qui exploite quelque 19 ha essentiellement plantés en cabernet franc.

Des notes de fruits blancs et de fruits exotiques, une trame sapide et intense, d'une belle fraîcheur : ce chenin sera mis en valeur avec des fruits de mer ou des poissons. Une efficacité à toute épreuve. 2024-2027

DOM. DUBOIS, 8, rte de Chacé, Saint-Cyr-en-Bourg, 49260 Bellevigne-les-Châteaux, tél. 06 10 12 27 72, ch-dubois@hotmail.com V r.-v.

FABIEN DUVEAU La Hunaudière Saint-Cyr 2023 ★★

4500 | 11 à 15 €

Installé depuis huit générations à Chacé, ce domaine de 16 ha est mené depuis 2008 par Fabien Duveau. Le vignoble d'un seul tenant est planté de cabernet franc et de chenin, et conduit en culture biologique. Une adresse assurée de la Loire.

Avec ses belles notes de fruits blancs, de poire notamment, et ses fins arômes citronnés, son attaque fraîche et sa bouche à la fois élégante et structurée, ce chenin réunit tous les atouts. C'est un blanc parfaitement équilibré, qui vieillira sans crainte. 2024-2029

FABIEN DUVEAU, 36, rue de l'Église, 49400 Bellevigne-les-Châteaux, tél. 02 41 59 42 23, contact@fabienduveau-vigneron.fr V t.l.j. sf lun. dim. 10h-12h 14h-18h

DOM. DE L'ENCHANTOIR L'Îlot des Biches 2022 ★★

10600 | 11 à 15 €

Fabienne et Jean-Michel Brunet reprennent ce domaine de 15 ha en 2016, situé à Puy-Notre-Dame et mené en culture biologique. Leur fille Amandine les a rejoints en 2017 pour poursuivre leur cheminement : laisser les terroirs de tuffeau s'exprimer librement et pleinement. Entièrement rénové, ce

LOIRE

domaine aux bâtiments historiques classés dispose aussi de deux gîtes.

Cette cuvée est, comme son nom l'indique, née sur un lieu de refuge des biches, qui viennent y grignoter les raisins de cabernet franc plantés ici sur les contreforts du plateau de Brossay, sur des terres anciennes de silex et de fer. Des raisins qui ont donné ce superbe vin au fruité diablement gourmand, structuré sans excès par de fins tanins bien pris dans une chair tendre et soyeuse. Un ensemble exquis, parfaitement équilibré, qui réjouira aussi bien dans ses jeunes années qu'après un peu de garde. ⧗ 2024-2029

DOM. DE L' ENCHANTOIR, 4, rue de l'Arguray, 49260 Le Puy-Notre-Dame, tél. 02 41 52 26 33, domaine.enchantoir@gmail.com V r.-v.

DOM. DE L'ÉTÉ ★

9430 | 8 à 11 €

Catherine Nolot a repris en 2006 deux propriétés situées à Concourson-sur-Layon : le Ch. des Rochettes, qui appartenait à la famille Douet depuis de nombreuses générations, et le Dom. de l'Été, géré pendant vingt ans par Yannick Babin.

Fine et complexe, avec des notes fruitées, florales et épicées, cette bulle fraîche, alerte et de bon confort de bouche sera parfaite à l'apéritif, avec des crevettes à l'ail ou un saumon fumé par exemple. ⧗ 2024-2025

CATHERINE NOLOT, 104, les Rochettes, 49700 Concourson-sur-Layon, tél. 02 41 59 11 63, domainedelete49@orange.fr V r.-v.

FORTERESSE DE BERRYE Cœur pour cœur 2022 ★

3500 | 11 à 15 €

La Forteresse de Berrye est une demeure du XIIes. entourée de vignes, classée aux Monuments historiques. Le vignoble compte 12 ha en conversion bio, sur des sols de tuffeau typiques de la région; les vins sont vinifiés en cuves ciment dans des chais troglodytiques. Sandra et Gilles Colinet qui veillent à sa destinée produisent ainsi du saumur, du saumur Puy-Notre-Dame, du crémant-de-loire et du cabernet-d'anjou.

Autour de notes de fruits à coque et d'un bon gras, ce chenin très agréable, passé en barriques, s'affiche dans un registre gastronomique. C'est un vin rond, structuré, persistant, qui ira bien sur une volaille à la crème ou un poisson cuisiné. ⧗ 2025-2030

FORTERESSE DE BERRYE, 2, rue du Château, 86120 Berrie, tél. 06 46 76 35 76, forteressedeberrye@gmail.com V r.-v.

DOM. DES GARENNES Le Brossay 2022 ★

8600 | 5 à 8 €

Une exploitation familiale implantée depuis quatre générations à Montreuil-Bellay, petit village célèbre pour son château et pour les vestiges de ses remparts. Deux cousins, Stéphane Mainguin et Fabrice Baron, sont aujourd'hui à la tête d'un vignoble qui couvre 49 ha.

Voilà un classique ligérien tout à fait recommandable. On appréciera son intensité aromatique autour des fruits rouges, comme sa bouche légère, allègre et souple. Un vin facile à boire, à découvrir sur des charcuteries ou des viandes blanches grillées. ⧗ 2024-2026

DOM. DES GARENNES, 9, imp. Paul-Painlevé, 49260 Montreuil-Bellay, tél. 02 41 52 34 94, contact@domainedesgarennes.fr V *t.l.j. sf dim. 9h-12h 14h-18h30*

DOM. DU GRAND CLOS Ammonite du Clos 2022 ★★

2200 | 5 à 8 €

Installé au nord de la Vienne depuis 1850, ce domaine de 30 ha est aujourd'hui géré par Damien Robert, sixième génération à la tête de l'exploitation. Formé en Australie après des études d'œnologie, ce dernier s'attache à perpétuer l'héritage de la région en élevant ses vins dans des caves troglodytiques.

Ce chenin s'ouvre sur des parfums de pêche blanche, de fleurs et d'agrumes. En bouche, il se montre élégamment fruité, bien frais et acidulé, dévoilant un jus très croquant. Simple et de bon goût, il sera parfait pour l'apéritif, avec des petites fritures ou des crevettes roses. ⧗ 2024-2026 ■ **Ammonite du Clos 2022 ★ (5 à 8 €; 6000 b.)** Dominé par le cabernet franc (70 %), ce rouge fruité et intense affiche une certaine fermeté dans une bouche mûre à point et d'un bon volume. Un vin à carafer et à détendre sur une viande juteuse ou mijotée, une daube de boeuf par exemple. ⧗ 2024-2028

DOM. DU GRAND CLOS, 12, rue des Vignes, Bessé, 86120 Saint-Léger-de-Montbrillais, tél. 06 74 48 46 72, contact@domainedugrandclos.fr V r.-v.

DOM. DU HAUT BELLAY Hauts de Caterne 2022 ★

8540 | 5 à 8 €

En 2009, le lycée viticole de Montreuil-Bellay a été rebaptisé du nom d'Edgard Pisani, son fondateur en 1967, à l'époque maire de la commune, célèbre homme d'État qui fut ministre de l'Agriculture sous la présidence du général de Gaulle. Le vignoble de 15 ha est pour partie certifié en bio.

Ce rouge charnu et chaleureux, porté par les fruits noirs, affiche de la structure autour de tanins bien présents, et donc du potentiel. On aura plaisir à le découvrir avec une viande mijotée, une daube de bœuf par exemple. Pour les amateurs de vins denses et charpentés. ⧗ 2025-2029 ■ **Vol des Syrphes 2023 ★ (5 à 8 €; 3485 b.)** Ce rosé de cabernet franc dévoile des notes vives et légères de fruits rouges auréolées de nuances florales et de touches d'agrumes. C'est un joli vin sur la tension et la fraîcheur, d'une bonne longueur en prime. Parfait à l'apéritif ou avec une cuisine sucrée-salée. ⧗ 2024-2025

DOM. DU HAUT BELLAY, rte de Méron, 49260 Montreuil-Bellay, tél. 02 41 40 19 24, contact@domaineduhautbellay.fr V *jeu. ven. 9h-12h 14h-18h; sam. 9h-12h; f. 1er-15 août*

♥ DOM. DES MATINES 2023 ★★

12000 | 5 à 8 €

Michèle Mallard-Etchegaray, fille du fondateur, a transmis en 2010 les rênes du domaine (52 ha et

14 appellations) à ses fils, Vincent et Hervé. La cave creusée dans le calcaire dur abrite tous les anciens millésimes de l'exploitation produits depuis 1950. Une valeur sûre.

Très beau classique de la région, ce cabernet franc affiche un jus frais et croquant infusé d'intenses notes de fruits noirs et de sous-bois. Les tanins souples en soutien d'une matière délicate et soyeuse forment un ensemble harmonieux et tout en élégance, étiré par de beaux amers minéraux en finale. Une bouteille à privilégier à table, sur une volaille rôtie ou un carré de veau au thym par exemple. ⧗ 2024-2028 ■ **Le Clos Riel 2022 ★ (11 à 15 €; 6000 b.)** Ce chenin né sur marnes et élevé sur lies en cuve se livre avec fraîcheur et gourmandise, dans un équilibre tout à fait charmant. On aime ses fines notes de fleurs, de fruits blancs et d'agrumes, sa matière souple et équilibrée, et sa belle persistance. ⧗ 2024-2027

DOM. DES MATINES, 31, rue de la Mairie, 49700 Brossay, tél. 02 41 52 25 36, contact@domainedesmatines.fr V *r.-v.*

DOM. DE MONTBRILLAIS 2022 ★

■	22436		8 à 11 €

Le dom. de Montbrillais est exploité par Guillaume et Damien Hupon, troisième génération familiale installée sur ce vignoble de 23 ha. Les vins sont distribués par Alliance Loire, une entité commerciale née de l'association de plusieurs caves coopératives du Val de Loire (CVS, Oisly, Bourgueuil) et qui vinifie aujourd'hui une partie des raisins de l'ex-cave coopérative du Haut-Poitou.

Voilà un chenin qui invite au partage. Liant harmonieusement rondeur et finesse à des notes gourmandes de fruits acidulés, de brioche et de pâtisserie, il se montre aimable et très accessible. À découvrir sur des fromages de chèvre ou des fruits de mer. ⧗ 2024-2027

ALLIANCE LOIRE, rte des Perrières, 49260 Bellevigne-les-Châteaux, tél. 02 41 53 74 44, info@allianceloire.com V *t.l.j. sf dim. 10h-12h30 14h-18h30*

♥ MOULIN DE L'HORIZON Le Rosé 2022 ★★

●	7000		8 à 11 €

La famille Desgrousilliers, originaire du nord de la France, a repris ce vignoble de 32 ha situé sur le village de Puy-Notre-Dame, au point culminant de la région (120 m). Joffrey et Justine, frère et sœur, sont aujourd'hui aux commandes de la propriété et s'appliquent à élever leurs vins traditionnellement dans des caves en tuffeau typiques de la région.

Ce pur cabernet franc vinifié en méthode traditionnelle lie finesse et complexité avec maestria. Sa jolie teinte cerise attire l'œil. Ses notes d'épices, de fruits rouges, d'agrumes et de fleurs légères composent un bouquet très réjouissant. Puis la bouche, élégante et acidulée, très vivace et portée sur le fruit, achève de convaincre. Une bulle harmonieuse à souhait, à privilégier à l'apéritif avec des toasts de saumon ou des rillettes de la mer. ⧗ 2024-2027

DOM. DU MOULIN DE L'HORIZON, 11 bis, rue Saint-Vincent, Sanziers, 49260 Le Puy-Notre-Dame, tél. 02 41 52 25 52, domaine@moulindelhorizon.com V *t.l.j. sf dim. 10h-12h 14h-18h*

♥ B DOM. DE LA PALEINE
Puy-de-Notre-Dame 2022 ★★★

■	6725		11 à 15 €

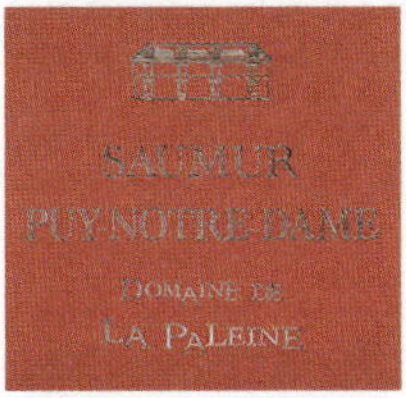

Repris en 2023 par Jean-Louis Bernet, ce domaine est une valeur sûre du Saumurois et une adresse historique de la Loire, prisée dès le XVIIe s. Installé au pied de la butte de tuffeau du Puy-Notre-Dame, sur des sols calcaires, le vignoble de 38 ha est certifié bio depuis 2013 et mené en biodynamie depuis 2018. Les vins sont élevés dans des caves troglodytiques.

Voilà un vin diablement enjôleur qui plaira d'emblée pour son expression aromatique intense, entre fruits noirs et nuances florales. Il séduira aussi par la belle maturité de raisin qui se dégage du palais comme par sa structure à la fois concentrée et élancée, par son volume et sa grande fraîcheur. C'est un vin parfaitement équilibré, au solide potentiel de garde, qui offre un exemple très abouti de rouge ligérien. ⧗ 2024-2030 ■ **Moulin des Quints 2022 ★★ (15 à 20 €; 2503 b.)** B Issu de 50 ares de terres argilo-sableuses sur un socle de craie, ce cabernet franc est un très beau vin, porté par des tanins soyeux et harmonieux. On aimera ses fruits noirs, son onctuosité, sa trame riche et enveloppée, sa fraîcheur également. Un ensemble intense et gourmand, qui n'a pas dit son dernier mot. ⧗ 2024-2030 ■ **La Paleine 2022 ★ (11 à 15 €; 16049 b.)** B Ce chenin charnu et solide est un blanc de gastronomie. Ses notes de pêche et de fleurs blanches prennent place dans une bouche cossue, tout en rondeur, mais aussi minérale et élégante. À réserver sur une volaille ou un poisson à la crème. ⧗ 2024-2028

DOM. DE LA PALEINE, 9, rue de la Paleine, 49260 Le Puy-Notre-Dame, tél. 02 41 52 21 24, contact@domaine-paleine.com V *t.l.j. sf dim. 9h-13h 14h-18h*

B CH. PARNAY Chemin des murs 2023 ★★

■	18000		15 à 20 €

Domaine historique d'Antoine Cristal (1887) abritant le célèbre Clos d'entre les murs, le vignoble du ch. Parnay s'étend sur 35 ha sur l'aire d'appellation saumur-champigny, avec une vue imprenable sur les coteaux de la Loire. Il est constitué de quatre îlots de parcelles situées sur des terres argilo-calcaires marquées par la présence de tuffeau et cultivées en bio.

Élevé partiellement en barriques, ce chenin offre une belle expression du cépage, entre finesse, maturité et fraîcheur. Les arômes de fleurs blanches et de fruits mûrs et juteux perçus à l'olfaction s'invitent également dans une bouche souple, fraîche et tendre, parfaitement cadrée par le bois. ⧗ 2024-2029

LOIRE

CH. PARNAY, 22, rte de Saumur, 49730 Parnay, tél. 09 67 86 77 59, contact@chateaudeparnay.fr V *avr.-oct. t.l.j. 10h-18h; nov.-mars t.l.j. sf lun. 10h-18h; dim. 10h-13h*

DOM. RATRON Résilience 2023 ★★

	15 700		11 à 15 €

Le Clos des Cordeliers, bâti au cours des XIIIe et XIVe s., était autrefois exploité par des moines franciscains, lesquels ont planté et cultivé les premiers ceps du domaine. Conduit depuis 2017 par Marie-Françoise Ratron, le vignoble s'étend sur 23 ha.

Premier millésime de saumur blanc du domaine, ce 2023 se révèle fort réussi, tout en arômes et en fraîcheur, irrigué de belles notes de fleurs blanches et d'agrumes. C'est aussi un vin très appétant en bouche, alerte et souple, à déguster dès à présent avec des entrées légères, un saumon gravlax ou un tartare de daurade par exemple. ⌛ 2024-2028

EARL DOM. RATRON, Clos des Cordeliers, chem. des Cordeliers, 49400 Souzay-Champigny, tél. 02 41 52 95 48, domaine-ratron@clos-des-cordeliers.com V *t.l.j. 10h-12h15 14h-18h15; f. sam. en janv.*

B **DOM. DE ROCHEVILLE** La Jouvencelle 2023 ★

	9 800		11 à 15 €

Créé en 2005 par Philippe Porché, ce domaine s'étend sur 17 ha certifiés bio depuis 2019. Les châteaux de la Loire ont inspiré le propriétaire qui a nommé ses cuvées Le Roi, Le Prince, Le Fou du roi, La Dame, Le Page…

Ce chenin élevé en foudres et en barriques s'ouvre sur de ravissantes notes de fleurs, d'agrumes et de fruits blancs. La bouche prolonge ce registre printanier autour d'une texture à la fois souple, ronde, vive et minérale. Un vin complet, tout indiqué pour accompagner des fromages frais ou des crustacés. ⌛ 2024-2028

DOM. DE ROCHEVILLE, Les Hauts-de-Valbrun, 49730 Parnay, tél. 02 41 38 10 00, contact@domainederocheville.fr V *r.-v.*

DOM. DES RUAULTS 2023 ★

	7 500		8 à 11 €

Situé à Puy-Notre-Dame, au cœur du Saumurois, ce domaine est depuis 2017 la propriété de la famille Faivre, qui veille sur 15 ha de vignes.

Avec ses jolis fruits mûrs, sa bouche tout en souplesse et en équilibre, ce cabernet franc convainc immédiatement. Il est déjà prêt à boire et s'accordera parfaitement à une côtelette d'agneau aux herbes ou un rôti de veau. ⌛ 2024-2027

DOM. LES RUAULTS, 4, rue Pierre-Guyard, 49260 Le Puy-Notre-Dame, tél. 02 41 52 31 29, crodriguez@lesruaults.com V *r.-v.*

B **DOM. SAINT-LANDOR**
Puy-Notre-Dame L'Obligé 2021 ★

	3 500		11 à 15 €

Un domaine familial de 21 ha, certifié bio, conduit depuis 2006 par la quatrième génération de Georget, les frères Thomas et Antoine.

Ce rouge élevé en barriques durant 16 mois combine structure, finesse et plaisir. D'emblée séducteur pour ses parfums de groseille, de cassis, d'épices et de toasté, il plaît aussi pour ses tanins mûrs et soyeux en soutien d'une bouche d'une belle rondeur, où le fruit et la fraîcheur sont également bien présents. Un vin gourmand, aimable et long, à marier à une viande rouge en sauce. ⌛ 2024-2028

DOM. SAINT-LANDOR, 3, rue de la Petite-Fête, 86120 Les Trois-Moutiers, tél. 06 32 41 06 21, contact@domainesaintlandor.fr V *r.-v.*

DOM. DE LA SALPÊTRIÈRE
Méthode traditionnelle Demi-sec ★

	2 000		5 à 8 €

Un domaine familial de 3 ha à sa création en 1987, de 30 ha aujourd'hui, conduit depuis 2017 par la troisième génération de Jourdain.

Ce chenin demi-sec dévoile des notes légères de fleurs blanches et de fruits frais, prolongées par un palais très agréable, salué pour son équilibre et sa souplesse. Un effervescent qui s'associera volontiers à un dessert peu sucré ou acidulé, une salade d'agrumes ou une tarte au citron par exemple. ⌛ 2024-2026

EARL JOURDAIN, Dom. de la Salpêtrière, 1, rue de la Givaudière, 49260 Le Puy-Notre-Dame, tél. 02 41 52 25 12, earljourdain@orange.fr V *r.-v.*

VEUVE AMIOT Cuvée réservée ★

	51 000		5 à 8 €

Fondée en 1884 par Élisa Amiot, cette maison s'est spécialisée dans les fines bulles de Saumur et les crémants de Loire, qu'elle élabore toujours de façon traditionnelle dans ses caves séculaires troglodytes. Depuis 1988, elle appartient à la Compagnie française des grands vins, l'un des négoces les plus importants du Saumurois en matière d'effervescents.

Cette bulle fait la part belle au chenin (90 %) et se révèle très classique, autour d'une agréable palette de fruits frais, de fleurs blanches et une pointe de grillé. Facile à boire, fraîche, souple et de bonne longueur, elle sera idéale à l'apéritif, sur des poissons marinés ou bien des fromages secs par exemple. ⌛ 2024-2025

VEUVE AMIOT, 19, rue Jean-Ackerman, Saint-Hilaire-Saint-Floret, 49400 Saumur, tél. 02 41 83 14 14, admin@veuve-amiot.com V *r.-v.*

DOM. DU VIEUX BOURG Excalibu 2023 ★★

	4 500		8 à 11 €

Jean-Marie Girard et son frère Noël ont créé en 1987 ce domaine établi à Varrains, qui a pour enseigne un pressoir à long fût datant du XVIIIe s. Leurs vignes implantées sur des sols argilo-sableux couvrent 19 ha.

Associant un élevage en barriques et en jarres de grès, ce chenin se montre expressif, autour de notes d'agrumes, de fleurs blanches et de fruits blancs mûrs. En bouche, il évolue sur la tension sans jamais perdre l'équilibre, porté par une belle persistance fruitée et acidulée et par un boisé savamment dosé. ⌛ 2024-2028 **Clos Poinçon 2022 ★ (8 à 11 €; 5000 b.)** Rond et harmonieux, se livrant à travers les arômes toastés, fumés et grillés de son élevage en barriques, ce blanc séduit par sa trame ample et riche, mais il conserve aussi de la fraîcheur renforcée par une tonalité acidulée. Un vin soigné, bâti pour durer et pour la table. ⧗ 2024-2030

DOM. DU VIEUX BOURG, 30, Grand-Rue, 49400 Varrains, tél. 06 86 75 43 81, n.girard@vieux-bourg.com V *t.l.j. sf dim. 9h-12h 15h-18h*

♥ DOM. DU VIEUX PRESSOIR Élégance 2022 ★★

| 26000 | | 8 à 11 € |

Ce domaine a été racheté en 2015 par la famille Vagnon, qui en a délégué la gestion en 2017 à Frédéric Étienne, aux commandes de 26 ha de vignes en conversion bio. Il tire son nom d'un vieux pressoir datant du début du XXe s.

Ce magnifique chenin s'ouvre sur de friandes notes de miel, de fruits exotiques et d'agrumes. Suave et caressant en bouche, de grand confort, il se montre aussi ample et complexe, parfaitement stimulé par une fraîcheur innée. Un très beau blanc de gastronomie alliant finesse, dynamisme et matière, à marier à des poissons cuisinés, en sauce ou grillés, ou à un risotto aux champignons. ⧗ 2024-2029

DOM. DU VIEUX PRESSOIR, 205, rue du Château-d'Oiré, 49260 Vaudelnay, tél. 02 41 52 21 78, frederic@levieuxpressoir.fr V *t.l.j. 9h-12h 14h-18h; sam. dim. sur r.-v.*

SAUMUR-CHAMPIGNY

Superficie : 1 376 ha / Production : 74 442 hl

Entre Saumur et Montsoreau, ce vignoble s'insère dans l'aire du saumur, près de la Loire. Si son expansion est récente, les vins rouges de Champigny sont connus depuis plusieurs siècles. Produits dans neuf communes à partir du cabernet franc (ou breton) parfois complété de cabernet-sauvignon, ils sont fruités, charnus et souples. Ils sont à découvrir dans des villages typiques aux rues étroites et aux caves de tuffeau.

DOM. DES AMANDIERS Cuvée Amande 2022 ★

| 6000 | | 5 à 8 € |

Marc Rideau a repris les vignes de son grand-père en 1985, puis une autre exploitation en 1993 et agrandi le vignoble : 10 ha répartis dans quatre communes, Montsoreau, Parnay, Souzay, Champigny et Turquant. Son fils Étienne l'a rejoint en 2015.

Avec un fruit bien mûr et une belle onctuosité, ce rouge a de quoi ravir. Un vin délicieux, prêt à être apprécié sur la jeunesse pour son fruité franc de baies sauvages et de bourgeon de cassis, sa trame souple et gourmande et son profil léger. ⧗ 2024-2026

EARL LES AMANDIERS, 11, rue Château-Gaillard, 49730 Turquant, tél. 06 78 35 14 00, domaineamandiers@orange.fr V *r.-v.*

DOM. LA BONNELIÈRE L'Excellence 2022 ★

| 6000 | | 11 à 15 € |

Après un parcours diversifié dans des vignobles en France et à l'étranger, Anthony et Cédric Bonneau ont repris les rênes de la propriété familiale en 2000. Implanté sur les terres argilo-calcaires de la butte des Poyeux dominant la jolie vallée du Thouet, affluent de la Loire, le domaine couvre 42 ha.

D'une belle harmonie, ce rouge ravit par son fruité intense et bien présent tout du long, avec une petite touche boisée sous-jacente, une bouche de beau volume, encore ferme mais sans dureté aucune. ⧗ 2024-2028

DOM. LA BONNELIÈRE, 45, rue du Bourg-Neuf, 49400 Varrains, tél. 02 41 52 92 38, bonneau@labonneliere.com V *r.-v.*

CLOS DES CORDELIERS Cuvée Tradition 2022 ★

| 33252 | | 8 à 11 € |

Le Clos des Cordeliers, bâti au cours des XIIIe et XIVe s., était autrefois exploité par des moines franciscains, lesquels ont planté et cultivé les premiers ceps du domaine. Conduit depuis 2017 par Marie-Françoise Ratron, le vignoble s'étend sur 23 ha.

Affichant l'expression classique d'un millésime chaud, ce vin compte de nombreux atouts. Des notes de réglisse et de mûre prennent place dans une bouche d'un bon volume, longue et fraîche, marquée par sa générosité et sa puissance. L'harmonie est au rendez-vous et l'on s'en régalera volontiers sur des côtes de cochon grillées. ⧗ 2024-2029 ■ **Prestige 2022 ★ (15 à 20 €; 7046 b.)** Cette cuvée présente de beaux arômes de fruits noirs, onctueux et généreux. La bouche reprend ce registre avec un beau velouté de tanins, de l'équilibre et de la fraîcheur. Un beau vin parfaitement en phase avec son appellation. ⧗ 2024-2029

EARL DOM. RATRON, Clos des Cordeliers, chem. des Cordeliers, 49400 Souzay-Champigny, tél. 02 41 52 95 48, domaine-ratron@clos-des-cordeliers.com V *t.l.j. 10h-12h15 14h-18h15; f. sam. en janv.*

DOM. DES COUTURES L'Épanouie 2022 ★

| 33100 | | 8 à 11 € |

La commune de Turquant, qui s'étire contre une falaise de tuffeau percée de caves, abrite un grand nombre de vignerons. Parmi eux, Vincent Nicolas, ingénieur agronome, installé sur le domaine familial (19 ha) depuis 2008. La conversion vers l'agriculture biologique est amorcée depuis 2021 et une première cuvée sera labellisée avec le millésime 2023.

Structuré et dense, ce rouge se montre encore ferme et puissant à ce stade, cerné de beaux arômes de fruits noirs, affichant une trame cossue, du volume et des tanins bien présents. Un vin en devenir. ⧗ 2025-2030 ■ **La Flamboyante 2022 ★ (15 à 20 €; 2000 b.)** Riche, de bon volume et servi par un élevage sous bois encore très perceptible à ce stade de jeunesse, ce cabernet franc convainc. Il reste agréable, harmonieux et intensément fruité. À conserver encore en cave. ⧗ 2026-2032

SCEA NICOLAS ET FILS (DOM. DES COUTURES), 53, rue des Martyrs, 49730 Turquant, tél. 02 41 38 11 29, domainedescoutures@orange.fr V *r.-v.*

DOM. DES DAMOISELLES Les Tennières 2023 ★★

80000		8 à 11 €

Un domaine familial de 28 ha, dirigé depuis 2016 par Catherine et Patrice Rétif, qui ont converti et certifié leur vignoble en culture biologique.

Voilà un rouge équilibré, bien typé et qui fait honneur à son origine. Des notes de violette, d'épices et de fruits noirs prennent place dans une bouche aimable, ample, cadrée par des tanins fondus. 2024-2027 **Horizon 2023 ★★ (11 à 15 €; 33000 b.)** Tout en intensité de fruit, avec des touches de sous-bois et d'épices, ce vin structuré et complexe possède de l'intensité, une trame riche, des tanins fins et subtils, et beaucoup d'énergie et de tension. 2024-2029

DOM. DES DAMOISELLES, Le Fief-Garnier, 49400 Souzay-Champigny, tél. 06 11 36 11 26, domaine@desdamoiselles.fr V r.-v.

DOM. DUBOIS Cuvée d'automne 2023 ★★

4000		5 à 8 €

Ce domaine remonte à 1880, époque à laquelle le vignoble produisait presque exclusivement des vins blancs. Depuis 2008, c'est Christelle Dubois, représentant la cinquième génération, qui exploite quelque 19 ha essentiellement plantés en cabernet franc.

Voilà un saumur-champigny très accessible, dont on appréciera sans détour son beau fruit aux accents de baies noires, son palais rond, ample, gras, persistant, affichant une maturité parfaite. Un bel ambassadeur du cru, gourmand et harmonieux. 2024-2028 **Boutifolle 2023 ★ (5 à 8 €; 8000 b.)** Un bon classique de l'appellation, campé sur un beau volume de bouche, des tanins fondus et un fruit noir bien présent. Un vin rond et harmonieux à apprécier dans sa jeunesse, sur des charcuteries ou une volaille. 2024-2027

DOM. DUBOIS, 8, rte de Chacé, Saint-Cyr-en-Bourg, 49260 Bellevigne-les-Châteaux, tél. 06 10 12 27 72, ch-dubois@hotmail.com V r.-v.

DOM. DES FRÉMONCLAIRS QV 2023 ★

	1000	11 à 15 €

Christophe Hallouin a pris en 1997 la tête de ce domaine de 22 ha qui se transmet de père en fils depuis cinq générations. Le vigneron conduit, selon les principes de l'agriculture raisonnée, un vignoble adossé à la falaise de Turquant.

Élevé en jarres de grès, ce rouge issu d'une petite parcelle de 50 ares de vignes s'offre avec gourmandise dans une tonalité fruitée et épicée. À cette palette subtile s'ajoute une matière de bon aloi, dotée de tanins présents sans excès, avec tout du long une belle ligne acidulée. 2024-2027 **La Matinière 2023 ★ (11 à 15 €; 1000 b.)** Ce joli saumur-champigny, dominé par les notes de fruits noirs et les épices, se montre souple, fin et onctueux en bouche. Un bon classique du secteur, qui s'accordera facilement à des grillades ou des charcuteries. 2024-2027

DOM. DES FRÉMONCLAIRS, 45, rue des Martyrs, 49730 Turquant, tél. 02 41 38 14 81, dom.fremonclairs@wanadoo.fr V r.-v.

DOM. LAVIGNE 2023 ★★

84000		8 à 11 €

Pascale et Antoine Véron, fille et gendre de Gilbert Lavigne, sont aujourd'hui aux commandes de l'exploitation familiale, qui s'étend sur 43 ha. Située au cœur de l'appellation saumur-champigny, elle est plantée majoritairement de cabernet franc.

De la souplesse, des tanins soyeux, une matière friande et ronde qui ne manque pas de volume : ce rouge joue la carte de l'amabilité et de la légèreté. On en profite dès à présent. 2024-2027

DOM. LAVIGNE, 15, rue des Rogelins, 49400 Varrains, tél. 02 41 52 92 57, scea.lavigne-veron@orange.fr V t.l.j. sf dim. 9h-12h 14h-17h

DOM. DE NERLEUX Cuvée de printemps 2023 ★

6700		11 à 15 €

Valeur sûre du Saumurois, le Dom. de Nerleux (« loups noirs » en ancien français) est ancré dans les terres de Saint-Cyr-en-Bourg depuis neuf générations. Couvrant aujourd'hui 30 ha en conversion biologique, son vignoble est désormais conduit par Amélie Neau, qui a rejoint le domaine en 2010.

Vinifié sans sulfites ajoutés, ce vin bien équilibré réjouit sans détour. Peu concentré, il plaît pour sa finesse, ses tanins fondus, son fruit croquant, sa trame légère, souple et très digeste. À déguster dès l'apéritif, avec une bonne terrine de campagne par exemple. 2024-2026

DOM. DE NERLEUX, 4, rue de la Paleine, Saint-Cyr-en-Bourg, 49260 Bellevigne-les-Châteaux, tél. 02 41 51 61 04, contact@nerleux.fr V t.l.j. sf dim. 10h-12h30 13h30-18h

DOM. DES RAYNIÈRES Vieilles Vignes 2022 ★

5000		8 à 11 €

Ce domaine, dont les origines remonteraient à 1840, est depuis 2006 conduit par Sylvain Rebeilleau (sixième génération). Le vignoble s'étend sur 32 ha autour du village viticole de Varrains.

De belles notes florales, de menthol et de fruits frais se mêlent dans ce vin très abordable, élevé sans apport de bois. La bouche sur la fraîcheur, intense et équilibrée, est bien proportionnée. Pourquoi ne pas l'essayer avec un osso bucco ? 2024-2028

DOM. DES RAYNIÈRES, 33, rue du Ruau, 49400 Varrains, tél. 02 41 52 44 87, contact@domainedesraynieres.com V t.l.j. sf sam. dim. 10h-12h 14h30-17h

DOM. DE ROCHEVILLE Le Prince 2022 ★

16900		11 à 15 €

Créé en 2005 par Philippe Porché, ce domaine s'étend sur 17 ha certifiés bio depuis 2019. Les châteaux de la Loire ont inspiré le propriétaire qui a nommé ses cuvées Le Roi, Le Prince, Le Fou du roi, La Dame, Le Page…

Un fruit expressif et mûr, un beau volume de bouche, de la structure sans excès autour de tanins présents mais fondus : ce cabernet franc représente bien son appellation. À boire ou à garder. 2024-2028

⊶ *DOM. DE ROCHEVILLE, Les Hauts-de-Valbrun, 49730 Parnay, tél. 02 41 38 10 00, contact@domainederocheville.fr* V *r.-v.*

♥ LA SEIGNEURIE
Les Clos de la Seigneurie 2022 ★★

■	6000		11 à 15 €

Le vignoble (20 ha aujourd'hui), créé en 1969 par Pierre-Louis Foucher, est situé sur les hauteurs de la ville de Saumur et la salle de dégustation offre un panorama à 180 degrés sur la vallée de la Loire. Il a été repris en 2005 par Alban Foucher, fils du fondateur, et est certifié bio depuis 2023. Un incontournable du Saumurois.

Issu de vignes vénérables de 80 ans, ce superbe cabernet franc réjouit d'emblée par ses arômes de fruits noirs mêlés d'un accent torréfié. Le charme continue d'opérer dans une bouche exquise, d'une harmonie parfaite, puissante sans excès, onctueuse, riche, veloutée, persistante. Il pourra encore se conserver et s'affiner tranquillement en cave. Un coup de cœur qui s'ajoute à une très belle collection. ⧗ 2025-2030 ■ **2023 ★ (8 à 11 €; 30000 b.)** Ⓑ Ce vin certifié bio s'offre avec bonheur autour de notes de violette, de framboise et d'épices. C'est un cabernet à la fois puissant, onctueux, rond et gourmand en bouche, doté d'une longue et belle finale. À savourer dès aujourd'hui ou dans quelques années. ⧗ 2024-2028

⊶ *LA SEIGNEURIE, 71, rte de Champigny, 49400 Saumur, tél. 02 41 50 11 15, laseigneurie.vins@hotmail.fr* V *t.l.j. 10h-18h* Ⓔ

Ⓑ CH. DE TARGÉ 2022 ★★

■	30000		8 à 11 €

Une ancienne résidence de chasse des secrétaires personnels des rois Louis XIV et Louis XV. Certains de leurs descendants, dont Edgard Pisani, furent au service de la République. Après Édouard Pisani-Ferry, ingénieur agronome, c'est son fils Paul qui exploite aujourd'hui ce vignoble de 24 ha certifié bio depuis 2020.

Sur le versant de la finesse, ce joli saumur-champigny régale de ses accents de fruits noirs, de sous-bois, de poivre et d'épices. C'est un vin jeune mais déjà très élégant, doté d'une longueur très appréciable et d'une belle sève de tanins. Un vin d'une totale harmonie. ⧗ 2024-2028

⊶ *CH. DE TARGÉ, Ch. de Targé, chem. de Targé, 49730 Parnay, tél. 02 41 38 11 50, paul@chateaudetarge.fr* V *t.l.j. 10h-12h30 14h-18h* Ⓔ

DOM. DU VIEUX BOURG Authentique 2022 ★★

■	2400		11 à 15 €

Jean-Marie Girard et son frère Noël ont créé en 1987 ce domaine établi à Varrains, qui a pour enseigne un pressoir à long fût datant du XVIIIe s. Leurs vignes implantées sur des sols argilo-sableux couvrent 19 ha.

Voilà un vin sensuel, tout en rondeur et en délicatesse. On appréciera son harmonie générale, ses tanins onctueux, sa trame riche et élégante, parée de beaux arômes de fruits noirs, de vanille et d'épices. Un vin à boire ou à garder. ⧗ 2025-2030

⊶ *DOM. DU VIEUX BOURG, 30, Grand-Rue, 49400 Varrains, tél. 06 86 75 43 81, n.girard@vieux-bourg.com* V *t.l.j. sf dim. 9h-12h 15h-18h* Ⓒ

➡ LA TOURAINE

TOURAINE

Superficie : 4 470 ha
Production : 254 353 hl (30 % rouge, 14 % mousseux)

S'étendant des portes de Montsoreau à l'ouest jusqu'à Blois et Selles-sur-Cher à l'est, l'aire d'appellation régionale touraine est principalement localisée de part et d'autre des vallées de la Loire, de l'Indre et du Cher. Le tuffeau affleure rarement; les sols surmontent le plus souvent l'argile à silex. Les vins rouges proviennent de gamay (cépage exclusif des touraines primeurs), ou d'assemblage de cépages plus tanniques, comme le cabernet franc et le côt. À base de deux ou trois cépages, ils ont une bonne tenue en bouteille. Nés du cépage sauvignon qui, depuis quarante ans, a détrôné les autres, les blancs sont secs. Une partie de la production des blancs et des rosés est élaborée en mousseux selon la méthode traditionnelle. Toujours secs, friands et fruités, les rosés sont élaborés à partir des cépages rouges.

DOM. DES 7 LIEUES Côt 2023 ★

■	48000		5 à 8 €

Cette union de producteurs créée en 1925 vinifie les raisins de nombreuses exploitations situées aux portes des châteaux d'Amboise et de Chenonceau. Elle exploite aussi ses propres vignes, reprenant des vignobles sans succession.

Coloré, très parfumé, sur des notes de fruits noirs et de violette rafraîchies de menthol, un côt séduisant, bien rond à l'attaque, pulpeux et soutenu en douceur par des tanins très tendres. Facile à boire, on l'ouvre dès l'apéritif. ⧗ 2024-2027

⊶ *CELLIER DU BEAUJARDIN, 32, av. du 11-Novembre, 37150 Bléré, tél. 02 47 57 91 04, accueil@vins-beaujardin.com* V *t.l.j. sf dim. 9h-12h30 14h-18h30*

DOM. GUY ALLION Chant de lune 2023 ★

■	20000		5 à 8 €

Cette ancienne ferme en polyculture s'est spécialisée dans la vigne et orientée vers la vente directe après l'installation en 1999 de Cédric Allion. Le vigneron exploite 37 ha couvrant les coteaux de Thésée et de Monthou-sur-Cher, sur la rive droite du Cher, non loin du château de Chenonceaux.

Une robe légère, limpide, aux reflets bronze, des arômes stimulants de fruits frais relevés d'une touche fumée, une bouche acidulée, digeste, qui ne manque ni de croquant ni de longueur : « un bel équilibre » conclut le jury. ⧗ 2024-2025

GUY ALLION, 15, rue du Haut-Perron, 41140 Thésée, tél. 02 54 71 48 01, contact@guyallion.com V t.l.j. sf sam. dim. 8h-12h30 14h-17h30 E

B DOM. DE L'AUMONIER
Terres de l'Aumonier 2023 ★

| 80000 | 11 à 15 € |

Sophie et Thierry Chardon ont créé ce domaine en 1996 sur les terres des grands parents de Sophie. Le vignoble, réparti sur trois communes, est en agriculture biologique depuis 20 ans et en biodynamie depuis 2021.

Pas d'exubérance mais du charme dans ce sauvignon qui s'ouvre sur des nuances discrètes de fleurs et de fruits blancs. On aime la rondeur caressante de l'attaque, la précision du fruit, la vivacité stimulante de la finale et la petite touche discrète d'amertume qui achève de dynamiser le palais. ⧗ 2024-2026 **Terres de l'Aumonier 2023 ★ (11 à 15 €; 20000 b.)** B Une robe légère, des parfums discrets, fumés et épicés, une bouche poivrée, fraîche, d'une agréable fluidité, relevée de tanins un brin accrocheurs : un gamay joyeux né pour les charcuteries. ⧗ 2024-2026

DOM. DE L' AUMONIER, Villequemoy, 41110 Couffy, tél. 02 54 75 21 83, domaineaumonier@gmail.com V r.-v. E

DOM. BELLEVUE 2023 ★

| 30000 | 5 à 8 € |

Patrick Vauvy a pris en 1985 la suite des trois générations précédentes sur le domaine familial qui s'étend sur 40 ha à Noyers-sur-Cher. Une commune où l'on trouve une pépinière d'excellents vignerons et des terroirs siliceux au sous-sol argilo-calcaire donnant beaucoup de légèreté aux vins.

Les cabernets à l'appui du gamay dans ce rosé éclatant : une robe pimpante, un nez qui fleure bon les agrumes et les petits fruits rouges, une bouche stimulante, animée d'une petite rondeur gourmande et une finale acidulée et parfaitement désoiffante. Croquant ! ⧗ 2024-2025

SCEA VAUVY, Dom. Bellevue, 6, rue du Coteau, 41140 Noyers-sur-Cher, tél. 02 54 71 42 73, domainebellevue@orange.fr V r.-v.

DOM. BIET Rouge caractère 2022 ★

| 10000 | 5 à 8 € |

Jean-Marc Biet est établi depuis 1984 sur la rive gauche du Cher, dans un village tout proche de Saint-Aignan. Du domaine familial cultivé en polyculture pendant quatre générations, il n'a gardé que le vignoble, qui couvre aujourd'hui 20 ha.

Un assemblage cabernet franc et côt pour ce rouge cossu qui a bien profité des largesses du millésime. Au nez, un grand bol de fruits (cassis, groseille, fraise) nuancé de violette et de réglisse. En bouche, de la chair, du volume, de la fraîcheur, des tanins soyeux et déjà beaucoup de plaisir. Cette cuvée ne vole pas son nom. ⧗ 2024-2027

EARL DOM. BIET, 38, rte de Bel-Air, 41110 Seigy, tél. 02 54 75 34 34, jm.biet@orange.fr V t.l.j. sf sam. dim. 9h-12h 14h-18h30 D

DOM. DE LA BLINIÈRE Cuvée Prestige 2023 ★

| 6000 | 5 à 8 € |

Situé sur la rive droite du Cher, en lisière de la forêt de Gros Bois, ce domaine remonte aux années 1870. Gaëlle Charbonnier (cinquième génération) a pris en 2005 la succession de son père à la tête d'un vignoble de 21 ha.

Un petit air de primeur dans ce jeune touraine vinifié en grappes entières. On en retient les parfums guillerets de bonbon anglais, de fraise et de cerise, et la bouche élégante, légère, parfumée, prolongée par un trait d'épices. « Gouleyant » résume le jury. À boire sans trop attendre sur des charcuteries ou des grillades. ⧗ 2024-2026

GAËLLE CHARBONNIER, 3, chem. de la Blinière, 41140 Saint-Romain-sur-Cher, tél. 02 54 71 48 60, gaellecharbonnier@wanadoo.fr V r.-v.

FAMILLE BOUGRIER Gamay noir 2023 ★★

| 60000 | 5 à 8 € |

Établie au cœur de la Touraine, entre Amboise et Montrichard, cette maison créée en 1995 appartient à la famille Bougrier, propriétaire de domaines en Touraine et négociant-éleveur présent dans l'ensemble du Val de Loire (Anjou-Saumur, Nantais et Touraine).

Tout le fruit du gamay dans ce 2023 pourpre de robe, gorgé de fraises écrasées et d'épices. Le fruit ne baisse pas d'intensité dans un palais épanoui, généreux, flanqué de tanins bien pris dans la chair. Plein, tonique, gourmand, le jury ne cache pas son enthousiasme. ⧗ 2024-2028 **Sauvignon 2023 ★ (5 à 8 €; 120000 b.)** Poire, fleurs blanches, agrumes, un sauvignon qui ne manque pas de nez. Tout aussi expressive, la bouche régale et offre un joli compromis entre volume et fraîcheur. Franc et très séduisant. ⧗ 2024-2025

SAS BOUGRIER, 1, rue des Vignes, 41400 Saint-Georges-sur-Cher, tél. 02 54 32 31 36, stgeorges@bougrier.fr

PHILIPPE CATROUX 2022 ★

| 22000 | 5 à 8 € |

Comme dans de nombreuses exploitations de Limeray, l'histoire viticole familiale est ici ancienne (1890). Représentant la cinquième génération, Philippe Catroux, installé depuis 1985, conduit un domaine de 18,5 ha.

Une touche de cabernet en complément du chenin et du chardonnay dans ce mousseux ouvert sur les fruits blancs, les fruits exotiques et la réglisse. Confortable, ample, fraîche, plus florale en bouche, voilà une bulle très apéritive. ⧗ 2024-2026

PHILIPPE CATROUX, 1, rue des Caves-de-Moncé, 37530 Limeray, tél. 02 47 30 13 10, philippe.catroux@caves-catroux.com V t.l.j. sf dim. 8h30-12h30 14h-19h E

DOM. DES CHAMPS GONNEAU
Sauvignon 2023 ★

| 35000 | 5 à 8 € |

Créé en 1961 par Jean-Claude Boutin, ce domaine situé à Saint-Georges-sur-Cher est dirigé depuis 2001 par son fils Jean-Marie, épaulé par son épouse Valérie et

es deux enfants, Marie et Jean-Fabien. Le vignoble ouvre 32 ha sur des sols d'argile à silex au sein de appellation touraine.

errière une robe pâle, des parfums entêtants de citron ert, de pamplemousse et de végétal. Pas de doute, est du sauvignon blanc. Tout aussi parfumée, la ouche se montre à la fois tendre, ronde et bien vivace. émonstratif et dynamique, parfait sur des fruits de mer. 2024-2026

DOM. DES CHAMPS GONNEAU, 10, rte des Bruyères, 400 Saint-Georges-sur-Cher, tél. 02 54 75 81 60, ampsgonneau.boutin@orange.fr V *t.l.j. sf dim. 30-12h 14h-19h*

DOM. DU CHAPITRE Brin d'épice Côt 2022 ★

	12 000		8 à 11 €

stallé à Saint-Romain-sur-Cher, aux portes de la ologne viticole, sur les terroirs de la vallée du Cher, ançois Desloges perpétue une tradition vigneronne ui remonte à deux siècles. Il cultive le gamay, le abernet, le côt et le sauvignon.

n ne se précipitera pas pour déboucher ce côt bien é, sombre comme il se doit, aux parfums engageants fruits noirs et d'épices. Cadrée pour l'heure par des nins encore virils, la bouche possède la mâche et la uissance pour les digérer. Du coffre et de l'avenir. 2025-2030

GAEC DESLOGES (DOM. DU CHAPITRE), 2, rue Principale, 41140 Saint-Romain, tél. 06 75 20 04 95, domaineduchapitre@wanadoo.fr V *t.l.j. 9h-18h*

DOM. CHARBONNIER Cuvée Prestige 2022 ★

	9 000		5 à 8 €

aniel Charbonnier a pris sa retraite en 2009, mais on frère Michel et son fils Stéphane, installés en 001, sont toujours là pour conduire le domaine famiil et ses 22 ha de vignes. Leurs vins sont régulièreent mentionnés dans le Guide.

assis, fraise, olive noire, épices douces, voilà un nez qui manque pas de nuances. La violette étend la palette ans une bouche ample et tendre, cousue de tanins fins bien enrobés par la chair. La longue finale épicée et peu saline clôt en beauté la dégustation. Déjà harionieux, on peut le déboucher dès aujourd'hui ou l'atndre un peu. ⧗ 2024-2027

DOM. CHARBONNIER, 4, chem. de la Cossaie, 110 Châteauvieux, tél. 02 54 75 49 29, dms.charbonnier@ anadoo.fr V *t.l.j. sf dim. 8h-12h30 14h-19h30*

DOM. DES CORBILLIÈRES Sauvignon 2023 ★★

	90 000		8 à 11 €

tué à Oisly, en Sologne viticole, ce domaine est une s valeurs sûres de l'appellation touraine. Acquis ns les années 1920 par la famille, le vignoble, qui mpte aujourd'hui 24 ha (en conversion bio), est nduit par Dominique Barbou.

la retenue dans ce joli sauvignon, aux arômes distets mais bien typés, entre agrumes et bonbon anglais. acile, charmeuse de texture, alerte, la bouche restitue ec franchise et longueur ce même fruit frais. Terrine poisson et sardinades seront bien accompagnées. 2024-2026

EARL BARBOU, Dom. des Corbillières, 1, Les Corbillières, 41700 Oisly, tél. 02 54 79 52 75, dominique.barbou@wanadoo.fr V *r.-v.*

LES VIGNERONS DES COTEAUX ROMANAIS
L'Incôt Ruptible 2023 ★

	26 600		8 à 11 €

Établie sur la rive droite du Cher, cette coopérative, qui regroupe une vingtaine d'adhérents, a été fondée en 1957. Elle dispose de quelque 200 ha de vignes.

Pas de soufre ajouté dans ce jeune côt dont la robe très profonde annonce un nez puissant et bien typé qui décline la framboise, le cassis et la violette sur fond épicé. Des tanins logiquement serrés n'entament pas le plaisir qu'offre une chair généreuse, ample et gourmande. À ouvrir sans se presser, dans les trois ou quatre ans. ⧗ 2025-2028

SCA LES VIGNERONS DES COTEAUX ROMANAIS, 50, rue Principale, 41140 Saint-Romain-sur-Cher, tél. 02 54 71 70 74, smorin@cave-vcr.fr V *t.l.j. sf dim. 9h30-12h30 14h30-18h*

DOM. JOËL DELAUNAY Sauvignon 2023 ★★

	120 000		8 à 11 €

Joël Delaunay s'est lancé dans la vente en bouteilles en 1970. Ce vigneron réputé de l'appellation touraine a cédé en 2003 à son fils Thierry et à son épouse Marie l'exploitation, située sur la première côte de la vallée du Cher, qui couvre 47 ha aujourd'hui. Une valeur sûre, complétée par une activité de négoce.

Un bref passage en cuve pour ce sauvignon affriolant, léger, délicat, aux saveurs bien mûres de fruits blancs et jaunes. Un blanc qui sort du lot par sa pureté, sa fraîcheur et sa longueur plus qu'honorable. Du travail soigné et beaucoup de bon goût. ⧗ 2024-2027 ■ **La Brossette Gamay 2023 ★ (11 à 15 €; 8 000 b.)** Des vignes de 30 ans ont enfanté ce joli gamay au nez retenu, sur le fruit et les épices, dont on aime la rondeur, l'élégance et la trame tannique serrée, mais qui ne tardera pas à se détendre. Complet, on le laisse brièvement reposer en cave. ⧗ 2025-2027

DOM. JOËL DELAUNAY, 48, rue de la Tesnière, 41110 Pouillé, tél. 02 54 71 45 69, contact@ joeldelaunay.com V *t.l.j. sf sam. dim. 9h-12h 14h-17h30*

DOM. DESLOGES Sauvignon 2023 ★★

	50 000		5 à 8 €

Campé sur les hauteurs dominant la vallée du Cher, ce domaine a augmenté sa superficie depuis 1989, passant de 10 à 25 ha. À l'installation de Cyril Desloges en 1997, il s'est équipé d'un chai de vinification.

Un blanc qui prend son temps pour diffuser ses parfums d'abricot, de fleurs blanches et d'agrumes. Bien ronde à l'attaque, animée d'une petite sucrosité gourmande, fraîche dans ses parfums toutefois, la bouche s'entiche d'une touche saline du meilleur effet. Expressif et ample, ce sauvignon trouvera aisément sa place à table. ⧗ 2024-2026 ■ **Cuvée Prestige 2022 ★ (5 à 8 €; 3 000 b.)** Une robe sombre, des parfums expressifs centrés sur les épices et le fruit compoté, une bouche encore serrée, tenue en respect par des tanins musclés : un côt sérieux, qui s'attendrira en cave. ⧗ 2025-2029

CYRIL DESLOGES, 7, Les Petits-Bois-Bernier, 41400 Monthou-sur-Cher, tél. 02 54 71 41 54, domainedesloges@orange.fr V r.-v.

DOM. DES ÉCHARDIÈRES Sauvignon 2023 ★

	60 000		5 à 8 €

Ancien ingénieur agricole et commercial, Luc Poullain a repris en 2000 ce domaine (18 ha) situé à Pouillé, sur la rive gauche du Cher, en amont de Chenonceaux. Il s'est engagé dans la défense de l'appellation touraine-chenonceaux, dont il est le président.

Aucune fausse note dans ce sauvignon, pâle de robe mais volubile au nez avec ses parfums de pêche, de litchi et d'aubépine. Tendue à l'attaque, plus arrondie derrière, la bouche s'étire avec fraîcheur sur les agrumes en finale. Équilibré, gourmand et très fédérateur. ⧗ 2024-2026

DOM. DES ÉCHARDIÈRES, 16, rte de la Varenne, 41400 Angé, tél. 06 80 64 27 77, info@domaine-echardieres.com V r.-v.

CH. DE FONTENAY La Sainte-Marguertie 2023 ★

	15 000		8 à 11 €

Didier et Carole Corby ont repris en 1996 une exploitation située sur la rive gauche du Cher, à deux pas de Chenonceaux. Nathalie et Philippe Carli les ont rejoints à la tête de ce domaine de 13,4 ha commandé par un château des XVIIe et XIXes. entièrement restauré et écrivent désormais la suite de l'histoire.

Une robe grenat, des arômes fringants de groseille et de fraise fraîche, une bouche bien ronde à l'attaque, puis plus tonique, titillée par un soupçon de gaz carbonique et relevée d'une petite fermeté de tanins très passagère : un gamay enjoué comme la Touraine sait en produire. Le barbecue s'impose. ⧗ 2024-2027

DOM. DE FONTENAY, 3, Fontenay, 37150 Bléré, tél. 02 47 57 93 05, info@lechateaudefontenay.fr V r.-v. 5 E

B XAVIER FRISSANT
Massale des pierres 2023 ★★

	7 000		11 à 15 €

Installé depuis 1990 à Mosnes, en aval d'Amboise, Xavier Frissant cultive 15 ha de vignes certifiées bio. Un vigneron bien connu des lecteurs grâce à ses vins souvent en bonne place dans le Guide.

Xavier Frissant entretient sa très belle réputation avec ce sauvignon issu d'une sélection massale et des sols de perruche de l'appellation. Une robe limpide, un nez éclatant et stimulant sur le citron vert et le végétal frais, une bouche longue, étirée, qui charme par sa texture très caressante et onctueuse. De table assurément. ⧗ 2024-2028

XAVIER FRISSANT, 1, chem. Neuf, 37530 Mosnes, tél. 02 47 57 23 18, xf@xavierfrissant.com V *t.l.j. sf dim. 9h-12h 14h-18h* D

DOM. DU GRAND CERF
Le Grand Cerf Sauvignon 2023 ★

	234 600		5 à 8 €

Fondée en 1961, la Confrérie des Vignerons de Oisly et Thésée est une coopérative qui réunit une vingtaine d'adhérents pour 200 ha de vignes en appellations cheverny et touraine. Une «coop» innovante, l'une des premières de Loire à avoir investi dans la thermorégulation, en 1975, et plate-forme d'essais en microbiologie pour l'Institut technique de la vigne et du vin (ITV) de Tours.

Élevé sur lies fines, ce sauvignon blanc plutôt taiseux au nez prend ses aises dans une bouche bien équilibrée, déliée, légère et dynamique, égayée par des notes croquantes de fruits verts et d'agrumes. À boire sur le fruit de sa jeunesse. ⧗ 2024-2025 **Ch. de Vallagon Sauvignon 2023 ★ (5 à 8 €; 65 300 b.)** Une robe brillante, des arômes stimulants et bien typés, entre bonbon anglais, agrumes et végétal frais, une bouche souple, croquante de fruit, de bon volume, fraîche, sans une once d'amertume en finale: un touraine net et sans bavure. Apéritif, coquillages ou poissons grillés, vous avez le choix. ⧗ 2024-2026

CAVES DE LA LOIRE, Site de Oisly, 5, rue du Vivier, 41700 Oisly, tél. 02 54 79 75 20, agnes.bardet@uapl.fr V *t.l.j. sf dim.*

B DOM. DES GRANDES ESPÉRANCES
Le Roi Soleil 2022 ★★

	12 000		15 à 20

Un domaine de 50 ha conduit en bio, sur la commune de Mesland, au cœur de la Touraine, propriété de la maison Saget-La Perrière depuis 2010.

Des petits rendements et une fermentation en fûts à l'origine de ce sauvignon qui a pris le soleil de 2022, d'où ces arômes puissants centrés sur les fruits exotiques. Bien charnue à l'attaque, la bouche affiche la même amplitude et la même générosité de fruit, mais y ajoute une très jolie fraîcheur. Plein, digeste, élégant, on frôle le coup de cœur. ⧗ 2024-2029

DOM. DES GRANDES ESPÉRANCES, La Morandière, 41150 Mesland, tél. 02 54 70 24 72, info@grandes-esperances.fr r.-v.

DOM. DE L'HIRONDELLE Son Premier 2023 ★

	4 250		5 à 8

Après avoir été ouvrier agricole pendant quinze ans, Jean-Philippe Veron-Dubois a racheté (et rebaptisé) en 2023 ce domaine de 36 ha répartis en appellations touraine et en touraine-chenonceau.

Premier millésime produit et première sélection dans le Guide pour Jean-Philippe Veron-Dubois, qui a façonné ce sauvignon complet et très harmonieux. Le jury a apprécié ce fruit acidulé centré sur les agrumes et ce palais très onctueux à l'attaque, vite relevé par une très jolie acidité. Que demander de plus ? ⧗ 2024-2026 **Pigeon blanc 2023 ★ (5 à 8 €; 3130 b.)** Discrets au nez, les arômes de confiture de fraise et de cassis s'épanouissent dans une bouche revigorante, conviviale, très croquante et soutenue en douceur par des tanins juste esquissés. Facile à boire et à aimer. ⧗ 2024-2027

DOM. DE L' HIRONDELLE, 21, rue de Vitre, 41110 Saint-Aignan-sur-Cher, tél. 06 82 41 76 01, hirondellewine@gmail.com t.l.j. sf dim. 9h-12h 14h-18h

MAISON LAUDACIUS Cuvée des anges ★

	52 840		5 à 8

La Cave des Producteurs de Montlouis, créée en 19… regroupe une vingtaine de viticulteurs adhérents pour une surface cultivée de 170 ha.

ne robe soutenue, des bulles d'une belle finesse, des rômes croquants de petits fruits rouges, un palais endre, facile, sans mollesse, attendri par un juste osage (8 g/l de sucres résiduels): un rosé festif et étendu qui a bien profité de ses 12 mois d'élevage sur ttes. Tout désigné pour l'apéritif. ⧗ 2024-2026

SCA MAISON LAUDACIUS – CAVE DES RODUCTEURS DE MONTLOUIS, 2, rte de Saint-Aignan, 7270 Montlouis-sur-Loire, tél. 02 47 50 80 98, espace@ aison-laudacius.com t.l.j. 9h-12h30 14h-18h30; m. 10h-13h 14h-18h

DOM. MANDARD Gamay 2023 ★

3000 | | 5 à 8 €

eprésentant la quatrième génération de vignerons ur le domaine, Jean-Christophe Mandard, installé en 993, exploite 25 ha sur les premières côtes de la rive auche du Cher, un terroir précoce riche en silex. Son s, Jean-Baptiste, aguerri par des expériences dans le ordelais et la Vallée du Rhône, l'a rejoint en 2020.

ne robe pourpre très soutenue drape ce gamay au ez ouvert sur les fruits rouges et noirs. La fermeté des anins n'entame en rien le plaisir que l'on prend à croquer dans cette bouche charnue et ronde, un brin chaureuse, mais surtout généreuse. Parfait sur une viande ouge juste grillée. ⧗ 2024-2026

JEAN-CHRISTOPHE MANDARD, 7, rue du Haut-Bagneux, 110 Mareuil-sur-Cher, tél. 06 45 37 17 22, andard.jb@gmail.com r.-v.

DOM. MICHAUD Les Trois Côt 2022 ★★

4000 | | 8 à 11 €

stallé en 1985, Thierry Michaud exploite 25 ha e vignes (dont 80 % en appellation touraine-henonceaux) dans la vallée du Cher et élabore de lis vins de terroir nés de sols riches en silex, désorais en conversion bio. Une valeur sûre.

entôt quarante ans pour ces vignes de côt qui ont ngendré un 2022 déjà épanoui par ses 12 mois de uve. «Sympathiques» et détendus au nez, les arômes e cerise et de cassis s'immiscent dans un palais tace, crémeux, fruité, étayé de tanins particulièrement yeux. Rien ne dépasse, sauf le plaisir. ⧗ 2024-2028

DOM. MICHAUD, 20, rue des Martinières, 140 Noyers-sur-Cher, tél. 02 54 32 47 23, ierry@domainemichaud.com t.l.j. 9h-12h 14h-19h

♥ **RAPHAËL MIDOIR** Jean 2023 ★★

13000 | | 8 à 11 €

Représentant la cinquième génération, Raphaël Midoir a succédé à son père en 1997 sur la propriété familiale située au cœur de la Sologne viticole. Ce domaine de 30 ha se distingue régulièrement dans ces pages, notamment pour ses vins blancs.

ouvent salué pour ses sauvignons, Raphaël Midoir croche ici le Graal avec un gamay d'une séduction insolente, né de vénérables vignes soixantenaires. Une robe brillante aux reflets fraise, un nez affriolant de fruits rouges frais et de bonbon, une bouche douce, charnue, étayée de tanins fins, qui s'attarde sur la confiture de mûres : un must de l'année, d'une gourmandise redoutable. Pourquoi attendre? ⧗ 2024-2027

SARL RAPHAËL MIDOIR, 132, chem. des Loges-de-Vignes, 41700 Chémery, tél. 02 54 71 83 58, contact@raphaelmidoir.com t.l.j. sf dim. 9h-12h 14h-18h

DOM. DE PIERRE
Le Chemin rompu Sauvignon 2023 ★

55000 | | 5 à 8 €

Ingénieur agricole, Lionel Gosseaume, après avoir travaillé quinze ans dans des organisations professionnelles, a sauté le pas en 2007 en reprenant en fermage 9 ha à Choussy, au cœur de la Sologne viticole. Son domaine compte aujourd'hui 35 ha.

On ne se formalise pas de la discrétion du nez, le fruit (agrumes) perce dans une bouche vigoureuse, bien tendue à l'attaque, qui conserve son profil énergique jusqu'à la finale, marquée par une petite amertume de zest. Revigorant, un sauvignon blanc né pour des moules marinières. ⧗ 2024-2026 ■ **Les Grandes Bruyères 2023 ★ (5 à 8 €; 10000 b.)** Pâle de robe mais fringant au nez, sur des notes de pêche de vigne, de fraise et de framboise, voilà un rosé bien dans l'air du temps, facile, souple et acidulé. Pour l'apéritif. ⧗ 2024-2025 ■ **Gamay 2023 ★ (5 à 8 €; 6000 b.)** Du fruit et de la rondeur au programme de ce gamay croquant de bout en bout, gorgé de fraise fraîche, d'une souplesse de chair et de tanins très aimable. Universel, on l'ouvre sur une belle terrine de viande. Efficace! ⧗ 2024-2026

LIONEL GAUSSEAUME (DOM. DE PIERRE), 6, chem. des Étangs, 41700 Choussy, tél. 02 54 46 44 86, info@lionelgosseaume.fr r.-v.

LES PIERRES BLANCHES Gamay 2022 ★

13000 | | 8 à 11 €

Situé aux portes de la Sologne, entre les châteaux de Cheverny et de Chambord, ce domaine familial de 20 ha est conduit depuis 2001 par Benoît Daridan, qui s'est imposé comme une valeur sûre de l'appellation cheverny. La conversion bio est engagée depuis 2020.

Du caractère à revendre dans ce gamay couleur cerise aux arômes puissants de fruits noirs très mûrs et d'épices, mâtinés de nuances giboyeuses. Généreux comme le veut l'année, gainé de tanins corsés à la mesure de la matière, voilà un touraine qui ne laissera pas indifférent. De taille à affronter une viande en sauce. ⧗ 2024-2028

DOM. DARIDAN, 16, voie de la Marigonnerie, 41700 Cour-Cheverny, tél. 02 54 79 94 53, contact@ domainedaridan.com r.-v.

DOM. DES PIERRETTES Temporel 2022 ★

6400 | | 11 à 15 €

À deux pas du château de Chaumont-sur-Loire, aujourd'hui célèbre pour son festival des Jardins, Vincent Guilbaud et Cyril Geffard sont installés depuis 2004 sur ce domaine de 25 ha, en conversion bio.

LOIRE

Un 2022 à point, au nez subtilement fumé sur fond de fruits blancs et jaunes bien mûrs. Grasse et ample, comme le veut ce millésime solaire, la bouche sort du lot par sa puissance, sa chair onctueuse et la générosité de son fruit. Résolument de table, ce blanc est taillé pour un poisson en sauce crémée. ⧗ 2024-2028

SCEV DOM. DES PIERRETTES, 9, le Meunet, 41150 Rilly-sur-Loire, tél. 02 54 20 98 44, contact@domainedespierrettes.fr V

DOM. DE PIERRINES Dolce Vita 2023 ★

| 10 000 | 5 à 8 €

Ce domaine familial de 15 ha, rebaptisé Domaine des Pierrines en 2014, est situé sur la première côte du val de Cher. Il est conduit depuis 2004 par Fabrice Delaunay, qui succède à ses parents Daniel et Pierrette. Le vignoble est certifié bio (pour 50 %) ou en cours de conversion, avec une sensibilité marquée pour l'agroforesterie.

Fin, dynamique, centré sur le citron vert, le nez ouvre sur un palais cossu, large, de très bonne allonge, ponctué en finale d'une petite amertume qui s'effacera à table. Harmonieux, plein et prêt à boire, il accompagnera volontiers poissons au four et viandes blanches marinées au citron, ou, pour un air de... dolce vita, des *liguine alle vongole*. ⧗ 2024-2027

DOM. DES PIERRINES, 2, rue de la Bergerie, 41110 Pouillé, tél. 06 84 05 64 43, fabricedelaunay@hotmail.com V *r.-v.*

♥ DOM. DE LA RENAUDIE Albert Denis 2023 ★★★

| 10 000 | 5 à 8 €

Depuis 2016, Charlotte Denis a pris la succession d'une lignée familiale remontant à 1923 sur ce domaine de 30 ha implanté à Mareuil-sur-Cher, sur les coteaux de la rive gauche du Cher, qui proudit du touraine et touraine-chenonceaux.

Régulièrement en vue, cette cuvée s'envole dans sa version 2023 et épate le jury avec sa parfaite maturité : des arômes complexes et épanouis de fruits noirs, de réglisse, de pruneau et de sous-bois, une attaque charnue et savoureuse, un milieu de bouche relevé de jeunes tanins parfaitement enrobés, une finale aimable entre violette et café. Terriblement séduisant mais taillé pour la garde, un côt tout simplement parfait. ⧗ 2025-2030

DOM. DE LA RENAUDIE, 115, rte de Saint-Aignan, 41110 Mareuil-sur-Cher, tél. 02 54 75 18 72, domaine.renaudie@wanadoo.fr V *t.l.j. sf dim. 9h-12h 14h-18h30*

DOM. ROC DE CHÂTEAUVIEUX Sauvignon 2023 ★

| 89 000 | - de 5 €

Négociant apprécié en Touraine et producteur par ailleurs, Pierre Chainier a racheté en 2001 à la famille Paumier ce vaste domaine de 125 ha, situé sur la rive gauche du Cher. Les vignes sont implantées dans des sols argilo-calcaires propices au sauvignon.

Une robe à peine teintée, un nez ténu mais typé qu décline le buis, l'aubépine ou encore la pêche, ur bouche ronde à l'attaque, puis fluide, gourmande e florale, relevée par une acidité un poil incisive : un bo classique à tout petit prix. ⧗ 2024-2026

SCEA ROC DE CHÂTEAUVIEUX, 1 bis, chem. de la Galerne, 41110 Châteauvieux, tél. 02 47 30 73 07, rocdechateauvieux@orange.fr

DOM. DE LA ROCHETTE Sauvignon 2023 ★

| 140 000 | 5 à 8

Établi dans le joli village viticole de Pouillé, sur la riv gauche du Cher, Vincent Leclair a pris la suite de so père François en 2014, à la tête d'une exploitation q conjugue la modernité du chai avec la tradition de caves creusées dans le tuffeau. Le vignoble couvr 50 ha planté de dix cépages.

Fraîchement sorti des cuves, un sauvignon blanc d'u joli classicisme, réservé au nez mais joliment compos en bouche, tendre, de bon volume, qui s'attarde longue ment sur le fruit frais. Facile, convivial, et sans doute u peu plus ouvert dans quelques mois. ⧗ 2024-2026

DOM. DE LA ROCHETTE, 79, rte de Montrichard, 41110 Pouillé, tél. 02 54 71 44 02, info@vin-rochette-leclair.com V *t.l.j. sf dim. 8h-17h; sam. 9h-12h*

DOM. DES ROY Arpents des Roy Sauvignon 2023 ★

| 10 000 | 8 à 11

Anne-Cécile Roy, œnologue, a repris en 2005 le rênes du domaine familial situé sur la rive droite c Cher. Épaulée par son époux Yohann, technicien vit cole et fils de vigneron, elle conduit son exploitatic en agriculture biologique.

Beaucoup d'élégance et de bon goût dans ce blar printanier, aux senteurs florales et fruitées (agrume fruits blancs, groseilles à maquereaux), qui séduit p son toucher soyeux, sa chair étirée et sa finale fraîche enlevée. Parfait avec un poisson fin ou des Saint-Jacqu poêlées. ⧗ 2024-2026

DOM. DES ROY, 3, rue Franche, 41400 Pontlevoy, tél. 02 54 32 51 07, domaine-des-roy@orange.fr V *r.-v.*

DOM. SAUVÈTE Solaris 2023 ★★

| 7500 | 11 à 15

Georges, l'arrière-grand-père, a planté le premi cep en 1905. Aujourd'hui, le vignoble couvre 18 conduits en bio par Jérôme Sauvète, sa femn Dominique et leur fille Mathilde.

Le jury sous le charme de ce gamay juteux, aux arôm croquants de fruits rouges bien mûrs et compote Les épices, poivre et piment en tête, prennent la su dans une bouche savoureuse, ronde, bien vineus discrètement étayée de tanins très fins. Génére parfumé, épicé, convivial, on frôle le coup de cœ ⧗ 2024-2028

DOM. SAUVÈTE, 15, rte des Vignes, 41400 Monthou-sur-Cher, tél. 02 54 71 48 68, domaine-sauvete@wanadoo.fr V *t.l.j. sf dim. 10h-12h 14h-19h; 18h nov. à mars*

MICHEL VAUVY ZK114 2023 ★

	4000		11 à 15 €

ssu d'une famille de viticulteurs tourangeaux, Mathieu Vauvy a repris en 2023 l'exploitation de son voisin etraité située à Noyers-sur-Cher et exploite, en bio, un eu moins de 7 ha de vignes.

Jn tout jeune domaine qui signe un blanc convaincant, ntensément fruité dès l'olfaction, sur des nuances e poire et de fruits exotiques agrémentées de notes 'herbe fraîche. Bien rond dès l'entame, puis plus itronné et un peu perlant, le palais déploie une belle natière, à la fois grasse et fraîche, qui insiste longuement sur les agrumes en finale. Un vin aussi harmonieux ue généreux. ⧗ 2024-2027

MICHEL VAUVY, 81, rue Nationale, 1140 Noyers-sur-Cher, tél. 06 42 13 33 51, auvym@gmail.com V

DOM. VILLEMAINE Émynence 2022 ★

	4000		11 à 15 €

Située sur la rive droite du Cher, cette propriété a été cquise en 1825 par l'arrière-grand-père de Jean-Marc 'illemaine. Ce dernier y est installé depuis 1995, à la ête aujourd'hui de 45 ha de vignes (dont une partie st en conversion bio depuis 2019), plantés principalement de sauvignon.

Ine robe sombre aux reflets brillants, un grand bol de ruits noirs et rouges saupoudrés de vanille (élevage en ûts), l'introduction est de bon augure. Un toucher enveloppant, des tanins parfaitement ajustés à la chair, un ruit gourmand qui se teinte de poivre dans une finale ui ne manque pas de fraîcheur : aucune déception en ouche pour ce côt habilement construit. Déjà agréable nais du potentiel. ⧗ 2024-2028

DOM. VILLEMAINE, 62 bis, rue des Charmoises, 1140 Thésée, tél. 02 54 71 52 69, domaine-villemaine@ mail.com V *t.l.j. sf dim. 9h-12h 13h30-18h30*

TOURAINE-AMBOISE

uperficie : 165 ha
roduction : 8 767 hl (83 % rouge et rosé)

e part et d'autre de la Loire, sur laquelle veille le hâteau d'Amboise des XVe et XVI[e]s., non loin du anoir du Clos-Lucé où vécut et mourut Léonard de 'inci, ce vignoble produit des vins rosés et rouges partir du gamay, du côt et du cabernet franc. Ce ont des vins pleins, aux tanins légers; lorsque côt t cabernet dominent, les rouges ont une certaine ptitude à la garde. Les mêmes cépages donnent des osés secs et tendres, fruités et bien typés. Secs, emi-secs ou moelleux selon les années, les blancs, ssus de chenin, peuvent également être gardés n cave.

PHILIPPE CATROUX Cuvée de Moncé 2022 ★

	3000		5 à 8 €

omme dans de nombreuses exploitations de imeray, l'histoire viticole familiale est ici ancienne (1890). Représentant la cinquième génération, Philippe Catroux, installé depuis 1985, conduit un domaine de 18,5 ha.

Un côt attendri par 15 mois de cuve, presque noir de robe, aux arômes appétants de confiture de mûres, de fruits rouges et d'épices. Présents mais bien mûrs, les tanins se fondent dans une chair ronde, croquante, infusée de fruits rouges frais. « Gouleyant » résume le jury. ⧗ 2024-2027 **Amboise 2022 ★ (5 à 8 €; 3000 b.)** Un fond de douceur (21 g/l de sucres résiduels) attendrit ce chenin séduisant, ample au palais, parfumé (abricot, pêche), équilibré et doté d'une finale épicée et minérale du meilleur effet. Déjà séduisant, mais rien ne presse. ⧗ 2024-2028

PHILIPPE CATROUX, 1, rue des Caves-de-Moncé, 37530 Limeray, tél. 02 47 30 13 10, philippe.catroux@ caves-catroux.com V *t.l.j. sf dim. 8h30-12h30 14h-19h* E

DOM. DUTERTRE Les Buttelières 2022 ★

	5000		8 à 11 €

Représentant la cinquième génération, Gilles Dutertre, fils de Jacques et petit-fils de Gabriel, a repris les rênes de ce domaine familial en 1996. Créé par son trisaïeul au début du XX[e]s. à partir d'un hectare, le vignoble couvre aujourd'hui 37 ha.

Une cuvée d'une belle régularité qui nous revient en forme dans ce millésime généreux. Une robe framboise et un bouquet flatteur de cassis, de violette et de cerise introduisent un palais charnu, étayé de tanins encore serrés mais bien enrobés par l'élevage. La finale fraîche, florale et épicée, conclut en beauté la dégustation. Un côt fringant, déjà très agréable, et pour quelques années encore. ⧗ 2025-2028

DOM. DUTERTRE, 20-21, rue d'Enfer, 37530 Limeray, tél. 02 47 30 10 69, domainedutertre37@gmail.com V *t.l.j. sf dim. 9h-12h30 14h-18h* E

THOMAS FRISSANT Les Perrières 2022 ★★

	6800		20 à 30 €

Thomas Frissant a multiplié les expériences en France et à l'étranger (Australie, Nouvelle-Zélande) avant de s'installer en 2019, à 27 ans, en Touraine, où il exploite 14 ha de vignes en bio ou en conversion sur des terroirs d'argile à silex.

Des vignes de 60 ans et un élevage savant sous bois et amphore sont à l'origine de ce chenin de haut vol, qui marie au nez les fruits jaunes bien mûrs et les épices sur un fond minéral. Une touche dynamique d'agrumes renforce la sensation de fraîcheur qui émane d'une bouche puissante, caressante, d'une longueur remarquable et remarquée. Mûr et frais à la fois, d'un équilibre magistral, c'est un bel ambassadeur de l'appellation. ⧗ 2024-2029 **La Touche 2022 ★ (11 à 15 €; 7000 b.)** Un côt tout en fruit, au nez très flatteur de framboise, de cerise ou encore de cassis, qui se fait plus épicé dans une bouche ronde et souple à souhait, soutenue en douceur par des tanins déjà fondants. Très gourmand. ⧗ 2024-2027

THOMAS FRISSANT, 1, chem. Neuf, 37530 Mosnes, tél. 06 70 90 74 33, contact@thomasfrissant.com V *lun. sam. 9h-12h 14h-18h*

XAVIER FRISSANT
Chenin des pierres 2022 ★★

■	10 000		11 à 15 €

Installé depuis 1990 à Mosnes, en aval d'Amboise, Xavier Frissant cultive 15 ha de vignes certifiées bio. Un vigneron bien connu des lecteurs grâce à ses vins souvent en bonne place dans le Guide.

Très pur, très plein, élevé en cuve, un chenin qui fait mouche. Le jury a apprécié le nez détendu qui sent bon les fleurs blanches et les fruits exotiques, et cette bouche àla fois bien ronde et très tonique, animée d'une légère sucrosité qui renforce encore la gourmandise de l'ensemble. Un sans-faute. ⧗ 2024-2027

XAVIER FRISSANT, 1, chem. Neuf, 37530 Mosnes, tél. 02 47 57 23 18, xf@xavierfrissant.com V t.l.j. sf dim. 9h-12h 14h-18h

DOM. DE LA GABILLIÈRE Authenticôt 2017 ★

■	4 500		11 à 15 €

Ce domaine d'application pédagogique du lycée viticole d'Amboise (20 ha dont la moitié en bio certifié depuis 2020) est également une structure de recherche à l'échelle de la région Centre-Val de Loire, en lien avec les différents organismes viticoles.

Un 2017 à point qui offre les charmes du temps qui passe. Griotte, épices douces, cassis, gibier, le nez a joliment digéré les 18 mois d'élevage sous bois. Velouté, très charmeur au toucher, étayé de tanins fondants, rafraîchi de menthol, le palais s'attarde avec volupté sur les fruits confits et la réglisse. Á ouvrir sur une viande rouge aux cèpes par exemple. ⧗ 2024-2026

DOM. DE LA GABILLIÈRE, 46, av. Émile-Gounin, 37400 Amboise, tél. 02 47 23 35 51, expl.amboise@educagri.fr V t.l.j. sf dim. 9h-12h 14h-17h

MAISON GANDON Le Côt de Vauriflé 2022 ★★

■	1900		15 à 20 €

Venus d'autres horizons, Émilie Gandon (issue d'une famille de vignerons) et Christoph Pennings se sont lancés dans l'aventure viticole en 2019 avec 5 ha. Le couple en exploite aujourd'hui une douzaine.

Vauriflé ? Le lieu-dit d'où provient ce côt hautement recommandable, coloré comme il se doit et très aromatique, sur le poivre, la violette et les fruits rouges confits. De son palais expansif, on aime l'onctuosité de la texture, les tanins solides mais bien pris dans la chair et la générosité d'un fruit très ensoleillé. Structuré mais flatteur, il a frôlé le coup de cœur. ⧗ 2025-2030

MAISON GANDON, 37, rue Amélie-Vincendeau, 37530 Nazelles-Négron, tél. 07 55 64 36 15, emilie@maisongandon.com V r.-v.

DOM. DES PIERRETTES 2022 ★

■	3000		15 à 20 €

À deux pas du château de Chaumont-sur-Loire, aujourd'hui célèbre pour son festival des Jardins, Vincent Guilbaud et Cyril Geffard sont installés depuis 2004 sur ce domaine de 25 ha, en conversion bio.

Un blanc expressif, à la robe seyante, jaune doré, aux arômes délicats, entre agrumes et fleurs blanches, relevés d'un voile vanillé issu de l'élevage sous bois. Acidulée à l'attaque, grasse derrière, marquée par le notes fumées du fût et par une touche d'astringence bien à propos en finale, la bouche séduit tout autant. Long, sérieux, de gastronomie, ce vin saura vieillir. ⧗ 2025-2029

SCEV DOM. DES PIERRETTES, 9, le Meunet, 41150 Rilly-sur-Loire, tél. 02 54 20 98 44, contact@domainedespierrettes.fr V

PLOU ET FILS Les Hauts d'Artigny 2022 ★

■	13 500		5 à 8 €

Les Plou cultivent la vigne depuis... 1508 sur les terres de Chargé. La propriété s'est agrandie depuis pour couvrir un coquet vignoble de 105 ha, conduit depuis 2003 par la dernière génération.

Issu d'une sélection parcellaire, élevé en cuve et en fût, ce blanc a su garder une belle fraîcheur dans le millésime. On en retient les arômes fins et dynamiques de fleurs blanches et d'agrumes, et la bouche fraîche à l'attaque puis ronde, souple, parfumée et légèrement beurrée en finale. Facile d'accès et très plaisant. ⧗ 2024-2027 ■ **Élixir 2022 ★ (8 à 11 €; 18 000 b.)** Une robe écarlate, un nez d'abord discret qui révèle à l'aération tous les charmes du côt (réglisse, violette, cassis et mûre), une bouche très fraîche, de bon volume, tenue par des tanins serrés mais sans austérité, une finale florale à souhait : un bon représentant de l'appellation. ⧗ 2025-2029

SCEA PLOU ET FILS, 26, rue du Gal-de-Gaulle, 37530 Chargé, tél. 02 47 30 55 17, contact@plouetfils.com V t.l.j. 9h-13h 14h30-19h

♥ DOM. DE LA TONNELLERIE
Philomena 2022 ★★

■	800		15 à 20 €

Vincent Péquin a pris en 1994 la suite de quatre générations de vignerons. Situé à mi-chemin des châteaux d'Amboise et de Chaumont-sur-Loire, son petit vignoble de 4 ha (en conversion bio) est implanté sur des coteaux aux sols argilo-calcaires et argilo-siliceux. Une valeur sûre de l'appellation touraine-amboise.

Philomena, grand-mère de l'épouse de Vincent Péquin, honorée dans ce moelleux (55 g/l de sucres résiduels) emballant. On aime l'éclat doré de la robe et le nez qui révèle par palier la panoplie d'un chenin vendangé bien mûr et joliment élevé : miel, prune, épices douces et fruits jaunes confits. Les arômes vont aussi crescendo dans une bouche câline, ronde et suave, relevée en finale par une fraîcheur bien sentie. Long, savoureux, sensuel et d'une harmonie parfaite, le coup de cœur ne se discute pas. ⧗ 2024-2030 ■ **Manguitte 2022 ★★ (11 à 15 €; 2000 b.)** Les 6 mois de fûts ont assaisonné d'une touche vanillée ce nez puissant centré sur les agrumes et les fruits jaunes. Ample, très gourmande, charmeuse de texture, plus exotique dans ses parfums, la bouche reste d'une fraîcheur exemplaire. Du cousu main. ⧗ 2024-202[illegible]

DOM. DE LA TONNELLERIE, 71, rue de Blois, 37530 Limeray, tél. 02 47 30 13 52, vincent.pequin@orange.fr V r.-v.

TOURAINE-AZAY-LE-RIDEAU

uperficie : 46 ha
roduction : 1 705 hl (44 % blanc)

lés sur les deux rives de l'Indre, les vins ont ici 'élégance du château qui se reflète dans la rivière t dont ils ont pris le nom. Les blancs, secs à endres, particulièrement fins et de bonne garde, ont issus du cépage chenin. Les cépages grolleau 60 % minimum de l'assemblage), gamay, côt et abernets (au maximum 10 %) donnent des rosés ecs et très friands. Les vins rouges ont l'appellaion touraine.

DOM. BADILLER Chenin sec 2023 ★

| | 4000 | | 8 à 11 € |

léritier d'une lignée de vignerons remontant à 1789, Marc Badiller s'est installé en 1984 sur le domaine amilial, établi entre la Loire et la forêt de Chinon : 2 ha (en conversion bio) sur les coteaux de Cheillé l'origine d'une large gamme de vins de Touraine. En 015, la dernière génération (Pierre et Vincent) a pris es commandes.

In séjour de 9 mois de cuve pour ce chenin limpide, ux parfums bien typés de pierre à fusil, de pomme erte et de fruits à chair blanche. La matière, bien endre à l'attaque, file droit dans une bouche qui ne nanque ni de tension ni de parfums ni de longueur. In vin effilé que se détendra avec une petite garde. 2025-2028

DOM. BADILLER, 26, le Bourg, 7190 Cheillé, tél. 02 47 45 24 37, ontact@badiller.fr r.-v.

DOM. NICOLAS PAGET Arpège 2023 ★

| | 9000 | | 5 à 8 € |

e domaine est établi près de la confluence de la oire et de l'Indre, à la lisière de la forêt de Chinon. ames Paget lui a donné une bonne notoriété. Son ls Nicolas, qui lui a succédé en 2007, est à la tête 'un vignoble de 15 ha qu'il conduit désormais en bio certification en 2014). À sa carte, du touraine, du ouraine-azay-le-rideau et du chinon.

es charmes du grolleau (100 %) dans ce rosé légèement teinté, saumoné, aux arômes gourmands de aise écrasée et de baies acidulées. Le fruit coule vec décontraction et fraîcheur dans une bouche bien ouple dont la petite astringence finale s'estompera à ible, autour de charcuteries par exemple. 2024-2025

Harmonie 2020 ★ (11 à 15 €; 3000 b.) B Issu des erruches des coteaux de l'Indre, ce chenin assume oliment ses 4 ans et ses 12 mois de fûts avec son ez complexe qui hésite entre pâtisserie, miel et uits jaunes confits. Caressante, relevée d'un joli trait agrumes, la bouche confirme ce profil riche, suave et ès gourmand. Foie gras, fromage ou viande blanche n sauce crémée, c'est assurément un vin fait pour la able. 2024-2028

DOM. NICOLAS PAGET, 7, rte de la Gadouillère, 7190 Rivarennes, tél. 02 47 95 54 02, omaine.paget@wanadoo.fr t.l.j. sf lun. dim. 9h30-12h 14h30-18h

TOURAINE-CHENONCEAUX

Production : 1 900 hl

Couvrant les premières « côtes » des deux rives du Cher, sur vingt-sept communes de l'Indre-et-Loire et du Loir-et-Cher, le vignoble touraine-chenonceaux est, avec touraine-oisly, le plus récent des sous-ensembles délimités dans la vaste appellation touraine (2011). Conscients du potentiel de leur terroir, les vignerons ont œuvré, des décennies durant, à donner à leur vin une dimension qui les distingue de ceux de l'appellation régionale. Dans cette quête de qualité et d'authenticité, ils ont réservé l'encépagement au seul cépage sauvignon en blanc et ont privilégié le côt et le cabernet franc en rouge. Des parcelles sélectionnées, riches en silex, des rendements plus faibles, des élevages plus longs en rouge contribuent également au caractère de ces vins, des rouges amples et complexes et des blancs expressifs.

B DOM. BARON 2022 ★

| | 2500 | | 11 à 15 € |

Samuel Baron a rejoint en 2002 l'exploitation familiale (16 ha), dont il a pris la tête en 2011. Il est sorti de la coopérative, aménageant un chai en 2003 puis a engagé la conversion bio du domaine (certification en 2014).

Au nez, un grand bol de cassis et de framboise généreusement assaisonné de poivre. En bouche, de la rondeur, de la souplesse, des tanins détendus bien pris dans la chair et une finale allègre et croquante de fruit et d'épices. En un mot, gouleyant. 2024-2027

DOM. BARON, 95, rue de Saint-Romain, 41140 Thésée, tél. 06 30 37 14 02, vignoblebaron@aol.com r.-v.

LA CHAPINIÈRE 2020 ★

| | 10000 | | 8 à 11 € |

Ce domaine situé sur les coteaux sud du Cher a longtemps été conduit par Florence Veilex jusqu'à sa reprise par le négociant propriétaire Baudry-Dutour qui l'a agrandi grâce à l'achat d'autres parcelles sur la rive nord.

Un 2020 expressif, à la robe jaune dorée et aux parfums débridés d'un sauvignon blanc bien mûr : litchi, agrumes et pêche jaune. Onctueuse, chaleureuse, d'une souplesse de chair très agréable, la bouche y ajoute une note évoluée de fruits confits plutôt charmeuse. Un blanc sensuel, à point aujourd'hui, qui défiera sans sourciller un poisson ou une viande blanche en sauce. 2024-2027

LA CHAPINIÈRE, 2, chem. du vigneron, 41140 Noyers-sur-Cher, tél. 02 47 58 53 01, contact@baudry-dutour.fr

DOM. DU HAUT-PERRON 2022 ★

| | 20000 | | 8 à 11 € |

Un domaine de 35 ha dans la vallée du Cher, majoritairement exposé sud-est et sud-ouest sur des pentes marquées. Cédric Gallion est à sa tête depuis 1999.

Il a marché dans les pas de son grand-père et de son père.

Un élevage de 10 mois en cuve a préservé l'expression du fruit de ce vin vinifié avec tact. On en retient le nez bien ouvert sur les petits fruits rouges, les fleurs séchées et le sous-bois, et la bouche vivace, souple, ourlée de tanins sans austérité. Un rouge vivant et déjà séduisant, encore plus sur une viande rouge grillée. ⧗ 2024-2027

⊶ DOM. DU HAUT PERRON, 15, rue du Haut-Perron, 41140 Thésée, tél. 02 54 71 48 01, contact@guyallion.com V *r.-v.*

DOM. MICHAUD Les Cailloux des Bel-Air 2022 ★

| 6500 | | 11 à 15 €

Installé en 1985, Thierry Michaud exploite 25 ha de vignes (dont 80 % en appellation touraine-chenonceaux) dans la vallée du Cher et élabore de jolis vins de terroir nés de sols riches en silex, désormais en conversion bio. Une valeur sûre.

Né des argiles à silex, un sauvignon blanc d'emblée expressif avec ses parfums bien typés de fumé, d'agrumes et de fleurs blanches. Les arômes s'émancipent un peu plus dans un palais large, rond, gourmand, soutenu par une fraîcheur préservée qui donne éclat au fruit. Généreux, harmonieux, c'est une franche réussite. ⧗ 2024-2027

⊶ DOM. MICHAUD, 20, rue des Martinières, 41140 Noyers-sur-Cher, tél. 02 54 32 47 23, thierry@domainemichaud.com V *t.l.j. 9h-12h 14h-19h*

DOM. DE LA RENAUDIE 2022 ★

| 45000 | | 8 à 11 €

Depuis 2016, Charlotte Denis a pris la succession d'une lignée familiale remontant à 1923 sur ce domaine de 30 ha implanté à Mareuil-sur-Cher, sur les coteaux de la rive gauche du Cher, qui proudit du touraine et touraine-chenonceaux.

Vendangé de nuit, élevé sur lies fines pendant 6 mois, voilà un sauvignon blanc harmonieux, mûr et frais, ouvert sur les fleurs blanches et les agrumes. Une attaque franche, tonique et parfumée, un milieu de bouche confortable, ce qu'il faut de longueur, une touche d'astringence agréable pour conclure : un sans-faute pour ce blanc prêt à passer à table sur un poisson (grillé ou au four). ⧗ 2024-2027

⊶ DOM. DE LA RENAUDIE, 115, rte de Saint-Aignan, 41110 Mareuil-sur-Cher, tél. 02 54 75 18 72, domaine.renaudie@wanadoo.fr V *t.l.j. sf dim. 9h-12h 14h-18h30*

DOM. DE LA RENNE 2022 ★

| 10 000 | | 8 à 11 €

En 1990, Guy Lévêque a pris les commandes du domaine familial établi sur la rive droite du Cher, aux portes de la Sologne. Il l'a largement développé : le vignoble est passé de 4 ha à 63 ha, et la surface du chai a été doublée. En 2009, sa fille Claudie a pris le relais.

Une robe brillante, des arômes stimulants de citron confit mâtinés de notes fumées, une bouche bien en chair mais très tonique, croquante de fruit (fruits blancs, agrumes) et relevée d'épices douces, prolongée en finale par une touche minérale du meilleur effet : « lumineux », conclut le jury. ⧗ 2024-2027

⊶ DOM. DE LA RENNE, 1, chem. de la Forêt, 41140 Saint-Romain-sur-Cher, tél. 02 54 71 72 79, contact@domainedelarenne.fr V *t.l.j. sf dim. 9h-12h 14h-18h*

DOM. DES SOUTERRAINS 2022 ★

| 3333 | | 20 à 30

Ce domaine fondé en 1820 s'est agrandi au fil de générations, passant de 6 à 23 ha. Nicolas Mazzes après avoir travaillé pour le secteur médical en Chine s'est reconverti dans le secteur du vin.

La robe est lumineuse, et le nez très stimulant, décl nant le citron, l'écorce d'orange et la pêche blanche Les arômes ne perdent rien en séduction dans un palai ample, vibrant, sans une once de lourdeur dans ce mi lésime solaire, avec cette touche discrète d'amertum qui relève un peu plus l'ensemble. Élégant et expressi ⧗ 2024-2027

⊶ DOM. DES SOUTERRAINS, 37 bis, rue des Souterrains, 41130 Châtillon-sur-Cher, tél. 02 54 71 02 94, adm@les-souterrains.com V *t.l.j. sf dim. 8h30-12h 13h45-17h30*

DOM. DES TABOURELLES Edmond Médéric 2022 ★

| 6900 | | 11 à 15

Héritière d'une lignée vigneronne plus que cente naire, Anne Josseau conduit depuis 2009 ce domain familial de 20 ha situé à Bourré, en amont du châtea de Chenonceau, sur les coteaux dominant le Cher.

30 % de cabernet franc à l'appui du côt dans c rouge charmeur, aux notes de violette et de lilas su lit de cerises écrasées. Des touches d'agrumes et d poivre réhaussent le bouquet dans une bouche rond et fraîche, étayée de tanins croquants, extraits ave mesure. Un rouge équilibré, complexe, déjà plaisan mais qui gagnera à vieillir. ⧗ 2025-2028

⊶ DOM. DES TABOURELLES, 9, rte des Vallées, 41400 Bourré, tél. 06 16 73 56 28, contact.tabourelles@gmail.com V *r.-v.*

TOURAINE-MESLAND

Superficie : 100 ha
Production : 5 105 hl (82 % rouge et rosé)

Sur la rive droite de la Loire, au nord de Chaumont e en aval de Blois, le vignoble est implanté sur des sol perrucheux (argile à silex à couverture localemer sableuse du miocène, ou limono-sableuse). Les rouge très majoritaires, sont issus du gamay assemblé à d cabernet et à du côt : ils sont bien structurés. Le blancs doivent contenir une majorité de chenin, éver tuellement complété de chardonnay et de sauvignon

DOM. DE LA BESNERIE Clos Roy 2022 ★★

| 5000 | | 5 à 8

Frédéric Pironneau a repris en 2008 les rênes d domaine (15 ha), acheté et remis en état à partir d 1976 par ses parents.

Les 6 mois de fûts ont généreusement assaisonné c vanille et de cannelle ce 2022 gourmand, rondelet, étay e tanins serrés mais sans austérité. Un vin bien travaillé, u boisé astucieux, qui donne déjà bien du plaisir, et ans doute un peu plus encore après une courte garde. 2025-2028 ■ 2023 ★ (5 à 8 €; 5000 b.) Fraîchement orti des cuves, un assemblage chenin-chardonnay au rofil léger, qui fait mouche dès le nez avec ses arômes istingués et très floraux. Tendre, souple, bien acidulée n finale, la bouche charme tout autant. Un blanc universel, à ouvrir dès l'apéritif. ⧗ 2024-2026

DOM. DE LA BESNERIE, 41, rte de Mesland, a Besnerie, 41150 Monteaux, tél. 02 54 70 23 75, ironneau.f@wanadoo.fr V r.-v.

DOM. DU PARADIS 2023 ★

■	3000		5 à 8 €

ette exploitation familiale a été reprise en 1986 par hilippe Souciou, rejoint depuis par sa fille Laëtitia. a vigne (17 ha) y côtoie d'autres cultures et un élevage de vaches.

0 % de sauvignon blanc à l'appui du chenin dans ce 023 tonique, aux senteurs fraîches de fleurs blanches t de fruits exotiques. Une note fumée s'invite dans une ouche d'une agréable fluidité, souple et revigorante. acile à aimer, dès aujourd'hui. ⧗ 2024-2026

SCEA PHILIPPE SOUCIOU (DOM. DU PARADIS), 9, rue d'Asnières, 41150 Onzain, tél. 02 54 20 81 86, hilippe.souciou@orange.fr V r.-v.

DOM. DE RABELAIS Cuvée Anaïs 2022 ★

■	6533		5 à 8 €

a famille Chollet est installée à Onzain depuis 1720. la tête d'un vignoble de 20 ha situé face au splendide château de Chaumont-sur-Loire, Cédric Chollet erpétue cette tradition viticole depuis 1999.

ne robe seyante et soutenue drape cette Anaïs qui éduit aussi par ses parfums débridés entre kirsch et pices. Des tanins bien enrobés soutiennent en douceur ne bouche à la fois ronde, fraîche et fruitée, d'un équiore irréprochable. Une petite garde devrait l'attendrir avantage. ⧗ 2025-2028 ■ 2023 ★ (5 à 8 €; 8400 b.) ne robe rose bonbon, des arômes discrets de fruits ouges et de pamplemousse, une bouche alerte, fraîche l'entame, plus enrobée ensuite, dotée d'une finale crouante sur les fruits rouges acidulés : un rosé de bon oût, sans outrance et dynamique. ⧗ 2024-2025

DOM. DE RABELAIS, 60, rue de Meuves, nzain, 41150 Veuzain-sur-Loire, tél. 02 54 20 88 91, ontact@domainederabelais.fr V *t.l.j. 10h-12h h-18h*

DOM. DES TERRES NOIRES 2023 ★

■	5000		5 à 8 €

égulièrement mentionné dans le Guide pour ses ouraine-mesland (dans les trois couleurs), ce domaine, onduit par les trois frères Rediguère depuis 1993, étend sur 20 ha.

e cabernet franc et le côt associés au gamay dans ce une rouge à la robe fringante et au nez discret pour ieure. Les épices et le fruit, fraise et framboise en tête, ercent bien plus généreusement dans une bouche ronelette, flanquée de tanins sans austérité. On l'ouvre sans op attendre sur une belle viande rouge. ⧗ 2024-2027

GAEC DES TERRES NOIRES, 77, rue de Meuves, 41150 Veuzain-sur-Loire, tél. 02 54 20 72 87, gaec.terres.noires@orange.fr V *t.l.j. sf sam. dim. 18h-19h; sam. 9h-12h 14h-18h30*

LES VAUCORNEILLES Du Grain au vin 2022 ★

■	5300		8 à 11 €

Gilles Chelin, qui a repris ce domaine de 12 ha en 1998, a acquis une solide notoriété aux portes de Blois. Il propose ainsi en été une soirée « Spectacle et Vins », et le week-end de la Pentecôte un pique-nique au domaine où les vins sont offerts. Côté vigne, il intègre des méthodes biologiques à une culture raisonnée.

Du fruit et de la rondeur au menu de ce rouge généreux, aux arômes très expressifs de compote de fraises. Le fruit, mâtiné de poivre noir, insiste dans une bouche détendue, charnue et douce, où les tanins se font très discrets. Un vin très tendre, tout indiqué pour les charcuteries. ⧗ 2024-2027

DOM. LES VAUCORNEILLES, 10, rue de l'Égalité, 41150 Onzain, tél. 06 07 98 88 45, chelin@loire-touraine-mesland-vaucorneilles.fr V *r.-v.*

TOURAINE-OISLY

Production : 1 000 hl

Sur la rive gauche de la Loire, entre ce fleuve et le Cher, le terroir viticole d'Oisly s'étend sur dix communes de la partie orientale de l'aire d'appellation touraine. Cheverny est à une quinzaine de kilomètres au nord. La Sologne forestière, avec ses étangs et son gibier, est toute proche, à l'est. Le vignoble est implanté sur le plateau de la Sologne viticole. À l'est de Tours, les influences océaniques apparaissent très atténuées, et le climat est semi-continental. L'encépagement change également : en blanc, le chenin fait place au sauvignon. Les sols, graviers et formations dites « de Sologne » (sables, argiles, faluns) sont propices à ce cépage, le seul autorisé dans l'appellation, créée en 2011.

DOM. DES CORBILLIÈRES Fabel Barbou 2022

■	18 000		11 à 15 €

Situé à Oisly, en Sologne viticole, ce domaine est une des valeurs sûres de l'appellation touraine. Acquis dans les années 1920 par la famille, le vignoble, qui compte aujourd'hui 24 ha (en conversion bio), est conduit par Dominique Barbou.

Ce sauvignon livre un bouquet discrets mais plaisant de fruits secs, de menthol et de fruits. On retrouve cette palette dans une bouche souple, fraîche, enrobée par un bon gras et stimulée par une finale plus vive. Un ensemble complet et harmonieux. ⧗ 2024-2027

EARL BARBOU, Dom. des Corbillières, 1, Les Corbillières, 41700 Oisly, tél. 02 54 79 52 75, dominique.barbou@wanadoo.fr V *r.-v.*

DOM. OCTAVIE 2022 ★★

■	20 000		8 à 11 €

Cette exploitation familiale créée en 1885 tient son nom de l'arrière-grand-mère à qui ont appartenu les

premières parcelles. Un domaine dirigé depuis 1988 par Isabelle Rouballay, revenue sur les terres familiales après plusieurs années dans la banque, et son époux Noë, pépiniériste de formation, qui œuvre au chai : 32 ha de vignes (en conversion bio) à la lisière de la Sologne. Une valeur très sûre de l'appellation touraine-oisly.

Beaucoup de couleur dans la robe et de puissance dans le nez de ce vin qui fleure bon l'abricot, la pêche et les fleurs blanches. Dans la continuité, la bouche, riche et longue à souhait, reflète la belle maturité du raisin. La finale saline donne ce qu'il faut d'énergie à ce sauvignon solaire, savoureux et résolument de table. ⧗ 2024-2028

DOM. OCTAVIE, 7, rte de Marcé, 41700 Oisly, tél. 02 54 79 54 57, domaineoctavie@domaineoctavie.com V t.l.j. sf dim. 9h-12h30 14h-18h30

BOURGUEIL

Superficie : 1 356 ha / Production : 69 234 hl

Rouges et parfois rosés, les bourgueils sont produits à partir du cépage cabernet franc (breton), à l'ouest de la Touraine et aux frontières de l'Anjou, sur la rive droite de la Loire. Racés, dotés de tanins élégants, ils ont une très bonne aptitude au vieillissement, après une cuvaison longue, s'ils proviennent des sols sur tuffeau jaune des coteaux : au moins dix ans pour les meilleurs millésimes. Ils sont plus gouleyants et fruités s'ils proviennent des terrasses aux sols graveleux à sableux.

♥ B DOM. Y. AMIRAULT Le Grand Clos 2022 ★★

■ | 13550 | | 20 à 30 €

Présent en saint-nicolas et en bourgueil, Yannick Amirault fait partie des valeurs sûres de ces deux appellations. C'est désormais son fils Benoit qui cultivent (en bio) les 19 ha du domaine.

Figure de proue du vignoble bourgueillais, Yannick Amirault collectionne les coups de cœur. L'harmonie et la distinction de son Grand Clos 2022 ne manqueront pas de séduire les palais les plus affûtés. Drapé dans une superbe tenue carminée, ce vin offre à l'olfaction une riche palette de fruits noirs confiturés, de bois toasté et chocolaté. Marquée par une mâche cordiale en attaque, la bouche se déploie, volumineuse et complexe, sur un boisé discret aux notes caramélisées et des tanins bien affinés. Une belle cuvée qui s'exprimera mieux encore dans quelques années. ⧗ 2027-2034

DOM. Y. AMIRAULT, 1, rte du Moulin-Bleu, 37140 Bourgueil, tél. 02 47 97 78 07, info@yannickamirault.fr V r.-v.

B DOM. AMIRAULT Le Clos de la Gaucherie 2022 ★

■ | 2613 | | 15 à 20 €

Installé en Touraine occidentale sur une terrasse ancienne de la Loire, ce domaine, dans la même famille depuis six générations, est bien conn des lecteurs du Guide pour ses saint-nicolas-de bourgueil. Agnès et Xavier Amirault – qui a pri la suite de son frère Thierry en 2011 – exploiten aujourd'hui plus d'une quarantaine d'hectares en bi et biodynamie. En 2020, ils se sont associés à leu chef de culture Jean-François Roit-Levêque pou acquérir des vignes sur les très beaux terroirs d Clos de la Gaucherie à Restigné (4 ha), complété pa 1 ha sur le lieu-dit Grant-Mont, réputé pour son sc argilo-calcaire.

Le domaine propose avec cette cuvée un harmonieu bourgueil, à la fois gourmand et puissant, qui flatte l palais de ses saveurs de cerise accompagnées d'un bois fondu. En bouche, des tanins vigoureux le soutienner avec fermeté. Un vin de belle tenue. ⧗ 2027-2034

EARL CLOS DES QUARTERONS (AMIRAULT), 42, av. Saint-Vincent, 37140 Saint-Nicolas-de-Bourgueil, tél. 02 47 97 75 25, contact@domaineamirault.com V t.l.j. sf dim. 10h-12h30 14h30-18h

♥ B DOM. ALEXIS BOUCARD N°1 2023 ★★

■ | 13400 | | 5 à 8

Un tout jeune domain créé en 2018 par Alex Boucard, fils de Thierr Boucard (Dom. de Chanteleuserie), à pa tir de 5 ha de vignes e cours de conversion l'agriculture biologique.

Coup de cœur pour sc premier millésime, 201 date de la création d domaine, Alexis Boucard continue de se démarquer. S cuvée N°1, la bien nommée, issue de vénérables ce de cabernet franc enracinés sur des terres d'argile de silice, se présente dans une tenue rouge profond reflets violets, digne de la haute couture. À l'aération, c sont de pimpants arômes de fruits rouges et noirs q flattent l'olfaction. En bouche, ce rayonnant bourgue est doté d'une belle matière, ample, étoffée, suave, infu sée de saveurs de fraise et de cerise. Un ensemble épa noui, généreux, déjà fort savoureux, et pour quelque années encore. ⧗ 2024-2030

ALEXIS BOUCARD, La Chanteleuserie, 37140 Benais, tél. 06 33 45 81 89, alexis.boucard@orange.fr V r.-v.

HENRI BOURDIN
Cuvée du grand-père 2022 ★

■ | 9400 | | 5 à 8

Henri Bourdin, installé en 1991 à la suite de son pèr fondateur du domaine en 1948, privilégie l'accueil la vente directe à la propriété. Les 14,5 ha de vign sont morcelés, répartis sur les appellations bourgu et saint-nicolas, ce qui permet au vigneron de vinifi par terroir : argilo-calcaire, graviers, sables. Son fi David s'apprête à le rejoindre.

Ce bourgueil affiche un style plutôt rond et charn comme le veut le millésime, avec un bon fruit mûr q s'invite au nez comme en bouche, et une finale qui montre un brin plus compacte. Laissons-lui un peu

:emps pour mieux s'affirmer. ⧗ 2028-2034 ■ **Cuvée de 'Ormeau de Maure 2022 ★ (5 à 8 €; 6000 b.)** Discrète ı l'olfaction, sur des notes de griotte et de fleur, cette ·uvée se distingue par son caractère tannique, puis-;ant, boisé mais sans renier le fruit. Un bourgueil de :aractère qu'il faudra attendre encore quelques années. ⧗ 2026-2030

EARL HENRI BOURDIN, 7, rue du Bourg-de-Paille, 37140 Bourgueil, tél. 06 87 81 77 47, bourdin.henri37@ orange.fr V t.l.j. sf dim. 8h-12h30 14h-18h

LE CHAI DES CHEVALIERS
Expression de Tuffeau 2022 ★

4000 | | 11 à 15 €

Après avoir fait vinifier ses vins à la cave coopérative de Bourgueil, comme son père et son grand-père avant lui, Armel Delanoue a décidé en 2017 d'élaborer aussi ses propres cuvées à partir de 6 des 16 ha que comptent son domaine, certifié HVE, avec la conver-ion bio dans le viseur.

Jn court séjour au contact du chêne n'a affecté en ien la belle amplitude fruitée de ce breton bien né coteau de Restigné) et ajoute au contraire du charme et du relief à une bouche souple, déliée, persistante, qui conserve une bien belle fraîcheur dans le millésime. ⧗ 2025-2030

LE CHAI DES CHEVALIERS, 3, rte de Tour, 37140 Restigné, tél. 02 47 97 33 48, delanoue.armel@ wanadoo.fr V r.-v.

DOM. DU CHANGEON Les Insoucieux 2023 ★

4260 | | 5 à 8 €

Ce domaine né en 2023, conduit David Ledoux, étend son vignoble sur 12 ha. Il doit son nom à un long cours d'eau de 91 km qui traverse la propriété.

Cette cuvée ne fonde pas uniquement sa séduction sur l'aspect brillant de sa robe pâle, mais aussi sur son intense olfaction fruitée et sur une bouche charnue, vineuse mais sans lourdeur, épaulée par une fine fraî-cheur qui lui donne du nerf et de l'équilibre. Un joli rosé de repas. ⧗ 2024-2025

DOM. DU CHANGEON, Les Neusaies, 37140 Benais, tél. 07 83 58 91 46, david@domaineduchangeon.com V r.-v.

♥ DOM. DE LA CHANTELEUSERIE
Alouettes 2022 ★★

14000 | | 5 à 8 €

La fondation de la Chanteleuserie remonte à près de deux siècles (1822). Huit générations de vignerons s'y sont succédé. Aujourd'hui, Thierry Boucard et son fils Alexis, arrivé en 2013, gèrent de façon très raisonnée un domaine de 19 ha en appellations bourgueil et saint-nicolas-de-bourgueil, complété par 22 ares de chardonnay en IGP Val de Loire.

Issue de terres de sable et d'argile, cette superbe cuvée affiche, notamment en finale, de beaux amers extraits du terroir. Des amers qui font ressortir la fraîcheur fruitée et la tension minérale d'une bouche ample, conquérante, élégante et longue, dotée d'un équilibre parfait et de tanins soyeux et affinés. ⧗ 2024-2030 ■ **Beauvais 2020 ★ (8 à 11 €; 9000 b.)** Un bourgueil de caractère, aux parfums de fruit noir et de réglisse, dense, franc et robuste, doté de tanins fermes qui appellent la garde. Patience donc. ⧗ 2027-2032

EARL THIERRY BOUCARD, 2, La Chanteleuserie, 37140 Benais, tél. 02 47 97 30 20, contact@ chanteleuserie.fr V r.-v.

Ⓑ DOM. DE LA CHEVALERIE 2021 ★★

2000 | | 20 à 30 €

Quatorze générations de vignerons se sont succédé depuis 1640 sur l'exploitation. Le domaine (38 ha), désormais conduit en agriculture biologique et biodynamique par la famille Caslot, est une valeur sûre de l'appellation bourgueil avec de nombreux coups de cœur à son palmarès.

Né de vieilles vignes plantées sur des parcelles argilo-sableuses, ce bourgueil se dévoile sur des notes intenses de fruits noirs agrémentées de délicates nuances florales. La bouche souligne elle aussi la richesse du fruit, développant une matière ample, dense, adossée à un boisé ajusté et à de solides tanins, mais au grain fin. Un beau vin de caractère, qui ne néglige pas non plus l'élégance. Bâti pour la garde. ⧗ 2027-2034 ■ **Peu Muleau 2021 ★ (11 à 15 €; 4000 b.)** Ⓑ Un bourgueil aimable et charmeur, très alerte, tout en vivacité et en fruits frais, épaulé par des tanins souples et affinés. Il sera parfaitement à l'aise sur une terrine, une viande blanche ou même un brochet de Loire. ⧗ 2024-2028

DOM. DE LA CHEVALERIE, 14, rue du Peu-Muleau, 37140 Restigné, tél. 02 47 97 46 32, domaine@ delachevalerie.fr V t.l.j. sf dim. 10h-12h 14h-18h

Ⓑ CLOS DE L'ABBAYE 2022 ★★

12000 | | 8 à 11 €

Ancien vignoble de l'abbaye bénédictine de Bourgueil, qui aurait acclimaté le cabernet franc en Touraine au XIe s., le Clos de l'Abbaye fut la propriété de la congrégation des sœurs de Saint-Martin à partir de 1975. Les vignes (7 ha), cultivées selon les canons de l'agriculture biologique, furent louées à Michel Lorieux jusqu'en 2018 et le rachat par les Lorieux. C'est aujourd'hui Jérémy, fils de Michel, qui est aux commandes.

On touche ici à l'excellence, transmise par un beau terroir d'argiles à silex et de ceps de cabernet franc bien mûrs. Et le plaisir est là, autour d'un intense fruité acidulé et d'une bouche ample, longue, droite, épaulée en finesse par de tanins souples et fondus. On peut s'en régaler dans ses jeunes années. ⧗ 2024-2029

CLOS DE L'ABBAYE, 6, av. Le Jouteux, 37140 Bourgueil, tél. 02 47 97 76 30, closdelabbaye@ wanadoo.fr V t.l.j. sf dim. 9h-12h30 14h-18h

Ⓑ ESTELLE ET RODOLPHE COGNARD
Les Tuffes 2020 ★

11700 | | 8 à 11 €

Créée en 1973 à partir de 1 ha par Lydie et Max Cognard, cette exploitation située à Chevrette, un

petit hameau de Bourgueil à la limite de Saint-Nicolas, s'étend désormais sur 15 ha. Depuis 2013, les enfants, Estelle et Rodolphe, ont pris le relais et converti le domaine à l'agriculture biologique. Une valeur sûre en bourgueil et en saint-nicolas.

Enraciné sur des sols sablonneux avec de l'argile et du calcaire en profondeur, le cabernet franc a bénéficié de soins attentifs à en juger par ce bourgueil épanoui, infusé de fruits noirs mâtinés d'épices, dont aime aussi le croquant et la souplesse d'une bouche ronde, équilibrée, soutenue par un boisé bien fondu. ⧗ 2024-2029

⊶ SCEA ESTELLE ET RODOLPHE COGNARD, 3, lieu-dit Chevrette, 37140 Saint-Nicolas-de-Bourgueil, tél. 02 47 97 76 88, vins.cognard@orange.fr V t.l.j. sf dim. 8h-12h 14h-18h; sam. sur r.-v.

B DAVID ET NATHALIE DRUSSÉ
Constellation 2022 ★★

■ | 6000 | | 11 à 15 €

Issu d'une famille de viticulteurs de Saint-Nicolas-de-Bourgueil, David Drussé a créé son domaine en 1996, rejoint ensuite par son épouse Nathalie. Depuis 2010, le couple a renoncé aux désherbages chimiques, premiers pas avant d'entamer la conversion à l'agriculture biologique, aujourd'hui acquise. Leur exploitation compte 24 ha.

Cette cuvée séduit d'emblée par son nez de fruits rouges frais. Arômes prolongés avec la même énergie dans une bouche souple, tendre, ronde, bien équilibrée. Un vins des plus courtois que l'on pourra apprécier sur le fruit de sa jeunesse. ⧗ 2024-2029 ■ **Leroy de Restigné 2022 ★ (8 à 11 €; 9000 b.)** B Ce bourgueil tout en fraîcheur dispense des sensations gourmandes portées par un fruité printanier, au tonalités de fraise et de cerise, qui irrigue une bouche souple et fort aimable. ⧗ 2024-2028

⊶ DAVID ET NATHALIE DRUSSÉ, 1875, rte de Tours, imp. de la Villatte, 37140 Saint-Nicolas-de-Bourgueil, tél. 06 88 88 77 75, drusse@wanadoo.fr V t.l.j. 9h-19h

DOM. DUBOIS Intrigue 2022 ★

■ | 10000 | | 8 à 11 €

Depuis son installation en 2002 sur le domaine (12 ha aujourd'hui) créé par son père Serge en 1973, Mickaël Dubois fait preuve d'une remarquable constance dans la qualité, avec une approche respectueuse de l'environnement mais sans certification. Outre le cabernet franc, le domaine a replanté en 2023 une parcelle de chenin qui avait disparu depuis 50 ans.

Il n'a rien d'intrigant ce joli bourgueil. Son olfaction franche, centrée sur un bouquet de fruits noirs, se montre expressive. Cassis et myrtille déploient de tendres saveurs qui s'étirent dans une bouche équilibrée, de bonne longueur, étayée par des tanins encore fermes mais joliment extraits. ⧗ 2025-2029 ■ **Épilogue 2022 ★ (8 à 11 €; 4000 b.)** Délicate et harmonieuse de bout en bout, cette cuvée est bien servie par un boisé fondu et des tanins souples et affinés. On pourra l'ouvrir dès à présent ou la laisser reposer un peu en cave. ⧗ 2024-2029

⊶ DOM. DUBOIS, 62 bis, rue de Lossay, 37140 Restigné, tél. 02 47 97 31 60, domaine.dubois@orange.fr V t.l.j. sf dim. 9h-12h 14h-18h; sam. sur r.-v.; f. août

DOM. DES FAGUETS
Bords de Loire 2023 ★★

■ | 700000 | | 8 à 11 €

Le premier des Delanoue, vigneron à Benais, était métayer. Son fils acheta les bâtiments à ses propriétaires, ainsi que les premières vignes. Six générations plus tard, la famille – Michel, son frère Jean-Paul, son épouse Pascale et son fils Vincent – exploite 50 ha à Bourgueil et à Saint-Nicolas. Un domaine régulier en qualité, complété par une structure de négoce fondée en 2021 par Vincent.

Séduisante dès le premier regard, cette cuvée dévoile une olfaction friande de fruits rouges. Un fruit qui trouve un long écho dans une bouche savoureuse, ronde et souple, dotée de tanins fins et fondus qui ajoutent à son caractère très affable. Un vin sincère à mettre dans son panier pour un pique-nique gourmand sur les bords de Loire. ⧗ 2024-2029

⊶ DELANOUE FRÈRES, 19, rue du Fort Hudeau, 37140 Benais, tél. 06 79 64 67 73, vincent@delanouefreres.fr V r.-v.

DOM. DES GÉLÉRIES Les Sablons 2022 ★

■ | 18000 | | 5 à 8 €

Appartenant aux familles Meslet, Thouet et Rouzier, ce domaine fondé en 1913, très régulier en qualité, se répartit sur 33 ha, 45 parcelles et trois appellations chinon, bourgueil et saint-nicolas. Il est conduit depuis 2012 par Germain Meslet.

Ce bourgueil dévoile un nez à la fois vineux, fin et expressif, centré sur les fruits noirs mûrs. Ronde, pulpeuse et équilibrée, la bouche fait aussi preuve d'énergie et de fraîcheur, avec en soutien de bons tanins granuleux. ⧗ 2024-2029 ■ **Le Rosé des Géléries 2023 ★ (5 à 8 €; 13000 b.)** Un rosé arien et léger, qui se fait souple, rond, très aimable en bouche autour d'agréables saveurs de fruits rouges acidulés. ⧗ 2024-2025

⊶ DOM. DES GÉLÉRIES, 4, rue des Géléries, 37140 Bourgueil, tél. 02 47 97 74 83, domainedesgeleries@orange.fr V t.l.j. 9h-12h 14h-18h30

DOM. DU GRAND CLOS 2022 ★

■ | 35000 | | 11 à 15 €

Installée depuis 1839 en Val de Loire, la famille Audebert exploite aujourd'hui un vignoble de 40 ha répartis en bourgueil, saint-nicolas et chinon, et conduit une activité de négoce. Les parcelles du domaine sont implantées dans tous les terroirs des trois appellations.

Enraciné sur un sol argilo-calcaire dont il retire vigueur et générosité, ce vin affiche beaucoup de prestance dans sa robe sombre aux reflets violines. Au nez, les fruits rouges se dévoilent avec intensité. Arômes qui s'enrichissent de notes épicées dans une bouche ronde, d'un bon volume, bien constituée, épaulée par un boisé mesuré. Un bourgueil très avenant. ⧗ 2024-2029

⊶ MAISON AUDEBERT ET FILS, 20, av. Jean-Causeret, 37140 Bourgueil, tél. 02 47 97 70 06, maison@audebert.fr V t.l.j. sf sam. dim. 8h-12h 13h30-18h

VIGNOBLE DE LA GRIOCHE Cuvée Manon 2022 ★★

4000		8 à 11 €

Stéphane Breton a pris la suite de son père Jean-Marc en 2012 à la tête d'un domaine de 16 ha (en bio certifié) implanté sur les sols argilo-calcaires et sableux de Restigné, importante commune du Bourgueillois.

Élevé 18 mois en cuve, ce bourgueil issu de cabernet franc enraciné sur l'argilo-calcaire revêt une imposante tenue sombre. Le nez, puissant, libère à profusion des arômes de fruits macérés à la liqueur. Une même intensité caractérise la bouche, ample, dense, flanquée de tanins compacts, aux saveurs généreuses de fruits confits. Un solide potentiel de garde se profile. 2028-2035 **Cuvée Clin d'œil 2022 ★★ (11 à 15 €; 4000 b.)** Un bourgueil aimable, fruité, poivré, boisé avec justesse, rond et velouté en bouche, porté par des tanins fondus. Une belle présence se dégage du verre. 2024-2029

VIGNOBLE DE LA GRIOCHE, 19, rue les Marais, 37140 Restigné, tél. 06 66 48 51 38, bretonstephane@orange.fr V r.-v.

DOM. GUION Cuvée Authentique 2022 ★

12000		11 à 15 €

Les Guion ont été des pionniers de la culture biologique en Val de Loire en adoptant cette démarche dès 1965. Depuis 1994, c'est Stéphane, qui mène la barque après de solides études viticoles et une expérience en Bordelais. Les 9 ha sont désormais cultivés en biodynamie (Demeter).

Un bourgueil sans artifice, pur et croquant, marqué par des expressions de fruits rouges et noirs, qui propose une bouche ample et charnue, agrémentée de tanins distingués. Un beau représentant de l'appellation. 2024-2029

DOM. GUION, 3, rte de Saint-Gilles, 37140 Benais, tél. 06 68 70 20 77, stephaneguion@hotmail.com V r.-v.

ARNAUD HOUX Cuvée de la Chopinière 2022 ★

5000	5 à 8 €

Cette propriété de Restigné régulièrement mentionnée dans le Guide compte 22 ha de vignes implantées sur des sols argilo-calcaires. Arnaud Houx, à la tête du domaine familial depuis 2008, conserve les vins jugés « de garde » dans une cave taillée dans le roc.

Ce domaine de référence livre un bourgueil bien équilibré, allègre, élevé 12 mois en amphores, qui laisse le fruit s'exprimer pleinement à l'olfaction. Animé de notes confites qui stimulent l'ampleur d'une bouche fruitée, ce bourgueil savoureux, porté par des tanins soyeux, respire l'élégance. 2024-2029 **Pierre de grès 2022 ★ (15 à 20 €; 1000 b.)** Un vin fruité de bout en bout, qui dévoile une attaque nerveuse et fraîche, prélude à un cœur de bouche plus rond mais garde un caractère très alerte et souple. Un bourgueil festif pour tablées de joyeux drilles. 2024-2028

ARNAUD HOUX, 21, le Clos-Barbins, 37140 Restigné, tél. 06 32 76 60 19, arnaud.houx@yahoo.com V r.-v.

MAISON JAMET Un Coup de breton 2023 ★

12000		8 à 11 €

Annick et Francis Jamet ont créé leur domaine en 1986 : 10 ha au départ, 26, aujourd'hui, sur lesquels sont produits du saint-nicolas-de-bourgueil et du bourgueil, mais aussi de l'anjou blanc. Après une expérience commerciale export pour une maison saumuroise, François, le fils, revient au domaine en 2001. Il est rejoint en 2008 par son frère Antoine qui a fait ses armes en Australie et en Espagne. En 2012, la fratrie reprend le Clos du Vigneau (saint-nicolas), dans la famille de leur cousin Alain Jamet depuis 1820 et maison-mère familiale. Une structure de négoce complète l'activité.

Un Coup de breton pour tout gosier avide de gourmandises fruitées. C'est un bourgueil fruité donc, frais, friand, porté par une fine acidité et qui sait aussi de montrer rond. Un vin pas prétentieux mais diablement plaisant. 2024-2027

MAISON JAMET, rte n° 1, 37140 Saint-Nicolas-de-Bourgueil, tél. 02 47 97 44 44, contact@vallettes.com V t.l.j. sf dim. 9h-12h 14h-17h30

DOM. DE LA LANDE 2022 ★

30000		8 à 11 €

Dans la famille depuis quatre générations, ce domaine s'étend sur 17 ha en bordure de la route du Vignoble. François Delaunay, qui a pris les rênes de l'exploitation en 1991, l'a depuis converti au bio. Pauline, sa fille, l'a rejoint en 2024.

Un long élevage en foudre de 16 mois a laissé le cabernet franc évoluer en toute tranquillité. Résultat : un bourgueil mûr, charnu, fruité, aux tanins ronds. Une belle ode à ce cépage breton, lequel, disait Rabelais, « poinct ne croist en Bretaigne, mais en ce bon pays veron. » 2024-2028

DOM. DE LA LANDE, 20, rte du Vignoble, 37140 Bourgueil, tél. 02 47 97 80 73, earl.delaunay.pfils@wanadoo.fr V r.-v.

DAMIEN LORIEUX Les Géléries et co 2022 ★★

6700		8 à 11 €

Installé en 2005 à la tête du domaine familial (12 ha), sous l'œil avisé de son père Lucien, toujours actif, Damien Lorieux se nourrit à la fois de la tradition, de ses expériences à l'étranger et des techniques modernes (tris sur vendange, micro-oxygénation) avec une forte sensibilité à l'agroécologie.

Les Géleries, ce sont des sols de graviers, plantés ici de vieilles vignes plus qu'octogénaires. Damien Lorieux en extrait ce bourgueil tout en saveurs fruitées, mâtinées de notes confites, à la fois puissantes et harmonieuses. Saveurs qui infusent un palais délicat, soyeux, rond et bien fondu. Un régal dès aujourd'hui. 2024-2028

DAMIEN LORIEUX, 2, rue de la Percherie, 37140 Bourgueil, tél. 02 47 97 88 44, contact@vinsdamienlorieux.com V r.-v.

DOM. DES MAILLOCHES Vieilles Vignes 2022 ★

18000		8 à 11 €

La famille Demont est l'une des plus anciennes familles vigneronnes du Bourgueillois et conservent

dans ses caves quelques flacons datant de... 1864. Depuis huit générations, elle conduit un vignoble implanté sur trois types de sols : sables, graviers et argilo-calcaires. C'est depuis 2002 Samuel Demont qui dirige ce domaine régulier en qualité et ses 22 ha en bio.

Ancrés sur un sol de graviers, de vieux ceps centenaires de breton ont donné ce bourgueil qui délivre de longues senteurs de fruits rouges. Fruité qui irrigue une bouche ronde, tendre, équilibrée, d'un bon volume, portée par des tanins bien fondus. À boire ou à attendre quelques années. ⧗ 2024-2028 ■ **400.22 2022 ★ (15 à 20 €; 3800 b.)** Une cuvée issue de la plus vieille parcelle du domaine, au rendement très limité, puis passée en fût de 400 l (d'où son nom). Dans le verre, un bourgueil intensément bouqueté sur les fruits rouges confits mâtinés de boisé vanillé, dense, charnu, structuré et persistant en bouche. Un vin bâti pour la garde. ⧗ 2027-2034

⊶ DOM. DES MAILLOCHES, 40, rue de Lossay, 37140 Restigné, tél. 06 63 82 51 69, contact@domainedesmailloches.fr V *r.-v.*

B CH. DE MINIÈRE 2019 ★

■	13 000		15 à 20 €

Remontant au XVIes., ce domaine transmis par les femmes est passé sous pavillon belge en 2010 avec son rachat par Kathleen Van den Berghe et son mari. Le vignoble de 29 ha est, lui, passé sous pavillon « bio ».

Un 2019 en pleine possession de ses moyens. Dans le verre, un rouge rubis éclatant, un fruité confit très gourmand et finement épicé, de la fraîcheur, de la rondeur, du charnu, des tanins fondus. Une harmonie souveraine à savourer dès aujourd'hui ou après quelques années de garde. ⧗ 2025-2030

⊶ CH. DE MINIÈRE, 23, rue de Minière, 37140 Ingrandes-de-Touraine, tél. 02 47 96 94 30, contact@chateaudeminiere.com V *t.l.j. 10h-18h*

DOM. NAU Les Blottières 2022 ★

■	9300		20 à 30 €

Christophe Baudry, représentant la sixième génération de vignerons, et Jean-Martin Dutour, ingénieur agronome et œnologue, gèrent une maison de négoce et quatre domaines à Chinon (Ch. de Saint-Louans, Ch. de la Grille, Dom. du Roncée, Dom. de la Perrière), ainsi que le Dom. Nau à Bourgueil. Un duo incontournable du Chinonais.

Vêtu de pourpre sombre aux reflets violets, ce bourgueil dévoile une palette aromatique centrée sur les fruits noirs. Un fruit que l'on retrouve dans une bouche équilibrée, charnue, dotée de tanins souples et soyeux. ⧗ 2024-2029 ■ **Les Brunetières 2022 ★ (20 à 30 €; 6600 b.)** Centrée sur les fruits rouges compotées, souple et vivifiante en attaque, cette cuvée s'impose par son élégance et son bon volume de bouche, épaulée par des tanins bien pris dans la chair. Du potentiel en cave. ⧗ 2025-2032

⊶ DOM. NAU, 52, rue de Touraine, 37140 Ingrandes-de-Touraine, tél. 02 47 58 53 01, maisonnau@baudry-dutour.fr V *t.l.j. sf lun. dim. 11h-19h; f. nov.-mars.*

LA NOIRAIE Les Moulins 2023 ★

■	700 000		8 à 11 €

Le premier des Delanoue, vigneron à Benais, était métayer. Son fils acheta les bâtiments à ses propriétaires, ainsi que les premières vignes. Six générations plus tard, la famille – Michel, son frère Jean-Paul, son épouse Pascale et son fils Vincent – exploite 50 ha à Bourgueil et à Saint-Nicolas. Un domaine régulier en qualité, complété par une structure de négoce fondée en 2021 par Vincent.

Vêtue de grenat profond aux nuances violines, ce bourgueil offre un bouquet démonstratif de fruits rouges et noirs. En bouche, il apparaît rond, souple, bien fruité, frais étayé par des tanins affinés. Déjà aimable, il peut aussi être attendu quelques années. ⧗ 2024-2028 ■ **Prestige 2023 ★ (8 à 11 €; 700 000 b.)** Au nez, se dévoilent d'agréables senteurs de fruits noirs. En bouche, ce même fruité appétent infuse une matière souple, soulignée par des tanins légers et fondus. ⧗ 2024-2028

⊶ DOM. DE LA NOIRAIE, 19, rue du Fort-Hudeau, 37140 Benais, tél. 02 47 97 30 40, delanoue.freres@orange.fr V *t.l.j. sf dim. 9h-12h 14h-18h*

VIGNOBLES OLIVIER Vaumoreau 2020 ★

■	1500		15 à 20 €

Depuis 1983 Patrick Olivier gère ce domaine plusieurs fois agrandis qui couvre aujourd'hui 63 ha répartis en bourgueil, saint-nicolas et anjou. Ses enfants, Florian et Marina, prennent progressivement le relais.

Née sur 1 ha de terres argilo-calcaires, cette cuvée s'ouvre sur d'intenses notes de fruits rouges. On retrouve ce fruité soutenu dans une bouche ample et solide, encore un peu austère, bâtie sur des tanins serrés. On met en cave. ⧗ 2027-2032

⊶ VIGNOBLES OLIVIER, 1600, rte de Vernoil, L'Épaisse, 37140 Saint-Nicolas-de-Bourgueil, tél. 02 47 97 75 32, contact@domaineolivier.com V *t.l.j. sf dim. 9h-12h 14h-18h*

NATHALIE OMASSON Vieilles Vignes 2022 ★★

■	5000		5 à 8 €

Plantées sur les coteaux de Saint-Patrice, les vignes de ce domaine (9,5 ha), établi dans la commune de Coteaux-sur-Loire, font face au romantique Château d'Ussé. Nathalie Omasson s'y est installée en 2003, y œuvre seule et signe de jolies cuvées fréquemment retenues dans le Guide.

Nathalie Omasson signe une cuvée qui possède incontestablement du caractère. Paré de rouge vif soutenu déployant au nez de vivifiants arômes de fruits rouges (fraise, framboise, groseille), ce bourgueil rond et très printanier regorge aussi une bouche de fraîches et juteuses saveurs fruitées, cadré par des tanins soyeux qui renforcent son élégance. ⧗ 2024-2030

⊶ NATHALIE OMASSON, 3, rue de la Cueille-Cadot, 37130 Coteaux-sur-Loire, tél. 06 66 96 60 41, nathalie.omasson@gmail.com V *r.-v.*

B DOM. DU PETIT BONDIEU Petit Mont Vieilles Vignes 2022 ★★

■	15 000		11 à 15 €

Installée à Restigné, la famille Pichet s'évertue depuis quatre générations à produire des vins au plus près de

a nature et des terroirs. Le domaine, qui s'étend sur 29 ha aujourd'hui, est géré par Thomas et son père ean-Marc, conduit en bio certifié depuis le millésime 2013. Des vins d'une grande régularité dans la qualité.

Cette belle cuvée, souvent en vue dans ces pages, se drape dans une robe rouge foncé. Au nez, elle dévoile d'intenses senteurs de fruits rouges et noirs frais. Un fruité auquel fait un long écho une bouche ample, riche mais parfaitement équilibrée, dotée de tanins soyeux bien pris dans la chair. Un bourgueil déjà très appétent mais qui pourra aussi être attendu quelques années. 2024-2030 **Les Couplets Vieilles Vignes 2022 ★★ (15 à 20 €; 4500 b.)** B Un beau bourgueil de caractère, ample, puissant, chargé de fruits rouges compotés, agrémentés d'arômes vanillés et épicés, et soutenu par des tanins fermes qui appellent la garde. 2027-2032

DOM. DU PETIT BONDIEU, 30, rte de Tours, 37140 Restigné, tél. 02 47 97 33 18, domaine@petitbondieu.fr V t.l.j. sf dim. 9h30-12h30 14h-18h30 B

DOM. DE LA PETITE MAIRIE Cuvée Ronsard 2022 ★

8000 | 8 à 11 €

Établi à Restigné, James Petit a repris en 1997 le domaine de son oncle Jean Gambier, aujourd'hui retiré. Le vignoble couvre 32 ha sur la première terrasse de l'appellation bourgueil.

C'est dans les superbes jardins de Bourgueil que Ronsard rencontra Marie. Est-ce en hommage à cet épisode que le domaine propose ce bourgueil délicat ? Un vin qui développe, après aération, un bouquet très solaire de fruits noirs mûrs agrémenté d'un boisé subtil. En bouche, il se montre bien plein, puissant mais sapide, cadré par un élevage et des tanins fondus. 2024-2029

DOM. DE LA PETITE MAIRIE, 9, rue de la Petite-Mairie, 37140 Restigné, tél. 02 47 97 30 13, jacopetit@orange.fr V t.l.j. sf dim. 9h-12h30 13h30-19h

♥ DOM. DU PETIT SOUPER Vieilles Vignes 2022 ★★

12000 | 5 à 8 €

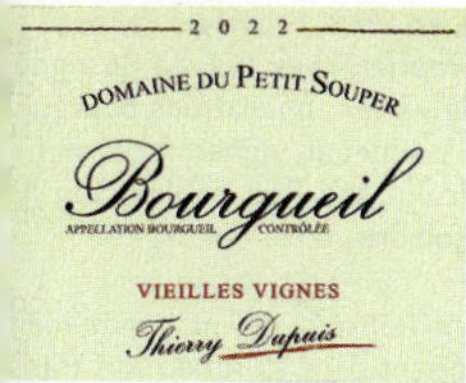

Situé dans la nouvelle commune de Coteaux-sur-Loire (anciennement Saint-Patrice), le domaine de Thierry Dupuis (installé en 1992) se distingue régulièrement pour ses bourgueil, en rouge comme en rosé.

Une belle robe grenat sombre à reflets violines habille cette cuvée née de vieux ceps de breton plantés sur un sol de tuffeau. S'en dégage un bouquet ample et bien fruité (griotte, mûre) qui donne envie de poursuivre. En bouche, on découvre un vin aussi large que long, généreux, d'une rondeur enveloppante et très gourmande, étayé par des tanins soyeux qui ajoutent à son caractère savoureux. Déjà très abordable, ce bourgueil ne craindra pas une longue garde. 2025-2034 **Rosé des sables 2023 ★ (5 à 8 €; 500 b.)** Paré d'une robe lumineuse, ce rosé infusé de fruits rouges de bout en bout s'avère bien équilibré entre rondeur et fine fraîcheur. Idéal à l'apéritif. 2024-2025

DOM. DU PETIT SOUPER, 13, rue de la Barbinière, Saint-Patrice, 37130 Coteaux-sur-Loire, tél. 02 47 96 97 46, earl.thierrydupuis@gmail.com V r.-v.

DOM. LES PINS Le Clos 2022 ★

6000 | 11 à 15 €

Depuis cinq générations, la famille Pitault-Landry exploite ce domaine créé en 1890. Aujourd'hui, il est conduit par le tandem Philippe Pitault et son frère Christophe. Couvrant 34 ha, les vignes entourent les bâtiments, dont une bâtisse du XVᵉs. Une valeur sûre en bourgueil comme en saint-nicolas.

Ce bourgueil livre au nez un agréable fruité aux tonalités de cerise. On retrouve le fruit rouge dans une bouche très aimable, d'une rondeur avenante, marquée par la générosité du millésime, avec en soutien des tanins bien fondus et veloutés. 2024-2028 **Vieilles Vignes 2022 ★ (11 à 15 €; 6000 b.)** Au nez, cette cuvée dévoile sans réserve ses séductions fruitées, enrichies de notes épicées, qui imprègnent aussi une matière ronde, d'un bon volume, étayée par des tanins bien en place mais sans dureté aucune. 2024-2029

DOM. LES PINS, 8, rte du Vignoble, 37140 Bourgueil, tél. 02 47 97 47 91, pitaultlandry@orange.fr V r.-v. D

B DOM. DU ROCHOUARD Les Onze Boisselées 2022 ★

1500 | 15 à 20 €

Guy Duveau a créé le domaine en 1976, en polyculture jusqu'en 1985. Ses fils Dominique et Jean-Luc ont pris la relève, respectivement en 1995 et en 2007. Le vignoble couvre 20 ha, certifiés depuis 2015 en agriculture biologique. Une valeur sûre en bourgueil et saint-nicolas.

Coup de coeur dans sa version 2020, cette cuvée nous revient en bonne forme avec un 2022 qui possède de bons atouts pour défier le temps. La robe affiche un brillant rouge cerise nuancé de violet. Intense, le nez se développe sur des senteurs de fruits rouges relevés d'épices. La bouche, imprégnée de ces mêmes arômes, se montre dense, charnue, bien épaulée, étirée sur de beaux amers en finale. 2027-2032

DOM. DU ROCHOUARD, 1, rue des Géléries, 37140 Bourgueil, tél. 06 68 70 20 75, domainedurochouard@wanadoo.fr V t.l.j. 8h30-12h 14h-18h30; dim. sur r.-v.

B G. VALLÉE Le Rocher de mon grand-père 2022 ★

30000 | 5 à 8 €

Un domaine dans la famille Vallée depuis plusieurs générations, conduit par Gérald depuis 1998, qui a converti le vignoble et ses 27 ha en appellation saint-nicolas-de-bourgueil à l'agriculture biologique, certifiée depuis le millésime 2012.

De doux arômes fruités émanent de ce bon bourgueil, au nez comme en bouche. On aime aussi sa trame tannique souple, bien fondue, qui renforce le caractère tendre et très convivial de ce vin. 2024-2028

VALLÉE-MERCIER, 2, la Cotelleraie, 37140 Saint-Nicolas-de-Bourgueil, tél. 02 47 97 75 53, gerald.vallee@wanadoo.fr V r.-v.

LOIRE

DOM. DES VIENAIS Vieilles Vignes 2022 ★

■ | 2800 | | 8 à 11 €

Depuis 1980, Marie-Christine et Gérard Poupineau se sont attachés au développement d'un vignoble acquis par leurs ascendants à la fin du XIXe s., qui couvre aujourd'hui 20 ha. 2020 est leur dernière vendange, leur fils Guillaume et sa compagne Élise reprenant l'exploitation, dont ils ont engagé la conversion bio (certification avec le millésime 2023).

Ces vieilles vignes ont engendré un vin ouvert à l'olfaction sur de pimpants arômes de fruits noirs sur fond de boisé bien fondu. Arômes qui s'étirent dans une bouche souple en attaque, plus ferme dans son développement, portée par des tanins actifs. Quelques années de garde affineront l'ensemble. ⧗ 2026-2032

DOM. DES VIENAIS, 3, rue des Lavandières, 37140 Benais, tél. 06 61 67 41 13, contact@domaine-des-vienais.com V r.-v.

DOM. SÉBASTIEN WUCHER
Histoire d'ailes 2023 ★★

■ | 2000 | | 5 à 8 €

Sébastien Wucher s'est installé en 2014 et conduit aujourd'hui un petit vignoble d'un peu plus de 2 ha réparti sur plusieurs communes de l'appellation bourgueil.

Une entrée remarquée et remarquable dans le Guide pour Sébastien Wucher avec ce superbe rosé passé à un souffle du coup de cœur. Un vin paré d'une étincelante parure saumonée, au nez très aérien de cerise et de bonbon anglais, parfaitement équilibré en bouche, souple, frais et velouté à la fois, centré sur de douces saveurs de fraise des bois. Un ensemble expressif, harmonieux et délicat. ⧗ 2024-2025

DOM. SÉBASTIEN WUCHER, 7, rue de la Pelouse, 37140 Bourgueil, tél. 06 63 73 76 18, sebastien@wucher@gmail.com V r.-v.

SAINT-NICOLAS-DE-BOURGUEIL

Superficie : 1 076 ha / Production : 61 307 hl

Malgré des caractéristiques proches de celles de l'aire contiguë de Bourgueil, la commune de Saint-Nicolas-de-Bourgueil (simple paroisse détachée de Bourgueil au XVIIIe s.) possède son appellation particulière. Son vignoble croît, pour les deux tiers, sur les sols sablo-graveleux des terrasses de la Loire. Au-dessus, le coteau est protégé des vents du nord par la forêt; le tuffeau y est surmonté d'une couverture sableuse. Bien que ce ne soit pas le cas des vins provenant exclusivement du coteau, les saint-nicolas-de-bourgueil, souvent issus d'assemblages, ont la réputation d'être plus légers que les bourgueils.

B AGNÈS ET XAVIER AMIRAULT
Les Gravilices 2021 ★

■ | 8639 | | 15 à 20 €

Installé en Touraine occidentale sur une terrasse ancienne de la Loire, ce domaine, dans la même famille depuis six générations, est bien connu des lecteurs du Guide pour ses saint-nicolas-de-bourgueil. Agnès et Xavier Amirault – qui a pris la suite de son frère Thierry en 2011 – exploitent aujourd'hui plus d'une quarantaine d'hectares en bio et biodynamie. En 2020, ils se sont associés à leur chef de culture Jean-François Roit-Levêque pour acquérir des vignes sur les très beaux terroirs du Clos de la Gaucherie à Restigné (4 ha), complété par 1 ha sur le lieu-dit Grant-Mont réputé pour son sol argilo-calcaire.

Élevé en foudres, ce vin s'ouvre sur des arômes intenses de cassis, de fruits rouges, de violette et d'épices. Appuyée sur des tanins extraits avec mesure, la bouche se montre plaisante, juteuse et bien typée. Un saint-nicolas gourmand, à boire sur le fruit. ⧗ 2024-2027

EARL CLOS DES QUARTERONS (AMIRAULT), 42, av. Saint-Vincent, 37140 Saint-Nicolas-de-Bourgueil, tél. 02 47 97 75 25, contact@domaineamirault.com V *t.l.j. sf dim. 10h-12h30 14h30-18h*

B DOM. Y. AMIRAULT La Mine 2022 ★★

■ | 11 630 | | 15 à 20 €

Présent en saint-nicolas et en bourgueil, Yannick Amirault fait partie des valeurs sûres de ces deux appellations. C'est désormais son fils Benoit qui cultivent (en bio) les 19 ha du domaine.

Sept mois de séjour en cuve tronconique ont bonifié arômes et saveurs de cette cuvée issue du seul cabernet franc, jardiné selon le cycle lunaire avant d'être vendangé à la main. Dans le verre, un saint-nicolas d'une belle prestance, drapé dans une limpide robe rouge aux reflets violines, finement élevé, gorgé de fruits frais, long, rond et fondu en bouche. Déjà plaisant mais de bonne garde. ⧗ 2025-2029

DOM. Y. AMIRAULT, 1, rte du Moulin-Bleu, 37140 Bourgueil, tél. 02 47 97 78 07, info@yannickamirault.fr V r.-v.

HENRI BOURDIN Cuvée Cassandre 2022 ★

■ | 5000 | | 5 à 8 €

Henri Bourdin, installé en 1991 à la suite de son père fondateur du domaine en 1948, privilégie l'accueil et la vente directe à la propriété. Les 14,5 ha de vignes sont morcelés, répartis sur les appellations bourgueil et saint-nicolas, ce qui permet au vigneron de vinifier par terroir : argilo-calcaire, graviers, sables. Son fils David s'apprête à le rejoindre.

Voilà une jolie cuvée qui fera sans doute songer à la Cassandre Salviati dont Ronsard devint éperdument amoureux. Un vin séduisant dans sa robe rubis transpercée d'éclairs violines, ouvert sur les petits fruits rouges, rond et friand en bouche, doté de tanins fondus. Un vin sur le fruit, à boire sans trop attendre. ⧗ 2024-2027

EARL HENRI BOURDIN, 7, rue du Bourg-de-Paille, 37140 Bourgueil, tél. 06 87 81 77 47, bourdin.henri37@orange.fr V *t.l.j. sf dim. 8h-12h30 14h-18h*

DOM. DAMIEN BRUNEAU Traditionnelle 2023 ★

■ | 37 000 | | 8 à 11 €

Ghislaine et Yvan Bruneau, tous deux natifs de Saint-Nicolas et descendants de plusieurs générations de vignerons, perpétuent la tradition familiale depuis

1986. Ils sont aujourd'hui aidés par leur fils Damien pour conduire les 20 ha de la propriété.

Un vin ouvert au nez sur des senteurs appétentes de cerise à l'eau-de-vie, prolongées par une bouche bien en chair, tenue par une fine acidité et des tanins fermes mais agréables. On peut le boire ou le garder. ⌛ 2024-2028 ■ **Les Clos Vieilles Vignes 2023 ★ (8 à 11 €; 18 600 b.)** Malgré les difficultés du millésime, cette cuvée tire son épingle du jeu. Belle robe pourpre dense et profonde, nez mûr et fruité, bouche solide, ample, dotée de tanins fermes : c'est un vin prometteur, à oublier un temps en cave. ⌛ 2026-2032

DOM. DAMIEN BRUNEAU, 50, av. Saint-Vincent, 37140 Saint-Nicolas-de-Bourgueil, tél. 02 47 97 90 67, contact@damienbruneau.fr V r.-v.

SYLVAIN BRUNEAU L'Éclosion 2022 ★★

■	2600		15 à 20 €

Représentant la troisième génération de vignerons sur ce domaine régulier en qualité, Sylvain Bruneau, installé en 1998, a converti au bio son vignoble, étendu sur une vingtaine d'hectares.

Une cuvée de garde élevée en cuve béton ovoïde dont on retient le nez retenu, entre fruits noirs, cuir et note fumée, et la bouche, plus généreusement fruitée (cassis, mûre), énergique, cadrée pour l'heure par des tanins serrés. On patiente. ⌛ 2025-2030 ■ **Les Hauts Frogers 2022 ★ (11 à 15 €; 8000 b.)** Des vignes de 60 ans et un séjour en fût d'un an ont façonné ce 2022 sérieux, sous le joug de l'élevage, qui peut compter sur ses tanins serrés et son fruit ensoleillé pour tenir la garde. ⌛ 2027-2032

DOM. SYLVAIN BRUNEAU, 1659, rue de la Martellière, 37140 Saint-Nicolas-de-Bourgueil, tél. 02 47 97 75 81, info@cave-bruneau-dupuy.com V r.-v.

LE CHAIS DES CHEVALIERS Les Aïeules 2022 ★★

■	4000		8 à 11 €

Après avoir fait vinifier ses vins à la cave coopérative de Bourgueil, comme son père et son grand-père avant lui, Armel Delanoue a décidé en 2017 d'élaborer aussi ses propres cuvées à partir de 6 des 16 ha que comptent son domaine, certifié HVE, avec la conversion bio dans le viseur.

Née de vieux ceps de cabernet franc enracinés sur un terroir de graviers, cette belle cuvée libère au nez de délicats arômes de fruits rouges. On retrouve le fruit avec intensité dans une bouche savoureuse, ronde, souple et longue, étayée par des tanins bien affinés et soyeux. Une bien jolie gourmandise à découvrir sur le fruit de sa jeunesse ou patinée par quelques années de garde. ⌛ 2024-2029

LE CHAI DES CHEVALIERS, 3, rte de Tour, 37140 Restigné, tél. 02 47 97 33 48, delanoue.armel@wanadoo.fr V r.-v.

VIGNOBLE DE LA CHEVALLERIE Cuvée Jean Charles 2022 ★

■	15 000		5 à 8 €

La Chevallerie fait partie des plus anciens terroirs de Saint-Nicolas. Jean-Charles Bruneau a pris en 2007 les rênes des 25 ha de l'exploitation familiale, dont les premiers pas remontent à 1947. Son grand-père Martial cultivait alors 25 ares de vignes plantées sur sables et graviers.

Vinifiée en cuve béton puis élevée six mois en fût de chêne, cette cuvée dévoile au nez d'intenses notes de fruits rouges mâtinées d'un boisé bien dosé. Une harmonie fruit-merrain que l'on retrouve dans une bouche ample, solide, dotée de tanins fermes qui appellent la garde. ⌛ 2027-2032

VIGNOBLE DE LA CHEVALLERIE, 656, rte de la Rodaie, 37140 Saint-Nicolas-de-Bourgueil, tél. 02 47 97 81 19, contact@jeancharlesbruneau.fr V r.-v.

DOM. DE LA CHOPINIÈRE DU ROY Sous la robe 2022 ★

■	4500		11 à 15 €

Héritier d'une famille qui cultivait déjà la vigne à la fin du XIXᵉs, Christophe Ory s'est installé en 1999 à la tête du domaine développé par son père Michel Ory. Rejoint en 2010 par son frère Nicolas, il a repris seul la gestion du domaine en 2018 avec son épouse Sophie. Le vignoble compte aujourd'hui 26 ha.

Cette sélection parcellaire s'ouvre sans réserve sur des parfums engageants de fruits noirs mûrs. Arômes que prolonge une bouche ronde, souple, fluide, soyeuse, épaulée par des tanins élégants et bien affinés. On peut déjà en profiter pleinement. ⌛ 2024-2029 ■ **12 arpents 2022 ★ (5 à 8 €; 20 000 b.)** Un saint-nicolas gourmand et expressif, qui dévoile au nez comme en bouche des arômes de fruits rouges, de framboise et de fraise notamment, avec en soutien des tanins délicats et bien pris dans la chair. ⌛ 2024-2028

DOM. DE LA CHOPINIÈRE DU ROY, 402, rte de la Rodaie, 37140 Saint-Nicolas-de-Bourgueil, tél. 02 47 97 77 74, chopiduroy@gmail.com V *t.l.j. sf dim. 8h30-19h*

LE CLOS DU VIGNEAU Le Clos 2022 ★

■	50 000		5 à 8 €

Depuis 1820, six générations de Jamet se sont appliquées à faire prospérer la vigne sur des parcelles de sables et de cailloux, terroirs nommés «graviers». En 2012, la propriété de 25 ha a été cédée aux cousins Antoine et François Jamet du Dom. des Vallettes.

Voilà un joli vin canaille né sur un terroir de graviers, qui développe de franches et intenses saveurs de fruits rouges, au nez comme en bouche, et qui séduit aussi par ses tanins fins et fondus renforçant son caractère très cordial. ⌛ 2024-2028

EARL LE CLOS DU VIGNEAU, Le Vigneau, 37140 Saint-Nicolas-de-Bourgueil, tél. 02 47 97 44 44, contact@closduvigneau.com V *t.l.j. sf dim. 9h-12h 14h-17h30*

ESTELLE COGNARD Ma Cuvée dor 2022 ★★

■	9300		8 à 11 €

Créée en 1973 à partir de 1 ha par Lydie et Max Cognard, cette exploitation située à Chevrette, un petit hameau de Bourgueil à la limite de Saint-Nicolas, s'étend désormais sur 15 ha. Depuis 2013, les enfants, Estelle et Rodolphe, ont pris le relais et converti le domaine à l'agriculture biologique. Une valeur sûre en bourgueil et en saint-nicolas.

Né sur un terroir de sables et de graviers, ce saint-nicolas diablement friand s'ouvre sans réserve sur un fruité expansif (cassis, cerise, fraise). Un fruit qui ne baisse pas d'un ton dans une bouche à la fois ample et souple, appuyée en douceur sur des tanins soyeux qui ajoutent à son élégance et son amabilité. ⧗ 2024-2029 ■ **Cuvée Estelle 2022 ★ (8 à 11 €; 50 000 b.)** Ⓑ Une cuvée issue de sols sablonneux, qui se distingue par son nez de fruits rouges relevés d'épices et par sa bouche aimable, juteuse, très parfumée, soutenue par des tanins fins et fermes. Gourmand mais consistant, on peut le boire ou le garder. ⧗ 2025-2030

SCEA ESTELLE ET RODOLPHE COGNARD, 3, lieu-dit Chevrette, 37140 Saint-Nicolas-de-Bourgueil, tél. 02 47 97 76 88, vins.cognard@orange.fr V t.l.j. *sf dim. 8h-12h 14h-18h; sam. sur r.-v.* Ⓔ

MICKAEL DELANOUE Les Chambreaux 2023 ★

■ | 9333 | | 8 à 11 €

Mickaël Delanoue a repris en 2017 le domaine de son cousin : 8,8 ha sur lesquels il limite les intrants et dont il tire des vins qui visent la simplicité et le fruit.

Née d'une parcelle unique de graviers et d'argiles plantée de vieilles vignes de plus de 50 ans, cette cuvée livre un bouquet profond et intense de fruits noirs (myrtille, cassis). En bouche, elle conjugue harmonieusement volume, fraîcheur et fermeté. On recommande une petite garde avant de l'ouvrir. ⧗ 2025-2030 ■ **Hourvari 2022 ★ (11 à 15 €; 1500 b.)** Un saint-nicolas élevé en fût, d'un seyant rubis, qui séduit d'emblée par ses arômes de fruits noirs mûrs mâtinés d'un bon boisé torréfié. Sensations prolongées par une bouche suave, ronde, généreuse, d'un bon volume, avec des tanins bien extraits en soutien. Un bon potentiel en cave se profile. ⧗ 2027-2032

MICKAEL DELANOUE, 1, rue de la Caillardière, 37140 Saint-Nicolas-de-Bourgueil, tél. 06 75 43 89 88, mickadelanoue@gmail.com V *r.-v.*

JÉRÔME DELANOUE Réserve Louis 2022 ★

■ | 8000 | | 8 à 11 €

Jérôme Delanoue s'est lancé dans la viticulture en 1998 et s'est attaché depuis à parfaire l'exploitation de ses vignes sur des sols de graviers très qualitatifs. Il conduit aujourd'hui 13,5 ha en bourgueil et saint-nicolas, avec des cuvées régulières en qualité.

Un vin élevé 10 mois en barrique, encore dominé par le boisé à ce stade, mais qui dévoile une matière suffisamment large, dense et charnue pour le digérer sereinement, avec de bons tanins en soutien. Patience donc. ⧗ 2027-2032

DOM. JÉRÔME DELANOUE, 445, rue du Port-Guyet, 37140 Saint-Nicolas-de-Bourgueil, tél. 06 16 95 16 55, vinjdelanoue@wanadoo.fr V *t.l.j. 9h-12h 14h-18h*

Ⓑ DAVID ET NATHALIE DRUSSÉ Vieilles Vignes 2022 ★

■ | 30 000 | | 8 à 11 €

Issu d'une famille de viticulteurs de Saint-Nicolas-de-Bourgueil, David Drussé a créé son domaine en 1996, rejoint ensuite par son épouse Nathalie. Depuis 2010, le couple a renoncé aux désherbages chimiques, premiers pas avant d'entamer la conversion à l'agriculture biologique, aujourd'hui acquise. Leur exploitation compte 24 ha.

Discret au premier nez, ce saint-nicolas s'ouvre à l'aération sur de beaux arômes de fruits cuits et d'épices. Le prélude à une bouche cossue et équilibrée, souple à l'attaque, plus ferme et serrée dans son développement. On attend un peu avant de l'ouvrir. ⧗ 2025-2030

DAVID ET NATHALIE DRUSSÉ, 1875, rte de Tours, imp. de la Villatte, 37140 Saint-Nicolas-de-Bourgueil, tél. 06 88 88 77 75, drusse@wanadoo.fr V *t.l.j. 9h-19h*

Ⓑ DOM. DES GALUCHES La Taille 2022 ★

■ | 9000 | | 8 à 11 €

Laurence et Christian Millerand ont pris la suite de leurs parents sur un domaine de 14 ha (en bio certifié), dont ils ont amélioré le chai et le matériel de vinification. Le nom de Galuches renvoie aux sols des bords de Loire riches en graviers et en galets. À la carte, du chinon et du saint-nicolas-de-bourgueil.

D'un seyant rouge soutenu, ce vin très aromatique s'ouvre sur des notes intenses de fruits rouges mûrs, de framboise notamment. Des saveurs fruitées que valorise tout autant une bouche souple, ronde, soyeuse, animée par des tanins bien affûtés, avec en prime une belle finale longue et franche. ⧗ 2024-2028

DOM. DES GALUCHES, 2 bis, imp. des Galuches, 37420 Savigny-en-Véron, tél. 02 47 58 45 38, chmillerand@gmail.com V *t.l.j. sf sam. dim. 10h-12h 14h-18h30*

♥ MAISON JAMET Les Goules benaises 2022 ★★

■ | 6000 | | 8 à 11 €

Annick et Francis Jamet ont créé leur domaine en 1986 : 10 ha au départ, 26, aujourd'hui, sur lesquels sont produits du saint-nicolas-de-bourgueil et du bourgueil, mais aussi de l'anjou blanc. Après une expérience commerciale export pour une maison saumuroise, François, le fils, revient au domaine en 2001. Il est rejoint en 2008 par son frère Antoine qui a fait ses armes en Australie et en Espagne. En 2012, la fratrie reprend le Clos du Vigneau (saint-nicolas), dans la famille de leur cousin Alain Jamet depuis 1820 et maison-mère familiale. Une structure de négoce complète l'activité.

«Quo qu'vous zavez pour avoir les goules benaises comme ça?» C'est par cette expression populaire que la grand-mère des frères Jamet accueillait ses petits-enfants rentrant du jardin, sales et fiers de leurs bêtises. Dans le verre, un saint-nicolas très en verve, dense et sombre de robe, qui livre une belle palette de parfums (fruits rouges confits, violette, note fumée). Le palais se fait ample, rond, chaleureux et caressant, cadré en douceur par des tanins bien en place mais délicieusement veloutés. Un saint-nicolas généreux et déjà charmeur en diable, mais qui n'a pas dit son dernier mot. ⧗ 2024-2030

MAISON JAMET, rte n° 1, 37140 Saint-Nicolas-de-Bourgueil, tél. 02 47 97 44 44, contact@vallettes.com V t.l.j. sf dim. 9h-12h 14h-17h30

VIGNOBLE DE LA JARNOTERIE
Terres noires 2022 ★★

■	26000		11 à 15 €

Cinq générations de vignerons se sont succédé sur ce vignoble de 26 ha à la limite de l'Anjou et de la Touraine, avec certaines parcelles conduites en bio. Didier et Carine Rezé, installés depuis 2003, figurent régulièrement dans les pages du Guide.

Une longue macération avec des remontages quotidiens et un élevage en cuve de six mois pour ce saint-nicolas très convaincant. Il en résulte un vin corpulent, dense, volumineux, mais aussi très affable et rond, infusé de bout en bout de savoureuses notes de griotte. Enthousiasmant, et pour quelques années encore. ⌛ 2024-2029 ■ **Cuvée Angèle 2022 ★ (11 à 15 €; 7419 b.)** B Une cuvée bio qui se distingue par ses parfums soutenus et engageants de fruits rouges mûrs et par sa bouche tendre, souple et ronde, sans manquer de densité et de volume. Un vin complet à boire jeune ou patiné par un peu de garde. ⌛ 2024-2029 ■ **Concerto Vieilles Vignes 2022 ★ (11 à 15 €; 13248 b.)** Une cuvée issue des vieilles vignes du domaine (60 à 80 ans en moyenne), au nez soutenu de fruits rouges et noirs sur fond de boisé fondu, dense et généreuse en bouche, structurée par des tanins fermes mais sans dureté. Un peu de garde affinera l'ensemble. ⌛ 2026-2030

VIGNOBLE DE LA JARNOTERIE, La Jarnoterie, 37140 Saint-Nicolas-de-Bourgueil, tél. 02 47 97 75 49, contact@jarnoterie.com V *r.-v.*

PASCAL ET ALAIN LORIEUX
Les Maugerets La Contrie 2022 ★

■	8000		8 à 11 €

Alain et Pascal Lorieux ont fusionné leurs exploitations en 1993, l'une de 12 ha à Saint-Nicolas-de-Bourgueil, l'autre de 8 ha à Chinon, tout en gardant 2 chais de vinification. Suite au départ d'Alain à la retraite, Pascal s'est associé à Anatole de la Brosse, également producteur en saumur-champigny.

Des arômes expressifs de cerise macérée, une bouche sérieuse, riche, concentrée mais juteuse, flanquée de tanins gras, une longueur très honorable: un saint-nicolas charmeur, qui a bien profité des largesses du millésime. ⌛ 2024-2028

PASCAL ET ALAIN LORIEUX, 64, av. Saint-Vincent, 37140 Saint-Nicolas-de-Bourgueil, tél. 02 47 97 92 93, contact@lorieux.fr V *r.-v.*

B DOM. FRÉDÉRIC MABILEAU
Les Coutures 2021 ★

■	8800		15 à 20 €

Figure de proue en bourgueil et en saint-nicolas depuis son installation en 1991 Frédéric Mabileau a constitué un domaine de 35 ha en agriculture biologique depuis 2007 et en biodynamie depuis 2012. Suite à son décès accidentel en 2020, son fils, Remy, a pris sa suite. Charly, l'autre fils, a ouvert, dans la cours du domaine, *Chez Odette*, un restaurant dédié à la cuisine locale et de saison.

Cette cuvée a bénéficié des longues macérations qui confèrent aux vins des textures soyeuses. C'est bien ce qu'ont ressenti les dégustateurs, charmés par l'élégance et la souplesse de ce saint-nicolas énergique, gorgé de saveurs fruitées (cerise, fruit noir), avec un boisé et des tanins fondus en soutien. «Droit dans ses bottes et sans artifice», résume le jury. ⌛ 2024-2029

SAS FRÉDÉRIC MABILEAU, 6, rue du Pressoir, 37140 Saint-Nicolas-de-Bourgueil, tél. 02 47 97 79 58, contact@fredericmabileau.com V *t.l.j. sf sam. dim. 9h-12h30 14h-17h30*

JACQUES ET VINCENT MABILEAU
Vieilles Vignes La Gardière 2022 ★

■	15000		8 à 11 €

Jacques Mabileau a créé ce domaine en 1968. Son fils Vincent l'a rejoint en 1998; ensemble, ils ont modernisé et agrandi leur exploitation, qui s'étend sur 19 ha aujourd'hui.

Une cuvée née de vieilles vignes plantées sur 3 ha argilo-calcaires. Un vin d'un seyant rubis, intense au nez, sur des arômes de fruits mûrs mâtinés d'épices, riche, rond et tout aussi expressif en bouche, épaulé par des tanins affinés. ⌛ 2024-2028

JACQUES ET VINCENT MABILEAU, La Gardière, 37140 Saint-Nicolas-de-Bourgueil, tél. 02 47 97 75 85, vincent.mabileau@wanadoo.fr V *r.-v.*

DOM. MESLET Beaux-Puy 2022 ★★

■	4000		5 à 8 €

Trois générations de vignerons sont à l'origine de ce domaine de près de 13 ha. Le vignoble est désormais conduit par Dominique Meslet, installé à Bourgueil, qui possède également des parcelles à Saint-Nicolas.

Il a frôlé le coup de cœur, ce superbe saint-nicolas issu d'une sélection parcellaire sur l'argilo-calcaire du lieu-dit Beaux-Puy. Au nez, les fruits noirs sont en verve. Ils s'agrémentent d'une fringante touche minérale dans une bouche ronde, longue, très équilibrée, dotée de tanins fins et soyeux. Une harmonie sans faille. ⌛ 2024-2030

DOM. DOMINIQUE MESLET, 10, rue la Percherie, 37140 Bourgueil, tél. 06 91 11 56 71, ds.meslet@gmail.com V *r.-v.*

DOM. OLIVIER Vieilles Vignes 2021 ★★

■	18000		8 à 11 €

Créée en 1959, cette exploitation familiale, qui n'a cessé de se diversifier et de s'agrandir, couvre désormais 75 ha. Conduite depuis 1983 par Patrick Olivier, elle est régulièrement distinguée dans le Guide.

Discrètes à l'olfaction, les notes de grenadine et de framboise s'émancipent et se teintent de poivre dans une bouche épanouie, fraîche, adossée à des tanins fins et fermes qui se détendront à table autour d'une belle viande rouge. «Un saint-nicolas frais et élégant comme on les aime», résume le jury. ⌛ 2025-2029

DOM. OLIVIER, 1270, rte d'Allonnes, 37140 Saint-Nicolas-de-Bourgueil, tél. 02 47 97 75 32, contact@domaineolivier.com V *t.l.j. sf dim. 9h-12h 14h-18h*

♥ DOM. DE LA PERRÉE Vieilles Vignes 2022 ★★

■ | 10000 | | 8 à 11 €

« Perrée » est un vieux mot signifiant « pierre ». Conduit par Patrice Delarue et sa famille Azéline ce domaine de 14 ha (en conversion bio), dans la famille depuis 1920, est implanté sur un terroir de graviers et de sables, où sont produits des vins réguliers en qualité, tout en fruit et en rondeur.

Un coup de cœur riche en couleur pour ce saint-nicolas né de vénérables vignes de 70 ans. Sa rutilante robe grenat annonce un bouquet intense et gourmand de fruits frais mâtinés de notes d'épices douces. Une attaque tendre et souple ouvre sur une bouche ample, suave et délicate, épaulée par des tanins soyeux qui ajoutent à son élégance et son amabilité. Un modèle d'équilibre. ⧗ 2024-2028 ■ **Vignerons en herbe 2022 ★ (11 à 15 €; 2000 b.)** Une jolie robe violine et un nez gourmand de fruits mûrs (cerise, cassis), l'approche est engageante. Suit une bouche tout aussi séduisante et fruitée, très avenante par sa rondeur soyeuse et son agréable fraîcheur en finale. ⧗ 2024-2028

DOM. DE LA PERRÉE, 829, rte de la Pelouse, 37140 Saint-Nicolas-de-Bourgueil, tél. 06 43 54 30 44, contact@domainedelaperree.fr V *t.l.j. sf dim. 9h-18h*

LES CAVES DU PLESSIS Vieilles Vignes 2022 ★★

■ | 15000 | | 8 à 11 €

Valeur très sûre en saint-nicolas-de-bourgueil, ce domaine est depuis 2012 géré par Stéphane Renou, héritier de cinq générations de vignerons. Le vignoble est conduit en lutte raisonnée, avec un enherbement de près de 80 % de la superficie globale. La cave creusée dans le tuffeau date du XIIIᵉs.

Après une remarquable série de deux coups de cœur consécutifs pour sa Réserve Stéphane dans les millésimes 2020 et 2021, Stéphane Renou propose ici une très belle cuvée à la présentation soignée, d'un élégant grenat, ouverte sans réserve sur les fruits noirs. Le prélude à une bouche harmonieuse, tout aussi fruitée, souple, ronde et longue, bien servie par des tanins fins et veloutés. ⧗ 2024-2029 ■ **Éclats de tuffe 2022 ★ (15 à 20 €; 2600 b.)** Un saint-nicolas élevé en amphore et sur lies fines. Un beau vin de terroir qui déroule en bouche un fruité vivifiant et intense, soutenu par des tanins bien affinés. ⧗ 2024-2029

LES CAVES DU PLESSIS, 1656, rue de la Martellière, 37140 Saint-Nicolas-de-Bourgueil, tél. 02 47 97 85 67, stephanerenou.vigneron@gmail.com V *r.-v.* B

B DOM. DU ROCHOUARD
Les argiles à silex Vieilles Vignes 2022 ★★

■ | 6000 | | 11 à 15 €

Guy Duveau a créé le domaine en 1976, en polyculture jusqu'en 1985. Ses fils Dominique et Jean-Luc ont pris la relève, respectivement en 1995 et en 2007. Le vignoble couvre 20 ha, certifiés depuis 2015 en agriculture biologique. Une valeur sûre en bourgueil et saint-nicolas.

Paré d'une limpide robe pourpre aux reflets violines, ce saint-nicolas dévoile au nez des parfums intenses de fruits noirs. En bouche, il apparaît ample, rond, gras, généreux, porté par des tanins fermes mais sans austérité. Déjà très appréciable, ce vin est armé pour bien vieillir. ⧗ 2024-2030

DOM. DU ROCHOUARD, 1, rue des Géléries, 37140 Bourgueil, tél. 06 68 70 20 75, domainedurochouard@wanadoo.fr V *t.l.j. 8h30-12h 14h-18h30; dim. sur r.-v.*

B DOM. DE LA RODAIE Levant 2022 ★★

■ | 6000 | | 11 à 15 €

C'est à la veille de la Seconde Guerre mondiale que le grand-père d'Hervé Morin a créé le domaine. Mais ce n'est qu'à partir de 1970 que la propriété, sous l'impulsion du petit-fils, s'est développée, puis ouverte à la clientèle. L'exploitation couvre 21 ha, complétés en 2017 par une brasserie artisanale sous le nom de marque Farmer. La conversion bio est engagée depuis 2020 et la production de whisky s'ajouter à la carte du domaine.

Après un coup de cœur l'an dernier pour sa cuvée Signature 2020, Hervé Morin signe de nouveau un très joli saint-nicolas avec ce Levant 2022 bien parfumé, sur les fruits rouges mûrs mâtinés de nuances florales et épicées, ample, souple et juteux en bouche, ourlé de tanins caressants. Une vraie gourmandise à savourer aujourd'hui ou après un peu de garde. ⧗ 2024-2028 ■ **Hervé Morvin Signature 2021 ★ (11 à 15 €; 5000 b.)** B Ce vin passé en fût de chêne séduit d'emblée par son nez finement vanillé, aux accents de framboise et de fusain. On aime aussi sa bouche joliment enrobée par l'élevage, fraîche, bien parfumée, épaulée par des tanins extraits avec élégance et doigté. ⧗ 2025-2030

DOM. DE LA RODAIE, 284, rte de la Rodaie, 37140 Saint-Nicolas-de-Bourgueil, tél. 02 47 52 15 41, contact@hervemorin.com r.-v. 5

JOËL TALUAU Vieilles Vignes 2022 ★★

■ | 5000 | | 11 à 15 €

Joël et Clarisse Taluau se sont installés en 1970 sur 2,2 ha; ils ont été rejoints en 1993 par leur fille Véronique et leur gendre Thierry Foltzenlogel, rejoints par leurs enfants Nicolas et Mélanie. Valeur sûre des appellations bourgueil et saint-nicolas, ce domaine de 32 ha (en conversion bio) se distingue régulièrement dans le Guide.

Une cuvée de haute expression et de caractère, ouverte sur des arômes gourmands de fruits rouges et noirs mûrs nuancés de notes fumées. On aime aussi sa bouche ample, généreuse, ronde, charnue, cadrée par des tanins fins et soyeux qui lui assureront une belle tenue dans le temps. ⧗ 2025-2032

DOM. TALUAU ET FOLTZENLOGEL, 1420, rte du Carroi-Taveau, Chevrette, 37140 Saint-Nicolas-de-Bourgueil, tél. 02 47 97 78 79, joel.taluau@orange.fr V *t.l.j. sf sam. dim. 8h30-12h 13h30-18h*

♥ DOM. DE LA VILLATTE Vieilles Vignes 2022 ★★

4 050 | 8 à 11 €

Installé en 1985 sur 2,5 ha de vignes, Didier Lorieux a progressivement étendu son vignoble à 13 ha en appellations bourgueil et saint-nicolas-de-bourgueil. Un domaine qui pratique la confusion sexuelle et a banni tout insecticide.

Ce magnifique saint-nicolas se présente dans une intense robe rouge vif, engageant prélude à un nez intense de fruits rouges et noirs mûrs. Un fruité qui irrigue une bouche ample, souple, charnue à souhait, portée en douceur par des tanins bien policés et d'une belle finesse de grain. Un vin d'une harmonie parfaite, que l'on pourra déguster dès aujourd'hui ou attendre quelques années pour un fondu encore plus soyeux. ⧗ 2024-2029

DOM. DE LA VILLATTE, La Villatte, 36, av. Saint-Nicolas, 37140 Bourgueil, tél. 02 47 97 84 92, didierlorieux131@gmail.com r.-v.

CHINON

Superficie : 2 337 ha
Production : 119 239 hl (99 % rouge et rosé)

Autour de la vieille cité médiévale qui lui a donné son nom, au pays de Gargantua et de Pantagruel, l'AOC chinon est produite sur les terrasses anciennes et graveleuses du Véron (triangle formé par le confluent de la Vienne et de la Loire), sur les basses terrasses sableuses du val de Vienne (Cravant), sur les coteaux de part et d'autre de ce val (Sazilly) et sur les terrains calcaires, les « aubuis » (Chinon). Le cabernet franc, dit breton, y donne des vins rouges racés aux tanins élégants. De moyenne garde, les chinon peuvent dépasser une, voire plusieurs décennies dans les meilleurs millésimes. L'appellation produit aussi quelques rosés secs et de très rares blancs secs tendres – certaines années – issus de chenin.

DOM. DES 4 VENTS Les Boulaies 2022 ★★

2 000 | 20 à 30 €

Ce domaine de 27 ha doit son nom à sa situation, au sommet d'une colline balayée par les vents. Philippe Pion conduit l'exploitation depuis 1984, épaulé depuis 2008 par son fils Aurélien.

Encore dominé par le bois, mais un bois de grande qualité, conséquence d' un long séjour en barriques, ce chinon d'une beau rouge intense offre une bouche ample, consistante, dense et longue, où l'on perçoit un bon fruit poindre derrière le merrain. Un vin de caractère, puissant, qu'il convient d'attendre. ⧗ 2027-2034

EARL PHILIPPE ET AURÉLIEN PION (DOM. DES QUATRE VENTS), 1, La Bâtisse, 37500 Cravant-les-Coteaux, tél. 06 20 86 37 43, pion375@gmail.com t.l.j. sf dim. 9h-12h 14h-18h

DOM. ANGELLIAUME La Cuvée du Père Léonce 2022 ★★

20 000 | 15 à 20 €

Ce domaine familial exploité depuis quatre générations dispose de caves remarquables par leur agencement et leurs dimensions, ainsi que d'un vignoble de 4 ha. Une valeur sûre de l'appellation chinon.

Né de vénérables vignes septuagénaires enracinées sur les terroirs d'argile à silex de Cravant-les-Coteaux, cette cuvée, vinifiée en cuve puis passée deux ans en fût, se présente dans une intense parure carmin. Le préambule à de jolies complexités mariant les baies rouges aux notes boisées. La bouche apparaît tendre, délicate, étayée par de fins tanins qui renforcent le côté gourmand de ce chinon très bien élevé. ⧗ 2026-2032

EARL DOM. ANGELLIAUME, La Croix-de-Bois, 37500 Cravant-les-Coteaux, tél. 02 47 93 06 35, caves.angelliaume@wanadoo.fr t.l.j. sf dim. 8h30-12h 14h-18h

BAUDRY-DUTOUR 3 coteaux 2022 ★

20 000 | 11 à 15 €

Christophe Baudry, issu de la sixième génération de vignerons, et Jean-Martin Dutour, ingénieur agronome et œnologue, se sont associés en 2003. Ils gèrent une maison de négoce et quatre domaines à Chinon : le Ch. de Saint-Louans, le Ch. de la Grille, le Dom. du Roncée et le Dom. de la Perrière. Ce dernier, propriété de la famille Baudry, est établi à Cravant-les-Côteaux, avec à sa disposition un vignoble de 24 ha conduit en bio.

Dans sa limpide robe jaune pâle, ce chinon s'ouvre sur des arômes de pêche blanche. Une attaque aérienne et tonique prélude à un milieu de bouche plus gras et rond. On verrait bien ce blanc accompagner une petite friture pêchée dans le grand fleuve Loire. ⧗ 2024-2027

BAUDRY ET DUTOUR, 12, rue François Rabelais, 37220 Panzoult, tél. 02 47 58 53 01, contact@baudry-dutour.fr t.l.j. sf lun. dim. 10h-12h 14h-18h

DOM. BELLIVIER Noune Label 2021 ★

4 200 | 15 à 20 €

Matthieu Bellivier a rejoint son père Vincent sur ce domaine de 6 ha (en conversion bio) situé dans cette partie de l'appellation irriguée par l'Indre, à proximité du confluent avec la Loire. Dans le voisinage, les bois de Chinon protègent le vignoble des vents du nord.

Ce blanc respire la fraîcheur et la légèreté de bout en bout, fleurant bon les arômes citronnés et minéraux au nez comme en bouche. De quoi se régaler avec des coquilles Saint-Jacques. ⧗ 2024-2027

EARL BELLIVIER, 12, rue de la Tourette, 37420 Huismes, tél. 06 30 53 90 74, contact@domainebellivier.fr r.-v.

DOM. DES BERNARD Les Trois piliers 2022 ★

13 000 | 15 à 20 €

Amoureux des vins de Loire, c'est en 2022 que Bernard Gault rachète ce domaine certifié bio, établi au cœur de Cravant-les-Coteaux. Il s'est entouré de Nicolas Reau, vigneron « naturel » du Clos des Treilles,

qui le conseille, et de Bernard Pelé pour la direction de l'exploitation.
Une belle entrée dans le Guide pour le domaine avec ce vin au naturel, vinifiié sans aucun intrant, puis élevé en cuve béton. Un chinon rouge né de cabernet franc enraciné en bas de coteau, d'une belle clarté de robe, d'abord discret et un peu animal au nez, qui s'épanouit à l'aération sur les fruits rouges et noirs. Fruits que l'on retrouve dans une bouche ronde et d'un bon volume, soutenue en douceur par de tendres tanins. ⌛ 2024-2029

DOM. DES BERNARD, 7, rte de Chinon, 37500 Cravant-les-Coteaux, tél. 02 47 97 40 66, bernard_pele@orange.fr V *r.-v.* B

DOM. BROCOURT Vieilles Vignes 2021 ★★

■ | 30 000 | | 8 à 11 €

Originaire de Normandie, la famille Brocourt est arrivée dans les années 1940 en Normandie. Implanté dans le petit village de Rivière, sur les bords de la Vienne, le domaine a été créé en 1968. Philippe Brocourt a pris la suite de sa mère Renée en 1986 : 5 ha de vignes à l'époque, 34 ha aujourd'hui, répartis dans cinq communes et une belle palette de terroirs de l'appellation chinon.
Cette cuvée, produite à partir de vieux ceps de cabernet franc plantés sur des terroirs argilo-calcaires, a longuement vieilli au contact du merrain. S'en dégagent des parfums précis et complexes de fruits noirs macérés sur fond de boisé fondu et de touches sanguines. D'une très agréable fraîcheur autour de saveurs de griotte, ample et expressive, la bouche dévoile des tanins énergiques qu'il faudra encore civiliser un peu en cave. Un rouge énergique. ⌛ 2026-2032 ■ **Cuvée terrroir : Les Coteaux 2022** ★ (5 à 8 €; 35 000 b.) Ouvert sur des arômes de cassis et de violette, ce chinon affiche en bouche une bonne solidité autour de tanins encore un peu abrupts. Il faut l'attendre. ⌛ 2026-2032

DOM. BROCOURT, 3, chem. des Caves, 37500 Rivière, tél. 02 47 93 34 49, domainebrocourt@hotmail.fr *t.l.j. 10h-12h30 14h-18h30* D

CHRISTIAN CHARBONNIER Cuvée Paul Vieilles Vignes 2022 ★★

■ | 3 500 | | 5 à 8 €

Christian Charbonnier représente la deuxième génération de viticulteurs à la tête de ce domaine conduit à l'origine en polyculture. L'exploitation dispose aujourd'hui de 13 ha de vignes implantées sur des sols argilo-siliceux.
Vieilli en fût de chêne dans des caves de tuffeau, ce chinon de couleur rubis offre au premier abord un nez discret. Peu à peu, les arômes de cerise et de mûre prennent de la vigueur, puis s'affirment en bouche, épaulés par de solides tanins. Parfait pour un gigot d'agneau après un peu de garde. ⌛ 2026-2030

CHRISTIAN CHARBONNIER, 2, rue Balzac, 37220 Crouzilles, tél. 02 47 97 02 37, charbonnier.christian0083@orange.fr V *r.-v.*

CLO' 2022 ★★

■ | 14 570 | | 8 à 11 €

Issue d'une lignée de vignerons chinonais, Clothilde Pain a d'abord rejoint le domaine familial en 2003, avant de s'installer en solo en 2012, à la tête de 8 ha de vignes sur Cravant-les-Coteaux, dont elle tire des cuvées qu'elle veut « féminines, osées, décalées ». La conversion bio est engagée.
Ce chinon joliment vêtu d'un lumineux carmin dévoile de légers accents épicés qui piment les fruits rouges. Arômes prolongés par une bouche tout en rondeur, mais aussi dotée de tanins puissants qui appellent la garde. ⌛ 2025-2030

CLOTHILDE PAIN, 2, rue de Chezelet, 37220 Panzoult, tél. 02 47 93 39 32, clotilde_pain@yahoo.fr V *r.-v.*

CLOS DE LA HÉGRONNIÈRE Sur le fruit 2021 ★

■ | 3 400 | | 8 à 11 €

Hélène et Éric Dujardin, ingénieurs en agriculture de formation, s'installent en 2015 à Ligré sur une propriété qui compte 6,5 ha de vignes.
L'étiquette ne ment pas : on est bien sur le fruit. Un fruit élégant aux senteurs de cerise, avec du gras et du volume en bouche. Une belle cuvée qui prouve combien le cabernet franc récolté à maturité optimale peut se montrer plaisant et facile à aimer. ⌛ 2024-2028

CLOS DE LA HÉGRONNIÈRE, 7, rte de la Hégronnière, 37500 Ligré, tél. 06 85 24 00 72, lahegronniere@gmail.com V *r.-v.* E

B CLOS DE L'HOSPICE 2021 ★

■ | 4 800 | | 20 à 30 €

Les ancêtres de Rodolphe Raffault cultivaient déjà la vigne sous Louis XIV, il y a quatorze générations de cela. Aujourd'hui, le vigneron, qui a repris l'exploitation en 1997, dispose d'immenses caves et d'un vignoble de 44 ha en bio, réparti sur plusieurs terroirs qu'il vinifie séparément.
Un chinon profondément marqué par sa rencontre avec le chêne dès le premier nez. Puis l'équilibre prend le dessus, avec de belles saveurs de fruits rouges confiturés qui infusent une bouche ample et solide. Un bon gaillard à encaver. ⌛ 2027-2034

EARL JEAN-MAURICE RAFFAULT, 74, rue du Bourg, 37420 Savigny-en-Véron, tél. 02 47 58 42 50, info@jean-maurice-raffault.com V *r.-v.*

DOM. DU COLOMBIER Carpe diem 2020 ★

■ | 5 200 | | 8 à 11 €

Yves Loiseau, représentant la quatrième génération de vignerons au Colombier, a laissé en 1998 les rênes à sa fille Christine et à son gendre Olivier Jouvault, qui conduisent un ensemble de 22 ha.
La robe est sombre et l'olfaction, discrète. C'est en bouche que le vin se révèle, mûr et impétueux, offrant une jolie valse fruitée orchestrée par le cassis, avec en soutien des tanins de qualité, bien pris dans la chair et le fruit. ⌛ 2024-2028

DOM. DU COLOMBIER, 16, rue du Colombier, 37420 Beaumont-en-Véron, tél. 02 47 58 43 07, contact@chinoncolombier.fr V *t.l.j. sf lun. dim. 10h-12h 14h-18h*

CH. DE COULAINE Les Picasses 2022 ★

| 8000 | | 15 à 20 € |

Évoqué par Rabelais dans son *Gargantua*, le Ch. de Coulaine est une ancestrale propriété viticole du XIVe quasi disparue avec l'épisode phylloxérique. Recréée par Étienne et Pascale Denys de Bonnaventure en 1988, elle fut parmi les premières en 1997 à s'orienter vers l'agriculture biologique. En 2017, après des études d'ingénieur agronome et d'œnologue, leur fils Jean prend les rênes, à la tête de 20 ha de vignes.

La vigueur de cette cuvée aurait tendance à lui donner un air un peu austère. Cette vigueur – le nez repère sans effort un boisé athlétique – est aussi due à une forte présence fruitée dominée par la confiture de mûre. Autant de ressentis qui donnent à penser que le cabernet franc a fermenté longtemps en cuve avant d'être élevé 9 mois en barriques. Au final, une extraction bien menée qui donne un vin de bon volume, ferme sans dureté, dynamisé par de beaux amers en finale. ⧗ 2027-2034

CH. DE COULAINE, lieu-dit Coulaine, 37420 Beaumont-en-Véron, tél. 02 47 98 44 51, coulaine@chateaudecoulaine.com V r.-v.

DOM. PIERRE ET BERTRAND COULY Les Blancs Closeaux 2023 ★

| 12000 | | 15 à 20 € |

Héritires d'une longue lignée vigneronne remontant au XVes., Pierre et Bertrand Couly ont constitué en 2007 un vignoble sur les coteaux et le plateau de Chinon. Ils ont agrandi sa superficie (21 ha aujourd'hui); en 2010, ils ont aménagé, sur la route de Tours, un chai ultramoderne que l'on peut visiter. Vincent Couly, fils de Bertrand, est aux manettes des vinifications depuis 2018.

Discret, le nez dévoile de timides arômes d'agrumes et de fruits blancs à l'agitation. La bouche, plus loquace, se montre bien équilibrée, à la fois fraîche et ronde, avec une belle énergie en finale. ⧗ 2024-2027

SAS PIERRE ET BERTRAND COULY, 1, rond-point des Closeaux, rte de Tours, 37500 Chinon, tél. 02 47 93 64 19, contact@pb-couly.com V *t.l.j. 10h-12h30 14h-18h30* E

COULY-DUTHEIL Les Chanteux 2022 ★★

| 32000 | | 15 à 20 € |

La maison Couly-Dutheil a été créée en 1921 par Baptiste Dutheil; elle est aujourd'hui dirigée par Jacques Couly-Dutheil et son fils Arnaud. Avec un vignoble de près de 94 ha, dont les prestigieux Clos de l'Écho et Clos de l'Olive, un chai moderne aménagé dans le roc et des caves impressionnantes du Xes. situées sous le château de Chinon, elle fait partie intégrante du paysage viticole chinonais. Une référence incontournable.

Paré d'une belle robe d'or clair aux reflets argentés, ce blanc joue la carte de l'opulence fruitée au nez avec de gourmandes notes d'abricot et d'agrumes. La bouche, ample et généreuse, se fait tout aussi accueillante, portée par de pimpantes saveurs fruitées à l'unisson du bouquet, avant une finale ronde et savoureuse. «Un chenin régalant», conclut le jury, et pour quelques années encore. ⧗ 2024-2029 ■ **Clos de l'Olive 2022 ★ (20 à 30 €; 13000 b.)** Vin de caractère, ce Clos de l'Olive ample, sombre et profond, reste encore sous l'emprise de tanins accrocheurs et fermes. «Patience et longueur de temps font plus que force ni que rage» : on met en cave. ⧗ 2027-2032

COULY-DUTHEIL, 12, rue Diderot, 37500 Chinon, tél. 02 47 97 20 20, caves@coulydutheil-chinon.com V *t.l.j. sf dim. 8h-12h30 14h-18h*

DOM. RÉMI DESBOURDES Le Clos 2022 ★

| 2700 | | 5 à 8 € |

Ce domaine fondé par Rémi Desbourdes en 1983 s'étend sur 12 ha et comprend un ancien corps de ferme du XVIIIes. associé à un chai et une cave modernisés. Aux manettes des vinifications, Baptiste, le fils. La conversion bio est engagée depuis 2020.

Des cabernets travaillés en bio ont donné naissance à ce chinon léger et accessible, marqué de bout en bout par les fruits rouges. Un profil gouleyant qui appelle les amis et les grillades aux beaux jours. ⧗ 2024-2027

DOM. RÉMI DESBOURDES, 2, La Salle, 37220 Avon-les-Roches, tél. 02 47 95 24 30, remi.desbourdes@wanadoo.fr V *t.l.j. 9h-12h 14h-19h; dim. matin sur r.-v.*

DOM. DE DOULAYE 2022 ★

| 15000 | | 11 à 15 € |

Ce vignoble familial exploité depuis plus d'un siècle couvre aujourd'hui 34 ha (en bio) de sols alluvionnaires. Incarnant la cinquième génération à piloter le vignoble, Fabien Demois s'y est installé en 2008.

Cette cuvée née de vieilles vignes vendangées à la main a aussi reçu des soins attentifs au chai : longues macérations, suivies d'un élevage précis (15 mois en fût et 15 mois en cuve). Du verre se dégagent de fins accents boisés et fruités (cassis, cerise, groseille et framboise), qui accompagnent une bouche fraîche, élégamment portée par des tanins soyeux. ⧗ 2025-2030

DOM. DE DOULAYE, lieu-dit Chezelet, 37500 Cravant-les-Coteaux, tél. 02 47 98 49 01, fabiendemois@orange.fr V *r.-v.* D

DUMNACUS VIGNERONS Collection éternité 2023 ★

| 21898 | | 5 à 8 € |

Les Caves de la Loire, fondées en 1951, constituent l'une des plus grandes coopératives de la vallée de la Loire : elle regroupe 160 adhérents et une surface totale cultivée de 2 200 ha en Anjou-Saumur, en Touraine et dans la région nantaise.

Les Caves de la Loire proposent ici un fort sympathique rosé, clair de robe, bien fruité au nez comme bouche, souple, frais et léger en bouche. Tout indiqué pour les tablées conviviales. ⧗ 2024-2025

LES CAVES DE LA LOIRE, Les Aubuis Saint-Louan, 37500 Chinon, tél. 02 47 93 42 70, loire.wines@uapl.fr

DOM. DES GÉLERIES Le Puy blanc 2022 ★

| 12000 | | 5 à 8 € |

Appartenant aux familles Meslet, Thouet et Rouzier, ce domaine fondé en 1913, très régulier en qualité, se répartit sur 33 ha, 45 parcelles et trois appellations : chinon,

bourgueil et saint-nicolas. Il est conduit depuis 2012 par Germain Meslet.

Campé sur des notes de fruits rouges au nez comme en bouche, ce vin affiche le caractère souple et frais d'un breton bien élevé en cuve. On s'en régale dans ses jeunes années. ⧗ 2024-2028 ■ **2023 ★ (8 à 11 €; 1992 b.)** Issu de terres calcaires, ce chenin mis en bouteille après un court élevage en cuve se montre frais de bout en bout, par ses senteurs fruitées comme par sa bouche alerte et dynamique. Parfait pour des mets iodés. ⧗ 2024-2027

⊶ DOM. DES GÉLÉRIES, 4, rue des Géléries, 37140 Bourgueil, tél. 02 47 97 74 83, domainedesgeleries@orange.fr V t.l.j. 9h-12h 14h-18h30

DOM. ÉRIC HÉRAULT Vieilles Vignes 2022 ★

■ | 20000 | | 5 à 8 €

« Jamais homme noble ne hait le bon vin. » C'est par cette devise que les visiteurs sont accueillis dans les caves de dégustation du domaine. En 1964, la famille Hérault s'installe dans une ancienne ferme du XVIIe s., dépendance du château de Panzoult. De 50 ares de vignes à l'origine, leur vignoble est passé à 26 ha aujourd'hui, conduit depuis 1992 par Éric Hérault, le fils des fondateurs.

Après un an d'élevage en cuve, ce chinon s'ouvre sur des arômes discrets mais délicats de fruits rouges. En bouche, il se montre souple, ronde, agréablement fruité, d'une bonne longueur. Une jolie friandise déguster dans ses jeunes années. ⧗ 2024-2027

⊶ DOM. HÉRAULT, Le Château, 37220 Panzoult, tél. 02 47 58 56 11, domaineherault@orange.fr V t.l.j. sf dim. 8h-12h 14h-18h30; sam. 9h-12h 14h-18h

Ⓑ DOM. BÉATRICE ET PASCAL LAMBERT Cuvée Marie 2021 ★

■ | 4300 | | 20 à 30 €

Installé en 1987, ce couple de vignerons réalise en amont un important travail de sélection des terroirs, étudiant leur climat et leur nature géologique pour conduire des vinifications et des élevages adaptés. En biodynamie depuis 2004 et bio certifié, le domaine de 26 ha approche la nature au plus près.

Peu loquace à l'olfaction, cette Cuvée Marie se montre plus expressive en bouche, sur un fruité bien marié au merrain. Elle apparaît aussi généreusement charpentée par des tanins solides qui appellent la garde. ⧗ 2027-2032 ■ **Le Chêne vert 2020 ★ (20 à 30 €; 2025 b.)** Ⓑ Un chinon au caractère bien trempé, élevé en fût et en amphore, dotée d'une imposante puissance tannique. Un solide vin de garde. ⧗ 2027-2034

⊶ DOM. BÉATRICE ET PASCAL LAMBERT, Les Chesnaies, 37500 Cravant-les-Coteaux, tél. 02 47 93 13 79, contact@chinonlambert.com V t.l.j. sf dim. 10h-12h30 14h-17h30

LE LOGIS DE LA BOUCHARDIÈRE 2023 ★

■ | 8000 | | 5 à 8 €

Installée depuis 1850 au Logis de la Bouchardière, la famille Sourdais a développé un vaste vignoble qui atteint aujourd'hui 60 ha (en bio sur 9 ha, depuis 2022). Représentant la sixième génération, Bruno a pris les rênes du domaine en 1992. Une valeur sûre de l'appellation chinon, en rouge et aussi en rosé.

De brillants reflets illuminent la robe de ce rosé au nez charmeur de fruits rouges. Fruits qui infusent une bouche souple, ronde et fraîche à la fois. Un chinon accueillant et friand à souhait. ⧗ 2024-2025 ■ **Les Cornuelles 2022 ★ (11 à 15 €; 3000 b.)** Ⓑ Un chinon né de vieilles vignes de 80 ans, puis élevé en foudres. Un vin bien parfumé au nez comme en bouche, centré sur des arômes de fruits noirs. Le palais apparaît ample, rond, tendre, épaulé par des tanins affinés et soyeux et par un boisé bien fondu. ⧗ 2025-2030

⊶ LE LOGIS DE LA BOUCHARDIÈRE, lieu-dit La Bouchardière, 37500 Cravant-les-Coteaux, tél. 02 47 93 04 27, info@sergeetbrunosourdais.com V t.l.j. sf dim. 9h-12h 14h-18h

Ⓑ DOM. DE LA MARINIÈRE 2022 ★

■ | 20000 | | 8 à 11 €

En 1965, les parents de Renaud Desbourdes ont eu un coup de cœur pour une ferme à l'écart de Panzoult. Renaud a pris la relève en 1999 à la tête de ce vignoble de 19 ha, qu'il conduit aujourd'hui avec son fils Boris et qu'il convertit depuis 2016 à l'agriculture biologique.

Les Desbourdes signent ici un bon vin de garde, ouvert sur des arômes soutenus de fruits rouges, prolongés par une bouche ample, concentrée et longue, bâtie sur de solides tanins. ⧗ 2027-2032 ■ **Vieilles Vignes 2022 ★ (11 à 15 €; 20000 b.)** Ⓑ Un chinon juvénile et délicatement fruité de bout en bout, d'un bon volume en bouche, doté de tanins fermes mais au grain fin. Il mérite une courte attente ⧗ 2025-2029

⊶ DOM. DE LA MARINIÈRE, lieu-dit La Marinière, 37220 Panzoult, tél. 02 47 95 24 75, domaine.la.mariniere@orange.fr V r.-v.

DOM. LA MASSONNIÈRE 2022 ★★

■ | 16000 | | 8 à 11 €

En 1980, Frédéric Delalande reprend une petite vigne, perpétuant ainsi la tradition familiale instaurée par son grand-père. Il développe son exploitation (32 ha aujourd'hui), et son fils Cyril le rejoint en 2006. Les deux vignerons disposent aujourd'hui d'une trentaine d'hectares dédiée au chinon.

Ce très beau chinon dévoile un boisé parfaitement maîtrisé qui ne nuit pas au fruit (noir et généreux) se dégageant de l'olfaction comme du palais. Un palais parfaitement équilibré, ample, élégant, soutenu par des tanins bien pris dans la chair. Déjà fort plaisant, il vieillira sereinement. ⧗ 2025-2032 ■ **Cuvée du Père Edmond 2022 ★ (11 à 15 €; 3000 b.)** Un chinon bien construit, qui dévoile un bouquet puissant de fruits rouges et noirs sur fond de boisé fondu. Arômes repris par une bouche solide et généreuse. Pour la cave. ⧗ 2027-2034

⊶ LA MASSONNIÈRE, 3, rte des Marais, 37420 Huismes, tél. 02 47 95 56 23, delalande.lamassonniere@orange.fr V r.-v.

DOM. NAULET Les Pierres blanches Vieilles Vignes 2022 ★★

■ | 4000 | | 8 à 11 €

Conduit par Vincent Naulet, ce domaine créé en 2001 couvre 10 ha sur les pentes argilo-calcaires chaudes de Chinon.

Le nom de ce chinon, jugé «expressif et plein d'émotion» selon l'un des jurés, fait référence au terroir pierreux de calcaire blanc qui l'a vu naître. Un vin infusé de fines saveurs de fruits noirs sur fond de boisé parfaitement intégré, à la bouche ample, longue et délicate, d'une harmonie parfaite. ⧗ 2025-2032

DOM. NAULET, 17, rue des Rabottes, 37420 Beaumont-en-Véron, tél. 06 63 29 02 01, vincent.naulet@gmail.com V *r.-v.*

DOM. DE NOIRÉ Élégance 2022 ★★

	16000		8 à 11 €

Jean-Max Manceau, fort de 28 ans d'expérience dans l'un des plus beaux châteaux de Chinon, se consacre désormais à la propriété familiale de 20 ha dont il a pris la tête avec son épouse Odile en 2002. Le domaine est conduit en bio certifié.

L'essentiel se lit sur l'étiquette: élégance, que l'on perçoit dès le premier coup de nez dans le verre, autour de fines notes de fruits noirs. Un fruit que prolonge avec la même délicatesse une bouche puissante, droite et équilibrée, dotée de tanins encore fermes et impétueux qui ne demandent qu'à se fondre avec le temps. ⧗ 2027-2034

EARL DOM. DE NOIRÉ, 160, rue de l'Olive, 37500 Chinon, tél. 02 47 93 44 89, contact@domainedenoire.fr V *t.l.j. sf dim. 10h-12h 14h-18h*

DOM. DE NUEIL Les Cigales 2022 ★

	1400		8 à 11 €

Laurent Gilloire est le propriétaire de cette ancienne ferme fortifiée du XVIᵉs. qui comprend les ruines du manoir ayant appartenu à Marie de Mauléon. Le vignoble de 21 ha se répartit entre terrasses et coteaux.

Voilà des Cigales qui devraient chanter plus d'un été. Issu de vignes plantées sur un terroir argilo-calcaire depuis plus d'un demi-siècle, ce chinon élevé 14 mois en fût développe, tout en souplesse, une bouche élégante et racée, bien équilibrée entre le fruit et le merrain. ⧗ 2025-2029

LAURENT GILLOIRE, Dom. de Nueil, 37500 Cravant-les-Coteaux, tél. 06 10 02 11 68, laurent.gilloire@wanadoo.fr V *r.-v.; f. 1-15 août*

VIGNOBLES DU PARADIS Alterite 2022 ★

	4000		8 à 11 €

Constitués à partir de 1989 par l'ESAT Les Chevaux blancs, les Vignobles du Paradis (25 ha), à but associatif, font participer aux travaux des vignes des personnes handicapées pour les insérer progressivement dans un milieu professionnel.

Ouverte sans réserve sur des arômes de fruits rouges et noirs, cette cuvée déploie en bouche une matière fraîche et pure, soutenue par des tanins fins et légers. Un chinon fort aimable, à boire sur le fruit de sa jeunesse. ⧗ 2024-2028

VIGNOBLES DU PARADIS, imp. du Grand-Bréviande, 37500 La-Roche-Clermault, tél. 02 47 95 81 57, caveau@vignoblesduparadis.com V *t.l.j. sf lun. dim. 9h30-13h 14h-18h30*

DOM. DE LA PERRIÈRE Les Battereaux 2022 ★

	20000		11 à 15 €

Christophe Baudry, issu de la sixième génération de vignerons, et Jean-Martin Dutour, ingénieur agronome et œnologue, gèrent une maison de négoce et quatre domaines à Chinon: le Ch. de Saint-Louans, le Ch. de la Grille, le Dom. du Roncée et le Dom. de la Perrière.

Certes un peu lent à s'ouvrir, ce chinon livre à l'aération d'agréable senteurs florales (violette) et fruitées (cassis, myrtille). La bouche, souple et suave, portée par un fruité persistant, termine son parcours sur de doux amers. Du charme ligérien en flacon. ⧗ 2024-2028

DOM. DE LA PERRIÈRE, La Perrière, 37500 Cravant-les-Coteaux, tél. 02 47 58 53 01, contact@baudry-dutour.fr

♥ DOM. DU PETIT BONDIEU Le Haut Midi 2022 ★★

	3810		11 à 15 €

Installée à Restigné, la famille Pichet s'évertue depuis quatre générations à produire des vins au plus près de la nature et des terroirs. Le domaine, qui s'étend sur 29 ha aujourd'hui, est géré par Thomas et son père Jean-Marc, conduit en bio certifié depuis le millésime 2013. Des vins d'une grande régularité dans la qualité.

Plus souvent en vue pour ses bourgueil, la famille Pichet brille aussi pour son chinon. Cette cuvée, superbe dans sa lumineuse robe pourpre frangée de reflets violets, livre une luxuriante olfaction de fruits noirs à peine teintée par le merrain. En bouche, c'est un vin de très haute tenue qui, après une attaque des plus courtoise, divulgue sa noblesse sur des saveurs de fruits noirs et des tanins veloutés. On aura du plaisir à le déguster aussi bien jeune que patiné par le temps, sur une belle entrecôte sauce poivrade par exemple. ⧗ 2025-2032 **Le Haut Midi Les Coteaux 2022 ★ (15 à 20 €; 5000 b.)** Un joli chenin aux saveurs gourmandes et soutenues de fruits à chair blanche, prolongées par une bouche finement boisée, bien équilibrée, à la fois ample, ronde et fraîche. ⧗ 2024-2028

DOM. DU PETIT BONDIEU, 30, rte de Tours, 37140 Restigné, tél. 02 47 97 33 18, domaine@petitbondieu.fr V *t.l.j. sf dim. 9h30-12h30 14h-18h30*

♥ DOM. DU PUY La Part des Anges 2022 ★★

	2300		11 à 15 €

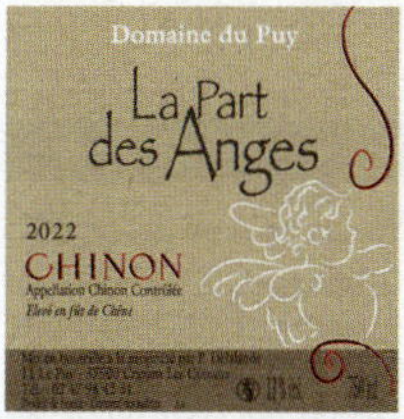

Établi à Cravant-les-Coteaux, Patrick Delalande est à la tête du domaine fondé par son aïeul Alexis Delalande en 1820. Il a été rejoint par son fils Baptiste en 2010. Le tandem conduit un vignoble de 30 ha sur les bords de la Vienne, face au Midi, en cours de conversion bio.

LOIRE

Cette Part des Anges s'offre au regard dans une belle robe grenat très sombre. Son bouquet montre une grande concentration sur des arômes de fruits frais (framboise, groseille) épaulés par un fin boisé. En bouche, sa matière ample, charnue et bien fruitée enrobe une architecture tannique sans défaut, au grain soyeux et fin. Un chinon diablement savoureux, à boire ou à garder. ⧗ 2025-2032 ■ **Cuvée Baptiste Vieilles Vignes 2022** ★ **(5 à 8 €; 9000 b.)** Un chinon souple et délicat, bien en fruit, doté de tanins affinés et fondus. Une véritable gourmandise à apprécier dans sa jeunesse. ⧗ 2024-2028

DOM. DU PUY, 11, Le Puy, 37500 Cravant-les-Coteaux, tél. 02 47 98 42 31, domaine.du.puy@wanadoo.fr V r.-v. E

B VIGNOBLE DU RAB Chinon libre 2022 ★

■	3500		15 à 20 €

Conducteur de trains SNCF à Paris Austerlitz, Nicolas Gonnin décide de changer de vie et de revenir à la terre. Apres une rapide formation au domaine de la Bouche du Roi dans les Yvelines, il s'installe en 2021 à Cravant-les-Coteaux reprenant un vignoble de 5 ha de vieilles vignes, conduit en bio depuis une trentaine d'années pour élaborer des vins au naturel.

Bienvenue à Nicolas Gonnin dans le Guide. Une belle entrée en matière avec ce vin nature né d'un terroir d'argile et de silex. Un cabernet qui respire les fruits rouges mûrs et le cassis au nez, se fait suave et rond en bouche, soutenu par des tanins bien pris dans la chair. Vive le chinon libre ! ⧗ 2024-2028

VIGNOBLE DU RAB, 1, rue de la vallée de Narçay, 37500 Cravant-les-Coteaux, tél. 06 38 60 46 59, bonjour@vignoble-du-rab.com V r.-v.

B DOM. DE LA ROCHE HONNEUR Cuvée Rubis 2022 ★★

■	10000		8 à 11 €

Stéphane Mureau représente la huitième génération à la tête de ce vignoble du Véron (20 ha) créé au début du XIXᵉ s. et conduit en bio depuis 2009. Grande fierté du domaine, la vaste cave entièrement sculptée dans le tuffeau, où sont élevés les vins.

Elle porte beau cette cuvée dans sa rutilante robe... rubis en effet. Le nez est engageant, bien développé sur des parfums de fruits rouges. En bouche, de l'attaque à la finale, l'équilibre est parfait, autour d'intenses saveurs fruitées s'associant parfaitement avec un boisé fondu et des tanins veloutés. Une vraie gourmandise, à boire ou à garder. ⧗ 2024-2030

DOM. DE LA ROCHE HONNEUR, 1, rue de la Berthelonnière, 37420 Savigny-en-Véron, tél. 02 47 58 42 10, roche.honneur@club-internet.fr V r.-v.

CH. DE SAINT-LOUANS Clos du Pin 2020 ★★

■	700		30 à 50 €

À côté de l'abbaye, dans le hameau, le vignoble du Ch. de Saint-Louans, acquis par Christophe Baudry et Jean-Martin Dutour en 2006, est établi sur les terres originelles de l'appellation chinon. Sur cette butte calcaire appelée «Puy» et dessinant la rive droite de la Vienne, les vieilles vignes sont réparties entre le Clos du Pin et le Clos des Aubuis.

Sur des sols de texture sableuse où affleure la roche-mère, de très vieux cabernets, issus de sélections massales, ont donné naissance à cet excellent chinon d'un beau rouge sombre. Son expression aromatique faite de griotte macérée associée à un boisé délicat irrigue une bouche très harmonieuse, ample, ronde et longue, dotée de tanins fondus et fins, au profil presque bourguignon selon le jury. Déjà en pleine forme, ce Clos du Pin peut encore attendre un peu. ⧗ 2025-2030 ■ **Clos des Aubuis 2022** ★★ **(20 à 30 €; 5000 b.)** Discrètement boisé et épicé, avec des saveurs de fruits blancs, ce chenin bien né se pare d'une fine acidité qui lui donne une belle énergie en bouche, avec en prime un bon volume et une texture tendre, caressante. Un blanc de gastronomie à réserver à mets délicat, des ris de veau par exemple. ⧗ 2024-2030

CH. DE SAINT-LOUANS, Ch. de Saint-Louans, 37500 Chinon, tél. 02 47 58 53 01, contact@baudry-dutour.fr

DOM. DE LA SEMELLERIE 2023 ★

■	15000		5 à 8 €

Ce domaine de 47 ha conduit par Fabrice Delalande s'étend sur la meilleure partie de la commune de Cravant, dans le plus haut du coteau, là où les rayons du soleil «tombent droit», comme on dit dans le Midi. Le sol argilo-calcaire, chaud et sain, contribue à la maturation du raisin.

Avec sa jolie robe saumonée, ce chinon attire le regard Des arômes fruités intenses se dévoilent au nez, avant de se répandre dans une bouche souple et charnue d'une longueur appréciable. Un rosé primesautier pour apéros entre copains. ⧗ 2024-2025

EARL DE LA SEMELLERIE, La Semellerie, 37500 Cravant-les-Coteaux, tél. 02 47 93 18 70, la-semellerie@wanadoo.fr V r.-v. E

B DOM. PIERRE SOURDAIS Réserve Stanislas 2020 ★

■	17000		11 à 15 €

C'est au Moulin-à-Tan qu'était broyée autrefois l'écorce de chêne qui servait au traitement des peaux dans les nombreuses tanneries de la région Aujourd'hui, le vieux moulin a fait place à un domaine viticole de 27 ha conduit en bio par Pierre Sourdais qui peu à peu transmet à sa fille Caroline et son gendre Sylvain. Une valeur sûre du Chinonais.

Des cabernets quinquagénaires plantés sur des sols d'argile à silex se sont fendu d'un galant chinon, plein frais, aux saveurs de fruits noirs agrémentées de notes épicées et d'un soupçon de vanille. Du travail bien mené ⧗ 2024-2029

DOM. PIERRE SOURDAIS, 31, rue de la fôret, Le Moulin-à-Tan, 37500 Cravant-les-Coteaux, tél. 02 47 93 31 13, pierre.sourdais@wanadoo.fr V *t.l.j. sf dim. 9h-12h30 14h-17h30*

STÉPHANE ET FRANCIS SUARD La Poplinière 2022 ★

■	3500		11 à 15 €

Francis Suard a créé ce vignoble de toutes pièces en achetant dans les années 1980 des vieilles vignes su

es terroirs du Véron. Stéphane, son fils, a pris les rênes de la propriété (9 ha en conversion bio) en 2010, après avoir travaillé plusieurs années sur l'exploitation.

ntense et brillante, la robe rubis de ce chinon séduit. Le charme se poursuit par un bouquet fruité (cerise, cassis, pruneau) à peine teinté de bois. Il opère aussi dans une bouche suave, charnue, longue et bien équilibrée, portée par des tanins affinés. ⧗ 2025-2030

⊶ *STÉPHANE ET FRANCIS SUARD, 74, rte de Candes, Roguinet, 37420 Savigny-en-Véron, tél. 02 47 58 91 45, stephanie@vinsuard.fr* V r.-v.

COTEAUX-DU-LOIR

Superficie : 79 ha
Production : 3 086 hl (55 % rouge et rosé)

Avec le jasnières, voici le seul vignoble de la Sarthe, sur les coteaux de la vallée du Loir. Il renaît après avoir failli disparaître dans les années 1970. Les vignes sont plantées sur l'argile à silex qui recouvre le tuffeau. Le pineau d'Aunis, assemblé aux cabernets, gamay ou côt, donne des rouges et des rosés légers et fruités tandis que le chenin produit des blancs secs.

DOM. DE CÉZIN Xavier Fresneau 2022 ★

■	7 000		8 à 11 €

Ce domaine créé en 1925 est une valeur sûre de la Sarthe viticole. François Fresneau a fait l'acquisition de sa première parcelle de jasnières en 1975 et, après un parcours sans faute, il vient de passer le flambeau à la quatrième génération : ses enfants Xavier et Amandine, qui exploitent 16 ha hectares en coteaux-du-loir et jasnières.

Une robe limpide, des senteurs expressives de fruits frais (poire, pêche, citron) sur un fond pâtissier, l'introduction est de bon augure. Bien en chair, volumineuse, tendre (10 g/l de sucres résiduels), soutenue par une acidité discrète, la bouche restitue ce fruité gourmand et très séducteur. Un chenin tactile, généreux et très polyvalent à table. ⧗ 2024-2028

⊶ *EARL FRESNAU, Dom. de Cézin, rue de Cézin, 72340 Marçon, tél. 02 43 44 13 70, earl.francois.fresneau@orange.fr* V *t.l.j. sf sam. 9h-12h 15h-18h; f. 15 août-sept.*

DOM. LELAIS Les Héridaines 2022 ★★

■	2 600		11 à 15 €

Créé à Ruillé-sur-Loir en 1984 par Francine et Raynald Lelais, ce domaine a été repris en 2018 par leur fille Claire, rejointe par son mari Guillaume en 2020. Le vignoble compte 18 ha consacrés aux appellations jasnières et coteaux-du-loir.

Un élevage de 9 mois en fûts pour ce chenin bien typé, aux arômes délicats, floraux et minéraux. Une belle tension soutient longuement un palais cossu, qui ne manque ni de gras ni de relief et qui conserve jusqu'en finale son profil minéral. Un blanc complet, de bonne garde, qui fait preuve d'une agréable énergie dans ce millésime solaire. ⧗ 2025-2028

⊶ *DOM. LELAIS, 41, rte de Poncé, 72340 Ruillé-sur-Loir, tél. 02 43 79 09 59, vins@domainelelais.com* V *t.l.j. sf dim. 9h-12h 14h-18h*

JASNIÈRES

Superficie : 66 ha / Production : 2 912 hl

C'est le cru des coteaux du Loir, bien délimité sur un unique versant plein sud de 4 km de long sur environ 65 ha. Seul cépage de l'appellation, le chenin ou pineau de la Loire peut donner des produits sublimes les grandes années. Curnonsky n'a-t-il pas écrit : « Trois fois par siècle, le jasnières est le meilleur vin blanc du monde » ?

DOM. DE CÉZIN Origine 2023 ★

■	15 000		8 à 11 €

Ce domaine créé en 1925 est une valeur sûre de la Sarthe viticole. François Fresneau a fait l'acquisition de sa première parcelle de jasnières en 1975 et, après un parcours sans faute, il vient de passer le flambeau à la quatrième génération : ses enfants Xavier et Amandine, qui exploitent 16 ha hectares en coteaux-du-loir et jasnières, certifiés en bio.

Une robe très claire, des parfums délicats, floraux, réhaussés d'une note plus briochée, l'entame est de bon augure. Bien équilibrée, tonique, dotée d'une rondeur légère, d'un fruit pur et d'une amertume de bon ton, la bouche ne déçoit pas. Un jasnières tout en souplesse, bien dans la lignée du millésime. ⧗ 2024-2027

⊶ *EARL FRESNAU, Dom. de Cézin, rue de Cézin, 72340 Marçon, tél. 02 43 44 13 70, earl.francois.fresneau@orange.fr* V *t.l.j. sf sam. 9h-12h 15h-18h; f. 15 août-sept.*

B CLOS SAINT-JACQUES 2022 ★

■	11 000		11 à 15 €

Joël Gigou, artiste en métallerie, abandonne le métal pour le terroir en 1974. Il se lance dans la vigne, la travaille le plus naturellement possible, à petits rendements et sans insecticides pour produire des « vins très nature ». Il est rejoint en 1998 par son fils Ludovic, puis quelques années plus tard, par sa fille Dorothée. Le vignoble est désormais conduit en bio certifié.

Des vignes de 70 ans ont donné naissance à ce chenin couleur paille, délicat dans ses arômes floraux et fruités réhaussés d'une touche épicée et d'une note minérale attendue à Jasnières. Charmeuse de texture, attendrie par un soupçon de sucres résiduels (5 g/l), tonifiée par un trait d'agrumes, la bouche ne manque de rien. Un vrai jasnières en somme, et qui saura vieillir. ⧗ 2025-2029

⊶ *VINS GIGOU, 4, rue des Caves, 72340 La Chartre-sur-le-Loir, tél. 02 43 44 48 72, vins.gigou@wanadoo.fr* V *r.-v.* 3

DOM. LELAIS Cuvée Saint-Vincent 2023 ★

■	20 000		11 à 15 €

Créé à Ruillé-sur-Loir en 1984 par Francine et Raynald Lelais, ce domaine a été repris en 2018 par leur fille Claire, rejointe par son mari Guillaume en 2020. Le vignoble compte 18 ha consacrés aux appellations jasnières et coteaux-du-loir.

Vinifié et élevé en cuve, un tout jeune blanc au nez retenu pour l'heure, mais qui laisse filtrer une jolie fraîcheur de fruit. Un fond de douceur (16 g/l de sucres résiduels) attendrit une bouche bien structurée, qui offre la tension des bons jasnières. Long, d'un équilibre assuré, déjà plaisant, il vieillira avec bonheur. ⧗ 2024-2028

DOM. LELAIS, 41, rte de Poncé, 72340 Ruillé-sur-Loir, tél. 02 43 79 09 59, vins@domainelelais.com V t.l.j. *sf dim. 9h-12h 14h-18h*

B LES MAISONS ROUGES L'Éclos 2022 ★

■ | 10 000 | | 15 à 20 €

Élisabeth et Benoît Jardin ont changé de vie en 1994 et se sont installés à Jasnières avec un demi-hectare. Le vignoble a prospéré pour atteindre 9 ha, de vieilles vignes essentiellement, cultivées en bio (certifié depuis 2007) et biodynamie (Biodyvin depuis 2009). Partisans des longs élevages en fûts, ils vinifient leurs vins sous les deux appellations de la Sarthe, jasnières et coteaux-du-loir.

Un retour remarqué dans le Guide pour ce domaine en vue qui signe un 2022 consistant, au nez racé, fumé et fruité. Bien arrondie par l'élevage, plus florale dans ses arômes, la bouche affiche la plénitude du millésime à travers une matière ronde, caressante, relevée de fins amers et d'une fraîcheur bien sentie. Un vin très gastronomique, au potentiel de garde indéniable. ⧗ 2025-2030

LES MAISONS ROUGES, 26, rte des Hautes-Touches, Ruille-sur-Loir, 72340 Loir-en-Vallée, tél. 02 43 79 50 09, mr@maisonsrouges.com V *r.-v.*

DOM. MARTELLIÈRE Cuvée du poète 2022 ★★

■ | 3000 | | 11 à 15 €

Jean-Vivien Martellière a repris en 2003 cette exploitation familiale de 12 ha fondée en 1967 par son grand-père Jean. Il vinifie les trois appellations de la vallée du Loir (jasnières, coteaux-du-loir et coteaux-du-vendômois) et des IGP Val de Loire en appliquant les méthodes traditionnelles (levures naturelles, macérations courtes...). Associé à sa sœur, le vigneron a créé à Montoire-sur-Loir *Les Trois marches*, un bar à vins pour déguster ses cuvées accompagnées d'assiettes gourmandes.

Un domaine d'une louable régularité qui frôle le coup de cœur avec ce moelleux sobrement élevé en cuve. Le jury a aimé l'éclat d'un nez qui marie les fruits frais à des nuances anisées, tout autant que l'harmonie d'une bouche dont la douceur (25 g/l) se fond dans une matière longue, mûre mais fraîche, à la minéralité affirmée. ⧗ 2024-2028

DOM. J. MARTELLIÈRE, 46, rue de Fosse, 41800 Montoire-sur-Loir, tél. 06 08 99 94 15, contact@domainemartelliere.fr V *r.-v.*

MONTLOUIS-SUR-LOIRE

Superficie : 447 ha / Production : 17 415 hl

La Loire au nord, la forêt d'Amboise à l'est, le Cher au sud sont les limites naturelles de l'aire d'appellation. Les sols «perrucheux» (argile à silex), localement recouverts de sable, sont plantés de chenin blanc (ou pineau de la Loire) et produisent des vins blancs vifs et pleins de finesse, tranquilles (secs ou doux), ou effervescents. Les premiers gagnent à évoluer longuement en bouteilles (une dizaine d'années).

DOM. PATRICE BENOIT 2022 ★

● | 28 000 | | 5 à 8 €

Patrice Benoit est issu d'une famille au service du vin depuis quatre générations. Pour s'installer, il a dû acheter des parcelles laissées par des vignerons partant à la retraite. Il est aujourd'hui à la tête d'une propriété de 14 ha.

Un élevage en cuve et fût a donné un peu de patine à cette bulle énergique aux arômes discrets et frais, entre agrumes et fleurs blanches. Tendue d'un bout à l'autre, effilée, la bouche confirme ce profil résolument tranchant. Du peps. Pour l'apéritif. ⧗ 2024-2026 ■ **2021 ★ (5 à 8 €; 1100 b.)** Un chenin léger bien dans le ton du millésime, dont on retient les arômes épanouis, entre vanille, pêche, citron et fleurs blanches, puis la bouche déliée, plus délicate que puissante, portée par une agréable acidité à la tonalité minérale. À ouvrir sans se presser sur des crustacés. ⧗ 2025-2028

DOM. PATRICE BENOIT, 3, rue des Jardins, 37270 Saint-Martin-le-Beau, tél. 02 47 50 63 93, patrice.benoit.vins@orange.fr V *r.-v.*

FRANCK BRETON Cuvée Louane Brut nature 2022 ★★

● | 8500 | | 15 à 20 €

Franck Breton s'est installé en 2008 à la tête d'un vignoble de 8,5 ha situé au sud de la Loire à partir duquel il propose des montlouis et des touraine. Il fait aujourd'hui partie des noms qui comptent dans la région tourangelle.

Un brut nature sans austérité, à la robe brillante traversée de fines bulles. Très loquace, sur les fruits à chair blanche, le nez ouvre sur une bouche d'abord détendue, accueillante, vite relevée par une belle vivacité qui donne de l'éclat au fruit. La petite astringence finale ajoute encore au dynamisme de l'ensemble. De très bon goût. Apéritif raffiné en perspective. ⧗ 2024-2028 ■ **Coulée des Muids 2022 ★ (15 à 20 €; 4500 b.)** Vinifié et élevé (sur lies) en fûts de 400 l, un chenin sérieux, à la robe soutenue et aux arômes dominés par les épices douces du chêne. Les agrumes percent dans une bouche joliment composée, serrée, mais bien balancée entre rondeur et tension. On lui prédit un bel avenir. ⧗ 2025-2029

FRANCK BRETON, 1, bis rue de la Résistance, 37270 Saint-Martin-le-Beau, tél. 06 14 92 59 35, cave@franckbreton-vin-montlouis.com V *r.-v.*

♥ DOM. DE CRAY 2022 ★★

■ | 10 000 | | 8 à 11 €

Fondé en 1893, ce domaine est une propriété familiale dont le savoir-faire se perpétue depuis cinq générations. Les 75 ha du vignoble sont juchés sur le

plateau calcaire et surplombent la rive gauche de la Loire.

Souvent en vue pour ses bulles, le domaine décroche la palme grâce à ce sec aussi stimulant que gourmand. Après 6 mois d'un élevage en cuve et fût, il diffuse ses notes discrètes mais toniques de fruits exotiques sur un fond minéral. Les arômes s'émancipent franchement dans une bouche frétillante de fruit, vivace et croquante, de bon volume, mais dont on retient surtout le profil minéral et alerte. La petite salinité en finale ne gâche rien au plaisir, bien au contraire. ⧗ 2024-2028 ● **2022 ★ (8 à 11 €; 100 000 b.)** Une robe éclatante, des parfums épanouis centrés sur les fruits blancs, une attaque confortable, un milieu de bouche vivace, une finale nette et fraîche : aucune fausse note dans ce brut très apéritif. ⧗ 2024-2026

DOM. DE CRAY, rte de l'Aquarium, 37400 Lussault-sur-Loire, tél. 02 47 45 05 05, info@domaine-cray.fr V r.-v.

Ⓑ DOM. DE LA CROIX MÉLIER
Haut des Pions 2022 ★

13 000		11 à 15 €

Après des études à la « Viti » de Beaune et deux ans passés à la Croix Mélier en intermittence avec son ancien métier de comédien, Philippe Ivancic a pris la suite, en 2017, de Pascal Berthelot et de ses 12,5 ha de vignes (en bio certifié depuis 2022), qu'il cultive avec sa femme Dominique.

Une robe limpide, des parfums stimulants de fruits frais (pomme, melon, citron) nuancés de fleurs blanches, une bouche consistante, puissante, tonifiée par une belle acidité, une longue finale qui renoue avec le fruit : un montlouis bien sec, complet, sapide et élégant. ⧗ 2024-2028 **Les Borderies 2022 ★ (20 à 30 €; 4 000 b.)** Ⓑ Un montlouis qui a bien profité des largesses du millésime et d'un élevage de 10 mois en demi-muids (un tiers de bois neuf). On en retient les parfums discrets, floraux et pâtissiers, puis la matière généreuse, grasse à souhait, infusée d'épices douces, qui se fait plus tendue en finale. Ambitieux et harmonieux, sa place est à table. ⧗ 2024-2029

DOM. DE LA CROIX MÉLIER, 2, chem. Sainte-Catherine, Husseau, 37270 Montlouis-sur-Loire, tél. 02 47 45 12 14, domaine@lacroixmelier.fr V t.l.j. sf dim. 10h-12h 14h-19h

♥ DOM. VINCENT DENIS
Coulées douces en terres de lunes
Non dosé 2021 ★★

4 500		15 à 20 €

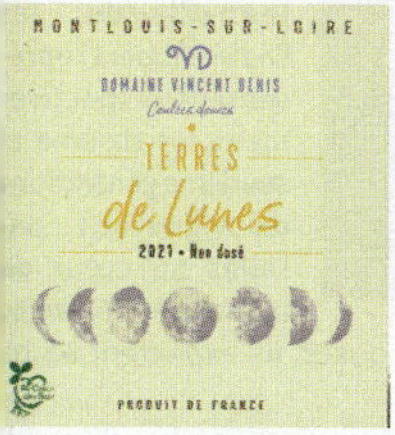

En 1999, à la suite de ses grands-parents et de ses parents, Vincent Denis commence à s'occuper des vignes familiales non sans quelque hésitation. Mais la passion venant, il les cultive et les bichonne aujourd'hui avec beaucoup de soin.

Pas de liqueur de dosage ajoutée mais beaucoup de classe dans ce pétillant naturel fermenté en barriques, puis élevé 14 mois sur lattes. Complexe, le nez évoque le fruit bien mûr et confit sur fond de beurre frais et de fruits à coques. La brioche prend le relai et infuse une matière tactile, très ronde et détendue à l'attaque, idéalement relevée par une très belle acidité en finale. Une bulle mature, gastronomique, épanouie mais stimulante, qui vaut au domaine son premier coup de cœur. ⧗ 2024-2027

DOM. VINCENT DENIS, 56, rue de la Pousterie, 37270 Montlouis-sur-Loire, tél. 07 49 83 53 91, domaine.vincentdenis@gmail.com V r.-v.

ALAIN JOULIN ET FILS
Complan Demi-sec 2022 ★

5 000		5 à 8 €

Saint-Martin-le-Beau est une commune du sud de l'appellation montlouis-sur-loire, tournée vers les rives du Cher. Les coteaux en pente douce sont baignés de soleil. Installé en 1979, Alain Joulin, ses fils Olivier et Frédéric et l'une de ses belles-filles, Marlène, y exploitent 12 ha de vignes qu'ils travaillent le plus naturellement possible. Un domaine d'une grande régularité dans la qualité.

Une robe claire et un nez fin, « primesautier » et mentholé, introduisent une bouche joliment composée, délicate, dont on aime la douceur discrète parfaitement digérée par ce qu'il faut d'acidité. Harmonieux, gourmand, le jury salue un digne représentant de l'appellation. ⧗ 2024-2027

EARL ALAIN JOULIN ET FILS, 13, rue de Chenonceaux, 37270 Saint-Martin-le-Beau, tél. 02 47 50 28 49, domainejoulin37@orange.fr V

MAISON LAUDACIUS Cuvée des anges ★

360 000		8 à 11 €

La Cave des Producteurs de Montlouis, créée en 1961, regroupe une vingtaine de viticulteurs adhérents pour une surface cultivée de 170 ha.

Les 24 mois de vieillissement ont joliment affiné la bulle et épanoui des arômes centrés sur les fruits blancs et la fleur d'acacia. Du volume dès l'attaque, un fruit fin et gourmand, une finale relevée de fins amers et stimulée par une bulle toujours délicate : généreuse et bien typée, cette cuvée devrait faire l'unanimité. ⧗ 2024-2026

SCA MAISON LAUDACIUS – CAVE DES PRODUCTEURS DE MONTLOUIS, 2, rte de Saint-Aignan, 37270 Montlouis-sur-Loire, tél. 02 47 50 80 98, espace@maison-laudacius.com V t.l.j. 9h-12h30 14h-18h30; dim. 10h-13h 14h-18h

Ⓑ DOM. DE MONTORAY Imagine 2018 ★

2 000		20 à 30 €

Jeune exploitation créée en 2007 par Claude Aupetitgendre et Jacques Gozard, ce domaine résulte de l'association de 58 passionnés de vins de Loire. Le vignoble (4,5 ha) est cultivé en bio depuis 2011.

Fermenté avec les levures indigènes, élevé 10 mois en barriques, un chenin charmeur, animé de reflets dorés, au bouquet engageant de pâte de coing et de fruits jaunes confits. La douceur (50 g/l de sucres résiduels) se fond parfaitement dans une bouche onctueuse rafraîchie par une touche mentholée et par une acidité bien sentie. Long, concentré, harmonieux, on lui prédit un bel avenir. ⧗ 2025-2030

MONTORAY, 11, vallée Saint-Martin, 37400 Lussault-sur-Loire, tél. 06 75 38 79 69, domaine@montoray.fr V r.-v.

DOM. MOSNY Les Graviers 2022 ★

13 000 | 8 à 11 €

Au cœur du vignoble de Saint-Martin-le-Beau, Thierry Mosny, formé au lycée viticole d'Amboise, a repris en 2005 l'exploitation familiale (14 ha en conversion bio) fondée par son bisaïeul dans les années 1920. Thomas, son fils, l'a rejoint en 2018 et représente la cinquième génération sur le domaine.

Un élevage en cuve a préservé l'éclat d'un nez fruité qui passe en revue le fruit de la Passion, les agrumes et l'acacia rehaussés d'une touche de fruit sec. Un toucher agréable, de la tension, de la matière, un fruit vibrant et persistant, voilà un 2022 qui ne manque pas d'énergie, mais juste d'un peu de temps en cave. ⧗ 2024-2027 **Feuilles d'automne 2022 ★ (11 à 15 €; 2500 b.)** Les 8 mois d'élevage en fûts se font très discrets dans ce nez plus retenu que puissant, à dominante florale. Une touche fumée et minérale réhausse le bouquet d'une bouche séduisante par sa tension et son allonge. Élégant, droit, il mérite de se détendre en cave. ⧗ 2024-2028

DOM. MOSNY, 8, rue des Vignes, 37270 Saint-Martin-le-Beau, tél. 06 87 22 01 74, thierry.mosny@orange.fr V *t.l.j. sf dim. 8h-12h 14h-17h*

DOM. DAMIEN MOYER Edmond 2022 ★

3000 | 15 à 20 €

Un ancien rendez-vous de chasse du XVIIᵉs. construit pour le duc de Choiseul. Depuis 1830, c'est une propriété viticole renommée. Damien Moyer représente la huitième génération à la tête du domaine, qui compte 7,5 ha (en conversion bio). Il s'investit aussi dans le Sud, avec la production de fitou et de muscat-de-rivesaltes.

Fermenté et élevé en fût, un montlouis discret, très pâle de robe, aux senteurs furtives mais complexes de pêche de vignes, d'agrumes et de sarrazin. Déliée, harmonieuse, joliment étirée sur des amers de citron confit, la bouche privilégie l'élégance à la puissance. ⧗ 2024-2027

DOM. MOYER, 2, rue de la Croix-des-Granges, 37270 Montlouis-sur-Loire, tél. 02 41 50 94 83, domaine.moyer@wanadoo.fr V *r.-v.*

B LE ROCHER DES VIOLETTES 2020 ★

20 000 | 20 à 30 €

Originaire de l'Oise, Xavier Weisskopf a créé son exploitation (17 ha en bio) en 2005. Rien ne le destinait à ce métier, mais ses études à Chablis lui ont fait découvrir l'univers du vin, ce qui l'a conduit à la «Viti» de Beaune, puis à Gigondas et enfin sur les rives de la Loire.

Une robe limpide, un cordon étiré de fines bulles, un nez distingué, floral, épicé, complexe, qui porte la marque des trois années d'élevage, l'entame est engageante. Une jolie vivacité tonifie une bouche épanouie, fondante, aux saveurs subtilement évoluées, et ponctuée de la belle amertume du chenin. Harmonieux et élégant. ⧗ 2024-2028 **Le Grand Clos 2021 ★ (20 à 30 €; 7000 b.)** B Pêche blanche, pomme, acacia touches crémeuses et miellées, le nez ne manque pas de complexité. Ciselé, long, parfumé, bien acidulée en finale, voilà un montlouis énergique, joliment élevé dont la place est à table avec un poisson de rivière. ⧗ 2025-2030

SARL XAVIER WEISSKOPF, 34, rue de la Roche, 37150 Dierre, tél. 06 25 07 22 70, xavier.weisskopf@hotmail.com V *r.-v.*

DOM. THET Extra brut ★

20 000 | 11 à 15 €

Originaire de Saint-Pétersbourg, Dmitry Khlopin a été enseignant-chercheur à l'Université de technologie de Troyes avant de réaliser son rêve de vigneron en acquérant à Montlouis un domaine de 10 ha. 2020 a été son premier millésime.

Un extra brut patiemment (24 mois) vieilli sur lattes dont on retient les arômes délicats, floraux et briochés, et la bouche franche, large à l'attaque, plus vivace derrière avec la touche d'amertume agréable du chenin pour conclure. Apéritif, gougères, poisson fin, les accords gourmands ne manquent pas. ⧗ 2024-2026

DOM. THET, 21, rue de Chapitre, 37270 Montlouis-sur-Loire, tél. 06 51 99 23 63, khlopin@thet.fr V *r.-v.*

VOUVRAY

Superficie : 2 151 ha
Production : 126 272 hl (70 % mousseux)

Un long vieillissement en cave et en bouteilles révèle toutes les qualités des vouvray, blancs nés au nord de la Loire, presque en face de Tours, sur un vignoble qu'écorne l'autoroute A10 au nord (le TGV passe en tunnel) et que traverse la large vallée de la Brenne. Le cépage blanc de Touraine, le chenin, donne ici des vins tranquilles, colorés et très racés, secs ou moelleux selon les années, et des vins pétillants et effervescents, vineux, élaborés selon la méthode traditionnelle. Si ces derniers sont bus assez jeunes, les vins tranquilles sont aptes à une longue garde qui leur donne de la complexité.

♥ JEAN-CLAUDE ET DIDIER AUBERT Sec 2022 ★★

58 000 | 5 à 8 €

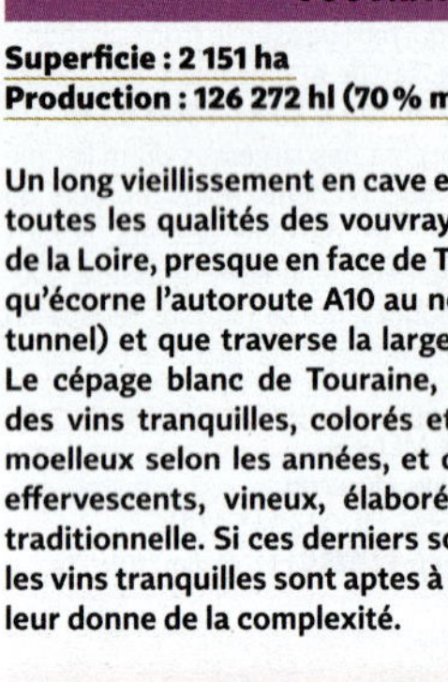

Jean-Claude et Didier Aubert représentent respectivement, les sixième et septième générations de vignerons installés au cœur de la Vallée Coquette depuis 1823. Avec leurs épouses, ils exploitent 45 ha de vignes.

Une cuvée d'une remarquable régularité (et d'un rapport qualité-prix rare) qui décroche, comme l'an passé le coup de cœur. On retrouve avec plaisir ce nez immaculé, très pur et printanier centré sur les fleurs blanches. La pêche blanche et le miel étirent la palette dans une bouche large à l'attaque, longue, précise, dynamisée par une très belle vivacité. Une épure de chenin d'un éclat singulier et d'une harmonie parfaite. On applaudit. ⧗ 2024-2028 ■ **Demi-sec 2022 ★★ (5 à 8 €; 15000 b.)** Acacia, miel de tilleul, nectarine et pêche blanche, toute la panoplie d'un très joli demi-sec dans ce vouvray subtil, caressant, d'une douceur parfaitement digérée par une acidité au cordeau. La finale saline et salivante achève de convaincre. De l'harmonie, de la classe même, le tout à prix d'ami. ⧗ 2024-2028 ■ **L'Éveil des sens 2022 ★ (8 à 11 €; 7000 b.)** Vinifié et élevé en barrique, un chenin d'une gourmandise insolente, exotique et pâtissier au nez, qui se teinte de fruits jaunes, de tilleul et de vanille dans une bouche charmeuse, charnue et sans une once de mollesse. «Un vrai délice», conclut le jury. ⧗ 2024-2028

⊶ EARL JEAN-CLAUDE ET DIDIER AUBERT, 10, rue de la Vallée-Coquette, 37210 Vouvray, tél. 02 47 52 71 03, vinsdevouvray@aubertjcd.fr V *t.l.j. sf dim. 9h-12h 14h-19h*

DOM. DES AUBUISIÈRES Petit Clos 2022 ★

■	5300	15 à 20 €

Bernard Fouquet s'est lancé dans le métier de vigneron en 1982. Aujourd'hui, il conduit de manière raisonnée un vignoble de 33 ha répartis sur quelques-uns des meilleurs terroirs argilo-calcaires et argilo-siliceux de l'appellation vouvray.

Des vignes de 40 ans et une vinification et un élevage en amphores pour ce vin couleur paille ouvert sur les épices et les fruits jaunes. Parfaitement sec, mais ample, rond, à l'image du millésime, voilà un vouvray épanoui, fruité, sans mollesse et fédérateur. Très indiqué avec des saint-jacques poêlées. ⧗ 2024-2028

⊶ BERNARD FOUQUET, Dom. des Aubuisières, 37210 Vouvray, tél. 02 47 52 67 82, info@vouvrayfouquet.com V *t.l.j. sf sam. dim. 8h-12h 13h30-17h30*

DOM. DES BERGEONS 2022 ★

■	1700	🍾	5 à 8 €

Denise Bongars a repris l'exploitation de son père en 1996. Épaulé par son compagnon qui l'a rejoint sur le domaine en 2018, elle exploite en culture raisonnée (sans herbicide ni insecticide) une douzaine d'hectares et produit toute la gamme des chenins locaux.

Derrière une robe pâle, un nez qui va crescendo, déclinant la pêche blanche, le pomelo et l'aubépine. Tout aussi épanouie, puissante, grasse, presque suave à l'attaque, la bouche monte en tension, ragaillardie par un trait citronné qui rafraîchit la finale. Complet et de bonne garde. ⧗ 2024-2028

⊶ DOM. DES BERGEONS, 232, Côteau de Venise, 37210 Noizay, tél. 02 47 52 11 64, contact@lesbergeons.fr V *r.-v.*

FAMILLE BOUGRIER Confidences 2022 ★

■	60000	🍾	11 à 15 €

Établie au cœur de la Touraine, entre Amboise et Montrichard, cette maison créée en 1995 appartient à la famille Bougrier, propriétaire de domaines en Touraine et négociant-éleveur présent dans l'ensemble du Val de Loire (Anjou-Saumur, Nantais et Touraine).

Derrière une robe pâle et brillante, un vrai panier de fruits (abricot, coing, poire et agrumes) nuancé de rose fanée. Le fruit ne perd rien en séduction dans une bouche vive dès l'attaque, attendrie par un fond de douceur discret qui attise encore la gourmandise de l'ensemble. La finale sur le zest appelle les huîtres. ⧗ 2024-2028

⊶ SAS BOUGRIER, 1, rue des Vignes, 41400 Saint-Georges-sur-Cher, tél. 02 54 32 31 36, stgeorges@bougrier.fr

BOURILLON DORLÉANS La Coulée d'argent 2022 ★

■	25000	🍾	8 à 11 €

Installé depuis 1984, Frédéric Bourillon a pris la suite de son père sur ce domaine fondé en 1921 par son grand-père Gaston Dorléans. Le vignoble couvre 26 ha sur les meilleurs coteaux de Rochecorbon et les vins reposent dans des caves troglodytiques du XVe s.

Un passage de 6 mois en cuve pour ce chenin énergique, aux parfums croquants de pêche blanche et de poire. Ronde et souple à l'attaque, d'une légèreté de bon ton, la bouche conserve ce profil très tonique jusqu'en finale. Idéal sur des fruits de mer. ⧗ 2024-2028

⊶ FRÉDÉRIC BOURILLON, 30 bis, rue de Vaufoynard, 37210 Rochecorbon, tél. 06 07 08 06 06, info@bourillon.com V *t.l.j. sf dim. 9h-12h 14h-18h*

Ⓑ DOM. BOUTET SAULNIER Les Brosses 2022 ★

■	6780	(fût)	11 à 15 €

Blotti au cœur de la vallée Chartier, ce domaine conduit par Christophe Boutet et sa femme Astrid couvre 13 ha, en bio, avec un travail du sol réalisé par un cheval de trait.

Un élevage de 11 mois en fûts de 400 l pour ces vieilles vignes de chenin. Le nez nous le rappelle avec ses accents franchement vanillés. Le fruit et la confiserie s'immiscent dans un palais cossu, confortable, gras, long, tonifié par une jolie arête acide. Un équilibre assuré et beaucoup de plaisir. Pour poisson et viande blanche à la crème. ⧗ 2025-2028 ■ **Le Clos Dubois 2022 ★ (15 à 20 €; 1525 b.)** Ⓑ On ne se formalise pas de la discrétion du nez, le vin prend son envol dans une bouche vive, fruitée (pêche blanche) et épicée, bien enrobée par un élevage (11 mois de fûts) savamment dosé. Long, il a de beaux jours devant lui. ⧗ 2025-2030

⊶ EARL BOUTET SAULNIER, 17, rue de Vallée-Chartier, 37210 Vouvray, tél. 02 47 52 73 61, domaineboutetsaulnier@orange.fr V *r.-v.*

YVES ET DENIS BREUSSIN Brut ★

●	20000	🍾	5 à 8 €

Depuis cinq générations, la famille Breussin cultive la vigne sur les hauteurs de Vernou-sur-Brenne. Denis Breussin conduit les 17 ha du domaine dans le respect du végétal et de la faune auxiliaire.

Le jury salue la finesse de la bulle et la gourmandise d'un nez franchement beurré et brioché. Le fruit frais s'invite dans une bouche tonique à l'attaque, puis crémeuse, pâtissière, ponctuée de la fine amertume du chenin. Long, plutôt savoureux, un brut pour apéritif et gougères. ⧗ 2024-2026 ■ **Moelleux 2022 ★ (8 à 11 €; 3000 b.)** Des reflets dorés animent la robe de ce moelleux aux arômes détendus, entre kumquat, fleurs blanches et miel. En bouche, une douceur discrète, une jolie tension, des saveurs croquantes de pêche de vigne, ce qu'il faut d'allonge et beaucoup de plaisir. ⧗ 2024-2029

⊶ YVES ET DENIS BREUSSIN, 45, Vallée-de-Vaugondy, 37210 Vernou-sur-Brenne, tél. 06 08 86 70 39, denis.breussin@orange.fr V r.-v.

PHILIPPE BRISEBARRE Brut ★

● | 20000 | | 8 à 11 €

Philippe Brisebarre poursuit depuis 1981 l'exploitation du vignoble familial, dont l'origine remonte à 1945. Il est constitué aujourd'hui par un ensemble de parcelles qui couvre 24 ha. Un domaine très sûr en qualité.

Joliment affinée par 3 ans d'élevage sur lattes, la bulle trace son sillon dans une robe jaune paille. Plus fins qu'exubérants, les arômes déclinent les fruits jaunes bien mûrs sur fond beurré et pâtissier. Charmeuse et crémeuse, patinée par le vieillissement, tout en restant fraîche, la bouche fait dans la dentelle. Délicat, tactile, à point, c'est une belle réussite. Apéritif de classe en perspective. ⧗ 2024-2027 ■ **2022 ★ (8 à 11 €; 20000 b.)** Un «sec» qui a pour lui un nez pimpant, floral et fruité (pêche et poire), une texture joliment arrondie et une belle trame acide qui donne éclat et tenue au fruit. Tonique mais fondant, il devrait plaire. ⧗ 2024-2028

⊶ VIGNOBLE BRISEBARRE, 34, rue de la Vallée-Chartier, 37210 Vouvray, tél. 02 47 52 63 07, philippe@brisebarre.fr V *t.l.j. sf mer. dim. 10h-17h*

B DOM. VINCENT CARÊME 2022 ★

■ | 30000 | | 15 à 20 €

Créé en 1999, le vignoble couvre aujourd'hui 17 ha cultivés en agriculture biologique. Outre des effervescents et des blancs secs, Vincent Carême produit des moelleux à partir de ses meilleurs terroirs. Il est également producteur de *steen* (le nom local du chenin) près du Cap, en Afrique du Sud, sous l'étiquette Terre Brûlée.

Une touche délicate de vanille issue des 9 mois de fûts agrémente un nez centré sur les fruits jaunes bien mûrs. Plus citronné en bouche, caressant, frais sans être vif, ponctué d'une petite amertume typée, voilà un vouvray d'un équilibre assuré et d'un très agréable classicisme. ⧗ 2024-2027

⊶ VINCENT CARÊME, 1, rue du Haut-Clos, 37210 Vernou-sur-Brenne, tél. 02 47 52 71 28, vin@vincentcareme.fr V *t.l.j. sf lun. dim. 10h-12h30 14h-17h30; sam. 14h-17h30*

CAVES CATHELINEAU
Cuvée Les Brosses 2022 ★★

■ | 4800 | | 11 à 15 €

Jean-Charles Cathelineau et son fils Frédéric sont issus d'une longue lignée de vignerons qui remonte à 1690. Au cours des siècles, ceux-ci ont patiemment creusé les caves de la propriété au fur et à mesure des besoins et enrichi leur petit musée personnel d'outils viticole anciens. Toutes les vignes sont vendangées manuellement.

Pêche, pomme cuite, cire d'abeille, coing et abricot, voilà un nez qui ne manque ni de nuances ni de complexité. Bien civilisée par 10 mois de fûts, d'une longueur remarquée, la bouche affiche la même qualité de fruit et montre un équilibre exemplaire entre douceur et fraîcheur. D'une harmonie parfaite, il a frisé le coup de cœur. De bonne garde mais déjà très très séduisant. ⧗ 2025-2032

⊶ CAVES CATHELINEAU, 24, rue des Violettes, 37210 Chançay, tél. 02 47 52 20 61, cathelineau@orange.fr V *t.l.j. 8h30-12h30 14h-19h; dim. sur r.-v.*

♥ DOM. CHAMPALOU Brut ★★

● | 25000 | | 15 à 20 €

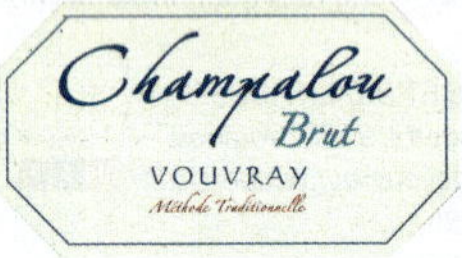

Tous deux issus de familles vigneronnes, Catherine et Didier Champalou ont créé leur domaine en 1984 sur seulement 1,8 ha. Leur vignoble couvre aujourd'hui près de 21 ha cultivés en viticulture durable. Des jachères fleuries, des nichoirs à insectes, des haies sont ainsi implantés dans le vignoble afin d'aider les insectes auxiliaires à s'épanouir. Diplômée en œnologie, Céline Champalou a rejoint ses parents il y a une quinzaine d'années.

Abonné au Guide, le domaine renoue avec le coup de cœur grâce à cette bulle de grande classe. On en retient la finesse du cordon et le nez plus subtil que puissant, aux nuances de brioche et de fruits à coque qui trahissent un long élevage sur lattes. Intense dès l'entame, volumineux bien qu'à peine dosé (3 g/l), le palais charme par la douceur de sa texture, la délicatesse de la bulle, la gourmandise du fruit et la longueur qui n'en finit pas. Ajoutons-y la petite accroche tannique de la finale, et on obtient un grand vouvray et de gastronomie (saint-jacques et poissons fins). ⧗ 2024-2028 ■ **2022 ★ (15 à 20 €; 30000 b.)** 6 g/l de sucres résiduels pour ce chenin plutôt «sec tendre», aux arômes subtils de fruits blancs frais et de tilleul, sur un fond minéral. Souple en bouche, réhaussé par un trait d'agrumes, un vouvray harmonieux et facile d'accès. ⧗ 2024-2027 ■ **Les Fondraux 2022 ★ (15 à 20 €; 8000 b.)** Un élevage en fûts de 9 mois pour ce moelleux (20 g/l de sucres résiduels) pâle de robe, mais c'est le fruit (pomme Golden, nectarine, pêche de vigne) que l'on retient d'une bouche harmonieuse et suave sans excès, qui se fait plus alerte en finale. ⧗ 2024-2028

⊶ DOM. CHAMPALOU, 7, rue du Grand-Ormeau, 37210 Vouvray, tél. 02 47 52 64 49, champalou@orange.fr V *r.-v.*

DOM. DE LA CHÂTAIGNERAIE Argilex 2022 ★

■ | 8000 | | 8 à 11 €

On trouve des Gautier sur le domaine depuis sept générations. Les caves datent du XIVᵉs. et le chai est du XIXᵉ. Installé en 1981, Benoît Gautier travaille 17 ha, dont le fameux Clos la Lanterne dominant la Loire.

Une cuvée née des argiles à silex de l'appellation, dont on aime les arômes vigoureux de fruits confits et de fleurs blanches, puis la bouche intense, tapissante, qu joue habilement d'une légère douceur, d'une vivacité bien sentie et de la fine amertume du chenin en finale. Dynamique, équilibré et très typé. ⧗ 2024-2027

JEAN-MICHEL GAUTIER, 4, allée de la Racauderie, 37210 Parçay-Meslay, tél. 02 47 29 12 82, gautierjean-michel@orange.fr V r.-v.

DOM. THIERRY COSME
Vieilles Vignes 2020 ★★

■	2000		15 à 20 €

Thierry Cosme, formé en Champagne, s'est installé en 1988 sur 4,5 ha. Il s'est agrandi et cultive à ce jour 21 ha de vignes sur les communes de Noizay et de Chançay. Il accueille les œnophiles dans les caves troglodytiques qu'il tient de ses grands-parents, et signe des cuvées sélectionnées avec une belle régularité dans ces pages. Son fils Tanguy l'a rejoint sur l'exploitation en 2019.

Des vieilles vignes de 60 ans à l'origine d'un grand liquoreux (95 g/l de sucres résiduels), doré, aux arômes complexes et patinés mêlant l'abricot sec, la cire d'abeille, l'amande ou encore la truffe. Des touche de miel et de caramel réhaussent encore le bouquet dans un palais langoureux, miellé, puissant, mais sans mollesse et d'une longueur que l'on oublie pas. De longue garde mais déjà irrésistible sur un foie gras. ⧗ 2025-2034

DOM THIERRY COSME, 1127, rte de Nazelles, 37210 Noizay, tél. 06 01 30 71 28, thierry.cosme@wanadoo.fr V r.-v.

DOM. DE LA FONTAINERIE
Coteau Les Brûlés 2022 ★

■	4180		11 à 15 €

Catherine Dhoye-Déruet, ingénieur dans l'agroalimentaire, a pris la suite de ses parents en 1990. Située dans la vallée Coquette, le domaine appartenait déjà à sa famille bien avant qu'Honoré de Balzac n'écrive les mésaventures vouvrillonnes de «l'Illustre Gaudissart». Le vignoble de 6 ha est établi juste au-dessus des caves creusées dans le tuffeau.

Une robe jaune vert, un nez appétant de pêche et d'ananas nuancé d'un boisé vanillé de bon goût, une chair pleine, ronde, grasse, tonifiée par une franche vivacité et une touche d'amertume pour conclure : un vouvray confortable, prêt à boire et polyvalent à table. ⧗ 2024-2027

DOM. DE LA FONTAINERIE, 64, rue de la Vallée-Coquette, 37210 Vouvray, tél. 02 47 52 67 92, lafontainerie@orange.fr V r.-v.

VINCENT GAUDREAU
Extra-brut Fines bulles 2018 ★★

●	2000		8 à 11 €

C'est en 2003 que Vincent Gaudreau a pris la succession de son père à la tête de ce domaine créé par son grand-père en 1955 et exploitée à l'origine en polyculture. Aujourd'hui, 15 ha de vignes en vouvray et en touraine.

L'étiquette ne ment pas, la bulle est fine et la robe d'un beau jaune clair. La cuvée a d'autres atouts : des arômes distingués, entre miel de tilleul, coing et acacia, et une bouche douce à l'attaque, lisse, bien ragaillardie par une vivacité tonifiante. Un bon classique. ⧗ 2024-2026

VINCENT GAUDREAU, 41 bis, rue des Bastes, 37210 Chançay, tél. 06 99 45 58 99, vincent.gaudreau@orange.fr V r.-v.

DOM. SYLVAIN GAUDRON
La Symphonie 2019 ★

●	8000		5 à 8 €

Ce domaine régulier en qualité a été créé par Sylvain Gaudron en 1958 à partir de 7 ha. Il en compte désormais 26 cultivés et mis en valeur par le fils, Gilles, aux commandes depuis les vendanges 1993.

Une robe limpide couleur paille, des senteurs fraîches de fleurs blanches et d'agrumes, une bouche souple à l'attaque, croquante de fruit, dynamisée par une bulle discrète et par une agréable vivacité : aucune fausse note dans cette Symphonie à déguster à l'apéritif. ⧗ 2024-2026

EARL DOM. SYLVAIN GAUDRON, 59, rue Neuve, 37210 Vernou-sur-Brenne, tél. 02 47 52 12 27, contact@domainegaudron.fr V r.-v.

B JEAN-MARC GILET Brut Extra 2020 ★

●	12500		11 à 15 €

Établi à Parçay-Meslay au nord-ouest de l'appellation vouvray, Jean-Marc Gilet conduit depuis 2001 ce domaine de 17 ha de vignes réparties dans divers terroirs. Il s'attache à vinifier séparément les différentes parcelles qu'il cultive. «Élaborer des vins d'âme et de plaisir nés d'efforts perpétuels et du cœur», telle est sa devise.

Un long vieillissement (30 mois) pour cet extra-brut qui n'a rien perdu du peps de sa jeunesse. Un nez fleurant bon l'acacia et la brioche fraîche ouvre sur une bouche acidulée, animée de bulles fines, tendue à souhait. Un vouvray dynamique, très pur, sans austérité, parfait à l'apéritif et idéal sur des fruits de mer. ⧗ 2024-2027

DOM. DE LA ROULETIÈRE, 20, rue de la Mairie, 37210 Parçay-Meslay, tél. 02 47 29 14 88, jmgilet@domainedelarouletiere.com V *t.l.j. sf dim. 8h-12h 14h-18h*

LA GRAND TAILLE 2022 ★

■	7000		5 à 8 €

Deux ouvriers viticoles, Jean-François Boitelle et Sébastien Bonzon, se sont associés en 2001 pour reprendre le domaine de leur ancien patron. Ils sont aujourd'hui à la tête de 42 ha au cœur de la vallée de la Brenne; ils vinifient et accueillent leurs clients dans une ancienne ferme du manoir de Pouvray.

Tout est élégant et frais dans ce vouvray bien sec (2 g/l de sucres résiduels) : la robe pâle et brillante, les arômes délicats et très floraux, puis la bouche longiligne, tonique, aux saveurs fruitées acidulées. La longue finale nette ne gâche rien au plaisir. Parfait sur des poissons grillés et un chèvre sec. ⧗ 2024-2027

● **Bulles de Prestige 2017 ★ (8 à 11 €; 1800 b.)** Une mousse délicate, un nez bien ouvert, à l'accent fumé, puis sur l'abricot et les fleurs jaunes, une bouche confortable arrondie par un dosage généreux, une finale qui ne manque pas de peps : une bulle consensuelle. ⧗ 2024-2026

GAEC DE LA GRAND TAILLE, 6, rue de Pouvray, 37210 Vernou-sur-Brenne, tél. 02 47 52 06 98, lagrandtaille@orange.fr V *r.-v.*

DOM. GUERTIN Demi-sec 2022 ★

11160 | 5 à 8 €

Thierry Guertin a repris en 1978 les vignes de son beau-père. Sur les 17 ha de son domaine, il recherche les petits rendements pour obtenir plus de concentration et pratique dans ce but l'enherbement.

Un équilibre réussi entre douceur et fraîcheur pour ce demi-sec (17 g/l de sucres résiduels) aux parfums débridés de fruits confits, de fleurs et de miel. Une touche citronnée allège idéalement un palais très tendre et sensuel mais sans lourdeur, d'une gourmandise de fruit imparable. Il donne déjà du plaisir et pour quelques années. ⧗ 2024-2028

GÉRARD GUERTIN, 3, RD 952, 37210 Vouvray, tél. 02 47 52 77 77, cellierverrine@aol.com V *t.l.j. 10h-19h*

MAILLET Cuvée Prestige ★★

6000 | 8 à 11 €

Les deux frères Maillet ont succédé à leur père (Laurent en 1991 et Fabrice en 2002) sur un vignoble de 37 ha situé sur les hauts de la vallée Coquette, dans leur famille depuis 1921 et quatre générations. C'est avec régularité que les cuvées de méthode traditionnelle contribuent à la réputation du domaine. Les vins tranquilles ne sont pas en reste.

Un brut bien dans la tradition, animé de bulles fines, vineux au nez, sur des nuances de fruits jaunes bien mûrs, d'acacia et de guimauve, souple à l'attaque, très délicat au toucher, avec cette petite astringence typique du cépage qui relève la finale. Apéritif ou fromages (peu affinés). ⧗ 2024-2026 ■ **2022 ★ (5 à 8 €; 6000 b.)** Un vouvray, qui a pour lui ses arômes ténus mais fins de fleurs blanches et sa bouche déliée, fraîche, d'une souplesse de chair très agréable. Facile d'accès et fédérateur. ⧗ 2024-2027

EARL LAURENT ET FABRICE MAILLET, 101, rue de la Vallée-Coquette, 37210 Vouvray, tél. 02 47 52 76 46, vouvray.maillet@orange.fr V *t.l.j. 10h-12h 14h-18h; dim. et jours fériés sur r.-v.*

♥ DOM. DU MARGALLEAU Demi-sec 2022 ★★

7000 | 8 à 11 €

Chançay possède de jolis coteaux bien exposés dans la Vallée de la Brenne, un peu à l'écart du lit de la Loire. Bruno et Jean-Michel Pieaux y cultivent depuis 1995 les 32 ha de vignes de ce domaine régulier en qualité.

La passe de trois (coups de cœur) en trois ans pour le domaine, qui signe ici un demi-sec de haut vol. Le jury est tombé sous le charme de ce chenin pâle de robe mais terriblement séducteur au nez avec ses parfums de miel d'acacia, de coing et de fruits blancs à peine saupoudrés de truffe. La bouche est de la même trempe : langoureuse, tactile, gorgée de fruit, avec une jolie fraîcheur en soutien qui digère parfaitement les 25 g/l de sucres résiduels. Tout simplement parfait et de bonne garde, mais déjà délicieux. ⧗ 2024-2030 ● **★ (5 à 8 €; 50000 b.)** Un vouvray patiemment élevé sur lattes aux arômes distingués, beurrés et fruités, qui séduit aussi par sa bouche bien ronde, sa texture caressante, sa bulle fine et son équilibre impeccable. ⧗ 2024-2026

DOM. DU MARGALLEAU, 10 bis, rue du Clos-Baglin, 37210 Chançay, tél. 02 47 52 25 51, earl.pieaux@orange.fr V *r.-v.*

VIGNOBLE DENIS MEUNIER Inattendue du Clos Franc 2022 ★

4320 | 8 à 11 €

Depuis 1921, Georges, André, puis Daniel et Mauricette se sont succédé sur le domaine. En 2012, Denis a pris la relève. Il a agrandi l'exploitation qui couvre aujourd'hui 15 ha sur les communes de Chançay et de Vernou-sur-Brenne.

Une sélection parcellaire du lieu-dit Clos Franc à l'origine de ce blanc à fort caractère, élevé en fûts, qui tire sa puissance du millésime et des argiles à silex. Au nez, des arômes intenses entre noix, épices douces et fruits jaunes surmûris. Un profil mature qui se confirme dans une bouche ample, capiteuse, boisée et légèrement oxydative. Un profil effectivement inattendu qui ne laissera pas indifférent. De quoi tenir tête à des poissons et des viandes blanches en sauce. ⧗ 2024-2028 ■ **Les Sablons Blanc ★ (5 à 8 €; 3700 b.)** Une robe seyante, jaune pâle, des notes croquantes de pomme verte et de poire, relayées en bouche par une touche de compote de fruits, du gras, un poil de douceur (6 g/l de sucres résiduels), ce qu'il faut de fraîcheur : en un mot, gourmand. ⧗ 2024-2027

DENIS MEUNIER, 14, rue du Haut-Cousse, 37210 Vernou-sur-Brenne, tél. 06 89 55 43 52, cavemeunier@orange.fr V *t.l.j. 9h-12h 14h-18h; dim. sur r.-v.*

CH. MONCONTOUR Les Chapelles 2022 ★

6290 | 8 à 11 €

Propriété de l'évêque de Tours au temps de saint Martin (IVe s.), le domaine fut convoité par Balzac en son temps. La famille Feray l'a acquis en 1994. Gilles Feray dispose de 150 ha de vignes répartis dans différentes communes de l'appellation vouvray, ce qui permet aux vins de refléter toute la richesse du terroir. Le château bâti au XVe s. trône sur la falaise de tuffeau de Vouvray.

Un boisé vanillé de bon goût donne un supplément de complexité à ce nez délicat et floral. Le chêne enrobe un peu plus une bouche déjà bien en chair, puissante, structurée, réglissée mais rafraîchie par une jolie vivacité et un trait citronné. Encore sous le joug de l'élevage, l'avenir lui appartient. ⧗ 2025-2030

CH. MONCONTOUR, rue de Moncontour, 37210 Vouvray, tél. 02 47 52 60 77, info@vignobles-feray.com V *t.l.j. sf dim. 10h-12h30 13h30-18h*

DOM. PARIS PÈRE ET FILS Brut ★★

| 20 000 | | 5 à 8 € |

Au cœur de la vallée de Vau à Chançay, le domaine familial prospère depuis 1902. Il se compose actuellement de 12 ha de vignes cultivées par Claude et son fils Guillaume en privilégiant la lutte biologique et la lutte raisonnée.

Une expression singulière du chenin dans ce brut à la bulle furtive et aux arômes détonants de fruits mûrs, d'amande et d'agrumes généreusement assaisonnés de curcuma. Une attaque ample contrebalancée par une belle vivacité, un fruit qui se teinte de toast et persiste longuement sur les épices en finale : un vouvray original et convaincant. ⧗ 2024-2026 ■ **Demi-sec 2022 ★ (8 à 11 €; 3640 b.)** Un an de fûts pour ce demi-sec jeune de robe mais déjà joliment évolué à l'olfaction, ouvert sur les fruits secs et la pomme mûre. Tonifiée par une touche plus citronnée, la bouche conserve ce profil mature mais équilibré. Déroutant mais plaisant. ⧗ 2024-2028

EARL PARIS PÈRE ET FILS, 21, rue des Violettes, 37210 Chançay, tél. 02 47 52 21 07, contact@domaineparis-pereetfils.com V r.-v.

MAISON PELTIER 2022 ★★

| 10 000 | | 5 à 8 € |

La maison Peltier, dirigée depuis 2011 par trois frères, a été créée vers 1900 sur le site d'une ancienne carrière de la SNCF. Les caves labyrinthiques du domaine ont été creusées dans le tuffeau au fil des générations.

La robe se fait brillante et le nez épanoui, pur, dynamique et très floral. La même énergie émane d'une bouche qui a tout pour plaire : de la chair, un fruit bien mûr, une belle souplesse à l'attaque et tout ce qu'il faut de fraîcheur en finale. Un sans-faute et un prix doux. ⧗ 2024-2026 ■ **Réserve 2022 ★ (8 à 11 €; 2000 b.)** Pêche et nectarine au nez, coing, abricot sec et touche mellifère en bouche, voilà un moelleux qui ne manque pas de parfums, d'une belle densité de chair, long et ponctué d'une petite amertume stimulante. Complet et de bonne garde. ⧗ 2025-2030

EARL PELTIER FRÈRES, 43, rue de la Mairie, 37210 Chançay, tél. 02 47 52 93 34, contact@maisonpeltier.fr V t.l.j. sf dim. 8h30-12h30 14h-19h

B DOM. DU PETIT COTEAU 2022 ★

| 16 160 | | 8 à 11 € |

Ce domaine de 25 ha appartenant à Gilles Feray a été créé en 2005 et il est certifié en agriculture biologique. Les vignes sont situées sur les sols argilo-siliceux des premières côtes de Vernou-sur-Brenne.

Vinifiée en cuve et en fût, une sélection parcellaire d'un équilibre assuré. On en retient les arômes floraux et fruités mâtinés de chêne, et le palais un peu lacté à l'attaque, souple, dynamisé par une agréable acidité citronnée. Une touche de chêne s'immisce dans une finale d'une longueur remarquée. Agréable et sans doute plus encore après une petite garde. ⧗ 2025-2029

DOM. DU PETIT COTEAU, 71, rue du Petit-Coteau, 37210 Vouvray, tél. 02 47 52 60 77, infos@vignobles-feray.com V t.l.j. sf dim. 10h-12h30 14h30-18h

DOM. PICHOT Clos Cartaud 2022 ★

| 6 961 | | 20 à 30 € |

Cette vieille famille vouvrillonne cultive la vigne depuis le XVIIIᵉs. Au fil des générations, elle s'est constituée un joli patrimoine de 28 ha de chenin (en conversion bio), répartis sur les deux grands terroirs de l'appellation (argilo-calcaire et argiles à silex).

Le domaine signe son retour dans le Guide avec ce clos planté de vignes cinquantenaires. Élevé 12 mois en fûts, c'est un vouvray sérieux, précis et parfumé, aux nuances pâtissières et citronnées. Une note plus florale rehausse le bouquet dans une bouche parfaitement composé, ample et tendre à l'attaque, plus ferme en finale. Bien élevé, harmonieux, élégant, il a de beaux jours devant lui. ⧗ 2025-2030 ■ **Le Marigny Demi-sec 2022 ★ (20 à 30 €; 8243 b.)** Fugace mais subtilement miellé, le nez de ce demi-sec (17 g/l) ouvre sur une bouche détendue, plus intensément fruitée (poire et fruits confits), d'une suavité et d'une puissance qui augurent d'un bel avenir. On le laisse tranquillement reposer en cave. ⧗ 2026-2032

DOM. PICHOT, 70, rue de la Vallée-de-Nouy, 37210 Vouvray, tél. 06 50 48 34 26, contact@domaine-pichot.fr V t.l.j. 8h-12h 14h-19h

B DOM. FRANÇOIS ET JULIEN PINON
Les Trois argiles 2020 ★

| 3000 | | 15 à 20 € |

Le domaine remonte à 1786. Installé en 1987 et décédé en 2021, François Pinon a longtemps veillé sur les 15 ha de vignes qu'il a converti au bio dès 2003 et vinifié de façon parcellaire depuis 2006. Son fils qui l'avait rejoint en 2016 a pris la relève.

Fermenté (levures indigènes) et élevé en vieux fûts, un demi-sec délicat, plus complexe qu'expansif au nez avec ses nuances d'épices douces, de miel et de tisane. Puissant, à l'image du millésime, soutenu par une acidité discrète qui digère parfaitement les 18 g/l de sucres résiduels, le palais signe un vouvray consistant et de bonne garde. ⧗ 2025-2030

DOM. FRANÇOIS ET JULIEN PINON, 55, rue Jean-Jaurès, Vallée-de-Cousse, 37210 Vernou-sur-Brenne, tél. 02 47 52 16 59, francois.pinon@wanadoo.fr V r.-v.

DOM. DE LA PINSONNIÈRE 2022 ★

| 2300 | | 8 à 11 € |

Héritiers du domaine familial créé en 1850, Philippe et Vincent Gasnier cultivent 24 ha de vignes implantées dans les communes de Parçay-Meslay et de Rochecorbon sur des sols argilo-calcaires et argilo-siliceux.

Un vouvray joyeux, drapé d'une robe jaune limpide, aux arômes toniques et acidulés de bonbon, de citron confit et de fleurs. L'attaque en bouche conserve ce profil résolument fringant et frais et y ajoute une douceur discrète et une touche d'ananas et de coing. En deux mots, gourmand et harmonieux. ⧗ 2024-2028 ● **Brut 2021 ★ (5 à 8 €; 27 000 b.)** Une bulle pas compliquée, fine, aux notes croquantes de fruits jaunes frais dont on aime la bouche souple et bien vivace, au fruité très tonifiant et d'une longueur remarquée. Parfait à l'apéritif. ⧗ 2024-2026

LOIRE

DOM. PINSONNIÈRE, 13, rue de la Pinsonnière, 37210 Parçay-Meslay, tél. 06 60 02 53 10, lapinsonniere@aliceadsl.fr V r.-v.

J.G. RAIMBAULT ★★

●	15000		5 à 8 €

Blottie contre le coteau, la maison des Raimbault possède un escalier creusé dans le tuffeau. Celui-ci donne accès au sommet de la falaise, laissant découvrir le somptueux paysage de la Loire jusqu'au château d'Amboise. On se trouve alors au cœur d'un vignoble de 14 ha conduit depuis 1995 par Jean Raimbault et sa sœur Ghislaine.

Un bulle très affinée, une robe limpide, d'un jaune brillant, des arômes subtils mariant les fleurs blanches et le fruit frais, une bouche alerte, aérienne, très élégante, étirée sur une fine amertume : le jury est conquis. Apéritif raffiné en perspective. ⧗ 2024-2027 ■ **Demi-sec 2022 ★ (5 à 8 €; 2300 b.)** Un joli nez centré sur les agrumes et le végétal frais, une bouche plus fruitée, sur la poire, d'une douceur jamais pesante, rafraîchie par une agréable vivacité : simple, net et gourmand. ⧗ 2024-2027

EARL J. G. RAIMBAULT, 186, coteau des Vérons, 37210 Noizay, tél. 06 60 57 57 88, gaec.raimbault@orange.fr V *t.l.j. 9h-12h 14h-18h; sam. dim. sur r.-v.*

DOM. DES RAISINS DORÉS Brut ★

●	30000		5 à 8 €

La famille cultivait déjà la vigne sous Louis XIV. Nathalie Berton a repris la propriété en 2005 et cultive les 13 ha de «première côte» situées sur la commune de Vernou-sur-Brenne dans un esprit de viticulture durable.

Tout est plaisant et énergique dans ce brut : la finesse des bulles, les parfums printaniers, entre fleurs et mirabelle, avec une nuance gourmande de frangipane, la bouche bien citronnée, énergique, rythmée par une belle acidité et par la touche d'astringence du chenin. Stimulant. ⧗ 2024-2026

NATHALIE BERTON, dom. des Raisins dorés, 40, rue du Professeur-Debré, 37210 Vernou-sur-Brenne, tél. 06 30 56 02 90, nathalie_berton@orange.fr V *r.-v.*

VIGNOBLE ALAIN ROBERT Les Charmes 2022 ★

■	12000		5 à 8 €

Christiane et Alain Robert cultivent leurs vignes depuis 1973; ils ont été rejoints par leur fils Cyril en 2000 et par leur fille Catherine en 2013. Ils laissent maintenant la main à leurs enfants pour exploiter les 37 ha de la propriété. Un domaine régulier en qualité.

Élevée 6 mois en cuve et sur lies, la cuvée ne vole pas son nom. Très expressif et minéral, le nez marie le fruit blanc bien mûr à des notes fumées. Les agrumes s'immiscent dans un palais bien balancé entre tension et rondeur. La fin de bouche saline confirme le profit minéral de ce beau vouvray de table, à réserver à des crustacés. ⧗ 2025-2028 ■ **Empreinte 2022 ★ (11 à 15 €; 26980 b.)** Un vin énergique, fleurant bon les fleurs et les fruits blancs et exotiques à l'olfaction, dont on aime aussi la bouche acidulée, citronnée, franche et d'une fraîcheur immaculée. Un vouvray droit, bien dans le style de l'appellation. ⧗ 2024-2028 ● **Troglodyte Brut 2020 ★ (8 à 11 €; 24970 b.)** Un brut charmant traversé de bulles discrètes, aux senteurs de fleurs blanches et d'amande fraîche, tendre, parfumé et rond en bouche, avec cette petite fermeté finale typée qui ne rompt pas le charme. ⧗ 2024-2026

VIGNOBLE ALAIN ROBERT, Charmigny, 37210 Chançay, tél. 02 47 52 97 95, cave@vignoblealainrobert.com V *r.-v.*

DOM. DE LA ROBINIÈRE Les Greuils 2022 ★★

■	2000		11 à 15 €

Après ses études aux lycées viticoles d'Amboise et de Montreuil-Bellay et son apprentissage dans le Bordelais, Julien Raimbault a rejoint son père Vincent en 2009 sur le domaine. Ils cultivent 16,2 ha au cœur du vignoble de Vouvray et perpétuent une tradition familiale qui dure depuis cinq générations.

Un élevage ambitieux (10 mois en fûts neufs de 400 l) mais réussi pour ce chenin de classe qui a bien profité de la générosité du millésime. Fruits jaunes bien mûrs, vanille et réglisse, le nez enchante. La même séduction émane d'une chair sensuelle, épicée à souhait, tactile, gourmande, qui se teinte de bois de santal en finale. Un vouvray de table et de garde. ⧗ 2025-2030

VINCENT RAIMBAULT, 9, rue des Violettes, 37210 Chançay, tél. 02 47 52 92 13, vins.raimbault@larobiniere.fr V *t.l.j. sf dim. 9h30-12h30 14h-18h*

SÉBASTIEN ROUGER Demi-sec 2022 ★

■	5000		5 à 8 €

Sébastien Rouger s'est installé en 2003 avec quelques hectares et a patiemment agrandi son domaine en conservant une activité salariée chez un autre vigneron. Désormais tout entier dédié à sa propriété, il cultive 18 ha, vend une partie de ses raisins à la coopérative de Vouvray tout en construisant sa propre gamme.

20 g/l de sucres résiduels dans ce vouvray tonique dès l'entame avec ses notes pimpantes de kumquat et de végétal frais. La douceur se fait discrète dans une bouche parfumée, un peu plus exotique, dont on retient surtout la fraîcheur et l'énergie. Un demi-sec très stimulant et une belle affaire. ⧗ 2024-2027

ALAIN ROUGER, 24, rue Edmond-Chedehoux, 37380 Reugny, tél. 06 20 7 84 09, vinsrouger@aol.fr *r.-v.*

DOM. DU VIKING 2022 ★

■	2500		11 à 15 €

Lionel Gauthier avec sa carrure de Viking a accosté il y a longtemps sur les rives de la Loire, remontant la Brenne jusqu'à Reugny. Il cultive les 17,5 ha de vignes qui croissent sur les molles ondulations du relief depuis 1985. Le domaine est tenu par sa famille depuis 1835.

Un vouvray généreusement boisé (9 mois de fûts) mais qui laisse filtrer à l'olfaction des notes de mirabelle et de fleurs blanches. La vanille prend ses aises dans une bouche puissante et concentrée, bien dans la ligne du millésime, raffermie par un zest de pamplemousse en finale. Un vin puissant, très gastronomique, qui a besoin de digérer son élevage. ⧗ 2026-2030

EARL GAUTHIER-LHOMME, 1300, rte de Monnaie, 37380 Reugny, tél. 02 47 52 96 41, contact@domaineduviking.fr V *r.-v.*

DOM. VODANIS Pagus Vaudanum 2022 ★

800 | 20 à 30 €

Régulièrement présent dans le Guide, François Gilet est propriétaire depuis 2003 de ce domaine de 15 ha, dont le nom provient d'une parcelle autrefois nommée Pagus Vaudanum : la vallée des Roches. Si vous lui rendez visite, le vigneron vous recevra dans l'antique grange du XVIIIᵉs. aménagée récemment.

La robe dorée ne manque pas d'éclat, ni le nez avec ses senteurs très expressives de mangue et de fruit de la Passion. Portée par une belle fraîcheur, la bouche digère parfaitement ses 68 g/l de sucres résiduels et insiste franchement sur les fruits exotiques. Gourmand, un tantinet amer en finale, ce vouvray doux sera très à son aise sur des desserts et des pâtes persillées. ⧗ 2024-2029

EARL DOM. VODANIS, 19, rue de la Mairie, 37210 Parçay-Meslay, tél. 02 47 29 10 74, vodanis@hotmail.fr V t.l.j. sf dim. 9h-12h 14h-18h D

CAVE DE VOUVRAY Excellence de Chanceny Brut 2021 ★

121592 | 8 à 11 €

Au cœur de la vallée Coquette, un haut lieu de production du Vouvray, cette cave coopérative créée en 1953 regroupe 35 vignerons qui détiennent 450 ha de vignes.

18 mois de lattes et un dosage à 7 g/l pour ce brut tout en parfums, sur le fumé, la brioche et les fleurs blanches. Le fruit ne baisse pas d'un ton dans un palais tendre à l'attaque, qui s'étire avec élégance sur de fins amers en finale. Long, d'un équilibre accompli, il trouvera sa place à l'apéritif. ⧗ 2024-2026

CAVE DES PRODUCTEURS DE VOUVRAY, 38, Vallée-Coquette, BP 06, 37210 Vouvray, tél. 02 47 52 75 03, cavedesproducteurs@cavedevouvray.com V t.l.j. 10h-13h 14h-19h

CHEVERNY

Superficie : 579 ha
Production : 26 961 hl (49 % rouge et rosé)

VDQS en 1973, Cheverny a bénéficié d'une AOC vingt ans plus tard. À dominante sableuse (des sables sur argile de la Sologne aux terrasses de la Loire), le terroir s'étend le long de la rive gauche du fleuve, de la Sologne blésoise jusqu'aux portes de l'Orléanais. Les cépages, nombreux, sont assemblés dans des proportions variant légèrement selon les terroirs. Les vins rouges, à base de gamay et de pinot noir, avec parfois un appoint de cabernet franc et de côt, sont fruités dans leur jeunesse et acquièrent, en évoluant, des arômes animaux... en harmonie avec l'image cynégétique de cette région. Les rosés, dominés par le gamay, sont secs et parfumés. Les blancs, où le sauvignon est associé à un ou plusieurs autres cépages, le chardonnay en général, sont floraux et fins.

VÉRONIQUE ET PASCAL BELLIER La Girouette 2023 ★

46000 | 8 à 11 €

Établis à Vineuil, Pascal et Véronique Bellier ont repris en 1995 l'exploitation familiale (51 ha) dont le chai entouré de hauts murs domine la Loire. Un domaine d'une belle régularité pour ses cheverny et cour-cheverny.

De la gourmandise dans ce sauvignon blanc (80 %) jamais démonstratif, dont on aime les senteurs fraîches, fruitées, florales et végétales, et la bouche délicate, déliée, qui offre sans faiblir tout le fruit du cépage. Idéal à l'apéritif et sur des coquillages. ⧗ 2024-2026

VÉRONIQUE ET PASCAL BELLIER, 3, rue Reculée, 41350 Vineuil, tél. 02 54 20 64 31, vinsbellier@wanadoo.fr V r.-v.

DOM. DE LA DÉSOUCHERIE Concerto 2022 ★

66600 | 11 à 15 €

Transmise de père en fils depuis le XVIIIᵉs., cette propriété est gérée depuis 2009 par Fabien Tessier. Situé sur le plus haut plateau de Cour-Cheverny, le vignoble de 32 ha bénéficie d'un beau terroir silico-argileux et d'une exposition ensoleillée.

C'est le pinot noir (80 %) qui donne le là de ce Concerto enjoué, rythmé par un joli fruit à l'accent de cerise sur un fond épicé et fumé. Des tanins soyeux confèrent ce qu'il faut d'assise à une bouche souple, ensoleillé et détendue qui a bien profité des largesses du millésime. Déjà plaisant et pour quelques années encore. ⧗ 2024-2028

DOM. DE LA DÉSOUCHERIE, 47, voie de la Charmoise, 41700 Cour-Cheverny, tél. 02 54 79 90 08, infos@christiantessier.fr V t.l.j. 8h-12h 14h-18h; f. 15/08-06/09 C

LES CAVES DE LA LOIRE Dumnacus Vallée des rois 2023 ★

17300 | 5 à 8 €

Fondée en 1961, la Confrérie des Vignerons de Oisly et Thésée est une coopérative qui réunit une vingtaine d'adhérents pour 200 ha de vignes en appellations cheverny et touraine. Une «coop» innovante, l'une des premières de Loire à avoir investi dans la thermorégulation, en 1975, et plate-forme d'essais en microbiologie pour l'Institut technique de la vigne et du vin (ITV) de Tours.

Dumnacus ? Le chef des Andegaves, peuplade gauloise de la région, qui s'illustra dans la guerre des Gaules. Dans le verre, un rouge gouleyant aux arômes croquants de cerise et de framboise, qui se teintent d'épices dans un palais souple à l'attaque, puis relevé de tanins un rien serrés. Ils s'assoupliront à table avec une viande rouge grillée. ⧗ 2024-2027

CAVES DE LA LOIRE, Site de Oisly, 5, rue du Vivier, 41700 Oisly, tél. 02 54 79 75 20, agnes.bardet@uapl.fr V t.l.j. sf dim.

♥ DOM. MAISON PÈRE ET FILS 2023 ★★

65000 | 8 à 11 €

Les premières vignes ont été plantées en 1906 par Alphonse Pinon sur des sols argilo-siliceux, mais le développement du domaine se fit dans les années 1950 sous la conduite de Guy Maison puis de son fils Jean-François. Appartenant aujourd'hui aux Vignobles Feray, la propriété s'étend sur 73 ha, soit

LOIRE

le plus grand vignoble indépendant de l'appellation cheverny.

Une larme de côt accompagne le pinot noir et le gamay dans ce cheverny juvénile et frétillant de fruit, très brièvement élevé en cuve (4 mois). Soutenue, la robe annonce un nez expressif, d'une très jolie pureté de fruit (cassis et cerise) et rafraîchi d'une touche végétale. Acidulée et alerte, adossée à des tanins déjà fondus, la bouche régale franchement. Un modèle de «vin de soif». 2024-2027 **2023 ★ (8 à 11 €; 290000 b.)** Un blanc efficace dont on retient la robe brillante, le nez ouvert sur les agrumes et le lierre, puis la bouche harmonieuse, tendre, fraîche, plus florale et citronnée. En un mot, gourmand. 2024-2026 **2023 ★ (8 à 11 €; 13000 b.)** Une robe rose bonbon, des arômes croquants de groseille et de framboise, une touche de jasmin, une matière déliée et bien acidulée : un sans-faute pour ce rosé tonique. 2024-2025

MAISON PÈRE ET FILS, 22, rue de la Roche, 41120 Sambin, tél. 02 54 20 22 87, contact@domainemaison.com t.l.j. sf sam. dim. 9h-12h 14h-17h

LAURENT PASQUIER 2023 ★

20000 | 8 à 11 €

Établis à Cour-Cheverny, aux portes de la Sologne, Jacky et Laurent Pasquier, père et fils, travaillent en duo sur leurs 27 ha de vignes. Un domaine régulier en qualité, en rouge comme en blanc.

Ce vin enlevé tire du pinot noir (80 %) sa sève fruitée et ses arômes croquants de cerise, de cassis et de violette. La bouche y ajoute une touche de poivre, ce qu'il faut de mâche et des tanins encore saillants : juteux mais structuré, on peut le boire ou le garder. 2024-2027

LAURENT PASQUIER, La Charmoise, 41700 Cour-Cheverny, tél. 06 87 11 15 19, earllaurentpasquier@orange.fr t.l.j. sf dim. 14h-18h

LE PETIT CHAMBORD Les Bisollières 2022 ★

8125 | 8 à 11 €

François Cazin exploite (en culture «très raisonnée») une propriété familiale de 24 ha située à la lisière de la forêt de Cheverny, aux portes de la Sologne. Transmise de père en fils depuis quatre générations, elle est régulièrement sélectionnée dans ces pages.

Fleurs blanches, fruits jaunes bien mûrs, mangue, caramel, touche lactée, le nez a inspiré le jury. Gironde, la bouche déroule une chair onctueuse mais sans lourdeur, aérienne, et renoue avec ce fruit gourmand et pâtissier dans une finale relevée d'un brin amertume. 2024-2027

LE PETIT CHAMBORD, voie du Petit-Chambord, 41700 Cheverny, tél. 02 54 79 93 75, f.cazin@lepetitchambord.com r.-v.

♥ DOM. DU SALVARD Vieilles Vignes 2023 ★★

30000 | 8 à 11 €

Le Dom. du Salvard est une propriété de 42 ha construite sur les ruines d'un ancien château de la seigneurie de Fougères qui remonterait à l'an 1000. Acheté en 1910 par Maurice Delaille, il est aujourd'hui conduit par ses petits-fils, les frères Thierry et Emmanuel Delaille, ce dernier signant aussi une cuvée de cheverny à son nom. Une valeur sûre.

Déjà consacrée coup de cœur dans le millésime 2021, cette cuvée récidive. Le duo sauvignon blanc (85 %) et chardonnay en grande forme dans ce blanc dynamique élevé en cuve et sur lie. À un nez éclatant, infusé de litchi, de fleurs et de fruits blancs, répond une bouche limpide, qui séduit franchement par sa texture délicate, sa fraîcheur parfaite et l'élan citronné de sa finale. De l'éclat et beaucoup de plaisir. 2024-2027 **2023 ★ (8 à 11 €; 90000 b.)** Fleurs blanches, agrumes, fruits jaunes, des parfums toniques prennent vie dans une bouche tendre, fraîche, digeste, d'une harmonie sans fausse note. Crustacés, poisson grillé et chèvre sec seront en bonne compagnie. 2024-2026

SCEA DELAILLE, Le Salvard, 41120 Fougères-sur-Bièvre, tél. 02 54 20 28 21, delaille@orange.fr r.-v.

VIGNOBLE TÉVENOT Les Sables 2023 ★

5000 | 5 à 8 €

Acquis par la famille Tévenot en 1909, ce domaine régulier en qualité – 24 ha implantés sur le premier coteau de la Loire, à Candé-sur-Beuvron, à l'emplacement d'un ancien moulin à vent – est aujourd'hui conduit par Daniel Tévenot et son fils Vincent.

Ce rosé de saignée, élevé en cuve et sur lie, saumoné de robe, sent bon la fraise et la violette. Lisse, fraîche, acidulée, la bouche ne perd rien en séduction et restitue fidèlement l'éclat et le croquant du fruit. Universel. 2024-2025

VIGNOBLE TÉVENOT, 4, rue du Moulin-à-Vent, lieu-dit Madon, 41120 Candé-sur-Beuvron, tél. 02 54 79 44 24, daniel.tevenot@wanadoo.fr r.-v.

COUR-CHEVERNY

Superficie : 55 ha / Production : 2 433 hl

Reconnue en 1993, l'appellation est réservée aux vins blancs issus du seul cépage romorantin, produits dans quelques communes situées au sud-est de Blois. Le terroir est typique de la Sologne (sable sur argile). Élégants, les cour-cheverny méritent souvent de vieillir quelques années.

♥ VÉRONIQUE ET PASCAL BELLIER Le Clos 2022 ★★

3600 | 20 à 30 €

Établis à Vineuil, Pascal et Véronique Bellier ont repris en 1995 l'exploitation familiale (51 ha) dont le chai entouré de hauts murs domine la Loire. Un domaine d'une belle régularité pour ses cheverny et cour-cheverny.

Le jury conquis par cette version très sensuelle du romorantin, vendangé tardivement (le 15 octobre) et élevé en fût pendant 12 mois. Puissant, miellé, épicé et fruité (fruits blancs confits), le nez séduit d'emblée. Il trouve un heureux prolongement dans une bouche tactile, ronde, portée par une fine arête acide et agrémenté de curry et de caramel au beurre salé dans une finale qui ne manque pas de cachet. Une bien belle évocation de l'appellation qui mérite un poisson fin en sauce crémée. ⧗ 2024-2029

⊶ *VÉRONIQUE ET PASCAL BELLIER, 3, rue Reculée, 41350 Vineuil, tél. 02 54 20 64 31, vinsbellier@wanadoo.fr V r.-v.*

DOM. DE LA GRANGE 2023 ★

8 000 | 8 à 11 €

Implantée aux portes de Chambord, cette exploitation familiale tient son nom d'une ancienne grange dîmière, entièrement restaurée. Guy Genty et son fils Stéphane exploitent aujourd'hui 18 ha et produisent en cheverny, cour-cheverny et crémant-de-loire.

Un vin blanc bien droit comme on les aime ici. Poire, fleurs blanches, touche exotique et épicée, le nez fait dans la nuance. Encore serré, acidulé dès l'attaque, le palais est construit sur une acidité tranchante qui donne, à ce stade, un semblant d'austérité à l'ensemble. Un peu de garde devrait l'épanouir. On patiente. ⧗ 2025-2028

⊶ *DOM. DE LA GRANGE, La Grange, 41350 Huisseau-sur-Cosson, tél. 06 20 62 61 72, domainedelagrange@orange.fr V r.-v.*

LE PETIT CHAMBORD Le Romorantin 2022 ★★

7 540 | 11 à 15 €

François Cazin exploite (en culture «très raisonnée») une propriété familiale de 24 ha située à la lisière de la forêt de Cheverny, aux portes de la Sologne. Transmise de père en fils depuis quatre générations, elle est régulièrement sélectionnée dans ces pages.

Brillante, animée de reflets dorés, la robe semble trahir un début d'évolution. En phase, le nez déploie un bouquet racé de miel de tilleul, de fruits à coque et d'épices douces. L'élevage en fût enrobe un peu plus une chair étoffée, riche sans mollesse, à l'accent de fruits confits et de miel. Un vin clairement de table, à étalonner sur des fromages ou un plat à la crème. ⧗ 2024-2029 **2022 ★ (8 à 11 €; 32 000 b.)** Un blanc épanoui qui offre à l'olfaction un joli panier de fruits confits (poire, abricot, goyave) réhaussé de noix et de noisette. Consistante, ample à l'attaque, relevée d'une fraîcheur bien sentie en finale, voilà un cour-cheverny confortable et gastronomique. ⧗ 2024-2028

⊶ *LE PETIT CHAMBORD, voie du Petit-Chambord, 41700 Cheverny, tél. 02 54 79 93 75, f.cazin@lepetitchambord.com V r.-v.*

ORLÉANS-CLÉRY

Superficie : 34 ha / Production : 1 223 hl

Reconnue en 2006, l'appellation porte le nom de la commune de Cléry dont la basilique renferme le tombeau de Louis XI. Elle s'étend sur les terrasses sablo-graveleuses de la rive sud de la Loire et produit exclusivement des vins rouges issus de cabernet franc.

DOM. DE LA BOURDONNIÈRE Origines 2022 ★

1000 | 15 à 20 €

Après une carrière d'ingénieur, Bertrand Léau, petit-fils de viticulteur du Sud-Ouest, s'est reconverti, à 56 ans, dans la viticulture, BTS viticulture-œnologie en poche. Le domaine a été créé en 2021 sur les deux appellations orléanaises, soit un peu moins de 5 ha, en conversion bio.

Le domaine signe son entrée dans le Guide avec ce cabernet franc issu de sols sablo-limoneux, élevé en jarre et manifestement vinifié à partir de raisins bien mûrs. D'où la robe profonde et ces arômes expansifs de fruits rouges et noirs qui se doublent d'épices et de notes fumées dans un palais détendu, acidulé à l'attaque, plus chaleureux derrière, appuyé sur des tanins poudrés. On peut donc l'ouvrir sans attendre. ⧗ 2024-2028

⊶ *DOM. DE LA BOURDONNIÈRE, 7, rue de la Bourdonnière, 45150 Jargeau, tél. 06 33 84 52 38, bertrandleau@orange.fr V r.-v.*

♥ VIGNOBLE DU CHANT D'OISEAUX 2022 ★★

5 600 | 8 à 11 €

Édouard Montigny, qui a pris la succession de Jacky Legroux, est à la tête de cette exploitation familiale depuis 2006. Valeur sûre de l'Orléanais, ce domaine de 16 ha est souvent en vue dans ces pages.

Des dégustateurs sous le charme de ce cabernet franc tout en parfums et en chair, sobrement élevé en cuve. Framboise, violette, fruits noirs, soupçon de poivron, le nez ne manque pas de séduction. Comme la bouche, élégante, douce à l'attaque, soyeuse de texture et tissée de tanins extraits avec goût et mesure. Acidulée et croquante de fruit (cerise noire), la finale achève de convaincre et de rafraîchir. Un délice. ⧗ 2024-2028

⊶ *ÉDOUARD MONTIGNY (VIGNOBLE DU CHANT D'OISEAUX), 321, rue des Muids, 45370 Mareau-aux-Prés, tél. 02 38 45 60 31, montignye@yahoo.fr V t.l.j. sf dim. 14h-18h*

DOM. SAINT-AVIT 2022 ★

6 000 | 5 à 8 €

Héritier d'une longue histoire vigneronne (le domaine a été fondé en 1820), Pascal Javoy a repris les vignes familiales en 1987 : 16 ha en orléans et orléans-cléry.

Une teinte brillante, un nez discret mais nuancé qui marie le fruit noir à des touches d'épices et de poivron, un palais élancé, léger, tonique, soutenu en douceur par des tanins ciselés : une évocation élégante et gourmande du cabernet franc. ⧗ 2024-2027

⊶ *EARL JAVOY ET FILS, 450, rue du Buisson, 45370 Mézières-lez-Cléry, tél. 02 38 45 66 95, javoy-et-fils@orange.fr V t.l.j. sf lun. dim. 9h-12h 14h-19h*

COTEAUX-DU-VENDÔMOIS

Superficie : 125 ha
Production : 6 417 hl (82 % rouge et rosé)

Sur le cours du Loir, les coteaux sont truffés d'habitations troglodytiques et de caves taillées dans le tuffeau. Reconnue en 2001, l'appellation jouxte en amont de la vallée les aires des jasnières et coteaux-du-loir, sur un terroir similaire, entre Vendôme et Montoire. Elle produit des vins gris originaux aux arômes poivrés, issus de pineau d'Aunis, des blancs nés de chenin, et des rouges, devenus majoritaires. Vins d'assemblage, ces derniers allient la nervosité légèrement épicée du pineau d'Aunis, la finesse du pinot noir, les tanins du cabernet franc et le fruité du gamay.

B **DOM. COLIN** Les Vignes d'Émilien Colin 2022 ★

■ | 9480 | | 11 à 15 €

Thoré-la-Rochette, dans la vallée du Loir, abrite plusieurs vignerons de l'appellation coteaux-du-vendômois. Patrice Colin, héritier de sept générations de vignerons, y exploite 25 ha de vieilles vignes conduites en bio. Un domaine régulier en qualité.

Des vignes centenaires et une vinification « intégrale » (fermentation et élevage en fût) pour ce rouge expressif qui hésite entre fruits noirs, fleurs et épices. La petite accroche tannique ne rompt pas le charme d'une bouche gouleyante, acidulée, aux notes mentholées et poivrées que l'on aime dans le pineau d'Aunis. Le plateau de charcuterie s'impose. 2024-2027

PATRICE COLIN, 5, imp. de la Gaudetterie, 41100 Thoré-la-Rochette, tél. 06 09 85 90 58, colinpatrice41@orange.fr V r.-v.

♥ **CAVE JUMERT** Tradition 2022 ★★★

■ | 5800 | | 5 à 8 €

Créé en 1800, ce vignoble et sa cave en tuffeau sont gérés de père en fils depuis sept générations. Ce sont aujourd'hui Charles Jumert, installé en 1984, et son fils Florent qui conduisent – « le plus naturellement possible sans pour autant revendiquer le bio » – cette exploitation étendue sur 13 ha.

Le cabernet franc et le pinot noir épaulent le pineau d'Aunis dans ce rouge affriolant, brillant de robe, discrètement épicé à l'olfaction, mais qui prend son envol en bouche : le poivre, les fruits rouges et le cassis parfument une chair bien rondelette, tissée de petits tanins très croquants. Déjà très agréable certes, mais aussi consistant, complexe, long et de bonne garde : bref, il a tout, y compris le prix modeste. 2024-2028 ■ **Vieilles Vignes d'Aunis 2022 ★ (8 à 11 € ; 3 200 b.)** 90 à 100 ans pour ces vieilles vignes qui ont engendré ce rouge ouvert sur les épices, la violette et les fruits rouges, à la fois rond et frais en bouche, plus austère en finale. Un peu de cave devrait le détendre. 2025-2028

CAVE JUMERT, 4, rue de la Berthelotière, 41100 Villiers-sur-Loir, tél. 02 54 72 94 09, cavejumert@gmail.com V *t.l.j. sf dim. 9h-12h 14h-18h*

DOM. J. MARTELLIÈRE
Cuvée Balzac 2023 ★★

■ | 3000 | | 5 à 8 €

Jean-Vivien Martellière a repris en 2003 cette exploitation familiale de 12 ha fondée en 1967 par son grand-père Jean. Il vinifie les trois appellations de la vallée du Loir (jasnières, coteaux-du-loir et coteaux-du-vendômois) et des IGP Val de Loire en appliquant les méthodes traditionnelles (levures naturelles, macérations courtes…). Associé à sa sœur, le vigneron a créé à Montoire-sur-Loir *Les Trois marches*, un bar à vins pour déguster ses cuvées accompagnées d'assiettes gourmandes.

Une cuvée sur le fruit, d'une teinte claire, couleur framboise, qui offre au nez un généreux bouquet de poivre et de fruits rouges. Des tanins discrets se mettent au service du même fruit dans une bouche légère, souple et bien acidulée. Un rouge à boire dans sa jeunesse. 2024-2027

DOM. J. MARTELLIÈRE, 46, rue de Fosse, 41800 Montoire-sur-Loir, tél. 06 08 99 94 15, contact@domainemartelliere.fr V *r.-v.*

VALENÇAY

Superficie : 190 ha
Production : 8000 hl (50 % blanc, 50 % rouge et rosé)

Dans cette région marquée par le souvenir de Talleyrand et de la fameuse « Pierre à Fusil » à la croisée du Berry, de la Sologne et de la Touraine ; la vigne alterne avec les forêts, la grande culture et l'élevage de chèvres. La majorité des terroirs sont des sols d'argiles à silex à dominante argilo-siliceuse ou argilo-limoneuse. Certaines parcelles sont toutefois situées sur des sous-sols de tuffeau et ainsi plus riches en calcaire.

Passée dans le giron des appellations d'origine en 2004, l'appellation valençay laisse à chaque vigneron le soin d'exprimer tout son savoir-faire d'assemblage. Les vins proposés sont plutôt variés et à découvrir jeunes.

Les blancs, mariage de sauvignon blanc et de chardonnay, parfois associé au sauvignon gris (ou l'orbois) proposent un bel équilibre de souplesse et d'acidité avec des nuances printanières (genêt, fleurs blanches…).

Les vins rouges basés sur une trilogie gamay, côt et pinot noir (accessoirement le cabernet franc) expriment une présence tannique soyeuse avec une robe plutôt soutenue.

Les vins rosés quant à eux allient fraîcheur et vivacité avec des nuances de fruits rouges.

Cas unique en France, Valençay est la seule région qui offre deux appellations d'origine sous le même nom : le Valençay, fromage de chèvre avec sa forme originale de pyramide tronquée ; et Valençay, vins d'assemblage. Avec le Valençay blanc, le fromage de Valençay nous propose un parfait exemple d'accord de Terroir.

VIGNOBLES JOURDAIN Les Terrajots 2023 ★

| 12000 | 8 à 11 € |

Fondé en 1960, ce domaine familial (32 ha) a été repris en 1990 par Francis Jourdain qui avait auparavant exercé durant une dizaine d'années une activité de conseil en arboriculture secondé par Sophie depuis 2008. Son chai est situé près d'une très belle « loge » de vignes, dans la commune de Lye.

Une cuvée parcellaire qui incorpore 20 % de fié gris (sauvignon gris) en complément du sauvignon blanc et du chardonnay. Dans le verre, un blanc fringant, aux parfums de pêche et d'abricot qui se doublent de végétal frais dans une bouche sans fausse note, à la fois ronde, vive et parfumée. On l'ouvre dès l'apéritif. ⧗ 2024-2026

DOM. JOURDAIN, 24, les Moreaux, 36600 Lye, tél. 02 54 41 01 45, contact@vignoblesjourdain.com
t.l.j. sf dim. 9h-12h30 14h-19h

♥ DOM. MINCHIN Le Claux Delorme Les Mi-Voies 2022 ★★

| 30000 | 11 à 15 € |

Valeur sûre de l'appellation menetou-salon avec son domaine La Tour Saint-Martin, Bertrand Minchin, aussi à l'aise en rouge qu'en blanc, est établi depuis 1987 à la tête de 17 ha de vignes sur les hauteurs de Morogues. En 2004, il s'est étendu sur l'appellation valençay avec les 15 ha du Claux Delorme (en conversion bio), à Selles-sur-Cher, et s'y est rapidement imposé comme une belle référence.

Le sauvignon blanc né de sols de graves sur argile à silex, dans un millésime ensoleillé et entre les mains d'un bon vigneron, cela donne ce blanc savoureux, généreux, aux parfums débridés de fleurs blanches et de fruits exotiques. Un vin d'une séduction imparable, qui tapisse la bouche d'une chair onctueuse, ronde sans manquer de fraîcheur. Une touche fumée prolonge le plaisir dans une finale à la longueur remarquée. Irrésistible. ⧗ 2024-2027

DOMAINES MINCHIN, Le Claux Delorme, Saint-Martin, 18340 Crosses, tél. 02 48 25 02 95, cave@domaines-minchin.vin

CH. DE QUINÇAY Les Avrays 2022 ★

| 5800 | 5 à 8 € |

Conduit par les frères Cadart, Frédéric et Philippe, le Ch. de Quinçay commande un joli parc arboré; ses 28 ha de vignes (en conversion bio) sont implantés sur un sol riche en silex et apte à la production de vins de qualité, comme en témoignent les sélections régulières du domaine dans le Guide.

Gamay, pinot noir et côt complices dans ce vin guilleret, d'une teinte rubis soutenu, ouvert sur les petits fruits noirs, détendu, gourmand et léger en bouche, épaulé comme il faut par des tanins déjà fondus. À boire sur le fruit, avec un barbecue ou une pierrade. ⧗ 2024-2027

CH. DE QUINÇAY, 5, Quinçay, 41130 Meusnes, tél. 02 54 71 00 11, cadart@chateaudequincay.com
t.l.j. sf dim. 9h-12h 14h-18h30

DOM. ROCHEJASPÉ 2023 ★

| 5000 | 11 à 15 € |

Valeur sûre de l'appellation valençay, ce domaine de 60 ha, fondé en 1890 et conduit par Denis Bardon depuis 1991, est situé à Meusnes, commune où l'on extrayait autrefois la pierre à fusil; son petit musée permet de découvrir cette activité importante du XVIIIes. jusqu'au début du XIXes. S'y ajoutent depuis 2018 le Dom. Rochejaspé et ses 6 ha cultivés en bio (certifiés).

Une robe brillante, un nez sans outrance qui distille des notes de fruits blancs, d'agrumes et de fleurs, une attaque souple, un milieu de bouche tendre et frais, réhaussé de notes végétales agréables, ce qu'il faut de longueur, une petite astringence stimulante pour conclure : aucune faute de goût dans ce sauvignon blanc très apéritif. ⧗ 2024-2027

EARL BARDON, 243, rue Jean-Jaurès, 41130 Meusnes, tél. 02 54 71 01 10, denisbardon@vinsbardon.com
r.-v.

JEAN-FRANÇOIS ROY Symphonie 2023 ★

| 81000 | 8 à 11 € |

Établi dans la commune de Lye, dans l'Indre, Jean-François Roy gère depuis 1989 un domaine dont il a porté la superficie à 50 ha, régulièrement sélectionné dans le Guide pour ses valençay, dans les trois couleurs.

Un jeune sauvignon blanc fraîchement sorti des cuves, peu loquace au nez, sur des nuances de fruits verts et d'agrumes, mais qui se fait bien plus expressif dans une bouche cossue, bien en chair, vivace, à l'accent minéral affirmé en finale. Avec des crustacés ou un chèvre sec. ⧗ 2024-2027

EARL JEAN-FRANÇOIS ROY, 3, rue des Acacias, 36600 Lye, tél. 02 54 41 00 39, jeanfrancois.roy@wanadoo.fr t.l.j. 9h-12h30 14h30-18h30

DOM. SINSON 2023 ★

| 40000 | 5 à 8 € |

Située dans la commune de Meusnes, aux confins de la Touraine et du Berry, cette exploitation de 22 ha, productrice dans les appellations touraine et valençay, se transmet de père en fils depuis quatre générations et est conduite par Olivier Sinson depuis 1999.

30 % de chardonnay à l'appui du sauvignon blanc dans ce blanc énergique. On en retient la robe brillante, les arômes fringants entre fruits blancs, agrumes et fleurs, ainsi que la bouche tonique et fraîche sans manquer de rondeur, encore dynamisée par un trait citronné et végétal en finale. Net et sans bavure. ⧗ 2024-2027

DOM. SINSON, 1397, rue des Vignes, 41130 Meusnes, tél. 06 08 93 39 59, o.sinson@wanadoo.fr
t.l.j. sf dim. 8h-12h 14h-18h

LA CAVE DE VALENÇAY Chailloux 2023 ★

| 63266 | 5 à 8 € |

La petite coopérative de Valençay, créée en 1964, regroupe trois adhérents et représente un vignoble de 65 ha. La production de chacun est récoltée et

vinifiée séparément pour mettre en valeur l'expression des différents terroirs.

Chailloux ? Cailloux en berrichon. Dans le verre, une jolie teinte violine et des arômes pimpants de fruits noirs frais. Rythmée par des petits tanins croquants, animée d'une agréable sucrosité, la bouche restitue sans filtre ce fruité croquant. On en profite dans les deux ou trois ans sur des grillades de viandes (blanches et rouges) ou de la charcuterie. ⧗ 2024-2027 ■ **Patagon 2023 ★ (5 à 8 €; 30133 b.)** Portant le nom d'un lieu-dit, cette cuvée sur le fruit se montre légère, souple, bien acidulée, avec, au nez comme en bouche, les saveurs séduisantes de fruits verts et de fleurs d'un bon sauvignon blanc. Efficace. ⧗ 2024-2026

SCA LA CAVE DE VALENÇAY, La Lie, 36600 Fontguenand, tél. 02 54 00 16 11, lacavedevalencay@orange.fr
V t.l.j. sf dim. 9h-12h 14h-18h

➜ LES VIGNOBLES DU CENTRE

CHÂTEAUMEILLANT

Superficie : 82 ha / Production : 4 000 hl

Le gamay retrouve ici les terroirs qu'il affectionne, dans un site très anciennement viticole. La réputation de Châteaumeillant s'est établie grâce à son « gris », un rosé issu du pressurage immédiat des raisins de gamay présentant un grain, une fraîcheur et un fruité remarquables. L'appellation produit aussi des rouges, nés de sols d'origine éruptive, des vins gouleyants à boire jeunes et frais.

♥ DOM. DU CHAILLOT Parenthèse 2023 ★★

■ | 7200 | | 11 à 15 €

Vigneron depuis 1993, Pierre Picot dirige une exploitation de 7 ha. Les vignes se répartissent sur trois sites : deux reposent sur des micaschistes à 320 m d'altitude et un sur des terrasses sédimentaires à 280 m d'altitude. Une valeur sûre de l'appellation châteaumeillant.

La robe apparaît d'un rubis profond émaillé de reflets violines. Le nez est expressif, disert dès le premier contact avec ses senteurs de cerise noire, de figue, de mûre et de groseille dont émanent une atmosphère de fraîcheur. Très grasse, vineuse, généreuse, dotée de tanins soyeux, la bouche se dévoile dans un crescendo de sensations harmonieuses. Un sans-faute. ⧗ 2025-2028 ■ **Révésens 2023 ★ (11 à 15 €; 2000 b.)** Tout au long de la dégustation, les notes de fruits rouges sont très présentes, accompagnées de nuances poivrées et balsamiques. En bouche, se dévoilent des tanins souples qui étirent longuement la finale. ⧗ 2024-2027

DOM. DU CHAILLOT, 1, pl. de la Tournoise, 18130 Dun-sur-Auron, tél. 06 08 27 61 11, pierre.picot@wanadoo.fr V r.-v.

♥ DOM. HUBERT Origines 2022 ★★

■ | 10000 | | 11 à 15 €

En 2019, Maxime Hubert après des pérégrinations œnologiques à travers le monde, a repris 2 ha de vignes en appellation châteaumeillant, complétées en 2020 par des parcelles en quincy : 4 ha au total.

70 % de gamay et 30 % de pinot noir composent cette superbe cuvée née d'un sol de sables et de grès. Rubis grenat à reflets noirs, la robe est aussi profonde que brillante. L'olfaction confirme cette impression de concentration, doublée de complexité : touche animale fugace (cuir, venaison), puis fruits mûrs à confiturés. Dotée de tanins bien affinés, la bouche joue la carte de la souplesse et déploie un fruité intense. Agréable dès maintenant, ce vin pourra aussi s'apprécier dans quelques années. ⧗ 2024-2030 ■ **Origines 2022 ★ (8 à 11 €; 2000 b.)** Une dominante de fruits frais (framboise, pamplemousse) pour ce vin qui séduit aussi par sa rondeur et sa souplesse en bouche, qui lui confèrent une sensation crémeuse. Un châteaumeillant à la fois frais et gourmand, à boire sur le fruit. ⧗ 2024-2026

DOM. HUBERT, 32, rue Jeanne-d'Arc, 18500 Mehun-sur-Yèvre, tél. 06 77 23 52 37, vin@domaine-hubert.com V t.l.j. sf dim. 9h-17h

♥ DOM. DES MAZIS La Belle Anglaise 2023 ★★

■ | 1000 | | 8 à 11 €

Isabelle et Alexandre des Mazis ont acquis en 2016 quelques arpents de vigne à Châteaumeillant sur lesquels ils produisent des vins rouges et rosés.

D'un violine intense cette cuvée dévoile au nez des notes de coulis de fruits rouges et noirs (mûre, cassis, framboise) agrémentées de touches balsamiques et épicées. Avec son gras et ses tanins enveloppants, fins et bien répartis, la bouche confirme les premières impressions. Un pur régal mélange de puissance et d'élégance. ⧗ 2025-2028

DOM. DES MAZIS, 3, pl. Tony-de-Graaf, 92190 Meudon, tél. 06 98 50 92 19, domaine.desmazis@gmail.com

DOM. ROUX Héritage 2022 ★

■ | 10000 | | 8 à 11 €

Après sept années passées en Asie dans une activité commerciale, Albin Roux a pris en 2016 les commandes du domaine à la suite de Jean-Claude, son père, producteur à Quincy depuis 1994 et issu d'une famille de céréaliers. Le vignoble couvre aujourd'hui près de 8 ha en appellation quincy et 3 ha en châteaumeillant.

Des senteurs de grillé et de sous-bois dominent le premier nez, puis l'aération révèle de jolies notes fruitées (cerise) et poivrées. En bouche, les tanins extraits avec dextérité lui donnent une texture des plus soyeuses. Un vin facile à aimer. ⧗ 2024-2027

DOM. ROUX, 21, chaussée de Chappe, 18000 Bourges, tél. 06 19 94 73 37, a.roux@domain-roux.com V r.-v. 5

COTEAUX-DU-GIENNOIS

Superficie : 194 ha
Production : 5 928 hl (48 % rouge et rosé)

Sur les coteaux de Loire réputés depuis longtemps, la viticulture a progressé, tant dans la Nièvre que dans le Loiret, attestant la bonne santé du vignoble. Les coteaux-du-giennois ont accédé à l'AOC en 1998. Plantés sur des sols siliceux ou calcaires, les cépages traditionnels, gamay, pinot noir et sauvignon, donnent des vins dans les trois couleurs. Les blancs, issus de sauvignon, sont légers et fruités. Tout aussi fruités, les rouges et les rosés assemblent le gamay et le pinot noir. Souples et peu tanniques, les premiers peuvent être servis jusqu'à cinq ans d'âge.

DOM. JEAN-PIERRE BAILLY Montour 2022 ★★

| 2500 | | 5 à 8 € |

Installé en plein cœur du vignoble de Pouilly-sur-Loire, Jean-Pierre Bailly exploite cette propriété située en bordure de Loire depuis 1963 et dans sa famille depuis six générations. Il conduit ses 18 ha avec son fils Patrice, œnologue.

Née d'un terroir d'argiles à silex, cette cuvée très intense à l'œil, entre violine et encre noire, exhale des senteurs fraîches de cerise, de mûre, de cassis et de poivre. En bouche, se déploie un gras imposant en harmonie avec des tanins puissants mais au grain délicat. Des sensations qui traduisent la concentration et le potentiel de ce vin bâti pour durer. ⧗ 2026-2030

DOM. JEAN-PIERRE BAILLY, Les Girarmes, 58150 Tracy-sur-Loire, tél. 03 86 26 14 32, domaine.jean-pierre.bailly@wanadoo.fr V *r.-v.*

B CLÉMENT ET FLORIAN BERTHIER 2022 ★

| 35000 | | 11 à 15 € |

Jean-Marie Berthier a créé en 1983 le Dom. de Clairneaux à Sancerre, qu'il a étendu en 1998 en acquérant le Dom. Montbenoit en coteaux-du-giennois. Depuis 2012, ses fils Clément, l'aîné, qui s'occupe de la vinification et de la commercialisation, et Florian, le cadet, qui officie à la vigne, conduisent l'ensemble : 24 ha aujourd'hui, en bio et étendus aux appellations menetou-salon et pouilly-fumé.

Fruits noirs et chocolat truffé, caramel et cerises au chocolat, grenadine et épices (poivre, laurier), l'olfaction est riche et complexe, signant le mariage réussi du vin et du bois. En bouche, on découvre des tanins plutôt souples, quoiqu'un peu plus serrés en finale. Un vin en délicatesse mais qui ne manque pas de corps. ⧗ 2025-2028

VIGNOBLES BERTHIER, 20, rte de Cosne, 18240 Sainte-Gemme-en-Sancerrois, tél. 02 48 79 40 97, contact@vignoblesberthier.fr V *t.l.j. 9h-12h 14h-17h30; sam. dim. sur r.-v.*

DOM. COUET FONTAINE 2023 ★

| 30000 | | 5 à 8 € |

En 2019, Emmanuel Couet et son épouse Claire ont fusionné leurs domaines : Dom. Couet pour le premier, Dom. de Fontaine pour la seconde. Ensemble, ils conduisent désormais un vignoble de 20 ha en coteaux-du-giennois et pouilly-fumé.

L'olfaction est tout entière tournée vers le fruité (pêche, ananas, agrumes), agrémentée de touches de miel et d'aubépine. Dans la continuité aromatique, la bouche affiche une fine sucrosité, du volume et une jolie rétro-olfaction sur les agrumes qui lui donne un bel élan final. ⧗ 2024-2027

DOM. COUET FONTAINE, 25, Croquant, 58200 Saint-Père, tél. 03 86 28 14 80, domainecouet@gmail.com V *t.l.j. sf dim. 9h-12h 14h-18h* B

DOM. DE L'ÉPINEAU Condates 2022 ★

| 4200 | | 15 à 20 € |

Emmanuel Charrier, installé en 2004 avec quelques parcelles de vieilles vignes, étend progressivement son vignoble (8,7 ha aujourd'hui) et sa renommée. Priorité pour lui à la vigne par le travail du sol, par l'utilisation d'engrais naturels et organiques, et par des subterfuges naturels pour lutter contre les prédateurs de la plante.

Les notes de fruits rouges à l'alcool (cerise, framboise) percent doucement entre les senteurs de grillé, d'encens et de vanille apportées par le merrain. La bouche, harmonieuse, révèle une texture riche, faite de gras et de tanins frais, tandis que les notes de fruits rouges s'imposent avec persistance en finale. ⧗ 2025-2028

DOM. DE L' ÉPINEAU, 5, allée des Sources, Paillot, 58150 Saint-Martin-sur-Nohain, tél. 03 86 22 57 15, contact@domaine-epineau.com V *t.l.j. 8h-12h 13h30-17h30; sam. dim. sur r.-v.*

CH. DE LA GRANGE ARTHUIS Le Piloury 2023 ★

| 5000 | | 11 à 15 € |

Située non loin du célèbre chantier médiéval du château de Guédelon, cette propriété essentiellement arboricole à l'origine a recentré son activité sur la vigne à partir de 1992. Quelque 200 ha de forêts et plusieurs étangs entourent le château du XVIe s.

Au nez, la dominante fruitée (cerise à l'eau-de-vie) est rehaussée de notes boisées (cacao). Fraîche en attaque, bien ciselée, la bouche est tenue par des tanins solides, denses, mais respectueux du fruit. Un vin conçu pour durer. ⧗ 2026-2030 **Les Daguettes Prestige 2023 ★ (20 à 30 €; 2000 b.)** Un nez tout en fruit agrémenté d'une pointe de minéralité, une bouche structurée par l'élevage sous bois, ce blanc a du caractère. On le verrait bien sur un mets de goût, un carpaccio de rouget par exemple. ⧗ 2025-2028

DOM. DE LA GRANGE ARTHUIS, Lieu-dit La Grange Arthuis, 89170 Lavau, tél. 06 86 00 57 32, orachurton@gmail.com V *r.-v.*

B DOM. CATHERINE ET MICHEL LANGLOIS Les Charmes 2023 ★

| 35000 | | 8 à 11 € |

Installé en 1996 sur le domaine familial, Michel Langlois figure parmi les fervents promoteurs de

l'appellation coteaux-du-giennois, reconnue en 1998, tout en proposant des produits d'une grande diversité. Sur près de 17 ha, il élabore aussi bien du pouilly-fumé et du coteaux-du-giennois que des vins de pays, des effervescents et des crèmes de fruit.

Des arômes de fruits exotiques et de poire, des pointes miellées et confites pour arrondir les angles, un équilibre assuré entre gras et vivacité en bouche, ce coteaux-du-giennois a tout de la friandise. ⧗ 2024-2026 ■ **Ma Vie en rose 2023 ★ (8 à 11 €; 10000 b.)** Ⓑ Au nez, les notes de bonbon acidulé, de framboise et de fraise s'agrémentent de nuances de feuillage et de violette. Dans la continuité, la bouche, bien équilibrée, est relevée d'une pointe épicée qui lui va très bien. ⧗ 2024-2025

DOM. LANGLOIS, 17, rue de Cosne, 58200 Pougny, tél. 03 86 28 06 52, catmi-langlois@orange.fr V t.l.j. sf dim. 9h-12h30 14h30-18h

CAVES POUILLY-SUR-LOIRE
Les Tuileries 2023 ★★

■ | 56500 | | 5 à 8 €

La Cave coopérative des Moulins à vent est une institution à Pouilly-sur-Loire, où elle participe au développement du vignoble depuis 1948. Ses bâtiments qui figurent dans le Guide du Patrimoine de la Nièvre accueillent chaque année des milliers de visiteurs.

Quand quantité rime avec qualité. Cette importante cuvée par le volume l'est aussi par ses qualités dans ce millésime. L'olfaction intense et très fruitée exprime une grande maturité du raisin. La bouche apparaît ample, généreuse, dotée d'un gras tapissant et d'une délicate sucrosité, le tout souligné par une magnifique salinité finale qui ajoute à sa complexité et à sa longueur. À un souffle du coup de cœur. ⧗ 2024-2028

SCA CAVES DE POUILLY-SUR-LOIRE, 39, av. de la Tuilerie, 58150 Pouilly-sur-Loire, tél. 03 86 39 10 99, info@cavespouillysurloire.com V t.l.j. 8h-12h 14h-18h

DOM. QUINTIN FRÈRES Frénésie 2023 ★★

■ | 2000 | | 5 à 8 €

Le Dom. Quintin Frères a été créé en 1991 par François et Michel Quintin sur d'anciennes terres à vignes abandonnées après le phylloxéra. Aujourd'hui, les deux frères exploitent près de 10 ha et accueillent leurs clients dans une cave voûtée du XIXes. Une valeur sûre du Guide en coteaux-du-giennois.

Les senteurs de pâtisserie aux fruits rouges (framboise notamment), de bonbon anglais et une jolie nuance fumée forment une olfaction des plus appétentes. La même séduction caractérise le palais, ample, d'une sucrosité marquée mais sans lourdeur aucune, étiré dans une longue finale fruitée relevée de légères touches épicées. De la puissance et de la richesse pour ce rosé très convaincant. ⧗ 2024-2025 ■ **Rive droite 2023 ★ (5 à 8 €; 40000 b.)** À un nez aussi intense qu'élégant, sur les fruits jaunes, l'orange et la mandarine, répond une bouche dense, de bonne vivacité, qui s'achève sur une agréable note saline. Parfait sur une terrine de poisson. ⧗ 2024-2026

SCEA QUINTIN FRÈRES, 16, rte de Villegeai, 58200 Cosne-Cours-sur-Loire, tél. 03 86 28 31 77, quintin.francois@wanadoo.fr V r.-v.

CÔTES-D'AUVERGNE

Superficie : 258 ha
Production : 10 549 hl (90 % rouge et rosé)

Très vaste jusqu'à la crise phylloxérique, le vignoble des côtes-d'auvergne a accédé à l'AOVDQS en 1977 puis à l'AOC en 2011. Qu'ils soient issus de vignobles des puys, en Limagne, ou de vignobles des monts (dômes), en bordure orientale du Massif central, les vins d'Auvergne rouges et rosés proviennent du gamay, cultivé ici de longue date, ainsi que du pinot noir. Le chardonnay produit quelques blancs. Dans les crus Boudes, Chanturgue, Châteaugay, Corent et Madargue, les vins peuvent prendre une ampleur et un caractère surprenants.

♥ Ⓑ CAVE ABONNAT
Boudes La Gardonne 2023 ★★

■ | 11000 | | 8 à 11 €

Jacques Abonnat s'est installé en 1992 à Chalus, village pittoresque veillé par un château fort dominant la vallée de l'Allier. Couvrant 6,5 ha (en bio certifié depuis 2023), le vignoble est conduit depuis 2007 par Xavier, fils de Jacques.

Coup de cœur pour sa version 2020, cette cuvée issue de 60 % de gamay et de pinot noir nous revient en pleine forme avec le millésime 2023. Un vin expressif, ouvert sur le fruit mûr, la cerise et le cassis notamment, relevé de touches épicées. Un fruité gourmand qui irrigue avec persistance une bouche d'une grande souplesse, ronde aux tanins fondus et d'une agréable fraîcheur en finale. Un équilibre irréprochable. ⧗ 2024-2028

CAVE ABONNAT, pl. de la Fontaine, 63340 Chalus, tél. 06 60 21 57 72, xavier.abonnat@gmail.com V r.-v.

DOM. DU BOUDES PLAISIR
Les Fesses blanches 2023 ★★

■ | 1600 | | 8 à 11 €

Établi dans le village vigneron de Boudes, David Pélissier, en parallèle du domaine familial exploité en son nom propre (5 ha), a créé le Dom. du Boudes Plaisir complété en 2023 par une structure de négoce.

Un chardonnay complexe, ouvert sur des notes de pêche, d'agrumes et de fleurs blanches, avec une pointe mentholée en appoint. La bouche apparaît bien tendue, minérale, citronnée et légèrement fumée avant de développer une belle finale ample et longue. Un blanc très dynamique. ⧗ 2024-2027 ■ **Les Fesses 2023 ★ (8 à 11 €; 7000 b.)** Un gamay bien fruité souple et gouleyant, aux tanins très légers. Un joli « vin de soif » à réserver pour une assiette de charcuterie. ⧗ 2024-2026

DOM. DU BOUDES PLAISIR, rte de Dauzat, 63340 Boudes, tél. 06 80 51 13 69, domaine.boudes.plaisir@gmail.com V t.l.j. sf dim. 8h-12h 14h-19h

DOM. CHARMENSAT
Terre d'Ocres 2023 ★

■ | 10800 | | 8 à 11 €

Installée dans la vallée des Saints, appelée aussi le «Colorado auvergnat», cette exploitation a vu se succéder cinq générations depuis sa création en 1850. Les vignes couvrent 9 ha et sont exposées plein sud; certaines, centenaires, sont cultivées en terrasses. Un domaine très régulier en qualité, dans les trois couleurs des côtes-d'auvergne. Samuel Gatinois et sa compagne, originaires de Champagne, l'ont repris en 2019.

D'un abord fermé, cette cuvée s'ouvre sur les fruits rouges à l'aération. Le cassis et quelques épices s'ajoutent à la griotte dans une bouche fraîche et bien structurée par des tanins encore un brin sévères en finale. Une petite garde fera du bien. ⧗ 2025-2028

DOM. CHARMENSAT, rue du Coufin, 63340 Boudes, tél. 04 73 96 58 04, sam.gatinois@live.com V r.-v.

Ⓑ DOM. DE LA CROIX ARPIN
Châteaugay 2023

■ | 12000 | | 8 à 11 €

Domaine situé à quelque 500 m du château de Châteaugay construit au XIVe s. et coiffé d'une tour crénelée. L'exploitation créée en 1989 par Pierre Goigoux, sur 2,9 ha, compte aujourd'hui 18 ha de vignes certifiés bio.

Le coup de cœur fut mis aux voix pour ce 100 % gamay de caractère, qui prend son temps pour s'ouvrir sur les fruits rouges et les épices. Arômes qui imprègnent une bouche ronde, équilibrée, dotée de tanins solides appelant la garde. ⧗ 2026-2030 ■ **Châteaugay Les Amandiers 2023 ★★ (8 à 11 €; 20000 b.)** Ⓑ Une belle cuvée de gamay centrée sur les fruits rouges agrémentés de nuances végétales, solaire et suave en bouche, épaulée par des tanins bien en place mais sans dureté. De bonne garde. ⧗ 2026-2030

DOM. DE LA CROIX ARPIN, 63119 Châteaugay, tél. 06 11 77 61 99, domaine.pierre.goigoux@orange.fr V t.l.j. sf dim. lun. 10h-12h 15h-18h

DESPRAT SAINT-VERNY
809 2023 ★★

■ | 14000 | | 8 à 11 €

Pierre Desprat représente la 4e génération de négociants à la tête de cette maison auvergnate fondée en 1885. Jean, son grand-père, découvrit qu'enfouir le vin dans les hêtraies d'altitude contribuait à sa bonification. Le domaine couvre 180 ha.

Le chardonnay 809, dit «muscaté», donne naissance à cette cuvée... muscatée au nez, intensément exotique et florale. Une même intensité se dégage d'une bouche ronde, riche, ample, généreuse. Un blanc de caractère à réserver pour la table. ⧗ 2024-2028 ■ **348 2022 ★ (11 à 15 €; 10000 b.)** Ce 100 % gamay d'Auvergne née de vieilles vignes plantées à 348 m d'altitude livre un bouquet fruité de cerise relevé de notes mentholées et poivrées. Notes que l'on retrouve dans une bouche ronde et souple en attaque, plus stricte en finale. ⧗ 2025-2028

DESPRAT SAINT-VERNY, 2, rte d'Issoire, 63960 Veyre-Monton, tél. 04 73 69 92 87, karine@despratsaintverny.vin V t.l.j. sf dim. lun. 9h-12h 14h-19h

HÉRITAGE VOLCANIC 1465 2023 ★★

■ | 1800 | | 11 à 15 €

Héritage Volcanic est une jeune maison de négoce fondée en 2020 par Pierre Goigoux et Étienne Rachez, dédiée aux vins «volcaniques» d'Auvergne. Visites guidées, dégustations, balades en trottinettes électriques dans les vignes, cours d'œnologie : l'œnotourisme est aussi au cœur du projet.

Fruits exotiques, abricot, pamplemousse, fleurs blanches, cette cuvée ne manque pas de nuances. Une complexité à laquelle fait écho une bouche à la fois grasse et minérale, très équilibrée entre rondeur et fraîcheur, et de belle longueur en prime. Une expression aboutie du chardonnay auvergnat. ⧗ 2024-2027

HÉRITAGE VOLCANIC, chem. des Cleaux, 63119 Châteaugay, tél. 06 65 62 75 30, contact@heritagevolcanic.com V t.l.j. sf dim. lun. 10h-12h 15h-18h

DOM. DE LACHAUX
Et voilà ! 2022 ★★

■ | 7000 | | 8 à 11 €

Installé en 1998, Thierry Sciortino a été rejoint par son épouse Yolande en 2013. Le couple conduit un domaine de 6 ha. C'est dans une belle bâtisse en pierre d'arkose avec une jolie vue sur le massif du Sancy que ces vignerons ont installé leur chai. L'une des bonnes références de l'Auvergne viticole.

Gamay (70 %) et pinot noir unis pour le meilleur dans cette cuvée agréablement fruitée, florale et épicée au nez. Un équilibre sans faille caractérise la bouche, souple, aromatique, fraîche, longue, dotée de tanins fins. Et voilà ! ⧗ 2024-2028 ■ **Chardonnay 2023 ★ (8 à 11 €; 3200 b.)** Un blanc discret mais subtil au nez, sur les agrumes et les fruits à noyau, frais, alerte et de bonne densité en bouche. ⧗ 2024-2027

DOM. DE LACHAUX, 1, chem. du Domaine, 63270 Vic-le-Comte, tél. 06 64 18 48 84, domainedelachaux63@gmail.com V r.-v. sf. dim.

BASTIEN MIGEON
Châteaugay Tiétà 2022 ★

■ | 1200 | | 11 à 15 €

Après ses études viticoles à Beaune, Bastien Migeon s'est installé en 2022 sur quelques parcelles de Châteaugay : 1,5 ha aujourd'hui en côtes-d'auvergne et en IGP Puy de Dôme. La conversion bio est dans le viseur.

De très vénérables ceps centenaires de gamay d'Auvergne (75 %) et de pinot noir sont à l'origine de ce vin tout en fruits frais malgré le passage partiel en barriques. Au diapason, la bouche reste fraîche et fruitée, d'une agréable souplesse de tanins. ⧗ 2024-2027

BASTIEN MIGEON, 1, rue de Biona, 63140 Châtel-Guyon, tél. 06 60 41 27 80, bastienmigeon.63@gmail.com V r.-v.

♥ BENOÎT MONTEL
Châteaugay Vieilles Vignes 2022 ★★

■ | 4000 | | 15 à 20 €

Après des études au lycée viticole de Beaune suivies de quatre ans de vinification à Puligny-Montrachet, Benoît Montel a créé son propre domaine en 1999. Un vignoble en bio (certifié depuis 2023) de 7 ha dispersés sur quatre crus, de Riom à Clermont-Ferrand.

Ce gamay d'Auvergne séduit d'emblée par son intensité colorante et aromatique. Fruits rouges, verveine, épices, notes mentholées, il ne manque pas de nuances. On aime aussi sa bouche souple et fraîche en attaque, plus structurée dans son évolution, mais par des tanins soyeux, avec toujours cette aromatique complexe entre fruits et épices. De bonne garde assurément. ⧗ 2025-2030 ■ **Cuvée Bourrassol 2023 ★★ (11 à 15 €; 5000 b.)** Ⓑ Un blanc de caractère, intense et brillant, qui associe au nez les fleurs blanches, l'abricot compoté et les fruits exotiques, riche, ample et suave en bouche. Pour la table, avec une viande ou un poisson en sauce crémée. ⧗ 2025-2028

BENOÎT MONTEL, 6, rue Henri-et-Gilberte-Goudier, ZI La Varenne, 63200 Riom, tél. 06 32 00 81 05, benoit-montel@orange.fr V r.-v.

Ⓑ GILLES PERSILIER
Celtil Vieilles Vignes 2022 ★

■ | 4000 | | 8 à 11 €

Depuis 1995, Gilles Persilier, ancien technicien agricole, est installé à Gergovie, haut lieu de l'histoire de la Gaule. Il exploite en bio un vignoble de 10 ha et s'est imposé comme une valeur sûre avec ses cuvées de côtes-d'auvergne dont les noms (Vercingétorix, Gergovia, Celtil...) renvoient au passé lointain de la région. Il signe désormais ses vins en méthode nature.

Une cuvée du nom du père de Vercingétorix. Dans le verre, un vin ouvert sur le fruit, au nez comme en bouche, frais et bien structuré. Un gamay de bonne facture qui pourra patienter un peu en cave. ⧗ 2025-2030

GILLES PERSILIER, 3 bis, rue du Centurion, 63670 La Roche-Blanche, tél. 06 77 74 43 53, gilles-persilier@wanadoo.fr V r.-v.

♥ LA TOUR DE PIERRE Corent 2023 ★★

■ | 5000 | | 5 à 8 €

Après 10 ans d'expérience dans le Languedoc et en Provence, Pierre Deshors, ingénieur agronome et œnologue, revient en 2007 dans sa région d'origine pour reprendre cette exploitation de 10,5 ha, dont l'emblème est l'ancien château surmonté d'un campanile du village vigneron du Crest.

Le gamay de Corent à son meilleur pour ce rosé diablement gourmand avec ses arômes de petits fruits rouges de citron et de bonbon anglais. Une aromatique qui fait aussi le charme d'une bouche ample, très fraîche, saline minérale, soutenue par de beaux amers, avec ce qu'i faut de gras pour arrondir les angles et une longueur irréprochable. Une harmonie sans faille. ⧗ 2024-2025 ■ **La Détours de Pierre Nuit blanche 2023 ★ (5 à 8 €, 7000 b.)** Un chardonnay floral et fruité (agrumes), rond et généreux en bouche, équilibré par une pointe acide bien sentie en finale. ⧗ 2024-2027

LA TOUR DE PIERRE, 10, rue Néraud, 63450 Le Crest, tél. 06 32 86 23 67, pdeshors@yahoo.fr V r.-v.

CÔTE-ROANNAISE

Superficie : 220 ha / Production : 10 000 hl

Des sols d'origine éruptive; des vignes faisant face à l'est, au sud et au sud-ouest, sur les pentes d'une vallée creusée par une Loire encore adolescente : voilà un milieu naturel qui appelle le gamay. Quatorze communes situées sur la rive gauche du fleuve produisent d'excellents rouges et de frais rosés, plus rares. Des vins originaux et de caractère qui intéressent les chefs les plus prestigieux de la région.

Ⓑ LES BLONDINS 2022 ★★

■ | 12000 | | 15 à 20 €

Ce vignoble d'un peu moins de 2 ha sur un coteau exposé au sud a été créé en 1992 par le chef cuisinier Pierre Troisgros et son ami viticulteur Robert Sérol. Leurs fils, Michel Troisgros et Stéphane Sérol, ont pris la suite et converti les vignes à l'agriculture biologique et à la biodynamie.

Stéphane Sérol signe un gamay discret au nez, sur les petits fruits rouges, mais plus loquace en bouche : cassis, groseille, épices douces. On aime aussi la souplesse et la fraîcheur de ce vin franc et très équilibré, porté avec élégance par des tanins soyeux. Une vraie gourmandise, un vrai « vin de copains ». ⧗ 2024-2027

LES BLONDINS, 1, montée des Estinaudes, 42370 Renaison, tél. 04 77 64 44 04, contact@domaine-serol.com V *t.l.j. sf dim. 9h-12h 14h-19h*

Ⓑ DOM. DÉSORMIÈRE Tradition 2023 ★★

■ | 26000 | | 8 à 11 €

Ce domaine familial a été créé en 1974 par Michel Désormière, qui a commercialisé les premières bouteilles. Ses fils Éric et Thierry, aux commandes respectivement depuis 1996 et 2004, ont développé la production et disposent aujourd'hui de près de 20 ha de vignes en conversion bio depuis 2020.

Une cuvée issue des différents terroirs du domaine. Au nez se dévoilent des arômes complexes de tabac, de poivre et de framboise. Acidité bien dosée, fruité franc et relevé d'épices, tanins fins, volume, la bouche affiche un équilibré très assuré. Un vin complet et abouti, à boire dans ses jeunes années, mais qui pourra aussi très bien vieillir. ⧗ 2024-2030 ■ **Les Figollets 2022 ★ (11 à 15 €; 2600 b.)** Ⓑ Un élevage en fût pour ce rouge épicé, mentholé et végétal, porté par une bonne trame tannique qui assurera sa tenue dans le temps. ⧗ 2025-2030

⊶ DOM. DÉSORMIÈRE, 302, montée du Perron, ·2370 Renaison, tél. 04 77 64 48 55, contact@ lomaine-desormiere.com V *r.-v.*

B VINCENT GIRAUDON Magdala 2022 ★

	1700	30 à 50 €

\ près des études de viticulture, d'œnologie et de :ommerce du vin, Vincent Giraudon s'installe en !004 sur 50 ares de vignes en location. Aujourd'hui, ,on vignoble, dont une partie est plantée en aligoté lepuis 2009, couvre 4 ha en agriculture biologique.

Macération puis élevage en amphores pour ce vin né sur es monts de la Madeleine (d'où son nom), ouvert sur le :assis et les fruits rouges. Une agréable note végétale 'invite aux côtés du fruit dans une bouche fraîche et ranche. ⧗ 2024-2027

⊶ VINCENT GIRAUDON, 269, rte de la Place-du-Lac, Chazelles, 42370 Saint-Alban-les-Eaux, tél. 06 84 38 40 02, incent-giraudon@orange.fr V *r.-v.*

B DOM. DES PALAIS Le Carré des Prieurs 2023 ★

	4500		8 à 11 €

Jn domaine créé en 2000 par Yann Palais : 3 ha en :ôte-roannaise et autant en IGP Urfé, convertis à 'agriculture biologique. En 2023, son fils François a ejoint l'aventure.

'assé une petite réduction, le nez s'ouvre sur les fruits ouges un peu compotés et épicés. Du fruit, de la fraî- :heur, de la souplesse, la bouche est celle d'un bon ;amay bien typé, sans chichi. ⧗ 2024-2027

⊶ DOM. DES PALAIS, 204, rte du Tacot, ·2820 Ambierle, tél. 06 58 00 66 40, yann.palais42@ ;mail.com V *t.l.j. sf dim. 9h-12h30 14h-19h*

DOM. DE LA PAROISSE Coup de cœur 2023 ★

	n.c.		5 à 8 €

:e très ancien vignoble de 7 ha, est le plus vieux lomaine de la Côte roannaise créé en 1610. Ses vins ,ont souvent en bonne place dans le Guide. C'est ean-Claude Chaucesse, représentant la 13e généra- ion, qui est aujourd'hui à la tête de l'exploitation.

)u fruit au nez, du fruit en bouche, du fruit et rien que lu fruit. De la fraîcheur aussi, un peu acidulée, de la sou- ,lesse, une aimable rondeur. Un gamay « de copains », out indiqué pour une assiette de charcuterie avant de ,asser aux grillades. ⧗ 2024-2027

⊶ DOM. DE LA PAROISSE, 380, chem. de la Paroisse, 2370 Renaison, tél. 04 77 64 26 10, la.paroisse@ ıposte.net V *r.-v.* D

♥ MAURICE PIAT ET FILS
Vieilles Vignes de la Chapelle 2023 ★★★

	4500		8 à 11 €

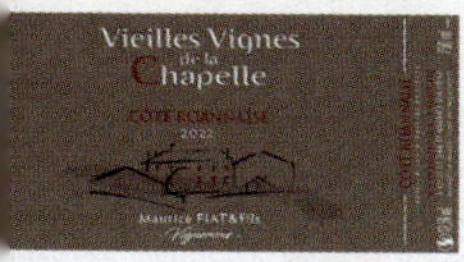

Domaine de la Côte roannaise fondé avant la Première Guerre mondiale et exploité par Gérard Piat depuis 1989. Côtoyant bois et prairies, le vignoble, constitué de parcelles délimitées par des murs de pierres sèches, est implanté au lieu-dit de La Chapelle, sur des coteaux exposés au levant.

Une pluie d'étoiles pour les vins de Gérard Piat cette année, avec en prime ce coup de cœur pour une cuvée née de vieux ceps de 80 ans plantés au lieu-dit La Chapelle. Un vrai vin de vigneron qui a su garder de la souplesse et de la fraîcheur, ouvert sur les fruits rouges et noirs relevés d'une touche poivrée, avec une pointe d'alcool aussi, héritage de ce millésime marqué par un manque de précipitations et par la canicule, le tout porté par des tanins fins qui ajoutent à son volume. ⧗ 2024-2028 ■ **Singulier de la Chapelle 2023 ★★ (8 à 11 €; 2500 b.)** Le coup de cœur fut mis aux voix pour cette cuvée issue de la parcelle plus emblématique du domaine, très impactée par la chaleur caniculaire de 2023. Résultats au chai : de faibles rendements, des taux de sucre élevés et des arômes de fruits cuits atypiques qui donnent ce vin singulier en effet, ouvert sur les fruits rouges bien mûrs agrémentés de notes de pivoine et de poivre, suave, ample, généreux en bouche, mais avec en filigrane une très belle fraîcheur aux tonalités salines. ⧗ 2025-2030

⊶ MAURICE PIAT ET FILS, 220, imp. de la Chapelle, 42155 Saint-Jean-Saint-Maurice, tél. 06 73 64 81 20, gerardpiat-lachapelle@orange.fr V *r.-v.*

B DOM. DES POTHIERS Clos du Puy 2023 ★★

	8000		15 à 20 €

Romain Paire a pris en 2017 la tête du domaine familial (XVIIe s.) qu'il conduisait depuis 2005 avec ses parents Georges et Denise. Exploitée en polyculture-élevage (vaches à viande), la propriété, qui compte 23 ha de vignes, est conduite en bio et en biodynamie depuis 2010. L'une des valeurs (très) sûres de l'appellation côte-roannaise.

Fidèle au rendez-vous, Romain Paire nous gratifie une fois encore d'une belle sélection de cuvées, à commencer par ce Clos du Puy élevé un an en foudres. Au nez se déploient des arômes fumés, de cuir et de fruits rouges et noirs à l'alcool. S'y ajoutent des notes d'épices et de réglisse dans une bouche ronde, suave, dense, boisée avec parcimonie et tenue par des tanins bien en place mais soyeux et par une fine fraîcheur qui porte le vin sur la longueur. Bâti pour durer. ⧗ 2026-2032 ■ **La Chapelle 2023 ★ (15 à 20 €; 12000 b.)** B Un vin élevé en cuve bois, floral (pivoine), fruité, fumé et épicé au nez comme en bouche, très frais et soutenu par des tanins fondus. Une jolie gourmandise, qui ne craindra pas la garde. ⧗ 2025-2030 ■ **Domaine 2023 ★ (11 à 15 €; 50000 b.)** B La cuvée emblématique du domaine, la plus volumineuse. Quantité qui rime ici avec qualité : du fruit, de la souplesse, une agréable fraîcheur minérale et saline, une belle longueur. On peut d'ores et déjà s'en régaler, mais aussi l'attendre. ⧗ 2024-2028

⊶ DOM. DES POTHIERS, 332, chem. des Pothiers, 42155 Villemontais, tél. 04 77 63 15 84, contact@ domainedespothiers.com V *t.l.j. sf sam. dim. 8h-12h 14h-17h*

DOM. RENITEO La Part des lionnes 2022 ★

	1600		15 à 20 €

Reniteo? Cette expression latine signifiant « briller de nouveau » symbolise la nouvelle vie de David Michelis, qui après une carrière dans les arts et la

LOIRE

culture a posé ses valises sur les terroirs granitiques d'Ambierle en reprenant la cave d'Alain Baillon et l'ancien domaine du Pavillon (9 ha en conversion bio).

Une belle entrée dans le Guide pour le néo-vigneron David Michelis, qui signe ici un vin complexe évoquant le chocolat, le gibier, les fruits rouges kirschés et le poivre. La bouche apparaît soyeuse, corsée par les épices, d'un bon volume, boisé avec mesure. Un domaine à suivre… ⧗ 2025-2028

DOM. RENITEO, 719, rte du Tacot, La Collonge, 42820 Ambierle, tél. 06 40 23 04 65, mihcelis.david@reniteo.fr V *r.-v.*

B LE RETOUR AUX SOURCES Louis Robin 2022 ★

■	3600	▮	5 à 8 €

Edgar Pluchot travaille avec son frère Marc sur le domaine hérité de leurs grands-parents, Louis et Suzanne Robin, d'où le nom donné à leur exploitation : Le Retour aux Sources. Un retour mais aussi un nouveau virage puisque les aïeux n'étaient pas vignerons et que les deux frères ont tout créé pour vinifier le fruit de leurs 8 ha, cultivés en bio.

D'une belle intensité, ce vin s'ouvre sans réserve sur les fruits rouges frais. Un fruité et une fraîcheur que l'on retrouve dans une bouche légère, souple, facile à aimer. Encore une belle énergie pour un rosé 2022. ⧗ 2024-2025

LE RETOUR AUX SOURCES, 640, rte de Roanne, 42370 Saint-Alban-les-Eaux, tél. 06 82 42 61 53, leretourauxsources.pluchot@orange.fr V *t.l.j. sf dim. 10h-12h 14h-18h*

B DOM. DE LA ROCHETTE Rimoz 2022 ★

■	2500	◍	15 à 20 €

Dans cette famille, on est viticulteur de père en fils depuis 1630. Acquis en 1939, le domaine s'étend aujourd'hui sur 17 ha – du gamay pour le côte-roannaise et une parcelle de chardonnay qui produit de l'IGP Urfé. Il est conduit depuis 1979 par Pascal Néron, rejoint en 1991 par son frère Olivier, en 2013 par son neveu Antoine et en 2020 par Alexis (le fils d'Olivier) qui se forme pour travailler en biodynamie. Les vins sont en bio certifié depuis le millésime 2016.

Un bouquet chaleureux de fruits rouges et noirs mûrs et de cuir ouvre la dégustation. En bouche, le vin se montre dense et plus tendu, vivifié par une touche végétale, avec en soutien des tanins ronds et fins et un boisé qui sait rester discret. ⧗ 2025-2030

DOM. DE LA ROCHETTE, 2311, chem. de la Rochette, 42155 Villemontais, tél. 06 58 49 28 17, antoine.neron@orange.fr V *t.l.j. sf dim. 8h-12h 14h-18h* B

♥ B DOM. SÉROL Oudan 2022 ★★★

■	16000	◍	15 à 20 €

Incarnant avec talent la renaissance du vignoble local, Stéphane Sérol a pris en 1998 la tête de ce domaine de 37 ha (en bio certifié et en biodynamie), dont les origines remontent à 170(et que son père Robert a fait connaître dès 1971 e pratiquant la vente directe en bouteilles. Une valeu (très) sûre de la Côte roannaise.

Figure incontournable du vignoble roannais, Stéphan Sérol décroche un nouveau coup de cœur avec cett cuvée non moins emblématique, issue de la première par celle plantée par le vigneron, sur le coteau granitique d'Ou dan, entre 400 et 450 mètres, plein sud. Après 11 mois d vinification et d'élevage en cuve bois, le vin livre un bou quet aussi intense que complexe : fruits rouges et noirs chocolat, épices douces. Une même intensité se dégag d'une bouche puissante, généreuse, riche, étayée par de tanins soyeux et par une fine acidité qui vient dynamise et allonger l'ensemble. Un profil à la fois velouté, alert et vigoureux que le temps finira de patiner. ⧗ 2026-203 ■ **Perdrizière 2022 ★ (20 à 30 €; 8000 b.)** B Une cuvé élevée en cuve bois de de 60 hl, ouverte sur de discret parfums de cacao, de fruits confits et de fumé. Ample corsée, épicée, soutenue par des tanins jeunes et solides la bouche appelle la garde et une viande lentement mijo tée. ⧗ 2027-2032 ■ **Les Millerands 2022 ★ (20 à 30 € 9000 b.)** B Pas de bois dans cette cuvée née en majorit de raisins millerandés, mais un élevage de 11 mois en cuv ciment. Au nez, les fruits rouges se montrent assez dis crets, mais plus expressifs en bouche, où le vin apparaî frais, souple, stimulé par une petite touche végétale qui l va bien. ⧗ 2024-2028

DOM. SÉROL, 1, montée des Estinaudes, 42370 Renaison, tél. 04 77 64 44 04, contact@domaine-serol.com V *t.l.j. sf dim. 9h-12h 14h-19h*

B FLORENT THINON Le Rosé ! 2023 ★

■	1300	▮	8 à 11

BTS viticulture et œnologie en poche, Florent Thinon repris ce vignoble en 2020. Ses vignes de gamay, 7,5 h aujourd'hui, sont conduites en culture biologique.

Ce jeune vigneron poursuit son chemin étoilé dans le Guid avec ici un rosé d'un seyant saumoné, qui s'ouvre avec net teté sur des parfums de fruits rouges et d'agrumes. Le frui ne baisse pas d'intensité dans une bouche fraîche, dyna mique, équilibrée et de bonne longueur. ⧗ 2024-2025

FLORENT THINON, 456, chem. de Mayençat, 42155 Villemontais, tél. 06 85 03 74 00, florentthinon@orange.fr V *r.-v.*

PHILIPPE ET JEAN-MARIE VIAL Boutheran 2023 ★

■	18000	▮	8 à 11

Issus de familles de viticulteurs, les frères Philippe e Jean-Marie Vial président aux destinées du domain depuis 1993. Le vignoble couvre aujourd'hui 10 ha e côte-roannaise, sur le coteau de Bouthéran. Des cep de viognier et de chardonnay produisent aussi de blancs en IGP. La conversion bio est engagée.

Le nez, pour l'heure un peu réservé, évoque le Zan et le fruits rouges mûrs. Arômes agrémentés d'une touch fumée auxquels fait écho une bouche intense, chaleu reuse et vineuse. Un rouge de caractère, que l'on réser vera à une viande rouge mijotée. ⧗ 2025-2028

DOM. VIAL, 300, rte de Bel-Air, 42370 Saint-André-d'Apchon, tél. 06 88 67 21 75, contact@domaine-vial.com V *t.l.j. sf dim. 10h-12h 14h-18h*

CÔTES-DU-FOREZ

Superficie : 168 ha / Production : 7 433 hl

C'est à une somme d'efforts intelligents et tenaces que l'on doit le maintien de ce vignoble abrité par les monts du Forez, qui s'étend sur 17 communes autour de Boën-sur-Lignon (Loire). Le climat y est semi-continental, les terrains sont tertiaires au nord et primaires au sud. Rosés et rouges, secs et vifs, les vins proviennent exclusivement du gamay et sont à consommer jeunes. Ils ont été reconnus en AOC en 2000.

B CLOS DE CHOZIEUX
La Côte basaltique 2023 ★★

■ | 12 000 | | 8 à 11 €

Héritiers de trois générations de vignerons, Jean-Luc et Yves Gaumon ont pris la suite de leurs parents en 2001, sur 3 ha de vignes. Les deux frères ont replanté, portant la surface de la propriété à 10 ha, en diversifiant les cépages. Un domaine régulier en qualité, dont la conversion bio est achevée depuis le millésime 2022.

Le gamay saint-romain à son meilleur dans ce vin au nez discret mais élégant de fruits noirs, de graphite et de poivre. Une même gamme aromatique irrigue une bouche intense, riche sans lourdeur, dotée de tanins fermes mais fins et d'une belle acidité qui porte loin la finale. Une bouteille que l'on verrait bien sur un pot-au-feu. ⌛ 2025-2028 ■ **Forez-Fière 2023 ★★ (8 à 11 €; 9000 b.)** B Un vin ouvert sur les fruits noirs aux nuances fumées, franc en attaque, rond et long dans son développement, porté par une légère amertume qui lui va bien. À boire dans ses jeunes années. ⌛ 2024-2027

LE CLOS DE CHOZIEUX, 4, rte de Montbrison, 42130 Leigneux, tél. 04 77 24 38 54, clos.chozieux@wanadoo.fr V r.-v.

♥ DOM. DU POYET Cuvée des Vieux Ceps 2023 ★★

■ | 4500 | | 8 à 11 €

Après 15 ans passés dans le domaine de l'automobile, Jean-François Arnaud a repris l'exploitation familiale de 8 ha en 1995. Une valeur sûre du vignoble forézien.

Un nouveau coup de cœur pour Jean-François Arnaud avec cette cuvée emblématique du domaine. Un gamay majuscule, limpide et brillant, plutôt taiseux au nez mais élégant, centré sur les fruits noirs et quelques touches de réglisse. Des notes de graphite s'ajoutent à la palette dans une bouche ample, puissante, structurée par des tanins fermes. On met en cave et on le ressort pour accompagner une viande de goût, un agneau de sept heures par exemple. ⌛ 2026-2032

DOM. DU POYET, 255, rte de Ste-Anne, 42130 Marcilly-le-Châtel, tél. 06 71 41 36 46, domainedupoyet@sfr.fr V r.-v.

STÉPHANE RÉAL
Aquarelle 2023 ★

■ | 6000 | | 8 à 11 €

Stéphane Réal a trouvé tout jeune sa vocation de vigneron auprès de son grand-père et a créé son domaine en 1997. Avec son frère Laurent, il exploite 5 ha à Saint-Romain-le-Puy, Urfé et Saint-Georges-Haute-Ville. La propriété fournit des côtes-du-forez et des vins en IGP Urfé.

Une belle expression aromatique se dégage de ce vin : cassis et prune mûrs, poivre, pivoine, notes fumées. Même sensation en bouche avec du fruit relevé d'épices, de la fraîcheur, de la souplesse, une bonne longueur. Parfait avec un plat bistrotier, des paupiettes de veau par exemple. ⌛ 2024-2028

STÉPHANE RÉAL, 534, chem. des Pics, Fontvial, 42560 Boisset-Saint-Priest, tél. 04 77 76 63 04, cavereal@sfr.fr V r.-v.

DOM. DES TERRASSES
Jomard 2023 ★★

■ | 3000 | | 8 à 11 €

Un domaine créé en 2021 par Charlotte Conraud et Amaury Faurand : 3,5 ha sur les contreforts des monts du Forez à quelque 500 m d'altitude, sur la commune de Marcoux, sur des sols granitiques et basaltiques.

Une belle entrée dans le Guide pour ce jeune domaine avec cette cuvée née de vignes de 50 ans plantées sur les sols granitiques du Montaubourg, l'un des plus vieux volcans d'Europe (60 millions d'années). Dans le verre, un vin limpide, ouvert sur des notes florales et fumées, relayées à l'aération par les fruits rouges, la cerise notamment. La bouche, dans la continuité aromatique du nez, apparaît ample, bâtie sur des tanins fondus et sur une fine acidité qui lui confère longueur et dynamisme. Un équilibre très assuré. ⌛ 2025-2030

DOM. DES TERRASSES, 276, rue du Bourg, 42130 Marcoux, tél. 07 51 24 11 45, a.faurand@gmail.com V r.-v.

LOUIS TÊTE Montaubourg 2022 ★

■ | 3990 | | 15 à 20 €

Deux des plus grandes coopératives de la région, l'une dans l'extrême sud du Beaujolais (Bully) et l'autre plus au nord (Quincié), dans la zone des beaujolais-villages et des crus, se sont unies en 2010, constituant la marque Signé Vignerons. Chaque cave continue néanmoins de vinifier séparément ses vins. Le négociant Louis Tête a rejoint le groupement en 2012. Depuis 2016, les caves des Coteaux du Lyonnais et des Vignerons foréziens ont renforcé la structure pour former Agamy (anagramme de « gamay »). Un ensemble qui compte un total de 900 ha de vignes.

Fruits noirs et épices se mêlent dans le verre. En bouche, le vin apparaît souple, rond, expressif, à l'unisson du bouquet. Un côtes-du-forez facile d'accès, à servir dans ses jeunes années sur une viande rouge grillée ou une assiette de charcuterie. ⌛ 2024-2027

AGAMY, 1050, rte des Places-du-Lac, 69210 Bully, tél. 04 37 55 50 10, contact@agamy.fr V *t.l.j. sf lun. dim. 10h-12h30 14h-19h*

MENETOU-SALON

Superficie : 473 ha
Production : 10 761 hl (60 % blanc)

Menetou-Salon doit son caractère viticole à la proximité de la métropole médiévale qu'était Bourges; Jacques Cœur y eut des vignes. À la différence de nombreuses régions jadis célèbres pour leurs crus, aujourd'hui disparus, ce secteur du Berry a gardé son vignoble, planté en coteaux. Menetou-Salon partage avec son prestigieux voisin Sancerre sols favorables et cépages nobles : sauvignon blanc et pinot noir sur kimméridgien. D'où ces blancs frais et épicés, ces rosés délicats et fruités, ces rouges harmonieux et bouquetés, à boire jeunes.

B DOM. DE CHAMPARLAN 2023 ★★

50000 | 11 à 15 €

Établis à Humbligny, David Girard (installé en 2003) et son frère Luc (2011) conduisent un vignoble de 11 ha en bio.

Une première senteur douce, aux évocations d'amande, est suivie de notes plus vives de poire. La bouche apparaît ample et élégante, fine et persistante. Ce menetou généreux et harmonieux exprime remarquablement son terroir et laisse entrevoir un beau potentiel. ⧗ 2025-2028

⊶ DOM. DE CHAMPARLAN, lieu-dit Champarlan, 18250 Humbligny, tél. 02 46 59 00 56, david.girard.champarlan@orange.fr V r.-v.

ROGER CHAMPAULT 2023 ★

9000 | 11 à 15 €

Laurent et Claude Champault ont pris en 1997 le relais de leur père Roger, l'une des figures de l'appellation sancerre en rouge. Établi au hameau de Champtin, ancienne seigneuriale implantée sur des lieux-dits réputés de Sancerre, le domaine a aménagé son caveau dans un colombier du XVI[e]s. et dispose de 23 ha de vignes.

Cette cuvée séduit d'emblée par sa complexité aromatique : intensément florale en première impression, elle se montre citronnée, épicée et minérale après aération. Encore sur la réserve mais tout en finesse et en fraîcheur, la bouche confirme le potentiel de cette cuvée. ⧗ 2025-2028

⊶ EARL ROGER CHAMPAULT ET FILS, 5, rte de Foulot, Champtin, 18300 Crézancy-en-Sancerre, tél. 02 48 79 00 03, roger.champault@orange.fr V r.-v.

♥ CHAVET Clos des Jentonnes 2022 ★★

5800 | 15 à 20 €

Ingénieur agronome et œnologue, Antoine de la Farge, après avoir parcouru la planète vin et dirigé les sélections du caviste Nicolas, a rejoint en 2013 le domaine familial de l'Ermitage, a créé sa maison de négoce et repris en 2019 le Dom. Chavet.

D'un pourpre dense, ce vin scintille de reflets noirs et violets. Le nez est un fondu de senteurs fruitées (mûre), épicées (poivre) et boisées (vanille, coco). La bouche se révèle souple en attaque, puis plus solide, bâtie sur des tanins soyeux. Ce menetou-salon allie avec bonheur concentration, complexité et gourmandise. Il se laissera apprécier aussi bien jeune que patiné par un peu de garde. ⧗ 2024-2029

⊶ DOM. CHAVET, 52, rte de Bourges, 18510 Menetou-Salon, tél. 02 48 64 80 87, contact@chavet-vins.com V *t.l.j. sf dim. 8h-12h 13h-17h*

DOM. DIONET 2023 ★★

50000 | 5 à 8 €

La famille Cherrier est installée depuis 1975 sur les terres de Menetou-Salon. Depuis 2009, c'est Nicolas qui est aux commandes du domaine familial et de ses 9 ha de vignes.

Il respire la jeunesse! Ce blanc évoque la clémentine et le feuillage, avec en arrière-plan de fines senteurs minérales. La texture granuleuse, la vivacité nerveuse et la longueur fruitée (agrumes confits, fruits jaunes rôtis) signent une bouche pleine de promesses pour l'avenir. ⧗ 2025-2028 **2023 ★ (5 à 8 €; 4000 b.)** Un joli nez de groseille, de framboise et de minéralité, une bouche charnue et croquante : ce rosé a de la tenue. ⧗ 2024-2025 **2023 ★ (5 à 8 €; 15000 b.)** Fruités (fraise) et épicés, les arômes jouent dans des registres complémentaires. Fraîche et tendre, la bouche reste dans la légèreté et revient agréablement sur des notes de fraise. Simple et facile d'accès. ⧗ 2024-2027

⊶ DOM. DE DIONET, Dionet, 18510 Menetou-Salon, tél. 06 20 14 40 31, cavecherriernicolas@orange.fr V *t.l.j. sf dim. 9h-12h 14h-17h30*

B DOM. DE L'ERMITAGE Première Cuvée 2023 ★

13200 | 11 à 15 €

Fille de Bernard Clément, vigneron qui participa à la création de l'AOC menetou-salon, Laurence Clément de la Farge a décidé en 2003 de laisser la propriété familiale aux mains de son frère pour créer de toutes pièces ce domaine de 10 ha qu'elle dirige aujourd'hui avec son mari Géraud et son fils Antoine.

Au nez, les arômes de fruits noirs s'expriment avec discrétion. Souple en attaque, la bouche se montre tendre, suave et ronde, avec une petite pointe tannique en soutien et une finale occupée sur la cerise fraîche et le basilic qui conclut agréablement la dégustation. ⧗ 2025-2027

⊶ EARL LAURENCE ET GÉRAUD DE LA FARGE, Dom. de l'Ermitage, Les Moulons, 18510 Menetou-Salon, tél. 02 48 64 80 87, info@delafarge.com V *t.l.j. sf sam. dim. 8h-12h 13h-17h* 5

♥ B OLIVIER FOUCHER 2023 ★★

70000 | 8 à 11 €

Olivier Foucher crée son domaine en 1992 avec 50 ares de vignes. Il dispose aujourd'hui d'une exploitation de 12 ha implantée principalement sur les coteaux de la commune de Morogues. Une valeur sûre des appellations sancerre et menetou-salon.

L'olfaction se décline en toute sobriété et élégance. Si la fraîcheur des arômes fruités domine (poire, fruits à chair jaune, agrumes, cassis), on décèle aussi de jolies notes de fleurs de cerisier. Construite sur une acidité parfaitement dosée, la bouche se distingue par sa plénitude, son harmonie et sa grande persistance. Jeune mais déjà séduisant, ce menetou-salon a le potentiel pour nous ravir encore dans quelques années. ⧗ 2024-2030 ■ **2022 ★ (8 à 11 €; 6000 b.)** Au nez, les arômes de fruits noirs confiturés sont nuancés de touches grillées et poivrées. On les retrouve dans une bouche soutenue par des tanins fins qui composent une structure dynamique. ⧗ 2024-2028

DOM. OLIVIER FOUCHER, 2, Les Gaultiers, 18220 Aubinges, tél. 02 48 64 26 23, domaine.olivierfoucher@orange.fr t.l.j. sf dim. 9h-12h 13h30-18h

DOM. FRAISEAU-LECLERC Cuvée Champs-Oloin 2022 ★★

■ | 4000 | | 11 à 15 €

Installée à 500 m du château de Menetou-Salon, Viviane Fraiseau a développé l'œnotourisme sur sa propriété, qui abrite des chambres d'hôtes et un gîte installé dans une ancienne maison du XIXᵉs. Elle conduit un vignoble de 9 ha, un tiers en pinot noir, deux tiers en sauvignon. Son fils Pierre-Émile l'a rejointe en 2018 et s'occupe de la vinification et du commercial.

Ce vin exhale une belle fraîcheur florale (rose, fleurs mellifères) à l'olfaction, relayée par les fruits mûrs (abricot, mangue). La bouche est marquée par le long élevage en foudre : ronde, très grasse, elle dévoile des arômes de vanille et de pain d'épices qui ajoutent à sa complexité. Pour la cave. ⧗ 2025-2028

DOM. FRAISEAU-LECLERC, 3, rue du Chat, 18510 Menetou-Salon, tél. 02 48 64 88 27, cave.fraiseau.leclerc@orange.fr lun.-ven. sur r.-v.; sam. dim. 9h-12h 14h-18h

DOM. GILBON Acanthe 2022 ★

■ | 1000 | 11 à 15 €

Créée en 1989 par le père de Jean-François Gilbon, cette exploitation s'étend aujourd'hui sur 13 ha de vignes. Les clients sont accueillis dans une salle aménagée dans un ancien bâtiment de ferme, joliment restauré. Une bonne référence en menetou-salon.

Bien ouvert, le nez dégage un fruité très mûr (pêche, fruits exotiques, pâte de coing) mêlé de touches miellées. En bouche, une vivacité affirmée relève la souplesse et la rondeur de l'ensemble, avec une pointe mentholée qui apporte un surcroît de fraîcheur et de la longueur en finale. ⧗ 2024-2027

GILBON, Dom. de Beaurepaire, 18220 Soulangis, tél. 02 48 64 41 09, cave-gilbon@wanadoo.fr t.l.j. sf sam. dim. 9h-12h 14h-18h; f. 10-20 août

JEAN-CLAUDE LECLERC 2023 ★★

■ | 14000 | | 8 à 11 €

Un domaine familial fondé en 1992 et repris en 2022 par Carole Leclerc, à la tête aujourd'hui d'un vignoble de 8,6 ha.

Pure et complexe, l'olfaction associe des senteurs délicates : cerise, framboise, coulis de mûre, touches fraîches de thym et d'eucalyptus. Les tanins bien présents donnent de l'amplitude au palais et relèvent la finale d'une pointe d'astringence. De belles perspectives en cave. ⧗ 2025-2028 ■ **La Cuvée des filles 2023 ★ (8 à 11 €; 1300 b.)** Le nez, vineux et généreux, est dominé par les senteurs fruitées (pêche de vigne, mirabelle, pomelos, groseille). Souple et chaleureuse, la bouche se montre large et gourmande. ⧗ 2024-2025

DOM. JEAN-CLAUDE LECLERC, 21, les Faucards, 18510 Menetou-Salon, tél. 02 48 64 87 72, domaine.leclerc.jeanclaude@orange.fr t.l.j. 9h-12h 14h-19h; f. 15 août-5 sept.

DOM. DE LOYE 2023 ★★

■ | 55000 | | 8 à 11 €

Établi à Loye depuis 1970, Jean-Bernard Moindrot a transmis le flambeau à son fils Valentin en 1999, aux commandes d'un vignoble de 15 ha créé par le grand-père, vigneron et… meunier.

Une fraîcheur anisée, légèrement teintée de végétal (feuille de tomate), des effluves d'orange, une nuance d'épices douces : l'olfaction est aussi douce que stimulante. Dense et puissante, complexe et ample, la bouche, bâtie sur une sucrosité bien dosée, confirme la belle maturité du raisin et les grandes qualités de cette cuvée. ⧗ 2024-2028

DOM. DE LOYE, lieu-dit Loye, 18220 Morogues, tél. 02 48 64 35 17, domainedeloye18@gmail.com t.l.j. sf dim. 9h-12h 14h-17h30

♥ B DOM. JEAN TEILLER Expression 2023 ★★

■ | 30000 | | 15 à 20 €

Deux générations contribuent au succès de ce domaine familial de 18 ha, chaque année en bonne place dans le Guide : Jean-Jacques et Monique Teiller, les parents, Patricia et Olivier Luneau, la fille et le gendre. Une valeur sûre de l'appellation menetou-salon.

Par sa teinte d'un violine épais à reflets grenat, ce menetou suscite d'emblée l'adhésion. Le fruité emporte l'olfaction dans un éclat de senteurs élégantes (griotte, mûre, figue) complétées de notes épicées de thym. Charnue, riche, dense, dotée de tanins fins et soyeux, la bouche revient longuement sur des arômes de cerise noire. Un vin d'une harmonie remarquable. ⧗ 2025-2030

SCEA DOM. JEAN TEILLER, 13, rue de la Gare, 18510 Menetou-Salon, tél. 02 48 64 80 71, contact@domaine-teiller.fr t.l.j. sf dim. 9h-12h 14h-18h

B LA TOUR SAINT-MARTIN Fumet 2022 ★★

■ | 6700 | | 20 à 30 €

Valeur sûre de l'appellation menetou-salon avec son domaine La Tour Saint-Martin, Bertrand Minchin, aussi à l'aise en rouge qu'en blanc, est établi depuis 1987 à la tête de 17 ha de vignes sur les hauteurs de Morogues. En 2004, il s'est étendu sur l'appellation valençay avec les 15 ha du Claux Delorme (en conversion bio), à Selles-sur-Cher, et s'y est rapidement imposé comme une belle référence.

L'élevage en fûts est à la fois bien présent et respectueux du vin : des senteurs de praline et de moka se fondent dans un fruité puissant (poire juteuse, agrumes confits). Douce en attaque, la bouche séduit par son onctuosité, sa texture soyeuse et sa longue finale aromatique qui apporte un surcroît de fraîcheur. Un menetou aussi élégant qu'intense et complexe. ⧗ 2024-2028 ■ **Célestin 2022 ★ (20 à 30 €; 7400 b.)** Ⓑ Les notes de grillé s'imposent au premier nez avant de laisser apparaître des arômes de petits fruits noirs. La bouche, bâtie autour de tanins soyeux, se révèle puissante, massive et appelle la garde pour bénéficier de sa pleine expression. ⧗ 2026-2030

DOMAINES MINCHIN, Le Claux Delorme, Saint-Martin, 18340 Crosses, tél. 02 48 25 02 95, cave@domaines-minchin.vin

J. DE VILLEBOIS 2023 ★

■ | 120 000 | | 11 à 15 €

En 2004, Joost de Villebois acquiert ce domaine et se spécialise alors dans la production de sauvignon blanc. Il est aujourd'hui aidé de son épouse Miguela et du vigneron Thierry Merlet.

Au nez, une franche minéralité (pierre à fusil) révèle d'emblée la forte personnalité de ce menetou. La bouche ample, bien texturée, soulignée par des notes citronnées et une pointe d'amertume, s'étire dans une intense finale fumée. De la puissance et de la complexité. ⧗ 2024-2027

SAS VILLEBOIS, 43, rue de la Quézardière, 41110 Seigy, tél. 02 48 79 35 24, vin@villebois.eu
V t.l.j. sf sam. dim. 8h-12h 13h30-18h

▶ POUILLY-FUMÉ ET POUILLY-SUR-LOIRE

Œuvre de moines bénédictins, voilà l'heureux vignoble des vins blancs secs de Pouilly-sur-Loire. La Loire s'y heurte à un promontoire calcaire qui la rejette vers le nord-ouest et qui porte le vignoble exposé sud-sud-est, planté sur des sols moins calcaires qu'à Sancerre. Le sauvignon, ou « blanc fumé », y a presque entièrement supplanté le chasselas, pourtant historiquement lié à Pouilly. Ce dernier cépage produit, sous l'appellation pouilly-sur-loire, un vin léger non dénué de charme lorsqu'il est cultivé sur sols siliceux. Le sauvignon, à l'origine de l'AOC pouilly-fumé, traduit bien les qualités enfouies en terre calcaire : une fraîcheur parfois assortie d'une certaine fermeté, une gamme d'arômes spécifiques du cépage, affinés par le terroir et les conditions de fermentation du moût. Ici, la vigne s'intègre harmonieusement aux paysages de Loire. Aux charmes des lieux-dits (les Cornets, les Loges, le calvaire de Saint-Andelain...) répond la qualité des vins.

POUILLY-FUMÉ

Superficie : 1 237 ha / Production : 60 263 hl

DOM. BAILLY-REVERDY 2022 ★

■ | 25 000 | | 15 à 20 €

Un domaine réputé créé en 1952 dans le village vigneron de Bué par Bernard Bailly et son épouse Marie-Thérèse Reverdy. Après Jean-François, leur fils, disparu en 2006, c'est leur cadet Franck, installé en 1991, qui conduit les 24 ha de vignes, épaulé depuis 2010 par son neveu Aurélien. Une valeur sûre du Sancerrois, en rouge comme en blanc.

Au nez, les notes fruitées (pêche, citron) sont mâtinées de touches de confit et de miel qui témoignent de la maturation avancée du raisin et confèrent une sensation presque liquoreuse à l'olfaction. Souple, empreinte d'une sucrosité marquée mais sans être excessive, la bouche est en cohérence. Un pouilly sur la richesse que l'on réservera à un poisson ou une volaille en sauce crémée. ⧗ 2025-2029

DOM. BAILLY-REVERDY, La Croix-Saint-Laurent, 43, rue de Venoize, 18300 Bué, tél. 02 48 54 18 38, contact@bailly-reverdy.fr r.-v.

DOM. CÉDRICK BARDIN 2023 ★★

■ | 77 000 | | 8 à 11 €

Fils et petit-fils de vignerons, Cédrick Bardin a acheté ses premières vignes (15 ares) en 1989 à l'âge de 18 ans. L'exploitation, qui s'étend aujourd'hui sur 14 ha répartis sur les deux rives de la Loire, apparaît régulièrement dans le Guide.

Cette cuvée réunit les quatre principaux terroirs de l'appellation (marnes, silex, sables, calcaires). Il en résulte un heureux assemblage de saveurs. Le nez s'exprime avec finesse et complexité : pêche, abricot, épices douces, amande fraîche. Droite et ample, la bouche tient la douceur et la vivacité dans un parfait équilibre. Que demander de plus ? ⧗ 2024-2028 ■ **Les Barnadats 2023 ★ (11 à 15 €; 13 000 b.)** Un fond floral (seringa, rose) et agrumes (pamplemousse, citron vert) et des notes fumées et épicées traduisent une olfaction à la jeunesse valeureuse. Une fine acidité soutient la bouche, légère mais de bonne longueur. ⧗ 2024-2027

EARL CÉDRICK BARDIN, 12, rue Waldeck-Rousseau, 58150 Pouilly-sur-Loire, tél. 03 86 39 11 24, cedrick.bardin@wanadoo.fr V

DOM. DE BEL-AIR Cuvée Riquette 2023 ★

■ | 10 000 | | 8 à 11 €

Un domaine familial transmis de père en fils ou de père en fille depuis 1635 et treize générations. En 1996, Katia Mauroy, œnologue, épaulée par son frère Cédric a repris le flambeau et conduit aujourd'hui 16 ha de vignes.

De séduisants arômes d'orange sanguine, de litchi, de mirabelle et de poivre induisent une grande fraîcheur à l'olfaction. Rond et gras, le palais affiche néanmoins un bel équilibre autour d'une juste vivacité. De la vigueur et du potentiel. ⧗ 2025-2029

EARL MAUROY GAULIEZ, Dom. de Bel Air, 6, rue Waldeck-Rousseau, 58150 Pouilly-sur-Loire, tél. 03 86 39 02 73, mauroygauliez@gmail.com V r.-v.

GILLES BLANCHET Les Champs des plantes 2023 ★

■ | 10 000 | | 8 à 11 €

Ce domaine régulier en qualité est implanté à l'entrée des Berthiers, village vigneron de la commune de Saint-Andelain. Gilles Blanchet, installé en 1991, y cultive un vignoble de 13 ha.

L'élégance est au rendez-vous dès l'entame avec des notes fruitées (litchi, agrumes), florales (aubépine) et finement végétales (groseille à maquereau). La bouche, ronde et chaleureuse, est équilibrée par une acidité bien dosée qui culmine dans une finale persistante sur l'anis et la réglisse. ⧗ 2024-2027

⊶ EARL GILLES BLANCHET, 16, rue Saint-Edmond, 58150 Saint-Andelain, tél. 03 86 39 14 03, blanchet.gilles@bbox.fr V *r.-v.*

DOM. BOUCHIÉ-CHATELLIER
La Renardière 2023 ★

	10 000		15 à 20 €

La butte de Saint-Andelain, où sont établies la cave et une grande partie du vignoble de la famille Bouchié, constitue l'un des terroirs de prédilection de l'appellation pouilly-fumé. Ce domaine, qui couvre 23 ha, est régulièrement distingué dans le Guide.

Cette cuvée, la principale du domaine, est née des argiles à silex de la butte de Saint-Andelain comme l'atteste ce nez tout en minéralité (pierre à fusil). Franche, droite et ferme, la bouche confirme la typicité de l'appellation dans ce terroir d'exception. Un pouilly pour la garde, et pour un mets de choix, un bar sauce au beurre par exemple. ⧗ 2026-2030

⊶ SCEA BOUCHIÉ-CHATELLIER, La Renardière, 10, rue de Loire, 58150 Saint-Andelain, tél. 03 86 39 14 01, pouilly.fume.bouchie.chatellier@wanadoo.fr V *r.-v.*

Ⓑ DOM. HENRI BOURGEOIS
En Travertin 2023 ★

	34 000		15 à 20 €

À sa création par Henri Bourgeois en 1950, la propriété comptait 1,5 ha de vignes à Chavignol. Aujourd'hui, la dernière génération (Arnaud, Jean-Christophe et Lionel) est à la tête de 72 ha répartis sur 120 parcelles, sans compter les 30 ha du Clos Henri Vineyard acquis en Nouvelle-Zélande. Une valeur sûre du Sancerrois.

L'olfaction a de la personnalité : fruité mûr (ananas, mangue, mirabelle), pointe épicée (cannelle), vivacité des agrumes. L'acidité s'affirme progressivement en bouche pour venir relever et allonger la finale, bien fruitée. Un indéniable caractère de terroir. ⧗ 2025-2029

⊶ HENRI BOURGEOIS, Chavignol, 18300 Sancerre, tél. 02 48 78 53 20, domaine@famillebourgeois-sancerre.com V *t.l.j. 10h-18h*

DOM. CHAMPEAU 2023 ★

	80 000		8 à 11 €

Deux cousins, Franck et Guy Champeau, se sont associés pour diriger ce domaine de 20 ha qui appartient à leur famille depuis 1942. Ils sont installés au cœur du village de Saint-Andelain, près de l'église.

Dans une atmosphère variétale (citron, pamplemousse), on décèle une minéralité naissante (pierre à fusil, fumé, épices). Portée par une fine vivacité aux tonalités de zeste d'agrumes, la bouche joue la carte de la fraîcheur et de la légèreté. ⧗ 2024-2027

⊶ SCEA DOM. CHAMPEAU, 20, rue Saint-Edmond, 58150 Saint-Andelain, tél. 03 86 39 15 61, domaine.champeau@wanadoo.fr V *t.l.j. sf dim. 9h-12h 14h-18h; mar. 14h-18h*

DOM. CHATELAIN Harmonie 2023 ★

	200 000		8 à 11 €

Régulièrement sélectionné dans le Guide, ce domaine de 30 ha, réparti sur six communes de l'appellation pouilly-fumé, est conduit par les Chatelain, depuis 1630 et douze générations. Jean-Claude Chatelain qui continue de prodiguer ses conseils, a confié les rênes de la cave à Vincent, son fils, et la responsabilité du vignoble à Vincent Vatan, son gendre.

De puissantes notes d'agrumes (citron très mûr) dominent l'olfaction. La bouche est bien construite : nerveuse au début, elle gagne ensuite en amplitude, en richesse et aussi en délicatesse. Cette cuvée mérite bien son nom : les sols de silex, de calcaires et de marnes qui la composent jouent une belle harmonie de saveurs. ⧗ 2024-2028 **Les Charmes 2022 ★ (11 à 15 €; 8 000 b.)** Des fruits confits et du boisé (caramel) composent l'aromatique de cette cuvée structurée, ample et élégante à la fois. Pour la cave. ⧗ 2026-2030

⊶ DOM. CHATELAIN, 24, rue du Mont-Beauvois, Les Berthiers, 58150 Saint-Andelain, tél. 03 86 39 17 46, contact@domaine-chatelain.com V *t.l.j. sf sam. dim. 8h30-12h 13h30-17h*

DOM. LES CHAUMES
Terre blanche 2023 ★★

	60 000		11 à 15 €

Fils de viticulteurs, Jean-Jacques Bardin s'est installé en 1969 à Pouilly-sur-Loire sur 1 ha de vignes achetées à son grand-père. Il conduit aujourd'hui 45 ha avec trois de ses enfants.

Une kyrielle de senteurs délicates se succèdent à l'entame de ce vin : fleurs blanches, fruits bien mûrs (ananas, pamplemousse), minéralité (pierre à fusil). La bouche apparaît tout en fraîcheur et aussi complexe que le bouquet, portée loin en finale par une pointe saline. Parfait sur un risotto aux fruits de mer. ⧗ 2024-2028

⊶ SCEV JEAN-JACQUES BARDIN, Les Chaumes, 58150 Pouilly-sur-Loire, tél. 03 86 39 15 87, jean-jacquesbardin@wanadoo.fr V *t.l.j.*

BENOÎT CHAUVEAU
La Charmette 2023 ★

	90 000		11 à 15 €

Benoît Chauveau reprend en 1995 une partie du vignoble de ses parents. Deux ans plus tard, il construit sa première cave (une nouvelle est sortie de terre en 2012), complète son exploitation avec des vignes de ses grands-parents pour disposer aujourd'hui d'un domaine de 17 ha en pouilly-fumé, pouilly-sur-loire et coteaux-du-giennois, très régulier en qualité. Sa fille Lise, ingénieure agronome et œnologue, l'a rejoint en 2021.

Les senteurs fruitées ressortent nettement à l'olfaction (pêche, poire, orange), accompagnées de nuances de fleurs blanches. La bouche apparaît suave et fraîche à la fois, dotée d'une touche de minéralité qui lui va bien et qui étire bien la finale. Parfait avec un carpaccio de saumon aux agrumes. ⧗ 2024-2027

LOIRE

DOM. CHAUVEAU, 11, rue du Coin-Chardon, Les Cassiers, 58150 Saint-Andelain, tél. 03 86 39 15 42, domainechauveau@gmail.com V t.l.j. 9h-12h 13h30-17h30; sam. dim. sur r.-v.

B CLAIR DE BRUMES Les Roches 2022 ★

3456 | 30 à 50 €

La maison Saget-La Perrière, fondée en 1975, possède en propre 250 ha de vignes et rayonne sur toute la vallée de la Loire. Une grande salle de réception, aménagée au cœur des caves lui permet d'accueillir banquets et séminaires dans un cadre vinicole original.

Le nez, très intense et complexe, réunit les agrumes (cédrat), le bourgeon de cassis, la mirabelle et la réglisse. Ample, souple, fraîche et minérale, la bouche affiche un profil complet et revient agréablement en finale sur des arômes de citron bien mûr. Un pouilly original et maîtrisé. ⧗ 2024-2028

FAMILLE SAGET, 4 bis, rue René-Couard, 58150 Pouilly-sur-Loire, tél. 03 86 39 57 75, info@clairdebrumes.fr V r.-v.

DOM. DE CONGY 2023 ★

24000 | 8 à 11 €

Le Dom. de Congy est situé à proximité de Saint-Andelain, célèbre village vigneron. Christophe Bonnard a pris en 2002 la tête d'un vignoble de 11 ha acquis en 1951 par le grand-père maternel et développé dans les années 1990 par son père Jack.

Les notes de fleurs blanches et de fruits exotiques sonnent «très classique», et ce n'est pas un défaut! Des odeurs de bonbon à la fraise et de miel apportent un brin de fantaisie. En bouche, le gras et le volume sont au rendez-vous, dynamisés par une touche de fraîcheur et par une finale légèrement saline. Tout indiqué sur une poêlée de Saint Jacques. ⧗ 2024-2028 **Vieilles Vignes 2022 ★ (11 à 15 €; 7000 b.)** Après un an d'élevage en cuve, cette cuvée a bien conservé sa jeunesse: nez de fleurs blanches et de pamplemousse, bouche enveloppante et dynamique, belle longueur. Elle ne manque de rien. ⧗ 2024-2028

DOM. DE CONGY, 1, rue du Domaine, lieu-dit Congy, 58150 Saint-Andelain, tél. 03 86 39 14 20, c.bonnard@cerb.cernet.fr V r.-v.

DOM. COUET FONTAINE 2023 ★

70000 | 8 à 11 €

En 2019, Emmanuel Couet et son épouse Claire ont fusionné leurs domaines: Dom. Couet pour le premier, Dom. de Fontaine pour la seconde. Ensemble, ils conduisent désormais un vignoble de 20 ha en coteaux-du-giennois et pouilly-fumé.

Du verre émanent des arômes intenses et généreux de fruits mûrs (mangue, abricot, agrumes). Une même richesse marque la bouche, ample, tapissante, d'une bonne longueur, élégante aussi, imprégnée d'un fruité suave. ⧗ 2024-2028

DOM. COUET FONTAINE, 25, Croquant, 58200 Saint-Père, tél. 03 86 28 14 80, domainecouet@gmail.com V t.l.j. sf dim. 9h-12h 14h-18h B

♥ DOM. SERGE DAGUENEAU ET FILLES
Les Chaudoux 2022 ★★

9800 | 20 à 30 €

Ce domaine régulier en qualité, créé par l'arrière-grand-mère Léontine au début du XXᵉs., a été repris en 2006 par Florence et Valérie Dagueneau, les filles de Serge. Florence étant disparue prématurément, Valérie conduit seule aujourd'hui les 22 ha de vignes familiales.

Les parfums de fleurs (chèvrefeuille), de fruits frais, de tubéreuse et d'acacia reflètent le beau terroir de la parcelle Les Chaudoux à l'origine de ce magnifique pouilly. La bouche affiche, dans une grande harmonie, à la fois du gras et de la tension, de l'intensité et de la délicatesse, avant de s'épanouir dans une longue finale. Saurez-vous patienter? ⧗ 2025-2032 **Tradition 2023 ★★ (15 à 20 €; 120000 b.)** La délicatesse des parfums de fruits confits et de poivre est joliment complétée de touches de noix de coco et de caramel. Le boisé apporte aussi une puissance encore un peu dominatrice à ce stade mais ce vin a suffisamment de coffre, de gras, de volume pour le digérer sans crainte. Un pouilly de garde donc. ⧗ 2027-2032

DOM. SERGE DAGUENEAU ET FILLES, Les Berthiers, 22, rue du Mont-Beauvois, 58150 Saint-Andelain, tél. 03 86 39 11 18, sergedagueneaufilles@wanadoo.fr V r.-v.

DOM. MICHEL DUTARTE 2022 ★

46000 | 11 à 15 €

Ce domaine de 10 ha situé au cœur du village des Loges a été créé en 1968. Gilles Forestier en a pris la tête en 2003.

Le nez s'exprime avec finesse autour de fugaces notes de grillé, puis de plus intenses parfums de fruits jaunes frais et d'agrumes. Sans manquer de rondeur, structurée autour d'une fine trame acidulée, la bouche dégage une belle fraîcheur avant de s'achever sur une subtile minéralité. ⧗ 2024-2027

MICHEL DUTARTE, 31, rue Saint-Vincent, Les Loges, 58150 Pouilly-sur-Loire, tél. 03 86 39 13 55, patrice.moreux@wanadoo.fr V r.-v.

DOM. DE FONTENILLE 2023 ★★

25000 | 8 à 11 €

En 1982, Patrick Maudry a décidé de planter la vigne dans son domaine agricole. Le sauvignon a ainsi tout naturellement trouvé sa place. Aujourd'hui, son vignoble couvre 20 ha.

Ce vin s'exprime certes timidement à l'olfaction, mais avec une grande finesse, autour de l'aubépine et des fruits exotiques. Plus diserte, la bouche déploie un beau volume et mêle dans un équilibre parfait la puissance du gras à la délicatesse de l'acidité, pour finir sur de délicieuses notes fraîches et crayeuses. Un pouilly de gastronomie. ⧗ 2024-2029

EARL DU CHAMP MENA, Dom. de Fontenille, 58150 Tracy-sur-Loire, tél. 06 20 12 63 90, earlduchampmena@orange.fr V *r.-v.*

DOM. LANDRAT-GUYOLLOT
La Rambarde des cuvées créatives 2023 ★

65000 | 15 à 20 €

Depuis 1992, Sophie Guyollot est établie au pied de la colline de Saint-Andelain sur un vignoble de 17 ha constitué de parcelles très variées, réunies par dix générations de vignerons, et de vigneronnes pour les trois dernières. La conversion bio est dans le viseur.

Les premières senteurs variétales (groseille à maquereau, genêt) se dissipent à l'aération pour laisser place à d'élégantes nuances fruitées (pêche de vigne, kiwi). En bouche, place à la souplesse et à texture riche, imprégnée de saveurs de sirop de fruits. La finale nous ramène à des arômes plus caractéristiques du cépage. Un pouilly harmonieux dans un style atypique. ⧗ 2024-2027 **Gemme de feu des cuvées exquises 2022 ★ (20 à 30 €; 7050 b.)** Réservé, dans un registre floral, le nez a besoin de s'ouvrir. En contraste, la bouche apparaît plus «causante», fruitée (pêche, abricot) et chaleureuse. ⧗ 2024-2027

DOM. LANDRAT-GUYOLLOT, 16, rue du Mont-Beauvois, Les Berthiers, 58150 Saint-Andelain, tél. 03 86 39 11 83, contact@landrat-guyollot.com V *t.l.j. sf dim. 10h-12h 14h-18h*

DOM. DE LA LOGE 2023 ★

130000 | 8 à 11 €

Domaine conduit par la même famille de vignerons depuis cinq générations. À la tête d'une exploitation de 21 ha, Hervé Millet et son fils David accueillent les œnophiles dans une cave aménagée au sein d'une grande bâtisse du XIXe s. Une valeur sûre de l'appellation pouilly-fumé.

L'olfaction est élégante, mêlant fruits blancs (pêche), agrumes et touches minérales. Souple en attaque, très rond dans son développement, un soupçon d'acidité et des arômes d'orange sanguine pour stimuler la finale, la bouche ne manque de rien. ⧗ 2024-2028 **Silex 2023 ★ (11 à 15 €; 26000 b.)** De timides notes de fleurs blanches et de rose ouvrent la dégustation. La bouche, légère en attaque, prend ensuite de l'amplitude autour d'une trame saline et minérale. Un pouilly-fumé encore un peu fermé à ce stade, il faudra savoir l'attendre. ⧗ 2025-2029

SARL DU DOM. DE LA LOGE, Soumard, 58150 Saint-Andelain, tél. 03 86 39 05 49, domainedelaloge.davidmillet@gmail.com V *r.-v.*

DOM. MARCHAND ET FILS Kalcaire 2023 ★★

800 | 20 à 30 €

Louis XIV n'avait que 12 ans lorsque la lignée vigneronne des Marchand a débuté aux Loges... En 1989, Éric et Pascal ont pris la suite de leur père Pierre, relayés à leur tour par Clément en 2012, qui conduit aujourd'hui un vignoble de quelque 17 ha.

Les senteurs de fleurs blanches (acacia) et de pamplemousse s'affirment avec autorité parmi les notes boisées (noix de coco, vanille). Un boisé qui structure la bouche en contribuant à son gras et à son charnu. La progression des sensations gustatives est harmonieuse et la fraîcheur sous-jacente dynamise la finale. Un pouilly de caractère, bâti pour durer. ⧗ 2027-2032

MARCHAND ET FILS, 47, rue Saint-Vivant, Les Loges, 58150 Pouilly-sur-Loire, tél. 03 86 24 93 55, sarlmarchandetfils@gmail.com V *r.-v.*

DOM. DES MARINIERS 2023 ★

130000 | 20 à 30 €

Ce domaine doit son nom aux mariniers qui s'arrêtaient jadis dans ce village situé en bord de Loire pour charger les tonneaux. Acquise en 2005 par Catherine Corbeau-Mellot, l'exploitation s'étend sur 14 ha, dans les appellations pouilly-sur-loire et pouilly-fumé.

Au nez, les notes de fruits jaunes et blancs et d'épices douces sont réveillées par d'intenses touches de pamplemousse. En bouche, une attaque franche et vive laisse place à des sensations plus grasses qui apportent de la rondeur et de l'amplitude. ⧗ 2024-2028

DOM. DES MARINIERS, 36, rte Nationale, Maltaverne, 58150 Tracy-sur-Loire, tél. 02 48 78 54 54, contact@josephmellot.com

♥ ALAIN PABIOT Les Chantebines 2023 ★★

96000 | 15 à 20 €

Installés dans une belle demeure au pied du village des Loges, à quelques pas de la Loire, Alain Pabiot et son fils Jérôme conduisent un domaine constitué de plus de 20 parcelles sur 42 ha. Leurs pouilly-fumé, réguliers en qualité, mûrissent dans des caves souterraines plusieurs fois centenaires.

Ce pouilly de haut vol se distingue d'emblée par la délicatesse et la netteté de ses arômes: notes minérales (fumé), fruitées (raisin frais, mangue) et florales, qui s'amplifient à l'aération. La bouche séduit immédiatement: incisive à l'attaque, elle affiche beaucoup de profondeur par son volume et son gras, avant que la vivacité et la salinité ne stimulent et étirent longuement la finale. À réserver à un mets de choix, un poulet aux morilles par exemple. ⧗ 2025-2030 **Kiméride 2022 ★★ (15 à 20 €; 27000 b.)** Notes de fruits exotiques, de réglisse et de minéralité composent un bouquet savoureux. Dans la continuité, la bouche affiche un bel éclat de vitalité avant de finir sur une touche de douceur fruitée autour de la mangue. De l'harmonie à tous les étages. ⧗ 2024-2029

JEAN PABIOT ET FILS, 9, rue de la Treille, Les Loges, 58150 Pouilly-sur-Loire, tél. 03 86 39 10 25, info@jean-pabiot.com V *t.l.j. 8h-12h 14h-17h; sam. dim. sur r.-v.*

ROGER PABIOT Le Côteau 2023 ★

100000 | 11 à 15 €

Le village de Boisgibault est situé en bordure de la réserve naturelle de la Loire. Pauline Pabiot (5e génération), après des études de «viti-œno» en Bourgogne

et en Suisse, y a pris les rênes en 2017 de ce domaine familial de 22 ha, en cours de conversion bio.

Des notes variétales (buis, agrumes) ouvrent l'olfaction. La bouche ample, charnue, fraîche sans excès, se démarque par sa richesse. Une cuvée au potentiel certain, que l'on verrait bien sur un poulet au curry. ⧗ 2025-2030 ■ **Silex 2023 ★ (11 à 15 €; 15000 b.)** Au nez, c'est une sensation de fraîcheur qui se déploie, autour de notes de citron, d'ananas et de pierre à fusil. En bouche, c'est plutôt le gras qui domine, apportant une texture soyeuse et mis en relief par un discret grain tannique. Du caractère et du potentiel. ⧗ 2026-2030

⊶ DOM. ROGER PABIOT, 13, rte de Pouilly, Boisgibault, 58150 Tracy-sur-Loire, tél. 06 78 33 22 53, contact.rogerpabiot@gmail.com V 🚶 🍷 *t.l.j. 8h-12h 13h30-18h* 🏠 B

DOM. PHILIPPE RAIMBAULT Mosaïque 2022 ★

■ | 15000 | 🍾 | 15 à 20 €

Héritier d'une longue lignée de vignerons, Philippe Raimbault, rejoint par sa fille, cultive la vigne sur les deux rives de la Loire : sancerre rive gauche, coteaux-du-giennois et pouilly-fumé rive droite. Le domaine couvre 16 ha.

Mangue confite, raisin sec, tarte aux abricots, l'approche aromatique est solaire et généreuse. Une même sensation se dévoile dans une bouche ample, chaleureuse, qui trouve son équilibre grâce à sa finale nerveuse et réglissée. Un pouilly sur la richesse qui, s'il peut paraître déroutant, mérite le détour. ⧗ 2025-2029

⊶ PHILIPPE RAIMBAULT, 10, rte de Maimbray, 18300 Sury-en-Vaux, tél. 06 84 10 07 71, philipperaimbault18@orange.fr V 🚶 🍷 *t.l.j. sf sam. dim. 8h-12h 13h30-17h15*

DOM. RAIMBAULT-PINEAU 2023 ★★

■ | 37000 | 🍾 | 11 à 15 €

Jean-Marie Raimbault représente la dixième génération à la tête de cette exploitation de 18 ha qui, du Sancerrois, s'est étendue aux appellations coteaux-du-giennois et pouilly-fumé.

Au nez, se déploient des senteurs de fruits frais (pomme, poire, litchi, pêche, pamplemousse) agrémentés de touches d'amande. Une même éloquence apparaît en bouche, où le vin se fait ample, charnu et persistant sur le fruit. Parfait avec un ceviche de dorade. ⧗ 2024-2028

⊶ SCEV DOM. RAIMBAULT-PINEAU, 7, rte de Sancerre, 18300 Sury-en-Vaux, tél. 02 48 79 33 04, domaine.raimbault-pineau@outlook.fr V 🚶 🍷 *t.l.j. sf dim. 8h20-12h 14h-17h30; sam. sur r.-v.* 🏠 E

DOM. DE RIAUX 2023 ★

■ | 120000 | 🍾 | 11 à 15 €

Les Jeannot, vignerons à Saint-Andelain depuis plus de 200 ans, se sont établis sur le Dom. de Riaux en 1923. Alexis et son père Bertrand incarnent les 8e et 7e générations à la tête d'un vignoble de 17 ha : les générations passent, mais les silex restent et le talent aussi, à en juger par l'impressionnante régularité du domaine et ses nombreux coups de cœur en pouilly-fumé et pouilly-sur-loire. Incontournable.

Une minéralité iodée domine d'emblée l'olfaction, puis s'installent des notes plus douces de fleurs blanches et d'agrumes. Souple et onctueuse, la bouche fait aussi preuve d'une belle fermeté, tandis que des évocations de poivre blanc s'emparent de la finale. Complexe et convaincant. ⧗ 2025-2029 ■ **Les Cornets 2023 ★ (11 à 15 €; 7600 b.)** Au nez, se dévoilent des arômes croquants de fruits blancs (pomme, poire) sur un fond minéral. Franche et fraîche, la bouche convoque les agrumes (mandarine, citron vert). Un pouilly alerte, tout indiqué avec un tartare de saumon au citron vert. ⧗ 2024-2027

⊶ DOM. DE RIAUX, Riaux, 58150 Saint-Andelain, tél. 03 86 39 11 37, alexis.jeannot@wanadoo.fr V 🚶 🍷 *t.l.j. sf dim. 8h-13h 14h-19h*

DOM. SEGUIN Sérénissime 2022 ★

■ | 2000 | 20 à 30 €

Ce vignoble étend ses 20 ha sur les principaux terroirs de l'appellation pouilly-fumé : calcaires, marnes kimméridgiennes et silex. Créé en 1860 et transmis de père en fils depuis six générations, il est conduit depuis 2000 par Philippe Seguin, œnologue.

Au nez, notes florales et fruitées séduisent par leur élégance. Elles sont accompagnées de touches végétales et citronnées qui communiquent une sensation de fraîcheur acidulée. Juteux et harmonieux au palais, c'est un bon interprète de l'appellation. ⧗ 2024-2028

⊶ SCEA DOM. SEGUIN, Le Bouchot, 58150 Pouilly-sur-Loire, tél. 03 86 39 10 75, contact@domaineseguin.com V 🚶 🍷 *r.-v.*

CH. DE TRACY Mademoiselle de "T" 2022 ★

■ | 85000 | 🍾 | 15 à 20 €

Propriété historique du vignoble de Pouilly, le Ch. de Tracy appartient à la famille d'Assay. Son donjon date du XVes. et son porche est de style Renaissance. La vigne présente sur ces terres depuis le XIVes. couvre aujourd'hui 37 ha.

Ce pouilly impressionne d'emblée par ses arômes explosifs et solaires : fruits exotiques, cassis, fruits à chair jaune, notes florales. Une petite fraîcheur vient stimuler une bouche ronde et généreuse, encore dynamisée par une finale acidulée qui apporte une dernière touche à l'équilibre. Une cuvée bâtie pour durer. ⧗ 2026-2030

⊶ SARL CH. DE TRACY, rue du Château, 58150 Tracy-sur-Loire, tél. 03 86 26 15 12, contact@chateau-de-tracy.com V 🚶 🍷 *t.l.j. sf sam. dim. 8h-12h 14h-17h*

DOM. DE LA VILLAUDIÈRE L'Évidence 2023 ★

■ | 41000 | 🍾 | 11 à 15 €

Perché au-dessus du village de Verdigny, ce domaine offre une belle vue sur la colline de Sancerre. Couvrant 39 h répartis sur une mosaïque de 80 parcelles, il est conduit par Guillaume et Baptiste Reverdy, qui ont pris la suite de leurs parents Jean-Marie Reverdy et Catherine, héritiers d'une longue lignée vigneronne remontant au début du XVIIIes.

Au premier nez, on découvre une pointe de caramel, relayé à l'aération par un bon fruité (compote de pommes et de pêches). Ample en attaque, ronde en son milieu, la bouche affiche un côté chaleureux en finale avec un retour sur des arômes de caramel et une saveur gourmande de tarte Tatin qui confirme le caractère atypique de cette cuvée. On la verrait bien en compagnie d'une blanquette de poisson. ⧗ 2024-2028

DOM. DE LA VILLAUDIÈRE, 8, rte de Chaudenay, 18300 Verdigny, tél. 02 48 79 30 84, domaine@lavillaudiere.com V t.l.j. sf dim. 9h-12h 14h-18h

POUILLY-SUR-LOIRE

Superficie : 31 ha / Production : 1 331 hl

GILLES BLANCHET 2023 ★

	5000		5 à 8 €

Ce domaine régulier en qualité est implanté à l'entrée des Berthiers, village vigneron de la commune de Saint-Andelain. Gilles Blanchet, installé en 1991, y cultive un vignoble de 13 ha.

Au nez, ce pouilly dévoile des arômes de fleurs blanches et d'agrumes agrémentés de senteurs de noisette et d'amande douce typiques des vins de chasselas. Après une attaque ample, l'acidité monte graduellement en bouche pour finir sur un note minérale et citronnée. Un vin fringant qui s'unira sans fausse note à des rillettes de saumon à l'aneth. ⧗ 2024-2027

EARL GILLES BLANCHET, 16, rue Saint-Edmond, 58150 Saint-Andelain, tél. 03 86 39 14 03, blanchet.gilles@bbox.fr V r.-v.

DOM. LES CHAUMES 2023 ★★

	10000		5 à 8 €

Fils de viticulteurs, Jean-Jacques Bardin s'est installé en 1969 à Pouilly-sur-Loire sur 1 ha de vignes achetées à son grand-père. Il conduit aujourd'hui 45 ha avec trois de ses enfants.

Les senteurs fruitées (sorbet de poire, agrumes) et florales (jasmin) composent une agréable olfaction au charme printanier. Large en attaque, très ronde, mais aussi soutenue par une acidité finement ciselée, la bouche affiche une belle présence jusque dans sa finale sur l'amande fraîche. Une bouteille que l'on verrait bien avec une tarte Bourdaloue. ⧗ 2024-2027

SCEV JEAN-JACQUES BARDIN, Les Chaumes, 58150 Pouilly-sur-Loire, tél. 03 86 39 15 87, jean-jacquesbardin@wanadoo.fr V t.l.j.

♥ DOM. NICOLAS GAUDRY 2023 ★★

	1050		5 à 8 €

Fils de vigneron à Tracy-sur-Loire (4e génération), Nicolas Gaudry, installé en 2003 après une formation à Beaune et une expérience en Afrique du Sud, exploite avec son épouse Sandy un vignoble très morcelé entre les villages du Boisgibault et des Loges. Après le décès de son père en 2017, il a fusionné le domaine paternel avec le sien : en tout 25 ha.

Ce pouilly-sur-loire est né d'une petite et vénérable parcelle de 88 ans située sur des marnes kimméridgiennes. Bien en a pris à Nicolas Gaudry de la conserver. Le nez, d'abord réservé, s'ouvre délicatement sur des nuances d'amande et de noisette fraîches. Un fond fruité (citron pour la vivacité, pêche blanche pour la douceur) s'ajoute harmonieusement à cette palette dans une bouche ample et onctueuse, dynamisée par une belle tension minérale. Un filet de dorade aux amandes sera en parfaite compagnie. ⧗ 2024-2028

DOM. NICOLAS GAUDRY, 21, rue des Gominets, Boisgibault, 58150 Tracy-sur-Loire, tél. 03 86 26 17 92, contact@nicolas-gaudry.fr V r.-v.

DOM. ROGER PABIOT Ancestral 2023 ★

	4000		8 à 11 €

Le village de Boisgibault est situé en bordure de la réserve naturelle de la Loire. Pauline Pabiot (5e génération), après des études de « viti-œno » en Bourgogne et en Suisse, y a pris les rênes en 2017 de ce domaine familial de 22 ha, en cours de conversion bio.

La maturité se dégage dès l'entame à travers des parfums de fleurs blanches, de fruits jaunes et une pointe confite et épicée. L'ampleur et le gras en bouche sont équilibrés par une jolie acidité citronnée et par une note réglissée fort plaisante en finale. Un pouilly-sur-loire construit sur la rondeur, qui s'associera sans fausse note avec un poulet au citron confit. ⧗ 2024-2027

DOM. ROGER PABIOT, 13, rte de Pouilly, Boisgibault, 58150 Tracy-sur-Loire, tél. 06 78 33 22 53, contact.rogerpabiot@gmail.com V t.l.j. 8h-12h 13h30-18h

DOM. DE RIAUX Vieilles Vignes 2023 ★

	3200		8 à 11 €

Les Jeannot, vignerons à Saint-Andelain depuis plus de 200 ans, se sont établis sur le Dom. de Riaux en 1923. Alexis et son père Bertrand incarnent les 8e et 7e générations à la tête d'un vignoble de 17 ha : les générations passent, mais les silex restent et le talent aussi, à en juger par l'impressionnante régularité du domaine et ses nombreux coups de cœur en pouilly-fumé et pouilly-sur-loire. Incontournable.

Nous voici sur un sol d'argiles à silex, qui imprime à ce vin une minéralité (pierre à fusil) bien sentie au milieu des arômes de fruits blancs, de citron et de basilic. Ronde en attaque, la bouche se dirige ensuite vers des sensations plus vives, avant de s'achever sur une agréable tension. ⧗ 2024-2027

DOM. DE RIAUX, Riaux, 58150 Saint-Andelain, tél. 03 86 39 11 37, alexis.jeannot@wanadoo.fr V t.l.j. sf dim. 8h-13h 14h-19h

QUINCY

Superficie : 249 ha / Production : 11 542 hl

C'est sur les bords du Cher, non loin de Bourges et près de Mehun-sur-Yèvre, lieux riches en souvenirs historiques du XVes., que s'étendent les vignobles de Quincy et de Brinay, couvrant des plateaux de

graves sablo-argileuses sur calcaires lacustres. Le seul cépage sauvignon fournit des vins légers et distingués, parmi les plus élégants de Loire dans le type frais et fruité, qui peuvent toutefois s'exprimer différemment selon la nature des sols.

DOM. DE LA COMMANDERIE 2023 ★

| 68 000 | 8 à 11 €

Jean-Charles Borgnat est passé en 1983 des plateformes pétrolières à la viticulture, mettant également à profit dans cette nouvelle activité sa formation de géologue. Il travaille d'abord dans le domaine familial, puis crée ex nihilo cette exploitation en 1993 (près de 9 ha en quincy). En 2008, il acquiert un vignoble en reuilly, qui compte aujourd'hui 3,5 ha.

Au nez, les arômes de pamplemousse, mêlés de notes de fruits à chair blanche et de fleur de tilleul, s'expriment avec franchise et netteté. La bouche, dotée d'une bonne acidité et soutenue par une petite amertume, apparaît ample et longue. Un ensemble des plus harmonieux. ⧗ 2024-2027

DOM. DE LA COMMANDERIE, 8, rue des Champs-Moreaux, 18120 Cerbois, tél. 06 67 77 64 55, commanderieborgnat@gmail.com V r.-v.

DOM. PIERRE DURET 2023 ★

| 150 000 | 11 à 15 €

Pierre Duret fut le dernier vigneron de sa lignée. N'ayant pas de successeur, il a cédé son vignoble en 1994 à la famille Joseph Mellot. Le domaine (18 ha) est situé à quelques kilomètres du château royal de Mehun-sur-Yèvre.

Avec ses senteurs de fumé et d'argile, ce quincy affiche d'emblée sa minéralité. Fraîche en attaque, la bouche laisse monter une acidité qui imprime un fin relief à sa texture soyeuse, tandis que des notes citronnées et épicées ajoutent à la vivacité à la finale. Que diriez-vous de le servir avec une quiche aux poireaux et au saumon fumé? ⧗ 2024-2026

DOM. PIERRE DURET, Le Buisson-Long, rte de Quincy, 18120 Brinay, tél. 02 48 51 30 17, jeanmichelsorbe@jeanmichelsorbe.com V *t.l.j. sf dim. 9h-12h 14h-18h*

DOM. GRAND ROSIÈRES 2023 ★

| 70 000 | 11 à 15 €

Producteur de céréales jusqu'en 1995, Jacques Siret a diversifié son activité en achetant 1,5 ha de vignes. À sa retraite, ses enfants Vincent et Clément ont pris la relève, à la tête aujourd'hui de 8,8 ha entièrement consacrés au quincy.

Aux premières senteurs variétales (buis, pamplemousse) succèdent des touches minérales (argile) et épicées. Une attaque grasse est relayée par une fine acidité qui s'installe progressivement pour culminer dans une finale vive et persistante. Un beau potentiel pour ce quincy alerte, que l'on verrait bien sur une cassolette de fruits de mer. ⧗ 2024-2028

DOM. DU GRAND ROSIÈRES, Le Grand-Rosières, 18400 Lunery, tél. 06 63 51 71 18, contact@domaines-siret.fr V r.-v.

DOM. LECOMTE 2023 ★

| 78 000 | 11 à 15 €

Bruno Lecomte s'est lancé dans la viticulture en 1995, en achetant 1,5 ha de vignes en appellation quincy. Entre-temps, son fils Nicolas l'a rejoint en 2006 sur un vignoble couvrant désormais 13 ha, dont 3 ha en châteaumeillant. Depuis janvier 2018, ce dernier est désormais seul aux commandes.

Des arômes de rhubarbe, de zeste d'agrumes et une touche d'épices douces ouvrent agréablement la dégustation. Au palais, la souplesse et le gras de l'attaque sont relayés par une fine acidité qui s'affirme avec plus d'intensité en finale. Un quincy sobre et équilibré, à servir sur une lotte à l'armoricaine par exemple. ⧗ 2024-2026

DOM. LECOMTE, 10, rue des Épinettes, 18800 Farges-en-Septaine, tél. 02 34 29 44 09, nicolas@domaine-lecomte.com V r.-v.

ANDRÉ PIGEAT 2023 ★

| 50 000 | 8 à 11 €

Un domaine situé dans une ancienne propriété de Charles VII. En 2001, Philippe Pigeat, après des études en chimie, s'est converti à la vigne et au vin pour reprendre les commandes de l'exploitation (8,5 ha) créée par son père en 1967.

Le sauvignon s'exprime intensément à travers des notes de buis et de pamplemousse, agrémentées de fines nuances d'abricot et de poire. Souple en attaque, fraîche et légère en son milieu, la bouche est stimulée par une bonne trame acide et par une touche saline marquée. Bien représentatif de l'appellation, ce quincy accompagnera volontiers une bourriche d'huîtres. ⧗ 2024-2026

ANDRÉ PIGEAT, 18, rte de Cerbois, 18120 Quincy, tél. 06 07 13 72 03, philippe-pigeat@orange.fr V *t.l.j. sf sam. dim. 9h-12h 14h-18h*

DOM. ROUX La Quincyte 2022 ★

| 6 000 | 11 à 15 €

Après sept années passées en Asie dans une activité commerciale, Albin Roux a pris en 2016 les commandes du domaine à la suite de Jean-Claude, son père, producteur à Quincy depuis 1994 et issu d'une famille de céréaliers. Le vignoble couvre aujourd'hui près de 8 ha en appellation quincy et 3 ha en châteaumeillant.

La fraîcheur et la délicatesse du bouquet (fleurs blanches, litchi, citron confit) séduisent d'emblée. Séduction prolongée par une bouche ample et ronde, réhaussée en finale de touches amères et salines qui portent longuement la finale. ⧗ 2024-2026

DOM. ROUX, 21, chaussée de Chappe, 18000 Bourges, tél. 06 19 94 73 37, a.roux@domain-roux.com V r.-v. 5

DOM. SIRET-COURTAUD 2023 ★

| 90 000 | 11 à 15 €

Fils de Jacques Siret, producteur de céréales jusqu'en 1995 avant de passer à la vigne, Vincent Siret-Courtaud, ingénieur agronome et œnologue, fait ses classes à Gaillac avant de s'installer en 2006 en appellation quincy, complétée par 3 ha de châteaumeillant en 2010. En 2015, après le départ à la retraite de son

père, il reprend avec son frère Clément le Dom. du Grand Rosières (7 ha en quincy).

Un fruité mûr (pêche, poire, agrumes) et quelques touches florales et épicées ouvrent agréablement la dégustation. La bouche, dans la continuité aromatique, s'appuie sur une acidité discrète et une sensation légèrement tannique qui viennent contrebalancer la suavité qui l'imprègne de bout en bout. Tout indiqué pour un poisson ou une volaille en sauce crémée. ⧗ 2024-2026

⊶ DOM. SIRET-COURTAUD, Le Grand-Rosières, 18400 Lunery, tél. 06 63 51 71 18, contact@domaines-siret.fr V 🚶 ▪ *r.-v.*

♥ DOM. JEAN-MICHEL SORBE 2023 ★★

■ | 64 000 | 🍾 | 11 à 15 €

Cette maison regroupe un domaine viticole (14 ha) et une activité de négoce qui connaissent le même succès. Un ensemble repris en 1999 par la famille Joseph Mellot, qui a développé un espace œnotouristique au siège de l'exploitation.

La complexité des arômes donne d'emblée le ton : se déploient les senteurs les plus élégantes du sauvignon (fruits exotiques, citron), qui se fondent dans les nuances de fleurs et de fruits blancs. Une touche de minéralité (caillou) complète joliment le tableau. Ample, grasse et ferme à la fois, la bouche affiche une puissance et un potentiel admirables dans le millésime. Accord (très) gourmand en perspective avec un brochet en sauce. ⧗ 2024-2029

⊶ DOM. JEAN-MICHEL SORBE, Le Buisson-Long, rte de Quincy, 18120 Brinay, tél. 02 48 51 30 17, jeanmichelsorbe@jeanmichelsorbe.com V 🚶 ▪ *t.l.j. sf dim. 9h-12h 14h-18h*

DOM. DU TREMBLAY Les Demoiselles Tatin 2023 ★

■ | 110 805 | 🍾 | 11 à 15 €

Chantal Wilk et Jean Tatin exploitent un domaine de 12 ha créé en 1993 à partir de parcelles initialement dépendantes du château de Brinay. Le grand corps de ferme du XVIII[e]s. abrite une cave enterrée et un caveau de dégustation pour les groupes.

Le nez, léger autant que délicat, exhale des notes de fruits exotiques et d'agrumes arrondies par une pointe miellée. Charnue et d'une belle fraîcheur à la fois, persistante sur des arômes de fleurs blanches et de citron, la bouche présente un équilibre très assuré. Pourquoi pas sur une tatin d'endives ? ⧗ 2024-2026

⊶ DOM. DU TREMBLAY, Le Tremblay, 18120 Brinay, tél. 02 48 75 20 09, contact@domaines-tatin.com V 🚶 ▪ *t.l.j. sf sam. dim. 8h-12h 14h-17h30* 🏠 Ⓔ

REUILLY

Superficie : 202 ha
Production : 10 739 hl (53 % blanc)

Par ses coteaux accentués et bien ensoleillés, par ses sols remarquables, Reuilly semble prédestiné à la viticulture. L'appellation recouvre 7 communes situées dans l'Indre et le Cher, dans une région charmante traversée par les vertes vallées du Cher, de l'Arnon et du Théols. Le sauvignon produit des blancs secs et fruités, qui prennent ici une ampleur remarquable. Le pinot gris fournit localement un rosé de pressoir tendre et délicat, qui risque de disparaître, supplanté par le pinot noir dont on tire également d'excellents rosés, plus colorés, mais surtout des rouges pleins, toujours légers, au fruité affirmé.

♥ DOM. AUJARD Tradition 2023 ★★

■ | 25 000 | 🍾 | 8 à 11 €

Régulièrement sélectionné dans le Guide, et souvent aux meilleures places, Bernard Aujard, installé en 1988 est une valeur sûre du vignoble du Centre. Ses fils Damien (en 2012) et David (en 2017) l'ont rejoint sur un domaine qui couvre aujourd'hui 8,5 ha.

Ce rouge réjouissant attire l'œil par sa teinte violine intense. L'olfaction, centrée sur les petits fruits rouges (framboise, fraise), traduit à merveille l'expression du pinot noir sur argilo-calcaire. En bouche, le vin se révèle rond, gras, charnu, soutenu sur la longueur par des tanins fins et soyeux. Une vraie gourmandise. ⧗ 2024-2029 ■ **Les Varennes 2023 ★★ (8 à 11 €; 5000 b.)** Issue de la parcelle argilo-calcaire qui lui a donné son nom, cette cuvée Varennes séduit d'emblée par son superbe fruité associant la fraîcheur du pamplemousse à la douceur des fruits blancs et jaunes. L'opération séduction se poursuit en bouche avec une rondeur gourmande, un gras prononcé et une vivacité palpitante en finale qui confèrent beaucoup de volume à ce ce reuilly très racé. ⧗ 2024-2028

⊶ DOM. AUJARD, 2, rue du Bas-Bourg, 18120 Lazenay, tél. 02 48 51 73 69, domaineaujard@wanadoo.fr V 🚶 ▪ *t.l.j. 9h-12h 13h30-18h30; sam. dim. sur r.-v.*

GÉRARD BIGONNEAU 2023 ★

■ | 40 000 | 🍾 | 11 à 15 €

En s'installant en 1990, Gérard Bigonneau a transformé cette exploitation céréalière, par ailleurs tournée vers le tourisme à la ferme, en domaine viticole. Depuis 2007, c'est sa fille Virginie, œnologue, qui conduit les 18 ha de vignes en appellations reuilly et quincy.

Les notes d'agrumes et de fruits blancs sont accompagnées d'une minéralité soufrée. Frais, facile, très agréable en finale, ce reuilly tout en élégance allie maturité et vivacité. ⧗ 2024-2026

⊶ EARL BIGONNEAU, La Chagnat, 18120 Brinay, tél. 02 48 52 80 22, earl-bigonneau@orange.fr V 🚶 ▪ *r.-v.*

DOM. CHARPENTIER Les Beaumonts 2022 ★

■ | 10 000 | 🍾 | 11 à 15 €

L'un a fait ses études en Bourgogne, l'autre à Bordeaux. Représentant la troisième génération, Géraud et Jean-Baptiste Charpentier ont pris en 2012 la succession de leur père François, qui s'était investi dans le renouveau de l'appellation reuilly. Le vignoble couvre 23 ha.

La trame de minéralité iodée, accompagnée d'une note de pointe d'asperge garantit la fraîcheur de ce reuilly tout en finesse, d'un bel équilibre de bout en bout. ⧗ 2024-2026 ■ **L'Entière 2022 ★ (11 à 15 €; 10 000 b.)** Une touche balsamique au premier nez, une dominante de fruits confiturés ensuite (pruneau, figue), puis une pointe végétale ressortent sur un fond de fraîcheur. La bouche, bien équilibrée et plutôt légère, est soutenue par des tanins fins et vifs. ⧗ 2024-2027

⊸ DOM. DU CHARPENTIER, Le Bourdonnat, rte de Saint-Pierre-de-Jards, 36260 Reuilly, tél. 06 71 90 66 43, charpentier.vins@orange.fr V r.-v.

DOM. DE CHEVILLY La Licorne rouge 2023 ★

■ | 3200 | | 11 à 15 €

Yves Lestourgie et son frère Antoine ont créé en 1994 ce domaine sur 1,5 ha et planté eux-mêmes l'essentiel du vignoble, qui couvre aujourd'hui 12 ha en quincy et 1 ha en reuilly rosé. La cave est aménagée dans des bâtiments agricoles datant du XVIIIᵉs. En 2009, après plusieurs expériences en France et à l'étranger, Géraldine, l'épouse d'Yves, a rejoint la propriété.

Au nez, se dévoilent des arômes de fruits noirs qui s'amplifient au fur et à mesure de l'aération. La souplesse des tanins et la rétro-olfaction fruitée (framboise) donnent de l'aisance et de l'élégance au palais. Parfait avec un sauté de veau aux pruneaux. ⧗ 2024-2027

⊸ GAEC DOM. DE CHEVILLY, 52, rue de Chevilly, 18120 Méreau, tél. 02 48 52 80 45, domaine.de.chevilly@gmail.com V t.l.j. sf sam. dim. 8h30-12h 14h-17h

DOM. CORDAILLAT Tradition 2023 ★

■ | 20 000 | | 11 à 15 €

Créé en 1995 à partir d'à peine plus d'1 ha par Michel Cordaillat et repris en 2017 par Pascal Dethune, le domaine s'est agrandi régulièrement : il compte aujourd'hui 15 ha de vignes bien exposées au sud-est et disséminées sur quatre des six communes constituant l'appellation reuilly.

Les arômes de fruits noirs compotés monopolisent l'olfaction, complétés d'une légère nuance de fumé. Au premier toucher, la bouche montre une douceur agréable et un bon volume, avec en soutien une structure tannique quelque peu intempestive en finale qui s'assouplira avec le temps. ⧗ 2025-2029

⊸ DOM. CORDAILLAT, 5, rte de Massay, 36260 Reuilly, tél. 06 84 77 87 19, domainecordaillat@orange.fr V lun. mar. jeu. ven. 14h-18h

DOM. DANIEL 2023 ★

■ | 9000 | | 8 à 11 €

Née en 2001, la société de la fratrie Daniel a débuté avec 2,5 ha de vignes et une récolte vendue sur pied. Associé à Marc, son frère, et à sa sœur Anne-Sophie, Philippe Daniel a vinifié son premier millésime en 2011. Il conduit aujourd'hui un vignoble de 5,5 ha.

La sobriété n'empêche pas le charme, bien au contraire, semble nous dire cette cuvée. Des plus classiques dans l'élégance de ses arômes (agrumes, fruits blancs), elle s'exprime au palais avec beaucoup de subtilité : la douceur et la fraîcheur, la fine vivacité et le fondu se mêlent dans une délicate harmonie. ⧗ 2024-2027

⊸ DOM. DANIEL, 58, av. Wilson, 36260 Reuilly, tél. 06 61 83 90 36, scev.daniel.reuilly@orange.fr V r.-v.

DOM. DYCKERHOFF 2023 ★★

■ | 15 000 | | 8 à 11 €

C'est en Alsace que Christian Dyckerhoff a découvert le métier de vigneron et rencontré Bénédicte, viticultrice de la région, qui l'a rejoint dans le Berry. Le couple s'est installé en 2000 et conduit son domaine en appellation reuilly.

Ce reuilly apparaît dans une robe rubis vif, empreint au nez de la fraîcheur acidulée de la fraise. En bouche, il marie la rondeur et la sucrosité fruitée à des tanins soyeux, un peu plus astringents en finale, où les arômes de fruits rouges confits laissent sur une longue sensation savoureuse. ⧗ 2025-2028 ■ **Petit Gris 2023 ★ (8 à 11 €; 10 000 b.)** Ce reuilly affiche le fond de fraîcheur fruitée typique du pinot gris, mais aussi une minéralité plus rare. En bouche, il se révèle charnu et chaleureux, imprégné d'arômes de marmelade de fruits (pêche, abricot). Un rosé gourmand et frais à la fois. ⧗ 2024-2025

⊸ EARL DU CARROIR DU GUÉ, 8, Le Carroir-du-Gué, Plou, 18290 Plou-Charost, tél. 02 48 26 20 46, contact@domaine-dyckerhoff.fr V r.-v.

DOM. GUILLEMAIN 2023 ★★

■ | 10 000 | | 8 à 11 €

Jean-Sylvain Guillemain a créé son exploitation en 1992 en rachetant 1 ha de vignes à un viticulteur qui prenait sa retraite. Vingt ans plus tard, il a été rejoint par ses deux filles Aline et Lucie. Leur vignoble couvre près de 3 ha en appellation reuilly.

Encore sur la réserve, ce reuilly dévoile au nez de jolies notes de fruits confiturés (cerise, mûre, cassis) agrémentées d'une discrète nuance végétale. En bouche, il séduit par son volume et par ses tanins à la fois soyeux et serrés. Encore un peu de patience avant de le servir sur une belle pièce de bœuf. ⧗ 2025-2028 ■ **Pinot gris 2022 ★ (11 à 15 €; n.c.)** Le nez? Un grand bol de fruits mêlés de notes de fleur d'acacia. La bouche ? De la fraîcheur, du fruit toujours et une finale plus douce. Un rosé expressif et harmonieux. ⧗ 2024-2025

⊸ SARL GUILLEMAIN PÈRE ET FILLES, Palleau, 18120 Lury-sur-Arnon, tél. 02 48 52 99 01, domaineguillemain@orange.fr V r.-v.

B DENIS JAMAIN
Les Chênes de mon grand-père 2022 ★

■ | 1430 | | 20 à 30 €

Petit-fils de viticulteurs, Denis Jamain a constitué son domaine en 1988. La quasi-totalité de son vignoble est implantée sur des terrains de formation kimméridgienne, adaptés au sauvignon comme au pinot noir. Après plusieurs années en lutte raisonnée, le domaine (21 ha) est aujourd'hui pour l'essentiel en bio certifié. Il a été repris en 2021 par Joseph et Marie De Maistre, également propriétaires du Prieuré de Saint Céols en menetou-salon.

Des notes généreuses et gourmandes de fruits confits et de miel ouvrent la dégustation. Une impression de maturité poussée que confirme la bouche par sa densité et son gras, avec le soupçon de fraîcheur nécessaire pour garder l'équilibre. Un bel exemple de rosé qui pourra vieillir un peu. ⧗ 2024-2026

SASU DOM. DE REUILLY, 20, rte d'Issoudun, 36260 Reuilly, tél. 09 61 41 86 43, domaine@josephdemaistre.com V t.l.j. sf sam. dim. 10h-12h30 13h30-17h

DOM. DE LA PAGERIE Les Belles Terres 2023 ★★

| 5000 | | 15 à 20 € |

Un jeune domaine créé en 2017 par Baptiste Pointereau en plein cœur de Reuilly, sur 12 ha de vignes certifiés en agriculture biologique.

Dégustée en cours d'élevage sur lies, dont 20 % en demi-muids, cette cuvée déroule de magnifiques senteurs de fruits blancs et jaunes, agrémentées des notes plus toniques de pamplemousse. La bouche se montre souple en attaque, plus droite dans son développement et d'une vivacité pénétrante en finale. De la présence, de la personnalité, du potentiel. ⧗ 2025-2028 **Les Terres de silice 2023 ★ (11 à 15 €; 50000 b.)** Des arômes de fruits blancs, de chèvrefeuille et de fumé, et une bouche franche et tendue composent un blanc alerte et facile d'accès, simple mais pas simpliste. ⧗ 2024-2026

SCEV DE LA PAGERIE, 16, chem. du Boulanger, 36260 Reuilly, tél. 06 45 28 69 76, contact@domainedelapagerie.fr V r.-v.

ROMAIN ET JEAN-PIERRE PONROY
Insolite 2023 ★

| 5100 | | 8 à 11 € |

L'un des derniers domaines créés à Reuilly. C'est en 2004 que Jean-Pierre Ponroy, céréalier, convaincu par son fils Romain, commence l'aventure en louant des vignes. Depuis, le père et le fils, qui ont étendu leur domaine par leurs propres plantations (5,5 ha sur des coteaux de marnes calcaires et des hautes terrasses de sables et de graves), commercialisent eux-mêmes leurs vins.

Avec ses parfums complexes d'anis, de réglisse, d'orange sanguine et de pivoine, l'olfaction inspire la fraîcheur. La bouche, quant à elle, se montre ronde et onctueuse. Un rosé gourmand, au relief bien dessiné. ⧗ 2024-2025

DOM. PONROY, 80, rue des Combattants-AFN, 36260 Reuilly, tél. 02 54 49 20 14, ponroy.jean-pierre@orange.fr V t.l.j. 9h-12h 14h-18h; sam. dim. sur r.-v.; f. 1er-20 août

DOM. VALÉRY RENAUDAT Les Lignis 2023 ★

| 60000 | | 11 à 15 € |

Installé en 1999 sur 2,5 ha à cheval sur Reuilly et Quincy, Valéry Renaudat exploite désormais 34 ha de vignes sous deux étiquettes (Valéry Renaudat et Dom. du Chêne vert). Il s'impose comme l'une des valeurs sûres de ces appellations.

D'un rubis limpide et élégant, ce reuilly exhale de belles notes acidulées de framboise. D'une légèreté croquante en bouche, finissant sur une pointe plus serrée, il reste bien équilibré. Une valeur sûre dans le style fruité. ⧗ 2024-2027 **Le Sentier 2022 ★ (15 à 20 €; 6000 b.)** Le côté chocolaté provenant de l'élevage en fût respecte parfaitement les arômes fruités du pinot noir (cerise, framboise et fraise). La bouche se montre ronde, un peu plus tannique en finale et de bonne longueur. ⧗ 2024-2027 **Les Lignis 2023 ★ (11 à 15 €; 70000 b.)** Ce blanc bien gourmand se distingue par ses saveurs de fruits exotiques et de fleurs blanches et par son beau volume. ⧗ 2024-2026

DOM. VALÉRY RENAUDAT, 3, pl. des Écoles, 36260 Reuilly, tél. 06 78 52 85 40, domaine@valeryrenaudat.fr V t.l.j. sf dim. 8h-12h 14h-18h

DOM. JEAN-MICHEL SORBE Pinot gris 2023 ★

| 17500 | | 11 à 15 € |

Cette maison regroupe un domaine viticole (14 ha) et une activité de négoce qui connaissent le même succès. Un ensemble repris en 1999 par la famille Joseph Mellot, qui a développé un espace œnotouristique au siège de l'exploitation.

Au nez, des arômes suaves de pêche jaune et de pâte d'amande côtoient des notes mentholées et anisées plus fraîches. Nette en attaque, la bouche se montre volumineuse, onctueuse et persistante. Un rosé plein de séduction. ⧗ 2024-2025

DOM. JEAN-MICHEL SORBE, Le Buisson-Long, rte de Quincy, 18120 Brinay, tél. 02 48 51 30 17, jeanmichelsorbe@jeanmichelsorbe.com V t.l.j. sf dim. 9h-12h 14h-18h

DOM. LUC TABORDET 2023 ★

| 16000 | | 11 à 15 € |

Fils de vigneron sancerrois et maître de chai du domaine Mardon (Quincy) de 2004 à 2011, Luc Tabordet a créé son domaine en 2011 en reprenant les vignes en reuilly du domaine Mardon, complétées par de nouvelles acquisitions. Il dispose désormais de 6 ha en sauvignon, pinot noir et pinot gris.

Le nez, encore fermé, laisse percer un fruité prometteur (agrumes, fruits blancs) et une touche de minéralité à l'aération. Animée d'une bonne vivacité, la bouche tient parfaitement l'équilibre des saveurs. Un reuilly frais et alerte, qui pourra vieillir et que l'on verrait bien avec une papillote de saumon aux artichauds. ⧗ 2024-2027 **2022 ★ (15 à 20 €; 16000 b.)** Vendangée en début de campagne, cette cuvée a conservé tout son fruit. Quelques notes de cacao et des tanins de bonne constitution traduisent en outre un élevage en fûts réussi. ⧗ 2024-2027

LUC TABORDET, 40, rte de Reuilly, 18120 Quincy, tél. 02 48 51 31 60, luc.tabordet@gmail.com V r.-v.

DOM. TATIN Coignons 2023 ★★

| 1333 | | 15 à 20 € |

Jean Tatin, épaulé par son épouse Chantal Wilk, tient ce domaine de sa famille maternelle, qui en est propriétaire depuis 1873. Établi à Brinay, il y a fait ses premières vendanges dans les années 1950. Maroussia, la plus jeune de ses trois filles, a repris l'exploitation, complétée par Les Ballandors en appellation quincy.

La parcelle Les Coignons est située sur un beau coteau argilo-calcaire du kimméridgien. Dans le verre, se déploient des senteurs de fruits à chair blanche, de fruits exotiques et des nuances florales qui dessinent

LOIRE

un blanc complexe. Ample, grasse et fraîche à la fois, la bouche affiche un équilibre très assuré et se voit réhaussée d'une belle touche de vivacité citronnée en finale. ⧗ 2024-2027 ■ **Les Demoiselles Tatin 2023 ★ (11 à 15 €; 23 867 b.)** Les évocations de fleurs et de fruits blancs communiquent une grande fraîcheur dès le premier nez. La bouche, doté d'un gras impressionnant, se révèle ample et suave, avant de s'achever sur un ton plus incisif qui contrebalance ces sensations et lui confère une longue persistance. ⧗ 2024-2027 ■ **Les Demoiselles Tatin 2023 ★ (11 à 15 €; 17 000 b.)** Marmelade d'abricots et pêches, ce rosé affiche un profil solaire à l'olfaction, contrebalancé par une réelle fraîcheur en bouche, où il se montre ouvert et croquant. ⧗ 2024-2025

SCEV LES DEMOISELLES TATIN, Le Tremblay, 18120 Brinay, tél. 02 48 75 20 09, domainestatin@gmail.com V t.l.j. sf sam. dim. 8h-12h 14h-17h30

DOM. DES VICTOIRES 2022 ★

■	3000		15 à 20 €

En 1991, Philippe Portier a relancé la culture de la vigne sur cette exploitation familiale de 22 ha dédiée essentiellement au quincy (1 ha de reuilly) et commandée par une ancienne berrichonne entièrement restaurée.

Bien typé par ses arômes de cerise, ce reuilly dévoile aussi de subtiles nuances briochées, minérales et animales. Puissant, large, porté par des tanins assez vifs en finale, ce reuilly ne craindra pas quelques années de garde. On lui réservera une viande rouge sauce épicée. ⧗ 2025-2028

SCA DOM. DES VICTOIRES, Dom. de la Brosse, 18120 Brinay, tél. 02 48 51 04 47, commerce@domaineportier.com V t.l.j. sf sam. dim. 8h-12h 14h-18h

SAINT-POURÇAIN

Superficie : 695 ha
Production : 21 297 hl (71 % rouge et rosé)

Le paisible et plantureux Bourbonnais (département de l'Allier) possède aussi un vignoble, sur 19 communes, au sud-ouest de Moulins. Les vignes croissent sur les coteaux de la vallée de la Sioule ou sur des plateaux calcaires, à proximité. Les blancs ont fait autrefois la réputation de Saint-Pourçain; un cépage local, le tressallier, est assemblé au chardonnay et au sauvignon, donnant une grande originalité aromatique à ces vins. Aujourd'hui, les rouges sont les plus nombreux. Fruités et charmeurs, ils proviennent de l'assemblage de gamay et de pinot noir.

DOM. DE BELLEVUE Vieilles Vignes 2023 ★

■	5500		11 à 15 €

Un domaine de référence en saint-pourçain, créé en 1922. Incarnant la quatrième génération, Jean-Louis Pétillat est aux commandes depuis 1982. Il exploite aujourd'hui 22 ha de vignes (confiées en 2014 à la responsabilité de Jacques Gautier) au cœur du vignoble bourbonnais, commandé par des bâtiments du XIXᵉs.

Mi-gamay mi-pinot noir, cette cuvée s'ouvre sur les fruits rouges et noirs saupoudrés d'épices. En bouche, elle renoue avec le fruit et affiche un bon volume autour de tanins soyeux, un peu plus sévères en finale. Encore un peu de patience. ⧗ 2026-2030

DOM. DE BELLEVUE, lieu-dit Bellevue, 03500 Meillard, tél. 04 70 42 05 56, ledomaine@saintpourcain-bellevue.fr V t.l.j. sf lun. dim. 9h30-12h30 14h-18h

DOM. DE LA FONTAINE Le Corbeau et le Renard 2022 ★

■	3000		15 à 20 €

Un domaine familial repris en 2022 par Fabien Malavaud, à la tête aujourd'hui de 7 ha en cours de conversion bio. Les vins produits renvoient à Jean de la Fontaine, avec « l'idée d'allier la culture au plaisir, des souvenirs à la suavité du vin. »

Fabien Malavaud nous conte une belle histoire avec cet assemblage à parts égales de pinot noir et de gamay. Au nez, les notes vanillées de l'élevage partiel en fût s'associent aux fruits rouges, à la cerise notamment. On retrouve le mariage boisé-fruité dans une bouche ronde et fluide, soutenue par des tanins soyeux et une pointe d'acidité qui rafraîchit. La finale, plus stricte, appelle un peu de garde. ⧗ 2025-2028

DOM. DE LA FONTAINE, 8, rue Saint-Julien, 03500 Saulcet, tél. 06 01 48 74 16, contact@domaine-fontaine.fr r.-v.

DOM. JALLET SADOT 2023 ★

■	20000		5 à 8 €

Ce domaine de 10,7 ha créé en 1913 par Jean-Marie Jallet est situé à deux pas du pittoresque village de Verneuil-en-Bourbonnais. Il est conduit depuis 1990 par Philippe Jallet, qui incarne la quatrième génération à la tête de la propriété et qui s'est associé en 2023 avec David Sadot, d'où le changement de nom du Dom. Jallet en Dom. Jallet Sadot.

D'intenses notes de fruits rouges se dégagent du verre. Elles trouvent un écho persistant dans une bouche chaleureuse et soyeuse, stimulée par une finale plus acidulée et un brin plus tannique. ⧗ 2024-2027

DOM. JALLET SADOT, 34, place des Cailles, 03500 Saulcet, tél. 06 18 79 55 23, svecjalletsadot@orange.fr V t.l.j. 8h-12h 14h-19h

DOM. RAY Tradition 2023 ★

■	5000		5 à 8 €

Cette exploitation, acquise par la famille Ray en 1929, s'est agrandie au fil des générations pour couvrir aujourd'hui 15 ha. En 2011, la 5ᵉ génération, représentée par Fanny et Alexandre Pinet, la fille et le gendre de François Ray, a rejoint le domaine, très régulier en qualité. Outre le saint-pourçain, on produit ici des vins d'orange, de noix, du vinaigre balsamique et même du... limoncello!

Ce pur gamay s'ouvre sur des arômes gourmands et frais de fruits rouges. La palette s'enrichit de nuances réglissées dans une bouche alerte, croquante, finement acidulée et de bonne longueur. ⧗ 2024-2025

DOM. FRANÇOIS RAY, 8, rue Louis-Neillot, 03500 Saulcet, tél. 04 70 45 35 46, ray.francois@akeonet.com V t.l.j. 9h-12h 15h-19h

SANCERRE

Superficie : 2 830 ha
Production : 135 393 hl (79 % blanc)

Perché sur un piton rocheux, Sancerre domine la Loire et son vignoble, réputé dès le Moyen Âge. Sur 14 communes s'étend un magnifique réseau de collines parfaitement adaptées à la viticulture, bien exposées et protégées. Les sols portent des noms locaux : « terres blanches » (marnes argilo-calcaires du kimméridgien); « caillottes » et « griottes » (calcaires); « cailloux » ou « silex » (sols siliceux du Tertiaire). Deux cépages règnent à Sancerre : le sauvignon en blanc et le pinot noir en rouge. Le premier s'épanouit dans des blancs frais, jeunes et fruités, qui prennent des nuances différentes selon les types de sols; le second s'exprime dans des rosés tendres et subtils, et dans des rouges légers, parfumés et amples. Sancerre, c'est aussi un milieu humain particulièrement attachant. Il n'est pas facile, en effet, de produire un grand vin avec le sauvignon, cépage de deuxième époque de maturité, non loin de la limite nord de la culture de la vigne, à des altitudes de 200 à 300 m et sur des sols qui comptent parmi les plus pentus du pays, d'autant que les fermentations se déroulent en fin de saison dans des conditions délicates.

DOM. BAILLY-REVERDY 2023 ★★

■	11 000		15 à 20 €

Un domaine réputé créé en 1952 dans le village vigneron de Bué par Bernard Bailly et son épouse Marie-Thérèse Reverdy. Après Jean-François, leur fils, disparu en 2006, c'est leur cadet Franck, installé en 1991, qui conduit les 24 ha de vignes, épaulé depuis 2010 par son neveu Aurélien. Une valeur sûre du Sancerrois, en rouge comme en blanc.

Pâle à reflets argentés, la teinte est typique des rosés vinifiés « en gris ». Le nez est sur la même ligne : discret mais délicat, fruité (pêche, agrumes) et frais (pois, menthe). La bouche, au diapason, marie harmonieusement la vivacité et le volume, richesse et élégance. Un rosé de gastronomie. ⧗ 2024-2025 ■ **Les Monts damnés 2022 ★ (20 à 30 €; 5 000 b.)** L'élevage en fûts marque nettement le nez de notes vanillées et grillées mais ne masque pas les senteurs florales et minérales du vin. La bouche offre beaucoup de rondeur et une petite pointe acide qui allonge la finale. ⧗ 2026-2029

DOM. BAILLY-REVERDY, La Croix-Saint-Laurent, 43, rue de Venoize, 18300 Bué, tél. 02 48 54 18 38, contact@bailly-reverdy.fr r.-v.

PASCAL BALLAND 2023 ★★

■	60 000		11 à 15 €

Pascal Balland est l'un des derniers maillons d'une longue chaîne de vignerons aux nombreuses ramifications, enracinée à Bué depuis le milieu du XVIIᵉs. Il exploite ce vignoble de 9,5 ha depuis 1984.

Ouvert et franc, le nez dévoile des notes fruitées (poire, pêche, citron) enrichies d'une fraîcheur épicée et légèrement végétale (feuille de tomate). La bouche affiche un gras prononcé qui la remplit de douceur, avec en soutien une fine acidité qui lui donne de la fermeté et du grain. De grande persistance, il saura aussi séduire après quelques années de garde. ⧗ 2026-2030

PASCAL BALLAND, rue Saint-Vincent, 18300 Bué, tél. 02 48 54 22 19, pascalballand@wanadoo.fr V t.l.j. 8h-12h 13h30-18h; sam. dim. et visites sur r.-v.

DOM. BIZET Dolium 2022 ★

■	2 000		11 à 15 €

Célestin Bizet plante les premiers pieds de vigne en 1900. Issu de la quatrième génération, Thibault Bizet s'est installé en 2005. Il gère un domaine de 12,5 ha au côté de sa mère Maryline.

Les notes vanillées et briochées traduisent un élevage en fûts. En arrière-plan se dévoilent de délicates nuances épicées et une touche de fraîcheur végétale. La bouche se révèle peu à peu : d'abord discrète, elle monte en puissance pour culminer dans une finale saline et bien ciselée. ⧗ 2025-2028 ■ **2023 ★ (8 à 11 €; 2 000 b.)** Au nez, les arômes floraux s'agrémentent d'une touche de minérale de pierre à fusil. On les retrouve dans une bouche sur le gras et la sucrosité, équilibrée en finale par une agréable pointe de fraîcheur. ⧗ 2024-2025

EARL DOM. BIZET, 3, rue des Vignerons, Chambre, 18300 Sury-en-Vaux, tél. 02 48 79 34 43, domaine.bizet@orange.fr V

B HENRI BOURGEOIS Grande Réserve 2023 ★

■	170 000		15 à 20 €

À sa création par Henri Bourgeois en 1950, la propriété comptait 1,5 ha de vignes à Chavignol. Aujourd'hui, la dernière génération (Arnaud, Jean-Christophe et Lionel) est à la tête de 72 ha répartis sur 120 parcelles, sans compter les 30 ha du Clos Henri Vineyard acquis en Nouvelle-Zélande. Une valeur sûre du Sancerrois.

Née d'un assemblage de terroirs argilo-calcaires, cette cuvée offre un bouquet ouvert : poire, citron vert, muguet, note iodée, réglisse. D'une franche vivacité dès l'attaque, la bouche apparaît ample et d'une belle longueur. ⧗ 2024-2028

HENRI BOURGEOIS, Chavignol, 18300 Sancerre, tél. 02 48 78 53 20, domaine@famillebourgeois-sancerre.com V t.l.j. 10h-18h

B DOM. DE CHAMPARLAN 2023 ★

■	6 000		15 à 20 €

Établis à Humbligny, David Girard (installé en 2003) et son frère Luc (2011) conduisent un vignoble de 11 ha en bio.

Plutôt discret, le nez exhale de petites touches de fleurs, de fruits blancs et d'agrumes. La bouche déploie une acidité de bon aloi qui la relance jusqu'à la finale aux accents exotiques de mangue. Tout indiqué pour les fruits de mer. ⧗ 2024-2027

DOM. DE CHAMPARLAN, lieu-dit Champarlan, 18250 Humbligny, tél. 02 46 59 00 56, david.girard.champarlan@orange.fr V r.-v.

ROGER CHAMPAULT Côte de Champtin 2022 ★

2000 | 20 à 30 €

Laurent et Claude Champault ont pris en 1997 le relais de leur père Roger, l'une des figures de l'appellation sancerre en rouge. Établi au hameau de Champtin, ancienne seigneuriale implantée sur des lieux-dits réputés de Sancerre, le domaine a aménagé son caveau dans un colombier du XVIᵉs. et dispose de 23 ha de vignes.

La teinte rubis violine soutenu annonce la concentration. Le bois est prégnant mais on sent bien, qu'avec le temps, le vin reprendra le dessus. Les arômes fruités et épicés sont là et le gras n'attend que l'assouplissement des tanins pour se mettre en avant. Ce sancerre a les épaules larges des cuvées de garde. ⧗ 2026-2030

EARL ROGER CHAMPAULT ET FILS, 5, rte de Foulot, Champtin, 18300 Crézancy-en-Sancerre, tél. 02 48 79 00 03, roger.champault@orange.fr V r.-v.

♥ **DOM. DES CHASSEIGNES**
Les Chasseignes 2022 ★★

3830 | 20 à 30 €

Aurore Dezat conduit depuis 2011, en viticulture très raisonnée (aucun herbicide ni insecticide), cette exploitation familiale de 9,5 ha créée par son grand-père et développée par son père Denis et son oncle Claude. En 2016, son conjoint David – qui œuvre en parallèle sur son domaine familial Anthony et David Girard – l'a rejointe. En conversion bio depuis 2020.

Une belle fraîcheur se dégage du verre autour des fleurs blanches, de la pêche, du citron vert, des épices et du coing qui jouent une parfaite mélodie. La bouche, riche et charnue, dotée d'une fermeté certaine mais bien polie, d'une minéralité discrète mais persistante, est imprégnée de la même atmosphère de fraîcheur fruitée (fruit de la Passion, poire). Un sans-faute. ⧗ 2024-2029 **Les Démalés 2022 ★★ (20 à 30 €; 1110 b.)** Au nez, le fruité (pêche blanche, pomme) est agrémenté de touches vivifiantes d'eucalyptus. En bouche, la vivacité répond au soyeux et porte loin la finale, aux tonalités salines. Une sensation de plénitude se dégage de ce vin. ⧗ 2024-2029

EARL DE CHASSEIGNES, 9, rue de la Chapelle, Chappe, 18300 Sury-en-Vaux, tél. 06 87 25 45 71, contact@domainedeschasseignes.com V *t.l.j. 8h-12h 14h-17h30; dim. sur r.-v.*

DOM. CÔTES BLANCHES 2023 ★

10378 | 15 à 20 €

Établis dans le village vigneron de Bué, François et Monique Millet sont depuis 1974 à la tête du domaine familial (21 ha). Ils sont désormais épaulés par leur fils Nicolas, formé dans le vignoble bourguignon.

Ce rosé délivre avec parcimonie des notes de fruits rouges et de fleurs. C'est au palais qu'il affirme vraiment sa personnalité. Vif, ample et gras, il apparaît structuré et équilibré et déploie une jolie finale sur la liqueur de framboise. ⧗ 2024-2025

SCEV FRANÇOIS ET MONIQUE MILLET, Le Carroir Picard, 18300 Bué, tél. 02 48 54 39 09, nicolas-millet@wanadoo.fr V r.-v.

JEAN-MARC ET MATHIEU CROCHET 2022 ★

8000 | 11 à 15 €

La famille Crochet cultive la vigne à Bué depuis cinq générations. Jean-Marc s'est associé à son père Bernard en 1980. Son fils Mathieu l'a rejoint en 2006 à la tête d'un vignoble de 12 ha : 10 ha de sauvignon sur des sols argilo-calcaires et 2 ha de pinot noir sur un terroir argileux, le tout conduit de manière très raisonnée et avec un minimum d'intervention au chai.

D'un abord fermé, délivrant des premières notes animales, ce sancerre s'ouvre peu à peu sur les fruits rouges (fraise, framboise). Souple en attaque, ronde, la bouche dévoile ensuite des tanins frais et denses qui ajoutent à sa fermeté. ⧗ 2025-2029

SCEV JEAN-MARC CROCHET, 40, rue Saint-Vincent, 18300 Bué, tél. 02 48 54 11 30, jmcrochet@orange.fr V r.-v.

B **FRANÇOIS CROCHET** 2022 ★

13000 | 20 à 30 €

Robert Crochet a pris sa retraite en 2006. C'est son fils François qui conduit désormais l'exploitation transmise de père en fils depuis le début du siècle dernier. À la tête de 11 ha, il a inauguré sa nouvelle cave en 2009 et converti le vignoble au bio en 2014.

Les arômes de fruits bien mûrs (cassis, cerise) donnent tout de suite le ton. Puis de petites touches poivrées, animales et toastées apportent de la nuance. En bouche, les tanins serrés mais bien pris dans la chair donnent du sérieux à ce vin encore sur la retenue. On met en cave. ⧗ 2026-2030

SCEV FRANÇOIS CROCHET, Marcigoue, 18300 Bué, tél. 02 48 54 21 77, francoiscrochet@wanadoo.fr V r.-v.

PAUL DOUCET ET FILS 2023 ★

80000 | 8 à 11 €

Spécialisé en viticulture à partir de 1978 après avoir longtemps été en polyculture-élevage, ce domaine de 11,5 ha conduit par Patrick Doucet est situé à Sury-en-Vaux, village cerné par de magnifiques coteaux viticoles.

Ce vin s'exprime plus en délicatesse qu'en intensité au tour des fleurs blanches, du citron vert, du poivre et de notes fumées. Très grasse, soyeuse, la bouche est équilibrée par une fine ligne de fraîcheur aux tonalités minérales. ⧗ 2024-2027

PAUL DOUCET, Les Plessis, 3, rue du Bois-de-Charme, 18300 Sury-en-Vaux, tél. 02 48 79 33 40, earl.doucet@wanadoo.fr V r.-v.

B DOM. GÉRARD FIOU 2023 ★

| 56000 | | 11 à 15 € |

ans le giron de la maison Henri Bourgeois depuis 010, ce domaine de 10 ha est majoritairement situé ır les silex des coteaux de Saint-Satur, là où les ıoines augustins installèrent leurs premières vignes ı Moyen Âge.

u nez, ce sancerre très minéral respire le sol riche en lex qui l'a vu naître. Complexe, la bouche s'enrichit 'arômes d'agrumes et de fleurs blanches, et s'achève ır une jolie note saline. Un vin franc et bien ancré dans on terroir. ⧗ 2024-2028

DOM. GÉRARD FIOU, 15, rue Hilaire-Amagat, 3300 Saint-Satur, tél. 02 48 54 16 17, contact@ erardfiou-sancerre.com V r.-v.

DOM. DE LA GARENNE La Billette 2022 ★★

| 4000 | | 20 à 30 € |

ernard-Noël Reverdy et son épouse ont transmis en 008 le flambeau à leur fille Fabienne et à leur gendre enoit Godon, qui exploitent aujourd'hui, avec des ratiques biodynamiques, un domaine de 12,4 ha en ernière année de conversion bio.

a Billette est un terroir d'argiles à silex situé sur la comune de Sancerre. Y est né ce sancerre ouvert sur la êche de vigne et l'abricot à l'olfaction. Franc et doux en taque, il affiche en bouche la fraîcheur de la jeunesse, ıis se montre plus large et gras, avant une finale vive et ette, d'une grande persistante. ⧗ 2024-2029

DOM. DE LA GARENNE, 1, rue Saint-Vincent, 300 Verdigny, tél. 02 48 79 35 79, contact@ ıncerrelagarenne.com V r.-v.

DOM. FERNAND GIRARD 2023 ★

| 16000 | | 11 à 15 € |

e domaine regardant la colline de Sancerre est transis de père en fils depuis six générations. La dernière, eprésentée par Alain Girard, a pris les commandes à fin des années 1990.

eur d'oranger, poivre blanc, pamplemousse, le nez de sancerre a de la personnalité. La bouche n'en manque as non plus, portée de bout en bout par une belle acité qui lui confère de la fraîcheur et de la longueur. ı ensemble dynamique. ⧗ 2024-2028

DOM. FERNAND GIRARD ET FILS, 27, rte de la Perrière, ıaudoux, 18300 Verdigny-en-Sancerre, l. 02 48 79 37 33, girardfernandetfils@orange.fr r.-v.

♥ MICHEL GIRARD ET FILS 2023 ★★

| 12000 | | 11 à 15 € |

Régulier en qualité, ce domaine de 21 ha (en conversion bio), propriété familiale depuis sept générations, est conduit par Michel Girard et ses fils, Philippe et Benoît.

D'un beau rosé grisâtre aux reflets saumonés, ce sancerre séduit aussi par la délicatesse de ses arômes de fruits rouges (cerise, groseille) agrémentés de subtiles nuances minérales (pierre à fusil) et épicées. Riche des mêmes arômes fruités, la bouche affiche une belle présence et du volume, soutenue par un filet d'amertume et une légère astringence qui ajoutent à son caractère. Un rosé pour la table. ⧗ 2024-2025 **Silex 2023 ★ (15 à 20 €; 95000 b.)** Des arômes de fruits blancs, des touches briochées et grillées, une pointe végétale de genêt composent une olfaction agréable bien que réservée. La bouche, empreinte de fermeté sur un fond crémeux, s'achève sur une jolie tension. Parfait avec un brochet au beurre blanc. ⧗ 2025-2029

DOM. MICHEL GIRARD ET FILS, 8, rte de Saint-Satur, 18300 Verdigny, tél. 02 48 79 33 36, contact@ sancerremichelgirard.com V r.-v. E

♥ MICHEL GIRAULT Grand Chemarin 2023 ★★

| 7300 | | 15 à 20 € |

Olivier et Anthony Girault ont repris en 2007 la suite de leur père Michel sur ce domaine de 16 ha (en conversion bio), producteur de sancerre et de pouilly-fumé.

Dans son *Histoire de Sancerre* écrite en 1777, l'Abbé Poupart cite Chemarin parmi les meilleurs lieux-dits du Sancerrois. Il n'aurait sans doute pas désavoué cette cuvée. Fruits exotiques (mangue, citron vert), fleurs blanches (aubépine), minéralité aux tonalités fumées, notes épicées : le nez est un délice de complexité. La bouche, ample, souple et chaleureuse, est soulignée par une fine acidité renforcée par une pointe saline en finale. Un sancerre plein de gourmandise, que l'on verrait bien en compagnie d'huîtres gratinées. ⧗ 2024-2028 **La Prunelière 2022 ★★ (15 à 20 €; 2000 b.)** ♥ Coup double pour les frères Girault avec cette cuvée d'un pourpre très intense, qui déploie des arômes généreux de griotte et de fruits noirs confiturés (mûre, myrtille) sur fond de nuances toastées. En bouche, le gras et des tanins soyeux forment une parfaite harmonie, renforcée par un trait de fraîcheur qui ajoute aussi à sa persistance. Un sancerre à la fois charnu et fin, ample et long, déjà diablement savoureux mais qui ne craindra pas la garde. ⧗ 2025-2030

EARL MICHEL GIRAULT, 3, chem. du Moulin, 18300 Bué, tél. 02 48 54 25 73, michel.girault5@ wanadoo.fr V

GITTON PÈRE ET FILS Les Montachins 2022 ★

| 20000 | | 15 à 20 € |

Fondé en 1945 par Huguette et Marcel Gitton à partir d'un demi-hectare de vigne, ce domaine s'étend aujourd'hui sur 33 ha, conduit aujourd'hui par la deuxième (Pascal et son épouse Denise) et la troisième générations (Chanel).

LOIRE

Au nez, des parfums de rose et d'agrumes apportent un trait de fraîcheur aux arômes beurrés. Une attaque franche ouvre sur une bouche alerte, soutenue par une belle vivacité qui lui confère de la vigueur et une belle longueur. Parfait avec des crustacés. ⧗ 2024-2028

SAS GITTON PÈRE ET FILS, 7, chem. de Lavaud, 18300 Ménétréol-sous-Sancerre, tél. 02 48 54 38 84, cave@gitton.fr V t.l.j. 9h-12h 14h-17h; sam. dim. sur r.-v.

DOM. DES GRANDES PERRIÈRES 2023 ★

| 85000 | 8 à 11 € |

Jérôme Gueneau a créé ce domaine en 1993, à partir d'un peu plus d'1 ha de vignes, et l'a étendu progressivement aux 19,5 ha actuels, dans les secteurs de Sury-en-Vaux, puis de Sainte-Gemme, de Chavignol et enfin dans l'aire des coteaux-du-giennois.

Les arômes sont intenses et persistants : fruits exotiques, agrumes, touche minérale. Offrant beaucoup de gras et de la suavité, la bouche est ciselée par une acidité à peine marquée et par une discrète amertume en finale. Un ensemble harmonieux. ⧗ 2024-2027

DOM. DES GRANDES-PERRIÈRES, Les Grandes-Perrières, 18300 Sury-en-Vaux, tél. 02 48 79 39 31, gueneau.jerome@orange.fr V r.-v.

DOM. MARC GUÉRIN Syllas Cuvée vieilles vignes 2022 ★

| 1000 | 11 à 15 € |

À la suite de son père Raymond et héritier d'une longue lignée vigneronne remontant au XVIe s., Marc Guérin s'est installé en 1990 sur le domaine familial, alors en polyculture (céréales, vignes, élevage). Il arrête l'élevage de chèvres et replante 2 ha de sauvignon blanc sur le coteau de Bannon. Depuis, le vignoble s'est agrandi et s'étend aujourd'hui sur 12 ha.

Du verre, se dévoilent des arômes à la fois intenses et délicats de rose, de fleurs blanches et de pêche. Fruitée à souhait, la bouche se révèle ample et longue, et laisse sur une agréable sensation de fraîcheur. ⧗ 2024-2027

DOM. MARC GUÉRIN, 6, rue de la fontaine, 18300 Vinon, tél. 02 48 79 20 37, domaine.marcguerin.vinon@gmail.com V r.-v.

B DOM. GUILLERAULT-FARGETTE Les Panseillots 2022 ★

| 50000 | 15 à 20 € |

Situé sur la commune de Crézancy-en-Sancerre, ce domaine familial de 21 ha est conduit par le tandem Gilles Guillerault et Sébastien Fargette qui ont introduit de nouvelles méthodes de travail (enherbement, travail des sols…).

Issue pour moitié de terroirs calcaires et argilo-calcaires, cette cuvée a besoin d'aération pour s'exprimer pleinement. Les senteurs de confiserie, de fruits secs et de fleurs s'y complètent agréablement. En bouche, le gras et la rondeur tissent une texture soyeuse mais non dénuée de fraîcheur. Un ensemble harmonieux. ⧗ 2024-2027

SAS GUILLERAULT-FARGETTE, 2, rue du Lavoir, Reigny, 18300 Crézancy-en-Sancerre, tél. 02 48 79 02 84, contact@guillerault-fargette.fr V t.l.j. sf dim. 9h-12h 13h30-17h30

RÉGIS JOUAN 2023 ★

| 22000 | 15 à 20 |

Après avoir travaillé vint ans au domaine famili[…] Régis Jouan a créé en 2010, avec son épouse, s[…] propre exploitation à Sury-en-Vaux. Leurs vigne[…] couvrent 4,5 ha. La propriété a été reprise en 2017 p[…] leur gendre David Girard.

L'olfaction nous plonge dans un fruité intense (frui[…] jaunes, ananas, litchi) ponctué de notes poivrées. L[…] bouche apparaît ample, ronde, enveloppante, mais aus[…] finement acidulée, tenue en finale par une délicate te[…]sion. ⧗ 2024-2027

RÉGIS JOUAN, Maison-Sallé, 18300 Sury-en-Vaux, tél. 02 46 59 00 56, david.girard.champarlan@orange.f[…] V r.-v.

DOM. SERGE LALOUE Les Poitevinnes 2022 ★

| 5200 | 15 à 20 |

Christine et Franck ont repris le domaine familial e[…] 2000 : 25 ha (20 ha en sancerre, 5 ha en IGP Côtes […] la Charité) en conversion bio. Ils ont été rejoints p[…] Clément, le fils de Franck.

Une cuvée élevée en œuf béton et en amphore. Le ne[…] intense, se décline sur un fond harmonieux de fraîche[…] et de sucrosité (confiserie), bientôt relayé par une su[…]tile minéralité (pierre à fusil, fumé). La bouche se rév[…] ample, ferme, nerveuse, avec une agréable salinité q[…] vient conclure la dégustation. ⧗ 2024-2028

SERGE LALOUE, 6, rue de la Mairie, 18300 Thauvenay, tél. 02 48 79 94 10, contact@serge-laloue.fr V t.l.j. sf sam. dim. 9h-12h 14h-17h

DOM. SERGE LAPORTE Millésia 2023 ★★

| 60000 | 11 à 15 |

Cette exploitation familiale de 14 ha se situe en ple[…] cœur de Chavignol. Serge Laporte et son fils Guillau[…] disposent de plus de 45 parcelles reposant sur presq[…] autant de terroirs et de nuances géologiques.

Au nez, se déploient de gourmandes senteurs de frui[…] cueillis à point (kiwi, poire, pêche) et de fleurs blanche[…] Rond et frais à la fois, chargé de minéralité, le palais pr[…]longe les sensations fruitées, réhaussées en finale d'u[…] salinité appuyée. Un sancerre expressif et d'une gran[…] harmonie. ⧗ 2024-2028

DOM. SERGE LAPORTE, Chavignol, 18300 Sancerre tél. 02 48 54 30 10, contact@domainesergelaporte.fr V t.l.j. 9h-12h 13h30-17h30

DOM. LEGROS 2023 ★★

| 45000 | 11 à 15 |

Héritiers d'une longue lignée de vignerons remonta[…] à 1740, Jean-Louis et Timothy Legros sont aujourd'h[…] à la tête du domaine familial et ses 9 ha de vignes […] appellation sancerre.

Dès le premier nez, ce sancerre dévoile une belle minéral[…] aux tonalités fumées qui donne de la noblesse à une olfa[…]tion fruitée (pêche, mangue, citron) et variétale (bourge[…] de cassis, fleur d'ortie). Cette même minéralité appor[…] beaucoup de relief et de la fraîcheur à une bouche amp[…]

t très riche, qui s'étire dans une longue finale. Un sancerre ussi intense que complexe. ⧗ 2025-2030

DOM. LEGROS, 5, rue de la Chapelle, 8300 Sury-en-Vaux, tél. 02 48 79 34 47, omaine-legros@orange.fr V r.-v.

DOM. PIERRE MARTIN Chavignol 2023 ★

| 3000 | 11 à 15 € |

près avoir travaillé quinze ans avec son père, Pierre Martin lui a succédé en 2012, épaulé par son épouse auriane, œnologue. L'essentiel de son vignoble (17 ha en onversion bio) est situé autour du village de Chavignol.

e rosé pâle et argenté déploie des arômes élégants de êche de vigne, de fraise des bois et pamplemousse, ccompagnés par une minéralité discrète. Vive en ttaque, la bouche joue sur la finesse plus que sur la orce. Un sancerre flatteur et alerte. ⧗ 2024-2025

SCEV DOM. MARTIN ET FILS, Chavignol, 8300 Sancerre, tél. 02 48 54 24 57, omaine.martinetfils@orange.fr r.-v.

DOM. THIERRY MERLIN-CHERRIER Chêne Marchand 2022 ★

| 6600 | 15 à 20 € |

hierry Merlin réside à l'entrée du village vigneron de ué. Au début des années 1980, il a créé ce domaine de 4 ha après avoir acquis de l'expérience en Bourgogne, ans des aires aussi prestigieuses que chablis et uligny-montrachet. Sa fille Agathe l'a rejoint en 2021.

u nez, les arômes passent de subtiles notes variétales ierre, agrumes) à la douceur des fruits à chair blanche. ne même progression des saveurs caractérise la ouche, d'abord souple et charnue, avec un côté beurré, uis plus vive et acidulée en finale. ⧗ 2024-2027

SAS THIERRY MERLIN-CHERRIER, 3, rue Saint-Vincent, 18300 Bué, tél. 06 69 61 19 89, ierry.merlin-cherrier@wanadoo.fr V r.-v.

DOM. FRANCK MILLET L.0123 2023 ★★

| 40000 | 11 à 15 € |

tabli à Bué, Franck Millet a repris l'exploitation familiale en 1991 (24 ha aujourd'hui) et reçoit dans une aste cave voûtée flambant neuve.

u verre, se dégage une symphonie d'arômes fruités oire, pomelo, citron) et floraux qui impriment de la nesse et de la fraîcheur à ce sancerre. En bouche, il se ontre rond et charnu, sculpté avec délicatesse par une inéralité crayeuse qui lui donne de l'éclat et du caractère. Classieux», conclut un jury sous le charme. ⧗ 2024-2028

DOM. FRANCK MILLET, 68, rue Saint-Vincent, 3300 Bué, tél. 02 48 54 25 26, franck.millet@ anadoo.fr V r.-v.

B PIERRE MORIN Ovide 2022 ★

| 6000 | 20 à 30 € |

ierre Morin a repris l'exploitation familiale en 2013 près le départ à la retraite de son père Gérard, avec ui il œuvrait depuis 2004 sur les 9 ha de vignes du omaine, convertis à l'agriculture biologique.

es notes d'élevage en fûts s'expriment sans réserve out en restant dans le respect des arômes du vin (lilas, eucalyptus, fruits jaune confits). Tendre et ronde au premier contact, la bouche développe une sucrosité bien dosée, avant que de fines touches minérales et acidulées et une nuance de violette ne donnent de l'aplomb à la finale. ⧗ 2025-2028

EARL PIERRE MORIN, 4, rue de l'Abbaye, 18300 Bué, tél. 02 48 54 36 75, morin.perefils@orange.fr V r.-v.

LA PERRIÈRE Silex 2022 ★

| 35000 | 20 à 30 € |

Ce domaine s'étend sur 30 ha répartis sur cinq communes et produit exclusivement du sancerre. Il est dans le giron de la maison de négoce Saget-La Perrière, fondée en 1976 par Jean-Louis Saget et aujourd'hui dirigée par ses fils Arnaud et Laurent. Cette maison, qui propose plusieurs marques (Guy Saget, La Perrière, René Carroi, Jean Dumont), possède aussi ses propres 250 ha de vignes et rayonne sur toute la vallée de la Loire, notamment dans son fief du Centre-Loire.

Une touche minérale introduit la dégustation. Puis, ce sont les senteurs de fruits à chair blanche qui s'imposent. Souple en attaque, la bouche voit ensuite s'installer de la fermeté, avant une finale tout en tension. Toutes les caractéristiques sont là, cette cuvée ne peut cacher qu'elle provient d'un terroir à silex. ⧗ 2025-2029

LA PERRIÈRE, Rte de Verdigny, 18300 Verdigny, tél. 03 86 39 57 75 V r.-v.

DOM. JEAN-PAUL PICARD Le Champ de Marloup 2023 ★

| 78120 | 11 à 15 € |

Un domaine transmis de père en fils depuis 1750. Jean-Paul Picard a pris la tête de l'exploitation en 1976. Aujourd'hui, c'est son fils Mickaël qui conduit plus de 15 ha de vignes essentiellement plantées sur les coteaux de la commune de Bué (sancerrois), ainsi qu'en appellation menetou-salon.

Au nez, se dévoilent des notes de fruits exotiques, de kiwi notamment. Tout en finesse en attaque, la bouche déploie ensuite un fruité puissant (poire, pêche, abricot) jusqu'en finale. Un sancerre expressif. ⧗ 2024-2027

■ **Cuvée Charlaux 2022 ★ (15 à 20 €; 2140 b.)** Par ses arômes de fraise écrasée et de griotte, ce sancerre «pinote» à souhait. Souple en attaque, il se révèle ensuite bien plus tannique et laisse deviner une belle tenue à la garde. Solide. ⧗ 2026-2030

DOM. JEAN-PAUL PICARD ET FILS, 11, chem. de Marloup, 18300 Bué, tél. 02 48 54 16 13, domaine@sancerre-picard.com V t.l.j. sf sam. dim. 8h-12h 13h30-17h30

B DOM. PAUL PRIEUR ET FILS Grains de pinot 2022 ★★

| 19500 | 15 à 20 € |

Héritier d'une longue lignée de vignerons (onze générations) établie sur les terres de Verdigny, Paul Prieur fut l'un des premiers vignerons de Sancerre à vendre sa production en bouteilles, en France et à l'étranger. Son héritier, Luc Prieur, aux commandes depuis 2022, exploite un domaine d'une grande régularité : 19,5 ha au pied de la célèbre colline des Monts Damnés. Domaine certifié bio depuis 2022.

Luc Prieur signe un beau sancerre élégant et complexe, ouvert sur des notes de fruits noirs, de griotte, de violette et d'épices. Sensations que l'on retrouve dans une bouche ronde et chaleureuse, portée par des tanins soyeux et fondus et par un boisé parfaitement ajusté. On met en cave. ⧗ 2026-2030 ■ **Paul Prieur et Fils 2022 ★ (20 à 30 €; 4500 b.)** Ⓑ Ce sancerre dévoile de fines notes de boisé grillé, de fraise et de mûre, agrémenté d'une touche amylique. La bouche apparaît bien enrobée, dotée de tanins souples qui soutiennent élégamment la finale. ⧗ 2025-2030 ■ **Monts damnés 2022 ★ (20 à 30 €; 9000 b.)** Ⓑ Au nez, ce sont d'intenses notes toastées qui apparaissent, signant l'élevage en fût. Puissante dès l'attaque, la bouche offre beaucoup de gras et un fin grain tannique. Un sancerre de caractère, qui ne demande qu'à vieillir. ⧗ 2027-2032

SCEA PAUL PRIEUR ET FILS, rte des Monts-Damnés, 18300 Verdigny, tél. 02 48 77 71 69, domaine@paulprieur.com V r.-v. Ⓔ

CH. LA RABOTINE 2022 ★

■ | 70 000 | | 15 à 20 €

Issu d'une famille de vignerons depuis de nombreuses générations, Alban Roblin – installé depuis 2010 – conduit le domaine familial de 12 ha plantés principalement sur les terres blanches de la commune de Sury-en-Vaux et du hameau de Maimbray.

Le nez, discret mais harmonieux, mêle les notes variétales (groseille à maquereau), minérales (coquille d'huître) et fruitées (zeste d'orange). La bouche apparaît ronde et gourmande, stimulée par une finale iodée et fruitée (fruits blancs, pamplemousse). ⧗ 2024-2027

EARL ALBAN ROBLIN, Ch. la Rabotine, 9, rte de Maimbray, 18300 Sury-en-Vaux, tél. 02 48 79 31 15, info@chateau-la-rabotine.com V r.-v.

NOËL ET JEAN-LUC RAIMBAULT 2023 ★

■ | 5000 | | 8 à 11 €

Chambre est un hameau situé sur la route qui conduit de Sancerre à Sury-en-Vaux. C'est là que sont installés Noël, sa fille Charlotte et Jean-Luc Raimbault. Ils exploitent un domaine de 13 ha.

Le nez s'ouvre sur de jolis arômes de fruits frais en coulis (mûre, framboise). Ample dès l'attaque, la bouche se montre tendre et bien équilibrée, et s'étire dans une belle et longue finale fruitée. Un sancerre que l'on pourra savourer dans ses jeunes années. ⧗ 2024-2028

EARL NOËL ET JEAN-LUC RAIMBAULT, 15, rue des Champs-des-Prés, Chambre, 18300 Sury-en-Vaux, tél. 02 48 79 30 85, raimbault-sancerre@orange.fr V r.-v.

♥ JULIEN ET CLÉMENT RAIMBAULT
La Montée de Saint-Romble 2022 ★★

■ | 6600 | | 20 à 30 €

Situé dans la commune de Sury-en-Vaux, le hameau de Maimbray possède le charme des vieux villages vignerons. C'est ici que les frères Julien et Clément Raimbault ont succédé à leur père et à leur oncle à l[a] tête d'un domaine de 21 ha, en apportant de nouvelle[s] méthodes de travail et la conversion à l'agricultur[e] biologique. Ils signent des sancerre, notamment e[n] rouge, régulièrement en vue. Une valeur sûre.

La longue côte pentue de la Montée de Saint-Rombl[e] qui surplombe le village de Maimbray est toute entiè[re] taillée dans les marnes kimméridgiennes. C'est là que le[s] frères Raimbault ont puisé la sève de cette magnifiqu[e] cuvée ouverte sur d'élégantes notes florales (acacia) e[t] fruitées (pêche, abricot confit), parfaitement épaulée par de fines senteurs boisées (vanille, crème de ma[r]rons). Une même sensation d'harmonie se dégage d'un[e] bouche à la fois fraîche, onctueuse, dense, juteuse. U[n] sancerre majuscule, bâti pour durer et pour accompa[]gner un mets de choix, une poularde aux morilles pa[r] exemple. ⧗ 2026-2032 ■ **Camille 2022 ★ (20 à 30 € 3600 b.)** Le boisé (clou de girofle, poivre noir) est ma[r]qué mais il ne dissimule pas les arômes de fruits noir[s]. Rond en attaque, le palais se montre soyeux en milieu d[e] bouche, avant que des tanins denses ne prennent le rel[ais] jusqu'à la finale. En devenir. ⧗ 2027-2032

SCEV JULIEN ET CLÉMENT RAIMBAULT, Maimbray, 18300 Sury-en-Vaux, tél. 02 48 79 33 50, sancerre@rjc.raimbault.cm V r.-v.

ROGER ET DIDIER RAIMBAULT
Vieilles Vignes 2022 ★★

■ | 8000 | | 15 à 20

Un domaine de 18 ha répartis sur une cinquantaine d[e] parcelles, sur les communes de Verdigny et Sury-en[-]Vaux, transmis de père en fils depuis dix génération[s] et conduit depuis 1996 par Didier Raimbault. La cav[e] adossée à une colline, est élevée sur trois étages, c[e] qui permet l'utilisation de la gravité pour un travail e[n] douceur des raisins et des moûts.

Au nez, ce vin associe en parfaite harmonie un jo[li] fruité (cassis, griotte, pruneau) à un discret boisé toast[é]. Souple en attaque, gras dans son développement, [le] palais s'appuie sur des tanins fondus et veloutés q[ui] ajoutent à son toucher délicat. Un sancerre déjà savou[]reux, mais qui vieillira sereinement. ⧗ 2025-2030 ■ **2023 ★ (11 à 15 €; 90 000 b.)** Un nez de raisins bie[n] mûrs, presque confits, une bouche intense, avec de [la] minéralité, voilà un sancerre salivant et dynamique, a[u] potentiel indéniable. ⧗ 2025-2030

SCEA DIDIER RAIMBAULT (ROGER ET DIDIER RAIMBAULT), 25, rue du Graveron, Chaudenay, 18300 Verdigny, tél. 02 48 79 32 87, didier@raimbault-sancerre.com V *t.l.j 9h-12h 13h30-18h; dim. sur r.-v.*

PASCAL ET NICOLAS REVERDY
À Nicolas 2022 ★★

■ | 4000 | | 20 à 30

Le village de Maimbray est entouré de coteaux abrup[ts] aux sols de marnes kimméridgiennes. Après le décè[s] en 2007, de son époux Nicolas, Sophie Reverdy [a] repris l'exploitation familiale (17,8 ha) aux côtés de so[n] beau-frère Pascal. En 2019, Victorien, fils de Pascal, [a] rejoint le domaine, suivi en 2023 de Benjamin, le cade[t].

Ce sancerre exhale un superbe fondu de fruits mû[rs] (griotte, mûre, myrtille) et de boisé (coco, vanill[e]). La bouche confirme cet élevage conduit de main [de] naître : le gras, le merrain et les tanins se côtoient en oute harmonie pour créer une sensation de plénitude, le charnu et de puissance contenue. Le coup de cœur ut mis aux voix. ⧗ 2026-2032 ■ **Terre de Maimbray** **:023 ★ (11 à 15 €; 78000 b.)** Les notes citronnées offrent une heureuse vivacité aux arômes fruités (pêche lanche) et floraux (chèvrefeuille). Bien enveloppée par e gras, la bouche se termine sur une jolie fraîcheur. Harmonieux. ⧗ 2024-2027

⊶ DOM. PASCAL ET NICOLAS REVERDY, Maimbray, 18300 Sury-en-Vaux, tél. 02 48 79 37 31, everdypn@wanadoo.fr V r.-v.

DOM. HIPPOLYTE REVERDY 2022 ★

■	12000		8 à 11 €

Valeur sûre de l'appellation sancerre, ce domaine, abitué du Guide, était conduit par Michel Reverdy. Depuis 2018, c'est sa nièce Julie qui a pris les commandes. L'exploitation couvre aujourd'hui 14 ha : 1 ha plantés en sauvignon blanc, 3 ha en pinot noir.

L'olfaction est dominée par les fruits (griotte, framboise), complétés à l'aération de touches florales pivoine), minérales (graphite) et épicées. Un joli gras e dessine dans une bouche bien structurée par des anins frais et fermes, encore un peu austères en finale. Patience... ⧗ 2026-2030 ■ **2023 ★ (8 à 11 €; 10000 b.)** Une dominante amylique, quelques touches de rose et l'épices : le nez est flatteur. De la fraîcheur et du volume, a bouche est tout aussi sympathique. ⧗ 2024-2025

⊶ EARL DOM. HIPPOLYTE REVERDY, 3, rue de la Croix-Michaud, Chaudoux, 18300 Verdigny, él. 02 48 79 36 16, domaine.hreverdy@wanadoo.fr V r.-v.

DOM. REVERDY-DUCROUX
Les Vignes Louys Marie 2022 ★★

■	2400		20 à 30 €

Établis à Verdigny, exploitant également des parcelles ur les communes de Crézancy et Sancerre, Alain et Laurent Reverdy conduisent un vignoble de 30 ha t développent une activité œnotouristique.

Une riche palette aromatique exhale du verre : fruits ouges compotés, note fumée, pain grillé, vanille. En ouche, la rondeur et le gras sont parfaitement équilirés par une jolie fraîcheur, avant que des tanins encore n peu sévères ne marquent la finale de leur densité. Un sancerre armé pour la garde ⧗ 2027-2032 ■ **Montée le Bouffant 2022 ★ (20 à 30 €; 3500 b.)** Le passage n fûts est bien présent à travers des notes toastées t vanillées qui dominent pour l'heure les arômes mielés et fruités apportés par un raisin bien mûr. Dans le rolongement, la bouche affiche un gras imposant. Un blanc de garde assurément. ⧗ 2026-2030

⊶ DOM. REVERDY-DUCROUX, 20, rue du Pressoir, Chaudoux, 18300 Verdigny, tél. 02 48 79 31 33, nfo@reverdy-ducroux.fr V r.-v.

JEAN-MARIE REVERDY ET FILS
Le Paradis 2022 ★★

■	10000		20 à 30 €

Perché au-dessus du village de Verdigny, ce domaine offre une belle vue sur la colline de Sancerre. Couvrant 39 ha, il est conduit depuis 1980 par Jean-Marie Reverdy, son épouse Catherine et ses fils Guillaume et Baptiste, héritiers d'une longue lignée vigneronne remontant au début du XVIIIes.

Les sensations du vin et du bois se répondent tout au long de la dégustation. Au nez comme en bouche, les parfums de vanille et de coco se fondent dans les fruits mûrs (pêche, orange). Riche et charnu, le palais déploie une longue finale juteuse qui achève de convaincre. Parfait avec une lotte à l'armoricaine. ⧗ 2026-2030 ■ **Caillottes 2022 ★ (15 à 20 €; 8400 b.)** Une belle fraîcheur se dégage du verre autour de notes mentholées, minérales et florales. La bouche apparaît plus ronde, crémeuse, mais en cohérence avec l'élégance du nez. ⧗ 2024-2027 ■ **Les Villaudes 2022 ★ (20 à 30 €; 5000 b.)** Au nez, les notes vanillées et pralinées complètent les senteurs de fruits confits et de miel. En bouche, on découvre un blanc onctueux et suave qui s'appréciera volontiers avec un poisson ou une volaille à la crème. ⧗ 2024-2028

⊶ JEAN-MARIE REVERDY ET FILS, 8, rte de Chaudenay, 18300 Verdigny, tél. 02 48 54 00 92, domaine@lavillaudiere.com V t.l.j. sf dim. 9h-12h 14h-18h

DOM. BERNARD REVERDY ET FILS 2023 ★★

■	14000		11 à 15 €

L'arbre généalogique des Reverdy remontant au XVIes. trône dans la cave. Aucun doute : ici, le sancerre est une spécialité familiale. Le domaine couvre 19 ha, dirigé depuis 2009 par Romain, petit-fils de Bernard. Une valeur sûre.

La couleur saumonée, franche et brillante, est engageante. Le nez ne l'est pas moins, offrant de délicats parfums de fruits rouges (fraise, groseille), une note de fumée et une belle fraîcheur de citronnelle. Ample, tout en rondeur, d'une acidité parfaitement contenue, le palais confirme cette harmonie de saveurs. ⧗ 2024-2025

⊶ SCEV BERNARD REVERDY ET FILS, 11, rte des Petites-Perrières, Chaudoux, 18300 Verdigny, tél. 02 48 79 33 08, reverdybernard@orange.fr V r.-v.

JEAN REVERDY ET FILS Les Villots 2023 ★

■	5600		11 à 15 €

Les origines de cette propriété remontent à 1650. Christophe Reverdy, fils de Jean, perpétue la tradition familiale depuis 1994 et dirige une exploitation de 12 ha. Un domaine régulier en qualité, en témoignent les différents coups de cœur obtenus depuis la création du Guide.

Net et fin, le nez est envahi d'une belle fraîcheur fruitée (orange sanguine). La bouche, délicate, associe en bon équilibre le gras à une acidité qui engendre de la tension en finale. Un rosé harmonieux. ⧗ 2024-2025

⊶ EARL JEAN REVERDY ET FILS, 54, rue du Carroir-Perrin, Chaudoux, 18300 Verdigny, tél. 06 80 99 86 14, jreverdy@wanadoo.fr V r.-v.

DOM. PIERRE RIFFAULT L'Éclat 2023 ★★

■	2500		15 à 20 €

Créée en 1990, une propriété de 11 ha située à 4 km de Sancerre. Son fondateur, Pierre Riffault, l'a transmise en 2006 à son fils Bertrand, qui s'attache à mettre en

valeur les différents terroirs de l'appellation, avec une belle régularité dans la qualité.

L'olfaction, puissante, débute par les agrumes frais (citron) puis s'ouvre sur des notes florales, exotiques (litchi) et sur une pointe iodée. La bouche, tendre en attaque, déploie ensuite une jolie vivacité qui allonge la finale, empreinte de salinité. Un blanc de caractère. 2025-2029

DOM. PIERRE RIFFAULT, 22, rue du Carroir-Perrin, 18300 Verdigny, tél. 02 48 79 31 03, pierre.riffault@gmail.com t.l.j. sf sam. dim. 8h-12h 13h-17h

MATTHIAS ET ÉMILE ROBLIN Origine 2023 ★

120 000 | 15 à 20 €

Matthias Roblin a repris en 2000 ce domaine familial, dont l'origine remonte au XVIII[e]s. Son frère Émile l'a rejoint six ans plus tard. Le vignoble s'étend sur 19 ha conduits «en culture raisonnée à tendance biologique».

Un fruité intense (pêche blanche, citron confit) associé à des notes végétales et minérales donnent un air printanier à l'olfaction. Arômes complétés de citron vert dans une bouche vive, ample et de bonne longueur. 2024-2027

GAEC MATTHIAS ET ÉMILE ROBLIN, 1, rue des Godons, Maimbray, 18300 Sury-en-Vaux, tél. 02 48 79 48 85, matthias.emile.roblin@orange.fr r.-v.

DOM. DE LA ROSSIGNOLE 2023 ★

64 000 | 11 à 15 €

Le nom de la famille Cherrier est attaché au vignoble de Sancerre depuis 1848. Les frères François et Jean-Marie, fils de Pierre, sont installés depuis 1984 à la tête d'un domaine familial dont le vignoble s'étend sur 15 ha, complété par le Dom. du Loriot en menetou-salon.

La maturité du raisin se devine à travers les arômes de pêche juteuse qui se dégage du verre. La bouche apparaît précise, soulignée par une fine trame acide, des arômes de fruits compotés et par une agréable pointe d'amertume en finale. 2024-2027 **L'Essentiel 2022 ★ (11 à 15 €; 10 000 b.)** Le nez, puissant, convoque les fleurs blanches, la pêche et le zeste d'agrumes. Fraîche en attaque, la bouche bascule ensuite sur une belle rondeur, avant qu'une touche minérale et citronnée ne dynamise la finale. 2024-2027

SCEV CHERRIER PÈRE ET FILS, 26, rue de la Croix-Michaud, 18300 Verdigny, tél. 02 48 79 34 93, cherrierfreres@orange.fr r.-v.

DOM. DE SACY Les Bouffants 2022 ★

3 000 | 20 à 30 €

Petite exploitation familiale de moins de 4 ha, le Dom. de Sacy est conduit par Karine Millet (4e génération) depuis 2016. Le vignoble est en conversion bio.

La côte des Bouffants est constituée de sols calcaires à la maturation hâtive. De là proviennent les agréables odeurs exotiques de litchi qui s'expriment avec franchise et prennent le monopole de l'olfaction. La bouche est dans la continuité et séduit aussi par son volume. 2024-2027

DOM. DE SACY, 18300 Crézancy-en-Sancerre, tél. 06 20 10 58 40, domainedesacy@orange.fr r.-v.

DOM. DE SAINT-ROMBLE Pente de Maimbray 2023 ★

66 800 | 15 à 20 €

Depuis 1996, cette exploitation de 15 ha, située à Sury-en-Vaux, est mise en valeur par le Dom. Fournier Père et Fils de Verdigny.

Ce blanc distille des notes exotiques (fruit de la Passion, litchi, orange), florales et végétales (fines herbes, asperge) comme autant de gouttes de fraîcheur. La bouche, à la fois voluptueuse et acidulée, dévoile une agréable pointe de minéralité en finale. Parfait avec un bar en croûte de sel. 2024-2027

SARL PAUL VATTAN - DOM. SAINT-ROMBLE, Mambray, 18300 Sury-en-Vaux, tél. 02 48 79 35 24, claude@fournier-pere-fils.fr

CH. DE SANCERRE Les Rôties 2022 ★

2 100 | 30 à 50 €

En 1919, Alexandre Marnier-Lapostolle, fondateur de la liqueur Grand-Marnier, a acquis le château de Sancerre, ainsi que la tour des Fiefs qui domine la ville. Ces deux édifices demeurent le symbole du domaine (55 ha) et illustrent les étiquettes. Il a été racheté en 2017 par Orchidées Maisons de vins (ex-Ackerman).

Au nez, les notes de torréfaction (vanille, praline) se mêlent à des senteurs florales de jasmin. En bouche, le vin apparaît ample, gras, encore sous l'emprise du bois, mais il a toutes les qualités pour le digérer sereinement. Un sancerre encore jeune qu'une petite garde affinera. 2025-2028

CH. DE SANCERRE, 6, rue Porte-César, 18300 Sancerre, tél. 02 48 78 51 52, idelavega@omdv.fr t.l.j. 10h-13h 14h-19h

DOM. SAUTEREAU Le Vignoble des Sarrottes 2022 ★

5 000 | 20 à 30 €

Héritier de neuf générations de vignerons, David Sautereau s'est installé en 1997 avec quelques parcelles en location. Depuis, il a planté ses propres ceps et conduit un domaine de 7,5 ha, dans les communes de Crézancy, de Bué et de Sancerre.

Au nez comme en bouche, cette cuvée mêle notes florales et exotiques (fruit de la Passion, mangue) vivifiée par une pointe végétale. Une même sensation de fraîcheur se dégage d'une bouche ample et charnue, stimulée par une finale saline. Ce sancerre a encore besoin d'un peu de temps pour affirmer sa pleine expression. 2025-2028

SCEA DOM. SAUTEREAU, Les Epsailles, 18300 Crézancy-en-Sancerre, tél. 02 48 79 42 52, sancerre.sautereau@orange.fr r.-v.

PAUL THOMAS Chavignol 2022 ★★

8 000 | 11 à 15 €

Ce domaine de 9 ha a vu le jour en 1965 sous l'impulsion de Jean Denizot, alors maître-vigneron à Chavignol, qui

it connaître la propriété dans les restaurants pari- iens. Il est conduit depuis 2001 par Raphaël Thomas, ils de Paul et petit-fils du fondateur.

ıu nez, ce rouge dévoile des parfums de petits fruits ouges et noirs bien mûrs. Solidement structurée par es tanins puissants mais veloutés et fins, la bouche ffiche une étonnante fraîcheur qui contribue à son quilibre et et sa longue finale. Un sancerre costaud, de ;arde, taillé pour du gibier. ⧗ 2027-2032

SCEV PAUL THOMAS, Chavignol, 18300 Sancerre, él. 02 48 54 28 13, contact@paulthomas-sancerre.com r.-v.

DOM. MICHEL THOMAS ET FILS 2023 ★

	80000		11 à 15 €

ẻgulièrement mentionné dans le Guide, Laurent 'homas, qui a pris en 1990 la suite de son père Aichel, conduit en cogérance avec son fils Alexis un omaine de 21 ha. La cave est implantée à l'entrée des :grots, petit village vigneron entre Sury-en-Vaux et 'erdigny.

.es arômes fruités (poire, pêche blanche, abricot) onstituent le cœur olfactif de cette cuvée issue d'un ssemblage de terroirs. Ronde et riche, construite autour l'un beau gras et d'une petite amertume, la bouche fait reuve de complexité et de longueur. ⧗ 2024-2027

DOM. MICHEL THOMAS ET FILS, Les Égrots, , rue des Vignes-Blanches, 18300 Sury-en-Vaux, él. 02 48 79 35 46, thomas.mld@wanadoo.fr r.-v.

DOM. TINEL-BLONDELET Frétoy 2023 ★

	25000		15 à 20 €

\ la tête du domaine familial depuis 1985, Annick 'inel-Blondelet, qui apparaît régulièrement dans le iuide pour ses pouilly-fumé, a franchi le fleuve pour roduire aussi du sancerre. Son domaine couvre 5 ha. Sa fille Marlène, titulaire d'un mastère en vin t d'une expérience dans une autre région viticole, a ejoint l'exploitation fin 2016.

ıu milieu des senteurs de fleurs et de fruits blancs, une uance citronnée envoie un message de vivacité. Par son ttaque sur l'acidité, la bouche, droite et précise dans son éveloppement, confirme cette sensation, encore renfor- ée par une pointe de salinité en finale. ⧗ 2024-2027

DOM. TINEL-BLONDELET, 58, av. de la Tuilerie, La 'roix-Canat, 58150 Pouilly-sur-Loire, tél. 03 86 39 13 83, ontact@tinel-blondelet.fr *t.l.j. 9h-12h 13h30-18h; am. dim. 9h-18h*

JEAN-PIERRE VACHER ET FILS 2023 ★

	40000		8 à 11 €

ean-Pierre Vacher s'est installé en 1990 sur ce domaine u Sancerrois. Son fils Jérôme l'a rejoint en 2004 et gère eul, depuis 2014, un vignoble de 11,5 ha répartis dans es communes de Verdigny et de Menetou-Râtel.

entré sur des notes variétales au premier nez (cas- is, genêt, citron vert), le vin s'ouvre sur d'élégantes enteurs de fruit de la Passion après aération. Ample t portée par une belle acidité, la bouche déploie avec ersistance des arômes de pêche blanche et de fruits xotiques. Un sancerre expressif, que l'on verrait bien avec un carpaccio de poisson blanc à la mangue. ⧗ 2024-2027 **Ancestral 2022 ★ (11 à 15 €; 1500 b.)** Au nez, le fond fruité est nuancé de subtiles touches boisées. La bouche, de bonne composition, affiche un juste équilibre entre le gras et l'acidité. Un blanc har- monieux, à attendre un peu pour plus un élevage plus fondu. ⧗ 2025-2028

EARL DOM. JEAN-PIERRE VACHER ET FILS, 21, rte de Sancerre, 18300 Menetou-Râtel, tél. 06 89 15 31 14, domainevacherjp@gmail.com r.-v.

DOM. ANDRÉ VATAN Maulin Bèle 2022 ★

	8000		11 à 15 €

Situé à Verdigny, ce domaine habitué des sélections du Guide étend son vignoble sur les différents terroirs du Sancerrois. André et Arielle Vatan ont été rejoints en 2012 par leur fils Adrien sur l'exploitation. Une valeur sûre.

De savoureuses senteurs de fruits rouges (coulis de fram- boises et de fraises) dominent le nez, agrémentées de dis- crètes touches boisées. Les mêmes arômes tapissent une bouche ample et séveuse, nantie de tanins bien enrobés. Pourquoi pas sur un dessert au chocolat ? ⧗ 2025-2030

EARL ANDRÉ VATAN, rte des Petites-Perrières, 18300 Verdigny, tél. 02 48 79 33 07, avatan@wanadoo.fr r.-v.

DOM. DES VIEUX PRUNIERS Tominès 2022 ★★

	1500		11 à 15 €

Christian Thirot-Fournier a repris l'exploitation de ses parents en 1984 et exploite avec son épouse 10 ha de vignes, en conversion bio. Le domaine, établi au pied du coteau viticole de Bué, offre aux visiteurs une belle vue sur le vignoble de Sancerre.

Paré d'une robe profonde, ce sancerre livre des sen- teurs gourmandes de coulis de fruits rouges (framboise) et de rhubarbe enrichies de touches boisées (coco, vanille). Souple, portée par des tanins fins, persistante et fraîche, la bouche fait preuve d'une grande élégance. Précis, d'une grande sobriété, c'est un très beau clas- sique. ⧗ 2025-2030 **2023 ★★ (8 à 11 €; 6600 b.)** Une expression aromatique légère et fine (rose, fraise, framboise) se dégage de ce rosé très élégant, qui se montre pur et long en bouche, sans manquer de volume et de densité. Il conviendra aussi bien à l'apéritif qu'à table, avec un tajine de veau par exemple. ⧗ 2024-2025 **2023 ★ (8 à 11 €; 50000 b.)** Amylique au premier nez, ce blanc s'ouvre ensuite sur de délicates touches d'agrumes. Un léger gras et une franche vivacité s'asso- cient harmonieux dans une bouche dynamique. Un san- cerre primesautier. ⧗ 2024-2027

DOM. DES VIEUX PRUNIERS, 1, chem. de Marcigoi, 18300 Bué, tél. 02 48 54 09 40, thirot.fournier-christian@ wanadoo.fr r.-v.

IGP CÔTES DE LA CHARITÉ

DOM. DE LA COQUILLERIE Les Abbesses 2022 ★★

	5300		11 à 15 €

Après des études à Beaune, puis différentes expériences professionnelles en Bourgogne et en Nouvelle-Zélande,

Nicolas Delgutte a eu l'opportunité, fin 2017, de reprendre ces 4 ha de vignes, non loin de l'élevage familial. La conversion bio est engagée.

Le seul chardonnay à l'œuvre dans ce blanc au nez intense de fleurs blanches, de pêche et de fruits exotiques sur fond de boisé toasté. La bouche apparaît ample, riche, suave, bien épaulée par le merrain. Un profil généreux qui conviendra parfaitement à un poisson ou une volaille en sauce crémée. ⧗ 2024-2028

⊶ DOM. DE LA COQUILLERIE, 47, rue de l'Usine, 58130 Urzy, tél. 06 70 46 66 53, contact@domaine-coquillerie.com V r.-v.

PAULINE GILBERT Inflorescence 2022 ★★

■ | 2000 | | 11 à 15 €

À la tête d'une petite propriété familiale depuis 2017, Pauline Gilbert élabore de jolies cuvées qui prennent naissance sur un terroir vallonné d'argiles et de calcaire. Les vignes sont conduites dans le respect de la nature et les vendanges y sont manuelles.

Le pinot noir à son meilleur dans ce vin ouvert sur d'intenses notes d'épices, de menthol, de cacao et de fruits rouges mûrs. En bouche, il offre beaucoup de volume et de fraîcheur, porté par des tanins fermes mais sans aucune dureté et bien pris dans la chair et le fruit. Une bouteille de caractère, que l'on pourra sans crainte mettre en cave. ⧗ 2026-2032

⊶ PAULINE GILBERT, 6, rue de Véron, 58350 Chasnay, tél. 06 74 68 61 26, paulinegilbert.cave@gmail.com V r.-v. D

DOM. SERGE LALOUE Pinot noir 2023 ★

■ | 10000 | | 11 à 15 €

Christine et Franck ont repris le domaine familial en 2000 : 25 ha (20 ha en sancerre, 5 ha en IGP Côtes de la Charité) en conversion bio. Ils ont été rejoints par Clément, le fils de Franck.

Une vigne de 22 ans est à l'origine de cette cuvée au nez intense de fruits rouges bien typé pinot noir. Le même fruité soutenu irrigue une bouche souple, fraîche, équilibrée, de bonne longueur. Une bouteille à ouvrir dans ses jeunes années. ⧗ 2024-2027 ■ **Chardonnay 2022 ★ (11 à 15 €; 14000 b.)** Un blanc joliment fruité (pamplemousse, fruits jaunes), rond en bouche, avec une pointe de vivacité qui va bien en soutien. Facile à aimer. ⧗ 2024-2026

⊶ SERGE LALOUE, 6, rue de la Mairie, 18300 Thauvenay, tél. 02 48 79 94 10, contact@serge-laloue.fr V *t.l.j. sf sam. dim. 9h-12h 14h-17h*

DOM. LA PETITE FORGE Réserve 2022 ★

■ | 1100 | | 15 à 20 €

C'est à l'emplacement d'une ancienne forge qui dépendait du prieuré clunisien de La Charité-sur-Loire que le vignoble des Côtes de la Charité a connu sa renaissance sous l'impulsion de la famille Pabion. Daniel et Katrin sont aux commandes depuis 1980 d'une petite vigne de 1,5 ha.

Valeur sûre des Côtes de la Charité, les Pabion signent un pinot noir intensément bouqueté autour des fruits rouges et des notes boisées de la barrique (10 mois d'élevage en fût). La bouche se montre équilibrée, d'un bon volume, fraîche, fruitée, boisée avec mesure e dotée de tanins tapissants. Une bouteille qui vieillir bien. ⧗ 2025-2030 ■ **2022 ★ (11 à 15 €; 2000 b.)** U pinot noir bien fruité (cassis, mûre), finement poivré franc et frais en bouche, de bonne longueur, avec u boisé qui reste à sa place. ⧗ 2024-2028

⊶ DOM. LA PETITE FORGE, 136, chem. de la Petite-Forge, 58400 Raveau, tél. 03 86 70 30 80, petiteforge@yahoo.fr V r.-v.

IGP PUY-DE-DÔME

DOM. DU BOUDES PLAISIR S Syrah 2023 ★

■ | 2400 | | 11 à 15

Établi dans le village vigneron de Boudes, Davi Pélissier, en parallèle du domaine familial exploit en son nom propre (5 ha), a créé le Dom. du Boude Plaisir, complété en 2023 par une structure d négoce.

Une très jeune vigne de 3 ans d'âge est à l'origine d cette cuvée de négoce sombre de robe et d'une intensit aromatique bien typée «syrah», centrée sur la violett le poivre et les fruits noirs mûrs. En bouche, elle a donn un vin puissant, riche, dense, tannique, qui appelle l garde. ⧗ 2026-2030

⊶ DOM. DU BOUDES PLAISIR, rte de Dauzat, 63340 Boudes, tél. 06 80 51 13 69, domaine.boudes.plaisir@gmail.com V *t.l.j. sf dim. 8h-12h 14h-19h* 3

LES DÉTOURS DE PIERRE O'Terra 2022 ★

■ | 4000 | | 11 à 15

Après 10 ans d'expérience dans le Languedoc et e Provence, Pierre Deshors, ingénieur agronome e œnologue, revient en 2007 dans sa région d'origin pour reprendre cette exploitation de 10,5 ha, don l'emblème est l'ancien château surmonté d'un campa nile du village vigneron du Crest.

Le pinot noir né sur une arène granitique est à l'ori gine de ce vin centré sur la cerise discrètement relevé d'épices. Un fruit que l'on retrouve dans une bouch fraîche et alerte, un brin plus resserrée en finale. Un petite garde la détendra. ⧗ 2025-2028

⊶ LA TOUR DE PIERRE, 10, rue Néraud, 63450 Le Crest, tél. 06 32 86 23 67, pdeshors@yahoo.fr V r.-v.

♥ DOM. HEYRAUD Puy de Mûr Chardonnay 2023 ★★

■ | 3000 | | 8 à 11

Céréalier de métie Philippe Heyraud planté de la vign (8,5 ha) il y a plu de vingt ans, don les raisins étaien apportés à la cav coopérative. E 2022, il a franchi l pas de la vinificatior

Première «vinif» e un premier coup de cœur pour Philippe Heyraud avec c chardonnay d'un abord discret mais subtil, qui s'ouvr

: l'aération sur l'abricot, la poire et les fleurs blanches.)u gras, de la rondeur, mais aussi beaucoup de fraî- :heur aux tonalités minérales, de la longueur : la bouche ie manque de rien et enchante par son harmonie. 'oissons et volailles seront en excellente compagnie. ⧗ 2024-2027

⊶ *DOM. HEYRAUD, 20 bis, rte Sous-les-Vignes, :ormède, 63430 Les-Martres-d'Artière, tél. 06 85 66 03 90, ieyraud.philippe@wanadoo.fr* V ⚐ ⚐ r.-v.

BASTIEN MIGEON Primà 2023 ★

	600		11 à 15 €

\pprès ses études viticoles à Beaune, Bastien Migeon ;'est installé en 2022 sur quelques parcelles de :hâteaugay : 1,5 ha aujourd'hui en côtes-d'auvergne :t en IGP Puy de Dôme. La conversion bio est dans e viseur.

Jn tout jeune domaine qui signe une belle entrée dans : Guide avec ce chardonnay sur l'abricot et les notes umées à l'olfaction. Mêmes sensations aromatiques ıgrémentées de nuances minérales dans une bouche raîche, souple, alerte, mais qui ne manque pas de gras. :n un mot : équilibré. ⧗ 2024-2027

⊶ *BASTIEN MIGEON, 1, rue de Biona, 3140 Châtel-Guyon, tél. 06 60 41 27 80, ›astienmigeon.63@gmail.com* V ⚐ ⚐ r.-v.

Ⓑ GILLES PERSILIER Taran 2022 ★★

	1500		11 à 15 €

)epuis 1995, Gilles Persilier, ancien technicien agri- ole, est installé à Gergovie, haut lieu de l'histoire le la Gaule. Il exploite en bio un vignoble de 10 ha et :'est imposé comme une valeur sûre avec ses cuvées le côtes-d'auvergne dont les noms (Vercingétorix, iergovia, Celtil...) renvoient au passé lointain de a région. Il signe désormais ses vins en méthode ıature.

'aran? Le tonnerre en langue gauloise. Dans le verre, ıne syrah nature qui fait des étincelles avec ses arômes ;ourmands de griotte, de fruits noirs, d'épices douces et l'herbes aromatiques. On aime aussi sa bouche ronde, ımple, très équilibrée et persistante, bâtie sur des tanins oyeux et fondus. ⧗ 2025-2030

⊶ *GILLES PERSILIER, 3 bis, rue du Centurion, 3670 La Roche-Blanche, tél. 06 77 74 43 53, ›illes-persilier@wanadoo.fr* V ⚐ ⚐ r.-v.

IGP URFÉ

Ⓑ GILLES BONNEFOY
Sauvignons gris et blanc de Madone 2023 ★

	3500		15 à 20 €

iilles Bonnefoy a créé son domaine ex nihilo à artir de 1997 : plantations de vignes de 2001 à :016, création de la cave en 2004. Aujourd'hui, un lomaine de 13 ha conduit en bio et biodynamie, éta- ›li en périphérie de deux volcans : La Madone et Le 'igeonnier.

auvignons gris (60 %) et blanc assemblés pour donner e blanc volcanique au nez net et franc de fruits rais, d'agrumes notamment, et de fleurs blanches. En bouche, de la rondeur et de la vivacité, de la souplesse et de la légèreté; bref, de l'équilibre et un profil facile à aimer. ⧗ 2024-2027

⊶ *LES VINS DE LA MADONE (GILLES BONNEFOY), 1581, chem. de Jobert, 42600 Champdieu, tél. 04 77 97 07 33, contact@lesvinsdelamadone.fr* V ⚐ ⚐ r.-v. Ⓑ

DOM. DÉSORMIÈRE
La Bruyère 2022 ★

	2000		11 à 15 €

Ce domaine familial a été créé en 1974 par Michel Désormière, qui a commercialisé les premières bouteilles. Ses fils Éric et Thierry, aux commandes respectivement depuis 1996 et 2004, ont développé la production et disposent aujourd'hui de près de 20 ha de vignes en conversion bio depuis 2020.

Une fermentation démarrée en cuve et finie en fût, puis un élevage de 9 mois dans le merrain pour ce pur chardonnay sur le miel d'acacia, les fleurs blanches et les fruits mûrs sur fond de boisé discret. Notes boisées aux tonalités grillées que l'on retrouve dans une bouche ronde, briochée, plus vive et tonique en finale. Tout indiqué pour une blanquette de veau. ⧗ 2024-2028

⊶ *DOM. DÉSORMIÈRE, 302, montée du Perron, 42370 Renaison, tél. 04 77 64 48 55, contact@domaine-desormiere.com* V ⚐ ⚐ r.-v.

Ⓑ VINCENT GIRAUDON
Quercus 2022 ★

	1100		11 à 15 €

Après des études de viticulture, d'œnologie et de commerce du vin, Vincent Giraudon s'installe en 2004 sur 50 ares de vignes en location. Aujourd'hui, son vignoble, dont une partie est plantée en aligoté depuis 2009, couvre 4 ha en agriculture biologique.

Fermentation et élevage en fût pour ce Quercus (chêne en latin) issu à parts égales d'aligoté et de chardonnay. Au nez, des parfums de vanille et de noisette se mêlent aux fleurs blanches et à la pâte d'amande. Du gras, un bon retour aromatique, un boisé fondu, une belle longueur : la bouche séduit tout autant. Un blanc pour la table et la cave. ⧗ 2025-2029

⊶ *VINCENT GIRAUDON, 269, rte de la Place-du-Lac, Chazelles, 42370 Saint-Alban-les-Eaux, tél. 06 84 38 40 02, vincent-giraudon@orange.fr* V ⚐ ⚐ r.-v.

STÉPHANIE GUILLOT
Plumes de Perdrix Chardonnay 2023 ★

	3500		8 à 11 €

Un domaine créé en 2005 par Stéphanie Guillot, hors cadre familial, à la tête aujourd'hui d'un vignoble de 10,5 ha en cours de conversion bio.

Dans ce millésimé délicat, qui a connu une fois encore la grêle mais aussi la sécheresse, avec des rendements logiquement en baisse, Stéphanie Guillot signe un chardonnay de belle facture, ouvert sans réserve sur les fleurs blanches, les fruits exotiques et une touche de miel. La bouche offre de la matière, du gras, de la rondeur, du fruit et une légère amertume en finale qui vient stimuler le tout. ⧗ 2024-2027

STÉPHANIE GUILLOT, 785, RD 1089, 42130 Sainte-Agathe-la-Bouteresse, tél. 04 77 24 44 36, cave.stephanieguillot@orange.fr V ven. sam. 15h-18h

STÉPHANE RÉAL Coquelicots Syrah 2022 ★★

3500	11 à 15 €

Stéphane Réal a trouvé tout jeune sa vocation de vigneron auprès de son grand-père et a créé son domaine en 1997. Avec son frère Laurent, il exploite 5 ha à Saint-Romain-le-Puy, Urfé et Saint-Georges-Haute-Ville. La propriété fournit des côtes-du-forez et des vins en IGP Urfé.

Cette syrah passée 10 mois en fût se présente dans une robe sombre, ouverte sur les fruits noirs bien mûrs, la myrtille notamment, relevés de quelques épices. En bouche, elle se montre riche, suave, ample, tannique. Un vin intense, bâti pour durer. ⧗ 2026-2032

STÉPHANE RÉAL, 534, chem. des Pics, Fontvial, 42560 Boisset-Saint-Priest, tél. 04 77 76 63 04, cavereal@sfr.fr V r.-v.

IGP VAL DE LOIRE

GUY ALLION
L'innommable Sauvignon doux 2022 ★★

7000	8 à 11 €

Cette ancienne ferme en polyculture s'est spécialisée dans la vigne et orientée vers la vente directe après l'installation en 1999 de Cédric Allion. Le vigneron exploite 37 ha couvrant les coteaux de Thésée et de Monthou-sur-Cher, sur la rive droite du Cher, non loin du château de Chenonceaux.

Une récolte tardive pour ce sauvignon doux (61 g/l de sucres résiduels) ouvert sur d'intenses notes de fruits confits. Une même générosité de fruit caractérise la bouche, dense, riche et longue, avec en filigrane la juste acidité qui fait l'équilibre. ⧗ 2024-2028

GUY ALLION, 15, rue du Haut-Perron, 41140 Thésée, tél. 02 54 71 48 01, contact@guyallion.com V t.l.j. sf sam. dim. 8h-12h30 14h-17h30

AMPELIDÆ Sauvignon 2023 ★

16000	8 à 11 €

Frédéric Brochet crée à vingt-trois ans, alors qu'il rédige sa thèse de doctorat en œnologie, son petit domaine à partir des 49 ares de vignes paternelles. C'est l'origine d'Ampelidæ, né dans la cave familiale de La Mailleterie. Accompagné depuis 2004 par la famille Meuli et un groupe de vignerons de la Vienne, son vignoble couvre 90 ha conduits en bio, morcelés sur une trentaine de kilomètres autour de Jaunay-Marigny et répartis sur plusieurs propriétés, complétés par une activité de négoce.

Voilà un bon sauvignon bien ouvert sur le fruit, tendance exotique, et quelques notes florales. Pas de surprise en bouche, le cépage reste bien présent avec le même fruité exotique mâtiné de fleurs blanches et une agréable vivacité acidulée. ⧗ 2024-2026

AMPELIDÆ, Ch. des Roches, 86380 Jaunay-Marigny, tél. 05 49 88 18 18, isabella.meuli@ampelidae.com V t.l.j. sf lun. dim. 14h-17h30

VINCENT BARRÉ Papinium rosé 2023 ★★

5500	5 à 8

Après le départ à la retraite de Bernard Cousseau fondateur du domaine en 1980, la Papinière (45 h sur une butte entre le ruisseau de la Braudière et l Sanguèze) a été reprise en 2014 par Vincent Barré, qu conduit par ailleurs le Dom. de la Chignardière. Deu domaines situés dans la partie orientale du vignobl nantais, aux confins des Mauges.

Pinot noir et cabernet franc unis pour le meilleur dan ce vin élégant dans sa robe couleur vieux rose. On aim aussi son bouquet frais de fraise et de bonbon arlequir complété d'agrumes par une bouche persistante, par faitement équilibrée entre vivacité et fine sucrosité. U rosé friand à souhait. ⧗ 2024-2025

VINCENT BARRÉ, 2 bis, La Papinière, Tillières, 49230 Sèvremoine, tél. 02 41 70 46 31, lapapiniere.vb@gmail.com V r.-v.

DOM. DES BÉRIOLES
Autochtone Tressallier 2022 ★

3200	20 à 30

Cette propriété familiale de 18 ha, installée au pie d'une petite chapelle et traversée par le chemin d Saint-Jacques-de-Compostelle, a été créée en 198 par Odile et Olivier Teissèdre, qui livraient leurs ra sins à la cave coopérative. Depuis 2011 et la créatio du chai, c'est leur fils Jean qui est aux commandes La certification bio, tournée vers la biodynamie, es acquise depuis 2019.

Le tressallier à l'honneur dans ce blanc vinifié et élev en fût de 500 l. Au nez, logiquement, le boisé domin mais les fruits exotiques pointent derrière le merrai et ses accents épicés. En bouche, le vin se fait rond e gras, avec une fine acidité en soutien qui apporte de l longueur et du dynamisme. Pour la cave et une volaill en sauce crémée. ⧗ 2026-2030 **La Chabanne Pino noir 2022 ★ (15 à 20 €; 3000 b.)** Passé une petit note de réduction, ce vin s'ouvre sur les fruits rouge bien mûrs, presque confits, enrobés des épices du bois Même sensation de maturité dans une bouche géné reuse, ronde, boisée avec mesure et portée par de tanins fondus. ⧗ 2025-2028

DOM. DES BÉRIOLES, 3, rue St-Barthélémy, 03500 Cesset, tél. 06 14 23 40 72, domainedesberioles@gmail.com V t.l.j. sf dim. 9h-12h 14h-18h

CH. DE BROSSAY Sauvignon 2023 ★★

3000	5 à 8

Régulier en qualité, et ce dans tous les styles de vin d'Anjou, ce domaine créé en 1919 par Alexis Deffoi se situe dans le Haut-Layon, dans le sud de l'Anjou e à l'ouest du Saumurois. Les petits-fils du fondateu Hubert et Raymond Deffois – rejoints en 2010 par le gendres de ce dernier, Nicolas Tamboise et Benjami Grandsart –, conduisent un vignoble de 54 ha.

D'élégants reflets dorés ornent la robe de ce sauvigno bien sous tous rapports. Au nez, les agrumes, le buis e les fruits blancs se mêlent harmonieusement. La bouch affiche un équilibre très assuré entre les fruits, le gras e l'acidité, avec une belle longueur en prime. De l'harmoni à tous les étages. ⧗ 2024-2027

CH. DE BROSSAY, 4, Brossay, 49560 Cléré-sur-Layon, tél. 02 41 59 59 95, contact@chateaudebrossay.fr V *t.l.j. sf dim. 8h-12h 14h-19h*

DOM. DES CANTREAUX Sauvignon gris 2023 ★

| 2500 | | 5 à 8 € |

Issu d'une famille de vignerons, Patrice Marchais a pris la succession de son père en 1975 sur ce domaine implanté au Loroux-Bottereau, sur un coteau dominant la Loire. Depuis 2023, c'est la 3e génération, avec Olivier, qui est aux commandes des 43 ha de vignes.

Premier millésime signé Olivier Marchais avec ce sauvignon gris expressif, centré sur les fruits blancs et les agrumes, ample et rond en bouche, avec une juste fraîcheur aux tonalités acidulées en soutien. Un moelleux équilibré et facile à aimer. ⧗ 2024-2027

DOM. DES CANTREAUX, 190, les Cantreaux, 44430 Le Loroux-Bottereau, tél. 02 40 33 84 20, contact@domainedescantreaux.fr V *r.-v.*

♥ **DOM. DE CHAINTRE** Chardonnay 2023 ★★

| 37000 | | - de 5 € |

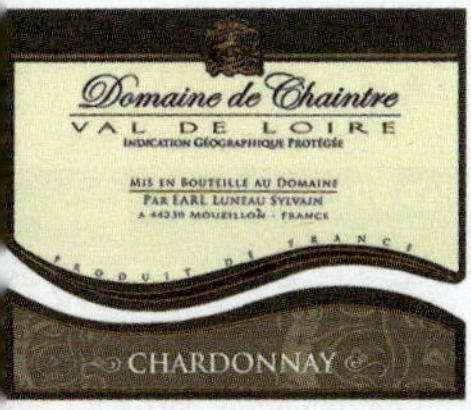

Marcel Luneau a repris en 1970 l'exploitation familiale alors en polyculture, qu'il a peu à peu spécialisée. Son fils Sylvain, ingénieur œnologue, a pris la relève en 2013; il est à la tête aujourd'hui de 60 ha de vignes, sur lesquels il produit muscadets et vins en IGP.

Coup de cœur sur le millésime 2021, cette cuvée fait aussi bien dans sa version 2023 avec un vin limpide et brillant, d'une grande finesse olfactive autour des fruits blancs mûrs, des agrumes et de quelques notes miellées. Une même gourmandise se dégage du palais, ample, rond, suave sans excès, très souple, souligné de bout en bout par une touche d'acidité bien sentie. Imparable. ⧗ 2024-2027

DOM. DE CHAINTRE, Chaintre, 44330 Mouzillon, tél. 02 40 36 31 16, sylvain.luneau@orange.fr V *r.-v.*

DOM. CHARBONNIER Cabernet franc 2022 ★

| 2328 | | 5 à 8 € |

Daniel Charbonnier a pris sa retraite en 2009, mais son frère Michel et son fils Stéphane, installés en 2001, sont toujours là pour conduire le domaine familial et ses 22 ha de vignes. Leurs vins sont régulièrement mentionnés dans le Guide.

Les Charbonnier signent ici un joli rouge de caractère, ouvert sans réserve sur les fruits rouges (fraise, cerise) agrémentés d'une touche florale de violette. Le fruit reste bien présent dans une bouche ample, riche, dense, structurée par des tanins solides qui demandent à se fondre. On patiente. ⧗ 2026-2032

DOM. CHARBONNIER, 4, chem. de la Cossaie, 41110 Châteauvieux, tél. 02 54 75 49 29, dms.charbonnier@wanadoo.fr V *t.l.j. sf dim. 8h-12h30 14h-19h30*

DOM. DU CLÉRAY Sauvignon 2023 ★★

| 44000 | | 5 à 8 € |

Vaste domaine de 100 ha situé sur la route de la Vendée, à l'entrée de Corcoué-sur-Logne, dans le giron du groupe des Grands Chais de France.

Pierre à fusil, fruits exotiques, fruits blancs, touche amylique, ce très beau sauvignon ne manque pas de nuances. Il ne manque pas non plus d'équilibre en bouche, offrant à la fois une rondeur gourmande et une fine acidité qui l'étire sur la longueur. ⧗ 2024-2027

SCEA CHAMPTELOUP (DOM. DU CLÉRAY), Le Cléray, 44330 Vallet, sauvion@sauvion.fr V *t.l.j. sf sam. dim. 9h30-12h 13h30-18h*

DOM. DE LA COCHE
Pays de Retz Les Justices Gamay 2023 ★

| 7030 | | 5 à 8 € |

Située dans l'extrême ouest du vignoble nantais, Sainte-Pazanne est une commune principalement tournée vers l'agriculture. Un îlot viticole demeure : celui des cousins Emmanuel et Laurent Guitteny, à la tête depuis 2000 d'un vignoble de 36 ha conduits en bio.

Un gamay vinifié sans sulfites, bien ouvert sur les fruits rouges à l'olfaction. Le même fruité frais imprègne de bout en bout une bouche alerte, souple, légère, d'une belle longueur. Une jolie friandise à boire sur le fruit de sa jeunesse. ⧗ 2024-2027 ■ **Pays de Retz Les Galets roses Pinot noir 2023 ★ (8 à 11 €; 7030 b.)** B Un rosé tout en fruit, souple, frais, avec du gras pour arrondir les angles, une bonne longueur : que demander de plus? ⧗ 2024-2025

DOM. DE LA COCHE, La Coche, 44680 Sainte-Pazanne, tél. 02 40 02 44 43, contact@domainedelacoche.com V *t.l.j. sf lun. dim.10h-12h 14h-19h*

VIGNOBLE COGNÉ
Petit Rubys 2022 ★★

| 4000 | | 11 à 15 € |

L'une des valeurs sûres de l'IGP Val de Loire, connue aussi sous l'étiquette Dom. de la Couperie, avec laquelle la famille Cogné a déjà décroché plusieurs coups de cœur. Le vignoble s'étend sur 50 ha.

Le seul cabernet-sauvignon à l'œuvre dans ce vin intense, qui mêle au nez les fruits surmûris aux notes poivrées, fumées et cacaotées de la barrique. On retrouve ce mariage heureux du bois et de fruit à maturité dans une bouche généreuse, ample, dotée de bons tanins de garde. On encave pour quelques années. ⧗ 2026-2030

VIGNOBLE COGNÉ, 227, la Couperie, St-Christophe-la-Couperie, 49270 Orée-d'Anjou, tél. 02 40 83 73 16, cogne.vin@orange.fr V *ven. sam. 8h-12h 14h-19h*

DOM. DU COLOMBIER
Prestige de Beaulieu Chardonnay 2023 ★

| 10000 | | 5 à 8 € |

Domaine situé à la limite est du vignoble nantais, aux portes des Mauges et de l'aire du muscadet.

LOIRE

Représentant la 4e génération, Jean-Yves Bretaudeau conduit depuis 1996 le vignoble de 36 ha.

Née sur un terroir de schistes, ce chardonnay livre au nez des arômes d'agrumes, de fruits blancs et de fleurs. La bouche apparaît ronde et grasse, soulignée par une fine acidité qui lui confère de l'équilibre et une bonne longueur. ⧗ 2024-2027

DOM. DU COLOMBIER, 3, le Colombier, Tillières, 49230 Sèvremoine, tél. 06 82 93 94 70, contact@lecolombier.com r.-v.

DOM. DELAUNAY
Le Clos des Rochettes Pinot noir 2022 ★

8000 | 5 à 8 €

La famille Delaunay cultive la vigne depuis plusieurs générations sur les terres du Loroux-Bottereau, et c'est Florent qui a pris les commandes de ce domaine de 30 ha en 2020. La conversion bio est engagée.

D'une belle fraîcheur, le nez de ce pinot noir déploie des arômes soutenus de cerise bien typés. On retrouve le petit fruit rouge dans une bouche souple, alerte, légère, d'un équilibre sans faille. Gouleyant à souhait. ⧗ 2024-2027 **Les Pièces de Fromenteau Chardonnay 2022 ★ (5 à 8 €; 8000 b.)** La dégustation s'ouvre sur des arômes généreux de miel d'acacia et de fruits mûrs (ananas, pomme, poire). Elle se poursuit sur les mêmes tonalités dans une bouche ronde et tendre, équilibrée par une juste acidité. ⧗ 2024-2027

DOM. DELAUNAY, 118, le Val-Fleuri, 44430 Le Loroux-Bottereau, tél. 02 40 33 86 84, contact@domainedelaunay.fr t.l.j. sf dim. 9h-12h30 14h-18h

DOM. DES DEUX ARCS
Fleurs de Vignes 2023 ★★

10000 | 5 à 8 €

Jean-Marie Gazeau, après une expérience en Afrique du Sud, a rejoint son père Michel en 2005 sur le domaine familial (50 ha). Leurs vins sont régulièrement sélectionnés dans le Guide, dans diverses appellations de l'Anjou et dans les trois couleurs. Une valeur sûre.

Sauvignon et chardonnay à parts égales dans cette cuvée intensément bouquetée autour des fleurs et des fruits blancs. Le fruit ne baisse pas d'intensité dans une bouche ample, ronde et fraîche à la fois, d'un équilibre irréprochable. ⧗ 2024-2027

DOM. DES DEUX ARCS, 11, rue du 8-Mai-1945, Martigné-Briand, 49540 Terranjou, tél. 02 41 59 47 37, accueil.domainedes2arcs@gmail.com t.l.j. sf dim. 9h-12h30 14h-18h

DOM. DE L'ESPÉRANCE
Rubis Merlot Cabernet franc 2022 ★

4000 | 5 à 8 €

Un domaine familial fondé en 1913, conduit par Patrice Chesne (installé en 1992) et sa sœur Anne-Sophie (arrivée en 2004), représentant la 4e génération. Le vignoble couvre 36 ha plantés de 12 cépages.

Merlot (60 %) et cabernet franc à l'origine d'un vin d'une belle intensité aromatique autour des fruits rouges et noirs à peine teintés du vanillé de la barrique. La bouche apparaît généreuse, suave, ronde, étayée par des tanins fermes mais sans dureté et par un boisé ajusté. Déjà harmonieuse, cette cuvée a le potentiel pour la cave. ⧗ 2024-2030

DOM. DE L'ESPÉRANCE, 4, l'Espérance, Tillières, 49230 Sèvremoine, tél. 02 41 70 46 09, gaecchesne@orange.fr r.-v.

DOM. DES FORGES
Chardonnay 2023 ★

6935 | 5 à 8 €

La première parcelle a été acquise en 1890. Réputée pour ses vins liquoreux, la propriété, qui compte aujourd'hui 50 ha, a vu en 1996 l'installation de Stéphane et de Séverine Branchereau, représentant la cinquième génération aux commandes du domaine. Une valeur sûre de l'Anjou viticole.

Au nez, ce chardonnay ne manque pas d'expression: fleurs blanches, agrumes, pomme. En bouche, il ne baisse pas de ton, restant très expressif, sur le citron et la Granny Smith, offrant un bel équilibre entre rondeur et acidité. ⧗ 2024-2027

DOM. DES FORGES, 6, les Barres, Saint-Aubin-de-Luigné, 49190 Val-du-Layon, tél. 02 41 78 33 56, cb@domainedesforges.net t.l.j. sf dim. 9h-12h 14h-18h

XAVIER FRISSANT
Fié gris des Pierres 2022 ★

5000 | 15 à 20 €

Installé depuis 1990 à Mosnes, en aval d'Amboise, Xavier Frissant cultive 15 ha de vignes certifiées bio. Un vigneron bien connu des lecteurs grâce à ses vins souvent en bonne place dans le Guide.

Le fié gris – autre nom du sauvignon gris, cépage à baies roses abandonné au début du XXes. après qu'il eut été décimé par le phylloxera – à l'honneur dans cette cuvée d'une belle expression florale et fruitée, mâtinée d'une touche de noix de coco léguée par le bois. En bouche, l'équilibre est de mise entre une acidité maîtrisée, une rondeur suave et un boisé fondu. Un blanc pour la table et pour la cave. ⧗ 2025-2030

XAVIER FRISSANT, 1, chem. Neuf, 37530 Mosnes, tél. 02 47 57 23 18, xf@xavierfrissant.com t.l.j. sf dim. 9h-12h 14h-18h

DOM. DE LA GACHÈRE
Grolleau gris 2023 ★

8000 | 5 à 8 €

Ce domaine familial de 32 ha est situé dans les Deux-Sèvres, aux confins méridionaux du vignoble angevin. Les jumeaux Alain et Gilles Lemoine ont pris la succession de leur père Claude en 1998.

Honneur au rare grolleau gris, cépage originaire de Charente et que l'on surnomme également «le pinot de Saumur». Dans le verre, un blanc expressif, sur l'amylique et la pêche, agrémenté en bouche de nuances minérales, souple, frais avec de la rondeur, stimulé par une finale acidulée. ⧗ 2024-2026

DOM. DE LA GACHÈRE, 4, la Gachère, St-Pierre-à-Champ, 79290 Val-en-Vignes, tél. 05 49 96 81 03, gachere@orange.fr r.-v.

♥ DOM. DE LA GARNIÈRE
Sauvignon blanc 2023 ★★

20000 | 5 à 8 €

Sur la route menant de Saint-Fiacre à Monnières, on passe par la Hautière, qui domine les coteaux escarpés de la Sèvre. Pascale et Patrice David y conduisent depuis 1994 les 31 ha de vignes de la propriété familiale.

Coup de cœur l'an dernier pour leur cuvée Vieilles Vignes 2022 en muscadet-sèvres-et-maine, les David font coup double avec ce sauvignon au nez discret mais friand d'agrumes et de genêt. Arômes qui se font plus intenses dans une bouche à l'équilibre irréprochable, offrant beaucoup de fraîcheur mais aussi du gras et une longueur remarquable et remarquée. Un blanc fringant, très harmonieux, paré pour les fruits de mer. ⧗ 2024-2027 **Sauvignon gris 2023 ★ (5 à 8 €; 6000 b.)** Un vin d'une belle intensité aromatique, sur les fleurs et fruits blancs, souple, frais, enrobé par une légère sucrosité en bouche. Un blanc sapide et de bon goût. ⧗ 2024-2026

DOM. DE LA GARNIÈRE, 202, la Garnière, St-Crespin-sur-Moine, 49230 Sèvremoine, tél. 02 41 70 40 25, fleurance@garniere.com V r.-v.

DOM. LE GRAND FÉ
Pays de Retz Grolleau gris 2023 ★

6500 | 5 à 8 €

Jean-Louis Naudin conduit depuis 2022 ce vignoble de 14 ha situé sur des sols à dominante sableuse. Les vignes entourent un ancien relais de poste du XVIIe siècle qui fait désormais office de chai.

Ce grolleau gris s'ouvre sur des arômes soutenus et francs de pamplemousse, de fleur de sureau, de pêche blanche et de menthol. Bouquet qui s'exprime avec la même intensité dans une bouche bien fraîche, très souple, stimulée par une finale nerveuse et acidulée. Un blanc tonique et appétant. ⧗ 2024-2027

DOM. LE GRAND FÉ, 8, le Poirier, 44310 La Limouzinière, tél. 07 65 78 71 92, jean-louis.naudin@legrandfe.fr V r.-v.

LA GUILLAUDIÈRE 2023 ★

20000 | - de 5 €

Fondé vers 1900 et racheté par D. Régnier en 1999, cet important domaine de 86 ha, principalement installé dans l'aire d'appellation du muscadet-sèvre-et-maine, propose aussi du gros-plant et s'est agrandi vers Corcoué-sur-Logne dans l'appellation muscadet-côtes-de-grand-lieu.

Le grolleau seul maître à bord dans ce rosé bien fruité au nez comme en bouche, d'une fraîcheur agréable et bien dosée, et d'une longueur des plus honorables. Simple et sans chichi. ⧗ 2024-2025

DOM. DE LA GUILLAUDIÈRE, Les Gillières, 44690 La Haye-Fouassière, tél. 06 25 18 60 54, my.prevost@lesgillieres.com V *t.l.j. sf dim. 8h-12h30 14h-18h*

DOM. DES HAUTES OUCHES Chardonnay 2022 ★

50000 | 11 à 15 €

Ce domaine créé en 1963 par Joël Lhumeau, repris par son fils Jean-Louis en 1991, a vu sa surface passer de 3 ha de vignes à l'origine à 60 ha aujourd'hui. Cette expansion n'a pas été menée au détriment de la qualité, comme en témoignent de nombreuses sélections, aussi bien en appellations qu'en IGP, et plusieurs coups de cœur.

Vanille, pain d'épices, miel, fruits mûrs, c'est par un bouquet gourmand et généreux que débute la dégustation. Elle se poursuit sur les mêmes tonalités, avec en soutien un boisé présent mais élégant, qui ajoute au volume de ce blanc riche et structuré, bâti pour la garde et la table, avec une belle volaille en sauce crémée par exemple. ⧗ 2025-2030 **Sauvignon 2023 ★ (5 à 8 €; 7000 b.)** Un joli blanc expressif et typé, sur les agrumes et les fruits exotiques, ample, souple et frais en bouche, à l'équilibre très assuré. ⧗ 2024-2027

DOM. DES HAUTES OUCHES, 7, rue Saint-Vincent, Linières, Brigné, 49700 Doué-en-Anjou, tél. 02 41 59 30 51, domainedeshautesouches@orange.fr V r.-v.

LACHETEAU
La Confluence Chardonnay 2023 ★

100000 | - de 5 €

Créée en 1990, la société de négoce Lacheteau s'est spécialisée dans la production de rosés et de vins effervescents. Elle est entrée en 2005 dans le giron des Grands Chais de France, géant français du négoce de vins créé à la fin des années 1980 par Joseph Helfrich, aujourd'hui présent dans le monde entier.

Au nez, ce sont les fleurs blanches qui s'expriment. Elles s'agrémentent de nuances fruitées dans une bouche d'un bon volume, fraîche, adoucie par une pointe de sucrosité. Harmonieux et facile à aimer. ⧗ 2024-2026

LACHETEAU, Le Cléray, 44330 Vallet, tél. 02 40 36 66 00, lacheteau@lacheteau.fr

B DOM. LEBLANC SB Sauvignon 2023 ★★

16000 | 8 à 11 €

Les Leblanc sont viticulteurs de père en fils depuis le XVIIes. Jean-Claude a repris l'exploitation familiale en 1956. Ses fils Yannick et Dominique lui ont succédé en 1984, rejoints en 2008 par Fabien, fils du premier, et en 2014 par Pierre, fils du second. Un domaine de 45 ha conduit en bio, régulièrement en vue pour ses liquoreux, ses coteaux-du-layon notamment.

Ce sauvignon bien né livre un bouquet gourmand de fruits exotiques mûrs vivifiés par une touche amylique. Arômes auxquels fait un long écho une bouche suave, riche, généreuse, stimulée par une pointe de fraîcheur bienvenue. ⧗ 2024-2027

DOM. LEBLANC, 2, rue des Monts, 49380 Faye-d'Anjou, tél. 02 41 54 30 78, contact@domaine-leblanc.fr V *t.l.j. sf dim. 8h30-12h 14h-18h*

DOM. DE LORIÈRE Merlot 2023 ★

4000 | - de 5 €

Construit en 1640, pillé et incendié en 1793, puis confisqué par l'État, ce manoir établi sur les coteaux

dominant l'Acheneau a été acquis par la famille Hervé en 1886. Depuis 1998, c'est Vincent Hervé, cinquième du nom, qui en conduit les 28 ha de vignes.

D'un abord discret, ce merlot se montre plus loquace en bouche, autour des fruits rouges agrémentés d'une note animale. Il plaît aussi par sa souplesse et sa légèreté, avec en finale une touche agréable d'amertume qui ajoute à sa longueur. Un profil gouleyant. ⧗ 2024-2026

⊶ DOM. DE LORIÈRE, Lorière, 44830 Brains, tél. 02 40 65 68 47, chateauloriere@sfr.fr V *t.l.j. sf dim. 9h-11h 17h-19h*

DOM. DES LOUÉTTIÈRES Merlot 2023 ★

■	1000		- de 5 €

Un domaine de 30 ha créé en 1986 par Dominique Peigné, installé à la limite de l'appellation sèvre-et-maine et des coteaux-de-la-loire. En 2023, son fils Tanguy a pris la relève.

Ce merlot planté sur micaschistes livre un bouquet plaisant de fruits rouges et noirs. Arômes que prolonge un palais frais en attaque, plus rond dans son développement, étayé par des tanins fondus mais un brin plus stricts en finale. ⧗ 2024-2027

⊶ DOM. DES LOUÉTTIÈRES, 2 bis, le Martinet, Barbechat, 44450 Divatte-sur-Loire, tél. 06 76 90 04 76, peigne63@orange.fr V *r.-v.*

DOM. J. MARTELLIÈRE Cuvée Josselin Chenin blanc 2022 ★

■	2400		5 à 8 €

Jean-Vivien Martellière a repris en 2003 cette exploitation familiale de 12 ha fondée en 1967 par son grand-père Jean. Il vinifie les trois appellations de la vallée du Loir (jasnières, coteaux-du-loir et coteaux-du-vendômois) et des IGP Val de Loire en appliquant les méthodes traditionnelles (levures naturelles, macérations courtes…). Associé à sa sœur, le vigneron a créé à Montoire-sur-Loir *Les Trois marches*, un bar à vins pour déguster ses cuvées accompagnées d'assiettes gourmandes.

Miel, fruits rôtis, fleurs blanches, touche de caramel, ce chenin se présente avec intensité et ne cache pas son passage en fût. Mêmes sensations en bouche, avec un vin rond, ample, généreux, rafraîchi par une pointe de vivacité bienvenue. On lui donne encore un peu de temps pour s'affiner. ⧗ 2025-2028

⊶ DOM. J. MARTELLIÈRE, 46, rue de Fosse, 41800 Montoire-sur-Loir, tél. 06 08 99 94 15, contact@domainemartelliere.fr V *r.-v.*

LE MOULIN DE LA TOUCHE Pays de Retz Chardonnay 2023 ★

■	10 000		5 à 8 €

Ce domaine a été créé en 1970 sur les coteaux sud qui dominent le marais breton et la baie de Bourgneuf. 16 ha de vignes entourent aujourd'hui un ancien moulin érigé en 1745 et transformé en caveau par la famille Hérissé. Vincent a repris l'exploitation en 2014. Souvent en vue pour ses IGP Val de Loire.

Fin et puissant à la fois, le nez de ce chardonnay évoque la fleur de sureau, le pamplemousse et la pêche blanche. En bouche, il se révèle tendre, gras sans lourdeur, épaulé par une fine acidité qui renforce sa persistance. ⧗ 2024-2027

⊶ LE MOULIN DE LA TOUCHE, 44580 Bourgneuf-en-Retz, tél. 02 40 21 47 89, contact@lemoulindelatouche.com V *t.l.j. sf dim. 10h-12h 15h-18h30*

B DOM. NEBOUT Allier Séduction 2022 ★

■	4655		8 à 11 €

Succédant à quatre générations de vignerons, Julien Nebout, après des expériences en Touraine, dans le Sancerrois et en Nouvelle-Zélande, a pris la tête en 2006 de cette propriété de 27 ha en bio, régulièrement mentionnée dans ces pages.

Planté sur les sables et graviers du Bourbonnais, ce pur pinot noir livre un joli bouquet épicé (poivre) et fruité (cerise). Des arômes que prolonge une bouche franche et fraîche, soutenue par un boisé qui reste discret et apporte juste ce qu'il faut de structure sans nuire au fruit. Un vin équilibré, à boire ou à attendre. ⧗ 2024-2030

⊶ DOM. NEBOUT, rte de Montmarault, Les Champions, 03500 Saint-Pourçain-sur-Sioule, tél. 04 70 45 31 70, domainenebout@orange.fr V *t.l.j. sf dim. 9h-12h 14h-18h30* D

DOM. DE LA NOË Egiodola 2023 ★

■	40 000		5 à 8 €

Sur les granites de Château-Thébaud, les vignes sont généralement précoces car les sols sont bien drainants. Ce domaine transmis de père en fils depuis 1878 est aujourd'hui conduit par les frères Drouard, Pascal, Laurent, Denis et Jean-Paul, qui disposent de 87 ha.

Une curiosité que ce rosé qui met à l'honneur le très rare egiodola (« sang pur » en langue basque), croisement entre la tinta negra mole, variété portugaise, et l'abouriou, cépage emblématique du Marmandais. Dans le verre, un bouquet subtil de fruits rouges frais, de cassis et de bonbon anglais, relayé par une bouche élégante, fraîche sans manquer de rondeur. Une jolie friandise. ⧗ 2024-2025 ■ **Sauvignon 2023 ★ (5 à 8 €; 40 000 b.)** Fruits exotiques et agrumes s'imposent au nez, avec une petite note végétale. En bouche, c'est frais, léger, fruité, à l'unisson du bouquet. ⧗ 2024-2026

⊶ DOM. DE LA NOË, 4, la Noë, 44690 Château-Thébaud, tél. 02 40 06 50 57, contact@vignobledrouard.com V *t.l.j. sf dim. 9h-12h30 14h-18h* A

PARIS-SIMONEAU Les Georges Pinot noir 2022 ★

■	7000		5 à 8 €

La famille Simoneau exploite la vigne sur ces terres de Saint-Georges-sur-Cher depuis la fin de la Révolution française. Depuis 2013, ce sont Carine Simoneau (marketing et commercial) et Sébastien Paris (vigne et chai) qui sont aux commandes, avec à leur disposition un vignoble de 74 ha tourné vers les vins de cépages.

Ce pinot noir séduit d'emblée par son intensité aromatique, classiquement centrée sur les fruits rouges. Un fruité que prolonge avec la même énergie une bouche riche, ample, longue et bien structurée, encore un peu austère en finale. Il faudra un peu de patience. ⧗ 2025-2028

FAMILLE PARIS-SIMONEAU, 21, rue des Vignes, 41400 Saint-Georges-sur-Cher, tél. 02 54 71 36 14, contact@paris-simoneau.com V *t.l.j. sf dim. lun. 9h-12h 14h-18h*

DOM. DU PETIT CLOCHER Chardonnay 2023 ★★

| 30 000 | 5 à 8 € |

Conduite par la jeune génération, Stéphane, Julien et Vincent Denis, arrivés respectivement en 2003, 2006 et 2009, une affaire de famille depuis 1920; 5 ha aux origines, 90 ha aujourd'hui. Un domaine phare du Haut-Layon, réputé notamment pour ses vins rouges, mais aussi très à l'aise en blanc et en rosé. Une valeur (très) sûre.

Fidèle au rendez-vous, la famille Vincent signe un beau chardonnay au nez intense de fruits exotiques, d'agrumes, de fruits jaunes et de fleurs blanches. Du fruit, de la souplesse, de la fraîcheur, de la longueur, la bouche séduit tout autant. Un blanc expressif et très appétant. ⧗ 2024-2027 **Sauvignon 2023 ★ (5 à 8 €; 25 000 b.)** Des notes d'agrumes, de fleurs blanches et de menthol, une bonne vivacité en bouche : un sauvignon facile d'accès, parfait pour l'apéritif. ⧗ 2024-2026

DOM. DU PETIT CLOCHER, 6, La Laiterie, 49560 Cléré-sur-Layon, tél. 02 41 59 54 51, contact@domainedupetitclocher.fr V *t.l.j. sf dim. 9h-12h30 14h-18h*

CLAUDE-MICHEL PICHON Chenin 2023 ★

| 13 200 | 5 à 8 € |

Succédant à son père, Claude-Michel Pichon a pris les commandes en 2009 du Ch. la Chevillardière et de ses 95 ha de vignes, après avoir débuté sa carrière comme maître de chai d'une maison de négoce. Il a engagé un programme de plantation de nouveaux cépages et étoffé sa gamme d'IGP Val de Loire avec différents rosés.

Pêche, poire, citron, fleurs blanches, ce chenin ne manque pas d'expression. On aime aussi sa bouche tendre, ronde, fruitée, étirée en finale par une pointe d'amertume qui lui va très bien. ⧗ 2024-2027

CLAUDE-MICHEL PICHON, 60, la Chevillardière, 44330 Vallet, tél. 06 28 98 58 97, cmpichon@orange.fr V *t.l.j. sf dim. 9h-12h 14h-18h30*

CH. DE PIMPÉAN Pinot noir 2022 ★

| 2 516 | 11 à 15 € |

Situé dans la vallée de l'Aubance, ce château construit en 1443 commande un vignoble de 24 ha principalement planté de cabernet franc. Didier Robineau y est aux commandes depuis 2019.

Retour dans le Guide pour le domaine avec ce pinot noir bien né, au nez soutenu de cerise kirschée et d'amande. Une générosité en fruit que l'on retrouve dans une bouche ample, généreuse, suave, bien dans le ton du millésime, avec en soutien des tanins soyeux. ⧗ 2024-2028

CH. DE PIMPÉAN, Ch. de Pimpéan, Grézillé, 49320 Gennes-Val-de-Loire, tél. 05 17 67 81 81, contact@chateaudepimpean.fr *t.l.j. sf sam. dim. 9h-12h 14h-16h*

DOM. DE LA POTARDIÈRE Sauvignon 2023 ★

| 6 000 | - de 5 € |

Propriétaire de ce domaine depuis 1879, la famille Couillaud conduit un vignoble de 27 ha au flanc d'un coteau appelé la Butte de la Roche, qui domine le marais de Goulaine. Romain a pris les commandes en 2010.

Si le nez se montre assez réservé, ce sauvignon s'exprime plus nettement en bouche, autour des agrumes et des fruits blancs mûrs, avec la petite touche végétale bien typée du cépage. On aime aussi son dynamisme, renforcé par de beaux amers en finale. ⧗ 2024-2026 **Chardonnay 2023 ★ (- de 5 €; 5000 b.)** Au nez, des notes pâtissières de crème au beurre et des fruits jaunes. En bouche, du gras, de la générosité, mais aussi une touche bienvenue de fraîcheur. Un blanc qui respire la maturité. ⧗ 2024-2027

DOM. DE LA POTARDIÈRE, La Potardière, 44430 Le Loroux-Bottereau, tél. 02 40 33 82 50, domainepotardiere@orange.fr V *r.-v.*

LE P'TIT RENAUDAT Pinot noir 2023 ★

| 18 000 | 8 à 11 € |

Installé en 1999 sur 2,5 ha à cheval sur Reuilly et Quincy, Valéry Renaudat exploite désormais 34 ha de vignes sous deux étiquettes (Valéry Renaudat et Dom. du Chêne vert). Il s'impose comme l'une des valeurs sûres de ces appellations.

Du fruit au nez comme en bouche, avec intensité et netteté, avec aussi quelques notes épicées, ce pinot noir se révèle très expressif. Il plaît également par sa fraîcheur, sa souplesse et sa longueur. Un vin sans chichi, à boire dans ses jeunes années. ⧗ 2024-2027

DOM. VALÉRY RENAUDAT, 3, pl. des Écoles, 36260 Reuilly, tél. 06 78 52 85 40, domaine@valeryrenaudat.fr V *t.l.j. sf dim. 8h-12h 14h-18h*

DOM. DE LA RAGOTIÈRE
Cuvée Prestige Sauvignon 2023 ★

| 95 760 | 8 à 11 € |

Les frères Bernard, Michel et François Couillaud ont acquis en 1979 le Ch. de la Ragotière, ancienne maison noble ayant appartenu à un compagnon d'armes de Du Guesclin. En 2006, Amélie, fille de Bernard, et son mari, Vincent Dugué, ont pris la suite, à la tête d'un vaste vignoble de 30 ha d'un seul tenant, d'où ils tirent des muscadet-sèvre-et-maine et des vins de cépage en IGP Val de Loire vendus sous diverses étiquettes.

Expressif et fin, ce sauvignon né sur un terroir de micaschistes convoque le genêt, les agrumes et les fruits exotiques à l'olfaction. Une trame aromatique qui irrigue une bouche souple, légère et fraîche. Parfait pour l'apéritif. ⧗ 2024-2026

CH. DE LA RAGOTIÈRE, 2, la Grande-Ragotière, 44330 La Regrippière, tél. 02 40 33 60 56, info@freres-couillaud.com V *t.l.j. sf dim. 9h-12h30 14h-18h; sam. 10h-13h*

DOM. DES RENARDIÈRES Sauvignon gris 2023 ★

| 1925 | 8 à 11 € |

Créé en 2015, le domaine est situé sur la commune de Beaumont et compte aujourd'hui 5,5 ha de vignes.

Il est piloté par Isabelle Bureau qui fut durant 15 ans l'œnologue de la cave coopérative du Haut-Poitou.

Ce sauvignon gris s'exprime avec délicatesse sur les fleurs blanches et les fruits jaunes. En bouche, il se montre bien frais, léger, souple, plus acidulé en finale. Un bon classique pour l'apéritif. ⧗ 2024-2026

⊶ DOM. DES RENARDIÈRES, 13, les Vallées, 86380 Ouzilly, tél. 06 47 04 71 38, isabelle.bureau86@gmail.com V r.-v.

RÉTHORÉ DAVY Parcelles Chardonnay 2023 ★★

	25 000		5 à 8 €

Créé en 1959, ce domaine de 40 ha (en conversion bio) est conduit par Martine Réthoré depuis 1991. À partir de 2003, il s'est orienté vers la production de vins de pays.

Du verre se dégagent des senteurs élégantes de fleur d'oranger et d'agrumes mâtinés de fines nuances fumées. Une palette qui s'enrichit de pêche blanche dans une bouche ample, longue, parfaitement équilibrée entre fraîcheur et rondeur. Un sans-faute. ⧗ 2024-2027

⊶ VIGNOBLE RÉTHORÉ DAVY, 1001, les Vignes, St-Rémy-en-Mauges, 49110 Montrevault-en-Èvre, tél. 02 41 30 12 58, contact@vignoble-rethore-davy.fr V r.-v.

DOM. LA TOUR BEAUMONT Gamay 2023 ★★

	18 000		8 à 11 €

Le donjon d'un ancien château du XIIᵉs. a donné son nom au domaine, dont les 34 ha se répartissent sur deux coteaux séparés par la rivière Clain. Une valeur sûre du Haut-Poitou. Après cinq années passées en Bourgogne, Pierre Morgeau a rejoint en 2011 son père Gilles sur cette exploitation familiale créée en 1860, qu'il dirige depuis 2015. Cécile Pailhasse, sœur de Pierre, est également de la partie depuis 2022.

Tout ce que l'on attend d'un bon gamay : du fruit, intense, au nez comme en bouche, de la souplesse, de la fraîcheur, de l'énergie, avec en prime ici un beau volume et de la longueur. Un rouge simple mais qui n'a rien de simpliste, franc et immédiat : le vrai « vin de copains ». Préparez l'apéritif et les grillades au feu de bois. ⧗ 2024-2027

⊶ DOM. LA TOUR BEAUMONT, 2, av. de Bordeaux, 86490 Beaumont-Saint-Cyr, tél. 05 49 85 50 37, contact@domainelatourbeaumont.fr V *t.l.j. sf dim. 9h30-12h 14h30-19h (18h sam. et hiver)*

B LES VIGNES DU FRESCHE Radicalement rouge 2022 ★

	23 000		11 à 15 €

Un domaine venteux et peu gélif de 24 ha d'un seul tenant, conduit en bio, établi sur un haut plateau de terres schisteuses à La Pommeraye, en surplomb de la Loire. Il est la propriété depuis 2022 de Daniel Craker et Marc Houtin.

Cabernet franc (42 %), gamay (30 %), grolleau noir (20 %) et cabernet-sauvignon sont associés dans ce vin qui charme d'emblée avec ses parfums de fruits rouges, de sous-bois et d'épices. La bouche se montre ronde, généreuse, étayée par des tanins bien en place mais sans dureté et par une agréable ligne de fraîcheur. Déjà harmonieux, il vieillira bien. ⧗ 2024-2030

⊶ LES VIGNES DU FRESCHE, Le Fresche, La Pommeray, 49620 Mauges-sur-Loire, tél. 06 03 61 26 80, contact@lesvignesdufresche.fr V r.-v.

DOM. DE VILLEMONT Cuvée Grenat 2022 ★

	1450		8 à 11 €

Créé en 1995, ce domaine très régulier en qualité surplombe la vallée de l'Envigne, au nord de l'appellation haut-poitou. Il étend son vignoble sur 33 ha, exploités en famille par les Bourdier. En 2019, Rodolphe et Virginie ont pris la suite de leurs parents Alain et Annie.

Des gamays de près de 40 ans, élevés 12 mois en fût, ont donné ce vin d'un beau grenat en effet. Au nez, le bois l'emporte à ce stade mais l'on sent poindre les fruits rouges à l'arrière-plan. En bouche, le boisé reste bien présent, apportant un surcroît de structure à une matière de bonne densité, dotée de tanins fermes. On met en cave. ⧗ 2026-2030

⊶ DOM. DE VILLEMONT, 6, rue de l'Ancienne-Commune, Seuilly, 86110 Mirebeau, tél. 05 49 50 51 31, domaine-de-villemont@wanadoo.fr V *t.l.j. sf sam. dim. 9h30-12h30 14h-18h30*

RHÔNE

LA VALLÉE DU RHÔNE

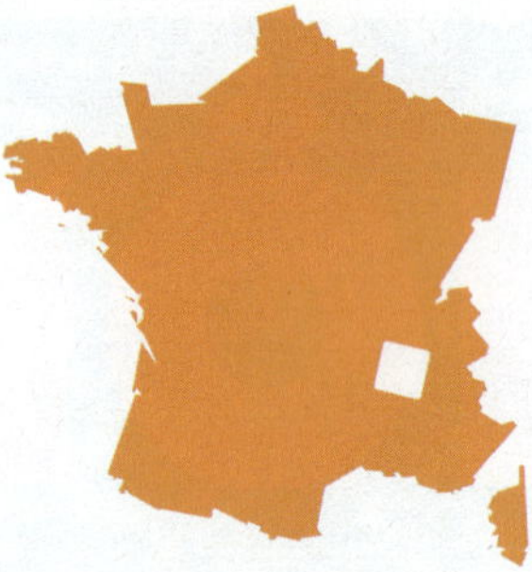

La vallée du Rhône porte des vignobles parmi les plus anciens de France, façonnés notamment par les Grecs et les Romains, puis par les papes d'Avignon.
Elle propose deux visages bien distincts. Le nord, entre Vienne et Valence, offre un vignoble parfois spectaculaire accroché aux coteaux surplombant le Rhône. Un vignoble modeste en taille, mais prestigieux par ses vins rouges de renom (côte-rôtie, cornas…), nés de la syrah, et par ses plus rares blancs, dont le fameux condrieu ou encore l'hermitage. Le Sud étend son vaste vignoble autour d'Orange. Outre des rosés et de rares blancs, son climat méditerranéen favorise les vins rouges chaleureux à dominante de grenache noir.
En matière de vins d'appellation, c'est la deuxième région viticole après le Bordelais. Les vins rouges, majoritaires, sont souvent chaleureux, souples ou de garde. Avec tavel, le vignoble possède la plus ancienne appellation de rosés ; il produit aussi des blancs de haute lignée comme les hermitage ou les condrieu. Enfin, les vins doux naturels montrent son appartenance à l'orbite méditerranéenne.

Principaux **millésimes** dégustés dans cette **édition**

TYPES DE VIN	CARACTÉRISTIQUES DU MILLÉSIME	QUALITÉ DU MILLÉSIME
Rouges 2023	Avec un épisode caniculaire au cœur de l'été qui précipite les vendanges, ce millésime s'avère bien réussi, grâce à des pluies salvatrices en septembre. Le Rhône nord offre de la fraîcheur, de la maturité et des vins bien dimensionnés, de bonne concentration, de même que le Rhône sud, avec des grenaches en verve. C'est un millésime plein, dense et équilibré.	★★★★☆
Rouges 2022	Un millésime d'anthologie grâce aux pluies survenues au meilleur moment. Les raisins sont concentrés, pulpeux, dotés de jolis tanins, formulant assurément des vins de longue garde qui marqueront les annales.	★★★★★
Rouges 2021	Black rot, mildiou, gel, grêle… Rien n'aura épargné le vignoble en 2021. Après le tri sévère d'une toute petite récolte, les secteurs les plus réputés, les plus chauds aussi, tirent leur épingle du jeu avec des vins de bonne constitution.	★★★☆☆
Blancs 2023	Malgré la précocité de la récolte, ce millésime plutôt chaud livre de belles réussites, sur la partie nord du Rhône notamment, avec de la fraîcheur et de la minéralité.	★★★★☆
Blancs 2022	Particulièrement réussi, ce millésime a donné des blancs parfumés, intenses et hautement savoureux, restant frais et équilibrés. Leur garde, pour les plus grands, est assurée.	★★★★★

La vallée du Rhône en un clin d'œil

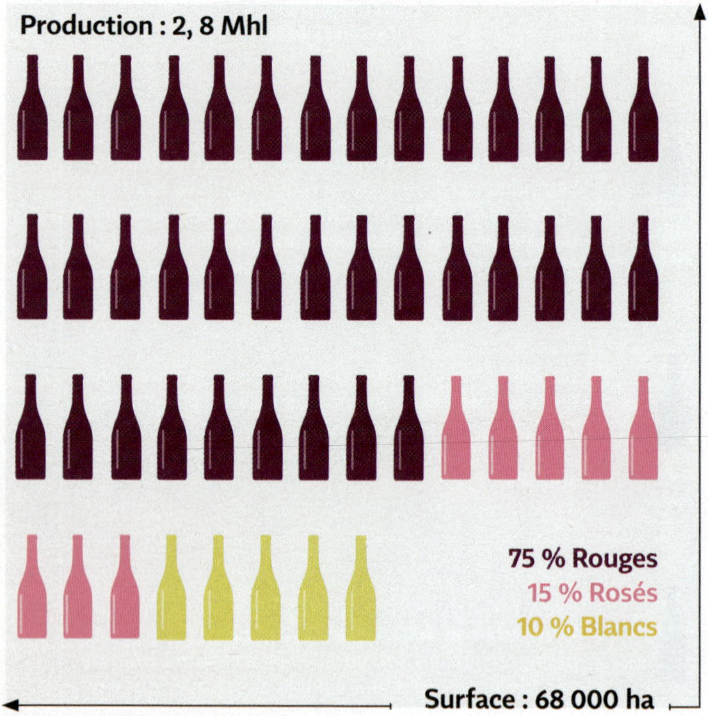

Types de vins

Principaux **cépages**

- Syrah
- Grenache
- Mourvèdre
- Cinsault
- Carignan
- Viognier
- Roussanne
- Marsanne
- Grenache blanc
- Clairette blanche
- Bourboulenc
- muscat blanc à petits grains

Hiérarchie des vins

AOC COMMUNALES
(côte-rôtie, cornas, tavel, châteauneuf-du-pape...).

AOC « SATELLITES »
On rattache aussi au vignoble rhodanien des AOP « satellites » plus éloignées du fleuve (ventoux, luberon, grignan-lès-adhémar...).

AOC RÉGIONALES
côtes-du-rhône et côtes-du-rhône-villages, avec ou sans nom de commune

Un peu d'**histoire**

- **ve s. av. J.-C. :** les Grecs implantent la vigne.
- **125 av. J.-C. :** conquête de la région par les Romains, essor du vignoble et 1res réglementations viticoles. Les Allobroges, population locale, obtiennent le droit de produire du vin.
- **Ier s. :** Pline l'Ancien célèbre les vins produits sur les terrasses aux alentours de Vienne.
- **XIIe s. :** les Templiers développent le vignoble de Châteauneuf-du-Pape.
- **1309-1376 :** 5 papes légitimes demeurent à Avignon.
- **1317 :** le pape Jean XXII fait prospérer le vignoble de Châteauneuf-du-pape.
- **XVIIe s. :** la dénomination « Coste du Rhône » apparaît et désigne les vins du duché d'Uzès.
- **1731 :** un édit royal autorise le marquage des lettres CDR (« Côte du Rhône) sur les fûts de vins de Tavel, Lirac, Roquemaure et Chusclan qui s'exportent jusqu'en Europe du Nord.
- **1850 :** le vignoble de la Côte du Rhône s'étend à la rive gauche du fleuve : on parle des « côtes du Rhône ».
- **1860 :** crise phylloxérique.
- **1924, 1929 :** Le baron Le Roy crée le syndicat des Vignerons de Châteauneuf-du-pape, puis le syndicat des Côtes du Rhône. Rénovation du vignoble.
- **1930 :** le vignoble du Rhône septentrional bénéficie de l'élan donné par la coopérative de Tain-l'Hermitage.
- **1936 :** création des AOC châteauneuf-du-pape, hermitage, tavel, saint-péray, château-grillet.
- **1937 :** création de l'AOC côtes-du-rhône.
- **1966 :** création de l'AOC côtes-du-rhône-villages.
- **À partir de 1970** et jusqu'au début **2000 :** création des AOC communales (gigondas, vacqueyras, vinsobres, rasteau, beaumes-de-venise), et des AOC « satellites » (ventoux, costières-de-nîmes, luberon...). Nouvelle impulsion dans le vignoble septentrional.

Les **appellations** régionales de la vallée du Rhône

AOC Côtes-du-rhône

Production : 1,2 Mhl

84 % Rouges
10 % Rosés
6 % Blancs

Surface : 31 000 ha

Types de vins

- Rouges
- Blancs secs
- Rosés

Principaux **cépages**

- Grenache noir
- Syrah
- Mourvèdre
- Cinsault
- Carignan
- Counoise
- Grenache blanc
- Clairette
- Viognier
- Marsanne
- Roussanne
- Bourboulenc

Une très vaste appellation dominée par les rouges

Définie dès 1937, l'appellation régionale côtes-du-rhône figure au nombre des plus anciennes. C'est aussi l'une des plus vastes, la seconde en superficie après bordeaux. Elle peut être produite sur l'ensemble de la région, du nord au sud, mais elle est en réalité très largement concentrée dans la partie méridionale. Les vins rouges, largement majoritaires, souvent souples, parfois plus charpentés, revêtent une grande diversité qui répond à celle des sols et des microclimats. Le grenache, la syrah et le mourvèdre peuvent être complétés par les nombreux cépages secondaires (30 % maximum). Des cépages blancs peuvent même entrer dans la composition des rouges (5 % maximum) et des rosés (20 % maximum). On trouve aussi de plus confidentiels blancs et rosés.

AOC Côtes-du-rhône-villages

Production : 315 000 hl

96 % Rouges
3 % Blancs
1 % Rosés

Surface : 9 000 ha

Types de vins

- Rouges
- Blancs secs
- Rosés

Principaux cépages

- Grenache noir
- Syrah
- Mourvèdre
- Grenache blanc
- Clairette
- Viognier
- Marsanne
- Roussanne
- Bourboulenc

Des conditions de production plus strictes

Créée en 1966, l'AOC côtes-du-rhône-villages se distingue par des conditions de production plus strictes. Les noms de 21 communes peuvent figurer sur l'étiquette (voir carte Vallée du Rhône méridionale). Sur le territoire de 70 autres communes du Gard, du Vaucluse et de la Drôme, dans l'aire des côtes-du-rhône, une délimitation plus fine permet de produire des côtes-du-rhône-villages sans nom de commune. Les vins sont très majoritairement rouges, plus charpentés que les côtes-du-rhône. Les rares blancs et rosés sont gras et fruités.

La vallée du Rhône **septentrionale** et le **Diois** en un clin d'œil

Production : 230 000 hl (dont 90 000 pour le Dios)

80 % Rouges
20 % Blancs

Surface : 54 000 ha

Types de vins

- Rouges
- Blancs secs
- Effervescents clairette-de-die, crémant-de-die, saint-péray

Principaux **cépages**

Syrah — Gamay (Diois) — Pinot noir (Diois) — Viognie

Marsanne — Roussanne — Clairette (Diois) — Musca à petits gr (Diois)

Aligoté (Diois) — Chardonnay (Diois)

Le Nord, synonyme de prestigieux crus rouges

La vallée du Rhône septentrionale s'étend de Valence à Vienne ; une vallée encaissée caractérisée par un climat frais, des sols anciens et des vignobles étroits et pentus, souvent aménagés en terrasses soutenues par des murets. Côte-rôtie, cornas, hermitage..., elle est avant tout synonyme de prestigieux vins rouges de garde. Elle fournit aussi de beaux vins blancs tranquilles, ainsi que quelques effervescents issus de la méthode traditionnelle (saint-péray).

Seuls quatre cépages ici : la syrah pour les rouges, le viognier, la marsanne et la roussanne pour les blancs. Viognier et syrah sont le plus souvent vinifiés seuls (un peu de viognier venant parfois s'ajouter à la syrah en côte-rôtie).

Plus ou moins corsés selon les appellations, les rouges sont à la fois denses et fins, sur la violette, le poivre, la réglisse, le cacao et la truffe. En blanc, le viognier (unique cépage du condrieu et du château-grillet) donne des vins suaves, gras et très expressifs (pêche, fleurs), et la finesse et la fraîcheur de la roussanne sont souvent associées à la rondeur de la marsanne (saint-péray, saint-joseph, hermitage...).

Le Diois

Un peu à l'écart, dans la haute vallée de la Drôme, la région préalpine de Die est, grâce à la fraîcheur due à l'altitude, propice aux cépages blancs comme la clairette et le muscat. Elle produit dans cette couleur des vins tranquilles et effervescents, et aussi de rares vins rouges et rosés nés de gamay, de pinot noir et de syrah (châtillon-en-diois).

RHÔNE
Vienne
Saint-Cyr-sur-le-Rhône
Côte-rôtie
le Rhône
Château-grillet
Condrieu
Chavanay
LOIRE
Condrieu et saint-joseph
Le Péage-de-Roussillon
ISÈRE
0 5 10 15 20 25 km
Côtes-du-rhône
Zone urbaine
Limite de département
Serrières
N
O
E
S
Saint-Désirat
Annonay
Saint-joseph
VALLÉE DU RHÔNE SEPTENTRIONALE
Saint-Vallier
Crozes-hermitage
Saint-joseph
Hermitage et crozes-hermitage
Crozes-hermitage
Romans-sur-Isère
Tournon-sur-Rhône
l'Isère
Saint-joseph
Cornas
ARDÈCHE
Valence
Saint-péray
Saint-joseph
DRÔME
Saint-Julien-en-Saint-Alban
Livron-sur-Drôme
Côtes-du-rhône
Privas
la Drôme
Crest
Die
Clairette-de-die et crémant-de-die
Saillans
Châtillon-en-Diois
Châtillon-en-diois
le Rhône
Luc-en-Diois
le Roubion
Montélimar
VALLÉE DU RHÔNE MÉRIDIONALE
Grignan-les-adhémar
Côtes-du-vivarais
Donzère
Grignan-les-adhémar
Côtes-du-rhône-villages

La vallée du Rhône **méridionale** en un clin d'œil

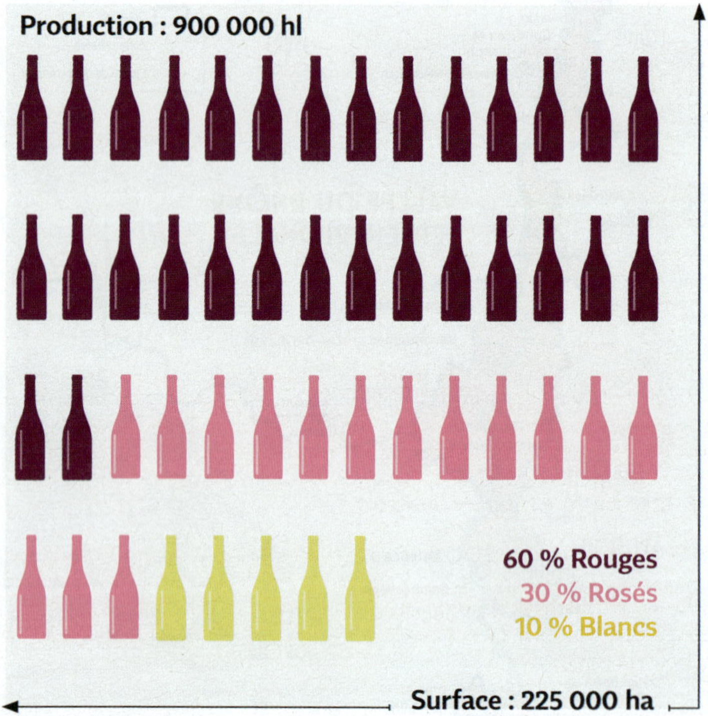

Types de vins

Principaux **cépages**

Grenache noir · Syrah · Mourvèdre · Cinsault · Grenache blanc · Clairette

Viognier · Marsanne · Roussanne · Bourboulenc

Le Sud, synonyme de vins solaires et généreux

De Montélimar à Avignon, le vignoble s'étend sur des plateaux et des collines en pentes douces modelées par les affluents du Rhône, avec, à l'arrière-plan, des reliefs calcaires comme les Dentelles de Montmirail, le mont Ventoux ou le Luberon. Il se rattache au Midi méditerranéen, tant par sa culture que par ses paysages ou la générosité de son climat ensoleillé et balayé par le mistral.

On cultive ici des cépages multiples, souvent vinifiés en assemblage, avec une prédominance du grenache, à l'origine de vins rouges amples, charnus et généreux, aux arômes de fruits mûrs, d'épices et de garrigue. Les blancs, plus rares, sont aussi généreux, gras et expressifs. Issus des mêmes cépages que les rouges, les rosés se montrent savoureux, épicés et ronds.

C'est dans cette partie sudiste que l'on trouve l'essentiel des AOC régionales, accompagnées de 9 AOC communales dites « crus » (châteauneuf-du-pape, lirac, tavel, gigondas, vacqueyras, vinsobres, rasteau, beaumes-de-venise, cairanne), ainsi que les vins doux naturel muscat-de-beaumes-de-venise (en blanc) et rasteau (en rouge).

Les « satellites »

Plus éloignés du fleuve, d'autres appellations se rattachent à la vallée du Rhône méridionale par leur encépagement et leurs styles de vins : sur la rive droite, les côtes-du-vivarais, les costières-de-nîmes, la clairette-de-bellegarde, le duché-d'uzès ; sur la rive gauche, grignan-les-adhémar, ventoux, luberon et pierrevert.

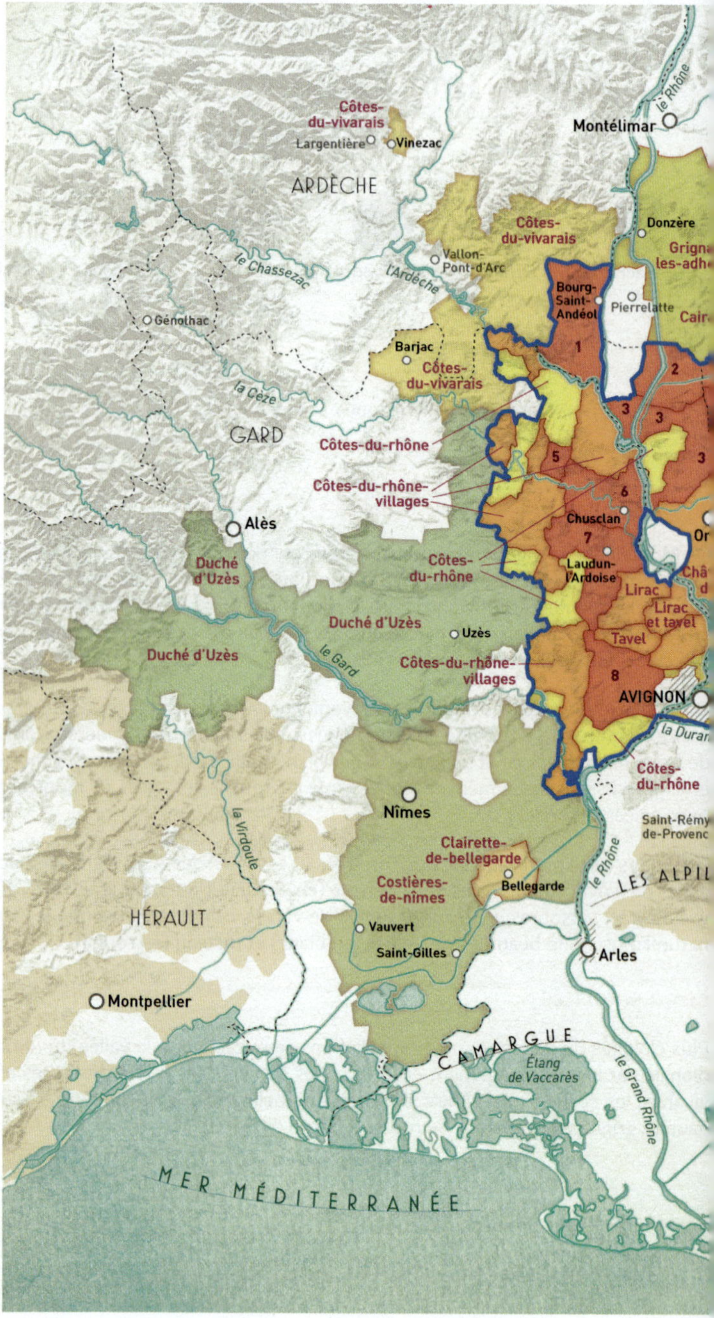
Côtes-du-vivarais
Largentière
Vinezac
ARDÈCHE
Montélimar
le Rhône
Donzère
Côtes-du-vivarais
le Chassezac
l'Ardèche
Vallon-Pont-d'Arc
Bourg-Saint-Andéol
Pierrelatte
Génolhac
Barjac
Côtes-du-vivarais
la Cèze
GARD
Côtes-du-rhône
Côtes-du-rhône-villages
Alès
Chusclan
Laudun-l'Ardoise
Duché d'Uzès
Côtes-du-rhône
Lirac
Lirac et tavel
Tavel
Duché d'Uzès
Uzès
Duché d'Uzès
le Gard
Côtes-du-rhône-villages
AVIGNON
la Duran
Côtes-du-rhône
Nîmes
Saint-Rémy-de-Provenc
la Virdoule
Clairette-de-bellegarde
Costières-de-nîmes
Bellegarde
le Rhône
LES ALPIL
HÉRAULT
Vauvert
Saint-Gilles
Arles
Montpellier
CAMARGUE
Étang de Vaccarès
le Grand Rhône
MER MÉDITERRANÉE

Côtes-du-rhône
Côtes-du-rhône-villages
Zone urbaine
Limite de département
Côtes-du-rhône-villages
1 Saint-Andéol
2 Suze-la-Rousse
3 Massif d'Uchaux
4 Rochegude
5 Saint-Gervais
6 Chusclan
7 Laudun
8 Signargues
9 Rousset-les-Vignes
10 Saint-Pantaléon-les-Vignes
11 Valréas
12 Visan
13 Saint-Maurice
14 Sainte-Cécile
15 Roaix
16 Vaison-la-Romaine
17 Séguret
18 Puyméras
19 Sablet
20 Plan de Dieu
21 Gadagne
DRÔME
le Lez
gnan-les-adhémar
Côtes-du-rhône-villages
l'Aygues
Nyons
sobres
18
l'Ouvèze
N
O
E
S
Rasteau et rasteau sec
Mont Ventoux 1 910 m
Gigondas
Beaumes-de-venise et muscat-de-beaumes-de-venise
Vacqueyras
0 5 10 15 20 25 km
Carpentras
VAUCLUSE
Ventoux
VALLÉE DU RHÔNE MÉRIDIONALE
ALPES-DE-HAUTE-PROVENCE
la Durance
Forcalquier
Fontaine-de-Vaucluse
Gordes
Apt
Cavaillon
Bonnieux
Manosque
Pierrevert
MASSIF DU LUBERON
Sainte-Tulle
Pierrevert
Gréoux-les-Bains
Luberon
Cadenet
Saint-Laurent-du-Verdon
le Verdon
Pierrevert
Pertuis
la Durance
Salon-de-Provence
BOUCHES-DU-RHÔNE
VAR
Aix-en-Provence
Étang de Berre
MARSEILLE

➜ LES APPELLATIONS RÉGIONALES DE LA VALLÉE DU RHÔNE

CÔTES-DU-RHÔNE

Superficie : 37 465 ha
Production : 1 205 000 hl (97 % rouge et rosé)

Définie dès 1937, l'appellation régionale côtes-du-rhône figure au nombre des plus anciennes. C'est aussi l'une des plus vastes, la seconde en superficie après Bordeaux. Elle s'étend en effet sur six départements : Rhône, Loire, Ardèche, Gard, Drôme et Vaucluse. L'essentiel de la production provient des quatre derniers, situés dans la vallée du Rhône méridionale, au sud de Montélimar, les vignobles de la partie nord fournissant presque exclusivement des vins d'AOC locales. Sur la rive droite du Rhône, les vignes couvrent les pentes de collines; sur la rive gauche, elles affectionnent des bassins à fond plat aux sols de galets mêlés d'argiles sableuses rouges.
Dans cette partie sud du vignoble, l'encépagement est bien méridional, le dernier décret (1996) renforçant l'importance du grenache (40 % minimum), de la syrah et du mourvèdre dans les rouges et rosés. Les cépages secondaires, qui sont ici légion, ne peuvent pas totaliser plus de 30 % de l'encépagement. Ce sont notamment le cinsault, le carignan et encore la counoise, le muscardin, le vaccarèse, le terret. Des cépages blancs peuvent même entrer dans la composition des rosés. Les côtes-du-rhône blancs font intervenir principalement les grenache blanc, clairette, marsanne, roussanne, bourboulenc et viognier.
À la diversité des sols, des microclimats et des cépages répond celle des vins : vins rouges de semi-garde, tanniques et généreux, à servir sur de la viande rouge, produits dans les zones les plus chaudes et sur des sols de diluvium alpin (Domazan, Estézargues, Courthézon, Orange...); vins rouges plus légers, fruités et plus nerveux, nés sur des sols eux-mêmes plus légers (Nyons, Sabran, Bourg-Saint-Andéol...); vins primeurs disponibles à partir du troisième jeudi de novembre. La chaleur estivale contribue à la rondeur des blancs et des rosés. Producteurs et œnologues cherchent aujourd'hui à extraire le maximum d'arômes et à obtenir des vins frais et délicats. On servira les blancs sur des poissons de mer, les rosés sur des salades composées ou de la charcuterie.

DOM. DES ASSEYRAS 2023 ★

■ | 4000 | 🍾 | 5 à 8 €

Un vignoble de 35 ha établi sur les hauteurs de Tulette, déjà planté de vignes au Moyen Âge et dans la famille Blanc depuis 1937. Depuis 2018, c'est Étienne, représentant la quatrième génération, qui a repris les rênes du domaine. La conversion bio est engagée.

Il a tout bon, ce joli vin rose poudré qui distille des senteurs délicates de cerise croquante, de pêche blanche et de biscuit. Arômes qui infusent une matière tendre, juteuse et souple, avec en appoint une finale détendue et tonique, comme il est souvent de mise avec les rosés de cinsault (ici à 80 %). Un style moderne et friand. ⧗ 2024-2025

⊶ DOM. DES ASSEYRAS, 425, rte de Valréas, 26790 Tulette, tél. 06 98 71 17 88, asseyras@gmail.com V t.l.j. 9h-12h 14h-18h; groupes sur r.-v.

DOMAINES ANDRÉ AUBERT
Vieilles Vignes 2022 ★

■ | 10000 | 🍾 | 5 à 8 €

Les fils d'André Aubert – Claude, Yves et Alain – sont installés depuis 1981 à la tête de l'un des plus vastes ensembles viticoles rhodaniens (490 ha répartis sur plusieurs domaines), grâce auquel ils proposent une large gamme de vins de la vallée du Rhône méridionale.

De très vieux ceps de 90 ans, de grenache pour l'essentiel, ont forgé ce rouge aimable et bien typé, dont le teint sombre animé de nuances cuivrées annonce une maturité de bon aloi. Griotte compotée, raisins secs, noisette grillée se succèdent au bouquet, investissant une matière étoffée et moelleuse, comme on peut l'attendre du grenache, avec en appoint des tanins délicats et serrés et une agréable finale saupoudrée d'épices douces. ⧗ 2024-2028

⊶ DOMAINES ANDRÉ AUBERT, 75, rte des Chênes-Verts, 26290 Donzère, tél. 04 75 51 78 53, aubertfreres@wanadoo.fr V t.l.j. sf dim. 10h-12h30 14h-19h

DOM. AUTRAND 2023 ★

■ | 20000 | 🍾 | 5 à 8 €

Christine Aubert a repris en 2002 le domaine familial couvrant aujourd'hui 88 ha, dont la quasi-totalité est classée en vinsobres. Après l'arrivée de son fils Aurélien (quatrième génération) qui travaille depuis 2008 à ses côtés, l'exploitation s'est dotée d'une nouvelle cave.

Ce rosé saumoné pâle, emmené par le grenache (80 %), livre un nez généreux de gelée de framboise, de caramel au lait et de beurre noisette. Ample et bien ronde, la bouche fait écho aux arômes de l'olfaction, y ajoutant une note fraîche de réglisse et de badiane qui confère du relief à l'ensemble. Un style original et convainquant, qui fera merveille sur des filets de poisson en croûte d'épices. ⧗ 2024-2025

⊶ DOM. AUTRAND, 1605, rte de Nyons, quartier Les Ratiers, 26110 Vinsobres, tél. 04 75 26 57 05, contact@domaineautrand.fr V t.l.j. 10h-19h; f. f. dim. nov.-mars

DOM. JULIETTE AVRIL 2022 ★

■ | 26000 | 🍾 | 5 à 8 €

Une famille implantée de longue date à Châteauneuf-du-Pape : un ancêtre fut premier consul de Châteauneuf-du-Pape au temps de la papauté d'Avignon; plus tard, Jean Avril participera à la création de l'appellation. L'histoire actuelle s'écrit avec Marie-Lucile Brun, qui a succédé à sa mère Juliette Avril en 1988, épaulée par son fils Stephan depuis 2000 et à la tête d'un vignoble de 54 ha.

Engageante avec sa robe cerise à l'éclat vernissé, ce vin soigne sa présentation, de même que son bouquet, ouvert et foisonnant, égrenant la violette, les fruits noirs croquants, la baie de genièvre et le cuir. À l'unisson, la bouche apparaît puissante et étoffée, portée par une belle fraîcheur et une élégante finale teintée d'épices. Une jolie pièce de bœuf saignante ou une viande en sauce aura tôt fait d'enrober cette pointe d'austérité tannique, qui n'est que pêché de jeunesse. ⧗ 2025-2028

DOM. JULIETTE AVRIL, 8, av. Pasteur, 84230 Châteauneuf-du-Pape, tél. 04 90 83 72 69, info@julietteavril.com V *t.l.j. sf sam. dim. 9h-12h 14h-17h*

DOM. BELLEVUE 2023 ★

10 000 | 8 à 11 €

Marc Meger a succédé à son père en 1996 aux commandes de ce domaine de 50 ha dont les premiers ceps ont été plantés au XIXe s. Rejoint en 2005 par son fils Jean-Luc, ils se sont agrandis avec l'acquisition du Dom. Montaïs : 34 ha de vignes supplémentaires en *villages* Signargues. Au total, les Meger exploitent un vignoble de 80 ha, principalement sur la commune de Domazan.

Le grenache et la syrah dominent dans ce rouge au caractère bien trempé, dont le bouquet un tantinet austère se livre à son rythme sur la mûre, les fruits à coque et la terre fraîche. La bouche fait preuve de la même réserve mais séduit par ses bonnes proportions : de la rondeur, des tanins fermes au grain tactile et une finale chaleureuse à l'accent de propolis et de vanille. On le laisse respirer quelque temps en cave. ⧗ 2025-2028

DOM. DE BELLEVUE, 36, chem. d'Audonade, 30390 Domazan, tél. 06 21 22 32 49, bellevuemeger@orange.fr V *r.-v.*

CH. DU BOIS DE LA GARDE 2022 ★

150 000 | 8 à 11 €

L'histoire vigneronne des Mousset-Barrot débute dans les années 1930 avec l'achat par Louis Mousset des châteaux des Fines Roches, Jas de Bressy (châteauneuf) et du Bois de la Garde (côtes-du-rhône et côtes-du-rhône-villages). L'ensemble (125 ha) est aujourd'hui conduit par la troisième génération, Gaëlle et Amélie Mousset-Barrot.

Un côtes-du-rhône convivial qui n'a pas vu le bois. Les dégustateurs ont apprécié sa belle robe vernissée, son nez net et éloquent de cerise bigarreau et de laurier noble, puis sa bouche gironde, puissante et tactile, cadrée par des tanins présents mais fins, persistant dans un long sillage d'épices et de menthol. Bien dans son appellation, ce rouge sans fard gagnera en souplesse après un peu de garde. ⧗ 2026-2029

VIGNOBLES MOUSSET-BARROT, 1, av. Baron-Le-Roy, 84230 Châteauneuf-du-Pape, tél. 04 90 83 51 73, chateaux@vmb.fr V *t.l.j. sf dim. 10h-12h30 14h-18h*

BONPAS Réserve 2023 ★

15 000 | 5 à 8 €

Cette maison de négoce, dans le giron du groupe bourguignon Boisset, doit son nom à un monastère fortifié, donné par le pape Jean XXII aux Chartreux, en 1318. Un lieu stratégique qui veillait autrefois sur la route menant d'Avignon à Rome : un *bonus passus* en latin (« bon passage »).

Bien composée, cette cuvée réunit les cinq cépages blancs emblématiques de la vallée du Rhône. Expressif, le bouquet se livre sans ambages sur des senteurs de pêche dynamisées par des notes d'eucalyptus et de poivre vert. Une même fraîcheur marque l'entame en bouche, vive et zestée, laissant place à une matière consistante, onctueuse et bien fruitée, soutenue jusqu'en finale par une acidité persistante. Un blanc alerte, tout indiqué sur un poulet à l'estragon. ⧗ 2024-2027

BONPAS, 1, chem. de Réveillac, 84510 Caumont-sur-Durance, tél. 04 90 23 67 98, contact@bonpas.fr

DOM. DE CARMIGNAN 2023 ★

22 400 | 5 à 8 €

Après avoir dirigé la propriété familiale – le Ch. Maucoil à Châteauneuf-du-Pape –, Bénédicte Bonnet a passé neuf ans au sein de la société de négoce des frères Lavau. En 2013, elle reprend le Dom. de Carmignan à Bagnols-sur-Cèze et ses 30 ha, avec le souci de mettre en valeur certains terroirs rhodaniens méconnus.

Un duo roussanne-viognier, nuancé d'une touche de clairette (10 %), et un élevage bref de 6 mois en cuve : telle est la recette de ce blanc délicat, qui livre un bouquet subtil de fleurs blanches et de notes minérales. Agrémentée de saveurs de pêche de vigne et de mangue, la bouche gagne en intensité, révélant une matière souple, onctueuse et bien équilibrée, avec ce qu'il faut de tension pour étirer les arômes en finale. ⧗ 2024-2027

DOM. DE CARMIGNAN, 806, av. Cugnot, ZAC des Escampades, 84170 Monteux, tél. 06 11 81 94 90, domainedecarmignan@gmail.com V *r.-v.*

LES VIGNERONS DU CASTELAS
Les Mésanges 2023 ★

50 000 | 5 à 8 €

Créée en 1952, cette coopérative, qui tire son nom d'une chapelle romane du XIes. surplombant Rochefort-du-Gard, réunit aujourd'hui 45 viticulteurs pour 500 ha de vignes, dont 100 ha dédiés au seul côtes-du-rhône-villages Signargues.

Nul doute que le viognier (60 %) compose cette jolie cuvée, en témoigne l'intensité de ses arômes de jasmin, d'abricot mûr et de crème à la vanille. Imprégnée de ces mêmes saveurs gourmandes et bien typées, la bouche offre un agréable volume, une chair savoureuse un brin suave et une acidité bien ajustée rehaussée d'élégants amers en finale. Un blanc aromatique et sapide, fidèle à l'expression du cépage. ⧗ 2024-2027 **Le Monarque 2023 ★ (5 à 8 € ; 30 000 b.)** B Un ravissant vin bio composé pour moitié de viognier, l'autre de grenache et de roussanne. Un blanc enjôleur, aux parfums engageants de fruits à noyau, de muguet et de pâte de coing. Avec sa fine vivacité, son volume, sa confortable sucrosité et sa finale tendue, la bouche prolonge avec enthousiasme ce mariage de notes florales et fruitées. ⧗ 2024-2027

LES VIGNERONS DU CASTELAS, 674, av. de Signargues, 30650 Rochefort-du-Gard, tél. 04 90 26 62 66, info@vignerons-castelas.fr V *t.l.j. sf dim. 9h-12h30 14h30-18h30*

DOM. LA CATHERINETTE 2023 ★

■ | 11000 | 🍾 | 8 à 11 €

Fondé en 1888 et conduit depuis 1980 par Philippe Jouve, ce domaine étend son vignoble sur 49 ha, au milieu de la garrigue, entre les gorges de l'Ardèche et celles de la Cèze. Après six ans passés auprès de son père, en cave et à la vigne, Gabriel reprend le flambeau en 2024.

Il a un petit air très nord rhodanien, ce blanc associant roussanne, marsanne et viognier dans une bonne harmonie. Fin et original, le nez exhale la carambole, la coriandre et la craie mouillée. La bouche plaît par sa fraîcheur, sa sucrosité discrète et sa finale détendue, parfumée de poivre blanc et de menthol. Un style aérien et gouleyant, parfait pour accompagner un plateau de fruits de mer. ⧗ 2024-2026

⊶ DOM. DE LA CATHERINETTE, 7, pl. de la Fontaine, 30760 Laval-Saint-Roman, tél. 04 66 82 17 62, catherinette.vinsjouve@orange.fr lun. mar. mer. 9h-12h 14h-19h

CELLIER DES DAUPHINS Signature 2023 ★

■ | 62500 | 5 à 8 €

Énorme structure rhodanienne née en 1965 de l'union de six coopératives de la Drôme, rejointes par sept autres, dotée d'une cuverie de plus de 33 000 m² à Tulette. Elle a lancé en 1967 sa marque phare et populaire, le Cellier des Dauphins, qui revendique le premier rang pour les volumes de vente en France de vin en appellation.

Trois cépages associés dans ce blanc complet et harmonieux. Un nez éloquent et raffiné, mêlant la pêche mûre, l'anis étoilé et l'amande grillée, un palais rond, confortable et nuancé, qui s'enrichit d'un soupçon de miel, avant une finale plus tendue sur les herbes aromatiques : tout est au diapason dans cette bouteille épanouie. ⧗ 2024-2026

⊶ UNION DES VIGNERONS DES CÔTES DU RHÔNE, 427, rte de Nyons, 26790 Tulette, tél. 06 68 20 42 66, m.armand@union-vignerons.com

CELLIER DES PRINCES Sceau du Prince 2023 ★★

■ | 200000 | 🍾 | - de 5 €

Le Cellier des Princes est l'unique coopérative à produire du châteauneuf-du-pape. Fondée en 1925, la cave regroupe aujourd'hui 120 adhérents et vinifie les vendanges de 600 ha, du châteauneuf donc, et aussi une large gamme de côtes-du-rhône, *villages*, ventoux et IGP.

La cave chouchoute ses vins, même ceux à petits prix. La preuve avec ce rouge enthousiasmant, né d'un assemblage grenache, syrah et mourvèdre, et d'une longue macération de plus de 4 semaines. Il en tire un joli teint grenat aux reflets violines, un bouquet net et appétent de cerise noire et de Zan, et une matière soyeuse, fraîche et fondante, sertie de tanins fermes au grain mûr et relevée d'une chaleureuse finale teintée d'épices. Il est à point. ⧗ 2024-2027

⊶ LE CELLIER DES PRINCES, 758, rte d'Orange, 84350 Courthézon, tél. 04 90 70 21 44, lesvignerons@cellierdesprinces.com V t.l.j. 9h-12h30 14h-18h30

CELLIER DES TEMPLIERS Terra Quercus 2022 ★★

■ | 10500 | 🍾 | 5 à 8 €

Fondée en 1967, la coopérative de Richerenches, située dans l'Enclave des papes, portion du département du Vaucluse enchâssée dans la Drôme, regroupe aujourd'hui 677 ha en côtes-du-rhône, *villages* et grignan-les-adhémar. Depuis plusieurs années, un système de contrôle qualité au vignoble et de sélections parcellaires par les vignerons a été mis en place.

Cette cuvée qui met en avant la syrah (80 %), décline ses charmes dès l'entame avec son nez expressif, distillant des parfums de lilas et de laurier rose nuancés de cardamome. Arômes prolongés dans une bouche à la fois fraîche, juteuse et ronde, dotée de tanins fondus. Une exquise finale aux saveurs de cassis renforce son caractère friand. ⧗ 2024-2028 ■ **Origine Templiers 2022 ★★ (8 à 11 €; 7000 b.)** La syrah en vedette dans ce vin né de vieilles vignes de 50 ans et élevée 12 mois en fût. D'une robe profonde et luisante s'échappent des parfums de baies noires fraîches, d'iris et de bâton de réglisse. De l'étoffe, des tanins finement sculptés, un bon boisé épicé : le palais ne manque de rien, si ce n'est d'un peu de temps pour laisser pleinement s'exprimer le fruit. ⧗ 2025-2029

⊶ LE CELLIER DES TEMPLIERS, 233, rte de Valréas, 84600 Richerenches, tél. 04 90 28 01 00, boutique@cellierdestempliers.com V t.l.j. sf dim. 9h-12h 14h30-18h30

DOM. CHANTEGRIVES 2022 ★

■ | 45000 | 🍾 | 5 à 8 €

Situé à Tresques dans le Gard, ce domaine familial est dirigé par Sophie Conrozier, qui représente la sixième génération, aux côtés de ses parents Thierry et Cathy. Ensemble, ils cultivent un vignoble de 35 ha, en côtes-du-rhône et en *villages* Laudun.

Un classique duo grenache (60 %) et syrah pour ce vin au bouquet discret mais plaisant de groseille confite, d'aubépine et de noix de muscade. Le palais laisse percevoir une conséquente structure tannique dès l'attaque, accompagnant une chair soyeuse et étoffée, infusée de petits fruits juteux et d'épices. Bien dans son appellation, cette bouteille ne craint pas une petite garde. ⧗ 2026-2029

⊶ DOM. CHANTEGRIVES, 1361, chem. de Courac, 30330 Tresques, tél. 06 18 07 80 37, chantegrives@orange.fr V r.-v.

M. CHAPOUTIER 2023 ★

■ | n.c. | 🍾 | 8 à 11 €

Cette vénérable (XIXᵉs.) et incontournable maison, mise sur orbite internationale par Michel Chapoutier à partir des années 1990, propose une large gamme issue de ses propres vignes (345 ha, en biodynamie) ou d'achats de raisin, dans la plupart des appellations phares de la vallée du Rhône, et aussi en Roussillon et en Alsace. Ses enfants, Mathilde et Maxime, ont récemment rejoint l'aventure familiale.

Il ne manque pas d'intensité ni de charme, ce joli rouge à l'éclat juvénile dans sa robe de pourpre vernissé. Les fruits rouges mûrs, le cassis confit et le chocolat se bousculent au nez, puis imprègnent une matière concentrée, veloutée et fraîche, nantie de tanins doux, relayés par une finale suave sur des notes chaleureuses de pain d'épices. Une belle carte postale de l'appellation en somme. ⧗ 2025-2028

M. CHAPOUTIER, 18, av. du Dr-Paul-Durand, 26600 Tain-l'Hermitage, tél. 04 75 08 28 65, abodin@chapoutier.com V *t.l.j. 9h-13h 14h-19h*

DOM. LE CLOS DES LUMIÈRES L'Éclat 2022 ★

	100000		5 à 8 €

Installé en 1997, Gérald Serrano spécialise le domaine familial, fondé par son grand-père André en 1950 et longtemps exploité en polyculture, et le sort de la coopérative en 2004. Agrandie en 2018, la propriété couvre aujourd'hui 120 ha sur la rive droite du Rhône, dans le Gard, qu'il cultive avec son fils Valentin, représentant la quatrième génération.

Un attelage typiquement rhodanien de grenache et de syrah pour ce vin qui s'ouvre après quelques tours de verre sur la prune, la griotte macérée et le ciste. Soutenue par des tanins croquants, une texture suave, marquée par la cerise et le kirsch, lui assure un caractère gourmand. Un rouge «plaisir», souple et gouleyant, prêt à accompagner des grillades ou une volaille rôtie. ⧗ 2024-2027 **L'Éclat 2023 ★ (5 à 8 €; 25000 b.)** Viognier, roussanne et grenache à quasi-parité forment un trio convainquant avec ce blanc cristallin, élevé brièvement en cuve. Le bouquet distille des parfums aériens de tilleul, d'écorce de combava et de citronnelle. Tendre, souple et bien équilibrée, la bouche plaît par son relief et son aromatique fraîche aux saveurs de fleurs blanches et d'agrumes. ⧗ 2024-2027

DOM. LE CLOS DES LUMIÈRES, 14, rue des Cerisiers, 30210 Fournès, tél. 04 66 01 05 89, closdeslumieres@yahoo.fr V *t.l.j. sf dim. 9h30-12h 14h30-18h30*

CLOS DES MIRAN 2023 ★

	65000		8 à 11 €

Propriété des grands chais de France depuis 2016, cette demeure bourgeoise du XVIIᵉs. flanquée d'un jardin à la française porte le patronyme de ses anciens propriétaires, à l'origine de la plantation de vignes au sein d'un clos. Des 18 ha initiaux en côtes-du-rhône, le domaine a été porté à 29 ha, par le rachat de parcelles en *villages* Chusclan et Saint-Gervais en 2023, le tout certifié en bio.

Le domaine a pour spécialité la vinification des vins rouges et le prouve avec ce côtes-du-rhône enthousiasmant, qui se distingue par son bouquet fin et bien typé de violette et de poivre noir, encore un peu sur la réserve comme attendu avec la syrah (65 % de l'assemblage). Le jury a aussi aimé la bouche fraîche, déliée et charnue, avec encore un peu de fermeté à ce stade et une finale croquante sur le fruit noir juteux. ⧗ 2024-2028

CLOS DES MIRAN, 519, chem. de la Plaine, 30130 Pont-Saint-Esprit, tél. 06 17 26 70 68, florent.lallemant@domaines-rhodaniens.com V

LE CLOS DES SAUMANES
Les Sarments d'Hippocrate 2023 ★

	8000		11 à 15 €

À la tête de ce domaine depuis 2008, les Champenois Robert et Martine Janer ont été séduits par ce terroir argilo-calcaire couvert de gros galets et battu par le mistral, situé dans l'un des plus anciens villages de Provence. Ces anciens professionnels de la santé conduisent aujourd'hui un vignoble de 24 ha, en bio certifié depuis 2014.

De jeunes vignes de viognier, de roussanne, de clairette et de grenache à quasi-parité ont engendré ce blanc allègre, dont l'étiquette humoristique attire autant que la robe dorée. Vibrant, le nez hésite entre les fleurs blanches, les agrumes et la verveine. Une fraîcheur qui se poursuit dans une bouche croquante, tendue, enveloppée d'un fruité suave et animée par de fins amers aux accents de fenouil en finale. D'ores et déjà savoureux, on peut aussi le laisser respirer quelques années en cave ⧗ 2024-2030

LE CLOS DES SAUMANES, 510, chem. des Saumanes, 84470 Châteauneuf-de-Gadagne, tél. 04 90 22 42 75, info@leclosdessaumanes.com V *r.-v.* B

CH. DES COCCINELLES
2023 ★

	8000		8 à 11 €

Un domaine situé à l'ouest d'Avignon, conduit par la famille Fabre depuis 1918 et trois générations. Son essor date des années 1970, sous l'impulsion de René Fabre, pionnier de l'agriculture biologique, qui a engagé la conversion dès 1978. C'est son fils Paul-Henri qui est aux commandes depuis 2006, à la tête d'une vaste exploitation de 80 ha.

Une bonne moitié de cinsault, l'autre de grenache et de syrah au menu de ce rosé pastel ouvert et tentateur avec ses parfums de fruits rouges acidulés et d'écorce de citron vert enrobés d'une touche beurrée. À la fois ample et vive, la bouche plaît par son onctuosité et sa finale aux accents toniques de gingembre. On peut le boire pour lui-même, ou le marier à un plat exotique, comme des crevettes sauce satay par exemple. ⧗ 2024-2025

CH. DES COCCINELLES, 6, rue des Écoles, 30390 Domazan, tél. 04 66 57 03 07, sybille.coccinelles@gmail.com t.l.j. 9h-19h; dim. 10h-12h

COLOMBES DES VIGNES
Révélation 2023 ★

	25000		5 à 8 €

Créée en 1936, cette coopérative regroupe 300 vignerons établis dans une vingtaine de communes environnant Sainte-Cécile-des-Vignes, pour une superficie de 2 000 ha. En 2016, elle a pris le nom de Colombes des Vignes.

Il fait bonne impression, ce côtes-du-rhône friand dans sa robe légère d'un rouge vif coquelicot, libérant sans réserve des parfums de framboise, d'églantine et de mousse fraîche. Vive en attaque, gourmande et soyeuse, la bouche se structure autour de tanins fins un brin accrocheurs, équilibrée par l'étoffe confortable apportée par le grenache. Un 2023 convainquant et sans artifices, qui gagnera en rondeur accompagné d'une belle viande rouge grillée. ⧗ 2024-2028

COLOMBES DES VIGNES, 541, rte de Valréas, 84290 Sainte-Cécile-les-Vignes, tél. 04 90 30 79 30, cave@colombesdesvignes.fr V *t.l.j. 9h-12h30 14h-18h30; visites sur r.-v.*

CH. COURAC 2023 ★★

■ | 150 000 | | 11 à 15 €

Ce château perché sur les hauteurs de Tresques, dans le Gard, est un habitué du Guide, le plus souvent aux meilleures places. Conduit par Joséphine et Frédéric Arnaud depuis 1995, rejoint en 2023 par leur fils Cyril, il se distingue tant par ses côtes-du-rhône que par ses *villages* (Laudun). Ces passionnés d'archéologie sont comblés de mettre en valeur un terroir cultivé dès l'Antiquité.

Loin d'être confidentielle, la cuvée classique du domaine offre une superbe constance, ajoutant encore deux étoiles à son palmarès déjà bien fourni. Une moitié de syrah, du grenache et une touche de cinsault ont forgé le caractère de ce vin sombre, encore discret à l'olfaction, dévoilant avec lenteur des parfums de myrtille au sirop, de pâte de fruits et d'herbes des garrigues. La bouche révèle une matière dense, conséquente et bien parfumée, cadrée par des tanins veloutés, et s'étire dans une longue finale chaleureuse teintée des épices. Bien dans son millésime et son appellation, ce rouge ne craint pas une petite garde. ⧗ 2025-2030 ■ **Le Quart du Roi 2023 ★★ (11 à 15 €; 30 000 b.)** La maturité des raisins dans ce millésime solaire se goûte dès l'entame avec des arômes de griotte macérée et de cake aux fruits, agrémentés de cardamome. La sucrosité propre au grenache façonne un palais rond, caressant et suave, appuyé sur des tanins fins qui se resserrent un peu en finale. Déjà savoureux, on peut choisir de l'ouvrir sans attendre ou le laisser se détendre en cave. ⧗ 2024-2029

CH. COURAC, 1520, chem. de Courac, 30330 Tresques, tél. 04 66 82 90 51, scea.frederic.arnaud@orange.fr V *r.-v.*

Ⓑ CH. DAURADILLE Dame des dieux 2022 ★

■ | 9 000 | | 5 à 8 €

Une petite propriété de 7,5 ha de vignes aux abords des Dentelles de Montmirail, acquise par Olivier Ugo en 2007 et convertie à l'agriculture biologique deux ans plus tard.

Ce côtes-du-rhône charmeur et nuancé s'annonce par une jolie robe carminée luisante, livrant un bouquet aimable de baies rouges macérées, de noix de muscade et de noisette grillée. Dans la lignée, la bouche séduit par ses bonnes proportions : du volume, du fruit, de la tension et des tanins doux bien pris dans la chair. Convivial et facile d'accès. ⧗ 2024-2027

CH. DAURADILLE, 244, chem. de Saint-Damien, 84190 Gigondas, tél. 06 11 23 75 29, contact@chateaudauradille.com V *mer. sam. 10h-12h30 14h-18h30*

Ⓑ DAUVERGNE ET RANVIER De Natura Rerum 2023 ★

■ | 150 000 | | 5 à 8 €

Créée en 2004 par François Dauvergne et Jean-François Ranvier, cette maison de négoce signe des vins de qualité issus de sélections parcellaires, dont 80 % sont certifiés bio ou en conversion. En 2013, les deux compères ont repris le domaine des Muretins, devenu Dom. Liravel (lirac et tavel), puis créé en 2016 le Dom. de la Chapelle-Saint-Mathieu à Aniane avec les Parcé, vignerons banyulencs. Un nouveau chai d'élevage, à énergie positive, a été inauguré à Tavel.

Bien nommée, cette cuvée bio fait la part belle au fruit juteux, dont l'élevage en cuve a préservé la fraîcheur. Au nez, elle livre un bouquet enjôleur et sans artifices de cassis frais et d'herbes aromatiques. Dans le droit fil, fondante, veloutée et déjà très gourmande, la bouche achève de convaincre par son fruité sapide et ses tanins délicats. Un profil élégant, parfait pour accompagner volailles et viandes blanches. ⧗ 2024-2028

DAUVERGNE ET RANVIER, L'Assemblière, 47, chem. des Vestides, 30126 Tavel , tél. 04 48 24 00 41, contact@dauvergne-ranvier.com *r.-v.*

ROMAIN DUVERNAY 2023 ★

■ | 130 000 | | 8 à 11 €

Issu d'une lignée de négociants en vins – son arrière-grand-père Louis fonda en 1904 un commerce de vin en Haute-Savoie –, l'œnologue de renom Romain Duvernay a créé en 1998, avec son père Roland, une maison de négoce basée à Châteauneuf-du-Pape qui propose des vins de toute la vallée du Rhône et qui, depuis 2016, appartient à nRm Millésimes, propriété de Jean-Marc Pottiez. Romain Duvernay continue d'élaborer les vins.

Grenache (50 %), syrah (40 %) et mourvèdre s'entendent à merveille dans ce vin épatant, au nez complexe et nuancé de pâte de cassis, d'olive noire et de fruits à coque. Rond et aimable en attaque, le palais montre ensuite plus de fermeté, s'appuyant sur des tanins fermes et serrés et s'agrémentant d'une fine amertume aux saveurs de café vert. Bien vinifié, sobrement élevé, voilà un authentique côtes-du-rhône qui ne sacrifie pas l'élégance à la puissance. ⧗ 2026-2030

ROMAIN DUVERNAY, 267, rte de Vaison-la-Romaine, 84110 Rasteau, tél. 04 90 60 20 00, marketing@nrm-millesimes.eu V

Ⓑ DOM. FONTAVIN Les Vignes de mon père 2022 ★

■ | 30 000 | | 11 à 15 €

Situé au nord de Courthézon, ce domaine familial de 45 ha, réparti sur huit communes et cinq appellations, est dirigé depuis 1998 par Hélène Chouvet, œnologue, qui a converti le vignoble à l'agriculture biologique.

Une cuvée née de vignes de 55 ans, du grenache principalement (80 %), et dédiée au père d'Hélène Chouvet, lui-même vigneron. S'annonçant par une seyante robe pourpre, ce rouge livre un bouquet expressif de baies noires bien mûres, souligné d'une touche de cuir et de champignon frais. Franc, concentré et rond, charpenté par des tanins solides, le palais est déjà plaisant tout en se montrant prometteur. ⧗ 2024-2029

DOM. FONTAVIN, 1468, rte de la Plaine, 84350 Courthézon, tél. 04 90 70 72 14, helene-chouvet@fontavin.com V *t.l.j sf dim. 9h-12h 14h-18h; sam. sur r.-v.*

DOM. GARON La Part des Vivants 2022 ★

■ | 80 000 | | 8 à 11 €

Les Garon sont établis depuis la fin du XVe s. sur les terres d'Ampuis. Jean-François, Carmen et leurs deux fils Kévin et Fabien y exploitent un vignoble de 12 ha, initialement

en côte-rôtie (6,3 ha). Leur gamme s'est récemment élargie et leur permet de proposer aujourd'hui d'autres appellations septentrionales : condrieu, hermitage, crozes, saint-joseph, ainsi qu'un côtes-du-rhône et une IGP en plusieurs couleurs.

Élevée 10 mois en fût, cette quasi-pure syrah marie dans une belle harmonie fragrances florales (lilas), fruitées (cassis) et notes boisées (fruits à coque). Au palais, elle s'adosse à des tanins fins qui ajoutent à son élégance. Un rouge expressif, long et de bonne tenue, qui fera honneur à une pièce de bœuf saignante grillée aux sarments. ⧗ 2024-2028

DOM. GARON, 58, rte de la Taquière, Le Goutay, 69420 Ampuis, tél. 04 74 56 14 11, vins@domainegaron.fr V *r.-v.*

DOM. DE GIVAUDAN Léa 2023 ★

■ | 20000 | 5 à 8 €

David Givaudan conduit l'unique cave particulière de la commune de Cavillargues, un domaine de 24 ha créé de toutes pièces en 2001.

Spontanément avenante dans sa robe carminée, cette cuvée livre un bouquet allègre de cerise et de fraise des bois nuancé de végétal. La fraîcheur aromatique est aussi au rendez-vous dans une bouche tendre, gouleyante et bien fruitée, servie par des tanins souples et tactiles. Un rouge équilibré et facile à boire, à ouvrir dès les beaux jours sur des grillades et des légumes à la plancha. ⧗ 2024-2028

DOM. DE GIVAUDAN, Les Périgouses, 30330 Cavillargues, tél. 04 66 33 20 24, contact@davidgivaudan.com V *t.l.j. sf sam. dim. 9h-12h 14h-17h*

GRAND BÉCASSIER Vieilles Vignes 2023 ★

■ | 435000 | | 5 à 8 €

Éric Philip, installé en 1995, et son fils Sylvain exploitent, essentiellement à Sabran, un vaste vignoble de 130 ha répartis entre les domaines de Rochemond et du Grand Bécassier. Ils signent des côtes-du-rhône et des *villages* souvent en vue, et aux meilleures places, dans ces pages. Autre étiquette : le Dom. Pique Bouffigue.

Elles ont 50 ans, les vieilles vignes en question, et mêlent une moitié de grenache, 40 % de syrah et une touche de carignan. Au nez, les notes de fruits rouges témoignent de la bonne maturité des raisins. Elles s'agrémentent d'une touche de chocolat noir dans un palais ferme, structuré par des tanins serrés extraits avec doigté, offrant également une belle allonge sur des notes de griotte confite. ⧗ 2024-2028 ■ **Dom. de Rochemond 2023 ★ (5 à 8 €; 165000 b.)** La syrah se taille la part du lion dans cette cuvée (70 %) et cela plaît. Sur la foi de son éclat violine qui charme l'œil, de ses parfums capiteux de pâte de cassis nuancés d'une touche de glycine et de sa matière puissante et fraîche, cadrée par des tanins consistants qui devraient se détendre après une petite garde. ⧗ 2025-2028 ■ **Dom. de Rochemond 2023 ★ (8 à 11 €; 20000 b.)** Une composition bien orchestrée par la roussanne (80 %), le viognier en appoint, dans cette séduisante cuvée qui exhale des parfums printaniers de glaïeul et de buis, agrémentés de miel frais. La bouche ronde, souple, à la vivacité assagie, plaît par son bel équilibre et sa finale mentholée qui réveille les papilles. ⧗ 2024-2027

PHILIP-LADET, 1637, rte de Cadignac, 30200 Sabran, tél. 04 66 79 04 42, contact@domainederochemond.com V *t.l.j. sf sam. dim. 8h-12h 13h-16h30*

DOM. DU GRAND TINEL Tradition 2022 ★

■ | 13300 | | 11 à 15 €

À l'origine du domaine, l'union de deux anciennes familles castelpapales, les Establet et les Jeune. On y a construit une vaste « tina » (cave ou tonneau) sur trois niveaux, en rapport avec les 72 ha de vignes de la propriété actuelle, créée en 1972.

Issue d'une vendange manuelle, d'un éraflage intégral et d'un élevage de 12 mois en foudres, ce côtes-du-rhône raffiné offre une expression réussie du mariage du grenache (60 %) et du bois avec ses arômes de baies rouges macérées, de pain grillé et de vanille, prolongés dans une bouche intense, tendue et bien équilibrée, nantie de tanins soyeux. Un beau représentant du cru méridional, à laisser patienter un peu en cave. ⧗ 2026-2030

DOM. DU GRAND TINEL, 3, rte de Bédarrides, 84230 Chateauneuf-du-Pape, contact@domainedugrandtinel.com V *t.l.j. sf sam. dim. 9h-12h 14h-18h*

B DOM. DES GRAVENNES Lou Pitchoun 2023 ★

■ | 25000 | | 8 à 11 €

Bernadette et Jean Bayon de Noyer ont repris en 1996 une partie de l'exploitation familiale, créant ainsi le Dom. des Gravennes. En 2014, leurs fils Luc et Rémi ont pris la relève et converti leurs 30 ha à l'agriculture biologique.

Une cuvée souvent en bonne place dans le Guide, qui plaît par son caractère juteux et allègre. Elle livre un bouquet vivace de mûre fraîche et de berlingot, mâtiné d'une touche de musc. Gorgée d'un fruit pulpeux et net, onctueuse et finement tannique, la bouche offre tout ce que l'on attend d'un bon rouge d'été. « Quand on dit que le vin est un produit joyeux ! » s'enthousiasme un dégustateur. ⧗ 2024-2027

DOM. DES GRAVENNES, 2933, rte de Baume, 26790 Suze-la-Rousse, tél. 04 75 04 84 41, contact@domainedesgravennes.com V *r.-v.* 2

♥ DOM. OLIVIER HILLAIRE Vieilles Vignes 2022 ★★★

■ | 25000 | | 11 à 15 €

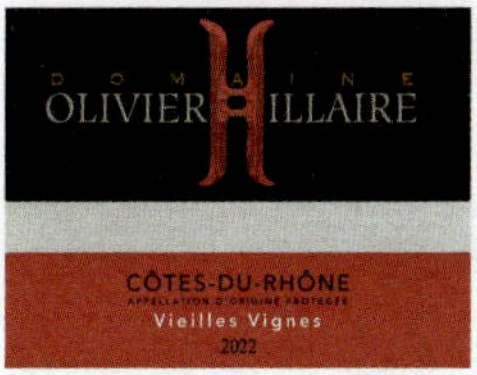

Un domaine familial dirigé depuis 2006 par Olivier Hillaire et ses deux fils. À leur disposition, 23 ha de vignes : 7 ha en châteauneuf-du-pape, 10 ha en côtes-du-rhône et 6 ha en IGP.

Avec cette cuvée née de vieux ceps de 60 ans, Olivier Hillaire se hisse sur la plus haute marche du podium. D'une dominante de grenache (60 %) et de syrah élevées en barrique, il tire un rouge prodigieux, au bouquet précis et intensément floral (violette, muscari), nuancé d'herbes des garrigues (thym, sarriette). Le prélude à une bouche puissante, ample, impeccable de fraîcheur, sur la framboise et le safran, portée par des tanins veloutés. Déjà diablement savoureux, cet éminent côtes-du-rhône est loin d'avoir dit son dernier mot. ⧗ 2025-2030

DOM. OLIVIER HILLAIRE, 1, rue du Mal-Foch, 84230 Châteauneuf-du-Pape, tél. 04 90 48 03 87, domaine.olivier.hillaire@orange.fr V *t.l.j. sf sam. dim. 8h-17h*

CH. HUSSON Les Chevaliers 2022 ★

40000 | 5 à 8 €

En 1926, Victorin Aubert fonde son domaine à Tulette. Dans les années 1980, ses petits-fils Alain, Claude et Yves décident de prendre en charge les vinifications, puis agrandissent successivement le vignoble. Aujourd'hui, la quatrième génération est à la tête d'un des plus vastes ensembles viticoles rhodaniens (490 ha), grâce auquel elle propose une large gamme de vins de la vallée du Rhône méridionale.

Derrière une robe sombre, le nez se livre par étapes : baies rouges mûres, notes beurrées, thé de Noël. Solide, adossée à des tanins fermes, la bouche s'équilibre grâce à une fine sucrosité aux accents d'orange et de cannelle. Un vin structuré à laisser s'affiner en cave et un bel accord en perspective avec une tajine d'agneau aux fruits secs. ⧗ 2025-2029

CH. HUSSON, rte de Sablet, 84850 Travaillan, tél. 04 90 70 90 16, legrandretour@wanadoo.fr *t.l.j. sf dim. 9h-12h30 14h-18h*

DOM. DE LA JANASSE 2023 ★

20000 | 11 à 15 €

Un habitué du Guide, souvent en bonne place pour ses châteauneuf-du-pape, ses côtes-du-rhône et ses IGP. Un vignoble de 90 ha (en conversion bio) éparpillés en de multiples parcelles, que conduisent Christophe Sabon et sa sœur Isabelle, enfants d'Aimé Sabon, fondateur du domaine en 1973. Un domaine complété en 2015 par l'achat du Clos Saint-Antonin et ses 15 ha de vignes sur la commune de Jonquières.

Né d'un sol sablonneux et d'une vendange manuelle comme il est de mise au domaine, ce blanc expressif et fringant séduit par sa délicate robe or vert et par son bouquet aérien distillant des senteurs citronnées, florales et finement minérales (craie). Détendue, onctueuse et fraîche à la fois, la bouche prolonge ce charme printanier, s'enrobant d'un fruit blanc pulpeux en finale. Tout indiqué pour un poisson en sauce. ⧗ 2024-2027

DOM. DE LA JANASSE, 29, chem du Moulin, 84350 Courthézon, tél. 04 90 70 86 29, vignoblessabon@gmail.com V *r.-v.*

MAISON LAVAU 2022 ★

100000 | 5 à 8 €

Une maison de négoce fondée en 1964 par Jean-Guy Lavau, d'origine saint-émilionnaise. Ses héritiers Benoît et Frédéric, rejoints en 2013 par Bénédicte Bonnet du Ch. Maucoil à Châteauneuf-du-Pape, proposent aujourd'hui une large gamme de vins à partir de la production de 350 vignerons de la vallée du Rhône méridionale, complétée par 190 ha de vignes en propriété.

Du classique, mais du bon classique avec ce trio grenache-syrah-mourvèdre issu d'un sol sableux. Au nez, il livre un bouquet naissant de cerise croquante et de cassis, rehaussé de parfums de sous-bois. La bouche séduit par sa trame tannique souple et fine, son fruité net et son allonge aux accents frais de menthol, avec en appoint une finale un tantinet accrocheuse qui invite à une petite garde. ⧗ 2025-2029

MAISON LAVAU, 585, rte de Cairanne, 84150 Violès, tél. 04 90 70 98 70, advexport@lavau.fr V *t.l.j. 10h-13h 15h-17h; f. oct.-fév.*

LEPLAN-VERMEERSCH RS 2022 ★

30000 | 8 à 11 €

Dick Vermeersch, ancien pilote automobile flamand, a créé son vignoble en 2000 – aujourd'hui 25 ha en conversion bio. Une bonne référence de la vallée méridionale.

Cette cuvée mi-grenache mi-syrah, élevée 6 mois en cuve, livre à l'aération des senteurs engageantes de cerise et de genêt, nuancées d'une note végétale de feuille de cassis. Croquant, souple et finement tannique, souligné dès l'entame par une acidité dynamique, le palais restitue la fraîcheur aromatique perçue au bouquet. Un rouge alerte et bien fondu, à découvrir sur le fruit de la jeunesse. ⧗ 2024-2028 **RS 2023 ★ (8 à 11 €; 6000 b.)** Une teinte corail éclairée de nuances fuchsia et un nez éloquent sur le pomelo et le bonbon au citron : l'entame de ce pétulant rosé a de quoi séduire. Suave et fraîche à la fois, avec une chair moelleuse aux saveurs de yaourt à la pêche et une finale plus tendue, marquée par une fine amertume d'anis vert, la bouche ne déçoit pas. ⧗ 2024-2025

LEPLAN-VERMEERSCH, 100, chem. du Grand-Bois, 26790 Suze-la-Rousse, tél. 06 67 47 04 39, store@leplan.wine V *t.l.j. sf sam. dim. 14h-18h*

♥ B **DOM. LA LÔYANE** Cuvée Bonheur 2023 ★★

35000 | 8 à 11 €

Établi au pied du sanctuaire Notre-Dame-de-Grâce, à Rochefort-du-Gard, non loin des anciens marais asséchés par les moines au Moyen Âge, ce domaine, né en 1994 de la fusion de trois petites exploitations, fait preuve d'une grande constance dans la qualité. Succédant à ses parents Jean-Pierre et Dominique, Romain Dubois et son épouse Laure, désormais seuls à la tête du domaine, ont créé un nouveau caveau et converti en bio les 20 ha de vignes. Une valeur (très) sûre.

Né de vignes de 40 ans et d'une matrice argilo-calcaire à galets roulés, ce duo grenache-syrah à parité forme un vin épatant et tout en nuances, depuis la robe, d'un chatoyant rouge carmin, jusqu'au bouquet, mêlant avec bonheur l'iris, la framboise écrasée et des notes truffées. Extrait avec tact, sobrement élevé en cuve, il restitue cette même fraîcheur en bouche, avec ce qu'il faut de volume et de structure, et en point d'orgue une longue finale réglissée toute méridionale. ⧗ 2024-2029 **Cuvée Bonheur 2023 ★★ (8 à 11 €; 12000 b.)** B Grenache, viognier et roussanne à parts égales ont été vendangés dès la mi-août et de nuit pour pallier la chaleur du millésime. Après 6 mois en cuve, ce blanc livre un bouquet subtil de tilleul, d'abricot et de camomille. Une note briochée s'ajoute à cette palette bien assortie dans une bouche ample, confortable mais sans outrance, dynamisée par une longue finale aux accents de pamplemousse. ⧗ 2024-2027

⊶ DOM. LA LÔYANE, chem. Font-des-Cavens, 30650 Rochefort-du-Gard, tél. 06 60 94 57 34, contact@laloyane.com V mer. jeu. ven. 9h-19h; lun. mar. sam. sur r.-v.

B DOM. DE LUMIAN Les Pins 2023 ★

■	21500		8 à 11 €

« Vignerons bio », Gilles Phétisson et Caroline Bonnefoy, unis dans la vie, vinifient leurs domaines séparément (Lumian pour lui, Bonnefoy pour elle). En 2012, ils se sont associés à travers une activité de négoce.

Six cépages composent cette jolie partition rhodanienne au bouquet disert de fruits à noyau, de pamplemousse rose et de vanille bourbon. Une attaque fraîche aux tonalités de noisette verte ouvre sur une bouche équilibrée, onctueuse et de bon volume, soutenue par une fine acidité qui étire le fruit en finale. Un blanc équilibré et dynamique. ⧗ 2024-2027

⊶ DOM. DE LUMIAN, rte de Montélimar, 84600 Valréas, tél. 06 87 14 21 48, domainedelumian@orange.fr V t.l.j. sf dim. 9h-12h 14h-18h

DOM. MARTIN 2023 ★

■	5500		8 à 11 €

Les frères David et Éric Martin sont installés depuis 2005 sur le domaine familial, créé en 1905 à partir de 5 ha sur le Plan de Dieu. Ils exploitent aujourd'hui 80 ha de vignes.

Une moitié de grenache, des ceps de 65 ans, du bourboulenc et du viognier à parts égales ont donné naissance à ce blanc raffiné, élevé très brièvement en fût (2 mois). Il en porte encore l'empreinte discrète avec ses notes toastées se mêlant harmonieusement au muguet et à la pêche de vigne. Ample, séveuse et concentrée, soulignée par une fine vivacité acidulée, la bouche ne manque pas d'atouts. Une bouteille consensuelle à l'équilibre irréprochable, que l'on accorderait bien avec une volaille à la crème. ⧗ 2024-2027

⊶ DOM. MARTIN, 439, rte de Vaison, 84850 Travaillan, tél. 04 90 37 23 20, martin@domaine-martin.com V t.l.j. sf dim. 9h-12h 14h-18h

DOM. DE L'OLIVIER 2023 ★★

■	33500		5 à 8 €

Proche du pont du Gard, ce domaine autrefois complanté d'oliviers a été créé par la famille Bastide en 1943. Robin, la quatrième génération, a succédé à son père Eric en 2013. Il conduit un vignoble de 50 ha à proximité immédiate de la cave : une condition permettant une vendange exclusivement manuelle.

Déjà en bonne place l'an dernier avec son 2022, Robin Bastide signe un 2023 tout aussi attachant, au bouquet disert et original de pruneau confit, d'épices, de tapenade et de thym citron. Vineuse, déliée, épaulée par des tanins soyeux, la bouche s'enveloppe d'une plaisante sucrosité où pointent le fruit rouge mûr et la réglisse. Bien construit et finement structuré, ce côtes-du-rhône peut encore patienter un peu en cave, avant d'accompagner une pastilla de pigeon. ⧗ 2025-2029 ■ **2023 ★ (5 à 8 €; 15000 b.)** Viognier, roussanne, grenache blanc et clairette, pour un quart chacun, tissent la trame de cette cuvée au nez expressif de poire, d'amande fraîche et de fenouil. Croquant, ciselé, le palais affiche un volume honorable et des saveurs agréables de fruits blancs, puis s'étire dans une finale anisée à l'amertume stimulante. ⧗ 2024-2027

⊶ DOM. DE L' OLIVIER, 1, rue de la Clastre, 30210 Saint-Hilaire-d'Ozilhan, tél. 04 66 37 08 04, robin.bastide@yahoo.fr V t.l.j. sf dim. 9h-12h 14h-18h30

DOM. DE PANISSE Le Mazet 2022 ★

■	20000		15 à 20 €

Dirigé par Sylvie Vacheron depuis plus de 20 ans, en duo avec Bruno Gaspard, œnologue, ce domaine conduit en bio dispose d'un vignoble de 54 ha, dont 9 ha en châteauneuf-du-pape et 44 ha en côtes-du-rhône (dont une partie, Le Clos, est enclavée dans l'aire d'appellation de châteauneuf). L'acquisition en 2020 du Dom. de Panisse, 6,5 ha en châteauneuf et 5 ha en côtes-du-rhône, vise à installer la nouvelle génération : Axel et Marilou, les enfants de Sylvie.

Ramassés à la main, co-fermentés en grappes entières, puis élevés 14 mois en cuve bois, syrah et grenache s'entendent à merveille dans ce rouge friand et charmeur, qui dévoile des parfums enjôleurs de rose ancienne, de bonbon au caramel et de cardamome. Étayée par des tanins bien pris dans la chair, la bouche affiche une matière fondue et étoffée, où s'épanouit la framboise au sirop, soulignée par une touche d'herbe aromatique pour la fraîcheur. Un caractère gouleyant à apprécier dès à présent. ⧗ 2024-2028

⊶ DOM. DE PANISSE, 1600, chem. St-Dominique, 84350 Courthézon, tél. 04 90 70 73 05, marilou@closducaillou.com V t.l.j. sf dim. 9h-12h 13h30-17h30

B DOM. LA PERDRIÈRE Les Camassots 2022 ★

■	10000		8 à 11 €

Situé au pied des Dentelles de Montmirail, ce domaine de 27 ha en bio, morcelé sur 4 appellations, a été repris en 2010 par Vasco Perdigao, œnologue formé dans la vallée du Rhône septentrionale, épaulé par sa femme Sonia, une ex-infirmière reconvertie à la vigne. 2024 marque un virage pour le domaine : agrandissement du chai, nouvel habillage des bouteilles et nouveau nom de domaine.

Après un long séjour de 18 mois en cuve béton, ce côtes-du-rhône nommé d'après son lieu-dit livre un bouquet expressif de baies rouges mûres, de poivre noir et d'humus. La bouche se montre soyeuse, fluide, dotée de tanins enrobés, agréablement relevée par une finale aux accents de griotte acidulée. À boire sur le fruit. ⧗ 2024-2027

⊶ DOM. LA PERDRIÈRE, 280, rte du Parandou, 84110 Sablet, tél. 04 90 46 94 75, domaine-chamfort@orange.fr V t.l.j. 9h-12h 13h30-17h30; sam. dim. sur r.-v.

DOM. DU PÈRE CABOCHE 2023 ★

70 000 | 5 à 8 €

Autrefois, on était maréchal-ferrant et vigneron de père en fils dans la famille Boisson, surnommée «Caboche», terme qui désigne les clous servant à fixer les fers des chevaux et qui a donné son nom au domaine (74 ha), aujourd'hui dirigé par Émilie Boisson. Une production partagée entre côtes-du-rhône, IGP et châteauneuf-du-pape, principalement issue du plateau de La Crau pour ce dernier.

Un vin plaisant, sans effet de manche, s'ouvrant sans détour sur un grand bol de baies rouges croquantes mâtiné de réglisse. La bouche privilégie la finesse, avec une matière souple et fraîche, des tanins enrobés et un fruité persistant, se faisant plus confit et suave en finale. Un bon classique à ouvrir aujourd'hui ou après un peu de garde. ⧗ 2024-2028

DOM. DU PÈRE CABOCHE, 5, imp. Martial-Imbart, 84230 Châteauneuf-du-Pape, tél. 04 90 83 71 44, boisson@jpboisson.com V t.l.j. sf sam. dim. 8h30-12h30 13h30-17h30

DOM. DE LA PRÉSIDENTE Lucrèce 2023 ★★

10 000 | 5 à 8 €

Un domaine fondé en 1701 par «Madame la Présidente», Lucrèce de Truchaud, épouse du président du parlement de Provence. Il a été acquis en 1968 par Max Aubert, dont la fille Céline conduit aujourd'hui les 137 ha de vignes. Une belle référence en appellations régionales et en châteauneuf.

Née de grenache et de cinsault à parts égales, ramassés tout début septembre avant que les raisins n'aient atteint leur pleine maturité, cette cuvée affiche une délicate teinte poudrée. La séduction se poursuit à l'olfaction avec des notes de rose ancienne, de guigne et d'écorce de cédrat. Arômes qui infusent une bouche ample, voluptueuse, mais bien tendue par une fine acidité persistante et zestée. Le rosé d'apéritif par excellence. ⧗ 2024-2025

DOM. DE LA PRÉSIDENTE, 754, chem. des Partides, 84290 Sainte-Cécile-les-Vignes, tél. 04 90 30 80 34, aubert@presidente.fr V t.l.j. 9h-12h 14h-18h

LES VIGNERONS DES QUATRE CHEMINS Baronnie de Sabran 2023 ★★

10 000 | 5 à 8 €

Créée en 1960, cette coopérative du Gard regroupe 120 viticulteurs pour quelque 650 ha de vignes et produit des vins sous les étiquettes côtes-du-rhône, côtes-du-rhône-villages et IGP.

Quelques grappes de clairette rose se sont probablement glissées dans la cuve de ce ravissant blanc mi-grenache mi-clairette, tant sa robe brille d'un éclat rosé atypique et tentateur. Au bouquet, des notes originales de pralin et de muscade parsèment les fruits à noyau, s'immisçant ensemble dans une matière ample, gourmande et capiteuse, équilibrée par une touche de vivacité bienvenue. ⧗ 2024-2027

LES VIGNERONS DES QUATRE CHEMINS, RD 6086, 30290 Laudun, tél. 04 66 82 00 22, secretariat@vignerons4chemins.com V t.l.j. sf dim. 9h-12h 14h-18h

B DOM. LA RÉMÉJEANNE Les Chèvrefeuilles 2022 ★

28 000 | 8 à 11 €

Originaire d'Alsace-Lorraine et émigrée au Maghreb, la famille Klein s'est établie en 1960 à Sabran, à la tête de 5 ha de vignes. Arrivé en 2009 pour épauler son père Rémy, Olivier a été rejoint en 2018 par sa compagne Juliette, assurant désormais tous deux la gestion de ce domaine de 35 ha, cultivé en bio. Une valeur sûre en côtes-du-rhône et en *villages*.

Une vendage manuelle, une vinification sans soufre et un élevage long de 12 mois en cuve sont des atouts notables pour cette cuvée qui séduit d'emblée par son bouquet de framboise, de sauge et de poivre blanc. D'un profil frais et franc en bouche, guidée par une fine acidité, elle ne manque toutefois pas de rondeur avec ses tanins fondus et ses saveurs compotées de cerise parsemée d'épices signant la bonne maturité des raisins. Un côtes-du-rhône gourmand, convivial et de bonne tenue. ⧗ 2024-2029

DOM. LA RÉMÉJEANNE, hameau de Cadignac, 30200 Sabran, tél. 04 66 89 44 51, contact@remejeanne.com V t.l.j. sf sam. dim. 9h-12h 14h-18h E

♥ B DOM. ROCHE-AUDRAN César 2023 ★★

8 000 | 15 à 20 €

Dirigé par Vincent Rochette depuis 1998, ce domaine familial (cinq générations) étend ses vignes, conduites en bio et biodynamie certifiées, sur 35 ha à flanc de collines, sur trois terroirs (Visan, Buisson et Châteauneuf).

Coup de cœur dans le Guide précédent, cette cuvée revient en bonne forme, offrant une harmonie irréprochable et fédératrice. Son bouquet complexe et foisonnant marie les fleurs blanches et la feuille de figuier à des notes minérales et épicées. Bien construit, charnu, tout en mesure, le palais affiche un équilibre idéal entre fraîcheur et rondeur, souligné par un boisé gourmand aux saveurs de nougat et de coco râpée. On ne craint pas de le laisser patienter encore quelque temps en cave. ⧗ 2025-2030

DOM. ROCHE-AUDRAN, 1549, rte de St-Roman-de-Malegarde, 84110 Buisson, tél. 04 90 28 96 49, contact@roche-audran.com V t.l.j. sf dim. 9h-18h

♥ B CH. ROCHECOLOMBE 2022 ★★

65 000 | 8 à 11 €

Ancienne propriété de l'auteur-compositeur flamand Robert Herberigs, ce domaine ardéchois de 28 ha (en bio certifié) est conduit depuis 1998 par Roland Terrasse, son

petit-fils. Il doit son nom à la pierre « blanche comme une colombe » qui compose le château, de style Directoire. Souvent en vue pour ses côtes-du-rhône et ses *villages*.

Une association classique de grenache (60 %) et de syrah pour une cuvée de haute expression, d'une complexité peu commune. Après un long séjour de 12 mois en cuve, elle prend son temps pour libérer ses parfums de cerise compotée, de sarriette et de cuir. Longiligne et finement texturée, construite sur des tanins délicats, la bouche plaît par sa persistance aromatique teintant le fruit rouge mûr de ciste et de fougère. Une harmonie rare, passée à un souffle du coup de cœur. ⧗ 2024-2029

CH. ROCHECOLOMBE, 782, chem. de Rochecolombe, 07700 Bourg-Saint-Andéol, tél. 04 75 54 50 47, rochecolombe@aol.com V *t.l.j. sf dim. 9h-12h 14h-18h30*

B LA ROMAINE Terre unique 2023 ★

■ | 11000 | | 5 à 8 €

Fondée en 1924, une des premières coopératives du Vaucluse, qui regroupe aujourd'hui 180 vignerons et plus de 1 400 ha de vignes. Elle propose des côtes-du-rhône, côtes-du-rhône-villages, ventoux, gigondas, ainsi que des IGP Méditerranée et un vin doux naturel.

Classiquement dominée par le grenache, cette cuvée bio plaît dès l'entame par son impeccable robe peau de pêche et son bouquet allègre d'églantine et d'écorce de pomelo, mâtiné de notes beurrées. Déliée, ample et bien fraîche, dynamisée par une fine tension zestée, la bouche se teinte en finale d'un fruité suave et chaleureux aux accents de fruits à noyau. ⧗ 2024-2025

LA ROMAINE, 95, chem. de Saumelongue, 84110 Vaison-la-Romaine, tél. 04 90 36 00 43, caveau@cave-la-romaine.com V *t.l.j. 9h-12h30 14h-19h*

DOM. DE LA ROUETTE Sélection 2022 ★★

■ | 5000 | | 5 à 8 €

Situé sur la rive droite du Rhône, aux portes d'Avignon, ce domaine fondé en 1924 se transmet depuis quatre générations. À l'origine, il livrait sa vendange au négoce. Il a débuté la vente en bouteilles en 1974. Aujourd'hui, Sébastien Guigue, installé en 1998, et son frère Matthieu, arrivé en 2010, exploitent 20 ha.

Une cuvée mi-grenache mi-syrah très engageante dans sa robe dense et profonde, aussi intense que le nez, associant les baies rouges mûres, la fourrure et le tabac. Le palais prolonge sans l'affaiblir cette palette épanouie dans une matière souple, fraîche et ronde, nantie de tanins tendres et fondus, un brin plus accrocheurs en finale. Un profil expressif et très digeste, à découvrir dans ses jeunes années. ⧗ 2024-2028

DOM. DE LA ROUETTE, 2, Sous-le-Barri, 30650 Rochefort-du-Gard, tél. 04 90 31 79 39, infodomainedelarouette@orange.fr V *t.l.j. sf dim. 9h30-12h 15h-19h*

CH. SAINT-NABOR 2023 ★

■ | 15000 | | - de 5 €

Ce domaine, dans la même famille depuis six générations, s'est développé à partir de 1970, sous l'impulsion de Gérard Castor : 7 ha à son installation, 160 ha en production aujourd'hui, sur des terroirs variés. En 2011, ses fils Jérémie et Raphaël ont pris le relais, proposant depuis peu un gîte de groupe et des prestations œnotouristiques associées.

Obtenu par saignée puis fermenté à basse température, ce joli rosé au teint pastel séduit par son bouquet fringant de bonbon acidulé, de violette et d'anis vert. Dans le droit fil, vif et croquant, guidé de bout en bout par une fine acidité saline, le palais persiste longuement sur de rafraîchissantes notes florales de glycine. ⧗ 2024-2025

CH. SAINT-NABOR, 2686, rte de Barjac, 30630 Cornillon, tél. 04 66 82 24 26, contact@chateau-saint-nabor.com V *t.l.j. sf dim. 9h-12h 13h-18h*

DOM. DE LA SOLITUDE 2023 ★

■ | 30000 | | 8 à 11 €

Ce domaine appartient à l'une des plus anciennes familles de Châteauneuf-du-Pape, dont l'un des membres, le Toscan Maffeo Barberini, fut élu pape sous le nom d'Urbain VIII au XVII[e]s. Après s'être formé à la vinification en Nouvelle-Zélande et en Australie, son lointain héritier, Florent Lançon, a rejoint son père et son oncle à la tête d'un vignoble de 40 ha, planté essentiellement sur les lieux-dits La Solitude et La Crau.

Viognier, grenache blanc et marsanne à parts égales et 10 % de clairette composent ce blanc expressif, qui évoque la camomille, le tilleul et l'écorce d'agrumes. Infusée de ces mêmes saveurs, le palais affiche une chair consistante, ample et discrètement suave, équilibrée par une fine acidité pleine de relief. Un côtes-du-rhône alerte et bien typé. ⧗ 2024-2027

DOM. DE LA SOLITUDE, rte de Bédarrides, 84230 Châteauneuf-du-Pape, tél. 04 90 83 71 45, info@domaine-solitude.com V *t.l.j. sf sam. dim. 8h-12h 13h-17h*

LES VIGNERONS DE TAVEL ET LIRAC Acantalys 2023 ★

■ | 20000 | | 5 à 8 €

Créée en 1937, cette cave historique fut la première coopérative agricole à être inaugurée par un président de la République (Albert Lebrun). Actrice importante de la production taveloise (environ la moitié), elle a fusionné en 2018 avec la cave de Lirac.

Une cuvée brièvement élevée en cuve, aux arômes enivrants de poire au sirop et de frangipane, à la bouche onctueuse et gourmande, tenue par une discrète acidité et pétrie d'un fruité mûr à l'image de ce millésime solaire. À point pour accompagner un saumon à l'oseille. ⧗ 2024-2027

LES VIGNERONS DE TAVEL ET LIRAC, 571, rte de la Commanderie, 30126 Tavel, tél. 04 66 50 03 57, contact@cave-tavel-lirac.fr V *t.l.j. 9h-12h 14h-18h; f. dim. janv.-mars*

TERRE DE GAULHEM 2022 ★

■ | 6000 | | 8 à 11 €

Un jeune domaine créé en 2006 par Nicolas (œnologue-conseil réputé) et Magali Constantin. Situé au nord de Vaison-la-Romaine, à 280 m d'altitude, aux lieux-dits Bédaride et Crotedollier, ce petit vignoble couvre à peine plus de 2 ha.

Né d'une petite terrasse caillouteuse de 2 ha plantée de grenache (60 %), syrah (30 %), cinsault et carignan, cette jolie composition dévoile un nez appétent de fruits des bois croquants et de cuir frais. En bouche se révèle un vin juteux, rond et bien équilibré, savoureux avec ses notes de griotte à la vanille, plus ferme en finale. Un rouge charmeur et sans artifices, parfait pour accompagner des petits farcis à la provençale. ⌛ 2024-2028

TERRE DE GAULHEM, 1088, chem. de Saumelongue, 84110 Vaison-la-Romaine, tél. 06 22 40 78 43, nicolas.constant1@orange.fr V *r.-v.* 5 E

DOM. DE LA VALÉRIANE
Vieilles Vignes 2023 ★

	30000		8 à 11 €

Valérie Collomb a inspiré à ses parents Maryse et Mesmin Castan le nom de ce domaine qu'ils ont créé en 1982 sur la rive droite du Rhône. Œnologue, elle a pris en 2004, avec son mari Michel, la conduite de ce vignoble de 35 ha. La relève est assurée depuis 2024 avec l'arrivée de leur fils Gabriel, fraîchement diplômé d'un BTS viti-œno et d'une licence de commerce des vins. Un domaine très régulier en qualité avec ses côtes-du-rhône et ses *villages*.

Des ceps de grenache et de syrah à parité, âgés d'une trentaine d'années, ont engendré ce vigoureux rouge encore dans la fougue de sa jeunesse. Il dévoile à l'aération une palette complexe de violette, de fruits noirs en confiture et de tapenade. À la fois droit, concentré et généreux, persistant dans un sillage bien typé de réglisse et de thym, le palais affiche une solide charpente tannique. Une petite austérité qui devrait disparaître aux côtés d'une viande mijotée ou d'un confit de canard. ⌛ 2025-2030

DOM. DE LA VALÉRIANE, 82, rte d'Estézargues, 30390 Domazan, tél. 04 66 57 04 84, contact@domainevaleriane.com V *t.l.j. sf dim. 10h-12h 14h-19h*

DOM. LE VIEUX LAVOIR 2023 ★★

	39500		8 à 11 €

Ce domaine – dont la cave a une architecture proche de celle du lavoir de Tavel – est dans la même famille depuis six générations. Le vignoble a été créé en 1956. Sébastien Jouffret, installé en 1991, vinifie aujourd'hui la récolte de 71 ha.

Des terrasses argilo-calcaires couvertes de galets siliceux ont été la matrice de ce joli rouge au bouquet éloquent et raffiné de myrtille confite, de pâte de noisette et de fourrure. Structurée dès l'attaque, ample et veloutée, la bouche s'appuie sur des tanins ciselés extraits avec douceur et sur une longue finale fruitée et poivrée. Tout est en place, et pour quelques années encore. ⌛ 2025-2030 **Dom. Le Vieux Lavoir 2023 ★ (8 à 11 €; 32660 b.)** Les raisins (cinq cépages) ont été ramassés au mois d'août pour préserver le croquant du fruit des assauts caniculaires de la fin de l'été 2023. Dans le verre, un blanc lumineux, exhalant l'abricot, la poire et le mélilot. Un vin frais, persistant et onctueux en bouche, avec un volume confortable, relevée par une fine vivacité aux accents acidulés de pomme granny. Des équilibres pas si évidents à trouver sur ce millésime, visiblement très bien maîtrisé par Sébastien Jouffret. ⌛ 2024-2027

DOM. LE VIEUX LAVOIR / VIEUX MOULIN, 775, rte de la Commanderie, Le Palai-Nord, 30126 Tavel, tél. 04 66 82 85 11, roudil-jouffret@wanadoo.fr V *t.l.j. sf sam. dim. 8h-12h 14h-18h*

B LES VIGNERONS DE VILLEDIEU-BUISSON
Grappes d'antan 2023 ★★

	n.c.		5 à 8 €

Au nord de Vaison-la-Romaine, cette coopérative fondée en 1939 regroupe 720 ha (dont 20 % en bio certifié depuis 1985), cultivés par les vignerons de Villedieu et de Buisson.

Si la syrah n'est présente que pour 20 % de l'assemblage aux côtés du grenache, ce rouge pimpant en a pourtant tous les codes : une robe attrayante aux reflets violacés, un nez frais d'iris, de poivre et de bonbon à la violette, une matière tendre, souple et onctueuse, nantie de tanins veloutés au grain tactile. Le jury salue un beau travail en cave et propose d'apprécier ce côtes-du-rhône juteux et croquant avec un magret de canard rôti aux figues. ⌛ 2024-2028 **Cuvée des Templiers 2023 ★ (5 à 8 €; n.c.)** Un attelage de six cépages blancs qui fait merveille par son joli teint bouton d'or et son bouquet tout en nuances mêlant les fruits à noyau et les fleurs blanches à des notes lactées du meilleur effet. Souple, gras et détendu, le palais offre une belle rondeur infusée de poire et de vanille, dynamisé par une finale sapide animée de fins amers. Un blanc charmeur et consensuel, tout indiqué avec un poisson en sauce. ⌛ 2024-2026

LES VIGNERONS DE VILLEDIEU-BUISSON, 165, rte de Buisson, 84110 Villedieu, tél. 04 90 28 92 37, cavevilledieu@orange.fr V *t.l.j. sf dim. 8h-12h 14h-18h*

DOM. VILLESSÈCHE 2023 ★

	112000		5 à 8 €

Établie à Castillon, près du pont du Gard, Vignobles et Compagnie (anciennement la Compagnie rhodanienne) est une maison de négoce créée en 1963, dans le giron du groupe Taillan. Elle propose des vins (marques ou cuvées de domaine) dans de nombreuses appellations de la vallée du Rhône, de la Provence et du Languedoc.

Élevé brièvement en cuve, cet attelage grenache-syrah d'un classicisme de bon ton offre tout ce que l'on peut attendre d'un côtes-du-rhône à point : une robe rubis sombre, un bouquet chaleureux et bien typé de fruits rouges mûrs, de caramel au lait et d'épices douces, une matière déliée, tendre et soyeuse, avec ce qu'il faut de tenue et de volume, et des tanins fondus qui accompagnent en douceur la finale. ⌛ 2024-2028

VIGNOBLES ET COMPAGNIE, SPECR 19, chem. Neuf, CS 80002, 30210 Castillon-du-Gard, tél. 04 66 37 49 50, adrien.colaisseau@vignoblescompagnie.com

CÔTES-DU-RHÔNE-VILLAGES

Superficie : 10 240 ha
Production : 298 000 hl (98 % rouge et rosé)

À l'intérieur de l'aire des côtes-du-rhône, quelques communes ont acquis une notoriété certaine grâce à des terroirs qui produisent des vins de semi-garde dont les qualités sont unanimement reconnues. Les conditions de production de ces vins sont soumises à des critères plus restrictifs en matière notamment de délimitation, de rendement et de degré alcoolique par

rapport à ceux des côtes-du-rhône. Au sein de l'aire d'appellation, 13 noms de communes historiquement reconnus peuvent figurer sur l'étiquette : Chusclan, Laudun et Saint-Gervais dans le Gard; Sablet, Séguret, Roaix, Valréas et Visan dans le Vaucluse; Rochegude, Rousset-les-Vignes, Saint-Maurice, Saint-Pantaléon-les-Vignes dans la Drôme. Ont été plus récemment reconnus Signargues, dans le Gard, Massif d'Uchaux, Plan de Dieu et Puyméras dans le Vaucluse. Gadagne (Vaucluse) s'est ajouté à la liste puis, en 2016, Sainte-Cécile, Suze-la-Rousse et Vaison-la-Romaine, et Nyons en 2020. Quant à Cairanne, elle a été promue en appellation communale (à partir du millésime 2016). Sur le territoire de 70 autres communes du Gard, du Vaucluse et de la Drôme, dans l'aire côtes-du-rhône, une délimitation plus stricte permet de produire des côtes-du-rhône-villages sans nom de commune.

DOM. DES 3 LYS
Rochegude Les Garrigues 2022 ★

| 13 000 | 8 à 11 €

Propriété des familles Soulairac et Bosse-Platière depuis 1999, l'ensemble des vignobles Saint-Bénezet compte plus de 200 ha, repartis sur plusieurs domaines en appellations côtes-du-rhône, côtes-du-rhône-villages et costières-de-nîmes.

Le grenache, la syrah et le carignan unis dans cette cuvée bien nommée qui agrémente de romarin grillé la confiture de cerise noire et les épices. Ample, longue et croquante, nantie de tanins fins mais fermes, la bouche dessine le profil d'un rouge dynamique et sapide, qui gagnera encore en volume après un court séjour en cave. Parfait avec une épaule d'agneau confite aux herbes de Provence. ⧗ 2025-2030

DOM. DES 3 LYS, 447, rte de Ste-Cécile-les-Vignes, 26790 Rochegude, tél. 04 66 70 17 45, elise.bp@saint-benezet.com

DOM. DES AMARINIERS Signargues 2022 ★

| 10 000 | 5 à 8 €

Créée en 1937, cette cave historique fut la première coopérative agricole à être inaugurée par un président de la République (Albert Lebrun). Actrice importante de la production taveloise (environ la moitié), elle a fusionné en 2018 avec la cave de Lirac.

Vendanges manuelles et élevage en cuve ont présidé à l'élaboration de ce Signargues convainquant, aux arômes naissants de cerise noire et de caramel mâtinés d'épices. Tout en nuances, la bouche affiche une étoffe soyeuse, étayée par des tanins affinés, à laquelle une discrète amertume de poivre vert apporte relief et longueur. Encore sur la réserve, on prendra soin de laisser respirer un peu ce vin en cave. ⧗ 2025-2029

LES VIGNERONS DE TAVEL ET LIRAC, 571, rte de la Commanderie, 30126 Tavel, tél. 04 66 50 03 57, contact@cave-tavel-lirac.fr V t.l.j. 9h-12h 14h-18h; f. dim. janv.-mars

DOM. AUTRAND 2022 ★

| 180 000 | 5 à 8 €

Christine Aubert a repris en 2002 le domaine familial couvrant aujourd'hui 88 ha, dont la quasi-totalité est classée en vinsobres. Après l'arrivée de son fils Aurélien (quatrième génération) qui travaille depuis 2008 à ses côtés, l'exploitation s'est dotée d'une nouvelle cave.

Un long séjour de 15 mois en cuve a teinté de discrets reflets fauve la robe de cet élégant *villages* au profil épanoui. Complexe et frais, le nez s'exprime avec ardeur sur les fruits des bois, le bonbon à la violette et le musc. Déliée, la bouche s'enveloppe d'une plaisante sucrosité, ourlée de tanins fins et serrés, laissant en finale un agréable sillage de cuir et de poivre de Sichuan. Une belle harmonie règne sur cette bouteille de caractère. ⧗ 2024-2029

DOM. AUTRAND, 1605, rte de Nyons, quartier Les Ratiers, 26110 Vinsobres, tél. 04 75 26 57 05, contact@domaineautrand.fr V t.l.j. 10h-19h; f. f. dim. nov.-mars

(B) DOM. DE LA BASTIDE
Visan 1, 2, 3 Filles 2023 ★★

| 15 000 | 11 à 15 €

Une ancienne ferme templière, puis un couvent avant la Révolution. Le domaine a été acquis en 1988 par Bernard Boyer, disparu en 2008, et repris par son fils Vincent et son épouse Stéphanie, qui travaillaient à ses côtés depuis 1998. Le vignoble couvre 75 ha à Visan et à Suze-la-Rousse, certifiés en bio.

Le viognier à son meilleur (90 %) dans cette cuvée qui fait honneur aux filles de Vincent et Stéphanie Boyer. Le charme opère dès l'entame avec un bouquet exemplaire de pomelo et de rose, d'une fraîcheur imparable. Ronde, longue et acidulée à la fois, la bouche plaît aussi par sa concentration et sa persistance, son fruité gourmand et ses notes fumées du plus bel effet. Un Visan inspiré et charnel, tout bonnement irrésistible. ⧗ 2024-2028

Visan 2023 ★ (8 à 11 €; 35 000 b.) Grenache, syrah et mourvèdre forment un trio raffiné dans ce 2023 dont le nez fleure bon le sous-bois au lever du jour (humus et champignon frais). Souple, ronde et finement tannique, la bouche séduit par sa texture caressante et par son fruité fin et croquant, étayée des mêmes arômes complexes perçus à l'olfaction. ⧗ 2026-2031

DOM. DE LA BASTIDE, 1250, chem. de la Bastide, 84820 Visan, tél. 06 21 05 16 83, vinboyer1@gmail.com V r.-v.

LA BASTIDE SAINT-DOMINIQUE
2022 ★

| 20 000 | 11 à 15 €

Créé en 1979 par Gérard et Marie-Claude Bonnet, ce domaine établi à Courthézon, sur les vestiges d'une ancienne chapelle du XVIe s., se déploie sur 45 ha en côtes-du-rhône, cairanne et châteauneuf-du-pape. Depuis 1999, les vins sont vinifiés par Éric, leur fils, qui complète la propriété avec une structure de négoce. Il a été rejoint par sa sœur Véronique en 2016.

Après un long séjour de 15 mois en cuve, cet élégant *villages* affiche de discrets reflets tuilés signant une pointe d'évolution. Après quelques tours de verre, il libère des parfums engageants de genêt, de framboise mûre et de muscade. Nette et fraîche à l'attaque, cadrée par des tanins affinés, la bouche développe une agréable rondeur, s'étirant avec bonheur en un long sillage floral et épicé. Une bouteille de charme, à l'équilibre irréprochable. ⧗ 2024-2029

LA BASTIDE SAINT-DOMINIQUE, 1358, chem. St-Dominique, 84350 Courthézon, tél. 04 90 70 85 32, contact@bastidesaintdominique.com V t.l.j. 9h-12h30 13h30-17h; sam. dim. sur r.-v.

LES BEAUX JOURS Laudun Levant 2022 ★

| | 46330 | | 8 à 11 € |

La coopérative Costières et Soleil est devenue Vignerons Propriétés Associés en 2013. Regroupant les caves de Calvisson, Générac et Saint-Hilaire d'Ozilhan, elle vinifie le produit de 150 adhérents et de 24 domaines pour un total de 3 000 ha.

Issue d'une sélection de parcelles orientées vers l'est, cet estimable *villages* a peaufiné ses arguments durant un long séjour de 24 mois en cuve. Il livre des parfums engageants de fruits rouges mûrs, d'épices douces et de Zan. Une bonne typicité aromatique que l'on retrouve dans une bouche équilibrée, ronde, nantie de tanins fins et croquants. À servir dans ses jeunes années. 2024-2027

VIGNERONS PROPRIÉTÉS ASSOCIÉS, 32, rte de la Cave, 30420 Calvisson, tél. 04 66 01 31 31, contact@vigneronsproprietesassocies.fr V jeu. ven. sam. 9h30-12h 15h-18h30

DOM. DE BELLE-FEUILLE 2023 ★★

| | 6660 | | 11 à 15 € |

Fondé en 1974 à Vénéjan dans le nord-est du Gard, ce grand domaine de 142 ha a été racheté en 2020 par Pierre Burrel et Jean-Philippe Manzoni. Ils produisent des côtes-du-rhône, des *villages* et *villages* Chusclan.

Né d'un sol argilo-calcaire, cet élégant viognier (98 %) a pour lui sa lumineuse robe or gris et son bouquet fin d'acacia et de tilleul mâtiné d'une touche d'amande grillée héritée d'un séjour en fût neuf de 4 mois. Un boisé délicat qui n'impacte en rien la fraîcheur des arômes infusant une bouche tendue, puissante et longue, étirée dans une longue finale sur le miel. Un vin très équilibré et tout en nuances. 2024-2028 **Chusclan Terroir des galets 2022 ★ (11 à 15 €; 14600 b.)** Le terroir de galets roulés de Chusclan a forgé le caractère de ce 2022 gorgé de soleil, qui livre des parfums d'olive noire, de romarin et de myrtille confite. Le palais se montre dense, plein, chaleureux et puissant, cadré par des tanins gras et un boisé généreux mais bien calibré, qui devrait se fondre après une petite garde. La finale, aux accents de griotte et de Zan, signe un profil méridional plein de vigueur et de charme. 2026-2030

DOM. DE BELLE-FEUILLE, quartier Prignan, 30200 Vénéjan, tél. 04 66 79 27 33, contact@domainedebellefeuille.com V t.l.j. sf dim. 9h-12h 14h30-19h (14h-18h30 en hiver)

B DOM. BOISSON
Massif d'Uchaux Le Clos de la Brussière 2022 ★★

| | 4300 | | 11 à 15 € |

Issu d'une famille vigneronne installée à Cairanne depuis six générations, René Boisson a construit sa propre cave en 1957 avec 5 ha de vignes. Son fils Bruno a pris la main en 2002, à la tête aujourd'hui de 28 ha de vignes.

Nommée d'après son lieu-dit, cette cuvée fait la part belle au grenache (60 %) et au mourvèdre (35 %), de très vieux ceps de 80 ans. Elle en tire une superbe profondeur autour de parfums de baies rouges macérées et de myrte. Mais c'est surtout la bouche qui impressionne avec son attaque caressante, sa matière opulente gorgée d'un fruit mûr finement torréfié, ses tanins enrobés et sa longue finale teintée d'épices. 2025-2030

DOM. BOISSON, 365, chem. du Moulin, 84290 Cairanne, tél. 04 90 30 70 01, domaineboisson@hotmail.com V t.l.j. sf dim. 9h-12h 14h-18h

DOM. BRUNELY Massif d'Uchaux 2023 ★

| | 45000 | | 5 à 8 € |

Offertes au XV^e^s. à Pellegrin de Brunelis par le pape Martin V, ces terres ont été acquises en 1976 par Rémi Carichon. Installé en 1986, son fils Charles conduit aujourd'hui 70 ha morcelés en une mosaïque de terroirs. Une valeur sûre de la vallée du Rhône sud.

Ce rouge plaît davantage pour son caractère gourmand et gouleyant que pour sa carrure. Les tanins ne manquent toutefois pas de présence et accompagnent une matière charnue, souple et fraîche, infusée de fruits noirs et d'une savoureuse amertume aux accents de laurier-sauce. On le croque dans sa jeunesse, avec des grillades aux herbes. 2024-2028

DOM. BRUNELY, 1272, rte de la Brunely, 84260 Sarrians, tél. 04 90 65 41 24, contact@domainebrunely.com V r.-v.

DOM. DE CABASSE Séguret Garnacho 2022 ★★

| | 39300 | | 11 à 15 € |

***Casa bassa* (« maison basse » en italien), c'est ainsi que cette propriété de 15 ha était appelée au temps des papes d'Avignon. Située sous le village de Séguret, elle a changé de mains en 2012 : Alfred et Nicolas Haeni ont cédé la place à la famille Baudry, qui a pour objectif de développer l'œnotourisme.**

Ce Séguret bien nommé avec ses 80 % de grenache dévoile un bouquet éloquent de cassis, de girofle et de thym citron. Charnu et gras, cadré par des tanins fermes, le palais insiste sur les fruits noirs et le Zan, souligné de bout en bout par une fine tension sapide. De l'avenir en cave et un accord savoureux en perspective avec une gardianne de taureau aux olives. 2026-2030

DOM. DE CABASSE, 626, chem. des Ramières, 84110 Séguret, tél. 04 90 46 91 12, info@cabasse.wine V r.-v.

B DOM. LA CABOTTE
Massif d'Uchaux Gabriel 2022 ★

| | 7000 | | 15 à 20 € |

Ce domaine doit son nom à un abri en pierres sèches qui résiste aux intempéries de l'été et aux rigueurs de l'hiver. Il a été acquis en 1981 par Gabriel d'Ardhuy, qui l'a confié à l'une de ses sept filles, Marie-Pierre Plumet. Cette dernière a patiemment restructuré le vignoble, refaçonné les anciennes terrasses et conduit aujourd'hui, en biodynamie avec son mari Éric et leur fils Étienne, 30 ha de vignes d'un seul tenant au cœur du Massif d'Uchaux. Ils ont aussi acquis deux parcelles en châteauneuf-du-pape.

Hommage au père de la vigneronne, cette cuvée parcellaire a bénéficié de toutes les attentions : des raisins de grenache et de syrah ramassés à la main ont été fermentés ensemble et élevés 15 mois en jarre de terre cuite. S'en échappe un intense bouquet floral et fruité, dont les notes de lavande et de cerise confite infusent une bouche élégante, fraîche et longue, dotée de tanins fins au grain crayeux. Un équilibre bien en place et une bonne évolution en perspective. ⧗ 2026-2030

⊶ DOM. LA CABOTTE, 8035, rte de Rochegude, 84430 Mondragon, tél. 04 90 40 60 29, domaine@cabotte.com V 🚶 ▮ *t.l.j. 9h-12h30 13h30-17h; sam. dim. sur r.-v.*

Ⓑ CASTEL FRÈRES
Sainte-Cécile Les Jarlotiers 2022 ★

■	30 000	▮	11 à 15 €

Fondé à Bordeaux en 1949 par neuf frères et sœurs, le groupe Castel a connu une croissance considérable, devenant le premier producteur de vin en France, le troisième dans le monde, avec un empire qui s'étend de Bordeaux au continent africain. Outre ses nombreuses marques, il possède une vingtaine de propriétés sur l'ensemble du vignoble français.

Grenache, syrah, mourvèdre forment un trio allègre dans ce rouge bien ouvert sur la fraise écrasée et la pâte de cassis. Fruité que l'on croque pareillement dans une bouche fraîche, déliée et douce, nantie de tanins discrets, laissant en finale un agréable sillage épicé. Une bouteille déjà à point. ⧗ 2024-2027

⊶ CASTEL FRÈRES, 11, bd. des Roses, 69800 Saint-Priest, jonathan.amatte@castel-freres.com

CELLIER DES GORGES DE L'ARDÈCHE
Diamant rouge 2022 ★

■	15 000	▮	11 à 15 €

Baptisée d'après un des sites naturels les plus remarquables du département, cette coopérative fondée en 1929 regroupe les producteurs de Saint-Martin-d'Ardèche, de Saint-Marcel-d'Ardèche et de Saint-Just-d'Ardèche pour une surface de 480 ha.

Un *villages* dominé par la syrah, au nez tentateur de confiture de fraise et de baie de genièvre, animé de notes minérales. Une même maturité de fruit imprègne une bouche cossue et concentrée, soutenue par des tanins fermes, appelés à s'affiner après une petite garde. On peut aussi choisir de le carafer et l'ouvrir sans attendre avec une viande mijotée, un goulash à la hongroise par exemple. ⧗ 2025-2030

⊶ CELLIER DES GORGES DE L'ARDÈCHE, 1405, rte de la Gare, 07700 Saint-Marcel-d'Ardèche, tél. 04 75 04 66 83, caveau@cellier-ardeche.fr V 🚶 ▮ *t.l.j. sf dim. 9h-12h 14h-18h*

DOM. CLAVEL
Saint-Gervais Syrius 2023 ★★

■	13 300	▮	11 à 15 €

Les Clavel conduisent depuis plusieurs générations cette exploitation fondée en 1934 sur la rive droite du Rhône, dont la vaste superficie (80 ha) leur permet de proposer une large gamme de vins. Aujourd'hui, c'est Claire, épaulée par son père Denis, qui est aux commandes de ce domaine très régulier en qualité, souvent en vue avec ses côtes-du-rhône et ses *villages* Saint-Gervais.

Deux belles étoiles brillent au fronton de ce Syrius éclatant, associant roussanne (70 %) et viognier dans une composition exemplaire. Vif et plaisant, le nez exhale des parfums affriolants de fruit de la Passion et d'écorce de cédrat. Une touche de rose s'ajoute à ces saveurs exotiques dans une bouche ample, gourmande et longue, tendue par une fraîcheur persistante. ⧗ 2024-2028

■ Chusclan Cordélia 2022 ★ (11 à 15 €; 33 300 b.) Une touche de carignan (10 %) à l'appui du grenache et de la syrah dans ce vin au nez fringant de grenade, de groseille, de poivre rose et de violette. La bouche plaît par sa souplesse, sa structure dynamique et son fruité croquant, renforcés par une finale discrètement végétale (feuille de cassis). Un rouge alerte et gouleyant à découvrir dans sa jeunesse. ⧗ 2024-2027

⊶ DOM. CLAVEL, rue du Pigeonnier, 30200 Saint-Gervais, tél. 04 66 82 78 90, contact@domaineclavel.com V 🚶 ▮ *t.l.j. sf sam. dim. 9h-12h 14h-18h*

CAVE DES COTEAUX DE SAINT-MAURICE
Saint-Maurice Grande Réserve 2022 ★

■	20 800	▮	5 à 8 €

Fondée en 1929, cette coopérative drômoise dispose d'un vignoble de coteaux qui s'étagent entre 250 et 350 m, à l'abri du mistral, en appellations côtes-du-rhône, côtes-du-rhône-villages Saint-Maurice et vinsobres. Elle propose aussi des vins en IGP.

Un attelage classique de grenache et de syrah, au bouquet de noix grillé, de chocolat et de fruits des bois. Franche et bien charpentée, gourmande de fruit, la bouche offre une confortable sucrosité et une belle longueur teintée d'épices. Les tanins, un brin accrocheurs, n'entament en rien l'équilibre de ce bel édifice, qui sera le compagnon idéal d'un paleron de bœuf après quelque temps en cave. ⧗ 2026-2030

⊶ CAVE DES COTEAUX DE SAINT-MAURICE, 680, rte d'Orange, 26110 Saint-Maurice-sur-Eygues, tél. 04 75 27 63 44, contact@cavesaintmaurice.fr V ▮ *r.-v.*

CAVE LES COTEAUX DE VISAN
Visan Terroir Daronton 2022 ★

■	10 000	▮	5 à 8 €

Cette ancienne cave particulière a été convertie en 1897 en coopérative par Ferdinand Deloye. Pionnier de la viticulture visanaise, ce dernier fut le premier à commercialiser des vins sous la dénomination côtes-du-rhône Visan. Elle a aujourd'hui rejoint le groupe Rhonéa, rassemblant près de 400 vignerons pour une superficie de 2 900 ha de vignes.

Fruits noirs acidulés, touche de ronce et note de silex : le nez séduit par sa fraîcheur et sa complexité. Le cassis insiste dans une bouche droite, structurée et puissante, aux tanins fins mais accrocheurs, arrondie par une pointe de chaleur épicée trahissant le caractère solaire du millésime. Un brin d'austérité tannique qui devrait s'estomper après une petite garde. ⧗ 2025-2028

⊶ CAVE LES COTEAUX DE VISAN, rue de la Peine, 84820 Visan, tél. 04 90 28 50 80, cave@rhonea.fr V 🚶 ▮ *r.-v.*

♥ LES COTEAUX DU RHÔNE
Sainte-Cécile Origine 2022 ★★

■ | 50 000 | | 5 à 8 €

Fondée en 1926, la cave Les Coteaux du Rhône, coopérative de Sérignan-du-Comtat, propose une large gamme allant des vins en IGP aux appellations comme vacqueyras, en passant par les côtes-du-rhône et les *villages*.

Loin d'être une cuvée confidentielle, ce remarquable rouge, gourmand et fédérateur, pourra être apprécié par le plus grand nombre. Unanime, le jury a succombé à sa superbe profondeur de robe et à son bouquet enjôleur de cerise burlat bien mûre, de cake aux fruits confits et d'herbes des garrigues (romarin, ciste, lavandin). Avec sa fine sucrosité en bouche, son beau fruit juteux, ses tanins fins et serrés et sa finale solaire aux accents de réglisse, ce vin offre une fidèle évocation du grenache et de l'appellation. ⧗ 2024-2028

LES COTEAUX DU RHÔNE, 57, chem. Derrière-le-Parc, 84830 Sérignan-du-Comtat, tél. 04 90 70 42 43, contact@maison-serina.fr V *t.l.j. sf dim. 9h-12h30 14h-19h*

♥ CH. COURAC Laudun 2023 ★★★

■ | 150 000 | | 11 à 15 €

Ce château perché sur les hauteurs de Tresques, dans le Gard, est un habitué du Guide, le plus souvent aux meilleures places. Conduit par Joséphine et Frédéric Arnaud depuis 1995, rejoint en 2023 par leur fils Cyril, il se distingue tant par ses côtes-du-rhône que par ses *villages* (Laudun). Ces passionnés d'archéologie sont comblés de mettre en valeur un terroir cultivé dès l'Antiquité.

Une touche de counoise (10 %), cépage patrimonial du Rhône sud, apporte une touche racée au trio familier grenache (30 %), syrah (50 %) et mourvèdre (10 %). Au nez se dévoilent des parfums complexes de Zan, de cire d'abeille, de fraise confite et d'épices (girofle, poivre). Cossu, le palais en impose par sa chair et son gras, sans une once de lourdeur, étayé par des tanins serrés et relevé par une finale impeccable de fruit et de fraîcheur. Déjà irrésistible, il le sera d'autant plus après un peu de garde. ⧗ 2025-2030 ■ **Laudun Le Quart du Roi 2023 ★★ (11 à 15 €; 50 000 b.)** Un bon classique que ce Laudun au nez typé de garrigue et de Zan, où pointe le fruit rouge mûr, dont on aime aussi la bouche souple, fine et bien fraîche, structurée en douceur par des tanins soyeux au grain tactile. Élégant et déjà à point, on l'ouvre sur un carré d'agneau au thym. ⧗ 2024-2028 ■ **Laudun 2023 ★★ (11 à 15 €; 30 000 b.)** La clairette (80 %) se porte à merveille, le grenache blanc en appoint, dans cette cuvée d'une finesse exemplaire, distillant des parfums élégants de lys et de genêt. Un caractère floral qui persiste longuement dans une bouche charnue, étoffée, mise en valeur par une belle acidité et par une finale gourmande sur le biscuit et le miel. Un digne ambassadeur du futur cru Laudun en blanc. ⧗ 2024-2027

CH. COURAC, 1520, chem. de Courac, 30330 Tresques, tél. 04 66 82 90 51, scea.frederic.arnaud@orange.fr V *r.-v.*

♥ B DOM. FOND CROZE
Vaison-la-Romaine Mozaïk 2022 ★★

■ | 13 000 | | 11 à 15 €

Un domaine fondé après la Seconde Guerre mondiale par Charles Long. Ses petits-fils, Bruno et Daniel, qui ont créé la cave en 1997, conduisent aujourd'hui un vignoble de 80 ha certifié bio, épaulés par Guillaume le fils de Daniel. Leurs vins sont souvent en bonne place dans le Guide.

Comme son nom le suggère, cette cuvée est issue de plusieurs parcelles sises sur les différents types de sols de Vaison-la-Romaine, associant grenache, syrah et carignan. Une cuvée ambitieuse qui charme par son bouquet foisonnant évoquant l'encre, la cerise mûre, le café grillé et le Zan. Le palais lui aussi impressionne : par son expression débridée de fruits noirs bien poivrés, son étoffe veloutée cadrée par des tanins séveux et sa fine amertume à l'accent de myrte. Un régal. ⧗ 2025-2032

DOM. FOND CROZE, 155, rte de Cairanne, 84290 Saint-Roman-de-Malegarde, tél. 06 31 63 01 75, fondcroze@hotmail.com V *t.l.j. sf dim. 8h-12h 14h-18h*

DOM. DU FOURNIER Signargues 2022 ★

■ | 38 000 | | 8 à 11 €

Créée en 1952, cette coopérative, qui tire son nom d'une chapelle romane du XI[e]s. surplombant Rochefort-du-Gard, réunit aujourd'hui 45 viticulteurs pour 500 ha de vignes, dont 100 ha dédiés au seul côtes-du-rhône-villages Signargues.

Ce Signargues qui fait la part belle à la syrah (70 %), manifestement ramassée à bonne maturité, livre un bouquet intense et solaire de cassis poêlé, d'épices douces et de thym. De la fraîcheur en attaque et un développement tout en rondeur, pulpeux, porté par des tanins déliés, profilent un rouge gourmand et déjà à point. ⧗ 2024-2028

LES VIGNERONS DU CASTELAS, 674, av. de Signargues, 30650 Rochefort-du-Gard, tél. 04 90 26 62 66, info@vignerons-castelas.fr V *t.l.j. sf dim. 9h-12h30 14h30-18h30*

CH. GRAND DIGNITAIRE Gadagne 2023 ★★

■ | 50 000 | | 8 à 11 €

Une structure née en 2006 de la fusion des coopératives Canteperdrix et Terres d'Avignon. L'ensemble, d'envergure, regroupe quelque 1 400 ha de vignes entre Avignon et le piémont du mont Ventoux.

La cave avait brillé l'an passé pour son excellent *villages* Suze-la-Rousse. Elle a aussi soigné l'expression de ce Gadagne distillant des parfums captivants de baies sauvages relevés de girofle et d'une note camphrée. Une fraîcheur aromatique qui se prolonge dans un palais ample, puissant, adossé à des tanins croquants laissant dans leur sillage une sensation tactile et cacaotée. De bonne garde mais déjà flatteur, ce rouge voluptueux fera mouche sur un magret grillé. ⧗ 2025-2029

⊶ DEMAZET VIGNOBLES, 457, av. Aristide-Briand, 84310 Morières-lès-Avignon, tél. 04 90 22 65 64, lacave@demazet.com V *t.l.j. sf dim. 9h-12h30 14h-19h*

B DOM. LES GRANDS BOIS
Sainte-Cécile Philippine 2022 ★

■	10 000		8 à 11 €

Fondé en 1929 par Albert Farjon, ce domaine de 50 ha est aujourd'hui conduit par sa petite-fille Mireille et son mari Marc Besnardeau, rejoints en 2015 en cave par leur fille Philippine (quatrième génération). Le vignoble est certifié bio depuis le millésime 2011. Côtes-du-rhône, *villages*, cairanne, rasteau, leurs vins sont régulièrement en vue dans ces pages.

Dédiée à la fille des propriétaires, qui a elle-même participé à son élaboration, cette cuvée offre une expression profonde de fruits rouges et noirs légèrement confits, saupoudrés de thym et d'épices. Une combinaison aromatique bien typée que l'on retrouve dans une bouche consistante, ample et légèrement suave, étayée par des tanins fondus, affichant une petite astringence en finale. On laissera ce rouge vigoureux et prometteur respirer un peu en cave. ⧗ 2026-2030

⊶ DOM. LES GRANDS BOIS, 55, av. Jean-Jaurès, 84290 Sainte-Cécile-les-Vignes, tél. 04 90 30 81 86, mbesnardeau@grands-bois.com V *t.l.j. sf dim. 9h-12h 14h-18h*

B DOM. DES GRAVENNES
Suze-la-Rousse Terre d'histoire 2023 ★★

■	20 000		8 à 11 €

Bernadette et Jean Bayon de Noyer ont repris en 1996 une partie de l'exploitation familiale, créant ainsi le Dom. des Gravennes. En 2014, leurs fils Luc et Rémi ont pris la relève et converti leurs 30 ha à l'agriculture biologique.

Vendange à la main, pigeage manuel en douceur et élevage en cuve ont été mis en œuvre par les frères Bayon de Noyer pour élaborer ce vin puissant, duquel émanent des parfums de fruits noirs, de réglisse et de goudron, familiers d'un grenache bien mûr. Une longue finale enveloppante et des tanins présents mais sans aspérité lui assurent une belle tenue en bouche et en cave. ⧗ 2025-2030

⊶ DOM. DES GRAVENNES, 2933, rte de Baume, 26790 Suze-la-Rousse, tél. 04 75 04 84 41, contact@domainedesgravennes.com V *r.-v.* 2

LE GRAVILLAS Séguret 2022 ★

■	10 000		8 à 11 €

Créée en 1935, à Sablet, magnifique village provençal aux rues concentriques, la coopérative de Gravillas est l'une des plus anciennes caves du département. En 2017, elle a intégré le Cercle des Vignerons du Rhône qui a rejoint Rhonéa en 2019.

Le grenache et la syrah complices dans ce rouge élégant, non dénué de complexité, au nez infusé de rose, de groseille et d'écorce d'orange confite. Saupoudrés d'épices, ces arômes montent en puissance dans un palais caressant et énergique à la fois, appuyé sur des tanins bien assouplis et sur une finale aux accents de plantes aromatiques qui attisent un peu plus encore sa gourmandise. ⧗ 2024-2028

⊶ LE GRAVILLAS, 76, chem. de la Diffre, 84110 Sablet, tél. 04 90 46 90 20, secretariat.gravillas@groupecapl.fr V *t.l.j. sf dim. 9h-12h 14h-18h*

DOM. DU GROS PATA
Vaison-la-Romaine Nos Racines 2022 ★

■	14 666		8 à 11 €

Au Moyen Âge, cette propriété de Vaison-la-Romaine était le siège d'un octroi, où il fallait s'acquitter de quelques *patas* (ancienne monnaie provençale) pour gagner la cité voisine de Villedieu. Couvrant aujourd'hui 31 ha, le domaine est conduit depuis 1992 par Sabine Garagnon (cinquième génération), qui a vinifié sa première cuvée à 17 ans.

Un nez déjà complexe qui passe en revue la violette, le laurier-rose et la framboise mûre, mâtinés de notes grillées; une bouche gironde, soyeuse et fraîche, servie par des tanins veloutés et par un boisé calibré à la mesure : tout est en harmonie et déjà à point dans ce rouge, dont l'élégance le destine à des accords avec des viandes fines, une canette rôtie par exemple. ⧗ 2025-2030

⊶ DOM. DU GROS PATA, 2885, rte de Villedieu, 84110 Vaison-la-Romaine, tél. 06 21 72 13 60, contact@grospata.fr V *t.l.j. sf dim. 9h-12h 14h-18h* D

DOM. DE LA JANASSE
Terre d'argile 2022 ★★

■	60 000		15 à 20 €

Un habitué du Guide, souvent en bonne place pour ses châteauneuf-du-pape, ses côtes-du-rhône et ses IGP. Un vignoble de 90 ha (en conversion bio) éparpillés en de multiples parcelles, que conduisent Christophe Sabon et sa sœur Isabelle, enfants d'Aimé Sabon, fondateur du domaine en 1973. Un domaine complété en 2015 par l'achat du Clos Saint-Antonin et ses 15 ha de vignes sur la commune de Jonquières.

Une cuvée bien connue des lecteurs qui ajoute une nouvelle ligne à son palmarès déjà bien fourni. Grenache, syrah, mourvèdre et carignan à parts égales ont façonné ce rouge complet et capiteux. Un élevage d'un an en fût a teinté de nuances grillées un bouquet centré sur la cerise macérée et le beurre de cacao. Un caractère épanoui que l'on retrouve dans une bouche soyeuse et concentrée, cadrée en douceur par des tanins mûrs au grain crayeux et par un boisé fondu infusé d'épices. ⧗ 2026-2032

⊶ DOM. DE LA JANASSE, 29, chem du Moulin, 84350 Courthézon, tél. 04 90 70 86 29, vignoblessabon@gmail.com V *r.-v.*

LAUDUN CHUSCLAN VIGNERONS
Laudun Les Petites Parcelles de Dolia 2023 ★★

30 000 | 11 à 15 €

Cette coopérative, créée en 1925, est l'un des acteurs importants de la vallée du Rhône méridionale. Elle regroupe près de 200 vignerons et quelque 2 800 ha. Depuis 2012, elle propose des vins bio.

D'un sol d'éboulis calcaires, ce Laudun né d'une moitié de grenache, de viognier et de roussanne à parité, tire une subtile minéralité, animant d'une touche de graphite un bouquet frais et floral (mélilot). Ample, tendue et longue, la bouche se montre à la fois consistante et tonique, affichant une mâche juteuse et bien fruitée, enrobée par un discret boisé vanillé. Tout est élégant et bien marié dans ce blanc fédérateur et facile à aimer, taillé pour la table. ⧗ 2024-2028

MAISON SINNAE, 201, rte d'Orsan, 30200 Chusclan, tél. 04 66 90 11 03, contact@sinnae.fr t.l.j. sf dim. 9h30-12h30 14h-18h

DOM. DES LAURIBERT Visan Truffières 2023 ★★

40 000 | 8 à 11 €

Un domaine régulier en qualité, dont le vignoble de 54 ha est réparti en une trentaine de parcelles sur les terroirs de Valréas et de Visan. Créé en 1973 par Robert et Marie Sourdon, il a été sorti de la coopérative en 1997 par leur fils Laurent, qui raconte avoir pressé ses premiers raisins à 5 ans dans un presse-légumes : une vocation précoce.

Il y avait jadis des chênes truffiers sur cette parcelle aujourd'hui plantée de syrah (80 %) et de grenache. Après un long séjour de 2 ans en cuve, cet élégant rouge livre un bouquet naissant de fruits rouges saupoudrés d'épices. Des arômes plaisants qui explosent véritablement dans une bouche étoffée, concentrée, étayée par des tanins de velours et s'étirant dans une généreuse finale réglissée, signe d'une parfaite maturité des raisins dans ce millésime solaire. Un Visan exemplaire. ⧗ 2027-2032

DOM. DES LAURIBERT, 2249, chem. de Roussillac, 84820 Visan, tél. 04 90 35 26 82, lauribert@wanadoo.fr t.l.j. sf dim. 8h30-12h 14h-18h30

DOM. LA LÔYANE 2023 ★★

5 000 | 8 à 11 €

Établi au pied du sanctuaire Notre-Dame-de-Grâce, à Rochefort-du-Gard, non loin des anciens marais asséchés par les moines au Moyen Âge, ce domaine, né en 1994 de la fusion de trois petites exploitations, fait preuve d'une grande constance dans la qualité. Succédant à ses parents Jean-Pierre et Dominique, Romain Dubois et son épouse Laure, désormais seuls à la tête du domaine, ont créé un nouveau caveau et converti en bio les 20 ha de vignes. Une valeur (très) sûre.

Un jury unanime pour louer la gourmandise de ce *villages* très convainquant, alliance classique d'une moitié de grenache, de syrah (30 %) et de mourvèdre, brièvement élevée en cuve (6 mois). Au nez, il propose déjà une belle expression de fleurs fraîches (violette, lilas), nuancée de notes de cuir et de garrigue. Agrémentée de griotte, la bouche affiche une mâche riche, parfumée et séveuse, nantie de tanins robustes qui augurent un bel avenir. Une composition diablement séduisante, mais encore en devenir. ⧗ 2026-2032

DOM. LA LÔYANE, chem. Font-des-Cavens, 30650 Rochefort-du-Gard, tél. 06 60 94 57 34, contact@laloyane.com mer. jeu. ven. 9h-19h; lun. mar. sam. sur r.-v.

CH. MALIJAY Plan de Dieu Opus 2022 ★★

5 600 | 11 à 15 €

Si le château de Malijay existe depuis le XIe s., on y exploite la vigne depuis « seulement » le XVIe s. Ses élégants bâtiments remontent pour l'essentiel au XVIIIe s. Du haut de sa tour, on peut contempler son vaste vignoble de 140 ha d'un seul tenant. En 2007, Pierre Deltin, médecin marseillais, a racheté le domaine et mené d'importants travaux de restructuration à la vigne et au chai. Sa fille Aude, ancienne journaliste de télévision, a pris la relève en 2013.

De vieux ceps de grenache et de syrah forgent l'ossature de ce Plan de Dieu distingué et abouti, affiné un an en barrique. Confiture de cerise noire, pâte de fruits, coriandre : le nez ne laisse pas indifférent. La maturité du raisin fait le charme d'une bouche séveuse, étoffée et longue, tenue par des tanins finement sculptés et soutenue par un boisé suave de fève tonka et de chocolat noir. En prime, une longueur irréprochable. ⧗ 2026-2032

CH. MALIJAY, 1511, chem. des Plumes, 84150 Jonquières, tél. 04 90 70 33 44, contact@chateaumalijay.com t.l.j. sf sam. dim. 9h-13h 14h-17h

DOM. MALMONT
Séguret Petit Rouge 2022 ★

3 900 | 11 à 15 €

Un tout jeune domaine créé par Nicolas Haeni : 4 ha de vignes en terrasses arrachés à partir de 2005 aux flancs de colline très pentus et très caillouteux du lieu-dit Malmont, le bien nommé. Premières plantations en 2006, premier millésime vinifié en 2013 et certification en agriculture biologique acquise en 2022.

Une vinification avec les levures indigènes et un apport de soufre minimal ont présidé à l'élaboration de ce Séguret aimable et convivial. Discret au nez, il se manifeste avec plus de vigueur dans une bouche structurée, croquante, sertie de tanins élégants et de saveurs de canneberge et de sauge. Sincère et facile à aimer, on l'ouvre sans attendre pour un repas à l'italienne, avec des pâtes à l'arrabiata ou des saltimboccas de veau. ⧗ 2024-2027

DOM. MALMONT, 585, rte de Vaison, 84110 Sablet, tél. 06 22 82 55 04, info@malmont.fr r.-v.

DOM. MARIE-BLANCHE Signargues 2022 ★

15 000 | 11 à 15 €

Situé à Saze dans le Gard à quelques encablures d'Avignon, le domaine a été créé en 1977 par Jean-Jacques et Marie-Blanche Delorme, sur l'emplacement d'une ancienne cave familiale. Ils cultivent aujourd'hui 40 ha en côtes-du-rhône et en *villages* Signargues.

Ce domaine confirme ses bonnes dispositions avec ce Signargues de belle facture, qui libère des parfums ɴjôleurs de violette, de pain d'épices et de cacao. La ›ouche ronde et soyeuse, ourlée de tanins serrés bien ›ris dans la chair, plaît par son équilibre et sa finale par-umée de vanille et de Zan. ⧗ 2025-2029

⊶ DOM. MARIE-BLANCHE, 19, allée des Platanes, '0650 Saze, tél. 04 90 31 78 40, domainemarieblanche@ vanadoo.fr V *t.l.j. sf dim. 10h-12h 16h-19h*

CH. DE MARJOLET
Laudun Cuvée Tradition 2023 ★

80000 | 5 à 8 €

:ette propriété de 75 ha, régulière en qualité, se épartit sur les deux villages gardois de Gaujac et le Laudun. Fondateur du domaine en 1978, Bernard ›ontaud a laissé les rênes de l'exploitation à son fils .aurent en 2009.

:ette cuvée solaire fait la part belle au grenache (70 %) ervi par un millésime chaleureux. En témoigne le bou-uet plaisant et bien typé de griotte compotée, de mus-:ade et de laurier noble. La bouche tient les promesses lu nez, alliant un fruité mûr à l'accent de garrigue, une :onfortable sucrosité et une trame tannique généreuse nais fondue. Un caractère très méridional qui aura les aveurs d'un perdreau aux pruneaux dès l'hiver prochain. ⧗ 2025-2029

⊶ CH. DE MARJOLET, 184, allée des Platanes, 30330 Gaujac, tél. 04 66 82 00 93, chateau.marjolet@ ımail.com V *t.l.j. sf sam. dim. 9h-12h 14h-18h* E

B MAS DE BOISLAUZON
Les Deux Chênes 2022 ★

25000 | 11 à 15 €

:nclavé dans l'appellation châteauneuf, ce domaine amilial est conduit depuis 1990 par Christine et Daniel Chaussy, rejoints aujourd'hui par la sixième génération. Ils sont à la tête de 33 ha (en bio certifié lepuis 2012, en biodynamie depuis 2021).

Jn nez appétent de fraise des bois et de beurre de cacao ›uvre la dégustation de ce *villages* qui a connu un éle-age de 18 mois en cuve. Ample, bien fruité, soutenu par les tanins fondus, le palais déroule une matière soyeuse :t une finale chaleureuse et persistante sur la cannelle. Bien construit, savoureux, ce rouge gagnera sa seconde étoile après une petite garde. ⧗ 2025-2030

⊶ MAS DE BOISLAUZON, quartier Boislauzon, 84100 Orange, tél. 04 90 34 46 49, masdeboislauzon@ vanadoo.fr V *r.-v.*

B CH. MONGIN
Les Peyrières 2022 ★

7712 | 8 à 11 €

:réé en 1975, le Ch. Mongin est l'exploitation pédago-gique du lycée viticole d'Orange. Son vignoble s'étend aujourd'hui sur 21 ha – en bio certifié depuis 2012.

Syrah (65 %), grenache et mourvèdre composent :e rouge amène et facile à aimer. Un long séjour de 8 mois en cuve a enrichi son expression de fruitée cerise), mâtinée d'une touche d'humus et de ciste. Droite et bien structurée, la bouche affiche ce même fruité juteux, soulignée par une fine acidité et par une pointe d'amertume qui lui donnent de l'allonge. ⧗ 2024-2029

⊶ CH. MONGIN, 2260, rte du Grès, 84100 Orange, tél. 04 90 51 48 04, chateaumongin@chateaumongin.com V *t.l.j. sf sam. dim. 9h-12h 14h-17h*

♥ B CH. LA NERTHE Les Cassagnes 2022 ★★

140000 | 15 à 20 €

Un vaste domaine historique (90_ha en bio). Les Tulle de Villefranche, ses premiers propriétaires, mettaient déjà en bouteilles à la propriété en 1784 cet « excellent vin de La Nerthe », comme on le qualifiait à la cour de Louis XVI. Dévasté par le phylloxéra, le domaine est cédé en 1870 à Joseph Ducos, qui le remet sur pied. Depuis 1985, les Richard sont aux commandes et ont confié la direction en 2019 à l'œnologue Rémi Jean, qui a fait ses armes sur d'autres domaines de la famille. Un pilier de l'appellation châteauneuf.

«Cassanha» signifie «planté de chênes» en occitan. Et ils sont encore nombreux aux abords du vignoble, côtoyant les ceps de grenache (50 %), de syrah (40 %) et d'autres cépages rhodaniens à l'œuvre dans cette cuvée. Un nez allègre et fin de fruits rouges et noirs saupoudrés d'épices et de notes camphrées ouvre la dégustation. Une palette fraîche et sapide qui anime aussi une bouche ample, onctueuse et très longue, soutenue par des tanins finement sculptés traduisant une extraction tout en douceur. Les amateurs de vins élégants apprécieront cette interprétation sensuelle et raffinée de l'appellation. ⧗ 2024-2030

⊶ DOM. DE LA RENJARDE, rte d'Uchaux, 84830 Sérignan-du-Comtat, tél. 04 90 70 00 15, boutique@chateaulanerthe.fr E

DOM. NOTRE-DAME DES PALLIÈRES
Sablet L'Olivet 2022 ★

15000 | 8 à 11 €

Au Moyen Âge, la source de Notre-Dame des Pallières, réputée prévenir la peste, attirait les pèlerins du Midi. Depuis 1991, Julien et Claude Roux y cultivent un vignoble de 30 ha en lutte «ultraraisonnée».

Année chiche en volume et précoce, 2022 a nécessité une attention de tous les instants à la vigne au moment des vendanges, qui ont été entamées ici dès les premiers jours de septembre pour les ceps de syrah, les grenaches s'ensuivant progressivement. Assemblés à parité, ils livrent un rouge spontanément charmeur, mariant la gelée de groseille, la vanille et le cumin au nez. La bouche se révèle ronde, souple, ourlée de tanins soyeux. La finale, bien poivrée, sonne comme une invitation à passer à table. ⧗ 2024-2029

⊶ DOM. NOTRE-DAME DES PALLIÈRES, 311, chem. de Lencieu, 84190 Gigondas, tél. 04 90 65 83 03, contact@pallieres.com V *t.l.j. sf sam. dim. 9h-12h 14h-18h*

DOM. DE L'OLIVIER 2023 ★

60000 | 8 à 11 €

Proche du pont du Gard, ce domaine autrefois complanté d'oliviers a été créé par la famille Bastide en

1943. Robin, la quatrième génération, a succédé à son père Eric en 2013. Il conduit un vignoble de 50 ha à proximité immédiate de la cave : une condition permettant une vendange exclusivement manuelle.

De bonne constitution, cette cuvée mi-grenache mi-syrah se déploie avec force et conviction. À ce stade, elle présente encore un boisé soutenu, qui se manifeste au bouquet par des parfums vigoureux de sarriette grillée et de fève de cacao, les fruits rouges compotés pointant à l'arrière-plan. Mais son étoffe, sa belle mâche et la bonne maturité du raisin permettront au palais de le fondre après un peu de cave. ⧗ 2026-2031

DOM. DE L' OLIVIER, 1, rue de la Clastre, 30210 Saint-Hilaire-d'Ozilhan, tél. 04 66 37 08 04, robin.bastide@yahoo.fr V t.l.j. sf dim. 9h-12h 14h-18h30

DOM. DES PASQUIERS
Sablet 2023 ★

4900 | 11 à 15 €

Jean-Claude et Philippe Lambert ont repris en 1998 le domaine familial, fondé en 1935 et fort d'un vignoble de 85 ha. Ils se sont lancés dans la vente en bouteilles quatre ans plus tard. La nouvelle génération est arrivée en 2013, et la conversion bio est désormais acquise.

Un assemblage de marsanne, roussanne et clairette est à l'origine de ce joli Sablet au nez fugace et minéral, dont les tonalités fruitées de nèfle et de citron jaune se font plus prégnantes en bouche, infusant une matière croquante et souple, tenue par une fine acidité. Une fraîcheur qui le destine à un plateau de fruits de mer. ⧗ 2024-2027

DOM. DES PASQUIERS, 10, rte d'Orange, 84110 Sablet, tél. 04 90 46 83 97, domainedespasquiers@gmail.com V t.l.j. sf sam. dim. 8h-12h 13h30-18h

DOM. LA PERDRIÈRE
Sablet La Pause 2022 ★

5000 | 11 à 15 €

Situé au pied des Dentelles de Montmirail, ce domaine de 27 ha en bio, morcelé sur quatre appellations, a été repris en 2010 par Vasco Perdigao, œnologue formé dans la vallée du Rhône septentrionale, épaulé par sa femme Sonia, une ex-infirmière reconvertie à la vigne. 2024 marque un virage pour le domaine : agrandissement du chai, nouvel habillage des bouteilles et nouveau nom de domaine (anciennement Dom. Chamfort).

Une cuvée souvent en vue, nommée d'après son lieu-dit, un terroir sablo-argileux mêlé de cailloutis calcaires, elle associe classiquement une dominante de grenache (70 %) à la syrah, vinifiés séparément puis élevés ensemble pendant 18 mois en foudres. Dans le verre, un rouge ouvert sur la framboise macérée, le laurier rose et la badiane. Une palette que l'on retrouve dans un palais franc, bien étoffé, mis en valeur par des tanins ronds et épicés lui assurant une bonne garde. ⧗ 2025-2029

DOM. LA PERDRIÈRE, 280, rte du Parandou, 84110 Sablet, tél. 04 90 46 94 75, domaine-chamfort@orange.fr V t.l.j. 9h-12h 13h30-17h30; sam. dim. sur r.-v.

DOM. PHILIPPE PLANTEVIN
Sainte-Cécile 2022 ★★

6300 | 11 à 15 €

Plantevin, un nom prédestiné pour ce vigneron à l tête, depuis 1988, de ce domaine familial étendu su 35 ha. Le vignoble, certifié bio depuis 2014, se réparti sur quatre communes, ce qui offre une jolie diversit de terroirs et d'appellations.

Un rouge enthousiasmant né d'une récolte précoce d grenache, syrah et mourvèdre, évitant l'écueil de la sur maturité. Il s'ouvre sur un nez plaisant et harmonieu de fraise des bois, de chêne et d'humus. Quelque notes d'épices (vanille, cardamome) complètent cett palette séduisante dans une bouche puissante e pulpeuse, étayée par des tanins veloutés et discrètement soulignés par l'élevage. Expressif et structuré il a toutes les cartes en main pour vieillir avec grâce ⧗ 2026-2030

DOM. PHILIPPE PLANTEVIN, 995, chem. des Partides, La Daurelle, 84290 Cairanne, tél. 04 90 30 71 05, philippe-plantevin@wanadoo.fr V r.-v.

LES VIGNERONS DES QUATRE CHEMINS
Laudun Sol et Sens 2023 ★

12000 | 5 à 8 €

Créée en 1960, cette coopérative du Gard regroupe 120 viticulteurs pour quelque 650 ha de vignes e produit des vins sous les étiquettes côtes-du-rhône côtes-du-rhône-villages et IGP.

Le grenache blanc dominant dans ce Laudun facile d'accès et frais, qui a pour lui des parfums printaniers d narcisse et d'amande verte, et une bouche intensémen florale, onctueuse et sans lourdeur, soutenue par un fine acidité aux saveurs de bonbon acidulé. Tout indiqu pour l'apéritif. ⧗ 2024-2027

LES VIGNERONS DES QUATRE CHEMINS, RD 6086, 30290 Laudun, tél. 04 66 82 00 22, secretariat@vignerons4chemins.com V t.l.j. sf dim. 9h-12h 14h-18h

CH. ROCHECOLOMBE
Saint-Andéol Clos Montjau 2022 ★

21300 | 11 à 15 €

Ancienne propriété de l'auteur-compositeur flamanc Robert Herberigs, ce domaine ardéchois de 28 h (en bio certifié) est conduit depuis 1998 par Rolanc Terrasse, son petit-fils. Il doit son nom à la pierre «blanche comme une colombe» qui compose le château, de style Directoire. Souvent en vue pour se côtes-du-rhône et ses *villages*.

Une belle profondeur dans la robe de ce Saint Andéol et de la vigueur dans ce nez toasté qui port la marque des 12 mois en fût. La griotte confite et l violette percent dans une matière dense, chaleureuse structurée par des tanins athlétiques, soutenan jusqu'en finale les arômes perçus à l'olfaction. Un *villages* souverain et gourmand, promis à un bel aveni ⧗ 2026-2032

CH. ROCHECOLOMBE, 782, chem. de Rochecolombe, 07700 Bourg-Saint-Andéol, tél. 04 75 54 50 47, rochecolombe@aol.com V t.l.j. sf dim. 9h-12h 14h-18h30

B LA ROMAINE
Vaison-la-Romaine L'Originale 2022 ★

■ | 9000 | | 8 à 11 €

Fondée en 1924, une des premières coopératives du Vaucluse, qui regroupe aujourd'hui 180 vignerons et plus de 1 400 ha de vignes. Elle propose des côtes-du-rhône, côtes-du-rhône-villages, ventoux, gigondas, ainsi que des IGP Méditerranée et un vin doux naturel.

Rien de plus traditionnel dans cette cuvée : du grenache en majorité, complété de syrah (30 %). Intense et familier, le nez évoque les fruits rouges écrasés, saupoudrés de vanille et de baie rose. Gourmande, avenante et légèrement tannique, la bouche plaît par sa souplesse, son fruité juteux et sa finale un brin suave mâtinée de réglisse. Un vin convivial solaire et épanoui. ⧗ 2024-2028

CAVE LA ROMAINE, 95, chem. de Saumelongue, 84110 Vaison-la-Romaine, tél. 04 90 36 55 90, caveau@cave-la-romaine.com V t.l.j. sf dim. 9h-12h30 14h-19h

B DOM. LA ROMANCE
Chusclan 2022 ★

■ | 5275 | | 8 à 11 €

Après des expériences dans les vignobles de France et d'Afrique du Sud, Gilles Chinieu et son épouse Claire ont repris ce domaine familial de 7 ha, cultivé en bio, sur lequel sont élaborées de petites cuvées parcellaires.

Il y a de la gourmandise et une volonté manifeste de faire plaisir dans cette cuvée mi-grenache mi-syrah, élevée sobrement en cuve, qui a gardé l'éclat du fruit pulpeux. En témoignent le nez, attrayant et raffiné, aux senteurs de cerise burlat mâtinée de cacao amer, et la bouche élégante, caressante et très digeste, nantie de tanins délicieusement tactiles et soulignée par une fine fraîcheur qui « goûte » le lilas et la racine d'iris. Une personnalité tout bonnement irrésistible. ⧗ 2024-2028

DOM. LA ROMANCE, chem. St-Roman, 30200 Bagnols-sur-Cèze, tél. 06 82 22 45 44, gilles.chinieu@wanadoo.fr V t.l.j. sf dim. 17h-19h E

DOM. ROUGE-BLEU
Sainte-Cécile Mistral 2022 ★

■ | 9000 | | 15 à 20 €

Créé en 2007 par un jeune couple franco-australien, ce domaine est situé en pleine nature, sur la commune de Sainte-Cécile-les-Vignes. Il exploite 12 ha de vieilles vignes en suivant les principes de la biodynamie et vinifient une poignée de cuvées au plus près du raisin, avec le moins d'interventions possibles. La certification en bio est acquise depuis 2021.

Cette parcelle établie sur les garrigues de Sainte-Cécile est très exposée au Mistral. Les grenache (75 %), syrah (20%), mourvèdre et roussanne qui en sont issus ont été fermetés sans éraflage avec les levures indigènes, puis élevés 12 mois en fûts anciens. En découle un joli nez bien typé de violette, de griotte et de Zan. Arômes qui s'immiscent avec élégance dans une bouche déliée, ample et finement boisée, structurée par des tanins présents mais sans aspérité. Marquée par de fins amers, fraîche, la finale confirme de bonnes dispositions pour la garde. ⧗ 2026-2032

DOM. ROUGE-BLEU, 3033, chem. de la Bouillon, 84290 Sainte-Cécile-les-Vignes, tél. 07 61 00 47 92, contact@rouge-bleu.com V t.l.j. sf dim. 9h-12h 14h-18h 4

LE ROURE SAINT-JEAN Plan de Dieu 2023 ★

■ | 80000 | | 8 à 11 €

Après dix ans dans la grande distribution et presque autant dans le négoce de vins (partie technique), Philippe Vigne, petit-fils de coopérateur, a décidé en 2011 de fonder sa propre structure, spécialisée comme son nom l'indique dans les vins de la vallée du Rhône.

Ce Plan de Dieu déploie un bouquet ensorcelant de fruits rouges confits, de pâte de cassis et de badiane. Une approche flatteuse qui trouve un heureux prolongement dans une bouche souple, fondue et subtilement épicée, nantie de tanins ronds qui s'affermissent toutefois un peu en finale. Un excès de jeunesse qui disparaîtra à table avec une viande en sauce. ⧗ 2025-2029

VAL RHODANIA, Mas de Lachaux, 44, rte d'Uchaux, 84500 Bollène, tél. 09 81 86 30 20, vigne@valrhodania.fr V t.l.j. sf sam. dim. 10h-12h30 14h30-18h

DOM. SAINTE-ANNE
Notre-Dame des Cellettes 2022 ★★

■ | 22000 | | 11 à 15 €

Un ancien prieuré de la chartreuse de Valbonne acquis en 1965 et entièrement restructuré par Guy et Anne Steinmaier. Ces Bourguignons d'origine ont fait de ce domaine de 34 ha, désormais conduit par leur fils Jean, une référence incontournable, avec des vins d'une constance admirable.

De vieilles vignes de grenache (70 %), de syrah (20 %) et de mourvèdre à l'œuvre dans cette cuvée confondante d'élégance. On y retrouve une singulière brillance de robe signant les vins du domaine, un bouquet encore discret mais bien marié de lilas, de fruits des bois et de cachou, et une matière ample, veloutée, soutenue par des tanins fins au grain mûr, avec en appoint une touche de fraîcheur qui donne de l'éclat et du relief à l'ensemble. ⧗ 2027-2034 ■ **Les Rouvières 2022 ★★ (15 à 20 €; 6000 b.)** Une cuvée à forte dominante de mourvèdre, qui se teinte d'une certaine austérité avec ses arômes de tabac et de cuir, les fruits rouges mûrs pointant à l'aération. La bouche dévoile une matière conséquente, opulente et dense, cadrée par des tanins solides qui tiennent en respect le fruit et invitent à la patience. On met en cave en toute sérénité. ⧗ 2028-2035

DOM. SAINTE-ANNE, Les Cellettes, 30200 Saint-Gervais, tél. 04 66 82 77 41, domaine.ste.anne@orange.fr V t.l.j. sf dim. 9h-11h 14h-18h; sam. sur r.-v.

DOM. SAINT-MICHEL Massif d'Uchaux 2023 ★

■ | 5000 | | 8 à 11 €

Un domaine familial fondé en 1960 dans les collines du massif d'Uchaux. Premières mises en bouteilles en 1978 et un vignoble de 20 ha en conversion bio, conduit aujourd'hui par les quatre frères et sœurs Nicolas.

Stimulante avec son bouquet éloquent et original mêlant la prune, la réglisse, l'huile d'olive et les plantes aromatiques, cette cuvée mi-grenache mi-syrah se présente sous ses plus beaux atours. D'une vigueur toute juvénile, animée par une réjouissante fraîcheur, la bouche affiche du croquant, de la tenue et du fruit, guidée par des tanins souples et finement extraits. Ce rouge singulier sera à point après une courte garde. ⧗ 2025-2028

⊶ DOM. SAINT-MICHEL, 1, rue de l'Église, hameau de la Galle, 84100 Uchaux, tél. 04 90 40 62 20, nicolas.gaec@gmail.com V 🍷 *t.l.j. 9h-12h 14h-19h; dim. sur r.-v.*

Ⓑ DOM. DE SAINT-SIFFREIN
Au bord du chemin 2022 ★

■ | 13000 | 🍷 | 15 à 20 €

Un domaine fondé en 1880 par un aïeul nommé Siffrein. Depuis lors, trois générations ont agrandi le domaine, transmettant en 2005 à Cyril Chastan un vignoble de 22 ha (dont 16 ha en châteauneuf-du-pape et 6 ha en côtes-du-rhône-villages). Un domaine orienté en bio depuis trente-cinq ans (certification acquise en 2012).

Un *villages* qui fleurte avec Châteauneuf, séparé de son vignoble par un simple chemin. Élevés 12 mois en cuve Inox, grenache (75 %), syrah (20 %) et mourvèdre s'y combinent en bonne harmonie, livrant un bouquet net et tentateur de pâte de cassis et de pain d'épices. Cadré par des tanins puissants et fermes, le palais affiche la fraîcheur, le volume et le gras nécessaires pour les intégrer et rebondit en finale sur un fruité solaire presque confit. Un rouge gourmand et prometteur, à laisser respirer en cave. ⧗ 2027-2032

⊶ DOM. DE SAINT-SIFFREIN, 3587, rte de Châteauneuf-du-Pape, 84100 Orange, tél. 04 90 34 49 85, domainesaintsiffrein@wanadoo.fr V 🍷 *t.l.j. sf dim. 8h-12h 14h-19h*

CH. SIGNAC
Chusclan Cuvée Combe d'Enfer 2023 ★

■ | 80000 | 🍷 | 5 à 8 €

Une petite structure de négoce créée en 2002 et dirigée depuis 2007 par Benoit Gros, spécialisée dans les vins de la vallée du Rhône, du Languedoc et de la Provence. Elle est basée à Saint-Alexandre dans le Gard.

Né sur les flancs de la Dent de Signac, mêlant sédiments marins et éboulis calcaires, et d'un millésime chaud et sec, ce Chusclan affiche un caractère solaire indéniable. Il livre un nez puissant de pruneau et de griotte confite, mâtiné d'une touche de rose séchée. Puis il déroule en bouche une matière soyeuse, épaulée par des tanins harmonieux extraits en douceur, et se prolonge par une plaisante finale aux accents de romarin sauvage. Parfait pour accompagner des viandes goûteuses, comme un civet de lièvre par exemple. ⧗ 2025-2029

⊶ LES VIGNERONS DU GRAND SUD, 32, chem. de Roquebrune, 30130 Saint-Alexandre, tél. 04 66 39 02 00, contact@vigneronsdugrandsud.fr

BERTRAND STEHELIN
Sablet Cheval Long 2022 ★★

■ | n.c. | 🍷 | 11 à 15 €

La famille de Bertrand Stehelin exploite la vigne depuis cinq générations. Sa mère perpétue une lignée établie à Gigondas et son père descend d'un industriel suisse installé à Châteauneuf-du-Pape au XIXe s. Le vigneron exploite le domaine familial Paillère et Pied-Gû (gigondas) et a aussi créé en 2004 un domaine à son nom.

Il ne manque pas de vigueur ni de typicité, ce rouge de caractère né sur les pentes sablonneuses du lieu-dit Cheval Long. Au nez, il dévoile des parfums capiteux de réglisse, de ciste et de cassis en confiture. D'emblée puissante, la bouche offre une mâche séveuse, dense et épicée, cadrée par des tanins croquants extraits avec tact. Une belle carte postale d'un paysage sudiste, qui trouvera sa pleine expression après un peu de garde. ⧗ 2027-2032

⊶ DOM. PAILLÈRE ET PIED-GÛ, 312, chem. de Pied-Gû, 84190 Gigondas, tél. 04 90 65 84 14, contact@vinstehelin.fr

♥ PIERRE VIDAL
Plan de Dieu Cuvée spéciale 2023 ★★

■ | 80000 | 🍷 | 5 à 8 €

Pierre Vidal, installé à Châteauneuf-du-Pape avec son épouse vigneronne, a créé son négoce en 2010. Cet œnologue formé en Bourgogne s'est entouré d'une petite équipe et a construit, en 2019, sa propre cave pour pouvoir peaufiner ses sélections parcellaires, tournées vers les vins bio et végans. Des vins d'une grande régularité dans la qualité.

Avec quatre vins sélectionnés en *villages*, le choix de Pierre Vidal de bénéficier de sa propre cave est une réussite patente. À commencer par ce Plan de Dieu qui a échauffé le cœur des jurés avec son bouquet tentateur de pivoine, de cerise noire et de cacao. Un charme prolongé par une bouche caressante, dotée de tanins veloutés et fins, animée par une discrète amertume aux tonalités de bâton de réglisse en finale. Un plaisir qui n'attend pas. ⧗ 2024-2028 ■ **Séguret Grande Réserve 2023 ★★ (5 à 8 €; 48000 b.)** Empreint de notes poivrées et fumées, le bouquet trahit la prégnance du mourvèdre (30 %) et de la syrah (10 %) aux côtés du grenache dans cette cuvée qui n'a pas connu le bois. Élégante, dynamique et bien enrobée, la bouche est irriguée de notes de mûre et de bourgeon de cassis d'une réjouissante fraîcheur. Un Séguret à croquer sur le fruit de la jeunesse. ⧗ 2024-2027 ■ **Saint-Maurice Cuvée spéciale 2023 ★ (5 à 8 €; 55000 b.)** Mourvèdre et syrah pour moitié, grenache pour l'autre au menu de ce rouge vigoureux, qui plaît autant par ses arômes raffinés de suif, d'olive noire et de fruits des bois que par sa texture déliée, stimulante et agréablement tannique, au sillage rafraîchissant de garrigue et de menthol. ⧗ 2025-2029 ■ **Suze-la-Rousse Grande Réserve 2023 ★ (5 à 8 €; 50000 b.)** Ⓑ Il a tout bon, ce rouge élégant au fruité léger de canneberge et de cassis croquant, au toucher caressant et fondu, souligné par des tanins délicats et par une fine fraîcheur aux tonalités de sarriette. Un vin équilibré, alerte et bien du Sud. ⧗ 2024-2027

⊶ PIERRE VIDAL, 370, rue Calixte-Paillet, ZA Grange-Blanche-Est, 84350 Courthézon, tél. 07 77 05 38 81, contact@pierrevidal.com V 🍷 *t.l.j. sf sam. dim. 10h-12h 14h-17h*

LA VALLÉE DU RHÔNE SEPTENTRIONALE

CÔTE-RÔTIE

Superficie : 255 ha
Production : 10 603 hl

Situé à Vienne, sur la rive droite du fleuve, c'est le plus ancien vignoble de la vallée du Rhône. Il est réparti entre les communes d'Ampuis, de Saint-Cyr-sur-Rhône et de Tupin-et-Semons. La vigne y est cultivée sur des coteaux très abrupts, presque vertigineux. On distingue la Côte blonde et la Côte brune en souvenir d'un certain seigneur de Maugiron qui aurait, par testament, partagé ses terres entre ses deux filles, l'une blonde, l'autre brune. Les vins de la Côte brune sont les plus corsés, ceux de la Côte blonde les plus fins.
Le sol est le plus schisteux de la région. Les vins sont uniquement des rouges, obtenus à partir du cépage syrah, mais aussi du viognier, dans une proportion maximale de 20 %. La côte-rôtie est d'un rouge profond, et offre un bouquet délicat à dominante de framboise et d'épices, avec une touche de violette. Vin de garde d'une bonne structure tannique et très long en bouche, il a indéniablement sa place au sommet de la gamme des vins du Rhône et s'allie parfaitement aux mets convenant aux grands vins rouges.

♥ CH. D'AMPUIS 2020 ★★

■ | n.c. | | + de 100 €

Cette ancienne maison forte du XIIe s., transformée en château d'agrément à la Renaissance, accueillit au fil des siècles plusieurs rois de France. Négligée au cours du XXe s., elle a été acquise par la Famille Guigal en 1995 et fait l'objet d'une inscription à l'Inventaire Supplémentaire des Monuments Historiques : un programme de restauration colossal fut alors lancé pour lui redonner son prestige d'antan. Le château est aujourd'hui le siège social de la maison Guigal. Côté vigne, le vin provient de sept terroirs répartis entre Côte Blonde et Côte Brune parmi les plus exceptionnels du domaine, plantés de syrah (93 % du vin) et de viognier, et dont le jus connaît ensuite un élevage luxueux de 38 mois en fûts de chêne neufs.

D'une profondeur remarquable, la robe sombre annonce la couleur. Au nez, se dévoilent des parfums réjouissants et complexes de mûre, de cassis, d'olive noire, de graphite, d'épices et de violette. Une composition magistrale qui trouve un long écho dans une bouche ample, ferme, puissante et fine à la fois, épaulée par des tanins d'une grande élégance et dynamisée par une longue finale pleine de fraîcheur, aux tonalités zestées. Une solide capacité de garde se dessine. ⧗ 2030-2045

CH. D' AMPUIS, av. du Château, 69420 Ampuis

DOM. DE BONSERINE
La Sarrasine 2022 ★★★

■ | 35 000 | | 30 à 50 €

En acquérant en 2006 ce domaine fondé en 1961, agrandi et modernisé dans les années 1990, Marcel Guigal a ajouté un joyau à sa couronne déjà richement décorée : un vignoble de 12 ha plantés majoritairement de « serine », variété ancienne de la syrah, qui produit du côte-rôtie et du condrieu.

Les étoiles se sont alignées dans le ciel de cette Sarrasine qui constitue la majorité de la production du domaine : 10 ha dont chaque parcelle a été ramassée, vinifiée et élevée séparément (24 mois en demi-muids) avant l'assemblage définitif. Il en résulte un nez précis de fruits rouges macérés, de rose séchée, de tabac blond et d'épices douces (cardamome, muscade). Une expression flatteuse et complexe qui se confirme dans une bouche caressante, pure et longiligne, bâtie sur des tanins aussi serrés qu'élégants et dont la longue finale parfumée de noyau laisse augurer un avenir radieux. ⧗ 2027-2038

DOM. DE BONSERINE, 2, chem. de la Viallière, Verenay, 69420 Ampuis, tél. 04 74 56 14 27, contact@domainedebonserine.fr V *t.l.j. sf sam. dim. 9h-16h30; f. début août*

DAUVERGNE ET RANVIER
Grand Vin 2022 ★

■ | 10 000 | | 30 à 50 €

Créée en 2004 par François Dauvergne et Jean-François Ranvier, cette maison de négoce signe des vins de qualité issus de sélections parcellaires, dont 80 % sont certifiés bio ou en conversion. En 2013, les deux compères ont repris le domaine des Muretins, devenu Dom. Liravel (lirac et tavel), puis créé en 2016 le Dom. de la Chapelle-Saint-Mathieu à Aniane avec les Parcé, vignerons banyulencs. Un nouveau chai d'élevage, à énergie positive, a été inauguré à Tavel.

Foisonnant d'épices (muscade, poivre blanc), gorgé de petits fruits rouges nuancés d'une note balsamique de cyprès, ce vin est d'un abord plaisant. Conséquente, onctueuse et tonique à la fois, rehaussée d'une touche florale, la bouche s'appuie sur des tanins fins extraits avec mesure, un brin plus austères en finale. Quelques années en cave devraient parfaire son profil gourmand et fédérateur. ⧗ 2027-2034

DAUVERGNE ET RANVIER, L'Assemblière, 47, chem. des Vestides, 30126 Tavel , tél. 04 48 24 00 41, contact@dauvergne-ranvier.com r.-v.

VIGNOBLES LEVET Améthyste 2021 ★

■ | 6300 | | 30 à 50 €

Constituée en 1929, cette petite propriété familiale compte 4,5 ha au cœur de l'appellation côte-rôtie (dont une partie sur de prestigieux lieux-dits comme la Côte Brune, la Côte Blonde, Chavaroche ou Landonne) et une parcelle de 30 ares en condrieu. Un domaine conduit depuis 2004 par Agnès Levet, qui représente la quatrième génération.

Un égrappage partiel des raisins et un élevage de 24 mois en demi-muids (600 l) a présidé à la naissance de cette cuvée bien nommée, habillée d'une attrayante robe à l'éclat violacé. Franc et disert, le nez charme par ses arômes de petits fruits rouges et noirs écrasés, nuancés d'une touche de glycine et de fève tonka. Le noyau de cerise s'ajoute à cette palette foisonnante dans une bouche charnue et concentrée, gainée de tanins joliment extraits et soulignée par une pointe de salinité qui donne du nerf à l'ensemble. Réjouissant. ⧗ 2026-2032

EARL VIGNOBLES LEVET, 26, bd les Allées, 69420 Ampuis, tél. 04 74 56 15 39, contact@coterotielevet.fr V r.-v.

LA MOULINE 2020 ★

■ | n.c. | | + de 100 €

S'accrochant aux pentes escarpées de la Côte blonde, qui rappellent les gradins d'un amphithéâtre, La Mouline naît d'un terroir de gneiss. Parmi les «trésors» de la famille Guigal, cette côte-rôtie est celle qui possède la part la plus importante de viognier dans l'assemblage : 11 %. L'élevage y est aussi luxueux (quarante mois) que pour les autres fleurons de la maison.

Une Mouline qui ne masque pas son élevage luxueux sous bois avec ses arômes soutenus de vanille, de moka et de noix de coco. Le fruit apparaît un peu plus à l'aération, s'invitant aussi dans une bouche ample, fraîche, finement tannique, de belle longueur, elle aussi portée par ce même boisé ambitieux. ⧗ 2030-2040

É. GUIGAL (LA MOULINE), Ch. d'Ampuis, 69420 Ampuis, tél. 04 74 56 10 22, contact@guigal.com V r.-v.

MOUTON PÈRE ET FILS
Enomis 2022 ★★

■ | 8000 | | 30 à 50 €

Issu d'une ancienne famille de vignerons, Jean-Claude Mouton a rejoint son père André en 1989 sur l'exploitation familiale. Aujourd'hui, épaulé de son fils Bryan, c'est lui qui dirige ce petit domaine de 9 ha, dont les terrasses exposées plein sud sont au cœur du village de Condrieu.

Si Jean-Claude et Bryan Mouton ont voulu témoigner leur estime à Simone (Enomis à l'envers), l'ancienne propriétaire de la parcelle qui a engendré cette cuvée, l'hommage est réussi. Une teinte profonde aux reflets mauves, un joli bouquet de griottes confites, de vanille et de cannelle, une texture opulente mais soyeuse, bardée de tanins veloutés, un brin serrés en finale, un élevage au cordeau : le jury est en émoi. On a frôlé le coup de cœur. ⧗ 2027-2035

MOUTON PÈRE ET FILS, 23, montée du Rozay, 69420 Condrieu, tél. 04 74 87 82 36, contact@mouton-perefils.fr V r.-v.

RÉMI NIERO
Vires de Serine 2021 ★★

■ | 1500 | | 75 à 100 €

En 1985, Robert Niero quitte le secteur bancaire pour reprendre le domaine fondé en 1973 par son oncle, Jean Pinchon. Il s'attelle aux plantations et porte le vignoble à 4 ha (8 ha aujourd'hui, en condrieu, saint-joseph, crozes-hermitage et côte-rôtie). Un développement que poursuit son fils Rémi, arrivé en 2004, aux commandes depuis 2010.

En 2021, ni les gelées d'avril ni les pluies d'été n'auront épargné les chaillets de La Viallière et de Bassenon d'où proviennent les raisins assemblés dans cette cuvée. D'où un minuscule rendement et une production infime cette année-là. Dans le verre, s'illustre le talent du vigneron qui a su sélectionner les grappes et proposer un élevage à la mesure, offrant au nez des notes enjôleuses de gelée de cassis, d'épices et de moka. La bouche plaît par sa droiture, sa fine acidité, ses tanins serrés enrobés d'un boisé confortable et son allonge savoureuse sur la griotte confite au chocolat. Il a déjà tout bon. ⧗ 2027-2036

EARL DOM. RÉMI ET ROBERT NIERO, 3, imp. du Pressoir, rue de la Mairie, 69420 Condrieu, tél. 04 74 56 86 99, domaine@vins-niero.com V r.-v.

♥ DOM. PICHAT Champon's 2022 ★★★

■ | 10 000 | | 30 à 50 €

Après des études à Beaune, puis une expérience aux États-Unis et dans le Bordelais, sur le domaine de son épouse (Ch. Filliol), Stéphane Pichat est revenu sur ses terres donner du souffle à cette propriété ancienne, fondée par ses arrière-grands-parents. Installé en 2000, il lance la mise en bouteilles et signe à partir de 5 ha en côte-rôtie et en condrieu des vins d'une qualité toujours irréprochable.

Le millésime 2021 avait obtenu trois étoiles, le 2022 ajoute un coup de cœur au palmarès déjà bien fourni de cette cuvée issue des terroirs schisteux des lieux-dits Champon, Plomb et Grandes Places. Le jury a aimé son bouquet envoûtant et complexe de framboise fraîche, de ronce et de paprika, couronné des élégantes notes torréfiées de l'élevage en fûts neufs (30 % du vin). Quant au palais, plein, dense et gourmand, cadré par des tanins puissants au grain tactile, il ne demande qu'à s'assagir en cave. ⧗ 2027-2036 ■ **Lôss 2022 ★ (30 à 50 €; 10 000 b.)** Autre cuvée, autre terroir : ici le lœss et un élevage de 23 mois en barriques de plusieurs vins. Une séduisante robe d'encre dissimule un bouquet un brin austère, évoluant sur la cerise noire et le cacao amer à l'aération. Droite, tendue par une étonnante acidité, la bouche offre du volume, une mâche séveuse solidement arrimée à des tanins fermes et à un boisé généreux. Un côte-rôtie vigoureux et prometteur. On attend. ⧗ 2028-2040

DOM. PICHAT, 6, chem. de la Viallière, 69420 Ampuis, tél. 04 74 48 37 23, info@domainepichat.com V r.-v.

MAISON CHRISTOPHE PICHON
Rozier 2022 ★

■ | 5000 | | 50 à 75 €

Christophe Pichon a travaillé aux côtés de son père avant de reprendre seul, en 1991, l'exploitation établie dans le parc du Pilat : 25 ha aujourd'hui, répartis dans les appellations condrieu, côte-rôtie, saint-joseph et cornas. Corentin, son fils, revenu sur l'exploitation après un séjour en Australie, est désormais en charge de la vinification et de l'élevage des vins.

Une cuvée parcellaire qui valorise les vignes soixantenaires du Rozier, un coteau emblématique du nord de l'appellation, et qui fait mouche par son bouquet fin et nuancé de mûre cuite, de clafoutis aux cerises noires et d'épices douces (fenugrec, cardamome). Offrant un savant équilibre entre volume et fraîcheur, la bouche restitue la rondeur du fruit mûr dans une matière étoffée, étayée de tanins délicats patinés par un élevage de 16 mois en fût (30 % neuf). Un côte-rôtie sur le versant de la finesse, à réserver aux viandes délicates et aux gibiers à plumes. ⧗ 2027-2035

⊶ SARL CHRISTOPHE PICHON, 3, zone viticole Jassoux, Le Grand-Val, 42410 Chavanay, tél. 04 74 87 06 78, chrpichon@wanadoo.fr V *t.l.j. sf dim. 9h-12h 14h-18h*

LA TURQUE
2020 ★★

■	n.c.		+ de 100 €

Le fleuron des vignobles Guigal. Une parcelle impressionnante implantée dans la Côte Brune, sur des sols de schistes riches en oxyde de fer. Négligée pendant des décennies, puis replantée en 1985 par Étienne Guigal, fondateur du domaine en 1946, suppléé par son fils Marcel en 1961. Des ceps de syrah associés à 7 % de viognier et un élevage luxueux de 40 mois donnent naissance à l'un des plus grands vins de la vallée du Rhône nord.

D'une grande profondeur de robe, la Turque 2020 en impose d'emblée. Au nez, elle dévoile des arômes complexes et tout aussi profonds de graphite, de fraise des bois, de violette, de poivre ou encore de chocolat à l'orange. Une intensité aromatique qui trouve un long écho dans une bouche d'un volume imposant, concentrée, généreuse, longue, portée par des tanins affinés, un boisé racé et une fraîcheur parfaitement dosée. De l'énergie et une classe folle. ⧗ 2030-2045

⊶ É. GUIGAL (LA TURQUE), Ch. d'Ampuis, 69420 Ampuis, tél. 04 74 56 10 22, contact@guigal.com V *r.-v.*

CAVE VERNAY-COLOMBIER
2022 ★

■	19 000		30 à 50 €

Située à Saint-Cyr-sur-le-Rhône, au nord d'Ampuis, cette propriété initialement en polyculture appartient à la même famille depuis cinq générations. Dans les années 1980, Daniel et Roland Vernay développent la vigne, passant de 3 à 9 ha, et débutent la vinification au domaine. Aujourd'hui Gisèle, la fille de Roland, et son mari Sébastien Colombier, produisent des vins en appellations côte-rôtie et condrieu, et en IGP Collines rhodaniennes.

Une entrée au Guide remarquée avec cette cuvée issue de ceps quarantenaires dont les raisins ont été éraflés (90 %), foulés aux pieds et élevés 18 mois en demi-muids. Elle livre sans attendre un nez franc de fruits rouges bien mûrs, rafraîchi par une note de feuille de cassis et de poivre de Sichuan. On sent une belle maîtrise de l'élevage dans sa bouche consistante, dense, structurée par des tanins bien extraits, au grain sapide, qui demandent encore à se fondre. Un côte-rôtie athlétique et puissant, bâti pour la garde. ⧗ 2029-2040

⊶ CAVE VERNAY-COLOMBIER, 358, chem. de Plany, 69560 Saint-Cyr-sur-le-Rhône, tél. 06 72 26 49 03, gaecvernay@wanadoo.fr V *r.-v.*

CONDRIEU

Superficie : 145 ha / Production : 5 265 hl

Le vignoble est situé à 11 km au sud de Vienne. Bien que l'aire d'appellation soit répartie sur sept communes et trois départements, sa superficie est restreinte, ce qui fait du condrieu un vin rare. D'autant plus qu'il naît exclusivement d'un cépage assez peu répandu, le viognier, qui s'exprime parfaitement sur les sols granitiques de son terroir. Le condrieu est un vin blanc riche en alcool, gras, souple, mais avec de la fraîcheur. Très parfumé, il exhale des arômes floraux – où domine la violette – et des notes d'abricot. On le servira jeune, sur toutes les préparations à base de poisson, même s'il peut vieillir cinq ans. Il existe aussi une production de vendanges tardives obtenues par tries successives (jusqu'à huit passages par récolte).

DOM. DE BOISSEYT
Debout sur les crêtes 2022 ★

■	2200		30 à 50 €

Six générations se sont succédé sur cette propriété de Chavanay acquise par la famille en 1797. Aux commandes depuis 2017, Romain Decelle conduit un vignoble de 11 ha en saint-joseph, côte-rôtie, condrieu, crozes-hermitage et côtes-du-rhône. La conversion bio a été engagée.

Une parcelle en pente vertigineuse dominant le village de Malleval et plantée de ceps de 20 ans a donné naissance à cette cuvée bien nommée, fermentée en foudres et élevée un an sous bois. Couleur paille à l'éclat doré, elle livre patiemment des parfums raffinés de miel d'acacia et de muguet, mâtinés d'une touche de pain toasté. Tout en nuances, la bouche fait preuve du même équilibre, avec son attaque vive, son développement soyeux et son allonge parfumée relayant la fraîcheur florale du bouquet enrichie d'une touche beurrée de bon aloi. On l'imagine bien avec un fromage crémeux à pâte persillée. ⧗ 2024-2028

⊶ SASU VIGNOBLE DE BOISSEYT, 178, RD 1086, Les Prairies, 42410 Chavanay, tél. 04 74 87 23 45, contact@deboisseyt.com V *t.l.j. sf dim. 9h-12h 14h-18h; sam. 10h-13h 14h-18h*

LOUIS CHEZE
Brèze 2022 ★

■	8000		30 à 50 €

Un domaine familial établi sur les hauteurs de Limony, repris en 1978 par Louis Cheze : 1 ha en saint-joseph à l'origine, 45 ha aujourd'hui, dans plusieurs appellations septentrionales.

Après 9 mois d'une fermentation et d'un élevage en fût, ce condrieu s'exprime à l'olfaction dans un registre confortable, beurré et légèrement toasté. Puis d'élégantes notes florales s'immiscent dans une bouche puissante, ronde, bien étoffée, stimulée par une acidité discrète et par de fins amers qui dynamisent la finale.

Un blanc long, expressif et complet, à laisser encore quelques temps en cave. ⧗ 2025-2029

SARL LOUIS CHEZE, Pangon, 07340 Limony, tél. 04 75 34 02 88, contact@domainecheze.com V t.l.j. sf dim. 9h-12h 14h-18h

LA DORIANE 2022 ★

	n.c.		50 à 75 €

Issu de cinq terroirs très escarpés parmi les plus exceptionnels de l'appellation condrieu, La Doriane est l'un des bijoux de la galaxie Guigal. Un vin vinifié et élevé exclusivement en petits fûts de chêne neufs pendant environ 8 mois, avec fermentation malolactique.

Une robe jaune paille d'une belle brillance, un nez délicat de jasmin, de chèvrefeuille et d'abricot, l'approche est engageante. Une palette qui s'enrichit de notes de violette dans une bouche ample, riche, grasse, solaire, stimulée par des fins amers en finale. Un condrieu sur le versant de la générosité, qui aura toute sa place à table avec une belle volaille aux morilles. ⧗ 2027-2034

É. GUIGAL (LA DORIANE), Ch. d'Ampuis, 69420 Ampuis, tél. 04 74 56 10 22, contact@guigal.com

DIDIER MORION
Vent d'anges 2022 ★

	3000		20 à 30 €

En 1993, lorsque Didier Morion s'installa sur l'exploitation familiale, alors en polyculture, la vigne ne représentait que 2 ha. Aujourd'hui, ce sont 10 ha dédiés à la seule vigne qu'il conduit au cœur du Parc naturel régional du Pilat.

Un élevage mixte judicieusement mené (pour moitié en fût, pour moitié en cuve) et on obtient ce boisé fondu qui laisse parler la complexité des arômes de pierre à fusil et de réglisse. Un vin capiteux, riche et onctueux, souligné d'une élégante amertume et dont la trame saline promet une bonne évolution en cave. Un profil singulier, mêlant puissance et subtilité. ⧗ 2025-2030

DIDIER MORION, 2, Épitaillon, 42410 Chavanay, tél. 04 74 87 26 33, contact@domainemorion.com V r.-v.

MOUTON PÈRE ET FILS
Côte Bonnette 2022 ★

	6500		30 à 50 €

Issu d'une ancienne famille de vignerons, Jean-Claude Mouton a rejoint son père André en 1989 sur l'exploitation familiale. Aujourd'hui, épaulé de son fils Bryan, c'est lui qui dirige ce petit domaine de 9 ha, dont les terrasses exposées plein sud sont au cœur du village de Condrieu.

Le terroir granitique de la côte Bonnette et un élevage mixte de 11 mois mi-cuve Inox mi-fût de 300 l ont engendré ce condrieu fringant et expressif, dont la robe n'a pas encore perdu l'étincelle vert tendre de la jeunesse. Des parfums frais de fleur d'oranger, de seringa et de prune jaune mâtinés d'une touche de miel montent du verre. En bouche, ils cohabitent avec les agrumes et c'est alors la fraîcheur qui pilote la dégustation, ajoutant de la longueur à la rondeur du fruit, avec en prime une jolie finale réglissée. ⧗ 2024-2028

MOUTON PÈRE ET FILS, 23, montée du Rozay, 69420 Condrieu, tél. 04 74 87 82 36, contact@mouton-perefils.fr V r.-v.

♥ RÉMI NIERO Vernon 2022 ★★

	4500		50 à 75 €

En 1985, Robert Niero quitte le secteur bancaire pour reprendre le domaine fondé en 1973 par son oncle, Jean Pinchon. Il s'attelle aux plantations et porte le vignoble à 4 ha (8 ha aujourd'hui, en condrieu, saint-joseph, crozes-hermitage et côte-rôtie). Un développement que poursuit son fils Rémi, arrivé en 2004, aux commandes depuis 2010.

La maturité des raisins n'a pas fait défaut en 2022 et les vieux ceps (70 ans) du coteau de Vernon exposé plein sud ont donné naissance à un vin puissant et raffiné, élevé pour moitié en fût avec bâtonnage régulier. Le nez flatteur se fixe sur des arômes de fruits jaunes pleins de soleil soutenus par un boisé bien maîtrisé. Ample et finement suave, évoquant la brioche toastée et les fruits secs, la bouche se tend ensuite sous l'effet d'une fine tension minérale qui apporte vivacité et complexité à l'ensemble. Une sincère évocation du cru, à laisser patienter en cave. ⧗ 2025-2030 **Cœur de Roncharde 2022 ★★ (30 à 50 €; 2500 b.)** Une minuscule parcelle de 50 ares située au centre du vignoble historique de l'appellation : ce Cœur de Roncharde a pour lui bien plus que son pedigree. À commencer par son bel éclat doré et son bouquet éloquent d'acacia, d'abricot sec, de beurre noisette et de pierre à fusil. Une superbe complexité qui s'illustre aussi dans un palais souple et onctueux, tapissé par un boisé fondu calibré à la mesure et qui se conclut par une touche minérale et fumée. À réserver à des poissons nobles. ⧗ 2024-2029

EARL DOM. RÉMI ET ROBERT NIERO, 3, imp. du Pressoir, rue de la Mairie, 69420 Condrieu, tél. 04 74 56 86 99, domaine@vins-niero.com V r.-v.

DOM. PICHAT La Caille 2023 ★★

	1000		30 à 50 €

Après des études à Beaune, puis une expérience aux États-Unis et dans le Bordelais, sur le domaine de son épouse (Ch. Filliol), Stéphane Pichat est revenu sur ses terres donner du souffle à cette propriété ancienne, fondée par ses arrière-grands-parents. Installé en 2000, il lance la mise en bouteilles et signe à partir de 5 ha en côte-rôtie et en condrieu des vins d'une qualité toujours irréprochable.

Après 9 mois en barriques, cette cuvée parcellaire porte une délicate touche fumée qui n'entame en rien la fraîcheur de son bouquet pimpant de tilleul, de genêt, de fruits du verger et d'écorce d'agrumes. La bouche offre du gras, une très belle concentration, la douceur du fruit miellé et une fine amertume aux accents d'herbes aromatiques. Un condrieu complexe et racé, qui n'oublie pas la gourmandise. ⧗ 2024-2029

DOM. PICHAT, 6, chem. de la Viallière, 69420 Ampuis, tél. 04 74 48 37 23, info@domainepichat.com V r.-v.

MAISON CHRISTOPHE PICHON
Roche coulante 2022 ★

	5000		30 à 50 €

Christophe Pichon a travaillé aux côtés de son père avant de reprendre seul, en 1991, l'exploitation établie dans le parc du Pilat : 25 ha aujourd'hui, répartis dans les appellations condrieu, côte-rôtie, saint-joseph et cornas. Corentin, son fils, revenu sur l'exploitation après un séjour en Australie, est désormais en charge de la vinification et de l'élevage des vins.

Une robe or pâle aux reflets verts, un nez timide mais appétent de poire et d'abricot saupoudrés de vanille, une bouche souple, capiteuse et longue, avec du gras et une pointe d'amertume rafraîchissante : une cuvée bien dans son appellation, qu'on laissera s'épanouir encore quelques temps en cave. Patience... ⌛ 2025-2030

SARL CHRISTOPHE PICHON, 3, zone viticole Jassoux, Le Grand-Val, 42410 Chavanay, tél. 04 74 87 06 78, chrpichon@wanadoo.fr V *t.l.j. sf dim. 9h-12h 14h-18h*

DOM. DE PIERRE BLANCHE
Résurgence 2022 ★

	2000		30 à 50 €

Ce domaine a été créé de toutes pièces en 1990 par Michel et Xavier Mourier, qui ont défriché les terres et aménagé des terrasses avant de planter. De 1,5 ha à l'origine, le vignoble est passé à plus de 16 ha aujourd'hui, sur des coteaux exposés sud-sud-est, avec des pentes de 40 à 60 %. En complément, les Mourier pratiquent aussi une activité de négoce-éleveur.

Ce blanc lumineux se décline sur des parfums printaniers de fleurs blanches (aubépine, acacia), d'amande amère et d'écorce de cédrat, soutenus par un boisé élégant. En bouche, se dévoile une chair souple, ample et finement beurrée, infusée de fruits à noyau. L'harmonie règne sur ce bel édifice qui sera le partenaire de choix d'un plat de spaghetti alle vongole. ⌛ 2024-2028

DOM. DE PIERRE BLANCHE, 53, RD 1086, 42410 Chavanay, tél. 04 74 87 04 07, contact@domainemourier.fr V *t.l.j. sf dim. 9h-12h 14h-18h*

DOM. RICHARD Amaraze 2022 ★

	4500		30 à 50 €

Installé en 1989 sur le domaine familial et succédant à deux générations de vignerons-arboriculteurs, Hervé Richard décide de se spécialiser dans la vigne. Avec sa femme Marie-Thérèse, il travaille aujourd'hui 10 ha en condrieu et en saint-joseph.

Un beau viognier très clair de robe, au nez subtil de fleurs blanches, de mirabelle et de verveine. Le palais séduit par son volume, sa richesse et son boisé discret qui laisse s'exprimer un fruit bien présent. On le quitte sur une touche saline qui rafraîchit les papilles par sa tonicité. Un condrieu expressif à ouvrir dès à présent. Pour une truite aux amandes. ⌛ 2024-2028 **M de Martial 2022 ★** (30 à 50 €; 2000 b.) Une teinte blonde soutenue habille ce blanc enjôleur qui se révèle par petites touches, d'abord sur des notes subtiles de rose ancienne et de jasmin, puis sur le coing et la vanille. Vive à l'attaque, soulignée de bout en bout par une acidité sapide aux saveurs zestées, la bouche s'appuie sur un boisé élégant. Une cuvée en devenir, qui signe un hommage réussi au père d'Hervé Richard. ⌛ 2025-2029

CAVE RICHARD, 3, RD 1086, Verlieu, 42410 Chavanay, tél. 04 74 87 07 75, contact@domaine-hervericharD.com V *r.-v.*

DOM. DE ROSIERS 2022 ★★

	2400		30 à 50 €

Maxime Gourdain a pris en 2013 la suite de son oncle Louis Drevon sur ce domaine de 8 ha dédié aux appellations côte-rôtie et condrieu, créé en 1976 par son grand-père André Drevon (avant cette date la récolte était vendue au négoce).

Un élevage mixte de 9 mois, mi-cuve, mi-fût de 400 l, qui laisse respirer le fruit et préserve la fraîcheur des arômes : c'est le choix judicieux de Maxime Gourdain en cave. Dans le verre, un bouquet fin et floral teinté de minéral est le prélude à une bouche tendre, veloutée, tout en dentelle. Une plaisante amertume réglissée et un brin saline ponctue la finale, laissant le souvenir d'un ensemble harmonieux et parfaitement vinifié. ⌛ 2024-2029

DOM. DE ROSIERS, 3, rue des Moutonnes, 69420 Ampuis, tél. 04 74 56 11 38, domainederosiers@gmail.com V *r.-v.*

DOM. VALLET
Les Rouelles 2022 ★

	4500		20 à 30 €

Ce domaine familial établi dans le village médiéval de Serrières a quitté la cave coopérative en 1990 pour vendre son vin en bouteilles. Installé en 1998, Anthony Vallet a fait passer sa superficie de 2,9 ha à 14 ha aujourd'hui, en appellations saint-joseph et en condrieu.

Nommée d'après son lieu-dit – un terroir granitique à l'extrême sud de l'appellation planté de ceps de 25 ans –, cette cuvée n'a connu qu'un discret passage en fût (20 % du volume pendant 9 mois). Elle restitue la fraîcheur florale du viognier, saupoudrée d'une touche de vanille. On retrouve cette finesse aromatique dans un palais tendu, zesté et finement texturé, avec le volume et l'étoffe nécessaires à son équilibre. Un condrieu allègre et délicat, qui s'appréciera de préférence à l'apéritif. ⌛ 2024-2027

DOM. VALLET, 694, La Croisette, RD 86, 07340 Serrières, tél. 04 75 34 04 64, contact@domainevallet.fr V *t.l.j. sf mer. sam. dim. 8h30-12h 13h30-16h30*

HUGO ET PAULINE VILLA
2022 ★

	5000		30 à 50 €

Un tout jeune domaine créé en 2022 par Hugo et Pauline Villa, les enfants de Pierre-Jean Villa du domaine éponyme à Chavanay. Formés à bonne école auprès de leur père vigneron, ils se partagent désormais entre la relève du domaine paternel et leurs propres vignes, à partir desquelles ils élaborent un condrieu, un crozes-hermitage, un saint-joseph, ainsi que deux IGP et un vin de France.

Un premier millésime remarqué pour la fratrie Villa, qui livre dans le verre une interprétation contemporaine du condrieu. Une robe argentée aux reflets tendres habille ce vin au bouquet expressif et bien typé de fleur de sureau, d'écorce de bergamote confite et d'épices douces (safran, vanille). Encore un peu sur la retenue, la bouche se montre souple, délicate et fondue, vivifiée par une franche minéralité qui réveille la finale. Un caractère juvénile pour cette bouteille, à servir avec un colombo de porc par exemple. ⧗ 2024-2029

HUGO ET PAULINE VILLA, 7, zone viticole Jassoux, Le Grand Val, 42410 Chavanay, tél. 04 74 54 41 10, contact@hpvilla.fr V r.-v.

SAINT-JOSEPH

Superficie : 1 160 ha
Production : 42 110 hl (92 % rouge)

Sur la rive droite du Rhône, l'appellation saint-joseph s'étend sur 26 communes de l'Ardèche et de la Loire. Ses coteaux en pente escarpée offrent de belles vues sur les Alpes, le mont Pilat et les gorges du Doux. Les vignes croissent sur des sols granitiques. La syrah engendre des vins rouges élégants, relativement légers et tendres, aux arômes subtils de framboise, de poivre et de cassis, qui se révéleront sur les volailles grillées ou sur certains fromages. Les cépages roussanne et marsanne donnent des vins blancs gras, aux parfums délicats de fleurs, de fruits et de miel. Ils rappellent les hermitage mais sont à servir assez jeunes.

DOM. DE BOISSEYT Les Rivoires 2021 ★

4000 | 30 à 50 €

Six générations se sont succédé sur cette propriété de Chavanay acquise par la famille en 1797. Aux commandes depuis 2017, Romain Decelle conduit un vignoble de 11 ha en saint-joseph, côte-rôtie, condrieu, crozes-hermitage et côtes-du-rhône. La conversion bio a été engagée.

Aux confins nord de l'appellation saint-joseph, sur des sols de granite clair à muscovite, est née cette réjouissante cuvée nommée d'après le lieu-dit qui l'a vue naître. Vendange partiellement égrappée (50 %), fermentation avec les levures naturelles, élevage de 22 mois en barriques de 225 l et de 400 l : le travail en cave est précis. Et visiblement méritoire sur la foi de ce bouquet disert de cassis, de violette, d'olive noire et de menthol, prolongé par une bouche étoffée, étayée par des tanins fondus, avec en contrepoint une finale tendue à l'accent minéral. Un équilibre rare pour le millésime. ⧗ 2027-2033

SASU VIGNOBLE DE BOISSEYT, 178, RD 1086, Les Prairies, 42410 Chavanay, tél. 04 74 87 23 45, contact@deboisseyt.com V *t.l.j. sf dim. 9h-12h 14h-18h; sam. 10h-13h 14h-18h*

DOM. COLOMBET Promesse 2022 ★★

1200 | 15 à 20 €

Située à Lupé aux portes du Parc naturel régional du Pilat, la famille Colombet cultive la vigne depuis le XVIIIes, d'abord en polyculture-élevage, puis comme activité principale depuis 1991. En 2019, Gilbert Colombet a été rejoint en cave par son fils Nicolas. Le domaine couvre aujourd'hui 6 ha de vignes en saint-joseph et IGP Collines rhodaniennes.

De très jeunes vignes de roussanne (70 %) et de marsanne et un élevage mixte de 10 mois au menu de ce joli blanc à la robe argentée. Le nez hésite entre fruits blancs (poire, pomme reinette), notes boisées et pâtissières (crème à la vanille). Le palais se montre onctueux, frais et harmonieux, infusé d'un fruit juteux et souligné d'une discrète amertume aux saveurs de feuille de laurier. On y perçoit un élevage encore un peu présent qui devrait rapidement se fondre. ⧗ 2025-2030

GAEC DOM. COLOMBET, 6, rue de la Pilaterie, 42520 Lupé, tél. 04 74 87 30 34, domaine.colombet@gmail.com V *r.-v.*

DOM. COURBIS Les Royes 2022 ★★

15000 | 30 à 50 €

Une valeur sûre de la vallée du Rhône septentrionale, notamment dans les appellations cornas et saint-joseph. Dominique et Laurent Courbis conduisent depuis la fin des années 1980, à la suite de leur père, un domaine de 40 ha dont les origines remontent au XVIIes. L'essentiel des vignes est perché sur des coteaux très abrupts à plus de 250 m d'altitude.

À la lisière de l'appellation cornas, le cirque des Royes, orienté sud, favorise une belle maturité de fruit que l'on retrouve dans la robe sombre et dense de ce vin, et dans ses parfums gourmands de cerise noire, d'eucalyptus et de cuir. Ample, riche, structurée par des tanins mûrs et fondus, la bouche affiche la même trame de fraîcheur racée perçue à l'olfaction. Déjà aimable, ce saint-joseph a toutefois un excellent potentiel en cave. ⧗ 2026-2034

Les Royes 2022 ★★ (30 à 50 €; 5000 b.) Les pentes spectaculaires des Royes ont engendré cette pure marsanne, longuement élevée en fûts (40 % de neufs), dont le bouquet ouvert mêle les notes de frangipanier, de melon jaune et de nougat. La bouche dévoile une attaque franche un brin saline et une matière ronde, intense, soulignée par un boisé de noble origine. Un blanc voluptueux et prometteur. ⧗ 2026-2030

DOM. COURBIS, 6, rte de Saint-Romain, 07130 Châteaubourg, tél. 04 75 81 81 60, contact@domaine-courbis.fr V *r.-v.*

♥ PIERRE ET JÉRÔME COURSODON L'Olivaie 2022 ★★

8000 | 30 à 50 €

Établis depuis quatre générations à Mauves, berceau de l'appellation saint-joseph, Pierre Coursodon, le père, et Jérôme, le fils, installé en 1999, sont à la tête de 17 ha de vignes dédiés au seul saint-joseph, essentiellement dans sa version rouge. Depuis longtemps, les vins de ce domaine entrent dans les sélections du Guide : d'une constance rare, ils sont abonnés aux étoiles et aux coups de cœur.

D'une régularité sans faille, le domaine signe le meilleur saint-joseph de l'année, né d'une parcelle en pente raide exposée plein sud, au sol très granitique. Flatteur et complexe, le nez associe des parfums frais de pivoine et de myrtille à des notes plus chaleureuses de cerise kirschée et d'épices douces (cannelle, poivre blanc). La bouche ample, généreuse et caressante, nantie de tanins soyeux, restitue cette douce chaleur épicée et déploie une longue finale à l'amertume réglissée qui donne une furieuse envie de se resservir. Irrésistible dès à présent, cette grande bouteille au charme tout méridional est promise à un bel avenir. ⧗ 2026-2036 ■ **Silice 2022 ★★ (20 à 30 €; 9000 b.)** Cette pure marsanne sobrement élevée en cuve n'a pas fini de nous éblouir avec son nez explosif de nectarine pulpeuse et d'écorce de bergamote, mâtiné d'une touche végétale de lierre. Charnue, riche, puissante, la bouche finit nette et fraîche, tendue par une franche minéralité. Un blanc à l'éclat singulier. ⧗ 2025-2030 ■ **Silice 2022 ★ (20 à 30 €; 45000 b.)** Une touche de cuir donne un surcroît de complexité à un nez amène de petits fruits rouges acidulés et de bonbon à la violette. Ferme et structuré, le palais s'enveloppe d'une petite sucrosité agréable, cadrée par des tanins bien présents mais suaves et finement cacaotés. ⧗ 2027-2032

PIERRE ET JÉRÔME COURSODON, 3, pl. du Marché, 07300 Mauves, tél. 04 75 08 18 29, domaine@coursodon.fr V r.-v.

DAUVERGNE ET RANVIER Vin rare 2022 ★

■	35000	◍	15 à 20 €

Créée en 2004 par François Dauvergne et Jean-François Ranvier, cette maison de négoce signe des vins de qualité issus de sélections parcellaires, dont 80 % sont certifiés bio ou en conversion. En 2013, les deux compères ont repris le domaine des Muretins, devenu Dom. Liravel (lirac et tavel), puis créé en 2016 le Dom. de la Chapelle-Saint-Mathieu à Aniane avec les Parcé, vignerons banyulencs. Un nouveau chai d'élevage, à énergie positive, a été inauguré à Tavel.

D'un abord discret avec ses arômes de fruits noirs et d'épices, le bouquet se fait plus disert après aération, libérant des fragrances florales (muscari, lavande) et minérales d'une belle complexité. Tendre et gourmande à l'attaque, imprégnée de baies sauvages bien poivrées, la bouche se fait plus stricte en finale, adossée à des tanins carrés à la mesure de l'ensemble. D'une bonne longueur mais encore un peu austère à ce stade, sa texture invite à la patience. ⧗ 2027-2032

DAUVERGNE ET RANVIER, L'Assemblière, 47, chem. des Vestides, 30126 Tavel, tél. 04 48 24 00 41, contact@dauvergne-ranvier.com r.-v.

DOM. DUCLOT Élégance 2022 ★

■	n.c.	◍	15 à 20 €

Située entre Ardoix et Sarras, cette propriété agricole de 8,5 ha est dans la famille Duclot depuis sept générations; les vignes ayant remplacé petit à petit d'autres cultures à partir de 1973. En 2020, Richard, vigneron-coopérateur, et son fils Corentin, décident de lancer une production au domaine. Sortie du premier millésime en 2022 en saint-joseph et en IGP.

Tout en nuances, ce saint-joseph réjouissant et fédérateur séduit d'emblée par son bouquet bien composé de myrtille croquante et de chocolat, teinté d'une touche élégante d'évolution (fourrure). Le fruit mûr embaume une bouche déliée, fraîche et sapide, étayée de tanins ciselés bien pris dans la chair. De la structure et de la finesse pour ce premier millésime vinifié au domaine, et déjà une belle réussite. ⧗ 2026-2030

DOM. DUCLOT, 425, rue du Bicentenaire, 07290 Ardoix, tél. 06 48 48 75 00, corentinduclot@yahoo.fr V r.-v.

DOM. ÉRIC ET JOËL DURAND Les Coteaux 2022 ★

■	33000	◍	20 à 30 €

Un domaine familial de 20 ha constant en qualité, établi au sud de l'appellation saint-joseph et aux portes de celle de cornas, conduit par les frères Éric et Joël Durand.

S'il se distingue par son bouquet pur et précis où les fruits noirs et la glycine s'unissent harmonieusement aux apports empyreumatiques de l'élevage en fût (15 % neuf), ce saint-joseph convainc aussi par sa fraîcheur, sa matière finement texturée et sa solide constitution. Une belle allonge sur des notes de girofle et de serpolet laisse le souvenir d'un rouge complet, à l'équilibre assuré. ⧗ 2027-2033

ÉRIC ET JOËL DURAND, 2, imp. de la Fontaine, 07130 Châteaubourg, tél. 04 75 40 46 78, ej.durand@wanadoo.fr V r.-v.

PIERRE GAILLARD La Relève 2022 ★

■	12000	◍	20 à 30 €

Pierre Gaillard acquiert ses premiers ceps en 1987 et constitue petit à petit son vignoble, défrichant et plantant de nouvelles parcelles. Établi aux portes du parc régional du Pilat, ce vigneron et négociant réputé de la vallée du Rhône nord, présent aussi en Languedoc-Roussillon (Madeloc à Banyuls-sur-Mer, Cottebrune à Faugères), est à la tête de 77 ha, tous domaines confondus, qu'il conduit avec ses trois enfants (Jeanne, Élise et Pierre-Antoine).

Une cuvée élaborée par Jeanne, fille aînée de Pierre Gaillard, à partir d'une vendange entièrement éraflée, puis élevée 16 mois en fût sans bois neuf. Au bouquet, un léger voile de fumée plane au-dessus d'un grand bol de fruits noirs écrasés. Voluptueux et ample, le palais plaît par sa mâche caressante infusée de fruits mûrs et de poivre rose, cadrée par d'élégants tanins qui se resserrent un peu en finale. Une petite garde s'impose. ⧗ 2027-2032

PIERRE GAILLARD, 508, rte de Bazin, Chez-Favier, 42520 Malleval, tél. 04 74 87 13 10, famille@gaillard.vin V r.-v.

ROLAND GRANGIER Côte granits 2022 ★

■	10531	◍	15 à 20 €

Issu d'une famille d'agriculteurs, Roland Grangier a fondé ce domaine en 2002. Il exploite aujourd'hui, avec son épouse Céline, un vignoble de 12 ha sur trois appellations : saint-joseph, condrieu et côte-rôtie.

Une parcelle d'à peine 1 ha sur les coteaux granitiques de Chavanay, à l'extrême nord du vignoble de saint-joseph, a engendré ce rouge délié et gourmand, très expressif avec ses arômes de cassis frais, de Zan et de poivre noir. Habilement extraits, souples et fins, les tanins se fondent dans une bouche ronde, parfumée, vibrante de fruit. Une ode à la syrah et une jolie carte postale de l'appellation. ⧗ 2026-2030

SASU ROLAND GRANGIER, 13, Chantelouve, 42410 Chavanay, tél. 04 74 56 20 14, rolandgrangier@orange.fr V r.-v.

DOM. BERNARD GRIPA
Le Berceau 2022 ★★

■	5000		30 à 50 €

La famille Gripa arrive à Saint-Péray au XVIIe s., puis s'établit à Mauves vers 1850. Valeur sûre de la vallée du Rhône septentrionale, tant pour ses saint-péray que pour ses saint-joseph (en témoignent les nombreux coups de cœur obtenus dans les deux appellations), le domaine est conduit depuis 2001 par Fabrice Gripa, fils de Bernard, aujourd'hui à la tête de 18 ha de vignes.

Le Berceau ? Pour Fabrice Gripa, il s'agit du cœur historique de l'appellation, entre Mauves et Tournon, et d'une parcelle de très vieilles vignes de 80 ans. Quel éclat et quelle complexité dans ce bouquet exubérant de fruits rouges surmûris, de cacao, de genièvre et de truffe ! La bouche impressionne aussi, par son volume, sa mâche charnue et capiteuse pétrie de violette et d'olive noire, et par ses tanins denses mais soyeux, qui n'entament en rien sa fraîcheur. Du grand art. ⧗ 2028-2036 ■ **2022 ★ (20 à 30 €; 33000 b.)** La robe sombre augure d'un vin dans l'austérité de sa jeunesse. Il n'en est rien au bouquet, distillant des parfums épanouis de griotte et de prune d'ente, mâtinés de notes fumées d'un élevage bien calibré. Harmonieuse, épicée, enrobée d'une subtile sucrosité, la bouche se tend ensuite sous l'effet de tanins musclés qui doivent encore se fondre. ⧗ 2028-2034 ■ **2022 ★ (20 à 30 €; 14000 b.)** Marsanne (70 %) et roussanne unies pour le meilleur dans cette élégante cuvée qui respire le fruit miellé et les arbustes en fleur, au palais vif, structuré et tonique, plus enveloppé en finale où la pêche de vigne, la brioche toastée et le noyau d'amande se donnent la réplique. ⧗ 2025-2030

⊶ DOM. BERNARD GRIPA, 5, av. Ozier, 07300 Mauves, tél. 04 75 08 14 96, gripa@wanadoo.fr V ▮ *t.l.j. sf sam. dim. 8h30-12h 14h-17h30; f. août*

DIDIER MORION Léandre 2022 ★

■	7000		15 à 20 €

En 1993, lorsque Didier Morion s'installa sur l'exploitation familiale, alors en polyculture, la vigne ne représentait que 2 ha. Aujourd'hui, ce sont 10 ha dédiés à la seule vigne qu'il conduit au cœur du Parc naturel régional du Pilat.

Un élevage de 12 mois en fût a forgé le caractère de ce vin vigoureux qui séduit dès l'entame par sa robe profonde et son nez intense et typé de violette et de poivre noir, mâtinés de notes végétales (ronce) et fumées du meilleur effet. Un bouquet qui s'épanouit dans une bouche droite, corsée, étayée de tanins encore un peu stricts, mais qui laissent s'exprimer le fruit et la fraîcheur en finale. ⧗ 2026-2032

⊶ DIDIER MORION, 2, Épitaillon, 42410 Chavanay, tél. 04 74 87 26 33, contact@domainemorion.com V ▮ ▮ *r.-v.*

RÉMI NIERO Bois Prieur 2022 ★★

■	4200		20 à 30 €

En 1985, Robert Niero quitte le secteur bancaire pour reprendre le domaine fondé en 1973 par son oncle, Jean Pinchon. Il s'attelle aux plantations et porte le vignoble à 4 ha (8 ha aujourd'hui, en condrieu, saint-joseph, crozes-hermitage et côte-rôtie). Un développement que poursuit son fils Rémi, arrivé en 2004, aux commandes depuis 2010.

Elle a tout bon cette cuvée parcellaire née de jeunes ceps de 15 ans : une luisante robe cerise noire, un nez vineux et frais de baies rouges écrasées et de chocolat noir, une bouche soyeuse, déliée, animée d'une douce sucrosité et de tanins bien mûrs joliment extraits. Un saint-joseph aimable et vivant, tout indiqué pour des paupiettes de veau à la sauge. ⧗ 2025-2030

⊶ EARL DOM. RÉMI ET ROBERT NIERO, 3, imp. du Pressoir, rue de la Mairie, 69420 Condrieu, tél. 04 74 56 86 99, domaine@vins-niero.com V ▮ ▮ *r.-v.*

DOM. NOVIS Le Prieur 2022 ★

■	10000		15 à 20 €

Un domaine arboricole à Saint-Pierre-de-Bœuf créé par l'oncle et le père de Xavier Novis, et converti dès 2001 à la vigne en vue de son installation en 2005. Rejoint par son épouse Estelle et par son ami Philippe Chabert, également viticulteur-arboriculteur, c'est un trio qui dirige désormais ce vignoble de 12 ha en appellations condrieu et saint-joseph et en IGP. En parallèle, quelques parcelles de cerisiers continuent d'être exploitées.

2,5 ha de coteaux abrupts au lieu-dit Bois Prieur ont engendré ce saint-joseph à la robe sanguine et concentrée, qui distille un bouquet non moins profond de cassis poêlé, rehaussé de notes lardées et épicées. Arômes agrémentés d'une touche de fougère et d'humus dans une bouche ample, confortable mais fraîche, nantie de tanins soyeux. ⧗ 2026-2032 ■ **La Promise 2022 ★ (15 à 20 €; 3200 b.)** Ce joli blanc d'un éclat lumineux dévoile un nez fin et flatteur de noisette, de brioche, d'abricot et de pêche au sirop. Dans le droit fil, la bouche exhibe une matière riche, cossue, à la sucrosité confortable, irriguée par un fruité pulpeux et par une fine tension minérale qui préservent la fraîcheur. Une cuvée qui plaira à tous les palais, à condition d'apprécier les blancs boisés. ⧗ 2025-2029

⊶ DOM. NOVIS, 3, imp. du Tunnel, 42520 Saint-Pierre-de-Bœuf, tél. 06 62 43 52 69, domainenovis@gmail.com V ▮ ▮ *r.-v.*

MAISON CHRISTOPHE PICHON 2022 ★

■	13000		20 à 30 €

Christophe Pichon a travaillé aux côtés de son père avant de reprendre seul, en 1991, l'exploitation établie dans le parc du Pilat : 25 ha aujourd'hui, répartis dans les appellations condrieu, côte-rôtie, saint-joseph et cornas. Corentin, son fils, revenu sur l'exploitation après un séjour en Australie, est désormais en charge de la vinification et de l'élevage des vins.

Épaulée par un brin de roussanne (10 %), c'est la marsanne qui tient le haut du pavé dans cette cuvée élégante, un qualificatif qu'il faudrait inscrire sur l'étiquette tant il est revenu dans les commentaires de nos dégustateurs. Élégante, sa robe pâle aux larmes grasses et dorées. Élégant, le boisé aux parfums de noisette et de brioche toastée qui nuance un bouquet de coing et de carambole. Élégant enfin, le palais long, vivant et rond, parfaitement équilibré entre gras et fraîcheur. Un accord sur un poisson noble ou une volaille à la crème est tout trouvé. ⧗ 2026-2032

⊶ SARL CHRISTOPHE PICHON, 3, zone viticole Jassoux, Le Grand-Val, 42410 Chavanay, tél. 04 74 87 06 78, chrpichon@wanadoo.fr V ▮ ▮ *t.l.j. sf dim. 9h-12h 14h-18h*

DOM. DES REMIZIÈRES 2022 ★★

■ | 14 500 | | 20 à 30 €

Jusqu'en 1973, Alphonse Desmeure apportait sa vendange à la coopérative. Son fils Philippe développe la propriété à partir de 1977, généralise la production en bouteilles et accroît le vignoble : 38 ha aujourd'hui, disséminés sur plusieurs communes. Émilie et Christophe, ses enfants, ont rejoint le domaine. Une référence incontournable, avec des vins d'une rare constance.

Il a patienté 15 mois en barriques, dont 40 % neuves, cet intrigant 2022 à la robe noire de velours, qui livre un bouquet complexe et généreux de mûre confite, de menthol et de Zan, avec une touche sudiste de garrigue qui n'est pas pour déplaire. Très avenante, la bouche surprend par sa fraîcheur et sa vitalité, par sa texture délicate imprégnée de violette et de baies sauvages, qu'accompagnent en douceur des tanins ronds et tactiles. On sent une parfaite maîtrise des maturités et de l'élevage dans cette cuvée qui a frôlé le coup de cœur. ⧗ 2027-2034

DOM. DES REMIZIÈRES, 1459, av. du Vercors, 26600 Mercurol-Veaunes, tél. 04 75 07 44 28, contact@domaineremizieres.com V *t.l.j. sf dim. 9h-12h 14h-18h30*

DOM. VALLET Muletiers 2022 ★★★

■ | 5 500 | | 20 à 30 €

Ce domaine familial établi dans le village médiéval de Serrières a quitté la cave coopérative en 1990 pour vendre son vin en bouteilles. Installé en 1998, Anthony Vallet a fait passer sa superficie de 2,9 ha à 14 ha aujourd'hui, en appellations saint-joseph et en condrieu.

Elle en a fait couler de l'encre cette cuvée, décrite par les dégustateurs avec force détails et superlatifs. Il faut dire que le nez profond, complexe et éloquent évoque tout à la fois le cassis frais et la confiture de cerises, la glycine et le sous-bois, les épices douces et le chocolat. Ils ont aussi aimé l'attaque pleine, la densité tannique soutenue par un boisé racé aux parfums de café grillé et d'écorce, ainsi que le long retour des fruits rouges mûrs en finale. Bien typé, il fera un admirable ambassadeur du cru après quelques années en cave. ⧗ 2028-2036 ■ **Méribets 2022 ★★** (15 à 20 €; 25 000 b.) Souvent en bonne place en rouge comme en blanc, cette cuvée offre un 2022 au nez fin et discret, floral (iris), fruité (baies noires) et épicé (vanille, cardamome). Des arômes qui prennent véritablement leur envol dans une bouche charnue, souple et tactile, aux tanins fins encore bien présents. De subtiles amers mettent un point final à cette réjouissante symphonie. ⧗ 2027-2034 ■ **Méribets 2022 ★** (15 à 20 €; 8 500 b.) La marsanne aux côtés de la roussanne (80 %) dans cette harmonieuse cuvée, savamment élevée, qui décline des parfums délicats d'abricot frais et de kumquat sur fond minéral. Quelques touches grillées complètent cette palette dans une bouche fine, onctueuse, portée par une belle tension et une légère amertume. ⧗ 2024-2029

DOM. VALLET, 694, La Croisette, RD 86, 07340 Serrières, tél. 04 75 34 04 64, contact@domainevallet.fr V *t.l.j. sf mer. sam. dim. 8h30-12h 13h30-16h30*

LES VIGNES DE L'HOSPICE 2021 ★

■ | n.c. | | 50 à 75 €

Outre ses «trésors» en côte-rôtie, hermitage et condrieu, la maison Guigal possèdent deux belles parcelles en saint-joseph :-le lieu-dit Saint-Joseph, qui a donné son nom à l'appellation, et les Vignes de l'Hospices, plantées sur un coteau granitique très escarpé, déjà repéré par les moines de l'Hospice de Tournon et d'une formation géologique semblable à la célèbre colline des Bessards en hermitage.

Drapé dans une robe profonde, soutenue, ce saint-joseph s'ouvre sur des notes giboyeuses qui évoquent bien la syrah et sa tendance à la réduction. Puis l'aération libère le fruit, noir et mûr, ainsi que des parfums de cèdre et de graphite. La bouche apparaît sévère, dense, bien concentrée, parfumée de Zan et de fruits noirs dans une belle et longue finale. On met en cave. ⧗ 2028-2036

É. GUIGAL, Ch. d'Ampuis, 69420 Ampuis, tél. 04 74 56 10 22, contact@guigal.com

HUGO ET PAULINE VILLA 2022 ★

■ | 2 700 | | 20 à 30 €

Un tout jeune domaine créé en 2022 par Hugo et Pauline Villa, les enfants de Pierre-Jean Villa du domaine éponyme à Chavanay. Formés à bonne école auprès de leur père vigneron, ils se partagent désormais entre la relève du domaine paternel et leurs propres vignes, à partir desquelles ils élaborent un condrieu, un crozes-hermitage, un saint-joseph, ainsi que deux IGP et un vin de France.

Une petite parcelle de 60 ares pour cette microcuvée qui risque de faire des envieux, au regard de ses parfums entêtants de cerise, de paprika et de menthol, et de sa bouche caressante, souple et suave, aux tanins fondus et à la finale dynamique marquée par le poivre et la réglisse. Tout en équilibre, on pourra l'ouvrir bientôt sur un tajine de poulet aux épices. ⧗ 2026-2030

HUGO ET PAULINE VILLA, 7, zone viticole Jassoux, Le Grand Val, 42410 Chavanay, tél. 04 74 54 41 10, contact@hpvilla.fr V *r.-v.*

CROZES-HERMITAGE

Superficie : 1 495 ha
Production : 67 000 hl (92 % rouge)

Cette appellation, couvrant des terrains moins difficiles à cultiver que ceux de l'hermitage, s'étend sur 11 communes environnant Tain-l'Hermitage. C'est le plus vaste vignoble des appellations septentrionales. Les sols, plus riches que ceux de l'hermitage, donnent à partir des mêmes cépages (syrah en rouge, marsanne et roussanne en blanc) des vins moins puissants, fruités et à servir jeunes. Rouges, ils sont assez souples et aromatiques; blancs, ils sont secs, frais et floraux, légers en couleur et, comme les hermitage blancs, ils iront parfaitement sur les poissons d'eau douce.

DOM. DE BOISSEYT Horizon 2022 ★

■ | 6 000 | | 15 à 20 €

Six générations se sont succédé sur cette propriété de Chavanay acquise par la famille en 1797. Aux commandes

depuis 2017, Romain Decelle conduit un vignoble de 11 ha en saint-joseph, côte-rôtie, condrieu, crozes-hermitage et côtes-du-rhône. La conversion bio a été engagée.

Nul besoin d'être patient pour apprécier ce joli crozes à la robe dense, bien ouvert sur la mûre confite et la girofle rehaussées d'un boisé-fumé de belle facture, au palais coulant et fin, gorgé d'épices et de fruits noirs, cadré par des tanins fermes au grain soyeux. On l'ouvre dans sa jeunesse, sur une volaille accompagnée de légumes de printemps par exemple. ⧗ 2024-2027

SASU VIGNOBLE DE BOISSEYT, 178, RD 1086, Les Prairies, 42410 Chavanay, tél. 04 74 87 23 45, contact@deboisseyt.com V t.l.j. sf dim. 9h-12h 14h-18h; sam. 10h-13h 14h-18h

B DOM. YANN CHAVE Tradition 2022 ★

■ | 50000 | | 20 à 30 €

Un domaine créé en 1969 par Bernard et Nicole Chave, repris en 1996, restructuré et agrandi (20 ha aujourd'hui, conduits en bio) par leur fils Yann. Ce dernier en a fait l'une des belles références des appellations hermitage et crozes-hermitage.

Vendange manuelle, macération avec les levures indigènes et élevage de 10 mois en cuve : le travail en cave soigne la fraîcheur et le fruit. Opération réussie sur la foi de cette cuvée au bouquet sincère de cerise mûre et de menthe poivrée, affichant au palais du volume, de la concentration et une solide structure tannique à la mesure de l'ensemble. Consistant et bien construit, ce crozes s'assagira aux côtés d'un canard aux olives. ⧗ 2025-2030

DOM. YANN CHAVE PÈRE ET FILS, 1180, chem. de la Burge, 26600 Mercurol-Veaunes, tél. 04 75 07 42 11, contact@yannchave.com

DOM. DU COLOMBIER 2022 ★

■ | 10000 | | 15 à 20 €

Fort de 18 ha de vignes, Florent Viale élabore son propre vin depuis 1991, alors que son père vendait ses vendanges à la maison Guigal. Partisan d'une viticulture naturelle, il adopte une démarche proche du bio, mais sans certification. Il signe des hermitage et des crozes très réguliers en qualité.

Une touche de roussanne (20 %) élevée en demi-muids neufs vient apposer sa signature miellée et grillée au bouquet de ce blanc séduisant, classiquement dominé par la marsanne (80 %). Bien équilibrée, ample et fraîche, la bouche dévoile des saveurs de pêche de vigne et de nèfle, avec en soutien de fins amers qui amènent une tension bienvenue et portent loin la finale. Digeste, parfumé et facile d'accès, il a tout bon. ⧗ 2024-2027

DOM. DU COLOMBIER, 175, rte des Alpes, 26600 Mercurol-Veaunes, tél. 04 75 07 44 07, dom.ducolombier@gmail.com V r.-v.

B CH. CURSON 2023 ★★

■ | 3000 | | 20 à 30 €

Dans la famille Pochon depuis plus de deux siècles, ce château fut la propriété de Diane de Poitiers. Outre ses attraits architecturaux, ce domaine de 17 ha conduit en bio s'est installé dans le paysage de l'appellation crozes-hermitage par la qualité régulière de ses vins.

Outre sa régularité dans le Guide, cette pure roussanne, vinifiée en fût (dont la moitié de bois neuf) et élevée 3 mois sur lies fines, a plusieurs cordes à son arc : son nez éloquent de fruits blancs et de banane rehaussé d'une touche boisée vanillée et grillée, son attaque souple à la vivacité bien dosée, sa confortable sucrosité, son fruité persistant et teinté d'épices. On salue un joli travail d'élevage pour ce blanc de table complet et élégant. ⧗ 2024-2029

ÉTIENNE POCHON, 80, chem. des Pierres, 26600 Chanos-Curson, tél. 04 75 07 34 60, domainespochon@wanadoo.fr V t.l.j. sf mer. sam. dim. 13h-18h

EMMANUEL DARNAUD Mise en bouche 2022 ★

■ | 46000 | | 15 à 20 €

L'histoire vigneronne d'Emmanuel Darnaud débute en 2001 avec 1,5 ha de vignes en fermage sur l'appellation crozes-hermitage. Agrandi progressivement, le domaine couvre aujourd'hui 15 ha, avec des parcelles en saint-joseph, et fait preuve d'une belle constance dans la qualité avec ses sélections parcellaires.

Une Mise en bouche régulièrement à l'honneur dans ces pages, qui a pour elle une attrayante intensité de robe, un bouquet net et frais de fruits rouges croquants, de poivre rose et de cake aux fruits confits, et une texture charnue, enveloppante et très parfumée, cadrée par de beaux tanins crayeux. Tout est à point et en équilibre dans ce rouge plein de charme. ⧗ 2024-2028 ■ **Au fil du temps 2021 ★ (30 à 50 €; 5000 b.)** Un élevage patient de 18 mois en barriques et en demi-muids a peaufiné le fruit, rouge et mûr, de ce 2021, le parant d'un flot d'épices. Il a aussi patiné les tanins, fins et tactiles, qui cadrent une bouche ample, puissante et délicieusement florale. Structuré, long, parfaitement équilibré, voilà un rouge bien vinifié qui en ferait oublier les affres du millésime. ⧗ 2026-2030

EMMANUEL DARNAUD, 21, rue du Stade, 26600 La Roche-de-Glun, tél. 04 75 84 81 64, domaine@edarnaud.com V r.-v.

DAUVERGNE ET RANVIER Grand Vin 2022 ★★

■ | 50000 | | 11 à 15 €

Créée en 2004 par François Dauvergne et Jean-François Ranvier, cette maison de négoce signe des vins de qualité issus de sélections parcellaires, dont 80 % sont certifiés bio ou en conversion. En 2013, les deux compères ont repris le domaine des Muretins, devenu Dom. Liravel (lirac et tavel), puis créé en 2016 le Dom. de la Chapelle-Saint-Mathieu à Aniane avec les Parcé, vignerons banyulencs. Un nouveau chai d'élevage, à énergie positive, a été inauguré à Tavel.

Un élevage mixte de 18 mois (cuve et fût) pour cette cuvée bien nommée, qui a fait forte impression sur le jury. Une robe luisante et profonde; un nez complexe de myrtille, de muscade, de cacao et de notes beurrées; une bouche ample, onctueuse et longue, charpentée en douceur par des tanins soyeux et qui ne perd jamais de vue le fruit, légèrement toasté : tout est au diapason dans ce crozes à l'équilibre prometteur. ⧗ 2025-2030

DAUVERGNE ET RANVIER, L'Assemblière, 47, chem. des Vestides, 30126 Tavel, tél. 04 48 24 00 41, contact@dauvergne-ranvier.com r.-v.

DOM. DELHOME Alt. 330 2022 ★★

3000 | 20 à 30 €

La famille Delhome cultive la vigne depuis le début du XXᵉs. sur les terroirs historiques de crozes-hermitage. En 2019, Romain Delhome et son père Gérald décident de sortir de la cave coopérative et de construire leur propre cave. Sur un parcellaire très morcelé au nord de l'appellation, ils cultivent 14 ha en conversion bio.

Une touche de fût neuf et 14 mois d'élevage sous bois pour ce rouge épanoui né des argiles kaoliniques du secteur de Larnage. Il en tire une belle complexité autour de parfums chaleureux de noyau de prune et de lilas sur un fond finement animal et épicé. La même volupté émane d'un palais large et gras, tenu par des tanins fins et par une longue finale fraîche teintée de poivre vert et de sarriette. Un crozes ensoleillé, qui a encore de beaux jours devant lui. ⧗ 2025-2030

DOM. DELHOME, 940, rte des Lacets, 26600 Larnage, tél. 04 75 08 48 44, contact@domaine-delhome.fr V *r.-v.*

ROMAIN DUVERNAY 2022 ★

40000 | 15 à 20 €

Issu d'une lignée de négociants en vins – son arrière-grand-père Louis fonda en 1904 un commerce de vin en Haute-Savoie –, l'œnologue de renom Romain Duvernay a créé en 1998, avec son père Roland, une maison de négoce basée à Châteauneuf-du-Pape qui propose des vins de toute la vallée du Rhône et qui, depuis 2016, appartient à nRm Millésimes, propriété de Jean-Marc Pottiez. Romain Duvernay continue d'élaborer les vins.

Un crozes élevé en cuve au plus près du fruit, dont on aime d'emblée la robe profonde et le nez précis de baies des bois, de moka et de pâtisserie. Aucune déception en bouche : de la fraîcheur, du corps, une texture juteuse, de beaux tanins serrés et une finale salivante sur le poivre et la girofle. Prometteur, on peut aussi l'ouvrir sans attendre sur une belle entrecôte grillée. ⧗ 2024-2029

ROMAIN DUVERNAY, 267, rte de Vaison-la-Romaine, 84110 Rasteau, tél. 04 90 60 20 00, marketing@nrm-millesimes.eu V

JEAN ESPRIT Perles ivoire 2023 ★

6000 | 20 à 30 €

Après des études en viticulture et œnologie, et des expériences en France et à l'étranger, Jean Esprit a repris le domaine familial créé en 1909 et l'a doté d'une cave en 2017. Il exploite en crozes-hermitage une quinzaine d'hectares plantés en grande partie de vieilles vignes, actuellement en conversion vers la bio.

Née de jeunes vignes de marsanne (70 %) et de roussanne, cette cuvée dévoile des parfums capiteux de crème au beurre et de vanille. Puis les fruits jaunes (abricot, nectarine) s'expriment avec gourmandise dans une bouche ronde et ample, relayés par les saveurs de tabac blond et d'amande grillée du merrain. Un vin puissant et bien en chair, dans lequel on croque volontiers. Pour amateurs de blancs boisés. ⧗ 2025-2030

DOM. ESPRIT, 785, chem. des Blaches, 26600 Pont-de-l'Isère, tél. 06 79 72 01 49, contact@domaine-esprit.com V *r.-v.*

DOM. DES LOUIS R et M 2022 ★

3500 | 15 à 20 €

Créé en 2017, un domaine baptisé en hommage aux deux arrière-grands-pères du vigneron, tous deux prénommés Louis. Après l'arrachage et la replantation de ses terres initialement dédiées à l'arboriculture, Julien Dreveton propose aujourd'hui plusieurs cuvées en crozes-hermitage, élaborées à partir de ses 5,5 ha de vignes en conversion bio.

Un bel éclat vert tendre zèbre la robe or pâle de ce blanc élégant issu de toutes jeunes vignes (5 ans) et d'une fermentation en fût pour les seules roussannes (20 % du vin). Florale et finement boisée, guidée par le fruit (ananas, pêche blanche) et les épices (safran) en bouche, avec beaucoup d'intensité mais aussi de fraîcheur, cette surprenante cuvée affiche une personnalité envoûtante qui invite à passer à table. Pour des mets exotiques et épicés, une lotte au safran par exemple. ⧗ 2024-2029

DOM. DES LOUIS, 580, chem. Champs-Ratiers, 26600 Chanos-Curson, tél. 06 34 43 39 20, juliendreveton@domainedeslouis.fr V *r.-v.*

LUYTON-FLEURY Les Sarraillers 2022 ★

1500 | 15 à 20 €

Pépiniéristes depuis quatre générations, les cousins Pascal Luyton et Raphaël Fleury décident en 2009 de se lancer dans l'élaboration de leurs propres vins, d'abord en saint-joseph, puis en saint-péray et crozes-hermitage, ainsi qu'en IGP Collines rhodaniennes. Les 10 ha de ce petit vignoble sont en cours de conversion bio.

Au lieu-dit Les Sarraillers, une minuscule parcelle de 50 ares plantée de jeunes vignes de syrah tressées – technique agronomique pratiquée par une poignée de vignerons – a engendré ce vin expressif et flatteur, ouvert sur les fruits rouges et noirs discrètement vanillés. Fine, tendre et précise, la bouche fait montre d'une matière juteuse et bien étoffée, nantie de tanins serrés au grain crayeux. De l'harmonie pour ce rouge qui ne manque pas d'avenir. ⧗ 2025-2030

EARL LUYTON-FLEURY, 103, chem. rural de Champagne, 07300 Tournon, tél. 04 75 06 11 96, domaine@luytonfleury.fr V *r.-v.*

DOM. GAYLORD MACHON Cuvée Ghany 2022 ★

12000 | 15 à 20 €

Marcel, le grand-père, a fait son vin jusqu'en 1956. Ses fils ont ensuite porté les vendanges du domaine familial à la coopérative de Tain. En 2002, Gaylord Machon reprend le vignoble (5 ha à l'époque, en crozes-hermitage, 9,5 aujourd'hui), sort de la cave en 2008 et signe sa première cuvée en 2011.

Pour élaborer ce crozes friand et aimable dédié à son fils, le vigneron a procédé à une macération carbonique à froid avant la fermentation, puis à un élevage de 14 mois en fût. Bien composé, le bouquet décline des parfums de sous-bois et de fruits acidulés (groseille, cerise). Une attaque franche et directe ouvre sur un palais souple et frais, étayé par des tanins présents mais savoureux. Accords gourmands en perspective avec des grenadins de veau ou une volaille fermière en croûte de sel. ⧗ 2024-2029

EARL GAYLORD MACHON, 4, rte des Vignes, 26600 Beaumont-Monteux, tél. 06 11 16 41 35, domainegaylordmachon@outlook.com V *r.-v.*

DOM. MELODY
Premier Regard 2022 ★

13 000 | 15 à 20 €

Ce domaine de 21 ha, certifié en bio depuis 2023, est implanté sur trois terroirs plantés de vignes âgées de cinq à soixante ans. Il est né en 2010 de la rencontre entre deux vignerons : Marlène Durand et Marc Romak, qui maîtrisent parfaitement leur sujet au vu de leurs cuvées très convaincantes.

Un Premier Regard que les lecteurs du Guide connaissent bien et qui n'en finit pas de nous réjouir avec sa robe veloutée de pourpre sombre, ses parfums enjôleurs de cassis, de bonbon à la violette et de poivre vert soulignés d'une touche minérale, et sa bouche ample, opulente et corsée, parfaitement dynamisée par une fine fraîcheur aux saveurs de baies sauvages. Irrésistible. ⧗ 2025-2030 ■ **Étoile noire 2022 ★ (20 à 30 €; 7 000 b.)** Une cuvée née du lieu-dit Les Chaux, des terrasses à galets conférant aux raisins une maturité qui se remarque dès l'entame ici, avec des notes de mûre compotée et de cerise confite nuancées de réglisse et de tabac blond. Concentrée, tendue, la bouche illustre l'alliance réussie du fruit mûr et du fût, affichant des tanins serrés qui invitent à la patience. ⧗ 2026-2032

DOM. MELODY, 570, chem. des Limites, 26600 Mercurol-Veaunes, tél. 04 75 08 16 51, contact@domainemelody.fr t.l.j. sf sam. dim. 9h-12h 14h-17h30

DOM. DU MURINAIS
Cuvée Marine 2022 ★

10 000 | 20 à 30 €

Cette exploitation viticole, dans la même famille depuis 1774, livrait ses raisins à la coopérative ou au négoce jusqu'en 1998 et l'installation de Luc Tardy. Ce dernier a progressivement développé la vente en bouteilles et conduit aujourd'hui un vignoble de 20 ha, certifié bio depuis le millésime 2022.

Très régulière, cette cuvée mi-marsanne mi-roussanne aura de nouveau conquis le jury avec ce 2022 prometteur, qui sous un discret manteau d'or pâle dissimule un nez net et finement floral (chèvrefeuille), mâtiné d'une touche exotique (kiwi, papaye). Consistante, ample et vineuse, la bouche achève de convaincre, relayant longuement les plaisantes flaveurs de fruit pulpeux perçues à l'olfaction. Un blanc moderne et expressif. ⧗ 2024-2027

DOM. DU MURINAIS, 1890, rte du Laboureur, 26600 Beaumont-Monteux, tél. 06 80 15 10 19, domainedumurinais@orange.fr r.-v.

♥ DOM. DES REMIZIÈRES
Cuvée Christophe 2022 ★★

21 000 | 20 à 30 €

Jusqu'en 1973, Alphonse Desmeure apportait sa vendange à la coopérative. Son fils Philippe développe la propriété à partir de 1977, généralise la production en bouteilles et accroît le vignoble : 38 ha aujourd'hui, disséminés sur plusieurs communes. Émilie et Christophe, ses enfants, ont rejoint le domaine. Une référence incontournable, avec des vins d'une rare constance.

En rouge comme en blanc, une cuvée abonnée aux coups de cœur du Guide. Cette année, ce sera le rouge, dont le jury a salué la captivante intensité de la robe, comme le bouquet profond et légèrement confit de fruits noirs (mûre, myrtille, cerise), rehaussé de notes de résine de pin et de clou de girofle d'un boisé luxueux (70 % de fûts neufs). Il a aimé aussi son palais somptueux, à la fois dense et suave, doté de tanins fondus et d'un fruité gourmand et mûr souligné d'une discrète amertume réglissée. Vigoureux et plein de sève, ce crozes cousu main n'a pas peur de l'avenir. ⧗ 2027-2034

DOM. DES REMIZIÈRES, 1459, av. du Vercors, 26600 Mercurol-Veaunes, tél. 04 75 07 44 28, contact@domaineremizieres.com t.l.j. sf dim. 9h-12h 14h-18h30

CAVE DE TAIN
Exploration 2023 ★★

13 300 | 15 à 20 €

Créée en 1933 par Louis Gambert de Loche, la très qualitative cave coopérative de Tain-l'Hermitage rassemble 310 adhérents et vinifie à elle seule, avec plus de 1 000 ha de vignes, environ 50 % des appellations de la vallée du Rhône septentrionale. Elle possède aussi 26 ha en propre, dont 21 ha en hermitage. Une valeur sûre de la région, qui s'est dotée en 2014 de structures de production flambant neuves permettant de multiplier les sélections parcellaires.

Portée par la marsanne (80 %), cette séduisante cuvée dévoile un bouquet puissant de tubéreuse, de raisin sec et de vanille bourbon. La bouche ne déçoit pas : ample, chaleureuse et très expressive, sur des saveurs d'abricot confit et de cannelle, elle s'équilibre grâce à une pointe de fraîcheur minérale. Bien typé par son appellation et par le millésime solaire, ce blanc harmonieux plaira à table, accompagné d'un poisson noble en sauce. ⧗ 2024-2028 ■ **Nobles Rives 2022 ★ (11 à 15 €; 267 600 b.)** Un élevage mixte de 9 mois entre cuve et fût a délicatement façonné ce crozes à l'éclat violet de jeunesse, qui se livre par petites touches de violette, de mûre toastée et de muscade. La réglisse prend le relais dans une bouche souple, fine et tendue, agrémentée de tanins serrés mais au grain fin. ⧗ 2024-2029 ■ **Talent de vigneron 2022 ★ (15 à 20 €; 12 350 b.)** Framboise, cassis, mûre, ce vin fleure bon le fruit, agrémenté d'une touche de sous-bois (ronce, menthe sauvage) du meilleur effet. La bouche, fraîche et droite, donne la réplique au nez, bien épaulée par des tanins mûrs, fins, discrètement épicés. Un réjouissant crozes de soif. ⧗ 2024-2027

CAVE DE TAIN, 22, rte de Larnage, 26600 Tain-l'Hermitage, tél. 04 75 08 20 87, contact@cavedetain.com t.l.j. 9h-12h30 14h-18h30

VIDAL-FLEURY 2022 ★

13 000 | 15 à 20 €

Le plus ancien négoce rhodanien en activité, fondé en 1781 à partir de son vignoble en côte-rôtie et très tôt réputé – Thomas Jefferson y fit un banquet

mémorable en 1787. Propriété des Guigal depuis 1986, il dispose d'une cave monumentale, dont l'architecture est inspirée du site égyptien de Saqqarah.

Cette quasi pure marsanne qui n'a pas fait sa « malo » se présente dans une lumineuse robe dorée, dévoilant un bouquet flatteur de pêche de vigne, de mirabelle croquante et de zeste d'agrumes. Frais et tendu à l'attaque, dynamisé par une touche saline, le palais laisse ensuite place à une texture enrobée, fruitée à souhait, soutenue par un boisé élégant et bien calibré. Fidèle à son cru, cette bouteille raffinée aiguise l'envie de passer à table, avec un risotto aux gambas par exemple. ⧗ 2024-2029

VIDAL-FLEURY, 48, rte de Lyon, 69420 Tupin-et-Semons, tél. 04 74 56 10 18, contact@vidal-fleury.com V *r.-v.*

HERMITAGE

Superficie : 135 ha
Production : 4 365 hl (75 % rouge)

Le coteau de l'Hermitage, très bien exposé au sud, est situé au nord-est de Tain-l'Hermitage. La culture de la vigne y remonte au IVᵉs. av. J.-C., mais on attribue l'origine du nom de l'appellation au chevalier Gaspard de Sterimberg qui, revenant de la croisade contre les Albigeois en 1224, décida de se retirer du monde. Il édifia un ermitage, défricha et planta de la vigne.
L'hermitage rouge est un très grand vin de garde, tannique, extrêmement aromatique, qui demande un vieillissement de cinq à dix ans, voire de vingt ans, avant de développer un bouquet d'une richesse et d'une qualité rares. On le servira entre 16 °C et 18 °C, sur du gibier ou des viandes rouges. L'hermitage blanc est un vin très fin, peu acide, souple, gras et parfumé. Il peut être apprécié dès la première année mais atteindra son plein épanouissement après un vieillissement de cinq à dix ans. Cependant, les grandes années, en blanc comme en rouge, peuvent supporter une garde de trente ou quarante ans.

♥ JEAN-LOUIS CHAVE 2021 ★★

■ | n.c. | | + de 100 €

Au XVᵉs. déjà, les Chave cultivaient la vigne à Mauves. Aujourd'hui, Jean-Louis, fils de Gérard Chave, dirige un domaine de 12 ha dédié à l'hermitage. La réputation de ses vins dépasse depuis longtemps les frontières de l'Europe grâce à son travail méticuleux à la vigne (cultivée en bio sans certification) comme au chai. Les vendanges sont toujours tardives pour récolter le raisin à parfaite maturité, et le travail à la cave privilégie une vinification et un élevage séparés pour chaque terroir afin de mieux les assembler.

Jean-Louis Chave s'est remarquablement accommodé des difficultés de l'année sur la foi de ce 2021 admirable. Si la profondeur de la robe est moins intense que sur les millésimes précédents, la patte du domaine se retrouve dans ce bouquet racé et complexe évoquant les fruits écrasés (fraise des bois, myrtille), la fumée, l'âtre chaud, les épices. On la perçoit aussi, et surtout, dans ce palais ample, dense, puissant sans aucune lourdeur ni dureté, avec en soutien une fraîcheur remarquable, aux tonalités minérales. ⧗ 2030-2045 ■ **2021 ★★** (+ 100 € ; nc) Après un 2020 envoûtant, le domaine signe un blanc 2021 de très belle facture, paré d'une seyante robe jaune soutenu teintée de reflets verts, au nez très floral et mentholé. Un caractère printanier, sur des notes de camomille infusée, que l'on retrouve dans une bouche fraîche, aérienne, déliée, d'une grande finesse, qui ne manque ni de gras ni de concentration. ⧗ 2028-2038

SCEA DOM. JEAN-LOUIS CHAVE, 37, av. du Saint-Joseph, 07300 Mauves, tél. 04 75 08 24 63

EMMANUEL DARNAUD 2021 ★

■ | 6000 | | + de 100 €

L'histoire vigneronne d'Emmanuel Darnaud débute en 2001 avec 1,5 ha de vignes en fermage sur l'appellation crozes-hermitage. Agrandi progressivement, le domaine couvre aujourd'hui 15 ha, avec des parcelles en saint-joseph, et fait preuve d'une belle constance dans la qualité avec ses sélections parcellaires.

De très vieilles vignes de 80 ans plantées sur les pentes des Greffieux et des Bessards ont forgé le caractère de ce 2021 au bouquet précis et complexe de fruits rouges, d'épices et de sous-bois, agrémenté d'une touche minérale évoquant le silex et le goudron humide. Riche, fondue et déliée, la bouche restitue la fraîcheur de la cerise, soutenue par un boisé millimétré et par des tanins enveloppants, un tantinet serrés et agréablement cacaotés. Tout est de bon goût dans cette cuvée. ⧗ 2028-2040

EMMANUEL DARNAUD, 21, rue du Stade, 26600 La Roche-de-Glun, tél. 04 75 84 81 64, domaine@edarnaud.com V *r.-v.*

B LAURENT FAYOLLE
Les Diognières 2022 ★

■ | 1300 | | 50 à 75 €

En 2000, Laurent Fayolle et sa sœur Céline ont repris le domaine familial créé en 1870, l'un des premiers à avoir vendu son vin en bouteilles (1959). Le vignoble s'étend aujourd'hui sur près de 13 ha. Il est planté essentiellement de vieilles vignes, en hermitage, crozes et saint-péray, exploité de longue date dans l'esprit bio (conversion acquise en 2022).

Les sols argilo-calcaires à petits galets roulés du lieu-dit Les Diognières sont réputés pour leur fraîcheur aromatique et leur éloquence. Encore un peu empreint des parfums épicés et chocolatés du fût (12 mois d'élevage), cet hermitage livre à l'aération des fragrances délicates de fruits rouges acidulés et de griotte au sirop. L'entame est marquée par cette même vivacité qui donne du relief et beaucoup d'allonge à un ensemble consistant, rond et très séveux, tenu par des tanins croquants encore un peu saillants. ⧗ 2028-2035

LAURENT FAYOLLE, 9, rue du Ruisseau, 26600 Gervans, tél. 04 75 03 33 74, contact@laurentfayolle.fr V *t.l.j. sf sam. dim. 9h30-12h30 13h30-17h*

FAMILLE GARON Fossyl 2022 ★

| 1400 | 50 à 75 € |

Les Garon sont établis depuis la fin du XVes. sur les terres d'Ampuis. Jean-François, Carmen et leurs deux fils Kévin et Fabien y exploitent un vignoble de 12 ha, initialement en côte-rôtie (6,3 ha). Leur gamme s'est récemment élargie et leur permet de proposer aujourd'hui d'autres appellations septentrionales : condrieu, hermitage, crozes, saint-joseph, ainsi qu'un côtes-du-rhône et une IGP en plusieurs couleurs.

Une robe diaphane aux reflets argentés drape ce blanc séveux emmené par la marsanne (90 %) et élevé 14 mois sous bois. Du verre s'échappent des parfums printaniers de fleur d'acacia et de fruits croquants (poire, pêche), rehaussés des effluves grillées du merrain. La bouche ne déçoit pas : du gras, une chair ronde aux saveurs gourmandes de fruit blanc vanillé et une persistance saline qui amène du peps et de la tension à l'ensemble. Une cuvée bien équilibrée, qui ne dédaignera pas une petite garde. ⧗ 2025-2028

DOM. GARON, 58, rte de la Taquière, Le Goutay, 69420 Ampuis, tél. 04 74 56 14 11, vins@domainegaron.fr V r.-v.

DOM. PHILIPPE ET VINCENT JABOULET 2022 ★

| 2000 | 30 à 50 € |

Philippe Jaboulet et son fils Vincent ont décidé de poursuivre l'aventure viticole après la vente de la maison familiale Paul Jaboulet Aîné à la famille Frey. Ainsi se sont-ils installés en 2006 sur une partie du Dom. de Collonge, à la tête de 30 ha en crozes-hermitage, hermitage et cornas.

Une petite parcelle de 70 ares sise sur un terroir de lœss est la matrice de cette pure roussanne qui a fermenté et séjourné un an en fûts, avant une autre année en bouteille. Un élevage luxueux et patient dont le bouquet est encore un peu empreint avec ses notes de pain toasté et de nougatine, mais dont la bouche, déliée, s'affranchit grâce à une fine tension zestée, une agréable finale saline et de discrets amers. Fidèle à son appellation, tout en puissance contenue, ce blanc est promis à un bel avenir. On le garde en cave. ⧗ 2027-2034

SAS PHILIPPE ET VINCENT JABOULET, 920, rte de la Négociale, 26600 Mercurol-Veaunes, tél. 04 75 07 44 32, jabouletphilippeetvincent@wanadoo.fr V r.-v.

DOM. DES REMIZIÈRES Cuvée Émilie 2022 ★

| 7000 | 50 à 75 € |

Jusqu'en 1973, Alphonse Desmeure apportait sa vendange à la coopérative. Son fils Philippe développe la propriété à partir de 1977, généralise la production en bouteilles et accroît le vignoble : 38 ha aujourd'hui, disséminés sur plusieurs communes. Émilie et Christophe, ses enfants, ont rejoint le domaine. Une référence incontournable, avec des vins d'une rare constance.

Engagée au côté de son père dans la conduite du domaine, Émilie Desmeure-Mandon a inspiré cette cuvée bien connue des fidèles du Guide. D'un sol granitique et de robustes ceps de 50 ans, est né un hermitage puissant, dont l'austérité apparente est gage de longévité. Manteau sombre aux reflets d'encre; bouquet profond où les baies de la forêt se teintent de notes d'humus et de champignon frais; palais imposant, long et bien texturé, ourlé de tanins gras au grain serré : tout invite à la patience. ⧗ 2029-2040

DOM. DES REMIZIÈRES, 1459, av. du Vercors, 26600 Mercurol-Veaunes, tél. 04 75 07 44 28, contact@domaineremizieres.com V *t.l.j. sf dim. 9h-12h 14h-18h30*

CORNAS

Superficie : 115 ha / Production : 4 210 hl

En face de Valence, l'appellation s'étend sur la seule commune de Cornas. Les sols, en pente assez forte, sont composés d'arènes granitiques, maintenues en place par des murets. Issu de syrah récoltée à faibles rendements (30 hl/ha), le cornas est un vin rouge viril, charpenté, qu'il faut faire vieillir au moins trois années – mais il peut attendre parfois beaucoup plus – afin qu'il puisse exprimer ses arômes fruités et épicés sur des viandes rouges et du gibier.

DOM. CHABOUD-CELLIER Pur sang 2022 ★★

| 1500 | 30 à 50 € |

C'est dans ce domaine, fondé en 1798 par Louis-Alexandre Faure, qu'aurait été vinifiée la première bouteille de saint-péray pétillant avec l'aide d'un caviste champenois. Aujourd'hui un vignoble de 13 ha conduit par Stéphan Chaboud, représentant la sixième génération, rejoint en 2020 par l'œnologue Charlène Cellier, sur lequel ils produisent du saint-péray, du cornas, du saint-joseph et du crozes-hermitage.

Des vignes âgées de 60 à 80 ans, issues des pentes escarpées de Mazards et de Sabarotte, ont donné cette imposante cuvée, dont le bouquet intense évoque les friandises : fraise compotée, pain d'épice, chocolat noir et caramel au beurre. Une douceur qui s'estompe un peu dans une bouche ample, structurée, soutenue par un boisé soigné et par des tanins denses, serrés, délicieusement réglissés, d'une noble ascendance cornassienne. Une solide constitution qui confirme le potentiel de cette belle bouteille, à oublier quelques années en cave. ⧗ 2029-2036 ■ **2022 ★ (30 à 50 €; 4000 b.)** Harmonieux et fin, ce cornas sait mettre en valeur la complexité de son bouquet qui marie avec bonheur la pivoine, les fruits mûrs et les notes boisées-épicées du chêne. Tout est en équilibre dans ce palais ample et consistant, porté par des tanins fermes mais bien pris dans la chair. On attend. ⧗ 2028-2035

EARL DOM. CHABOUD-CELLIER, 21, rue Ferdinand-Malet, 07130 Saint-Péray, tél. 04 75 40 31 63, contact@domainechaboudcellier.com V *t.l.j. sf lun. dim. 9h30-12h 14h-17h30*

DOM. A. CLAPE 2021 ★★

| n.c. | + de 100 € |

Sous des noms divers, ce domaine phare de l'appellation cornas a plus de 250 ans d'existence, d'abord transmise par la branche féminine (les Frugier, puis les Rousset). La commercialisation en bouteilles date elle de 1955. Après Pierre Clape, installé en 1997 à la

uite de son père Auguste (disparu en 2018), c'est ujourd'hui Olivier qui perpétue avec talent la tradiion familiale. Vigneron discret et peu interventioniste, il pratique l'élevage long en foudre ancien pour ne expression aboutie de la syrah. Sur un vignoble e 9 ha, il en consacre 3,5 à son «grand vin».

es grands terroirs (et les grands vignerons) transendent généralement les millésimes difficiles. C'est ien le cas avec ce cornas de haute expression, fidèle ıx fondamentaux de l'appellation et du domaine. La ɔbe est dense, profonde comme il se doit. Le nez, d'une rande complexité, évoque la prune, la figue, la violette, poivre, accompagnée par une touche sanguine et une ote minérale, granitique, qui signe le terroir. On retrouve ette minéralité dans une bouche ample, soyeuse et surɔut très fraîche, d'une finesse de grain remarquable. De ɔngue garde évidemment. ⧗ 2030-2045

DOM. CLAPE, 146, av. Colonel-Rousset, 7130 Cornas, tél. 04 75 40 33 64 r.-v.

DOM. COURBIS Les Eygats 2022 ★

| 7000 | | 50 à 75 € |

ne valeur sûre de la vallée du Rhône septentrionale, otamment dans les appellations cornas et saintseph. Dominique et Laurent Courbis conduisent epuis la fin des années 1980, à la suite de leur père, n domaine de 40 ha dont les origines remontent ı XVII[e]s. L'essentiel des vignes est perché sur des oteaux très abrupts à plus de 250 m d'altitude.

ne moitié de fûts neufs, une autre de fûts d'un ou deux ns pendant 18 mois : l'élevage est long, précis et de noble igine. Il a légué à ce cornas des notes de toast grillé, de annelle et de fruits à coques qui agrémentent les fruits ıûrs compotés. Des arômes généreux qui infusent égaleent une bouche élégante, dense et bien structurée, ourlée tanins soyeux et dont la longue finale teintée d'épices isse le souvenir d'un vin prometteur. Il ira loin. ⧗ 2029-2035

DOM. COURBIS, 6, rte de Saint-Romain, 7130 Châteaubourg, tél. 04 75 81 81 60, ɔntact@domaine-courbis.fr V r.-v.

PIERRE GAILLARD 2022 ★★

| 4800 | | 30 à 50 € |

ierre Gaillard acquiert ses premiers ceps en 1987 et ɔnstitue petit à petit son vignoble, défrichant et planınt de nouvelles parcelles. Établi aux portes du parc gional du Pilat, ce vigneron et négociant réputé de vallée du Rhône nord, présent aussi en Languedocɔussillon (Madeloc à Banyuls-sur-Mer, Cottebrune à ıugères), est à la tête de 77 ha, tous domaines confonıs, qu'il conduit avec ses trois enfants (Jeanne, Élise Pierre-Antoine).

ne pointe d'évolution teinte d'un éclat cuivré ce cornas nez net et fringant de framboise au sirop, d'amande illée et de menthol. Ample mais délicate, tenue par des nins élégants bien patinés par l'élevage, la bouche resue les saveurs gourmandes de fruits rouges mûrs sauɔudrés de vanille, illustrant le mariage réussi entre un ɔisé soigné et un millésime solaire. Un profil épanoui, ɔnvaincant et de bonne garde. ⧗ 2027-2035

PIERRE GAILLARD, 508, rte de Bazin, Chez-Favier, 2520 Malleval, tél. 04 74 87 13 10, famille@ ıillard.vin V r.-v.

B DOM. PAUL JABOULET AÎNÉ
Dom. de Saint-Pierre 2021 ★★

| 5288 | | 75 à 100 € |

Fondée en 1834, la vénérable maison Paul Jaboulet Aîné propose une large gamme issue de son négoce et de sa centaine d'hectares (en conversion bio) répartis dans plusieurs domaines septentrionaux, dont le mythique La Chapelle en hermitage. Rachetée en 2006 par la famille Frey, propriétaire en Champagne et dans le Bordelais (La Lagune), elle est dirigée par Caroline Frey.

En 2021, il a fallu attendre début octobre pour obtenir la pleine maturité des syrah. Celles à l'œuvre dans cette cuvée proviennent du haut des coteaux granitiques qui jouxtent la chapelle de Saint-Pierre et le résultat est réjouissant : une robe de velours et un nez de fruits rouges compotés mâtinés de cannelle sur un fond finement torréfié. La bouche n'est pas en reste : ample, caressante, bien épicée, nantie de tanins soyeux, elle plaît aussi par sa gourmandise et son irrésistible allonge sur des saveurs singulières et racées de silex. On applaudit un tel équilibre. ⧗ 2027-2040

DOM. PAUL JABOULET AÎNÉ, RN 7, Les Jalets, BP 46, 26600 La Roche-de-Glun, tél. 04 75 84 68 93, info@jaboulet.com

♥ LES REMIZIÈRES
2022 ★★

| 2100 | | 30 à 50 € |

Jusqu'en 1973, Alphonse Desmeure apportait sa vendange à la coopérative. Son fils Philippe développe la propriété à partir de 1977, généralise la production en bouteilles et accroît le vignoble : 36 ha aujourd'hui, disséminés sur plusieurs communes et conduits en bio non certifié avec ses enfants, Émilie et Christophe. Une référence incontournable, avec des vins d'une rare constance. Une activité de négoce a été créée en 2010 afin de diversifier la production dans d'autres appellations.

Coup de cœur également pour un crozes emballant, cet excellent domaine signe un cornas tout aussi réjouissant, fruit d'une vinification soignée en demi-muids ouverts avec pigeage régulier, puis d'un séjour de 15 mois en barriques (50 % neuves). Vêtu d'une superbe robe sombre, ce 2022 livre un bouquet très expressif, fruité (framboise), floral (muscari) et bien poivré, nuancé d'une touche raffinée d'humus et de cuir. En bouche, des tanins fins et tactiles tiennent en respect une matière ample, puissante et mûre, ciselée par de beaux amers qui poussent loin la finale, florale et épicée. Un vin vibrant et complexe. ⧗ 2028-2038

LES REMIZIÈRES, 1459, av. du Vercors, 26600 Mercurol-Veaunes, tél. 04 75 07 44 28, contact@domaineremizieres.com V t.l.j. sf dim. 9h-12h 14h-18h30

DOM. DU TUNNEL Vin noir 2022 ★★

| 3400 | | 30 à 50 € |

Depuis son installation en 1994, Stéphane Robert, qui n'est pas issu du monde viticole, s'est imposé

comme une référence dans le paysage des crus septentrionaux. Il a créé son vignoble de toutes pièces, aujourd'hui 11 ha très morcelés, avec des vignes en cornas, saint-joseph, saint-péray et condrieu. Des vignes qui longent une ancienne voie ferrée et un tunnel de 160 m, toujours visible, qui donne son nom au domaine et dans lequel ont été aménagés en 2013 une nouvelle cuverie et le chai d'élevage.

D'une régularité de métronome, cette cuvée confidentielle, née d'une minuscule parcelle de 50 ares plantée de ceps de 70 ans, ne faillit pas à son excellente réputation. Dans le verre, une robe concentrée cerclée de violine; un bouquet intense et franc de fruits rouges mûrs bien mariés aux parfums épicés et toastés du merrain et à une touche raffinée d'olive noire; une bouche puissante, veloutée, qui déploie son envergure avec assurance et une certaine austérité. Un solide potentiel se dessine. ⧗ 2029-2038

DOM. DU TUNNEL, 20, rue de la République, 07130 Saint-Péray, tél. 04 75 80 04 66, domaine-du-tunnel@wanadoo.fr V *t.l.j. sf dim. 9h-16h30; f. 1er-15 août*

VIDAL-FLEURY 2021 ★

3000 | 30 à 50 €

Le plus ancien négoce rhodanien en activité, fondé en 1781 à partir de son vignoble en côte-rôtie et très tôt réputé – Thomas Jefferson y fit un banquet mémorable en 1787. Propriété des Guigal depuis 1986, il dispose d'une cave monumentale, dont l'architecture est inspirée du site égyptien de Saqqarah.

Avec un beau fruit, une texture étoffée, gourmande et déliée, des tanins tendres mais élégants et une fine fraîcheur, ce cornas compose un ensemble harmonieux. Soutenu par un élevage ambitieux (24 mois) et de belle facture qui lui apporte une certaine complexité, il a déjà de nombreux atouts pour bien évoluer à la garde. ⧗ 2027-2034

VIDAL-FLEURY, 48, rte de Lyon, 69420 Tupin-et-Semons, tél. 04 74 56 10 18, contact@vidal-fleury.com V *r.-v.*

SAINT-PÉRAY

Superficie : 75 ha
Production : 2 170 hl (10 % effervescents)

Situé face à Valence, le vignoble de Saint-Péray est dominé par les ruines du château de Crussol. Un microclimat un peu plus froid et des sols plus riches que dans le reste de la région sont favorables à la production de vins plus acides et moins riches en alcool, issus de marsanne et de roussanne, cépages bien adaptés à l'élaboration de blanc de blancs par la méthode traditionnelle.

DOM. CHABOUD-CELLIER Cuvée Boscus 2022 ★

4500 | 20 à 30 €

C'est dans ce domaine, fondé en 1798 par Louis-Alexandre Faure, qu'aurait été vinifiée la première bouteille de saint-péray pétillant avec l'aide d'un caviste champenois. Aujourd'hui un vignoble de 13 ha conduit par Stéphan Chaboud, représentant la sixième génér tion, rejoint en 2020 par l'œnologue Charlène Cellie sur lequel ils produisent du saint-péray, du cornas, c saint-joseph et du crozes-hermitage.

Marsanne et roussanne se partagent l'assemblage c cette élégante cuvée à la robe brillante étoffée d'eng geantes larmes dorées, distillant après quelques tou de verre des parfums subtils de mélilot, de fruits jaun (nèfle, abricot) et de boisé vanillé. En bouche, elle montre douce, onctueuse et suave, accompagnée p une acidité de bon aloi et par une amertume aux saveu d'amande fraîche. Raffinée et facile à aimer. ⧗ 2024-202

EARL DOM. CHABOUD-CELLIER, 21, rue Ferdinand-Malet, 07130 Saint-Péray, tél. 04 75 40 31 63, contact@domainechaboudcellier.co V *t.l.j. sf lun. dim. 9h30-12h 14h-17h30*

♥ DOM. COURBIS Le Tram 2022 ★★

8000 | 20 à 30

Une valeur sûre c la vallée du Rhôr septentrional notamment dar les appellatior cornas et sain joseph. Dominiq et Laurent Courb conduisent depuis fin des années 1980, à la suite de leur père, un domai de 40 ha dont les origines remontent au XVII L'essentiel des vignes est perché sur des coteaux tr abrupts à plus de 250 m d'altitude.

Un bref séjour en fût de 6 mois sur lies a paré d'u note flatteuse de pralin le bouquet finement floral (fle d'oranger) de cette cuvée emmenée par la marsan (85 %), avec la roussanne en appoint. Crémeuse, pu sante, gourmande à souhait, la bouche dévoile une ch onctueuse au goût miellé, qui reste souple et fraîc grâce à une longue persistance sur les agrumes. Le ju a salué l'équilibre au sommet et le boisé parfaiteme maîtrisé de cette bouteille résolument gastronomiq ⧗ 2025-2029

DOM. COURBIS, 6, rte de Saint-Romain, 07130 Châteaubourg, tél. 04 75 81 81 60, contact@domaine-courbis.fr V *r.-v.*

DOM. ÉRIC ET JOËL DURAND 2022 ★★

8500 | 20 à 30

Un domaine familial de 20 ha constant en qualité, ét bli au sud de l'appellation saint-joseph et aux port de celle de cornas, conduit par les frères Éric et Jo Durand.

Le duo marsanne-roussanne à parité fonctionne parfaite harmonie dans ce vin au bouquet croquant expressif de pêche blanche, de fleur d'aubépine et craie mouillée. Puissante et vive à l'attaque, fineme texturée, la bouche est élégante jusque dans sa fina soulignée par des notes d'élevage bien fondues et p une pointe tannique. Un saint-péray complexe et stru turé, à réserver à la table. ⧗ 2025-2030

ÉRIC ET JOËL DURAND, 2, imp. de la Fontaine, 07130 Châteaubourg, tél. 04 75 40 46 78, ej.durand@wanadoo.fr V *r.-v.*

DOM. BERNARD GRIPA
Les Pins 2022 ★★

	15 000		20 à 30 €

La famille Gripa arrive à Saint-Péray au XVIIe s., puis s'établit à Mauves vers 1850. Valeur sûre de la vallée du Rhône septentrionale, tant pour ses saint-péray que pour ses saint-joseph (en témoignent les nombreux coups de cœur obtenus dans les deux appellations), le domaine est conduit depuis 2001 par Fabrice Gripa, fils de Bernard, aujourd'hui à la tête de 18 ha de vignes.

Du classique, mais du très bon classique, avec cette cuvée née d'un sol granitique et de vignes de 40 ans. Un vin qui porte beau dans son élégante robe paille, livrant un nez franc et typé de fleur d'acacia, de miel, de zeste de citron et de silex. Équilibrée, droite et précise, la bouche séduit par son étoffe et par sa longueur aux flaveurs de réglisse et de fenouil sauvage. Un blanc complet, «très saint-péray», que l'on verrait bien avec des asperges poêlées aux morilles. ⧗ 2026-2032 ■ **Les Figuiers 2022 ★★ (20 à 30 €; 11 000 b.)** La roussanne dépasse d'une courte tête la marsanne (40 %) dans cette cuvée à la séduction toute florale, qui exhale, au nez comme en bouche, le narcisse, la fleur mellifère, les fruits jaunes mûrs et la note fumée de l'élevage en fût (8 mois). S'y ajoutent une texture enveloppante, du gras et une longue finale à la fraîcheur énergique. ⧗ 2025-2030

⊶ DOM. BERNARD GRIPA, 5, av. Ozier, 07300 Mauves, tél. 04 75 08 14 96, gripa@wanadoo.fr V t.l.j. sf sam. *dim. 8h30-12h 14h-17h30; f. août*

DOM. DU TUNNEL Roussanne 2022 ★★★

	8 300		20 à 30 €

Depuis son installation en 1994, Stéphane Robert, qui n'est pas issu du monde viticole, s'est imposé comme une référence dans le paysage des crus septentrionaux. Il a créé son vignoble de toutes pièces, aujourd'hui 11 ha très morcelés, avec des vignes en cornas, saint-joseph, saint-péray et condrieu. Des vignes qui longent une ancienne voie ferrée et un tunnel de 160 m, toujours visible, qui donne son nom au domaine et dans lequel ont été aménagés en 2013 une nouvelle cuverie et le chai d'élevage.

La seule roussanne fermentée en cuves bois avec les levures indigènes et affinée 10 mois en fût : telle est la formule presque magique de cette cuvée déjà portée au firmament l'an passé. Ce qui plaît ? Un teint d'abricot doré, un nez mature et gourmand de fruits jaunes, de genêt et d'amande grillée, dynamisés de notes minérales; et une bouche ample, riche, structurée, tenue par une vibrante acidité et par un boisé raffiné à peine esquissé. Un blanc de haute volée, à laisser en cave et à ressortir pour accompagner des ris de veau à la crème. ⧗ 2027-2034 ■ **Cuvée Prestige 2022 ★★ (20 à 30 €; 6 140 b.)** Il aura fallu récolter tôt en cet été 2022 chaud et sec afin de préserver l'acidité des marsanne (80 %) et roussanne à l'œuvre dans ce vin. Chez Stéphane Robert, les vendanges ont eu lieu le 18 août. Dans le verre, un blanc expressif, sur le tilleul, les fruits du verger et la muscade. Tout aussi parfumée, ponctuée par de fins amers, la bouche offre du volume et une aimable sucrosité, équilibrée par une pointe d'acidité bienvenue. ⧗ 2025-2030

⊶ DOM. DU TUNNEL, 20, rue de la République, 07130 Saint-Péray, tél. 04 75 80 04 66, domaine-du-tunnel@wanadoo.fr V *t.l.j. sf dim. 9h-16h30; f. 1er-15 août* 5

VIDAL-FLEURY 2022 ★★

	3 000		15 à 20 €

Le plus ancien négoce rhodanien en activité, fondé en 1781 à partir de son vignoble en côte-rôtie et très tôt réputé – Thomas Jefferson y fit un banquet mémorable en 1787. Propriété des Guigal depuis 1986, il dispose d'une cave monumentale, dont l'architecture est inspirée du site égyptien de Saqqarah.

Un jury enthousiaste salue ce blanc immaculé, né de la seule marsanne fermentée en cuve et élevée 9 mois en fût, et qui n'a pas fait sa malo. Délicats, les parfums d'abricot frais, de prune jaune et de fleur de citronnier se déclinent au bouquet, bien mariés à une touche de frangipane. Des arômes qui montent en puissance dans une bouche ample, grasse et capiteuse, dotée d'un fruité juteux et d'une longue finale sur les épices douces et une touche fumée. Un équilibre très assuré et une complexité indéniable pour ce saint-péray de bonne garde. ⧗ 2027-2034

⊶ VIDAL-FLEURY, 48, rte de Lyon, 69420 Tupin-et-Semons, tél. 04 74 56 10 18, contact@vidal-fleury.com V *r.-v.*

LES VINS DE VIENNE
Lieu-dit Les Faures 2022 ★★

	4 500		20 à 30 €

Pour faire renaître le vignoble de Seyssuel situé en amont de Vienne, trois vignerons de renom, Yves Cuilleron, Pierre Gaillard et François Villard, ont créé cette affaire en 1996, à l'origine de beaux vins de propriété – IGP à Seyssuel, sélections parcellaires en appellations septentrionales – et de vins de négoce de toute la vallée.

Bien née, cette pure marsanne provient d'une parcelle du cœur historique du vignoble, délimitée en 1936, dont l'appellation compte parmi les toutes premières de France. Rien ne lui manque, si ce n'est un peu de temps en cave pour préciser un bouquet foisonnant et complexe évoquant la poire Williams, la nèfle, le beurre frais et le bâton de réglisse. Et permettre au fruit de s'exprimer pleinement dans une bouche caressante, dense et salivante, soulignée par un élevage cousu main. Un saint-péray original, racé et diablement sapide. ⧗ 2027-2034

⊶ SARL LES VINS DE VIENNE, 1, ZA de Jassoux, 42410 Chavanay, tél. 04 74 85 04 52, contact@lesvinsdevienne.fr V *r.-v.*

CLAIRETTE-DE-DIE

Superficie : 1 401 ha / Production : 84 272 hl

Le vignoble du Diois occupe les versants de la moyenne vallée de la Drôme, entre Luc-en-Diois et Aouste-sur-Sye. Sans doute héritière du vin doux pétillant des Voconces mentionné par Pline l'Ancien, la clairette-de-die méthode dioise ou ancestrale est un vin mousseux doux et à faible teneur en alcool, dominé par le cépage muscat (75 % minimum) et qui termine naturellement sa fermentation en bouteille, sans adjonction de liqueur de tirage. L'appellation

autorise aussi l'élaboration d'effervescents à base de clairette selon la méthode traditionnelle, avec seconde fermentation en bouteille.

♥ CAROD FRÈRES Cuvée Prestige Tradition ★★

● | 53600 | | 8 à 11 €

À la fois propriété familiale et société de négoce, l'entreprise Carod s'est fortement développée depuis sa création en 1965, jusqu'à produire aujourd'hui 2 millions de cols par an. Un acteur de poids dans le Diois, acquis en 2008 par les Grands Chais de France, avec pour fleuron le Dom. Guigouret (40 ha).

Classiquement composée d'une dominante de muscat (75 %) complétée de clairette, cette cuvée sélectionne les meilleurs jus de base. Avec son élégant teint argenté, son délicat cordon de bulles et son bouquet exhalant le tilleul et l'amande fraîche, l'entame a de quoi séduire. C'est sans compter sur sa bouche gracile et sans lourdeur, qui goûte le fruit blanc pulpeux et s'achève sur une fine amertume salivante. ⌛ 2024-2026 ● **Réserve particulière Tradition ★★ (8 à 11 €; 26800 b.) Ⓑ** Enthousiasme renouvelé avec cette réserve bio au nez gourmand qui hésite entre acacia et fruit blanc. Ces arômes montent en puissance dans une bouche confortable, enveloppante, dynamisée par une bulle persistante et tonique. ⌛ 2024-2026

CAROD, 1664, av. de la Clairette, 26340 Vercheny, tél. 04 75 21 73 77, contact@caves-carod.fr V *t.l.j. sf dim. 9h-12h 14h-18h*

JAILLANCE Tradition ★★

● | 399000 | | 5 à 8 €

Cette coopérative fondée en 1950 est l'acteur principal du Diois viticole : 224 adhérents pour quelque 1 100 ha de vignes (dont 14% cultivés en bio), soit plus de 70% de la production locale. La cave s'est aussi développée dans le Bordelais, où elle produit du crémant-de-bordeaux.

Le muscat (90 %) se taille la part du lion dans cette réjouissante cuvée et le fait savoir dès l'entame avec son bouquet exaltant de mirabelle et de fleur de sureau. Plus réservée, la bouche fait montre d'un équilibre sans fausses notes, à la fois droite, bien parfumée et d'un volume agréable, elle achève de convaincre grâce à un trait de fraîcheur qui lui donne de l'allonge. Un ensemble typique et harmonieux. Preuve que qualité et quantité peuvent aller de pair. ⌛ 2024-2026

SCA LA CAVE DE DIE JAILLANCE, 355, av. de la Clairette, 26150 Die, tél. 04 75 22 30 00, info@jaillance.com V *t.l.j. 10h-12h30 14h-18h30*

Ⓑ DOM. LONG Tradition ★

● | 6700 | | 8 à 11 €

Pierre Long a succédé à son père en 1986 à la tête de ce domaine de 10 ha créé en 1950. Adepte du bio depuis son installation, il convertit officiellement le vignoble en 2010. La relève est désormais assurée par son fils Sébastien, diplôme d'œnologue en poch et quelques années de vinification à son actif, q a rejoint le domaine en 2019 et devrait étendre gamme, aujourd'hui presque exclusivement cons crée à la clairette-de-die.

Un séjour de 12 mois sur lattes a peaufiné le bouquet c ce joli vin or blanc, chapeauté d'une mousse immaculé qui se dévoile sur des notes intenses d'abricot frais de nèfle, nuancées d'une touche originale de romari Ces mêmes flaveurs embaument une bouche suave finement texturée, rafraîchie par une effervescence élé gante et tonique. Charmeur. ⌛ 2024-2025

CAVE PIERRE LONG, 3, rte de Viopis, 26150 Barsac, tél. 04 75 21 71 09, cave.long.pierre@gmail.com V *t.l.j. 9h-19h30*

Ⓑ CAVE MONGE GRANON Tradition Origine ★

● | 80000 | | 8 à 11

Un domaine de 42 ha dédié principalement à la clairett de-die, né de l'association en 1984 des familles Migno et Granon, au service du vin depuis quatre générations

Issue de ceps trentenaires et d'un assemblage de pa celles cultivées en biodynamie, cette attrayante cuvé aux reflets dorés fait la part belle au muscat à peti grains (85 %), qui s'exprime avec emphase sur des pa fums de fruits tropicaux (litchi, mangue) et de fleur c sureau. Généreuse, ample, pulpeuse, la bouche est diapason, offrant un fruité savoureux. Une pétulan clairette, à réserver à une tarte aux fruits. ⌛ 2024-202

CAVE MONGE GRANON, 3700, av. de la Clairette, 26340 Vercheny, tél. 04 75 21 00 10, contact@ clairette-mongegranon.com V *r.-v.*

POULET ET FILS Tradition ★

● | 7099 | | 8 à 11

Un domaine familial (quatre générations) fondé e 1955 au pied du parc du Vercors. Le vignoble couv 21 ha, constitués de petites parcelles sur des coteau ensoleillés.

Avec son joli teint doré, sa mousse légère et son bouqu mariant la rose au chèvrefeuille, c'est une clairette sur versant de la fraîcheur qui se profile dans le verre. Ur bonne impression confirmée en bouche par un foisonn ment de bulles graciles, une sucrosité discrète et bien int grée et des saveurs délicatement miellées. Une élégan interprétation du cru, à apprécier à l'apéritif. ⌛ 2024-202

EARL CAVE POULET ET FILS, 785, av. de la Clairette, 26340 Vercheny, tél. 04 75 21 72 80, cave_alain_poulet@ yahoo.fr V *t.l.j. sf sam. dim. 8h-17h30*

UNION DES JEUNES VITICULTEURS RÉCOLTANTS Cuvée Chambéran Tradition ★

● | 80000 | | 5 à 8

Fondée en 1961, l'Union des Jeunes Viticulteu Récoltants est une société coopérative (SCAEC) orig nale, regroupant huit vignerons du Diois qui ont mis commun leurs vignes et leur matériel pour constitu un coquet vignoble de 63 ha aujourd'hui.

Si la délicate couronne de mousse charme l'œil, les pa fums subtils de gelée de coing et de safran intrigue t invitent à poursuivre. Au palais, la texture est ronde, onctueuse, imprégnée de fruits mûrs et d'épices. Une agréable persistance aux saveurs de zeste d'agrumes vient dynamiser l'ensemble. Équilibrée et originale, cette clairette est à point pour accompagner un tajine de poulet aux fruits secs. ⧗ 2024-2026

UNION DES JEUNES VITICULTEURS RÉCOLTANTS, 000, av. de la Clairette, 26340 Vercheny, tél. 04 75 21 70 88, contact@ujvr.fr V *t.l.j. 9h30-12h 14h-18h30; f. dim. janv.-mars*

LA VALLÉE DU RHÔNE MÉRIDIONALE

GRIGNAN-LES-ADHÉMAR

Superficie : 1 900 ha
Production : 36 500 hl (93 % rouge et rosé)

Longtemps appelée coteaux-du-tricastin, cette appellation est située au sud de Montélimar, dans la partie nord de la vallée du Rhône méridionale, à la limite du climat méditerranéen. Les vignes sont implantées sur les terrains caillouteux d'alluvions anciennes et sur les coteaux sableux, dans 22 communes de la rive gauche du fleuve, de La Baume-de-Transit au sud, en passant par Saint-Paul-Trois-Châteaux, jusqu'aux Granges-Gontardes, au nord. Assemblant les cépages grenache et syrah, complétés par le cinsault, le mourvèdre et le carignan, les vins rouges, largement majoritaires, sont pour la plupart à consommer jeunes.

DOMAINES ANDRÉ AUBERT Le Devoy 2023 ★★

	15000		- de 5 €

Les fils d'André Aubert – Claude, Yves et Alain – sont installés depuis 1981 à la tête de l'un des plus vastes ensembles viticoles rhodaniens (490 ha répartis sur plusieurs domaines), grâce auquel ils proposent une large gamme de vins de la vallée du Rhône méridionale.

Une étoile de plus à la boutonnière de cette réjouissante cuvée, issue d'une dominante de syrah (60 %) manifestement bien mûre. D'un beau rouge vif et sanguin montent les parfums explosifs de lilas, de cassis et de fruits à coques, rehaussés de notes de sous-bois et de fourrure. Puissante, longue et très équilibrée, la bouche affiche une concentration remarquable, se déployant sans anicroche, cadrée par des tanins soyeux. Une harmonie qui a un prix... d'une modestie tout à fait insolente. ⧗ 2024-2028

DOMAINES ANDRÉ AUBERT, 5, rte des Chênes-Verts, 26290 Donzère, tél. 04 75 51 78 53, aubertfreres@wanadoo.fr t.l.j. sf dim. 10h-12h30 14h-19h

CH. BIZARD Montagne de Raucoule 2022 ★

	16000		11 à 15 €

Une propriété viticole née en 1862 sur les coteaux élevés du village d'Allan, conduite depuis 1980 par Marc et Marie Lépine, descendants directs des fondateurs. Bizard? Le domaine porte le nom des tout premiers propriétaires des lieux, au XVIᵉ s.

Enracinés dans un sol de marnes bleues couvert d'éboulis calcaires, syrah et grenache sont associés à parité. Il en résulte un vin abouti, qui dévoile des notes de fruits rouges et noirs macérés, de vanille et de fleur d'immortelle. Une aromatique qui se prolonge dans une bouche confortable, ronde et finement épicée, servie par des tanins mûrs et par une finale solaire sur le romarin. Une petite garde en cave et il sera fin prêt à accompagner un lapin aux pruneaux. ⧗ 2026-2030

GFA CH. BIZARD, 460, chem. de Bizard, 26780 Allan, tél. 04 75 46 64 69, contact@chateaubizard.fr V *t.l.j. 10h-13h 15h-19h; f. dim. nov.-mars*

CELLIER DES TEMPLIERS Grignandises 2023 ★

	18000		5 à 8 €

Fondée en 1967, la coopérative de Richerenches, située dans l'Enclave des papes, portion du département du Vaucluse enchâssée dans la Drôme, regroupe aujourd'hui 677 ha en côtes-du-rhône, *villages* et grignan-les-adhémar. Depuis plusieurs années, un système de contrôle qualité au vignoble et de sélections parcellaires par les vignerons a été mis en place.

Une cuvée dont le succès ne se dément pas d'année en année. Une dominante de viognier (80 %) pour ce blanc friand, au bouquet charmeur de seringa, de poire au sirop et de crème à la vanille. La bouche restitue ces mêmes saveurs dans une matière tendre, déliée et persistante, soutenue par une acidité bienveillante. Un vin fédérateur et plein d'allant. ⧗ 2024-2027

LE CELLIER DES TEMPLIERS, 233, rte de Valréas, 84600 Richerenches, tél. 04 90 28 01 00, boutique@cellierdestempliers.com V *t.l.j. sf dim. 9h-12h 14h30-18h30*

♥ DOM. DE GRANGENEUVE Terre d'épices 2022 ★★

	40000		15 à 20 €

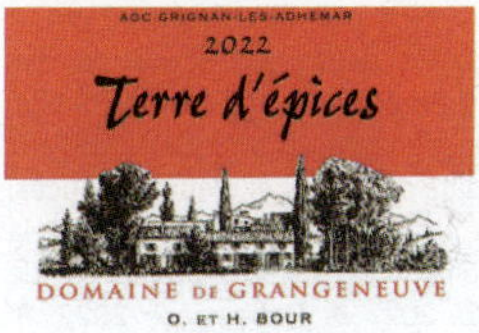

Un vaste domaine de 80 ha, souvent en vue dans ces pages, créé de toutes pièces à partir de 1964 par les Alsaciens Odette et Henri Bour sur les vestiges d'une villa romaine. Depuis 1998, leur fils Henri et leur petite-fille Nathalie sont aux commandes.

Un duo grenache-syrah en grande forme dans cette cuvée bien nommée, qui sous une superbe robe moirée aux reflets grenat déploie un bouquet intense de gelée de myrtille, de cannelle et de laurier. Gorgée de fruit, soutenue par un confortable boisé vanillé, la bouche offre beaucoup de chair et de volume, épaulée par des tanins solides mais élégants et par une fine acidité sapide qui pousse loin la finale. On prendra soin de laisser s'assagir quelque temps en cave cette bouteille irréprochable et déjà diablement savoureuse. ⧗ 2026-2032 **V 2023 ★★ (15 à 20 €; 18000 b.)** Un V majuscule comme ce viognier fermenté et élevé 10 mois en barrique, au bouquet distingué de lys et de fruits jaunes mûrs nuancé d'épices (safran, cannelle). Tout est en équilibre dans cette bouche onctueuse, enveloppante et très parfumée, dynamisée par une finale fraîche et persistante. Un blanc résolument de table, à encaver quelques années. ⧗ 2026-2030

SARL DOMAINES BOUR, 1200, rte des Esplanes, 26230 Roussas, tél. 04 75 98 50 22, domaines.bour@wanadoo.fr t.l.j. 9h-12h30 14h-19h

DOM. DE MONTINE Gourmandise 2023 ★★

20000 | 8 à 11 €

Installés dans une ancienne ferme du château de Grignan, les frères Jean-Luc et Claude Monteillet, également trufficulteurs, exploitent depuis 1987 ce domaine familial de 70 ha, très en vue pour ses grignan-les-adhémar, qui produit aussi du vinsobres et des IGP. La conversion bio est en cours.

Un attelage des six cépages blancs emblématiques de la région, qui n'a pas fait sa malo et exempt de bois : cette cuvée vise la gourmandise et elle a tapé juste, sur la foi de son bouquet captivant de jasmin, de gelée de coing, de cannelle et de truffe blanche. En bouche, un fruité mûr et miellé épouse une chair ronde et enveloppante, qui laisse place en finale à une fraîcheur toute florale. Harmonieux et expressif, ce blanc trouvera aisément sa place à table. 2024-2027 **Viognier 2023 ★ (11 à 15 €; 40000 b.)** Un bref passage en fût pour 30 % du vin a laissé son empreinte vanillée et fumée dans ce pur viognier qui évoque aussi le gardénia et les fruits du verger. Après une attaque tout en rondeur infusée d'épices douces, la bouche fait montre d'une belle vivacité. Un équilibre assuré. 2024-2027

DOM. DE MONTINE, hameau de la Grande-Tuilière, 26230 Grignan, tél. 04 75 46 54 21, contact@domainedemontine.fr t.l.j. 9h-12h 14h-19h

LA SUZIENNE Lutin 2023 ★★

16000 | 5 à 8 €

Située tout près du château de Suze-la-Rousse qui abrite l'Université du Vin, cette cave coopérative, créée en 1926, s'est lancée dans une démarche bio sur ses trois appellations : côtes-du-rhône, *villages* et grignan-les-adhémar.

S'ils ne représentent qu'une petite production du cru, les blancs sont souvent en bonne place dans le Guide. Comme ce duo viognier-grenache au bouquet affriolant de fruits exotiques, de pâte de coings et d'épices douces. Tout aussi expressif, le palais offre du volume et de la rondeur, souligné par une fine tension aux accents de pomme Granny. 2024-2027 **Rabassière 2022 ★ (8 à 11 €; 20000 b.)** Après 10 mois de fût, cet attelage classique grenache-syrah s'ouvre sur des notes de cassis confit, de réglisse et de badiane. Un fruit mûr qui irrigue aussi une bouche ample, caressante et déliée, étayée par des tanins fondus et rehaussée par une pointe d'amertume en finale. 2024-2028

EURL CAVEAU LA SUZIENNE, av. des Côtes-du-Rhône, 26790 Suze-la-Rousse, tél. 04 75 04 48 38, contactcaveau@lasuzienne.com t.l.j. 9h-12h 14h-17h

VINSOBRES

Superficie : 450 ha / Production : 15 625 hl

Appartenant autrefois à l'appellation côtes-du-rhône-villages, Vinsobres a été promu en appellation locale en 2006. Celle-ci concerne uniquement les vins rouges nés sur la commune de Vinsobres, dans la Drôme.
Les vins doivent provenir d'un assemblage d'au moins deux cépages principaux, dont le grenache, qui doit représenter 50 % minimum, la syrah et/ou le mourvèdre devant atteindre 25 % minimum.

DOM. L'AUTRANDINE 2022 ★

50000 | 5 à 8 €

Christine Aubert a repris en 2002 le domaine familia[l] couvrant aujourd'hui 88 ha, dont la quasi-totalité es[t] classée en vinsobres. Après l'arrivée de son fils Auréli[en] (quatrième génération) qui travaille depuis 2008 à se[s] côtés, l'exploitation s'est dotée d'une nouvelle cave.

S'annonçant par une belle robe soutenue à l'éclat violin[e] de jeunesse, ce vinsobres séduit par son bouquet raffin[é] de fruits rouges maturés et de laurier. Un fruité solaire e[t] finement épicé domine encore dans une bouche géné-reuse, concentrée, adossée à des tanins soyeux, patinés par un élevage patient de 18 mois en cuve. De l'élégance et de l'équilibre. 2025-2030

DOM. AUTRAND, 1605, rte de Nyons, quartier Les Ratiers, 26110 Vinsobres, tél. 04 75 26 57 05, contact@domaineautrand.fr t.l.j. 10h-19h; *f. f. dim. nov.-mars*

DOM. CONSTANT-DUQUESNOY Confidence 2021 ★★

5500 | 20 à 30 €

Un vignoble de 20 ha en bio (ancien Dom. des Aussellons) acquis en 2004 par Gérard Constant, converti à la vign[e] après une carrière dans la finance internationale.

Issue d'une vendange manuelle éraflée en totalité et d'u[n] séjour d'un an en barriques, cette cuvée mi-grenach[e] mi-syrah a bénéficié de toutes les attentions en cave. Elle en tire une attrayante teinte pourpre et un bouque[t] fin associant les épices du fût (cumin, paprika) aux par-fums de mûre et de guigne poêlées. En bouche, elle se révèle élégante et tout aussi expressive, avec une chai[r] onctueuse soulignée par un boisé délicat et des tanins caressants. Tout est au diapason. 2026-2032

SCEA DOM. CONSTANT-DUQUESNOY, 1437, rte de Nyons, 26110 Mirabel-aux-Baronnies, tél. 06 77 38 23 34, gerard@constant-duquesnoy.com r.-v.

DOM. DU MOULIN Cuvée ++ 2021 ★

6500 | 11 à 15 €

Conduit pendant 45 ans par Denis Vinson, ce vignobl[e] de 20 ha est aujourd'hui dirigé par son fils Charles. Habitué du Guide (plusieurs coups de cœur à son actif), le domaine présente régulièrement de belles cuvées, e[n] appellations régionales comme en vinsobres.

Une cuvée qui assume ses ambitions : plus de syra[h] (40 %) et plus d'élevage avec un séjour de 12 moi[s] en barriques. Dans le verre, un vinsobres d'une bell[e] vigueur : une robe brillante animée de reflets violines d[e] jeunesse, un nez puissant de fruits noirs au sirop sau[-]poudrés d'épices (girofle, genièvre), une matière rond[e] et bien enveloppée, structurée par des tanins affinés e[t] un boisé fondu. Un profil déjà aimable, à boire ou à gar-der. 2025-2031

EARL DENIS VINSON ET FILS, Dom. du Moulin, 1325, montée du Moulin, 26110 Vinsobres, tél. 04 75 27 65 59, denis.vinson@wanadoo.fr t.l.j. *8h-12h 13h30-19h; f. dim. 8h-12h; visite sur r.-v.*

DOM. LE PUY DU MAUPAS 2022 ★★★

2500		11 à 15 €

\Agriculteur jusqu'en 1987, Christian Sauvayre s'ins-alle en cave particulière et débute avec 20 ha de ·ignes à Puyméras; sa fille Amélie lui a succédé en :019 et conduit désormais un vaste ensemble de ·6 ha en bio certifié.

:açonné par la syrah (60 %), avec le grenache en appoint, :t par un élevage de 8 mois en cuve béton, ce fougueux :022 n'a pas eu besoin d'artifices pour époustoufler le ury. Paré d'une robe sombre qui charme l'œil, il livre un ›ouquet non moins profond de gelée de baies noires :t de fraise compotée, mâtiné de notes chaleureuses le cumin et de fleur d'immortelle. Concentration et ichesse se conjuguent au palais, avec en soutien des anins musculeux mais veloutés et une longue finale raîche et enlevée de poivre et menthol. Un vin racé, qui ait honneur à son appellation. ⧗ 2026-2034

EARL LE PUY DU MAUPAS, 1678, rte de Nyons, 34110 Puyméras, tél. 04 90 46 47 43, domaine@ ›uy-du-maupas.com V *t.l.j. 8h-12h 14h-18h; dim. ur r.-v.*

♥ LA VINSOBRAISE Diamant noir 2022 ★★

80000		8 à 11 €

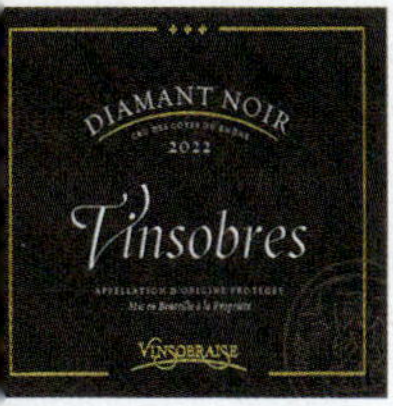

Fondée en 1947, la très qualitative cave de Vinsobres vinifie aujourd'hui plus de 80 000 hl produits sur 1 800 ha de vignes (dont 10 % exploités en bio). Une valeur sûre de la vallée du Rhône méridionale.

Un Diamant noir souvent en vue dans le Guide, et ;énéralement en bonne place. Une cuvée née d'une ›elle complémentarité grenache-syrah associés à quasi-›arité, qui s'illustre par un bouquet explosif de myrtille :ompotée, de raisin de Corinthe et d'essences de la gar-igue. Au palais, elle s'impose par sa chair dense, ample :t séveuse, cadrée par des tanins puissants au grain tac-ile, et par sa finale diablement sapide restituant la fraî-:heur du fruit. Déjà irrésistible, on peut aussi l'attendre ıuelques années pour la servir sur un filet mignon à la ruffe, autre diamant noir du secteur. ⧗ 2025-2030

LA VINSOBRAISE, 1200, rte de la Cave, '6110 Vinsobres, tél. 04 75 27 01 20, infos@ ı-vinsobraise.com V *t.l.j. 8h-12h 14h-18h*

RASTEAU SEC

;uperficie : 1 300 ha / Production : 29 000 ha

:'appellation d'origine contrôlée rasteau se décline lésormais en VDN (*voir section Les vins doux naturels lu Rhône*) et en vin rouge sec grâce à l'accession en :009 des côtes-du-rhône-villages Rasteau (village econnu depuis 1966) en cru des Côtes du Rhône, e seizième du secteur, qui s'étend sur la seule com-nune de Rasteau.

.es conditions bioclimatiques de cette zone géogra-›hique sont particulièrement favorables au cépage ;renache, qui atteint ici naturellement la complète maturité nécessaire à l'élaboration de grands vins, plus particulièrement dans les situations où prédominent les sols sableux et caillouteux. Ces mêmes conditions sont également favorables à la syrah et au mourvèdre (cépage à maturité tardive), notamment lorsqu'ils sont plantés sur des marnes sableuses ou sablo-argileuses.

Les vins, exclusivement rouges, sont riches en alcool, gras, puissants et très aromatiques. Leur structure tannique est le gage d'un excellent potentiel de garde.

DOM. M. BOUTIN
M.B. 2022 ★

7000		8 à 11 €

Après des études de mécanique industrielle, Mikaël Boutin rejoint le domaine familial, se prend de passion pour le vin, se forme à ce nouveau métier et s'installe en 2001 avec son oncle. En 2009, il décide de créer son propre domaine à partir de 2 ha morcelés sur huit parcelles de Rasteau et convertis au bio. Première cuvée en 2011.

Un rouge non boisé qui combine à l'olfaction des notes de cuir et d'humus, révélant au palais un fruité bien mûr, rond, ample et juteux, adossé à des tanins caressants, extraits avec tact. Une finale longue et épicée (poivre de Sichuan, muscade) suggère un accord avec la cuisine orientale, comme un tajine d'agneau aux fruits secs. ⧗ 2025-2029

MIKAËL BOUTIN, 12, rue de la République, 84110 Rasteau, tél. 06 64 66 04 46, mikael.boutin@ orange.fr V *r.-v.*

DOM. BRUSSET
La Bastide 2022 ★

9000		15 à 20 €

Soixante-dix-huit terrasses exposées plein sud composent ce vignoble de 70 ha (en conversion bio) situé sous les Dentelles de Montmirail. Créé en 1947 par André Brusset, puis dirigé par son fils Daniel, il est aujourd'hui conduit par son petit-fils Laurent. Le domaine est présent sur cinq appellations et totalise quatorze cuvées différentes. Une valeur sûre en gigondas et en cairanne.

Grenache et mourvèdre à parité dans cette cuvée engageante, élevée un an en cuve et en amphores. Au nez, un fruité très intense de framboise relevé d'épices et de notes de garrigue trouve un heureux prolongement dans une bouche ample, veloutée et suave, dotée de tanins enrobés, un brin accrocheurs en finale. Un excès de jeunesse qui n'entame pas l'harmonie de ce rouge flatteur et bien typé. ⧗ 2025-2029

SA DOM. BRUSSET, 70, chem. de la Barque, 84290 Cairanne, tél. 04 90 30 82 16, contact@ domainebrusset.com V *t.l.j. 9h-12h 14h-18h*

CH. LA COURANÇONNE
2022 ★

9500		11 à 15 €

Ancienne propriété de l'évêché d'Orange, cette imposante bastide des XVIIe et XVIII^e^s., vendue comme bien national en 1791, commande un vaste vignoble (100 ha). Elle est depuis janvier 2019 dans le giron de la famille Aubert.

La robe opaque et profonde, aux reflets d'encre, donne le ton d'un nez d'abord timide, puis plus intense, déclinant les fruits rouges bien mûrs et le poivre sur fond balsamique (résine de pin, baie de genièvre) et fumé. La bouche se montre puissante et charpentée mais sans outrance, structurée par des tanins crayeux, avec en soutien une agréable acidité qui donne du relief à l'ensemble. Un rasteau complexe et vigoureux à laisser respirer quelques années en cave. ⧗ 2027-2032

SCEA LA COURANÇONNE, 3618, rte de Cairanne, 84150 Violès, tél. 04 90 70 92 16, chateau.lacouranconne@orange.fr V t.l.j. sf sam. dim. 9h-12h30 14h-17h30

DAUVERGNE ET RANVIER
De Natura Rerum 2022 ★

	6500		8 à 11 €

Créée en 2004 par François Dauvergne et Jean-François Ranvier, cette maison de négoce signe des vins de qualité issus de sélections parcellaires, dont 80 % sont certifiés bio ou en conversion. En 2013, les deux compères ont repris le domaine des Muretins, devenu Dom. Liravel (lirac et tavel), puis créé en 2016 le Dom. de la Chapelle-Saint-Mathieu à Aniane avec les Parcé, vignerons banyulencs. Un nouveau chai d'élevage, à énergie positive, a été inauguré à Tavel.

Un élevage mixte de 18 mois entre cuve et fût pour cette réjouissante cuvée qui favorise le «roi» du cru : le grenache (80 %). Le nez, discret mais fidèle au cépage, évoque la griotte compotée, la muscade et une note plus fraîche de romarin. L'opulence de l'attaque, ronde et grasse, rafraîchie de fruits noirs bien poivrés, est vite cadrée par des tanins solides qui confèrent une bonne tenue et de l'allonge à ce rasteau athlétique, promis à une belle garde. ⧗ 2027-2032

DAUVERGNE ET RANVIER, L'Assemblière, 47, chem. des Vestides, 30126 Tavel, tél. 04 48 24 00 41, contact@dauvergne-ranvier.com r.-v.

DOM. DES ESCARAVAILLES
Argilla ad argillam 2021 ★★

	6000	15 à 20 €

Situé sur les hauteurs de Rasteau, ce domaine de 65 ha est très régulier en qualité. Acquis en 1953 par Jean-Louis Ferran, il a été défriché et planté par ses enfants Jean-Pierre et Daniel. Il est conduit depuis 1999 par Gilles, fils de ce dernier, rejoint aujourd'hui par Madeline, représentant la 4e génération.

Déjà remarquée pour son 2020, cette cuvée tape encore plus fort en 2021, décrochant deux étoiles et frôlant le coup de cœur. Née d'une parcelle d'argile rouge et de calcaire au lieu-dit Sambiches, fruit d'un élevage de 9 mois en amphore, elle dévoile un bouquet discret mais délicat de groseille écrasée, de bois de santal et de bonbon à l'anis. Avec son fruité long et persistant saupoudré d'épices, son volume, ses tanins denses et soyeux, c'est en bouche qu'elle prend véritablement son envol. Et pour notre plus grand plaisir, elle n'a pas encore fini sa longue course prometteuse. ⧗ 2027-2032

DOM. DES ESCARAVAILLES, 111, combe de l'Eoune, 84110 Rasteau, tél. 04 90 46 14 20, bonjour@escaravailles.com V t.l.j. sf dim. 9h-12h 14h-18h

DOM. FOND CROZE 2022 ★

	20000		15 à 20 €

Un domaine fondé après la Seconde Guerre mondiale par Charles Long. Ses petits-fils, Bruno et Daniel, qui ont créé la cave en 1997, conduisent aujourd'hui un vignoble de 80 ha certifié bio, épaulés par Guillaume le fils de Daniel. Leurs vins sont souvent en bonne place dans le Guide.

Il a de l'allure, ce vigoureux rasteau gainé dans sa robe luisante, au nez éloquent évoquant les épices (girofle genièvre), la réglisse, les fruits noirs et le cacao. Consistante, charnue, un brin suave, la bouche s'adosse à des tanins croquants et tactiles, avec cette touche d'amertume salivante de garrigue qui apporte relief et fraîcheur à la finale. Idéal avec des plats «canaille» comme des œufs en meurette par exemple. ⧗ 2025-2029

DOM. FOND CROZE, 155, rte de Cairanne, 84290 Saint-Roman-de-Malegarde, tél. 06 31 63 01 75, fondcroze@hotmail.com V t.l.j. sf dim. 8h-12h 14h-18h

DOM. LA FONT DE NOTRE-DAME
La Source 2022 ★

	5300		11 à 15 €

Situé aux pieds des Dentelles de Montmirail, ce domaine a été créé en 2016 par les frères Frédéric et Boris Roux. À leur disposition, un vignoble de 30 ha en gigondas, rasteau, lirac, côtes-du-rhône-villages Sablet et côtes-du-rhône.

Une vendange à la main, de longues macérations et un séjour de 16 mois en cuve ont soigné le fruit et peaufiné la tenue de ce rasteau lumineux, qui s'ouvre sur un nez subtil et raffiné de baies rouges juteuses, d'épices douces et de fenouil. Des tanins fins au grain croquant cadrent une matière souple, douce et enveloppante infusée de griotte et de thym frais. Un vin élégant et prêt à boire, sur le versant de la finesse. ⧗ 2024-2029

EARL DOM. LA FONT DE NOTRE-DAME, 286, chem. de Lencieu, 84190 Gigondas, tél. 04 90 65 70 42, lafontdenotredame@orange.fr V r.-v.

CH. DE LA GARDINE
Même pas peur 2022 ★

	4000		15 à 20 €

Le négociant Gaston Brunel, héritier d'une longue tradition vigneronne (XVIIe s.), acquit La Gardine en 1945. Ses fils, Patrick et Maxime, et ses petits-enfants Marie-Odile et Philippe, continuent de mettre en valeur ce domaine réputé, fort d'une cinquantaine d'hectares. En 2007, la famille Brunel a créé une maison de négoce sous le nom de Brunel de la Gardine.

Une étiquette qui fait le pendant avec Peur bleue, un châteauneuf-du-pape vinifié et mis en bouteille sans soufre ajouté. Ici son «petit frère» : un rasteau solide et consistant, élaboré à partir d'une dominante de grenache et d'un quart de syrah. La robe intense et sombre ne trahit aucun signe d'évolution, dévoilant un bouquet puissant et flatteur de myrtille rehaussé de la fraîcheur du camphre. Il en va de même au palais : avec sa texture fondue, riche et concentrée, portée par des tanins serrés et par une fine tension réglissée, il a tout bon. ⧗ 2025-2030

SCA BRUNEL PÈRE ET FILS (CH. DE LA GARDINE), rte de Roquemaure, 84230 Châteauneuf-du-Pape, tél. 04 90 83 73 20, guillaume.brunel@gardine.com V *t.l.j. sf dim. 9h-18h30*

DOM. DE LA GIRARDIÈRE Cuvée caractère 2022 ★

	2000		8 à 11 €

Un domaine fondé en 1979 par Louis Girard, aujourd'hui relayé par son fils Bernard. Le vignoble couvre 20 ha, planté principalement en coteaux, sur les collines de Rasteau et sur la commune de Séguret.

Du caractère certes, mais aussi de la gourmandise dans cette énergique cuvée mi-grenache mi-syrah, longuement élevée en cuve (2 ans). Disert, le nez livre des arômes appétents de lilas et de mûre écrasée, bien mariés aux notes chaudes de garrigue et à une touche de sous-bois signant une amorce d'évolution. La bouche séduit d'emblée par son volume, sa généreuse sucrosité aux accents de cerise réglissée, ses tanins consistants et son agréable finale déliée. Une belle vigueur qui appelle une viande mijotée en sauce. ⧗ 2025-2030

EARL LA GIRARDIÈRE, 593, chem. du Plan, 84110 Rasteau, tél. 09 64 09 16 75, lagirardiere@rasteau.fr V *r.-v.*

B **DOM. LES GRANDS BOIS** Émilien 2022 ★★★

	1300		20 à 30 €

Fondé en 1929 par Albert Farjon, ce domaine de 50 ha est aujourd'hui conduit par sa petite-fille Mireille et son mari Marc Besnardeau, rejoints en 2015 en cave par leur fille Philippine (quatrième génération). Le vignoble est certifié bio depuis le millésime 2011. Côtes-du-rhône, *villages*, cairanne, rasteau, leurs vins sont régulièrement en vue dans ces pages.

Émilien est le filleul du vigneron et cette cuvée confidentielle associant grenache et syrah à parité témoigne d'une haute considération. Un enthousiasme qui a emporté le jury dès l'entame avec sa robe de velours noir et ses parfums profonds de gelée de mûre, de figue fraîche et de myrte. Séduction prolongée par un palais ample et séveux, construit sur des tanins puissants, enrobés par un élevage parfaitement calibré et finement cacaoté. Ce rasteau succulent et plein d'ardeur offre aussi une solide perspective de garde. ⧗ 2028-2034 ■ **Marc 2022 ★★ (15 à 20 €; 6000 b.)** B Dans la famille Besnardeau, je voudrais le père… et cet ébouriffant 2022. Corsé et persistant, le bouquet joue sur la cerise noire, le malt et le poivre sauvage. Des arômes généreux qui infusent une bouche ample, puissante et tendue, structurée par de beaux tanins gras encore serrés. Un profil capiteux et prometteur. Parfait pour un lièvre à la royale. ⧗ 2027-2032

DOM. LES GRANDS BOIS, 55, av. Jean-Jaurès, 84290 Sainte-Cécile-les-Vignes, tél. 04 90 30 81 86, mbesnardeau@grands-bois.com V *t.l.j. sf dim. 9h-12h 14h-18h*

DOM. MARTIN 2022 ★

	32000		11 à 15 €

Les frères David et Éric Martin sont installés depuis 2005 sur le domaine familial, créé en 1905 à partir de 5 ha sur le Plan de Dieu. Ils exploitent aujourd'hui 30 ha de vignes.

Cette cuvée fait preuve d'une belle régularité. La version 2022 affiche un joli teint de cerise noire. Du verre montent des senteurs de baies mûres, de tapenade, de pin et de réglisse. De discrètes notes boisées d'épices et de cacao complètent au palais cette belle complexité aromatique, imprégnant une matière fraîche, charnue et veloutée, épaulée par des tanins présents mais sans dureté. Que diriez-vous de l'accompagner d'une selle d'agneau rôtie aux herbes ? ⧗ 2026-2030

DOM. MARTIN, 439, rte de Vaison, 84850 Travaillan, tél. 04 90 37 23 20, martin@domaine-martin.com V *t.l.j. sf dim. 9h-12h 14h-18h*

DOM. NOTRE-DAME-DES-PALLIÈRES
La Coudoulière 2021 ★★

	4000		11 à 15 €

Au Moyen Âge, la source de Notre-Dame des Pallières, réputée prévenir la peste, attirait les pèlerins du Midi. Depuis 1991, Julien et Claude Roux y cultivent un vignoble de 30 ha en lutte « ultraraisonnée ».

Bien que construit pour durer, ce rasteau livre déjà une belle expression de gourmandise au nez, entre baies rouges mûres et épices. Tout aussi éloquente, la bouche brille par sa matière ample et parfumée, soulignée d'un élégant boisé parfaitement calibré (10 mois en fût pour 30 % du vin), puis se resserre ensuite sous l'effet de beaux tanins fermes et séveux qui invitent à la patience. Tout est en place et en équilibre pour faire un voluptueux rouge de table après quelques années en cave. ⧗ 2028-2034

DOM. NOTRE-DAME DES PALLIÈRES, 311, chem. de Lencieu, 84190 Gigondas, tél. 04 90 65 83 03, contact@pallieres.com V *t.l.j. sf sam. dim. 9h-12h 14h-18h*

DOM. LA SOUMADE 2021 ★

	34000		11 à 15 €

Valeur sûre de la vallée du Rhône méridionale (pour ses rasteau et ses *villages* notamment), ce domaine de 30 ha a été créé en 1979 par André Roméro, épaulé depuis 1996 par son fils Frédéric et conseillé depuis 2002 par l'œnologue bordelais Stéphane Derenoncourt.

2021 : un millésime contrasté où les raisins ont nécessité un soin particulier au moment des vendanges. Au domaine, elles sont manuelles et cela a permis un tri sévère. Habilement élevée en cuve pendant 15 mois, et pour 10 % en demi-muids, cette cuvée enchante par son fringant bouquet de fruits rouges et noirs saupoudré de garrigue. Les épices insistent dans une bouche délicate, juteuse et longue, soutenue par un boisé discret et des tanins fins et ciselés. Un profil croquant et d'ores et déjà très accessible. ⧗ 2024-2029

EARL FRÉDÉRIC ROMÉRO, 1655, rte d'Orange, 84110 Rasteau, tél. 04 90 46 13 63, dom-lasoumade@hotmail.fr V *t.l.j. sf dim. 8h-12h 14h-18h*

B **DOM. DU TRAPADIS**
Les Cras 2021 ★★

	20000		11 à 15 €

Né en 1950 de l'union des familles Brun et Charavin et de leurs vignes respectives, ce vignoble en bio certifié s'étend aujourd'hui sur 35 ha. Il est conduit par Helen Durand depuis 1996.

Du grenache (70 %) épaulé de syrah, mourvèdre et carignan : une diversité d'assemblage plus si courante de nos jours. Dans le verre, un bouquet discret mais bien typé de fruits noirs compotés, de Zan et de tabac. Un même caractère épanoui émane d'une bouche puissante, ronde et bien parfumée, dont les tanins un brin saillants gagneront à se détendre en cave. ⧗ 2026-2032

EARL DOM. DU TRAPADIS, 2302, rte d'Orange, 84110 Rasteau, tél. 04 90 46 11 20, hd@domainedutrapadis.com V *t.l.j. sf sam. dim. 8h-11h30 13h30-17h*

♥ B PIERRE VIDAL Grande Réserve 2022 ★★

	25 000		8 à 11 €

Pierre Vidal, installé à Châteauneuf-du-Pape avec son épouse vigneronne, a créé son négoce en 2010. Cet œnologue formé en Bourgogne s'est entouré d'une petite équipe et a construit, en 2019, sa propre cave pour pouvoir peaufiner ses sélections parcellaires, tournées vers les vins bio et végans. Des vins d'une grande régularité dans la qualité.

Avec son élevage attentif de 18 mois en cuve, ce rouge végan soigne l'expression du fruit, et en particulier celle du grenache (75 %), livrant ses parfums alléchants de framboise compotée et de griotte au sirop, généreusement saupoudrés d'épices (cannelle, cardamome). L'attaque est douce, infusée d'un fruité rond et charnu qui se prolonge dans une bouche confortable, soyeuse, dotée de tanins fondus et soulignée par une fine trame de fraîcheur, pas si courante dans l'appellation. ⧗ 2024-2029 ■ **Réserve 2022 ★ (8 à 11 €; 25 000 b.)** B Une agréable gourmandise anime cette cuvée ouverte sur des arômes de griotte macérée au kirsch, de cacao amer et de fourrure, au palais étoffé, épicé et finement tannique. Une finale chaleureuse parfumée de garrigue et de Zan offre le souvenir d'un vin aimable, furieusement méditerranéen. ⧗ 2024-2028

PIERRE VIDAL, 370, rue Calixte-Paillet, ZA Grange-Blanche-Est, 84350 Courthézon, tél. 07 77 05 38 81, contact@pierrevidal.com V *t.l.j. sf sam. dim. 10h-12h 14h-17h*

CAIRANNE

Surface : 882 ha / Production : 29 952 hl

Cette ancienne dénomination des côtes-du-rhône-villages, créée en 1967, a été officiellement reconnue en 2016 comme appellation à part entière et cru des Côtes du Rhône. Elle s'étend sur la seule commune de Cairanne, dans le nord-ouest du Vaucluse. Les terrasses de l'Aygues, à l'ouest, formées de cailloutis, d'argiles et de sables fins, favorisent des tanins fins et frais. Les coteaux du miocène, au nord, appelée «Montagne du Ventabren», constituent l'un des terroirs majeurs, basé sur des cailloutis calcaires alternant avec des marnes, qui procure aux vins de la complexité et de la fraîcheur. Quant aux garrigues, au sud du village, constituées d'alluvions caillouteuses, elle composent un plateau ventilé et ensoleillé propice des maturités optimales et à des vins plus solaires. L'appellation se décline en vins rouges, majoritaires avec une dominante classique de grenache (50 % minimum), aux côtés de la syrah et du mourvèdre, e plus accessoirement de cinsault ou de carignan. Les vin blancs associent la clairette (30 % minimum), le gre nache blanc (20 %) et la roussanne (20 %), pouvant êtr complétés par d'autres variétés (bourboulenc, viognie marsanne, piquepoul…)

♥ B DOM. ALARY Tradition 2021 ★★★

	20 000		11 à 15

La famille Alary cultive l vigne à Cairanne depuis 169 et onze générations ! Install en 1981, Denis Alary condui aujourd'hui 30 ha en bio certi fié depuis 2012 et signe des vin constants en qualité. Fort d ses expériences en Bourgogn et en Nouvelle-Zélande, son fil Jean-Étienne est désormais e charge des vinifications.

La tradition a du bon chez les Alary et après un 202 déjà remarquable, le 2021 décroche la plus haute dis tinction. Une vinification douce, plus infusée qu'extraite puis un élevage de 18 mois en cuve ont engendré c rouge complexe d'une fraîcheur impeccable, au bouque raffiné de baies noires bien mûres, d'herbes aromatique (sauge) et de silex. La bouche se distingue aussi par so velouté, sa souplesse et sa fine suavité, par ses tanin ciselés et par sa finale très longue, pétrie de griotte, d garrigue et d'épices. Irrésistible aujourd'hui, il le ser encore dans quelques années. ⧗ 2026-203 ■ **L'Estévenas 2022 ★★ (11 à 15 €; 12 000 b.)** ♥ Magnifique doublé pour le domaine avec cette cuvé démonstrative et dia blement gourmand Composée de cla rette, de roussanne e d'une larme de gre nache, elle se dévoil prestement sur de parfums accrocheur de pêche de vign d'épices (gingembre, vanille) et de citronnelle. Ampl conciliant puissance et finesse, le palais illustre parfaite ment la complémentarité de l'assemblage, avec à la fois rondeur suave du fruit miellé et une fine tension anisé qui assure la vitalité de l'ensemble. ⧗ 2024-2027

EARL DENIS ALARY, 1345, rte de Vaison, 84290 Cairanne, tél. 04 90 30 82 32, alary.denis@wanadoo.fr V *t.l.j. sf dim. 9h30-12h 14h-17h; nov.-avr. sur r.-v.*

B DOM. DES AMADIEU Vieilles Vignes 2022 ★★

	10 000		15 à 20

Ce domaine récent a été fondé en 1992 par la famill Amadieu, sur l'emplacement même d'un lieu-dit qu porte son nom. Racheté en 2007 par un couple d'ir génieurs agronomes, Corine et Yves-Jean Houser, l

vignoble s'étend aujourd'hui sur 8 ha, cultivés en bio et biodynamie, et produit des vins en appellations cairanne, rasteau et côtes-du-rhône-villages.

Issu de vendanges manuelles et d'un tri des raisins à la vigne comme il est de mise sur l'appellation, ce vin distingué a pour lui une robe nette d'un seyant rubis et un nez expressif et précis, aux senteurs attrayantes de framboise mûre, de poivre noir et de fruits secs (amande). Une attaque fraîche, une matière élégante et bien parfumée, des tanins fermes mais sans austérité, une finale déliée : la bouche achève de convaincre. Un cairanne fin, charmeur et savoureux. ⧗ 2026-2031

SCEA CORINE ET YVES-JEAN HOUSER, Dom. des Amadieu, 450, chem. de Beauregard, 84290 Cairanne, tél. 04 90 66 03 48, contact@domainedesamadieu.com V r.-v.

PIERRE AMADIEU Les Hautes Rives 2022 ★★

■	40000		11 à 15 €

La maison Amadieu a été fondée en 1929 et est restée familiale : Pierre Amadieu, installé en 1989, son oncle et ses cousins. Elle opère des sélections parcellaires pour son négoce et conduit deux propriétés : Grand Romane et La Machotte en appellation gigondas, dont elle est le plus grand producteur avec 137 ha de vignes.

Un sol de marnes et de sables fins du miocène couvre les coteaux de ces Hautes Rives qui surplombent la rivière de l'Aygues. Une typicité qui n'est probablement pas étrangère au toucher singulièrement crayeux des tanins, ni à ce bouquet fin et expressif de confiture de fraises, de biscuit chaud et de pain d'épice. Dense, riche et longue, agréablement tannique, la bouche affiche une ardeur de jeunesse qui ne demande qu'à s'assagir en cave. Une délicate amertume réglissée rehausse le tout et aiguise encore un peu plus la gourmandise de l'ensemble. ⧗ 2027-2032

SASU PIERRE AMADIEU, 201, rte des Princes-d'Orange, 84190 Gigondas, tél. 04 90 65 84 08, contact@pierre-amadieu.com V r.-v.

DOM. JULIETTE AVRIL Cuvée Maïlys 2021 ★★

■	26000		11 à 15 €

Une famille implantée de longue date à Châteauneuf-du-Pape : un ancêtre fut premier consul de Châteauneuf-du-Pape au temps de la papauté d'Avignon; plus tard, Jean Avril participera à la création de l'appellation. L'histoire actuelle s'écrit avec Marie-Lucile Brun, qui a succédé à sa mère Juliette Avril en 1988, épaulée par son fils Stephan depuis 2000 et à la tête d'un vignoble de 54 ha.

Ramassés ensemble, les raisins de grenache (65 %), syrah (25 %) et mourvèdre ont été co-fermentés avant un élevage bref de 6 mois en cuve béton. Une alchimie réussie dans la bouteille dont on retient le nez détendu et bien mûr de fruits rouges compotés, nuancé de safran et de ciste. Un bouquet attrayant qui s'épanouit dans une bouche vineuse, aussi ample que stimulante, soutenue par des tanins ronds et qui laisse longtemps résonner le fruit. Une harmonie qui devrait réjouir Maïlys, la fille de Stephan Brun, à laquelle est dédiée cette «bombe de fruit» selon les dégustateurs. ⧗ 2024-2029

DOM. JULIETTE AVRIL, 8, av. Pasteur, 84230 Châteauneuf-du-Pape, tél. 04 90 83 72 69, info@julietteavril.com V *t.l.j. sf sam. dim. 9h-12h 14h-17h*

♥ DOM. BRUSSET
Vieilles Vignes 2022 ★★

■	10000		15 à 20 €

Soixante-dix-huit terrasses exposées plein sud composent ce vignoble de 70 ha (en conversion bio) situé sous les Dentelles de Montmirail. Créé en 1947 par André Brusset, puis dirigé par son fils Daniel, il est aujourd'hui conduit par son petit-fils Laurent. Le domaine est présent sur cinq appellations et totalise quatorze cuvées différentes. Une valeur sûre en gigondas et en cairanne.

Du caractère et de la plénitude dans ces très vieilles vignes de 80 ans plantées sur des coteaux argileux. Un vin dont le jury a aimé la profondeur de la robe sombre, presque noire, et le bouquet un brin austère mais captivant de cassis confit, de tapenade et de poivre sauvage. Des parfums puissants qui explosent dans un palais consistant, long et voluptueux, nanti de tanins gras bien pris dans la chair. Le tout porté par une fraîcheur préservée aux accents de menthe sauvage et de bâton de réglisse. On applaudit. ⧗ 2027-2032 ■ **Les Travers 2022 ★★ (11 à 15 €; 10000 b.)** Les Travers ? De belles terrasses argilo-caillouteuses à l'origine d'une cuvée allègre et sans effet de manche, parfumée de gelée de fruits noirs et d'une touche fraîche de Zan, à la bouche riche mais tendre, adossée à des tanins ciselés, avec pour conclure une finale très «garrigue» à l'amertume sapide qui signe souvent les vins du domaine. Un profil sincère et de bonne garde. ⧗ 2025-2030

SA DOM. BRUSSET, 70, chem. de la Barque, 84290 Cairanne, tél. 04 90 30 82 16, contact@domainebrusset.com V *t.l.j. 9h-12h 14h-18h*

Ⓑ LES CHEMINS DE SÈVE
Métamorphose 2021 ★

■	2200		11 à 15 €

Ingénieur, Loïc Massart a exercé ses compétences plus de dix ans dans l'industrie avant de se reconvertir pour réaliser un nouveau projet de vie : créer en 2014 avec des associés un domaine viticole, géré en famille. Une exploitation de 9 ha, en bio certifié.

Prune rouge, cassis, épices douces se mêlent au bouquet, rehaussé d'une touche de musc. Étoffée, concentrée, puissante, la bouche confirme le profil mûr et solaire de ce beau grenache (70 %), aimable jusque dans ses tanins. Bien composé, on peut le boire ou le laisser s'épanouir en cave. ⧗ 2025-2030 ■ **Apanage 2021 ★ (15 à 20 €; 1100 b.)** Ⓑ Il y a de l'ambition dans cette cuvée mi-grenache mi-syrah, née de vieilles vignes de 80 ans et d'un élevage patient de 20 mois en barriques. Empreint de notes boisées persistantes et complexes (clou de girofle, vanille, cire), le nez évoque aussi la cerise noire. Cadrée par des tanins robustes bien soulignés par le chêne, la bouche possède ce qu'il faut de volume et de gras pour les assouplir après quelques années en cave. Un cairanne de belle envergure. ⧗ 2028-2034

LOÏC MASSART, 2365, rte d'Orange, 84110 Vaison-la-Romaine, tél. 06 63 37 44 61, lescheminsdeseve@yahoo.fr V r.-v.

DOM. CONSTANT-DUQUESNOY
Terra rhona 2021 ★

| 11 000 | 11 à 15 € |

Un vignoble de 20 ha (ancien Dom. des Aussellons) acquis en 2004 par Gérard Constant, converti à la vigne après une carrière dans la finance internationale, et désormais certifié en bio.

Une touche originale de viognier (5 %) complète cet assemblage d'un classicisme de bon goût, avec la syrah et le grenache en maîtres de cérémonie, le carignan en appoint (15 %). Alléchant, suave et un brin sauvage, il fleure bon la fraise des bois, la garrigue et l'humus. Aucune déception en bouche : avec ses tanins souples, son fruité généreux, son aimable sucrosité et sa longueur plus qu'honorable teintée d'épices, cette cuvée accorte peut s'apprécier dès aujourd'hui. 2024-2028

SCEA DOM. CONSTANT-DUQUESNOY, 1437, rte de Nyons, 26110 Mirabel-aux-Baronnies, tél. 06 77 38 23 34, gerard@constant-duquesnoy.com V r.-v.

DOM. DES ESCARAVAILLES
Le Ventabren 2021 ★

| 20 000 | 11 à 15 € |

Situé sur les hauteurs de Rasteau, ce domaine de 65 ha est très régulier en qualité. Acquis en 1953 par Jean-Louis Ferran, il a été défriché et planté par ses enfants Jean-Pierre et Daniel. Il est conduit depuis 1999 par Gilles, fils de ce dernier, rejoint aujourd'hui par Madeline, représentant la 4e génération.

Terroir fameux de Cairanne, les coteaux du Ventabren sont à l'origine de cette cuvée, dans laquelle les raisins de grenache (70 %), syrah (20 %) et carignan ont été fermentés ensemble, avec leurs propres levures, extraits avec douceur puis élevés 15 mois en cuve. Elle en tire un bouquet fin encore peu disert de fruits rouges mûrs et de ciste. Souple, ronde et sapide, dotée de tanins séveux et serrés, la bouche dessine un joli potentiel de garde. 2027-2032

DOM. DES ESCARAVAILLES, 111, combe de l'Eoune, 84110 Rasteau, tél. 04 90 46 14 20, bonjour@escaravailles.com V *t.l.j. sf dim. 9h-12h 14h-18h*

DOM. GALUVAL La Montagne 2021 ★

| 6 250 | 20 à 30 € |

Créé en 1923 par la famille Marchal, pionnière de la mise en bouteilles à la propriété, le domaine fut ensuite racheté en 2015 par Nicole et Jean-François Trontin, qui l'ont doté d'un chai ultramoderne. Situé entre Cairanne et Rasteau, le vignoble s'étend sur 50 ha. Il est entré dans le giron du Cellier des Dauphins en 2019.

Syrah (60 %) et grenache forment un duo convaincant dans ce rouge épanoui et expressif, associant à l'olfaction les fruits rouges mûrs, le safran et la rose séchée. La bouche affiche du volume, des tanins soyeux bien polis par l'élevage et une finale détendue où rebondissent la cerise et les épices. Un cairanne ensoleillé et charmeur, à apprécier dans ses jeunes années. 2024-2029

SCEA DOM. DE GALUVAL, 1720, rte de Vaison, 84290 Cairanne, tél. 09 72 58 40 53, m.armand@union-vignerons.com V r.-v.

B DOM. LES GRANDS BOIS Maximilien 2022 ★

| 10 000 | 11 à 15 € |

Fondé en 1929 par Albert Farjon, ce domaine de 50 ha est aujourd'hui conduit par sa petite-fille Mireille et son mari Marc Besnardeau, rejoints en 2015 en cave par leur fille Philippine (quatrième génération). Le vignoble est certifié bio depuis le millésime 2011. Côtes-du-rhône, *villages*, cairanne, rasteau, leurs vins sont régulièrement en vue dans ces pages.

Dans les cuvées du domaine, les filleul(e)s sont aussi mis à l'honneur : ici Maximilien, celui de Philippine. Le mourvèdre (35 %), aux côtés de la syrah (15 %) et du grenache (50 %), exalte sa singularité dans ce vin vigoureux, qui en tire une séduisante profondeur de robe et un bouquet corsé de baies sauvages, de carvi et de cuir. La bouche est au diapason : capiteuse, charnue et longue, raffermie par des tanins serrés et par une pointe d'acidité, elle prolonge la douce chaleur perçue à l'olfaction par ses saveurs de café et de réglisse. Du caractère et de l'avenir en cave. 2027-2032

DOM. LES GRANDS BOIS, 55, av. Jean-Jaurès, 84290 Sainte-Cécile-les-Vignes, tél. 04 90 30 81 86, mbesnardeau@grands-bois.com V *t.l.j. sf dim. 9h-12h 14h-18h*

B DOM. PHILIPPE PLANTEVIN 2022 ★

| 6 300 | 11 à 15 € |

Plantevin, un nom prédestiné pour ce vigneron à la tête, depuis 1988, de ce domaine familial étendu sur 35 ha. Le vignoble, certifié bio depuis 2014, se répartit sur quatre communes, ce qui offre une jolie diversité de terroirs et d'appellations.

Derrière une robe aux nuances grenat se dévoile un nez discret mais élégant de cerise noire, de prune confite et de poivre noir, nuancé d'une touche de garrigue. Équilibrée, soyeuse et bien charpentée, nantie de tanins fermes mais mûrs et joliment extraits, la bouche fait elle aussi preuve d'une belle typicité sudiste. Un bon classique du secteur, à laisser respirer quelques années en cave. 2027-2032

DOM. PHILIPPE PLANTEVIN, 995, chem. des Partides, La Daurelle, 84290 Cairanne, tél. 04 90 30 71 05, philippe-plantevin@wanadoo.fr V r.-v.

MAISON RAVOIRE 2022 ★★★

| 26 667 | 8 à 11 € |

Établi aux portes du Luberon, ce négoce familial créé en 1987 par Roger Ravoire, fils de vigneron, propose une gamme de vins (marque et domaine) provençaux et rhodaniens.

Ce rouge au regard sombre se montre très expressif avec ses attrayants parfums de gelée de groseille, de bonbon au cassis et de cumin. Des arômes qui montent en intensité dans une bouche ample, onctueuse, nantie de tanins caressants et animée d'une fine fraîcheur et d'élégants amers anisés qui apportent du relief et poussent loin la finale. D'un équilibre renversant, cette bouteille savoureuse pourra être ouverte prochainement, avec un filet de bœuf en croûte par exemple. 2025-2029

SAS FAMILLE RAVOIRE, 340, rue du Rémoulaire, 13300 Salon-de-Provence, tél. 04 90 73 01 10, contact@ravoire.fr V r.-v.

DOM. SAINT-ANDÉOL Excellence 2022 ★

■ | 15000 | ▮ | 11 à 15 €

Les lointaines origines du domaine, situé à l'emplacement d'un prieuré, remontent au XIIᵉs. La propriété se transmet dans la même famille depuis quatre générations. Jean-Jacques Beaumet est à sa tête depuis 1988. Il exploite 37 ha sur les hauteurs de Cairanne.

Une cuvée née de vignes de 60 ans, d'une vendange exécutée à la main et à bonne maturité, et d'un élevage long de 18 mois en cuve. Les choix sont judicieux et s'illustrent dans la robe, d'une intensité prometteuse, et à l'olfaction, timide mais fine, évoquant la mûre compotée, la tapenade et le moka. Sa bouche fraîche, ses tanins fins et serrés et sa longue, très longue, finale épicée annoncent un solide potentiel de garde. Patience. ⧗ 2027-2032

SARL BEAUMET ET FILS, 800, chem. des Hautes-Rives, 84290 Cairanne, tél. 04 90 30 81 53, cave.beaumet@orange.fr V ▮ *t.l.j. sf sam. dim. 8h-12h 14h-18h*

CH. DE SERRE BLANC 2022 ★

■ | 12000 | ▮ | 15 à 20 €

L'histoire de la famille Aubert et de la vigne remonte à 1926 et à Victorin, qui planta ses premiers ceps à Tulette, dans la Drôme. Depuis, son fils André puis ses petits-fils, Claude, Yves et Alain, ont perpétué la tradition en constituant l'un des plus vastes ensembles viticoles rhodaniens. En 2022, Charles (quatrième génération) achète à Cairanne le Ch. de Serre blanc et ses 20 ha d'un seul tenant, certifiés en bio. Une passion qu'il partage avec son métier de pilote d'hélicoptère dans l'armée de l'air.

Bénéficiant d'un encépagement diversifié, ce jeune domaine propose un cairanne convaincant. D'un seyant rubis brillant s'échappent des parfums délicats et bien typés de guigne croquante et d'épices douces. Équilibrée et tendue, la bouche se distingue par sa matière à la fois dense et élégante, grâce à sa mâche capiteuse, ses tanins crayeux et son agréable allonge à l'amertume tonique de réglisse et de camphre. Une belle entrée en matière. ⧗ 2025-2030

CH. DE SERRE BLANC, 1785, rte de Saint-Roman-de-Malegarde, 84290 Cairanne, tél. 04 90 70 36 87, contact@familleaubert.com V ▮ *r.-v.*

PIERRE VIDAL Grande Réserve 2022 ★★★

■ | 40000 | ▮ | 8 à 11 €

Pierre Vidal, installé à Châteauneuf-du-Pape avec son épouse vigneronne, a créé son négoce en 2010. Cet œnologue formé en Bourgogne s'est entouré d'une petite équipe et a construit, en 2019, sa propre cave pour pouvoir peaufiner ses sélections parcellaires, tournées vers les vins bio et végans. Des vins d'une grande régularité dans la qualité.

Un élevage long de 18 mois en cuve n'a pas terni d'un souffle la fraîcheur immaculée du fruit, qui s'exprime avec emphase dans ce cairanne sombre, ouvert sur des arômes de feuille de cassis, de myrtille et de bâton de réglisse. Précis, démonstratif et puissant à la fois, le palais prolonge ces saveurs concentrées infusant une matière crémeuse, structurée par des tanins tactiles, avec en finale une chaleureuse touche de muscade confirmant la parfaite maturité des raisins. Une harmonie qui se savoure dès à présent. ⧗ 2025-2030 ■ **Grande Réserve 2023** ★ (5 à 8 €; 20000 b.). Sobrement élevée en cuve pendant 6 mois, cette cuvée se pare d'un teint frais au grain doré, d'où s'échappent de délicates fragrances de citrus et de pierre à fusil. Un caractère tonique anime un palais ciselé, avec ce qu'il faut de gras et une subtile minéralité qui étire la finale. ⧗ 2024-2026

PIERRE VIDAL, 370, rue Calixte-Paillet, ZA Grange-Blanche-Est, 84350 Courthézon, tél. 07 77 05 38 81, contact@pierrevidal.com V ▮ *t.l.j. sf sam. dim. 10h-12h 14h-17h*

GIGONDAS

Superficie : 1 225 ha / Production : 32 180 hl

Au pied des étonnantes Dentelles de Montmirail, le vignoble de Gigondas ne couvre que la commune du même nom. Il est constitué d'une série de coteaux et de vallonnements. La vocation viticole de l'endroit est très ancienne, mais son réel développement ne date que du XIXᵉs., sous l'impulsion d'Eugène Raspail. D'abord côtes-du-rhône, puis, en 1966, côtes-du-rhône-villages, Gigondas obtient ses lettres de noblesse en tant qu'appellation spécifique en 1971.

Les caractéristiques du sol et le climat donnent leur caractère aux vins, le plus souvent rouges à forte teneur en alcool, puissants et charpentés, tout en présentant une palette aromatique d'une grande finesse où se mêlent épices et fruits à noyau. Bien adaptés au gibier, les gigondas mûrissent lentement et peuvent garder leurs qualités pendant de nombreuses années. Il existe également quelques vins rosés, eux aussi chaleureux.

BONPAS Grand Prieur 2022 ★★

■ | 20000 | ◍ | 15 à 20 €

Cette maison de négoce, dans le giron du groupe bourguignon Boisset, doit son nom à un monastère fortifié, donné par le pape Jean XXII aux Chartreux, en 1318. Un lieu stratégique qui veillait autrefois sur la route menant d'Avignon à Rome : un *bonus passus* en latin (« bon passage »).

Il a fière allure ce Grand Prieur dans son manteau grenat sombre, libérant des senteurs capiteuses de boîte à épices (cumin, anis étoilé), où pointent la framboise et la prune confite. Ronde à l'attaque, discrètement boisée, dotée de tanins soyeux et d'une élégante sucrosité, la bouche se montre généreuse et épicée, dans un style bien typé mais facile à aimer. S'il est promis à une bonne garde, on peut aussi le carafer pour en profiter dès l'automne présent, avec un tajine d'agneau par exemple. ⧗ 2026-2032

BONPAS, 1, chem. de Réveillac, 84510 Caumont-sur-Durance, tél. 04 90 23 67 98, contact@bonpas.fr

LAURENT BROTTE 2022 ★

■ | 25000 | ◍ ▮ | 15 à 20 €

Cette maison réputée, fondée en 1931 par Charles Brotte, pionnier de la mise en bouteilles dans la vallée du Rhône, est aujourd'hui dirigée par Laurent, petit-fils du fondateur. Elle vinifie ses propres vignes et opère des sélections parcellaires pour le compte de

son négoce, dont La Fiole du Pape, en châteauneuf, est la marque phare depuis sa création en 1952.

Une matrice de marnes bleues recouverte de cailloutis calcaires, plantée de ceps de grenache (85 %) et de syrah de 40 ans, a façonné ce vin délicat, au profil aromatique très méditerranéen avec ses nuances de figue mûre, de fruits à noyau et de sous-bois. Une déclinaison que l'on retrouve dans une bouche plus élégante et déliée que puissante, tenue par des tanins soyeux et par une fine acidité qui confirment le profil résolument gourmand de ce gigondas. ⧗ 2025-2030

LAURENT BROTTE, av. Pierre-de-Luxembourg, 84230 Châteauneuf-du-Pape, tél. 04 90 83 70 07, caveau@brotte.com V *t.l.j. 9h-12h 13h-19h*

DOM. BRUSSET Les Hauts de Montmirail 2022 ★★

■ | 12000 | | 20 à 30 €

Soixante-dix-huit terrasses exposées plein sud composent ce vignoble de 70 ha (en conversion bio) situé sous les Dentelles de Montmirail. Créé en 1947 par André Brusset, puis dirigé par son fils Daniel, il est aujourd'hui conduit par son petit-fils Laurent. Le domaine est présent sur cinq appellations et totalise quatorze cuvées différentes. Une valeur sûre en gigondas et en cairanne.

De faibles rendements caractérisent le millésime 2022, marqué par une saison végétative sèche, des épisodes de grêle estivale et des vendanges pluvieuses. Sur ces parcelles en banquettes en plein cœur des Dentelles de Montmirail, où les raisins ont été ramassés tôt en septembre, ils sont d'à peine 20 hl/ha. Ce rouge en tire une belle concentration de robe, des arômes puissants de Zan, de moka et d'anis étoilé, et une matière étoffée, cadrée par des tanins fermes au grain crayeux, soulignée d'une étonnante minéralité signature d'un élevage en amphores. Convaincant. ⧗ 2027-2032 ■ **Les Secrets de Montmirail 2022 ★★ (30 à 50 €; 3000 b.)** On retrouve avec bonheur la finesse et la profondeur des vins du domaine dans ce haut de gamme mi-grenache mi-syrah, au nez subtil de lilas et de caramel au beurre, nuancé d'une touche raffinée de cuir frais. Il y a de la tenue et du volume dans cette bouche consistante adossée à des tanins serrés, mais toujours guidée par une trame de fraîcheur saline du plus bel effet. ⧗ 2027-2032

SA DOM. BRUSSET, 70, chem. de la Barque, 84290 Cairanne, tél. 04 90 30 82 16, contact@domainebrusset.com V *t.l.j. 9h-12h 14h-18h*

DOM. LE CLOS DES CAZAUX Prestige 2021 ★

■ | 7000 | | 20 à 30 €

Des origines templières pour ce domaine dans la famille Archimbaud-Vache depuis cinq générations. Aux commandes aujourd'hui, deux frères, Frédéric à la cave et Jean-Michel à la vigne, à la tête de 20 ha en gigondas et de 25 ha en vacqueyras. Une valeur sûre.

Torréfaction et fève de cacao sur fond de fruits rouges mûrs : le nez porte la marque d'un élevage bien pensé (18 mois entre fût neuf, fût ancien et cuve Inox). Une puissance qui s'illustre aussi dans une bouche ferme, dense et tendue, s'appuyant sur des tanins serrés mais sans dureté, libérant ce même fruité chaleureux teinté d'olive noire en finale. Un caractère sudiste et bien trempé. ⧗ 2027-2032

EARL ARCHIMBAUD-VACHE, 317, chem. du Moulin, 84190 Vacqueyras, tél. 04 90 65 85 83, closdescazaux@orange.fr V *t.l.j. sf sam. dim. 9h-12h 14h-18h*

♥ DAUVERGNE ET RANVIER Grand Vin 2022 ★★

■ | 15000 | | 15 à 20 €

Créée en 2004 par François Dauvergne et Jean-François Ranvier, cette maison de négoce signe des vins de qualité issus de sélections parcellaires, dont 80 % sont certifiés bio ou en conversion. En 2013, les deux compères ont repris le domaine des Muretins, devenu Dom. Liravel (lirac et tavel), puis créé en 2016 le Dom. de la Chapelle-Saint-Mathieu à Aniane avec les Parcé, vignerons banyulencs. Un nouveau chai d'élevage, à énergie positive, a été inauguré à Tavel.

Puissant, infusé de baies noires et de notes maltées, le nez, singulier, porte la marque des 18 mois d'un élevage majoritaire en fût. On la retrouve dans une bouche ample, capiteuse et bien structurée, tendue par une fine note saline qui lui conserve ce qu'il faut de fraîcheur. Un équilibre prometteur qui n'oublie pas la gourmandise, comme souvent chez ce négoce inspiré. ⧗ 2027-2032

DAUVERGNE ET RANVIER, L'Assemblière, 47, chem. des Vestides, 30126 Tavel, tél. 04 48 24 00 41, contact@dauvergne-ranvier.com *r.-v.*

DOM. DES FLORETS Alliance 2022 ★

■ | 8000 | | 20 à 30 €

Un petit domaine de 8 ha de vignes créé en 2007 par Jérôme et Myriam Boudier, implanté sur les contreforts des Dentelles de Montmirail, à quelque 500 m d'altitude. Après une carrière de conseiller en développement durable auprès d'entreprises du CAC 40, Jérôme Rathle en fait l'acquisition en 2021 et entreprend dans la foulée la conversion bio (certifiée en 2023). Devenu vigneron, il élabore à présent des côtes-du-rhône et des gigondas, sous le regard attentif de l'œnologue Olivier Roustang.

Beaucoup de plaisir et une indéniable complexité dans cet attelage classique de grenache (70 %) et de syrah, signant une entrée au Guide remarquée pour Jérôme Rathle. D'un abord discret mais flatteur, le bouquet livre de plaisantes fragrances de violette et de fraise confite, puis se teinte d'une rafraîchissante note de ronce et de bois de réglisse. Des tanins droits, une matière juteuse et une confortable sucrosité, sans oublier une finale sapide à l'accent minéral : la bouche a tout pour évoluer avec grâce. ⧗ 2027-2032

DOM. DES FLORETS, 1467, rte des Florets, 84190 Gigondas, tél. 04 60 40 47 51, contact@domainedesflorets.com V *r.-v.*

DOM. FONT SARADE Cuvée les Pigières 2022 ★★

■ | 6000 | | 15 à 20 €

Un domaine souvent en vue, né en 1936 au nord de Vacqueyras de l'association de deux familles vigneronnes, les Devine et les Burle. Le vignoble, conduit depuis 2002 par Bernard Burle, associé à sa fille, Claire, en 2014, couvre aujourd'hui 37 ha.

Une larme de syrah (5 %) dans cette cuvée parcellaire classiquement dominée par le grenache (60 %), le mourvèdre en appoint (35 %). On jurerait pourtant qu'elle y est pure avec ce bouquet enjôleur et profond exhalant la gelée de cassis, la ronce et la mine de crayon. Des tanins fermes mais fins soutiennent une bouche onctueuse, fraîche et diablement sapide avec sa touche minérale de graphite et son fruit juteux habilement préservés par un élevage en cuve. De quoi satisfaire les amateurs du cru sans trop attendre. ⧗ 2026-2030

DOM. FONT SARADE, 801, rte de Violès, 84190 Vacqueyras, tél. 07 87 46 17 02, infos@fontsarade.fr V r.-v.

DOM. DU GRAND MONTMIRAIL
Vieilles Vignes 2022 ★

■ | 18 000 | | 20 à 30 €

Productrice dans la vallée du Rhône (Grand Montmirail, Hauts de Mercurol, Michel Poinard) et en Côte de Nuits, la famille Chéron, originaire de Bourgogne, conduit depuis 2003 une activité de négociant-viticulteur à Vacqueyras.

Une cuvée née des plus vieilles vignes du domaine (60 ans) et élevée sans usage du bois. Une amorce d'évolution qui ne perturbe en rien le bouquet, d'une plaisante singularité, à la fois floral, mentholé et intensément balsamique (sève de pin, réglisse). Puissante, la bouche affiche une matière généreuse, nantie de tanins consistants mais enrobés, prolongée par une envoûtante finale aux notes chaleureuses de marmelade d'oranges. Un gigondas original et solaire, promis à une belle garde. ⧗ 2028-2034

DOM. DU GRAND MONTMIRAIL, 2459, rte de Vaison, 84190 Vacqueyras, tél. 04 90 65 85 91, contact@vignoblescheron.fr V *r.-v.*

DOM. GRAND ROMANE
Cuvée Prestige Vieilles Vignes Élevé en fût de chêne 2022 ★

■ | 80 000 | | 15 à 20 €

La maison Amadieu a été fondée en 1929 et est restée familiale : Pierre Amadieu, installé en 1989, son oncle et ses cousins. Elle opère des sélections parcellaires pour son négoce et conduit deux propriétés : Grand Romane et La Machotte en appellation gigondas, dont elle est le plus grand producteur avec 137 ha de vignes.

On vous compte ici l'histoire d'un heureux mariage entre le classique trio rhodanien (grenache, syrah, mourvèdre) et un boisé vanillé de noble origine (15 % de fûts neufs). Il en découle un rouge déjà aimable, au nez flatteur de lilas et de résine, où des tanins bien enrobés enveloppent une matière souple et ronde qui se fait agréablement caramélisée en finale. Beaucoup de plaisir dès aujourd'hui, mais un profil boisé qui a quelque peu divisé le jury. ⧗ 2025-2032 ■ **Pierre Amadieu Le Pas de l'Aigle 2021 ★ (20 à 30 €; 25 000 b.)** Des vignes soixantenaires de grenache (90 %) au pied des Dentelles – ces barres de calcaire dressé d'où émerge le Pas de l'Aigle – ont donné naissance à ce rouge complexe, un brin austère au nez, distillant la cerise noire, le poivre sauvage et une touche de cuir. Velouté, ourlé de tanins doux bien pris dans la chair, rien ne dépasse dans ce palais qui restitue la douceur du fruit mûr, avec une pointe d'acidité dynamique en finale. ⧗ 2026-2032

SASU PIERRE AMADIEU, 201, rte des Princes-d'Orange, 84190 Gigondas, tél. 04 90 65 84 08, contact@pierre-amadieu.com V *r.-v.*

LAVAU 2021 ★★

■ | 35 000 | | 20 à 30 €

Une maison de négoce fondée en 1964 par Jean-Guy Lavau, d'origine saint-émilionnaise. Ses héritiers Benoît et Frédéric, rejoints en 2013 par Bénédicte Bonnet du Ch. Maucoil à Châteauneuf-du-Pape, proposent aujourd'hui une large gamme de vins à partir de la production de 350 vignerons de la vallée du Rhône méridionale, complétée par 190 ha de vignes en propriété.

Aux nuances discrètement tuilées de la robe répond un nez joliment fondu, aux accents sauvages de fruits des bois, de baie de genièvre et de fourrure. Le prélude à une bouche détendue et soyeuse, finement soulignée par l'élevage (60 % en fût) et portée par des tanins caressants bien pris dans la chair et par une finale fraîche et salivante, parfumée d'herbes aromatiques (lavande, sarriette). Un rouge alerte et sensuel. ⧗ 2026-2032

MAISON LAVAU, 585, rte de Cairanne, 84150 Violès, tél. 04 90 70 98 70, advexport@lavau.fr V *t.l.j. 10h-13h 15h-17h; f. oct.-fév.*

GABRIEL MEFFRE
Instants rares Cinq Terres 2022 ★

■ | n.c. | | 15 à 20 €

Affaire de négoce-éleveur créée en 1936 par Gabriel Meffre, cette maison est devenue un acteur incontournable, propriétaire de 800 ha de vignes dans toute la vallée du Rhône, ainsi qu'en Provence. Reprise en 2009 par Éric Brousse, associé du groupe bourguignon Boisset.

Les 12 mois d'élevage en cuve ont préservé cette fraîcheur mentholée et ce fruité intense (framboise, mûre au sirop) qui caractérisent le nez. La bouche se révèle à la fois ronde, charnue et bien structurée, dans un profil plus chaleureux après aération, tout en notes de cerise confite et de thym serpolet. Persistant et épanoui, ce gigondas a tout pour passer rapidement à table aux côtés d'un effiloché de bœuf et polenta crémeuse. ⧗ 2025-2030

GABRIEL MEFFRE, 2, rte des Princes-d'Orange, Le Village, 84190 Gigondas, tél. 04 90 12 32 32, gabriel-meffre@meffre.com V *t.l.j. sf lun. dim. 10h-12h30 14h30-18h*

DOM. NOTRE-DAME-DES-PALLIÈRES
Les Mourres 2021 ★

■ | 20 000 | | 15 à 20 €

Au Moyen Âge, la source de Notre-Dame des Pallières, réputée prévenir la peste, attirait les pèlerins du Midi. Depuis 1991, Julien et Claude Roux y cultivent un vignoble de 30 ha en lutte « ultraraisonnée ».

Une cuvée souvent en vue, de coup de cœur dans sa version 2020. Le 2021 livre un gigondas plus sobre mais d'excellente facture et d'une appréciable complexité. Discret et subtil, avec ses notes de fraise des bois et de silex, le bouquet intrigue. Un fruité plus direct s'invite dans une bouche tendue, droite et séveuse, dotée de tanins soyeux qui accompagnent une finale friande et longue, où pointent d'élégantes saveurs de laurier-sauce et de romarin. On le laissera encore un peu respirer en cave. ⧗ 2026-2030

DOM. NOTRE-DAME DES PALLIÈRES, 311, chem. de Lencieu, 84190 Gigondas, tél. 04 90 65 83 03, contact@pallieres.com V *t.l.j. sf sam. dim. 9h-12h 14h-18h*

OGIER Les Dentelles 2022 ★

■ | 20 000 | | 20 à 30 €

Cette vénérable maison castelpapale de négoce-éleveur (1859), dans le giron du groupe Advini, propose une large gamme de vins rhodaniens, du nord et du sud. Elle possède aussi le Clos de l'Oratoire des Papes (châteauneuf-du-pape) et le Dom. Notre-Dame de Cousignac (côtes-du-vivarais).

Les parfums de petits fruits rouges confits se mêlent dans une bonne harmonie aux notes épicées et légèrement fumées d'un élevage mixte bien calibré (14 mois en cuve et demi-muids). Dense, riche et expressive, cadencée par des tanins veloutés qui se resserrent un peu en finale, la bouche a tout pour faire une jolie bouteille de table après un peu de garde. Du classique, mais du bon classique. ⧗ 2027-2032

SAS OGIER, 10, av. Louis-Pasteur, 84232 Châteauneuf-du-Pape, tél. 04 90 39 36 34, justine.legros@ogier-cdp.fr V *r.-v.*

MAISON RAVOIRE 2022 ★★

■ | 10 000 | | 20 à 30 €

Établi aux portes du Luberon, ce négoce familial créé en 1987 par Roger Ravoire, fils de vigneron, propose une gamme de vins (marque et domaine) provençaux et rhodaniens.

Née de vieux ceps de grenache (65 %) et de syrah des terrasses alluviales caillouteuses de l'Ouvèze, cette cuvée a séjourné 12 mois en fût. Elle en a hérité des notes de muscade et d'amande, teintant d'une douce chaleur un bouquet puissant de poivre noir et de gelée de groseille. Du palais, on retient sa solide structure, ses tanins soyeux au grain serré et l'intensité du fruit qui perce derrière. Long, épicé, consistant, il offre une fidèle évocation de l'appellation. ⧗ 2027-2032

SAS FAMILLE RAVOIRE, 340, rue du Rémoulaire, 13300 Salon-de-Provence, tél. 04 90 73 01 10, contact@ravoire.fr V *r.-v.*

LA RÉSERVE SAINT-DOMINIQUE 2022 ★★

■ | 15 000 | | 15 à 20 €

Créée en 2005, la Réserve Saint-Dominique est l'activité de négoce d'Éric Bonnet du Dom. la Bastide Saint-Dominique, situé à Courthézon et valeur sûre de la vallée sud pour ses châteauneuf-du-pape, cairanne, côtes-du-rhône et *villages*.

Issu de la partie négoce du domaine, ce gigondas ne se départit pourtant pas de la patte «Éric Bonnet», un style savoureux et souvent minéral, qui soigne le fruit et la fraîcheur sans jamais faire fi de la maturité des raisins. Fenouil, anis vert, menthol, muscari et touche sanguine : le bouquet a de quoi distraire. Au palais, le fruit rouge complète cette palette originale, infusant une matière tendre et bien étoffée, flanquée de tanins souples au toucher crayeux qui ajoutent du relief à cet ensemble prometteur et parfaitement extrait. Singulier mais très fédérateur. ⧗ 2025-2030

RÉSERVE SAINT-DOMINIQUE, 1358, chem. Saint-Dominique, 84350 Courthézon, tél. 04 90 70 85 32, reserve@bastidesaintdominique.com V *t.l.j. 9h-12h30 13h30-17h; sam. dim. sur r.-v.*

DOM. LA ROUBINE 2022 ★

■ | 10 000 | | 15 à 20 €

Éric Ughetto, installé en 1990 sur la propriété familiale, et son épouse Sophie ont quitté la coopérative en 2000 pour vinifier le fruit de leurs 16 ha de vignes conduits en bio certifié. Un domaine régulier en qualité.

Façonné à partir de grappes entières (80 %) et d'un élevage mixte d'un an entre cuve béton et demi-muids, ce gigondas fait montre d'un bel équilibre et d'une maturité de fruit qui saluent des choix judicieux au moment des vendanges, un peu chahutées cette année-là. Des fruits rouges mûrs donc, qui montent du verre, puis se teintent d'une touche de kirsch en bouche, imprégnant une matière douce et onctueuse, avec en appoint de jolis tanins croquants et une pointe chaleureuse de garrigue bien du cru. ⧗ 2025-2030

SCEA LA ROUBINE, 613, chem. du Goujar, 84190 Gigondas, tél. 06 32 99 26 75, domaine.laroubine@laposte.net V *r.-v.*

DOM. LES SIBU 2022 ★

■ | 6 000 | | 15 à 20 €

Trois générations d'Alazard cultivent 27 ha de vignes au pied des Dentelles de Montmirail. En 2015, à l'initiative de Loïc, le petit-fils, diplômé d'un BTS «viti-œno» et fort de nombreuses expériences en France et à l'étranger, une partie des raisins est sortie de la cave coopérative pour être vinifiée chez des amis vignerons. Suit, en 2017, la transformation d'un bâtiment de stockage en cave, permettant d'élaborer les propres cuvées du domaine, l'autre moitié des raisins étant toujours portée à la coopérative.

Une cuvée issue de raisins en conversion bio qui offre un bouquet foisonnant de baies rouges et de ciste, agrémenté d'un flot d'épices (cannelle, cardamome, anis étoilé). On sent la marque du mourvèdre (30 %), associé au grenache, dans cette bouche dense, riche et concentrée, appuyée sur des tanins serrés et un élevage discret (18 mois entre fût et cuve). On lui laissera tout son temps pour se détendre en cave. ⧗ 2027-2033

EARL DOM. LES SIBU, 638, chem. de Carpentras, 84110 Sablet, tél. 06 23 66 88 44, domainelessibu@outlook.fr V *r.-v.*

DOM. DE LA TÊTE NOIRE 2022 ★★

■ | 4 500 | | 15 à 20 €

Créé en 2008 par deux amis belges, puis racheté en 2015 par la famille Do, ce domaine de 22 ha est

aujourd'hui géré par le petit-fils de la famille, Winsley De Maria. Il produit des vins en gigondas, vacqueyras, cairanne et côtes-du-rhône-villages. La certification en agriculture biologique est acquise.

Le grenache (55 %) domine d'une courte tête la syrah dans cette attrayante cuvée qui n'a pas connu le bois. Le nez s'ouvre à l'aération sur des notes friandes de framboise bien mûre et de lavande. Une expression tout en finesse qui se confirme dans une bouche droite, puissante, au fruité parfaitement préservé, guidée de bout en bout par une irrésistible tension saline. Un vin encore dans sa jeunesse, mais construit pour durer comme en témoignent ses tanins, un brin accrocheurs. Un gigondas vibrant, parfait pour une tablée conviviale. ⧗ 2027-2032

SARL DOM. DE LA TÊTE NOIRE, 392, rte des Princes-d'Orange, 84190 Gigondas, tél. 04 90 41 91 70, domaine@latetenoire.fr r.-v.

DOM. LES TEYSSONNIÈRES 2022 ★★

■ | 6000 | 20 à 30 €

Ce domaine créé en 1838, dans la même famille depuis six générations, étend son vignoble sur 13 ha d'un seul tenant au pied des Dentelles de Montmirail, sur des sols sableux plantés de vieux ceps de plus de cinquante ans. Franck Alexandre est aux commandes depuis 1985.

Grenache, syrah, mourvèdre, cinsault et clairette : c'est toute la belle diversité du Rhône méridional en bouteille dans cette cuvée bien connue des lecteurs. Sobre dans son élégante robe carminée, enjôleur et délicat avec ses parfums de petits fruits rouges croquants bien poivrés, c'est véritablement en bouche que le vin se révèle : gras, moelleux, finement texturé par des tanins soyeux et patinés, infusé de chocolat noir et de prune confite, et rafraîchi par une longue finale saline. Un équilibre irrésistible et très fédérateur. ⧗ 2026-2032

FRANCK ALEXANDRE, Dom. les Teyssonnières, 681, chem. des Teissonnières, 84190 Gigondas, tél. 04 90 12 31 31, contact@lesteyssonnieres.com r.-v.

DOM. DE LA TOURADE Morgan 2022 ★★

■ | 2000 | 20 à 30 €

Un domaine fondé en 1876, dans la famille Richard depuis plusieurs générations, dirigé par Virginie et son époux Frédéric Haut depuis 2016. Le vignoble couvre 14 ha, et les élevages en fût, demi-muid ou foudre sont ici privilégiés.

Une moitié de grenache, l'autre de syrah, des grappes entières et un élevage de 16 mois en demi-muids pour cette cuvée en devenir, dédiée à Morgan, le fils des vignerons. La robe sombre aux reflets noirs; la cerise noire, mâtinée de notes fumées et d'une touche de truffe au nez; la bouche ample, corsée, soutenue par des tanins fermes et par un boisé toasté aux flaveurs de moka : tout ici invite à la patience. Elle sera récompensée par un bel accord à table, avec une gigue de chevreuil et une poêlée de cèpes par exemple. ⧗ 2028-2034

DOM. DE LA TOURADE, 1215, rte de Violès, 84190 Gigondas, tél. 04 90 70 91 09, latourade@hotmail.fr t.l.j. 10h-18h

VACQUEYRAS

Superficie : 1 455 ha
Production : 42 325 hl (97 % rouge et rosé)

Consacré en AOC communale en 1990, le vignoble de Vacqueyras est situé dans le Vaucluse, entre Gigondas au nord et Beaumes-de-Venise au sud-est. Son territoire s'étend sur les deux communes de Vacqueyras et de Sarrians. Les vins rouges, largement majoritaires, sont élaborés à base de grenache, de syrah, de mourvèdre et de cinsault; ils sont aptes à la garde (trois à dix ans). Les quelques rosés sont issus d'un encépagement similaire. Les blancs, confidentiels, naissent des cépages clairette, grenache blanc, bourboulenc et roussanne.

(B) CH. BOIS D'ARLÈNE Origine 2021 ★★

■ | 3400 | 20 à 30 €

Entre Sarrians et Vacqueyras, sur les terrasses de l'Ouvèze, siège une bâtisse provençale du XIXe s., entourée d'un parc majestueux et bordée par un étang classé en zone humide protégée. En 2013, un couple d'Américains, Arlène Libby et Norge Larson, achète le domaine qui devient le Ch. Bois d'Arlène. Une histoire de copains qui s'écrit avec la complicité de Philippe et Élizabeth Bernard, vignerons du Dom. de la Ligière à Beaumes-de-Venise. Certifié bio, le vignoble couvre 10 ha, dont 7 ha en vacqueyras.

Une entrée au Guide remarquée avec cette cuvée parcellaire valorisant les plus vieilles vignes du domaine : 1 ha de vieux ceps de grenache âgés de 75 ans. Complétés par une touche de syrah (10 %), les raisins sont partiellement éraflés et mis à fermenter avec leurs levures naturelles. Dans le verre, il en résulte un rouge profond exhalant des parfums chaleureux de griotte au sirop, de paprika et de cuir. Un caractère épanoui que l'on retrouve dans une bouche suave, puissante, offrant beaucoup de volume, des tanins veloutés et une finale teintée d'épices. Une superbe évocation du cépage et du cru. ⧗ 2026-2032

CH. BOIS D'ARLÈNE, 452, chem. Bernusset, 84260 Sarrians, tél. 04 90 46 96 86, contact@boisdarlene.com t.l.j. sf dim. 9h-12h 13h30-18h

DOM. BRUNELY 2022 ★

■ | 58 000 | 8 à 11 €

Offertes au XVe s. à Pellegrin de Brunelis par le pape Martin V, ces terres ont été acquises en 1976 par Rémi Carichon. Installé en 1986, son fils Charles conduit aujourd'hui 70 ha morcelés en une mosaïque de terroirs. Une valeur sûre de la vallée du Rhône sud.

Une touche de cinsault et de mourvèdre (10 %) vient épauler le classique duo grenache-syrah dans ce vin à l'élégante robe sombre, qui dispense des parfums de baies noires mûres et un soupçon de genièvre. Douce, charnue, la bouche offre du gras et une mâche fruitée, marquée en finale par une pointe de chaleur sur des notes de griotte à l'eau-de-vie. Un vacqueyras « plaisir », à déboucher dans ses jeunes années. ⧗ 2024-2027

■ **Les Secrets de la licorne 2022 ★ (11 à 15 €; 20 000 b.)** Les vieilles vignes du domaine – grenache (80 %) et mourvèdre de 50 à 80 ans sis sur le plateau des garrigues recouvert de galets siliceux – sont assemblées dans cette cuvée au nez intense de crème de cassis, de poivre noir et de romarin. Consistant et dynamique, le palais offre une agréable souplesse en dépit d'une structure tannique encore ferme. Un peu de garde avant de le servir avec des paupiettes de veau à la sauge. 2025-2030

DOM. BRUNELY, 1272, rte de la Brunely, 84260 Sarrians, tél. 04 90 65 41 24, contact@domainebrunely.com V *r.-v.*

DOM. BURLE La Muse 2022 ★

■	7500		11 à 15 €

Un domaine fondé en 1961, dans la même famille depuis trois générations. Florent et Damien Burle, installés en 1995, y conduisent un vignoble de 21 ha.

Vendangés à la main, puis élevés en cuve pendant 12 mois, grenache (70 %) et syrah s'associent dans cette élégante cuvée ouverte sur la griotte, le laurier rose et le romarin. Du croquant, de la finesse, des tanins soyeux et une agréable finale sur les fruits rouges frais, le palais achève de convaincre. On est sous le charme de cette Muse qui promet une belle tenue dans le temps. 2026-2030

EARL FLORENT ET DAMIEN BURLE, 306, chem. Saint-Damien, 84190 Gigondas, tél. 06 89 38 59 69, contact@domaineburle.com V *r.-v.*

DOM. DE LA CHARBONNIÈRE 2021 ★

■	5000		20 à 30 €

En 1912, Eugène Maret achète ce domaine pour l'offrir à sa femme, châteauneuvoise et fille de vigneron. En 2013, son petit-fils Michel, aux commandes à partir de 1973, a transmis la gestion de ses 28 ha de vignes à ses filles Caroline et Véronique, qui poursuivent avec le même talent le travail de sélections parcellaires pratiqué par leur père. Une valeur sûre en vacqueyras et en châteauneuf.

Après un long élevage de 18 mois en cuve tronconique de bois, demi-muids et barriques, ce vacqueyras dévoile à l'aération des parfums de baies sauvages, de garrigue et de fleur d'immortelle. Corsé, dense, le palais s'adosse à un bon boisé fondu et à des tanins consistants, sans se départir d'une agréable sucrosité aux saveurs de mûre confite. L'ensemble dessine un vin voluptueux et prometteur. 2025-2030

EARL MICHEL MARET ET FILLES, Dom. de la Charbonnière, 26, rte de Courthézon, 84230 Châteauneuf-du-Pape, tél. 04 90 83 74 59, contact@domainedelacharbonniere.com V *r.-v.*

CLOS DE CAVEAU
Carmin brillant 2021 ★★★

■	10000		20 à 30 €

Pionniers en matière de viticulture biologique (certification en 1989), les Bungener conduisent un domaine de 16 ha d'un seul tenant au pied des Dentelles de Montmirail qui est aussi le plus haut de l'appellation. Attachés à l'expression des terroirs, ils privilégient les vinifications parcellaires et le recours aux seules levures indigènes.

Fermentés grâce aux levures indigènes, grenache (60 %) et syrah ont séjourné plus de 20 mois pour moitié en fût et pour moitié en cuve. De ce savoir-faire maîtrisé et patient est né un vin profond, au nez intense et captivant de myrtille macérée, de girofle et de menthol. Racée, opulente, pétrie de baies noires juteuses, la bouche conjugue la puissance, une mâche tactile et un caractère digeste tout à fait réjouissant. «Une évidence», s'est extasié le jury. 2026-2032

■ **Fruit sauvage 2022 ★ (15 à 20 €; 15000 b.)**
Derrière sa jolie robe carminée, cette cuvée dévoile un nez fin et alléchant de framboise au sirop, de rose et de thym frais. Caressant et ourlé de tanins soyeux, souligné par une délicate acidité, le palais offre une belle concentration de fruits rouges frais, persistant longuement en finale. Une cuvée séduisante et amène, à savourer avec une joue de porc confite aux abricots. 2024-2028

EARL LE CLOS DE CAVEAU, 1560, chem. de Caveau, 84190 Vacqueyras, tél. 04 90 65 85 33, domaine@closdecaveau.com V *t.l.j. sf sam. dim. 9h-12h 14h-18h*

DOM. LE CLOS DES CAZAUX
Les Clefs d'or 2023 ★★

■	15000		11 à 15 €

Des origines templières pour ce domaine dans la famille Archimbaud-Vache depuis cinq générations. Aux commandes aujourd'hui, deux frères, Frédéric à la cave et Jean-Michel à la vigne, à la tête de 20 ha en gigondas et de 25 ha en vacqueyras. Une valeur sûre.

Complétée de roussanne et de grenache blanc, la clairette apporte ici toute sa finesse et son élégance, à travers des notes d'écorce d'agrumes et une fine minéralité. On appréciera aussi sa fraîcheur en bouche, son attaque nette et son joli gras infusé de fruit croquant, pour finir par une délicate amertume qui lui confère relief et longueur. Alerte et vivifiant, voilà le blanc idéal pour passer à table avec un bar grillé au fenouil. 2024-2027

EARL ARCHIMBAUD-VACHE, 317, chem. du Moulin, 84190 Vacqueyras, tél. 04 90 65 85 83, closdescazaux@orange.fr V *t.l.j. sf sam. dim. 9h-12h 14h-18h*

DOM. FONTAVIN
Il était une fois... 2022 ★

■	15000		15 à 20 €

Situé au nord de Courthézon, ce domaine familial de 45 ha, réparti sur huit communes et cinq appellations, est dirigé depuis 1998 par Hélène Chouvet, œnologue, qui a converti le vignoble à l'agriculture biologique.

Fermentées ensemble puis élevées 12 mois en cuve, les plus vieilles vignes du domaine – des grenaches de 120 ans – sont associées au mourvèdre et à la syrah dans cette cuvée qui murmure une authentique histoire rhodanienne : une robe d'un éclatant grenat, un nez alléchant de cerise mûre, de réglisse et de pâte d'amandes, une matière charnue, concentrée, cadrée par des tanins soyeux mais présents, délicieusement épicés. De la gourmandise et une belle complexité pour ce vacqueyras à l'équilibre très assuré. 2025-2029

DOM. FONTAVIN, 1468, rte de la Plaine, 84350 Courthézon, tél. 04 90 70 72 14, helene-chouvet@fontavin.com V *t.l.j sf dim. 9h-12h 14h-18h; sam. sur r.-v.*

DOM. DE LA GANSE 2022 ★

■ | 14 500 | | 11 à 15 €

Après avoir œuvré sur d'autres domaines, Coralie Onde a créé en 2008 ce coquet vignoble de 7 ha, qu'elle a converti en bio.

Né de sols argilo-calcaires et de galets roulés, cet assemblage classiquement dominé par le grenache (80 %) n'a pas connu le bois. Il en résulte un vacqueyras dynamique, dont on aime le nez fringant de fruits rouges croquants, de menthe sauvage et de Zan. Souple, caressante, structurée en douceur par des tanins déliés, la bouche laisse un long sillon de fraîcheur en finale. Une cuvée séduisante et harmonieuse, non dénuée d'avenir en cave. ⧗ 2025-2030

EARL CORALIE ONDE, Dom. de la Ganse, 157, cours Stassart, 84190 Vacqueyras, tél. 06 83 70 02 23, coralie.onde@laganse.fr V *r.-v.*

♥ DOM. LA GARRIGUE
Albert et Camille 2022 ★★★

■ | 26 000 | | 15 à 20 €

La famille Bernard est installée à Vacqueyras depuis 1850 et six générations sur un domaine de 75 ha plantés de vieilles vignes, souvent en vue dans ces pages pour ses gigondas et ses vacqueyras. Depuis peu, la relève est assurée à la vigne comme en cave par les cousins Virginie Combe et Simon Bernard.

Voilà un rouge éclatant que n'auraient probablement pas renié les anciens, Albert et Camille, auxquels est dédiée cette cuvée. Leur travail assuré dans la continuité par leur descendance s'illustre dans les nouvelles étiquettes associant le chêne, symbole du domaine, à l'empreinte. De chêne, il n'en est pourtant pas question dans ce quasi pur grenache (80 %) élevé en cuve béton, distillant des parfums captivants de mûre, d'olive noire et de cacao. D'emblée profonde et riche, étayée de tanins solides mais veloutés, la bouche s'étire dans une longue finale juteuse. Une puissance contenue qui a laissé le jury sans voix. ⧗ 2026-2032

SCEA A. BERNARD ET FILS, 325, chem. Nouveau-de-la-Garrigue, 84190 Vacqueyras, tél. 04 90 65 84 60, info@domaine-la-garrigue.fr V *t.l.j. sf dim. 8h-12h 14h-18h*

DOM. DU GRAND PRIEUR 2021 ★

■ | 25 000 | | 8 à 11 €

Ce collectif regroupe plus de 400 vignerons autour d'un modèle coopératif, sur une superficie de 2 900 ha de vignes réparties autour des Dentelles de Montmirail, dont 1 200 ha en crus gigondas, vacqueyras et beaumes-de-venise. Chaque entité reste modeste, avec en moyenne 10 ha de vignes cultivés par famille.

Une bonne proportion de syrah (35 %) et une touche de mourvèdre (5 %) apportent leur séduisante empreinte épicée à cette trilogie rhodanienne dominée par le grenache, dont l'élevage en cuve a su préserver la fraîcheur. Gracile dans sa robe d'un grenat lumineux, raffinée par son nez de framboise, poivre blanc et cumin, juteuse par sa bouche onctueuse, intense, aux tanins fondus : tout en elle évoque le fruit pulpeux. Un vacqueyras sapide et gourmand, à ouvrir sur une estouffade d'agneau aux olives. ⧗ 2024-2027

RHONÉA, 228, rte de Carpentras, 84190 Beaumes-de-Venise, tél. 04 90 12 41 00, contact@rhonea.fr V *r.-v.*

B ALAIN JAUME
Grande Garrigue 2022 ★★

■ | 15 000 | | 15 à 20 €

D'origine castelpapale, Alain Jaume et ses fils, Sébastien et Christophe, perpétuent une tradition viticole qui remonte à 1826. Ils conduisent en bio un vignoble de 155 ha réparti sur quatre domaines : Grand Veneur à Châteauneuf-du-Pape, Clos de Sixte à Lirac, Ch. Mazane à Vacqueyras, et le Dom. la Grangette Saint-Joseph en appellation côtes-du-rhône, le tout complété par une activité de négoce. Une valeur sûre.

Après un élevage mixte de 12 mois en cuve et en fût de chêne, ce joli vin aux notes fraîches de griotte et d'épices charme par son équilibre en bouche, où il se révèle à la fois tendu, soyeux et finement extrait, prolongé par une élégante amertume teintée d'herbes aromatiques. Une cuvée stimulante et bien parfumée. ⧗ 2024-2028 ■ **La Grangette des garrigues 2022 ★★ (15 à 20 €; 15 000 b.)** B Au nez se déploient d'intenses senteurs de fruits des bois, puis des notes fumées et épicées. Fidèle au bouquet, la bouche se montre ample, puissante, sur la cerise noire et le cacao amer, cadrée par des tanins racés bien domptés par l'élevage. Une longue finale signant le retour des épices nous transporte dans le Sud. Un vacqueyras bien typé. ⧗ 2025-2029

VIGNOBLES ALAIN JAUME, 1358, rte de Châteauneuf-du-Pape, 84100 Orange, tél. 04 90 34 68 70, contact@alainjaume.com V *t.l.j. sf dim. 8h-13h 13h15-18h*

LAVAU 2021 ★

■ | 30 000 | | 15 à 20 €

Une maison de négoce fondée en 1964 par Jean-Guy Lavau, d'origine saint-émilionnaise. Ses héritiers Benoît et Frédéric, rejoints en 2013 par Bénédicte Bonnet du Ch. Maucoil à Châteauneuf-du-Pape, proposent aujourd'hui une large gamme de vins à partir de la production de 350 vignerons de la vallée du Rhône méridionale, complétée par 190 ha de vignes en propriété.

Né d'un terroir sablonneux, ce vacqueyras séduit par son nez pimpant de myrtilles au sirop, réveillé par une touche de poivre blanc. Une allégresse qui fait aussi l'agrément d'une bouche consistante, généreuse, nantie de tanins fondus et d'une plaisante sucrosité très typée «grenache». Parfait pour accompagner une pastilla de pigeon aux amandes. ⧗ 2024-2028

MAISON LAVAU, 585, rte de Cairanne, 84150 Violès, tél. 04 90 70 98 70, advexport@lavau.fr V *t.l.j. 10h-13h 15h-17h; f. oct.-fév.*

DOM. DE LA LIBELLULE 2022 ★

■ | 15000 | | 11 à 15 €

Le Cellier des Princes est l'unique coopérative à produire du châteauneuf-du-pape. Fondée en 1925, la cave regroupe aujourd'hui 120 adhérents et vinifie les vendanges de 600 ha, du châteauneuf donc, et aussi une large gamme de côtes-du-rhône, *villages*, ventoux et IGP.

Issue du terroir des Garrigues sud riche en argile brune, cette cuvée a privilégié le grenache (80 %) et la patience, avec ses six semaines de cuvaison et son élevage de 18 mois. Dans le verre, un vin éloquent et complexe, sur les fruits rouges compotés, le cuir et les épices douces (fenugrec, cardamome). Avec son croquant, sa texture coulante, ses tanins déliés et son allonge juteuse aux saveurs de fraise et de menthol, le palais ne déçoit pas. Un rouge gracile et délicat. ⧗ 2024-2028

LE CELLIER DES PRINCES, 758, rte d'Orange, 84350 Courthézon, tél. 04 90 70 21 44, lesvignerons@cellierdesprinces.com V *t.l.j. 9h-12h30 14h-18h30*

Ⓑ DOM. LA LIGIÈRE Fumitarde 2022 ★

■ | 2500 | | 15 à 20 €

Le domaine, fondé au XIXe s., est dans la famille Bernard depuis cinq générations. Philippe Bernard et son épouse Élizabeth sont sortis de la coopérative en 2008 et ont créé leur propre cave. Ils exploitent 60 ha de vignes, conduites en bio certifié depuis 2013.

Une cuvée parcellaire qui porte le nom du lieu qui l'a vue naître : 1 ha argileux et frais où croissent des ceps quarantenaires de grenache (70 %) et de syrah, vinifiés en grappes entières puis élevés brièvement en fût. Le bouquet, encore fermé, libère quelques effluves de cerise noire et de fève de cacao. Au palais, le caractère juvénile se confirme, offrant une matière pleine, dense, structurée par des tanins fermes, mais stimulée par un retour du fruit en finale. L'équilibre est là, reste à laisser ce vacqueyras encore s'assagir en cave. ⧗ 2026-2032

SCEA BERNARD ET FILS, 1385, chem. des Seyrels, 84190 Beaumes-de-Venise, tél. 04 90 62 98 00, contact@laligiere.fr V *t.l.j. 10h-12h 14h-18h* Ⓔ

Ⓑ DOM. DE L'OBRIEU 2021 ★

■ | 3400 | | 11 à 15 €

Situé à Visan, ce petit domaine de 8 ha, conduit en agriculture biologique, a été créé par le grand-père et le père de Jean-Yves Perez, aujourd'hui aux commandes aux côtés de sa femme Cécile. Les vinifications sont lancées en 2005, d'abord dans l'ancienne grange de la ferme reconvertie en cave, puis dans un nouveau chai dédié, plus fonctionnel, depuis 2012. Ils produisent des côtes-du-rhône, des *villages* Visan et des vacqueyras.

Au nez, ce fringant vacqueyras laisse parler les épices, le pain grillé et la garrigue sur fond de baies rouges confites. Une chair généreuse et finement tannique tapisse un palais infusé de bout en bout par les fruits frais, avec une petite note saline qui stimule la finale. Il ne lui a manqué qu'un petit peu d'allonge pour prétendre à une seconde étoile. ⧗ 2024-2028

SCEA FAMILLE VARENNE-PEREZ, 850, chem. des Gleyze, 84820 Visan, tél. 04 90 41 92 82, domaine@lobrieu.fr V *r.-v.*

Ⓑ LES ONDINES Passion 2022 ★

■ | 5000 | | 15 à 20 €

Scientifique de formation, Jérémy Onde a repris les vignes paternelles, créé sa cave et produit son propre vin à partir de 2002. Il a converti son vignoble de 60 ha à l'agriculture biologique en 2012, à partir duquel il élabore notamment des côtes-du-rhône, des *villages* et des vacqueyras. Très engagé, le domaine a mis en place des mesures agro-environnementales : bannissement des herbicides, plantation de haies, passage en biodynamie et acquisition d'un troupeau de 160 brebis pour l'écopâturage au vignoble.

De jeunes vignes de clairette, roussanne, bourboulenc et grenache ont enfanté ce blanc délicat. Un court passage en fût a détendu le nez, qui décline des parfums de tilleul et d'acacia et une subtile empreinte grillée. L'abricot frais et la nèfle s'invitent dans une bouche nette, équilibrée et de bonne longueur, teintée en finale d'une pointe d'amertume qui lui va bien. Du tonus et de la finesse, qui s'apprécieront aussi à l'apéritif. ⧗ 2024-2028 ■ **Clos des Frères 2022 ★ (20 à 30 €; 1900 b.)** Ⓑ Une cuvée emblématique et confidentielle, créée lors des premières vinifications de Jérémy Onde. Fermentés ensemble, grenache et syrah séjournent ensuite 14 mois en barriques et demi-muids. Discret, le nez s'ouvre lentement autour du laurier-rose, de la griotte confite, de la fève tonka et du romarin. Ronde, dotée de tanins fondus, la bouche offre la sucrosité typique d'un grenache bien mûr, dynamisée par une pointe de minéralité. ⧗ 2025-2030

DOM. LES ONDINES, 413, rte de la Garrigue-Sud, 84260 Sarrians, tél. 04 90 65 86 45, jeremy.ondines@wanadoo.fr V *t.l.j. 9h-12h 14h-18h*

MAISON RAVOIRE 2022 ★★

■ | 10000 | | 15 à 20 €

Établi aux portes du Luberon, ce négoce familial créé en 1987 par Roger Ravoire, fils de vigneron, propose une gamme de vins (marque et domaine) provençaux et rhodaniens.

Un peu de syrah épaule le grenache dans ce vin profond, aux parfums intenses de fruits frais (cerise, mûre). Fruits que l'on retrouve rehaussés d'une touche boisée-épicée dans une bouche à la chair veloutée, fine et bien structurée par des tanins extraits avec douceur. Déjà irrésistible aujourd'hui, tout cela est aussi de bon augure pour la suite. ⧗ 2024-2029

SAS FAMILLE RAVOIRE, 340, rue du Rémoulaire, 13300 Salon-de-Provence, tél. 04 90 73 01 10, contact@ravoire.fr V *r.-v.*

DOM. SAINT-ROCH Nos Générations 2021 ★★★

■ | 2000 | | 15 à 20 €

Les Meissonnier sont enracinés depuis seize générations à Beaumes-de-Venise, d'abord comme oléiculteurs, puis comme viticulteurs, un parcours suivi par un grand nombre après le grand gel de 1956. La production au domaine est en revanche récente : Stéphane Meissonnier et son épouse Stéphanie créent leur cave en 2012 pour vinifier le fruit de leurs 50 ha de vignes. Leurs fils Théo et Quentin travaillent désormais à leurs côtés.

Des ceps de grenache et de syrah canoniques (130 ans) ont engendré cette cuvée confidentielle, hommage aux générations de Meissonnier qui ont œuvré sur ces terres. Dans le verre l'alchimie opère, sur la foi de ce bouquet épanoui et raffiné de griotte en liqueur, de quetsche, de cuir et de genévrier. Un élevage précis de 12 mois en fût de bois des Vosges a patiné les tanins, structurant la bouche tout en l'étoffant, sans porter atteinte ni à la fraîcheur du fruit, ni à la finale juteuse et tendue à souhait. Une superbe évocation de l'appellation. ⧗ 2026-2032

EARL SAINT-ROCH, 167, rte d'Aubignan, 84190 Beaumes-de-Venise, tél. 04 90 65 84 37, domaine.saintroch@orange.fr V *t.l.j. 9h-12h 14h-19h*

DOM. DU TERME 2021 ★

■	8000		11 à 15 €

Situé à la frontière entre l'ancienne principauté d'Orange et le comtat Venaissin, d'où son nom, le domaine est entré dans la famille Gaudin il y a cinq générations. Installée en 1987, Anne-Marie Gaudin-Riché est désormais épaulée par son fils Henry, tous deux aux commandes d'un vignoble de 25 ha.

Teinté de discrets reflets brique signant un début d'évolution, cet élégant rouge, élevé uniquement en cuve, s'ouvre timidement sur des parfums typés de fraise des bois et de garrigue, nuancés d'une touche d'anis étoilé. Franc, structuré, le vin révèle sa puissance au palais et fait preuve d'une excellente tenue, associant une texture ample et pulpeuse à des tanins encore un peu serrés. Un vacqueyras fougueux et prometteur, à laisser se détendre en cave. ⧗ 2025-2029

EARL ROLLAND GAUDIN, Dom. du Terme, 192, chem. du Terme, 84190 Gigondas, tél. 04 90 65 86 75, gaudin@domaineduterme.fr V *r.-v.*

B VIGNOBLES ET COMPAGNIE Les Roches des Dentelles 2023 ★

■	6000		11 à 15 €

Établie à Castillon, près du pont du Gard, Vignobles et Compagnie (anciennement la Compagnie rhodanienne) est une maison de négoce créée en 1963, dans le giron du groupe Taillan. Elle propose des vins (marques ou cuvées de domaine) dans de nombreuses appellations de la vallée du Rhône, de la Provence et du Languedoc.

Ce beau blanc dévoile un nez frais et dynamique de réséda et d'agrumes. Vive et longue, équilibrée par un joli gras, la bouche restitue ces mêmes saveurs friandes. Une pointe de minéralité met la dernière touche à cet ensemble raffiné, qui s'associera à table avec un tartare de dorade. ⧗ 2024-2027

VIGNOBLES ET COMPAGNIE, SPECR 19, chem. Neuf, CS 80002, 30210 Castillon-du-Gard, tél. 04 66 37 49 50, adrien.colaisseau@vignoblescompagnie.com

BEAUMES-DE-VENISE

Superficie : 580 ha / Production : 19 880 hl

Reconnue en 2005, cette appellation concerne uniquement les vins rouges issus de quatre communes du Vaucluse limitrophes des appellations gigondas et vacqueyras : Beaumes-de-Venise, Lafare, La Roque-Alric, Suzette. Les vins doivent provenir d'un assemblage de cépages principaux (au moins 50 % de grenache noir et 25 % de syrah en 2015).

B DOM. CAROLINE BONNEFOY 2022 ★

■	15000		15 à 20 €

« Vignerons bio », Gilles Phétisson et Caroline Bonnefoy, unis dans la vie, vinifient leurs domaines séparément (Lumian pour lui, Bonnefoy pour elle). En 2012, ils se sont associés à travers une activité de négoce.

Une longue macération de quatre semaines a engendré ce vigoureux rouge emmené par le grenache (75 %), la syrah en appoint, dévoilant un bouquet fougueux de fleurs sauvages, de fruits à noyau, de romarin et d'eucalyptus. Une belle fraîcheur émane d'une bouche tendue, bien charpentée, dont les tanins au grain accrocheur gagneront à se détendre en cave. Juteuse et très parfumée, avec ses saveurs de mûre écrasée, de Zan et de menthol, la finale achève de convaincre. Un beaumes démonstratif et prometteur. ⧗ 2027-2034

CAROLINE BONNEFOY, rte de Montélimar, 84600 Valréas, tél. 06 87 14 21 48, domainedelumian@orange.fr V *t.l.j. sf dim. 9h-12h 14h-18h*

DOM. DE DURBAN Vieilles Vignes 2021 ★

■	80000		11 à 15 €

Cette ferme fortifiée datant de 1150, adossée à un bois de pins, offre une vue panoramique sur son vaste (119 ha) et vieux (1414) vignoble. La famille Leydier y perpétue depuis 1967 une tradition viticole ancienne.

Enracinées sur les terres rouges du trias, au sol argilo-calcaire riche en magnésium et en fer, ces vieilles vignes font la part belle au grenache (70 %) et à son expression la plus pure avec ses fragrances de mara des bois et sa touche de laurier-rose, nuancées d'effluves chaleureux de garrigue. On apprécie aussi sa bouche d'un classicisme de bon goût : à la fois ronde, charpentée et bien typée avec ses tanins crayeux et sa longue finale aux accents camphrés de myrte. Une fidèle évocation du cru. ⧗ 2026-2030

SCEA LEYDIER ET FILS, Dom. de Durban, 2523, chem. de Durban, 84190 Beaumes-de-Venise, tél. 04 90 62 94 26, domaine.de.durban@wanadoo.fr V *t.l.j. sf dim. 9h-12h 14h-18h30*

♥ B CH. SAINT-SAUVEUR Chapelle Saint-Sixte 2021 ★★

■	13300		15 à 20 €

Un domaine de 58 ha conduit en bio, ancien fief d'une famille de la noblesse du Comtat venaissin et propriété des Rey depuis 1936. Le caveau est installé dans une chapelle du XIIe s., et la cave de vinification dans un ancien monastère.

L'antique chapelle marquant l'entrée du domaine est aussi l'emblème de ce rouge sensationnel, né de jeunes vignes de 13 ans et d'un élevage long ponctué d'un bref passage en fût de 6 mois. Avec sa robe profonde et veloutée et son bouquet distingué d'iris, de cassis et de Zan, l'entame a de quoi réjouir. Ces bonnes dispositions se prolongent dans une bouche précise, fraîche en attaque, qui monte tranquillement en puissance révélant une matière consistante, savoureuse et finement tannique, pétrie de framboise mûre et tout juste soulignée par un boisé vanillé et biscuité du meilleur effet. On en profite sur l'éclat du fruit ou on l'ouvre plus tard sur une viande goûteuse. ⧗ 2025-2032

⊶ CH. SAINT-SAUVEUR / EARL LES HÉRITIERS DE MARCEL REY, 1451, av. Joseph-Vernet, 84810 Aubignan, tél. 04 90 62 60 39, vins@domaine-st-sauveur.fr V *t.l.j. sf dim. 9h15-12h15 14h15-18h30*

CHÂTEAUNEUF-DU-PAPE

Superficie : 3 155 ha
Production : 83 865 hl (95 % rouge)

Le vignoble, qui garde le souvenir des papes d'Avignon, est situé sur la rive gauche du Rhône, à une quinzaine de kilomètres au nord de l'ancienne cité pontificale. L'appellation fut la première à avoir défini légalement ses conditions de production, dès 1931. Son territoire s'étend sur la quasi-totalité de la commune qui lui a donné son nom et sur certains terrains de même nature des communes limitrophes d'Orange, de Courthézon, de Bédarrides et de Sorgues. Son originalité provient de son sol, formé notamment de vastes terrasses de hauteurs différentes, recouvertes d'argile rouge mêlée à de nombreux cailloux roulés. Parmi les cépages autorisés, très divers, prédominent grenache, syrah, mourvèdre et cinsault.
Les châteauneuf-du-pape s'apprécient mieux après une garde qui varie en fonction des millésimes. Amples, corsés et charpentés, ce sont des vins au bouquet puissant et complexe, qui accompagnent avec succès les viandes rouges, le gibier et les fromages. Les rares blancs savent cacher leur puissance par la finesse de leurs arômes.

DOM. PAUL AUTARD
Cuvée confidentielle 2022 ★★

■	3000		30 à 50 €

Une statue de la Vierge à l'entrée du domaine rappelle qu'il fut une résidence du diocèse d'Avignon. Sous la colline de pins, la cave en safre abrite les barriques de vin pendant de longs mois. Paul est le prénom du fondateur, Jean-Paul celui de l'actuel propriétaire à la tête de l'exploitation depuis ses 17 ans, aujourd'hui rejoint par sa fille Pauline. Le vignoble couvre 25 ha, morcelés au nord-est de Châteauneuf, du côté de Courthézon.
Grenache, clairette et roussanne à parité, fermentés et élevés en barriques neuves pendant 8 mois, composent cette cuvée confidentielle, qui illustre l'excellente maîtrise des élevages sous bois au domaine. Le bouquet en est à peine teinté, exprimant des nuances de fruits du verger (poire, abricot) et de fruits tropicaux (ananas, litchi), rehaussées d'une touche originale d'herbes aromatiques (chartreuse). Souple, tendue par une savoureuse ligne de vivacité saline, parfumée d'un fruit juteux à la fois miellé et discrètement vanillé, la bouche se distingue par sa finesse. Un blanc haute couture. ⧗ 2026-2032

⊶ SCEA JEAN-PAUL AUTARD, rte de Châteauneuf-du-Pape, 84350 Courthézon, tél. 06 15 20 83 10, jean-paul.autard@wanadoo.fr V *t.l.j. sf 10h-12h 14h-18h*

LA BASTIDE SAINT-DOMINIQUE
Secrets de Pignan 2021 ★★

■	5000		50 à 75 €

Créé en 1979 par Gérard et Marie-Claude Bonnet, ce domaine établi à Courthézon, sur les vestiges d'une ancienne chapelle du XVI[e]s., se déploie sur 45 ha en côtes-du-rhône, cairanne et châteauneuf-du-pape. Depuis 1999, les vins sont vinifiés par Éric, leur fils, qui complète la propriété avec une structure de négoce. Il a été rejoint par sa sœur Véronique en 2016.
Une petite parcelle de 1,5 ha au lieu-dit Pignan, au sol de safres, plantée de grenaches centenaires, a été la matrice de cette cuvée bien connue des lecteurs du Guide. Après un long séjour de 22 mois en cuve, elle se pare d'arômes complexes de baie rose, de boîte à cigares et de pâte de fruits. Une même complexité infuse une bouche détendue, veloutée et persistante, ourlée de tanins enveloppés extraits avec doigté, soulignée dès l'entame par une acidité savamment dosée. L'équilibre plus frais du millésime 2021 lui va à ravir. ⧗ 2027-2034

⊶ LA BASTIDE SAINT-DOMINIQUE, 1358, chem. St-Dominique, 84350 Courthézon, tél. 04 90 70 85 32, contact@bastidesaintdominique.com V *t.l.j. 9h-12h30 13h30-17h; sam. dim. sur r.-v.* B

B DOM. DE BEAURENARD 2021 ★

■	35000		30 à 50 €

Depuis 1929, sept générations se sont succédé jusqu'à Daniel et Frédéric Coulon, à la tête d'un vignoble de 63 ha conduit en bio et biodynamie certifiés. Un incontournable de la vallée du Rhône méridionale, en châteauneuf-du-pape mais aussi en rasteau (sec et doux) et en côtes-du-rhône.
Bien connu pour sa vaste diversité ampélographique, le domaine associe ici le grenache (70 %) aux autres cépages autorisés dans le cru. Co-fermentation, extraction douce et élevage mixte de 15 mois participent au profil nuancé de ce 2021 au bouquet fin et charmeur de fruits des bois bien mûrs, de noix de muscade et de poivre noir. Une attaque soyeuse, une chair crayeuse étayée de tanins fins, un fruité juteux et épicé qui se teinte de notes sanguines et lardées en finale : tout est déjà en place au palais pour faire un élégant vin de garde. ⧗ 2028-2036 ■ **Le Boisrenard 2022 ★ (50 à 75 €; 5000 b.)** B Co-fermentées puis élevées 6 mois en foudres de chêne, clairette et roussanne, complétées des quatre autres cépages blancs de l'appellation, forgent le caractère de ce Boisrenard au nez charmeur de fleur d'oranger, de poire et d'agrumes frais. Expressive et équilibrée, la bouche offre un gras confortable infusé d'un fruité mûr tout juste souligné des notes briochées du merrain et dynamisé par une fine tension citronnée qui porte loin la finale. ⧗ 2026-2034

⊶ SCEA PAUL COULON ET FILS, Domaine de Beaurenard, 10, av. Pierre-de-Luxembourg, 84230 Châteauneuf-du-Pape, tél. 04 90 83 71 79, contact@beaurenard.fr V *t.l.j. 9h-12h 13h30-17h30; f. sam. dim. nov.-avr.*

BONPAS Bonus Passus 2022 ★★

■ | 22000 | | 20 à 30 €

Cette maison de négoce, dans le giron du groupe bourguignon Boisset, doit son nom à un monastère fortifié, donné par le pape Jean XXII aux Chartreux, en 1318. Un lieu stratégique qui veillait autrefois sur la route menant d'Avignon à Rome : un *bonus passus* en latin (« bon passage »).

Au nez, des senteurs éloquentes de cerise noire confiturée rehaussées de notes torréfiées aux accents de vanille et d'amande grillée. Une attaque intense ouvre sur un palais très rond, fruité et légèrement boisé (caramel), cadré par des tanins veloutés attestant la belle maturité du raisin et un élevage sur mesure. Une finale enlevée sur les épices douces donne la dernière touche à cet ensemble prometteur et déjà terriblement séduisant. ⧗ 2027-2032

BONPAS, 1, chem. de Réveillac, 84510 Caumont-sur-Durance, tél. 04 90 23 67 98, contact@bonpas.fr

DOM. BRUNELY 2022 ★★

■ | 9000 | | 20 à 30 €

Offertes au XVᵉs. à Pellegrin de Brunelis par le pape Martin V, ces terres ont été acquises en 1976 par Rémi Carichon. Installé en 1986, son fils Charles conduit aujourd'hui 70 ha morcelés en une mosaïque de terroirs. Une valeur sûre de la vallée du Rhône sud.

Une orientation nord et le terroir singulier de l'Angless, constitué de sables et de galets roulés en mélange, ont donné naissance à ce châteauneuf tendre et expressif, affichant un bouquet explosif de myrtille et de cassis, nuancé de poivre noir et de laurier noble. Suit un palais droit, long et frais, arrimé à une trame tannique soyeuse, bien pris dans le fruit, s'étirant dans une élégante finale aux accents d'humus et de sève. L'ensemble laisse une sensation de tension et de puissance maîtrisée. ⧗ 2027-2034

DOM. BRUNELY, 1272, rte de la Brunely, 84260 Sarrians, tél. 04 90 65 41 24, contact@domainebrunely.com V *r.-v.*

♥ **CELLIER DES PRINCES** Hauts des Coteaux 2022 ★★

■ | 20000 | | 20 à 30 €

Le Cellier des Princes est l'unique coopérative à produire du châteauneuf-du-pape. Fondée en 1925, la cave regroupe aujourd'hui 120 adhérents et vinifie les vendanges de 600 ha, du châteauneuf donc, et aussi une large gamme de côtes-du-rhône, *villages*, ventoux et IGP.

Issue des plus vieilles vignes (70 ans) des apporteurs de la cave, cette cuvée fait la part belle au grenache (90 %). Dotée d'une élégante robe carmin vive et luisante, elle livre un bouquet subtil et captivant de cerise guigne confite et de pierre à fusil. Complexe et intense, la bouche restitue ces mêmes saveurs de fruits mûrs et de minéralité, agrémentées de cannelle et de musc, dans une matière veloutée, onctueuse et très longue, nantie de tanins fins à la mâche délicieusement accrocheuse. Un profil sincère doué de gourmandise et d'élégance. ⧗ 2027-2034 ■ **2022 ★★** (15 à 20 €; **50000 b.)** Dominée par le grenache (90 %), l'étiquette classique de la cave en châteauneuf a plus d'une corde à son arc : une teinte grenat rutilante, un nez attrayant de framboise mûre et de pruneau, bien épicé, une bouche ample, d'une agréable sucrosité, aux accents de fruits rouges vanillés, portée par des tanins ciselés et une fine acidité. Un vin alerte et très digeste. ⧗ 2026-2032

LE CELLIER DES PRINCES, 758, rte d'Orange, 84350 Courthézon, tél. 04 90 70 21 44, lesvignerons@cellierdesprinces.com V *t.l.j. 9h-12h30 14h-18h30*

DOM. DE LA CHARBONNIÈRE Tradition 2021 ★★

■ | 10000 | | 30 à 50 €

En 1912, Eugène Maret achète ce domaine pour l'offrir à sa femme, châteauneuvoise et fille de vigneron. En 2013, son petit-fils Michel, aux commandes à partir de 1973, a transmis la gestion de ses 28 ha de vignes à ses filles Caroline et Véronique, qui poursuivent avec le même talent le travail de sélections parcellaires pratiqué par leur père. Une valeur sûre en vacqueyras et en châteauneuf.

Représentative de la géologie châteauneuvoise (argile, safres, galets), cette cuvée l'est aussi par son association traditionnelle d'une majorité de grenache (70 %) avec une touche de syrah et de mourvèdre. Un élevage mixte de 18 mois a affiné le bouquet, élégant et disert, sur les fruits rouges mûrs, la rose séchée, la vanille et le sous-bois. La bouche plaît par son volume, ses tanins serrés et sa fine acidité qui lui confère du relief et beaucoup d'allant. ⧗ 2027-2034 ■ **Cuvée Mourre des Perdrix 2021 ★ (30 à 50 €; 2000 b.)** Cette cuvée parcellaire illustre la finesse tannique des vins issus des sols sablonneux, localement appelés safres. Outre ses tanins élégants et ciselés, elle séduit aussi par ses arômes suaves et bien typés de griotte mûre, d'épices douces et de Zan, et par son boisé soigné aux accents de moka qui souligne avec persistance la finale. Une bouteille harmonieuse et de belle garde. ⧗ 2027-2034

EARL MICHEL MARET ET FILLES, Dom. de la Charbonnière, 26, rte de Courthézon, 84230 Châteauneuf-du-Pape, tél. 04 90 83 74 59, contact@domainedelacharbonniere.com V *r.-v.*

DOM. CLEF DE SAINT-THOMAS La Clef de Saint-Thomas 2022 ★★

■ | 6000 | | 30 à 50 €

Philippe Kessler, fort de son expérience à la Calissanne, une référence en coteaux-d'aix, a acquis en 2006 ce domaine alors propriété de la famille Boiron depuis le début du XVIIIᵉs. À sa disparition, c'est son épouse Sophie Kessler-Matière, épaulée de son directeur Christophe Barraud, qui a repris les rênes de ce vignoble d'une dizaine d'hectares.

Une cuvée à la conception originale pour un châteauneuf : grenache, syrah et mourvèdre par tiers et un élevage sous-bois avec 30 % de fûts neufs. D'une belle profondeur de robe, elle dévoile un bouquet fin mariant la glycine et les fruits noirs aux notes vanillées et épicées du merrain. À la fois onctueuse et concentrée, la bouche est adossée à des tanins soyeux extraits avec doigté, soutenus par un boisé élégant et fondu. D'une harmonie sans faille. ⧗ 2027-2034 ■ **La Clef de Saint-Thomas 2023 ★ (30 à 50 €; 2400 b.)** Mi-roussanne mi-clairette, cette cuvée fermentée et élevée en demi-muids a pour elle un joli teint or pâle, d'appétents parfums de poire mûre et de fleur de citronnier, et une bouche ample, fraîche, longue et délicate, sur l'amande verte et le gingembre. ⧗ 2026-2030

⊶ SCEA DU DOM. CLEF DE SAINT-THOMAS, 9, rte de Bédarrides, 84230 Châteauneuf-du-Pape, tél. 04 90 42 63 03, commercial@chateau-calissanne.fr

DOM. LA CRAU DES PAPES 2022 ★★

■ | n.c. | | 20 à 30 €

Affaire de négoce-éleveur créée en 1936 par Gabriel Meffre, cette maison est devenue un acteur incontournable, propriétaire de 800 ha de vignes dans toute la vallée du Rhône, ainsi qu'en Provence. Reprise en 2009 par Éric Brousse, associé du groupe bourguignon Boisset.

Issue d'une mosaïque de parcelles aux sols variés (safres de Courthézon, éclats calcaires, argiles rouges de la terrasse de la crau), cette cuvée assemble la typicité de chacun d'eux en un savant équilibre. Mâtiné de notes épicées (muscade, cardamome), le nez est une explosion de baies rouges à la fraîcheur bien préservée par l'élevage en cuve. L'intensité du fruit ne désarme pas dans une bouche ronde, fondue et finement texturée, nantie de tanins soyeux qui se raffermissent un peu en finale. Une petite garde est conseillée, bien que ce rouge offre d'ores et déjà un plaisir évident. ⧗ 2026-2032

⊶ GABRIEL MEFFRE, 2, rte des Princes-d'Orange, Le Village, 84190 Gigondas, tél. 04 90 12 32 32, gabriel-meffre@meffre.com V t.l.j. sf lun. dim. 10h-12h30 14h30-18h

CUVÉE DU VATICAN 2022 ★

■ | 44800 | | 30 à 50 €

La famille Diffonty est présente depuis le XVIIes. sur les terres de Châteauneuf-du-Pape et très impliquée dans la vie locale. Elle y pratique la viticulture depuis 1800 et exploite un domaine de 22 ha, conduit aujourd'hui par Jean-Marc Diffonty.

D'un beau rubis intense, cet attrayant grenache (75 %) livre un bouquet non moins soutenu de fruits noirs et d'épices nuancé d'une touche de garrigue. Un profil aromatique et solaire auquel fait écho une bouche déliée, soyeuse et consistante, épaulée par des tanins fondus. Des notes de sous-bois et de moka impriment leur empreinte suave à la finale, laissant le souvenir d'un vin aimable et prêt à boire. La garde est aussi une option. ⧗ 2025-2032 ■ **Ch. Sixtine 2022 ★ (30 à 50 €; 28000 b.)** Syrah et mourvèdre composent une bonne moitié de l'assemblage, partagé avec le grenache, dans ce châteauneuf de caractère, qui distille un bouquet attrayant de cerise mûre, de carvi et de pierre à fusil. Soyeuse à l'attaque, gourmande avec ses notes de caramel au lait et de cacao, la bouche se structure autour de tanins puissants et serrés qui augurent d'un solide potentiel de garde. ⧗ 2028-2034

⊶ VIGNOBLES DIFFONTY, 10, rte de Courthézon, 84230 Châteauneuf-du-Pape, tél. 04 90 83 70 51, contact@cuveeduvatican.fr V t.l.j. sf sam. dim. 9h-12h 14h-16h

B DAUVERGNE ET RANVIER Du Soleil à la Terre 2022 ★

■ | 4800 | | 30 à 50 €

Créée en 2004 par François Dauvergne et Jean-François Ranvier, cette maison de négoce signe des vins de qualité issus de sélections parcellaires, dont 80 % sont certifiés bio ou en conversion. En 2013, les deux compères ont repris le domaine des Muretins, devenu Dom. Liravel (lirac et tavel), puis créé en 2016 le Dom. de la Chapelle-Saint-Mathieu à Aniane avec les Parcé, vignerons banyulencs. Un nouveau chai d'élevage, à énergie positive, a été inauguré à Tavel.

La maison Dauvergne et Ranvier signe ici un châteauneuf de caractère, bien ouvert sur des arômes puissants et enjôleurs mariant la framboise poêlée aux notes gourmandes de caramel au lait et de muscade héritées d'un élevage de 18 mois en fût. Ample, généreux, porté par des tanins fermes et un bon boisé épicé, le palais en impose par sa richesse. Pour la cave. ⧗ 2028-2034

⊶ DAUVERGNE ET RANVIER, L'Assemblière, 47, chem. des Vestides, 30126 Tavel, tél. 04 48 24 00 41, contact@dauvergne-ranvier.com r.-v.

B DOM. FONTAVIN Trilogies 2022 ★

■ | 25000 | | 20 à 30 €

Situé au nord de Courthézon, ce domaine familial de 45 ha, réparti sur huit communes et cinq appellations, est dirigé depuis 1998 par Hélène Chouvet, œnologue, qui a converti le vignoble à l'agriculture biologique.

Une trilogie de sols (sables, argile rouge, grès) au menu de cette cuvée où le grenache tient la part du lion (80 %) aux côtés de la syrah et du mourvèdre. Une robe sombre ouvre sur un bouquet capiteux de girofle, de cacao et de mûre fraîche. En bouche, du gras, de belles épices, des tanins corsés et un boisé cossu : rien ne manque, si ce n'est un peu de temps en cave pour assagir cette belle bouteille taillée pour des accords goûteux, avec une gardianne de taureau aux olives par exemple. ⧗ 2028-2034

⊶ DOM. FONTAVIN, 1468, rte de la Plaine, 84350 Courthézon, tél. 04 90 70 72 14, helene-chouvet@fontavin.com V t.l.j sf dim. 9h-12h 14h-18h; sam. sur r.-v.

CH. LA GENESTIÈRE 2021 ★

■ | 6270 | | 30 à 50 €

Implanté sur le site d'une ancienne magnanerie, ce domaine fondé en 1930 par la famille Bernard est aujourd'hui dirigé par Christian Latouche. Une bastide du XVIes. commande le vaste vignoble en lirac et tavel. Après l'acquisition d'autres propriétés, les vignobles familiaux comptent aujourd'hui 200 ha principalement sur la rive droite du Rhône, mais aussi à Châteauneuf-du-Pape.

Régulièrement à l'honneur malgré une présence récente sur le cru, ce domaine prouve un solide savoir-faire en cave. En témoigne ce 2021 né de jeunes ceps et associant les huit cépages noirs de l'appellation. Dans le verre, un vin grenat profond et des parfums subtils de cassis et de poivre noir mâtinés de vanille et d'une touche de sous-bois. Cadrée par des tanins serrés, la bouche affiche du volume, de la fraîcheur et un fruité juteux aux saveurs de baies noires au sirop. On patiente. ⧗ 2027-2034 ■ **2023 ★ (30 à 50 €; 2800 b.)** Les six cépages blancs de l'appellation composent ce vin élevé patiemment en fût, dont l'empreinte fumée agrémente un bouquet délicat de fleur d'acacia et d'ananas frais. Onctueux et séveux, souligné par une fine amertume dynamique à l'accent de coriandre, le palais laisse présager une bonne garde. ⧗ 2027-2032

⊶ SCEA CH. LA GENESTIÈRE, chem. des Cravailleux, 30126 Tavel, tél. 04 90 95 91 70, contact@lavallongue.com

B CH. GIGOGNAN Clos du roi 2022 ★★

| 7026 | | 30 à 50 € |

Un ancien temple romain devenu prieuré, actif en termes de production de vins (et de fruits), puis un domaine exclusivement viticole à partir de son acquisition en 1996 par Anne et Jacques Callet. Le vignoble s'étend sur 40 ha en côtes-du-rhône (en conversion bio) et sur 40 ha certifiés bio en châteauneuf-du-pape. Une propriété acquise en 2017 par la famille Hénin.

Un élevage de 6 mois en cuve Inox, fût et amphores a façonné ce blanc séduisant associant clairette et grenache blanc à parité, épaulés d'une pointe de roussanne (10 %). Des notes de sureau, de poire et de fruits exotiques se mêlent élégamment au nez. Tendue, fraîche et déliée, la bouche se teinte des saveurs biscuitées et vanillées du merrain apportant un surcroît de gourmandise à ce vin d'une superbe persistance et d'une réjouissante finesse. ⧗ 2027-2032 ■ **Clos du roi 2021 ★ (30 à 50 €; 48925 b.)** Un vin élevé longuement (18 mois) en cuve et en fût, tout en nuances et en fraîcheur. Du verre montent des parfums de fraise écrasée, d'épices douces et de feuille de cassis. Une attaque soyeuse ouvre sur une bouche souple et bien fruitée, nantie de tanins affinés et d'une finale alerte. Charmeur et déjà très accessible. ⧗ 2025-2032

⊶ CH. GIGOGNAN, 1180, chem. du Castillon, 84700 Sorgues, tél. 06 19 02 28 02, oenotourisme@gigognan.fr V t.l.j. sf dim.10h-19h nov.-mars 10h-18h

DOM. GIULIANI
La Belle Endormie 2021 ★★

| 2200 | | 30 à 50 € |

Aline et Bernard Giuliani, et leur fils Florian, incarnent les troisième et quatrième générations de ce domaine familial situé à Bédarrides. Implanté sur le versant sud-est de l'appellation châteauneuf-du-pape, le vignoble, âgé de cinquante ans en moyenne, s'étend sur 16 ha recouverts pour une grande partie de galets roulés.

Une parcelle plantée de grenaches centenaires sur un sol de safres et de grès roux est à l'origine de ce vin profond et complexe, affiné 24 mois en fût et en amphore. Quelques nuances tuilées teintent la robe, marquant une amorce d'évolution. Le bouquet livre à l'aération des parfums discrets d'épices douces (vanille, muscade) et de café grillé. C'est en bouche que cette Belle Endormie prend vie, révélant une matière gourmande et enveloppante, pétrie de baies noires bien mûres, portée par des tanins au grain de soie et par une délicate acidité qui pousse loin la finale. ⧗ 2028-2035

⊶ DOM. GIULIANI, 9, chem. Saint-Laurent, 84370 Bédarrides, tél. 04 90 33 14 69, domainegiuliani@orange.fr V r.-v.

DOM. DU GRAND TINEL 2021 ★★

| 13200 | | 30 à 50 € |

À l'origine du domaine, l'union de deux anciennes familles castelpapales, les Establet et les Jeune. On y a construit une vaste «tina» (cave ou tonneau) sur trois niveaux, en rapport avec les 72 ha de vignes de la propriété actuelle, créée en 1972.

Un séjour de 12 mois en foudres et demi-muids pour le grenache (65 %), en barriques pour la syrah : voici une cuvée à l'élevage parfaitement orchestré. La robe d'un grenat profond dévoile des senteurs fruitées (cassis) et épicées, rehaussées de pain grillé et d'une note de fourrure de bon aloi. Un même équilibre caractérise une bouche expressive, ronde, gorgée d'un fruité pulpeux et frais, qu'accompagnent en douceur des tanins enrobés et un boisé discret teinté de poivre noir et de réglisse. Il a tout bon, et pour longtemps. ⧗ 2027-2034

⊶ SAS LES VIGNOBLES ÉLIE JEUNE, Dom. du Grand Tinel, 3, rte de Bédarrides, 84230 Châteauneuf-du-Pape, tél. 04 90 83 70 28, contact@domainegrandtinel.com V *t.l.j. sf sam. dim. 9h-12h 14h-18h*

DOM. GRAND VENEUR
Le Miocène 2022 ★

| 4000 | | 30 à 50 € |

D'origine castelpapale, Alain Jaume et ses fils, Sébastien et Christophe, perpétuent une tradition viticole qui remonte à 1826. Ils conduisent en bio un vignoble de 155 ha réparti sur quatre domaines : Grand Veneur à Châteauneuf-du-Pape, Clos de Sixte à Lirac, Ch. Mazane à Vacqueyras, et le Dom. la Grangette Saint-Joseph en appellation côtes-du-rhône, le tout complété par une activité de négoce. Une valeur sûre.

De la couleur, des parfums puissants de gelée de cassis et de cake aux fruits confits, rehaussés d'une pointe d'évolution évoquant l'humus et la fougère, une bouche ample et bien charpentée, nantie de tanins serrés et d'une honorable longueur qui se teinte de notes de sous-bois et d'épices douces : tout est en place pour composer un châteauneuf expressif, sincère et prometteur. ⧗ 2027-2034 ■ **La Fontaine 2022 ★ (30 à 50 €; 3800 b.)** B La seule roussanne et une fermentation puis un élevage en barrique, d'où la profondeur de robe et ces arômes d'ananas et d'amande grillée, avec une touche originale de nougat au miel de lavande. Riche et vineuse, bien épaulée par l'acidité, la bouche offre une matière consistante et un boisé encore un peu présent. Un blanc taillé pour la garde. ⧗ 2028-2034

⊶ VIGNOBLES ALAIN JAUME, 1358, rte de Châteauneuf-du-Pape, 84100 Orange, tél. 04 90 34 68 70, contact@alainjaume.com V *t.l.j. sf dim. 8h-13h 13h15-18h*

B DOM. DE L'HARMAS
2022 ★

| 8000 | | 20 à 30 € |

Représentant la 4ᵉ génération de vignerons, Nathalie Fabre s'est installée en 2000 sur 6 ha. Elle a agrandi son vignoble (20 ha aujourd'hui), bâti la cave et le caveau avec son mari Patrick. En 2012, ils obtiennent la certification bio, puis sont rejoints par leur fils Romuald en 2014.

Une bonne part de mourvèdre (30 %) épaule le grenache dans cette cuvée élevée 15 mois en cuve. L'olfaction en porte l'empreinte avec ses arôme bien typés de baies sauvages et d'humus rehaussées d'une touche élégante de fourrure. Le fruit noir confituré s'épanouit plus intensément, toujours teinté de notes de sous-bois, dans une bouche ronde et alerte, dotée de tanins consistants qui se font un brin accrocheurs en finale. Un vin de caractère que l'on laisse s'assagir en cave. ⧗ 2028-2034

DOM. DE L'HARMAS, quartier Bois-Lauzon, 84100 Orange, tél. 06 03 34 10 45, contact@domainedelharmas.com V *t.l.j. 9h30-12h 13h30-18h30; sam. dim. sur r.-v.*

CH. HUSSON 2023 ★

	5000		20 à 30 €

En 1926, Victorin Aubert fonde son domaine à Tulette. Dans les années 1980, ses petits-fils Alain, Claude et Yves décident de prendre en charge les vinifications, puis agrandissent successivement le vignoble. Aujourd'hui, la quatrième génération est à la tête d'un des plus vastes ensembles viticoles rhodaniens (490 ha), grâce auquel elle propose une large gamme de vins de la vallée du Rhône méridionale.

Née de grenache blanc, de clairette et de bourboulenc à parité, cette cuvée plaît par son caractère juvénile avec ses parfums printaniers de freesia, de zeste de citron jaune et de lierre, rehaussés d'une touche de poivre blanc. La bouche se pare d'une matière franche et tonique, équilibrée et de belle tenue, laissant présager un accord parfait avec une terrine de poisson ou un dos de sandre au beurre d'agrumes. ⧗ 2025-2030

CH. HUSSON, rte de Sablet, 84850 Travaillan, tél. 04 90 70 90 16, legrandretour@wanadoo.fr t.l.j. sf dim. 9h-12h30 14h-18h

DOM. ALBIN JACUMIN
La Bégude des Papes 2023 ★

	3200		30 à 50 €

Albin Jacumin a pris la tête en 1999 de l'exploitation familiale agrandie par les générations précédentes : pas moins de 18 ha en châteauneuf-du-pape, auxquels s'ajoutent 6 ha en côtes-du-rhône et 1,4 ha d'où il tire un « vin de France ». Il a aménagé une cave en 2007 et modernisé les installations.

Une belle minéralité accompagne les fleurs blanches et les agrumes dans ce châteauneuf tout en nuances. De la souplesse, une fine acidité en filigrane, la bouche affiche du nerf et un volume agréable, relevée par une touche raffinée de fougère. Un équilibre très assuré, que l'on pourra apprécier dès l'apéritif. ⧗ 2025-2030

EARL ALBIN JACUMIN, 1, chem. Mgr-Jules-Avril, BP 28, 84230 Châteauneuf-du-Pape, tél. 04 90 83 78 55, domaine.ajacumin@orange.fr V *r.-v.*

♥ DOM. DE LA JANASSE
Prestige 2022 ★★★

	2500		50 à 75 €

Un habitué du Guide, souvent en bonne place pour ses châteauneuf-du-pape, ses côtes-du-rhône et ses vins de pays. Un vignoble de 90 ha éparpillés en de multiples parcelles, que conduisent Christophe Sabon et sa sœur Isabelle, enfants d'Aimé Sabon, fondateur du domaine en 1973. Un domaine complété en 2015 par l'achat du Clos Saint-Antonin et ses 15 ha de vignes sur la commune de Jonquière.

Habitués aux distinctions du Guide, Isabelle et Christophe Sabon signent ici un éblouissant châteauneuf blanc issu d'une dominante de roussanne (70 %) vinifiée et élevée 14 mois en barrique. L'affinité de ce cépage avec le bois s'illustre parfaitement au bouquet à travers de subtiles notes fumées et des parfums alléchants d'ananas et d'écorce d'orange confite. Riche et soyeuse, la bouche s'ouvre sur la rondeur du fruit avant de se tendre sous l'effet d'une finale tonique pleine de saveur et de nerf, aux accents de zeste d'agrumes et de poivre blanc. Un vin haute couture qui conjugue vigueur et élégance. Imparable, et pour longtemps. ⧗ 2027-2034 **Clos Saint-Antonin 2022 ★ (30 à 50 €; 10 000 b.)** Né d'un sol sablonneux, ce joli grenache a pour lui une belle typicité sudiste de noyau de cerise et de réglisse infusant un bouquet fin et expressif, et une bouche tout aussi amène avec sa franche sucrosité, ses tanins ronds et sa finale suave aux saveurs lardées du meilleur effet. ⧗ 2026-2034

CLOS SAINT-ANTONIN, 29, chem. du Moulin, 84350 Courthézon, tél. 04 90 70 86 29, vignoblessabon@gmail.com V *r.-v.*

♥ B LE JAS DES PAPES
2022 ★★

	8000		30 à 50 €

Issu d'une lignée de vignerons provençaux, Michel Audibert a fait l'acquisition en 2014 du Jas des Papes situé à Courthézon. Il exploite ici, en bio (certification obtenue en 2017), une dizaine d'hectares regroupés sur le lieu-dit des Saumades dont il tire trois châteauneuf, un blanc et deux rouges.

Une cuvée issue du quartier des Saumades, un lieu-dit qui fait la jonction entre les sols de safres et d'argile rouge à galets roulés. Classiquement dominée par le grenache (80 %) et élevée sobrement en barriques anciennes durant 12 mois, elle dévoile un nez ouvert et gourmand de fruits rouges mûrs et de brioche à la praline. Les épices et le cuir complètent cette palette raffinée dans une bouche confortable et savoureuse, structurée par un boisé parfaitement fondu et par des tanins soyeux et caressants. Un équilibre remarquable dont on pourra profiter sans trop attendre. ⧗ 2026-2034 **2022 ★ (30 à 50 €; 1500 b.)** B De la clairette (95 %) pour ce blanc blond comme les blés, élevé 8 mois en demi-muids, qui s'exprime avec éloquence à l'olfaction sur la fleur d'acacia et le miel frais. La mangue s'invite dans une bouche ample, cossue, un tantinet chaleureuse, qui réussit à conserver ce qu'il faut de fraîcheur grâce à une finale tonique et anisée. ⧗ 2024-2030

SCEA LE JAS DES PAPES, 1931, chem. des Saintes-Vierges, 84350 Courthézon, tél. 04 90 33 02 96, info@lejasdespapes.com V *t.l.j. sf lun. dim. 9h-13h 14h-18h*

DOM. LAFOND ROC-ÉPINE
2021 ★★

| 15 000 | 30 à 50 € |

Porte-drapeau des appellations tavel et lirac, aussi très en vue pour ses châteauneuf et ses côtes-du-rhône, ce domaine, dont les lointaines origines remontent à la fin du XVIIIes., est conduit par Pascal Lafond depuis 1990. Son vaste vignoble en bio, certifié à partir de 2012, couvre aujourd'hui 95 ha répartis dans quatre appellations. La relève est désormais assurée avec l'arrivée de ses fils Jean-Baptiste (2014) et François (2019), BTS viti-œno et stages à l'étranger dans leur escarcelle.

Animée de reflets rose vif, la robe attire l'œil par son chatoiement et sa belle densité. Une séduction qui se prolonge au nez, timide mais distingué, évoquant tour à tour les baies rouges mûres, le poivre noir, le cuir et le cacao amer. Le charme se poursuit dans une bouche souple, épicée et finement texturée, portée par des tanins veloutés au grain poudreux et par une finale fraîche, diablement sapide. Un châteauneuf soigné, élégant et déjà fort appréciable. ⧗ 2026-2032

SARL LAFOND ET FILS, 336, rte des Vignobles, 30126 Tavel, tél. 04 66 50 24 59, lafond@roc-epine.com
V t.l.j. sf sam. dim. 8h-12h 13h-17h

CH. MANISSY Trinité 2021 ★

| 4 000 | 20 à 30 € |

À l'aube du XXes., le château de Manissy datant du XVIIes. fut légué par la famille Lafarge, qui exploitait la pierre de Tavel, aux pères missionnaires de la Sainte-Famille. Ce sont ces derniers qui débutèrent la culture de la vigne sur ces terres pour approvisionner leur communauté et les paroisses des environs. En 2003, ils ont confié la gestion du domaine au jeune Tavelois Florian André. Conduit en bio, le vignoble couvre aujourd'hui 80 ha en châteauneuf-du-pape, tavel, lirac et côtes-du-rhône.

De jeunes vignes de 15 ans et un élevage long de 18 mois en cuve ont façonné ce pur grenache qui a du punch. Le nez, délicat et charmeur, évoque la pivoine et le poivre blanc. La mûre et le cassis s'invitent dans une bouche ronde, concentrée et dynamique, cadrée par des tanins fermes et croquants, avec une pointe chaleureuse teintée d'épices qui rappelle les origines sudistes du cru. On peut l'ouvrir dans ses jeunes années. ⧗ 2026-2032

CH. DE MANISSY, rte de Roquemaure, 30126 Tavel, tél. 06 81 16 81 78, info@chateau-de-manissy.com
V r.-v.

DOM. MAS SAINT-LOUIS
Les Arpents des Contrebandiers 2021 ★

| 8 100 | 30 à 50 € |

Un domaine créé en 1890 par Jean-Louis Geniest, issu d'une longue lignée de tonneliers et de négociants. Le vignoble de 31 ha d'un seul tenant s'étend essentiellement au sud de l'appellation.

Né de vignes de 40 ans, ce quasi pur grenache (90 %) s'habille d'un rubis de teinte légère comme il est de mise au domaine. Le bouquet marie dans une belle harmonie les fleurs fraîches (rose, glycine), la muscade et la vanille. Épices douces que l'on retrouve dans une bouche suave et charnue, nantie de tanins fins, polis par un élevage judicieux qui n'étouffe pas le fruit. ⧗ 2025-2032

MONIQUE GENIEST (MAS SAINT-LOUIS), 28, av. Baron-le-Roy, 84230 Châteauneuf-du-Pape, tél. 04 90 83 73 12, contact@mas-saint-louis.fr
V t.l.j. sf sam. dim. 9h-12h 13h-17h

DOM. ANDRÉ MATHIEU 2023 ★★

| 3 000 | 20 à 30 € |

Cette famille est enracinée depuis quatre siècles à Châteauneuf où elle conduit 26 ha de vignes. À la fin du XIXes., Anselme Mathieu, félibre et ami de Mistral, fut l'un des premiers de la ville à vendre son vin en bouteilles.

Associant grenache et clairette à une larme de picpoul et de bourboulenc (5 % chacun), ce blanc soigne la fraîcheur par un élevage bref en cuve. Un choix judicieux sur la foi de cette robe translucide aux éclats dorés et de ce nez délicat, floral, miellé et brioché. Une même élégance caractérise la bouche, ronde, détendue et bien parfumée, soulignée par une fine tension aux saveurs d'écorce de citron vert et de gingembre. Un blanc immaculé qui mérite des mets fins comme un bar poêlé au fenouil. ⧗ 2024-2030

SCEA ANDRÉ MATHIEU, 3 bis, rte de Courthézon, 84230 Châteauneuf-du-Pape, tél. 04 90 83 72 09, contact@domaine-andre-mathieu.com V t.l.j. sf dim. 9h-12h 14h-18h

♥ CH. DE NALYS
Les Saintes Pierres de Nalys 2021 ★★★

| 12 000 | 30 à 50 € |

L'un des plus anciens domaines de Châteauneuf-du-Pape, répertorié dès le XVIIes., alors propriété de la famille Nalys. Son vénérable vignoble (52 ha) a connu une renaissance à partir des années 1950. Une valeur sûre de l'appellation, acquise en 2017 par la Maison Guigal. La conversion bio est engagée.

La transition en cave sous la direction de Ralph Garcin semble porter de beaux fruits, en témoignent les trois coups de cœur consécutifs sur les trois dernières éditions. En vue cette année, l'étiquette classique du domaine, un époustouflant 2021 au nez captivant de résine, de coriandre, de feuilles mortes, de fraise des bois et de mûre confite. Magnifiée par des tanins séveux parfaitement pris dans la chair et un boisé à peine perceptible, la bouche affiche une matière noble, caressante et fraîche, où s'épanouissent les arômes révélés à l'olfaction, agrémentés d'une irrésistible touche minérale de silex. Un charme fou. ⧗ 2028-2036 **2022 ★★ (50 à 75 €; 8 000 b.)** Roussanne et grenache blanc à parité et une touche de clairette (20 %), fermentés et élevés 9 mois avec bâtonnage en demi-muid, ont forgé la personnalité de ce blanc expressif, parfumé d'abricot et de litchi sur fond de notes fumées. Riche et gorgée de fruit, la bouche se trouve portée par un boisé parfaitement intégré et par une finale dynamique tout en fraîcheur.

Un raffinement fédérateur. ⧗ 2027-2032 ■ **2021 ★ (50 à 75 €; 8000 b.)** Né de vignes de 60 ans plantées sur des coteaux au sol argileux recouvert de galets roulés, ce rouge dévoile des parfums capiteux de baies noires mûres, de vanille et de poivre rose. En bouche, il apparaît bien équilibré, à la fois rond et frais, soutenu par des tanins fermes et un boisé de belle facture. De bonne garde. ⧗ 2028-2034

SCI CH. DE NALYS, 1711, rte de Courthézon, 84230 Châteauneuf-du-Pape, tél. 04 90 83 72 52, gestion@nalys.com t.l.j. sf dim. 9h30-12h30 14h-18h

DOM. DE LA PALUD 2023 ★★

2500 | 30 à 50 €

Cette propriété familiale commandée par une bâtisse du XIIIe s. a été acquise en 1841 par Pierre-Joseph Grangeon, fermier du domaine. Aux commandes depuis 2015, Marie-Laure Grangeon, 5e génération, a converti ses 14 ha à l'agriculture biologique. Elle propose des châteauneuf-du-pape, côtes-du-rhône et IGP Vaucluse.

Une entrée au Guide qui fait mouche avec ce superbe blanc né de grenache et de clairette à parité, complétés de roussanne (15 %) et de bourboulenc (5 %), qui n'a pas connu le bois. Ouvert sur un bouquet fringant et enjôleur de muguet et d'ananas, il prolonge ce fruité expressif dans une bouche à la fois caressante et alerte, soulignée par une délicate acidité et dotée d'une belle longueur aux saveurs d'amande amère. Un modèle d'équilibre et de finesse. ⧗ 2024-2029

DOM. DE LA PALUD, rte de Jonquières, 84100 Orange, tél. 09 67 72 75 84, ml-grangen@domainedelapalud.com t.l.j. 9h-12h 14h-19h

DOM. DE PANISSE Le Mas 2022 ★★★

20000 | 30 à 50 €

Dirigé par Sylvie Vacheron depuis plus de 20 ans, en duo avec Bruno Gaspard, œnologue, le Clos du Caillou, conduit en bio et biodynamie, dispose d'un vignoble de 54 ha, dont 9 ha en châteauneuf-du-pape et 44 ha en côtes-du-rhône (dont une partie, Le Clos, est enclavée dans l'aire d'appellation de châteauneuf). L'acquisition en 2020 du Dom. de Panisse, 6,5 ha en châteauneuf et 5 ha en côtes-du-rhône (en conversion bio), vise à installer la nouvelle génération : Axel et Marilou, les enfants de Sylvie.

Il n'aura pas fallu longtemps au duo Bruno Gaspard-Axel Vacheron pour appréhender la vinification de ces nouvelles parcelles acquises en 2020. En témoigne cet ébouriffant 2022, qui séduit d'emblée par son bouquet complexe et foisonnant de framboise, de lilas, de terre fraîche et de tabac. Une précision que l'on retrouve dans un palais droit, fin, concentré et délicieusement épicé (muscade), gainé par un boisé discret et par des tanins ciselés, parfaitement extraits. De l'élégance, du cachet et une irrésistible sapidité. ⧗ 2027-2034 ■ **Le Clos du Caillou Les Safres 2022 ★★ (30 à 50 €; 14000 b.)** Ⓑ Une dominante de grenache (85 %) né des terroirs sablonneux les plus fameux du cru a engendré ce rouge de haute expression, aux parfums enjôleurs de fraise des bois, de myrte et de serpolet. Une palette qui irrigue une bouche tendre, soyeuse, au boisé enveloppant, accompagnée en douceur par des tanins crayeux d'une grande finesse. Un archétype des grands vins de safres. ⧗ 2027-2033

DOM. DE PANISSE, 1600, chem. St-Dominique, 84350 Courthézon, tél. 04 90 70 73 05, marilou@closducaillou.com t.l.j. sf dim. 9h-12h 13h30-17h30

DOM. DU PÈRE CABOCHE 2023 ★

12000 | 20 à 30 €

Autrefois, on était maréchal-ferrant et vigneron de père en fils dans la famille Boisson, surnommée «Caboche», terme qui désigne les clous servant à fixer les fers des chevaux et qui a donné son nom au domaine (74 ha), aujourd'hui dirigé par Émilie Boisson. Une production partagée entre côtes-du-rhône, IGP et châteauneuf-du-pape, principalement issue du plateau de La Crau pour ce dernier.

Il a tout bon ce joli blanc tonique élevé 6 mois en cuve avec bâtonnage des lies. Derrière sa robe limpide irisée de reflets or, il affiche une fraîcheur toute printanière avec ses parfums de fleur de cerisier, d'amande verte et de pêche blanche finement vanillés. La bouche se révèle tendre et bien ciselée, empreinte d'une franche minéralité qui renforce son caractère sapide. Tout indiqué à l'apéritif avec des légumes en anchoïade. ⧗ 2024-2030

DOM. DU PÈRE CABOCHE, 5, imp. Martial-Imbart, 84230 Châteauneuf-du-Pape, tél. 04 90 83 71 44, boisson@jpboisson.com t.l.j. sf sam. dim. 8h30-12h30 13h30-17h30

DOM. DES PÈRES DE L'ÉGLISE
Le Calice de Saint-Pierre 2023 ★

2000 | 30 à 50 €

Serge Gradassi est à la tête de ce domaine familial depuis 2002, avec sa nièce Laetitia qui l'a rejoint en 2015. Le vignoble s'étend sur 29 ha : 19 situés aux quatre points cardinaux de l'appellation châteauneuf-du-pape et 10 ha supplémentaires acquis en 2018 à lirac et en côtes-du-rhône.

Fermenté et élevé pour moitié en fût de 500 l, pour moitié en Inox, ce blanc lumineux associe dans une belle harmonie l'abricot mûr, le genêt et les fruits à coques. Un univers aromatique qui persiste dans une bouche ample, souple et détendue, stimulée par une finale dynamique à l'amertume sapide de noix fraîche. Parfaitement élevé et d'un équilibre très assuré, il a inspiré les dégustateurs, proposant des accords avec un thon snacké sauce soja ou des asperges grillées au vieux parmesan. ⧗ 2026-2032

SCEA PAULETTE GRADASSI ET FILS, 2, av. Impériale, 84230 Châteauneuf-du-Pape, tél. 06 87 09 60 50, laetitia@peresdeleglise.fr r.-v.

DOM. PONTIFICAL 2023 ★

2880 | 20 à 30 €

Créateur du domaine en 1885, Albert Royer vendait dès les années 1920 sa production en bouteilles aux restaurants et aux particuliers, une pratique rare à l'époque. Depuis 1978, c'est son arrière-petit-fils, François Laget-Royer, qui est aux commandes du vignoble (17 ha), rejoint par ses filles Pauline et Marion en 2017.

Né d'une parcelle exposée plein sud, au lieu-dit Grand Devès, un terroir d'éclats calcaires réputé pour la production en blanc, ce 2023 plaît par son bouquet fin, floral et finement épicé (curcuma, fenugrec). La bouche n'est pas en reste : droite, longue, bien parfumée, soulignée par une fine tension acidulée aux saveurs de bonbon au citron, elle possède la fraîcheur attendue. Parfait pour accompagner des mets iodés. ⧗ 2024-2029

SCEA VIGNOBLES FRANÇOIS LAGET-ROYER, 19, av. Saint-Joseph, BP 67, 84232 Châteauneuf-du-Pape, tél. 04 90 83 70 91, francois.laget@orange.fr V *r.-v.*

DOM. DE LA PRÉSIDENTE Lucrèce 2022 ★★

■ | 28 000 | | 15 à 20 €

Un domaine fondé en 1701 par « Madame la Présidente », Lucrèce de Truchaud, épouse du président du parlement de Provence. Il a été acquis en 1968 par Max Aubert, dont la fille Céline conduit aujourd'hui les 137 ha de vignes. Une belle référence en appellations régionales et en châteauneuf.

Voici un hommage appuyé à la « présidente » Lucrèce de Truchaud qui légua son nom au domaine, mais aussi au grenache (80 %) qui a façonné cette superbe cuvée. Le jury a été emballé par l'intensité du bouquet, explosif de fruit (cassis), nuancé des parfums épicés (cardamome, cumin) d'un boisé de noble origine. Le palais se montre velouté et gourmand, marqué par la généreuse sucrosité du cépage, avec en appoint des tanins solides et une touche chaleureuse et bien typée de réglisse. À la fois puissante et très aimable, on pourra l'apprécier sans trop attendre sur un tajine d'agneau au ras-el-hanout. ⧗ 2026-2034

DOM. DE LA PRÉSIDENTE, 754, chem. des Partides, 84290 Sainte-Cécile-les-Vignes, tél. 04 90 30 80 34, aubert@presidente.fr V *t.l.j. 9h-12h 14h-18h*

Ⓑ **DOM. DE SAINT-PAUL** 2021 ★

■ | 2 000 | | 30 à 50 €

Établie de longue date à Châteauneuf-du-Pape, la famille Jeune – Dom. du Grand Tinel – exploite depuis 1998 ce domaine de 18,5 ha en bio certifié.

Original par la prégnance de la syrah (85 %), ce 2021 s'ouvre sur des parfums de mûre et de myrtille nuancés de notes de bois de santal et d'épices douces héritées de 12 mois en fût. Fin, bien équilibré et soyeux, cadré en douceur par des tanins au grain serré, le palais offre une belle expression de baies noires et de poivre, rehaussée d'une touche de résine. Un châteauneuf bien vinifié, à l'aromatique raffinée. ⧗ 2027-2032

SCEA ÉLIE JEUNE (CLOS SAINT-PAUL), rte de Sorgues, BP 58, 84232 Châteauneuf-du-Pape, contact@domainesaintpaul.com V *r.-v.*

Ⓑ **DOM. DE LA SOLITUDE** Tradition 2022 ★

■ | 6 000 | | 30 à 50 €

Ce domaine appartient à l'une des plus anciennes familles de Châteauneuf-du-Pape, dont l'un des membres, le Toscan Maffeo Barberini, fut élu pape sous le nom d'Urbain VIII au XVIIe s. Après s'être formé à la vinification en Nouvelle-Zélande et en Australie, son lointain héritier, Florent Lançon, a rejoint son père et son oncle à la tête d'un vignoble de 40 ha, planté essentiellement sur les lieux-dits La Solitude et La Crau.

Quatre cépages blancs avec 1 % de picpoul s'associent dans cette cuvée d'un équilibre irréprochable, illustrant à la fois la diversité ampélographique historique du domaine et sa belle maîtrise de l'élevage. Ici, seule la roussanne est fermentée et élevée sous bois, où la « malo » ne se fait que partiellement; les autres séjournent en cuve. Au nez, une touche de pain d'épice agrémente un grand bol de fruits frais (ananas, nèfle, pomelo). Des saveurs fruitées et miellées qui s'étirent dans une bouche déliée, caressante et suave, à peine soulignée par l'élevage, dynamisée avec justesse par de fins amers. Du classique, mais du très bon classique. ⧗ 2024-2030 ■ **Barberini 2021 ★ (50 à 75 €; 5 000 b.)** Ⓑ De vieilles vignes de 80 ans à l'origine de ce vin qui exhale les fruits rouges croquants, la sève de pin, le clou de girofle et l'encens. Généreuse et ronde, enveloppée par un boisé racé, la bouche affiche une belle vigueur, qu'accompagnent des tanins consistants au grain accrocheur. Une jolie carte postale de l'appellation, à oublier quelque temps en cave. ⧗ 2028-2035

DOM. DE LA SOLITUDE, rte de Bédarrides, 84230 Châteauneuf-du-Pape, tél. 04 90 83 71 45, info@domaine-solitude.com V *t.l.j. sf sam. dim. 8h-12h 13h-17h*

DOM. DE VALORI 2022 ★

■ | 40 000 | | 20 à 30 €

Ce domaine ancien, qui s'impliqua dès 1935 dans l'amélioration des conditions de production de l'appellation châteauneuf-du-pape, est propriété depuis 1967 de la famille Meffre. Situé à Courthézon, le vignoble s'étend sur 8 ha, principalement sur des sols de safres.

Point de bois mais un élevage long de 18 mois en cuve a peaufiné les beaux atours de ce rouge convaincant, paré d'une seyante robe violine aux reflets vifs, qui distille un bouquet élégant évoquant la figue fraîche, le noyau de cerise et la minéralité du silex. Une complexité prolongée par un palais ample, rond et suave, appuyé sur des tanins lisses déjà bien affinés. La longue finale, aux saveurs de caramel et d'épices douces, est une invitation à passer à table, avec un canard rôti à l'orange par exemple. ⧗ 2026-2033

DOM. DE VALORI, 81, rte des Princes-d'Orange, 84190 Gigondas, tél. 04 90 70 94 90, bureau@boisdesdames.fr V *r.-v.*

VIDAL-FLEURY 2021 ★

■ | 9 000 | | 20 à 30 €

Le plus ancien négoce rhodanien en activité, fondé en 1781 à partir de son vignoble en côte-rôtie et très tôt réputé – Thomas Jefferson y fit un banquet mémorable en 1787. Propriété des Guigal depuis 1986, il dispose d'une cave monumentale, dont l'architecture est inspirée du site égyptien de Saqqarah.

Du grenache principalement (85 %), né d'un sol de galets roulés à la matrice argileuse puis élevé en foudres durant 18 mois : le classicisme a du bon et ce 2021 peut en témoigner. Le nez, expressif et nuancé, marie la mûre fraîche, les épices et une touche d'herbe aromatique. La bouche, centrée sur le fruit, se montre ronde, souple, soutenue par un discret boisé vanillé et par des tanins de velours. Élégant et déjà très aimable, ce châteauneuf ne manque ni de tenue ni d'avenir en cave. ⧗ 2026-2034

VIDAL-FLEURY, 48, rte de Lyon, 69420 Tupin-et-Semons, tél. 04 74 56 10 18, contact@vidal-fleury.com V r.-v.

VIGNOBLES ET COMPAGNIE
Les Granges des papes 2023 ★

6000 | 20 à 30 €

Établie à Castillon, près du pont du Gard, Vignobles et Compagnie (anciennement la Compagnie rhodanienne) est une maison de négoce créée en 1963, dans le giron du groupe Taillan. Elle propose des vins (marques ou cuvées de domaine) dans de nombreuses appellations de la vallée du Rhône, de la Provence et du Languedoc.

Grenache blanc (60 %), bourboulenc (30 %) et clairette composent une cuvée bio d'une engageante finesse, au nez subtil centré sur les fleurs blanches (jasmin, muguet) et les fruits du verger (pêche de vigne, poire). Mêmes sensations en bouche avec un équilibre très assuré entre gras, vivacité zestée et discrète note torréfiée (amande grillée), issue d'un bref passage en fût (pour 30 % du vin). Un style convivial et accessible, qui fera merveille pour un apéritif dinatoire. ⧗ 2025-2030

VIGNOBLES ET COMPAGNIE, SPECR 19, chem. Neuf, CS 80002, 30210 Castillon-du-Gard, tél. 04 66 37 49 50, adrien.colaisseau@vignoblescompagnie.com

LIRAC

Superficie : 745 ha
Production : 19 440 hl (91% rouge et rosé)

Située en face de Châteauneuf-du-Pape, sur la rive droite du Rhône, l'appellation regroupe les vignobles de Lirac, de Saint-Laurent-des-Arbres, de Saint-Geniès-de-Comolas et de Roquemaure, au nord de Tavel. Les vignerons de ces côtes du Rhône gardoises ont été pionniers, se regroupant dès le XVIIIᵉs. pour défendre et valoriser leur production, déjà réputée au XVIᵉs. Les magistrats locaux l'authentifiaient en apposant sur les fûts, au fer rouge, les lettres « C d R ». Terrasses de cailloux roulés et terrains calcaires produisent des vins dans les trois couleurs : les rosés et les blancs, tout de grâce et de parfums, se boivent jeunes avec des fruits de mer; les rouges puissants et généreux accompagnent les viandes rouges.

DOM. DU CLOS SIXTE 2022 ★

60000 | 11 à 15 €

D'origine castelpapale, Alain Jaume et ses fils, Sébastien et Christophe, perpétuent une tradition viticole qui remonte à 1826. Ils conduisent en bio un vignoble de 155 ha réparti sur quatre domaines : Grand Veneur à Châteauneuf-du-Pape, Clos de Sixte à Lirac, Ch. Mazane à Vacqueyras, et le Dom. la Grangette Saint-Joseph en appellation côtes-du-rhône, le tout complété par une activité de négoce. Une valeur sûre.

Derrière une robe sombre teintée d'un éclat cuivré se dévoile un nez distingué et joliment fondu de thé de Noël, de caramel et de marmelade d'oranges. On retrouve ce caractère épanoui dans une bouche ample et bien structurée, tenue par des tanins conséquents mais sans outrance, que soulignent avec élégance les épices du chêne (cannelle). Un caractère sudiste assumé qui réjouira les amateurs du cru, après quelques années de garde. ⧗ 2027-2032

VIGNOBLES ALAIN JAUME, 1358, rte de Châteauneuf-du-Pape, 84100 Orange, tél. 04 90 34 68 70, contact@alainjaume.com V *t.l.j. sf dim. 8h-13h 13h15-18h*

♥ DOM. LA LÔYANE Cuvée Élie 2022 ★★

6000 | 15 à 20 €

Établi au pied du sanctuaire Notre-Dame-de-Grâce, à Rochefort-du-Gard, non loin des anciens marais asséchés par les moines au Moyen Âge, ce domaine, né en 1994 de la fusion de trois petites exploitations, fait preuve d'une grande constance dans la qualité. Succédant à ses parents Jean-Pierre et Dominique, Romain Dubois et son épouse Laure, désormais seuls à la tête du domaine, ont créé un nouveau caveau et converti en bio les 20 ha de vignes. Une valeur (très) sûre.

Pour cette cuvée dédiée à leur fils, Romain et Laure Dubois ont fait des choix judicieux : une vendange précoce dès la fin août pour pallier la surmaturité des raisins dans ce millésime sec et le choix d'un élevage soigné de 12 mois en demi-muids. Si le bouquet porte encore la délicate empreinte du bois, il délivre néanmoins des parfums affriolants de mûre écrasée et de tarte aux quetsches. Dans un registre gourmand, la bouche affiche une sérieuse sucrosité, des tanins présents mais soyeux et une longue finale à l'amertume tonique et réglissée qui donne beaucoup de nerf à l'ensemble. On attend. ⧗ 2027-2033 ■ **2022 ★ (11 à 15 €; 11000 b.)** L'élevage en foudres de 12 mois n'a pas terni les arômes ni la robe de ce joli lirac d'une fraîcheur impeccable avec ses parfums de purée de cassis et d'encre de Chine, traversés d'une étonnante note exotique très vivace. Soyeuse, déliée et sapide, la bouche séduit par ses tanins fins, par son boisé doux aux flaveurs de muscade, bref par son harmonie sans fausse note. ⧗ 2026-2031

DOM. LA LÔYANE, chem. Font-des-Cavens, 30650 Rochefort-du-Gard, tél. 06 60 94 57 34, contact@laloyane.com V *mer. jeu. ven. 9h-19h; lun. mar. sam. sur r.-v.*

DOM. MABY Casta Diva 2023 ★

4000 | 20 à 30 €

Ce domaine très régulier en qualité, notamment pour ses cuvées de lirac, dans les trois couleurs, et de tavel, a été créé en 1950 par Armand Maby. En 2005, son petit-fils Richard a pris les rênes du vignoble : 53 ha situés pour l'essentiel sur les galets roulés du plateau de Vallongue et certifiés bio depuis 2022.

Elle ne manque pas de caractère, cette Casta Diva, nommée d'après l'air célèbre d'un opéra de Bellini, parfaitement interprétée par un duo grenache-viognier fermenté et élevé 9 mois en fût. Au bouquet naissant mais raffiné de jasmin, de coing chaud et de biscuit répond une bouche ronde, opulente et finement texturée, empreinte des notes toastées du merrain et d'une fine tension en finale où pointe un fruité pimpant et frais. Nul besoin de se presser pour apprécier comme il se doit ce blanc de gastronomie. Pour une poularde de Bresse aux morilles. ⧗ 2026-2030

DOM. MABY, 249, rue Saint-Vincent, 30126 Tavel, tél. 04 66 50 03 40, domaine-maby@wanadoo.fr
t.l.j. sf sam. dim. 8h-12h 13h30-17h30

B DOM. LA ROCALIÈRE Ikebana 2021 ★

■ | 6000 | | 15 à 20 €

Très régulier en qualité dans les appellations lirac et tavel, ce domaine familial a été fondé par Armand et Bernard Maby et par Jacques Borrelly. À la retraite de ce dernier, il a été repris par ses filles Séverine Lemoine (vigne et cave) et Mélanie Borrelly (administratif et commercial). Les deux sœurs conduisent aujourd'hui un vignoble de 38 ha, certifié en bio et biodynamie, intégralement vendangé à la main.

«L'art de faire vivre les fleurs» : c'est l'essence de cet art japonais nommé *ikebana* et l'objectif affiché de cette cuvée mi-grenache mi-mourvèdre. Une analogie parlante sur la foi de son bouquet éloquent et frais de lilas, de bourgeon de cassis et de coriandre, et de sa bouche dynamique, onctueuse et un brin suave, nantie de tanins souples et fondus et d'une savoureuse finale sapide. Un équilibre très assuré. ⧗ 2025-2030

SCEA DOM. LA ROCALIÈRE, Le Palai-Nord, 30126 Tavel, tél. 04 66 50 12 60, rocaliere@orange.fr
t.l.j. 8h-12h 14h-17h; sam. dim. sur r.-v.

DOM. ROGER SABON 2022 ★

■ | 13600 | | 11 à 15 €

Les Sabon sont enracinés à Châteauneuf-du-Pape depuis le XVIes. Fondé en 1952, le domaine regroupe deux propriétés : l'une en châteauneuf-du-pape, sur 18 ha, et l'autre sur l'autre rive du Rhône, en lirac (28 ha). Didier Negron est le maître de chai.

Une robe d'un grenat mat et profond habille ce lirac au nez raffiné de fruits confits et de pâte de noisettes sur fond de sous-bois. Ample, riche et droit, porté par des tanins solides mais au grain soyeux et bien enrobés de baies rouges confiturées, le palais possède tous les atouts pour bien vieillir. On l'ouvrira dans quelques années pour un repas de fête, avec un filet de bœuf aux cèpes par exemple. ⧗ 2027-2032

SCEA DOM. ROGER SABON, 4 bis, av. Impériale, 84230 Châteauneuf-du-Pape, tél. 04 90 83 71 72, contact@roger-sabon.com *t.l.j. sf sam. dim. 8h-12h 13h-17h*

♥ CH. DE SÉGRIÈS 2022 ★★

■ | 70000 | | 11 à 15 €

Henri de Lanzac conduit un domaine de près de 60 ha, dont 30 ha de vignes d'un seul tenant commandées par le Ch. de Ségriès (XVIIes.), acquis en 1994 et cultivé en bio. Il assure aussi la gestion du Clos de l'Hermitage (3,5 ha), propriété depuis 1995 de l'ancien coureur automobile Jean Alesi. Deux étiquettes souvent en bonne place dans le Guide.

Il y en a du savoir-faire dans cette illustre maison liracoise, comme en témoigne cet admirable 2022 dans lequel elle a su tirer le meilleur parti d'un millésime sec par une vendange précoce à la mi-septembre, suivie d'un élevage ad hoc en cuve. Les faibles rendements ont favorisé la profondeur de la robe, ornée de reflets bleutés, et des arômes, dans un registre fruité et balsamique évoquant le sirop de mûre, la menthe poivrée et la baie de genièvre. Expressif et gourmand à l'attaque, le cœur de bouche se structure autour de tanins consistants mais veloutés, qui laissent en finale un irrésistible sillage de fruit frais et juteux. À découvrir avec une volaille rôtie. ⧗ 2027-2034

SCEA HENRI DE LANZAC, chem. de la Grange, 30126 Lirac, tél. 04 66 39 11 98, chateaudesegries@wanadoo.fr *t.l.j. sf sam. dim. 8h-12h 13h30-17h30*

♥ LES VIGNERONS DE TAVEL ET LIRAC Cuvée Impériale 2022 ★★

■ | 5400 | | 15 à 20 €

Créée en 1937, cette cave historique fut la première coopérative agricole à être inaugurée par un président de la République (Albert Lebrun). Actrice importante de la production taveloise (environ la moitié), elle a fusionné en 2018 avec la cave de Lirac.

Année après année, la cave s'est taillé une solide réputation et le double coup de cœur en tavel et en lirac dans ces pages confirme ses bonnes dispositions. Né d'une minuscule parcelle d'un hectare sise sur une haute terrasse à galets roulés et d'un duo grenache-syrah à parité, elle a patienté 9 mois en barriques. D'enjôleuses notes épicées (vanille, clou de girofle) et torréfiées (café, cacao) agrémentent le bouquet, puis s'immiscent avec persistance dans un palais confortable, ample et corsé, étayé par des tanins enrobés qui laissent parler le fruit (prune confite, cerise). Puissant, long et suave, il a rallié tous les suffrages. Impérial en effet. ⧗ 2027-2034 ■ **Arcane 2022 ★ (8 à 11 €; 5000 b.)** Le nez chaleureux dévoile des parfums d'épices douces et d'écorce d'orange confite bien mariés aux notes grillées (chocolat, amande) léguées par 12 mois de fût. Charmeuse, portée par des tanins soyeux finement soulignés par le merrain, la bouche offre un fruité capiteux et une longue trame de fraîcheur aux tonalités de sous-bois et de violette. ⧗ 2026-2032

LES VIGNERONS DE TAVEL ET LIRAC, 571, rte de la Commanderie, 30126 Tavel, tél. 04 66 50 03 57, contact@cave-tavel-lirac.fr
t.l.j. 9h-12h 14h-18h; f. dim. janv.-mars

DOM. TOUR SAINT-MICHEL MysTerre 2022 ★

■ | 6696 | | 15 à 20 €

Michel Fabre, en 1930, achète les premières vignes; Henri lui succède. En 2007, Mireille Porte hérite de ses parents un coquet domaine de 40 ha, essentiellement implanté en châteauneuf-du-pape (34 ha).

Épaulée par sa fille Magali, arrivée en 2018, elle décide d'entamer une conversion vers la bio.

Après un séjour de 12 mois en cuve Inox, cette savoureuse cuvée distille des parfums frais et printaniers d'iris, de jacinthe, de feuille de cassis et de Zan. Une belle mâche caressante, une explosion de fruits noirs et une fine amertume camphrée aux accents de poivre sauvage : tout est au diapason dans ce lirac élégant et racé. ⧗ 2025-2030

EARL VIGNOBLES FABRE, 1700, chem. rural de Sorgues, 84230 Châteauneuf-du-Pape, tél. 04 90 83 73 24, contact@tourstmichel.fr V *r.-v.*

TAVEL

Superficie : 945 ha / Production : 35 790 hl

Considéré par beaucoup comme le meilleur rosé de France, ce grand vin de la vallée du Rhône provient d'un vignoble situé dans le département du Gard, sur la rive droite du fleuve, à Tavel et sur quelques parcelles de la commune de Roquemaure. C'est la seule appellation rhodanienne à ne produire que du rosé. Sur des sols de sable, d'alluvions argileuses ou de cailloux roulés, grenache, cinsault, mourvèdre, syrah, accompagnés de carignan et aussi de cépages blancs donnent un vin généreux, au bouquet floral et fruité, qui accompagnera poissons en sauce, charcuterie et viandes blanches.

CH. D'AQUERIA 2023 ★

209 000 | 11 à 15 €

Jean Olivier acquiert en 1919 l'ancien domaine des comtes d'Aqueria, commandé par un château du XVIIIe s. et orné d'un parc à la française. Son gendre Paul de Bez restructure entièrement le vignoble : 68 ha d'un seul tenant, conduits à partir de 1984 par ses petits-fils Vincent et Bruno. Cette valeur sûre en lirac et en tavel a été reprise par la maison Guigal en 2022, qui renforce ainsi son implantation dans la vallée du Rhône méridionale.

Six cépages, dont une moitié de grenache, et une vinification par saignée sont à l'œuvre dans ce réjouissant tavel aux reflets alléchants d'orange sanguine, s'ouvrant à l'aération sur des parfums friands de canneberge, de groseille au sucre et de verveine. Charnue, généreuse et de bonne longueur, la bouche plaît par ses saveurs de bonbon à la framboise et de caramel au beurre, et par sa fine acidité pas si facile à obtenir dans ce millésime chaleureux. Il a tout bon. ⧗ 2024-2027

SCEA JEAN OLIVIER, Ch. d'Aqueria, rte de Pujaut, 30126 Tavel, tél. 04 66 50 04 56, contact@aqueria.com V *r.-v.*

DOM. CORNE-LOUP 2023 ★

100 000 | 11 à 15 €

Ce domaine fondé en 1966 tire son nom d'un ancien quartier de Tavel où, autrefois, un villageois était chargé d'alerter les habitants de l'arrivée imminente des loups. Son vignoble s'étend aujourd'hui sur 40 ha, en lirac, tavel et côtes-du-rhône, conduit depuis 2010 par Géraldine Saunier-Lafond.

Une robe saumon pâle aux reflets argentés et un bouquet fin évoquant le bonbon, le jasmin et la pêche melba sont une bonne entrée en matière. Suit une bouche tendre et grasse, dotée d'une aimable sucrosité aux saveurs de fruits rouges et d'une finale tendue, alerte et épicée (poivre blanc). ⧗ 2024-2027

SCEA DOM. CORNE-LOUP, 205, rue Mireille, 30126 Tavel, tél. 04 66 50 34 37, corne-loup@wanadoo.fr V *r.-v.*

(B) CH. LA GENESTIÈRE 2023 ★★

17 000 | 11 à 15 €

Implanté sur le site d'une ancienne magnanerie, ce domaine fondé en 1930 par la famille Bernard est aujourd'hui dirigé par Christian Latouche. Une bastide du XVIe s. commande le vaste vignoble en lirac et tavel. Après l'acquisition d'autres propriétés, les vignobles familiaux comptent aujourd'hui 200 ha principalement sur la rive droite du Rhône, mais aussi à Châteauneuf-du-Pape.

Ce rosé luxuriant, obtenu par macération de grenache et de syrah, séduit dès l'entame par son teint rubis éclatant et son bouquet foisonnant de fruits exotiques, de zeste d'agrumes, d'épices douces et de nougatine. Une intensité aromatique qui se prolonge dans une bouche tendre, persistante et bien poivrée, à la fraîcheur vivace et acidulée. Un tavel fougueux et énergique, un peu en dehors des standards, qui fera merveille avec un plateau de tapas. ⧗ 2024-2027

SCEA CH. LA GENESTIÈRE, chem. des Cravailleux, 30126 Tavel, tél. 04 90 95 91 70, contact@lavallongue.com

LAVAU 2023 ★

30 000 | 8 à 11 €

Une maison de négoce fondée en 1964 par Jean-Guy Lavau, d'origine saint-émilionnaise. Ses héritiers Benoît et Frédéric, rejoints en 2013 par Bénédicte Bonnet du Ch. Maucoil à Châteauneuf-du-Pape, proposent aujourd'hui une large gamme de vins à partir de la production de 350 vignerons de la vallée du Rhône méridionale, complétée par 190 ha de vignes en propriété.

Né d'un pressurage direct et d'une bonne poignée de cinsault (45 %), associée à une larme de syrah (5 %) et à une moitié de grenache, ce rosé diaphane, saumon pastel, exhale au nez des parfums de muguet, de pêche de vigne et de grenade. Puis on croque dans la groseille dans une bouche qui offre ce qu'il faut de rondeur et de gras, avec en soutien une vivacité zestée qui porte loin toutes les saveurs fruitées. Un tavel dynamique et moderne. ⧗ 2024-2027

MAISON LAVAU, 585, rte de Cairanne, 84150 Violès, tél. 04 90 70 98 70, advexport@lavau.fr V *t.l.j. 10h-13h 15h-17h ; f. oct.-fév.*

(B) DOM. LIRAVEL 2023 ★

5 000 | 11 à 15 €

Les négociants François Dauvergne et Jean-François Ranvier ont coiffé la casquette de producteur en reprenant en 2013 cette propriété familiale de 10 ha morcelés sur dix parcelles en tavel et trois en lirac. Depuis cette date, le domaine a été entièrement restructuré, et certifié bio en 2021.

Petite par sa taille, élaborée à partir d'une belle diversité de six cépages rhodaniens, cette cuvée charme l'œil dans son élégante parure grenadine. Des parfums de fruits rouges croquants et de poivre rose s'échappent du verre, puis investissent un palais délicat, étoffé et finement tannique, marqué par un léger perlant à l'attaque puis souligné de bout en bout par une vivacité aux accents de gingembre et de citronnelle. Le jury salue un travail soigné en cave et une convaincante interprétation de l'appellation. ⧗ 2024-2027

DOM. LIRAVEL, Dom. des Muretins, chem. de Vacquières, 30126 Tavel, tél. 06 03 24 74 19, contact@dauvergne-ranvier.com r.-v.

B CH. DE SÉGRIÈS 2023 ★

■ | 30000 | | 11 à 15 €

Henri de Lanzac conduit un domaine de près de 60 ha, dont 30 ha de vignes d'un seul tenant commandées par le Ch. de Ségriès (XVIIe s.), acquis en 1994 et cultivé en bio. Il assure aussi la gestion du Clos de l'Hermitage (3,5 ha), propriété depuis 1995 de l'ancien coureur automobile Jean Alesi. Deux étiquettes souvent en bonne place dans le Guide.

Un tavel expressif, né de vignes de 80 ans et d'une vinification classique par saignée. Derrière une robe intense, œil-de-perdrix, se dévoilent la fraise écrasée, la gelée de framboise et le bonbon au caramel. Ronde et discrètement amylique, la bouche relaye ces arômes gourmands dans une matière fondante, contrebalancée par une pointe d'amertume réglissée du meilleur effet. Polyvalent, équilibré et sans outrances, ce rosé accompagnera tout un repas, de l'apéritif au dessert. ⧗ 2024-2027

SCEA HENRI DE LANZAC, chem. de la Grange, 30126 Lirac, tél. 04 66 39 11 98, chateaudesegries@wanadoo.fr V t.l.j. sf sam. dim. 8h-12h 13h30-17h30

♥ LES VIGNERONS DE TAVEL ET LIRAC
Cuvée royale 2023 ★★

■ | 70000 | 8 à 11 €

Créée en 1937, cette cave historique fut la première coopérative agricole à être inaugurée par un président de la République (Albert Lebrun). Actrice importante de la production taveloise (environ la moitié), elle a fusionné en 2018 avec la cave de Lirac.

Toujours en vue, cette cuvée avait déjà obtenu un coup de cœur l'an passé. La version 2023, d'un équilibre souverain, a fédéré le jury autour de l'élégance de son teint sombre aux reflets mauves, de ses fragrances gourmandes de fraise écrasée, de praline et de berlingot, et de sa matière structurée, droite et bien juteuse, relayant longuement en finale des saveurs de framboise fraîche et de baies de sureau. Une splendide expression du cru, à réserver à la table, en particulier à des mets épicés, un tajine de poulet aux fruits secs par exemple. ⧗ 2024-2027 ■ **Trésor des sables 2023 ★ (8 à 11 €; 70000 b.)** Une cuvée bien construite qui valorise les sols de sables. Une jolie robe coquelicot pâle et un nez discret mais élégant de violette et de rose ancienne introduisent une bouche acidulée en attaque, déliée et bien équilibrée, enrobée par cette aimable sucrosité « très grenache » qui rappelle la griotte confite. ⧗ 2024-2027 ■ **Si différent ! 2023 ★ (8 à 11 €; 10000 b.)** B Voilà une cuvée bio qui a tout bon : une robe framboise aux reflets vifs, un bouquet net et frais mêlant la fleur d'acacia et la fraise des bois, et une bouche tendre, dynamique et expressive, convoquant les petits fruits rouges mûrs et le poivre blanc. ⧗ 2024-2027

LES VIGNERONS DE TAVEL ET LIRAC, 571, rte de la Commanderie, 30126 Tavel, tél. 04 66 50 03 57, contact@cave-tavel-lirac.fr V t.l.j. 9h-12h 14h-18h; f. dim. janv.-mars

♥ DOM. LE VIEUX MOULIN 2023 ★★

■ | 39000 | | 11 à 15 €

Ce domaine – dont la cave a une architecture proche de celle du lavoir de Tavel – est dans la même famille depuis six générations. Le vignoble a été créé en 1956. Sébastien Jouffret, installé en 1991, vinifie aujourd'hui la récolte de 71 ha.

Assemblage de parcelles issues des différents sols de l'appellation (sables, lauzes, galets roulés), ce vin porte haut les couleurs du tavel. Le jury a d'emblée aimé sa belle teinte grenadine aux reflets violets, son bouquet charmeur en diable de canneberge confite, de nectarine bien mûre et de pivoine. La bouche offre cette même générosité fruitée, ainsi qu'une matière soyeuse, onctueuse et longue, parfaitement dynamisée par une fine fraîcheur anisée. D'un équilibre admirable, sapide et très gourmande, on le réserve pour la table. ⧗ 2024-2027

DOM. LE VIEUX LAVOIR / VIEUX MOULIN, 775, rte de la Commanderie, Le Palai-Nord, 30126 Tavel, tél. 04 66 82 85 11, roudil-jouffret@wanadoo.fr V t.l.j. sf sam. dim. 8h-12h 14h-18h

COSTIÈRES-DE-NÎMES

Superficie : 3 950 ha
Production : 207 365 hl (92 % rouge et rosé)

Rouges, rosés ou blancs, les costières-de-nîmes naissent dans un vignoble établi sur les pentes ensoleillées de coteaux constitués de cailloux roulés – les cailloutis du Villafranchien –, dans un quadrilatère délimité par Meynes, Vauvert, Saint-Gilles et Beaucaire, au sud-est de Nîmes, et au nord de la Camargue. L'appellation s'étend sur le territoire de vingt-quatre communes. Les cépages autorisés en rouge sont le carignan, le cinsault, le grenache noir, le mourvèdre et la syrah; en blanc, ce sont la clairette, le grenache blanc, la marsanne, la roussanne et le rolle. Les rosés s'associent aux charcuteries de l'Ardèche, les blancs se marient fort bien aux coquillages et aux poissons de la Méditerranée, et les rouges, chaleureux et corsés, préfèrent les viandes grillées. Une route des vins parcourt cette région au départ de Nîmes.

B CH. BEAUBOIS Expression 2023 ★

■ | 70000 | | 8 à 11 €

Un domaine fondé au XIIIe s. par les moines cisterciens de l'abbaye de Franquevaux, sur le versant sud des

Costières, et propriété des Boyer depuis quatre générations. Installés en 2000, Fanny et son frère François conduisent avec talent un vignoble de 65 ha, en bio et biodynamie.

La syrah domine largement l'assemblage (60 %) de cette cuvée élaborée pour moitié par saignée, pour moitié par pressurage direct. Au nez, les parfums de fraise compotée se mâtinent de notes suaves de fleur d'oranger et d'une touche fraîche d'aneth, puis les fruits du verger prennent le relais dans une bouche bien enrobée, charnue, tendue par une acidité bien dosée. Un rosé équilibré et fédérateur. ⧗ 2024-2025

CH. BEAUBOIS, rte Generac, 30640 Franquevaux, tél. 04 66 73 30 59, chateaubeaubois@orange.fr V r.-v.

M. CHAPOUTIER 2023 ★★

■	n.c.		8 à 11 €

Cette vénérable (XIXe s.) et incontournable maison, mise sur orbite internationale par Michel Chapoutier à partir des années 1990, propose une large gamme issue de ses propres vignes (345 ha, en biodynamie) ou d'achats de raisin, dans la plupart des appellations phares de la vallée du Rhône, et aussi en Roussillon et en Alsace. Ses enfants, Mathilde et Maxime, ont récemment rejoint l'aventure familiale.

Des ceps de grenache, syrah, mourvèdre et marselan ont présidé à l'élaboration de ce costières enthousiasmant qui à l'olfaction décline le genêt, la liqueur de framboise et la garrigue. Bien parfumée également, la bouche offre un équilibre très assuré entre une puissance tannique contenue, une chair onctueuse et une longue persistance qui laisse serein sur l'avenir. ⧗ 2024-2029 ■ **2023 ★ (5 à 8 €; n.c.)** Cette cuvée offre une interprétation tout en finesse du cru avec ses parfums frais de cerise et sa bouche gracile, soyeuse et subtilement épicée. On choisira de l'ouvrir dans ses jeunes années pour épauler un sauté de veau ou une tomme de brebis. ⧗ 2024-2027

M. CHAPOUTIER, 18, av. du Dr-Paul-Durand, 26600 Tain-l'Hermitage, tél. 04 75 08 28 65, abodin@chapoutier.com V *t.l.j. 9h-13h 14h-19h*

CH. D'ESPEYRAN L'Envol 2023 ★

■	22 000		8 à 11 €

Un très vaste domaine de 535 ha, propriété de la famille Sabatier d'Espeyran depuis 1791. C'est aujourd'hui la 9e génération qui est aux commandes.

La syrah (80 %) mène la danse dans cette cuvée élevée brièvement en cuve, qui fleure bon la cerise burlat et la glycine. Elle dévoile au palais des tanins certes encore un peu fermes mais qui n'entament en rien l'équilibre de cette bouche onctueuse et mûre, balancée par une fine acidité qui lui donne de l'allonge. Très aimable, cet Envol donne déjà bien du plaisir. ⧗ 2024-2027 ■ **L'Envol 2023 ★ (8 à 11 €; 8000 b.)** Avec son bouquet pétulant de melon jaune et de fleur de sureau, ce joli blanc laisse s'exprimer la roussanne (50 %), complétée de marsanne et de rolle. Souligné par une fine acidité aux accents d'écorces d'agrume, le palais ne manque ni de volume ni de longueur, préservant longtemps l'expression de l'abricot frais. ⧗ 2024-2026

SCEA DE LA RIBASSE ET DE L'ARGENTIÈRE, Mas d'Espeyran, 30800 Saint-Gilles, tél. 06 21 44 30 06, contact@domaine-espeyran.fr V *r.-v.*

GALLICIAN SIGNATURE Terre des Launes 2023 ★

■	17 000		5 à 8 €

Cette cave «pilote» – l'une des premières à avoir promu l'embouteillage à la propriété avec le statut de coopérative et la première à mettre en avant la syrah dans les années 1960-70 – a été fondée en 1951. Elle regroupe aujourd'hui 60 adhérents pour quelque 1 000 ha de vignes à l'extrême sud des Costières, à la limite de la Petite Camargue.

Des sols à galets de quartzite et de la syrah (80 %) sont à l'origine de cette cuvée distillant tour à tour des parfums de groseille, de cerise noire et de laurier-sauce. Bien équilibrée, la bouche est ample, consistante, servie par des tanins ciselés et taillés à la mesure. Déjà aimable, elle gagnera néanmoins à séjourner encore un peu en cave. ⧗ 2025-2028 ■ **Ch. Laval 2023 ★ (5 à 8 €; 13 000 b.)** Le grenache (35 %) vient ici compléter la syrah lui apportant l'onctuosité de son fruit ensoleillé (fraise compotée). La bouche se fait ronde, douce et finement épicée (cannelle, muscade), soulignée par des tanins souples et croquants. Un rouge parfumé et épanoui, à ouvrir dans sa jeunesse. ⧗ 2024-2026

GALLICIAN, 128, av. des Costières, 30600 Vanvert, tél. 04 66 73 31 65, labo@gallician.com V *t.l.j. sf dim. 9h-12h 14h-18h*

CH. GRAND ESCALION Safranée 2023 ★★

■	10 000		8 à 11 €

Affaire de négoce-éleveur créée en 1936 par Gabriel Meffre, cette maison est devenue un acteur incontournable, propriétaire de 800 ha de vignes dans toute la vallée du Rhône, ainsi qu'en Provence. Reprise en 2009 par Éric Brousse, associé du groupe bourguignon Boisset.

Née d'une sélection parcellaire de 2 ha mêlant syrah (80 %) et grenache fermentés séparément, cette cuvée illustre la symbiose du bois et du fruit, que l'on retrouve dès l'entame autour de notes de myrtille, d'épices et d'une touche de cacao amer. Au diapason, la bouche offre la concentration attendue, des saveurs de fruits noirs mûrs et de vanille, de beaux tanins fermes et une fine acidité qui étire la finale. De l'avenir en cave. ⧗ 2025-2030 ■ **Gabriel Meffre Instants rares Les Grès 2023 ★ (- de 5 €; n.c.)** Un costières séduisant par son nez de fruits rouges et noirs, et par sa bouche tout aussi parfumée, soyeuse, charnue, étayée par des tanins fondus et soulignée d'une discrète amertume pleine de relief. Et tout cela à prix très doux. ⧗ 2024-2026

GABRIEL MEFFRE, 2, rte des Princes-d'Orange, Le Village, 84190 Gigondas, tél. 04 90 12 32 32, gabriel-meffre@meffre.com V *t.l.j. sf lun. dim. 10h-12h30 14h30-18h*

MAS DES BRESSADES Tradition 2023 ★

■	40 000		8 à 11 €

Du Languedoc à l'Afrique du Nord, de l'Afrique du Nord au Médoc et à la vallée du Rhône, la famille Marès cultive la vigne sans frontières depuis six générations. Cyril s'est installé en 1996 à la tête du vignoble qui compte aujourd'hui 40 ha en bio. Ses costières-de-nîmes sont régulièrement en bonne place dans le Guide.

Une robe soutenue comme il est de mise pour un rosé de saignée, un nez fringant de fraise écrasée et de fruits blancs au sirop : l'entame est engageante. Le palais, ample, rond et vineux, restitue cette même gourmandise, tout en gardant ce qu'il faut de tension. Un rosé plaisant et digeste, qui mérite la table. ⧗ 2024-2025

MAS DES BRESSADES, rte de Bellegarde, RD 3, 30129 Manduel, tél. 04 66 01 66 00, masdesbressades@aol.com V *t.l.j. sf sam. dim. 8h-12h 13h-17h* E

MAS DU NOTAIRE Maître 2023 ★★

6000 | 11 à 15 €

Construit au milieu du XIXᵉs. et acquis par la famille Rambier en 2004, le Mas du Notaire étend ses vignes sur 30 ha. Il tient son nom de l'un de ses anciens propriétaires, notaire honoraire au début du XXᵉs.

Syrah, mourvèdre et grenache forment un trio détonant dans ce rouge à la robe profonde où pointent des nuances cuivrées. Au nez, un élevage précis de 12 mois en barriques a teinté d'épices douces (cardamome, cumin) les notes florales de rose ancienne et de glycine. Suave, séveux, onctueux, le palais s'adosse à des tanins enrobés et s'étire dans une finale prometteuse aux accents de café grillé et de malt. Gourmand et généreux, ce costières d'un équilibre remarquable est taillé pour la garde. ⧗ 2026-2032

SARL JEAN-PIERRE RAMBIER ET FILS VIGNERON (MAS DU NOTAIRE), Mas du Notaire, 30600 Gallician, tél. 04 66 35 03 00, info@lesdomainesjeanpierrerambier.com V *r.-v.* B

B CH. D'OR ET DE GUEULES Lou Trésor 2022 ★★

5000 | 20 à 30 €

Le nom de ce domaine créé en 1998 par Diane de Puymorin évoque les couleurs du blason familial rayé d'or et de rouge (gueules). Le vignoble couvre 60 ha conduits en bio et la conversion à la biodynamie est en cours (10 ha déjà certifiés). Une originalité : la musicothérapie est utilisée dans les vignes. L'une des bonnes références en costières-de-nîmes qui a en plus la bonne idée de conserver en stock de vieux millésimes.

Cette quasi pure syrah à la robe d'encre livre un bouquet envoûtant de violette et de réglisse mâtiné de notes végétales (bois de cassis). Le palais se révèle flatteur, rond et séveux, nanti de beaux tanins fermes, intégrant la saveur fraîche du poivre sauvage dans une longue finale prometteuse. Vibrant, complexe, l'avenir lui appartient. ⧗ 2026-2030 **Trassegum 2023 ★ (15 à 20 €; 10000 b.)** De vénérables ceps (70 ans) et la typicité miellée de la roussanne (80 % de l'assemblage) sont la matrice de ce blanc élevé en jarre de terre cuite. Le nez évoque l'amande fraîche, le caramel au beurre et les effluves iodés. Infusée de fruits secs, la bouche plaît par son originalité, révélant une matière puissante et chaleureuse, soulignée d'une étonnante trame minérale. ⧗ 2024-2027

GFR CH. D'OR ET DE GUEULES, chem. des Cassagnes, rte de Generac, 30800 Saint-Gilles, tél. 04 66 87 32 86, chateaudoretdegueules@wanadoo.fr V *t.l.j. sf dim. 10h-19h* E

B DOM. DE LA PATIENCE Nemausa 2022 ★

9400 | 5 à 8 €

Christophe Aguilar a repris le domaine familial en 1999, alors 12 ha en vins de pays apportés à la coopérative. Après des travaux de réencépagement et l'achat d'un domaine voisin, il conduit aujourd'hui 95 ha en agriculture bio, dont une vingtaine en costières-de-nîmes.

Des reflets mauves teintent la robe violine de ce costières à l'allure juvénile, au nez fin et frais de cerise guigne, de cassis et de réglisse. Au palais, il se révèle parfumé, frais et détendu, étiré sur le poivre noir et le cacao, fruits d'un léger passage en fût (10 % du volume). Du charme et beaucoup d'équilibre pour ce vin que l'on pourra ouvrir dans ses jeunes années. ⧗ 2024-2027

DOM. DE LA PATIENCE, chem. du Serre-Plouma, 30210 Ledenon, tél. 09 61 29 30 20, domainedelapatience@orange.fr V *t.l.j. sf dim. 9h-12h 14h-19h*

♥ PAZAC GRANDS VINS Le Pigeonnier 2023 ★★

70000 | 5 à 8 €

Située aux confins orientaux de l'appellation costières-de-nîmes, la petite coopérative de Meynes, créée en 1968, ne compte pas plus de sept adhérents (pour 250 ha de vignes). Elle occupe un ancien relais de diligences, puis de chasse, transformé en ferme dédiée à la polyculture et à l'élevage ovin, avant de devenir le siège de cette cave qui a replanté la vigne sur le plateau de Pazac.

Le grenache est le fil conducteur de ce pétulant rosé saumoné aux reflets fuchsia, qui charme dès l'entame par son bouquet expressif de melon, de pêche jaune et de sureau. Rond, gras et souple, avec en contrepoint une agréable fraîcheur, le palais ne se départit pas de son fruité juteux et gourmand. Tout indiqué pour les mets exotiques, on l'imagine déjà à l'apéritif avec des dim sum au crabe ou aux crevettes. ⧗ 2024-2025 **Veuve Mathilde 2023 ★ (8 à 11 €; 14400 b.)** Hommage à l'aïeule de l'un des vignerons-coopérateurs, cette cuvée dévoile un nez exotique de mangue et de fruit de la Passion, mâtiné de notes de lilas. Souple en attaque, gras, persistant, le palais prolonge ces saveurs gourmandes et séduit par sa rondeur et son exubérance. Un blanc au caractère bien trempé qui fera merveille à table, avec un aïoli par exemple. ⧗ 2024-2026

CAVE DE PAZAC, 450, rte de Redessan, 30840 Meynes, tél. 04 66 57 59 95, cavedepazac30@gmail.com V *t.l.j. sf dim. 8h-12h 14h-18h*

DOM. DE POULVAREL Le Domaine blanc 2023 ★

8000 | 8 à 11 €

Pascal Glas et son épouse Élisabeth ont repris le domaine familial en 2004 après la fermeture de la coopérative de Sernhac. Ils exploitent aujourd'hui un vignoble de 45 ha en conversion bio et signent des costières-de-nîmes régulièrement en vue dans ces pages, ainsi qu'une IGP. À noter : le domaine propose une visite-dégustation des deux tunnels romains situés à proximité de la cave.

Mi-grenache blanc mi-roussanne, ce costières cristallin livre un bouquet plaisant de chèvrefeuille, d'abricot sec et d'amande grillée. Les notes florales se prolongent dans une bouche d'abord vive, puis ronde et suave, stimulée par une fine amertume aux accents de noisette fraîche. Avec une jolie longueur en prime, ce blanc harmonieux et complexe fera un mariage heureux avec un soufflé au poisson ou une blanquette de la mer. ⌛ 2024-2027

DOM. DE POULVAREL, 110, chem. des lauriers de la Soubeyranne, 30210 Sernhac, tél. 04 66 01 67 46, contact@domainedepoulvarel.com V t.l.j. sf dim. 10h-12h 14h-19h

B CH. LA TOUR DE BÉRAUD 2023 ★

| 15 000 | | 8 à 11 € |

François Collard est un habitué du Guide, avec des vins souvent en très bonne place. Installé en 1994, il réalise les premières mises en bouteilles à partir des vignes familiales (65 ha en bio certifié depuis 2014, en biodynamie certifiée Demeter depuis 2020) à travers deux étiquettes : Mourgues du Grès, propriété du couvent des Ursulines de Beaucaire jusqu'à la Révolution, et La Tour de Béraud, qui tire son nom d'une tour à feu du XIVᵉs. dominant la vaste plaine de Beaucaire. Jamais à court d'idées, les Collard proposent de découvrir toutes les facettes du domaine à travers un sentier banalisé équipé de bornes Bluetooth.

Une moitié de grenache blanc, l'autre de rolle et de roussanne, tous élevés brièvement en cuve (4 mois), composent la recette de ce blanc convaincant, qui fleure bon le mélilot, le beurre frais et l'écorce de citron jaune. Onctueuse et longue, la bouche offre une matière souple, infusée de fruit blanc, dynamisée par une fine amertume aux saveurs d'agrumes frais. Accompagné de quelques bulots et de crevettes bouquet, il fera une très belle bouteille pour l'apéritif. ⌛ 2024-2026

FRANÇOIS COLLARD, 1055, chem. des Mourgues-du-Grès, 30300 Beaucaire, tél. 04 66 59 46 10, info@mourguesdugres.com V t.l.j. sf dim. 10h-12h30 14h-18h

PIERRE VIDAL
Cuvée spéciale 2023 ★

| 200 000 | | - de 5 € |

Pierre Vidal, installé à Châteauneuf-du-Pape avec son épouse vigneronne, a créé son négoce en 2010. Cet œnologue formé en Bourgogne s'est entouré d'une petite équipe et a construit, en 2019, sa propre cave pour pouvoir peaufiner ses sélections parcellaires, tournées vers les vins bio et végans. Des vins d'une grande régularité dans la qualité.

20 % de carignan complète le grenache et la syrah dans ce costières au nez retenu mais subtilement épicé. En bouche, se dévoile une matière à la fois souple et concentrée, parfumée de baies noires et de réglisse, structurée par des tanins doux. Nul besoin d'attendre pour apprécier ce rouge alerte et expressif, prêt à accompagner des côtelettes d'agneau. ⌛ 2024-2027

PIERRE VIDAL, 370, rue Calixte-Paillet, ZA Grange-Blanche-Est, 84350 Courthézon, tél. 07 77 05 38 81, contact@pierrevidal.com V t.l.j. sf sam. dim. 10h-12h 14h-17h

VIGNERONS PROPRIÉTÉS ASSOCIÉS
Saveurs du temps 2022 ★

| 5000 | | - de 5 € |

La coopérative Costières et Soleil est devenue Vignerons Propriétés Associés en 2013. Regroupant les caves de Calvisson, Générac et Saint-Hilaire d'Ozilhan, elle vinifie le produit de 150 adhérents et de 24 domaines pour un total de 3 000 ha.

Ce rouge emmené par le grenache (60 %), avec la syrah en appoint, séduit dès l'entame par son intensité aromatique autour des fruits rouges en liqueur et des épices douces. Attrayantes notes suaves prolongées par une bouche soyeuse, parfumée, nantie de tanins fondus. Un ensemble épanoui et réjouissant, pour un prix qui l'est tout autant. ⌛ 2024-2026

VIGNERONS PROPRIÉTÉS ASSOCIÉS, 32, rte de la Cave, 30420 Calvisson, tél. 04 66 01 31 31, contact@vigneronsproprietesassocies.fr V jeu. ven. sam. 9h30-12h 15h-18h30

DUCHÉ D'UZÈS

Située au nord de Nîmes, la dernière-née des AOC (2013) a fourni d'abord des vins de pays. Depuis 1989, les viticulteurs de l'Uzège œuvraient pour obtenir l'accession de leurs vins à l'appellation d'origine. Ils se sont fixé de nombreuses contraintes et n'ont pas ménagé les investissements sur leurs exploitations. L'appellation, fondée sur un cahier des charges strict, ne vise pas les volumes, mais un vin haut de gamme. La région viticole est située au carrefour des Cévennes, du Languedoc et de la Provence, sur la rive droite du Rhône, et elle livre des vins rouges généreux, épicés et réglissés, surtout marqués par la syrah et le grenache, des rosés puissants et aromatiques, marqués par le grenache, ainsi que des blancs intenses, aux arômes de pêche et d'abricot, issus de grenache blanc et de viognier.

B LES VIGNES DE L'ARQUE
Chant des Baumes 2023 ★

| 6000 | | 8 à 11 € |

Ce domaine du pays d'Uzège (Gard) porte le nom du château médiéval du IXᵉs. qui surplombe la cave. Il a été créé en 1994 par messieurs Fabre et Rouveyrolles, deux anciens coopérateurs, et Patrick, fils du premier, est responsable des vinifications. Le vignoble s'étend sur 80 ha dispersés dans quatre villages voisins; il produit du duché-d'uzès et des vins en IGP Cévennes et Pays d'Oc.

Ce rosé friand composé d'une moitié de grenache, de syrah (30 %) et de mourvèdre affiche un gracieux teint diaphane aux nuances orangées. Le nez, engageant et intense, s'exprime sur la fleur de sureau et les fruits rouges frais (framboise, griotte). Le prélude à une bouche bien composée, soyeuse, parfumée, stimulée par une acidité dynamique et par une pointe tannique qui apporte relief et cachet à l'ensemble. Du plaisir et de la tenue en bouche. ⌛ 2024-2026

LES VIGNES DE L'ARQUE, rte d'Uzès, 30700 Baron, tél. 04 66 22 37 71, contact@vignedelarque.fr V t.l.j. 9h-12h 14h-19h

CHABRIER Campradel 2023 ★★

■ | 17000 | 🍾 | | 5 à 8 €

Constitué en 1925 par Louis Chabrier, ce domaine a été repris en 1988 par les petits-fils du fondateur, Christophe et Patrick, qui ont créé la même année leur cave particulière. La propriété compte aujourd'hui 70 ha de vignes éparpillées en une mosaïque de terroirs. À sa carte, du duché-d'uzès et des IGP.

Combinaison de grenache et de syrah à égalité, cette cuvée d'une belle intensité de robe semble avoir bénéficié de la chaleur du millésime. En témoigne un nez expressif et engageant de baies noires mûres assaisonnées d'épices douces (vanille, cannelle), ouvrant sur une bouche ample, savoureuse, au fruité persistant, portée par des tanins enrobés et par une belle fraîcheur. Un joli rouge qui devrait plaire au plus grand nombre. ⧗ 2024-2029

DOM. CHABRIER FILS, chem. du Grès, 30190 Bourdic, tél. 04 66 81 24 24, louis.chabrier@outlook.fr V 🚶 🍷 *t.l.j. sf dim. 9h-12h 14h30-18h30*

LES COLLINES DU BOURDIC
Famille Montescaud 2023 ★

■ | 50000 | 🍾 | | 5 à 8 €

Créée en 1928 grâce à la volonté d'une poignée de viticulteurs, la cave coopérative Les Collines du Bourdic, dans le Gard, compte aujourd'hui une centaine d'adhérents qui cultivent 1 800 ha. À sa carte, du duché-d'uzès et des vins en IGP.

Sous sa discrète robe saumonée aux reflets blonds, cette cuvée révèle un nez intense et pétulant de pivoine et de berlingot à la cerise. Ronde, tendre et aromatique, la bouche se distingue par sa vivacité tonique et sa finale aérienne sur des notes d'écorce de citron vert. Un rosé allègre et bien fruité. ⧗ 2024-2025

LES COLLINES DU BOURDIC, 523, av. des Écoles, 30190 Bourdic, tél. 04 66 81 20 82, contact@bourdic.fr V 🚶 🍷 *t.l.j. sf dim. 9h-12h30 14h30-18h30*

DOM. REBOUL DES SAINT-PIERRE
Lou Pastre 2023 ★★

■ | 7300 | 🍾 | | 5 à 8 €

Si les Reboul possèdent cette propriété depuis 1988, le domaine viticole a été officiellement créé en 2006, sur 40 ha de vignes, dont une partie en appellation et le reste en IGP. Le logo du domaine représente deux moutons se nourrissant d'une souche en clin d'œil à l'histoire de la propriété qui possédait initialement un troupeau de moutons.

Un assemblage de syrah (72 %) et de grenache qui soigne la fraîcheur et porte haut les couleurs de chacun des deux cépages. La robe violine offre une plaisante entrée en matière, de même que le nez, délicat et complexe, déclinant la violette, le noyau de cerise et la baie rose. Une même harmonie s'affiche dans une bouche à la fois ample, solaire et fraîche, infusée de fruits rouges mûrs et nantie de tanins ronds, dynamisée par une finale bien poivrée. On peut l'ouvrir sans délai pour profiter de son éclat de jeunesse, ou l'attendre. ⧗ 2024-2029

EARL DU BOUDRE (DOM. REBOUL DES SAINT-PIERRE), 3575, RD 18, Vic, 30190 Sainte-Anastasie, tél. 06 17 22 40 45, reboul.jeanmarie@sfr.fr V 🍷 *t.l.j. sf dim. lun. 15h-19h*

Ⓑ **DOM. SAINT-FIRMIN** Ananda 2023 ★

■ | 20000 | 🍾 | | 5 à 8 €

Un domaine familial de 45 ha situé au cœur de la cité ducale d'Uzès, créé en 1925 et conduit depuis 1990 par les frères Robert et Didier Blanc. La certification bio est acquise depuis 2022.

Ce blanc allègre et bien nommé – *ananda* signifiant «joie profonde» en sanskrit – dévoile un bouquet éloquent et charmeur d'abricot, de mandarine et de carvi. On retrouve les fruits dans une bouche souple, ronde et bien équilibrée, tendue par une fine minéralité et par une finale aux saveurs acidulées de citron jaune. ⧗ 2024-2026 ■ **Révélation 2022 ★ (11 à 15 €; 8 000 b.)** Ⓑ Une dominante de syrah (70 %) dans cette cuvée dont le bouquet porte l'empreinte vanillée et toastée du merrain, mais qui laisse aussi parler le fruit, rouge et bien mûr. Équilibrée et de bonne longueur, la bouche plaît par son volume, ses arômes de cerise noire et de poivre, et par ses tanins consistants bien soulignés par l'élevage. ⧗ 2025-2031

DOM. SAINT-FIRMIN, Dom. Saint-Firmin, 30700 Uzès, tél. 06 09 72 37 57, domstfirmin@gmail.com V 🚶 🍷 *t.l.j. sf dim. 9h-19h*

Ⓑ **LA TOUR DE GÂTIGNE** 2023 ★★

■ | 9400 | 🍾 | | 8 à 11 €

En 1212, les Templiers élèvent une commanderie à Saint-Chaptes, sur les terres alluviales de la rive nord du Gardon. Huit cents ans après, le donjon des Templiers domine toujours les bâtiments du domaine. L'exploitation, dans la famille des actuels propriétaires depuis 1835, compte aujourd'hui 103 ha de vignes (certifiés en bio depuis 2020), en duché-d'uzès et en IGP. Jean-Michel Guibal en a pris les rênes en 1980.

Une bonne proportion de viognier (60 %), de la roussanne et du grenache blanc à parité, et un élevage bref en cuve : du classique, mais du bon classique, au menu de ce joli blanc bien ouvert sur des senteurs subtiles de tilleul et d'amande verte. Ample et friande, avec ce qu'il faut de gras et une touche exotique (litchi) pour la gourmandise, la bouche s'étire dans une finale tonique à l'élégante amertume réglissée. ⧗ 2024-2027

LA TOUR DE GÂTIGNE, Dom. de la Tour, D 18, 30190 Saint-Chaptes, tél. 04 66 81 26 80, commercial@domainedelatour.org V 🚶 🍷 *t.l.j. sf dim. 9h-12h 14h-18h; sam. 9h-12h*

VENTOUX

Superficie : 6 235 ha
Production : 226 300 hl (96 % rouge et rosé)

À la base du massif calcaire du Ventoux – le Géant du Vaucluse (1 912 m) –, des sédiments tertiaires portent ce vignoble qui s'étend sur 51 communes entre Vaison-la-Romaine au nord et Apt au sud. Le climat, plus froid que celui des côtes-du-rhône, entraîne une maturité plus tardive. Les vins rouges sont frais et élégants dans leur jeunesse; ils sont davantage charpentés dans les communes situées le plus à l'ouest (Caromb, Bédoin, Mormoiron). L'AOC produit de plus en plus des rosés à boire jeunes ainsi que des blancs.

B DOM. ALLOÏS Infiniment 2023 ★

	10 000		8 à 11 €

Après plusieurs expériences dans diverses régions viticoles de France, et plus particulièrement en Bourgogne, François Busi a repris en 2008 le domaine familial : 6 ha à son arrivée, 30 ha aujourd'hui, conduits en agriculture biologique et biodynamique.

Grenache (80 %), syrah et mourvèdre jouent avec brio la partition de la finesse dans cette cuvée aux reflets sable, délicatement florale et un peu poivrée, livrant au palais une chair délicate, parfumée, habilement dynamisée par une touche de zeste de citron et d'anis vert. Parfait pour l'apéritif, on le terminera à table avec un ceviche de daurade. ⧗ 2024-2025

DOM. ALLOÏS, 2345, rte du Boisset, 84750 Caseneuve, tél. 04 90 74 41 16, contact@domaine-allois.com
V t.l.j. sf dim. 9h30-12h30 14h30-18h

B AMÉDÉE Sous les cerisiers 2022 ★

	50 000	- de 5 €

Le Cellier Marrenon a été fondé en 1966 par Amédée Giniès, l'un des principaux artisans de la reconnaissance en AOC des vins du Luberon. Il regroupe neuf coopératives dans les appellations luberon et ventoux : pas moins de 1 200 adhérents et 7 200 ha. Deux étiquettes : Marrenon et Amédée.

Une macération traditionnelle et une macération à chaud ont forgé le caractère gourmand de ce pimpant ventoux vibrant de fruit avec ses arômes de cassis croquant et de berlingot à la cerise, d'un bon volume de bouche, aux tanins graciles à peine esquissés. Un vrai « vin de plaisir » qui a tout bon, y compris son prix. ⧗ 2024-2027

LES CAVES AMÉDÉE, rue Amédée-Giniès, 84240 La Tour-d'Aigues, tél. 04 90 07 40 65, advgms@marrenon.com

DOM. DES ANGES Archange 2022 ★

	4 500		15 à 20 €

Gabriel McGuinness, Irlandais de Kilkenny, a acquis en 1986 ce vignoble aux sols variés, situé en haut d'une colline sous la protection d'une chapelle qui donne son nom au domaine. Une propriété de 16 ha aujourd'hui.

Il y a de l'ambition dans ce vin façonné par de vénérables syrah de 55 ans, et élevé un an en amphore et en barrique. Opaque et concentré à l'œil, il dévoile un bouquet fin et complexe évoquant la griotte, le sous-bois, la garrigue et une singulière note d'encre de Chine. Bien présent, le fût ajoute quelques touches d'épices à une bouche consistante et suave, nantie de tanins soyeux au grain mûr. Harmonieux et diablement séduisant, il ne craint pas non plus la garde. ⧗ 2025-2030

DOM. DES ANGES, 2342, chem. Notre-Dame-des-Anges, 84570 Mormoiron, tél. 04 90 61 88 78, contact@domainedesanges.com V r.-v. E

DOM. DE LA BASTIDONNE
Le Puits neuf 2022 ★★

	3 500		15 à 20 €

Installé en 1990, Gérard Marreau, œnologue, représente la quatrième génération à conduire ce domaine familial de 40 ha fondé en 1903, souvent en vue pour ses ventoux et ses IGP. La conversion vers l'agriculture biologique est engagée.

Pas de bois dans ce quasi pur grenache (90 %) qui soigne la fraîcheur et la pureté des arômes. Le nez, puissant, déploie son nuancier de fruits noirs, de poivre et laurier, relevé d'une touche fumée engageante. Puis on croque dans le cassis juteux dans une bouche déliée, onctueuse, étayée de tanins doux, qui ne se départit pas d'une trame de vivacité jusqu'en finale. Expressif, complexe et savoureux, il est passé à un souffle du coup de cœur. ⧗ 2025-2030

DOM. DE LA BASTIDONNE, 206, chem. de la Bastidonne, 84220 Cabrières-d'Avignon, tél. 04 90 76 70 00, domaine.bastidonne@orange.fr
V t.l.j. sf dim. 9h-12h 14h-18h (15h-19h en été)

DOM. CHAMP-LONG
Tradition 2023 ★

	9 000		8 à 11 €

Une propriété dans la même famille depuis le début du XIXe s. En 1964, Maurice Gély crée la cave de vinification; en 1994, son fils Christian la rénove; en 2004, son petit-fils Jean-Christophe rejoint le domaine, qui s'étend sur 30 ha au pied du mont Ventoux.

Issu des coteaux nord du mont Ventoux, un terroir sablonneux tardif et frais, et d'une vendange manuelle, ce rosé tendre séduit dès l'entame par sa robe saumon vif aux reflets argentés et par son nez sobre et élégant de framboise, de pêche blanche et de noix fraîche. Au palais, il plaît par son expression fruitée et acidulée, son volume, sa finesse et par sa finale souple un brin saline. Le rosé d'apéritif par excellence. ⧗ 2024-2025

DOM. DE CHAMP-LONG, 1900, chem. de Champ-Long, 84340 Entrechaux, tél. 04 90 46 01 58, domaine@champlong.fr
V t.l.j. sf dim. 9h-12h 14h-18h

CLAUVALLIS
La Grand Rocher 2022 ★

	8 500		5 à 8 €

Fondée en 1924 à l'initiative de sept viticulteurs, cette cave rappelle par son nom l'esprit de coopération. Elle regroupe les vignerons de Saint-Didier, Malemort, Venasque et Pernes-les-Fontaines, au sud du mont Ventoux.

Derrière une robe pourpre, des arômes croquants de fruits rouges écrasés saupoudrés de vanille et une touche gourmande de caramel au beurre. Détendue, suave et parfumée, portée par des tanins caressants, la bouche restitue sans filtre ce fruit mûr et finement épicé. Un ventoux élégant et savoureux, bientôt à point pour accompagner un magret. ⧗ 2025-2028

CLAUVALLIS, 1030, rte de la Courtoise, 84210 Saint-Didier, tél. 06 98 83 81 71, cave@clauvallis.fr
V t.l.j. sf dim. 8h30-12h 14h-18h30

B DOM. DE LA COQUILLADE
Coquillade 2022 ★

	3 330		30 à 50 €

La Coquillade est un hameau datant du XIIIe s. proche du pont Julien, le plus vieux pont romain de France, et de Roussillon, commune réputée pour ses ocres. En 2006, Andreas Rihs en fait un hôtel de luxe et restructure son vignoble de 30 ha qu'il convertit

à l'agriculture biologique. À sa mort en 2018, ses fils Oliver et Tobias reprennent le domaine, épaulés par Aurélie Julien, l'œnologue et maître de chai. Initialement connu sous la marque Aureto, le domaine devient Dom. de la Coquillade en 2024 pour plus de cohérence entre l'activité hôtelière et viticole.

Une quasi-parité entre grenache et syrah et un élevage soigné de 18 mois entre fût et œuf béton sont à l'œuvre dans cette cuvée d'une belle profondeur de robe, au bouquet d'abord timide livrant quelques notes de cerise croquante, puis plus franc avec ses parfums gourmands de cake aux fruits confits, d'épices du fût et de garrigue. Une attaque douce ouvre sur une bouche généreuse, portée par des tanins denses et cossus et par une fine fraîcheur réglissée. ⧗ 2027-2032

DOM. DE LA COQUILLADE, chem. de la Coquillade, 84400 Gargas, tél. 04 90 74 54 67, info@aureto.fr V *t.l.j. 10h-19h*

DOM. FONT SARADE
Le Carignan 2022 ★

| 5000 | 8 à 11 € |

Un domaine souvent en vue, né en 1936 au nord de Vacqueyras de l'association de deux familles vigneronnes, les Devine et les Burle. Le vignoble, conduit depuis 2002 par Bernard Burle, associé à sa fille, Claire, en 2014, couvre aujourd'hui 37 ha.

Du carignan certes, mais pas que : 40 % de grenache sont venus l'épauler dans cette jolie cuvée de fruit, habilement élevée en cuve pendant 10 mois. Centrée sur des notes de framboise et de myrtille agrémentées de nuances mentholées, elle se montre équilibrée, à la fois fraîche et ronde, portée par des tanins croquants finement extraits. Un profil tonique et prêt à boire. ⧗ 2024-2027 ■ **Les Terres rouges 2022 ★ (8 à 11 €; 40000 b.)** Au nez, des arômes de violette, de muscari, d'humus et une touche de cuir. Puis la cerise noire prend la main, imprégnant une bouche douce et déliée, nantie de tanins fondus, plus acidulée et alerte en finale. ⧗ 2024-2027

DOM. FONT SARADE, 801, rte de Violès, 84190 Vacqueyras, tél. 07 87 46 17 02, infos@fontsarade.fr V *r.-v.*

DOM. LES HAUTES BRIGUIÈRES
Rosé d'une nuit 2023 ★

| 12000 | 5 à 8 € |

Sa famille cultive la vigne depuis 160 ans; François-Xavier Rimbert s'est installé en 1998 sur le domaine familial, 28 ha de vignes en terrasses à 350 m d'altitude, au pied du Ventoux, et en cours de conversion bio.

Une cuvée convaincante avec sa lumineuse robe claire aux reflets mandarine, son aromatique florale et finement zestée, et son palais bien affirmé, charnu et savoureux, infusé de fruit miellé et de melon jaune, avec en appoint une fine tension citronnée. Un équilibre à toute épreuve à essayer sur des fromages à croûte lavée. Un dégustateur suggère une aumônière de pommes au pont-l'évêque. ⧗ 2024-2025

DOM. LES HAUTES BRIGUIÈRES, 89, chem. de Canebier, 84570 Mormoiron, tél. 06 13 24 27 18, fxrimbert@orange.fr V *t.l.j. sf dim. 9h-19h (hiver 9h-17h)* E

♥ CAVE DE LUMIÈRES Lumières 2023 ★★

| 15000 | 8 à 11 € |

Connu pour ses verreries au XIVe s. et pour ses faïenceries au XVIIIe s., le village de Goult abrite la Cave de Lumières, fondée en 1925. Étant située à la limite du Luberon et du Ventoux, la coopérative produit des vins dans les deux appellations, sur une surface totale de 511 ha.

Moisson d'étoiles sur le millésime 2023 pour cette petite coopérative de haute qualité, qui travaille depuis plusieurs années ses sélections parcellaires. Le coup de cœur récompense ici le terroir de Joucas : des sols d'éboulis calcaires et une exposition sud ont soigné la maturité des raisins (une moitié de grenache, 40 % de syrah et une touche de carignan). Dans le verre, des parfums capiteux de cerise noire et de myrtille au sirop, rehaussés de notes de sarriette et de genièvre. Des tanins patinés bien pris dans la chair soutiennent un palais souple, ample et friand, au fruité juteux de cassis poivré, qui s'allonge dans une longue finale sans accroc. ⧗ 2024-2030 ■ **Dom. Terrus 2023 ★★ (5 à 8 €; 30000 b.)** Une cuvée de domaine qui tire son nom (*terres rousses*) des ocres rouges des hauteurs de Goult. Au nez charmant et discret de mûre poêlée et de caramel succède une bouche nette, ronde et bien fraîche à la fois, nantie de tanins souples parfaitement intégrés. Un ventoux aimable et bien typé, qui soigne l'expression du fruit. ⧗ 2024-2028 ■ **Amaterra 2023 ★★ (8 à 11 €; 9000 b.)** B Grenache, carignan et une poignée de syrah (6 %) se combinent avec grâce dans cette envoûtante cuvée bio. Une robe de velours dense, un nez profond et captivant de fruits noirs, de tapenade et de réglisse, une bouche puissante, pulpeuse et ample, épaulée par des tanins gras au grain crayeux et quelques notes iodées pour la fraîcheur : tout ici témoigne d'une parfaite extraction et d'un élevage soigné. ⧗ 2026-2030

LA CAVE DE LUMIÈRES, 19, rte de Joucas, 84220 Goult, tél. 04 90 72 20 04, m.latremoliere@cavedelumieres.com V *t.l.j. sf dim. 9h-12h 14h-18h*

B MARRENON Amountanage 2023 ★★

| 40000 | 5 à 8 € |

Le Cellier Marrenon a été fondé en 1966 par Amédée Giniès, l'un des principaux artisans de la reconnaissance en appellation des vins du Luberon. Il regroupe neuf coopératives dans les appellations luberon et ventoux : pas moins de 1 200 adhérents et de 7 200 ha. Deux étiquettes : Marrenon et Amédée.

Amountanage ? Une étiquette qui fleure bon la Provence pour ce joli rosé bio, attrayant dans sa robe saumon fardée de gris, d'une belle intensité avec ses parfums de pivoine et de berlingot, enrobé en bouche d'une petite sucrosité que souligne une fine tension aux saveurs de zeste de mandarine. Un ensemble fruité et pimpant. ⧗ 2024-2025 ■ **Capella 2022 ★ (8 à 11 €; 50000 b.)** Une touche d'élevage et de grenache (10 %) appuient l'expression épanouie de la syrah dans ce rouge solaire, aux parfums de guigne à l'eau-de-vie et de poivre blanc. La bouche, fruitée, cossue mais suave, est étayée par des tanins serrés qui demandent à se fondre. ⧗ 2025-2029

⊶ MARRENON, rue Amédée-Giniès, 84240 La Tour-d'Aigues, tél. 04 90 07 40 65, marrenon@marrenon.com V t.l.j. 8h30-12h30 14h30-19h; dim. 8h30-12h30

LE MAS DES FLAUZIÈRES La Beaume 2023 ★

	10000		11 à 15 €

Jérôme Benoît a pris les rênes en 1996 de ce domaine dans sa famille depuis 1919. Commandée par un mas, autrefois propriété du Ch. d'Entrechaux, la propriété dispose d'un vignoble de 35 ha répartis sur plusieurs communes, du mont Ventoux aux Dentelles de Montmirail. Des vins réguliers en qualité.

La Beaume est un lieu-dit des bords de l'Ouvèze, mais aussi un terme provençal désignant une grotte creusée dans le safre. Clairette et roussanne, complétées d'une touche de viognier, s'associent à parité dans ce blanc fringant, au bouquet explosif de jasmin, de mélilot, de raisin frais et d'abricot compoté. Une attaque vive ouvre sur un palais souple, gourmand et finement texturé, longuement parfumé de flaveurs capiteuses florales et exotiques (litchi). ⧗ 2024-2027

⊶ EARL LE MAS DES FLAUZIÈRES, 1131, rte de Vaison, 84340 Entrechaux, tél. 04 90 46 00 08, lemasdesflauzieres@gmail.com V t.l.j. sf sam. dim. 10h-12h 14h-18h; f. janv.

DOM. DES PEYRE La Gazette 2022 ★

	23400		15 à 20 €

Patricia Alexandre, ancienne directrice du Gault et Millau, a repris deux domaines du Luberon en 2013 : le dom. Faverot, un mas provençal dont une partie date du XVIᵉs., transformé en magnanerie au XVIIIᵉs., puis en domaine viticole dans les années 1920; le dom. des Peyre, une ancienne ferme fortifiée du XVIIIᵉs. commandant 23 ha de vignes. Elle a restructuré le vignoble, construit un chai, développé l'œnotourisme et monté une petite structure de négoce en 2018.

Née de jeunes vignes de 10 ans, cette cuvée a connu une fermentation et un élevage mixtes (10 mois) entre cuve béton et fût de chêne. Une alchimie réussie dans le verre où chacun apporte sa touche : qui des notes chocolatées et du gras (le grenache), qui des épices et de la structure (la syrah et le merrain), qui de la cerise juteuse et de la vivacité (le carignan), et puis de beaux tanins fondus et tactiles qui accompagnent une matière souple et onctueuse. Un plaisir communicatif. ⧗ 2025-2032

⊶ DOM. DES PEYRE, 1620, rte d'Avignon, 84440 Robion, tél. 06 08 92 87 71, reservation@domainedespeyre.com V t.l.j. 10h-19h; f. dim. sept.-avr.

SYLLA Bee Ô 2023 ★★

	7000		8 à 11 €

Apt est considérée comme la capitale du fruit confit et la production des maîtres confiseurs des lieux était déjà très appréciée au XIVᵉs. par les papes d'Avignon. La vigne y a aussi ses droits, mise en valeur notamment par la cave Sylla (Vignobles en pays d'Apt). Fondée en 1925, cette coopérative vinifie la production de 110 vignerons cultivant 1 000 ha répartis sur quatorze communes des environs, en appellations ventoux et luberon principalement.

Une large dominante de grenache dans ce réjouissant rosé d'une pâleur très tendance, éloquent avec ses parfums de cerise croquante et de pêche au sirop dynamisés par une touche de citron vert. La bouche se montre ronde, pulpeuse et finement suave, prolongeant avec gourmandise les saveurs fruitées de l'olfaction. Pissaladière ou salade niçoise, la cuisine méditerranéenne lui ira comme un gant. ⧗ 2024-2025 ■ **Saint-Auspice 2023 ★ (5 à 8 €; 12000 b.)** Solennel dans son hommage à Saint-Auspice, un martyr chrétien du IIᵉs. enseveli sous la cathédrale Saint-Anne d'Apt, ce rouge l'est aussi dans sa robe dense et sombre. Une certaine austérité marque le nez, discret mais fin, exhalant les baies noires mûres et la cannelle. Charpentée, puissante, la bouche affiche une mâche tannique et fruitée, soulignée par une délicate fraîcheur mentholée. De belles promesses d'avenir. ⧗ 2027-2032

⊶ SCA SYLLA VIGNOBLES EN PAYS D'APT, 135, av. du Viaduc, 84405 Apt Cedex, tél. 04 90 74 05 39, sylla@sylla.fr V t.l.j. sf dim. 9h-13h 15h-19h

Ⓑ TERRAVENTOUX Mas Solis 2023 ★

	15000		5 à 8 €

Née en 2003 de la fusion des caves Les Roches Blanches, à Mormoiron, et La Montagne Rouge, à Villes-sur-Auzon, toutes deux fondées en 1929, cette coopérative regroupe une petite centaine d'adhérents et propose une jolie gamme de ventoux. Un chai spécifiquement dédié à la biodynamie a vu le jour en 2017, laquelle représente aujourd'hui plus de 17 % de sa production.

Les sols argilo-calcaires caillouteux de Blauvac ont engendré ce rouge plaisant et bien typé, dont les raisins de grenache (70 %) et de syrah ont fermenté avec les levures indigènes comme il est de mise dans une vinification en biodynamie. Joliment carminé à l'œil, expressif et floral au bouquet, il achève de convaincre avec sa texture souple, ses tanins fondus et son agréable persistance sur le fruit rouge mûr. Sincère, bien équilibré, il est déjà à point. ⧗ 2024-2027 ■ **Mas Solis 2023 ★ (5 à 8 €; 5600 b.)** Ⓑ Une larme de viognier agrémente cette gracieuse cuvée emmenée par le grenache (60 %), la roussanne en appoint. Le nez s'ouvre lentement sur le tilleul et la fleur de citronnier nuancés d'une touche beurrée. En bouche, de la souplesse, une belle vivacité sur le zeste d'agrumes et une élégante finale sur la camomille. ⧗ 2024-2027

⊶ SCA CAVE TERRAVENTOUX, 253, rte de Carpentras, 84570 Villes-sur-Auzon, tél. 04 90 61 78 10, sgass@terraventoux.com V r.-v.

Ⓑ DOM. DU TIX Cuvée Doña Maria 2022 ★

	2016		15 à 20 €

En 2001, Marie et Philippe Pirsch, entrepreneurs dans le textile, décident de changer de vie et créent ex nihilo leur domaine au sud du mont Ventoux : 11 ha et une quinzaine de parcelles sur la colline de Notre-Dame-des-Anges, à 350 m d'altitude, repris en 2016 par André Tremblay et convertis en bio (certification obtenue pour le millésime 2021).

De vieilles vignes de grenache (plus de 50 ans) et 30 % de syrah ont été associées dans cette cuvée élevée 9 mois en fût et en jarre de terre cuite. Une robe rubis d'un classicisme engageant ouvre sur un bouquet mêlant les baies rouges mûres et le Zan aux notes fumées de l'élevage. Le palais confirme ses bonnes dispositions et plaît par sa franche sucrosité, sa fraîcheur, ses tanins graciles et sa finale réglissée parsemée d'épices. Une bonne évolution en perspective. ⏳ 2026-2030

SCEA DOM. DU TIX, 209, chem. du Col-Blanc, 84570 Mormoiron, tél. 04 90 61 84 43, contact@domainedutix.fr V *t.l.j. sf sam. dim. 10h-12h 14h-17h*

DOM. DE LA VERRIÈRE 2023 ★

■	33000		8 à 11 €

Le roi René de Provence, alors propriétaire des lieux, fit venir ici des verriers italiens en 1470. Le domaine appartient aux Maubert depuis 1969 (avec Jacques aux commandes depuis 1985) et étend ses 26 ha de vignes en coteaux sur les contreforts du Ventoux. La conversion vers l'agriculture biologique est engagée.

Une robe diaphane habille ce rosé friand, ouvert sans réserve sur des parfums exaltants de rose fraîche et d'agrumes (pamplemousse, orange sanguine). Arômes qui se prolongent avec intensité dans un palais alerte, souple et long, encore dynamisé par un trait de poivre blanc en finale. ⏳ 2024-2025 ■ **2023 ★ (8 à 11 €; 16500 b.)** Cet assemblage de rolle (60 %), clairette et roussanne, brièvement élevé en cuve, propose un bouquet tonique d'aubépine, d'écorce de bergamote et de lierre. Un profil tendu que l'on retrouve dans une bouche fraîche, souple et minérale, enrobée par une pointe de sucrosité aux saveurs de nèfle. Tout indiqué à table pour des accords marins. ⏳ 2024-2026

DOM. DE LA VERRIÈRE, 2673, chem. de la Verrière, 84220 Goult, tél. 04 90 72 20 88, laverriere2@gmail.com V *t.l.j. sf dim. 9h-12h 14h-18h*

VIA CARITATIS Vox Hilaris 2023 ★

■	25000		8 à 11 €

Situé entre les Dentelles de Montmirail et le mont Ventoux, ce vignoble appartient à l'abbaye bénédictine du Barroux. Il est cultivé par deux communautés de moines et de moniales sur des terroirs de moyenne altitude, aux expositions variées. Vinifiée par Daniel Hailé à la cave de Beaumont-du-Ventoux, la production a longtemps été supervisée par le regretté œnologue Philippe Cambie.

Une robe pétale de rose éclairée de reflets bleus, un bouquet subtil de seringa, de cerise bigarreau et de coriandre, voilà une plaisante entrée en matière. Le charme perdure dans une bouche tendre, fine et acidulée, persistant agréablement sur des saveurs suaves de pêche blanche. Un rosé allègre et aérien, qui met en appétit. ⏳ 2024-2025

VIA CARITATIS, 1201, chem. des Rabassières, 84330 Le Barroux, tél. 04 90 62 56 31, contact@via-caritatis.com

B DOM. VINDEMIO Terra 2022 ★

■	12000		11 à 15 €

Vindemio (« je vendange » en latin) a été créé en 2006 par Jean Marot, vigneron engagé en biodynamie depuis ses débuts. Aux commandes depuis 2018, Florentine et Albin Combe (cinquième génération), propriétaires du Dom. de la Fourmone à Vacqueyras, s'appliquent à cultiver ce vignoble de 15 ha en appellation ventoux, sur deux terroirs distincts, toujours dans le même esprit bio (certifié).

Point d'élevage sous bois mais une longue cuvaison de 5 semaines a présidé à la naissance de ce joli rouge cerise, forgé par une moitié de grenache, du cinsault et une touche de syrah (10 %). Allègre et délicat, le bouquet distille des parfums subtils d'épices douces et de fruits à noyau, marqués par une légère oxydation de bon aloi. Un très bel équilibre caractérise la bouche, à la fois onctueuse et fraîche, dotée d'une aimable sucrosité, de saveurs anisées et réglissées, et de tanins doux et graciles. Une fidèle évocation de l'appellation. ⏳ 2024-2029

DOM. VINDEMIO, 1258, La Venue-de-Carpentras, 84380 Mazan, tél. 04 90 51 60 20, contact@vindemio.fr V *t.l.j. sf dim. 10h-18h30; oct.-mai sur r.-v.*

LUBERON

Superficie : 3 200 ha
Production : 140 000 hl (80 % rouge et rosé)

Le vignoble, AOC depuis 1988, est implanté sur 36 communes des versants nord et sud du massif calcaire du Luberon, entre les vallées de la Durance au sud et du Calavon au nord. Les vins rouges et rosés portent l'empreinte du grenache et de la syrah, cépages obligatoires, éventuellement complétés par des variétés secondaires comme le cinsault et le carignan. Le climat plus frais qu'en vallée du Rhône et les vendanges plus tardives expliquent la part relativement importante des vins blancs, qui naissent principalement des cépages grenache blanc, clairette, vermentino et roussanne.

B CH. LA CANORGUE 2022 ★

■	43000		11 à 15 €

Ce domaine dans la même famille depuis cinq générations, l'une des références de l'appellation luberon, est d'une régularité sans faille. Jean-Pierre Margan, pionnier de l'agriculture biologique dans la région, a converti dès 1978 son vignoble, étendu aujourd'hui sur 40 ha. Sa fille Nathalie, installée depuis une quinzaine d'années, a pris la suite. Incontournable.

Moisson d'étoiles pour Nathalie Margan, avec comme mise en bouche l'étiquette classique en rouge : une dominante de syrah (70 %) vinifiée pour moitié en grappes entières par macération carbonique, pour l'autre égrappée et fermentée de manière traditionnelle, avant un élevage bref entre cuve, fût et amphore. Un travail exigeant en cave qui a soigné la précision du bouquet mêlant les baies rouges mûres, le café grillé, l'olive noire et une pointe de graphite. Une belle complexité qui se retrouve dans un palais net, long et séveux, cadré par des tanins fermes. Une vraie personnalité. ⏳ 2026-2032 ■ **2023 ★ (11 à 15 €; 32000 b.)** B Issu de vieux ceps de 80 ans et d'un élevage de 8 mois en cuve, ce rosé couleur peau de pêche aux reflets orangés livre un bouquet délicat de muguet, de nèfle et de pêche, persistant avec intensité dans une bouche suave mais déliée, avec juste ce qu'il faut de sucrosité et une fine amertume aux accents de verveine et d'anis vert. ⏳ 2024-2025 ■ **Vendanges de Nathalie 2023 ★ (8 à 11 €; 3500 b.)** B Grenache et syrah à parité, macération carbonique partielle et élevage en cuve au menu de ce rouge fringant, au nez pimpant de baies acidulées et d'épices douces, à la bouche souple, fondue, dotée de tanins à peine esquissés, de saveurs de cerise noire et d'une touche mentholée pleine d'allant en finale. On le croque sur le fruit de la jeunesse. ⧗ 2024-2026

CH. LA CANORGUE, 850, rte du Pont-Julien, 84480 Bonnieux, tél. 04 90 75 81 01, chateaucanorgue.margan@wanadoo.fr
V t.l.j. sf dim. 9h-12h 14h-18h

CLOS DU TILLEUL
L'Amour de nos pères 2022 ★

■ | 4 790 | | 11 à 15 €

BTS «viti-oeno» pour lui et diplôme d'œnologue pour elle, le couple Malbec s'installe en 2017 sur cette petite propriété de 4 ha, pour réaliser son rêve d'un domaine viticole à eux après avoir travaillé pour d'autres. Les vignes sont certifiées en bio depuis 2020, les sols travaillés mécaniquement et, en cave, la vinification s'effectue en levures indigènes, avec utilisation parcimonieuse du soufre.

Du grenache bien mûr (90 %) fermenté avec les levures indigènes et un élevage mixte de 12 mois, pour moitié en fût, ont engendré ce rouge sombre, au nez détendu de fruits noirs, de cerise au kirsch, de caramel et de laurier. Ronde, charnue, empreinte d'une franche sucrosité mais sans lourdeur, la bouche puise son équilibre de ses tanins finement extraits et d'une fraîcheur aux accents bien typés de sarriette. ⧗ 2026-2030

CLOS DU TILLEUL, 620, chem. de Gaillargue, 84480 Bonnieux, tél. 07 69 86 61 01, closdutilleul@gmail.com V r.-v.

DOM. DU COFFRE Le Chant des vignes 2023 ★★

■ | 5 600 | | 11 à 15 €

Datant de 1923, un domaine familial de 11 ha de vignes établi autour d'un mas du XVIIIᵉs. entre les massifs du Luberon et de la Sainte-Victoire et dont les frères Joly, Aurélien, Florent et Sylvain, représentent la quatrième génération. Forts de leurs expériences de vinification à l'étranger, ils décident en 2023 de sortir de la cave coopérative, créant leur propre outil de production. Chambres d'hôtes et gîtes sont proposés au cœur même de l'exploitation.

Premier millésime vinifié au domaine pour les frères Joly et une entrée au Guide par la grande porte avec ce vin élevé classiquement en cuve, sur lies fines, pendant 6 mois. Rolle (80 %) et grenache s'entendent à merveille dans ce pétulant blanc au nez éloquent et raffiné de muguet, de combava et de brugnon. La bouche apparaît pure et suave, gorgée de fruit pulpeux, avec en appoint une fine acidité cristalline qui persiste longuement en finale. ⧗ 2024-2027

DOM. DU COFFRE, 2287, rte d'Ansouis, 84120 Pertuis, tél. 07 60 10 77 44, gaecjolypertuis@gmail.com V r.-v.

DAUVERGNE ET RANVIER
Les Pitchounes 2023 ★

■ | 10 000 | | 8 à 11 €

Créée en 2004 par François Dauvergne et Jean-François Ranvier, cette maison de négoce signe des vins de qualité issus de sélections parcellaires, dont 80 % sont certifiés bio ou en conversion. En 2013, les deux compères ont repris le domaine des Muretins, devenu Dom. Liravel (lirac et tavel), puis créé en 2016 le Dom. de la Chapelle-Saint-Mathieu à Aniane avec les Parcé, vignerons banyulencs. Un nouveau chai d'élevage, à énergie positive, a été inauguré à Tavel.

De cette syrah (80 %) brièvement élevée en cuve, on retient le nez expressif, au fruité légèrement confit (cassis, angélique), épicé de poivre blanc et de muscade et la bouche à la fois tendue et veloutée, nantie de tanins soyeux, étirée en finale sur des saveurs onctueuses de clafoutis à la cerise. Une bouteille pleine de fruit à savourer sur des aiguillettes de dinde au poivron. ⧗ 2024-2028

DAUVERGNE ET RANVIER, L'Assemblière, 47, chem. des Vestides, 30126 Tavel, tél. 04 48 24 00 41, contact@dauvergne-ranvier.com r.-v.

FONTENILLE 2023 ★

■ | 50 000 | | 15 à 20 €

Un domaine situé sur le versant sud du Luberon, dont les origines remontent au XVᵉs. Propriété pendant trois générations de la famille Lévêque, il a été acquis en 2013 par messieurs Biousse et Foucher, qui ont restructuré et converti au bio les 40 ha de vignoble.

Le rolle (60 %), le grenache, la clairette, la roussanne et la marsanne à parts égales : cette cuvée offre un joli métissage ampélographique sudiste. Dans le verre, un bouquet direct et sans artifices de chèvrefeuille, réséda, nèfle et poivre blanc. En bouche, les saveurs se font plus fruitées et plus exotiques, infusant une matière généreuse à l'attaque, plus souple et tendue dans son développement, soulignée par une fine fraîcheur zestée. ⧗ 2024-2027 ■ **2022 ★** (15 à 20 €; 40 000 b.) Un séjour de 10 mois en cuve a soigné le caractère friand de ce rouge un peu timide au nez, laissant filtrer des nuances de lilas et de muscari, mais qui s'exprime plus franchement en bouche, sur les fruits rouges acidulés et les épices (gingembre, fenugrec), avec ce qu'il faut de volume, de structure et surtout une belle fraîcheur qui fait son charme. Un luberon très aimable que l'on peut ouvrir sans attendre. ⧗ 2024-2027

DOM. DE FONTENILLE, rte de Roquefraiche, 84360 Lauris, tél. 06 45 20 06 43, xavier.balespouey@domainedefontenille.com V t.l.j. 10h-13h 14h-19h

CH. ISOLETTE Prestige 2023 ★

■ | 16 000 | | 15 à 20 €

C'est l'un des plus anciens domaines viticoles du Luberon. Acquis en 2018 par un couple polonais, Marta et Mariusz Gawron, il est situé en bordure de la pittoresque route départementale 3, entre Bonnieux et Apt, au cœur du Parc naturel régional du Luberon. Le vignoble s'étend sur 45 ha.

La syrah (80 %) tient la dragée haute au grenache (20 %) dans cette jolie cuvée habillée de velours sombre, où le fruit (cassis), très appétent, se teinte d'une légère touche de vanille et de caramel. Relevée de plantes aromatiques, la bouche plaît par sa texture gourmande et son fruité épanoui qui intègre des tanins parfaitement fondus. À boire ou à garder quelques années. ⧗ 2024-2028

SASU CH. ISOLETTE, 2746, rte de Bonnieux, 84400 Apt, tél. 04 90 74 16 70, contact@isolette.fr V t.l.j. sf sam. dim. 8h30-12h 13h-17h30

MARRENON Petula 2023 ★

	200 000	8 à 11 €

Le Cellier Marrenon a été fondé en 1966 par Amédée Giniès, l'un des principaux artisans de la reconnaissance en appellation des vins du Luberon. Il regroupe neuf coopératives dans les appellations luberon et ventoux : pas moins de 1 200 adhérents et de 7 200 ha. Deux étiquettes : Marrenon et Amédée.

Une cuvée bien connue des lecteurs qui séduit par sa robe poudrée tirant sur l'orangé et par son bouquet fin et tonique associant petits fruits rouges acidulés, narcisse et berlingot à la cerise. Charnu, souple, généreux, intensément floral, le palais est souligné par une plaisante vivacité aux saveurs de citron frais. Beaucoup de charme et de convivialité dans cette Petula, dédiée à une illustre Brésilienne amatrice des vins du cru. ⧗ 2024-2025

MARRENON, rue Amédée-Giniès, 84240 La Tour-d'Aigues, tél. 04 90 07 40 65, marrenon@marrenon.com V t.l.j. 8h30-12h30 14h30-19h; dim. 8h30-12h30

♥ MAS DES INFERMIÈRES Chevalier 2022 ★★

	10 000		20 à 30 €

Situé à quelques encablures de l'ancienne citadelle d'Oppède-le-Vieux, le Mas des Infermières appartient depuis 1992 au célèbre réalisateur Ridley Scott. Dès 2009, il décide de faire vinifier ses raisins à la cave coopérative locale. La qualité des vins produits l'encourage à construire sa propre cave pour produire au domaine des vins issus de ces 30 ha de vignes.

Toujours fringant, ce Chevalier affronte les années sans coup férir et récolte un nouveau coup de cœur dans sa version 2022. Après 12 mois de fût, les parfums de muscade et de bois de santal se mêlent aux fruits noirs mûrs et au Zan, infusant une bouche ample, onctueuse et solide à la fois, qui rebondit en finale sur la fraîcheur et le fruit. Puissant et dynamique, on lui promet un bel avenir en cave. ⧗ 2027-2032 **Source 2023 ★ (15 à 20 €; 10 000 b.)** Voici une cuvée qui porte bien son nom : entre la fraîcheur des arômes (fruits du verger, carambole, notes citronnées) et les saveurs d'une bouche friande et gouleyante, portée par une vivacité saline, elle fait montre d'un bel équilibre et d'une grande sapidité. On la croque sur le fruit de la jeunesse. ⧗ 2024-2027

MAS DES INFERMIÈRES, 1575, rte du Four-Neuf, 84580 Oppède, tél. 04 90 75 66 16, contact@masdesinfermieres.com V t.l.j. 10h-19h; f. dim. lun. en hiver E

B MAS EDEM Delicato 2022 ★

	13 000		8 à 11 €

La famille Dematté, d'origine italienne, a acquis ce domaine en 2017 et a entamé la conversion bio des 40 ha de vignes (aujourd'hui certifiés) établis à 300 m d'altitude entre les villages de Goult et de Lacoste.

Fruits noirs poêlés, violette, cacao et nuances de musc : l'entame a de quoi séduire. Ample, dense et charnue, nantie de tanins arrondis et de l'empreinte d'un boisé calibré à la mesure, la bouche restitue la maturité du fruit et se teinte de notes chaleureuses d'olive noire et de fourrure. Un ensemble équilibré et bien construit, promis à un bel avenir. ⧗ 2027-2032 **Divino 2023 ★ (11 à 15 €; 5300 b.)** B Associant 10 % de viognier au duo grenache-syrah et un séjour de 5 mois en demi-muids pour 30 % du vin : voilà un rosé singulier. Drapé dans une chatoyante robe aux reflets fuchsia, il livre un bouquet délicat de lilas et de fraise confite, prolongé par une bouche ronde, finement suave, traversée par une pointe de tension minérale. Le jury salue un joli travail en cave et un vin polyvalent, de l'apéritif à la table. ⧗ 2024-2025

MAS EDEM, 145, chem. des Maquignons, 84220 Goult, tél. 04 90 72 89 34, contact@mas-edem.fr V t.l.j. sf dim. 13h-17h45; f. sam. oct.-avr.

B CH. DE SANNES 1603 2022 ★

	13 400		11 à 15 €

En 2017, Pierre Gattaz, chef d'entreprise dans l'industrie, rachète le superbe Ch. de Sannes et ses 31 ha de vignes au cœur du Parc naturel régional du Luberon, près d'Ansouis. Il restructure le vignoble, fait construire une nouvelle cave et passe sans attendre le domaine en agriculture biologique.

1603 : une date qui marque l'édification d'un simple pavillon, prémices à la construction quelques décennies plus tard du Ch. de Sannes. Dans le verre, une cuvée de grenache (70 %) et de syrah sobrement élevée en cuve, qui vise le fruit et la fraîcheur. Objectif atteint sur la foi de ce rouge fringant, distillant des parfums affriolants de baie de sureau et de cerise. Tanins souples, texture soyeuse et coulante, fine fraîcheur minérale qui attise la finale : la bouche complète bien ce profil délicat et croquant. ⧗ 2024-2027

SCEA CH. DE SANNES, 1580, RD 37, 84240 Sannes, tél. 04 90 07 78 04, oenotourisme@chateaudesannes.fr V t.l.j. sf lun. dim. 9h30-12h30 14h-18h E

SYLLA Mourre nègre 2023 ★

	17 000		5 à 8 €

Apt est considérée comme la capitale du fruit confit et la production des maîtres confiseurs des lieux était déjà très appréciée au XIVe s. par les papes d'Avignon. La vigne y a aussi ses droits, mise en valeur notamment par la cave Sylla (Vignobles en pays d'Apt). Fondée en 1925, cette coopérative vinifie la production de 110 vignerons cultivant 1 000 ha répartis sur quatorze communes des environs, en appellations ventoux et luberon principalement.

Des syrah (92 %) récoltées à belle maturité et un élevage court en cuve au menu de ce rouge convaincant, au nez réservé, comme il est parfois de mise avec le cépage, mais de bon augure avec ses nuances de baies noires poivrées. Enveloppante et structurée par des tanins croquants, la bouche offre une agréable expression de fruit rouge caramélisé et une finale fraîche aux accents de sarriette. Un profil tonique à apprécier dans sa jeunesse. ⧗ 2024-2028 **Montes mysteria 2022 ★ (8 à 11 €; 4 600 b.)** La syrah en vedette dans cette cuvée (70 %). Au nez, des parfums épanouis de griotte et d'épices douces. Plus délicat que puissant, ourlé de tanins ciselés, le palais charme par son enveloppante sucrosité et sa douce finale aux accents de poivre rose et de cannelle. ⧗ 2024-2028

SCA SYLLA VIGNOBLES EN PAYS D'APT, 135, av. du Viaduc, 84405 Apt Cedex, tél. 04 90 74 05 39, sylla@sylla.fr V 🚶 ▪ *t.l.j. sf dim. 9h-13h 15h-19h*

TERRES VALDÈZE Reb(elles) 2023 ★

■	1950	🍾	8 à 11 €

Premier producteur de l'appellation luberon, cette cave coopérative fondée en 1924 vinifie la production de 300 vignerons et 2 700 ha de vignes répartis sur 18 communes du parc naturel régional du Luberon.

Facétieux clin d'œil à la féminité et aux viticultrices qui ont cultivé les raisins de syrah (85 %) et de grenache (15 %) à l'œuvre dans cette cuvée, cette étiquette vise un style expressif et gourmand, conçu comme un rouge d'été, qui se savoure dès l'apéritif. Avec sa teinte vive aux reflets vernissés, ses parfums de fraise confite au chaudron, sa bouche souple, crémeuse et finement tannique, animée d'une discrète amertume réglissée, l'objectif est atteint. ⧗ 2024-2027

TERRES VALDÈZE, 288, bd de la Libération, 84240 La Tour-d'Aigues, tél. 04 90 07 42 12, valdeze@terres-valdeze.fr V ▪ *t.l.j. sf lun. 9h-12h30 15h-19h; dim. 9h-12h30*

PIERREVERT

Superficie : 360 ha
Production : 15 541 hl (90 % rouge et rosé)

Dans le département des Alpes-de-Haute-Provence, la majeure partie des vignes se trouve sur les versants de la rive droite de la Durance (Corbières, Sainte-Tulle, Pierrevert, Manosque...). Les conditions climatiques, déjà rigoureuses, cantonnent la culture de la vigne dans une dizaine de communes sur les quarante-deux que compte légalement l'aire d'appellation. Les vins rouges, rosés et blancs, d'un assez faible degré alcoolique et d'une bonne nervosité, sont appréciés par ceux qui traversent cette région touristique. Les coteaux-de-pierrevert ont été reconnus en appellation d'origine contrôlée en 1998.

Ⓑ DOM. LA BLAQUE Réserve 2023 ★★

■	10000	🍾	11 à 15 €

Valeur sûre de l'appellation pierrevert, ce domaine a été créé en 1987 par Gilles et Laurence Delsuc, œnologues formés à Dijon. Ces derniers conduisent aujourd'hui en bio certifié un vignoble de 55 ha implanté jusqu'à 600 m d'altitude sur les contreforts du Luberon.

Récoltés à parfaite maturité, des raisins de rolle, de viognier et de roussanne à quasi-parité ont été fermentés en fût neuf (50 %), puis élevés 6 mois sous bois avec un bâtonnage quotidien. Il en résulte un blanc captivant, au bouquet fin et complexe associant les notes fumées, fruitées (pêche de vigne) et mentholées. Rond, gras, finement boisé, le palais restitue les saveurs pulpeuses du fruit blanc, souligné de bout en bout par une vive acidité. Une bouteille de grande classe. ⧗ 2024-2028 ■ **Réserve 2022 ★ (11 à 15 €; 26000 b.)** Ⓑ La syrah seule à l'œuvre dans cette cuvée vinifiée en macération carbonique, puis élevée un an en fût. Drapée d'une robe sombre, elle propose un nez discret de baies rouges et d'épices (genièvre, clou de girofle). Vigoureuse et corsée, cadrée par des tanins robustes mais animée d'une étonnante fraîcheur, la bouche gagnera à s'affiner plusieurs années en cave. ⧗ 2028-2034 ■ **2023 ★ (8 à 11 €; 60000 b.)** Il a tout bon ce rosé pimpant d'une pâleur très tendance, au nez tonique et gourmand associant l'aubépine et la garriguette à une touche iodée. Tendue par une fine ligne de vivacité, avec une aimable sucrosité et une belle persistance sur la framboise fraîche, la bouche achève de convaincre. ⧗ 2024-2025

DOM. LA BLAQUE, Dom. Châteauneuf, 04860 Pierrevert, tél. 04 92 72 39 71, domaine.lablaque@wanadoo.fr V 🚶 ▪ *t.l.j. sf dim. 9h-12h 14h-18h*

CÔTES-DU-VIVARAIS

Superficie : 439 ha
Production : 12 000 hl (95 % rouge et rosé)

À la limite nord-ouest des côtes-du-rhône méridionales, les côtes-du-vivarais chevauchent les départements de l'Ardèche et du Gard. Les vins, produits sur des terrains calcaires, sont essentiellement des rouges à base de grenache (30 % minimum), de syrah (30 % minimum), et des rosés, caractérisés par leur fraîcheur et à boire jeunes. Ce VDQS a été reconnu en AOC en 1999.

LES VIGNERONS DES COTEAUX D'AUBENAS Cuvée des seigneurs 2023 ★

■	9300	🍾	5 à 8 €

Aux portes du parc régional des monts d'Ardèche, cinq caves coopératives qui représentent quelque 260 ha se sont unies sous la même bannière des Vignerons des Coteaux d'Aubenas.

Un duo grenache-syrah convaincant au menu de ce rosé d'une jolie teinte corail nuancée de reflets dorés, qui laisse un sillage fruité alléchant. En bouche, tout est doux, ample et chaleureux, bien imprégné de saveurs de framboise écrasée et de berlingot acidulé à la cerise, avec en appoint une pointe de fraîcheur zestée qui relève agréablement la finale. ⧗ 2024-2025

LES VIGNERONS DES COTEAUX D'AUBENAS, 240, rte de la Cave-Coopérative, 07200 Saint-Étienne-de-Fontbellon, tél. 04 75 35 17 58, cvincent@caves-vivaraises.fr V ▪ *t.l.j. sf dim. 8h30-12h 14h-18h*

Ⓑ DOM. VIGIER Albin 2023 ★★

■	2600	🍾	8 à 11 €

L'un des plus anciens domaines (1789) du sud de l'Ardèche, établi dans la vallée de l'Ibie, acquis par les Dupré en 1975. Les enfants, trois fils et une fille, sont désormais aux commandes d'un vaste ensemble de 100 ha.

À la croisée entre Rhône nord et Rhône sud, les vins du cru sont influencés par les cépages des deux bords. Ici, un blanc constitué d'une bonne part de grenache blanc (85 %), agrémenté de marsanne, qui exhale l'acacia, le tilleul et le pain au lait. Expressive, infusée de ces mêmes saveurs, la bouche offre du gras et du volume sans aucune lourdeur, soulignée par une fraîcheur remarquable. Irrésistible par son équilibre et son élégance, il confirme le potentiel des rares blancs de l'appellation (7 %). ⧗ 2024-2027 ■ **Romy 2023 ★ (8 à**

11 €; 5700 b.) Ⓑ Une dominante de grenache (70 %) est à l'œuvre dans ce réjouissant rosé, paré d'une ravissante robe pétale de rose, qui se dévoile lentement sur des parfums discrets de pivoine et de cerise croquante. Le fruité s'affirme davantage au palais, avec de la rondeur, de la souplesse et une agréable persistance tonique aux tonalités épicées d'anis vert et de coriandre. Fédérateur et polyvalent, on le partage de l'apéritif jusqu'au repas. ⧗ 2024-2025

SAS DUPRÉ ET FILS, 175, chem. de Vigier, 07150 Lagorce, tél. 04 75 88 01 18, info@domaine-de-vigier.com V t.l.j. sf dim. 9h-12h 14h30-18h

MUSCAT-DE-BEAUMES-DE-VENISE

Superficie : 490 ha / Production : 9 265 hl

Au nord de Carpentras se découpent les impressionnantes Dentelles de Montmirail. Le vignoble est implanté sur leur versant sud, dans un paysage qui doit ses couleurs à des calcaires grisâtres et à des marnes rouges. Une partie des sols est formée de sables, de marnes et de grès, une autre de terrains tourmentés datant du trias et du jurassique. Le seul cépage est le muscat à petits grains; mais dans certaines parcelles, une mutation donne des raisins roses. Mutés à l'eau-de-vie comme les autres vins doux naturels, ces vins doivent avoir au moins 110 g/l de sucre. Aromatiques, fruités et fins, ils trouvent toute leur place à l'apéritif et sur certains fromages ou desserts.

DOM. DE COYEUX Solera ★

	16000		11 à 15 €

Ce vaste domaine de 112 ha (dont 65 de vignes, en conversion bio) créé dans les années 1970 au pied des Dentelles de Montmirail était depuis 2013 la propriété d'Hugues de Feraudy, dont la famille était déjà implantée en Vaucluse au Xᵉs. Changement de mains en 2021 avec la reprise par le groupe Maisons & Vignobles, dirigé par Isabelle Strasser et déjà propriétaire de plusieurs crus entre Rhône et Provence.

Un assemblage des meilleurs millésimes de ce domaine réputé, avec une base de 2008 rafraîchie par des millésimes plus jeunes, comme il se doit dans un élevage en solera. Dans le verre, un muscat généreux, riche, suave, vineux, qui fleure bon le raisin de Corinthe et l'infusion de camomille parfumés à l'armagnac. ⧗ 2026-2034

DOM. DE COYEUX, 167, chem. du Rocher, 84190 Beaumes-de-Venise, tél. 04 90 12 42 42, france@strasser-radziwill.com V r.-v.

Ⓑ DOM. DES ENCHANTEURS Ambre céleste 2022 ★★

	1700		15 à 20 €

Un domaine de poche de 3 ha, en bio certifié depuis 2014 (ventoux, muscat-de-beaumes-de-venise et IGP), établi entre les Dentelles de Montmirail et le mont Ventoux. Il a été créé en 2009 par deux passionnés, Catherine Desbois-Mouchel et Bertrand Seube, œnologue.

Cette Ambre céleste mutée à l'alcool bio a été mise en bouteilles précocement pour préserver la fraîcheur. Objectif atteint avec ce muscat d'un seyant jaune paille, ouvert sur des arômes de rose, de tilleul, de camomille et de raisin sec, très équilibré en bouche entre sucres résiduels et acidité. Un profil aérien et facile à aimer. ⧗ 2024-2028

DOM. DES ENCHANTEURS, 52, chem. d'Aubignan, 84330 Saint-Hippolyte-le-Graveyron, tél. 04 90 12 69 82, bertrand@domainedesenchanteurs.fr V r.-v.

Ⓑ CH. SAINT-SAUVEUR Cuvée des moines ★★

	7700		15 à 20 €

Un domaine de 58 ha conduit en bio, ancien fief d'une famille de la noblesse du Comtat venaissin et propriété des Rey depuis 1936. Le caveau est installé dans une chapelle du XIIᵉs., et la cave de vinification dans un ancien monastère.

Au nez se dévoilent d'élégantes notes de fleur de sureau. Arômes qui s'enrichissent de cire d'abeille, de miel, de glycine et d'amande dans une bouche fine et délicate, idéalement soulignée par une pointe de fraîcheur. Un muscat complexe et racé, qui vieillira harmonieusement. ⧗ 2025-2034

CH. SAINT-SAUVEUR / EARL LES HÉRITIERS DE MARCEL REY, 1451, av. Joseph-Vernet, 84810 Aubignan, tél. 04 90 62 60 39, vins@domaine-st-sauveur.fr V t.l.j. sf dim. 9h15-12h15 14h15-18h30

IGP ALPES-DE-HAUTE-PROVENCE

Ⓑ DOM. DES BERGERIES DE HAUTE-PROVENCE Via Domitia 2023 ★

	6400		15 à 20 €

Un petit domaine de 6 ha fondé en 2017, perché à 560 m d'altitude et cultivé en bio, avec une approche biodynamique.

De jeunes ceps de rolle, de viognier et de marsanne ont engendré ce blanc singulier, né d'une fermentation en levures indigènes et d'un élevage 100 % en amphores. Il distille des parfums bien mariés d'agrumes frais (citron jaune, mandarine) et de brioche beurrée sur fond de notes fumées. Un profil élégant que confirme une bouche souple, caressante et finement texturée, portée par une finale saline. Accord réussi en perspective avec un banon affiné. ⧗ 2024-2027

DOM. DES BERGERIES DE HAUTE-PROVENCE, Ferme St-Jean, 04200 Châteauneuf-Val-Saint-Donat, tél. 06 07 33 39 66, jl.monteil@cfcgroupe.com V r.-v. Ⓔ

Ⓑ DOM. DE ROUSSET Les Coquelicots Syrah viognier 2022 ★★

	10000		8 à 11 €

Ce domaine, situé à l'extrême sud du plateau de Valensole, est dans la famille Emery depuis 1825. Roseline et Hubert laissent petit à petit la main à leur fils Thomas et à son épouse Camille, qui les ont rejoints en 2003. Ils y cultivent en famille un vignoble de 38 ha, certifié en bio, sur les pentes couronnant le château, à l'exposition nord et au sol singulier de poudingue. Une production en appellation pierrevert et en IGP Alpes de Haute-Provence.

Un assemblage très « nord rhodanien » avec ce duo syrah-viognier. Un joli rouge qui, après un long séjour de deux ans en cuve, a pris le temps de peaufiner son bouquet, fin et appétent, sur les fruits des bois, le champignon frais et la muscade. Un caractère aimable que l'on retrouve dans une bouche tendre, caressante et longue, bien servie par un fruité charnu et persistant et par des tanins veloutés. Une petite garde peut s'envisager, à condition de résister à cet ensemble déjà bien fondu et à point. ⧗ 2024-2029

DOM. DE ROUSSET, 1267, RD4, 04800 Gréoux-les-Bains, tél. 04 92 72 62 49, info@chateaurousset.com V *t.l.j. sf dim. 9h30-18h30*

IGP ARDÈCHE

ALBA LA ROMAINE Chaud-Abri 2022 ★

■	9800		11 à 15 €

Située à Alba-la-romaine, dans le sud de l'Ardèche, cette cave intercommunale, créée dans les années 1950, couvre 560 ha de vignes et regroupe 110 viticulteurs, répartis sur six communes. Elle produit exclusivement des vins en IGP Ardèche dans les trois couleurs.

Chaud-Abri ? Un lieu-dit argilo-calcaire graveleux, planté de syrah de 25 ans. Ce 2022 offre une belle profondeur de robe, grenat sombre, livrant des parfums engageants de baies de la forêt rehaussés d'une note de chocolat noir. Ronde et charnue, nantie de jolis tanins veloutés, la bouche se montre bien fruitée et très aimable, soulignée par un boisé fondu aux accents pralinés. Pour une viande mijotée en sauce. ⧗ 2024-2029

ALBA LA ROMAINE, 379, rte de la Cave, 07400 Alba-la-Romaine, tél. 04 75 52 40 23, contact@caveau-alba.fr V *t.l.j. sf dim. 9h-12h 14h-19h*

CELLIER DES GORGES DE L'ARDÈCHE Grenache 2023 ★

■	30000		- de 5 €

Baptisée d'après un des sites naturels les plus remarquables du département, cette coopérative fondée en 1929 regroupe les producteurs de Saint-Martin-d'Ardèche, de Saint-Marcel-d'Ardèche et de Saint-Just-d'Ardèche pour une surface de 480 ha.

Ce pur grenache s'annonce par une seyante robe pétale de rose aux reflets bleus, livrant un bouquet exubérant de narcisse et de grenadine. Tendre et fraîche à l'attaque, la bouche affiche une matière confortable, enveloppée par un fruité suave (griotte) et dynamisée par une pointe d'amertume anisée en finale. ⧗ 2024-2025

CELLIER DES GORGES DE L'ARDÈCHE, 1405, rte de la Gare, 07700 Saint-Marcel-d'Ardèche, tél. 04 75 04 66 83, caveau@cellier-ardeche.fr V *t.l.j. sf dim. 9h-12h 14h-18h*

CLOS DE L'ABBÉ DUBOIS Vitalys 2022 ★★

■	3843		8 à 11 €

L'abbé Dubois fut missionnaire en Inde au XVIIIes. avant de revenir dans son village natal de Saint-Remèze. Il y fit construire une maison provençale qui commande aujourd'hui un domaine de 27 ha, propriété de Claude Dumarcher depuis 1986, rejoint en 2016 par son fils Vitalys.

Vitalys est l'artisan, au côté de son père, de ce joli rouge fringant, mi-syrah mi-merlot. Ce vin dévoile un nez élégant et nuancé de gelée de mûre, de terre fraîche et de fougère, puis une matière tendue, au fruité net et pulpeux, adossée à des tanins fermes. Un ensemble de très belle facture, dont l'étoffe permettra d'envisager la garde. ⧗ 2025-2030

CLOS DE L'ABBÉ DUBOIS, 7, rue Jean-Antoine-Dubois, 07700 Saint-Remèze, tél. 04 75 98 98 44, claudedumarcher@orange.fr V *t.l.j. sf dim. 9h30-12h30 14h-18h30* 2 D

CAVE DE LABLACHÈRE Chatus Trias Cevenol 2022 ★

■	70000		8 à 11 €

Fondée en 1928, cette coopérative compte aujourd'hui une quarantaine de vignerons à temps complet. Établie pour l'essentiel sur les terroirs du Trias cévenol, elle dispose de 420 ha de vignes réparties en parcelles très morcelées qui s'étagent entre 200 et 500 m d'altitude.

Un séjour en fût de 12 mois a contribué à peaufiner le bouquet et les tanins puissants de ce pur chatus, un cépage ardéchois en cours de réintroduction depuis le milieu des années 2000. Le nez, amène et chaleureux, évoque le pruneau et la cannelle. Le tabac et les baies sauvages s'ajoutent à cette palette généreuse dans une bouche concentrée, dense, charpentée par des tanins consistants, s'étirant dans une agréable finale teintée de fins amers. On le laisse encore un peu s'assagir en cave. ⧗ 2026-2030 ■ **Viognier 2022 ★ (5 à 8 €; 55000 b.)** Ce pur viognier dévoile des parfums bien typés de jasmin et de fruits jaunes, qui investissent un palais souple, harmonieux, offrant un agréable volume, du gras et une vivacité bien dosée qui préserve le fruit. ⧗ 2024-2026

SCA CAVE DE LABLACHÈRE, 428, rte de Planzolles, 07230 Lablachère, tél. 04 75 36 65 37, cave.lablachere@wanadoo.fr V *t.l.j. sf dim. 8h30-12h 14h-18h15*

B CH. DES LÈBRES 1860 2023 ★

■	4500		8 à 11 €

Attenant à l'ancien fort de Banne, construit en 1570 pour servir le relais de chasse aux comtes du Roure, le Ch. des Lèbres a ensuite été cédé en 1799 à Henry Colomb, ancêtre de l'actuel propriétaire, Sébastien Strohl de Pouzols (huitième génération). Flanquée d'un magnifique parc à l'anglaise, la propriété et ses 6 ha de vignes sont cultivés en agriculture biologique depuis 2017, date de création du domaine avec l'aménagement d'une cave de vinification dans l'ancienne magnanerie du château.

1860 : une année qui fait date dans l'histoire de la famille Strohl de Pouzols, marquant la création du superbe jardin attenant au château avec ses arbres centenaires aux essences variées. Elle illustre l'étiquette de ce rosé enthousiasmant par sa jolie robe corail irisée d'éclats dorés, par son nez affriolant de baies rouges croquantes, nuancé d'une touche florale (muscari), et par sa bouche tendre, caressante et bien fruitée, aux saveurs acidulées de bonbon au cassis et de badiane. ⧗ 2024-2025 ■ **1860 2023 ★ (8 à 11 €; 3500 b.)** B Un pur rolle habillé d'une robe blonde translucide, au bouquet discret d'aubépine et de pierre à fusil, qui déploie en bouche une matière ample, déliée, aux saveurs d'agrumes frais, avec une persistance du minéral dans sa finale crayeuse. Du charme et une réelle harmonie. ⧗ 2024-2027 ■ **1799 2023 ★ (15 à 20 €; 2500 b.)** B Du rolle fermenté et élevé en demi-muid pendant 6 mois pour cette cuvée confidentielle, dont on apprécie les parfums de poire, de frangipane, de beurre noisette et de vanille. Empreint lui aussi des arômes du merrain, le palais affiche la rondeur et le gras attendus, équilibré par une acidité *ad hoc*. ⧗ 2024-2028

CH. DES LÈBRES, Ch. des Lèbres, 07460 Banne, ·él. 04 75 36 34 14, contact@chateaudeslebres.com V *t.l.j. sf dim. 10h-13h 15h-19h*

B MAS D'INTRAS Cuvée Ferdinand 2022 ★

9 430 | 11 à 15 €

Ɔans la famille Pradal depuis plus d'un siècle, ce lomaine, établi à proximité du village médiéval de /alvignères, ne vinifie à la propriété «que» depuis 1982. Aujourd'hui conduit par deux cousins, Sébastien Pradal et Denis Robert, son vignoble couvre 25 ha morcelés en 24 parcelles et cultivés en bio depuis 2009 et en biodynamie certifiée.

En hommage à leur arrière-grand-père, les cousins vignerons ont élaboré cette cuvée, à partir de syrah et de grenache à quasi-parité, élevée pour sa grande majorité en foudre. Un vin discret de prime abord, qui se fait plus expressif à l'aération, sur les fruits noirs confits et un bon boisé, agrémentés d'une touche végétale de lierre, signe d'un égrappage partiel des raisins. Solidement bâti, sa carrure ne l'empêche pas de se montrer déjà aimable et friand grâce à sa rondeur et à ses arômes de framboise et de cuir frais. 2025-2029

MAS D'INTRAS, 3080, rte d'Intras, 07400 Valvignères, tél. 04 75 52 75 36, contact@masdintras.fr V *t.l.j. sf dim. 10h-12h 13h30-18h30; f. sam. janv.-fév.*

DOM. LES TERRIERS 100% 2023 ★

19 000 | 5 à 8 €

Créé en 1987 par la famille Roume, le dom. des Terriers – du nom du lieu-dit où se situe l'essentiel du vignoble (15 ha) – a été vendu en 2017 à deux amis, Benjamin Levère et Cyril Chamontin, qui ont aussi développé une activité de négoce en complément. La conversion vers l'agriculture biologique est en cours.

Grenache et cinsault à égalité, agrémentés d'une touche de syrah et de cabernet-sauvignon, s'associent pour le meilleur dans cette séduisante cuvée. Délicat et persistant, le nez distille des parfums de fraise des bois et de fleur d'oranger, qui se prolongent harmonieusement dans une bouche souple et fondante, tonifiée par un trait de citron jaune. Un rosé friand et sans fausse note. 2024-2025

SARL LES TERRIERS, 55, chem. des Terriers, 07120 Ruoms, tél. 06 70 32 04 99, lesterriersardeche@gmail.com V *r.-v.*

♥ B VIGNERONS ARDÉCHOIS Esprit de Noé 2022 ★★

10 000 | 8 à 11 €

Cette structure coopérative résulte du regroupement successif de caves ardéchoises et notamment de la fusion, en 1994, de l'Union des caves de la Cévenne ardéchoise et de l'Union des caves coopératives de l'Ardèche. Elle dispose de douze caves de vinification et exploite quelques 6 000 ha de vignes.

Une cuvée de domaine née de merlot et de syrah cultivés en bio, qui fleure bon la gourmandise avec ses senteurs de confiture de cerise et de prune d'Ente, rehaussées d'épices douces (muscade, poivre rose). Ample et soyeuse, la bouche retrouve l'éclat des fruits rouges, épaulée par des tanins consistants au grain velouté et par une longue finale teintée de laurier. Une bouteille d'une grande harmonie que l'on pourra boire dès aujourd'hui comme l'attendre quelques années. 2024-2028 **Orélie 2022 ★ (5 à 8 €; 270 000 b.)** Du merlot macéré brièvement et du gamay vinifié en grappes entières ont présidé à l'élaboration de ce rouge plaisant et sans chichi, qui respire les fruits rouges acidulés et le sirop de cassis, révélant une matière tendre, déliée, appuyée sur des tanins soyeux. 2024-2027 **Orélie 2023 ★ (5 à 8 €; 140 000 b.)** Sous une robe nacrée, ce rosé livre un nez engageant de groseille et de bourgeon de cassis. Un caractère friand et dynamique qui se retrouve dans une bouche fraîche et aromatique, aux saveurs de pamplemousse rose, soulignée par une fine acidité zestée. 2024-2025

VIGNERONS ARDÉCHOIS, 107, av. de Vallon, 07120 Ruoms, tél. 04 75 39 98 00, accueil@vignerons-ardechois.com V *t.l.j. sf dim. 9h-12h 14h-18h*

IGP COLLINES RHODANIENNES

ROMAIN DUVERNAY RD Select Syrah 2022 ★★

30 000 | 8 à 11 €

Issu d'une lignée de négociants en vins – son arrière-grand-père Louis fonda en 1904 un commerce de vin en Haute-Savoie –, l'œnologue de renom Romain Duvernay a créé en 1998, avec son père Roland, une maison de négoce basée à Châteauneuf-du-Pape qui propose des vins de toute la vallée du Rhône et qui, depuis 2016, appartient à nRm Millésimes, propriété de Jean-Marc Pottiez. Romain Duvernay continue d'élaborer les vins.

Animé de reflets noirs, ce vin dévoile un nez non moins intense de quetsche mûre, de réglisse et de genièvre. Il diffuse ces mêmes saveurs chaleureuses dans un palais charnu, voluptueux, souligné par de jolis tanins encore fermes. Avec une belle longueur en prime, voilà un rouge qui en impose. 2025-2030 **RD Select Viognier 2023 ★ (8 à 11 €; 12 000 b.)** Malgré la chaleur du millésime, ce viognier a su trouver son équilibre. S'exprimant sur des nuances florales de jasmin, d'ananas et d'agrumes, il profile un vin expressif, vif en attaque, plus rond et suave dans sa finale teintée de gingembre. L'harmonie règne dans cette bouteille à savourer sur le fruit. 2024-2027

ROMAIN DUVERNAY, 267, rte de Vaison-la-Romaine, 84110 Rasteau, tél. 04 90 60 20 00, marketing@nrm-millesimes.eu V

PIERRE GAILLARD La Dernière vigne Syrah 2022 ★★

8 666 | 15 à 20 €

Pierre Gaillard acquiert ses premiers ceps en 1987 et constitue petit à petit son vignoble, défrichant et plantant de nouvelles parcelles. Établi aux portes du parc régional du Pilat, ce vigneron et négociant réputé de la vallée du Rhône nord, présent aussi

en Languedoc-Roussillon (Madeloc à Banyuls-sur-Mer, Cottebrune à Faugères), est à la tête de 77 ha, tous domaines confondus, qu'il conduit avec ses trois enfants (Jeanne, Élise et Pierre-Antoine).

La syrah à l'œuvre dans cette cuvée a été élevée pendant 16 mois en fût. Elle dévoile un bouquet solaire de fruits rouges compotés, mâtiné d'épices douces (cannelle, vanille). Nantie de tanins fondus, ample et généreuse, la bouche restitue cette plénitude de fruit et témoigne d'un élevage sous-bois totalement maîtrisé. Un rouge sensuel, bientôt prêt à passer à table, mais aussi de garde. ⧗ 2026-2032 ■ **Asiaticus 2022 ★★ (15 à 20 €; 2266 b.)** Né d'une petite parcelle schisteuse, cette syrah offre une illustration éloquente du mariage réussi du cépage et de la barrique. Après un séjour de 16 mois en fût (50 % neuf), elle exhale des parfums de fruits noirs caramélisés et de liqueur de café, qui infusent une bouche ample, onctueuse, aux tanins aimables, avec en point d'orgue une savoureuse finale parfumée de bois de cade. ⧗ 2025-2032

PIERRE GAILLARD, 508, rte de Bazin, Chez-Favier, 42520 Malleval, tél. 04 74 87 13 10, famille@gaillard.vin V r.-v.

DOM. RÉMI ET ROBERT NIERO
Les Agathes Syrah 2022 ★

■	4000		15 à 20 €

En 1985, Robert Niero quitte le secteur bancaire pour reprendre le domaine fondé en 1973 par son oncle, Jean Pinchon. Il s'attelle aux plantations et porte le vignoble à 4 ha (8 ha aujourd'hui, en condrieu, saint-joseph, crozes-hermitage et côte-rôtie). Un développement que poursuit son fils Rémi, arrivé en 2004, aux commandes depuis 2010.

Issue d'une minuscule parcelle d'à peine 80 ares au lieu-dit Les Agathes, cette cuvée a bénéficié des mêmes soins que les crus du domaine : une vendange manuelle, une cuvaison longue et un élevage pour partie en fût (12 mois). Un soin dont témoignent le bouquet fin et complexe de lilas, de fraise confite et de cacao, et la bouche conjuguant volume, sucrosité et tanins affinés, enveloppée jusqu'en finale par un fruité sapide et réglissé. ⧗ 2024-2028

EARL DOM. RÉMI ET ROBERT NIERO, 3, imp. du Pressoir, rue de la Mairie, 69420 Condrieu, tél. 04 74 56 86 99, domaine@vins-niero.com V *r.-v.*

DOM. PICHAT Proxima 2023 ★★

■	5000		15 à 20 €

Après des études à Beaune, puis une expérience aux États-Unis et dans le Bordelais, sur le domaine de son épouse (Ch. Filliol), Stéphane Pichat est revenu sur ses terres donner du souffle à cette propriété ancienne, fondée par ses arrière-grands-parents. Installé en 2000, il lance la mise en bouteilles et signe à partir de 5 ha en côte-rôtie et en condrieu des vins d'une qualité toujours irréprochable.

Un vin haute couture avec cette pure syrah de schistes, élevée 9 mois en barrique, qui séduit par son nez complexe de mûre cuite et de girofle, mâtiné de notes de sous-bois laissant poindre une amorce d'évolution. Tout en puissance maîtrisée, soulignée par une fine acidité, le palais impressionne par sa belle mâche nerveuse et son boisé distingué, qui libère en finale des notes chaleureuses de cacao. ⧗ 2025-2030

DOM. PICHAT, 6, chem. de la Viallière, 69420 Ampuis, tél. 04 74 48 37 23, info@domainepichat.com V *r.-v.*

CAVE SAINT-DÉSIRAT
Noble Épine Viognier 2023 ★

■	35000		8 à 11 €

Coopérative fondée en 1960, la cave Saint-Désirat représente à elle seule environ 35 % de la production en saint-joseph. Un acteur important de l'appellation donc, qui fait rimer quantité avec qualité.

Des sols de granit sont la matrice de ce viognier charmeur et bien typé, qui séduit dès l'entame par sa robe nacrée et son bouquet changeant, évoluant du brugnon mûr aux épices, en passant par la rose séchée et le bonbon à l'anis. En bouche, on croque d'entrée dans le fruit charnu, infusant une matière souple, onctueuse et fraîche, discrètement briochée en finale. Un charme consensuel. ⧗ 2024-2027

CAVE SAINT-DÉSIRAT, 8, quartier Tine-Rodet, 07340 Saint-Désirat, tél. 04 75 34 22 05, maisondesvins@cave-saint-desirat.fr V *t.l.j. 9h-12h 14h-18h30*

CAVE DE TAIN
Le Bonheur Syrah 2023 ★

■	40970		- de 5 €

Créée en 1933 par Louis Gambert de Loche, la très qualitative cave coopérative de Tain-l'Hermitage rassemble 310 adhérents et vinifie à elle seule, avec plus de 1 000 ha de vignes, environ 50 % des appellations de la vallée du Rhône septentrionale. Elle possède aussi 26 ha en propre, dont 21 ha en hermitage. Une valeur sûre de la région, qui s'est dotée en 2014 de structures de production flambant neuves permettant de multiplier les sélections parcellaires.

Avec sa robe légère et vernissée, son bouquet allègre de muscari et de griotte au chocolat, et sa bouche fluide, florale, nantie de tanins coulants et pommadés, cette jolie syrah est déjà un premier pas vers... le bonheur. Un rouge rond et convivial. ⧗ 2024-2026

CAVE DE TAIN, 22, rte de Larnage, 26600 Tain-l'Hermitage, tél. 04 75 08 20 87, contact@cavedetain.com V *t.l.j. 9h-12h30 14h-18h30*

IGP COTEAUX DES BARONNIES

B DOM. DU RIEU FRAIS
Viognier 2023 ★

■	12000		8 à 11 €

Ce domaine de 38 ha (aujourd'hui certifié bio) a été façonné à partir de 1983 par Jean-Yves Liotaud qui a débuté sur une ancienne propriété familiale : création du vignoble, construction des chais, aménagement de la cave de vieillissement, tout était à faire. Depuis, le domaine, sur lequel œuvre également le fils de Jean-Yves, Alexandre (œnologue), est devenu l'une des références des coteaux des Baronnies.

Un nez volubile, floral et zesté, une bouche à la fois onctueuse et tonique, soutenue par un discret boisé vanillé qui s'entiche de notes fruitées d'abricot et de pêche blanche : aucune ombre au tableau dans ce viognier charmeur et printanier. ⧗ 2024-2028

⊶ EARL JEAN-YVES LIOTAUD, 120, chem. du Rieu-Frais, 26110 Sainte-Jalle, tél. 04 75 27 31 54, jean-yves.liotaud@orange.fr V t.l.j. 9h-12h 14h-18h

IGP DRÔME

Ⓑ DOM. LONG Création 2023 ★

	2000		8 à 11 €

Pierre Long a succédé à son père en 1986 à la tête de ce domaine de 10 ha créé en 1950. Adepte du bio depuis son installation, il convertit officiellement le vignoble en 2010. La relève est désormais assurée par son fils Sébastien, diplôme d'œnologue en poche et quelques années de vinification à son actif, qui a rejoint le domaine en 2019 et devrait étendre la gamme, aujourd'hui presque exclusivement consacrée à la clairette-de-die.

Des ceps d'âge vénérable (55 ans) de muscat à petits grains ont engendré ce blanc dont le bouquet enivrant et original distille des senteurs de narcisse et de bourgeon de cassis du meilleur effet. Tendre et parfumée (litchi), animée par une acidité zestée que renforce une amertume aux accents d'orange amère, la bouche signe un vin aérien. Un profil dynamique à l'aromatique raffinée mais atypique. ⧗ 2024-2026

⊶ CAVE PIERRE LONG, 3, rte de Viopis, 26150 Barsac, tél. 04 75 21 71 09, cave.long.pierre@gmail.com V t.l.j. 9h-19h30

IGP GARD

ARAMON-THÉZIERS VIGNERONS Jardin d'enfance 2023 ★

	6480		- de 5 €

Une coopérative créée en 1955 par une douzaine de familles de vignerons, avec à sa disposition un vignoble de 550 ha à cheval entre la vallée du Rhône et le Languedoc.

Il fleure bon la glycine et le chèvrefeuille, ce Jardin d'enfance, classiquement dominé par le grenache (65 %), la syrah en appoint, séduisant l'œil par son joli teint abricot aux reflets corail. Vif, léger, croquant de fruit, le palais ne déçoit pas. Un rosé printanier à déboucher pour un apéritif sous la tonnelle. ⧗ 2024-2025

⊶ SCA CAVE COOP. DES VIGNERONS ARAMON-THÉZIERS, 3464, rte de Montfrin, 30390 Aramon, tél. 04 66 57 40 08, contact@atv-vignerons.com V t.l.j. sf sam. dim. 8h-12h 14h-18h

DOM. DE BANCEL Origines 2023 ★

	4400		11 à 15 €

Originaire d'une famille d'éleveurs laitiers de l'Ain, Mathéo Jésus s'est installé en 2021 avec femme et enfants sur ce vignoble de 6 ha, situé au pied des Cévennes. Une passion pour le vin qu'il a découverte lors de son BTS viti-œno à Montpellier, enrichi d'une expérience de 4 ans chez un vigneron du Pic Saint-Loup. Convaincu de l'importance de la vie du sol, il pratique l'enherbement permanent et a entamé la conversion en bio du domaine.

Les origines du vigneron sont dans le Bugey et cette cuvée lui rappelle sa terre natale avec ses 80 % de chardonnay. Un clin d'œil, fort bien orchestré, qui plaît par sa jolie robe blond doré et par son nez franc de poire, de beurre frais et de citron confit. Ronde et suave, la bouche propose un fruité miellé enveloppant, soutenu par une belle fraîcheur. Un blanc équilibré et de bonne tenue, qui pourra faire la paire avec une salade au pélardon rôti. ⧗ 2024-2027

⊶ DOM. DE BANCEL, hameau de Bancel, 260, ancien chem. de Carnas, 30260 Carnas, tél. 06 10 16 74 26, matheo.jesus@gmail.com V r.-v.

DOM. LA CATHERINETTE Syrah prestige 2022 ★

	7000		11 à 15 €

Fondé en 1888 et conduit depuis 1980 par Philippe Jouve, ce domaine étend son vignoble sur 49 ha, au milieu de la garrigue, entre les gorges de l'Ardèche et celles de la Cèze. Après six ans passés auprès de son père, en cave et à la vigne, Gabriel reprend le flambeau en 2024.

Entièrement égrappée, cette syrah a été fermentée avec des pigeages réguliers, puis affinée 12 mois en fût. Elle en tire une couleur rubis prononcée et un bouquet réservé où percent les fruits noirs mûrs et une touche d'humus. La bouche séduit par sa structure, ses tanins enrobés, son boisé finement grillé, avec en soutien une belle trame acidulée qui prolonge le fruit. ⧗ 2025-2030

⊶ DOM. DE LA CATHERINETTE, 7, pl. de la Fontaine, 30760 Laval-Saint-Roman, tél. 04 66 82 17 62, catherinette.vinsjouve@orange.fr lun. mar. mer. 9h-12h 14h-19h

VIGNOBLE CHABRIER 2023 ★

	17 000		5 à 8 €

Constitué en 1925 par Louis Chabrier, ce domaine a été repris en 1988 par les petits-fils du fondateur, Christophe et Patrick, qui ont créé la même année leur cave particulière. La propriété compte aujourd'hui 70 ha de vignes éparpillées en une mosaïque de terroirs. À sa carte, du duché-d'uzès et des IGP.

De discrets reflets vert tendre strient la robe pâle de ce jeune sauvignon, au bouquet alerte de pomme Granny, de citron jaune et de carvi, rehaussé d'une touche de fenouil. En bouche, on croque dans le fruit, infusant une matière souple et fraîche, dynamisée par une finale tonique à l'accent iodé. Un accord avec une douzaine d'huitres s'impose. ⧗ 2024-2027

⊶ DOM. CHABRIER FILS, chem. du Grès, 30190 Bourdic, tél. 04 66 81 24 24, louis.chabrier@outlook.fr V t.l.j. sf dim. 9h-12h 14h30-18h30

DOM. CLAUSEL Les Baies romaines 2023 ★

	3000		8 à 11 €

À quelques encablures de l'aqueduc romain du Pont du Gard, au cœur de la forêt de Valliguières, ce domaine familial crée en 1887 a été repris en 2011 par Fabien Clausel. Il y cultive un vignoble de 50 ha, principalement

en côtes-du-rhône et en *villages*. Une acticité viticole qu'il partage avec son métier de paysagiste.

L'étiquette fait référence à la romanité : aux abords du vignoble, les vestiges sont légion. En premier lieu, le Pont du Gard, situé tout près de la petite parcelle d'1 ha de grenache à l'œuvre dans cette cuvée. Ce qui a plu aux dégustateurs ? Une robe joliment carminée, un bouquet fringant de fruits des bois, de sarriette et de poivre, et une bouche fraîche, gouleyante, relevée par une finale saline qui lui apporte une bonne longueur. À servir frais, c'est le rouge des beaux jours par excellence. ⧗ 2024-2027

DOM. CLAUSEL, 1, rue des Treilles, 30210 Valliguières, tél. 06 71 61 96 06, domaineetpaysages@gmail.com V t.l.j. sf dim. 7h-14h 16h-19h

♥ B DOM. DE L'ESCATTES
Free bird 2023 ★★

■	3000		11 à 15 €

Entre Sommières et Nîmes, ce domaine familial de 24 ha est remarquable par son mas et par son parc à la française du XIXe s. François Robelin, installé en 2009, conduit ses vignes en bio certifié (depuis 2013).

De jeunes carignan (8 ans) pour moitié et tout un florilège de vieilles vignes d'autres cépages, dont le rivairenc languedocien (5 %), ont façonné cet épatant vin nature fermenté brièvement avec les levures indigènes (10 jours) et élevé 6 mois en fût, sans ajout de sulfite à la « mise ». D'une lumineuse robe rubis s'élèvent des parfums de fruits rouges (framboise, canneberge) et de fleurs fraîches (freesia). Souple, discrètement étayée par des tanins ciselés, la bouche plaît par sa mâche séveuse et fruitée. Ce Free bird est un oiseau de passage, à savourer sans trop attendre, mais quel jus ! ⧗ 2024-2027

DOM. DE L' ESCATTES, 2300, rte de Saint-Étienne-d'Escattes, 30420 Calvisson, tél. 04 66 01 40 58, smc.robelin@wanadoo.fr V t.l.j. sf dim. 9h-12h30 14h30-19h

B DOM. DE FOLTODON
Les Féréoles 2023 ★

■	11000		8 à 11 €

Situé entre Nîmes et Sommières, ce domaine est depuis trois générations entre les mains de la famille Crouzet qui l'a doté d'une toute nouvelle cave en 2021. Certifié en bio (2011) et en biodynamie (2020), le vignoble couvre 14 ha plantés en coteaux.

Nommée d'après son lieu-dit, une parcelle en coteaux sur un sol argilo-calcaire mêlé de gravettes, cette cuvée réunit grenache blanc, roussanne et rolle à quasi-parité. Une fermentation et un élevage pour partie en fût (6 mois) ont donné au vin une tonalité caramélisée et briochée, de la structure et du gras en bouche, et une finale détendue, parfumée par les épices du chêne (safran, poivre blanc). Un blanc délicat, qui plaira aux amateurs de vins boisés. ⧗ 2024-2027

DOM. DE FOLTODON, 2, pl. de la Mairie, 30870 Saint-Côme-et-Maruejols, tél. 06 07 55 78 15, foltodon@orange.fr V t.l.j. sf dim. 8h-12h 14h-19h

B GALLICIAN Grès d'or 2023 ★

■	72000		- de 5 €

Cette cave « pilote » – l'une des premières à avoir promu l'embouteillage à la propriété avec le statut de coopérative et la première à mettre en avant la syrah dans les années 1960-70 – a été fondée en 1951. Elle regroupe aujourd'hui 60 adhérents pour quelque 1 000 ha de vignes à l'extrême sud des Costières, à la limite de la Petite Camargue.

Teinté de légers reflets verveine, ce vin offre un bouquet primesautier d'agrumes, de fleurs blanches et de pain au lait d'une plaisante complexité. La bouche se montre croquante, déliée et bien fruitée, toujours fraîche malgré une finale plus suave aux accents de poire mûre, qui lui assure un surcroît de rondeur. ⧗ 2024-2026

GALLICIAN, 128, av. des Costières, 30600 Vanvert, tél. 04 66 73 31 65, labo@gallician.com V t.l.j. sf dim. 9h-12h 14h-18h

B JULIE ET NICOLAS
Les Cèdres 2023 ★

■	3000		8 à 11 €

Julie et Nicolas Aubert-Richarme, propriétaires du Ch. de Bastet et du Dom. des Cèdres à Sabran, ont lancé leur marque de négoce en 2016. Des vins bio exclusivement, sourcés en « terre connue » chez les vignerons du secteur.

Le grenache, né de terrain sablonneux, seul à bord de cet élégant rosé aux reflets vifs, livrant lestement des parfums affriolants de muguet, de confiture de fraises et de zeste de citron vert. À la fois généreuse, ample et vive, la bouche fait montre d'une belle intensité. Un bon classique à découvrir à l'apéritif. ⧗ 2024-2025

CH. DE BASTET, 510, rte d'Alès, lieu-dit Bastet, 30200 Sabran, tél. 04 66 39 33 36, contact@chateaudebastet.fr V t.l.j. sf sam. dim. 8h30-12h 13h30-17h

B CH. DE MONTFRIN
Montfrin la Tour 2023 ★★

■	30000		5 à 8 €

Jean-René de Fleurieu a débuté par la culture des oliviers dans les années 2000, en créant son propre moulin. En 2010, il s'est associé avec son ami Benjamin Béguin pour racheter un domaine viticole qui compte aujourd'hui 100 ha de vignes, situé non loin de ses oliviers et conduit, comme ces derniers, en agriculture biologique.

Les terres limoneuses et sableuses des bords du Rhône sont la matrice de ce rosé singulier, dominé par le caladoc (60 %), et dont une partie a été maintenue sur lies pour complexifier les arômes. Subtil, le nez distille des senteurs délicates de prune jaune, de lavande, de bruyère et de safran. Dynamique, la bouche affiche une belle nervosité, relayée par une agréable mâche tannique aux saveurs de fruit juteux. Un style original, qui fera merveille avec un tajine de poisson à l'orientale. ⧗ 2024-2025

SARL CH. DE MONTFRIN, Ch. de Montfrin, rte de Redessan, 30840 Meynes, tél. 04 66 57 51 52, info@chateaudemontfrin.com V t.l.j. sf sam. dim. 8h-17h30

B DOM. MOURGUES DU GRÈS
Fleur d'aubépine 2023 ★

| 7000 | | 8 à 11 € |

François Collard est un habitué du Guide, avec des vins souvent en très bonne place. Installé en 1994, il réalise les premières mises en bouteilles à partir des vignes familiales (65 ha en bio certifié depuis 2014, en biodynamie certifiée Demeter depuis 2020) à travers deux étiquettes : Mourgues du Grès, propriété du couvent des Ursulines de Beaucaire jusqu'à la Révolution, et La Tour de Béraud, qui tire son nom d'une tour à feu du XIVes. dominant la vaste plaine de Beaucaire. Jamais à court d'idées, les Collard proposent de découvrir toutes les facettes du domaine à travers un sentier banalisé équipé de bornes Bluetooth.

Mi-piquepoul mi-muscat, cette cuvée dédiée à l'aubépine fleure bon le printemps avec son bouquet de tilleul et de d'acacia, rehaussé de nuances fruitées. Caressant, fluide, légèrement salin, le palais restitue cette palette subtile dans une finale d'une réjouissante fraîcheur. On savoure ce vin pour lui même à l'apéritif, ou simplement accompagné d'une assiette de coques à la brûle-doigt. ⧗ 2024-2027

⊶ FRANÇOIS COLLARD, 1055, chem. des Mourgues-du-Grès, 30300 Beaucaire, tél. 04 66 59 46 10, info@mourguesdugres.com V t.l.j. sf dim. 10h-12h30 14h-18h

GRANDS VINS DE PAZAC Medenas 2023 ★

| 30 000 | | - de 5 € |

Située aux confins orientaux de l'appellation costières-de-nîmes, la petite coopérative de Meynes, créée en 1968, ne compte pas plus de sept adhérents (pour 250 ha de vignes). Elle occupe un ancien relais de diligences, puis de chasse, transformé en ferme dédiée à la polyculture et à l'élevage ovin, avant de devenir le siège de cette cave qui a replanté la vigne sur le plateau de Pazac.

Composée de cinq cépages blancs, dont le très aromatique muscat (30 %), cette cuvée plaît par son bouquet de seringua, de verveine et de miel. La bouche, harmonieuse, tient les promesses du nez : souple, croquante et fraîche, enrichie de saveurs suaves de melon jaune, elle s'étire sur une pointe d'amertume dynamique. ⧗ 2024-2026

⊶ CAVE DE PAZAC, 450, rte de Redessan, 30840 Meynes, tél. 04 66 57 59 95, cavedepazac30@gmail.com V t.l.j. sf dim. 8h-12h 14h-18h

DOM. DE POULVAREL 2023 ★

| 8 500 | | 5 à 8 € |

Pascal Glas et son épouse Élisabeth ont repris le domaine familial en 2004 après la fermeture de la coopérative de Sernhac. Ils exploitent aujourd'hui un vignoble de 45 ha en conversion bio et signent des costières-de-nîmes régulièrement en vue dans ces pages, ainsi qu'une IGP. À noter : le domaine propose une visite-dégustation des deux tunnels romains situés à proximité de la cave.

Le grenache à l'honneur (80 %) dans ce rosé vineux, à la robe saumonée intense animée de reflets cuivrés, au fruité éloquent évoquant la fraise écrasée, le kaki et la framboise à l'alcool, qui séduit également par sa matière charnue, gourmande, stimulée par une acidité dynamique surprenante pour l'année. Parfait pour accompagner des calamars à la plancha. ⧗ 2024-2025

⊶ DOM. DE POULVAREL, 110, chem. des lauriers de la Soubeyranne, 30210 Sernhac, tél. 04 66 01 67 46, contact@domainedepoulvarel.com V t.l.j. sf dim. 10h-12h 14h-19h

ROCCA MAURA Les P'tits Galets 2023 ★

| 100 000 | | 5 à 8 € |

C'est à Roquemaure, berceau historique des côtes-du-rhône grâce à son port fluvial, que les vignerons purent en 1737 marquer leurs tonneaux des lettres «CdR». Fondée en 1922, la petite coopérative locale – longtemps nommée Cellier Saint-Valentin – fédère aujourd'hui 59 adhérents pour 360 ha de vignes. Elle s'est tournée vers la vente en bouteilles au tournant du XXIes.

Les galets dont il s'agit ici sont de petite taille et posés sur une matrice argilo-calcaire, à ne pas confondre avec les terrasses à galets de quartzite de Tavel, Lirac ou Châteauneuf, situées non loin de là. Planté de ceps de grenache (60 %) et de caladoc d'une trentaine d'années, ce terroir livre un rosé enthousiasmant, à la robe pelure d'oignon, aux senteurs délicates de freesia, de groseille à maquereau et de combava. Fruitée comme le nez, suave et souple, la bouche affiche une belle gourmandise, avec une fine acidité zestée qui en assure l'équilibre. ⧗ 2024-2025

⊶ SCA ROCCA MAURA, 1, rue des Vignerons, 30150 Roquemaure, tél. 04 66 82 82 01, contact@roccamaura.com V t.l.j. sf dim. 9h-12h 14h-18h

CH. SAINT-NABOR Gris de Nabor 2023 ★★

| 120 000 | | - de 5 € |

Ce domaine, dans la même famille depuis six générations, s'est développé à partir de 1970, sous l'impulsion de Gérard Castor : 7 ha à son installation, 160 ha en production aujourd'hui, sur des terroirs variés. En 2011, ses fils Jérémie et Raphaël ont pris le relais, proposant depuis peu un gîte de groupe et des prestations œnotouristiques associées.

Une part non négligeable de tempranillo (20 %), cépage emblématique de la Rioja espagnole, complète l'assemblage des grenache (50 %) et cinsault (30 %), familiers de la région. Dans le verre, un rosé tendre à la robe chair, qui s'ouvre sur des notes suaves de fleur d'oranger et d'agrumes mûrs. La pêche blanche prend le relais dans une bouche alerte, souple et bien équilibrée, tendue par une fine amertume pleine de fraîcheur. Tout ce que l'on attend d'un bon rosé. ⧗ 2024-2025

⊶ CH. SAINT-NABOR, 2686, rte de Barjac, 30630 Cornillon, tél. 04 66 82 24 26, contact@chateau-saint-nabor.com V t.l.j. sf dim. 9h-12h 13h-18h E

MAISON SINNAE Lucina 2023 ★

| 8 000 | | 5 à 8 € |

Cette coopérative, créée en 1925, est l'un des acteurs importants de la vallée du Rhône méridionale. Elle regroupe près de 200 vignerons et quelque 2 800 ha. Depuis 2012, elle propose des vins bio.

Syrah, merlot et grenache forment un rouge amène, qui cède tout au fruit avec ses arômes de framboise écrasée et de cerise noire légèrement confite enveloppant une matière caressante, nantie de tanins ronds, servie par une finale acidulée qui renoue avec le fruit rouge croquant. Un style flatteur et efficace, tout indiqué pour un plateau de cochonnailles. ⧗ 2024-2027

⊶ MAISON SINNAE, 201, rte d'Orsan, 30200 Chusclan, tél. 04 66 90 11 03, contact@sinnae.fr V 🚶 ■ *t.l.j. sf dim. 9h30-12h30 14h-18h*

B DOM. TARDIEU FERRAND
Les Garrigues 2023 ★

■	10 000	▮	11 à 15 €

Un domaine créé en 2015, réunissant deux natifs du Gard qui se sont rencontrés sur les bancs du DNO (diplôme national d'œnologue) de Toulouse et associant deux propriétés : une près d'Uzès, sur les premiers contreforts des Cévennes, et l'autre dans la partie la plus méridionale de la vallée du Rhône.

Consacrée coup de cœur dans le Guide précédent, cette cuvée, née d'un sol de grès et d'une composition équilibrée viognier-roussanne-grenache, a peut être moins de panache que le 2022, mais recueille néanmoins de jolis compliments. Le jury a aimé son teint doré engageant, son bouquet montant de litchi, de mimosa et de marmelade d'orange, et sa bouche parfumée, tendre, dévoilant une agréable fraîcheur et une pointe d'amertume en finale. Imparable à l'apéritif, on la gardera pour passer à table. ⧗ 2024-2027

⊶ DOM. TARDIEU FERRAND, 1000, rte d'Uzès, 30210 Argilliers, tél. 06 27 75 21 61, domainetardieuferrand@gmail.com V 🚶 ■ *t.l.j. sf dim. 10h-12h30 14h-18h30*

B DOM. DE TAVERNEL 2022 ★

■	6 600	◍	8 à 11 €

M. Tavernel, maire de Beaucaire en 1830, a donné son nom à ce mas du XIXᵉs., qui a appartenu à la famille de Frédéric Mistral, écrivain et poète emblématique de la Provence. Entré dans la famille de Denise Compagne en 1920, il s'étend sur 90 ha cultivés en bio depuis 1987.

Le grenache (90 %) est l'artisan de ce joli rouge profond aux reflets violets, dont l'élevage d'un an en fût n'a pas terni l'éclat du bouquet, à la finesse toute florale (laurier rose, réséda), nuancé d'une touche d'humus et de noix fraîche. Le jury a salué l'attrait de sa bouche, ronde et veloutée, soutenue par des tanins élégants et par une fine acidité qui porte loin la finale. Avenant et très convaincant, ce vin promet en outre une bonne évolution en cave. ⧗ 2024-2030

⊶ DOM. DE TAVERNEL, 1479, chem. de Tavernel, 30300 Beaucaire, tél. 04 66 58 57 01, domaine@tavernel.fr V ■ *t.l.j. sf dim. 9h-12h 14h-18h; sam. 9h-12h*

B DOM. CLAUDINE VIGNE
Le Mourre de la violette 2022 ★

■	5 580	▮	11 à 15 €

Installée sur la commune de Montfrin, Claudine Vigne a produit son premier millésime en 2007. Elle exploite en bio (conversion en cours) un vignoble de 8 ha majoritairement situé sur des terroirs de galets roulés. Elle signe des vins IGP, sans soufre ajouté, et des côtes-du-rhône-villages.

Un nom qui fleure bon le Midi et la syrah, seule à l'œuvre dans ce rouge épanoui, né d'une seule parcelle de 75 ares de galets roulés, vinifié sans sulfites et élevé un an en cuve. D'un caractère solaire indéniable, le bouquet distille des senteurs de framboise écrasée et de cerise au kirsch, nuancées d'épices (poivre, muscade). Avec ses tanins fermes au grain fin et sa matière soyeuse, ample et bien proportionnée, nul doute que ce vin vieillira bien. ⧗ 2025-2030

⊶ CLAUDINE VIGNE, 327, chem. de Ceserac, 30490 Montfrin, tél. 06 50 64 52 36, cvigne@ymail.com V 🚶 ■ *r.-v.*

DOM. DU VISTRE Niveoles 2023 ★

■	15 000	5 à 8 €

La famille Dupret, vigneronne depuis six générations, exploite le dom. du Vistre depuis 1994. Le vignoble couvre aujourd'hui 75 ha et trois zones distinctes permettant d'élaborer une large variété de vins.

La nivéole est une ravissante fleur protégée, que l'on retrouve dans le vignoble du domaine. Cette étiquette en a fait son emblème et réfère ici à un rosé gourmand, spontanément plaisant par son bouquet de fleur d'oranger, de pêche de vigne et d'herbes des garrigues. Consistant et rond, infusé de grenade et de bonbon à la violette, le palais est dynamisé par une fraîcheur zestée. Moderne et consensuel. ⧗ 2024-2025 ■ **Niveoles Chardonnay 2023 ★ (5 à 8 €; 10 000 b.)** Une robe couleur « chair de citron » habille ce chardonnay qui se dévoile lentement sur des notes gracieuses d'aubépine, de bourgeon de cassis et de zeste d'agrume. Déliée, tout en légèreté, la bouche s'enveloppe de saveurs de melon jaune et de brioche, avant de s'étirer dans une élégante finale nette et saline. Idéal à l'apéritif. ⧗ 2024-2026

⊶ DOM. DU VISTRE, 212, chem. de la Vistrenque, 30600 Vauvert, tél. 04 66 88 80 58, domaineduvistre@orange.fr V 🚶 ■ *t.l.j. sf dim. 9h-12h 14h30-18h30; lun. 14h30-18h30*

IGP MÉDITERRANÉE

AMÉDÉE La Belle de Canet 2023 ★★

■	80 000	▮	- de 5 €

Le Cellier Marrenon a été fondé en 1966 par Amédée Giniès, l'un des principaux artisans de la reconnaissance en AOC des vins du Luberon. Il regroupe neuf coopératives dans les appellations luberon et ventoux : pas moins de 1 200 adhérents et 7 200 ha. Deux étiquettes : Marrenon et Amédée.

Une cuvée réjouissante, parée d'une chatoyante robe peau de pêche, exhalant des parfums friands de cerise et de kumquat. Ronde à l'attaque, infusée d'un fruité flatteur de framboise au sirop, la bouche affiche une belle souplesse et s'équilibre grâce à une finale fraîche et longue, empreinte d'une élégante amertume anisée. De l'harmonie à tous les étages. ⧗ 2024-2025 ■ **Marrenon Lez'Arts Gris de Grenache 2023 ★ (- de 5 €; 120 000 b.)** Le seul grenache à l'œuvre dans ce singulier rosé, d'une pâleur diaphane aux reflets argentés, au nez aérien et nuancé d'aubépine, de zeste de citron jaune et de silex. Un profil tout en finesse que confirme une bouche tendue, croquante et ciselée, servie par une finale bien parfumée aux accents de citronnelle. Pour un apéritif iodé. ⧗ 2024-2025

⊶ LES CAVES AMÉDÉE, rue Amédée-Giniès, 84240 La Tour-d'Aigues, tél. 04 90 07 40 65, advgms@marrenon.com

B DOM. LA BLAQUE
Viognier 2023 ★

	16 000		11 à 15 €

Valeur sûre de l'appellation pierrevert, ce domaine a été créé en 1987 par Gilles et Laurence Delsuc, œnologues formés à Dijon. Ces derniers conduisent aujourd'hui en bio certifié un vignoble de 55 ha implanté jusqu'à 600 m d'altitude sur les contreforts du Luberon.

Ramassé fin septembre, ce vigoureux viognier a eu tout le loisir de se gorger de soleil. Un bouquet pétulant de jasmin et de litchi mâtiné d'une note pâtissière de nougat ouvre la dégustation. La bouche ne contredit pas cette sensation de gourmandise avec sa chair confortable, son fruité capiteux et exotique, et avec son acidité bien orchestrée qui souligne la finale. Un vin de plaisir à boire sur le fruit de sa jeunesse. ⧗ 2024-2026

DOM. LA BLAQUE, Dom. Châteauneuf, 04860 Pierrevert, tél. 04 92 72 39 71, domaine.lablaque@wanadoo.fr V t.l.j. sf dim. 9h-12h 14h-18h

CELLIER DES DAUPHINS
Carnet d'invitation 2023 ★

	81 250		- de 5 €

Énorme structure rhodanienne née en 1965 de l'union de six coopératives de la Drôme, rejointes par sept autres, dotée d'une cuverie de plus de 33 000 m² à Tulette. Elle a lancé en 1967 sa marque phare et populaire, le Cellier des Dauphins, qui revendique le premier rang pour les volumes de vente en France de vin en appellation.

Le merlot (40 %) apporte un beau brin de fantaisie à une partition typiquement rhodanienne, associant le grenache (50 %) et la syrah (10 %). Cerise juteuse, fraise écrasée, notes d'humus et de pruneau s'associent harmonieusement au bouquet. Les fruits rouges perdurent dans une bouche fraîche, coulante et soyeuse, dotée de tanins discrets et d'une fine tension acidulée qui réveille la finale. Un rouge pour les beaux jours, à servir légèrement frais. ⧗ 2024-2026

UNION DES VIGNERONS DES CÔTES DU RHÔNE, 427, rte de Nyons, 26790 Tulette, tél. 06 68 20 42 66, m.armand@union-vignerons.com

CLAUVALLIS
Viognier 2023 ★

	13 000		5 à 8 €

Fondée en 1924 à l'initiative de sept viticulteurs, cette cave rappelle par son nom l'esprit de coopération. Elle regroupe les vignerons de Saint-Didier, Malemort, Venasque et Pernes-les-Fontaines, au sud du mont Ventoux.

Un joli viognier bien brillant dans sa robe d'or clair, au bouquet printanier et délicat de chèvrefeuille et de nèfle fraîche, qui plaît aussi par son attaque croquante, sa douce sucrosité teintée de notes fumées et sa vivacité salivante en finale. ⧗ 2024-2026

CLAUVALLIS, 1030, rte de la Courtoise, 84210 Saint-Didier, tél. 06 98 83 81 71, cave@clauvallis.fr V t.l.j. sf dim. 8h30-12h 14h-18h30

DOM. DES COYEUX
Premières Fleurs 2023 ★

	8 000		8 à 11 €

Ce vaste domaine de 112 ha (dont 65 de vignes, en conversion bio) créé dans les années 1970 au pied des Dentelles de Montmirail était depuis 2013 la propriété d'Hugues de Feraudy, dont la famille était déjà implantée en Vaucluse au Xᵉs. Changement de mains en 2021 avec la reprise par le groupe Maisons & Vignobles, dirigé par Isabelle Strasser et déjà propriétaire de plusieurs crus entre Rhône et Provence.

Un vin composé du seul muscat à petits grains, vinifié en sec : une évidence pour un domaine situé au cœur du vignoble historique de beaumes-de-venise. Le nez dévoile des parfums éloquents de raisin frais et de jasmin, d'une typicité imparable. Un léger perlant à l'attaque renforce la sensation de fraîcheur de la bouche, tendue et finement texturée, restituant longuement le fruité perçu à l'olfaction. ⧗ 2024-2026

DOM. DE COYEUX, 167, chem. du Rocher, 84190 Beaumes-de-Venise, tél. 04 90 12 42 42, france@strasser-radziwill.com V r.-v.

B DOM. DE L'ESCARELLE
Palm 2023 ★

	215 000		8 à 11 €

En 1920, François-Joseph Fournier (déjà propriétaire de l'île de Porquerolles) fit cadeau à son épouse de cette propriété adossée aux contreforts de la montagne de la Loube. Dans les années 1960, la famille Gassier a transformé le domaine qui, avec 110 ha de vignes, représente sans doute la plus grande cave particulière de l'appellation coteaux-varois. Acquis en 2014 par l'homme d'affaires Yann Pineau, puis converti en bio dans la foulée.

Un rosé de cinsault (70 %) qui soigne la légèreté et la fraîcheur comme souvent avec ce cépage. Une robe translucide à peine teintée de corail annonce un bouquet pimpant de pivoine et de griotte au sirop. La vivacité guide la bouche, qui révèle aussi un agréable volume, de la rondeur et un fruité persistant sur des notes acidulées de citron jaune. Un rosé croquant à souhait. ⧗ 2024-2025

CH. DE L'ESCARELLE, rte de la Roquebrussanne, 83170 La Celle, tél. 04 94 69 09 98, admin@escarelle.fr V t.l.j. sf dim. 9h-12h 14h-18h E

LOU BASSAQUET
Fleurs de Sauvignon 2023 ★

	14 600		5 à 8 €

Créée en 1914 dans la vallée de l'Arc, la cave coopérative de Trets tire son nom, Lou Bassaquet, du surnom donné aux Tretsois par les villages voisins en mémoire du saccage infligé au village par les armées de François Iᵉʳ en 1537. Implanté face au massif de la Sainte-Victoire, le vignoble couvre près de 550 ha.

Un vin d'emblée séduisant avec son nez franc de fruit de la Passion, de pomelo et de feuille de cassis, mâtiné de notes beurrées. En bouche, on croque avec délice dans la groseille à maquereau, infusant une matière ronde et caressante, bien équilibrée par une pointe de vivacité aux saveurs d'écorce d'agrume. Alerte et expressif, bien typé par le cépage, ce blanc ravira les amateurs de sauvignon. Pour l'apéritif. ⧗ 2024-2026

LOU BASSAQUET, chem. du Loup, BP22, 13590 Trets, tél. 04 42 29 20 20, contact@loubassaquet.com V t.l.j. sf lun. dim. 9h-12h 14h-18h (14h30-18h30 en été)

DOM. DES MASQUES Essentielle 2023 ★

| 33000 | 11 à 15 € |

Établi sur les contreforts de la Sainte-Victoire, à 500 m d'atitude, ce domaine tire son nom des «sorcières» («lo masquo» en provençal) qui venaient ici cueillir des plantes aromatiques et médicinales pour leurs potions. Après de longues décennies d'abandon, la vigne y a été replantée dans les années 1990. En 2003, Carl et Sophie Mestdagh acquièrent la propriété, s'entourent des conseils d'Yves Cuilleron et prennent Yannick Burles comme régisseur en 2018. Une structure de négoce-éleveur est aussi associée au domaine.
Une bonne moitié de chardonnay (55 %), cépage emblématique du domaine du fait de ses terroirs frais, associée au grenache, au rolle et au viognier pour cette réjouissante cuvée aux parfums soutenus de lys, de litchi et de clafoutis à l'abricot. Un même fruité exubérant parfume une bouche souple, élégante et longue, animée par une acidité bien dosée que renforce une finale teintée d'amande amère. Parfait avec un curry de poisson au lait de coco. ⧗ 2024-2027

DOM. DES MASQUES, chem. de Maurély, 13100 Saint-Antonin-sur-Bayon, tél. 06 70 19 54 67, accueil@domainedesmasques.com V t.l.j. sf dim. lun. 10h-18h

LES VIGNERONS DU MONT VENTOUX
Black Bud 2023 ★

| 65000 | 5 à 8 € |

Les Vignerons du Mont Ventoux est une coopérative fondée en 1924. Elle regroupe une centaine de vignerons, pour plus de 1 000 ha en appellation ventoux, IGP et vins de France. Le vignoble est essentiellement planté sur le versant sud-ouest du mont Ventoux, entre 200 et 500 m d'altitude, bien à l'abri du mistral.
Rien que du merlot, une cuvaison courte et un élevage de 6 mois en cuve : la recette est simple et le résultat dans le verre convaincant. Le nez, bien typé, évoque la cerise en confiture mâtinée de réglisse et de sous-bois. Croquante, souple et équilibrée, ourlée de tanins lisses, la bouche déroule une belle fraîcheur qui donne envie de passer à table. Un rouge énergique, à ouvrir aux beaux jours sur des grillades aux herbes. ⧗ 2024-2027

LES VIGNERONS DU MONT VENTOUX, 620, rte de Carpentras, 84410 Bédoin, tél. 04 90 12 88 00, sdamian@cavevmv.com V r.-v.

DOM. DES PEYRE
Gusto 2023 ★

| 18500 | 8 à 11 € |

Patricia Alexandre, ancienne directrice du Gault et Millau, a repris deux domaines du Luberon en 2013 : le dom. Faverot, un mas provençal dont une partie date du XVIes., transformé en magnanerie au XVIIIes., puis en domaine viticole dans les années 1920; le dom. des Peyre, une ancienne ferme fortifiée du XVIIIes. commandant 23 ha de vignes. Elle a restructuré le vignoble, construit un chai, développé l'œnotourisme et monté une petite structure de négoce en 2018.
Né de jeunes ceps de rolle de 10 ans vendangés précocement pour pallier à la chaleur du millésime, cette cuvée a su préserver la fraîcheur et l'équilibre des raisins. En témoignent un bouquet expressif et subtil de jasmin, de sureau et de raisin frais, et un palais fondu, soyeux et alerte, souligné par une fine tension anisée. À croquer dès à présent sur une anchoïade ou des petits farcis à la brandade. ⧗ 2024-2026

DOM. DES PEYRE, 1620, rte d'Avignon, 84440 Robion, tél. 06 08 92 87 71, reservation@domainedespeyre.com V t.l.j. 10h-19h; f. dim. sept.-avr.

MAÎTRES VIGNERONS DE LA PRESQU'ÎLE DE SAINT-TROPEZ
Week-end sur la côte 2023 ★

| 50000 | 5 à 8 € |

Premier producteur de côtes-de-provence, les Maîtres Vignerons de la presqu'île de Saint-Tropez regroupent onze domaines et trois grandes caves, soit l'équivalent de 900 ha de vignoble. L'accompagnement des vignerons-sociétaires est établi de la vigne à l'embouteillage, et la commercialisation est gérée à 100 % par le groupement, qui réalise 45 % de ses ventes à l'export, presque exclusivement en rosé (90 %).
Trois cépages noirs (syrah, grenache, merlot) et un blanc (ugni blanc) au menu de cette cuvée allègre, au teint diaphane très tendance. Discret au nez, sur les fruits rouges (griotte, fraise, framboise), il trouve son équilibre en bouche entre une rondeur aux tonalités de berlingot et une franche vivacité relevée de zestes de bergamote. Un rosé friand, idéal pour une tablée de copains. ⧗ 2024-2025

SCA LES MAÎTRES VIGNERONS DE LA PRESQU'ÎLE DE SAINT-TROPEZ, 270, RD98, la Foux, 83580 Gassin, tél. 04 94 56 60 24, info@mavigne.com t.l.j. sf dim. 9h-18h30; juil.-août 9h-19h30

RÉSERVE SAINT-DOMINIQUE
Grenache Vieilles Vignes 2023 ★★

| 6000 | 8 à 11 € |

Créée en 2005, la Réserve Saint-Dominique est l'activité de négoce d'Éric Bonnet du Dom. la Bastide Saint-Dominique, situé à Courthézon et valeur sûre de la vallée sud pour ses châteauneuf-du-pape, cairanne, côtes-du-rhône et *villages*.
Née de vignes de 50 ans, cette cuvée dévoile un nez complexe et fin de fraise écrasée, de Zan, d'olive noire et d'épices. Bouquet qui persiste avec gourmandise dans une bouche charnue, fraîche et sapide, adossée à des tanins bien fondus. Un rouge énergique et profond, qui se fera le compagnon idéal d'un tajine d'agneau aux olives. ⧗ 2024-2027

RÉSERVE SAINT-DOMINIQUE, 1358, chem. Saint-Dominique, 84350 Courthézon, tél. 04 90 70 85 32, reserve@bastidesaintdominique.com V t.l.j. 9h-12h30 13h30-17h; sam. dim. sur r.-v.

LA ROMAINE
Merlot 2023 ★

| 12000 | 5 à 8 € |

Fondée en 1924, une des premières coopératives du Vaucluse, qui regroupe aujourd'hui 180 vignerons et plus de 1 400 ha de vignes. Elle propose des côtes-du-rhône, côtes-du-rhône-villages, ventoux, gigondas, ainsi que des IGP Méditerranée et un vin doux naturel.

Elle a tout bon, cette cuvée bio vinifiée en douceur et élevée 8 mois en cuve. Un vin expressif dans le registre des baies de la forêt et de la réglisse. La bouche apparaît nette, ronde et finement tannique, bien fruitée elle aussi, s'étirant dans une agréable finale aux saveurs de muscade et de Zan. ⧗ 2024-2027 ■ **2023 ★ (5 à 8 €; 9 000 b.)** Ⓑ Le seul chardonnay à l'œuvre dans ce blanc qui joue sur le floral (aubépine) et le minéral (pierre à fusil) au nez. Tendre et droit à la fois, assorti d'une légère sucrosité teintée de notes fumées, le palais affiche une belle énergie permettant d'envisager des accord gourmands avec des mets iodés. ⧗ 2024-2026

LA ROMAINE, 95, chem. de Saumelongue, 84110 Vaison-la-Romaine, tél. 04 90 36 00 43, caveau@cave-la-romaine.com V *t.l.j. 9h-12h30 14h-19h*

DOM. LUCIEN TRAMIER
Pitreries Chardonnay 2023 ★

■ | **10 000** | | **5 à 8 €**

Un domaine fondé en 1912 par Lucien Tramier, en cave particulière depuis 1952. Son héritier, Max Thomas (quatrième génération), installé en 2007, conduit aujourd'hui un vignoble de 40 ha, en conversion bio.

Des arômes gourmands et suaves de chèvrefeuille et de fruits du verger font tout l'agrément de ce blanc alerte, blond comme les blés, expressif au nez comme en bouche, avec en prime un équilibre très assuré entre rondeur et vivacité et une finale un brin serrée qui n'est pas pour déplaire. On le croque à l'apéritif, accompagné de tellines en persillade. ⧗ 2024-2027

DOM. LUCIEN TRAMIER, 335, chem. de Pied-Girod, 84150 Jonquières, tél. 06 70 07 64 88, commercial@lucientramier.fr V *t.l.j. sf sam. dim. 8h-12h 14h-17h30*

♥ Ⓑ PIERRE VIDAL
Grande Réserve 2023 ★★

■ | **70 000** | | **- de 5 €**

Pierre Vidal, installé à Châteauneuf-du-Pape avec son épouse vigneronne, a créé son négoce en 2010. Cet œnologue formé en Bourgogne s'est entouré d'une petite équipe et a construit, en 2019, sa propre cave pour pouvoir peaufiner ses sélections parcellaires, tournées vers les vins bio et végans. Des vins d'une grande régularité dans la qualité.

Une nouvelle grande réussite pour Pierre Vidal avec cette excellente Grande Réserve, hymne à la douceur et au velouté. D'une belle profondeur de robe, elle se dévoile lentement sur des senteurs de sirop de myrtille et d'humus. Tout aussi fruitée, agrémentée de cerise bigarreau et de fraise mûre, la bouche offre une matière onctueuse et fondante, nantie de tanins ronds, s'étirant dans une longue finale fraîche, tendue, diablement sapide. Irrésistible. ⧗ 2024-2027 ■ **Réserve 2023 ★ (- de 5 €; 70 000 b.)** Ⓑ Voici une bonne synthèse entre syrah (70 %) et grenache (30 %), le premier composant un fond floral de violette épicé de poivre vert, le second ajoutant une touche suave de griotte kirschée. Une palette aromatique qui s'étoffe en bouche de saveurs de pruneau confit et de vanille, enveloppant une matière soyeuse, aux tanins à peine esquissés. Un profil élégant et épanoui qui fera alliance avec des charcuteries goûteuses. ⧗ 2024-2027

PIERRE VIDAL, 370, rue Calixte-Paillet, ZA Grange-Blanche-Est, 84350 Courthézon, tél. 07 77 05 38 81, contact@pierrevidal.com V *t.l.j. sf sam. dim. 10h-12h 14h-17h*

LA VINSOBRAISE Merlot 2023 ★

■ | **50 000** | | **- de 5 €**

Fondée en 1947, la très qualitative cave de Vinsobres vinifie aujourd'hui plus de 80 000 hl produits sur 1 800 ha de vignes (dont 10 % exploités en bio). Une valeur sûre de la vallée du Rhône méridionale.

Tout est en équilibre dans ce quasi-pur merlot (94 %), né de ceps quarantenaires et d'un élevage bref en cuve (4 mois). Au nez, se dévoilent des parfums de baies rouges très mûres rehaussés d'une touche de violette. Un fruité croquant qui anime un palais fin et long, au caractère sapide et harmonieux. ⧗ 2024-2027 ■ **2023 ★ (- de 5 €; 17 000 b.)** Un élevage sur lies fines en cuve met en valeur ce pimpant chardonnay (92 %), bien équilibré entre rondeur et vivacité, ouvert sur des arômes de pomme Granny et de beurre frais, avec en soutien une fine minéralité pleine de panache. ⧗ 2024-2026

LA VINSOBRAISE, 1200, rte de la Cave, 26110 Vinsobres, tél. 04 75 27 01 20, infos@la-vinsobraise.com V *t.l.j. 8h-12h 14h-18h*

IGP VAUCLUSE

♥ Ⓑ DOM. DE L'AMAUVE
La Vigne de Louis 2022 ★★

■ | **6 000** | | **8 à 11 €**

Héritier de plusieurs générations de vignerons, Christian Vœux, œnologue expérimenté et attaché à plusieurs domaines rhodaniens (dont le réputé ch. la Nerthe à Châteauneuf-du-Pape), a repris en 2006 les 11,5 ha du domaine familial, qui doit son nom à la fleur de mauve, présente en grand nombre dans le vignoble. Le domaine est certifié bio depuis 2020.

Modèle d'équilibre et d'élégance, cette cuvée mi-grenache mi-syrah, fermentée avec les levures indigènes et élevée 9 mois en cuve, a aisément fédéré les voix du jury. Son bouquet subtil de violette et de muscari mâtiné de framboise fraîche, sa bouche tendre, séveuse et fondue, nantie de tanins soyeux et d'une finale raffinée aux accents de garrigue et d'herbes aromatiques : tout en elle charme et convainc. Sans oublier son caractère digeste et gouleyant, prêt à accompagner la volaille rôtie du dimanche. ⧗ 2024-2027

DOM. DE L'AMAUVE, 197, chem. du Jas, 84110 Séguret, tél. 06 10 71 26 72, domainedelamauve@gmail.com V *r.-v.*

LA BASTIDE SAINT-VINCENT
Mademoiselle Garance 2023 ★

12 000 | 5 à 8 €

Installé dans une ancienne ferme rénovée aux airs de bastide, dont certains éléments datent du XVIIes., Laurent Daniel, ancien responsable commercial export dans un négoce de vin, a repris en 2001 ce vignoble familial de 23 ha très morcelé, réparti dans six communes. Un habitué du Guide, d'une régularité sans faille.

Garance est la fille du vigneron. Un nom qui rappelle aussi la culture de cette plante tinctoriale, d'un beau rouge profond, qui fit les beaux jours de l'économie vauclusienne au XIXes. Dans le verre, une robe soutenue et un bouquet éloquent de cerise mûre, nuancé de cuir et de sous-bois. Des tanins discrets accompagnent une bouche tendre, fine et bien texturée, relayant longuement un fruité dynamique. Un rouge simple et efficace qui fera merveille avec un mix-grill d'agneau et de bœuf. ⌛ 2024-2026

LA BASTIDE SAINT-VINCENT, 1047, rte de Vaison, 84150 Violès, tél. 04 90 70 94 13, bastide.vincent@free.fr V *r.-v.*

DOM. DE LA BASTIDONNE
Chardonnay 2023 ★

3 500 | 8 à 11 €

Installé en 1990, Gérard Marreau, œnologue, représente la quatrième génération à conduire ce domaine familial de 40 ha fondé en 1903, souvent en vue pour ses ventoux et ses IGP. La conversion vers l'agriculture biologique est engagée.

Récolté à la mi-août pour conserver de la fraîcheur, le chardonnay est seul à l'œuvre dans cette cuvée au nez élégant de gardénia et de fleur d'oranger. On perçoit le caractère solaire du millésime dans une bouche généreuse et suave, à la sucrosité confortable, soutenue par une acidité bien dosée aux saveurs de pamplemousse rose et de citron vert. Un blanc expressif, de belle tenue, à servir à l'apéritif avec des toasts de saumon au chèvre frais. ⌛ 2024-2026

DOM. DE LA BASTIDONNE, 206, chem. de la Bastidonne, 84220 Cabrières-d'Avignon, tél. 04 90 76 70 00, domaine.bastidonne@orange.fr V *t.l.j. sf dim. 9h-12h 14h-18h (15h-19h en été)*

B DOM. DE DIONYSOS
La Devèze Viognier 2023 ★★

12 834 | 8 à 11 €

C'est en 1720 que la famille Farjon s'installe sur les terres d'Uchaux, fuyant alors Marseille et la peste qui y sévit. Depuis, sept générations y ont cultivé la vigne. Benjamin Farjon a pris les rênes du domaine en 2011, associé à son beau-frère Michel Berger. Ensemble, ils exploitent un vignoble de 61 ha en bio certifié.

Un viognier de haute expression, franc et intense au nez, mariant dans une belle harmonie les fleurs blanches, la nèfle mûre, la brioche et le beurre. Une complexité aromatique que l'on retrouve dans un palais long et équilibré, conjuguant fraîcheur, onctuosité et finesse, avec en point d'orgue une agréable amertume finale aux accents d'angélique. Un blanc facile à aimer, qui pourra accompagner tout un repas, de l'apéritif au dessert. ⌛ 2024-2027

DOM. DE DIONYSOS, 55, imp. de la Cave, Les Farjon, 84100 Uchaux, tél. 04 90 40 60 33, benjamin.farjon@domainededionysos.com V *t.l.j. sf dim. 9h-12h 14h-18h*

DOM. FONT SARADE Viognier 2023 ★

8 000 | 8 à 11 €

Un domaine souvent en vue, né en 1936 au nord de Vacqueyras de l'association de deux familles vigneronnes, les Devine et les Burle. Le vignoble, conduit depuis 2002 par Bernard Burle, associé à sa fille, Claire, en 2014, couvre aujourd'hui 37 ha.

Cet exaltant viognier séduit dès l'entame avec ses senteurs bien mariées de lys et de gelée de coing. Droite, puissante et bien parfumée, la bouche affiche beaucoup de tenue, avec un caractère suave propre à ce millésime solaire. Un blanc vigoureux et flatteur, que l'on ne craindra pas de garder quelques mois en cave pour pouvoir l'apprécier à table avec un poulet à la crème ou un comté affiné. ⌛ 2024-2027

DOM. FONT SARADE, 801, rte de Violès, 84190 Vacqueyras, tél. 07 87 46 17 02, infos@fontsarade.fr V *r.-v.*

B DOM. DES PASQUIERS 2022 ★★

30 000 | 5 à 8 €

Jean-Claude et Philippe Lambert ont repris en 1998 le domaine familial, fondé en 1935 et fort d'un vignoble de 85 ha. Ils se sont lancés dans la vente en bouteilles quatre ans plus tard. La nouvelle génération est arrivée en 2013, et la conversion bio est désormais acquise.

Il est déjà prêt à boire ce joli vin associant merlot, marselan et syrah, affiné par un séjour de 9 mois en cuve. Au nez, il livre des parfums puissants de cassis et de cerise noire subtilement poivrés. Nuancée et de bonne tenue, la bouche offre un équilibre très assuré entre un volume confortable, des tanins enrobés et une élégante finale aux tonalités de griotte et de sous-bois. Un rouge déjà très épanoui. ⌛ 2024-2027

DOM. DES PASQUIERS, 10, rte d'Orange, 84110 Sablet, tél. 04 90 46 83 97, domainedespasquiers@gmail.com V *t.l.j. sf sam. dim. 8h-12h 13h30-18h*

DOM. DE TARA Terre d'Ocres 2023 ★

6 000 | 8 à 11 €

Situé à Roussillon, au cœur du parc naturel régional du Luberon, ce domaine de 12 ha a été créé en 1990 par l'éminent vigneron champenois Anselme Selosse et tire son nom du célèbre roman de Margaret Mitchell, *Autant en emporte le vent*. En 2023, les frères Guillaume et François-Julien Vermersch rachètent le domaine et engagent la conversion bio. Une philosophie déjà amorcée depuis plusieurs années, avec l'abandon du désherbage chimique notamment, par leur chef de culture et œnologue Mathieu Griveaux.

Au domaine, les raisins sont intégralement ramassés à la main. Dans cette cuvée, il s'agit principalement de grenache (80 %), avec le carignan en appoint. Ce rosé au teint pâle éclairé de reflets mandarine livre un bouquet subtil de mélilot, de poire compotée et de beurre frais. Vive et longue, avec une pointe de gras pour équilibrer l'acidité et une élégante finale animée par une fine amertume réglissée, la bouche affiche un savant équilibre. Un vin vibrant, idéal à l'apéritif. ⌛ 2024-2025

DOM. DE TARA, 2005, rte de Gordes, 84220 Roussillon, tél. 04 90 05 74 87, domainedetara@orange.fr V *t.l.j. sf mar. 10h-19h30; f. janv.* E

INDEX

PEUGEOT
FRANCE
LES INSTRUMENTS DU GOÛT
Preserve
L'art de conserver
chaque bouteille
www.peugeot-saveurs.com

INDEX DES APPELLATIONS

L'indexation ne tient pas compte de l'article défini

INDEX DES PRODUCTEURS

L'indexation tient compte de l'article défini

B

PRODUCTEURS

C

PRODUCTEURS

PRODUCTEURS

H

PRODUCTEURS

PRODUCTEURS

Q

PRODUCTEURS

PRODUCTEURS

T

U

V

PRODUCTEURS

INDEX DES VINS

L'indexation ne tient pas compte de l'article défini

B

D

E

VINS

H

I

M

Q

R

PAPIER À BASE DE FIBRES CERTIFIÉES

hachette s'engage pour l'environnement en réduisant l'empreinte carbone de ses livres. Celle de cet exemplaire est de :
2,4 kg. éq. CO_2
Rendez-vous sur www.hachette-durable.fr

Achevé d'imprimer en août 2024 en Italie
Par Rotolito S.p.A.
Dépôt légal : septembre 2024
35-3025-5
ISBN : 978-2-01-704746-9

IGP

va

IGP c

1 c
2 c
3 s
4 c
5 c
6 c
7 c
8 vi
9 u
10 c
11 c
12 m
13 m
14 al
15 cé
16 co
17 sa
18 cô
19 cô
20 co
21 co
22 vic
23 sa
24 ha
25 co
26 cit
27 vall
28 val
29 hau
30 cot
31 le p
32 côt
33 côt

égionale
val-de-loire
comtés rhodaniens
méditerranée
pays-d'oc
terres-du-midi
comté tolosan
atlantique
IGP départementale
zone
tes-de-meuse
teaux-de-coiffy
nte-marie-la-blanche
eaux-de-l'auxois
eaux-de-tannay
es-de-la-charité
eaux-du-cher-et-de-l'arnon
-des-allobroges
é
lines rhodaniennes
eaux-des-baronnies
ures
nt-caume
lles
ennes
eaux-du-pont-du-gard
le-de-camargue
es-de-thongue
es-de-thau
eaux-de-béziers
aux-d'ensérune
mté-d'aumelas
t-guilhem-le-désert
te-vallée-de-l'orb
eaux-de-narbonne
de-carcassonne
e-du-paradis
e-du-torgan
e-vallée-de-l'aude
aux-de-peyriac
ys-cathare
-vermeille
s-de-gascogne
34 thézac-perricard
35 agenais
36 lavilledieu
37 côtes-du-tarn
38 coteaux-de-glanes
Caen
calvados
Rou
Seine
Brest
Rennes
Le Mans
Orl
Loir
Blois
Angers
Tours
Nantes
Loire
val-de-loire
Poitiers
Vienne
La Rochelle
haute-vienne
charentais
Angoulême
atlantique
périgord
Bordeaux
Dordogne
Bergerac
agenais
34
35
landes
33
36
comté tolosan
gers
Bayonne
Toulouse
Pau
Garonne
ariège